Marienlexikon

Sechster Band: Scherer – Zypresse
Nachträge

Marienlexikon

herausgegeben im Auftrag des

INSTITUTUM MARIANUM REGENSBURG E.V.

von
Professor Dr. Remigius Bäumer
und
Professor Dr. Dr. h. c. Leo Scheffczyk

SECHSTER BAND

SCHERER – ZYPRESSE

NACHTRÄGE

EOS VERLAG ERZABTEI ST. OTTILIEN

Titelbild: El Greco, Immaculata, um 1605/10, Madrid, Sammlung Thyssen
© Fundacion Coleccion Thyssen-Bornemisza, Madrid, all rights reserved

Die Deutsche Bibliothek – CIP-Einheitsaufnahme

Marienlexikon / hrsg. im Auftr. des Institutum Marianum Regensburg e.V.
von Remigius Bäumer und Leo Scheffczyk. – St. Ottilien: EOS-Verl.
NE: Bäumer, Remigius [Hrsg.]

Bd. 6. Scherer – Zypresse; Nachträge. – 1994
ISBN 3-88096-896-9

© EOS Verlag Erzabtei St. Ottilien – 1994
Gesamtherstellung: EOS Druckerei, D-86941 St. Ottilien
Schrift: 9/9 und 7/7 Punkt Palacio

HAUPTSCHRIFTLEITER

Prof. Dr. Remigius Bäumer, Freiburg im Breisgau
Prof. Dr. Dr. h. c. Leo Scheffczyk, München

Fachleiter

Exegese Altes Testament	Prof. Dr. Josef Scharbert, München
Exegese Neues Testament	Weihbischof Prof. Dr. Alois Stöger, St. Pölten
	Prof. Dr. Ferdinand Staudinger, St. Pölten
Theologie- und Dogmengeschichte	Prof. Dr. Dr. h. c. Leo Scheffczyk, München
Dogmatik	Prof. Dr. Dr. Anton Ziegenaus, Augsburg
Religionsgeschichte	Bischof Prof. Dr. Kurt Krenn, St. Pölten
	PD Dr. Dr. habil. Erwin Möde, Regensburg
Christlicher Orient	Prof. Dr. Dr. h. c. Julius Aßfalg, München
Orthodoxe Theologie	Prof. Dr. Dr. Theodor Nikolaou, München
Nichtkatholische Bekenntnisse	Prof. Dr. Horst Bürkle, Starnberg
Liturgie West	Prof. Dr. Theodor Maas-Ewerd, Eichstätt
Liturgie Ost	Prof. Dr. Johannes Madey, Paderborn
Lateinische Hymnologie	Prof. Dr. Franz Brunhölzl, München
	Dr. Günter Bernt, München
Musik	Dr. Dietmar von Huebner, München
Alte Kirchengeschichte und Patrologie	Prof. Dr. Ernst Dassmann, Bonn
Kirchengeschichte des Mittelalters und der Neuzeit	Prof. Dr. Remigius Bäumer, Freiburg im Breisgau
Hagiographie	Prof. Dr. Walter Baier (†)
Orden und religiöse Gemeinschaften	Prof. Dr. Franz Courth, SAC, Vallendar
	Prof. Dr. Heinrich M. Köster, SAC (†)
Missionswissenschaft	Prof. Dr. Horst Rzepkowski, SVD, St. Augustin
Frömmigkeitsgeschichte	Prof. Dr. Walter Pötzl, Eichstätt
	Dr. Florian Trenner, München
Kunstgeschichte	Dr. Norbert Jocher, München
	Dr. Genoveva Nitz, Regensburg
Literaturgeschichte	Prof. Dr. Wolfgang Brückner, Würzburg
Germanische Sprachen	Prof. Dr. Hans Pörnbacher, Wildsteig
	Dr. Margot Schmidt, Eichstätt
Romanische Sprachen	Prof. Dr. Winfried Kreutzer, Würzburg
	Dr. German Rovira, Essen

Redaktion: Dr. Florian Trenner

Mitarbeiter des sechsten Bandes

Albrecht, Dr. Barbara, Belm
Albrecht, Christophe, Taizé/Frankreich
Altmann, Dr. Lothar, Germering
Ammerich, Dr. Hans, Speyer
Andreu, Francesco, OTheat, Rom
Aračić, Dr. Dinco, Dormagen

Bach, Dr. Hedwig, SCB, Boppard
Bäumer, Prof. Dr. Remigius, Freiburg i. B.
Baier, Prof. Dr. Walter (†)
Balling, Adalbert, MM, Köln
Bastero, Prof. Dr. Juan Luis, Pamplona/Spanien
Batelja, Dr. Juraj, Rom
Bauer, Prof. Dr. Johann Baptist, Graz
Baumeister, Franz, Nassenfels
Bayer, M.A. Elke, Arnsberg
Benzerath, Prof. Dr. Martin, CSSR, Rom
Bergmann, Prof. Dr. Rolf, Bamberg
Bernardino de Armellada, Prof. Dr., OFMCap, Rom
Bernt, Dr. Günter, München
Berzal, Teodoro, FSF, Rom
Besutti, Giuseppe M., OSM, Rom
Beyreuther, Prof. Dr. Erich, München
Blom, Dr. Joannes Maria, Nijmegen/Niederlande
Blosen, Hans, Aarhus/Dänemark
Bodem, Prof. Dr. Anton, SDB, Benediktbeuern
Böer, Dr. Ludwig (†)
Böhm, Dr. Irmingard, München
Böhm, Petra, Regensburg
Bogyay, Dr. Dr.h.c. Thomas von (†)
Boyce, Prof. Dr. Philip, OCD, Rom
Braun, M.A. Andreas Christoph, Würzburg
Breuer, Dr. Wilhelm, Swisttal-Buschhoven
Buckl, Dr. Walter, Eichstätt
Bürkle, Prof. Dr. Horst, Starnberg

Cadorin, Sr. Célia B., CIIC, São Paulo/Brasilien
Civiero, Dr. Tiziano, OSM, Rom
Clark, Dr. John, Longframlington/Northumberland
Conrad, Dr. Anne, Heppenheim
Conti, Dr. Giovanni, OFMConv, Rom
Corell, Dr. Irmgard, Heidelberg
Coreth, Hofrat Dr. Anna, Wien
Costard, M.A. Monika, Berlin
Costelloe, Fr. Morgan, Dublin/Irland
Courth, Prof. Dr. Franz, SAC, Vallendar

Daentler, Dr. Barbara, Trier
Diller, Prof. Dr. Hans-Jürgen, Bochum
Dillis, Dipl. oec. Regine, München
Dobhan, Dr. Ulrich, OCD, Würzburg
Dovere, Prof. Dr. Ugo, Neapel
Dürig, Prof. Dr. Walter (†)
Dunkel, Engelbert, FSC, Illertissen
Dupuy, Michèl, P.S.S., Paris

Ebel, Dr. Uda, Würzburg
Egbers, M.A. Silke, Hilden
Esbroeck, Prof. Dr. Michèl van, SJ, München

Falkenau, Dr. Karsten, Berlin
Faltermeier, Hans, Bruck
Finkenzeller, Prof. Dr. Josef, München
Folger, Dr. Walter, Bamberg
Freitag, Dr. Werner, Bielefeld
Freudenberger, Prof. Dr. Theobald (†)
Fuchs, Dr. Friedrich, Regensburg

Gärtner, Prof. Dr. Kurt, Trier
Gambero, Prof. Dr. Luigi, Rom
Gansweidt, Dr. Birgit, München
Gebhardt, Sr. Maria Caritas, München
Geißler, Dr. Hermann, Rom
Geißlreiter, Dr. Martin, OFMCap, Vilsbiburg
Gemert, Dr. Guillaume van, Nijmegen/Niederlande
Gerstl, M.A. Doris, Regensburg
Gilli, Silvio, Rom
Gläser, Dr. Rupert, Opfenbach
Gluderer, Dr. Michael, München
Göcking, Sr. Cornelia, SCSC, Rom
Göcking, Dominikus, OFM, Osnabrück
Gössmann, Prof. Dr. Elisabeth, München
Götz, Roland, Tegernsee
Gottzmann, Prof. Dr. Carola L., Leipzig
Govaert, Sr. Dr. Lutgart, Bregenz
Gribl, Dr. Albrecht, München
Grohe, Dr. Johannes, Aachen
Gruber, Dr. Johannes, Regensburg
Grunenwald, Sr. Maria Thérèse, SCSA, Besançon/Frankreich
Gugitz, Prof. Dr. Gustav (†)

Härdelin, Prof. Dr. Alf, Uppsala/Schweden
Hagn, Prof. Dr. Herbert, München
Hahn, Prof. Dr. Ferdinand, München
Hahn, M.A. Waltraud, Würzburg
Hamans, Prof. Dr. P. W. F. M., Gronsveld/Niederlande
Hartinger, Prof. Dr. Walter, Passau
Hartmann, Dr. Michael, München
Hasebrink, Dr. Burkhard, Göttingen
Hauke, Prof. Dr. Manfred, Lugano/Schweiz
Heim, Dr. Walter, SMB, Immensee/Schweiz
Heiser, Dr. Lothar, Münster
Henze, Dr. Clemens (†)
Herbstrith, Sr. Waltraud, OCD, Tübingen
Herleth-Krentz, Dr. Susanne, München
Herrán, Dr. Laurentino Maria, Valladolid/Spanien
Höfer, Mag. Dr. Rudolf, Graz
Hörandner, Prof. Dr. Wolfram, Wien
Hoffmann, Prof. Dr. Norbert, SS.CC., Werne a. d. Lippe
Hoffmann, Dr. Werner J., Eichstätt
Hofrichter, Prof. Dr. Peter, Salzburg
Holl, Dr. Béla, Budapest
Hornsteiner, Sepp, Waakirchen
Hradil, Abt Gerhard, OCist, Heiligenkreuz/Österreich
Huber, Mag. Dipl. Ing. Gerhard, Bregenz
Huebner, Dr. Dietmar von, München

Imbach, Prof. Dr. Josef, OFMCap, Rom
Imkamp, Dr. Wilhelm, Ziemetshausen

Janota, Prof. Dr. Johannes, Augsburg
Jönsson, Sr. Ragnhild, Vallby/Schweden
John, Sabine, München
Jünemann, Hermann Josef, SMM, Elsbethen-Glasenbach/Österreich
Jung, Bettina, München

Kästner, Friedrich, CSSR, Riedlingen
Kala, Lic. phil. Tiina, Tallinn/Estland
Kapitanović, Prof. Dr. Vicko, Makarska/Kroatien
Kesting, Dr. Peter, Gerbrunn
Khoury, Prof. Dr. Adel Th., Altenberge
Kirchschläger, Prof. Dr. Walter, Kastanienbaum/Schweiz

Klersy, Dipl.-Theol., Michael D., Eichstätt
Klinkhammer, Karl Joseph, SJ (†)
Knapp, Dr. Éva, Budapest
Koch, Laurentius, OSB, Ettal
Koder, Prof. Dr. Johannes, Wien
Körndle, Dr. Franz, München
Köster, Prof. Dr. Heinrich Maria, SAC (†)
Kopf, Dr. Paul, Ludwigsburg
Kovačič, Dr. Lojze, SJ, Ljubljana/Slowenien
Krämer, Dr. Gode, Augsburg
Kramer, Dr. Ferdinand, Untermühlhausen
Kramer, M.A. Monika, Untermühlhausen
Kraß, Dr. Andreas, München
Kreutzer, Prof. Dr. Winfried, Würzburg
Kronbichler, Dr. Johannes, Salzburg
Kropej, P. Andrej, Dobrunje/Slowenien
Krüger, Bernd-Ulrich, Puch/Österreich
Kumer, Dr. Zmaga, Ljubljana/Slowenien
Kunze, Prof. Dr. Konrad, Freiburg i. B.
Kunzler, Prof. Dr. Michael, Paderborn
Kupferschmied, Dr. Thomas J., Mühldorf

Langenbahn, Stefan K., Wassenach
Langer, Dr. Brigitte, München
Lechner, Univ. Doz. Dr. Gregor Martin, OSB, Göttweig/Österreich
Leeuw, Quirin de, OTrin, Mödling/Österreich
Léger, Sr. Irène, RJM, Rom
Lehner, Luitgard, Kutzenhausen
Lemeunier, Dr. Albert, Lüttich/Belgien
Lemmer, Prof. Dr. Manfred, Halle
Lengenfelder, Dr. Bruno, Eichstätt
Lenzen, Gregor, CP, München
Lepie, Dr. Herta, Aachen
Leudemann, Dr. Norbert, Schwabmünchen
Lidl, Erich, Graben
Liebl, M.A. Ulrike, Regensburg
Linde, Dr. Mechtild, FC, Aachen-Soers
Lochbrunner, Dr. Dr.habil. Manfred, Bonstetten
Löwe, Emmanuel, OSB, St. Ottilien
Lovey, Angelin M., CRB, Martigny/Schweiz
Lozar, M.A. Angelika, Berlin

Maas-Ewerd, Prof. Dr. Theodor, Eichstätt
Mac Donald, Prof. Dr. Alasdair A., Groningen/Niederlande
Madey, Prof. Dr. Johannes, Paderborn
Maierbacher-Legl, Dr. Gerdi, München
Majdak, Ks. Boleslaw, FDP, Warschau
Materne, Günter, Buchholz
Mayer, Johannes G., Würzburg
Mayer, Sr. Maria Angela, OSF, Kloster Reutberg
Meier, Dr. Uto J., Augsburg
Menardi, Dr. Herlinde, Innsbruck
Meyer, Ruth, Neusäß
Midic, Bischof Dr. Ignjatije, Belgrad
Mikkers, Dr. Edmund, OCSD (†)
Mittendorf, Stefan-Maria, Eichstätt
Mixa, Dr. Walter, Schrobenhausen
Möckershoff, Dr. Barbara, Regensburg
Möde, PD Lic.psych. Dr. Dr.habil. Erwin, Regensburg
Möring, Dr. Renate, Wiesbaden
Mols, Dr. Theodor, MSF, Ravengiersburg
Morsbach, Dr. Peter, Regensburg
Morschhäuser, Prof. Dr. Franz, München
Moschos, Dimitrios, Athen
Müller, Sr. Therese Maria, SSM, Rom
Müller, Prof. Dr. Walter W., Marburg an der Lahn
Müller, Prof. Dr. Wolfgang (†)
Mumm, Dr. Reinhard (†)
Muzyczka, Prof. Dr. Iwan, Rom

Naab, Dr. Erich, Eichstätt
Navarro, Javier, Salamanca/Spanien
Neuer, Dr. Werner, Gomaringen
Nikolakopoulos, Dr. Konstantinos, München
Nikolaou, Prof. Dr. Dr. Theodor, München
Nilsén, Dr. Anna, Uppsala/Schweden
Nilsson, Sr. Clara, Vallby/Schweden
Nitz, Dr. Genoveva, Regensburg
Nyberg, Prof. Dr. Tore, Odense/Dänemark

O'Carroll, Prof. Dr. Michael, CSSp, Dublin/Irland
Ochsenbein, Prof. Dr. Peter, St. Gallen/Schweiz
O'Shea, Henry, OSB, Glenstal Abby/Irland
Ott, Martin, München
Ouspensky, Prof. Dr. Leonid, Paris

Palomino, Roberto, MSJ, Santa Maria la Ribera/Mexiko
Parello, Daniel, Freiburg i. B.
Pathikulangara, Prof. Dr. Varghese, Bangalore/Indien
Paula, Dr. Georg, München
Peregrino, Prof. Dr. Maria Graziela, Rio de Janeiro/Brasilien
Persch, Dr. Martin, Trier
Pesch, Dr. Dieter, Mechernich
Pfeffer, Klaus, Poing
Philippen, Jos, Diest/Belgien
Philipponat, Sr. M.A. Marie France, Bourges/Frankreich
Pirš, Dr. Andrej, Tržič/Slowenien
Podzun, Sr. Veritas vom hl. Franz, Aachen
Pörnbacher, Prof. Dr. Hans, Wildsteig
Pörnbacher, Dr. Mechthild, Wildsteig
Pozo, Prof. Dr. Candido, SJ, Granada/Spanien
Pulcyn, Mag. Tadeusz, Warschau

Rafferzeder, Annemarie, München
Ramirez, Prof. Dr. Leonardo, SJ, Bogotá/Kolumbien
Reckinger, Dr. François, Chemnitz
Reiter, Prof. Dr. Ernst, Eichstätt
Resch, Heinz, Berglicht
Richartz, Sr. Alfonsa, T.d.c.L., Mechernich-Kommern
Riedl, Dr. Christine, Regensburg
Ringler, Dr. Siegfried, Essen
Ritter, Emmeram H., Regensburg
Rönneper, Sr. Scholastika, OSU, Bad Neuenahr-Ahrweiler
Rösch, Dr. Gertrud, Regensburg
Ronay, Prof. Dr. László, Budapest
Roten, Dr. Johannes G., SM, Dayton/USA
Roth-Bojadzhiev, Dr. Gertrud, Augsburg
Rothäuser, Olaf, Essen
Rovira, Dr. German, Essen
Royt, Dr. Jan, Prag
Rzepkowski, Prof. Dr. Horst, SVD, St. Augustin

Sagardoy, Antonio, OCD, Linz/Österreich
Samson-Himmelstjerna, M.A. Carmen von, Berlin
Sánchez, Dr. Francisco, OFM, Rom
Schallert, Dr. Elmar, Nenzing/Österreich
Schanze, Dr. Frieder, Tübingen
Scharbert, Prof. Dr. Josef, München
Schawe, Dr. Martin, München
Scheffczyk, Prof. Dr. Dr.h.c. Leo, München
Schenk, Prof. Dr. Richard, OP, Hannover
Schenker, Dr. Lukas, OSB, Mariastein/Schweiz
Schießl, Johannes, München
Schiewer, Dr. Hans-Jochen, Berlin
Schimmelpfennig, Dr. Reintraud, Minden
Schipflinger, Thomas, Lenggries
Schmid, Dr. Hans Ulrich, München

Schmidt, Dr. Margot, Eichstätt
Schmidt, Regina Dorothea, Berlin
Schmidt-Sommer, Dr. Irmgard, Stuttgart
Schmiedl, Dr. Joachim, I.Sch., Stuttgart
Schmitt, Lothar, Sinzig
Schmuck, Dr. Norbert, Rott am Lech
Schneeweiß, Dr. Gerhart A.B., Geltendorf
Schneeweiß, Gudrun, Geltendorf
Schönfelder-Wittmann, Gabriele, Pfeffenhausen
Schopf, Horst, Würzburg
Schuhladen, Dr. Hans, München
Schumacher, Prof. Dr. Joseph, Freiburg i. B.
Schweitzer, Dr. Franz Josef, Eichstätt
Seidel, Dr. Kurt Otto, Bielefeld
Seifert, Dr. Siegfried, Bautzen
Seybold, Prof. Dr. Michael, Eichstätt
Seyssel, Sr. Chantal de, S. A., Paris
Sikorski, Prof. Dr. Adam, MIC, Lublin/Polen
Simon-Schuster, M.A., Ursula, München
Skulj, Dr. Edo, Ljubljana/Slowenien
Soder von Güldenstubbe, Erik, Würzburg
Söll, Prof. Dr. Georg, SDB, Benediktbeuern
Stegmaier, Sr. Ortrud, SSps, Rom
Stegmüller, Prof. Dr. Otto (†)
Stern, Dr. Jan, MS, Rom
Still, Josef, Trier
Stöhr, Prof. Dr. Johannes, Bamberg
Stosiek, Dr. Andrea, Vallendar
Straßer, Dr. Josef, München
Stratmann, Sr. Maria Andrea, SMMP, Bestwig
Strauß, Angelika, Eichstätt
Swastek, Prof. Dr. Josef, Breslau/Polen
Syfrig, Max, Menzingen/Schweiz
Szilárdfy, Prof. Dr. Zoltán, Budapest

Tebel, Sabine, Schonach
Telesko, Dr. Werner, Wien
Thier, Dr. Ludger, OFM, Düsseldorf
Tinnefeld, Prof. Dr. Franz, München
Tix, Norbert, CM, Prüm
Trapp, Prof. Dr. Erich, St. Augustin
Tremmel, Bernhard, FMS, Furth bei Landshut
Trenner, Dr. Florian, München

Tschochner, Dr. Friederike, Krailling
Tüskés, Dr. Gábor, Budapest
Tzadua, Dr. Dr. Abuna Paulos Kardinal, Addis Abeba/Äthiopien

Valasek, Dr. Emil, Kevelaer
Vázquez Janeiro, Isaac, OFM, Rom
Vennebusch, Dr. Joachim, Köln
Viciano, Prof. Dr. Alberto, Pamplona/Spanien
Villapadierna, Isidoro de, OFMCap, Rom
Vizkelety, Prof. Dr. András, Budapest
Vorner, Sr. Ingrid, S. A., Aachen
Voskos, Michael, Athen

Weber, Prof. Dr. Josef, SDB, Benediktbeuern
Wedl-Bruognolo, M.A. Renate, Grasbrunn
Wedler, Cornelia, Faistenhaar
Weigand, Dr. Rudolf K., Eichstätt
Weingard-West, Imelda, Winchester/England
Weiß, Franz, OSM, Innsbruck
Weiß, Dr. Otto, Rom
Welker, Dr. Klaus, Freiburg i. B.
Westrum, Dr. Gerd, München
Wetter, Dr. h.c. Immolata M., IBMV, Rom
Wiegand, Dr. Hermann, Mannheim
Wild, Maria, Wien
Willms, Dr. habil. Eva, Göttingen
Winhard, Dr. Wolfgang, OSB, Schäftlarn
Winkler, Prof. Dr. Gerhard, OCist, Wilhering/Österreich
Winsen, Dr. G. A. Ch. van, CM, Panningen/Niederlande
Witkowska, Prof. Dr. Aleksandra, OSU, Lublin/Polen
Woschitz, Prof. Dr. Karl Matthias, Graz
Wothe, Prof. Dr. Franz-Josef (†)
Wrobel, Johannes, Selters
Wynands, PD Dr. Dieter P. J., Stolberg

Yver, Louis-Marie, OCD, Paris

Zeilinger, Prof. Dr. Franz, CSSR, Graz
Ziegenaus, Prof. Dr. Dr. Anton, Augsburg
Zumkeller, Dr. Dr. Adolar, OSA, Würzburg

Scherer, Heinrich, SJ (seit 1645), * 24.4.1628 in Dillingen, † 21.11.1704 in München, wirkte u. a. als Prinzenerzieher und Hofbeichtvater in Mantua und München. Mit seiner »Geographia naturalis« wirkte er stark nach. Pars III enthält »Atlas Marianus sive praecipue totius orbis habitati imagines et statuae magnae Dei Matris, beneficiis ac prodigiis« (1702), eine verkürzte Ausgabe des → Atlas Marianus von W. v. Gumppenberg. Eine zweite Auflage des Werkes erschien nach seinem Tod 1710 unter dem Titel »Atlas novus. Pars tertia inscribitur Geographia Mariana«.

Lit.: Sommervogel VII 765 ff. — Koch 1603 f. — B. Duhr, Geschichte der Jesuiten in den Ländern dt. Zunge III, 1921, 575 ff. 859 ff. *R. Bäumer*

Scherer, Maria Theresia, Mitgründerin des Institutes der Barmherzigen Schwestern vom Heiligen Kreuz (SCSC) von Ingenbohl/ Schweiz, *31.10.1825 als Anna Maria Katharina in Meggen, Kanton Luzern, †16.6.1888 in Ingenbohl, trat 1845 in das von P.Theodosius Florentini gegründete Lehrschwestern-Institut in Menzingen ein. 1852 fügte der Stifter dem Institut als neuen Zweig die Caritas an und verlangte S. als Oberin für das Spital in Chur. Bei der 1856 erfolgten Trennung der beiden Tätigkeitszweige entschied sie sich für die Caritas und wurde so zur Mitarbeiterin des Schweizer Sozialapostels und zur Mutter der Armen, Behinderten und Bedrängten jeder Art. Nach dem Tode Florentinis (1865) übernahm S. sein geistes und materielles Erbe, u. a. erhebliche Schulden aus verunglückten Industrialisierungsversuchen. Durch Sammelaktionen wurden die Barmherzigen Schwestern in fast ganz Europa, bes. in Deutschland und Österreich (wo Kaiser Franz Joseph I. sie für das ganze Reich erlaubt hatte), bekannt, geschätzt und bald überallhin berufen. So wurden schon zu S.s Lebzeiten Provinzen in Böhmen und Mähren, in Oberösterreich, der Steiermark und in Slawonien gegründet, wobei die Häuser mit dem Mutterhaus verbunden blieben. Beim Tod der Mitgründerin zählte das Institut 1658 Schwestern, tätig in Schulen und Krankenpflege, in Armen- und Waisenhäusern, in Behindertenheimen und Gefängnissen. Am 30.11.1991 wirkten 5606 Schwestern in 17 Provinzen (davon 3 in Indien) und 4 Vikariaten. Mit unerschütterlichem Gottvertrauen, Klugheit und Kraft war die Generaloberin v. a. auf die Erhaltung des Gründergeistes bedacht. Der 1931 eingeleitete Seligsprechungsprozeß steht z. Zt. vor dem Abschluß.

S. erklärte das Fest des Unbefleckten Herzens Ms zum Institutsfest. Das allein schon ist Zeugnis ihrer großen MV, die bereits in der Jugend ihren Ursprung hat: Sie ließ sich in den marian. »Jungfrauenbund« in Luzern aufnehmen, sie wanderte nach »Maria Schnee« auf den Rigi und nach Einsiedeln, wo eine »eigene Kraft« sie veranlaßte, ihre Standeswahl mit dem Beichtvater zu besprechen. Dieser bat bei der Erzbruderschaft des Herzens Ms in Paris für sie zu beten, und kurz darauf fühlte sie sich in einen tätigen Orden berufen und wurde Lehrschwester vom Hl.Kreuz. Auch die Wende zur Caritas steht unter marian. Zeichen.

Mit dem Geschenk eines Gönners, einer in Holz geschnitzten Mater dolorosa, wurde M, wie P.Theodosius sagte, die eigentliche Stifterin des Spitals, des ersten Mutterhauses der Barmherzigen Schwestern. Nach dessen Verlegung hängte S. das Bild der Mater dolorosa über ihren Schreibtisch. Ihr weihte sie auch die Kapelle am Ende des Stationsweges, der 1865 zu Ehren des Stifters und der Wohltäter errichtet wurde.

Im Mittelpunkt des Gebetslebens S.s standen die Hl.Messe und zusammen mit dem Gekreuzigten seine Mutter. Wie sie selber nie ganz in den Geschäften unterging, wollte sie, daß der Gedanke an Jesus und M auch den Schwestern den ganzen Tag gegenwärtig bliebe. Sie lehrte sie, bei jedem Stundenschlag das »Stundengebet«, zwei leicht im Gedächtnis haftende gereimte Zeilen: »In Mariens Herz und in Jesu Wunden empfehlen wir uns jetzt und zu allen Stunden« (Ákten des Seligsprechungsprozesses), zusammen mit einem Ave Maria zu beten. Einer Schwester schrieb sie u.a.: »Üben Sie eine besondere Andacht zur Muttergottes; denn durch ihre mächtige Fürbitte erreichen wir alles« (Brief an Sr. Wenefrieda Steinhart vom 16.12.1873). So hielt sie es selber: keine Schwierigkeiten ohne besonderen Hilferuf an M. Außer dem täglichen Rosenkranz bat sie die Schwestern, einen zweiten zu beten, wenn es um schwere Entscheidungen ging. Als Dank für die Errettung aus großer Not betete sie mit den Schwestern drei Jahre lang täglich die Litanei zu »ULF von der immerwährenden Hilfe«.

Beim Neubau der Klosterkirche 1880 erhielt die GM einen Ehrenplatz. An der mit drei Türmchen geschmückten Fassade stand im größten derselben die Statue der Immaculata; im Innern waren ihr ein Seitenaltar, das Herz-Me-Oratorium und ein Fresko Ms von der immerwährenden Hilfe geweiht. Auf einer Lourdesreise gegen Ende ihres Lebens erwarb S. eine lebensgroße Statue der Immaculata. Die Fertigstellung einer Grotte dafür erlebte sie nicht mehr, aber die Statue zeugt noch heute von der großen MV der Dienerin Gottes.

WW: Hs. im Archiv des Institutes Ingenbohl: Kurze Autobiographie 1867. — Briefe. — Aufzeichnungen über besondere Ereignisse des Instituts.

QQ: Zeugenaussagen im Seligsprechungsprozeß: Archiv des Institutes Ingenbohl.

Lit. (Auswahl, bes. der vielen Übers.): A. v. Segesser, Generaloberin Schwester M. T. S., 1939. — V. Gadient, Die Dienerin Gottes Mutter M.T.S. Heroisch im Alltag, 1954. — M.Guntern, The Spirituality of the Servant of God Mother Mary Theresa S., Diss., St. Bonaventure (NY) 1958. — C. Rutishauser, Liebe erobert die Welt, Leben und Werk, 1959, ²1967; franz.: ²1968. — G. Buono, La porta aperta, 1967, ²1968. — C. Schnitzer, A Case of Commitent, 1967; chinesisch: 1982. — R.P. Venzin, Mutter M.T. im Heute, 1988. — LThK² IX 393 f. — DIP VIII 1034 f. (Lit.). *C. Göcking*

Schernberg, Dietrich, Kleriker und kaiserlicher Notar in Mühlhausen/Thüringen, dort urkundlich zwischen 1483 und 1502 erwähnt. Sein einziges Werk ist das vor 1480 entstandene »Schön Spiel von Frau Jutten«, ein M mirakelspiel (→ Spiele), das angeblich auch in Mühlhausen zur Aufführung gelangte. Es handelt von der legendären Gestalt der Päpstin Johanna (»Frau Jutta«), deren Seele auf die Fürsprache Ms von der Höllenpein befreit wird. S.s Stück ist die erste Bearbeitung dieses Stoffes in dt. Sprache. Der Verfasser orientiert sich bei der Ausgestaltung v. a. am → »Theophilus«, dem ma. Faust, aber auch anderen Weltgerichts-, Oster- und Passionspielen. Das Werk ist heute nur noch aus einem nachref. Druck bekannt (Andreas Petri, Eisenach 1565). Herausgeber ist der ev. Prediger Hieronimus Tilesius (1531–66), der sich in einem Vorwort kritisch und polemisierend mit dem Inhalt des Stückes auseinandersetzt. In der für historisch gehaltenen Gestalt der Päpstin Johanna sieht Tilesius eine Bestätigung für die von den Reformatoren geübte Kritik an der kath. Kirche. Am Aufstieg Juttas und ihrer Schwangerschaft zeigten sich die Korruptheit des Papsttums und die verderblichen Folgen des Zölibats, außerdem mindere die Hervorhebung der Mittlerrolle Ms in S.s Stück in für die kath. Kirche typischer Weise die Bedeutung herab, die dem Erlösungswerk Christi zukomme. Kernaussage des Stückes ist indes, daß auch die Seele, die eine Todsünde begangen hat, gerettet werden kann, wenn sie bereut und sich der Fürsprache der Heiligen, bes. Ms, anvertraut. Jutta erwirbt als »Johannes von Engellandt« zusammen mit ihrem Geliebten »Clericus« in Paris das Doktorat, in Rom die Kardinalswürde und wird schließlich zum Papst gewählt. Durch einen Besessenen offenbart der Teufel vor allem Volk, daß der »Papst« eine Frau ist, die ein Kind erwartet. Ewige Verdammnis wäre die gerechte Strafe für die »superbia« Juttas, denn indem sie sich als Mann ausgegeben hat, ist sie aus ihrem ordo ausgetreten und hat ihre Sündenlast noch vergrößert, weil sie sich, von sündhaftem Wissensdrang getrieben, mit dem Teufel verbündet und damit bewußt die ewige Verdammnis in Kauf genommen habe. M aber kann Christus zu einem milderen Urteil bewegen: Wenn die Sünderin Reue zeigt und als Buße Tod und öffentliche Schande auf sich nimmt, so soll ihre Seele gerettet sein. Jutta bereut, nimmt Zuflucht zur Fürsprache Ms und stirbt bei der Geburt ihres Kindes. Teufel führen ihre Seele zunächst triumphierend in die Hölle und martern sie. Jutta aber betet zur GM und ruft sie um Hilfe an. Ihr Gebet peinigt die Teufel so sehr, daß sie die Marter unterbrechen. Auch die pilgernde Kirche vertraut sich der Fürsprache Ms an. Um den Zorn Gottes abzuwenden, der sich in Naturkatastrophen äußert, beschließen die Kardinäle in Rom eine Prozession zu Ehren Gottes und Ms. Die Schlußszene des Stückes zeigt die Erlösung Juttas. M erinnert ihren Sohn nochmals an alle gemeinsam erlittenen Leiden, daraufhin gibt Christus dem Erzengel Michael den Auftrag, Juttas Seele in den Himmel zu führen. Das Spiel endet mit einem Dankgebet der Erlösten.

Ausg.: J. Chr. Gottscheden, Des noethigen Vorrats zur Geschichte der deutschen Dramatischen Dichtkunst Zweyter Theil, oder Nachlese aller deutschen Trauer-, Lust- und Singspiele, die vom 1450sten bis zum 1760sten Jahre im Drucke erschienen, 1765, 84–138. — A. Keller, Fastnachtsspiele aus dem 15. Jh., Teil II, Stuttgart 1853; Nachdr. 1965, 900–955. — M. Lemmer (Hrsg.), D. S., Ein schön Spiel von Frau Jutten, 1971.
Lit.: R. Haage, D. S. und sein Spiel von Frau Jutten, Diss., 1891. — C. Fasola, Das Spiel von Frau Jutten, In: Rivista di Letteratura Tedesca 5 (1911) 199–212. — W. Kraft, Die Päpstin Johanna, eine motivgeschichtliche Untersuchung, Diss., Frankfurt 1925. — J. Engel, The stage directions in S.s Spiel von Frau Jutten, In: Middle Ages — Reformation — Volkskunde, FS für J. G. Kunstmann, 1959, 101–107. — W. F. Michael, Das dt. Drama des MA, 1971, 104 f. — H. Biermann, Die deutschsprachigen Legendenspiele, Diss., 1977, 139–176. — Bergmann, Katalog, Nr. 61 (157 f.; Lit.). — VL III 65–72. — »Päpstin Johanna«, In: E. Frenzel, Stoffe der Weltliteratur, ⁷1988. — VL² VIII 647–651.
R. Meyer

Scherpenheuvel, Bezirk Löwen, Erzbistum Mechelen-Brüssel. An der Stelle des heutigen Hochaltars in der Basilika stand vor mehreren hundert Jahren eine Eiche. Dort hatten fromme Hände ein M bild befestigt, das bald als wundertätig galt und von zahlreichen Gläubigen aufgesucht wurde. Nach der Legende, die um 1600 in Zichem aufgezeichnet wurde, hatte ein Hirt das Bild am Boden gefunden, als er seine Schafe in einem entlegenen Winkel der Heide weidete. Er wollte das Bild mit nach Hause nehmen, konnte sich aber nicht vom Fleck weg bewegen. Erst als ihn sein Herr am Abend aufsuchte und das Bild an der Eiche befestigt hatte, konnte er sich wieder bewegen und dankbar vor dem Bild niederknien. Diese Legende und zahlreiche Genesungen an diesem Ort begründeten den Ruf von S.

Selbst in den Jahren 1580–83, als die Geuzen Zichem besetzt hatten und das Bild von der Eiche entfernt war, hielt der Zustrom der Wallfahrer an. 1587 entdeckte Jan Momboers, Stadtrat von Zichem, bei den Küstern auf dem Allerheiligenberg von Diest ein M bild, das so sehr dem ursprünglichen glich, daß man es allgemein für das Original hielt. Nachdem er es wieder an der Eiche befestigt hatte, wuchs der Zustrom der Gläubigen an und auch die Gebetserhörungen nahmen zu.

Gotfried van Thienwinckel, Pastor in seinem Geburtsort Zichem, beschrieb in seiner Chronik die Greuel, die seine Heimatstadt getroffen hatten und begrüßte das M bild als ein Licht am dunklen Himmel. 1602 beschloß er unter der Eiche eine hölzerne Kapelle für das Bild erbauen zu lassen. Aber weil die alte Eiche noch immer Gegenstand abergläubischer Praktiken war, wurde sie im Jahr darauf, auf kirchlichen Befehl hin, mit samt der Wurzel gefällt.

Das Erzherzogspaar Albrecht und Isabella hatte 1603 aus Dankbarkeit für die Befreiung von s'Hertogenbosch den Bau einer größeren

Kapelle aus Stein gelobt. Doch bald war auch diese wieder zu klein, und als Oostende, die wichtige Bastion der Calvinisten, befreit war, erhoben die Erzherzöge S. 1605 zur Stadt und gaben ihrem gefeierten Hofbaumeister, dem Antwerpener Wenceslas Cobergher den Auftrag, eine Festung in der Form eines siebenzakkigen Sterns und in der Mitte eine monumentale Kuppelkirche im Stil des flämischen Barock zu bauen. Sie waren auch mit ihrem Gefolge anwesend, als Mathias Hovius, der Erzbischof von Mechelen und große Förderer S.s, 1609 den Grundstein legte. Der Erzherzog selber lieferte dazu die Idee der in der marian. Symbolik bedeutsamen Sternform, die in der Kirche vielfach vorkommt. Über viele Jahre hin wallfahrteten Albrecht und Isabella regelmäßig zu ihrem Nationalheiligtum, das sie in ihrem Eifer für die kath. Erneuerung wesentlich förderten.

1610 wurde S. von Zichem losgelöst und zur eigenen Pfarrei erhoben. Erster Pfarrer wurde der 25-jährige Joost Bouckaert aus Brügge, der theologisch von den Gedanken der Gegenreformation geprägt war. Die schweren finanziellen Belastungen bei der Vollendung der Kirche — wegen Geldmangels konnte die Kirche erst 1627 geweiht werden — hinderten ihn nicht daran, den geistlichen Ausbau des Wallfahrtsortes mit aller Kraft voranzutreiben. Dazu richtete er 1624 das für die Zeit typische Institut der Oratorianer ein, das erste in den Niederlanden. 18 Jahre lang war Bouckaert dessen Propst, 32 Jahre war er Pastor in S., 22 Jahre Landdekan von Diest; 1642 wurde er als Nachfolger von Cornelius Jansenius der achte Bischof von Ypern. Abgesehen von den Erzherzögen, war Bouckaert der wichtigste Förderer S.s.

Zahlreiche Heilungen, auch an fremden Soldaten aus den Garnisonen von Diest in Zichem, die an einer schlimmen Fieberepidemie litten, verbreiteten mehr und mehr den Ruf des Wallfahrtsortes. Als 1603 die Pest in Brüssel und Antwerpen wütete, stiftete der Magistrat eine Votivtafel an die Kirche von S.; 1629 brach die Krankheit auch in S. aus. Durch die Fürsprache der GM breitete sich die Seuche aber nicht weiter aus, und die dankbaren Bewohner gelobten freudig eine jährliche Prozession, bei der alle Teilnehmer eine brennende Kerze mittragen sollten. So entstand die berühmte Kerzenprozession zu der noch heute zahlreiche Gläubige am ersten Sonntag nach Allerheiligen auf dem Hagelländischen Hügel zusammenkommen. Jährlich werden etwa 1 000 000 Pilger in S. geschätzt.

Lit.: J. F. Pallemaerts, Onze-Lieve-Vrouw van S. I, ²1946 — A. Boni, S., basiliek en gemeente in het kader van de vaderlanse geschiedenis, 1953. — A. Lantin, S., oord van vrede, 1971. — J. Philippen, 350 jaar bedevaartantjes van S., 1987.

J. Philippen

Schervier, Franziska, sel. Ordensstifterin, * 3. 1. 1819 in Aachen, †14. 12. 1876 ebd., wuchs im Kreis einer angesehenen bürgerlichen Familie rel. gut unterrichtet heran. Der Vater war Vize-Bürgermeister der Stadt und Besitzer einer großen Nadelfabrik. Mit 13 Jahren verlor sie ihre Mutter und mußte von da an die Sorge für den Haushalt übernehmen. Mit scharfer Beobachtungsgabe und mitfühlendem Herzen erfaßte sie früh die Not der Fabrikarbeiter, der heranwachsenden Jugend, der Armen, der alten und kranken Menschen. Das Pfingstfest 1845 brachte den entscheidenden Wendepunkt ihres Lebens. Der Ruf Gottes war an sie ergangen. Mit der Unbekümmertheit eines Franz v. Assisi sprengte sie alle Hemmnisse. Gottes Ruf allein hatte Geltung. Für alle Art von Not, Elend und Leid war sie offen. Sie begann ihr Werk »im Namen der allerheiligsten Dreifaltigkeit und unter dem Schutze der lieben Mutter Gottes und der besonders verehrten Patrone Franziskus, Vincenz von Paul, Katharina von Siena und Maria Magdalena« (Jeiler 116ff.). 1845 gründete sie die Genossenschaft der Armen Schwestern vom hl. Franziskus, die heute in Deutschland und Belgien in der Krankenpflege tätig ist und 1992 699 Schwestern zählte. Der amerikanische Zweig verselbständigte sich 1959 und hatte 1992 239 Schwestern, die außer in den USA in Italien, Brasilien und Senegal wirken.

Als S. 1869 schwer erkrankte, suchte sie mit großem Vertrauen bei der unbefleckten Jungfrau in → Lourdes Heilung. Sie bat sie, sie entweder heilen zu wollen oder sterben zu lassen. Nach einer vollständigen Heilung gab sie feierlich ein dreifaches Versprechen: 1. keine Gelegenheit zu versäumen, die Andacht zur unbefleckten GM, namentlich unter dem Titel »ULF von Lourdes« zu fördern und verbreiten, 2. in ihrer Genossenschaft folgendes Gebet täglich zu sprechen: »Heilige Maria, sei du heute meine und der ganzen Genossenschaft Mutter; sei unsere Frau und wir wollen dir treue Kinder sein. Amen«, 3. niemals Juden abzuweisen, welche um Hilfe bäten, und nach Kräften für ihre Bekehrung zu wirken (Jeiler 343).

S.s Gebeine ruhen in der Grabkapelle im Mutterhaus in Aachen. Am 28. 4. 1974 wurde S. von Paul VI. in Rom selig gesprochen.

WW: Die unveröffentlichten Schriften befinden sich im Mutterhaus in Aachen. — Auswahl: Words of Frances S., besorgt von Sister Pauline ..., 1946. — Einfach leben. Ausgewählte Texte aus Handschriften der sel. F. S. v. Aachen, 1819-1876, hrsg. von A. Th. Beckers und J. M. Glisky, 1980.

Lit.: J. Jeiler, Die gottselige Mutter F. S., Freiburg i. B. 1893, ⁴1927 (zit.); franz.: Paris-Tournai 1898; engl.: 1924; ital.: 1984. — Th. Maynard, Through my Gift, 1951. — R. Burke, Fire upon the Earth, 1951. — J. Brosch, F. S., 1953; ital.; 1953, ²1974. — C. Humpf, Wagnis der Liebe, 1962. — J. Dreissen, Zur Spiritualität der Sel. F. S., In: Ordenskorrespondenz 17 (1976) 48-62. — Armen Schwestern vom hl. Franz, Franziska v. Aachen. Ein Leben nach dem Evangelium, 1976. — E. Koch, F. S. Zeugin einer dienenden Kirche, 1976. — E. Gatz, Für Gott und Welt, 1978. — AAS 66 (1974) 268–272. — LThK² IX 394. — Wimmer-Melzer, ⁶1988, 296. — DIP VIII 1035ff. — DSp XIV 415ff.

V. Podzun (W. Baier)

Scheßlitz, Erzbistum Bamberg. Die 1871 verstorbene Bamberger Dienstmagd Dorothea Gabler, wegen ihrer ⍰frömmigkeit liebevoll »Muttergottesdorle« genannt, besaß für ihre häuslichen Andachten eine kleine spätgotische M-statue. Daß diese auch »seit vielen Jahren Gegenstand einer besonderen Verehrung nicht nur seitens vieler Einwohner der Stadt und Umgebung, sondern auch anderer Personen aus der Ferne« war und sich sogar wertvolle Votivgaben angesammelt hatten, geht aus dem Verzeichnis des Nachlasses hervor, das anläßlich der bevorstehenden Versteigerung erstellt wurde. Einwohner von S. und den umliegenden Gemeinden spendeten 2000 Gulden, um das Figürchen aus der Versteigerungsmasse zu lösen und es in die Obhut der Marian. Sodalität zu übergeben. So gelangte es zunächst in die alte Stadtkapelle und nach deren Abbruch 1884 in die neu erbaute M-kapelle. Bis zum Ersten Weltkrieg wurde die »Kleine Muttergottes« alljährlich von der Bamberger Wallfahrerbruderschaft Maria Hilf besucht. Die Wallfahrt aus Neuses Lkr. Forchheim findet dagegen noch heute statt, denn sie wurde 1911 zur Abwendung einer Viehseuche gelobt.

<small>Lit.: A. Schuster, Muttergottesdorle, In: Alt-Bamberg. Beilage zum Bamberger Tagblatt, 1902, 290–292. — F. Wachter, Erzbistum Bamberg, In: Wallfahrten durchs dt. Land, hrsg. von Ch. Schreiber, 1928, 217–233. — H. Mayer, Die Kunst des Bamberger Umlandes, 1955, 228. — H. Göller, FS, Chronik der Marienkapelle zu S., 1986. W. Folger</small>

Scheutfelder Missionare → Herz Mariae

Schiavone, Giorgio di Tomaso (eigentlich Juraj Čulinović), * 1436 in Skradin / Dalmatien, † 6.12.1504 in Šibenik, ital. Maler des 15. Jh.s. Aus der Paduaner Schule des Squarcione hervorgegangen, schuf S. Altäre (Padua, Dom; London, Nat. Gallery) und v. a. M-bilder im Raum von Šibenik. Seine pretiösen, reichgeschmückten Madonnen in metallisch harten, stark plastischen Formen, umgeben von antikisierenden Architekturrahmen, Fruchtgirlanden und Putten ähneln denen Crivellis und C. Turas.

<small>Lit.: La Pittura in Italia. Il Quattrocento, 1987 (Reg.). — K. Prijatelj, Profilo di G. S., In: Arte antica e moderna 9 (1860) 47–63. — Thieme-Becker XXX 48 f. F. Tschochner</small>

Schiele, Egon, * 12.6.1890 in Tulln a. d. Donau, † 31.10.1918 in Wien, österr. Maler und Zeichner, studierte 1906-09 an der Akademie der bildenden Künste in Wien bei Christian Griepenkerl. 1907 begegnete er Gustav Klimt, der sich künstlerisch für ihn einsetzte und bis etwa 1910 starken Einfluß auf seine Arbeiten nahm; 1909 gründete er mit Anton Faistauer, Franz Wiegele und Paris v. Gütersloh die »Neukunstgruppe«, deren Werke 1909/10 im Salon Pisko in Wien gezeigt wurden. Auf der internat. »Kunstschau 1909« war S. mit vier Bildern vertreten. Ein Jahr später zog er nach Krumau (Südböhmen) und 1912 nach Neulengbach in Wien. In diesem Jahr wurde er verhaftet, da seine Aktdarstellungen zu pornographischen Blättern erklärt wurden und er angeblich eine Minderjährige entführt hatte. Während seines 24-tägigen Gefängnisaufenthaltes entstanden mehrere aquarellierte Zeichnungen, die zu den eindrucksvollsten Blättern seines Oeuvres gehören. Danach reiste er durch Österreich, nach München, Zürich und Györ. 1915 wurde S. nur wenige Tage nach seiner Hochzeit mit Edith Harms eingezogen; aus dieser Zeit stammen u. a. Darstellungen russ. Kriegsgefangener; 1918 stellte er mit großem künstlerischen und materiellen Erfolg in der Wiener Sezession 19 Ölgemälde aus.

Die stilistische Entwicklung S.s ist deutlich an seinen Werken ablesbar: Der ornamentalgraphische Stil in seinem Frühwerk zeigt den Einfluß des Jugendstils und Stiltendenzen des Impressionismus. Weitere Anregungen bezog S. aus Werken Ferdinand Hodlers und der ostasiatischen Kunst. Um 1910 war S., der aus diesen unterschiedlichen Einflüssen etwas völlig Eigenständiges geschaffen hatte, bereits einer der Hauptvertreter der expressionistischen Avantgarde in Wien. Sein Oeuvre (ca. 250 Gemälde sowie etwa 2000 Zeichnungen, Aquarelle und Gouachen) umfaßt Akte und Porträts (Selbst- und Kinderbildnisse), Landschafts- und Straßendarstellungen, zu denen er durch seinen Aufenthalt in Krumau inspiriert wurde, sowie einige M-darstellungen.

Um 1908 fertigte S. mit roter und weißer Kreide das Bild »Madonna mit Kind« (Wien, Niederösterr. Landesmus.). M ist als Halbfigur dargestellt, bekleidet mit einem roten Mantel. Die symbolgeladene Präsentation des Kindes wird durch die starre, nahezu roboterhafte Handhaltung der GM verstärkt. Die Expressivität des Gesichtsausdruckes wird u. a. durch die großen mandelförmigen Augen der GM mit kleinen Pupillenpunkten und harten Augen- und Brauenkonturen erreicht. Im Gegensatz zu diesen »sehenden Augen« hat Christus weichere Konturen und blickt mit geweiteten Pupillen direkt auf den Betrachter. Die Figurengruppe befindet sich vor einem durchgehenden braunroten Hintergrund, der hinter dem Haupt der GM von einem »heiligenscheinähnlichen« hellen Farbkreis unterbrochen wird.

Ein weiteres M-bild (Graz, Sammlung Viktor Fogarassy, 1911) zeigt die stehende GM mit dem Kind. Die beiden Figuren bilden einen geschlossenen Umriß: M ist ganz in einen Mantel eingehüllt, ihr Kopf von einem Tuch umschlungen. Die Arme, die das Kind halten, sind unter dem aus grünen, schwarzen, weißen und roten Farbrechtecken gebildeten Mantel verschwunden. Die sezierende Expressivität, die S.s Werk auszeichnet, ist hier im verhärmten Gesichtsausdruck und in den ins Leere blickenden Augen Ms zu finden. 1913 malte S. die »Hl. Familie« (Privatbesitz): M im dunklen Gewand bildet die Querachse der Gruppe, das Kind unterhalb von ihr, eingehüllt in ein helles rötliches Tuch, und Joseph über den beiden in einem mehrfarbigen Gewand. Die Umriß- und Begrenzungslinien sind streng durchformuliert und korrespondieren mit den einzelnen Handhaltungen. In der letzten Schaffensperiode S.s seit 1916 überwiegen Porträts in ruhiger Linienführung, erstmals auch mit naturalistischen Details, das marian. Thema findet sich nicht mehr.

Lit.: E. Mitsch, E.S., 1890-1918, 1974. — A. Comini, E.S. Portraits, 1974. — Ch. M. Nebehay, E.S., Leben und Werk, 1980. — S. Sabarsky, E.S., 1985. — Ausst.-Kat., E.S., Vom Schüler zum Meister, Hamburg 1985. — Ausst.-Kat., E.S. und seine Zeitgenossen, Zürich 1988. — Ausst.-Kat., E.S. und seine Zeit, Österr. Malerei und Zeichnung von 1900-30 aus der Sammlung Leopold, hrsg. von K. A. Schröder und H. Szeemann, München 1988. — Ch. M. Nebehay, E.S. Von der Skizze zum Bild. Die Skizzenbücher, 1989. *U. Simon-Schuster*

Schienen, Gemeinde Öhningen, Lkr. Konstanz, Erzdiözese Freiburg, Pfarr- und Wallfahrtskirche St. Genesius (ursprünglich Wallfahrt zu »ULF von Schienen und zum hl. Genesius«. Die dreischiffige Pfeilerbasilika aus der Zeit um 800 (heutiger Baubestand im wesentlichen um 1000) wird als Eigenkirche eines Grafen Scrot von Florenz errichtet. Ein nach 830 dort entstandenes Eigenkloster wird Anfang des 10. Jh.s dem Kloster Reichenau inkorporiert und ist seit 1215 Propstei der Reichenau. Die Aufhebung erfolgt 1757 durch den Bischof von Konstanz (danach Pfarrkirche).

Im 16. Jh. entwickelt sich eine eigene ⋈wallfahrt (Wallfahrtskapelle innerhalb der Kirche im rechten Seitenschiff). Im Zuge erstarkender MV soll bereits im 15. Jh. eine ⋈statue in der Kirche des hl. Genesius aufgestellt worden sein. Im 17. und 18. Jh. entwickelt sich eine bis heute bestehende, beliebte Regionalwallfahrt.

Die Gründungslegende berichtet, daß der Propst wegen des schlechten baulichen Zustandes der Kirche die ⋈figur während der Reformationszeit in die oberhalb der Kirche gelegene Michaelskapelle transferieren lassen will. Das Gnadenbild sei jedoch mehrmals auf mirakulöse Weise an seinen angestammten Platz zurückgekehrt. 1560 erfolgt die Neuweihe der restaurierten Basilika.

Es existieren zwei Gnadenbilder: Der südliche Seitenaltar (neugotisch von 1906) birgt eine spätgotische, sitzende Madonna mit Jesuskind auf dem linken Arm (1. Hälfte 15. Jh.); beide sind barock bekrönt. Vom alten Gnadenbild (12. Jh.?) ist nur noch ein Torso vorhanden.

Einige Votivtafeln (datiert ab 1790) sind erhalten. Noch vor dem Zweiten Weltkrieg waren eine Skapulierbruderschaft (1702 errichtet), eine Herz-⋈e-Bruderschaft (1876) und eine Rosenkranzbruderschaft lebendig. Das Gedenken an die Wiederherstellung der Kirche (Weihe-Translationsnachricht vom 26. 5. 1560) und die Wiederaufnahme der Wallfahrt in die Kirche wird am Sonntag Exaudi begangen. Weitere Wallfahrtstage sind Schmerzensfreitag, Kreuzfreitag und Seelenfreitag.

Lit.: K. Marbe, Die gnadenreiche Wallfahrt zu ULF von S., Freiburg 1879. — Müller I 336-342. — SchreiberW 158 f. — Der Landkreis Konstanz. Amtliche Kreisbeschreibung III, 1979, 362-369. — Kurzkataloge 60. — R. Metten, K. Welker und H. Brommer, Wallfahrten im Erzbistum Freiburg, 1990, 197 f. (Lit.). *W. Müller (K. Welker)*

Schininà Arezzo, Maria (Maria vom Hl. Herzen Jesu), sel. Ordenssifterin, * 10. 4. 1844 in Ragusa, †11. 6. 1919 ebd., entstammte einer vornehmen Familie, hatte als Hauslehrer Don Vincenzo Di Stefano und schlug verschiedene Heiratsangebote aus, da seit 1874 in ihr die Idee, ein klösterliches Leben zu führen, reifte. Sie pflegte ein intensives Leben der Frömmigkeit und Liebe. 1877 wurde sie Leiterin der frommen Vereinigung der »Töchter Marias«, deren geistlicher Beistand der Karmelit Salvatore Maria a la Perla war. Mit zahlreichen Gefährtinnen widmete sie sich dem Apostolat in der Katechese, der häuslichen Alten- und Krankenpflege und der Verbreitung der Verehrung ⋈s und des Hlst. Herzens Jesu. Sie verehrte bes. das Herz ⋈s.

Nach dem Tod ihrer Mutter (1884) wollte sie sich in ein Klausurkloster auf Malta zurückziehen, fuhr aber dann auf Rat des Erzbischofs von Syrakus fort, ihren Caritasdienst in Ragusa zu entfalten. Mit fünf Gefährtinnen nahm sie am 9. 5. 1889 den Schleier und widmete ihr Leben den »Anbetungsschwestern vom Heiligen Herzen Jesu« von Ragusa unter dem Schutz »Marias vom Hlst. Rosenkranz«. Das neue Institut verlegte sich auf Unterricht und Erziehung der Jugend, Fürsorge der Waisen und Gefährdeten sowie der Altenpflege. Der Titel »Schwestern vom Heiligen Herzen Jesu« wurde 1909 bei der Revision der Konstitutionen angenommen, die am 11. 3. 1946 endgültig gebilligt wurden. Die Angliederung an den Orden der Franziskanerkonventualen erfolgte am 9. 2. 1955. Der am 16. 1. 1975 eingeleitete Beatifikationsprozeß führte am 4. 11. 1990 zu S.s Seligsprechung.

Lit.: P. La Scala, Sr. M. S. fondatrice e superiora dell' istituto delle Suore del Cuore Eucaristico di Gesù, 1924. — N. N., L'istituto delle Suore del Sacro Cuore di Gesù nel primo cinquantenario della fondazione, 1939. — B. Torpigliani, E risposee »si«. Sr. M. S., 1949. — AAS 67 (1975) 396-99; 83 (1991) 556-560; 84 (1992) 111 ff. — BSS XIV 1243 f. — DIP VIII 339. 1058. *U. Dovere / W. Baier*

Schlaf des Jesuskindes. Die Bibel kennt den S. im Gegensatz zu den Apokryphen als Motiv nicht. Alle Zeugnisse beschäftigen sich mit dem Schlaf als Voraussetzung der Vision Jesu oder als Todesschlaf gemäß den Traktaten des hl. Augustinus und hl. Johannes Chrysostomos.

Bei der Bildgestaltung werden typische antike Gesten zitiert, wie der im Liegen gleich Noah und Jonas nach »heidnischen« Vorbildern aufgestützte Kopf. Bedeutsam sind die Hinweise auf den Opfertod durch die Integration von Passionswerkzeugen und auf mütterliche Pflichten ⋈s, hier freilich im Rahmen privater Andacht und öffentlicher, theatralisch feinsinniger Vorstellungen. Geschnitzte Wiegen von teils beachtlich höfischem Aufwand, auch die Engelwacht, wurden in Zeremonien vorgeführt. Diese Bräuche haben ihre Wurzel in der weiblichen Christusminne des 13. Jh.s. Sie werden populär und erleben in Nordfrankreich und Südbelgien im 15. Jh. eine Hochblüte. Volkstümlichen Ausdruck findet der S. z. B. in dem Weihnachtslied

»Joseph, lieber Joseph mein, hilf mir wiegen das Kindelein«.

Wie sehr die bildliche Darstellung programmatisch wirken soll, zeigt eine Tafel Jacopo Francias (Anfang 16. Jh.) mit einen auf einem Miniaturkreuz liegenden Jesusknaben und der Schrifttafel »Ego dormio et cor meum vigilat« und der Schriftrolle »in somnio meo requies«. Der Golgatha-Aspekt wird gewichtiger, wenn das Kind einen Schädel hält oder sein Haupt auf diesen bettet. Dabei muß es nackt sein, denn das Geschlecht ist erstes Attribut seiner Menschlichkeit und signalisiert mögliches Leiden. Folgerichtig sprach der hl. Franziskus vom nackten Herrn, dem man nachfolgen solle.

Die Verbindung des Jesuskindes mit Joseph und ᛗ im Rahmen einer irdischen Trias — nach dem hl. Ambrosius werde Joseph als deus faber der Seele ᛗ erleuchten, Jesus retten — weitet den erzählerischen Rahmen. Die meisten Bildbeispiele »Schlafendes Jesuskind mit Begleitung« ab dem 15. Jh. deuten auf eine Herkunft des Gemäldetyps aus Venedig bzw. dem Veneto. Mittelital. Maler wie → Piero della Francesca reduzieren die Erregung des Motivs. Kissen wie bei aufgebahrten Toten oder Lagerung auf dem Corporale vergleichbaren weißen Tuch betonen das Opfer, und erinnern an das Grabtuch von Turin. Dabei kann das Kind auf den Rippenbogen zeigen, zum Herzen fassen, ᛗ ein Tuch heben, ein Engelskonzert ertönen. Stets ist es Anbetung ohne Kinderfreude, Meditation über die Passion, Beweinung im voraus, wobei die Sibyllenhaftigkeit ᛗs betont wird.

Hält ᛗ das schlafende Kind im Schoß, so ergibt sich zwingend eine Vorausschau auf die Pietà. Die »leblose« Haltung des gesenkten Armes verweist auf die Grablegung. Gewiß nicht ohne Reaktion auf → Donatellos Madonnenbilder kommt es zu einer weiteren, den Gläubigen beunruhigenden Formulierung: Das an der Mutterbrust liegende Kind wirkt vital gesättigt, wiewohl der Ernst des Gesichtsausdrucks ᛗs die Todesassoziation zu beachten heischt. Durch Hinzufügung von Bäumen und des sorgenvoll blickenden Joseph entsteht die Variante der Ruhe auf der Flucht. → Caravaggio und van → Dyck haben die nur vermittels Gnade im späten Moment gelöste Situationsdramatik bewegend gestaltet.

Lit.: LCI II 400–406 (Lit.). *G. Westrum*

Schlange im Paradies. AT: Nach Gen 3 ist die S. zwar ein Geschöpf Gottes wie die übrigen Tiere, sie gilt aber als bes. schlau und verführt → Eva, von den Früchten des verbotenen Baums zu essen, von denen sie dann auch ihrem Mann zu essen gibt. Bei dem dadurch heraufbeschworenen Verhör und Gerichtsurteil durch Gott verhört Gott nur den Mann und die Frau, würdigt aber die S. keines Wortes, sondern verurteilt sie sofort, indem er sie verflucht zum Kriechen auf der Erde und zum Staubfressen, während der Mensch zwar auch zu harter Strafe verurteilt, nicht aber verflucht wird. Gott stiftet außerdem Feindschaft zwischen S. und Mensch: Die S. und ihr »Same« werden der Frau und ihrem »Samen« »nach der Ferse stoßen«, um sie zu verletzen; der »Same der Frau«, d. h. ihre Nachkommen oder einer ihrer Nachkommen, wird der S. »nach dem Kopf stoßen« und sie so womöglich tödlich treffen (Gen 3,15). Diese Stelle hat die christl. Tradition als → Protoevangelium verstanden und den »Samen der Frau« auf Christus, gelegentlich auch auf ᛗ gedeutet.

Gen 3,14 f. ist ursprünglich wahrscheinlich eine schlichte volkstümliche ätiologische Fabel über die von den anderen Tieren so unterschiedliche Verhaltensweise der S. (auf dem Boden kriechen, »Staub fressen«, wie der Augenschein nahezulegen scheint) und über das Erschrecken des Menschen, bes. der Frauen, beim Anblick einer zischelnden S. Der Jahwist kennt aber die S. auch als Symbol der Hinterhältigkeit und als Beigabe zur bildlichen Darstellung von heidnischen Gottheiten (im vorderasiatischen Raum Fruchtbarkeits- und Phallussymbol in Darstellungen Baals und der → Astarte). Möglicherweise hat die Pharaonentochter, die → Salomo heiratet, die Verehrung der Göttin Renetutet (griech. Thermuthis) mitgebracht, der man geheimnisvolles Wissen, magische Kräfte und die Gabe der Fruchtbarkeit zuschrieb. Sie wird oft als aufgerichtete Kobra oder begleitet von einer solchen dargestellt (M. Görg).

Der Jahwist nimmt der S. die göttliche Aura und sieht in ihr nur das Staub fressende, am Boden kriechende Reptil. Er gebraucht sie aber als anschauliches Bild für die verführerische und gefährliche, ja lebensbedrohliche Macht des Bösen. Er identifiziert sie nicht ausdrücklich mit dem Teufel oder → Satan; das tut erst Weish 2,24 und das NT; er benützt sie aber als ein symbolträchtiges Bild für eine widergöttliche, dem Menschen feindliche, nur das Böse wirkende, gefährliche Macht, die die Gemeinschaft der Menschen mit Gott, aber auch die Gemeinschaft der Menschen untereinander bedroht; er deutet jedoch auch an, daß diese Macht selbst durch den Menschen bedroht und einst ausgeschaltet wird. Ob er dabei aber an einen bestimmten Schlangenüberwinder denkt, etwa an David oder einen König aus dessen Dynastie, ist ungewiß; wohl aber hat an einen solchen Schlangenüberwinder der griech. Übersetzer der Septuaginta gedacht, wenn er in Gen 3,15 den »Samen« der Frau, der im griech. $\sigma\pi\acute{\epsilon}\rho\mu\alpha$ ein Neutrum ist, mit dem maskulinen $\alpha\grave{\upsilon}\tau\acute{o}\varsigma$ = »er« wieder aufnimmt; die Vulgata, die das »semen« (Neutrum) mit »ipsa« = »sie« fortführt, denkt dabei offensichtlich an ᛗ (→ Eva; → Protoevangelium).

Lit.: Vgl. Kommentare zu Gen bzw. zu Gen 2 und 3; die Lit. zu »Eva« und »Protoevangelium«, ferner: P. A. M. Dubarle, Une source de la livre de la Sagesse, In: RSThPh 37 (1953) 425–443. — Ders., Le péché originel dans les livres sapientiaux, In: Revue thomiste 56 (1956) 597–619. — S. Lyonnet, Le sens de $\pi\epsilon\iota\rho\acute{\alpha}\zeta\epsilon\iota\nu$ en Sap. 2[24] et la doctrine du péché original, In: Bib.

39 (1958) 27–36. — A. M. Dubarle, La tentation diabolique dans le Livre de la Sagesse, In: Mélange Eugène Tisserant, 1964, 187–195. — M. L. und H. Erlenmeyer, Über Schlangen-Darstellungen in der frühen Bildkunst des Alten Orients, In: Archiv für Orientforschung 23 (1970) 52–62. — H. Haag, Teufelsglaube, 1974, 247–262. — A. R. Joines, Serpent Symbolism in the OT, 1974. — Ders., The Serpent in Gen 3, In: ZAW 87 (1975) 1–11. — E. Drewermann, Strukturen des Bösen, Teil 2, 1977, 69–152. — K. Jaroš, Die Motive der heiligen Bäume und der S. in Gen 2–3, In: ZAW 92 (1980) 204–215. — Ders., Exegese und Tiefenpsychologie, In: BiKi (1983) 91–105. — M. Görg, Die »Sünde« Salomos, In: BN 16 (1981) 42–59. — Ders., Das Wort zur Schlange, In: 19 (1982) 121–140, beide jetzt in: Ägypten und AT 11 (1991) 235–271. — E. Williams-Forte, The Snake und the Tree in the Iconography and Texts of Syria, In: L. Gorelick und dies. (Hrsg.), Ancient Seals and the Bible, 1983, 7–17. — G. Scarpat, Note a tre passi della Sapientia (Sap. 2,16; 2,24; 4,19), In: Testimonium Christi, FS für J. Dupont, 1985, 453–464. — J. Tabick, The Snake in the Grass, In: Religion 16 (1986) 155–167. — R. W. L. Moberly, Did the Serpent Get it Right?, In: JThS NS 39 (1988) 1–27. — K. Holter, The Serpent in Eden as Symbol of Israel's Political Enemies, In: Scandinavian Journal for the Old Testament (1990/01) 106–112.   *J. Scharbert*

Schlatter, Adolf, * 16. 8. 1852 in St. Gallen, † 19. 5. 1938 in Tübingen, studierte ev. Theol. und Phil. in Basel (1871–73 und 1874/75) und Tübingen (1873–74). Nach Ordination und Pfarrdienst in Kilchberg, Neumünster und Keßwil (1875–80) lehrte er zunächst als Dozent für NT und Dogmengeschichte in Bern (1881–88), dann als Prof. für NT in Greifswald (1888–93). Im Zusammenhang mit dem Apostolikumsstreit wurde er Prof. für systematische Theol. in Berlin, um (als Gegengewicht zu Adolf v. Harnack) eine Dogmatik auf der Grundlage von Schrift und altkirchlich-ref. Bekenntnis zu vertreten (1893–98). Den Höhepunkt seiner Wirksamkeit erlebte er in Tübingen, wo er seine Lehrtätigkeit als Prof. für NT auch nach seiner Emeritierung (1922) bis 1930 fortsetzte und Generationen von Pfarrern im Sinne einer biblischen Theol. beeinflußte.

S.s Werk umfaßt weit über 400 Veröffentlichungen zu fast allen Gebieten der Theol. Obwohl der Schwerpunkt seiner Arbeit die ntl. Exegese war, widmete er einen beträchtlichen Teil seiner Publikationen der systematischen Theol., so daß er einen der vielseitigsten Entwürfe der ev. Theol. seit Schleiermacher hinterlassen hat.

Trotz seines nicht zu unterschätzenden Einflusses auf die systematische Theol. hat sich S. der Nachwelt v. a. als Neutestamentler eingeprägt. Seine exegetische Arbeit zeichnet sich durch eine Synthese von historisch-philol. Analyse und theol. Auslegung aus: Seine exegetischen Hauptwerke (Der Glaube im NT, Theologie des NT [2 Bde.] und 9 Kommentare zu ntl. Büchern [zu allen vier Evangelien, zum Römerbrief, zu den Korintherbriefen, zu den Pastoralbriefen, zum 1. Petrusbrief und zum Jakobusbrief]) bemühen sich, philol. Akribie mit einer dogm. reflektierten theol. Interpretation zu verbinden und die alle inhaltliche und sprachliche Vielfalt umgreifende Einheit ntl. Lehrbildung herauszuarbeiten. Im Unterschied zur zeitgenössischen Exegese zog S. v. a. das rabbinische Judentum als religionsgeschichtlichen Verstehenshorizont des NT heran. Durch mehrere Einzelstudien und Monographien (z. B. »Die Theologie des Judentums nach dem Bericht des Josefus«) wurde er zu einem Pionier in der Erforschung des rabbinischen Judentums. Mit seinen »Erläuterungen zum NT« (eine Auslegung des ganzen NT in 10 Bden.), zwei Andachtsbüchern (Andachten, Kennen wir Jesus?) und zahlreichen kleineren populären Bibelauslegungen bemühte sich S. wie nur wenige Neutestamentler um eine Exegese, die auch dem Laien verständlich ist.

In seiner systematisch-theol. Arbeit (v. a. in seiner Dogmatik und Ethik) versuchte S. eine Theol. der Tatsachen zu entfalten, welche den Realitätsgrund der christl. Glaubensinhalte in Heilsgeschichte und Schöpfung (Natur, Menschsein und Geschichte) aufzeigt und so deren Wirklichkeitsgemäßheit und Vernünftigkeit erweist. In scharfer Abwehr Kants und des Dt. Idealismus gründete S. sein systematisch-theol. Denken auf einen erkenntnistheoretischen Realismus, der sogar die Möglichkeit von Gottesbeweisen einschloß. Neben der positiven Zuordnung von Offenbarung und Vernunft ist S.s Werk durch die Einheit von Schöpfung und Erlösung, Rechtfertigung und Heiligung, Glauben und Liebe gekennzeichnet.

S. sah sich als konsequenter Vertreter eines biblischen Realismus veranlaßt, die Weite biblischer Offenbarung nicht nur gegen die Engführungen der altkirchlichen und ma. Lehrbildung geltend zu machen, sondern auch gegen die Engführungen der Reformation und der zeitgenössischen prot. Theol. Dadurch gewann seine exegetische und systematische Arbeit eine ökumen. Offenheit, die für seine Zeit ungewöhnlich und vorbildlich zugleich war. Ohne die konfessionellen Unterschiede zu bagatellisieren, vertrat er die Überzeugung: »Die Zerspaltung der Kirche soll als das behandelt werden, was überwunden werden muß. Nur dann ist der konfessionelle Charakter der Theologie legitimiert.« Seine eigene theol. Arbeit verstand S. folgerichtig als konfessionsübergreifenden Dienst am ganzen Leib Christi. Die ökumen. Bedeutung von S.s Werk zeigt sich in seiner Exegese z. B. an der hohen Wertschätzung des (im Prot. oft stiefmütterlich behandelten) Jakobusbriefes, in seinem systematischen Denken, v. a. an der Bejahung einer Schöpfungsoffenbarung, die das Dasein Gottes und eines universal gültigen Sittengesetzes (bzw. Naturrechtes) erkennbar macht, und an seiner Theol. der Liebe, welche (im Unterschied zu der im zeitgenössischen Prot. verbreiteten Zurückstellung der Gottesliebe und der üblichen Entgegensetzung von Agape und Eros) die Zusammengehörigkeit von unbedingter Gottes- und Nächstenliebe und die Legitimität (uneigennütziger) kreatürlicher Selbstliebe betonte, im »Dienst« der Liebe das »Ziel der Gnade« sah und die Ethik als »Vollendung der Theologie« beschrieb. Auch S.s phil. Denken (wie es sich u. a. in seiner Metaphysik niedergeschlagen hat) ist in ökumen. Hinsicht bemerkenswert, insofern es sich (v. a. durch seinen erkenntnistheoretischen Realismus, seine Anerkennung einer analogia entis und seine teleologisch konzipierte Naturauffassung) eng mit Auffassungen (neu-)thomistischer Phil. berührt.

S.s Mariol. verbleibt auf Grund ihrer Verneinung der Sündenlosigkeit und Himmelfahrt ♏s im Rahmen der im neueren Prot. üblichen ♏vorstellung. Es gehört aber zu den Besonderheiten seines Lebenswerkes, daß er (im Unterschied zu den zeitgenössischen ev. Exegeten) eines seiner Bücher (»Marien-Reden«) und einen Lexikonartikel der Darstellung ♏s widmete: Dabei bemühte sich S. darum, das ntl. Zeugnis von ♏ und »das Marienbild der Legende« voneinander zu trennen. Bei diesem Bemühen war S. allerdings frei von jenem in der prot. Exegese häufigen Rationalismus, der das Wunder der Jungfrauengeburt bestreitet und die Historizität der Geburts- und Kindheitsüberlieferung bei Matthäus und Lukas leugnet. S. bejahte als Exeget die substanzielle Glaubwürdigkeit dieser Traditionen auf Grund historisch-philol. Beobachtungen und auf Grund der Annahme, daß ♏ die Tradentin dieser Überlieferung war. Seine in einer liebevollen und meditativen Sprache gehaltenen Veröffentlichungen zu ♏ beschreiben sie in ihrer einzigartigen Begnadung als jungfräuliche Mutter des Messias und Gottessohnes, als Leitbild geheiligten Frauseins (»ehrwürdigste aller Frauen«) und als Vorbild des Glaubens, insofern sie in dankbarer Empfänglichkeit und unbegrenztem Zutrauen alles (auch das »Unmögliche«) von Gott erwartet (Lk 1,38), sich Christus mit ihrem Wünschen und Bitten vollständig unterordnet (Joh 2,1–12), sich in stiller, leidensbereiter Ergebenheit zum Gekreuzigten stellt (Joh 19,26 f.) und (als »Mutter« des Apostels Johannes) die Entstehung der Kirche und die Anfänge apostolischen Wirkens innerlich begleitet und mitträgt (Apg 1,14).

WW (in Auswahl): Der Glaube im NT, 1885, ⁶1982. — Erläuterungen zum NT, 1887 ff., ⁸1987. — Die phil. Arbeit seit Cartesius, 1906, ⁶1981. — Die Theologie des NT I: Das Wort Jesu, 1910, Die Geschichte des Christus, ²1920, ⁴1984; II: Die Lehre der Apostel, 1910, Die Theologie der Apostel, ²1920, ⁴1984. — Das christl. Dogma, 1911, ⁴1984. — Die christl. Ethik, 1914, ⁵1986. — Artikel Maria, In: Bibl. Handwörterbuch (hrsg. von P. Zeller), ⁴1924, 475 f. — Die Geschichte der ersten Christenheit, 1926, ⁶1986. — Marien-Reden, 1927, ²1930. — Andachten, 1927, ⁵1981. — Der Evangelist Matthäus, 1929, ⁷1982. — Der Evangelist Johannes, 1930, ⁴1974. — Das Evangelium des Lukas, 1931, ³1975. — Der Brief des Jakobus, 1932, ³1985. — Die Theologie des Judentums nach dem Bericht des Josefus, 1932. — Gottes Gerechtigkeit. Ein Kommentar zum Römerbrief, 1934, ⁵1975. — Paulus der Bote Jesu. Eine Deutung seiner Briefe an die Korinther, 1934, ⁵1975. — Markus. Der Evangelist für die Griechen, 1935, ²1982. — Die Kirche der Griechen im Urteil des Paulus. Mit einer Auslegung seiner Briefe an Timotheus und Titus, 1936, ³1983. — Kennen wir Jesus?, 1937, ⁴1984. — Metaphysik. Eine Skizze, 1987. — Der Dienst des Christen. Beiträge zu einer Theologie der Liebe (hrsg. von W. Neuer), 1991.

Lit. (in Auswahl): A. Bailer, Das systematische Prinzip in der Theol. A.S.s, 1968. — J. Kindt, Der Gedanke der Einheit. A.S.s Theol. und ihre historischen Voraussetzungen, 1978. — P. Stuhlmacher, A.S. als Bibelausleger, In: ZThK (1978), Beiheft 4, 81–111. — K. Bockmühl (Hrsg.), Die Aktualität der Theol. A.S.s, 1988. — W. Neuer, Der Zusammenhang von Dogmatik und Ethik bei A.S., 1986. — Ders., A.S., 1988. — Ders., A.S. Ein Leben für Theol. und Kirche, 1995. *W. Neuer*

Schlatter, Konrad, OP, †1458 in Basel, der dominikanischen Observanzbewegung zugehörig, bezeichnet sich selbst als Schüler Johannes Mulbergs OP, war 1417 an der Universität Heidelberg immatrikuliert (1419 Baccalaureat) und wurde 1424 cappelanus am Basler Münster. S. muß in dieser Zeit in das Basler Dominikanerkloster eingetreten sein, da er als einer der wenigen Brüder genannt wird, die 1429 bei Einführung der Reform im Kloster verblieben. Er wurde dort Lektor und folgte ab ca. 1436 →Johannes Nider im Priorat, wo er bis 1454 nachweisbar ist. Darüber hinaus war er für zahlreiche weitere Klöster tätig; ab 1428 als Beichtvater des Basler Dominikanerinnenklosters St. Maria Magdalena an den Steinen, das er u. a. mit einer Bücherschenkung bedachte, 1439 als Reformator des Basler Inselklosters, dessen Vikar er für 18 Jahre wurde, und, ebenfalls als Vikar, für die Dominikanerinnen des Klosters Schönensteinbach, für deren Evakuierung er während der Armagnakenfeldzüge sorgte (1444/45) und für die er einen Sendbrief über den Tod des Johannes Mulberg verfaßte (Nürnberg, Stadtbibl., cod. Cent. VII, 20, 169ʳ–179ᵛ). S. ist im Basler Steinenkloster begraben.

S. werden zwei weitere Sendbriefe und eine ganze Reihe von →Predigten zugeschrieben, wobei die gesamte Überlieferung der dt. Schriften aus dem 1431 mit Hilfe von Schwestern des Basler Steinenklosters reformierten Straßburger Dominikanerinnenkloster St. Nikolaus in undis stammt. Explizit als Verfasser genannt wird S. für ein lat. Predigtexzerpt »De inventione S. Crucis« (Basel, Universitätsbibl., cod. A X 130, 139ᵛ–140ᵛ), für eine dt. Pfingstpredigt zum Empfang des Hl. Geistes (Berlin, Staatsbibl., Haus 2, mgq 166, 46ʳ–57ᵛ, ebd. Haus 1 mgq 206, 418ʳ–437ᵛ, dort als Sendschreiben an die Schwestern des Steinenklosters »gesant von kölle«) und für einen Sendbrief über den Empfang der göttlichen Gnade, für den ebenfalls Kölner Herkunft angegeben wird (Berlin, Staatsbibl., Haus 2, mgq 208, 261ʳ–268ᵛ). Ein zeitgenössischer Eintrag (Bl. 1ᵛ) weist den gesamten Inhalt dieser Handschrift S. zu. Enthalten sind zwei zwölfteilige Predigtreihen zum Advent zu Ex 3,8 bzw. Mt 21,5, 12 Predigten zu Anlässen der Trinitatiszeit (Bl. 155ʳ ff.), Heiligenpredigten zu Petrus und Paulus, Jakobus, Dominikus, Ursula und Andreas (Bl. 220ᵛ ff., außerdem zu Augustinus [213ᵛ ff.], Maria Magdalena [391ᵛ ff.]) und 18 Predigten zur Fastenzeit über Jer 6,26 (ab 268ᵛ), dazwischen eine zum 3. Fastensonntag (Bl. 400ʳ ff., Register). 22 Predigten sind ohne Verfasserangabe auch in Berlin, Staatsbibl., Haus 1, mgq 30 erhalten (Parallelüberlieferung ab 155ʳ ff.).

Unsicher bleibt, ob der für die Übersetzung I der Vita der Margareta v. Ungarn genannte »bruder Cunrad S.« mit S. zu identifizieren ist.

Signifikante Unterschiede zwischen Predigten und Sendbriefen gibt es nicht. Predigten mit klarem Aufbau enthalten zumeist drei als »houbet synne« bezeichnete Teile, wobei der erste Teil häufig auf Tagesepistel bzw. -evangelium Bezug nimmt, worauf im dritten Teil zurückgegriffen wird. In Heiligenpredigten enthält der dritte Teil Legendarisches, bezeichnet als Exempel. Nicht immer ist der Aufbau klar, Themenwechsel erfolgen häufig durch das Aufwerfen von Fragen, auch fiktiven Hörerfragen; häufiger sind typologische Deutungen und emblematische Passagen enthalten. Fast alle Predigten enthalten einige Exempla, die z.T. mehrfach verwendet werden. Ein Viertel entstammt den »Vitas Patrum«, fast ebenso viel der Heiligenverehrung, 10 Exempla außerdem erwähnen M. Nahezu die Hälfte der Autoritätenzitate sind anonyme Lehrerzitate, namentlich werden häufig Augustinus, Bernhard, Thomas v. Aquin, Albertus Magnus und Gregor der Große zitiert; unter den selten zitierten fallen Mauritius (90^r, 175^v), Seuse (101^r), Franziskus (303^r), Jordanus (58^v) und Petrus de Ravenna (115^r) auf. S. geht vom Vorzug klösterlichen Lebens aus. Seine Anliegen betreffen, bes. im Advent und in den Sendbriefen, Herz und Seele hinsichtlich Andacht, geistlichen Tugenden, Anfechtungen, Sündenerkenntnis, Reue, Beichte, Erhebung und Weltabsage; zentral sind in den Fastenpredigten die Reue sowie die Betrachtung des Leidens Christi. Ausführungen zur freiwilligen Armut (75^r–94^r), zur Verantwortlichkeit von Frauen für den Sündenfall (155^r), eine Polemik gegen solche, die sich Beginen oder der Lektüre volkssprachiger Bücher zuwendeten, statt die Predigt zu hören (169^r) und Ausführungen zum Meßbesuch (359^r ff.) deuten auf eine Entstehung der Predigten im Rahmen der cura hin. Es wird aber auch Allgemeineres wie die Heiligenverehrung (220^v ff.) und die Aufgaben von Prälaten (309^v f. 363^v) und Predigern (183^v f.) angesprochen. Bemerkenswert erscheinen Vergleiche von Edelsteinen und ev. Räten (75^r–150^v) sowie die Darstellung einzelner Themen in der Sicht von Juden, Heiden und Christen (217^r f. jüdische Sabbatgebote).

In S.s Predigten erweist sich der Advent als Zeit besonderer MV. In der Predigtreihe zu Ex 3,8 wird in den ersten neun Predigten eingangs je eine Tugend und Zier Ms genannt (Reinheit, Demut, Andacht, Liebe, Einsicht, Treue, Geduld, Gebet und Kontemplation) und auf die mögliche Hilfe Ms bei der eigenen Ausübung verwiesen. Zwei weitere Predigten enthalten in Exempelform Berichte von Merscheinungen. Die achte Predigt wird Me Empfängnis zugeschrieben (39^r–44^v), es sind jedoch nur ein Lobpreis des Tages und der Hinweis auf fünf nicht weiter genannten Tugenden enthalten, die M für die Empfängnis Christi würdigten. Fast alle Predigten der Reihe zu Mt 21,5 (68^v ff.), den ev. Räten gewidmet, enthalten ebenfalls Ausführungen zur MV. Erläutert wird die Beschaffenheit der angemessenen Verehrung, die Entstehung des englischen Grußes, warum M am Samstag bes. gelobt werde und warum M mehr angerufen wird als Christus (auch 43^v f.). Neben Mexempeln werden die Metaphern Himmelstau (122^v f.), Kanal (62^v) und Schnee (62^v) gebraucht. M wird als »Mutter der Barmherzigkeit« bezeichnet (44^r); ihre Gnadenüberfülle wird mit der zweiten Begnadung bei der Empfängnis Christi erklärt (82^v f.). Auch in den übrigen Predigten wird auf M als Helferin und Vorbild in allen geistlichen Fragen hingewiesen und ihre angemessene Verehrung gefordert. Dies könnte im Zusammenhang damit stehen, daß für das reformierte Basler Dominikanerkloster von besonderer MV berichtet wird (Egger 43 f.).

Lit.: H. Hornung, Daniel Sudermann als Handschriftensammler, Diss. masch., Tübingen 1956, 228–229. — Kaeppeli I 287 f. — F. Egger, Beiträge zur Geschichte des Predigerordens. Die Reform des Basler Konvents 1429 und die Stellung des Ordens am Basler Konzil (1431–48), 1991. — A. Rüther und H.-J. Schiewer, Die Predigthandschriften des Straßburger Dominikanerinnenklosters St. Nikolaus in undis, In: V. Mertens und H.-J. Schiewer (Hrsg.), Die dt. Predigt im MA, 1992, 169–193. — VL^2 VIII 706–709.
M. Costard

Schlesien umfaßte den größten Teil des Erzbistums → Breslau und Teile der Diözesen Gnesen, Krakau, Meißen, Olmütz, Posen und Prag. Das ursprünglich keltische, später ostgermanische, schließlich westslawische Gebiet kam im 10. Jh. in den Besitz der poln. Piasten. Seit 1163 gab es ein selbständiges Herzogtum S. Die dt. Besiedlung, die bereits in der 2. Hälfte des 12. Jh.s begann, vollzog sich friedlich unter Heinrich I. und Heinrich II., später nach dem Mongolensturm 1241 und seit etwa 1300. So entstand hier langsam ein dt. Land, in dem die geringen slawischen Bevölkerungsreste aufgingen. S. wurde so zur Brücke zwischen West und Ost und gemeinsam mit den Polen zu einem Bollwerk des christl. Abendlandes.

Die schlesischen Herzöge trennten sich von Polen, das im 14. Jh. in mehreren Verträgen auf S. verzichtete. S. schloß sich 1335 an Böhmen an. Seitdem gehört S. zum Dt. Reich. 1526 kam S. an Habsburg, nachdem es bereits seit 1469 unter der Oberhoheit der ungarischen Krone gestanden hatte. Kurz vorher hatte die Lehre Luthers in S. Eingang gefunden. Viele schlesische Fürsten traten zur neuen Lehre über. Um die Mitte des 16. Jh.s hatte sich das Luthertum in den meisten Fürstentümern S.s durchgesetzt. Im Fürstentum Neisse-Grottkau und in dem Gebiet einzelner Stifte und Abteien blieb der Katholizismus zunächst bestehen. Aber auch hier breitete sich die neue Lehre immer mehr aus. Der damalige Bischof Jakob v. Salza (1520–39) blieb kath., verband sich aber mit den Anhängern Luthers. Auch sein Nachfolger Balthasar v. Promnitz (1539–62) suchte jeden Konflikt mit den Neugläubigen zu vermeiden. Bischof Caspar v. Logau (1562–74) bemühte sich in den ersten Jahren seiner Regierung um die Erhaltung des Katholizismus, arrangierte sich aber dann mit den Lutheranern. Die Tridentinische Erneuerung setzte sich in S. nur langsam durch.

Im Majestätsbrief Rudolfs II. erhielten 1609 die Protestanten große Zugeständnisse. Durch die Eroberungskriege Friedrichs II. kam S. 1742 an Preußen und wurde mit der Grafschaft Glatz und einem Teil der Oberlausitz preußische Provinz. Nach dem ersten Weltkrieg fiel Oberschlesien an → Polen und das Hultschiner Ländchen an die Tschechoslowakei. Nach 1945 verlor Deutschland die Gebiete östlich der Oder und Görlitzer Neiße.

Die Geschichte des Katholizismus in S. deckt sich weithin mit der des Bistums Breslau, das das kirchliche Zentrum auch für die Grafschaft →Glatz, die zu → Prag gehörte, für Katscher, für das Fürstentum Jägerndorf und für das Fürstentum Troppau die zur Erzdiözse Olmütz gehörten, war.

Die M frömmigkeit war in S. seit der Christianisierung vorhanden und wurde bes. durch die Benediktiner, Zisterzienser, Franziskaner und Augustiner-Chorherren gefördert, die ihre Orden weithin unter den Schutz der GM stellten. Das erste Kloster in S. gründete Graf Peter Wlast in Gorkau um 1130. Die Klosterkirche erhielt als Patronat M e Himmelfahrt. Auch das erste Frauenkloster der Zisterzienserinnen in Trebnitz, auf Wunsch der hl. Hedwig von Herzog Heinrich I. 1202 gegründet, hatte als Patronin die GM. Das älteste Kollegiatstift Glogau stand ebenfalls unter dem Schutz ULF.

Die große MV in S. zeigt sich auch in den vielen M kirchen. Auf dem Elbing bei Breslau wurde 1139 ein Monasterium BMV gegründet. In Breslau entstanden um 1150 Kloster und Kirche St. Maria auf dem Sande. Auch das 1150 gegründete Kloster Leubus besaß eine M kirche (M e Himmelfahrt). Die Kirche des Klosters Heinrichau 1222 von Leubus aus gegründet, war ebenfalls M geweiht. Nach Naumburg am Dober kamen 1222 die Augustiner-Chorherren, sie errichteten 1284 das Kloster Sagan mit M kirche. Die Zisterzienserklöster →Grüssau, 1242 als OSB-Abtei gegründet, → Rauden (1252) und Himmelwitz (1280) hatten als Patronat M e Himmelfahrt. Im 13. Jh. kam es in S. auch zu einem Ausbau des Pfarrsystems. Viele neuerbaute Kirchen wurden M geweiht. So wurde z. B. in Ratibor 1285 der Neubau der Liebfrauenkirche errichtet.

Ende des 13. Jh.s ist die älteste schlesische M wallfahrt nachweisbar: Bereits 1292 befand sich in der Anna- und Hedwigskapelle der Breslauer St. Adalbert-Kirche ein wundertätiges M bild, das hohe Verehrung genoß.

Im SpätMA erlebte S. eine Blüte des marian. Lebens. H. Olmützer schuf u. a. den Altar der »Goldenen Maria« in Görlitz. Marian. Einflüsse gingen auch von dem Krakauer M altar des Veit → Stoß aus. Ende des 15. Jh.s wurden mehrere M kirchen in S. gebaut. Mit seinen zahlreichen M geweihten Kirchen, Klöstern und Wallfahrtsorten, aber auch marian. Bruderschaften zeigte sich in S. eine große MV. Die Glaubensspaltung brachte dann ein Zurückdrängen der marian.

Frömmigkeit in S., nachdem sich weite Teile des Landes der neuen Lehre zugewandt hatten. Theologen wie J. → Cochlaeus, der 1552 in Breslau starb, wandten sich diesem Trend entgegen und verteidigten entschieden die MV.

Einen marian. Neubeginn brachte das Zeitalter der → Kath. Reform. Bes. der Jesuitenorden förderte in S. die M frömmigkeit, die u. a. durch die marian. Kongregationen bei den Gläubigen vertieft wurde. Auch die Rosenkranzbruderschaften, die in verschiedenen schlesischen Städten, u. a. in Breslau, Brieg und Schweignitz bestanden, verstärkten die Liebe zur GM. Erwähnt sei auch die Bruderschaft der Schmerzhaften GM. Ein Zentrum der M frömmigkeit wurde Kloster Grüssau. Hier wurde in den Jahren 1728–35 die barocke M kirche gebaut. Das Altarbild zeigt die Aufnahme M s in den Himmel. Abt Rosa († 1.11.1696) hatte das Stiftsland des Klosters rekatholisiert und die M frömmigkeit zu neuer Blüte geführt. Vorher hatte er das Kloster Heinrichsau reformiert.

Die MV in S. zeigte sich auch durch die Errichtung von → Loretokapellen und von M säulen. So wurde 1670 in Leubus eine → Säule aufgestellt, 1677 in Oberglogau, 1680 in Münsterberg, 1687 in Lewin, 1691 in Brieg, 1694 in Breslau, 1697 in Heinrichau und Rosenberg, eine Entwicklung, die sich nach Unterbrechung in der Zeit der Aufklärung im 19. Jh. fortsetzte. Das Vertrauen der schlesischen Gläubigen zu M zeigt eine Darstellung der GM, die ihren Schutzmantel über die Stadt Gleiwitz hält. Das Gemälde war ein Zeichen des Dankes für die Bewahrung der Stadt vor den Mansfeldischen Truppen 1626/27.

Die tiefe MV in S. wurde im Zeitalter der Kath. Reform bes. an den Wallfahrtsorten sichtbar. → Wartha wurde bekannt durch das Gnadenbild der GM mit dem Kinde, die älteste Holzplastik S.s (Anfang 13. Jh.). Eine neue Wallfahrtskirche wurde in den Jahren 1686–1704 gebaut. Die Bedeutung der Wallfahrt nach Wartha wird 1655 von dem Jesuiten B. Balbinus in seiner Schrift »Diva Wartensis« herausgestellt. Von den M wallfahrtsorten in S. nennt der Jesuit W. Gumppenberg in seinem »Atlas Marianus« (1657): Wartha, Striegau, Hochkirch, Glatz und Altwiensdorf. 1781/82 wurde die Wallfahrtskapelle Maria Schnee in der Grafschaft Glatz erbaut. Sie entwickelte sich zu einem vielbesuchten Wallfahrtsort.

In der Aufklärung wurde die MV auch in S. zurückgedrängt. Sie erlebte aber im 19. Jh. eine neue Blüte, wie sich in den M liedern und marian. Schriften des Freiherrn Joseph v. → Eichendorff († 1857), in der 1854, dem Jahr der Dogmatisierung der UE M s, erfolgten Aufstellung der M säule im Breslauer Dom und in der großen Verbreitung der Maiandachten zeigt.

Die M frömmigkeit wurde in S. durch die rel. Genossenschaften vertieft. So hatten die »Dienstmägde Mariens« sechs Niederlassungen in S. Die »Marienschwestern« wirkten an sieben

Orten, die »Armen Schulschwestern von Notre-Dame« besaßen sechs Niederlassungen. Die Zahl der Kirchen, die in S. der GM geweiht waren, stieg auf 300. Die MV blieb ebenfalls im 20. Jh. lebendig, nicht zuletzt in der Zeit des Nationalsozialismus. Starke marian. Impulse gingen damals vom Kloster Grüssau aus. Die »Grüssauer Marienrufe« fanden bes. bei der Jugend starken Widerhall

Eine starke Verehrung erfuhr bereits seit dem MA die Mutter ⋈s, die hl. → Anna. Viele ma. Kirchen in S. haben das Annapatrozinium. Die Georgskapelle auf dem Chelm bei Leschnitz wurde um 1500 der hl. Anna geweiht und der Gebirgszug erhielt den Namen St. Annaberg und entwickelte sich zu einem beliebten Wallfahrtsort. Die dortige Wallfahrtskirche zur hl. Anna mußte 1673 erweitert werden. 1983 besuchte Papst Johannes Paul II. → Annaberg, wohin 500 000 Gläubige gepilgert waren. Bis in die Gegenwart ist S. ein marian. Land geblieben.

Lit.: L. Teichmann, Die Franziskaner-Oberservanten in S. vor der Reformation, 1937. — H. Stephan, Kloster Heinrichau und seine Kunstschätze, 1935. — A. Nowack, Schlesische Wallfahrtsorte älterer und neuerer Zeit, 1937. — J. Klapper, Rel. Volkskunde im gesamtschlesischen Raum, 1953. — H. Kaps, Hl. Heimat. Von S.s Gnadenstätten, 1949. — H. Tintelnot, Die ma. Baukunst S.s, 1951. — A. Gessner, Die Abtei Rauden, 1952. — W. Marschall, Alte Kirchen-Patrozinien des Archidiakonates Breslau, 1966, 157–165. — H. Jedin, Eine Denkschrift über die Gegenreformation in S., In: Kirche des Glaubens — Kirche der Geschichte II, 1966, 395–412. — J. Köhler, Das Ringen um die tridentinische Erneuerung im Bistum Breslau, 1973. — J. Gottschalk, Die Grafschaft Glatz, 1973. — A. Rose, Kloster Grüssau, 1974. — A. Sabisch, Die Bischöfe von Breslau und die Reformation in S., 1975. — O. Pustejovsky, S.s Übergang an die Böhmische Krone, 1975. — H. Tukay, Oberschlesien im Spannungsfeld zwischen Deutschland, Polen und Böhmen-Mähren, 1976, 13 ff. — B. Peus, Schlesische Wallfahrtsmedaillen vor 1945, In: ASKG 35 (1977) 161–225; 39 (1981) 273 ff. — H. Weczerka, (Hrsg.) Schlesien: Handbuch der historischen Stätten, 1977. — H. Grüger, Heinrichau. Geschichte eines schlesischen Zisterzienserklosters, 1978. — W. Marschall, Geschichte des Bistums Breslau, 1980. — R. Bäumer, Johannes Cochlaeus, 1980. — G. F. Buckisch, Schlesische Religions-Akten 1517–1675 I, 1982. — W. Bein, S. im HochMA, 1982. — E. Kucharz, Übermalte Kopien des Muttergottesbildes von Tschenstochau in Oberschlesien, In: ASKG 43 (1985) 247 ff. — J. Köhler, Politische, wirtschaftliche und kirchliche Voraussetzungen barocker Kultur und Frömmigkeit, ebd. 44 (1986) 47–65. — W. Bein (Bearb.), Neisse, Das schlesische Rom im Wandel der Jh.e, 1988. — Ders., S. in der Habsburgischen Politik, 1990. — A. Witkowska, The cult of the Jasna Góra Sanctuary in the form of Pilgrimages till the middle of the 17th century, In: Acta Poloniae Historica 61 (1990) 63–90 (Wallfahrten aus S.). — W. Korta, Medieval Silesia in Polish Historiography 1945–80, ebd. 63/64 (1991) 194–217. — F. Machilek, Die Territorien des Reiches im Zeitalter der Reformation II, ²1991, 102–138 (Lit.). — E. Walter, St. Adalbert in Breslau — die älteste Marienwallfahrt in S., In: ASKG 49 (1991) 257–268. — W. Marschall, Schlesisches Klosterbuch, Gorkau, Augustiner-Chorherren-Abtei, In: Jahrbuch der schlesischen Friedrich-Wilhelms-Universität 26 (1985) 3–7. — Ders., Das Sandstift der Augustiner-Chorherren in Breslau, ebd. 27 (1992). — Adolf Kardinal Bertram. Sein Leben und Wirken auf dem Hintergrund der Geschichte seiner Zeit, hrsg. von B. Stasiewski, 2 Bde., 1992–94. — ASKG bisher (1993) 51 Bände. — Arbeiten zur schlesischen Kirchengeschichte (bisher 6 Bände). — Forschungen und Quellen zur Kirchen- und Kulturgeschichte Ostdeutschlands (bisher 26 Bände). — → Breslau.   R. Bäumer

Schleusingen, Thüringen, Bistum Würzburg, bzw. Bischöfliches Amt Erfurt-Meiningen, ehemalige ⋈kapelle auf dem Einfirst, Ortsteil Ratscher. Die Stadtpfarrkirche von S. entstand wohl 1461–64 für einen ⋈bildstock, der nach einer Bulle Papst Julius' II. vom 28. 5. 1507 wegen Mirakelerzählungen stark besucht wurde. Gelegentlich wird vermutet, die damals errichtete ⋈kirche sei in dem 1500–02 gegründeten Franziskanerkloster aufgegangen. Auf dem Einfirst stand schon im 9. Jh. eine Benediktinerzelle.

Seelsorgerlich wurde die Kapelle durch den kirchlich zuständigen Johanniter-Komtur von S. und durch einen Benefiziaten betreut. Als Gnadenbild galt eine gemalte Pietà (1522/23 genannt). Neben der Schleusinger St. Wolfgangskapelle hatte die »Maria ungeheuern Zulauf« (Gebhardt). Nachdem in der Grafschaft Henneberg die Reformation eingeführt worden war (1546/47), wurde der Gottesdienst dort untersagt, das Wallfahrtsglöcklein nach S. gebracht und die Kapelle 1602 abgebrochen.

Lit.: H. Gebhardt, Thüringische Kirchengeschichte I, Gotha 1888, 356. — H. Bergner, Beschreibende Darstellung der älteren Bau- und Kunstdenkmäler der Provinz Sachsen 22, Halle 1901, 200 f. — E. Koch, Die ehemalige Liebfrauenkirche auf dem Einfirst bei S., In: Schriften des Henneberger Geschichtsvereins 5 (1912) 3–66. — R. Hermann, Thüringische Kirchengeschichte I, 1937, 278. — E. Henning, Die gefürstete Grafschaft Henneberg-S. im Zeitalter der Reformation, 1981, 163. — H. Patze und P. Aufgebauer (Hrsg.), Thüringen, ²1989, 382–385.   T. Freudenberger/E. Soder v. Güldenstubbe

Schlier, Heinrich, *31. 3. 1890 in Neuburg an der Donau, †26. 12. 1978 in Bonn, studierte ev. Theol. in Leipzig und Marburg und war wissenschaftlicher Assistent bei J. Jülicher in Marburg. 1926 folgte die Ordination, anschließend wurde er Pfarrer in Casekirchen/Thüringen. Nach der Habilitation in Jena übernahm er 1934/35 eine Lehrstuhlvertretung in Halle. Wegen seiner Zugehörigkeit zur Bekennenden Kirche wurde seine Berufung als Nachfolger E. v. Dobschütz' nach Berlin abgelehnt und ihm die Venia legendi entzogen. 1935 wurde er Leiter der Kirchlichen Hochschule in Wuppertal-Elberfeld. 1937–45 war er Pfarrer in Wuppertal-Elberfeld, 1945 ordentlicher Prof. für NT in Bonn, 1946 wurde er zum Ehrendoktor der Theol. Fakultät Marburg ernannt. 1953 trat er zur Kath. Kirche über. S. war Ehrendoktor der Theol. Fakultäten Würzburg (1969), Innsbruck (1970) und Salzburg (1972) sowie Mitglied der Päpstlichen Bibelkommission.

S.s Lebenswerk galt der Auslegung des NT im Zusammenhang mit dem Glauben der Kirche. »Der gelehrte Disput, das gelehrte Wissen bleiben instrumental, um das Wort mit allen seinen Schwingungen zu hören. Deswegen ist seine Exegese immer ebensosehr wissenschaftlich wie meditativ. Wer dem Gang seiner Auslegung folgt, wird von ihm sozusagen immer tiefer in den Brunnenschacht hinuntergeführt, bis er endlich an der Quelle ankommt und das lebendige Wasser findet (J. Ratzinger, Einleitung zu H. Schlier, Der Geist und die Kirche, S. VIII).

Bereits S.s erste Arbeit (1925) zum Verhältnis von Glaube und Mystik bei E. Peterson ist kennzeichnend für die Richtung seines theol. Denkens. Über seine »Religionsgeschichtlichen Untersuchungen zu den Ignatiusbriefen« (1925) führt der Weg unmittelbar zu dem für S. zentralen Thema seiner exegetischen Arbeiten: »Christus und die Kirche im Epheserbrief« (1929). Die Frage nach dem Wesen der Kirche, wie sie in den Schriften des NT grundgelegt ist, bleibt für ihn in seinen Arbeiten bestimmend. Um diese Mitte ordnen sich die vielfältigen Themen seiner exegetischen Beiträge und Kommentare. Das betrifft bis 1939 v. a. zahlreiche Beiträge zu grundlegenden Begriffen im Theol. Wörterbuch zum NT. In gründlicher Anwendung der von seinem Lehrer R. Bultmann erlernten Bemühungen um die sprachlichen und geschichtlichen Zusammenhänge der Texte kommt S. zu Ergebnissen, die die für prot. Schriftauslegung bis dahin unangefochten behauptete Trennungslinie zwischen Hl. Schrift und Tradition unhaltbar erscheinen läßt. In seinen bedeutenden und für die Einheit von Kirche und Kanon grundlegenden Kommentarwerken widerlegt S., was zum Allgemeingut prot. Schriftverständnisses gehörte, daß nämlich die Kirche in ihrer kath. Ausformung erst eine nachkanonische Entwicklung darstelle, die sich schriftfremden Einflüssen verdanke.

»Vom Neuen Testament meine ich gelernt zu haben, was die römisch-katholische Kirche unbeirrt von Anfang an vertreten hat: den einfachen Sachverhalt, daß die Kirche *vor* dem einzelnen Christen ist. Und dieses ›vor‹ hat natürlich nicht nur einen zeitlichen, sondern auch einen sachlichen Sinn. Sie *ist* Christi Leib — in seinen Gliedern, und damit einerseits immer auch mehr als die Summe seiner Glieder. Sie ist ja der Leib des Hauptes« (Der Geist und die Kirche, 283 f.).

Exegetische Arbeiten zu den Synoptikern, zur ntl. Grundlegung des Dogmas (1950) und der Sakramente (1947), zum Menschenbild (1942) und zur Einheit der Kirche im NT (1951), v. a. aber seine großen Kommentarwerke zum Brief an die Galater (1949), an die Epheser (1957) und zum Römerbrief (1977) führen immer wieder auf das »Geheimnis Christi« in seiner Kirche hin. »Doch erschließt sich nun wirklich in dieser mit dem sakramentalen Leib Christi anwesenden, durch die Taufe zum Leibe Christi gefestigten, durch das vielfältige Wort hervorgerufenen Kirche, die durch die Ämter und Dienste bereitet wird, das Geheimnis, welches das Geheimnis des ewigen Willens Gottes ist: alles in Christus wieder aufzurichten? Ist die Kirche der Leib Christi und also der erbaute Lebensraum, den uns der Kreuzesleib eingeräumt hat, das ›Haus‹ der ›Nähe‹ Gottes, oder das konkrete ›Pleroma‹, die Dimension der ›Fülle‹ Gottes, in der Dasein und Welt ›erfüllt‹ sind und werden? In der Tat, das ist sie, meint der Apostel« (Die Zeit der Kirche, 306).

In S.s Gesamtwerk fehlen ausgesprochen marian. Themen. Dennoch ist die ekklesiol. Ausrichtung seiner exegetischen Arbeiten von grundlegender Bedeutung auch für die mariol. Frage. Die Corpus-Christi-Wirklichkeit, wie sie S. dem NT entnimmt, eröffnet den vollen Verstehenszugang zur bleibenden Beziehung zur GM. Als Theotokos steht sie nicht nur im Ursprung dieser Leibwerdung. Sie bleibt wesensmäßig und in einer einzigartigen Weise diesem Leibe zugehörig. In ihrer leibhaftigen Mutterschaft ist sie mitwirkend am Geheimnis der Kirche beteiligt. Darum schließen S.s explizite exegetische Erhebungen zur Kirche als dem »Geheimnis Christi« die Tradition der Verehrung des marian. Mysteriums nicht nur implizit mit ein. Sie liefern die ntl.-christol. Voraussetzungen, die es zugleich vor einer nicht mehr schriftgemäßen Verselbständigung bewahren.

WW (in Auswahl): Christus und die Kirche im Epheserbrief, 1930 (1966). — Der Brief an die Galater, 1949, [14]1979. — Das Denken der frühchristlichen Gnosis, In: W. Eltester (Hrsg.), Ntl. Studien für R. Bultmann, 1954, 677–82. — Die Zeit der Kirche. Exegetische Aufsätze und Vorträge I, 1956. — Der Brief an die Epheser, 1957, [6]1971. — Mächte und Gewalten im NT, 1958, [3]1963. — Besinnung auf das NT. Exegetische Aufsätze und Vorträge II, 1964, [2]1967. — Aufsätze zur biblischen Theologie, 1968. — Das Ende der Zeit. Exegetische Aufsätze und Vorträge III, 1971, [2]1972. — Der Apostel und seine Gemeinde, 1972, [2]1973. — Das Ostergeheimnis, 1976, [2]1977. — Der Römerbrief, 1977, [2]1979. — Grundzüge einer paulinischen Theologie, 1978. — Der Geist und die Kirche. Exegetische Aufsätze und Vorträge IV, 1980. — Der Philipperbrief 1980. — Gotteswort in Menschenmund. Meditationen und Predigten, 1981.
Lit. (in Auswahl): J. Laubach, Über H. S., In: L. Reinisch (Hrsg.), Theologen unserer Zeit, 1960, 157–178. — G. Ebeling, Das Verständnis von Kerygma bei H. S., In: Ders., Theologie und Verkündigung, 1963, 42. f. 116 ff. — W. Löser, Theologie als Zeugnis. Weg und Vermächtnis H. S.s, In: GuL 52 (1979) 60–66. — A. Schneider, Wort Gottes und Kirche im theol. Denken von H. S., Diss., Frankfurt am Main 1979. — Die Zeit Jesu, FS für H. S., hrsg. von G. Bornkamm und K. Rahner, 1970.

H. Bürkle

Schlüsselfeld, Erzbistum Bamberg. 1722 stiftete der in S. gebürtige, in Wien zu Wohlstand gelangte Lorenz Dotzler seiner Heimatstadt eine »angerührte« Kopie des Gnadenbildes von Mariazell in der Steiermark. Zunächst wurde die Figur in der Pfarrkirche aufgestellt, bald jedoch auf Weisung des Würzburger Bischofs in eine den Vierzehn Nothelfern geweihte Kapelle übertragen. Nachdem »großer Zulauf des Volkes« eingesetzt hatte, errichtete man 1724 an gleicher Stelle einen barocken Neubau, der den Weihetitel »Maria Auxilium Christianorum« erhielt. Als »Klein-Maria-Zell im Steigerwald« erlangte er regionalen Ruhm, denn der Hochaltar ist dem des österr. Nationalheiligtums nachgebildet. Nach der anfänglichen Euphorie entwickelte sich keine größere Wallfahrtsbewegung, wohl weil die nötige Förderung ausblieb. Das Ordinariat hatte zwar die Baugenehmigung erteilt, jedoch keine Erlaubnis zur Veröffentlichung von Gebetserhörungen gegeben.

Lit.: N. Haas, Geschichte des Slaven-Landes an der Aisch und dem Ebrach-Flüßchen I, Bamberg, 1819, 282. — J. Hotz und I. Maierhöfer, Aus Frankens Kunst und Geschichte. Oberfranken, 1970, 232. — K. Seeberger, Pfarrei Johannes d. T. S. 1376–1976, FS zum 600-jährigen Bestehen, 1976, 47–53.

W. Folger

Schmaus, Michael, * 17.7.1897 in Oberbaar/ Schwaben, † 8.12.1993 in Gauting, studierte Theol. in München und wurde am 29.6.1922 in Freising zum Priester geweiht. 1924 wurde er als Schüler von Martin Grabmann (1875–1949) mit einer Arbeit über »Die psychologische Trinitätslehre des hl. Augustinus« (1927) zum Dr. theol. promoviert. Bereits 1925 übernahm er einen Lehrauftrag an der Phil.-Theol. Hochschule in Freising. 1928 habilitierte er sich an der Universität München (Der Liber Propugnatorius des Thomas Anglicus und die Lehrunterschiede zwischen Thomas v. Aquin und Duns Scotus, 2 Bde., 1930), danach folgte er einem Ruf an die Dt. Universität in Prag (1929–33) und an die Universität Münster/Westfalen (1933–46). Der Zenit seiner wissenschaftlichen Laufbahn fällt in die Münchener Zeit (1946–65 Inhaber des Lehrstuhls für Dogmatik), wo er maßgeblich am Wiederaufbau der Kath.-Theol. Fakultät nach ihrer Aufhebung durch die Nationalsozialisten (1939) und nach den Zerstörungen des Zweiten Weltkrieges beteiligt war. Seit 1951 ordentliches Mitglied der Bayer. Akademie der Wissenschaften, seit 1952 der Academia Mariana Internationalis, gründete S. 1954 das Grabmann-Institut zur Erforschung der ma. Theol. und Phil. Nach seiner Emeritierung übernahm er 1966/67 eine Gastprofessur in Chicago.

Im Mittelpunkt seines Lebenswerkes steht die monumentale Dogmatik, die, gemessen an den vorausgegangenen, neuscholastischen Handbüchern, einen neuen Typ des dogm. Lehrbuchs geschaffen hat. 1938 erschienen die ersten beiden Bände der »Katholischen Dogmatik«, die bis 1955, als die »Mariologie« mit Band V das Werk abschloß, auf acht Teilbände angewachsen war. Einzelne Bände haben bis zu 6 Auflagen erreicht und das komplette Opus ist in verschiedene Sprachen übersetzt worden. Als Frucht der amerikanischen Gastprofessur kam ein grundlegend neu konzipiertes, auf zwei umfangreiche Bände komprimiertes Handbuch mit dem Titel »Der Glaube der Kirche« (1969 und 1970) heraus. Bei der Neuauflage dieses Werkes ist wiederum ein wesentlich verändertes Opus entstanden, das inhaltlich neue Akzente setzte (1979–82). S.s Name figuriert auch unter den Fachleitern des »Lexikons der Marienkunde«. Nach dem Tod von Carl → Feckes trat er 1958 dem Herausgebergremium bei.

Als 1955 im marian. Aufwind des Pontifikats von → Pius XII. die »Mariologie« als Ergänzungsband zur »Kath. Dogmatik« publiziert wurde, ließ die separate Ausarbeitung des Traktates die systematische Gewichtung der Mariol. deutlich werden, in der »fast alle theologischen Linien zusammenlaufen, die christologische, die ekklesiologische, die anthropologische und die eschatologische« (7). Dieser Traktat, der in der zweiten Auflage von 1961 erweitert und subtiler durchgegliedert wurde, stellte für den dt. Sprachraum ein Novum dar. Im gestrafften Handbuch »Der Glaube der Kirche« erhielt die Mariol. ihren Platz im Zusammenhang der Rechtfertigungslehre und der Gedanke von ⚕ als der Vollerlösten avancierte zum Grundprinzip der Darstellung. Im Anschluß an die vom → Vaticanum II in »Lumen gentium« vorgenommene ekklesiol. Option entschied sich S. bei der Neuauflage für eine Einordnung im Kontext der Ekklesiologie. Bei all dem Wechsel der systematischen Anbindung ist der heilsgeschichtliche Duktus seiner Mariol. jedoch konstant geblieben, ja diese Grundform seines dogm. Denkens dürfte solche Flexibilität gerade ermöglicht haben.

Um die materialreichen Traktate lagern sich verschiedene Aufsätze, Gelegenheitsarbeiten, die fast ausschließlich auf Vorträge bei mariol. Kongressen zurückgehen, sowie diverse Lexikaartikel (LThK² I 1068–72; VII 681 f.; Sacramentum mundi III 334–362; Herders theol. Taschenlexikon IV 378–398).

Als providentielle Fügung darf sein Hinscheiden am Hochfest der Immaculata erscheinen, deren Geheimnis er entschieden vor Mißverständnissen geschützt hat. Der Theologe war selbst ein ⚕verehrer, den das schlichte Rosenkranzgebet in den Beschwerden seines hohen Alters und in sein Sterben begleitet hat.

WW: Vgl. Bibliographie in der FS Wahrheit und Verkündigung I, 1967, XXI–XXXIII; fortgeführt in: MThZ 38 (1987) 131–133 (ohne Verzeichnis der Rezensionen).

Lit.: R. Heinzmann, Die Identität des Christentums im Umbruch des 20. Jh.s, M. S. zum 90. Geburtstag, In: MThZ 38 (1987) 115–133. — M. Seybold, Klassiker der Theol. des 20. Jh.s. Zum 90. Geburtstag von M. S., In: KlBl 67 (1987) 191 f. — M. Lochbrunner, Theol. zwischen Kriegsende und Gegenwart, In: W. Brandmüller (Hrsg.), Handbuch der bayer. Kirchengeschichte III, 1991, 653–672. — L. Scheffczyk, Nachruf auf M. S., In: Jahrbuch der Bayer. Akademie der Wissenschaften (1993) 275–278.

M. Lochbrunner

Schmerlenbach, Lkr. Aschaffenburg, Bistum Würzburg, Gemeinde Hösbach, Pfarr- und Wallfahrtskirche St. Agatha. Das Kloster »St. Mariae matris domini in loco, qui dicitur Hagin« wurde durch den Würzburger Archidiakon und Propst von Mockstaedt Gottfried v. Kugelnberg 1218 gestiftet und später (erstmals 1240) als Kloster Hagen in S. umbenannt. Der Mainzer Erzbischof genehmigt dem von Wechterswinkel aus besiedelten Konvent 1219 die Annahme der Zisterzienserinnenregel, da aber seelsorglich meist von den Abteien Seligenstadt und Amorbach betreut, wurde eine Gemeinschaft adeliger Chordamen daraus, die sich an der Benediktinerregel orientierte. Deutliche Zeichen marian. Devotion sind eine durch Erzbischof Werner genehmigte ⚕meßstiftung an allen Samstagen von 1283, die als Gnadenbild verehrte Pietà (»Mutter von Schmerlenbach«, Lindenholz, um 1380) sowie die Tonfigur der »Maria an der Sonne« (um 1400). Erwähnenswert sind auch die 1511 durch Äbtissin Elisabeth v. Wertheim errichtete und von Erzbischof Uriel v. Gemmingen konfirmierte St.-Anna-Bruderschaft, das 1661 durch P. Gamans SJ festgehaltene, später zerstörte Chorfresko,

Schmerlenbach, Gnadenbild, um 1380

das die Stifterfamilie vor dem Jesuskind auf dem Schoß seiner Mutter zeigte, das um 1710 entstandene Hochaltarbild der Aufnahme M|s in den Himmel sowie die bis 1740 am Tor bestehende Wandmalerei »Zu ULF an der Sonnen«.

Um 1759 entstand unter Äbtissin Engelberta v. Rodenhausen der Kirchenneubau, im 19. Jh. ein neugotisches Türmchen. Durch die Säkularisation fiel das Kloster 1804 an den Fürstprimas Karl v. Dalberg, der 1807 das Klostergut für das in Aschaffenburg errichtete (1823 mit dem Würzburger vereinte) Priesterseminar und 1812 zur Ausstattung einer Pfarrei mit Korrektionsanstalt für Kleriker verwendete.

Eine eigentliche Wallfahrt ist früher dort nicht nachweisbar; lediglich der sprichwörtliche Ausdruck »... macht ein Gesicht wie die Muttergottes von Schmerlenbach« weist in seiner weiten Verbreitung auf einen hohen Bekanntheitsgrad der eindrucksvollen Pietàgruppe. Im 19. und 20. Jh. wird dann eine Reihe regelmäßiger Prozessionen aus benachbarten Pfarreien nach S. greifbar. Ab ca. 1960 setzte unter Ortspfarrer Göring eine starke Belebung der Wallfahrt ein: Außer den schon früher üblichen Bittprozessionen kommen Fußwallfahrten aus Aschaffenburg, Dettingen, eine meist im Mai stattfindende Sternwallfahrt und Gruppen u. a. aus St. Georgen in Frankfurt.

1960 und 1976 wurde die Kirche renoviert und 1983 der Grundstein für ein neues Exerzitien- und Bildungshaus durch Weihbischof A. Kempf gelegt, das 1985 durch Bischof P.-W. Scheele eröffnet und den Pallottinern übergeben wurde. Allein 1986 kamen 15000 Pilger in Gruppen, außerdem zahlreiche Einzelbesucher.

Lit.: A. Amrhein, Realschematismus der Diözese Würzburg 1897, 378 f. — J. Kittel, Urkunden und Personalstand des ehem. Frauenklosters S., In: Archiv des Hist. Vereins von Unterfranken 45 (1903) 91–215. — Th. J. Scherg, Die Muttergottespfarrei von S., In: ChK 21 (1924/25) 122 f. — KDB, Bezirksamt Aschaffenburg, 1927, 123–128. — J. Dünninger, Die marian. Wallfahrten der Diözese Würzburg, 1960, 132. — H. Dünninger, Processio Peregrinationis, In: WDGB 24 (1962) 171. — L. F. Büll, Quellen und Forschungen zur Geschichte der ma. Frauenabtei S. im Spessart, Diss., Würzburg 1970. — K. Kolb, Wallfahrtsland Franken, 1979, 48. 52. — D. A. Chevalley, Unterfranken, 1985, 47. — Maria an der Sonne S. Bildungs- und Exerzitienhaus der Diözese Würzburg, 1985. — E. Roth, Die Kirchen der Pfarrei S., ^{5}1986. — E. Roth und G. Göring, Tradition und Neubeginn, 1987. — K. Frank, FS 180 Jahre Pfarrei S., 1992. — F. J. Brems, »Wir sind unterwegs...«, 1992, 299 f.   E. Soder v. Güldenstubbe

Schmerzen Mariens, Gedenktag am 15. September mit dem offiziellen Titel: »Beatae Mariae Virginis Perdolentis (Memoria)/ Gedächtnis der Schmerzen Mariens«. Die heutige Einordnung dieses Gedenktages (unmittelbar nach dem Fest Kreuzerhöhung [14. September]) entspricht dem Prinzip des »Folgefestes«: Die Feier der Schmerzensreichen gehört hinter den 14. September, in das Gefolge des Kreuzfestes (→ Schmerzensmutter, → Sieben Schmerzen).

Die Wurzeln dieses gebotenen → Gedenktages liegen in der besonderen Verehrung der »Mater dolorosa« bzw. »Mater compatiens« im MA, die v. a. in Deutschland verbreitet gewesen ist. Nach zunächst nur partikulärer Feier (Kölner Provinzialsynode 1423; Utrecht 1514; Roermond um 1700) dehnte Papst Benedikt XIII. dieses Gedächtnis 1727 unter dem Titel »Fest der sieben Schmerzen der seligen Jungfrau Maria« auf die ganze Kirche aus; festgelegt wurde es auf den Freitag vor dem Palmsonntag (acht Tage vor dem Karfreitag), um den Zusammenhang mit der Passion des Herrn aufleuchten zu lassen, woraus sich die volkstümliche Bezeichnung »Schmerzensfreitag« ableitet (→ Passionsfreitage). Im Servitenorden hat sich ein vergleichbares Fest entwickelt (ab 1667 gestattet am 3. Sonntag im September), das Pius VII. (zum Dank für seine Rückkehr aus der franz. Gefangenschaft unter Napoleon) 1814 ebenfalls für die ganze Kirche vorschrieb. Im Zuge der Kalenderreform unter Pius X. erhielt dieses Fest 1913 sein heutiges Datum. Der Titel »Septem dolorum BMV« kam auf Grund dieser Entwicklung in Missale und Stundenliturgie des röm. Ritus zweimal vor: am Freitag vor dem Palmsonntag und am 15. September. Bereits der Codex Rubricarum von 1960 hat hier korrigierend eingegriffen, indem er das Fest am »Schmerzensfreitag« in der Quadragesima zu einer Kommemoration zurückstufte, die der heutige Generalkalender nicht mehr kennt, weshalb der offizielle Kommentar zum Calendarium Romanum erklärt: »Das Gedächtnis der Schmerzen Mariens hatte man 1727 in den Römischen Kalender aufgenommen. Es entfällt, weil es sich um eine Verdoppelung des gleichnamigen Festes am 15.9. handelt.«

Als die sieben S. M̄s betrachtet man in der Regel die Weissagung des Simeon (Lk 2,34f.), die Flucht nach Ägypten (Mt 2,13–15), den Verlust und das Suchen des zwölfjährigen Jesus bei der Wallfahrt zum Tempel in Jerusalem (Lk 2,41–52), die Begegnung Jesu mit seiner Mutter auf dem Kreuzweg, das Stehen M̄s unter dem Kreuz (Joh 19,25–27) und die Grablegung Jesu. Die inhaltliche Umschreibung des Gedenktages vom 15. September und seines heutigen Titels findet man in der Eigenpräfation dieses Tages: »Als Maria unter dem Kreuze stand, erfüllte sich das Wort des greisen Simeon: ein Schwert durchdrang ihre Seele beim Leiden und Sterben ihres Sohnes. Du (Vater im Himmel) aber hast ihren Schmerz in Freude gewandelt und sie mit Christus in deine Herrlichkeit erhoben« (Dt. Meßbuch 776). Der dieser Aussage zu Grunde liegende biblische Text (Lk 2,34f.) wird bereits im Eröffnungsvers der Meßfeier vom 15. September aufgegriffen. Die Perikope Lk 2,33–35 ist als Alternative zu Joh 19,25–27 für das Evangelium vorgesehen. Vorbereitet wird die Verkündigung des Evangeliums durch den Ruf: »Selig bist du, heilige Jungfrau Maria! Ohne den Tod zu erleiden, hast du die Palme des Martyriums verdient unter dem Kreuz des Herrn.« Darüber hinaus gehört die berühmte → Sequenz → »Stabat mater« zum Proprium des Gedenktages. Sie wurde 1727 erstmals ins Missale aufgenommen, war bis 1960 für beide Feste vorgeschrieben, ihre Verwendung ist aber heute freigestellt, sowohl in der vollen Form (20 Strophen) als auch in einer Kurzfassung (10 Strophen).

Lk 2,35 und Joh 19,25–27 sind konstitutiv geworden für die Verehrung der S. M̄s und für das liturg. Gedächtnis vom 15. September. Auch in der dunkelsten Stunde ihres Lebens, unter dem Kreuz, steht M̄ im Glauben zu ihrem Sohn. Darin ist sie ein »Vorbild auch für uns, selbst dann in Treue und in starkem Glauben zu Christus zu stehen, wenn finstere Nacht sich über uns senkt und die Wogen des Leids über uns zusammenschlagen« (R. Graber). Die genannten biblischen Texte prägen auch die Darstellung vom Samstag als Tag der GM. Der Samstag führt zum Sonntag als dem »Tag des Herrn«. Er ist erfüllt von der Überlieferung, in der Hoffnungslosigkeit des Karsamstags habe allein die Mutter Jesu den Glauben an die Auferstehung festgehalten; sie habe zwischen Karfreitag und Ostern die Hoffnung und den Auferstehungsglauben der ganzen Christenheit getragen (vgl. die Benedictus-Antiphon [Laudes] vom 15. September). Im HochMA kommt dieser Aspekt im → »Mariale« zum Ausdruck, das man (irrtümlich) Albert dem Großen zugeschrieben hat: »Die seligste Jungfrau wurde hinzugezogen, zum Heile zu helfen ...; denn sie allein hat mitgelitten, als die Jünger flohen.« Daran erinnern zwei Verse aus der »Hoichtyt de Compassione«, die — in Anlehnung an die Ostersequenz geschaffen — in der Diözese → Roermond verbreitet gewesen ist: »Fast wär' ich hingesunken, hätt' ich nicht gestanden im Glauben, der mich stärkte und hielt, nicht wankte damals und fürder.« In den Vesperbildern (→ Pietà) verweilt die Betrachtung bei der tiefbetrübten, aber in gläubigem Gottvertrauen standhaft aushaltenden Mutter des Herrn.

Das »Gedächtnis« vom 15. September mag heute als »Ausgeburt religiös-asketischen Überschwangs« erscheinen, es entspricht aber der »objektiven Heilsstellung Marias und ihrer überindividuellen Bedeutung«. Die Verehrung der Mater dolorosa, ohne Zweifel aus der subjektiv-individualistischen Verinnerlichung der Frömmigkeit des MA hervorgegangen, hat viele paraliturg. und schließlich auch liturg. Ausdrucksformen gefunden. Diese stehen gewiß in Kontrast zu älteren Auffassungen und Darstellungen, aber solche Entwicklungen hypertropher Art können »den bleibenden sinnträchtigen Gehalt dieser lebendigen Ausformung des Marienglaubens in der Verehrung nicht verdunkeln« (L. Scheffczyk). Vielmehr gewinnt die Einbringung dieses Motivs in Frömmigkeit und Lehre »eine objektive Bedeutung als gewisse Kontrastierung des Bildes der glorreichen, in die himmlische Verklärung erhobenen und den Menschen entrückten Himmelskönigin« (ebd.). So hat das Motiv der Mater dolorosa bzw. Mater compatiens die Mutter des Herrn auch dem leidvollen Leben der Menschen angeglichen und sie als Ausnahmegestalt doch wiederum unter die Gesetzmäßigkeit der »conditio humana« gestellt. M̄ hat getan, was Aufgabe aller Erlösten ist: das Werk des Erlösers zu empfangen und es dienend-rezeptiv weiter zu vermitteln. Die eigentliche Bedeutung des liturg. »Gedächtnisses« vom 15. September ergibt sich nicht nur daraus, daß der Blick auf die S. M̄s zur Bewältigung des eigenen Schicksals empfohlen wird, sie resultiert vielmehr aus dem Charakter ihres Leidens und ihrer Schmerzen als Mitleiden mit Christus (compassio cum Christo). Unter diesem Aspekt sieht die Liturgie der Kirche den Gedenktag vom 15. September, der (zusammen mit dem Fest Kreuzerhöhung) als Memoria des wichtigsten und entscheidensten Augenblicks der Heilsgeschichte zu verstehen ist; mit diesem »Gedächtnis« ist die Verehrung der Mutter Jesu, die mit ihrem Sohn litt, als er am Kreuz erhöht war, untrennbar verbunden.

Lit.: MCu 7. — BeisselD. — BeisselMA. — L. Scheffzcyk, Gedächtnis der Schmerzen Mariens (15.9.), In: W. Beinert (Hrsg.), Maria heute ehren, 1977, 201–205. — Ders., Das Mariengeheimnis der Kath. Kirche, In: M. Seybold (Hrsg.), Maria im Glauben der Kirche (Ext. 3), 1985, 11–26. — R. Graber, Marienfeste im Jahreslauf, 1986. — Th. Maas-Ewerd, Mater compatiens. Zur Memoria »Beatae Mariae Virginis Perdolentis« am 15. September, In: KlBl 66 (1986) Nr. 8, 201–206.

Th. Maas-Ewerd

Schmerzensmann. *1. Begriff.* Historische Bezeichnungen sind Imago pietatis, Pitié de Nostre Seigneur, Misericordia Domini, Barmherzigkeit, Erbärmdebild, Fronleichnam, Christus passus und Ecce homo. Der Begriff S. kann sich auf Jes 53,1 berufen (»vir dolorum«). Der S. ist eine nicht szenisch gebundene Darstellung Christi nach vollendetem Leiden; als Gestorbener oder Lebender tritt er auf. Typologisch zugeordnet ist ihm der verspottete Hiob (2,8).

2. *Ursprung*. Die halbfigurige Imago Pietatis kommt aus der Ostkirche (vgl. Belting 142 ff.). Die Ikone des gestorbenen Gottessohnes entwickelt sich im 12. Jh. aus spezifischen Bedürfnissen der Karfreitagsliturgie; sie war ursprünglich wohl stets einem ⊕bild verbunden. Durch Import verbreiteten sich im Westen seit dem 13. Jh. verschiedene Ausprägungen dieses Typus und wurden hiesigen Bedürfnissen angepaßt (Belting). Im frühen 14. Jh. entstand im Westen der aufrecht stehende, ganzfigurige, lebende und agierende S., in dessen Gestalt sich die Motivik des gestorbenen, auferstandenen und richtenden Christus verbindet. Ungenügend definiert ist in beiden Fällen der Einfluß des bis 1204 in Konstantinopel, ab 1353 in Turin nachweisbaren Grabtuches Christi, das in Byzanz seit dem 12. Jh. durch zahlreiche in der Eucharistiefeier verwendete Tuchbilder reproduziert wurde.

3. *Bildtypen, Bedeutung*. Die ältesten Beispiele des 12./13. Jh.s geben den halbfigurigen, ikonenhaften Typus des gestorbenen Christus wieder (Belting); in der ital. Kunst und den Niederlanden findet man diesen — im Körperausschnitt modifiziert und mit Begleitpersonen (⊕, Johannes) versehen — noch im 16. Jh. (Ringbom). Prominentes Vorbild für die spätma. Kunst wurde die Ikone von S. Croce in Gerusalemme in Rom (um 1300; vgl. Stich von I. van Meckenem, Ende 15. Jh.; Schiller II 686). Um 1400 verbindet sie sich mit einem Transsubstantiationswunder in der Legende Gregors d. Gr. (Vetter 215 ff.): die »Gregorsmesse«, im 15. Jh. eucharistisches, Passions- und Ablaßbild, zeigt jedoch nicht den Ikonentypus, sondern — angepaßt — den westlichen ganzfigurigen und lebenden Erlöser.

Das Bild des ganzfigurigen lebenden S.s findet erst seit dem frühen 14. Jh. — zunächst v. a. im dt.sprachigen Gebiet — Verbreitung. Wie der halbfigurige tritt er in unterschiedlicher Körperhaltung auf: mit vor der Brust verschränkten, wundweisend erhobenen oder gesenkten Armen. Geprägt einerseits von einer (nicht zwangsläufig auf Bilder bezogenen, in entsprechenden Traktaten nachzulesenden) affektiven Betrachtungspraxis, nach der die Leiden Christi sukzessive memoriert werden, andererseits von theol., dogm. und liturg. Erfordernissen, die auf das Leid als Ganzes zielen, erscheint der S. im SpätMA oft mit deutlichen Spuren aller Marter und des Todes sowie den Werkzeugen seines Leidens (Sarkophag, arma Christi), zudem lebend, um an die Fortdauer und ständige Erneuerung des Opfers zu erinnern. Leiden, Erlösung, Auferstehung und Eucharistie verschmelzen in seiner Gestalt; die Verbindung zum Weltenrichter kommt gelegentlich zum Ausdruck (Meister Francke, Hamburger Kunsthalle, um 1435). Auffallend häufig werden dem S. Adoranten beigegeben, die »sich das Leiden Christi vor Augen halten« (Bernhard v. Clairvaux, 43. Predigt zum Hld; Schawe 1989/90, Text 4); ihre Bitte richtet sich an das Erbarmen (misericordia) Christi.

Die → »Engelspietà«, die sich von Italien und Frankreich aus verbreitete, ist eine Variante des Themas (G. Pisano, Lesepult, 1310; RdK V 601–621): Engel heben den Leichnam Christi empor, nicht ausschließlich, aber häufig mit eucharistischem Bezug zum Kanongebet »Supplices te rogamus« (H. Baldung Grien, Holzschnitt, 1511). Viele andere Themen können den S. integrieren: Seit dem späten 13. Jh. erscheint der S. mit ⊕ fürbittend vor Gottvater in der »Heilstreppe« (LCI II 346 ff.). Seit dem späten 14. Jh. kann in Darstellungen der Hl. Dreifaltigkeit der S. den Kruzifixus ersetzen (Not Gottes; Dobrzeniecki, 1969). In spätma. Allegorien des Kelterchristus (Vetter 243), der sog. »mystischen Mühle« (Rye-Clausen) oder des Lebensbrunnens (Vetter 293 ff.) wie auch als sog. »Feiertagschristus«, den an Stelle der Arma Christi Arbeitsgeräte verletzen (Sonntagsheiligung), tritt der S. auf (LCI II 20 f.). Als »Schmerzenskind« zeigt Jesus, daß er sein Leiden im Kindesalter vorausahnte (LCI II 400 ff.).

Bis zum Barock wird der S. zunehmend in szenischer Rückbindung dargestellt (Ecce homo, Geißelung, Christus im Kerker u. a., auch apokryphe, Passionsszenen): Der »Christus in der Rast« zeigt den sitzenden Christus, dessen aufgestützter Kopf auf Trauer und Meditation hindeutet und als appellativer Gestus zum Nachvollzug zu verstehen ist (A. Dürer, Kleine Holzschnittpassion, 1511; LCI III 496 ff.). Zur nachtridentinischen Wertung der Gregorsmesse siehe Molanus-Paquot (264 f.). (Alle Bildtypen sind abgebildet bei Schiller II 657–811). Noch im 19. und 20. Jh. gibt es Darstellungen des S.s.

4. *Kontext/Funktion*. Den S., bes. in Gestalt der erstgenannten Haupttypen, findet man plastisch und gemalt, an liturg. Gerät, in liturg. und Erbauungsschriften; in SpätMA und Renaissance an Altären, Tabernakeln, Grabmälern und Portalen, als Ablaßbild in Plastik, Malerei und Druckgraphik, auch als Aufforderung zur »misericordia« am Opferstock, z. T. selbst als figürlichen Opferstock gestaltet (Kroos 504). Der allzu pauschal verwendete Begriff »Andachtsbild« trifft in vielen Fällen nicht die Primärfunktion der Darstellung und krankt überdies an definitorischen Mängeln (Legner). Auf die Nutzung der Imago Pietatis im Klagegesang der Karfreitagsliturgie in Italien wies M. Belting hin (138).

5. *Plastik, Malerei*. Viele der heute einzeln überlieferten S.er — nicht nur die musealen Objekte — sind ihrem ehemaligen Kontext entrissen. Zu den frühesten freiplastischen Exempla-

ren gehört der Colmarer S. (Mus., um 1330–50; Abb.: Schiller II 692ff.); eine große Anzahl ist aus dem 15. Jh. und weit darüber hinaus überliefert (von der Osten). Am Portal der Schloßkapelle von Lüben (Schlesien) weisen ein ganzfiguriger S., die hl. Hedwig und Maria Magdalena auf das Patrozinium der Kirche hin (Mitte 14. Jh.; Schmidt, Abb. 1). Auf einer plastischen Ablaßtafel erscheint er im Fritzlarer Domkreuzgang (um 1000; RdK I 81). In der Sepulkralskulptur kommt der S. seit dem 14. Jh. vor (Gherardesca-Grabmal, Pisa, 1315–21; Abb. Stubblebine 10); auf Epitaphen hat die Darstellung des S.s (wie auch des Gekreuzigten) die Aufgabe, das gottesfürchtige Leben der Verstorbenen zu belegen (RdK V 890). Auf Tabernakeln und Sakramentshäusern ist er eucharistisch zu verstehen und deutet auf die vollzogene Transsubstantiation hin (Caspari 103).

Michelangelos Christus in S. Maria sopra Minerva, ein Hauptwerk der ital. Kunst, wurde sowohl als S. als auch als Auferstandener gedeutet (mit reduzierten Arma Christi; Rom 1521). Die Malerei in Renaissance und Barock sucht nach neuen Mitteln, um eine Verbindung zwischen Betrachter und Bild herzustellen: Domenico Fettis »Ecce homo« zeigt Christus mit einem um den Hals gelegten Strick, der über eine Brüstung nach vorn fällt, so daß man meint, ihn greifen zu können: Aufforderung an den Sünder (Würzburg, Staatsgalerie, Anfang 17. Jh.). Viele Beispiele der Notgottes gibt es in der Barockmalerei; auch das Christkind mit den Leidenswerkzeugen tritt häufig auf (Pigler I 517ff.). G. Rouault schuf ein modernes Beispiel des S.s (New York, 1932).

6. Altarretabel. Auf Altarretabeln erscheint der S. selten im Schrein (es sei denn in Gestalt der Notgottes), häufig in der Predella, also nahe dem Ort des Meßopfers und darauf Bezug nehmend (Simone Martini, Polyptychon, Pisa, Mus. Naz., 1319); auf der Mitteltafel zeigt ihn ein Polyptychon der Giotto-Schule (1. Hälfte 14. Jh.; Stubblebine 10). Als zusammenfassende Symbolfigur des Meßopfers ist der S. im SpätMA oft in der Spitze des Altargesprenges zu sehen (auf die Mauer gemalt in Burgeis, Tirol, 1497; Abb. Egg 47), häufig auch auf den geschlossenen Flügeln (mit Bezug auf das Martyrium der Innenseite auf dem Achatius-Diptychon, Köln, Wallraf-Richartz Mus., nach 1300); auf der Rückseite der Mitteltafel — vielleicht im Hinblick auf die hinter Altären stattfindende Beichte — erscheint er auf einem Altar des Meisters v. Uttenheim (Wien, Österr. Galerie, um 1480/85; Abb.: Egg 43). Der S. kann als übergeordnetes Passionssymbol sogar eine szenische Kreuzigung ergänzen (Elisabethretabel, Magdeburg, Dom, um 1360). Auch der → Schmerzensmutter wird er häufig zugeordnet: Die ital. Kunst bevorzugt im 15./16. Jh. halbfigurige Gruppenbeweinungen, die Ikonenvorlagen vom Typus S. Croce in Gerusalemme bzw. vom Typus des Casa-Horne-Bildes, das sich von byz. Kreuzabnahme-/Beweinungsszenen herleitet, betont treu bleiben (Bellini u. a., um 1465); in den Niederlanden entstehen viele derartige Diptychen, die den S. szenisch einbinden (Kreuzabnahme, Ecce homo; Ringbom, Belting).

7. Buchmalerei. Die Buchmalerei kann, da stets kontextgebunden, die Bedeutungsvielfalt des Motivs zeigen: in byz. Handschriften des 12. Jh.s tritt die Imago Pietatis als Ersatz für Kreuzabnahme oder Kreuzigung auf (Belting 149. 164 f.). Der S. erscheint als Gottesbild in Psalterillustrationen (B[eatus vir]-Initiale, nach 1250; vgl. Vetter 100) oder beim »Kyrie eleison« der Allerheiligenlitanei (um 1280; Vetter 103); anstelle des Auferstandenen in einem Choralbuch (Initiale R[esurrexi]; Mitte 13. Jh.; Belting 257); zu Beginn des Kanons mit eucharistischer Bedeutung in einem Missale (um 1254; Vetter 99). Im »Liber depictus« aus Krumau stellt der S. mit dem apokalyptischen Weib das Kirchenpatrozinium dar (um 1360; »in honore Corporis Christi et gloriosae virginis Mariae«; Schmidt, Abb. 3). Eine der frühesten ganzfigurigen Darstellungen des S.s ist die Illustration zu Hld 4,9 in den Rothschild-Canticles (um 1300: die Braut des Hld zielt mit der Lanze auf die Seitenwunde; Hamburger 15). In einem Andachtsbuch steht er zwischen den hll. Augustinus und Bernhard, deren Seite zum Zeichen ihres Mitleidens von einem Pfeil durchbohrt wird (um 1325; Hamburger, Abb. 137). Häufig findet man den S. in spätma. Stundenbüchern: bei den Bußpsalmen, zur Kreuzmesse, in den zahllosen Passions- und Fürbittgebeten. Ein eigenes »Officium de misericordia domini« leitet der S. in einem Johanniter-Stundenbuch ein (Anfang 16. Jh.; Plotzek/van Euw 364).

8. Druckgraphik. Zahllose Passionsschriften und Erbauungsbücher des SpätMA tragen den S. auf dem Titelblatt. Auch A. Dürer stellt ihm seinen Druckfolgen voran (Kleine Kupferstichpassion, 1509; Große Holzschnittpassion, 1511). Die anonyme Illustration in der »Geistlichen Auslegung des Lebens Christi« mit dem hoch über einem Getreidefeld auf einem Baum mit den Arma sitzenden S. ist ein Schlüsselwerk: Die Texterklärung ruft mit einem Zitat nach → Ludolf v. Sachsens Vita Christi (Teil II, Kap. 67) dazu auf (mit Christus) »auf die Palme (vgl. Hld 7,8) des Kreuzes zu steigen« und deutet dies als Mitleiden, Gedenken und Nachfolge Christi; das Getreide am Boden weist auf dessen Menschwerdung sowie die Eucharistie (Ulm, um 1470; Mersmann XXIX).

Viele Einblattdrucke des 15. Jh.s zeigen den S. (alle abgebildet in: The Illustrated Bartsch CLXIII); die Bildlegenden geben Hinweise auf das ma. Verständnis des Motivs. Auf Pestblättern und Ablaßzetteln (nicht nur in der Gregorsmesse) ist der S. zu sehen, und mit den reuigen Sündern tritt er auf (SchreiberHdb 918. 986x. 1469). In der «Ars moriendi» steht er mit Gottvater und Heiligen am Bett des Sterbenden; im »Schatzbehalter« sieht man ihn mit ✝ im Apo-

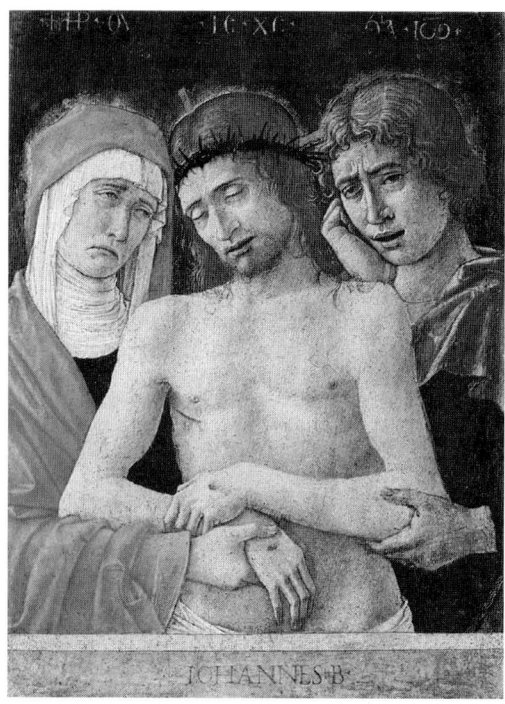

G. Bellini, Schmerzensmann mit Maria und Johannes, um 1460, Bergamo, Accademia

stelcredo, das nach Art eines Finger-Memorierbildes gestaltet ist (Michael Wolgemut, St. Fridolin, 1491). Bis zum Barock leben die ma. Bildtypen fort (H. Goltzius, C. Cort, G. Ghisi, M. Rota, unzählige Beispiele aus der Antwerpener Wierix-Werkstatt). Ein »Kleines Andachtsbild« des 18. Jh.s trägt die Bezeichnung »vir dolorum« (Spamer 139).

9. Liturgisches Gerät. Der S. ist eng mit der Funktion der Geräte verbunden: Die Patente aus Werben weist ihn als eucharistisches Zeichen vor (Mitte 13. Jh.; Vetter 102). Auf Versehkreuzen, Monstranzen und Passionsreliquiaren bes. des 15. Jh.s ist der S. angebracht (Fritz 264. 297. 564. 576. 674).

Lit. (Abbildungsnachweise): The Illustrated Bartsch, ed. W. L. Strauss, 1978 ff. — J. Plotzek und A. von Euw, Die Handschriften der Sammlung Ludwig, 1979 ff. — J. M. Fritz, Goldschmiedekunst der Gotik in Mitteleuropa, 1982. — E. Egg, Gotik in Tirol. Die Flügelaltäre, 1985. — (Zum Thema:) H. Löffler, Ikonographie des S.es, Diss. masch., Berlin 1922. — E. Panofsky, Imago Pietatis, In: FS für M. J. Friedländer, 1927, 261–308. — G. von der Osten, Der S., 1935. — W. Mersmann, Der S., 1952. — R. Berliner, Bemerkungen zu einigen Darstellungen des Erlösers als S., In: Mün. 9 (1956) 97–117. — G. Schmidt, Patrozinium und Andachtsbild, In: MIÖG 64 (1956) 273–290. — H. Caspari, Das Sakramentstabernakel in Italien bis zum Konzil von Trient, 1964. — G. Wagner, Barockzeitlicher Passionskult in Westfalen, 1967, 123–125. — C. Bertelli, The »Image of Pity« in S. Croce in Gerusalemme, In: FS für R. Wittkower II, 1967, 40–55. — J. H. Stubblebine, Segna di Bonaventura and the Image of the Man of Sorrows, In: Gesta 8,2 (1969) 3–13. — C. Eisler, The Golden Christ of Cortona and the Man of Sorrows in Italy, In: ArtBull 51 (1969) 107–118. 223–245. — T. Dobrzeniecki, A Gdansk Panel of the Pitié-de-Nostre-Seigneur, In: Bulletin du Musée National de Varsovie 10 (1969) 29–54. — Ders., Imago Pietatis, ebd. 12 (1971) 4–27. — J. E. v. Borries, Albrecht Dürer. Christus als S., 1972. — E. M. Vetter, Die Kupferstiche zur Psalmodia Eucaristica des Melchor Orieto von 1622, 1972, 171–242. — R. Suckale, Arma Christi, In: Städel-Jahrbuch, NF 6 (1977) 177–208. — H. W. van Os, The Discovery of an Early Man of Sorrows on a Dominican Triptych, In: Journal of Warburg and Courtauld Institutes 41 (1978) 65–75. — H. Rye-Clausen, Die Hostienmühlenbilder im Lichte ma. Frömmigkeit, 1981. — H. Belting, Das Bild und sein Publikum im MA, 1981. — U. Westfehling, Die Messe Gregors des Großen, Ausst.-Kat., Köln 1982. — S. Ringbom, Icon to Narrative, ²1984. — A. Legner, Das Andachtsbild im späten MA. Eine Betrachtung vor dem Elendchristus im Braunschweiger Dom, In: Ausst.-Kat., Stadt im Wandel IV, Braunschweig 1985, 449–457. — R. Kroos, Opfer, Spende und Geld im ma. Gottesdienst, In: Frühma. Studien 19 (1985) 502–519. — M. Stuhr, Symbol und Ornament in der Schmerzensmanndarstellung des Conrad v. Einbeck, In: Skulptur des MA, FS für E. Lehmann, 1987, 243–254. — R. A. Coffey, The Man of Sorrows of Giovanni Bellini, 2 Bde., Diss., University of Wisconsin-Madison 1987. — G. S. Panofsky, Die Ikonographie von Michelangelos »Christus« in S. Maria sopra Minerva in Rom, In: MJbK 39 (1988) 89–112. — B. Scharf, Der leidende Christus. Ein Motiv der Bildkunst Frankreichs im ausgehenden 19. Jh., 1988. — M. Schawe, Fasciculus myrrhae. Pietà und Hoheslied, In: Jahrbuch des Zentralinstituts für Kunstgeschichte 5/6 (1989/90) 161–212. — J. H. Hamburger, The Rothschild Canticles, 1990, 72–77. — LCI I 330–336; II 20 f. 346–352. 400–406. 497–504; III 297–299. 496–498; IV 87–95. — Schiller II 210 ff. — RDK I 78–81; II 457–475; V 601–621. 872–921.

M. Schawe

Schmerzensmutter (Mater dolorosa).

I. EINFÜHRUNG. Die biblische Grundlage für die Bezeichnung und Verehrung ℳs als S. ist die Weissagung Simeons, daß ℳs Seele ein Schwert durchdringen wird (Lk 2,35), und die Szene der johanneischen Leidensgeschichte vom Stehen ℳs und des Lieblingsjüngers unter dem Kreuz Christi (Joh 19,25–27). Eine größere Bedeutung hat die Vorstellung von der S. im MA in Verbindung mit der Lehre von der →Miterlöserin (Corredemptrix) erlangt. ℳ hat nach diesem Verständnis nicht nur subjektiv die Leiden ihres Sohnes mitgetragen, sondern durch ihr Mitleiden (→Compassio) einen Anteil am objektiven Erlösungswerk Christi, so daß sie als S. über den Martyrern steht, weil der Schmerz ihres Leidens größer war als jeder körperliche Schmerz (Bernhard v. Clairvaux; →Ohnmacht).

Das Motiv der S. begegnet in der darstellenden Kunst in verschiedener Weise. Die unter dem Kreuz stehende Mutter Jesu ist ein nahezu ebenso altes Motiv wie die Darstellung der Kreuzigung selber. In der postbyz. Kunst taucht die →Passionsmadonna auf, die ℳ mit dem Kind, flankiert von Engeln mit den Passionswerkzeugen darstellt. Das göttliche Kind auf ℳs linkem Arm erblickt das von Gabriel präsentierte Kreuz und flieht in den Schutz seiner Mutter. Eine noch größere Bedeutung hat seit dem 14. Jh. nördlich der Alpen die →Pietà erlangt, eine Darstellung ℳs, die ihren toten Sohn im Schoß hält. ℳ wird so zum Inbegriff von Schmerz und Leid. Das gleiche Motiv kommt zum Ausdruck in der Darstellung ℳs mit den sieben Schwertern des Leidens in ihrem Herzen.

Das Fest der →Sieben Schmerzen ℳs ist erstmals 1423 nachzuweisen. Benedikt XIII. verpflichtet 1727 die ganze Kirche zur Feier dieses

Festes am Freitag vor der Karwoche. Heute wird es als Gedächtnis der →Schmerzen M︎s am 15. September begangen.

Wohl noch tiefgreifender als die offizielle Liturgie waren die mit den oben genannten M︎-darstellungen verbundenen Formen der Volksfrömmigkeit. An erster Stelle steht das im SpätMA voll entfaltete, von den Päpsten geförderte und von verschiedenen Bruderschaften geübte Gebet des →Rosenkranzes, das v. a. in der Gestalt des schmerzhaften Rosenkranzes der S. gedenkt. Eine ähnliche Bedeutung hatte die ebenfalls im SpätMA entstandene Kreuzwegandacht (→Kreuzweg, →Kreuztragung), die in den vierzehn Stationen auch auf das Mitleiden M︎s hinweist, der Jesus auf dem Weg zum Kreuz begegnet (4. Station) und in deren Schoß der vom Kreuz abgenommene Leichnam Jesu gelegt wird (13. Station).

Von Bedeutung sind schließlich verschiedene marian. Litaneien, v. a. die wegen ihres Gebrauches in Loreto, wo sie 1531 zum ersten Mal bezeugt ist, sog. →Lauretanische Litanei, die 1587 von Sixtus V. approbiert wurde. In ihr wird M︎ gepriesen als Trost der Betrübten und Königin der Martyrer. Ausdrücklich zu erwähnen ist die Sequenz →»Stabat Mater«, ein ursprünglich privates Gebet, das auf die franziskanische Passions- und M︎frömmigkeit des MA zurückzuführen ist und dann in die Liturgie aufgenommen wurde. Neben der Choralmelodie hat es v. a. als mehrstimmiger Gesang mit Chor und Orchester eine große Bedeutung erlangt. Durch verschiedene Hymnen und Lieder ist die Sequenz in die Volksfrömmigkeit eingedrungen.

Lit.: Beinert-Petri 363 ff. 404 ff. 559 ff. 622 ff. 849 ff. *J. Finkenzeller*

II. EXEGESE. Der Titel »Schmerzensmutter« benennt ein Frömmigkeitsmotiv, welches der meditative Ertrag einer Kontemplation ist, die aus dem M︎leben einzelne Züge herauslöst und sie für die rel. Andacht und imitatio »vergegenständlicht«. Den Ausgangspunkt bildet das Bildwort →Simeons vom »Schwert«, das durch ihre Seele dringen wird (Lk 2,35). Im Kontext seiner prophetischen Schau bei der →Darstellung Jesu im Tempel (Lk 2,21–40), in der er von der Sendung des Kindes als Bringer des Heils spricht, das Gott vor allen Völkern bereitet hat (Lk 2,30), ist ein besonderes Wort an die Mutter des Kindes gerichtet: Jesus ist der Stein, »an dem man anstößt« und der Gefallene zur Aufrichtung kommt (vgl. Lk 20,17 f.). Aufgrund dieser seiner Bestimmung wird er ein Zeichen sein, das Widerspruch findet und an dem sich die Entscheidung vollzieht (Lk 2,34). Indem M︎ direkt teilnehmender Mutterschmerz prophezeit wird, wird indirekt dem Kind Leiden vorhergesagt. Sie aber wird über solcher Geschichte zur Mater dolorosa, deren Verwundung durch ein antagonistisches Geschehen entsteht, das geschichtliche Schicksal ihres Kindes, das im Urphänomen des Mutterschmerzes über ihren toten Sohn gipfelt (vgl. Berichte zwischen Kreuzabnahme und Grablegung: Mt 27,57–61; Mk 15,42–47; Lk 23,50–55; Joh 19,38–42). Das innige Mitgefühl der →Pietà findet im »Mitleiden« der Mutter einen Schlüsselbegriff der mystischen Kontemplation. In die M︎frömmigkeit des Volkes werden daher ihre »Schmerzen« einbezogen, die nach verschiedenen Wandlungen und in Entsprechung zu ebenso vielen »Freuden Mariens«, auf sieben fixiert sind: Spruch Simeons (Lk 2,34); Flucht nach Ägypten (Mt 2, 13–15); dreitägiger Verlust Jesu (Lk 2,41–52); Kreuzweg; Kreuzigung (bes. Joh 19,25 f.); Abnahme vom Kreuz (Pietà) und Grablegung Jesu. Die schmerzhafte Mutter leidet das Geschick ihres Sohnes von Anfang bis zum Ende mit. Ihr Stehen unter dem →Kreuz wird sowohl unter asketischem (Anselm v. Canterbury, Abaelard, H. Seuse) wie auch unter heilstheol. Aspekt gesehen und findet seinen Ausdruck in →Klagen, →Hymnen (Stabat Mater) und Bildern, die sich in der Kunst zu besonderer Eindringlichkeit im Vesperbild steigern. Die Volkskunst versieht sie gerne mit einem Tränentüchlein.

Lukas denkt M︎ eng mit der Jüngergemeinde zusammen (vgl. Apg 1,14), der die Ablehnung und der Widerstand gegen den Messias einen tiefen Schmerz bereitet, an welchem in besonderer Weise Jesu Mutter teilhat. Im Johannes-Evangelium findet ihre Gestalt, wie vieles andere, zugleich noch eine tiefere, allegorische Bedeutung (vgl. Joh 2,1 ff.; Joh 19,25 ff.).

Lit.: A. Lepicier, Mater Dolorosa. Notes d'histoire, de liturgie et d'iconographie sur le culte de Notre-Dame des Douleurs, 1948. — A. de Groot, Die schmerzhafte Mutter und Gefährtin des göttlichen Erlösers in der Weissagung Simeons (Lk 2,35), 1956. — F. Bovon, Das Evangelium nach Lukas, 1989. *K. M. Woschitz*

III. MITTELHOCHDEUTSCHE LITERATUR. Die ma. Verehrung des Erlösungswerkes Christi im Kreuzestod führte seit dem 12. Jh. auch zur Thematisierung der →Compassio M︎s. Die unter dem Kreuz stehende Mater dolorosa war bis in die frühe Neuzeit hinein Anlaß für viele Dichter und Theologen, sich in Form von →Gebeten, Gedichten (→Lyrik), →Hymnen, →Klagen, Liedern und Traktaten in das unermeßliche Leid der GM einzufühlen. Die Anrufung der Schmerzhaften Mutter erfüllt die rel. Bedürfnisse breiter Schichten gläubiger Christen: Als leidgeprüfte und dieses Leid willig tragende Mutter spendet M︎ nicht nur Trost in scheinbar ausweglosen Situationen, sondern vermittelt auch menschliche Nähe, die ermutigt, auf ihre Mittlerschaft und Fürbitte bei Gott zu vertrauen.

Während einige Dichter die intensive Beschreibung der Leidensstationen Christi und des damit verbundenen Mitleidens M︎s für sich sprechen lassen (z. B. →Oswald v. Wolkenstein in seinem Lied »Compassio beate virginis Marie« oder →Reinmar v. Zweter in seinem Leich), begegnet in anderen Texten der Versuch, den tieferen Sinn der Compassio auszuleuchten.

1. Maria als Mutter aller Menschen. Der Gedanke, daß gerade der Grenzerfahrung menschlichen Leids ein unergründliches Potential erneuernder Kräfte innewohnt, mag →Rupert v. Deutz dazu bewogen haben, in seinem Johanneskommentar die Compassio M̃s mit den Schmerzen einer Gebärenden zu vergleichen: »Stabat, inquit mater juxta Filii crucem, sine dubio dolens, et dolores tanquam parturientis habens« (PL 169,789 C). Rupert wählt dieses Bild nicht von ungefähr, denn für ihn bedeutet M̃s Stehen unter dem Kreuz einen tatsächlichen Geburtsvorgang, bei dem die GM »omnium nostrum salutem« (790 B) zur Welt bringt und dadurch unser aller Mutter wird. Dieser Gedanke begegnet ebenfalls bei Ruperts Zeitgenossen →Gerhoh v. Reichersberg, der die Mater-dolorosa-Situation als Doppelung von Geburt und Mutterschaft interpretiert: Während Jesus als Frucht aus der ersten Geburt hervorgegangen ist, hat M̃ in einer zweiten Geburt unter dem Kreuz vielen Kindern das Leben geschenkt (PL 194,1105 C). Als wesentlichen Aspekt ihrer Compassio beschreibt auch →Engelbert v. Admont die Mutterschaft M̃s für alle Menschen (Liber de vita et virtutibus BMV I 13).

2. Maria als Miterlöserin. Die in der Idee von der Mutterschaft unter dem Kreuz bereits anklingende Vorstellung von der Miterlöserschaft M̃s erhält bei →Arnald v. Bonneval schärfere Konturen. Er geht im »Libellus de laudibus BMV« von einer gemeinsamen Anstrengung Christi und seiner Mutter im Dienste des Erlösungswerkes aus: »… una Christi et Mariae voluntas, unumque holocaustum ambo pariter offerebant Deo: haec in sanguine cordis, hic in sanguine carnis« (PL 189,1727 A). Auch →Birgitta v. Schweden sieht in der Leiderfahrung eine wesentliche Grundbedingung für M̃s Anteil an der Erlösung der Menschheit. Der tiefe Schmerz läßt Mutter und Sohn diese Aufgabe in untrennbarer Einheit lösen: »dolor eius erat dolor meus, qui cor eius erat cor meum« (Revelationes I 35). Eine sehr passive, aber dennoch bedeutende Rolle beim Erlösungsgeschehen weist →Bonaventura der GM zu. Es ist v. a. ihre willige Zustimmung zum göttlichen Heilsplan, mit der sie alle Leiden auf sich nimmt, um letztendlich ihren Sohn für das Heil der Welt zu opfern, die ihr Mitwirken als Corredemptrix ausmacht (De VII donis Spiritus Sancti, Coll. VI 15).

3. Maria als Märtyrerin. Häufig begegnet die Vorstellung, daß M̃ nicht nur Schmerz und Trauer angesichts der Qualen ihres Sohnes empfunden hat, sondern die körperliche Pein tatsächlich als innerpsychische Realität miterlitten hat. Diese Korrespondenz der Leiden Christi und M̃s weist den Weg zur Verehrung M̃s als Märtyrerin. So zählt →Honorius Augustodunensis M̃ aufgrund ihrer unvorstellbaren seelischen Qualen zu den Märtyrern (PL 172,513 D. 517 D), und →Bernhard v. Clairvaux zeigt in seiner eigenwilligen Interpretation der Kreuzigungssituation sogar einen kausalen Zusammenhang der Leiden Christi und seiner Mutter auf: »o beata mater, animam gladium pertransivit. Alioquin nonnisi eam pertransiens, carnem Filii tui penetraret« (In Dominica infra octavam assumptionis BVM, n. 14). Die Lanze, die in die Seite des bereits gestorbenen Gottessohnes drang, konnte dessen Seele nicht mehr treffen und drang deshalb tief in das Herz seiner Mutter. Der unvergleichlich große Schmerz als Folge dieser innigen Bindung veranlaßt Bernhard, M̃ als »plus quam martyrem« zu preisen. Im »Fließenden Licht der Gottheit« (VII 19) verleiht →Mechthild v. Magdeburg der hl. Jungfrau den Ehrentitel »rose der marterer« (→Lauretanische Litanei).

4. Maria als Vorbild mystischer Kontemplation. Durch die völlige Identifikation mit der Passion ihres Sohnes und durch die fraglose Hingabe an das Leid wird M̃ für viele Mystiker (→Mystik) zum Vorbild im Leiden. In den Kapiteln 17, 19 und 20 des »Büchleins der ewigen Weisheit« versucht →Heinrich Seuse, sich ganz und gar in die leidvolle Erfahrung der Schmerzhaften Mutter einzufühlen. Allein im Nachvollzug liegt für ihn der Schlüssel zum Verständnis eines Leidens, das sich in seiner unergründlichen Tiefe jeglicher menschlichen Verstandeskraft entzieht: »ellú dú herzleid, dú kein herz ie gewan, dú werin als ein trópheli gegen dem mere gegen dem grundlosen herzeleide, so min müterlich herz do gewan« (Kapitel 17). Die mystische Versenkung in die Compassio wird auch unter dem Aspekt bedeutsam, daß Leiden die Grenzen der eigenen Persönlichkeit erfahrbar macht und damit zur Voraussetzung für tiefgreifende Entwicklungsschritte wird. In diesem Sinne verweist →Hildegard v. Bingen auf das Passionsgeschehen, um die Notwendigkeit und den Bedeutungsgehalt ihrer Äußerungen zu unterstreichen: »sed nunc post dolorem illum quem idem filius Dei secundum carnem in cruce passus est, sicut pariens dolore abjecto loquar« (PL 197,928 AB). →Mechthild v. Magdeburg beschreibt die lebenspendende Kraft des Leidens unter dem Kreuz, »also das lebendig wart die sele und gar gesunt« (I 22). M̃ ist Christus »an allen iren liden glich« und erhält als S. die Aufgabe, die »heligen cristanheit« als Amme zu nähren sowie den Aposteln mit »müterlicher lere« zur Seite zu stehen (I 22).

5. Ausblick auf die Neuzeit. Obwohl die meisten Textzeugen im spirituellen Umfeld ma. Frömmigkeit angesiedelt sind, ist die Verehrung der S. bis in die Neuzeit hinein tradiert. Eindrucksvolles Beispiel für die ungebrochene Wirkmächtigkeit der Mater-dolorosa-Frömmigkeit ist das →»Stabat mater dolorosa«, ein ursprünglich zur privaten Andacht konzipiertes Reimgebet, das während des MA in zahlreichen Übersetzungen einem breiteren Publikum zugänglich gemacht wurde — eine der populärsten volkssprachlichen Übertragungen findet sich im Oeuvre des →Mönchs v. Salzburg (»Maria stuend in swindem smerzen«) — und schließlich seit 1727 als →Sequenz Eingang in die Liturgie gefunden hat.

Verschiedene Aspekte des Mater-dolorosa-Komplexes, die schon im MA geläufig waren, werden bei neuzeitlichen Autoren erneut thematisiert. Im 19. Jh. greift Johannes Th. →Laurent in seinen M predigten den Gedanken von der Miterlöserschaft Ms auf, um den Zusammenhang von Compassio und Corredemptio darzustellen. Etwa ein Jh. später beschreibt Gertrud v. →le Fort die Mütterlichkeit als wesentliches Potential christl. Glaubens und räumt M als S. eine entsprechende Vorbildfunktion ein (»Woran ich glaube«). Die allumfassende Mutterschaft Ms unter dem Kreuz ist auch ein bedeutsames Element innerhalb der Mariol. Edith →Steins. Das kurze Gedicht »Juxta Crucem tecum stare« (L. Elders, E. Stein, 1991, 207) legt in einfühlsamer Weise Zeugnis davon ab.

Lit.: BeisselMA 379–415. — P. Dempe, Die Darstellung der Mater dolorosa bei Heinrich Seuse, Diss. masch., Berlin 1953. — A. de Groot, Die schmerzhafte Mutter und Gefährtin des göttlichen Erlösers in der Weissagung Simeons (Lk 2,35), 1956. — LCI IV 85–87.
E. Bayer

IV. KUNSTGESCHICHTE. *1. Voraussetzungen.* Die S. ist eine ausgeprägte Darstellung der mit Christus leidenden GM; sie kann als Einzelfigur, als betonte Gestalt im Kontext der Passion und anderer Leben-Jesu-Szenen oder im Rahmen einer eigens geschaffenen Szenenfolge der Schmerzen Ms auftreten. Einen Überblick über die Voraussetzungen, die Entwicklung von Theol., Frömmigkeit, Liturgie und Institutionen, über die führende Rolle, die Serviten im 13. Jh. und Bruderschaften bei der Propagierung übernahmen, gibt É. Bertaud (DSp III).

Wie so oft in der ma. Frömmigkeit kommt es früh zu einer Systematisierung: so können die Schmerzen zu 12, 13, 15, 16, 27, 50 oder auch 150 gegliedert werden. In der bildenden Kunst sind fünf oder sieben Schmerzen am häufigsten zu finden: Die fünf Schmerzen sieht Wilmart bereits im 11. Jh. in den Miracula BMV vorgeprägt (vgl. DSp III 1691), die sieben Freuden und Schmerzen formuliert am Ende des 13. Jh.s das →Speculum humanae salvationis; sie sind nicht exakt festgelegt. Offenbar wird aber Wert gelegt auf eine gleichmäßige Verteilung im Leben Christi: stets ist eine Szene der frühen und der späten Kindheit (zumeist Darstellung im Tempel, Verlust des zwölfjährigen Jesus), ferner dem Beginn, Höhepunkt und Ende der Passion entnommen (Gefangennahme oder Kreuztragung; Kreuzigung und ein Beweinungsthema: Kreuzabnahme oder Grablegung). Hinzutreten können Beschneidung, Kindermord, Flucht nach Ägypten und Kreuzannagelung.

Äußerliche Hinweise auf den Schmerz Ms erhalten wir in der Kunst durch die physiognomische Gestaltung der GM, v. a. aber durch das Schwert (im Barock ausnahmsweise auch durch Pfeile), das nach →Simeons Weissagung in der Darbringung im Tempel und nach Ausweis aller Kommentatoren — nicht nur des MA — als Symbol für den Schmerz gilt (»Deine Seele wird ein Schwert durchdringen«; Lk 2,35), ferner durch die →Ohnmacht (→Klagen, →Kreuzigung, →Kreuzabnahme, →Kreuztragung) oder entsprechende thematische Zusammenstellungen der GM mit dem →Schmerzensmann, den Arma Christi usw. Um von einer S. in engerem Sinne sprechen zu können, sollte die GM aber einen betonten Eigenwert erhalten und nicht ausschließlich Begleitperson oder Modell für eine Devotionshandlung sein.

2. Ostkirche. Viele Ikonentypen entstanden erst in nachbyz. Zeit; in →Rußland sind ihre Namen oft mit Orten verbunden: Eleousa, Episkepsis, Wladimirskaja, Muttergottes der Passion, M, lindere meinen Kummer, Weine nicht über mich, Mutter usw. (s. LCI IV 86). Die GM der Passion geht auf das Ende des 12. Jh.s zurück: Dem Kind auf dem Arm der →Passionsmadonna in Lagudera bringen Engel Arma Christi dar (Zypern, 1191; Belting 178); eine bilaterale Bildikone der traurigen GM mit Kind zeigt auf der Rückseite den →Schmerzensmann (Kastoria, 12. Jh.; Belting 144 f.).

3. Westkirche. Das Thema begegnet in allen Gattungen der bildenden Kunst: Die Buchmalerei kennt es als Illustration von Gebeten zu den Sieben Schmerzen oder zum »Officium VII dolorum BMV« bzw. »de compassione«; die Druckkunst in gleichem Kontext oder als Illustration von entsprechenden Traktaten, ferner als autonomes Andachtsbild; die Plastik (abgesehen von der →Pietà) als eigenständige Formulierung seit dem 15. Jh. Große Altarretabel, die diesem Thema gewidmet sind, treten erst im späten 15. Jh., verstärkt dann im frühen 16. Jh. auf; die Malerei kennt die S. darüber hinaus als Einzelbild, als Diptychon oder in größerem Zusammenhang als Darstellung auf den Flügeln oder Außenseiten von Altären. Als Quelle für die Darstellungen dienten sowohl die geläufige Passionsikonographie als auch hochverehrte Ikonen sowie Illustrationen der Erbauungsliteratur. Viele Motive ma. Tradition hielten sich über Jh.e:

a) Kindheit Jesu. Entsprechend den Worten des greisen Simeon während der Darbringung im Tempel (Lk 2,35) kann der Schmerz Ms bereits in dieser Szene durch ein Schwert verbildlicht werden (Flügelretabel, Graz, Joanneum, frühes 15. Jh.). Daneben gibt es Darstellungen, die wie die byz. Passionsmadonna das Vorauswissen Jesu und Me illustrieren: Auf Meister Bertrams Buxtehuder Altar nähern sich Engel mit Arma Christi dem spielenden Christusknaben, während die Mutter seinen Leibrock strickt (Hamburg, Kunsthalle, um 1410). Auf der »Hl. Familie mit Stifter und dem hl. Paulus« aus dem Umkreis des Rogier van der Weyden bringt ein Engel dem Kind auf dem Schoß der Mutter ein großes Kreuz (New York, Met. Mus., um 1460; Abb.: Friedländer II 40a). Die span. Kunst des 16./17. Jh.s kennt viele ähnliche Beispiele (Trens 195 ff.).

b) Passionsszenen. In Passionsszenen kann der Schmerz Ms durch ein Schwert, das ihre Seite durchbohrt, eine besondere Hervorhebung erhalten — so in Miniaturen seit dem 13. Jh. (Kreuzigung, Psalter, Augsburg, Univ.-Bibl., cod. I. 2. 8° 6, um 1250/60). Auch die Pietà, die sich seit dem 14. Jh. verbreitete und stets auch — aber nicht nur — als Bild der Compassio ⋔s zu verstehen ist, kann seit dem 16. Jh. durch ein Schwert in der Brust akzentuiert werden, was rückwirkend die Komplexität der ma. Werke unterstreicht (Stiche der Wierix-Werkstatt, Mauquoy-Hendrickx 787–790; viele Werke in der Barockplastik). Die S., durch ein Schwert gekennzeichnet, kann auch andere, passionsverwandte Bildthemen wie die Notgottes erweitern (H. Baldung Grien, Basel, Kunstmus., 1513/16). Aus der Schmerzen-⋔e-Frömmigkeit entstand die Szene des »Abschieds Christi von seiner Mutter« (Daniel Hopfer, Holzschnitt, 1. Drittel 16. Jh.; Abb.: The Illustrated Bartsch XVII 86). Eine weitverbreitete Eigenschöpfung der Barockplastik und direkte Umsetzung des »Stabat mater dolorosa« ist die stehende S. unter dem Kreuz, die Gleichwertigkeit gegenüber dem Gekreuzigten erlangt und gleichzeitig betont auf ihre Vermittlerfunktion hinweist (I. Günther, Vierkirchen, Pfarrkirche, um 1765–70).

c) Schmerzensmutter und Schmerzensmann. Gegenüberstellungen von S. und Schmerzensmann gibt es in der Tafelmalerei, in der Druckgraphik oder Freiplastik. Zusammen mit der Compassio kann in besonderer Weise auch die Fürbittfunktion ⋔s gestischen Ausdruck finden. Die frühesten Diptychen entstanden im 13. Jh. in Italien unter byz. Einfluß: sie zeigen ⋔ mit dem Kind und eine Passionsdarstellung (Kreuzigung oder Schmerzensmann; so noch beim Böhmischen Meister, Karlsruhe, Kunsthalle, um 1360). Den ausgeprägten Typus mit Schmerzensmann und (anbetender, klagender, weinender) S. findet man erst auf den zahlreichen Diptychen (nicht nur) der niederländischen Kunst seit dem 15. Jh. (D. Bouts-Werkstatt, London Nat. Gallery, 3. Viertel 15. Jh.; Abb.: Friedländer III 83). Daß die Tafeln sowohl montiert als auch getrennt vorkommen, macht eine eindeutige Zuordnung zu dieser Gruppe bisweilen schwierig (vgl. Tizians Ecce homo und Mater dolorosa, Madrid, Prado, 1547 bzw. 1554). Bevorzugt wird Christus nicht als abstraktes Ikonenformular, sondern in szenischer Rückbindung (zumeist Ecce homo); H. Memling steigert die Rückbindung in der halbfigurigen Kreuzabnahmeszene, in der ⋔ ihren Eigenwert als S. behält (Granada, Capilla Real, um 1475; Abb.: Friedländer VI 13). H. Holbein d. J. stellt Schmerzensmann und S. in eine reiche Architekturkulisse (Basel, Kunsthalle, um 1521); im »Huldigungssaal« des Goslarer Rathauses sieht man beide auf den Innenseiten der Kapellentür (1505/10; Abb.: Gmelin 218). Paarbildungen gibt es auch im barocken Andachtsbild (Holzschnitte von M. A. Hannas, 17. Jh.; Alexander 230 f.).

Schmerzensmann und S. treten auch nebeneinander, z. T. in engem Körperkontakt, auf. Be-

Schmerzensmutter, Stich nach P. P. Rubens

reits die GM auf der Tafel der Casa Horne kann, Wange an Wange mit dem toten Sohn, als S. verstanden werden (Florenz, 13. Jh.); der Meister des Imhoff-Altares zeigt beide klagend nebeneinander, während ⋔ den Sohn stützt (Nürnberg, Germ. Nat. Mus., um 1420); Hans Memling schuf einen vielkopierten Bildtypus der S., die den Sohn von hinten umfaßt hält (Melbourne, Nat. Gallery, 1475; Abb.: Friedländer VI 37). Ein großes Wappen mit den Arma Christi flankieren beide auf dem Stich des Meisters ES (Abb.: The Illustrated Bartsch VIII 87). Das 16. Jh. bevorzugt dialogische Situationen (B. Bruyn zugeschrieben, rechter Flügel des Kreuzigungstriptychons, Köln, St. Pantaleon, frühes 16. Jh.). Von Angesicht zu Angesicht gegenübergestellt sind beide auf A. Altdorfers Kupferstich (1519; Abb.: The Illustrated Bartsch XIV 17); Wolf Traut zeigt sie mit einer langen Klage in Versform (Einblattdruck, um 1515; Abb.: Geisberg 1408). Die S. kann den Christus in der Kelter begleiten (Ansbach, St. Gumbertus, um 1505) wie auch in der «Heilstreppe» mit dem Schmerzensmann vor Gottvater knien (ein Putto trägt die Schwerter; H. Süß v. Kulmbach?, Leningrad, Eremitage, 2. Viertel 16. Jh.).

Freiplastische Darstellungen findet man u. a. in der Volckamer-Stiftung (V. Stoß, Nürnberg, St. Sebald, 1499), in Orvieto am Eingang zur Corporale-Kapelle (Raffaello da Montelupo, um 1545/49–1560 und in Saint-Sulpice, Paris, am Triumphbogen (Edme Bouchardon, 1734–51).

d) Szenische Darstellung der Schmerzen. Die älteste Bilderreihe der Sieben Schmerzen befindet sich im Anhang vieler Exemplare des Speculum humanae salvationis, das im späten 13. Jh. entstand (München, Bayer. Staatsbibl., clm. 146, Kopie des 14. Jh.s): Simeons Weissagung, Flucht nach Ägypten, Jesus im Tempel, Gefangennahme Christi, Kreuzigung, Kreuzabnahme/Grablegung und das Leben M.s nach der Himmelfahrt des Sohnes. Das letztgenannte Kapitel schildert das aus einsamen Wallfahrten zu den Stationen des Lebens Christi bestehende Leben der GM in Trauer und Schmerz (»cum magna tristitia«). Die zugehörige Illustration zeigt in der Mitte stehend M im Trauergestus, um sie herum Bildfelder mit Zeichen für die Lebensstationen Christi von der Geburt bis zur Himmelfahrt, gleichsam eine Summe der vorausgegangenen Einzelszenen (inhaltsgleich ist das 35. Kapitel des typologischen Zyklus). Offensichtlich war dies die Grundlage für den weit verbreiteten schematischen Bildtypus der Schmerzen M.s. Ein schwäbischer Einblattdruck mit den fünf Schmerzen ist das früheste Beispiel: Simeons Weissagung, Jesus im Tempel, Gefangennahme, Grablegung in seitlichen Bildfeldern und in der Mitte, als fünfter Schmerz, der Tod Christi, dargestellt durch das Kreuz, unter dem M sitzt (München, Graphische Sammlung, um 1440/50; Heitz 30,25). Diese Heraushebung einer Schmerzensdarstellung aus dem Zyklus ist oft zu beobachten, häufiger jedoch steht im Mittelfeld die trauernde S. allein. Albrecht Dürers Sieben-Schmerzen-Altar ist ein frühes Beispiel für ein Retabel (München, Alte Pinakothek und Dresden, Gemäldegalerie, 1494); viele ähnliche entstanden in Spanien (»Soledad«; vgl. Trens 191 ff.). In den Niederlanden gibt es zahlreiche derartige Stiftungen von Bruderschaften (nicht nur: zu den Sieben Schmerzen): Adriaen Isenbrant zeigt M auf einem rechten Diptychonflügel in einem Gehäuse, auf dessen Rückwand die sieben Schmerzen dargestellt sind; unterschiedliche Plastizität und Größe rückt die Leidensstationen in eine fernere Vergangenheit, M in eine nähere (vgl. Speculum humanae salvationis, Paris, Bibl. Nat., fr. 6275; Lutz/Perdrizet, Tafel 136); der linke Flügel zeigt die Familie des Stifters: Joris van de Velde trägt das Ornat eines Vorstehers der Bruderschaft vom Hl. Blut (Brügge, Musées Royaux und Notre-Dame, 1. Hälfte 16. Jh.; Abb.: Friedländer XI 138). Auftrag einer Sieben-Schmerzen-Bruderschaft ist Heinrich Douvermanns großer Schnitzaltar (Kalkar, Nikolaikirche, 1518–28; mit barocken und neugotischen Ergänzungen). Einige Altäre entstanden als Gegenstück zu den Sieben Freuden M.s (Pieter Aertsen, Léau, St. Leonhard, 1554; Abb.: Friedländer XIII 294 und 295).

Die Druckgraphik bewahrt das ma. Motiv lange Zeit (H. Burgkmair d. Ä., 1524; Abb.: Geisberg 448 f.). Ein Stich der Wierix-Brüder ruft zur Nachfolge im Leiden auf und rechtfertigt den Kult der Schmerzen Me mit einem Zitat aus Ps.-Hieronymus' Predigt zur Himmelfahrt M.s (1601; Abb.: Mauquoy-Hendrickx 775). Zu vielen derartigen Blättern gibt es als Gegenstück die Schmerzen Christi (Niklas Stoer, 2. Viertel 16. Jh.; Abb.: The Illustrated Bartsch XIII 579 und 578; Giorgio Ghisi, 16. Jh.; Abb.: The Illustrated Bartsch XXXI 49. 51).

e) Symbolische Darstellungen der Schmerzen. Der Bildtypus der einsamen M mit fünf, sieben und mehr Schwertern oder auch nur einem als Symbol für den Schmerz tritt verstärkt erst im späten 15. Jh. auf. Auch dieser ist vorgeprägt in Text und Bild des Speculum humanae salvationis, das im 30. Kapitel das Mitleiden (»compassio«) M.s in allen Leidensstationen Christi und ihren Anteil an der Erlösung (»corredemptio«) schildert: Die Illustration im clm. 146 zeigt sie, mit allen Arma Christi beladen, auf dem Teufel stehend (München, Bayer. Staatsbibl., 1. Hälfte 14. Jh.); ein späteres Exemplar verwendet statt der Arma nurmehr das Schwert (Berlin, Staatsbibl., ms. theol. lat., fol. 734, spätes 14. Jh.). In einer Illustration im Waldburg-Gebetbuch sitzt M mit einem Schwert in der Brust in einer Landschaft; das zugehörige Gebet zu den Sieben Schmerzen Me fleht um Beistand in der Todesstunde (Stuttgart, Württembergische Landesbibl., cod. brev. 12, fol. 83ᵛ, 1476); mit fünf Schwertern steht sie am Ende eines Mgebetbuches, gleichsam als bildliche Summe des geschriebenen Inhaltes (Lübeck, Steffen Arndes, 1495); mit sieben Schwertern erscheint sie im Typus der Ikone von S. Maria in Aracoeli in Rom als Titelillustration eines Traktates über die Sieben Schmerzen (Michael Franciscus de Insulis Quod libetica decisio de septem doloribus BMV, Antwerpen 1494/96); auch dreizehn Schwerter kommen vor (Van der bedroffenisse vnde herteleyde Marien, Magdeburg: Johann Grashove, 1486). Einer Darstellung des Sündenfalles wird die S. in einer Illustration eines Gebetes der hl. Birgitta gegenübergestellt: das Schwert der erlösenden Passion ist hier in Analogie zum Schwert der Vertreibung aus dem Paradies zu sehen (Utrecht, Privatbesitz, um 1535; Abb.: Plotzek 81).

Auch auf Altarbildern tritt dieser Typus auf: In einer Gloriole entschwebt die S. auf dem Hoogstraeten Altar (Antwerpen, Mus., 1. Viertel 16. Jh.; Abb.: Friedländer VII 103). Viele Varianten des Motivs verarbeiten die Kupferstiche der Wierix-Werkstatt (Abb.: Mauquoy-Hendrickx 776–785).

f) Maria allein. Das früheste eigenständige Exemplar dieses Typus findet man in einer Kopie der im MA hochverehrten und als Mater dolorosa betrachteten Ikone von S. Maria in Aracoeli (Rom), die ein böhmischer Maler mit Blutstropfen übersät dargestellt hat (Prag, Narodni Gal., um 1370). Eine weitere Kopie dieser Ikone wie auch der nicht minder verehrten Hodegetria von S. Maria Maggiore hing zusammen mit Merkversen in den Bruderschaftskapellen, die Pfarrer Jan van Coudenberghe 1492 in Abbenbroeck und Reymerswaele einrichten ließ (Schuler 20). Ein frühes Andachtsbuch über die Sieben Schmerzen zeigt sie beide (Devote ghedencknisse van den seven weeden O.L.V., Antwerpen 1492). Mehrere anbetende halbfigurige Madonnen, die als »Mater dolorosa« bezeichnet werden, findet man in den Niederlanden des frühen 16. Jh.s; ohne eindeutige physiognomische Gestaltung (Trauer, Schmerz, Tränen) oder einen Bezugspunkt — sie wirken wie Diptychonflügel ohne Gegenstücke (Abb.: Friedländer IX 38) — bleibt jedoch die Benennung fragwürdig; Parallelen in der Druckgraphik des späten 16. Jh.s machen einen freudvollen wie auch schmerzensreichen Zusammenhang denkbar (Abb.: Mauquoy-Hendrickx 691 ff. 793–796).

In der Kunst des Manierismus und Barock gibt es vermehrt den isolierten Typus (El Greco, Prado, Madrid, um 1595–1600; span. Büste, Ende 17. Jh., Berlin; vgl. Trens 233 ff.); oft ist die Bezugsszene (Kreuzigung, Beweinung usw.) aus der Körperhaltung erschließbar (Kopien nach G. Renis Kreuzigung aus der Kapuzinerkirche, Bologna, 1616).

g) *Maria in Meditation.* Beispiele finden sich v. a. im NachMA. Grundlage sind jedoch die genannten Kapitel 30 und 35 (bzw. der Siebte Schmerz) des Speculum humanae salvationis, deren Inhalt in meditativer Wendung zusammenfließt: Bereits das Exemplar in Chantilly verbildlicht im 30. Kapitel ℳs Teilhabe an Christi Leiden nicht mehr durch ein aktives Tragen der Arma Christi, sondern als meditative Rückschau (Musée Condé, fr. 1363, fol. 30ᵛ, um 1500; Büttner 120); bereits die Illustration zum Siebten Schmerz im Exemplar in Cambridge zeigt im 14. Jh. eine reine Arma-Christi-Meditation (Fitzwilliam Mus., ms. 43–1950, fol. 24ʳ, um 1390; Büttner 117, vgl. 119). Bei Guido Canlassi gen. Cagnacci sieht man ℳ in Ekstase an einem Tisch mit Arma Christi, in ihrer Brust sieben Pfeile (München, Bayer. Staatsgemäldesammlungen, 17. Jh.); nur mit den Arma erscheint sie auf dem Stich der Elisabetta Sirani (1657; Abb.: The Illustrated Bartsch XLII 121). Als Gegenstück zu einer Mater gaudiosa mit sieben Blumen finden wir die meditierende S. auf Mattheus Schmids Einblattdruck (3. Viertel 17. Jh.; Abb.: Alexander 544).

h) *Architektur.* Die wachsende Verehrung der S. und der damit verbundene Wallfahrtsbetrieb im 18. Jh. zeigen sich auch in der Architektur. Viele Bauten wurden zu Ehren der S. errichtet. Allein in Frankreich und den Niederlanden gibt es im 17. Jh. mehr als 4000 Kapellen oder Altäre.

Lit.: (Abbildungsnachweise): J. Lutz und P. Perdrizet, Speculum humanae salvationis, 2 Bde., Mühlhausen 1907. — M. J. Friedländer, Early Netherlandish Painting, 14 Bde., 1967–76. — H. G. Gmelin, Spätgotische Tafelmalerei in Niedersachsen und Bremen, 1974. — M. Geisberg, The German Singleleaf Woodcut: 1500–1550, ed. by W. L. Strauss, 4 Bde., 1974. — W. L. Strauss, The German Single-leaf Woodcut: 1550–1600, 3 Bde., 1975. — D. Alexander und W. L. Strauss, The German Single-leaf Woodcut 1600–1700, 2 Bde., 1977. — The Illustrated Bartsch, ed. by W. L. Strauss, 1978 ff. — M. Mauquoy-Hendrickx, Les Estampes des Wierix I–III, 1978–83. — J. M. Plotzek, Andachtsbücher des MA aus Privatbesitz, Ausst.-Kat., Köln 1987. — (Zum Thema): Mâle III 122–132. — BeisselMA 379–415. — BeisselD 333–376. — Künstle 642–646. — Trens 191–242. — A. M. Lépicier, Mater dolorosa, 1948. — L. Ouspensky und W. Lossky, Der Sinn der Ikonen, 1952. — W. H. Gerdts, The Sword of Sorrow, In: Art Quarterly 17 (1954) 212–229. — Réau II/2, 102–110. — G. Bott, Schmerzensmann und S. nach Lucas van Leyden, In: FS für P. Metz, 1965, 345–360. — Handbuch der Ikonen-Kunst, 1966. — E. Guldan, Eva und Maria, 1966, 337 f. — H. Belting, Das Bild und sein Publikum im MA, 1981. — F. O. Büttner, Imitatio Pietatis, 1983, 105–115. — C. M. Schuler, The Sword of Compassion: Images of the Sorrowing Virgin in Late Medieval and Renaissance Art, Diss., Columbia University 1987. — H. Belting, Bild und Kult, 1990. — G. Wolf, Salus Populi Romani. Die Geschichte röm. Kultbilder im MA, 1990, 209 ff. — M. Schawe, Fasciculus myrrhae. Pietà und Hoheslied, In: Jahrbuch des Zentralinstituts für Kunstgeschichte V/VI, 1989/90, 1991, 161–212. — G. Wolf, Deus atque caro. Versuch über Körper und Bild angesichts einer Giambono zugeschriebenen Veronika in Pavia, In: Die Beredsamkeit des Leibes. Zur Körpersprache in der Kunst, 1992. — C. M. Schuler, The Seven Sorrows of the Virgin: Popular Culture and Cultic Imagery in Pre-Reformation Europe, In: Simiolus 21 (1992) Nr. 1/2, 5–28. — J. E. Ziegler, Sculpture of Compassion. The Pietà and the Beguines in the Southern Low Countries 1300–1600, 1992. — LCI IV 85–87. — DSp III 1686–1701. — LThK² IX 429 ff.

M. Schawe

V. RELIGIÖSE GEMEINSCHAFTEN. 1. *Schwestern ULF von den Sieben Schmerzen* (Soeurs de Notre-Dame des Sept Douleurs), Institut, dessen Mitglieder in der Abfolge und im Zusammenleben der Generationen unter wechselnder juristischer Gestalt durch Wirksamkeit am gleichen Ort, in sozialen, karitativen und apost. Diensten aus rel. Motivation über Jh.e hin eine innere Individualität durchhalten und die gleiche moralische Person bleiben konnten. Die Gründung geht auf den Priester Ignaz de Plancke und Elisabeth van Hulle auf das Jahr 1688 zurück, wo sich im »Spinnhaus« (Spinhuis) — noch ohne Gelübde — eine kleine Kommunität zusammentat. 1728 wurden ein Pensionat und eine Grundschule eröffnet. Beim Ausbruch der Franz. Revolution fielen die materiellen Güter an den Staat, die Gemeinschaft von damals 28 Schwestern wurde aufgelöst und versprengt, nahm aber schon 1803 ihre Tätigkeit wieder auf. Erst 1836 wurden sie offiziell anerkannt und erhielten so Rechtsstatus. 1844 wurden sie Kongregation und 1846 bekamen sie approbierte Satzungen. 1954 nahmen sie die Schwestern des hl. Vinzenz v. Paul von Avelgem (Belgien), und 1964 die Apostolinen von Brügge bei sich auf, zu welch letzteren erst kurz zuvor die nach der Himmelfahrt ℳs genannten Schwestern von Brügge gestoßen waren. So gesund war der Stamm von 1688, daß sich drei neuere Organismen dort einpfropfen ließen.

2. *Schwestern ULF, der schmerzhaften Mutter* (Sisters of Our Lady of Dolours). Ihre Anfänge reichen zurück in das Jahr 1854 nach Trichinopoly/Indien, wo Msgr. Alexis Canoz SJ für den Aufbau seiner Diözese nach Schwestern Ausschau hielt, deren Gründung er schließlich selbst in die Hand nahm und durch den ital. Jesuiten Mercatti in die Wege leitete. Die sich bildende Gemeinschaft wurde zuerst 1865 nach den je einzelnen Mitgliedern, dann 1927 durch Vermittlung von Kardinal Alexis-Henri-Marie

→Lépicier OSM, Präfekt der Religiosenkongregation, als ganze den Serviten aggregiert. Sie erhielt 1957 das Decretum Laudis und wurde päpstlichen Rechtes. Arbeitsfelder sind caritative Dienste jeder Art und Angebote weiblicher Bildung bis hin zur Universitätsreife.

3. Barmherzige Schestern von der allerseligsten Jungfrau und schmerzhaften Mutter Maria. → Barmherzige Schwestern (Clemens-Schwestern/ Münster).

4. Minime dell' Addolorata (Die kleinen [Schwestern] der schmerzhaften Muttergottes), gegründet in Bologna 1868 von (der 1968 seliggesprochenen) Clelia →Barbieri und drei Gefährtinnen unter dem Pfarrer Gaetano Guidi für rel.-karitative Dienste in der Pfarrei (Religionsunterricht der Kinder; Kranken- und Altenpflege), diözesan 1879 zu weiterer Erprobung, 1905 endgültig anerkannt, 1934 mit dem Decretum Laudis vorbereitend, 1949 förmlich päpstlichen Rechtes. Die Verehrung der S. wuchs der Gemeinschaft aus der Pfarrei ihrer Gründung zu. 1951 wurden die Schwestern den →Serviten aggregiert. Die Gemeinschaft unterhält in Bologna zur Heranbildung von Krankenschwestern eine große Schule mit Internat.

5. Schwestern der schmerzhaften Mutter mit Hilfe von F.M. →Jordan 1883 von Franziska Streitel (1844–1911) nach der Dritt-Ordens-Regel des hl. Franz v. Assisi gegründet. Die Satzungen wurden 1899 erstmals, 1911 endgültig approbiert. Ziele sind Mädchenunterricht und Krankenpflege.

6. Bruderschaften. An der Seite der erwähnten (klösterlichen) Gemeinschaften (zur S.) stehen die in der Welt verbleibenden Bruderschaften mit solchem Titel.

a) → Bruderschaften
b) → Serviten
c) → Redemptoristen
d) → Geschichtlich bedeutsame (mit Ablaß versehene) Gruppierungen sind im einzelnen die Bruderschaft der sieben Schmerzen ℳs mit dem schwarzen Skapulier; die Erzbruderschaft zu ULF Schmerzen am Campo Santo in Rom; die Erzbruderschaft zu Ehren der schmerzhaften GM für die Rückkehr aller engl. sprechenden Völker zum kath. Glauben; der fromme Gebetsverein zu Ehren der schmerzhaften Mutter für die Rückkehr unserer getrennten Brüder in der hl. röm. Kirche.

Lit.: Beringer II, Nr. 250–253. — DSp II 1469–79; III 1686–1701. — LThK² IX 431 f. 1113. — DIP I 1002; V 1348 f. — AnPont 1990, 1389.   *H.M. Köster*

Schmid, Christoph v., rel. Schriftsteller und Domkapitular, *15.8.1768 in Dinkelsbühl (Diözese Augsburg), †3.9.1854 in Augsburg, besuchte nach Privatunterricht und Lateinschule in Dillingen das Gymnasium (1783–85), studierte hier Phil. (1785–87), trat zu Beginn des Theol.-Studiums (1787) als päpstlicher Alumnus in das Priesterseminar ein und wurde 1791 zum Priester geweiht. In Dillingen begann die sein ganzes Leben anhaltende Freundschaft mit J.M. →Sailer, der dort Prof. für Pastoraltheol. und Moralphil. war. Nach Kaplansjahren in Nassenbeuren und Seeg (Allgäu) war er Schulleiter (1796–1816) in Thannhausen (Schwaben). Hier wurde er wegen freundschaftlicher Beziehungen zu schwärmerischen Kreisen unter J.M. Feneberg von der Inquisition behelligt. Berufungen auf Lehrstühle in Dillingen, Heidelberg und Landshut lehnte er ab. Nach der Pfarrstelle in Oberstadion (Württemberg) wurde er in Augsburg Domkapitular für das Schulwesen, 1837 von Ludwig I. in den Adelsstand erhoben und 1847 Ehrendoktor der Universität Prag.

Als Freund J.M. Sailers übernimmt S. dessen theol. und katechetische Positionen, die in einer Überwindung aufklärerisch rationaler Deduktionstheol. wie romantischer Pietismen sich läutern. Die im ganzen europäischen Ausland übersetzte Kinderliteratur und das katechetische Schrifttum wurden über 100 Jahre rezipiert und prägten bis ins 20. Jh. große Teile des kath. Bürgertums in seiner rel. Sozialisation. Das katechetische Wirken bestimmt die Rückkehr zur narrativen Katechese über die Betonung und Neuinstallation der Biblischen Geschichte in den Unterricht wie auch die »profane« Schriftstellerei, die stark durch gläubige Protagonisten und affirmative Erzählstrukturen eine positive kath. Weltsicht aufbaut. Das Kind und seine rel. Verstehensbedingungen werden über dogm. Vollständigkeitspostulate und eine ganzheitliche Glaubenserschließung gegen eine einseitig begrifflich orientierte Dogmatik der Zeit gestellt.

S. kennt keine explizite Mariol., die grundsätzlich seiner pädagogischen Intention widerspräche; dennoch ist sein Werk durch eine identifikatorische ℳfrömmigkeit geprägt: In den Katechismen wird ℳ als Fürbitterin erwähnt. Die mögliche dogm. Explikation ihres Freiseins von der Erbsünde wird auf das Gebetsleben des Ave-Maria reduziert. In den Biblischen Geschichten bleibt S. eng am Text der Evangelien, erweitert allerdings emotionalisierend das vorbildlich liebende Muttersein ℳs als wichtige Station des Heilsplanes. Dabei wird das Frauenbild des 19. Jh.s wiedergegeben. ℳ und mit ihr die Hl. Familie werden dabei zu pädagogischen Vorbildern stilisiert, die den bürgerlich bedingten Tugendpostulaten wie Hingabe, Entäußerung und Hausverantwortung entgegenkommen. Die weiblichen Protagonistinnen nehmen so an ℳ ihr Vorbild, ihr Leid, das sie in den spannungsgeladenen Erzählungen durch gottlose Menschen trifft, anzunehmen, worauf sich ihr Schicksal zum besseren wendet. Jedoch keine sublime Leidverklärung kennzeichnet die an ℳ sich orientierenden Frauengestalten, sondern durchaus auch engagierte, sozial wie spirituell individuelle Formen findende Aktivität. Im Kontext einer einerseits rationalistisch marienkritisch eingestellten Vernunftkatechese und einer in der

Volksfrömmigkeit überdeutlich ausgeprägten MV findet S. im biblisch fundierten Ⓜ︎glauben eine für seine Zeit glaubwürdige Gestalt.

WW: Gesammelte Schriften des Verfassers der Ostereier, Originalausg. von letzter Hand, 24 Bde., 2 Supplement-Bde., Augsburg 1841–56. — Erinnerungen aus meinem Leben, 4 Bändchen in einem Band, ebd. 1853–57. — Erinnerungen und Briefe, hrsg. von H. Pörnbacher, 1968.
Lit.: R. Adamski, C.S., ein rel. Erzieher, Diss. masch., Fassung aus letzter Hand, Breslau 1936 (Teildruck Ohlau 1932), jetzt als Unikat Stadt- und Staatsbibl. Augsburg. — H. Pörnbacher (Hrsg.), C.v.S. und seine Zeit, 1968. — U.J. Meier, C.v.S. Katechese zwischen Aufklärung und Biedermeier, 1991 (WW, QQ, Lit.). *U.J. Meier*

Schmidlin, Josef, * 29.3.1876 in Kleinlandau/Elsaß, † 10.1.1944 im KZ Schirmeck/Elsaß, Begründer der kath. Missionswissenschaft. Es gab jedoch Vorläufer im ev. Bereich: Alexander Duff (1806–78) am New College in Edinburgh (1867) und der Inhaber des ersten missionswissenschaftlichen Lehrstuhls in Deutschland in Halle (1896), Gustav Warneck (1834–1910).

Neben missionswissenschaftlichen Veröffentlichungen, der vierbändigen neueren Papstgeschichte und kirchengeschichtlichen Arbeiten zum Elsaß stehen in der frühen Periode von S.s Schaffen mariol. Schriften.

WW: Entstehung und Geschichte ULF zur Eich bei Blotzheim im Sundgau. Nach ungedruckten Dokumenten dem Volke nacherzählt von einem elsässischen Geistlichen, Mühlhausen i.E. 1903. — Geschichte der dt. Nationalkirche in Rom S. Maria dell' Anima, Freiburg i.B. und Wien 1906. — Die Liebfrauenkirche zu Gebweiler und was ihr mangelt. Eine kunsthistorische Skizze, ebd. 1906. — Ein Apostel des Sundgaus. P. Bernhard Juif. Der Pfarrer von Blotzheim. Sein Leben und Wirken. Von einem Priester des Bistums Straßburg, St. Ludwig 1897.
Lit.: J. Schmidlin, Autobiographie, In: E. Stange (Hrsg.), Die Religionswissenschaft der Gegenwart in Selbstdarstellung, 1927, 167–191. — E. Hegel, Geschichte der Kath.-Theol. Fakultät Münster 1773–1964, 1. und 2. Teil, 1966. — K. Müller, J.S. (1876–1944). Papsthistoriker und Begründer der kath. Missionswissenschaft, 1989. — H. Rzepkowski, Zum 50. Todestag von Prof. Dr. J.S., Begründer der kath. Missionswissenschaft, In: Verbum svd 35 (1994) 147–170. *H. Rzepkowski*

Schmids Bairische Predigtsammlung (→ Predigten), ein Jahrgang dt. »sermones de tempore«, der wohl im späteren 13. Jh. von einem Weltgeistlichen in der Diözese Salzburg angelegt worden ist. Bisher sind, von Streuüberlieferungen einzelner Stücke abgesehen, 5 Handschriften des 14. und 15. Jh.s bekannt (Nürnberg, Germ. Nat. Mus., Hs. 4953; Augsburg, Universitätsbibl., cod. III.1.4.°; Wien, Österr. Nat. Bibl., cod. 14553 und 2912; Donaueschingen, Fürstlich Fürstenbergische Hofbibl., cod. 204). In den beiden letztgenannten Handschriften sind die Predigten dem Werk des »Österreichischen Bibelübersetzers« in der Weise integriert, daß jeweils einer Evangelienperikope die entsprechende Predigt folgt, soweit die Sammlung thematisch entsprechende Stücke bereitstellte (vgl. Löser). Der Schreibdialekt der mit Abstand ältesten Nürnberger Handschrift ist bairisch. Als Quelle dienten Autoritäten wie Gregor, Beda, Haymo, Honorius; mehrere Stücke sind Bearbeitungen von Sermones des Odo v. Cheriton (vgl. Schmid).

Mehrfach erfolgt allegorischer Bezug biblischer Gegebenheiten auf Ⓜ︎, so etwa der apokalyptischen Frau (Nr. 3), des hohen und schon im ersten Tageslicht strahlenden Ölbergs (Nr. 25), des Wassers des Elisäus (Nr. 45). In der Predigt zum 3. Fastensonntag (Nr. 178) wird von dem für seine Ⓜ︎dichtungen berühmten »chanzlaer von franchen reich« (→ Philipp dem Kanzler) berichtet, er sei im Traum dem Bischof von Paris aus der Hölle erschienen; Ⓜ︎ habe für ihn keine Fürbitte geleistet, da er nur zu seinem eigenen Ruhm gedichtet habe. Breiteren Raum nehmen marian. Themen stets dann ein, wenn Ⓜ︎ bereits im Tagesevangelium eine Rolle spielt, so in den Predigten zu Lichtmeß (Nr. 1), Weihnachten (Nr. 2), Epiphanie (Nr. 12), Sonntag nach Epiphanie (Nr. 13; hier wird der Bericht von Ⓜ︎s Suche nach dem zwölfjährigen Jesus mit zahlreichen nichtbiblischen Details ausgeschmückt) und Ostern (Nr. 27). In die Predigt zum 20. Sonntag nach Pfingsten (Nr. 51) über »Gratias agentes semper pro omnibus in nomine domini Christi Ihesu« (Eph 5,20) werden lat. Strophen des → »Planctus beatae virginis« Ⓜ︎e unter dem Kreuz in den Mund gelegt und in dt. Sprache wiedergegeben. Es handelt sich dem Inhalt nach also eher um eine Passionspredigt. Auch sind zahlreiche Einzelheiten über den Leidensweg Christi eingeflochten, die in den biblischen Berichten keine Grundlage haben.

Ausg.: Teilausg. nach der Nürnberger Handschrift: H. U. Schmid, Eine bairische Predigtsammlung des späten 13. Jh.s, In: V. Mertens und H.-J. Schiewer (Hrsg.), Die dt. Predigt im MA, 1992, 55–91.
Lit.: F. Löser und Ch. Stöllinger-Löser, Verteidigung der Laienbibel. Zwei programmatische Vorreden des dt. Bibelübersetzers der 1. Hälfte des 14. Jh.s, In: K. Grubmüller, K. Kunze und G. Steer (Hrsg.), Überlieferungsgeschichtliche Editionen und Studien zur dt. Literatur des MA, 1989, 245–313. *H.U. Schmid*

Schmidt, Martin Johann (»Kremser Schmidt«), * 25.9.1718 in Grafenwörth/Niederösterreich, † 28.6.1801 in Stein/Niederösterreich. Sein Vater Johannes (1684–1761), ein Faßbinder und Bildhauer, stammte aus dem hessischen Bönstadt und kam um 1710 nach Österreich. Die zeichnerischen Grundlagen und das Gespür für Körper und Raum dürfte sich der künstlerisch begabte Knabe in der väterlichen Bildhauerwerkstatt angeeignet haben. Die malerische Ausbildung erfolgte jedoch durch Johann Gottlieb Starmayr († 1767) und den weniger bekannten Baltassare Scabino de Rosaforte, die beide wie Johannes S. für das Stift Dürnstein und dessen kunstsinnigen Propst Hieronymus Übelbacher arbeiteten. Starmayr brachte ihm in erster Linie die Freskomalerei bei und gab ihm durch die Buntheit seiner Bilder und durch seinen lockeren Duktus wesentliche Anregungen.

Kontakte mit Wien und der dortigen Akademie sind, obwohl archivalisch nicht belegt, für die Zeit nach 1741 anzunehmen. Jedenfalls zeigen S.s frühe Werke deutlich den Einfluß von Daniel Gran (1694–1757), Martin van Meytens (1695?–1770), Peter Strudel (1660–1714) und

M. J. Schmidt, Christus am Kreuz, 1777, Seitenstetten

Paul Troger (1698–1762), erst später, ab etwa 1749, setzte er sich mit den Radierungen Rembrandts auseinander. 1745 erhielt er mit den Altarblättern der Pfarrkirche in Stein a. d. Donau seinen ersten bedeutenden Auftrag, der über seine bisherige gelegentliche Tätigkeit als Porträtist hinausging und zu dem auch u. a. eine koloristisch ausgewogene, auf wenige Figuren beschränkte Darstellung der Hl. Familie gehörte. Bereits in der Frühphase seines Schaffens legte der junge Künstler die Grundzüge seiner Malerei fest: Pathos und große Form gehen mit visionärer Kontemplation und tiefer Spiritualität eine unlösbare Verbindung ein und manifestieren sich in erzählerisch eindrucksvollen Kompositionen und v. a. in einem atmosphärisch dichten, fast expressiven Kolorit.

1749/50 hatte sich S. als selbständiger Maler in Stein niedergelassen, 1753 verließ er mit einem kleinen Andachtsbild (hl. Florian) für die Augustinerchorherren in St. Pölten und mit einem Altarbild (Glorie des hl. Johann Nepomuk) für die Passauer Patronatskirche in Pöchlarn das begrenzte einheimische Betätigungsfeld. In dieser Zeit knüpfte er auch die für seine weitere Laufbahn so wichtigen Kontakte zu den Benediktinerabteien Göttweig und Seitenstetten. 1756 übertrug ihm das Augustinerchorherrenstift Herzogenburg die Ausmalung der Chorkapelle des ehemaligen Oratoriums des Propstes, deren Gewölbe er mit drei Szenen aus dem Mleben (Geburt, Tempelgang und Vermählung) und einer Darstellung der Immaculata schmückte. Entscheidend war hier, daß S. nun einen Daniel Gran oder Bartholomeo Altomonte (1702–79) persönlich kennenlernen und sich der damals wichtigsten Künstlergemeinschaft Österreichs anschließen konnte. Parallel zu den Herzogenburger Fresken gestaltete er mit der Himmelfahrt Me für die Piaristenkirche in Krems ein zentrales Thema barocker Kunst und bewies durch eine vielfigurige, lebendige Komposition seine Kenntnis zeitgenössischer Darstellungen. Im gleichen Jahr erwarb er das Kremser Bürgerrecht und vermählte sich 1758 mit Elisabeth Müller aus Krems.

Am Beginn des folgenden Dezenniums stehen umfangreiche Arbeiten im Sommerrefektorium und im Mineralienkabinett von Seitenstetten. 1764 entstanden die Altarbilder (darunter eine Immaculata) für die neu erbaute Kirche in Schwechat. S. hatte damals den Zenit seiner künstlerischen Entwicklung erreicht und so brachten ihm nicht zuletzt die Schwechater Arbeiten auch in der Kaiserstadt Wien die längst überfällige Anerkennung. Sie gipfelte darin, daß er 1768 als »Historienmaler« in die renommierte Akademie aufgenommen wurde. 1770–80 ist die Zeit seiner großen Aufträge: 1770 wird er für den Schmuck der Domkirche im ungarischen Waitzen, 1771 für die Gemälde (darunter wieder eine Darstellung der Immaculata) der Passauer Pfarre in Kirchberg am Wagram und 1771/73 für die Altarblätter in Krain (heute Slowenien) herangezogen. 1772 bestellten die Benediktiner bei ihm die malerische Gesamtausstattung der Pfarrkirche in Melk. Mit der Himmelfahrt Me (ehemals im Hochaltar) schlägt S. zwar kompositionell den Bogen zurück zu dem Gemälde der Wiener Piaristenkirche 16 Jahre zuvor, doch zeigt er nun neben einer ruhigeren Auffassung auch eine geschlossenere Form und vermeidet räumliche Effekte ebenso wie eine grelle einseitige Ausleuchtung der Szene. 1775 schuf er in Dürnstein und Göttweig Fresken, die zum Klassizismus tendieren, und in Salzburg wurden ihm die Gemälde im Langhaus der Benediktinerabteikirche St. Peter anvertraut (u. a. Hl. Familie). 1777 realisierte S. in der Kapelle des Laibacher Gruberpalastes sein erstes ausschließliches Mprogramm, das aus Grisaillen mit Begebenheiten aus dem Leben der GM und aus einem farbenprächtigen Deckenbild mit ihrem Monogramm besteht.

Wie sehr S., der nun ein allseits anerkannter Meister seines Fachs war, in den 80er Jahren unter dem Druck der zahlreichen Bestellungen stand, zeigt die Auftragssituation: Die Ausstattungen der Stiftskirche in Spital am Phyrn, des Stiftes St. Peter in Salzburg und der Wallfahrtskirche in Maria Straßengel wurden fortgesetzt und zum Abschluß gebracht, die Gemälde (Verkündigung, Geburt Christi, Darbringung im Tempel und Himmelfahrt Me) in den Seitenaltären der Schloßkapelle von Ochsenburg 1783 vollendet. Selbst der bemerkenswerteste, da komplexeste Kontrakt über sämtliche Altarbilder für die Klosterkirche der Benediktinerabtei Asbach in Niederbayern (1781–83) konnte nicht in einem Zuge erfüllt werden. An ihnen fällt auf, daß S. nun gedämpfte, kühle Farben verwendet und er immer mehr zu einem klassizistischen Kolorit neigt, das aber seinen Gemälden nichts von ihrer Wirkung nimmt.

Ab 1790 ist ein deutlicher Rückgang im Arbeitspensum, aber keineswegs eine Reduzierung der Kontakte des inzwischen 72-jährigen Meisters mit alten und neuen Auftraggebern zu verzeichnen. Er beherrscht weiterhin die ganze thematische Breite seines bisherigen Oeuvres und malt routiniert und gewissenhaft nicht nur Darstellungen aus dem AT und NT oder aus den Viten der unterschiedlichsten Heiligen, er scheut wie bisher auch nicht vor antiken und mythol. Themen, vor bürgerlichen Genreszenen oder der selbstsicheren Wiedergabe der eigenen Person zurück. Das Jahr 1796 leitet die letzte Phase in S.s Werk ein. Noch einmal kommt es zu einer Reihe repräsentativer Aufträge durch die Stifte Göttweig, Kremsmünster und St. Florian, noch einmal arbeitet er auch an Gemälden marian. Inhalts (vgl. u. a. die Verkündigung von 1796 in der Pfarrkirche von Mauthausen, die Himmelfahrt von 1799 im Hochaltar der Eggendorfer Pfarrkirche oder die Wechselbilder von 1800 für die Tabernakelbekrönung am Hauptaltar der Pfarrkirche in Kilb). Selbst in seinem Todesjahr malt er noch vier Altarbilder, drei kleinere Gemälde und eine Schiffsmeisterfahne.

Mit S. starb der letzte Vertreter der österr. Barockmalerei, ein Künstler, dessen sehr persönliches Bekenntnis zu einer von der Religion bestimmten Weltanschauung sich während seines langen Lebens in all seinen Bildern niedergeschlagen hatte und dessen Malerei trotz aller Volkstümlichkeit nichts von ihrem geistigen Inhalt eingebüßt hat.

Lit.: R. Feuchtmüller, Der Kremser Schmidt, 1718–1801, 1989. *G. Paula*

Schmitz, Bernard, SJ, * 16.11.1688 in Doesburg/ Niederlande, †1747 auf den Philippinen, trat 1708 in die SJ ein. Als Missionar auf den → Philippinen (seit 1821) berichtet er 1733 in einem Brief über die Missionslage sowie über das Verhalten und Leben der einheimischen Bevölkerung (Brieff Patris Bernardi Schmiz, eines Missionarius auf denen Philippinischen Inseln. Geschrieben zu Ylog auf der Insel der Schwarzen, den 20. April 1733, In: Welt-Bott IV, 27 [Wien 1748] n. 538, 43–47). Darin schreibt er auch, daß der Rosenkranz das gewöhnliche Gebet der Filipinos sei, das morgens und abends in jeder Familie gebetet werde; die Schulkinder beteten ihn allabendlich in der Kirche gemeinsam; man sehe selten einen ohne den Rosenkranz. Dieser Brief wird immer wieder als klassische Stelle in der Geschichte der Mfrömmigkeit in den Missionen, bes. auf den Philippinen, zitiert.

Lit.: A. Huonder, Dt. Jesuitenmissionäre des 17. und 18. Jh.s. Ein Beitrag zur Missionsgeschichte und zur dt. Biographie, Freiburg i. B. 1899. *H. Rzepkowski*

Schmitz, Klementin, OFM, * 24.2.1755 in Densborn (Diözese Trier), †1.10.1844 in Hardenberg/Neviges (heute: Velbert), wurde auf den Namen Johannes getauft, war das zweite von drei Kindern eines Kleinbauern und mußte nach dem Willen der Eltern zunächst den Beruf eines Malers und Anstreichers erlernen und bei der Haus- und Feldarbeit helfen. Mit 23 Jahren begann er das Gymnasialstudium am Jesuitengymnasium in Emmerich/Niederrhein, das er erfolgreich abschließen konnte. 1785 trat S. in den Franziskanerorden ein, erhielt den Ordensnamen Klementin und studierte Phil. und Theol. in den Klöstern Rietberg, Münster und Paderborn. 1787 empfing er die Priesterweihe und wurde bald darauf nach Wipperfürth versetzt. 23 Jahre wirkte er in diesem Kloster und in den Kirchen der Umgebung mit Eifer als Beichtvater und Prediger. In besonderer Weise kümmerte er sich um die Kranken und Sterbenden. 1809 siedelte er in das Franziskanerkloster Hardenberg/Neviges über, auf besonderen Wunsch der Hardenberger Geistlichkeit, allerdings gegen den Protest der Wippenfürther Franziskaner und der Bevölkerung. 35 Jahre setzte er seine Kraft in dem weiträumigen Pfarrbezirk und in der Betreuung der Pilger ein, die M unter dem Titel »Unbefleckte Jungfrau« hier verehren. In dieser Zeit erwarb er sich wegen seines rastlosen Einsatzes die Ehrentitel »Vater der Armen«, »Freund der Sünder«, »Zuflucht der Trauernden«, »Wundertäter des Bergischen Landes«. Er verband seine sehr persönliche strenge Lebensführung mit einem reichen Gebetsleben und einer innigen MV und wirkte auffällige Heilungen durch das Zeichen des Hl. Kreuzes, gesegnetes Öl und nach Anrufung der GM. Seine Liebe schenkte er nicht nur den Katholiken, sondern auch den Protestanten und Juden. So erklärt sich, daß er »wie ein Heiliger« verehrt wurde. 1844 starb S. im Rufe der Heiligkeit, nachdem er zwei Jahre zuvor erblindet war. Über 5000 Menschen kamen zu seiner Beerdigung. Bald nach seinem Tod erzählten sich die Menschen des Bergischen Landes im verklärten Licht der Erinnerung Legenden, die sich um sein Leben rankten. 1908 wurde sein Grab auf dem kath. Friedhof geöffnet und die erhaltenen sterblichen Reste in einem ausgemauerten Grab erneut beigesetzt. Das Grabdenkmal steht heute im Innenhof des Franziskanerklosters.

Lit.: A. Rohde, P. K. S., ein Franziskaner aus dem 19. Jh., Essen 1913. — Ders., P. K. S. in Legende und Sage, ebd. 1914. — Totenbuch der Sächsischen Franziskaner-Provinz vom Hl. Kreuz, hrsg. von B. Peters, 1948, I 292; II 167. — G. Haun, Wahrheit und Legende vom Teufelsfänger von Neviges, In: Rhenania Franciscana 45 (1992) 110–115. — LThK² IX 436. *D. Göcking*

Schmölln, Thüringen, Diözese Dresden-Meißen, Wallfahrtskirche »Unsere Liebe Frau auf dem Berg« (Pfefferberg). 1066 wird die Überweisung der königlichen Abtei S. an die Naumburger Domkirche bestätigt. Es ist die einzige Nachricht, die über die Existenz dieser Abtei vorliegt, vielleicht war es eine ekkehardinische Stiftung, die 1046 an das Reich fiel. Dann erfolgte die Gründung eines Benediktinerklosters in S. 1127–37 sind vorübergehend Zisterzienser von Walkenried im S.er Kloster, die aber 1137 in ihre Neugründung Kloster Pforta bei Naumburg übersiedeln. 1269 wird das Kloster den Dominikanerinnen von Cronschwitz inkorporiert. Die Seelsorge wurde von Dominikanern wahrgenommen. Kloster und Kirche hatten wahrscheinlich auf dem sog. Pfefferberg ihren Standort. Nach der Überlieferung soll die Wallfahrt zu »ULF auf dem Berge« bereits 1132 begonnen haben. Über das Gnadenbild ist nichts mehr bekannt. 1524 wurde in S. die Reformation eingeführt. Die Klostergebäude wurden im Bauernkrieg zerstört und die Kirche 1533 abgebrochen. Die einzige Erinnerung an S. als ⋒wallfahrtsort bietet das Stadtwappen: eine thronende GM mit dem Jesuskind.

Lit.: R.Seyfarth, Geschichte der Stadt S., 1938, 142–144. — W.Schlesinger, Kirchengeschichte Sachsens im MA, 2 Bde., 1962. *S.Seifert*

Schnecken. Griechen und Römer kennen noch keinen Ordnungsbegriff, welcher alle S.arten zusammengefaßt und sie so von den Muscheln unterschieden hätte. Der Sammelname für Weichtiere mit hartem Gehäuse war conchyliae, häufiger conchae. Zur Überschneidung bzw. Gleichsetzung ihres verwandten Bedeutungsgehaltes kommt es auch im MA immer wieder.

Die Spirale — charakteristische Schalenform zahlreicher S.arten — wird schon in prähistorischer Zeit in Zusammenhang mit zyklischen Vorgängen in der Natur (Sonne und Mond, Jahreszeiten, Werden und Vergehen) gebracht (Spiralform in der Geschlechtsgegend bei weiblichen Statuetten der frühen Mittelmeerkulturen; S. als Grabbeigabe). Dieser Formbezug erfährt Unterstützung in der historisch naturkundlichen Vorstellungswelt, die Wirkliches mit Sagenhaftem vermengt: Die mit den zu- und abnehmenden Mondphasen sympathisierende S.größe (Oppianos, Halieutika 5, 589; ma. Bestiarien, → Konrad v.Megenbergs Buch der Natur, 219, 13), verweist wie die Ansicht, sie würden durch himmlischen Tau befruchtet, auf einen kosmisch-lunaren Bedeutungszusammenhang. Damit eng verknüpft und zugleich ein Abbild der sich selbst erneuernden Natur ist die Fähigkeit mancher Arten (helix pomatia), vor Wintereinbruch ihr Gehäuse mit einer dünnen Kalkschale zu verschließen, welche sie im Frühjahr sprengen (DACL s. »limaçon«). Verbreitet ist die Auffassung von der »Urzeugung«, wonach die S. ohne Paarung aus Schlamm und Fäulnis entstehen (Aristoteles, historia animalium 5,15).

Zum Sinnbild des spezifisch Weiblichen werden die S. überdies auf Grund der Ähnlichkeit einiger Arten, bes. Porzellan- und Eier-S., mit den äußeren Geschlechtsorganen der Frau (Symbol des Liebesgenusses bei Hesychios), was schon antike Autoren zu einem doppeldeutigen Gebrauch der Wörter conchae/cunnus veranlaßte (Plautus, Rudens, 704). Im Altertum werden sie gegen Libidostörungen und zur Empfängnisbeschleunigung verabreicht. Ein wesentlicher Teil dieser Vorstellungen bleibt über das MA hinaus bis in die Neuzeit gültig.

Der Glaube an »Urzeugung« und Befruchtung durch den Tau läßt die S. zum Symbol der Jungfräulichkeit ⋒s werden. Unter Gleichsetzung mit der Muschel, welche so die Perle (Christus) gebiert, stellt zuerst die äthiopische Fassung (5. Jh.) des → Physiologus in der Erzählung »Vom Achat und von der Perle« zur jungfräulichen Empfängnis ⋒s einen Bezug her.

Zur Verteidigung der Jungfräulichkeit ⋒s greift im späten MA das → Defensorium wiederum auf die überlieferte Vorstellung von der Befruchtung der S. durch den Tau zurück: »Si concha rore de supplis fecunda daret/ cur rorante pneumate virgo non generaret« (liber aialium Isidorus XVII cap. 34). In einen umfassenderen Kontext gestellt, können die S. als Attribut ⋒s einen Hinweis auf ihre kosmisch-lunare, bzw. fertile Bedeutung geben, was auf eine Assimilation vorchristl. Fruchtbarkeits-, Mond- und Muttergottheiten in ⋒ zurückzuführen wäre, so z.B. die die Sonne (Christus) gebärende GM und Heilsbringerin Isis (⋒), oder Selene als Spenderin des Taus, mit der alles Lebendige genährt wird. Daher rührt demzufolge die Bezeichnung Mond oder Mond der Kirche für ⋒ bei einigen Kirchenvätern, ebenso wie die bei Bauern in Frankreich und Portugal überlieferte Benennung »Mutter Gottes« oder »Notre Dame« für den Mond.

Ausgehend von den bebilderten Defensorien zeigt der Altar von Stams/Tirol (1426) und später die ⋒tafeln aus Ottobeuren (um 1450/60) neben der zentralen Anbetung des Kindes durch ⋒ auch die vom Tau schwanger werdenden S. Als frühes Bildzeugnis gilt weiterhin der linke Flügel eines Triptychons (Westdt. Meister, Köln, Wallraf-Richartz Mus., Anfang 15. Jh.): Weinberg-S. am Boden einer Anbetung des Kindes durch ⋒ (Abb. vgl. Behling 16, 18). Auf der Mauerzunge im Vordergrund der »Perle von Brabant« von Dieric → Bouts d.J. mit der Anbetung der Könige kriecht eine Nacktschnekke (limax; München, Alte Pinakothek). Im Zusammenhang mit der Heimsuchung ⋒e befindet sich auf der Innenseite eines Altarflügels (Bayer. Staatsgemäldesammlungen, Depot, Kat. XIV, Tafelband Abb. 102, um 1470/80). Der Mittelteil eines Triptychons (1475–76) aus der Karmeliterkirche in Aix-en-Provence von Nicolas Froment, der den brennenden → Dornbusch abbildet, gibt am unteren Bildrand in der Mitte eine Weinbergschnecke wieder.

Lit.: O. Keller, Antike Thierwelt II, 1913, 522 ff. — L. M. C. Randall, The Snail in Gothic Marginal Warfare, In: Speculum 37 (1962) 355–67. — L. Behling, Die Pflanze in der ma. Tafelmalerei, 1967, Tafel XVI. XVIII. — La polysemie symbolique de la limace et de l'escargot dans le langage en Occident, 1978. — RGG IV 109 ff. — HWDA VII 1269 ff. — LCI IV 98 f.
D. Parello

Schnee wird im übertragenen Sinn als Inbegriff der Reinheit oft auf ℳ bezogen. Das Patrozinium »Maria Schnee« verbreitete sich ausgehend von S. Maria Maggiore in Rom (ursprünglich Basilica Liberiana, später Basilica Sistina, Basilica Dominae, seit dem 6. Jh. Maria ad Praesepe, seit dem 10. Jh. S. Maria ad Nives bzw. Maria Schnee) auf der ganzen Welt.

1. Legende und Geschichte. Die Bezeichnung ℳ-S. geht der Legende nach auf ein Traumgesicht zurück, das Papst Liberius (352–366) und der reiche röm. Patrizier Johannes in der Nacht zum 5.8.352 hatten. Demnach hätten Johannes und seine Gemahlin, die infolge Kinderlosigkeit ihr Vermögen einem frommen Zweck widmen wollten, in einer Vision die hl. Jungfrau gesehen, die ihnen als Ort des Kirchenbaues einen mit Schnee bedeckten Hügel ankündigte, und in derselben Nacht sei tatsächlich S. auf den röm. Hügel Esquilin gefallen. Die S.-Legende ist erst in einer Bulle Papst Nikolaus' IV. von 1288 bezeugt. Die altchristl. Sitte des Blumenstreuens am Dedikationstage mag im MA ohne Verständnis der ursprünglichen Bedeutung zur Legendenbildung des Schneefalls unter Papst Liberius, der als Gründer der Kirche gilt, geführt haben. Die folgende Darstellung machte aus dem weißen Blätterregen, der allein in dieser Kirche noch stattfand, den S. Analog dazu wurden im →Pantheon am Dedikationstag bis ins vorige Jh. zum Gedächtnis an die Märtyrer rote Blütenblätter gestreut. In S. Maria Maggiore wird bis heute bei der Feier des Festes ℳ-S. am 5. August in Messe und Vesper von der Kuppel herab weißer Blütenschnee aus Jasmin- und Maraviglienblüten gestreut.

Der Bau der Basilika um 358 unter Papst Liberius wird im Liber pontificalis (I 208) erwähnt: »Hic fecit basilicam nomini suo iuxta macellum Libiae«. Nach der Erstürmung der Basilika am 26.11.366 verschwand diese für ein halbes Jh. aus der Geschichte. Nach dem Konzil von Ephesos (431) ließ Papst Sixtus III. (432–440) in Erinnerung an die Definition des Dogmas von der GMschaft ℳs an Stelle der ersten ℳkirche die heutige Basilika S. Maria Maggiore als größte, schönste und bedeutendste ℳkirche der Erde erbauen. Darüber berichtet der Liber pontificalis (I 232): »Hic fecit basilicam sanctae Mariae...«

Die links vom Hochaltar befindliche Seitenkapelle, nach ihrem Erbauer, Paul V., Borghesiana genannt, beherbergt das Gnadenbild ℳ-S. seit seiner Aufstellung (1613) in der 1611 eingerichteten Kapelle. Im Oberbau des Altars der Capella Paolina über dem Gnadenbild zeigt das von Stefano Maderno ausgeführte Relief Papst

Salus Populi Romani, Rom, S. Maria Maggiore

Liberius, der in Erinnerung an die Gründungslegende den Umriß der Basilika auf dem Hügel Esquilin in Schnee zeichnet.

2. Gnadenbild. In einer Nische der Capella Paolina halten sieben Bronzeengel das Gnadenbild »Salus Populi Romani«, eine Ikone vom Typ der →Hodegetria. Es zeigt ℳ mit dem Kinde, heute auf 1,17×0,79 m verkleinert, früher aber als ganze Figur stehend oder thronend. ℳ hält das Kind mit dem linken Arm, die Hände sind verflochten, die rechte liegt über der linken, das Jesuskind hält in der linken ein aufgestelltes Buch anstatt der Rolle wie beim ursprünglichen Typ der Hodegetria, die rechte Hand weist mit gestrecktem Zeige- und Mittelfinger in Richtung von ℳs Schulter. Bereits 590 soll ℳ unter dem Titel »Salus Populi Romani« von den Römern erfolgreich um Abwendung der Pest angerufen worden sein. Das Gnadenbild, das als →Lukasbild gilt, ist allerdings schwer zu datieren. Die Datierungsvorschläge bewegen sich zwischen dem 5. und 13. Jh. Die Datierung ins 7./8. Jh. kann auf einige Nachrichten im Liber pontificalis verweisen: Papst Sergius I. (687–701) legte die ℳfesttage der Verkündigung, der Geburt und Aufnahme ℳe in den Himmel fest, die in der Basilika S. Maria Maggiore gefeiert werden sollten. Papst Gregor II. (731–741) machte eine Ikone der Jungfrau ℳ mit Kind aus Gold und Edelsteinen zum Geschenk (»Fecit et ibidem in oratorio sancto quod

Praesepe dicitur, imaginem auream Dei genetricis amplectentem salvatorem dominum Deum nostrum in gemmis diversis, pens. lib. V.«). Papst Stephanus II. (752–757) spendete ein Bildnis der GM mit Kind aus Gold (»Hisdem vero temporibus sanctissimus vir praelatus papa fecit in ecclesia sanctae Dei genetricis Mariae imaginem ex auro purissimo, eidem Dei genetricis in throno sedentem, gestantem super genibus vultum salvatoris domini nostri Jesu Christi«) und ließ zwei ältere silberne Ikonen der Jungfrau ⒨ restaurieren. Spätere Datierungen nehmen als Entstehungszeit das 13./14. Jh. an. Für das ⒨bild »Salus Populi Romani« wurde am 21.7. 1211 ein Altarbaldachin links vor dem Triumphbogen im Mittelschiff geweiht.

Die Bildbezeichnung »Maria Schnee« (»Maria della Neve«) ist einer von mehreren Namen, die das kath. Volk der Ikone »Salus Populi Romani« gab: In Brüssel heißt sie »Notre-Dame de l'Assomption«, in Stuttgart-St. Eberhard »Mutter der Tröstung«, auf einem Berliner Tafelbild »Madonna della Consolatione«; die weltweit am meisten verbreitete Bezeichnung ist »Mater admirabilis«. Aus großer Ehrfurcht vor der wunderbaren Ikone scheute man sich Jh.e lang, Kopien anfertigen zu lassen. Erst Papst Pius V. (1566–72) gewährte durch Vermittlung des hl. Karl Borromäus († 1584) dem hl. Franz de Borgia SJ († 1572; General der SJ 1565–72) die Bitte, das Gnadenbild verbreiten zu dürfen. Franz de Borgia ließ sogleich sechs Kopien anfertigen. Die beiden ersten Bilder verblieben in Rom im Noviziat (Kapelle des hl. Stanislaus) und im Kolleg der Jesuiten; die dritte Kopie wurde einem nach Brasilien entsandten Missionar, dem sel. Ignatius de Acevedo SJ († 1570) mitgegeben, die aber mit ihm und dem Schiff bei einem Seeräuberangriff während der Überfahrt unterging; ein weiteres Bild erhielt Elisabeth von Österreich († 1592), die Gattin König Karls IX. von Frankreich, die es hoch verehrte und dem Clarissenkloster »Maria, Königin der Engel« in Wien übergab, von wo es nach dessen Auflösung 1784 in die Augustinerkirche kam; die beiden letzten Kopien gab Franz de Borgia den Kollegien in Prag und Ingolstadt. Weitere berühmte Kopien des ⒨-S.-Gnadenbildes befinden sich in Krakau, Viterbo (S. Maria della Carbonara), Lazio, Tivoli, Padua sowie in den Kollegien St. Blasien, Neuhausen und Pullach. Neben den Jesuiten förderten auch die Karmeliter, Kapuziner, Pauliner und seit 1592 bes. die Habsburger die Verehrung des ⒨-S.-Bildes. An europäischen Fürstenhöfen diente es außerdem als privates Andachtsbild.

3. *Verbreitung des Maria-Schnee-Kultes.* Spätestens seit dem 15. Jh. allgemein als wundertätig verehrt, wurde das ⒨-S.-Bild zur Jesuiten-Madonna und als solche sogar bis nach Brasilien, China und Äthiopien gebracht. So ist z. B. die GM aus Singanfu (Chicago, Field Mus. of Nat. History) eine chinesische Kopie (16. Jh.). Man findet heute variierende Darstellungen in allen ehemaligen oder bestehenden SJ-Niederlassungen nicht nur in Europa, sondern ebenso in Brasilien und China. Tausende Kopien des Bildes befinden sich auch in Äthiopien, wo ⒨ unter diesem Titel als Patronin verehrt wird.

Das Gnadenbild ⒨-S. ist in besonderer Weise mit Bayern verbunden. Nachdem die von Franz de Borgia veranlaßte Kopie 1571 ins Jesuitenkolleg nach Ingolstadt kam, gewann die MV, gefördert durch P. Jakob →Rem SJ († 1618), rasch an Boden und wurde zum Mittelpunkt der Elite der marian. Kongregation (Colloquium Marianum). So entwickelte sich auch die Universität in Ingolstadt zur geistlich-geistigen Bastion, von der aus tatkräftig und erfolgreich die Kath. Reform durchgeführt werden konnte. Später erhielt das ⒨-S.-Bild den Titel »mater ter admirabilis« (→Dreimal Wunderbare Mutter), den im 20. Jh. das →Schönstattwerk wieder aufgenommen hat und weltweit zu verbreiten sucht. Im 17. und 18. Jh. entstanden in Bayern zahlreiche ⒨-S.-Gnadenstätten: Diözese Augsburg: Aletshausen (2. Hälfte 16. Jh.), Bischofsried bei Dießen (1654), Haberskirch (2. Hälfte 16. Jh.), Haupeltshofen bei Krumbach (1618), Lehenbühl/Allgäu (1715), Markt Rettenbach (1654), Eichetkapelle in Mindelheim (19. Jh.), Nassenbeuren (1655), Schießen (1681), Thalhofen (1725); Erzbistum München und Freising: Kirchbrunn (1762), Kirchwald bei Nußdorf (1644), Maria Eck (1626), Schneekapelle in Tegernsee (1638?), Schloßkapelle in Triebenbach bei Laufen (17. Jh., Bild verschollen); Diözese Passau: Arnsdorf (18. Jh.), Neuötting (17. Jh.), Witzmannsberg (nach 1704); Diözese Regensburg: In Aufhausen bei Regensburg errichtete Propst Johann Georg →Seidenbusch († 1729) die Wallfahrtskirche ⒨-S., die 1676–1820 mit einem Nerianerstift verbunden war; eine weitere ⒨-S.-Wallfahrt befindet sich in Schönferchen (1. Hälfte 18. Jh.).

Im Zusammenhang mit der ⒨-S.-Verehrung kommt dem Bistum Würzburg eine Sonderstellung zu. Völlig unabhängig von den Jesuiten und vor deren Gründung entstanden in →Röllbach (1484–1521) und in Unterebersbach (1588) ⒨-S.-Gnadenstätten. Der Kanoniker Heinrich Retzmann veröffentlichte 1515 ein Buch über das Fest ⒨-S. und stiftete 1519 eine Bildtafel für den Kapellenaltar in der Stiftskirche zu Aschaffenburg, mit deren Ausführung er M. →Grünewald beauftragte.

Das ⒨-S.-Heiligtum von Offenburg-Weingarten im Erzbistum Freiburg i. B. wurde bereits vor 1396 durch ein S.-Wunder begründet und hat nichts mit dem röm. Gnadenbild zu tun.

Auch in Österreich verbreitete sich ab dem 17. Jh. die Verehrung des ⒨-S.-Bildes. In der Diözese Innsbruck: Hochfilzen (1682; mit alljährlicher Prozession der Fieberbrunner Knappen am 5. August), Imst-Gunglgrün (1732/33), Obermauern-Virgen (1676), Pfafflar-Bschlabs (1648), Umhausen-Osten (um 1700); Diözese Gurk: Maria Luggau (1616), Maria Schnee bei Mauthen;

Bistum Linz: Maria Neustift (1688), Neukirchen (1754); Diözese Graz-Seckau: M-S.-Kapelle an der alten Paßstraße über den Gleinalmsattel (1711 geweiht), Maria Schnee bei Seckau, Karmeliterklosterkirche Maria Schnee in Graz (Typ Eleousa, möglicherweise übermalt, 1710 geweiht); Erzbistum Salzburg: St. Johannes am Imberg in Salzburg (17. Jh.), Offenburg-Weingarten (kein Bezug zum röm. Vorbild); Diözese St. Pölten: Plankenstein (1786 bzw. 1950), St. Martin zu Drosendorf (1783, Bild von der Wallfahrtskirche Maria Schnee bei Zistersdorf hierher übertragen); Erzbistum Wien: St. Augustin (1784), Maria-Schnee-Kirche (1786), Kloster der Töchter der göttlichen Liebe (1891) sowie Jesuitenkolleg Kalksburg (1866) in Wien, Kaltenberg (1756 bzw. 1875). In Böhmen befinden sich M-S.-Gnadenstätten bei Reichenau, bei Neu-Bistriz und in Prag beim Franziskanerkloster, in der Schweiz in Rigiberg (1689) und »Maria zum Schnee« am Schwarzsee ob Zermatt (1784 geweiht).

Unter den vielen Gnadenerweisen, die M unter dem Titel M-S. zugewiesen werden, sind zwei bes. hervorzuheben: Nicht vom kath. Volk, sondern sogar von Papst Clemens XI. (1700–21) wurde der Sieg Prinz Eugens v. Savoyen (†1736) am 5.8.1716 bei Peterwardein (dort entwickelte sich unter Betreuung der Jesuiten für Syrmien, den Banat, die Batschka und Slawonien ein Wallfahrtsort) sowie die Einnahme von Belgrad der Hilfe Ms an ihrem Fest M-S. zugeschrieben. Damit wurde der Sieg des Röm. Reiches über die Türken als Geschenk der GM betrachtet. — Papst Gregor XVI. (1831–46) ließ das Gnadenbild M-S. zwei Mal vom Rom tragen, damit M die Stadt von der Cholera befreien möge und schrieb das Erlöschen der Seuche diesem Gebetssturm zu.

4. Liturgisches Fest. Das Fest »Maria Schnee« am 5. August ist dem Andenken an die Weihe der Kirche S. Maria Maggiore (432), der bedeutendsten Mkirche der Welt gewidmet. Der Jahrestag wurde bereits 435 als Mfest begangen, ursprünglich nur in dieser Kirche gefeiert, im 14. Jh. aber auf die Stadt Rom ausgedehnt und durch Pius V. zum allgemeinen Fest erhoben. Clemens VIII. gab ihm den Rang »duplex maius«; die von Papst Benedikt XIV. 1741 eingesetzte Kongregation für die Brevierreform verwarf in ihren Vorschlägen die Überlieferung des Schneewunders, schlug die Streichung des Titels »S. Maria ad nives« vor und regte als Festbezeichnung »Dedicatio ecclesiae S. Mariae Maioris« an. Der Tod des Papstes und der Umstand, daß viele Kirchen das Patrozinium M-S. hatten, führte zur Beibehaltung des Festes und der Lesungen, die auch im Brevier für den 5. August in der zweiten Nocturn bei den Lesungen V und VI erhalten blieben. Das Missale hat nach der Liturgiereform des II. Vaticanums heute am 5. August nur mehr das Gedenkfest der Weihe der ursprünglichen Kirche.

Lit.: L. Duchesne, Liber Pontificalis I, 379. 418. 443. 453. — Breviarium Romanum, III. Teil, Campoduni 1850, 549f. — G. Ott, Marienbuch oder U. L. Frau berühmte Gnaden- und Wallfahrtsorte, Regensburg 1871. — W. Herchenbach, Die hl. kath. Gnaden- und Wallfahrtsorte, 1884. — G. Kolb, Marian. Niederösterreich, Wien 1899. — H. Kellner, Heortologie oder die geschichtliche Entwicklung des Kirchenjahres und der Heiligenfeste, Freiburg i. B. 1911, 203f. — BeisselW. — J. H. Schütz, Summa Mariana III, Paderborn 1913, 38–40. — Das Römische Brevier, übers. von Erzpriester Stephan II, 1927, 1020f. — C. Feckes, So feiert dich die Kirche. Maria im Kranz ihrer Feste, 1954. — T. Gebhard, Die marian. Gnadenbilder in Bayern, In: Kultur und Volk, FS für G. Gugitz, 1954, 93–116. — H. Aurenhammer, Die Mariengnadenbilder Wiens und Niederösterreichs in der Barockzeit, 1956. — J. Dünninger, Die marian. Wallfahrten der Diözese Würzburg, 1960. — M. Lehmann, Maria Schnee bei Peterwardein 1716–1966, 1966, 89–100. — H. Grisar, Das Missale im Lichte röm. Stadtgeschichte, 1975, 114f. — Die Feier der hl. Messe. Meßbuch für die Bistümer des dt. Sprachgebietes, Teil II, 1975, 735. — L. Dorn, Die Wallfahrten des Bistums Augsburg, ³1976. — Fischer-Stoll I. — R. Graber, Marienfeste im Jahreslauf, 1979. — Schiller IV/2, 32–38. — I. Dollinger, Tiroler Wallfahrtsbuch, 1982. — J. Neuhardt, Wallfahrten im Erzbistum Salzburg, 1982. — F. Mader, Wallfahrten im Bistum Passau, 1984. — H. Dünninger, Wahres Abbild. Bildwallfahrt und Gnadenbildkopie, In: Wallfahrt 275–277. — J. Andaloro, l'icona della vergine »Salus Populi Romani«, In: S. Maria Maggiore a Roma, 1988, 124–127. — H. Brommer (Hrsg.), Wallfahrten im Erzbistum Freiburg, 1990. — F. J. Brems, Wir sind unterwegs ..., 1992. — LCI III 199–206.   R. K. Höfer/E. H. Ritter

Schneeberg, Lkr. Miltenberg, Bistum Würzburg, Pfarr- und Wallfahrtskirche Me Geburt. 1445 wurde die erste Kirche konsekriert. Im Lauf der Jh.e entstand ein ansehnlicher Baukomplex von drei miteinander verbundenen Gotteshäusern: die spätgotische Wallfahrtskirche (Chorturm, 1476 konsekriert, Baumeister G. Murer), die Gnadenkapelle (1521 angebaut) und der Neubau neben der alten Kirche von 1931 (25.10.1931 Konsekration durch Bischof Matthias Ehrenfried). Die durch die pastorisierenden Benediktiner von Amorbach geförderte Wallfahrt stand bereits 1450 in Blüte. 1470 gewährte Fürstbischof Rudolf v. Scherenberg einen Ablaß (ausgefertigt durch Nikolaus Riemenschneider), nachdem eine von ihm geforderte Untersuchung positiv verlief. 1473 nennt ein Kollektenbrief des Amtmanns Engelhard v. Berlichingen ein neues Gotteshaus zu Ehren Ms, wo täglich viele und große Wunderzeichen geschähen. 1511 gewährte Julius II. einen Ablaß für Me Geburt und Opferung. Im 18. Jh. wurde ein vollkommener Ablaß mehrfach erneuert und nach pfarrlicher Überlieferung 1802 als dauernd gültig erklärt. Im Schwedenkrieg (1631–34) seien viele Votivgaben verschwunden, 1739 waren aber wieder viele vorhanden, darunter wertvolle Gaben aus Edelmetall. Bis 1803 wallte jeden Samstag der Amorbacher Konvent nach S. Votivfeste blieben danach die Tage von Me Geburt und Opferung bzw. der Sonntag vor oder nach dem 21. November. Die Wallfahrt ging stark zurück, wurde aber unter Pfarrer Joseph Brenneis wieder neu belebt, so daß heute viele Prozessionen aus dem Spessart und Odenwald nach S. kommen.

1843 wurde an der Hauptstraße eine Msäule errichtet. Durch Gelübde in Kriegsgefahr wurde am 17.5.1944 der 8. September zum Ortsfeiertag erklärt, den alljährlich ca. 1000 Beter mit Hochamt, Prozession, Andacht und abendlicher Lichterprozession begehen. Die Mainzer Walldürn-Wallfahrt rastet in S.

Das Gnadenbild ist eine thronende bekrönte Madonna mit dem Kind auf den Knien, das in der Hand den Apfel hält und gleichzeitig nach dem Paradiesapfel in der linken Hand der Mutter greift (1430–50). Es steht auf dem barocken Maltar aus Alabaster in der Gnadenkapelle (Mittelbild: UE, außen: Joachim und Anna mit M als Kind, im Giebelfeld: Krönung Me von Zacharias Juncker [1679/80]). Bis ins 19. Jh. stand es auf einem Holunderstamm (daher: »Muttergottes auf dem Holderstock«). Auch in S. begegnet die beliebte Legende vom wandernden Gnadenbild, verbunden mit der M-Schnee-Legende: vor der dritten Auswanderung des Gnadenbildes habe man Asche gestreut, aber an einem 10. Juni sei dort Schnee gefallen. Letzteres ist sicher nur ein aitiologischer Erklärungsversuch des Ortsnamens, der aber früher »Scheidberg« u. ä. geschrieben wurde.

Lit.: I. Gropp, Aetas mille annorum, 1736, 144 f. — G. Link, Klosterbuch der Diözese Würzburg I, 1873, 367. — A. Amrhein, Realschematismus der Diözese Würzburg, 1897, 424 f. — KDB, Bezirksamt Miltenberg, 1917, 86 ff. — J. Brenneis, Die Wallfahrtskirche zur Muttergottes auf dem Holderstock in S., mehrere Aufl. 1941 ff. — Zwei Urkunden zur Marienwallfahrt in S., In: Heiliges Franken 2 (1954) Nr. 3, 10 f. — J. Dünninger, Die marian. Wallfahrten der Diözese Würzburg, 1960, 133–136. — H. Dünninger, Processio Peregrinationis, In: WDGB 24 (1962) 88–93. — K. Kolb, Wallfahrtsland Franken, 1979, 96 f. — C. A. Chevalley, Unterfranken, 1985, 240. — S. Hansen, Die dt. Wallfahrtsorte, 1990, 702. — F. J. Brems, »Wir sind unterwegs …«, 1992, 300.   *E. Soder v. Güldenstubbe*

Schneider, Emilie, FC, *6.9.1820 als Julie S. in Haaren (heute Ortsteil von Waldfeucht) nahe der niederländischen Grenze, †21.3.1858 in Düsseldorf, verdankte mit ihren sieben Geschwistern die Erziehung im kath. Glauben der Mutter. Die Beamtenlaufbahn des ev. Vaters brachte für die Familie häufigen Ortswechsel mit sich. Das herzliche Verhältnis zu den gütigen Eltern prägte S. Um so schmerzlicher traf sie das Nein zu ihrer Entscheidung für das Ordensleben. Der Konflikt zwischen dem Gehorsam gegenüber den Eltern und der Überzeugung von der Echtheit ihrer Berufung lastete schwer auf ihr. Zweimal begann sie das Postulat (1844 und 1845) in der 1833 von der sel. Marie Thérèse Haze gegründeten Kongregation der Töchter vom hl. Kreuz (Filles de la Croix, Lüttich = FC). Die Eltern billigten schließlich ihre Entscheidung. Bald nach dem Noviziat betrauten die Obern S. mit der Ausbildung des Ordensnachwuchses. Seit 1852 oblagen ihr die schwierige Reorganisation und Leitung des Krankenhauses in der Düsseldorfer Altstadt. Hingebungsvoll, zuletzt von qualvoller Krankheit aufgezehrt, setzte sie ihre ganze Kraft für die Kranken und Notleidenden der Stadt ein. — Nur ihr Seelenführer Rektor Joseph von der Burg wußte von ihrer mystischen Begnadung der Teilhabe an der Passion Jesu Christi. Nach ihrem Tode übergab er der Kongregation die Berichte, welche S. auf seine Aufforderung hin über ihre Visionen verfaßt und mit der dringenden Bitte um Vernichtung übergeben hatte. Weil aber darin mehrfach die Weisung des Herrn, die Liebe seines Herzens bekannt zu machen, erwähnt war, glaubte sich J. von der Burg zur Veröffentlichung dieser »Geistlichen Briefe« befugt. Der Seligsprechungsprozeß wurde 1926 eröffnet.

Das spirituelle Klima der Kongregation war ausgesprochen marian. geprägt. Dies bekundete sich bes. im betrachtenden Verweilen bei der schmerzhaften Mutter unter dem Kreuz des Sohnes. »Betrachte oft in Deinem Leiden Maria, die schmerzhafte Mutter, am Fuße des Kreuzes. O wie unbeschreiblich groß waren ihre Leiden und wie ergeben und mutig ertrug sie dieselben. Sie ist unsere Mutter, vergessen wir dieses nicht« (Brief an ihre Mutter vom 17. 3. o. J. — 1854 oder 1855?). S. sagte von sich, daß sie immer zuerst die GM angerufen habe, wenn sie eine Gnade vom Himmel erbat. Ihr unbedingtes Vertrauen zur Mutter der Schmerzen bewegte und tröstete die Menschen, die mit ihren Nöten zu ihr kamen.

In Düsseldorf war sie bestrebt, die vielfältigen Formen der Mfrömmigkeit, welche ihr und ihren Mitschwestern teuer waren, zu verbreiten. So erlangte sie u. a. mit Unterstützung J. von der Burgs die kirchliche Erlaubnis zur Feier der Maiandacht auch im Düsseldorfer Krankenhaus.

WW: Geistliche Briefe, Düsseldorf 1860. — Hs. Briefe im Ordensarchiv »Emilie Schneider«, Aachen.
Lit.: K. Richstaetter, E. S., Eine Mystikerin unserer Zeit, ⁸1959. — E. Spohr, Das Theresienhospital, 1980. — N. N., Liebe Gottes — Quelle des Lebens, 1987 (mit Auszügen aus Briefen). — M. Linde, E. S., In: G. Beaugrand (Hrsg.), Die neuen Heiligen. Große Christen auf dem Weg zur Heilig- und Seligsprechung, 1991, 179–186. — Dies., E. S. (1820–1859), In: E. Fischer-Holz (Hrsg.), Anruf und Antwort. Bedeutende Frauen aus dem Dreiländereck II, 1991, 118–144.   *M. Linde*

Schneider, Johannes, Ordensgründer, * 11.1.1824 in Dittmannsdorf (Mieszkowice), Pfarrei Riegersdorf/Schlesien, †7.12.1876 in Breslau, studierte nach dem Abitur in Neisse (1845) Theol. an der Universität Breslau und wurde hier am 1.7.1849 zum Priester geweiht. Als Kaplan wirkte er u. a. in der Pfarrei »Maria auf dem Sande« in Breslau und arbeitete hier zusammen mit den sozial engagierten Univ.-Dozenten Dr. Joseph Wick und Robert → Spiske. Als Kaplan von St. Matthias/Breslau, wo er 1861 auch Pfarrer wurde, beauftragte ihn der Breslauer Klerus mit der Seelsorge der in der rasch voranschreitenden Industrialisierung bedrohten weiblichen Jugend. Zur Unterstützung gründete er 1858 den Mverein »Marienstift« und weihte ihn der UE Ms und der hl. → Rosa v. Lima. Er wurde Ausgang einer neuen Genossenschaft, »Arme Schwestern der Allerheiligsten und allzeit Unbefleckten Jungfrau Maria«. S. stellte ihn unter den Schutz der GM von → Czenstochau, von der er 1860 im Mstift ein Bild anbrachte.

Am 16.5.1863 nahm er die erste Einkleidung von vier Kandidatinnen vor. Grundlage des Lebens der Gemeinschaft, in die viele aus dem M-stift eintraten und die im pastoralen und caritativen Bereich tätig war, bildete die Regel des hl. Augustinus. Das Mutterhaus wurde nach dem Zweiten Weltkrieg von Breslau über Berlin nach Rom (Monte Mario) verlegt. 1993 wirkten 511 → »Marienschwestern« in Deutschland, Italien, Polen (3 Provinzen) und seit 1972 in Tansania.

S. ist Urheber des Rosenkranzes zur Unbefleckt Empfangenen und initiierte seit 1861 Wallfahrten der Schwestern und ihrer Schützlinge nach Breslau-Osobowice und 1876 nach Krnov. Er war bemüht, daß die von ihm gegründete Kongregation den M-kult vorbildlich pflegte und auch verbreitete. Die Schwestern der Kongregation tragen auf der Brust die Medaille der GM nach der Vision der hl. Katharina → Labouré.

Die sterblichen Überreste von S. ruhen seit 1969 in der »Marienkirche auf dem Sande«

Lit.: A. Meer, J. S., Breslau 1891. — J. Schweter, Geschichte der Kongregation der Marienschwestern, 1934, 1–70; ²1981. — H. Hoffmann, Sandstift und Pfarrkirche St. Maria in Breslau. Gestalt und Wandel im Laufe der Jh.e, 1971, 165. — W. A. Izdebska, Działalnós Zgromadzenia Sióstr Maryi Niepokalanei w latach 1854–1939, 1976. — K. Heimbucher, Die Orden und Kongregationen der kath. Kirche, ⁴1980, 545. — A. Kall, Kath. Frauenbewegungen in Deutschland, 1983, 106–110. — K. Dola, Zakony żeńskie na Śląsku w wieku XIX i w pierwszej połowie XX wieku, In: G. Niedziela (Hrsg.), W służbie Kościoła. 125 lat Sióstr św. Jadwigi, 1986, 15–24. — J. Swastek, Ks. Jan S. — Założyciel Zgromadzenia Sióstr Maryi Niepokalanej, In: Nowe Życie, 25.8.–7.9.1991, nr. 17, 10 f. — DIP VIII 1059.   *J. Swastek/W. Baier*

Schneider, Reinhold, Dichter und Essayist, *13.5.1903 in Baden-Baden, †6.4.1958 (Ostersonntag) in Freiburg i. B. Konventionell kath. erzogen, verliert er allmählich seinen Glauben in den Wirren des Ersten Weltkrieges und der Nachkriegszeit. 1921–28 als Kaufmann in Dresden tätig, unternimmt S. ausgedehnte autodidaktische Studien. Bestimmend wird Unamunos »Del Sentimiento tràgico de la vida«, das S. zu einem tragischen Nihilismus bringt und seine Aufmerksamkeit auf das Tragische im iberischen Katholizismus lenkt. Ab August 1928 ist S. freier Schriftsteller. In den 30er Jahren erscheinen eine Reihe Biographien und geschichtsdeutender Studien, in denen S. als Monarchist und Verfechter der Reichsidee, sowohl das Tragische im Leben der Verwalter der Macht (z. B. »Philipp II.«, 1931; »Innozenz III.«, 1931, erst 1960 veröffentlicht) als auch die Kontraste zwischen südlichen, d. h. kath., und nördlichen, d. h. prot., Formen (z. B. »Camoes«, 1930; »Fichte«, 1932; »Die Hohenzollern«, 1933; »Das Inselreich« [England], 1936) untersucht. Seine Untersuchungen, seine Ablehnung des NS-Regimes und seine Freundschaft mit dem ev. Dichter Jochen Klepper führen S. zum kath. Glauben zurück. Ab 1938 ist S. praktizierender Katholik und sieht fortan allein im Evangelium eine verpflichtende und konkret zu verwirklichende Alternative zu zeitgenössischen Ideologien und Machtsystemen. In »Las Casas vor Karl V.« (1938) greift er — wenn auch verschlüsselt — die Verfolgung der Juden an. Ab 1941 unter Schreib- und Veröffentlichungsverbot, versucht S. z. T. illegal durch Sonette, Gebete und Betrachtungen, Soldaten an der Front zu trösten und ihnen in ihren Gewissensnöten zu helfen. Am Rande des Kreisauer Kreises artikuliert S. christl.-rel. Grundlagen für die Zeit nach der Niederlage des NS-Regimes. Nach dem Zweiten Weltkrieg ist S. enttäuscht von der mangelnden Bereitschaft der Nachkriegswelt, aus den Erfahrungen der NS-Herrschaft zu lernen. Es entstehen Dramen wie »Der Große Verzicht« (Coelestin V., 1950) und »Innozenz und Franziskus« (1952), in denen die Problematik der Verwaltung der Macht erneut besprochen wird — mit schwindendem Vertrauen auf die Möglichkeit, christl. Ideale in der Welt zu verwirklichen. Dieser wachsende Pessimismus wird in zwei autobiographischen Werken, »Verhüllter Tag« (1954) und »Winter in Wien« (1958) reflektiert. Nach einer Phase der Distanzierung erhält S. 1952 den Orden Pour le mérite und 1956 den Friedenspreis des dt. Buchhandels.

S.s marian. Schriften stammen vorwiegend aus der Kriegszeit und aus den Jahren unmittelbar danach. Nach 1950 erscheinen nur noch drei spezifisch marian. Werke. Sowohl in den Gedichten »An die Mutter des Herrn« (1942), »Die Kerze des Soldaten« (1942) und »Weib, siehe dein Sohn!« (1944) als auch in dem Essay »Die Zweite Verkündigung« (1944) und in den Betrachtungen »Jesus begegnet seiner Mutter« (in »Der Kreuzweg«, 1944) und »Weib, sieh dein Sohn! Sohn, siehe deine Mutter« (1946) wird M mit jeder Mutter, die einen Sohn verliert, identifiziert. M ist Trost und Zuflucht der verzweifelnd Betenden, sie birgt die Hoffnung auf das neue Reich ihres Sohnes. M ist Beispiel des Gehorsams unter dem Kreuz. Wie M, so ermöglicht jede Mutter, die ihre eigene Stunde durchlitten hat und in die vom Untergang gezeichnete Stadt Jerusalem heimkehrt, der Menschheit, durch gehorsame, sich aufopfernde Liebe zu unterscheiden zwischen Bewahrern und Verderbern. Wie M unter dem Kreuz Johannes als Sohn empfängt, wird jede Mutter durch ihre Tränen befähigt, die Söhne der Welt in Liebe weltversöhnend anzunehmen. Für S. ist jede Mutter die Nachfolgerin Ms und die erste Zeugin des von Kriegskatastrophen hervorgerufenen und erneuerten Glaubens. Jede Mutter ist Hüterin der Wahrheit und Botschaft Ms an eine untergehende Welt. Das apokalyptische Motiv tritt noch stärker in dem Aufsatz »Rosenkranzmonat« (1944) und in dem Essay »Die Frau am Himmel« (1944) hervor. M ist die in der Endzeit triumphierende Mutter. Ihre Aufnahme in den Himmel birgt zwar die Hoffnung auf eine jenseitige Erfüllung des menschlichen Daseins aber dahinter liegt eine harte kosmische Wirklichkeit. M ist die zum Himmel Aufgefahrene, mächtig Thronende, die der Macht des Bösen begegnet und durch ihr Jawort, dieser Welt den strengen Herrn schenkt, dessen sie bedarf. Für S. ist ℳ als Mutter des endzeitlichen Richters die stärkste Streitmacht des Himmels.

Im Gegensatz zu diesen Werken klingen das geistliche Lied »Mariä Himmelfahrt« (1945) sowie die Sonette »Stella Maris« (1947) und »An die Mutter des Herrn« (1950) fast lyrisch, wenn auch hier das Apokalyptische nicht fehlt. Alles Leben fühlt sich von der Liebe ℳs angezogen und sehnt sich nach einer überirdischen Reinheit der Gestalt. Weil die makellose Mensch ℳ die Vollkommenheit des himmlischen Lebens erreicht hat, darf sich die sterbliche Welt Zuflucht bei ihr suchen und wird in ihr unsterblich. ℳ ist die von Anfang an Gewählte, die durch ihr in verzichtender Liebe gesprochenes Jawort die todentstiegene triumphierende erste Botin der Dreifaltigkeit geworden ist.

In den Essays, »Die Makellose« (1953), »Mariä Himmelfahrt« (1957) und »Die Ewige Frau« (1958) unterstreicht S. die Einzigartigkeit ℳs. Als Makellose ist ℳ das Eine, Entscheidende, das die Menschheit zur Erlösung beigetragen hat. Der einzige Mensch außer Jesus, der ohne Sünde war, ist sie nach ihm die geschichtsmächtigste Gestalt, die die Menschheit hervorgebracht hat. ℳ hat zwar keine göttliche Macht, wird aber durch Gottes Macht der mächtigste Mensch. Obwohl die Einmalige, ist ℳ auch die Erfüllung alter Sehnsüchte, Bilder und Erwartungen der Völker und der Jh.e, die Erfüllung aller Vorerscheinungen der Wahrheit. Glaube bleibt Gnade, wenn auch dieser Glaube von einer in der Seele gegründeten Wirklichkeit getragen wird. Der Glaube an die Aufnahme ℳs in den Himmel und damit der Glaube an den Aufstieg des Menschen und der ganzen Schöpfung ist nach S. nur die hinkende Antwort an die unfaßbare Erscheinung und an das Leid ℳs, der Dank des Menschen an die Makellose, die zugleich seinesgleichen war und die ganz andere, der einzige heilige Mensch.

WW: Gesammelte Werke, 10 Bde., 1978–81. — Marian. WW: Gedichte: An die Mutter des Herrn, 1942. — Die Kerze des Soldaten, 1942. — Weib, siehe dein Sohn!, 1944. — Stella Maris, 1947. — An die Mutter des Herrn, 1950. — Geistliches Lied: Mariä Himmelfahrt, 1945. — Essays: Die Magd des Herrn, 1944. — Die Zweite Verkündigung, 1944. — Die Frau am Himmel, 1944. — Mariä Verkündigung, 1944. — Rosenkranzmonat, 1944. — Zum Feste Mariä Heimsuchung, 1945. — Die Makellose: Worte zu Marias Himmelfahrt, 1953. — Mariä Himmelfahrt, 1957. — Die Ewige Frau (Maria), 1958 (vgl. In: Heilige Frauen, 1956, in PS 171 ff.). — Betrachtungen: Jesus begegnet seiner Mutter, 1942. — Weib, siehe dein Sohn! Sohn, siehe deine Mutter!, 1946. — Ave Maria. Eine Betrachtung zum Maimonat, 1948.

Lit.: H. Urs v. Balthasar, R. S. Sein Weg und sein Werk, 1953, ergänzte und bearb. Neuausgabe, 1991. — J. Rast, Der Widerspruch. Das doppelte Antlitz des R. S., 1959. — E. Schmidt, Tragik und Kreuz. Versuch einer Interpretation der Lyrik R. S., 1963. — A. Schmitt und B. Scherer, Leben und Werk in Dokumenten, 1973. — I. Zimmermann, Der späte R. S., 1973. — R. Meile, Der Friede als Grundmotiv in R. S.s Werk, 1976. — K.-W. Reddemann, Der Christ vor einer zertrümmerten Welt. R. S. – ein Dichter antwortet der Zeit, 1978. — I. Zimmermann, R. S. Weg eines Schriftstellers, 1982. — C. Koepke, R. S., Eine Biographie, 1993.
H. O'Shea

Schnitzer, Franz Xaver, * 13.12.1740 in Wurzach/Württemberg, †9.5.1785 in Ottobeuren, trat 1760 in das Benediktinerstift Ottobeuren ein und war dort als Organist und Chorregent tätig. S. war Organist bei den Einweihungsfeierlichkeiten der von Karl Josef Riepp 1757–66 erbauten Dreifaltigkeitsorgel und der Hl.-Geist-Orgel, die beide als vollständige Originale erhalten sind.

S. komponierte vorwiegend für den liturg. Bedarf seiner Mönchsgemeinschaft, so u. a. mehrere Messen, Hymnen, Requiem, 8 Magnificatvertonungen, ein »Alma redemptoris« sowie 6 Sonaten für Cembalo oder Orgel.

Lit.: W. Klemm, Benediktinisches Barocktheater in Südbayern, Diss., München 1938. — MGG XI 1919 f. — Grove XVI 693 f.
E. Löwe

Schnorr v. Carolsfeld, Julius, *26.3.1794 in Leipzig, †24.5.1872 in Dresden, dt. Maler und Graphiker, Hauptmeister einer akademisch orientierten romantischen Richtung mit erzieherischer Intention. Als Sohn eines Malers und Leipziger Akademieprofessors studierte S. ab 1811 in Wien, zunächst unter dem Einfluß F. Fügers. In Ablehnung der konventionellen Akademietradition freundete er sich mit J. A. Koch und den Brüdern Olivier an, die ihm schließlich den Weg zur Mitgliedschaft im röm. Lukasbund ebneten. 1818 zieht er nach Rom und tritt in regen Kontakt mit den Nazarenern. Er schließt sich aber der Sondergruppe der »Capitoliner« an, die unbeirrt das prot. Ideengut pflegen im Unterschied zum kath. Flügel der »Trinitasten«. Mit seiner Ankunft in Rom beginnt auch die Arbeit an einem nahezu lebenslangen Hauptprojekt, der Herausgabe einer großen Bilderbibel. Seit Jahren hatte bereits F. Overbeck als Oberhaupt der Lukasbrüder dieses Ziel verfolgt. Aber auch weiterhin kam das Projekt kaum voran, obwohl S. inzwischen ein fertiges Konzept für ein eigenes Bibelwerk erarbeitet hatte. Eine einschneidende Zäsur brachte 1825 die Berufung durch Ludwig I. an die Münchner Akademie und der damit verbundene Auftrag für Monumentalfresken in der Residenz (Nibelungensäle, 1827/67; Kaisersäle, 1835/42 durch Schüler ausgeführt). Diese Arbeiten stehen in ihrer offiziös heroischen Idealisierung und etwas pathetisch leeren Theatralik in ungünstigem Kontrast zu den früheren Werken, die sich durch eine besondere poetische Sensibilität auszeichnen, so etwa die an Raffael orientierten Fresken im Casino Massimo in Rom (1813–23) oder die bedeutenden Gemälde »Familie Johannes' d. T. bei den Eltern Christi« (Dresden, Gemäldegalerie, 1817) und »Hl. Rochus, Almosen verteilend« (Leipzig, Mus., 1817), die im künstlerischen Anspruch das Vorbild Dürers erahnen lassen. 1846 war S. als Akademieprofessor und Direktor der Gemäldegalerie nach Dresden berufen worden. Das langgehegte Projekt einer Bilderbibel führte 1850 zu einem vorläufigen Ergebnis in Gestalt der sog. Cottaschen Bibel, einer

J. Schnorr v. Carolsfeld, Bilderbibel, Verkündigung an Maria

reich illustrierten Textausgabe. S. verfolgte jedoch von Dresden aus weiterhin das Ziel einer reinen »Bibel in Bildern«, die nur marginale Textanmerkungen enthalten sollte, letztendlich mit Erfolg, denn bereits ab 1852 konnte das Werk in Leipzig als Einzellieferungen erscheinen und lag 1860 in drei verschiedenen Aufmachungen vor. 160 ganzseitigen Holzschnitten des AT und 80 des NT hatte S. einen Text vorangestellt, der schon im Titel sein Kernanliegen zum Ausdruck bringt: »Betrachtungen über den Beruf und die Mittel der bildenden Künste Anteil zu nehmen an der Erziehung und Bildung des Menschen ...«. Nach anfänglicher Ablehnung wegen sittlich anstößiger Darstellungen, die der Autor aber als »erzieherisch notwendig« verteidigte, wurde die Bilderbibel zu einem sensationellen, europaweiten Erfolg.

Die Bilder zeigen trotz ihrer epischen Fülle eine bestechende Klarheit der Komposition und aus jedem Detail spricht hohe Symbolkraft. So kommt in den M-szenen der angemessenen Darstellungsweise der GM eine ganz besondere Bedeutung zu. Die jugendlich schöne und noble M-gestalt der Verkündigung ist zugleich auch Inbegriff keuscher Demut, indem sie mit dem Mantel ihre Schönheit zu verbergen sucht. Bei der Darbringung im Tempel erscheint M als reife Frau im Typus einer klassischen Gewandfigur. Eine besondere Symbolhaftigkeit spricht aus der Szene der Epiphanie. M sitzt in weitläufige Tücher gehüllt auf dem Boden und beschirmt zartfühlend den Jesusknaben. Das statuarische Motiv und v. a. der Fluß der Gewänder um die ausgestreckten Beine Ms assoziieren das Thema des Vesperbildes bzw. des ins Leichentuch gehüllten Christus. Eine traditionell für Magdalena typische szenische Dramatik kennzeichnet die M-gestalt bei der Kreuzigung. Schmerzerfüllt umklammert M den toten Sohn am Kreuz und sinkt in die Knie.

In der 2. Auflage der Bilderbibel (1906) erfolgten jedoch im Gegensatz zu S.s Konzept eines reinen Primats der Bilder gravierende Abänderungen zugunsten von mehr Text. Die breite Beliebtheit der Bilderbibel führte alsbald auch zur Weiterverbreitung einzelner Blätter in der populären Druckgraphik. Die kath. Kirche edierte 1909 eine eigene Ausgabe, wobei der luth. Text umgearbeitet und sechs anstößig befundene Bilder eliminiert bzw. durch zwei andere ersetzt worden waren. Die enorme Breitenwirksamkeit der Schnorrschen Bibel läßt sich bis in die jüngere Vergangenheit verfolgen. 1933 erschien eine Jugendbibel mit Bildern nach S., die aufgrund großer Resonanz 1951 erneut aufgelegt wurde.

Lit.: Ausst.-Kat., Nazarener, Frankfurt a. M. 1977. — Ausst.-Kat., J. S. v. C., Berlin 1977. — J. Nowald, Die Nibelungenfresken von J. S. v. C., In: Schriftenreihe der Kunsthalle zu Kiel, hrsg. von J. Chr. Jensen, 1978. — Ausst.-Kat., J. S. v. C., Die Bibel in Bildern und andere Bilderfolgen der Nazarener, Neuss 1982.   *F. Fuchs*

Schöffau, Lkr. Garmisch-Partenkirchen, Diözese Augsburg, Pfarrei Seehausen, M-wallfahrt. Ursprünglich zur Ettaler Pfarrei Staffelsee gehörig, zeichnete sich das spätgotische Kirchlein St. Anna aus durch ein Wallfahrtsbild aus dem 14. Jh., das heute an der Nordwand der Kirche aufgestellt ist. Ein Mirakelflugblatt von 1517 berichtet von der Rettung eines im Moor verirrten Kindes aus Grafenaschau. Nach der Säkularisation erlosch die Wallfahrt um die Mitte des 19. Jh.s.

Lit.: W. v. Gumppenberg, Atlas Marianus, Ingolstadt 1657, Nr. 1130. — F. X. Gailler, Vindeliciae Sacrae Tomi III, Augsburg 1756, cap. 40. — J. Brunnhuber, Geschichte der Gemeinde S., Kaufbeuren 1903. — G. Rückert, Vergessene Wallfahrtsstätten im oberbayer. Huosigau, In: JbVk 3 (1938) 293 ff. — A. Bauer, Das S.er Mirakel-Flugblatt von 1517, In: BJVk (1957) 51–56. — L. Dorn, Die Wallfahrten des Bistums Augsburg, ⁴1983, 147 f. — Th. Balk, St. Anna S., 1991. — F. J. Brems, Wir sind unterwegs ..., 1992, 70 f.   *H. Pörnbacher*

Schöllenbach, Hessen, Odenwaldkreis, ev. Kirche. Schenk Philipp v. Erbach errichtete wegen des Zulaufs zu einem M-bild in S. 1465 eine Kapelle, die im gleichen Jahr Bischof Siegfried v. Cyrene weihte. Für ihre Betreuung war ein eigener Priester angestellt. Den Kirchenbau, die MV und die Pfründe bestätigte Erzbischof Adolf v. Mainz 1474 urkundlich. Der Hauptaltar mit Reliquien der hll. Petrus und Ursula wurde M gewidmet, zwei Nebenaltäre (Antonius und Erasmus, Katharina und Barbara) konsekrierte 1480 Johannes v. Termopila, Weihbischof von Speyer. Eine 1856 angebrachte Gedenktafel (Seitenwand links) sagt aus, daß der verfallene Bau 1783 wieder aufgerichtet und 1863–65 im Innern renoviert wurde. Von der ehemals dreischiffigen spätgotischen Kirche, seit der Reformation ev., hat sich nur der Chor erhalten.

Unter der Kirchhofsmauer strömt an zwei Stellen Wasser hervor, einmal aus drei Rohren in ein Becken, zum andern als schmaler Lauf, der vor Ort als eigentliche Gnadenquelle bezeichnet wird. Ihr Wasser galt auch nach der Reformation weiter als heilkräftig und wird in S. bis heute zur Taufe gebraucht, gegen Krankheiten getrunken und gegen Augenleiden aufgestrichen. Ein 1736 genannter Brunnen hinter dem Altar ist nicht mehr vorhanden.

Aussehen und Verbleib des Gnadenbilds sind unbekannt. Für die MV zeugt der geschnitzte gotische Flügelaltar, der ehemals den Hauptaltar schmückte. Er kam nach Erbach, erst in die Begräbniskirche auf dem Friedhof, dann in die Schloßkapelle, während in S. eine fotografische Nachbildung des Originals angebracht ist. Der geschnitzte Stammbaum Christi stellt in den Verzweigungen des in Jesse (virga Jesse, Jes 11,1) wurzelnden Baumes zwölf königliche Ahnen des Davidschen Geschlechts und über der Baumspitze die Madonna in der Flammengloriole auf der Mondsichel dar. Die Innenseiten der Flügel zeigen Hauptereignisse aus dem M-leben, auf den Außenseiten vernichtete Übertünchen eine gemalte Verkündigung an M.

Lit.: D. Schneider, Erbachische Historie, Frankfurt 1736, 280. — F. Falk, Heiliges Mainz ..., Mainz 1877, 120–126. — Ders., Die eingegangene Wallfahrt und die Reste der Wallfahrtskirche zu S. im Odenwalde, In: Archiv für hessische Geschichte und Alterthumskunde 14 (1879) 379. — Kurzkataloge 4.083.

H. Schopf

Schönau, Lkr. Main-Spessart, Bistum Würzburg, Stadt Gemünden a. Main, Franziskaner-Minoriten-Kloster- und Wallfahrtskirche Me UE. Friedrich v. Thüngen stiftete 1189 ein Zisterzienserinnenkloster, das 1190 päpstlich bestätigt wurde (Abtei-Siegel: M mit Kind). 1221 ließ Jobst v. Hohenburg einen Altar zu Ehren der schmerzhaften Mutter errichten. Die heutige Kirche, eine frühgotische Anlage, entstand bald nach 1250 (1467 Bauablaß durch Fürstbischof Rudolf v. Scherenberg, 1699–1711 barock umgestaltet von Br. Kilian Stauffer). Das Zisterzienserinnenkloster verfiel im 16. Jh.; der Mater-Dolorosa-Altar im Chor blieb jedoch erhalten. Ab 1699 ließen Franziskanerminoriten aus Würzburg den Klosterkomplex wieder neu erstehen.

Nach dem Dreißigjährigen Krieg war in der Kirche bereits eine Nachbildung des Altöttinger Gnadenbildes aufgestellt worden (heute im Mönchschor). 1704 kamen die Leiber zweier röm. Katakombenheiliger (Viktor und Antonin) und eine Holzstatue der Pietà (aus Würzburg) nach S. Am 27.7.1710 wurde die Kirche auf den Titel Immaculata Conceptio B. M. V. konsekriert; das dazugehörige Hochaltarbild schuf G. S. Urlaub 1706. Nach der Säkularisation und der Wiederaufrichtung des Franziskanerklosters (1843) wurde die MV in S. neu belebt; im April 1859 entstand eine Sieben-Schmerzen-Me-Bruderschaft. Noch heute kommen zahlreiche Pilger nach S., bes. an den Hauptfesten.

Lit.: A. Amrhein, Realschematismus der Diözese Würzburg, 1897, 172. — P. Cyprian Bayer, Bei der Schmerzhaften Gottesmutter in S., In: Würzburger kath. Sonntagsblatt (1935) 595 f. — J. Dünninger, Die marian. Wallfahrten im Bistum Würzburg, 1960, 137. — D. A. Chevalley, Unterfranken, 1985, 180. — B. Bauer, Kloster S., 1. Teil, 1988. — S. Hansen, Die dt. Wallfahrtsorte, 1990, 705. — F. J. Brems, »Wir sind unterwegs ...«, 1992, 300 f.

E. Soder v. Güldenstubbe

Schöne Madonna, vor 1393, Altenmarkt im Pongau

Schöne Madonnen. Als S. M. oder »Schöne Maria« werden im 15. Jh. bestimmte Mbilder bezeichnet. In der Kunstgeschichte wird unter dem von Pinder geprägten Terminus eine Gruppe verwandter Statuen Ms mit dem Jesuskind vornehmlich im böhmisch-südtt. Raum in der Zeit um 1400 zusammengefaßt. Die bekanntesten Vertreterinnen sind die »Krumauer Madonna« (Wien, Kunsthist. Mus.), die Breslauer (Warschau, Mus.) und die Thorner (verschollen), sowie die Gnadenbilder von Altenmarkt im Pongau, Großgmain und aus dem Salzburger Franziskanerkloster. Charakteristisch für die Gruppe ist die liebliche Schönheit der gekrönten GM, die mit den Linken das unbekleidete, bewegte Kind hält, wobei sich ihre Finger wie in weiches Fleisch eindrücken. Formale Kennzeichen bilden die S-förmige Schwingung des Mkörpers, reiche Faltenkaskaden zuseiten eines schüsselförmigen Zentrums der Mantelfalten, die weich gerundet den Körper überspielen, zart stilisierte Haarwellen, die ein jugendlich glattes ovales Antlitz mit hohen Backenknochen und schmalen Augen umgeben. Häufig reicht M dem Kind einen Apfel, nach dem es mit beiden Händchen greift. Die Forschung unterscheidet verschiedene Haupttypen, die in Haltung und Faltenwurf variieren. Das Material ist meist Steinguß (nach einem Wachsmodell) oder Kalkstein, nur vereinzelt Holz. Erst gegen 1430 werden die charakteristischen Formen vermehrt auch in der Schnitzkunst übernommem, wofür die Werke des Meisters v. Seeon die Hauptbeispiele darstellen: Madonna in Weildorf/Lkr. Laufen; thronende Madonna aus Seeon (München, Bayer. Nat. Mus.).

Herkommend aus der Tradition der Dombauhütten dürften die rundplastisch gearbeiteten Figuren der S.M. als von der Architektur gelöste, eigenständige Gnadenbilder geschaffen worden sein, z. B. »Maria Säul« in St. Peter in Salzburg. Nur vereinzelt (oft nachträglich) sind sie in einen Altar eingestellt, ohne fest in den Aufbau eingebunden zu sein (z. B. in Danzig).

Über Entstehung und Herkunft der S.M. wurde viel gerätselt. Für keine der Statuen ist ein Entstehungsdatum oder ein Meistername überliefert. Das Altenmarkter Gnadenbild wird 1393, ein »pulchrum opus«, wohl die S.M., 1400 in Krumau erwähnt, so daß eine Datierung vor 1400 sicher ist. Die These eines »Wandermeisters«, der von den Rheinlanden, wo er seine Frühwerke schuf, über das Deutschordensland (Thorn) nach Schlesien (Breslau) und Böhmen gezogen sei, wo als Spätwerk die Krumauer S.M. entstanden sei, wurde bald zugunsten der Vorstellung von exportierenden Werkstätten fallengelassen. Nach den Hauptwerken lokalisierte man diese entweder in Schlesien oder Böhmen, oder auch im Salzburger Raum, wo sich die meisten Beispiele des Typus erhalten haben. Die Thorner S.M. wurde auch Peter →Parler selbst oder der Werkstatt Heinrich Parlers in Prag zugeschrieben. Um die Haupttypen kristallisieren sich jeweils landschaftlich eigenständige Gruppen. Vertreterinnen des Typus finden sich auch an weit entfernten Orten wie Maastricht, Aachen (St. Foillan), Köln (St. Maria Lyskirchen), Bonn, Danzig oder Stralsund, sodaß ein Export denkbar erscheint.

Die S.M. sind im Umfeld des »Weichen Stils« um 1400 zu sehen. Ihre Hervorhebung der Anmut und Schönheit der GM entspricht auch den lit. Lobpreisungen Ms in der Zeit als »Mutter aller Schönheit« (»Corona gemmaria BMV« des →Dominikus v. Preußen). In der äußeren Gestalt spiegelt sich die innere Schönheit und Tugendhaftigkeit Ms, die ihr auf Grund ihrer Berufung zur GM von Gott verliehen worden ist. Das Motiv des Apfels weist auf ihre Rolle als zweite Eva und gleichzeitig als Liebeszeichen auf ihre innige Verbindung mit Christus als sponsa und Mutter. Die Haltung, in der sie den Erlöser vorweist, kennzeichnet sie als Mittlerin des Heiles, die Krone als Königin des Himmels.

Lit.: W. Pinder, Zum Problem der »Schönen Madonnen« um 1400, In: Jahrbuch der Preuss. Kunstsammlungen 44 (1923) 147–171. — K. H. Clasen, »Die Schönen Madonnen«. Ihr Meister und seine Nachfolger, 1951. — A. Feulner, Der Meister der Schönen Madonnen, In: ZDVKW 10, 1943 (1953) 19–48. — A. Kutal, Ceské gotické socharstvi 1350–1450, 1962. — C. Th. Müller, In: Kunstchronik 16 (1963) 283–289. — K. Rossacher, Technik und Materialien der Steingußplastik um 1400, In: Alte und Moderne Kunst 9/72 (1964) 12–15. — Ausst.-Kat., »Schöne Madonnen« 1350–1450, Salzburg 1965. — D. Grossmann, »Schöne Madonnen« 1350–1450, In: Mitteilungen der Gesellschaft für Salzburger Landeskunde 106 (1966) 71–114. — D. Radocsay, Die Schönen Madonnen und die Plastik in Ungarn, In: ZDVKW 23 (1969) Heft 1/4, 49–60. — K. H. Clasen, Der Meister der Schönen Madonnen, 1974; Rezensionen dazu von R. Suckale, In: Kunstchronik 29/8 (1976) 244–255 und von G. Schmidt, In: ZfKG 41 (1978) 61–92. — D. Grossmann, Die Breslauer »Schöne Madonna« und ihr Typus in Westdeutschland, In: Städel Jahrbuch NF 6 (1977) 231–264. — Ausst.-Kat., Die Parler und der Schöne Stil, Köln 1980. — J. Neuhardt, Coram imagine sua, Überlegungen zum geistesgeschichtlichen Hintergrund der »Schönen Madonnen« in Imagination und Image, FS für K. Rossacher, 1983, 235–240. — P. Hawel, »Schöne Madonnen«, 1984. — F. Wischin, Die Krummauer Madonna im Reigen der Schönen Madonnen, 1988. — Thieme-Becker XXXVI 303 f. *F. Tschochner*

Schönenberg bei Ellwangen, Ostalbkreis, Diözese Rottenburg-Stuttgart, Pfarr- und Wallfahrtskirche Me Himmelfahrt.

1. Kirchengebäude. Weithin ist die äußerlich schlichte Kirche auf dem S. nordöstlich von Ellwangen zu sehen. Zwei reich profilierte wuchtige Westtürme mit Hauben treten nur gering über die Fluchtlinien vor und gehen nach zwei viereckigen Geschossen in achteckige über. Eine Mstatue krönt die südliche Turmspitze. Kaum vorgezogene Giebel des querschiffartig verbreiterten vierten Jochs ergeben die Kreuzform des Baus. Im südlichen Giebel steht eine Madonna auf der Weltkugel. Hinter dem halbrunden Choranbau ragt der laternengekrönte Ostgiebel hervor. Im Innern besitzt der Wandpfeilerraum eine umlaufende Empore, das Steingewölbe ist durch die Attika mit Figurennischen hochgeschoben. Nach innen gezogene Strebepfeiler bilden seitliche Kapellennischen. Das vierte Joch ist etwas größer ausgebaut mit weiter heraustretenden Armen. Die Kapellennischen und Emporenräume sind mit Quertonnen überwölbt. Im Westen tragen zwei Freipfeiler die Orgelempore. Den Ostteil des langen und halbrund abschließenden Chors trennt der Hochaltar ab, hinter dem die lauretanische Gnadenkapelle und zwei Nebenkapellen eingebaut sind. Den Plan für die 1682/86 errichtete Kirche lieferte M. Thumb, Chr. Thumb hatte die Bauleitung, die 1683 H. Mayer SJ übernahm. Nach dem Brand von 1709 war M. v. Welsch der führende Architekt. Die Kirche gilt als eine der grundlegenden Barockkirchen Süddeutschlands und als ältestes Beispiel des »Vorarlberger Münsterschemas« (Wandpfeilerkirche mit Kapellen und umlaufenden Emporen und einem Querschiff vor dem Chor oder in der Mitte des Langhauses). Seit 1682 führt ein Lindenweg hinauf zur Kirche, an dem 15 Rosenkranzkapellen (1729/34) stehen, außerdem in zwei Drittel der Berghöhe die Josephs- und die zur Lourdesgrotte umgestaltete Brunnenkapelle.

2. *Innenausstattung.* Das theol. Programm der Wand- und Deckenfresken und der Altargemälde verbindet sich mit den Stukkaturen, die den plastischen Raumeindruck steigern. Größere rundbogige Fenster im oberen Geschoß über kleineren ovalen im unteren führen das Licht so, daß der Raum zur Decke hin heller wird. Der Brand von 1709 vernichtete die Erstausstattung. Von den Stuckmarmoraltären H. M. Weinmanns blieb der Ignatiusaltar erhalten. Das Hochaltarbild J. G. Bergmüllers, eine Geburt Christi, verbrannte ebenso wie die Werke von J. Paulus (Stuck, Beicht- und Betstühle) und M. Paulus, von dem die Skulpturen der zwölf Apostel, zwei Engel am Hochaltar und der Gewölbestuck in der Vorhalle übrig blieben. Nach einem Plan von H. Mayer schuf M. Haudt 1684/92 die erste Stuckierung, die in den Nebenkapellen der Gnadenkapelle, der Sakristei und der Werktagskapelle (früher Sakristei) noch vorhanden ist.

Für die Zweitausstattung nach dem Brand stuckierte M. Paulus 1711 nach Anweisungen M. v. Welschs und einem Plan von C. M. Pozzi das Gewölbe. Er lieferte auch fast alle Altäre und die Kanzel. K. Buchmüller schuf die Nebenaltäre (außer Johannes- und Antoniusaltar) und das Antependium des Hochaltars, J. P. Weinmann die vier Portale im Chorraum und den Maltar in der Werktagskapelle, M. Steidl die meisten Decken- und Medaillonfresken (1711/12).

Die Deckenfresken bringen ein marian. Programm: über der Orgel den Tempelgang Ms, über das 3. und 4. Joch gezogen die Himmelfahrt Ms, vor dem Chorbogen die Verkündigung auf Leinwand, die herabgelassen werden kann, um in den Dachraum zu gelangen, im Chor Sündenfall und Verheißung der Erlösung durch Christus, auf der Decke der Ignatiuskapelle die Krönung Ms. Die Medaillonfresken über den Bogenspitzen am Hauptgewölbe zeigen Bilder zur heilsgeschichtlichen Einordnung des Lebens Jesu und Ms (Vorbilder Ms im AT) und zur Lauretanischen Litanei (links: Morgenstern, Arche des Bundes, Baum des Lebens, Quell der Gnaden, Schild der Hoffenden, Hilfe der Christen, Himmelsleiter Jakobs; rechts: Bundeslade, brennender Dornbusch, Spiegel der Gerechtigkeit, Wurzel Jesse, Pforte des Himmels, Zuflucht der Sünder; Ignatiuskapelle: Thron der Weisheit; Chorapsis: verschlossener Garten, geordnetes Kriegsheer, Turm Davids). Die Fresken an den Gewölbenischen der Galerie stellen Szenen aus dem Leben Jesu und Ms dar (links: Himmelfahrt Jesu, Geburt Ms, Hl. Familie in Nazaret, Beschneidung und Namensgebung Jesu, Me Lichtmeß, ein Engel erscheint Joseph im Traum, Flucht nach Ägypten; rechts: Geistsendung, Tod Ms, Wiederfindung im Tempel, Anbetung durch die Weisen, Verlobung Ms, Heimsuchung, Herbergssuche). Die Innenwände der Emporen bemalte E. v. Heimburg 1866/67 mit Bildern zur Entstehungsgeschichte der Wallfahrt: Errichtung des Tannenkreuzes, Bittgang zur Dinkelsbühler Holzkapelle, Grundsteinlegung und Weihe der Steinkapelle.

Nach einem Entwurf von M. v. Welsch führte Kaspar Buchmüller 1711/13 den Hochaltar mit dem Scagliolaantependium des Gotteslammes von 1714 aus. Das Bild der Himmelfahrt Ms von J. Classens (1715) wird von Advent bis zum 2. Februar gewendet, so daß in dieser Zeit das rückseitige Bild der Geburt Christi A. Beluccis (1719) zu sehen ist. Im Aufsatz schwebt die Geisttaube. M. Paulus schuf die Stuckreliefs von Joseph und M, Joachim und Anna. Ein Krippenpanorama aus Oberammergau hinter dem Altar zeigt seit 1911 Christi Geburt, den Zug der drei Weisen und die Verkündigung an die Hirten.

Während der Hochaltar den Chor in Höhe und Breite ausfüllt und den Raum beherrscht, stehen die Nebenaltäre in durch Wandpfeiler geschaffenen kapellenartigen Nischen. Im Chor befinden sich statt offener Kapellen rechts die Sakristei und links seit 1974 die Werktagskapelle (früher Fürstensakristei, darauf Ph.-Jeningen-Kapelle) mit einem Maltar, den ein Alabasterrelief einer Madonna (um 1690) schmückt. Die zahlreichen Nebenaltäre weisen auf den Charakter der Kirche als Wallfahrtskirche hin.

3. *Gnadenkapelle.* Die Gläubigen gehen auf den S. zur Me-Himmelfahrts-Kirche und zum hl. Haus von Nazaret. Der Kirchenraum nimmt die Versammelten für große Gottesdienste auf; für Wallfahrtsgottesdienste im Freien dient ein Feldaltar am Westhang. Die Gnadenkapelle hinter dem Hochaltar mit den Maßen des Hauses von Loreto bietet Einzelbesuchern Platz. Vor dem alten Holzkreuz, in das eine Nachbildung des Gnadenbildes eingelassen ist, steht der 1930 erneuerte Altar mit einem Strahlenkranz, in dessen Mitte ein Schrein das Gnadenbild verwahrt. Bei großen Wallfahrten wird es in die Kirche übertragen. Die Mstatuette (gebrannter Ton, 7,5 cm) vom Typ der Himmelskönigin ist eine Kopie des Gnadenbilds von ND de Foy bei Dinant in Belgien. Während die Bedeutung des Urbilds aus Foy zurückging, vollzog sich eine Umorientierung auf das aktuellere Gnadenbild von S. Die Wandbilder der Gnadenkapelle, denen ältere vorausgingen, malte 1865 F. X. Kolb. Sie zeigen an der Vorderwand die Übertragung des hl. Hauses nach Loreto, an der Rückwand Christus am Kreuz mit M, Johannes und den hll. Frauen, an der rechten Seitenwand Me Verkündigung, Opferung, Vermählung und die Geburt Christi, an der linken Seitenwand die Anbetung durch die Weisen, die Flucht nach Ägypten, die Hochzeit zu Kana, die Erscheinung des Auferstandenen vor M und den Tod des hl. Joseph. Die linke Seitenkapelle ist Joachim und Anna geweiht, die rechte Johannes dem Täufer, Zacharias und Elisabeth. Die Altarbilder malte J. M. Schmidtner 1684. Das Vesperbild in der Johanneskapelle ist um 1420/30 entstanden.

4. Bau- und Wallfahrtsgeschichte. Nach der Überlieferung stellten die Patres Th. Antreiter und J. Heffelin SJ 1638 auf dem S. ein Holzkreuz auf, in das sie eine tönerne Ⓜstatue einsetzten. Nach den Maßen des Hauses von Loreto steckten sie den Umriß einer Kapelle ab, die 1639 erst aus Holz, dann aus Stein errichtet und ab 1644 mit zwei Seitenkapellen erweitert wurde. Zur Weihe der Steinkapelle stiftete H. v. Knöringen, Bischof von Augsburg, 1639 die Holzstatue einer Ⓜ Lauretana, die seit 1974 an der Nordwand des ersten Seitenaltarraums hängt und heute noch neben dem Gnadenbild als Kultbild verehrt wird. Für den jährlichen Gedächtnistag ihrer Weihe stiftete Papst Clemens IX. einen vollkommenen Ablaß. Ab 1661 wurde täglich eine Hl. Messe gefeiert. Die noch vor 1661 gegründete Jesus-, Ⓜ- und Josephsbruderschaft vergrößerte sich ständig. Fürstpropst J. Chr. Adelmann v. Adelmannsfelden ordnete ab 1681 das tägliche Beten der Lauretanischen Litanei an. Bei einem Unwetter 1681 regte Ph. → Jeningen den Fürstpropst zu dem Gelöbnis an, eine Kirche zu bauen, wenn Ellwangen verschont bliebe. Den Grundstein legte 1682 J. Chr. v. Freyberg, Bischof von Augsburg. 1706 war der Bau vollendet. Der Chor umfing die alte lauretanische Kapelle. Aus der Fürstpropstei Ellwangen, aber auch aus Bayern, Tirol, den Rheinlanden und Böhmen kamen die Gläubigen.

Nach dem Brand von 1709 wurde die Kirche wieder aufgebaut und 1729 neu geweiht. Ab 1749 wurde das Priesterseminar errichtet, das heutige Exerzitienhaus, dem 1959 ein weiterer Bau zugefügt wurde. Die Wallfahrt blühte im 18. Jh. auf, bis 1773 der Jesuitenorden verboten wurde und damit auch seine seit 1685 bestehende Niederlassung in Ellwangen sowie 1797 das Priesterseminar aufgehoben wurden. Die Säkularisation 1803 setzte der Fürstpropstei ein Ende, sie fiel an Württemberg. Kurzen Auftrieb brachte die 1812 eingerichtete kath.-theol. Fakultät in Ellwangen, die sich 1817 der Universität Tübingen angliederte, sowie das Generalvikariat mit dem wiedereröffneten Preisterseminar auf dem S., die aber beide nach → Rottenburg verlegt wurden. Die Wallfahrt verfiel, die Kirche stand 1819 kurz vor dem Abbruch. Erst als 1833 die Pfarrei S. gegründet wurde, betreute wieder ein Seelsorger die Kirche. Das frühere Priesterseminar wurde zum Pfarrhaus. 1919 ließen sich die Redemptoristen auf dem S. nieder und übernahmen Wallfahrtsbetreuung und Leitung des 1912 eingerichteten Exerzitienhauses, seit 1940 auch die Pfarrei. Das Exerzitienhaus, heute »Religiöse Bildungs- und Tagungsstätte der Diözese Rottenburg-Stuttgart«, ist gleichermaßen offen für große Kurse und kleine Gruppen, für Jugend und Senioren, für die Schulung verantwortlicher Laien in priesterlosen Gemeinden, für kreatives Werken und Meditation.

Hauptwallfahrtszeiten sind Fastenzeit, Mai und → Frauendreißiger. Die festgelegten Tage traditioneller Wallfahrten umliegender Pfarrgemeinden zwischen Mai und Oktober gehen häufig bis zum Anfang der Wallfahrt zurück. Seit 1945 findet jährlich eine Wallfahrt der Stadt Ellwangen als Dank für den Schutz im Zweiten Weltkrieg statt. Desgleichen kommen seit dieser Zeit alljährlich die orth. Griechen in der Bundesrepublik Deutschland und die Vertriebenen auf dem S. zusammen.

Lit.: Von Anfang und Ursprung deß lauretanischen Kirchleins unser lieben Frawen auff dem S. bey Ellwang, Augsburg 1662. — T. Antreiter und J. Heffelin, Marianischer Ehren- und Gnadentempel [...], Ellwangen 1738, 1799. — Beschreibung des Oberamts Ellwangen, Stuttgart 1886, 424–430. 526–531. — Müller 541. — A. Birlinger, Aus Schwaben I, 1874, 303 f. — SchreiberW 435. — Welser 153. — J. Eger, Kleiner Pilgerführer durch die Wallfahrtskirche S., ²1956. — J. Fischer, Ellwangen die gute Stadt, 1961. — H. Dünninger, Unsere Liebe Frau vom S. bei Ellwangen und Notre Dame de Foy, In: Ellwangen 764–1964, FS zur 1200-Jahrfeier II, 1964, 833–840. — Ausst.-Kat., 1200 Jahre Ellwangen, Stuttgart 1964. — F. Dieth, Die Vorarlberger Barockbaumeister, 1967. — S. v. Meinecke-Berg, Die Fresken von Melchior Steidl, Diss., München 1970. — G. Wiedenmann und L. Mangold, Geschichte und Beschreibung der Schönenbergkirche, In: Ellwangen, Jahrbuch 24 (1971/72) 67–134. — Wallfahrt S. 1638–1988, FS zum 350-jährigen Jubiläum, 1988. — A. Sirch, Komm mit auf den S., Stationen durch die Geschichte von Wallfahrt und Kirche, 1992. — Andachtsbildchen: München, Bayer. Nat. Mus., Sammlung Kriss 2874/84, 4981 (Hauchbildchen).
H. Schopf

Schönfeld, Johann Heinrich, * 23. 3. 1609 in Biberach/Riss, † 1684 in Augsburg, ev. Maler von mythol., historischen Bildern, Altarblättern und Porträts, Radierer und Zeichner. 1626 ist er in Memmingen — nach Joachim v. Sandrart bei einem Maler Johann Sichelbein — als Lehrling bezeugt, 1627 und 1629 in Stuttgart als Geselle nachweisbar, seit 1632/33 hält er sich für 18 Jahre in Italien auf; 1648 wird er Mitglied der Schilderbent unter dem Bentnamen »Triangel«, während er noch in Diensten des Duca di Orsini steht. 1651 geht S. nach Augsburg, wo er ein Jahr später das Bürger- und Meisterrecht erwirbt; 1653 ist er wahrscheinlich kaiserlicher Aufträge wegen in Regensburg, vielleicht auch in Wien.

S. verbrachte fast die ganze erste Hälfte seines Lebens in Italien. Der Schwerpunkt seines dortigen Schaffens — also der Jahre 1632–51 — lag auf mythol. historischem und atl. Gebiet. Für seine meist recht großformatigen Bilder, die er, wie Joachim v. Sandrart, sein erster Biograph, schildert, mit »geschwinder Hand« und »hurtigem Pensel« malte, war er in Sammlerkreisen des ital. Adels berühmt und beeinflußte mit ihnen auch die ital., bes. die neapolitanische Kunst. Die Ⓜthematik kommt deshalb in der ital. Schaffensperiode selten vor und meist nur in Verbindung mit auf Christus bezogenen Themen (z. B. »Kreuztragung Christi«, Ulm und Nürnberg, Mus. [Pée, Nr. 19 und 52]; »Kreuzigung Christi«, Nürnberg, Germ. Nat. Mus., und Stuttgart, Sammlung Trauwitz [Pée, Nr. 51], jeweils mit der zusammensinkenden Ⓜ als Assistenzfigur; »Verehrung der Dreifaltigkeit«, ital. Privatbesitz [Pée, Nr. 53], wobei Ⓜ der Trinität bei- und Christus zugeordnet ist).

Nach der Übersiedelung S.s nach Augsburg 1651 nimmt die Ⓜthematik dagegen stark zu, zunächst ebenfalls noch in die Christusdarstellung eingebunden in den wandgroßen Altären für Evangelisch Hl. Kreuz »Kreuztragung« und »Kreuzabnahme« von 1665 (Pée, Nr. 101 f.), letztere mit der wundervollen großen Gestalt der klagenden M. Danach entsteht die ebenfalls monumentale »Krönung Mae« (Hochaltarblatt, Ochsenhausen, Klosterkirche St. Georg [Pée, Nr. 110]).

Im Spätwerk seit den 70er Jahren schafft S. einen ganz neuen, entkörperlichten, völlig vergeistigten Mtypus, dem in verschiedenen Zusammenhängen tiefe, abstandhaltende Verehrung zukommt. Schon in der »Anbetung der Könige« (amerikanischer Privatbesitz [Pée, Nr. 122]), in der dieser Typus zum ersten Mal erscheint, stärker noch in den wenig späteren »Anbetung des hl. Stanislaus« und »Anbetung des hl. Antonius v. Padua« (Pée, Nr. 136–138) wirkt die hoheitsvolle, von Puttenengeln umschwebte Gestalt der M, ob dem Anbetenden nahe oder entrückt, in gleicher Weise wie eine Erscheinung. Noch weiter entwickelt erscheint dieser Mtyp in der dem »Christus Salvator« (Augsburg, Städt. Kunstsammlungen) ursprünglich als Gegenstück zugehörigen M, die nur als Nachstich von Gabriel Ehinger erhalten blieb (Pée, Nr. NS 53), und von der eine weitere, in den Maßen vom Augsburger Salvator abweichende Fassung kürzlich im Schweizer Kunsthandel auftauchte. Ähnlich verhält es sich mit einer Madonnendarstellung als Gegenstück zu einem Engel der Verkündigung, die beide ebenfalls nur im Nachstich erhalten (Pée, Nr. 54) sind. Ebenfalls in der Mitte der 70er Jahre entstand die »Hl. Familie mit dem schlafenden Jesuskind« (Augsburg, Städt. Kunstsammlungen [Pée, Nr. 132]), zu der eine Vorzeichnung in der Albertina in Wien existiert (Biedermann, 1971, 178) und die möglicherweise auf eine ähnliche Fassung der ital. Frühzeit auf Kupfer zurückgeht (Pée, Nr. V 108). Dies würde die wesentlich körperhaftere Erscheinung der M, abweichend von den übrigen Mgestalten im Spätwerk S.s erklären. Trotz der intimen, auf den ersten Blick genrehaften Erscheinung des Bildes ist im weißen Laken, auf das Jesus gebettet ist, und in der zudeckenden Geste der GM schon der tote Erlöser angedeutet.

Neben der späten »Maria in der Glorie mit Benedikt, Scholastika und weiteren Heiligen« in St. Walburga in Eichstätt (Pée, Nr. 134) und der nur teilweise eigenhändigen »Verehrung der Dreifaltigkeit«, ehemals als Hochaltarblatt für die Kleinkomburg vom Augsburger Bischof gestiftet (Pée, Nr. 145 a), in der M wie in dem frühen themengleichen Bild direkt neben Christus kniet, ist auf die großartige, nur im Ausschnitt als Fragment erhaltene M (Stuttgart, Staatsgalerie) hinzuweisen (Pée, Nr. 131), die wegen der sie umgebenden Wolken wohl mit Recht als Teil einer Himmelfahrt anzusprechen ist. Neben der M in dem Bild »Anbetung der Könige« ist sie die früheste Ausprägung des beschriebenen Mtypus, den S. in seiner Spätzeit schuf und der als eine Frühform der Rokokogestaltung des Themas gelten kann.

Lit.: H. Pée, J. H. S., Die Gemälde, 1971. — R. Biedermann, Die Zeichnungen des J. H. S., In: Jahrbuch der Staatl. Kunstsammlungen in Baden-Württemberg 8 (1971) 143 f. — Ders., Unbekannte Zeichnungen von J. H. S., ebd. 20 (1983).   G. Krämer

Schönheit Marias. »Ganz schön bist Du, Jungfrau Maria, vor dem Makel der Urschuld hat Gott dich bewahrt« (»Tota pulchra es …«). Wie in dieser Antiphon zur Vesper des Festes der UE, so wird in vielen Liedern und Gebeten Ms S. (bzw. mit synonymen Wörtern und Vergleichen wie: Zier; wunderschön prächtige; himmlische Rose; der Schmuck mit Sonne, Mond und Sternen nach Offb 12,1; vgl. auch die zweite Strophe von »Ave, Regina caelorum«: »Gaude, virgo gloriosa, super omnes speciosa, vale, o valde decora …«) gepriesen. Diese Zier meint zunächst nicht eine sinnenfällige S., äußeren Schmuck oder Ebenmaß des Leibes, sondern die innere Anmut der Gnadenvollen (→ Sündenlosigkeit, → UE). In M ist die ursprüngliche S. der Schöpfung unversehrt bewahrt bzw. scheint erneut auf. In dieser Anmut ihres Wesens vereinigen sich hohe natürliche und übernatürliche Haltungen wie Heiligkeit, Treue, Hingabefähigkeit, Glaubensstärke, Demut, Reinheit. Der M-gestalt eignet in vielerlei Hinsicht etwas Urbildliches (des Fraulichen, des Mütterlichen, des Geschöpflichen, des Hochgemuten, des Bergenden usw.), v.a. als Urbild der Kirche, da in M das Erlösungsziel (vgl. Eph 5,27: »herrlich zu gestalten, ohne Flecken, ohne Runzel«) erreicht wurde. Wie jede Verehrung richtet sich auch die MV auf etwas Schönes und Großes.

Natürlich darf man annehmen, daß von dieser inneren S. auch die ganze Gestalt vergeistigt wurde und Anmut ausstrahlte, obwohl wir von der äußeren Gestalt Ms nichts wissen. So ruft → Georgios v. Nikomedeia († nach 880) aus: »O schönste Schönheit aller Schönheiten« (PG 100, 1437). Hier wird allerdings noch nicht zwischen geistiger und körperlicher S. unterschieden. Bernhard v. Clairvaux meint auch letztere, wenn er sagt, die »königliche Jungfrau« sei »mit den Edelsteinen der Tugend geschmückt, herrlich strahlend mit der zweifachen Zierde sowohl des Geistes als auch des Leibes« (PL 183,62); noch stärker betont Ps.-Albert die S. des Leibes: »Corpus eius erit nobilissimum et pulcherrimum post corpus Filii Dei« (Mariale q. 15).

Im Zusammenhang mit der S. Ms ist noch zu erwähnen, daß sie das Ziel jedes Geschöpfes, die Verklärung, bereits erreicht hat und deshalb schon jetzt vom gläubigen Auge in der Herrlichkeit der Vollendung geschaut werden kann. Das → Königtum Ms ist nicht ohne solche Herrlichkeit vorzustellen. — In der Kunst wurde durch alle Jh.e immer neu versucht, der S. Ms und ihrem Adel Ausdruck zu verleihen. Sie ist diesbezüglich ein »Gegenstand«, der immer von neuem inspiriert und zur Darstellung herausfordert. — Auch die Seher bei Ⓜerscheinungen waren häufig von der S. der geschauten Frau ergriffen.

Lit.: Köster II 56 f. — S. Alvarez Campos, Corpus Marianum Patristicum, 1985: vgl. Index verborum (pulchra, pulchritudo, rosa, regina u. a.). — G. Gharib, E. M. Toniolo u. a., Testi Mariani del primo Millenio, 4 vol., 1988 ff., Register. *A. Ziegenaus*

Schönleben, Johannes Ludwig, Theologe, Geschichtsschreiber, Prediger, *11.11.1618 in Ljubljana, †15.10.1681 ebd., trat 1636 ins Noviziat der SJ in Wien ein (bis 1637), studierte 1638 Humaniora in Leoben, 1639-41 Phil. in Graz, lehrte 1642 Humaniora in Krems und 1643 in Graz, dann 1644 Rhetorik in Linz, studierte 1645 Theol. in Passau und 1646-48 in Graz. Wo und wann er zum Priester geweiht wurde, ist nicht bekannt. S. lehrte 1649 Rhetorik in Wien, machte 1650 das Interstiz in Judenburg, lehrte Rhetorik, predigte slowenisch und leitete die Marian. Kongregation 1651 in Ljubljana, dozierte 1652 Phil. in Graz und 1653 in Wien. Er promovierte am 19.12.1653 zum Doktor der Theol. in Padua und trat 1654 in Wien aus der SJ aus. Am 2.6.1654 wurde er zum Domdechant von Ljubljana ernannt. 1669-76 war er Archidiakon in Ribnica und lebte 1676–81 als freier Wissenschaftler in Ljubljana.

Obwohl S. verschiedene kirchliche Ämter innehatte, arbeitete er die ganze Zeit wissenschaftlich. 40 seiner Schriften wurden publiziert (2 nach seinem Tod): theol. Schriften, geschichtliche Arbeiten und Predigten. Als Theologe konzentrierte sich S. auf die Frage der UE Ⓜs und setzte sich für deren Dogmatisierung ein. S. ließ hierzu 6 Bücher im Druck erscheinen. Um die Öffentlichkeit zu überzeugen, daß das Dogma in allen Jh.en lebendig war und zur allgemeinen Überzeugung der Gläubigen wurde, schrieb er die dogm.-geschichtliche Arbeit »Orbis universi votorum«. Der Originalität und dem inneren Wert nach überholt alle seine sonstigen Schriften das Buch »Sexagena doctorum Viennensium ...«, in dem 60 Sentenzen der Professoren der Wiener Universität über die UE gesammelt sind. Sie alle plädierten für die Dogmatisierung. S. schloß sich der scharfen Polemik an, welche anläßlich des Erscheinens der Bulle Alexanders VII. »Solicitudo omnium ecclesiarum« entbrannt war, in welcher der Papst die Theol. vor einer leichtfertigen Gegnerschaft gegen die Lehre über die UE Ⓜs warnt. Ein gewisser Marcellus Sidereus Cyriacus (vermutlich Marcus Ferro, OP) hatte mit dem Buch »Synopsis historica de Conceptione Deiparae« gegen die päpstliche Bulle im Sinne jener Dominikaner polemisiert, die die UE Ⓜs negieren. S. diente es als Anlaß zu seinem Buch »Vera ac sincera sententia«, in dem er die Äußerungen des Marcellus theol. analysierte, und zwar stark polemisch. Das Buch »Palma virginea seu Victoriae Marianae« ist eine kurze Bearbeitung dessen, was er im Buch »Orbis universi votorum« bereits wissenschaftlich untersucht hatte. Formell wie auch theol. gesehen ist es das stärkste Werk S.s. Um jeden Preis verteidigt er darin die Lehre vor den Angriffen der Gegner. Das Buch wurde in Rom verboten. Berühmte Kardinäle und Theologen der Academia Galatorum in Bologna unterstützten S. Für kürzere Zeit wurde das Verbot des Buches zurückgezogen. Die beiden Werke »Palma virginea« und »Vera ac sincera sententia« wurden durch das Dekret Innozenz' XI. »Errores varii de rebus moralibus« als solche auf den Index gesetzt, deren Inhalt der hl. Lehre unwürdig sei. Das Verbot galt bis 1900 und verhinderte die Anerkennung S.s als Theologen, zumal beide Bücher in dogm. Hinsicht von Irrlehren frei waren.

S. kam durch sorgfältiges Studium der Quellen und ihrer Erläuterungen zur Überzeugung, daß die großen Vertreter des Dominikanerordens, unter ihnen → Thomas v. Aquin, eigentlich keine Gegner der Lehre von der UE Ⓜs waren. In der Mariol. schrieb S. dem Konsens der Gläubigen große Bedeutung zu, der 1854 bei der Dogmatisierung der IC als gleichwertige Quelle zur Geltung kam.

Als die Wiener Universität 1649, dem Beispiel Ferdinands III. folgend, die Lehre der UE Ⓜs verteidigte, stand S. als Prediger der Universitätsjugend auf. Sein »Panegyricum« zur Ehre der Unbefleckten wurde als Zusatz zum Buch »Campus liliorum« gedruckt. S. war in seiner Heimat bes. bei der Marian. Kongregation als bevorzugter Prediger angesehen.

QQ: J. W. Valvasor, Die Ehre des Herzogthums Krain, Laibach/Nürnberg 1689, VI 353–357; XI 725 ff. — M. Miklavčič, S. J. L., In: Slovenski biografski leksikon III, 1960–71, 237–240. — P. Simoniti, Sloveniae scriptores latini recentiores aetatis, 1972, Nr. 100. 808. 1267–99. — L. Lukács, Catalogi personarum et officiorum Provinciae Austriae Societatis Jesu II (1601–40), 1982, 744 f. — Personalkataloge der Österr. SJ Provinz, Archiv der SJ, Rom. — Ausst.-Kat., Ignacijeva karizma na Slovenskem, Ljubljana 1990.
WW: Panegyricus magnae matri sine macula originali conceptae, als Anhang zu: M. Bastianschitsch, Campus liliorum sive Album Austriaco-Marianum, Viennae 1649. — Orbis universi votorum pro definitione piae et verae sententiae de immaculata conceptione Deiparae, III: Maria mater Dei et Virgo sine macula originali concepta agnoscitur a sacro ordine rr. pp. praedicatorum: et ex eodem ordine il. D. Thomas de Aquino theologorum princeps cum sua schola immaculatae conceptionis assertor ostenditur; IV: Maria mater Dei et Virgo sine macula originali concepta docetur ab antiquissimi archigymnasii Viennensium doctoribus, sive Sexagena doctorum Viennensium Deiparae sine macula conceptae assertorum et vindicium e tenebris vetustatis educta, Clagenfurti 1659. — Examen synopseos historicae de conceptione B. V., quam fr. Marcellus Syderus Cyriacus elucubravit et J. L. Schönleben ad trutinam bullarum sedis apostolicae appendit, Salisburgi 1668 (erschienen auch als Anhang zu: Vera ac sincera sententia). — Vera ac sincera sententia de immaculata conceptione Deiparae Virginis ejusdem cultus festivi objecto, ebd. 1670. — Palma virginea sive Deiparae Virginis Mariae de adversariis suae immaculatae conceptionis victoriae omnium saeculorum aerae christianae narratione repraesentatae, ebd. 1671. — Mariae absque naevo labis originalis conceptae elogium, Labaci 1678; erweitert, In: Mariae magnae Dei Matris celebres panegyristae, ebd. 1679. — De officio immaculatae conceptionis Deiparae antiquissimo et devotissimo, parvo mole, magno mysteriis. Observationes Sigismundi a S. Maria theologi ex ss. patribus et doctoribus praesertim ordinis pp. praedicatorum desumptae, Altstedii 1680.

Lit.: P. Radics, Der krainische Historiograph J. L. S., In: Mittheilungen des Museal-Vereins für Krain 7 (1894) 1–72. — F. Ušeničnik, S. o Brezmadežni, In: Katoliški obzornik 8 (1904) 412-426. — V. Steska, Dr. J. S., kranjski zgodovinar, In: Dom in svet 31 (1918) 235–239. — A. Sterle, Slovenski mariolog S. o soglasju vernikov kot teološkem viru, In: Zbornik teološke fakultete 4 (1954) 2–23. — Ders., Nekaj opomb k Schönlebnovim mariološkim delom, ebd. 201–208. — Ders., S. o mneju Tomaža Akvinskega glede Marijinega brezmadež nega spočetja, ebd. 5 (1955) 171–190. — Ders., S. in Ambrozij Catharinus, ebd. 204–211. — M. Miklavčič, J. L. S. Ein slowenischer Mariologe, In: VirgoImmac 14 (1957) 214–241. — A. Sterle, Janez Ludvik S. in jezuiti, In: Zbornik teološke fakultete 9 (1959) 224-231. — F. Rozman, Sveto pismo v spisih Janeza Ludvika Schönlebna, Diss., Ljubljana 1962. — M. Smolik, Pridigar, mariolog in zgodovinar J. L. S. Ob tristoletnici smrti, In: Bogoslovni vestnik 41 (1981) 399–427. — A. Strukelj, J. L. Schoenleben. Ein Förderer der Marianischen Verehrung (1618–81), In: De cultu mariano saeculis XVII–XVIII. Acta Congressus Mariologici-Mariani internat. 1983, IV, 1987, 403–423. — ADB XXXII 314 f. *L. Kovačič*

Schönstatt-Bewegung, von P. J. → Kentenich in Schönstatt (Stadtteil von Vallendar bei Koblenz/Rhein) gegründete, heute in allen Kontinenten (z. Zt. in 32 Ländern) verbreitete marian.-apost. Bewegung, die die rel. (von der Gnade getragene) wie sittliche (den naturhaften Bereich durchdringende) Erneuerung des Menschen und der Gesellschaft erstrebt. Das Marian. ist dabei das Innenprinzip. ⍟ ist der Typ des Menschen, der in Schönstatt geformt werden soll, das Idealbild harmonischer Verbindung von Natur und Gnade. Diese war schon im Ursprung der S. wirksam. Sie gibt dem föderalistischen Lebensgebilde seine Gestalt wie auch seine geistliche Lebensform und universelle apost. Zielsetzung.

1. Der zeitliche Ursprung der S. fällt in eine weltgeschichtliche Umbruchsphase: Am 18.10. 1914 wurde die S. durch eine ⍟weihe des Gründers und einiger seiner Schüler, das sog. »Liebesbündnis«, gegründet. Dieses stellt eine Verlebendigung des Taufbundes dar. Bezeichnend ist das Ineinander von göttlicher Initiative und menschlicher Mitarbeit: Nicht außergewöhnliche Erscheinungen oder Wunder, sondern das vorsehungsgläubige Eingehen auf Gottes Pläne führte zur Gründung der S. P. Kentenich war überzeugt, daß ⍟ die sich ankündigende Zeitenwende von geschichtlichem Ausmaß mitgestalten will und muß. Er bat sie, gemeinsam mit den jugendlichen Mitgründern, auch vom Ort des Bündnisschlusses aus — einer Kapelle in Schönstatt — wirksam zu werden. Überzeugt von der Heilssolidarität aller, stellten sie ⍟ das eigene Streben nach Heiligkeit als Beitrag für die rel.-sittliche Erneuerung der Menschen und der Völker zur Verfügung. Seit 1915 wird das Gnadenbild von Schönstatt unter dem Titel → »Dreimal Wunderbare Mutter« verehrt, der sich auf Grund geschichtlicher Erfahrungen erweiterte zu »Dreimal Wunderbare Mutter, Königin und Siegerin von Schönstatt«. Die S. betrachtet das Heiligtum als ihre Geburts- und Gnadenstätte, als geistige Heimat und geographischen Mittelpunkt. — Da sich die S. in bes. Weise dem Charisma des Gründers und seinem Eingehen auf die Pläne Gottes verdankt, weiß sie sich durch das Liebesbündnis auch bes. mit ihm verbunden.

2. Auch in der *äußeren Gestalt* der S. spiegelt sich das gottgegebene Zusammenspiel von Natur und Gnade wider: der allen Getauften gemeinsame christl. Grundauftrag zu natürlich-übernatürlicher Selbst- und Weltvollendung gestaltet sich je nach Lebensweg unterschiedlich. Entsprechend gliedert sich die S. in Gemeinschaften für Priester, für unverheiratete Frauen und Männer, für Mütter, Väter, Familien, für weibliche und männliche Jugend. — Eine zweite Differenzierung in »Verbände«, »Bünde« und »Apost. Liga« entspricht dem unterschiedlichen Grad des spirituellen und gemeinschaftlichen Bindung sowie der Verfügbarkeit der Mitglieder für die Arbeit in der Bewegung, in Kirche und Welt. Die Ligagliederungen einschließlich der weit ausgreifenden Volks- und Wallfahrtsbewegung sind diözesanrechtlich aufgebaut. Die Bünde schließen sich auf nat. und internat. Ebene zusammen. Fünf der internat. organisierten Verbände haben bereits den kirchenrechtlichen Status von Säkularinstituten: die Schönstätter Marienschwestern (1926 gegründet), Marienbrüder (1942 im KZ Dachau gegründet), Diözesanpriester (1945 gegründet), Frauen von Schönstatt (1946 gegründet) und Schönstatt-Patres (1965 gegründet). Der Familienverband (ebenfalls 1942 im KZ Dachau gegründet) strebt diese Rechtsform noch an. Nur die Verbände kennen eine juristische Bindung: einen zivilrechtlichen Vertrag. So zeigt sich die S. als föderatives Lebensgebilde von unabhängigen Gliedgemeinschaften. Die Leitungsspitzen der Verbände sowie die Vertretungen der Bünde und der Ligagliederungen bilden das Generalpräsidium, das als oberste Körperschaft das internat. Werk nach außen vertritt und eine letztgültige Verantwortung wahrnimmt. Es hat koordinierende und beratende Funktion, jedoch keine Weisungsbefugnisse. — Der organisatorisch bewußt lockere Zusammenhalt der S. verlangt die ständige Einbindung aller in das Liebesbündnis als gemeinsame Lebensquelle und inneres Kriterium für die Zugehörigkeit zur S.

3. Die geistliche Lebensform will den Mitgliedern der S. helfen, nach dem Vorbild und in der Erziehungsschule ⍟s nach zeitgemäßer Heiligkeit, nach natürlich vollendetem, weil übernatürlich gebundenem Menschsein zu streben: ⍟ lebt beispielhaft die geschöpfliche Urgeste kindlicher Hingabe an den himmlischen Vater vor und bindet dadurch die Schöpfung an ihren Ursprung zurück. Ähnlich sucht die »Bündnisfrömmigkeit« Gott und Mensch, Gnade und Natur zu verbinden. Aus der personalen Hingabe wächst das freie, werkzeugliche Mitwirken mit den Plänen Gottes, das ⍟ als die amtliche Dauergefährtin und Dauergehilfin Christi beim gesamten Erlösungswerk wiederum exemplarisch vorlebt. Die »Werkzeugsfrömmigkeit« will diese marian. Lebensform ausprägen. Gerade im alltäglichen Leben soll sich dies vollziehen. Die »Werktagsheiligkeit« sucht deshalb in allem die Harmonie von Gott-, Welt- und Menschengebundenheit zu verwirklichen, wie sie die IC als unverdorbenes Konzept des Menschen vollendet darstellt. Diese Grundeinstellung achtet die Schöpfung in ihrem Eigenwert und macht sie zugleich auf Gott hin durchsichtig, der sich dem Menschen in allem zuwendet — so in den Dingen, den Mitmenschen, den übertragenen Aufgaben und den Erfahrungen von Leid.

Nicht nur durch ihr Vorbild, sondern auch durch ihre gnadenhafte Wirksamkeit im Liebesbündnis erzieht ⚜ zu dieser dreifachen Frömmigkeit. So führt sie den einzelnen in eine lebendige Verbundenheit mit dem einen Gott in drei Personen und damit zu einer erlösten Haltung dem eigenen Selbst, der Mit- und Umwelt gegenüber. Der geistlichen Lebensform ist in der S. eine originäre Pädagogik zugeordnet, die den Menschen anleitet, bei der Erziehungstätigkeit ⚜s mitzuwirken.

4. Die S. hat *das Apostolat als Zielsetzung*. Das gilt material wie formal: die Mitglieder stellen alle natürlichen und übernatürlichen Kräfte und Mittel in den Dienst des Apostolates und wollen apost. wirken auf allen erreichbaren Gebieten. Das Ziel ist im Lauf der Zeit verschieden formuliert worden. Verbindend ist das Grundanliegen, eine marian. Kirche formen zu helfen, die als »Seele« der sich neu gestaltenden Gesellschafts- und Weltkultur wirkt und ihr Christi Antlitz aufprägt. Das fängt im persönlichen Leben an und gewinnt durch die Heilssolidarität mit allen Menschen seine Ausweitung auf das Endziel der Heilsgeschichte, mit ⚜ die Menschen im Hl. Geist durch Christus zum Vater zu führen.

Lit.: → Dreimal Wunderbare Mutter, → Kentenich. — F. Kastner, Unter dem Schutze Mariens, 4 1952. — J. Kentenich, Das Lebensgeheimnis Schönstatts, 2 Bde., 1972. — Ders., Marian. Werkzeugsfrömmigkeit, 1974. — H. Alessandri, Que significa el Santuario de Schoenstatt?, 1974. — Schönstatt. Die Gründungsurkunden, 1979. — R. Lejeune, Chemin d'Alliance, 1985. — J. Niehaus, New Vision and Life, 1988. — V. Trevisan, Movimento apostolico de Schoenstatt, 1988. — M. A. Nailis, Werktagsheiligkeit, 1989. — E. Monnerjahn, Ein Leben für die Kirche, dt.: 31990 (engl., span., port.).   *A. Stosiek*

Schöpf, Johann Adam, Maler und Freskant, getauft am 24. 12. 1702 in Regensburg, †10. 1. 1772 in Egenburg/Oberbayern. Seine Lehre absolvierte S. vermutlich bei dem Straubinger Maler Joseph Anton → Merz. Anschließend war er in Österreich bei dem Garstener Stiftsmaler Johann Karl v. Reslfeld (1685–1735) und ab 1724 in Böhmen tätig. In Prag erlangte S. am 2.6.1726 die Meistergerechtigkeit der Altstädter Malerkonfraternität und erhielt am 7.2.1729 das Bürgerrecht. Aus seiner Ehe mit Rosalie Seifrid gingen 10 Kinder hervor. S. führte Aufträge in Böhmen und Ostbayern aus und arbeitete dabei u.a. mit dem Dientzenhofer-Bautrupp und den Gebrüdern Asam zusammen.

Auf Grund seiner offenen Parteinahme für den bayer. Kurfürsten mußte S. ins Gefängnis und wurde 1743 mit seiner Familie aus Prag und allen Habsburger Erblanden verbannt. Der bayer. Hof gewährte S. bis 1745 eine Unterstützung. Bereits ab 1744 stand S. als Hofmaler im Dienst von Kurfürst Clemens August in Köln. Neben F. Cuvilliès und G. Desmarées gehörte S. zu einem Kreis von Künstlern, die sowohl in Bayern als auch in Kurköln tätig waren. Zusammen mit den Architekten B. Neumann und J. C. Schlaun sowie dem Freskanten Carlo Carlone arbeitete er an den prunkvollen Raumausstattungen für den Kurkölner Hof und errang die Nobilitierung als Truchseß. Wohl auf Grund der angespannten finanziellen Lage verließ er Kurköln und erwarb um 1757 das Gut Geiselbullach bei Fürstenfeldbruck. Anfang der 1760er Jahre erfolgte der Umzug zu seinem Sohn nach Egenburg.

Das Werk des Malers (gesichert sind bislang etwa 30 z. T. umfangreiche Freskoaufträge und etwa 20 Ölbilder) ist von großen Qualitätsunterschieden geprägt. Bedeutung kommt v. a. den nur teilweise erhaltenen Raumausstattungen im ehemaligen Gebiet von Kurköln und den späten Ölgemälden zu. Darüber hinaus ist S. ein wichtiger Zeuge für die Wechselbezüge, die zwischen der bayer., böhmischen und österr. Deckenmalerei jener Zeit bestanden.

Zu seinen Schülern gehörten seine Söhne Johann Nepomuk und Johann Adam d. J. (dem die bislang für den Vater in Anspruch genommenen Radierungen zuzuschreiben sind), in Böhmen Jan Karel Kowarz (1709–49) und in Kurköln Johann Georg Dieffenbrunner (1718–65).

Zahlreiche Fresken und ein Ölgemälde der derzeit bekannten Werke des Malers widmen sich marian. Themen.

WW: Zbiroh/CSFR, Schloßkapelle, 1725. — Prag, Weißer Berg, Wallfahrtskirche ULF 1727 f., ⚜ und das siegreiche Heer unter dem Banner ⚜s. — Prag, Líliova ul. 5, um 1728. — Gotteszell, Lkr. Regen, St. Anna, 1728 f., größtenteils zerstört. — Budweis, Dom und -kapelle, vor 1729. — Ebd., Rathaus, 1730. — Prag, Welsche Kapelle, vor 1731; im Kuppelfresko ⚜ als Himmelskönigin von musizierenden Engeln umgeben. — Prag, Weißer Berg, Ambiten, 1730–40; umfangreiches Freskenprogramm mit Szenen aus dem Leben Jesu und ⚜s sowie Darstellungen von 47 marian. Gnadenstätten aller Welt, teilweise zerstört. — Straubing, St. Jakob, 1738; Bilderzyklus zum Leben Jesu und ⚜s. — Pfaffmünster, St. Tiburtius, um 1738. — Prag, Loreto Wallfahrtsstätte, Christi Geburts-Kapelle, um 1738. — Prag, St. Cyrill und Method (ehem. Karl-Borromäus-Kirche), um 1740; das Bildprogramm mit Vita-Szenen des Kirchenpatrons findet seinen Abschluß an der Chordecke mit einer Krönung ⚜s. — Bonn Poppelsdorf, Schloß Clemensruh, 1744–46, zerstört. — Mallersdorf, ehem. Benediktiner-Klosterkirche, um 1747; im Fresko der Chordecke, das die Erlösung der Welt in der Vision des Johannes auf Patmos und durch das Wirken der Benediktiner thematisiert, kommt der Personifikation der ⚜-Ecclesia zentrale Bedeutung zu. — Münster, St. Clemens, 1749/50, zerstört. — Bonn-Poppelsdorf, Kreuzbergkirche mit Hl. Stiege, um 1750–53. — Bonn, Schloß, um 1750, zerstört. — Brühl, Schloß Augustusburg, Hl. Geist-Kapelle, um 1750; ⟨M⟩-Ecclesia im Wandbild des Altares stellt hier zusammen mit den vom Hl. Geist inspirierten Evangelisten, Aposteln und den christl. Tugenden in den angrenzenden Wandfresken Fundament und Bau der Kirche dar (vgl. Schulten, 1961). — Ebd., Fürstenoratorium, um 1750, übertüncht. — Houthem/Niederlande, St. Gerlach, 1751, teilweise zerstört. — Geiselbullach, Kapelle St. Johann Nepomuk, um 1757. — Beuern, St. Michael, 1759. — Unter den 15 bislang bekannten Ölbildern ist in mariol. Zusammenhang der um 1759 entstandene Hausaltar mit einer Darstellung der Himmelfahrt ⟨M⟩s erwähnenswert (München, Bayer. Nat. Mus.), der als Vorlage für das Hochaltarblatt der Klosterkirche Fürstenfeld diente.

Lit.: W. Schulten, Die Heiliggeistkapelle des Schlosses Augustusburg in Brühl, In: Annalen des Historischen Vereins für den Niederrhein 163 (1961) 166–176. — J. Keim, Der Hofmaler J. A. S. und Straubing, In: Jahresbericht des Historischen Vereins für Straubing und Umgebung 65 (1962) 109–113. — W. Schulten, Die Hl. Stiege auf dem Kreuzberg zu Bonn, 1964. — J. v. Herzogenberg Marian. Geographie an böhmischen Wallfahrtsorten, In: Alte und Moderne Kunst 16 (1971) 9–22. — K. Noelens, Die Clemenskirche und das Hospital der Barmherzigen Brüder in Münster, In: Schlaunstudien I, hrsg. von K. Bußmann, 1973, 125–158. — I. Sperling, Nové fresky J. A. S. v praze, In: Památcová Péce (1973) 206–208. — P. M. le Blanc, De Gerlackuskerk te Houthem en haar monumentale beschilderin, In: Bulletin van de Koninklijke Nederlands Oudheidkundige Bond 76 (1977) 59–89. — W. Hansmann, Stadt Brühl, Die Bau- und Kunstdenkmäler des Erftkreises, 1977, 25. 74 f. 107 f. — M. Gruber Die Herrn von Schöpf, In: Amperland 19 (1983) 393–395. 441–445. — H. Trottmann, Cosmas Damian Asam (1686–1739), 1986, 135 f. — C. Riedl, J. A. S. (1702–72), Maler in Bayern, Böhmen und Kurköln. Leben und Werk, In: Jahresbericht des Historischen Vereins für Straubing und Umgebung 93 (1992) 123–372. — Thieme-Becker XXX 234 f. *C. Riedl*

Schöpf, Johann Nepomuk Albert, Maler und Freskant, getauft am 15.12.1733 in Prag, †9.9.1798 in Polling, Sohn von J.A. → Schöpf. Um 1747–53 ging er zu seinem Vater in die Lehre. Bei dessen späteren Werken ist seine Mitarbeit nachweisbar (z. B. 1759 in Beuern). Diese Tatsache hat stets zu Schwierigkeiten in der Zuordnung der Werke beider Künstler geführt.

Mit Unterstützung des Münchner Hofes absolvierte S. 1761–62/63 ein Studium in Rom. Ab 1764 trug er den Titel eines kurfürstlich-bayer. Hofmalers und heiratete am 9.4.1765 in Regensburg Katharina Faber. 1771 erscheint S. als Mitglied der Münchner Kunstakademie. Ca. 1775–80 zog S. mit seiner Familie für mehrere Jahre nach Ungarn. Die letzten Jahre wirkte er in Oberbayern.

S.s Gesamtwerk entstand zwischen 1760 und den 90er Jahren. In seiner Entwicklung läßt sich die wachsende Entfremdung des Malers von den Bildcharakteristika des Rokoko, die noch seine Ausbildung geprägt hatten, deutlich ablesen.

Von den zahlreichen sehr großformatigen Ölbildern mit marian. Inhalt ist das bekannteste das um 1759 nach einer Vorlage seines Vaters gemalte Hochaltarblatt der Klosterkirche Fürstenfeld mit der Darstellung von ⟨M⟩e Himmelfahrt, welches seinerseits wieder Vorlage für einen Kupferstich F. X. Jungwirths wurde.

WW: Schloß Sünching, Treppenhaus, 1760. — Regensburg, St. Johann, 1768, bis auf Reste zerstört. — Dischingen, Pfarrkirche, 1769. — Egenburg, St. Stephan, um 1770, teilweise zerstört. — Stift Reichersberg, Bibliothek und Speisesaal, 1771. — Oradea (Großwardein)/Rumänien, Bischöfliches Palais, Kapelle, 1775/76. — Nagyvárad/Siebenbürgen, Kathedrale, 1776; Kuppelfresko mit einer Darstellung der Himmelfahrt ⟨M⟩s. — Ebd. Bischöfliche Residenz, Karl-Borromäus-Kapelle, 1776. — Oradea (Großwardein), St. Ladislaus, um 1780. — Niederdorf, St. Cyriakus, 1782; an der Langhausdecke das Thema der Himmelfahrt ⟨M⟩s.

Lit.: H. Diplich, Die Domkirche von Temeswar, 1972. — M.-W. Negoita, Das künstlerische Schaffen des Architekten Franz Anton Hillebrandt (1719–97) in Oradea, In: Österr. Zeitschrift für Kunst und Denkmalpflege 29 (1975) 106–122. — B. Ulm, Zum Kunstschaffen im Stift Reichersberg, In: 900 Jahre Augustiner Chorherrenstift Reichersberg, 1983, 290 f. — M. Gruber, Die Herren von Schöpf, In: Amperland 19 (1983) 393–395. 441–445. — L. Altmann, Die Ausstattungskünstler der bestehenden Barockanlage von Fürstenfeld (1690–1803), In: Ausst.-Kat., 725 Jahre Kloster Fürstenfeld, 1988, II 211–246, bes. 232–234. — B. C. Huber, Mariae Himmelfahrt, Hochaltarbild, ebd. I 184–187. — U. Angermaier Neues zur Dischinger Pfarrkirche, In: Jahrbuch des Heimat- und Altertumsvereins Heidenheim an der Brenz (1987/88) 290–316. — C. Riedl, Die Freskendekoration der Stiftskirche St. Johann durch den Münchener Hofmaler J. N. S. im Jahr 1768, In: St. Johann in Regensburg, FS für P. Mai, 1990, 242–252. — Thieme-Becker XXX 235. *C. Riedl*

Schöpf, Joseph, * 2.2.1745 in Telfs/Tirol, †15.9.1822 in Innsbruck, Öl- und Freskomaler, als Freskant der nach Martin Knoller bedeutendste Spätmeister Tirols. Die Begabung des Kindes einer Wirts- und Krämerfamilie wurde von einem Kleriker des Stiftes Stams entdeckt, der ihn nach Innsbruck in die Lehre zu dem Piazetta-Schüler Philipp Haller gab. 1763–65 hielt sich S. in Salzburg auf, wo er zuerst dem Prospektmaler Matthias Siller, dann Nikolaus Streicher assistierte. 1765 kam er als Gehilfe zu den Theatermalern Cagliari in Innsbruck. Kurzzeitig scheint er auch für Johann Anton Puellacher in Stams tätig gewesen zu sein. Am nachhaltigsten war der Einfluß Martin → Knollers, mit dem er 1768–75 u. a. in Ettal, Neresheim, Gries und im Münchner Bürgersaal arbeitete. 1775–83 hielt sich S. als Stipendiat der Mailänder Akademie bzw. des Wiener Hofes in Rom auf.

Bes. im Fresko verbindet S. klassizistische Elemente mit der Tradition des Rokoko. Vorbilder sind anfänglich v. a. Martin Knoller und Anton Raphael → Mengs, später Jacques Louis David.

Fresken mit marian. Thematik schuf S. in Telfs (⟨M⟩ mit Kind am Haus Nr. 23 und Verkündigung am Haus Nr. 198, Frühwerke). 1777 erfolgte der Auftrag, in der Sakristei der Wallfahrtskirche von Genazzano/Rom die »Wundersame Errettung des Marienbildes von Skutari durch Engel« zu freskieren. 1784 malt S. in der Kirche der ehem. Benediktinerabtei Asbach/Bayern. Das Langhaus zeigt die Himmelfahrt ⟨M⟩s mit besonderen Anlehnungen an das kurz zuvor entstandene Fresko Knollers für die Münchner Bürgersaalkirche. Zerstört ist das vom Thema her gleichartige Deckenbild der Pfarrkirche von Bruneck/Pustertal (1790/91).

Im Chor der Pfarrkirche von Kaltern malt S. 1792/93 die Krönung ⟨M⟩s. Dasselbe Sujet findet sich in der Kuppel der Pfarrkirche von Brixen i. T. (1795). In der Hl.-Blut-Kapelle im Stift Stams entsteht 1800/01 das Wandbild einer Verkündigung. 1803 malt S. in der Pfarrkirche von St. Johann/Tirol ein Kuppelfresko mit Antonius und ⟨M⟩ fürbittend vor Christus sowie den vier Evangelisten, den vier Kirchenvätern und den hll. Sebastian und Leonhard.

S.s Tafelbilder, darunter zahlreiche marian. Inhalts, treten in ihrer Bedeutung gegenüber den Fresken zurück. Sie fußen stilistisch zunächst ganz auf Mengs. Erst spätere Werke werden eigenständiger.

WW: Tafelbilder mit marian. Thematik (nach Hammer, 1907): Hl. Familie: Zinggen/Brixen, Kirche (1781/82); Oberbozen, Kirche (1793); Reit im Alpbachtal, Pfarrkirche (1805); Bruneck, Pfarrkirche (1813, nicht erhalten). — ⟨M⟩ mit Kind: Privatbesitz (undatiert); weitere sieben undatierte Darstellungen sind verschollen. — ⟨M⟩ mit Kind und Engeln: Innsbruck, Ferdinandeum (undatiert). — ⟨M⟩: Klausen, Privatbesitz (1798); Innsbruck, Ferdinandeum (1804); Reit im Alpbachtal, Pfarrkirche (1805); Innsbruck, Stift Wilten (1811). — ⟨M⟩ betend: Innsbruck, Privatbesitz (1816); Stift Stams (undatiert;) Privatbesitz (undatiert). — Christus am Kreuz mit ⟨M⟩ und Magdalena: Oberbozen, Kirche (1794). — Tod ⟨M⟩s: Bruneck, Pfarrkirche (1814, nicht erhalten). — ⟨M⟩e Himmelfahrt Trens/Sterzing, Pfarrkirche (1804); Schwaz, Pfarrkirche (1804). — ⟨M⟩ mit Engeln: Untermieming/Telfs, Kirche (1782). — Hl. Familie und hl. Laurentius: Wattens, Pfarrkirche (1814). — Umrahmung des Cranachschen ⟨M⟩hilfbildes, Innsbruck, Pfarrkirche (1788). — Skizzen in Stift Stams und im Ferdinandeum in Innsbruck.

Lit.: H. Hammer, J. S. 1745–1822, In: Zeitschrift des Ferdinandeums für Tirol und Vorarlberg 3. Folge 51. Heft, Innsbruck 1907 — Ders., Die Entwicklung der barocken Deckenmalerei in Tirol, 1912. — K. Krall, J. S., In: 700 Jahre Stift Stams 1273–1973, 1974, 119–138. — A. Vegh, Bedingungen des österr. Stipendienwesens 1772–83. Die künstlerische Ausbildung eines Romstipendiaten, veranschaulicht an dem Maler J. S., Diss., München 1975. Th. J. Kupferschmied

Schöpfung (Kosmos). Auf Grund ihrer einmaligen Stellung zu Jesus Christus hat ⟨M⟩ nicht nur für die Kirche und für alle Menschen eine besondere Bedeutung, sondern in gewisser Weise auch für die gesamte S. In den Laudes zum Fest ⟨M⟩e Geburt wird sie als »mundi domina« und »regina caeli inclita« gepriesen. Wie es einen Bezug ⟨M⟩s zu den → Engeln gibt, so darf mariol. auch der Bezug zur S. thematisiert werden.

Die wachsende mariol. Ausdeutung atl. Typen hatte eine Ausweitung einer ⟨M⟩symbolik des gesamten Kosmos zur Folge. Tertullian sieht in der jungfräulichen Mutter Christi die Erfüllung der vom Pflug des Menschen und vom Fluch noch nicht berührten Paradieseserde (De carne Chr. 17), Hippolyt in der mit Gold geschmückten Bundeslade die hl. Jungfrau (vgl. PG 10,647), Johannes v. Damaskos erkennt ⟨M⟩ in dem Berg (vgl. Dan 2,34), von dem sich der Eckstein Christus ohne Zutun einer Manneshand loslöste (vgl. PG 96,713). Auch Vergleiche aus dem handwerklichen Bereich werden auf ⟨M⟩ angewandt, etwa wenn Proklos sie »Werkstatt der Einigung der Naturen« nennt oder den »erhabenen Webstuhl der Heilsveranstaltung, auf welchem in unaussprechlicher Weise das Gewand der Vereinigung gewebt ward« (PG 65,681). Dabei fordert Proklos auch Erde und Meer und die gesamte Natur zum Lob der jungfräulichen GM auf. Im Westen führte die seit Paulus Diaconus (vgl. PL 95,1568) bis ins 12. Jh. (→ Rupert v. Deutz, Honorius v. Autun) immer intensivere Auslegung des Hld zu einer Anreicherung des natürlichen Vergleichsmaterials in Hinblick auf die GM. So schmückt dann → Nikolaus v. Clairvaux im 12. Jh. ⟨M⟩ mit über 50 der Schrift und der Natur entnommenen Namen und zieht nach dieser Aufzählung den Schluß: »Über sie (⟨M⟩) und ihretwegen ist die ganze Schrift verfaßt, ihretwegen ist die ganze Welt geschaffen, und diese ist voll der Gnade Gottes, und durch diese ist der Mensch erlöst worden, ist das Wort Gottes Fleisch geworden« (PL 184, 1069). Alanus v. Lille folgert im Hld-Kommentar (PL 210,53), daß »aus der Sinnbildkraft eines jeden Geschöpfes ihr Lob gewonnen werden kann«. Auch wenn bei Nikolaus ein rhetorischer und bei Alanus ein poetischer Überschwang zu berücksichtigen ist, wird doch der Weg zu einem marian. Symbolismus beschritten. → Richard v. St. Laurentius († nach 1245) »bietet einen detaillierten Katalog eines die ganze Schöpfung durchwaltenden marianischen Symbolismus, der, wie er selber eine Sammelleistung war, Späteren wieder als Fundgrube diente«, wie der Biblia Mariana des Ps.-Albert (Köster I 125).

Um den Zusammenhang zwischen ⟨M⟩ und S. methodisch zu begründen und darzulegen, ist einmal von der Anthropozentrik der gesamten untermenschlichen Wirklichkeit auszugehen. Die S. kulminiert im Menschen, den Gott als letztes und höchstes Geschöpf mit der Gottebenbildlichkeit ausgezeichnet hat (vgl. Gen 1,26–29), und dem, selber aus der Erde genommen, Gott Lebensodem eingehaucht hat (vgl. Gen 2,7); der Mensch sollte die Erde bebauen und die Tiere benennen. Die Erde nimmt also an der Herrlichkeit des Menschen teil. Der Ungehorsam des Menschen gegen Gott stört nun nicht nur das Verhältnis des Menschen zu Gott und zu seinesgleichen, sondern wegen seiner engen Verbundenheit mit der übrigen S. auch das Verhältnis zum Kosmos. Das kosmische Chaos (angedeutet in Gen 3,18) führt zum Seufzen (vgl. Röm 8,22) der gesamten S. Um die Sünde zu beseitigen, sandte Gott seinen Sohn als Erlöser. Dieser sollte aber nicht nur die von Adam gestörte Ordnung wiederherstellen, sondern die gesamte S. zu einer neuen Höhe führen. Mit der Inkarnation begann diese neue S., die aber erst am Tag der Wiederkunft Christi vollendet sein wird, wenn »ein neuer Himmel und eine neue Erde« (2 Petr 3,13) geschaffen werden.

⟨M⟩ ist Mutter des neuen Adam, die Mutter dessen, durch den und auf den hin alles geschaffen worden ist (vgl. 1 Kor 8,6; Kol 1,16; Joh 1,3). Als Mutter des Schöpfers und des Schöpfungszieles hat sie für die gesamte S. Bedeutung, v. a. für die Neuschöpfung. Wenn die Inkarnation Höhepunkt der Heilsgeschichte ist, wird die im Glauben Gottes ewiges Wort empfangende Frau gleichsam »Mittelpunkt der Welt« (Bernhard v. Clairvaux, PL 183,327). Durch ihre Mitwirkung bei der Inkarnation stellt sie die alle Erwartungen übersteigende Verbindung zwischen Gott und Mensch, mit der Erde (aus der der Mensch genommen ist) und damit mit der ganzen untermenschlichen Natur her, damit »alles, was im Himmel und auf Erden ist«, auf das Haupt in Christus hingeführt werde (Eph 1,10). Alles soll also an der Erlösung teilhaben. M als die neue → Eva war ferner von der universalen Störung durch die Sünde der Stammeltern ausgenommen. Die Immaculata ist deshalb die Gestalt, an der das ursprüngliche Sein der S. in unversehrter Schönheit aufleuchtet. Gerade die Hingabefähigkeit der jungfräulichen Mutter ist tiefster Ausdruck für kreatürliches Sein, das nicht von sich aus, sondern von Gott her und auf ihn hin lebt. Weil aber die Erlösung die ursprüngliche Ordnung nicht nur herstellt, sondern überhöht, ist M Bild für die »neue Schöpfung« (2 Kor 5,17; Gal 6,25) und das »neue Paradies«, wie sie von den Vätern gepriesen wird. Sie sahen auch in der Jungfräulichkeit der GM ein Zeichen für die Unversehrtheit der von Gott geschaffenen Natur (zum Ganzen vgl. Ildefonso 175–182; Scheffczyk 175). Der Gottesbezug, ausgedrückt durch die Gottebenbildlichkeit, wird in der gläubigen Hingabe der »Magd des Herrn« noch überboten. Die → Aufnahme in den Himmel unterstreicht für die ganze S., daß sie auch in ihrer materiell-leiblichen Dimension an der »Freiheit und Herrlichkeit der Kinder Gottes« (Röm 8,21) teilnehmen darf. In ihrer gläubigen Bereitschaft spricht schließlich M ihr »Fiat« stellvertretend für die Menschen und damit für das Universum und ist so zugleich stärkster Ausdruck für die Mitwirkungsfähigkeit des Geschöpfes am Heil. »In der Mariologie wird sichtbar, daß die Gnadenlehre nicht auf Rücknahme der Schöpfung hinausläuft, sondern das definitive Ja zur Schöpfung ist: Mariologie wird so zur Gewähr für die Eigenständigkeit der Schöpfung« (Ratzinger 31).

Bernhard v. Clairvaux fand folgende Formulierung: »Mit Recht schauen auf dich die Augen der ganzen Schöpfung, weil in dir und durch dich und mit dir die gütige Hand des Allmächtigen alles, was sie schuf, neugeschaffen hat« (PL 183,328). Im Falle der mariol. Auslegung von Offb 12 (→ Apokalyptische Frau) verleihen der Schmuck von Sonne, Mond und Sternen der Messiasmutter geradezu kosmisches Gepräge.

Lit.: Sträter II 315–320. — Scheffczyk, passim. — Köster I 98–102. 121–125. — J. Ratzinger und H. Urs v. Balthasar, Maria — Kirche im Ursprung, 1980. — Ildefonso de la Inmaculada, Maria en la »nueva creación«, In: EstMar 50 (1985) 167–208. — W. T. Brennan, Mary, the Servant of God and the New Creation, In: Mater Fidei et fidelium, In: FS für Th. Koehler, 1991, 745–750. *A. Ziegenaus*

Scholastik. Auch wenn die Epoche der ma. S. heute als schwer definierbare Größe angesehen und ihre Einheitlichkeit (mit einem gewissen Recht) in Frage gestellt wird, so lassen sich doch bestimmende Einheitsfaktoren benennen, die zunächst einen Unterschied zur mehr praktischen und kontemplativen Geistigkeit der Vätertheol. mit ihrer Vorliebe für das bildliche und metaphorische Denken erkennen lassen. Sie liegen u. a. in einem rationalen Verhältnis zur Wahrheit, in der als notwendig erkannten Erhebung der Offenbarung zu einem verbindlichen Heilswissen auf dem Grunde einer gültigen Metaphysik und in der Anerkennung der auctoritas, welche die Kontinuität zur Tradition garantiert. In diese Form der Wissenschaftlichkeit der sacra doctrina ging auch das überlieferte mariol. Gedankengut ein, das in den Kommentaren und Quaestionen im Rahmen der Christol., der Lehre von der Menschwerdung oder von der Sünde behandelt wurde (vgl. Petrus Lombardus, Sent. III d.3 c.1). Es blieb aber nicht auf diese doktrinäre Darstellungsform beschränkt, sondern gewann in den Schriftkommentaren (vgl. bes. die mit → Rupert v. Deutz [†1129/30] beginnende marian. Deutung des Hohenliedes), in den Predigten zu den Mfesten, in liturg. Hymnen und Dichtungen einen lebendigen rel. Ausdruck.

Die bestimmenden geistigen Impulse der Epoche stellen ein Geflecht von zeitentsprechenden Grundauffassungen dar, die auch sonst die Signatur des MA bestimmen. Dazu gehört zuerst die verchristlichte germanische Welt mit ihrem Hang zum Subjektiven, zum Heilsrealistischen und Heilsindividualistischen, welche Züge zu einer vornehmlich individuell-gestalthaften Auffassung der Person Ms und ihrer individuellen Vorzüge drängten (ohne daß vermöge der Traditionsgebundenheit die heilsgeschichtlich-typologische Schau [Eva-M; Typus der Kirche] in Vergessenheit geraten wäre). Dazu kommt die metaphysisch begründete, hierarchisch entwickelte Ordo-Vorstellung (in deren Verfolg M zur Königin des Erden- und des Himmelsstaates erhoben wurde), der Diesseits und Jenseits verbindende Analogiegedanke und (seit dem HochMA) die höfisch-ritterliche Frauenverehrung (Minnesang), welche Impulse der Mlehre wie der MV (die eng miteinander verbunden waren) zu einem eigenartigen hochgestimmten Ausdruck verhalfen.

Diese Gestaltkräfte wurden, bevor sie sich in einzelnen Theologengestalten verdichteten, v. a. von den die Spiritualität bestimmenden großen Ordensgemeinschaften emporgetragen, die in die Vor- und Früh-S. die von der späteren rationalen Schultheol. unterschiedene Art der monastischen, mit einem stark heilsgeschichtlichen Einschlag versehene Theol. einbrachten. Anfangs übernahmen die Benediktiner die Führung in der marian. Bewegung (→ Beda Venerabilis, → Alkuin, → Paschasius Radbertus, → Anselm v. Canterbury u. a.), gefolgt von den Zisterziensern (→ Bernhard v. Clairvaux, → Isaak v. Stella, → Aelred) und Prämonstratensern (→ Philipp v. Harvengt) und vollendet von den Bettelorden (→Albert d. Gr., →Thomas v. Aquin, →Bonaventura, →Duns Scotus), den Karmeliten (John Bekanthorp) und den →Serviten.

In der für die Vor-S. (7.–11. Jh.) charakteristischen Übergangsphase der →Karolingerzeit trat die heilsindividualistische und personhafte Schau der M gestalt deutlich hervor, wobei sich die menschlich-mütterlichen Züge (→Ambrosius Autpertus) mit der himmlischen Hoheit der »Deigenitrix gloriosa« und ihrer ethischen Vorbildhaftigkeit als »forma virtutum« (→Paschasius Radbertus) verbanden und eine Steigerung der MV erbrachten, für die zuvor schon →Ildefons v. Toledo († 667) das Kennwort ausgab (»Mir kommt zu, was durch sie geschehen ist«). Hier tritt bereits auch das rational-lehrhafte Interesse an Einzelzügen der M gestalt hervor, wie die kontroversen Schriften über die Jungfräulichkeit Ms und die Himmelfahrt Ms zeigen (→Ratramnus v. Corbie, Paschasius Radbertus).

In der Früh-S. wurde unter dem Einfluß der monastischen Theol. die rational-lehrhafte Vermittlung der M wahrheit vertieft. Anselm v. Canterbury, mit dem nicht unbestrittenen Titel des »Vaters der Scholastik« versehen, bietet eine erste systematische Anordnung der mariol. Gedanken auf dem Fundament der jungfräulichen GMschaft. Nach ihm liegt in der GMwürde Ms Bedeutung für den ganzen Kosmos wie bes. für den sündigen Menschen. Auf diesem Grunde erheben sich nicht nur die einzigartige Reinheit und Heiligkeit Ms (die bei ihm doch nicht zur Anerkennung der UE führen), sondern auch der Anteil der GM an der Inkarnation, durch die sie »mater dei« und »mater nostra« wurde (Orat. 7). Sie vermittelte damit ein Bruderschaftsverhältnis Christi zu den Menschen, worauf sich auch ein besonderes Vertrauen des Menschen zur Mutter gründet, so daß das Heil »vom Willen des guten Bruders und der barmherzigen Mutter abhängt« (Orat. 6).

Auf dem Weg Anselms schreitet sein Schüler und Gefährte →Eadmer († um 1141) fort, der in dem »Liber de excellentia Virginis Mariae« eine »erste scholastische Mariologie« (A. Kolping) in Parallele zur Christol. und Soteriol. darbietet, wobei die Person M als solche hervortritt und zugleich ihr Anteil am Erlösungswerk vermöge ihrer Teilnahme am Leiden wie an der Verherrlichung des Sohnes gewürdigt wird. In »De conceptione s. Mariae« entwickelt Eadmer am Maßstab des Grundsatzes »decuit, potuit, voluit, ergo fecit« Argumente für die UE, die er zwar nicht als Lehre der Kirche ausgibt, aber als Ausdruck der Frömmigkeit ernst nimmt. Der hier sichtbar werdende Einschlag der Volksfrömmigkeit verstärkt sich bei der Beschreibung des Doppelverhältnisses des Menschen zu Christus und zu M. Es ist so geartet, daß Christus als Richter gesehen wird, der erst nach gerechter Beurteilung auf die menschlichen Anrufe antwortet, während M kraft ihrer Verdienste den Beter sogleich erhört (De excellentia BVM), eine problematische Unterscheidung, die später in manchen Abhandlungen wieder aufgenommen wird, so auch von Bernhard v. Clairvaux.

Trotz seines nicht bes. umfangreichen mariol. Schrifttums wurde Bernhard, der »doctor marianus«, wegen der sprachlichen Schönheit seiner marian. Homilien und des darin gezeichneten menschlich anmutigen M bildes zum Repräsentanten des »goldenen Zeitalters der Mariologie« (12. Jh.). Bei ihm trat der Gedanke der Mittlerschaft Ms zwischen dem Sohn und dem hilfesuchenden Menschen betont hervor, wobei Bernhard M als »Aquädukt« der Gnade (→Hermann v. Tournai als »Hals«) bezeichnete. Das Mittlertum Ms verdeutlichend und auf eine unmittelbare Mittlerschaft hinführend, vertrat →Arnold v. Bonneval († nach 1156) die Überzeugung, daß M und Christus »zusammen Gott ein Opfer darbrachten« (De laudibus BMV), was Wilhelm v. Newbury († um 1198) mit dem Bild der »mitleidenden Mutter« verbindet, hier das fortan stärker werdende Leidensthema anschlagend, das auch bei →Amadeus v. Lausanne († 1159) anklingt, und das von →Aelred v. Rievaulx († 1167) aszetisch gewendet und für das Verhältnis der Menschen zu M fruchtbar gemacht wird (De instit. inclusarum).

Ein eigener Zweig einer mystisch verinnerlichten M frömmigkeit bildet sich bei den Viktorinern aus, unter denen →Hugo v. St. Viktor († 1141) Ms Segensfülle preist, die sich in mystischer Kontemplation ausdrückt, und →Richard v. St. Viktor († 1173) M als Spiegel und Vermittlerin der Schönheit Christi erhebt. Während in der Lehre die theol. Klärung der UE (unter dem Verdikt Bernhards) zurücktrat, gewann die Zustimmung zur leiblichen Assumptio Ms unter Zurückdrängung des Einflusses des →Ps.-Hieronymus (»Cogitis me«) und in Anlehnung an →Ps.-Augustinus' »De Assumptione BMV« langsam die Oberhand (Philipp v. Harvengt).

Während in der Hoch-S. des 13. Jh.s die M frömmigkeit einen weiteren Anstieg erlebt, zeichnet sich in der wissenschaftlichen Theol. nach dem Vorgang des Lombarden (Sent. III d.3, c.1–2) die Tendenz zur Zusammenschau der marian. Wahrheiten ab. So bietet Richard v. St. Laurentius († nach 1245) in »De laudibus sanctae Mariae« ein Kompendium der marian. Lehre und Frömmigkeit, in dem sich freilich aufgrund der undifferenzierten Parallelisierung von Christus und M Überspitzungen finden (»Allmacht« Ms). Ähnliches gilt von dem lange Zeit Albert zugeschriebenen »Mariale super missus est«, das trotz vieler Spekulation und Aufhäufung von Nebensächlichkeiten eine gewisse Beachtung wegen der als Grundprinzip gewählten Prärogative der Gnadenfülle Ms verdient. Von solchen Übertreibungen ist Albert d. Gr. († 1280) frei, der zwar keine geschlossene Form der M lehre schuf, aber in dem Reichtum seiner Gedanken exegetischer, systematischer und erbaulicher Art einen systematischen Ansatz erkennen läßt, welcher auf den Zusammenhang mit dem Heilsgeschehen und auf die einzigartige personale Verbindung M̄s mit Christus als Mutter und Braut weist. Doch bleibt M̄s Mitwirken am Heil nur ein mittelbares. Die UE lehrt Albert nicht, nimmt aber die assumptio corporalis als »frommen Glauben« an.

Eine gemessene, in der Tradition des Lombarden stehende Mariol. entwickelt Thomas v. Aquin († 1274) innerhalb der Christol. (S.th. III qq. 27–33) unter dem Aspekt der besonderen Affinität M̄s zu Christus, die M̄ eine in gewissem Sinne unendliche Würde verlieh (I a.6 ad 4), mit der die leibliche Aufnahme sowie die Freiheit von jeder persönlichen Sünde, nicht aber die Befreiung von der Erbsünde verbunden war. Den heilsgeschichtlichen Aspekt bringt Thomas insofern zur Geltung, als er ihre Zustimmung zur Engelsbotschaft in Stellvertretung der ganzen Menschheit geschehen läßt (»loco totius humanae naturae«: III q. 30 a.1). Betont an der Heilsgeschichte und an der Erlösung durch Christus orientiert, entfaltet Bonaventura († 1274) mit den Mitteln der geistigen Schriftauslegung seine marian. Gedanken, in denen M̄ die Stellung der »Mutter des Erbarmens« im Dienste der Offenbarung der höchsten Gottesliebe einnimmt.

Durch Duns Scotus († 1308) erfährt die von ihm zusammengefaßte Überlieferung nicht unerhebliche neue Akzentuierungen in der Lehre von der einheitlichen Prädestination Christi und M̄s, von der aktiven Rolle M̄s bei der Inkarnation und von ihrer UE vermittels der Wahrheit von der praeredemptio. Darin liegt zugleich der wertvollste dogmengeschichtliche Beitrag der scholastischen Mariol. In der Spät-S. wurde auch die leibliche Himmelfahrt M̄s immer häufiger als sichere Lehre vorgetragen (→ Franz v. Mayronnes, † 1326; Johannes → Gerson, † 1429). Der aufkommende Zug zu Übertreibungen im M̄lob (→ Bernhardin v. Siena, † 1444; → Berhardin v. Busti, † 1513) wurde in etwa paralysiert durch die geistige Verinnerung des M̄bildes in der mystischen Theol. (→ Mechthild v. Magdeburg, † 1282/94; Johannes Gerson). So gewannen die M̄lehre und -frömmigkeit im SpätMA eine äußerst reichgestaltete Form, die, v. a. in ihren volkstümlichen Ausbildungen, die Kritik der humanistisch gesinnten Renaissance herausforderte (→ Erasmus v. Rotterdam, † um 1567), an welche die Reformatoren anknüpften. Im ganzen erwies sich so die ma. S. als aufstrebende Wachstumsepoche des marian. Gedankens, der allerdings in die doktrinäre Schullehre auf dem Weg über die M̄frömmigkeit eindrang.

Lit. zur Geschichte: M. Grabmann, Die Geschichte der scholastischen Methode, 1909. — M. de Wulf, Die patristische und scholastische Phil., 1958. — L.M. de Rijk, La philosophie au moyen âge, 1985. — H.M. Schmidinger, »Scholastik« und »Neuscholastik« — Geschichte zweier Begriffe, In: Christl. Phil. im kath. Denken des 19. und 20 Jh.s, hrsg. von E. Coreth, W.M. Neidl und G. Pfligersdorfer II, 1988, 23–53. — R. Schönberger, Was ist Scholastik?, 1991. — Zur Mariol.: BeiselMA. — Jugie. — HDG III 4. — C. Balić, Testimonia de Assumptione BMV ex omnibus saeculis, 2 Bde., 1948–50. — Ders., The Medieval Controversy over the Immaculate Conception up to the Death of Scotus, 1958. — A. Fries, Die Gedanken des hl. Albertus Magnus über die Gottesmutter, 1958. — L. Scheffczyk, Das Mariengeheimnis in Lehre und Frömmigkeit der Karolingerzeit, 1959. — Köster. — H. Barré, Prières anciennes de l'Occident à la Mère du Sauveur, 1963. — Delius. — Graef. — LaurentinKT. — Salzer. — J. M. Salgado, In: Divinitas 30 (1986) 53–77. 120–160. 240–270. — L.M. Spinelli, Maria nei sermoni di San Massimo vescovo di Torino, 1983.

L. Scheffczyk

Schongauer, Martin, oberrheinischer Maler, Zeichner und Kupferstecher, * um 1450 in Colmar (?), † 2.2.1491 in Breisach. Geburtsort und -jahr S.s sind urkundlich nicht belegt, lassen sich aber indirekt mit der Übersiedlung des Vaters von Augsburg nach Colmar und dessen Ernennung zum Bürger und Ratsmitglied im Jahre 1445 in Verbindung bringen. 1465 wurde S. an der Universität Leipzig immatrikuliert. Wohl im Anschluß an seine Rückkehr aus Leipzig begann S. eine Malerlehre, die er, wie allgemein angenommen wird, in der Colmarer Werkstatt Caspar Isenmanns absolviert haben soll. Weitaus engere stilistische Parallelen bestehen jedoch zwischen der frühesten erhaltenen Arbeit S.s, den Flügeln des Orlieraltars (Colmar, Musée d'Unterlinden) und einer elsässischen Werkgruppe. Sie wurde von Sterling mit dem Maler Jost Haller in Zusammenhang gebracht, der in den 40er Jahren des 15. Jh.s in Straßburg und später in Saarbrücken tätig war. Nach einer vermuteten Gesellenreise in die Niederlande arbeitete S. seit etwa 1470 in Colmar, wo er mehrfach in Quellen genannt wird. Ein »1483« datiertes Porträt S.s befindet sich in München (Alte Pinakothek). Es trägt rückseitig eine Notiz, die den Maler des Bildes, Hans Burgkmair, als S.s »junger« (d.i. eine Bezeichnung, die für die Zeit nach der Lehre verwendet wurde) nennt. 1486/88 richtete S. für sich in Colmar eine Anniversarienstiftung ein. Seit 1489 hielt er sich in Breisach auf, um im dortigen Münster ein umfangreiches Freskenprojekt auszuführen.

Falls die Immatrikulation an der Leipziger Universität wirklich als Studium zu verstehen sein sollte — eine plausible Alternative ist allenfalls eine Tätigkeit als Illuminator für die universitätseigene Buchproduktion —, dann wäre das für einen Künstler des SpätMA ein einzigartiger Fall. Dies könnte in Verbindung mit seinem hohen künstlerischen Rang und der weiten Verbreitung der Kupferstiche ein zusätzlicher Grund für die Würdigung S.s durch die humanistische Geschichtsschreibung sein. So hat nicht zuletzt die von Jakob Wimpfeling (1505) und Christoph Scheurl (1515) in unterschiedlichen Fassungen überlieferte Erwähnung einer Reise Albrecht Dürers nach Colmar die Erinnerung an S. bewahrt. Auch über die Grenzen hinaus hat seine Wertschätzung ihren Niederschlag gefunden. Sein Name steht z. B. in einem 1549 gedruckten, aber wohl schon vor 1511 entstandenen Gedicht von Jean Lemaire neben

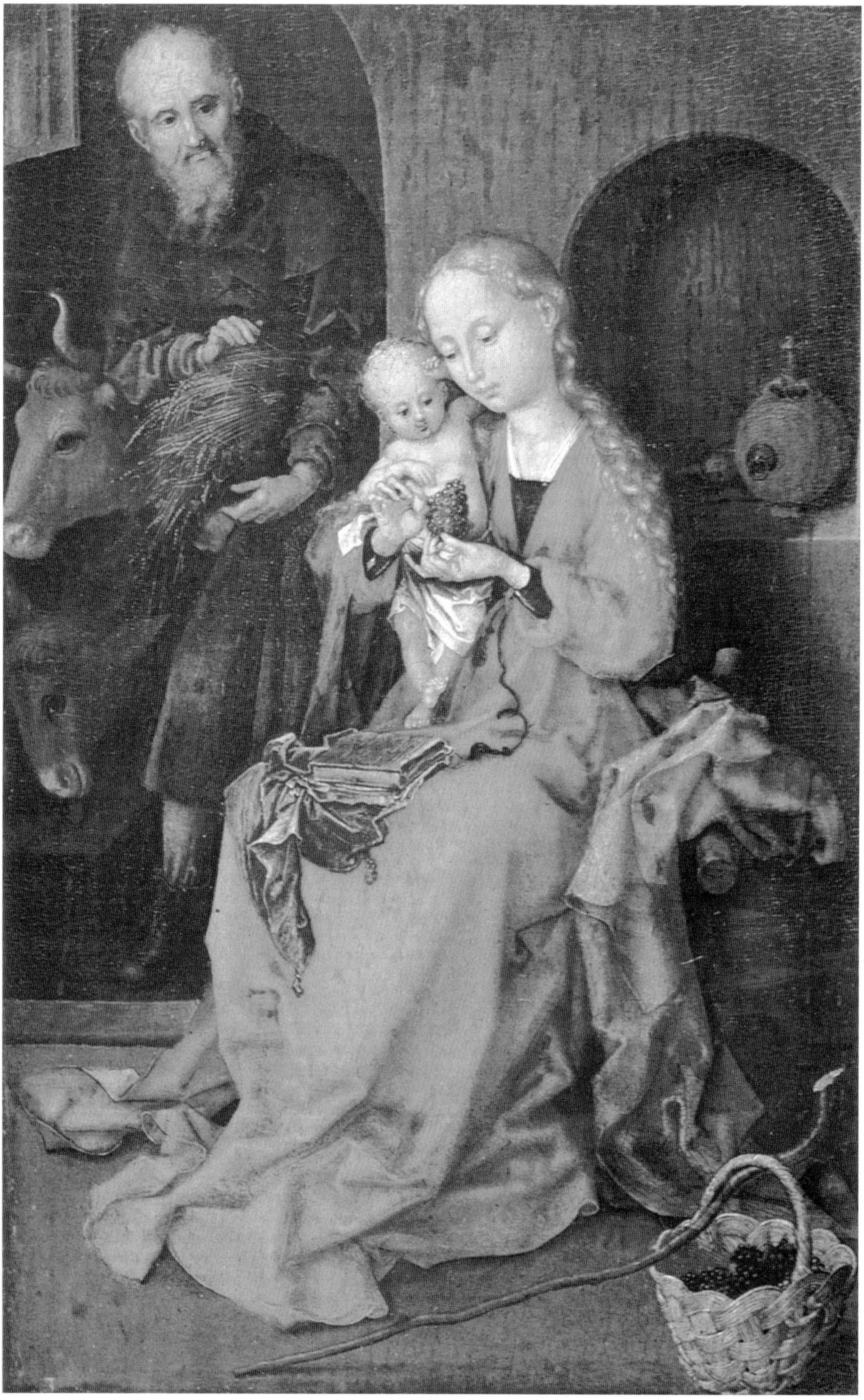

dem Hans Memlings und, beginnend mit Giorgio Vasari, wird die Erwähnung S.s zum Standard der frühen kunsthistorischen Literatur.

Obwohl das vermeintliche Studium nicht lange angedauert haben kann, würde es doch eine fundierte Bildung voraussetzen, die es S. ermöglicht hätte, an kulturellen, rel. und geistigen Strömungen seiner Zeit aktiv teilzuhaben. Und dazu boten die oberrheinischen Städte, allen voran Basel und Straßburg, ein fruchtbares Umfeld. Die überragende Bedeutung der M darstellungen in S.s Werk steht sicher unter dem Eindruck der zeitgenössischen MV. Das zeigen die im folgenden näher zu besprechenden Arbeiten.

Die von Jean d'Orlier für die bedeutende Generalpräzeptorei der Antoniter in Isenheim in Auftrag gegebenen Flügel waren wahrscheinlich für einen Altarschrein bestimmt, in dessen Zentrum eine M statue stand. Diese Statue wurde mehrfach versuchsweise mit einer in Paris befindlichen Skulptur (Louvre) identifiziert (dagegen Ausst.-Kat., Colmar 1991, 66). Die Innenseiten der Flügel verbinden die Anbetung des Kindes durch M (links) und den hl. Antonius mit dem Stifter Jean d'Orlier (rechts). Die Außenseiten zeigen, auf beide Flügel verteilt, die Verkündigung an M. Die Anbetung des Kindes greift motivisch und stilistisch auf die ältere Formulierung dieses Themas im »Stauffenberger-Altar« zurück, der ebenfalls aus Isenheim stammt. Auch die Art der Gestaltung des Bodenbewuchses mit den → Erdbeerpflanzen folgt einer Tradition der oberrheinischen Malerei, die bis zur »Solothurner Madonna« (Solothurn, Mus.) und dem »Frankfurter Paradiesgärtlein« (→Meister des Paradiesgärtleins) zurückreicht. Interessant sind die Texte in den Nimben der beiden M darstellungen: Die M der Verkündigung antwortet auf das »Ave gratia plena dominus tecum« (Lk 1,28) mit »Ecce virgo concipiet et pariet filium et vocabitur nomen eius Emanuel« (Jes 7,14), während ihr in der Anbetung des Kindes die Worte »Virgo quem genuit adorat« zugeordnet sind. Eine Transskription des Textes im Nimbus des hl. Antonius, dem eine Schlüsselstellung für das Bildverständnis zukommen dürfte, fehlt bislang. Als Ergebnis einer weiterreichenden Verbindung S.s mit den Isenheimer Antonitern ist vielleicht auch der frühe Kupferstich der »Peinigung des hl. Antonius« (Bartsch 47; Lehrs 54) zu verstehen.

Die »Madonna im Rosenhag« ist das zentrale Werk unter den wenigen überkommenen Gemälden S.s. Auf der Rückseite der Tafel befindet sich eine nachträglich angebrachte Jahreszahl (1473), die vermutlich mit Recht als Ausgangspunkt für die zeitliche Einordnung verwendet wird. Das Gemälde wurde im 18. Jh. in der Colmarer St. Martinskirche aufbewahrt, ob dies jedoch der intendierte Aufstellungsort war, ist ungeklärt. Es ist nicht in seinem ursprünglichen

◀ *M. Schongauer, Hl. Familie, um 1475/80, Wien, Kunsthist. Museum*

Zustand erhalten, sondern wurde zu einem unbekannten Zeitpunkt verkleinert. Eine Vorstellung von seinem Aussehen vor diesem Eingriff vermittelt eine Kopie in Boston (Isabella Steward Gardener Mus.). Der Typus der sitzenden Madonna im Rosenhag ist durch vorausgehende Bildgestaltungen geprägt worden, zu denen auch Stephan → Lochners »Muttergottes in der Rosenlaube« (Köln, Wallraf-Richartz-Mus.) gehört. Dieser Typus verbindet in einem dichten Gefüge Elemente der Umiltà mit dem »Paradiesgarten« und dem → Hortus conclusus. Vor dem Hintergrund des M lobes entwickelt sich im 15. Jh. ein variationsreiches Spektrum von Bedeutungen, die durch den ikonographischen Gehalt realistischer Detailmotive in S.s »Madonna im Rosenhag« anklingen. Eine vergleichbare Textparallele ist z.B. das »Berliner Rosengärtlein« (Schmidke, 1982). Interessant ist auch die Verbindung von Rosenhag und Rosenkranz unter dem gemeinsamen Begriff des »rosarium« mit dem Aufkommen der Rosenkranzfrömmigkeit. Diese Verbindung vermittelt etwa der Titel der Anleitung zum Rosenkranzgebet →Adolfs v. Essen »Unser Jungfrauwen Mariae Rosengertlin«. Ob dies für das Verständnis von S.s »Madonna im Rosenhag« eine Rolle spielt, kann beim derzeitigen Forschungsstand nicht gesagt werden. Da in Colmar früh, wenn auch nach der Entstehung des Gemäldes, eine Rosenkranzbruderschaft gegründet wurde, ist eine solche Hypothese naheliegend. Die Aussage des Textes im Nimbus M s »Me carpes genito tu que o sanctissima virgo« hat als bildliche Gestaltung ihre Entsprechung im Motiv der M, die eine Blüte in ihrer Hand hält. Dieses Motiv zeigen die schon erwähnte »Solothurner Madonna« und auch ein Holzschnitt, der aus einem Gebetbuch der Colmarer Dominikanerinnen von Unterlinden stammt.

Die eine Blüte haltende M ist auch das Thema der »Madonna mit der Nelke« in Berlin (Kupferstichkabinett). Die in allen Partien gleichmäßig sorgfältige Ausführung dieser Zeichnung spricht dafür, daß sie ein den kleinformatigen Tafeln in Berlin, München und Wien vergleichbares Bild vorbereitet haben könnte. Die »Madonna mit der Nelke« ist nicht nur eine der ansprechendsten Zeichnungen des 15. Jh.s, sondern zugleich auch eine der motivisch gelungensten Gestaltungen unter den spätma. M darstellungen. Im Mittelpunkt steht das Symbol der →Nelke, die als marian. Pflanze auf die Schönheit und die Tugenden der Madonna anspielt, gleichzeitig ist sie aufgrund der Nagelform der Gewürznelke eine Vorausdeutung auf den Kreuzestod Christi.

Die frühesten Kupferstiche S.s sind duch eine deutliche Orientierung an niederländischen Vorbildern geprägt. Zu den überzeugendsten Beispielen dieser Art gehört die »Madonna mit dem Papagei« (Bartsch 29; Lehrs 37). Sie zeigt auffällige Parallelen zu Dieric Bouts' »Madonna im Fenster« (London, Nat. Gallery). Das Buch, in dem ⓜ blättert, steht für ihre Weisheit, aber auch für die Menschwerdung Christi in der Vorstellung des fleischgewordenen Logos. Die Bedeutung der Feige (→Feigenbaum), die das Jesuskind in seiner rechten Hand hält, ist vielschichtig und könnte als Symbol für die Passion Christi verstanden werden. Unter diesem Vorzeichen ist sie mit Bezug auf Lk 13,6–9 etwa in der »Feigenbaumpredigt« eines Straßburger Augustinereremiten verwendet worden (Schmidke, 1979). In Verbindung damit wäre der Papagei ein Verweis auf die »imitatio« der Verehrung Christi, während in marian. auch als Symbol der Jungfräulichkeit zu deuten ist.

Eine ungewöhnliche Umsetzung findet die Darstellung der Verkündigung an ⓜ in einem Kupferstich S.s (Bartsch 3; Lehrs 1): Der Verkündigungsengel zieht mit seiner linken Hand den Vorhang eines Baldachins zurück, vor dem ⓜ kniet. Die Bedeutung dieses Motivs, das ähnlich auch für S.s »Thronenden Heiland« (Bartsch 70; Lehrs 33) verwendet wurde, ist zunächst allgemein durch das Begriffspaar »apparitio regis — revelatio veritatis« (Eberlein) eingegrenzt. Im Falle der Verkündigung an ⓜ könnte der Baldachin, der in seiner Form einem Zelt entspricht, einen Bezug zum Thema des → Brautgemachs herstellen und damit auf Psalm 19(18),5–6 verweisen, der den Himmel als Hochzeitszelt beschreibt, aus dem die Sonne als Bräutigam hervortritt. Die Vorstellung von ⓜ als Braut und Brautgemach ist verbreitet und würde im Kontext der Verkündigung einen sinnvollen Akzent setzen.

Die hier als Beispiel einiger ⓜdarstellungen angeschnittene ikonographische Fragestellung ist im Falle S.s bisher kaum berücksichtigt worden, so daß ein über Einzelbeobachtungen hinausgehendes Verständnis der Inhalte seiner Werke noch aussteht.

Lit.: A. v. Bartsch, Le Peintre-Graveur VI, Wien 1808. — M. Lehrs, Geschichte und Kritischer Katalog des dt., niederländischen und franz. Kupferstichs im 15. Jh. V, 1925. — E. Buchner, M.S. als Maler, 1941. — J. Baum, M.S., Wien 1948. — E. Flechsig, M.S., 1951. — F. Winzinger, Die Zeichnungen M.S.s, 1962. — A. Shestack, The Complete Engravings of M.S., 1969. — C.I. Minott, M.S., 1971. — D. Schmidke, Die »Feigenbaumpredigt« eines Straßburger Augustinereremiten, In: ZfdA 108 (1979) 137–157. — C. Sterling, Jost Haller. Maler zu Straßburg und zu Saarbrücken in der Mitte des 15. Jh.s, In: Wiener Jahrbuch für Kunstgeschichte 33 (1980) 99–126. — J. K. Eberlein, Aparitio regis — revelatio veritatis, 1982. — D. Schmidke, Studien zur dingallegorischen Erbauungsliteratur des SpätMA. Am Beispiel der Gartenallegorie, 1982. — Ausst.-Kat., M.S., Berlin, Kupferstichkabinett, hrsg. von H. Krohm und J. Nicolaisen, Berlin 1991. — Ausst.-Kat., Colmar, Musée d'Unterlinden, hrsg. von P. Béguerie: Der hübsche Martin. Kupferstiche und Zeichnungen von M.S. (ca. 1450–1491), Straßburg 1991. — Ausst.-Kat., München, Staatl. Graphische Sammlung, hrsg. von T. Falk und T. Hirthe: M.S. Das Kupferstichwerk, München 1991. *L. Schmitt*

Schonsbekel, Liederdichter, vermutlich um 1400. Als sein Werk gelten zwei Lieder in jeweils eigenem Ton, deren Texte in einer um 1500 geschriebenen Meisterliederhandschrift (»Wiltener Handschrift«) überliefert sind, nur durch ein Lied des → Harder voneinander getrennt. Das eine, ein Lob der Frauen, ist durch die Überschrift als Eigentum S.s bezeichnet, das andere kann ihm zugeschrieben werden, weil es dieselbe Signaturformel »guldein pluet« aufweist wie jenes. Der dreistrophige, formal anspruchsvolle »Parat von Unserer Lieben Frau« (bisher ungedruckt) spielt mit Motiven der Liebesdichtung. Das Lied besteht zur Hälfte aus einem Natureingang mit einem Lob des Herrn Mai und einem Lob des Schöpfers, dem die Schönheit des Frühlings zu verdanken ist. Die andere Hälfte des Liedes gilt dem Lob einer edlen Frau, deren Schönheit und Tugend alles übertrifft und der der Dichter sein Lied schenken will. Daß es sich um ⓜ handelt, ist auch ohne Nennung ihres Namens deutlich. Sie, die dem Sünder helfen kann und die die drei, deren Mutter sie ist, in eins »geformet« hat, wird um ihren Beistand angefleht.

Lit.: Repertorium der Sangsprüche und Meisterlieder, hrsg. von H. Brunner und B. Wachinger, Bd. V bearb. von F. Schanze und B. Wachinger, 1991, 359. — VL² VIII 829 f. *F. Schanze*

Schoßberg, auch Maria Schoßberg (slowakisch Šaštín, 1960 Šaštínské Stráže, 1970 Šaštín-Stráže; ungarisch Sasvár), im Erzbistum Tyrnau, 70 km nordöstlich von Wien, das Nationalheiligtum der →Slowakei, deren Schutzpatronin die GM der Sieben Schmerzen (Sedembolestná) ist. Auch die Karpatendeutschen pilgern gerne hierher.

Der Ursprung der aus einem Stück Birnbaum geschnitzten Statue der schmerzhaften GM wird in das Jahr 1564 verlegt. Die Errichtung ist mit dem Namen des Vicepalatins und Burgherren Emerich Czobor und seiner Gemahlin Angela Bakics verbunden. Das Dominium S. ging später vom Grafen Joseph Czobor auf Kaiser Franz Stephan von Lothringen und seine Gemahlin Maria Theresia über, die bes. in ihren Bedrängnissen oft hierher gekommen sind und die Kirche reich beschenkten. 1732 erfolgte eine gerichtliche Untersuchung über die angeblichen Wunder, die sich hier ereignet haben sollen. Nach der Untersuchung gab die Kirche durch den Reichsprimas von Ungarn, Emerich Esterhazy, die Statue als Gnadenbild zur öffentlichen Verehrung frei. Mehr als 200 Prozessionen mit Fahnen und 25 000 Menschen aus entfernteren Ländern verschiedener Nationen und Sprachen, strömten zur Feier der Freigabe zusammen. Der Pauliner-Orden errichtete eine prachtvolle Kirche und ein quadratisch angelegtes Kloster. In der Schatzkammer und Sakristei werden viele wertvolle Votivgaben aufbewahrt.

Kaiser Joseph II. hob die Wallfahrt auf, doch nahm sie im 19. Jh. neuen Aufschwung. 1864 krönte der Fürstprimas von Ungarn das Gnadenbild mit zwei von Papst Pius IX. geweihten Kronen aus Gold. Die Betreuung der Wallfahrt übernahmen nun die Salesianer, die auch ein Knabeninternat unterhielten. Als 1950 die Orden in der Tschechoslowakei aufgehoben wurden, legte der kommunistische Staat ein Militärdepot ins Kloster. Nach der Wende 1989 und der Ausrufung der Slowakischen Republik am 1.1.1993 erfolgte ein neuer Aufschwung.

Lit.: Die österr.-ungar. Monarchie in Wort und Bild XVIII: Ungarn V/1, Wien 1898, 258f. — Hoppe 452–459. — F. Schmidt, Karpatendeutsche Wallfahrten, 1976, 25. 27–29. — E. Tatarko, Die Bistümer der Slowakei, 1978, 56. *E. Valasek*

Schotten, Hessen, Vogelsbergkreis, ehemalige Erzdiözese Mainz.

1. Marienkapelle. Auf die in der Reformationszeit zugrunde gegangene M-kapelle, »ubi (...) Deus amore suae matris multa miracula noscitur operari«, als Kultstätte weist ein Ablaßbrief von 1330 hin, den das Kardinalskolleg Papst Johannes' XXII. in Avignon für die Kapelle (und die Pfarrkirche St. Michael) ausstellte. Für den Zulauf spricht die Ausstattung mit sechs weiteren Altären neben dem Hochaltar. Gläubige bedachten die Kapelle mit Schenkungen. 1494 wurde ein tägliche Salveandacht gestiftet. Der Kapellenhof war von Ortsansässigen und auch von Auswärtigen als Begräbnisstelle begehrt. Über ein Gnadenbild ist nichts überliefert.

Lit.: F. Falk, Heiliges Mainz ..., Mainz 1877, 118. — F. Herrmann, Inventare der ev. Pfarrarchive im Freistaat Hessen, 1920, 614. — Kurzkataloge 4.084.

2. Liebfrauenkirche. Um 1300 ist der Baubeginn für ein Turmpaar anzusetzen, von dem nur das Sockelgeschoß und die Strebepfeiler bis zur Mitte des Hauptgeschosses errichtet wurden. Als die Turmgeschosse und zwei Pfeiler für das an den Turmbau anschließende Gewölbejoch standen, stellte man den Bau ein und entschloß sich zu einer kleineren Kirche. Beim Weiterbau um 1350 behielt man die schon ausgeführten Pfeiler des Langhauses bei und machte die Seitenschiffe schmaler. Die Verbindung der frühgotischen Teile aus der Zeit um 1300 mit dem spätgotischen Langhaus aus dem 14. Jh. gibt der Kirche die besondere Form. Das Langhaus ist eine Hallenkirche mit Zwerchdächern, in deren Giebeln Fenster sitzen. Ein Querhaus ist nicht vorhanden, jedoch eine Art Vierung vor dem Chor, über der sich ein Vierungsturm mit achtseitigem Spitzhelm erhebt. Der spätgotische Lettner wurde 1858 beseitigt.

Der Choraltar mit Szenen aus dem M-leben war bis 1910 auseinandergerissen, die Bilder (um 1380, mittelrheinisch) hingen vereinzelt an den Chorwänden. Als man den ursprünglichen Altaraufbau eines Flügelaltars wieder herstellte, stattete man dessen Nische mit einer sitzenden GM aus (wie früher?) und die Fiale über dem Schrein mit einer stehenden Madonna. Der Altar, wie auch die Skulpturen der hll. Drei Könige am Westportal und die Plastiken am Südportal des Westbaus, gehören in die Zeit um 1380. Im Bogenfeld des Südportals steht eine M-statue zwischen den Figuren des Stiftereheepaars.

Lit.: A. Feigel, Der S.er Altar, In: ZChK 24 (1911) 69–88. — C. Rauch, Hessenkunst, 1917, 42. — H. Walbe, Die Liebfrauenkirche in S., In: Heimat im Bild, Beilage zum Gießener Anzeiger 47 (1930) 185; 48 (1930) 189. *H. Schopf*

Schottland. I. FRÖMMIGKEITSGESCHICHTE. Die erste Christianisierung S.s kann bereits im 3. Jh. erfolgt sein, als — dem Zeugnis früher schottischer Geschichtsschreiber zufolge — Papst Viktor Missionare dorthin entsandte. Konkrete Zeugnisse gibt es seit etwa 400, als Ninian eine Kirche in Whithorn baute. 563 begann mit der Ankunft des hl. Columban v. Iona aus Irland ein neues Zeitalter der Evangelisierung im Westen S.s und in den Highlands. Ninian und Columban bestimmten den Charakter dieser keltischen Kirche, die, stammesgebunden und monastisch organisiert, trotz ihrer geographischen Isolation mit Rom verbunden war. Wie in England war im schottischen ma. Christentum die MV weit verbreitet. Dem berühmten engl. M-wallfahrtsort →Walsingham entsprach in S. die Kirche ULF in Whitekirk, die während des MA Tausende von Pilgern anzog.

Im 11. Jh. wurde die schottische Kirche durch die Initiative Margaretes, der Frau des schottischen Königs Malcom, reformiert und der abendländischen Kirche angepaßt; im 15. Jh. verkündete William →Dunbar das Lob M s. 1560 allerdings brach die Entwicklung der ma. kath. Kirche S.s ab, als Königin Elisabeth I. in einem Vertrag mit einem Teil der schottischen Adeligen, den sog. »Lords of the Congregation«, übereinkam, aus S. einen prot. Staat zu machen. Außer ideologischen Gründen spielten bei der schottischen Reformation auch komplizierte politische Motive eine Rolle in Hinblick auf die franz. Partei in S. und die Versuchung, sich den Reichtum der schottischen Klöster anzueignen. In diesem Kontext ist auch der Katechismus des John Hamilton aus 1552 bedeutend. Hamilton war Erzbischof von St. Andreas und sein Katechismus bereitete dem Protestantismus den Weg, aber legt gleichzeitig Zeugnis für eine lebendige MV ab. Dies zeigt sich v. a. in dem Kapitel über den »Engelsgruß« und allgemein in der Verehrung die M als Mutter Jesu zuteil wird. Ausführlich beschäftigt sich Hamilton mit dem »Ave Maria«, lehrt die UE M s und im Kapitel über die Taufe betont er, daß Jesus und M von der Erbsünde verschont geblieben seien.

Die Beliebtheit des Englischen Grußes im ma. S. zeigt sich im Überleben dieses Gebetes im prot. Katechismus des John Gau aus Perth, »The richt way to the Kingdome of hevine is techit here in the x commandis of God«, das 1533 in Malmö gedruckt wurde. Nachdem er viele röm.-kath. Bücher heftig verdammt hat, empfiehlt er ebenso heftig das tägliche Gebet des Ave Maria.

Dennoch setzte die Reformation auch in S. der öffentlichen MV ein Ende. Nach der Mitte des 16. Jh.s wurden Klöster aufgelöst und der kath. Bilderschmuck — darunter auch die M-bildnisse — vielfach aus den Kirchen entfernt. In seiner Pietas Mariana Britannica erwähnt Edmund Waterton für das Jahr 1559 die Vernichtung von M-statuen in Aberdeen. Die schottische Reformation war sehr gründlich, und erst in der Mitte des 17. Jh.s konnte die Gegenreformation in S. Fuß fassen. Anfangs war es für Rom schwierig, verläßliche Informationen über die rel. Situation in S. zu bekommen, zudem erwies es sich als unmöglich, die irischen Franziskanermissionare, die den schottischen Katholizismus erhalten wollten, zu unterstützen. Erst nach 1650 wurde die schottische Mission mit Seminarien in Madrid (später in Valadolid) und Rom besser organisiert. Als ein Ergebnis der schottischen Reformation mit ihrem strikten Verbot, röm.-kath. Schriften zu drucken und zu vertreiben, wurde das M-thema kaum in schottischer Literatur und Kunst thematisiert. Eine bemerkenswerte Ausnahme stellt die »Hymn of Ellen Douglas« von S.s berühmtestem Schriftsteller und Dichter, Sir Walter Scott (1771–1832), dar: Die Hymne, ein Teil von Canto IV von »The Lady of the Lake«, ist ein Gebet in Gedichtform an M.

Wie in England, begann die kath. Emanzipation in S. mit der Catholic Relief Bill von 1793. Um 1850 wurde die ziemlich kleine schottische kath. Gemeinde zum einen von irischen Katholiken beeinflußt, die durch Armut und Hungersnöte aus ihrem Lande vertrieben worden waren, zum anderen von dem wiederauflebenden Interesse an einem gefühlsbetonteren und liturgisch überformten Gottesdienst, das seinen Ausdruck in der engl. Oxfordbewegung fand. Die MV, im 19. Jh. v. a. von Frederick William Faber (1814–63) vorangetrieben, hatte daran großen Anteil. Ihre Auswirkungen sind vielleicht noch heute zu spüren, wie sich im Entstehen einer neuen Wallfahrtsstätte zeigt: 1968 erbte Patrick Earl von Lauderdale in Haddington u. a. eine aufgelassene Kapelle, genannt Lauderdale Aisle, die Teil einer zerstörten Franziskanerkirche zu Ehren M-s aus dem 13. Jh. war. Er ließ die Kapelle wiederherstellen, damit Haddington und das nahe Whitekirk wieder eine Rolle in der MV spielen könnten, wie sie es im MA taten. 1978 wurde die restaurierte Kapelle »ULF und den Drei Königen« geweiht und entwickelte sich rasch zu einem Wallfahrtsort, der zahlreiche Pilger anzieht. Der anglikanische Erzbischof von Canterbury besuchte 1983 das Heiligtum und der Apost. Nuntius begleitete 1988 den röm.-kath. Erzbischof von Edinburgh dorthin.

Lit.: E. Waterton, Pietas Mariana Britannica, London 1879. — T. G. Law, The Catechism of John Hamilton, 1552, Oxford 1884. — A. Bellesheim (übers. von D. O. Hunter Blair), History of the Catholic Church of Scotland, 4 Bde., Edinburgh und London 1890. — T. E. Bridgett, Faith of the Ancient English Church, London 1890. — B. Camm, Forgotten Shrines, St. Louis/London 1910. — The Catholic Encyclopedia, New York 1912. — M. Y. Hay, A Chain of Error in Scottish History, 1927. — G. D. Henderson, The Claims of the Church in Scotland, 1951. — J. H. S. Burleigh, A Church History of Scotland, 1960. — The New Catholic Encyclopedia, 1967. — P. F. Anson, Underground Catholicism in Scotland, 1970. — J. Ashton, Mother of Nations. Visions of Mary, 1988. *J. M. Blom*

II. LITERATURWISSENSCHAFT. Es besteht kein Grund anzunehmen, M sei im ma. schottischen Schrifttum anders bedacht worden als im engl. — allerdings entsprechend der Größe des nördlichen Königreichs in geringerem Umfang. Dennoch kann von den erhaltenen Fragmenten her kein authentisches Bild entworfen werden, weil die rel. Kunst während der Reformation nahezu völlig zerstört worden war. — Die folgende Darstellung bezieht sich allerdings nur auf die Literatur in Mittelschottisch, dem nördlichsten Dialekt des Mittelenglischen, da die lit. Situation im Keltischen des Hochlands (schottisches Gälisch) ganz anders ist: In den Tälern und auf den Inseln des Nordens und Westens erhielt sich der alte Glaube länger und die mündliche Tradition bewahrte vielfach das ma. Erbe.

Die meisten der erhaltenen Texte bestehen aus rel. Lyrik, zur privaten Meditation oder zu öffentlichem Vortrag geeignet, etwa in der Königlichen Kapelle König Jakobs IV. (1501). Am berühmtesten war William →Dunbar's Paraphrase des Englischen Grußes »Hale, sterne superne« in der Asloan-Handschrift (um 1513). Dort sind außerdem Walter Kennedy's anmutiges Gedicht »Closter of Crist, riche recent flour delys« und das Gedicht »Rose Mary, most of virtewe virginale« eines unbekannten Autors aufgezeichnet, das auch in die Sammlungen William Forrests (um 1530–81), des engl. Zisterziensers und Beichtvaters von Königin Maria Tudor aufgenommen wurde. Richard Holland's allegorisches Gedicht »The Buke of the Howlat« (um 1450) — ebenfalls in der Asloan-Handschrift — enthält in alliterierenden Stanzen bemerkenswerte Passagen der MV. Die Gray-Handschrift bewahrt Robert Henryson's (um 1420–90?) vollendete Meditation auf M-e Verkündigung »Forcy as deith ist likand lufe«, die Makculloch-Handschrift den einzigen schottischen M-carol »O farest lady, O swetast lady« und eine Versform des Ave Maria, die Arundel-Handschrift 25 (um 1545) eine Reihe von M-gedichten, z. B. »O mothir of God, involat virgin Mary«. Die größte schottische Anthologie — die nachref. Bannatyne-Handschrift (1568) — weist vier vorsichtig christozentrisch überformte M-gedichte auf, obwohl sie nicht eigens als solche angeführt sind (vgl. dagegen die »ballettis of Our Ladye» in der Asloan-Handschrift). Bannatyne's Fassung des Magnificat ist freilich — wenn auch ohne Namensnennung — dem »Life of Our Lady« von John →Lydgate entlehnt.

M erscheint in der ausführlichen, patriotisch historischen Romanze von Blind Hary »The Wallace« (um 1478), wo sie den schottischen Helden für die Aufgabe auserwählt, sein Land zu befreien. (VII 9–132). Das einzige schottische Werk in Prosa, das sich ausführlich mit M beschäftigt, ist »Meroure of Wysdome«, 1490 von John Ireland (Johannes de Irlandia) für König Jakob IV. verfaßt. Die Handschrift enthält ein M-gedicht des engl. Dichters →Hoccleve zusammen mit drei M-preisen in ausgezeichnetem Latein. Mit dem völligen Sieg der Reformation nach der Absetzung von Königin Maria Stuart (1567) brach die schottische Tradition marian. Lyrik jäh und endgültig ab.

QQ: Devotional Pieces in Verse and Prose, ed. J. A. Bennett, 1955. — Johannes de Irlandia, The Meroure of Wysdome, ed. Ch. MacPherson und F. Quinn, 2 Bde., 1926–65. — Hary's »Wallace«, ed. M. P. McDiarmid, 2 Bde., 1968/69.

Lit.: A. A. MacDonald, The Middle Scots Religious Lyrics, Diss., Edinburgh, 1978. — A. A. MacDonald, Religious Poetry in Middle Scots, In: R. D. S. Jack (Hrsg.), A History of Scottish Literature I, 1988. — D. McRoberts (Hrsg.), Essays on the Scottish Reformation 1513–1625, 1962. *A. A. MacDonald*

Schrader, Clemens, * 22.11.1820 in Itzum bei Hildesheim, †23.2.1875 in Poitiers, 1840–48 Studium am Collegium Romanum in Rom (Gregoriana) und Schüler von Giovanni →Perrone und Carlo →Passaglia, 1846 Priesterweihe, 1848 Jesuit, 1852 Prof. für Dogmatik (1852–57 und 1871–72 am Collegium Romanum in Rom, 1857–70 an der Universität in Wien, 1872–75 an der kath. Universität in Poitiers), Mitarbeiter bei der Vorbereitung der Definition der UE ⋒s von 1854 und Konsultor des Ersten Vatikanischen Konzils. S. und Passaglia, die eng zusammengearbeitet haben, z. T. auch in ihren Publikationen — man hat S. »den Vollender der Arbeiten Passaglias« genannt (Schauf) —, sind die Hauptvertreter der Röm. Schule, in der man sich auf die Theol. der Väter, speziell der griech. Väter, auf die Schrift und die Tradition besann. Die Hochschätzung der Väthertheol. richtete notwendigerweise den Blick auf ⋒, die darin, v. a. in der Theol. der griech. Väter, eine bevorzugte Rolle spielt. Die Röm. Theol. wandte ihre besondere Aufmerksamkeit der geschichtlichen Entfaltung des Dogmas zu und war in erster Linie um eine organische Zusammenschau der Heilswahrheiten bemüht, nicht um ihre spekulative Durchdringung, v. a. nicht in phil. Weise. Sie konzipierte die Theol. nach dem Vorbild des Jesuiten Dionysius →Petavius und des Oratorianers Louis de →Thomassin, die schon im 17. Jh. große dogmengeschichtliche Werke veröffentlicht hatten und bemüht gewesen waren, die Mariol. in das Ganze der Theol. hineinzustellen, die auf Grund ihrer geschichtlichen Studien zur Besonnenheit in der ⋒frömmigkeit gemahnt hatten, was Petavius jedoch nicht daran gehindert hatte, mit Berufung auf den »sensus communis« für die Dogmatisierung der UE ⋒s zu plädieren.

Im Mittelpunkt von S.s theol. Schaffen steht die Mariol. zusammen mit der Lehre von der Tradition und der Ekklesiol. Allein hat er ein Werk über die Tradition verfaßt (De Theologico Testium Fonte deque edito Fidei Testimonio seu Traditionis Commentarius, Paris 1878), zusammen mit Passaglia die Werke »De Immaculato Deiparae semper Virginis Conceptu Commentarius« (Rom 1854, 3 Bde.) und »De Ecclesia Christi commentariorum libri quinque« (nur 3 Bde. erschienen: I, Regensburg 1853; II und III ebd. 1856), die methodisch sehr ähnlich sind. Darüber hinaus gilt, »daß man von Schrader nicht sprechen und über ihn nicht schreiben kann, ohne Passaglia mitzunennen und mitzubedenken« (Schauf). Beide sind auch die Lehrer des bedeutenden Mariologen Matthias Joseph →Scheeben, der sich in seinen theol. Aussagen über die GM immer wieder auf Passaglia beruft.

Das Monumentalwerk über die UE ⋒s, »De Immaculato Deiparae semper Virginis Conceptu Commentarius«, nimmt unter den mariol. Schriften des 19. Jh.s einen besonderen Platz ein. Auf Grund dieses Werkes zählt man seine Autoren zu den bedeutendsten Mariologen der neueren Zeit. Das Werk hat dankbare Bewunderung gefunden und sogar das besondere Lob des Papstes Pius IX. auf sich gezogen. Bemerkenswert ist in diesem Werk die ausgiebige Verwendung der Typologie, eines wesentlichen Momentes der Väthertheol. Im ersten Teil beschäftigen sich die Autoren auf 180 Seiten mit einer großen Zahl von Attributen, Titeln, Symbolen und Bildern aus der Schrift sowie aus der unbelebten und der belebten Schöpfung, in denen die Väter und die frühen Kirchenschriftsteller die Reinheit und Sündenfreiheit ⋒s hervorheben. Die Autoren inventarisieren so gewissermaßen die Attribute und Metaphern, in denen in alter Zeit die Heiligkeit ⋒s zum Ausdruck kommt, um daraus zu schließen, daß die Wahrheit von der UE der GM schon sehr früh implizit erkannt wird, zumal wenn die Aussagen in der Überlieferung immer mehr zusagen werden. Im zweiten Teil untersuchen sie die wichtigsten Schriftstellen, die sich direkt oder indirekt auf die Reinheit und Unschuld ⋒s beziehen oder beziehen lassen, lit. oder im angewandten Sinne, direkt oder indirekt. Dabei heben sie die Stellen Gen 3,15, Jes 11, Ps 118 (119) und Lk 1,28–30 bes. hervor. Im dritten Teil behandeln sie die verschiedenen Wege, auf denen die Väter die IC etwa im Zusammenhang mit der Erörterung der GMschaft ⋒s, ihrer Nähe zu Christus, ihrer Freiheit von jeder aktuellen Sünde, der Vereinbarkeit ihrer Sündenlosigkeit mit ihrem vollen Menschsein und ihrer Ähnlichkeit mit den Engeln implizit zum Ausdruck bringen, stellen explizite und klare Zeugnisse der Tradition vor und wenden sich dann der Verehrung der unbefleckt Empfangenen in alter Zeit zu, wobei sie betonen, daß die UE stets zugleich das Objekt und das Motiv der Verehrung ⋒s gewesen ist. Abschließend unterziehen sie die Beweisführung, wie sie in den einzelnen Teilen entfaltet wird, einer Wertung und stellen fest, daß die IC eine sichere und unfehlbare Wahrheit ist, die zum Depositum der Offenbarung gehört. — Die Darstellung ist breit, umständlich und unübersichtlich, weil die Autoren bemüht sind, ihren Gegenstand vielseitig und lebendig zu beleuchten und den objektiven Zusammenhang mit anderen Gegenständen des Glaubens erkennbar zu machen, dennoch ist sie imponierend, und man kann sich ihrer Konsequenz nicht entziehen.

Im dritten Buch des Werkes »De Ecclesia Christi« verstehen die Autoren ⋒ als Urbild der Kirche, wenn sie feststellen: »... wie nämlich die Jungfrau als Gottesgebärerin fruchtbar war und ihren eingeborenen Sohn gebar, überschattet vom Heiligen Geist und von der Kraft des Höchsten, so ist die Kirche fruchtbar durch die Kraft des Heiligen Geistes, so sehr, daß die, die aus ihr als Söhne hervorgehen, als solche verstanden werden müssen, die nicht aus dem Blut, nicht aus dem Willen des Fleisches und nicht aus dem Wollen des Mannes, sondern aus Gott und aus einem unvergänglichen Samen hervorgegangen sind.« Dann heißt es weiter: »... wie nämlich Christus der Gottmensch und der natürliche Sohn Gottes im Heiligen Geiste war ... so sind die wiedergeborenen Menschen durch Adoption Söhne Gottes aus dem Heiligen Geist ...« (Nr. 680). In seinem unveröffentlichten Traktat »De Corpore Christi Mystico« stellt S. fest, die Menschheit Christi könne aus der Kraft der göttlichen Natur nicht nur in den Seelen der Menschen, sondern auch in den Engeln gewisse Wirkungen hervorrufen, und fügt hinzu, deshalb sei M auch die Königin der Engel. In seinem 1864 in Wien erschienenen Werk »De Triplici Ordine naturali, praeternaturali et supernaturali Commentarius«, das ähnlich wie die Schrift »Natur und Gnade« von Matthias Joseph Scheeben, sehr zur Überwindung des Rationalismus und des Semirationalismus im 19. Jh. beigetragen hat, stellt er M als konkrete Verwirklichung des »ordo supernaturalis« vor.

S. hat einen wesentlichen Anteil an der Vorbereitung der Definition des Dogmas von der IC BMV. Darauf nimmt seine Grabinschrift in Poitiers Bezug. Am 25.1.1853 wird er zusammen mit Passaglia und anderen Theologen Mitglied einer Kommission, die die Definition des Dogmas vorbereiten soll. Man kann davon ausgehen, daß er zusammen mit Passaglia die Definitionsbulle »Ineffabilis Deus« entworfen und verfaßt hat. Darin finden sich deutliche Anklänge an das Werk »De Immaculato Conceptu«: die traditionellen Bilder und Symbole, die die unvergleichliche Reinheit Ms umschreiben, und die starke Hervorhebung der beiden Schriftstellen Gen 3,15 und Lk 1,28-30.

Wie sehr S. in seiner theol. Arbeit und auch in seiner persönlichen Frömmigkeit durch die M-gestalt bestimmt wurde, wird deutlich, wenn er ihr seine theol. Schriften mit den Worten übereignete: »Dem Sitz der Weisheit, der Jungfrau Maria, der Tochter Gottes von ihrem ersten Ursprung an, der mildreichsten Patronin weiht Clemens Schrader, Sodale der Gesellschaft Jesu, die Früchte seiner Arbeiten.«

Lit.: H. Schauf, Carlo Passaglia und C.S., 1938. — Ders., Die Einwohnung des Hl. Geistes. Die Lehre von der nichtappropriierten Einwohnung des Hl. Geistes als Beitrag zur Theologiegeschichte des 19. Jh.s unter besonderer Berücksichtigung der beiden Theologen Carl Passaglia und C.S., 1941. — Ders., De Corpore Christi Mystico sive De Ecclesia Christi Theses. Die Ekklesiologie des Konzilstheologen C.S. SJ, 1959. — Sträter I. — W. Kasper, Die Lehre von der Tradition in der Röm. Schule, 1962. — H. Fries und G. Schwaiger (Hrsg.), Kath. Theologen Deutschlands im 19. Jh. II, 1975, 368-385. — J. Schumacher, Das mariol. Konzept in der Theol. der Röm. Schule, In: TThZ 98 (1989) 207-226. — KL X 1938 f. — DThC XIV 1576-79.
J. Schumacher

Schreine. *1. Marienreliquiare.* Mit der Unverweslichkeit, Unvergänglichkeit des Körpers der GM, die durch die glorreiche Himmelfahrt ihre Bestätigung erlangte, »entschwand auch all das, was die hl. Jungfrau mit sich in den Himmel nahm; man verehrte nicht mehr als die Dinge, die sie nicht mehr brauchte, als sie ihren Körper mitnahm« (Collin de Plancy).

Wenn man also nicht davon träumen konnte, ihren Leib zu haben, der sich glücklich im Himmel befand, so führte der Reliquienkult, der das ganze MA charakterisiert, dazu, eine gewisse Anzahl von körperlichen Reliquien Ms, die bes. wertvoll waren, anzuerkennen und zu verehren, wie z.B. die Milch, Haare, Sekundärreliquien wie Kleider oder Fragmente ihres Grabes. Kurz, man verehrte als Reliquien all das, was nah oder weiter entfernt Berührung mit M gehabt haben konnte, man verehrte durch Verehrung von Mreliquien Christus selbst, die Frucht ihres Leibes und räumte ihnen damit den höchsten Rang ein. Außer den großen Schreinen, die neben marian. Reliquien auch diejenigen anderer Heiliger bargen, entstanden im Lauf der Zeit vielgestaltige rein marian. Reliquiare. Ihre Typologie unterscheidet sich allerdings kaum von der anderer Reliquiare. Die meisten stammen aus der Zeit zwischen dem hohen MA und dem 16. Jh. Erst im 19. Jh. wurden wieder verstärkt Mreliquiare hergestellt, wie z.B. das Reliquiar des Mschleiers in Chartres (1822) im neoromanischen Stil. Dabei ist der Reliquienschrein, v.a. im 13 Jh., die kostbarste Variante. Darüber hinaus konnte aber auch jeder entsprechende kostbare und würdige Behälter als Reliquiar verwendet werden.

Ein Überblick über die marian. Reliquiare muß außerdem berücksichtigen, daß Reliquien der GM als bes. wertvoll galten und meist den Reliquien anderer Heiliger übergeordnet waren. Daraus ergibt sich generell ein dem Inhalt angeglichener, privilegierter Status in der Ausstattung, der Herstellung oder der Ästhetik des Reliquiars, verbunden mit dem Wunsch des Stifters.

Die marian. Bestimmung des Reliquiars ist allerdings nicht immer klar zu erkennen, v.a. wenn die enthaltenen Reliquien nicht bzw. nicht mehr durch ein Dokument oder eine Inschrift identifizierbar sind. Gelegentlich kann dann ein Mbild in der Ausstattung des Objektes darauf hinweisen, daß es sich um ein Reliquiar der GM handelt (z.B. kleine Reliquienschreine von Montreuil-sur-Mer, 14. Jh.; Bursenreliquiar, Baltimore, 1270-80). Schließlich ist eine große Anzahl von Reliquien in verschiedenartigen »Sammel-Reliquiaren« verwahrt (z.B. Tragaltar im Siegburger Schatz, um 1180; Kreuzreliquiar, Münster, Landesmus., 11. Jh.; Armreliquiar, Binche, um 1175; Kapselreliquiar Château-Ponsac, Mitte 13. Jh.; Reliquienkästchen, Quedlinburger Schatz, um 1200; Tafelreliquiar, Brüssel, Königliche Museen, Anfang 13. Jh. und Quedlinburger Schatz, 2. Viertel 13. Jh.; Reliquienmonstranz, Emmerich, Emmericher Schatz, 18. Jh.; Kreuzreliquiar, Namur, Musée des Arts anciens du Namurois., um 1230; Turmreliquiar, Bouillac, Anfang 13. Jh.).

Zu den ältesten erhaltenen marian. Reliquiaren gehören die Bursenreliquiare aus Metall, die antike Stofftaschen nachahmen. So sind die kleine Bursa von Mumma (Paris, Musée de Cluny, 7. Jh.), die in einer Inschrift die GM und den hl. Petrus erwähnt, sowie die noch kleinere Bursa des Schatzes von Tongeren (11. Jh.) eindeutig als marian. Reliquiare identifizierbar.

Das wertvollste der alten M reliquiare aber ist wohl jenes, das 1165 bei der Erhebung der Gebeine Karls des Großen gefunden wurde, sein »Talismann«, der in der Form eines Kristall-Amuletts, gefaßt mit Gold und Edelsteinen, ein Haar der Jungfrau enthielt, das in späterer Zeit durch eine Reliquie des Hl. Kreuzes ersetzt wurde (Reims, Schatz der Kathedrale, 9. Jh.).

Die Reliquiare des 12. und 13. Jh.s sind aufgrund der Verschiedenheit ihrer Formen bemerkenswert. So gibt es neben den großen Reliquienschreinen (z. B. Aachen, Huy und Tournai) auch Reliquiare im Kleinformat. Die charakteristischsten sind die Phylakterien, mehrpässige Reliquienkapseln (Phylakterion bedeutet bewahrendes Behältnis. Der Begriff sagt nichts über die Form des Reliquiars und seine Herkunft, die mit dem liturg. Fächer und dem Typus des Scheibenkreuzes in Zusammenhang zu sehen sind). Die Reliquienkapsel im Cleveland Museum/Ohio (maasländisch, um 1165) zeigt in der Mitte M in der Glorie, umgeben von Edelsteinen und den allegorischen Figuren der Humilitas, Virginitas, Misericordia und Pietas; auf der Rückseite unterstreicht eine in Braunfirnistechnik gestaltete, üppig wuchernde Ranke das Lebensprinzip, das an die Gegenwart der Reliquien im Reliquiar gebunden ist; man weiß jedoch nichts über deren Art und Aussehen. Auf der Rückseite eines anderen Phylakterion (Paris Musée de Cluny, maasländisch, um 1240) erscheinen in Braunfirnistechnik, mit pflanzlichem Dekor geschmückt die Verkündigungsworte des Engels an M. Der Cabochon in der Mitte der Vorderseite — ein milchiger Chalzedon — könnte darauf hinweisen, daß es sich um ein Reliquiar mit der Milch der GM handelt. Aus Inventaren ist bekannt, daß auch die goldgetriebene Taube, die zum Schatz des alten Klosters der Schwestern ULF von Oignies (Namur, um 1250) gehörte, ein Reliquiar Ms war; die Reliquie wurde von einem Amethyst geschützt und war nichts anderes als ein »Galactit«, ein weißer Stein aus der Geburtsgrotte zu Betlehem.

In all diesen Behältern ist die Reliquie den Blicken entzogen. V. a. von der Mitte des 13. Jh.s an wurden dann die kleinen Reliquiare mehr und mehr als Monstranzen verstanden, die Reliquie wurde sichtbar.

Zwei fatimidische Bergkristallfläschchen, die um 1250 in Niedersachsen gefaßt wurden, um als Behälter für M haare zu dienen (Quedlin-

Statuettenreliquiar aus Saint-Denis, 1339, Paris, Louvre

burg, Schatz), zeigen den Übergang vom »verschlossenen« Reliquiar zum Schaugerät. Aus der gleichen Vorstellung, aber zusätzlich noch auf einem Sockel stehend und bekrönt durch eine M statuette mit Kind, kommt ein Reliquiar der Kirche Saint-Michel-des-Liens in Limoges (1. Hälfte 13. Jh.). Der venezianische Bergkristall schützt die M reliquie. Er stammt aus dem früheren Kloster von Grandmont. Dieser Typus der Reliquienmonstranzen setzt sich bis zum Ende des MA fort (Schatz des Klosters Andechs, 1390; von ND von Tongeren und Liebfrauen von Maastricht, 15. Jh.). Eines der schönsten Exemplare ist ein Reliquiar mit dem Gürtel Ms im Aachener Domschatz (Prager Werkstatt, um

1360); ein Bergkristallbehälter birgt die kostbare Reliquie. Reiches architektonisches Schmuckwerk ist verbunden mit den Bildnissen der GM und anderer Heiliger sowie mit der Darstellung der Kreuzigung und musizierender Engel.

Die am meisten verbreiteten ⓜreliquiare des MA aber sind die Statuettenreliquiare. Sie gehen in ihrer Tradition auf die →Sedes Sapientiae zurück, die aus polychromiertem Holz waren und von denen viele, wie Christusfiguren am Kreuz, Reliquien bargen (z. B. ⓜ in der Glorie, Conques; Domkammer zu Münster, 13. Jh.). Die Mehrzahl dieser aus vergoldetem und emaillierten Kupfer gearbeiteten Reliquiare, die nicht vor dem 13. Jh. vorkommen, stammt aus Limoges. In der Regel befindet sich der Hohlraum zur Unterbringung der Reliquie auf der Rückseite des Thrones der ⓜstatuette (z. B. Saint-Sulpice-les-Feuilles; Salamanca; Paris, Louvre; Utrecht, Rijksmus. Het Catharijneconvent, und Enschede, Rijksmus.); dieses ikonographische Modell trifft man auch noch in Reliquiaren in Walcourt, um 1300 und in Osnabrück, Diözesanmus., Mitte 15. Jh.

Die Funktion der Statuettenreliquiare wird auch dann noch beibehalten, als dem Typus der Sedes Sapientiae der der stehenden, gekrönten ⓜ mit dem Kind folgt. Es gibt eine ganze Reihe von Beispielen vorwiegend aus Edelmetall, vom Ende des 13. Jh.s bis in unsere Zeit. Ihre große Epoche war das 15. Jh. Das älteste erhaltene Exemplar (Aachen, Domschatz, um 1280) birgt die Reliquien hinter einem Türchen im Rücken der Statuette. Das bekannteste und wohl großartigste Statuettenreliquiar ist die Silberstatuette der ⓜ mit Kind, die Jeanne d'Evreux, Königin von Frankreich und Witwe Karls IV. 1339 dem Schatz von Saint-Denis geschenkt hatte (Paris, Louvre). Die ⓜreliquien (Haare, Milch und Kleidungsstücke) sind dort in der Lilie aus Bergkristall und Gold eingeschlossen, die ⓜ in ihrer rechten Hand hält. Der emaillierte Sockel ist mit Passionsszenen geschmückt. Im allgemeinen waren einzelne oder mehrere Reliquien im Sockel der Statuette verborgen und durch Architekturmotive geschützt (z. B. Berlin, Kunstgewerbemus., 1484; Lüneburg, um 1500; Kösslarn, 1488; Tongeren ND, um 1400).

Triptychen, obwohl selten, bilden gleichermaßen einen Teil der Typologie der ⓜreliquiare. Es gibt solche aus edlen und bes. reichen Materialien, wie das aus den »Cloisters«, New York, das Reliquien von der Geburt Jesu enthält und dessen Flügel mit transluzidem Email geschmückt sind (Paris, um 1335). Es gibt aber auch einfachere, bescheidenere, aus bemaltem Holz, wie jenes das aus dem Schatz der ND in Tongeren, wo die Reliquie, (ein Fragment des Schleiers der GM) umgeben ist von bemalten Flügeln mit Engelsfiguren und einer Verkündigung (14. Jh.).

Mit der Ausbreitung des ⓜkultes kamen auch kleine ⓜreliquiare auf, z. B. Kapselreliquiare, wie sie etwa im Schatz von Quedlinburg sowie in Emmerich (15. Jh.) vorkommen.

Lit.: J. Collin de Plancy, Dictionnaire critique des reliques et des images miraculeuses, Paris 1871. — J. Braun, Die Reliquiare des christl. Kultes und ihre Entwicklung, 1940. — E. G. Grimme, Goldschmiedekunst im MA, 1972. — E. Rupin, L'oeuvre de Limoges, 1977. — J. M. Fritz, Goldschmiedekunst der Gotik in Mitteleuropa, 1982. — D. Kötzsche, Der Quedlinburger Schatz wieder vereint, 1993. *A. Lemeunier*

2. Marienschreine. Anders als die in vielfältigen Formen über Jh.e entstandenen Reliquien-Ostensorien bilden die S., die zur Aufnahme kostbarster Reliquien bestimmt waren, nur für eine kurze, aber äußerst fruchtbare Zeit den Höhepunkt künstlerischen Strebens.

Topographisch in der Entstehung bis auf einige Ausnahmen begrenzt auf das Land zwischen Maas und Rhein, zeitlich begrenzt auf das 12. und 13. Jh., das Zeitalter der Staufer, übernahmen die S. gleichsam als goldene Kathedralen wie in einem Mikrokosmos Bilder und Ideen. Wie das Kirchengebäude ein Abbild des Himmels ist, so wird der Schrein zum Abbild der Kirche, zum Abbild auch der Herrlichkeit der Himmlischen Stadt Jerusalem, deren Mauern und Tore mit kostbaren Steinen und Perlen geschmückt sind, »geschmückt wie eine Braut für ihren Bräutigam«. Offensichtlich ursprünglich nicht zum Öffnen konzipiert, entsprachen die S. den Bestimmungen, die das 4. Laterankonzil (1215) verordnet hatte und die sich gegen die aufkommende »neue Art der Reliquienverehrung und ihre öffentliche Zeigung« wandten.

Während Reliquiare in Gestalt von Tragaltärchen oder kostbaren Gefäßen — meist Bergkristallbehältern — ihr Leben eher im Verborgenen, in Sakristei- oder Schatzkammerschränken fristeten, bildeten die S. von Anfang an einen kultischen Mittelpunkt im Kirchenraum. Sie konnten innerhalb von Altarretabeln aufgestellt sein (z. B. Victorschrein in Xanten, Remaclusschrein in Stavelot) oder aber auf kurzen Säulen stehend, verbunden sein mit dem Altar, so daß man sich ihnen nähern und unter ihnen herschreiten konnte (z. B. Ursulaschrein in St. Ursula, Köln; Severinschrein in St. Severin, Köln; Dreikönigsschrein im Kölner Dom; Schrein des hl. Edward des Bekenners in Westminster Abbey, London; Apollinarisschrein in St. Servatius in Siegburg; Karls- und ⓜschrein im Aachener Dom). Ihre angestammten Orte, an die sie gehören, sind eng verbunden mit der Reichsgeschichte in der Region des Hl. Röm. Reiches. Die S. sind gleichsam Regalien, Heiligtümer des Reiches, politische Zeugnisse im staufischen Zeitalter. In den großen Stiftskirchen repräsentieren sie die Reichsidee wie die franz. Kathedralen die Idee des Königstums von Frankreich.

Der Schatz einer ma. Kirche war in erster Linie nicht ihr materieller Schatz, der sich in kostbaren Geräten, Altartafeln, Antependien und anderen Ausstattungsstücken dokumentierte, sondern vielmehr der Schatz an Reliquien und Heiligtümern. Reliquien waren auch der wesentliche Bestandteil der Reichskleinodien.

Die Heiligtümer wurden gleichsam als himmlische Schutzwehr in Gefahren angesehen. So

Dreikönigenschrein, um 1181 bis um 1230, Köln, Dom

trug man bereits Heiligtümer über die Mauern von → Konstantinopel, als der Stadt Gefahr drohte (Stephany). Der Maastrichter Servatiusschrein heißt die »Noodkist«. Er wurde in Zeiten der Not bes. verehrt, und man trug ihn in Bittprozessionen durch die Stadt, weil man vom Stadtpatron, dem hl. Servatius, Hilfe erhoffte. Aber auch zu großen Ereignissen einer Stadt trug man die S. durch die Straßen. In Köln wurden anläßlich eines außerordentlichen Jubiläums am 28. 5. 1634 zwanzig (!) Kölner S. in der Prozession mitgeführt, am 1. 6. 1639 sogar vierunddreißig... (Legner).

Noch bis in unsere Zeit lebt diese Tradition fort: 1948 fand zum Kölner Domjubiläum in der vom Krieg zerstörten Stadt Köln eine eindrucksvolle Prozession mit allen vom Krieg verschonten Kölner S.n statt.

In Aachen wurden bis zur Nachkriegszeit der Karls- und der Mschrein während der seit dem

MA alle 7 Jahre stattfindenden Heiligtumsfahrt in Prozessionen durch die Stadt getragen.

In der großen Reihe ma. S., die Primär- oder Sekundärreliquien von Martyrern, Patronen und Heiligen bergen, ist die Zahl der überlieferten M-S. vergleichsweise gering. Die Bezeichnungen variieren im frankophonen Raum: Châsse de la Vierge, de la Vierge Marie, châsse de Notre-Dame. V. a. die letztere Bezeichnung kann sich sowohl auf das → Patronat der Stiftskirche oder Kathedrale (Notre-Dame) beziehen als auch auf die tatsächlich in dem Schrein vorhandenen → Reliquien. Aus der Reihe von kleineren S.n, die in ihrem Bildprogramm Bezug auf M oder Zyklen des Mlebens nehmen, sind v. a. im franz. Raum zu nennen: 1. Silber- und kupfervergoldeter Schrein in Form einer gotischen Kapelle, Anfang 14. Jh., Montreuil-sur-mer, église St.-Saulve, Verkündigungsdarstellung. Über die Art der im Schrein verwahrten Reliquien ist nichts bekannt (Les trésors des églises ..., Nr. 49). 2. Schrein mit Szenen aus dem Mleben, châsse de la vie de la Vierge, Frankreich, Mitte 14. Jh., Paris, Musée de Cluny. Über die Reliquien wird in der Lit. nichts gesagt (Kat. Musée de Cluny). 3. Mschrein, châsse de ND, in Form einer zweigeschossigen Kirche mit Querhaus, Silber und Kupfer vergoldet, Gemmen, Filigran, 13. Jh., aus der Abtei von Grandselve stammend, wurde zusammen mit drei weiteren S.n in ähnlicher Form und einem Dornenkronenreliquiar im Laufe der Franz. Revolution 1791 in die Kirche von Bouillac (Tarn-et-Garonne) transferiert. Der reiche Figurenschmuck zeigt M mit dem Christuskind auf der Querhausfassade, begleitet von vier Aposteln, darüber Christus am Kreuz, auf der gegenüberliegenden Querhausfassade die Verkündigungsszene, begleitet von Heiligendarstellungen, auf den beiden Stirnseiten Christus am Kreuz. Über die Reliquien wird nichts gesagt (Les trésors des églises ..., Nr. 522). 4. Verwiesen sei auch auf einen bursenförmigen Reliquienschrein, Konstanz, um 1270–80, aus der Walters Art Gallery in Baltimore, dessen Inschrift Reliquien von Aposteln und Martyrern sowie Haare Ms benennt (Heuser). Ferner sei auf kleine Reliquien-S. verwiesen, die im 12./13. Jh. in der Schule von Limoges entstanden und als »Massenware« ihren Weg durch ganz Europa nahmen. Manche von ihnen zeigen eine auf M bezogene Ikonographie. Es ist fraglich, ob bzw. daß sie Mreliquien enthielten.

Über das Aussehen des ma. Reliquienschreins, der in der Kathedrale von Chartres einen Mschleier (Geschenk Karls des Kahlen von 876) barg, wissen wir nichts. Der Schrein wurde während der franz. Revolution geöffnet, die Reliquie wurde gerettet, der Schrein (vermutlich) eingeschmolzen. 1822 wurde ein neuer Schrein konsekriert, der seitdem die kostbare Reliquie birgt (Boussel). Er ist eine Mischform aus Schrein und Schaugerät: Reduziert auf die Stirnseite eines ma. Schreins macht er die Reliquie durch eine große Glasscheibe, welche die Stirnseite verschließt, sichtbar.

Die Kollegiatskirche ND in Tongeren/Belgien ist eine der ältesten Kirchen mit einem Mheiligtum nördlich der Alpen. Sie bewahrte in ihrem Reliquienschatz kostbare Mreliquien, die der Überlieferung nach durch Karl den Großen an das Monasterium von Tongeren gekommen sind. Zu ihnen gehörte ein Teil des »Cingulum BMV«, das, wie »Kirchenväter bezeugen«, ehemals in der Kirche »Chalcopratea« in Byzanz bewahrt wurde. Bis zu einem Brand am 29. 8. 1677 wurde die Mreliquie in Tongeren verwahrt. Eine weitere Mreliquie war das Fragment des »Capitegium BMV«, Teil eines Mschleiers, der in einem polychromierten hölzernen Triptychon aufbewahrt wurde (Paquay 109, Anm. 2), ferner Reliquien der Apostel. Vom Mschrein, la grande châsse de ND, sind Fragmente des 13. Jh.s erhalten: Kupfervergoldete Reliefs mit Szenen der Verkündigung, Heimsuchung, Geburt Christi und Verkündigung an die Hirten, Emailplatten, Stanzen, Säulen, Glascabochons sowie vergoldete Holzfiguren des 17. Jh.s. Die erste Erwähnung des »feretrum argenteum BMV« datiert bei Flüchtung des Schreins nach Lüttich am Vorabend der Erstürmung der Stadt Tongeren durch Heinrich I. von Brabant, am 11. 10. 1213. Um 1400 wird ein neuer Mschrein hergestellt; die wichtigste Reliquie ist das Cingulum, der Gürtel Ms. Nach dem verheerenden Brand von 1677, bei dem der Schrein mit den Reliquien zerstört wurde, ließ das Kapitel einen neuen Schrein anfertigen, der nun Reliquien der Märtyrer von Trier erhielt, »La grande châsse de ND dite des martyrs de Trèves«. Diesen Schrein schmückte man mit den kupfervergoldeten Fragmenten des ersten Mschreins aus dem 13. Jh. (Szenen aus dem Leben Me und Jesu) und hölzernen vergoldeten Statuetten der hl. Jungfrau und des hl. Maternus (Paquay 109 ff.). Wie in → Aachen, → Lüttich, St. Trond und → Maastricht wurden auch in Tongeren die Reliquien gezeigt und zur Verehrung ausgestellt (nachweisbar seit dem 13. Jh.). Seit dem 14. Jh. läßt sich wie für Aachen der Sieben-Jahres-Rhythmus der Zeigung nachweisen.

Der Mschrein der Kathedrale von Tournai/Belgien wurde trotz des Bildprogramms nicht für Mreliquien gefertigt, sondern für Reliquien der beiden Stadtpatrone Piatus und Nikasius. Es war ein Vorrecht der Genter Bürger, diesen Schrein in den Prozessionen zu tragen, während die Bürger von Tournai den Schrein des hl. Eleutherius trugen. Der Mschrein, châsse de ND, benannt nach der Kathedrale ND in Tournai, erhielt deswegen den Beinamen »der flämische«.

Der Schmuck des Schreins ist aus vergoldetem Silber und Kupfer, Emails, Filigranen mit Edelsteinen sowie Braunfirnis. → Nikolaus v. Verdun, der bedeutendste Goldschmied um 1200, vollendete den Schrein laut (erneuerter) Inschrift auf der Sockelleiste 1205. Neben dem

Tournaier Schrein ist der Klosterneuburger Altar 1181 das einzige, von Nikolaus mit seinem Namen bezeichnete Werk. Zugeschrieben werden ihm die Prophetenfiguren des Kölner Dreikönigenschreins. Abweichend von der üblichen Form hat der ⋒schrein ein Walmdach. Die beiden Stirnseiten zeigen die Anbetung der Könige sowie Christus zwischen zwei Engeln mit den Leidenswerkzeugen, die Langseiten je drei Arkaden mit Szenen aus dem Leben ⋒s und Christi: Verkündigung, Heimsuchung, Geburt Christi, Flucht nach Ägypten, Darstellung Jesu im Tempel und Taufe, die Dachmedaillons drei Szenen der Passion Christi: die Geißelung, die Kreuzigung und die Frauen am Grab sowie drei Szenen nach dem Kreuzestod Christi: das Nolime-tangere, die Anastasis und die Thomasszene.

Weder eine Inschrift noch die Ikonographie des Schreins deuten auf die in ihm verborgenen Reliquien. Da der Schrein immer den Namen der Kirchenpatronin, ⋒, getragen hatte, glaubte man lange Zeit, daß er ⋒reliquien berge. Als man im 17. Jh. die Reliquien einer Überprüfung unterzog, fand man kleine Reliquienkästchen und Seidensäckchen mit Gebeinen von fremden und Lokalheiligen. Man fügte Reliquien der hl. Ursula und ihrer Gefährtinnen hinzu. So wurde der Schrein zeitweise »Ursulaschrein« genannt. Heute bewahrt er die Reliquien, die in ihm im 13. Jh. deponiert worden waren: Reliquien der hll. Remigius und Nikasius (Patrone der Kirche von Reims), von Heiligen der Diözese Tournai und benachbarter Regionen: Reliquien der hll. Piatus, Eligius, Amandus, Bavo, Bertin, Trond, der ostkirchlichen Heiligen Theodor, Georg, Demetrios, Patriach von Alexandrien und Johannes Chrysostomos. Ebenso befinden sich in diesem Schrein Apostelreliquien und Erinnerungsstücke von Pilgerfahrten ins Hl. Land (Trésors sacrés..., Ausst.-Kat., Rhein und Maas...; Price Gowen). Zum ⋒schrein des Aachener Domes → Aachen.

Der Kirchenschatz der Kollegiatskirche ND in Huy zählt zu den bedeutendsten in Belgien. Er bewahrt allein vier Reliquien-S., unter ihnen den ⋒schrein, châsse de la Vierge Marie (Silber vergoldet, Kupfer vergoldet, Emails, Filigrane, Braunfirnis). Die Ikonographie des Schreins ist relativ frei. ⋒ und Christus nehmen die Hauptplätze an den beiden Stirnseiten des Schreins ein, auf den Langseiten thronen je sechs Apostel, die zwölf Dachreliefs (nur fragmentarisch erhalten) zeigen Propheten. Die Form und Architektur des Schreins steht noch in der Tradition der strengen Formen des 12. Jh.s, während die Figuren in vollem Umfang der Gotik angehören. ⋒ und Christus als die Hauptfiguren des Schreins überragen die Apostel. Die Stirnseiten des Schreins, an denen sie thronen, sind im Gegensatz zu den Langseiten reich mit Emailplatten, Filigranen und Edelsteinen geschmückt und heben die beiden Hauptfiguren aus der Reihe der Propheten des alten Bundes und der Apostel des neuen Bundes heraus. Über Christus erscheint die Inschrift: »+ Ego s(um) via et veritas et vita«, über der GM die Inschrift »Maria Mater Salvatoris (et) Creator(is)«. Ihr kommt der höchste Rang zu, sie als die Theotokos thront, einer Königin gleich, auf einem kostbaren, mit Edelsteinen und Filigran geschmückten Thron. Ihre Reliquie wird in dem ⋒schrein verwahrt in der Kirche, die ihr, der GM, geweiht ist, Notre-Dame.

Der Schrein nimmt in der großen Reihe der rheinisch-maasländischen S. des 12. und 13. Jh.s eher einen bescheidenen Rang ein. Sein Meister ist nicht bekannt, die Entstehung dürfte aus stilistischen Erwägungen etwa um 1260–70 anzusetzen sein, für das Jahr 1274 wird im Inventar des Jean d'Aps ein ⋒schrein erwähnt, der nicht auf dem Hauptaltar steht. Zum Jahr 1290 berichtet die Chronik des Jean de Brusthem, daß der Schrein an einer Seitenwand des Chores über dem Grab des Théoduin aufgestellt ist. 1324 wird in der Chronik des Jean de Warnant, genannt Jean le Prêtre, ein Wunder erwähnt. Der Schrein wird vor dem Hauptaltar im Chor aufgestellt, wechselt aber mehrfach den Platz, steht im 18. Jh. zusammen mit den drei übrigen S.n der Kollegiatskirche hinter dem Hauptaltar, erlebt mehrere Flüchtungen und ist jetzt, nach diversen durchgreifenden Restaurierungen, zusammen mit dem übrigen Kirchenschatz in der Schatzkammer der Kirche ausgestellt.

Ein Inventar des 17. Jh.s nennt die im ⋒schrein verwahrten Reliquien. Es sind neben einer Anzahl von Passionsreliquien (Kreuzpartikel, Partikel der Dornenkrone, des hl. Grabes) Haare der GM (Milch der GM wird in einem kleineren Behältnis verwahrt), ein Teil des Gewandes des hl. Johannes Baptista, Reliquien der Apostel Petrus, Paulus und Philippus und des hl. Märtyrers Stephanus, ebenso Reliquien von Heiligen der Thebäischen Legion, die wohl zum originalen Reliquienbestand des St. Mengold-Schreins in Huy gehören: Reliquien der hll. Quiriacus, Apollinaris, Mauritius, Exuperius, Albanus, Georgius, Quintinus, Albinus, Sebastianus, ferner Reliquien der hll. Bekenner und Päpste Gregorius, Silvester, Leo, Martinus, Remigius, Medardus, vom Grab des hl. Lazarus, vom hl. Trudon, vom Pallium des hl. Trudon, von der hl. Barbara und aus dem Ursula-Umkreis Reliquien der hll. Pinosa, Corona, Ursula, Odilia und der Elftausend Jungfrauen. In der Fülle und Vielzahl der aufgeführten Reliquien gibt es nur eine ⋒reliquie, die im Schrein verwahrt wird. Und doch gibt sie dem Schrein seinen Namen. In der der GM geweihten Kirche steht sie an ranghöchster Stelle vergleichbar der ⋒reliquie in Aachen (Didier).

Lit.: J. Paquay, Monographie illustrée de la Collégiale ND à Tongres, Tongeren 1911, 109 ff. — E. Stephany, Wunderwelt der Schreine, 1959, VII. — R. Didier, La châsse de ND à Huy et sa restauration, In: Bulletin de l'Institut Royal du Patrimoine artistique 12 (1970) 5 ff. — P. Boussel, Des reliques et leur bon usage, 1971, 182 f. — J. Dumoulin, Trésors sacrés, Cathédrale ND de Tournai, 9 Mai–1er août 1971, Nr. 80. — A. Legner, Zur

Präsenz der großen Reliquienschreine in der Ausstellung Rhein und Maas, In: Ausst.-Kat., Rhein und Maas, Kunst und Kultur 800–1400, Köln 1973, II 72 f. — H.-J. Heuser, Oberrheinische Goldschmiedekunst im HochMA (1974), Nr. 58, S. 159. — R. Price Gowen, The Shrine of the Virgin in Tournai I: Its Restorations and State of Conservation, In: Aachener Kunstblätter 47 (1976/77) 111 ff. — Kataloge: Les trésors des églises de France, Paris 1965, Nr. 49, Pl. 148 und Nr. 522. — Rhein und Maas, Kunst und Kultur 800–1400, Köln/Brüssel 1972, 323 f. — Musée de Cluny, Guide, Paris 1986, 104. *H. Lepie*

Schreinmadonna (oder Klappmadonna, franz. »Vierge ouvrante«) zählt wie die Pietà, Ährenkleidmadonna, Maria gravida oder Christus-Johannes-Minne zu den hochma. Andachtsbildern.

Bis heute haben sich vom endenden 12. bis zum ausgehenden 16. Jh. an die 45 Exemplare mit Verbreitungsgebieten in Ostfrankreich, Spanien/Portugal, Schweiz, dem Deutschordensland und am Mittelrhein erhalten. Charakteristisch für die meist sitzende Mfigur sind die Abnehmbarkeit des Christuskindes und das im T-förmigen Schnitt fakultative Aufklappen des Mkorpus mit plastischem Eingerichte. Stehende Exempla sind eher in der Minderheit, so die Madonnen der Sammlung de Belloch, von Pie de Concha, Cheyres, Alluyes, Autun, Bannalec, Palau-del-Vidre, Leugney, Marly, Zürich, Frankfurt a. M., Massiac und Kaysersberg. Bei geöffnetem Zustand der Klappflügel verwandelt sich die S. in eine Art → Schutzmantelmadonna, deren Innenfläche reliefiert und/oder auch malerisch ausgestaltet sein kann. Das Eingerichte bringt entweder Szenen aus der Passion Jesu oder aus dem Mleben; eine späte Gruppe übernimmt in Kombination die trinitarische Thematik, meist in Gestalt eines Gnadenstuhls. Die spezifische Eigenart der S. ist für die Fragmentierung bes. anfällig. Vielfach bezeugtes Unverständnis für diesen Andachtsbildtypus förderte die Dezimierung des Denkmälerbestandes.

Umfangreiche Lit., bes. zur S. von Cheyres, dem ehemaligen Gnadenbild von Yvonand, belegt zwar lückenlos den Denkmälerbestand, jedoch weniger Funktion und Kult dieser marian. Schreingehäuse, die als Kustodien eher Vorläufer von → Platyteramonstranzen darstellen, vereinzelt auch Behälter für Reliquien. Das Öffnen und Schließen der Madonnen ist ähnlich der Gepflogenheit an Flügelaltären nicht nur heortologisch bedingt (vgl. Karliturgie), sondern die »Vierges-tabernacles« sind auch von eucharistisch paraliturg. Relevanz. Vermutlich fand die eucharistische Brotgestalt in der reliquienkammerartigen Sockelzone auf vorkragendem Sockelgesims in Pyxiden Reponierung, um »dat werde hilghe sacrament des lichnames vnses Heren Jhesu Cristi in ener monstrancien edder in enen marienbilde« dem Gläubigen zu weisen (z. B. 1418 im Chor der Burgkirche des Dominikanerklosters zu Lübeck). Dieser Brauch ist ab dem beginnenden 12. Jh. belegt, wird jedoch in einem Brief des Ivo v. Chartres (ca. 1040–1117) an Bischof Johann v. Orléans (PL 162,166) moniert, obwohl weiterhin Schenkungen solcher S. (z. B. 1304 an die Kathedrale von Reims) nachweisbar sind. Auch Johannes → Gerson (Oeuvres complètes VII/2, 1968, 963) verwahrt sich 1402 in einer Weihnachtspredigt dagegen, obwohl theol. Voraussetzungen gegeben sind, wonach Ms Schoß als »Trinitatis thalamus« (Ps.-Isidor v. Sevilla: PL 83,1286), als »gotes tabernackel« (Konrad v. Würzburg, Goldene Schmiede) oder als »Bundeslade« (Salzer 10–12. 280 f.) bezeichnet wird. Ist die Skulptur aus Elfenbein geschnitten, so z. B. 1343 in ND zu Paris (verloren), Allariz und Evora (Diözesanmus., um 1280–1300, mit nachträglichen Veränderungen des 16. Jh.s), ist infolge des Materials zusätzlich die Jungfräulichkeit Ms apostrophiert. Darauf verweisen die bekannten marian. Beiworte: Elfenbeinerner Turm und Elfenbeinerner Thron Salomos, etwa bei Ps.-Hugo v. St. Victor (PL 177,770 f.), Bernhard v. Clairvaux (Opera VI, 2, 1972, 127 f.) oder bei Konrad v. Würzburg (Salzer 38 f. 293 ff.).

Die Aussage einer solchen Mfigur als Sakramentsschrank wird zudem durch die Thematik der reliefierten oder gemalten Innenausstattung mit Szenen des Mlebens oder der Passion Christi differenziert. Ersteres zeigt sich in den Beispielen von Evora, Allariz (Elfenbein, aus dem Convento de Santa Clara zu Allariz/Orense, um 1280) und Salamanca (Birnbaumholz und Elfenbein, aus dem Claustro de la Catedral Vieja zu Salamanca, heute Diözesanmus., um 1270/80). Die Geburt Christi wird unmittelbar hinter der Ostensorienplinthe dargestellt, was dieser Szene eine eucharistische Dimension verleiht, wie wie später z. B. bei Stefan Lochners »Geburt Christi« (München, Alte Pinakothek, um 1445) durch das Corporale zwischen den Strohähren und dem Jesuskind zum Ausdruck gebracht ist. Mszenen umfassen das Leben der GM von der Verkündigung bis zur Krönung und gleichen damit Programmen üblicher Maltäre (z. B. aus Lyon, um 1300, heute New York, Met. Mus.).

Häufiger sind jedoch im Eingerichte Passionsszenen, die Ms Compassio in den Vordergrund stellen, (ähnlich dem → Speculum humanae salvationis mit den Arma Christi, s. J. Lutz und P. Perdrizet, 1907, 2, Tafel 59), und sie damit in die Nähe von Bildschöpfungen rücken, die M mit Schmerzensmann oder Kruzifixus darstellen. Beispiele für Passionsthemen: die S. aus dem Kloster Boubon (Elfenbein, heute Baltimore, Walters Art Gallery, um 1200); eine Kopie um 1830 nach einer S. aus der 1. Hälfte des 13. Jh.s (Elfenbein, Paris, Louvre); eine Elfenbeinkopie in Rouen (Musée des Antiquités); ebenso ein Exemplar in Lyon (Musée des Beaux-Arts); in Nußbaumholz und mit Fassung des 19. Jh.s die Skulptur aus dem Zisterzienserinnenkloster ND la Royal in Maubuisson (1973 entwendet; ca. 1240); das Gnadenbild von ND de Quelven bei Pontivy (Holz, ca. 1320/30); die 1978 gestohlene Skulptur der Pfarrkirche von Cheyres/Neuenburger See (ca. 1330/40) und

Schreinmadonna, Ende 14. Jh., Nürnberg, Germanisches Nationalmuseum

die späte Darstellung (ca. 1600) in der Pfarrkirche ND zu Folgoat/Bannalec in Frankreich (1939 durch Brand stark beschädigt). Auch in Spanien wird der Passionstypus von S. in den Sammlungen des Conde de las Almenas in Madrid (Holz, um 1480) und des Conde de Belloch/Barcelona (Holz, ca. 1510/20) bezeugt, weiters durch die noch am ursprünglichen Standort verbliebene Nußbaumholzfigur der Ermita de NS de Consolación im kantabrischen Pie de Concha (um 1550).

Die umfangreichste Gruppe der S. zeigt im Inneren die skulpierte Gruppe einer Dreifaltigkeit in Form des sog. Gnadenstuhls, wobei der Kruzifixus, bevorzugt abnehmbar gestaltet, oftmals verloren ging. Bei der S. aus Lubiszewo (heute Pelplin/Polen, Diözesanmus., um 1400) findet sich z. B. das Schutzmantelmotiv mit den auf den Flügeln aufgemalten Ständen der Christenheit, die nicht zu ⓜ, vielmehr zur Mitte, dem Allerheiligsten, hin orientiert sind und somit eine »Ewige Anbetung« darstellen. Dieses Moment unterstreichen zudem noch inzensierende Engel, so bei der Madonna aus dem Klarissenkonvent Alspach im Tal von Kaysersberg (Holz, heute Kaysersberg, Musée historique, um 1360), bei der Holzfigur zu Moulins/Allier (Diözesanmus., um 1350) und, als Leuchterengel gestaltet, beim Exemplar der Pfarrkirche in Egisheim/St.Peter-Paul (Holz, ca. 1320). Die Trinität tradieren weiters Beispiele in Amiens (Eichenholz, Bibl. Municipale, ca. 1250), die oberrheinische Figur (ca. 1450) der Sammlung des Grafen H.Wilczek auf der Burg Kreuzenstein bei Wien, die aus dem Benediktinerkloster Schönau (bei Strüth) stammende Eichenholzmadonna (Limburg/Lahn, Diözesanmus., um 1480) und eine der Egisheimer verwandte Darstellung in Berlin (Staatl. Mus., um 1330), weiters die Holzfigur in der Kirche zu Massiac/Cantal (ca. 1330/40) und die der Privatsammlung zu Cantal (ca. 1350). Der Kaysersbergerin verwandt ist die der ehemaligen Sammlung Georg Hartmann in Frankfurt a.M. (Nußbaumholz, um 1360) aus dem Kartäuserkloster in Moselweiss bei Koblenz. Derselben Zeit zugehörig ist die Holzfigur aus der Friedhofskapelle der Pfarrkirche Marly bei Fribourg (heute: Fribourg, Musée d'art et d'histoire) und die erst 1986 in der St.Annenkirche zu Neunkirchen/Daun aufgefundene Lindenholzskulptur in Trier (Diözesanmus.). Aus der St.Joder Kapelle im Obergrund zu Luzern stammt eine Nußbaumholzmadonna (Zürich, Schweizerisches Landesmus., um 1410). Etwas später (1430) ist die Eichenholzfigur im Musée populaire comtois zu Besançon/Doubs aus der Kirche von Leugney, davon abhängig die bekannte Olivenholzmadonna der Pfarrkirche in Palau-del-Vidre (ca. 1450) in den Ostpyrenäen. Nach der Mitte des 16.Jh.s datiert die Nußholzfigur in der Kirche zu Alluyes bei Bonneval/Eure-et-Loir. Die umfangreichste Programmentfaltung liefert die ⓜ lactans mit der plastischen Trinität und den gemalten Szenen der Menschwerdung und der Vita Christi (um 1400) in der Matthäuskirche zu Morlaix/Finistère aus der Stiftskirche ND du Mur/Morlaix.

Der Deutschordenslandtpyus gehört hauptsächlich dem 14./15.Jh. an und findet sich verbreitet in Böhmen, Schlesien, Österreich, Süddeutschland und im Deutschordensgebiet. In der Anordnung des Kindes, auf dem Typus der → Dexiokratousa basierend, trägt ⓜ das Jesuskind an der rechten Körperseite, so die frühe (ca. 1395) und gut publizierte Darstellung aus Roggenhausen bei Graudenz/Westpreußen (Lindenholz, Nürnberg, Germ. Nat. Mus., um 1395); derselben Gegend zugehörig ist die aus gleichem Material geschnitzte Statuette (um 1400) im Musée de Cluny in Paris; als deren »Schwester« gilt die Madonna von Klonowken/Treugenhof (Pelplin, Diözesanmus.). Aus der Schloßkapelle der Burg Elbing stammte die seit 1945 verschollene S. von St.Marien zu Elbing/Polen (1402), die Ähnlichkeiten zur Nürnbergerin aufwies. Im ehemaligen Dominikanerkloster St.Georg zu Sejny befand sich die heute in der Pfarrkirche St.Georg verehrte Lindenholzmadonna (um 1410) von Sejny bei Suwałki/Polen. Eventuell aus der Marienburg kommt die Lindenholzfigur (ca. 1420) im Kunstindustrimuseet zu Kopenhagen. Von einem schwedischen Bildhauer hingegen dürfte die um 1430 entstandene ⓜ im Schloßmuseum zu Kalmar stammen. Derselben Zeit zugehörig und ab 1927 in der Kirche zu Misterhult/Schweden in kultischem Gebrauch ist die Statue aus der Kirche von Övertornea/Norrbotten (Schweden). Eine vermutete Stiftung von Erzbischof Jakob Ulfsson würde eher für eine heimische Arbeit und gegen die Provenienz aus Lübeck sprechen, wogegen die Eichenholzarbeit in der St.Jacobi-Kirche zu Hamvarde/Kreis Lauenburg (ca. 1420) aus stilistischen Gründen für eine Lübecker Arbeit in Frage kommt.

Die S. im Dom- und Diözesanmus. Wien (Nr. 294) aus der Pfarre Schwarzau am Steinfeld fällt nicht nur durch ihren niederösterr. oder steirischen Bildhauer und die Datierungsprobleme aus dem üblichen Rahmen. Die stilistischen Besonderheiten des Weichen Stils legen eine Datierung um 1420/30 nahe, doch ist gegenüber den üblichen Denkmälern die abseitige geographische Lage der Skulptur (vgl.: G. Radler, Tafel XIV f.) auffallend. Diese Tatsache und die verstreuten Quellen postulieren, daß der Typus des Andachtsbildes »Schreinmadonna« vor dem Hintergrund lang andauernder theol. Kontroversen einem überdurchschnittlichen Selektionsprozeß ausgeliefert war und die bisherige spekulative eucharistische Bildthematik infolge neuer konziliarer Postulate ab dem 17. Jh. eine ikonologische Ausformung in den sog. → Platyteramonstranzen fand.

Lit.: E. Didron, Les images ouvrantes, In: Annales archéologiques 26 (1869) 411 ff. — A. Hénault, Notice sur la statue ouvrante de Sainte-Marie d'Alluyes, In: Mémoires de la Société archéologique d'Eure-et-Loir 7 (1882) 378 ff. — Baron de Verneilh, La Vierge ouvrante de Boubon, Découverte de la seconde partie, In: Bulletin de la Société archéologique et historique du Limousin 46 (1898) 254 ff. — A. Fabre, Les Vierges ouvrantes, In: Notre-Dame I (1911) 54 ff. — J. Sarrète, Vierges ouvertes, Vierges ouvrantes et la Vierge ouvrante de Palau-del-Vidre, Lezignan 1913. — W. Fries, Die S., In: Anzeiger des Germ. Nat. Mus. Nürnberg 1928/29, 5 ff. — Trens 497–524. — A. A. Schmid, Die S. von Cheyres, In: Lebendiges MA, FS für W. Stammler, 1958, 130 ff. — M. Vloberg, Vierges ouvrantes, In: Sanctuaires et pèlerinages, Bulletin du Centre de documentation 30 (1963) 25 ff. — A. Brachert-von der Goltz, Eine S. aus Kaysersberg, In: Schweizerisches Institut für Kunstwissenschaft 1966, 87 ff. — Ch. Sterling, La Vierge ouvrante de Morlaix, In: Les Monuments historiques de la France, NS 12 (1966) 139 ff. — H. Westpfahl, Die S., In: Der Dorotheenbote 27 (1970) 158 ff. — M. und R. Blancher, Recherches sur la Vierge de Boubon, 1972. — H. Westpfahl, Einige Gedanken zu den S., In: Der Dorotheenbote 30 (1972) 222 ff. — H. Sachs, E. Badstüber und H. Neumann, Christl. Ikonographie in Stichworten, 1975, 299. — Chr. Baumer, Die S., In: Marian Library Studies, NS 9 (1977) 237 ff. — H. Stafski, Schreinmadonna, Westpreußen, In:

Ausst.-Kat., Die Parler II, 1978, 519. — G. M. Lechner, Maria Gravida, Zum Schwangerschaftsmotiv in der bildenden Kunst, 1981. — M. Weber, Baldachine und Statuenschreine, Diss. masch., Frankfurt a. M. 1982. — C. Schleif, Die S. im Diözesanmuseum zu Limburg, In: Nassauische Annalen 95 (1984) 39ff. — R. Kroos, »Gotes tabernackel«. Zu Funktion und Interpretation von S., In: ZAK 43 (1986) 58ff. — M. Gebarowicz, Mater Misericordiae in the Art and Legend of East-Central Europe (polnisch), In: Studia z Historii Sztuki 38 (1986) 28–31, Abb. 7–9. 31. — G. Radler, Die S. »Vierge ouvrante« von den bernhardinischen Anfängen bis zur Frauenmystik im Deutschordensland, In: Frankfurter Fundamente der Kunstgeschichte IV, 1990 (Lit.). — K. Hengeross-Dürkop, Skulptur und Frauenkloster. Studien zu Bildwerken der Zeit um 1300 aus Frauenklöstern des ehemaligen Fürstentums Lüneburg, 1994.   *G. M. Lechner*

Schreker, Franz, * 23. 3. 1878 in Monaco, †21. 3. 1934 in Berlin, studierte in Wien Violine, später Komposition (1892–1900). 1900–07 versuchte er sich in mehreren Berufen, wurde seit 1908 durch verschiedene Kompositionen (z. B. das Ballett »Der Geburtstag der Infantin«) und als Dirigent des von ihm gegründeten Philharmonischen Chores bekannt. Mit seinen Opernwerken (»Der ferne Klang« [1912], »Die Gezeichneten« [1918], »Der Schatzgräber« [1920], »Der Schmied von Gent« [1932]) erlangte er internat. Ruhm. 1920 wurde er Direktor der Hochschule für Musik in Berlin; 1932 übernahm er eine Meisterklasse für Komposition an der Preußischen Akademie der Künste. 1933 wurde er auf nationalsozialistischen Druck seines Amtes enthoben; seine Oper »Christophorus« war schon vorher nicht zur Aufführung zugelassen worden. In S.s Musik spiegelt sich zunächst die Beschäftigung mit Debussy und R. Strauss, während sein Spätstil von dissonanter Linearität geprägt ist. An geistlicher Musik findet sich eine Vertonung von Psalm 116 für 3-stimmigen Frauenchor, Orchester und Orgel (1900, Abschlußarbeit am Wiener Konservatorium) sowie ein Ave Maria (1902) für Singstimme und Orgel.

Lit.: G. Neuwirth, F. S., 1959. — H. H. Stucken, F. S., In: Ders., Die großen Komponisten unseres Jh.s, 1971, 74–82. — MGG XII 73–76.   *M. Hartmann*

Schreurs, Jacques (Jacobus Hubertus), * 9. 2. 1893 in Sittard, †31. 1. 1966 in Weert, niederländischer Dichter, trat in den Orden der Missionare vom heiligsten Herzen Jesu (MSC) ein und studierte Phil. und Theol. in Arnheim. Nach der Priesterweihe (1919) war er als Lehrer und in der Seelsorge tätig, u. a. 1923–36 als Kaplan in → Sittard. Die letzten 30 Jahre seines Lebens konnte er sich hauptsächlich der Literatur widmen.

S., der anfangs dem Literatenkreis um die progressiv-kath. Zeitschrift »De Gemeenschap« angehörte, trat v. a. mit geistlicher Poesie und als Verfasser von Laienspielen rel. Inhalts hervor. Daneben veröffentlichte er u. a. Romane und Erzählungen, häufig autobiographisch gefärbt, wie die »Kroniek eener parochie« (1941–48), die noch in den 70er Jahren die Vorlage für eine erfolgreiche Fernsehserie abgab, sowie geistliche Biographien, Gedenkbücher und Heiligenviten. Aus seinem Oeuvre spricht eine kindlich-heitere Frömmigkeit und stellenweise auch eine innige Verbundenheit mit seiner Heimat, dem Süden der niederländischen Provinz Limburg. Bekannt blieb er durch sein Passionsspiel »Van Gabbatha naar Golgotha«, das seit 1931 alle fünf Jahre im südniederländischen Tegelen aufgeführt wird.

Sein Passionsspiel stellt S. im Vorspruch ausdrücklich unter den Schutz der GM, obwohl ⓜ im Stück selbst nur eine relativ bescheidene Rolle spielt: In einem Dialog mit ihrem Sohn im 2. Akt weiß dieser sie von der Notwendigkeit seines Kreuzestodes zu überzeugen, woraufhin sie sich dem göttlichen Willen fügt; anschließend konfrontiert S. sie wirksam mit der Mutter des Judas, die ihren Sohn sucht und Unheil befürchtet; bei einer zweiten Begegnung der beiden unter dem Kreuz, verweist ⓜ die Mutter des Judas auf Gottes Erbarmen. Eine Pietà-Szene sowie ein Aufruf ⓜs zu Glauben und Hoffnung schließen das Spiel. Auch in mehreren Gedichten befaßt sich S. mit der GM: sie sind zumeist Miniaturen vergleichbar, voller Liebe zum Detail und im naiven Ton gehalten. So besingt S. »In kinderlijk aanschouwen« die Jugend ⓜs; in »Ik denk aan U« betrachtet die Ich-Person mit innigem Mitgefühl das Leben der GM von der Verkündigung bis zur Klage um den toten Sohn; »Het landjuweel« schildert, wie ⓜ als Maienkönigin durch Limburg zieht und Land und Leute segnet. Hin und wieder greifen Gedichte Legendenstoffe auf. So erzählt »Viaticum«, wie ⓜ einem Sterbenden die Wegzehrung bringt. Auf Grund seines ausgeprägten symbolischen Gehalts bildet das Gedicht »Pietà«, das erstmals 1933 in dem Sammelband mit Heiligengedichten »Nis en nimbus« erschien, einen Ausnahme: Es stellt eine Parallele her zwischen der Gottesgebärerin und der Schmerzensmutter, aus deren Schoß der Heiland der Welt wiedergeboren wurde. Unter dem Titel »Pietà« veröffentlichte S. 1938 auch ein ⓜspiel, in dem die GM als die Verkörperung der Weiblichkeit und der Mutterschaft schlechthin erscheint, die zudem ihre Schützlinge nie im Stich läßt. Mit der toten Hauptperson, dem Bildhauer Lucas, in den Armen wird sie am Schluß erneut zur Schmerzensmutter, die dem Volk, das von der Pest heimgesucht wird, Rettung bringt.

Bis auf das Tegeler Passionsspiel, das nach wie vor, wenn auch in überarbeiteter Fassung, aufgeführt wird, ist S.s Oeuvre heute weitgehend vergessen.

Lit.: Th. Schouw, De krekel op de harp. De priester-dichter J. S. MSC (1893–1966), 1993.   *G. van Gemert*

Schriftsinn. *1. Allgemeine Überlegungen.* Die Legitimität, verschiedene S.e anzunehmen, wurde in Geschichte und Gegenwart immer wieder behauptet, aber auch mehr oder weniger stark bestritten, wobei über das damit Gemeinte bei Gegnern und Verteidigern verschiedene Vorstellungen herrschten. Ein spätma. Distichon lautet: »Littera gesta docet, quid credas allegoria, moralis quid agas, quo tendas anagogia.« Der Buchstabe erzählt die geschichtliche Tatsache, die Allegorie bezieht sich auf die Mysterien des Glaubens, der moralische Sinn bedeutet die Lebensregel und die innere Haltung, die Anagogia die Wirklichkeit des kommenden Äons (vgl. de Lubac, Der geistl. Sinn, 13.17f.). Daneben ist noch vom »typischen« Sinn die Rede bzw. von Typologie; damit wird die Vorherbildlichkeit atl. Ereignisse für das NT bzw. für die Erlösungstätigkeit Christi bezeichnet (vgl. Hebr 9,11; 1 Kor 10,1–13). Die Verwirrung wächst, weil der typische und der anagogische Sinn oft mit dem allegorischen vermengt werden. Unabhängig von dieser Einteilung sprechen andere einfach vom »geistigen« Sinn. Wenn ein tieferer und gefüllterer S. angenommen wird, der die bewußte Aussageabsicht des menschlichen Verfassers übersteigt, aber von Gott doch in den Literalsinn eingeschlossen wurde, spricht man von sensus plenior. Da die →Akkommodation nur einen äußerlichen, vom Text her nicht begründbaren, sondern an ihn herangetragenen Bezug meint, kann der akkommodierte S. hier unberücksichtigt bleiben.

Die erste christl. Generation benützte als »Schrift« nur das AT, aber in christol. Auslegung: vgl. Hebr 1,5–13; Mk 12,35ff. Die »gesamte Schrift« (Lk 24,22) handelt von Jesus und bezeugt den Sohn (vgl. Joh 5,39). Der Christ ist nicht Diener »des Buchstabens, sondern des Geistes« (2 Kor 3,6). Die Augen der Juden sind verhüllt, so daß sie nichts verstehen, wenn Mose vorgelesen wird (vgl. 2 Kor 3,12–17). Die geistige Sinndeutung der Schrift wurde zur Lehre von einem allegorischen Sinn ausgebaut: Diese Auslegungsweise, von den Griechen schon zur Vergeistigung fragwürdiger Göttergeschichten und von Philo auf jüdische Schriften angewandt, wurde v. a. von Origenes durchgeführt. Die Berechtigung dazu leitete er von der Einheit der inspirierten Schrift aufgrund der Einzigkeit Gottes (gegen Markion, Gnosis) her: »Unus est deus legis et prophetarum et domini nostri Jesu Christi pater« (De princ. II 4). Deshalb nennt er die ganze Schrift »ein Evangelium«. Dabei hat Origenes allerdings die Möglichkeiten des allegorischen S.s überzogen. Er ging nämlich weniger als Irenäus von einer allmählichen Offenbarung Gottes im Sinn einer realistischen Heilsgeschichte aus, sondern mehr von der allmählichen Enthüllung des Tiefensinns im Verlauf der Geschichte. Demzufolge war bereits im AT die volle Offenbarung enthalten, nur nicht erkennbar (vgl. Ziegenaus, Kanon, 52). Diese Sicht führte nicht nur zur Abwertung der Geschichte und des faktischen Geschehens (so daß etwa auch Abrahams häufiges Brunnengraben nichts mehr mit der Wassernot zu tun hat, sondern im allegorischen Sinn zum ständigen Tiefergraben der Seele mahnt), sondern auch des Buchstabens. Obwohl man beim großen Alexandriner zunächst würdigen muß, daß er die Schriften als Leib des Wortes schätzt und Text und Wortlaut größtes Interesse entgegenbringt (textkritisches Unternehmen der Hexapla), wird der Literalsinn häufig mit der inconveniens Judaica intelligentia identifiziert und zu niedrig bewertet, da er sogar Unsinniges aussagen kann, wobei Gott gerade dadurch zum Suchen des geistigen Sinnes anregen wollte (vgl. Lubac, Histoire..., 92–104). Die Vertreter der Antiochener Schule sahen in solcher Allegorese zuviel Willkür und betonten den Literalsinn. →Theodor v. Mopsvestia lehnte die allegorische Auslegung von Hld ab und verbannte die Schrift aus dem Kanon; insgesamt verhielt er sich gegen die christozentrische Auslegung des AT sehr reserviert. Sein denkerisch ausgewogenerer Bruder Polychronius erkannte den Zusammenhang von Kanonizität und Auslegungsmethode: Wer nur den Buchstaben und den historischen Sinn gelten läßt, könne die Bedeutung vieler atl. Stellen bzw. Schriften für das ntl. Gottesvolk nicht mehr erklären und müsse sie aus dem Kanon verweisen (wenn einem anerkannten Grundsatz zufolge die gesamte Schrift von Christus spricht), wie es Theodor getan hat. Polychronius fordert deshalb einerseits nicht nach Art der Juden nur bei der historia stehen zu bleiben, andererseits aber mit der notwendigen allegoria dem Buchstaben keine Gewalt anzutun (vgl. Ziegenaus, Kanon, 112ff.).

Bis in die Neuzeit war in der Theol. mit der Einheit der Schrift, ihrer Inspiration und Christozentrik (auch des AT) mehr oder weniger die allegorische Schriftauslegung üblich und anerkannt. Die Betonung des Literalsinns bzw. die Ablehnung des geistigen Sinns in der Neuzeit sind einmal eine Folge der starken theol. Kontroversen, denn schon Augustin (Ep. 93, PL 33,334) und Thomas (S. Th. I, I, a 10) erklärten, daß nur aus dem buchstäblichen Sinn theol. Beweise gezogen werden können, dann der Kanonkrise seit Semler (vgl. Ziegenaus, Kanon, 239) und v. a. der Forderung von W. Wrede, in der ntl. Theol. »streng geschichtlich« vorzugehen, d. h. jede biblische Schrift allein für sich ohne die (nachträgliche) dogm. Vorgabe der Kanonizität und der Inspiration zu behandeln. Man müsse also von der Vorstellung der besonderen Zusammengehörigkeit bestimmter Bücher im AT oder NT oder der Einheit der Schrift abgehen und schon einen innerbiblischen Pluralismus akzeptieren. Im einzelnen wird gegen die Annahme eines geistigen Sinns eingewandt, daß dann ein Text zwei Sinne, einen »menschlichen« und einen »göttlichen« haben müsse, der Verfasser der Schrift offensichtlich vom tieferen Sinn, der erst vom NT her erfaßt wird, nichts gewußt habe und die Postulierung eines sensus plenior eine Geringschätzung der historisch-kritischen Exegese und eine Verkennung des geschichtlichen Charakters der Bibel bedeute (vgl. MySal I 420ff). Ein sensus plenior kann jedoch entgegen diesen Einwänden angenommen werden, wenn folgende drei für den christl. Glauben konstitutiven Momente anerkannt werden: Einmal die Einheit der durch Kanonizität und Inspiration bes. qualifizierten Schrift, dann ihre Hinordnung auf Jesus Christus (ein »Altes« Testament ist nicht vom Judentum her zu verstehen, sondern nur in Hinblick auf das Neue, das vom Christusereignis geprägt ist) und schließlich die Interdependenz von Schrift und Kirche. In Hinblick auf diese Interdependenz ist näherhin klarzustellen, daß der Begriff »Altes« und »Neues Testament« und der Umfang der beiden Testamente nicht in der Bibel selbst zu finden sind. Der Umfang, d. h. die Zahl der kanonischen Schriften, ergab sich vielmehr aus einem kirchlichen Entscheidungsprozeß. Mit dieser Festlegung hat sich die Kirche aber nicht über die Schrift gestellt, sondern sich für immer einer Norm unterstellt. Da also die einzelnen Schriften, so wird argumentiert, normativ sind, aber inhaltlich divergieren, steht der behaupteten Einheit der Bibel ein tatsächlicher Pluralismus gegenüber, den die Kirche zu achten habe. Einer solchen pluralistischen Atomisierung der Bibel ist mit H. Schlier (339f. 432f.) entgegenzuhalten, daß zwar die Konturen einer Einzelschrift nicht einer vorschnellen Harmonisierung geopfert werden dürfen, daß aber jede Einzelschrift antipluralistisch in der Ablehnung einer Irrlehre die Tendenz zu einer einheitlichen Lehre in sich trägt. Die Kirche, die über den Kanon entschieden und die Begriffe »Altes« und »Neues Testament« geschaffen hat, zwingt deshalb die Einzelschriften nicht in ein dogm. Korsett, wenn sie diese zusammenschaut und auf Einheit hin interpretiert, sondern wird damit der Einheitsforderung jeder Einzelschrift auf der Ebene der gesamten kanonischen Schrift gerecht. Wie Kanon und die Begriffe »AT« und »NT« keiner Einzelschrift entnommen werden können, so auch nicht die Einheit der Schrift. Die Einheitsschau der Schrift ergibt sich nicht nur aus der Glaubensüberzeugung von der Inspiration, sondern von der buchstäblichen Einheitsforderung jeder Einzelschrift. Insofern hängt nicht nur die Kirche von der Schrift ab, sondern auch diese verlangt die hermeneutische Einheitsinstanz der Kirche. Nur wo »die Einheit der Schrift, ihre christologische Finalität und grundsätzliche Hinordnung auf die neutestamentliche Hinordnung auf die neutestamentliche Heilsgemeinde« anerkannt werden, legt sich »das tatsächliche Vorhandensein eines Schriftsinns nahe, der an Fülle und Tiefe in die reflex bewußte Aussageabsicht des durch seine geschichtliche Kontingenz notwendigerweise beschränkten menschlichen Einzelverfassers übertrifft« (MySal 413 f.). Gegen die obengenannten Einwände ist deshalb zu betonen, daß nicht die kritische Exegese geringgeschätzt und auch nicht ein doppelter Sinn des einen Textes angenommen wird, daß vielmehr dieser buchstäbliche Sinn über sich hinausweisen kann. Zur Erläuterung der Offenheit des Literalsinns sei z. B. daran erinnert, daß das AT (Ausnahme: Spätschriften) bei »Leben« das Dasein in der irdischen Zeitspanne meint, jedoch die gewaltigen Aussagen des Vertrauens zu Jahwe auf eine unzerstörbare Lebensgemeinschaft verweisen (vgl. Ps 16,11; 73,23 ff.), auf eine Jenseitshoffnung, die letztlich erst durch die Auferstehung Jesu Christi in aller Helle aufleuchtet (vgl. MySal 417 ff.).

2. Mariologische Konkretisierung. Nach diesen allgemeinen Darlegungen können Stellen genannt werden, die in einer vom Verfasser der Einzelschrift nicht bewußt erfaßten (und vielleicht nicht erfaßbaren) Weise aufgrund der Einheit der inspirierten Schrift bei einer tieferen Auslegung auf ᙏ verweisen. Einmal ist das sog. →Protoevangelium (MySal 416 f.; Pozo 40–49) zu nennen. Gen 3,15 spricht von der Feindschaft zwischen der Frau und der Schlange und ihren jeweiligen Nachkommen. Die Stelle verweist in einem tieferen Sinn auf den Messias als den Schlangenzertreter, impliziert jedoch aufgrund der Feindschaft zwischen der Frau und der Schlange auch einen Verweis auf ᙏ, denn Eva kann angesichts ihrer Sünde nicht als dezidierte Gegnerin der Schlange betrachtet werden. Zudem ist noch Offb 12,9.13.17 aufgrund der Einheit der Schrift bei der näheren Auslegung von Gen 3,15 zu berücksichtigen.

Eine andere mariol. bedeutsame Stelle ist Jes 7,14. Der Evangelist Matthäus (1,23) sieht in der Geburt Jesu aus der Jungfrau eine messianische Prophezeiung erfüllt. Der Einwand, der Prophet habe keinesfalls an die jungfräuliche Geburt Jesu gedacht, spricht nach den oben angestellten allgemeinen Überlegungen nicht gegen die Möglichkeit eines tieferen Sinnes von Jes 7,14. Auch wenn dieser nicht klar beweisbar ist, geben folgende Momente Anlaß zum »Nachdenken«: die Übersetzung der Septuaginta mit παρθένος, die Bedeutung des hebr. »'almah«, das immer eine junge Frau meint, die noch Jungfrau ist (Pozo 54: En toda la Biblia no existe un solo caso en que la palabra 'almah se aplique a una mujer no virgen), die Namensgebung durch die »'almah« (nicht durch den Vater! Ebenso gibt nach Lk 1,31 ᙏ den Namen; anders Septuaginta: »wird ... gebären und du wirst nennen«; Gen 16,11 ist kein Gegenargument zur Namensgebung durch den Mann) die besondere Art der Zeichenhaftigkeit, die wohl nicht in der Voraussicht einer normalen Geburt, sondern in der Allmacht (7,11: Zeichen aus der Unterwelt oder aus der Höhe!) und schließlich die Tatsache, daß die Stelle auch heute noch eine crux interpretum (→Jesaja) ist.

Unter Voraussetzung, daß das →Hohelied nur wegen seiner typologischen Auslegung in den jüdischen und christl. Kanon (vgl. oben: Theodor v. Mopsvestia) aufgenommen wurde, wäre auch in mariol. sensus plenior dieser Schrift diskutierbar. Die Liturgie und ma. Hld-Kommentare neigen zu einer solchen Auslegung; sonst handelt es sich um bloße Akkommodation (vgl. Pozo 36 ff.).

Aus dem NT sei Lk 1,28 erwähnt: Der Text selber besagt zunächst nur, daß ⓜ begnadet ist, doch lassen das griech. Wort κεχαριτωμένη der Vokativ und der antizipierende Charakter der Anrede durchaus einen »Spielraum, die auf die Messiasmutterschaft hin gewährte Begnadigung (vgl. V 30) in ihrer Tiefe auszuloten« (vgl. H. Schürmann, Das Lukasevangelium, 1982, 44 f.), und verweisen also in die Richtung eines sensus plenior (gratia plena, Immaculata). Wenn auch die Apokalyptische Frau von Offb 12 auf Israel/Kirche hin zu deuten ist, läßt die Stelle doch eine gewisse marian. Auslegung zu. Wer noch den Sündenfallbericht und die lukanische Verkündigungsszene, d. h. die alte und die neue Eva gegenüberstellt, wird die Bedeutung der Frage nach der Berechtigung eines gefüllteren S.s für die Mariol., aber auch der Mariol. für die Möglichkeiten eines tieferen Verständnisses der Schrift ermessen.

Lit.: H. de Lubac, Histoire et Esprit. L'intelligence de l'Ecriture d'après Origène, 1950. — Ders., Der geistliche Sinn der Schrift (Geleitwort von H. U. v. Balthasar), 1952 (Lit.). — H. Riedlinger, Die Makellosigkeit der Kirche in den lat. Hoheliedkommentaren des MA, 1958. — MySal I 345–352. 355–357. 383–386. 412–423 (vgl. 289). — W. Wrede, Über Aufgabe und Methode der neutl. Theol., In: G. Strecker (Hrsg.), Das Problem der Theol. des NT, 1975, 81–154. — H. Schlier, Über Sinn und Aufgabe einer Theol. des NT, ebd. 323–344. — C. Pozo, Maria en la Escritura y en la fe de la Iglesia, 1975. — A. Ziegenaus, Die Kanonbildung als Grundlage für theol. Schriftinterpretation, In: FS für L. Scheffczyk, 1985, 203–225. — Ders., Kanon, HDG 3a 2. *A. Ziegenaus*

Schroeder, Hermann, * 26.3.1904 in Bernkastel, †7.10.1984 in Bad Orb, war nach dem Studium der Musikwissenschaft in Innsbruck und Köln Dozent an der Rheinischen Musikschule, 1938 Domorganist in Trier und dort Leiter der Städt. Musikschule. 1946 wurde er als Prof. für Musiktheorie, Komposition und Chorerziehung an die Musikhochschule Köln berufen; ab 1981 wirkte er als Dozent an der Kirchenmusikschule Regensburg.

S. war einer der bedeutendsten kath. Kirchenkomponisten unserer Zeit, sein Schaffen beschränkte sich jedoch nicht auf den sakralen Bereich. Seine Werke verwenden u. T. gregorianische Themen, so die »Missa Gregoriana«, »Missa Regina Coeli«, die Motette »Stella maris« und »Marianische Antiphonen« für Orgel.

Lit.: R. Kreusen, Die Orgel- und Vokalwerke von H. S., Diss., Bonn 1972. — R. Mohrs, H. S., 1987. — Grove XVI 744 f. — DMM VII 58. *E. Löwe*

Schröder, Rudolf Alexander, dt. Dichter, Übersetzer, Essayist, * 26.1.1878 in Bremen, † 22.8. 1962 in Bad Wiessee, studierte Architektur, Kunstgeschichte und Musik in München, wo er zu den Mitbegründern der Zeitschrift »Die Insel« gehörte. S. verkehrte schon früh mit bekannten Dichtern wie Rilke und Hauptmann, war im Ersten Weltkrieg Zensor in Brüssel, wo er die flämische Lit. schätzen lernte, aus der er später manches übersetzte. Bis in die 30er Jahre war er in Bremen als Innenarchitekt tätig, zog aber, als die Nazis ihn mit einem Berufsverbot belegten, 1936 nach Bayern, wo er in der ev.-luth. Kirche das Predigeramt ausübte und zu einem der prominenteren Vertreter der »bekennenden Kirche« wurde.

Als Übersetzer verdeutschte S. neben Gedichten von → Gezelle und anderen Flamen u. a. auch Dichtungen von Homer, Vergil, Shakespeare, Racine und Molière. Als Lyriker bevorzugte er das Sonett, die Elegie und die Ode. Er verfaßte viele geistliche Gedichte, etwa Psalmennachdichtungen, Gedichte zu den wichtigsten Festen des Kirchenjahres und einen Zyklus zu den Sonntagsevangelien. ⓜ tritt in S.s geistlichen Dichtungen v. a. im Umfeld des Weihnachtsgeschehens auf: so in den vier Gedichten der »Weihnachtsgeschichte« und in »Marien Antwort«. Während ersterer Zyklus v. a. beschreibenden Charakters ist, wird in letzterem Gedicht, das dialogisch angelegt ist, das lyrische Ich, das sich an ⓜ wendet und sie nach dem Grund der Diskrepanz zwischen der göttlichen Würde des Christkindes und der recht einfachen Stätte der Geburt fragt, von der GM statt einer Antwort auf das eigene Innere verwiesen, das die großen Geheimnisse der Erlösung, Menschwerdung und Kreuzestod, ehrfurchtsvoll betrachten soll.

WW: Gesammelte Werke, 8 Bde., 1952–65.
Lit.: R. Schimmelpfennig, Die Geschichte der Marienverehrung im dt. Protestantismus, 1952, 142. — R. Adolph (Hrsg.), S. Bibliographie, 1953. — Ders., Leben und Werk von R. A. S. Ein Brevier, 1958. *G. van Gemert*

Schubert, Franz, * 31.1.1797 in Liechtenthal bei Wien, † 19.11.1828 in Wien, österr. Komponist, erhält seine erste musikalische Ausbildung von Michael Holzer, dem Regens chori der Liechtenthaler Pfarrkirche, der ihn zu geistlichen Kompositionen anregt und auch Aufführungsmöglichkeiten dafür bietet. 1808 wird er Sängerknabe an der Kaiserlichen Hofkapelle und erhält am sog. Stadtkonvikt eine Gymnasialerziehung. Seit 1813 unterrichtet ihn A. Salieri in Kompositionslehre; 1818 geht er als Hausmusiklehrer zum ungar. Grafen Johann Esterházy. Mißerfolge, Krankheit, Verlust der Freunde, Pech mit Frauen und finanzielle Schwierigkeiten prägen S.s letzte Lebensjahre; erst ½ Jahr vor seinem Tod verschafft ihm sein erstes öffentliches Konzert in Wien den Durchbruch.

Als einer der bedeutendsten Komponisten seiner Zeit widmete sich S. hauptsächlich dem Liedschaffen; außerdem schrieb der 8 Symphonien, unvergleichliche Kammer- und Klaviermusik sowie KM; weniger erfolgreich blieben seine Bühnenwerke.

Unter S.s 10 Messen entfalten v. a. die beiden späten in As-Dur (678) und Es-Dur (950) innere Geschlossenheit und letzte Größe, wobei S. in der Es-Dur-Messe gerade das »et incarnatus est ex Maria virgine« durch seine Komposition für zwei Solotenöre hervorhebt und ihm so Bekenntnischarakter verleiht. Zum festen Bestand des Kirchenliedrepertoires gehört S.s sog. »Deutsche Messe« (D 872).

Speziell marian. KM sind S.s sieben Vertonungen des »Salve Regina«: teils für Soli und Orchester bzw. Orgel (D 27, D 106, D 223, D 383 [dt.: »Sei, Mutter der Barmherzigkeit«], D 676), teils für Chor a cappella (D 386, D 811), ein Magnifikat (D 486) sowie zwei »Stabat Mater«: 1815 schreibt er zu dem lat. Text einen schlichten hymnenartigen Satz (D 175, g-moll), ein Jahr später greift er zu der sprachgewaltigen Nachdichtung F. G. Klopstocks, die er im Wechsel von je sechs Soli- und Chorsätzen vertont, wobei die Soli die subjektiven Gefühle ausdrücken, die Chöre die kollektive Trauer (D 383).

S.s persönliche Frömmigkeit ist schwer zu fassen. Ob rel. Verhältnisse im Elternhaus und im Konvikt sowie josephinistisches Denken bei ihm Vorbehalte hervorgerufen haben, muß offen bleiben. Auffallend ist, daß bei allen Messen S.s im Credo die Formel »et unam sanctam catholicam et apostolicam ecclesiam« fehlt. Dieser Mangel beruht möglicherweise auf den Folgen seiner Entlassung aus dem Schuldienst als Volksschullehrer und damit verbunden auch aus dem kirchlichen Dienst als Organist und Kirchenmusiker. S. stand zwar vorübergehend den Waldensern nahe, die in ihrem Kult auf diese Formel im Credo verzichten und einer anderen kath. Textvorlage (vor dem Nicaeno-Constantinopolitanum) den Vorzug geben, ist aber dennoch in seinem inneren Wesen — trotz möglicher Vorbehalte und persönlicher Krisen — stets tief im kath. Glauben verwurzelt geblieben. Zeugnis dafür könnte ein Brief S.s vom 15./18.7.1825 an seine Eltern sein, in dem er schreibt: »Auch wundert man sich über meine Frömmigkeit, die ich in einer Hymne an die hl. Jungfrau (Ave Maria, Jungfrau mild [D 839]) ausgedrückt habe, und, wie es scheint, alle Gemüther ergreift und zur Andacht stimmt. Ich glaube, das kommt daher, weil ich mich zur Andacht nie forcire, und außer wenn ich von ihr unwillkürlich übermannt werde, nie dergleichen Hymnen und Gebete componire, dann aber ist sie auch gewöhnlich die rechte und wahre Andacht …«. Auch eine von S.s letzten Kompositionen ist wohl Ausdruck des eigenen Glaubens: die Vertonung von Ps 5,3–4a »Intende voci orationis meae« (D 963).

QQ: O. E. Deutsch, F. S., Die Dokumente seines Lebens, 1964. — Ders., F. S., Thematisches Verzeichnis seiner Werke in chronologischer Folge, 1978 (= D mit Werknummer).

Lit.: A. Dieckhoff, Die Waldenser im MA, 1851. — O. Wissig, S.s Messen, Diss., Halle 1910. — N. Flower, F. S.: The Man and his Circle, 1928. — K. Kobald, F. S. und seine Zeit, 1928. — L. Hirschberg, F. S.s dt. »Stabat Mater«, In: Dt. Musikerzeitung 49 (1928) 388–390. — L. Nowak, F. S.s Kirchenmusik, 1929. — A. Einstein, Schubert, 1952. — M. J. E. Brown, S.s settings of the Salve Regina, In: Music and Letters 37 (1956) 234–249. — R. S. Stringham, The Masses of F. S., Diss., New York 1964. — L. M. Kantner, F. S.s Kirchenmusik auf dem Hintergrund stilistischer Zusammenhänge und persönlicher Einstellung, In: Schubert-Studien, hrsg. von F. Grasberger, 1978. — Pfarre Liechtenthal (Hrsg.), F. S. und die Pfarrkirche Liechtenthal, 1978. — H. Osterfeld, F. S.: Schicksal und Persönlichkeit, 1978. — H. Jaskulsky, Die lat. Messen F. S.s, 1986. *F. Trenner*

Schürer, Johann Georg, * um 1720 in Böhmen, †16.2.1786 in Dresden, wurde 1748 als Komponist für KM am Dresdner Hof aufgenommen und zählt zu den fruchtbarsten Komponisten des 18. Jh.s. Da er sich nicht der neueapolitanischen Musikrichtung anschloß, blieb ihm zeitlebens die Anerkennung versagt. Seine Werke charakterisieren die Übergangszeit zwischen dem auslaufenden Barock und dem empfindsamen Rokoko.

Ihm werden über 40 Vertonungen des Ordinariums zugeschrieben, sowie 15 Litaniae Lauretanae, 17 Sub tuum praesidium, 12 Alma Redemptoris, 13 Regina coeli, 29 Salve Regina und 6 Magnifikat-Kompositionen. Zu seinen weltlichen Arbeiten gehören u. a. zahlreiche Opern und Symphonien.

Lit.: C. Niessen, Die Kirchenmusik in der kath. Hofkirche Dresden, Wien 1865. — R. Haas, J. G. S. (1720–86), Dresden 1915. — K. Pembaur, Drei Jahrhunderte Kirchenmusik am sächsischen Hofe, 1920. — MGG XII 192–195. — Grove XVI 872 f. *E. Löwe*

Schütz, Heinrich, * 14. 10. 1585 in Köstritz, †6. 11. 1672 in Dresden, erhielt in Weißenfels vom Stadtschulkantor Weber ersten Musikunterricht. 1599 wurde er als Diskantist in die Kantorei des Landgrafen Moritz v. Kassel, seines lebenslangen Förderers, aufgenommen, was zugleich auch eine umfassende humanistische Ausbildung an dem von Moritz gegründeten Collegium Mauritianum bedeutete sowie den Unterricht bei Hofkapellmeister Otto. Nach Studien in Frankfurt an der Oder und Jena (1603–07) ging S. als Jurastudent nach Marburg. Im Frühjahr 1609 reiste er zu Giovanni Gabrieli nach Venedig, wo er bis 1613 blieb, und sein op. 1, die expressiven »Italienischen Madrigale« 1611 herausgab. 1617 wurde S. als kurfürstlich-sächsischer Hofkapellmeister nach Dresden berufen, womit auch das lange unschlüssige Schwanken zwischen Musik und Jurisprudenz ein Ende hatte. S. hatte KM, Kammermusik und höfische Feste zu bestreiten und hierzu eigene Kompositionen zu liefern. 1619 heiratete er Magdalena Wildeck, deren früher Tod 1625 ihn zutiefst traf. 1627 wurde in Torgau seine Oper »Dafne« nach dem Libretto von Martin Opitz, die erste dt.-sprachige Oper, aufgeführt, die aber wie alle seine Bühnenwerke verschollen ist. Die zweite Italienreise brachte 1628 die Bekanntschaft mit Claudio Monteverdi und dessen bahnbrechenden musikalischen Neuerungen. In Dresden verschlimmerten sich die Verhältnisse infolge des Dreißigjährigen Krieges dramatisch, so daß S. drei Einladungen an den dänischen Hof nach Kopenhagen annahm, was neben Kompositionsaufträgen auch die Ernennung zum Hofkapellmeister einbrachte. Weitere Auslandsaufenthalte folgten nicht mehr, wohl aber besuchte S. dt. Fürstenhöfe, wie Wolfenbüttel, wo er 1655–65 als Kapellmeister fungierte.

Obwohl S. unterdessen als oberste dt. Musik-Autorität galt, waren die Zustände am Dresdner Hof auch nach Kriegsende beklagenswert — wie zahlreiche Eingaben aus S.s Feder beweisen. Erst mit der Regentschaft des Kronprinzen (1656) verbesserten sich seine persönlichen Lebensumstände wieder, da S. der halbe Ruhestand gewährt wurde.

S. hat für die geistliche Musik Deutschlands aus zwei Gründen überragende Bedeutung gewonnen. Zum einen bringt er die kompositionstechnischen und stilistischen Entwicklungen Italiens, die sich dort großenteils in der weltlichen Musik vollzogen haben, in die dt. geistliche Musik ein, wie die mehrchörigen Strukturen bei der Psalmenkomposition, die psalmodische Rezitation des Chores, und die v. a. von Monteverdi hergeleitete affektsichere Wortdeutung und die Einführung rezitativisch-dramatischer sowie solistisch-konzertanter Elemente, zum anderen aber die Kunst, mittels der Figurenlehre und von Gestaltungsprinzipien der musikalischen Rhetorik sowie einer unbedingt persönlichen Art der Deklamation des Textes das Wort der Schrift als Wort Gottes zu deuten und zu verkünden.

So zeigen die »Psalmen Davids« (1619) seine beispielhafte Adaptation der mehrchörigen Technik der Venezianer Schule; die »Cantiones sacrae« (1625) enthalten 40 lat. Motetten für 4-stimmigen Chor, die in ihrer kühnen Wortausdeutung zahlreiche Madrigalismen bieten. Mit den 1629 in Venedig erschienenen »Symphoniae sacrae« (I) — 20 ein- bis dreistimmigen Motetten — wird der neue Generalbaßstil mit seinen konzertierenden solistischen Gesangs- und Instrumentalpartien vorgestellt. Den Eindruck abgeklärter kompositorischer Reife erwecken die 1636 und 1639 herausgegebenen »Kleinen geistlichen Konzerte«, die in der geringstimmigen Besetzung zugleich auch ein Reflex der kriegsbedingten aufführungspraktischen Probleme sein dürften. Diese Sammlung enthält ein lat. »Ave Maria«, eingeleitet von einer 5-stimmigen Instrumentalsymphonie und beschlossen von einem 5-stimmigen Capellchor. Dazwischen ereignet sich ein ausdrucksstarker Dialog zwischen Verkündigungsengel (Alt-Solo) und ℳ (Sopran-Solo) mit Basso continuo. Für die gleiche Besetzung schrieb S. das Konzert »Sei gegrüßet Maria«; hier findet die Verwirrung ℳs angesichts der Ankündigung der Geburt des Herrn in den rhythmischen Verschiebungen zwischen Generalbaß-Metrum und Gesangspart, die sich im weiteren Verlauf — gleichsam Einverständnis symbolisierend — auflösen, genialen Ausdruck. Der zweite Teil der »Symphoniae sacrae« (1647) enthält das dt. Magnificat »Meine Seele erhebt den Herren« für 2 Soloinstrumente (die abwechselnd dem Text entsprechend mit Violinen, Trompeten und Flöten besetzt sind), Solo-Sopran und Basso continuo, das in Figuration, Harmonik und Imitationstechnik kühn und expressiv den biblischen Text deutet. Undatiert ist das schlicht gehaltene »Deutsche Magnificat« für 4-stimmigen Chor.

1648, im Jahr des Westfälischen Friedens, veröffentlichte S. seine 5- bis 7-stimmigen Motettensammlung »Geistliche Chormusik«, die einen Gang durch das Kirchenjahr darstellt, von Advent bis Totensonntag. Hier demonstriert er die überzeitliche Geltung der kontrapunktischen Strenge der generalbaßlosen Musik, wobei er bewußt auf theatralisch-madrigaleske Übertreibungen verzichtet. Zugleich aber bindet er moderne Errungenschaften ein, wie kontrastierende Abschnitte (gering- und vollstimmige, homophone und polyphone Teile, Hoch- und Tiefchor), rhetorische Motivfloskeln und die Variabilität der Besetzung (wahlweise rein vokal- oder instrumentalchörig bzw. Ersetzen einzelner Stimmen durch Instrumente, solistische Besetzung aller Stimmen). In der klaren und ruhigen Ordnung dieser Motetten spiegelt sich wohl S.' Überzeugung von der Kraft solcher Musik als realer Utopie einer — allen Verwüstungen des Krieges trotzenden — Harmonie zwischen Welt, Mensch und Gott. Zwischen seinem 80. und 86. Lebensjahr arbeitete S. an seinem 1671 abgeschlossenen »Schwanengesang«, dem 119. Psalm in 11 Stücken, dem 100. Psalm und — als letzter Komposition — einem dt. Magnificat, jeweils für zwei 4-stimmige Chöre und Basso continuo. Damit legt S. sein musikalisches und geistig-rel. Testament vor. Dies gründet zum einen auf der Überzeugung, daß die Psalmen »eine kleine Biblia (sind) ... darinn alles aufs schönest und kürzest, so in der gantzen Biblia stehet, gefasset, und zu einem feinen Enchiridion ... bereitet ist« (M. Luther), zum anderen aber bes. auf der inneren Einheit und theol. Stringenz der insgesamt 13 Motetten: »Theologisch bedeutet die Abfolge Psalm 119 — Psalm 100 — Magnificat eine aufsteigende Linie. Dem Lob des Gesetzes folgt der Lobpreis auf den Gesetzgeber, den ›Deus absconditus‹ des Alten Testamentes, dessen Offenbarung und Inkarnation Marias Preislied feiert. Sodann ist die poetische Form des neutestamentlichen Canticums die des Psalms, die es mit den beiden alttestamentlichen Psalmen verbindet. Und schließlich ist es die tonartliche Abfolge, die aus der bloßen Reihung den Zyklus werden läßt« (W. Steude, In: Neue Ausgabe, Bd. 39, XII). Mit dem Magnificat — gerade in seiner lapidaren Akkordik und gelassenen Stimmenbewegung eindrucksvoll — setzt S. seinem Schaffen einen Schlußpunkt und zeichnet seine letzte Komposition autograph mit »Finis«.

Ausg.: Neue Ausgabe sämtl. Werke, 1955 ff. — Stuttgarter Schütz-Ausg., hrsg. von G. Graulich, 1971 ff.

Lit.: H. J. Moser, H.S., ²1954. — W. Stende, Neue Schütz-Ermittlungen, In: DJbM 12 (1967) 40 ff. — M. Gregor-Dellin, H.S. Sein Leben, sein Werk, seine Zeit, 1984. — W. Blankenburg (Hrsg.), H.S. in seiner Zeit, 1985. — MGG XII 201–227. — Grove XVII 1–37. *M. Hartmann*

Schulbrüder (FSC). 1680 gründete der hl. → Johannes Baptist de La Salle eine ausschließlich aus Laien bestehende Ordensgemeinschaft, die

»Brüder der Christlichen Schulen«. Dieser neue Lehrorden stellte zum damaligen Schulsystem der Schreiblehrer eine pädagogische Alternative dar. Die S. wurden 1725 von Papst Benedikt XIII. anerkannt und ihre Regel wurde bestätigt. Die Reform de La Salles galt der Ausbildung der Lehrer, die ihren Erziehungsdienst nun als Amt der Kirche betrachteten. De La Salle führte den Klassenunterricht ein und machte Französisch zur Unterrichtssprache. Seine Schulen richteten sich in erster Linie an die Kinder der Armen und wollten mündige Christen und tüchtige Bürger heranbilden. In über 80 Ländern wirken heute S. in Bildungseinrichtungen jeder Art; bes. in den Entwicklungsländern gehören Kurse für Alphabetisierung bei Kindern und Erwachsenen und berufliche Bildung zu ihren Aufgaben.

Bei de La Salle findet man außerordentlich zahlreiche Ausführungen hinsichtlich seiner eigenen MV und der seine Ordensgemeinschaft kennzeichnenden marian. Prägung.

Die bereits im Elternhaus grundgelegte Mfrömmigkeit setzte de La Salle in den Ausbildungsjahren am Seminar St. Sulpice in Paris fort. Er verstand es, ähnlich wie die aus dem Seminar hervorgegangenen hll. Johannes → Eudes und → Grignion de Montfort, die hohe Spiritualität der »école française« praktisch auszugestalten und legte seine MV in 10 Meditationen dar. Die besondere Hingabe galt M unter dem Titel der UE. Seit den Anfängen des Instituts weihen sich die Brüder der GM alljährlich am 8. Dezember. Dem täglichen Rosenkranzgebet fügen sie ein 6. Gesätz an mit den einleitenden Worten: »Zu Ehren der Unbefleckten Empfängnis der allerseligsten Jungfrau Maria«. Desgleichen gehören zur Ordenstradition die Gebete »Unter deinen Schutz und Schirm«, »Gedenke, o gütigste Jungfrau«, »O meine Herrin«, »Maria, Mutter der Barmherzigkeit« und die Lauretanische Litanei.

In den schwierigen Situationen des drohenden Untergangs seiner Gründung und der kirchlichen Mißbilligung suchte de La Salle bes. bei ULF von Liesse Zuflucht. In unerschütterlicher Treue zu dem begonnenen Werk legte er am 21.11.1691, dem Gedenktag ULF in Jerusalem, mit zwei Brüdern das sog. »heroische Gelübde« ab; wenige Tage vor seinem Tod (1719) schrieb er in seinem Testament: »Ich empfehle ihnen, ... eine große Verehrung unseres Herrn Jesus Christus ... und eine besondere Verehrung der allerseligsten Jungfrau zu pflegen«. Nach dem Willen de La Salles soll die MV für die Brüder eine »immerwährende« sein. In der 151. Betrachtung heißt es: »Da die Gottesmutter über alle Geschöpfe erhöht ist, müssen wir zu ihr eine größere Andacht haben als zu allen anderen Heiligen, wer sie auch seien. Wir bezeigen den Heiligen unsere Verehrung an gewissen Tagen und Zeiten des Jahres; die Andacht zur allerseligsten Jungfrau aber muß eine immerwährende sein.«

Die Pädagogik der S. sucht die Herzen der Kinder für die Mliebe zu gewinnen; in der 151. Betrachtung schreibt de La Salle: »Eines der besten Mittel, um in deinem Amt Erfolg zu haben, besteht darin, selber eine ganz besondere Andacht zur allerseligsten Jungfrau zu hegen und diese den Herzen deiner Schutzbefohlenen einzuflößen.« Und in der 146. Betrachtung steht: »Dich hat Gott erwählt, ... daß du in den Herzen deiner Schüler die allerseligste Jungfrau gleichsam erzeugest, indem du ihnen eine zarte Andacht zu ihr einflößest.«

Die Generaloberen des Instituts legten ihren Zirkularen immer wieder marian. Themen zu Grunde. In den Noviziaten, die alle der Immaculata geweiht sind, wird auf eine bewußte MV geachtet. Sie hat ihren zeitgemäßen Ausdruck in der Ordensregel von 1987 gefunden. Den Schülern werden die Mitgliedschaft in der marian. Kongregation und das Rosenkranzgebet bes. nahegelegt. Unter den mehr als 1200 heutigen Ordensniederlassungen findet man eine große Zahl, in deren Namen sich bereits die MV bekundet.

Lit.: Betrachtungen des hl. Johannes von La Salle, dt., 1931. — G. Rigault, Histoire générale de l'Institut des FSC, 9 Bde., 1937–53. — Manoir III 205–232. — K. Zähringer, Die S. des hl. Johannes Baptista de La Salle, 1961. *E. Dunkel*

Schulen des Ave Maria, gegründet 1889 von Andrés Majón (*30.11.1846 in Lora bei Burgos, †10.7.1923 in Granada, Domkapitular und Prof. für Kirchenrecht an der Universität von Granada) in Sacro Monte, dem Stadtviertel der Zigeuner und Flamencosänger in Granada. Die erste dieser Schulen befand sich, ähnlich wie die Behausungen der Bewohner des Viertels, in einer Grotte. Bald entstanden in Granada selbst 11 weitere S. und ebenso an unzähligen anderen Orten Spaniens und der spanischsprachigen Länder Amerikas. Die S. dienten der unentgeltlichen Ausbildung minderbemittelter Kinder und Jugendlicher, in verschiedenen Berufen und nach einer pädagogisch-didaktischen Methode, die bald von ähnlichen Einrichtungen übernommen wurde.

In der Chronik einer Schule in Granada, die Majón vom 1.5.1895 bis 30.4.1896 selbst leitete, nennt er diese Schulen ein Werk Ms, denn »sie sind die Frucht vieler Avemarias, Lobpreisungen der Königin der Blumen, der Rosa Mystica, welche die Beschützerin der Schulen ist und die Anwältin der Bedürftigen«. Nach Aussagen von Majón seien die Schulen im Schatten der Königin des Rosenkranzes und im Monat des Rosenkranzes entstanden. Der Samstag, »der Tag Marias, der den Tag des Herrn ankündigt, wie die Dämmerung der Sonne vorangeht«, werde bes. gestaltet und der wöchentliche Unterricht mit einer marian. Dankandacht beschlossen. Es wurde auf eine freundliche Gestaltung der Unterrichtsräume geachtet, z. B. mit vielen Blumen, »die Maria und ihren Engeln gehören, welche die Kinder sind«. Die Blätter des Tagebuches von Majón sind übersät mit einfachen, charmanten Komplimenten an die GM, wie die Andalusier die Mädchen besingen. Majón war ein sehr volkstümlicher Priester, der selber in Sacro Monte lebte und auf seinem Esel in die Stadt, zur Kathedrale oder Universität ritt.

Lit.: A. Majón, Memoria de las Escuelas del Camino de Sacro Monte, Granada 1892. — Memoria de las Escuelas del Ave Maria en Sargentes (Burgos) 1893–98, Granada 1898. — El pensamient del Ave Maria I–II, Granada 1900/03. — Hojas cronológicas del Ave Maria, 1921. — Diario del P. Majón, 1973. — Beatificationis et canonizationis Servi Dei Andreae Majón processiculus..., 1958–59. G. Rovira

Schunemitin. Das AT erwähnt zwei Frauen aus der Stadt Schunem. Nach Jos 19,18 liegt die Stadt im Stammesgebiet Issachar. Dort lagerte das Heer der Philister vor der Entscheidungsschlacht gegen Saul (1 Sam 28,4).

1. Von dort stammt das junge Mädchen Abischag, das die Höflinge dem alternden David zuführen, damit es seine Lebensgeister weckt (1 Kön 1,3.15), und das sich der ältere Davidsohn von König Salomo als Frau erbittet; Salomo aber faßt das als Versuch Adonijas auf, sich in den Besitz des Harems Davids zu setzen und dann nach dem Königtum zu streben. Deshalb läßt er seinen älteren Bruder ermorden (2,13–46).

2. In 2 Kön 4 und 8 wird eine namentlich nicht genannte Frau aus Schunem erwähnt, die eine Rolle in der Geschichte des Propheten Elischa spielt. Auf ihre Bitte hin läßt ihr Mann in seinem Haus ein Quartier für den Propheten einrichten, in dem er sich auf seinen Reisen aufhalten kann. Zum Dank verheißt ihr Elischa in ihrem Alter noch einen Sohn. Dieser erkrankt aber und stirbt. Daraufhin wendet sich die Mutter an den Propheten, der das Kind zum Leben erweckt (2 Kön 4). Später rät Elischa wegen einer drohenden Hungersnot ihrer Familie, ins Philisterland auszuweichen. Als sie nach sieben Jahren zurückkehrt, ist ihr Landbesitz von einem Fremden besetzt worden. Auf die Fürsprache des Elischajüngers Gehasi verhilft ihr der König zu ihrem Recht (2 Kön 8,1–6). — Wegen ihres treuen Dienstes gegenüber dem Propheten Elischa, ihrer Trauer um das tote Kind und der Freude über seine Auferweckung hat die christl. Tradition in der S. eine typische Gestalt gesehen, die auf ⚜ hindeutet.

Lit.: Vgl. die Kommentare zu 2 Kön 4 und 8,1–6, ferner: E. Haller, Märchen und Zeugnis. Auslegung der Erzählung 2 Kön 4,1–7, In: FS für G. v. Rad, 1971, 108–115. — J. Schreiner, In: Ders., Atl. Lesungen im Lesejahr A/2, 1971, 94–104. — A. Schmitt, Die Totenerweckung in 2 Kön 4,8–37, In: BZ NF 19 (1975) 1–25. — G. Fohrer, Die Propheten des AT VII, 1977, 91 f. — P. Rüesch, Die unbekannte Frau, ²1978, 9–15. — A. G. van Daalen, »Vertel mij toch al het grote dat Elisa gedaan heft«. 4. Elisa en de Sunamitische, In: Amsterdamse Cahiers 4 (1983) 37–48. — Y. Yannai, Elisha and the Schunammîte (II Kings 4,8–37), In: FS für H. M. Orlinsky, 1983, 123–135. J. Scharbert

Schutzfest (→Patrozinium). Das S. geht auf die profane Bedeutung von lat. patronus (patrona) zurück und wird seit dem 4. Jh. angewandt auf lokal verehrte Märtyrer, später auch auf andere Heilige und v. a. auf ⚜ (→Patronat, →Schutzmantelmadonna, →Patrona Bavariae, →Votivbilder). Der Patronus (Schutzherr) ist ursprünglich Vertreter vor Gericht für Menschen, die von ihm abhängig sind und deshalb von diesen mit der Bitte um Schutz und Hilfe angegangen werden. Dieser Begriff des fürsorglich bemühten, einflußreichen Mannes wird in den christl. Gemeinden auf Heilige übertragen. So nennt Papst Leo d. Gr. (420–441) Petrus und Paulus Patrone Roms. Später wird jede Gemeinde und deren Kirchengebäude unter den Schutz eines oder einer Heiligen gestellt (Patrozinium), deren jährliches Fest oder Gedenktag festlich begangen wird (Patroziniumsfest, Titularfest), verbunden mit Ausdrucksformen der Hingabe und Anempfehlung.

Lit.: A. Adam und R. Berger, Pastoralliturgisches Handlexikon, ⁵1990, 408. — LThK² VIII 187–192; IX 524–527. M. D. Klersy

Schutzmantelmadonna, Mater misericordiae, Madonna del soccorso, Madonna delle grazie, Vierge au manteau, Vierge de Bon-Secours, in der Kunstgeschichte Bezeichnung für Darstellungen ⚜s, die unter ihrem Mantel mehrere Personen birgt.

1. Herkunft. Seit alters her gilt der weite Mantel in vielen Kulturkreisen als Schutzsymbol und unterstreicht Würde und Machtfülle eines Herrschers. Dementsprechend dachte man sich über die Menschheit wachende Gottheiten jenseits eines ausgebreiteten Himmelszeltes. Diese Vorstellung floß in die Sagen-, Märchen- und Legendenwelt mit ein, in denen der Mantel seinen Träger mit Wunderkräften versah.

Der gewährte Schutz, der mit der sinnfälligen Geste des Mantelbedeckens einhergeht, ist bereits im Buch Rut 3,9 erwähnt, wo die verwitwete Rut ihren Verwandten Booz bittet, durch Heirat in seinen Schutz genommen zu werden (weiterhin: Ez 16,8; 1 Kön 19,19; Ps 91,4). Als Bildmotiv ist es schon in der röm. Votivikonographie gebräuchlich (»Venus Protectrix«-Terrakotten), ebenso auf Münzprägungen des 2. Jh.s mit Darstellungen des Jupiter Custos bzw. Conservator Patris Patriae, die vielleicht auf eine Errettung des Domitian zurückgehen (Nachricht bei Tacitus, Hist. III 74; zur Verehrung des Jupitermantels: Hist. Augusta, Vita Alex. 40) und der Pietas wohl als Hüterin der Concordia (vgl. S. Solway, A Numismatic Source of the Madonna of Mercy, In: ArtBull 67 [1985] 359–368).

Vor diesem Hintergrund ist der ma. Rechtsbrauch des Mantelschutzes (auch: »unter den Arm nehmen«) zu verstehen, der bei Eheezeremonien (bereits bei Paulinus v. Nola [Vers 227f. Carmen XXV] erwähnt) oder Adoption von Kindern (»filii mantellati«) zur symbolischen Verdeutlichung von Schutzverhältnissen praktiziert wurde. Daneben konnten v. a. angesehene Personen, aber auch Schwangere und reine Jungfrauen niederer Herkunft, denen man besondere Schutzkräfte zusprach, durch Fürsprache oder Gnadenbitten einen Angeklagten vor der rechtmäßigen Verurteilung retten. Ein persönliches Schutzrecht gestattete es diesen Frauen zudem, Verfolgten Asyl zu gewähren, sobald sie sich unter deren Mantel begaben, Hand oder Busen berührten.

2. Literarische Quellen. Im Zuge stetig zunehmender Heiligenverehrung wird im Osten sehr früh M bevorzugt als Beschützerin der Christenheit, Vermittlerin und Fürsprecherin bei Gott angerufen, da sie auf Grund ihrer Mutterschaft Christi bes. viel auszurichten vermag (→ Johannes v. Damaskos, Homilia 8), v. a. aber die Vergebung der Sünden bewirken könne (→ Andreas v. Kreta, Oratio 14). Noch in das Ende des 4. Jh.s reicht ein griech., unter Karl dem Großen ins Lat. übertragenes Mgebet zurück, welches mit folgenden Worten beginnt: »Unter deinen Schutz und Schirm flehen wir, heilige Gottesgebärerin« (O. Stegmüller, Sub tuum praesidium. Bemerkungen zur ältesten Überlieferung, In: ZThK 74 [1952] 76–82). Der öffentlichen Verehrung des seit dem 5. Jh. in der Blachernenkirche aufbewahrten Kleides Ms und Prozessionen mit dieser Reliquie schrieb → Konstantinopel — zuerst im Jahre 626 — die Abwehr feindlicher Belagerung der Stadt zu (IV. Homilie des Patriarchen Photios, cap. 4 und 7 für das Jahr 860). Jene Ereignisse schlagen sich in der byz. Liturgie nieder. Zum Dank für die Befreiung wird nun die GM alljährlich durch ein bes. Fest geehrt (überliefert bei Georgios → Pisides [†nach 630], Bellum Avaricum). Die Mantelreliquie (→ Maphorion) erlangt besondere Schutzkraft ebenso gegen Pest, Erdbeben und Bürgerkriege. Neben dem späteren Proömium 11 wird M in der 12. Anrufung der 13. Strophe des → Akathistos-Hymnus als »Kleid der Fürsprache der durch die Sünde Entblößten« bezeichnet, und schon → Ephräm der Syrer nennt M das Kleid ihres Sohnes Christus (Hymni de Nativitate 9,1–2).

Im Westen findet die Vorstellung vom Mantelschutz Ms durch die griech. Legende von der wundersamen Errettung eines Judenknaben (→ Jüdel) in Konstantinopel weite Verbreitung. Der erzürnte Vater wirft seinen Sohn in den Glasofen, weil dieser mit den anderen Christenkindern den Fronleichnam Christi genossen hatte. Man zieht ihn jedoch unversehrt aus den Flammen, und dieser beteuert: »Die Frau, welche in jener Kirche, wo ich das Brot erhielt, auf einem Throne sitzt und ein Kind auf ihrem Schoße trägt, hat mich mit ihrem Mantel bedeckt, damit das Feuer mir nicht schade« (Gregor v. Tours, De gloria martyrum I 10). Um 800 wird der Akathistos-Hymnus ins Lat. übersetzt, der in seiner historischen Einleitung von Ms rettendem Eingreifen berichtet: Um Konstantinopel vor den Angreifern zu schützen hatte die GM ihren weiten Mantel über die Stadt ausgebreitet.

In der abendländischen Mdichtung geht aus der Vorstellung Ms als Fürbitterin und Regina caeli die Mater oder Regina misericordiae hervor welche auch den sündigsten Menschen zu erretten vermag (z. B. Antiphone des Hermannus Contractus; Ademar v. Monteuil: Salve Regina). Ausdrücklich nennt sie so zuerst Odo v. Cluny (auch mater omnium). Von Anbeginn der neuen Ordensgründungen, die dem Mkult zu großer Popularität verhelfen trifft man in der marian. Literatur häufig auf das Prädikat Me als einer mächtigen, milden Helferin aus eigener Kraft oder durch Fürbitten bei Christus, so insbesondere in den Psalmen des Columbo de Vinchio.

Mit der Plünderung von Konstantinopel (vierter Kreuzzug, 1204) gelangt schließlich eine Flut von Reliquien nach Europa darunter viele angebliche Fragmente vom Gewand der GM. Zahlreiche Rettungslegenden um M entstehen, oder wurden nun ihr zugeschrieben (→ Gautier de Coincy, Miracles de la Sainte Vierge). Bekannt wurde die Vision des → Caesarius v. Heisterbach: Der Zisterzienser schaut den Himmel, ist aber erstaunt, seine M lobpreisenden Mitbrüder neben all den anderen Geistlichen nirgendwo finden zu können. Daraufhin öffnet M ihren Mantel, unter dem sie die ihr bes. lieben Ordensbrüder birgt (Dialogus miraculorum VII 59, um 1225).

3. Ikonographie. Obschon der Ursprung des Motivs auf Grund der zahlreichen bildhaften Schilderungen im Osten zu vermuten wäre, hat man dort nie eine spezifische Schutzmanteldarstellung entwickelt, sondern hielt fest an bereits existierenden Typen der M advocata oder der → »Deësis« als Fürbitterin bzw. der M orans (→ Orante), die womöglich im Hinblick auf die Wundertätigkeit der Orans-Blacherniotissa neu interpretiert wurde als »Beschützerin wider alle Gefahren«. Lediglich einige russ. Ikonen zum Fest Me Schutz und Schirm geben die Vision des Andreas Stultus (†936 [?]) in der Blachernenkirche von der GM Pokrow (Schleier) wieder, wie sie über die versammelte Gemeinde ihren Kopfschleier ausbreitet (z. B. Tretjakow Galerie, Ende 14./Anfang 15. Jh.). Entweder tragen Engel den ausgespannten Mantel, während M darunter weiterhin als Orans steht (sog. Nowgoroder Typus) oder aber er ist ihr über die fürbittend erhobenen Arme gelegt (sog. Moskauer Typus).

Wohl erst im späteren 13. Jh. beginnt erstmals die abendländische Kunst die in Literatur und Rechtsbrauch geläufige Vorstellung des Mantelschutzes auf M zu übertragen, indem sie den Schutzgedanken anschaulich mit der Geste des Mantelbedeckens von Zufluchtsuchenden verknüpft, und manchmal sogar konkrete Gefahrensituationen mit einbezieht. Dabei ist wohl für das Aufkommen des Motivs der ma. Auffassung nicht unwesentlich, wonach sich die Christenheit als »angenommene« Kinder ihrer Mutter M (Mater omnium) betrachtete.

So konnte neben dem Asyl- und Interzessionsgedanken, der vorrangig M als Königin und reiner Jungfrau zukommen mußte, auch der Adoptionsgedanke aus der praktizierten Rechtssitte in die Darstellung mit eingehen. Das Bild der S. verlieh zudem auf anschauliche Weise einer mehr auf persönliche Frömmigkeit ausgerichteten Glaubenshaltung des Volkes Ausdruck, welche unmittelbare Nähe zu den himmlischen Gestalten suchte. Dies trug dazu bei, daß sich die S. als Wiedergabe eines innigen Verhältnisses zwischen M und Bittenden zu einem bevorzugten Andachtsbild entwickelte, dem darüber hinaus ebenso Votivcharakter innewohnen konnte (→ Gnadenbild).

Aber Schutzmanteldarstellungen bleiben nicht allein auf M beschränkt. So kann den Schutzmantel im Grunde jeder Heilige tragen, häufiger jedoch Ursula, Odilia, Brigitta, in Gemeinschaften Ordensstifter und Patrone von Bruderschaften, manchmal Christus als Schmerzensmann oder Gottvater selbst (mit den zwölf Aposteln auf einer Miniatur Anfang des 15. Jh.s, Paris, Bibl. Nat., Lat. 9471, fol. 163^v), ansonsten allegorische Figuren der Sapientia (auch in theol. Ausdeutung Ms als »Weisheit«), welche die sieben Tugenden schützt (auf einer ital. Miniatur ragen hinter den gekrönten, mit Attributen versehenen weiblichen Personifikationen hohe Leitern zum Himmel empor; Paris, Bibl. Nat., nouv. ital. 112, fol. 16^v), oder allegorische Figuren der Phil. und der Justitia, die die sieben Freien Künste bergen.

Die weitaus meisten und zugleich ältesten erhaltenen S.bilder stammen aus den unter byz. Einfluß stehenden Landschaften Italiens. Sie weisen in den Bereich der Bettelorden und der von ihnen geführten Laienbruderschaften. Letztere konstituieren sich bereits im 11. und 12. Jh. nach dem Vorbild byz. Laienvereine. Im 13. Jh. breiten sie sich v. a. in Oberitalien aus und stellen ihre Vereinigung der wohltätigen Praxis entsprechend unter den Schutz der Mater misericordiae.

Eine Nachricht des O.Raynaldus in den Annales ecclesiastici für das Jahr 1267 erwähnt eine Fahne der Ricommandati alla Vergine, die M mit der Bruderschaft abbildet. Das Aussehen einer solchen Fahne vermittelt eine Tafel mit der Grablegung des hl. Bernhard wohl aus der Schule des Lorenzo Monaco (Vatikan, Museo Cristiano, 2. Hälfte 14. Jh.): Auf Fußhöhe eines Vortragekreuzes befestigt ist M frontalsymmetrisch wiedergegeben, den Mantel mit beiden Armen über ihre Schützlinge ausbreitend.

Um 1285 schafft Duccio ein kleinformatiges Andachtsbild (Siena, Pinacoteca), das, stark von byz. Elementen durchsetzt, die thronende M mit Kind zeigt, welche mit der rechten Hand ihren Mantel schützend über drei rechts vor ihr auf die Knie fallende Franziskaner legt. Dieselbe Komposition ist bereits gegen 1270 in dem Stifterbild einer armenischen Handschrift vorgeformt (loses Blatt aus der Sammlung Feron-Stoclet, Brüssel). Hier knien drei Angehörige der königlichen Familie, von einem seitlich stehenden Interzessor dem Schutz Ms empfohlen. Auf dem Blatt fol. 320^r des Tetra-Evangeliars Ms. 2568 (Jerusalem, armenische Patriarchatsbibl.) präsentiert die aufrecht stehende M den Prinzen mit seinen Söhnen, die sie auf der rechten Seite mit ihrem Mantel hinterfängt, dem thronenden Christus.

Mit der wachsenden MV im 13. und 14. Jh. wächst auch die Produktion von Schutzmantelbildern, deren Höhepunkte Pestzeiten sind. Im → Speculum humanae salvationis, dessen Bildmotive seit dem 14. Jh. eine breite Rezeption erfahren, wird Ms Amt als Mittlerin, Fürbitterin, Verteidigerin und Beschützerin der sündigen Menschheit vor irdischem Unglück, vor dem Teufel oder vor dem strafenden Gott (Kap. XXXVII–XL) ausführlich dargelegt: »Defendit nos a Dei vindicta et ejus indignatione. A diaboli infestatione, et a mundi tentatione«. Dem Kap. XXXVIII, das die S. als eigenständiges Motiv abbildet, sind drei Präfigurationen zur Seite gestellt: 1. Tharbis verteidigt die Stadt Saba vor Moses, 2. eine Frau im Turm von Thebes tötet den Abimelech durch einen Steinwurf und erlöst so ihre Mitbürger 3. Michol rettet David vor seinen Feinden.

Das Bild der S. ohne Jesuskind, das auf Grund seiner theol. Bedeutung nur selten fehlt, zeugt von einer gewissen Zurückdrängung Christi als Weltenherrscher ähnlich wie es in den innigen Gebetshymnen seit dem 12. Jh. zum Ausdruck kommt, die sich um aktive Hilfe unmittelbar an M wenden. Gleichsam auffordernd weist sie mit ausgebreiteten Armen den Sündern die sichere Zuflucht (Bartolo di Fredi, Pienza), oder hält die Hand segnend über das Haupt eines Adoranten (Domenico Ghirlandajo, Madonna mit Familie Vespucci, Florenz, Ognissantikirche, um 1473) gewöhnlich aber fallen ihre Hände untätig herab oder ergreifen den Mantelsaum. Um ein Kind vor dem Zugriff des Teufels zu befreien, holt M auf einem Gemälde von Alunno in Montefalco (Abb. bei Perdrizet 214) mit einer großen Keule gegen das Monstrum aus. Unter ihr bittet die Mutter um Hilfe, dahinter knien Bußbrüder und Mönche, die das Bild in Auftrag gaben. In vielen Fällen hält M ihre Hände flehend empor was ihr Amt als höchste Fürbitterin bei Gott erhellt: Dann ist Christus, wie im Speculum humanae salvationis angedeutet, außerhalb des Bildes vorzustellen, der dem erzürnten Gottvater die Bittgesuche übermittelt (Filippo Lippi, Berlin; Neri di Bicci, Arezzo, Pinacoteca, 1456). Der Gedanke der Erlösung und Barmherzigkeit wird hervorgehoben, wenn das von M auf dem Arm getragene Jesuskind ihr Tun aktiv unterstützt indem es selbst den Mantelsaum ergreift, oder die Adoranten segnet, insbesondere aber wenn Gottvater persönlich

Jan Polack, Schutzmantelmadonna, Anfang 16. Jh., München, Dom

den Mantel hält (Giovanni Antonio Sogliani, Florenz, Uffizien). Häufig breiten Engel den Mantel aus, seltener Heilige, die dann als Anwälte der ihnen zur Seite gestellten Stifter oder der Menschheit allgemein fungieren und diese dem Schutz M̄s empfehlen oder für sie gleichfalls um Gnade bei Gott bitten.

Bei frühen Beispielen M̄s als Mater omnium — ein Typ, der in Pestzeiten weite Verbreitung fand — versammelt sich eine nicht näher differenzierte Volksmenge unter ihrem Gewand. Im Laufe des 14. Jh.s treten an deren Stelle ähnlich wie in anderen Motiven der Zeit (z. B. Totentanz) hierarchisch angeordnete Ständevertreter. Zumeist befinden sich die Frauen links, die Männer rechts von M̄. Bei Ständevertretern erhält die Geistlichkeit angeführt vom Papst den bevorzugten rechten Platz, den weltlichen Repräsentanten steht der Kaiser vor. Aber auch eine eng umgrenzte Gemeinschaft läßt sich gerne unter M̄s Schutzmantel abbilden, so insbesondere der Himmelskönigin geweihte Orden wie Zisterzienser (Vision: seit dem 14. Jh. auf Ordenssiegeln, zuerst auf dem Knauf des Wettinger Stiftskelches, um 1280), Dominikaner, Franziskaner, Karmeliter, Kartäuser, Prämonstratenser ebenso Jesuiten, v. a. aber auch Bruderschaften, die sich manchmal nach Zünften zusammenschlossen. Das Mittelfeld des Retabels von Simone da Cusighe (Venedig Accademia, 2. Hälfte 14. Jh.) zeigt die Bußbrüder mit dem Banner der S. unter M̄s Mantel. Vor ihrer Brust erscheint das über dem Erdkreis thronende Christuskind von einer Mandorla umgeben in der Art byz. → Platytera-Madonnen (ebenso ein Tympanonrelief von Bartolommeo Buon für die Scuola Grande della Misericordia in Venedig: hier in Verbindung mit der Wurzel Jesse: London, Victoria and Albert Mus., 1441–45).

In der Renaissance treten gehäuft Familien und sogar einzelne Personen als Zufluchtsuchende auf (Holbein d. J., Madonna des Baseler Bürgermeisters Jakob Meier, Darmstadt, Schloßmus., 1525/26).

Ein Beispiel für die Mischform von Stifterbildern mit Mater-omnium-Darstellungen ist das S.bild der Familie Cadard von Enguerrand Quarton (Chantilly, Musée Condé, 1452): Während sich die Stände unter M̄s Mantel zusammenfinden, knien die persönlich um Schutz bittenden Stifter zu beiden Seiten davor und lassen sich von ihren Namensheiligen empfehlen. Als Dank für gewährten Beistand bei einer siegreichen Schlacht über die Franzosen ließ sich der Markgraf Francesco Gonzaga von Mantegna rechterhand kniend unter dem von den hll. Michael und Georg ausgebreiteten Mantel der thronenden M̄ abbilden (Paris, Louvre, 1495/96).

Thronende Madonnen sind nördlich der Alpen auch zur Blütezeit des Motivs um 1500 selten: Gegen 1515 schuf Gregor Erhart eine eindrucksvolle Plastik der thronenden Himmelskönigin mit dem Jesusknaben, ein Werk, das sich durch ausgewogene Maßverhältnisse und eine betonte Körperlichkeit auszeichnet (Frauenstein im Steyrtal). Zwei Engel halten den schwer herabfallenden Mantel hinter den Häuptern der Ständevertreter empor.

In der Regel herrscht ein symmetrischer frontal ausgerichteter Bildaufbau vor. Das hieratische Gestaltungsprinzip — in bezug zu ℳ stets viel kleiner wiedergegebene Adoranten — lebt nörlich der Alpen auch im 15. und 16. Jh. fort, wohingegen mit dem Beginn der Renaissance in Italien alle Personen bereits in einem natürlichen Größenverhältnis zueinander stehen; hier überragt die thronende ℳ die andächtig Knienden weiterhin an Höhe. Es gibt hauptsächlich zwei Möglichkeiten der Anordnung von Schutzflehenden: eine große, dem Betrachter zugewandte Personenzahl schaut entweder übereinander gestaffelt im Hochformat zu beiden Seiten aus ℳs leicht geöffnetem Mantel hervor (Regensburg, Dominikanerkirche; Augsburg, Dom, Südportal; oberschwäbische Holzplastik, Aachen, Suermondtmus., um 1420), oder aber sie ordnet sich in einer zur besseren Überschaubarkeit ebenfalls leicht hervorgeklappten Standebene im weiten Halbkreis von hinten um ℳ, die den Mantel weit ausbreitet, und blickt betend zu ihr empor. Dieser Typus verlangt öfter eine breitformatige Komposition (Schnitzretabel im Freiburger Münster von Hans Sixt v. Staufen, 1521–24; Filippo Lippi, Berlin, Abb. 1 bei Sussmann). Die Menge von Bildern nimmt erst im 16. Jh. ab.

Martin Luther verurteilt ausdrücklich Darstellungen der Interzession und der Schutzmantelschaft ℳs. Die Kath. Reform verhindert ein Absterben des Motivs. Francesco de Zurbaran malt um 1630/35 für das Kartäuserkloster S. Maria de las Quevas in Sevilla ein Bild der S. nach niederländischen Stichen von Schelte a Bolswert. Der ursprüngliche Sinngehalt von S.bildern verblaßt in den folgenden Jh.en; er beschränkt sich oftmals auf eine allegorische Darstellung der Barmherzigkeit.

Innerhalb größerer ikonographischer Zusammenhänge erscheint das Schutzmantelmotiv häufiger in Verbindung mit spezifisch marian. Themen: Ein fünfteiliges Tafelbild der Meister von St. Severin (Köln, St. Andreas, um 1500) für den Altar an dem 1474 die Rosenkranzbruderschaft gestiftet wurde: Zwei schwebende Engel halten drei Kränze weißer und roter Rosen über ℳs Haupt. Sie steht aufrecht, auf den zusammengelegten Händen ruht das mit einem Rosenkranz spielende Jesuskind. Die daran angrenzenden Bildfelder geben Dominikus und Petrus Martyr wieder, welche den prächtigen Hermelinmantel auf halber Höhe über die Schutzbefohlenen ausbreiten. — Mehrfach ist die Immaculata das Schutzmantelmotiv unterlegt (Madonna des Lübecker Altars, Hl.-Geist-Spital; Disputà und S., Giovanni Antonio Sogliani, Florenz, Uffizien). An die Seite des Richters tritt die S. auf Darstellungen des jüngsten Gerichts neben Johannes. Der rechte Flügel des New Yorker Diptychons von Jan v. Eyck (vor 1436) schildert in der oberen Bildzone den Einzug der Erwählten in das Himmelreich, während ℳ Gott in kniender Haltung um Lossprechung derjenigen anfleht, welche sie noch unbekleidet unter ihrem Mantel birgt (ebenso am Sängerchor der Kapelle der Marienburg; Initiale »A« des Choralbuches, Perugia, Dom).

Insbesondere die Kap. XXXVII–XL des Speculum humanae salvationis assimilieren gern die in Kap. XXXVIII selbständig wiedergegebene S., wobei auch hier verwandte Themen umbildend einwirken können. Den Interzessionsgedanken gibt in eindringlicher Weise die Gegenüberstellung von ℳ mit dem Schutzmantel und Christus als Schmerzensmann wieder auch ohne daß Gottvater dargestellt wäre (Trittico di S. Chiara von Paolo Veneziano, Triest, Museo Civico, um 1330). Wie in Kap. XXXIX geschildert, kann ℳ als Berechtigung ihrer Fürsprache auf ihre entblößten Brüste hinweisen, mit denen sie ihren Sohn nährte, während Christus Gottvater seine Wunden zeigt, die er für ihn und die Menschheit auf sich nahm (Heilstreppe, Fresko in Tövsala, Finnland). Der undurchdringliche Mantel schützt die Menschheit vor den unheilbringenden Pfeilen (oder dem Schwert), die Pest, Hunger und Krieg bedeuten (→ Pestbilder); diese Pfeile schleudert Christus bzw. Gottvater gleichsam als Strafgericht im höchsten Zorn auf die Sünder herab (Lit.: Gautier de Coincy). In einer Regensburger Handschrift des Speculum aus dem Kloster St. Blasien (gegen 1400) zielt der aus den Wolken herabschwebende Gott mit dem gespannten Bogen auf die Schuldigen, die jedoch unter dem weit aufgeschlagenen Mantel ℳs beschirmt werden (Kap. XXXVII). Oft prallen die Pfeile aber am Mantel ab oder verbiegen sich, so daß sie den ängstlichen Adoranten nicht schaden können. Auf einem Banner des Benedetto Bonfigli (Perugia, San Francesco al Prato, 1464) schwebt ℳ riesenhaft auf den Wolken über der Stadt Perugia, je vier fürbittende Heilige zur Seite gestellt, unter dem Mantel die Bevölkerung vor irdischer Gefahr beschützend. Während über dem Haupt ℳs Christus im Begriff ist, mit den Pfeilen Plage und Schrecken auf die Erde zu senden, steht längst der Tod auf einem Haufen dahingeraffter Menschen vor den Stadttoren, der nun von einem herbeieilenden Engel vertrieben wird.

In Verbindung mit den Gedanken der Erneuerung des in Adam und Eva gefallenen Menschengeschlechts durch Christus und ℳ ist im Bild entweder der Sündenfall zitiert (s. o. Mantegna) oder ℳ nimmt Adam und Eva unter ihrem Mantel auf (Stich nach Gottfried Bernhard Götz, Augsburg, Städt. Kunstsammlungen, um 1750; Terrakottafigur von Walter Ritter, Linz, Städt. Kunstschule, 1959: Abb. bei E. Guldan, Eva und Maria, 1966). Weiterhin findet die S. auch auf Darstellungen des lebenden Kreuzes Platz (Einblattholzschnitt aus dem bayer. österr. Raum, Pavia, Pinacoteca Civica, um 1460/70). Eine → Schreinmadonna (Nürnberg, Germ. Nat. Mus.) zeigt im geöffneten Zustand neben dem Gnadenstuhl auf den Seitenflügeln den über die Gläubigen ausgebreiteten Mantel (auch: Wien, Erzbischöfliches Diözesanmus., um 1420).

Lit.: P. Perdrizet, La Vierge de Miséricorde, Paris 1908. — BeisselMA. — BeisselD. — K. Schué, Das Gnadenbitten in Recht, Sage und Kunst, In: Zeitschrift des Aachener Geschichtsvereins 40 (1918) 143 ff. — V. Sussmann, Maria mit dem Schutzmantel, In: Marburger Jahrbuch 5 (1929) 285–351 (mit einem Katalog von rund 500 Darstellungen). — C. Belting-Ihm, Sub matris tutela. Untersuchung zur Vorgeschichte der S., 1976. — LCI IV 128–133. *D. Parello*

Schwab, Felician, am 1.6.1611 in Altdorf-Weingarten getauft, †nach 1661, erhielt seine erste musikalische Ausbildung wahrscheinlich im Kloster Weingarten, bevor er 1630 als Student an das Jesuitenkollegium Luzern ging und dort dem Franziskanerorden beitrat. Nach der Profeß war er in verschiedenen Konventen seines Ordens tätig, so in Konstanz, Luzern, Solothurn, Freiburg und Schwäbisch Gmünd. Es ist anzunehmen, daß er etwa seit 1645 für die Musikpflege der Oberdt. Franziskanerprovinz zuständig war. Seine ausschließlich geistlichen Werke sind entweder für den liturg. Gebrauch bestimmt (Messen und Motetten) oder tragen eher allgemeinen Charakter, auch im Sinne einer geistlichen Hausmusik in den Klöstern. Marian. Titel sind u. a. »Quadriga mariana ex 4 antiphonis ... cum cantico Mariano adjectisque Litaniis Lauretanis cantata« (1643) und »Magnificat seu Vaticinium Dei parentis ... cum hymno Ambrosiano et falsi bordoni« (1651).

Lit.: E. Stiefel, Musikgeschichte der ehemaligen Reichsstadt Schwäbisch Gmünd, Diss., Tübingen 1949. — MGG XII 335 f. — DMM VII 191. *E. Löwe*

Schwadorf, Erzdiözese Wien, Pfarr- und Wallfahrtskirche ℳe Himmelfahrt, urkundlich bereits vor 1250 erwähnt, Wallfahrt erst seit dem 1.7.1692, als das Gnadenbild (Typus Mariahilf) feierlich in eine eigens von einem Herrn v. Orelly dafür erbaute Kapelle überführt wurde.

Nach der Legende sei das Gnadenbild vor Protestanten, die über die UE gespottet hätten, von der Wand gefallen, habe sich aber dann von selbst wieder an seinen Platz begeben. Als sich dies noch zweimal wiederholt habe, hätten die Spötter die Flucht ergriffen.

Testamentarisch wurde das Bild nach S. verbracht, wo es bald zu hoher Verehrung kam, sodaß es Kaiser Leopold I. in seiner Todeskrankheit habe zu sich bringen lassen und vor ihm verstorben sei. Kaiserin Eleonore habe es dann diamantengeschmückt nach S. zurückgeschickt. S. wurde bei Krankheit, bes. bei schweren Geburten, aufgesucht. Von den einst kostbaren Votivgaben (u. a. Diamantkette der Fürstin Liechtenstein) ist nichts mehr vorhanden. Bei Irrsinnsanfällen war das Opfer einer schwarzen Henne üblich. Der bei der Hocharistokratie (u.a. Kaiserin Maria Theresia) einst sehr beliebte Wallfahrtsort wurde v.a. von Pilgern aus Niederösterreich und Ungarn besucht. Andachtsbilder gibt es seit dem 18. Jh., außerdem wurde ein Gnadenpfennig geprägt.

Lit.: Neu eröffnete Zuflucht-Stadt, d. i. Ursprung des wunderwürckenden Gnadenbilds Maria-Hülf zu Schwadorf, Wien 1725. — Gugitz I 181–183 (Lit.). *G. Gugitz*

Schwäbische Heiligenpredigten, noch unedierte Sammlung von ca. 100 knappen, kalendarisch geordneten Heiligenleben, die sehr volkstümlich gehalten sind (z. B. wird Lukas als »unser frouwen capplan« vorgestellt). Sie entstand vor 1393 und diente im 15. Jh. im Schwäbischen neben dem →»Bebenhauser Legendar« wohl als Predigthilfe. Die im Textbestand stark divergierenden 6 Handschriften enthalten auch Texte zu ℳe Verkündigung, Lichtmeß, Geburt und Himmelfahrt. Für letztere sind die Quellen noch unbekannt, erstere beschränken sich auf die Wiedergabe der betreffenden Perikopen, verbunden mit eindringlichen Mahnungen zum Einhalten dieser Feste und Herausstellen der durch sie erwerbbaren Gnaden.

Lit.: VL² VIII 907–909 (Lit.). *K. Kunze*

Schwan. Wegen seiner weißen Farbe gilt der S. als allgemeines, nicht spezifisch marian. Sinnbild der Schönheit und Reinheit. In der ma. Buch- und Tafelmalerei und in der Druckgraphik sind Schwäne ein häufiges Motiv landschaftlicher Hintergründe, ohne näheren Bezug zum Bildthema, z. B. Miniaturen der Heimsuchung und der Flucht nach Ägypten aus dem Boucicaut Stundenbuch (Paris, Musée Jacquemart André, ms. 2, um 1405/08; Benedetto Montagna, Hl. Familie mit dem jungen Johannes dem Täufer, Kupferstich, um 1510).

Erst die Barockzeit systematisiert die Symbolassoziationen des S.s in ℳprogrammen, etwa in den → Emblem-Kompilationen von C. Sfondrati, »Innocentia vindicata ...« (1695), und J. Zoller, »Mira satis, ac sine omni peccato Mariae sanctissima conceptio« (1725), wobei das Bild des im Wasser unbenetzt bleibenden S.s als Gleichnis für die UE dient. Danach entstanden emblematische Wandbilder u.a. im ehemaligen Benediktinerkloster Wessobrunn (um 1712), in der Akademiekapelle in Kremsmünster (von W. A. Heindl, 1739) und in der Wallfahrtskirche ℳe Himmelfahrt in Marienberg (von M. Heigl, 1764) bei → Raitenhaslach.

Als prophetisch geltender Vogel begleitet der S. die sibyllinische Wahrsagerin der »Praedictio Boni« in der 1758/60 von J. G. Hertel herausgegebenen dt. Bearbeitung von Cesare Ripas »Iconologia«. Hertel bezieht die »Weißagung des Guten« auf die Verkündigung: »Mariae wird das Heyl verkünd/ gebahren soll Sie ohne Sünd« (Illustration von Jeremias Wachsmuth nach Entwurf von Gottfried Eichler).

Lit.: Salzer 301. — G. Lesky, Barocke Embleme in Vorau und anderen Stiften Österreichs, 1963. — C. Kemp, Angewandte Emblematik in südd. Barockkirchen, 1981. *G. Nitz*

Schwandorf, Diözese Regensburg, Wallfahrtskirche ULF vom Kreuzberg. Auf Initiative S.er Bürger wird im Zuge der Rekatholisierung der Oberpfalz 1678 eine Ⓜ︎kapelle (ohne eigentliche Ursprungslegende) auf dem ehemaligen Galgenberg (Spielberg) errichtet, auf dem einst eine Michaelskapelle gestanden hatte (1556 abgebrochen). Der frühere S.er Pfarrer Mathias Schmid, damals bereits Erzdekan in Cham (Bruder des bayer. Kanzlers Caspar v. Schmid), stiftet das Gnadenbild, eine Kopie des Mariahilf-Bildes in München St. Peter, welches seinerseits eine Kopie des Passauer Mariahilf-Bildes darstellte (dieses wieder eine Kopie des Originals von Lukas Cranach).

Die beginnende Wallfahrt führt 1698/99 zum Kirchenneubau und 1782–85 zur Erweiterung. Die Seelsorge übernehmen die S.er Kapuziner seit 1732 in einem eigenen Hospiz auf dem Kreuzberg. Wesentliche Förderung erfährt die Wallfahrt durch die 1722 gegründete und bis zur Gegenwart bestehende Skapulierbruderschaft. Ihr ist es u.a. auch zu danken, daß die Aufhebung von Kapuzinerkloster und -hospiz 1803 nicht zu einem endgültigen Einbruch der Verehrung führte. Eine Benefizstiftung sicherte die Seelsorge bis zur Niederlassung der Karmeliter 1889 auf dem Kreuzberg. Deren Kloster und die Kirche fallen dem Bombardement vom 17.4.1945 zum Opfer doch erfolgte ab 1948 die Wiedererrichtung (Benediktion der Kirche 1952).

Eine kräftige regionale Strahlung der Gnadenstätte im Umkreis von 20–30 km ist seit der Zeit der Gründung bis zur Gegenwart erhalten geblieben. Gegenwärtig erfüllen Kirche und Karmelitenkonvent auch Pfarrfunktionen; die Gnadenstätte ist beliebte Trauungskirche.

Lit.: O. Merl, 300 Jahre Wallfahrt zu ULF vom Kreuzberg S. 1679–1979, In: Beiträge zur Geschichte des Bistums Regensburg 13 (1979) 389–591. — W. Hartinger, Mariahilf ob Passau. Volkskundliche Untersuchung der Passauer Wallfahrt und der Mariahilf-Verehrung im deutschsprachigen Raum, 1985. *W. Hartinger*

Schwanenorden, von Kurfürst Friedrich II. v. Brandenburg (1440–70) am 29.9.1440 als → Bruderschaft für Adelige in Süddeutschland und Brandenburg mit dem Namen »Gesellschaft ULF« gegründet. Ziel war die christl. Lebensführung der Hofaristokratie durch tägliche MV; hinzu kam ein besonderes Treueband an den Landesfürsten. An der Ordenskette hing ein Ⓜ︎bild, darunter ein weißer Schwan als Symbol der Herzensreinheit, woher die spätere Benennung S. rührt. Neben dem Hauptsitz der Bruderschaft, St. Marien auf dem Harlunger Berg bei Brandenburg, sind als Filialen verzeichnet: Georgenkapelle von St. Gumbertus in Ansbach (seit 1459) und die Königsberger Schloßkapelle (seit 1514). Nach der Auflösung im 16. Jh. ließ König Friedrich Wilhelm IV. v. Preußen den S. am 24.12.1843 wiederaufleben; er sollte eine Stände und Konfessionen übergreifende freiwillige Gesellschaft zur Linderung leiblicher und moralischer Nöte sein. Eine wirkliche Bedeutung blieb aber aus.

Lit.: R. Graf v. Stillfried-Alcántara, Der S., Halle ²1845. — R. Stillfried und S. Hänle, Das Buch vom S., Berlin 1881. — BeisselMA 275. — LThK² IV 531 f. — → Ritterorden. *F. Courth*

Schwanthaler, bedeutende Bildhauerfamilie aus Ried im Innviertel, deren Mitglieder über sieben Generationen von 1633 bis 1879 bildhauerisch tätig waren und einen Bogen von den Kunstepochen des Barocks bis zu Klassizismus und Romantik spannen. Es lassen sich allein 21 Träger dieses Namens als Bildhauer nachweisen, wobei die barocke, kirchlich, lokal und handwerklich gebundene Linie aus dem Innviertel und die eher höfisch orientierte Münchner Linie des Klassizismus und der Romantik zu unterscheiden sind. Die barocke Familientradition in Ried erreichte mit dem Werk Thomas S.s (1634–1707) ihren künstlerischen Höhepunkt und mehr als nur lokale Bedeutung. Mit Franz Jakob S. (1760–1820) beginnt die Münchner Linie, der Ortswechsel wurde möglicherweise durch den Anschluß des Innviertels an Österreich verursacht. In München wurde Ludwig Michael S. (1802–48) der bedeutendste Vertreter einer klassizistisch-romantisch geprägten Kunstauffassung, in der rel. Arbeiten und damit auch Ⓜ︎darstellungen nur noch untergeordnete Bedeutung hatten.

Die Kunst der S. des barocken Familienzweigs ist stark landschaftsgebunden und volkstümlich verwurzelt. Die Künstler sind durchwegs bürgerliche Handwerker ihr Wirkungskreis ist auf das bayer. Innviertel und die benachbarten österr. und salzburgischen Gebiete beschränkt. Sie schufen im wesentlichen rel. Werke, wobei ihre Auftraggeber v.a. die Pfarrherren, weniger die Klöster waren. Die umfangreiche Barockisierung von Kirchen kam ihrer Auftragslage zugute. Gemeinsam ist den barocken S. das bevorzugte Arbeitsmaterial Holz, das einem emotionalen Schaffensimpuls entgegenkommt, wobei sie in der Auffassung stark der spätgotischen, südd. Schnitztradition eines Hans Leinberger, Andreas Lackner oder Gordian Guckh verbunden sind. Über ihre künstlerische Schulung ist nur wenig bekannt, sie unternahmen keine weiten Reisen, sondern orientierten sich an den Arbeiten des näheren Umkreises im Inn- und Traunviertel, in Ober- und Niederbayern und in Salzburg. Thomas S. gilt als Hauptinventor. Der von ihm entwickelte Formenschatz wurde zur Grundlage für die nachfolgenden Generationen des 18.Jh.s, die die überkommenen Typen und Gesten variierten. Hier ist die für eine handwerklich gebundene Künstlerfamilie charakteristische starke Werkstattüberlieferung bestimmend. Erst mit dem Münchner Zweig der S. beginnt eine völlig neue künstlerische Orientierung. Gemeinsam ist den Arbeiten der barocken S. die Bejahung der natürlich gegebenen körperlichen Präsenz des Figürlichen, die eher lyrische als dramatische Auffassung des Themas und die Art der Gewandbehandlung in ihrer Gestaltung als Gegenpart zum Körper. Thematisch bevorzugen die Bildhauer im 17. und zu Beginn des 18. Jh.s Darstellungen der Hl. Sippe und ℳs, bes. auch Einzelstatuen der Madonna mit Kind, der hl. Anna mit ℳ und der Anna Selbdritt, später auch Gruppen mit Anna, Joachim und ℳ. Ein zweiter bedeutender Themenkomplex sind Kreuzigungsdarstellungen mit der trauernden GM, vom lebensgroßen Kreuzaltar bis zum kleinen Tabernakelkreuz. Die S. schufen auch zahlreiche Pietà-Darstellungen. Im 18.Jh. entstanden zunehmend Einzelfiguren und Gruppen außerhalb des Altarverbands als selbständige plastische Werke (Johann Franz S., Marienkrönung, St. Georgen). Von den ℳdarstellungen der älteren Mitglieder der Künstlerfamilie kann keine als selbständige Erfindung angesehen werden. Hier wurden meist grafische Vorbilder umgesetzt oder ℳgnadenbilder aus Altbayern kopiert.

1. *Hans,* tätig nach 1633 in Ried, †20.11.1656 ebd., ist das erste nachweisbare Mitglied der Künstlerfamilie, das bildhauerisch tätig war. Der ursprüngliche Name »Schwabenthaler« änderte sich bereits bei seinem Sohn in »Schwanthaler« Ein einziges Werk, der Christus einer »Grablegung« (Eitzing bei Ried, Volkskundehaus, 1639–41) ist eindeutig identifizierbar. Zugeschrieben wird ihm eine sitzende GM mit Kind in Rieder Privatbesitz (1638), eine qualitätvolle Arbeit, die Ähnlichkeit mit vielen späteren Werken der S.schule hat.

2. *Thomas,* *5.6.1634 in Ried, †13.2.1707 ebd., Sohn von Hans, bedeutendster Vertreter der Barockzeit, der seine Ausbildung in der väterlichen Werkstatt erhielt, die er 1656 übernahm. Sein Figurenstil ist geprägt von der Synthese des heimischen, von der Gotik beeinflußten Schnitzstils mit der durch Stiche überlieferten Kunst des ital. Barocks. Der kraftvolle, untersetzt-gedrungene Figurentypus wird geprägt vom Gegenspiel eng anliegender Gewandteile, die die Körperformen durchscheinen lassen, mit gedrehten, aufflatternden Tütenfalten. Typisch ist die große Falte als Stütze zwischen den Beinen. Erste gesicherte Werke sind die vier erhaltenen Hauptfiguren von den beiden Seitenaltären der Pfarrkirche von Eitzing (hll. Rochus, Georg, Florian, Sebastian, 1660). Weitere bedeutende Frühwerke sind der Hochaltar der Stadtpfarrkirche in Ried (hll. Georg, Florian 1661–65) und Hochaltar (Evangelisten), Kanzel (Madonna vom Siege) und Tabernakel (Johannes-ℳ-Gruppe) der Pfarrkirche von Zell am Pettenfirst (seit 1667). Hier dominiert noch die betonte Gedrungenheit des Figürlichen seines Frühwerks. Im Florianialtar der Rieder Stadt-

Thomas Schwanthaler, Schutzmantelmadonna, um 1670, Andorf

pfarrkirche (1669) ist erstmals der reife Stil mit der charakteristischen Gewandbildung ausgeprägt, die Figurenauffassung wird lebendiger und gestreckter. Die Ausstattung der Mattighofener Propsteikirche (5 Altäre, 1668–76, erhalten sind nur die Figuren der hll. Petrus und Paulus) sowie die Gruppe der Enthauptung der hl. Barbara in Schalchen (1762, insbesondere die Figur des Henkers) zeigen die dramatischste Phase in seinem Werk, in dem seine sonst seelisch wie körperlich ruhige Figurenauffassung starken emotionalen Ausdrucksgehalt erreicht. Zu Thomas S.s Hauptwerk zählt der Doppelaltar von St. Wolfgang am Abersee (1675–76) der in seinem schwarz-goldenen Dreisäulenaufbau die beiden Hochreliefs der Hl. Familie und des segnenden Wolfgang einschließt, an den Seiten die Figuren der hll. Benedikt und Scholastika, im Auszug die Darstellung der Krönung ℳs. Ferner sind die Altäre der Pfarrkirchen Maria Plain bei Salzburg (Benedikt- und Sippenaltar 1676–79), Arnsdorf (Hochaltarfiguren der hll. Katharina und Barbara, 1677) und der Stadtpfarrkirche in Gmunden (Hochaltar mit der Anbetung der Könige, 1678–79) zu nennen. Als letztes gesichertes Alterswerk, in dem sich ein gewisser Manierismus geltend macht, gilt der Münstener Hochaltar (hll. Johannes und Andreas, 1686). Thomas S. wird die lebensgroße Ölberggruppe in Ried zugeschrieben (gegen 1680), ein in seinem seelischen Ausdrucksgehalt hochbedeutendes Bildwerk und Hauptwerk der zeitgenössischen dt. Schnitzkunst. Bedeutende ⓂDarstellungen sind ferner das volkstümliche Relief der »Schutzmantelmadonna« in St. Sebastian in Andorf (um 1670), in der bäuerliche Schutzbefohlene anstelle der üblichen ständischen Vertreter erscheinen, eine Madonna mit Kind (Linz, Oberösterr. Landesmus., 1675–80) im Stil der reifen Zeit, zwei späte Darstellungen der Ruhe auf der Flucht« (Augustinerchorherrenstift St. Florian und München, Bayer. Nat. Mus.), eine Anna Selbdritt im Mehrnbacher Privatbesitz und eine neue Fassung der »Madonna vom Siege« für das Augustinerchorherrenstift in Reichersberg, die im Vergleich zur früheren Zeller Arbeit in ihrer länglichen Körperform von größerer Anmut und Eleganz ist. Sie wurde nach der Schlacht am Weißen Berg in Auftrag gegeben.

3. *Matthias*, * 5.9.1645 in Ried, † Ende 1686 in Krems, Sohn von Hans, Bruder von Thomas, wurde wohl bei diesem ausgebildet und erschloß sich durch seine Heirat mit der Witwe des Kremser Bildhauers Franz Kern einen neuen Wirkungskreis. Ausgehend von Thomas' schwerem, gedrungenen Frühstil entwickelte er sich zu einem Bildhauer mittleren künstlerischen Niveaus. Zu seinen Werken gehören die Hoch- und Seitenaltäre der Kremser Bürgerspitalkirche (1680–83), ein kleiner, heute verlorener Altar für das Stift Göttweig (1675) und vier Engelputti für den Hellerhof in Pandorf (1678). Bemerkenswert ist die einzige Ⓜdarstellung, die sog. »Türkenmadonna« an einem Kremser Wohnhaus (1683–86), die Ⓜ auf einem Türken stehend darstellt, als Symbol für den Sieg der christl. Allianz über die Türken am Kahlenberg 1683.

4. *Bonaventura*, * 14.7.1678 in Ried, † 17.5.1744 in Enzenkirchen, Sohn von Thomas. Vom Stil seines Vaters geprägt, ist seine Figurenauffassung jedoch wesentlich gedrungener. Typisch sind die großen, derben Hände und die kompakte Falten- und Haarbildung. Gesicherte Werke sind u.a. eine Madonna mit Kind (1701) und eine von Thomas' Rieder Werk beeinflußte Ölberggruppe (1702) für die Pfarrkirche von Geiersberg sowie ein Alabasterrelief mit den Porträts eines Bildhauers und seiner Gattin, das wohl als Selbstbildnis anzusehen ist (Linz, Oberösterr. Landesmus., nach 1710). Zugeschrieben werden ihm eine thronende Madonna mit Kind in der Pfarrkirche von Pichelsdorf und eine Muttergottes mit Kind in Eitzinger Privatbesitz.

5. *Johann Franz*, * 19.8.1683 in Ried, † 3.7.1762 ebd., Sohn von Thomas, Bruder von Bonaventura, übernimmt 1710 die väterliche Werkstatt und deutet den tradierten Formenschatz seines Vaters nach und nach im Stil des Rokokos um. Seine Figurenauffassung ist lyrischer als die seines Vaters. Typisch für ihn sind die weichen, länglichen Gesichtszüge seiner Figuren und die glatte, parallel geordnete Faltenführung. Ein frühes Werk dieses ausgeprägten Stils ist eine feingliedrige und zarte Madonna in der Pfarrkirche von Pram (um 1720). Näher am Stil seines Vaters ist er in der Kreuzigungsdarstellung des Tabernakels von Waldzell (1721). Weitere Werke der zwanziger Jahre sind die Kanzelfiguren in der Pfarrkirche von Ried und die Seitenaltäre in den Pfarrkirchen von Wippenham, Gurten (Thronende Madonna) und Lohnsburg. Hauptwerk der reifsten Zeit ist die vollplastische Ⓜkrönung in St. Georgen bei Obernberg (um 1740), eine freistehende Gruppe, die durch ihre gelöste Bewegung und großzügige Faltenbehandlung hervorsticht. Aus dieser Zeit stammt auch der überlebensgroße Gnadenstuhl in der Brünndlkapelle von Pötting. Mit der einansichtigen, sentimental aufgefaßten Pietà am Kalvarienberg der Wallfahrtskirche Maria Plain bei Salzburg prägte Johann Franz den Typus zahlreicher Pietàreliefs und -gruppen der S.schule, deren Urbild Raffael → Donners Pietàrelief im Wiener Münzamt ist. Weitere Ⓜdarstellungen sind die Verkündigungsgruppe in der Pfarrkirche von Hohenzell (1732) und die Kleinplastik der Immaculata (Wolfsegg, Privatbesitz, nach 1750).

6. *Franz Mathias*, *20.6.1714 in Ried, †16.4.1782 ebd., Sohn von Johann Franz. Von dem wenig bedeutenden Bildhauer kennen wir nur zwei gesicherte Werke, die Leuchterengel des Hauptaltars in der Pfarrkirche von Aspach (1777/78), in denen er den scharfgratigen Spätstil seines Vaters übernimmt. Zugeschrieben werden ihm u.a. die Assistenzfiguren einer Kreuzigung in der Pfarrkirche von Eitzing (Ⓜ, Magdalena, Johannes, 1757) und eine Pietà (Nürnberg, Germ. Nat. Mus.).

7. *Johann Peter d. Ä.*, *24.6.1720 in Ried, †20.7.1795 ebd., Sohn von Johann Franz, Bruder von Franz Mathias, wesentlich bedeutender als dieser, übernahm er 1759 die väterliche Hauptwerkstatt in Ried. Von seiner Hand stammen die meisten der erhaltenen Werke der S. des Innviertels. Er vertritt die letzte Barockgeneration der S., ausgedeutet im lyrischen Stil des Rokokos. Typisch sind die schlanken, geraden Körper die hageren, oft maskenhaft wirkenden Gesichtszüge und die ausdrucksvolle Gestaltung der Hände seiner Figuren. Im knittrigscharfgratigen Faltenstil mit häufig zackigen, zerfahrenen Draperieteilen ist er dem Spätwerk seines Vaters verbunden. Diesen Stil zeigen seine Arbeiten für die Pfarrkirchen von Hohenzell (Gesamtausstattung seit 1761), Mettmach (Apostelfürsten, 1763) und Tumeltsham (Apostelfürsten, 1763). Der höfisch-eleganten Auffassung des Rokokos eines Ignaz → Günther kommt er in den Tabernakelengel von Weilbach (1768) und Aurolzmünster nahe. Die späteren Altäre von Aspach (1789) und Peterskirchen (1795)

Johann Peter Schwanthaler d. Ä., Anna und Maria, 1784, Ried im Innkreis

sind dagegen fast nazarenisch aufgefaßt. Von der Hand Johann Peters ist eine große Anzahl bedeutender Mbilder überkommen, so etwa eine Pietà im Schrein (Mehrnbach, Pfarrbesitz), die zu den bedeutendsten der zahlreichen Pietàgruppen des S.kreises zählt (als Relief im Augustinerchorherrenstift St. Florian, als kleine Gruppe im Oberhausmus., Passau). Für die Rieder Pfarrkirche schuf er die Gruppe der hl. Anna mit M (1784) und eine weitere Pietà (1785), die in ihrer unpathetischen Auffassung den beginnenden Klassizismus andeutet und als eines seiner kostbarsten Werke gilt. Mstatuen besitzen ferner die Stiftskirche Reichersberg sowie die Pfarrkirchen in Altheim und Pöndorf. Zugeschrieben werden ihm in neuerer Zeit zwei Pietà-Darstellungen (Wien, Österr. Barockmus.; Nürnberg, Germ. Nat. Mus.) sowie die »Ohnmacht Mariens« von einer Kreuzigungsgruppe (Pram, Privatsammlung). Johann Peter schuf auch zahlreiche Kleinplastiken, in denen er berühmte Werke seines Großvaters Thomas übersetzte.

8. *Johann Georg*, * 16. 2. 1740 in Aurolzmünster † 23. 9. 1810 in Gmunden, Sohn des Franz Mathias, begründete eine eigene Werkstatt in Gmunden und steht am Übergang vom Rokoko zum Klassizismus. Die Figuren der »Kirchenväter« in den Pfarrkirchen von Vöcklabruck-Schöndorf (1772) und Kematen an der Krems (1774) zeigen noch die bewegten, spätbarocken Gewandformen; klassizistisch aufgefaßt sind dagegen Johannes und M am Kreuzaltar der Pfarrkirche von Obergrünburg (1792). Johann Georgs Hauptwerk bilden Kleinreliefs und -plastiken sowie Krippen, die zum Teil fast biedermeierlich anmuten (Kematen, Obergrünberg, Altmünster Mus. der Stadt Gmunden).

9. *Franz Jakob*, * 2. 8. 1760 in Ried, † 4. 12. 1820 in München, Sohn von Johann Peter d. Ä. Mit seinem Ortswechsel von Ried nach München vollzog sich die Wende von der barocken, von kirchlichen Aufträgen geprägten Familientradition der S. zur höfisch orientierten Kunst des Klassizismus. Nach erster Ausbildung in Ried und Salzburg war Franz Jakob Gehilfe Paul Egells bei der Ausstattung des Hofbibliothekssaales in der Münchner Residenz. 1782–85 war er Schüler des Bildhauers Ignaz Ingerl in Augsburg, 1785 lernte er kurze Zeit bei Roman Anton Boos in München. Noch im gleichen Jahr gründete er in München eine Bildhauerwerkstatt, aus der v. a. bauplastische Arbeiten, Grab- und Denkmäler sowie Modelle für die Nymphenburger Porzellanmanufaktur hervorgingen. Zu Franz Jakobs Münchner Hauptwerken im Stil des Frühklassizismus gehören das Rumford-Denkmal im Englischen Garten (1795), die an antikem Schönheitsideal orientierte Aktfigur des sog. »Harmlos« (München, Residenz, 1803) sowie die zurückhaltend-elegante Wanddekoration für die ehemaligen Hofgartenzimmer der Residenz aus Wandpaneelen mit stuckiertem Groteskenzierat, Trophäen und Festons (heute München, Bayer. Nat. Mus., 1805). Ferner schuf er die Figuren am Giebelfeld der Münze sowie zahlreiche Grabmäler für den Alten Südfriedhof in München. Für St. Stephan am Alten Südfriedhof entstand auch eines seiner wenigen rel. Bildwerke, die Gruppe der hl. Anna mit M. In dieser wie auch in einer kleinen Terrakottafigur der trauernden M (ehemals Sammlung Wilm, ca. 1795/1800) ist er stilistisch noch ganz dem ausgehenden Rokoko verbunden. Der wohl um 1810/15 zu datierende gezeichnete Entwurf für ein Mmonument (München, Hauptstaatsarchiv), der eine Statue der Madonna mit Kind in einem säulengetragenen Tempietto zeigt, gehört dagegen in der antikisierenden Gewandbehandlung und der nüchtern-erhabenen Auffassung ganz dem Frühklassizismus an.

10. *Ludwig Michael*, * 26. 8. 1802 in München, † 14. 11. 1848 ebd., Sohn von Franz Jakob, neben Thomas S. das künstlerisch bedeutendste Mitglied der Bildhauerfamilie. Durch Studium (seit 1818 an der Münchner Akademie) und Romstipendium (1826) schuf er sich beste Voraussetzungen für seine spätere Tätigkeit am Münchner Hof. Bereits 1820 übernahm er die

gut gehende Werkstatt seines Vaters in München und profilierte sich mit ersten Arbeiten für die Glyptothek, die ihm den Titel eines Hofbildhauers einbrachten. 1826 studierte er bei Berthel Thorvaldsen in Rom, wo er sich noch einmal 1832–34 aufhielt. 1835–48 leitete er die Meisterklasse für Bildhauerei an der Münchner Akademie. Seit 1827 erhielt Ludwig S. im Zuge der umfangreichen Bauprojekte König Ludwigs I. von Bayern wichtige bauplastische und bildhauerische Großaufträge, mittels derer er zu einem der bedeutendsten Bildhauer des Klassizismus in Süddeutschland avancierte. Charakteristisch ist neben dem antikisierenden Stil die romantisch-sentimentale Auffassung seiner Figuren. Zu seinen Hauptwerken für die im Geiste der Antike gehaltenen Bauten und Monumente des Königs zählen die Reliefs für den Königsbau der Residenz (1826–43), die plastische Gestaltung der Giebelfelder von Glyptothek (1828–36) und Propyläen (erst nach seinem Tod ausgeführt), die Viktorien für die Befreiungshalle in Kelheim, die Giebelfiguren der Walhalla bei Regensburg (1832–41) sowie die 18 m hohe Kolossalstatue der Bavaria auf der Theresienwiese in München (1843–50, in Bronze gegossen von Ferdinand v. Miller). Nur wenig Raum blieb für kirchliche Aufträge, die denn auch eine untergeordnete Rolle in seinem Werk spielen. Neben den Figuren für die Fassade der Münchner Ludwigskirche (Christus und Evangelisten, 1832–35) und einem Kruzifix für den Bamberger Dom (1835–37) schuf er — als einziges 𝔐bild — die Figur der »Hilfreichen Muttergottes« als Bekrönung des Mittelportals der Mariahilfkirche in der Au in München (nach 1839).

Christoph Schwarz, Maria auf dem Wolkenthron, 1580/81, Nürnberg, Germanisches Nationalmuseum

Lit.: M. Bauböck, Probleme und Situation der S.-Forschung, In: Oberösterreich 18 (1968) Heft 1, 27–41. — F. Otten, Ludwig Michael S., Monographie und Werkverzeichnis, 1970. — A. Huber, Franz Jakob S., Diss., München 1973. — Ausst.- Kat., Thomas S. 1634–1707 Oberes Belvedere, Wien, 1974. — Ausst.-Kat., Die Bildhauerfamilie S. 1633–1848, Vom Barock zum Klassizismus, Augustinerchorherrenstift Reichersberg am Inn, 1974. — A. Huber, Ein zeichnerischer Entwurf Franz Jakob S.s zu einem Marienmonument, In: Oberbayer. Archiv 101 (1976) 122–128. — E. Frodl-Kraft, Eine Marienkrönungsgruppe von 1672. Zur Bildüberlieferung in der S.-Werkstatt, In: Mitteilungen der Österr. Galerie 21 (1977) 5–32. — A. Huber, Franz Jakob S. 1760–1820, Neueste Forschungsergebnisse und Erkenntnisse zu seinem bildhauerischen Werk, In: Oberbayer. Archiv 102 (1977) 143–175. — C. Theuerkauff, Zwei kleinplastische Gruppen in der Skulpturengalerie Berlin, In: Anzeiger des Germanischen Nationalmuseums (1979) 141–152. — C. Diemer, Unbekannte Arbeiten der Bildhauerfamilie S. in Nürnberg und Berlin, ebd. (1980) 105–114. — A. Huber, Die Bildhauerfamilie S. 1633–1879, In: Verhandlungen des Historischen Vereins für Niederbayern 107 (1981) 5–38. *B. Langer*

Schwarz, Christoph, * um 1548 in München, † 15.4.1592 ebd., herausragender Maler in der künstlerisch sonst weniger bedeutenden 2. Hälfte des 16. Jh.s in Süddeutschland, Sohn eines Goldschmieds, Schüler des Salzburgers Melchior Bocksberger; 1568 arbeitet er mit Hans Muelich zusammen, 1569 wird er Meister, 1570–73 hält er sich in Venedig auf und erhält dort entscheidende Anregungen durch die Werke Tizians und Veroneses, Raffaels und Tintorettos. 1574 wird er Hofmaler Herzog Albrechts V. († 1579). Als dessen Nachfolger, Wilhelm V. seinen Landshuter Hofmaler Friedrich Sustris nach München holt, werden diesem alle Hofkünstler — auch S. — unterstellt. Mit Sustris ist S. einer der erfolgreichsten Wegbereiter der Hochrenaissance in Süddeutschland.

Unter S.' Werken (Raub der Sabinerinnen, Hampton Court Palace, um 1573; Der hl. Michael stürzt Luzifer, München, St. Michael, Hochaltarblatt, 1587/89; Kreuzaufrichtung, München, Städt. Galerie, 1587) sind in marian. Hinsicht zu erwähnen: eine Kreuzigung Christi mit der trauernden 𝔐 (München, Alte Pinakothek, um 1585) sowie ein 𝔐triptychon, das 1580/81 als Stiftung Herzog → Wilhelms V. für die Aula des Münchner Jesuiten-Gymnasiums entstanden war. Auf den Flügeln zeigt es die Heiligen der Studierenden, Katharina und Hieronymus, auf den Außenseiten die Verkündigung an 𝔐, auf der Mitteltafel die auf dem Halbmond und auf dem Wolkenthron sitzende GM, umgeben vom Reigen musizierender und singender Engel — ein 𝔐bildtypus mit Anklängen an A. Altdorfer, von Tizian und Veronese beeinflußt, der zahlreiche 𝔐bilder des 17. und 18. Jh.s geprägt hat. Jakob → Balde hat dem Triptychon eine 14-strophige Ode gewidmet (Lyrica IV 13), in der er mit folgenden Versen die Beziehung 𝔐s zu ihrem Kind beschreibt: »Die Jungfrau — ich weiß es nicht recht zu/ beschreiben — verhält/ sich nicht still./ Sie reicht ihrem Liebling/ eine Blume zum Greifen hin;/ Es scheint, als locke sie,/ Um sie in die hohle Hand zu legen./ Das Kind — ich weiß nicht recht zu/ beschreiben — quäkt es oder spielt es mit?/ Sicherlich ist es fröhlich aus beständiger Liebe./ Auf dem bezaubernden Mund/ bebt sonnige Farbe.«

Lit.: H. Geissler, C. S., Diss., Freiburg i. B. 1960. — Ausst.-Kat., Wittelsbach und Bayern II/2, Nr. 71, München 1980. — G. P. Woeckel, Pietas Bavarica, 1992, 164 f. — Kindler V 271–273. — Thieme-Becker XXX 358–361. *F. Trenner*

Schwarz, Johannes (Johannes Nigri de Cadana), OP, Reformtheologe, stammte aus Kaaden a. d. Eger in Nordböhmen, wurde 1452 Novize im Dominikanerkonvent in Nürnberg, einem Zentrum der Reform und einer Pflanzstätte der Wissenschaften, studierte 1455–56 in Bologna und war, nach Angaben in den Manuskripten zu schließen, 1461 in Prag und nach 1462 über Jahre in Nürnberg, wo er auch Lektor war (cf. clm 26834), vielleicht auch in Eichstätt (clm 26869 von 1463), dem Ort einiger seiner Sermones (cf. clm 13571) und des Wirkens seines Bruders Georg. In dem aus Regensburg stammenden clm 26859 mit einem Kommentar in Sent. IV, über die Sakramente, ist am Schluß vermerkt, daß S. 1472 Beichtvater in dem 1465 reformierten und geistlich hochstehenden Dominikanerinnenkloster Adelhausen bei Freiburg i. Br. (LThK² I 141) war: »Rubricatum per fr. Joh. Schwarz magistrum in theologia a. 1472 tunc confessorem in Adelhussen.« Auf Weisung des Ordensgenerals wurde er am 4.6.1475 von Nürnberg zur Reform des Konvents als Prior nach Regensburg versetzt, wo er auch 1478, 1482, 1485 und 1487 Prior war, bis er am 16.7. 1487 vom Amt entbunden wurde. Zum Dr. theol. wurde er 1475 in Ingolstadt promoviert und am 7.1.1476 hier in das Gremium und Konsilium der theol. Fakultät aufgenommen. In einer Urkunde nennt er sich 1476: »Sacra paginae Humilis professor ac prior« (Walde 77). 1484 war er Definitor der dt. Provinz bei der Wahl des Ordensmagisters und 1487 Vicarius magistri ordinis. Noch 1498 und 1505 begegnet in Akten ein J. Nigri, ohne die Identität mit S. klären zu können. 1479 wird bes. erwähnt, daß im OP vier leibliche Brüder »Schwarz« (Nigri) lebten: Petrus, Johannes, Georg und Nikolaus. Die ersten drei waren auch wissenschaftlich tätig, wirkten teilweise in den gleichen Häusern und hatten nach den Autographen fast die gleiche Handschrift. Sie wurden daher in der Lit. verwechselt. Nur Petrus, ein namhafter Hebraist, wurde bisher erforscht. In diesem Zusammenhang wurde auch eine gewisse Klärung über dessen Brüder herbeigeführt.

S., »ein fruchtbarer theologischer Schriftsteller« (Kraus 165), der »zu den hervorragendsten Männern, die dem Dominikanerorden erwachsen sind« (Popp, 1980, 397), gezählt wird, hat viele nur handschriftlich erhaltene, vielfach als Autographe ausgewiesene und mit Jahres- und Ortsangaben versehene Schriften (z. B. clm 26801 von 1461/62) hinterlassen, die fast nicht gesichtet noch erfaßt sind. Viele stammen aus Regensburg. Er muß sie von Nürnberg mitgebracht haben, weil sie oft vor 1475 datiert sind. Bei Abschriften und Kompilationen werden die Quellen genannt. Neben dogm. und moraltheol. Traktaten, asketischen Exhorten, z. B. über Tugenden und Ordensdisziplin, pastoraltheol. Anweisungen, z. B. für das Beichthören (cf. clm 13571), die Volkspredigt (über das Verhalten von Mann und Frau, den Ehebruch, die Erziehung der Kinder und deren Beziehung zu den Eltern, die Behandlung der Pferde und der Rinder: cf. clm 26886) finden sich viele kurze bis überlange Sermones zur Fastenzeit, Karwoche, Osterzeit, zum Kirchenjahr, zu besonderen Festen und über die Heiligen.

In den Ansprachen zu Me Reinigung (clm 26801, fol. 200ᵛ–203ʳ; clm 26825, fol. 41ᵛ–45ʳ. 80ʳ–82ʳ. 125ʳ–126ʳ; clm 26869, fol. 295ʳ–297ʳ) dominieren meist christol. Aussagen neben der Auslegung, daß M kontemplativ lebte. In einer (clm 26825, fol. 193ᵛ–207ʳ) geht S. sehr breit auf die UE M ein, führt Meinungen der Theologen an, daß M bei ihrer Empfängnis von der Erbsünde bewahrt wurde und von jeder aktuellen Sünde frei blieb, neigt aber selbst, um die Universalität der Erlösung zu wahren, der Ansicht zu, die er mit →Thomas v. A. begründet, daß M in der Erbsünde empfangen und dann erwählt wurde. Eine dogm. Klärung sei aber durch die Kirche noch nicht getroffen worden. In einer anderen Predigt zum gleichen Fest (clm 13571, fol. 123ᵛ–124ᵛ) sagt er: M habe der Reinigung bedurft. Christus habe sie gereinigt. In einem Sermo zu Me Empfängnis (clm 26862, fol. 120ᵛ–121ʳ) heißt es: »Der Höchste heiligte sein Zelt«, ähnlich in einem über das Ave-Maria (clm 13571, fol. 100ʳ–103ʳ), dem die Ansprache zu Me Verkündigung (clm 26801, fol. 180ᵛ–183ʳ) nahesteht. In St. Katharina in Nürnberg predigte S. 1462 zum Fest Me Heimsuchung (ebd. fol. 74ᵛ–76ᵛ; cf. clm 26869, fol. 180ᵛ–184ᵛ: In festo visitationis BMV, Eichstätt 1463) und nimmt ca. 1461/62 im Sermo »Beatus venter« (clm 26801, fol. 180ᵛ–183ʳ) Motive dieses Festes auf. In »Missus est Angelus« (clm 26825, fol. 48ʳ–61ᵛ, Nürnberg 1466) legt er das Ave-Maria bis »benedictus fructus ventris tui« in einer Art Kommentar zu Lk 1 aus. Ausführlich (clm 26801, fol. 245ʳ–254ᵛ) und kürzer (clm 26862, fol. 76ʳ–77ᵛ) predigte er schon als junger Ordensmann über das Magnifikat der GM. Zu Me Geburt rühmt er ihre einzigartige Würde als machtvolle Herrscherin, die Wohltaten verteilt, und ihre Stellung über allen Kreaturen zum Schutz gegen böse Geister (clm 26886, fol. 188ᵛ. 196ʳ), ähnlich zum Fest der leiblichen Aufnahme Ms in den Himmel: Christus wollte M vor allen Kreaturen ehren (clm 26801, fol. 134ʳ–136ᵛ). Auf das gleiche Fest nehmen zu Beginn die Betrachtungen über das »Salve Regina Misericordiae« (ebd. fol. 190ʳ–200ʳ; cf. clm

26869, fol. 222ʳ: In Assumptione BMV) Bezug. Einige Gedanken daraus kehren im großen Traktat (cf. clm 18713, fol. 37ᵛ) über dieses Gebet wieder.

»Tractatus sive Sermones super Salve Regina« ist bisher in zwei Manuskripten (15. Jh.) aus Tegernsee, dem Zentrum der gleichnamigen Benediktinerreform im 15. Jh., bekannt: clm 18722, fol. 294ʳ–387ʳ und clm 18713, fol. 35ʳ–175ʳ (zit.), der 23 Sermones zählt. Wenn »Amen« als Abschluß angenommen wird, sind es ca. 11. Clm 18722 hat diese Zählung nicht, die darum kaum ursprünglich sein dürfte, und ist am Schluß um ca. acht Blätter länger, die im clm 18713 fehlen und weitere Betrachtungen über die Ableitung des Namens »Maria« aus »Maris stella« bringen. In den »Tractatus …« kehren wohl Gedanken aus anderen marian. Werken von S. wieder, ohne daß aber nennenswerte Teile wörtlich übernommen wären. Als Autoritäten werden neben antiken Philosophen u. a. angeführt: Augustinus, Bernhard v. Cl., Albertus Magnus und Thomas v. A. Die Ausführungen folgen den Worten oder Sätzen des Salve, sind sehr lebhaft gehalten und gehen selbst oft wieder in Gebete und Rufe an ⓂⒶ über. Manchmal spricht aus ihnen eine gewisse Heilsangst. Sie sind somit ein Reflex der Zeit.

S. preist ⓂⒶ als mächtigste Königin des Himmels und des ganzen Weltgeschehens (35³⁻ᵛ). Ihr Königtum ist darin fundiert, weil sie als »Schwester Christi dessen Miterbin« ist (38ʳ; cf. Mt 12,50; Röm 8,17; mit einem Verweis auf Gen 19,12: Vere soror mea filia patris mei). Wegen der überragenden Würde, wirksamen Güte und allgemeinen Macht ist es ein wahres Königtum (43ᵛ). Die in den »Tractatus …« entworfenen Elemente einer Mariol. sind auf Christus zentriert: ⓂⒶ ist Pforte des Lebens, das durch ihren Sohn kam. Das Leben der Gnade fließt uns durch ⓂⒶ wie durch einen Aquädukt zu (60ʳ–61ᵛ). Dieses sieht S. wiederholt ganzheitlich: ⓂⒶ ist »Spiegel der Bildung« (disciplinae), des kontemplativen Lebens, das sie mit dem aktiven vereinte, so daß sie Urbild (exemplar) des aktiven Lebens wurde, da in ihr alles geordnet war (65ᵛ–76ʳ). In ⓂⒶ erblickt S. das Ideal seines Ordens (→ Ludolf v. S.). »Christus malte im Leben Marias die Vollkommenheit aller Tugenden und Heiligen, damit wir nach dem Urbild ihres Lebens wie nach einer Regel leben« (73ʳ).

ⓂⒶ hat die Ehre der Menschen wiederhergestellt, indem sie den »Erneuerer« (73ʳ: reparator) geboren hat. Nach Gott ist sie unsere Hoffnung und Zuflucht in allen Leiden. »Zu dir also, seligste Jungfrau, die du bist der Morgenstern, rufen wir nach Arznei für die Sünden« (88ʳ). Dabei wird betont, daß nur Gott retten konnte, ⓂⒶ aber zur zweiten Eva erwählt wurde, die »nur die Ehre Gottes und unser Heil sucht und verlangt« (107ʳ). Sie ist die von den »göttlichen Personen« vor allen Kreaturen »Gesegnete« (115ʳ–126ᵛ). In einer Verbindung von kühnem kindlichem Vertrauen zu ⓂⒶ und tiefer Theol. legt er den Ruf »Zeige uns Jesus« aus: nämlich »in seinen Wunden«, »mit seinen ausgespannten Armen« (130ᵛ). »Weil er dir zum Sohn gegeben ist, damit du ihn uns gibst, daher darfst du ihn uns nicht versagen und wirst ihn uns zeigen müssen« (127ᵛ). Daß ⓂⒶ als »gütige« noch angerufen werden kann, begründet S. mit der Fortdauer ihrer im Heilswerk geprägten Stellung: »Jene unbegrenzte Güte (pietas), die sie einmal im Geiste (mens) erfüllt hat«, nämlich bei der Empfängnis durch den Hl. Geist, beim Tode Christi am Kreuz u. a., »ist nie von ihr gewichen, sondern zeigt sich bis jetzt mit der Fülle der Gnade und Güte in ihr« (133ʳ). Ihr ganzes Wesen ist vom Geist gebildet: ⓂⒶ wird »süß« (dulcis) genannt, weil der Hl. Geist in ihr wirkt (135ᵛ). Der gleiche Gedanke von der gnadenhaften Unerschöpflichkeit ihres Wirkens schwingt bei der Erklärung des Namens »Maria« aus »mare« (Meer) mit: In der Fülle der Gnade will sie den Weg zu Jesus führen. »Wie das Meer alle Wasser aus sich entsendet und dennoch immer voll bleibt und weiterbesteht und daher alle in sich empfängt, um sie zu entsenden, so hat die allerseligste Jungfrau von Gott alle Wasser der Gnaden und die ganze Fülle der Güter empfangen, um sie uns ohne Minderung ihrer Fülle auszuteilen …« (150ʳ). Bei der Auslegung des Namens »Maria« als Meeresstern bringt S. die ganze Tradition ein: Sie ist u. a. Klarheit der Tugend, Erleuchtung, moralische Belehrung und Strahl der Tapferkeit, so v. a. im Schlußteil der »Tractatus …« (clm 18722, fol. 381ᵛ–387ᵛ).

WW: Kaeppeli II 515 f. (Lit., die Aufschlüsselung der WW ist lückenhaft und zu wenig informativ); s. weiter Text.

Lit.: B. Walde, Christl. Hebraisten Deutschlands am Ausgang des MA, 1916, 74–82. — M. Grabmann, Ma. Geistesleben II, 1936, 335 (fehlerhaft). 375 f. (Anm. 140: Cod. Cent. II 2 der Nürnberger Stadtbibl. ist eine Abschrift des 2. Teils der STh Alberts aus der Hand von J. S.). 468. 590. — A. Kraus, Beiträge zur Geschichte des Dominikanerklosters St. Blasien in Regensburg 1229–1809, In: Beiträge zur bayer. und dt. Geschichte. H. Dachs zum Gedenken = Verhandlungen des Hist. Vereins für Oberpfalz und Regensburg 106 (1966) 141–174. — M. Popp, Die Dominikaner im Bistum Regensburg, In: Beiträge zur Geschichte des Bistums Regensburg 12 (1978) 227–257. — Dies., Albertus Magnus und sein Orden im Bistum Regensburg, In: Verhandlungen des Hist. Vereins für Oberpfalz und Regensburg 120 (1980) 391–406. — Kaeppeli II 24 ff.; III 238 ff. — VL² VI 1008–13. *W. Baier*

Schwarz, Martin, * 9. 5. 1721 in Amberg/Oberpfalz, † 22. 1. 1788 ebd., trat 1738 der Gesellschaft Jesu bei, reiste 1752 über Genua nach Lissabon und 1753 mit vier Patres und elf Novizen nach S. Luiz do Maranhão und Belém do Pará/Brasilien, arbeitete bis Mai 1757 auf der Missionstation Guaricurú (heute Melgaco). Nach der Vertreibung der Jesuiten aus den port. Gebieten (1759) wurde er zuerst im Kolleg zu Belém do Pará interniert, dann nach Lissabon deportiert und kam in die Hafenfestung »S. Julian da Parra« (1760–77) in der Tejomündung vor Lissabon.

S. nahm einen Kupferstich des Gnadenbildes der »Landshuter Gnadenmutter«, der »Mutter mit dem geneigten Haupt« (Mater gratiae, Mutter der Gnaden) von den Ursulinen zu → Landshut mit in die Amazonas-Mission. Es gelang ihm, das Mbild mit in die Feste S. Julian da Barra zu retten. Er brachte es aus dem Kerker in seine Heimat mit und übergab es 1788 kurz vor seinem Tod an seine Familie. Von hier kam es zu Weihnachten 1871 als Geschenk an Andreas Ehrenberg SJ (1814–90). Nach dessen Tod gelangte es zu den Jesuiten in Feldkirch und Köln. Seit 1.5.1936 befindet es sich in der St. Ignatiuskirche in Essen.

Der später mit Tempera übermalte Gesichtsteil des Bildes ist stark beschädigt. Teile des zerstörten Mantels und Kleides wurden durch aufgelegte Brokatreste ergänzt und mit breiter Goldborte umrandet. Auf der Rückseite hat A. Ehrenberg 1874/75 die Geschichte des Bildes notiert.

Eine Kopie dieses Bildes in Öl, wohl vorher am Grab von S., befindet sich heute in der Sakristei der Dreifaltigkeitskirche in Amberg, eine zweite Kopie im Rathaus von Bad Tölz.

Lit.: BeisselW. — P. Caeiro, Jesuitas de Brasil e da India, 1936. — K. J. Klinghammer, Licht in der Nacht. Ein Gnadenbild aus der Zeit der Aufhebung des Jesuitenordens, 1959.

H. Rzepkowski

Schwarze Madonnen. Die Bezeichnung »schwarze Madonnen« ist von der Hautfarbe Ms und Christi auf Gemälden (am häufigsten beim Typ der Hodegetria) und Plastiken abgeleitet, bei denen die dunkle Farbe (schwarz oder dunkelbraun) durch die natürliche Farbe des Holzes, durch Polychromie oder durch chemische Veränderungen des Inkarnats gegeben ist. Von dunklem Inkarnat können auch die kinderlose Mgestalt (Dolorosa, Deomenē) oder andere Typen sein, wie beispielsweise die »Pastrix bona« im 17. und 18. Jh.

Über die Herkunft der dunkelgesichtigen Mdarstellung gibt es mehrere Hypothesen. Eine Hypothese legt den Ursprung des Motivs in das Wirkungsgebiet der koptischen und äthiopischen Kirche und erblickt den Beginn seiner Genese noch in den heidnischen Darstellungen der Fruchtbarkeitsgöttin → Demeter (Ceres) bzw. der → Isis mit dem Horusknaben, in denen die Kopten die Madonna erblickten. In Äthiopien könnte die Darstellung der S. M. in der von den Malern beobachteten natürlichen Physiognomie der einheimischen Bevölkerung ihren Ursprung haben, wie dies äthiopische Handschriften oder Wandmalereien überzeugend nahelegen. Die andere Hypothese geht von den Bibelexegesen des → Hohenliedes (1, 5–7) aus und hält die darin geschilderte »schwarze« Braut für eine Äthiopierin, die von ihrer schwarzen Hautfarbe sagt: »Ich bin zwar dunkel, aber lieblich.« Eine weitere Deutung spricht von der Braut im Hohenlied als von einer Jüdin, die auf Geheiß ihrer Geschwister den Weinberg hütete und sich so an der Sonne verbrannte. Die zeitgenössische Bibelexegese verweist darauf, daß den Hebräern das Wort »dunkelbraun« unbekannt war, weshalb im Hohenlied das Wort »schwarz« steht. Dieses Wort konnte etwa für die schwarze Farbe der Beduinenzelte verwendet werden, die aus der Wolle schwarzer Ziegen gefertigt waren (1,5).

Der Ursprung des Motivs hat auch seine legendäre Begründung in der apokryphen Erzählung über den Evangelisten Lukas, der versucht habe, die GM auf einer Tischplatte aus dem Hause Ms zu porträtieren. Diese Legende erscheint erstmals in der 1. Hälfte des 6. Jh.s bei Theodorus Lector. Derselben Legende zufolge sei das Antlitz Ms bei der Flucht der Hl. Familie aus Ägypten durch die Sonne gedunkelt. Sämtliche S. M. wurden für → Lukasbilder gehalten.

Eine Begründung für das schwarze Gesicht Ms findet man in zahlreichen barocken Legenden und Predigten an Orten reich entwickelt, an denen die Verehrung S. M. greifbar ist (Altötting, Einsiedeln, Brünn u.a.).

Viele Gemälde und Plastiken S. M. gelangten aus dem byz. Reich oder direkt aus Ägypten nach Europa, entweder als Geschenke für europäische Herrscher oder als Kriegsbeute. Eine wichtige Vermittlerrolle spielte hierbei Italien. G. M. Lechner zählt in seiner Studie über S. M. etwa 272 Beispiele in Europa.

Die in Italien bekannteste S. M. ist die Plastik der Maria Loreto, die im sog. Hl. Haus in Loreto verehrt wird. Der Legende zufolge sei sie 1281 hierher gebracht worden. Ihre Nachbildungen wurden im 17. und 18. Jh. über ganz Europa verbreitet, bes. in die von den österr. und span. Habsburgern beherrschten Länder (Niederlande, österr. Länder, Böhmen) und in die dt. Länder (Bayern). Weitere S. M. wurden in Messina auf Sizilien und in Rom verehrt.

In Frankreich gilt als die bekannteste S. M. die GM des Propheten Jeremias, die König Ludwig der Heilige 1253 aus Ägypten mitgebracht hatte. Der König schenkte die Plastik der Kirche in Anicienne. Bekannt ist in Frankreich auch die Statue der wundersamen Madonna von → Le Puy, deren legendäre Geschichte bis in frühchristl. Zeit reicht. Sie ist aus Zedernholz geschnitzt und wurde 1254 von König Ludwig dem Heiligen aus dem Hl. Land nach Frankreich gebracht. Die schwarze ND sous terre in der Krypta der Kathedrale in Chartres ist zerstört.

In Spanien ist das Palladium des Landes die S. M. von → Monserrat, deren legendärer Urheber der Apostel Jakobus sein soll. Sie wurde 880 von Hirten in einer Felshöhle auf dem Berg Monserrat entdeckt. Um ihren Ruhm machten sich die Benediktiner verdient, die am Höhleneingang ein Kloster errichteten. Nachbildungen der Madonna von Monserrat gelangten namentlich im Barock in die von den Habsburgern verwalteten kath. Länder (Wien; Böhmen: Prag, Bezděz [Bösigberg], Cizkrajov [Sitzgras bei Zlabings]).

In Deutschland gehört die Mplastik der S. M. von → Altötting zu den meistverehrten. Sie stammt wahrscheinlich aus dem 14. Jh. Ihre dunkelbraune Farbe ist nicht ursprünglich, sondern entstand im Laufe der Zeit durch Einwirkung von Kerzenrauch und durch chemische Veränderungen im Inkarnat. Nachbildungen der Altöttinger Madonna, die über die ganze Welt verbreitet sind, haben bereits von Anfang an ein dunkles Inkarnat. Von dunkler Hautfarbe sind u. a. auch M-gemälde und -plastiken in Aachen, Würzburg, Köln, Regensburg, Hildesheim.

In der Schweiz findet sich die anmutige ma. S. M. in →Einsiedeln. Ihre Nachbildungen gelangten in Benediktinerklöster und in Kirchen ganz Europas (Deutschland: Geiermühle, Gernsheim, Hagmoos u.a.; Böhmen: Prag, Radíč, Ostrov [Schlackenwerth], Rajhrad u. a.).

In Österreich konzentriert sich die MV auf Wien. Von dunkler Hautfarbe ist die Madonna Candia in der Wiener St. Michaelskirche.

In Böhmen ist die S. M. von Brünn (Hodegetria) das älteste M-tafelbild (12. Jh.). Der Legende zufolge handelt es sich um ein von Lukas gemaltes Bild, das in Byzanz dem Mailänder Bischof Eustorgios geschenkt wurde. 1162 brachte es der böhmische König Vladislav II. aus Mailand mit, und in der 2. Hälfte des 14. Jh.s machte es Karl IV. seinem Bruder Johann Heinrich, Markgraf von Mähren, zum Geschenk. Der Markgraf wiederum widmete es dem Kloster der Augustiner-Eremiten in Brünn. Kopien des Bildes gelangten nach Österreich, Deutschland und Polen. Eine weitere S. M. in Böhmen ist die GM von Březnice (Ende 14. Jh.). Auf ihrem Heiligenschein findet sich die Inschrift »Nigra sum sed formosa filie Ie[rusalem]« (Hld 1,5–7), die ihre dunkle Hautfarbe legitimiert.

In Polen sowie in Europa überhaupt gehört die Madonna von →Czenstochau zu den bedeutendsten S. M. Diese Hodegetria mit den typischen Gesichtsschrammen, die von Versuchen Ungläubiger herrühren, das Bild zu schänden, war 1384 den Paulinern in Czenstochau zum Geschenk gemacht worden. Sie galt als eines der von Lukas gemalten M-porträts. Ihre Nachbildungen sind über ganz Europa verbreitet.

Gemälde und Plastiken S. M. befinden sich auch in den übrigen europäischen Ländern, wie auf dem Balkan, in Griechenland, Rußland und in der Ukraine.

Lit.: M. Durand-Lefebre, Etude sur l'origine des Vierges noires, 1937. — E. Saillons, Nos Vierges noires, 1945. — W. Rudolph, Das Hohe Lied, Kommentar zum AT 17,1–3, 1962. — E. Benz, Ich bin schwarz und schön (Hohes Lied 1,5). Ein Beitrag des Origenes zur Theol. der Negritudo, In: Wort und Religion, FS für E. Damm, 1969. — G. M. Lechner, »Schön schwarz bin ich« — Zur Ikonographie der schwarzen Madonnen in der Barockzeit, In: Heimat an Rott und Inn (1971) 44–61. *J. Royt*

Schwarzlack, Lkr. Rosenheim, Erzbistum München und Freising, Wallfahrtskirche Mariahilf und St. Johann Nepomuk. 1659 ließ sich der Eremit Georg Thanner an einem moorigen Tümpel (»Schwarze Lacke«) nieder und errichtete neben seiner Klause eine kleine Holzkapelle, in der er ein Mariahilfbild aufstellte. 1686 folgte der Neubau der Kapelle und 1750–54 ließ Max IV. Graf v. Preysing die heutige barocke Wallfahrtskirche errichten. Die Deckenfresken von Sebastian Rechenauer d. Ä. (1811) zeigen u. a. die Geburt Christi und die Himmelfahrt Ms, der Hochaltar (um 1765) birgt das Gnadenbild. In den Sommermonaten wird S. noch heute von Schulklassen, Wanderern und regionalen Wallfahrtsgruppen besucht.

Lit.: P. v. Bomhard, Kunstwanderung im Inntal, In: Bayerland 55 (1953) 339–350. — Ders., Die Kunstdenkmäler der Stadt und des Landkreises Rosenheim I, 1954, 145–160. — Dehio-Oberbayern, 1990, 1101. — F. J. Brems, Wir sind unterwegs..., 1992, 168. *F. Trenner*

Schwarz-Schilling, Reinhard, * 9.5.1904 in Hannover, †12.9.1985 in Berlin, studierte Klavier und Komposition in München und Köln, bis 1929 als Schüler Heinrich Kaminskis in Ried. Nach seiner Tätigkeit als Dirigent und Orgellehrer in Innsbruck erhielt er Lehraufträge im Fach Komposition an der Musikhochschule Berlin und Seoul.

S. gilt als einer der großen Kirchenmusiker unserer Zeit. Sein Schaffen galt vorwiegend der Vokalmusik; er komponierte u. a. Kantaten (z. B. »Lob der Mutter«), Motetten, Messen, Chöre und sakrale Lieder, auch ein »Proprium in Festo Assumptionis BMV« für gemischten Chor und Gemeindegesang.

Lit.: A. Berner, R. S.-S., 1964. — M. Heller, R. S.-S.: Werkverzeichnis und Schriften, 1986. — DMM VII 194. *E. Löwe*

Schwarzwälder Predigten (→Predigten), eine dt.sprachige Musterpredigtsammlung des späten 13. Jh.s, die aus einem getrennten Temporale (55 Nrn.) und Sanctorale (46 Nrn.) besteht. Ein Verweissystem verbindet beide Teile. Erwies sich das Temporale mit 33 Handschriften als beliebtester Predigtjahrgang des SpätMA, so blieb den Fest- und Heiligenpredigten — vermutlich wegen der Konkurrenz zu den gleichzeitig entstehenden dt. Legendaren — ein vergleichbarer Erfolg versagt: Hier liegen nur 4 Corpushandschriften und 6 Einzelüberlieferungen vor. Sammlungsinterne Indizien sowie Bezüge zur franziskanischen Liturgie in der ältesten und originalgleichen Handschrift des Temporale (Freiburg i. B., Universitätsbibl., Hs. 460; noch vor 1300) lassen vermuten, daß es sich bei den Verfassern um Franziskaner gehandelt hat. Die Überlieferung erfolgt dann jedoch ordensunabhängig. Das Sanctorale enthält neben den früh-christl. Hauptheiligen und Elisabeth v. Thüringen auch fünf M-predigten auf die vier klassischen M-feste (M-e Himmelfahrt doppelt). Hauptquelle der M-predigten sind die Sermones de Sanctis → Konrads v. Sachsen OFM, lediglich M-e Himmelfahrt I beruht auf der »Legenda Aurea« des →Jacobus a Voragine, die ansonsten mit wenigen Ausnahmen (Weihnachten, Kreuzauffindung) Vorlage der Heiligenpredigten ist. Die Predigten nach Konrad sind deutlich eigenständiger bearbeitet als die »Legenda Aurea«-Übersetzungen. Sie bieten nach lat. Thema und lat. Disposition eine Übersetzung und Erläuterung der thematischen Bibelstelle. Es handelt sich durchweg um klar strukturierte und ausführliche Sermones auf hohem sprachlichen Niveau und mit umfangreichen lat. Textinseraten. Sammlungsprägend ist die Verwendung atl. Geschichten als Exempla, die als »urchunden« bezeichnet werden. Wiederkehrende sprachliche Formeln prägen den Stil der gesamten Sammlung und dienen zur Verbindung der einzelnen Predigtteile; die Anrede im Sanctorale ist fast ausnahmslos »selige ckint«.

Von den M-predigten sind trotz ihrer herausragenden Stellung bislang nur die Predigten zu Me Lichtmeß und Me Himmelfahrt II zusammen mit ihren lat. Vorlagen ediert (s. u.). Die Predigt auf Me Lichtmeß (Jes 2,5; RLS I 766, Nr. 269) bietet fünf Membra, die vom Lichterbrauch abgeleitet sind (»ewig lieht« = Christus) und schließt mit einer Mirakelerzählung über ein Kerzenwunder aus der »Legenda Aurea«. Der Schwerpunkt liegt hier bei der Vorbildlichkeit Ms. Ganz im Zeichen des Erlösungswerks steht die Predigt zu Me Verkündigung (Jes 7,14; RLS I 766, Nr. 278), deren Disposition von vier Zeichen der Erlösung abgeleitet ist, die jeweils durch atl. »urchunden« beglaubigt werden (u. a. »Vlies des Gideon«). Die erste der beiden Himmelfahrtspredigten (Graesse, LA, 504 ff.), in denen M nun ausschließlich im Mittelpunkt steht, folgt der »Legenda Aurea«, schließt aber sammlungstypisch mit einem atl. Exemplum, und zwar mit dem Sieg Baraks über Sisera und dessen Tötung durch Jael (Ri 4,17–22). Die zweite Predigt (Ps 44,12; RLS I 768, Nr. 19) steht unter dem Signum der Himmelskönigin; die Disposition wird entsprechend von herrscherlichen Attributen abgeleitet (Gefolgschaft, Kleidung, Thron, Krone). Die biblische Beglaubigung dafür bieten die Königin von Saba (1 Kön 10,1–13), die Offenbarung des Johannes (Offb 12,1–2), Batsebas Inthronisation neben ihrem Sohn Salomo (1 Kön 2,19) und Esters Krönung (Est 2,17). Die Predigt auf Me Geburt (1 Sam 4,5; RLS I 769, Nr. 330) bietet in der ersten Hälfte eine Eltern- und Kindheitsgeschichte Ms, deren Empfängnis nicht dt., sondern lat. kommentiert wird: »Et nota quod beata virgo Maria non fuit concepta de spiritu sancto sed de semine virili.« Der zweite Teil knüpft an das biblische Thema an und leitet die vierfache Disposition vom Begriff »arca« ab: M wird so zur »arche« der Überwindung des Teufels (1 Sam 4–5), der Reue (Jos 6), der Gerechten (2 Sam 6) und der Auferstehung (Jos 3). Die beiden zuletzt genannten Predigten sind in ihrem Schlußteil jeweils auf das Jüngste Gericht und die Erwählung der Gerechten mit Hilfe Ms ausgerichtet. In allen Predigten gehört → Bernhard zu den bevorzugten Autoritäten.

Ausg.: P. Schmitt, U. Williams und W. Williams-Krapp, Fest- und Heiligenpredigten des Schwarzwälder Predigers, 1982. — Zur Ausg. des Temporale s. Morvay-Grube T 62.

Lit.: G. Stamm, Studien zum Schwarzwälder Prediger, 1969; dazu Rez. von D. Schmidtke, In: PBB 92 (1970) 285–290. — W. Williams-Krapp, Das Gesamtwerk des sog. Schwarzwälder Predigers, In: ZfdA 107 (1978) 50–80. — H.-J. Schiewer, Die Schwarzwälder Predigten, Diss., Berlin 1990 (erscheint als MTU 105). — Ders., »Et non sit tibi cura quis dicat sed quid dicatur«. Entstehung und Rezeption der Predigtcorpora des sog. Schwarzwälder Predigers, In: V. Mertens und H.-J. Schiewer (Hrsg.), Die dt. Predigt im MA, 1992, 31–54. — W. Williams-Krapp, Ma. dt. Heiligenpredigtsammlungen und ihr Verhältnis zur homiletischen Praxis, ebd. 352–360. — VL² VIII 919–924 (Lit.).

H.-J. Schiewer

Schweden. I. THEOLOGIE- UND FRÖMMIGKEITSGESCHICHTE. Erst verhältnismäßig spät, mit Zögern und nach vielen Rückschlägen konnte das Christentum in S. endgültig Fuß fassen. Der erste Versuch, das Land für den christl. Glauben zu gewinnen, geht auf das 9. Jh. zurück, als der hl. → Ansgar († 865) im Auftrag des dt. Kaisers Ludwig im Jahre 828 nach Birka gesandt wurde. Die Vita des Heiligen von Rimbert, Ansgars Nachfolger als Erzbischof von Bremen, verfaßt, erzählt von Ansgars Wirken im Norden, das anscheinend aber kaum das 9. Jh. überdauern konnte. Bleibenden Erfolg hatte dagegen die um die Jahrtausendwende einsetzende Mission, die von Deutschland (Bremen), v. a. aber auch von engl. Mönchen (Sigfrid, David, Eskil u. a.) ausging. So wurde schon um 1014 in Skara der erste Bischofsstuhl im damaligen S. errichtet und mit dem Deutschen Turgot besetzt. Die bis heute im wesentlichen noch gültige Gemeinde- und Diözesan-Organisation des Landes erfolgte dann im 11./12. Jh. S., das zuerst dem Erzbischof von Hamburg-Bremen und ab 1103 dem Erzbischof von Lund in Schonen (bis 1654 zu Dänemark gehörig) untergeordnet war, wurde mit der Errichtung des erzbischöflichen Stuhles in Uppsala im Jahre 1164 eine selbständige Kirchenprovinz. Während die administrative, politische und gesellschaftliche Geschichte sowie die Kunstgeschichte der schwedischen Kirche von der Gründungszeit bis zur Gegenwart ziemlich gut erforscht sind, steht das Studium der Geistesgeschichte des Landes erst am Anfang. Sie kann daher hier nur vorläufig und episodisch dargestellt werden.

Vom hl. Ansgar, dem »Apostel Schwedens«, sind keine Schriften erhalten. Nach Rimberts Bericht sei Ansgar von der GM in einer Vision zu einem Leben der eifrigen Suche nach Gott angehalten worden (Vita, cap. 2–3). Die ältesten erhaltenen Dokumente christl. Präsenz in S. sind einige Runensteine aus der 1. Hälfte des 11. Jh.s. Die Texte darauf bringen meistens nur wenige Daten über z. T. in fernen Ländern verstorbene Personen. In einigen Fällen sind jedoch die christl., mit Kreuzdarstellungen versierten Steine auch mit kurzen Gebeten versehen, in welchen Gott, Christus und/oder seine Mutter um Schutz und Erbarmen angerufen werden. Die Mutter Gottes gehört also vom Anfang an mit zur christl. Glaubenswelt S.s. Die ersten schriftlichen Quellen über das Christentum in S. stammen allerdings erst aus dem frühen 13. Jh., darunter etwa die den schwedischen »Aposteln« (Sigfrid, Botvid usw.) und wohl auch dem Märtyrerkönig Erik (†1160) gewidmeten Offizien, oder wenigstens Teile davon, deren textgeschichtliche Fragen jedoch noch nicht endgültig geklärt sind. Als die ersten Zisterzienser von Clairvaux nach S. kamen, gründeten sie 1143 die der GM geweihten Klöster Alvastra und Nydala, beide in der damaligen Diözese Linköpinng. Von den Bibliotheken dieser und anderer Zisterzienserklöster ist freilich fast alles während der Reformation zerstört oder deportiert worden. Die spärlichen Reste können nicht viel von der Spiritualität dieser Klöster vermitteln. Aus Alvastra stammt etwa eine zu Beginn des 13. Jh.s geschriebene Handschrift (Uppsala, Universitätsbibl., Codex C 37), die u. a. eine Sammlung von Homilien (Expositiones evangeliorum) enthält. Noch nicht geklärt ist, ob sie in S. entstanden oder, was wahrscheinlicher ist, von Mönchen aus Frankreich mitgebracht worden ist. Vom hoch-lit. Sprachstil des hl. Bernhard oder der anderen zisterziensischen »Väter« ist darin allerdings kaum etwas zu spüren. Die mariol. Auslegungen darin laufen, wie es scheint, ganz in den bekannten Bahnen. So wird M in einer Weihnachtspredigt beispielsweise Meeresstern und Erleuchterin der Menschen genannt, und selbstverständlich ist sie immer Jungfrau geblieben (»virgo concepit, virgo peperit, virgo permansit«). Sie ist weiter Lehrerin der Apostel und Widersacher der Irrlehrer. In mariol. Hinsicht etwas reicher sind die Homilien für Lichtmeß und Assumptio, worin eine lange Reihe von traditionellen marian. Metaphern ausgelegt wird. M ist u. a. die Rose von Jericho und daher in ihren Schmerzen den Märtyrern ähnlich, sie ist die Quelle der Barmherzigkeit und die geschlossene Pforte.

Im 13. Jh. treten die ersten namhaften schwedischen Verfasser hervor, so der Dominikanerprior Petrus de Dacia, der für seine geistige Freundschaft und seinen Briefwechsel mit Christina v. Stommeln am Niederrhein bekannt ist. Weiter zu nennen ist →Brynolf Algotsson, der vermutlich der Verfasser oder wenistens der Redaktor von vier sog. Reimofficien ist, so von dem poetisch hervorragenden Offizium zu Ehren der hl. Jungfrau, worin sie auch für die UE gepriesen wird: »... sola a generali maledicto libera et a dolore parturientis aliena.« Als bedeutendster schwedischer Theologe des MA gilt der an der Pariser Universität ausgebildete Magister Mathias Övedsson (†um 1350). Er ist u. a. der Verfasser eines großangelegten, aber leider nur fragmentarisch erhaltenen biblischen Wörterbuches sowie eines weithin bis nach Italien verbreiteten Apokalypse-Kommentars und der für die Pfarrseelsorge bestimmten Schrift »Homo Conditus«, worin die ganze Glaubens- und Sittenlehre der Kirche dargestellt und auf die Sonn- und Festtage des Kirchenjahres verteilt wird. Die darin enthaltene Mariol. wird v. a. im Zusammenhang mit der Auslegung des »Ave Maria« (ed. Piltz 127–135), und zwar mit einer für das SpätMA typischen Akzentuierung, dargelegt. In der Jungfrau M haben wir, so sagt Mathias u. a., »patronam et protectricem specialem, que sola post Deum iustorum gracie et peccatorum venie potenter consulit.« Sie ist »culparum nostrarum excusatrix et penalium malorum liberatrix et gracie procuratrix«. Wer ihr in Liebe dient, wird sicher nicht verlorengehen »et ideo tutissimum est ipsam sibi mediatricem per deuotam et cotidianam eius salutacionem sibi familiarem facere«.

Dieser Mathias war einer der frühen Lehrer und Seelsorger der hl. →Birgitta, der auch ein enthusiastisches Vorwort zum 1. Buch der Offenbarungen der Heiligen verfaßt hat. Die in Birgittas Offenbarungen und in ihrer Klosterregel dargelegte geistliche Theol. hat zwei Brennpunkte: die Passion Christi und die gehorsame GM. Aber in der Schau der Heiligen handelt es sich dabei eigentlich um zwei miteinander eng verbundene Seiten eines einzigen Mysteriums. Veranschaulicht wird dies an dem Banner, das bei der Weihe der Birgittinnen beim Einzug in die Kirche mitgetragen wird. Auf das purpurfarbene Banner sollen, nach den Anweisungen der Gründerin in der Regel, zwei Bilder gemalt sein: auf der einen Seite der Körper des leidenden Christus und auf der anderen die GM. So sollte die »neue Braut« beim Anblick des leidenden Bräutigams Geduld und Armut (pacienciam et paupertatem) und beim Anblick der jungfräulichen Mutter Keuschheit und Demut (castitatem et humilitatem) lernen (Reg. Saluatoris, cap. 10; ed. Eklund 113). Es geht also bei Birgitta nicht nur um die Mutter der Menschwerdung, die die Heilige in einer berühmten und für die Entwicklung der Kunst epochemachenden Offenbarung in Betlehem schaute (Rev., Buch 7, 21; ed. Bergh 187–190), sondern v. a. um die mit dem Sohn im Werk der Erlösung mitbeteiligte Schmerzensmutter. In Liebe und Barmherzigkeit zur gefallenen Menschheit sind Mutter und Sohn eines Herzens. So heißt es, mit Worten des Sohnes, in einer Offenbarung, kühn aber wohl bedacht: »... factus sum homo in uirgine, cuius cor erat quasi cor meum. Et ideo bene dicere possum, quod mater mea et ego quasi cum uno corde saluauimus hominem, ego paciendo corde et carne, ipsa cordis dolore et amore« (Rev. extr. 3). Diese mit dem Sohn vereinigte Mutter sollten die Nonnen in Birgittas Klöstern wie ihr Haupt und ihre Herrscherin (ipsa caput et domina huius monasterii est) mit ihrem Glauben und Leben ehren. Der dem Nonnenkloster angegliederte Konvent der fratres (sie werden von Birgitta niemals als Mönche bezeichnet und sind eher als eine Art Kanoniker zu betrachten) sollte das Offizium der Diözese beten. Für die Schwestern aber verfaßte Birgitta, zusammen mit ihrem Sekretär

Magister →Petrus Olavi aus Skänninge, ein eigenes, stark marian. geprägtes Stundengebet. Von Birgitta selbst stammen wohl die 21 Lesungen für die Matutin, auf die 7 Tage der Woche verteilt, die als »Sermo Angelicus« bekannt sind. Darin geht es grundsätzlich um das Handeln des dreieinigen Gottes in der Heilsgeschichte, worin die GM vom Anfang an eine bestimmte Aufgabe inne hat. Das ist auch das Grundthema in der Schwesternliturgie als ganze. Die übrigen Stücke des Offiziums, d. h. die Invitatorien, Antiphonen, Responsorien, Hymnen usw., sind hauptsächlich, obwohl bisweilen unter Benutzung älterer liturg. Materials von Birgittas Mitarbeiter, dem sog. Magister Petrus Olavi, gedichtet, bzw. zusammengestellt. Darin werden auch andere wichtige Themen der birgittinischen Spiritualität zum Ausdruck gebracht, so z. B. die enge Verbundenheit von Mutter und Sohn, der ja aus ᛗs Fleisch angenommen hat. Selbstverständlich konnte daher der Sohn nicht dulden, daß der Leib ᛗs, von dem er die für die Erlösung der Welt dargebrachte Opfergabe angenommen hatte, im Grabe aufgelöst werden sollte. So heißt es im Laudeshymnus am Samstag: »Non passus est Rex glorie / corpus Matris putrescere, / ex quo suscepit hostiam, / qua summam pandit gratiam.« Diese von Petrus verfaßten Stücke sind theol. und lit. bedeutsam. Bes. in den Antiphonen und Hymnen ist es ihm oft gelungen, der birgittinisch-spätma. Theol. Ausdruck zu verleihen. So wird z. B. die Menschwerdung gern als eine bräutliche Vereinigung dargestellt, und zwar in einer affektiven Sprache, die doch jede Art von Sentimentalität vermeidet.

Der Großteil der bis heute erhaltenen lat. und volkssprachigen Predigten aus dem schwedischen MA stammt aus dem Birgitten-Kloster in →Vadstena. Ein vorläufiges Studium dieser Predigten (die meisten schwedischsprachigen Predigten sind ediert aber bisher kaum auf ihrem Gehalt und Funktion hin untersucht; von den lat. geschriebenen Predigten sind bisher nur wenige veröffentlicht worden), zeigt die große und bleibende Bedeutung der Gründerin für die Prediger ihres Klosters bis hin zu dessen Auflösung im 16. Jh. Als Beispiele dafür seien hier nur zwei als Prediger berühmte Brüder im Kloster erwähnt: Acho Iohannis (Eintritt in Vadstena 1416, 1442–52 Bischof von Västerås, †1452) und Nicolaus Ragvaldi (Eintritt ins Kloster 1476, Generalkonfessor 1501–06 und 1511–12, †1514), die beide zahlreiche lat. Predigten hinterlassen haben, der letztere darüber hinaus u. a. auch eine paraphrasierende und kommentierende Übertragung der birgittinischen Schwesternliturgie ins Schwedische »Jungfru Marie örtagård«. Unter marian. Aspekt bes. ergiebig sind die Prothemen der Predigten von Acho, die alle mit »Ave Maria« enden und darüber hinaus oft viel mariol. Stoff enthalten. So wird die jungfräuliche GM in den Predigten immer in ihrer heilsgeschichtlichen Rolle wie auch als Vorbild für die Christen in ihrem Streben nach allen Tugenden sowie als Vorbeterin und barmherzige Beschützerin vorgeführt. Der erwähnte Kommentar des Nicolaus zur Liturgie der Schwestern zeigt ihn am Vorabend der Reformation als treuen Vermittler der marian. geprägten Spiritualität der hl. Ordensgründerin. Aus der Frühzeit des Klosters von Vadstena (um 1400) stammt wohl auch ein »officium compassionis BMV«, das Zeugnis ablegt für die typisch spätma. Verbindung von Passionsbetrachtung und MV. Die spätma., rel. Literatur in der Volkssprache — bisweilen schwedische Originale, meistens aber mehr oder weniger freie Übersetzungen oder Paraphrasen von kontinentalen lat. oder mhd. Schriften (Jacobus a Voragine, Mechthild v. Hackeborn, Speculum virginum, Seelentrost usw.) — sind bisher fast nur unter philol., kaum aber unter inhaltlichen Gesichtspunkten studiert worden. Es ist aber anzunehmen, daß der Großteil dieser Literatur im Kloster von Vadstena (oder im Tochterkloster Nådendal in Finnland) entstanden ist, teils für die nicht lateinkundigen Schwestern, teils für die Laien. Auffällig unter den kleineren schwedischen Texten sind die vielen Anleitungen zu Gebet und Betrachtung; vielleicht könnte man sie »Gebets- und Meditationskatechismen« nennen. Darunter befinden sich Darlegungen des Englischen Grußes, worin die Betrachtungen nicht nur der GM gelten, sondern v. a. dem Leiden, aber auch der Erhöhung Christi. Als Beispiel einer, wie es scheint, spezifisch birgittinischen Andachtsform sei auf eine Anleitung »De 15 stationibus« aus der Mitte des 15. Jh.s verwiesen (Uppsala, Universitätsbibl., cod. C 50, fol. 145^{r-v}). Entsprechend den »15 Jahren«, in denen ᛗ nach der Himmelfahrt ihres Sohnes noch auf Erden weilte und in dieser Zeit jene Stätten aufsuchte, die auch ihr Sohn in seinen letzten Erdentagen aufgesucht hatte, sollten nun die Schwestern vor den 15 Altären der Klosterkirche die entsprechenden Themen meditieren.

Obwohl die spätma. Quellen S.s v. a. aus Vadstena stammen, so kann man doch sagen, daß die betont marian. Frömmigkeit der Zeit nicht nur von den Birgittinern getragen war. Zwar finden wir unter den Förderern der Rosenkranzbruderschaften auch Birgittiner aus Vadstena, die in Rostock studiert und dort →Alanus de Rupe gehört hatten. Aber solche Bruderschaften gab es z. B. auch in Strängnäs (1509), in dessen Kathedrale der große Bischof Kort Rogge bereits 1501 sechs priesterliche Pfründe eingerichtet hatte, damit ihre Inhaber jeden Tag (mit Ausnahme von Samstag, der schon als ein ᛗtag im Dom verordnet war) die »horas beatissime Virginis Marie cum missa« feiern sollten. In Mariefred (Pax Mariae) nahe bei Strängnäs wurde 1493 ein Kartäuserkloster gegründet und mit Mönchen aus dem Kloster Marienehe bei Rostock besetzt. In der Druckerei des Klosters wurde schon 1498 die für die Rosenkranzbewegung bedeutsame Schrift des

Alanus de Rupe »De dignitate et utilitate psalterii BMV« lat. gedruckt und später von einem Klosterbruder in Vadstena ins Schwedische übertragen. Aus spätma. Zeit stammen auch einige schwedische, aber sicher auf ausländischen Vorlagen beruhende, M-gedichte, z. B. über die 5, bzw. 7 Freuden Ms, und über den Schmerz beim Anblick ihres leidenden Sohnes.

Die Stellung der schwedischen, luth. Reformatoren zum klassischen marian. Dogma und zur ma. Frömmigkeit, bes. zur M-frömmigkeit, ist nicht eindeutig. Einerseits haben die hervorragendsten schwedischen Reformatoren, die Brüder Olaus und Laurentius Petri, wichtige und grundlegende christol.-marian. Dogmen, z. B. die immerwährende Jungfräulichkeit Ms verteidigt, andererseits wurde die MV aber doch stark zurückgedrängt. So konnte schon 1523 ein Dekan in Strängnäs dem Bischof Brask von Linköping brieflich mitteilen, daß ein »discipulus Martini Lutheri«, nämlich eben jener gerade aus Wittenberg zurückgekehrte Olaus Petri, auf der Kanzel verschiedene »Irrtümer« angegriffen hatte, u. a. die Rosenkranzbruderschaften (confraternitates psaltrii beate Virginis); sie seien »frivol«, da sie von der Hl. Schrift nicht befohlen worden seien. Entsprechend wurde häufig das Eigentum der Bruderschaften (z. B. in Vadstena) von König Gustaf Wasa eingezogen. In der luth. Liturgie wurde die Zahl der auf M bezogenen Feste bald stark reduziert, so daß um die Mitte des 16. Jh.s nur noch drei angeordnet waren, nämlich purificatio, annuntiatio und visitatio, die alle aus rein christol. Sicht motiviert werden konnten. Abgesehen von einigen Restaurationsversuchen unter dem reformkath. König Johan III. am Ende des 16. Jh.s hat sich daran in der schwedischen luth. Kirche nichts geändert, bis 1772 zusammen mit einer Reihe anderer Festtage auch die visitatio Me abgeschafft wurde. Für die Stellung Ms im Frömmigkeitsleben der luth. Kirche ist es bezeichnend, daß zwar Ms GMschaft sowie ihre Vorbildlichkeit als Glaubende und demütige Dienerin des Herrn anerkannt wurde, bei ihrem Lobpreis aber wurde nur ihre einmalige, rein passive Rolle in der Heilsgeschichte berücksichtigt. Man sollte sich im Gebet nicht direkt an sie wenden, was sich grammatikalisch darin ausdrückt, daß man nicht mehr »zu« Maria spricht, sondern nur »über« sie. Charakteristisch für die luth. MV ist also das rein passive Verständnis ihrer Rolle bei der Menschwerdung des Gottessohnes, da jede aktive Beteiligung im Erlösungswerk als pelagianisches »Menschenwerk« betrachtet wurde und somit ausgeschlossen ist.

Die geschichtliche Entwicklung der Frömmigkeit der luth. Kirche im nachref. S. läuft grundsätzlich in denselben Bahnen wie in Deutschland. Ein dogm. orth. Luthertum verbindet sich bisweilen (v. a. im 17. Jh.) mit mystischen, und später mit mehr oder weniger kirchentreuen pietistischen oder herrnhutischen Strömungen. Als einziges Beispiel einer noch »altgläubigen« Synthese solcher Elemente sei auf ein groß angelegtes, lat. geschriebenes Predigtwerk hingewiesen, auf das »Florilegium evangelicum« von Pfarrer Dr. Karl Magnus Ekman (ca. 1770/80). Dieses Werk, das eine tiefe Vertrautheit mit Kirchenvätern und der älteren ma. Mystik eines Bernhard v. Clairvaux verrät, bietet eine Sicht der hl. Jungfrau, die die der konservativen Reformatoren noch aufrechterhält. Im Predigtentwurf für Me Verkündigung heißt es etwa, daß Gabriel gesandt wurde »ad Virginem Mariam, virginem nobilem, regali genere ortam, virginem mente et corpore castissimam, pulcherrimam, devotissimam, humillimam, mitissimam, omni gratia plenam, omnibus virtutibus exornatam, omnibus charismatibus decoratam, Deo gratissimam«. Aber als dies geschrieben wurde, hatte auch in S. schon das Zeitalter der Aufklärung begonnen, dessen Auswirkungen sich bald in allen Bereichen des kirchlichen und kulturellen Lebens zeigten. Zwar konnten im 19. Jh. auch in S. von der Romantik inspirierte Dichter und Prediger die schöne und tugendedle Jungfrau weiter preisen, ja man konnte, wie der große romantische Dichter Per Daniel Amadeus Atterbom, sich sogar ausdrücklich an die GM wenden, um ihre vermittelnde Fürbitte zu erbitten, wie es in einem Sonett aus dem Jahre 1807 heißt: »O helga, se ock mig i stoftet falla! För till Messias fram mitt hjärtas böner!« (O Heilige, siehe auch mich in den Staub fallen! Überbringe an den Messias die Gebete meines Herzens!) Das alte dogm. Fundament war aber nicht mehr intakt. Ästhetisch bisweilen in den Kleidern der Romantik, aber inhaltlich von der Aufklärung und der Bibelkritik deutlich geprägt, ging es im weiteren Verlauf des 19. Jh.s nun moralisierend und innerweltlich v. a. um M als Tugendvorbild für junge Mädchen und verheiratete Frauen, um M als »die bürgerliche Madonna« (Brodd). Nur ausnahmsweise spielt M in der moderneren schwedischen Dichtung eine bemerkenswerte Rolle. So behandelt Selma Lagerlöf (1858–1940) in ihren Romanen, Erzählungen und v. a. in ihren »Christuslegenden« christl., ja sogar kath. Themen, aber für die tieferen Dimensionen des kirchlichen Dogmas hatte sie kaum Verständnis. »Als Poesie und Stilkunst sind die Christuslegenden ein Meisterwerk«, so schreibt der Kritiker Sven Stolpe, »aber das Buch enthält nichts von Christus als Sohn Gottes und unserem Herrn«. Folglich kann M, obwohl von der Dichterin mit Bewunderung und Empfindsamkeit dargestellt, nicht die Mutter Gottes sein.

Erst während der siebziger und achtziger Jahre des 20. Jh.s läßt sich eine »marian. Erneuerung« feststellen, wenn auch mit unklaren und sehr gemischten Motiven. In luth. Kirchen werden jetzt wieder M-bilder aufgestellt, und vor ihnen werden Kerzen angezündet. Ein neuer M-tag ist eingeführt worden, indem der 4. Adventssonntag ausdrücklich dem Thema »Maria« gewidmet ist. Das 1986 angenommene neue Gesangbuch der schwedischen Kirche (Den svenska psalmboken) hat wieder Lieder (z. B. Nrr. 480, 481 und 482), worin nicht nur über ⟨M⟩ gesprochen, sondern auch solche, worin sie huldigend und bittend angerufen wird. Dies sind aber keine eindeutigen Zeichen für die Wiederbelebung einer recht verstandenen MV, denn auch in S. gibt es radikalfeministische Stimmen, die ⟨M⟩ nicht als Mutter Gottes, sondern als Gott-Mutter an der Seite von Gott dem Vater betrachten. Von einer tiefgehenden und verantwortlichen theol. Reflexion über ⟨M⟩, die wegweisend den gedanklichen Inhalt der »marianischen Wiederkunft« klären könnte, gibt es (1992) in S. noch kaum Spuren.

Lit.: J. Redin, Jungfrun Maria i svenskt gudstjänstliv efter reformationen, In: Svenskt Gudstjänstliv 21 (1946) 68–82. — G. Carlsson, Jungfru Marie psaltares brödraskap i Sverige. En studie i senmedeltida fromhetsliv och gilleväsen, In: Kyrkohistorisk Årsskrift 47 (1947) 1–31. — Manior IV. — T. Lundén, Medeltidens religiösa litteratur, In: Ny illustrerad svensk litteraturhistoria I, hrsg. von E. N. Tigerstedt, 1955, 122–222. — Ders., Jungfru Maria såsom corredemptrix, eller medåterlösarinna, framställd i liturgisk diktning och bildkonst från Sveriges medeltid, In: Kyrkohistorisk årsskrift 79 (1979) 32–59. — G. Lokrantz, Maria i svensk litteratur. En antologi, 1980. — S.-E. Brodd, Maria i svensk litteratur, In: Svensk Pastoraltidskrift 23 (1981) 169–173. — Ders., Predikan om Jungfru Maria i Laurentius Petris postillor, In: Predikohistoska perspektiv, hrsg. von A. Härdelin, 1982, 183–212. — S. Stolpe, Selma Lagerlöf, 1984. — C. F. Hallencreutz, Runstenarnas Maria, In: En hälsning till församlingarna i ärkestiftet 1984/85, 27–36. — A. Piltz, Magister Mathias of Sweden in his Theological Context, In: The Editing of Theological and Philosophical Texts from the Middle Ages, hrsg. von M. Asztalos, 1986, 137–160. — S.-E. Brodd, »Exemplet af en ren och hjertlig fromhet«. Kring den moraliska mariabilden hos Johan Olof Wallin, In: Johan Olof Wallin. En minneskrift, hrsg. von H. Möller, 1989, 162–202. — C.-J. Clemedson, Kartusianklostret Mariefred vid Gripsholm, 1989. — K. E. Børresen, Birgitta's Godlanguage: Exemplary Intention, Inapplicable Content, In: Birgitta, hendes værk og hendes klostre i Norden, hrsg. von T. Nyberg, 1991, 21–72. — A. Härdelin, »Guds brud och egendom.« Om »nunnebilden« i Birgittinregelns nunnevigningsrit, In: Heliga Birgitta - Budskapet och Förebilden. Föredrag vid jubileumssymposiet Vadstena 3–7.10.1991, hrsg. von A. Härdelin und M. Lindgren, 1993, 203–212. — C. L. Sahlin, ›His Heart Was My Heart‹: Birgitta of Sweden's Devotion to the Heart of Mary, ebd. 213–227. — A. Härdelin, Birgittinsk lovsång. Om den teologiska grundstrukturen i ›Cantus Sororum‹ — den birgittinska systratidegärden, 1994 (im Druck). *A. Härdelin*

II. KUNSTGESCHICHTE. Zum schwedischen Kunstgebiet gehörte bis zum Anfang des 19. Jh.s Finnland, während die südlichen Landschaften Schonen, Halland und Blekinge erst 1658 schwedisch wurden; das Jämtland und Härjedalen kamen 1645 zu S. ⟨M⟩ ist ein bedeutendes Thema in der ma. Kunst S.s. Nach der luth. Reformation im 16. Jh. verloren viele kath. Themen, die bis dahin in den Kirchen dargestellt wurden, ihre Bedeutung oder wurden geradezu verboten. Die Darstellung der hl. Jungfrau aber war weiterhin verbreitet, jedoch in erster Linie im Zusammenhang mit biblischen Szenen.

Die ältesten ⟨M⟩darstellungen im schwedischen Kunstbereich dürften die thronenden Madonnen mit Kind sein, z. B. die Madonnen von Mosjö in Närke und Viklau auf Gotland (einheimische Holzbildwerke, heute Stock-

Madonna aus Mosjö, 2. Hälfte 12. Jh., Stockholm, Museum

holm, Hist. Mus., vor 1200), oder das Fresko der von Engeln umgebenen Madonna über dem früheren ⟨M⟩altar in der Kirche von Mästerby/Gotland (um 1200). Wenn auch die thronende ⟨M⟩ v. a. ins frühe MA (12. bis Mitte 13. Jh.) gehört, so kommt sie doch bis zur Reformation vor. Zu den jüngsten Arbeiten dieser Art gehören einige Madonnen aus Nordschweden, geschaffen u. a. von Haaken Gulleson aus Hälsingland, der in den ersten Jahrzehnten des 16. Jh.s tätig war. Ein bemerkenswertes Beispiel des 15. Jh.s ist die Madonna aus Uppsala-Näs (weicher Stil, um 1415–20), die sicherlich aus Ostmitteleuropa nach S. importiert worden war. Von dort und auch aus Norddeutschland kamen 1400–50 mehrere Vesperbilder. Eine Pietà aus Färentuna/Uppland wurde wahrscheinlich Mitte des 15. Jh.s vom schwedischen König Karl Knutsson (Bonde) aus der Gegend von Danzig mitgebracht. Einige Vesperbilder (lübischer Herkunft) haben sich in schwedischen Kirchen erhalten. Gemalte Pietàdarstellungen der 1. Hälfte des 15. Jh.s finden sich an der Stelle der vermuteten M̂altäre in Ärentuna/Uppland und Ödeshög/Östergötland. Eine bes. ausdrucksvolle Pietà gibt es in Pohja (Pojo/Finnland, Anfang 15. Jh.). Die M̂ dieser vielleicht niederländischen Gruppe zeigt den vornehmen Ausdruck übergroßer und zugleich zurückhaltender Trauer.

Im 12. und 13. Jh. kann man in den M̂skulpturen S.s auch deutliche engl. Einflüsse finden, bes. in Westschweden. Meistens handelt es sich um importierte Arbeiten. Die Sitzmadonnen von Kall im Jämtland und Lillhärdal in Härjedalen sind hervorragende Beispiele dafür. Unter den hochgotischen Arbeiten ist das Werk des sog. Bungemeisters von Gotland in Överselö/Södermanland zu nennen, eine herausragende Arbeit, die mit gleichzeitiger lübischer Kunst verglichen werden kann (1. Viertel 14. Jh.).

Die stehende M̂ mit dem Kind auf dem Arm, ein Motiv das auf dem europäischen Kontinent seit dem 13. Jh. allmählich die sitzende Madonna ablöste, setzte sich in S. nicht in solchem Ausmaß durch, doch zeigen Beispiele, daß der Typus recht bekannt war. Die von der franz. Gotik beeinflußte Hedesundamadonna (Stockholm, Hist. Mus.) kann als frühes Beispiel dafür genannt werden. Diese großformatige Madonnenfigur aus Holz wird mit franz. Trumeaumadonnen verglichen und steht möglicherweise in Verbindung mit dem um 1300 entstandenen Kathedralbau von Uppsala, an dem franz. Bildhauer tätig waren. S. hat wenige Freiskulpturen in Stein aufzuweisen, z. B. die Madonna in Kungs-Husby/Uppland (vermutlich rheinischer Herkunft, 1. Hälfte 14. Jh.) aus Sandstein. Noch stärker rheinisch beeinflußt erscheint eine Madonna aus Lövånger in Västerbotten (Holz, 1. Hälfte 14. Jh.). Zu den jüngsten Madonnen dieser Art zählt jene aus Gamla Uppsala, eine außerordentlich feine, wahrscheinlich sächsische Arbeit vom Beginn des 16. Jh.s. Zu Ende des MA herrschen Importarbeiten aus Deutschland, bes. aus Lübeck vor. Daneben gibt es aber auch einige einheimische Künstler in schwedischen Provinzstädten, z. B. der oben schon genannte Haaken Gulleson, dessen Madonnen von einem treuherzig naiven Charme geprägt sind und stilistisch ältere und zeitgenössische Züge vereinen.

Zu den stehenden Madonnen vom 12. Jh. bis zum Ende des MA gehören noch zahlreiche Assistenzfiguren. Eine der berühmtesten ist die Madonna aus Öja/Gotland (heute Visby, 2. Hälfte 13. Jh.). Sie zeigt franz. Einfluß, der wahrscheinlich über Sachsen-Westfalen nach Gotland gekommen ist. Zart, mädchenhaft und von besonderer Schönheit im Ausdruck der Trauer bietet diese Madonna ein Beispiel des ritterlichen Frauenideals jener Zeit.

In Altarschreinen mit der für das späte MA charakteristischen komplexen Ikonographie, in denen M̂ die Hauptfigur ist, dominieren v. a. zwei Motive, nämlich die von der Sonne umgebene Jungfrau auf der Mondsichel (virgo in sole) und die Madonna im Rosenkranz, nicht selten kombiniert, wie im Altarschrein aus Odensala (heute Stockholm, Hist. Mus.). Der Schrein von Odensala ist eine norddt. Arbeit, aber die Motivkombination kommt auch in Altarschreinen niederländischer Herkunft vor z. B. in einem Antwerpener Schrein in Västerås aus dem frühen 16. Jh. Andere M̂schreine stellen die Himmelfahrt M̂s dar. Ein herausragendes Beispiel dafür ist der in Brüssel gefertigte Altarschrein in Vadstena (1521). Geistliche und Laien beten zur Jungfrau, die vom (heute z. T. zerstörten) Rosenkranz umgeben ist und von Engeln gekrönt wird, während andere Engel ihr zu Ehren musizieren. In schwedischen Kirchen und Museen hat sich eine große Zahl von Altarretabeln mit M̂ als zentraler Figur erhalten. Die älteren Werke, aus dem 14. und frühen 15. Jh., oft mit der M̂krönung oder der Pietà als Hauptmotiv (z. B. Knutby/Uppland und Träkumla/Gotland), haben vergleichbare Gegenstücke südlich der Ostsee. Unter den Werken des 15. Jh.s dominieren norddt., namentlich lübische Arbeiten, während um 1500 niederländische Werkstätten in Brüssel und Antwerpen bedeutend werden. Auch Beispiele von Altären osteuropäischen Ursprungs fehlen nicht. Aus dem heute poln. Bereich stammt z. B. ein Altarretabel in Valö/Uppland mit einer stehenden M̂ mit Kind, umgeben von vier Jungfrauen, sowie mit Szenen der Geburtsgeschichte Christi auf den Flügeln (1. Hälfte 15. Jh.s).

Schreinmadonnen sind eine Erscheinung des späten MA. Zwei solche haben sich in S. erhalten, eine in Misterhult/Småland und eine in Övertorneå/Norrbotten (s. u.). Allerdings war dieser Madonnentyp in S. nicht sehr verbreitet.

Einzigartig für S. ist die stehende Elfenbeinmadonna von Hanebo/Hälsingland (um 1300), die erst in späterer Zeit aus Spanien nach Schweden kam (Untersuchungen über Herkunft und Echtheit dauern noch an).

Der Motivkreis um die Kindheit Jesu tritt schon in der romanischen Kunst auf, weitet sich jedoch im SpätMA beträchtlich aus. Bes. verbreitet gegen Ende des MA (bes. Albertus Pictor tätig etwa 1460–90) ist die Plazierung der Kindheitsgeschichte Jesu im Chor und die Betonung der Rolle M̂s in diesen Szenen, nicht zuletzt durch Ergänzungen der biblischen Szenen aus Legenden über ihre Geburt und Kindheit, aus der Geschichte von Joachim und Anna und aus anderen außerbiblischen Quellen. Die Plazierung der Menschwerdungsgeschichte im Chorbereich hat einen engen Bezug zum Altarsakrament und ist daher liturg. bedingt. Daß M Gottes auserwählte Magd war, würdig, den Sohn Gottes zu empfangen, wird durch erklärende Beispiele typologischen Charakters betont. Im Anschluß an die Szenen der Verkündigung und Geburt Christi werden z.B. Gideons Vlies, Moses und der brennende Dornbusch oder Aarons grünender Stab abgebildet. Als Hinweis auf die Jungfräulichkeit Ms wird in schwedischen Wandmalereien des SpätMA die Verkündigungsmadonna gelegentlich durch die Jungfrau mit dem → Einhorn ersetzt oder die Einhornjagd der Verkündigungsszene zugeordnet.

Den Apokryphen, Legenden und Wundergeschichten sind Szenen auf der Reise der Hl. Familie nach Ägypten entnommen (z.B. der Besuch bei dem Räuber, der an Jesu rechter Seite gekreuzigt werden sollte, wobei M u.a. das Kind des Räubers badet [Husby-Sjutolft/Uppland]), Darstellungen aus Ms Kindheit (z.B. Me Tempelgang, ihr Leben im Tempel [Litslena/Uppland], ihre Verlobung mit Joseph) sowie Szenen ihres Lebensendes (z.B. die Ankündigung ihres Todes [Dädesjö/Småland, um 1275; Litslena/Uppland, um 1460–70], ihr Tod, die Grablegung und Himmelfahrt sowie die Krönung zur Himmelskönigin). Die meisten dieser Szenen findet man in der ma. Kunst S.s, v.a. in der Wandmalerei. Ein sehr schönes Beispiel eines Mtodes gibt es unter den von der franz. Gotik beeinflußten Wandmalereien in Södra Råda/Värmland (entstanden 1323), wo M, umgeben von den Jüngern, graziös niedersinkt, eine für ihre Zeit sehr fortschrittliche Darstellung. Auf einem Kapitell im Dom zu Uppsala wird etwa zur selben Zeit ihr Tod in traditioneller Art gezeigt (M liegt umgeben von Jüngern im Bett). Ähnlich sind Darstellungen im späteren MA (z.B. die Wandmalereien in Lid/Södermanland und Dingtuna/Västmanland, um 1460/70), als das Motiv des Mtodes eine größere Verbreitung fand nicht zuletzt durch die Tätigkeit des oben genannten Malers Albert. In den im SpätMA aufkommenden Bildern des Leichenzuges Ms erscheint gewöhnlich die Episode der Juden, die Ms Sarg umstürzen wollten, deren Hände aber bei der Berührung des Sarges gelähmt wurden. Die Künstler veranschaulichen diese Szene durch die Darstellung, wie sich die Hände von den Armen lösen und am Sarg hängenbleiben, etwa auf den genannten Fresken von Lid und Dingtuna, die beide zu den frühesten schwedischen Beispielen dieses Motivs gehören. Bilder von Me Himmelfahrt, nicht zu verwechseln mit der Szene, in der Christus die Seele seiner Mutter empfängt und zum Himmel trägt, die üblicherweise in enger Verbindung mit dem Mtod erscheint, kommen nur im späten MA vor (z.B. in Tierp/Uppland, um 1470, und in Almunge/Uppland, um 1490). In dieser Szene wird M, in ein fußlanges Gewand gekleidet (das kostbare Kleid der Legende), von Engeln zum Himmel getragen. Diese Bilder werden manchmal mit der Himmelfahrt Magdalenas verwechselt; jedoch ist Magdalena bei ihrer Himmelfahrt mit ihren langen Haaren bekleidet, ansonsten nackt.

Die Krönung Ms gehört zu den älteren Mmotiven des schwedischen MA und tritt in ein paar Haupttypen auf. Einige gotländische Wandmalereien der Zeit um 1300 dürften zu den ältesten Beispielen dieses Motivs gehören (Klinte, Sanda, Väskinde u.a.). Das Motiv ist auch, wie oben erwähnt, in Altarschreinen üblich. Der älteste Typ zeigt Christus und M thronend, M mit geneigtem Haupt und Christus mit erhobener Hand auf ihre Krone weisend. Diese Variante erscheint während des ganzen MA; in der zweiten Hälfte des 15. Jh.s und im 16. Jh. kommt auch die Krönung Ms durch die Trinität vor: M wird, zum Betrachter gewandt, kniend vor Vater und Sohn und der zwischen ihnen über ihrem Haupt schwebenden Taube des Hl. Geistes gezeigt (u.a. Tolfta/Uppland, Tortuna/Västmanland). Im Zusammenhang mit dem Krönungsmotiv sind auch einige Darstellungen zu erwähnen, wo die Braut aus dem Hohenlied mit Bezug auf M geschildert wird (z.B. in Häverö und Knutby/Uppland und Sala/Västmanland).

Maria lactans ist in der schwedischen Kunst kein übliches Thema, kommt aber in einzelnen Beispielen vor (u.a. in Härkeberga/Uppland, gemalt von Albertus Pictor, um 1485). Dieses Fresko ist eines der reizvollsten Mbilder der schwedischen Kunst und geht offenbar auf eine Vorlage zurück, die später auch Albrecht Dürer zum Titelblatt seines Mlebens von 1511 inspiriert hat. In beiden Fällen ist die Madonna auch als apokalyptische Frau gezeigt, ein Motiv das die schwedische Kunst am Ende des MA geradezu überschwemmt. In der Holzskulptur, in der Wandmalerei, im Steinrelief, in der Buchmalerei, in der Siegelkunst, an Leuchtern überall tritt dieser Madonnentyp auf, nicht selten, wie im erwähnten Fall, mit anderen Motiven kombiniert, z.B. mit dem Rosenkranz. Die Beliebtheit der apokalyptischen Frau oder »virgo in sole« wurde sicherlich unterstützt durch den Ablaß von 11000 Jahren, den Papst Sixtus IV. — Stundenbüchern aus S. und anderen europäischen Ländern zufolge — demjenigen verliehen hatte, der vor einem Bild der von der Sonne umgebenen Jungfrau das Gebet »Ave Sanctissima« sprach. Der Altarschrein von Odensala (s.o.) ist einer von vielen mit diesem Motiv. Dessen Zusammenhang mit einer Ablaßfunktion geht nicht nur aus dem eben erwähnten Gebet hervor, sondern auch daraus, daß dieses Motiv öfters (z.B. in Odensala) mit anderen Ablaßmotiven kombiniert war — beispielsweise mit dem Rosenkranz und den »Fünf Wunden«. Manchmal stellte man auch andere Ablaßmotive der Jungfrau in der Sonne zur Seite, z. B. in einem Altarschrein von Kvibille in Halland, wo das Mittelfeld neben der Jungfrau in der Sonne die Gregorsmesse enthält, deren Darstellung mit dem ältesten Ablaß verbunden war.

Die Lehre von der UE M̅s scheint in S. im 15. Jh. im allgemeinen bekannt gewesen zu sein und kommt schon in der Mitte des 15. Jh.s in der Wandmalerei der Kirche von Vendel/Uppland (1451/52) vor, wo die Lebensgeschichte M̅s mit der ihres Sohnes parallel gesetzt wird. Johannes Ivan, der Maler in Vendel, war entweder Franziskaner oder von franziskanischer Frömmigkeit beeinflußt, was den für schwedische Verhältnisse so frühen Niederschlag der UE M̅s erklären mag. Immaculata-Darstellungen der Art, wie sie im 16. Jh. in Italien und Spanien auftreten, gibt es in S. nicht, da dort die luth. Reformation 1527 das Ende der blühenden MV und der damit verbundenen künstlerischen Darstellungen M̅s bedeutete.

Die Madonna im Rosenkranz tritt in S. erstmals in den 1480er Jahren auf. Ein Teil der Darstellungen ist direkt geprägt von Bildern in Ablaßbriefen. Das trifft z. B. auf die Madonna des Malers Albert in den Vorhallen von Härkeberga und Härnevi (Uppland, um 1485) zu sowie auf die Madonna des Malers Amund am Triumphbogen der Kirche von Södra Råda in Värmland (1494). In beiden Fällen handelt es sich um einen einfachen Rosenkranz mit einer jungmädchenhaften M̅ als Vermittlerin der Gebete in Form von Rosen, die ein knieender Ritter an den im Kranz sitzenden Christus richtet. Der dreifache Rosenkranz, den ganzen Psalter umfassend und mit klar angegebenen Meditationsthemen, kommt zu Ende des MA vor (z. B. in Dannemora, Edebo und Harg in Uppland, um 1510). Dabei handelt es sich um großformatige Bilder mit der Himmelskönigin in der Mitte, von der Sonne umgeben und auf der Mondsichel stehend. Die Meditationsthemen stammen aus der Erlösungsgeschichte und beginnen meist mit der Verkündigung. Auch andere Meditationsthemen können vorkommen: Die einzelnen Rosenkränze in der Hl. Dreifaltigkeitskirche in Uppsala und im oben erwähnten Schrein von Odensala haben z. B. die Fünf Wunden Christi als Meditationsthema. Außerdem findet man in Brunnby/Schonen einen Madonnentyp mit dem Rosenkranz verbunden, bei dem die Madonna in Halbfigur mit entblößter Brust und dem Kind im Arm gezeigt wird. Hier hängt der Rosenkranz um den Hals des Kindes, wodurch das Motiv ins Christologische übertragen wird.

Die »virgo in sole« bildet zumeist auch das Zentrum in den spätma. Darstellungen der Wurzel Jesse, ein Motiv, das in der Wandmalerei recht geläufig ist, aber manchmal auch in Altarschreinen vorkommt, z. B. im Antwerpener Schrein des Domes zu Västerås, bei dem auch ein Rosenkranzmotiv hinzukommt. In älteren Wurzel-Jesse-Bildern ist M̅s Rolle nicht so herausgehoben. Sie wird dort in einem Blütenkelch gezeigt wie die übrigen Figuren des Stammbaumes (z. B. in einer Wandmalerei in Spånga/Uppland, um 1440/50). Ein Antwerpener Altarschrein aus Lofta/Småland mit der Wurzel Jesse im Mittelteil zeigt jenseits christol. Aspekte Szenen des M̅todes, ihrer Himmelfahrt und Krönung. Die marian. Ausrichtung dieses Motivs wird am Ende des MA überdeutlich.

Ein anderes spätma. Motiv ist die »Compassio Mariae«, die in der schwedischen Kunst um 1500 auftritt. In einer teilweise zerstörten Wandmalerei in Frötuna/Uppland waren die fünf oder sieben Schmerzen in Medaillons rund um die trauernde Mutter Jesu dargestellt (1503). Häufiger als dieser Typ ist in S. die Schmerzensmutter, deren Brust von (meist sieben) Schwertern durchbohrt ist. In Tolfta/Uppland wird ergänzend der Schmerz auf einem Spruchband an jedem Schwert bezeichnet (um 1510). Die meisten Beispiele dieses Themas finden sich in den finnischen Landesteilen (Hattula, Lohja, Siuntio). In Hattula wurde das Motiv zusammen mit dem Schmerzensmann dargestellt, wodurch das Mitleiden M̅s bes. hervorgehoben wird. Eine Anspielung auf die fünf Schmerzen M̅s findet sich auf einem bemalten Holzkreuz von Venjan/Dalarna, wo auf der einen Seite der Gekreuzigte, auf der anderen M̅ gezeigt wird und begleitende Texte ihre fünf Schmerzen nennen (ca. 1500). Darüberhinaus kommt M̅ mit einem Schwert in der Brust im Zusammenhang mit einigen Kreuzigungsdarstellungen und anderen Szenen vor, die ihre Trauer ausdrücken, etwa einer Pietà, die zu einer Serie von Tafelgemälden aus Tortuna/Västmanland gehört (Stockholm, Hist. Mus., um 1525).

Die Schutzmantelmadonna tritt in der schwedischen Kunst nicht vor Mitte des 15. Jh.s auf. Die frühesten Beispiele finden sich in Schonen und gehören zu Darstellungen des Jüngsten Gerichts (z. B. Östra Vemmerlöv). In Mittelschweden erscheint die Schutzmantelmadonna erstmals in Markim/Uppland (ca. 1450) in der Wandmalerei des Vorhauses; andere Beispiele, sowohl in Szenen des Jüngsten Gerichts als auch einzeln, stammen von 1470 und später. Das Motiv ist nicht sehr häufig; zumeist kommt es in der Wandmalerei vor (z. B. Markim; Roslagsbro/Uppland). In der Skulptur erscheint das »mater misericordiae«-Motiv in den zwei bereits genannten Schreinmadonnen (Misterhult/Småland, aus Elbing oder Danzig, frühes 15. Jh.; Övertorneå/Norrbotten, 15. Jh.).

M̅ als Fürbitterin für die Seelen tritt oft in Darstellungen des Jüngsten Gerichts auf, darüber hinaus jedoch auch auf einigen Bildern auf denen 𝔐 ihren Sohn anfleht, indem sie auf ihre Brust weist, die ihn genährt hat. Christus wiederum zeigt auf seine Wunden und verweist auf den Vater. Dieses nicht sehr häufige Motiv erscheint in Hälsingland, teils in Wandmalerei (Enånger), teils auf Altären (Forsa, jeweils um 1500) sowie in Finnland, wo in Parainen ein Fresko von 1486 bes. gut erhalten ist. Es zeigt 𝔐 mit vielen Menschen unter ihrem Mantel, sie entblößt ihre Brust vor ihrem Sohn, der stark blutend, auf seinen Vater weist, welcher von Engeln umgeben über den beiden erscheint. Eine Variante des Motivs gibt es in Tierp/Uppland (um 1470), wo 𝔐 mit entblößter Brust eine kniende Seele an der Hand hält und sich zu ihrem Sohn wendet, der als Schmerzensmann dargestellt ist. In den finnischen Kirchen Hattula und Lohja erscheinen außerdem in den Wandmalereien Darstellungen von 𝔐wundern (um 1510/20). Zu den bekannteren gehört das Wunder mit dem Maler: Als ein Maler in einer Kirche das 𝔐bild sehr edel, das Bild des Teufels aber sehr häßlich gemalt hatte, reißt ihm der Teufel aus Wut das Gerüst ein, und der Maler droht zu Boden zu stürzen. Da wird das 𝔐bild lebendig und rettet den Maler. Die übrigen Wunder haben wenige oder keine Entsprechungen in der Kunst, sondern sind von der Frömmigkeitsliteratur inspiriert.

Als die MV während der Reformationszeit abnahm, reduzierte sich auch die Bedeutung 𝔐s in der schwedischen Kunst. Dennoch gibt es auch im 17. Jh. noch Kunstwerke mit 𝔐 im Mittelpunkt. Ein Beispiel dafür ist die große, stark schematisierte Wurzel Jesse in Säbyi/Västmanland (1637). Sie zeigt die Himmelskönigin mit Krone und Szepter als alles beherrschende Figur, um die die übrigen Gestalten herum gruppiert sind. Üblicherweise kommt auch nach der Reformation das Bild 𝔐s in Darstellungen der Kindheits- und Leidensgeschichte Jesu vor, doch ohne die besondere Betonung ihrer Heilsvermittlungsfunktion wie im spätma. Verständnis, sowie in den Szenen des Jüngsten Gerichts, wo sie zusammen mit Johannes dem Täufer für die Menschheit bittet (z. B. in Vika/Dalarna). Vermutlich kam es gelegentlich vor, daß die Pastoren die Bildinhalte genau prüften, bevor sie gemalt wurden, und daß sie katholisierende Züge entfernten.

Die moderne Kirchenkunst, v. a. in der zweiten Hälfte des 20. Jh.s, hat ein neuerliches Interesse an 𝔐 gefaßt. Meist wird sie als junge Mutter dargestellt. Doch die große Zeit der 𝔐darstellungen in der schwedischen Kunst war das MA.

Lit.: A. Lindblom, Sveriges konsthistoria I, 1944. — O. A. Nygren, Gudsmodersbilden i Finlands medeltidskonst, 1951. — B. G. Söderberg, Svenska kyrkomålningar från medeltiden, 1951. — Ders., Sigmunder i Dädesjö, 1957. — I. Swartling, Maria såsom förbedjerska. Från Gästrikland, 1963. — A. Anderson, Medieval Wooden Sculpture in Sweden II–III, 1966–80. — B. G. Söderberg, Gotländska kalkmålningar 1200–1400, 1971. — R. Norberg, Nordisk medeltid. Bildkonsten i Norden, 1951. — K. Banning (Hrsg.), A Catalogue of Wall-Paintings in the Churches of Medieval Denmark 1100–1600. Skania Halland Blekinge. I. Introduction, 1976. — A. Nilsén, Marie underverk i Hattula och Lojo, In: Iconographisk Post 2 (1979) 1, 23–32. — Dies., En passionssvit i Statens Historiska Museum, In: Fornvännen 78 (1983) 113–127. — S. Ringbom, Bild och avlat, In: Iconographisk Post 3–4 (1983) 3, 8–18; 4, 1–14. — A. Nilsén, Program och funktion i senmedeltida kalkmåleri, 1986. — Dies., Marie obeflåcka de avlelse i kult och konst, In: Konsthistorisk tidskrift 54, Heft 1 (1987) 6–15. *A. Nilsén*

Schweigen kann Nichtbeachtung, Inaktivität, Teilnahmslosigkeit oder Desinteresse bedeuten, aber ebenso beherrschtes Warten (da Reden und Schweigen ihre Zeit haben: vgl. Koh 3,7), Taktgefühl, Ergriffensein, Verstummen (etwa angesichts großen Leids), Haltung des Offenseins und Hinhörens, stilles inneres Bedenken des schwer ausdrückbaren Mysteriums oder wortlose Aufforderung zum Nachdenken über den Grund des S.s. Es kann also auch sehr beredt sein. Diese Aspekte werden deutlich, wenn in Hinblick auf 𝔐 in zweifacher Hinsicht vom S. gesprochen wird, und zwar als S. 𝔐s selbst sowie im Sinne des S.s *über* 𝔐 in der Hl. Schrift.

So wird einerseits in marian. restriktiver oder sogar antimarian. Einstellung darauf hingewiesen, daß im NT sehr spärlich von 𝔐 die Rede sei — Markus und die Briefe schweigen fast völlig —, die »Ausfüllung« dieser Lücken erst von den → Apokryphen und → Legenden vorgenommen worden sei und viele Dogmen, wie die → UE, die → Aufnahme, die → Jungfräulichkeit in der Geburt und nach der Geburt, nicht direkt im NT ausgesagt seien. Die Rolle, die im Leben der Kirche 𝔐 zuerkannt wurde, sei auf Grund des S.s der Schrift bedenklich. Andererseits kann gezeigt werden: Lukas und Matthäus haben offensichtlich den Bericht des Markus für ungenügend gehalten. Kompositorisch ist ferner bedeutungsvoll, daß Lukas zu Beginn jeder Schrift (d. h. zu Beginn des Lebens Jesu und der Kirche) seines Doppelwerkes und Johannes zu Beginn und am Ende des öffentlichen Wirkens Jesu die Mutter Jesu erwähnten. Schon im NT wird somit eine Entwicklung eingeleitet, bei der über die Passion und das öffentliche Wirken Jesu hinaus immer stärker auch die theol. Relevanz seiner Herkunft erkannt wird. Wo also die Inkarnation in die Reflexion einbezogen wird, kann die Mutter nicht unerwähnt bleiben: So schon bei Gal 4,4, aber in besonderer Weise in der geistigen Konstellation des 2. Jh.s, als die »Geburt aus der Jungfrau« als Kurzformel für das wahre Gott- und Mensch-Sein Jesu Christi (gegen Markion, der Jesus ohne Geburt als jungen Erwachsenen auftreten ließ; gegen die Gnosis, welche die Menschwerdung leugnete oder die Jungfrauengeburt im leibfeindlichen Sinn auslegte; gegen den Adoptianismus der Ebioniten; vgl. → Jungfräulichkeit) geprägt wurde. Das S. kann aber auch z. T. als Taktgefühl erklärt werden, weil über die näheren Umstände der Empfängnis und Geburt

Jesu kaum zu Lebzeiten Ms in breiterer Öffentlichkeit gesprochen worden ist.

Neben diesem S. des NT *über* M kann jedoch auch das S. Ms selber gemeint sein: Gläubige Meditation hat über das M. Ms Joseph gegenüber nachgedacht; sie hat es Gott überlassen, das menschlich Unglaubliche kundzutun. Das S. kann sich auch auf die Jugendzeit Ms (wie lebte die Sündenlose in ihrer Umgebung?) und auf die Zeit nach der Geburt Jesu beziehen: In diesem Fall ist das S. im Zusammenhang mit dem Mysterium des verborgenen Lebens Jesu zu sehen, der auf die vom Vater festgesetzte Stunde des öffentlichen Auftretens sich vorbereitete und wartete. Das S. Ms erhält jedoch besondere Tiefe, wenn man berücksichtigt, daß ihr eigentliches Gegenüber das menschgewordene Wort (vgl. Joh 1,14) ist; die Schweigende ist dann die intensiv Hörende und Betrachtende (vgl. Lk 2,19. 51; 8,21) und als solche Typos für die Kirche. Ms Zurücktreten zeigt hier gerade ihre Größe. Lukas (Apg 1,14) legt offensichtlich großen Wert auf ihre stille und betende Gegenwart in der Urgemeinde.

Vertreterinnen der Frauenemanzipation werden wohl bei dieser Aufwertung des S.s den Verdacht erheben, daß die Frau aus dem aktiven öffentlichen Leben in die stille Passivität zurückgeführt werden solle. Dazu sei vermerkt, daß Frauen wie E. → Stein, die aktiv das Recht der Frau in Politik und Wissenschaft verfochten, durchaus den Wert des S.s erkannten. So haben R. → Schaumann und Gertrud v. → le Fort (93 ff.) die besondere Fruchtbarkeit der Stille und des stillen Werkes hervorgehoben. Wenn das S. Ms theol. recht eingeordnet und jeder willkürlichen Phantasterei Einhalt geboten wird, kann es eine exemplarische Funktion ausüben. R. → Guardini verweist in seinen Ausführungen über die Menschwerdung (Der Herr, 12–18) auf den in der Weihnachtsliturgie enthaltenen Text von Weish 18,14 f. (»Als tiefes Schweigen das All umfing ..., da sprang dein allmächtiges Wort vom Himmel«) und spricht von der »unendlichen Stille«, in der »die großen Dinge« geschehen, »in der Klarheit des inneren Sehnens, in der leisen Bewegung des Entscheidens, im verborgenen Opfern ... Die leisen Mächte sind die eigentlich starken.«

Lit.: R. Guardini, Die Mutter des Herrn, 1955. — Ders., Der Herr, ¹²1961. — G. v. le Fort, Die ewige Frau, 1963. — S. Muñoz-Iglesias, Das Evangelium über Maria, 1991.

A. Ziegenaus

Schweiz. Die S. (in ihren heutigen Grenzen erst seit 1848) ist in vier Kulturkreisen verankert: im alemannisch-dt., im burgundisch-franz., im ital. und im churrätisch-rätoromanischen.

1. Allgemeines. Fast ausnahmslos sind an den für das S.er Gebiet zuständigen frühen Bischofssitzen Mkirchen bezeugt (bzw. erschlossen): Genf (Ende 5. Jh.), Windisch-Avenches-Lausanne (5./6. Jh.), Martigny-Sitten (6. Jh.), Konstanz (7. Jh.), Basel (7./8. Jh.), Chur (8. Jh.), Mailand (9. Jh.), doch finden sich frühe Mkirchen auch im nichtstädt. Bereich, z. B. S. Maria del Castello im Misox/Graubünden und Payerne/Waadt (beide 6. Jh.), St-Prex/Waadt (7. Jh.). Auch bei den frühen Klöstern trifft man M als (Mit-)Patronin an, z. B. Baulmes/Waadt und Moutier-Grandval/Bern (7. Jh.), Lützelau/Schwyz, Disentis/Graubünden, Pfäfers/ St. Gallen (8. Jh.), Rheinau/Zürich (8./9. Jh.). Die Tradition, M als Kirchen- oder Kapellen-Patronin zu wählen, bricht bis in die Gegenwart nicht ab; in der Neuzeit werden die Mpatrozinien jedoch teilweise näher bestimmt, z. B. Me Himmelfahrt, M-Hilf, M Lourdes u. ä. Einige Alp- und Bergkapellen der kath. Innerschweiz und des Wallis haben das Patrozinium M zum Schnee (5. August) oder Me Himmelfahrt (15. August), deren Patronatsfeste auch als sommerliche Älplerfeste begangen werden, teilweise mit Alp- und Viehsegnung, z. B. Rigiklösterli/Schwyz oder Bettmeralp/Wallis. In mehreren Namen von Ortschaften und Örtlichkeiten finden wir die GM als Namenselement, die v. a. auf Kirchen- bzw. Kapellenpatrozinien zurückgehen, z. B. S. Maria im Puschlav/Graubünden und zwischen Cimo und Iseo/Tessin, Mariahilf (Gem. Düdingen/Fribourg), Mariastein/Solothurn, Maria-Bildstein (Gem. Sursee/Luzern), Marienberg (bei Truns/Graubünden), aber auch Frauenkappelen/Bern, Frauenwinkel (eine Bucht im Zürichsee im Kanton Schwyz, die bis heute dem Kloster Einsiedeln gehört). Auch mehrere Klöster verschiedener Orden benannten sich nach der GM, z. B. Mariaberg in Rorschach (zu St. Gallen gehörig, heute Lehrerseminar), Maria vom Guten Rat in Notkersegg/St. Gallen (Kapuzinerinnen), Maria-Rickenbach/Nidwalden, Marienburg bei Wikon/Luzern (beide Benediktinerinnen), dann auch Madonna del Sasso bei Locarno/Tessin (Kapuziner), aber auch Fraubrunnen (ehem. Zisterzienserinnen) und Frauenthal (Zisterzienserinnen).

In allen größeren Kirchen findet sich ein Maltar oder zumindest eine Mstatue. In vielen weitläufigen Pfarreien wurden kleinere Mkapellen errichtet, um dort Gottesdienste zu ermöglichen. Diese wurden nicht selten auch Ziel von Bittgängen aus der Nachbarschaft. In kath. Gegenden stoßen wir an Wegen oder Wegkreuzungen auch immer wieder auf »Bildstöckli« mit einer Mstatue oder einem Mbild. Mit der kirchlichen Anerkennung von Lourdes entstanden nach und nach vielerorts Lourdes-Grotten. Die Fatima-Spiritualität wurde gefördert mit der mehrjährigen Pilgerfahrt einiger Fatima-Statuen durch die S. (ab 1953). Marian. Bruderschaften (Rosenkranz, Skapulier, Sieben Schmerzen Ms u. a.) wurden in vielen Pfarrkirchen errichtet, gerieten aber in der neuesten Zeit oft in Vergessenheit. Bes. an Jesuitenniederlassungen (1561 in Fribourg, 1578 in Luzern) entstanden marian. Männer- und Jungmänner-Kongregationen, später auch an den kath. Mittelschulen und Kollegien. Mit dem Aufbau des kath. Vereinswesens seit dem Ende des 19. Jh.s entstanden fast in jeder Pfarrei Standesorganisationen, die alle auch marian. geprägt waren: Jungfrauenkongregationen, Müttervereine, später für die Mädchen der Blauring, für die Buben die Jungwacht bzw. die kath. Pfadfinder.

Ausdruck marian. Frömmigkeit im Volksbewußtsein sind neben den täglichen M gebeten (Ave Maria, Rosenkranz, Angelus) und den liturg. M festen die örtlichen und regionalen Wallfahrtsstätten; einige davon wie → Einsiedeln, → Mariastein, Madonna del Sasso sind von überregionaler Bedeutung. Fast in jedem S.er Kanton finden wir marian. Wallfahrtsorte, in den reformierten Gegenden allerdings erst wieder mit dem Aufbau einer kath. Diaspora. Einige lokale Wallfahrtsorte entstanden nach der Tradition in der Reformationszeit, z.B. durch Anschwemmen eines infolge des Bildersturms im Berner Oberland in die Aare geworfenen M bildes, so in Schönenwerd/Solothurn und Wolfwil/Solothurn, oder durch das Aufstellen eines sonstwie in Sicherheit gebrachten M bildes, so in Werthenstein/Luzern und Haslen/Appenzell. Hier seien nur die marian. Wallfahrtsorte aufgezählt, die heute von regionaler und überregionaler Bedeutung sind: Bourguillon-Bürglen/Fribourg, ND des Marches in Broc/Fribourg, Mutter der Barmherzigkeit in Disentis/Graubünden, Einsiedeln/Schwyz, Glisacker (Gem. Glis bei Brig/Wallis), Mariahilf auf dem Gubel/Zug, Schmerzhafte Muttergottes in Klingenzell/Thurgau, Maria Heilbronn in Luthern Bad/Luzern, das Kapuzinerkloster Wesemlin in Luzern, Madonna del Sasso (Gem. Orselina-Locarno/Tessin), Maria Bildstein (Gem. Benken/St.Gallen), Maria Dreibrunnen (Gem. Bronschhofen/St.Gallen), Maria Rickenbach (Gem. Niederrickenbach/Nidwalden), Mutter vom Trost und Sieben Schmerzen in Mariastein/Solothurn, Melchtal/Obwalden, Maria zum Schnee auf Rigi-Klösterli/Schwyz, St.Pelagiberg/Thurgau, Vorbourg (Gem. Delémont/Jura), Ziteil (Gem. Salouf/Graubünden, höchstgelegener Wallfahrtsort Europas, 2434 m über dem Meer). (Andere M wallfahrtsorte der S., vgl. Andina, Burgener, Heim und Henggeler).

Beliebt sind bis heute die → Maiandachten, wozu der M altar in den Pfarrkirchen als festlich geschmückter Maialtar hergerichtet wird. Dabei wird zumeist eine sog. Mailesung vorgetragen. Auch einige S.er Priester haben solche stark volkstümliche Mailesungen drucken lassen, z.B. Augustinus Borer OSB (†1959), Veit Gadient OCap (†1969) und Otto Hophan OCap (†1968). Im Oktober wird noch vielerorts am Abend in den Kirchen gemeinsam der Rosenkranz gebetet. Im täglich gesungenen abendlichen Betruf der Älpler (während der Alpzeit) wird auch die GM ehrend erwähnt.

2. Schrifttum und Theologie. Unter dem Schrifttum der Mönche von St.Gallen findet sich auch Marianisches. So dichtete → Notker Balbulus (†912) Hymnen auf die Weihnachtsoktav und die Feste Lichtmeß, M e Geburt und Himmelfahrt, in denen er M direkt anspricht. In litaneiartigen Formen riefen Ratpert v.St.Gallen († um 885) und Hartmann v.St.Gallen (†924) M an, letzterer unter dem Titel »reparatrix inclyta mundi«.

→ Amadeus v.Lausanne OCist (†1159) hinterließ acht marian. Homilien (PL 188; SC 72, 1960) und ist dadurch ein Hauptvertreter der M frömmigkeit des 12. Jh.s. Er bejaht die Aufnahme M s in den Himmel und läßt schon die Mittlerschaft M s anklingen.

Ein M leich (Ende 12. Jh.) aus dem Kloster → Muri lehnt sich an die Sequenz → »Ave praeclara maris stella« an. Bekannt ist auch eine M klage (→ Klagen) aus dem Kloster Engelberg (14. Jh.), ein ähnliches Bruchstück (15. Jh.) stammt aus dem Kloster St.Gallen. → Walther v.Rheinau, ein geistlicher Dichter aus dem Aargau, verfaßte um 1300 ein fast 15 000 dt. Verse umfassendes M leben nach der »Vita beatae Virginis et Salvatoris metrica« von Philipp dem Kartäuser (um 1200). → Wernher der Schweizer schuf vor 1382 ein M leben nach der »Vita beatae Mariae rhythmica«, »eine der reinsten und schönsten religiösen Dichtungen des Mittelalters« (Nadler). Ebenfalls aus dem Kloster Muri stammt ein Spiel von der Kindheit Jesu (St.Gallen, Stiftsbibl., Cod. 966, Ende 13. Jh.), das älteste dt. Weihnachtsspiel.

Das Konzil von → Basel (1431–49) definierte nach längeren Vorverhandlungen 1439 die Lehre von der UE M s als Glaubenssatz, allerdings ohne die Lehre theol. tiefer zu begründen. Es traf damit auf breite Zustimmung. Da das Konzil aber zu diesem Zeitpunkt im Gegensatz zum Papst stand, wurde dieser Beschluß vom Papst nie approbiert. Aber der Konzilsbeschluß hatte dennoch eine große Wirkung auf das gläubige Bewußtsein der Region. Bei der Gründung der Universität Basel 1459 durch Pius II., einen früheren Konzilsteilnehmer, wurde M als Patronin gewählt. Das Universitätssiegel (von 1516), das heute noch in Gebrauch ist, zeigt M mit Kind und Szepter im Strahlenkranz, auf der Mondsichel stehend.

Im letztlich nicht ganz durchsichtigen bernischen Jetzerhandel (1507–09) versuchten offenbar die Dominikaner (»Makulisten«) durch fingierte M erscheinungen ihre sinkende Position gegen die Franziskaner (»Immakulisten«) zu heben. Der Prozeß, bei dem die Folter angewendet wurde, endete mit dem Feuertod von vier Dominikanern.

Der Elsässer Sebastian → Brant (1457–1521), seit Mitte der 80er Jahre an der Universität Basel lehrend, veröffentlichte daselbst 1494 »In laudem gloriosae Virginis Mariae ... carmina«. → Erasmus v.Rotterdam († 1536 in Basel) ließ 1523 in Basel für seinen Freund Thiébaut Biétry von Pruntrut-Porrentruy/Jura, der offenbar ein Verehrer ULF von Loreto war, eine diesbezügliche Votivmesse (Virginis Matris apud Lauretum Cultae Liturgia) drucken, in der 2. Auflage von 1525 erweitert mit einer dazu passenden Predigt. In seinen Colloquia familiaria findet sich auch ein Brief, den die »Steinerne Jungfrau« (virgo lapidea, Erasmus spielt damit wohl auf den in der Nähe von Basel gelegenen Wallfahrtsort Mariastein an) selber geschrieben habe; darin ruft die GM zu einer mehr verinnerlichten MV auf. Petrus → Canisius SJ († 1597, seit 1580 in Fribourg wirkend) schrieb u. a. »De Maria virgine incomparabili« (1577 und später).

Die Barockzeit widmete sich auf ihre Art dem marian. Thema: Johann Jakob Schmid aus Baar/ Zug (1634–96) veröffentlichte als Pfarrer und Dekan am Kollegiatsstift zu Zurzach/Aargau u. a. 1666 (in Einsiedeln), 1667 und 1668 (in Konstanz) drei ⋒bücher: »Triumphus Marianus ...« (2 Bde.) und »Theatrum veri doloris ...«. In den ersten zwei Bänden behandelt er die ⋒feste; der zweite Titel ist der Betrachtung der Schmerzen ⋒s gewidmet. Sein Zeitgenosse Coelestin Sfondrati (1644–96, Abt von St. Gallen 1687–96, 1696 Kardinal) wollte mit seinem gelehrten Werk »Innocentia vindicata«, in St. Gallen 1695 erstmals erschienen, beweisen, daß Thomas v. Aquin die UE gelehrt habe; in einem zweiten symbolischen Teil mit 46 emblematischen Kupferstichen verherrlicht er die UE. Der Solothurner Chorherr Johann Viktor Russinger (1630–1700) ließ 36 ⋒lieder unter dem Titel »Parthenophilus« erscheinen. P. Mauritius Zehnder (1654–1713) von Menzingen/Zug, Kapuziner und Pfarrer in Andermatt/Uri, ließ 1713 in Zug seine »Philomela Mariana, Die Marianische Nachtigall« drucken, ebenfalls 36 Lieder zum Lobe ⋒s. Im Wallfahrtsort Einsiedeln entwickelten sich aus den farbenprächtigen Prozessionen Wallfahrtsspiele, die stets auch die GM dem gläubigen Gemüte nahe brachten.

Im Zusammenhang mit der Dogmatisierung der UE erschienen Werke aus der Feder von Johann Ming und Karl Brandes OSB (beide 1855).

Zwei Mal fand in der S. ein Internat. Marian. Kongreß statt: 1902 in Fribourg — dabei wurde auch der Wunsch nach der Dogmatisierung der leiblichen Aufnahme ⋒s ausgesprochen — und 1906 in Einsiedeln, bei dem »organisatorische Entwürfe« für die kommenden Kongresse (alle zwei Jahre) ausgearbeitet und angenommen wurden, für ein internat. Marian. Preßverein zur Herausgabe von Marian. Zeitschriften und ein internat. Marian. Museum mit Sitz im ⋒haus in Fribourg. Unter den Referaten findet sich auch der Titel »Virgo Sacerdos, Jungfräuliche Priesterin« (in Latein) von Franz Josef Kind († 1911), Prof. am Priesterseminar in Chur.

Zur Assumptio-Frage äußerten sich der Kapuziner Ephrem Baumgartner (1920) und der Weltpriester Karl Wiederkehr (1927). Unter den Verfassern von ⋒büchern, die im Volk weite Verbreitung fanden, sind zu nennen der Kapuziner Aloysius Blättler († 1889) und der Benediktiner Otto Bitschnau († 1905). Otto Karrer († 1976) verfaßte ein anspruchsvolles ⋒gebetbuch (1933) und eine marian. Textsammlung (1962). In seinem ⋒buch (franz. 1942 und öfters, dt. 1942) legte Bischof Marius Besson († 1945) die ⋒lehre auf Grund der frühen Darstellungen in der Kunst dar. Adrienne v. Speyr († 1967) veröffentlichte schon 1948 ein ⋒buch; neue Aspekte ergaben sich in dem von Hans Urs v. Balthasar herausgegebenen Werk von 1979. Das ⋒buch des Kapuziners Otto Hophan (1951) erlebte mehrere Auflagen. Der in Innsbruck lehrende Neutestamentler Paul Gaechter SJ legte 1953 ein biblisches ⋒buch vor. Auch Beat Ambords SJ ⋒büchlein (1954) war beliebt. Charles Journet ließ sein ⋒werk 1954 erscheinen. Neue theol. Wege in der Mariol. suchten neben Hans Urs v. Balthasar bes. Alois Müller (1951, 1957, 1980), Heinrich Stirnimann OP (1989) und Marie-Louise Gubler (1989) zu gehen.

Breitenwirkung hat die seit 1950 in Bern erscheinende Zeitschrift »Maria. Marianischer Digest« (6 Hefte pro Jahr). Dazu erscheint in loser Folge »Große Marienverehrer«.

3. Reformationskirchen. Die S.er Reformatoren wandten sich gegen Auswüchse der MV und gegen die Bilderverehrung, nicht lehnten sie jedoch eine biblisch begründete ⋒verehrung und -verkündigung ab. Das zeigen z. B. Huldrych → Zwinglis »Predigt über die reine Magd Maria« (1522), wie auch sonst seine Äußerungen über ⋒. Er sprach in großer Ehrfurcht von ihrer immerwährenden Jungfräulichkeit und ihren Tugenden als christl. Vorbild. In der ersten Zürcher Disputation (1523) vertrat er sogar ihre UE mit Berufung auf das Basler Konzil. Die Verehrung ihrer Bilder lehnte er jedoch ab wie auch ihre Anrufung als Fürbitterin. Andere S.er Reformatoren stimmten ihm darin bei. Das Angelus-Läuten wurde in Zürich beibehalten, andernorts abgestellt. Doch bis heute wird an verschiedenen Orten in prot. Kirchen zwei bzw. drei Mal pro Tag geläutet. Im Gefolge der Polarisierungen zwischen den beiden Konfessionen trat ⋒ bei den Reformierten mehr in den Hintergrund, nicht zuletzt, weil die kath. MV zunehmend auch zu einer antiprot. Demonstration mißbraucht wurde. Dennoch gab es auf prot. Seite immer wieder Versuche, das Bild der biblischen ⋒ hervorzuheben und sie dem Volke als Vorbild der Glaubenshaltung hinzustellen. Bekannt ist die innige MV Johann Caspar Lavaters (1741–1801). Für später sind zu nennen Adolf Schlatter (Marienreden, 1927) oder Karl J. Lüthi (1929). Auch Karl → Barth (1886–1968) setzte sich mit der kath. Mariol. intensiv auseinander. Die beiden neuzeitlichen ⋒dogmen stießen notgedrungen auf Ablehnung, was teilweise zu neuen Polarisierungen führte. Sie belasten auch weiterhin die durchaus vorhandene ökumen. Annäherung in der ⋒frage.

4. Bildende Kunst. Wohl die älteste bildliche ⋒darstellung auf S.er Boden findet sich auf einem kleinen Medaillon aus Gips aus dem Reliquiengrab des Hochaltares der Churer Kathedrale (5. Jh.). Dargestellt ist die Huldigung der drei Könige. Christus hat einen Nimbus, ⋒ jedoch nicht. Auf einer Fibel mit der gleichen

Thronende Madonna, Glasfenster aus Flums, vor 1200, Zürich, Landesmuseum

Thematik, gefunden in einem Grab in Attalens/ Fribourg, sitzt M auf einem Thron mit Lehne, das göttliche Kind auf dem Schoß, beide mit Nimbus. Das Stück gehört wohl dem 6. Jh. an und dürfte byz. Herkunft sein. Eine der ältesten Darstellungen der Himmelfahrt Ms schnitzte der St. Galler Mönch Tuotilo aus Elfenbein für einen Buchdeckel (St. Gallen, Stiftsbibl., Cod. 53, um 900): M orans in Frontalansicht, zwischen Engeln stehend, erhebt sich über das Irdische.

Aus dem Bereich der Buchmalerei sei das Weihnachtsbild aus Cod. 340 der St. Galler Stiftsbibliothek (vor 1050) genannt, das M aufrecht sitzend und das neugeborene Kind vor sich haltend zeigt. Die älteste Schweizer Glasscheibe, vor 1200, aus der St. Jakobs-Kapelle von Flums/ St. Gallen zeigt eine frontal thronende M mit Jesuskind, über ihr die Geisttaube, in der Rechten einen großen Apfel haltend (heute Zürich, Schweizer. Landesmus.). In fast allen S.er Museen mit alter Kunst finden sich Mdarstellungen in Tafelmalerei und Plastik, die allerdings teilweise aus dem Ausland stammen, aber im Raum der heutigen S. verehrt wurden. Eine hervorragende romanische Plastik (M mit Kind) aus Obercastels/Graubünden (um 1150/60) verwahrt das Klostermuseum Disentis.

Die Gnadenbilder der Wallfahrtsorte sind teilweise alt, einige ersetzen ältere Vorbilder. Kopien von Gnadenbildern fanden in verschiedenen Gotteshäusern und Bildstöcken öffentliche Aufstellung oder wurden zu privatem Gebrauch von den Wallfahrtsorten nach Hause mitgenommen. Nachbildungen vom Einsiedler Gnadenbild kennt man seit dem 15. Jh. Fast zu jedem marian. Gnadenort gibt es Andachtsbildchen von mehr oder weniger künstlerischem Wert. Ältere Graphiken finden sich nur von den überregionalen Wallfahrtsorten, ebenso Wallfahrtspfennige. Medaillenprägungen kommen dann seit dem 19. Jh. auf. Durch die Sitte der Gnadenbilderkopien fanden auch ausländische Gnadenbilder in der S. Aufstellung und Verehrung. Für die unzähligen Mdarstellungen in der Kunst sei auf die (noch nicht abgeschlossene) Reihe »Die Kunstdenkmäler der Schweiz«, nach Kantonen geordnet, hingewiesen.

Lit.: L. Burgener, Die Wallfahrtsorte der kath. S., 2 Bde., Ingenbohl 1864. — G. F. Chèvre, Les principaux Sanctuaires de Marie dans la Suisse catholique, Fribourg 1898. — Internat. Marian. Congress vom 18. bis 21. August 1902 zu Freiburg in der S. Congress-Bericht, Freiburg/Schweiz 1903. — Bericht über den internat. Marian. Congress, gehalten in Einsiedeln (Schweiz) vom 17. bis 21. August 1906, Freiburg/Schweiz 1907. — A. Magnin, Pèlerinages aux Sanctuaires suisses de la sainte Vierge, ²1939. — S. Peterhans, Die »Philomela Mariana« oder »Marianische Nachtigall« des P. Mauritius (Zehnder) von Menzingen, O.M.Cap. (1654–1713), Diss., Freiburg/ Schweiz. St. Maurice 1944. — K. Federer, Zwingli und die Marienverehrung, In: ZSKG 45 (1951) 13–26. — F. Andina, Santuari di Maria nella Svizzera, 1954. — M. v. Sury-v. Roten, Die Marienverehrung am Oberrhein zur Zeit des Basler Konzils, In: ZSKG 48 (1954) 170–178. — E. G. Rüsch, Maria in der Basler Reformation, In: Ders., Vom Heiligen in der Welt. Beiträge zur Kirchen- und Geistesgeschichte, 1959, 40–56. — W. Tappolet (Hrsg.), Das Marienlob der Reformatoren. Martin Luther, Johannes Calvin, Huldrych Zwingli, Heinrich Bullinger, 1962. — E. A. Meier, Marienverehrung und Mariengebete im ma. Basel, 1967. — R. Henggeler, Helvetia Sancta. Heilige Stätten des Schweizerlandes, 1968. — B. Schmedding, Romanische Madonnen der S., 1974. — O. Lustenberger, Wallfahrtsorte in der S., 1978. — I. Lüthold-Minder, Helvetia Mariana. Die marian. Gnadenstätten der S., 1979 (volkstümlich-narrativ). — W. Heim, Kleines Wallfahrtsbuch der Schweiz, Fribourg o. J. (ca. 1980). — K. Tremp-Utz, Welche Sprache spricht die Jungfrau Maria? Sprachgrenzen und Sprachkenntnisse im bernischen Jetzerhandel (1507–09), In: Schweizerische Zeitschrift für Geschichte 38 (1988) 221–249. — P. M. Plechl, Die Loreto-Liturgie des Erasmus v. Rotterdam, In: Servitium Pietatis, FS für H. H. Kardinal Groër zum 70. Geburtstag, hrsg. von A. Coreth und I. Fux, 1989, 26–39. — O. Perler, Marienverehrung im Gebiet der heutigen S. vom 5. bis zum 11. Jh., In: Ders., Sapientia et Caritas. Gesammelte Aufsätze zum 90. Geburtstag, hrsg. von D. van Damme und O. Wermelinger, 1990, 531–557. — M. Tobler, »Wahre Abbildung«. Marianische Gnadenbildkopien in der schweizerischen Quart des Bistums Konstanz, In: Der Geschichtsfreund 144 (1991) 1–426. — K. Utz-Tremp, Eine Werbekampagne für die befleckte Empfängnis: der Jetzerhandel in Bern (1507–1509), In: Maria in der Welt. Marienverehrung im Kontext der Sozialgeschichte, 10.– 18. Jh., hrsg. von C. Opitz u. a., 1993, 323–337. *L. Schenker*

Schweizer Predigten sind ein Corpus von 47 → Predigten und Traktaten, das in dieser Form unikal in der Handschrift Freiburg, Universitätsbibl. Hs. 464 (A) überliefert wird (Einzelüberlieferung vgl. VL²). Die Handschrift wurde 1387 für die Frau des Feldkircher Stadtammanns Johann Stöckli vom Leutpriester Albrecht dem Kolben aus Göfis bei Feldkirch fertiggestellt. Rieder hielt sie ursprünglich für Bestandteil der →Sankt Georgener Predigten; in seiner Ausgabe handelt es sich um die Nrn. 1–35. 67. 76–86. Vermutlich entstand das Corpus als Kompilation aus verschiedenen Vorlagen (Frühwald 140), wobei die Mehrzahl der Texte aus inhaltlichen Gründen dem Bereich der cura monialium entstammen dürfte. Die Entstehung einzelner Predigten schon in der 2. Hälfte des 13. Jh.s ist denkbar. Die Sammlung enthält fünf M.predigten ohne Festtagsbezug (Rieder 16. 20. 32. 33. 79). Vier der fünf Predigten haben ein Thema aus dem AT. Unter den Autoritäten dominieren →Augustinus, →Bernhard v. Clairvaux und Dionysius. Inhaltlich nimmt die Predigt Rieder 79 (Est 8,16) Bezug auf M.e Geburt: M. ist »ain nuwes lieht« wegen des Opfers ihrer Jungfräulichkeit, der jungfräulichen Mutterschaft und der herausgehobenen Stellung unter den Heiligen. Hervorgehoben wird ihre Teilhabe an der Erlösungstat und ihre Hilfs- und Vermittlungsfunktion bei Gott. Vorbild und Vermittlerin bleibt M. auch in allen anderen Texten: Rieder 16 (Hld 4,12) beschreibt M. im Bild des Hortus conclusus, offen für Sonne/Gott, Vögel/Engel, Tau/Gnade, gute Freunde/reuige Christen. Ihre Sonderstellung im Himmel und ihre Erwähltheit vor der Schöpfung betonen Rieder 20 (Sir 24,12) und Rieder 32 (Jes 45,8; mit Bezügen auf M.e Verkündigung). Ungewöhnlich umfangreich ist die Predigt Rieder 33 (Offb 12,1), die eine Deutung der mit 12 Sternen besetzten Himmelskrone M.s enthält: Nach acht persönlichen Eigenschaften M.s folgen vier christl. Tugenden (Scham, Demut, Höhe des Glaubens, Mitleiden), zu deren imitatio aufgerufen wird.

Ausg.: K. Rieder, Der sog. St. Georgener Prediger, 1908, Nrn. 1–35. 67. 76–86. — Morvay-Grube, T 56.
Lit.: E. Lüders, Zur Überlieferung der St. Georgener Predigten I–III, In: StN 29 (1957) 214 f.; 30 (1958) 30–77; 32 (1960) 123–187. — W. Frühwald, Der St. Georgener Prediger, 1963; dazu Rezension von D. Richter, In: AfdA 78 (1967) 108–119. — K. Ruh, Dt. Predigtbücher der Mas, In: Vestigia bibliae 3 (1981) 11–30. — K. O. Seidel, Die Mitüberlieferung der St. Georgener Predigten, In: V. Mertens und H.-J. Schiewer, Die dt. Predigt im MA, 1992, 18–29. — VL² VIII 942–945 (Lit.).
H.-J. Schiewer

Schwesternbücher. Die sog. »Schwesternbücher« (auch »Nonnenviten« oder »Convent Chronicles«) sind ein bis jetzt fest umrissener Bestand deutschsprachiger Vitensammlungen aus südöstl., oberrheinischen und schweizerischen Dominikanerinnenklöstern (samt dem lat. abgefaßten Schwesternbuch aus Unterlinden in Colmar); etwa zwischen 1310 und 1360 niedergeschrieben, stellen sie eine Vielzahl von Kurzviten verstorbener Schwestern zusammen. Trotz aller Unterschiede im einzelnen ist ihnen das Wesentliche gemeinsam: ihr Interesse ist nicht historisch oder biographisch, sondern gilt nahezu ausschließlich dem Tugendleben und v. a. den Gnadenerlebnissen von Angehörigen der Klostergemeinschaft unter dem Einfluß einer »mystischen« Spiritualität. Schon auf Grund der vielfach legendarischen Erzählstrukturen verbietet es sich, die Texte unter dem Aspekt der »Erlebnisechtheit« oder nach Maßstäben mystischer Terminologie unbesehen als Tatsachenberichte zu lesen oder aber als »Pseudomystik« zu entwerten. Bei einer Vielzahl möglicher Intentionen — von der »memoria« über die »aedificatio« bis hin zu paränetischer Pädagogik — geht es nicht zuletzt darum, eine Lehre von der praktischen → Mystik zu geben, wie sie in Frauenklöstern des 13. und 14. Jh.s erfahren oder zumindest angestrebt wurde.

Nach der Absicht der Redaktorinnen, gewiß aber auch der beschriebenen Schwestern, vollzog sich das vorbildliche Gnadenleben durchaus im Rahmen des Kirchlichen. Eine Erfassung der einschlägigen Stellen im Überblick kann dies gerade auch am Beispiel der MV nachweisen. Dogmatik, Liturgie, Kirchenjahr und spezielle klösterliche Regelungen und Gebräuche bestimmen den Rahmen, in dem M. wie selbstverständlich als die der Dreifaltigkeit und bes. ihrem göttlichen Sohn Nächststehende erscheint und sich dem Menschen zuwendet. Gebete — bis zu 2000 Ave Maria täglich — und Betrachtung von figürlichen Darstellungen bezeugen ihre Stellung als Helferin und Vorbild der Klosterschwestern. Das beliebte Motiv, daß M. an Festen des Kirchenjahres (bes. Weihnachten) oder bei M.antiphonen des Stundengebets erscheint und ihren Sohn den Schwestern reicht, verweist auf ihre liturg. Verehrung ebenso wie auf didaktische und pädagogische Zielsetzungen. Selten jedoch begegnen Strebungen einer ausdrücklichen »imitatio«; geradezu eine Ausnahme sind Gedanken einer → »compassio« unter dem Kreuz. Es fällt auf, daß fast alle S. wenigstens einmal das Schutzmantelmotiv erwähnen; insbesondere kann dann M. (oft zusammen mit ihrem Sohn) auch die ewige Seligkeit verheißen. Toposartig ist schließlich das Motiv, daß M. zusammen mit Christus und dem himmlischen Heer in der Sterbestunde dem Menschen erscheint. In den kirchlichen Sterbegebeten und im bes. häufig erwähnten → »Salve Regina« ist der »Sitz im Leben« solcher Erscheinungen nachzuweisen. Zwei ausführliche betrachtende Gebete (Gotteszell, Töß) und ein zusammenfassendes redaktionelles Kapitel (Unterlinden, c. 8) stellen die theol. Grundlagen ebenso wie die konkreten Ausübungsformen dieser innerhalb der Klostergemeinschaft gewissermaßen »selbstverständlichen« MV deutlich heraus.

Ein davon stark abweichendes Bild ergibt sich jedoch, wenn man die Aussagen der Viten nicht überblickartig in einer Stellensammlung, sondern strukturell in ihrem Stellenwert erfaßt. Die einzelnen S. zeigen dann zwar charakteristische Unterschiede in der Betonung der Rolle Ms, insgesamt jedoch tritt M nur recht wenig hervor: innerhalb aller Werke wird sie nur relativ selten erwähnt, dazu meist nur kurz und kaum thematisiert; eine spezielle persönliche MV findet sich bei ganz wenigen Nonnen. Der persönliche Bezug richtet sich weit mehr unmittelbar auf Gott, speziell auf Christus. Wenn Gott »mein Vater und meine Mutter und meine Schwester und mein Bruder« ist und die Seele »wie eine Mutter« ans Herz drückt, so steht die unmittelbare Gottesbegegnung gänzlich im Mittelpunkt des Strebens und Empfindens. Wird jedoch eine persönliche Identifikationsfigur gesucht, so scheint dies in vielen Klöstern Johannes Evangelista zu werden: als der unblutige Martyrer und als der jungfräuliche Lieblingsjünger, der an der Brust Jesu ruht. Wenn er dann sogar (in Weiler) Christus als Kind der Seele zuführt, so hat er eine der wesentlichen Funktionen Ms übernommen.

Für die begnadeten Nonnen wie auch für die Schreiberinnen der Sammelwerke lag darin jedoch kein Gegensatz zur allgemein geübten MV. Deutlich wird dabei aber, daß auch die Mvisionen der S. nicht wesentlich psychologisch zu deuten sind (etwa mit dem Hinweis auf »verdrängte Muttergefühle«), sondern eine Theol. entwickeln und vermitteln, die im Hinblick auf eine von Frauen geprägte Spiritualität heute von neuem Interesse sein dürfte.

Ausg.: (Christine Ebner), Der Nonne von Engelthal Büchlein von der genaden uberlast, hrsg. von K. Schröder, Tübingen 1871. — Die Chronik der Anna v. Munzingen. Nach der ältesten Abschrift mit Einleitung und 5 Beilagen, hrsg. von J. König, In: Freiburger Diöcesan-Archiv 13 (1880) 129–236 (Schwesternbuch von Adelhausen). — Die Nonnen von Kirchberg bei Haigerloch, hrsg. von A. Birlinger, In: Alemannia 11 (1883) 1–20. — Die Nonnen von St. Katarinental bei Dieszenhofen, hrsg. von A. Birlinger, ebd. 15 (1887) 150–183. — Die Stiftung des Klosters Oetenbach und das Leben der sel. Schwestern daselbst, hrsg. von H. Zeller-Werdmüller und J. Bächtold, In: Zürcher Taschenbuch NF 12 (1889) 213–276. — Aufzeichnungen über das mystische Leben der Nonnen von Kirchberg bei Sulz Predigerordens während des 14. und 15. Jh.s, hrsg. von F.W. E. Roth, In: Alemannia 21 (1893) 103–148 (104–123,17: Spätredaktion des Kirchberger Schwesternbuchs; 123,18–148: Schwesternbuch von Gotteszell). — Das Leben der Schwestern von Töß, beschrieben von Elsbeth Stagel nach der Vorrede des Johannes Meyer und dem Leben der Prinzessin Elisabeth von Ungarn, hrsg. von F. Vetter, Berlin 1906. — Mystisches Leben in dem Dominikanerinnenkloster Weiler bei Eßlingen im 13. und 14. Jh., hrsg. von K. Bihlmeyer, In: Württembergische Vierteljahreshefte für Landesgeschichte NF 25 (1916) 61–93. — Les »Vitae sororum« d'Unterlinden. Édition critique du manuscrit 508 de la bibliothèque de Colmar par J. Ancelet-Hustache, In: AHDL 5 (1930) 317–518; Text: 335–509. — Kritische Ausgabe des Dießenhofener Schwesternbuchs demnächst durch R. Meyer.
Übers.: Dt. Nonnenleben. Das Leben der Schwestern zu Töß und der Nonne von Engeltal Büchlein von der Gnaden Überlast, eingeleitet und übertragen von M. Weinhandl, 1921.
Lit.: W. Blank, Die Nonnenviten des 14. Jh.s, 1962. — S. Ringler, Viten- und Offenbarungsliteratur in Frauenklöstern des MA, 1980 (Lit.- und Forschungsüberblick). — O. Langer, Mystische Erfahrung und spirituelle Theologie. Zu Meister Eckharts Auseinandersetzung mit der Frauenfrömmigkeit seiner Zeit, 1987 — G. Jaron Lewis, Bibliographie zur dt. Frauenmystik des MA, 1989, 289–323. — C. Opitz, Evatöchter und Bräute Christi. Weiblicher Lebenszusammenhang und Frauenkultur im MA, 1990. *S. Ringler*

Schwind, Moritz v., * 21.1.1804 in Wien, †8.2. 1871 in München, Maler, Zeichner und Illustrator, Hauptvertreter der südpt. →Romantik.

Nach anfänglichem Studium der Phil. ist S. Schüler von Schnorr v. Carolsfeld an der Wiener Kunstakademie, im wesentlichen jedoch Autodidakt, der zu Beginn seiner Laufbahn v.a. durch künstlerische Gelegenheitsarbeiten seinen Unterhalt verdient. Rege Kontakte zum Kreis um Schubert, Grillparzer und die Gebrüder Olivier prägen ihn nachhaltig und führen zu ersten Illustrationsaufträgen für Literatur- und Opernstoffe, zu Sagen und Märchen, teils auch karikierende Genrethemen. 1827 wechselt S. als Schüler von Cornelius an die Münchner Akademie. Dessen Einfluß bewirkt eine gewisse Verfestigung und Monumentalisierung seines vormals mehr dekorativen Illustrationsstils. In den 30er Jahren folgen erste größere Aufträge für Fresken in der Residenz (Ludwig-Tieck-Saal, 1832; Habsburger Saal, 1836) und für Schloß Hohenschwangau (S.s Entwürfe 1836 von anderer Hand ausgeführt). Weitere Aufträge führen ihn 1840 nach Karlsruhe (Fresken im Ständehaus und in der Badischen Kunsthalle) und 1844–46 nach Frankfurt, wo er am Städelschen Kunstinstitut eine offizielle Dozentenstelle als Historienmaler einnimmt. Die Verleihung einer Akademieprofessur ruft ihn 1847 zurück nach München. Den Auftakt dieser hochproduktiven Münchner Zeit bildet das Gemälde »Symphonie« (im Auftrag König Ottos von Griechenland; München, Neue Pinakothek, 1852). Dieses Werk ist programmatisch für eine von S. entwickelte, spezielle Bildform, die eine formale und epische Strukturierung des Stoffes bei gleichzeitiger Vereinheitlichung in der Gesamtform anstrebte. Mehrere größere Einzeldarstellungen sind in ein architektonisches Rahmensystem eingepaßt, welches wiederum mit zahlreichen kleinen Bildern durchsetzt ist. Bei der »Symphonie« ist es ein Liebesromanthema, gestaltet als vier Sätze einer Symphonie und eingebunden in ein Rahmenwerk nach dem Muster eines Altaraufbaus. Dieses Streben nach Musikalität der Erzählung und Ganzheitlichkeit der Form kennzeichnet auch seine Märchenzyklen und die sog. »Reisebilder«, Darstellungen von tiefempfundener Poesie und Naturromantik. Hauptwerke der 50er Jahre sind auch die Fresken auf der Wartburg, der berühmte »Sängerkrieg«, die Taten der Fürsten Thüringens und eine Bilderfolge aus dem Leben der hl. Elisabeth. Höhepunkt seiner Laufbahn als Freskomaler ist schließlich die Ausstattung der Logia des Wiener Opernhauses mit Szenen aus Mozarts Zauberflöte und anderen Opernstoffen.

Rel. Themen nehmen in S.s Oeuvre einen geringeren Raum ein. Unter den Fresken auf der Wartburg finden sich Bildtondi mit den »Sieben

M. v. Schwind, Anbetung der Könige vom ehemaligen Hochaltar der Frauenkirche in München

Werken der Barmherzigkeit«. Eine Reihe von Mdarstellungen aus den 1860er Jahren (Privatbesitz) zeigt enge Berührungspunkte mit der Kunst der Nazarener bzw. direkte Anlehnung an Raffael.

Die beiden Hauptwerke unter den rel. Darstellungen sind die jüngst wiedergewonnenen Fresken der Pfarrkirche St. Nikolaus in Reichenhall von 1862 und der Hochaltar der Münchner Frauenkirche von 1860/61 (kriegszerstört). In Reichenhall zeigt das große Apsisfresko eine Maiestas Domini in Anlehnung an Dürers »Allerheiligenbild«, flankiert von Engeln und Heiligen. Entlang der Wände reiht sich ein Kreuzweg aus Rundbildern. Die Szenen sind in geschickter Ausnutzung des runden Bildformates mit wenigen Figuren sehr dicht komponiert. Entsprechend bildwirksam tritt dann auch die Gestalt Ms in Erscheinung, etwa in der IV. Station (Begegnung), wo sie als monumentalisierte Gewandfigur gleichsam ein Gegengewicht bildet zur tief gebeugten Gestalt Christi und so zur tragenden Stütze des gesamten Bildes wird. Der Hochaltar der Münchner Frauenkirche war als Schreinaltar mit zwei Doppelflügeln gestaltet. In geschlossenem Zustand erschienen vier Szenen der Passion. Bei Öffnung der äußeren Flügel präsentierte sich eine breite mariol. Bilderfolge. Die in sich dreigeteilten Außenflügel zeigten Geburt, Erziehung und Tempelgang Me sowie Darbringung, Flucht nach Ägypten und Tod Ms. Innen erschien gleichzeitig über beide Flügel hinweg eine große Darstellung der Anbetung durch die Hl. Drei Könige. Bei Öffnung der Innenflügel wurde der Schrein sichtbar, er barg ein Relief der Mkrönung (Bildschnitzer Josef Knabl). Die Bildszenen sind je nach Inhalt in romantisch-märchenhafter oder altmeisterlich-traditioneller Manier geschildert. So erfolgt die genrehafte Szene der Erziehung Ms in einer luftigen Laube, während für die hieratisch streng aufgebaute Darbringung ein gotisches Kircheninterieur gewählt wurde. Insgesamt sind diese Bilder ein wichtiges, wenngleich leider verlorenes Zeugnis von S.s großer malerischer Begabung.

Lit.: M. v. Schwind, Klassiker der Kunst in Gesamtausgaben IX, Stuttgart-Leipzig 1906. — W. Pommeranz-Liedtke, M. v. S., Maler und Poet, 1974. *F. Fuchs*

Scorel, Jan van, * 1.8.1495 in Schoorl, † 6.12.1562 in Utrecht, niederländischer Maler, Architekt, Ingenieur, Humanist und Kanonikus, lernt in den holländischen Werkstätten; 1519/20 besucht er Dürer, 1520 geht er nach Venedig, 1520–24 nach Rom als päpstlicher Hofmaler seines Landsmannes Hadrian VI. (Porträt des Papstes von S.: Löwen, Universität, 1522/23); 1524 kehrt er in seine Heimat zurück.

Für S. bedeutete die Kunst weniger Handwerk als geistige Tätigkeit. Deshalb legt er mehr Wert auf die Erfindung des Bildgedankens als auf dessen vollendete Ausführung. Diese Tendenz zeigt sich schon in S.s erstem Werk, dem vom Stil der sog. →»Donauschule« beeinflußten »Sippenaltar« der Familie Frangipani (Obervellach/Kärnten, 1520), wobei S. die Hl. Sippe in ein Gruppenbild der vornehmen Stifterfamilie verwandelt mit M und dem Kind im Mittelpunkt.

Neben S.s ausdrucksvollen Poträts, sind unter marian. Aspekt zu erwähnen: mehrere Gruppen der GM mit dem Jesuskind (u. a. Lissabon, Mus. nacional, um 1526/27; Kassel, Staatl. Kunstsammlung, um 1527/29; Lugano, Sammlung Thyssen, um 1527/29), eine »Kreuzigung Christi«, bei der die M-Johannes-Gruppe im Vordergrund steht, während der Gekreuzigte perspektivisch in den Hintergrund gerückt ist (Detroit, Institute of Arts, um 1527), eine »Anbetung der Könige« (Bonn, Rhein. Landesmus., um 1530/35), ein Kreuzigungstriptychon (Hilversum, St. Vitus, um 1527/29), zwei Gruppen der »Beweinung Christi« (beide: Utrecht, Mus., um 1535/40), der Maltar der Familie Vischer van den Gheer mit der Inschrift »O MATER MEI MEMENTO MEI« (Utrecht, Mus., um 1530/40) sowie eine »Darbringung im Tempel« mit der eigentlichen Szene beinahe im Hintergrund, dem Hauptgewicht aber auf dem architektonischen Aufbau des im Ausschnitt gegebenen »Renaissance-Tempels« und den Menschen, die der Szene beiwohnen (Wien, Kunsthist. Mus., 1535/40).

Lit.: C. H. de Jonge, J. van S., Amsterdam o. J. — G. J. Hoogewerff, J. van S., 1941. — L. Baldsass, Die Tafelbilder J. van S.s in Obervellach, In. Österr. Zeitschrift für Kunst und Denkmalpflege 9 (1955) 101–111. — Ausst.-Kat., J. van S., Utrecht 1955. — Ausst.-Kat., J. van S. in Utrecht, Utrecht 1977. — Ausst.-Kat., J. van S., hrsg. von J. A. L. de Megere, Utrecht 1981. *F. Trenner*

Sebnitz, Landkreis Pirna / Sachsen, nahe der böhmischen Grenze. Die ev.-luth. Stadtkirche St. Peter und Paul beherbergt noch heute eine im SpätMA als Gnadenbild verehrte ⟨M⟩darstellung. Es handelt sich um ein Ende des 15. Jh.s geschaffenes Holzbildwerk aus Lindenholz, eine lebensgroße Darstellung der Mater Dolorosa, im Volksmund als die »verlassene Mutter«, die »weinende Muttergottes« oder die »Not Gottes« bezeichnet. Die Statue hat heute ihren Standort inmitten des Kirchenschiffs an einer Säule unter einem Kruzifix, ebenfalls einer Holzbildhauerarbeit der Spätgotik. Auch nach Einführung der Reformation um 1539 war diese ⟨M⟩darstellung bis in den Beginn des 20. Jh.s Ziel zahlreicher Wallfahrer aus dem benachbarten Böhmen und Gegenstand ihrer Verehrung. Besonderer Wallfahrtstag war der Sonntag nach ⟨M⟩e Heimsuchung.

Lit.: K.B. N. Köllner, Die Parochie S., In: Neue Sächsische Kirchengalerie, die Ephorie Pirna, Leipzig o.J., 993ff. — A. Meiche, Historisch-topographische Beschreibung der Amtshauptmannschaft Pirna, 1927, 314.

S. Seifert

Seckau → Steiermark. — Die Handschrift 287 der Universitätsbibliothek Graz, wohl aus dem Augustinerchorfrauenstift S. (12. Jh.) enthält auf fol. 8ᵛ unter dem Titel »Sequentia« die ersten 38 Verse einer sonst verlorenen ⟨M⟩sequenz in bairischem Dialekt. Ihre Entstehung (zum liturg. Gebrauch in S.?) wird von einigen Forschern schon um 1140, von anderen um 1160/70 angesetzt, wobei die einen als Kriterium auf die noch relativ unbeholfene Ausformung, die anderen auf die im Text sich schon abzeichnende Vermenschlichung des ⟨M⟩bildes verweisen. Jedenfalls handelt es sich um den ersten Versuch, die Sequenzform in dt. Sprache nachzuahmen." Der Text folgt zu Beginn der lat. Sequenz → »Ave praeclara maris stella« und feiert ⟨M⟩ und die Jungfrauengeburt mit dort vorgefundenen Attributen und Prophetien (»maget aller magede«; »scone als diu sunne«; »dirre werlte gimme«; Stamm?/Amme? des Lebens; verschlossene Pforte; Aarons Stab). Dann entfernt sich der Dichter zunehmend von seiner Vorlage, um von ⟨M⟩s Mitwirken am Heilsgeschehen zu erzählen (Erlösungsratschluß, Verkündigung, Empfängnis).

Ausg.: F. Maurer, Die rel. Dichtungen des 11. und 12. Jh.s I, 1964, Abb. 19 (Faksimile), 464–466 (kritischer Text).
Lit.: VL² VI 54 f. (Lit.).

K. Kunze

Sedelmayr, Georg, * 26.6.1876 in Forbach bei Saarbrücken, † 17.2.1949 in Porto Alegre, Rio Grande do Sul/Brasilien, seit 1894 SJ, 1907 Priester, reiste 1909 nach Brasilien aus, wo er 1909–22 in Florianópolis wirkte, 1923–25 war er dort Rektor des »Colègio Anchieta«. S. wurde zum großen Erneuerer und Leiter der Marian. Kongregationen in → Brasilien. Seit 1923 bis zu seinem Tode war er Direktor der Männer-Kongregation am »Colègio Anchieta«. Er gründete und leitete gegen Ende seines Leben die Vereinigung der Marian. Kongregationen von Rio Grande do Sul, so auch die Marian. Kongregation »Regina Apostolorum« in Porto Alegre, außerdem war er Jugendseelsorger aus dem Geiste der Marian. Kongregationen, die er als einen Weg der Erneuerung der Kirche und des Apostolates verstand.

Lit.: R.Wenzel, P.e Jorge Sedelmayr (* 26.6.1876 — † 17.2. 1949) grande filho de Maria e incansável director de Congregações marianas, 1949. — A. Dias de Azevedo, Centenário do P.e Jorge Sedelmayr SJ, In: Estudos 36 (1976) 86–88.

H. Rzepkowski

Sedes sapientiae (Thron Salomos). ⟨M⟩ sitzt als personifizierte Weisheit (→ Sophia, Sapientia) auf Salomos Thron, einem abgerundeten Lehnstuhl über 6 Stufen (1 Kön 10,18–20), der laut Beschreibung aus Elfenbein mit Gold überzogen und groß ist. Die Lehnen sind aus 2 Löwen gebildet, und 6 Löwenpaare flankieren die Stufenanlage. ⟨M⟩ ist S. und übernimmt die in Sir 47,12–25 und von der → Königin von Saba gerühmten Eigenschaften → Salomos; strenggenommen steht der Sohn auf ihren Armen im Mittelpunkt, für den ⟨M⟩ als Thronsitz dient, denn Christus entstammt laut Stammbaum der Evangelisten (Mt 1,1–6; Lk 3,23–38) aus Davids Geschlecht. In Christus verborgen liegen sämtliche Schätze der Weisheit und Erkenntnis (Kol 2,3), ⟨M⟩ als Thronende ist Sitz göttlicher Weisheit, wie dies Ps.-Petrus Damiani (PL 144,736–740), Hugo v. St. Viktor in Paris (PL 177,770) in Sequenzen auf ⟨M⟩s Geburt und Adam v. St. Viktor aussagen (†1177/92, Sequenzen »Gratulemur in hac die«, »Salve, Mater Salvatoris«). Derselben Zeit zugehörig ist ein Magister »P« (2. Hälfte 12. Jh.), der in seiner »Thronus Salomonis«-Sequenz ⟨M⟩ als »Ostium (= Tür) Redemptionis« bezeichnet. Auf solchen Sequenzen basieren z. B. der Grußpsalter des → Engelbert v. Admont († 1331) »Thronus sapientiae« (28 Strophen) und die 18-strophige Benedictus-Oration »Coronula BMV« (14. Jh.), die ⟨M⟩ als »thronus veri Salomonis eburneus« bezeichnet. Weitere Zeugen (vgl. Salzer 38 f.) sind der ⟨M⟩dichtung zu entnehmen: Georg v. Reinbot v. Turn, → Walther von der Vogelweide, Eberhard v. Sax OP (1. Hälfte 14. Jh.), Rudolf v. Rothenburg und → Konrad v. Würzburg (Goldene Schmiede, V. 1729–85). Bruder → Philipps ⟨M⟩lieder zählen dazu, der → Mönch v. Salzburg, → Frauenlob, → Heinrich v. Laufenberg, → Muskatblüth, Gottfried v.Straßburg, die Minneliteratur (Van der Hagen, Minnesänger I 69. 132; III 181) sowie die altdt. Predigt- und Gebetsliteratur (WackernagelPred. 7–8; Anton E. Schönbach, Freiburg 1886).

Zeitlich vor dem Thron Salomonis steht die Darstellung der S. (Thron der Weisheit); als frühestes Beispiel (5. Jh.) gilt die Anbetung der Magier mit ⟨M⟩ auf dem 6-stufigen Thron Salomos als Relief der Holztür von S.Sabina zu Rom und dann im Tympanon (1145–55) des südlichen Westportals von Chartres, auf dem zwei weihrauchspendende Engel die thronende Nikopoia flankieren. Die Archivolten zeigen die sieben Freien Künste als Frauengestalten, wobei Grammatik mit Donat (oder Priscian), Dialektik mit Aristoteles, Rhetorik mit Cicero, Geometrie mit Euklid, Arithmetik mit Boethius, Astronomie mit Ptolemäus und Musik mit Pythagoras kombiniert sind. Die Kontingenz der Künste äußert sich angesichts des göttlichen Inkarnationsgeschehens in ohnmächtigem Versagen, weil in »grammatischer Ausnahme« Gesetze von Vernunft und Natur im »Verbum caro factum est« außer Kraft gesetzt werden. Zeuge hierfür ist der »Anticlaudianus« des → Alanus ab Insulis (Strophe 7, V. 6; PL 210,577–580) mit seiner Wirkung bis ins beginnende 16. Jh. bes. im böhmischen Raum und bei → Heinrich v. Mügeln »Der Meide Kranz« (1355) mit der auf aristotelischer Phil. basierenden Ausweitung auf 12 Künste. Eine mehr volkstümliche S.-Tafel des 16. Jh.s im Wallfahrtskloster Czenstochau zeigt ⋒ im Elfenbeinthron zwischen anbetenden geistlichen und weltlichen Ständen.

Nur explizite Bildkompositionen mit Inschrift, Assistenz usw. lassen die Bezeichnung einer S. gerechtfertigt erscheinen, Epiphanieszenen und Nikopoia-Typen allein reichen nicht zu einer Identifizierung als S. (z. B. bei I. H. Forsyth, The Throne of Wisdom, Wood sculptures of the Madonna in romanesque France, 1972). Überhaupt ist in der S. zunächst nicht ⋒, vielmehr die Ekklesia gemeint, was v. a. → Rhabanus Maurus (PL 109,195–198) in seinem Kommentar zum liber III Regum, c. 40 zum Ausdruck bringt. Auch bei → Herrad v. Landsberg (1170) zeigt die Miniatur des Hortus Deliciarum im Salomo-Zyklus unter der Assistenz von Imperium und Sacerdotium Salomo und die Königin von Saba stellvertretend für Christus und Ekklesia, basierend auf Auslegungen des Hohenliedes, bes. bei → Honorius Augustodunensis und → Beda Venerabilis, sowie auf Petrus Comestor und seiner Historia scholastica (PL 198,1053–1122). Eine geschlossene Gruppe bilden Miniaturen der sog. Heilsspiegel (→ Speculum humanae Salvationis): der Schlettstadter Heilsspiegel (München, Bayer. Staatsbibl., Clm 146, um 1330) mit Salomo und der Königin von Saba auf gemeinsamem Thron, der Heilsspiegel im Berliner Kupferstichkabinett (ca. 1410), der zweite Münchner (clm 3003; Anfang 15. Jh.), während der mittelrheinische (Karlsruhe, Landesbibl., ca. 1335) die Szene in zwei Hälften teilt, die irdische mit Königin von Saba und Salomo, die himmlische mit ⋒. Auch die Illustrationen der → Bible moralisée (z. B.: Oxford, um 1240) zeigen Salomo und Christus mit den 12 Löwen, ohne ⋒, was Christi Stellenwert vor ⋒ anzeigt, wie die Thematik überhaupt nur unter Miteinbeziehung ⋒s in erster Linie die Verherrlichung Christi darstellt: so auch die S. mit ⋒ ohne Kind im Fresko der Ostwand in der Johanneskapelle am Domkreuzgang in Brixen (ca. 1250) mit Propheten und Hiob, insgesamt 9 Figuren. Diese christol. Intention wird schließlich in der Barockzeit wieder aufgegriffen: im Auszug des Hochaltars der Prämonstratenserstiftskirche in Wilten/Innsbruck mit der Kulissenbühne von Hans und Egid Schor (1670) und Salomos Thron für Christus; in eucharistischer Betonung am Hochaltar von Joseph Anton Pfaffinger (1738) in der Salzburger Kollegienkirche nach Vorlagen Johann B. Fischer v. Erlachs (Salzburg, Carolino Aug., 1703–23) mit dem Tabernakelthron für Christus inmitten von 6 Löwen, 7 Säulen der Weisheit, 8 Personifikationen der Künste und Wissenschaften und den 7 Chören der Engel. Allerdings ist hier laut zeitgenössischer → Thesenblätter die Stuckgruppe darüber mit Immaculata als → Apokalyptische Frau mit zu berücksichtigen. Überhaupt scheint dieses Motiv in Salzburg noch lange heimisch gewesen zu sein, wenn z. B. die Allegorie auf die Standhaftigkeit und den Glauben auf dem Kupferstich der Mayer'schen Offizin in Salzburg (1692) von Philipp Kilian nach T. F. Perret anläßlich der 1100-Jahrfeier von St. Peter in der »Historia Salisburgensis« von Joseph Mezger darauf zurückkommt. Über Minerva/Diana und der personifizierten Flußgottheit Salzach thront die Allegorie ewigen Glaubens, über dem Thron Gottvater, darunter ⋒ mit Kind.

Die eigentliche Darstellung mit ⋒ als Thron Salomos wird in ihrer Genese für Salzburg postuliert. Erst der Sermo XLIV »In Nativitate Mariae« von Ps.-Petrus Damiani (1072) verläßt mit seiner mariol. Interpretation die ekklesiol. Deutung des Hugo v. St. Viktor (Miscellaneae, lib. II, c. 44) und ermöglicht ⋒ als Zentrum des Salomonischen Throns. Ein Thron Salomos mit ⋒ in Salzburg/Nonnberg, stark fragmentiert über den Heiligenfresken (um 1160) der Westwand aufgehend, wird als solcher postuliert, obzwar die Hortus-Deliciarum-Miniaturen der Zeit noch für Salomo allein sprechen würden. Um 1200 ist ⋒ fixer Bestand und Zentrum dieser Gruppendarstellung, so am Westwandfresko (um 1200) der Petersberger Burgkapelle in Friesach/Kärnten mit nimbierten Löwen und 6 Tugenddarstellungen. Die marian. Version basiert v. a. auf Honorius Augustodunensis und seinem Hohelied-Kommentar, in dem die Sponsa als ⋒ gedeutet wird, was auf das Programm der Ekklesia-⋒-Reliefs (ca. 1150/90) am Nordportal der Schottenabteikirche St. Jakob in Regensburg Einfluß genommen haben könnte und 1225–36 im Südportal der Westfassade der Kathedrale von Amiens ansatzweise apostrophiert ist. Weitere Belege bieten »De laudibus BMV« (X/2) des Albertus Magnus (PL 109, 195 ff.) und die Predigt auf ⋒e Verkündigung (PL 183,383–90) des Bernhard (oder Nikolaus) v. Clairvaux. Auch profane Quellen verweisen auf ⋒ im Salomonischen Thron, so das Rätsel Klingsors an → Wolfram v. Eschenbach und Walthers von der Vogelweide »Leich von der hl. Dreifaltigkeit«.

Ostkirchlicher Einfluß beschränkt sich auf den → Akathistos-Hymnus, der vielfach das Thron-

motiv variiert und auf die sog. Hypsilotera (= Kathedramadonna) zurückgreift. Die Gurker Freskendarstellung (1260/65) an der Ostwand der Westempore liefert ein weitgehend erhaltenes Programm im einstigen Kontext mit Darstellungen von Epiphanie, Verklärung Christi, Verkündigung und Einzug Jesu in Jerusalem, an der Decke das irdische und himmlische Paradies; 7 Stufen führen zum Löwenthron mit nimbierten Löwen, 7 Tauben des Hl. Geistes und 6 Tugenden (Humilitas, Prudentia, Solitudo, Verecundia, Virginitas und Oboedientia), von den Aposteln und Propheten sind Paulus, Petrus, Jesaja und Hosea kenntlich. Ähnlich breit gefächert ist das Apsiskonchenfresko (stark restauriert) der Neuwerkkirche (ca. 1230) in Goslar mit 7 Stufen, 14 Löwen, 7 Geist-Tauben (Jes 11,2–3) und dem Erzengel Gabriel mit der Inschrift »S. Spiritus supervenit in te«. Über dem Portal der Dominikanerklosterkirche in Retz (Niederösterreich) zeigt das Relieftympanon (Ende 13. Jh.) zu 6 Tugenden und 14 Löwen ein Stifterpaar mit St. Dominikus. Das Relief (ca. 1270) oberhalb der Sakristeitüre in der Benediktiner-Stiftskirche zu Seckau bringt ₥ als reduzierten Thron Salomos mit lediglich 2 Löwen. An der Westwand der Göttweiger Hofkapelle zu Stein/Krems (ca. 1305/10) erscheint im Fresko Salomo in Büstenform unter dem ₥thron. ₥ ist flankiert von Tugenden und Propheten, wie zumeist sind es Personifikationen von Gerechtigkeit und Frieden, Barmherzigkeit und Wahrheit. Als Propheten erscheinen üblicherweise Daniel, Jeremia und Hiob, bei den Aposteln dominieren Paulus und Petrus. Die Johanneskapelle in Brixen setzt die Heiligen- und Apostelreihe an den Süd- und Nordwänden fort und stellt den Salomonischen Thron mit ₥ ohne Kind als S. der Ekklesia gegenüber.
Eindeutige Interpretationen dieser Ansammlung sind nicht restlos möglich, da die 12 Löwen nicht nur als Apostel (Petrus Damiani, Albertus Magnus), sondern auch als Ahnen ₥s (Hugo v. St. Viktor), als Patriarchen (Albertus Magnus) oder als Stämme Israels (Albertus Magnus) interpretiert wurden. Sind die Löwen zu spielerisch aufgefaßt, wie in den Denkmälern in Straßburg, Bebenhausen, Retz und am Berner Antependium, dürfte der ursprüngliche Sinn in den Hintergrund getreten sein. Die beiden Löwen an den Thronlehnen werden als Stärke und Furcht, als Johannes Evangelist und Johannes Baptist (Albertus Magnus) oder als Erzengel Michael und Johannes Evangelist (Hymnen und Sequenzen) gedeutet und können durch diese Gestalten ersetzt werden. Das Elfenbein des Thrones steht nach Albertus Magnus und der Spekulenliteratur für ₥s Jungfräulichkeit, das Gold für ihre vollkommene Liebe und beispielhafte Demut. Die 6 Stufen lassen sich als die 6 Tage der Schöpfung (7 Stufen = 7 Tage), als 6 Weltalter, 6 Tugenden ₥s nach Albertus Magnus auslegen, weiters als 6 Stände der Seligen (Patriarchen, Propheten,

Apostel, Martyrer, Bekenner und Jungfrauen). Erst später kommen 12 → Sibyllen hinzu, wie am Nordportal des Augsburger Doms (1343), und zusätzlich die Anbetung der Magier (1648) bei der Applikationsmalerei auf dem Nonnberg zu Salzburg. Die Skulpturen des Mittelportalgiebels (1793 stark zerstört) der Westfassade des Straßburger Münsters (ca. 1270) zeigt über Salomo ₥ mit Kind im Wimperg zwischen zwei Frauengestalten (ergänzt). Ursprünglich war das Portal mit mehr Figuren auf den 7 Treppen ausgestattet, eine Hand Gottes wies aus Wolken auf die GM und phantasievoll gestaltete Tierreliefs kennzeichneten die Stufenränder. Thematisch verwandt zu Straßburg ist die Bebenhauser Tafel aus dem ehemaligen Prämonstratenserkloster (Stuttgart, Staatsgalerie, um 1335/40) mit 8 Tugenden und 2 verlorenen Propheten. Im Münsterfenster zu Freiburg i. B. (1. Hälfte 14. Jh.) zeigen sich die Erzengel Gabriel und Michael neben ₥ unter den 7 Geisttauben über König Salomo. Weitere Zeugen der Glasmalerei befinden sich in der Johanneskapelle des Kölner Doms (Anfang 14. Jh.); stark verändert und mit verlorenem ₥zentrum ist der dreistufige Thron mit 6 Löwen, 6 Tugenden und 6 Propheten mit Salomo auf dem Fenster aus der Karmelitenkirche in Boppard/Rhein (1440–46), ehemals in der Schloßkapelle zu Muskau/Schlesien; im Nordchor von St. Stephan/Wien befindet sich ein Fensterfragment mit 2 Löwenresten (um 1440), ebenso im westfälischen Kappenberg (Ende 14. Jh.). Die häufigen Fehlstellen einer so umfangreichen Thematik, z. B. auch auf dem Rest einer dreizonigen Throndarstellung als Fresko des 13. Jh.s in der Stiftskirche zu St. Lambrecht/Steiermark, ließen sich durch den glücklichen Umstand einer erhaltenen Beschreibung dieses Sujets (vom armenischen Autor Johannes de Abdenago nach verlorenem Originalbild) exakt ergänzen. Bis heute sind 3 Handschriften dieses Traktats über König Salomo bekannt: eine, geschrieben von Oswald v. Feistritz, als Millstätter Handschrift von 1427 (Budapest, Széchényi-Nat. Bibl., Cod. lat. 519, fol. 124^r–158^v), eine aus Konstanz/Weingarten (Stuttgart, Württembergische Landesbibl., HB I. 84, fol. 359ra–377ra) und jene aus St. Jakob in Regensburg von 1458 (Würzburg, Universitätsbibl., Fragment M. ch., fol. 135). Die Kompilationen ergeben eine aufschlußreiche Interpretationskette: Salomo = Christus, David = Gottvater, Tauben = Gaben des Hl. Geistes. Die Löwen der linken Treppenhälfte bezeichnen mit ihrem bösen, mörderischen Aussehen die 7 Hauptsünden (Stolz, Neid, Haß, Unkeuschheit, Habgier, Völlerei und Verschwendung), die sanftmütigen der rechten Hälfte die 7 Sakramente der Kirche. Den Propheten stehen die Apostel gegenüber, ausgewählt sind Jesaja, Jeremia, Ezechiel, Daniel, Amos, Hosea und Joel, rechts als Apostel (bzw. Evangelisten) Petrus, Paulus, Johannes Evangelist, Matthäus, Markus, Lukas und Jakobus. Die Jungfrauen symbolisieren Tugenden und Laster und ihre Spruchbänder und Attribute sind exakt aufgeführt: Humilitas = Demut mit Saphirring, Veilchenkranz und der Inschrift »Ecce ancilla Domini«, Fides = Glaube mit Schild und Siegespalme sowie »scutum triangulum et militare« und »vexillum regale«. Der Glaube korrespondiert mit der Gestalt des Taufsakraments, die einen Magnetsteinring und einen Immortellenkranz trägt, ihr Inschriftspruch ist »Credo in unum deum«. Die Justitia erscheint mit »regula aurea« für ihre Ringelblume usw. Als siebtes Paar fungieren die Personifikationen für AT und NT. Die Gruppierungen und Zuordnungen ergeben, ausgehend von der Thronmitte nach rechts außen folgende Relationen: Löwe/Superbia — Jungfrau/Humilitas — Prophet/Jesaja; Invidia — Oboedientia — Jeremia; Ira — Verecundia — Ezechiel; Accidia — Providentia — Daniel; Avaritia — Sollicitudo — Amos; Gula — Virginitas — Hosea; Luxuria — Spiritus prophetandi — miracula faciendi — Joel; links neben der Madonna: Löwe/Baptisma — Jungfrau/Fides — Apostel/Petrus; Confirmatio — spes — Paulus; Eucharistia — Caritas — Johannes; Poenitentia — Justitia — Matthäus; Extrema unctio — Fortitudo — Markus; Sacer ordo — Prudentia — Lukas; Matrimonium — Temperantia — Jakobus. Auffällig dabei ist die inhärente Relation einzelner Stufen und Reihen.

Eine variierte Formgestaltung des Throns Salomos erfolgt durch die Hereinnahme und Kombination der ⓂKrönung, basierend auf Hld 4,8, Ps 44(43),10 und 1 Kön 10,1–17, so im Triumphbogenfresko der Schloßkapelle in Mauterndorf (ca. 1335). Über 6 Löwen, Propheten und 8 Allegorien sitzt Christus als Sponsus auf dem Thron mit Ⓜ, ihr die himmlische Krone aufs Haupt setzend. Dieser Typus findet in die Tafelmalerei Eingang, z.B. am Passionsaltar (um 1390/1400, Außenseite des rechten Flügels) des Meisters Bertram (Hannover, Niedersächsisches Landesmus.) und am Außenflügel des Buxtehuder Altars von einem Bertramschüler (um 1400) in der Kunsthalle Hamburg. Vorgaben dürften hierfür in der Buchmalerei liegen, so im Psalter (um 1260/70) von Bonmot (Besançon, Bibl. Municipale, Ms 54) aus dem Zisterzienserstift St. Apollinar der Diözese Basel. Vereinzelt steht die Apokalyptische Frau als Zentrum des Tafelbildes, so aus Wormel bei Warburg/Westfalen (Berlin, Gemäldegalerie) mit der Tumba gigantis und Christi Leichnam unter der GM. Linksseitig beschnitten, zeigt die Tafel vom Anfang des 14. Jh.s die Szenen der Verkündigung an Ⓜ und der Geburt Christi. Die 12 Löwen tragen Spruchbänder mit Apostelnamen und den Symbola des Credos. Zur samnischen und cumäischen Sibylle gesellen sich der Astronom Albumaser († um 805) und der Dichter Vergil (4. Ekloge, V. 9 f.). Auf den 6 Stufen stehen die Tugenden Virginitas, Humilitas, Oboedientia, Discretio und Verecundia (Solitudo fehlt infolge Beschneidung). Kirchenlehrer sind durch Papst Gregor, Bernhard

Maria als Sedes Sapientiae, Stich der Gebrüder Klauber zur Lauretanischen Litanei, 18. Jh.

v. Clairvaux, Augustinus, Beda Venerabilis und Fulgentius v. Ruspe vertreten. Wenn Joseph Anton Himmermann im Kupferstich (1745/57) seines »Churbayerischen Geistlichen Kalenders« das Bogenberger Gnadenbild einer graviden Ⓜ unter einem Baldachin über sechsstufiger Leuchterbank mit 12 Kerzenlöwen exponiert, dann kommt neben dem eucharistischen Element der → Ährenkleidmadonna auch das Apokalyptische zum Tragen. Cosmas Damian Asam greift in seiner Deckenmalerei (1734) in Ingolstadt (Maria de Victoria) den Thron Salomonis dadurch auf, daß er 12 Stufen hinter der Fons Vitae aufsteigen läßt und Ⓜ mit Attributen von Frieden und Gerechtigkeit, Barmherzigkeit und Wahrheit im Salomonischen → Tempel präsentiert. In der ehem. Servitenklosterkirche zu Frohnleiten/Steiermark deutet Joseph Adam v. Mölck zusammen mit Josef Strickner 1764 im Deckenfresko seinen Thron Salomos lediglich mittels 6 Stufen vor dem Löwenthron für Ⓜ in der Epiphanienische an.

Im 16. Jh. bringt Sizilien eine eigene Variante des Thronmotivs mit König Salomo. Im Typus einer → Sacra Conversazione thront Ⓜ im antiken Ruinenpark unter einem von Engeln aufgeschlagenen Baldachin. Die Interpretation in Richtung Thron Salomonis wird durch das

Hintergrundrelief mit der Darstellung des Salomonischen Urteils nach 1 Kön 3,16–28 erlaubt, wobei zusätzlich mythol. Gestalten wie Apoll mit den Musen und atl. mit der nackten Judith (Jdt 13,6–10) kompiliert werden. Bei Cesare da Sestos Tafel (San Francisco, De Young Memorial Mus., 1508/13) aus dem Oratorium S. Giorgio dei Genovesi tritt zu St. Georg der Vorläufer Johannes dazu, während in Sestos Nachfolge der Maler Giampietrino auf seinem Tafelbild (Pavia, Museo Malaspina, 1521) anstelle Georgs den Kirchenvater und Büßer Hieronymus kompiliert. Die thronende Madonna, die typologisch gehaltenen Reliefs mit Personifikationen und Salomoszenen im Ruinengenre transponieren das Thron-Salomo-Thema in die neuzeitliche Kunst, wobei durch die Hereinnahme bestimmter Heiliger Ex-Voto-Charakter impliziert ist. — Im Diözesanmuseum Breslau findet sich eine aus Kloster Grüssau stammende ungefaßte Skulpturengruppe von Anton Dorazil (1738–58); es ist eine einmalige Form des Salomonischen Throns: Der Tetramorphthron, aus den Symboltieren der Evangelisten gebildet, zeigt ⓜ zwischen den reliefierten Erzengeln Gabriel und Michael thronend.

Höhepunkt der Thron-Salomonis-Darstellung ist allerdings die 2. Hälfte des 13. Jh.s bis zum Anfang des 15. Jh.s mit vereinzelten Nachwirkungen im Barock, wobei die Nähe des Themas zum Dominikanerorden durchaus auffallend ist (z. B. Friesach, Retz, Straßburg und Stein/Krems) und → Ludolf v. Sachsen (Lutz-Perdrizet 146) zu Unrecht viel Einfluß zugeschrieben wurde. Weitere thematische Zeugen sind ein Fresko (Ende 14. Jh.) im Heiliggeistspital zu Lübeck, ein Altarantependium im Historischen Museum Bern (ca. 1320) als restaurierte Stickerei mit 8 Löwen und den beiden Johannes und im Kloster Lüne/Lüneburg eine Prozessionsfahne (ca. 1430) mit der Verkündigung an ⓜ und Thronlehnen mit Löwen unter dem stilistischen Einfluß des → Konrad v. Soest. Die verkürzte Thematik bloß mit Löwen an den Thronlehnen kehrt wieder auf dem Tafelbild der Glatzer Madonna mit Stifter Ernst v. Pardubitz (ca. 1350) aus der Glatzer Augustinerkirche (Berlin, Dahlem) und verweist auf die bekannten Löwenthrone in der niederländischen Tafelmalerei bei Rogier van der Weyden (ⓜ lactans), Jan van Eyck (Paeler- und Lucca-Madonna), beim Meister von Flémalle (Londoner Madonna mit Kind) und beim Mérode-Altar. Ein seltenes span. Zeugnis unter dem Einfluß van Eycks ist die Retabeltafel (1445) des Luis Dalmau (ca. 1428–60 nachgewiesen) vom »Retablo de los Concelleres« im Museum zu Barcelona. Eine eigene Abbreviatur der Thronthematik sind die sog. Löwenmadonnen (→ Löwe).

Die Buchmalerei darf als tragende Rezeptionsquelle dieses Themas angesehen werden, wobei zunächst auch profane Thronddarstellungen vor dem Hintergrund der Salomo-Thematik in Frage kommen: etwa im Codex 120 (fol. 147) der Berner Handschrift des Petrus v. Ebuli (Liber ad Honorem Augusti) in der dortigen Burgerbibliothek (Ende 12. Jh.) mit Kaiser Heinrich VI. auf der S., einer südwestdt. Leges-Alemannorum-Handschrift der Wiener Nationalbibliothek (Cod. lat. 601 [Jur. civ. 288], fol. 1ᵛ, 2. Hälfte 12. Jh.) mit der Darstellung Salomos und seiner Stände, aus der Schule von Salisbury im Psalter des Henry of Chichester (ca. 1250/75) mit drei Löwen; verwandt dazu ist die ⓜ lactans auf Salomos Thron im Psalter von Amesbury (1250/70) mit einem Löwen und einem Drachen oder der Psalter (London, British Mus., 1339) von Robert de Lisle mit zwei Engeln und den hll. Katharina und Margaretha. In Nähe zu Straßburgs Münsterfassade stehen im Codex Ms. fr. 9220 fol. 2 (Paris, Bibl. Nat.) die Miniatur im Verger de Soulas und eine vergleichbare in den Miracles de Notre-Dame (Paris, ebd., Ms. nouv. acq. fr. 24541, fol. Aᵛ). Weitere Miniaturen zeigen der Codex 62 aus dem Nonnenkloster Engelberg (Kanton Unterwalden) mit 8 Löwen, 8 Propheten und Salomo (ca. 1330/40) und der Eichstädter Codex 213 (Universitätsbibl., Ende 14. Jh.). In Beispielen profaner Herrscherikonographie der frühen Buchmalerei dürfte auch die paradigmatische Wirkung für spätere Übernahmen dieser Motivik in Triumphbögenallegorien barocker Imperatorenallusionen liegen, vornehmlich in → Thesenblättern wieder aufgegriffen, etwa an Jesuiten-Universitäten: zu Dillingen (1665) von Matthäus Küsell, Jonas Umbach (1672), in Prag (1657 und 1673) von Carol Skreta und Bartholomäus Kilian und am Linzer Jesuitenkolleg von Johann Wolfgang Dallinger (1648–93); ebenso auf einer gemalten Lehrtafel der Loreto-ⓜwallfahrt → Birkenstein im Schema eines Thesenblatts (Joseph Franz Xaver Groß, 1761).

Lit.: F. Chardin, Le trône de Salomon, représenté sur le grand portail de la cathédrale de Strasbourg, In: Revue archéologique 12, I (1855) 292–300. — F. Piper, Maria als Thron Salomos und ihre Tugenden bei der Verkündigung, In: Zahn'sche Jahrbücher für Kunstwissenschaft 5 (1873) 97–137. — K. Atz, Der Thron Salomos in ältester Form, In: ZfChK 21 (1908) 147–156. — A. Chastel, La recontre de Salomon et de la Reine de Saba dans l'iconographie médiévale, In: Gazette des Beaux Arts 35 (1949) 99–112. — C. Michna, Maria als Thron Salomonis, Diss., Wien 1950. — J. De Borchgrave d'Altena, Madones en majesté, In: Revue belge d'archéologie et d'histoire de l'art 30 (1961) 3–114. — C. Michna, Das salomonische Thronsymbol auf österr. Denkmälern, In: Alte und moderne Kunst 6 (1961) Heft 43,2–5. — F. Wormald, The Throne of Salomon and the St. Edward's Chair, De Artibus Opuscula XL, In: Essays in Honor of E. Panofsky, 1961, I 532–539; II 175–177. — P. Bloch, Nachwirkungen des Alten Bundes in der christl. Kunst, In: Monumenta Judaica, 2000 Jahre Geschichte und Kultur der Juden am Rhein, Ausst.-Kat., Köln 1963, 768–772. — A. D. Kenzie, The Virgin Mary as the Throne of Salomon I–II, 1965. — R. Haussherr, Templum Salomonis und Ecclesia Christi. Zu einem Bildvergleich der Bible moralisée, In: ZfKG 31 (1968) 101–121. — BeisselMA 484–489. — H. und M. Schmidt, Die vergessene Bildersprache christl. Kunst, 1981, 237–240. — T. Schipflinger, Sophia–Maria, 1988. — H. Karner, Die Königin von Saba: Von der Braut Christi zur femme fatale, In: Ausst.-Kat., Jemen, Im Lande der Königin von Saba, Wien 1989, 85–102 (Lit.). — A. Vizkelety, Maria, Thron Salomonis. Bildbeschreibung einer Millstätter Handschrift von 1427 in der Széchényi-Nationalbibliothek von Budapest, In: Carinthia 180 (1990) 275–284. — K. Gould, Jean Pucelle and

Northern Gothic Art; New Evidence from Strasbourg Cathedral, In: ArtBull 74 (1992) 51–74. — J. Ströber-Bender, Die Muttergottes. Das Marienbild in der christl. Kunst, 1992, 200–209. — C. Brinker, Marienbilder — Marienrollen. Das Marienlob des Ps.-Gottfried v. Straßburg, In: C. Opitz u. a. (Hrsg.), Maria in der Welt. Marienverehrung im Kontext der Sozialgeschichte 10.–18. Jh., 1993, 53–80. — T. Raff, Die Sprache der Materialien, Anleitung zu einer Ikonologie der Werkstoffe, 1994, 59. 145.   *G. M. Lechner*

Sedlmayr, Virgil, * 2. 3. 1690 in Stadl bei Landsberg, † 1. 2. 1772 in Wessobrunn, seit 1712 Benediktinermönch in → Wessobrunn, dann Prof. der Theol., zeitweise Pfarrer und Praeses einer Bruderschaft zu Ehren der UE, schrieb u. a. eine »Theologia mariana« im scholastischen Stil (920 Seiten) »zur besseren Erhellung der marianischen Lehrsätze und damit auch zur Gewinnung eines besonderen Nutzens für die Marienverehrer (Mariophilorum)«. J. J. Bourassé nahm sie in seine »Summa Aurea de laudibus Virginis Mariae« auf (VII, Paris 1862, 755–1376; VIII 9–262). S. ordnete sein Werk chronologisch in 3 Teile: ⟨M⟩ vor dem Erscheinen Christi, ⟨M⟩ in der Zeit des irdischen Lebens Jesu, ⟨M⟩ nach der Himmelfahrt Jesu, und bot das Ganze in 2295 Abschnitten. Er verteidigte gegen die Reformatoren die Notwendigkeit der Mariol. und wandte sich auch gegen den kath. Kritiker Adam → Widenfeld aus Köln. Er verwandte das apokryphe → Jakobus-Evangelium und unhistorisches bzw. nicht nachprüfbares Material. S. behauptete, ⟨M⟩ habe die Taufe und Firmung erhalten, berichtete Näheres über die leibliche und seelische Befindlichkeit der GM und meinte, ⟨M⟩ habe vor dem Leiden Christi die Eucharistie empfangen und habe als erste den Auferstandenen gesehen. Er setzte sich auch mit den verschiedenen marian. Andachtsformen auseinander und stellte fest: »Unbußfertige, die jeder Verehrung der seligen Jungfrau bar sind oder sich hartnäckig von ihr abwenden, entbehren in der Regel ihre Hilfe und ihres für das Heil wirksamen Schutzes« (2265).

Trotz aller Mängel hat S. in Treue zur kirchlichen Lehre und als Sammler des marian. Traditionsgutes die MV sehr gefördert und gegen Irrtümer verteidigt.

Ausg.: Theologia mariana, München 1758. — J. J. Bourassé, Summa Aurea de laudibus Virginis Mariae, Paris 1862.
Lit.: Th. Koehler, La storia della mariologia, Centro Mariano Chaminade IV, 1974, 116. — G. Söll, Die »Theologia mariana« des V. S., OSB von Wessobrunn (1690–1772). Kritische Würdigung unter dem Gesichtspunkt vertretbarer Marienverehrung, In: De Cultu Mariano saeculis XVII–XVIII (Kongreßakten Malta 1983) V, 1987, 354–433. — W. Winhard, Die Benediktinerabtei Wessobrunn im 18. Jh., 1988, bes. 87 f.   *G. Söll*

Sedrō (wörtlich: Reihe, Ordnung; geordnete Reihe) ist ein Priestergebet in Prosa oder Versform. Sein besonderes Merkmal besteht in der Tendenz, eine Grundidee auf verschiedene Weise zu erhellen oder die Dinge, um die gebetet wird, in einer Reihe von Bitten zum Ausdruck zu bringen. Da es sich um eine Entfaltung des alten syr. Gebetes zum Auflegen des Weihrauchs handelt, wird während des S. vom Zelebranten, der vor dem Altar steht, das Weihrauchfaß bewegt. Der S. wird durch das → Prumyōn eingeleitet; diesem geht der (bis heute griech. erhaltene) Ruf des Diakons Στῶμεν καλῶς (laßt uns ordentlich stehen) voraus. Der S. richtet sich für gewöhnlich an Gott, doch kann er sich an ⟨M⟩festen und -gedenktagen auch direkt an die GM wenden: »Wer kann deine Schönheit beschreiben, o reine Jungfrau Maria? Du bist die Wohnstatt Gottes geworden, der sich von dir bekleidete. Mit dem Patriarchen Jakob antworten wir auf dein Geheimnis und singen: ›Wie furchterregend ist dieser Ort, dies ist das Haus Gottes, dies ist die Pforte des Himmels.‹ Adam gab der Welt Pein und Leiden. Du aber, o Jungfrau, trugst den himmlischen Adam, der der Welt Erlösung und Leben gab. Darum flehen wir zu dir denn du gehörst zu Gottes eigener Familie: Bitte zum Herrn für uns. — Denn wer kann uns vergeben und retten als der Herr? Durch seinen Propheten David sagt er: Ruft mich an in schwerer Zeit, und ich werde euch retten. So wollen wir dich preisen und dir danken, Vater, Sohn und Heiliger Geist, jetzt und in Ewigkeit« (Fest der Darstellung der GM im Tempel).

Lit.: P. K. Meagher u. a. (Hrsg.), Encyclopedic Dictionary of Religion, 1979, 3243. — Diocese of St. Maron/USA (Hrsg.), Fenqitho. A Treasury of Feasts according to the Syriac-Maronite Church of Antioch, 1980. — Dies., The Prayer of the Faithful according to the Maronite Liturgical Year, 3 Bde., 1982–85. — F. Acharya (Hrsg.), Prayer with the Harp of the Spirit. The Prayer of Asian Churches, 4 Bde., 1983–86. — R. N. Beshara, Mary. Ship of Treasures, 1988, 72 f.   *J. Madey*

Sedulius, Henricus (fälschlich Hendrik de Vroom), OFM, * 1549 in Kleve, † 1621 (26. 2.?) in Antwerpen, Ordenshistoriker, Hagiograph und Apologet, verlebte seine Jugend in Utrecht und studierte in Löwen, wo er 1568 in den Franziskanerorden eintrat. Zwischen 1578 und 1584 lehrte er an der Universität Innsbruck und gründete auf Betreiben Erzherzog Ferdinands eine eigene franziskanische Ordensprovinz Tirol. Anschließend war er u. a. Guardian in St. Truiden, Mechelen und Antwerpen, sowie mehrfach Visitator in den dt. Landen.

S. gab mehrere Schriften heraus, so Werke des hl. Bonaventura und solche, die diesem zugeschrieben wurden, weiter auch einige von zeitgenössischen Mitbrüdern. Er verteidigte in seinem »Apologeticus adversus Alcoranum Franciscanorum« (1607) den »Liber conformitatum« von Bartholomaeus Pisanus gegen die Angriffe im »Alcoranus Franciscanorum« des Erasmus Alberus. Weiter schrieb er ein franziskanisches Menologium »Historia Seraphica« (1613) und bemühte sich um die Herausgabe der »Statuta« (1597) und um ein »Processionale« des Ordens (1619).

Auf marian. Gebiet veröffentlichte er 1609 ein → Mirakelbuch der → Maastrichter Gnadenstätte »Onze Lieve Vrouw Sterre der Zee« mit dem Titel »Diva Virgo Mosae-Traiectensis«, das bereits 1612 von Cornelis Thielmans ins Niederländische übersetzt und erweitert wurde:

»T'Boeck van Ons Lieve Vrouwe van Maestricht«. Die Schrift umfaßt 40 Kapitel. Nach einleitenden Kapiteln über die Entstehung der Stadt und die Missionsarbeit von Maternus und Servatius wird geschildert, wie das Gnadenbild im Kloster der Maastrichter Franziskaner den Bildersturm überstand. Es schließen sich 15 Kapitel eher apologetischen Charakters an, die teilweise unter Rückgriff auf frühchristl. Synoden die Verehrung von Heiligen- und bes. von ℳbildern, die damit einhergehenden Bräuche sowie die Prozessionen rechtfertigen. An die 20 Kapitel schildern daraufhin die Wunder, die in Maastricht, bes. in jüngster Zeit, durch die Fürsprache der GM stattgefunden haben, wobei oft auch die amtlichen Atteste, die sie bestätigen, abgedruckt werden. Das letzte Kapitel enthält ℳgebete. Das Werk wirbt eindeutig für die von den Franziskanern betreute Maastrichter Gnadenstätte, zugleich ist es mit seiner Apologie der Heiligenverehrung und des Wallfahrtswesens ein typisches Spezimen nachtridentinischer Geistigkeit.

Lit.: D. van Heel, De minderbroeder pater Henricus de Vroom (H.S.) 1549–1621. Zijn leven zijne geschriften, zijne brieven, 1931. — BNBelg XXII 146–149. — NBW IX 1259 f. (Vroom, Henricus de). — DSp XIV 516 f. — Nationaal Biografisch Woordenboek XI 702–706. *G. van Gemert*

Der Seele Kranz, auch (wohl authentischer) »Der Tugenden Kranz«, mitteldt. anonyme geistliche Blumenallegorie des 13. Jh.s in drei Teilen, nach der bisherigen Ausgabe in 342 Reimpaarversen.

Der auch als »pastoraltheologisches Lehrgedicht« geltende Text (Fechter in VL²) zählt Ratschläge für ein gottgefälliges Leben auf und mahnt dabei zu »ganczer rûwe« (V. 12), zu Beichte und tränenreicher Buße, überhaupt zu Weltflucht und Verrichtung guter Werke. Anschließend nennt er die Tugenden, die wie »edele blûmen« (V. 140) den Weg zum Himmel säumen: »ein kûscher lîp mit dêmûtikeit« (V. 165), »gehôrsam« (V. 175), »einvaldikeit unde gedult« (V. 180), »barmherzikêt« (V. 186), »miltikeit« (V. 188), »kastîgen unde mâze« (V. 193), »gebet unt reine andacht« (V. 198), »hôr gerne gotes wort« (V. 204), »senftikeit« (V. 215) und »stillekeit« (V. 216), »sunde weine« (V. 221), »(seltsêne) trûwe« (V. 226 f.), schließlich »hoffnunge unde geloube« (V. 235) und zuletzt, beim Eintritt in das Himmelstor, »wâre minne« (V. 246) als höchste Tugend.

Der Dichter, nach seinem lehr- und predigthaften Ton sicher ein Geistlicher (Bernt [97] spricht abschätzig von »klösterlicher Reimerei«), schildert abschließend die himmlischen Freuden in der Gegenwart Christi und ℳs. Der Text mündet in ein ℳgebet mit der Bitte um Fürsprache, »daz wir werden erlôst/ von sunden unt von schande,/ daz wir heim zu lande/ komen alle vrôlîche/ in daz schône himelrîche« (V. 336–340).

Die offene Werkform des Textes als »flexible Kombination kleinerer thematischer Einheiten« (Glier) lädt zu Umgestaltung, Kürzung oder Erweiterung geradezu ein; tatsächlich liegt er in den seit 1992 bekannten 16 Handschriften (VL²) in sehr unterschiedlichen Fassungen vor, denen nur der Mittelteil (V. 137–266/270), die eigentliche Blumenkranzallegorie, gemeinsam ist, welche »als reines Textgliederungsmittel« (Williams-Krapp in LL) dient.

In der Ausg. nach Milchsack wird ℳ bezeichnet als »meit« (V. 42), »kûsche mait« (V. 68), »kuneginne hêre« (V. 102), »vil reine kuneginne« (V. 109), »sûze kunegîn« (V. 169) »himelische kunegîn, die ist schône unt wunnenclich« (V. 272 f.), »die kunegîn sente Mariên« (V. 293 f.) oder »Gotes mûter, der sunder trôst« (V. 335). Die Heidelberger Handschrift cpg. 341 erweitert einige Stellen durch weitere mariol. Nennungen, etwa V. 68 zu »mvter reine meit Marien der kvnegin, aller sünder ein trösterin«, oder V. 148 zu »Marien der himel kvnegin«, V. 272 zu »sine mvter sente Marien, Die kvneginne vrien«.

Der Dichter thematisiert teilnahmsvoll den Schmerz ℳs angesichts des Anblicks ihres gekreuzigten Sohnes (V. 102–118); in der von Bernt edierten Handschrift (nach VL² Sigle Be) heißt es, »si ist di werdiste in himelriche« (statt V. 172 »zu vorderst in himelrîche«). Be verfügt auch über einen weit umfangreicheren ℳgruß (→ Grüße. ed. Bernt 102–104); darin finden sich Anreden wie »mutir der barmherzekeit« oder »vnse vorsprecherinne«. Der Dichter spricht die GM weiter an: »du bist genant daz leben«, »du bist di suzekeit«, »du unse hoffenunge bist«. In vier antithetischen Parallelismen apostrophiert er sie als »Aller gnaden ein uollez uaz/ miner sele ein zu uorlaz«, »aller tuginde ein ture srin/ miner sele ein sunnen sin«, »aller werlde trosterinne/ miner sele ein sunerinne«, »allir heiligen ein ware crone/ min sele ein ware sunne«. Einen Höhepunkt findet der Gruß in der vierfachen Anrufung »O semphtemutege uz irkorn/ O milde vnde hoich geborn/ O suze vnde vrie/ reine mait marie«.

Zwei frühe Kölner Drucke des Textes (Heinrich v. Neuß, 1513, und Servas Krufter, um 1520) rücken ℳ schon im Titel in den Mittelpunkt: dieser lautet »Marien clage mit eynem krantz der gotlichen leiffde«. — Eine Rezeption fand das Gedicht in den allegorischen Verswerken vom »Göttlichen Baumgarten« und »Krautgartengedicht«.

Ausg.: G. Milchsack, Der sêle cranz, In: PBB 5 (1878) 548–569 (nach Hss. L und H sowie dem Druck von 1513). — A. Bernt (s. Lit.), 86–97 (nach Hs. Be).

Lit.: A. Bernt, Altdt. Findlinge aus Böhmen, 1943, 85–107. — B. Sowinski, Lehrhafte Dichtung des MA, 1971, 77–79. — I. Glier, Kleine Reimpaargedichte und verwandte Großformen, In: H. De Boor und R. Newald, Geschichte der dt. Literatur III/2, 1987, 106 f. — VL² VIII 1017–22 (Lit.). — LL X 491. *W. Buckl*

Seele Mariens. Sowohl die byz. als auch die westliche Kunst kennen Darstellungen der S. ℳs ausschließlich im Zusammenhang der »assumptio animae« in Bildern des →Todes und der Aufnahme ℳs in den Himmel.

Im byz. Bereich wird die S. ♏s seit dem 10. Jh. meist in Gestalt eines kleinen, in ein Tuch gehüllten Kindes oder eines zu einem Bündel verschnürten Wickelkindes vorgeführt, das der neben dem Sterbelager stehende Christus aufgenommen hat, um es an die heranschwebenden Engel weiterzureichen (Evangeliar Ottos III., Elfenbeindeckel, München, Bayer. Staatsbibl., clm. 4453; Konstantinopel, 10. Jh.). Gelegentlich hat bereits einer der Engel die S. ♏s übernommen und entschwebt mit ihr nach oben. Eine Sonderform bieten die dem 10./11. Jh. angehörenden Wandmalereien einer Reihe kappadokischer Höhlenkirchen. Hier führt Christus beide Hände dicht vor den Mund seiner sterbenden Mutter, um die bei ihrem Tod ausgehauchte S. in Empfang zu nehmen. Der obere Teil der Komposition zeigt Christus in Begleitung des als Psychopompos fungierenden Erzengels Michael ein zweites Mal mit der S. ♏s in seinen Armen (Ağaç Altı Kilise, Ihlara; Anfang 11. Jh.). Die serbisch-makedonische Wandmalerei der nach König Milutin (1282–1321) benannten Malerschule stattet die S. ♏s als Besonderheit mit kleinen Flügeln aus (Studenica, Sv. Joakim i Ana [sog. Königs- oder Milutinkirche], nach 1313/14) und nähert sich damit dem antiken eidolon-Typ, der die S. als kleinen nackten, zumeist geflügelten Menschen vorstellte.

Der Westen übernimmt etwa seit der Jahrtausendwende mit dem byz. Koimesisschema auch die Darstellung der von Christus als Wickelkind oder als nackte kleine Figur emporgehaltenen S. ♏s. Eine Variante zeigt den Empfang der S. mit der Krone des Lebens durch die dextera Dei. Daneben entwickelt die sog. Liuthar-Gruppe der →Reichenauer Schule zu Anfang des 11. Jh.s zwei neue Bildtypen, die die Aufnahme ♏s durch das Bild eines von Engeln getragenen Medaillons mit dem Brustbild der erwachsenen, in normale Kleider gehüllten ♏-Orans bezeichnen (Perikopenbuch Heinrichs II., München, Bayer. Staatsbibl., clm 4452, fol. 161ᵛ, 1007–12). Sie spielen damit möglicherweise auf die körperliche Aufnahme ♏s an, doch bleibt der genaue Gehalt unklar. Die Folgezeit tradiert sowohl im Osten als auch im Westen den einmal gefundenen Darstellungstyp, verzichtet aber in den westlichen Beispielen seit dem MA zunehmend auf die Darstellung der S. ♏s.

Lit.: H. R. Peters, Die Ikonographie des Marientodes, Diss., Berlin 1950. — G. Holzherr, Die Darstellung des Marientodes im Spät-MA, Diss., 1979. — Schiller IV/83–154. — C. Schaffer, Koimesis. Der Heimgang Mariens. Das Entschlafungsbild in seiner Abhängigkeit von Legende und Theorie, 1985. — R. Kahsnitz, Koimesis – dormitio – assumptio. Byz. und Antikes in den Miniaturen der Liuthargruppe, In: Florilegium ad honorem C. Nordenfalk octogenarii contextum, 1987, 91–122. — LCI IV 333–338. — RBK IV 136–182.   *U. Liebl*

Seelengärtlein → Hortulus animae

Seelentrost, der Große, niederdt. Lehr- und Exempelsammlung nach Dekalog-Gliederung in dialogischer Prosa, 2. Hälfte des 14. Jh.s.

Der wohl für ein Laienpublikum konzipierte Text, der später durch einen »Kleinen Seelentrost« über die sieben Sakramente, eine Meßauslegung sowie einen »Beicht-« und »Klosterspiegel« ergänzt wurde, besteht aus über 200 knappen Exempla (biblische Geschichten, Kurzfassungen von → Legenden, historische Anekdoten), aus Visionen, Mirakeln oder umfassenderen Erzähltexten wie von Alexander. Stets stellen diese Stoffe nur Illustrationen zum jeweils behandelten Gebot dar. Den erzählerischen Rahmen dafür bietet ein Dialog zwischen Beichtvater und Beichtkind über die Zehn Gebote. Die katechetische Intention des anonymen Verfassers (ein westfälischer oder ostniederländischer Dominikaner?) ist unübersehbar: Er preist seine Prosa als Ersatz für weltliche Dichtung wie »boke van Persevalen vnde van Tristram vnde van hern Diderice van den Berne vnde van den olden hunen, de der werlde denden vnde nicht gode« (Prolog 1,27–29) — eine im 14. Jh. oft ähnlich auftretende Apologie geistlicher Texte. Die bis 1992 bekannten 45 Handschriften und 43 Drucke von 1474 bis 1800 (VL²) sowie Übertragungen ins Dänische und Schwedische zeugen vom Erfolg des Textes. Zu seinen Quellen zählen u. a. die »Legenda aurea« des → Jacobus de Voragine, das »Speculum Historiale« des → Vinzenz v. Beauvais, die »Vitae Fratrum« des Gerardus v. Frachete, der »Dialogus miraculorum« des → Caesarius v. Heisterbach und eine nicht mehr bekannte Historienbibel.

♏ spielt in dem Text eine bedeutsame Rolle bes. innerhalb der Exempel zum Dritten Gebot. Sie wird u. a. bezeichnet als »eyn arm junckfruwe« (92,6), »benedide junckfruwe« (114,38) oder »benedide hilge junckfruwe« (107,28), »reyne maget« (z. B. 30,14; 96,32; 103,24) oder »benedide maget« (81,12), »syn benedide moder« (71,28), »leue moder« (89,20). Mit Abstand am häufigsten erscheint die Nennung als »vnse leue fruwe« (z. B. 42,12 f.; 48,2 f.; 77,1; 99,25; 101,40; 102,7; 103,11). Bildliche Anreden sind ebenfalls oft anzutreffen, etwa »hemelsche sunne,/ Vul aller vraude vnde aller wunne« (105,32 f.), »Hern Yessen bloyende rijs,/ Du bist aller wunnen eyn paradijs« (107,6 f.), »O rosen blome« (107,22), »hemelsche konningkynne« (119,34), »benedide otmodige junckfruwe Sunte Maria« (116,24), die Gott »heft gemaket to eyner konningynnen in syme ewigen rijke« (116,25 f., vgl. 119,30), »vrolike leidesterne« (108,31), »reyne rose ane dorn« (110,6 f.), »bloyende rose van Yericho« (110,9), »wunnichlike morgen rot« (113,18), »lilien blome vt irkoren« (113,22), »eyn tortelduue sunder galle,/ Du bist eyn crone der hilgen alle« (109,12 f.).

Auch mehrere Vergleiche werden ausdrücklich angestellt: ♏ sei »geliket eyneme balsmen vate« (105,18 f.) oder »dem busche, den Moyses vul vures vant« (105,24 f.), ebenso »eyner schonen junckfruwen, de heit Abisagk« (105,27). Weitere Vergleiche beziehen sich auf »de porte

Hern Ezechielis« (107,12), »de berch Hern Danielis« (107,13), »de elpenbene thorn,/ Dar vppe sat de ware konningk Salomon« (109,10f.).

Nicht nur in Apostrophierungen, auch als Handelnde spielt ℳ eine zentrale inhaltliche Rolle etlicher Exempel: In Exempel 16 setzt ℳ als »eyn junckfruwe springende bouen van dem berge, de was wol van achteyn jaren« zwei Predigerbrüder als Fährfrau über einen Fluß, in Exempel 24 rät sie »eyn gud fruwe«, das Ave Maria weniger hastig zu sprechen. Das ausführliche 33. Exempel hat die → Sieben Freuden ℳe zum Inhalt. Eine ganz bes. dichte ℳ-Typologie findet sich in der 6. Freude, worin es ℳ zugeschrieben wird, das wilde Einhorn gefangen und den Löwen zum Lamm gemacht, den wilden Adler gezähmt, den starken Samson gebunden und den weisen Salomon überwunden zu haben; weitere Siege errang ℳ über »Pelikan«, »Salamandra«, den grimmigen Panther, »dat grote elpendeir« oder den »fenix« (vgl. 113,30–34).

Drei Exempel (32f-h) thematisieren das → »Salve Regina«: im ersten davon, das in dieser Form auch im Bienenbuch des → Thomas v. Cantimpré oder den Olmützer → Verba seniorum begegnet, aktualisiert sich ℳ während des Gebets als gemäß Gebetstext agierende Vision; im zweiten beschützt die Gewohnheit des regelmäßigen Salve-Regina-Gebets »eyn(en) gud prester« (102,4) vor Donner und Blitz, und im dritten schützt das Gebet der Klosterfrauen die Getreideernte der Kommunität: »Alle dat korn in deme lande dat wart toslagen, vnde des closters korn bleff vngeslagen« (102,15f.). Auch die das Dritte Gebot abschließenden 12 Exempel 34–45 gelten ℳ, worin u. a. mirakulöse Begegnungen der GM mit einem gehenkten Pferdedieb, der durch sie bekehrt wird und ins Kloster eintritt (34) oder mit einem Raubritter (35) geschildert werden; weiter geht es um die Bewahrung eines Kindes durch das Ave Maria (36), einen Mönch und das Ave Maria (37), ℳ und einen Sangmeister (38). Die weiteren Titel heißen »Exempel zu Ave preclara« (39), »Ein Jüngling und Maria« (40), »Das schwitzende Marienbild« (41), »Ein sterbender Mönch und Maria« (42), »Marias Glieder« (43), »Eine Sünderin und Maria« (44), schließlich »Marias Kind als Pfand« (45).

Nicht zuletzt gilt das zweite von 5 Reimgebeten (24 Verse) aus Exempel 39 zum Vierten Gebot ℳ (Incipit: »O benedide Maria, moder aller barmhertycheyt,/ Benedide tempel der hilgen driuoldicheit«, 159,12f.); darin preisen sie u. a. die vier folgenden Makarismen: »Benediet sistu, bloyende rose der rechten duldicheit,/ Benediet sistu, lylien blome der kuschliken reynicheit./ Benediet sistu, eddele worte garde aller soticheit./ Benediet sistu, tordelduue der waren otmodicheit« (159,18–21); weitere gelten ihrer Geburt, ihren Worten, ihrem Leib, ihren Brüsten, ihrem Mund, den Händen, Ohren und Augen.

Ausg.: Mariengebete: Meersseman, 92–97 (vgl. Lit.). — M. Schmitt (Hrsg.), Der Große Seelentrost. Ein niederdt. Erbauungsbuch des 14. Jh.s, 1959.

Lit.: G. G. Meersseman, Von den Freuden Mariens. Ein Beitrag zur Geschichte der niederdt. Mystik, In: Lebendiges MA, FS für W. Stammler, 1958, 79–100. — M. Schmitt, Einleitung zur Ausg., 1*–148*. — VL² VIII 1030–40 (Lit.). — LL X 492f.

W. Buckl

Seelos, Franz Xaver, Diener Gottes der CSSR, *11.1.1819 in Füssen (Diözese Augsburg), †4.10.1867 in New Orleans/USA, entschloß sich 1839 nach Abschluß der Gymnasialstudien am Gymnasium St. Stephan in Augsburg zum Theol.-Studium an der Universität München. Ein Traum während einer lebensgefährlichen Erkrankung zu Beginn des Jahres 1842, in dem ihn ℳ auf sein zukünftiges Seelsorgsgebiet außerhalb Deutschlands hinwies, war bestimmend für seine Lebenswahl. Er entschied sich auf einen Aufruf der Zeitschrift »Sion« hin zur Seelsorge bei den dt. Einwanderern in Nordamerika, die von den Redemptoristen betrieben wurde. Am 20.4.1843 betrat S. amerikanischen Boden, am 16.5.1843 begann er das Noviziat bei den Redemptoristen in Baltimore, genau ein Jahr später legte er seine Gelübde ab. Am 22.12.1844 zum Priester geweiht, galt er bald als geschätzter Prediger. 1845–54 wirkte er segensreich in Pittsburgh, wo er 1847–50 auch als Novizenmeister und 1851–54 als Rektor der Klostergemeinde und als Pfarrer tätig war, ähnlich dann in Baltimore (1854–57), wo er das Amt des Rektors versah und zeitweilig den Provinzialoberen zu vertreten hatte. Zur Schonung seiner angegriffenen Gesundheit wurde ihm im April 1857 das Amt des Novizenmeisters in Annapolis anvertraut, doch schon einen Monat später berief ihn der Provinzial zum Rektor, Studienleiter und Dozenten der Ordensschule nach Cumberland. 1860 vom Bischof von Pittsburgh zum Nachfolger vorgeschlagen, taten S. und seine Oberen alles, um dies zu verhindern. 1862 siedelte S. mit den Studenten nach Annapolis über. Im Sezessionskrieg stellte er sich zwar aus rechtlichen Gründen auf die Seite der Südstaaten, lehnte jedoch die Skalverei entschieden ab. 1863 wurde er mit wechselndem Wohnsitz (Detroit, Chicago, Rochester, New York) zum Missionsoberen für den Norden der USA bestimmt und leitete zahlreiche Volksmissionen, bis er schließlich im September 1866 als Pfarrer nach New Orleans versetzt wurde, wo er einer Gelbfieberepidemie zum Opfer fiel.

S. war ein großer Verehrer ℳs. Von den ca. 100 Gedichten verfaßte er auch einige ihr zu Ehren, z. B. zwei Verse aus einem: »Die Mutter der Erlösten/Bist du allein/Für Sünder — selbst die größten,/Sollst Zuflucht sein. —/Lieb' Mutter, laß uns scheiden/Für kurze Zeit;/Bald teilen wir die Freuden/Der Ewigkeit« (Zimmer 353). Er starb, während seine Mitbrüder ein dt. ℳlied sangen. Der Ruf seines heiligmäßigen Lebens verbreitete sich bald nach seinem Tode, »nicht wegen der von ihm gebauten Kirchen, nicht wegen seiner Lehrtätigkeit, sondern wegen seiner Persönlichkeit und Frömmigkeit« (Curley, 1969, 264). Der 1903 eingeleitete Seligsprechungsprozeß ist mit dem Informativprozeß abgeschlossen.

WW: Hs. Gedichte in: Redemptorist Archives of Baltimore Province, 526 Fifty-ninth Street, Brooklyn, New York; teilweise ed. bei Zimmer 319–379.
Lit.: F.X. Zimmer, Leben und Wirken des Hochwürdigen P. F.X. S. ..., New York u.a. 1887. — J. Schleinkofer, Eine Blume aus dem Garten des hl. Alphonsus. Leben des ehrw. Dieners Gottes P.F.X. S. ..., Innsbruck 1901. — C. Benedetti, D.S. F.X. S. ..., In: Servorum Dei e Congregazione Sanctissimi Redemptoris Album, Roma 1903, 33 f. — J. Curley, The nomination of Francis X.S. for the See of Pittsburgh, In: SHCSR 11 (1963) 166–181. — Ders., Cheerful Ascetic. The Life of Francis Xavier S., 1969. — H. Dussler, F.X. S. (1819–1867), In: W. Zorn (Hrsg.), Lebensbilder aus dem Bayer. Schwaben X, 1973, 217–234 (Lit., Bild). — BSS XIV 1253 f.   O. Weiß

Seelsorge. *1. Theologische Begründung.* Die MV hat an vielen Orten im Vergleich zu den Jahren vor dem Vaticanum II und auch im Vergleich zu den späten 60er Jahren abgenommen. Im Bild ausgedrückt könnte man von einem »Frost« sprechen, der über eine »blühende« MV hinweggegangen ist. Viele behaupten, daß MV theol. sehr schwer zu begründen sei, und oft wird auch das oberflächliche Bild von der überflüssigen Vorzimmerdame gebraucht. Ein solches Bild mag sehr Anklang finden, widerspricht aber den wenigen, jedoch einschlägigen Aussagen im NT, und teilweise im AT, die die MV begründen.

In den sog. → Vorgeschichten bei Matthäus und Lukas wird ganz deutlich, daß die freie Entscheidung ᛗs, auf den Willen Gottes einzugehen, einen neuen Anfang mitbegründet hat in der Geschichte Gottes mit den Menschen. Beide Textstellen lassen deutlich erkennen, daß Jesus keinen Menschen zum Vater hat, sondern daß sein Ursprung in Gott begründet ist. Gott selber will aber auf die Mitwirkung des Menschen bei dem Neubeginn seiner Geschichte mit ihm angewiesen sein, da die Liebe keinen Zwang kennt.

Die Aussagen bei Matthäus und Lukas belegen überdeutlich, daß ᛗ auf ihre persönlichen Zukunftsvorstellungen verzichtet hat, daß sie sogar die Gefahr eingegangen ist, von Joseph verstoßen zu werden, daß sie aber zugleich mit großem Vertrauen sich dem Anspruch Gottes geöffnet hat. Mit ihrem hingabebereiten »Ja« hat sie stellvertretend für die ganze Menschheit das wieder gut gemacht, was die ersten Menschen durch ihr »Nein« gegenüber Gott an Loslösung von Gott bewirkt haben (→ Eva). Sie hat ferner fest darauf vertraut, daß für Gott, der der Ursprung allen Lebens und der Quell der Liebe ist, nichts unmöglich ist. Sie hat daran geglaubt, daß Gott aus der schöpferischen Kraft seines Geistes, der vor aller Zeit und Geschichte gewesen ist, in ihr den Sohn Gottes Fleisch annehmen lassen kann. Deshalb wird nach den Aussagen im Lukas-Evangelium dieses Kind, das ᛗ empfangen soll, auch als »heilig« und »Sohn Gottes« bezeichnet. Hätte Jesus nicht seinen Ursprung in Gott, dann könnte er nicht mit einer solchen Qualifikation benannt werden und dann könnte er auch nicht als »Retter« bzw. »Heiland« der Menschen gelten, der sie in eine enge Gemeinschaft mit Gott bringt (vgl. Gal 4,6).

Kein noch so tugendhafter und guter Mensch kann einen anderen Menschen von der Sünde befreien, kein noch so liebender Mensch kann den anderen frei machen von Leid und Tod. Die Befreiung von der Sünde und vom Bösen, die Befreiung vom Tod kann nur durch Gott geschehen. Diese Tatsache wird auch belegt im sog. Johannes-Prolog. In einem theol. sehr anspruchsvollen Hymnus geht Johannes auf das Geheimnis der Menschwerdung Gottes in Jesus Christus ein. In diesem Hymnus beschreibt er in einer sehr eindringlichen Weise den gewaltigen Tausch, der durch die Menschwerdung Jesu Christi von oben nach unten erfolgt ist, ein Tausch, der nur erklärt werden kann durch die unbegrenzte und sich den Menschen hingebende Liebe Gottes. Auch Paulus spricht in Gal 4,4 f. davon, daß nur einer uns vom Gesetz befreien konnte, und zwar der, der von einer Frau geboren wurde, sich dem Gesetz unterstellt hat, aber gleichzeitig befreit hat vom Gesetz der Sünde und des Todes. Von einem menschlichen Vater dieses »Einen« ist keine Rede, sondern davon, daß Gott selber in der Fülle seiner Zeit seinen Sohn uns geschenkt hat, aber in der Weise, daß er unser Fleisch und Blut angenommen hat im Schoß einer Frau und durch sie geboren wurde.

Eine weitere einschlägige Stelle für eine theol. Begründung ist zu sehen in den Worten des sterbenden Jesus am Kreuz (Joh 19,25 ff.). Von Anfang an wurde es in der Glaubensgeschichte der Kirche so verstanden, daß Jesus selber seine Mutter nicht nur dem Jünger Johannes anvertraut hat, sondern stellvertretend in ihm seine Mutter auch all denen anvertraut, die ihm glauben werden. Mit diesem Wort wird dann auch die Mutter aufgefordert, Johannes und wiederum stellvertretend in ihm die kommenden Glaubenden als ihre Kinder anzusehen.

Bei einer theol. Begründung der marian. Ausrichtung der S. ist zu bedenken, daß die S. letztlich immer auf die Erkenntnis und gläubige Aufnahme Jesu als des Erlösers in den verschiedensten menschlichen Lebenssituationen abzielt. Bei diesem Ziel erweist sich ᛗ nach ihrem Sohn als stärkste geschöpfliche Mithilfe. Sie hat nämlich die Mutterschaft des Erlösers nicht nur als zeitlich begrenzte Aufgabe übernommen (so daß sie z.B. später eine normale Ehe wie jede andere Frau hätte führen können), sondern war auserwählt (→ Auserwählung) und in ihrem Sein bestimmt (→ Charakter), der Welt den Erlöser zu bringen, so daß diese Aufgabe nicht mehr von ihrem Sein zu trennen ist (vgl. Ziegenaus 65). Da ᛗs bleibende Bestimmung mit dem Ziel jeder S. zusammenfällt, eignet einer marian. geprägten S. eine besondere »Effizienz«, wie sich umgekehrt zeigen läßt, daß den marian. zurückhaltenden Zeiten auch die tiefe Christusliebe und -verehrung fehlen.

2. *Marienverehrung in der Seelsorge*. Die gesunde MV in der S. bringt von sich aus die geistliche Frucht hervor, daß die Verehrung M︎s immer eine tiefere Verbundenheit mit Jesus Christus zum Ziel hat. Eine so geprägte MV ergibt sich in einer Selbstverständlichkeit, wenn sie eingebunden ist in den Ablauf des Kirchenjahres. Der Advent ist zweifelsohne als Bußzeit eine Vorbereitung für das Geburtsfest Jesu Christi. In dieser Vorbereitungszeit gibt es adventliche Gestalten wie die atl. Propheten, wie Johannes den Täufer, bes. aber auch M︎. Durch ihre Glaubensgestalt kann dem auch heute suchenden und fragenden Menschen ein menschliches Beispiel gegeben werden, das zeigt, wie ein Mensch voll Vertrauen auf das Angebot Gottes eingehen kann. An M︎ kann auch deutlich gezeigt werden, daß sie nicht blindlings gehorcht, sondern überlegt. Erst auf die Beantwortung ihrer Frage, wie ein solches Wunder geschehen könne, gibt M︎ ihre gläubige Zustimmung. Diese Zustimmung ist das Beispiel eines ganz starken, vertrauenden Glaubens, weil M︎ ihre persönlichen Interessen und Vorstellungen von ihrem Leben zurückstellt. Sie kann deshalb bezeichnet werden, wie es das Zweite Vaticanum tut, als »Mutter der Glaubenden« (LG 54).

In dem marian. geprägten Advent hat der Festtag am 8. Dezember, M︎s UE, eine herausragende Bedeutung und kann seelsorglich durchaus »genützt« werden. Zu Beginn des Advents kann dieser Festtag durch eine Novene vorbereitet werden, die in Wortgottesdiensten und bes. in den adventlichen Rorateämtern einen starken Ausdruck findet. Diese Gottesdienste wollen die Gläubigen auf die unbegrenzte Liebe des einen Gottes aufmerksam machen, der sich uns in der Menschwerdung seines Sohnes, die M︎s Bereitschaft zur Voraussetzung hat, persönlich schenken will. Das gläubige, hingabebereite Vertrauen M︎s ist auf diesem Weg ein überdeutliches Zeichen, so daß es durchaus sinnvoll ist, beim Gottesdienst am 8. Dezember eine M︎weihe vorzunehmen. Diese → Weihe hat zum Ziel, im Vertrauen auf die Fürsprache M︎s die Bitte auszusprechen, daß auch die Menschen ohne zu zögern mit ihren Fragen und Ängsten sich Gott und seiner Liebe anvertrauen können, gerade auch in dunklen Stunden des Lebens. Das Geburtsfest Jesu ist ohne seine Mutter nicht denkbar, die dem Kind nicht nur eine menschliche Beheimatung schenkt, sondern der Menschheit den Gottessohn als ihren Erlöser und Bruder bringt, die aber all das, was bei der Geburt dieses Kindes erfolgt, in ihrem Herzen bewahrt (vgl. Lk 2,16. 51).

Daraus ergibt sich wie von selbst die seelsorgliche Hinführung der Gläubigen zu der Tatsache: Wie M︎ in besonderer Weise das Kind Jesus in sich aufgenommen hat und in der Geburt dieses Kindes den Menschen den Heiland schenkt, so möge jeder Gläubige im Vertrauen Jesus Christus in sich aufnehmen, weil Jesus in jedem geboren sein will (vgl. dazu die knappe, aber wesentliche Umschreibung der christl. Frömmigkeit in Gal 2,20: «Nicht mehr ich lebe, sondern Christus lebt in mir«). Eine Parallele in der christl. Lit. finden wir dazu bei → Angelus Silesius, wenn er feststellt: »Wäre Jesus tausendmal in Bethlehem geboren und nicht in dir, so wärest du dennoch verloren«.

M︎s Mitwirkung bezieht sich auch auf die Passion. In ihrem Stehen unter dem Kreuz belegt sie nicht nur eine im Vergleich zu den fliehenden Aposteln auffällige Tapferkeit, sondern verharrt in Vertretung der Kirche gläubig unter dem Kreuz (vgl. → Miterlöserin, → Ohnmacht, → Schatzverwalterin, → Schmerzensmutter). Der hier einschlägige Themenbereich ist in Gottesdiensten, auch in Kreuzwegandachten, im Rosenkranz und im seelsorgerlichen Gespräch, wo es um die Verarbeitung und das Tragen vom Kreuz in den verschiedensten Formen geht, nicht nur in Hinblick auf M︎s richtungsweisendes Verhalten, sondern auch auf ihre Mithilfe von besonderem Wert.

Im → Mai empfiehlt es sich, die kath. Gläubigen zu marian. Feiern, zu → Maiandachten und zu Wallfahrten in größerer Zahl zu sammeln. Diese Maiandachten in den Pfarrgemeinden oder auch mit größerer Beteiligung an bestimmten marian. Wallfahrtsorten können in der S. als eine sehr große Chance für die Glaubensverkündigung und -vertiefung genützt werden. Bei diesen M︎feiern wird deutlich: »Durch Maria zu Christus und durch Christus zum Vater«. Im ersten Teil der M︎andacht steht immer das Wort des lebendigen Gottes im Vordergrund.

Die Verkündigung wird wie von selbst immer wieder auch einmünden in eine vertrauensvolle Bitte, M︎ möge durch ihre Fürsprache bewirken, daß die Menschen in gläubigem Vertrauen und echter Liebe gegenüber Jesus Christus, dem menschgewordenen Gottessohn, wachsen.

Im Oktober werden in besonderer Intensität die Geheimnisse der Geburt, des Leidens und der Verherrlichung Jesu im Rosenkranz in marian. Perspektive betrachtet.

Durch eine derartig gestaltete MV werden wie von selbst ein großes Vertrauen und eine starke Liebe dem einzelnen Gläubigen zum menschgewordenen Gottessohn vermittelt. M︎, die sündenlose und auch in leiblicher Hinsicht Vollerlöste (→ Aufnahme), bedarf für sich keiner Erlösung mehr und kann deshalb gleichsam ungehindert ihren ganzen fürbittenden Einsatz der pilgernden Kirche zuwenden. Sie ist die geistliche Hilfe zum Gelingen der seelsorgerlichen Aktivität.

Lit.: A. Ziegenaus (Hrsg.), Maria in der Evangelisierung. Beiträge zur mariologischen Prägung der Verkündigung, In: Mariol. Stud. IX (mit theol. und pastoralen Beiträgen zu den verschiedensten seelsorgerlichen Fragen von J. Schumacher, A. Schmid, A. Ziegenaus, K. Guth, F. Weidmann, A. Kothgasser, J. Gruber, L. Scheffczyk, H. Rzepkowski), 1993. *W. Mixa*

R. Seewald, Flucht nach Ägypten, 1946, Zürich, St. Theresien

Seewald, Richard, * 4.5.1889 in Arnswalde/Pommern, †29.10.1976 in München, Zeichner, Maler und Erzähler, der seine geistigen Wurzeln stets in der griech.-röm. Antike sah, seine Erfüllung aber im Christentum. S. war weitgehend Autodidakt. Sein Werk umfaßt Illustrationen zu 46 Büchern, 39 eigene Bücher, zahlreiche Graphiken, Ölbilder, Fresken und Glasfenster. Neben der Kirchenkunst nehmen v. a. Themen aus der Antike und Landschaften aus den Mittelmeerländern einen breiten Raum in S.s Schaffen ein, darunter etwa die 15 Grisaillefresken unter den Arkaden des Münchner Hofgartens mit Darstellungen berühmter Stätten des antiken Griechenlands.

S. wurde von seiner Mutter protestantisch erzogen. Die Hinwendung und Konversion (1929) zum Katholizismus folgte unter dem Einfluß Theodor Haeckers. 1931 malt S. dann auf Anregung des Architekten Dominikus Böhm für die Kirche in Norderney sein erstes kirchliches Werk: eine mächtige Allegorie ᛗs als »Stella maris«, die er mit Schiffen und Tieren bewußt für Kinder gestaltet. Die Tiere, die im Oeuvre S.s zahlreich vertreten sind, sei es als eigenes Thema oder auch nur als Staffage, sind für ihn die Sinnbilder der geschaffenen Welt und die »Kreaturen, um deren Stirnen noch ein letzter Glanz des Paradieses leuchtet« (Sailer 28).

Im Dritten Reich wird S. Schweizer Bürger und er freskiert die Kirche seines neuen Wohnortes Ronco mit den Szenen der Vertreibung aus dem Paradies und der Verkündigung an ᛗ (1936 entstanden, 1945 durch einen Erdrutsch zerstört). Im Anschluß daran bekommt S. den Auftrag für eine Bilderbibel. Die Probedrucke dazu werden allerdings von den Nationalsozialisten und von einigen Bischöfen als »entartet« abgelehnt, und so können S.s 100 Kreidezeichnungen zur Bibel (mehrere davon mit marian. Themen) erst 1957 gesammelt veröffentlicht werden. Inzwischen sind sie in mehreren Auflagen erschienen (u. a. als begleitende Bilder zum sog. Volksmessbuch) und bis nach Japan und China verbreitet. »Das christliche Jahr« heißt ein großformatiges Buch in dem S. 20 Zeichnungen zu Worten von H. U. v. Balhasar veröffentlicht, wobei er die zentralen Glaubensgeheimnisse den 12 Monaten und den Festen des Kirchenjahres zuordnet. Der GM sind darunter die Monate Januar (Epiphanie), Februar (Lichtmeß), März (Verkündigung), April (Flucht nach Ägypten), Juli (Heimsuchung), August (ᛗe Himmelfahrt) und Dezember (Immaculata) sowie das Weihnachtsbild gewidmet.

1946 malt S. für die Theresienkirche in Zürich-Friesenberg 9 Fresken mit Szenen aus der Kindheit und Jugend Jesu (Verkündigung, Herbergsuche, Geburt Christi, Verkündigung an die Hirten, Anbetung der Magier, Darstellung im Tempel, Flucht nach Ägypten, Zwölfjähriger Jesus, Jesus und ᛗ in der Werkstatt Josephs),

1952 für die Pfarrkirche in Wiler/ Schweiz eine Schutzmantelmadonna als »Regina pacis«, unter deren Mantel die wilden Tiere in Eintracht versammelt sind, und ein Jahr darauf für die Spitalkapelle in Visp/Schweiz M als Mutter des guten Rates sowie neun Symbole der Lauretanischen Litanei. 1954–58 ist er Prof. an der Akademie der bildenden Künste in München, lebt aber im Sommer weiterhin in seinem Haus in Ronco.

Nach dem Tod seiner Frau (1967) geben ihm die Begegnung mit Pfarrer Fritz Betzwieser und der Auftrag zu Glasfenstern für dessen Herz-Jesu-Kirche im Münchner Stadtteil Neuhausen neuen Auftrieb: Es entstehen 21 farbenprächtige Fenster mit Szenen aus dem AT und NT (darunter Verkündigung an M, Anbetung der Könige und das Pfingstfest mit M im Zentrum der Apostel) sowie eine Rosette mit den Symbolen der Lauretanischen Litanei. S.s letztes Werk für die Kirche ist schließlich ein monumentaler 5-teiliger Genesis-Zyklus für den Pfarrsaal von Herz-Jesu, in dessen Mitte das Kreuz steht als Baum des Lebens.

Wie S.s Christusbild so ist auch sein Mbild deutlich vom Geist und von den Formen der Antike beeinflußt. Er wollte sich bewußt absetzen vom »Cliché der Devotionalienfabrikation«, in dem »der Sohn des lebendigen Gottes ... zum ›lieben Heiland‹, einem Schönling mit ondolierten Locken und gekräuseltem Bart geworden war [und] seine Mutter, die erhabene Gottesgebärerin, zu einem geschlechtslosen Wesen aus Papiermaché ...« (Kunst in der Kirche, 24). S. war überzeugt, daß christl. Kunst in gläubiger Absicht geschaffen werden muß, denn nur so könnten die Künstler »zu einer Wiedergewinnung der entchristlichten Massen« für die kath. Kirche beitragen, die S. als eine »unverwechselbare Gestalt in der flüchtigen Flut des Gestaltlosen« verstanden hat.

WW in Kirchen (Auswahl): Norderney, Kirche Stella maris, 1931. — Zürich-Seebach, Kirche Maria Lourdes, 1942. — Aarburg/Schweiz, Guthirtkirche, 1944. — Göttingen/Schweiz, Friedhofkapelle, 1946. — Zürich-Friesenberg, Theresienkirche, 1946. — Magadino/Schweiz, Kirche S. Carlo, 1948. — Ronco/Schweiz, Kirche S. Martino, 1949. — Wiler/Schweiz, Pfarrkirche, 1952. — Visp/Schweiz, Kapelle im Bezirksspital, 1953. — Niedergailbach/Saar, Bruder-Klaus-Kirche, 1954. — Freiburg i. B., Collegium Borromäum, 1956. — Düsseldorf, St. Adolfus-Kirche, 1955–58. — Gaggenau/Baden, Pfarrkirche, 1959. — Brigls/Schweiz, Pfarrkirche, 1965. — Sion/Sitten, St. Theodul, 1970/71. — München-Neuhausen, Pfarrkirche Herz-Jesu, 1966/67 und 1975.

QQ (Auswahl): R. Seewald, Das christl. Jahr, 1944. — Ders., Symbole, Zeichen des Glaubens, 1949, ²1954. — Ders., Bilderbibel, 1957. — Ders., Der Mann von gegenüber. Spiegelbild meines Lebens, 1963. — Ders., Kunst in der Kirche, 1966. — Ders., Die Zeit befiehlt's, wir sind ihr untertan. Lebenserinnerungen, 1977.

Lit.: E. W. Roetheli, Moderne Kirchenkunst im Oberwallis, In: Mün. 7 (1954) 383–385. — H. Jakober, Pfarrkirche St. Theresia-Zürich, 1956. — A. Sailer (Hrsg.), Seewald, 1977. — F. Betzwieser, R. S. und seine Arbeiten für die Herz-Jesu-Kirche in München-Neuhausen, In: Jahrbuch des Vereins für christl. Kunst 12 (1982). — Ausst.-Kat., R. S., Köln 1989. *F. Trenner*

Segantini, Giovanni, Maler, *15.1.1858 in Arco/Südtirol, † 29.9.1899 auf dem Schafberg

G. Segantini, Ave Maria, 1882

oberhalb Pontresina, gilt als bedeutender Vertreter des Impressionismus und des Symbolismus. Nach entbehrungsreicher Jugend lernte er 1873/74 in Mailand bei einem Dekorationsmaler und besuchte 1875–79 die Abendkurse an der Accademia di Brera. Erste Landschaftsstudien entstanden in Lecco am Comer See, erste bedeutende Bilder in Pusiano (seit 1881) und in Corneno (seit 1884) in der Brianza am Comer See. 1886 ließ sich S. im Gebirgsdorf Savognin in Graubünden nieder, 1894 zog er nach Majola und Soglio im Engadin, wo seine berühmten Schilderungen der Engadiner Bergwelt entstanden. S.s frühe Bilder werden von toniger Stimmungsmalerei und genrehafter Thematik bestimmt. Zunehmend wurde der Einfluß Courbets und v. a. Millets bestimmend. Hauptwerk dieser Zeit ist das populäre Bild »Ave Maria bei der Überfahrt« (1882; 2. Fassung in divisionistischer Technik von 1887, Zürich, St. Gallen; Privatbesitz), das, monumental und völlig unanekdotisch in der großen, klaren Form Millets aufgefaßt, das Abendgebet einer Bäuerin im Boot schildert und als moderne Form rel. Malerei gewertet werden kann. Noch einmal griff S. dieses Thema 1884 in »Ave Maria in den Bergen« auf. Der Symbolgehalt steht auch in »Engel des Lebens« im Vordergrund (1891), einer Art profanen Madonnenbildes als Symbolfigur mütterlicher Geborgenheit (ebenso in »Die beiden Mütter«, beide Mailand, Civica Galleria d'Arte Moderna) und antithetisch aufgefaßt in »Die schlechten Mütter« (Wien, Kunsthist. Mus., 1893). Zwei weitere Mbilder — Madonna mit Kind und Pietà —

sind fotografisch überliefert (Standort unbekannt). Um 1890 wandte sich S. dem Impressionismus unter Einsatz der Technik des Divisionismus zu. Reine, leuchtende Farben, aufgetragen in kräftigen, dünnen Pinselstrichen, charakterisieren nun seine Landschaftsbilder (»Am Pflug«, München, Neue Pinakothek, 1890). Hauptwerk der Spätzeit ist das monumentale Alpen Triptychon »Die Natur — Werden, Sein, Vergehen« (St. Moritz, Segantini-Mus., 1897/98), das bei genauester Naturaufnahme ein symbolisches Panorama des Lebens aller Dinge darstellt.

Lit.: F. Arcangeli, L'Opera completa di S., 1973. — H. Lüthy, C. Maltese, G.S., 1981. — A. P. Quinsac, S., Catalogo generale, 2 Bde., 1982. — A. P Quinsac, G.S., 1985. — Ausst:- Kat., G.S., Zürich 1990.   *B. Langer*

Segenskreis, marianischer (MSK), eine Gesinnungsgemeinschaft von Laien, Ordensleuten, Priestern, die sich in dem Gedanken einig wissen, daß in der Gemeinschaft der Heiligen alle Glieder der Kirche dazu gerufen sind, Gnade und Segen, wie sie von Gott in Christus den Menschen zugedacht sind, je auf ihre Weise an andere weiterzugeben. Sie schätzen, empfehlen und suchen den priesterlichen Segen, sehen aber auch die Laien aufgefordert, ihrerseits die Welt und ihre Bereiche fürbittend dem Segen Gottes zu empfehlen. Wie jeder (mit Weihwasser und dem Kreuzzeichen) sich selbst segnen und mit dem kleinen Exorzismus vor dem Bösen schützen kann, so sehen sie es als Liebespflicht an, auch andere zu segnen (vgl. 1 Petr 3,9), was um so wirksamer ist, je mehr das eigene Leben von Glauben und persönlichem Opfer geprägt ist, »da Gott das Heil vieler an die freiwilligen Opfer und Gebete der Glieder des geheimnisvollen Leibes Christi geknüpft hat« (Pius XII., Enzyklika »Mystici Corporis«).

Der MSK, gegründet unter Mitwirkung von Pfarrer Friedrich Schmidt (8.12.1949), nennt sich nach ⓜ. Diese hat in der Stunde von Nazaret die Liebeserweise Gottes gläubig angenommen und an die Welt weitergeschenkt. Um sich im Segensbündnis ⓜ zu verbinden und ihren Geist zu leben, pflegen die Mitglieder die (kleine) ⓜweihe. Der MSK zählt 60000 Mitglieder veranstaltet Einkehrtage (Exerzitien), versendet vierteljährlich Rundbriefe und unterhält über die Welt verstreut 19 Sekretariate.

Lit.: Rundbriefe des MSK, Untere Bergstr. 7 D-56244 Leuterod.   *H. M. Köster*

Seger, Josef Ferdinand Norbert, *21.3.1716 in Řepín (Böhmen), †22.4.1782 in Prag, kam schon als Kind nach Prag, wo er das Jesuitengymnasium besuchte und anschließend Phil. studierte. Als sein einflußreichster musikalischer Lehrer gilt Bohuslav Czernohorsky, unter dem er an der Prager Jakobskirche sang. An der Martinskirche spielte er Geige, ab 1741 wirkte er als Organist an der Teinkirche, ab 1745 auch an der Kreuzherrnkirche. Kaiser Joseph II. war so von S.s Orgelspiel beeindruckt, daß er ihn 1782 in die kaiserliche Kapelle berief, aber S. starb, ehe die Erennung eintrat.

Obwohl zu Lebzeiten S.s kein Werk im Druck erschien, wurde bes. seine Orgelmusik geschätzt (auch von Johann Sebastian Bach). Die Prägnanz seiner Präludien und Fugen weist auf vorrangig liturg. Intentionen hin. An geistlichen Kompositionen sind neben seinen Messen ein »Ave regina« und ein »Alma redemptoris« für vier Singstimmen und Orgel zu erwähnen. Auch hier steht S.s polyphones Können im Vordergrund. Gerade S.s Generalbaßlehre wirkte bis zu Anton Bruckner.

Lit.: O.Schmid-Dresden, Die böhmische Altmeisterschule Czernohorskys, Leipzig 1901. — MGG XII 460–462. — Grove XVII 104.   *J. Schießl*

Segneri, Paolo, *21.2.1624 in Nettuno (Provinz La Latina), †9.12.1694 in Rom, war als Adeliger Alumne im Adelspensionat der Jesuiten in Rom. Am 2.12.1637 trat er als Novize in die SJ ein, wo er 1653 zum Priester geweiht wurde. Er war ein unermüdlicher und angesehener Volksmissionar, der die Sprache des Volkes bilderreich gebrauchte und wirkungsvoll beherrschte. Am Ende seines Lebens berief ihn Papst Innozenz XII. zum Prediger am röm. Hof. In der Zeit, die seine umfangreiche Predigttätigkeit übrigließ, arbeitete er seine Reden zu schriftlichen Abhandlungen um und war Mitarbeiter von →Pinamonti, der ihn auch umgekehrt bei der Abfassung seiner Werke unterstützte. Die gegenseitige geistige Bereicherung ging manchmal so weit, daß Pinamonti in einigen seiner Werke (z.B. »La vera sapienza«) stillschweigend Textauszüge von S. übernahm; ebenso will die Kritik an vielen Stellen des Gesamtwerkes von S. die Hand Pinamontis erkennen. S. wurde von vielen als Heiliger betrachtet.

S.s lit. Werk ist sehr umfangreich und besteht größtenteils aus den Sammlungen seiner Predigten. Manche Schriften haben vorwiegend pastoralen Charakter und unterstreichen in überzogener Weise den Wert des eigenen Tuns und der Bußwerke, so daß seine Schrift gegen den Quietismus von Molinos (»Concordia tra la faticca e la quiete nell'orazione«) 1681 indiziert wurde (für zwei weitere ähnliche Werke, welche er schon vor seiner Indizierung geschrieben hatte und die nun ohne sein Wissen in Venedig veröffentlicht wurden, mußte sich S. beim hl. Offizium entschuldigen). Nach der Verurteilung Molinos' und nachdem S. seine Ansichten in jenem Werk abschwächte, durfte die Schrift 1692 wieder erscheinen. Als S. die Veröffentlichung des Werkes seines Ordensgenerals Tirso Gonzáles gegen den Probabilismus (»Fundamentum theologiae moralis«) zu verhindern suchte, geriet er mit diesem in Streit. Nach dessen Veröffentlichung schrieb er seine eigene Verteidigung des Probabilismus, was von vielen seiner Ordensbrüder als — wenn auch respektvolle — Anklage des Generals aufgefaßt wurde.

Die Gestalt M.s ist im Predigtwerk S.s allenthalben anzutreffen, etwa in Betrachtungsbüchern wie »Manna dell'anima« (Gedanken zur Hl. Schrift mit Väterzitaten). S.s Hauptwerk über die GM ist »Il divoto de Maria«. Danach stärke die wahre MV die Liebe zu Jesus und den Widerstand gegen die Sünde; M sei für Christen das Vorbild der Antwort auf die Gnade. Ihre Haltung gegenüber Gott zeige uns, was Hingabe sei. In seinen »Panegyrici sacri« gab S. neben drei weiteren marian. Predigten sowie einer über den hl. Joseph auch eine Predigt über die UE heraus, die er in Ravenna hielt. Danach ist die UE als Gottes Werk der Ursprung von M.s Heiligkeit und in der Schöpfung das Vollkommenste, wenn auch das Verborgenste, das nur im Glauben erkannt werden kann.

WW: Panegyrici sacri, Bologna 1664. — Manna dell'anima, 4 Bde., Bologna 1673–80. — Quaresimale, Florenz 1679. — Il divoto di Maria, Bologna 1677. — Prediche dette nel Palazzo apostolico..., Rom 1964, u. a.
Lit.: Sommervogel VII 1050–89. — Koch 1637 f. — F. Zanotto, Storia della predicazione nei secoli della letteratura italiana, Modena 1899, 253–263. — A. Belloni, Storia letteraria d'Italia. Il Seicento, 1929. — I. Iparraguirre, Historia de los Ejercicios de San Ignacio III, 1973, 261–263. *G. Rovira*

Segnungen sind liturg. Handlungen, d. h. Feiern der Kirche, die als Zeichenhandlungen das Leben des einzelnen und der menschlichen Gemeinschaft in seinen verschiedenen Phasen, Bereichen und Bezügen aus dem Glauben deuten und prägen. Sie werden auch Benediktionen genannt und sind Ausdruck gläubigen Umgangs mit der Welt als Schöpfung Gottes, sprechen von der Kreatürlichkeit des Menschen und seiner Abhängigkeit von Gott, der Quelle allen Segens, der sich in Christus durch die Kirche im Hl. Geist den Menschen heilshaft zuwendet. Durch Christi Tod und Auferstehung wird Gottes Heil allen Menschen zugänglich und im Hl. Geist mitgeteilt, v. a. durch die →Sakramente, aber auch in den →Sakramentalien, zu denen auch die S. gehören, die aus der Preisung Gottes leben und durch die Fürbitte der Kirche wirksam sind. Durch die S. werden »in einer gewissen Nachahmung der Sakramente Wirkungen, besonders geistlicher Art, bezeichnet und kraft der Fürbitte der Kirche erlangt« (SC 60). Daher bringen sie die Menschen der Vollendung in Christus näher. Denn in den S. erfahren der einzelne und die Gemeinschaft nicht nur sich selbst, die Gaben der Natur (Schöpfung Gottes) und die Frucht ihrer Arbeit, sondern auch das Heilswirken Gottes in Christus als Geschenk der Güte Gottes. Sie erkennen und anerkennen Gottes ordnend-schützende und heilstiftende Macht. Mit seiner Hilfe dienen sie mit ihrem Leben in der Welt dem Reiche Gottes. Als Lobpreis Gottes und Bitte um Gottes Segen setzt jede Segnung den Glauben voraus. Nur unter dieser Voraussetzung bleiben Mißverständnisse magischer Art ausgeschlossen.

Wir unterscheiden deprekative und konstitutive S. (Benediktionen). Mit den letzteren ist eine Wirkung bleibender Art verbunden, die auch rechtliche Folgen haben kann, weshalb man in diesen Fällen im dt. Sprachgebiet zumeist unterscheidend von einer »Weihe« spricht (Mönchs-, Abts-, Äbtissinnen-, Jungfrauenweihe, Professor). Was dem profanen Gebrauch entzogen und für den gottesdienstlichen Gebrauch ausgesondert wird (z. B. Geräte und Räume), ist konstitutiv benediziert und somit Zeichen für die letzte Bestimmung alles Geschaffenen. Alle übrigen Benediktionen sind deprekativer Natur. Diese S. sind auf den Gebrauch bestimmter Sachen, Dinge, Produkte der Schöpfung und menschlicher Arbeit im Sinne des Evangeliums hingeordnet und somit letztlich auf den Menschen, dem sie dienen (S. einer Brücke, eines Fahrzeugs, einer Wohnung oder eines Hauses), oder auf den Menschen selbst, der den Weg des Glaubens geht (z. B. Blasius-Segen, Kinder-S., Kranken-S.).

Als liturg. Feiern von unterschiedlicher Bedeutung, die mehr oder weniger in gemeinschaftlichem Vollzug entfaltet werden, unterliegen die S. der Ordnung der Kirche, die in approbierten liturg. Büchern greifbar wird, v. a., aber nicht nur im Benediktionale als einem Teil (Faszikel) des →Rituale Romanum, sondern auch in anderen liturg. Büchern, z. B. im Meßbuch (Aschenkreuz, Palmweihe) und im →Pontifikale, woraus sich ergibt, daß S. als eigenständige liturg. Feiern oder in Verbindung mit anderen Gottesdiensten vollzogen werden können. Die öffentlich vollzogenen S. sind als Feier in Gemeinschaft strukturiert, räumen dem Wort Gottes einen gebührenden Platz ein und sind v. a. auf die Menschen bezogen, auch dann, wenn Gegenstände gesegnet werden, die ihnen dienen.

Wie schon das Rituale Romanum (1614–1952) und die Diözesanritualien vom 13./14. Jh. bis zur Collectio Rituum (1950), so enthalten auch das Benediktionale (1978) und der Faszikel De Benedictionibus (ed. typ. 1985) marian. geprägte Formulare, z. B. die Segnung eines Mbildes oder der Kräuter am 15. August (→ Kräuterweihe). Die Formulare für die S. sind durch einen klaren Aufbau gekennzeichnet und gipfeln in der Regel in einem Segensgebet: Mit der Anrede Gottes ist eine Lobpreisung verbunden, bei der Personen oder Gegenstände genannt sind, die gesegnet werden. Dabei wird deren Beziehung zum Heilswerk Gottes hervorgehoben. In den Bitten, die aus dem Lobpreis hervorgehen, wird Gottes Hilfe für den Menschen erfleht, gegebenenfalls unter Einbeziehung des zu benedizierenden Gegenstandes oder einer Sache, die dem Menschen von Nutzen ist.

Ausg.: Rituale Romanum 1614–1952. — Diözesanritualien bis 1950. — Benediktionale (Studienausg. für die kath. Bistümer des dt. Sprachgebietes), 1978. — Rituale Romanum, Faszikel De Benedictionibus (ed. typ.), 1985. — Ordo coronandi imaginem BMV (ed. typ.), 1981. — Die Feier der Krönung eines Marienbildes (Studienausg.), 1990.
Lit.: A. Franz, Die kirchlichen Benediktionen im MA, 2 Bde., 1932/33. — G. Langgärtner, Magie oder Gottesdienst?, In:

Heiliger Dienst 29 (1975) 97–110. — J. Baumgartner, Gläubiger Umgang mit der Welt. Die Segnungen der Kirche, 1976. — G. Lukken, Was bedeutet »benedicere«?, In: LJ 27 (1977) 5–27. — H. Hollerweger, Das neue dt. Benediktionale, In: LJ 30 (1980) 69–89. — R. Kaczynski, Die Benediktionen, In: Gottesdienst der Kirche, Handbuch der Liturgiewissenschaft, Teil 8, 1984, 233–274. — A. Heinz und H. Rennings (Hrsg.), Heute segnen. Werkbuch zum Benediktionale, 1987. — A. Gerhards und H. Becker, Mit allem Segen seines Geistes gesegnet. Zur theol. Bestimmung der Benediktionen, ebd. 15–32.

Th. Maas-Ewerd

Ségur, Louis Gaston Adrien de, Theologe, * 15.4.1820 in Paris, † 9.6.1881 ebd., entstammte einer adeligen Familie, war nach dem Rechtsstudium Botschaftsattaché in Rom, studierte dann Theol. und wurde am 17.12.1847 in Paris zum Priester geweiht. 1852–56 übte er in Rom das Amt eines Uditore bei der Sacra Romana Rota aus. Am 2.9.1854 erblindete er und von Januar 1856 an verbrachte er seine 25 letzten Jahre in Paris. Von nun an wirkte er als Seelsorger bei den Kleinen und Verlassenen: armen Kindern, Lehrlingen, Arbeitern, Soldaten, Gefangenen. Mit großem Erfolg betätigte er sich als geistlicher Seelenführer und Schriftsteller. Stets stand ihm ein Priester als Sekretär zur Verfügung, der ihm vorlas und dem er seine Schriften diktierte. S. steht v. a. unter dem Einfluß der großen franz. Geisteslehrer des 17. Jh.s: → Bérulle, → Franz v. Sales und → Olier. Man hat ihm den Vorwurf gemacht, daß er zu viel zitiere. Dies muß im Zusammenhang mit seiner Erblindung beurteilt werden. Eine Anzahl seiner Schriften wurde übersetzt, so auch ins Dt., drei behandeln marian. Themen und sind im Bd. IX und XV der Gesamtwerke aufgenommen.

»Aux enfants chrétiens. Mois de Marie« (Maimonat für die christl. Kinder; IX 1–205) umfaßt 32 Lesungen für den Mai über das Leben und Wirken der GM. In kurzer Zeit erschienen mehr als 20 000 Exemplare. Wie seiner Mutter, einer bekannten Jugenderzählerin, ist es auch S. gelungen, den Weg in die Kinderherzen zu finden, trotz verschiedentlicher Übertreibungen, so z. B. daß dem »bösen Nestorius die Zunge, die es gewagt hatte, die heilige Jungfrau zu schmähen ..., von Würmern zerfressen wurde, noch bevor er den letzten Seufzer ausgestoßen hatte« (ebd. 19).

»Les merveilles de Lourdes« (Die wunderbaren Ereignisse in Lourdes; ebd. 207–414) erschien 1872, erreichte bereits nach vier Jahren Auflagen von 56 000 Exemplaren und fünf Übersetzungen. S. stützt sich auf Henri Lasserre (Notre Dame de Lourdes, dt. 1893) und die Zeitschrift »Annales de Lourdes«. Die Schrift bietet eine ausführliche Beschreibung der Erscheinungen und wunderbaren Heilungen. Sie spiegelt die Atmosphäre in → Lourdes in der ersten Periode wirklichkeitsnah wider, als der Ort noch eine Lokalwallfahrt war, denn erst 1872 wurde das Städtchen durch eine Eisenbahnlinie mit der Außenwelt verbunden.

»La Sainte Vierge« (XV 10–370) war in drei Teilen geplant, I: Die Heiligste Jungfrau im AT, II: Die Heiligste Jungfrau im NT (bis zur Himmelfahrt Christi), III: Die Heiligste Jungfrau von der Himmelfahrt Christi bis zum Letzten Gericht. Das Buch sollte 93 Kapitel umfassen, die als Lesungen für drei Maimonate vorgesehen waren. Es wurde leider durch den Tod des Autors unterbrochen und endete mit dem elften Kapitel des zweiten Teils »Maria und Joseph erwarten in Nazaret die Geburt des Herrn«.

S. schreibt im Vorwort: »In diesen Seiten stammt fast nichts von mir.« Unermüdlich schöpft er aus den Kirchenvätern und den großen rel. Schriftstellern des MA. Das 17. bis 19. Jh. sind nur sehr spärlich vertreten. Den hl. Alfons v. Liguori, dessen Schriften im 19. Jh. in Frankreich so verbreitet waren, zitiert er niemals. Unter den Autoren von Privatoffenbarungen wird die hl. → Birgitta v. Schweden nur einmal zitiert. Die 183 Seiten, die dem AT gewidmet sind, und die Allegorische Deutung der Bibel überzeugen heute nicht mehr.

Bei der Darstellung von 𝍫s Leben hatte S. seine eigenen Vorstellungen: Der Schutzengel 𝍫s war kein anderer als der Erzengel Gabriel. Bei der Verkündigung kniet Gabriel vor 𝍫, die ihn stehend empfängt, obschon fast alle Künstler Gabriel in schwebender oder stehender Haltung darstellen, während 𝍫 kniet oder sitzt. Nach S. war Elisabeth, als sie ihren Sohn Johannes erwartete, fast 80 Jahre alt. S.s Werk ist von einer tiefen und überzeugten Frömmigkeit geprägt und in salbungsvollem Stil geschrieben. Eine gewisse barocke Überschwenglichkeit erschwert heute den Zugang. Seine Spiritualität ist ausgesprochen eucharistisch und marian. Beim Abendgebet, das er in seiner Privatkapelle verrichtete, betete er immer das Salve Regina, um die Gnade eines guten Todes zu erlangen.

WW: Oeuvres complètes, 16 Vol., Paris 1872–94. — Dt. Übers. in Auswahl: Die allerseligste Jungfrau Maria vor der Menschwerdung Jesu Christi. — Auch unter dem Titel: Die allerseligste Jungfrau Maria. Fromme Lesungen für den Maimonat, 1. Teil. Mainz 1869. — Das Wunder von Lourdes, ebd. 1875. — Der Marienmonat für fromme Kinder Mariä, ebd., ²1881. — Die allerseligste Jungfrau in dem NT. — Auch unter dem Titel: Die allerseligste Jungfrau Maria. Fromme Lesungen für den Maimonat, 2. Teil, ebd. 1883.

Lit.: A. de Ségur, Mgr. de S. Souvenirs et Récits d'un frère, 2 vol., Paris 1882, I: ⁸1883, II ²⁹1934; dt. 1884. — M. Hédouville, Mgr. de S. Sa vie — son action, 1957. — DSp XIV 525–538 (WW, Lit.).

M. Benzerath

Seidenbusch, Johann Georg, * 5.4.1641 in München, †10.12.1729 in Aufhausen. S., dessen Theologiestudium der prot. Künstler Joachim v. Sandrart unterstützte, war ein vielseitig begabter Mann und ein frommer, hingebungsvoller Priester, der die Idee des Oratoriums von Philipp Neri unterstützte und in München, Wien und Aufhausen bei Regensburg solche Institute einrichtete. Er fand Anerkennung als Maler selbst am Kaiserhof in Wien, wo die aus Neuburg an der Donau stammende Kaiserin Eleonore an seiner Person Interesse zeigte und seine Bemühungen förderte, so den Bau einer Wallfahrtskirche in Aufhausen und auch den ersten Druck (1672) seines berühmt gewordenen marian. Andachts- und Liederbuches »Marianischer Schnee-Berg«, das bis 1744 zehn Auflagen erfahren hat. Aufhausen, wo S. Pfarrer war, wurde unter seiner Fürsorge ein weithin beachtetes Ⓜheiligtum; für die allabendlichen Andachten in seiner Kirche hat S. dieses Liederbuch zusammengestellt. Bekannt geblieben sind die Lieder »Grüßet seist Du Königin, o Maria« und »Auff/ auff O Mensch! mach dich bereit«. Unabhängig von seinen Schriften (neben dem Liederbuch noch eine Autobiographie) verdient S. als vorbildlicher Seelsorger und als Vertreter einer tiefempfundenen marian. Frömmigkeit Beachtung.

Lit.: A. Ebner, Propst J. G. S., Köln 1891. — J. N. Foerstl, Propst J. G. S., In: Der Zwiebelturm 3 (1948) 11–15. — J. Sagmeister, Propst J. G. S. von Aufhausen (1641–1729), In: Beiträge zur Geschichte des Bistums Regensburg 2 (1968) 284–352. — BB II 583–588. 926–929. 1291 f.   *H. Pörnbacher*

Seixas, Carlos de, * 11. 6. 1704 in Coimbra, † 25. 8. 1742 in Lissabon, war in seinem Geburtsort ab 1718 Domorganist und seit 1720 Organist der königlichen Kapelle in Lissabon. S. schrieb über 700 Toccaten für Orgel und zählt damit zu den bedeutendsten Komponisten für Tasteninstrumente in Portugal. Neben Orchestermusik, 10 Messen und einem Te Deum für vier Chöre komponierte er u. a. die Motette »Gloriosa Virginis Mariae« für gemischten Chor und Instrumente.

Lit.: M. S. Kastner, C. de S., 1947. — MGG XII 477–479. — Grove XVII 115 f.   *E. Löwe*

Sekundärwallfahrt (Synonyme: Wallfahrtsableger, Nebenwallfahrt, Filiation, Filiationswallfahrt, Filialwallfahrt, Sproßwallfahrt), ist ein Begriff der volkskundlichen Wallfahrtsforschung (vgl. Dünninger).

Im Unterschied zur Primärwallfahrt (Mutterwallfahrt, Stammwallfahrt) bezeichnet die S. einen Wallfahrtsort, dessen Kultmitte (Gnadenbild) das erkennbare oder ursprüngliche Abbild eines bereits vorhandenen Gnadenbildes darstellt. Entscheidend sind neben der ikonographischen Zuordnung bzw. historischen oder überlieferungsgeschichtlichen Herleitung des Kultobjektes von einem bekannten Gnadenbild die Wallfahrtskriterien (Wundertätigkeit, Promulgation, Wallfahrtsbetrieb). Damit scheiden bloße Gnadenbild- und Devotionalkopien aus.

Berühmte Gnadenbilder und Gnadenbildtypen haben von jeher S. hervorgebracht, so etwa Einsiedeln, Mariazell, Altötting, Czenstochau oder der Wies-Heiland, das Mariahilf-Bild, die Loreto-Madonna, Maria vom guten Rat etc. Bezeichnend ist der Sekundärkult für Ⓜgnadenbilder, da diese auf Grund des Mangels an Reliquien verstärkt an den Bildkult gebunden sind.

Gegenüber der Flut von Gnadenbildkopien gerade des 18. Jh.s, die vielfach in Verbreitungswellen und Propagandaaktionen der Orden bis in entlegene Kapellen gelangten, bleibt die Zahl der wallfahrtsbildenden bescheiden. Besondere örtliche Gegebenheiten wie Anbringung, Verehrungsformen und Gnadenerweise konnten eine S. hervorbringen und zur Selbständigkeit gegenüber dem Mutterort führen. Räumliche Entfernung und Entschwinden kultgeschichtlicher Zusammenhänge verstärkten mitunter am Wallfahrtsort die Verselbständigung zur Primärwallfahrt.

Lit.: J. Dünninger, Forschungsbereiche der rel. Volkskunde, In: WDGB 35/36 (1974) 31 ff. — W. Hartinger, Heinersreuth. Werden und Vergehen einer Sproßwallfahrt, In: BJVK (1976/77) 57–68. — Th. und H. Finkenstaedt, Die Wieswallfahrt. Ursprung und Ausstrahlung der Wallfahrt zum Gegeißelten Heiland, 1981. — A. Gribl, Der Begriff »Kopie« und seine Funktionsstufen, In: Ders., ULF zu Dorfen. Kultformen und Wallfahrtsleben des 18. Jh.s, 1981, 148–152.   *A. Gribl*

Selenit (Marienglas), farbloses, durchsichtiges, plattiges, spaltbares Mineral mit der chemischen Zusammensetzung $CaSO_4 \cdot 2H_2O$, also Calciumsulfat (Gips); Kristallform monoklin. Dünne Spaltstücke von S. erinnern durch ihren Glanz an Fensterglas, von dem es chemisch aber völlig verschieden ist. Gelegentlich wurde unter S. auch Hellglimmer (Muskowit, Kalium-Aluminium-Silikat) verstanden.

S. wurde v. a. im Schrifttum des 17. und 18. Jh.s meist als Fraueneis (Glacies Mariae) bezeichnet (Lüschen 221). Dieser Begriff ist seit dem 15. Jh. belegt. Im »Museum Museorum«. aus dem Jahre 1704 wurde das »Frauen-Eiß« wie folgt beschrieben: »... ist ein platter/ doch auch weisser und wie Glas durchsichtiger Stein/ welcher in viele dünne Täffelein und Blätter kan zerleget und gerissen werden/ so an statt des Glases zu Fenstern können gebraucht werden/ dergleichen in etlichen Kirchen zu sehen wie dann auch ein gemeiner Aberglauben ist/ daß die Mutter Gottes dergleichen Glas gehabt habe/ daher es Marien-Glas und bey anderen Sperr-Glas heisset; und weilen sich auch der Mond/ wie andere Sachen in diesem Stein spiegeln/ so ist er vor diesem auch SELENITES benahmset worden ...« (Valentini 46).

Der Name »Selenit« ($\sigma\epsilon\lambda\acute{\epsilon}\nu\eta$ = Mond) geht auf Plinius (Hist. nat. 37,181) zurück. Dasselbe Mineral wurde gelegentlich auch Aphroselinot (Mondschaum) genannt. Diese antiken Begriffe wurden später der Bezeichnung Fraueneis gleichgesetzt. Ein weiterer Name für plattige Gipskristalle war Spiegelstein (lapis specularis).

S. fand nicht nur als Glasersatz, sondern auch als schimmerndes Material im Kunsthandwerk Verwendung. »Auß den Blättern machen die Closter Jungfern allerhand Galanterien und legen solche gemeiniglich über ihre Bilder und Heiligthümmer« (Valentini 46). In der Volksmedizin diente dieses Mineral der Geburtshilfe, doch wurde es auch gegen Epilepsie und andere Leiden eingesetzt. Nach Valentini brauchte man es, äußerlich angewendet, auch zum Schminken.

Der Name »Marienglas« bzw. »Fraueneis« leitet sich von den glas- bzw. eisartigen, hellen klaren Gipskristallen ab. Sie können als Symbol für Reinheit und Klarheit gelten. Die Ablösung des Begriffs »Selenit« (Mondstein) durch die Namen »Marienglas« und »Fraueneis« ist wohl im Zuge der Christianisierung antiker Götter, in unserem Fall der Mondgöttin Selene, erfolgt. Möglicherweise ist die volksmedizinische Verwendung von S. in der Geburtshilfe auf ᛗ als Theotokos zurückzuführen.

Lit.: M. B. Valentini, Museum Museorum, Oder Vollständige Schau-Bühne Aller Materialien und Specereÿen ..., 1704, 45 f. — H. Lüschen, Die Namen der Steine, 1968, 221. 278 f. — HWDA V 1690 f.; VI 543 f. *H. Hagn*

Selhamer, Christoph, *17.6.1636 in Burghausen, †17.10.1708 in Salzburg, gehörte 1652–74 dem Jesuitenorden an, wurde 1684 Stadtpfarrer von Weilheim (Oberbayern) und war seit 1686 Prediger in Vilgertshofen, dem ᛗwallfahrtsort der Abtei → Wessobrunn. Vermutlich sind in → Vilgertshofen die meisten seiner Predigtbücher entstanden, die sich v. a. an die Leute auf dem Lande richten, denn er predige, wie er sagt, »allein für die liebe Baurenschafft«. Dieser Intention entsprechend redet er in seinen → Predigten viel vom Bauernstand und vom Leben auf dem Land, das zum Symbol des menschlichen Jammertales wird. ᛗ spielt in allen Predigtbänden S.s eine unübersehbare Rolle als Vorbild und als Gegenstand der Verehrung. Die »Tuba Rustica« (Augsburg 1701) ist der GM als »Himmelskönigin und Unbefleckt Empfangene« gewidmet. In diesem Band beschreibt S. Bayern als »lobwürdiges Land«, gerade auch wegen seiner vielen ᛗwallfahrten und stellt ᛗ heraus als die Patronin der »Armen auf dem Land«. In der »Tuba Analogica« (Salzburg 1678) handelt die Predigt zum Fest ᛗe Himmelfahrt vom Lob ᛗs bei den Kirchenvätern, von ᛗs Größe, von ihrer Vermittlung der Gnaden und ihrer Liebe zu den Gläubigen.

S. mag hier, ähnlich wie Sebastian → Sailer, als Beispiel für die süddt. Barockpredigt stehen, deren Anliegen weniger theol. Aussagen als vielmehr die Vermittlung einer MV ist, die dem Glaubensleben dient und zugleich Lebenshilfe zu bieten vermag.

Lit.: O. Mausser, Prolegomena zu einer Biographie C. S.s, FS für F. Muncker, 1916, 54 ff. — E. Helmer, C. S., Diss., München 1957. — Handbuch der bayer. Geschichte II, ²1988, 995. — BB II 593–600. 1179. 1295. *H. Pörnbacher*

Selnecker, Nikolaus, luth. Theologe, *6.12.1530 in Hersbruck, †24.5.1592 in Leipzig, Schüler von Ph. Melanchthon, wirkte seit 1558 als Hofprediger in Dresden, wurde Prof. in Jena und Leipzig, später Generalsuperintendent in Wolfenbüttel, gehörte zu den Redaktoren der Konkordienformel. In der Mariol. hielt er an der Jungfrauengeburt ᛗs fest. Die Empfängnis durch den Hl. Geist bedeutet nach S., daß ᛗ als Geheiligte Christus empfing und ihm als Begnadete das menschliche Leben schenkte. Das Ave Maria sei kein Gebet, sondern ein Gruß. Wer es jedoch betrachtend spreche, könne Gottes große Gnade an ᛗ erkennen.

Lit.: E. W. Zeeden, Martin Luther und die Reformation, 2 Bde., 1950–52 (Reg.). — E. Beyreuther (Hrsg.), N. S. 1530–92, 1980. — F. Courth, De cultu Mariano saeculo XVI, III, 1985, 137 ff. 144. 151 ff. — G. Fuchs, Die christl. Deutung der Feinde der Psalmen. Dargestellt an den Psalmenliedern N. S.s, 1986. *R. Bäumer*

Semiramis. Nach dem → Jakobusevangelium ließen Anna und Joachim in Erfüllung eines Dankgelübdes für die Aufhebung langjähriger Sterilität ihre dreijährige Tochter ᛗ zum Dienst im Tempel des Herrn weihen. Wie andere Apokryphen der Kindheit ᛗs ging diese Erzählung in das → Speculum humanae salvationis ein; dem typologischen Speculumschema entsprechend, wurden ihr drei vorchristl. Präfigurationen zugeordnet. Die ersten zwei betreffen den Akt der Opferung: 1. Wie ein aus dem Meer gezogener goldener Tisch in den Tempel der Sonne gebracht wurde (Erzählung aus: Valerius Maximus, Facta et dicta memorabilia IV 1,7), so wurde ᛗ Gott, der wahren Sonne, dargebracht. 2. Auch Jiftach hatte seine einzige Tochter in Erfüllung eines Gelübdes geopfert (Ri 11,30–40). Sein Opfer blieb aber unvollkommen, weil es letztlich unfreiwillig ausgeführt wurde; das Opfer Joachims und Annas geschah dagegen in voller Freiheit. 3. Das dritte typologische Beispiel bezieht sich auf das kontemplative Leben, das die junge ᛗ im Tempel führte. Wie die Königin von Persien von der Höhe der hängenden Gärten nach ihrer fernen Heimat blickte, so bewahrte ᛗ immer ihre himmlische Heimat vor Augen. Illustrationen dazu zeigen Handschriften und Druckfassungen des Speculum, der Freskenzyklus der Geburt und Kindheit ᛗs (Speculum Kapitel 3–5) im Kreuzgang des Domes zu Brixen (1482) und der Wandteppich im Zisterzienserinnenkloster Wienhausen (15. Jh.). Der Speculumtext nennt nicht den Namen der »Gemahlin des Königs der Perser«.

Die Erzählung vom Heimweh der Königin in den hängenden Gärten ist dem Kommentar zum Buch Daniel in der Historia scholastica von → Petrus Comestor entnommen (PL 198,1453); hier handelt es sich, auf den Überlieferungen des Josephus Flavius fußend (Jüdische Altertümer X 11,1; Gegen Apion I 19), um die aus Medien stammende Gemahlin des babylonischen Königs Nebukadnezzar. Alte Traditionen, die die hängenden Gärten Babylons, die zu den Sieben Weltwundern zählten, in Zusammenhang mit der sagenhaften Königin S. brachten, wurden schon von Diodorus Siculus (Hist. Bibl. II 10) abgelehnt, hielten sich aber noch im MA.

Lit.: W. Eilers, Semiramis. Entstehung und Nachhall einer altorient. Sage, 1971. — Heilsspiegel. Die Bilder des ma. Erbauungsbuches ..., hrsg. von H. Appuhn, 1981, 106 f. — LCI IV 149. *G. Nitz*

Senfl, Ludwig, * um 1486 in Basel, † zwischen dem 2.12.1542 und 10.8.1543 in München, trat 1496 als Sänger in den Dienst König Maximilians I. (des späteren Kaisers) in Wien und wurde dann Schreiber und Kompositionsschüler des Hofkapellmeisters Heinrich Isaac. Von Mai 1507 bis Dezember 1508 weilte er mit dem kaiserlichen Gefolge auf dem Reichstag in Konstanz, wo S. Kleriker wurde. 1517 konnte er die Nachfolge Isaacs als Hofkomponist antreten. Nach der Auflösung der kaiserlichen Kapelle und kurzfristigen Aufenthalten in Augsburg und Passau begab er sich 1523 in die Dienste Herzog Wilhelms IV. nach München, wo er bis zu seinem Tode blieb. Seine gegenüber der Reformation aufgeschlossene Haltung bezeugen seine Briefwechsel mit Martin Luther (1530–33) und Herzog Albrecht von Preußen (1526–40), bes. aber der Verzicht auf das Priesteramt und seine Heirat (1530). Gleichwohl läßt sich ein Übertritt zum Prot. nicht belegen. Als Musiker galt S. schon zu Lebzeiten als überragender Könner; heute muß er als wichtigster Vertreter der dt. Vokalpolyphonie der 1. Hälfte des 16. Jh.s gewertet werden.

S. hat 7 Messen hinterlassen, zwei davon als Parodiemessen: »Missa super Nisi Dominus« — anläßlich des Baus der neuen Veste in München um 1540 — und »Missa super Per Signum Crucis« — anläßlich der Errichtung des Kreuzaltares im Kloster Tegernsee 1530. Diese Messen sind Zeugen des Übergangs von der cantus-firmus-Technik — in der frei kontrapunktierende Stimmen dem Imitationsverfahren noch gleichberechtigt waren — zum strengen durchimitierenden Mottenstil mit gedrängter Textwiedergabe. Die fünf cantus-firmus-Messen gehören S.s Münchner Reifezeit an. Die virtuosen Altpartien und der Doppel-cantus-firmus (Choral und weltliches Lied) der Missa dominicalis L'homme armé sind eher der Tradition verbunden, wogegen die Missa Paschalis mit ihren Wechseln von Gruppen und Gesamtchor die moderne Venezianer-Schule ahnen läßt.

Einen weiteren Schwerpunkt zeigt das Gesamtwerk in der Gattung Liedkomposition. Welch hohe Anerkennung S. hier bei seinen Zeitgenossen gefunden hatte, offenbart die Fülle der Bearbeitungen nach S.schen Vorlagen für Streicher, Tasteninstrumente oder Laute.

Den eigentlichen Schwerpunkt seines Schaffens bilden die etwa 240 Motetten. Als einzige ihrer Gattung weist dabei »Sancta virgo« eine mehrchörige Anlage auf, mit Wechseln von Solo–Tutti. Allgemein ist der kunstvolle Umgang mit kontrapunktischen Techniken augenfällig; aber auch manche Reverenz vor Josquin Deprez, wie in der 6-stimmigen Motette »Ave Maria«, einer erweiterten Josquin-Bearbeitung, die Takt für Takt durchgenommen wird, oder in dem 5-stimmigen »Ave rosa sine spinis«, wo S. den gleichen weltlichen Tenor benützt wie Josquin in seiner Stabat-Mater-Motette. Aus einem speziellen Auftrag Herzog Wilhelms entstanden, greift »Mater digna Dei — Ave sanctissima Maria« ältere Überlieferungen auf, indem hier der Tenor primus factus im Zentrum des Satzes steht, gleichmäßig mensuriert und ohne Pausen bringt er einen eigenen Text (ein weitverbreiteter Tropus eines ⓜoffiziums), während die übrigen Stimmen nur untereinander imitatorisch geführt und mit neuem thematischem Material konzipiert sind.

Dem 5–8-stimmigen »Tota pulchra es« liegen Text und Melodie der gregorianischen Antiphon zu Grunde. Die Motette »Gaude, Dei genetrix« bietet in der prima pars paarweise imitierende Stimmen, die sich in Bewegungsart und Ausdruck stark unterscheiden. Weit ausschwingende Melismen kennzeichnen das 4-stimmige »Virgo prudentissima«, mit Text und Melodie der gregorianischen Magnificat-Antiphon zum Fest ⓜe Himmelfahrt.

Überall fällt die Umsetzung der Textgehalte in adäquate musikalische Form- und Affektgestalten auf. Bei allen Bindungen an einen Cantus prius factus, überwiegt doch die Musizierlust.

Den Kern des S.schen Motettenschaffens bilden die Werke des 4-stimmigen Opus Musicum, das ca. 1510–31 für die Münchner Hofkapelle entstand, von Heinrich Isaac begonnen wurde und zu etwa zwei Drittel aus S.s Feder stammt. Die insgesamt vier Bände verzeichnen jeweils in Halbjahressammlungen Kompositionen zum Proprium de Tempore und zum Proprium Sanctorum für Summum- und Duplex-Feste. Basis ist der gregorianische Choral, der polyphon interpretiert wird, in staunenswerter Fülle der Kompositionstechniken. Dabei wird das gotisch-spätma. Diskantieren als Spannung zwischen dem cantus prius factus und dazu gegensätzlicher figurierter Kontrapunkte im Hegelschen Sinne aufgehoben, wobei der liturg. Text getreu in der führenden Stimme ohne Wortwiederholung erhalten blieb, die Choralmelodien hingegen selten plan laufen, vielmehr sich rhythmisch und melodisch modelliert der figuralen Musik anpassen. »Doch stets so geschieht dies, daß das vertraute Ohr den ursprünglichen Verlauf ohne Mühe erkennt und vollzieht. Jene der geistlichen Welt des Mittelalters innewohnende Tendenz, einen authentischen Text und eine aktuell kommentierende Interpretation substantiell zusammenzuschließen, erreicht in dieser Begegnung von Musica Choralis und Musica figuralis einen Höhepunkt« (W. Gerstenberg).

Prinzipiell führt die Baßstimme, die Gravis vox, den Cantus, nach einer vorausgehenden choraliter Intonation. Reizvoll kontrastieren die vorrangig in den Sequenzen begegnenden baßfreien Satzteile. Der Zyklus »In Festo Purificationis B.M.V.« hat seinen Schwerpunkt in der Sequenz »Generosi Abrahae«. Hier finden sich blühende Melodien, klar gliedernde Hemiolen sowie eine 5-stimmige pars. Die 2. Sequenz zur »Dominica Resurrectionis« insistiert durch mehrmaliges sequenzierendes Fortspinnen einzelner Motive auf 𝕸s Antwort: »dic nobis, Maria«; ebenso läßt sich S. bei der »turbae fallaci« vom affektiven Wortgehalt inspirieren. Für die Feste Assumptionis sowie Nativitatis BMV sind nur die communio-Vertonungen überliefert. Ins Auge fallen dagegen die zahlreichen Sequenzen für die Liturgie der Heiligenfeste, welche die im SpätMA ausgreifende Heiligenverehrung dokumentieren.

Ausg.: L. S., Sämtliche Werke, 1936 ff.
Lit.: T. Kroyer, L. S. und sein Motettenstil, Habil.-Schrift, München 1902. — E. Lohrer, Die Messen von L. S., Diss., Zürich, 1938. — K. C. Roberts, The music of L. S., Diss. Univ. of Michigan, Ann Arbor 1965. — W. Seidel, Die Lieder S.s, 1969. — MGG XII 498–516. — Grove XVII 131–137.   *M. Hartmann*

Sensus fidelium (auch consensus fidelium) ist die den einfachen Gläubigen eignende innere Gewißheit bezüglich eines Glaubensbefundes, die ihnen aufgrund ihres Glaubens und ihrer Geistbegabung (Charisma) geschenkt ist. Vom Begriff des »sensus fidei« ist der S. insofern (inadäquat) unterschieden, als jener vornehmlich das dem einzelnen zukommende Glaubenslicht und die Glaubenserleuchtung betrifft, während dieser die objektiv der Gesamtheit der Gläubigen als ganzer zukommende Befähigung zum wahren Glaubenszeugnis meint (deshalb auch »sensus ecclesiae« genannt). Als »Sinn der Kirche« ist der S. auch ein Kriterium und eine Fundstelle der Offenbarung im Gegenüber (aber nicht im Gegensatz) zum Lehramt, ohne daß er im Sinne der Jansenisten zum primären Kriterium und zur ersten Urteilsinstanz in Fragen des Glaubens erhoben werden dürfte, weshalb auch seine im Gefolge des Demokratiegedankens aufkommende Gleichsetzung mit der öffentlichen Meinung in der Kirche und dem Zeitgeist unzulässig ist.

Der Sache nach war der S. schon der Tradition bekannt, in der u. a. Vinzenz v. Lerin bei der Formulierung des kirchlichen Traditionsprinzips die »Consensio« (Einstimmigkeit) betont, daß »wir uns ... den Entscheidungen aller oder fast aller Priester anschließen« (Commonitorium c. 2: PL 50, 640). So erhebt auch Paulinus v. Nola († 431) die Forderung: »Laßt uns am Munde der Gläubigen hängen, weil der Geist Gottes jeden Gläubigen anhaucht« (Ep. 23, n. 25: PL 61, 281). Einen Tatsachenbeweis für die Existenz des S. bot v. a. der Streit mit den Arianern, in dem Hilarius v. Poitiers die Feststellung traf: »Die Ohren der Gläubigen sind reiner als die Herzen der Bischöfe« (Contra Arianos vel Auxentium, 6: PL 10, 597).

Während die ma. Scholastik ihr Augenmerk mehr auf die Tugend des Glaubens lenkte und auf die sich darin findende Konformität zwischen dem Subjekt und dem Gegenstand des Glaubens (Thomas v. Aquin: S.th. II.II. q.1 a.9), war die neuzeitliche Scholastik gehalten, in Auseinandersetzung mit dem prot. Glaubensprinzip die Anerkennung der Tradition und der mit ihr verbundenen objektiven Glaubensregel, welche die Gemeinschaft der Kirche bildete, zu betonen. So sprach schon das Tridentinum vom »sensus« oder vom »iudicium ecclesiae« als der lebendigen Tradition der Kirche (DS 1637; DS 1726.).

In der systematischen Darstellung der theol. Beweisgründe bei Melchior →Cano († 1560) wird als der dritte Weg zur Feststellung der apost. Tradition die »in ecclesia communis fidelium consensio« angegeben (De locis theologicis III c. 4). Hier erfolgte allerdings auch schon eine (zuvor bereits von Kardinal Cajetan [† 1534] urgierte) Begrenzung, nach der bei allen schwierigen, die Fassungskraft der einfachen Gläubigen übersteigenden Glaubensfragen v. a. die Erkundung bei den Lehrern und Hirten der Kirche vorzunehmen sei (ebd. IV c. 4). Beachtlich ist hier auch der auf die rechte Gewichtung des S. weisende Gedanke, daß die endgültige Beweiskraft einer aus dem S. erhobenen Sentenz nur durch das kirchliche Lehramt und die Unfehlbarkeit der Kirche gesichert werden kann, woran ein innerer Zusammenhang zwischen dem S. und dem Lehramt erkennbar wird.

Eine theol. Vertiefung erfuhr die Lehre vom S. in der Theol. des 19. Jh.s, sei es, daß sie von der positiv-patristischen Ausrichtung der Röm. Schule (→Perrone, →Passaglia) herkam, sei es, daß sie durch das romantisch-organologische Denken der Tübinger Schule motiviert war. So konnte J. A. Möhler († 1838) »das vom Heiligen Geist bewirkte Gesamtbewußtsein der Gläubigen« als »nahezu identisch mit der Tradition« auffassen (Die Einheit in der Kirche oder das Prinzip des Katholizismus [hrsg. von J. R. Geiselmann, 1957, 50 f.]), während (auf neuscholastischer Grundlage) M. J. →Scheeben in seiner Systematik bei grundsätzlicher Wertschätzung doch auf die Unterscheidung gegenüber den »authentischen Lehrern« wie auch gegenüber »der einfachen frommen Neigung vieler frommer Seelen« Wert legte (Gesammelte Schriften III, Handbuch der kath. Dogmatik I, hrsg. von M. Grabmann, mit einem Vorwort von J. Höfer, ³1959, 159).

Die wohl lebendigste Auffassung bot aufgrund eines mystisch-verinnerlichten Kirchenverständnisses J. H. →Newman († 1890). Er verstand »die Gemeinschaft der Gläubigen« als »eine(n) der Zeugen für die Tatsache der Überlieferung geoffenbarter Wahrheiten«, woraufhin »ihr ›consensus‹ in der ganzen Christenheit die Stimme der unfehlbaren Kirche ist« (Über das Zeugnis der Laien in Fragen der Glaubenslehre: Polemische Schriften, 1959, 262). So kam er zu der Schlußfolgerung: »Bei der Vorbereitung einer Lehrentscheidung werden die Gläubigen befragt (consulted), so auch vor kurzem bei der Frage der Unbefleckten Empfängnis« (ebd. 255). Das kann freilich nicht im Sinn eines formellen rechtlichen Verfahrens verstanden werden, sondern nur als Vergewisserung des dauernd bestehenden Kontaktes und der lebendigen Konspiration des Lehrkörpers mit dem Glaubenskörper.

Das Vaticanum II hat die Existenz und die Bedeutung des Glaubenssinns betont hervorgehoben, wenn es von der »Gesamtheit der Gläubigen, welche die Salbung vom Heiligen Geiste haben« erklärt, daß sie »im Glauben nicht irren« kann und durch diesen Sinn »unter der Leitung des heiligen Lehramtes ... den einmal den Heiligen übergebenen Glauben (vgl. Jud 3) unverlierbar fest(hält)« (LG 12). Die darin angedeuteten Elemente einer Wesensbeschreibung lassen sich dahingehend zusammenfassen, daß der Glaubenssinn eine den Getauften und wahrhaft Glaubenden geschenkte Geistesgabe ist, bei der sich nach Art eines geistigen Instinktes affektiv-intuitives Erfassen mit unreflexer rationaler Erkenntnis verbinden und zu einer Konsonanz mit der Glaubenswahrheit gelangen. Als theol. Erkenntnisort genommen, besitzt der S. in seiner Abkunft vom Hl. Geist zwar eine gewisse Selbständigkeit. Weil er aber zugleich auch der Reflex der in der Kirche aktiv getätigten Überlieferung ist, hat er keine schlechthin unabhängige Bedeutung und bleibt eine sekundäre Erscheinungsform der Tradition. Doch besitzt er eine wichtige Aufgabe zur Bezeugung und Bestätigung der Tradition und kann sogar in Situationen, da diese eine Verunklärung oder Verunsicherung in der Kirche erfährt, für ihre Bekräftigung, Stärkung und Entfaltung entscheidend sein (vgl. das Beispiel des Streits mit dem Arianismus).

Nicht zufällig weisen die Theologen bei Erörterung des S. zum Zwecke konkreter Beispielgebung auf die Mariol. hin (Scheeben, Newman). Tatsächlich hat der S. als Form des gelebten Glaubens, der sich in der Frömmigkeit des Volkes, in Predigt und Liturgie vielfachen Ausdruck schuf (lex orandi), eine nicht unwichtige Rolle in der Entwicklung der M dogmen gespielt, jedoch nicht unabhängig von der damit verbundenen theol. Reflexion und der Autorität des Lehramtes. Seine Beanspruchung nimmt freilich oft nur den Charakter eines Konvenienzgrundes an, so etwa in der Frage der virginitas post partum bei Basilius, der erklärt: »Die Christus lieben, ertragen es nicht zu hören, daß die Gottesmutter jemals aufgehört habe, Jungfrau zu sein« (Hom. 25 in Chr. gener. n.5: PG 31, 1467). Im ganzen war jedoch »der Fortschritt der Mariologie in Ost und West nie ausschließlich das Werk der Glaubenswissenschaft, sondern ebenso das des geistgeleiteten sensus fidelium« (G. Söll, HDG III/4, 150).

Die theol. Einordnung und Gewichtung dieses Faktors wurde nicht zuletzt in der Zeit unmittelbar vor den Definitionen der UE und der Assumptio M s gefördert. So wurde in den kurialen Gutachten zur UE auf die Bedeutung des »sensus ecclesiae« hingewiesen (ebd. 211) und die Begrenzung auf einen rein positivistisch-historisch orientierten Traditionsbegriff vermieden. Damit klärte sich auch die Frage, ob der S. zur dogmenbegründenden Tradition gehöre oder ob er nur als dogmenbezeugende Tradition anerkannt werden könne. Auf jeden Fall wurde er als inneres Moment dem sog. »Factum ecclesiae« eingeordnet, zu dem das Zeugnis der »lehrenden« wie der »hörenden« Kirche gehört. Damit war die irrige Vorstellung abgewehrt, daß Glaubenswahrheiten auf dem Wege von Volksabstimmungen zur Geltung gebracht werden könnten.

Die Diskussion brachte auch insofern eine Klärung, als der S. vom bloßen rel. Gefühl des Modernismus abgehoben wurde. Die in ihm enthaltenen Urteile wurden als »iudicia sympathica« ausgegeben, die infolge der geistgewirkten Konnaturalität auf einem mehr affektiven und spontanen Wege zustande kamen, ohne so jedoch die rationale Begründung bei sich zu haben. So führte gerade die Erörterung des Bezugs des S. zu den M dogmen zur genaueren Klärung seiner Bedeutung als wertvollem Erkundungsmittel der glaubensbezeugenden Überlieferung. Freilich wurde auch klar, daß seine dogm. Beweiskraft nur im Zusammenhang mit den anderen Zeugen der Tradition erhoben werden kann, zuletzt mit dem authentischen Zeugnis des Lehramtes.

Lit.: J. B. Franzelin, Tractatus de divina traditione et scriptura, Rom/Turin 1870. — F. Marin-Sola, L'évolution homogène du dogme catholique, ²1924. — J. Filograssi, Traditio divino-apostolica et assumptio BMV, In: Greg. 30 (1949) 443–489. — M. D. Koster, Volk Gottes im Wachstum des Glaubens. Himmelfahrt Mariens und Glaubenssinn, 1950. — A. Kolping, Zur Theol. Erkenntnismethode anläßlich der Definition der leiblichen Aufnahme Mariens in den Himmel, In: Divus Thomas 29 (1951) 81–103. — M. Seckler, Instinkt und Glaubenswille nach Thomas v. Aquin, 1961. — M. Seybold, Kirchliches Lehramt und allgemeiner Glaubenssinn. Ein reformatorisches Anliegen aus der Sicht des I. und II. Vatikanischen Konzils, In: ThGl 65 (1975) 266–277. — P. Brauchart, Die Lehre vom »Glaubenssinn« (Sensus Fidei) in ihrer Bedeutung für die gegenwärtige Ekklesiologie, 1982. — L. Scheffczyk, Sensus fidelium — Zeugnis in Kraft der Gemeinschaft, In: IKZ-Com 16 (1987) 420–433.

L. Scheffczyk

Sepp (Seppenburger) **v. Reinegg,** Anton, *21.11.1655 in Kaltern/Tirol, †13. (oder 16.) 1. 1733 in der Reduktion San José/Argentinien, war als Sängerknabe am Kaiserhof in Wien, besuchte das Innsbrucker Jesuitengymnasium und trat 1674 in die SJ ein. Während seiner Studien an der Universität Innsbruck unterrichtete er an Gymnasien in Bayern und der Schweiz, wo er mehrere Schuldramen schrieb und aufführte, darunter z. B. mit marian. Thematik auch »Die Befreiung Wiens« (»Vienna liberata«, 1683/87) oder »Mächtige Hilfe Mariens« (1688). 1689 ging er nach → Paraguay, wo er in verschiedenen → Reduktionen als Missionar, Lehrer, Musiker sowie bahnbrechend auch als Entwicklungshelfer und Dorfgründer wirkte.

Auf seine Missionsreise nahm er eine Kopie des Gnadenbildes von Altötting mit, die ihm die Stiftsherren des Wallfahrtsortes geschenkt hatten. In die Statue, die in einem kleinen Altaraufsatz stand, war ein Splitter der Madonna von Altötting eingefügt. Dieses »wundertätige Bildstöcklein«, das bald auch von den Indios verehrt wurde, begleitete S. auf seinen Reisen in die verschiedenen Reduktionen. Während der Pestzeit (1665) nahm er das Gnadenbild aus der Dorfkirche ins Krankenhaus mit, um davor die hl. Messe zu feiern. Er teilt viele Gebetserhörungen mit, die er seinem Altöttinger Bild zuschreibt, einige davon auch aus der Pestzeit. Die Verehrung des Bildes aus Altötting hängt eng mit S.s Persönlichkeit zusammen und zieht sich wie ein roten Faden durch seinen Bericht von der Reise nach Paraguay und seinem dortigen Wirken. Obgleich historisch nicht gesichert, wird doch von einigen angenommen, daß das Gnadenbild »Nossa Senhora Aparecida« in → Brasilien, in einem alten Missionsgebiet der Jesuiten, irgendwie auf S.s Nachbildung der GM von Altötting zurückzuführen ist.

S. übersetzte von Antonio Vieira SJ (1608–97), den er hoch schätzte, eine Sammlung von Predigten über den Rosenkranz, die an die Marian. Kongregation gerichtet waren. Die Sammlung trug den Titel »Maria Rosa Mystica« und wurde von S. in »Marianischer Rosengarten« umbenannt. Er übersetzte nicht aus der port. Urfassung, sondern aus einer span. Ausgabe (Saragossa 1689). Das Manuskript (1416 Seiten) gelangte nach Ingolstadt, wurde für die Drucklegung leicht überarbeitet, erschien aber nie im Druck (heute: München, Universitätsbibl., Cod. ms. 148. 149).

S. soll für die Reduktionen selber eine ganze ♏statue geschnitzt haben. Ferner berichtet er ausführlich über ein selbst erlebtes tragisches Mißverstehen eines Vesperbildes: Eine Indio-Frau hatte in der Kirche von Yapeyú das Bild ♏s mit sieben Dolchen oder Schwertern in der Brust gesehen und war der Meinung, die Schmerzhafte Mutter sei ihr erschienen und habe gesagt: Wie ich mir den Dolch in die Brust gestoßen, so sollst auch du es tun, um deine Seele zu öffnen. Sie nahm ein Kreuz in die Linke und in die rechte Hand das Messer, warf sich auf die Knie und stach zu, um sich »der schmerzhaften Mutter gleichförmig« zu machen. S. ließ daraufhin das Bild aus der Kirche entfernen. Fälschlicherweise wird dieses tragische Mißverständnis aus dem Jahr 1693 mit der allgemeinen Dummheit und Unkenntnis erklärt. Vielmehr werden darin die typischen Probleme der indianischen Glaubens- und Sprachwelt mit der abendländlischen sichtbar, die gerade dort auftraten, wo abendländische Gedanken in der indianischen Sprach- und Bildwelt ausgedrückt wurden.

WW: Continuation oder Fortsetzung der Beschreibung Deren denkwürdigen Paraquarischen Sachen....., Ingolstatt 1710. — Reißbeschreibung, wie dieselbe aus Hispanien nach Paraquariam kommen, Nürnberg 1712.
Lit.: A. Huonder, Dt. Jesuitenmissionäre des 17. und 18. Jh.s Ein Beitrag zur Missionsgeschichte und zur dt. Biographie, Freiburg i. B. 1899. — A. Rabuske, Padre Antônio Sepp SI, o artista barroco, In: Estudio 36 (1976) 4, 79–87. — Ders., Antônio Sepp SI, o genio das reduçoes guaranis, ²1979. — J. Mayr, Über die Theatertätigkeit des Südtiroler Jesuiten A. S., In: Der Schlern 56 (1982) 443-458. 479–491. — F. Braumann, 3000 Indianer und ein Tiroler. Sepp v. Reinegg, 1977. — J. Mayr, A. S. ein Südtiroler im Jesuitenstaat, 1988. *H. Rzepkowski*

Sequela (von lat. sequi, folgen) bezeichnet melodische Folgen (Melismen) ohne Text über der letzten Silbe des Alleluja der Messe. Synonyma dafür sind Vokalise, →Jubilus, jubilatio, neuma oder pneuma und melodia longissima. Als S. versteht man auch eine distinctio simplex oder duplicata; sie ist ein einfacher oder doppelter Abschnitt. Distinctio duplicata kann auch die Gesamtheit aller Abschnitte der melodiarum longissimarum, d. h. den ganzen Alleluja-Jubilus, bezeichnen. Textierte Sequelen — von ihnen gibt es eine Reihe marian. — werden seit dem 8./9. Jh. zu → Sequenzen.

Lit.: P. Wagner, Einführung in die gregorianischen Melodien I, 1911³, 248–276; III, 1921, 483–501. — G. Reese, Music in the Middle Ages, 1941, 187. — MGG I 346. — Grove XVII 141.
D. v. Huebner

Sequenz. I. EINFÜHRUNG. Unter den poetisch-musikalischen Formschöpfungen des MA ist die S., zusammen mit dem liturg. →Spiel, wohl die bedeutendste und folgenreichste; mit ihren vielen tausend Dichtungen ist sie auch eine der fruchtbarsten. Sie erwuchs um den Alleluia-Jubilus der Festtagsmesse als ein dem Feiernden eigenes neues Lied. Über manche Anzeichen, daß außerliturg. oder weltliche Formen voraus- oder nebenhergingen, gibt es viele Spekulationen. Auch wenn die hs. Überlieferung erst im letzten Drittel des 9. Jh.s einsetzt, wird man das Aufkommen in der Liturgie mindestens an den Anfang dieses Jh.s setzen müssen. Im Konzil von Meaux (845) wird die S. (»prosa«), zusammen mit anderen →Tropen, bereits bekämpft. Der Ursprung ist vermutlich in Italien oder Frankreich zu suchen. Von Anfang an scheint man mit S.en-Gesang auch ♏feste gefeiert zu haben: Die früheste ♏-S. (→Beata tu virgo Maria) findet sich schon in der ersten Schicht. Unter den Anrufungen und Preisungen steht das typologische Bild von der geschlossenen →Pforte: »De te enim dicit Hiezechiel propheta, Quia erat clausa in domo domini porta: O alma Maria, O sancta Maria!« Weitere frühe ♏-S.en, »Gaude eia unica columba« (AHMA 9,54; Schaller-Könsgen 5493) und »O beata et venerabilis« (AHMA 7,65; Schaller-Könsgen 10811) wenden nach verhältnismäßig wenig ausgedehntem Preis ♏s den Gang des Gedankens ganz Christus zu. In »Rex nostras Christe laudes« (AHMA 37,61; Schaller-Könsgen 14289) wird ♏ zwischen Petrus und Michael genannt — vielleicht ist hier Lichtmeß noch stärker als ein Herrenfest verstanden worden oder die Zuweisung erst nachträglich erfolgt. Seit dem frühen 10. Jh. tritt ♏ in den Mittelpunkt der Betrachtung. Eines der ersten Beispiele ist → »Hac clara die turma«. Mit der rasch wachsenden Zahl der ♏-S.en erfolgt eine immer deutlichere Zuordnung zu bestimmten Festen. Die an mystisch-poetischen Bildern reiche S. zu ♏e Himmelfahrt, »Aureo flore« (AHMA 53,183; Schaller-Könsgen 1472, → »Aurea virga«) deutet mit den lyrischen Möglichkeiten der Gattung kosmischen Heilsbezug an (→Mystik): »Aureo flore primae matris Evae florens rosa processit, sicut sol oritur, ut lucifer inter astra decoravit polorum sidera. Flavescunt campi eremi colocasia, germinantque lilia odore novo, acantho roscida nectarea rorantque arva ...«. Noch in dieser Epoche wird die Form der S. auch für außerliturg. und weltliche Stoffe verwendet. Auch manche geistliche S.en wurden wahrscheinlich nicht unmittelbar für die Meßliturgie geschaffen.

Unter den sog. Da-capo-S.en, einer kleinen Gruppe früher S.en, die in ihrer bes. komplizierten Anlage keine Beziehung zum Alleluia erkennen lassen, findet sich ebenfalls ein ⓜgesang. Wie viele der älteren S.en hebt er mit der Aufforderung zum lobpreisenden Singen an (»Liedmotiv«): →»Virginis virginum cantica Mariae, genetricis Dei, fidibus canamus atque laeta resonemus melodia.« Worte des Singens und Musizierens werden auch in die folgenden Strophen immer wieder eingeflochten. Diese Neigung ist gleichfalls zahlreichen westlichen S.en gemeinsam; in vielen anderen ist außerdem die Tendenz sehr ausgeprägt, in einem Nachklingen des Alleluia-Jubilus die Kola auf »- a« enden zu lassen.

Vom westlichen Vorbild angeregt dichtet →Notker Balbulus (†912) in reimloser, herb poetischer Prosa seine »Hymnen«; diese S.en Notkers und die seiner Nachahmer finden ein eigenes Verbreitungsgebiet, das von dem der westlichen S.en im großen und ganzen geschieden ist. Notkers ⓜlieder wenden sich der GM zu, ihrer Erwählung, ihrem Anteil an der Erlösungstat, ihrer Jungfräulichkeit, ihrer Mittlerschaft. Nur die Lichtmeß-S. weist auf Präfigurationen hin (→Typologie): auf die geschlossene Tür und auf →Aarons Stab.

Das Melodie- und Sprachschema einer S. konnte von anderen übernommen werden, die erste S. wurde so zur »Stammsequenz«. V. a. in dem vom sanktgallischen (Notkerschen) Typus geprägten Raum trugen manche Melodien Namen: Weite Verbreitung hatte z. B. das Schema mit dem Namen »mater«.

Während einer Phase des Übergangs etwa im 11. Jh. dringen in den Bau der S.en der Reim und die rhythmische Regelung des Silbenfalls. Beispiele aus dieser Epoche sind die Dichtungen →Gottschalks v. Aachen, auch die S. →»Ave praeclara maris stella«. Bei einigen marian. Umdichtungen von »Victimae paschali laudes« zu »Virgini Mariae laudes« (AHMA 54, 27–32) mag der Eindruck des Übergangsstils aus der Nachahmung resultieren. Im 12. Jh. hat die S. ihren Charakter entschieden verändert: Zweisilbig reiner Reim und geregelter Silbenfall sind in dieser zweiten Epoche die Norm. Nur noch die Melodie und die meist, aber keineswegs immer, verschieden gebauten Strophen unterscheiden formal die S. vom →Hymnus. Jetzt mehren sich neben Bildern und →Ehrentiteln die typologischen Bezüge, die noch in der Übergangszeit eher vereinzelt auftraten. Mit vollendeter Sprachkunst werden sie mitunter zu höchster Dichte und Fülle gesteigert wie bei →Adam v. St. Viktor. Von dieser Epoche an wird die Stabat-Mater-Strophe zur beliebtesten Form.

Nach dem 13. Jh. tritt die Typologie wieder zurück. Dagegen wird das Motiv des Mitleidens v. a. im Zusammenhang mit der Compassio vorherrschend (z. B. »Compassa filio«, AHMA 53, 178); es war freilich schon vorher erschienen, z. B. in den großen →Planctus des 12. Jh.s, die ebenso in S.form angelegt waren wie später das →»Stabat mater«.

Ausg.: Kehrein. — AHMA, v. a. Bd. 7, Bd. 53 f.
Lit.: C. Blume und H. M. Bannister, AHMA 53, V–XXX. — W. v. den Steinen, Die Anfänge der Sequenzendichtung, In: ZSKG 40 (1946) 190–212. 241–268; 41 (1947) 19–48. 122–162. — P. Dronke, The Beginnings of the Sequence, In: Beiträge zur Geschichte der dt. Sprache und Literatur, West 87 (1965) 43–73. — L. Brunner, Catalogo delle sequenze in manoscritti di origine italiana anteriori al 1200, In: Rivista italiana di musicologia 20 (1985) 191–276. — Medioevo Latino 10 (1989) 570; 11 (1990) 641 f.; 12 (1991) 598 f. — Brunhölzl II 31–43. — MGG XII 522–559.
G. Bernt

II. LITERATURWISSENSCHAFT. Die beziehungsreiche Verbildlichung des Geheimnisses der Menschwerdung Christi in ⓜ beruht in der lat. und dt. Sequenzen- wie Hymnendichtung des MA auf dem damals allgemein vertrauten typologischen wie allegorischen Denken, das im theol. Schrifttum und in der Predigtliteratur schon seit der Väterzeit verbreitet war. So wird der brennende und nicht verbrennende →Dornbusch, in dem Gott sich offenbart (Ex 3,22 ff.), zum Symbol der jungfräulichen Gottesliebe ⓜs, in der sich Christus offenbart. →Adam v. St. Viktor sagt: »Rubus quondam exardebat / Et hunc ardor non urebat / Nec virorem nocuit. / Sic ardore spirituali / Non attactu coniugali / Virgo Deum genuit« (Wellner 350). Der wunderbar sprießende, blühende und Frucht tragende Stab (lat.: virga) →Aarons (Num 17,23) gleicht der virgo, die vom Hl. Geist zur Neuheit der Empfängnis und Geburt Christi bereitet wird. Gerade in der dt. Sprache erfreut sich dieses Motiv großer Beliebtheit und kommt schon in den frühesten Zeugnissen vor. »Iu in erde leite / Aaron ein gerte: / diu gebar nuzze / mandelon also edile. / die suozze hast du fure braht, / muoter ane mannes rat / Sancta Maria« (→Melker Marienlied). Das Motiv bleibt lange beliebt. Der Name Eva, Symbol für das Unheil der Menschheit, wird durch den Engelsgruß »Ave« ins Heilvolle gewendet. »Sumens illud Ave / Gabrielis ore / Funda nos in pace / Mutans nomen Evae« (AHMA 51, 123; →Ave maris stella). In diesen Zusammenhang gehört auch das Motiv »Christus als neuer Lebensbaum« in einer Strophe der berühmten S. →»Ave praeclara maris stella«, die auch die feste christol. Verankerung dieser Art von ⓜdichtung zeigt. »Te lignum vitae / sancto rorante pneumate / parituram / (...) signavit Gabrihel.«

In diesen Kontext typologisch-poetischen Denkens fügt sich das Vlies →Gideons, das, vom himmlischen Tau befeuchtet (Ri 6,36 ff.), ein Gleichnis für die vom Hl. Geist fruchtbar gewordene Jungfrau ist. Ebenso deutet der Sproß — wiederum virga — aus der Wurzel Jesse (Jes 11,1 ff.), der die Blüte (flos) hervorbringt, auf die der Geist Gottes herabkommt, voraus auf die virgo, deren Blüte Christus ist. »Janua salutis / quid tibi virtutis / virgo virga Jesse / potuit deesse« heißt es im »Ave singulare« (Wilmart 359). Die mehrfache virgo-virga-Beziehung wird gleichfalls konnotiert von Vorstellungen aus dem Hld, wo sich der Bräutigam als »flos campi et lilium convallium« bezeichnet (2,1), wobei M die Symbolik eines unbeackerten Feldes zufällt, aus dem die herrlichste Blüte entspringt, auf welcher der Geist Gottes ruht. »Felix / Jesse gignens prolem / virga florem, virgo solem / flos designat salvatorem / virga florens virginem« (Mone II, Nr. 379). In den Kontext des Hld gehört auch die Vorstellung vom Schoß der Jungfrau als →Brautgemach (thalamus) für die Hl. Hochzeit von Himmel und Erde, die ebenso mit anderen kosmischen Symbolen verbildlicht werden kann. »O novum connubium / soli nubit stella / novum puerperium / parturit puella« (Mone II, Nr. 370).

Von Jes 11,1 ff. ist der Weg nicht weit zum Wortlaut der Vulgata von Jes 7,14 (Ecce virgo concipiet) und zur verschlossenen Pforte bei Ezechiel (44,1.2), durch die der Herr gegangen ist und die er verschlossen hinterlassen hat. Mit Nachdruck wurde diese aus dem Verheißungs- und Erfüllungsschema hervorgehende Bildwelt typologischer und naturallegorischer Art durch Rhythmik und Vers der liturg. Dichtung dem Bewußtsein der ma. Menschen eingeprägt, mehr als dies die Predigten eines →Bernhard v. Clairvaux oder →Honorius Augustodunensis konnten. Nicht weniger gilt dies für die Paradoxien, die sich, ähnlich dem zenbuddhistischen »kôan«, mit den Bildelementen verbinden. »Vitri non integritas / Sole violatur / Nec tua virginitas / Partu defloratur« (AHMA 20, 225). »Deus deum genuit absque matre / virgo deum protulit / sine patre« (Mone II, Nr. 355). Und wiederum das Paradox ohne Beispiel: »Parens absqe pare / nesciens exemplum / ... splendor patris ille / filius ancille« (Wilmart 359). Die christol. Zielsetzung des Mlobes wird deutlich in der Bezugnahme auf Lk 15,8–10 in »Mariens Osterlied«: »Portans quae perierat drachmam / gaudet angelorum caterva«, einer Frühsequenz aus dem 9. Jh. (AHMA 7, 53).

Auf diese gesamte Bild- und Symbolwelt brauchen die S.n nur mit einem Wort anzuspielen, um sogleich sämtliche Konnotationen wachzurufen: »Haec est dicta per exemplum / Mons, castellum, aula, templum / thalamus et civitas« (Adam v. St. Viktor, ed. Wellner 150).

Reflektiert und theol. durchdrungen hat →Hildegard v. Bingen diese Bildwelt in ihrer S. »O virga ac diadema purpurae regis, quae es in clausura tua sicut lorica« (AHMA 50, 326; Lieder, 224 f.), damit aber auch von der rein äußeren Analogie des typologischen Denkens auf eine Stufe persönlicher Aneignung und Verinnerlichung des Geheimnisses gehoben. M ist für Hildegard Szepter (virga) und Krone Christi, der durch sie zum König der Schöpfung wird. Das Blühen der virga im Sinne von Jes 11,1, aber auch im Sinne jungfräulicher Werke, symbolisiert die Neuheit und Andersartigkeit der Geburt Christi als Beginn eines neuen Lebens überhaupt. »Tu frondens floriusti in alia vicissitudine, quam Adam omne genus humanum produceret.« Dieses neue Leben ist für Hildegard aber auch das wiedergebrachte, das »Adam« für alle verlor. »Ave, ave, de tuo ventre alia vita processit quam Adam filios suos denudaverat« (Lieder, 224 f.). Bezeichnend ist für Hildegard, daß sie entgegen der Eva stärker belastenden Scholastik ihrer Zeit die Beteiligung beider Stammeltern an der Ursünde betont.

Im nächsten Satz ist Christus als »flos« direkt angesprochen, von dessen Erblühen (unter Anspielung auf den Johannes-Prolog) alle kosmischen Einflüsse ausgeschlossen werden zugunsten des alleinigen göttlichen Wirkens in der virga M: »O flos, tu non germinasti de rore nec de guttis pluviae, nec aer desuper te violavit, sed divina claritas in nobilissima virga te produxit« (Lieder, ebd.).

Zur Manrede zurückkehrend, greift Hildegard das große Thema der von Ewigkeit her geplanten Menschwerdung Gottes auf, das auch ihre Trinitätsvision bestimmt: »O virga, floriditatem tuam Deus in prima die creaturae suae praeviderat, / Et de verbo suo auream materiam, o laudabilis virgo, fecit« (Lieder, ebd.). Da die zeitgenössische Theol. eine Reinigung Ms bei der Empfängnis Christi annahm, kann sich das Symbol »aurea materia« auf deren ewige Vorbestimmung beziehen und muß nicht im Sinne der IC Ms verstanden werden. Positiv erscheint auch die Erschaffung Evas im göttlichen Plan als Vollendung der Schöpfung und Vorentwurf Ms: »O quam magnum est in viribus suis latus viri, de quo Deus formam mulieris produxit, quam fecit speculum omnis ornamenti sui et amplexionem omnis creaturae suae. / Inde concinunt caelestia organa et miratur omnis terra« (Lieder, 226). Entsprechend groß ist die Klage über den Fall der Frau, die sich der Ignoranz und ihr Geschlecht dem Schmerz aussetzte: »O quam valde plangendum et lugendum est, quod tristitia in crimine per consilium serpentis in mulierem fluxit« (Lieder, ebd.). Aber nicht nur Frauenleid, auch der dieses aufhebende Frauensegen wird zur schicksalshaften Betroffenheit des Schreibenden: Das Heil durch M überbietet das verlorene Leben. Der »flos« Christus wird daher jetzt abgelöst durch den »sol« Christus in seiner Heil bringenden Funktion: »Sed, o aurora, de ventre tuo novus sol processit, qui omnia crimina Evae abstersit et maiorem benedictionem per te protulit, quam Eva hominibus nocuisset« (Lieder, ebd.). In der poetischen Form wagt es Hildegard sogar, M »salvatrix« zu nennen und sieht ihre erlösende Funktion darin, die Gläubigen als Glieder ihres Sohnes zu sammeln: »Unde, o salvatrix, quae novum lumen humano generi protulisti, collige membra filii tui ad caelestem harmoniam« (Lieder, ebd.).

In einer anderen M-S. (O viridissima virga, AHMA 50, 327; Lieder, 286) hat Hildegard die vielfach in ihren Werken belegte Analogie zwischen der Menschwerdung Christi in M und seinem Gegenwärtigwerden im eucharistischen Brot thematisiert. Ihre in einer kurzen lyrischen Form so persönlich dargebotene Theol. steht gleichsam in der Mitte zwischen der lat. und der dt. S.-Dichtung.

Dieser Unterschied ist z. B. zu beobachten an den von der S. »Ave praeclara maris stella« abweichenden Partien der M-S. aus →Seckau oder St. Lamprecht. In ihr verschmilzt die Anrede des Verkündigungsengels mit der Anrede des lyrischen »Ich«, welches das Mgeheimnis aussagt. »Ave Maria, / du bist genaden plena. / meit du swanger wirst, / iz ist got selbe den du gebirst. / be disem worte / himelischiu porte / enphienge in dinem reinen libe / daz du doch niht wurde ze wibe.« Diese persönliche Ergriffenheit steigert sich gegen Ende des 12. Jh.s in der M-S. aus →Muri, die die aus der Patristik geläufige Denkweise, daß M aus dem Glauben empfing (vgl. z. B. Augustinus, »De sancta virginitate« c. 3), als Empfängnis durch das Ohr versinnbildet, weil der Glaube vom Hören kommt. »Du bist allein der saelde ein porte / ia wurde du swanger von worte. / dir kam ein chint, / frouwe, dur din ore, / des cristen, iuden und die heiden sint, / und des genade ie was endelos.« Daß nicht nur die Christen, sondern auch die Juden und Heiden in eine Beziehung zu Christus gebracht werden, erlaubt die Vermutung, das lyrische »Ich« setze hier, nicht zuletzt unter Verweis auf die Unendlichkeit der Gnade Christi, zu einer frühen und seltenen Form von Theol. der Religionen an.

Wegen seiner gattungsmäßigen und bildhaften Nähe zur S. darf der berühmte Mleich →Walters v. d. Vogelweide hier nicht unerwähnt bleiben, der die politische Sorge um Reich und Kirche mit den alten typologischen Bezügen zu unterstreichen und diese dadurch neu zu aktualisieren weiß. »Maget und muoter, schouwe der Kristenheite not, / du blüende gerte Arones, uf gender morgenrot, / Ezechieles porte, diu nie wart uf getan, / durch die der künec herliche wart uz und in gelan. / also diu sunne schinet durch ganz gewohrtes glas, / also gebar diu reine Krist, / diu maget und muoter was.« Die künstlerische Technik Walters wird dadurch bes. gesteigert, daß er seine Sätze den Wechsel rhythmisch ungleicher Strophen überspannen läßt: »Ein bosch der bran, da nie niht an besenget noch verbrennet wart: / breit unde ganz beleip sin glanz vor viures vlamme unverschart. / daz was diu reine maget aleine, diu mit magetlicher art / Kindes muoter worden ist / ane aller manne mitewist« (C. v. Kraus, 4 f.).

Das Grundthema der Sequenzen in beiden Sprachen, Gottes Menschwerdung in M, erhält durch den poetischen Verschmelzungsprozeß von typologischen Motiven, Denkparadoxien, Natur- und Kosmosallegorien einen besonderen Reiz, der sich zugleich als Verdichtung des theol. Gehalts auswirkt.

Ausg.: Mone II. — AHMA. — C. Blume, Die Hymnen des Thesaurus Hymnologicus A. H. Daniels, 1908. — C. v. Kraus, Die Gedichte Walters v. d. Vogelweide, 1936. — Wellner. — A. Wilmart, In octava Paschae (AHMA 7,53), In: RBen 49 (1937) 359. — Hildegard v. Bingen, Lieder, hrsg. von P. Barth, I. Ritscher und J. Schmidt-Görg, lat.-dt., 1969.
Lit.: Gössmann. — M. Schmidt, Maria ein »Spiegel der Schönheit«. Zum Marienbild der Hildegard v. Bingen ..., In: Maria — für alle Frauen oder über allen Frauen? hrsg. von E. Gössmann und D. R. Bauer, 1989. — Dies., Maria, »die weibliche Gestalt der Schönheit des Allerhöchsten«, In: Theologisches 44, Nr. 4 (1991) 183–89. *E. Gössmann*

III. LITURGIEWISSENSCHAFT. In den seit der Mitte des 9. Jh.s v. a. diesseits der Alpen (südt. Raum/St. Gallen, Reichenau) entstandenen S.en, als zusätzlicher »Zwischengesang« aus Textunterlagen zu den Melismen des Halleluja hervorgegangen, kamen Sprache und Gemüt der bekehrten Germanen innerhalb der übernommenen röm. Liturgie zum Ausdruck. Die stadtröm. Entwicklung hingegen war den S.en weniger gewogen. Das Missale Romanum von 1570 übernahm aus der Vielzahl vorhandener (teils nicht sehr wertvoller) S.en nur vier (Ostern: Victimae paschali laudes; Pfingsten: Veni, Sancte Spiritus; Fronleichnam: Lauda, Sion; für das Requiem: Dies irae), später (1727) kam noch das →Stabat mater hinzu. Das heutige Meßbuch (1970/75) schreibt nur noch die S.en für Ostern und Pfingsten (Victimae paschali laudes und Veni, Sancte Spiritus) verpflichtend vor. Lauda Sion am Hochfest des Leibes und Blutes Christi und die einzige marian. S. am Gedenktag der → Schmerzen Ms (15. September) sind fakultativ; das Dies irae wird in der Meßliturgie nicht mehr verwendet, wohl aber in der Stundenliturgie (2. November). Die S.en sind bei der Meßfeier vor dem Halleluja (mit Evangelienvers) zu singen, weil mit letzterem Huldigungsruf, an den im Evangelium präsenten Herrn gerichtet, bereits die Verkündigung des Evangeliums beginnt.

Lit.: AHMA XXXIX, XL, XLII, XLIV. — A. Schubiger, Die Sängerschule St. Gallens vom 8. bis 12. Jh., Einsiedeln 1851. — N. Gihr, Die S.en des röm. Meßbuches, ²1900. — Jungmann I 557–564. — Adam v. St. Viktor, Sämtliche S.en, 1955. — B. Opfermann, Sondersequenzen der röm. Liturgie, In: ThGl 47 (1957) 278–282. — W. Dürig, Das Sequentiar des Breslauer Inkunabelmissales, 1990. — KL XI 159–169. — LThK IX 482–485. — LThK² 678–681. — LitWo 2293–96.
Th. Maas-Ewerd/M. D. Klersy

IV. MUSIKWISSENSCHAFT. S.en sind Amplifikationstropen (Erweiterungstropen), eine Sonderform des →Tropus, die im 8. Jh. in Frankreich oder Italien aufkommt, und von da v. a. in Regensburg–St. Emmeram (Engyldeo, ca. 780–848) und später in St. Gallen (Notker Balbulus, 840–

912) bes. gepflegt werden. S.en gehen aus der textierten → Sequela oder → Jubilus und dgl. hervor. Sie entnehmen das melodische Material stets dem Alleluja der Messe, zu dem Sequela oder Jubilus gehören. Gestaltet die S. ihre Melodie nach einem anderen Vorbild oder frei, so steht das sequenzähnliche Gebilde, nun Prosa genannt, an Stelle einer S. (lat. prosa = pro sequentia). Ist der Umfang einer Prosa relativ gering, begegnet dafür das Diminutiv, nämlich der Ausdruck Prosula oder Prosella. S.en — seit dem ausgehenden MA mehr und mehr in die Muttersprache übertragen — bereichern das Repertoire des volkssprachlichen Kirchenliedes.

Um 816 zeichnet in Regensburg der Kleriker Engyldeo Text und Melodie früher S.en auf, und zwar mit Hilfe der später jahrhundertelang üblichen Notation, der sog. Neumen (München, Bayer. Staatsbibl., Clm 9543, sc. IX., fol. 199vo). Daraus resultiert: Die Neumenschrift muß dem Schreiber geläufig gewesen sein, obschon im allgemeinen aus dieser frühen Zeit weit und breit schriftliche Nachweise fehlen. Es ist kaum anzunehmen, daß Engyldeo so ein Notationsverfahren für eine Melodie ad hoc erfunden hätte, sondern vielmehr, daß er eine ohne viel Aufhebens im Unterricht geübte Methode erstmalig zu Pergament bringt und ihr so ein Überleben sichert.

Nordfranz. S.en, auf die sich Notker beruft, weisen wohl die typische Form auf, nämlich die unmittelbare Repetition jeder der sonst unterschiedlich gebauten Strophen; sie textieren aber keineswegs fest umrissene Alleluja-Melismen, wie die aus Regensburg überlieferten S.en — freilich ohne exakten Parallelismus membrorum — zeigen. Es ist kein Zufall, daß das erste Zeugnis aus Regensburg stammt, wenn man bedenkt: Regensburg spielt zu dieser Zeit die Rolle einer Hauptstadt des karolingischen Ostreiches und die bischöfliche Abtei St. Emmeram steht im Zentrum höfischer Entfaltung, nicht nur der Macht halber, sondern auch der jedem Hof allein schon aus Repräsentationsgründen stets verbundenen Kultur.

Vom 8. bis zum 16. Jh. ist die Fülle der S.en und Prosen beinahe unübersehbar, darunter Hunderte von marian. (s.o.). S.en und Prosen lassen sich im übrigen auch musikalisch ähnlich gruppieren und gliedern, wie dies Literatur- und Liturgiewissenschaft seit dem vorigen Jh. begonnen haben (AHMA VII, VIII, IX, X, XXXIV, XXXIX, XL, XLIa, XLII, XLIV, LIII, LIV, LV).

Lit.: A. Gastoué, Sur les origines de la forme »sequentia« du VIIe–IXe siècle, In: Internat. Musical Society Congress Report, Basel 1906, 165. — C. Blume, Vom Alleluja zur S., In: KMJ 24 (1911) 1 ff. — J. Handschin, Zur Frage der melodischen Paraphrasierung im MA, In: ZMw 10 (1928) 513–553. — H. Spanke, Rhythmen- und Sequenzstudien, In: Studi medievali 4 (1931) 286–320. — O. Ursprung, Die Kath. Kirchenmusik, In: Handbuch der Musikwissenschaft II, 1931, 67–75. — H. Spanke, Aus der Vor- und Frühgeschichte der S., In: ZfdA 71 (1934) 1–39. — J. Handschin, Sequenzprobleme, In: ZMw 17 (1935) 242–250. — K. G. Fellerer, Die Mariensequenzen im Freiburger Prosarium, In: FS für A. Schering, 1937, 61 ff. — F. Wellner, Adam v. St. Viktor, Sämtliche S.en, 1937. — H. Spanke, Die Kompositionskunst der S.en Adams v. St. Viktor, In: Studi medievali 14 (1941) 1–29. — L. Kunz, Rhythmik und formaler Aufbau der frühen S., In: ZfdA 79 (1942) 1–20. — G. Reichert, Strukturprobleme der älteren S., In: DVfLG 23 (1949) 227–251. — E. Jammers, Wort und Ton bei Julian v. Speyer, In: Der kultische Gesang, 1950, 93–101. — Th. Thelen, Kölner S.en, In: KMJ 34 (1950/51) 15–26. — E. Jammers, Rhythmische und tonale Studien zur älteren S., In: AMw 23 (1951) 1–40. — R.-J. Hesbert, Le Prosaire de la Sainte-Chapelle, In: Monumenta Musicae Sacrae I, 1952, passim. — M. Huglo, La prose de ND de Grâce de Cambrai, In: Revue Grégorienne 31 (1952) 112–118. — N. de Goede, Die S.en der ma. Diözese Utrecht, Diss., Rom 1953. — J. Handschin, Trope, Sequence and Conductus, In: New Oxford History of Music 2 (1954) 128–174. — H. Husmann, Sequenz und Prosa, In: Annales Musicologiques 3 (1954) 61–91. — B. Stäblein, Von der S. zum Strophenlied, In: Mf 7 (1954) 257–268. — A. Schwerd, Hymnen und S.en, 1954, passim. — J. Chailley, Jumièges et les séquences aquitaine, In: Congrès scientifique de Jumièges II, 1955, 937–942. — R.-J. Hesbert, Les séquences de Jumièges, ebd. 943–958. — Ders., Les tropes de Jumièges, ebd. 959–968. — H. Husmann, Das Alleluja »Multifarie« und die vorgregorianische Stufe des Sequenzengesanges, In: FS für M. Schneider, 1955, 17–23. — J. Duft, Wie Notker zu den Sequenzen kam, In: ZSKG 56 (1962) 201ff. — R. L. Crocker, The Sequence, Gattungen der Musik in Einzeldarstellungen, Gedenkschrift für L. Schrade, 1973, 269–322. — B. Bischoff, Die südostdt. Schreibschulen und Bibliotheken in der Karolingerzeit I, Die bayer. Diözesen, ^{3}1974, 204. — R. L. Crocker, The Early Medieval Sequence, 1977, passim. — D. v. Huebner, Neue Funde zur Kenntnis der Tropen, In: Musik in Bayern 29 (1984) 13–29. — Ders., Tropen in Handschriften der Bayer. Staatsbibliothek in München, In: Münchener Beiträge zur Mediävistik und Renaissance-Forschung 36 (1985) 203–223. — MGG XII 522–549. — Grove XIII 128–154; XVII 141–156.

D. v. Huebner

Serbien. Bald nach der Landnahme der Slawen auf dem Balkan (6. Jh.) begann auch deren allmähliche Christianisierung, die durch die Berührung mit der dort siedelnden heidnischen Bevölkerung und die ständigen Kriege mit dem byz. Reich erschwert wurde. Dennoch gab es bereits im 6. Jh. kleinere Slawengruppen, die von den einheimischen teils nach Rom, teils nach Konstantinopel orientierten christl. Gemeinden aufgenommen wurden und dadurch in das Spannungsfeld zwischen Byzanz und Rom gerieten, was die Geschichte Südosteuropas bis heute bestimmt.

Die eigentliche Christianisierung z. Z. des byz. Kaisers Michael III. und des Patriarchen Photios aber geht auf das Wirken der hll. Brüder Kyrill († 885) und Method († 880) aus Thessaloniki zurück, die 863 auf Bitten Herzog Rastislavs von Mähren nach Pannonien kamen, wo Method 870 zum ersten Erzbischof von Pannonien ernannt wurde. Nach dem Sieg des bulgarischen Zaren Simeon (893–927) über S. wurde ein Teil des Landes (Zentral-S.) dem neu errichteten bulgarischen Erzbistum Achrida (Ohrid) im Patriarchat Konstantinopel unterstellt, der andere Teil (Bistum Spalato) kam in röm. Einflußbereich. Erst unter dem hl. Sava (um 1174–1235), der vom griech. Patriarchen 1219 die Einwilligung zur Errichtung eines unabhängigen serbischen Erzbistums erreichte und zu dessen erstem Erzbischof ernannt wurde, fand die Hinorientierung S.s zur byz. Kultur und zum orth. Glauben ihren Abschluß. So ist auch die MV in S. deutlich von der griech. Kirche und von → Konstantinopel geprägt, was sich an den ⓜkirchen, an der bildenden Kunst und Literatur sowie an den Festen und an der Liturgie des Landes zeigt.

Es ist schwierig, bei Kirchenbau und Ikonenmalerei zwischen byz. und genuin serbischen Arbeiten zu unterscheiden. Jedenfalls gab es wohl schon im 9. Jh. die ersten Mkirchen: In Ljewiska ist seit dem 11., in Bistrica und Studenica seit dem 12. Jh. eine Mkirche bezeugt. Viele der ca. 220 Kloster S.s sind der GM geweiht.

Eine der wichtigsten serbischen Ikonen ist die Dreihändige GM im serbischen Kloster Hilandar auf dem hl. Berg Athos, die im 12. Jh. auf wunderbare Weise vom Kloster Studenica auf den Athos gekommen sein soll. Im übrigen wird auf beinahe allen Ikonen die GM nie ohne Christus dargestellt.

Viele Gebete und Kirchenlieder zeigen die Verwurzelung der MV im serbischen Volk. So ist es auch ein weit verbreiteter Brauch, eine Mikone als Medaille zum Schutz an einer Kette um den Hals zu tragen.

Wie in der gesamten orth. Kirche, so werden auch in S. die Mfeste bes. feierlich begangen, v. a. die Feste Me Geburt, Eintritt in den Tempel (21. November) und Blagovesti (Me Entschlafung, 15. August). Vom 1. bis 15. August wird von vielen Serben ein Fasten zu Ehren Ms eingehalten. Nach den liturg. Feiern trifft sich — bes. im Umkreis von Klöstern — das Volk zum gemeinsamen Mahl, das der sog. »Hausherr« oder das ganze Dorf bereitet hat. Während der Fastenzeit vor Ostern wird z. T. täglich der → Akathistos-Hymnos gesungen. Da sich an dieser liturg. Feier auch viele Katholiken beteiligen, kann die gemeinsame MV im Akathistos zum verbindenden Element zwischen Orthodoxen und Katholiken werden.

Lit.: P. Popovic, Eine Übersicht über die serbische Literatur, 1919. — V. Petkovic, Kloster Studenica, 1924. — L. Mirkovic, Miroslavs Evangelium, 1950. — V. Petkovic, Eine Übersicht der serbischen Denkmäler, ⁶1954. — D. Slijepcevic, Geschichte der Serbisch-orth. Kirche, 1991   *I. Midic*

Sergius I., Papst vom 15.12.687 bis 8.9.701, war Syrer und in Palermo geboren. Als Papst verweigerte er die von Kaiser Justinian II. geforderte Unterzeichnung des Trullanum. Die vom Kaiser befohlene Verhaftung und Verschleppung des Papstes in den Osten wurde von den Milizen verweigert, ein Zeichen für den Niedergang der kaiserlichen Macht in Italien und für das gesteigerte Ansehen des Papsttums. S. weihte Willibrod zum Bischof der Friesen. Nach dem Liber Pontificalis ordnete S. für die vier ältesten Mfeste (Hypapante, Verkündigung, Entschlafung und Geburt Ms) → Prozessionen an. Pius XII. zitiert in »Munificentissimus Deus« (1950) S. und die von ihm angeordnete Prozession am Feste Me Heimgang.

Lit.: Jugie 151. 196f. — Sträter II 190. — Caspar II 623ff. 634ff. — Th. Klauser, Rom und der Kult der Gottesmutter Maria, In: JAC 15 (1972) 126. — Beinert-Petri 425. — H. J. Vogt, Der Streit um das Lamm, In: AHC 20 (1988) 135ff. — LCI VIII 328.   *R. Bäumer*

Serieyx, Auguste, * 14.6.1865 in Amiens, †19.2.1949 in Montreux, erhielt seine musikalische Ausbildung bei A. Barthe, A. Gedalge und V. d'Indy. Ab 1900 leitete er an der Schola Cantorum eine Kompositionsklasse, ab 1914 war er als Musiklehrer in Montreux tätig. Als Komponist zahlreicher Instrumentalwerke und geistlicher Musik (u. a. 2 Messen, 12 Motetten und Kantaten) machte er sich ebenso einen Namen wie als Autor musikalischer Schriften und Lehrwerke. Ein Loblied auf M ist die Motette »Le Mois de Marie« nach dem Kyrie »Cum jubilo« von 1939.

Lit.: M. L. Sérieyx (Hrsg.), Lettres à A. S., 1961. — J. L. Matthey, Inventaire du fonds musical A. S., 1974. — MGG XII 559f. — DMM VII 232.   *E. Löwe*

Sermisy, Claudin de, * um 1490, †13.9.1562 in Paris, war Chorknabe in der Sainte Chapelle du Palais Royale in Paris, ab 1508 Chantre-Clerc der Privatkapelle Ludwigs XII., auch sind Aufenthalte in Italien und England belegt.

Mit S.s Namen verbindet sich die Gattung des Chansons, in der er sowohl geistliche und weltliche Texte bearbeitete und die Nachfolge Janequins antrat. Neben zahlreichen Vertonungen des Meßordinariums und von Passionen schrieb er u. a. mehrere Magnificat und marian. Motetten (z. B. »Ave Maria, ancilla Trinitatis«, »Ave Maria gratia Dei plena per secula«, »Ave sanctissima Maria, mater Dei«, »Nativitas gloriosae virginis Mariae«, »O Maria stans sub cruce«, »Salve Regina« und »Sancta Maria«).

Lit.: G. G. Allaire, The Masses of C. de S., Diss., Columbia 1961. — H. C. Slim, A Gift of Madrigals and Motets, 1972. — MGG XII 561–566. — DMM VII 233–237.   *E. Löwe*

Serra, vier Malerbrüder, die in Katalonien die Tradition der sienesischen Malerei fortsetzten, die Ferrer Bassa (um 1290–1348) in Spanien bekannt gemacht hat.

1. Jaime, der markanteste Vertreter der frühen katalanischen Malerei, die mit Bernardo Martorell (†1453) ihren Höhepunkt erlebte, ist zwischen 1358 und 1395 nachweisbar. 1358 liegt ein erster Vertrag für einen Altar der Kathedrale von Gerona vor. 1362 muß er in einem Kompromißvertrag die mit dem älteren Bruder Francesco (nachweisbar ab 1350, †1362) 1360 vereinbarte Retabelarbeit für das Kloster S. Pere de les Puelles beenden. Zu diesem Zeitpunkt bildete Jamie eine lockere Werkstattgemeinschaft mit seinem jüngeren Bruder Pere/Pedro, die je nach Aufträgen bestand. Ab 1366 ist auch der jüngste Bruder Joan (†1386 in Barcelona) in der Gemeinschaft nachgewiesen. Von ihm ist kein Werk erhalten. Zwischen dem ersten Vertrag und einem Retabel für die Pfarrkirche in Castellfollit de Riubregós 1388 sind viele Dokumente bekannt, die Jamie als gefragten Maler der Region ausweisen. Auch die königliche Familie nahm öfters seine Dienste in Anspruch.

Von den 12 in den Quellen genannten Altären ist nur ein einziger erhalten, ansonsten werden ihm zwei weitere Werke als relativ sicher zugeschrieben. Von der Maltradition Bassas ausgehend bildete er zunächst einfachere Architekturen und Landschaften, trug allerdings kompliziertere Kompositionen vor, die manchmal geometrisiert monoton erscheinen. In perfekter Maltechnik bevorzugte er delikate Farben, die lebhafter sind als in der zeitgenössischen ital. Kunst. Eine ausgeprägte Vorliebe für Goldbrokat und sonst auch überreich geschmückte Gewänder gelangte im Laufe seiner Entwicklung zu immer breiterem Einsatz. Gegen Ende seines Lebens leitete er durch stilistische Details bei der Landschaftsschilderung und der Figurenbildung, allerdings immer noch mit abschließenden Goldgründen, den Anschluß zur Internat. Gotik in Katalonien ein, den Pedro konsequent weiterverfolgte.

Von den zwei zugesprochenen Altären gilt der teilweise erhaltene Ⓜaltar in der Pfarrkirche von Palau de Cerdagne (bei Bourg Madame, franz. Pyrenäen) als Frühwerk. Das Retabel zeigt Ⓜ in einer Kreuzigung, bei der Himmelfahrt Christi, in der Entschlafungsszene, im Pfingstereignis sowie im repräsentativen Zentralblatt als Madonna lactans.

Das einzige dokumentarisch gesicherte und erhaltene Werk ist der knapp später liegende sog. Alpartil-Altar, 1361 für eine Grabkapelle im Kloster S. Sepolcro zu Saragossa gestiftet (Saragossa, Museo de Bellas Artes). Das in drei hohen Bögen mit oberer Maßwerkrahmung ausgelegte Retabel zeigt in je drei Feldern neben der Verkündigung, der Geburt Christi, der Kreuzigung und dem Weltgericht die Krönung und die Entschlafung Ⓜs. Gegenüber dem früheren Werk sind die Figuren leichter bewegt, zarter in der Gesichtsbildung und freier in den Gesten.

In der letzten zugewiesenen Arbeit, dem Stephanus-Altar von Guatler (Provinz Lérida), vollzieht Jaime den Schritt zur Aufnahme neuer Strömungen, wohl durch den fortschrittlicheren Bruder Pedro initiiert (Barcelona, Museo de Arte de Cataluña). Auch als Dreibogenanlage konzipiert hat er nur in der oberen Mitteltafel mit der Kreuzigung ein Bild mit Ⓜ. Die Architekturen bleiben wenig tief, in der Landschaftsschilderung jedoch ist eine neue Vielfalt und höchst lebendige Erzählfreude feststellbar. V. a., und das macht den Übergang zu Stilmitteln der Internat. Gotik aus, werden die Gewandfalten plastischer durchgeformt und somit das Wechselspiel von Figur und Gewand glaubwürdiger ausbalanciert.

2. *Pedro*, nachweisbar ab 1357, † zwischen 1405 und 1408, war nach seiner Lehre bei Ramón Destorrents (tätig 1351–62 in Barcelona) sicher bis 1365 Mitarbeiter seines Bruders Jaime. Nach den Dokumenten war er bis 1405 im gesamten katalonischen Raum (mit seinen franz. Gebieten) vielbeschäftigt. Von den ihm zugeteilten Werken sind nur zwei quellenmäßig gesichert, wobei der Hl. Geist-Altar in der Kathedrale von Manresa (1393/94) das bedeutendste Denkmal der span. Malerei des ausgehenden 15. Jh.s darstellt.

P. Serra, Maria und Kind (Ausschnitt), Barcelona Museo de Arte de Cataluña

Pedro gilt als der fortschrittlichere Meister der Brüder. Sein Stil wirkt monumental, in den Einzelheiten herrscht eine subtile Zeichnung vor, gepaart mit feiner Farbgebung. Die eleganten Figuren werden in suggestiven Landschaften postiert, die viele sienesische Erbteile verraten. Auch Pedro bevorzugt Goldgründe als Raumabschlüsse, deutet aber den Himmel durch blaue Halbbögen an. Die Brokatmuster sind breiter als bei Jaime angelegt und verlaufen unabhängig vom Lineament der Gewänder. Seine flüssige Linienführung läßt Pedro den eigentlichen Übergang zum Internat. Stil um 1400 in Spanien schaffen, der ihn zum Schulhaupt der katalanischen Malerschule der neuen Zeit macht. Seine bedeutenderen Schüler sind Joan Mates, Jalbert Gaucelm und Pere Vall.

Ⓜthemen hat Pedro häufig gestaltet. In der zu den frühen Arbeiten gehörenden Verkündigung (Mailand, Brera) ist Pedro noch seinem Lehrer Destorrents verpflichtet, was sich an den gedrungenen Gestalten und den etwas linkischen Gesten ablesen läßt. Im etwas späteren Retabel für die Pfarrkirche Sant Llorenç de

Morunys läßt er die Figuren sich vor breiterer Architektur dynamischer bewegen. Im dominierenden Mittelbild des Pfingstereignisses sitzt die größer gegebene GM auf einem Steinthron in breit gelagertem Gewand, hält ihre Arme im Orantengestus seitlich vor der Brust und neigt den Kopf leicht nach vorne.

Beim vor 1387 anzusetzenden Maltar der Stephanuskirche in Abella de la Conca gibt Pedro im mittleren Thronbild M erstmals in seinem Standardtyp, den er ab da durchgehend beibehält. Die GM sitzt mit frontalem Oberkörper, nach rechts gedrehten Knien und hält den sitzenden Christusknaben auf ihrem linken Knie. Diesen Sitztyp trägt Pedro auch bei Pfingstbildern wie auf dem Altar der St. Annenkirche in Barcelona (1936 zerstört) vor. Im Retabel der Kathedrale von Tortosa (Barcelona, Museo de Arte de Cataluña) erhält M viel Freiraum um sich. Ihr Gesicht wirkt fülliger, da schattenreicher modelliert und das Kind agiert verspielter. Insgesamt ist eine verstärkte Tendenz der Ornamentalisierung feststellbar, die im Allerheiligenaltar des Klosters Sant Cugat del Vallès die Figuren in Schwingung geraten läßt.

Noch deutlicher ist den Stilmitteln der Internat. Gotik verpflichtet zeigt sich Pedro im Hl. Geist-Altar von Manresa. Im oberen Mittelstück des fünfteiligen Polyptychons erscheint M bei der Krönung und im Pfingstbild, worin sie unter den Jüngern mit komplizierten Körperwendungen den Ruhepol abgibt. Alles andere unterliegt dem opulenten Ornamentaufwand. Auch die letzten Arbeiten wie das Altarfragment einer M mit dem Kind zwischen Engeln und den hll. Eulalia und Catalina (Syrakus, Mus. Naz., um 1400) lassen die Figuren der Schönlinigkeit ihrer Gewandkurven unterworfen sein. Nur das Gesicht Ms steht in seiner intensiven Körperlichkeit, in breiten Schattenflächen gebildet, kontrasthaft zwischen dem aufwendigen Gewandschmuck.

Lit.: S. Sanpere i Miguel und J. M. Gudiol, La pintura Migeval Catalana. Els trecentistes, 1924. – L. Richert, La Pintura Medieval Catalana, 1926. – S. Sanpere i Miguel, Els trecentistes, 1927–29. – B. Berenson, Studies in Mediaeval painting, 1930. – C. R. Post, A history of the Spanish Painting II, 1930; IV, 1933; V, 1934; VI, 1936. – G. H. Edgell, A history of Sienese painting, 1932. – H. Focillon, La peinture catalane à la fin du Moyen Age, 1933. – J. M. Gudiol Ricart, La Pintura gótica a Catalunya, 1937/38. – M. Durliat, L'art catalan, 1967. – N. Dalmases, Historia de l'art català III, 1984. – J. M. Gudiol und S. Ancolea i Blanch, Pintura gotica catalana, 1986. *N. Schmuck*

Serra, Junípero, OFM, sel. Missionar und Erzieher, *24.11.1713 in Petra/Palma de Mallorca, †28.8.1784 in Monterrey/Kalifornien, entstammte einer einfachen christl. Familie, wurde auf den Namen Miguel José getauft und legte am 15.9.1731 bei den Franziskanern die Profeß ab. Nach den theol. Studien in Palma de Mallorca wurde er 1737 Priester, 1740 Lektor der Phil. und 1742 Dr. theol. an der Universidad Luliana, wo er 1744–49 skotistische Theol. lehrte.

Noch 1749 brach er in die Missionen nach Veracruz (Mexiko) auf, wo P. Francisco Palóu, ein früherer Schüler, sein Freund, Berater, Beichtvater und späterer erster Biograph wurde. Nach Missionstätigkeit in der Sierra Gorda (bis 1758) wurde er in der Hauptstadt Mexiko Novizenmeister und dann erfolgreicher Volksmissionar in Neumexiko. Nach 1767 übernahm er die Leitung der Mission in Kalifornien mit einer außerordentlichen Wirksamkeit, die auch Erforschung des Landes, Kulturschaffen und schriftstellerische Tätigkeit umfaßte. Er gründete neue Missionsstationen, so San Carlos Borromeo oder de Monterrey (1770), San Francisco oder Nuestra Señora de los Dolores (1776), Santa Clara (1777) und San Bonaventura (1782).

S. besaß ein ausgeprägtes spirituelles Profil, das sich durch eine von ihm nie verleugnete Mfrömmigkeit auszeichnete. Von seiner Mutter hatte er die Liebe zur GM gelernt und verehrte von Jugend an ULF von Bon Any (ULF vom guten Jahr) aus Petra in seiner Heimat. Sein außerordentliches missionarisches Charisma stützte sich auf eine starke persönliche Heiligkeit, die bei ihm eine warmherzige und menschliche Note besaß, wobei er als guter skotistischer Theologe v. a. aus dem Mysterium der Inkarnation schöpfte. Als er seine Ordensprofeß ablegte, schwor er den Eid, den Glauben an die UE zu verteidigen. Diesem Mgeheimnis weihte er auch seine Berufung als Missionar. Im Kolleg San Fernando in Mexiko betete er täglich das Officium parvum BMV und in der Sierra Gorda betete er sonntags die »Corona Franziscana«, den Franziskanischen Rosenkranz. Auch pflegte er mit besonderem Feingefühl alle marian. Feste zu begehen. Er förderte sehr die Verehrung der Himmelfahrt Ms und trat beim Angriff von Indios auf die Missionsstation San Diego mit einem Kruzifix und einem Mbild in der Hand entgegen. Ein Bild der Jungfrau M — »Nuestra Señora la Conquistadora« (ULF, die Eroberin) — war Patronin der Gründung in Monterrey. Das Bild wird noch heute verehrt. Er setzte sich dafür ein, daß Mbilder von →Guadalupe und Pilar die Fassade der Kirche in Jalpán (Mexiko) schmückten. Es war auffallend, daß S. seine zahlreichen Briefe stets mit einem »Viva Jesús, María und Joseph« begann und damit schloß, daß er für den jeweiligen Empfänger Gebete an die glorreiche Jungfrau richtete, z. B. in seinem letzten erhaltenen Brief vom 6.8.1784, in dem er M »Unsere reinste Vorgesetzte« nennt und deren Fürbitte anruft, »damit sie uns hier einen sicheren Weg und dann den Himmel erlange«.

S., den die Indios als »Vater« anriefen und als Heiligen verehrten, wurde am 25.5.1988 von Papst Johannes Paul II. seliggesprochen.

QQ: F. Palóu, Relación histórica de la vida y apostólicas tareas del ... J. S., México 1787. — Positio super vita et virtutibus, 1981 (589–596: WW). — AAS 77 (1985) 1003–08.
WW: Writings of J. S. (Briefe, Zirkulare, Dokumente etc.), ed. A. Tibesar, 4 Vol., 1955–56. — Escritos de fray J. S., ed. S. Vicedo, Introd. por J. Ferandez-Largo, 5 Vol., 1984.
Lit.: M. J. Geiger, Palou's Life of Fray J. S., 1955. — Ders., The Life or Times of Fray J. S. ..., 2 Vol., 1959. — L. Gómez Cane-

do, De México a la Alta California, 1969. — Ders., Sierra Gorda. Un típico enclave misional en el centro de México, 1976. — B. Font Obrador, Fray J.S., Apóstol y Civilizador, 1977. — P. Borges, Caracteristicas de las fundaciones juniperianas, In: AFH 85 (1992) 463–487. — AAS 81 (1989) 162–168. — LThK[2] IX 690 f. — Diccionario de historia ecclesiástica de España V, 1975, 2439. — BSS XIV 1259–62 (Lit., Bild). *V. Sánchez*

Serra-Chopitea, Dorotea, Salesianische Mitarbeiterin, * 5.6.1816 in Santiago de Chile, † 1.4.1891 in Barcelona, wurde noch am Tag der Geburt getauft und gefirmt, entstammte einer sehr gläubigen und wohlhabenden Familie, die 1820 aus politischen Gründen nach Spanien übersiedelte. In Barcelona erhielt S. durch den Pfarrer der Kirche S. Maria del Mar, Pedro Nandó SJ, eine fundierte rel. Erziehung. Mit 16 Jahren heiratete sie den Kaufmann und Bankier José María Serra, dem sie sechs Töchter schenkte und mit dem sie 50 Jahre lang eine überaus glückliche Ehe führte. Ihr temperamentvoller Charakter war geprägt von bewundernswerter Klugheit, unerschütterlicher Geduld und konsequenter Zielstrebigkeit. Ihre tiefe Religiosität gründete im Geist der Buße und des Gebetes. Dem Hl. Herzen Jesu und Me, der Helferin der Christen, galt ihre besondere Verehrung. In ihrem geistlichen Tagebuch heißt es: »All mein Leben und Tun sei der größeren Ehre Gottes und seiner Mutter Maria geweiht« (Càstano 229).

Häufig begleitete sie ihren Mann auf langen Auslandsreisen, auf denen sie mit der Not und dem Elend europäischer Großstädte konfrontiert wurde. Davon tief berührt, engagierte sie sich bald in sozialen und caritativen Bereichen. Mit ihrer finanziellen Hilfe entstanden in Barcelona u. a. das Kloster zu den hll. Engeln (1845), das Kinderheim zum Hlst. Herzen Jesu (1860), das Kolleg des hl. Vinzenz v. Paul (1874), das Kloster Maria, Hilfe der Christen (1880), das Obdachlosenheim St. Raphael (1882), das Waisenhaus des hl. Johannes des Täufers (1882), das Kloster der Unbeschuhten Karmeliten (1882) sowie in Sarriá eine Abendschule für Mädchen (1860). Nach dem Tod ihres Mannes 1882 galt ihre ganze Sorge den Armen und Bedürftigen. Als 1883 die Salesianer Don Boscos nach Spanien kamen, unterstützte sie deren Jugendwerk äußerst großzügig. Sie trat 1884 in die »Vereinigung der Salesianischen Mitarbeiter« ein, einer Art Dritter Orden, und ließ für die Ordensgemeinschaft eine Lehrwerkstätte in Sarriá, die Schule Maria Immaculata und zwei Kirchen in Barcelona errichten. Insgesamt entstanden auf ihre Initiative und mit ihrer Hilfe 31 kirchliche Einrichtungen. Als Don → Bosco, mit dem sie schon seit Jahren in Briefkontakt stand, 1886 Barcelona besuchte, nannte er sie »die Mutter des Salesianischen Werkes in Spanien«. Schließlich holte sie 1889 die »Kongregation der Töchter Mariä, Hilfe der Christen«, auch Don-Bosco-Schwestern genannt, nach Spanien und errichtete dafür mit ihrem letzten Geld zwei Mädchenschulen.

S. wurde in der 2. Hälfte des 19. Jh.s zur größten Wohltäterin kirchlicher Einrichtungen in der Diözese Barcelona. Als sie 1891 starb, wurde ihr Leichnam in der Kirche »Maria, Helferin der Christen« in Sarriá beigesetzt. Während des Bürgerkrieges wurde ihr Grab geschändet und ihr Leichnam entwendet. — Ihr Heiligsprechungsprozeß wurde 1927 in Barcelona eröffnet. Am 22.3.1983 erklärte sie Papst Johannes Paul II. zur »Ehrwürdigen Dienerin Gottes«.

Lit.: J. Alegre, La millonaria — Dona D. de Chopitea, Viuda de Serra, 1927; dt.: W. Kirchgeßner, Die Millionärin. Donna Dorothea v.C., Witwe von Serra, 1929. — L. Càstano, Santità Salesiana, Profili dei Santi e Servi di Dio della triplice Famiglia di San Giovanni Bosco, 1966, 219–238. — Central Catequística Salesiana (CCS), Don Bosco, cien años en España, 1980. — AAS 75 (1983) 1088–91. *J. Weber*

Servant, Louis-Catherin, * 25.3.1807 in Grétieuz/Lyon, † 8.1.1860 auf Futuna, 1836 SM, kam 1836 nach →Ozeanien, verfaßte zwei Katechismen. Für S., den Nachfolger von Pierre-Louis-Marie →Chanel, war das Rosenkranzgebet von äußerster Wichtigkeit in der Missionierung. Nach der anfänglichen und grundlegenden Einführung in Christentum und Gebet sah er für die jungen Christen den Rosenkranz als die Schule des Gebetes und der langsamen, aber stetigen Einführung in die Heilsgeheimnisse. So wurde der Katholizismus als »Religion des Rosenkranzes« im Volke bezeichnet. Den Erfolg der Evangelisierung schrieb er dem Rosenkranzgebet zu. Die Hauptkirche der Insel Futuna erhielt von S. den Titel »ULF vom Ende der Welt« (»ND du bout du monde«); sie wird auch »ND des Martyrs« genannt.

Lit.: P. O'Reilly, Essai de Bibliographie des Missions Maristes en Océanie Occidentale, 1932. — Manoir V 483–493.
H. Rzepkowski

Servasanctus v. Faenza, * um 1220 in Castello Oriolo in der Nähe von Faenza, † um 1300 wahrscheinlich in Florenz, trat den Franziskanern der Provinz Bologna bei, wo er Studium und Vorbereitungszeit zum Priesteramt absolvierte. Sein Aufenthalt in Paris (1244–60) als Student und Magister bzw. Theologielehrer ist nicht nachweisbar. Seine Werke, die nur fragmentarisch veröffentlicht wurden, lassen eher den Praktiker als den Theoretiker erkennen. Als Prediger und Moralist verfaßte er viele Sermones und hatte großen Einfluß auf seine Zeitgenossen, bis nach Spanien (C. Sánchez). Einige Predigten wurden Bonaventura zugeschrieben und in dessen Sammelwerk aufgenommen.

Die Manuskripte seiner Sermones in den Bibliotheken Italiens, Frankreichs, Deutschlands und Großbritanniens zeigen, daß S. als Autor beliebt war und ein breites Publikum erreichte. Das dreiteilige Hauptwerk »Liber de exemplis naturalibus«, das sich den Themen Glauben, Sakramente, Tugenden und Laster widmet, ist voll von Beispielen, Wundertaten, Geschichten, Erzählungen, Überlieferungen, Sprüchen und Anekdoten als »Vademecum« für Prediger. Von gleicher Art ist das zweite Werk »Summa de poenitentia«. Es wird auch »Antidotarium animae« genannt und gilt als Ergänzung des Hauptwerks. Das dritte Werk »Liber de virtutibus et vitiis« ist dem dritten Teil des »Liber de exemplis naturalibus« ähnlich.

Für die Mariol. ist S. durch ein →Mariale, auch »De laudibus Beatae Mariae« genannt, und durch die Predigten »De festivitatibus Beatae Mariae Virginis« bedeutend. Der allegorisch verfaßte Text schreibt M. alle guten Eigenschaften der Natur wie Sonne, Licht, Mond, Sterne, Morgenröte, Tag, Himmel, Fluß und Baum zu. Das Werk ist nach dem Muster des berühmten ma. Mariale geschrieben. M. ist Ursprung des Heils, Licht der Höflichkeit, Vorbild der Schönheit und der Güte, vergleichbar dem Hl. Geist. Der teilweise veröffentlichte Text »De duplici santificatione B. Mariae Virginis« (CFr 24 [1954] 399–402) berichtet von der klassischen Behauptung, daß M. zweimal gereinigt wurde, zuerst bei der eigenen Zeugung, dann bei der Empfängnis Jesu.

Im Schlußwort des Liber de exemplis naturalibus gibt es einen in Bezug auf die Person und Bedeutung M.s in der Heilsgeschichte bedeutenden Text: »Semper me in omnibus adjuvante stella clarissima navigantium, directiva caecorum, illustrativa regia femina ex Davidica stirpe nata, totius mundi domina et regina, Dei mater electa, peccatorum potentissima advocata, mediatrix nostra in omni gratia obtinenda, et ideo cum ipso, quem gratia concepit, peperit et lactavit per omnia saecula benedicta.«

Ausg. und Lit.: De »Summa de poenintentia« van Fr. S., In: Neerlandia Franciscana 2 (1919) 55–66. — Meinolfus ab Oberhausen, S. de Faventia, O.Min., De duplici sanctificatione B. Mariae Virginis, In: CFr 24 (1954) 397–402. — De duobus novis codicibus Fr. Servasanctus …, Sermones de proprio sanctorum, In: Laur. 6 (1965) 73–102. — Balduinus ab Amsterdam, Sermones de B.M. Virgine et de sanctis, 7 (1967) 108–137. — Sermones dominicales, In: CFr 37 (1971) 3–32. — B. Kreutwagen, Das »Antidotarium animae« von Fr. S., Festgabe für K. Haelber, 1919, 80–106. — M. Grabmann, Der »Liber de exemplis naturalibus« des Franziskanertheologen Servasanctus, In: FS 7 (1920) 85–117. — L. Oliger, S. de F. OFM e il suo »Liber de virtutibus et vitiis«, 1924, 148–189. — De duobus novis codicibus Fr. Servasancte de Faventia, In: Anton. 1 (1926) 465–466. — AFH 47 (1954) 167. — V. Gamboso, I sermoni festivi di Servasanctus da Faenza, In: Il Santo 13 (1973) 3–88. — J.B. Schneyer, Repertorium der lat. Sermones MA IV, 1974, 376–399. — C. Guardiola, La Summa de poenitentia de S. de F. un de las fuentes del Libro de los exenplos por ABC, In: Anton. 43 (1988) 259–277. — Wadding III, 1936, 98–99. — DThC XIV 1963–67. — EC XI 403f. — LThK² IX 692. — DSp XIV 671f. *D. Aračić*

Seton, Elizabeth Ann Bayley, hl. Ordensgründerin, *28.8.1774 in New York City, †4.1.1821 in Emmitsburg/Maryland, stammt aus einer mit der Episkopalkirche eng verwachsenen, angesehenen Familie, verliert in frühester Kindheit die Mutter und erhält vom Vater eine solide Bildung. Aus der Ehe mit dem reichen Kaufmann W.M. Seton gehen fünf Kinder hervor. Auf einer Italienreise (1803) lernt sie über die befreundete Familie Filicchi die kath. Kirche kennen und konvertiert zu ihr 1805 nach dem Tod ihres Gatten und der Rückkehr nach New York. Mittellos und von Verwandten und Freunden verlassen, zieht S. mit ihren Kindern ins kath. Baltimore, gründet hier 1808 eine Mädchenschule, verpflichtet sich 1809 auf die evangelischen Räte und gründet die Ordensgemeinschaft der »Sisters of Charity of St. Joseph«, die sich im gleichen Jahr in Emmitsburg niederläßt, wo S. bis zu ihrem Tode ihr und der Mädchenakademie vom hl. Joseph vorsteht. Zugleich ist sie liebende Mutter ihrer eigenen Kinder.

S. hat sich um die Ausbreitung des amerikanischen Pfarreischulsystems verdient gemacht, bemühte sich um die Lehrerausbildung, die Abfassung von Lehrbüchern und die Übersetzung rel. Lit. aus dem Franz. Ihre Gründung ist einer leicht abgeänderten Form der ursprünglichen Regel der Schwestern des hl. →Vinzenz v. Paul verpflichtet (L. v. →Marillac). Sie widmet sich dem Unterricht und dem Apostolat der Caritas. In einer Erscheinung von 1830 soll M. der hl. K. →Labouré mitgeteilt haben, daß eine andere Schwesterngemeinschaft sich mit den Töchtern des hl. Vinzenz vereinigen wolle, die man aufnehmen möge. 1849 wurden die Schwestern von S. den Filles de la Charité in Paris angegliedert. Die »Daughters of Charity«, wie sich seit 1850 die Schwestern von S. nennen, zählten 1992 sechs verschiedene Zweigbildungen, die sich alle auf »Mother Seton« berufen und seit 1947 zu einer Föderation zusammengefaßt sind. Sie wirkten 1992 mit insgesamt ca. 5000 Mitgliedern in den USA, in Kanada, Mittelamerika, Formosa, auf den Bermudas und Bahamas, in Japan und Italien. S. wurde am 17.3.1963 selig- und am 14.9.1975 als erste Amerikanerin heiliggesprochen (Fest 4. Januar).

Tagebücher, Briefe, Notizen und vereinzelte Unterweisungen spiegeln das geistliche Selbstverständnis S.s wider. Aus anglikanischem Erbe ist es in der Schrift verwurzelt, nährt sich von eucharistischer Spiritualität und solidem Kirchenbewußtsein. Asketische Disziplin, starke Christozentrik und M.frömmigkeit deuten auf die »Franz. Schule«. Harmonische Verbindung von Askese und Liturgie, Kontemplation und Aktion, geistliche Natürlichkeit und Spontaneität kennzeichnen die gelungene Verinnerlichung der spirituellen Persönlichkeit S.s.

S.s M.frömmigkeit ist biblisch und aus dem ital. Erlebnis existentiell geprägt mit einer praktischen Ausrichtung. Nach anfänglichen Zweifeln und Widerständen entwickelt sie sich zu einer kindlich-spontanen Verbundenheit mit M., die sich auf Bilder, bildhafte Ausdrucksformen und lukanisches Gedankengut stützt. Wohl z.T. biographisch bedingt, identifiziert sich S. bes. mit M. als Mutterfigur: als der schwangeren und stillenden Mutter, als Ersatzmutter aus dem frühen Verlust der eigenen Mutter und als Schmerzhafter Mutter aus dem des Gatten und zweier Kinder. Sie wendet sich an M. um Fürbitte und Schutz in Entscheidungsnot, Lebensprüfungen und körperlicher Gefahr. Das Geheimnis der Verkündigung hat für sie persönlich und für die Gemeinschaft herausragende

Bedeutung: Es versinnbildet Erwählung und Sendung als Grundzüge christl. Berufung. Mit Klarheit erkennt S. die heilsgeschichtliche Bedeutung Ms als der usprünglichen Auserwählten der Dreifaltigkeit: »Mutter der Erlösung« und »Mutter der Ewigkeit«. Mit Nachdruck betont sie die Verschränkung von Jesus und M für das geistliche Leben: »Jesus in Mary« — »Mary in Jesus«. Wir lieben Jesus, wenn wir M lieben. Jesu Freude an unserer Liebe ist groß, wenn sie im Herzen Ms geläutert und verklärt wird. M ist Vermittlerin der Liebe, d. h. »unserer Liebe zu Jesus für uns«. Christus ist ganz gegenwärtig in M und bewirkt so Ms Gegenwart in allen seinen Geheimnissen. M ist Segen für die Kirche und bester Beleg für Christi wunderbare Liebe für seine Kirche. In M erfährt die Welt eine neue und höhere Wahrhaftigkeit.

S. sieht in M ein Vorbild der Liebe, Armut, Reinheit, Demut und Treue. Sie ist die »first Sister of Charity on earth«, Weg zum wahren Geist evangelischer Kindheit und Sinnbild echter Torheit im Dienste Christi. Es geht im geistlichen Leben um die »Aneignung« des Herzens Ms bei jeder uns anvertrauten Aufgabe, bes. bei der Vereinigung mit Christus in der Eucharistie. Charakteristisch ist S.s Verständnis von M als »Schoß des Friedens«: Sie findet in M Besänftigung, Trost, Ausgeglichenheit und Ruhe. An M lernt sie Lebensgeduld (»patience with life«). S.s Mfrömmigkeit äußert sich in der klassischen Frömmigkeit des »Memorare«, Ave, Angelus, der Litanei und des Rosenkranzes. Wiederholt schwingt ein apologetischer Ton mit: M führt zum wahren Glauben. Kaum jemand kann wie sie den Himmel verdienen, erhört werden wie sie. Wer will das Glück missen, in M Jesus ehren zu dürfen.

Die natürlich-innige Mliebe fördert einen ökumen. Brückenschlag im geistlichen Leben und ein Frauenbild, in dem Mutterrolle und Berufstätigkeit, weltliche Verantwortung und christl. Tugendstreben ungestört Hand in Hand gehen. S.s geistliches Porträt ist ein Beispiel integrierter Heiligkeit aus Laien- und Ordenscharisma und verschiedener christl. Traditionen.

WW: Memoir, Letters and Journal of E.S., ed. R.Seton, 2 Vol., New York 1869. — Family Papers, 1782–1808. Correspondence Ms. University of Notre Dame, ed. R.Seton, o.J. — S.G.Brute, Mother S., Emmitsburg 1884. — N.N., Daughters of Charity of St.Vincent de Paul Emmitsburg, ebd. 1886. — Letters of Mother S. to Mrs. Juliana Scott, ed. J.B.Code, 1935, ²1960. — N.N., The Soul of E.S. A Spiritual Autobiography Culled from Mother S.'s Writings and Memoirs, 1936. — N.N., Life of Madame Le Gras, 1959; dt.: B.S., 1959. — A Daily Thought of Mother S., ed. J.B.Code, 1960. — E.S.'s Two Bibles, ed. E.M.Kelly, 1977. — M.C.Cuzzolina, E.A.S. A Self-Portrait, 1986. — E.M.Kelly und A.Melville (Hrsg.), E.S. Selected Writings, 1987. — J.I.Dirving, The Soul of E.S., 1990.
QQ: Positio super Virtutibus, 1957.
Lit. (Auswahl): Ch.J.White, Life of Mrs.E.A.S., Foundress and First Superior of the Sisters or Daughters of Charity in the USA, Baltimore 1853, ²1878; Neuaufl.: Mother S., Mother of many Daughters, 1949. — H.Bailly de Barbery, E.S. et les commencements de l'Eglise Catholique aux Etats-Unis, Paris 1868; engl.: 1927, ²1957. — M.A.McCann, Mother S., Foundress of the Sisters of Charity, Mount St.Joseph (Ohio) 1911. — K.Burton, His Dear Persuasion, 1940; dt.: Liebe heißt mich tapfer sein, 1947. — A.M.Melville, E.B.S., 1774–1821, 1951, ³1985. — M.Walsh, Mother E.Boyle, Mother of Charity, 1955. — J.A.La Mantia, Life and Work of Mother S. with Particular Emphasis on her Educational Principles, Diss., DePaul University 1958. — J.I.Dirving, Mrs.S., 1962, ²1975. — C.M.Brennan, The Vincentian Heritage of Mother S. an her Spiritual Daughters, 1963. — Elisabeth A.S., hrsg. von den Lazaristen in Graz, 1975. — A.S.Powers-Waters, Mother S., First American-born Saint, 1976. — J.J.Wright, Mother S., 1976. — P.Noone, St.E.S., 1976. — E.M.Kelly, Numerous Choirs. A Chronicle of E.B.S. and her Spiritual Daughters, 1981. — M.Heidisch, Miracles. A Novel about Mother S., the First American Saint, 1984. — E.M.Kelly, St.E.S.'s Devotion to Mary, In: Listening 22 (1987) 204–213. — S.C.Celeste, E.A.S., 1993. — Zu den Ordensgründungen: J.J.Cloonan, Principles of the Spiritual Life Applied to the Daughters of Charity, 1942. — M.L.Fitzgibbon, Vocations to the Daughters of Charity of St.Vincent de Paul, Diss., DePaul University 1952. — V.Spano, Concern for the Spiritual Welfare of the Patients as Evidence by Spiritual Practices in hospitals of the Daughters of Charity, Diss., DePaul University 1956. — G.Barton, Angels of the Battlefield. A History of the Labours of the Catholic Sisterhoods in the late Civil War, 1983. — W.Jarvis, Mother S.'s Sisters of Charity, Diss., Columbia University 1984. — D.Hannefin, Daughters of Church. A Popular History of the Daughters of Charity in the USA, 1809–1987, 1990. — L.M.Velazquez, On Hallowed Ground. The Spiritual Soldiery of the Emmitsburg Daughters of Charity, Diss., Harvard University 1992. — AAS 67 (1975) 537–541. — NCE XIII 136. — BSS XI 897f. — DIP III 1113f. — DSp XIV 745–748 (QQ, Lit.).

J.G.Roten/W.Baier (A. Richartz)

Serviten. *1. Der Servitenorden (OSM)* entstand in Florenz um 1233. In diesem Jahr verließen die sieben Gründer ihre Familie und ihren Beruf und zogen sich in ein gemeinsames Leben der Buße, der Armut und des Gebetes zurück. Es waren Buonfiglio, Alessio, Amadio, Buonagiunta, Manetto, Uguccione und Sostegno. Sie erreichten eine erste Billigung durch Ardingo, den Bischof von Florenz. Aus dem Wunsch nach größerer Einsamkeit zogen sie um 1245 auf den Monte Senario, 18 km vor der Stadt. In diese Zeit fallen die Begegnung mit Petrus Martyr OP und die erste Organisation der kleinen Kommunität. Sie übernahm die Regel des hl. Augustinus; der Bischof bestätigte die besonderen Normen. Die erste päpstliche Anerkennung datiert 1249. Weitere Approbationen erfolgten 1251 und 1254. Die Gruppe gewann an Ausdehnung mit der Eröffnung von Konventen, nicht nur in Florenz, sondern auch in anderen Städten der Toskana und Umbriens. Das Überleben des Ordens schien ernstlich bedroht durch die Verfügungen des vierten Laterankonzils (1215) und bes. des Konzils von Lyon (1274), keine neuen Orden mehr zu gründen. Die Gemeinschaft konnte diese Schwierigkeiten durch den geschickten Einsatz des hl. Philippus Benitius v.Florenz (†1285) überwinden, der 1267 Generaloberer wurde. Papst Benedikt XI. approbierte 1304 den Orden endgültig.

Auch seine Ausbreitung dauerte an: Ein päpstliches Dokument von 1277 bezeugt die Anwesenheit der S. in Deutschland (Diözese Halberstadt). Zu Beginn des 14.Jh.s haben sie vier Provinzen in Italien und eine in Deutschland. Viele Mitglieder tun sich durch Heiligkeit hervor. Nach Art von Heiligenleben entstanden Legenden, die das spirituelle Bild des Ordens klar herausstellen, an erster Stelle die Entstehungslegende des Ordens (1318).

Im 15. Jh. zeigen die S. Zeichen innerer Erneuerung. 1430 bildete sich eine Kongregation der Observanten. Diese blieben aber in Verbindung mit dem Orden, bis Pius V. sie 1570 mit dem Hauptzweig wieder vereinte. Um 1400 findet sich der Orden in Italien, Deutschland, Böhmen, Frankreich und Spanien. Viele bedeutende Gestalten (Männer und Frauen) entfalten eine lebhafte Tätigkeit in Universitätszentren. Es entstehen Frauenklöster, und die »Societas Habitus« wird neu organisiert. General Alabanti erlangt 1487 in einem Dokument, genannt »Mare Magnum«, die Bestätigung verschiedener päpstlicher Privilegien. Am Konzil von Trient nahmen berühmte Generäle und Theologen der S. teil. Nach dem Konzil setzte man sich eifrig ein, den neuen Forderungen und Reformen zu entsprechen. Die Konstitutionen wurden verschiedentlich überarbeitet (1556, 1569 und 1580). Gegen Ende des Jh.s entschloß sich der Orden, das Einsiedlerleben auf dem Monte Senario wieder herzustellen. Aus diesem Konvent kamen die Mitglieder, die die Dt. Observanz schufen und damit die S. in Deutschland neu heimisch machten. Ihr erster Konvent entstand in Innsbruck 1614/15. Er wurde eröffnet mit Unterstützung von Anna Caterina (Schwester Giuliana) Gonzaga, Witwe des Erzherzogs Ferdinand (†1595). Der Orden breitete sich dadurch in Österreich, Böhmen, Deutschland und Ungarn aus. Die Observanz hielt sich bis in die ersten Jahre des 20. Jh.s.

1649 ordnete Innozenz X. eine genaue Zählung der verschiedenen Orden und ihrer Mitglieder an, und auf Grund seiner Entscheidung mußten die S. ihre 261 ital. Convente um $1/3$ reduzieren. Allerdings entwickelte sich der Orden weiter, bes. im Bereich der Wissenschaft, wo im röm. Convent S. Marcello ein »studium generale« errichtet wurde (die Statuten genehmigte Clemens IX. 1669), dessen legitime Erbin heute die Theol. Fakultät Marianum ist.

Durch Verfügung Urbans VIII. (1628) änderten die »Societates Habitus« ihren Namen in »Bruderschaft von den Sieben Schmerzen Mariens«. Die Verehrung der Schmerzhaften Mutter, die bes. seit 1600 zu bemerken war, gewann an Leben. Die Bruderschaften breiteten sich in viele Teile der Welt aus, auch wo es keine S. gab. In der ersten Hälfte des 18. Jh.s erreichte der Orden den größten numerischen Zuwachs seiner Geschichte, doch gegen Ende des 19. Jh.s und zu Beginn des 20. Jh.s erlitten die S. den Verlust zahlreicher Konvente und Mitglieder. Es war die direkte Folge verschiedener politischer Ereignisse in Österreich, Frankreich, Spanien und Italien. Die Zeit zwischen 1815 und 1850 brachte eine beachtliche Neublüte, die aber durch die Aufhebungen nach der Einigung Italiens einen weiteren Rückschlag erfuhr. Die Reaktion der Obern erfolgte in doppelter Richtung: Ausbreitung durch Neugründungen im Ausland und Wiederherstellung einer strengeren Observanz in den wenigen verbliebenen Konventen. Das Hundertjahrgedenken des Todes des hl. Philippus Benitius (1885) und die Heiligsprechung der Sieben Gründer (1888) waren neue kräftige Impulse. In Rom wurde das Studium Generale wieder eröffnet, ein Anreiz zum Studium der Geschichte und Spiritualität der S.

1864 gehen die S. nach Großbritannien, 1870 in die Vereinigten Staaten; sie kehren nach Frankreich und nach Brüssel zurück. Um 1900 sind sie in Kanada. Nach vorausgehenden Versuchen (in Arabien und auf den Philippinen) beginnt die missionarische Tätigkeit in Afrika und Südamerika. Heute ist der Orden in allen Kontinenten und in fast 30 Staaten tätig.

Unter den hervorragenden Gestalten der letzten 100 Jahre sind zu nennen: der demütige Pfarrer Antonius M. Pucci (1819–92), der Theologe Alexis H.-M. → Lépicier (1863–1936), General des Ordens (1913) und Kardinal (1927); ferner P. Gabriele → M. Roschini (1900–77). Mit dem Letztgenannten zeichnet sich die Mariol. als Arbeitsfeld der S. ab. Ihm ist die Gründung der Zeitschrift »Marianum« zu danken (1939), die Errichtung (1950) und Entwicklung der Bibliotheca Mariana und durch Pius XII. die Päpstliche Theol. Fakultät Marianum.

Nach dem Vaticanum II haben die S. ihre Konstitutionen erneuert und dabei das eigene Gesicht neu gezeichnet. Unter den verschiedenen spirituellen Besonderheiten ist nicht nur die Verehrung der GM charakteristisch — ein sozusagen allgemeines Element jedes Ordensinstitutes — sondern die besondere Stellung, die die Verehrung der Jungfrau ⩫ im Orden der S. einnimmt. In den ältesten hagiographischen Dokumenten erscheint ⩫ — die »Domina« — unter dem Gesichtspunkt der Mittlerin, einer Funktion, die sich aus ihrer GMschaft ableitet und christozentrisch ausgerichtet ist. ⩫ begegnet als Mittlerin, Gott die Nöte der Menschen vorzustellen, die im Bewußtsein ihrer Schwächen zu ihr rufen und darum bitten, sie möge sie mit ihrem Sohn versöhnen und ihm ihre Bitten empfehlen. Die Quellen des Servitenordens stimmen darin überein, den Brüdern das »Servitium Domini« anzubieten, d. h. ein Leben, in dem alles Tun durch eine totale Weihe an die hl. Jungfrau auf den Herrn ausgerichtet ist. Seit der ersten Redaktion von 1280 widmen die Konstitutionen im Zusammenhang mit diesem Gedanken das erste Kapitel (vielleicht das einzige Beispiel) den »Reverentien«, die der Orden ⩫ zollt. Es sind liturg. und außerliturg. Übungen nach den Gebräuchen der Zeit. Zusammen mit anderswo eingestreuten Elementen zeigt der Gesetzestext eine feste, fühlbare, wenn auch nicht gefühlsmäßige, Verehrung ⩫s.

Die Entstehungslegende sieht in dem von den S. gewählten Kleid ein Zeichen der Demut ⩫s und einen klaren Ausdruck des von ihr erduldeten Schmerzes beim Leiden des Herrn. Im 17. Jh. nimmt diese auch vorher schon vorhandene Überzeugung eine besondere Entwicklung, und die S. verbreiten die Verehrung der Schmerzen ᛫s in vielfältigen Formen. Wenn sie auch gelegentlich die Verehrung der schmerzhaften Mutter betont, hat die authentische Spiritualität der S. in ᛫ aber immer die Mutter des Herrn in der Ganzheit ihres irdischen Lebens und ihrer Glorie im Himmel gesehen.

Die nachkonziliaren Konstitutionen stellen die traditionellen »Reverentien« an einen anderen Platz, bekräftigen aber den Begriff des Dienstes und ermuntern zugleich den Bruder, sich ständig von ᛫, der Mutter des Herrn, inspirieren zu lassen. Damit übereinstimmend laden die Konstitutionen den Mitbruder ein, in besonderer Weise das Wissen um die Rolle ᛫s im Geheimnis Christi und der Kirche zu vertiefen, um deren Reichtum den Gläubigen zu vermitteln und sie zu einer echten MV anzuleiten.

Lit.: Annalium s. Ordinis Servorum B.M.V. ... centuriae quatuor, 3 vol., ²1719–25. — Studi Storici O.S.M. Rom, ab 1933 (periodische Reihe). — Bibliografia dell'Ordine dei Servi, bisher 3 vol. seit 1971. — Ursprung des Servitenordens, lat. Text und freie dt. Übers. von H. M. Körbel, 1983. — V. Benassi, O. J. Dias und F. Faustini, I Servi di Maria. Breve storia dell'Ordine, 1984. — DIP VIII 1398–1423. — DSp XV 695–730.

2. Schwesternschaften. Eine Geschichte der weiblichen Institute, die sich im Lauf der Jh.e mit dem Servitenorden verbunden haben, ist noch nicht geschrieben. Bes. für die älteste Zeit ist es nicht leicht, die echten und eigentlichen Klöster des Zweiten Ordens von ähnlichen Instituten zu unterscheiden. Eine alte Tradition, aufgenommen von Fra Paolo Attavanti (†1499) nennt die hl. Juliana v. Falconieri (†ca. 1322) als Gründerin der Schwestern des OSM, aber die Quellen dafür sind zu lückenhaft. In der Folgezeit entstehen Klöster in Florenz und anderen Städten der Toskana. Es gibt zahlreiche Gründungen in Städten der Po-Ebene, im Veneto, in der Emilia, in den Marken, mehrere auch in Umbrien und Latium, doch ist ihre Anwesenheit auf Mittelitalien begrenzt. Jenseits der Alpen ist das Kloster in Köln wohl das älteste, das bis auf den Beginn des 14., wenn nicht bis ins Ende des 13. Jh.s zurückgeht. 1607 gibt es die doppelte Gründung in Innsbruck, 1689 die in Arco (Diözese Trient, damals Tirol), 1715 die in München. Die span. Gründungen gehen auf das 14. bis 15. Jh. zurück mit den Klöstern in Murviedro (Sagunt), Valencia, Madrid (letzteres eröffnete 1973 das Kloster Nampala in Mozambique). Die Eröffnung des Klosters in Begbroke (Oxford), vorher in Bognor Regis, erfolgte 1889. Gegenwärtig sind die Klöster in Begbroke, München und Verona (eröffnet 1967) selbständig. Die anderen 7 in Italien bilden eine Föderation. Es sind die in Arco (Trient), Carpenedo (Veneto), Lucca, Montecchio (Emilia), Pesaro, Rom, S. Angelo in Vado (Pesaro). Die span. Föderation umfaßt die Klöster in Madrid, Mislata (Valencia) und Sagunt; ferner Celaya in Mexiko.

Die dem aktiven Leben des Apostolates, der sozialen Hilfe und der Lehrtätigkeit gewidmeten weiblichen Kongregationen entwickelten sich in der Kirche v. a. seit Beginn des 19. Jh.s. Das gleiche gilt für die Kongregationen, die sich mit dem Servitenorden im Geist und fast immer auch im Namen vereinigten. Es ist unmöglich, eine ins einzelne gehende Geschichte aller dieser Gruppen zu schreiben. Sie sind mehr oder weniger stark an Zahl der Mitglieder, aber immer lebendig. Solche Institute gibt es heute etwa 20 (die Namen sind chronologisch geordnet, die Klammer enthält Ort oder Land und Jahr der Gründung, die weiteren Angaben nennen ihr Wirkungsfeld): Servite Sisters (Frankreich, 1840); England, Jamaika, Frankreich, Belgien, Kanada, USA, Österreich, Italien, Zaire. — Suore di Maria SS. Addolorata (Neapel, 1840); Italien, Kanada, Mexiko. — Serve di Maria Addolorata (Nocera, Salerno), 1872; Italien, Kanada, Argentinien. — Serve di Maria (Ravenna), 1852; Italien, Brasilien, Mexiko. — Serve di Maria SS. Addolorata (Florenz, um 1854); Italien, Chile, Columbien, Indien, Ungarn. — Sisters of the Mother of Sorrows Servants of Mary (Indien, 1854); Indien, Myanmar, Australien. — Mantellate Serve di Maria (Pistoia, 1861); Italien, USA, Swaziland, Spanien. — Serve di Maria (Galeazza, Bologna, 1862); Italien, Deutschland, Brasilien, Korea. — Minime dell'Addolorata (Le Budrie, Bologna, 1868); Italien, Indien, Tanzania, Indien. — Compassioniste Serve di Maria (Scanzano di Stabia, 1869); Italien, Kanada, Chile, Indien, Philippinen. — Soeurs Servites de Marie (Jolimont, 1881); Belgien. — Motrata Servite (Shkodrë, Albanien, 1898). — Serve di Maria Addolorata (Chioggia, Venezia, 1898); Italien. — Suore dell'Addolorata Serve di Maria (Pisa, 1896); Italien, Indien, Philippinen. — Suore Serve di Maria Riparatrici (Vidor, Treviso, 1900); Italien, Brasilien, Portugal, Argentinien, Elfenbeinküste. — Szerwita Novarek (Ungarn, 1922). — Servants of Mary (Ladysmith, Wisc., 1912); USA. — Irmas Servas de Maria (Niteroi, 1917); Brasilien. — Servite Sisters (Swaziland, 1935); Swaziland. — Missioneras de María Dolorosa (Ciudad Juárez, 1944); Mexiko, USA, Perù. — Zum Servitenorden gehören auch zwei Säkularinstitute: das Servite Secular Institute (London, 1947) und das Regnum Mariae (Italien, 1959). — Soeurs de ND de la Compassion (Marseille, 1843).

Lit.: O. J. Dias, Gli sviluppi del movimento femminile dei Servi di Maria nella metà dell'Ottocento, In: »Quaderni di Monte Senario« VIII, 165–229. — DIP VIII 1331–72. 1419–20.

G. M. Besutti

Seuse, Heinrich → Heinrich Seuse

Severian v. Gabala, † nach 408, Bischof von Gabala in Syrien, war zuerst Freund und Anhänger des hl. Johannes Chrysostomos, dann sein Gegner. Er gehörte zur Antiochener Schule, aber vertrat von ihr unabhängige Ansichten. Die wissenschaftliche Textkritik erwies ihn als Verfasser etlicher Werke, die Johannes Chrysostomos zugeschrieben wurden.

In der Oratio IV in mundi creationem legt S. eine ungewöhnliche Ansicht dar: Gott verschonte die Juden trotz ihrer alten Sünden, weil er die Frömmigkeit der zukünftigen Gläubigen, allen voran der »heiligen Jungfrau Theotokos« voraussah. Dabei benützt er in dem langen Kapitel über ₥ in Oratio VI in mundi creationem das Wort $Κυριοτόκος$, das S. für völlig orthodox hält und viele Interpretationen zuläßt (die Frau in Gen 3,15; ₥s Heiligkeit; göttliche Mutterschaft; die Aufnahme in den Himmel; die Eva-₥-Parallele; geistliche Mutterschaft und ₥kult). ₥ wird »Mutter des Heils« genannt und als Quelle des Lichts, das leiblich und geistig erfahrbar sei, bezeichnet und damit in einen christol. Zusammenhang gestellt.

₥ ist für S. »groß« ($μεγάλη$). Er verteidigt ₥ geistreich gegen die Juden, und schreibt die Ausformung des Leibes Jesu dem Hl. Geist zu. ₥ ist für ihn $ἀειπαρθένος$.

In der Homilia de Legislatore Veteris et Novi Testamenti einst Johannes Chrysostomos zugeschrieben, beschreibt S. anhand eines Angriffs auf Konstantinopel ₥s Einschreiten, der er den Sieg zuschreibt, wie im AT Gott die Feinde seines Volkes durch Frauen besiegen ließ (Deborah, Jahel u. a.).

S. spricht allerdings — der historischen Situation entsprechend — nicht über ₥s Verhältnis zur Erbsünde oder ihre Sündenlosigkeit, vertritt aber eine hohe Meinung bezüglich ihrer Heiligkeit und der MV in seiner Zeit.

Ausg.: PG 55,607; 61,763–768; 56,496–98; 56,409.
Lit.: A. N. Gila, Esame dei principali testi mariani di Severiano di Gabala, In: Mar. 26 (1964) 113–172. — Ders., Studi su testi mariani di S. di G., 1965. — DSp XIV 752–763.   M. O'Carroll

Severus v. Antiochien, * um 465 in Sozopolis / Pisidien, †538 in Xoïs / Ägypten, wurde 512 zum Patriarchen von Antiochien ernannt und blieb bis 518 dort. Er war Gründer der monophysitischen Hierarchie in Antiochien und Lehrer der jakobitischen Kirche. Seine Tätigkeit war von der Verteidigung der monophysitischen Christol. gegen die Schlußfolgerungen des Konzils von Chalkedon (451) gekennzeichnet.

S. war ein besonderer Redner und fruchtbarer Schriftsteller von patristischer Gelehrsamkeit und dialektischem Scharfsinn. Seine Werke wurden 536 von Kaiser Justinianus verurteilt; deshalb sind sie in griech. Sprache fast ganz verschollen und haben sich hauptsächlich in syr. Sprache erhalten. Seine dogm. Schriften verteidigen den Monophysitismus. Die 125 Kathedralhomilien, die er während seiner Patriarchentätigkeit in Antiochien hielt, sind in zwei syr. Versionen überliefert. Reiche historische Hinweise jeder Art enthält seine umfangreiche Korrespondenz, von der eine Sammlung in syr. Übersetzung erhalten ist. Er verfaßte auch rel., für die Liturgie bestimmte Gedichte.

Die wichtigsten mariol. Lehren des S. beschränken sich auf die Mutterschaft ₥s und ihre immerwährende Jungfräulichkeit, so daß $Θεοτόκος$ und $Παρθένος$ zu Eigennamen ₥s werden (Epistula ad Theodosium Alexandrinum). Seine monophysitische Einstellung führte ihn dazu, zu betonen, daß nach der hypostatischen Union der zwei Naturen Christi, der menschlichen und der göttlichen, nur eine Natur, die letztere, blieb. Trotzdem wird heute zugegeben, daß sein Monophysitismus wesentlich verbal war und daß sich sein Widerstand gegen die Formel von Chalkedon in gutem Glauben auf → Cyrill v. Alexandrien und die apollinaristische Formel gründete.

Während Eva aus Adam kommt, ist Christus dagegen aus ₥ entstanden. Auf diese Weise ist die zweite Schöpfung göttlicher als die erste, zumal die Vermittlung des Hl. Geistes und seine heilbringende Wirkung auf ₥ erheblich stärker sind (Homilie 63). Die Geschwister Jesu sind Kinder einer ersten Ehe Josephs (Homilie 96), was nicht verhindert, daß ₥ auch ihre Mutter genannt werden darf, genau so wie Jesus am Kreuz sie zur Mutter des Johannes macht. Es kommt nämlich der Jungfrau ₥ zu, sich um die Schüler ihres Sohnes zu kümmern (Homilie 77).

Es war sehr angebracht, den Juden die Jungfräulichkeit ₥s nicht zu offenbaren, um die Verwirklichung des göttlichen Willens besser zu gewährleisten; deswegen heiratete sie Joseph und führte ein ganz normales Familienleben. Ebenso war es zutreffend, dem Teufel, dem größten Feind des menschlichen Heils, diese Jungfräulichkeit zu verbergen (Homilie 94). Ein Beweis für diese vorsichtige Haltung ist die von S. erzählte apokryphe Überlieferung, wonach Zacharias von den Juden ermordet wurde, weil er im Tempel die Jungfräulichkeit ₥s wahrsagte und verkündigte, daß ihr Sohn zum König des jüdischen Volkes würde (Epist. 69 und 85).

→ Johannes Chrysostomos folgend, meint S., daß ₥ ihren Sohn ungelegen um ein Wunder beim Hochzeitsmahl in Kana (Joh 2,1–12) bat, weil sie bloß die Verherrlichung Jesu beabsichtigte; deshalb wies er sie zurecht: »Was willst du von mir, Frau? Meine Stunde ist noch nicht gekommen« (Joh 2,4; Homilie 46 und 119). Trotzdem erkennt S. in ihren, zu den Dienern gesagten Worten »Was er euch sagt, das tut« (Joh 2,5), daß ₥ das Vorherwissen des Zukünftigen mit ihrem Sohn teilte und auch die Befähigung, es zu prophezeien (Homilie 119).

₥, die »Tür des Himmels« (Hymnus 117), soll von allen Christen als GM verehrt werden (Hymnus 118). Sie ist das Tabernakel des Bundes zwischen Gott und den Menschen (Hymnus 119), denn der Logos, d. h. das Wort Gottes kam auf den Berg Sinai herab, um den Alten Bund mit seinem Volk zu schließen, und Jh.e später auf den »logischen Berg« oder — nicht so wörtlich übersetzt — auf den »vernünftigen Berg«, der ₥ war, um den Neuen Bund mit allen Menschen zu schließen (Hymnus 120).

QQ: PO 4. 6. 8. 12. 14. 16. 20. 22. 23. 25. 26. 29. 35. 36. — CSCO 17. 94. 102. 112. 120. 130. 134. 296. — RevOrChr 7 (1929 f.) 21 ff.

Lit.: J. Lebon, Le monophysisme sévérien, Louvain 1909. — E. Honigmann, Évêques et évêchés monoph. d'Asie antérieurs au VI siècle, 1951. — V. C. Samuel, The Council of Chalcedon and the Christology of S. of Antioch, 1957. — W. H. C. Frend, The Rise of the Monophysite Movement, 1972. — DPAC II 3180–82. *A. Viciano*

Sevilla. Die spätere röm. Stadt Hispalis existierte sicher schon als präröm. Siedlung im tardesidischen Reich und wurde unter Diokletian Hauptstadt der röm. Provinz Betica. Unter arabischem Einfluß wurde aus »Hispalis« »Sevilla« bzw. »Sibilia«, wie es bereits im 12. Jh. in Inschriften heißt.

Die Diözese Hispalis ist eine der ältesten → Spaniens. Die z. T. legendären »Cronicones« erwähnen einen hl. Pius, Schüler des Apostels Jakobus, als ersten Bischof der Stadt und berichten, daß die erste Kirche der Diözese der Allerseligsten Jungfrau ᛗ noch zu deren Lebzeiten geweiht worden sei; somit sei diese Kirche — nach El → Pilar in →Saragossa — das zweite christl. Gotteshaus, das der GM geweiht wurde. Die erste historisch gesicherte Nachricht von der Existenz des Christentums auf der iberischen Halbinsel verdanken wir dem hl. Bischof → Irenäus v. Lyon; danach darf man annehmen, daß es spätestens gegen Ende des 1. Jh.s im Gebiet um Hispalis eine Christengemeinde gab. Diese ersten Christen wären die Frucht der apost. Tätigkeit des hl. Gerentius, der schon in den ältesten mozarabischen Kalendern erwähnt wird und Bischof von Italica war, einer von Publius Scipio gegründeten Stadt in der Nähe von S. Die ersten namentlich bekannten Christen S.s sind Justa und Rufina, die sich weigerten der in Hispalis bes. verehrten syr. Göttin Salambo Opfer zu bringen und deshalb während der diocletianischen Verfolgung (um 300) das Martyrium erlitten. In den Akten des Konzils von Elvira (um 303) erscheint bereits die Unterschrift von Sabinus, Bischof von Hispalis und auf dem Konzil von Toledo (400) wird Marcellus als Erzbischof und Metropolit von Hispalis erwähnt. Die Grenzen dieser Kirchenprovinz reichten damals im Osten bis Almeria und Granada, im Norden bis Cordoba, während der Fluß Guadiana und das Meer die anderen Grenzen der Erzdiözese waren.

Im westgotischen Reich wird S. zum Austragungsort der Auseinandersetzungen zwischen den arianischen Westgoten und der kath. iberoröm. Bevölkerung, die ihren Höhepunkt mit dem Tod des hl. Hermenegild erfuhr. Hermenegild — Gouverneur von S. und Mitregent im Reich seines Vaters, des Königs Leovigild, zusammen mit seinem Bruder Rekkared — trat unter dem Einfluß seiner kath. Frau Ingunde und des hl. → Leander zum kath. Glauben über.

Nach der Bekehrung Rekkareds und unter dessen Alleinherrschaft wurde S. im westgotischen Reich neben → Toledo zu einem Zentrum des Katholizismus in Spanien. In S. fanden unter dem Vorsitz der hll. Leander (590) und → Isidor (616 und 624) auch jene Konzilien statt, die mit den Konzilien von Toledo für die neue kath. Ordnung im Reich maßgebend wurden. Zweifelhaft ist, ob 782 unter der Herrschaft der Araber ein Konzil in S. stattfand. Nach der Wiedereroberung wurden wiederum Konzilien in S. abgehalten: 1352, 1412, 1478 und 1512 sowie 1893 und 1924. Außerdem gab es in S. zahlreiche Diözesansynoden, die Entscheidendes für das rel. Leben in S. und auch für die Christianisierung Amerikas geleistet haben.

Abgesehen von den erwähnten Traditionen muß die MV in S. schon früh verwurzelt gewesen sein. So schrieb etwa Leander v. S. an seine Schwester Florentina (PL 72,188), sie solle sich »an der Jungfräulichkeit und Armut Marias orientieren, die so reich war, daß sie es verdiente, Gottesmutter zu sein«. Bei Leanders Bruder, Isidor — Lehrer → Ildefons' v. Toledo und Verteidiger der Jungfräulichkeit ᛗs — lebten nach dem Zeugnis des hl. Braulius und des Historikers Menéndez v. Pelayo »die Tradition des Altertums und der Geist des spanischen Katholizismus« fort. Dies läßt vermuten, daß die MV der beiden hll. Brüder auch Ausdruck des Glaubens des Volkes war. In Isidors Werken finden sich zahlreiche Zeugnisse seines marian. Glaubens sowie die theol. Begründung der Gnadenvorzüge, mit denen Gott die im Protoevangelium vorangekündigte Frau, die den Erlöser gebären sollte, versah. Einige Autoren suchen darin sogar Andeutungen auf die UE ᛗs. Aus dem Spanien unter arabischer Herrschaft gibt es nur wenige Nachrichten über die MV in S. Der Tradition nach aber überlebte z. B. das Bild ULF de la Antigua, ein Bild, das Engel gemalt hätten und das der Zerstörungswut der Mauren entgangen sein soll (→ Acheiropoieten). Das Bild, das noch heute verehrt wird, stammt aber wohl aus dem 11. Jh.

Die Verehrung der GM unter den Mozarabern (Christen im Herrschaftsgebiet der Mauren) muß jedoch während der Zeit der maurischen Herrschaft lebendig geblieben sein, da sie nach der Wiedereroberung der Stadt durch den hl. Ferdinand III. v. Kastilien, der nach seinem Eintritt in die Stadt vor dem erwähnten ᛗbild betete, schnell wieder zu neuer Blüte gelangte.

Nach der Legende soll die GM dem hl. Ferdinand zwei Mal auf seinem Weg nach S. erschienen sein, um ihm ihren Beistand bei der Eroberung der Stadt zuzusichern. Vermutlich war jene ᛗstatue, die der Heilige immer bei sich trug und die bei seiner Dankprozession für den Sieg mitgeführt wurde, das Bild, das heute noch in der Kathedrale von S. unter dem Titel »ULF von los Reyes« verehrt wird. Es soll ein Geschenk des hl. Ludwig v. Frankreich an seinen Cousin Ferdinand III. sein. Möglicherweise stammt es aber aus dem Besitz Beatrix' v. Schwaben, der Frau Ferdinands. Die neue Kathedrale S.s, angeblich an dem Ort, an dem schon die westgotische Kirche gestanden hatte, die die Mauren 715 in eine Moschee verwandelten, wurde 1252 vom Bischof von Cordoba der Assumpta geweiht. Dort wurde Ferdinands Ⓜstatue, die sein Sohn → Alfons X. aufbewahrt hatte, in der eigens dafür gebauten und bes. reich ausgestatteten »Capilla Real« oder »de los Reyes« aufgestellt. Von den 55 Kapellen der Kathedrale sind 14 der GM geweiht. Die Tradition des Heiligtums von El Rocio (zuerst S. Maria de las Rocinas und bis 1954 der Erzdiözese S. zugehörig) im königlichen Jagdgebiet »Las Rocinas« weist ähnliche Züge auf. Aus Dank für die Wiedereroberung der Stadt Niebla ließ Alfons eine Kapelle errichten, weihte sie der GM und stellte dort das Bild der Jungfrau Ⓜ auf, das noch heute das Zentrum der MV in ganz Andalusien ist. Über 1 000 000 Menschen wallfahrten alljährlich, bes. zu Pfingsten, dorthin. Die Pfingstwallfahrt, die 1654 begann, sowie der Name »Rocio« (Tau) sollen an den Hl. Geist erinnern. Bei dieser Wallfahrt tragen die unzähligen Bruderschaften ihr »simpecado« (ohne Sünde), ihre Standarten, als ein Bekenntnis zur UE Ⓜs mit.

Die Bruderschaften haben auch die »Semana Santa« von S. in der ganzen Welt berühmt gemacht. Sie ziehen in der Karwoche unter großer Beteiligung der Gläubigen durch die Stadt mit Christus- und Ⓜstatuen, die jeweils den Namen der Bruderschaft bestimmen (in der Reihenfolge, in der sie bei der Prozession getragen werden): NS de la Paz, NS de la Consolación, NS de Gracia y Esperanza, NS de Estrella, NS la Amargura, NS del Socorro, El Rocio, NS las Peñas, NS la Salud, NS del Guadalupe, NS del Mayor Dolor, NS las Aguas, NS de los Desamparados, NS la Angustia, NS la Encarnación, NS del Dulce Nombre, NS de los Remedios, NS de la Cabeza, NS del Refugio, NS de la Palma, NS de la Regla, NS de la Soledad, NS de la Guía y Buen Fin, NS de los Angeles, NS de las Lágrimas, NS de la Victoria, NS el Rosario, NS del Valle, NS de la Merced, NS de la Concepción, NS de la Presentación, NS de la Luz, NS del Patrocinio de Triana, NS de la Esperanza de la macarena, Loreto, Monserrat, NS de Piedad, Villaviciosa u. a. Diese Statuen, die von den berühmtesten Bildhauern Spaniens (z. B. Juan → Martínez Montañes) geschaffen wurden, gehören mit ihrem Schmuck und ihrer Bekleidung zu den größten Kunstschätzen der Stadt.

Auch die Kirchen und Klöster S.s zeugen von der innigen Liebe der Sevillaner zur GM. Viele von ihnen sind der Jungfrau Ⓜ geweiht und besitzen eine Statue ULF, die auch überregional als Gnadenbild verehrt wird. Als Ⓜwallfahrtsorte mit einer ausgeprägten Tradition gelten in der Erzdiözese außer der erwähnten Kapelle NS de los Reyes auch die Kirchen von NS de Valme in Dos Hermanas, NS de Consolación in Utrera, NS de Gracia in Carmona, Loreto in Espartinas, NS del Monte in Cazalla de la Sierra, NS del Robledo in Constantina, NS de las Huertas in La Puebla de los Infantes, NS del Castillo in Lebrija, NS del Aguila in Alcalá de Guadaira, NS de la Divina Pastora in Cantilana, NS de Fuente Clara in Aznalcóllar, NS de Escardiel in Castiblanco de los Arroyos, NS de los Remedios in Marena del Alcor, NS del Espino in el Pedroso, NS de Villadiego in Pañaflor, NS de los Llanos in La Roda de Andalucia, NS de Gracia en el Ronquillo und NS de la Oliva in Salteras. Ungenannt bleiben die marian. Stätten in den Gebieten der Diözesen von Huelva und Asidonia-Jerez, die bis 1954 zur Erzdiözese S. gehörten.

Ein besonderes Kennzeichen der MV in S. ist seit der 2. Hälfte des 16. Jh.s der Einsatz aller kirchlichen und profanen Institutionen der Stadt für die Proklamierung des Dogmas der UE. In der ganzen Stadt, sagt der Geschichtsschreiber Pablo de Espinosa, gab es kein Haus, an dem nicht die Inschrift »María concebida sin pecado original« den Glauben der Bewohner bekundet hätte. Alle Bruderschaften sowie alle Korporationen der Stadt und die Universität verpflichteten sich, diese Wahrheit zu verteidigen. Von S. aus ging das sog. »voto inmaculista« auf ganz Spanien über bis Amerika. S. kann sogar als Ausgangspunkt für die MV in ganz Lateinamerika gelten. So sollten sich — nach Anordnung des Domkapitels — neue Diözesen wie Caracas, Lima, Cartagena de Indias und Guatemala auf die »Riten, Sitten und Bestimmungen« verpflichten, die auch in der Kathedrale von S. gelten. In S. wurden ferner die Akademiker ausgebildet, die nach Amerika gingen, sowie die ersten indianischen Priester. Das Collegium für diese Priester und die Universität für die »Überseeleute« (Mareantes) in S. standen unter dem Patrozinium von NS del Buen Aire, das den Namen für Argentiniens Hauptstadt abgab.

Ein wichtiges Zeugnis für die MV in S. bietet die Synode von 1604, die anordnet, daß bei jedem Glockengeläute das Ave Maria und am Samstag sowie an jedem Vortag eines Ⓜfestes das Salve Regina gebetet werde. Als besondere Andacht wurde der Rosenkranz empfohlen. Es wurde auch eine neue Ordnung für die Wallfahrten und Prozessionen erarbeitet, die den Aberglauben bekämpfen sollte; danach wurden empfindliche Geldstrafen für jene angeordnet, die in »ungebührender Weise« die Bilder bei der Prozession berührten; bei ähnlichen Strafen wurden auch der Mißbrauch der Disziplinanten bei den Prozessionen und die Verkleidung der Bilder mit »weltlichem Ornat« verboten.

Das heutige S. (Sitz der Landesregierung von Andalusien) bekennt sich zu seiner marian. Tradition und bezeichnet sich selbst als »Tierra de Santa Maria«. 1992 beteiligte sich die Erzdiözese S. aktiv am XVIII. Mariol. und XI. Marian. Weltkongreß, der unter dem Motto »Maria, Stern der Evangelisierung« in ihrer Sufragandiözese Huelva stattfand.

Lit.: D. Ortiz de Zuñiga, Anales eclesiásticos de la muy noble y muy leal ciudad de S., 5 Bde., Madrid 1795–96. — N. Pérez, La Inmaculada y España, 1954. — J. Ibañez und F. Mendoza, Maria en la Liturgia Hispana, 1975. — Sociedad Mariológica Española, Enciclopedia Mariana Posconciliar, 1975. — Q. Aldea u. a. (Hrsg.), Diccionario de Historia Eclesiástica de España IV, 1975, 2446–59. — M. J. Carrasco (Hrsg.), Maria en los pueblos de España XII, 1992. *G. Rovira*

Sevilla y Villena, Mariano, Priester der Diözese Manila, gehörte der revolutionären Gruppe der Filipino-Priester an. Der hervorragende Tagalist, der unter den Zeitungsschreibern in Tagalog einen der ersten Plätze einnahm, war auch Autor einer Reihe von Büchern: »Lecciones de Gramática Castellana en Tagalo« (Manila 1887), »Dilidiling iniaalay sa lahát at balang isá sa mga cristianos nang bunyi at masilag na si« ([»Vida Buena y Vida Mala del Cristiano«], Manila 1895), »Vida Espiritual Comparada a dos Arbores« (1895), »La Perfección Cristiana« (1895). Ferner veröffentlichte S. »Las Hijas de María« und andere Novenen zu Ehren der GM. In einem Sammelband erschienen Adventsbetrachtungen, eine Weihnachts- und Epiphanienovene sowie von Alfons v. Liguori »Gott mit uns vor und nach der Kommunion« als Übersetzungen aus dem Span. und Ital. in Tagalog. Wichtig unter der marian. Lit. ist das Buch »Flores de María«, das als ein Klassiker gilt und neben eigenen Texten Übersetzungen aus dem Span. und Ital. zum Mai-Monat vorlegt: »Flores de María ó Mariquit na bulaclac na so pagninilaynilay sa boong buan nang Mayo at inihahandong nan mangá devoto cay María Santísima Isinalin sa uicang tagalog« (Manila 1895).

Lit.: S. Pons, El Clero secular Filipino; apuntes bibliográficos y biográficos; trabajo de información dedicado a su Santidad León XIII, Manila 1900. — J.N. Schumacher, Revolutionary Clergy. The Filipino Clergy and the Nationalist Movement, 1850–1903, 1981. — R. Pesoncgo, Marian Devotion and Catechesis in the Philippine Culture, Diss., Pontificia Università Lateranense, Rom 1990. *H. Rzepkowski*

Sheen, Fulton J., * 8.5.1895 in El Paso/Illionis, † 9.12.1979 in New York, wurde 1919 zum Priester geweiht, promovierte in Phil. (Louvain) und Theol. (Rom) und lehrte 1926–50 Religionsphilosophie an der Catholic University of America (Washington). Er leitete als Hilfsbischof von New York 1950–66 die Gesellschaft für Glaubensverbreitung in den USA, stand 1966–69 der Diözese von Rochester/New York vor und widmete sich dann bis zu seinem Tod als Titular-Erzbischof von Newport seinem schriftstellerischen Werk.

Während Jahrzehnten im akademischen Bereich zu Hause und wissenschaftlich tätig (Religion without God, 1928; Philosophy of Science, 1934; Philosophy of Religion, 1948) wird S. v. a. als »Patriarch der elektronischen Kirche« in Erinnerung bleiben. Ein bekannter Kanzelredner (z. B. als Fastenprediger in St. Patrick's Cathedral, New York) erfuhr er durch seine Radiopredigten (»Catholic Hour«, ab 1930) und rel. Fernsehsendungen (»Life is worth living«, 1951–57; »The Bishop Sheen Show«, ab 1966) im In- und Ausland große Beachtung. Die schriftliche Ausarbeitung seiner Predigten und die für ein breiteres Publikum verfaßten geistlichen Bücher fanden weite Verbreitung.

S.s marian. Äußerungen haben wesentlich Gelegenheitscharakter. Er scheut sich nicht, in gehoben katechetisch-apologetischem Stil erklärend, erläuternd und erbauend von schlichten, aber auch von schwierigen marian. Themen zu handeln. S. wartet mit einer geschickten Verhältnisbestimmung zwischen Jesus und M auf, in der gleichzeitig Ähnlichkeit und Unterschied herausgearbeitet sind. Er charakterisiert die Verbindung der Titel »Mutter« und »Jungfrau« vorwiegend als Kooperation, unterstreicht den Öffentlichkeitscharakter von Ms Mutterschaft, bezeichnet die UE als höchste Anerkennung der Rolle der Frau in der Erlösung; die Aufnahme in den Himmel gilt als Heilmittel gegen Pessimismus und Verzweiflung der modernen Welt. Die Jungfrauengeburt wird erläutert als Kontinuität des Menschlichen bei gleichzeitiger Diskontinuität der Sünde; die Ehe zwischen M und Joseph findet Erfüllung nicht in der Einheit im Fleisch, sondern als Einheit im Sohn Jesus. S. setzt M immer wieder in Bezug zur Gegenwart und weist auf ihre Rolle in der Auseinandersetzung mit Materialismus, Kommunismus, Seelenlosigkeit der Gegenwartskultur und für die Evangelisierung und das Gespräch mit anderen Religionen hin. Er streicht bes. ihre Rolle als Frau für Frauen in der Gegenwart heraus. Seine Charakterisierung der Frau mag idealisierend sein (das Ewig Weibliche), doch betrachtet er die kulturelle Gegenwart (1952) als Stunde der Frau, aufgerufen, die Beständigkeit der Liebe, den Respekt für die Person und die Tugend der Reinheit zu erneuern und zu stärken. In Kulturvergleichen stellt S. auch in den nichtchristl. Religionen eine marian. Komponente fest, die er als Neigung für das Schöne, Bewunderung der Reinheit, Ehrerbietung gegenüber der Königin und Liebe zur Mutter charakterisiert. Diese Komponente wird als günstiges Prolegomenon für die Evangelisierung betrachtet. Einer Definierung von Ms Mittlerschaft nicht abgeneigt, sieht S. Ms Sendung in der Öffnung und Bereitung des menschlichen Herzens für das Kommen ihres Sohnes. Sein Mbild hat stark johanneische Züge: Kana, die Dolorosa und die Kreuzesszene spielen eine wichtige Rolle. Seine Wertschätzung des → Rosenkranzgebets unterstreicht diese apost.-missionarische Auffassung von M.

WW: Manifestations of Christ, 1933. — The Queen of Seven Swords, 1934. — The Fifteen Mysteries of the Rosary, 1944. — The Seven Words of Jesus and Mary, 1945. — The Woman (12 Radiopredigten 1951), 1952. — The World's First Love, 1952. — Mary Tabernacle of the Lord, 1978. — Jesus, Son of Mary (illustriert von Marie DeJohn), 1980.
Lit.: D. P. Noonan, The Passion of F. J. S., 1972. — Treasure in Clay: The Autobiography of F. J. S., 1980. — Religious Leaders of America, 1991, Nr. 842, 520. — NCE XVIII 474 f. *J. Roten*

Sheppard (Shepherd, Sheperd), John, * ca. 1525, † 1559/60, engl. Komponist, soll Chorknabe an der St. Paul's Cathedral gewesen sein, was aber nicht belegt werden kann. 1543 ist er Informator Choristarum am Magdalen College in Oxford, das er 1548 wieder verläßt. 1542 taucht sein Name in der Liste der Gentlemen of the Chapel Royal auf. In Oxford strebt S. den

Doktortitel in Musik an, den er aber zeit seines Lebens nicht erhält. Im Zentum seines Schaffens steht die lat. liturg. Musik: 5 Messen, zahlreiche Motetten, Antiphonen, Hymnen, Psalmvertonungen, Responsorien, Te Deum sowie ein Magnificat. Zu seinen marian. Kompositionen ist neben dem erwähnten Magnificat auch die Missa Cantata zu rechnen, die auf einer kurzen, unbekannten Melodie basiert, und darüber hinaus ein 4-stimmiges und ein 6-stimmiges Magnificat, sowie die 6-stimmigen Motetten »Ave maris stella«, »Christo virgo dilectissima«, »Gaude gaude gaude Maria virgo« und »Gaude virgo Christipera« enthält. Die Kompositionen für die lat. Liturgie sind nur in späteren Anthologien (Kopien von ca. 1600) erhalten. S.s Stil entspricht der Tradition der Komponisten des Eton Choirbook; individuell jedoch ist die extreme Dissonanzbehandlung. Bei der englisch vertonten Musik handelt es sich um Anthems, Services und Psalmvertonungen für die sich gerade entwickelnde anglikanische Kirche.

Lit.: H. B. Lamont, J.S.: his Life and Music, Diss., University of Southern California, 1963. — MGG XII 637–639. — Grove XVII 249–251. *P. Böhm*

Š'ḥīmō (bei den Maroniten s'ḥīmtō genannt) ist das liturg. Buch in der westsyr. antiochenischen Kirche, das für das Stundengebet an den Wochentagen verwendet wird. Neben seiner Hervorhebung der göttlichen Natur Christi bezeugt es auch die tiefe Verehrung ⟨M⟩s als »Mutter Gottes« bzw. »jene, die Gott hervorgebracht hat«. Die Maroniten datieren die Entstehung des Š. vor 746, da man viele Gebete darin findet die auch andere Ostkirchen schon vor ihrer Trennung voneinander gebraucht haben. Sie schreiben die Zusammenstellung ihres Š. ihrem ersten Patriarchen, dem hl. Johannes Maron zu. Patriarch Jeremias nahm 1292 ein Š. nach Rom mit; diese Handschrift befindet sich in der Vatikanischen Bibliothek.

Lit.: Šḥīmō (syr.), Sarfeh 1937. — B. Griffiths, The Book of Common Prayer of the Syrian Church, o. J. — J. Madey Marienlob aus dem Orient. — J. Madey Das Stundengebet und Eucharistiefeier der syr. Kirche von Antiochien, ²1982 (mit allen marian. Texten des Š.). — The Prayer of the Faithful according to the Maronite Liturgical Year I, 1982, IX und passim. *J. Madey*

Sianfu. Das Nestorianer-Denkmal von Si-an-fu (Shensi) wurde 781 unter Kaiser Te-tsung (780–805) errichtet. Es gibt in chinesischer und syr. Sprache Aufschluß über die Nestorianer-Mission in China. Später wurde es wohl (845) vergraben, als der T'ang-Kaiser Wutsung allen buddhistischen Mönchen befahl, ins bürgerliche Leben zurückzukehren, weil die Ehelosigkeit dem Volke schade. Davon waren auch die Nestorianer betroffen. Die Stele wurde 1625 durch Zufall wieder entdeckt. Einheimische Christen benachrichtigten die Jesuiten-Missionare Nicolas Trigault (1577–1628) und Alvaros Semedo (1585–1658), die von Macao zur Fundstelle kamen. Noch 1625 wurde eine lat. Übersetzung angefertigt, 1629 eine franz. des syr. Textes und 1631 lag eine vollständige ital. Übersetzung des Textes vor. Die Echtheit der Stele steht heute unbestritten fest.

Die christl. Lehre wird hier tief, fast mystisch dargeboten und das Christentum ernst genommen. Bei allen Versuchen, die christl. Substanz zu wahren, verfolgte man eine weitgehende Anpassung an buddhistische Termini und Ausdrücke. Man drückte mit Hilfe buddhistischer Gedankengänge christl. Wahrheiten aus. Auch finden sich auf dem Stein taoistische Wendungen und Denkschemata, allerdings weniger zahlreich. Den Anfang des Dokuments bilden tiefe Wahrheiten, wie das Johannesevangelium und der Anfang des Tao-te-king von Laotse. Gott, Schöpfung, Paradies und Sündenfall schließen sich an. Nach diesen Darlegungen der Lehre werden die Erlösung (in zwei Abschnitten), die Menschwerdung und das Werk des Erlösers, behandelt. »Dann aber konnte es unser Dreieiniger nicht mehr ertragen. Messias, der leuchtend Erhabene, verbarg seine eigene Herrlichkeit und erschien als einer von uns Menschen. Die Engel verkündeten die Freudenbotschaft. Die Jungfrau gebar den Heiligen in Ta-ts'in. Das leuchtende Gestirn meldete das Glück. Die Perser sahen das strahlende Licht und brachten königliche Opfergaben. So wurde erfüllt, was die 24 Weisen des alten Gesetzes (Verfasser des AT) gesagt hatten« (Übers. von A. Bürke). Aus dem Leben Jesu ist nur die Kindheitsgeschichte enthalten. Es fehlen sein öffentliches Leben, sein Leiden, Tod und seine Auferstehung, nicht hingegen die Himmelfahrt. In diesem Zusammenhang wird die Geburt Jesu durch die Jungfrau genannt, nicht aber der Name ⟨M⟩s. Klarer wird der Sachverhalt, wenn man die Texte der Alopen-Zeit, den Sutra über Jesus den Messias (Hsü ting Mi-shih-so tshing, entstanden wohl 635–641), heranzieht, in dem die Lehre noch nicht die weitgehende Anpassung erfahren hatte. Alopen (Abraham) war der erste christl. Missionar in China, der nestorianische Wandermönch, der laut der Inschrift von Singan-fu 635 in die Hauptstadt der T'ang kam. Nach dem dogm. Teil über Gott wird im geschichtlichen Teil im Zusammenhang mit dem Leben Jesu über ⟨M⟩ gesprochen und auch ihr Name genannt. Es wird weiterhin mehrfach gesagt, daß sie als Jungfrau empfängt und einen Sohn gebiert, den sie Jesus nennt. Sie empfängt vom Hl. Geist (wörtlich: vom den kühlen Wind), der in ihren Leib eingeht. So wird sie als Jungfrau schwanger. Bei der Geburt Jesu wird aber gesagt, daß der Hl. Geist der Vater Jesu war.

Lit.: J. Legge, The Nestorian Monument of Hsî-An Fu in Shen-Hsî, China relating to the diffussion of Christianity in China in the seventh and eighth Centuries with the Chinese text of the inscription, a translation, and Notes and a Lecture on the Monument, London 1888; Neudr. 1966. — G. Rosenkranz, Die älteste Christenheit in China in den nestorianischen Quellenzeugnissen der Tang-Zeit, ²1939 (auch in: Zeitschrift für Religionskunde und Religionswissenschaft 52

[1937] 193–226. 241–280). — P. Y. Saeki, The Nestorian Documents and Relicts in China, ²1951. — A. Bürke, Das Nestorianer-Denkmal von Si-an-fu. Versuch einer Neuübersetzung, In: J. Baumgartner (Hrsg.), Vermittlung zwischenkirchlicher Gemeinschaft, FS 50 Jahre Missionsgesellschaft Bethlehem Immensee, 1971, 125–141. — P. Kawerau, Das Monument von Schianfu, In: Sichtbare Kirche, FS für H. Laag, 1973, 39–43. — W. Hage, Der Weg nach Asien: Die ostsyrische Missionskirche, In: K. Schäferdiek (Hrsg.), Kirchengeschichte als Missionsgeschichte II: Die Kirche des frühen MA, 1978, 360–393.

H. Rzepkowski

Sibyllen sind in der Antike Seherinnen; die Herkunft ihres Namens ist bis heute ungeklärt. S. sind schon im 8. Jh. v. Chr. in Kleinasien lit. nachweisbar; aus dieser Zeit ist der Name einer Herophile von Erythrea überliefert, die als Sibylle bezeichnet wurde (frühe Zeugnisse vgl. PRE II A 2075 f.).

Später werden die S. Teil der griech. und röm. Mythologie. Schon Aristoteles kennt mehrere S. (Probl. 954 a, 36). Benannt werden sie nach ihrem jeweiligen Herkunftsort (aufgelistet bei Varro, Antiquitates rerum humanarum et divinarum, zitert bei → Laktanz, Divin. Instit.). Die einzelnen Weissagungen der S. sind in den → Sibyllinischen Büchern aus dem 2.–4. Jh. n. Chr. verzeichnet, die teils hellenistisch-jüdischer, teils christl. Apologetik dienten. Die christl. Theologen deuteten die Prophetien der S. als einen konkreten Hinweis auf die Ankunft Christi, parallel zu den Messias-Voraussagen der Propheten des AT (Augustinus, De civ. Dei XVIII 23; Ps.-Augustinus, Sermo contra Paganos, Iudaeos et Arianos de Symbolo XVI).

Frühe Darstellungen innerhalb der christl. Kunst sind zunächst Einzeldarstellungen, so die Sibylla Erythraea an der Hochwand in S. Angelo in Formis bei Capua (11. Jh.) zusammen mit Königen des AT und Propheten. Maßgeblich zur Verbreitung der bildlichen Charakterisierung beigetragen haben die Druckausgabe des Laktanz (Subiaco 1465) und Filippo Barbieris »Discordantiae nonnullae inter S. Hieronymum et Augustinum« (Rom 1481). Barbieri übernimmt die aus Laktanz bekannte Liste der zehn S. und fügt die Sibylla Agrippa und die Sibylla Europa hinzu. Die Darstellungen innerhalb der christl. Kunst dienen v. a. dem Zeugnis der Menschwerdung Christi. Die S. sollen die Heiden auf die christl. Heilsgeschichte vorbereiten, gleich den Propheten, die das Volk Israel vorbereiten. Eine der bekanntesten Darstellungen ist die Weissagung der Sibylla Tiburtina an Kaiser → Augustus, die v. a. durch die Legenda aurea des → Jacobus a Voragine und dem → Speculum humanae salvationis weite Verbreitung fand.

Großen Einfluß und einen hohen Bekanntheitsgrad erlangten die S. in der Zeit der Renaissance. Vorbildlich und prägend für die Ikonographie sind das Sieneser Dompaviment (nach 1369) und der von Kardinal Orsini in seinem röm. Palast in Auftrag gegebene S.-Zyklus (um 1425), der erstmals die Zahl der S. auf zwölf erweitert und sie so der Zahl der Propheten des AT gleichsetzt.

Maria mit zwölf Sibyllen, Codex des 15. Jh.s, Augsburg, Universitätsbibliothek

Werden die S. mit Evangelisten oder Kirchenvätern dargestellt, sind es gewöhnlich nur vier Frauengestalten (Pinturicchio, Rom, S. Maria del popolo, Gewölbe der Hauptkapelle, Darstellung der Krönung ₥s, umgeben von vier S., den Evangelisten und den Kirchenvätern, 1506; Kathedrale von Beauvais, Nordportal). Die S. werden im allgemeinen mit ihren jeweiligen zur Aussage gehörenden Attributen abgebildet (Encomium trium Mariarum), daneben können sie aber auch Schriftrollen halten, die ihre Prophetien verzeichnen (Filippo Lippi, Spoleto, Dom, Apsiskalotte, Huldigung des himmlischen Hofstaates bei der Krönung ₥s mit Adam, Eva, Rahel, Batseba, Lea sowie der Sibylla Tiburtina und Sibylla Erythrea), jedoch finden sich auch Darstellungen ohne Beigabe (Ulmer Chorgestühl von Jörg Syrlin d. Ä., 1469–74). Neben der Zwölfzahl bleibt die Darstellung mit zehn S. erhalten (Marmorstatuen, Siena, Dom, 1483).

In Italien und Frankreich findet das S.-Thema seine häufigste Umsetzung. Zu den wohl bekanntesten S.-Darstellungen gehören die fünf S. in den Stichkappen des Gewölbes der Sixtinischen Kapelle von Michelangelo (um 1510) sowie die vier S. in S. Maria della Pace in Rom von Raffael (um 1514), die prägend für alle weiteren Darstellungen werden. Während die S. Michelangelos ihre Weissagungen aus Büchern entnehmen, erhalten die S. des Raffael diese durch Engel zugetragen.

S. werden häufig in Kirchen, die ⓂⒶ geweiht sind, dargestellt, so im Großen Saal von Loreto (1612), in dem Statuen der S. neben denen einzelner Propheten Bildwerke mit Darstellungen des ⓂⒶlebens rahmen. V. a. in Stundenbüchern, Stichen und Glasfensterzyklen finden sich S.-Darstellungen als rahmendes Beiwerk.

Lit.: F. Piper, Mythologie und Symbolik der christl. Kunst von der ältesten Zeit bis in das 16. Jh. I, 1847; Neudr. 1972. — W. Vöge, Jörg Syrlin d. Ä. II, 1950. — J. Seznec, The Survival of the Pagan Gods. The Mythological Tradition and its Place in Renaissance, Humanism and Art, 1953. — A. Weißenhöfer, Darstellung der S. in der bildenden Kunst, In: Mitteilungen der Gesellschaft für vergleichende Kunstforschung in Wien 7 (1954/55). — Mâle III 253–279. — Ausst.-Kat., Early Italian Engravings from the National Gallery of Art, Washington 1973, 22–39. — C. de Clercq, Contribution à l'iconographie des Sibylles, In: Jaarboek Museum voor Schone Kunsten Antwerpen, 1979. — M. Lurker, Wörterbuch der Symbolik, 1988, 520 f. 659. — LCI IV 150–153. — Schiller IV/2, 194. 215 f.

S. Egbers

Sibyllinische Bücher. Das Corpus der Sibyllinischen Orakel (14 Bücher, Buch 9 und 20 sind nicht verschollen, vielmehr wurde Buch 8 auch als 8., 9. und 10. Buch gezählt) stellt ein buntes Gemisch von hexametrischen Lehrgedichten und Drohweissagungen dar, die durch ihre Dunkelheit oft nicht weniger als durch ihre schlechte textliche Überlieferung die Auslegung erschweren. Schon im 2. Jh. v. Chr. schrieben hellenistische Juden unter dem Namen der Sibylle, um für die jüdische Religion unter Heiden zu werben. Aus ähnlichen Motiven finden sich im 2. (?) und 3. Jh. n. Chr. im Orient Christen als Verfasser, Kompilatoren und Überarbeiter sibyllinischer Texte. Rein christl. Ursprungs sind die Bücher 6, 7 größtenteils 8, höchstwahrscheinlich auch 11, 13 und 14. Die Bücher 1, 2 und 5 dürften auf jüdischen Ursprung zurückgehen, sind aber christl. überarbeitet.

Die Kirchenväter v. a. die Griechen, nehmen eine reservierte Stellung gegenüber den S. ein, wenn sie auch ihr Zeugnis gelten lassen. Den S. hatte keiner der heidnischen Philosophen widersprochen außer Aristoteles (Quaest. nat. 30), sie konnten also von den Heiden als echte Heilandsprophetien betrachtet werden. Laktanz und Augustin führen die S. häufig an; aus diesen beiden Autoren bezieht auch das MA die Kenntnis der S. und stellt sie als Zeugen aus der Heidenwelt neben die atl. Propheten: »Teste David cum Sibylla« (Dies irae, vgl. K. Prümm, In: Schol. 4 [1929] 54 ff.).

Der älteste mariol. Text steht in der von K. Mras entdeckten Sibyllentheosophie (H. Erbse, Fragmente griech. Theosophien, 1941, 191, 17 ff.; vgl. 192,18): »Wenn das Mädchen den Logos des höchsten Gottes gebiert, doch als Frau, die nicht geboren hat, dem Logos den Namen gibt ...« (1,323 ab; vgl. Apokryphon Ezechielis, In: Jüdische Schriften aus hellenistisch-röm. Zeit V 54 und J. B. Bauer, In: ZNW 47 [1956] 284 f.: »Das Mädchen [$δάμαλις$, lat. vacca] peperit et non peperit« [Tertullian de carne Christi 23,2: SC 216,302; Kommentar: SC 217,430 f.]). Harnack setzt mit Geffcken die jüdische Grundschrift des 1. und 2. Buches in das erste Drittel des 3. Jh.s, die christl. Bearbeitung nicht viel später (Geschichte der altchristl. Lit. II/2, 186). Das 8. Buch, das Harnack (ebd. 189) zwischen 240 und 265 entstanden sein läßt, schildert ⓂⒶe Verkündigung (457: »Aus der Jungfrau Maria Schoß ging ein neues Licht auf«; 461: »Nimm, Jungfrau, Gott in deinen unbefleckten Schoß auf«). Dann werden die Befangenheit der Jungfrau und ihre Freude geschildert sowie ihre jungfräuliche Geburt gepriesen.

Zu den beiden bisher angeführten Texten paßt die von E. Sackur (Sibyllinische Texte und Forschungen, 1898) edierte Tiburtinische Sibylle (datiert nach 350 [a. a. O. 162 ff.]): »In jenen Tagen wird ein Weib aus dem Stamme der Hebräer erstehen, namens Maria, mit einem Vermählten namens Joseph und von ihr wird ohne Vereinigung mit dem Manne durch den Heiligen Geist der Sohn Gottes, namens Jesus, erzeugt werden und sie wird Jungfrau sein vor der Geburt und Jungfrau nach der Geburt« (et ipsa erit virgo ante partum et virgo post partum; Text bei Sackur 179, bei Kurfess 266 ff.). In den von der lat. Fassung unabhängigen orient. Versionen (J. Schleifer, Denkschrift der kaiserlichen Akademie der Wissenschaften, phil.-hist. Klasse 53 [1910] 58) fehlt der letzte Satz. Er wird auch nicht vor dem Ende des 4. Jh.s (gegen Jovinian, Bonosus v. Sardica) anzusetzen sein.

Erwähnenswert ist die Fürbitte der Jungfrau (2,311 f. = 8,357 f.): »Sieben Ewigkeitstage zur Reue und Umkehr gab er den planlos irrenden Menschen durch die Heilige Jungfrau«. Aber es ist wohl um 100 Jahre zu früh, mit Kurfess (285) an die Mitte des 2. Jh.s zu denken. Einen legendären Zug bringt 1,358 f.: beim Wunder der Brotvermehrung bleiben noch zwölf Körbe für die Hl. Jungfrau (zu Wohltätigkeitszwecken?).

Ausg.: A. R. Zach Oracula Sibyllina, Wien-Prag 1891. — J. Geffcken, Oracula Sibyllina, 1902, ²1967. — A. Kurfess, Sibyllinische Weissagungen, 1951.
Lit.: J. B. Bauer Die Gottesmutter in den Oracula Sibyllina, In: Mar. 18 (1956) 118–224; = Scholia biblica et patristica, 1972, 151–157. — J. Quasten, Patrologia I, ²1968, 170–172. — M. Erbetta, Gli apocrifi del NT III, 1969, 486–525. — NTApo II 591–619.

J. B. Bauer

Sieben. Die Zahl S. ist fast allen Weltreligionen vom Altertum bis in die Moderne heilig. Das AT läßt sie als Zeichen irdischer Zeit wie der Ewigkeit zur charakteristischen Zahl für den Bund Gottes mit den Menschen und das Gesetz werden. Ihre Unteilbarkeit und die Betrachtung ihrer Summanden (3+4) lassen Spekulationen blühen, denen sich aber Gregor d. G. verweigert und zur Ausdeutung als Unglückszahl überleitet. Die Zahl bemißt auch Trauerzeit, Sühne und Reinigung.

Über 190 Mal wird die S.-Zahl in der Bibel genannt, u. a. ergeben sich so die Zahl der Bußpsalmen, das Lob der Schönheit der Braut und die duftenden Pflanzen im → hortus conclusus als Verweis auf ♏.

Als ♏symbol findet der siebenarmige → Leuchter in einer Variante auf 1 Kön 6 und 7,49 ab dem 13. Jh. großen Zuspruch, wobei aber keine schriftlich bestimmte, stets wiederkehrende liturg. Funktion fixiert ist. Den → Sieben Freuden ♏s, einem beliebten Bildthema des 15. und 16. Jh. (z. B. R. v. d. Weyden, München, Alte Pinakothek) entsprechen die → Sieben Schmerzen der GM.

Lit.: H. Roscher, Zur Bedeutung der Siebenzahl im Kultus und Mythos der Griechen, Leipzig 1901. — P. Bloch, Siebenarmiger Leuchter, 1961. — O. Eißfeldt, Einleitung in das AT, 1976. — P. Naredi-Rainer, Architektur und Harmonie, 1982. — L. Goff, Geburt des Fegefeuers, 1984. — LCI IV 154–156.

G. Westrum

Sieben Freuden Mariens. *1. Mittelhochdeutsche Literatur.* Die Verehrung der Freuden ♏s zählt zu den häufigsten Motiven ma. marian. Dichtung. Erst seit dem 11./ 12. Jh. zeichnet sich jedoch die Tendenz ab, nicht allein »Gaude«- →Grüße in das Lob der GM einzuflechten, sondern die freudenreichen ♏geheimnisse auch inhaltlich zu benennen und zahlenmäßig zu bestimmen. Anzahl und Art der Freuden unterliegen dabei keinen streng verbindlichen Vorgaben und begegnen in verschiedenen Variationen. Insgesamt läßt sich aber eine Akzentverlagerung von der Fünfzahl (→Zahlensymbolik) im HochMA zur Siebenzahl im SpätMA beobachten.

a) Fünf Freuden. Die Betrachtung von fünf marian. Freuden ist wohl in Analogie zur Verehrung der fünf Kreuzeswunden Christi entstanden. Darauf deutet jedenfalls eine im MA weit verbreitete →Legende hin, die u. a. in Abschnitt Nr. 119 der »Legenda aurea« des →Jacobus a Voragine überliefert ist: Ein Geistlicher bedenkt die hl. Jungfrau Tag für Tag mit fünf »Gaude«-Grüßen, um sie in ihrer Betrübnis über die fünf Kreuzeswunden ihres Sohnes zu trösten; ♏ zeigt sich erkenntlich, indem sie ihrem treuen Diener unter Verheißung ewiger Freuden in der Todesstunde erscheint. Im 11. Jh. bedient sich →Petrus Damiani dieser Legende, um die »Fünf-Freuden-Andacht« zu propagieren (»De variis apparationibus et miraculis«, PL 145, 588). Zu diesem Zeitpunkt besteht die Antiphon aus fünf »Gaude«-Grüßen, die v. a. der GMschaft ♏s Rechnung tragen, aber noch nicht mit fünf konkreten Ereignissen aus ihrem Leben verknüpft sind. Später wird die Andacht in diesem Sinne ergänzt: Bei →Bonaventura erscheint die Antiphon in Verbindung mit folgenden Freuden: 1. Verkündigung, 2. Geburt Christi, 3. Auferstehung, 4. Christi Himmelfahrt, 5. ♏ Aufnahme in den Himmel (»Corona Beatae Mariae Virginis«). Dies ist gleichzeitig die Konstellation, in der die fünf freudenreichen ♏geheimnisse am häufigsten begegnen. →Reinmar v. Zweter, der dieselben Inhalte in einem Gedicht im »Frau-Ehren-Ton« thematisiert, greift dabei den bekannten Topos auf, ♏ »durch al die vröude din« als Mittlerin anzurufen und um Beistand in der Not zu bitten. Die Verehrung der fünf freudenreichen Mysterien soll die GM dazu bewegen, die Qualen der Todesstunde in Freude zu verwandeln und Rettung vor ewiger Verdammnis zu bringen (vgl. →Jacob van Maerlant: »Vanden Vijf Vrouden«).

Während sich ab dem 13./14. Jh. die Betrachtung der sieben freudenreichen ♏geheimnisse im allgemeinen durchzusetzen beginnt, begegnen die fünf Freuden als Bestandteil der →Rosenkranzliteratur auch noch im SpätMA. Das →»Psalterium BMV« (oft →Bernhard v. Clairvaux oder Bonaventura zugeschrieben) beinhaltet: 1. Verkündigung, 2. Heimsuchung, 3. Geburt Christi, 4. Darstellung im Tempel, 5. Wiederfinden im Tempel. Der Augustinerchorherr Johannes v. Lambsheim empfiehlt im »Libellus perutilis de fraternitate sanctissima et rosario BMV« mit einer Ausnahme die Verehrung der gleichen Freuden; er streicht lediglich die Darstellung im Tempel, um als fünften Betrachtungspunkt die Aufnahme ♏s in den Himmel anzufügen.

b) Sieben Freuden. Im Laufe des ausgehenden MA erfuhr die bislang dominierende Fünfzahl immer öfter Erweiterungen um wichtige Ereignisse aus dem Leben ♏s. Die religionsgeschichtlich bedeutsame Siebenzahl nahm dabei den größten Stellenwert ein. Ein interessantes Zeugnis für diese Entwicklung bietet Colomba de Vinchio. Er verehrt ♏ in seinem Lobgesang »armonia suavis de septem gaudiis beate Virginis« (Levi 98) als geistbegnadete →Taube und setzt die sieben Gaben des Hl. Geistes in Beziehung zu ihren sieben Freuden (1. Verkündigung, 2. Geburt Christi, 3. Heimsuchung, 4. Auferstehung, 5. Christi Himmelfahrt, 6. Herabkunft des Hl. Geistes, 7. Aufnahme ♏s in den Himmel). Der Gedanke, die sieben marian. Freuden mit anderen Septenarien in Verbindung zu bringen, begegnet auch in einem Gebetszyklus mit dem Titel »Unserer Lieben Frauen Krone« (zur Überlieferung vgl. VL² V 386 f.): hier werden die sieben Freuden im Zusammenhang mit den sieben Gaben des Hl. Geistes sowie den sieben Haupttugenden und -lastern abgehandelt.

Mit partiellen Änderungen finden sich die oben genannten sieben Freuden in zahlreichen Überlieferungsträgern. Oft wird die Schilderung des →Lebens ♏s zur Ausgestaltung der freudenreichen Lebensstationen der GM herangezogen. Unter den Ps.-Bonaventuriana findet sich z. B. eine Erzählung, die anhand der sieben Freuden — von der Verkündigung bis zur Aufnahme ♏s in den Himmel — die Lebensgeschichte ♏s vor Augen führt (Hilg, Nr. 13). In ähnlicher Weise nimmt der Gebetszyklus »Krone Unserer Lieben Frau von den 7 Freuden« (Schöpf 43–54) die Darstellung der Lebensjahre ♏s zum Anlaß, die sieben Freuden aufzuzählen. Überhaupt gehört die Betrachtung der

Freuden zu den beliebtesten Gegenständen marian. Gebetsliteratur (→Gebete): Die Bitte an die GM, sich um ihrer freudenreichen Erfahrungen willen der sündigen Seele geneigt zu zeigen, findet sich in zahlreichen Textzeugen überliefert.

Häufig erfolgt die Betrachtung der Freuden jedoch nicht singulär, sondern in Verbindung mit der Darstellung der →Schmerzen 𝔐s (→Schmerzensmutter). So sind die beiden letzten Kapitel der erweiterten Fassung des →»Speculum Humanae Salvationis« der Versenkung in die →Sieben Schmerzen (Kap. 44) und Sieben Freuden (Kap. 45) gewidmet. Der Dominikaner Johannes →Herolt kombiniert dagegen im »Promptuarium de miraculis BMV« sieben freudenreiche und fünf schmerzhafte Begebenheiten aus dem Leben 𝔐s.

c) Irdische und himmlische Freuden. Obwohl die Liste der fünf bzw. sieben Freuden den allgemein gebräuchlichen Grundstock der »Gaude«-Literatur bildet, begegnen, v. a. im SpätMA, immer wieder Texte, in denen die freudenreichen 𝔐geheimnisse variiert und zahlenmäßig erweitert werden. Häufig geschieht dies, indem die Freuden, die 𝔐 auf Erden erlebt hat, durch diejenigen ergänzt werden, die ihr im Himmel zuteil wurden. Die Mystikerin (→Mystik) → Mechthild v. Hackeborn verknüpft im »Liber specialis gratiae« die sieben geläufigen irdischen Freuden von der Verkündigung bis zur Himmelfahrt (I 41) mit fünf himmlischen Freuden, die der GM bei ihrem Eingang in das Licht der Dreifaltigkeit begegneten (I 26). In der Kombination historischer und himmlischer Begebenheiten lassen sich die Freuden 𝔐s beliebig ausweiten: Eine ohne Autorennennung überlieferte Erzählung (Hilg, Nr. 14) zählt z. B. 25 freudenreiche Ereignisse auf.

Eine gänzlich andere, sehr individuelle Art, die Anzahl der Freuden zu steigern, wählt dagegen →Christine de Pisan in ihrer Gebetsbetrachtung »Les XV Joyes Nostre Dame«: Zwar beschränken sich ihre Ausführungen gänzlich auf den Bereich des Erdenlebens, doch weiß sie die gebräuchlichen marian. Freuden mit weiblicher Intuition durch die privaten Mutterfreuden im engen Körperkontakt mit dem Neugeborenen zu ergänzen.

Ausg.: J. B. Schöpf, Krone ULF von den 7 Freuden, In: VII. Programm des k. k. Gymnasiums zu Bozen (1857) 43–54. — E. Levi, Inni e laudi d'un frate piemontese del secolo XIV, In: Archivio storico italiano 86, s. VII, vol. X (1928) 91–100, bes. 98.
Lit.: BeisselMA 630–641. — G. G. Meersseman, Von den Freuden Mariens. Ein Beitrag zur Geschichte der niederdt. Mystik, In: Lebendiges MA, Festgabe für W. Stammler, 1958, 79–100. — Meersseman II 29–43. 190–213. — H. Hilg, Das »Marienleben« des Heinrich v. St. Gallen, 1981, Nr. 12–15. — LCI II 62. — VL² VIII 1158–68.
E. Bayer

2. Mittelniederländische Literatur. Die Verehrung der »Freuden 𝔐s« ist in den Niederlanden bereits seit dem 13. Jh. bekannt. Am ältesten scheint, wie → Jacob van Maerlant zeigt, die Fünferzahl zu sein. Gelegentlich wird die Himmelfahrt Jesu weggelassen und die Anbetung durch die Weisen tritt hinzu. Die Sieben-Freuden-Folge ist erst ab etwa 1400 belegt: Die Verkündigung durch Gabriel, die Heimsuchung, die Geburt Jesu, die drei Weisen, der zwölfjährige Jesus im Tempel, die Auferstehung und die Aufnahme 𝔐s in den Himmel. Sie finden sich bei Dirc van Delf im Anschluß an die Darstellung der Auferstehung Jesu (III A Somerstuc 182–187). Wer diese Freuden 𝔐s täglich mit Frömmigkeit betrachtet, wird selbst Freude und Frieden und schließlich auch die ewige Seligkeit erwerben. In einer Handschrift aus dem ersten Viertel des 16. Jh.s wird die Reihe auf zehn Freuden erweitert: der ewige Ratschluß der Dreifaltigkeit über 𝔐, die Verkündigung durch Gabriel, die Anbetung Jesu durch 𝔐 nach der Geburt, die Anbetung durch die drei Weisen, das Wiederfinden des zwölfjährigen Jesus im Tempel, die Auferstehung Jesu, die Himmelfahrt Jesu, Pfingsten, ein Engel verkündet 𝔐 die bevorstehende Aufnahme in den Himmel, die Aufnahme 𝔐e in den Himmel (Stracke 16–19). Schließlich finden sich in einer Handschrift, ebenfalls aus dem 16. Jh., sogar 15 Freuden; das Zehnerschema wird erweitert durch die Schwangerschaft 𝔐s, den Besuch bei Elisabeth, die Geburt Jesu, die Anbetung der Hirten, die Hochzeit von Kana, die wunderbare Brotvermehrung (Stracke 20–22).

In → Gebetbüchern des 16. Jh.s sind die verschiedenen Reihen zusammengestellt. Dabei werden die irdischen Freuden durch himmlische Freuden z. T. ersetzt, z. T. ergänzt. In einem mittelndl. Gebetbuch des 16. Jh.s aus dem ehemaligen Kloster Sint-Hieronymusdal in Sint-Truiden finden sich mehrere Prosagebete zu den Freuden 𝔐s. In einem zumeist → Bonaventura, hier aber dem hl. → Bernhard zugeschriebenen »onser lieuer vrouwen croone« (Indestege 197–201; dazu VL² VIII 1159) wird 𝔐 als die Mittlerin und Mutter der Barmherzigkeit angerufen; die 5 Freuden 𝔐s sind in Verbindung mit 5 Psalmen und Antiphonen als Tagesoffizium gedacht: Die Verkündigung des Engels, die Geburt ohne Schmerzen mit der Lilie der Scham, die Auferstehung und die Himmelfahrt Jesu und 𝔐s Aufnahme in den Himmel. In einem Wiener Codex liegt davon eine flämische Versbearbeitung vor (VL² VIII 1159). Im Gebetbuch von Sint-Truiden folgen eine Reihe weiterer kürzerer Gebete zu den Freuden 𝔐s (Indestege 201–205), darunter eine Übersetzung des Hymnus »Gaude, flore virginali«, die Thomas van Cantelberch (d. i. v. Canterbury) zugeschrieben wurde (AHMA 31, Nr. 189; Stracke 10; Mone, Hymnen II, 178 f., Anhang zu Nr. 465) und zehn → Grüße an 𝔐, eine freie Bearbeitung des »Ave virgo virginum« (AHMA 31, Nr. 179; auch in einer Brüsseler Handschrift).

Eine Folge von Gebeten über die Freuden 𝔐s verknüpft in einer Sechserreihung die Empfängnis durch Anna (𝔐 ist von aller Erbsünde bewahrt geblieben), 𝔐e Geburt, die Verkündigung des Engels, Besuch bei Elisabeth, Darstellung im Tempel und M͡s Aufnahme in den Himmel (Indestege 205–209). Ein anderes Gebet (Indestege 239–242) verbindet zehn Freuden M͡s mit jeweils zehn Mal zehn Ave Maria: Der ewige Sohn Gottes wird Mensch, die Verkündigung durch Gabriel, Jesu Geburt, die Anbetung durch die Weisen, der zwölfjährige Jesus im Tempel, die Auferstehung Jesu, Jesu Himmelfahrt, Pfingsten, Gabriel verkündet M͡s Tod, M͡ wird in den Himmel aufgenommen.

In der New Yorker Pierpont Morgan Library findet sich in einem spätma. Gebetbuch wohl aus dem 1. Viertel des 15. Jh.s eine westflämische Übesetzung des Schlußkapitels (Kapitel 45) des → »Speculum humanae salvationis«: M͡, die so viele Gnaden erworben hat, schenkt sie dem, der sie darum bittet. Die sieben Freuden sind Verkündigung durch Gabriel, der Besuch bei Elisabeth, Jesu Geburt, die Verehrung der drei Weisen, die Darstellung im Tempel, der zwölfjährige Jesus und M͡e Himmelfahrt mit ihrer Krönung im Himmel. In allen Fällen werden die Ereignisse aus dem Leben M͡s begleitet von Präfigurationen aus dem AT und gelegentlich von → Allegorien (Leloux, 1977).

Unter den Gebeten an M͡ einer spätmittelniederländischen Handschrift von 1480 findet sich wieder die Siebenerreihe der Freuden M͡s des → Thomas v. Canterbury (fol. 142^v–144^r; Leloux 1980, 201). Dahinter folgt eine Fünfzehnerreihe der Freuden (fol. 144^r–145^v). Ebenfalls 15 Freuden stehen auch in einem Gebetbuch von ca. 1470 mit lat. und niederländischen Betrachtungen zur Passion und anderen Gebeten (fol. 192f^r–195^v; Leloux 1980, 228; weitere Belege aus nichtedierten niederländischen Hss. des 15./16. Jh.s vgl. VL^2).

Lit.: M. Meertens, De Godsvrucht in de Nederlanden VI, 1934. — Meester Dirc van Delf, Tafel van den Kersten Ghelove, dl. III A, Sommerstuc, hrsg. von F.A.M. Daniels, 1938. — D.A. Stracke, Bijdrage tot de middelnederlandse devotie: De vreugden en weeën van Maria, In: OGE 26 (1952) 7–22. — G.G. Meersseman, Von den Freuden Mariens, In: Lebendiges MA, Festgabe für W. Stammler, 1958, 79–100. — Luc Indestege, Een Diets Gebedenboek uit het begin der zestiende eeuw, 1961. — H. Leloux, Eine mittelniederländisch-mittelniederdeutsche Reimfassung der »Sieben Freuden Mariens«, In: Jahrbuch des Vereins für niederdt. Sprachforschung 100 (1977) 43–71; dazu: A. Hübner, In: Korrespondenzblatt des Vereins für niederdt. Sprachforschung 89 (1982) 5–30. — H. J. Leloux, Laatmiddelseeuwse getijden- en gebedenboeken in het Middelnederlands met het bezit van het huis Bergh, In: OGE 54 (1980) 182–232. — H. J. Leloux, Maria's Zeven Vreugden in laatmiddeleeuwse geschreven gebedenboeken uit de Nederlanden en het aangrenzende Duitse gebied, In: Miscellanea Neerlandica III, FS für J. Deschamps, 1987, 161–171. — VL^2 VIII 1158–68. *W. Breuer*

3. *Romanistik*. Der Preis der Freuden M͡s ist inspiriert von lat. Vorlagen wie den »Gaudia matris habens cum virginitatis honore« des Sedulius (5. Jh.). Allerdings ist die Zahl der behandelten Freuden in der lat. Tradition nicht festgelegt, sondern variabel. Die poetischen Versionen entwachsen zunächst dem liturg. Rahmen, d. h. sie schließen sich an das am 5. Juli gefeierte Fest der sieben Freuden M͡s an. Eine Fülle weiterer Versionen entsteht dann im Zusammenhang mit anderen M͡festen. Einen Höhepunkt dieser Entwicklung demonstrieren die 18 Gedichte zu den M͡festen aus dem Corpus der »Cantigas de Santa Maria« (Nr. 410–427) von →Alfons dem Weisen. Hier findet sich z. B. ein Lied zur Geburt M͡s am 8. September (Nr. 411), zur UE am 8. Dezember (Nr. 413), zur Verkündigung am 25. März (Nr. 415), während Alfons die »Freuden M͡s« (s. u.) in anderem Zusammenhang besingt.

Das Thema der Freuden M͡s wird sehr häufig nicht rein lyrisch behandelt, sondern enthält auch erzählerische Partien, die den Inhalt der Freuden zum Gegenstand haben, so wie sie sich aus der Lebensgeschichte M͡s und Jesu ergeben. Die Zahl der besungenen Freuden variiert dabei in den volkssprachlichen Versionen zwischen fünf, sieben, neun und fünfzehn (vgl. Brayer Nr. 952–1000); die Definition der Freuden ist nicht immer die gleiche. So enthält z. B. das Ms. 522 des Lambeth Palastes London zwei Versionen, in denen die Freuden M͡s nicht durchnumeriert sind. Die fünf Freuden, die →Gautier de Coincy (II 39) besingt, sind die Verkündigung, die Geburt Jesu, seine Auferstehung und Himmelfahrt und die Krönung M͡s. Eine anonyme anglonormannische Version, die sich an die lat. Fassung des Maurice de Sully (†1196) anschließt, definiert als fünf Freuden M͡s die Geburt der Jungfrau, die Verkündigung, die Empfängnis, die Geburt Jesu und die Darstellung im Tempel. Fünf Freuden zählt auch ein Gedicht des Guillaume de Normandie und eine Reihe weiterer anonymer Versionen. Die sieben Freuden, die Alfons der Weise zu Beginn seiner Sammlung verherrlicht, sind die Verkündigung, die Geburt Jesu, die Anbetung, die Auferstehung und Himmelfahrt Christi und die Ausgießung des Hl. Geistes. Sieben Freuden besingen Hermann de Valenciennes und — als Repräsentant der besonderen Beliebtheit dieser Gattung in Südfrankreich — der spätere Bischof von Toulouse Folquet de Marseille. →Rutebeuf zählt neun Freuden auf und zwar Verkündigung, Heimsuchung, Geburt Christi, Anbetung der Könige, Darstellung im Tempel, Kreuzigung, Himmelfahrt, Ausgießung des Hl. Geistes und Himmelfahrt M͡s. Die Behandlung der Freuden M͡s beginnt in Rutebeufs Gedicht erst mit Vers 165, mehr als die Hälfte der 26 achtzeiligen Achtsilberstrophen haben reinen Preischarakter. Interessant an Rutebeufs Version sind die Erläuterungen der von ihm angeführten allegorischen Epitheta, die sich »par diverse senefiance«, d. h. »durch verschiedene Bedeutungen« auszeichnen, und seine typologischen Inbezugsetzungen zwischen AT und NT. Die Auflistung von 15 Freuden ist eine Erfindung des 14. Jh.s, wovon z. B. die beiden anonymen, von Priebsch veröffentlichten (Modern Language Review 4 [1908]) M͡gedichte Zeugnis ablegen, das eine in der anspruchsvollen sog. Helinandstrophe, das andere in achtsilbigen Reimpaaren. Überhaupt läßt sich feststellen, daß angesichts des gleichbleibenden

Stoffes der Reiz der immer wieder behandelten Freuden Ms in der Variation der Reimtechnik und der Erfindung immer neuer hymnischer Wendungen liegt. Das gilt auch für die älteste katalanische Fassung des Gedichts aus dem 13. oder 14. Jh. (Brayer, Nr. 980). Auch die späten Prosafassungen bemühen sich um kunstvolle Gestaltung: so ist in »Les quinze joies de Nostre Dame« (ed. Suchier) jede der fünfzehn Freuden (Verkündigung, Empfängnis, Heimsuchung, Geburt, Anbetung der Hirten und der Könige, Darbringung im Tempel, Wiederauffindung des Jesusknaben, Hochzeit zu Kana, Speisung der 5000, Kreuzigung, Auferstehung, Himmelfahrt Jesu, Pfingsten, Me Himmelfahrt) in einem gleichgroßen Abschnitt geschildert und endet jeweils mit einem Fürbittgebet. Die 15. Freude schließt mit einem erweiterten Gebet des Autors, nicht nur für sich selbst, sondern für alle Sünder und alle im Fegfeuer Schmachtenden. Um 1403 verfaßte →Christine v. Pisan noch einmal ein Gedicht über die 15 Freuden Ms, das in der Akzentverlagerung auf den menschlich-irdischen Aspekt der Freuden sowie in der Einbringung ganz persönlicher Elemente recht originell wirkt und den Umbruch vom MA zur Neuzeit markiert.

Ausg.: Guillaume le Clerc, Les joies de Nostre Dame, ed. R. Reinsch, In: ZRP 3 (1879) 200–231. — H. Suchier, Les 15 joies de Nostre Dame, ebd.17 (1893) 282–285. — J. Priebsch, Zwei Altfranzösische Mariengebete, In: Modern Language Review 4 (1908) 70–80. 200–216. — Alfonso el Sabio, Cantigas de Santa Maria, ed. W. Mettmann, I–IV, 1959–72. — Rutebeuf, éd. R. Faral und J. Bastin, II, 1969. — Gautier de Coinci, Les Miracles de Nostre Dame, éd. F. Koenig, I–IV, 1955–70. — Gonzalo Berceo, El Duelo de la Virgen, Los Loores de Nuestra Señora, Hymne II, ed. B. Dutton, 1975.

Lit.: P. Rist, Les joies de Nostre Dame par Guillaume le Clerc de Normandie, Diss., Zürich 1910. — E. Brayer, Catalogue des textes liturgiques et des petits genres religieux, In: Grundriß der romanischen Literaturen des MA, VI 1 und VI 2 (Dokumentationen), 1968/70. →Lyrik.   U. Ebel

Sieben Schmerzen Mariens. *1. Mittelhochdeutsche Literatur.* Die lit. Auseinandersetzung mit den → Schmerzen Ms konzentrierte sich seit Beginn des 12. Jh.s im wesentlichen auf zwei Aspekte: auf die Vorstellung der klagenden (→ Klagen) → Schmerzensmutter unter dem Kreuz als Kulminationspunkt intensivster Leiderfahrung, oder auf den Nachvollzug der Leidensstationen, die M in ihrem Leben als Mutter Christi auferlegt waren. Durch die Aufzählung und Vergegenwärtigung der einzelnen schmerzlichen Situationen entsteht ein Grundmodell menschlicher Leid- und Lebenserfahrung, das den Gläubigen Ms Nähe sowie die Bedeutung ihrer Rolle als Mittlerin vor Augen führt. Hierin liegt wohl auch die Häufigkeit begründet, mit der die marian. Schmerzen Aufnahme in kommunikative Textformen, wie → Gebete (vgl. Hilg, Nr. 78–81), Gebetsbetrachtungen und → Rosenkränze, gefunden haben.

Die historische Entwicklung erfolgte in Analogie zu den → Sieben Freuden Ms. Generell sind Definition und Anzahl der Schmerzen variabel. Textzeugen des FrühMA überliefern zwar verschiedene schmerzliche Situationen während des Kreuzigungsgeschehens — so z.B. die Gebete an M in den → »Gebeten und Benediktionen von Muri« (Wilhelm 77 f.) — greifen aber noch nicht auf weitere Ereignisse aus dem Leben Ms zurück. Ab dem 13. Jh. ist die Betrachtung von fünf differenzierten marian. Schmerzen bezeugt, die sich am häufigsten wie folgt zusammensetzen: 1. Prophezeiung Simeons, 2. Verlust des zwölfjährigen Jesus, 3. Jesu Gefangennahme, 4. Kreuzigung, 5. Kreuzabnahme und Grablegung (vgl. Hilg, Nr. 16. 78. 79).

Noch im 15. Jh. bietet Johannes → Herolt im »Promptuarium de miraculis BMV« eine Kombination von 5 schmerzhaften und 7 freudenreichen Ereignissen aus dem Leben Ms. Schwerpunktmäßig läßt sich im SpätMA allerdings die Zusammenstellung von 7 Schmerzensstationen in Analogie zu den 7 Freuden beobachten. Die in → Regenbogens Dichtung »Die siben herzenleit von unser lieben frowen« (Bartsch 209 f.) angeführten 7 Schmerzen können als repräsentativ für die gängigen Inhalte gelten: 1. Prophezeiung Simeons, 2. Verlust des zwölfjährigen Jesus, 3. Gefangennahme Jesu, 4. Geißelung, 5. Kreuzigung, 6. Jesu Tod, 7. Kreuzesabnahme.

Parallel zu der Entwicklungstendenz von zunächst 5 zu später 7 marian. Leidensstationen sind jedoch auch andere Textzeugen überliefert, die ein breites Variationsspektrum bezüglich Anzahl und Inhalt der Schmerzen bieten. So beschreibt → Marquard v. Lindau in seiner Predigt »Von vnser fröwen liden vnder dem crúcz» sechs Schwerter, die Ms Herz durchdrangen, angefangen vom schmerzlichen Anblick des gekreuzigten Christus bis hin zu der Schmach, daß der Gottessohn, der einst Kranke heilte und Tote auferweckte, nun selbst verwundet und todgeweiht am Kreuz hängen mußte.

Ausg.: R. Priebsch, In: ZfdPh 36 (1904) 82–86. — F. Wilhelm (Hrsg.), Denkmäler dt. Prosa des 11. und 12. Jh.s, 1960. — K. Bartsch (Hrsg.), Die Erlösung, 1966. — R. Blumrich (Hrsg.), Marquard v. Lindau, Dt. Predigten, 1993.

Lit.: BeisselMA 404–415. — H. Hilg, Das »Marienleben« des Heinrich v. St. Gallen, 1981 (v.a. Nr. 16–18. 76–81). — LCI IV 85–87. — VI.² VIII, 1169 f.   E. Bayer

2. In der mittelniederländischen Literatur ist das Motiv der 7 Schmerzen Ms nicht vor dem 15. Jh. zu finden. Zwar datiert Stracke den Beginn der Verehrung an den Anfang des 13. Jh.s, aber alle Texte sind entweder in lat. Sprache oder stammen aus dem 15. und 16. Jh. Die älteste Darstellung der 7 Schmerzen Ms in der mnl. Lit. findet sich in der »Tafel van den Kersten ghelove« (Teil III A, Sommerstuc 125–130; vollendet um 1404) des Dominikaners Dirc van Delf, der Hofprediger des Herzogs Albrecht v. Bayern war und in dessen Auftrag das umfangreiche Prosawerk der »Tafel« verfaßte. Dabei stützte er sich v.a. auf das »Compendium theologicae veritatis« seines Ordensbruders Ripelin. Er wendet sich an Laien, die er zum christl. Glauben und zur Ehrfurcht vor der Kirche bringen will, und lieferte einen wichtigen Beitrag zur Entstehung einer theol.-wissenschaftlich geprägten niederländischen Sprache.

Im Zusammenhang der Passionsgeschichte steht die Klage Ms an das Kreuz, an Gott Vater, Gabriel und alle Engel, an die Juden, an die umstehenden Frauen und ihren Sohn. Darauf folgen die 7 Schmerzen in einer freien Bearbeitung des → »Speculum humanae Salvationis«, dessen Gedankengang im wesentlichen übernommen wird, nur daß an letzter Stelle nicht die Verbannung Ms nach Jesu Himmelfahrt, sondern die Grablegung Jesu steht: Ms Name bedeutet »eine bittere See«; Wogen großen Leids stiegen in ihrem Herzen auf und nieder im Sturm irdischen Kummers. Im 1. Schmerz (Darstellung im Tempel) verlieh ihr Jesus die Gabe, die Menschen in ihrem Schmerz zu trösten. Durch den 2. Schmerz (Flucht nach Ägypten) wurde ihr gegeben, den Menschen auf ihrer Pilgerschaft von der Erde zum Himmel zu helfen. Durch den 3. Schmerz (zwölfjähriger Jesus im Tempel) wurde es M ermöglicht, alle gläubigen Menschen zu suchen und bis zum Jüngsten Tage im Tempel Gottes zu finden. Im 4. Schmerz hört M in ihrer Kammer, wie Jesus gefangen genommen und gefesselt weggeführt wird. Deshalb kann sie alle Menschen von den Fesseln ihrer Verdammnis und ihrer Sünden lösen. Durch den 5. Schmerz (Jesus am Kreuz) wird sie allen Christen an ihrem letzten Ende beistehen. Der 6. Schmerz (Jesu Kreuzabnahme) bewirkt, daß M in der Todesstunde alle Menschen vor dem Teufel bewahren wird. Wegen des 7. Schmerzes (Grablegung Jesu) wird M am Jüngsten Tag alle Christen aus den Gräbern empfangen und ihrem Sohn zuführen. Das Kapitel schließt mit einem Gebet an M, die barmherzige Königin.

Darstellungen der 5 Schmerzen (Opferung im Tempel, zwölfjähriger Jesus, Gefangennahme Jesu, Kreuzestod und Kreuzabnahme) sind erst in der Hulthemschen Sammelhandschrift von 1410 belegt. Vom 16. Jh. an wird dann die Zahl der Schmerzen nicht mehr nur auf 7 festgelegt, sondern bald auf 14 Schmerzen erweitert, die aber nicht mehr das ganze Leben Ms umfassen, sondern sich auf die Passion Jesu beschränken; schließlich kennt ein »Gebetskranz« vom Ende des 17. Jh.s sogar 54 Schmerzen (Stracke).

Die neue Frömmigkeit ließ eine umfangreiche Lit. entstehen. Aus der Zeit 1492–1527 sind wenigstens 17 Gebetbücher für das Volk erhalten. Das Delfter Gebetbuch (1494) hat 12 Holzschnitte, um den Laien, die nicht lesen können, die Schmerzen Ms nahezubringen: »Denn die Bilder sind die Bücher der (ungelehrten) Laien.« Diese Zuweisung findet sich auch im Gebetbuch der 7 Schmerzen aus Antwerpen (1492) und Gouda (1494). In den spätma. Gebetbüchern zwischen 1480 und 1510 ist sowohl die Folge der 5 wie auch der 7 Schmerzen Ms vertreten (Leloux 201. 225. 228). In Gebetbüchern aus dem Beginn des 16. Jh.s finden sich unter den Gebeten über das Leid Ms und über die Passion Jesu auch Gebete über die 7 Schmerzen Ms (Verheißung des Simeon, Flucht nach Ägypten, zwölfjähriger Jesus im Tempel, Jesu Gefangennahme, Tod am Kreuz und Kreuzabnahme [Indestege 234]), oder Gebete über die 5 Schmerzen (Geißelung, Kreuztragung, Kreuzerhöhung, Kreuzestod, Kreuzabnahme [Indestege 238]). M wird als die Mutter dargestellt, die in großem Maße selbst die menschlichen Freuden und Sorgen gekannt hat und noch kennt. Statt stummen Schmerzes zeigt sie nun Tränen des Mitleids. M als Schmerzensmutter wird auch zu einem häufigen Motiv niederländischer Malerei.

In Handschriften des 15. Jh.s aus Amsterdam, Brügge und Antwerpen finden sich Stundengebete über die Schmerzen Ms, deren Verfasser Papst Johannes XXII. († 1334) gewesen sein soll, und die Übersetzung eines Bonaventura zugeschriebenen »Officium de compassione BMV« (Axters 402). Die Frömmigkeit zu den 7 Schmerzen Ms führte in den letzten Jahren des 15. Jh.s zur Bildung von Bruderschaften zu den 7 Schmerzen Ms. 1492 gründete Jan van Coudenberghe, später Sekretär Kaiser Karls V., eine Bruderschaft der Schmerzen Ms in Brügge. Nachdem sie 1495 die päpstliche Approbation erhalten hatte, folgten rasch in anderen niederländischen Städten ähnliche Bruderschaften. Seit 1501 wurde in Delft zwei Mal jährlich das Fest der Passion Christi und der Schmerzen Ms gefeiert. Die zweite Festfolge ab dem 1. Oktober wurde das »Fest der Wunder« genannt. In Prozessionen wird ein Bild der 7 Schmerzen Ms durch die Stadt getragen. An diese Verehrung schließen sich Berichte an über eine »zahllose« Reihe von Wundern. Eine eigens einberufene Kommission bezeugt 35 Wunder. Die Wunderberichte erinnern an ähnliche Mirakelberichte in zahlreichen Mlegenden (→ Legenden, → Mirakel). M hilft v. a. in Krankheiten, bei denen kein anderes Mittel mehr geholfen hat. Selbst in England habe man davon gehört, daß die Delfter M niemanden im Stich lasse. Die Mutter der 7 Schmerzen ist die allmächtige Frau, die Tote zum Leben erweckt und die Menschen von den abscheulichsten Krankheiten erlöst. Nach 1517 brechen die Wunderberichte unvermittelt ab.

Lit.: Meester Dirc van Delf, Tafel van den Kersten Ghelove, dl. III A, Sommerstuc, hrsg. von F. A. M. Daniels, 1938. — D. A. Stracke, Bijdrage tot de middelnederlandse devotie: De vreugden en weeën van Maria II, In: OGE 26 (1952) 121–144. — S. Axters, Geschiedenis van de Vroomheit in de Nederlanden III. De moderne Devotie, 1380–1550, 1956, 402 ff. — D. P. Oosterbaan, De zeven smarten van Maria te Delft, In: Archief voor de geschiedenis van de katholieke Kerk in Nederland 5 (1963) 94–125. — L. Indestege, Een diets Gebedenboek uit het begin der zestiende eeuw, 1961. — K. Chr. J. W. de Vries, De Mariaklachten, o. J. (1964). — G. P. M. Knuvelder, Handboek tot de Geschiedenis van de Nederlandse Letterkunde, I, ⁶1977. — H. J. Leloux, Laatmiddeleeuwse getijdenen gebedenboeken in het Middelnederlands uit het bezit van het huis Bergh, In: OGE 54 (1980) 182–232. — VL² VIII 1169 f.
W. Breuer

Sieben Zufluchten. Von einer Andacht an der Münchner Frauenkirche ausgehend, wurden seit dem 17. Jh. vornehmlich im bayer.-österr. Raum in der Andachtsliteratur und in Bildkompositionen sieben Heilsgaranten zusammengefaßt, von denen man sich die sicherste Zuflucht und Hilfe versprach: die Dreifaltigkeit, der Kruzifixus, die Eucharistie, M, Erzengel, Heilige und die Armen Seelen im Fegfeuer. Die Andacht erhält sich — tradiert von Zufluchten-Bruderschaften — vereinzelt bis ins 20. Jh. (1937 Patrozinium »ULF von den Sieben hl. Zufluchten« der Pfarrkirche in Schotten bei Nidda).

Während die Gruppe der Trinität mit M, Engeln und Heiligen im Barock v. a. in der Deckenmalerei sehr häufig dargestellt ist, entsteht durch Zufügung der Eucharistie und Armen Seelen ein eigener ikonographischer Typus, der eng mit dieser Andacht verknüpft ist. Die S. Z. erscheinen in Altarbildern (A. Triva, München, ehem. Dom, 17. Jh.), Kirchenfresken (Edelstetten, 1710; Wangen, um 1735; Obertilliach, 1764; Wien, Altlerchenfelder Kirche, 1848) sowie in der Volkskunst. Das Zentrum bildet meist das Eucharistische Brot in der Monstranz. M kann im Deesis-Typ (I. Unterberger, Trient, Diözesanmus., 18. Jh.), als UE (Bad Wörishofen, Dominikanerinnenklosterkirche) oder zusammen mit dem Blut spendenden Christus als M lactans dargestellt sein (Griesenau bei Kössen, Hofkapelle; Salzburg, Klosterkirche Nonnberg).

Lit.: F. Zöpfl, Die Zufluchten und ihr Kult, zur Symbolik der Siebenzahl, In: Volk und Volkstum III, 1938, 263–277. — E. Richter, Von der Heilstreppe zur mystischen Blut-Christi- und Marienmilchspendung in den Zufluchten, In: BJVk (1966/67) 78–86. — H. Bauer und B. Rupprecht (Hrsg.), Corpus der barocken Deckenmalerei in Deutschland I, 1976, 360 f. — LCI IV 579–582. *F. Tschochner*

Siedliska, Franziska, sel. Ordensgründerin (Maria von Jesus dem Guten Hirten), * 12. 1. 1842 in Roszkowa Wola (Masowien), †21. 11. 1902 in Rom, ist auf dem Campo Verano begraben. Die Eltern (Adam und Cäcilie, geb. Morawska), Gutsbesitzer sicherten ihrer Tochter eine solide Erziehung und Ausbildung. Ihre Spiritualität steht unter dem Einluß des Kapuziner-Paters Leander Lendzian. 1864 legte sie das private Gelübde der Keuschheit ab und trat zusammen mit ihrer Mutter in den Dritten Orden des hl. Franz v. Assisi ein. Nach dem Exil in Frankreich, Tirol und in der Schweiz kam sie 1873 nach Rom und gründete 1875 mit Erlaubnis Pius' IX. die Kongregation der »Schwestern von der Hl. Familie von Nazareth« (CSFN), deren Hauptziel die Unterstützung der kath. Familien bei der Kindererziehung sein sollte. Das erste Haus entstand 1875 in Rom. 1896 folgte die päpstliche Approbation. 1988 zählte die Kongregation ca. 1860 Schwestern in Polen (691 Schwestern in 42 Häusern), in Italien, Frankreich, England, Irland, Amerika und Australien. Am 23. 4. 1989 wurde S. in Rom seliggesprochen.

Nach eigener Überzeugung verdankte S. alles der GM. Der Rosenkranz war ihr Lieblingsgebet und das »Magnificat« ein Lebensprogramm (»die Niedrigkeit seiner Magd«). Sie pilgerte sehr gern nach Czenstochau und Loreto, auch nach Lourdes und Einsiedeln. Die wahre Verehrung Ms sah sie in der Nachahmung der Tugenden Ms. Mit M wollte sie das verborgene Leben Jesu in Nazaret nachahmen. Seit 1899 gehörte sie der Erzbruderschaft der Mutter Gottes von der Immerwährenden Hilfe an.

QQ: List Episkopatu Polski »Z Nazaretu wyszła miłość na cały swiat«. Na dzień beatyfikacji Marii od Pana Jezusa Dobrego Pasterza — Franciszki Siedliskiej. — Ta beatyfikacja jest naszym wspólnym świętem, In: OR (poln. Ausg.) 10 (1989) Nr. 7, 166–168.
WW: Konferencje naszej Matki założycielki od Pana Jezusa Dgbrego Pasterza (F. Siedliskiej) spisywane przez różne nasze matki i siostry w latach 1877–1902, przyg. do druku M. J. Krajewska, 1960. — Wybór listów Sługi Bożej M. Marii od Pana Jezusa Dobrego Pasterza, oprac. A. Lenczak CSFN, 1975.
Lit.: R. Lubowidzka, Marya Niepokalana naszym wzorem, Krakau 1910. — V. Sardi und S. Sico, Vita della serva di Dio M. F. de S., fondatrice ..., 1921; poln.: Żywot Sługi Bożej M. F. Siedliskiej od Pana Jezusa Dobrego Pasterza, 1924. — F. Cegielka, Duchowść Nazaretu, 1963. — A. Knapczyk, S. Franciszka Józefa, In: R. Gustaw (Hrsg.), Hagiografia polska II, 1972, 340–356. — I. Strzałkowska, Matka Franciszka S., In: B. Bejze (Hrsg.), Chrześćijanie II, 1976, 7–31. — K. Holda, Za Jezusem z Nazaretu. Rekolekcje oprac. z pism M. Marii od P. Jezusa Dobrego Pasterza, 1979, 120–132. — N. Martusewicz, Czcigodna Służebnica Boza Maria od P. Jezusa Dobrego Pasterza Franciszki S., In: J. R. Bar (Hrsg.), Polscy święci III, 1984, 185–237. — H. Fros, Święci doby współczesnej, 1991, 61 f. — AAS 72 (1980) 761–765; 81 (1989) 1099 f.; 82 (1990) 650 f. — OR (dt.) 19 (1989) Nr. 34, 14. — DIP VIII 1466 ff. (Bild). *J. Swastek*

Siegel. Das dt. Wort «Siegel» kommt vom lat. »sigillum«, welches wiederum ein Deminutivum von »signum« (Kennzeichen, Merkmal) ist. Man versteht darunter den Abdruck eines fälschlich oft gleichfalls als S. bezeichneten Stempels (Typar, Petschaft, Siegelring) auf einer zunächst weichen, später hart werdenden Masse, nämlich auf Ton (nur im Altertum und bei den Arabern), Wachs, Metall (Blei, Gold), seit dem 16. Jh. auch auf Lack und Oblatenmasse. Seit dem 18. Jh. ist der Farbdruck mit erhabenen Stempeln (seit dem 19. Jh. mit Gummistempeln) auf Papier üblich. Die modernen S. sind farblos. Die Bestempelung des S.stoffes kann einseitig oder beidseitig (fast alle Metall-S.) sein, wobei man bei Wachs-S.n von einem »Münzsiegel« spricht, wenn beide Stempel gleich groß, von einem »Rücksiegel« oder »Gegensiegel«, wenn der Stempel auf der Rückseite kleiner ist. In der Regel besteht das S. aus dem S.bild und der Legende, wobei beide auf den S.führer hinweisen oder zumindest auf ihn schließen lassen. S. gab es schon im Altertum, wo sie, wie auch noch im FrühMA, vornehmlich der Versiegelung, also dem Verschluß von Schriftstücken, bes. Briefen, sowie als Erkennungszeichen dienten, daneben aber auch schon zur Beglaubigung. Seit der Karolingerzeit stellten sie das maßgebliche, wenn nicht allein entscheidende Beglaubigungsmittel fast aller Arten von Königsurkunden dar. Ähnliche Bedeutung erlangten die S. anderer S.führer. Hatten zunächst nur Könige und Päpste ihre Urkunden besiegelt, gehen im ausgehenden

Mariensiegel aus dem Kanonikerstift Zwölf Apostel in Köln, 1213

9. Jh. geistliche, wenige Jahrzehnte später auch weltliche Fürsten zum Gebrauch eines S.s über und in der Folgezeit erreichen immer mehr Kategorien von Personen und Institutionen bis hin zu einfachen Bürgern die S.mäßigkeit. Seit der Wende vom MA zur Neuzeit tritt die Unterschrift wieder als gleichberechtigtes Beglaubigungsmittel neben das S.

Im ma. Abendland wurde v. a. das Wachs-S. verwendet, daneben das Metall-S. (»Bulle«), namentlich Blei- und Goldbullen. Bleibullen wurden und werden bis in die heutige Zeit von der Kanzlei des Hl. Stuhls bevorzugt. Gold-S. waren Königen und anderen souveränen Herrschern, etwa den Päpsten und den Dogen von Venedig, vorbehalten. Das Wachs war zunächst farblos, seit dem 12. Jh. zunehmend gefärbt, meist rot, grün oder auch schwarz. Nach der Art der Anbringung unterscheidet man zwischen dem aufgedrückten S. (Wachs-S. bis im 12. Jh., Lack- und Oblaten-S.), dem eingehängten S. (nur im 12. Jh.) und dem an- oder abhängenden S. (Wachs-S. ab dem 12. Jh., Bullen). Die S. sind in der Regel rund (alle Metallsiegel), doch finden sich auch zahlreiche andere Formen. Insbesondere sind neben den runden die spitzovalen, ovalen und schildförmigen S. verbreitet. Die spitzovale Form wurde dann bevorzugt, wenn auf den S.n eine stehende Person, entweder ein geistlicher Würdenträger oder ein(e) Heilige(r) abgebildet war, also v. a. von geistlichen Personen und Institutionen. Letztere wählten normalerweise ihre Patrone als Motiv.

Schon weil ₥patrozinien bes. häufig sind, nimmt die GM dabei eine herausragende Stellung ein. Es wurde geschätzt, daß der Anteil von ₥darstellungen an solchen S.bildern nicht weniger als ein Drittel beträgt. Sie sind sogar weit häufiger als Christusdarstellungen. V. a. im SpätMA stieg ihre Zahl stark an, ein zuverlässiger Gradmesser für den anwachsenden ₥kult jener Zeit. In die S.kunde (Sphragistik) fand deswegen sogar der spezielle Ausdruck ₥- oder Madonnen-S. Eingang. Es handelt sich dabei in erster Linie um die S. von Klöstern, Stiften, Domkapiteln, Pfarreien, Kirchenstiftungen und Bruderschaften. Jedoch führten bzw. führen auch einzelne Geistliche und Laien, namentlich Frauen, sowie außerkirchliche Institutionen, etwa Städte (z. B. Speyer, Straßburg), Universitäten (z. B. Ingolstadt, Wien, Passau, Paris) und Zünfte (z. B. Schuhmacher in Köln) S. mit ₥bildern, wobei meist ebenfalls ein Zusammenhang mit einem Patrozinium bestand. Auch S.führer ohne ₥patrozinium drückten mit solchen S. ihre besondere Verehrung der hl. Jungfrau aus und stellten sich unter ihren Schutz. Außerdem mag dabei die Absicht verfolgt worden sein, sie durch ihr Bild als Garantin des besiegelten Rechtsgeschäftes erscheinen zu lassen. Der Hoffnung auf ihren Schutz wird gelegentlich auch in der Legende Ausdruck gegeben, wie schon byz. und frühma. ital. S. Anrufungen zur GM enthielten.

Bes. häufig sind Madonnenmotive auf den S.n von Klöstern bzw. Stiften überliefert, in erster Linie wiederum bei solchen mit ₥patrozinien, wobei diese Motive regelmäßig auf den Konvents-, oft auch auf den Vorsteher-S.n begegnen. Darüber hinaus entwickelten sich ordensspezifische Präferenzen für die GM. Den Klöstern der Zisterzienser, deren Ordenspatronin sie ist, waren ₥darstellungen für ihre Konvents-S., die sie erst seit 1335 führen durften, vorgeschrieben. Auch die Prämonstratenser wählten mit Vorliebe ₥motive für ihre S., ebenso die Bettelorden, namentlich die Dominikaner, bei welchen sich oft Verkündigungsszenen finden.

Ansonsten ist ₥ meist, schon wegen der begrenzten Fläche der S., allein oder mit dem Kind abgebildet und zwar im Gegensatz zu anderen Heiligen überwiegend sitzend, weswegen die Madonnen-S. größerenteils rund sind. Gerne wird sie im Gewand der jeweiligen Zeit dargestellt. Ihre häufigsten Attribute sind die auch bei sonstigen ₥bildern üblichen, nämlich Krone, Szepter, Lilie, Lilienszepter und Strahlenkranz.

Schutzmantelmadonnen erscheinen erst seit dem späten MA in größerem Umfang auf S.n. Die hl. Jungfrau (mit oder ohne Kind) im Grünen zog man seit der Renaissance in Einzelfällen als Motiv heran. In der Neuzeit wurden öfters S. mit dem Bild der auf der Mondsichel und/oder der von einer Schlange umwundenen Weltkugel stehenden Madonna verwendet. Personen, etwa Vorsteher von Klöstern und Stiften, ließen sich gerne vor der GM kniend auf ihren S.n abbilden. Auf Konvents- oder Kapitel-S.n von Klöstern und Stiften wiederum sieht man gelegentlich deren Stifter(in) vor der GM knien. Szenen aus dem Leben Me bzw. der Mlehre werden von den Bettelorden bevorzugt, sind aber sonst, wie erwähnt, abgesehen von der Verkündigung, eher selten. In größerer Zahl wurden nur die Flucht nach Ägypten und die Krönung, vereinzelt der Tod Me als Motiv gewählt. Auch im Rahmen einer Kreuzigungsgruppe oder mit dem Leichnam ihres Sohnes erscheint M hin und wieder auf S.bildern. Manchmal ist sie von Engeln flankiert oder zusammen mit anderen Heiligen dargestellt. Relativ selten sind Mmonogramme auf S.n.

Lit.: P. Sella (Hrsg.), I sigilli dell'archivio vaticano. — G. A. Seyler, Geschichte der S., 1894. — Quellen und Erörterungen zur bayer. Geschichte, Neue Folge, München 1903 ff. — W. Ewald (Bearb.), Rheinische S., 6 Lieferungen, Bonn 1905–41. — Th. Ilgen, Sphragistik, Leipzig ²1912. — J. Roman, Manuel de Sigillographie Francaise, Paris 1912. — W. Ewald, Siegelkunde, München und Berlin 1914. — F. Philippi, Siegel, Leipzig und Berlin 1914. — F. X. Glasschröder, Originalsiegelstöcke ehemaliger bayer. Klöster und Kollegiatstifte in K. b. allgemeinen Reichsarchiv, In: Archivalische Zeitschrift, NF, 20 (1914) 157–210 (1. Teil); 3. Folge, 1 (1915) 103–188 (2. Teil). — E. v. Berchem, Siegel, 1923. — P. Kletler, Die Kunst im österr. S., 1927. — E. Crusius, Flucht und Heimkehr. Studie zur Ikonographie der ma. S., In: Archivalische Zeitschrift 49 (1954) 65–71. — H. Wentzel, Das Jesuskind an der Hand Mariae auf dem S. des Burkard v. Winan 1277, In: FS für H. R. Hahnloser, 1961, 251–270. — E. Kittel, Die Siegelsammlungen in westdt. Archiven, In: Der Archivar (1964), Heft 2/3, 225–238. — W. Weber, Die Löwenmadonna auf dem Konventssiegel der Prämonstratenser in Kaiserslautern, In: Jahrbuch zur Geschichte von Stadt- und Landkreis Kaiserslautern 3 (1965) 55–61. — M. Gumowski, Handbuch der polnischen Siegelkunde, 1966. — H. Bresslau, Handbuch der Urkundenlehre für Deutschland und Italien I, 1969, 677 ff.; II, 1968, 548–624. — E. Kittel, Siegel, 1970 (Lit.).

J. Gruber

Siegfried der Dorfer, dt. Dichter aus der 2. Hälfte oder dem Ende des 13. Jh.s (wahrscheinlich aus Hessen). Unter seinem Namen ist eine »Frauentrost« genannte lit. ambitionierte Erzählung (647 Verse) überliefert. Der Verfasser nennt sie ein »maere« (V. 16), am Ende ein »buochelîn« (V. 639). Es handelt sich um eine zum Mmirakel umstilisierte Ehezwistgeschichte: Ein Ritter bereitet seiner Gattin durch grobe Behandlung (Schimpfen, Schläge, Ehebruch) großes Leid. Als sie dieses Leben nicht mehr zu ertragen vermeint, entschließt sie sich zum Freitod, doch wird sie durch ein altes Weib, das sich an ihre Fersen heftet und sie mit lästigen Fragen bedrängt, daran gehindert, sich auf dem Friedhof zu erhängen. Der wütenden Rittersfrau gibt sich die Alte als die GM zu erkennen. Sie bewahrt die Unglückliche vor dem Selbstmord, rät ihr zur Heimkehr und verheißt ihr Hilfe. In der Kemenate spricht Christus aus einem Passionsbild und bittet sie angesichts seiner blutenden Wunden, ihr Leiden ihm zuliebe fortan freudig auf sich zu nehmen. Ihre nunmehr an den Tag tretende Leidensseligkeit macht den Gatten stutzig. Auf sein Drängen berichtet sie, was geschehen ist. Da geht der Ritter in sich, legt seine böse Natur ab, und beide leben nun vorbildlich miteinander in der Gewißheit, ihr Seelenheil zu erlangen.

Das → Mirakel gehört zu den wenig verbreiteten im MA. Eine Quelle ist bislang nicht ermittelt. Auf eine altfranz. Version hat v. d. Hagen hingewiesen (III, S. CXX, Anm. 3), gewisse Übereinstimmungen finden sich in einer lat. legendarischen Prosaerzählung der Arundel-Handschrift 506 (Brit. Mus., Anfang 14. Jh., nach M. D. Howie, Studies in the Use of Exempla ..., Diss., London 1932), entfernte stoffliche Ähnlichkeit in einer Merzählung des Volpertus (A. Mussafia, Studien zu den ma. Marienlegenden, In: Sitzungsberichte der Kaiserlichen Akademie der Wissenschaften, Phil.-hist. Klasse 119 [1889] 18 f.)

Ausg.: F. Pfeiffer, In: ZfdA 7 (1847) 109–128. — Gesamtabenteuer, hrsg. von F. H. v. d. Hagen, III, 1850, 433–450.
Übers.: M. Lemmer, In: Mutter der Barmherzigkeit, 1986/87, 124–135.
Lit.: ADB XXXIV 262. — VL IV 204–206. *M. Lemmer*

Siena, Stadt und Erzbistum (seit 1459) in der Toskana. Die ursprünglich etruskische Stadt wurde wohl schon im 4. Jh. Bischofssitz; 465 ist dann Bischof Eusebius als Teilnehmer der röm. Synode bezeugt. Viele Jh.e hatten die Bischöfe S.s großen Anteil an der Entwicklung der Stadt, die von der ständigen Rivalität zu Florenz geprägt war. S. ist die Stadt der hl. →Katharina († 1380) und des hl. →Bernhardin († 1444).

Der entscheidende Tag für die MV in S. ist der 4. 9. 1260, die sog. »Giornata«, als die Sieneser in der Schlacht bei Montaperti einen triumphalen Sieg über die Florentiner errangen, ihre Stadt in Erfüllung eines Gelübdes vor der reliefierten Bildtafel der »Madonna degli occhi grossi« (heute: Dommus., Anfang 13. Jh.) der GM weihten und S. so zur »civitas virginis« machten. Aufgrund dieser Weihe ist das Bild der GM auch an zahlreichen öffentlichen Gebäuden S.s präsent, so etwa am Palazzo Pubblico, wo Simone Martini 1315 sein Fresko der →Maestà schuf: M thront unter einem von acht Aposteln getragenen Baldachin, eine Inschrift darunter ermahnt die Stadtherren, die der Jungfrau geweihte Stadt mit Weisheit, Gerechtigkeit und ohne Selbstsucht zu regieren. Eine zweite Maestà im Palazzo Pubblico stammt von Guido da Siena (1221 [?]), Ambrogio Lorenzetti malte eine Allegorie des guten Regiments mit M und der Inschrift »Salvet virgo veterem quam signat amenam« und Taddeo di Bartolo schuf in der Kapelle des Palastes Fresken mit Szenen aus dem Mleben.

Nach der großen Pest von 1348 ersetzten die Sieneser die Venus auf dem Stadtbrunnen, der Fonte Gaia, durch ein Mbild. Diese älteste bekannte Brunnenmadonna (1394 erstmals erwähnt) wurde zum ikonographischen Vorbild nicht nur für J. della Quercias M auf der Fonte Gaia von 1419 (im 19. Jh. durch Kopie ersetzt), sondern auch für viele spätere Brunnenmadonnen. Typisch für die sienesische Kunst stellte J. della Quercia die GM nicht als Herrscherin dar, sondern als liebende Mutter (→ Umiltà).

Siena, Madonna degli occhi grossi, Anfang 13. Jh., Dommuseum

Kirchliches Zentrum S.s ist der wohl Mitte des 12. Jh.s an Stelle einer älteren Kirche begonnene und 1382 mit dem Chorabschluß vollendete Dom S. Maria Assunta, das bedeutendste Bauwerk der toskanischen Spätromanik. Mit seinen ⓂBildern und seinem ikonographischen Gesamtkonzept verkörpert er gleichsam die MV in S. So zeigt das Figurenprogramm der Eingangsfassade exponiert die GM, auf die Joachim und Anna sowie die Propheten und Weissager des Altertums zugeordnet sind, wobei Spruchbänder jeweils auf das entscheidende Ereignis der Inkarnation verweisen. Von der Fassade, die ikonographisch dem Vorausweisen auf Ⓜ und die Inkarnation gewidmet ist, führt der Fußboden, dessen Marmorintarsien eine Art Weltchronik von den Anfängen bis zur Schwelle des Christentums darstellen, zum Mittelpunkt der Kirche, wo einst unter der Kuppel Duccios gewaltige Maestà mit den Szenen aus den Ⓜleben und der Passion Christi auf dem Hochaltar ihren Platz hatte. Mit diesem bahnbrechenden Gemälde brachte Duccio erneut die besondere Beziehung S.s zur GM zum Ausdruck. Im Zuge der Chorerweiterung (1382) wurde der gesamte Hochaltar nach Nordosten zurückversetzt, neben der Maestà wurden zwei bewegliche Engel aufgehängt, darüber zwei Straußeneier (→Strauß). Heute befindet sich Duccios Maestà im Dommuseum, sie trägt die Inschrift: »Mater Sancta Dei sis causa Senis requiei — sis Ducio vita te quia depinxit ita«.

Weitere Zeugnisse der MV im Dom zu S. sind die »Madonna del Voto«, ein Täfelchen von Guido da Siena, in der Chigi-Kapelle, die Lünette des Turmportals mit der sog. »Madonna del perdono« (Umkreis Donatellos, Mitte 15. Jh.) und Duccios farbenprächtiges Rundfenster im rechten Querhaus mit Grablegung, Himmelfahrt und Krönung Ⓜs. Nicht mehr im Dom befinden sich S. Martinis »Verkündigung (Florenz, Uffizien, 1333), P. Lorenzettis »Geburt Mariens« (Siena, Dommus., 1342) und A. Lorenzettis »Darbringung« (Florenz, Uffizien, 1343).

Außer dem Dom gibt es noch drei weitere der GM geweihte Kirchen in S.: S. Maria del Carmine mit dem hochverehrten Gnadenbild der »Madonna dei Mantellini« (pisanisch, um 1240); die Barockkirche S. Maria di Provenzano, deren Gnadenbild, das Fragment einer Pietà (13. Jh.), ursprünglich zu einem Privathaus gehörte, aber am 23.10.1611 in die Kirche übertragen wurde, nachdem ein span. Soldat darauf geschossen hatte und dem Bild zahlreiche Gebetserhörungen zugeschrieben worden waren; schließlich die Kirche S. Maria dei Servi mit der ›Thronenden Madonna« von Coppo di Marcovaldo (1261), dem Ⓜbild von Lippo Memmi (um 1317) und der großen Ⓜ-Himmelfahrtstafel von Bernardino Fungai (1500).

Lit.: Reclam-Kunstführer, Italien III/2, 1984, 456–540 — D. Marcucci, Santuari mariani d'Italia, 1982, 96–102. — H. Belting, Bild und Kult, ²1991, 439–454.   F. Trenner

Sigeher, Sangspruchdichter dessen Schaffenszeit sich auf ca. 1250–70 eingrenzen läßt. Sein ausschließlich in der »Großen Heidelberger Liederhandschrift« überliefertes Werk besteht aus 18 Sangspruchstrophen in 5 verschiedenen Tönen und einem Ⓜlied; die Melodien sind nicht erhalten. Inhalt der Sangsprüche sind Politik, Herrenlob und -lehre, oft verbunden mit der für den Stand des Dichters charakteristischen Bitte um Lohn (die Miniatur der Handschrift stellt ihn daher bei der Entgegennahme eines geschenkten Mantels dar). Dem stehen nur drei geistliche Sprüche gegenüber: Zwei davon dienen der Widmung eines Tons an Gott (Nr. 11 und 14), in dem dritten (Nr. 17) feiert der Dichter Ⓜ als jungfräuliche Mutter ihres Vaters und bringt sein Erstaunen über dieses Wunder zum Ausdruck. Der siebenstrophige Ⓜpreis (86–89) besteht aus einer Reihung zahlreicher Titulierungen und Prädikationen, wobei die Stollenschlüsse (V. 3 und 6) refrainartig die Wendungen »der tugende keiserinne« und »heilberndiu küniginne« wiederholen. Teile des Liedes wurden später in ein anonym überliefertes Reimpaargedicht eingearbeitet.

Ausg.: H. P. Brodt (Hrsg.), Meister S., 1913.
Lit.: Brodt (s. o.). — Repertorium der Sangsprüche und Meisterlieder, hrsg. von H. Brunner und B. Wachinger, Bd. V bearb. von F. Schanze und B. Wachinger, 1991, 368–372. — VL² VIII 1233–36.   F. Schanze

Sigmaringen-Laiz, Erzdiözese Freiburg, Ⓜwallfahrt mit dem Titel »Mater dolorosa« in der alten Pfarrkirche von 1426 (Mutterkirche von Sigmaringen), die 1474 nachweislich einen Ⓜ️altar mit Pfründe hatte.

Vor 1443 (REC IV Nr. 10714) war sie Kirche eines Franziskanerinnenkonvents (eventuell aus einer Klause entstanden), in die 1568 ein Gnadenbild (Vesperbild, Holz, um 1440) aus dem Franziskanerinnenkloster Ebingen gerettet wurde und auf dem Nonnenchor seinen Standort erhielt. Danach begann die Wallfahrt. Einige Votivtafeln sind noch erhalten, Hauptwallfahrtstage sind die Freitage im März.

Lit.: Kurzkataloge 42. — E. Berches, Kirchen-, Kapellen- und Altarpreziosen im Kreis Sigmaringen, 1967, 90–92. — Der Landkreis Sigmaringen. Geschichte und Gestalt mit Texten von G. Richter u. a., 1981, 126. — H. Brommer, R. Metten und K. Welker, Wallfahrten im Erzbistum Freiburg, 1990.

W. Müller (K. Welker).

Signapore. Die Bedeutung von S. für die Kirche im asiatischen Raum wurde schon 1820 von den Missionaren des Pariser Missionsseminars (Missions Etrangères de Paris, MEP) erkannt, die dort eine Mission zu errichten suchten. Die anfänglichen Jurisdiktionsschwierigkeiten — S. gehörte zum port. →Macao — wurden durch eine Doppeljurisdiktion gelöst, wobei zwei Pfarreien bei Macao verblieben, die anderen der MEP anvertraut wurden und zum Apost. Vikariat Malacca gehörten. Bischof Edouard Gasnier (1833–[1878]–1896) erbaute in S. als Dank für seine wunderbare Heilung eine Lourdes-Kirche, die sich mehr und mehr zu einem Wallfahrtsheiligtum gestaltet. In der Kirche der Thomson Street wird »ULF von der Immerwährenden Hilfe« durch eine ewige Novene von Christen und Nichtchristen verehrt. Jeden Samstag kommen hier 10 Mal am Tag die Pilgerscharen zu Gebet und Gottesdienst zusammen, ähnlich wie in Manila (→Philippinen), Colombo (→Sri Lanka) und Bombay (→Indien). Alljährlich erbitten ca. 700–800 nichtchristl. Pilger weitere Informationen über Jesus Christus; von ihnen lassen sich etwa 400 taufen.

Lit.: M. Compagnon, Le culte de ND de Lourdes dans la Société des Missions Etrangères, Paris 1910. — R. Cardon, Catholicism in the East and the Diocese of Malacca 1511–1888, 1939. — Manoir IV 1015–33. — K. M. Williams, The Church in west Malaysia and S.: A study of the Catholic Church in West Malaysia and S. regarding her situation as an indigenous Church, Diss., Leuven 1976. — K. J. O'Brien, Redemptorists in S.-Malaysia, 1985. *H. Rzepkowski*

Signorelli, Luca, eigentl. Luca d'Egidio, ital. Maler, *um 1445/50 in Cortona, †23.10.1523 ebd., wurde wahrscheinlich in der Werkstatt Piero della Francescas in Arezzo zum Maler ausgebildet; die Madonna mit Kind und einem Engel (Boston, Mus.) von S. ist noch unter dem Einfluß della Francescas entstanden. Die erste eigenhändige Arbeit S.s dürfte das fragmentiert erhaltene Fresko mit der Darstellung des hl. Petrus sein (Città del Castello, Pinacoteca, 1474). Seit etwa 1475 hielt sich S. in Florenz auf, bekam Aufträge in der gesamten Toskana und arbeitete im Umkreis von Pollaiuolo und Verrocchio.

Als Hauptwerke S.s gelten seine großen Freskenzyklen: 1479 in der Johannes-Sakristei der Basilika von Loreto, die er mit Fresken mit den Szenen des ungläubigen Thomas und der Bekehrung Pauli sowie zehn Aposteln ausstattete; in die dortige Kuppel malte er Engel, Evangelisten und Kirchenväter. Schon in diesem Frühwerk äußert sich S.s präzise, harte Malweise. 1482, berufen von Papst Sixtus IV., arbeitete er bei der Ausmalung der Wandflächen in der Sixtinischen Kapelle im Vatikan mit. Von ihm stammt das Fresko mit dem Tod des Mose. Im Kreuzgang des Klosters Monte Oliveto Maggiore (bei Siena) führte S. 1497–1501 die Reihe der erzählfreudigen Fresken mit der Vita des hl. Benedikt aus. Die Ausmalung der Cappella di S. Brizio (auch Cappella Nuova genannt) im Dom von Orvieto ist S.s umfangreichstes Werk. 1449 von Fra Angelico unfertig zurückgelassen, vollendete S. 1499–1505 diesen Zyklus der Himmlischen Hierarchie und der Letzten Dinge. Bes. das Jüngste Gericht ist von allerhöchster Dramatik. Er nahm in dieser Kapelle aber auch Episoden auf, die dem Jüngsten Tag vorausgehen und nachfolgen: Taten des Antichrist, den Weltuntergang, Auferweckung der Toten, die Hölle. Wegen seiner monumentalen Kompositionen, seiner Theatralik und Ausführlichkeit nimmt dieses größte von einem einzelnen ausgeführte Freskenwerk vor Michelangelos Arbeiten in der Sixtinischen Kapelle einen herausragenden Rang in der abendländischen Kunstgeschichte ein.

Bei S. sind reine Ⓜ️themen eher selten, jedoch gibt es sehr viele Gemälde, auf denen Ⓜ️ als Nebenfigur eine wichtige Rolle zukommt.

Die Eigenhändigkeit des Fragments einer Predella (Altarsockel) mit dem Tempelgang Ⓜ️e (New York, Sammlung Mont, 1498) ist zu bezweifeln. Jeweils nur einmal gestaltete S. die Themen der Geburt Christi (Cortona, Diözesanmus., 1490), der Beschneidung (London, Nat. Gall., nach 1490) und der Kreuzigung Christi (Urbino, Palazzo Ducale, 1494) — stets ist Ⓜ️ dabei anwesend. Beim letzteren Bild liegt sie zusammengebrochen vor dem Kreuz. Dieses Werk, im Auftrag Filippo Guerolis für die Bruderschaft vom Hl. Geist in Urbino entstanden, ist eine Prozessionsstandarte, folglich auch auf der Rückseite bemalt, und zwar mit einer Pfingstdarstellung. Ihre Komposition ist auf Ⓜ️ ausgerichtet, die im Zentrum eines kahlen Raumes sitzt, um sie herum ihre Freundinnen und die Apostel. Unterhalb der Decke schwebt der segnende Gottvater, von zwei Engeln flankiert.

Das Thema der Verkündigung an Ⓜ️ griff S. dreimal auf: Noch unter dem Einfluß della Francescas entstand etwa 1470 das heute fragmentierte Fresko in S. Francesco zu Arezzo, 1491 die Fassung in Volterra (Pinacoteca Communale), in der Ⓜ️ in einer reich ornamentierten Loggia steht und über dem Erzengel Gabriel Gottvater zwischen Cherubim schwebt; eine dritte Fassung befindet sich in Philadelphia (Sammlung Johnson, um 1500).

S. Antonio der Augustinerkirche in Volterra (heute ebd., Galleria Communale). M thront auf einem Podest, dessen Vorderseite mit einem Relief der Kentaurenschlacht versehen ist, das S. von einem röm. Sarkophag (Cortona, Diözesanmus.) übernommen hatte.

In Predellen von der Hand S.s kommen ebenfalls Szenen mit der GM vor: so beim Polyptyhon in S. Medardo in Arcevia (1507) mit Verkündigung, Anbetung der Hirten und Flucht nach Ägypten und bei den Tafeln in Arezzo (Pinacoteca Communale, nach 1510) mit Geburt Christi, Tempelgang und Vermählung Me.

Gegenüber den höchst qualitätvollen Werken bis kurz nach 1500 mit ihren Figuren von bildhauerischer Plastizität, den hellen, kräftigen Farben und der geschickten Anwendung von Licht und Schatten verflacht die Qualität der Malerei im Spätwerk S.s, was mit einer umfangreichen Beteiligung seiner Werkstatt erklärt wird.

Lit.: F. Vischer, L. S. und die ital. Renaissance, Leipzig 1879. — M. Cruttwell, L. S., London 1899. — P. Toesca, L. S. 1922. — A. Venturi, L. S., 1923. — L. Dussler, S., 1927. — Ausst.-Kat., Mostra di L. S., Cortona/Florenz 1953. — M. Salmi, L. S., 1953. — P. Scarpellini, L. S., 1964. — M. Lenzini Moriondo, S., 1966. — G. Kury, The Early Works of L. S.: 1465–90, Diss., New York/London 1978. — M. Levi D'Ancona, The Medici Madonna by S., In: Studi offerti a R. Ridolfi, 1973, 321 ff. — M. G. De La Coste Messelière, L. S., 1975. — M. Seidel, S. um 1490, In: Jahrbuch der Berliner Museen 26 (1984) 181 ff. — A. Paolucci, L. S., 1990.
K. Falkenau

L. Signorelli, Maria mit Kind, 1500 Florenz, Uffizien

S. malte mehrfach das Thema der Madonna mit Kind. Z. B. entstand nach 1470 die M in der Seraphimglorie (Mailand, Brera), deren Pendant eine Geißelung Christi ist (ebd.) — auch dies ein Gemälde für Prozessionen. Häufig wählte S. für das Thema der GM mit dem Christusknaben das Kreisformat (Tondo). Das Werk in München (Alte Pinakothek, 1495) zeigt hinter M im Mittelgrund einen unbekleideten Jüngling in der Pose des sog. »Dornausziehers« — abgeleitet von einer antiken Bronzestatue auf dem röm. Kapitol —, der möglicherweise als naturverbunden lebender Mensch vor der Zeit Christi zu deuten ist. Im Tondo in Florenz (Uffizien, 1500) sind halbbekleidete Hirten dargestellt, vor ihnen sitzen M und das Kind. Umgeben wird dieses Rundbild von einem monochrom in Grisailletechnik gemalten Rahmen mit drei runden Scheinreliefs: Sie zeigen in der Mitte die Büste Johannes des Täufers in einer Muschelnische, flankiert von zwei Propheten.

Erweiterung findet dieses Thema durch die Hinzufügung von Heiligen. Bemerkenswert ist dabei die Fassung der GM mit Kind und den hll. Laurentius, Onofrius und Johannes dem Täufer (sog. Pala di San Onofrio, Perugia, Dommus., 1484), zu denen sich der Stifter, Jacopo Vannucci, im Ornat eines Bischofs gesellt. Er trägt einen Chormantel, dessen Zierstreifen am Saum mit Szenen des Mlebens bestickt ist. Im Auftrag des Theologen Pietro Bellacolonna malte S. 1491 die M mit Heiligen für das Oratorium

Sigrist, Franz, * 23. 5. 1727 in Breisach am Rhein, †21. 10. 1803 in Wien. Vermutlich nach Abschluß einer ersten Lehre verließ S. 1744 seine Vaterstadt und reiste nach Wien. Dort wurde er laut Protokoll am 1. 12. 1744 in die Zeichenklasse der Akademie aufgenommen, die aber wegen Raummangels von 1745 bis März 1749 geschlossen werden mußte. So gelang es ihm erst am 27. 10. 1752 bei den Wettbewerben in der Malereiklasse den zweiten Preis zu gewinnen. Eine erneute Bewerbung im folgenden Jahr mißlang. Noch während seiner Akademiezeit hatte S. am 17. 2. 1749 Elisabeth Aschenberger, Tochter eines Wiener Tischlers, geheiratet, mit der er Anfang 1754 nach Augsburg übersiedelte. Mitverantwortlich für diesen Ortswechsel dürfte Johann Daniel Herz d. J. (1720–93) gewesen sein, der als Gründer einer Vereinigung zur Anfertigung und zum Vertrieb von Kupferstichen seit 1751 das kaiserliche Druckprivileg besaß und S. für sein erstes Projekt, die Illustrationen zur »Täglichen Erbauung eines wahren Christen« von Joseph Giulini, verpflichtete. 1755 gelang es Herz mit Unterstützung von Kaiser Franz v. Lothringen, die »Societas Artium Liberalium« in eine »Franciscische Akademie« umzuwandeln, und übergab S. — zumindest nominell — die Professur für Malerei. Aus den Taufmatrikeln seiner sechs in Augsburg geborenen Kinder geht hervor, daß S. auch der Titel eines bischöflichen Kabinett- und Porträtmalers verliehen wurde und er schließlich zum Ersten Hofmaler des Augsburger Fürstbischofs, Joseph

Landgraf von Hessen-Darmstadt, aufstieg. Nach einem unerfreulichen Erlebnis mit Herz, das ihn 1759 in Gefangenschaft bis nach Budweis führte, löste er seine Verbindungen zur Franciscischen Akademie und kehrte 1763/64 nach Wien zurück, um unter der Leitung des Akademiedirektors Martin van Meytens (1695 [?]–1770) an den großen Gemälden mit Darstellungen der Krönung Josephs II. zum dt. Kaiser 1764 in Frankfurt mitzuarbeiten.

S.s Werk stand v.a. unter dem Einfluß von Paul → Troger (1698–1762), Joseph Ignaz Mildorfer (1719–75) und Franz Anton → Maulbertsch (1724–96), den Hauptvertretern der österr. Barockmalerei in dieser Zeit. Wenige Fresken, dafür umso mehr Gemälde und Skizzen haben das AT und NT oder die Vita eines Heiligen zum Thema. Bes. während seines Augsburger Aufenthalts schuf er einige rein marian. Darstellungen, so 1758 die Deckenbilder in der Vorhalle der Benediktinerklosterkirche Zwiefalten, deren furios komponiertes Mittelstück den Schutz M͡s über das Reichsstift und Gotteshaus zeigt, und nur zwei Jahre später das Chorbild in der Pfarrkirche zu Seekirch mit der »Muttergottes als Siegerin über die Schlange«. Als Maler im kleineren Format bewährte sich S. um 1755/60 mit dem koloristisch sehr reizvollen Predellenbild der »Anbetung der Könige« in der Franziskuskapelle von Mering, mit einem Gemälde von 1775/80 (»hl. Leopold vor der Muttergottes«) in den Klosterneuburger Stiftssammlungen oder mit dem 1800 signierten ehem. Hochaltarblatt der »Himmelfahrt« in der Pfarrkirche des burgenländischen Unterfrauenhaid. Weitere, z.T. in Grisaille auf Papier gemalte Bilder mit Szenen aus dem M͡leben haben sich in Prag und Wien erhalten.

Lit.: B. Matsche-v. Wicht, F.S. 1727–1803. Ein Maler des 18. Jh.s, 1977. *G. Paula*

Sigüenza y Góngora, Carlos de, *1645 in Mexiko, †22.8.1700 ebd., 1660–67 SJ, blieb aber weiterhin den Jesuiten verbunden, Prof. der Astronomie, Mathematik und Kosmographie an der Universität Mexiko, war auch mit der Geschichte der Indios und dem span. Erbe von Mexiko vertraut. Neben seinem naturwissenschaftlichen, geschichtlichen und phil. Schrifttum, veröffentlichte er auch lit. Prosa und Gedichte. So ist etwa »Primavera indiana« ein Gedicht zu Ehren ULF von → Guadalupe, die er bes. verehrte.

In seinem Buch »Piedad Heroyca de don Fernando Cortés« (Kapitel 10, Neuausg. Madrid 1965, 65) nimmt S. Stellung zur Verfasserfrage des → Nican Mopohua. Danach sei der Indio Antonio Valeriano (1520 [?]–1605) der Verfasser und S. selber habe die Schrift mit anderen Büchern geerbt und sie eingesehen. Das hohe wissenschaftliche Ansehen und die persönliche Integrität S.s haben dazu geführt, dieser Aussage, die er mit einem Schwur bekräftigt hatte, zu folgen. Nach seinem Tode gingen seine Bücher und seine Manuskriptsammlung an das Jesuitenkolleg San Pedro y San Pablo in Mexiko-Stadt über, aber das Náhuatl-Dokument fand sich nicht mehr unter den Beständen. Zeitweise wurde deshalb als weitere Möglichkeit des Verbleibs diskutiert, daß das Manuskript aus den Beständen der Jesuiten-Bibliothek 1847 während der US-Invasion nach Washington verbracht worden sei. Alle Nachforschungen führten aber zu keinem Ergebnis.

Lit.: I. A. Leonard, Don C. de S. y G.: A Mexican Savant of the Seventeen Century, 1929. — M. Cuevas, Album histórico Guadalupano del IV Centenario, 1930. — Ders., Historia de la Iglesia en México, 5 Bde., 1946. — J. Rojas Garcidueñas, Don C. de S. y G., erudito barroco, 1945. — A. Junco, Sotanas de Méjico, 1955. — E. J. Burrus, A Major Guadalupan Question Resolved: Did General Scott Seize the Valeriano Account of the Guadalupan Apparitions?, 1979. — Ders., La Copia más Antigua del Nican Mopohua, In: História, col. I, no. 2 (1987) 5–21. — Ders., ? Dónde está la Colección de S. y G., In: Encuentri National Guadalupan IV, 1980, 45–66. — R. Nebel, Santa María Tonantzin Virgen de Guadalupe. Rel. Kontinuität und Transformation, 1992. *H. Rzepkowski*

Silbert, Johann Peter, * 29.3.1777 in Colmar, †27.12.1844 in Wien, floh aus Frankreich vor der Revolution und fand schließlich eine Professur für franz. Sprache und Lit. am Polytechnikum in Wien, ließ sich aber schon 1835 in den Ruhestand versetzen, um sich ganz seiner Schriftstellerei widmen zu können, mit der er der Kirche dienen wollte. Er hinterließ ein umfangreiches Werk, darunter eigene geistliche Gedichte, die sich auszeichnen »durch reinen kirchlichen Geist und durch anmuthige Form« (Brühl). Bes. verdienstvoll sind seine Übersetzungen kirchlicher Hymnen und rel. Dichtungen. Von den zahlreichen marian. Schriften sind hervorzuheben »Gegrüßt seist Du Maria. Gebetbuch« (Wien 1827), die »Nachfolge der allerheiligsten Jungfrau in vier Büchern« (aus dem Franz., Wien 1834), »Das Leben Mariä« (Leipzig 1840) und eine Übersetzung von »Des hl. Bonaventura Goldener Psalter Mariä« (Wien 1841).

Weitere WW: Übersetzungen von Schriften des hl. Bernhard mit einer Vorrede von J. M. Sailer, 1820 und 1822. — Die Schule des Kreuzes von P. Drexelius, Wien 1834. — Eleonore, römische Kaiserin, Gemahlin Leopolds I., Wien 1837.

Lit.: M. Brühl, Geschichte der kath. Literatur Deutschlands, Wien ²1861, 390. — ADB XXXIV 316 ff. — Wurzbach XXXIV 291–296. *H. Pörnbacher*

Silva, Atenógenes, * 26.8.1848 in Guadalajara/Mexiko, † 26.2.1911 ebd., wurde 1871 zum Priester geweiht, 1892 Bischof von Colima (Suffraganbistum von Guadalajara) und 1900 Erzbischof von Michoacán, zeichnete sich durch apost. Eifer, scharfen Verstand, die Weite seines Wissens und liebenswerte Art aus. Seine rednerische Begabung war außergewöhnlich. Er organisierte und richtete den Zweiten Sozialkongreß für Mexiko in Morelia aus.

Während der Teilnahme am Lateinamerikanischen Plenarkonzil in Rom (1899) hielt er in der Kirche San Nicola in Carcere vor den Konzilsvätern eine Rede über ULF von → Guadalupe, das Papsttum und die mexikanische Nation. Er war zutiefst von der Echtheit der Erscheinungen und Wunder von Guadalupe überzeugt. 1904 hielt er in der Basilika von Guadalupe die große Rede über den Einfluß ULF von Guadalupe auf die mexikanische Kultur und Zivilisation. Im gleichen Jahr organisierte er aus Anlaß des 50. Jahrestages der Proklamation des Dogmas von der IC eine große rel. Feier und schrieb einen lit. Wettbewerb aus, den Francisco Elguero (1856–1932) mit der Arbeit »La Inmaculada: Disertación histórico-filosófica« (México 1905) gewann. Er regte die Erhebung der Wallfahrtskirche in Pátzcuaro mit dem Bildnis »NS de la Salud«, das in das Jahr 1538, in die Zeit des ersten Bischof von Michoacán (seit 1537), Vasco de Quiroga (1470–1565), zurückgeht, zur Kollegialkirche an. Die Feierlichkeiten fanden 1908 statt, nachdem das Heiligtum 1809 renoviert, für das Gnadenbild ein neuer Altar errichtet und das Bild am 8.12.1899 gekrönt worden war.

WW: Carta pastoral que el Ilmo. Sr. Dr. D. Atenógenes Silva, tercer obispo de Colina dirige a sus diocesanos con ocasión del nuevo oficio de NS de Guadalupe concedido por S.S. León XIII a la Iglesia mexicana y con motivo de la primera peredrinación de la diócesis colimense al Tepeyacatl, Colima 1895. — Obras literarias, pastorales y oratias, Guadalajara 1898.
Lit.: E. Valverde Téllez, Bio-bibliografia eclesiástica mexicana, 1821–1943, 3 vol., 1949. — Cr. Brambila, El obispado de Colima: Apuntes históricos, geográficos y estadísticos, 1964. — P. v. Murray, The catholic church in Mexiko. Historical essays for the general reader: 1519–1910, 1965. — L. Hanke, South America. Modern Latin America. Continent in Ferment II, ²1967. — J. Bravo Ugarte, Diócesis y obispos en la Iglesia Mexicana (1519–1965), 1973. *H. Rzepkowski*

Silva Meneses, Beatrix de, hl. Ordensgründerin, * 1426 in Ceuta/Nordafrika als Tochter port. Eltern, † 17.8.1491 in Toledo, kam um 1435 mit den Eltern nach Campo Mayor in Portugal und wuchs in der geistlichen Atmosphäre des dortigen Franziskanerklosters auf, die ihre Spiritualität nachhaltig prägte, so auch ihre Verehrung der Immaculata. Als Hofdame der Prinzessin Isabella von Portugal ging S. 1447 bei deren Heirat mit dieser an den Hof des Königs Juan II. von Kastilien. Die Errettung vor der Nachstellung durch ihre Herrin schrieb sie dem Eingreifen ⚜s zu, verließ den Königshof und zog sich mit zwei Mägden in das Kloster S. Domingo bei Toledo zurück, wo sie als Kommorantin fast 30 Jahre ein intensives Leben der Kontemplation, Gastfreundschaft und Wohltätigkeit führte. Isabella die Katholische wollte das von ihrer Mutter S. zugefügte Unrecht wiedergutmachen, pflegte Umgang mit S. und schenkte ihr das Schloß Galiana, wohin sich S. mit ihrer Nichte und elf Frauen zu einem zönobitischen Leben zurückzog. Mit Hilfe des Franziskaners Juan de Tolosa und Kardinals Mendoza verfaßte sie eine Regel, die am 30.4.1489 Innozenz VIII. mit Auflagen approbierte. Am 16.2.1491 wurde der Orden unter dem Namen des Klosters »Santa Concepción de Nuestra Señora« errichtet, »dessen Pflicht es sein sollte, durch die Jungfrau Maria Gott immer zu loben« (Positio 28). S. suchte bei neuen juristischen Streitigkeiten den Anschluß an die Franziskaner, den sie aber nicht mehr erlebte. Ihre Nichte erlangte eine Regel in Anlehnung an die Klarissen, daher der Name Franziskanerinnen von der UE (Franciscanas concepcionistas). 1992 wirkten 2243 Schwestern in 162 Häusern in Belgien, Lateinamerika und Spanien. S. wurde am 27.7.1926 selig- und am 3.10.1976 heiliggesprochen.

Historisch können die Berichte vom wunderbaren Eingreifen der GM bei der Gründung des Ordens sowie die Visionen der hll. → Franziskus v. Assisi und → Antonius v. Padua, die S. dazu anregten, kaum mehr geklärt werden.

QQ: Agustín de Herrera, Vida de la venerable virgen doña Beatriz de S., o.O. 1647. — Positio super virtutibus, 1970.
Lit.: R. Conde, Vida de la b. Beatrix da S., 1931. — E. Gutiérrez, Beata Beatriz de S. y origen de la Orden de la Purísima Concepción, 1967. — I. Ómaechevarría, La monjas concepcionistas, 1973. — AAS 68 (1976) 607–613. — EC II 1112. — LThK² II 86. — BSS IV 588. — DIP I 1155f. (Lit.). *G. Rovira*

Silvani, Giuseppe Antonio, * 21.1.1672 in Bologna als Sohn des Musikverlegers Marino S., † um 1727 ebd., war Schüler von G. P. Colonna und erhielt um 1697 die Kapellmeisterstelle an der Kirche der Confraternitá dei Poveri und 1702 an St. Stefano in Bologna. S. schrieb als Komponist geistlicher Musik u.a. Hymnen, Responsorien, Kantaten, Messen, Psalmen, sowie zahlreiche Motetten. Zu seinen marian. Werken gehören ein »Stabat mater« (1708), »Motetti con le 4 antifone della BVM« (1713) und »Il secondo libro delle Litanie della BVM« (1725).

Lit.: O. Mischiati, Indici, cataloghi, e avvisi degli editori e stampatori italiani dal 1591 al 1798, 1984. — Grove XVII 318f. — DMM VII 291. *E. Löwe*

Silvester v. Rebdorf, CanAug, * um 1400 in Passau, † 1465 in Rebdorf bei Eichstätt, war 1451–54 Propst von Rebdorf (Diözese Eichstätt). S.s wichtigste und bekannteste Werke sind Betrachtungen zum Leiden Christi: der »Tractatus« (oder Meditationes) »de passione Domini« (incipit: »Videns vidisti afflictionem populi tui … Nunc Domine passionis tuae dies«), der die Tagzeiten des Stundengebetes begleitet, und die »Speciales breves ac particulares meditationes de passione Christi« (incipit: »Ex quo enim non sumus omnes aequales«), die meist auch zusammen überliefert sind. Nach der ältesten auf das Jahr 1437 datierten Handschrift (München, Bayer. Staatsbibl., clm 7064, fol. 1ʳ–131ᵛ und 133ʳ–163ᵛ; Datierung fol. 163ᵛ) zu schließen, sind beide Werke vor 1437 entstanden. Eine Untersuchung zu den verschiedenen Fassungen in der reichen Überlieferung in Süddeutschland und Österreich fehlt (Zusammenstellung der Handschriften: VL² VIII 1250). Noch im 15. Jh. wurden beide Texte in → Tegernsee (Wolfgang Kyderer) und Salzburg (Ursula Satzenhofer) ins Dt. übersetzt (Schneider 1252 f.).

Der »Tractatus« und die »Speciales … Meditationes« verbinden Elemente ma. Mystik (→ Bernhard v. Clairvaux, → Birgitta v. Schweden) und spätma. Frömmigkeit. Während im »Tractatus« das Mitleiden (→ Compassio) der GM immer wieder erwähnt wird, ist eine der 15 »Speciales ... Meditationes« ganz den fünf Schmerzen 𝓜s gewidmet (de quinque gladiis dolorum virginis et matris Marie, fol. 146ᵛ– 152ʳ).

WW: unediert: Zusammenstellung aller Schriften und der bekannten Hss. von K. Schnieder, In: VL² VIII 1248–53.
Lit.: vgl. VL² VIII 1253.   *M. Pörnbacher*

Silvestre, Gregorio, * 1520 in Lissabon, † 1569 in Granada, kam als Sohn des Leibarztes des Königs von Portugal mit der Kaiserin Isabel, Gemahlin Karls V., nach Kastilien. Letzterer verlieh ihm den Titel eines Hidalgo (Ritter). Obgleich verheiratet und Vater einer Tochter, die berühmt war ob ihrer Kenntnisse in Musik und Dichtung, war er Chorleiter und Organist in Granada. Er verkehrte mit bedeutenden Dichtern seiner Zeit. Neben einigen »Fabeln« im Renaissancegeschmack (»Fábula de Dafne y Apolo«, »Píramo y Tisbe«) und »Residencia« schrieb er einige rel. »glosas« in Achtsilbern, wie die zum »Paternóster« und »Avemaría«, sowie verschiedene Sonette an 𝓜, in denen er ihre Menschlichkeit und Größe als GM preist.

WW: Romancero y Canciones Sagradas, Biblioteca de Autores Españoles XXXV.
Lit.: H. A. Rennert, G. S. and his Residencia de Amor, Modern Language Notes, 1899. — A. Martin Ocete, G. S.: Estudio biográfico y crítico, 1939. — E. Díez Echarri und J. M. Roca Franqueza, Historia de la literatura española e hispanoamericana, 1960.   *L. M. Herrán*

Silvestrelli, Cesare Pietro (Bernardo Maria di Gesù), sel. Passionsit, *7.11.1831 in Rom, †9.12.1911 zu Moricone, war Sproß der adeligen Familie S.-Gozzani und erhielt eine seiner gesellschaftlichen Stellung entsprechende christl. Erziehung. 1840–47 besuchte er das von den Jesuiten geleitete Röm. Kolleg. Schon bald bekam der junge S. durch den frühen Verlust seiner Eltern den Trennungsschmerz des Todes zu spüren. Zwei Erfahrungen waren es letztlich, die ihn Ordensmann werden ließen: der tiefe Eindruck des Todes und die damit verbundene Erkenntnis der Hinfälligkeit aller irdischen Dinge sowie der Besuch eines Passionistenkonvents und das Erlebnis des Chorgebetes im Herzen der Nacht. So trat er 1854 in das Noviziat der Passionisten auf dem Monte Argentario (Toskana) ein. Seine zarte Konstitution war jedoch dem strengen Leben nicht gewachsen. Dennoch blieb er als Student der Theol. in der Klostergemeinschaft und wurde 1855 zum Priester geweiht. In Morrovalle (Macerata) nahm S. 1856 das Noviziat noch einmal auf, wobei zeitweise der hl. Gabriel →Possenti sein Gefährte war. Nach Ablegung der Ordensgelübde (1857) vervollkommnete er seine theol. Studien. Daraufhin bekleidete er wichtige Ämter in der Ausbildung und Leitung seiner Provinz, bis er 1878 zum Generaloberen gewählt wurde. In den fast 25 Jahren seiner Regierung gelang es ihm, die Kongregation auszudehnen und durch das Schreiben verschiedener Bücher die Spiritualität des hl. →Paul vom Kreuz lebendig zu erhalten. Der 1942 eingeleitete Informativprozeß führte zur Seligsprechung am 16.10.1988 durch Johannes Paul II.

Einer seiner Biographen nannte S. »eine unverwechselbar marianische Seele« (Pompilio 127). Neben seinem veröffentlichten »Marialogium« zeigt sich dies bes. in den »Trattenimenti spirituali«, einem Handbuch mit geistlichen Grundsätzen für Novizen. V. a. im 8. Trattenimento erweist er sich als Meister der marian. Katechese. Für S. besteht die wahre Andacht zu 𝓜 in der Flucht vor der Sünde, in häufigen an 𝓜 gerichteten Anrufungen, in der Teilnahme an ihren Schmerzen und in der Nachahmung ihrer Tugenden. Er zeichnet 𝓜 als Spiegel und treues Echo ihres Sohnes, dem sie bes. in seinem Leiden ähnlich ist. Daher lädt S. v. a. zur Verehrung der Schmerzen 𝓜s ein, die »nicht nur nicht von der Verehrung der Passion Jesu ablenkt, sondern ihr im Gegenteil als Führerin, Stütze und Krone dient« (Trattenimenti 197), und zu einem unbegrenzten Vertrauen in die Mittlerschaft 𝓜s: »Seid wahre Verehrer der allerseligsten Jungfrau, und alles wird glatt, leicht und abgenehm« (ebd. 187). In 𝓜 sieht er überhaupt das »schnellste und sicherste Mittel, um zu Jesus Christus zu gelangen« (ebd. 197). Bei all dem geht es S. nicht um eine nach außen gerichtete Frömmigkeit, die sich in Formeln und mündlichen Gebeten erschöpft. Vielmehr beschreibt er die Hinwendung zu 𝓜 mehr als einen Akt des Geistes als der Lippen (vgl. ebd. 195). Von diesem Geist beseelt, vollendete er seine Mission, die ihm den Titel eines zweiten Gründers der Kongregation einbrachte.

QQ: Bernardi Mariae a Jesu ... Relatio et vota peculiaris Congressus; Responsio Patroni ad difficultates in Relatione adnotatas, 1973. — Positio super miraculo, 1987.
WW: Bernardo M. di Gesù, Memorie dei primi compagni di S. Paolo della Croce, Viterbo 1884. — Ders., Trattenimenti spirituali ad uso dei Novizi Passionisti, ³1990.
Lit.: C. A. Naselli, P. Bernardo M. di Gesù, S. (1831–1911), 1972. — F. Giorgini, Bernardo Maria S., Passionista, 1988. — S. Pompilio, Beato Bernardo Maria S., Passionista, 1988. — AAS 66 (1974) 106–110; 81 (1990) 284–290. 1022–26.   *G. Lenzen*

Simancas, Petrus de, OSA, aus dem Kloster Granada, * Ende des 16. Jh.s in Granada, † 1648 in Murcia an der Pest, war Prof. der Theol. an der Universität Granada, seit 1645 Provinzialvikar für Andalusien und ein begeisterter Verteidiger der Immaculata. Auf Bitten seiner Mitbrüder veröffentlichte er 1640 seinen »Locus literalis pro immunitate Beatae Virginis Genetricis Dei Mariae a peccato originali et a debito illud contrahendi«. Das Schriftzeugnis für die UE 𝓜s sieht er in Röm 5,15. Er widmete sein Werk König Philipp IV. von Spanien und Papst Urban VIII. Es fand in Granada und Madrid vielfältige Zustimmung der Theologen des Welt- und Ordensklerus. Im Druck erschien auch eine Bittschrift, in der S. Papst Innozenz X. um die Dogmatisierung der UE bat: »Carta escrita a nuestro Santissimo Padre Inocencio X. sobre la definicion de fe del articulo de la In-

maculada Concepcion de la Virgen Maria«
(Madrid 1645).

<small>Lit.: Petrus de Alva, Militia Immaculatae Conceptionis, Löwen 1663, 1189. — Ossinger 855. — G. Santiago Vela, Biblioteca Ibero-Americana de la Orden de San Agustin VII, 1925, 539–541. — V. Capanaga, Antologia mariana de escritores agustinos, In: Augustinus 29 (1984) 259–459, bes. 297.</small>

<small>*A. Zumkeller*</small>

Simeon. Der Name (hebr. Schimᵉôn = »Erhörung«) kommt sieben Mal im NT vor (Lk 2,25. 34; 3,30; Apg 13,1; 15,14; 2 Petr 1,1; Offb 7,7). Für M ist nur Lk 2,22–40 relevant. Der Greis S. ist »gerecht und gottesfürchtig« und entspricht so dem atl.-jüdischen Frömmigkeitsideal. Er lebt überdies in geistgewirkter messianischer Naherwartung. Anläßlich der → Darbringung Jesu im Tempel nimmt er das Kind in die Arme und spricht eine zweistufige Prophetie (Lk 2 29–32. 34–35). Sein weibliches Pendant bildet die Prophetin → Hanna, die als zweiter Zeuge (vgl. Dtn 19,15; Mt 18,16) die direkte Rede S.s bestätigt (V. 36ff.).

Das »Nunc dimittis« (V. 29–32) ist als Lobspruch analog zum Benediktus (Lk 1,68–79) gefaßt. Es überbietet die Aussagen zur Aufgabe des Täufers und ist vom eröffnenden eschatol. »Jetzt« bestimmt. Gleich Lk 2,10–14 wird Jesus als Retter und Friedensbringer bezeichnet, wobei in specie die universale Relevanz Christi für Israel und die Heidenwelt betont wird. Jesu Geburt ist Erfüllungsgeschehen und Beginn der endgültigen Heilsepoche: »Die alte Zeit berührt und erlebt die neue Zeit« (F. Hauck, Lukas, 43). Der 2. Teil der Prophetie (V. 34f.) ist an M gerichtet und betont die kritisch-durchleuchtenden Folgen der Geburt des Heilsbringers. Das Wort vom Schwert, das durch Ms Seele gehen wird (V. 35a), bezieht M als Glaubende und als Messiasmutter in den eschatol. Antagonismus mit ein, ohne ihren Leiden soteriol. Funktion zuzusprechen.

<small>Lit.: Kommentare zu Lk von F. Hauck, A. Plummer, H. Schürmann, W. Grundmann, G. Schneider, E. Schweizer, J. Kremer, F. Bovon. — J. Schildenberger, Die Darstellung im Tempel, In: BenM 17 (1935) 45–49. — H. Sahlin, Der Messias und das Gottesvolk, 1945. — J. Winandy, La prophétie de Syméon (Lc II, 34–35), In: RB 72 (1965) 321–351. — H. Räisänen, Die Mutter Jesu im NT, 1969. — M. Dömer, Das Heil Gottes. Studien zur Theol. des lukanischen Doppelwerkes, 1978. — M. Miyoshi, Jesu Darstellung und Reinigung im Tempel unter Berücksichtigung von »Nunc Dimittis« Lk 2,22–38, In: Annual of the Japanese biblical Institute 4 (1978) 85–115. — E. Brown u. a. (Hrsg.), Maria im NT. Eine ökumen. Untersuchung, 1981. — R. Mahoney, Die Mutter Jesu im NT, In: J. Blank u. a., Die Frau im Urchristentum, 1983, 92–116. — K. Berger, Das Canticum Simeonis (Lk 2,29–32), In: NT 27 (1985) 27–39. — F. Zeilinger, Zum Lobpreis seiner Herrlichkeit. Exegetische Erschließung der ntl. Cantica im Stundenbuch, 1988. — J. Zmijewski, Die Mutter des Messias. Maria in der Christusverkündigung des NT, 1989. — ThWNT VI 993–998. — RGG VI 37 — BHH III 1797 ff. — EWNT III 686 f.</small>

<small>*F. Zeilinger*</small>

Simon (Fidati) **v. Cascia**, OSA, Sel., Fest am 16. Februar, * nach 1290 in Cascia (Mittelitalien), † 2.2.1348 in Rom; starke rel. Persönlichkeit, beeinflußt von dem Franziskaner-Spiritualen Angelus Clareno, aber — anders als dieser — stets der Kirchenleitung gehorsam; geschätzt als geistlicher Führer. In seiner Frömmigkeit steht Christus ganz zentral. Kennzeichen für seine Spiritualität ist eine gewisse antispekulative Tendenz, ferner die Hochschätzung der Hl. Schrift und der Väter sowie Verlangen nach Armut, Demut und Innerlichkeit. Zu Unrecht hat man in seiner Lehre über Buße, Glauben und Werke, Gnade und Rechtfertigung Parallelen zu Luthers ref. Theol. sehen wollen. S. wirkte als Volksprediger in Rom, Florenz und anderen Städten Mittelitaliens.

Neben zahlreichen Briefen, Predigten und kleineren Schriften hinterließ S. seine vielgelesenen 15 Bücher »De gestis Domini Salvatoris« (= GS; gedruckt o. O. ca. 1484/87 u. ö., zuletzt in 2 Bden., Regensburg 1733), sowie die Schrift »L'Ordine de la Vita Cristiana« (= VC), eine Art Erwachsenenkatechismus für das christl. Volk vom Jahr 1333 (zuletzt ediert von A. Levasti, In: Mistici del Duecento e del Trecento, 1953, 607–680). — »L'Ordine della Vita Christiana« enthält auch ein Kapitel »Delle considerazioni della Madre de Cristo« (I 4). Darin vertritt S. die Ansicht, daß M schon im Mutterleib von Gott geheiligt wurde, so daß sie sich bei ihrer Geburt nicht »in peccato originale« befand. S. gehört also in die Reihe jener älteren Augustinertheologen, die im Gefolge des → Agidius v. Rom lehrten, M sei zwar mit der Erbsünde empfangen, aber bald danach, jedenfalls vor der Geburt, von ihr gereinigt worden. Somit hat Petrus de Alva S. zu Unrecht unter die Zeugen für die UE gezählt. Er stützte sich dafür auf den von ihm aufgefundenen und edierten »Tractatus de immaculatae Virginis conceptione« (Monumenta ... ex vanis authoribus antiquis I, Löwen 1664, 13–106) des Augustiners → Johannes Schiphower v. Meppen († nach 1521), der in seine Aufzählung der »doctores«, die für die UE eintraten, irrigerweise S. eingereiht hat (ebd. 82). — Ausdrücklich bekennt sich S. auch zu der Lehre, daß M wegen ihrer Berufung zur GM durch Gottes Gnade vor jeder persönlichen Sünde bewahrt blieb: »... di lei non si dee fare menzione di niuno peccato« (VC I 4). Er preist M als »figliuola di Dio, Sposa dello Spirito Santo, Madre di Cristo, Regina del Cielo, Donna degli Angeli, fiore delle femmine, regola delle vergini« (ebd.).

Auch in »De gestis Domini Salvatoris« aus den Jahren 1338–47 erscheint S. erfüllt von inniger Mliebe. Das ganze zweite Buch des Werkes mit seinen 27 Kapiteln handelt »de virgine Maria eiusque processu et de his quae in ipsa et per ipsam pro nostra redemptione gesta sunt«. Es ist 1520 in Basel auch als eigenes Buch mit dem Titel »Liber de BMV« erschienen. Bei der Besprechung des Besuches Ms im Haus der Elisabeth (GS II 24) gibt S. einen ausführlichen Kommentar zum Magnificat, von dem handschriftlich eine mhd. Übertragung existiert (ZumkellerMss 364, nr. 779). Auch in »De gestis Domini Salvatoris« kommt S. wiederholt auf Ms Empfängnis zu sprechen und äußert sich ähnlich wie in »L'Ordine della Vita Cristiana«: »... dicemus ipsam (sc. M) salvari, quia sanctificata est ... Et quamvis credamus virginem Dei matrem a peccatorum vinculis liberam, non tamen credimus ipsam sine Dei misericordia ex propriis virtutibus iustificatam« (GS I 26). Bezeichnend für das Bild, das sich S. von M machte, ist es auch, daß er wiederholt hervorhebt, ihr Verhalten zu Jesus sei »reverential rather than maternal« gewesen (vgl. McNeil B7). Dementsprechend habe sie unter dem Kreuz nicht laut gejammert und geklagt, weil sie bei ihrer liebenden Betrachtung in dem unschuldig Geopferten »mehr den Sohn Gottes als ihren Sohn« sah (GS XIII 12). Klar stellt S. heraus, daß M nicht nur für sich selbst »voll der Gnaden« war, »sed ut refundat (gratiam) in ceteros exigentes ... Etenim ad totam christianitatem ordinabatur, quod fiebat in virgine« (GS II 2). Nachdrücklich bezeichnet er M deshalb als die »omnium hominum advocatam«. Bereitwillig habe sie das ihr vom Schöpfer übertragene »officium advocationis et piae (corr.: ex pia) auxiliatricis« angenommen (II 25). V. a. sieht S. in ihr die »consocia passionis«; sie stand unter dem Kreuz »velut prima discipula huius hominis cruciati, et magistra sequentium, ut stent iuxta crucem, ex qua salus animarum et peccatorum occasus et inferni clausura et apertio caeli« (II 27).

Lit.: Petrus de Alva, Militia Immaculatae Conceptionis, Löwen 1663, Sp. 1410. — J. B. Haydt, Mariale Augustinianum, München 1707, 116 ff. — N. Mattioli, Il beato S. F. d. C. e i suoi scritti editi ed inediti, Rom 1898. — D. A. Perini, Bibliographia Augustiniana II, Florenz 1931, 59–66. — V. Fastella, La vita spirituale del B. Simone ..., 1937. — M. G. McNeil, S. F. and his »De gestis Domini Salvatoris«, 1950. — G. Ciolini, Scrittori spirituali agostiniani dei secoli XIV e XV in Italia, In: S. Augustinus vitae spiritualis magister II, 1959, 339–387, bes. 345–367. — M. Salsano, Fidati, S. d. C., In: BSS V, 1964, 674 f. — A. Zumkeller, Die Augustinerschule des MA, In: AAug 27 (1964) 167–262, bes. 214–216. — ZumkellerMss 358–366. 615 f. — B. Hackett, S. F. ... and the doctrine of St. Catherine of Siena, In: Augustiniana 16 (1966) 386–414. — A. Zumkeller, Erbsünde, Gnade, Rechtfertigung und Verdienst nach der Lehre der Erfurter Augustinertheologen des MA, 1984, bes. 477–482. 492–502 (Lit.). — G. Casciano, B. S. F., 1985. — P. Bellini, Blessed S. F. of C., 1988. — LThK² IX 766 f. — DSp XIV 873–876. *A. Zumkeller*

Simon Stock, Hl. des OCarm, stammte nach dem neuesten Stand der geschichtlichen Forschungen aus England, lebte im 13. Jh. und ist am 16. 5. (der Tradition entsprechend) 1265 in Bordeaux gestorben. Vor der Ankunft des OCarm in England soll er in einem Baumstamm (-stock) gelebt haben. Im Orden stand er wegen seiner großen Heiligkeit und MV in hohem Ansehen (Fest: 16. Mai). Unabhängig von den historischen Erkenntnissen verbinden sich mit S.s Namen in der Ordenstradition die Übersiedlung des Ordens in den Westen und die Ursprünge der Skapulierfrömmigkeit im Karmel. Wenn man bedenkt, daß diese zur typischen Mfrömmigkeit des Karmel geworden ist, tritt S.s Bedeutung um so mehr hervor. Demnach hat er sich als Ordensgeneral in Zeiten höchster Not mit dem Hymnus »Flos Carmeli« an M gewandt, worauf ihm diese erschienen sei und als Zeichen des Schutzes das →Skapulier übergeben habe, und zwar am 16. 7. 1251, verbunden mit den Worten: »Das sei Dir und den Deinen ein Privileg. Wer damit bekleidet stirbt, wird gerettet werden« (Geagea 307 f.), Verheißungen, die auch in anderen ma. Orden in ähnlicher Weise auftauchen. In der Ikonographie ist diese Version fast das einzige Motiv, das in Zusammenhang mit S. Verwendung findet, nämlich die Übergabe des Skapuliers an ihn und die Erlösung aus dem Fegfeuer.

Falls S. überhaupt General war, könnte das höchstens in den Jahren 1256–66 gewesen sein, womit die Historizität der Erscheinungen in Frage gestellt wird. Rein geschichtlich könnten in der Tradition anderer Orden bestehende Verheißungen mit dem im Ruf der Heiligkeit stehenden S. verbunden worden sein, um damit entsprechend der damaligen Mentalität auch aus der Sicht des Ordens einen Beitrag zum Heil der Menschen zu leisten.

Lit.: J. Smet und U. Dobhan, Die Karmeliten, 1981, 46 f. — N. Geagea, Maria. Madre e decoro del Carmelo. La pietà mariana dei Carmelitani durante i primi tre secoli della loro storia, 1988, bes. 615–645. — U. Dobhan, Marienverehrung im Karmel, 1990. — LThK² IX 771. — BSS XI 1188–92. *U. Dobhan*

Simonelli, Matteo, * ca. 1618 in Rom, †20. 9. 1696 ebd., ital. Komponist, Sänger und Organist, Schüler von G. Allegri und O. Benevoli. 1633 tritt S. als Chorknabe in die Cappella Giulia in Rom ein. Es folgen zahlreiche Auftritte als Oratoriensänger an S. Marcello. 1660–79 ist S. als Kapellmeister an S. Giovanni dei Fiorentini und gelegentlich als Organist an S. Lorenzo in Damaso und S. Luigi dei Francesi tätig. 1662 wird er als Sänger in die Cappella Sistina aufgenommen, wo er bis 1687 bleibt. Zu seinen Schülern gehören A. Corelli und G. M. Casini. Beigesetzt ist S. in der Grabstätte der päpstlichen Sänger in der Chiesa Nuova (S. Maria in Vallicella) in Rom.

Den überlieferten Werken nach zu urteilen, veröffentlichte S. relativ wenig, doch wird er seit dem 18. Jh. wegen der reinen Verkörperung von Palestrinas Stil noch 100 Jahre nach dessen Tod als Palestrina des 17. Jh.s betitelt. S. setzt hauptsächlich das a-cappella-Ideal der Cappella Sistina fort, doch zeigen seine Kompositionen bes. in der Melodieführung durchaus auch Elemente des neueren Stils. Erhalten sind ausschließlich geistliche Werke: 3 Messen (darunter eine 17-stimmige), 1 Miserere für 8 Stimmen, 36 Motetten sowie ein Stabat Mater für 5 Stimmen, 2 Violinen und Orgel.

Lit.: K. G. Fellerer, Der Palestrinastil und seine Bedeutung in der vokalen Volksmusik des 18. Jh.s, 1929, passim. — P. Kast, Biographische Notizen zu röm. Musikern des 17. Jh.s In: AnMus 1 (1963) 38 f. — Grove XVII 326–327. *P. Böhm*

Sinai-Ikonen, ein Komplex von Ikonen im → Katharinenkloster auf dem Sinai, der mit seinen ca. 3000 Stück zu den größten und geschlossensten Sammlungen ostkirchlicher Tafelbilder der Welt gehört. Das Kloster besitzt mit Ausnahme einiger röm. und koptischer Tafeln die ältesten erhaltenen Ikonen der Christenheit. Die Entdeckung in der Mitte des letzten und v. a. die teilweise Veröffentlichung des Materials Mitte unseres Jh.s stellte die Ikonenforschung auf eine völlig neue Basis, da große Lücken in der byz. Tafelmalerei durch diesen Hort geschlossen werden konnten.

Für das 6. bis 10. Jh. ist die Sammlung auf dem Sinai mit den wenigen genannten Ausnahmen einzigartig; das gleiche gilt für das 11. und 12. Jh. Auch das 13. Jh. bietet Einmaliges, obwohl ab diesem Jh. auch an anderen Stätten reichliches Material vorhanden ist, da sich hier eine Abteilung mit Kreuzfahrerikonen befindet. Für das 14. und 15. Jh. verlieren die S. ihre Einzigartigkeit gegenüber den in anderen Zentren aufbewahrten Zusammenstellungen. Postbyz. Ikonen (nach dem Fall von Konstantinopel 1453 bis in unser Jh. angefertigte Tafeln) gibt es umfangreichst auch im ostmittelmeerischen und osteuropäischen Raum, die qualitativ sehr unterschiedlich sind. Auf dem Sinai sind aber hochstehende Arbeiten des 15. bis 18. Jh.s kretischer Schule zu finden, die wichtige neue Informationen künstlerischer und ikonographischer Art für diese Phase byz. Ikonenmalerei beitragen. Diese Gruppe ist noch nicht wissenschaftlich erschlossen.

Eine mehr oder weniger zusammenhängende Geschichte byz. Ikonenmalerei zu schreiben ist nicht möglich, solange das Sinaimaterial nicht vollständig veröffentlicht worden ist.

Bei der ersten Gruppe der S. vom 6. bis 10. Jh. gibt es 22 Bilder mit 𝔐 als Bildgegenstand. Dreimal ist eine halbfigurige Madonna mit dem Kind, zweimal eine repräsentative Thrononarstellung mit und ohne Begleitung, eine halbfigurige fürbittende 𝔐, dreimal eine stehende 𝔐 zwischen Heiligen oder allein als Teil eines Triptychons und eine Verkündigungsmadonna erhalten. Außerdem finden sich neben zwei Kopfmedaillons auf der Petrus- (Weitzmann 1976, B 5) und Johannesikone (B 11) und einer ganzfigurigen GM in der Begegnung des auferstandenen Christus mit den Marien je zwei Geburts- und Himmelfahrtsszenen sowie fünf Kreuzigungen. Die Stilentwicklung der Ikonenmalerei in dieser frühen Zeit ist schwerlich rekonstruierbar. Zum einen erlaubt das beschränkte Material kaum einheitliche Entwicklungslinien, zum anderen kann für das Sinaikloster selbst kein eigener Malstil ausfindig gemacht werden, da fast alle Ikonen von außerhalb gestiftet worden sind. Erschwerend kommt hinzu, daß erst ab dem 11. Jh. Stilparallelen in der Miniatur- und Wandmalerei feststellbar sind. Insofern lassen sich nur sehr allgemeine Kriterien anführen, um den Bestand zu sortieren.

Die sehr frühen Bilder des 6. und 7. Jh.s sind fast durchgehend in enkaustischer Technik

Sinai-Ikone, Maria zwischen den hll. Theodor und Georg, 6. Jh.

(Heißwachsmalerei) gemalt. Ab dem 8. Jh. wird zunehmend die Temperatechnik verwendet, die schließlich vorherrschend wird. Die frühesten Beispiele dürften aus der Reichshauptstadt stammen, die nächstfolgenden bis ins frühe 10. Jh. aus dem palästinensischen Kunstraum mit Jerusalem als Zentrum, bei denen einige koptische Einflüsse aufweisen. Mehrere der letzten Beispiele vom Ende des 9. bis zum Ende des 10. Jh.s entstanden ebenso im palästinensischen Kulturraum, allerdings unter starkem Einfluß der tonangebenden Ateliers von Konstantinopel. Die letzte Kreuzigung wird sogar direkt wieder der Hauptstadt zugewiesen.

Einem hauptstädtischen Atelier entstammt auch die älteste erhaltene 𝔐ikone überhaupt, das enkaustische Bild einer Madonna mit dem Kind (B 2, 1. Hälfte 6. Jh., seit Mitte des 19. Jh.s in Kiew, von 1940 an im Stadtmus. für östliche und westliche Kunst), das in der Kreuzfahrerzeit seitlich am oberen Rand giebelförmig beschnitten wurde, um es einer gotischen Rahmung einzupassen. 𝔐 ist in einer komplizierten Körperdrehung durch die Schrägsetzung mit der rechten Schulter nach vorne gegeben, die über den kontrapostischen Ausgleich der annähernden Frontalsetzung des Gesichtes sowie dem bildplanen rechten Arm verschleiert wird. Die kräftigen Falten der purpurnen Stola vor der oberen Brust und dem rechten Unterarm, des ockergelben Chitons am Oberarm und des Maphorions auf dem Kopf verursachen neben der gewandlichen auch eine starke körperliche Plastizität, die ebenso bei den Gesichtern die nach wie vor lebendige Tradition hellenistischer Darstellungsprinzipien verrät. Breitflächig werden Hände und Gesichter in Licht- und Schattenseiten geteilt, deren Grenzen fließend sind. Das auf dem linken Unterarm M's sitzende Kind streckt seinen rechten entblößten Arm mit geöffneter Hand nach links in die Richtung, in die es auch selbst blickt.

Der sicheren Balance der Bewegungen in der Zweiergruppe entspricht der ruhig feste Blick der großen Augen, die im gleichfalls hauptstädtischen und nächstältesten Werk der thronenden Madonna zwischen den hll. Theodor und Georg (B 3, Enkaustik) wichtigste Träger des Ausdruckes sind. Diese Ikone wird gelegentlich das älteste M̃bild genannt, dürfte aber erst nach der Mitte des 6.Jh.s entstanden sein. M̃ sitzt auf einem Thron und hält den in ein goldenes Gewand gekleideten Christusknaben auf ihrem Schoß. Mit ihren großen Augen blickt sie wie der Knabe kontrapostisch zu ihrer Sitzhaltung nach rechts. Die säulenartig seitlich stehenden Kriegerheiligen fassen den Bildbetrachter starr ins Auge. Die in einer weiteren Bildebene vor der Hintergrundnische stehenden Engel blicken schräg zur Bildmitte nach oben. Unterschiedliche Raumschichten und dreierlei Darstellungsmodi (Gesichtsausdruck der Madonna als göttliche Entrücktheit, natürliche Gesichtsfärbung und Schattenwurf der Heiligen als irdische Komponente, Durchsichtigkeit der Engel als ätherische Körperlosigkeit) weisen diese Tafel eindeutig dem Reichszentrum Konstantinopel zu.

Ebenso aus der Hauptstadt stammt das drittälteste und enkaustische Bild einer fürbittenden GM (B 4, 6./7.Jh.) im Schema einer →Hagiosoritissa, allerdings in der Variante mit vor der Brust überkreuzten Händen, wobei die linke Hand im Mantel verhüllt eine Schriftrolle mit einem Versdialog hält. M̃ ist interzessorisch nach rechts gewendet und neigt im Dreiviertelprofil ihren Kopf. Das Gesicht ist länglicher und mit dunklerem Teint als im vorigen Bild, die rot aufgesetzten Lippen, Kinn- und Wangenpartien aber in gleicher Weise gestaltet.

Die enkaustische Christihimmelfahrtsikone (B 10, 6.Jh.) ist die erste, die aus dem palästinensischen Raum kommt. Die später restaurierte und teilweise neu gemalte Arbeit zeigte ursprünglich die GM in Linkswendung mit nach oben gehobenen Armen. Spuren neben der neuen M̃ machen diese Armhaltung sichtbar.

Die Verkündigungsikone (enkaustisch, B 19/20, 6./7.Jh.) ist zu stark beschädigt, als daß nähere Angaben gemacht werden könnten. Erkennbar ist nur eine im oberen linken Triptychonfeld stehende Frauengestalt vor einem Thron, die im Dreiviertelprofil nach rechts dem Engel auf dem anderen Flügel zugewandt ist.

Bei dem aus der Jerusalemer Gegend kommenden »Chairete« (Sei gegrüßt!) genannten Bild (enkaustisch, B 27, 7.Jh.) steht M̃ in der rechten Bildhälfte und wendet sich nach links ihrem auferstandenen Sohn zu, der sie segnet. In purpurnes Gewand gehüllt reckt sie ihre Arme Christus entgegen, dem eine andere Maria zu Füßen kniet. Das Gesicht M̃s ist fast frontal gezeigt, so daß die dem Sohn zugedrehten Augen deutlich hervorstechen.

Die letzte enkaustische M̃ikone (B 28, 7.Jh.), eine halbfigurige GM, die den thronenden Knaben beidhändig in einer roten Mandorlascheibe vor ihrer Brust hält, wird ebenfalls dem palästinensischen Kunstraum zugewiesen. In den breiten Konturstreifen und der linearer werdenden Binnenzeichnung kündigt sich eine Stilrichtung an, die einige der M̃ikonen des 8.–10.Jh.s charakterisiert und, wie bei der halbfigurigen → Hodegetria (B 40, 8./9.Jh.) in Temperatechnik, durch die stark reduzierte Farbmodellierung eine gewisse Nähe zur koptischen Kunst verrät. Zu dieser Gruppe gehört eine strikt frontal thronende Jungfrau mit dem Kind (B 48, 8.Jh.), bei der breite Farbstreifen eine modellierende Binnengliederung versuchen. Auch die zweite Himmelfahrtsikone (B 42, 9./10.Jh.), die wie alle folgenden Bilder in Tempera gemalt ist, kommt aus diesem Umkreis. M̃ steht hier inmitten der Apostel, die sie zumeist anblicken. In rötlicher Tunika und blaugrauem Umhang hebt sie beide Arme zur Orantenpose und blickt bei annähernd frontalem Gesicht scharf nach links. Die Gesichter wirken plakativ und werden durch breite Striche und wenige Farbstreifen gebildet. Die ornamentale Zeichnung aller Gestalten bestimmt den Gesamteindruck.

Gleiches läßt sich bei den beiden Geburtsszenen der frühen S. (B 41, 8./9.Jh.; B 45, 9./10.Jh.) beobachten. Im älteren Bild liegt M̃ schräg über der ganzen Bildfläche vor der steinernen Krippe auf einer Matratze und blickt die ankommenden Hirten an. Die Körperproportionen sind einigermaßen stimmig, doch die zerfasernde Zeichnung verunklärt alles. Das zweite Beispiel auf einem Triptychonfragment verlegt die Szene in die linke obere Ecke. M̃ ruht auf einer ähnlichen Unterlage in gesteilter Schräglage, wirkt aber durch ihre weniger steife Haltung nicht so puppenhaft wie im vorigen Bild. Das zeichnerische Element ist hier zurückgenommen, sodaß sich ein Ausgleich zwischen Farbauftrag und linearer Formbildung anbahnt, der das Ende der »koptischen Gruppe« markiert.

Die beiden repräsentativsten Ikonen der Frühzeit sind Darstellungen mit der stehenden Madonna zwischen zwei Heiligen (B 53, 1.Hälfte 10.Jh.: Hodegetria zwischen Johannes d.T. und St.Nikolaus; B 54, 1.Hälfte 10.Jh.: M̃ das Kind axial vor sich tragend zwischen den hll. Hermolaos und Panteleimon). Die erste ist wohl eine Stiftung aus dem syrisch-palästinensischen Raum, der zu der Zeit wieder stark unter dem Einfluß der neuen Strömungen Konstantinopels stand. Die weich übergehenden Farben und die auf das Notwendige reduzierte Binnenzeichnung geben das neue Interesse an klassisch-antiken Vorbildern wieder, die auch beim zweiten Bild unverkennbar Pate waren.

Das häufigst erhaltene Thema mit 𝔐 aus dieser frühen Zeit ist die Kreuzigung. Beim ersten Bild (B 32, 7./8. Jh.) in Tempera aus dem Jerusalemer Kreis, das auch die älteste Ikone dieser Art ist, ist nur 𝔐 ziemlich gut erkennbar. 𝔐 steht rechts unter dem Kreuz, legt ihre linke Hand im Trauergestus an die linke Wange und weist mit der Rechten auf das Kreuz. Die zeichnerisch aufgetragenen Falten, das großflächig einfach geschnittene Gesicht und der großäugige emotional konventionelle Ausdruck setzen diese Ikone mit an den Anfang der graphischen Gruppe unter koptischem Einfluß.

Eine knapp jüngere Kreuzigung (B 36, 8. Jh.) hat eine leicht veränderte 𝔐 unter dem Querbalken. Im vorigen Beispiel blickte sie schräg abwärts in Richtung auf Johannes gegenüber, hier richtet sie ihre Augen auf den toten Sohn nach oben. Der Gestus der rechten Hand ist derselbe, mit der Linken hält sie jedoch ihr Taschentuch hoch und weist mit dem Zeigefinger auf ihre Wange. Im Farbschema, den gestauchten Proportionen bei größerer Immobilität und dem zurückgenommenen Ausdruck in den Gesichtern steht dieses Bild in einer Tradition, die zu der Zeit auch in röm. Fresken spürbar ist und ihre Wurzeln in Palästina hat.

Die Kreuzigung des beginnenden 9. Jh.s (B 50) gibt die Haltung 𝔐s wieder anders. Die auf Christus hinweisende Rechte bleibt erhalten, nur reicht sie wie im ersten Beispiel (B 32) über den Umriß der Figur hinaus. Die linke Hand ist einwärts gebogen und berührt mit dem Rücken das Kinn. Der Blick geht quer zu Johannes hinüber. Im Ausdruck ist 𝔐 reserviert. Mit dieser Tafel beginnt sich in der palästinensischen Ikonenkunst wieder stärker das byz. Reichszentrum durchzusetzen.

Das Beispiel der 2. Hälfte des 9. Jh.s (B 51) belegt das. Alle narrativen Elemente sind abgelegt und die Figuren emotionalisiert. Die größere Plastizität und die expressivere Gewandgestaltung weisen eindeutig nach Konstantinopel. Die Haltung 𝔐s ist ungewöhnlich. Sie hält hier mit der linken Hand das Taschentuch in Bauchhöhe und berührt mit dem rechten Zeigefinger die Oberlippe. Das Gesicht erscheint durch weniger formbildende Striche sorgenvoller als bei allen vorherigen Kompositionen.

In der letzten Kreuzigung der frühen Ikonen vom Ende des 10. Jh.s (B 60) ist der konstantinopolitanische Einfluß derart dominant, daß die Entstehung in die Hauptstadt verlegt wird. Das relativ stark beschädigte Bild weist einzig 𝔐 außer kleineren unbedeutenden Fehlstellen intakt auf. Die Jungfrau rechts unter dem Kreuz stehend beugt ihren Kopf vor und kreuzt die Arme vor der Brust. Die rechte Hand reckt sie im verehrenden Gestus vor.

Aus dem 11. Jh. sind verhältnismäßig wenige Ikonen mit 𝔐 erhalten, die nach dem Veröffentlichungsstand ausschließlich szenische Darstellungen abbilden. Die Tafeln vollenden dabei eine Tendenz, die sich in der letzten Kreuzigung schon abgezeichnet hat. Die Figuren werden zierlicher und schlanker angelegt und betonen eine Art entmaterialisierter Wiedergabe der Körper. Auf einem Triptychonfragment (Weitzmann 1965, Nr. 17, Mitte 11. Jh.) thront die Madonna einer Verkündigung über zwei Nikolausszenen und neigt ihren Kopf geziert entgegen der Sitzrichtung der Knie nach rechts. Die Gewandzüge folgen den Körperteilen und unterstützen in der wieder graphischeren Formbildung die Schlankheit der Gestalt, die in der Deësis mit dem hl. Nikolaus (Sotiriou 1956/58, Nr. 48 = Sot. 48) und der Koimesis (Sot. 42) noch gesteigert wird.

Das 12. Jh. bringt auf dem Sinai wieder eine größere Zahl von 𝔐ikonen. Stilistisch erneuert das Jh. nach der Orientierung an asketischen Idealen zum Ende des 11. Jh.s die realistische Wiedergabe der menschlichen Gestalt. Dies geschieht jedoch nicht mehr durch die weitgehende Nachahmung antiker Vorbilder. Die Formen treten jetzt stärker stilisiert und hieratischer auf.

Bei den Beispielen der 1. Hälfte des 12. Jh.s (Weitzmann 1976, Abb. 26: 𝔐 mit dem Kind vor sich zwischen den hll. Theodosios Koinobiarchos und Theognios; Ders. 1978, Abb. 7: Deësis eines Ikonostasbalkens; Nr. 23: Deësis und thronende Madonna mit Engelsstaat eines jüngsten Gerichts) ist 𝔐 schlank aber von fester Körperlichkeit. Das Gesicht gibt eine bedrückte Stimmung wieder — technisch mit breiten Schattenbahnen um Kinn, Wangen und Augen realisiert. Die Bewegungen sind je nach Thema lebendig bis spielerisch (Sot. 55: Thronende Madonna mit Kind). Die Ikonen der Mitte des Jh.s streben eine stärkere Expression in der Aktion an (Sot. 76: Verkündigung auf der Tafel mit Transfiguration und Erweckung des Lazarus), wo der Engel in ausfahrenden Gesten an 𝔐 herandrängt, die in einer komplizierten Drehung von einem Hocker aus sich zurückwendet, um doch aus dem Bild herauszublicken und nicht auf den Engel.

In hieratischeren Bildthemen wird die Madonna stereotyp mit zurückhaltender Neigung des Kopfes gezeigt (Sot. 77: Kreuzigung einer Tafel mit Geburt und Einzug in Jerusalem; Sot. 78: Darbringung im Tempel mit Christi Höllen- und Himmelfahrt). Auf den Bildern sticht die Intensität der Farbgebung ins Auge, die den noblen und spirituellen Charakter der Figurenposen unterstreicht.

Die zweite Hälfte des Jh.s läßt die beiden Stilrichtungen des Jh.s separat zur Geltung kommen. Eine Deësis (Sot. 83) trägt 𝔐 den älteren Bildern vergleichbar vor, die in ihren reduzierten Bewegungen auch eine beherrschter agierende Frau (Sot. 82: Verkündigung) sein kann. Die Stilhaltung ist ähnlich der früheren, doch sind die Drehungen geschmeidiger. Die zweite Richtung der antinaturalistischen Ornamentalisierung zum Zwecke der expressiveren Schilderung kommt in einer anderen Verkündigungsikone (Weitzmann 1978, Nr. 27) voll zum Durchbruch. Die verfeinerte und ungewöhnliche Malweise, die 𝓜 schlank und grazil gibt, legt v. a. im Engel eine an der Bewegung und Figurenbildung ablesbare Spannung innerer Erregtheit frei. Manierierte Faltenführung und Torsion sind Mittel der psychologischen Schilderung. 𝓜 ist äußerlich ruhig, doch auch sie verrät innere Erregung und leichte Furcht in der Haltung und Figurenzeichnung.

Das 13. Jh. ist für die byz. Ikonenmalerei eines der revolutionärsten Kapitel ihrer Geschichte, das sich auch in den erhaltenen S. niederschlägt. Die unterschiedlichsten Stilströmungen und Schulen, die noch lange nicht alle erkannt sind, machen sich bemerkbar. Es gibt hauptstädtisch bestimmte Arbeiten, die die griech.-byz. Tradition fortsetzen, sodann von der Provinz (Zypern) geprägte und schließlich eine große Gruppe von Kreuzfahrerikonen, die sich selbst wieder je nach Herkunft der Maler (Venedig, Unteritalien, Frankreich) und Entstehungsort (Jerusalem, Akko u. a.) voneinander absetzen.

Die Ikonen der konstantinopolitanischen Richtung behalten die reiche Farbigkeit bei, die stufenreich schattiert und modelliert sind. Malerische und emotionale Bestrebungen verbinden sich mit Monumentalität und Distanziertheit wie in einer von zehn Ikonen mit der GM »vom brennenden Dornbusch« mit Jesaja (Weitzmann 1978, Nr. 30, Anfang 13. Jh.). Es ist ein Bild einer Serienproduktion, die den »locus sanctus« des Klosters anspricht und im Darstellungstyp 𝓜 zumeist ohne Veränderung wiederholt, wobei jedesmal andere verehrende Figuren beigegeben werden. 𝓜 steht hier ungeachtet der sie anbetenden Gestalt frontal zum Betrachter und hält das Christuskind in einer sitzenden und zugleich schwebenden Pose vor der Brust. Der Dornbusch selbst wird nicht mit angegeben.

Die um 1200 entstandene halbfigurige Hagiosoritissa (Weitzmann 1966, Nr. 31) läßt in der Art der Gesichtsbildung den seelischen Zustand der Vorausahnung des Leidens Christi spüren.

Die nach wie vor sichtbare Emotionalität unter der distanzierten Präsentation kann auch je nach Thema stärker hervortreten wie in der Mosaikikone mit der halbfigurigen Variante einer Hodegetria (Weitzmann 1978, Nr. 32, Anfang 13. Jh.). Der Knabe sitzt hier auf dem rechten Arm 𝓜s (→ Dexiokratousa), die mit wenig mehr als üblich geneigtem Haupt melancholisch über ihn hinwegblickt. Die Steinchen bes. der Gesichter sind derart klein, daß sie einzeln kaum mehr sichtbar sind und wie Pinselstriche wirken. Die hierdurch erzielten klar geschnittenen Formen und die feinen Farbübergänge erlauben einen hohen Grad der Vermenschlichung, der aber dennoch die Entrücktheit der göttlichen Personen nicht beeinträchtigt.

Eine der eigentümlichsten Gruppen von S. ist die längst noch nicht ausgeschöpfte Bestand der Kreuzfahrerzeit, der ein höchst kompliziertes Bild von Stilströmungen bietet. In der anfänglichen Zeit importierten die westlichen Künstler ihre Stilvorstellungen ins Hl. Land, um sich nach und nach, v. a. nach der Eroberung Konstantinopels 1204 durch die Venezianer, die byz. Vorbilder imitierend anzueignen. Es entstand so eine Kunstform mit eigenständigem Charakter, die als genuine Kreuzfahrerkunst anzusprechen ist.

Das 12. Jh. ist für diese Kunstrichtung noch nicht aufgearbeitet, so daß alleine das 13. Jh. überblickt werden kann und dies auch nur im eingeschränkten Blickwinkel bisher erfaßter Hauptrichtungen und erschließbarer Zentren.

In der ersten Hälfte des 13. Jh.s sitzen wohl die wichtigsten Skriptorien und Ikonenateliers in Jerusalem, in denen sich Künstler aus Italien und Frankreich sammeln. Nach dem Fall der Hauptstadt der Kreuzfahrer und Verlegung der Residenz 1244 nach Akko verlagert sich auch die hauptsächliche Produktion von Tafelbildern dorthin. Anfänglich sind ital. Künstler bestimmend, wie Kreuzigungen belegen (Weitzmann 1963, Nr. 1, Mitte 13. Jh.; Nr. 3, 2. Drittel 13. Jh.). Im konventionellen Schema steht 𝓜 rechts unter dem Querbalken, nur die Gesten der beiden Trauernden sind ungewöhnlich. Johannes legt seine rechte Hand an die Wange und biegt den kleinen Finger unter die Nase. 𝓜 führt die linke Hand unter das Kinn und tippt mit dem Daumen an den Mund. Die stark geneigten Köpfe und die expressiven Augenpunkte gehören zu den Charakteristiken der Kreuzfahrerkunst und lassen sich auf ital. Handschriften zurückführen.

Stilistische Zulagen wie die weichere Inkarnatbildung und fließenderer Farbübergang weisen auf venezianische Künstler hin (Kreuzigung, ebd. Nr. 5, 3. Viertel 13. Jh.; Kreuzigung, Weitzmann 1966, Nr. 22, 1256–60; u. a.). Abendländische Motive wie der ungehemmte Ausdruck von Schmerz (Koimesis, Weitzmann 1978, Nr. 40, 2. Hälfte 13. Jh.) oder Themen, die in Byzanz gänzlich unüblich sind (Krönung 𝓜s, Weitzmann 1966, Nr. 16, um 1280) kennzeichnen viele S. als Kreuzfahrerarbeiten. Das letztgenannte Bild demonstriert auch die Präsenz franz. Künstler, die eine starke und stilprägende Gruppe nach 1244 in Akko darstellten.

Zu den wichtigsten 𝓜ikonen der Kreuzfahrerzeit gehören thronende 𝓜n und klassische 𝓜typen byz. Provenienz. Das Thronbeispiel von etwa 1280 (ebd. Nr. 41) aus der Hand eines apulischen Künstlers ist das Mittelstück eines Triptychons mit der Krönung (s. o.) auf dem linken Flügel. Die untersetzten Proportionen und fleischig großen Gesichter sowie perspektivische Unstimmigkeiten des Thrones setzen das Bild genauso wie die abgewandelten Blickrichtungen vom etwa gleichzeitigen Thronbild aus Konstantinopel (Weitzmann 1963, Nr. 6) ab.

Eine halbfigurige Dexiokratousa (ebd. Nr. 22, 2. Hälfte 13. Jh.) erläutert die Umsetzung der byz. Vorgabe der Mosaikikone von oben und andererseits die fundamentale Andersartigkeit. Der Gesichtsausdruck und die Beziehung der beiden Figuren sind intimer und ausdrucksstärker. Mutter und Kind blicken sich direkt an und die Haltung der Hände läßt eher auf eine Unterhaltung als auf zeremonielle Gesten schließen.

Die Dexiokratousa ist auch der am meisten reproduzierte Typus bei den Kreuzfahrern (Weitzmann 1966, Nr. 34, um 1280; Nr. 61; Nr. 66; u. a.), ansonsten finden sich noch ⓜn im Typ der Hagiosoritissa (ebd. Nr. 58), Hodegetria (ebd., Nr. 67; Weitzmann 1963, Nr. 17) und der GM vom brennenden Dornbusch. Das Bild eines venezianischen Künstlers (Weitzmann 1966, Nr. 32) folgt dem byz. Vorbild zwischen zwei Heiligen, das normalerweise keinen Dornbusch und keine Sonderinschrift aufweist, die griech. (*MP ΘΥ Η ΤΗC ΒΑΤΟΥ*) nur auf einer Ikone (Sot. 155) bekannt ist. Exzeptionell ist eine halbfigurige Madonna dieses Typs, die sich auf dem oberen Rahmen der Dexiokratousa (Weitzmann 1966, Nr. 34) eines venezianischen Künstlers von etwa 1280 befindet (ebd. Nr. 35). ⓜ ist hier als Orantin mit erhobenen Händen vor ihrer Brust und nicht das Kind haltend geschildert. Außerdem wurde hinter ihr ein flammender Busch gemalt, der auf dieser Ikone erstmals auftritt.

Nach dem Ende des Kreuzfahrerstaates entstehen Ikonen dieserart im Rückzugsgebiet auf Zypern. Das Material im Kloster ist noch nicht zugänglich.

Die S. der letzten byz. Epoche vor dem Fall der Hauptstadt geben eine Entwicklung in zwei sich abwechselnden Schüben wieder. Die Bilder der 1. Hälfte des 14. Jh.s (z. B. Sot. 205: Kreuzigung mit Passionsszenen auf dem Rahmen) versuchen eine neue Körperlichkeit und gefestigte Kompositionen, die Träger der emotionsgeladenen Begegnung sein können. Die schlanke und zierliche ⓜ reckt sich extrem dem toten Sohn nach oben entgegen und weist mit zurückgeworfenem Kopf auf ihn. Die Falten und Gewandbewegungen wirken gekünstelt und auf dekorativen Effekt hin angelegt, doch halten sie noch das Gleichgewicht zur plastischen Durchbildung. Auch bei anderen Szenen aus dem Leben ⓜs (Sot. 208 ff.) treten wieder naturalistischere Proportionen auf, die dieser Zeit die Kennzeichnung »paläologische Renaissance« eingebracht haben. In der 2. Hälfte des 14. Jh.s werden dann die expressiven Elemente auf der neuen Basis wieder betont, so daß eine überschlanke Grazilität in die Figuren kommt, die alle Proportionen überdehnt (Sot. 218/219: Deësis, um 1370/80). Die Madonnenbilder verraten eine eigenartige Spannung zwischen angestrengter Ruhe und nervöser Haltung (Sot. 222: Thronende Madonna mit Kind), in der der schwermütige Gesichtsausdruck (Sot. 226 und 234: Hodegetria; Sot. 227: Madonna mit Kind; Sot. 235: →Pelagonitissa) und die aus der Ordnung gekommenen Größenverhältnisse (Sot. 232: →Platytera) auffallen.

Lit.: G. A. Sotiriou, Icônes byzantines du Monastère du Sinaï, In: Byz. 14 (1939) 325–327. — E. Kitzinger, On Some Icons of the Seventh Century, In: Late Classical and Medieval Studies in Honor of A. M. Friend 1955, 132 ff. — G. und M. Sotiriou, Icônes de Mont Sinaï, 2 Bde., 1956/58. — W. Felicetti-Liebenfels, Geschichte der byz. Ikonenmalerei, 1958. — K. Weitzmann, Thirteenth Century Crusader Icons on Mount Sinai, In: ArtBull 45 (1963) 179–203. — Ders. u. a., Frühe Ikonen: Sinai, Griechenland, Bulgarien, Jugoslawien, 1965. — Ders., Icon Painting in the Crusader Kingdom, In: DOP 20 (1966) 49–84. — V. Lazarev, Storia della pittura bizantina, 1976. — D. und T. Talbot Rice, Icons and their Dating, 1974. — K. Weitzmann, The Monastery of Saint Catherine at Mount Sinai, The Icons I: From the Sixth to the Tenth Century, 1976. — Ders., Die Ikone: 6. bis 14. Jh., 1978. — K. Wessel und H. Brenske, Ikonen, 1980. — H. Belting, Bild und Kult, 1990. *N. Schmuck*

Sinclair, Margaret, Klarissin (Maria Franziska von den Fünf Wunden), *23. 3. 1900 in Edinburgh/Schottland, †24. 11. 1925 in Warley/Essex, wurde mit der hl. Therese v. Lisieux verglichen, deren Vorbild sie im Leben der geistlichen Kindschaft folgte. Von den 25 Jahren ihres Lebens verbrachte sie nur die beiden letzten als Klarissin, doch auch ihr ganzes Leben zuvor trug das Siegel einer außerordentlichen Heiligkeit, verbunden mit einer tiefen marian. Frömmigkeit. Sie war gleichsam wie eine Blume, die unter dem Schutz des Altars der GM aufwuchs, den sie selbst als Kind errichtet hatte und die den Duft des Rosenkranzes verströmte, den sie in der Familie täglich zu beten lernte. Nach Abschluß der Schule arbeitete sie in einer Kunsttischlerei. In der schwierigen Welt der Arbeit war sie in Wort und Tat eine überzeugende Verkünderin christl. Lebens und marian. Frömmigkeit. Aus dieser Zeit gibt es Zeugnisse von Menschen, die mit ihr Umgang pflegten, wie sie »immer von der Jungfrau Maria sprach« und dabei die Arbeit der GM hervorhob. »Sie sprach über das arme Jesuskind und über Maria, die für das Kind arbeitete«, sagt ein Zeugnis (Positio super virtutibus, 18). Wichtigster Ausdruck ihrer MV war stets das Rosenkranzgebet. Sie betete ihn zuhause, in der Kirche und auf dem Weg zur Arbeit. »Wohin ich auch gehe, den Rosenkranz nehme ich immer mit«, vertraute sie einer Freundin an (ebd. 48). S. gehörte der Kongregation der Töchter ⓜs an. Einige der Gefährtinnen erinnerten sich später daran, das dem hl. →Bernhard zugeschriebene Gebet »Memorare« von ihr gelernt zu haben, und legten Zeugnis ab für den guten Einfluß, den S. auf die Freundinnen in der Kongregation hatte (ebd. 35). Eine von ihnen erinnerte sich, daß sie eines Tages von ihr eingeladen wurde, zu einer Kirche zu gehen: »Wir wollen uns heute nachmittag treffen und in die Kirche gehen. Es ist etwas Wunderschönes, mit der Jungfrau Maria in der Kirche zu sprechen« (ebd. 413). Die Zeugnisse aus dem Seligsprechungsprozeß belegen, »daß sie die 15 Geheimnisse des Rosenkranzes meditierte« (ebd. 5. 45. 98).

Aus Gefälligkeit ihrer Mutter gegenüber trat sie zunächst in eine Ordensgemeinschaft ein, brach das Noviziat aber ab, sobald ihr klar wurde, daß ihre Berufung die einer »armen Klarissin« war. Ohne Zweifel war es das Vorbild der armen, arbeitenden M, das sie zum franziskanischen Armutsideal hinzog. Sie trat in den Konvent von Notting-Hill (London) ein und nahm den Namen Maria Franziska in Verehrung der GM und des hl. Franz v. Assisi an. Während ihres Noviziates schrieb sie: »So Gott will, werde ich in diesem Jahr die Gelübde des Gehorsams, der Armut und der Keuschheit ablegen. Ich möchte treu sein und meine Freude in den Beschwernissen der Armut suchen. Ich möchte bescheiden und klug sein. Ich möchte oft an die Jungfrau Maria denken und mir Mühe geben, ihr nachzufolgen. Wie wird es Maria freuen, wenn es mir gelingt, ihre Tugenden nachzuahmen!« (Lavertezzo 58).

S. gab sich ganz in die Hände Ms, als sie von einer schweren Krankheit befallen wurde. Eine Schwester, die sie im Krankenhaus von Warley pflegte, berichtete von einem Gespräch mit der Kranken: »Sr. Maria Franziska, haben Sie die Jungfrau Maria gesehen?« — »Ja, Schwester!« (ebd. 72). Ihrem Beichtvater vertraute sie an, daß Jesus mit ihr sprach. Auf die Frage, ob sonst noch jemand käme, um mit ihr zu sprechen, antwortete sie: »Ja, die Jungfrau Maria.« — »Und wie reden Sie sie an?« — »Mama. — Wenn Er sich verbirgt,« fügte sie hinzu, »kommt sie, um mich zu trösten« (ebd. 74). Sie starb mit der Anrufung auf den Lippen: »Jesus, Joseph und Maria, ich schenke euch mein Herz und meine Seele« (ebd. 75).

S. hat kaum Schriften hinterlassen. Es handelt sich dabei lediglich um einige Briefe und Postkarten, die sie an ihre Angehörigen und den Freundeskreis geschickt hat. Wie eine Untersuchung ergab, findet in ihnen ihr Vertrauen in die Güte Gottes sowie in den Schutz und die Fürsprache der GM ihren Niederschlag. S.s Ruf der Heiligkeit hat sich mittlerweile auf der ganzen Welt verbreitet. Sie gilt als christl. Beispiel für die Frau in der Arbeitswelt, ist zugleich aber auch für alle ein gültiges Vorbild für echte MV. Ihre heroischen Tugenden wurden 1978 anerkannt.

QQ: Positio super introductione causae, 1941. — Positio super virtutibus, 1965. — Relatio et vota peculari congressus super virtutibus die 27.2.1973 habiti, 1973.

Lit.: T.J. Agius, M.S., London o.J. — M.Favier, Marguerite S., l'admirable ouvriére d'Ecosse, 1929. — Aurelio da Lavertezzo, Margherita S., 1930. — The spirit of M.S., compiled by a Sister of Charity of St. Vincent de Paul, 1932. — E. Markowa, Marguerite S., ouvriére ébéniste, 1936. — E. Delpierre-Delattre, Marguerite S., 1958. — AAS 70 (1978) 516–520.

Bernardino de Armellada

Sippe, Hl. Sippe. Darstellungen der Hl. S. mit Höhepunkt zu Anfang des 16. bis Ende des 17. Jh.s basieren bes. auf der sog. Trinubiumslegende, wonach die hl. Anna dreimal verheiratet war: mit Joachim, Kleophas und Salomas. Demnach ist auch die Bezeichnung »Familie der hl. Anna« üblich. Der ersten Ehe entstammte M, der zweiten Maria Kleophas als Gattin des Alphäus mit den Kindern Jakobus d.J., Barnabas (oder Justus), Simon Zelotes und Judas Thaddäus, der dritten die Frau des Zebedäus, Maria Salome, mit den beiden Kindern Johannes Evangelist und Jakobus dem Älteren. Zur Hl. S. gehören ferner Annas Eltern Ysachar und Susanna oder Stolanus und Emerentia. Deren zweite Tochter neben Anna ist Esmeria, die mit Ephraim vermählt war. Sie haben zwei Kinder namens Elisabeth und Eliud. Elisabeth ist mit Zacharias vermählt und gebiert Johannes den Täufer, Eliud vermählt sich mit Emerentia, die ihm Enim schenkt. Aus Enims Ehe mit Memelia soll der hl. Bischof Servatius von Maastricht stammen. Die Trinubiumslegende geht im wesentlichen auf die Vison der hl. Coletta Boilet (1380–1447) von 1406 zurück und basiert auf biblischen Quellen: Mk 3,18 und 15,40; Mt 27,56; Joh 19,25 (geänderte Namen); Lk 6,15 und Apg 1,13. Im Zusammenhang mit den → Brüdern und Schwestern Jesu sind zu nennen: Mt 12,46f. und 13,55; Mk 3,31f.; Joh 2,12; 7,3.5 und Gal 1,19. Auch Hieronymus beschäftigt sich mit der biblischen Genealogie (vgl. PL 22,988; 23,195–197. 265f. 609; 24,180; 26,354f.; 28,87f.).

Besondere Verbreitung fand die Trinubiumslegende auf der Grundlage der Annenlegende seit dem 12. Jh. (6. bzw. 8. Jh.) durch die Legenda Aurea zum Fest der Geburt der sel. Jungfrau M und im 19. Jh. noch einmal durch die Visionen der Anna Katharina → Emmerich ab 1821. Gegenteilige Stimmen gibt es bereits im 15./16. Jh. (vgl. ActaSS VI 237–242, z.B.: Johannes Eck, Homiliae III, Cöln 1538, 615; Johannes Gerson, Opera III, Antwerpen 1706, 1348; J. Molanus, De historia ss. imaginum, Löwen 1570, lib. III, Cap. XXVIII; J. Interián de Ayala, Pictor christianus eruditus, Madrid 1730, lib. IV, cap. II, Nr. 4) und halten sich mit erbitterten Kontroversen bis zum Konzil von Trient.

Als früheste bildliche Darstellung gilt die Illustration eines Stammbaumes in »La Généalogie de ND en roumans« von → Gautier de Coincy (Paris, Bibl. de l'Arsénal, Ms. 3517, fol. 7 und Prag, Nat. Mus., Abteilung Schloßbibliotheken, um 1300) mit dem Mittelpunkt einer hl. Anna Selbdritt. Solche Sippendarstellungen bleiben auf die Zeit vom Ende des 14. Jh.s bis zum Anfang des 17. Jh.s beschränkt; Pigler erwähnt bereits in seinen »Barockthemen« dieses Sujet nicht mehr, obwohl noch vorkommend: z. B. Tafelbild von Adriaen Thomasz de Key (?), Antwerpen, Sammlung Samuel Hartveld (um 1596). Träger dieser Thematik sind bes. Annenbruderschaften, meist auf eine erweiterte Hl. Familie bezogen, wie bei Francesco Solimena (1716/17) in der Neuklosterkirche zu Wiener Neustadt. Wenn 1731/32 Martino Altomonte im Stift Zwettl (H. Aurenhammer, M. Altomonte, 1965, Abb. 48, Kat. Nr. 180), Martin Johann Schmidt 1752 im Altarbild der Filialkirche Rastbach bei Morizreith (R. Feuchtmüller, Der Kremser Schmidt 1718–1801, 1989, 365 Nr. 54) und Franz Anton Maulpertsch (Wien, Österr. Galerie, 1752/53) die hl. S. schildern, betonen sie mehr die Trinitas terrestris als die Genealogie, indem sie König David, Gottvater und die Geisttaube mit darstellen, also mehr in Nähe zur Hl. Familie stehen. Verbreitungsgebiete von Sippenbildern sind bes. das nördliche Deutschland, Schlesien, Sachsen und Thüringen vor Schwaben, Böhmen und Mähren, auch Spanien (F. Pacheco, 1646) und Portugal. Die Katharinenkirche zu Lübeck besaß allein sieben Sippenaltäre auf dem Oberchor, z. B. von der Georgsbruderschaft (um 1510/15). Als Dreiergruppe behandelt das Altarretabel (um 1510) von Peter Breuer im Mittelschrein der Dorfkirche zu Härtensdorf/Sachsen die Hl. S., wenn Anna Selbdritt im Schrein von den Reliefs der Maria Kleophas und Maria Salome mit ihren Kindern flankiert wird; diese Darstellung wird erweitert durch die Ehemänner (fragmentiert) in der Predellengruppe (um 1522) im Altar der Kirche zu Glösa/Sachsen aus der Werkstatt des Hans Wittens. Von Witten selbst stammt das Predellenrelief mit den vier Ehemännern im Hochaltar der ⓂKirche von Borna/Sachsen (1512), um 1500 datiert das Sippenrelief von Saalfeld, heutige Kirchgemeinde Heilsberg bei Rudolstadt; auffällig sind die lebhaften Kinder, ebenso in der Predella des Josephsaltars (1521) im Nikolaus-Dom zu Feldkirch/Vorarlberg. Auch die gemalte Predella aus einer Villacher Werkstatt mit Anna Selbdritt, ihren drei Ehemännern und dem hl. Joseph für Ⓜ (Berlin, Staatl. Mus., um 1514/15) weist das Sippenthema — neben Gruppen der 14 Nothelfer und Apostel um den Salvator — als beliebtes Thema der Predellenzone nach 1500 aus; ähnlich gestaltet ist der Hauptaltar der Filialkirche St. Katharina zu Bad Kleinkirchheim (ca. 1519), der Altar von Maria Gail (Kärnten) mit den Predellenflügeln einer Veiter Schnitzwerkstatt des beginnenden 16. Jh.s und die Predellenrückseite des Heiligenbluter Hochaltars mit einer 12-figurigen S. vom Pacherschüler Wolfgang Aßlinger (1520).

Die Identifizierung einzelner Personen wird mehrfach ermöglicht durch Inschriftennimbem der Familienmitglieder, durch exakte Attribuierung der Kinder, durch Spruchbänder und spezifische Kleidung, die am Saum mit Inschriften bestickt sein kann. Die Bewältigung der Gruppenbildung erfolgt durch triptychonähnliche Aufgliederung, durch Trennung von Müttern mit den Kindern von den Männern, die oftmals hinter Balustraden im Hintergrund stehen und durch lebhaften Disput der Familiengruppen miteinander auffallen, so etwa in Neustift bei Brixen auf der Tafel des Meisters v. Uttenheim. Inschriftennimben tragen die Sippenmitglieder des ehemaligen Altares der Petersbergkapelle in Friesach von 1525 mit trinitarischem Hinweis oder Martin Schaffners Hutz-Altar (1521) des Ulmer Münsters; Aufschriften am Kleidersaum oder auf der Schulter zeigt die Tafel in der Wiesenkirche zu Soest (1473) im Mittelteil des Sippenaltars eines westfälischen Meisters. Spruchbänder identifizieren die Personen auf der Innenseite des linken Flügels am Kreuzigungsaltar (1506). Hans Raphons (1499–1512 nachgewiesen; Hannover, Landesmus.) und den Tafelbildern der Flügelinnenseiten am Altar im thüringischen Pferdingsleben (um 1520).

Die Kerngruppe bildet immer eine Hl. Familie mit den drei Ehemännern Annas. Diese begrenzte Auswahl ist v. a. in Italien belegt, etwa bei Peruginos Altarblatt (Marseille, Mus., um 1500/02) und in S. Paolo zu Verona von G. dai Libri. Seltener sind figurenreiche Gruppen mit dominanten Annendarstellungen wie das Polyptychon (Casale Monferrato, S. Antonio, um 1500) von G. da Roretos mit 17 Personen oder eine Hl. S. aus dem Umkreis G. Ferraris (Grignasco in Piemont, Pfarrkirche, Ende 15. Jh.). Den reduzierten Typus bis 8 Personen zeigt eine Tafel des H. de Clerck (Brüssel, Kapellenkerk, 1611) und ein Ulmer Holzrelief (Berlin, Staatl. Mus., Anfang 16. Jh.), ferner die sog. Kleine Hl. S. des Anton Woensam (Köln, Sammlung Lehmann, um 1531/32) sowie seine Sippenaltäre in Köln (Wallraf-Richartz-Mus., 1531), Worms (Mus. Heylshof, 1538/39), im Annenaltar des Freiburger Münsters und im bemalten Flügel (ca. 1530) des Retabelo der Stadtkirche St. Marien zu Freyburg/Unstrut. In der Graphik kommt dieser Typus vor als Holzschnitt Hans Burgkmairs d. Ä. (München, Graphische Sammlung, Nr. 1912, 1512), als Holzschnitt Hans Baldung Griens (Hl. S. mit Hasen, um 1510/11) und als Scheibenriß (Karlsruhe, Kunsthalle, um 1509) mit trinitarischer Auffassung. Diese Komponente mit Hinweis auf Gottes Ewigen Ratschluß kommt auch in einem Tafelbild des Meisters C.W. (= Claus Wolf?, Stuttgart, Staatsgalerie, 1516) zum Tragen. Die Stammbaumversion mit dem schlafenden Jesse in der Predella tradiert z. B. der Anna-Selbdritt-Altar von Sabinov/Kisszeben (Budapest, Ungar. Nat. Galerie, 1510/12) und die Mitteltafel eines niedersächsischen Sippenaltars (Hannover, Niedersächsisches Landesmus., ca. 1500/10).

Die erweiterte Stufe stellt die Hereinnahme der drei Annentöchter mit deren sieben Kindern dar; das Weglassen der zugehörigen Gatten basiert unmittelbar auf Colettas Vision, etwa in der Mitteltafel des Ortenberger Altars (Darmstadt, Hessisches Landesmus., 1410–40), lediglich oben rechts erscheint Bischof Servatius. In die Mitte des 15. Jh.s gehören vier Holzfiguren in der Kapelle von Montrieu à Ferneu; das Fehlen aller Ehegatten könnte durchaus als Hinweis auf Ⓜs Jungfräulichkeit gewertet werden. Weitere Beispiele sind eine Leinenstickerei als Kaselstab (Osnabrück, Diözesanmus., um 1500/20) und die Tafel eines oberungarischen Meisters aus Dubravica (Budapest, Szépművészeti Múzeum, um 1510/20); ein seltener Beleg für Italien ist die Tafel aus dem Umkreis Mantegnas (Boston, Sammlung Gardner) und für Frankreich die Miniatur des Jean Fouquet (Chantilly, Musée Condé).

Auffällig ist die Umdeutung der Hl. S. vom Heiligenbild zum Familienbild in einem Holz-

Älterer Meister der Hl. Sippe, Hl. Sippe, Köln, Wallraf-Richartz-Museum

schnitt Lucas Cranachs d. Ä. (1509/10): Darin erteilt u.a. Alphäus mit der Rute seinen Kindern Leseunterricht, weil offensichtlich auch Schulunterricht und Bildung für das Seelenheil notwendig sind. So konnte dieses Sippenbild ab 1518 von → Melanchthon als Mahnbild für das prot. Familien- und Bildungsideal aufgefaßt und umgedeutet werden. Eine solch spezifische Renaissancekomposition bevorzugt eine ellipsen- oder kreisförmige Anordnung der Familienmitglieder, in der die sitzenden Frauen mit ihren Kindern innen, die Männer außen gruppiert sind, im Gegensatz zum früher bevorzugten Schema mit der Anordnung der Männer hinter den sitzenden Gattinnen.

Die Familienidylle wird in der gruppenreichsten Form der Hl. S. am deutlichsten, wenn die Ausweitung auf Annas Eltern und Geschwister mit deren Nachkommen erfolgt, und das Gruppenbild bis zu 28 Personen umfassen kann, Stifter und Votanten nicht mitgezählt. Eine detaillierte Beschriftung hilft meist, die Personenfülle zu identifzieren, wobei einzelne Namen durchaus variieren können und so lokalgeschichtliches Kolorit oder Namensverwechslung verraten, wie etwa bei Derick Baegert († um 1515) am linken Flügel des Altares der ehemaligen Dominikanerkirche St. Johann Baptist (Dortmund, heutige Propsteikirche, um 1475/80). Baegert verwechselt Emerentia mit Esmeria, zudem fehlen Elisabeths und Annas Eltern. Die Zusammengehörigkeit der einzelnen Familien oder Paare kann mittels Gestik wie Zeigen oder Schulterfassung angedeutet werden, etwa am 25-figurigen Triptychon des sog. älteren Meisters der Hl. Sippe (Köln, Wallraf-Richartz-Mus., um 1420) und auf den Außenseiten des inneren Flügelpaares am Altar der Kirche im thüringischen Molschleben (1518) vom Meister der Crispinuslegende. Vom sog. jüngeren Meister der hl. Sippe stammt ein weiterer Sippenaltar (Köln, Wallraf-Richartz-Mus., um 1508–18), der um die Mitteltafel hll. Jungfrauen wie Barbara und die Vermählung Katharinas gleich einer → Sacra Conversazione kombiniert und im Hintergrund als Nebenszene die Darstellung Jesu im Tempel und die Entschlafung Me zeigt. Die Sippentafeln von Marten de Vos (Valenciennes, Palais des Beaux-Arts, um 1593), das Epitaphgemälde von H. Traut mit Inschriftennimben für J. Löffelholz († 1504; Nürnberg, St. Lorenz), eine Darstellung Sebastian Schels (Innsbruck, Ferdinandeum), Derick Baegerts (Antwerpen, Koninklijk Mus. voor Schone Kunsten, ehemals in St. Nikolai zu Kalkar, um 1490) und der Meister von Kirchheim (München, Bayer. Staatsgemäldesammlung, um 1500) belegen den gesprächigsten Typus der Sippen-Ikonographie, teils in lebhaftem Disput der verschiedentlich agierenden Familienmitglieder, wobei wirkungsvoll bewegte Spruchbänder die Lautheit der Idylle noch unterstreichen.

Die Trennung der Männer- von der Frauengruppe mit den Kindern vor der Balustrade scheint sich am Usus einer sog. Männer- und Frauenseite im Laienschiff der Kirchen zu orientieren. Beispiele dieser Geschlechtertrennung sind die Tafel von Wolf Traut (München, Nat. Mus., um 1515), die Tafel von Quentin Massys (Brüssel, Mus. Royaux, ehedem St. Peter zu Löwen, 1509), das Glasfenster der Alexanderkapelle des Freiburger Münsters (1515; nach einer Zeichnung H. Baldungs) oder ein Holzschnitt des Museums zu Gotha (um 1500). Eine zusätzliche Gliederungsmöglichkeit stellt die Aufteilung einzelner Familiengruppen in Einzelfelder wie Altarflügel, Predellen oder Schreinkompartimente dar, so beim Meister von Kirchheim oder bei Bernhard Strigel (10 Tafeln vom Altar der St. Annenkapelle in Mindelheim, heute Nürnberg, Germ. Nat. Mus., um 1505) und vom selben Meister die Flügelreste eines Sippenaltars mit plastischer Schreingruppe (New York, Sammlung Wildenstein & Co., um 1520). Derick Baegerts Nachfolger auf den Tafeln in St. Viktor zu Xanten (1520/30) verteilt die Personengruppen auf separate Tafeln, die Niederländer dagegen distanzieren die einzelnen Gruppen wie z. B. das Triptychon von H. de Clerck (Brüssel, Mus. Royaux, 1590).

Das genrehafte Element der Großfamilie bestimmt v. a. das Spielzeug der einzelnen Kinder und Kindergruppen; die Utensilien sind oftmals von realienkundlicher Relevanz, etwa das Spiel mit dem Steckenpferd in der Miniatur von A. Glockendon († 1545) im Gebetbuch für Herzog Wilhelm IV. von Bayern (Wien, Österr. Nat. Bibl., Cod. 1880, fol. 184^v, 1535) oder am rechten Innenflügel der zweiten Wandlung des ᛗaltars der ev. ᛗkirche in Zwickau von Michael Wolgemut und dessen Werkstatt (1479). Auch fällt der spielerische Umgang mit Früchten auf, z. B. mit Sauerkirschen bei Lucas Cranach d. Ä. am Torgauer Fürstenaltar (Frankfurt, Städel, 1509) und mit Trauben am Tafelbildrest des ehemaligen Altares der Petersbergkapelle in Friesach (1525). Fallweise kann bei diversen Utensilien auch attributiver Charakter zu Grunde liegen, denn nicht selten haben verschiedene Gegenstände die diminuierte Gestalt der Martyrerattribute wie Stabkreuz, Kelch, Muschel, Buch und bei Servatius des obligaten Schlüssels. Solche Attribute verweisen über das Martyrium auf die spätere Apostel- und Heiligenrolle der Familienmitglieder, wie z. B. auf dem Tafelbild der Sammlung Max Freiherr v. Fürstenberg (Angermund bei Duisburg, Anfang 16. Jh.), in der Mitteltafel am Obervellacher Altar des Jan van Scorel (um 1520), bei Geertgen tot Sint Jans im Kircheninterieur auf der Sippentafel (Amsterdam, Rijksmuseum) oder (mit der in der Nürnberger Tafelmalerei beliebten Trinitätsvariante) in der Mitteltafel des sog. Artelshofener Altares des Cunz Horn vom Maler Wolf Traut (München, Bayer. Nat. Mus., 1514). Neben den genannten können zusätzlich auch andere Früchte sowie Blüten eine Rolle spielen und typologisch auf das Paradies und ᛗ als neuer Eva hinweisen, wie etwa die Obsternte auf einer niederländischen Holztafel (Zürich, Privatsammlung Emil Bührle, um 1500), die damit auf ᛗs einzigartige Fruchtbarkeit und UE verweist.

Solche Details leiten über zu Sonderformen der Sippentafeln, etwa in der Ausgestaltung der Gruppen mit porträthaften Zügen, so im Gemälde von L. Cranach d. Ä. (Wien, Akademie, 1510/20) am Torgauer Altar mit Kaiser Maximilian I. und dessen Rat Sixt Oelhafen und bei Bernhard Strigel (Wien, Kunsthist. Mus., 1515, mit Identifizierung der Hl. S. durch Porträts der Familie Kaiser Maximilians I.), der auch das Sippenbild des kaiserlichen Hofhistoriographen Johann Cuspinian (1520) schuf. Aus der Schloßkapelle von Annenberg/Vintschgau stammt das Gemälde Sebastian Schells (Innsbruck, Ferdinandeum), das vermutlich die Familie der Herren von Annenberg porträtiert. Kleophas trägt eindeutig Kaiser Maximilians Gesichtszüge; mit diesem Werk hängt auch Jan van Scorels Sippenaltar in der Burgkapelle zu Falkenstein zusammen. Überhaupt erscheint das Sippenthema bevorzugt in Schloß- und Burgkapellen, im Konnex mit Annen- und Begräbnisbruderschaften sowie Bergwerkspatronaten, häufig in Patronats- und Filialkirchen, seltener oder in Weiterverwendung erst in Pfarrkirchen. In gebräuchlichen Sonderformen erfolgt des öfteren die Einbeziehung von Annas Ahnen in Gestalt des Stammbaumes bis zur → Wurzel Jesse: im Flügelschnitzaltar von Daniel Mauch in der Kapelle zu Bieselbach (Pfarrei Horgau, um 1510), im Schnitzaltar der Heiligkreuzkirche in Gmünd (um 1520), im Altarretabel der Erlöserkirche in Brügge, auf der Gerard David zugeschriebenen Tafel (Lyon, Mus.) und in der Annenkirche zu St. Annaberg (Sachsen) als Altarrelief in Solnhofer Stein von Adolf Daucher (1522). Als Beleg der Glasmalerei vom Anfang des 16. Jh.s ist ein Glasfenster in St. Vincent zu Rouen erwähnenswert. Einen eigenen Weg mit dem Darstellungstypus einer anbetenden ᛗ nach Art einer Christi-Geburt-Szene geht das Mittelstück einer Hl. S. im Kreuzkirchenaltar des Meisters des Sassenberger Altares (Hannover, Landesmus., ca. 1510/15). Die ersten Schritte Jesu stehen im Mittelpunkt der Sippendarstellung des Schnitzaltärchens aus Baierberg bei Friesach (Klagenfurt, Diözeseanmus., um 1520/25), wobei die Flügelreliefs die Legende von Joachim und Anna hereinnehmen, die gleicherweise auf der reduzierten achtköpfigen S. am Altar (1511–13) des rechten Seitenchores in Bad Leonhard/Lavanttal vorkommt. Strenger und beziehungsloser als das Baierberger Relief ist das stilistisch verwandte Schreinrelief aus der ehemaligen Sammlung Marchand-Amateurs Colli (Innsbruck, Ferdinandeum, um 1520).

Lit.: A. Schultz, Die Legende vom Leben der Jungfrau Maria, Leipzig 1878, 38–43. — BeisselMA 582 ff. — A. Masseron, Ste-Anne, 1926. — Künstle I 331 ff. — R. Ligtenberg, De Genealogie van Christus, In: Oudheidkundig Jaarboek 9 (1929) 3–54. — B. Kleinschmidt, Die hl. Anna, 1930, 263–282. — M. Lejeune, De Legendarische Stamboom van Sint Servaas, In: Publ. de la Societ. hist. et arch. du Limburg 77 (1941) 283–332. — Mâle III 216–221. — J. G. Huyser, De Voorouders van Christus, 1951, 7–28. — J. Bobrowska, Tryptyk ze scena Sw. Rodziny w zbiorach Domu Matejki, Rozprawy i sprawozdania Muzeum Narodowego w Krakowie 2 (1952) 42–68. — Réau II/2, 141–146 (Lit.). — AurenhammerLex 139–149 (Lit.). — R. Mitgau, Die Hl. S. in Legende und Darstellung, In: Genealogie 12 (1963/66) 546–551. — H. Sachs, E. Badstüber und H. Neumann, Christl. Ikonographie in Stichworten, 1975, 164 f. — E. Grabner, Die Trinubiumslegende, ein apokryphes Bildmotiv auf einem steirischen Holzrelief und seine graphische Vorlage, In: Volkskundliches aus dem steirischen Ennsbereich, FS für K. Heiding, 1981, 291–300. — W. Esser, Die Hl. S., Studien zu einem späta. Bildthema in Deutschland und den Niederlanden, 1986. — O. Demus, Die spätgotischen Altäre Kärntens, In: Aus Forschung und Kunst 25 (1991) 600–616 (Lit.). — W. Rinke, Der Altar in der Propsteikirche zu Dortmund, 1992. — O. Opitz u. a. (Hrsg.), Maria in der Welt, Marienverehrung im Kontext der Sozialgeschichte 10.–18. Jh., In: Clio Lucernensis 2 (1993) 153–174. — Schiller IV/2 159. — LCI IV 163–168 (Lit.). *G. M. Lechner*

Sirach ist die heute allgemein gebrauchte Bezeichnung für das deuterokanonische Buch, das in der Septuaginta »Weisheit Jesu, des Sohnes Sirachs«, in der Vulgata »Ecclesiasticus« (Eccli, im Unterschied zu Eccl = Koh) genannt wird. Die Rabbinen nennen es »Buch des Ben Sira«. Nach Sir 50,27 und 51,30 war der Verfasser des Buchs Jesus, der Enkel des Sirach (vgl. auch den griech. Prolog Vers 6; der Vater des Jesus soll Eleazar geheißen haben).

Der Verfasser war ein konservativer, gebildeter, gesetzestreuer Weisheitslehrer in Jerusalem mit reicher Lebenserfahrung. Er war geistig-rel. ganz vom AT und Judentum geprägt, aber auch in seiner Weltoffenheit vom Hellenismus beeinflußt. Er schrieb sein Buch ca. 175 v. Chr. Im 38. Jahr Ptolemäus' VIII., auch Euergetes II. genannt, (132 v. Chr.) hat nach dem Prolog zum Septuaginta Text ein namentlich nicht genannter Enkel das Buch in die griech. Sprache übersetzt. Hieronymus (347–420) kannte den hebräischen Text noch, hat ihn aber nicht neu übersetzt, sondern eine altlat. Übesetzung revidiert. Auch die Rabbinen kannten noch den hebräischen Text bis in das 4. Jh., nahmen ihn aber nicht in ihren Kanon auf. Erst bei Funden in der Geniza der Karäersynagoge von Kairo zwischen 1896 und 1900 und bei weiteren Textfunden 1930 kamen größere hebräische Fragmente von S. zum Vorschein, zwischen 1950 und 1964 vermehrt um weitere größere Teile aus Qumran und Masada, so daß uns heute etwa Dreiviertel des hebräischen Textes vorliegen. Der hebräische Text wurde schon früh ins Syr. und Lat. übersetzt. Alle diese Textzeugen wichen aber stellenweise stark vom hebräischen S. und voneinander ab.

Das Buch läßt sich grob in drei Teile gliedern: Kap. 2–23 rät dem Leser zu einem richtigeren Verhalten im Privatleben, in Ehe und Familie und lehrt die rechte Gottesfurcht; Kap. 24,1–42,14 unterrichtet den Leser im rechten Verhalten in der Öffentlichkeit, in der Gesellschaft, im Verkehr mit den Behörden und im Kult; 42,15–50,24 preist große Persönlichkeiten in der Geschichte Israels bis zu dem anscheinend erst vor kurzem verstorbenen Hohenpriester Simon. Am Anfang, in der Mitte (24) und am Schluß (51) sind Hymnen zum Lob der Weisheit eingestreut; sie sind von beachtlichem poetischen und theol. Wert.

Wie im Buch der → Sprichwörter finden sich Abschnitte, die die Weisheit personifizieren und als Begleiterin oder Thronassistentin Jahwes verherrlichen. Solche Texte hat die christl. Liturgie durch Akkomodation (→ Allegorie) auf ⳘⲢ bezogen, so z. B. »corona exaltationis« (1,11), »in Sion firmata ... in civitate sanctificata« (24,15), »cedrus exaltata in Libano, cypressus in monte Sion, palma exaltata in Cades, plantatio rosae in Jericho« (24,17 f.), »mater pulchrae dilectionis« (24,24), »stella matutina« (50,6). Alle diese Prädikationen sind natürlich nach dem lat. Text der Vulgata formuliert. In der lat. Kirche vor der letzten Liturgiereform wurden an ⳘⲢfesten relativ oft die Episteln aus Sir insbesondere aus den Kapiteln 24 und 39 genommen, auch Offertorium und Communio enthalten Sir-Stellen. Die Vigilmesse vor ⳘⲢ UE (7. Dezember) hatte als Epistel Sir 24,23–31, das Fest selbst und ⳘⲢ Himmelfahrt (15. August) entnahmen die Epistel Sir 24,1–13. 15–20. Das Offertorium des Rosenkranzfestes (2. Oktober) setzte sich zusammen aus 24,25 und 39,17; die Communio für den 15. August wählte aus 39,19. Das Commune hatte als Epistel 24,14–16. An anderen kleineren ⳘⲢgedenktagen wurde in der Regel bei der Epistel auf einen der verzeichneten Texte verwiesen. Nach der letzten Liturgiereform blieb davon nur 24,1–4. 8–12 in der sechsten Lesung des ⳘⲢ-Commune übrig. Natürlich stammen alle diese Texte aus dem lat. Sir-Text.

Lit.: Textausgaben: R. Smend, Die Weisheit des Jesus Sirach, 1905. — N. Peters, Liber Jesu filii Sirach sive Ecclesiasticus, 1905. — I. Levi, The Hebrew Text of the Book of Ecclesiasticus, 1951. — M. Z. Segal, Das Buch Ben Sira vollständig (neuhebr.), 1958. — Y. Yadin, The Ben Sira Scroll from Masada, 1965. — J. Ziegler, Sapientia Iesu filii Sirach, 1965, ²1980. — A. A. Di Lella, The Hebrew Text of Sirach, 1966. — F. Vattioni, Ecclesiastico. Testo ebraico con apparato critico e versioni greca, latina e siriaca, 1968 (heute die beste Ausgabe). — M. D. Nelson, The Syriac Version of the Wisdom of Sira, 1988.
Übersetzungen und Kommentare: V. Hamp, Das Buch S. oder Ecclesiasticus, Echter Bibel IV 569–712 — J. G. Snaith,

Ecclesiasticus or The Wisdom of Jesus son of Sirach, 1974. — G. Sauer, Jesus S. (Ben Sira), 1981. — R. A. F. MacKenzie, S., 1984. — P. W. Skehan und A. A. Di Lella, The Wisdom of Ben Sira, 1987.

Lit.: H. P. Rüger, Text und Textformen im hebräischen Sira, 1970. — J. Marböck, Weisheit im Wandel, 1971. — Th. H. Middendorp, Die Stellung Jesu Ben Siras zwischen Judentum und Hellenismus, 1971. — G. L. Prato, Il problema de la teodicea in Ben Sira, 1975. — Ders., La lumière interprète de la sagesse dans la tradition textuelle de Ben Sira, In: Bibliotheca ephemeridum theologicarum Lovaniensium 51 (1979) 317–346. — M. Gilbert, Lecture mariale et ecclésiale de Siracide 24,10(15), In: Mar. 47 (1985) 536–542. — J. D. Martin, Ben Sira — Child of his Time, In: FS für W. McKane, 1986, 141–161. — M. Gilbert, L'Ecclesiastique: quelle texte? Quelle autorité?, In: RB 94 (1987) 233–250. — F. V. Reiterer, Markierte und nichtmarkierte Objekte bei Ben Sira, In: FS für W. Richter, 1991, 359–378. *J. Scharbert*

Sirena, Eustachius, OP, †1769, verfaßte vermutlich den Hymnus →Te gestientem gaudiis, während die anderen Hymnen des Rosenkranzfestes Thomas Augustinus Ricchini OP zugeschrieben werden.

Lit.: Acta S. Sedis necnon mag. et cap. gen. pro societate SS. Rosarii..., 1890 ff., I 60; II 830–839. 1378. — A. Walz, Compendium historiae ordinis praedicatorum, ²1948, 586. *G. Bernt*

Sirenen galten in ihrer ursprünglichen Deutung als Totengeister in der Art sagenhafter Vögel mit Frauenköpfen, später mit weiblichem Oberkörper. Im Volksglauben des 7.–5. Jh.s v. Chr. benötigten die Seelen der Toten Blut für ihre Existenz, S. wurden zu buhlerischen Wesen, vampirartige Totengespenster, die auf listige Art Sterbliche an sich zu locken versuchten (PRE III A 1, 293). Spätere antike Schilderungen (Hesiod, Alkman, burleske attische Komödie) milderten und verschönten ihren Charakter. V. a. durch die Erzählung Homers erscheinen die S. als Wort und Begriff in allen von der griech. Literatur abhängigen Schriften. Die homerische Erzählung verdeutlicht drei Wesenszüge der S.: ihre Sangeskunst, zum Verderben der Menschheit, ihre Kunst, das Wetter zu bestimmen und ihr übermenschliches Wissen. Die in der Odyssee beschriebenen S. leben auf einer grünen Insel und locken durch ihren zauberhaften Gesang vorbeifahrende Seefahrer in ihren Bann, um sie anschließend zu töten. Odysseus, von →Circe gewarnt, verschließt seinen Gefährten die Ohren mit Wachs und läßt sich von ihnen aufrecht an den Mast binden, um den Gesang zu hören, ihm aber nicht zu verfallen (Homer, Odyssee XII).

Die Episode findet Eingang in die christl. Symbolik als Allegorie der Seefahrt des Lebens zur Heimfahrt in die Ewigkeit. Innerhalb der Patristik werden S. zu einem Symbol des tödlichen Wissens, zum Sinnbild der Versuchung. Die moralisierende Auslegung der Homer-Episode führt zu einer doppelten Symbolhaftigkeit: die Gefährlichkeit der S., die durch die Süße ihres Gesanges (häretische Schriften) den Christen verführen wollen und gleichzeitig die S. als Symbol der Verführung zur fleischlichen Sünde (Dirnen). Bis in das 5. Jh. erscheinen S. vorwiegend als Bild der Häretiker, jedoch werden sie zunehmend zum Sinnbild weiblich-weltlicher Verlockungen und Verführungen.

Sirene, Holzschnitt aus dem Defensorium inviolatae virginitatis, Druck Hurus, Saragossa, spätes 15. Jh.

Im MA entwickelten sich neben den Vogel-S. die Fisch-S., deren Oberkörper dem eines Mädchens und Unterkörper dem eines Fisches gleicht. Während der →Physiologus die S. in Anlehnung an Homer als Vogelfrauen beschreibt, zeigt die Abbildung eines Bestiariums des 13. Jh.s eine S. als halb Frau, halb Fisch (Bodleian Library, Oxford). →Konrad v. Megenberg beschreibt sie als Meerfrauen, er schildert sie als Mischgestalt mit einem Frauenoberkörper und einem unteren Teil in der Art des Adlers mit einem zusätzlichen Fischschwanz.

Ihren Eingang in die christl. Kunst finden S. verstärkt um das 10. Jh., zunächst innerhalb der Buchmalerei (Herrad v. Landsberg, Hortus deliciarum, 1175/90), häufig in der Form architektonischer Plastik (Kapitell, St. Vincent, Chalon-sur-Saone; Münster zu Freiburg i. B., 13. Jh.; Schottenportal, Regensburg). Auf einem Taufbecken erscheint eine doppelschwänzige Fisch-S. als Symbol der christl. Seele, die durch die Taufe gereinigt wird (Ravello, Park Cimbrone, 12. Jh.?).

In der »Goldenen Schmiede« des →Konrad v. Würzburg (†1287) werden S. erstmals in mariol. Bezug gebracht: den Lockungen der weltlichen Lust, symbolisiert durch S., wird die Wirksamkeit M's entgegengesetzt (swaz diu syrene trügesam / versenken wil der schiffe / mit süezer done griffe / diu leitest, frouwe, du ze stade). Im →Defensorium inviolatae virginitatis beatae Mariae des Franz v. Retz (†1427) werden das Geheimnisvolle und der zauberhafte Gesang der S. als Analogie zur Verkündigung und jungfräulichen Geburt gesetzt: »Syrena si suaui cantu homines dormire facit / cur virgo filium dei annunciacione gabrielis non generaret.« Das S.-Gleichnis findet sich nur in wenigen in Anlehnung an das Defensorium entstandenen Blockbüchern und Drucken des 15. Jh.s. Fr. Walther verwechselt in seinem Blockbuch (1470) das S.-Abenteuer mit der Begegnung Odysseus' und Circes; während der Text dem Circe-Abenteuer zugeordnet wird, zeigt die Abbildung eine fischschwänzige S. im Meer. Auf einem Pergamentblatt (Wien, Kunsthist. Mus., Inv. Nr. 4927), das vermutlich als Vorlage für einen Kirchenmaler diente, findet sich neben 35 weiteren, um die Darstellung der Geburt Christi gruppierten Gleichnissen des Defensoriums, auch eine S.-Abbildung. In der Inkunabel der Druckerei Hurus aus Saragossa (1485–99), die sich eng an das Blockbuch Walthers anlehnt, ist auf dem neunten Blatt das S.-Gleichnis abgebildet. Eine S. mit doppeltem geschupptem Fischschwanz, im Wasser vor der Insel schwimmend, im rechten Bildteil ein vorbeisegelndes Schiff, auf dem ein Schiffer sich die Ohren mit den Händen verschließt, während ein zweiter am Mastbaum gefesselt erscheint.

Lit.: F. Piper, Mythologie und Symbolik der christl. Kunst I, 1865; Neudr. 1972. — Salzer 527. — H. Rahner, Antenna crucis I: Odysseus am Mastbaum, In: ZkTh 65 (1941) 123–152. — Th. Klauser, Das Sirenenabenteuer des Odysseus, In: JAC 6 (1963). — D. Forstner, Die Welt der christl. Symbole, ⁵1986. — PRE III A 1, 288–308. — LCI IV 168–170. — RDK III 1212.

S. Egbers

Siricius, Papst vom Dezember 384 bis 26. 11. 399, war Römer und stand seit Papst Liberius im Dienst der röm. Kirche. Seine Wahl zum Papst erfolgte einmütig.

Entschieden vertrat er den Primat des röm. Papstes. In einem Brief an Bischof Anysios v. Thessalonike wandte er sich 392 in einem von der Mariol. des → Ambrosius beeinflußten Schreiben gegen → Bonosus und sprach sich für die Jungfräulichkeit ⟨M⟩s auch nach der Geburt aus. Die immerwährende Jungfräulichkeit ⟨M⟩s begründete S. mit der Tatsache, daß Jesus sie am Kreuz dem Schutz des hl. Johannes empfohlen hatte. »Wozu hat er das getan, als darum, daß der Unglaube verstumme, damit er nicht mehr die Mutter des Herrn mit einer Schmähung anzugreifen wage.«

Lit.: Caspar I 257–267. 280–285. — Sträter I 146 ff. 166. f.; II 85 ff. — S. M. Meo, La verginità di Maria nella lettera di Papa Siricio al vescovo Anisio de Tessalonica, In: Mar. 25 (1963) 447–469. — G. Rocca, La verginità di Maria nella lettera ad Anisio, ebd. 33 (1971) 293–306. — Studia Mediaevalia et Mariologica, 1971, 495. 506 f. — G. Söll, HDG III 475. — LCI VIII 376.

R. Bäumer

Šišgorić, Juraj (Georgius Sisgoreus Sibenicensis), * um 1420, †1509 in Šibenik, humanistischer Dichter. Nach dem Studium der Theol. studierte S. Rechtswissenschaft in Padua und lebte danach in Šibenik, wo er Domherr und Generalvikar wurde. Einige seiner »Epigramata de Beata Maria Virgine« wurden zusammen mit den Schriften → Dionysius' des Kartäusers veröffentlicht.

WW: Elegiarum et carminum libri tres, Venetiis 1472. — Epigramata de Beata Maria Virgine, In: Dionysius Carthusianus, Dialogus Mariae et peccatoris, Lovanii ca. 1480. — O smeštaju Ilirije i o gradu Šibeniku — De situ Illyriae et civitate Sibenici, 1981.

Lit.: A. Šupuk, Šibenčanin Juraj Šižgorić, 1963. *V. Kapitanović*

Sisto, Simeon, OSA, * in Neapel, 17. Jh., Magister der Theol., Verfasser eines »Trattato del culto di Maria Vergine Madre di Dio, composto e con molta diligenza raccolto da molti fideli servi di Dio e della gloriosa Vergine sua santissima Madre ... spiegato in XXIV Capitoli« (Neapel 1624).

Das Werk trägt eine Widmung »Alla Gloriosissima Madre di Dio Maria Vergine del Soccorso«. S. berichtet einleitend über den »wunderbaren Ursprung« der Verehrung ⟨M⟩s unter diesem Titel in der Augustinerkirche zu Palermo; er datiert diesen Ursprung zurück ins Jahr 1306. In 24 Kapiteln behandelt er mit Belegen aus der Hl. Schrift und den Vätern, sowie mit Vernunftargumenten eine Anzahl mariol. Themen, z. B. ihre Mutterschaft und ihre Liebe zu den Menschen (cap. 2) und ihre »Mittlerschaft zwischen Gott und den Menschen« (cap. 4), außerdem spricht er sehr ausführlich über die rechte Art der MV. U. a. nennt er ⟨M⟩ »mediatrice tra Iddio e l'huomo«, »reparatrice della natura humana« und mit dem hl. Bernhard: »inventrice della gratia« (cap. 4, 34–45). Er sieht dann nichts Abträgliches gegenüber Christus, weil »das, was principalmente jemand (nämlich Christus) zukommt, secondariamente auch einem anderen zukommen kann« (41). S. ist überzeugt: »chi è divoto di Christo (!), è anco (!) divoto di Maria Vergine, che loda Christo, loda Maria, e chi ama Christo, amarà similmente Maria perche la gloria del Figliuolo è la gloria della Madre, e la gloria della Madre è la gloria del Figliuolo« (69).

Lit.: I. Marracci, Bibliotheca mariana II, Rom 1648, 370. — Ossinger 857. — J. Lanteri, Postrema saecula sex Religionis Augustinianae III, 1860, 190. — D. A. Perini, Bibliographia Augustiniana III, 1935, 204.

A. Zumkeller

Sittard, Stadt in der südniederländischen Provinz Limburg, etwa 20 km nordöstlich von → Maastricht, am Geleenfluß, heute zum Bistum → Roermond gehörig. Das Gebiet des heutigen S. muß schon um 4000 v. Chr. besiedelt gewesen sein. Urkundlich belegt ist der Name seit dem 12. Jh. 1243 erhielt S. von Waleram, Herr von Montjoie (Monschau), Stadtrechte. Bis 1400 blieb die Stadt im Besitz der Herren von Montjoie und Valkenburg. 1299 wurde die romanische Hauptkirche vom Bischof von Lüttich zur Kapitelkirche erhoben. Sie war die Vorgängerin der heutigen Großen oder St. Petruskirche, deren älteste Teile aus der Zeit um 1380 stammen und die stilgeschichtlich der sog. maasländischen Gotik zuzuordnen ist. Von 1400 bis zur Eroberung durch die Franzosen (1794), gehörte S. den Herzögen von Jülich bzw. von der. Pfalz (-Neuburg/-Sulzbach). 1659–69 wurde die barocke St. Michaelskirche, ursprünglich Klosterkirche der Dominikaner, erbaut. 1661 wurde mit dem Bau des Dominikanerinnenklosters St. Agnetenberg begonnen. Bei der Erstürmung durch franz. Truppen (1677) wurde die Stadt teilweise zerstört und nahm auch die Petruskirche großen Schaden. Sie wurde, mit einem barocken Turm, wieder aufgebaut, brannte 1857 nieder und wurde daraufhin von dem bekannten Architekten Dr. P. Cuypers in neugotischem Stil restauriert. 1801 wechselte S. von der Erzdiözese → Lüttich zum von Napoleon gegründeten Bistum → Aachen über. Nach der franz. Besatzung kam S. 1815 an das Königreich der Niederlande und unterstand kirchenrechtlich seit 1821 erneut der Diözese Lüttich. 1830-39 beteiligte sich S. am Belgischen Aufstand, kam dann aber anschließend endgültig an die Niederlande, was sich auch in der Zugehörigkeit zum 1853 neu gegründeten Bistum Roermond niederschlug. Auf Anregung der Ursulinen, die sich 1848 in S. niedergelassen hatten, wurde 1875/76 die neugotische Wallfahrtskirche ULF vom Hl. Herzen erbaut, die 1883 zur Basilika minor erhoben wurde.

Seit der Mitte des 17. Jh.s wird in S. »Onze Lieve Vrouw Behoudenis der Kranken« (»ULF Heil der Kranken«) verehrt. Das Gnadenbild wurde 1649 von den Dominikanerinnen, die später das Agnetenbergkloster beziehen sollten, aus Brügge nach S. gebracht. Es ist eine 18 cm hohe Holzplastik aus dem 16. Jh., die ursprünglich polychromiert war und der ND-de-Foy (→ Belgien) nachgebildet ist. Der Überlieferung zufolge sei es in Brügge in den Wirren der Reformation versteckt gewesen und später auf wunderbare Weise wieder aufgefunden worden. Bei der Eroberung der Stadt durch die Franzosen soll durch die Fürsprache der GM das Kloster, in dem das Gnadenbild aufgestellt war, vor der Zerstörung gerettet worden sein. Mehrere Wunder sind aus der nachfolgenden Zeit überliefert und amtlich beglaubigt, so 1732 die Heilung der erblindeten Tochter eines pfalzneuburgischen Offiziers. Als in der napoleonischen Zeit das Kloster aufgelöst wurde, überführte man das Gnadenbild in die Petruskirche, wo es seitdem steht. Seit 1866 entfaltete sich in S. unter dem Einfluß der Ursulinen auch die Verehrung ULF vom Hl. Herzen, die von Pater Jules → Chevalier aus →Issoudun propagiert wurde. Eine S.er Klosterschülerin, die eine Nadel verschluckt hatte, war, nachdem man ihr die Medaille aus Issoudun umgehängt und inbrünstig den Rosenkranz gebetet hatte, geheilt worden. Schon 1867 wurde eine Bruderschaft gegründet. Bereits ein Jahr darauf kam eine Kopie des Issouduner M-bildes nach S. Es sollte das Gnadenbild werden, das in der S.er Basilika aufgestellt ist und bald aus den ganzen Niederlanden Pilger anzog. Die Bruderschaft gibt seit 1869 eine eigene Zeitschrift, »Maandschrift der Aartsbroederschap van O.L. Vrouw van het H. Hart«, heraus, die bis heute erscheint.

Lit.: Het oude wonderbeeldje van Onze Lieve Vrouw van S., ²Sittard o. J. (1880). — J. A. F. Kronenburg, Maria's heerlijkheid in Nederland VII, Amsterdam 1911, 373-379; VIII, 1914, 533-538. — J. Poels, Onze Lieve Vrouw van het Heilig Hart te S., 1955. — A. H. Simonis u. a., S., historie en gestalte, 1971.

G. van Gemert

Sitz der Weisheit (→ Sedes sapientiae). Der Zusammenhang zwischen Weisheit und M wird in der kirchlichen Liturgie seit dem 8. Jh. durch die Verwendung von Weisheitstexten in Mmessen hergestellt. Bereits der auf eine Vorlage aus dem Ende des 7. oder Anfang des 8. Jh.s zurückgehende »Comes ab Albino (Alkuin) ex Caroli imperatoris praecepto emendatus« verzeichnet »In festivitate Mariae« als Lesungen Sir 24,17-22 bzw. Weish 7,30-8,4 (DACL V 1,306). Das aus dem 9. Jh. stammende Sacramentarium Bergomense hat am Fest der Assumptio Mariae die Lesung Sir 24,8-15 (ed. Paredi-Fassi, Nr. 1064) und in der Missa sanctae Mariae in sabbato die Lesung Sir 24,9-12 (Paredi-Fassi, Nr. 1286).

Durch die Jh.e hindurch sind Weisheitstexte fester Bestandteil der Mmessen. Im geltenden Lektionar der röm. Liturgie werden Spr 8,22-31 und Sir 24,1-4. 8-12. 19-22 verwendet.

Die ma. Schrift- und Liturgieerklärer hat immer wieder das mariol. Verständnis der in die Liturgie übernommenen Weisheitstexte beschäftigt. V. a. war die Frage zu klären, ob diese Texte in der Liturgie auf M selbst angewendet werden, so daß man im Sinne der Liturgie sagen müßte, M wäre die Weisheit, oder ob die Weisheit M in der Liturgie begegnet, derart, daß sie Ort und Sitz der Weisheit wird. Die Mehrzahl der Theologen verstand die Perikopen aus der atl. Weisheitsliteratur als Ausdruck des ewigen Logos, der sich M als seiner Mutter verbindet. Dieser Ansicht ist ohne Zweifel der Vorzug zu geben. Im 8. Kapitel des Buches der → Sprichwörter wird die Weisheit als etwas Persönliches beschrieben. Es werden ihr göttliche Eigenschaften und Werke wie die Ewigkeit und die Weltschöpfung beigelegt. Im Buch → Sirach werden der Weisheit nicht bloß allgemeine Merkmale der Gottheit wie die Schöpfung der Welt und das Herrschen im Himmel, sondern auch die ewige Zeugung aus Gott im besonderen zugesprochen. Da es keinesfalls möglich ist, auf Grund der Weisheitstexte M ähnlich wie dem ewigen Logos eine Präexistenz zuzuschreiben und damit die Gestalt Ms ihres historischen Charakters zu entkleiden, muß die Weisheit ganz offenbar die zweite Person in der Gottheit, der Sohn Gottes, sein. M ist diejenige, die die Weisheit Gottes vollkommen in sich aufnimmt, so daß sie in der → Lauretanischen Litanei mit Recht »Sitz der Weisheit« genannt werden kann.

Lit.: → Lauretanische Litanei; → Sedes sapientiae; → Sirach; → Sprichwörter.

W. Dürig

Sixtus III., Papst vom 31.7.432 bis 19.8.440, war Römer und entfaltete als Bischof von Rom eine reiche Bautätigkeit. So ließ er S. Maria Maggiore wiederherstellen und als Erinnerung an das Konzil von Ephesos mit Mosaiken ausschmücken, u. a. mit der thronenden Theotokos mit dem göttlichen Kind auf dem Schoß und der Weiheinschrift »Jungfrau Maria, ich, Sixtus, habe dir ein neues Dach bereitet, würdig der heilbringenden Frucht deines Leibes. Gebärerin ohne das Zutun eines Mannes. Du hast uns das Heil beschert, fruchtbar ohne Verletzung jungfräulichen Siegels«. In S. Pietro in Vinculis ließ er eine Inschrift anbringen, daß Christus in Ephesos 431 gesiegt habe.

Bereits in der Glaubensformel, die 432 bei seiner Weihe zum Papst verkündet wurde, kam der Glaube an die Würde der GM, entsprechend dem Konzilsbeschluß von 431, klar zum Ausdruck: »Gott nahm Fleisch an aus der heiligen unbefleckten Jungfrau. Darum nennen wir die hl. und immerwährende Jungfrau wahrhaft und im eigentlichen Sinne Theotokos, d. h. Gottesmutter, weil sie den einen und einzigen Gott und Herrn Jesus Christus geboren hat«.

Lit.: Caspar I 416–422. — Sträter II 140. — MeE III 86. — H. Karpp, Kanonische und apokryphe Überlieferung im Triumphbogen-Zyklus von Maria Maggiore, In: ZKG 27 (1966) 62–80. — Th. Klauser, Rom und der Kult der Gottesmutter Maria, In: JAC 15 (1972) 129–135. — Beinert-Petri 422. 561. — W. N. Schumacher, Zur Darstellung Mariens in der Kunst des lat. Westens, In: Der Widerschein des Ewigen Lichtes, hrsg. von G. Rovira, 1984, 137 ff. — G. de Spirito, La »Visio Joseph« (?) dell'arco absidale di Xyxtus III, In: Augustiniana 29 (1989) 345–352. — LCI III 154 ff. 212 ff. — RAC XI 1092 f. *R. Bäumer*

Sixtus IV. (Francesco delle Rovere), Papst vom 9.8.1471 bis 12.8.1484, * 1414 in Celle bei Savona, trat früh in den Franziskanerorden ein und studierte in Pavia und Bologna. 1464 wurde er Generalminister im Orden. 1467 Kardinal. Das Jubeljahr 1475 führte zahlreiche Pilger nach Rom. Die Einberufung eines Konzils, wie in seiner Wahlkapitulation versprochen, unterließ er; der Versuch von Erzbischof A. Zamometič, 1482 in Basel ein Konzil gegen S. einzuberufen, blieb erfolglos.

S. förderte Kunst und Wissenschaft, entfaltete eine reiche Bautätigkeit und unterstützte caritative Anliegen. Mit seinem Pontifikat begann eine Periode des Renaissancepapsttums, bei dem kirchliche Anliegen hinter weltlich-politischen zurücktraten. Bedenklich war auch der von S. praktizierte Nepotismus. Die Abwehr der Türken trat zurück. Das päpstliche Finanzwesen geriet unter ihm in Unordnung. Seinem Orden gewährte er starke Unterstützung.

S. war ein großer Mverehrer. Er weihte die Sixtinische Kapelle, die er errichten ließ, der Unbefleckten Jungfrau M. Während seines Pontifikates wurden auch die Mkirchen S. Maria del Populo und S. Maria della Pace erbaut. Die MV, die seit der Immaculataentscheidung des Basler Konzils 1439 einen besonderen Aufschwung genommen hatte, förderte er nachhaltig. M war für ihn »Stern des Meeres«. Über M urteilte er: »Du hast den Menschen das Tor des Heiles aufgetan, du bist hocherhaben über die Chöre der Engel, die Quelle aller Gnaden, die nimmermüde Fürsprecherin«. 1475 erließ er eine Verlautbarung über das Fest der Heimsuchung Ms; er bestätigte das Fest der UE Ms, gab dem Fest eine Oktav und gewährte Ablässe für die Feier dieses Festes. Besondere Fürsorge verwandte S. auf die Mheiligtümer Loreto und Genazzano. Das Meßformular von der UE Ms wurde 1476 durch ihn in das röm. Meßbuch aufgenommen und das Fest offiziell an der Kurie gefeiert. 1480 approbierte er durch das Breve »Libenter« das Immaculata-Offizium von → Bernhardin v. Busti. Am 27. 2. 1477 veröffentlichte er die Bulle »Cum praeexcelsa«, in der der Gedanke der praeredemptio Ms ausgesprochen und die UE Ms verteidigt wurde. Gegen V. Bandelli erklärte S. 1482 und 1483 in der Bulle »Grave mimis«: die Tatsache, daß der Apost. Stuhl die liturg. Feier des Festes der IC angeordnet habe, verbiete die Behauptung, es sei schwere Sünde oder gar Häresie, wenn man über das Geheimnis der UE predige. Solche Anschuldigungen dürften nicht verbreitet werden. S. betonte aber auch, daß damit eine dogm. Entscheidung der Frage durch den Apost. Stuhl noch nicht erfolgt sei. Die Bulle erreichte, daß die gegenseitigen Vorwürfe nur in gemilderter Form vorgetragen wurden, wenn sich auch die Diskussionen fortsetzten.

Durch die Aussagen S.' setzte sich die Lehre von der UE Ms immer stärker durch. So berief sich z. B. Gabriel → Biel zur Begründung der IC auf die Entscheidung des Papstes. 1503 bestätigte Alexander VI. die Aussagen der Bullen. Ihr Nachwirken zeigte sich auch auf dem Konzil von Trient bei den Beratungen über die Erbsünde. Das Tridentinum erklärte 1546, die Aussagen des Dekretes über die Erbsünde träfen nicht für die Mutter Gottes zu. Das Konzil hielt in der Immaculatafrage an den Entscheidungen von S. fest.

Den Rosenkranz bezeichnete er als eine alte Gebetsweise, die man Psalter der hl. Jungfrau M nenne. Ablässe gewährte der Papst für verschiedene Mgebete. Seine Bedeutung für die Entwicklung der Mfrömmigkeit ist groß.

Lit.: Pastor II. — Ch. Sericoli, Immaculata BMV conceptio juxta Xyxti IV constitutiones, 1945, 153 f. 155 ff. 158 ff. — Ders., De praecipuis Sedis Apostolicae Documentis in favorem Immaculatae BMV conceptionis editis, In: Anton. 29 (1954) 373–408. — Ders., Ordo Franciscalis et Romanorum Pontificum acta de Immaculata BMV Conceptione, In: VirgoImmac II, 1956, 115 f. 129 ff. — R. Laurentin, L'action du Saint Siège par Rapport au problème de l'Immaculée conception, ebd. 31 ff. 60 ff. — J. Alfaro, ebd. 203 ff. — H. Ameri, Doctrina theologorum de Immaculata BVM. Mariae Conceptione tempore concilii Basileensis, 1954, 101–109. — E. Lee, Sixtus IV and men of letters, 1978. — M. Miglio (Hrsg.), Un pontificato ed una città, 1986. — U. Horst, Die Diskussion um die Immaculata conceptio im Dominikanerorden, 1987, 17 f. u. ö. — L. di Fonzo, I Pontefici Sisto IV e Sisto V, 1987. — F. Benzi, Sisto IV renovator urbis, 1990. — E. Gatz, Papst Sixtus IV. und die Reform des röm. Hospitals vom Hl. Geist, In: Papsttum und Kirchenreform, FS für G. Schwaiger, 1990, 249–262. — H. W. Pfeiffer, Gemalte Theol. in der Sixtinischen Kapelle I: Die Szenen des AT und NT, In: AHP 28 (1990) 99–159. — C. Cenci, Ad bullarium Sixti IV supplementum, In: AFH 83 (1990) 491–535; 84 (1991) 51–149. — DThC VII 1120 ff. *R. Bäumer*

Sixtus V. (Felice Peretti, genannt Montalto), Papst vom 24.4.1585 bis 27.8.1590, * 13.12.1521 in Grottamare bei Montalto, trat in den Franziskanerorden ein, wurde 1566 Ordensgeneral und Bischof von S. Agata de Goti, 1570 Kardinal, 1571–77 war er Bischof von Fermo; Beichtvater Pius' V., fiel er aber unter Papst Gregor XIII. in Ungnade. Als Papst förderte er den Geist der → Kath. Reform. Er vereinigte staatsmännische Klugheit und Reformwillen, veranlaßte eine Umorganisation der röm. Kurie, regelte die bischöflichen Rombesuche (1585) und entfaltete eine große Bautätigkeit. Unter ihm entstand das barocke Rom. In → Loreto vollendete er den Bau der Wallfahrtskirche und erhob sie zur Bischofskirche des von ihm gegründeten Bistums Loreto. Außerdem führte er das Fest der Praesentatio BMV wieder ein.

Lit.: Ch. Sericoli, De praecipuis Sedis Apostolicae documentis in favorem BMV conceptionis editis, In: Anton. 29 (1954) 373–408. — Ders., Ordo Franciscalis et Romanorum, Pontificium acta de Immaculata BMV Conceptione, In: Virgo-Immac II, 1956, 10. 19. 63. — R. Laurentin, L'action du Saint-Siège par rapport on problème de l'Immaculée, ebd. 114. 119. — C. Sandolini, La spiritualità di Sisto V. nei suoi sermoni, Diss., Rom Gregoriana 1955, 1989. — K. Schwager, Zur Bautätigkeit S.' V. an S. Maria Maggiore, In: Miscellanea Bibliothecae Hertzianae (1961) 324–354. — E. Russo de Caro, Sisto V papa »mariano«, In: Lazio 23 (1987) 226 f. — Studia Sixtina nel IV centenario di Sisto V, 1987. — L. di Fonzo, I Pontefici Sisto IV e Sisto V, 1987. — B. Burkart, Der Lateran. Sixtus V. und sein Architekt D. Fontana, 1989. — G. Parisciani, Fra F. Peretti, In: MF 91 (1991) 455–500. R. Bäumer

Skapulier. Das S., ein breiter, über Brust und Rücken herabfallender Tuchstreifen, wird von einigen Orden (Karmeliten, Benediktiner, Dominikaner) als Teil des Ordenshabits getragen. Eine verkleinerte Art davon ist das Laien-S., zwei rechteckige Wollstücke, die durch Bänder verbunden, über die Schulter gelegt werden.

Innerhalb der christl. Kunst ist v. a. die Einführung des S.s »ULF vom Berge Karmel« bedeutend, das die MV im Karmelitenorden von Anfang an hervorhebt. Nach der Ordenstradition erschien die GM dem hl. → Simon Stock, der sich 1236 dem Karmelitenorden anschloß und einer ihrer bedeutendsten Generäle wurde, und übergab ihm ein S. als Unterpfand des Heils für alle, die mit ihm bekleidet sterben. Die bildliche Verbreitung der Vision wurde durch den päpstlichen Stuhl erst seit dem 16. Jh. offiziell gestattet.

Zu den frühen Darstellungen gehört das Titelkupfer aus dem Dilucidario von Diego de Coria Maldonado (Cordoba, 1598) und ein Tafelgemälde von C. Roncalli aus S. Maria della Scala (Rom, 1604/05). Ein Kupferstich aus der ersten Hälfte des 17. Jh.s (Zuschreibung an Michiel Natialis, Göttweig) zeigt den knienden Heiligen, der das S. küßt, welches ihm ᴹ als Himmelskönigin mit dem Christuskind auf dem Arm aus den Wolken überreicht. Unterhalb der GM, dem hl. Simon Stock zu Füßen, liegt eine → Lilie als Zeichen der Reinheit.

V. a. im Barock und Rokoko erfährt das Thema der S.-Übergabe eine größere Beachtung.

Maria überreicht dem hl. Simon Stock das Skapulier, Kupferstich aus dem Zodiacus Festorum Marianorum, 18. Jh., Regensburg, Sammlung Auer

In einem Gemälde von Alessandro Tiarini (Bologna, Pinacoteca, um 1650) überreicht ᴹ dem an einem Tisch sitzenden und lesenden hl. Simon Stock das S. Das für S. Apollinare in Venedig geschaffene Monumentalgemälde von G. Tiepolo (Mailand, Brera, 1720–22) zeigt die Madonna mit dem Kind auf dem Berg Karmel thronend. ᴹ überreicht dem vor ihr knienden hl. Simon Stock ein großes S., während das auf ihren Knien stehende Christuskind ein kleines S. dem hl. Albert v. Vercelli (Verfasser der ersten Karmelitenordensregel) umlegt. Zwischen den beiden Ordensheiligen kniet die hl. Theresia v. Avila, die maßgeblich an der Reformation des Ordens im 16. Jh. beteiligt war. Auf der linken Bildseite erfolgt als Kontrapunkt zur Gruppe der Heiligen eine Darstellung der Armen Seelen im Feuer. Das Fegfeuer kann sowohl der hl. Theresia, die als Fürbitterin der Armen Seelen gilt, sowie dem hl. Simon Stock, der durch das S. die Seelen aus dem Feuer erlöst, zugeordnet werden. Tiepolo greift das Thema in einem später geschaffenen groß angelegten Freskenprogramm (Venedig, Scuola dei Carmini, 1740–44) noch einmal auf. M. erscheint in den Wolken schwebend und von Engeln begleitet. Das S. wird dem am Boden liegenden hl. Simon Stock von einem hinter ihm stehenden Engel um die Schultern gelegt. Das Hauptthema im Mittelteil wird seitlich von Engeln mit S., in den Ecken von Medaillons mit den Darstellungen der Tugenden M.s gerahmt.

Die um 1720 geschaffenen Fresken der Bruderschaftskapelle St. Maria vom S. (Binswangen, A. W. Haffe zugeschrieben) zeigen in sieben Emblemen das S.-Thema. Um die Fresken mit den Darstellungen der Geburt Christi, von Pfingsten und Himmelfahrt M.s sind drei Embleme mit Schriftband gruppiert. Dargestellt sind einzelne schicksalhafte Begebenheiten notleidender Menschen, die durch das ihnen umgelegte S. geschützt sind (Frau strauchelt am Ufer eines Baches, trägt um den Hals das S.; Geistlicher am Bett eines Kranken, dem er das S. umlegt; Kemp 173). Das Deckenfresko im Chor der Pfarrkirche M.e Himmelfahrt in Grassau (J. N. della Croce, 1766/67) zeigt die Übergabe des S.s an den hl. Simon Stock, der dieses an die Gläubigen weiterreicht. Die Deckenfresken des Langhauses werden umrahmt von kleinen emblematischen Darstellungen (Kemp 199, 73). Die Thematik der Fresken wurde entscheidend von der um 1700 gegründeten S.-Bruderschaft des Karmels beeinflußt. Weitere Darstellungen in der Taufkapelle der Pfarrkirche M.e Heimsuchung in Hohenpolding (Fresken, wohl um 1752, Darstellung der Armen Seelen im Fegfeuer, denen aus den Wolken ein S. herabgereicht wird), in der Filialkirche St. Leonhard in Nußdorf am Inn (Fresken, 1760, M. mit dem hl. Joseph und dem hl. Simon Stock, der das S. empfängt) und in der Filialkirche M.e Geburt in Frauenried (Fresken, 1763).

Ein Rokokorelief des dem hl. Simon Stock geweihten Altares der Karmelitenklosterkirche in Reisach am Inn zeigt die über dem Berg Karmel schwebende GM, dem Heiligen das S. hinabreichend. Das Relief, ein Frühwerk Ignaz Günthers (vor 1748), erscheint im Aufbau der Gesamtkomposition wie ein Gemälde. Günther bedient sich dabei vorwiegend flämischer Stilelemente, der M.typus scheint auf die Hausmadonna über dem Portal des Münchener Bürgersaals (um 1710) zurückzuführen zu sein.

Lit.: C. Kemp, Angewandte Emblematik in süddt. Barockkirchen, 1981. — La Pianacoteca Nazionale di Bologna, Katalog, 1968. — G. Piovenne, L'opera completa di G. Tiepolo, 1968. — G. P. Woeckel, Franz Ignaz Günther, 1977. — LThK² IX 815 f. — LCI IV 372 f. — *S. Egbers*

Sklavenschaft Mariens, frömmigkeitsgeschichtlich bes. in der Franz. Schule (→ Frankreich) wirksam gewordene Ausprägung der Weihe und Ganzhingabe an M. Theol. Fundament ist die Gott und Christus gegenüber als hl. Knecht, Diener- oder Sklavenschaft empfundene Selbsteinschätzung des Gläubigen. So heißt M. Magd des Herrn (Lk 1,38) und Paulus versteht sich als Knecht Jesu Christi (Röm 1,1). Im 16. Jh. begegnen diese Gedanken bei → Franz v. Sales, → Theresia v. Avila sowie bei Pierre de → Bérulle und der von ihm begründeten Franz. Schule. Daß diese Vorstellung unter Wahrung der Christozentrik auch M. gegenüber empfunden wird, ist seit dem frühen MA bezeugt, so bei → Ildefons v. Toledo (De virg. perp. S. Mariae 12; ed. Blanco-García 262–170; PL 96,105–110), bei → Johannes v. Damaskos (Hom. I in dorm. BMV 14; PG 96,720 f.), → Odilo v. Cluny (Vita II 1; PL 142,915 f.), → Bernhard v. Clairvaux (De grad. hum. 53; ed. Leclercq-Rochais III 56/25 f.). Im 12. Jh. findet das Thema eine größere Beachtung in Spanien, so bei den → Benediktinern Antonio Albardo und Francesco Crespo († 1657) oder dem Trinitarier Simón de Rojas († 1624). Von ihm ist Bartolomé → De los Ríos y Alarcón OSA beeinflußt; in die span. Niederlande entsandt, verbreitete er dort und am Niederrhein die Frömmigkeitsform der vollkommenen Hingabe an M. und gründet Kongregationen und Bruderschaften der »Diener Mariens«. Theol. untermauert ist seine marian. Pastoral von den Schriften »De hierarchia mariana« (Antwerpen 1641), in Kurzfassung »Phoenix Thenensis e cineribus redivivus« (Antwerpen 1637), »Horizon Marianus sive de excellentia et virtutibus BMV« (Antwerpen 1647). De los Rios hat einen beachtlichen Einluß auf die Franz. Schule. Seine Gedanken finden sich bei Bérulle, Jean-Jacques → Olier, Jean → Eudes und dessen Schüler Henry-Marie Boudon (1624–1702; »Dieu seul ou le saint esclavage de l'admirabile Mère de Dieu«, 1667); er wirkt als Prediger über Frankreich hinaus nach Flandern und Bayern hinein. Von ihm ist Louis-Marie → Grignion de Montfort beeinflußt.

Nach einer ersten Breitenwirkung bei Bérulle und unter Rückbezug auf ihn wird Grignion wirkmächtiger Förderer der Andacht von der vollkommenen Hingabe an M., nicht zuletzt durch seine Schriften »Le Traité de la vraie dévotion à la Ste Vierge«, »Le secret de Marie« (ca. 1712). Für Grignion ist die Stellung M.s in dieser Andachtsform eindeutig dienender Art. M. ist der sichere Weg zu Christus; er ist auch das eigentliche Ziel der M.weihe; »je mehr wir Maria geweiht sind, desto mehr sind wir auch Christus geweiht« (Vraie dévotion, Nr. 120). Dies führt Grignion zu dem für ihn typischen Gedanken, daß die Weihe eine Erneuerung der Taufgelübde sei. Deswegen möchte er nicht eigentlich von einer S. M.s sprechen, die durch den Akt der Hingabe begründet wird. Nach ihm ist es besser zu sagen: »Sklavenschaft Jesu in Maria, und sich Sklave Jesu Christi zu nennen statt Sklave Marias. So erhält diese Art der Frömmigkeit ihren Namen mehr von ihrem letzten Ziel her als vom Weg oder vom Mittel, das zu diesem Ziel führt: von Maria« (Vraie dévotion, Nr. 245). Für das Christwerden des

Gläubigen hat ⋈ nach Grignion eine wegweisend-helfende, nicht aber eine verursachende oder im letzten Sinne formgebende Funktion.

Die sich als hl. S. verstehende vollkommene Hingabe an ⋈ hat im 12. Jh. insofern echte Breitenwirkung erfahren, als eine Reihe von Bruderschaften in Frankreich, Luxemburg, Deutschland, Italien und Polen sich dieses Ideal zu eigen machten. Zugleich wird auch Widerspruch wach, so im Raum des Jansenismus bei Adam → Widenfeld. Kritik an bestimmten in den Bruderschaften geübten Bräuchen äußert auch das Lehramt in verschiedenen Entscheidungen des 17. und 18. Jh.s (Cath. IV 424). Infolgedessen kommen die Bruderschaften zum Erliegen. Gleichwohl lebt Grignions Gedankengut auch ohne den Begriff der S. weiter bei Papst Paul VI. (Marialis Cultus, Nr. 21) und Johannes Paul II. (Redemptoris Mater, Nr. 48). Bleibender Gehalt der mit der S. ⋈s verbundenen Frömmigkeitsform ist die liebende Hinwendung zur Magd des Herrn, die sich ganz von Christus und mit ihm von Gott beanspruchen läßt (Lk 1,38), die mit ihrem Jawort bezeugt, daß Christus ihr Leben ist (vgl. Phil 1,21) und daß sie ganz auf die Sache des Herrn bedacht ist (vgl. 1 Kor 732 ff.). So gesehen will ⋈ zu einem Lebenszeugnis ermutigen, das sich durch Christus formen läßt (vgl. Joh 1,5); erstrebt wird eine Geistes- und Lebenshaltung, die nach dem Bild und unter der Fürsprache ⋈s Herz, Willen und Leben Christus, dem Herrn, übereignet.

QQ: L.-M. Grignion v. Montfort, Abhandlung über die wahre Marienverehrung. Ins Dt. übertr. und bearb. von H. J. Jünemann, 1988. — Ders., Das Geheimnis Marias. Ins Dt. übertr. und bearb. von H. J. Jünemann, 1988. — Ders., Das Goldene Buch, [24]1990.

Lit.: RoschiniMariol II/3, 32–41. — Köster II 110–113. — Ders., Ildefons v. Toledo als Theologe der Marienverehrung, In: De cultu mariano saec. VI–XI. Acta congressus mariol.-marian. internat. III, 1972, 197–222. — St. de Fiores, Itinerario spirituale d. S. L. M. di Monfort (1673–1716), 1974. — Cath. IV 421–424. — NDMar[2] 403 f. *F. Courth*

Skreta, Karel, * 1610 in Prag, begraben am 1. 8. 1674 ebd., eigentlich v. Sotnovsky-Skreta, Sohn des prot. königlich-böhmischen Kammerbuchhalters Konrad v. S.-S., erhält die erste Ausbildung durch rudolfinische Spätmanieristen (Ä. Sadeler?). 1628 übersiedelt die Mutter mit ihm aus Angst vor kath. Repression nach Freiberg/Sachsen wie viele Böhmen. Ab 1630 folgen Wanderjahre in Italien. Fetti, Strozzi, Liss, Lodovico und Annibale Caracci beeinflussen S. stark, auch Reni, allgemein die Caravaggiorezeption. Die angeborene Rezeptivität läßt trotz der Impulse Simon Vouets und Poussins und in Rom ansässiger Niederländer die in Bologna erworbene klassizierende Tendenz bei aller Unruhe des Farbauftrages obsiegen. Legendenstoffe ohne Genre, groß und nah gesehene Figuren, Offenheit für neue Entwicklungen der Protraitkunst aus den Niederlanden — nachdem venezianische Modelle das Gerüst ergeben hatten — machen die gewollte Synthese nach der Heimkehr nach Prag (1618) deutlich. S. trat zum Katholizismus über und fand alsbald im Jesuitenorden seine großen Förderer.

Nach dem Teilverlust der ma. Ikonographie nach der Reformation greift nach 1620 (Schlacht am weißen Berg) eine bayer. inspirierte marian. Bewegung nach Böhmen über und verkörpert den Sieg der kath. Restauration. Gnadenbilder regen als zentrale Bildgegenstände Gläubige und Altarbauer an. Zu den alten Landespatronen der hl. Katharina, Franz, Norbert, Prokop und — dynastisch überaus wichtig — Ludmilla, Sigismund, Wenzel treten 1654 Joseph, dann Johann Nepomuk. S.s Farbskala ist häufig konzentriert auf expressive Hell-Dunkel-Akzente, was durch starke, dynamische, breite Pinselstriche unterstrichen wird. In der Darstellung der Himmelfahrt ⋈s für den Königssaal-Zbraslow wiederholt er das prägende Vorbild Tizians für die Frari-Kirche in Venedig, dynamisiert und dramatisiert aber in typisch barocker Manier.

Lit.: K. Swoboda, Barock in Böhmen, 1964. *G. Westrum*

Ṣlōtā (Plural: ṣlāwātā; westsyr.: ṣlōtō). Im ostsyr. Ritus kann die S. wie im westsyr. Ritus ein dem Priester vorbehaltenes Gebet sein und damit in etwa der Oration oder Kollekte im röm. Ritus entsprechen. Solchen Gebeten geht hier immer die Aufforderung des Diakons voraus: »Laßt uns beten. Friede sei mit uns.« — Einige solcher S. stellen die Vorzüge ⋈s heraus: »Unser Herr und unser Gott, statte uns mit der mächtigen und unbezwingbaren Waffe aus, d. h. dem Gebet deiner seligen Mutter und schenke uns mit ihr Anteil und Teilnahme an deinem himmlischen Hochzeitsgemach, Herr von allem, in Ewigkeit. Amen« (→ Ramšā des Mittwoch, der bes. ⋈ als »Mutter Gottes des Sohnes« hervorhebt). In der Liturgie von Weihnachten heißt es in einem S. über ⋈: »O ewiges und zeitliches Kind; ... durch das Werk deiner Gnade wurde erwählt und durch die Herabkunft deiner Kraft wurde geheiligt die herrliche Jungfrau, herrlich in ihrer Jungfräulichkeit, die heilige Maria, von der du auf wunderbare Weise geboren wurdest und auf deren mütterlichen Knien du als ein Kind aufwuchst: sie, die für deine Herrlichkeit ein fleischlicher Wagen und für den Schatten deiner Lieblichkeit eine strahlende Wolke, eine reine Quelle, eine Flut der Heiligkeit, ein Siegel der Jungfräulichkeit, ein Abbild der Keuschheit, ein Tempel des Lichtes, eine helle Kammer ein vernunftbegabtes Weihrauchgefäß, das das Feuer der Gottheit trägt, und ein Weihrauchfaß aus Fleisch, das angefüllt ist mit Versöhnung, ein strahlendes Diadem der heiligen katholischen Kirche und eine leuchtende Krone des orthodoxen apostolischen Glaubens gewesen ist ...« — S. kann aber auch die Schlußstrophen eines → qālā d'udrānē meinen, die zu Ehren ⋈s, des hl. Kreuzes oder der Heiligen gesungen werden, um Regen zu erbitten, oder den qālā d'-udrānē, der in einem → mawtḇā gesungen wird.

Im westsyr. Ritus ist S. stets ein Priestergebet, das dem Gesang der Psalmen vorausgeht. »Wort Gottes, das du die Jungfrau Maria so gebildet hast, daß sie im voraus an der Erlösung Anteil hatte, die du durch dein Leiden, deinen Tod und die Auferstehung des Leibes bewirken würdest, du solltest von ihr (einen Leib) nehmen, und indem du sie von dem Makel der Sünde unserer Vorväter bewahrtest, laß uns alle und die gesamte Schöpfung Anteil haben an deinem Sieg über Sünde und Tod, o Erlöser der Welt« (→ Ramšō des Festes der Empfängnis M̄s durch die hl. Anna). »Reine Braut und Königin der Tugend, du bist geschmückt mit Glaube, Hoffnung und Liebe und bist reich an übernatürlichen Gaben. Bitte deinen Sohn, daß er unsere Seelen schmücke, wie er dich mit Schönheit geschmückt hat; dann können wir nachdem wir dich auf Erden als Vorbild und Muster angesehen haben, uns dir anschließen in der Verherrlichung Gottes im Himmel, in Ewigkeit. Amen« (Ramšō an Gedächtnistagen M̄s in der maronitischen Liturgie).

Lit.: A. Baumstark, Festbrevier und Kirchenjahr der syr. Jakobiten, 1910, 86. — P Bedjan (Hrsg.), Breviarium iuxta Ritum Syrorum Orientalium id est Chaldaeorum, 4 Bde. (syr.), 1938. — J. Mateos, Lelya-Sapra. Essai d'intérprétation des matines chaldéennes, 1959, 498 f. — M. Elenjikal, Baptism in the Malankara Church, 1974, 58. 60. — P. J. Podipara, Mariology of the Church of the East, 1980. — V. Pathikulangara, Resurrection, Life and Renewal, 1982, passim. — F. Acharya, Prayer with the Harp of the Spirit II, 1982, 350. 362. — Diocese of St. Maron/USA (Hrsg.), The Prayer of the Faithful according to the Maronite Liturgical Year II, 1984, 1029.
J. Madey/V. Pathikulangara

Sloup bei Blansko, im Bistum Brünn, in der »Mährischen Schweiz« mit der sog. Höhlenwelt der Macocha, die von einem Dreieck marian. Wallfahrtsorte umgeben ist: M̄e Opferung in Wranau, M̄e Namen in Kiritein und M̄ Sieben Schmerzen in S.

Die Wallfahrt gibt es seit 1730, als eine Statue der Schmerzhaften GM der Brünner Minoriten in einer Kapelle aufgestellt wurde. 1751–54 entstand die heutige Wallfahrtskirche, die dank der gräflichen Familie Karl Ludwig v. Rotendorf erbaut wurde. Es ist eine einfache doppeltürmige Barockkirche mitten in der Gemeinde S., die zu den ältesten Ortschaften Mährens zählt. Der Bischof und Kardinal von Olmütz, Ferdinand Julius v. Troyer, erteilte 1754 die Konsekration. Das Gotteshaus hat die Form eines Achtecks, zwei gegenüberliegende Seiten sind zum Presbyterium und zum Musikchor erweitert. Die wertvolle Innenausstattung stammt von O. Schweigl. 1844–54 erfolgte eine Renovierung. In der geräumigen Kirche finden ca. 2000 Besucher Platz. Vier Säulen, die sich hoch oben durch vier Spangen zu einem gekrönten Baldachin vereinigen, bilden den Aufbau des Hochaltars. Unter dem Baldachin ist das Altarbild, die Gruppe der Hlst. Dreifaltigkeit. Vor dem einfachen Hintergrund des Hochaltars hebt sich das Gnadenbild ab: eine lebensgroße Statue der Schmerzhaften GM, überragt von einem hohen Kreuzesschaft, von dem ein weißes Linnentuch flattert. Der Goldmantel der GM, der goldene Strahlenkranz um das Bild sowie der Goldkranz, der die Spitzen der Strahlen verbindet, leiten in ihrer gesamten Schönheit zu andächtiger Betrachtung hin.

Vor dem Ersten Weltkrieg betrug die jährliche Besucherzahl 40 000, die Zahl der Prozessionen 120–140. Bes. die Brünner Deutschen suchten dieses Heiligtum gern auf. Hauptfeste sind M̄e Schmerzen, der Freitag in der Passionswoche, Pfingsten und die M̄feste.

Lit.: Hoppe 463–466. — R. Sitka, Die Gnadenorte der Sudetenländer, 1954, 121–123. — A. Mahr, Sudetenland — Marian. Land IV, 1961, 27 f.; Nachdr. 1986. — J. v. Herzogenberg und W. Neumeister, Gnadenstätten in Böhmen und Mähren, 1965/66. — O. Filip, Die stillen Toten unterm Klee bei Pohořelice (Pohrlitz). Auf den Spuren des Brünner Todesmarsches vom 30. 5. 1945, In: Frankfurter Allgemeine Zeitung Nr. 124 vom 30. 5. 1990, 3.
E. Valasek

Slowakei, seit dem 1. 1. 1993 selbständige Republik, entstanden in historischer Anlehnung an das Großmährische Reich (9. Jh.), nach dessen Zerfall als Oberungarn Teil des Königreichs Ungarn bis 1918, danach zugehörig zur Tschechoslowakei (1918–38, 1945–92). Unter der magyarischen Adelsherrschaft konnten sich die Slowaken als Volk erhalten. Die um 1200 einsetzende dt. Einwanderung war von starkem Einfluß auf die Städtebildung und den Bergbau. Im Friedensvertrag von Trianon (4. 6. 1920) mußte Ungarn 17 oberungarische Komitate an die neu entstandene (28. 10. 1918) Tschechoslowakische Republik mit der Hauptstadt Prag abtreten. 1939 votierte der slowakische Landtag in Preßburg einstimmig für einen selbständigen slowakischen Staat. An der Spitze des 14. 3. 1939 ausgerufenen Slowakischen Staates stand Monsignore Dr. Joseph Tiso (1887–1947), der am 18. 4. 1947 in Preßburg als »Verräter« der Tschechoslowakei gehängt wurde. Seine Hinrichtung hat das slowakische und tschechische Volk nachhaltig entfremdet. Für die Vertreibung der Karpatendeutschen nach dem Zweiten Weltkrieg hat sich der slowakische Nationalrat 1991 ausdrücklich entschuldigt.

Die MV spielte in der S. seit den Anfängen der Christianisierung eine bedeutsame Rolle. Bereits vor der Ankunft der Slawenapostel Kyrill (ca. 826–869) und Method (ca. 820–885) im Großmährischen Reich 863 ließ der Slawenfürst Pribina zwischen 821 und 833 zu → Neutra die erste christl. Kirche einweihen, eine weitere wurde 850 als M̄kirche in Zalavár am Plattensee konsekriert.

In der S. gibt es ca. 50 regionale und überregionale Wallfahrtsorte; die Pilger gelten als ausgeprägt religiös, apostolisch, aufrichtig fromm, eucharistisch (Empfang der hl. Sakramente), bußfertig (lange Märsche, Fasten, durchwachte Nächte, Entbehrungen) und jugendbewegt.

Als Landespatronin der S. wird die Schmerzhafte Muttergottes verehrt (15. September). Zu den wichtigsten Wallfahrtsorten zählten: → Altgebirg, → Deutschproben, → Friewald, → Leutschau, → Marienthal, Neutra, →Priwitz, → Schemnitz, Schildern und → Schoßberg.

In der bildenden Kunst hat sich bereits die gotische Freskenmalerei des ₥themas angenommen. Eine Verkündigung hat sich auf dem Kirchenchor der Drautzer Kirche (1312) und in Schigra (14. Jh.) erhalten, eine thronende GM und eine Hl. Familie (Ende 14. Jh.) in Čerín im Bistum Neusohl. Die gotische Tafelmalerei hat Werke hinterlassen in Kaschau, Deutschliptsch (1435), Smrečany, eine Schmerzensreiche ₥ in Leutschau und eine Anna-Selbdritt in Nehre. Die Bartfelder Flügelbilder enthalten die Verkündigung und eine Schmerzhafte GM, ein gotisches ₥bild befindet sich in Okoliczno, eine Darstellung des ₥todes im Zipser Kapitel, desgleichen in Donnersmarkt. Von Meister Martin existiert eine Anna-Selbdritt in Jánošovce in der Zipfs; von Nikolaus v. Leutschau gibt es ein ₥bild aus der Zeit um 1484. Altarflügel mit Darstellungen aus dem ₥leben befinden sich in Siebenlinden. Gotische Skulpturen gibt es u. a. im Schrein des Georgenberger Anna-Altares, in St. Georgen (Pietà und Tod ₥e) in Očová. Zahlreiche ₥statuen sind Zeugen barocker MV und Kunst. Auch die Volkskunst (Hinterglasbilder, Gebetbücher, Hausmadonnen, Heiligenwinkel, Hausrat) zeigt ein eindrucksvolles Zeugnis vom frommen Erbe des Volkes.

Lit.: C. v. Szepesházy, Merkwürdigkeiten des Königreiches Ungarn, Kaschau 1825. — P. Eszterás und A. Jordánszky, Kurze Beschreibung der Gnadenbilder der seligsten Jungfrau Mutter Gottes Maria, welche im Königreich Ungarn und den zu demselben gehörigen Teilen und Ländern öffentlich verehrt werden. Nach dem Vortritte der zwei, von wailand Fürsten Paul Eszterás, Palatins des Königreichs Ungarn, im Jahre 1690 und 1696 herausgegebenen Bücher ... zum Seelentroste der Verehrer der seligsten Jungfrau herausgegeben hat, Alexius Jordánszky, ... Weihbischof in der Tirnauer Hälfte der Graner Erzdiözese ..., Pesth 1863. — S. Weber, Zipser Geschichts- und Zeitbilder, Leutschau 1880. — O. Schürer und E. Wiese, Dt. Kunst in der Zipfs, 1938, bes. 193, Nr. 242; 195, Nr. 250. — J. Spirko, Církevné dejiny, 2 Bde., 1943. — V. und F. Kotrba, Levočský oltár maistra Pavla, 1955. — J. Homolka, Levoča. Hlavni oltár v kostele sv. Jakuba, 1965. — F. Grufik, Turzovka. Das tschechoslowakische Lourdes, ²1971. — I. Lasslob, Dt. Ortsnamen in der S. mit den wichtigsten Gebirgs- und Flußnamen, hrsg. von der Arbeitsgemeinschaft der Karpatendeutschen aus der S., 1974. — F. Schmidt, Karpatendeutsche Wallfahrten, hrsg. von Hilfsbund Karpatendeutscher Katholiken e. V. Baden/Württemberg, 1976. — E. Tatarko, Die Bistümer in der S. Unter besonderer Berücksichtigung der dt. Pfarrgemeinden, hrsg. von Hilfsbund Karpatendeutscher Katholiken e. V., 1978. — E. Valasek, Veränderungen der Diözesangrenzen in der Tschechoslowakei seit 1818, In: AKGB 6 (1982) 289–296. — I. Zawerucha, A. Hlinka u. a., Das pilgernde Volk Gottes. Gnadenstätten in Osteuropa, 1986. — E. Valasek, Slowakei. Dr. Joseph Tiso, In: Rheinische Post Nr. 89, 17. 4. 1991, 8. — → Böhmen.   *E. Valasek*

Slowenien (Slovenija). I. KIRCHENGESCHICHTE. S. ist seit dem 15. 1. 1992 internat. als selbständiger und unabhängiger Staat anerkannt. In der Kirchengeschichte des Landes wechseln Blüte und Nachlassen der MV einander ab. Da sich in → Kärnten seit dem 8. Jh. Slowenen befinden, kann man hier im großen und ganzen dieselbe Entwicklung wie im jetzigen S. nachweisen.

Um das Jahr 760 hatte der Salzburger Bischof Virgil seinen Suffragan Modestus zu den Slowenen geschickt, um sie zu christianisieren. Schon seine ersten drei Kirchen weihte Modestus der GM. Die bedeutendste ist →Maria Saal (Gospa Sveta) in Kärnten, wo er seinen Bischofssitz hatte, auf ethnisch slowenischem Gebiet. Cyrill und Method, die die GM bes. unter dem Titel »Sedes sapientiae« verehrten, wirkten segensreich als Missionare unter den Slawen und zogen auch durch S.

Die Zeit der weiteren Verbreitung des Christentums (11.–15. Jh.) war eine Zeit intensiver MV. Im 11. Jh. entstanden die ersten Pfarreien, und damit beginnt auch die Christianisierung des ländlichen Gebiets. Schon damals wurde in Lesce eine der ältesten ₥wallfahrtskirchen errichtet. Im frühen MA waren im Gebiet der heutigen Diözese Ljubljana (Laibach) 12 % der Pfarrkirchen, Filialkirchen und Klosterkapellen der GM geweiht. Im Gebiet von Prekmurje haben die vier wichtigsten und ältesten Kirchen ein ₥patrozinium (3 davon ₥e Himmelfahrt: Grad, Turnišče, Lendava). In vielen anderen Kirchen waren Altäre und Bilder ₥ geweiht.

Einen starken Impuls erfuhr die MV durch die Benediktinerklöster des 11. und 12. Jh.s: Ossiach, St. Paul, Millstatt, Arnoldstein und Gornji grad. Einen großen Einfluß auf die Verbreitung und Festigung des Christentums hatte im 12. Jh. die Zisterzienserabtei Stična. Dabei spielte die Verehrung der Schmerzensmutter eine große Rolle. In S. gab es 4 Kartäuserklöster; Pater Philipp aus der Kartause Žiče dichtete um das Jahr 1270 ein dt. ₥lied mit 10 000 Versen, das bald weite Verbreitung fand. Gleich nach ihrer Gründung entstanden in S. die ersten Dominikaner- (im 13. Jh. waren es 3 Männer- und 2 Frauenklöster) und Franziskanerklöster (schon 1250 waren es sechs). Die Mönche haben verschiedene Bruderschaften eingeführt; einige davon waren der GM geweiht, so die Skapulierbruderschaft von 1250 oder die Bruderschaft zu ULF von 1475. Charakteristisch für das MA waren auch die Zünfte und Berufsvereinigungen, die in den Kirchen einige der GM geweihte Altäre und Bilder hatten. Im 15. Jh. begann die Wallfahrt auf den Berg »Ptujska gora«, die noch heute die bedeutendste der Diözese Maribor ist.

Die Verbreitung des Prot. war mit dem Kampf gegen die MV verbunden. So kämpfte Primož Trubar (1508–86), einer der bedeutendsten Protestanten, heftig gegen die Wallfahrt »Sveta Gora« bei Gorica, und andere slowenische Protestanten haben noch radikaler die Rolle der GM verneint als Luther selbst.

Die kath. Erneuerung (2. Hälfte 16. und 17. Jh.) brachte dann wieder eine Neubelebung der MV. Hatte sich schon der Laibacher Bischof Johannes Tavčar (1580–97) bemüht, die Reformation in S. aufzuhalten, so verbreitete bes. sein Nachfolger Thomas Hren (1597–1630) den kath. Glauben. Er wurde in einer prot. Familie geboren, aber sein Onkel ermöglichte ihm nach dem

Tod seines Vaters ein Studium bei den Jesuiten in Graz. Thomas Hren war ein großer Ⓜverehrer. In einem selbst verfaßten Gebet nennt er die GM »Imperatrix Angelorum et Domina mundi, refugium peccatorum et consolatrix hominum« (Šal, Protokoli Nr. 2, fol. 353). Er erbaute eine Ⓜkirche in Nazarje, wo sich — nach seinen Aufzeichnungen — an Ⓜfeiertagen bis zu 12 000 Pilger aus ganz S. versammelten. Die Seelsorge an diesem Wallfahrtsort übergab er den Franziskanern.

Damals förderten auch die Jesuiten, die von Johannes Tavčar nach Ljubljana gerufen worden waren, die MV und gründeten dazu am 3.12. 1606 in ihrem Kolleg die Kongregation »Mariä Himmelfahrt«.

Die Kapuziner, die auf Wunsch von Bischof Hren nach S. gekommen waren, haben die MV im Volk verbreitet. Aus dem 17. Jh. ist bes. Johannes Svetokriški (1646–1714) mit seinen marian. Predigten zu erwähnen.

Im 17. Jh. lebte der erste große slowenische Mariologe, Johann Ludwig →Schönleben (1618–81). Er studierte in Ljubljana, Wien und Padua, wo er 1635 zum Doktor der Theol. promovierte. Dann kehrte er nach Ljubljana zurück, wo er sich dem Studium der Geschichte widmete und sich für die Glaubenswahrheit der UE einsetzte. In 38 Jahren (1643–81) ließ er 38 Bücher drucken, darunter mehrere marian., die der Verteidigung der UE Ⓜs gewidmet sind. Schönleben war überzeugt, daß die Zeit für eine Dogmatisierung der UE reif war. Er verteidigte auch Ⓜs Aufnahme in den Himmel. Seine Begründung ist derjenigen ähnlich, die auch die Enzykliken »Ineffabilis Deus« und »Munificentissimus Deus« enthalten. Die Bedeutung seiner Lehre wurde nach der Definition der Glaubenswahrheit von der UE Ⓜs wiederentdeckt.

Einen deutlichen Einbruch erfuhr die MV dann in der Zeit des Jansenismus und der Aufklärung. Kaiser Joseph II. (1780–90) griff auch in S. tief ins kirchliche Leben ein, verbot Bruderschaften und Wallfahrten und ließ sogar viele Wallfahrtskirchen abreißen. In dieser Zeit hatten zahlreiche jansenistisch orientierte Priester keinen Sinn für die MV, unter ihnen bes. auch der Laibacher Bischof Johannes Karl Herberstein (1771–87).

Im 19. Jh. und in der ersten Hälfte des 20. Jh.s erfolgte eine Wiederbelebung der MV. V. a. die Franziskaner haben versucht, dem Jansenismus und der Aufklärung entgegenzutreten. Eine entscheidende Rolle bei der Erneuerung des Katholizismus spielte Friedrich Baraga (1797–1868), der während seines Aufenthaltes in S. (bis 1830) ein Werk über die GM schrieb, nachdem 50 Jahre keine mehr erschienen war. Auf Anregung seines geistlichen Vaters, des hl. Klemens Maria →Hofbauer, fing er an, Alfons v. Liguori zu lesen. Luka Jeran hat dann die Ideen Baragas wirkungsvoll verbreitet, bes. auch durch die Herausgabe der Zeitung »Zgodnja danica« (»Früher Morgenstern«, »stella matutina«). Auch er war ein großer »Alfonsianer«. Ziemlich früh erschien in S. eine Übersetzung von »Le glorie di Maria« sowie anderer Werke von Alfons M. v. Liguori.

Nach 1850 wurden die Bruderschaften wieder eingeführt und es verbreitete sich die Maiandacht (»Smarnice«). An der Schwelle zum 20. Jh. hat sich der Laibacher Bischof Anton Bonaventura Jeglič (Bischof 1898–1930) mit der Gründung von Marian. Kongregationen in fast allen Pfarreien um die MV verdient gemacht. Sein bischöfliches Motto lautete: »Zu uns komme Dein Reich durch Maria«. In diesem Geiste hat er, schon beeinflußt von L. M. →Grignion de Montfort beeinflußt, auch gehandelt. Gegen Ende des 19. Jh.s gewann auch →Brezje, der größte und wichtigste Wallfahrtsort S.s, immer mehr an Bedeutung. Im Oktober 1943 hat sich die Laibacher Diözese dem Unbefleckten Herzen Ⓜs geweiht.

Nach dem Zweiten Vaticanum war bei vielen Christen ein Nachlassen der MV spürbar, aber andererseits gab es auch verschiedene Bewegungen, die Ⓜ wieder in den Vordergrund stellten und bei den Gläubigen die MV lebendig erhielten. Einen großen Einfluß hatte dabei Grignions Buch »Traité de la vrai dévotion à la sainte Vierge«, das 1980 zum ersten Mal ganz übersetzt und dann 1991 nachgedruckt wurde.

Außerdem gibt es zwei systematische Darstellungen der Mariol. und zwar von Jakob Ukmar und Anton Strle. Anton Strle und Anton Nadrah OCist haben auch mehrere Erörterungen über die GM geschrieben, in denen die Lehre des Zweiten Vaticanums berücksichtigt wird.

Das slowenische Volk hat mehrmals der GM geweiht, zuletzt am 15.8.1992 als Dank für die wiedererlangte Selbständigkeit S.s.

Lit.: F. Rihar, Marija v zarji slave, Celovec (Klagenfurt) 1909. — B. Kragl, Marija in Slovenci, 1955. — Acta, Academia mariana Internationalis, 1957, 1972, 1981, 1984, 1987, 1991. — A. Strle, Mariologija, 1964, ²1972. — J. Ukmar, Nauk o božji materi ali mariologija, 1969. — M. Benedik u. a., Zgodovina Cerkve na Slovenskem, 1991. — M. Zadnikar, Ptujska gora — visoka pesem slovenske gotike, 1992. — M. Smolik, Marijino češčenje, In: Enciklopedija Slovenije VI 416.   A. Pirš

II. KUNSTGESCHICHTE. Die Kunst S.s ist durch die geschichtlichen Zeitumstände einer kleinen Nation an der Kreuzung zwischen Norden und Süden, Osten und Westen in Europa geprägt und trägt deshalb auch eigene Züge. Die unzähligen ma. Dorf- und Stadtkirchen mit ihrer Ausstattung bezeugen, wie in diesem Land die fremden künstlerischen Anregungen den eigenen Verhältnissen angepaßt wurden.

Das Ⓜthema, in dem sich die MV der Slowenen widerspiegelt, umfaßt nach den Christusbildnissen auch rein zahlenmäßig und ikonographisch die größte Gruppe der Darstellungen sowohl auf dem Gebiet der Malerei als auch der Plastik, wobei nur auf die wichtigsten Kunstwerke und ikonographischen Themen der einzelnen Epochen hingewiesen werden kann.

In S. ist ein einziger großer Zyklus des Ⓜlebens vollständig erhalten (12 Szenen), die spätgotischen Fresken (1504) der Kirche Sv. Primož oberhalb der Stadt Kamnik. Dem Leben M e sind auch die Fresken in Crngrob (Anfang 14. Jh.) und der Altar von Matija Plainer (1605) in der M kirche von Petrovče bei Celje gewidmet. Von den einzelnen Themen des M lebens wäre an erster Stelle die Verkündigung zu nennen, z. B. am Chorbogen vieler gotischer Kirchen (Sv. Janez in Bohinj; Bodešče bei Bled; Hrastovlje, das Kirchlein Marija Snežna in Piran). Drei Verkündigungen in S. malte auch der berühmte barocke Maler J. M. →Schmidt aus Krems (Velesovo, 1773; Ljubljana, Palais Gruber, um 1778; ebd. Nat. Galerie, 1771). Der M tod kommt in der ma. Kunst S.s sehr oft vor. Interessantes Beispiel aus der zweiten Hälfte des 15. Jh.s ist das Fresko der Pfarrkirche in Vuzenica, das den Tod M e gleichzeitig mit ihrer Aufnahme in den Himmel und ihrer Krönung zeigt. Als Teil eines dreiteiligen Reliefs, das auch die Anbetung der Könige umfaßt, wird das Thema in der Wallfahrtskirche in Ptujska gora (um 1410) präsentiert. Eine weitere bedeutende Darstellung befindet sich auf dem Flügelaltar von Konrad Laib (um 1460) in der Stadtpfarrkirche in Ptuj.

Die frühesten erhaltenen marian. Andachtsbilder in S. stammen aus dem 13. Jh.: Drei Statuen der thronenden M (Holz, Velesovo, Pfarrkirche, um 1220; sog. Madonna aus Solčava, Pfarrkirche, um 1260; Steinrelief aus dem Tympanon der ehemaligen Kreuzritterkirche in Ljubljana, jetzt Ljubljana, Nat. Galerie, um 1260). Als bedeutende thronende Madonna des »weichen Stils« ist die Plastik aus der Wallfahrtskirche in Ptujska gora auf dem steinernen Rosenkranzaltar (um 1410) zu nennen.

Die bekannteste Schutzmantelmadonna ist das Gnadenrelief in Ptujska gora (um 1410), das früher am Hauptportal der Kirche angebracht war und sich heute auf dem barocken Hochaltar befindet. Die Besonderheit dieser Darstellung ist, daß 80 Personen unterschiedlicher Stände, die unter dem weit ausgebreiteten Mantel M s versammelt sind, Porträtzüge aufweisen. Eine andere interessante Schutzmantelmadonna ist auf dem sog. Plagenfresko in Sv. Primož oberhalb Kamnik dargestellt (1504).

Der Zahl und Qualität nach gehört die Pietà zu den wichtigsten plastischen M darstellungen in S. Die älteste stammt aus Breg bei Sevnica (um 1370; heute: Ljubljana, Nat. Galerie), eine sog. »schöne« Pietà aus Goričane (Nat. Galerie, um 1400). Nennenswert ist ferner noch die Pietà des »Weichen Stils« im Museum in Ptuj (aus Velika Nedelja), jene in der Pfarrkirche Sv. Jurij in Ptuj sowie die Pietà in der M kapelle in Celje und in der Burg Predjama.

Das Thema der Immaculata wird v. a. im Barock in Form von M - oder Pestsäulen (Josef Straub, Maribor, 1743) und von Altarbildern (die bedeutendsten malten in der 2. Hälfte des 18. Jh.s Valentin Metzinger und Fortunat Bergant) verbreitet.

Slowenische Gnadenbilder befinden sich u. a. in Brezje, eine Kopie des Mariahilfbildes von L. Cranach (Leopold Layer, 1814), in Ptujska gora (Gnadenrelief der Schutzmantelmadonna) und in Sveta gora bei Gorica (M mit Jesaja und Johannes dem Täufer, Jakobus Palma zugeschrieben). Erwähnenswert sind ferner zwei Bilder, die Varianten der bekannten europäischen Themen darstellen: die »Udarjena Marija« in der alten Wallfahrtskirche von Ljubno (»Verletztes Kultbild«) und ein Fresko zum Thema →Einhornjagd (Hortus conclusus) in der Filialkirche des hl. Andreas in Dole bei Krašče (1504/05).

Viele M bildnisse sind als Plastik, Ölbilder oder Fresko ein Teil der Kirchenausstattung der zahlreichen Wallfahrtskirchen. Die schönsten Beispiele befinden sich in Muljava (Jernej Blumberger, Aufnahme M s im sog. goldenen Altar, 1664), in Puščava na Pohorju (2. Hälfte 17. Jh.), in Olimje bei Podčetrtek (Hochaltar, Ende 17. Jh.; Ivan Ranger, Fresken, 1740), in Ruše (Johannes Chrysostomus Vogl, Fresken mit M emblematik, 1721; Hochaltar von J. Jakob Schoy, 1728) und in Sladka gora (Franc Jelovšek, Fresken, 1752 f.)

Lit.: F. Stele, Slovenske Marije, 1940. — E. Cevc, Srednjeveška plastika na Slovenskem, 1963. — Ders., Slovenska umetnost, 1966. — F. Stele, Slikarstvo v Sloveniji od 12. do 16. stol., 1969. — E. Cevc, Poznogotska plastika na Slovenskem, 1970. — J. Vrišer, Baročno kiparstvo v osrednji Sloveniji, 1976. — L. Menaše, Umetnostni zakladi Slovenije, 1981. — A. Žigon, Cerkveno stensko slikarstvo poznega 19. stoletja na Slovenskem, 1982. — S. Vrišer, Baročno kiparstvo na Primorskem, 1983. — M. Zadnikar, Lepote slovenskih cerkva, 1985. — Ders., Ptujska gora, 1992. *A. Kropej*

III. MUSIKWISSENSCHAFT. Slowenische Tondichtungen zu Ehren ULF wurden z. T. als Kirchenlieder für das Volk komponiert, andererseits für Kirchenchöre als Chorlieder, Kantaten oder Oratorien.

1. Kirchenlieder. Schon an der Jahrtausendwende oder zumindest in den ersten Jahren danach sind zahlreiche Kirchenlieder entstanden, von denen aber nur wenige bekannt sind. Man vermutet, daß in jener Zeit slowenische Christen zu Ehren der GM v. a. Bittrufe oder kurze Lieder gesungen haben, die man zur Volksliedüberlieferung rechnen kann. In die zweite Hälfte des 16. Jh.s, als mit dem ersten gedruckten Buch die slowenische Lit. entstand, gehören auch die ersten Liederbücher. Sie waren prot. und brachten in der Regel keine M lieder. Doch die kath. M lieder überlebten die Zeit des Prot. Zur Zeit der Gegenreformation wirkte in Ljubljana Bischof Thomas Hren. Er berichtet in seinen Tagebüchern, daß er am Vorabend vor M e Himmelfahrt und M e Geburt in der Wallfahrtskirche Nova Štifta bei Gornji grad zusammen mit seinen Gläubigen die ganze Nacht mit Gebet und Gesang von M liedern verbracht habe. Ein von ihm geplantes eigenes Liederbuch konnte noch nicht verwirklicht werden. Das erste kath. Liederbuch »Bratovske bukvice« (»Das Büchlein der Bruderschaft«) von Matija Kastelec

(1678) enthält fünf Mlieder, darunter drei neue und zwei ältere. Eine Blütezeit erlebte die slowenische KM im 18. Jh. sowohl mit neuen Liederbüchern als auch mit zahlreichen neuen Liedern, deren Mehrheit marian. waren. Im 19. Jh. entstanden unzählige Lieder, die noch heute gesungen werden. In der Mitte des 19. Jh.s komponierten Kirchenlieder im volkstümlichen Stil Gregor Rihar, Leopold Cvek und Andrej Vavken. Um die Jh.wende (→Caecilianismus) schufen Mlieder Angelik Hribar und Ignacij Hladnik, darunter das beliebte »Marija skoz življenje« (»Maria, durchs Leben führst du uns«). Unmittelbar vor dem Ersten Weltkrieg wirkten Vinko Vodopivec, Franc Kimovec und Stanko Premrl, die sich auch in ihren Mliedern von den caecilianischen Fesseln befreiten und ein eigenes slowenisches Melos entwickelten. Diese Richtung setzten Lojze Mav und Matija Tomc zwischen den beiden Weltkriegen fort. Unter den Kirchenliedern haben die Mlieder bei den Gläubigen schnell Fuß gefaßt. Ein eindeutiger Beweis dafür ist die Tatsache, daß in der neuesten Ausgabe des Kirchenliederbuchs »Slavimo Gospoda« (»Loben wir den Herrn«) von den 330 Liedern 80 Mlieder sind.

Viele der ursprünglichen Chorlieder fanden ihren Weg zum Volk, dennoch enthält das Kirchenchorliederbuch unter 500 Titeln etwa ein Fünftel Mlieder mit Kompositionen aller bekannter slowenischer Komponisten.

2. *Kantaten.* Die ersten Kantaten zu Ehren Ms haben slowenische Komponisten erst in der ersten Hälfte des 20. Jh.s geschaffen. 1921 komponierte Ignacij Hladnik drei Mkantaten für Andachten und Kirchenkonzerte, für Soli, gemischten Chor und Orgel. Zur Hundertjahrfeier der Verkündigung des Dogmas von der UE Ms schuf Stanko Premrl 1954 die Kantate »Brezmadežna« (»Die Unbefleckte«) für Sopran, Bariton, Chor und Orgel. Matija Tomc komponierte 1956 die Kantate »Marija Slovencev Kraljica« (»Maria, Königin der Slowenen«) für Soli, Chor und Orgel (auf den Text von Sr. Elizabeta Kremžar), die die fünf beliebtesten Mwallfahrtsorte S.s schildert: Brezje, Sveta Gora, Višarje, Ptujska Gora und Gospa Sveta.

3. *Oratorium.* Das erste slowenische Oratorium neueren Datums ist »Assumptio BMV« für Sopran, Bariton, Chor und Orchester von Hugolin Sattner (1911). Dem biblischen Text in der Auswahl des Theologen Aleš Ušeničnik gab Mihael Opeka eine dichterische Form. 1921 wurde der Text gründlich umgestaltet, 1951 das Oratorium von Lojze Mav neu orchestriert.

Lit.: S. Trobina, Slovenski cerkveni skladatelji, 1972. — E. Škulj (Hrsg.), Cerkvenazborovska pesmarica I–IX, 1978–83. — M. Smolik und E. Škulj (Hrsg.), Slavimo Gospoda, 1988.

E. *Škulj*

4. *Volkslieder.* Die Tatsache, daß die Anfänge der Christianisierung S.s mit der MV verbunden war, hinterließ vielerlei Spuren im Leben des Volkes. Viele Ortsnamen sind mit dem Mnamen verbunden, von fast 400 Mkirchen sind etwa 40 Wallfahrtskirchen, etliche Pflanzen und Blumen tragen den Namen Ms (z. B. Marienhemdchen für Anemonen, Marientränen für Zittergras usw.), und schließlich hat M auch ihren Platz in den Volksliedern.

Zu den ältesten geistlichen Volksliedern gehören auch einige Mlieder, z. B. das noch immer gesungene »Lepa si, lepa, roža Marija« (»Schön bist du, schön, du Rose Maria«), dessen Text und Melodie die Zugehörigkeit zu den ma. Volksliedern aufweisen. Die Mlieder bilden die umfangreichste Gruppe unter den slowenischen geistlichen Liedern, abgesehen davon, daß M auch in den Legenden-, Hochzeits-, Toten- und Trinkliedern vorkommt. Bezeichnend ist, daß die Struktur der Verse, Strophen und Melodie mancher marian. Kirchenlieder mit jener der weltlichen Volkslieder übereinstimmt. Der dreiteilige Rhythmus wird bevorzugt und der typische slowenische 5/8 Takt kommt nicht selten vor. Auch in der Kirche singt die Gemeinde mit Vorliebe zwei- oder dreistimmig, doch der Tradition entsprechend und nicht schulmäßig.

Im großen Schatz slowenischer Legendenlieder nehmen die Mlegenden einen bedeutenden Platz ein. Einige davon gehören zu den Themen der allgemeinen europäischen Überlieferung, einige berichten über die Entstehung der Wallfahrtskirchen, wieder andere wollen die kargen Evangelienberichte mit frommen Geschichten ergänzen. M erscheint hier als einfache, bescheidene, fromme Mutter des Kindes Jesus, pilgert zu Fuß zu bekannten Wallfahrtskirchen mit dem Kind auf dem Arm, bittet vergeblich um Herberge oder sucht weinend ihr Kind, das sie verloren hat. Zugleich tritt sie aber auch als GM auf, weil all ihre Würde durch die Tatsache, daß Jesus Gottes Sohn ist, begründet wird. Weil sie GM ist, wird M zur mächtigen Fürsprecherin und Helferin, die fast alles erlangen kann. In einem Legendenlied bittet sie ihren Sohn sogar, das Jüngste Gericht aufzuschieben, bis die schwangeren Frauen gebären können und die Sünder Buße tun. In einigen Varianten des ma. Liedes vom bußfertigen Sünder vergibt sie an Jesu Stelle dem Sünder seine Sünden. In einer Variante des Liedes von der Seelenwaage weint sie drei Tränen auf die Waage, damit das nötige Gewicht ergänzt und die Seele gerettet wird. M ist sich in den slowenischen Legendenliedern aber auch ihrer Würde bewußt und erwartet die Verehrung, die ihr zukommt. So wird in einem sehr verbreiteten Lied erzählt, daß M die Kirche, in der sie nicht entsprechend verehrt wird, verläßt, und in eine andere Pfarrei übersiedelt. Diejenigen Dörfer, die ihr die Herberge versagt haben, werden im Lied mit der Vernichtung durch Überschwemmung gestraft.

M ist anderseits auch in solchen Liedern erwähnt, die dem Inhalt nach zu den profanen gehören und möglicherweise vorchristl. Ursprung haben, z. B. in einigen Ansingeliedern zu Neujahr und zur Sommersonnenwende. In den frommen Trinkliedern dankt man ihr als

Spenderin des Seins (Anspielung auf das Wunder in Kana), in den Soldatenliedern wurde sie um Schutz in der Todesgefahr angerufen, in einem Hochzeitslied wird sie von der Braut eingeladen, mit ins neue Heim zu gehen usw. Als Schmerzensmutter wurde sie in der Vergangenheit sehr verehrt, was sich entschieden in den Fastenliedern oder im sog. Goldenen Vaterunser (Passionslied) widerspiegelt.

Bes. seien die Lieder zum schmerzhaften Rosenkranz und zur Lauretanischen Litanei genannt. Der schmerzhafte Rosenkranz wurde etwa bis zur Mitte des 20. Jh.s auch bei der Totenwache gesungen, die Lauretanische Litanei noch immer bei der Maiandacht oder bei Wallfahrten. Es bestehen zwei Arten: entweder wird die Litanei mit erweiterten lobpreisenden Anrufungen vom Volk allein als ein einziges Lied gesungen oder im Wechselgesang von Priester (mit Assistenz) und Volk rezitiert, wobei jedem dritten Bittruf des Volkes ein einstrophiges Lied als Kehrreim hinzugefügt wird. Diese »Kehrreime« wechseln nach einigen Wiederholungen, so daß in der gesamten Litanei etwa zehn verschiedene vorkommen. Diese Art des Litaneisingens ist für die Slowenen kennzeichnend und anderswo nicht bekannt. Sie ist seit dem 17. Jh. belegt, während die andere Form schon vorreformatorisch ist.

Lit.: I. Grafenauer, O srednjeveški slovenski Marijini litanijski pesmi, In: Razprave 2, SAZU (1944) 213–236. — K. Štrekelj, Slovenske narodne pesmi I–IV, 1981 (Sammlung der Volksliedtexte). — Z. Kumer, Lepa si, roža Marija ... Zbirka slov. ljud. pesmi o Mariji, 1988. — Volksliedarchiv im Inštitut za slovensko narodopisje in Ljubljana. *Z. Kumer*

IV. LITERATURWISSENSCHAFT. Schon in den ersten slowenischen Handschriften um ca. 1000 wurde ℳ erwähnt. Im 17. und 18. Jh. finden sich ℳgebete und -andachten in den Gebetbüchern. Bis zum 18. Jh. verwendeten die Priester und die gebildeten Leute lat. und dt. Bücher über die GM. Im 19. Jh. verbreitete sich auch rel. Lit. über ℳ in slowenischer Sprache. In der 2. Hälfte des 19. Jh.s fangen in S. die Maiandachten an (šmarnice), und den ganzen Mai hindurch wird in allen Pfarreien meistens innerhalb der hl. Messe aus einem ℳbuch gelesen.

Auch in der weltlichen Lit. haben Schriftsteller und Dichter im 19. und 20. Jh. die GM erwähnt (z.B. France Prešeren, Simon Gregorčič, Ivan Cankar, Janez Trdina, France Bevk, Jože Pogačnik, Ljubka Šorli, Ivan Pregelj, Elizabeta Krenžar).

Lit.: F. Vodnik, Slovenska religiozna lirika, 1980. — J. Dolenc, Marija v slovenskih legendah, 1987. *A. Pirš*

Sluiter (Sluyter), Willem, * 22.3.1627 in Neede, † Dezember 1673 in Zwolle, niederländischer Verfasser geistlicher Dichtungen, reformierter Pastor, studierte am Athenaeum in Deventer sowie an der Universität Utrecht und wurde 1653 nach Eibergen berufen. Nach einer kurzen Ehe (1662–64) mußte er als Witwer mit zwei kleinen Kindern zwei Mal (1665/66 und 1672) vor Kriegswirren fliehen. 1673 wurde er nach Rouveen berufen, er starb aber vermutlich, bevor er dort sein Amt antreten konnte.

S. gilt als reformierter Pietist, der Weltabkehr und Askese predigt. Aus seinen Dichtungen, die sich in vier Gruppen einteilen lassen, spricht eine einfache Frömmigkeit. Den größten Teil machen geistliche Liederbücher aus, von denen »Psalmen, Lof-Sangen, ende Geestelike Liedekens« (1661), »Eibergsche Sang-Lust« (1670) und »Gezangen van Heilige en Godtvruchtige stoffe« (postum 1687) die bekanntesten sind. Zwei Werke, »Buiten-Leven« (1668) und »Eensaem Huis- en Winter-Leven« (1668) verherrlichen das Landleben, das auf Grund der Einsamkeit, der Mäßigkeit, der geringen Zeitvergeudung sowie der besseren Möglichkeit zur beschaulichen Lektüre den Menschen Gott näher bringe. Gerade diese Dichtungen rücken S. in die Nähe seines berühmten Zeitgenossen Jacob Cats (1577–1660), mit dem ihn die Nachwelt gerne verglich. Mit dem Sterben befassen sich »Christelike Doodts-Betrachting«, die in die Tradition der im niederländischen Pietismus recht beliebten Euthanasia-Schriften gehört und teilweise durch den Tod von S.s Gattin angeregt wurde, sowie »Lyk-Reden Aen de Gemeinte J.C. t'Eibergen« (postum 1687), gleichsam S.s geistliches Testament. Drei Dichtungen befassen sich schließlich mit dem Katholizismus. »Op de MIS-geloovige MISSE« (vermutlich 1671) ist eine milde Polemik gegen die Messe, die v.a. mit Wortspielen (»mis« heißt »Messe« oder »miß-« bzw. »fehl-«) operiert und »Paapse Sacramentsdag« (postum 1701) geht mit kath. Fronleichnamsbräuchen ins Gericht. Das bedeutendste Werk aus dieser Kategorie ist »Lof der Heilige Maagt Maria« (1669).

S.s ℳlob umfaßt 1648 Alexandrinerverse. Sein Anliegen ist es zu zeigen, daß die Protestanten ℳ nicht verachten, sondern sie gebührend ehren. Dazu geht er in zweifacher Weise vor: zum einen zeigt er, welche Elemente eine auf biblischer Grundlage fußende prot. MV konstituieren sollten, zum andern grenzt er diese ab gegen die Praxis der zeitgenössischen kath. ℳfrömmigkeit. ℳ übertrifft für S. die höchste Königin sowie alle Mütter des AT. Sie ist ein Muster der Demut, der Keuschheit, der Mäßigkeit und des Gehorsams, ein Vorbild für Verlobte, Mütter und Gattinnen. Sie sei Jungfrau geblieben und habe als Schmerzensmutter große Glaubensstärke gezeigt. In Geduld und Gottesfurcht sollte man ihr nachfolgen. Wer ℳ nicht ehrt, soll in der Hölle brennen. Sie ist hoch erhaben über Propheten, Erzväter, Apostel, ja über Engel, und im Himmel ist sie mit hohen Ehren ausgezeichnet. Man soll aber ℳ keine falschen Ehrentitel wie Göttin, ULF, Himmelskönigin oder Mittlerin verleihen. Auch soll man ihr keine Kirchen weihen, nicht zu ihr beten oder ℳbilder verehren. Dies alles beeinträchtige die Ehre Gottes. Man könne ℳ nie genug ehren, wenn man Gott nur die Ehre lasse, so schließt S. sein Gedicht. Katholischerseits polemisierten u. a. Theophil Adami (»Eere-scherm van [...] Maria«, 1670) und J. B. → Wellekens (»Lofzang op de Allerheiligste Maagt Maria«, postum 1737) gegen S.s Ⓜbild. Das Werk war aber unter Protestanten recht beliebt und erlebte bis in die zweite Hälfte des 19. Jh.s insgesamt 17 Auflagen. Danach geriet es, wie S.s übrige Schriften auch, in Vergessenheit.

Lit.: C. Blokland, W. S. 1627–73, 1965 (Bibl.). — NBW V 753–755.
G. v. Gemert

Smedtstett-Marienklage (→ Klagen), dramatisch-szenische Ⓜklage in einer auf 1491 datierten Berliner Handschrift (Berlin, Staatsbibl. Preußischer Kulturbesitz, Ms. germ. 4° 636). Abgesetzte Verseintragung, Hervorhebung und Rubrizierung der Redeanfänge, abgesetzte rubrizierte Eintragung der Sprecherbezeichnungen sowie durchgehende Noteneintragung sichern den Spielcharakter. Inhaltlich handelt es sich um eine im Wechsel von Ⓜ und Johannes vorgetragene Klage über die Passion Jesu. Der gestische Stil der Klage wird nicht in den Bühnenanweisungen bezeichnet, doch soll Ⓜ bei der entsprechenden Textstelle mit dem Bezug auf Simeons Prophezeiung ein Schwert emporhalten. Der Dialekt ist oberhessisch-thüringisch. Zur Bezeichnung als »Smedtstett-Marienklage« vgl. Lit.

Ausg.: R. Eitner, Die Oper von ihren ersten Anfängen bis zur Mitte des 18. Jh.s I, Leipzig 1881, 19–30.
Lit.: Bergmann, Katalog Nr. M 14. — D. Schmidke, U. Hennig und W. Lipphardt, Füssener Osterspiel und Füssener Marienklage, In: PBB 98 (Tübingen 1976) 413, Anm. 104.
R. Bergmann

Smet, Eugénie-Marie-Joseph (Maria von der Vorsehung), sel. Ordensstifterin, * 25. 3. 1825 in Lille, † 7. 2. 1871 in Paris, wurde am 27. 5. 1957 von Pius XII. seliggesprochen. Sie wurde von den Schwestern der »Gesellschaft vom Hlst. Herzen« in Lille erzogen (1836–43). Ihre »Bekehrung zu einem vollkommenen Leben« erfuhr sie mit 16 Jahren bei den Exerzitien des Jesuiten L. Sellier († 1854). In verschiedenen Aktivitäten war sie missionarisch tätig. 1852 schloß sie einen Bund mit der göttlichen Vorsehung. Am 2.11.1853 hatte sie in der traditionsreichen Wallfahrtskirche ND des Grâces in Loos-lez-Lille die Eingebung, eine Gebetsgemeinschaft für die Armen Seelen, die 1854 von Pius IX. genehmigt wurde, sowie eine rel. Gemeinschaft für die leidende Kirche zu gründen. Über J. Toccanier stand sie 1855–59 mit dem hl. J.-M. → Vianney in brieflicher Verbindung, der sie in ihrem Vorhaben, eine Kongregation zu gründen, bestärkt hat und von dem heute noch Reliquien in der Kapelle des Mutterhauses in Paris verehrt werden. Am 19.1.1856 gründete S. in Paris das Institut der »Helferinnen der Seelen im Fegfeuer« (Auxiliatrices des âmes du purgatoire), kurz »Helferinnen« genannt, die der leidenden Kirche durch tätigen Einsatz und Liebe Linderung bringen sollten und sich noch zu ihren Lebzeiten auch in Nantes (1863), Shanghai (1867) und Brüssel (1869) niederließen. S. übernahm am 25. 3. 1859 mit kleinen Änderungen die Regeln und Konstitutionen der Gesellschaft Jesu und erhielt am 11. 8. 1869 die päpstliche Approbation. Die 1984 überarbeiteten Konstitutionen wurden 1987 von Rom gebilligt. Die »Helferinnen« zählten 1992 ca. 1000 Schwestern, die in etwa 30 Ländern von den USA, Südamerika, Afrika, Ostasien und Europa, so auch in Deutschland (München, 1982; Waischenfeld/Bayreuth, 1984; Aachen 1990), Ungarn (1989) bis Indien (1992) im pastoralen Gemeindedienst und medizinisch-sozialen Bereich tätig sind. Gebet und Opfer für die Armen Seelen sowie Dienst an den Armen und Kranken standen in S.s Programm, das christozentrisch ausgerichtet ist.

Wie S.s Ordensname besagt, übergibt sie sich in einer »Spiritualität der Magd des Herrn« (Ladame 289) nach dem Vorbild Ⓜs ganz dem in der göttlichen Vorsehung wirkenden Willen Gottes: »Fiat! — Das ist der Refrain meines Lebens.« »Fiat voluntas tua. Das ist das große Wort meines inneren Lebens«, bekennt sie 1862 (ebd. 293). Die Frömmigkeit, die Ⓜ mit den Armen Seelen in Verbindung bringt, hat eine lange Tradition, die gerade im 19. Jh. neu belebt wurde.

Schon ihren Geburtstag am Fest Ⓜe Verkündigung betrachtete sie als Zeichen für ein Leben aus dem »Fiat« einer Magd des Herrn. Am Tag ihrer Erstkommunion (7. 4. 1835) weihte sie sich Ⓜ mit der Bitte, sie Klosterfrau werden zu lassen. Am 2. 2. 1841 nahm sie die Weihe als Ⓜkind in einer Kongregation vor, deren Sekretärin sie später wurde. Täglich betete sie den Rosenkranz und das kleine Offizium der UE. Zu Füßen einer Statue der »ND de la Providence« empfing sie 1853 das letzte von Gott erbetene Zeichen für die Gründung einer rel. Gemeinschaft. Am 21.11.1855 opferte sie sich Christus durch die Hände Ⓜs für sein Werk und sprach vertraut zu Ⓜ: »Unsere Frau von der Vorsehung, ich bin Euer Kind. Nehmt mich in Eure mütterlichen Arme« (ebd. 291). Sie bekennt, daß sie alles Gute durch Ⓜ empfangen habe.

Bei den schwierigen Anlaufbedingungen ihrer Gründung in Paris, hielt S. in ND des Victoires ab 20.1.1856 eine Novene ab und bat Ⓜ um Hilfe und Bestätigungen. Die entsprechende Ⓜstatue stellte sie in ihrer ersten Bleibe auf. Nach dem Umzug in das Mutterhaus ließ sie »ihre« ND de la Providence von daheim nachschicken. Am 8.11.1856 wurden in einer Feier dieser Ⓜstatue vom Typus der UE, die noch heute in der später erbauten Kapelle im Park des Mutterhauses verehrt wird, zwei Schlüssel als Symbole für das Haus und die Herzen der Bewohner zu Füßen gelegt. Dann las S. die von ihr verfaßte Weiheformel und stellte Gegenwart und Zukunft der Gründung unter den Schutz

Ms. Am 24.5.1858 wurde die Mstatue als »Regina Purgatorii« mit einer kostbaren Krone gekrönt. An ihrem Todestag, dem Gedenktag der Agonie Jesu am Ölberg, tröstete S. ihre Gemeinschaft: »Bei uns stirbt die Mutter Oberin nicht, weil dies Maria ist« (ebd. 294).

WW: Mss. im Mutterhaus in Paris: Histoire de la société (unvollendet). — Geistliches Tagebuch 1859–70. — 1300 Briefe und Karten. — Der Briefwechsel mit J. Toccanier ist ediert in: Annales d'Ars, 1902/03. — Auszüge aus den Schriften S.s sind ediert in: Feuillets spirituels de Marie de la Providence, 1960–67. — Correspondance de Marie de la Providence à sa mère et celle à son père, ²1967. — Vgl. Ch. de Seyssel.
Lit.: F. Blot, Les Auxiliatrices du Purgatoire, Paris 1863, ⁵1874. — (Marie de S. François de Borgia), Notice sur la R. M. Marie de la Providence ..., Paris 1972, ⁷1917; dt.: Die Ehrw. Mutter Maria von der Vorsehung (E.S.), Innsbruck, 1894. — G. Fullerton, The Life of Mère Marie de la Providence, London 1875, u. ö. bis 1923. — (Anonym), Der thätige Liebesblick in's Jenseits, Wien ²1876. — A. Dubois, Notre-Dame de la Providence. Son histoire et son culte, Paris 1908. — A. Hamon, Les Auxiliatrices des âmes du Purgatoire, 2 Vol., 1919–21. — L. M. Hertling, E. S. — Maria von der Vorsehung. Gründerin der Gesellschaft der Trösterinnen der Armen Seelen, 1929. — G. Bernoville, La Société des Auxiliatrices des âmes du Purgatoire, 1938. — M René-Bazin, Celle qui vécut son nom, M. de la P., 1948, ²1956; engl. 1948; ital. 1955 (mit einem Vorwort von G. B. Montini); dt.: Sie lebte ihren Namen, Maria von der Vorsehung, 1950. — F. Darcy, Quand la porte s'entrouvre, 1955; dt.: Wenn das Tor sich öffnet, 1955. — F. Charmot, Les Auxiliatrices du Purgatoire, 1956. — Échanges, H. Août 1957. — Ch. de Seyssel, Itinéraire spirituel de la Bse M. de la P., Diss., Institut Regina Mundi Rom, 1960 (QQ, Lit.). — Annales de ND des Victoires Nr. 7 (1962/63) 17–25. — Eugénie Smet ... La Barouillère (Mutterhaus), Heft Mai 1971. — Auxiliatrices 4 (1991). — Manoir V 887–921. — Baumann 362–366. — Ladame 288–294. — AAS 49 (1957) 169 ff. 361–364. 371–376; franz. Übers., In: Documentation catholique 54 (1957) 783–786. — LThK² IX 837. — BSS VIII 1027 ff. — Cath. VIII 641 f. — DSp X 523 ff. (Lit.).; XII 2652–76. — DIP VIII 1588.
W. Hahn (Ch. de Seyssel/I. Vorner)/W. Baier

Smet, Pierre-Jean de, SJ, * 30.1.1801 in Termonde/Belgien, † 23.5.1873 in St. Louis/USA, der »Große Schwarzrock«, trat 1821 in die Gesellschaft Jesu ein, wurde 1827 zum Priester geweiht und wirkte 1838–46 bei verschiedenen Indianerstämmen des Indian Territory und in den Rocky Mountains als Missionar. Später war er für die finanzielle Sicherung der Indianermissionen tätig. Die Erneuerung der Indianermission ist mit ihm aufs engste verbunden, aber auch die Missionsromantik und Missionsbegeisterung für die Indianermission in Europa.

S. begann seine erste Fahrt in die Rocky Mountains in der Mstadt Saint Louis und seine erste Station nannte er St. Mary's. Alle Fahrten und Reisen stellte er unter den besonderen Schutz Ms und auf allen Wegen fühlte er sich von der GM geleitet. Neben der Herz-Jesu-Verehrung verwurzelte er auch die Liebe zur Schmerzensmutter tief in den Herzen der christl. Indianer. Bei der Erstkommunion nahm er alle in die Marian. Kongregation auf.

Lit.: E. Laveille, Le Père De Smet, Apôtre des Peaux Rouges 1801–73, ⁴1928. — F. J. Kersten, De Groote Zwartrok. P. de Smet in zijn missiebrieven, 2 Bde., 1931. — P. J. Donnelly, Father P.-J. de S., United States Ambassador to the Indians, In: Historical Record and Studies 24 (1934) 7–142.   H. Rzepkowski

Smit, Gabriel (Wijnand), * 25.2.1910 in Utrecht, † 23.5.1981 in Laren, niederländischer Dichter und Essayist, war lange als Journalist tätig und gab mehrere lit. Zeitschriften heraus. Nach seinem Übertritt zum Katholizismus (1934) verfaßte er vorwiegend rel. Dichtungen, geistliche Gebrauchspoesie, aber auch Bekenntnislyrik eines zunehmend persönlichen Charakters, die gelegentlich ins Mystische sticht. Bekannt wurde er nicht zuletzt durch seine Psalmennachdichtung (»De Psalmen«, 1952). Eine Krise, in die er in den 60er Jahren geriet, ließ ihn zur Institution Kirche auf Distanz gehen. Aus seinen späteren Dichtungen, wie sie in »Op mijn woord« (1968) gesammelt sind, spricht denn auch weniger eine traditionell kirchlich-rel. Frömmigkeit.

Mdichtungen sind in S.s Oeuvre bes. prononciert vertreten. Bereits 1935, unmittelbar nach der Konversion, verfaßte er ein marian. Laienspiel, »De vijf blijde geheimen van Maria«, das um die fünf freudenreichen Rosenkranzgeheimnisse kreist und sich eng an die biblischen Vorlagen hält. Zwei weitere Laienspiele, wie dieses eher Sprechstücke, als daß sie sich durch Handlungsreichtum auszeichneten, das »Mariadeclamatorium« »Sterre der Zee« und das »lyrische Spiel« »Aan Maria's hart«, beide um 1940 entstanden, stellen M dar als Leitstern und Halt in einer durch Unruhen, Not und Krieg zerrütteten Welt. Bald wandte sich S. stärker dem Mgedicht zu: Die Sammlung »Marialof« (1939) enthält insgesamt 22 Gedichte, von denen sechs das Lob der GM singen, die man, wie es das Titelgedicht formuliert, mit Worten eigentlich nicht genug preisen könne. Der Gedichtband »Angelus« (1940), der, so betont der Untertitel »Kleine getijden«, eine Art Breviarium sein will, enthält eine dichterische Paraphrase des Ave Maria und einzelner marian. Ehrentitel aus der Lauretanischen Litanei. »De Rozenkrans« von 1947 ist ein Gedichtzyklus über die fünfzehn Geheimnisse des Rosenkranzes, der wohl in erster Linie für Kinder gemeint war. Übersetzungen von acht Mgedichten, vom MA (u. a. Dante) über die Romantik (»Des Knaben Wunderhorn«, Eichendorff) bis zur Gegenwart (Claudel, Ghéon) legt S. vor in der Sammlung »Mariapoezie uit acht eeuwen«, die ebenfalls kurz nach dem Zweiten Weltkrieg erschienen sein dürfte. Einen wesentlichen Bestandteil von S.s marian. Oeuvre bilden als dritte Kategorie die Legenden, die er meist nach älteren, oft ausländischen Vorlagen überarbeitete, in Verse kleidete und einzeln (»De danser van Onze Lieve Vrouw«, etwa 1940) oder in Sammlungen (»Marialegenden naar middeleeuwse Legenden«, etwa 1940; »Zeven Marialegenden«, 1945) veröffentlichte. In diese Tradition paßt auch S.s Nachdichtung der ma. → »Beatrijs«-Legende (1979).

Lit.: G. Knuvelder, Ternauwernood, In: Ders., Spiegelbeeld, 1964, 80–84. — W. Ramaker, G. S., In: Uitgelezen 1 (1974) 91–97. — F. Rutke, G. S., In: Dies., Is Jezus nog te redden?, 1975, 77–99. — J. v. d. Sande, G. S., Dichter bij de werkelijkheid, In: Ders., Onsterfelijk behang, 1979, 69–75.   G. van Gemert

Socia. Auf Gottes Frage antwortet Adam: »Die Frau, die du mir als socia gegeben hast, hat mir vom Baum gegeben, und ich aß« (Gen 3,12). Sachlich dürfte S., in der Septuaginta mit der substantivierten Präpositionalkonstruktion ἡ μετ' ἐμοῦ wiedergegeben, mit »adiutorium simile sibi« (Gen 2,18) übereinstimmen, doch werden später beide Wörter trotz ihrer inhaltlichen Nähe nicht im gleichen Sinn gebraucht (vgl. O'Carroll). In der →Eva-M-Parallele wurde S. im lat. Westen des Altertums nie ausgewertet (vgl. S. Alvarez Campos, Corpus Marianum Patristicum, 1970 ff.; in den Indices wird Gen 3,12 nicht erwähnt; O'Carroll 28). In der Vulgata wird »socius« im Sinn von »einer, der teilt,« gebraucht; 2 Kor 1,7 spricht von »socii passionum« und »consolationis«. Die deshalb naheliegende marian. Verwendung ließ jedoch lange auf sich warten. Eine solche klingt im Sermo in festo Assumptionis B. M. bei →Ambrosius Autpertus († 784) an: »Te ipse Rex regum ut matrem et decoram sponsam prae omnibus diligens amoris amplexu associat« (PL 39, 2134).

Erst → Ekbert v. Schönau († 1184) gebraucht das Substantiv und läßt M bereits im Zusammenhang mit der Inkarnation S. sein: »Dominus tecum« (Lk 1,28), »ut te amans ... et sociam sibi adsciscens« (O'Carroll 30). Im Mariale Ps.-Alberts scheinen offensichtlich die genannten Genesisstellen durch, wenn es heißt, daß M nicht zu einem Amt, aber zur Hilfe und Partnerschaft bestimmt war: »Beata Virgo non est vicaria, sed coadiutrix et socia«; im Reich Gottes nimmt sie an der Herrlichkeit teil, sie, die am Leiden für die Menschheit teilgenommen hat, als die Jünger geflohen sind (ed. Borgnet 37, S. 81; O'Carroll 31). Näherhin (Mariale 247 ff.; O'Carroll 31 f.) handelt es sich um eine associatio in essendo (wahres Menschsein von Jesus, das von M stammte; gleiche Willensrichtung; Gemeinschaft im Leben), in patiendo (das Mitleiden Ms) und in agendo (Vermählung zwischen Gott und Mensch, Zeugung des Sohnes, Hilfe für die Menschen). In (verhältnismäßig wenigen) Hymnen wird M als »deo condigna socia« gepriesen, die S. beim Leiden war und es jetzt in der Herrlichkeit ist (vgl. O'Carroll 34 f.). →Engelbert v. Admont rühmt die Glaubensfestigkeit der S. in passione, ähnlich betont →Ubertino da Casale die associatio in Leiden und Verherrlichung. →Bernhardin v. Siena, → Antoninus v. Florenz, der die Gedanken von Ps.-Albert aufgreift, und →Dionysius der Kartäuser führen die Gedanken weiter: M ist S. des Sohnes, v. a. im Leiden und in der Verherrlichung, aber auch des Vaters oder der ganzen Trinität; so lautet die Anrufung in einer flämischen Litanei: »Beatissimae Trinitatis socia carissima« (vgl. ebd. 37 ff.). Albert, Thomas, Bonaventura und Duns Scotus lassen allerdings den Aspekt der S. weg.

Der erste Internat. Mariol. Kongreß (Rom 1950) wurde unter den Schutz der »Alma Socia Christi« gestellt. Pius XII. förderte die Bezeichnung, die in »Munificentissimus Deus« (»generosa divini Redemptoris socia«, AAS 42 [1950] 768) und noch mehr in der Enzyklika »Ad Caeli Reginam« (»Maria, in spirituali procuranda salute, cum Jesu Christo, ipsius salutis principio, ex Dei beneplacito sociata fuit«, AAS 46 [1954] 634) einen Platz fand. Der Terminus sollte den Corredemptrix-Titel ersetzen und mit der neuen Sprachregelung eine terminologische Klärung erreichen. In »Lumen gentium« (Nr. 61) begegnet der Titel wieder (»singulariter prae aliis generosa socia«; vgl. dazu Alberigo-Magistretti [269]: »Pius XII. consulto vitare voluit hanc expressionem [= corredemptrix] adhibendo frequenter formulas ›Socia Redemptoris‹, ›Generosa Redemptoris Socia‹, ›Alma Redemptoris Socia‹, ›Socia in Divini Redemptoris opere‹). In der Collectio Missarum de BMV (1986) wird in der Präfation der Messe »Mater Boni Consilii« M »socia et mater« (»Gefährtin und Mutter«) genannt.

S. besagt die einmalige Nähe Ms zu ihrem Sohn (und zur Trinität) in Inkarnation, Leiden und Herrlichkeit; die aktive Teilnahme Ms am Heilswerk; die vorausgehende göttliche Befähigung und Berufung, da das Subjekt der (as-, con-)sociatio immer Gott Vater oder der Sohn ist, und damit zugleich bei aller Höhe der Berufung eine Unter- und Zuordnung (→Diakonin). Ob sich das auf Grund dieses Bedeutungsfeldes zur intensiveren Verwendung in der Mariol. geeignete, aber von der Tradition her wenig gestützte Wort durchsetzen wird, muß sich erst zeigen.

Lit.: J. M. Bover, Síntesis organica de la Mariología en función de la asociación de María a la obra redentora de Jesu Cristo, 1929. — G. Alberigo und Fr. Magistretti, Constitutionis Dogm. Lumen Gentium Sinopsis Historica, 1975. — M. O'Carroll, Maria Socia, adiutrix, consors Christi, In: Acta Congressus Mariologici-Mariani 1975, IV, 1980, 27–51 (Lit.).

A. Ziegenaus

Soden, Carl-Oskar Freiherr v., Priester, * 6. 6. 1898 in München, † 6. 8. 1943 in New York, schlug nach staatswissenschaftlichen und juristischen Studien zunächst eine Politiker-Laufbahn ein, erkannte aber während eines einjährigen Aufenthalts (1925/26) als Korrespondent in Polen (über 100 Artikel für die Zeitung »Germania«) seine Berufung zum Priestertum. Am 4. 10. 1926 trat er als Priesteramtskandidat ins Canisianum in Innsbruck ein. Während des Studiums veröffentlichte er zahlreiche Aufsätze v. a. in den Zeitschriften »Allgemeine Rundschau«, »Das neue Reich«, »Rhein-Mainische Volkszeitung« und »Hochland«. Am 29. 6. 1931 wurde er in Freising zum Priester geweiht. Stationen seines priesterlichen Wirkens waren Indersdorf (1931), Geisenhausen bei Landshut (1931–33), Jugendseelsorger in München, St. Maximilian (1933–36) und Expositus in Marzling bei Freising (1936–39). S.s antinazistisches Wirken als Poltiker sowie seine deutlichen Schriften und Predigten gegen das »Dritte Reich« zwangen ihn am 25. 7. 1939 zur Flucht über die Schweiz, Portugal, Brasilien in die USA, wo er seiner stets schwachen Gesundheit erlegen ist. Seine beeindrukkende Persönlichkeit und sein gelebtes Christentum haben bei allen, die ihn gekannt haben wesentliche Eindrücke hinterlassen.

S.s MV offenbart sich in einer Äußerung, wonach er als Kind viel vor dem Maltar in →Aufkirchen am Starnberger See gebetet habe, in seiner Primiz am Gnadenaltar in Altötting und bes. in zahlreichen marian. Predigten: So erschließt er seiner Gemeinde in einem Zyklus von Maiandachtspredigten die Königin-Anrufungen der →Lauretanischen Litanei (Mai 1932), er nennt M das menschliche Element in der Theol. (2.5.1937) oder er verweist auf die Vorbildfunktion Ms für uns, da auch wir — wie M — Christus auf die Erde bringen (15.8.1936) und unser »Ja« zum Gotteswillen sprechen sollen (5.9.1934). S. wollte M v.a. den jungen Menschen nahebringen, denn »Christusjugend heißt auch Marienjugend« (25.5.1933). Die jüngsten seiner Pfarrjugend in München, St. Maximilian, die »Marienkäferl« weiht er in einer Feierstunde der GM (2.7.1934), den älteren aber verkündet er M als »Mutter, die uns das ewige Leben schenkt«, als »Führerin der jungen Kirche zum Hl.Geist« (25.5.1933), als »Gipfel der geschaffenen Schönheit« und »Brücke von der Welt zu Gott« (11.7.1937). Dabei kommt oft S.s Kritik am Nationalsozialismus zum Ausdruck, etwa am 8.12.1935: »Die ungeheure Höhe, in die Gott Maria gestellt hat und in die er uns berufen hat, ist weit höher als uns alle Herolde des Herrenmenschen und Übermenschentums stellen wollen. Der Mensch ist mehr, als alle seine Ausbeuter und Verführer ahnen.« Ein wesentlicher Aspekt in S.s marian. Frömmigkeit ist schließlich seine Verehrung der GM als Patrona Bavariae. Denn hier verbindet sich seine MV mit der Liebe zu seiner bayer. Heimat, an deren »schönsten Stellen unsere Vorväter Bilder der Gottesmutter aufgestellt haben ... Weil Maria die Krone der Schöpfung ist« (11.7.1937).

QQ: Der Nachlaß C.-O.s v. S. befindet sich bei seiner Nichte Clara Gräfin La Roseé, Berg am Starnberger See.
Lit.: F. Trenner, C.-O. v. S., ein Politiker-Priester in Bayern zwischen Monarchie und Diktatur, 1986 (WW, QQ und Lit.).
F. Trenner

Sörgenloch, Pfarr- und Wallfahrtskirche »Maria mit dem Jesuskind«, Lkr. Mainz-Bingen, Diözese Mainz.

Das romanische Kirchenschiff ist mit einem gotischen Chor erweitert. Siegfried v. Eppstein weihte die Kirche 1232 neu. 1382 besaß sie einen Maltar, 1466 eine Mbruderschaft. Die Pfarrei wurde 1518 als Filiale der Pfarrei Zornheim wiedererrichtet, 1899 bekam sie einen eigenen Pfarrer. Die Kirche brannte 1691, wurde nach 1700 wieder aufgebaut und 1749 neu geweiht, 1784 der Glockenturm dem Chor hinzugefügt. Die in der Mitte des 18. Jh.s angeregte Salve-Andacht, 1804 aufgegeben, stiftete 1810 ein Bürger neu. Pius IX. gewährte 1862 einen vollkommenen Ablaß. Hauptwallfahrtstag ist heute der Sonntag nach Me Geburt. Nach dem Hochamt zieht eine Prozession mit Teilnehmern aus der näheren Umgebung durch den Ort. Seit 1975 macht die Pfarrei Saulheim-Udenheim am 8. September eine Fußwallfahrt nach S.

Das Gnadenbild, die Skulptur einer sitzenden Madonna (Ton, um 1420) stammt aus der Binger Keramikschule. Der Überlieferung nach im Pfälzischen Erbfolgekrieg vergraben, wurde es 1697 wiederentdeckt und auf den Taufstein plaziert, 1784 in eine Nische des Hochaltars gestellt. Die bis um 1855 bekleidete Madonna erhielt 1839 einen blauen Mantel mit Gold- und Silberzierat. Von den zahlreichen Votivgaben aus der Blütezeit der Verehrung Mitte des 18. Jh.s haben sich zwei silberne Kronen und ein Herz erhalten. Da das Gnadenbild wegen seines Gewichts unhandlich ist, trat bei der Prozession an seine Stelle eine »liebliche« Immaculata (19. Jh., Holz, gefaßt). Als Gegenstück dazu stiftete der Pfarrer 1951 eine Schmerzhafte GM. In der Südwestecke des ehemaligen Friedhofs um die Kirche findet sich eine 1911 angelegte Lourdes-Grotte, an der Südseite eine Unwettermadonna auf einer Säule.

Lit.: A. Gabel, Das Gnadenbild »Maria mit dem Jesuskind« zu S. bei Mainz, Mainz 1864. — F. Falk, Heiliges Mainz ..., Mainz 1877, 99. — Kurzkataloge 4.088. *H. Schopf*

Sōḡītā (Plural: sōḡyātā; westsyr. sōḡītō), eine in metrische Strophen eingeteilte Dichtung, häufig mit einem alphabetischen Akrostichon. Die alten sōḡyātā sind voller Dramatik nach Art eines Dialogs zwischen zwei oder mehreren Personen bzw. Ereignissen, z.B. dem (personifizierten) Tod und Jesus, zwischen M und dem Engel, zwischen M und Jesus oder zwischen M und der Kirche.

1. *Im ostsyr Ritus* ist der Gesang einer S. am Ostersonntag nach dem → Nuhrā des hl. Ephräm im → Saprā vorgeschrieben. Das große dreibändige chaldäische Brevier von Bedjari enthält keine S., obgleich es auf ihr Vorhandensein hinweist. — Diese Dichtungsart hat wahrscheinlich ihren Ursprung bei den Sumerern. Der hl. Ephräm scheint der erste gewesen zu sein, der sie in der syr. Literatur verwendet hat. Von den erhaltenen sōḡyātā gibt es einen schönen Dialog zwischen M und dem Engel in 54 Versen oder Strophen in Verbindung mit dem Verkündigungsbericht. Er zeigt den Konflikt zwischen Verstand und Glauben bei M auf, ihr Zögern, einem Fremden sofort Glauben zu schenken; erst als ihr das Kommen des Hl. Geistes offenbart wird, nimmt sie die Botschaft mit ganzem Herzen auf: »1. O Kraft des Vaters, die herabkam und Wohnung nahm,/ angetrieben von seiner Liebe, im Schoße einer Jungfrau,/ schenke mir die Rede, damit ich sprechen kann/ von deiner großen Tat, die unbegreiflich ist. — 32. All deine Worte erstaunen mich sehr./ Ich bitte dich, Herr, tadle mich nicht,/ denn ein Sohn in einer Jungfrau wird nicht verstanden,/ und niemand hat je mit mir geschlafen. — 33. Er wird zu dir kommen, hab keine Furcht,/ er wird in deinem

Schoße wohnen, frage nicht wie./ O Frau voller Segnungen, singe den Lobpreis/ ihm, dem es gefallen hat, in dir gesehen zu werden. — 34. Herr, kein Mann hat mich je erkannt/ noch jemals mit mir geschlafen;/ wie kann das sein, was du gesagt hast,/ denn ohne eine solche Verbindung kann es doch keinen Sohn geben! — 35. Vom Vater wurde ich entsandt,/ dir diese Botschaft zu bringen, daß sich seine Liebe bewogen hat,/ daß in deinem Schoße sein Sohn wohnen sollte,/ und über dir soll sich niederlassen der Heilige Geist. — 36. In diesem Falle, o Bote, will ich nicht widersprechen:/ Wenn der Heilige Geist zu mir kommen soll,/ bin ich seine Magd, und er hat das Sagen;/ laß es an mir geschehen, o Herr, von allen feurigen, unsichtbaren Welten,/ ebenso von jedem Mund in dieser Welt./ Laß die Erde dir ihre Lobpreisungen singen.«

2. Bei der *Gemeinschaft der Thomaschristen*, die man »Sudisten« oder »Knanaya« nennt, gibt es am Ende des Trauungsritus' einen Gesang Bār Maryam (Sohn M͡s) in aramäischer Sprache. Diese Gemeinschaft hat ihren Ursprung in der Einwanderung von mesopotamischen Christen im 4. Jh. nach Indien. Er scheint eine S. zu sein, obgleich er keinen Dialog enthält. Einige Verse seien hier wiedergegeben: »Der Sohn Marias (zwei Mal), der Sohn Gottes, den Maria geboren hat —/ für uns wurde in Betlehem der Sohn Marias geboren, der Sohn Marias —/ Die Magier kamen zu der Ehre der Anbetung des Königs Christus, den Maria geboren hat —/ Der Sohn Marias (zwei Mal), der Sohn Gottes, den Maria geboren hat —/ Der Sohn Marias ließ Engel herabkommen zum Lobpreis seiner Geburt, der Sohn Marias,/ und sie beteten in der Krippe den großen Hirten, den König Christus, an —/ Der Sohn Marias, sein Stern zeigte nach der Weissagung, der Sohn Marias —/ Und die Magier aus Persien erkannten, daß der König Christus, den Maria geboren hat, zur Erde gekommen war ...« Diese S. enthält keinen der phil. oder theol. Ausdrücke, die der Kirche des Ostens eigen sind, wie Qyānā, Qnōmā oder Parṣopā, doch bringt er deutlich zum Ausdruck, daß der Sohn Gottes auch der Sohn M͡s ist, daß M͡ die Mutter Gottes des Sohnes ist.

3. Dagegen kennen der *westsyr.* und der *maronitische Ritus* zahlreiche sōḡyāṯā in ihren Gottesdiensten. Ursprünglich trugen zwei Sänger die S. vor. Als Beispiel sei aus einer S. aus der Großen Fastenzeit zitiert, die einen Dialog zwischen M͡ und der Kirche darstellt: »Bei dem Kreuze stand Maria, die Tochter Davids. Sie trauerte um ihren Sohn ... — (Maria:) O mein geliebter Sohn, sprich zu mir! Wie kann ich dich entblößt sehen und dich nicht beklagen?... Laß mich vor dir sterben und nicht auf dich schauen. O Frucht meines Leibes, was geschieht denn da? Dein Blut fließt, doch sie fahren fort, dich zu schlagen. Wer wird mit mir um deinetwegen Mitleid haben? Wer wird mein Blut mit deinem vermischen? Du wirst an das Kreuz geschlagen, und ich fahre fort zu trauern. Was bedeuten diese Wunden an deinem heiligen Leib? Sie haben deine strahlende Schönheit entstellt. Der Glanz deines Antlitzes ist fahl geworden. Deine Tränen fließen wie der Regen. Deine Blicke brachten mich zum Wanken, und deine Leiden schwächten mich. Kirche: O Mutter Jesu, Tochter des ruhmreichen Vaters. O Braut des machtvollen Heiligen Geistes. Laß uns an den Leiden unseres Erlösers Anteil haben und schmücke uns mit der Gnade unseres Schöpfers. So können wir dir dienen auf immer und ewig.«

Lit.: J. Mateos, Lelya-Sapra. Essai d'interprétation des matines chaldéennes, 1959, 497. — P. K. Meagher u. a. (Hrsg.), Encyclopedic Dictionary of Religion, 1979, 3339. — P. J. Podipara, Mariology of the Church of the East, 1980. — The Prayer of the Faithful according to the Maronite Liturgical Year I, 1982, XXII. — S. Brock, Sogiatha. Syriac Dialogue Hymns, 1987. — V. Pathikulangara, Resurrection, Life and Renewal, 1982. — R. N. Beshara, Mary. Ship of Treasures, 1988, 42 f.   *V. Pathikulangara/J. Madey*

Sokol, Bernardin, OFM, * 22.5.1888 in Kaštel Sućurac/Kroatien, † 28.4.1944 in Badija vor der Insel Korčula, besuchte nach vollendetem Theol.-Studium das Konservatorium in Klosterneuburg bei Wien und setzte das Studium in Rom (1924–26) fort, das er mit dem Doktorat in Theol. und Musikwissenschaft abschloß. Er wirkte als Musikprofessor in Dubrovnik Zagreb, und Badija, hat zahlreiche kirchliche und weltliche Musikstücke geschrieben und veröffentlicht, in denen er Ursprünglichkeit melodischer Invention, Vorliebe für Polyphonie und Sinn für ungewöhnliche Effekte zeigt. Zu Ehren der GM hat er zahlreiche Lieder Antiphonen und Litaneien komponiert. Bes. zeichnen sich seine 11 »Ave Maria« aus. Im Zweiten Weltkrieg wurde er von den Kommunisten getötet und ins Meer geworfen.

Lit.: Muzička enciklopedija III, 1977, 395.   *V. Kapitanoić*

Solano, Francisco, * 10.2.1549 in Montilla/Andalusien, † 14.7.1610 in Lima, wurde bei den Jesuiten erzogen, trat 1568 in den Franziskanerorden ein und ging 1590 nach San Miguel del Tucumán.

S. gilt als Prototyp eines vorbildlichen Wandermissionars, der auch schnell die verschiedenen Indio-Sprachen erlernte und furchtlos unter den kriegerischen Gruppen predigte. Berühmt ist seine Predigt vor 45 Kaziken der Diaguita mit ihrem großen Gefolge in La Rioja (1593), womit er sich für die Rechte der Indios einsetzte. S. gilt als Patron der franziskanischen Missionen und Missionsvereine. 1601 wurde er aus der Indio-Mission nach Lima berufen. Er war Asket, Mystiker und Prediger und trägt den Titel »Wundertäter der Neuen Welt«. Er spielte die Geige zu Ehren des Jesuskindes, der GM, aber auch um die Indios zu gewinnen. Ihn zeichnete eine innige M͡minne aus. 1657 wurde er selig- und 1726 heiliggesprochen.

Lit.: Homenaje en el tercer Centenario de San F. S., 1610 et 1910, In: El Plata Seráfico, Buenos Aires 1910, 273–324. — J. B. Rainer, Der hl. Franz Solan. Patron der Franziskaner-Missionen, 1921. — J. M. Pou, Para la canonizazione de San F. S. en tiempo del papa Urbano VIII, In: Archivo Ibero-Americano 9 (1918) 273–287. — A. Hiral, F. S., Apóstel de la América del Sud, 1945. — F. Cabré, Smeblanza de San F. S. Apóstel de la Argentina y el Peru, 1549–1610, 1949. — Fanchón Royer, St. Francis Solanus Apostle to America, 1955. *H. Rzepkowski*

Solea (σωλέα). Unter S. versteht man eine halbkreisförmige Ausbuchtung der Altarbühne (Bema) vor der Königstür der Ikonostase in Kirchen des byz. Ritus. Die S. ist der wichtigste Funktionsort des Diakons in der Feier der hl. Liturgie; auf ihr spricht er die Ektenien, dort findet die Verkündigung des Evangeliums statt. Die S. entspricht in ihrer Funktion dem schon in der alten Kirche bekannten Ambo. Mit dem Anwachsen der Gemeinden rückte der Ort der Wortverkündigung von der bischöflichen Kathedrale im Scheitelpunkt der Apsis an die Cancelli, die Chorschranken heran. Dort bildete sich aus akustischen Gründen ein erhöhter Ort, der Ambo (von ἀναβαίνειν = »hinaufsteigen«). Die S. leitet sich ab von dem in Syrien üblichen Bema, einem in der Kirchenmitte errichteten erhöhten Ort, wo sich der Klerus während des Wortgottesdienstes aufhielt. Der Bema hatte seinen Eingang zur Altarseite hin. Auf der S. oder in der Nähe befinden sich ein oder mehrere Proskynetarien, bezogene Pulte, auf denen Ikonen der GM und anderer Heiliger der Gemeinde zur Verehrung ausgestellt sind. Je nach architektonischer Ausführung dient die S. auch den liturg. Feiern des Akathistos und des Kanons: beide Chorhälften treten von der S. herab und singen vereint den → Hirmos.

Lit.: F. E. Brightman, Liturgies Eastern and Western, I: Eastern Liturgies. — K. Nikolskij, Posobie k isučeniju ustava bogoslužienija pravoslavnoj Tserkvi, St. Petersburg 1900; Nachdr.: 1960, 26 f. — J. G. Davies, The Origin and Development of Early Christian Church Architecture, 1953, 94 ff. — D. Hickley, The Ambon in Early Liturgical Planning, In: Heythrop Journal 7 (1966) 4, 407–427. — Jungmann I 527 f. — C. Kucharek, The Byz.-slav. Liturgy of S. John Chrysostomos, 1971, 423 f. — K. Onasch, Kunst und Liturgie der Ostkirche in Stichworten, 1981, 27 f. (Lit.). — A. Adam, Wie sich Gottes Volk versammelt, 1984, 118 f. — DACL I 1330–47. *M. Kunzler*

Soler, Antonio, *3. 12. 1729 in Olot de Porrera, †20. 12. 1783 in El Escorial, erhielt in der Benediktinerabtei Monserrat seine erste musikalische Ausbildung. Bis 1752 war er Kapellmeister an der Kathedrale zu Lérida, trat danach dem Hieronymitenorden im Escorial bei und wirkte dort bis zu seinem Tod als Chorregent und Organist. S. schrieb mehr als 100 Sonaten für Tasteninstrumente, sowie Konzerte für zwei Orgeln, weiter zahlreiche Messen, Motetten, Psalmen, Hymnen, Litaneien, Lamentationes, Kantaten, Stabat-Mater- und Magnificat-Vertonungen.

Lit.: S. Rubio, El Padre S., In: Tesoro sacro musical 56 (1973) 67 ff. — MGG XII 8323–834. — Grove XVII 449–451. *E. Löwe*

Soler, Francesco, *um 1625 in Barcelona, †2. 5. 1688 in Gerona, war als Kapellmeister in Reus, Tarragona und Gerona tätig. Als Komponist dem röm. Barockstil folgend, komponierte er v. a. geistliche Werke; dazu zählen u. a. mehrere Meßvertonungen, ein Requiem für 8 Stimmen, Magnificatbearbeitungen, ein 6-stimmiges Regina caeli und ein 10-stimmiges Salve Regina.

Lit.: F. Civil, La música en la catedral de Gerona durante el siglo XVII, In: Annuario Musical 55 (1972). — MGG XII 834. — Grove XVII 451. *E. Löwe*

Solidarität Mariens mit der Menschheit. S. (lat. »solidare« = fest zusammenfügen) bedeutet allgemein wechselseitiges Verbundensein und Verpflichtetsein der Mitglieder einer Gruppe. In der kath. Soziallehre bildet die S. neben Personalität und Subsidiarität einen entscheidenden Grundpfeiler gesellschaftlichen Lebens. Die S. setzt die personale Würde des einzelnen und die soziale Verantwortung gleichermaßen voraus. Aus einer seinsmäßigen Gemeinsamkeit (grundgelegt im Menschsein) folgt eine spezifische Verpflichtung füreinander, »die feste und beständige Entschlossenheit, sich für das ›Gemeinwohl‹ einzusetzen« (Sollicitudo rei socialis Nr. 38). Durch die Teilhabe am dreifaltigen göttlichen Leben kraft der Taufe wird die menschheitliche S. entscheidend verstärkt und ausgerichtet auf die Gemeinschaft im Leibe Christi, die Kirche (1 Kor 12; Katechismus Nr. 953. 1939–42. 2850).

Eine umfassendere systematische Verbindung des Solidaritätsgedankens mit der Gestalt M︎s steht in der Mariol. bislang noch aus. Die wichtigsten Elemente dazu finden sich jedoch in verwandten Zusammenhängen. Die Gemeinsamkeit zwischen M︎ und der Menschheit beruht zunächst darauf, daß den von Gott geschaffenen Menschsein nach seinem →Ebenbild und in der Ausrichtung auf die Erlösung durch Jesus Christus. Die Art der gegenseitigen S. wird freilich geprägt durch die spezifische Stellung M︎s in der Heilsgeschichte: M︎ ist die neue →Eva, die als →Stellvertreterin der Menschheit vor Gott die Erlösung durch Jesus Christus vorbereitet und in der die Heilsgnade sich vollkommen auswirkt (→UE, →Aufnahme). M︎ ist die einzige geschöpfliche Person, die stets vor jedem Makel der Sünde bewahrt geblieben ist und mit ihrer Gnadenfülle das Urbild der Kirche bildet. Die konkrete Auswirkung ihrer Stellvertretung zeigt sich in der mütterlichen Sorge für die ganze Menschheit, bes. für die Glieder des Leibes Christi (→Anwalt der Menschlichkeit, →Fürbitte, →Mittlerin, →Mutter der Kirche, →Sakramente u. a.). Die S. der Menschen mit M︎ zeigt sich als kindliche Bereitschaft, ihren mütterlichen Dienst anzunehmen, sie als GM zu verehren und in ihr Vorbild nachzuahmen.

Die seinsmäßige Grundlage für die S. zwischen M︎ und der Menschheit prägt sich aus im Rahmen des Bundes zwischen Christus und der Kirche, symbolhaft dargestellt im Bild der Ehe: Christus als »Bräutigam«, der die göttliche Initiative mit dem menschlichen Wirken als

»Haupt« der Kirche in sich faßt, und M als personales Urbild der →»Braut«, die das Heil empfängt, in Liebe darauf antwortet und beim Erlösungsgeschehen mitwirkt. Nach →Thomas v. Aquin war die Verkündigung des Engels deswegen notwendig, »damit das Bestehen einer gewissermaßen geistlichen Ehe zwischen dem Sohne Gottes und dem Menschengeschlecht aufgezeigt würde: und deshalb wurde durch die Verkündigung die Zustimmung der Jungfrau an Stelle des ganzen Menschengeschlechtes erwartet« (STh III q 30 a 1). M erweist sich als Zeichen der erlösten Menschheit, insofern sie das Heil empfängt und dabei mitwirkt. Für die rel. Symbolik ist dabei die frauliche Prägung Ms (→Frau) bedeutsam, die sich in der Ekklesiol. fortsetzt (die Kirche als Jungfrau, Mutter und Braut) und mit der Anthropol. verbindet (z. B. die Seele des Menschen vor Gott als »Braut« nach dem Sprachgebrauch der Mystik).

Lit.: C. Feckes (Hrsg.), Die heilsgeschichtliche Stellvertretung der Menschheit durch Maria, 1954. — J. Höffner, Christliche Gesellschaftslehre, [8]1983. — Johannes Paul II., Enzyklika »Sollicitudo rei socialis«, 1987. — M. Hauke, Die Problematik um das Frauenpriestertum vor dem Hintergrund der Schöpfungs- und Erlösungsordnung, [3]1991, 292–321. — K.-H. Menke, Stellvertretung. Schlüsselbegriff christl. Lebens und theol. Grundkategorie, 1991. — Katechismus der Kath. Kirche, 1993. — LThK[2] IX 864–867.
M. Hauke

Solimena, Francesco, * 4.10.1657 in Canale di Serino bei Avellino oder in Nocera, †3.4.1747 in Barra bei Neapel, ital. Maler, war zunächst Schüler seines Vaters Angelo. Gemeinsam mit ihm schuf er u. a. das Kuppelfresko mit der Darstellung des Paradieses im Dom von Nocera (1674–77). Seit 1674 bis zu seinem Tode war er in Neapel tätig. Er malte dort unter dem Einfluß der Arbeiten Giovanni Lanfrancos und Mattia Pretis, die in der Mitte des 17. Jh.s in Neapel gearbeitet hatten. S. lehnte sich in seinem Frühwerk (vorwiegend Fresken) an deren dramatisch-barocken Stil an (Viten der hll. Thekla, Archela und Susanna in S. Giorgio in Salerno, 1680). Dennoch haben S.s Werke dieser Zeit solide Formen und klare Kompositionen.

Während der 1680er Jahre fand S. seinen eigenen Stil. Aus dieser Periode stammt u. a. die Altartafel der »Maria dei Monti« (Neapel, S. Nicola alla Carità, 1684), deren kühles, kontrastreiches Helldunkel an Luca Giordano anschließt, jedoch hellere Farben und freiere Malweise als bei jenem erkennen läßt. Nachdem Giordano zum span. Hofmaler berufen worden war, stieg S. zum führenden Maler Neapels auf, dessen Stil die dortige Malerei des 18. Jh.s entscheidend prägte. Mit den Fresken für die Sakristei von S. Paolo Maggiore in Neapel (1689/90) kam ein klassizistischer Zug in S.s Werk. Diese Tendenz wurde durch einen Aufenthalt in Rom 1700 noch verstärkt, wo die Gemälde Carlo Marattas starken Eindruck auf S. machten: die Fresken in S. Maria Donnalbina (Neapel, 1699–1701) sind dafür typische Beispiele (Flucht nach Ägypten, Verkündigung, Heimsuchung, u. a.).

In seinem Spätwerk wandte sich S. wieder vom akademischen Stil ab, und hochbarocke Pathetik herrschte erneut vor: die Kompositionen wurden weiträumiger, da er die Figuren mit kräftigen Gebärden in verschiedenen Ebenen hintereinander staffelte (z. B. in seinem letzten Werk, der Rosenkranzmadonna in S. Michele a Piano in Sorrent, 747).

Nach 1700 war S. der gefragteste Maler Neapels geworden, genoß internat. Ruhm und erhielt Aufträge auch außerhalb Italiens: während der österr. Herrschaft über Neapel (1707–34) lieferte er z. B. auch nach Wien (hl. Karl Borromäus unter den Pestkranken, Wien, Karlskirche, 1733) und übte so — auch durch seine Schüler — großen Einfluß auf die österr. und süddt. Barockmalerei aus.

Mariol. Themen machen einen großen Teil seines Werkes aus, ohne daß er jedoch ikonographisch innovativ gewesen wäre. Neben Darstellungen aller Stationen des Mlebens sind die Gemälde der GM mit Heiligen — meist Ordens- oder Patronatsheilige der Bestimmungsorte (z. B. M mit Kind und Dominikanerheilige, Altar in S. Domenico Maggiore, Neapel, 1731) — bes. zahlreich.

Lit.: B. de Dominici, Vite de' Pittori, Scultori ed Architetti Neapolitani, 1742, 581 ff. — F. Bologna, F.S., 1958. — N. Spinosa, More Unpublished Works by F.S., In: Burlington Magazine 121 (1979) 211 ff. — Ausst.-Kat., Painting in Naples 1606–1706, London 1982, 245 ff. — Thieme-Becker XXXI 243 ff.
K. Falkenau

Solis, o virgo, radiis amicta. Hymnus in sapphischen Strophen an Me Himmelfahrt. Das Bild der Jungfrau auf der Mondsichel im Strahlenkranz mit zwölf Sternen, die ihr Haupt umgeben, wird (nach Offb 12,1) evoziert, die Himmelskönigin als Bezwingerin des Todes, der Hölle und der Sünde gepriesen und mit vielerlei Bitten angerufen. Verfasser ist Victor Genovesi (†1967).

Ausg.: Officium divinum … Liturgia horarum IV, 1971 f., 1063. — Te decet hymnus. L'Innario della ›Liturgia horarum‹ a cura di A. Lentini, 1984, nr. 195. — AR, Liber hymnarius, 416.
Lit.: A. Cuva, Le dossologie con riferimenti mariani negli inni della ›Liturgia horarum‹, In: Salesianum 47 (1985) 831 f. — Ders., Maria SS. nella storia della salvezza: Dall' innario della ›Liturgia horarum‹, In: Virgo fidelis, a cura di F. Bergamelli und M. Cimosa, 1988, 253–282, bes. 274..
G. Bernt

Solowjew, Wladimir Sergejewitsch, russ. Philosoph und Theologe, Publizist und Dichter, * 16. (28.) 1.1853 in Moskau, †31.7. (13.8.) 1900 in Uskoje bei Moskau. Aufgewachsen in der geistlichen Tradition der russ. orth. Kirche ging er als Gymnasiast zum radikalen Atheismus und Materialismus über. An der Universität studierte er Naturwissenschaften. Durch weitere Studien in Phil. und Theol. kehrte er zum christl. Glauben zurück. Seit 1875 lehrte er in Moskau und ab 1880 in St. Petersburg. Berühmt wurden seine »Vorlesungen über das Gottmenschentum«, wo er die All-Einheit von Gott und Schöpfung in der Sophia und in Christus lehrte. In diese Zeit fällt sein Studienaufenthalt in London, wo er seine zweite Sophia-Vision erfuhr (die erste hatte er bereits 1863); die dritte und eindrucksvollste erfuhr er in Ägypten. Über diese Visionen schrieb er ein Gedicht mit dem Titel »Drei Begegnungen«. Darin hat er »das Bedeutsamste, was bisher mit mir in meinem Leben geschehen ist, in Versen dargestellt«. S. faßte die Erkenntnisse, die er aus seinen sophiologischen Studien und Visionen schöpfte 1876 in dem Buch »Sophia« zusammen (Schipflinger 178). Dieses Werk zeigt bereits die sophianische Ausrichtung seines ganzen Denkens und Strebens. Die Sophia sieht er hier als das ontologische und gnoseologische Prinzip der All-Einheit, d. h. der universalen Einheit in der Vielheit, und der Synthese aller polaren Kräfte in der Schöpfung. Im Sinne dieser sophianischen All-Einheit kam er in den 80er Jahren zur Forderung der Einheit der Kirchen, wobei er die zentrale Stellung des Papstes und dessen Primat anerkannte. Zur Bekräftigung dieser seiner Einstellung trat er mit Vertretern der kath. Kirche in Verbindung und kommunizierte bei einem unierten Priester, ohne aus der orth. Kirche auszutreten. Das Hauptwerk dieser Epoche ist »Rußland und die universelle Kirche«. In den 90er Jahren wandte er sich wieder mehr phil. Themen zu. Die Hauptwerke dieser Zeit sind »Der Sinn der Liebe«, »Rechtfertigung des Guten« und die »Drei Gespräche«, worin auch die »Erzählung vom Antichrist« enthalten ist.

S. entwickelte, angeregt durch seine Sophia-Visionen und geführt durch seine in Studium und Meditation erworbenen Kenntnisse, seine All-Einheits- bzw. Sophia-Lehre. Die Quellen dazu fand er in der Weisheitsoffenbarung des AT und NT und in der Tradition der Väter. Er kannte auch die gnostischen Lehren über Schöpfung und Erlösung, wo die Sophia eine große Rolle spielt. S. wurde in seinen sophiologischen Studien auch beeinflußt von Plato, → Philo und Plotin, von der Kabbala, von der Sophia-Lehre Jakob Böhmes, vom Geistesgut des dt. Idealismus (Hegel, Schlegel) und der dt. → Romantik (Novalis, Oetinger und Baader). In seinen phil. und theol. Werken suchte S. mehr verstandesmäßig und systematisch Sophias Würde, Stellung und Funktion darzulegen. Er nennt sie die »Gesamtseele der Menschheit, die Seele der vielen menschlichen Iche und Selbste« (Schipflinger 169). »Als lebendiges Zentrum oder als Seele aller Geschöpfe nimmt sie die Vielheit der menschlichen Seelen auf, ja ist sie die Seele der Welt. Sie ist die ideale Menschheit, welche alle einzelnen Wesen und Seelen in sich enthält und durch sich untereinander und mit Gott verbindet« (ebd.).

»Sie ist der universale und individuelle personale Urgrund allen Seins, die Große Mutter aller Menschen und Wesen. Als solche ist sie die Grundlage aller Einheit und Entwicklung des Kosmos und des Menschengeschlechts, welche Entwicklung durch Erkenntnis, Verehrung und Wirken im Sinne der Sophia erreicht werden kann und soll.« »Die Menschheit, die Natur, ist nicht die Summe der einzelnen Menschen und Dinge, noch ein abstrakter Begriff, noch ein empirisches Aggregat, sondern ein wirkliches, lebendiges Wesen, ein überpersönliches Wesen, kein personifiziertes Prinzip, sondern ein personales Prinzip, nicht eine personifizierte Idee, sondern eine personale Idee« (ebd. 170). S. schreibt diesem »Prinzip und dieser Idee in Person« vollkommene Wirklichkeit, Macht und Weisheit zu, außerdem bestimmt er es als weibliches Wesen (ebd.). Hier kommt er auch auf die berühmte Sophia-Ikone in der Novgoroder Sophia-Kirche zu sprechen. Er ruft aus: »Wer ist sie denn, die hier in königlicher Würde auf dem Thron sitzt, wenn nicht die Hagia Sophia, die reine, ideale Menschheit selbst, die sowohl die höchste allumfassende Form ($\mu o \rho \varphi \acute{\eta}$ = Entelechie) als auch die lebendige Seele der Natur und des Weltalls ist, die der Gottheit ewig verbunden im zeitlichen Prozeß sich selbst und alles, was ist, mit ihr (der Gottheit) verbindet (Schipflinger 170; Solowjew VIII 240 ff.)

Das ist die All-Einheit S.s: Größte Einheit aller mit allen durch das polare Ureinheitsprinzip Logos (Christus) und Sophia (♁) bei größtmöglicher Selbständigkeit und Freiheit des einzelnen. Diese Ideen S.s haben eine nicht hoch genug einzuschätzende Wirkung auf seine Zeitgenossen und auf das ganze 20. Jh. ausgeübt (vgl. Schipflinger 170 ff. 207 ff. 210 ff.).

In seinen Gedichten feierte S. die Sophia in poetischer, intuitiver und visionärer Zusammenschau als die »Königin des Himmels und der Erde«, als die »Seele der gesamten Schöpfung«, als »Mutter Erde«, z. B. in dem Gedicht »O Erde, Herrin mein«. Darin besingt S. die Erde als seine Herrin und meint damit die »Erdenseele, die Seele der Welt«, die sich in der Natur ihren Leib und ihr Kleid gestaltet. Er hört das Herz dieses Leibes schlagen, er sieht im blühenden Frühling (es ist der Mai 1886) das phantastisch schöne Kleid der Weltseele. Hier offenbart sich die tiefe Naturschau und Erdverbundenheit S.s, die als besondere Eigenschaft der russ. Volksseele gilt (vgl. auch Dostojewski, Gogol und Tutschew). Dieses mystische erdverbundene Ahnen und Fühlen des russ. Menschen ist sicher auch ein Grund für die daraus resultierende kosmische, sophianische Schau und Verehrung der GM ♁ (Werke IX 213 und Anmerkung S. 230). Dieser sophianischen Sicht der GM hat S. durch seine Sophia-Lehre eine begriffliche Grundlage, eine kosmische Tiefe und Konkretheit gegeben, die immer wieder fasziniert. Er hat dadurch die marian. → Sophiologie oder sophianische Mariol. seiner Schüler und Nachfolger Florenskij und → Bulgakow vorbereitet. S. pries Sophia auch als seine »herrliche, zärtliche und schöne Freundin und Geliebte« (Werke IX 213).

In Ägypten unter den Pyramiden sah er sie in »voller Gestalt und Schönheit«. Ekstatisch ruft er aus: »Heut' hab' ich geseh'n mit eignen Augen ganz im Lichterglanz die Königin mein. Das Herz blieb mir vor Jubel steh'n und alle Erdenlust spürt' ich vergeh'n: Sah nur sie, sah nur sie, sie allein... Dreimal hast du, ew'ge Freundin, dich zu sehen mir gegeben. Nicht mein Gedanke war's, der dich erschuf; nein, tiefste Wirklichkeit war dies Erleben: du kamst, vernehmend meinen Ruf... Ich sah das All und alles war nur Eines, war meiner ew'gen Freundin holdes Bild. Und von dem Glanze dieses Himmelscheines, war alles um mich her und war mein Herz erfüllt. Lichtglänzende, dein Wort hat nicht getrogen: Ich durfte in der Wüste ganz dich seh'n. Wohin auch immer noch des Lebens Wogen mich hintragen — dieses Glück kann nicht vergeh'n« (ebd. IX 276).

WW: W. S. Solowjew, Gesamtausgabe der Werke (russ.), St. Petersburg 1901 und 1919; erweiterte russ. Gesamtausgabe, Brüssel 1966. — Dt. Gesamtausgabe, hrsg. von L. Müller und I. Wille, 9 Bde., bes. IX S.s Leben in Briefen und Gedichten, 1977. — Einzelwerke: Sophia, hrsg. von F. Rouleau, Paris 1876, Lausanne 1978. — La Russie et l'Eglise Universelle, Paris 1889 und 1919.

Lit.: E. Trubeckoj, Die Weltanschauung S.s (russ.), Moskau 1913. — W. Szylarski, S.s Phil. der Alleinheit, 1932. — D. Stremooukoff, Vladimir Solovjev et son oeuvre messianique, 1936; 1975. — F. Muckermann, W. S., 1945. — L. Müller, Das religionsphilosophische System W. S.s, 1956. — E. Münzer, Solovjev, Prophet of Russian Western Unity, 1956. — F. Stepun, Mystische Weltschau, 1964. — E. Klum, Natur, Kunst und Liebe in der Phil. S.s, 1965. — K. Truhlar, Teilhard und S., Dichtung und rel. Erfahrung, 1966. — T. Schipflinger, Sophia Maria, Eine ganzheitliche Vision der Schöpfung, 1988.

T. Schipflinger

Sommervogel, Karl, SJ (seit 1853), * 8. 1. 1834 in Straßburg, † 4. 5. 1902 in Paris, 1866 Priester, ergänzte die von den Gebrüdern A. de Backer herausgegebene Bibliographie der Autoren der Gesellschaft Jesu. Seine große Leistung ist die Zusammenstellung der Bibliothèque de la Companie de Jésus, die er 1890–1900 in 9 Bänden vorlegte (Nachdr. 1960). Sie gehört zu den besten Bibliographien des 19. Jh.s. Für die Mariol. im Jesuitenorden ist seine Bibliotheca Mariana de la Compagnie de Jésus (1885) ein wertvolles Arbeitsinstrument, das die Bedeutung des Jesuitenordens für die Entwicklung der Mariol. und der MV deutlich macht. Das Werk enthält mehr als 2200 Titel marian. und mariol. Schriften aus der Feder von Jesuiten.

Lit.: J. Brucker, Le R. P. Charles S., In: Bibliothèque de la Compagnie de Jésus X, 1909, IX–XVII (Lit.). — Koch 1658 f. — LThK² IX 872 f. — NCE XIII 425   R. Bäumer

Sonne als Attribut für 🅜 basiert auf Offb 12,1 mit vielfältigen Deutungsmöglichkeiten bis hin zur Allerheiligenpredigt auf dem Konzil zu Konstanz (1416) durch Kardinal Pierre d'→Ailly von Cambray, in der 🅜 als »Regina suprema« und »virgo gloriosa« in der Metapher der S. die »ecclesia triumphans« symbolisiert, »luna« dagegen die »ecclesia militans«. Abzuleiten ist daraus eine Subordinationstheorie, bestehend aus weltlicher Macht (militans = luna) unter der geistlichen (triumphans = sol), welche im Solstitium (Jos 10,13) eine Herrschaftsutopie postuliert, die im gegenseitigen Bei- und einmütigen Zusammenstand von Kaiser und Papst, von Imperium und Sacerdotium als irdischem Friedensreich gipfeln würde, eine wesentliche Intention des Konzils.

Umfassender ist der ältere christol. Aspekt belegt (vgl. Salzer), der 🅜 als Sonne bezeichnet, aus der die göttliche Wonne aufging (→Muskatblüt), als Gefäß des Sonnenlichts (Meister → Eckart) und als Mond, wobei das Licht von Christus, der Sonne, kommt (Heinrich v. Laufenberg: »Der Sonnenglantz von einem mondt«). Vorgaben dafür entstammen der Väterliteratur von Ambrosius (PL 15,1555), Andreas v. Caesarea (PG 106,320), →Ps.-Epiphanius (PG 42,716. 43,493), →Alkuin (PL 100,1152 f.) →Bernhard v. Clairvaux (PL 183,430 ff.) bis zu Joachim v. Fiore und seiner ekklesiol. Deutung. Das christol. Element lebt fort bis zur Anrufung »Nuntia Solis« in den Emblemgemälden des Kapuziners Ludwig v. Wyl an der Decke der Loreto-Wallfahrtskirche Hergiswald/Luzern (1662) und »speculum iustitiae« in der →Lauretanischen Litanei (ca. 1750) auf den Kupferstichen der Gebrüder Klauber. Hier bildet die S. mit »Sol Justitiae, Mala. 4«) die Lichtquelle, deren Strahl auf 🅜 und das Kind im Spiegelrahmen »Speculum sine macula/ Dei majestatis, Sap. 7« trifft. Ihm korrespondiert ein Hochovalspiegel mit »Cuique suum«, dessen Spiegelbild den gefallenen Adam mit dem schützenden Engel zeigt und den Stich unter das Motto des Korintherbriefes »Videmus nunc per speculum 1. Cor. 13« (1 Kor 13,12) stellt. Die Anrufung »Mater inviolata« hingegen zeigt die »Virgo in Sole« unter dem Zodiakus. 🅜s Nimbus besteht aus 12 Sternen und dem Sonnenantlitz unmittelbar hinter ihrem Haupt, auf der Brust für die Braut und Mutter Christi das leuchtende IHS-Monogramm. Die Strahlen des Hl. Geistes werden mittels Spiegel »Speculum sine macula. Sap. 7« zur Entflammung einer Kerze reflektiert, wohingegen die Fackel des blinden Amor neben der Mondsichel ob der »Virginea generatio« erlischt. Das Epigramm zitiert Judit 15,10: »Eo quod castitatem amaveris, ideo eris benedicta in aeternum«. Dieselbe Thematik mit 🅜 als sonnenbekleideter Frau (sole amicta im sog. Ara coeli-Typus) auf dem Hintergrund der »Sonne der Gerechtigkeit« findet sich im südlichen Kreuzgang des Klosters Emmaus (nach 1350) in Prag und läßt sich bis zu den span.-mozarabischen Beatus-Apokalypsen zurückführen: z. B. die Facundus-Apokalypse (Madrid, Bibl. Nat., Vitr. 14–2 fol. 186ᵛ. 187ʳ), 1447 für König Fernando I. gefertigt. Weitere Zeugen sind die flämische Miniatur in den Rothschild Canticles (Ende 13. Jh., fol. 63ᵛ), die Zeichnung in Rupert v. Deutz' Ms. 83, fol. 100ᵛ (um 1170) der Stiftsbibliothek Heiligenkreuz/Wien, die Miniatur im Veroneser NT (Cod. Vat. lat. 39, fol. 163ʳ, Anfang 13. Jh.), bes. aber das Fresko (ca. 1357) in der 🅜kapelle der Burg Karlstein bei Prag.

Maria als »Virgo in Sole«, Kupferstich der Gebrüder Klauber zur Lauretanischen Litanei, 18. Jh.

Eine christol.-eucharistische Variante bedeutet bei der Apokalyptischen Frau die Hereinnahme des Schmerzensmannes als Büste im Sonnennimbus auf M̄s Brust, so die Titelblattzeichnung im Liber depictus (um 1360) aus Böhmisch-Krumau (Wien, Nat. Bibl., Cod. 370, fol. 1ʳ), ferner im Glasfenster (um 1375) von H. Meger im Regensburger Dom. Diese Intention übernimmt später verbreitert die Thematik der sog. →Platyteramonstranzen. Dieser sonnenbekleidete Typus lebt in Spanien in Kupferstichen des Juan de Jáuregni bis ins späte 17. Jh. fort.

Sonnen-Epiteta für M̄ sind überaus zahlreich. Sie bezeichnen M̄ mit: lichter als der S. Schein; erwählter Same der S.; S. von Nazaret; lichte Himmels-S.; auserkorner Sonnenglanz und klare S., wovon der Himmel seine Wonne hat, usw. In diesem Zusammenhang sind die plastischen Strahlenmadonnen zu nennen, wie z. B. die zentrale Sonnenmadonna im Epitaph des Gunther Savelt (um 1405) in der Lorenzkirche zu Erfurt; die von Hans Leinberger (1516/18) aus der Landshuter Dominikanerkirche (heute St. Martinsmünster) oder die im Triumphbogen hängende von Bartholomäus Steinle (1611) in der Stadtpfarrkirche zu Bad Tölz. Letztere sind zweifelhafte Belege, da Sonnennimben nach Vorlagen spätere Zutaten sind. Vorgaben dazu finden sich allerdings bereits in der Druckgraphik, so bei A. Dürers »Hl. Jungfrau im Strahlenkranz auf der Mondsichel« (Bartsch 33, Kupferstich, 1514), bei Martin Schongauer (1450–91) im Kupferstich der Madonna mit Buch auf der Mondsichel oder in der seltenen Radierung »Sonnenmadonna in der Engelsglorie« (1595) von Caspar Fraisinger aus Ingolstadt. Die Sonnenfrau zwischen dem Erzengel Michael und dem Kirchenvater Hieronymus auf der Mitteltafel des Meisters des Nieder-Erlenbacher Altars (Darmstadt, Landesmus., 1497) greift wieder auf Schongauer und den Hausbuchmeister zurück. Der Sonnentypus findet auch Eingang in die numismatische Kunst, z. B. im Goslarer Taler der Zeit Josephs I. (1705–11) von Johann Albert Bär (1705) oder in den Hamburger Schautalern (1599–1605) von Claus Flegel und denen (1606–19) des Matthias Moers. Tenor dieser Bilder ist immer M̄s Auserwähltsein und UE, die nicht ihr Verdienst, sondern das des Ewigen Ratschlusses Gottes nach Gen 3,15 ist: So zeigt sich M̄ als Immaculata mit Litanei-Symbolen im Sonnennimbus auf dem Gemälde von Fabrizio Santafede (ca. 1600) in San Francesco zu Sarno bei Neapel.

M̄ als Sonnenweib erscheint gerne in Darstellungen der Apokalyptischen Frau mit dem Seher Johannes auf Patmos. Auffallend ist bei frühen Beispielen die Ekklesiakomponente, so im Nonnberger Psalter (München, Bayer. Staatsbibl., Clm 15909, fol. 99ᵛ, oberrheinisch, Mitte 13. Jh.) mit Kelch und Ekklesiafahne bei M̄; dieselbe Darstellung ist auch für Katharinenthal (Dyson-Perrins-Library, Cod. 128, 1312) belegt; noch aus der 2. Jh.s stammt eine Miniatur der D. C. Rosenwald Collection (Washington, Nat. Gallery) und ein Psalter der Mainzer Stadtbibl. (HS 436, fol. 84ᵛ). Eindeutig apokalyptische Auffassung durch Hinzuziehung des Sehers von Patmos und M̄ mit dem Sonnengürtel liefert die kolorierte Zeichnung (ca. 1446) aus einer Sammelhandschrift von St. Emmeram zu Regensburg (München, Bayer. Staatsbibl., Cgm 3974, fol. 39ʳ) aus einem → Speculum-humanae-salvationis-Fragment mit Apokalypsetextstellen. Die flammende Sonnenscheibe schützt das gebärende Weib vor dem drohenden Drachen in der Miniatur des Codex aus St. Albans (New York, Pierpont Morgan Library, Nr. 524, fol. 8ᵛ, um 1250). Weitere Miniaturen in engl. Apokalypsen (2. Hälfte 13. Jh.) variieren das Thema des Sonnenweibes im Kampf mit dem Drachen nur geringfügig durch Sonnenräder, Flammennimben und Strahlenmandorlen (z. B. Bilder-Apokalypse, Oxford, Bodleian Library, MS Douce 180, fol. 33ᵛ. 34ʳ; Trinity-Apokalypse, Cambridge, Trinity College, MS. R. 16.2, fol. 13ʳ; Perrins-Apokalypse, Malibu, Paul-Getty-Mus., fol. 19ᵛ. 20ʳ; Paris, Bibl. Nat., Cod. lat. 10474 fol. 21ʳ,ᵛ; London, Lambeth Palace Library, MS 209, fol. 15ʳ; London, British Library, MS. Add. 17333, fol. 19ʳ).

Bes. die Malerei der →Donauschule und die Nürnberger Tafelmalerei bevorzugen Sonnennimbus oder -mandorla für ☧ in den Wolken, etwa in der St. Marienkirche in Krakau der Johannesflügel vom Johannesaltar des Hans v. Kulmbach (1516) oder bereits 1511/12 die Flügeltafel des Hochaltares der Nürnberger ev. St. Johanneskirche von Wolf Traut. Auch in der Thematik der Tiburtinischen Sibylle, die Kaiser Augustus den kommenden Weltherrscher in den Wolken weist, trägt ☧ als GM meist den Sonnennimbus um ihre ganze Gestalt, ähnlich auf A. Dürers Titelblatt zum ☧leben mit ☧ lactans in der Mondsichel. Außerhalb solchen ikonographischen Kontextes ist die Darstellung des Sonnenweibes eher selten, wobei die Gruppe der sog. Strahlenmadonnen aus obigen Gründen thematisch auszuscheiden ist, doch zeigen sog. Rosenkranzmadonnen gerne hinter ☧ die vom Psalterkranz eingefaßte S.: Im Retabelzentrum (um 1520) des Hl.-Geist-Spitals (ehemals Lettner St. Marien, Kriegsverlust) zu Lübeck hat Benedikt Dreyer die S. plastisch und sogar mit Gesicht gestaltet. Kolorierte Holzschnitte aus Frankreich oder Savoyen mit der Rosenkranzmadonna im Sonnenkranz (ca. 1490/1500) und der Inschrift »Mulier amicta sole et luna ...« (Washington, Nat. Gallery) könnten zur Typenverbreitung mit beigetragen haben. Beim Meister der Brucker Martinstafel (St. Lambrecht, Stiftsgalerie, 1517) für Abtkoadjutor Valentin Pierer kniet der Stifter mit Rosenkranz vor der Strahlenkranzmadonna, deren Umschrift »Virgo Decus Mundi/ Regina Coeli Preelecta Ut Sol Pulchra Lunaris Ut Fulgur/ Agnosce O(mn)es Te Diligentes ...« die Sonne als Epitheton für ☧s ewige Auserwählung benennt. Im Zusammenhang mit der Rosenkranzspende an Dominikus steht die Verkündigungstafel des Malers Hilgardus (Anfang 16. Jh.) in der Propsteikirche zu Dortmund. Ebenfalls als Votivtafel anzusprechen ist die »Madonna im Strahlenkranz«, die dem Meister des Londoner Gnadenstuhls zugeschrieben wird und auch aus St. Lambrecht stammt (Graz, Joanneum, um 1420). Der Sonnennimbus um die thronende GM wird von einem roten Feuerreif aus musizierenden Engeln umgeben. Solch ein Engelnimbus, diesmal aus adorierenden Engeln bestehend, hinterfängt sonnengleich die →Ährenmadonnentafel (Freising, Diözesanmus., um 1440), die dem Tiroler Maler Jacob Sunter zugeschrieben wird. Auf der Tafel des Meisters des Halleiner Altars (Nürnberg, Germ. Nat. Mus.) dominiert eindeutig die apokalyptische Intention durch Hereinnahme des Johannes auf Patmos in der rechten unteren Bildecke, stellvertretend für einen Votanten. Im Diptychon von 1453 krönen zwei Engel ☧ über der Mondsichel. Dasselbe Motiv mit knienden Votanten wiederholt sich auf den Assumpta-Tafeln der Nationalgalerie zu Prag. Die böhmischen Meister stellen ☧ einmal vor die Kulisse des blühenden Paradiesesbaumes, den der Sonnennimbus nur mehr am Rand freigibt. Diese Assumpta von Deštné (um 1450) zitiert auf Spruchbändern Verse aus dem Magnificat und dem Regina Coeli, während die zweite vergleichbare Tafel als Assumpta Lannová (um 1450) anstelle der Stifter von weiblichen Heiligenbüsten gerahmt ist. Im Missale des Johann v. Zittau (Breslau, Stadtbibl., R 165, fol. 7ᵛ) von 1415 steht die Sonnenfrau vor dem Jessebaum, daneben der Stifter.

Selten ist die trinitarische Komponente mit Gottvater und der Hl.-Geist-Taube in den oberen Bildecken, während musizierende Engel die unteren Ecken einnehmen: ☧ als von Engeln gekrönte Himmelskönigin vor dem Sonnenrad und über dem Sichelmond auf der Tafel des Sebastian Schell aus Innsbruck (Innsbruck, Ferdinandeum, um 1515). Stefan Lochner mit Werkstatt setzt seine Sonnenmadonna als →Umiltà in den →Hortus conclusus als Paradiesesgarten (Köln, Wallraf-Richartz-Mus., um 1450) mit Zinnen und Türmen bewehrter Mauer; die Flügel des Triptychons mit Apostel Paulus und Johannes Evangelist zitieren wieder den Patmosapostel. Der Umiltà-Typus erscheint nochmals in der Kölner Tafelmalerei beim Meister der Hl. Veronika (ca. 1395–1415) im Mittelteil des Flügelaltärchens (ca. 1400) der Sammlung Heinz Kisters. Eine Tafel des Meisters von Ancona (Cleveland Mus., Anfang 15. Jh.) zeigt die Umiltà lactans. Ein Limoger Emaille von Narden Pénicaud (ca. 1470–1542) weist das Sonnenweib im Lilienbaum inmitten von Tugendallegorien (Boston, Gardner Mus.), während Gottfried Bernhard Göz (1749/50) im Deckenfresko des Presbyteriums von Birnau/Bodensee die S. im Kuppelgewölbezenit zeigt, davor als Caritas die Apokalyptische Frau und die »Mater pulchrae Dilectionis«. Hans Deglers (1609) Immaculata im Hochaltar der Empore der Wallfahrtskirche Andechs ist nachträgliche Adaption. Der Sonnennimbus verdeckt eine nischenartige Thron- oder Pfortenarchitektur und weist ☧ als Salomonischen Thron oder Pforte des Himmels aus.

Die barocke Emblematik verwendet häufig das Sonnenemblem (vgl. Hergiswald), doch erst in Kombination mit marian. Exempla wird Eindeutigkeit erzielt, z. B.: S. über die Lilie zwischen Dornengestrüpp (Hohenpolding, 1752); S., die Glas oder Kristall beim Durchdringen nicht verletzt (Ottobeuren, Kreuzgang, Fresken von Franz Anton Erler 1735–39; Schönau bei Rosenheim, 1726); S. im Spiegel reflektierend (Hitzhofen bei Eichstätt, ca. 1722; Amberg, Wallfahrt Maria Hilf, Cosmas D. Asam 1717/18); Sonnenfinsternis, S. sich im See spiegelnd und über Landschaft (Kösching bei Eichstätt, Johann Georg Schredter, 1717); S. und Sonnenuhr; S., Mond und Stern mit Umschrift »Maria« (Lehenbühl Maria Schnee, nach 1726) und S. über ☧-Monogramm, inmitten des Zodiakusreifes und als aufgehende S. (Hohenpolding, 1752). Beispiele aus Picinelli (Lib. I: Corpora coelestia, Cap. V: Sol, 55–176, und Cap. VI: Sol in

Zodiaco, 177–198, Cap. VII: Eclipsis solis, 199–214) sind Usus. Die häufigsten Lemmata aus der Lauretanischen Litanei lauten: »sol aestivus«, »sol de stella«, »sol deitatis«, »sol diei mystici«, »sol divinus iacet in sinu«, »sol fulgentiae mirae«, »sol illuminat mundum«, »sol in universum«, »sol intelligibilis«, »sol iubilans«, »sol iustitiae«, »sol laetus et matutinus«, »sol obscuratur«, »sol ortus ex te«, »sol perennis«, »sol prodit de sidere«, »sol splendet«, »sol splendere superat cuncta lucentia«, »sol verus et vitae«, u. a. (vgl. Meersseman II 368).

Auffallend beim Typus des Sonnenweibes ist die ambivalente Intention bes. im ma. Andachtsbild mit Stifterporträt. Die Spannweite reicht vom Thema Eva-ᛖ mit Paradiesesparadigmen über Ekklesia und die präexistente demütige Magd als Umiltà bis zur Rosenkranzkönigin und zur Apokalyptischen Frau. Ein genuiner ikonographischer ᛖ-Typus läßt sich demnach nicht festlegen, die jeweilige Deutung ergibt sich vielmehr aus dem ikonologischen Kontext der Bilder, der nach Provenienz, Lokalisierung und Zeit variabel sein kann.

Lit.: J. de Frois, The Woman clothed with the Sun, 1954. — E. M. Vetter, Mulier amicta sole und mater salvatoris, In: MJbK 3 (1958/59) 32–71. — Salzer 23 f. 79. 364. 391–399. — E. M. Vetter, Virgo in Sole, In: FS für J. Vincke I, 1963, 410 f. — G. Kopp-Schmitt, Die, welche die Sonne Christus trägt, die Gottesmutter vom Lichte. Das Bild Mariens in der Buchmalerei, In: Imagination 5 (1990) Heft 3, 27–30. — I. Flor, Die Krönung Mariae und der »Christus-Adler«. Zur Herrschaftssymbolik spätma. Endzeitprophetie, In: Umění 40 (1992) Nr. 6, 392–414. — J. Michler, Die Madonna im Strahlenkranz, In: Bodensee-Hefte 43 (1992) Nr. 12, 34–39. *G. M. Lechner*

Sonntag der Orthodoxie *(Κυριακὴ τῆς Ὀρθοδοξίας)*, wichtiges Herrenfest der Orth. Kirche am ersten Sonntag der Großen →Fastenzeit vor Ostern zur Erinnerung an den endgültigen Sieg der Kirche gegen die Bilderfeinde (→Bildersturm, →Ikonen). Am Sonntag, den 11. 3. 843, fand unter der Leitung von Methodios, dem neuen Patriarchen von Konstantinopel, eine endemische Synode statt, die den vorherigen Patriarchen, Johannes Grammatikos, absetzte, gegen die Bilderfeinde das Anathem aussprach und die Entscheidungen des 7. Ökumen. Konzils (Nikaia 787) und somit die Ikonenverehrung wiederherstellte; in der Nacht vom 12. zum 13. März hielt der Patriarch mit allen in der Stadt anwesenden Bischöfen, Priestern und Mönchen in der Kirche der allheiligen Theotokos von Blachernai (→ Blachernenkirche, → Stationalliturgie) eine Nachtwache (Constantini Porphyrogeniti, De Caeremoniis 28: PG 112, 393C ff.). Wohl ein Jahr später wurde zum ersten Mal das Fest der Orthodoxie gefeiert und auch das »Synodikon der Orthodoxie« verlesen.

Das Synodikon, wahrscheinlich von Patriarch Methodios verfaßt, wurde im Lauf der Jh.e ergänzt und erweitert. Es sind drei Hauptversionen überliefert: die der Makedonischen, der Komnenischen und der Palaiologischen Dynastie. Das Synodikon umfaßt einerseits eine Liste des »ewigen Gedenkens« *(αἰωνία ἡ μνήμη)* der Bekenner und Martyrer der Kirche und andererseits eine Reihe von Anathematismen gegen ältere und auch später aufgekommene Häresien, »so daß es zu einem lebendigen Zeugnis über das orthodoxe Leben der Kirche wurde (Hussey). Sehr stark wird hierbei das Festhalten der Kirche am überlieferten Glauben betont: »Wie die Propheten sahen, die Apostel lehrten, die Kirche übernahm, die Lehrer bestimmten, die gesamte Christenheit übereinstimmend geglaubt hat, die Gnade leuchtete, die Wahrheit bewiesen wurde, die Lüge beseitigt wurde, die Weisheit freimütig bekundet wurde und Christus bestätigt hat; so glauben wir, so sprechen wir, so verkünden wir Christus, unseren wahren Gott, und dessen Heilige, die wir in Worten, Schriften, Gedanken, Opfern, Gotteshäusern und Ikonen verehren. Christus beten wir mit Ehrfurcht als unseren Gott und Herrn an; seinen Heiligen erweisen wir wegen des gemeinsamen Herrn, die ihnen als dessen wahre Diener gebührende relative Verehrung. Dies ist der Glaube der Apostel; dies ist der Glaube der Väter; dies ist der Glaube der Orthodoxen; dies ist der Glaube, der die Ökumene gefestigt hat.«

Das Synodikon wird bis heute am S. in allen orth. Kirchen auf der ganzen Erde verlesen. Die Lesung findet meistens nach dem →Orthros und vor der Göttlichen Liturgie statt und wird umrahmt durch eine feierliche Prozession (Litanei) der Ikonen, Ablegen derselben auf ein Pult (Proskynetarion), Lesungen und das Singen eines Kanons von Theodoros Studites.

Der S. wird in der Orth. Kirche als eine Art Herrenfest verstanden, weil die Frage nach der Berechtigung von Bildern eine christol. ist. In diesem Sinne bestimmen bereits die Entscheidungen des 7. Ökumen. Konzils, daß die Ikone als Kategorie der Wirklichkeit des Heils und nicht einfach als Kultgegenstand das Bekenntnis der tatsächlichen Menschwerdung des Logos Gottes und ihres heilbringenden Charakters in Analogie zum Wort des Evangeliums verkündet. Gerade diese Bedeutung der Ikonen im Hinblick auf die Menschwerdung des Logos und Sohnes Gottes, von der die allheilige GM nicht wegzudenken ist, hebt auch das Kontakion des Festes hervor: »Der unumschreibbare Logos des Vaters wurde umschrieben, indem er durch Dich, Gottesgebärerin, Fleisch wurde, und hat das befleckte Bild mit der göttlichen Schönheit vermengt, indem er es in seine (sc. Schönheit) zurückführte. Aber weil wir das Heil bekennen, bezeugen wir es durch Werk (d. h. Bild) und Wort.«

Lit.: *Τριῴδιον*, Athen: Phos o. J., 143–166. — F. Uspenskij, Sinodik v Nedelja Pravoslavija, Odessa 1893. — B. A. Mystakides, Ἡ ἑορτὴ τῆς ὀρθοδοξίας, In: Ἐκκλησιαστικὴ 14 (1894–95) 398–400. — Th. Uspensky, Deloproizvodstvo po obvineniju Jonna Itala v eresi, In: Bulletin de l'Institut archéologique russe de Constantinople 2 (1897) 1–66 (der griech. Text: 30–66). — F. Dölger, Regesten der Kaiserurkunden des Oström. Reiches von 565–1453, 2. Teil: Regesten von 1025–1204, 1925, Nr. 1078. 1079. — A. Michel, Die jährliche Eucharistia nach dem Bildersturm, In: OrChr 12 (1925) 151–160. — V. Grumel, Les Regestes des Actes du Patriarcat de Constantinople, 1932–

47, Nr. 414–425. 907. 923–927. — J. F. Th. Peridon, De Zondag der Orthodoxie in de Byzantijnse Kerk, In: Het Christelijk Oosten en Hereniging 9 (1956–57) 182–200. — J. Gouillard, Le Synodikon de l'Orthodoxie. Édition et Commentaire, 1967, 45 ff. 120 ff. — J. Karminiris, Τὰ Δογματικὰ καὶ Συμβολικὰ Μνημεῖα τῆς Ὀρθ. Καθ. Ἐκκλησίας I, Graz ²1968, 244–249. 410–416. — Beck 56 u. a. — Th. Nikolaou, Eine quellenkritische Untersuchung des Traktats (87) De iconis und der Quaestiones quodlibetales und seine Bedeutung hinsichtlich der Verurteilung von Johannes Italos, In: **Μνήμη Μητροπολίτου Ἰκονίου Ἰακώβου**, 1984, 279–294. — J. M. Hussey, The Orthodox Church in the Byz. Empire, 1986, 62–65. — Th. Nikolaou (Hrsg.), Bild und Glaube (Nikaia II. 787–1987 — Ringvorlesung der Universität München im Sommersemester 1987), In: OFo 1 (1987) 209–224.

Th. Nikolaou

Sophienkirche (Ἁγία Σοφία, türkisch: Aya Sofia), ursprünglich einfach »Die Große Kirche« genannt, war in der Reichshauptstadt → Konstantinopel die offizielle Kirche des Kaisers und zugleich die Kathedrale des Ökumen. Patriarchen. Sie war Christus geweiht als der »Hl. Weisheit« des Göttlichen Wortes, der zweiten Person der Dreifaltigkeit, seit dem 5. Jh. trägt sie entsprechend auch den Namen »(Hagia) Sophia«. Sie war ein Jahrtausend lang das größte Heiligtum der Christenheit und geistlicher Mittelpunkt des (byz.) Reiches und übertraf alle bisherigen Kirchenbauten an Umfang und weitumfassender spiritueller Konzeption. Schon zuvor war die ursprüngliche Bischofkirche der Hagia Eirene (Ἁγία Εἰρήνη), der Personifizierung Christi im »hl. Frieden« (Eph 2,14), geweiht; in diesem Zusammenhang muß die Dedikation der S. an die personifizierte Eigenschaft der Göttlichen Weisheit (Θεία Σοφία) in Christus (1 Kor 1,24) als steigernde Ergänzung gesehen werden. Wenn hier auch das Konzept der atl. Weisheit Gottes (→ Sophiologie) rein christol. wt. gedeutet ist, und im Gegensatz zu einer weit verbreiteten Auffassung des Westens (und ab 15. Jh. auch der russ. Orthodoxie) keinen direkten Bezug zu ᛗ hat, so sind doch — wie das ikonographische Programm der S. und die Zeugnisse der einst in ihr gefeierten Liturgie zeigen — die mariol. Implikationen von besonderer Bedeutung (→ Sedes Sapientiae).

Der erste Bau der S. wurde von Konstantin dem Großen (334–337) als markanter Mittelpunkt seiner neuen Reichshauptstadt geplant und begonnen; vollendet und geweiht wurde er jedoch erst unter Konstantios (337–361) von dem arianischen Patriarchen Eudoxios (360–369) über den Gebeinen des hl. Pamphilos und anderer Martyrer am 15. 2. 360 (Chronicon Paschale I 543 f. = PG 95,359 AB; Sokrates HE II 13 und 43 = PG 55,507 und 67,357 A; Kedrenos I 530 = PG 121,577A). Die ursprüngliche Kirche war holzgedeckt, hatte eine langgestreckte basilikale Form mit einer Apsis im Osten, einem Haupt- und zwei (möglicherweise vier) Nebenschiffen sowie Galerien, von welchen aus die Frauen an der Liturgie teilnahmen. Bereits 361 stürzte die Kuppel ein, 381 setzten Arianer im Zusammenhang mit der Synode in Konstantinopel, welche die trinitarische Formel des Nicaenums bestätigte, die S. in Flammen, am 20. 6. 404 brannte diese infolge eines Volksaufstandes gegen Kaiser Arkadios (395–408), welcher den Patriarchen Johannes Chrysostomos (398–404) verbannt hatte, vollständig ab (Chronicon Paschale I 585 = PG 122,781A).

Theodosios II. (408–450) stellte die (zweite) S. in Gestalt einer fünfschiffigen Basilika mit großer Eingangshalle (Teil der Westfassade, 1935 freigelegt) wieder her, deren Attikafries am inneren Portal mit der Darstellung der 12 Lämmer die Urkirche der Apostel und zugleich das himmlische Jerusalem der Offenbarung symbolisierte. Dieser zweite Bau wurde am 16. 10. 415 von Patriarch Attikos (406–425) geweiht (Chronicon Paschale I 592 = PG 122,788B). Am 15. 1. 532 fiel diese Kirche zusammen mit der Irenenkirche, dem Senat und einem großen Teil des Kaiserpalastes dem furchtbaren Nikaaufstand zum Opfer (Prokop, De bello Pers. I 24; Theophanes, Chronographia I 184; Chronicon Paschale I 621 = PG 122,877A). Nach Wiedererlangung der Macht ließ Justinian I. (527–575) die heute noch bestehende (dritte) S. als Symbol des neugefestigten, gottunmittelbaren Kaisertums, des neu begründeten byz. Reichsverständnisses und der Hauptstadt als »caput mundi« von dem Architekten Anthemios v. Tralles und dem Mathematiker Isidoros v. Milet mit 10000 Arbeitern in nur fünf Jahren (532–537) unter Verwendung des wertvollsten Materials aus aller Welt (u. a. der Säulen des Tempels der Artemis in Ephesos und des Sonnengottes in Heliopolis) bauen. Am 27. 12. 537 wurde die S. vom Patriarchen Menas (536–53) geweiht (Prokop, De aedificiis I 1; Theophanes, Chronographia I 217).

Anstelle der bisherigen Longitudinalbauten verbindet die S. Justinians den basilikalen Grundriß mit einem dominierenden Zentralbau und vereinigt beide alten sakralen Bautypen zu einer Einheit. Dieses duale Bauprinzip entsprach der repräsentativen Doppelfunktion der S. als Patriarchats- wie auch als kaiserliche Hof- und Staatskirche im sinnfälligen Ausdruck der engen organischen Verbindung von Kirche und theokratischem Kaisertum. Deswegen fanden darin nicht nur alle Kirchenfeste sondern auch alle festlichen Staatsrepräsentationen statt.

Der Zentralbau der S. ist vom Gesetz der Dreiheit bestimmt, der unterste Bereich, ein von mächtigen Pfeilern eingeschlossener Kubus, symbolisiert die Erde; darüber erhebt sich als Zwischenbereich die Sphäre der Engel und Seraphim; die Kuppel als Symbol des göttlichen Himmels krönt einen »mystischen Dreiklang« (F. Gerke).

Den Zeitgenossen offenbarte sich die Bewegtheit der architektonischen Elemente als Ausdruck ihrer Seelenlage. So erschien die S. von aller Erdenschwere entstofflicht, aller statischen Gesetze enthoben, und die Kuppel als Abbild des Himmels »nicht auf dem festen Bau zu ruhen, sondern als goldene Kugel am Himmel zu hängen und so den ganzen Raum zu bedecken« (Prokop, de aed. I 1,46; ähnlich Paulus Silentarius 490. 496).

553 und 557 erschütterten Erdbeben die Kuppel, am 7.5.558 brachte ein weiteres Erdbeben diese vollends zum Einsturz; sie wurde von Isidoros d.J. v. Milet (dem Neffen des Älteren) in veränderter, doch noch höherer Form erneuert (558–563) und überdauerte so zahlreiche weitere Erdbeben bis heute.

Die Neueinweihung der S. erfolgte am 23.12. 563 und wurde fortan alljährlich festlich begangen. Dabei sang man als Festtropar einen Hymnus an die GM, in welchem die enge Verbindung von Kirche, Stadt und Reich mit Christus durch seine Mutter bes. zum Ausdruck kam: »Deine Stadt, o Gottesmutter, in dir herrschend und durch dich aus grimmen Nöten befreit, singt dir den Hymnus ihres Wohlergehens ...«

Die überirdisch anmutende Pracht des Gottesdienstes in der S. war nach Darstellung der sog. Nestorchronik zum Jahr 987 auch für die Abgesandten des Fürsten Wladimir von der Kiewer Rus Anlaß, ihrem Herrn zur Annahme des orth. Christentums zu raten. Die Christianisierung Rußlands nahm so von der S. ihren Ausgang und richtete sich nach deren Glanz aus; dies kommt bes. in den russ. Kirchen zur »Hagia Sophia« in Kiew (erbaut 1037) und in Nowgorod (erbaut 1046–50) zum Ausdruck.

Der heute noch bestehende Kirchenraum der S. hat die Ausmaße von 74,8 (mit Narthex 80,3) x 71,2 m. An ihn schließt sich im Osten der Altarraum (14,5 x 11,4 m) mit einer einzigen Apsis (6,1 m tief) an. Den Hauptkirchenraum säumen beiderseits doppelgeschossige Seitenschiffe mit tonnengewölbter und ursprünglich goldgeschmückter Decke. Das südliche Seitenschiff war ursprünglich für Männer, das nördliche für Frauen bestimmt, die geräumigen Emporen darüber für die Katechumenen; später waren die Emporen z.T. der Platz der Frauen. Auf der rechten Galerie fanden Konzilien und Synoden statt; in einer Abteilung hier ist auch (mit direktem Zugang zum Kaiserpalast) das »Metatorion« des Kaisers für dessen private Teilnahme am Gottesdienst und als Ort seines zeremoniellen Kleiderwechsels anzusetzen. Diese Seitentribünen verband in der Mitte eine dritte Galerie über dem Narthex, wahrscheinlich der Platz der Kaiserin mit ihren Hofdamen.

Im Westen ist ein doppelter Narthex vorgelagert, wo nach Paulus Silentarius (331 ff.) während der ganzen Nacht von Klerikern die Psalmen Davids gesungen wurden, »dessen vielgepriesene Tochter Christus, den mutterlosen Sohn Gottes, in ihren Schoß aufnahm, auf jungfräulichem Lager gebar und den Ungezeugten mütterlichen Gesetzen unterwarf«.

Die Innenausstattung der S. fiel dem Bildersturm (729–843), bes. aber der Beraubung durch die Lateiner (1204), vollends der Plünderung bei der türkischen Eroberung und der Umwandlung in die Hofmoschee des Sultans (20.5.1453) zum Opfer. Während der türkischen Zeit blieb jedoch die Bausubstanz der S. im wesentlichen erhalten. Für die Zwecke des islamischen Gottesdienstes wurden im Innern der S. lediglich Mihrab (Gebetsnische), Mimber (Kanzel) und Sultansloge sowie riesige Tafeln mit Korantexten hinzugefügt; außen wurden Minarette hinzugebaut. Seitdem Mustafa Kemal Pascha Atatürk (1880–1938) die S. dem islamischen Kult entzog (1934) und zum staatl. Museum erklärte, ist man um Erhaltung und Wiederherstellung ihres ursprünglichen Erscheinungsbildes bemüht.

Einen Eindruck der einstigen überaus reichen Ausgestaltung des Kirchenraums, die jedoch einheitlich auf die Vergegenwärtigung der Fleischwerdung des Göttlichen Logos aus GM im Mysterium der Liturgie konzentriert war, bieten ausführliche zeitgenössische Beschreibungen, bes. durch den Historiker Prokop v. Caesarea (ca. 490–nach 542: De aedificiis I 1,20–48), durch den Dichter und kaiserlichen Kammerherrn (Silentarius) Paulus (520–70), in dessen »Ekphrasis der Großen Kirche oder Hagia Sophia«, die er anläßlich der Einweihung des justinianischen Baues vor Kaiser und Patriarch als dichterisches Preislied feierlich rezitierte, sowie in deren Ergänzung, der »Ekphrasis des Ambon«. Dazu kommen Schilderungen verschiedener (meist russ.) Pilger, v.a. die des Anton v. Nowgorod (12. Jh.).

Demnach befand sich unter der Kuppel, reich mit Silber und Edelsteinen umkleidet, der Ambo, eine von acht Säulen getragene elliptische Tribüne mit Balustrade. Von der Plattform des Ambo aus wurden Epistel und Evangelium verlesen und auch die Predigten gehalten. Unter ihr hatte der Chor professioneller Sänger seinen Platz. Zudem war der Ambo (seit 641) der Platz der Investition und Krönung (seit dem 14.Jh. auch der sakramentalen Salbung) eines neuen Kaisers durch den Patriarchen. Von ihm ging die → Solea, ein von verzierten Brüstungen aus grünlichem Marmor umschlosssener Gang, zur großen Chorschranke vor dem Sakrarium, als Weg des »Kleinen« und »Großen Einzugs« in der byz. Liturgie. Der Altarraum wurde von 12 freistehenden, einen Architrav tragenden Säulen in Rechteckform begrenzt, die den Blick auf den Altar großenteils freigaben. Zwischen den Säulen hingen lediglich mehrere Ovale aus Silber mit Reliefdarstellungen Christi und GMs »als Gefäß des ewigen Lichtes, deren Schoß einstmals in geheiligter Hülle den Schöpfer des Mutterschoßes trug« (Paulus Silentarius 709 f.).

Der Altar aus reinem Gold, reich mit Edelsteinen besetzt, war als eine von vier Säulen getragene Platte gestaltet. Um sie herum lief eine Inschrift: »... Mehre den Staat, den Du uns anvertraut hast, zu Deinem Ruhme und schütze ihn durch die Fürbitte der heiligen Mutter Gottes und ewigen Jungfrau Maria!« (Kedrenos I 676).

Rings um den Altar erhob sich als baldachinartiger Überbau auf vier weiteren, bogentragenden Säulen das »Ciborium« aus Silber. Ein großes goldbesticktes Seidentuch auf der Altarplatte zeigte den lehrenden Christus zwischen Petrus und Paulus, umgeben von Szenen der Wundertaten Christi sowie — in deren Nachfolge — der Wohltaten der Kaiser (Paulus Silentarius 758 ff.). Dieser Nachfolgegedanke war auf Goldgobelins im Ciborium vorbereitet, auf denen zu sehen war, wie Kaiser »hier der Gottesgebärerin Maria, dort dem göttlichen Christus die Hände reichen« (ebd. 802 ff.).

In der Apsisrundung führten sieben Stufen zum silberbedeckten Synthronon mit Priesterbänken und der bes. erhöhten Kathedra des Patriarchen in dessen Mitte.

Nach dem damaligen Glaubensverständnis wurde die Repräsentierung des theokratischen Reichsverständnisses noch überhöht durch die Hineinnahme von Zeugnissen der biblischen Heilsgeschichte, des irdischen Israel in die Kirche als Sinnbild und Geleiterin zum himmlischen Jerusalem: Aus den vier Ecken der S. flossen die »Ströme des Paradieses«; außerdem befand sich der »Heilige Brunnen Jakobs«, an dem Jesus der Samariterin begegnet war, auf der rechten Seite der Kirche. An einem Pfeiler daneben hingen Ikonen Christi und M)s mit dem Jesuskind in ihren Armen; beide Bilder wurden als wundertätig verehrt. Unzählige »Reliquien« vergegenwärtigten das Heilsgeschehen, so die zweite Gesetzestafel des Mose, das Gefäß des Manna, die Fanfare von Jericho, die Türen der Arche Noahs, Werkzeuge, mit denen das Kreuz Christi gefertigt worden war, Dornenkrone und Peitsche seiner Geißelung, die silberüberzogene Tür seines Grabes rechts vom Altar mit der Darstellung Christi am Kreuze, vor dem M) und sein Jünger Johannes standen u.a. Im linken Seitenschiff befand sich ein kunstvoller Schrein mit dem Bildnis der »reinsten Königin und Mutter Gottes ..., dieses Bild weinte, als die Franken sich Konstantinopels bemächtigten ... Es heilte viele Kranke« (Khitrowo 226 f.).

Die erste Mosaikausstattung der S. erfolgte wohl erst in den letzten Jahren Justinians und während der Regierung Justins II. (565–578). Von diesen Mosaiken sind noch goldgrundige Pflanzen- und Tiermotive, sowie geometrische Ornamente (vgl. Paulus Silentarius 647 ff.) in den oberen Bereichen der Kirche erhalten. Über bildliche Darstellungen aus dieser Zeit ist nichts überliefert, doch wäre ohne deren Vorhandensein das feststellbare Herabschlagen von Mosaiken durch die Bilderstürmer des 8. Jh.s nicht erklärbar. Analog zu anderen byz. Kirchen dieser Zeit (Ravenna, San Vitale; Thessaloniki; Berg Sinai und Kypros) ist ein Bildprogramm, darunter v.a. auch eine seit dem 6. Jh. übliche M)darstellung in der Apsis wahrscheinlich. Im 9. Jh. bekam die S. nach dem Bildersturm neue figürliche Ausschmückungen, die laufend bis zum 13. Jh. ergänzt wurden. Nach der Umwandlung der S. in eine Moschee wurden die Mosaiken übertüncht, doch bereits beim Erdbeben 1509 fiel der Verputz wieder ab, so daß die Bilder »im alten Glanz erstrahlten« (Bericht eines venezianischen Gesandten); später brachen ganze Teile der Mosaiken selbst aus, 1717 große Partien des Pantokratormosaiks in der Kuppel (Bericht der Lady Montague). Im späten 17. Jh. waren die meisten Mosaiken noch sichtbar (Zeichnungen von Grelot und Loos); sie wurden erst Mitte des 18. Jh.s nach ihrer Konservierung durch Fossati (Zeichnungen von Salzenberg) verdeckt. Die Restaurierungsarbeiten 1932–50 durch das amerikanische Byz. Institut brachten einen Teil von ihnen wieder zum Vorschein, darunter auch bedeutende M)darstellungen.

Zur ältesten bildlichen Ausgestaltung der Hagia Sophia gehört das große Mosaik der thronenden GM (4,9 m) mit dem Christuskind in der Halbkuppel der Apsis. Diese Darstellung M)s als »Thron der Heiligen Weisheit« (Καθη-δρα τῆς Ἁγίας Σοφίας) beherrscht den ganzen Kirchenraum und wird schon beim Eintritt in das Gotteshaus durch die Mitteltür des Narthex (Kaiserpforte) sichtbar. Nicht von ungefähr ist der Sitz M)s als »Thron Salomons« (1 Kön 10,18–20) gestaltet, in der Form, wie er sich auch im Kaiserpalast befand und von dem aus der weltliche Repräsentant Christi regierte. Kirchliche Darstellung und kaiserliche Legitimation entsprachen einander unmittelbar. Im Sinne des »Thrones der Weisheit« wurde am Weihnachtsfest das zentrale Mysterium der Fleischwerdung Gottes aus M) in der Liturgie auch symbolisch dargestellt, indem der Patriarch seine Kathedra verließ und auf ihr feierlich das Evangeliar als Sinnbild des inkarnierten »Wortes der heiligen Weisheit« inthronisierte; denn das Weihnachtsfest war zugleich das Patrozinium der S.; es verursachte die besondere, zugleich sophiologische wie mariol. Akzentsetzung in den heute noch gebräuchlichen orth. Weihnachtstroparen: »Das ewige Wort des Vaters ohne Anfang wurde Leib aus Dir, Gottesgebärerin ... Du, jungfräuliche Gottesmutter, hast das Wort des Vaters, das schon im Anfang bestand, im Fleische geboren ... Deine Geburt, Christus, unser Gott, ließ der Welt aufstrahlen das Licht der Erkenntnis.«

Das große Apsismosaik ist bildlicher Ausdruck dieser Hauptaussage in Gesamtkonzeption und Liturgie der S. Bei seiner Einweihung am Ostersonntag 867 würdigte der Patriarch Photios diese M)darstellung als Triumph der Orthodoxie über die Ikonoklasten, welche eine entsprechende vorangegangene Darstellung M)s zerstört hätten. Denselben Hinweis bieten die noch erhaltenen Buchstaben einer griech. Inschrift im Abschlußbogen der Apsismauer vor der Bogenlaibung; sie lassen sich zu einem jambischen Zweizeiler ergänzen: »Zerstörte falscher Glaube einst die Bilder, so gaben fromme Kaiser sie uns wieder.« Das Mosaik mit seinem Goldhintergrund füllt die gesamte Apsisrundung aus. M) sitzt, in ein fließendes blaues Gewand gehüllt (→ Maphorion), auf einem edelsteinbesetzten Thron. Ihre rechte Hand ruht an der Schulter des Kindes auf ihrem Schoß, die linke auf dessen Knie. Der Christusknabe trägt ein Goldkleid und Sandalen; er hebt seine Rechte in segnender Gebärde, während seine Linke eine Schriftrolle umspannt. In der Bogenlaibung steht die 5 m hohe Figur des Erzengels Gabriel, der ursprünglich eine ebensolche Michaels entsprach.

Während des 9. Jh.s wurde die S. reich mit Mosaiken geschmückt, wie noch Reisende Ende des 16. Jh.s bezeugen (Jerôme Maurant, Hereber v. Bretten und St. Gerlach).

Von diesen Mosaiken ist die Darstellung des thronenden Christus Sophos, welchem die Kirche geweiht ist, über der Kaiserpforte im Narthex seit 1931 wieder freigelegt. Links vor ihm wirft sich ein Kaiser (Basileios I. [867–886] oder wahrscheinlicher Leo VI. [886–912]) mit Heiligenschein in anbetender Haltung nieder. An den Seiten des Mosaiks befinden sich zwei Medaillons, links ein Halbbild 𝕸s als Orantin mit ausgebreiteten Händen, rechts die Büste eines Engels (des sog. »Schutzengels der Kirche«), der (ähnlich wie Gabriel bei der Apsismadonna) einen Botenstab hält. Diese Komposition wird als Andeutung des Verkündigungsmysterium, des Beginns vom Erlösungswirken der Göttlichen Weisheit, interpretiert. Kunstgeschichtlich ist sie eine aus Ägypten stammende Variante der → Deesis, bei der anstelle des Prodromos der Verkündigungsengel den theol. Zusammenhang zwischen der Menschwerdung Christi und der Fürbitte seiner Mutter bei ihm darstellt. Die Gestalten werden auch symbolisch als charismatische Gaben gedeutet: 𝕸 als Glaube, der Erzengel als Hoffnung und Christus als die Weisheit der allumfassenden Liebe. Der Kaiser kniet vor Christus als seinem Lehensherrn, 𝕸 übermittelt sein Gebet, der Erzengel hütet das Reich (nach Kähler). Nicht damit identisch kann (entgegen Janin, Eglises 479) die 1680 von Grelot bezeugte motivverwandte, doch in der östlichen Halbkuppel vor der Apsis lokalisierte übliche Deesisdarstellung sein, »die Bilder der heiligen Jungfrau, des Erlösers und des heiligen Johannes des Täufers mit einem in Anbetung vor ihren Füßen liegenden Kaiser«.

Entgegen dem gewohnten ikonographischen Programm ließ Kaiser Basileios I. nach umfangreicher Restaurierung in den westlichen großen Bogen des Kuppelquadrats ein Bild der GM setzen, »welche den ungezeugten Sohn auf dem Arme trägt« (Konstantin Porphyrogennetos, Basiliken 54; Theophanes Contin. 322 = PG 109, 337C). Dieses Bild war von Medaillons mit »Häuptern der Apostel Petrus und Paulus« umgeben. Reste davon fanden sich bei den Restaurierungsarbeiten 1847–49, wurden aber 1894 wieder verdeckt oder gar zerstört. Im östlichen Kuppelbogen befand sich spätestens seit 1346 (und befindet sich möglicherweise noch unter dem 1849 aufgetragenen Putz) eine Darstellung der Hetoimasia (Bereitung des Thrones Christi zum Jüngsten Gericht) in einem Medaillon: Auf dem noch leeren Thron stand ein Kreuz mit drei Querbalken und der Dornenkrone. Links davon war 𝕸 ohne Kind als Orantin mit erhobenen Händen dargestellt; ihr beigefügt war eine Inschrift mit den Anfangsworten des Magnificat. Rechts der Hetoimasia war der segnende Prodromos Johannes der Täufer mit Kreuz und Buchrolle in der Linken abgebildet. In der Mitte der Kuppel wurde im 9. Jh. das ursprüngliche Kreuzmosaik durch eine von vier Seraphim umgebene große Darstellung des Pantokrator ersetzt.

Seit Ende des 10. Jh.s tritt in den Mosaikdarstellungen der marian. Aspekt in der Verbindung des herkömmlichen Motivs »Thron der Weisheit« mit dem neuen der Dedikation an 𝕸 stärker in Erscheinung. So thront im halbkreisförmigen Tympanon über dem Südportal des Narthex (Ὡραία Πύλη = »Schönes Tor«, heutiger Haupteingang), die GM mit dem Christuskind auf ihrem Schoß im sog. »Repräsentationsmosaik« (letztes Viertel des 10. Jh.s, 1933 wieder entdeckt). Zu ihrer Rechten steht Kaiser Justinian, er bietet 𝕸 das vereinfachte, doch charakteristische Modell der von ihm erbauten S. dar, zur Linken 𝕸s Kaiser Konstantin, der 𝕸 das als Burg schematisierte Modell der von ihm gegründeten Stadt Konstantinopel reicht. Darin kommt die damalige Überzeugung zum Ausdruck, daß sowohl die S. als auch die Stadt seinerzeit von ihren Gründern der GM geweiht wurde (→ Konstantinopel, Fest der Stadtweihe). Eine entsprechende Darstellung einer kaiserlichen Stiftung an 𝕸 findet sich am Ostende der Südgalerie: Kaiser Johannes II. Komnenos (1118–43) mit Kaiserin Irene und Sohn Alexios bringt der in der Mitte stehenden GM und dem Christuskind vor ihrer Brust eine Opfergabe aus Gold dar.

Im Süden der Westempore, dem sog. »Großen Sekretarion« finden sich Reste einer Großen Deesisdarstellung aus dem 9. Jh. Ähnlich wie auf dem Mosaik über dem Kaiserportal im Narthex, sitzt Christus auf einem Thron mit leierartig geschwungener Rückenlehne. Zu seiner Rechten steht 𝕸; Johannes der Täufer zur Linken sowie der anzunehmende Goldgrund sind nicht mehr erhalten. — Ein weiteres 𝕸mosaik mit dem Prodromos und Kaiser Johannes V. Palaiologos (1341–91) befand sich auf dem 1354 neu eingebauten östlichen Schwibbogen. — Auf der Ostseite der westlichen Stützmauer in der Südgalerie ist die Große Deesis zu sehen, das späteste erhaltene Mosaik der S. (zwischen 1261 und 1300). Erhalten sind nur die Oberteile der ursprünglich ganzfigurig dargestellten Personen, Christus thronend in der Mitte, 𝕸 links und Johannes rechts neben ihm stehend, beide in fürbittender Haltung leicht vorgeneigt. Die Blicke Christi und die des Täufers treffen sich, während die junge GM ihre Augen scheu und nachdenklich gesenkt hat. In der Darstellung spricht »die starke Leiderfahrung, die Menschlichkeit des Gottessohnes. Hier beginnt sich die lange wechselvolle Geschichte von Byzanz, die

Leidenschaft seines Ringens um die Richtigkeit der Lehre und ihre Gestaltwerdung im Leben zu makelloser Schönheit abzuklären« (W. Hotz). Bei aller Großartigkeit stellt dieses Mosaik mit dem menschenfreundlichen Christus eine vermenschlichte Weisheit und damit das Ende einer theol. Entwicklung vom ursprünglichen Konzept der göttlichen Weisheit dar.

Insgesamt erweisen sich im Zusammenhang mit der Ikonographie der S. ihre M-darstellungen als Wegweiserinnen zur Erkenntnis des Mysteriums der Epiphanie Gottes, wie es die Theol. des 9. Jh.s in Konstantinopel erkannte: Was ursprünglich nur die Engelsscharen im Himmel (um den Pantokrator in der Hauptkuppel) sahen, und die Propheten des AT (auf den Emporen) in seltenen Visionen erfahren durften, ist in der Menschwerdung Christi durch M allen Christen zuteil geworden, das Wort und die Weisheit Gottes (nach Kähler).

Nicht von ungefähr stehen all diese M-bilder in einer Beziehung zum Thron: Entweder dient M selbst als »Thron der Weisheit« (Apsis und Südportal des Narthex) oder sie steht fürbittend beim thronenden Chrsitus, dem durch sie inkarnierten Logos der Weisheit (Deesisdarstellungen im näheren und weiteren Sinne). Im Unterschied zu ihrer bestimmenden Funktion in den byz. M-kirchen ist in der Hagia Sophia als der großen Christuskirche M, ihrem biblischen Selbstversändnis entsprechend, lediglich »Magd des Herrn« (Lk 1,38): Als GM bringt sie uns Christus und trägt als Fürsprecherin unsere Gebete und Nöte zu ihm, der Herr und Mitte unseres Glaubens ist. Hier in der offiziellen Hauptkirche der byz. Reiches spielte M in spezieller Ausrichtung auf dieses eine ähnliche, doch bes. nunancierte Rolle: Ihre Verehrung beim Volk erhält den Thron und wahrt die Herrschaft des Kaisers als des irdischen Stellvertreters Christi im Dienste der göttlichen Weisheit; M-s Fürbitte sichert den Bestand des christl. Reiches und schützt in bes. Weise dessen Hauptstadt durch immerwährende göttliche Hilfe. In diesem Konzept erschließt sich die prächtige Vielfalt der S. als großartige Einheit.

QQ: Petrus Gyllius, De Constantinopoleos topographia, 1632. — Agathiae Myrinae historiarum libri quinque, Corpus scriptorum historiae Byzantinae III, 1828. — Nicetas Choniata, Historia, Liber de rebus post captam urbem gestis, rec. I. Bekker, 1835. — Paulus Silentarius, Descriptio ecclesiae sanctae Sophiae et ambonis, ed. I. Bekker, 1837. — Georgios Pharantzes, Chronicon maius, rec. I. Bekker, 1838. — Constantinus VII. Porphyrogenitus, De Caeremoniis I–II, ed. J. J. Reiske, 1838 f. — C. W. Kortüm, Des Paulus Silentarius Beschreibung der H. Sophia und des Ambon, 1854. — B. de Khitrowo, Itinéraires russe en Orient, 1889. — J. P. Richter, Quellenschriften für Kunstgeschichte und Kunsttechnik des MA und der Neuzeit, NF. VIII: Quellen der byz. Kunstgeschichte, 1897. — Paulus Silentarius, Descriptio S. Sophiae et ambonis, In: P. Friedländer, Johannes von Gaza und Paulus Silentarius . . . , 1912, 225–265. — A. Vasiliew, Harun-Ibn-Yahya and his Description of Constantinople, 1932, 149 ff. — Constantinus VII. Porphyrogenitus, Le livre des cérémonies I–II, ed. A. Vogt, 1935–40. — Procopius, Περὶ κτισμάτων — Buildings, ed. H. B. Dewing u. a., 1961. — Michael Psellos, In: PG 122,912. — Georgios Phrantzes, In: PG 156,637–1022. — Adamnanus, In: CSEL XXVIII 219–297.

Lit.: G. Fossati, Aya Sofia, Constantinople, As Recently Restored by Order of H. M. the Sultan Abdul Medid, 1852. — W. Salzenberg, Altchristl. Baudenkmale von Constantinopel vom V. bis XII. Jh., 1854. — W. R. Lethaby und H. Swainson, The Church of Sancta Sophia, 1894. — C. Gurlitt, Die Baukunst Konstantinopels, 1907–12. — J. Ebersolt, Sainte-Sophie de Constantinople, 1910. — O. Wulff, Das Raumwunder des Naos im Spiegel der Ekphrasis, In: ByZ 30 (1929/30) 531 ff. — Th. Whittemore, The Mosaics of Sta. Sophia at Istanbul I–IV, 1933–52. — S. G. Mercati, Santuarii e reliquie constantinopolitane secondo il cod. ottob. lat. 169 prima della conquista latina, In: Rediconti della Pontificia Academia Romana di Archeologica 12 (1936) 133–156. — A. M. Schneider, Byzanz: Vorarbeiten zur Topographie und Archäologie der Stadt, 1936. — Ders., Die vorjustinianische S., In: ByZ 36 (1936) 77–85. — W. R. Zaloziecky, Die S. in Konstantinopel, In: Cristiana 12 (1936). — A. M. Schneider, Die Hagia Sophia, 1939. — K. J. Conant, The first Dome of St. Sophia and its Rebuilding, In: American Journal of Archaeology 43 (1939) 589–592. — E. Mamboury, Topographie de Sainte-Sophie, In: Rivista di studi bizantini e neoellenici 6,2 (1940) 197–209. — E. H. Swift, Hagia Sophia, 1940. — A. M. Schneider, Die Grabung im Westhof der S. in Istanbul. 1941. — W. Emerson and R. L. van Nice, Hagia Sophia, In: American Journal of Archaeology 47 (1943) 403–436. — S. G. Xydis, The Chancel Barrier, Solea and Ambo of Hagia Sophia, In: AnBoll 29 (1947) 1–24. — R. Janin, Constantinople byzantine, 1950. — W. Emerson und R. L. van Nice, Hagia Sophia: The Collapse of the First Dome, In: Archeology 4 (1951) 162–171. — E. v. Ivánka, Die letzten Tage von Konstantinopel, 1954, 61 ff. 68. — F. W. Deichmann, Studien zur Architektur Konstantinopels im 5./6. Jh., 1956. — F. Dirimtekin, Le …… des Sante-Sophie, In: REByz 19 (1961) 390–400. — J. Mateos, Le Typicon de la Grande Eglise I–II, In: OrChrA 165 f. (1962/63). — P. Sherrard, Konstantinopel: Bild einer hl. Stadt, 1963. — P. Sanpaolesi, Santa Sofia a Constantinopoli, 1965. — C. Mango, Materials for the Study of the Mosaics of St. Sophia at Istanbul, 1962. — R. L. van Nice, The structure of St. Sophia, In: Architectural Forum 118 (1963) 131–139. — R. J. Mainstone, The Structure of the Church of St. Sophia, Instanbul, In: Transactions of Newcomen Society 38 (1965/66) 23–49. — R. L. van Vice, Saint Sophia in Istanbul: An Architectural Survey, 1965. — H. Jantzen, Die Hagia Sophia des Kaisers Justinian in Konstantinopel, 1967. — H. Kähler, Die Hagia Sophia, 1967. — R. Krautheimer, The Constantinian Basilica, In: DOP 21 (1967) 117–140. — R. Janin, La géographie ecclésiastique de l'empire byzantin: Constantinople, Les églises et les monstères, ²1969. — R. J. Mainstone, Justinian's Church of St. Sophia, Istanbul, In: Architectural History 12 (1969) 39–49. — C. Walter, Further Notes on the Deesis: Paul the Silentary's Description of the Chancel Screen in Saint Sophia in Constantinople, In: REByz 28 (1970) 171–181. — W. Müller-Weiner, Bildlexikon zur Topographie Istanbuls, 1977 (Lit.). — A. Nezerites, Βυζαντινὴ ἐκκλησιαστικὴ ἀρχιτεκτονική, 1983. — M. Maurides, Βυζαντινοί ναοὶ στὴν Πόλι, 1986. — S. A. Muzakes, Μία διήγησις γιὰ τὸ κτισμὸ τῆς ἁγίας Σοφίας, 1986. — R. J. Mainstone, Hagia Sophia: Architecture, Structure, and Liturgy, 1988. — H. Yilmas, Ayasofya Istanbul, 1990. — R. Mark und A. S. Cakmak (Hrsg.), Hagia Sophia from the Age of Justinian to the Present, 1992. *G. A. B. Schneeweiß*

Sophiologie. I. THEOLOGIE. S. ist die ausschließlich von einigen russ. orth. Denkern der neueren Zeit ausgehende phil.-theol. Spekulation oder Gnosis, die sich auf die Sophia, d. h. die Weisheit Gottes und die in dieser begründeten Schöpfung, bezieht. Für die Sophia-Theologen ist deren Ausgangsbegriff »Weisheit« nicht nur mit der zweiten Person der Hl. Dreieinigkeit identisch, sondern betrifft auch alle drei göttlichen Personen gleichermaßen, insofern sie als Grundlage der gesamten vergöttlichten und verklärten Schöpfung gilt. Als erster echter Vertreter der S. gilt Wladimir → Solowiew (1853–1900), der im Grunde genommen auch die zwei anderen wichtigen Sophiologen, Paul Florenskij (1882–1943) und Sergej → Bulgakov (1851–1944), beeinflußt hat. Als weitere Anhänger der S. sind unter anderen Sergej Trubeckoj (1862–1905), Evgenij Trubeckoj (1863–1920), Lev Karsavin (1882–1952), Vjaceslav Ivanov (1866–1949) und Nikolaj Berdjaev (1874–1948) zu erwähnen. Die ganze S. stammt praktisch aus verschiedenen geistigen Strömungen der Vergangenheit, wie z. B. die S. des dt. Idealisten Jakob Böhme (1555–1635) oder die phil. Ansichten Hegels, Baaders und Oetingers, welche einen »christlichen Platonismus« — dessen parallele jüdische Form sich bereits bei → Philo v. Alexandrien (1. Jh. n. Chr.) findet — vertreten und sowohl gnostische als auch neuplatonische und auch christl. religionsphil. Elemente enthalten.

Solowiew, der u. a. im dritten Teil seines Werkes »Rußland und die universale Kirche« und im Gedicht »Drei Begegnungen« ausführlich von der Sophia spricht, stellt sie sich einerseits als ein schönes weibliches Wesen vor andererseits als »die ideelle, vollkommene Menschheit, die von Ewigkeit her im ganzheitlichen Wesen Gottes oder Christi enthalten ist«. Außerdem sind in seiner Theol. Christus, und Kirche zweifellos verbunden mit seiner Lehre über die geschaffene Weisheit, die sich im Rahmen des »theogonischen Prozesses« in der Menschheit verwirklicht. Solowiew trennt die Sophia bald nachdrücklich von der »Seele der Welt«, die sich durch den Sündenfall von Gott löslöste, bald identifiziert er sie mit ihr.

Florenskij sieht die Sophia als eine wesentliche Substanz innerhalb der Hl. Dreifaltigkeit an, ja sogar als die »vierte geschöpfliche Person«, die am Leben der dreipersönlichen Gottheit teilnimmt und Anteil an der göttlichen Liebe hat. Für ihn, so in seinem Werk »Säule und Grundfeste der Wahrheit«, stellt Sophia den wahren Leib Christi dar, d. h. die Kirche in ihrem himmlischen und wegen der durch den Hl. Geist vollzogenen Vergöttlichung auch in ihrem irdischen Aspekt. Darüber hinaus stellt Sophia die GM dar, weil sie jenes Geschöpf ist, das sich durch seine Makellosigkeit und Jungfernschaft (κεχαριτωμένη: Lk 1,28) bes. auszeichnet.

Über die S. Bulgakovs sind unter seinen theol. Werken die zwei »sophianischen Trilogien« bes. aufschlußreich. Nennenswert ist in diesem Zusammenhang sein Werk »Der brennende Dornbusch« (1927), in dem er die Sophia mit dem in allen drei Hypostasen gemeinsamen Gotteswesen in Verbindung bringt und bes. seine Mariol. am ausführlichsten darlegt, wobei er v. a. zur röm.-kath. Lehre von der UE ablehnend Stellung nimmt. Bulgakov zufolge gilt Christus als die Vereinigung der göttlichen und der geschaffenen Sophia, wobei die letztere als eigenständige Person in der Jungfrau ⊕ hypostasiert ist. Nach ihm gilt also: »Die Fülle des Sophiabildes in der geschaffenen Welt oder in der Menschheit ist Christus mit der Gottesmutter«.

Die sophiol. Lehre, die nicht nur durch verschiedene theol.-phil. Prinzipien, sondern auch durch liturg.-kultische Gegebenheiten und ikonographische Auslegungen begründet wird, fand innerhalb der Orth. Kirche keinen fruchtbaren Boden für eine eventuelle Rechtfertigung. Hauptsächlich Bulgakov (und mittelbar Solowiew und Florenskij) wurde Irrlehre und Pantheismus vorgeworfen, indem er eine vierte göttliche Hypostase einführte und die Sophia bald mit dem Göttlichen, bald mit dem Geschöpf gleichsetzte. In den 30er Jahren unseres Jh.s brach in Rußland der sog. Streit um die Sophia aus und erreichte seinen Höhepunkt mit der Verurteilung Bulgakovs als Häretiker durch die Moskauer und Karlowitzer Hierarchien. Metropolit Evlogios, zu dessen Amtsbezirk Bulgakov gehörte, hatte ihn dagegen nicht verurteilt, sondern ihm den Rat gegeben, seine Sophialehre zu revidieren.

Die S. ist untrennbar mit der Mariol. verbunden, indem sie die Person der GM vielfältig betrifft. Eine klare mariol. S. läßt sich schon vor der russ. Ära feststellen, wie z. B. bei Böhme, nach dem sich die Sophia in die Natur ⊕s eingegeben habe und in ihr Mensch geworden sei. Die sophianische Theol., die sich ellipsenförmig um die beiden Brennpunkte Gottheit und Menschheit bewegt, bezieht ⊕ im Rahmen ihres ganzen irdischen Lebens selbstverständlich mit ein.

Wie die Sophia Theologen zwar mit Recht betonen, ist Gott als Vater Sohn und Hl. Geist die eigentliche Weisheit. Ihre sophiol. Lehre geht aber noch viel weiter, indem sie Christus, den menschgewordenen Sohn Gottes, darüber hinaus als die personifizierte Weisheit bezeichnen. Für sie spiegelt sich die göttliche Weisheit in der ganzen Schöpfung wider, indem sowohl die Naturordnung als auch die vernünftigen Geschöpfe Ebenbilder dieser göttlichen Sophia sind. Ein Faktor, der die Weisheit um so mehr verdeutlicht, ist, nach der Überzeugung der Sophiologen, die Gnade Gottes, die auserwählten und erleuchteten Menschen, wie den Heiligen und insbesondere der begnadeten GM ⊕, geschenkt wird.

Lit.: P. A. Florenskij, Säule und Grundfeste der Wahrheit. Versuch einer orth. Theodizee in zwölf Briefen, Moskau 1914. — S. N. Bulgakov, Das abendlose Licht, Moskau 1916–12 — V. S. Soloview, La Russie et l'Église Universelle, 1922. — V. Soloviev und P. Florenskij, Sophia, In: Östliches Christentum. Dokumente II, hrsg. von N. v. Bubnoff und H. Ehrenberg, 1925, 131–151. — S. N. Bulgakov, Zur Frage nach der Weisheit Gottes, In: Kyrios 2 (1936) 93–101. — Ders. The Wisdom of God. A Brief Summary of Sophiology, In: The Review of Religion I, 1935, 361–368. — A. M. Ammann, Darstellung und Deutung der Sophia im vorpetrinischen Rußland, In: OrChrP 4 (1938) 120–156. — B. Schultze, Der gegenwärtige Streit um die Sophia, die göttliche Weisheit, in der Orthodoxie, In: StZ 137 (1940) 318–324. — Ders., Russ. Denker. Ihre Stellung zu Christus, Kirche und Papsttum, 1950. — E. Porret, Nikolaj Berdjajew und die christl. Phil. in Rußland, 1950. — Ders., Maria und Kirche in der russ. Sophia-Theologie, In: MeE X, 1960, 51–141. — G. Arnold, Das Geheimnis der Göttlichen Sophia. Leipzig bey Thomas Feitsch 1700, 1963. — H.-J. Ruppert, Die Kosmodizee S. N. Bulgakovs als Problem der christl. Weltanschauung,

1977. — V. Soloview, La Sophia et les autres écrits français, hrsg. von Fr. Rouleau, 1978. — F. v. Lilienfeld, Sophia — die Weisheit Gottes. Über die Visionen des Wladimir Solowjew als Grundlage seiner »Sophiologie«, In: US 39 (1984) 113–129. — T. Schipflinger, Die Sophia bei Jakob Böhme, ebd. 41 (1986) 195–210. — G. Florovsky, The Hagia Sophia Churches, In: Aspekts of Church History. Volume 4 in the Collected Works, 1987, 131–135. — T. Schipflinger, Sophia — Maria, 1988. — RGG VI 133–135. 147. *K. Nikolakopoulos*

II. KUNSTGESCHICHTE. *1. Der byz. Osten.* Im Osten stellen die überlieferten Beispiele die göttliche Weisheit in der Regel als weibliche Personifikation oder im Bilde Christi in verschiedenen Erscheinungsformen (z. B. Szenen aus dem Leben Christi, »Weisheitsengel«, »Engel des Großen Rates«) dar. Die M̂ikonographie ist dabei insofern betroffen, als die in der Ikonographie in Übereinstimmung mit der theol. Auslegung von Spr 8,1 ff. häufig angestrebte Betonung des Mysteriums der Inkarnation die Anwesenheit M̂s nahelegt.

Aus frühbyz. Zeit hat sich nur ein sicheres Beispiel für die Darstellung der Sophia erhalten: In einen Mantel mit Maphorion gehüllt und mit einem Nimbus ausgestattet, erscheint sie in der Tradition antiker weiblicher Personifikationen als personifizierte Inspiration im Codex Rossanensis (Rossano, Museo del Arcivescovado; Antiochia oder Konstantinopel, späteres 6. Jh., fol. 121ʳ: Der Evangelist Markus wird von der Weisheit inspiriert). Dagegen scheint die Identifizierung der weiblichen Gestalt in der Szene der Traumdeutung Josephs in der Wiener Genesis (Wien, Österr. Nat. Bibl., cod. theol. graec. 31; Antiochia oder Konstantinopel, 6. Jh., S. 33) als Sophia eher unwahrscheinlich. Vielmehr dürfte es sich, jüdischen Legenden folgend, um Potiphars Weib handeln.

Als weibliche Personifikation und gleichzeitig im Bilde des in M̂ inkarnierten Christus verkörpert ist die göttliche Weisheit in einer syr. Bibel des 7. oder 8. Jh.s (Paris, Bibl. Nat., ms. syr. 341, fol. 118ʳ) wiedergegeben: Mit den Attributen Kreuzstab und kreuzgeschmücktes Buch versehen, flankiert Sophia zusammen mit Salomo (Typus der Weisheit Christi) die zentrale Gestalt M̂s, die hier als Zeichen der in ihr vollzogenen Menschwerdung des Logos-Sophia einen ovalen Christusclipeus vor ihren Leib hält (vgl. die russ. Ikonen des 16. Jh.s).

Innerhalb der christol. Gruppe ist M̂ häufig indirekt durch die Einbeziehung des Weisheitstempels in die Ikonographie eingeschlossen. Dies gilt sowohl für Darstellungen der Weisheit in Szenen aus dem Leben Jesu (Fresko: der zwölfjährige Jesus im Tempel, Dreifaltigkeitskirche, Sopočani, um 1265) als auch für den Darstellungstypus des sog. »Weisheitsengels«, der sich seit dem späten 13. Jh. in der serbischen und makedonischen Wandmalerei nachweisen läßt. Der Hauptakzent liegt bei diesem Typus auf der Inkarnation des Logos-Sophia und dem eucharistischen Aspekt: Der thronende »Weisheitsengel« sitzt an einem mit

Sophia – Weisheit Gottes (Kievskaja), Ikone, 19. Jh.

Brot und Wein gedeckten Tisch (Eucharistie), während sich im Hintergrund eine von sieben Säulen getragene Architektur als Zeichen des Weisheitstempels (Inkarnation) erhebt (Fresko, Gračanica, Klosterkirche Mariä Verkündigung, vor 1321). In der Peribleptos-Kirche in Ohrid (1295) trägt dieser Tempel über dem Eingang eine M̂büste: M̂ ist hier ausdrücklich als das Haus interpretiert, in dem die in Christus inkarnierte göttliche Weisheit Wohnung nimmt. In der Christi-Himmelfahrts-Kirche in Dečani (1348) ist die Ikonographie zu einem vierszenigen, deutlich auf die Eucharistie weisenden Zyklus ausgeweitet: im Zentrum der »Weisheitsengel« in geläufiger Bildform, um ihn gruppiert zwei dienende Engel, ein weiterer Engel, der über einen Tisch hinweg auf drei sich seitlich nähernde Personen weist, sowie ein Engel, der fünf Personen einen Kelch reicht.

Darüber hinaus kann auch durch die direkte Einbeziehung der M̂ der Verkündigung auf die Inkarnation der göttlichen Weisheit angespielt sein (Fresko: Leon VI. in Proskynese vor Christus zwischen Medaillons mit den Büsten M̂s und des Erzengels Gabriel, Konstantinopel, Sophienkirche, Narthex, um 900).

Verkörpert im Bild des in M̂ inkarnierten Christus erscheint die göttliche Weisheit bereits in der oben erwähnten Darstellung der syr. Bibel des 7./8. Jh.s. Auf russ. Ikonen ist seit dem 16. Jh. eine auf der Tradition der Caritasdarstellungen beruhende Darstellungsform der Sophia nachzuweisen, die neben der Inkarnation v. a. die Einheit zwischen präexistentem und eschatol. Christus betont: Sophia thront in Gestalt einer mit imperialen Attributen und einer Schriftrolle ausgestatteten Engelsgestalt frontal zwischen ⚕ mit dem Christusclipeus und Johannes dem Täufer. Darüber erscheint unterhalb einer Darstellung der Hetoimasia zwischen Engeln eine Büste Christi mit ausgestreckten Armen.

Nicht einbezogen hingegen ist ⚕ in der als »Engel des Großen Rates« bekannten Darstellungsvariante von Christus-Sophia: Christus wird hier — parallel zu seiner Darstellungsform in einer der Bildtraditionen der Philoxenie Abrahams — als kreuznimbierter Engel abgebildet (Fresko, Studenica, Königskirche, Anfang 13. Jh.).

2. *Der Westen*. Entsprechend den zahlreichen theol. Deutungen erscheint die Sapientia divina im Westen seit dem 10. Jh. als Personifikation oder in Gestalt eines der Symbole des Hl. Geistes sowie im Bilde Salomos, Christi, der Ekklesia oder ⚕s. Auf Grund der vielfältigen Verbindungen läßt sich bei der Darstellung der göttlichen Weisheit in Gestalt einer zumeist reich gekleideten Frau häufig nicht zwischen Sapientia als solcher, Ekklesia-Sapientia und ⚕-Sapientia unterscheiden.

Die Illustration der Weisheitsbücher des AT, v. a. der Initialschmuck zu Beginn des Buches Sirach, kennt drei Typen: die Weisheit ist dargestellt als thronender Christus (Bibel aus St. Vaast, Arras, Bibl. Municipale 559, 2. Viertel 11. Jh., Bd. III, fol. 1ʳ), als der Herrscher Salomo (Sammelhandschrift aus St. Laurent, Brüssel, Bibl. Royale, ms. 10066–10077, Maasgebiet, 1060/70, fol. 137ᵛ) oder als thronende Frauengestalt (Bibel aus St. Martial, Limoges, Paris, Bibl. Nat., ms. lat. 8, Ende 11. Jh., Bd. II, fol. 74ᵛ) vor dem siebensäuligen Weisheitstempel. In Gestalt der Ekklesia-⚕ und somit als mystische Braut Christi sitzt die göttliche Weisheit zu Beginn des Buches Sirach in einer dt. Bibel des 12. Jh.s (Paris, Bibl. Nat., ms. lat. 11508, fol. 54ʳ) zu seiten Christi.

Als Personifikation der höchsten der sieben Tugenden wird sie in den Handschriften der Psychomachie des Prudentius gezeigt, wie sie als Siegerin über die Laster in ihrem von den Tugenden erbauten Tempel thront. Des weiteren kann sie über die Gleichsetzung der sieben freien Künste mit den sieben Säulen des Salomonischen Tempels bzw. den sieben Gaben des Hl. Geistes auch als Personifikation der Phil. im Kreise der sieben freien Künste erscheinen (Hortus Deliciarum der Herrad v. Landsberg, ehem. Straßburg [1870 verbrannt, in Nachzeichnungen erhalten], um 1170, fol. 32ʳ). Diese Art der Darstellung ist aus dem Typus der Sapientia lactans bzw. der Sapientia mit ihren sieben Töchtern entwickelt (Einzelblatt; Basel, Sammlung R. v. Hirsch, Salzburg, Mitte 12. Jh.).

Als präexistente Gehilfin Gottes fungiert sie in weiblicher Gestalt sowohl thronend und gekrönt bei Darstellungen des göttlichen Ratschlusses (Bible Histoire des Guart Desmoulins, Brüssel, Bibl. Royale, ms. 9001, um 1410, fol. 19ʳ) als auch im Zusammenhang der Schöpfung reich gekleidet und gekrönt (Stammheimer Missale, Sammlung der Freiherrn v. Fürstenberg, Brabecke, Schloß Stammheim, o. Nr., Hildesheim, 1160/80, fol. 10ᵛ und 11ʳ) bzw. im Typus ⚕s in einfachem Mantel (Flavius Josephus, Antiquitates Judaicae, Frankreich, Ende 12. Jh., Paris, Bibl. Nat., ms. lat. 5047, fol. 2ʳ).

Ähnlich wie im Osten dient die Einbeziehung ⚕s in Darstellungen der Sapientia v. a. dazu, die Betonung auf die in ihr vollzogene Inkarnation der göttlichen Weisheit zu legen. So deuten beispielsweise die sieben Säulen in Verkündigungsbildern (Stammheimer Missale, s. o., fol. 11ᵛ) oder in Darstellungen der Wurzel Jesse (Bildtradition des Speculum Virginum) auf ⚕ in ihrer Funktion als domus sapientiae. Seit dem 12. Jh. gehen dabei die Darstellungen von Ekklesia-Sapientia und ⚕ ineinander über, so in einem Evangelistar aus Brandenburg (Brandenburg, Domarchiv, 1221/41; zum Text ⚕e Himmelfahrt), in dem die thronende Sapientia von sowohl auf sie selbst als auch auf ⚕ bezogenen Vertretern des AT umgeben ist.

Weitaus wichtigstes Beispiel für die Ausdeutung der göttlichen Weisheit auf ⚕ unter Betonung der Menschwerdung Christi ist der Bildtypus der → Sedes sapientiae. Als solcher ist ⚕ bereits durch ihre Darstellung inmitten der artes liberales am Südtor des Königsportals in Chartres (um 1145/55) interpretiert. Der voll ausgebildete Typus, in dem sich die Bildtraditionen der im Weisheitstempel thronenden Sapientia, der gekrönten Ekklesia und des salomonischen Löwenthrons (vgl. 1 Kön 10,18–20) überkreuzen, entstand um 1200 und war im 13. und 14. Jh. verbreitet: ⚕ sitzt auf dem von Löwen flankierten Thron Salomos bzw. Thron der Weisheit, zu dem sechs Stufen hinaufführen, und dient ihrerseits der in Christus fleischgewordenen göttlichen Weisheit als Sitz. Darüber hinaus können Salomo, auf ⚕ bezogene Personifikationen von Tugenden, Propheten und Apostel (Fresko: Gurk, ehem. Bischofskapelle, Westempore des ⚕doms, um 1264) und weitere Motive (sieben Tauben des Hl. Geistes, Sibyllen) den Thron umgeben. Eine Sonderform bietet die Darstellung in der Johanneskapelle am Domkreuzgang in Brixen (13. Jh., im 19. Jh. stark restauriert): Hier sitzt nicht ⚕, sondern Sapientia auf dem Thron der Weisheit.

Lit.: M.-T. d'Alverny, La Sagesse et ses sept filles: Recherches sur les allégories de la philosophie et des arts libéraux du IXᵉ au XIIᵉ siècle, In: Mélanges dédiés à la mémoire de Félix Grat II, 1946, 245–278. — A. Grabar, Iconographie de la Sagesse Divine et de la Vierge, In: Cahiers Archéologiques 8 (1957) 254–261. — J. Meyendorff, L'iconographie de la Sagesse Divine, ebd. 10 (1959) 259–277. — P. Bloch, Ekklesia und Domus Sapientiae, In: Miscellanea Medievalia IV: Judentum im MA, 1966, 370–381. — Schiller I 33–36; IV/1 68–77. — T. Schipflinger, Sophia — Maria, 1988. — LCI IV 39–43.
U. Liebl

Sophronius v. Jerusalem, hl., * in Damaskus, †11. 3. 638 in Jerusalem, war wahrscheinlich zuerst Lehrer der Rhetorik, dann Mönch des Theodosiusklosters bei Jerusalem. Mit seinem älteren Freund Johannes Moschus machte er Reisen nach Ägypten und Rom. 633 verteidigte er gegenüber Cyrus, dem monotheletischen Patriarchen von Alexandrien, und bald darauf gegenüber dem konstantinopolitanischen Patriarchen Sergius die Lehre von Chalkedon. Als er 634 Patriarch von Jerusalem geworden war, erließ er sofort ein Synodalschreiben gegen den Monotheletismus, in dem er die Lehre von den zwei Energien in Christus eingehend auseinandersetzte. Außer dem Synodalschreiben verfaßte S. etwa 11 Predigten und 23 auf Kirchenfeste gedichtete anakreontische Oden.

Drei Aspekte sind für das Verständnis der Mariol. des S. wichtig: 1. S. kämpft gegen die monotheletische Häresie und verteidigt die Doppelnatur Christi und seine beiden Energien, die göttliche und die menschliche; 2. S.' beständige Verherrlichung der Jungfräulichkeit M̅s ist zu einem guten Teil auf die Hochschätzung des mönchischen Lebens der Epoche zurückzuführen; 3. als Bischof von Jerusalem kennt S. die marian. Traditionen und Feste in Palästina, die auf der apokryphen Literatur um M̅ fußen. In diesem letzteren Sinn schreibt er ein Gedicht über den Tempel M̅s, errichtet über dem Haus von Joachim und Anna, in dem M̅ geboren ist; in diesem Gedicht wird auch der Garten Getsemane erwähnt, wo sich das Grab befindet (De templo Mariae, PG 87,3821 C –3824 B). S. erzählt außerdem von einigen Wundern, die in diesem Tempel gewirkt wurden und die man M̅ zuschreibt (PG 87,3460 C – 3461 D. 3557 D).

In der »Oratio in Annuntiationem« (PG 87,3224 B – 3285 C) kommentiert S. Lk 1,26–38 nicht nur mit theol. Tiefgründigkeit, sondern auch mit rednerischem Können. S. erweitert den Dialog zwischen dem Erzengel Gabriel und M̅ und legt ihnen weitschweifige Reden in den Mund, die die knappen Sätze des Evangeliums rhetorisch paraphrasieren. Gabriel beharrt sowohl auf der Doppelnatur Christi als auch auf der hypostatischen Union und legt die Heilswirksamkeit der Fleischwerdung dar. Er preist die Größe und Heiligkeit M̅s, die die der Engel überragt (ebd. 18), und verharrt mit Nachdruck auf der Funktion M̅s als neuer Eva (ebd. 22). M̅ antwortet ihm, indem sie ihren Entschluß kundtut, die völlige Keuschheit zu bewahren und weist in ihrer Entgegnung auf die subjektive Seite ihrer Eigenschaft als neuer Eva hin; denn sie werde das Angebot des Engels nicht leichtfertig annehmen, so wie sich Eva bei den Worten des Teufels verhalten habe; M̅ verlangt Sicherheiten, damit ihre Keuschheit gewährleistet bleibt (ebd. 33). Der Erzengel entgegnet ihr mit einer Interpretation seines eigenen Namens; denn die Etymologie von Gabriel enthält einen klaren Hinweis auf die beiden Naturen, die Christus besitzen wird. Gerade deshalb wurde er — und nicht irgendein anderer Engel — dazu auserwählt, M̅ die Geburt Jesu zu verkünden (ebd. 44). Außerdem versichert er ihr, daß die Mutter Gottes Jungfrau bleiben werde (ebd. 40–42). Der Ausdruck ὦ ϑεόδοχε Παρϑένοε! (o Jungfrau, Gottesträgerin; ebd. 43), mit dem Gabriel M̅ anspricht, faßt sehr eindringlich diese Art von Gedanken zusammen. Der Erzengel fügt hinzu, daß M̅ vor der Fleischwerdung unbefleckt war und danach ihre Reinheit und Tugend erhöhen wird (ebd. 43). Dieselben theol. Gedanken erscheinen wiederum in einem Gedicht »In Annuntiationem«, das die Szene aus Lk 1,26–38 in Verse faßt (PG 87,3734 A–3788 A).

S. widmet der Geburt Jesu sowohl einen Prosakommentar als auch ein Gedicht. Im ersteren, »Homilia in Christi natalicia« oder »In Natiuitatem Domini« (hrsg. im Rheinischen Museum, NF 41 [1886] 501–516; nur in lat. Sprache: PG 87,3201 A–3212 C), wird M̅ mit einer Zisterne und einem Tor in Betlehem verglichen (2 Sam 21,15), und so wird sie geistliche Zisterne genannt; denn durch das Tor der Taufe gelangt die Wirkung des Heilswerkes ihres Sohnes zu den Menschen. In dem Gedicht »In Christi Natiuitatem« (PG 87,3740 A–3744 B) insistiert S. auf der Jungfräulichkeit M̅s, der unversehrten Braut, und auf den Heilswirkungen der Geburt Christi. Mit besonderer Anmut ist die Geste M̅s beim Niederlegen des Kindes in die Krippe geschildert.

Auch die Darstellung Jesu im Tempel und die Wahrsagung Simeons sind Gegenstand eines Prosakommentars und eines Gedichts von S. Im ersteren, »Homilia de hypapante« oder »In Occursum Domini« (hrsg. von H. Usener, Sophronii de Praesentatione Domini sermo, Bonn 1889; nur in lat. Sprache: PG 87,3290 A–3300 A) werden die Lehren einiger Arianer und die des Nestorius durch Hervorhebung der Eigenschaft M̅s als GM angegriffen. In der Wahrsagung des Simeon sieht S. die Zusammenfassung des Heilswerkes Christi, der als zweiter Adam dargestellt ist. In dem entsprechenden Gedicht »De Simeonis uaticinio« (PG 87. III 3749 B–3756 A) werden dieselben theol. Gedanken wieder aufgenommen und außerdem wird M̅ als Gegenstand des Gebetes dargestellt; denn sie wohnt voller Glorie im Himmel zusammen mit Anna, Simeon und Joseph.

Im »Encomium in Iohannem Baptistam« (PG 87,3325 A–3352 C) kommentiert S. die Begrüßung M̅s durch Elisabeth und preist ihren Glauben und ihr Wissen (ebd. 10) sowie ihre Jungfräulichkeit, die ein Vorbild ist für diejenigen, die sich zum mönchischen Leben entschlossen haben (ebd. 7). Der Bischof von Jerusalem zeigt auf, daß der sechste Monat, in dem die Jungfrau M̅ ihren Sohn empfing, mit den sechs Tagen der Schöpfung in Verbindung steht, genauer noch, mit dem sechsten Tag, an dem der Mensch geschaffen wurde (ebd. 13). Die Begrüßung M̅s durch Elisabeth enthalte in

Wirklichkeit Worte Johannes' des Täufers, die seiner Mutter in den Mund gelegt werden (ebd. 13). Johannes ist der beste unter den Menschen oder, besser gesagt, nur unter den Männern, denn ⓜ überragt sämtliche Männer und Frauen an Heiligkeit (ebd. 18).

Im »Encomium in Iohannem Euangelistam« (PG 87,3364 BC) behauptet S., daß Salome, die Mutter des hl. Jakobus und des Johannes, die Tochter des hl. Joseph aus erster Ehe sei, und daß dieser, als er Witwer und Greis geworden war, ⓜ als Gattin angenommen habe. Diese Behauptung hat ihren Ursprung im → Jakobusevangelium (2. Jh. n. Chr.) und wird von mehreren östlichen Kirchenvätern, wie Clemens und Origenes, vertreten, um das exegetische Problem, das die Rede von den → Brüdern und Schwestern Jesu im Evangelium aufwirft, zu lösen. Sowohl der hl. Epiphanius v. Salamis (Haer. 78,9,5) wie auch S. betonen ausdrücklich in der Nachfolge dieser Tradition, daß die Tochter des hl. Joseph, Salome, die Mutter der hll. Jakobus und Johannes war.

In der »Epistula Synodica ad Sergium« (PG 87. III 3148 A–3200 C) lobpreist S. nochmals die Keuschheit ⓜs in der Fleischwerdung des Wortes und hebt hervor, daß ⓜ nach der Fleischwerdung an Heiligkeit sowohl der Seele als auch des Leibes zugenommen habe. Er zeigt, im Gegensatz zu Nestorius, die göttliche Mutterschaft ⓜs (Θεοτόκος) auf und faßt die Grundgedanken seiner mariol. Lehre in folgenden Punkten zusammen: die Empfängnis ohne Samen (ἡ ἄσπορος σύλληψις), das Jauchzen des Johannes im Leib Elisabeths (ἡ Ἰωάννου ἐγγάστριος σκίρτησις), die jungfräuliche Geburt Jesu (ὁ τόκος ὁ ἀφθορος) und die immerwährende Jungfräulichkeit ⓜs (ἡ παρθενία ἡ ἄχραντος, ἡ πρὸ τοῦ τόκου καὶ ἐν τῷ τόκῳ καὶ μετὰ τὸν τόκον ἀλώβητος).

Außer den vier bereits erwähnten Gedichten schreibt S. noch weitere, in denen Szenen aus dem Leben ⓜs im NT thematisiert sind: die Anbetung der drei Könige (PG 87. III 3744 C–3748 C) sowie ⓜ und Johannes unter dem Kreuz (PG 87. III 3788 C–3789 A). Schließlich soll noch ein schönes Gedicht hervorgehoben werden, das einen Dialog zwischen dem hl. Paulus und ⓜ zum Inhalt hat, als diese schon glorreich im Himmel wohnte (PG 87. III 3829 A –3833 D); Paulus wendet sich, um Fürsprache bittend, an ⓜ, die ihn tröstet in der Drangsal seines Apostolats.

QQ: PG 87. III 3115–4014. — In Natiuitatem Domini, PG 87. III 3201 A–3212 C; dt.: H. Usener (Hrsg.), In: Rheinisches Mus. NF 41 (1886) 501–516 (= Kleine Schriften IV, 1913, 162–177). — In Occursum Domini, PG 87. III 3290 A–3300 A; Dt.: H. Usener (Hrsg.), Sophronii de Praesentatione Domini sermo, 1889, 8–18. — M. Gigante, Sophronii Anacreontica, 1957.

Übers.: N. Fernández-Marcos, Tres milagros, 1972. — N. Petrescu, Sfîntul Sofronie ad Ierusalimului. Dreapta învățătură despre intruparea reală a Domnului Hristos si despre sfințenia si fecioria Maiicii Domnului (Die rechte Lehre von der wahrhaftigen Inkarnation unseres Herrn Christus und von der Heiligkeit und Jungfräulichkeit der Mutter unseres Herrn), In: Mitropolia Olteniei (1983) 9 f. 616–619. — Ders., Sfîntul Sofronie al Ierusalimului. Cuvînt la Intimpinarea Domnului (Rede über die Darstellung des Herrn), ebd. 1–3. 65–76. — Ders., Sfîntul Sofronie al Ierusalimului. Dreapta învățătură despre cele două naturi si două voițte în personana Mîntuitorului (Die rechte Lehre von den zwei Naturen und den zwei Willen in der Person des Erlösers), ebd. (1984) 1. f. 57–65.

Lit.: Κ. Μπονή, Γ. Σωφρόνιος Ἱεροσολύμων ὡς θεολόγος, ἐγκωμιαστὴς καὶ ὑμνογράφος (634, 11. Μαρτίου 638), In: Εὐχαριστήριον. Τιμητικὸς τόμος ἐπὶ τῇ ἐτηρίδι ἐπιστημονικῆς δράσεως καὶ τῇ ἐτηρίδι τακτικῆς καθηγεσίας Ἀ. Σ. Ἀλιβιζάτου, 958, 269–292. — C. v. Schönborn, Sophrone de Jérusalem: vie monastique et confession dogmatique, 1972. — H. Chadwick, John Moschus and his Friend Sophronius, In: JThS 25 (1975) 41–74. — N. Fernández-Marcos, Los »Thaumata« de Sofronio. Contribución al estudio de la »Incubatio christiana«, In: Manuales y Anejos de »Emerita« 31 (1975) 241–400. — R. Riedinger, Das Bekenntnis des Gregor Thamaturgos bei S. v. J. und Macarius v. Antiochia, In: ZKG 92 (1981) 311–314. — A. Cameron, The epigrams of Sofronius, In: Classical quarterly 33 (1983) 284–292. — R. Riedinger, Die Nachkommen der Epistula Synodica des S. v. J., In: Röm. Hist. Mitteilungen 26 (1984) 91–106. — Altaner 520 f. — LThK² IX 888 f.

A. Viciano

Sorazu, Maria de los Angeles, Franziskanerin, Mystikerin (Florencia Sorazu Aizpurúa), *22.2. 1873 in Zumaya/Nordspanien, †28.8.1921 in Valladolid, trat am 29.9.1891 in das Kloster der Franziskanerinnen von der UE in Valladolid ein, das sie ab 1904 bis zu ihrem Tode als Oberin leitete, und empfing außerordentliche Gnadengaben, die ihren lit. Niederschlag in ihrer umfangreichen Korrespondenz mit ihren Seelenführern fanden. In ihr zeigt sich eine theol. Durchdringung der christl. Heilsgeheimnisse, die nur schwerlich den natürlichen Kräften des Verstandes zugeschrieben werden kann.

Auf Veranlassung ihrer Seelenführer schrieb S. eine Autobiographie sowie mehrere kleinere geistliche Werke, unter denen sich einige marian. Inhalts befinden. Die theol. Sicht des Geheimnisses Gottes ist bei ihr trinitarisch, christol. und marian. ⓜ bedeutet ihr dabei mehr als nur Objekt der Verehrung: Sie bildet die erste Stufe auf dem Weg des Aufstiegs zu Gott, da sie uns näher ist. ⓜ ist für S. die überragende allgemeine Mittlerin, so daß sie ganz gemäß dem Motto »Zu Jesus durch Maria« lebte und sich dabei einer besonderen Gegenwart ⓜs »gemeinsam mit der ihres Sohnes« erfreute (Opusculos 29). Erwähnenswert ist, daß das erste Votum zugunsten der Allgemeinen Gnadenmittlerschaft ⓜs aus ihrem Kloster am 15.12.1918 abgegeben wurde, als sie dort Oberin war (DSp XIV 1078).

In einem Kommentar zu den Antiphonen und Responsorien des Offiziums vom Festtag der Translatio der »Casa Santa« von → Loreto geht sie von dem Gedanken aus, daß die Herrin das wahrhaftige »Haus Gottes« ist und legt die Texte in diesem Sinne aus.

Unter ihren kleineren Werken findet sich eines mit dem Titel »Colección de Divinas Pastoras« (Sammlung heiliger Hirtinnen), das sie auf Anweisung des Kapuziners Mariano de la Vega niederschrieb. Es handelt sich dabei um 25 geistliche Dialoge, die zwischen der Jungfrau

M, der »heiligen Hirtin« und der Seele stattfinden, die M folgen und ihrer Berufung entsprechen will. M hilft dem Schäflein (der Seele), die Welt zu verlassen und Eingang zu finden in die Herde Christi. Sie hilft ihm dabei, sich von menschlichen und sinnlichen Bindungen zu lösen. In bewundernswerter Weise beschreibt S. die marian. Beziehungen im mystischen Einswerden mit dem göttlichen Bräutigam. Gestärkt durch die hl. Hirtin folgt das Schaf dem göttlichen Hirten bis zur letzten Prüfung auf dem Weg des Kreuzes. Am Ende empfängt das Schäflein den Lohn der Paradiesesfreuden.

S. versichert, daß sie von M Botschaften für diese Welt empfangen habe. Von besonderer Bedeutung ist die Botschaft über den Rosenkranz: »Der Rosenkranz ist Ausdruck meines Lebens ... Während meines Lebens auf dieser Erde war ich wie ein lebender Rosenkranz« (Opusculos 11). Nach S. ist der Rosenkranz Ausdruck des Ineinanderseins zwischen Jesus und M während ihres Erdenlebens, das sich in den Seelen derer, die den Rosenkranz mit der entsprechenden Einstellung beten, wiederholt (Melchor de Pobladura, Una Flor, 126).

Der Eifer, mit dem S. von M sprach, war so groß, daß sie sich gelegentlich lyrischer, einfacher und schlichter Redewendungen bediente und in volkstümlicher Dichtung ihren Gefühlen Ausdruck verlieh. Ihre Gedanken über die Gefühle der GM im Augenblick der Verkündigung sind bes. originell und schön: »Die Verehrung der Jungfrau Maria war der Ausgangspunkt meines geistlichen Lebens, der Grundstein des mystischen Tempels, den der Herr in meiner Seele errichtet hat ... Das bekenne und bezeuge ich vor aller Welt, jetzt und in der Glückseligkeit des Himmels: Alles verdanke ich der Allerseligsten Jungfrau, meiner himmlischen Beschützerin« (Autobiografía 49 f.). (Vgl. auch R. →Turrado Riesco).

WW: La vida espiritual coronada por la triple manifestación de Jesucristo. A Jesús par María, 1924. — Exposición de varios pasajes de la Sagrada Escritura, 1926. — Autobiografía, 1929. — Opúsculos Marianos, 1929. — Correspondia espistolar con el P. Mariano de Vega constituye el Itinerario místico de la M. A. S., ed. Melchor de Pobladura, 3 Vol., 1942–58.

Lit.: P. de Buck, Révérende Mère Angeles S., Conceptioniste, 1936. — Melchor de Pobladura, Una Flor siempreviva. Sor M. de los A. S., 1941. — Fortunato de Jesus Sacramentado, La M. A. S. y la Inmaculada. Un aspecto interesante de la devoción mariana, In: REspir 13 (1954) 125–144. — D. Elcid, Angeles S. Una maravillosa experiencia de Dios, 1986. — NCE XIII 439 f. — DSp XIV 1073–78.   *Bernardino de Armellada*

Sosa, Francisco de, OFM, * wahrscheinlich in Toledo, † nach 1617, trat den Franziskanern der Provinz von Compostella bei, wurde Theologieprofessor in Salamanca, Generaloberer, Hofrat und Bischof von Segovia und Osma. Er wirkte an wichtigen politischen und kirchlichen Ereignissen seiner Epoche mit. In der Mariol. ist S. wegen seiner Schriften über die Befreiung Ms von der Erbsünde bekannt. Getreu der Überlieferung seines Ordens setzte er sich für die dogm. Definibilität der UE ein.

WW: Cómo la questiòn de la Inmaculada Concepción de Nuestra Señora se puede definir de fe. — Advertencias acerca de una constitución de Clemente VIII. — Carta del rey don Felipe III sobre que no convenía dar licencia a los Padres Capuchinos para fundar conventos en la corona de Castilla. — Discurso contra dos tratados, que sin nombre de autor estamparon cerca de la censura que el papa Paulo V pronuncio contra la Republica de Venecia, Neapel 1607. — Un paracer que dió en Madrid el año MDCXVII en razón de la oración que el Doctor Mexía de la Cerda hizo y dixo en San Francisco de Valladolid de la Purisma Concepción de Nuestra Señora — De largitione munerum utriusque sexus regularibus interdicta. — En razón del libro de la Santa Soror Juana de la Cruz. — Sanctorale Seraphicum Sancti Francisci et eorum, qui ex tribus ejus Ordinibus relati sunt inter sanctos, Toledo 1623. — Que la Orden tercera de la Poenitentia es verdadamente Orden y no Cofradía. — En razón de la profesión que hacen los Hermanos de la Orden de San Francisco. — Tratados del Illustrisimo y Reverendisimo don Francisco de Sosa, Salamanca 1623. — Von S. sind noch einige Manuskripte erhalten und L. Wadding schreibt ihm Obligación en que quedan los obispos religiosos (Madrid 1631) zu.

Lit.: J. Pou y Marti, Embajadas de Felipe III a Roma pidiendo la definición de la I. Concepción, In: Archivo Ibero Americano (1931) 384 f. 508–534. — J. Nogueiro, Las embajadas inmaculistas y la Provincia de Santiago, In: Liceo Franciscano 7 (1954) 37–85, bes. 41–49. — A. Uribe, La Inmaculada en la literatura franciscano-española, In: Archivo Ibero Americano 15 (1955) 453. — J. Messeguer, La Real Junta de la Inmaculada Concepción (1616–1817/20), ebd. 621–866, passim. — Jacobo de Castro, Primera parte del Arbol Chronológico de la Santa Provincia de Santiago, Salamanca 1722, Faksimile 1976, 118 f. — Crónica de la Provincia Franciscana de Santiago, 1214–1614, Introducción, rectificaciones y notas de M. de Castro, 1971, passim.   *D. Aračić*

Sossau, Lkr. Straubing-Bogen, Diözese Regensburg, Pfarrei St. Jakob-Straubing, Wallfahrtskirche Me Himmelfahrt. Um 1140 erfolgt die Schenkung von Ort und Kirche durch die Grafen von Bogen an das Kloster Windberg, das hier lange Zeit Propstei und Pfarrei unterhält und bis zur Säkularisation namhafter Förderer von Kirche und Wallfahrt bleibt. Sichere Anzeichen für das Bestehen einer Gnadenstätte gibt es seit ca. 1300 (Kirchenbauten vor 1178 und um 1350), doch das eigentliche Aufblühen erfolgt erst im Zug der Gegenreformation nach 1600. In diesem Zusammenhang wird eine Legende promulgiert, welche nach derjenigen von Loreto in Italien ausgerichtet ist: Die Gnadenkirche soll bereits in röm. Zeit an einem benachbarten Ort bestanden haben und 1177 durch Engel nach mehrmaligem Absetzen über die Donau hinweg hierher transferiert worden sein. Seitdem wird S. immer wieder apostrophiert als das »bayerische Loreto«.

Der Einzugsbereich in der Barockzeit beträgt etwa 50 km im Umkreis. Eine wichtige Rolle spielen die Bruderschaften, bes. der »Marianische Liebesbund« (gegründet 1737), der die Verehrung über die Säkularisation hinweg (Unterstellung als Benefiziat an St. Jakob/Straubing) bis zur Gegenwart (momentan auf bescheidenem Stand) aufrechterhält.

Lit.: Chr. Halwax, Gnadenreiches Rennschiff ..., Straubing 1680. — R. Schuegraf, Urgeschichtliche Nachrichten über Straubing und Atzlburg, In: Verhandlungen des historischen Vereins für Niederbayern 8 (1862) 277–296. — B. Braunmüller, S., seine Kirche und Wallfahrt, Straubing 1877. — N. Backmund, Kloster Windberg. Studien zu seiner Geschichte, 1951. — Wallfahrt 368–382. — K. Tyroller, Wallfahrtskirche S., ²1986.   *W. Hartinger*

Soubiran La Louvière, Marie-Thérèse de, sel. Ordensgründerin, * 16.5.1834 in Castelnaudary, † 7.6.1889 im Kloster St. Michel in Paris, Tochter eines uralten bedeutenden Geschlechts im Land von Albi, wächst in tief christl. Umgebung auf. Mit dreieinhalb Jahren wird sie von ⚕ wunderbar geheilt und ihr geweiht. Schon als Kind empfängt sie besondere Gebetsgnaden. 1848 legt sie das Gelübde der Jungfräulichkeit ab. Erste Apostolatserfahrungen macht sie, noch sehr jung, in der von ihrem Onkel, dem Kanoniker de Soubiran, geleiteten Marian. Kongregation von Castelnaudary, die unter dem Schutz ULF von der Immerwährenden Hilfe (ND du Bon Secours) stand. Ihrem Wunsch, in den Karmel einzutreten, entsagt sie zugunsten eines nach Plänen ihres Onkels zu errichtenden Beginenklosters (1854). 1864 gründet sie, jetzt Thérèse genannt, eine eigene Ordensgemeinschaft, die sich, wie es schon der Name »Gesellschaft von Maria-Hilf« (Société de Marie-Auxiliatrice) sagt, der Kontemplation wie auch der pastoralen Arbeit, die vorzugsweise den am meisten benachteiligten Jugendlichen gelten soll, verpflichtet weiß. 1864 wird in Toulouse die erste »maison de famille« (Foyer für junge Mädchen) eröffnet. 1868 erfolgt die Gutheißung der Konstitutionen. Bis 1874 erstehen Niederlassungen in Amiens, Lyon, Bourges, Paris und Angers. Da sieht sich S. wegen falscher Beschuldigungen von seiten ihrer Assistentin Marie François, einer ehrgeizigen und intriganten Frau, die auch den Erzbischof von Bourges und P. Ginhac SJ für sich einzunehmen verstand, gezwungen, ihr Amt zur Verfügung zu stellen und die Kongregation zu verlassen. Nach siebenmonatigem Aufenthalt im Krankenhaus von Clermont-Ferrand findet sie Aufnahme in der auf J. →Eudes zurückgehenden Gemeinschaft »ND de Charité« (vgl. DSp VIII 489). Als Marie du Sacré-Coeur legt sie am 29.6.1877 die Gelübde ab. Erst nach dem Tod und der Abdankung von Marie François (Februar 1890) findet die Kongregation, von tiefgreifenden Erschütterungen heimgesucht, wieder zu ihrer ursprünglichen Vitalität zurück. Unter der im September 1890 gewählten neuen Generaloberin, Elisabeth de Luppé, erfolgt die Rehabilitierung der Gründerin. Am 20.10.1946 spricht Pius XII. sie selig (Fest: 20.Oktober). Ihre Gemeinschaft zählte 1992 293 Schwestern.

Seit ihrem 16.Lebensjahr war S. »in übernatürlichem Licht zunehmend die Schönheit des Apostolats aufgegangen«, und sie war »von dem heißen Wunsch beseelt, sich ganz wegzuschenken, um für die Verherrlichung Gottes zu arbeiten« (Ecrits Spirituels, 41). Aus diesem Gnadenappell des Anfangs erwächst, ganz im Geist der Ignatianischen Exerzitien und getragen von der spirituellen Strömung der Epoche, die Grundausrichtung ihrer Kongregation: Die nachhaltig von der eucharistischen Frömmigkeit genährte Geisteshaltung der Wiedergutmachung, die betont gepflegte Verehrung des Hlst. Herzens Jesu, mit der sich für S. jene des Unbefleckten Herzens ⚕s eng verband.

Der marian. Elan, der ihr Jh. erfaßt hatte, ließ S. keineswegs unberührt. Der Kult der Wundertätigen → Medaille (K.→Labouré) und die Erscheinung von → La Salette haben ihre Kindheit und Jugend geprägt. Die Gründung des Beginenklosters fällt zusammen mit der Dogmatisierung der UE ⚕s (1854). Vier Jahre später erscheint ⚕ der B. → Soubirous. Bereits als ihr Institut noch im Entstehen begriffen ist, verleiht ihm S. einen spezifischen marian. Akzent: Als ein Brand das Kloster völlig zerstört, gewährt ⚕, zu der man im Gebet Zuflucht nimmt, »wie durch ein Wunder die Gelegenheit, alle Bewohner in Sicherheit zu bringen« (ebd. 47f.). Wenig später, am 8.9.1862, macht die Stifterin das Gelübde, daß alle Schwestern »den Namen Maria tragen, im Chor aller Häuser eine Muttergottesstatue aufgestellt« und »Maria als die Oberin der kleinen Gemeinschaft anerkannt wird« (ebd. 48). Bei der Gründung 1864 weiht S. ihre Gemeinschaft der unter dem Titel »Auxiliatrice« verehrten GM. In Castelnaudary stand dieser Titel während ihrer Kindheit hoch in Ehren. Er erinnert an ⚕, die Hilfe der Christen, die als erste teilhatte an der Sendung ihres Sohnes und die uns einlädt, den Menschen beizustehen mit jener schlichten Selbstverständlichkeit, die in ihrem Wort an den Engel: »Siehe, ich bin die Magd des Herrn« zum Ausdruck kommt (Const., 1981, Nr. 10).

Schon der offizielle Name des Instituts (»Société de Marie-Auxiliatrice«) weist auf den Geist hin, der es belebt, und auf das Werk, das es vollbringen will: Es sieht seine Aufgabe darin, den Menschen helfend zur Seite zu stehen, und zwar in der Überzeugung, daß in der pastoralen Arbeit die Kraft der Kontemplation sich bewähren müsse (Textes fondateurs II 13). Indem die Schwestern betend aufschauen zu jener, die in einer einzigen Hingabebewegung Gott und den Menschen zugleich zugewandt war, sollen sie ihrerseits wie ⚕ all denen »Helferinnen« (auxiliatrices) sein, zu denen der Gehorsam sie ruft.

In ihren zum großen Teil erst in ND de Charité niedergeschriebenen »Ecrits Spirituels« läßt S. immer wieder auf ergreifende und doch scheu zurückhaltende Art erkennen, wie kindlich fromm und vertrauensstark ihre Liebe zu ⚕ gewesen ist, wie sehr sich ihr ⚕ wirklich als »Helfende« (auxiliatrice) erwiesen hat, ihr ganzes Leben hindurch, das gewiß der Tragik nicht entbehrte, aber doch auch erhellt war vom Licht eines Friedens und einer Freude, die aus mystischer Erfahrung von seltener Tiefe aufstrahlten. Die trotz einzelner gewichtiger Aussagen in den »Ecrits Spirituels« (z.B. 42. 47. 156. 227. 232. 270) ebendort unverkennbare marian. »Diskretion« der Seligen erklärt sich wohl aus der Intensität ihrer Vertrautheit mit ⚕, die so groß war, daß Worte sich erübrigten. ⚕ ist ihr zwar stets nahe, aber so, daß sie zurücktritt hinter ihren göttlichen Sohn. Ganz am Anfang eröffnete sie den

Weg, aber dann war sie nur noch schweigende Gegenwart, die ihr teilgab an dem Geheimnis, das Jesus ist.

WW: Mss. im Archiv der Kongregation (25 C rue de Maubeuge, Paris). — Gedruckt: Ecrits Spirituels (Christus 56), 1985.
QQ: Constitutions des Soeurs de Marie-Auxiliatrice, 1981. — Textes Fondateurs de la Congrégation de Marie-Auxiliatrice I: 1866–70, II: 1867–70, 1990.
Lit.: M.Th.Delmas, Bse M.Th. de S., 1946; Neubearbeitung: Bse M.Th. de S. Voie spacieuse, 1955. — P.Monier-Vinard, Notes spirituelles de la Bse M.Th. de S., 1948. — G. Perret, M.Th. de S., pauvre avec Jésus Christ pauvre, 1980. — Baumann 202–206. — Ladame 324–332. — AAS 38 (1946) 362–364; 39 (1947) 17–25. — LThK² IX 899. — BSS XI 1329ff. — DSp V 994; X 594ff. — DIP VIII 1930f. *M.F.Philipponat / N.Hoffmann*

Soubirous, Bernadette, hl. Seherin, *7.1.1844 in Lourdes, †16.4.1879 in Nevers, wurde am 14.6. 1925 selig- und am 8.12.1933 heiliggesprochen (Fest: 18.Februar). Im Alter von 14 Jahren erschien ihr zwischen dem 11. Februar und dem 16.Juli (Fest ULF vom Berge Karmel) 1858 achtzehn Mal ⚹ in → Lourdes. Am 25.März (⚹e Verkündigung) gab sie sich zu erkennen: »Ich bin die Unbefleckte Empfängnis« (Ravier-Loose 26ff.), knapp vier Jahre nach der dogm. Definition durch Pius IX. (8.12.1854). Im Dezember 1876 schreibt Bernadette an ihn: »Ich bete jeden Tag, daß das hl.Herz Jesu und das Unbefleckte Herz von Maria Sie noch lange in unserer Mitte leben läßt. Es scheint mir jedesmal, wenn ich entsprechend Ihren Wünschen bete, daß vom Himmel die hl.Jungfrau ihre Blicke auf Sie lenkt, lieber Heiliger Vater, weil Sie ja die Unbefleckheit verkündet haben, und weil dann vier Jahre danach die gute Mutter auf die Erde kam, um zu sagen: Ich bin die Unbefleckte. Ich weiß nicht, was man damit sagen will, ich habe dieses Wort nie gehört. Aber wenn ich darüber nachdenke, sage ich mir, daß die heilige Jungfrau gut ist, weil sie sozusagen gekommen ist, um den Satz des Heiligen Vaters zu bestätigen ...« (ebd. 81f.). Bernadettes Visionen und die damit verbundenen Heilungen bilden die Grundlage von Lourdes als beliebten und bedeutendsten ⚹wallfahrtsort der kath. Welt. Das liturg. Fest »ULF in Lourdes« wurde zum Tag der ersten Erscheinung (11.Februar) 1870 lokal und 1907 für die Gesamtkirche eingeführt. — Bernadette trat 1866 bei den »Schwestern der Liebe« (Soeurs de Charité) in Nevers ein und übernahm ihren Taufnamen Marie-Bernard wohl aus Verehrung für den hl.Bernhard v.Clairvaux (vgl. ebd. 62). Seit der Seligsprechung ruht hier ihr unversehrter Leichnam in der Klosterkirche Saint-Gildard.

Bernadettes Leben war auf ⚹ zentriert. Die sie vom Asthma bis zum Knochenkrebs lebenslang begleitenden Krankheiten, die Einfachheit ihrer Kenntnisse, das bis zur Ablehnung ihrer Person gehende Unverständnis schoben sie an den Rand sozialer Anerkennung und bestätigten gleichsam die Botschaft ⚹s, sie »nicht in dieser, sondern in der anderen Welt glücklich zu machen« (ebd. 19). Sie will »nichts« werden und war für die Oberin auch »nichts«: »Sie ist zu nichts gut« (ebd. 44. 74). Als Kind rief sie ⚹ an: »Maria, ohne Sünde empfangen« (Ladame 306). Im Monat Mai errichtete sie ⚹ zu Ehren kleine Altäre. Häufig besuchte sie den 6 km von Lourdes entfernten Wallfahrtsort ND de Bétharram, den im 17. Jh. der hl. → Vinzenz v. Paul als den zweitbedeutendsten des Königreiches bezeichnet hatte. Noch fünf Tage vor der ersten Vision weilte sie hier. Der Rosenkranz, mit dem sie bei den Visionen betete, stammte aus Lastelle-Bétharram. Der hl.M. → Garicoïts, Rektor des Heiligtums, war ihr wichtiger Berater und Beschützer (vgl. Ravier-Loose 49).

Nach Ablegung der »Ewigen Gelübde« (22.9. 1878) verstärkten sich die Symptome ihres Leidens. Sie opferte ⚹ ihre Krankheit auf. Zwei Besuchern erklärte sie: »Die Hl.Jungfrau will vielleicht, daß ich leide« (Ladame 311). In ihren Aufzeichnungen findet sich: »O Maria, meine zärtliche Mutter, Dein Kind kann nicht mehr. Sieh vor allem meine geistige Not. Habe Mitleid mit mir und bewirke, daß ich mit dir im Himmel sein werde« (ebd.). An ihrem Lebensende voller physischer und psychischer Qualen konnte sie sich nicht mehr genau an ihre Visionen erinnern. Von ⚹ erbat sie während ihrer Leiden keinen Trost, sondern Kraft und Geduld. Im Todeskampf betete sie: »Heilige Maria, Mutter Gottes bitte für mich arme Sünderin, arme Sünderin ...« (Ravier-Loose 29).

WW: Récit autographe, ca. 1866, Archives des Soeurs de Charité, Nevers. — A. Forcade, Notice sur la vie de Soeur Marie-Bernard (Bernadette de Lourdes), 1879, Institut der Soeurs de Nevers. — Ecrits de St. Bernadette, ed. A. Ravier, 1961. — B.S., Ich habe das Glück, zur Grotte zu gehen. Briefe und Bekenntnisse, hrsg. von A. Ravier, 1979. — A. Ravier und N. Loose, B.S. Eine Heilige Frankreichs, Europas und der Welt, 1979 (Dokumente, Bilder). — → Lourdes.
Lit.: M. Bouix, Apparition de ND de Lourdes et particularité de la vie de Bernadette, 1878. — H. Lasserre, Bernadette, Soeur Marie-Bernard, 1881. — E. Puvillon, B. de Lourdes, 1894. — A. Barbet, B.S., 1909. — M. Gasquet, Sainte Bernadette de Lourdes, 1934. — H. Petitot, La vie intérieure et réligieuse de Sainte Bernadette, 1935. — M. de Saint-Pierre, Bernadette de Lourdes, 1953. — F. Trochu, Sainte Bernadette, la voyante de Lourdes, 1954. — M. Faltz, B.S., ²1954. — Manoir IV 367–370. — M. Colinon, Guide de la France réligieuse et mystique, 1969, 405–417. 494ff. — B. Chevallier et B. Gouley, Je vous salue, Marie, 1981, 259–262. — Ladame 305–312. — F. Holböck, Geführt von Maria, 1987, 510–517. — Beiträge, In: De Cultu Mariano saec. XIX–XX. Acta Congressus mariologici, Kevelaer 1987, 1991. — LThK² IX 899. — NCE XIII 446f. — BSS VIII 1036–41. *W. Hahn / W. Baier*

Southwell, Robert, SJ, * Ende 1561 in Horsham St. Faith, †21.2.1595 in London, engl. Schriftsteller und Martyrer, erhielt seine Erziehung im Ausland, am engl. Kolleg in Douai und Paris. 1584 wurde er in Rom zum Priester geweiht, zwei Jahre später begann er seine Arbeit in der engl. Mission. 1592 wurde er von dem eifrigen Priesterjäger Thomas Topcliffe gefangengenommen, im Gatehouse-Gefängnis und schließlich im Tower eingesperrt. Im Februar 1595 wurde er wegen Hochverrats (sein Vergehen bestand darin, daß er England als Missionspriester betreten hatte) hingerichtet.

Neben einigen erbaulichen Werken schrieb S. Gedichte, von denen ab 1591 Sammlungen herauskamen und unter verschiedenen Titeln Neuauflagen erlebten: »Marie Magdalens funeral tears« (London 1591), »Saint Peters complaint with other poemes« (London 1595) und »Moeniae. Or, certain excellent poems and spirituall hymnes: omitted in the last impression of Peters complaint« (London 1595). Einige dieser Gedichte sind Meditationen über Leben und Tugenden der GM mit Titeln wie »The Conception of Our Ladie«, »Our Ladie's Nativitye« oder »Our Ladie's Salutation«. Als Dichter ist S. Kind seiner Zeit mit einer ausgeprägten Vorliebe für Wortspiele. Die augenscheinlichen Widersprüche in der Stellung der GM geben ihm freien Raum: »Thus had she virgins', wives' and widows' crown/ And by chast childbirth doubled her renowne« (aus »Our Ladye's Spousall's«). S.s tiefer Glaube gibt den Gedichten eine Lauterkeit, die sie bloß geistreichem Spiel weit überlegen sein lassen.

Ausg. und Lit.: A. B. Grosart (Hrsg.), The Complete Poems of R. S. SJ, Privatdruck, 1872. — M. Bastian, R. S., 1931. — P. Janelle, R. S. The Writer, 1935. — C. Devlin, The Life of R. S., 1956. — J. H. McDonald und N. P. Brown (Hrsg.), R. S. Poems, 1967. *J. M. Blom*

Spabrücken, Diözese Trier, Pfarr- und Wallfahrtskirche Mariae Himmelfahrt. Auf dem Hunsrück jenseits des Soonwaldes nach der Bad Kreuznacher Seite hin liegt der alte Wallfahrtsort S. Erstmals 1338 erwähnt, gehörte er ursprünglich zur Diözese Mainz, im Zeitalter der Reunionskriege zum Bistum Aachen und seit der preußischen Herrschaft zur Diözese Trier. 1483 wurde S. eine eigene Pfarrei. Die Reformationszeit brachte in den umliegenden Herrschaftsgebieten — Kurpfalz, Grafschaft Sponheim und das Herzogtum Pfalz-Simmern — die Hinwendung zum luth. oder kalvinistischen Bekenntnis. 1560–1624 war S. eine ev. Pfarrei, was wohl auch den Grund für das vorläufige Ende des Wallfahrtsbetriebes darstellte. Als 1620 die Jesuiten nach Bad Kreuznach kamen, begann die Rekatholisierung in diesem Gebiet. Die Übergabe der Seelsorge an die Franziskaner durch die Freiherren zu Dalberg 1681 bedeutete den Neubeginn der Wallfahrt. Der Überlieferung nach muß bei der Wallfahrtskirche schon früh ein kleines Stift existiert haben. 1802 wurde das Kloster aufgehoben. 1865–73 versahen die Minoriten aus dem nahegelegenen Kloster Ravengiersburg den Seelsorgedienst. Die Franziskaner waren es auch, die über den Grundmauern der alten Kirche 1731–36 den Kirchenneubau durchführten. Der dreiseitig geschlossene Saalbau ist in barockem Stil errichtet, das Innnere besitzt ein Sterngewölbe. Der Hochaltar von 1746 nimmt den gesamten Chorraum ein. Dieser birgt auch das aus mittelrheinischem Gebiet stammende Gnadenbild einer thronenden Madonna aus der Mitte des 14. Jh.s. Die sog. »Schwarze Madonna vom Soon« ist ca. 90 cm hoch und aus Lindenholz gearbeitet; sie hält mit ihrer Rechten das auf ihrem rechten Knie stehende Jesuskind. Madonna und Kind tragen vergoldete und mit Perlen besetzte Kronen. Am Vorabend des Hauptwallfahrtstages Mä Geburt geht alljährlich eine Lichterprozession mit dem geschmückten Gnadenbild durch den Ort.

Lit.: E. Streil, Die Wallfahrtskirche ULF zu S. am Soonwald, In: Zeitschrift der Vereine für Mosel, Hochwald und Hunsrück (1924) 15 ff. — Die Kunstdenkmäler der Rheinprovinz, Kreis Kreuznach, 1935, 376–381. — Wallfahrt nach S. Geschichte der Wallfahrtskirche und der Kirche. Früher durch die Kirche. Anleitung und Gebete zur Wallfahrt, hrsg. vom kath. Pfarramt S., 1979. — Kirche und Kloster S., Pilgernde Kirche gestern — heute — morgen, Chronik 1483–1986, 1986. — »In Gottes Namen unterwegs«, Wallfahrten im Bistum Trier, hrsg. vom Bischöflichen Generalvikariat, 1987, 169 f. *B. Daentler*

Spanien. *1. Kirchengeschichte.* Eine der ersten Nachrichten über die Spanier ist der von Strabo überlieferte Eindruck von deren Lebensweise, wonach sie in allem die Sitten und Anschauungen der Römer übernommen hätten, obwohl sie *anders* sind. In der Tat haben die Iberer und Kelten die röm. Kultur, die lat. Sprache und die Religion Roms übernommen.

Die Ursprünge des Christentums und der MV in S. sind legendär: Das Mäheiligtum von El →Pilar und die Gestalt des hl. Jakobus (Santiago) prägen die Geschichte der Evangelisierung und der MV S.s, mit seinen unzähligen Mäheiligtümern und der »ritterlichen« span. Mäfrömmigkeit. Historisch scheint das Wirken des hl. Paulus in S. eher zu beweisen, als die Tradition, wonach Jakobus der Ältere der erste Apostel S.s gewesen ist. Für Paulus' Aufenthalt in S. sprechen Röm 15,24–28, der Clemens-Brief aus dem Jahr 96, das Muratorische Fragment (2. Jh.), die apokryphen »Acta« (3. Jh.), sowie das Zeugnis von Hieronymus und anderer Autoren aus dem 4. Jh. Nach späteren Zeugnissen jedoch waren die ersten Verkünder des Evangeliums in Hispania »sieben apostolische Männer«, welche die Kirche S.s namentlich als Heilige verehrt; sie sollen von »den hll. Aposteln« (Petrus und Paulus) zu dieser Mission gesandt worden sein. Diese Tradition wird aber auch mit der Tradition des Primates Santiagos als des Apostels S.s vermischt; danach waren »die sieben apostolischen Männer« span. Konvertiten, die der Apostel nach Jerusalem mitnahm, wo er das Martyrium erlitt; anschließend seien sie von »den hll. Aposteln« zur weiteren Missionierung nach S. zurückgesandt worden. Dafür sprechen Dídimus der Blinde, Theodoret und auch Hieronymus, sowie die byz. »Catalogi Apostolorum« (4./5. Jh.), das »Breviarium Apostolorum« (7. Jh.) und →Isidor v. Sevilla (»De ortu et obitu Patrum«).

Die Tradition von der Evangelisierung S.s durch Jakobus den Älteren bildet eine Einheit mit der Überliefreung der Erscheinung der GM vor Jakobus am Ufer des Ebro. Damit wird der Ursprung der MV in S. schon auf die Anfangszeiten der Evangelisierug des Landes zurückverlegt. Selbst wenn man die Behauptung mancher Kritiker ablehnt, der Tempel von El Pilar sei ein Beweis für die »Verchristlichung« der Sitte der Iberer (»Menschen des Flußes«), ihren Gottheiten Altäre in der Nähe von Flüßen zu errichten, darf man doch auf die Existenz einer Kirche am Ebro im damaligen Caesaraugusta schließen, welche die Tradition mit der ersten ⓂKirche S.s identifiziert. Die christl. Überlieferung darüber (z.B. die privaten Offenbarungen von Maria de →Agreda, Fray Diego de →Murillo oder Katharina →Emmerich) erwähnt auch eine erste Erscheinung der GM an Jakobus in Granada; Petrus →Canisius und Francisco →Suarez, die Begründer der Mariol. und ersten Vertreter dieser Disziplin, übernahmen diese Tradition, die sie als ein Zeichen der mütterlichen Fürsorge Ⓜs, der geistlichen Mutter aller Menschen, deuteten. Dies ist auch der Grund, warum man die angeblich schnelle Verbreitung des christl. Glaubens in S. auf das Wirken Ⓜs zurückführen will, wie etwa 1500 Jahre später die Missionierung →Mexikos (das »Neue Spanien«) auf der Erscheinung der GM von →Guadalupe gründet. Diese Tradition, die Ⓜ zum Stern der Evangelisierung macht, vereint die beiden großen Ideale des Span. Katholizismus: MV und Heidenmission.

Über die schnelle Verbreitung des Christentums in S. existieren Zeugnisse von →Irenäus und →Tertullian sowie andere Schriften aus den ersten Jh.en, wonach die christl. Botschaft »an allen Grenzen Hispaniens angekommen sei«. Der hl. Cyprian schrieb 254 einen Brief an die Christen in den Gemeinden von Astorga, León und Mérida anläßlich der Apostasie der Bischöfe Basílides und Marcial, um die Gläubigen während der Verfolgung zu ermutigen, »im wahren, unverfälschten Glauben« auszuharren. Dieser Brief vermittelt ein Bild von der weiten Ausbreitung der span. Kirche im 3.Jh. mit einer gefächerten Hierarchie sowie von tief gläubigen und hll. Bischöfen wie z.B. Felix in Saragossa oder Fructuosus in Tarragona. Auch die Zahl der span. Märtyrer zeugt von der Verbreitung des Christentums; so hat →Prudentius empfindsame Zeilen hinterlassen, die seinen berechtigten Stolz über die herrlichen Taten der Märtyrer S.s bezeugen. Die Akten des Konzils von Elvira (um 300) verdeutlichen die Situation der christl. Gemeinden Hispaniens, zu denen Menschen aller Schichten gehörten: frühere heidnische Priester, Männer der Verwaltung, Frauen der reichen Schichten, Grundbesitzer, Handelsleute, Bauern, Schauspieler und Wagenlenker, Freie und Sklaven. Bald werden im christl. S. Menschen auftreten, die in der Weltkirche für die unverfälschte Überlieferung des Glaubens kämpfen: z.B. Ossius v. Cordoba, dem Isidor v. Sevilla das Werk »de laude virginitatis« zuschreibt, Gregor v. Elvira, →Pacianus v. Barcelona oder Papst →Damasus I., aber auch Kaiser Theodosius der Große und die Dichter Caius Vetilius Juvencus und →Prudentius.

Gerade Pacianus und Prudentius liefern deutliche Zeugnisse für die Verwurzelung und Verbreitung der MV im S. des 5.Jh.s, und man kann sie vielleicht als die ersten span. »Mariologen« bezeichnen. So sieht Pacianus Parallelen zwischen der Vereinigung Christi mit seiner Kirche und der Einheit Jesu mit Ⓜ, der als Sohn Gottes im Schoße seiner Mutter lebte; bei anderer Gelegenheit erwähnt er Ⓜ, die uns als Tochter Davids den Sinn der Prophezeiungen des AT erschließt. Prudentius hat mit seinem Hymnus »ante cibum« des »Cathemerion« ein Gebet mit Ⓜlob überliefert, das man täglich verrichten sollte, was darauf hinweist, daß es in den christl. Gemeinden schon damals Sitte geworden war, Ⓜ während des Tages häufig anzurufen. In seinen mariol. Aussagen faßt Prudentius gewissermaßen den kath. Glauben über Ⓜ zusammen und spricht das an, was immer wieder die Thematik der span. Mariol. sein wird: Die GMschaft Ⓜs und ihre immerwährende Jungfräulichkeit, ihre universale, geistige Mutterschaft als »socia« Christi und ihre mütterliche Fürsprache für die Menschen. Einige Autoren (z.B. Nazario →Pérez) wollen in bestimmten Versen des Dichters Anklänge eines Glaubens an die UE Ⓜs sehen. Was Pacianus und Prudentius jedoch mit ihren Aussagen über Ⓜ zweifellos bezeugen, ist die marian. Prägung des kath. Glaubens im röm. S. des 5.Jh.s.

Besser belegt ist die Kirchengeschichte im Westgotenreich, aus dem nach der Verlegung der Hauptstadt von Toulouse nach →Toledo die span. Nation entstanden ist; bis in die Neuzeit galt das Westgotische als das eigentliche Spanische, als das S. der Ritter und Conquistadores, und die westgotische Kirche war als Erbin der kath., hispano-röm. Kultur von marian. Geist geprägt. Mit der Bekehrung Rechareds zum Katholizismus (589) wurde S. eine kath. Nation und, wie Johannes Paul II. wiederholt bei seinen Besuchen in S. erklärt hat, ein Ⓜland, das auch die spanischsprechenden Nationen Amerikas zu Ⓜländern machte.

Der bereits erwähnte »ritterliche Zug« in der marian. Frömmigkeit der Spanier machte aus der span. Mariol. eine Apologie der immerwährenden Jungfräulichkeit Ⓜs, ihrer UE und ihrer universalen geistigen Mutterschaft.

Am Anfang der Mariol. als geschlossener systematisch-dogm. Disziplin steht Francisco →Suarez, der der GM einen abgeschlossenen Traktat (32 Disputationes) innerhalb seiner Kommentare zum 3.Teil der Summa Theologia des Thomas v. Aquin, in seinem Werk »de mysteriis vitae Christi«, widmete. Aber schon vor Suarez beschäftigten sich span. Theologen mit den Gnadenvorzügen, der Heiligkeit und der Sendung Ⓜs.

Die westgotische Mariol. entfaltete sich in der Zeit der großen span. Kirchenväter →Leander und Isidor v. Sevilla, Braulius v. Saragossa, →Martin v. Braga und v.a. →Ildefons v. Toledo. Die Thematik dieser Zeit ist die Vorbildlichkeit ☧s (Leander v. Sevilla), ihre geistige Mutterschaft und ihr Anteil am Werk der Erlösung (Isidor v. Sevilla und Martin v. Braga) sowie v. a. die immerwährende Jungfräulichkeit der GM (Ildefons v. Toledo) und ihre königliche Würde, die Ildefons im gleichen Sinne wie Johannes v. Damaskos erklärt. Bei Ildefons erscheint auch das erste Zeugnis einer Weihe an ☧, womit eng die Auffassung verbunden ist, daß die MV ein kindlicher und ritterlicher Dienst an ☧ ist: »Damit ich der Diener ihres Sohnes sei, begehre ich, daß sie meine Herrin sei«. Dem Gedanken von der Dienerschaft ☧s, der ursprünglich von Romanos Melodos stammt, fügt Ildefons den der Ritterlichkeit hinzu: er selbst wollte Lehensmann bzw. Vasall ☧s sein.

Aber nicht nur bei Ildefons entwickelte sich das Marian. zum Gegenstand der Theol., sondern auch bei vielen anderen Autoren, die als span. Kirchenväter gelten. Und in der Tat sind echte Fortschritte in der Entwicklung der Mariol. dieser Epoche zu erkennen, die dann in der →Karolingerzeit zur Entfaltung kamen; man hat sogar einzelne Texte jener Zeit als Zeugnisse für den Glauben an die UE sehen wollen; die angeführten Texte aber sind wohl ausschließlich Bekenntnisse zur →Sündenlosigkeit und vollkommenen Reinheit ☧s. Der Glaube an die leibliche Aufnahme ☧s in den Himmel scheint jedoch schon fester Bestandteil der theol. Überzeugung jener Zeit zu sein, wie die liturg. Texte zeigen.

Die Lehre der großen Kirchenlehrer im westgotischen Reich lebt bes. in der →mozarabischen Liturgie weiter, die marian. Frömmigkeit v. a. jener Christen bezeugt, die ab dem 8. Jh. im islamischen Herrschaftsgebiet lebten und die sich trotz der Unterdrückung mutig den Glauben ihrer Väter bekannten.

Die mozarabische Liturgie hat ihre Ursprünge in den euchologischen Sammlungen der verschiedenen Kirchenprovinzen S.s und Südfrankreichs, die dann im 7. Jh. von den Konzilien in Toledo kodifiziert und für das ganze Reich verbindlich gemacht wurden. Zu den bekanntesten Textverfassern dieser Liturgie gehören die Bischöfe Pedro de Lérida, Juan und Braulio v. Saragossa, Quirico de Barcelona, sowie Eugenio, Ildefons und Julián v. Toledo. Diese Liturgie war — vielleicht auf Grund der jahrhundertelangen Abwehr gegen den Arianismus und später den Priscillianismus — bes. christologisch und daher auch marianisch. Ihre dichterisch wertvollen und theol. tiefgründigen Texte verweisen auf die grundlegenden Themen der Mariol. im 7.–12. Jh.: die jungfräuliche GMschaft ☧s, ihre vollendete Heiligkeit und Sündenlosigkeit, ihre Verbundenheit mit ihrem Sohn als universale, geistige Mutter der Gläubigen, ihr Anteil am Werk der Erlösung und ihre leibliche Aufnahme in den Himmel. Damit verbunden enthalten die liturg. Texte Auslegungen der Bibel, die noch heute aktuell sind. Der liturg. Kalender verzeichnet für den 18. Dezember das Fest »Sancta Maria, Deipara«, das wahrscheinlich durch Ildefons v. Toledo in das liturg. Jahr eingeführt wurde; auch das Fest der leiblichen Aufnahme ☧s in den Himmel (15. August) wurde vermutlich schon im 7. Jh., jedenfalls lange vor dem 12. Jh. gefeiert. Den Text dafür hat wohl Ildefons v. Toledo wenn nicht direkt verfaßt, so doch wenigstens angeordnet. Das Fest ☧e Geburt (8. September) wurde später eingeführt, ebenso ☧e Verkündigung (25. März), das in der Westgotenzeit am 18. Dezember gefeiert wurde, bis dieser Festtag den Titel »Exspectatio sanctae Mariae Virginis« bekam.

Wie erwähnt, war diese Liturgie für die Gläubigen S.s bis zur gregorianischen Reform gültig. So verteidigten Beatus v. Liébana († 798) und sein Schüler Etherius v. Osma († Anfang 9. Jh.) die wahre Lehre gegen den →Adoptianismus, indem sie sich auf die liturg. Texte beriefen. Von Beatus v. Liébana existiert auch eine marian. Auslegung der Apokalypse mit wertvollen Illustrationen.

Das HochMA ist in S. eine Zeit, in der eine neue Kultur in neuen Sprachen entsteht, die sich trotz der Unterschiede zwischen den verschiedenen Reichen auf der Halbinsel auf dem gleichen theol. Fundament der kath. Tradition herausbildet und ausgeprägt tief-rel. Merkmale aufweist. Mariol. Aussagen dieser Zeit finden sich in den epischen Dichtungen der Helden Kastiliens, Fernán González und El Cid, v. a. aber in den ersten Werken der neuen Sprachen: in den kastilischen »Los Milagros de Nuestra Señora« von Gonzalo de →Berceo, in den galizischen »Cántigas« von →Alfons X. und in der katalanischen »Blanquerna« von Raimundus →Lullus. Neben dem Lob der Heiligkeit ☧s verkünden diese Werke v. a. ☧s geistige Mutterschaft zur Erbauung des Volkes, das sich vertrauensvoll in allen Nöten an ☧ wenden soll.

Die Frömmigkeit der Spanier — auch im maurischen Bereich — war geprägt vom Geist der Kreuzzüge und der Ritterlichkeit, der u. a. die Gründung von Militärorden begünstigte. Für alle Seiten fruchtbar, entwickelten sich die kulturellen Beziehungen zum Islam und Judentum, v. a. in den großen Zentren der verschiedenen Reiche: Toledo, Cordoba und Sevilla.

Auch wenn die röm. Liturgie infolge der cluniazensischen Reform die mozarabische nach und nach zu verdrängen begann, so wiesen doch die MV und die sie tragende Theol. weiterhin die gleichen Merkmale der ritterlichen Zeit auf: ☧ ist die Herrin (Señora) der Ritter und beschützende Mutter (Patronin) des Volkes; überall werden ihr Kirchen und Wallfahrtskapellen geweiht (z. B. →Monserrat, S. María de la Huerta, S. María de Sandoval, S. María de Valbuena, S. María de Valvanera). ☧ steht im Mittelpunkt des Alltagslebens: Sie greift in die Kämpfe ihrer Kinder ein, um sie zu beschützen, und befreit sie vom Bösen.

Raimundus Lullus, der in seinem umfangreichen in allen damaligen Sprachen S.s verfaßten Werk immer wieder auf M zu reden kam, ist auch ein Zeuge für den Glauben an die UE Ms in S. um 1300. Zu den ersten Verteidigern der IC zählt auch der hl. Märtyrer Pedro Pascual, dem man einen Kommentartext in der »Biblia parva« zuschreibt, der deutlich bekennt, daß »die Jungfrau Maria ohne Erbsünde empfangen wurde«. Zahlreiche Werke von Autoren zu Beginn des 2. Jahrtausends (z. B. Oliva v. Ripoll, Pedro Compostelano, Gil de Zamora, Diego García, Olegarius v. Tarragona, Martin de León, Juan de España, Alfonso de Cartagena) enthalten marian. Aussagen, einige schon über die UE Ms, die meisten aber über die Jungfräulichkeit Ms (gegen die Angriffe der Juden, z. B. im Werk des Konvertiten Pedro Alfonso, alias Moise Sefardi), über die GMschaft (gegen die Muslime, z. B. in den Homilien zum Salve Regina von Bernhard v. Sagahun) sowie v. a. über die Schönheit, Reinheit, Heiligkeit, Liebenswürdigkeit und Herrlichkeit der Herrin und Patronin des Volkes.

Die geistliche Mutterschaft Ms wird durch die Erzählung ihrer Wunder und »fürsprechende Allmacht« fest im Volke verankert; der liturg. Kalender wird durch das Fest Purificatio (2. Februar) und durch die örtlichen Patroziniumsfeste der zahlreichen Mheiligtümer bereichert.

Durch den Einfluß der Zisterzienser kam es in S. zu einer erneuten Blüte des monastischen Lebens. Die Verbreitung neuer Orden (Dominikaner, Merzedarier, Franziskaner, Karmeliten, Augustiner-Eremiten, Hieronymiten) begünstigte schon im 14. Jh. die Gründung von Ordensschulen und Universitäten (zuerst in Palencia, dann in Valladolid, Salamanca, Lérida und später in anderen Städten der verschiedenen Königreiche), die die Kultur der Kleriker und des Volkes förderten. Zur kulturellen und rel. Bildung des Volkes trugen z. T., aber in sehr wirksamer Weise, auch die Zünfte, Bruderschaften und Dritten Orden bei. Viele Bräuche der einfachen Bevölkerung wurden von der Kirche gefördert und waren vom rel. Geist durchdrungen. Außerdem gab es zahlreiche Lieder, Theater und Volksfeste, bei denen Volk und Klerus die Geheimnisse des Glaubens sowie die Fürsprache Ms und der Heiligen feierten.

Während die Kleriker theol. immer gründlicher ausgebildet wurden, sorgten die Volksmissionare für die sittliche Besserung der Bevölkerung. Durch die Gründung von Bruderschaften sollte die begonnene Bildungsarbeit der Missionare weiter fortgesetzt werden. Neben die Mbruderschaften zur Betreuung der Wallfahrten, entstanden bald spezifische Bruderschaften zur Pflege und Förderung des Rosenkranzes oder zur Verbreitung des Skapuliers. Die meisten Mitglieder und Begünstigungen von kirchlichen und zivilen Behörden aber hatten die Immaculata-Bruderschaften.

Das Mthema erhielt in allen theol. Abhandlungen der Zeit und bei fast allen Autoren einen würdigen Platz, so bei Santiago de Benavente, Francisco →Eiximenis, Juan Vidal, Juan →Ruiz, Pedro de Osma, Bernardo Fenollar, Alfonso de Oropesa sowie beim jüdischen Konvertiten Pablo de S. Maria, der Bischof von Cartagena und Burgos wurde, und seinem Sohn Alfonso de Cartagena, seinem Nachfolger auf den Bischofsstuhl von Burgos.

Das Geheimnis der UE bestimmte immer mehr die mariol. Forschung und das span. Volk wurde zum Vorkämpfer dieses Dogmas. Die Liste der Autoren, die sich leidenschaftlich dafür aussprachen, sowie die der Könige, Gemeinden und Universitäten, die die Dogmatisierung dieser Wahrheit forderten, ist unüberschaubar; sie weihten sich dieser Aufgabe im Geist des hl. Ildefons v. Toledo durch ein feierliches Bekenntnis zu diesem Glauben, durch das Versprechen sich für diese Wahrheit bis »zum Tode« einzusetzen und sie verteidigten die UE und Sündenlosigkeit Ms gegen alle Angriffe und forderten in öffentlichen Disputationen die Proklamierung des Dogmas. Der »Liber de Immaculatae Mariae Virginis Conceptione«, der Raimundus Lullus zugeschrieben wird, war das »Manuale« für solche Veranstaltungen, ebenso das »Compendium Veritatis Immaculatae Conceptionis« von Francisco Martí. Ähnliche Werke stammen von Bernardo Oller (»De Immaculata Conceptione Beatae Mariae«), Antonio Tajal (»Rosa ad auroram«), Pablo de Heredia (»Corona Regia«) und Fernando Diez de Valencia (»Immaculatae Virginis Deiparae conceptionis mysterium«). Juan de Segovia kämpfte für die Dogmatisierung der UE auf dem Konzil von →Basel. Da im Augenblick der Verkündigung des Dogmas der IC (1431) das Konzil schon gegen den Papst agierte, erfuhr die Baseler Proklamation des Dogmas nicht die angestrebte Anerkennung; das Dekret jedoch enthielt die gleiche Lehre, die vier Jh.e später (1854) feierlich von Pius IX. als Glaubensdogma für verbindlich erklärt wurde. Die Verschärfung der Spannungen und vielleicht auch die Freude über die Proklamation von Basel führte z. T. zur Parteinahme der Spanier für Felix V. und Benedikt XIII. Der andere große Verteidiger der Immaculata in Basel, der Erzdechant von Barcelona und Legat des Papstes auf dem Konzil, Juan de Polomar, stand treu zu Eugen IV. und fiel deswegen bald in Ungnade.

Das Volk und die Könige entschieden sich eindeutig für die Immaculisten; wo sich eine Stimme gegen diese Wahrheit erhob, veranstalteten die Räte der Gemeinden oder der königliche Rat sofort eine Disputatio und bestellten den besten Redner für die Verteidigung des Dogmas. Juan I. de Aragón verbot schon 1394 »das Lehren, Predigen und Schreiben gegen dieses Mysterium« und empfahl Gläubigen und Klerikern, sich offen zu dieser Wahrheit zu bekennen. Da die Verwaltung der Inquisition in den

Händen der Dominikaner lag, wurde das Dekret des Königs nicht immer beachtet. So verschärfte König Martin I. von Aragon 1408 das Dekret, indem er jeden zu seinem persönlichen Feind erklärte, der gegen die UE reden würde.

Mit der Vereinigung Kastiliens und Aragoniens, der Eroberung Granadas, der Entdeckung Amerikas und der Erhebung Karls V. zum Kaiser glaubte S. seine Sendung zur Verteidigung des wahren Glaubens und zur Missionierung aller heidnischen Länder entdeckt zu haben, wobei das Volk wesentlich zum Erreichen dieser Ziele beitrug. Die Könige, v. a. Isabella von Kastilien und Kardinal Jimenez de Cisneros forderten und förderten die Erneuerung der Orden und des Klerus. Während die Klosterreform bald Erfolge aufwies, war die Reform des Weltklerus schwieriger, auch wenn sich dieser Aufgabe Persönlichkeiten wie die hll. →Thomas v. Villanueva, Juan de Ribera und Juan de →Avila widmeten. Zur Reinhaltung des Glaubens, aber auch gegen apokalyptische und visionäre Bewegungen (z. B. von Arnaldo de Villanueva und Felipe de Mallorca) führte Isabella I. die Inquisition in ihr Reich, die bis dahin nur in Aragonien gewirkt hatte. Die spiritualistischen Erleuchtungsbewegungen (Alumbrados) des 15. Jh.s standen in krassem Widerspruch zur echten christl. Mystik und waren von einem voluntaristisch-intellektuellen Aszetismus geprägt, der sich verschiedener phil. Lehren bediente (Erasmismus, Sokratismus, Senekismus, jüdischer und islamischer Mystizismus). Sie wurden von der Inquisition hart verfolgt, wobei auch echte, rechtgläubige Mystiker und Heilige litten, wie →Luís de León, →Luís de Granada, der hl. Juan de Dios, die hl. Teresa de Jesús oder der hl. →Johannes vom Kreuz.

Isabella I., Karl V. und Philipp II. begünstigten die Missionsarbeit in den neuen Ländern in Amerika sogar mit dem Vermögen der Krone. Das missionarische Ideal hatte die Spanier schon in 13. Jh. besgeistert: Bischof Domingo de Guzman bot sich Innozenz III. an, um in fernen Ländern den Glauben zu verkünden; Raimund v. Peñafort gründete in Tunis ein »studium arabicum« für die Dominikaner, die bei der Bekehrung der Moslems wirken sollten; sie sind mit Raimundus Lullus, der trotz seiner vielfältigen Aufgaben hauptsächlich Missionar war, die besten Beispiele dieses Geistes, der auch Teresa de Jesús beseelte, als sie mit ihrem Bruder Rodrigo von zuhause floh, um als Missionarin unter den Mauren zu wirken. Und die Missionare waren große M̄verehrer, wie das Volk, das sie gebar, sowie unerschütterliche Anhänger der Immaculata; deshalb übernahmen nicht nur die span. sprechenden Länder Amerikas, sondern auch die Philippinen und die Christen in Afrika, Indien oder Japan, denen Portugiesen und Spanier den Glauben verkündeten, auch deren marian. Frömmigkeit.

Das Goldene Zeitalter S.s war jedoch auch ein Zeitalter der Blüte für Kunst, Theater und Lit., bes. der geistlich-mystischen Lit., die sich durch ästhetischen Sinn, aber auch durch große theol. Tiefe auszeichnet. Sie richtete sich v. a. an das Volk, selbst wenn in erster Linie die Priester und Ordensleute angesprochen wurden. Die Notwendigkeit des betrachtenden Gebetes und der Heiligung des Alltags, die mitten in der Welt geübt werden soll, war ein Gedanke, den die Span. Mystiker schon vier Jh.e vor dem Vaticanum II verkündeten und durch ihre Schriften zu fördern versuchten (z. B. Pedro de Alcántara, Pascual Bailón, Juan de Avila, Juan de Dios, Juan de Ribera, Luís Bertrán, Tomás de Villanueva, José de Calasanz, Alonso Rodriguez, die Seligen Alfonso de Orozco, Simón de Rojas, Juan Bautista de la Concepción, aber auch Garcia Jimenez de Cisneros, Francisco de Osuna, Arcángel de Tordesillas, Juan de Palafox, Luís de la Palma).

Die Erneuerung des kirchlichen Lebens führte auch zur Wiederbelebung und Blüte von Phil. und Theol., nicht nur in Salamanca und Coimbra, den Zentren der Neuscholastik, sondern auch in allen Ordensschulen und in den neugegründeten Universitäten, v. a. aber in Alcalá de Henares.

Fast alle span. Theologen äußerten sich über M̄, unter ihnen Francisco Suarez, der als erster die Mariol., eingegliedert in die Christol. und Soteriol. zu einer eigenständigen Disziplin erhob. Und wenn auch in dieser Zeit die Immaculata das beherrschende Thema der Mariol. war, so wurden doch die Fragen ihrer Zugehörigkeit zur Hypostatischen Ordnung, ihrer geistigen Mutterschaft sowie die Bedeutung ihres Kults nicht vergessen; zu Beginn des 16. Jh.s wurde v. a. die Jungfräulichkeit M̄s gegen jüdische Autoren und später gegen den Protestantismus verteidigt (z. B. von Alfonso de Castro, Cristobal Moreno, Luís de las Casas). Das zentrale Thema aber war die UE, für deren Dogmatisierung zahlreiche Theologen und das ganze span. Volk leidenschaftlich kämpften. Um dieses Ziel zu erreichen, wurden öffentliche Disputationen in den Universitäten gehalten und die Könige schufen das Institut der »Real Junta de la Inmaculada Concepción«. Auch die meisten kirchlichen und weltlichen Institutionen (Domkapitel, Bruderschaften, Stadträte, Zünfte) sowie viele Gläubige verpflichteten sich mit allen Kräften für die Dogmatisierung der UE M̄s einzusetzen. Pedro Alva y Astorga sammelte in seinen »Monumenta singularia pro Immaculata Conceptione ex XXVIII libris excusis sed jam pene extinctis« und in anderen Werken eine Bibliothek zu diesem Thema.

Nach dem Goldenen Zeitalter und dem Wechsel des Herrscherhauses, von den Habsburgern zu den Bourbonen, schien S. wie erschöpft und in der Aufklärungszeit war vielleicht die marian. Begeisterung das einzige, was nicht erlosch. So blieben die Bewegungen zur Verteidigung der Immaculata und der leiblichen Aufnahme M̄s in den Himmel lebendig, wobei wiederum die span. Könige (Carlos III., Isabella II.) die Vorkämpferrolle übernahmen. Die meisten Theologen — mit Ausnahme vielleicht von Pablo de la Concepcion — schöpften in ihren marian. Werken allerdings aus dem Reichtum der vergangenen Zeit ohne eigene originelle Gedanken. Im 18. Jh. entwickelte sich jedoch mit den Predigtsammlungen (Sermonarios) eine neue Gattung geistlicher Lit., die dem M-thema breiten Raum gibt. Es ist das Verdienst des Domherrn José María Escolá y Cugat 1862 die spätere Päpstliche und Königliche Bibliographische Marian. Akademie in Lérida errichtet zu haben, in deren Bibliothek zahlreiche Werke über M und bes. über die Immaculata gesammelt sind.

In der Seelsorge fehlte es nicht an begnadeten Priestern, die sich auch um das Wohl des Gottesvolkes kümmerten; zu ihnen gehören sicherlich die Jesuiten, z. B. Bernardo de Hoyos, der die Herz-Jesu-Verehrung in S. einführte und nach einer Vision am 14. 5. 1733, in der er die Verheißung erhielt, das Herz Jesu werde in S. herrschen (»reinaré en España«), die Errichtung der Herz-Jesu-Kirche in Valladolid vorantrieb. Die Herz-Jesu-Verehrung erreichte 1919 einen Höhepunkt als König Alfons XIII. in der Nähe von Madrid, im »Cerro de los Angeles« das nat. Denkmal zum Herzen Jesu einweihte und ihm S. weihte. In Verbindung damit stand auch die Verehrung des Herzens M-e bald im Mittelpunkt der MV, v. a. durch die Seelsorgsarbeit des hl. Antonio Maria →Claret, des Gründers des Ordens des Unbefleckten Herzens M-s.

Im 20. Jh. bekam die span. Mariol. durch den internat. Kongress von Saragossa (1908) und die nat. Kongresse von Barcelona (1918), Covadonga (1926) und Sevilla (1929) sowie durch die Gründung der Span. Gesellschaft für Mariol. (Sociedad Mariológica Española) neue Impulse. Das Jahr 1940 kann als Beginn einer neuen Epoche für die Mariol. in S. bezeichnet werden. Neben den Bemühungen um die Dogmatisierung der Assumptio arbeiteten span. Mariologen — v. a. →Amor Rubial und José María Bover — über M als Mittlerin aller Gnaden. Der historischen und systematischen Mariol. widmen sich v. a. die Span. Gesellschaft für Mariol. mit ihren jährlichen Treffen und den »Estudios Marianos«, aber auch andere Publikationen wie »Ephemerides Mariologicae« (hrsg. von den Klaretinern in Madrid) und »Scripta de Maria« (hrsg. vom »Centro de Estudios Marianos« in Saragossa). Zu den bedeutendsten Mariologen der jüngsten Vergangenheit gehören Nazario →Pérez, Hilario Marín, Narciso García Garcés, Joaquín Alonso, Alustrey, Mauricio Gordillo und José Antonio de Aldama, die z. T. maßgeblich an der Redaktion des VIII. Kapitels der Konstitution »Lumen Gentium« beteiligt waren.

Parallel zu den mariol. Forschungen geht die marian. Bildung des Gottesvolkes, wobei stellvertretend Bischof Valentin Zubizarreta, Kardinal Gomá y Tomás oder die Zeitschrift »Miriam« (hrsg. vom Marian. Zentrum der Karmeliten in Sevilla) und die Büchersammlung »Cor Mariae« genannt seien.

2. Volksfrömmigkeit. Die M-frömmigkeit im Volk war eigentlich der Humus, aus dem die marian. Theol. erwuchs. Diese Frömmigkeit äußert sich in ganz konkreten Übungen, die sich im Lauf der Jh.e entwickelten, etwa das Tragen von Medaillen oder Skapulieren, die »Sabatina« (Samstagandacht zu Ehren M-s, meistens mit dem Gesang des Salve Regina), der Engel des Herrn, das Rosenkranzgebet, Novenen, Maiandacht, Prozessionen oder Wallfahrten. Viele dieser Andachtsformen wurden von den Bruderschaften gefördert und verbreitet. Außerdem empfahlen die Bruderschaften ganz persönliche Frömmigkeitsübungen, wie das Gebet der »Drei-Ave-Maria« abends, die stündliche Anrufung M-s, die häufige Anrufung »Ave Maria, sin pecado concebida« und die M-weihe, sowie zahlreiche andere lokale mehr oder weniger verbreitete Andachten. Freilich haben sich auch weltliche Feiern immer mehr mit den rel. Festen und Andachten verbunden, wodurch allerdings das Bewußtsein des Heiligen noch tiefer in die Seele des Volkes drang.

Hervorzuheben ist die →Weihe an M: Schon Ildefons v. Toledo versprach am Ende seiner Verteidigung der Jungfräulichkeit M-s, sich dem Dienst M-s zu widmen und ihre Ehre zu verteidigen. Die bereits erwähnten Gelöbnisse der Gemeinderäte und Universitäten zur Verteidigung der UE, waren eine Frucht desselben Geistes. Ein Novum des 16. Jh.s ist dann die persönliche Weihe an M im Sinne der »marianischen Knechtschaft«. Die erste Bruderschaft der »esclavitud mariana« wurde um 1590 von der franziskanischen Conceptionistin Inés de San Pablo gegründet und am 2. 8. 1595 im Kloster der hl. Ursula in Toledo errichtet. Die Statuten der Bruderschaft (Cofradía y devoción de las esclavas y esclavos de Nuestra Señora la Virgen Santísima) wurden von Juan de los Angeles OFM verfaßt und sein Mitbruder Melchor de Cetina sowie der sel. Simon Rojas wurden die eifrigsten Apostel dieser Andacht. Antonio de Alvarado gründete 1612 eine ähnliche Bruderschaft im Kloster des hl. Benedikt von Valladolid, in der er die Verehrung M-s mit der des Allerheiligsten verband (Guía de los devotos y esclavos del Santísimo Sacramento y de la Virgen Desterrada). 1615 veröffentlichte der Merzedarier Pedro de la Serna in Sevilla die »Estatutos y Constituciones que han de guardar los Esclavos de Nuestra Señora de la Merced«. Der Karmelit Francisco de la Madre de Dios führte die Praxis der »esclavitud mariana« in das Noviziat von Pastrana ein und schrieb das Buch »Esclavitud de Nuestra Señora«. Bartolomé →De los Rios verbreitete dann diese marian. Andacht in Europa, nachdem er am 15. 8. 1626 die erste Bruderschaft dieser Art in Belgien gestiftet hatte. Auch die Verehrung des hl. →Joseph in S. ist eine Frucht der MV.

3. Marienheiligtümer. Das geographische Wörterbuch S.s von 1864 erwähnt unter den 12 300 span. Wallfahrtsorten 4300, die der GM geweiht sind (heute könnten es einige Hunderte mehr sein). Auf fast 200 Seiten bespricht das historische Wörterbuch S.s unter dem Stichwort »Santuarios« die meisten marian. Wallfahrtsorte. Es ist beinahe unmöglich auch nur die wichtigsten dieser vielen M heiligtümer aufzuzählen; jede Region besitzt eines, das vor allen anderen von den Gläubigen dieses Landstriches vorgezogen wird. Häufig erhalten dann die Mädchen (seltener die Buben) als Vornamen den Titel der typische Bezeichnung M s des bes. verehrten Heiligtums. Somit sind auch die Vornamen ein Indikator für die Beliebtheit der verschiedenen M wallfahrtsorte: Almudena, Amparo, Aranzazu, Azuzena, Belén, Begoña, Candelaria, Carmen, Consuelo, Covadonga, Dolores, Fuensanta, Gracia, Guadalupe, Luz, Milagros, Monserrat, Nieves oder Neus, Nuria, Pilar, Remedios, Rocío, Rosario, Sagrario, Soledad, Sonsoles, Socorro. Bei zahlreichen M wallfahrtorten, v. a. bei jenen mit eher regionaler Bedeutung, fällt die Enstehung mit der Wiedereroberung (Reconquista) des Landes zusammen: kaum war eine Ortschaft den Mauren abgenommen, da entstand sofort ein Kapellchen (ermita), das meistens der GM geweiht wurde. Auch auf dem Jakobsweg entstanden solche Kirchlein nahe den Pilger-Herbergern und Spitälern; nicht selten wurden diese »ermitas« von Einsiedlern oder Klöstern betreut. Oft wurde auch ein Heiligtum errichtet, um ein M bild aufzubewahren, das nach der Legende bei der islamischen Invasion versteckt und nun auf wunderbare Weise wiedergefunden wurde (z. B. in El Escorial, Guadalupe, Monserrat, Torreciudad). Ferner gibt es natürlich Kapellen, Kirchen und Klöster, die aus Dank von M verehrern, auch von den Königen, gestiftet, gebaut und gefördert wurden (z. B. Covadonga, NS del Sagrario in Toledo oder NS de los Reyes in Sevilla). Diese Tradition trugen die Erorberer und Missionare auch nach Amerika, wo neben den Heiligtümern, deren Ursprung auf eine M erscheinung zurückgeführt wird, auch zahlreiche marian. Stätten auf Grund von Stiftungen entstanden. Schließlich sind die marian. Bildstöcke (humilladeros) und M säulen (peirones) zu erwähnen sowie die Kalvarienberge mit ihren Andachten im Jahreskreis.

4. Literaturgeschichte. Zur span. Lit. gehören nicht nur die verschiedenen romanischen Sprachen (Kastilisch, Katalanisch, Galizisch), die heute noch in S. neben dem Vaskischen gebräuchlich sind, sondern auch das Lateinische. Auch wenn Arabisch und Hebräisch Sprachen waren, in denen viele Spanier lange Zeit Umfangreiches und Wertvolles schrieben, findet sich in diesen Sprachen kaum etwas, was mariol. von Bedeutung wäre.

Während die profane lat. Lit. sehr bald bedeutende span. Schriftsteller aufweisen kann (z. B. Seneca, Portius Latro, Quintilian, Martial, Marc Aurel), beginnt die Zeit der christl. Latinität in S. erst im 4. Jh., wenn man von der Passio Fructuosi, die uns das Martyrium des Bischof von Tarragona († 259) überliefert, absieht. Mit der Wandlung des röm. zu einem christl. Reich entwickelte sich auch in S. eine umfangreiche christl.-lat. Lit., bei deren ersten und bedeutendsten Vertretern schon marian. Elemente schon zu finden sind: z. B. Juvencus, Gregorius v. Elvira, Ossius v. Cordoba, Potamius v. Lissabon, Pacianus v. Barcelona, Consentius, Severus v. Menorca, Prudentius und Papst Damasus I. Auch unter den Priscillianern wären noch span. Latinisten zu erwähnen, bei denen jedoch nichts Marian. zu finden ist.

Verständlicherweise folgte der Eroberung S.s durch die verschiedenen germanischen Stämme eine Zeit der lit. Stille bis die Westgoten das Land zu einem Reich zusammenschlossen und romanisiert wurden. Damit begann eine neue Blütezeit der Latinität in S., in der dem M thema nicht nur in theol. Werken breiter Raum gegeben wurde. Neben den großen Gestalten der sog. »isidorischen Renaissance«, sind auch jene Bischöfe und Lehrer zu nennen, die diese Renaissance vorbereiteten, z. B. Bischof Nebridius von Tarragona, Bischof Elpidius von Huesca, Bischof Justinianus von Valencia und Bischof Justus von Urgel, der einen allegorischen Kommentar zum Hohenlied mit mariol. Andeutungen schrieb. Gleiches gilt auch für den Kommentar des Apringius zur Apokalypse, der sicherlich zu den Quellen der Kommentare von Etherius und Beatus gehört.

Ohne Zweifel kann man den Ursprung der romanischen Sprachen in S. als »marianisch« bezeichnen. Dies gilt sowohl für Alfons den Weisen, der Galizisch schrieb, für Gonzalo de Berceo der Kastilisch schrieb und Raimundus Lullus, der Katalanisch schrieb. Das M lob ist in der span. Lit. des MA bis ins 16. Jh., sowohl in den volkstümlichen Cancioneros wie in den Werken der großen Lyriker das zentrale Thema der Dichtung, z. B. beim Arcipreste de Hita, bei Santillana, Villasandino, Fray Ambrosio de Montesinos, Juan de la → Encina und Gil Vicente sowie bei den großen Gestalten der katalanischen Lit. Ausias → March und Rois de Corella.

Gerade die Zeit der span. Klassiker kann als die Epoche der marian. Lit. in S. bezeichnet werden; nicht nur weil M, bes. die UE »zentrales« Thema des theol. Schriftums ist, sondern weil es keinen großen Meister in Lyrik, Prosa und Drama gibt, der in seinen Werken M nicht besungen hätte, z. B. → Cervantes, → Calderón, Lope de → Vega, Luís de → Góngora, José de → Valdivieso, Francisco de → Quevedo. Eine Antologie span. Autoren kann bei beinahe allen Dichtern marian. Stücke aufweisen. Selbst die Aufklärung und die späteren Generationen der Literaten haben mit dieser Tradition nicht gebrochen. Noch in der neuesten Zeit widmeten sich span. Autoren dem M thema, z. B. José de

Zorrilla, Gabriel y Galán und der mit ihnen geistig verwandte große Dichterbekenner José María Pemán; bei vielen anderen Schriftstellern ist die M-dichtung allerdings eher wie das Gebet eines Suchenden oder die Wehmut eines Agnostikers, der sich an M wendet, weil er bei ihr noch das findet, was er im Rel. sucht (z. B. Juan Ramón Jimenez, García Lorca, Gerardo Diego, Dionisio Ruidrejo oder Jaime Ferrán).

Die Thematik der M-dichtung ist so vielschichtig wie die marian. Glaubensgeheimnisse. So konnte Laurentino Herrán eine Mariol. verfassen, bei der er nur mit Gedichten die verschiedenen Kapitel der M-lehre abgehandelt hat.

5. *Kunstgeschichte.* Seit den Anfängen des Christentums in Hispanien kann man schon von christl. Kunst sprechen. Allerdings zeigen weder die vielen christl. Sarkophage, noch die sog. Märtyrerkirchen (z. B. Marialba in León, Francolí oder Tarragona) eindeutig marian. Motive. Ähnliches gilt für die frühchristl. Kirchen und Basiliken, wenn man von der Tradition der Basilika El Pilar absieht, von der aber keine archeologischen Reste vorhanden sind; nur in Mallorca finden sich in der Basilika St. Maria del Camí Mosaik-Reste mit atl. Motiven.

Aus der westgotischen Zeit besitzt die sacrale Kunst S.s nur einzelne Bauwerke und kleine Reste von Skulpturen. So zeigen etwa die Kapitelle der Kirche von S. Pedro de la Nave Darstellungen aus den AT sowie die Apostel Philippus, Thomas und Paulus. In der Kirche von Quintanillas de las Viñas erscheinen im Bogen zur Hauptkapelle Mond und Sonne, die von Engeln getragen werden und wohl zusammen mit einer Frauengestalt zu einer marian. Komposition gehörten.

Auch die Kunst des 9./10. Jh.s weist keine marian. Motive auf, nicht einmal in der wertvollsten Kirche dieser Zeit, S. Maria del Naranco oder in der Kirche S. Maria de Bendones. Da die Fresken dieser Bauten nur mit geometrischen Formen und Ornamenten geschmückt sind, hat man hier maurischen Einfluß vermutet, der die Darstellung menschlicher Gestalten verbot, oder man hat auf das Konzil von Elvira verwiesen, das Bilder in der Kirche untersagte.

Mit dem Aufbruch der Romanik entstanden auch in der span. Kunst — wie in anderen christl. Nationen Westeuropas — die zahlreichen thronenden Madonnen aus dem 11./12. Jh. und ab dem 13. Jh. die stehenden aus Holz oder Alabaster, meistens mit einem roten Kleid und häufig mit blauen Mantel. In der Malerei (Fresken, Miniaturen, Glasfenster) folgt die span. Kunst der franz. Vorbild. Dabei entstanden zahlreiche M-bilder mit Darstellungen aus dem NT oder Szenen aus der jeweiligen Wallfahrtsgeschichte.

Zu den wertvollsten Kunstwerken mit vielfältiger marian. Thematik gehören in allen Epochen der span. Kunst die Altaraufsätze und Triptychen in den Kirchen S.s. In Aragonien und z. T. auch in Katalonien entwickelten sich die sog. »Retablos-Sagrarios«, meistens aus Alabaster mit dem »Oculum« in der Mitte für den Tabernakel (z. B. in den M-kirchen in El Pilar oder Torreciudad).

Seit dem 15. Jh. werden die M-statuen mit Kleidern und Mänteln aus Stoff geschmückt, die nur das Gesicht des Kindes und der Mutter, bzw. Hände und Füßen freilassen. Während Darstellungen der Pietà in S. nicht so zahlreich sind wie in germanischen Ländern, erscheint in S. v. a. ab dem 16. Jh. das Bild der →Schmerzensmutter »Soledad« mit dem Schwert oder sieben Schwertern, die ihr Herz durchbohren.

In der Miniaturmalerei sind v. a. die Illustrationen zu den Cantigas Alfons' des Weisen zu erwähnen. Ab dem 16. Jh. entstehen in Anlehnung an Offb 12 zahlreiche Bilder der UE (→Guadalupe), die bei B. E. →Murillo ihren Höhepunkt erreichen.

Die übrigen M-bilder S.s entsprechen im wesentlichen den Typen der byz. und europäischen Kunst. Span. Varianten der →Blacherniotissa oder →Platytera sind etwa die Bilder von S. Maria de la Esperanza, de la Expectación oder de la O; die →Galaktotrophousa findet ihr Pendant in der Virgen del Racimo, de la Vid, de la Leche oder del Sufragio; die Pietà dient als Modell der Virgenes de las Angustias oder de la Quinta Angustia. Auch die vielen Madonnen mit toponymen Bezeichnungen sind nichts anderes als übliche Darstellungen der Virgen de la Misericordia, del Socorro, del Manto, de los Dolores, de la Madre desairada. Auch die typischen Darstellungen M-s als Schutzpatronin der verschiedenen Orden kommen in den Kirchen und Kapellen S.s häufig vor und kamen durch ihre Verehrer nach Iberoamerika: z. B. Virgen del Carmen, del Rosario, de la Merced, Virgen peregrina, Divina Pastora.

Zur Kunst des Volkes gehören auch die bereits erwähnten Hausbilder und die wandernden Kapellchen. Dabei werden Madonnen aus gebranntem Ton (in Katalonien seit dem 15. Jh.) und später aus Gips bes. bevorzugt. Schließlich seien die Standarten (»Portapaces« und »Sinpecados«) mit M-bildern erwähnt, die z. T. aus Silber geschmiedet oder mit Gold und Perlen geschmückt sind.

Die Prozessionsstatuen, v. a. jene für die Prozessionen der Karwoche, sind z. T. Zeugnisse der Volkskunst; für manche großen Städte (z. B. Granada, Sevilla, Valladolid oder Zamora), aber auch frühere reiche Bruderschaften wurden sie von berühmten span. Meistern geschaffen (z. B. von José Risueño, Juan Bautista Velazquez, Juan de la Mesa, Martínez Montañés, Gregorio Fernández oder Victor de los Ríos). Viele dieser M-bilder werden in ganz S. verehrt (z. B. La Macarena, la Virgen de Triana, la Virgen de las Angustias).

Lit.: P. Villafañé, Compendio histórico...de las...imágens de...María Santísima..., Madrid 1740. — N. Pérez, Historia Mariana de España, 2 Bde., 1940–45. — Ders., Antología Mariana, 2 Bde., 1927/29. — Ders., Apuntes históricos de la devoción a...El Pilar en Zaragoza, 1930. — G. Schreiber,

Deutschland und S., 1936. — R. Pattee und A. M. Rothbauer, Spanien, 1954. — J. Ibañez und F. Mendoza, Maria en la Liturgia Hispana, 1975. — F. Martín, España Cristiana, 1982. — L. M. Herrán, Mariología Poética Española, 1988. — F. Declaux, Antología de poemas a la Virgen, 1991. — Diccionario de Historia Eclesiástica de España III, 1973, 1421–25. — Enciclopedia Mariana Posconciliar, 1975.   G. Rovira

Speculum ecclesiae (deutsch) gehört mit 70 → Predigten unterschiedlicher Länge zu den ältesten deutschsprachigen Musterpredigtsammlungen (Hs.: München, Bayer. Staatsbibl., cgm 39, letztes Viertel 12. Jh. [Schneider], bair., Besitzervermerke ab 1441 aus Benediktbeuern, dort cod. 91). Die Überlieferungsgemeinschaft mit liturg. Stücken (darunter »Benediktbeurer Glaube und Beichte III«, »Deutung der Meßgebräuche«) und lat. Predigtanweisungen (s. u.) sprechen für die Anlage als Predigthandbuch; lat. sind die Nummern 4 (Gebet vor der Predigt) und 59 (Kirchweih). Publikumsanreden (»Wan ir der bv̊che niht kvnnet, an den vogelen svlt ir sehen, was iv zu tv̊nne si …«, 35) und Forderungskataloge (19 u. ö.) lassen erkennen, daß ein Laienpublikum intendiert wird.

Neun weitere Handschriften und Fragmente überliefern Predigten, die in textlichem Zusammenhang mit der Sammlung stehen, aber auch Texte aus weiteren deutschsprachigen Predigtsammlungen enthalten. Da die »Schlägler Bruchstücke« (Morvay-Grube T 21), die aus derselben Quelle wie die »Rothschen Predigten« (T 16) schöpfen, lediglich kurze und mittellange Predigten des S. enthalten, sind die kürzeren und mittellangen Predigten als ältere Texte der Sammlung erkennbar. Die längeren und anspruchsvolleren Predigten bieten in den meisten Fällen Alternativen dazu.

Lat. Quellen sind das »Speculum ecclesiae« des Honorius Augustodunensis (bes. für Nr. 59 und 60), außerdem für die kürzeren, älteren Predigten Beda, Gregor der Große und Rhabanus Maurus, für die längeren, jüngeren Predigten die zeitgenössischen Prediger Hildebert v. Le Mans und Ivo v. Chartres (Schönbach, Studien 139) und für die Vaterunserpredigten Nr. 65 und 66 die »Deflorationes patrum« des Werner v. Ellerbach (1102–26 Abt von St. Blasien, vgl. Adam). Unmittelbare lat. Vorlage der mittleren bzw. kurzen Nummern 51–53 und 56 sind die Predigten Nr. 21, 39, 67 und 85 des »Bairischen Homiliars«.

Die Sammlung beginnt mit Advents- und Weihnachtspredigten (7), gefolgt von Heiligenpredigten zu Stephanus bis Lichtmeß (8 Predigten einschließlich Beschneidung und Epiphanias), denen wiederum De-tempore-Predigten von Septuagesima bis Pfingsten (16), Heiligenpredigten von Johannes Baptista bis Martin (17), Predigten zum Commune sanctorum (8), Kirchweih (3), Vaterunser-Predigten und — neben weiteren kleineren Stücken — Leichenpredigten folgen. Die Predigtinhalte betreffen, je nach Predigtlänge und -herkunft in unterschiedlichem Maße, den Predigtanlaß, katechetische Anliegen und heilsgeschichtliche Bezüge. Den Predigtvorlagen fehlt meist ein formelhafter Anfang oder Schluß sowie eine Disposition; die längeren Predigten greifen häufig auf naturkundliche Beispiele und typologische Auslegungen zurück.

M wird in Weihnachtspredigten (Nr. 2. 6. 7), einer Predigt zu Ostern (Nr. 22), zur Geburt Johannes des Täufers (Nr. 32) und im Schlußappell einiger Predigten erwähnt. Der Hinweis in einer Michaelis-Predigt »... daz si sich hiute willeclichen samenen zu lobe s. Marien mit den worten, div wir ê sprachen …« (108) dürfte auf ein Versehen zurückgehen. In der Predigt zu Me Lichtmeß (Nr. 15, lang) wird M lediglich im Rahmen der Kerzenallegorese (Wachs = Jungfräulichkeit Ms) und am Schluß als »tor des himelriches« und »vnser armen trost« in ihre Mittlerrolle erwähnt. In den übrigen Predigten zu Mfesten spielt die Verkündigung an M eine größere Rolle: Die kurze Predigt zu Me Himmelfahrt (Nr. 40) stellt die von Gott Erwählte als Trost der Sünder in der unbeständigen Welt vor: »… claget ir iwer nôt, sendet sî ze boten zô unserme herren, daz er iv gnaedic si«. Die zweite Predigt zu Me Himmelfahrt (Nr. 39, lang) und die Predigt zu Me Geburt (Nr. 41) vermitteln die heilsgeschichtliche Bedeutung Ms über Schriftauslegungen und Metaphern. Dabei verwendet die Himmelfahrtspredigt ausschließlich Zitate aus dem Hohenlied, wobei in der Deutung von Hld 2,10ff. M Eva gegenübergestellt wird, es folgt die Auslegung von Hld 6,9. Die Predigt zu Me Geburt deutet Ps 44,11, Weish 4,1, Jes 11,1, Hld 2,1 und Num 17,16f. (→ Aaronsstab, auch in Nr. 2) als Mprophetien (außerdem: kurzer Bezug auf die Legende, Hinweis auf die Abstammung Ms und ihre Nachkommenschaft, die Christenheit); in Nr. 39 werden die Mtugenden Demut, Keuschheit und Einfalt genannt. Der zweite Teil der Predigt zu Me Geburt wird mit den Worten »Hec predices in quocumque festo beate Marie velis« als frei disponierbares Predigtmaterial gekennzeichnet: enthalten sind die Namensetymologie »Meerstern« und die Deutung als »Morgenstern«, Darlegungen zur Keuschheit, die mit dem Hinweis, daß M diese drei Stände beschirmt, an Verheiratete, Ledige und Verwitwete gerichtet werden, und schließlich kurze Erzählungen, die Ms Wirksamkeit verdeutlichen (u. a. Hinweis auf Maria Aegyptiaca). M wird als GM (Nr. 7. 21. 40. 43), immerwährende Jungfrau (Nr. 32. 39) und Mutter der Barmherzigkeit bezeichnet (Nr. 6); die Bedeutung des Ostertags wird an der Vorrangstellung Ms unter allen Frauen erklärt (Nr. 22). Als Mmetaphern sind »Garten«, »versiegelter Brunnen« (Nr. 39, vgl. auch Nr. 6) und »unberührte Erde« (Nr. 41) enthalten. Das Weihnachtsgeschehen wird u. a. am Beispiel des Einhorns erklärt (Nr. 2). Insgesamt wird M als wirkmächtige Fürsprecherin vorgestellt, wobei ihre heilsgeschichtliche Stellung immer wieder hervorgehoben wird.

Ausg.: G. Mellbourn (Hrsg.), Speculum Ecclesiae. Eine frühmittelhochdeutsche Predigtsammlung (Cgm 39), 1944. — H.-U. Schmid, Althochdeutsche und frühmittelhochdeutsche Bearbeitungen lat. Predigten des »Bairischen Homiliars«, Teil II: Die dt. und lat. Texte in synoptischer Darbietung mit einem textbegleitenden Kommentar, 1986. — weitere Ausg. vgl. Morvay-Grube.

Lit.: R. Cruel, Geschichte der dt. Predigt im MA, Detmold 1879, 167–181. — A. Linsenmeyer, Geschichte der Predigt in Deutschland, München 1886, 250–256. — Salzer. — A. E. Schönbach, Studien zur Geschichte der altdt. Predigt I, In: Wiener Sitzungsberichte 135 (1896) 3. Abh. — J. Beumer, Die marian. Deutung des Hohen Liedes in der Frühscholastik, In: ZkTh 75 (1953) 411–439 (zu Honorius Augustodunensis). — V. Mertens, Studien zu denn Leipziger Predigten, In: PBB 107 (1985) 240–266. — H.-U. Schmid, vgl. Ausg., Teil I: Untersuchungen zu Textgeschichte, Syntax und Bearbeitungstechnik. — K. Schneider, Gotische Schriften in dt. Sprache I, 1987, Abb. 12–14 und S. 44–47. — VL² IX 49–52. *M. Costard*

Speculum Humanae Salvationis, zu Beginn des 14. Jh.s entstandenes illuminiertes Erbauungsbuch über Sündenfall und Erlösung allegorischtypologischen Charakters.

I. LITERATURWISSENSCHAFT. Entstehungsgeschichte und Verfasserschaft des Werkes liegen im Dunkel. Die Datierung zweier ital. Handschriften auf 1324 dürfte wohl nur einen Terminus ante quem liefern; die Zuschreibung an → Ludolf v. Sachsen (Lutz/Perdrizet, Klapper) gilt inzwischen als obsolet; er könnte allenfalls für die erweiterte Zweitfassung eine Rolle gespielt haben. Hypothesen, die für eine Herkunft des S. aus dem OP (Lutz/Perdrizet, Klapper, Stammler, Brandis), in jüngerer Zeit aus Kreisen süddt. Franziskaner–Minoriten strengerer Richtung (Thomas) oder aus dem Umfeld des → Deutschen Ordens (Appuhn) plädieren sind nicht hinreichend gesichert.

Das S. ist in zwei unterschiedlich langen Fassungen überliefert. Davon ist die früher als sekundär angesehene in nur 4 Textzeugen tradierte Kurz-Fassung mit 34 Kapiteln (analog zur Kapitelzahl der sog. »Biblia pauperum« und zum Lebensalter Jesu; jedes Kapitel mit 4 Miniaturen ausgeschmückt) in lat. Reimprosa (mit je 100 Zeilen) die ursprüngliche. Dagegen liegt eine auf 45 Kapitel erweiterte Fassung (4924 Zeilen, 192 Miniaturen) in über 300 Textzeugen vor. Ihre drei letzten Zusatz-Kapitel sind doppelt so lang (je vier Seiten mit 208 Zeilen Text und acht Bildern). Sie handeln von den 7 Leidens-Stationen Christi sowie den → Sieben Schmerzen und Sieben Freuden Ms.

Zu den Quellen der »nova compilacio«, wie der Autor sein Werk nennt, gehören in erster Linie AT und NT, sodann die »Summa theologiae« des Thomas v. Aquin, das »Compendium theologicae veritatis« Hugo Ripelins v. Straßburg, die »Historia scholastica« des Petrus Comestor die »Legenda aurea« des → Jacobus a Voragine, die »Gesta Romanorum« sowie die »Facta et dicta memorabilia« des Valerius Maximus.

In seinem Aufbau ist das heilsgeschichtlich orientierte Werk typologisch strukturiert: Dem ntl. Antitypus stellt es drei atl. Vorbilder gegenüber. Auf M werden in der Langfassung als typologische Vorbilder die Tochter Jephtas (Kap. 5), Judith, Jael und Tomyris (Kap. 30), die Mutter des jüngeren Tobias, Anna, dann Davids Frau Mikal (Kap. 35), Salomos Mutter (Kap. 36) sowie Abigail oder jene Frauen, die den Zorn Davids und Jocabs milderten (Kap. 37), bezogen. Umgekehrt tritt M auch als Präfiguration in Erscheinung: So, wie Christus dem Vater seine Wunden zeigt, zeigt sie dem Sohn ihre Brüste (Kap. 39).

Nach einem Genesis Vorspiel ohne typologischen Aufbau (Kap. 1–2) handeln die ersten vier typologischen Gruppen vom →Leben Ms (Kap. 3–6: Verkündigung durch Gabriel an Joachim, wobei die UE Ms schon im Schoße ihrer Mutter — »sanctificatio in utero« thematisiert wird, Geburt, Tempelopfer Verlobung). Nach einem christol. Hauptteil, worin das Augenmerk auch auf Ms Anteil am Erlösungswerk gerichtet wird (Kap. 7–34), geht es um Ms Leben nach der Himmelfahrt Christi und ihre Aufnahme in den Himmel (Kap. 35 f.), ihre Fürbitten und ihren Schutz für die Sünder (Kap. 37 f.), bevor eschatol. Themen angeschnitten werden (Kap. 39–42). In der zweiten der drei Schluß Visionen zu je 8 Szenen (Kap. 44) erfährt ein Dominikaner die Sieben Schmerzen Ms, indem seine Hände und Füße von Nägeln durchbohrt werden und ein Schwert sein Herz durchstößt; in der dritten Vision (Schluß-Kap. 45) erscheint M einem erkrankten Priester und verweist ihn auf ihre Sieben Freuden.

Die reiche hs. Überlieferung spiegelt sich in der enormen Rezeption des Werkes: Ludolf v. Sachsen zog es für seine »Vita Christi« heran; franz., engl., niederdt., lat. dt. Fassungen wurden angefertigt. Auf Kirchenfenstern, Fresken Reliefs, Wandteppichen und in der Malerei fand das S. seine ikonographische Rezeption.

In den Symbolreimen der ersten Gruppen begegnet M in den traditionellen Apostrophierungen u.a. als »Hortus conclusus«, »Porta clausa«, »Templum Salomonis«, »Mensa aurea«, »Rubus ardens«, »Virga Jesse« später oft stereotyp als »mater Christi pia«, »coelestis imperatrix«, »Virgo dia«, »piissima Domina«, »Mater dulcissima« oder »Mater clementissima« und »Virgo mitissima« (Kap. 44). M wird dargestellt als Helferin im Heilswerk, doch im Mittelpunkt steht die Geschichte ihres Sohnes.

Marian. Akzente setzt auch die Rezeption des Werkes: So bieten Glossen des Basler »Spiegels« eine Mlegende nach → Johannes v. Damaskos, die Geschichte von Joachim und Anna, der Jugend Ms und ihre Vermählung mit Joseph nach Hieronymus sowie die Geschichte der Offenbarung und Einsetzung des Festes der Geburt der hl. Jungfrau.

Unter (nicht verifizierbarer) Berufung auf → Epiphanius v. Zypern (v. Salamis) gibt das S. den Todeszeitpunkt Me 24 Jahre nach dem Sohn (d.h. im Alter von 72 Jahren) an.

Vier dt. Vers- und mehrere Prosa-Fassungen des S. wurden angefertigt u.a. von dem Bischofszeller Chorherren Konrad v. Helmsdorf, → Heinrich Laufenberg (1437) und A.Kurzmann. Die volkssprachlichen Titel lauten »Ain Spiegel der gesunthait«, »Spiegel der menschen seligkeit« oder (am häufigsten) »Spiegel menschlicher Behaltnis«. In Konrads v. Helmsdorf Fassung, die hier als mhd. Version des S. näher beschrieben werden soll, wird der Name M︎s bisweilen schlicht mit attributiven Adjektiven bzw. Appositionen versehen: So fand Gabriei »Mariam die vil werden« (391) vor, die auch als »Maria die raine zart« (443) begegnet oder als »Maria zart« (3359. 4519), als »Maria minneklich« (2611), »Maria, vol sůsser« minne« (4489), »Maria (die) hochgeborn« (3378. 3445. 3619).

Zur Betonung der Jungfräulichkeit und Reinheit M︎s, die zwar auch »edel wip« (2282) und »ön sünd ain wib« (374) genannt wird, aber doch »maget wår und nit ain wib« (18), finden sich sehr häufig Umschreibungen mit »magt« (15. 3500. 4333. 4508. 4528. 4541), die differenzierter »edel« (97), »rain« (4149. 4199. 4321), »werd« (4374), »hoch geborn« (4281), »vin« (650) und »zart«(4201) genannt wird, die »magt vol aller zucht« (115) und »magt der barmherzikait« (4516) ist, die über ein »mågtlich hertz« (4520) verfügt und »frye von allen sünden wåre« (16), indem sie ein »mågtlich blůgend leben« führte (461).

Die jungfräuliche Mutterschaft wird durch Paarformeln hervorgehoben, etwa »magt und můter« (4397. 4409) oder »můter magt« (99. 4273. 4386, ähnlich 2283); mehrfach ruft sie der Autor »O můter« (4301. 4328) an. In dieser Funktion ist sie »zart« (3307), »wirdig« (4133), »usserkorn« (4228), «hoch geborn und wÿse« (4253), »vin« (173. 2187. 2194), »minnekliche« (2187), »gůt« (507), »werd und zart« (2209). Bekannte Bilderketten akzentuieren diese Aussage: »Du bist der gart beschlossen und verrigelt, / Der luter rain brunn wol versigelt, / Der brinnend busch den Moÿses sach, / Dem von dem für nútz geschach, / Du bist das frödriche paradÿs« (4427–30). »Och bist du der berg von dem der zart / Stain ån hend geschnitten ward. / Du bist das guldin beschlossen tor / Das der prophet sach hie vor« (4452–54 [→ Porta aurea]). M︎ gleicht der vom Himmeltau benetzten Wolke (vgl. 367–370). Gott wirkt durch M︎ »Als die sunn schint durch das glas« (4450 [zu diesem alten Bild vgl. Salzer, Register 604]). Vergleiche betonten die jungfräuliche Geburt, so mit »Ainem beslosnen garten / Und aynem versigloten brunnen, / Do kain versmackung in mag komen« (68–70).

M︎ als Fürsprecherin mit heilsgeschichtlichem Aspekt ist »Magt, můter aller welt ain hail« (4541) und die »muter aller erbarmherzikait« (3725) oder »aller barmhertzikait« (3578), »der erbårmde můter« (682). M︎s Fürbitt-Funktion verstärken Metaphern und Bilder: M︎ ist »Aller menschen trost, der sünder flucht« (116). Unter dem Bild der → Schutz-mantelmadonna wird M︎ zur Gnadenmittlerin; der Text zeigt, »Wie Maria ån endes zil / Můterlichen úns enpfåt / Under den mantel ir genad« (3418–20); der Autor ruft sie an als »milte gebietterine« (4151) und »Alles hails ain trösterine« (4152). Er bittet sie, ihm »diner gnaden samen« (4595) zu senden. Auch findet sich im Mutter-Bild christol. Metaphorik: Jesus ist »der vil edln reben zucht« (423) oder einfach »Marÿen sůssi frucht« (1850).

Gegenüber den Attributen der Demut sind Hoheitsbezeichnungen M︎s seltener: M︎ ist eine »werde kúnigin« (707), eine »kúnigin lobesan« (2368), »die himelsch kúnigin« (2645) und »kúngin aller barmhertzikait« (3515). Hierzu gehören auch acht respektvolle Anreden als »frowe« (4221. 4353. 4390. 4482. 4513. 4558f. 4564).

Vielfältig sind die Bilder und Vergleiche, die der Autor einsetzt: M︎ ist »ain liechter stern« (89), »Gottes lutzern« (90), eine »schon lutzern« (114), »aller süssikait schrin« (401), ein »sůsser mandel kerne [vgl. Salzer 69, Register 606], / Lúchtender morgen sterne« (505f.), »die himelsche tube« (1834f.). Sie ist der »såld ain richer hort« (4307) und so »Aller tugent (...) ain paradÿse« (4254). Weiter ist sie »der kostbar tron / Uff den gesetzt was Got schon« (4483f.), oder »der tron / In dem der hoch kúng Salomon ... Nún monot inne gesessen ist« (4411–24 [vgl. Salzer 38,11f.]; des Thrones Elfenbein bedeutet »ir kúschait« (583). Auch die Allegorie von der Jungfrau, die das grimmige Einhorn fängt, fehlt nicht (unter den Sieben Freuden M︎s im Schluß-Kapitel [vgl. Salzer 44,8f.; 524,13f.]). Zum Lob M︎s werden weitere Bilder entworfen: »Des ist, můter din wirdikait / Worden gelich dem balsamschrin / Inden Gott schloss die gotthait sin. (...) / Du bist das frödriche paradÿs, / Die wurtzel Ÿesse und rÿs, / Das lust und trost mit fröden git« (4424–26/4431–33).

Der Vergleich mit Salomons Tempel hebt M︎s trinitarische Beziehung hervor: »Ain tempel ist der dryvaltikait« (189). In diese Richtung weist auch die Freude darüber »das du in Gottes schrin / Versenket bist och tieff dar in / In die hailgen drivaltikait« (4573 75). Sie ist die starke Frau, denn sie gleicht einem »turn, / Dem kain vigentlicher sturn / Geschadn mocht an irem mút« (271–273). M︎ ist »och wol gelich / Der hailgen arch minnenklich, / In der man behielt die zechen bott / Die durch her Moÿsen gab Gott« (621–624), und sie ist »wol gelich / Ainem kertzstal in dem tempel rich, / Der da vor Gott ståtlich bran / Mit súben liechtern sunder wan« (657–660).

Bei Konrad folgt nach den Sieben Freuden M︎s ein kunstvoll gereimter strophischer Lobgesang (4567–96), worin M︎ u.a. als »spiegel klare sunne« (4591) gepriesen wird.

Ausg.: Speculum Humanae Salvationis, Texte critique. Traduction inédite de Jean Mielot (1448), hrsg. von J.Lutz und P.Perdrizet, 2 Bde., Leipzig und Mulhouse 1907/09 (zu M︎

bes. I 241–244). — Konrad v.Helmsdorf, hrsg. von A.Lindqvist, 1924. — Heilsspiegel. Die Bilder des ma. Erbauungsbuches »S.H.S.«. Mit Nachwort und Erläuterungen von H.Appuhn, 1981.
Lit.: P. Poppe, Über das S.H.S. und eine mitteldt. Bearbeitung desselben, Diss., Straßburg 1887 (ältere Lit. 9 f.; zu ℳ bes. 70–72). — E.Breitenbach, S.H.S. Eine typengeschichtliche Untersuchung, 1930, bes. 46–50. — A. Pfister, Das dt. S.H.S. (Spiegel menschlicher Behaltnis). Basel: Bernhard Richel, 31.8.1476 und der frühe Basler Inkunabelholzschnitt, Diss., Basel 1937, bes. 17–19. — G. Schmidt, Die Armenbibeln des XIV. Jh.s, 1959, bes. 96f. — W. Stammler, Dt. Philologie im Aufriß II, 1960, 1018f. — M. Thomas, Zur kulturgeschichtlichen Einordnung der Armenbibel mit S.H.S. (...), In: AKG 52 (1970) 192–225, bes. 205. — Salzer, Register. — T. Brandis, Eine illuminierte Handschrift des S.H.S., In: Jahrbuch Preußischer Kulturbesitz 16 (1979/80) 177–185. — VL[1] IV 237–244. — LCI IV 182–185. — LL XI 90f. *W. Buckl*

II. IKONOGRAPHIE: Die große Zahl von über 300 erhaltenen Handschriften sowohl in lat., lat.-dt. und umgangssprachlicher Textredaktion (Breitenbach, Katalog, 5–43), von denen ein großer Anteil illustriert ist, bezeugt die weite Wirkung des S. in der Zeit des 14.–16. Jh.s. Die illustrierten Handschriften lassen sich in unterschiedliche Gruppen gliedern. Die erste wohl ursprüngliche Gruppe trennt Text- und Bildteil voneinander, auf zwei gegenüberliegenden Seiten steht jeweils einspaltig der Text, dem auf den folgenden zwei Seiten der zugehörige Bildteil folgt, je zwei Bildelemente übereinander nehmen eine Seite ein (Darmstadt, Hess. Landes- und Hochschulbibl., Hs.2505, um 1360; London, British Library, Add.3245, 2.Hälfte 14. Jh.). Die zweite Gruppe verbindet auf einer Doppelseite Text- und Bildteil. Über vier, ein volles Kapitel umfassende Textkolumnen (je zwei auf einer Seite), ist im oberen Drittel über jeder Kolumne ein Bildelement gesetzt (Karlsruhe, Kupferstichkabinett, Hs.78, 2.Hälfte 15. Jh.). Das Verlassen der ursprünglich getrennten Anordnung zu Gunsten der übersichtlichen Komposition von Text- und Bildteil führte bei einigen Kopisten zu einer Kombination beider Vorlagen; der Text wurde einspaltig auf einer Seite geschrieben und über jeder Spalte ein Bildelement eingefügt, ein Kapitel umfaßt somit zwei Doppelseiten (Kopenhagen, Königliche Sammlung 79, um 1430) oder die in Zweiergruppen zusammengefaßten Miniaturen wurden an den Außenrändern angeordnet (Brünn, Statni Vedecka Knihovna, Fonds Nova Ris, Ms. 80, 1415–25).

Als Prototyp der in der Mehrzahl erscheinenden Handschriften, die Text- und Bildteil verbinden, gilt allgemein die Schlettstädter Handschrift (München, Bayer. Staatsbibl., clm.146, Mitte 14. Jh.), die von ihrer Entwicklung her als sehr hoch einzustufen ist. Sie vereinigt die Weiterführung des illustrativen Buchschmucks mit der Tradition eines selbständigen Bilderzyklus' in der Art der → Biblia Pauperum, die das S. durch eine wesentlich präzisere Unterscheidung der einzelnen Typen übertrifft. Bildliches und textliches Element werden zu einer Einheit verbunden, die Bilder werden zu Trägern typologischer Gedanken und geben auch ohne Text inhaltliche Ideen wieder; im Gegensatz zur Biblia Pauperum ist das S. aber nicht vom Bild, sondern vom Wort her gedacht. Im Laufe des 15. Jh.s erfährt die Typologie eine entscheidende Verschiebung, das differenzierte Unterscheiden geht verloren. Ein bestimmtes Bildthema, die ausschließliche Komponente einer Szene als Träger typologischer Beziehungen, weicht allgemeinen Gepflogenheiten, so wird die Szene der Verhöhnung Simsons als Antitypus des verspotteten Christus durch das Bild der Blendung ersetzt. Die abstrakte Aufzählung der Ereignisse und theol. Elemente zieht sich langsam vor dem aufkommenden Realismus zurück. Die stilistische Loslösung von exaktem Raum und natürlichen Grenzen in den frühen Handschriften (z. B. Schlettstadt) ermöglichte eine einfache Prägung der Symbole und eine Darstellung eines reinen gedanklichen theol. Systems, eine Reihe von zeitlich verschiedenen Ereignissen konnte somit nebeneinander angeordnet werden, was die gegenwartsnahe Kunst der Spätgotik nicht mehr ermöglichte. Als Beispiel kann die Verlobung ℳs mit Joseph genannt werden.

Während die Schlettstädter Handschrift einen bewußten Frontalismus wählt, und die Szene auf die drei Personen ℳ, Joseph und Hohenpriester reduziert, werden im Basler Spiegel weitere Personen als Zeugen hinzugefügt und die Verlobung wird in den Tempelraum verlegt (Basel, Universitätsbibl., 15. Jh.).

Im Unterschied zur Biblia pauperum enthält das S. eine ausführliche marian. → Typologie, wobei das ℳleben nicht nur in typologischen Gegenüberstellungen behandelt wird, sondern der erweiterten Fassung zwei zusätzliche Kapitel über die → Sieben Freuden und → Sieben Schmerzen ℳs angefügt sind.

Dargestellt ist in den Kapiteln 3 bis 7 die Jugendgeschichte ℳs, beginnend mit der Verkündigung der Geburt. Während im Jakobusevangelium die Verkündigung sowohl an Anna wie auch an Joachim erfolgt, ist im S. bedingt durch den ersten Typus, den Traum des Astyages, nur die Verkündigung an Joachim dargestellt. Die beiden anderen Typen sind der verschlossene Garten (→Hortus conclusus) mit dem versiegelten Brunnen aus dem Hohenlied (4,12) und die Darstellung des Propheten → Bileam, der einen aus Jakob aufgehenden Stern prophezeit (Num 24,17).

Die folgenden Kapitel schildern die Geburt ℳs, ihre Opferung im Tempel und die Verlobung mit Joseph mit den jeweiligen drei Typen. In den Kapiteln 24, 25 und 28 (26, 27 und 30 der erweiterten Fassung) werden die Schmerzen ℳs bei der Kreuzabnahme Christi, ihre Trauer beim Begräbnis des Sohnes und ℳ, die den Teufel mit den Arma Christi überwindet, dargestellt. Der Ausgangspunkt des Heilsgeschehens wird mit der Verkündigung der Geburt ℳs gesetzt, der in der Jugendgeschichte aufgenommene Gedanke des Anteils ℳs an der Passion ihres Sohnes (→Compassio) wird in den eingefügten Kapiteln weitergeführt. Kreuzabnahme, Schmerz und Überwindung des Teufels unterstreichen die Mithilfe M⃞s am Erlösungswerk ihres Sohnes. Die Kapitel 35 bis 37 der erweiterten Fassung schildern das Leben M⃞s nach der Auferstehung des Herrn, ihre Himmelfahrt und Krönung sowie M⃞ als Schutzmantelmadonna. Entsprechend der Auffassung der Zeit sollte M⃞ als Miterlöserin dem Sohn zur Seite gestellt werden, weniger betont aber eng verbunden.

Durch die vielfältigen Handschriften und Druckwerke des 14. bis 16. Jh.s gewann die M⃞typologie eine weite Verbreitung, so werden z. B. Judith, die Holofernes enthauptet und Jael, die Sisera tötet, Präfigurationen für die den Teufel besiegende GM.

Die illustrierten Handschriften des S. übten großen Einfluß auf die Kunst des 14. bis 16. Jh.s aus. Bedeutende Freskenzyklen entstanden im Emmauskloster in Prag (um 1350), in St. Pankraz in Enkhuizen (1484) und v. a. im Kreuzgang des Domes zu Brixen. Das Bildprogramm der 6. Arkade (Ruprecht Potsch zugeschrieben, um 1490) ist in Anlehnung an das S. entwickelt worden. Dargestellt sind die Verkündigung an Joachim, die Geburt M⃞s und die Opferung M⃞s im Tempel, eingerahmt wird die Jugendgeschichte der GM durch atl. Präfigurationen und Beispiele aus der antiken Geschichte, wobei der Verkündigung zwei Typen (Traum des Astyages, der Prophet Bileam), der Geburt M⃞s nur ein Typus (Wurzel Jesse) und der Opferung im Tempel alle drei zugehörigen Typen (Jepte opfert seine Tochter, der goldene Tisch der Sonne in Zebulon, die Perserkönigin in den hängenden Gärten) zugeordnet sind. Die Fresken der 14. Arkade zeigen die Darstellung der Sieben Freuden M⃞s (großenteils zerstört), nur die erste Freude, die Verkündigung der Geburt Christi ist mit den drei zugehörigen Typen des S. abgebildet (Kap. 7, Moses vor dem brennenden Dornbusch, Gideon und das goldene Vlies, Rebekka und Elieser).

Eine umfangreiche Wiedergabe des S. erfolgt auf dem sog. Heilsspiegelteppich im Kloster Wienhausen (um 1430). Der auf Leinengrund gestickte Teppich zeigt die 34 Kapitel der kurzen und wohl ursprünglichen Fassung, die Bildelemente sind eng aneinandergerückt und mit Schriftbändern in niederdt. Sprache durchzogen. Ein Wandteppich, den Abt Senectorre für die Abtei La Chaise Dieu um 1500 hat anfertigen lassen, enthält eine Serie von sieben Szenen aus dem M⃞leben, die sowohl der Biblia pauperum wie auch dem S. entnommen sind.

Im Chor der Stephanskirche in Mülhausen (um 1350) stellt ein Glasfensterzyklus das S. dar. Die einzelnen Szenen weisen Ähnlichkeiten mit den Miniaturen einer in München verwahrten Handschrift (Bayer. Staatsbibl., clm. 23433) auf. Die ersten fünf Fensterreihen beziehen sich auf die Jugendgeschichte M⃞s mit jeweils zwei zugehörigen Typen des S., die folgenden Fenster stellen ausschließlich das Erlösungswerk des Sohnes dar. Auffällig ist, daß v. a. die Kirchen des Elsaß Glasfenster mit Darstellungen des S. enthalten, so die Chorseitenfenster in St. Martin in Colmar (nach 1350) und in St. Arbogast in Ruffach, eine der bedeutendsten Kirchen des 14. Jh.s im Elsaß (die Fenster sind verloren, da sie im 19. Jh. verkauft wurden, W. Hotz, Die Kunstdenkmäler in Elsaß und Lothringen, 1970, 201).

V. a. die Kunst des 15. Jh.s, im speziellen die flämische Tafelmalerei, ließ sich durch das S. inspirieren. Während ein großer Teil der Gemälde sich mit dem Erlösungswerk und der Passion Christi auseinandersetzt (Rogier van der Weyden, Retabel mit der Geburt Christi, Berlin-Dahlem, um 1460; Dirk Bouts, Retabel mit Abendmahl und den drei Typen des S., St. Peter, Löwen, um 1467), zeigt ein Tafelgemälde des 15. Jh.s, dem Meister der M⃞legende zugeschrieben (Berlin-Dahlem), die den Teufel überwindende M⃞ im Mittelteil und auf den Seitenflügeln die Typen Jael, Judith und Tomyris (Kap. 28 bzw. 30). Jan van Eyck schuf um 1440 ein Triptychon (St. Martin, Ypern) mit der Jungfrau und dem Kind im Mittelteil. Auf den Seitenflügeln fügte er je einen Typus aus dem Kapitel der Verkündigung an M⃞ (Gideons Vlies) sowie der Geburt Christi (Stab des Aaron) an. Der sog. Heilsspiegelaltar des Konrad Witz (nicht mehr vollständig, Basel, Kunstmus., um 1440) weist ebenfalls flämischen Einfluß auf. Der zentrale Gedanke des Altares ist die Anerkennung Christi als Heiland der Welt durch alle Völker unter Verwendung des Bildprogrammes aus dem S.

In den illustrierten Handschriften des S. erfolgte wohl eine der ersten ins Bild übertragenen Darstellungen der Interzession, des Eintretens M⃞s als Fürbitterin der Menschen und als Vermittlerin zum Sohn, der die Bitten an den Vater weiterleitet (Kap. 33 bzw. 39). In nahezu spiegelbildlicher Anordnung zeigt M⃞ als mystische Vergegenständlichung der Fürbitte dem Sohn ihre Brüste, während dieser vor dem Vater auf seine Wunden deutet. Die zugeordneten Typen sind in gleicher Weise spiegelbildlich komponiert. Während der Ritter Antipater vor Julius Cäsar als Typus Christus zugeordnet ist, wird Ester, die König Ahasver für ihr Volk bittet, hier der Typus zu M⃞. Die beiden Bildseiten sind vollkommen symmetrisch angeordnet und verleihen dem Inhalt des Kapitels dadurch eine logische Aussage, die aus dem Text allein nicht zu erklären ist. Eine Manuskriptseite, angefertigt für den Herzog de Berry (Paris, Louvre, um 1400) zeigt Christus und seine Mutter mit der zugehörigen Gebärde vor dem Thron Gottes kniend; in zwei Randdarstellungen sind die Typen Antipater und Esther abgebildet.

Auch der Bildtypus der Schutzmantelmadonna, der nur in der erweiterten Fassung enthalten ist (Kap. 38), wird durch das S. in seiner Bildvorstellung und Verehrung weitergetragen. Eine Verbindung der beiden Motive (Fürbitterin und Schutzmantelmadonna) zeigt ein Fresko in St. Prokulus (Naturns, 14. Jh.). Die Zuflucht der Menschen unter dem Mantel der GM und ihr aufsteigendes Gebet, das ⓂⒽ symbolisiert durch das Zeigen ihrer Brust, an ihren Sohn vermittelt, und die Weiterleitung der Fürbitten an Gottvater durch den Sohn, der den Zorn Gottes durch das Zeigen der Wunden, durch die er sein Leiden empfing zu besänftigen und für die Menschheit zu bitten versucht.

Lit.: Speculum humanae salvationis, Text critique. Traduction inédite de Jean Mielot (1448), hrsg. von J. Lutz und P. Perdrizet, 2 Bde., Leipzig/Mulhouse 1907/09. — M. Schuette, Gestickte Bildteppiche und Decken des MA I, Die Klöster Wienhausen und Lüne, das Lüneburgische Museum 1927. — E. Breitenbach, S. H. S.: Eine typengeschichtliche Untersuchung, 1930. — M. Thomas, Zur kulturgeschichtlichen Einordnung der Armenbibel mit S.H.S…, In: Archiv für Kulturgeschichte 52 (1970), Heft 1, 192–226. — G. Schmidt, Rezension der Faksimile-Ausgabe des Codex Cremifanensis 243 des Benediktinerstifts Kremsmünster, In: Kunstchronik 27 (1974), Heft 5, 152–166. — H. Appuhn, Heilsspiegel. Die Bilder des ma. Erbauungsbuches »S. H. S.«, 1981. — LCI IV 182–185.

S. Egbers

Speculum virginum, für Klosterfrauen bestimmter, anonymer Lehrdialog in 12 Büchern zwischen dem »presbiter« Peregrinus und der »virgo Christi« Theodora (Ep. 35) mit einem Einleitungsbrief (an dessen Ende sich ein Inhaltsverzeichnis befindet) zu Beginn und einem doppelchörigen, 129 Verse umfassenden Epithalamium am Ende des Textes. In der Überlieferungsgeschichte des wohl auf ca. 1140 zu datierenden lat. Werkes (Einleitung zur Edition, 32*–37*) lassen sich zwei Rezeptionsschwerpunkte ausmachen: im 12./13. Jh. (11 Handschriften) bes. im Zisterzienserorden und im späten 14. und 15. Jh. im Umfeld der niederländischen devotio moderna, aus dem neben 13 lat. Textzeugen auch Übertragungen in die Volkssprache (mittelniederländisch, von hier Umschriften ins Ripuarische und Mittelniederdt.) hervorgingen (hiervon unabhängig die mittelschwedische Übersetzung des Mats Larsson [†1486]); hierzu sowie zu der noch ungeklärten Verfasser- und Herkunftsfrage, vgl.: VL² IX 68 f. und Einleitung zur Edition, 37*–50*). Titel und Dialogform verweisen auf den didaktischen Zweck des S., das — der seit der Spätantike (→ Augustinus, → Ambrosius, → Hieronymus etc.) sowie in der Karolingerzeit (Aldhelm, Radbert v. Corbie) bis ins 12. Jh. (→ Guibert v. Nogent, → Abaelard etc.) gepflegten Tradition des Jungfrauenschrifttums verpflichtet — den »virgines Christi« die Regeln eines ganz auf Christus ausgerichteten monastischen Lebens aufzeigen und sie damit befähigen soll, auf Grund ihrer tugendhaften Gesinnung ihrem himmlischen »sponsus« zu gefallen (Ep. 49 f.). Im Zentrum steht hierbei der das gesamte Werk leitmotivartig durchziehende Gedanke des Vorranges der Virginität vor allen anderen Tugenden und der Überlegenheit des Jungfrauenstatus vor allen übrigen Ständen. Dieser Gedanke wird gemäß dem vom Autor gewählten und durch die Dialogform begünstigten Prinzip der »variatio« (Ep. 58–64) in immer wieder wechselnder Weise dargeboten: Längere, zusammenhängende Partien der Bibelexegese (I 110–679; III 287–569; VI 1–829; XII 24–443) wechseln ab mit phil.-theol. Erörterungen (z. B. über das Verhältnis von Fleisch und Geist VIII 8–113) und Exempla aus AT und NT, heidnischer (z. B. IV 556–609; VII 494–567) und christl. (z. B. IV 612–659) Antike, ma. Historiographie (z. B. VI 829–842; VII 262–291) und → Legende (z. B. V 912–958) etc. Die Verklammerung des Stoffes erfolgt durch zahlreiche Vor- und Rückverweise. Mit dem Text korrespondiert ein Bildprogramm, das durch Querverweise direkt in diesen eingebunden ist und zur Verdeutlichung und Vertiefung der schriftlichen Aussage dienen soll (I 999 f.; VII 869–879).

In den ⓂⒽ betreffenden Partien (v. a. V 1–607) orientiert sich das S. an den traditionellen Motiven der Mariol. von der Väterzeit bis ins 12. Jh.: so wird das Verhältnis von ⓂⒽ und »ecclesia« erörtert (II 386–394; VII 625–648). ⓂⒽ erscheint als das leuchtende Vorbild für alle »virgines« (V 305–316): In ihr vereinigen sich beispielhaft die Haupttugenden der »humilitas« und »virginitas«, die sie der GMschaft würdig werden ließen. Betont wird ihre immerwährende Jungfräulichkeit. Ihrem Beispiel sollen die »virgines Christi« nacheifern und auf Grund der »imitatio« ⓂⒽs (→ Nachfolge) mit ihr gemeinsam spirituell ebenfalls zu Müttern Christi werden und ihm nachfolgen (III 199 ff.; V 1–12. 605 f. 385–464 basierend auf Offb 14,3 f.). Sie erscheint als »mediatrix« zwischen Himmel und Erde (V 41 f.) und war bereits vor ihrer eigenen Geburt (V 40 f.) und von Anbeginn der Welt zur GMschaft berufen (V 118–331 fußend auf Spr 8,22–24), wobei jedoch ihre Tugendhaftigkeit und ihr daraus resultierender Anteil am Heilsgeschehen nicht auf eigener Leistung beruht, sondern ausschließlich auf den Gnadenakt Christi zurückzuführen ist (V 558–563). Betont wird ihre enge Verbundenheit mit Christus durch den Bezug des atl. »sponsa«-Typus auf sie und die Darlegung ihrer Schicksalsgemeinschaft mit dem Sohn bis zu ihrer beider Eingang in den Himmel (V 107–114, basierend auf ausführlichen Hld-Zitaten, und 454–470), so daß das Lob ⓂⒽs identisch mit dem Lob Christi erscheint. Hervorzuheben sind außerdem das Motiv der Eva-ⓂⒽ-Gegenüberstellung (»superbia«, »culpa«, »mors« — »humilitas«, »gratia«, »vita«; V 481–490) und das Bild der Quadriga von Christus, ⓂⒽ, Johannes Baptista und Johannes dem Evangelisten (V 500–514). V 362–383 steigert sich die Darstellung zu einem hymnischen ⓂⒽlob.

Ausg.: J. Seyfarth, Speculum virginum, 1990.
Lit.: VL² IX 67–76 (Lit.).

A. Strauß

Spee v. Langenfeld, Friedrich, * 25. 2. 1591 in Kaiserswerth/Düsseldorf, † 9. 8. 1635 in Trier, trat 1610 in den Jesuitenorden ein, wirkte nach dem Studium als Gymnasialprofessor an verschiedenen Ordensschulen, dozierte Phil. in

Paderborn und seit 1632 Moraltheol. und Exegese in Trier. Er ist mit seinem Buch »Cautio criminalis oder Rechtliches Bedenken wegen der Hexenprozesse« (1. Aufl. 1631) mutig und mit nachhaltigem Erfolg gegen die Hexenprozesse eingetreten, übrigens nicht als einziger seines Ordens. Die für die MV wichtigen Werke S.s sind erst nach seinem Tod erschienen: die »Trvtz Nachtigal, Oder Geistlichs-Poetisch Lust-Waldlein« (Köln 1649 und öfter), das »Güldene Tvgend-Bvch, das ist Werk vnnd Übung der dreyen Göttlichen Tugenden« (Köln 1649 und öfter); schließlich wurden viele Lieder S.s in Sammlungen der rheinischen Jesuiten aufgenommen, ohne daß seine Autorschaft angegeben war. Gerade unter diesen anonymen Liedern finden sich viele marian. Texte, u. a. »Mariae Heimsuchung«, »Mariae Geburt«, »Namen Mariae«, »Maria, Mutter Jesu Christ«; aus der »Trvtz Nachtigal« sind u. a. zu nennen »Mariae Schmertzen« und »Klag vnd trawrgesang der Mutter JESU«, aus dem »Tugend-Buch« »Jesus spricht zu seiner Mutter« und »Antwort der Mutter« sowie drei Strophen aus »Noch ein anders Trawrgesang von JESU an dem Ölberg«; »O Mutter zart ...«, »Ach Mutter mein ...« und »Ade, ade zu guter nacht ...«. S.s Bücher und Lieder gehören zu den großen poetischen Leistungen der dt. Barockliteratur und fanden sowohl bei bedeutenden Zeitgenossen (Leibniz oder Thomasius) wie bei den Romantikern (Brentano, Eichdorff) Wertschätzung und Bewunderung.

Ausg.: Tugend-Buch, hrsg. von T. G. M. Oorschot, 1968. — Die anonymen geistlichen Lieder vor 1623, hrsg. von M. Härtling, 1979. — Trutz-Nachtigall, hrsg. von T. G. M. Oorschot, 1985. — Cautio Criminalis, übertragen und eingeleitet von J.-F. Ritter, ⁵1987.
Lit.: G. Dünnhaupt, Personalbibliographien zu den Drucken des Barock V, 1991. — A. Arens, F. Spee. Zur Wiederauffindung seines Grabes, 1981. — LL XI 73–80. 91 ff. *H. Pörnbacher*

Speiden, Lkr. Ostallgäu, Diözese Ausgburg, Wallfahrtskirche Maria Hilf. Im Pestjahr 1635 errichtete der Maurer und Söldner Christian Steinacher für ein geschnitztes Mbild, das er »entehrt« bei Maurerarbeiten auf einem Füssener Dachboden gefunden hatte, einen Bildstock, der bald sehr verehrt wurde; 1635/36 erbaute er zum Dank für die Errettung seiner Tochter aus Hungersnot die heutige Gnadenkapelle; 1644–47 folgten nördlich der Kapelle ein stattlicher Kirchenbau und 1664 ein Neubau, der 1678 geweiht wurde. Die Innenausstattung von ca. 1730 wurde 1783 umgestaltet, wobei auch das Gnadenbild (gekrönte sitzende Madonna mit Kind, um 1520, auf dem Sockel ist die Entstehungsgeschichte der Wallfahrt verzeichnet) aus der Gnadenkapelle auf den Hochaltar der Kirche übertragen wurde (seit 1966/69 wieder in der Kapelle). Die Fresken von Joseph Keller (1783) zeigen im Langhaus die von den Propheten in Aussicht gestellten, durch göttlichen Ratschluß auf die Menschheit durch M herabgekommene Gnade, im Chor um die Himmelfahrt Ms herum gruppiert Tempelgang, Verkündigung, Weissagung Simeons und Darstellung Jesu sowie in Kartuschen Verlobung Ms, M als Braut des Hl. Geistes, Heimsuchung und marian. Symbole. Der Hochaltar von Peter Heel (1732) birgt eine Madonna des 19. Jh.s, die Chorbogenaltäre sind Johannes v. Nepomuk und der Unterweisung Ms durch Joachim und Anna gewidmet.

Lit.: F. Zöpfl, Schwäbische und bayer. Mirakelbücher, 1938. — L. Dorn, Die Wallfahrten des Bistums Augsburg, 1961, 150 ff. — K. Riedmiller, Wallfahrten im Allgäu: Maria Hilf in S., In: Das schöne Allgäu 47 (1984) 9–11. — L. Altmann, Maria Hilf in S., 1985. — Dehio-Schwaben, 1989, 957–959. — F. J. Brems, Wir sind unterwegs..., 1992, 71 f. *L. Lehner*

Speth, Johann, * 9.11.1664 in Speinshart/Oberpfalz, †nach 1719 in Augsburg, wurde 1692 Domorganist in Augsburg und war 1705 zugleich in der Domkanzlei beschäftigt. Als einziges Werk ist seine — auch als Bewerbungsunterlage für die Domorganistenstelle eingereichte — Sammlung »Ars Magna Consoni et Dissoni« überliefert. Sie bietet 10 Toccaten, drei Partiten sowie acht Magnificat-Kompositionen über die 8 Psalmmodi des gregorianischen Oktoëchos. Stilistisch sind die Werke mit Muffat und Kerll, aber auch Frescobaldi vergleichbar. Die zumeist dreiteiligen Toccaten enthalten in der Mitte eine schön ausgeführte Fuge. Fünf Versetten, jeweils von einem Praeambulum und einem Finale umrahmt, bilden die für das Alternatim-Musizieren in der Vesper bestimmten Magnificat. Abwechslungsreich wirken sie in ihrer Gegenüberstellung von homophon-akkordischen Stücken mit polyphonen Strukturen und ihrer melodisch-rhythmischen Frische.

Ausg.: Ars Magna Consoni et Dissoni, hrsg. von T. Fedtke, Neudr. 1973.
Lit.: MGG XII 1038 f. *M. Hartmann*

Speyer, Suffraganbistum von Bamberg, zählt als eines der kleinen dt. Bistümer ca. 670 000 Katholiken in 350 Pfarreien.

Ausgangs- und zugleich zentraler Punkt der MV im Bistum ist der salische Kaiserdom in S. Es ist nicht der erste Bau, der an dieser Stelle steht: Ein merowingischer und ein karolingischer Dom dürften hinreichend bezeugt sein. Um 665 werden in einer Schenkungsurkunde des Merowingerkönigs Childerich II. M und Stephanus als Patrone genannt. Durch die weite Verbreitung des Stephanuspatroziniums im Frankenreich liegt die Vermutung nahe, daß die Verbindung des S.er Episkopats zur fränkischen Führungsschicht bei der Wahl der Schutzheiligen des Domes eine wesentliche Rolle spielte, zumal auch der Metzer Dom M und Stephanus geweiht war. Dieses Doppelpatrozinium in S. hatte lange Zeit Bestand: Am 25.7.782 werden M und Stephanus zum letzten Mal gemeinsam genannt in einem Diplom Karls des Großen, in dem dieser der Bischofskirche die volle Freiheit von Steuern und Abgaben gewährt. In einer Urkunde Ludwigs des Deutschen vom 29.4.858

wird zum ersten Mal ausschließlich ᛘ als Patronin bezeichnet; es ist die Rede vom »domus s. Marie«. 1047 ließ — nach der Überlieferung — Heinrich III. das Haupt des Papstes Stephanus I. in den Dom bringen. Dies dürfte wohl dazu geführt haben, daß im SpätMA einmal der Erzmärtyrer, dann auch der Papst als Nebenpatron des Domes genannt wird. Hauptpatronin des Domes und alleinige Patronin des Bistums ist dagegen seit dem frühen MA ᛘ.

Viele der ma. Kirchen und Klöster des Speyerer Diözesanbereichs waren der GM geweiht; im Mittelpunkt der MV stand der Dom zu S. Seit wann der Dom ein Gnadenbild besaß, läßt sich nicht eindeutig klären. Das Siegel des S.er Domkapitels aus dem 12. Jh. zeigt jedenfalls eine thronende ᛘfigur. Es ist möglich, daß die Darstellung weitgehend einem im Dom befindlichen Gnadenbild entsprach. Ob es sich um eine Figur in getriebenem Gold oder um eine hölzerne oder steinerne Skulptur — für jede dieser Formen gibt es Beispiele aus dem 12. Jh. — handelte, muß offen bleiben. Diese Plastik dürfte wohl zunächst auf dem Hauptaltar des Domes ihren Platz gefunden haben. In der Gotik wurde sie möglicherweise durch eine neue ersetzt und auf dem 1303 geweihten St. Annenaltar aufgestellt. Ob die alte Darstellung nicht mehr dem rel. Empfinden der Menschen entsprach oder ob die 1324 gegründete Dombruderschaft ein eigenes Bild besitzen wollte, ist nicht eindeutig zu entscheiden. Bei dem neuen Gnadenbild handelte es sich um eine überlebensgroße Statue; ᛘ steht auf einer Mondsichel und hält das ihr zugewandte, unbekleidete Kind auf dem linken Arm. 1521 heißt es, die Figur sei neu »gemacht« worden; ob es dabei um eine Renovierung oder um eine gänzlich neue Figur ging, ist unsicher. Diese Skulptur überstand den Dombrand von 1689 unbeschadet; sie wurde in der folgenden Zeit zunächst nach Kirrweiler, dann in die Frankfurter Karmeliterkirche ausgelagert und kehrte erst 1709 nach S. zurück. Fürstbischof Limburg-Styrum (1770–97) ließ außerdem eine Nachbildung des alten Bildes über der Vorhalle in einer Nische unter der Kuppel aufstellen; sie befindet sich heute im sog. Kaisersaal über der Vorhalle des Domes. Im Verlauf der Franz. Revolution wurde das Gnadenbild 1794 zusammen mit anderen Statuen, Paramenten und Chorbüchern verbrannt. Erst zum 900jährigen Jubiläum der Grundsteinlegung des Domes (1930) erhielt er ein neues Gnadenbild. Bischof Ludwig Sebastian (1917–43) hatte Papst Pius XI. gebeten, ein Wallfahrtsbild zu stiften; der Auftrag ging an den Münchener Prof. August Weckbecker, der anhand überlieferter Kupferstiche eine Nachbildung der Patrona Spirensis schuf. Seine eigene Vorstellung verwirklichte er in den Gesichtszügen ᛘs, während er den gotischen Faltenwurf der Kleidung beibehielt. Nach der Weihe in Rom wurde die Statue am 1. Juli in Waghäusel aufgestellt, ehe sie am 6. Juli feierlich in den Dom zu S. überführt wurde. Zur 950-Jahrfeier 1980 wurde die Plastik auf Wunsch des Domkapitels mit einer »gotischen« Fassung versehen.

Schon bald nach der Weihe des Domes im November 1061 setzte die Wallfahrt nach S. ein; hierfür sprechen auch die zahlreichen Schenkungen zu Ehren der GM. Einen besonderen Auftrieb erhielt die MV nach dem Besuch Bernhards v. Clairvaux an Weihnachten 1146 im S.er Dom, wo er Konrad III. und die dt. Fürsten zum zweiten Kreuzzug aufrief. Volk und Klerus empfingen ihn, so wird berichtet, mit dem ᛘhymnus »Salve Regina«, dem Bernhard das bis dahin in S. noch unbekannte »o clemens, o pia, o dulcis virgo Maria« beifügte. Diese Episode war der Anknüpfungspunkt für viele Legenden, die von einer redenden ᛘstatue ausgingen. Diese Begebenheit wird zum ersten Mal in der Chronik des Dominikaners Corner von 1435 erwähnt, während sie in der Überlieferung der Begleiter des Abtes fehlt. Nachdem Bernhard das Bild gegrüßt habe, hätte ᛘ seinen Gruß huldvoll erwidert. Ähnlich erzählt auch der S.er Domvikar Johann Sefrid v. Mutterstadt (†1472) die Legende in seinem nach älteren Quellen verfaßten Chronicon Spirense, wobei er mit dem Vorbehalt schließt, er habe sie so von einem Gewährsmann übernommen. Zur Erinnerung an den Aufenthalt des Abtes im S.er Dom ließen Bürger im Mittelgang vier Messingplatten in gleichmäßigen Abständen in den Boden einlegen, in denen die Worte Bernhards »o clemens, o pia, o dulcis virgo Maria« eingraviert waren. Diese Platten gaben Anlaß zu einer weiteren Legende: Als Bernhard eines Tages nicht zur gewohnten Zeit im Dom erschienen war — verspätet sei er mit Riesenschritten herbeigeeilt — habe das Gnadenbild ihn begrüßt mit den Worten: »Sancte Bernharde, unde tam tarde?« Darüber erschrocken habe er mit dem paulinischen Wort erwidert: »Mulier taceat in ecclesia«; von nun an sei das ᛘbild stumm geblieben.

Spätestens seit 1256 unterhielt das Domkapitel ein Ewiglicht vor dem ᛘbild, wie aus einer Urkunde des Abtes von Klingenmünster vom 10.2.1256 hervorgeht. Dies ist die erste urkundliche Erwähnung eines Gnadenbildes, das jedoch um die Zeit schon weit bekannt war, wie eine altfranz. Verslegende aus der Picardie beweist.

Nach dem Aufenthalt Bernhards in S. nahm die Wallfahrt zum ᛘdom einen großen Aufschwung. Bereits 1245 gewährte Papst Innozenz IV. den Pilgern dorthin einen Ablaß von 40 Tagen. 1351 erließ das Domkapitel eine Wallfahrtsordnung, die bis zur Franz. Revolution galt. Danach waren Weihnachten, Ostern, Pfingsten, ᛘe Lichtmeß, ᛘe Verkündigung, ᛘe Himmelfahrt, das Fest der UE und der Tag der Domweihe (9. September) herkömmliche Wallfahrtstage. Zahlreiche Schenkungen im Namen der GM zeugen von der Anziehungskraft des ᛘdomes. 1229 hatte der Domsänger Gerlach

v. Albich auf dem Altar der heutigen Taufkapelle vier Domvikarien gestiftet mit der Forderung, dort täglich ein Hochamt zu Ehren der GM zu singen. Für die große Anzahl von Teilnehmern an dieser Messe war die Kapelle schließlich zu klein. Deshalb ließ Bischof Matthias v. Rammung (1464–78) eine Mkapelle an der Nordseite des Domes errichten; er verfügte, daß hier täglich das »Salve Regina« und die Messe »de Beata« gesungen werden sollte.

Das 14. und noch mehr das 15. Jh. brachten eine starke Entfaltung der MV. 1304 beschloß das Domkapitel, daß täglich nach der Komplet das »Salve Regina« gesungen werden sollte. Die seit 1443 samstags und an den Vorabenden von Weihnachten und Fronleichnam, an den Mfesten und am St. Bernhardstag gehaltenen Andachten erhielten nach der stets gesungenen Antiphon den Namen »Salve«-Andachten. Zur Feier des Samstags vor Septuagesima als »solemnis commemoratio BMV« machte Domdekan Randeck († 1373) eine reiche Stiftung. 1390 stiftete Domvikar Johann v. Kirsbach eine sog. Primmesse, bei der seit 1409 das »Ave praeclara« gesungen wurde. An 18 Samstagen zwischen der Fronleichnamsoktav und dem Advent wurde die GM in Messe und Chorgebet gefeiert. Auch die Dombruderschaften waren M geweiht. Zunächst bestanden die große Dombruderschaft für den Dom- und Stadtklerus und die kleine Bruderschaft für die Diener des Domkapitels. Nach dem Dombrand im Jahr 1450 wurde schließlich noch die Dombau-Bruderschaft gegründet, die 1483 auf das ganze Bistum ausgedehnt wurde. Besondere Mverehrer waren die beiden Bischöfe Matthias v. Rammung und Ludwig v. Helmstatt (1478–1504). Rammung bezeichnete M als »Nothelferin, Patronin und Schirmherrin« von Dom, Bistum und Hochstift. Wie schon erwähnt, ließ dieser Bischof eine Mkapelle errichten, in der er auch seinem Wunsch gemäß beigesetzt wurde; als man im 18. Jh. die Kapelle völlig abtragen ließ, wurden seine Gebeine im Seitenschiff des Domes bestattet. Der Bischof wollte, daß die Mkapelle Mittelpunkt der marian. Bewegung in seiner Diözese werden sollte. Eine »vicaria perpetua« wurde eingerichtet und die Kapelle mit besonderen Privilegien ausgestattet. Ferner ließ er ein Kloster und eine Wallfahrtskirche in Waghäusel (heute Erzbistum Freiburg) errichten, schließlich wurde auf seinen Wunsch hin die Burg Marientraut zu Hanhofen (bei S.) gebaut. Als Ausdruck seiner besonderen MV ließ er von bedeutenden Künstlern über 40 Mstatuen anfertigen und schenkte sie den Kirchen und Klöstern der S.er Diözese. Auf Rammungs Anordnung wurden in der Diözese Mkapellen erbaut. Durch die Förderung der Mwallfahrtsorte suchte er die Volksfrömmigkeit zu stärken. Dies geschah v. a. durch die Einführung eines Mfestes am 8. 11. 1470; es war das Fest der Darstellung Ms im Tempel, welches auf den 21. November verlegt wurde, wie dies bereits der Erzbischof von Mainz, Adolf II. v. Nassau, durchgeführt hatte. Dieses Mfest wurde, wie aus der Einsetzungsurkunde hervorgeht, schon seit mehreren Jahren festlich im Dom zu S. begangen; künftig sollte jedoch der Festtag jährlich am 21. November in den Kollegiats- und Pfarrkirchen, Klöstern und Kapellen des gesamten Bistums gefeiert werden. Der Gottesdienstbesuch an diesem Fest war mit einem Ablaß für die Gläubigen verbunden. Rammungs Bemühungen, die MV im Bistum und Hochstift wieder neu zu beleben, waren erfolgreich. Dies wird bes. an den vielen Salvestiftungen deutlich. Rammungs Nachfolger, Ludwig v. Helmstatt, führte 1491 das Fest der Sieben Schmerzen Ms ein, zu dem der Humanist Jakob → Wimpfeling das Festoffizium schuf. In S., wo Wimpfeling 14 Jahre lang lebte, verfaßte er neben seinen großen pädagogischen Werken auch Predigten über M sowie Gedichte und Hymnen zu ihrer Ehre. Eine dieser Dichtungen trägt den Titel »Der dreifache Glanz Mariens«. Ein anderer Verehrer der GM war Werner v. Themar — er war eine Zeitlang Lehrer und Erzieher an der Lateinschule in S. gewesen —, der ein Büchlein mit Mliedern verfaßte.

Während des MA kam es zu einem großen Aufschwung der MV im Bistum. Eine große Anzahl von Wallfahrten nahm damals ihren Anfang; dazu gehörten →Maria Rosenberg (bei Waldfischbach-Burgalben) und Gräfinthal (Bliesmengen-Bolchen). Auch die Niederlassungen der verschiedenen Orden in der Diözese trugen zur Verehrung der GM bei. Die im 12. Jh. gegründete Zisterzienserabtei Otterberg, deren Kirche heute noch steht, war M geweiht. Die Kirche der Zisterzienser zu Eußerthal war ursprünglich ebenfalls Mkirche, bis sie unter das Patronat des hl. Bernhard gestellt wurde. Von der Zisterzienserabtei Wörschweiler wie auch den Frauenklöstern der Zisterzienser — Ramsen (gegründet 1146), Heilsbruck bei Edenkoben (1232) und Rosenthal (1242) —, deren Kirchen der GM geweiht waren, stehen nur noch Ruinen. Das Klostersiegel von Rosenthal zeigt auf bes. eindrucksvolle Weise das Patronat Ms: Die GM hält ein Rosenzepter in der Hand. Die Prämonstratenser unterhielten in Kaiserslautern und Rodenkirchen Niederlassungen, die M geweiht waren, dazu Frauenklöster in Hane, Marienthal (am Donnersberg) und Enkenbach. Die Wilhelmiten in Gräfinthal und die Serviten in Germersheim verehrten die Patronin des Bistums. In Landau spielten die Augustiner-Chorherren mit ihrer Stiftskirche »Maria, in den Himmel aufgenommen« eine große Rolle. Die Niederlassungen der Augustiner-Chorfrauen in Hertlingshausen und Fischbach bei Kaiserslautern sind verschwunden, ebenso die der GM geweihte Deutschordenskommende Einsiedlerhof bei Kaiserslautern. Die 1490 vom Vater von Franz v. Sickingen gegründete Beginenniederlassung in Trombach bei Ebernburg besaß ein Gnadenbild »Maria in der Ohnmacht«, das erhalten geblieben ist. Franz v. Sickingen starb 1525 in der Ⓜ geweihten Kapelle der Burg Nanstein über Landstuhl.

Die Glaubensspaltung im 16. Jh. bewirkte einen starken Rückgang der MV, bedingt durch das zunächst starke Anwachsen des Protestantismus. Nur wenige Gebiete, die den Fürstbischöfen unterstanden, blieben beim alten Glauben. Auch der Dreißigjährige Krieg und die Reunionskriege Ludwigs XIV. trugen zum Niedergang bei. V. a. die Klöster waren stark betroffen mit Ausnahme der Konvente in S., Landau und Gräfinthal waren die ma. Abteien ausgestorben und aufgehoben. Einzelne Wallfahrtskapellen wie Maria Rosenberg blieben jedoch als Zufluchtsstätten der Katholiken bestehen. Besondere Verheerungen richtete der Brand der Stadt S. während der Reunionskriege 1689 an. Auch der Dom wurde von den Flammen erfaßt; das Gnadenbild der damaligen Zeit aber überstand das Feuer. Es war in einem hölzernen Schrein wohl zum Schutz der kostbaren Weihegaben, die es schmückten, aufbewahrt. Die Flügeltüren konnte Domdechant Heinrich Hatard v. Rollingen zusammen mit dem Stuhlbruder Ägis Graft beim Dombrand zuklappen. Drei Tage später wurde das Ⓜbild unbeschadet aufgefunden und zunächst nach Kirrweiler gebracht. Da S. auf Befehl Ludwigs XIV. zunächst nicht wieder bewohnt werden durfte, wurde die Statue nach Frankfurt gebracht. Nachdem Frankreich im Frieden von Rijswijk (1697) eine erneute Besiedlung von S. zugestanden hatte, ließen Bischof und Domkapitel die nicht zerstörten Teile des Domes für den Gottesdienst herrichten; 1709 kehrte das Gnadenbild in den S.er Dom zurück.

Im 18. Jh. setzte eine neue Blüte der MV ein. Dazu trug auch bei, daß die pfälzischen Kurfürsten, die am Ende des 17. Jh.s zum Katholizismus zurückgekehrt waren, die Ⓜwallfahrt zur Loretokapelle von →Oggersheim einrichteten. Weitere wichtige Wallfahrtsstätten dieser Zeit waren Kirrberg, Kindsbach und →Blieskastel. Auch die Fürstbischöfe, die zu Beginn des 18. Jh.s ihre Residenz nach Bruchsal verlegt hatten, blieben treue Verehrer Ⓜs. Nun entstanden zahlreiche Bruderschaften zur Ehre der GM; sie waren v. a. die Folge der von den Jesuiten begründeten marian. Kongregationen. Zeichen dieser erneuerten und starken MV sind auch die zahlreichen Ⓜstatuen in den Dörfern an der Haardt. Dabei fällt auf, daß sich der Typus der Statuen geändert hatte. Stellte man im FrühMA zunächst die Mutter mit dem Kind auf dem Arm und dann im HochMA die Schmerzensmutter mit dem Leichnam Christi auf dem Schoß dar, so folgte nun im Barock eine neue Form: Ⓜ als unbefleckt empfangende Gottesbraut. Solche Immaculata-Statuen stehen z. B. in den Weinbergen von St. Martin und Weyher.

Die Franz. Revolution brachte erneut eine Änderung der Verhältnisse. Das alte Bistum S. wurde aufgelöst, der S.er Dom auf Abbruch verkauft, die zahlreichen Klöster in der Diözese aufgehoben, die Wallfahrten unmöglich gemacht. Zahlreiche kirchliche Kunstwerke wurden verbrannt oder verkauft — so auch das alte Gnadenbild der Schmerzensmutter im St. Klarakloster in S. Einen besonderen Verlust bedeutete die Verbrennung des Gnadenbildes aus dem Dom zu S. Mit ihm vernichtet wurden die zahlreichen Weihegaben, die der GM gestiftet worden waren. So besaß die Statue nach einem Verzeichnis von 1782 zahlreiche Kleidungsstücke, Schmuck, Rosenkränze und Kreuze, auch ein Brustkreuz mit 80 Diamanten und sechs kostbare Ringe.

Im 19. Jh. — das Bistum S. war 1817/21 wiedererrichtet worden — erwies sich v. a. Bischof Nikolaus v. Weis (1842–69) als großer Ⓜverehrer. Er erlaubte auch wieder die Wallfahrt nach Maria Rosenberg und errichtete eine Herz-Ⓜe-Bruderschaft. Während seines Episkopats wurde der Dom in S. von Johann Schraudolph und seinen Schülern mit Bildern aus dem Ⓜleben ausgestattet. Bei der Domrestaurierung (1957–61) wurden zwar viele Fresken aus dem Dominneren herausgenommen, doch blieb der 24teilige Ⓜzyklus an den Mittelschiff-Hochwänden erhalten. In den Dichtungen des Domkapitulars Wilhelm Molitor erhält die GM ihren besonderen Platz: So dichtete er 1861 anläßlich der 800-Jahrfeier der Domweihe ein Wallfahrtslied, das Ⓜ als Patronin des Domes und der Diözese verehrt: »O Königin voll Herrlichkeit, Maria«. Die 1930 von Papst Pius XI. gestiftete Ⓜstatue trug viel zur Belebung der Wallfahrten zum Ⓜdom bei. Auch der Ausbau von Maria Rosenberg und die Errichtung der Ⓜ-Schutzkirche in Kaiserslautern dienten diesem Anliegen der S.er Bischöfe. Die Bischöfe Isidor Markus Emanuel (1952–68) und Friedrich Wetter (1968–82, seit Dezember 1982 Erzbischof von München und Freising) schenkten der MV im Bistum ihre besondere Aufmerksamkeit und weckten bei den Gläubigen der Diözese verstärkt das Interesse an Wallfahrten. Die 950-Jahrfeier der Grundsteinlegung des S.er Domes 1980 war zugleich ein glanzvolles Hochfest zu Ehren der GM.

In der Diözese findet sich heute noch eine Reihe von z. T. auf das MA zurückgehenden Wallfahrten. Zu denen, die nicht mehr bestehen, gehört die Wallfahrt zum Gnadenbild der GM in dem von den Saliern gestifteten Benediktinerkloster Limburg über Bad Dürkheim. Zurückgegangen sind auch die Wallfahrten nach Fischbach (bei Kaiserslautern) sowie zu den Kapellen von Trombach (bei Ebernburg) und Einsiedlerhof. Andererseits haben in der neueren Zeit verschiedene Wallfahrtsstätten einen großen Aufschwung erlebt; dazu gehören Maria Himmelspforte auf dem Winterberg bei Erfweiler/Dahn und Blieskastel. Der S.er Bischof und spätere Erzbischof von München und Freising, Michael v. Faulhaber (1911–17/1917–52), bezeichnete das Gnadenbild »ULF mit den Pfeilen« in Blieskastel als eine »Pretiose der Diözese, die wir als eine der wenigen Reliquien aus einer reicheren Zeit in Ehren halten müssen«. Dieses Bild war ursprünglich in Gräfinthal (Bliesmengen-Bolchen/Saar) angesiedelt. Dort war nach einer Überlieferung des 15. Jh.s ein Vesperbild in einer Nische einer Eiche aufgestellt worden. Durchziehende Krieger beschossen das Bild mit Pfeilen, worauf aus den Körpern Christi und M's Blut floß. Die sich anschließenden Krankenheilungen und Gebetserhörungen begründeten eine Wallfahrt, die bis ins 18. Jh. Bestand hatte. Auch mehrmalige Brandschatzungen des Klosters der Wilhelmiten, die auf Wunsch der Gräfin Elisabeth von Blieskastel das Gnadenbild betreuten, änderten nichts. Die Pilger kamen v. a. aus Lothringen, Kurtrier, Elsaß, Luxemburg und der Westpfalz. Ein besonderer Verehrer war der bis 1719 in Zweibrücken als Emigrant lebende Polenkönig Stanislaus Leszczynski — seit 1737 Herzog von Lothringen. 1786 wurde das Bild nach Blieskastel überführt, wie dies die Reichsgräfin Marianne v. d. Leyen gewünscht hatte. Die während der Franz. Revolution ausgebrannte Kapelle in Gräfinthal wurde 1809 wieder aufgebaut. Im 20. Jh. eröffnete Bischof Joseph Wendel, der spätere Erzbischof von München und Freising (1943–52/1952–60), erneut eine Wallfahrt hierher; das heutige Gnadenbild ist eine spätgotische Madonna mit Kind. 1796 wurde das einstige Gräfinthaler Bild »ULF mit den Pfeilen« durch die »commission d'évacuation« öffentlich versteigert; es blieb jedoch in Blieskastel, da »die Jungfern von Blieskastel« es ersteigerten. Im 19. Jh. gingen die Wallfahrten nach Blieskastel zurück, das Bild blieb jahrzehntelang unbeachtet. 1911 wurde es in München untersucht: »Die Pietàgruppe ist in ihren Hauptbestandteilen echt und geht zweifellos in die Zeit zurück, die man überlieferungsgemäß als ihr Alter annimmt, also in das 13. Jh. Auch die noch in dem Bild steckenden Pfeilspitzen sind jener Zeit eigentümlich« (Prof. Haggenmiller). 1913 wurde die Wallfahrt wieder eröffnet; seit 1924 wird sie von den Kapuzinern betreut. Die heutige Wallfahrtskapelle wurde 1928 erbaut.

Neben diesen größeren Wallfahrtsstätten befinden sich im Bistum S. noch weitere M-heiligtümer, die zum Teil heute nur noch lokale Bedeutung haben. Die Wallfahrt »Zu ULF im Schweinheimer Kirchel« bei Jockgrim südlich von Germersheim geht in das MA zurück. Südwestlich von Bad Bergzabern bei Dörrenbach befindet sich die schon im MA bekannte Wallfahrtsstätte »Maria Hilf« auf dem Kolmerberg. Folgt man der dt.-franz. Grenze nach Westen, so kommt man zur »Gottesmutter vom Winterkirchel«, 1949 neu geweiht unter dem Titel »Maria Himmelspforte« bei Erfweiler/Dahn. Zwei weitere M-heiligtümer liegen im südlichen Raum des Bistums S.: Es sind dies die Kapelle »Zu Mariä Herzeleid« bei Hauenstein, die um 1512 erbaut wurde, und diejenige »Zu ULF vom Kaltenbrunn« bei Ranschbach, die seit dem MA besucht wurde. Im nördlichen Bereich der Diözese S. liegen die Pfarrkirche Neuleiningen, mit dem wohl aus dem 15. Jh. stammenden Gnadenbild »ULF und Gnadenmutter von Neuleiningen« und westlich von Bockenheim die Kapelle »Zu den Stufen der Allerseligsten Jungfrau auf dem Petersberg« (heute »Heiligenkirche St. Peter«), deren Ursprung im 8. Jh. liegt. Im 19. Jh. entstand für die Katholiken der nordpfälzischen Diaspora in Kaulbach bei Wolfstein eine Kapelle »Zum heiligen Herzen Mariä«.

In Kindsbach (westlich von Kaiserslautern) steht auf dem linken Seitenaltar der Pfarrkirche »Mariä Heimsuchung« das Wallfahrtsbild »Zur weinenden Mutter Gottes von Pötsch«, eine um 1700 gemalte Kopie des Gnadenbildes, das sich im Wiener Stephansdom befindet. Der Titel geht zurück auf ein M-bild in der ungarischen Stadt Pötsch, das 1696 14 Tage lang Tränen vergoß. Die Wallfahrt zum Gnadenbild vom Kirrberg (Stadtteil von Homburg/Saar) ist seit dem 18. Jh. bezeugt. Im Herzen des Pfälzer Waldes liegt die Kapelle »Zum Unbefleckten Herzen Mariä« bei Elmstein, deren Besuch auf das MA zurückgeht. Neueren Datums ist die Gelöbniskirche »Maria Schutz« in Kaiserslautern. Sie wurde 1929 als Wallfahrts- und Gedächtniskirche für die Gefallenen konsekriert, nachdem Bischof Michael v. Faulhaber während des Ersten Weltkrieges der GM eine Kirche versprochen hatte, wenn die Pfalz von größeren Kriegsverwüstungen verschont bliebe. Ihre Betreuung wurde den Minoriten übertragen, die sie, nachdem sie 1944 schwer beschädigt worden war, nach dem Zweiten Weltkrieg wieder aufbauten. Von den 31 im Bistum S. liegenden Wallfahrtsstätten sind 17 (mit dem M-dom) der GM geweiht. So mag man feststellen, daß die Diözese S. zu Recht als »Marienland« bezeichnet wird.

Lit.: BeisselMA. — BeisselD. — A. Haas, Bistum S., In: Chr. Schreiber (Hrsg.), Wallfahrten durchs Land, 1928, 452–468 (hier eine Beschreibung der einzelnen Wallfahrtsstätten). — F. X. Glasschröder, Der S.er Liebfrauendom in Geschichte und Legende, In: Kaiserdom und Liebfrauenmünster, 1930, 19–25. — A. Haas, Die Marian. Gnadenorte der Diözese S., In: Der Christliche Pilger 83 (1930) 628f. 663. — R. Kriss und L. Rettenbeck, Wallfahrtsorte Europas, 1950, 304–308. — Maria in der Pfalz. Die Marienverehrung im Bistum S. in alter und neuer Zeit, In: Der Pilger 104 (1954) 103ff. — W. Medding, Patrona Spirensis. Die Geschichte der wundertätigen Muttergottesfigur des Domes zu S., In: Das neue Kunstarchiv 2 (1954) 5–40. — J. E. Gugumus, Der S.er Dom als Liebfrauenmünster, In: Der Pilger 111 (1961) 551 ff. — F. Haffner, Die kirchlichen Reformbemühungen des Bischof Matthias v. Rammung in vortridentinischer Zeit (1464–78), 1961. — Delius. — C. Jöckle, Wallfahrtsstätten im Bistum S., 1983. — H. Ammerich, Maria Patrona Spirensis. Zur Marienverehrung im Bistum S., 1983, In: A. Leidl (Hrsg.), Bistumspatrone in Deutschland, 1984, 32–41. — F. Weinmann, Hausfiguren in der Pfalz, 1989. — Wallfahrtsstätten im Bistum S., In: Handbuch des Bistums S., II. Ausgabe, 1991, 95–113. — H. Ammerich (Hrsg.), Die Lebensbilder der Bischöfe von S. seit der Wiedererrichtung des Bistums S. 1817/21, 1992. *H. Ammerich*

Speyr, Adrienne v., Ärztin, Ehefrau, theol.-spirituelle Schriftstellerin, Mystikerin, Gründerin der Johannesgemeinschaft, * 20.9.1902 in La Chaux-de-Fonds/Schweiz, †17.9.1967 in Basel, wuchs im Geburtsort und in Basel auf, machte 1928 das medizinische Staatsexamen, heiratete 1927 den Historiker Prof. Emil Dürr, einen Witwer mit zwei Kindern, und nach dessen Tod (1934) den Historiker Prof. Werner Kaegi (†1979). Beiden Ehen entstammten keine eigenen Kinder. Neben ärztlicher und weitgespannter karitativer Tätigkeit widmete sich A. v. S. dem Aufbau und der Führung des 1945 gegründeten Säkularinstituts »Johannesgemeinschaft«. Wegen Erkrankung und zunehmender Erblindung gab sie 1954 die Praxis auf.

Prot.-liberal erzogen, fiel A. v. S. schon früh auf durch Fragen, die eigentlich nur vom kath. Glauben her beantwortet werden konnten (M, Beichte u. a.). 16-jährig hatte sie eine Mvision. 1940 begegnete sie dem damaligen Studentenseelsorger in Basel, Hans Urs v. Balthasar. In den Jahren nach ihrer Konversion geriet sie unter einen »Wasserfall der Gnade«: Visionen, Stigmatisation, Teilnahme an der inneren Passion des Herrn und am Geheimnis des Karsamstags. Ohne Theol. studiert und kaum je ein theol. Buch gelesen zu haben, hinterließ A. v. S. fast 60 z. T. umfangreiche Werke (Betrachtungen zur Hl. Schrift und zu Themen des geistlichen Lebens), entstanden aus täglichen Diktaten an H. U. v. Balthasar. Gleich das erste Buch (1948) kreist kontemplativ um die »Magd des Herrn«.

In allen Werken A.s v. S. kommt M theol. wie spirituell ein besonderer Rang zu. Sie ist für A. v. S. »das« Geschöpf nach Gottes Willen, ihm und seinem Gnadenhandeln in bedingungslos magdlicher Bereitschaft geöffnet in ihrem Jawort zur Inkarnation des Sohnes Gottes. A. v. S. umkreist bis in die tiefsten Gründe der Offenbarung das Geheimnis der natürlich-übernatürlichen Einheit von Mutter und Sohn ebenso wie das der Vor-Erlösung und Mit-Erlösung, ohne »den unendlichen Abstand zwischen dem Wirken des Gottmenschen und demjenigen seiner ›geschehen-lassenden‹ Mutter« zu verwischen (Balthasar, Einführung, 1984, 3).

M verdeutlicht von seiten des Menschen und als »die« Frau das kath. »Und« nicht nur im Blick auf Christus. Auch im Blick auf die Kirche ist M als deren Urbild und Vorbild in das Gesamtwerk A.s v. S. zutiefst verwoben. Ein besonderer Akzent liegt dabei für A. v. S. selbst und ihre Gründung auf M, die nach dem letzten Willen Jesu unter dem Kreuz mit Johannes verbunden und so zur »Muttter der Kirche« wird. M ist der Kirche Urbild und Vorbild auch als Orante. Gleiches gilt für die marian.-jungfräuliche Fruchtbarkeit der Kirche als Leib und Braut Christi, wie sie sich insbesondere im Jawort zu jeder geistlichen Berufung und in der Lebensform der evangelischen Räte darstellt. Schließlich ist M immer innerster Kern der »ecclesia immaculata« (Eph 5, 27).

Alle M in höchstem Maße qualifizierenden Aussagen des Glaubens sind für A. v. S. Ausfaltungen einer einzigen zentralen Wahrheit: M ist aus Gnade »das Urbild jeder ins Werk der Dreieinigkeit einbezogenen ... Kreatur« (Johannes II 9). Die erste mariol. Aussage ist daher eine im strengen Sinne theologische, ein Wort über »Gottes Bereitschaft«, den Menschen zum mitwirkenden Dienst am dreieinigen Erlösungswerk anzunehmen. Dabei spielt der Hl. Geist insofern eine besondere Rolle, als er nicht nur in M die »Zugänge zum Sohn«, sondern auch in uns die »Zugänge zu Maria« eröffnet und theol. als »Begründer und Förderer der Mariologie« und marian. Frömmigkeit anzusehen ist (Johannes III 326).

WW (Auswahl): Magd des Herrn, 1948, ³1988. — Johannes II: Streitreden. Betrachtungen über das Johannesevangelium 6–12, 1949; III: Abschiedsreden. Betrachtungen über das Johannesevangelium 13–17, 1948. — Die Welt des Gebetes, 1951, ²1987. — Aus meinem Leben. Fragment einer Selbstbiographie, 1968, ²1984. — Maria in der Erlösung, 1979, ²1984. — Mariengebete, In: Bei Gott und bei den Menschen. Gebete, 1992, 79–94. — Nachlaßwerke (nicht im Handel): Das Wort und die Mystik I: Subjektive Mystik; II: Objektive Mystik, 1970. — Erde und Himmel (Tagebücher), 3 Bde., 1975–76.

Lit.: H. U. v. Balthasar, Erster Blick auf A. v. S., 1968, ⁴1989. — B. Albrecht, Eine Theol. des Katholischen. Einführung in das Werk A.s v. S., 2 Bde., 1972–73. — H. U. v. Balthasar, Einführung zu A. v. S. Maria in der Erlösung, 1979, ²1984. — G. Kardinal Danneels, Maria — Bereitschaft und Beichthaltung, In: A. v. S. und ihre kirchliche Sendung. Akten des röm. Symposiums vom 27.–29. 9. 1985, hrsg. von H. U. v. Balthasar u. a., 1986, 90–105.   *B. Albrecht*

Spiegel. Die S.-Gleichnisse im AT und NT zeigen die Vielschichtigkeit dieser Metapher. Ijob 37,18 bringt einen Vergleich kosmischen Inhalts: Das Firmament ist fest wie ein gegossener S., wobei der in der Antike übliche, aus Metall gegossene, runde Hand-S. gemeint ist. Für den Propheten Jesaja wiederum ist der S. — wie Fußspangen, Prachtgürtel, feine Schleier und anderes Ziergerät — ein Zeichen der verwerflichen Hoffahrt der Frauen in Jerusalem (Jes 3,16ff.). Jak 1,23f. setzt die antike Vorstellung des S.s als Symbol der sittlichen Selbstprüfung voraus (vgl. Seneca, Naturales Quaestiones I 17,4). In den Episteln des hl. Paulus schlägt sich eine weitere Vorstellung der heidnischen Antike wider, wonach die sichtbare Schöpfung ein S. des Göttlichen ist. Das S.-Bild ist allerdings noch unvollkommen (1 Kor 13,12; 2 Kor 3,18): In diesem Leben können wir bloß »rätselhafte Umrisse« wahrnehmen — wie sie ein damaliger Metallspiegel in ungenauer Verarbeitung oder schlechter Polierung tatsächlich gezeigt hätte. Dagegen geht die atl. Metapher für das Wesen der Weisheit vom Idealfall eines hochpolierten S.s aus edlem Material aus: »Sie ist der Widerschein des ewigen Lichts, der ungetrübte Spiegel von Gottes Kraft, das Bild seiner Vollkommenheit« (Weish 7,26). Diese Stelle wurde für die marian. Symbolik wichtig, der Ehrentitel »speculum sine macula« wurde auf die Tugend und unversehrte Jungfräulichkeit Ms und auf die → UE gedeutet.

In seiner Abhandlung »De virginibus« (II 6) gebrauchte → Ambrosius die S.-Metapher im moralisierenden Sinne, auf die vorbildliche

Speculum Iustitiae, Kupferstich der Gebrüder Klauber zur Lauretanischen Litanei, 18. Jh.

Tugendhaftigkeit ᛘs verweisend. → Venantius Fortunatus assoziiert den S. mit der Vorstellung des Lichtes und nennt ᛘ »sidereum speculum« im Kontext mehrerer Lichtmetaphern (Carmen I in laudem S. Mariae, 225 ff. [Mon. Germ. hist. Auct. Antiq. 4,1, 377, 1882, Nachdr. 1981]).

Die S.-Gleichnisse des MA setzen Glas-S. voraus. Diese waren zunächst konvex gewölbt, weil sie aus geblasenen Glaskugeln ausgeschnitten wurden; erst im 16. Jh. gelang die Anfertigung flacher Glasspiegel in brauchbarer Größe.

Mit der Verbreitung des (konvexen) Glas-S.s gewinnt die marian. S.-Symbolik einen weiteren, spezifisch auf die Inkarnation Christi hinweisenden Bezug: Glas, das das Licht ohne Beschädigung oder Veränderung durchläßt, ist ein gängiges Sinnbild der jungfräulichen Empfängnis und Mutterschaft ᛘs (vgl. → Vase). In einer Predigt aus dem »Mariale Aureum« erläutert → Jacobus a Voragine mehrere Aspekte der S.-Symbolik: ᛘ gleicht einem S., erstens wegen dessen zwei Komponenten Glas und Blei — das reine Glas als Zeichen ihrer Jungfräulichkeit, das duktile, aschfarbene Blei als Zeichen ihrer Demut; zweitens, Sonnenstrahlen durchdringen Glas, ohne es zu zerbrechen, so wie Christus, die wahre Sonne, empfangen wurde, ohne ᛘs Jungfräulichkeit zu verletzen; drittens, die GM bietet den Menschen einen S. aller Tugenden, wonach sie ihre Verfehlungen erkennen und korrigieren können; viertens, ᛘ ist leuchtend wie der Lichtglanz in einem S. (Mariale aureum, Serm. 7, vgl. Salzer 339).

Wie das wirkliche Gerät »Spiegel« durch Aufstellung, Drehung, Ausrichtung, Verdoppelung usw. einen Gegenstand in mehrfacher Veränderung wiedergeben kann, so umfaßt der symbolische S. eine Multiplizität der Bezüge. Die vielen marian. → »speculum«-Ehrentitel der geistl. Lit. umschreiben ᛘs Beziehung zu Gott (z. B. »speculum aeternae maiestatis«, »speculum divinae contemplationis«, »spegel der dreivaldicheit, dar in sich got lies schauwen«) ebenso wie ihre Vorbildlichkeit für die Menschen (»speculum castitatis«, »speculum humilitatis«, »aller megde ein spigelglas«; vgl. Meersseman, Register; Salzer 76. 337 ff.). Zur Anrufung »speculum iustitiae« aus der → Lauretanischen Litanei bemerkt M. Berve (Lit.), »Gerechtigkeit« sei hier im weitesten Sinne zu verstehen: als Tugendhaftigkeit, nicht bloß als Justiz. Möglicherweise sei diese Elogie als eine durch Reimschema bedingte Kürzung von »speculum solis iustitiae« entstanden. Da die »Sonne der Gerechtigkeit« (Mal 3,20) seit dem Frühchristentum auf Christus gedeutet wurde, fällt die Litaneianrufung inhaltlich mit Gleichnissen wie dem folgenden zusammen: »speculum in quo refulsit Christus, qui est imago Dei patris« (Jacobus da Voragine op. cit.). Dieser Aspekt wird von F. X. Dornn in seinen Betrachtungen zur Lauretanischen Litanei mit Illustrationen der Gebrüder Klauber (Augsburg 1750) aufgegriffen. Dornn verknüpft drei Bezüge: den Hinweis auf Christus als »sol iustitiae«, die Anwendung des Begriffs »iustitia« auf ᛘ (»quod hic per justitiam intelligitur, speculum omnium virtutum«), und den Vergleich zwischen dem trüben S. von 1 Kor 13,12 und ᛘ, dem klaren S. aller Tugenden. Klaubers Stich, der noch 1849 in einer Nachschöpfung von Varin weiter tradiert wurde, zeigt zwei kontrastierende S.: Die Strahlen der Sonne treffen den größeren, worin die GM erscheint; unten im kleineren, fast dunklen S. sieht Adam nur die »rätselhaften Umrisse« seiner eigenen Gestalt zwischen Engel und Teufel; ein Putto führt Waage, Schwert und Augenbinde, die traditionellen Attribute der → Tugend Iustitia. Der anonyme Stecher einer Litaneifolge des 17. Jh.s (Asma Poeticum Litaniarum Lauretanarum …, Linz 1636), im 18. Jh. von Martin Engelbrecht kopiert, hebt die Inkarnationssymbolik des S.s hervor: Der vom Himmel herabkommende Erzengel Gabriel führt die Attribute Waage und Schwert, die Annunziata erscheint in einem großen Rundspiegel.

Jan van → Eyck zitiert Weish 7,26 in vier seiner ᛘbilder. Bezeichnenderweise wird das »speculum sine macula Dei maiestatis« mit einer Stelle über Lichterscheinungen des Himmels aus dem gleichen atl. Buch gekoppelt (Weish 7,29); in dieser Zusammenstellung war die S.-Metapher in eine lokale Brügger Fassung des Officium parvum BMV für das Fest Me Himmelfahrt eingegangen (C. J. Purtle, The Marian Paintings of J. v. Eyck, 1982, 129). Van Eyck verwendet den Text als Inschrift in repräsentativen Darstellungstypen: im Rundbogen hinter der thronenden M des Genter Altars, als Rahmenschrift der Madonna des Kanonikus van der Paele und der Mitteltafel des Dresdner Triptychons mit der Madonna in der Halle, und am Saum des Gewandes der Madonna in der Kirche (hier nur durch den Textanfang »speciosior sole« angedeutet). Der große Rund-S. in Hans → Memlings Diptychon der GM mit dem Stifter Maarten van Nieuwenhove (Brügge, Sint Janshospital, 1487) veranschaulicht in der Verbindung zweier Realitätsebenen die Ambivalenz, die dem S.-Motiv eigen ist. Indem er die Figur des betenden Stifters vor dem Mbild wiedergibt, ist er ein Bild der sichtbaren Welt, zugleich aber auch ein Sinnbild der Stellung Ms in der Heilsgeschichte. Die Strahlen um das Haupt des göttlichen Kindes treffen den S. (Inkarnation), als neue Eva reicht M dem Kind einen → Apfel (Erlösung). Ein weiteres Diptychon Memlings zeigt die ähnliche Verwendung des S.-Motivs (Chicago, Art Institut, ca. 1485). Der Kunstgriff der Spiegelung wird zur Verdichtung des Inhalts angewandt, indem der symbolische S. ein anderes Symbol reflektieren kann; dies geschieht in einer Miniatur aus dem Brevier Grimani (Venedig, Bibl. Marciana, um 1500), wo der »puteus aquarum viventium« (→ Quelle) im marian. Symbolgarten nochmals in dem von einem Engel getragenen »speculum sine macula« erscheint. In Nicolas Froments vielschichtigem Retabel der GM im brennenden → Dornbusch (Abb.) (Kathedrale von Aix-en-Provence, 1476) hält das Jesuskind einen S. zur Schau, in dem das S.-Bild von Mutter und Kind einem Bild des Sündenfalls auf der Agraffe des Engels, der Moses erscheint, antithetisch gegenübergestellt wird. S. und brennender Dornbusch begegnen zusammen auch in der Neuzeit: Stich zur Anrufung »Mater Castissima« (Asma poeticum ..., 1636), emblematisches Gemälde, der Geburt Christi zugeordnet, mit ausführlicher Inschrift (Pfarrkirche von Bernried, um 1750; voller Inschrifttext bei C. Kemp, Angewandte Emblematik in südd. Barockkirchen, 1981, 167 f.).

Bisweilen wird der von einer Schlange umwundene S., das traditionelle Attribut der Prudentia, der marian. S.-Symbolik assimiliert: in Vertretung des »speculum iustitiae« (Deckenfeld der Gnadenkapelle der Alten Kapelle in Regensburg, 1693); in Verbindung mit dem Ehrentitel »Sitz der Weisheit« (Titelstich der Dornn-Klauber-Litaneifolge, s. o.; Emblemfresko von F. A. Weiß in der Kapelle Maria vom Guten Rat, Beilenberg, 1779).

Das »speculum sine macula« gehört ab dem 16. Jh. zum festen Repertoire der Sinnbilder, die die → Tota pulchra und Immaculata umgeben: Holzrelief am Chorgestühl der Kathedrale von Amiens, 1508/22; Holzschnitt des Hans Weiditz, erschienen in einem Augsburger Gebetbuch, 1523; Immaculatadarstellungen u. a. von Vanni, Murillo, Zurbarán und Tiepolo.

Lit.: Salzer 76 f. 337 ff. — G. F. Hartlaub, Zauber des S.s, 1951. — H. Schwarz, The Mirror in Art, In: Art Quarterly 15 (1952) 96–118. — N. Hugedé, La métaphore du miroir dans les Epîtres de Saint Paul aux Corinthiens, 1957. — M. Berve, Makelloser S. Gottes. Ein Ehrentitel der Gottesmutter im Lichte altchristl. Symbolik, In: Erbe und Auftrag 42 (1966) 32–49. — H. Grabes, Speculum, Mirror und Looking-glass. Kontinuität und Originalität der S.-Metapher in den Buchtiteln des MA, 1973. — J. Baltrušaitis, Le miroir. Essai sur une légende scientifique, 1978. — D. Forstner, Die Welt der christl. Symbole, ⁵1986, 406 f. — LCI IV 188–190.
G. Nitz

Spiegel der Gerechtigkeit (speculum iustitiae). In der Antike und in der ma. Literatur begegnet das Bildwort vom Spiegel in drei Hauptbedeutungen: 1. Mit der Klarheit des polierten Metallspiegels wird die Reinheit der Seele verglichen; 2. der Spiegel, in den man sieht, um sein Äußeres auf Ordnung und Sauberkeit zu prüfen, erinnert an die Pflicht sittlicher Selbstprüfung und Selbsterkenntnis; 3. im Spiegel sieht man indirekt nicht die Dinge selbst, sondern nur ihren Widerschein, ihr von der spiegelnden Fläche zurückgeworfenes Abbild. Der Mtitel »Spiegel der Gerechtigkeit« meint sowohl die erste als auch die dritte Bedeutung. In der Evangelienliteratur ist, ähnlich wie in manchen Schriften des Spätjudentums, der rechtschaffene, nach dem Willen und den Geboten Gottes lebende Mensch der »Gerechte« und damit der schlechthin Fromme und Gottesfürchtige (Lk 2,25; 23,50). Wenn schon die Erzväter (Mt 23,35), die Propheten des Alten Bundes (Mt 13,17; 23,29), Joseph (Mt 1,19), Elisabeth (Lk 1,6), Simeon (Lk 2,25) und Cornelius (Apg 10,22) gerecht genannt werden, weil sie die göttliche Weisung erfüllen und dem Willen Gottes ergeben waren, so gilt das in unvergleichlich höherem Maß von M. Die Reinheit und Heiligkeit ihrer Seele kann zu Recht mit der Klarheit des Spiegels verglichen werden. Die Erklärung der Anrufung »Spiegel der Gerechtigkeit« in der → Lauretanischen Litanei von der ersten Bedeutungsgruppe des Bildes vom Spiegel her bedarf der notwendigen Ergänzung durch die dritte Bedeutungsgruppe. In der Sprache der Kirche heißt das: M ist ein Spiegel Gottes, weil sie den Herrn, die vollkommene Gerechtigkeit und Heiligkeit, widerspiegelt, soweit ein Geschöpf die Gottnatur abbilden oder in ihren gebrochenen Strahlen widerstrahlen kann. Die GM spiegelte die göttlichen Eigenschaften in solcher Fülle und Vollkommenheit wider, sagt Kardinal Newman, »wie kein Engel des Himmels und kein Heiliger der Erde, überhaupt kein anderes Geschöpf Gottes Wesenheit zu fassen und widerzuspiegeln vermag. Darum kann sie in Wahrheit ›Spiegel der Gerechtigkeit‹, ›Rückstrahlung der göttlichen Vollkommenheit‹ genannt werden«.

Lit.: →Lauretanische Litanei.
W. Dürig

Spiegel der Gottheit

Spiegel der Gottheit (auch »Der Spiegel«), anonyme geistliche Rede unbekannter Herkunft von 172 Versen, wohl aus der 2. Hälfte des 13. Jh.s.

Der in nur vier Handschriften meist böhmischer Provenienz (darunter als Einschub im »Löwenberger Rechtsbuch«) tradierte Text, der auch als »geistliches Bispel« bezeichnet wird, (P. Johanek, in VL² V 922), nennt seine Intention in V. 4: »ich wil den gelouben sterken«. Er stellt daher das Wesen Gottes gleichnishaft dar: Wie ein Mensch sich in jeder Scherbe eines Spiegels ungeteilt wiederfinde, sei Gott in jedem Teil einer vom Priester gebrochenen Hostie gegenwärtig (»so brichet er in [sc. den Menschen] zu heile/ der werlde in dreu teile:/ in ietlichem teile warer gantzer Got«, V. 29–31): Er sei »doch gantz als er do was/ do sin die reine maget genas« (V. 37 f.). Gottes Allgegenwärtigkeit stellen drei weitere Bildgleichnisse dar, in denen (ähnlich wie im dt. → »Lucidarius«) die Sonne, das Meer oder andere Gewässer sowie die Predigtworte eines Priesters zum Vergleich dienen. Abschließend kehrt der Text zum Spiegelgleichnis zurück, um die menschliche und göttliche Natur Christi aufzuzeigen.

Die nach 1450 entstandene Handschrift M.ch.q. 89 der Würzburger Universitätsbibl. (aus der Diözese Bamberg) spart zwar das Gleichnis vom Wasser und Meer (V. 53–110) aus, überliefert aber auf fol. 360ᵛ–365ʳ im Anschluß an den Vulgattext 209 weitere bislang ungedruckte Verse (1a–209a), die sich in zahllosen kontemplativ meditationshaften Wiederholungen ausschließlich mit ℳ und der Inkarnation Christi befassen. Es handelt sich um kein eigenständiges Gedicht, wie Rosenhagen annahm (Einleitung S. XXX), da die Spiegelmetapher schon eingangs wiederaufgenommen wird: »Ich wil von seiner muter sagen/ Dy den spigel hat getragen« (V. 1a–2a, fol. 360ᵛ).

In diesem »späteren, weniger anspruchsvollen Zusatz« (I. Glier, in VL² IX 108), den eine zweisprachige Benennung des ganzen Textes als »der spigel der gottheyt« und »speculum deitatis« abschließt (fol. 365ʳ), wird ℳ mehrfach direkt angesprochen: »Dv pist auch fraw ein spigel clar/ Do got ynne wart offenbar« (V. 3a–4a, fol. 360ᵛ), »Du bist dy schone dy ye wart/ Du bist ein spigel von reiner art« (V. 15a–16a, ebd.). Überwiegend ist von ihr jedoch in der 3. Person die Rede. Beständig werden Mariol. und Logos-Theol. kombiniert: »Das wort got vnd mensch waz/ Do sein dy reine muter genas/ Das selb wort mit worten quam/ Jn dy mayt maria lustsam« (V. 43a–46a, 361ᵛ). Die ÜE wird umschrieben, wenn es heißt, daß ℳ Christus »mit eren« empfing (V. 82a, 362ʳ). ℳ wird bezeichnet als »dy mayt« (V. 49a. 119a), »eyne mayt« (V. 55a. 64a. 82a. 92a. 99a. 172a) oder »eine reine mayd« (V. 70a. 97a), als »ein Junckfraw« (V. 88a, 362ᵛ) oder »der gotheyt spigelglas« (V. 177a, 364ᵛ), was ausdrücklich bekräftigt wird: »Sy ist von recht ein spigel genant« (V. 183a).

Vielfältige Bildlichkeit illustriert die incarnatio: Gott habe »seinen herren schein« gesandt »in eynes reynes megetlein/ In ires mageteynes glas« (V. 115a–117a), oder: »Also von gote dy clarheyt ging/ Do von der spigel dy keuscheyt enphing« (V. 127a–128a, 363ʳ); »der meyd reinicheyt« habe somit »dy gottes clarheyt« empfangen (V. 148a/147a). Komprimiert beschreibt V. 151a–156a (363ᵛ–364ʳ) das Geschehen: »Got enphienc dy menscheyt/ Dy mayd enphing dy gottheyt/ Also ein spigel bild enphet/ Das von schein dor ein geth/ Also der meyt wart ein kint/ Das brocht des heiligen geystes wint«.

Die Schlußverse münden in ein etwas holpriges Gebet (»Das du gern hast vns geben/ Das reych durch deynen reynen namen/ Vnd durch dein reine muter Amen«, V. 200a–202a), dessen Erhörung ℳ gewährleisten soll: »Das helff vns dy gewere/ Der alle sund v(nm)ere/ Waren sint vnd ymmer sein/ Maria himel küngin/ Los vns in deinen hulden sein/ Behut vns vor der helle pein/ Durch das plut des kindes dein, AMEN« (V. 203a–209a).

Ausg.: G. Rosenhagen, Kleinere mhd. Erzählungen, Fabeln und Lehrgedichte III: Die Heidelberger Handschrift Cod. Pal. Germ. 341, 1909; Neudr. ²1970, 69–72, Nr. 82 (unter dem Titel »Der Spiegel«).
Lit.: F. A. Reuss, Beiträge zur dt. Handschriftenkunde, In: ZfdA 3 (1843) 441. — G. Rosenhagen (s. Ausg.), Einleitung XIII und XXX. — H. Thurn, Die Handschriften der Universitätsbibl. Würzburg II,2, 1986, 121–123. — VL² V 922; IX 106–108.

W. Buckl

Spiele. I. LAT. ÜBERLIEFERUNG UND MUSIK. »Spiel« bezeichnet die seit dem hohen MA auftretenden dramatischen Ausformungen zumeist biblischer, daneben aber aus dem legendarischen Bereich stammender Stoffe, die auch liturg. Dramen genannt werden. Unter den originalen Bezeichnungen finden sich »visitatio sepulchri«, »historia«, »miraculum«, »ludus« und »repraesentatio« ebenso wie »ordo«, »officium« und → »planctus«. Darüber hinaus wurden im späteren MA landessprachliche Begriffe üblich, z. B. »Play« oder »Spil«.

Mit dem Ende der Karolingerzeit setzt eine lange und vielgestaltige Reihe szenischer Darstellungen geistlichen Inhalts mit deutlich dramatischen Zügen ein. Mit Sicherheit lassen sich die ausgedehnten →Prozessionen, von denen die Quellen des 9. und 10. Jh.s berichten, auf Relikte der röm. Stationsliturgie zurückführen. Sie waren als Nachahmung der Wege des Herrn gedacht, weshalb sie in der Kar- und Osterwoche bes. ausführlich waren. Die Feier des Osterfestes bildete den Höhepunkt des christl. Kirchenjahres und wurde auch textlich und musikalisch bes. ausgestattet. Es lag nahe, das zentrale Geheimnis des christl. Glaubens, die Auferstehung des Gekreuzigten dramatisch zu veranschaulichen. Der kurze Dialog der Frauen mit dem Engel am Grab des Herrn (»Quem quaeritis«) wurde als →Tropus der Ostermesse vorangestellt oder (später) der Matutin angehängt. Seine szenische Darstellung am Ende der Matutin ist bereits in der »Regularis concordia« (10. Jh.) bezeugt. Diese Art Spiel verbreitete sich rasch im christl. Abendland und erfuhr mannigfaltige Erweiterungen und Ausgestaltungen. Nach und nach traten weitere Themen hinzu, die sich ebenfalls dramatisch realisieren ließen: Weihnachten, die Hl. Drei Könige, der betlehemitische Kindermord, Erweckung des Lazarus und zahlreiche Heiligengeschichten, deren Stoff mitunter aus der Legenda aurea gewonnen war. Meistens wurden die S. gesungen aufgeführt. Neugeschaffene Texte bestehen aus Sechs-, Acht- und Zehn-Silbern, aber auch aus leoninischen Hexametern u. a. Für die Melodien ließen sich vielfach liturg. Gesänge von Messe und Offizium der entsprechenden Festtage verwenden. Selten finden sich völlig neue Gesänge oder gar ganze S. mit eigenständigen Melodien (z. B. Ludus Danielis aus Beauvais, London, British Library, Egerton 2615, 13. Jh.). Seit dem 14. Jh. drangen Formen der Mehrstimmigkeit in die S. ein. Mitunter ist die Mitwirkung von Instrumenten bezeugt.

Das Osterspiel selbst wurde in den Jh.en des späteren MA um den Wettlauf der Apostel Petrus und Johannes zum Grab erweitert, außerdem konnte eine dritte Szene hinzutreten, die auch eine Rolle für den auferstandenen Christus vorsah (Begegnung der Maria Magdalena mit dem Gärtner). Gegen Ende des MA gab es in beinahe jeder größeren Stadt (bes. in Deutschland) die Visitatio sepulchri. Seit dem 13. Jh. wurde ferner noch die Vorgeschichte der Grabesszene, die Passion, mit herangezogen. Das ausführlichste Passionspiel findet sich (neben einem kleineren) in der Handschrift des Carmina Burana (München, Bayer. Staatsbibl., clm 4660). Ein Kernstück der szenischen Leidensgeschichte war die →Klage M.s über den Tod des Sohnes, die zunächst lat. gehalten war, später aber auch volkssprachlich sein konnte. In den S.n des Weihnachtsfestkreises wurde M. in einer stummen oder — bei der Flucht nach Ägypten — mit einer auf wenige Worte beschränkten Rolle dargestellt (Young II 225).

Neben den zahlreichen Miracula verschiedener Heiliger treten marian. S. nur vereinzelt in Erscheinung, die offensichtlich an ihren Hauptfesten aufgeführt wurden: Darstellung Jesu im Tempel (Lichtmeß), M.e Verkündigung und M.e Himmelfahrt.

Ein Verkündigungsspiel ist aus Padua überliefert (13. Jh.). Das verwendete Material sind Teile aus Epistel und Evangelium des Tages, außerdem mehrere Antiphonen. Nach einer Prozession der Hauptpersonen von der Sakristei in die Kirche wird eine Taube als Symbol des Hl. Geistes vom Kirchendach heruntergelassen und von M. in ihrem Gewand aufgenommen. Der Erzengel Gabriel bringt ihr die Verkündigung. Chor und Kirchenschiff versinnbildlichen Himmel und Erde. Der Besuch M.s bei Elisabeth schließt sich an (zum Spiel an M.e Darstellung →Philipp de Mézières).

Auch in volkssprachlichen S.n finden sich M.themen, z. B. das 46. Spiel eines Zyklus aus York in England (London, British Library, Add. 35290, 15. Jh.) behandelt »The Appearance of Our Lady to St. Thomas« und wurde von der Weberzunft auf die Bühne gebracht. Die Texte, die sich an das Hohelied anlehnen, sind mit zweistimmiger Musik versehen, was einzigartig in ma. engl. S.n ist. Zwischen 1339 und 1382 verfaßten Mitglieder einer Pariser Goldschmiedezunft »Les miracles de Notre Dame« (Paris, Bibl. Nat., fr. 819), worin verschiedene Wunder behandelt sind (eine schwangere Äbtissin, ein dem Teufel überantwortetes Kind etc.). Dieses Spiel enthält u. a. Musik für Minestrels (Spielleute). Auch noch bei den letzten Ausläufern der alten liturg. Dramen, die Eingang in die an sich gänzlich »unmittelalterlichen« S. der jesuitischen Gymnasien des 17. Jh.s fanden, sind marian. Stoffe anzutreffen.

Ausg.: E. de Coussemaker, Drames liturgiques du moyen-âge, 1860; Neudr. 1964. — K. Young, The Drama of the Medieval Church, 1933; Neudr. 1951.

Lit.: K. Young (s. Ausg.) II 225–257. — A. Anz, Die lat. Magierspiele, 1905. — H. Pfeiffer, Klosterneuburger Osterfeier und Osterspiel, In: Jahrbuch des Stiftes Klosterneuburg 1 (1908) 1–56. — M. Böhme, Das lat. Weihnachtsspiel, 1917. — J. Klapper, Ursprung der lat. Osterfeiern, In: ZfdPh 50 (1923) 46–58. — F. B. Hardt, Die geistlichen Spiele, In: BenM (1931) 224–250. 277–310. — Manitius III 1048–52. — H. H. Borcherdt, Das europäische Theater im MA und in der Renaissance, 1935. — T. Stemmler, Liturg. Feiern und geistliche Spiele, 1970. — S. Sticca, The Latin Passion Play, 1970. — N. Wilkins, Musik in the 14th-century Miracles de Nostre Dame, In: Musica Disciplina 28 (1974) 39–75. — W. Lipphardt, Lat. Osterfeiern und Osterspiele, 6 Bde., 1975–81. — S. Sticca, Il planctus Mariae nella tradizione drammatica del Medio Evo, 1984. — S. Rankin, The Music of the Medieval Liturgical Drama in France and England, 2 Bde., 1989. — W. L. Smoldon, Liturgical Drama, In: New Oxford History of Music II, 1990, 310–356. — C. C. Flanigan, Medieval-Latin Music Drama, In: The Theatre of Medieval Europe, hrsg. von E. Simon, 1991. — M. Siller, Osterspiele – Texte und Musik, 1994. — MGG VIII 1012–51.

F. Körndle

II. LITERATURWISSENSCHAFT. 1. *Mittelhochdeutsche (mhd.) und mittelniederdeutsche (mnd.) geistliche Spiele.*

a) *Art und Ziel.* Das dt.-sprachige rel. Drama des MA dient der Darstellung rel., insbesondere biblischer Stoffe, der Vermittlung christl. Lehre und der geistlichen Erbauung. Es steht organisatorisch im Rahmen der Kirche und richtet sich an die gesamte Gemeinde der Gläubigen. Aus dieser rel. Bindung ergeben sich wesentliche Besonderheiten der Gattung im Vergleich zum antiken und modernen Drama ebenso wie im Vergleich zu anderen ma. lit. Gattungen. Das geistliche Spiel ist nicht im modernen Sinn als Literatur konzipiert, es sind Texte mit rel. Zweck. Die Bearbeiter verstehen sich im allgemeinen nicht als Autoren, sondern bleiben weitgehend anonym.

b) *Überlieferung.* Der nach hs. Zeugen geordnete Überlieferungskatalog der S. von R. Bergmann umfaßte zum Redaktionsschluß (1985) 193 Nummern. Mit Neufunden ist zu rechnen. Chronikalische und archivalische Quellen geben über die hs. Überlieferung hinaus Kenntnis von mehreren 100 Aufführungen. Dabei werden auch Spielinhalte genannt, die in keinem erhaltenen Spiel vorkommen.

Spieltexte oder andere hs. Zeugnisse sind aus dem ganzen dt. Sprachgebiet überliefert, jedoch mit charakteristischen Konzentrationen und zwar im rheinfränkisch-hessischen Raum von Mainz und Frankfurt bis Alsfeld und Fritzlar, im südbairischen Tirol nördlich und südlich des Brenners sowie im hochalemannischen Luzern. Die Dokumentation der Aufführungsnachrichten ergänzt dieses Bild, insbesondere um die Orte und Landschaften, aus denen keine Texte erhalten sind.

Die regionale Streuung der S. wirkt sich auch auf die sprachliche Form aus. Anders als in der hochma. → Lyrik und Epik streben die Bearbeiter der geistlichen S. keine überregionale Sprachform an, vielmehr verwenden sie die lokalen und regionalen mhd. oder mnd. Sprachvarianten, was der eingeschränkten geographischen Reichweite des Einzeltextes entspricht, der im allgemeinen am Ort für den Ort bearbeitet wurde. Zugleich wird daran deutlich, daß diese Gattung keinen lit. Ehrgeiz kennt, der auch sprachlich ein höheres, weniger ortsgebundenes Niveau angestrebt hätte.

Alle Überlieferung der geistlichen S. erweist sich bei näherer Betrachtung als unvollständig und deshalb vor einer Interpretation ergänzungs- und rekonstruktionsbedürftig. Zunächst ist prinzipiell festzuhalten, daß uns eine historische Aufführungswirklichkeit natürlich niemals zugänglich sein kann. Wir verfügen entweder über Material aus der Vorbereitung der Aufführung, wozu auch die Texthandschriften gehören, oder über Material, das über eine verwirklichte Aufführung Auskunft gibt, z. B. eine chronikalische Notiz oder eine Kostenberechnung. In den Texthandschriften sind im allgemeinen Bühnenanweisungen mitgegeben, aus denen gewisse Requisiten erschlossen werden können. Kostümangaben fehlen in den meisten Fällen. Der dt. Text wird im allgemeinen vollständig gegeben; in Regieauszügen erscheint er verkürzt auf den jeweils ersten Vers einer Rede. Generell verkürzt werden die in vielen S.n bis ins 16. Jh. üblichen lat. Texte gegeben, deren vollständige Fassungen liturg. Handschriften entnommen werden konnten. Häufig sind zu gesungenen Texten Noten angegeben.

c) *Aufführungen.* Die Aufführungen stehen vielfach in der Tradition von Spielzyklen mit mehrjährigem Abstand. Daher existiert bereits eine Textfassung, es gibt Informationen über die letzten Rollenbesetzungen, und vermutlich sind auch Kostüme und Requisiten verfügbar gewesen. Dem von der Obrigkeit der Stadt oder Kirchengemeinde gefaßten Beschluß einer neuen Aufführung folgt die Bestellung eines Spielleiters, der sich um die Bearbeitung des Textes, die Rollenverteilung, die Proben, den Bühnenaufbau und die Aufführungsorganisation bis hin zur Aufstellung von Wachen und zur leiblichen Versorgung der Schauspieler kümmert. Für alle diese Aktivitäten sind zu den verschiedensten S.n einzelne Zeugnisse erhalten. Die gesamte Überlieferung ordnet sich um die Aufführung als das eigentliche Zentrum der Gattung. Alles Material, alle Organisation ist für die Aufführung gedacht.

Die Aufführungswirklichkeit kann immer nur ansatzweise rekonstruiert werden, wobei über die mit dem volkssprachlichen Text befaßte dt. Philologie hinaus v. a. auch Theater-, Liturgie- und Musikgeschichte zuständig sind. Das literaturgeschichtliche Bild der Gattung beruht in erster Linie auf der Analyse der dt. Texte, denen im Hinblick auf Publikum und Intention zentrale Bedeutung zukommt.

d) *Einzelgattungen.* Nach Zahl und Umfang der Texte bilden die → Passionsspiele die wichtigste Einzelgattung. Die für sie charakteristische Verbindung von Leben-Jesu-Szenen mit Passionsszenen ist bereits in den ältesten Textzeugnissen des Benediktbeurer Passionsspiels der Carmina-Burana-Handschrift (um 1230) und der Himmelgartner Passionsspielfragmente (Mitte 13. Jh.) gegeben. Die Himmelgartner Fragmente beziehen sogar Weihnachtsszenen ein. In Spielen des 14. Jh.s, wie dem Maastrichter Ribuarischen Passionsspiel und dem Wiener Passionsspielfragment, wird bis in die Schöpfungsgeschichte zurückgegriffen und so der heilsgeschichtliche Gesamtzusammenhang hergestellt: Durch den Abfall Luzifers und den Sündenfall Adams und Evas wird die Erlösung notwendig, Geburt und Leben Jesu führen zur Passion als dem Erlösungswerk. Die übrigen Texte des 14. Jh.s wie die Kreuzensteiner und die Osnabrücker Passionsspielfragmente und die Frankfurter Dirigierrolle zeigen zumindest die Verbindung von Leben und Passion Jesu.

Im 15. Jh. entwickeln sich die umfangreichen Passionsspielgruppen in einzelnen Landschaften, so die hessische, deren letztes Spiel das dreitägige Alsfelder Passionsspiel im Umfang von über 8000 Versen ist. Der große Umfang kommt nicht in erster Linie durch stoffliche Erweiterungen, sondern v. a. durch realistische Ausmalungen in den Einzelheiten zustande. Einen zweiten landschaftlichen Schwerpunkt der Passionsspiele des 15. und beginnenden 16. Jh.s bildet Tirol. Die Tiroler S., beispielsweise die Sterzinger Passionsspiele von 1486 und 1496/1503, die Bozener Passionsspiele von 1495 und 1514 usw. sind inhaltlich auf die Passions- und Ostertage selbst konzentriert. Die Gründonnerstagsteile dieser S. behandeln dementsprechend das letzte Abendmahl und die Gefangennahme Jesu. Dagegen stellt sich die Luzerner Spieltradition mit Texthandschriften von 1545, 1571, 1583, 1597 und 1616 zu den stofflich weit ins AT ausgreifenden Passionsspielen.

In der lat. Tradition bildet die Osterfeier den Ausgangspunkt aller Dramatisierung. Im volkssprachlichen Bereich setzt mit den Fragmenten des Osterspiels von Muri (Mitte 13. Jh.) die Überlieferung nur wenig später als die der Passionsspiele ein. Die dt. Osterspiele des 14. und 15. Jh.s zeigen im lat. Gerüst der liturg. Gesänge und z. T. auch in den dt. Texten bemerkenswerte Übereinstimmungen, die zur Annahme eines westmitteldt. Urspiels geführt haben. Den Aussagekern der Osterspiele bilden die Auferstehung und die Höllenfahrt Jesu, bei der die Erzväter und Propheten befreit werden, sowie der Besuch der Frauen am leeren Grab und die Erscheinung Jesu vor Maria Magdalena, dann auch vor den Emmaus-Jüngern, vor Thomas usw. Aus dem dem Grabbesuch vorangehenden Salbenkauf ergaben sich in manchen Osterspielen des 14. und 15. Jh.s burleske und derbe Salbenkrämerszenen, so im Innsbrucker Thüringischen Osterspiel, im Wiener Osterspiel, im Erlauer Osterspiel u. a. Die Befreiung der in der Vorhölle gefangenen Seelen bot Anlaß zu Seelenfangszenen, in denen die Teufel die Hölle von neuem mit Sündern auffüllen, deren Missetaten im Rahmen ständekritischer Szenen berichtet werden. Im Redentiner Osterspiel (15. Jh.) hat sich aus dem Seelenfang ein umfangreicher zweiter Teil des Osterspiels entwickelt. Gegenstand eigener Weihnachtsspiele ist die Geburt Jesu mit der Anbetung durch die Hirten und die Könige. Das nachösterliche Geschehen bis zur Himmelfahrt Jesu und Pfingsten wird in den umfangreichen Passionsspielen mitbehandelt. Es sind aber auch selbständige → Himmelfahrtsspiele sowie S. von Me Himmelfahrt überliefert. Eine eigene Spielform entwickelt sich zum Fronleichnamsfest, an dem in → Fronleichnamsspielen einerseits ganze Passionsspiele, andererseits zahlreiche Legendenszenen aufgeführt wurden, wobei die besondere Aufführungsform des Prozessionsspiels entwickelt wurde, bei dem einzelne Szenen an verschiedenen Orten aufgeführt wurden. Legendenstoffe (→ Legenden) sind auch in S.n einzelner Heiliger gestaltet, z. B. im Augsburger Georgsspiel. Schließlich bilden Antichristspiele, Zehnjungfrauenspiele und → Weltgerichtsspiele eine bedeutende Gruppe von S.n eschatologischen Inhalts, deren Schwerpunkt im 15. und 16. Jh. liegt.

e) Maria in den Spielen. M nimmt in den Spielen den Platz ein, der ihr im SpätMA auf Grund biblischer, apokrypher und legendarischer Tradition zukommt. In Passions- und Fronleichnamsspielen kommen gelegentlich die Verkündigung der Geburt Ms, ihre Geburt und ihre Vermählung vor. Viele Passionsspiele und Weihnachtsspiele enthalten die Verkündigung an M, die gelegentlich auch in eigenen Verkündigungsspielen (→ Tiroler Verkündigungsspiele) dargestellt wird, und den Besuch bei Elisabeth sowie die ganze Folge der Weihnachtsszenen im eigentlichen Sinne (Geburt, Hirtenszenen, Dreikönigszenen, Flucht nach Ägypten). Der Passion geht in vielen Passionsspielen ein Gespräch zwischen M und Jesus über das bevorstehende Leiden voraus, gelegentlich auch die Bitte Ms an Judas, Jesus zu beschützen. Nach dem Tod am Kreuz findet die Klage Ms innerhalb der Passionsspiele Ausdruck in der sog. Mklage (→ Klagen), die auch eine eigene Texttradition bildet. Nach der Auferstehung enthalten manche Passions- und Osterspiele eine Erscheinung Jesu vor M. In Himmelfahrtsspielen wird M die Macht der Fürbitte übertragen. Me Himmelfahrt ist Gegenstand eigener S. Zwei Mlegenden, in denen reuige Sünder durch Ms Fürbitte vom Pakt mit dem Teufel gelöst und damit vor der ewigen Verdammnis bewahrt werden, sind in S.n dramatisiert worden: in Dietrich → Schernbergs Spiel von Frau Jutten und in den drei mnd. → Theophilusspielen. M ist beim Jüngsten Gericht anwesend, das in Fronleichnamsspielen, v. a. aber in eigenen Weltgerichtsspielen dargestellt ist.

Lit.: Th. Meier, Die Gestalt Marias im geistlichen Schauspiel des dt. MA, 1959. — H. Rupprich, Die dt. Literatur vom späten MA bis zum Barock, I: Das ausgehende MA, Humanismus und Renaissance. 1370–1520, 1970, 236–289. 756–761. — Bergmann, Katalog. — H. Linke, Drama und Theater, In: Die dt. Literatur im späten MA 1250–1370, II: Reimpaargedichte. Drama. Prosa, hrsg. von I. Glier, 1987, 153–233. 471–485. — B. Neumann, Geistliches Schauspiel im Zeugnis der Zeit. Zur Aufführung ma. rel. Dramen im dt. Sprachgebiet, 2 Bde., 1988. — VL² I ff. — RDL IV 64–100. *R. Bergmann*

2. Mittelniederländische geistliche Spiele. Am Anfang des ma. geistlichen Theaters der → Niederlande stehen lat. Spiele, ein Dreikönigsspiel des 11. oder 12. Jh.s aus dem Kloster Munsterbilsen, genannt »Ordo Stellae«, und das »Maastrichter Osterdrama« (um 1200). Das sog. »Maastrichter Osterspiel« (um 1350) stammt dagegen wohl aus dem Kölnischen. Am Ende des MA steht das lat. Osterspiel aus Delft (um 1496).

Die bedeutendsten volkssprachlichen Schauspiele der Niederlande entstanden alle im 15. Jh.: »Den spiegel der zaligheid van Elkerlijk« (»Jedermann«), → »Mariken van Nieumeghen«, »Die eerste Bliscap van Maria« (Ms erste Freude) und »Die sevenste Bliscap van onser Vrouwen« (Ms siebente Freude). Bereits 1401 ist ein »Spel van onser Vrouwen« in Antwerpen bezeugt. Von 1428 datiert ein Wagenspiel »Van onser vrouwen opvaert« (ULF Himmelfahrt) aus Mechelen, dessen Textbuch verlorengegangen ist.

Die »erste« und die »siebte Freude Ms« (→ Bliscapen van Maria) gehören zu einer Reihe von ursprünglich sieben szenischen Darstellungen der Freuden (→ sieben Freuden) Ms. Zur Erinnerung an die Übertragung eines Mbildes von Antwerpen nach Brüssel 1348 veranstaltete die Große Gilde der Bogenschützen in Brüssel alljährlich eine Prozession und ein Fest mit Musik und Theateraufführungen. Bezeugt ist, daß 1448–54 und 1559–66 aus diesem Anlaß am Sonntag vor Pfingsten auf dem Grote Markt in Brüssel jedes Jahr eines der Stücke in der gegebenen Reihenfolge aufgeführt wurde. 1556 besuchte der eben zurückgetretene Kaiser Karl V. die Aufführungen. Ein Edelmann seines Gefolges, der Spanier Calvete de Estrella, hat Prozession und Spiel beschrieben: In der Prozession wurden lebende Bilder, z. B. die Verkündigung des Engels oder M.e Himmelfahrt, auf Wagen mitgeführt. Auf dem Grote Markt war ein festes Theatergerüst mit Himmel und Hölle, den Straßen Jerusalems und dem Häuschen M.s errichtet. Die beiden erhaltenen Stücke stammen von einem unbekannten Brüsseler »meester«, der offensichtlich einer der damals beliebten »Rederijker-Kameren« angehörte, die am ehesten mit den dt. »Meistersingern« zu vergleichen sind. Die Hauptquelle ist die »Legenda aurea« des → Jacobus a Voragine. Die »eerste bliscap« hat eigentlich die Verkündigung Gabriels an M. zum Thema. Sie greift jedoch weit aus: Luzifer will sich für seine Verstoßung rächen und beschließt, die ersten Menschen zur Sünde zu verführen. In mehreren Szenen werden die Versuchung, die Sünde Evas und Adams, die Vertreibung aus dem Paradies und die Freude des Teufels über seinen Erfolg dargestellt. Die allegorischen Figuren »Bitteres Elend« und »Inniges Gebet« wenden sich an die »Barmherzigkeit« mit der Bitte um Fürsprache vor Gott. Es folgt die eigenwillige Abwandlung des im MA verbreiteten Stoffes vom Streit der vier Töchter Gottes (nach Ps 85,11). Der Sohn Gottes erklärt sich bereit, Mensch zu werden und zu sterben. Es folgt die Verkündigung der Geburt M.s an Joachim; ein Engel nennt den Namen »Maria«, sie wird den Rang der Engel einnehmen. Bereits mit drei Jahren ist M. ein sehr weises Kind. Mit ihren vier Freundinnen, Weisheit, Demut, Reinheit und Gehorsam wird sie in die Obhut des Tempels gegeben. Sie ist die tugendsamste in allen Dingen; sie ist die, von der Salomon im Hohenlied spricht. Als M. schließlich den Tempel verläßt, erscheinen alle Jünglinge aus Davids Geschlecht. Sie wird den ehelichen, der einen dürren Zweig zum Blühen bringt. Das ist Joseph, der verspricht, immer bei M. zu bleiben. Jedoch trennen sie sich: Joseph zieht nach Betlehem, M. nach Nazaret. Hierhin bringt Gabriel die frohe Botschaft.

Die »sevenste bliscap« hat die Himmelfahrt M.s zum Thema. M. lebt nach Pfingsten in der Obhut des Johannes und besucht die Wirkungs- und Leidensstätten ihres Sohnes. 20 Jahre später beschließen Juden, sie zu töten, um die Erinnerungen an Jesus zu vernichten. Um die Reliquienverehrung zu verhindern, soll sie verbrannt und die Asche zerstreut werden. Gott greift ein und sendet den Erzengel Gabriel, der M. den baldigen Tod verkündigt. Während Johannes in Ephesos dem Volke predigt, wird er, wie die übrigen Apostel mit Ausnahme des Thomas, in einer Wolke entführt und vor der Wohnung M.s abgesetzt. Während die Apostel sich um das Bett M.s versammeln, kommt Luzifer, um ihre Seele zu holen, wird jedoch vom Erzengel Michael in die Flucht geschlagen. M. stirbt und wird von Gott im Himmel empfangen. Gott fordert die Apostel auf, M. im Tal Josaphat zu bestatten. Die Juden wollen aber den Leichnam für sich haben. Als sie jedoch den Sarg anfassen, werden sie blind, ihre Hände bleiben am Sarg kleben oder verbrennen. Doch als sie dann die Gottheit Christi und die Jungfräulichkeit M.s anerkennen und sich bekehren, werden sie wieder geheilt. Auf der Rückreise von Indien nach Palästina erlebt Thomas die leibliche Himmelfahrt M.s. Als er mit den Aposteln zum Grab kommt, ist es leer. Der Epilog resümiert noch einmal die sieben Spiele der Freuden M.s. In modernisierter Fassung wurden die Spiele zwischen 1909 und 1953 an verschiedenen Orten Flanderns wieder aufgeführt.

Ausg.: Vijf geestelijke toneelspelen der middeleeuwen, hrsg. von H. J. E. Endepols, 1940. — »Die eerste bliscap van Maria« en »Die sevenste bliscap van onser vrouwen«, hrsg. von W. H. Beuken, ²1978.

Lit.: G. Knuvelder, Handboek tot de geschiedenis der Nederlandse Letterkunde, 2 Bde., ⁷1978. — H. Leloux, Eine mndl.-mndt. Reimfassung der »Sieben Freuden Mariens«, In: Jahrbuch des Vereins für niederdt. Sprachforschung 100 (1977/78) 43–71.
W. Breuer

3. *Mittelenglische geistliche Spiele.* Die wichtigsten Denkmäler des geistlichen Spiels im ma. England sind 4 Zyklen, die die Heilsgeschichte von der Schöpfung bis zum Jüngsten Gericht darstellen: York, Chester, Towneley (oft »Wakefield«), N-Town (früher »Ludus Coventriae«). York, Towneley und N-Town sind in jeweils einer vorref. Handschrift erhalten, York und Towneley weisen aber Spuren ref. Zensur auf. Chester existiert in fünf Handschriften (um 1600), die offenbar nachref. Textfassungen darstellen. Von einem fünften Zyklus, Coventry, existieren zwei Stücke (»pageants«) von 1534, die von der Verkündigung bis zum 12-jährigen Jesus im Tempel reichen. Die überlieferten Teile zweier weiterer Zyklen (Norwich, Newcastle-on-Tyne) enthalten keine marian. Episoden. In der Sprache Cornwalls ist der dreiteilige Zyklus der sog. Ordinalia (Origo Mundi, Passio Domini Nostri, Resurrexio Domini Nostri) aus dem 14. Jh. erhalten. York, Chester und Coventry sind städtische, von den Zünften aufgeführte Zyklen, Aufführungsauspizien von Towneley und N-Town sind strittig. Neben diesen Zyklen existiert die Sammelhandschrift Digby 133 mit »Candelmes Day and the Kyllyng of the Children of Israelle« (1512) sowie das Doppelstück von Christi Grablegung und Auferstehung aus der Kartäuserhandschrift e Museo 160. Die in Frankreich überaus populäre Gattung der M.mirakel (→ Mirakel) ist in England nur fragmentarisch vertreten. Der »Durham Prologue« (ed. Davis, Ende 14./Anfang 15. Jh.) leitet ein M.mirakel ein, möglicherweise gehört auch der arg verstümmelte »Dux Moraud« (ed. Davis, Anfang 15. Jh.?) dieser Gattung an. Im Prolog zweier Moralitäten wird M. in der Funktion der Fürbitterin erwähnt (»The Pride of Life« [ed. Davis, Mitte 14. Jh., Irland] und »The Castle of Perseverance« [ed. Eccles, Anfang 15. Jh., East Anglia]), doch die erhaltenen Texte enthalten die Rolle nicht.

Die bedeutendste Mdarstellung im Drama des engl. MA bietet der sog. N-Town-Zyklus. Seine wichtigsten Kompositionsschichten sind durch zwei Strophenformen gekennzeichnet: den Dreizehnzeiler, der auch in der »Proclamation« vorherrscht, und die Oktave (ababbcbc). Die Dreizehnzeiler deuten wohl auf ein prozessional, auf Karren aufgeführtes Stück, während die Oktaven eher zu stationärer Aufführung passen und u. a. ein ursprünglich selbständiges Spiel von der Jugend Ms vermuten lassen (Meredith). Die marian. Prägung des Zyklus geht über dieses Mspiel jedoch weit hinaus und zeigt sich schon im Wurzel-Jesse-Spiel, das hier das übliche Prophetenspiel ersetzt. Neben den auf Jesus verweisenden Prophezeiungen ist sein Hauptinhalt die königliche, davidische Abstammung Ms. Die Oktaven erhalten durch Verwendung liturg. Elemente und aureate Diktion einen stark zeremoniellen Zug (Paradiesprozeß, M im Tempel, Me Heirat, Magnifikat) und schmücken das Geschehen durch Dialoge aus, in denen die Sprecher ein anrührendes Zartgefühl zeigen: Joachim wird von seinen Hirten getröstet, nachdem er wegen Kinderlosigkeit im Tempel zurückgewiesen wurde; M bietet der im 6. Monat schwangeren Elisabeth an, ihr bei der Hausarbeit zu helfen; nach dem Befehl zum Aufbruch nach Betlehem (hier durch einen Engel übermittelt) freut sich M auf ein Wiedersehen mit Verwandten. Demgegenüber enthalten die Dreizehnzeiler eine durchaus derb getönte Klage Josephs ob seines vermeintlichen Hahnreitums. Ebenso von deftiger Komik gekennzeichnet ist ein im engl. Drama einzigartiges »Trial of Joseph and Mary«, in welchem Joseph und M mittels Gottesurteil den verleumderischen Vorwurf der Unkeuschheit entkräften. Während in allen bisherigen Stücken zwischen M und Joseph stets ein Unterschied der Gottesnähe bestand, erscheinen jetzt beide in gleicher Tugend. Die Integration beider Schichten ergibt schöne Details: Im Gegensatz zu den meisten anderen Zyklen findet der Besuch bei Elisabeth nach der Aussöhnung Josephs mit M statt; so kann er sie auf ihrem Weg begleiten. Neben dem hohen szenischen Aufwand, mit dem christl. Dogmen sinnfällig gemacht werden, ist bes. Ms aktive Rolle bei der Erlösung der Menschheit hervorzuheben: sie empfängt den Herrn erst, nachdem sie eingewilligt hat.

In den biblischen Stücken (Anbetung der Hirten und Könige) spielt M keine wichtige Rolle, die Flucht nach Ägypten fehlt in diesem Zyklus ganz. M begegnet erst wieder, als Maria Magdalena ihr die Nachricht von Jesu Gefangennahme in Getsemane überbringt. Ihr nächster Auftritt ist bei der Kreuzigung. Dies ist das einzige Mal im ganzen Zyklus, daß M sich angefochten zeigt: Mit leisem Vorwurf fragt sie ihren Sohn, warum er zu allen (bes. den Juden und den Schächern), nicht aber zu ihr spreche. Einer Tradition entsprechend, die schon in den lat. → Planctus vorgeprägt ist, wünscht sie sich selbst den Tod. Die Zurechtweisung, die sie von Jesus erfährt, ist von schöner Zartheit. Bei der Grablegung ist sie als einzige Frau anwesend. Ein weiterer Beleg für das stark marian. Element in N-Town ist, daß der Auferstandene — wie in N. Loves »Mirror« — zuerst seiner Mutter begegnet, noch bevor die drei Marien den Evangelien entsprechend das Grab aufsuchen. Bei Christi Himmelfahrt dagegen ist M, biblischer Überlieferung getreu, nicht anwesend. Tod, Me Himmelfahrt und Krönung werden in einem Stück (»Assumption of the Virgin«) zusammengefaßt, das erst spät in die Handschrift gelangt ist und beträchtlichen szenischen Aufwand erfordert haben muß. Me Himmelfahrt erscheint als Erhörung ihres Gebets, als Gnade für die frömmste und reinste der Irdischen.

Die marian. Elemente, so reich sie in N-Town sind, werden durchweg nur in unbiblischen Szenen entfaltet, so daß eine Konkurrenz mit Jesus vermieden wird.

In Chester geht die Darstellung Ms kaum über das Maß der kanonischen Bibelschriften hinaus. Josephs Zweifel an Ms Keuschheit folgen der Visitatio bei Elisabeth; sie werden äußerst knapp in einem Klagemonolog artikuliert und sogleich von einem Engel zerstreut. Eine Auseinandersetzung mit M findet nicht statt. Unter den wenigen unbiblischen Szenen sind zwei, die die — auch in der Reformation unbestrittene — ewige Jungfräulichkeit Ms hervorheben: das Hebammenwunder und eine sonst nur noch einmal in England bezeugte griech. Legende, der zufolge der greise Simeon im Tempel die Jesaja-Prophezeiung von der Jungfrauengeburt vergeblich zu korrigieren versucht.

Auch in der Passion geht Ms Rolle kaum über biblisches Maß hinaus. Im Gegensatz zu allen anderen Zyklen ist sie nicht unter den Frauen, die Jesus auf dem Weg nach Golgotha begegnen. In den → Klagen Ms unter dem Kreuz bezeichnet sie sich nur in einer Handschrift (Harley 2124) als Auserwählte Gottes. Sie muß sich von Johannes trösten lassen, der bereits die Gewißheit der Auferstehung hat. Nach dem Tode Jesu tritt M nicht mehr auf. Ein Me-Himmelfahrt-Spiel, das einmal zum Zyklus gehört hat, ist wohl der Reformation zum Opfer gefallen.

York kennt kein eigenes Prophetenspiel. Die Prophezeiungen werden von einem »Doctour« bzw. »Prisbeter« im Prolog zu York 12 (Verkündigung und Visitatio) und York 17 (Purificatio) vorgetragen. Ein eigenes Stück ist Josephs Zweifeln an Ms Keuschheit gewidmet, in dessen Eingangsmonolog die apokryphe Vermählungsgeschichte eingebettet ist. Der Ausforschungsdialog zwischen ihm und M ist durch die Zwischenschaltung zweier Mägde, die bereits Ms Tugend bezeugen, entschärft. In der nativitas vereinigen sich die Baufälligkeit des Stalls und die Altersschwäche Josephs zu einem anrührenden Genrebild. Das Neugeborene wird von beiden Eltern angebetet. Die gemütvolle Atmosphäre wird u. a. darin deutlich, daß Ochs und Esel, den ps.-bonaventurischen »Meditationes« folgend, das Kind mit ihrem Atem wärmen. Die Anbetung der Hirten gibt weder ₥ noch Joseph eine sprechende Rolle, in der Anbetung der Könige spricht ₥ eine einzige Strophe, in der sie wiederum die Jungfräulichkeit der Empfängnis Jesu und die Schmerzlosigkeit seiner Geburt betont. In der Flucht nach Ägypten kommt ausnahmsweise Joseph die tatkräftigere Rolle zu: er spricht der etwas hilflos wirkenden ₥ Mut zu und trifft alle praktischen Vorbereitungen.

Bewegend ist die dialogische Ausgestaltung der ₥klagen unter dem Kreuz. Als »Antwort« auf die an die sündige Menschenseele gerichteten Improperien Jesu heben die ₥klagen dessen Sündlosigkeit hervor, wissen aber nichts von seiner künftigen Heilsfunktion. Psychologisch subtil ist, wie ₥ seinen Tod, wiewohl erwartet, als Schock erlebt (York 36 264). Behutsam wird sie von Johannes und Maria Cleophas beiseite geleitet. Alles ist hier auf die erschütternde Ausgestaltung des Mutterschmerzes ausgerichtet. Nach der Auferstehung hebt sich ihre unbedingte Glaubensgewißheit von den Zweifeln der Apostel ab, doch wird ihr auch ein mütterlich-natürlicher Trennungsschmerz belassen. Eigene S., die den Einfluß der Legenda aurea und des Speculum Historiale erkennen lassen, sind dem Tod, der Himmelfahrt und der Krönung ₥s gewidmet. Der Dramatiker hat ihre Umgebung mit kleinen Unvollkommenheiten ausgestattet, an denen ₥ ihre energisch regulierende Hand beweisen kann. Das Aufheben, das ihre Mägde von ihrem Sterben machen, ist ihr offensichtlich zuwider. Die »mater apostolorum« erhält so einen etwas hausbacken-bürgerlichen Zug. ₥ wirkt in York menschlicher und mütterlicher als in N-Town, gleichzeitig aber ist ihr Abstand zu Jesus verringert. Ihre Himmelfahrt ist hier nicht Gebetserhörung, sondern Wunsch ihres Sohnes, der mit ihr wieder vereint sein möchte. Die Interzessionsgewalt ₥s zugunsten derer, die sie anrufen, wird bei ihrem Tode wie bei ihrer Krönung hervorgehoben. Himmel und Erde sollen sie verehren und ihr gehorsam sein. Die Aufführung dieser S. wurde unter Eduard VI. und dann endgültig unter Elisabeth I. ausgesetzt.

In Towneley wird die Jungfrauengeburt durch Gott in einem Monolog zu Beginn des Verkündigungsspiels begründet: da am Sündenfall eine Jungfrau (Eva) beteiligt war, muß auch an der Erlösung eine beteiligt sein. Die Jungfrauengeburt selbst wird v. a. im naiv staunenden, sich immer neuer Prophezeiungen erinnernden Dialog der Hirten artikuliert. Dogm. Feinheiten wie die virginitas in partu müssen da außer Acht bleiben. Towneley enthält keine Nativitas. Bemerkenswert ist, daß auch die nichtjüdischen Prophezeiungen (Sibylle, Vergil) von den Hirten eingebracht werden (bes. Towneley 12, 350 ff.). ₥ erinnert in Towneley 13,743 diskret an ihre Rolle als Fürsprecherin. Der zarte Ton der Verkündigung kontrastiert hart mit den unmittelbar folgenden Klagen Josephs, die die Schwangerschaft ₥s und den Verlust der eigenen Manneskraft unverhüllt aussprechen. Die sehr kurze Heimsuchung zeigt einen anheimelnden Verwandtenbesuch, in dem aber Elisabeth die farbigere Rolle zufällt (Fragen nach dem Ergehen der Eltern, nicht bei Joseph). Für ₥ ist dies Spiel v. a. eine Gelegenheit zur Rezitation des Magnifikat. In der »Oblacio Magorum« (Towneley 14) betont ₥ ihre ewige Jungfräulichkeit in einer kurzen Ansprache an die Könige, die sie aus eigener Machtvollkommenheit segnet. In den beiden Hirtenspielen dagegen erbat sie den Segen des Kindes. Auch in der »Purificatio« wird die Jungfrauengeburt als Prophezeiung hervorgehoben (von Simeon). Die Anregung zur Purificatio kommt hier von Joseph (Stück unvollständig). Der »12-jährige Jesus im Tempel« (Towneley 18), im wesentlichen mit York 20 identisch, hat am (unvollständigen) Anfang keinen Dialog zwischen ₥ und Joseph, sondern ein Gespräch zwischen den Schriftgelehrten, das sich ebenfalls auf die Jungfrauengeburt bezieht.

Wie in York wird ₥ von Johannes über die Gefangennahme Jesu unterrichtet (nach Acta Pilati B). Das sehr heterogene Towneley 22 verwendet auch in den ₥klagen Motive unterschiedlicher Herkunft. So muß ₥ einerseits von Johannes an die Prophezeiung ihres eigenen Sohnes betreffend Tod und Wiederkunft erinnert werden, andererseits spricht sie davon, daß ihr Sohn »sie zur Mutter erwählte« (V. 315). Die Klageszene wird brutal von den Folterknechten unterbrochen, die zur Kreuzigung drängen. Die Klagen ₥s unter dem Kreuz sind die ausführlichsten und eindrucksvollsten aller Zyklen. Sie stellen wohl eine Montage aus ursprünglich außerhalb des Dramas existierenden ₥klagen dar. Auch in Christi Himmelfahrt ist ihre Rolle zwiespältig: sie ermahnt die Jünger zur Glaubenstreue, fürchtet sich aber nach Jesu Erhöhung weit mehr als in anderen Zyklen vor den Nachstellungen der Juden. Johannes, von Jesus noch einmal an das Vermächtnis unter dem Kreuz erinnert, nimmt sich ihrer an und beruhigt sie.

Im Prolog Jesajas, der den »Shearmen and Taylors' Pageant« von Coventry eröffnet, wird wieder die Jungfrauengeburt hervorgehoben. Die Verkündigung ist sehr knapp, ohne Magnifikat. Gleich darauf folgt Josephs Klage, die ähnlich abrupt durch die Botschaft des Engels beendigt wird. Ganz eigenständig ist die Reise nach Betlehem, wohin Joseph sich wegen ₥s Schwangerschaft allein auf den Weg machen will, sie aber resolut mitkommt. Kurz vor der

Geburt, die hier außerhalb Betlehems erfolgt, schickt sie ihn weg. Nach der Anbetung der Hirten setzt der »Weavers' Pageant« mit zwei »Profetae« ein, die wiederum die Jungfrauengeburt und die königliche Abkunft M̄s und Josephs (Bedeutung der Manneslinie!) kommentieren. Wunderbares und Allzuirdisches mischen sich bei der Darstellung Jesu im Tempel. Die Aufforderung hierzu geht von Gabriel aus. Joseph widersetzt sich unter Hinweis auf sein Alter der Aufforderung, Tauben für das Opfer zu besorgen, und legt sich stattdessen schlafen. Darauf werden sie ihm von einem Engel gebracht. Unfreiwilligen Humor zeigt die Szene vom 12-jährigen Jesus im Tempel: Joseph mahnt zum Aufbruch, solange es noch Tag sei, und M̄ gehe ja gern in Gesellschaft. Gleich darauf stellt M̄ mit komischem Erschrecken fest, daß sie ihren Sohn vergessen haben. Beim Eintritt in den Tempel zeigt das von York beeinflußte Stück das bekannte Zögern Josephs, das erst durch M̄s Entschluß, zusammen mit ihrem Manne einzutreten, überwunden wird.

Im »Digby Candelmes and Kyllyng of the Children« herrscht völlige Harmonie zwischen M̄ und Joseph. Die Aufforderung zur Flucht ergeht, wie üblich, durch einen Engel an Joseph. Während der Fluchtvorbereitung umschreiten Herodes' Soldaten die Spielfläche. Beim Auszug der Hl. Familie fallen, wie in Chester, die Götzenbilder, ebenso in der Purificatio, die sich dem »Kyllyng of the Children« anschließt. Das Stück erhält seinen in England einzigartigen Charakter durch eine Kerzenzeremonie mit »virgynes, as many as a man wylle«. Simeons Schwertprophezeiung wird hier erst geäußert, als M̄ und Joseph schon gegangen sind.

Ein eigentümlich ambivalentes M̄bild entsteht in »Christ's Burial« aus der Handschrift e Museo 160, das offenbar sowohl zur Meditation wie zur Aufführung gedacht war. Das Bemühen des Autors, Kreuzabnahme und Grablegung möglichst konkret zu visualiseren, führt dazu, daß die z.T. aus der Lyrik übernommenen Planctus in einen Kontext gestellt werden, in dem sie nicht nur als Ausdruck mütterlichen Schmerzes, sondern auch als Störung praktischer Geschäfte wirken. M̄ fällt klagend in Ohnmacht und soll deshalb von der Kreuzabnahme ausgeschlossen werden. Sie ist aber gleich darauf in der Lage, sich mit einer listigen captatio benevolentiae an Johannes zu wenden und so die Erlaubnis zum Bleiben zu erhalten. Durch die Dramatisierung wird der ursprünglich monologische Schmerz zur Waffe in der interpersonalen Auseinandersetzung.

Im kornischen Drama tritt M̄ in Passio und Resurrexio auf. Sie gehört zu den Frauen, die Jesus nach Lk 23,27 auf dem Weg nach Golgota begegnen. Ferner ist sie, wie in N-Town, die erste, der Jesus nach der Auferstehung erscheint.

Ausg.: E. Norris (ed., trad.), The Ancient Cornish Drama, Oxford 1859. — G. England (ed.), The Towneley Plays, London 1897. — H. Craig (ed.), Two Coventry Corpus Christi Plays, ²1957. — N. Davis (ed.), Non-Cycle Plays and Fragment, 1970. — R.M. Lumiansky und D. Mills (ed.), The Chester Mystery Cycle, 2 Bde., 1974, 1986. — D.C. Baker, J.L. Murphy und L.B. Hall (ed.), The Late Medieval Religious Plays of Bodleian MSS Digby 133 and e Museo 160, 1982. — R. Beadle (ed.), The York Plays, 1982. — P. Meredith (ed.), The Mary Play. From the N.town Manuscript, 1987. — S. Spector (ed.), The N-Town Play, 1991.

Lit.: J. Vriend, The Blessed Virgin Mary in the Medieval Drama of England, with Additional Studies in Middle English Literature, 1928. — R. Woolf, The English Mystery Plays, 1972. — Records of Early English Drama: York, 2 Bde., hrsg. von A. Johnston und M. Rogerson, 1979. — Records of Early English Drama: Chester, hrsg. von L.M. Clopper, 1979. — M. Stevens, Four English Mystery Cycles: Textual, Contextual and Critical Interpretations, 1987. *H.-J. Diller*

4. Geistliche Spiele der romanischen Länder. Das geistliche Spiel ist eine Gattung, die innerhalb der romanischen Länder von der Mitte des 14. bis zum Ausgang des 16. Jh.s gepflegt wurde. Die M̄thematik spielt dabei einerseits innerhalb der S. zum Leben Jesu eine Rolle (Weihnachts-, Epiphanias-, Osterspiele), andererseits in der speziellen Form der »Marienmirakel«.

Fanden die geistlichen S. wohl zunächst in und vor den Kirchen statt, so waren auch die Ausführenden anfänglich Kleriker: Für das Jahr 1390 ist in Paris die Aufführung eines Auferstehungsspiels durch Geistliche in Anwesenheit Karls VI. belegt. Im 14. Jh. entstanden daneben eigene Passionsbruderschaften aus Laien. So sind in Paris seit 1380 jährliche Aufführungen der »Confrérie de la passion« nachweisbar. Diese erhielt 1402 die ausdrückliche Erlaubnis Karls VI., die Leidensgeschichte Christi und andere Mysterien aufzuführen. Die sog. → »Puys« befaßten sich in Gesang und dramatischen Aufführungen v. a. mit M̄stoffen. Ihre Blütezeit war das 15. Jh.

Die »Passionen« enthielten regelmäßig M̄klagen (→ Klagen). Das erste vollständig überlieferte altfranz. Passionsspiel ist die »Palatinuspassion« aus dem 14. Jh., die thematisch vom Abendmahl bis zur Klage der M̄ und des Johannes unter dem Kreuz reicht und daran eine Höllenfahrtsszene anschließt. Die um 1460 entstandene »Passion Jhesucrist« des Eustache Mercadé enthielt außer einem Leben Jesu auch die Verkündigung seiner Geburt an M̄ und — eine originelle Szene — ihren Abschied von Judäa. Arnoul → Greban († nach 1473) verfaßte vor 1452 in Paris ein »Mystère de la Passion«, in dem neben geistlichen Liedern, die M̄ und die Engel singen, auch ein gemeinsamer Lobgesang von M̄ und Joseph auf die Geburt Christi vorkommt sowie kunstvoll geformte Klagen der GM unter dem Kreuz. Zusammen dichteten die Brüder Arnoul und Simon Greban eine »Apostelgeschichte«, in der auch der Tod M̄s zur Darstellung kommt. Jean → Michel (um 1435 — um 1502) arbeitete die Passion Grebans um, einmal zu einer 1486 in Angers, 1490 in Paris aufgeführten Version, dann zu einem weiteren 1507 in Paris aufgeführten Passionsspiel. Außerdem verfaßte er ein Spiel über das Leben M̄s, »Mystère de la Conception, Nativité, Mariage et Annonciation de la benoiste Vierge Marie«. Eine selbständige »Purification de Nostre Dame« ist aus Abbéville für das Jahr 1452 belegt.

Das M̄mirakel in dramatischer Gestalt ist eine Gattung, die nur in Frankreich und dort v. a. im 14. Jh. vorkommt. Das früheste überlieferte Beispiel stellt → Rutebuefs → Theophilusmirakel aus der zweiten Hälfte des 13. Jh.s dar.

Die im Ms. Cangé überlieferte, aus der 2. Hälfte des 14. Jh.s stammende Sammlung von 40 dramatisierten M̄mirakeln enthält neben der Angabe von Aufführungsdaten — zwischen 1339 und 1382 — eine Reihe von Straßen- und Platznennungen aus Paris, die die Zugehörigkeit der Stücke zu einem »Puy« oder einer »Confrérie« in der Nähe der ehemaligen Pariser Hallen wahrscheinlich machen. Mehrfach wird der »Puy des orfeure« (»Theater der Goldschmiede«) zitiert. Was die Autorschaft dieser Dramen betrifft, so muß man wohl von verschiedenen Verfassern ausgehen. Die meisten dieser M̄mirakel enthalten eine Predigt in Prosa, die ihre Verbundenheit mit dem Dramentext durch ein gemeinsames Reimwort am Anfang zu erkennen gibt und in der Regel den Lobpreis M̄s zum Thema hat. Begleitet werden eine Reihe von Dramen von einem oder zwei Gedichten in Serventois-Form ebenfalls zu Ehren der Jungfrau M̄. Versmaß der M̄mirakel ist der Achtsilber mit viersilbigem Kurzvers am Redeschluß, der mit dem ersten Vers des nächsten Sprechers reimt. Stofflich schließen sich die Dramen an die älteren narrativen → Mirakel an. Quellen sind → Gautier de Coincy, die franz. Versionen der »Vitas patrum«, der »Legenda aurea« und des »Speculum historiale« von Vinzenz v. Beauvais.

Die M̄mirakel spiegeln die zeitgenössische Bedeutung der MV wider: Glaube an die grenzenlose, selbst Naturgesetze außer Kraft setzende Hilfsmöglichkeit der GM einerseits, ihre liturg. Präsenz andererseits (Anspielungen auf M̄feste, M̄messen, Zitate des Ave Maria, des Ave maris stella, des Salve Regina, der Horen M̄s).

Als lit. Gattung stellen die dramatischen Mirakel anders als die früheren Mirakelerzählungen keine geschlossene Form dar. Sie bestehen nicht wie jene aus einer einzigen Problemsituation, die durch das wunderbare Eingreifen M̄s behoben wird, sondern parzellieren das Geschehen zu einer beliebig vermehrbaren Reihe von unwahrscheinlichen Ereignissen, von denen die GM häufig nur eines maßgeblich bestimmt. In den Details der Darstellung kommt es dabei zu einem zunehmenden Realismus. So findet beispielsweise die Entbindung einer schwangeren Äbtissin durch M̄ auf der Bühne statt (Nr. 2), gleichermaßen die anschließende Untersuchung der Schuldigen auf Unbeflecktheit. Menschliche Emotionen, Haß und Zorn ebenso wie Trauer und Mutterliebe, werden mit immer größerer Intensität und Rührseligkeit präsentiert. Andererseits aber werden auch die Glaubenswahrheiten einer Materialisierung sowie einer recht fragwürdigen Moralisierung unterzogen, so wenn M̄ selbst den Befehl erteilt, einen Priester anstelle einer reuigen Mörderin zu verbrennen (Nr. 4), oder wenn M̄s Rolle darin besteht, eine Serie von Kapitalverbrechen an beliebiger Stelle zu unterbrechen (z. B. Nr. 26). Die Dramen spiegeln die veränderten sozialen Verhältnisse ihrer Entstehungszeit wider. Die traditionelle Vorbildlichkeit ganzer Berufsgruppen, ja die Autorität der Kirche erscheint in Frage gestellt, wenn z. B. der Papst aus Geldgier einen Bürger an der Ausführung eines liturg. Dienstes hindert (Nr. 8), oder wenn ein Archidiakon seinen eigenen Bischof umbringt, um sich dessen Stuhls zu bemächtigen (Nr. 3). Die Problematik der Gattung erweist sich v. a. da, wo Epenstoffe aufgegriffen und umgedeutet werden. Für die Beliebigkeit des Handlungsablaufs, in dem das wunderbare Eingreifen M̄s nur eine punktuelle, nicht die entscheidende Rolle spielt, steht beispielhaft die Geschichte der Manekine, betitelt »De la fille du roy de Hongrie« (Nr. 29): Ein König, der seine Frau verloren hat, erhält vom Papst Ehedispens, um seine Tochter, Ebenbild der Verstorbenen, zu heiraten. Um der drohenden Blutschande zu entgehen, schlägt sich das Mädchen eine Hand ab und wird dafür vom Vater zum Feuertod verurteilt. Nach der Verschonung durch mitleidige Schergen erreicht die Königstochter Schottland, wo sie der dortige König heiratet. Die Schwiegermutter versucht sie im Kindbett zu ermorden. M̄ aber entführt die Verfolgte auf wundersame Weise nach Rom, wo sie mit Hilfe eines Rings ihren Gemahl wiederfindet. Dann folgt die überraschende Versöhnung mit dem Vater. Der Papst schließlich klebt der jungen Frau die auf unerklärliche Weise aus dem Tiber geborgene Hand wieder an den Armstumpf an. Das Drama endet mit einem Lobpreis auf M̄. Hier wie in vielen anderen Mirakeln wird die formale Inkonzinnität und inhaltliche Absurdität deutlich, die zur Auflösung der lit. Gattung und zum kirchlichen Verbot der Aufführungen geführt haben.

Für die Profanierungstendenz, die sich in der Neubearbeitung der alten Mirakelstoffe zeigt, spricht auch die Übernahme von Topoi der höfischen Liebeslyrik (z. B. in der Werbung der lüsternen Äbtissin aus der Nr. 2) oder die standesspezifische Differenzierung des Redemodus' der Personen. Schließlich haben in die dramatischen M̄mirakel auch komische Elemente Eingang gefunden, so v. a. in den Bettler- und Gauklerszenen.

»Mystère« nennt sich ein zu Beginn des 16. Jh.s im Druck erschienenes Spiel über die Einführung des Dominikanerordens, über dessen Wert in Anwesenheit von M̄ Engel streiten. Mirakelstoffe des 14. Jh.s schließlich nahm Jean Louvet in seine zwischen 1536 und 1550 aufgeführten »Zwölf Mysterien zu Ehren von Notre Dame de Liesse« auf.

Ob sich das ital. geistliche Schauspiel aus den poetischen »Lauden«, beispielsweise eines → Jacopone da Todi, oder aus den lat. christol. Schauspielen wie dem »Officium Sepulchri« entwickelt hat, ist umstritten. Bekannt ist, daß Jacopone da Todis »Pianto della Madonna« szenisch aufgeführt wurde. Dort haben v. a. die menschlich-mütterlichen Gefühle einen bewegenden Ausdruck gewonnen. Seine Blüte erreichte das ital. rel. Theater im 16. Jh., v. a. in Florenz. Durch die zunehmende humanistische Belebung der klassischen Antike wurde es schließlich verdrängt.

Die Anfänge des geistlichen Spiels in Spanien sind offenbar verloren. Einen Hinweis gibt das unvollständig erhaltene Epiphaniasspiel »Auto de los Reyes Magos« (frühestens Ende 12. Jh.). Abgesehen von einem Spiel über M̄s Himmelfahrt aus dem 14. Jh. mit dem Titel »Representació de la Asumpció de Madona Santa Maria«, ist das geistliche Spiel erst im 15. Jh. wieder nachweisbar und zwar in den Schöpfungen des Gómez Manrique. Er schrieb um 1450 ein recht anspruchsloses Christgeburtsspiel, »Representacion del Nacimento de Nuestro Senor«, ein Passionsspiel, »Lamentaciones fechas para Semana Santa« mit einer M̄klage, das offensichtlich im Freien zur Aufführung kam. Der »Cancionero« des Juan del → Encina von 1496 enthält zwei Darstellungen der Weihnacht, in denen von M̄ als Heilbringerin die Rede ist, und zwei »Egloga« bzw. »Representación« genannte dramatische Stücke zur Leidensgeschichte und Auferstehung, in denen aber M̄ selbst nicht erscheint. Lucas Fernandez (1474–1541) verfaßte ein Hirtenspiel, in dem M̄ mit den herkömmlichen Epitheta »Mutter des großen Königs«, »Quell des Glaubens« etc. verherrlicht wird, aber selbst nicht auftritt. In seinem »Auto de la Passion« von 1514 ist ein lat. »Planctus Mariae« enthalten. Ein Auferstehungsspiel, »Aucto de Resurreción de Nuestro Senor« eines unbekannten Autors des 16. Jh.s enthält eine Szene, in der Christus seiner Mutter als Gärtner erscheint und in der die mystische Liebe zu M̄ verherrlicht wird. Von Gil Vicente, der sowohl in Kastilianisch wie in Portugiesisch schrieb, stammen ein Weihnachtsspiel, »Auto pastoril castelhano« (1502) sowie ein Epiphaniasspiel, »Auto dos Reis Magos« (1503). Für das Portugal des 16. Jh.s ist außerdem noch auf Alfonso Álvares zu verweisen, der in seinem »Auto de Santiago« den Stoff eines ursprünglich narrativen M̄mirakels wiederaufnimmt, sowie auf Baltasar Dias, der ein Christgeburtsspiel, ein »Nascimento«, und ein Passionsspiel, »Auto breve da paixão de Cristo«, verfaßte.

Im 20. Jh. wurde die Tradition der M̄mirakel in Frankreich wiederaufgenommen und zwar von P. → Claudel in seinem 1901 (2. Fassung 1912) geschriebenen Drama »L'Annonce faite à Marie«, das M̄s Einwirken auf das gegensätzliche Schicksal zweier Schwestern zum Gegenstand hat.

Ausg.: Miracles de Nostre Dame par personnages, ed. G. Paris et U. Robert, I–VIII, 1876-93. — Le miracle de l'enfant ressuscité, ed. P. Graham A., Runnalls, 1972. — Treize miracles de Notre Dame, éd. P. Kunstmann, 1982. — Rutebeuf, Le Miracle de Théophile, éd. J. Dufournet, 1987; dasselbe Mirakel dt. 1955. — A. d'Ancona, Sacre rappresentazioni dei secoli XIV, XV, XVI, 1872. — L. Bangi, Sacre rappresentazioni del quattrocento, 1963. — Gómez Manrique, Cancionero, ed. A. Paz y Melia, 1885. — Auto de los reyes magos, ed. R. Menéndez Pidal, 1900. — Gil Vicente, Obras completas, 1963. — Lucas Fernandez, Farsas y eglogas, ed. M. J. Canellada, 1976.

Lit. allgemein: E. Wechssler, Die romanische Marienklage. Ein Beitrag zur Geschichte des Dramas im MA, 1893. — Y. M. Fallandy, The role of the Blessed Virgin in the Miracles de Nostre Dame, 1958. — R. Hess, Das romanische geistliche Schauspiel als profane und rel. Komödie des 15. und 16. Jh.s, 1963. — Frankreich: L. Petit de Julleville, Histoire du théâtre en France. Les Mystères, 1880, I 115–180; II 226–335. — E. Roy, Etudes sur le théâtre français du XIVe et du XVe siècle, 1902; Nachdr. 1975. — A. Baur, Beiträge zu Untersuchungen über ma. Moral auf Grund der »Miracles de Nostre Dame«, 1910. — M. Stadler-Honegger. Etude sur les Miracles de Notre-Dame par personnages, 1927. — H. P. Ahsmann, Le culte de la sainte Vierge et la litt. fr. profane au moyen âge, 1930. — R. Glutz, Miracles de Nostre Dame par personnages, 1954. — J. Ribard, Rutebeuf et »Théophile«. Du jeu métaphorique au jeu métaphysique, In: Bien dire et bien apprendre 5 (1987) 89-100. — Italien: V. de Bartholomaeis, Le origini della poesia drammatica italiana, 1924. — P. Toschi, Dal dramma liturgico alla rappresentazione sacra, 1940. — G. Contini, Teatro religioso del Medioevo, 1960. — Spanien: J. Fitzmaurice-Kelly, Geschichte der span. Literatur, 1925. — R. B. Donavan, The Liturgical Drama in Medieval Spain, 1958. — A. J. Saraiva, Gil Vicente e o fim do teatro medieval, 1965. — H. López Morales, Tradición y creación en los origines del teatro castellano, 1968. — A. D. Deyermond, Historia de la literatura espanola, 1978. — Juan del Encina, Obras completas, ed. A. M. Rambaldo, 1977–83.

U. Ebel

Spieß, Meinrad, OSB, * 24. 8. 1683 in Honsolgen/Schwaben, † 12. 6. 1761 in Irsee, wurde 1701 Benediktinermönch im Kloster Irsee. Nach der Priesterweihe betrieb er Musikstudien bei G. A. Bernabei in München und wurde anschließend Musikdirektor seiner Abtei sowie Prior. Als weithin geachtete musikalische Autorität fand er Aufnahme in die von dem Bach-Schüler L. Chr. Mizler gegründete »Correspondierende Societät der musikalischen Wissenschaften« in Leipzig, wodurch er auch Kontakt zu J. S. Bach selbst bekam. Mit seinem in dt. Sprache veröffentlichten »Tractatus Musicus Compositorio-Practicus« (1745) legte er eine bedeutende, von Fux und Mizler beeinflußte Kompositions- und allgemeine Musiklehre vor, worin er die Kirchentonarten verteidigte sowie sich für die Würde und »Majestät« der kirchlichen Musik einsetzte. Als Komponist hat er diese seine Anschauung gültig eingelöst, indem er neue Stilelemente in seine kontrapunktische, vom Palestrinastil seines Lehrers Bernabei getragene Kompositionsart integrierte. Schon 1713 erschienen sein »Antiphonarium Marianum«, 26 M̄antiphonen für Sopran und Alt, teils nur mit Orgel, teils mit 2 Violinen, Violoncello und Orgel. Viele Terz- und Sextparallelen, gelegentlich versetzte Einsätze und technisch leichte Ausführbarkeit kennzeichnen diese hübsche Musik für die Praxis.

Die Sammlung »Cultus latreutico-Musicus« (1719) enthält 6 Messen und 2 Requien, jeweils für Sopran-, Alt-, Tenor-, Baß-Soli, 4-stimmigen Chor, 2 Violinen, 2 (!) Violen, Violone und Orgel. Hier zeigt S. exemplarisch seine Auffassung von KM, die auf »weltliche« Instrumente wie Pauken und Trompeten verzichtet, die Wortverständlichkeit beachtet, ausschweifende Solopartien vermeidet. Diese Merkmale prägen auch die »Hyperdulia Musica« (1726), eine Sammlung von Lauretanischen Litaneien für 4 Stimmen, 2 Violinen, 2 Violen, Violone und Orgel. Als op. 2 erschien 1717 »Cithara Davidis noviter animata«: Vesperpsalmen für 4 Stimmen, 2 Violinen, 2 Violen, Violone und Orgel. Handschriftlich sind zwei weitere Messen erhalten für 5 Stimmen, Cembalo und Violone, während 8 Messen, als »letzt- und bestes musikalisches Werk von besonders annehmlichem Gusto« angekündigt, wohl aber nicht mehr ediert wurden.

S.' Musik überragt den Durchschnitt der zeitgenössischen süddt. Klosterkomponisten bei weitem. Trotz ihrer barocken Pracht und Eleganz zeigte sie doch überall strengen liturg. Geist und eine tief empfundene Frömmigkeit. In dieser Kombination darf seine Musik geradezu als klingender Kommentar zu den kirchlichen Lehräußerungen über die KM genommen werden.

WW: Neu hrsg. von A. Goldmann: 4 Marian. Antiphone für 2 Stimmen und Orgel (nach Antiphonarium Marianum 1713), 1950; Messe für die Advents- und Fastenzeit (Missa Quadragesimalis I) für gemischten Chor a cappella, 1953; Missa Quadragesimalis VI für gemischten Chor a cappella, 1955.

Lit.: A. Goldmann, Musikpflege im Kloster Irsee, In: Das Reichsstift Irsee, 1981, 235–245. — MGG XII 1043 f. — Grove XVII 831 f. *M. Hartmann*

Spindel. In der Antike galt die S. als Sinnbild des aufgewickelten Lebensfadens; in der griech. Mythologie sind es die Moiren, bei den Römern die Parzen, die die Lebensfäden spinnen und ihre Länge festlegen, innerhalb der germanischen Mythologie ist es die Göttin Freya, die mit der S. in der Hand am Brunnen oder an einer Quelle dargestellt wird. S., Spinnrad oder auch Haspel galten wegen ihrer gleichmäßigen drehenden Bewegung als Symbol unabänderlicher Gesetzmäßigkeit, aus dem der Lebensfaden, das Schicksal, hervorgeht. Im Altertum gehörte das Spinnen neben dem Weben zu den charakteristischen Frauenarbeiten, S. und Rokken galten als Zeichen weiblicher Tugend und eine mit bunten Bändern verzierte S. galt als symbolisches Würdezeichen der Frau.

Nach Augustinus (Serm. 37, PL 38,227) stellen S. und Rocken ein übernatürliches Bild des Schicksals dar. Am Rocken haftet die Wolle, die zum Faden gezogen auf die S. geführt wird; das künftig bevorstehende Schicksal wird als Geschehenes ausgeführt.

In Anlehnung an das Jakobusevangelium, dessen lit. Ausschmückung bes. geeignet schien, zur Verherrlichung 𝓜s beizutragen, wurde die S. zu einem Symbol der Verkündigung an 𝓜 (Kapitel 11). Im Gegensatz zur erzählerischen Form im Lukasevangelium bot das Jakobusevangelium ein größeres Maß an Bildhaftigkeit. V. a. die Spinn- und Brunnenszene bot eine Reihe von Ausstattungsdetails, die für die Greifbarkeit und Lebensnähe des Vorgangs der Verkündigung hilfreich waren. 𝓜, durch Los auserwählt, die Fäden des Tempelvorhanges aus purpurner Wolle zu spinnen, ist in ihre Arbeit vertieft, als der Erzengel Gabriel zu ihr tritt. Mit seiner Botschaft übermittelt er den Auftrag, den irdischen Lebensfaden Christi zu spinnen. Später wird der Vorhang im selben Augenblick zerreißen, wie das »leibliche« Kleid Christi am Kreuz. Der Purpur der Wolle verweist sowohl auf die Farbe des Christus als Weltenherrscher zustehenden Kaisermantels, als auch auf die Passion.

Eine der frühesten Darstellungen 𝓜s mit der S. und vermutlich die älteste Darstellung der Apokryphen findet sich am Triumphbogen von S. Maria Maggiore in Rom (Mosaik, um 430–440). 𝓜, als Theotokos auf dem Thron sitzend und mit Perlen geschmückt, hält in ihrer Hand eine S., die sie an ihren Körper drückt, neben dem Thron steht ein Korb mit Purpurwolle. Die Tätigkeit des Spinnens steht im Gegensatz zu der ihr verliehenen Hoheit einer byz. Kaiserin und verdeutlicht das Magdsein neben ihrer königlichen Würde, die S. ist gleichzeitig Zepter. Diese höfisch-zeremonielle Überhöhung verdeutlichen zudem die als Leibwache dargestellten Engel.

Auch auf frühen Reliefdarstellungen findet sich die Darstellung 𝓜s mit der S. Das Relief eines Sarkophages aus S. Francesco (Ravenna, 5. Jh.) zeigt 𝓜 auf einem Hocker sitzend; sie ist mit einer Stola und einem Kopftuch bekleidet, in ihrer Hand hält sie die S., neben dem Hocker steht ein Korb mit Wolle. Auf einem Elfenbeinrelief (Mailand, Sammlung Tivulzio, 6. Jh.) steht 𝓜 mit der S. in der Hand dem Engel gegenüber. Frühe Beispiele im Bereich der Westkirche finden sich v. a. in der Buchmalerei (Perikopenbuch, Prüm, 1010–50; Evangelistar, Speyer, Karlsruher Landesbibl., um 1200).

Die Darstellung 𝓜s mit S. oder Rocken findet v. a. im MA eine weite Verbreitung. Ein Bronzerelief am Westportal der Sophienkirche von Nowgorod (1152–54) veranschaulicht deutlich die Art des zu dieser Zeit üblichen Spinnvorganges. 𝓜 sitzt auf einem Thron und hält zwischen ihren Beinen den Rocken, um mit ihrer linken Hand die Rohfaser abspulen zu können, die sie mit ihrer Rechten auf die S. überführt. In ähnlicher Haltung ist 𝓜 auch auf einem Tafelgemälde aus Nemetujvar (Budapest, Mus., um 1430–40) dargestellt. Sie hält in ihrer rechten Hand die S., auf der Seitenwange des Thrones kniet ein Engel und hält der arbeitenden Jungfrau den Rockenstab.

Ebenfalls auf das Jakobusevangelium zurückzuführen und eng mit dem Motiv der spinnenden 𝓜 verbunden ist die Darstellung des zweifelnden Joseph. Auf dem schon genannten Mosaik aus S. Maria Maggiore stellt ein Engel den Bezug zwischen der Verkündigungsdarstellung und dem sich abwendenden und zweifelnden Joseph her. Ein Tafelgemälde in Berlin-Dahlem (Oberrheinischer Meister, um 1400) veranschaulicht den Augenblick, in dem Joseph, aus Betlehem zurückgekehrt, die schwangere M. in seinem Haus vorfindet. In einer gotischen Ädikula thronend, führt sie den Spinnfaden mit ihrer rechten Hand vom Rocken über ihren Körper zur S. in ihrer linken Hand. In ihrer Körpermitte ist das Christuskind in einem Strahlenkranz abgebildet, durch den der gesponnene Faden läuft. Joseph beobachtet durch eine rundbogige Öffnung im linken Bildteil den Vorgang. Ein Fresko der Urbankirche in Unterlimpurg (um 1400) stellt das Geschehen in ähnlicher Weise dar. Der arbeitenden M. gegenüber kniet Joseph hinter einer Wand und blickt durch eine Öffnung zu ihr herüber. Das M.- und Annenfenster des Ulmer Münsters (Werkstatt Acker, um 1400) zeigt die spinnende M. in der Gegenwart Josephs, der als Zimmermann dargestellt ist.

Im Laufe des 15./16. Jh.s wird die S. innerhalb des Verkündigungsbildes zunehmend durch die Betebank und v. a. das Buch ersetzt, da seit der Scholastik der Bildung eine hohe Bedeutung zukommt. Die S. wird neben dem Webstuhl und der Tätigkeit des Strickens ein Teil der → Handarbeiten M.s. Während das Weben M. als Tempeldienerin (Stundenbuch, Pierpont Morgan Library, New York, fms. 453, fol. 24, um 1420) und das Stricken der den Leibrock Christi herstellenden GM zugeordnet wird, bleiben S. und Rocken Symbole der Verkündigung. Die Ikonographie der Handarbeiten M.s wird in einen narrativen Zusammenhang mit der Darstellung der Hl. Familie gebracht. Das Leben und die Arbeit stellen den Rahmen für unterschiedliche Szenen innerhalb des Familienbereichs dar (Ambrogio-Lorenzetti-Werkstatt, Hl. Familie, Bern, Abegg-Stiftung, 1325–50; Altarflügel Hildesheim, Hl. Familie in Ägypten, Hannover, Niedersächsische Landesgalerie, 1511). Sowohl das Werkzeug des Zimmermannes wie auch die Arbeitsutensilien M.s sind Hinweis auf die Passion des Kindes. In einer Kopie eines Bildes von Leonardo da Vinci (Original unbekannt) greift das Kind nach dem Spinnrocken der Mutter, der in seiner Form an ein Kreuz erinnert.

Das Motiv M.s mit der S. wird in unterschiedlichen Variationen und Bildsujets behandelt. Auf einer Darstellung Francesco Vannis übernimmt die hl. Anna die Aufgabe des Spinnens, während M. das Kind nährt (→ Maria lactans). Das Fresko Giottos in der Darstellung der Verkündigung an Anna in der Arenakapelle in Padua (1305–07) zeigt in einem Nebenraum eine Magd mit einer S. Bereits mit der Verkündigung an die Mutter der Jungfrau wird deren spätere Aufgabe gesetzt. Auf einer Darstellung der Geburt M.s (Fresko, Ohrid, Sv. Kliment, 13. Jh.) sitzt neben der Wiege eine mit S. und Rocken beschäftigte Magd. Juan de las Ruelas fertigte innerhalb des auf Spanien beschränkten Typus der »Virgen niña« ein Bild M.s als Kind (Frankfurt, Städel, um 1600). Auf einem thronähnlichen Stuhl sitzend, hält M. das Kind in der ursprünglichen Tradition mit der linken Hand den Spinnrocken und führt mit der rechten den Faden zur S. V. a. im Barock entwickelte sich aus der Vorstellung des durch Arbeit und einfache Lebensführung bes. hervorgehobenen christl. Lebens, eine bes. realitätsbezogene Darstellung und Charakteristik der Arbeitsgeräte. Die S. kann durch Wollkorb oder Haspel ersetzt sein (Murillo, Madrid, Prado, um 1660).

V. a. die Volkskunst des 18. und 19. Jh.s greift das Thema der → Arbeit der Hl. Familie verstärkt wieder auf. Kleingraphiken (Einlegebilder, Andachtsbilder) sollen wichtige Aspekte christl. Lebensführung vermitteln. M. mit der S. stellt im Rahmen ihrer Familie einen Appell an Häuslichkeit, Fleiß und Verträglichkeit dar (Schraudolph, Die Hl. Familie in Nazareth, Speyer, Dom, um 1850).

Lit.: NTApo. — W. Braunfels, Die Verkündigung, 1949. — R. Flury-von Bültzingslöwen, Maria mit Handarbeiten, In: Alte und Moderne Kunst II, Heft 12 (1957). — R. Wyss, Die Handarbeiten der Maria, In: Artes Minores. Dank an W. Abegg, hrsg. von M. Stettler und M. Lemberg, 1973, 112–188. — Schiller IV. — D. Forster, Die Welt der chrstl. Symbole, ^{5}1986. — G. Duwe, Der Wandel in der Darstellung der Verkündigung an Maria vom Trecento zum Quattrocento, 1988.

S. Egbers

Spinelli, Francesco, sel. Ordensstifter, * 14. 4. 1853 in Mailand, † 6. 2. 1913 in Rivolta d'Adda, studierte am Diözesanseminar in Bergamo, wurde am 17. 10. 1875 zum Priester geweiht und gründete 1882 unter Mitwirkung der ehrwürdigen Caterina Comensoli die Anbetungsschwestern des Hlst. Sakramentes (Suore Adoratrici del SS. Sacramento). Neben der Lehrtätigkeit am Seminar und an Kollegien widmete sich S. der Predigt, dem Bußsakrament und der geistlichen Führung. Das Institut trennte sich 1892 in zwei Zweige: in den von Rivolta d'Adda in der Diözese Cremona, wohin es S. transferierte und dessen geistliche Führung er beibehielt, und in den der »Sakramentenschwestern« (Sacramentine) von Bergamo unter der Leitung von Comensoli. Bis zu seinem Tode unterstützte S. die Entwicklung seiner Gründung. Sie zählte 1992 685 Schwestern in 75 Häusern in Italien, Zaire, Senegal und Kolumbien. Am 21. 6. 1992 wurde S. in Caravaggio seliggesprochen.

Spiritualität und Leben S.s sind marian. durchdrungen. In den Schriften bezieht er sich sehr häufig auf M.: in den »Conversazioni Eucharistiche« und in 14 Rundschreiben, von denen sechs anläßlich der Novene der UE geschrieben wurden, sieben für die Maimonate und eines für das Fest der Aufnahme M.s in den Himmel. Sein marian. Denken kann so zusammengefaßt werden: M. ist das bes. erhabene Geschöpf und die »Gnadenvolle«. Sie hat unter dem Kreuz die Menschheit innerlich aufgenommen. Sie ist die kristallhelle Quelle, die den Durst löscht und Leben spendet. Sie ist die großherzige Mutter, die den Sohn für das Opfer hingibt und die jedem Geschöpf nahe ist im Tode, es zu erheben, zur Gnade. M vereinigt in sich jede Tugend und wird jeder Anbetungsschwester zum Modell, die von ihr Stärke, Rat, Licht auf dem schnellen Weg zu Jesus und zur Gleichgestaltung mit ihm empfängt. Bes. tief verehrte S. M unter dem Titel der UE: Gott hat von M vom Anfang ihres Lebens an Besitz ergriffen, damit sie das würdige Zelt der Gnade für seinen Sohn werde und der überaus reine Schoß, aus dem das reinere kristallhelle Wasser entspringt: Jesus.

WW: Hss. im Mutterhaus, Rivolta d'Adda: Conversazioni Eucaristiche (Manuale der Betrachtungen und Gebete zum Gebrauch der Schwestern bei der eucharistischen Anbetung), 1885, in Druck: 1983. — Lettere alle Suore (584 Briefe an einzelne Schwestern), 1891–1912. — Lettere circolari, 1898–1912.

QQ: Positio super virtutibus, 1988.

Lit.: E. Lingiardi, Un Apostolo dell' Eucaristia, 1929. — G. Borgonovo, Il P.F.S., lampada vivente del SS. Sacramento, 1939. — N. Mosconi, F.S., servo del Signore, 1963 (Lit., QQ). — C. Pedretti, F.S., 1982. — G. Pesenti, Beato F.S. Fondatore delle Suore Adoratrici del SS. Sacramento, 1992. — OR (dt.) 22 (1992) Nr. 28, 7 f. — LThK² IX 968 f. — BSS XI 1350 (Bild). — DIP VIII 2017. — AAS 85 (1993) 644–648. *T. Civiero*

Spinelli, Maria Teresa di S. Pietro (Taufname: Teresa), Gründerin der Kongregation »Agostiniane Serve di Gesù e Maria«, * 1.10.1789 in Rom, † 22.2.1850 zu Frosinone im Rufe der Heiligkeit, wurde nach ihrer Schulzeit und einer Ausbildung als Stickerin von ihren Eltern, die in jener unruhigen Zeit in wirtschaftliche Not geraten waren, 1805 dem von revolutionären Ideen erfüllten Luigi Ravieli zur Frau gegeben, der sie sehr schlecht behandelte. Auf Weisung des Generalvikars der Stadt Rom kehrte sie nach drei Monaten ins Elternhaus zurück, während ihr Gatte bald darauf spurlos verschwand. Ihrer Ehe entstammte eine Tochter Maria Domenica (* 4.10.1806, 1825 Benediktinerin, † 2.10.1846). Nach Jahren als Erzieherin (1810–16) und dreijähriger Pflege ihrer kranken Mutter im Elternhaus (1817–20) erkannte sie ihre Berufung in der damals sehr dringlichen Aufgabe rel. Unterweisung. Mit Zustimmung ihres Seelenführers begann sie ihre Tätigkeit in Frosinone; kurz nacheinander schuf sie dort eine öffentliche Mädchenschule, ein Konvikt für Schülerinnen und ein Waisenhaus. Auch veranstaltete sie Vorbereitungskurse für Kommunionkinder und Exerzitien und katechetische Unterweisungen für Jugendliche und Erwachsene. Am 7.9.1826 begründete sie im säkularisierten Augustinerkloster der Stadt ihre Ordensgemeinschaft »Augustinische Dienerinnen Jesu und Mariens« (bischöfliche Bestätigung 1827; Aggregation an den Augustinerorden 1853). Sie selbst wirkte bis zu ihrem Tod als Oberin des Hauses.

In ihrer Frömmigkeit war sie bestimmt vom Gedanken der Buße und Sühne für die Verbrechen ihrer Zeit und vom Verlangen, Christus desto mehr zu lieben. Ihr rel. Leben war reich an mystischen Gnaden und Erfahrungen. Seit etwa 1816 fühlte sie sich gedrängt, sich durch Gelübde ganz Gott zu weihen: »tutta la mia persona, tutte le mie potenze, tutto il mio avvenire per vivere fidata nell' abbandono in Lui, unico mio bene, unico amore dell' anima mia« (Frattali 81 f.). — Damit verband sie eine innige und sehr persönliche MV. M nahm — nach ihrem göttlichen Sohn — die erste Stelle in S.s Leben ein. M war für sie »un essere amoroso presente ed operante« (Barbagallo 562). Sie sprach von M mit kindlicher Vertrautheit: »Meine liebe Mutter (Mamma mia) ... mein Innerstes liegt in Euren Händen. Verfügt darüber wie immer es Euch gefällt« (Brief vom 24.12.1843; Barbagallo 562 f.). Va. in S.s mystischem Erleben, zumal in ihrer Berufung zum Opfer spielte M eine wichtige Rolle. M gab ihr Ratschläge und bot ihr Unterstützung zum Erlernen der Tugenden, bes. der Demut und des bereitwilligen Leidens: »Meine Tochter schien sie mir zu sagen, liebe meinen Sohn, der dich so sehr liebt, leide bereitwillig für ihn, der für dich so sehr gelitten hat« (Brief vom 5.8.1844; ebd. 564). — Auch im Titel ihrer Ordensgemeinschaft kommt diese besondere Verehrung Ms zum Ausdruck. Im bischöflichen Bestätigungsschreiben für S. als Oberin vom 23.9.1827 heißt es: M sei »la principale superiora« der Neugründung, an die man sich täglich im Gebet wenden solle: »Col suo comando, con la sua guida, col suo consiglio, col suo aiuto tutto andrà bene« (Unter ihrer Leitung, mit ihrer Führung, mit ihrem Rat und ihrer Hilfe wird alles gut gehen«; ebd. 338 f.).

QQ: 117 Briefe an Don Vincenzo Sarra, 87 Briefe an und von Verwandten: Generalarchiv des Instituts u.a. — S. Fratalli, Cenni biografici di sr. M.T.S., ed. I. Barbagallo, 1973.

Lit.: I. Barbagallo, Il dono totale di sé: sr. M.T.S., 1977. — F. Bea, Un amore straordinario. Vita ... M.T.S., 1980. — BSS Append. I., 1987, 1308 ff. — DIP I 249–251; VIII 2018–21 (QQ. Lit.). *A. Zumkeller*

Spinola y Maestro, Marcelo, sel. Erzbischof und Kardinal, *14.1.1835 in San Fernando/Provinz Cádiz, †19.1.1906 in Sevilla, wurde 1856 Rechtsanwalt und führte bes. für Minderbemittelte Prozesse ohne Entgelt. Am 21.5.1864 empfing er in Sevilla die Priesterweihe und bewies als Vikar großen apost. Eifer im Beichtstuhl, bei der Belebung des liturg. und rel. Lebens, der Aktivierung der Bruderschaften und dem Einsatz für die Armen. 1877 wurde er Stadtdechant von Sevilla, 1879 Domkapitular, 1881 Weihbischof, 1884 Bischof von Coria, 1886 Bischof in Malaga und am 11.11.1895 Erzbischof von Sevilla. Am 11.12.1905 von Pius X. zum Kardinal ernannt, starb er vor Empfang der Kardinalsinsignien. Am 29.3.1987 wurde er seliggesprochen.

Als Bischof war S. ein unermüdlicher Prediger: Mehr als 9000 Hirtenbriefe, Predigten und Seelsorgsbriefe sind in schöner Schrift und gepflegtem Spanisch erhalten. Er war ein Apostel der kath. Soziallehre, verfocht gegen antikirchliche Regierungen die Freiheit der Kirche und förderte die kath. Erziehung und viele soziale Einrichtungen. In Coria gründete er am 29.9.1883 die »Mägde der Immaculata vom Göttlichen Herzen« (Esclavas Concepcionistas del Divino Corazón). Sie wirkten 1992 in Argentinien, Brasilien, England, Italien, Japan und Spanien.

S. war geprägt vom Geist der großen Verehrer des Herzens Jesu, des →Franz v. Sales und wohl auch des L.-M. →Grignion de Montfort. Darin ist seine M frömmigkeit eingebaut: In Bildern der Schrift drückt S. seine Liebe zu M aus und nennt sie Licht, Quelle, »flos campi«, Berg der Hoffnung, Stern des Glaubens, Tal des Trostes, Hypostase aller Tugenden, Band jeder Vollkommenheit (vgl. Kol 3,14). Wie M die erste und treueste Magd (»Sklavin«) Christi war, wollte auch S. dem Herzen Jesu dienen und empfahl diese Hingabe auch den »Sklavinnen der UE vom Göttlichen Herzen«. Die UE Ms gilt ihm als Zeichen der Liebe Jesu, die sich in der Heiligkeit Ms widerspiegelt. S. unterscheidet zwischen der in ihrer UE zum Ausdruck kommenden Schönheit des göttlichen Werkes, das M ist, und der Lieblichkeit der GM als Fülle der Gnade, die sie zum Wonnegarten Gottes macht. Sie ist wie der Baum mit den Blumen der Hoffnung im Paradies, Stärke und Liebe für die Kinder Gottes und »Kanal der Gnade« (vgl. → Bernhard v. Clairvaux). Ihre Liebe zu Jesus entzündet unsere Liebe zum Herzen Jesu. Wie M als »Königin aus dem König« herrscht, kann jeder Christ die Herzen der Menschen zur Liebe bewegen, wenn er nur in der Liebe Jesu brennt. Weil M GM ist, ist sie unsere Mutter, und wir können im Herzen Jesu eins mit anderen sein. M verdankt alles, was sie ist, Jesus. Daher gilt für jeden Christen: »Alles durch ihn und nichts ohne ihn.«

WW: Sammlung von 87 Faksimiles der Hss., 20 Bde. von 9269 SS., Archiv der Esclavas Concepcionistas, Sevilla. — In Druck: Pastorales de los Boletines de las diócesas de Coria, Malaga y Sevilla, 1885–1906. — Constituciones para el régimen y gobierno de las esclavas..., Malaga 1887. — Libro de la Esclava, ebd. 1907. — Pastorales, sermones y correspondencia..., 2 Bde., 1935.

Lit.: J.M.Javierre, Don Marcelo de Sevilla, 1963 (WW). — Ders., El arzobispo mendigo, 1974. — C. Montoto, M.S. — Su espiritualidad a través de sus escritos, 1984. — F. Holböck, Die neuen Heiligen der kath. Kirche II, 1992, 130f. — AAS 76 (1984) 191–195; 81 (1989) 813–816. — BSS XI 1353f. — DIP VIII 2021.   G. Rovira

Spiritualität. *1. Grundgestalt.* S. ist generell das subjektive Ordnungsgefüge des Glaubens; entsprechend ist marian. S. die im maßnehmenden Blick auf M geformte Gestalt christl. Lebens; oder: sie ist die Verehrung Ms als bewußt lebensgestaltender Impuls.

a) Typos des Glaubens. Bereits bei der Besinnung auf den Glauben als Seele christl. Selbstverständnisses tritt M in den Blick. Ihr wird als erster die Menschwerdung Gottes verkündet (Lk 1,26–36); sie ist die erste Hörerin der Botschaft des Neuen Bundes. Er beginnt mit der ihr verheißenen Huld Gottes, die sie zur Begnadeten (Lk 1,28) macht und fortan das Neue Gottesvolk erfüllen wird. In ihrer Antwort erscheint M als Magd des Herrn (Lk 1,38a); sie ist bereit, sein besonderes Werkzeug zu sein. Indem M ihm geistig wie leiblich Raum gibt, wirkt sie mit, daß der Sohn des Höchsten Mensch werde. Mit ihrem geistigen wie leiblichen Ja ist M zum Urbild allen christl. Glaubens geworden. Durch ihr hörendes und zustimmendes »Fiat« veranschaulicht sie, was Christsein ausmacht: Gottes Wort aufzunehmen und vertrauend zuzulassen. Hierzu ermutigt M die Jünger des Herrn (vgl. Joh 2,5). Von der Ablehnung Jesu durch sein Volk ist M mitbetroffen (Lk 2,7; 2,35a). Was ihr dabei dunkel und verschlossen bleibt, bewahrt sie in ihrem Herzen (Lk 1,38. 45). Damit erweist sie sich als Jüngerin, die lernend (vgl. Mk 3,31–35 par.) und leidend Jesu Weg mitgeht, der bis zum Kreuz führt (Joh 19,25–27). Hier ist M mit Johannes Repräsentantin der Jünger beim Tod Jesu. Beide sind sie Zeichen und Vorbild dafür, auf dem Weg seiner Nachfolge die Torheit des Kreuzes nicht auszuklammern. Nur so wird der Glaube nach Menschenart zum Glauben an den Herrn, dem widersprochen wird (Lk 2,34f.). Weil das NT M als Urbild der Nachfolge zeichnet, darf man in ihr auch das Ziel aller Jüngerschaft erfüllt sehen. »Dort, wo ich bin, soll auch mein Diener sein« (Joh 17,24; 12,26). So findet der Weg des Glaubens seine Vollendung. »Wenn jemand an meinem Wort festhält, wird er auf ewig den Tod nicht erleiden« (Joh 8,52). Dies bekennt die Kirche für M (DS 3903) und erhofft es für jene, die noch den Pilgerweg des Glaubens gehen. MV greift in dieser ersten Perspektive Elisabeths Gruß auf; mit ihr feiern wir M als »die Mutter des Herrn« (Lk 1,43); damit verbunden ist die Seligpreisung derer, die geglaubt hat (vgl. Lk 1,45). Beides ist ineinander verwoben: das Lob der Mutter und die Ehrung der glaubenden Jüngerin. Die hier skizzierte Bedeutung Ms für christl. Glaubensexistenz wird vertieft durch den inkarnatorischen Aspekt.

b) Inkarnatorischer Aspekt. Es ist Ms personale Indienstnahme bei der Menschwerdung des Wortes, die sie vor allen Frauen auszeichnet. Einzig ihr wurde es in der Geschichte des Heiles gnadenhaft anvertraut, dem Kommen Gottes in Christus mit ihrer gläubig angenommenen und leiblich vollzogenen Mutterschaft zu dienen. Es ist des Vaters Ewiger Sohn, der aus ihr Mensch wird; sie wird seine leibliche Mutter. Damit ist nicht nur der tragende Grund aller verehrenden Hinwendung zu ihr genannt; es ist ferner die Reichweite der christl. Glaubensentscheidung urbildlich angedeutet. Als Jungfrau und Mutter zeigt M, daß sie sich ganz bis in den Bereich des Leibes hinein von Gott beanspruchen läßt. Ihr Glaubens-Ja ist eine Antwort der Seele und des Leibes und damit der ganzen Person. Mit ihrem ganzheitlichen Jawort bezeugt sie, daß Christus ihr Leben (vgl. Phil 1,21) ist.

Gleiches will marian. S.; als Inkarnationsfrömmigkeit bleibt sie nicht bei erhabenen Gedanken, sondern möchte der christl. Glaubensantwort Fleisch und Blut geben. Der gläubige Blick auf die Menschwerdung des Ewigen Wortes aus der jungfräulichen Mutter drängt dazu, das je aktuelle Lebens-Heute als von Gott gewährten Auftrag anzunehmen und ihn nach dem Vorbild der Magd des Herrn zu meistern (vgl. Lk 1,38). Wer das eigene christl. Leben durch M. formen und fürbittend begleiten läßt, hat der Gefahr vorgebeugt, daß sich sein Glaubens- und Christusbekenntnis zur rel. Ideenwelt verflüchtigt. Das von der Inkarnation her geformte M.bild wird abgerundet durch den Blick auf ihre Vollendung.

c) Marian. S. ist wesentlich Auferstehungsglaube. Daß dessen generelle Perspektive in urkirchlicher Zeit auf M. hin konkretisiert wird, dazu haben jene biblischen Worte beigetragen, die die gläubige Nähe der Mutter Jesu zu ihrem Sohn und seiner Sendung bekunden (vgl. Lk 1,45. 48). Erste Belege dafür, daß die frühe Kirche den Auferstehungsglauben auf M. angewendet hat, finden sich dort, wo man sie nach dem Vorbild des Martyrerkultes als in der ewigen Christusgemeinschaft lebend im Hymnus preist und im Gebet anruft. Zeugnisse dafür reichen ins 3. Jh. zurück, so das Gebet »Unter deinem Schutz«. Aus der gläubigen Gewißheit, daß die Verstorbenen in und mit Christus weiterleben, findet M. Erwähnung in den eucharistischen Hochgebeten des Ostens und Westens. Hier artikuliert sich ein Verständnis von Kirche, für das die bleibende Verbundenheit aller, die Christus angehören, kennzeichnend ist. So wird die verehrende Hinwendung zu M. zur Bitte um ihre Fürsprache für die pilgernde Kirche. M.gebet ist in dieser Perspektive Auferstehungsbekenntnis und Glaube an das durch Christus im Hl. Geist neu geeinte Gottesvolk.

Marian. S. bindet in jene Geschichte ein, die in Gottes Verheißung an Israel wurzelt, in Leben, Sterben und Auferstehen Christi ihre Mitte hat und in ewiger Gottesgemeinschaft ihre Vollendung findet. Der verehrend maßnehmende Blick auf M. kann Verständnis wecken für die je spezifische Aufgabe, die dem einzelnen in der Geschichte des Heiles zugemessen ist. Wie M. dazu erwählt war, dem Erlöser den Weg in die Zeit zu öffnen und ihm glaubend zu folgen, so ist jedem Menschen seine spezifische Lebensaufgabe in der Gefährtenschaft Christi geschenkt. Eine zentrale Aussage des Magnificat (Lk 1,46–55) versichert: Kein Leben ist zu unbedeutsam, um nicht von Gott groß gemacht werden zu können, und dies bekräftigt die unverwechselbare Würde eines jeden Gliedes am Leibe Christi. So verstandene marian. S. lebt ein Menschenbild, das den Einzelnen nicht isoliert, sondern fest in die Zeit und Ewigkeit umgreifende Solidarität aller Menschen auf ihrem Weg zu Gott hin einbindet. Hier ist das Heil des einen immer auch das Heil aller. Danach will marian. S. keine Sonder- und Nebenform christl. Zeugnisses sein. Sie erstrebt ein ausgewogenes Verhältnis von persönlicher Beanspruchung und vorgängigem Eingebundensein in die durch Christus im Hl. Geist bleibend geeinte Gemeinschaft des Gottesvolkes.

2. Geschichtliche Aspekte. a) In der *Väterzeit* ist M. in die Entfaltung des Christusbekenntnisses einbezogen. In Predigt, liturg. Lobpreis und Akklamationen wird ihrer deshalb anerkennend gedacht; so erfährt sie zunehmend Bewunderung, Dank und Ehrung. Die Väter, vornehmlich → Ambrosius und → Augustinus, suchen M. aber auch vom neuen Gottesvolk her zu verstehen, und umgekehrt deuten sie dieses unter Verweis auf M., der neuen Eva. Es entspricht der Ekklesiologie jener Zeit, die Kirche jungfräuliche Gemahlin Gottes zu nennen und von ihr zugleich als Mutter vieler Kinder zu reden. Man sieht ferner die einzelnen Glieder diese jungfräulich-mütterliche Grundstimmung widerspiegeln. Jede Seele gilt wie ein jungfräulicher Schoß, in den sich der Logos einsenken will, um seine Menschwerdung in die Zeit hinein auszuweiten. Die so artikulierte urbildliche Funktion M.s ist schließlich verbunden mit ihrer zunehmend betonten ethischen Vorbildhaftigkeit. → Origenes etwa zeigt, wie M. einerseits als die erscheint, die den Pilgerweg des Glaubens geht und zu wachsender Vollkommenheit hinfindet; und andererseits ist sie auch wegen ihrer Auserwählung und gewährten Heiligkeit leuchtendes Beispiel christl. Lebens.

b) Das *Mittelalter* geht auf diesem Weg weiter. Auch hier ist es vornehmlich die Liturgie und das von ihr geformte Brauchtum, wodurch M. den Gläubigen nahebleibt. Beides gestaltet jenen geistlichen Lebensraum, in dem die Mutter Jesu allzeit gegenwärtige Wirklichkeit ist. Geleitet vom Auferstehungsglauben wird M. als lebendige Person empfunden, die in einem persönlichen Ich-Wir-Du-Verhältnis dem huldigenden Lob ebenso zugänglich ist wie der vertrauenden Bitte. Weil M. nicht nur als Gestalt der zurückliegenden Heilsgeschichte gilt, können ihr gegenüber auch die affektiven Kräfte des Herzens zur Sprache kommen. Betroffenheit und Erschütterung (→ Stabat Mater) ebenso wie Emphase und Überschwang äußern sich in immer neuen Akklamationen (→ Akathistos-Hymnos, → Hymnodik, → Hymnologie).

Nicht weniger bewegt den Beter die Bereitschaft, dem Beispiel M.s zu folgen. So ist beispielsweise → Caesarius v. Arles bestrebt, mit Blick auf die geistige und leibliche Jungfräulichkeit M.s das ethisch-rel. Streben seiner Mönche zu beflügeln. Ähnliches spiegeln die Hymnen des → Notker Balbulus wider. Als Ausdruck ihrer Verehrung zeigen sich die St. Galler → Benediktiner bereit, ihr Leben durch M. formen zu lassen; der Ehelosigkeit geweiht, wollen sie dem Vorbild der jungfräulichen Mutter des Herrn entsprechen. Das M.lob der Mönche, das sich in Gottesdienst und liturg. Brauchtum äußert, öffnet diesen hl. Raum und will ihr ganzes Leben formen.

Das sich derart als lebensformend verstehende Mlob hat einen beseelenden Impuls in Meditation und → Mystik (→ Ekbert v. Schönau). Darin schaut der Beter auf Jesu Weg vom Vater her und zum Vater hin und versucht, jene neue Ordnung persönlich zu verinnerlichen, in die ihn Menschwerdung, Tod und Auferstehung des Herrn gestellt haben. Fällt in diesem Zusammenhang der Blick auf M, erscheint sie als die Frau, aus der Christus Mensch geworden und die in allem, was sie ist, bei ihrem Sohn steht und von ihm her lebt. Wegen ihrer GMschaft ist M für den betrachtenden Beter eine gefüllte Spur göttlichen Wirkens. Tief ergriffen vom hl. Geheimnis der Nähe Gottes in M, das auch ihn heilend umfängt, läßt der Meditierende alle Versuche zurück, dies verstehend zu begreifen; sein Sinnen will nur tastendes Nachbuchstabieren dessen sein, was als lebendige Wirklichkeit unmittelbar betrachtet und lebendig geschaut wird. Aus solcher Tradition beschaulichen Gebetes fließt die Übung des → Rosenkranzes; dieser Ursprung ist für ihn so zentral, daß er zur Zerrform entartet, wenn der meditative Aspekt fehlt.

c) *Neuzeit.* War die marian. S. im MA weitgehend im Raum der Orden beheimatet, sprengt sie mit beginnender Neuzeit diesen Rahmen. Das gilt für das Rosenkranzgebet, dann aber im 16. Jh. bes. für die Marian. → Kongregationen. Hier ist die Verehrung Ms sowohl mit dem Streben nach einem vorbildlichen christl. Leben verknüpft wie auch mit ausdrücklich laienapost. Zielsetzung. Dieser Gedanke ist gegenüber der ma. MV neu; er bestimmt die marian. S. vieler rel. Gemeinschaften und ihrer apost. Aktivitäten bis in unsere Gegenwart. In diesem spirituellen Umfeld kommt der Mweihe zentrale Bedeutung zu. Apost. Ausrichtung hat die marian. S. auch in der Franz. Schule (P. de → Bérulle, J.-J. → Olier, J. → Eudes). Nach → Grignion de Montfort dient die Verehrung Ms, wie auch die Weihe, der Erneuerung der Taufgelübde. Marian. S. steht hier ganz im Dienst der Christwerdung des Gläubigen. Wie M bei der Menschwerdung Christi mitgewirkt hat, so ist sie auch in die Christwerdung des Gläubigen einbezogen. Auch dieser Gedanke findet sich heute in vielen Aktions-Gruppen, die eine marian. S. als Hilfe für die Nachfolge Christi pflegen, so die »Bewegung für eine bessere Welt« des ital. Jesuiten Ricardo Lombardi (1908–79), die → »Fokolarbewegung« (Opera di Maria genannt), die → »Cursillos«, die »Gemeinschaft des Neokatechumenates«, die → »Legio Mariae«, die → »Schönstatt-Bewegung«. Die Bedeutung dieser geistlichen Vereinigungen liegt nicht zuletzt darin, daß sie bewußt und mit rel. Entschiedenheit das Wort Ms zu leben versuchen: »Mir geschehe nach deinem Wort« (Lk 1,38). Ihre marian. S. bedarf der klugen theol. Begleitung, damit sie den trinitarischen, christol. und ekklesiol. Charakter authentischer MV bewahrt.

Lit.: F. Courth, Marian. S. und Apostolat, In: Christsein und marian. S., hrsg. von H. Petri, 1984, 93–103. — H. Petri, Die Bedeutung marian. S. für den ökumen. Dialog, ebd., 77–91. — Beinert-Petri 440–505. — DSp X 409–482. — NDMar² 1362–78. — Dictionaire de la vie spirituelle sous la direction de St. De Fiores et T. Goffi. Adaptation française par F. Vial, 1987, 633–650.
F. Courth

Spiske, Joseph Anton Robert, Ordensstifter, Prälat, * 29.1.1821 in Lissa (Leśnica) bei Breslau, † 5.3.1888 in Breslau, wurde am 18.6.1847 in Breslau zum Priester geweiht, war hier Seelsorger in vier Gemeinden und dann Domherr und Domprediger. 1859 gründete er die Genossenschaft der Hedwigschwestern, die sich bes. der Obdachlosen und Waisenkinder, der Jugend allgemein, der gefährdeten Mädchen und ambulanter Krankenpflege annahm. Sie war 1994 mit 413 Schwestern in 6 Ländern tätig. Noch zu seinen Lebzeiten wurde er als Seelenhirt der Konvertiten, von denen er in den ersten zehn Jahren seines priesterlichen Wirkens 2500 gewann, und Apostel der Liebe bezeichnet. Sein Leichnam wurde am 5.3.1984 vom Dom in die Kapelle der Schwestern von der hl. Hedwig in Breslau übertragen. Am 5.3.1993 wurde für ihn der Seligsprechungsprozeß eröffnet.

S. war ein großer Verehrer der GM. Sein Lieblingsgebet war der Rosenkranz, den er in seine seelsorgliche und karitative Tätigkeit einbaute. Sein abgenutzter Rosenkranz wird heute noch von den Hedwigschwestern in Breslau aufbewahrt, ebenso vier Predigten über M. In der »Marienkirche auf dem Sande« führte er als Pfarrer die Rosenkranzbruderschaft ein. Die Kapelle des Mutterklosters der Hedwigschwestern stattete er mit einem prunkvollen Bild der Madonna von → Czenstochau aus.

WW: Hss. im Archiv der Hedwigschwestern Breslau, Sign. A II; Nr. 872. 1030. 1041. 1064 (Lebenslauf, Reden Predigten).
Lit.: J. Wittig, Ein Apostel der Karitas. Der Breslauer Domherr R.S. und sein Werk. Für die Kongregation der Ehrw. Schwestern von der hl. Hedwig zur Hundert-Jahr-Feier des Geburtstages ihres Stifters und geistlichen Vaters, 1921. — J. Schweter, Geschichte der Kongregation der Schwestern von der hl. Hedwig. Ein Beitrag zur Geschichte der Karitas seit 1848, 1932. — G. Niedziela, Szkic historyczny Zgromadzenia Sióstr św. Jadwigi, masch., 1959 (Ordensarchiv, Breslau). — 100 Jahre Hedwiggeist und Hedwigswirken, 1959. — J. Swastek, Ksiądz R.S. — Założyciel Sióstr Jadwiżanek, In: Homo Dei 1 (1982) 65–68. — R. Kawka, Ksiądz R.S. — Wrocławski Apostoł Miłosierdzia, masch., Theol. Fakultät Breslau, 1983. — W. Kluz, Apostoł Wrocławia. Ks. R.S., 1984. — In Gott geborgen zur Liebe befreit. 125 Jahre Hedwigschwestern 1859–1984, 1984. — K. Dola, Zakony żeńskie na Śląsku w wieku XIX i pierwszej połowie XX wieku, In: G. Niedziela (Hrsg.), W służbie Kościoła, 125 lat Sióstr św. Jadwigi, 1986, 15–24. — J. Swastek, Działalność i duchowość Księdza R.S., ebd. 25–49. — G. Niedziela, Historia Sióstr św. Jadwigi, ebd. 105–269. — M. Machał, Ksiądz R.S. wrocławski kandydat na ołtarze, 1992. — Ders., Sprawa beatyfikacji księdza R.Ś. 1821–1888, 1993. — J. Swastek, Zarys życia i duchowści Sługi Bożego Księdza R. Spiskego, Założyciela Zgromadzenia Sióstr św. Jadwigi/Jadwiżanek, masch., 1993 (Ordensarchiv, Breslau). — OR (dt.) 23 (1993) Nr. 21,3.
J. Swastek

Spohr, Louis, * 5.4.1784 in Braunschweig, † 22.10.1859 in Kassel, Komponist, Violinist und Dirigent, wirkt in Braunschweig, Gotha, Wien, Frankfurt und zuletzt (1822–57) als Hofkapellmeister in Kassel, außerdem unternimmt er als gefeierter Violinvirtuose zahlreiche Konzertreisen, die ihn durch Deutschland, in die Schweiz und nach Italien führen.

Zu S.s Kompositionen, die von einer ganz charakteristischen chromatischen Harmonie geprägt sind, gehören u. a. 10 Opern, 4 Oratorien, 9 Symphonien, Instrumentalkonzerte sowie vielfältige und einfallsreiche Kammermusik.

Obwohl sich S. weniger bekenntnishafter Religiosität als allgemeiner Frömmigkeit mit humanen Idealen verpflichtet fühlt, komponiert er doch einige kirchliche Werke: Messe c-moll, Hymnen, Psalmen, Offertorium, Vaterunser sowie den Entwurf eines Requiems. Der GM widmet er ausführliche Passagen in seinen Oratorien. So hat M im Oratorium »Des Heilands letzte Stunden« (Text: F. Rochlitz) neben Johannes die ausgedehnteste Rolle. Höhepunkte des Oratoriums sind Ms Treueschwur »Und wenn sie alle weichen, ich hange fest an dir« und die Arie Ms »Rufe aus der Welt voll Mängel, Ewiger, dein Todesengel, bald nun oder spät mich ab«. Eine herausragende Rolle erhält M auch im Oratorium »Das jüngste Gericht« (Text. A. Arnold), u. a. durch die Arie »Mit Wonn' erfüllt mir das Herze der Auserwählten Geschick...« sowie mit dem Duett Jesus–M.

Lit.: L. Spohr, Selbstbiographie, 2 Bde., Cassel 1860 f.; Nachdr. 1954. — F. Göthel, Thematisch-bibliographisches Verzeichnis der Werke von L. S., 1981. *F. Trenner*

Spoleto, Erzdiözese und Stadt in Mittelitalien. Künstlerisches und kirchliches Zentrum der Stadt ist der anstelle einer 1155 durch Friedrich Barbarossa zerstörten Kathedrale erbaute und 1198 von Papst Innozenz III. geweihte Dom S. Maria Assunta. In der Apsis schuf Filippo Lippi 1467–69 ein Fresko mit der Krönung Ms; weitere Fresken im Chor zeigen die Verkündigung an M, die Geburt Christi und den Tod Me; in der sog. Ercoli-Kapelle gestaltete Pinturicchio 1497 ein Fresko mit M zwischen zwei Bäumen, mit den hll. Johannes Baptista und Laurentius sowie einer Rosenkranzpredigt im Hintergrund.

Im Mittelpunkt der marian. Verehrung steht eine byz. Ikone der GM mit dem Kind (12. Jh.), die Kaiser Barbarossa 1185 den Spoletanern nach der Zerstörung des Domes als Zeichen der Versöhnung geschenkt hatte. Sie gilt als →Lukasbild und soll schon in der Hagia Sophia in Konstantinopel verehrt worden sein. In griech. Sprache gibt sie einen Dialog der Jungfrau mit dem Kind wieder: »Was wünschst Du, oh Mutter? — Das Heil für die Menschen. — Sie machen mich zornig. — Hab' Nachsicht mit ihnen, mein Sohn. — Aber sie ändern sich nicht. — Und Du rettest sie mit Deiner Gnade.« Am 30. 6. 1800 krönte Pius VII. die hl. Ikone, vor der der junge Francesco →Possenti seine Berufung zum Ordensleben erfahren haben soll. Bis heute wird die Madonna von S. viel verehrt; ihr Hauptfest wird am 15. August gefeiert.

Das Heiligtum der Madonna della Stella wurde 1861 gegründet, nachdem die GM dem 7jährigen Righetto Cionchi über den Ruinen einer alten Kirche erschienen war, auf denen sich Reste eines Mfreskos aus dem 15. Jh. befanden. 1881 wurde eine neue Kirche eingeweiht und zunächst von Weltgeistlichen verwaltet, bevor sie den Passionisten-Patres überstellt wurde. Der Name »della stella« scheint von einem silbernen Votivbild herzurühren; der eigentliche Titel der Kirche, von dem sich Johannes Bosco zum Bau seiner Kirche »Maria Ausiliatrice« in Turin inspirieren ließ, lautet »Maria auxilium christianorum«.

Lit.: Reclam-Kunstführer, Italien IV, 1987, 620–636. — D. Marcucci, Santuar mariani d'Italia, 1982, 108. 110. *T. Civiero*

Sprenger, Jakob, Dominikanertheologe, *um 1436 in Rheinfelden bei Basel, †16. 12. 1495 in Straßburg, trat 1452 in den Dominikanerorden ein, wurde 1475 an der Universität Köln zum Dr. theol. promoviert, war 1472–88 Prior des Kölner Dominikanerklosters und anschließend bis zu seinem Tod Provinzial. Er förderte mit Eifer die Reform seines Ordens. Zeitweise wirkte er als Inquisitor in den Erzbistümern Mainz, Köln und Trier. Er gilt als Mitverfasser des berüchtigten »Mallus maleficarum« (Hexenhammer), dessen Hauptautor Henricus Institoris ist; das tatsächliche Ausmaß seiner Mitwirkung an diesem Werk ist umstritten.

S. hat am 8. 9. 1475 in Köln eine →Rosenkranzbruderschaft gegründet; diese gilt als die Keimzelle, aus der sich die weltweit verbreiteten Rosenkranzbruderschaften des SpätMA und der Neuzeit entwickelt haben. Die Kölner Bruderschaft hat folgende Merkmale: 1. Die Mitglieder versprechen, wöchentlich 3 Rosenkränze (insgesamt 150 Ave und 15 Vaterunser) zu beten. 2. Die Mitglieder stehen in Gebetsgemeinschaft, d. h. die Gebete eines jeden Mitglieds kommen allen zugute. 3. Wer das Rosenkranzgebet unterläßt, wird nicht schuldig, sondern verliert nur die Vorteile der Gebetsgemeinschaft. 4. Die Bruderschaft verlangt keine materiellen Leistungen, so daß auch Arme Zugang haben. 5. Die Bruderschaft ist überregional. S. ist abhängig von Anregungen, die von seinem Ordensbruder →Alanus de Rupe ausgegangen sind; die Merkmale 2–4 finden sich bereits in den von Alanus geprägten lokalen Bruderschaften. Dadurch, daß S. das Gebetspensum wesentlich verminderte (Alanus forderte das tägliche Gebet eines marian. Psalters, also 150 Ave, mit Zusatzgebeten), schuf er die Voraussetzung dafür, daß das an Bruderschaften gebundene Rosenkranzgebet zu einer Massenbewegung werden konnte. Als geschickter Organisator verband er diese Bewegung fest und, wie die spätere Geschichte lehrt, auch dauerhaft mit dem Dominikanerorden. Zu diesem Zweck verbreitete er die schon bei Alanus nachweisbare Legende, der Ordensvater →Dominikus habe im Auftrag Ms die erste Rosenkranzbruderschaft gegründet. Die theol. Legitimation der Kölner Bruderschaft, zugleich deren Rechtfertigung gegenüber zeitgenössischen Kritikern, lieferte auf S.s Wunsch der Dominikaner und Kölner Theol.-Prof. Michael Francisci de Insulis in einem »Quodlibet de veritate fraternitatis rosarii« (vgl. DSp V 1107–15). Dieses Werk, das 1480 in authentischer Ausgabe gedruckt worden ist (Gesamtkatalog der Wiegendrucke, 10260), gibt indirekt Aufschluß über S.s theol. Gedanken und seine pastoralen Absichten.

S.s Bruderschaft hatte einen spektakulären Erfolg. In der 1476 gedruckten Rosenkranzschrift wird berichtet, daß im März 1476, also sechs Monate nach der Gründung, in Köln 8000 Mitglieder und im November desselben Jahres in Augsburg 3000 Mitglieder eingeschrieben waren. Der enorme Zulauf ist v. a. daraus zu erklären, daß die Rosenkranzbruderschaft dem Bedürfnis vieler Menschen nach quantifizierbaren Stützen ihrer rel. Heilshoffnung entgegenkam, wobei nicht nur die Idee der Gebetsgemeinschaft, sondern auch die von S. erwirkten Ablässe eine wichtige Rolle spielten.

Eine Darstellung der Ziele und Satzungen der Rosenkranzbruderschaft in einer für den »oberdeutschen« Raum bestimmten Fassung ist unter S.s Namen 1476 und 1477 in Augsburg gedruckt worden. Der zweiten Ausgabe (Hain 14962) sind 50 Rosenkranzklauseln (Betrachtungspunkte) beigegeben. Diese sind 1975 noch einmal als S.s Werk veröffentlicht worden, und zwar ohne Quellenangabe und ohne Begründung (500 Jahre Rosenkranz, 118–121). Es ist ganz unwahrscheinlich, daß die Klauseln von S. verfaßt sind; sie stehen formal und inhaltlich in der Tradition des älteren Kartäuser-Rosenkranzes (→ Dominikus v. Preußen).

S.s Bedeutung in der Geschichte der marian. Frömmigkeit liegt darin, daß er den Rosenkranz, der zunächst ein Mittel privater Meditation war, zu einem Instrument der Massenseelsorge gemacht hat.

WW: Die erneuerte Rosenkranz-Bruderschaft, Augsburg 1476 (Hain-Copinger 14961); vollständiger Abdruck in: Pastoralblatt (der Erzdiöcese Köln) 31 (1897) 19–24; 32 (1898) 276–283; Teildruck: Kliem (s. Lit.), 129–133. — Sermon an unser frawen visitacio tag, ed. P. Renner, In: Archiv für Kulturgeschichte 41 (1959) 215–216.

Lit.: W. Kliem, Die spätma. Frankfurter Rosenkranzbruderschaft, Diss., Frankfurt 1963, 59–91. — Kaeppeli II 341–343 (WW, Lit.). — Ausst.-Kat., 500 Jahre Rosenkranz, hrsg. vom Erzbischöflichen Diözesan-Mus. Köln, 1975, 102–121. — VL V 1062–65. — LThK² IX 987. — DSp XIII 949–951; XIV 1176 ff.

J. Vennebusch

Sprichwörter. Die Juden nennen das Buch der S. mišlê šᵉlōmōh = »Sprüche Salomos«; in der Septuaginta heißt es παροιμίαι, in der Vulgata »liber proverbiorum«. Septuaginta und Vulgata unterscheiden sich gelegentlich vom hebr. Text durch andere Anordnung der Einzelsprüche, bes. ab 24,22; in den alten Übersetzungen fehlen einige Sprüche des hebr. Textes, sie haben aber auch gelegentlich zusätzliche Sprüche. Nach 1 Kön 5,12 f. soll → Salomo mehr als 3000 Sprichwörter verfaßt bzw. gesammelt haben; deshalb schrieben ihm die Juden auch das Buch der S. zu. Das Buch selbst stellt sich aber als Sammlung mehrerer kleinerer Sammlungen dar: 10,1–22,16 trägt die Überschrift »Sprüche Salomos«; 22,17–24,33 steht unter der Überschrift »Worte von Weisen« ohne weitere Herkunftsbezeichnung; darauf folgt eine weitere salomonische Sammlung (25,1–29,27) mit der Überschrift: »Auch das sind Sprichwörter Salomos, die die Männer des Hiskija, des Königs von Juda, gesammelt haben«; die in 30,1–33 stehenden Sprüche werden einem Agur, dem Sohn des Jake aus Massa, und 31,1–9 einem Lemuël, dem König von Massa, »mit denen ihn seine Mutter ermahnte«, zugeschrieben; bei diesen kleinen Sammlungen aus Massa handelt es sich wahrscheinlich um Spruchgut der Edomiter, die wegen ihrer Weisheit berühmt waren. Das ganze Buch wird eingeleitet durch eine zusammenhängende Rede, die das Studium der Weisheit empfiehlt und vor Torheit warnt, wobei Weisheit und Torheit als Frauen personifiziert werden (1,5–9,18); es wird abgeschlossen durch ein Loblied auf die tüchtige Hausfrau (31,10–31).

Die sieben Abschnitte stammen aus verschiedenen Zeiten und von verschiedenen Verfassern bzw. Sammlern; eine Abfassung durch Salomo läßt sich bei keinem nachweisen. Daß aber Hiskija (728–699 v. Chr. König von Juda) durch Gelehrte an seinem Hof Sprichwörter sammeln ließ, die unter dem Namen Salomos in Umlauf waren, dürfte eine zuverlässige Nachricht sein. Viele der gesammelten Sprichwörter und Abhandlungen sowie das ganze Buch haben Vorbilder in der babylonischen und ägyptischen Weisheitsliteratur; 22,17–24,12 scheint überhaupt eine Bearbeitung der ägyptischen »Lehre des Amenope« aus dem 12. Jh. v. Chr. zu sein, die bis in die Perserzeit immer wieder kopiert und übersetzt worden ist. Wie andere Weisheitsbücher des Alten Orients und der Bibel selbst, will auch dieses Buch den einzelnen Frommen zu einem sinnvollen Leben im Alltag, aber auch zu einem nützlichen Glied der Gesellschaft erziehen und vor der Torheit bewahren, wobei die Ethik auch durch rel. Bindung an Gott (»Gottesfurcht« als eigentlicher Kern der Weisheit) vertieft wird. Das kanonische Buch der S. dürfte bald nach dem Babylonischen Exil abschließend redigiert worden sein.

Für die Mariol. wurde das Buch von Bedeutung, weil die Personifikation der Weisheit, bes. in Spr 8 und 9, in der Liturgie, in der Hymnologie und Frömmigkeit auf ⟨M⟩ bezogen wurde, wobei der Gedanke mitklang, daß ⟨M⟩ als Mutter des Messias von Gott schon seit der Schöpfung in seinen Welt- und Heilsplan einbezogen und erwählt war; auch das Lob der tüchtigen Hausfrau war geeignet, auf ⟨M⟩ als die Mitte der Hl. Familie bezogen zu werden.

Im Missale vor der letzten Liturgiereform stehen Texte aus Spr als Episteln und als andere

Teile des Meßformulars für ⟨M⟩feste: 8,22–35 als Epistel am 8. Dezember und 9,1 als Graduale der Vigil am 7. Dezember; im neuen Missale die 5. Lesung des ⟨M⟩-Commune aus 8,22–31. Die folgenden Prädikationen auf ⟨M⟩ in Hymnen und Litaneien stammen aus Spr: »Mater Sapientiae« (8,12–36), »Domus Sapientiae« (9,1), »Vena Vitae« (10,11), »Urbs fortitudinis« (10,15), »clypeus omnibus in te sperantium« (30,5), »mulier fortis et invicta« (31,10), »navis institoris de longe portans panem« (31,14) u. a. (alle in der Fassung der Vulgata).

Lit.: Kommentare: A. Barucq, Le Livre des Proverbes, 1964. — W. McKane, Proverbs, 1970, ³1980. — R. N. Whybray, The Book of Proverbs, 1972. — H. Ringgren und W. Zimmerli, Sprüche/Prediger, 1972. — D. Cox, Proverbs, 1982. — O. Plöger, Sprüche Salomos, 1983. — W. Dietrich, Das Buch der Sprüche, 1985. — K. T. Aitken, Proverbs, 1986. — D. A. Hubbard, Proverbs, 1989. — Weitere Lit.: R. N. Whybray, Wisdom in Proverbs. The Concept of Wisdom in Proverbs 1–9, 1965. — R. M. Murphy, The Kerygma of the Book of Proverbs, In: Interp. 20 (1966) 3–14. — C. Kayatz, Studien zu Proverbien 1–9, 1966. — R. Tournay, Buch der Sprüche 1–9, In: Conc 2 (1966/67) 768–773. — P. W. Skehan, Wisdom's House, In: CBQ 29 (1967) 468–486. — V. Fox, Aspects of Religion in the Book of Proverbs, In: HUCA 39 (1968) 55–69. — B. Lang, Die weisheitliche Lehrrede, 1972. — B. Boschi, Maria nell' Antico Testamento, In: SacDot 69/70 (1973) 9–48. — B. Lang, Frau Weisheit, 1975. — B. K. Waltke, The Book of Proverbs and OT Theology, In: BS 136 (1979) 302–317. — R. E. Murphy, The Facets of Wisdom in the Book of Proverbs, In: FS für H. Cazelles, 1981, 337–345. — Ph. J. Nel, The Structure and Ethos of the Wisdom Admonitions in Proverbs, 1982. — C. Camp, Wisdom and the Feminine in The Book of Proverbs, 1985. — A. Rodríguez Carmona, Uso de la S. Escritura en mariología, In: EphMar 35 (1985) 143–159. — C. Camp, Wise and Strange: An Interpretation of the Female Imagery in Proverbs in the Light of Trickster Mythology, In: Semeia 42 (1988) 14–36. — R. K. Murphy, Wisdom and Eros in Proverbs 1–9, In: CBQ 50 (1988) 600–603. — O. da Spinetoli, Maria nella Bibbia, 1988. — B. Lang, Weisheit als Ethos, In: Religionsunterricht an Höheren Schulen 33 (1990) 281–288. — F.-J. Steiert, Die Weisheit Israels — ein Fremdkörper im AT?, 1990. *J. Scharbert*

Springborn (poln. Stoczek Klasztorny, oder Stoczek Warmiński), Polen, Diözese → Ermland, von Bischof Hermann aus Prag 1549 angelegtes Dorf, bis 1981 innerhalb der Grenzen der Pfarrei Kiwitten, dem Patronat BMV Mutter des Friedens geweihtes Heiligtum unter der Obhut der Marianer (MIC).

Die barocke, rotundenförmige Kirche ⟨M⟩e Heimsuchung wurde 1639–41 von Bischof Nikolaus Szyszkowski erbaut; er erfüllte damit ein während des Schwedischen Krieges abgelegtes Gelöbnis (1639). Die Kirche steht auf dem Platz der in der Reformationszeit entweihten Kapelle und der zerstörten Schmerzensmutterstatue, die nach der Legende auf wunderbare Weise auf dem Feld gefunden und Anfang des 16. Jh.s verehrt wurde. Das Bild der Mutter des Friedens im Hauptaltar (225 × 166 cm) wurde vermutlich um 1640 aus Rom hierher gebracht und kurze Zeit später durch Wundertaten berühmt. Es ist eine freie Kopie des in S. Maria Maggiore zu Rom verehrten Gnadenbildes und zeigt ⟨M⟩ mit Kind und Zepter. Das Bild ist mit einer barocken Silberverkleidung und mit Kronen (die ersten wurden 1670, die zweiten um 1700 vom Priester Michael Lodau, die jetzigen 1983 gestiftet) verziert. Es kann mit einer Schutzwand verdeckt werden, die den hl. Franz v. Assisi darstellt, wie er vor Christus und vor der GM kniet. Zu den Votivgaben gehört auch ein Rosenkranz aus Bernstein, der 1977 von Stefan Kardinal Wyszyński gestiftet wurde.

Das Heiligtum stand unter der Obhut der Franziskaner Observanten (in Polen Bernardiner genannt) aus Wartenburg (Barczewo), für die Bischof Johannes Wydżga 1666 ein gemauertes Kloster errichtete, das Bischof Theodor Potocki 1716–17 ausbaute. Die Kirche, »Templum Pacis BMV« genannt, wurde am 16. 7. 1700 durch Bischof Andreas Załuski konsekriert. Wegen der wachsenden Zahl der Pilger wurden 1712 auf Anregung von Guardian Cherubin Watson das rechteckige Presbyterium und ein spätbarocker Turm gebaut. Bereits 1708–11 war ein Kreuzgang mit 4 Kapellen errichtet worden. 1743 wurden die Kreuzgangmauern von Christoph Perwanger mit Stuckkreuzwegstationen verziert.

S. gehörte zu den bekanntesten Wallfahrtsorten Ermlands in der Gegenreformationszeit. Durch die Renovierungsarbeiten 1860–65, 1909 und 1913 ist der Innenraum der Kirche ärmer geworden. Nach der Teilung Polens 1772 kam S. zu Preußen. Nach der Aufhebung des Klosters (1810) wurde 1826 die Kirche geschlossen und erst 1841 wiedergeöffnet. Danach betreuten Diözesanpriester und 1870–73 Lazaristen aus Köln die Wallfahrtskirche. Es entstand ein Diözesanexerzitienhaus für Priester und kath. Lehrer. 1920 kamen die Franzsikaner Observanten aus der dt.-schlesischen Provinz nach S. zurück; 1945–63 wurde S. von den poln. Bernardinern betreut; seit 1957 ist die Seelsorge den Marianern anvertraut, die zur Belebung des ⟨M⟩-kults und zur Krönung des Gnadenbildes durch Papst Johannes Paul II. am 19. 6. 1983 in Czenstochau beitrugen.

Von der Blütezeit der MV in S. im 17. und 18. Jh. zeugen fünf Bruderschaften, zahlreiche Bekehrungen der Lutheraner, regelmäßige Pfarreiwallfahrten und viele Votivgaben. Im 19. Jh. ging die Pilgerfrequenz stark zurück und nahm erst nach dem Ersten Weltkrieg wieder zu. Zur Zeit kommen jährlich ca. 50000 Pilger aus Ermland, aus den Nachbardiözesen und aus Deutschland. Hauptablaßfeste sind der Gedenktag ULF auf dem Berge Karmel (16. Juli) und ⟨M⟩e Heimsuchung (31. Mai); seit 1979 finden am 9. Mai und am 1. September Friedensgebettage statt; seit 1986 liegt ein eigenes Meßformular vor.

1953–54 hielten die Staatsbehörden Stefan Kardinal Wyszyński im Kloster in S. gefangen, woran ein Gedenkstein (von Józef Kardinal Glemp 1982 gestiftet) erinnert.

Lit.: F. Hipler, Die Wallfahrtskirchen in Krossen und S., In: Pastoralblatt für die Diözese Ermland 3 (1876) 81 f. — A. Boetticher, Die Bau- und Kunstdenkmäler der Provinz Ostpreußen. Das Ermland, Königsberg 1894, 246. — A. Boenigk,

Kloster S., In: Zeitschrift für Geschichte und Altertumskunde Ermlands 20 (1917) 228–335. — E. Brachvogel, Der Silberschatz des ausgehobenen Klosters S. vom Jahr 1914, In: Unsere ermländische Heimat 13 (1933) I 1–2. — G. Gall, Deutschordensland Preußen, In: Handbuch der Dt. Kunstdenkmäler, 1952, 213. — J. Schmauch, Springborn, In: Ermländischer Hauskalender, 1953, 192–197. — H. Madej, Sanktuaria maryjne na Warmii w aspekcie historii sztuki, In: Studia warmińskie 14 (1977) 379–385. — T. Chrzanowski, Przewodnik po zabytkowych kościołach północnej Warmii, 1978, 151–162. — J. Poklewski, Kościoły odpustowe na Warmii, In: Sztuka pobrzeża Bałtyku, 1978, 341–355. — K. Sarwa, Kult Matki Bożej w Stoczku Klasztornym, In: Posłaniec warmiński na rok 1980, 1979, 91–96. — T. Górski, Sanktuarium Matki Pokoju w Stoczku Warmińskim, 1988. *A. Witkowska*

Sri Lanka. Die eigentliche Missionierung auf S. setzte mit dem Eintreffen von fünf Franziskanern unter der Führung von Johannes de Villa de Conde im Jahre 1543 ein. Es folgten 1602 die Jesuiten, vier Jahre später die Augustiner und Dominikaner. Als die Mission auf S. in der Mitte des 17. Jh.s einen Höhepunkt erreicht hatte, vertrieben die Niederländer in einem 20jährigen Krieg (1638–58) die Portugiesen von der Insel. Auch die kath. Priester mußten das Land verlassen. Der Retter der kath. Mission und Kirche auf S. war dann der Oratorianer Joseph →Vaz (1651–1711) aus Goa. Ihm folgten José Menezés (1711–17) und Jacome Gonsalvez (1676–1742), der bes. durch seine zahlreichen Schriften in den Sprachen Tamil und Singalesisch viel Gutes wirkte.

Die MV auf S. wurde gerade durch diese Priester geprägt, durch Vaz in seiner ganz marian. Ausrichtung, seiner Liebe zum Rosenkranz sowie durch das große lit. Werk von Jacome Gonsalvez. Seine Dichtungen über die Passion des Herrn waren weit verbreitet und wurden während der Fastenzeit in den kath. Dörfern gesungen. Unter diesen »Passionsgeschichten« nimmt die »Vede Kavyavya« (Rel. Lieder, veröffentlicht durch Kariyakaravana Patabendi Mahadidanelage D. B. Fernondo, Colombo 1871; durch M. Ranasinghe, Colombo 1934) einen hervorragenden Platz ein. Sie gilt als die größte kath. Dichtung in Singhala. Das Werk ist angeregt und beeinflußt von den beiden klassischen Dichtungen »Budugunalamkaraya« (»Die Herrlichkeit Buddhas«) und »Pärakumba Sirita« (»Das Leben von Pärakumba«).

Die GM ist in diesem Gedicht bestimmend. Von den 537 Versen handeln 75–243 und 382–495 von M und geben Gespräche zwischen ihr und ihrem Sohn wieder. Die GM wird in dem langen Gedicht als »die reine Jungfrau im Denken und Handeln wie der Mond« (V. 81) geschildert. Ihre Gnadenfülle, ihre Geburt und ihre Tugend werden ausführlich beschrieben. Sehr lang wird von der Partnerwahl für M gesprochen (V. 92–112). In bildreicher Sprache werden die Geburt Christi und das Leben der Hl. Familie gezeichnet. Ein zweiter marian. Hauptteil beschreibt Leiden, Angst und Sorge Ms auf dem Leidensweg und beim Tod ihres Sohnes. In einem kurzen Gespräch zwischen Mutter und Sohn entfaltet Gonsalvez die Theol. des Lebens, Leidens und Sterbens Jesu: das tat ich für die Sünden der Menschen (V. 486). Für ihn ist das jüdische Volk verantwortlich für den grausamen Tod Jesu. M ist untröstlich bei diesem Gedanken. Durch Jahre wurde in diesen Gedichten dem Volk das Bild vom Leben Christi und seiner Mutter vermittelt.

Unter den Mwallfahrtsorten auf S. ragt das Heiligtum ULF von Madhu heraus, das auf die port. bzw. niederländische Zeit zurückreicht. Das viel besuchte Gnadenbild stand in der großen Kirche von Mantai, dem Zentrum der blühenden Christengemeinden von Mantotte. Während der niederländischen Verfolgung flüchteten die Katholiken von Mantotte mit dem Gnadenbild in die Dschungelwälder östlich von Mantai nach Madhu. In den Jahren der Hungersnot und der Cholera (1868–78) in Südindien und S. gewann der Wallfahrtsort wieder neue Bedeutung. Das erste Jahresfest wurde am 2.7.1870 gefeiert. ULF von Madhu wird auch als »Schlangenkönigin« verehrt, weil die Pilger stets vor den Schlangenbissen bewahrt worden sind, obgleich etwa 30 Arten giftiger Schlangen rund um das Heiligtum leben. Aus alter Zeit hat sich die Überzeugung gehalten, daß der Sand von Madhu durch die Fürbitte ULF von Madhu gegen Schlangenbisse und Krankheiten helfe. Das gehe auf einen heiligmäßigen, namentlich unbekannten Priester aus Goa zurück, der hier seine Ruhe und Zuflucht gefunden hatte und »samamasu« (»Engel«) genannt wurde. Das Bild war ursprünglich in einer Hütte aufgestellt; 1872 legte Bischof Ernst Christophe Bonjean (1823–[1865]–1892) von Jaffna, später Colombo (1886) den Grundstein zu einer Kirche. Aber erst Bischof Henri Joulain (1852–[1893]–1919) konnte den Bau vollenden. Es wurden Brunnen für die Pilger gegraben und ein großer See angelegt, der über 100 000 Menschen das tägliche Bad gestattet. Das Gnadenbild wurde am 2.7.1924 feierlich gekrönt. 1944 wurde die jetzige Basilika eingeweiht.

Am Karsamstag 1942 gelobte Erzbischof Jean-Marie Masson (* 31.3.1876 in La Biolle/Chambéry, 1895 OMI, 1901 Priester, 1902 nach S., 1938 Erzbischof von Colombo, †26.7.1947) angesichts der drohenden Invasion der Japaner bei Errettung ein nat. Heiligtum in Tewatte unter dem Titel »Königin von Lanka« zu erbauen. Unter seinem Nachfolger Cooray wurden durch Pius XII. der Titel und das Fest auf den 4. Februar festgelegt (Quandoquidem, In: AAS 42 [1950] 383–383). Die farbig gefaßte Statue ULF von Lanka wurde auf Weisung des Erzbischofs von dem Schnitzer der Fatima-Madonna aus Zedernholz gefertigt. M hält ihren Sohn auf dem rechten Arm, der einen goldenen Stern auf der Brust hat und in seiner Rechten einen Rosenkranz hält. Zu Füßen Ms liegt ein Zweig mit drei Blüten des Tempelbaumes (temple tree oder frangipani, Singala »Na«, Plumeria acuminata), dessen Blüten bei Opfern, Tänzen und zum Streuen in den Tempeln verwendet werden.

In der Kirche »Allerheiligen« in Colombo im Stadtteil Borella wird seit 1950 unter großer Beteiligung die ewige → Novene zu Ehren der Immerwährenden Hilfe ⓂⓂs an jedem Mittwoch gehalten. Kleinere und regionale Wallfahrtsorte gibt es in Wanny, einem Ort im Wald im Norden von S. Dort lebt ein Stamm, der sich der Elefantenjagd widmete. Dabei war es üblich, vor der Jagd jedesmal Opfer darzubringen und um reichen Jagderfolg zu beten. Als einige Stammesmitglieder Christen wurden, ging der Jagderfolg bei den Nichtchristen gänzlich zurück. Sie wandten sich an einen Pater mit der Bitte um ein Fürbittgebet bei der »Jungfrau und Göttin« Ⓜ und gelobten, den ersten Elefanten der Madonna zu opfern. Das Vertrauen der Jäger wurde belohnt und fast alle ließen sich taufen. Am 2.7.1924 wurde ein Wallfahrtsort eingeweiht unter dem Titel »Königin der Elefanten«.

Der apost. Delegat (seit 1892) Vladislaus Michael Zaleski (1852–1925) ließ 1895 beim Päpstlichen Zentralseminar in Kandy (1893 errichtet) eine Kapelle ULF von Czenstochau für die Bevölkerung der Umgebung erbauen und drei Jahre später eine Lourdesgrotte, die viel besucht wird. Am 7.5.1898 wurden in Halpatota, nordwestlich von Galle, eine Kirche und eine Grotte ULF von Lourdes eingeweiht. In der Diözese Trincomalee in Paleyuthu entwickelte sich die Kirche ULF von Lourdes recht bald zu einen Pilgerzentrum, ähnlich auch in Kegalle in der Diözese Galle.

Nach der Überlieferung geht die Wallfahrtskirche St. Anna in Talavillu (Diözese Chilaw) auf eine Erscheinung der Mutter Anna im 17. Jh. zurück. Eine Kapelle wurde errichtet und bald zogen viele Pilger aus Negombo, Colombo und Mannar und den Küstendörfern nach Talavillu. Der Oratorianer Norunha erbaute 1843 eine geräumige Kirche, deren Fassade Léo Jean-Baptiste Pélissier (1827–82, 1852 nach S.) vollendete. In der Seuchen- und Hungerperiode wuchs die Wallfahrt an, so daß man 1877 30000 Pilger zählte.

Aus der ersten Missionsperiode wird von dem wundertätigen Bild NS de Mandanale (gemeint ist Mandavala in Siyana Korale East, Ganga boda Pattuva) berichtet. Wallfahrten dorthin sind schon für 1622 bezeugt. Das Öl aus den Lampen vor dem Gnadenbild wurde auch als wundertätig verwendet.

Aus der port. Missionsperiode weisen einige Spuren auf die frühere Ⓜfrömmigkeit, so die Statue NS dos Milagres aus Jafanapatao (Jaffna), die sich heute in der Kirche S. Pedro in Piedae/Goa befindet. Das Jesuskind sitzt auf dem linken Arm der GM, die als Obergewand einen Sari trägt. Das Bild wurde 1614 von Francisco de S. Antonio dem Pfarrer der Kirche NS da Victoria gestiftet, nachdem die Kirche durch Feuer völlig zerstört worden war. Er gab dem nichtchristl. Schnitzer Engabanu den Auftrag, aus einem Holz, das er aus Cochin mitgebracht hatte, eine Ⓜstatue zu schnitzen. Dem Gnadenbild werden viele Gebetserhörungen zugeschrieben, Hilfen in vielen Sorgen und Nöten, Schutz und Errettung in Krankheit und bei Seuchen.

Vom Hafen von Kayman ist eine Sturmglocke erhalten geblieben, die die Inschrift trägt »Ave gratia plena Dominus tecum Benedicta tu inter Mulieres.« Im Museum von Colombo findet sich eine Platte mit der Aufschrift »Capella Dos Irmaos Da Confraternidade Do Santissimo Rosario seu Arco novamente Feito ma era de 1647 sendo presidente Batezar de Veiga«.

Im Kloster der Rosariani in Tholagathy wird der Rosenkranz mit gekreuzten Armen gebetet. Begonnen wurde dieser Brauch von Antonius Thomas (* 1886, 1909 OMI, 1912 Priester, †26.1.1964), der 1928 die Rosarians, einen beschaulichen Orden in Jaffna gründete. Ein weiblicher Zweig, die Rosarian Sisters, folgte 1948. Das Hauptziel der Ordensgründung war aber, daß der Rosenkranz Tag und Nacht gebetet wird.

Marian. Schrifttum in Singhala: D. D. Wijeysinghe, Nattal Magalye (Christmas), 1844. — Nattal Geethika (Christmas Carols), 1849. — Deve Mathawange Shri Suddha Sabahave Anucharaye (Rules of the Marian Confraternity), 1864. — Bastian Perera, Deve Mainyange Vandana Masaye (Month of Mary), 1867. — Pompei Japamale Rajeswariye (Queen of the Rosary of Pompeji), 1900. — C. Chounavel, Dêva Meniangé Vandanâ Mâseiaa (Devotions for May), 1900; Neudr. 1928. 1949. — C. Chounavel, Carnel Sakudâtu (Rules of the Society of Mt. Carmel), 1907. — C. E. Fonseka, Loârdhu Mâathâ Warnanâawa (History of the Apparitions of Our Lady of Lourdes), 1921. — M. L. Le Goc, Loordu puwatha (The Facts of Lourdes), 1925. — S. E. A. W. Rodrigo, Der Hl. Rosenkranz (zweistimmig mit Orgelbegleitung), 1925. — Z. Dabrera, Samadanaye Pajeswarrim (Queen of Peace), 1925. — S. J. Fernando, Madhu Desvasthaneye (Madhu Church), 1925. — C. D. Jayawaradene, Marie Vahansege Magine (Glories of Mary), 1927. — Marie Vahansege Mahime (Dignity of BMV), 1927. — S. J. Fernando, Madhu Siddhastaneye (A Brief Sketch of Shrine at Madu), 1928. — Don Julian and S. J. Fernando, Talawila Sidhastanaya (A Historical Sketch of the Shrine at Talawila, St. Ann's Church), 1928. — C. Chounavel, Carmel Samâagama, 1932. — L. M. V. Thomas, Abhinava Wandhana Mâasaya (New Month of Mary), 1933, ²1956. — Anna Muniwarige Prathnawe (Litany of St. Anne), 1933. — Pathima Dharshena-Lankaraya (Appearance of Fatima), 1944. — Carmel Samagame Samagam Karayn Kiveyn Kiveyuthu Yakgna (Carmel Membership Prayers), 1946. — J. Anthony, Meksikove Maria (Mary of Mexico), 1946. — J. A. Fernando (Übers.), Seba Bakkthiya (Traité de la vraie dévotion par S. Grignion de Montfort), 1947. — J. A. Fernando, Pathima Japamine Mathavo (ULF of Rosary of Fatima), 1948. — Rogeenge Jepamalye (Rosary of the sick), 1948. — J. A. Fernando, Yahapath Anusasana Dayake Mathavo (Mother of Good Counsel), 1948. — Ders., Madhuhi Ape Swamiduwage Devmadure (Our Lady's Church at Madhu), 1949. — Madhi Vandanakarayaga Yakgna Pothe (Madhu Pilgrims Prayer Book), 1949. — Marieyewahansege Maseye (Month of Mary), 1949. — E. Aubert, Lurdu devamatha Wahanse (Our Lady of Lourdes), 1950. — J. A. Fernando, Pathima Mathavange Paniwidava (Message of Fatima), 1950. — D. L. Fernando, Deve Maniyange Dharsheneye (Appearance of Our Lady), 1950. — J. A. Fernando, Paramé Rasaye (Le Secret de Marie), 1951. — Ders. (Übers.), Sahamulinmâ Devamathawata Sathyweemahewath (Catéchisme de la vraie dévotion par S. Grignon de Montfort), 1952. — Ders., Sada Sarana Mathawa (Mother of the Perpetual Succour), 1952. — Ders., Dilindange Kanniava (La Vierge des Pauvres. Apparitions de ND à Banneux), 1953. — Ders., Deva Varaprsadha Mathawo (Mater Divinae Gratiae), 1952. — Bahgyiewanthe Rathriye (Holy Night), 1954. — A. P. Fernando, Menne Marie Kumariye Hari Hati (Mary as She really is), 1955. — S. Fernando, Bagihiwanthe Rathriye (Blessed Nigth), 1955. — Adrain Joseph, Mariya Gêedhama (The Marian

Hymnal, Part I), 1956. — J. A. Fernando, Pareme Parisuddha Kanniya Marie Mathave (Blessed Virgin Mary), 1957. — Ders., Divye Sathpresadayehi Ape Swamithu (Our Lady of Eucharist), 1958. — Ders., Japemale Navedine Dyanaya (Rosary Novena), 1958. — J. A. Fernando, Jepamale Bakthiye (Rosary Devotion), 1958. — Ders., Mariya Rejinage Nirmala Hurdhaya Pawulwala Sinhâsanâaroôda Kireêma (Consécration des familles au Coeur Immaculé de Marie), 1958. — E. Aubert, Lourdu Devemathahanse (Our Lady of Lourdes), 1959. — Rex Dias, Kanni Marie Mauthumige Lama Puja Pothe (Children's Marian Missal), 1961. — P. Fernando, Fathima Bakthiye (Fatima Devotions), 1961. — Nirmala Devematha Vahansege Daru Samagame (Children's Association of the Blessed Virgin Mary), 1961. — Beateman, Puthume Padakkame Ape Swamidu (Our Lady of Miraculous Medal), 1963. — F. Fernando, Pudume Padakkame (Miraculous Medal), 1963. — A. Jayewardene, Vikshope Mathawange Novene (Novena to Our Lady of Seven Dolours), 1963. — M. Gunerathe, Menne Obe Amma (Behold Your Mother), 1964. — K. S. Fernando, Devinavu Dhane (Devotion to Blessed Mother), 1966. — S. Fernando, Madhu Devasthanaye (Madhu Church), 1966. — Apege Swamidoo (Our Lady), 1966. — Devemaatha Vahaansege Suddhavi Sabekave Anucharayai (Blessed Virgin Mary in the Church), 1966. — Carmel Samagame (Carmel Sodality), 1966. — Devematha Charitheye (Life of Blessed Virgin), 1966. — Dematha Predharsheneye (Appearance of Our Lady), 1966. — Madhu Kumari (A Hymnal), 1966. — Marie Hande (Voice of Mary), 1966. — Marimau Kumari (Mother Mary), 1966. — Pathima Bakthiye (Fatima Devotion), 1966. — Sadasarane Niranthera Noveneye (Novena to Perpetual Succour), 1966.

Marian. Schrifttum in Tamil: A. Saverimuttupillai, Tiroumarouta Madou Mariyâyinmél Kírttanam (Song of Our Lady of Madhu), 1901. — Tiroumarouta Tirouvâsaguappatiguam (Poetry in honor of Our Lady of Madhu), 1908. — Tiroumaroutamadou Teuvatâyapéril Panchapadchittoûtoum Kappèl Pattoum (Songs of Our Lady of Madhu – The message of the five birds of Augury and a sea-song), 1910. — M. J. Le Goc, Loothil nadakkum Athicayankall (The Facts of Lourdes), 1916. — Teumâtâvin Péril Viyâgoulkkâdèl (Songs in Honour of Our Lady of Sorrows), 1928. — Sepamalai (Rosary), 1934. — C. Barthas, Avatkal Moonru sirucatkal (They are three Children; The Apparitions of Our Lady of Fatima), 1949.

Lit.: R. Streit, Maddu. Die Geschichte eines Heiligtums in den Urwäldern von Ceylon, Fulda 1911. — J. A. Brault, Pastoral Letter of His Lordship the Bishop of Jaffna on the Coronation of the Statue of Our Lady of the most holy Rosary at Madhu and on the third Centenary of the Consecration of the ancient Kingdom of Jaffna to the Blessed Vigin Mary, 1921. — Gnana Prakasar, A History of the Catholic Church in Ceylon I. Periode of the Beginnings, 1505–1602, 1924. — Ders., XXV Year's Catholic Progress. The Diocese of Jaffna under the Episcopate of Dr. Henry Joulain 1893–1918, 1925. — H. Moreau, Notre Dame du Rosaire à Madhu, In: Missions OMI 62 (1928) 434–443. — H. Perussel, A short sketch of the History of the Church of Our Lady of Refuge, Jaffna, In: Ceremonies of the Consecration of a Church: Published on the Occasion of the Consecration of the new Church of Our Lady of Refuge, Jaffna, On Saturday, 8. 9. 1928, III–VI. — P. Duchaussois, Sous les feux de Ceylan, 1929. — Ders., Le Couronnement de Notre-Dame de Madu, In: Missions OMI 58 (1929) 231–255. — U. Mioni, Nostra Signora di Maddu, 1930. — B. A. Thomas, The Congregation of the Rosarians, 1930; ⁵1957. — J. Rommerskirchen, Die Oblatenmissionen auf der Insel Ceylon im 19. Jh. 1847–93, 1931. — A Brief Notice of the Origin → History of the Sanctuary of Madhu, ³1936. — S. J. Fernando, The History of the Madu Church, ²1938. — S. G. Perera, Life of Father Jacome Goncalvez, 1942. — J. M. Senaverata, Our Lady of Lanka, 1945. — B. A. Thomas, A Brief Account of the Beginnings and Development of the Rosarians Congregation until February 1946, o.J. — E. Peiris, Marian Devotion in Ceylon or A historical Survey of the Devotion of the Catholics of Ceylon to the Blessed Virgin Mary, 1948. — C. J. V. Lawrence, »Patrona Principalis«, In: The Clergy Monthly 14 (1950) 333–337. — E. Peiris, St. Anne of Talavila. A historical sketch of the Shrine, 1950. — Ders., At the Tomb of Gonsalvez. A brief History of Bolawatte, 1951. — Madhu. A short account of the historical and devotional development of the Sanctuary of Our Lady of Madhu, 1952. — G. S. Perera, Life of the Venerable Father Joseph Vaz: Apostle of Ceylon, 1953. — Marian missionary exhibition. Jesuit souvenir. Colombo 22.–29. 8. 1954, 1954. — Manoir IV 935–949. — W. L. A. Peter, Les méthodes missionnaires de l' Apôtre de Ceylan, In: Eglise Vivante 8 (1956) 90–103. — R. Boudens, The Catholic Church in Ceylon under the dutch rule, 1957. — R. Boudens, Thèmes bibliques dans la littérature catholique indigèene à Ceylon, In: NZM 16 (1960) 27–39. — J. Jayasuriya, Visions of Delight, 1960. — R. Boudens, Catholic Missionaries in a British Colony. Successes and Failures in Ceylon 1796–1893, 1979. — T. Balasuriya, Mary and Human Liberation, In: Logos 29 (1990) 1–192.

H. Rzepkowski

Stabat mater (dolorosa). *1. Einführung und Text.* Die → Sequenz der Messe am Gedenktag der → Schmerzen ᛗs (15. September) umfaßt heute im vollen Wortlaut 20 oder in Kurzfassung 10 Strophen; die Verwendung ist freigestellt; Teile daraus (dt. variiert) kommen als Hymnus in der → Stundenliturgie (Laudes und Vesper) dieses Tages vor (vgl. auch GL 584 [5 Strophen], Übertragung nach H. Bone von 1847). Von den vier im heutigen Missale Romanum erhalten gebliebenen Sequenzen ist nur das St. m. ganz marian. ausgerichtet. Thema ist das Mitleiden ᛗs mit dem Gekreuzigten. Formal ist das St. m. ein Reimgebet oder Leselied im Singular für die Privatandacht (Betrachtung), das in die Liturgie aufgenommen worden ist.

Wie bei den meisten Sequenzen ist auch beim St. m. die Verfasserfrage nicht geklärt. Lange wurde → Jacopone da Todi († 1306) als Verfasser genannt, während andere Bonaventura vermuten (Manser, Grabmann). Das St. m. zeigt »in seiner viel weniger hymnischen als gemüthaft lyrischen Stimmung und in seiner an die Mystik des hl. Franz erinnernden Versenkung in das Leiden des Herrn mehr die Züge individueller Andacht, näherhin franziskanischer Passions- und Marienfrömmigkeit, als eigentlich liturgisches Gepräge« (Jungmann). Letzteres bestätigen v. a. die ersten Strophen:

Stabat mater dolorósa
iuxta crucem lacrimósa,
dum pendébat Fílius.
    Christi Mutter stand mit Schmerzen
    bei dem Kreuz und weint' von Herzen,
    als ihr lieber Sohn da hing.

Cuius ánimam geméntem,
contristátam et doléntem
pertransívit gládius.
    Durch die Seele voller Trauer,
    seufzend unter Todesschauer,
    jetzt das Schwert des Leidens ging.

O quam tristis et afflícta
fuit illa benedícta
mater Unigéniti!
    Welch ein Schmerz der Auserkornen,
    da sie sah den Eingebornen,
    wie er mit dem Tode rang!

Quae mærébat et dolébat
pia mater cum vidébat
Nati pœnas íncliti.
    Angst und Trauer, Qual und Bangen,
    alles Leid hielt sie umfangen,
    das nur je ein Herz durchdrang.

Quis est homo qui non fleret,
matrem Christi si vidéret
in tanto supplício?
> Wer könnt' ohne Tränen sehen
> Christi Mutter also stehen
> in so tiefen Jammers Not?

Quis non posset contristári,
piam matrem contemplári
doléntem cum Fílio?
> Wer nicht mit der Mutter weinen,
> seinen Schmerz mit ihrem einen,
> leiden bei des Sohnes Tod?

Pro peccátis suæ gentis
vidit Iesum in torméntis
et flagéllis súbditum.
> Ach, für seiner Brüder Schulden
> sah sie ihn die Marter dulden,
> Geißeln, Dornen, Spott und Hohn!

Vidit suum dulcem Natum
moriéntem, desolátum,
cum emísit spíritum.
> Sah ihn trostlos und verlassen
> an dem blut'gen Kreuz erblassen,
> ihren lieben, einz'gen Sohn.

Eja, Mater, fons amóris,
me sentíre vim dolóris
fac ut tecum lúgeam.
> Gib, o Mutter, Born der Liebe,
> daß ich mich mit dir betrübe,
> daß ich fühl' die Schmerzen dein.

Fac ut árdeat cor meum
in amándo Christum Deum,
ut sibi compláceam.
> Daß mein Herz von Lieb' entbrenne,
> daß ich nur noch Jesus kenne,
> daß ich liebe Gott allein.

An dieser Stelle ist eine Zäsur gegeben, weshalb auch die Kurzfassung — im Meßlektionar für die dt. Bistümer (VI 585) kenntlich gemacht durch ein Sternchen — hier beginnt. Gerade dieser Teil scheint zu bestätigen, daß das St.m. ursprünglich keine Sequenz gewesen sein kann. Dafür spricht auch, daß das St.m. lange lediglich in Horenbüchlein und Gebetssammlungen für das private Beten anzutreffen ist, nicht in liturg. Handschriften und Drucken. Die Ausrichtung auf das persönliche Betrachten und Beten bestätigt v. a. die Textgestalt des St.m. selbst, das mit dichterischen Variationen zu Joh 19,25 volksfromme Motive der Betrachtung und subjektiver Aneignung verbindet. Das lassen die folgenden Strophen erkennen:

* Sancta mater, istud agas,
Crucifíxi fige plagas
cordi meo válide.
> * Heil'ge Mutter, drück die Wunden,
> die dein Sohn am Kreuz empfunden,
> tief in meine Seele ein.

Tui Nati vulneráti,
tam dignáti pro me pati
pœnas mecum dívide.
> Ach, das Blut, das er vergossen,
> ist für mich dahingeflossen;
> laß mich teilen seine Pein.

Fac me vere tecum flere,
Crucifíxo condolére,
donec ego víxero.
> Laß mich wahrhaft mir dir weinen,
> mich mit Christi Leid vereinen,
> solang mir das Leben währt.

Iuxta crucem tecum stare,
ac me tibi socíare
in planctu desídero.
> Unterm Kreuz mit dir zu stehen,
> unverwandt hinaufzusehen,
> ist es, was mein Herz begehrt.

Virgo vírginum præclara,
mihi iam non sis amára,
fac me tecum plángere.
> O du Jungfrau der Jungfrauen,
> wollst in Liebe mich anschauen,
> daß ich teile deinen Schmerz.

Fac ut portem Christi mortem,
passiónis fac me sortem
et plagas recólere.
> Daß ich Christi Tod und Leiden,
> Marter, Angst und bittres Scheiden
> fühle wie dein Mutterherz.

Fac me plagis vulnerári,
cruce hac inebriári
et cruóre Fílii.
> Laß mich tragen seine Peinen,
> mich mit ihm am Kreuz vereinen,
> trunken sein von seinem Blut.

In den letzten drei Strophen richtet die Sequenz den Blick des Beters auf dessen eigenes Ende — im Vertrauen auf die Erlösung in Christus und auf die Fürsprache seiner Mutter:

Flammis urar ne succénsus,
per te, Virgo, sim defénsus
in die iudícii.
> Daß nicht zu der ew'gen Flamme
> der Gerichtstag mich verdamme,
> steh, o Jungfrau, für mich gut.

Fac me cruce custodíri,
morte Christi præmuníri,
confovéri grátia.
> Christus, um der Mutter Leiden
> gib mir einst des Sieges Freuden
> nach des Erdenlebens Streit.

Quando corpus moriétur,
fac ut ánimæ donétur
paradísi glória. Amen.
> Jesus, wann mein Leib wird sterben,
> laß dann meine Seele erben
> deines Himmels Seligkeit! Amen.

Anders übertragen sind die beiden letzten Strophen im Stundenbuch, dort (III 908) als Hymnus der Vesper:

»Christus, laß bei meinem Sterben
mich mit deiner Mutter erben
Sieg und Preis nach letztem Streit.

Wenn der Leib dann sinkt zur Erde,
Gib mir, daß ich teilhaft werde
deiner sel'gen Herrlichkeit.«

Das St.m. taucht im 14. Jh. in Missalien Nordfrankreichs, im 15. Jh. in Gradualien, um 1500 in Meßbüchern dt. Diözesen auf. Selbst als es bereits eine → Votivmesse »De compassione BMV« gab, benutzte man nicht überall das St.m. als Sequenz. Erst unter Benedikt XIII. (1724–1730) gelangte es trotz seiner individuellen Frömmigkeit ins Missale Romanum, als das Fest der Sieben Schmerzen Mariens für die ganze lat. Kirche verbindlich wurde (1727). Das St.m. entspricht der Eigenart dieser liturg. Feier am 15. September. Seine Wertschätzung wurde gesteigert durch Vertonungen zahlreicher und berühmter Komponisten (z.B. Josquin Deprez, Palestrina, Pergolesi, Haydn, Schubert, Verdi, Liszt, Dvorak).

Lit.: AHMA 54, Nr. 201, 312–318. — C. Blume, Der Sänger der Sequenz auf die »Schmerzensreiche Gottesmutter«, In: StdZ 89 (1915) 592–598. — Ders., Unsere liturg. Lieder, 1932, 208 ff. — N. Gihr, Die Sequenzen des röm. Meßbuches, ²1900, 62–94. — M. Grabmann, Der Einfluß des hl. Bonaventura auf die Theol. und Frömmigkeit des dt. MA, In: ZKTh 68 (1944) 19–27. — J. Fink, Der Dichter des St. M., In: GuL 21 (1948) 352–360. — F. Haberl, St.m., In: MusSacra 76 (1956) 33–39. — Jungmann I 561. — J. Pascher, Das liturg. Jahr, 1963, 656 ff. — Th. Maas-Ewerd, Mater compatiens. Zur Memoria. »Beatae Mariae virginis Perdolentis« am 15. September, In: KlBl 66 (1986) 203 ff. — LThK IX 759 f. — LThK² IX 1000 f.

Th. Maas-Ewerd

2. Lateinische Tradition. Die Sequenz zum Mitleiden 𝕸s mit dem Gekreuzigten folgt dem sog. Jüngeren oder Zweiten Stil. Jede Strophe (deren Formtyp nach dem Anfangswort des prominenten Liedes auch »Stabatstrophe« heißt) umfaßt ein Paar identisch gebauter Versikel, deren jeder als Terzine aus zwei fallenden achtsilbigen Versen und einem fallenden siebensilbigen erscheint. Die durch zweisilbigen Paarreim verbundenen Achtsilber sind durch Binnenzäsur hälftig geteilt. Der einsilbige Schweifreim der Siebensilber verknüpft je zwei Versikel zu einer Strophe.

Dem Dichter gelingt die sprachliche Füllung des streng regulierten Formgerüsts in einer Weise, die frei ist von Schematismus und Monotonie. In der ersten Strophe etabliert er durch die Verknüpfung zweier Evangelienzitate das Bild der mitleidenden Mutter (mater dolorosa): als diese unter dem Kreuz ihres Sohnes steht (Joh 19,25), erfüllt sich die Prophezeiung Simeons, daß ein Schwert ihre Seele durchbohren werde (Lk 2,35). Die drei folgenden Strophen entfalten in meditativer Wiederholung das Thema der Passion Christi und Compassio 𝕸s. Der Betrachtung folgt ab der fünften Strophe eine Kette von Bitten, in denen der Beter das Einswerden mit 𝕸 im Mitleiden sucht. Die Schlußstrophe formuliert das soteriol. Sinnziel solcher marian. Compassio-Frömmigkeit, die über 𝕸-frömmigkeit zur Christusförmigkeit strebt: das Erlangen des Seelenheils. Die im dt. Sprachraum überlieferten Textzeugen der lat. Sequenz setzen mehrheitlich neue Akzente: einen eschatol., indem sie in Strophe IX das Motiv brennender Christusliebe (»Inflammatus et accensus«) durch das der Angst vor Höllenflammen (»Flammis ne urar successus«) ersetzen; einen christol., indem sie die finale Heilsbitte nicht an 𝕸, sondern an Christus adressieren (»Christe, cum sit hinc exire...«).

Der Beter ruft 𝕸 v.a. als Mensch und Mutter an, ihren Namen nennt er nicht. Die marian. Titel und emphatischen Apostrophen werden steigernd verwendet. In den Strophen I bis VI wird 𝕸 als Mutter (»mater dolorosa, mater benedicta, pia mater, sancta mater«) bezeichnet, in den Strophen VIII und IX als Jungfrau (»virgo«). Ein Vergleich mit dem allegorischen 𝕸-preis in der Sequenz → Ave praeclara maris stella illustriert die Position des St.m. in der marian. Frömmigkeitsgeschichte. Charakteristisch sind der ornamentlose, aber affektive Stil, die Dominanz von Betrachtung und Bitte vor dem Preis (wenige Ehrentitel), das »vermenschlichte« 𝕸bild der mater dolorosa, das persönliche Sprechen (Ich-Stil) sowie die persönliche Beziehung des um Leidensgemeinschaft bittenden Christen zu 𝕸.

Die Sequenz war im MA außergewöhnlich weit verbreitet. Blume (AHMA 54,313 f.) verzeichnet eine Auswahl von über 100 Handschriften und Drucken des 14. bis 16. Jh.s. Er unterscheidet zwei Hauptfassungen: eine »romanische Fassung«, die durch Handschriften aus Frankreich und Italien (auch aus den Niederlanden) repräsentiert wird, und eine in Handschriften aus Deutschland (einschließlich Österreich, Schweiz, Böhmen, Mähren) bezeugte »dt. Redaktion«, die einen vornehmlich in den Schlußversikeln bearbeiteten Text bietet. Nach Umfang und typischen Abwandlungen des Textes lassen sich jeweils weitere Redaktionsgruppen unterscheiden. Über die Tradition der franz. Stundenbücher gelangte der Text in das seit Ende des 15. Jh.s häufig gedruckte Gebetbuch »Hortulus animae«. Vielfach ist das St.m. mit einer meist Bonifaz VIII. (1294–1303) zugeschriebenen Ablaßgarantie versehen, die dieser möglicherweise anläßlich des Hl. Jahres 1300 gewährte. Mitüberlieferungen und die Verkürzung der Sequenz auf 7 Strophen (I–V, IX–X) v.a. in böhmischen Handschriften des 14. Jh.s belegen den Gebrauch zur Verehrung der Sieben Schmerzen 𝕸s. Als Teil der »Geißlerliturgie« ist die Sequenz für das Jahr 1398 in einer ital. (Antonin v. Florenz, »Summa historialis«), für das Jahr 1399 in einer dt. Chronik (Hermann Korner, »Detmarsche Chronik«) bezeugt. In einigen Textzeugen wird sie zur Anreicherung der Predigt empfohlen und als Gegenstand schulischer Übungen herangezogen.

Der Ursprung des St.m. ist in Frankreich oder Italien zu suchen (Blume, AHMA 54,317). Die

Zuschreibung an den franziskanischen Laudendichter Jacopone da Todi († 1306) ist als unhaltbar erwiesen (Blume, 1915, 594). Ihrem formen- und frömmigkeitsgeschichtlichen Charakter nach könnte die Sequenz durchaus bereits auf dem Boden der M-frömmigkeit des »bernhardinischen Zeitalters« entstanden sein, der sie näher steht als der franziskanischen Passionsfrömmigkeit. Erkennbare Quellen sind die Sequenzen »Compassa filio mater« (AHMA 53, Nr. 103, 11./12. Jh.) und »Maesta parentis Christi Mariae« (AHMA 54, Nr. 202, 12. Jh., Adam v. St. Viktor?).

Ausg.: Rekonstruktion der »romanischen Fassung« von Blume, AHMA 54, Nr. 201, der »dt. Redaktion« von Behr, In: ZfdA 116 (1987) 89–91.
Lit.: H. A. Daniel, Thesaurus Hymnologicus II, Leipzig 1844, 131–154. — J. Kayser, Beiträge zur Geschichte und Erklärung der alten Kirchenhymnen II, Paderborn/Münster 1866, 110–192. — C. Blume, Der Sänger auf die »Schmerzensreiche Gottesmutter«, In: StZ 89 (1915) 592–598. — P. M. van Dun, De middelnederlandse vertalingen van het Stabat mater, 1957. — VL^2 IX 207–214. *A. Kraß*

3. Deutsches Mittelalter. Das »Stabat mater« fand auch in zahlreichen dt. Übersetzungen des SpätMA weite Verbreitung. Heute sind 21 meist unabhängig voneinander entstandene Vers- und Prosaübertragungen ins Hoch- und Niederdeutsche bekannt (aufgelistet in VL^2). Die Überlieferung der in der Regel jeweils nur einmal bezeugten Texte setzt erst im frühen 15. Jh. ein. Wie in der lat. Überlieferung lassen sich auch bei den dt. Übertragungen zwei Hauptfassungen unterscheiden: Die Mehrzahl der nddt. Bearbeitungen geht auf solche lat. Vorlagen zurück, die der »romanischen« Fassung folgen; die Mehrzahl der hochdt. Übertragungen bearbeitet solche Vorlagen, die der im dt. Sprachraum dominierenden »dt. Redaktion« angehören.

Von den Benediktinern von Tegernsee wurde in einer Corpushandschrift des → Mönchs von Salzburg die (dem Mönch aber wohl abzusprechende) Übertragung eines »dt.« Redaktionstextes (»Maria stuend in swindem smerzen«) überliefert. Diese läßt Strophe VI der lat. Sequenz aus und fügt zwei heterogene Zusatzstrophen (Strophe V: Durchbohrung von Christi Herz, dem »thron der trinitate«, durch den Speer eines Juden; Strophe VI; Unsagbarkeit des marian. Mitleidens) ein, die die Betrachtung der Passion erweitern und abschließen; der Einschub ist ohne Anhalt in der lat. Überlieferung. Dem Verfasser lagen zwei Übersetzungen vor, an die er sich mehr (»Bey dem krewtz jn jamers dol«) oder weniger (»Cristus muter stunt in smerz«; alle drei Texte ediert von Spechtler, Nr. G 16, 199–205) eng anlehnte. Aus dem Wiener Schottenstift stammt eine vierte, nur entfernt verwandte Bearbeitung in Reimpaaren (»Die mueter stuend mit jamers dol«, ediert von Wachinger, 26–29).

Die prominenteste Übersetzung einer »romanischen« Fassung enthält das »Seelengärtlein«, eine freie Bearbeitung des gedruckten lat. Gebetbuchs → »Hortulus animae« (»Die můter stůnd vol leyd vnd schmertzen«, ediert von Wackernagel II, Nr. 604; Hoffmann, Nr. 199). Auf die von Sebastian → Brant betreute Erstausgabe (Straßburg 1501) folgten im ersten Viertel des 16. Jh.s mindestens 35 weitere Auflagen, darunter auch einige nddt. (»De moder stundt vul leyde vnd schmerte«). Weitere gedruckte Übersetzungen finden sich im »Wurzgarten« (Straßburg 1501), einer früheren, vom »Seelengärtlein« bald verdrängten Bearbeitung des »Hortulus animae« (»Die můter was ston vol schmertzen«, nur die Schlußstrophen ediert von Wackernagel II, Nr. 1084; Hoffmann, Nr. 136); in der 1515 in Augsburg erschienenen epischen Passionsdichtung Wolfgangs v. Män »Das leiden Jesu Christi vnnsers erlösers« (»Weil noch der sun der mutter gots«, mit Akrostichon des Autornamens; ediert von Clemen) und auf einem illustrierten Kölner Druckblatt aus dem beginnenden 16. Jh. (»Eyn moder stoend drõuentlichen«, ediert von Hoffmann, Nr. 200).

Weitere in Editionen greifbare Übertragungen sind die Reimprosa »Maria dye muter stunt mit betrupten herczen« (Handschrift aus dem Nürnberger Katharinenkloster, 1. Hälfte 15. Jh.; Anfang ediert von Bartsch, S. XLVII) und die in schwachen Reimpaaren verfaßte Übersetzung »Maria was sten pey dem kreicz« (Handschrift aus Tegernsee, 4. Viertel 15. Jh.; ediert von Gillitzer 8–10).

Die dt. Übertragungen des St. m. im SpätMA knüpfen unter den spezifischen Bedingungen der Volkssprache an die Gebrauchsfunktionen der lat. Sequenz an. Die unter dem Namen des Mönchs von Salzburg überlieferte Übersetzung ist mit derselben Melodie versehen, die sich mehrfach bei lat. Textzeugen findet, sie diente somit als liturg. Gemeinschaftslied. Die häufigste und eigentliche Verwendungsform der Übertragungen dürfte das Lesegebet für die persönliche Frömmigkeitsübung und für den laikalen Mitvollzug der Liturgie gewesen sein. Die Handschriften waren je zur Hälfte bei Mönchen und Nonnen in Gebrauch; der Buchdruck machte volkssprachliche Versionen des St. m. auch einem Publikum außerhalb der Klöster zugänglich. Die hohe Attraktivität der lat. Sequenz und ihrer Übertragungen erklärt sich u. a. aus ihrer Empfehlung als Ablaßgebet. Auf den besonderen Gebrauch als marian. Schutzgebet gegen die Pest zugeschnitten ist eine um 1510 entstandene oberrheinische Prosaübertragung (»Gestanden ist Maria by dem crútz«: Freiburg, Stadtarchiv, cod. B 1, Bl. 146^r–147^r). Bevorzugter Gebrauchsort auch der volkssprachlichen Bearbeitungen scheint die Verehrung der Schmerzen Ms gewesen zu sein, darauf verweisen wiederum die Überlieferungskontexte und die gelegentliche Verkürzung auf sieben Strophen (»Dye mueter voller smerczen stuend«: Eger, Erzdiözesanbibl., cod. 61, Bl. 58^{r-v}; Südostdeutschland, 1471) analog zu den sieben marian. Schmerzen. Ein volkssprachliches Geißlerlied, überliefert in einer Straßburger Chronik zum Jahr 1349, enthält

Verse, die zwar nicht als volle Übersetzung, jedoch als Reflex auf das St.m. zu werten sind, das nachweislich Teil der lat. Geißlerliturgien war (ediert von De Boor 611–614; vgl. Hübner 81f.).

Die hoch- und niederdeutschen Übersetzungen des späten MA zeichnen sich durch mehr oder weniger übereinstimmende Tendenzen aus, die eine spezifische Mentalität und Spiritualität der Volkssprache bezeugen. Neben der Neigung zur konkretisierenden und dramatisierenden Ausschmückung und Veranschaulichung insbesondere der Passions- und Compassio-Motivik fallen frömmigkeitstypische Merkmale auf, die das 🅜- und Weltbild betreffen. Während die lat. Sequenz 🅜 konsequent als Mensch und Mutter vorstellt, neigen viele Übertragungen zur Glorifizierung der GM, deren (im lat. Lied verschwiegenen) Namen sie nennen und die sie mit zusätzlichen Ehrentiteln verherrlichen; die bereits zitierte oberrheinische Bearbeitung fügt eine marian. Doxologie an: »Do du, mütter vnd frouw, regnieren vnd herrschen bist mit vnserm herren Jhesu cristo nün vnd ewiclichen. Amen.« Der Überbrückung der so errichteten Distanz zwischen Gläubigem und 🅜 dient die gegenläufige Tendenz zur Vermenschlichung des 🅜bildes durch die Vermehrung der Verwandtschaftsbezeichnungen und durch die Betonung der Innigkeit ihrer Mutterliebe. Fast ausnahmslos wird in den volkssprachlichen Texten das Thema der Höllenfurcht, das der »romanischen« Fassung der lat. Sequenz fremd und nur in der »dt.« Redaktion durch eine Bildmutation in Strophe IX (aus brennender Christusliebe werden Höllenflammen) angelegt ist, eingeführt bzw. dramatisch gesteigert. Ohne Vorbild im lat. Text zeichnen einige Übertragungen ein negatives Weltbild: Die irdische Existenz wird als »ellende« geringgeschätzt und das Himmelreich als letzte und eigentliche Heimat des Christen ersehnt.

Ausg.: K. Bartsch, Die Erlösung, Mit einer Auswahl geistlicher Dichtungen, Quedlinburg/Leipzig 1858; Neudr. 1966. — Hoffmann v.Fallersleben, Geschichte des dt. Kirchenliedes bis auf Luthers Zeit, Hannover 1861. — Ph. Wackernagel, Das dt. Kirchenlied, Leipzig 1864–77; Neudr. 1964. — O. Clemen (Hrsg.), Wolfgang v. Män, Leiden Jesu Christi unsers Erlösers, Zwickau 1911. — B. Gillitzer, Die Tegernseer Hymnen des Cgm. 858, 1942. — F. V. Spechtler, Die geistlichen Lieder des Mönchs von Salzburg, 1972. — B. Wachinger, Der Mönch von Salzburg, Zur Überlieferung geistlicher Lieder im späten MA, 1989.

Lit.: Stäblein. — Bergmann, Katalog. — H.-J. Behr, Stabat mater dolorosa, Zum Verhältnis von Vorlage und Bearbeitung in der Lieddichtung des Mönchs von Salzburg, In: ZfdA 116 (1987) 83–99. — VL² IV 147–154; IX 207–214. — Grove XVIII 36 f. *A. Kraß*

4. Theologische Entfaltung. Die Erhebung des theol. bzw. mariol. Gehaltes des ursprünglich für die private Andacht und Betrachtung bestimmten Reimgebetes darf mit der Bestimmung der tragenden Gedanken beginnen, die in einer losen Folge aufgeführt werden. Die beiden ersten Strophen richten den Blick in warmer Anteilnahme auf die vom Schwert des Leidens (in Anlehnung an Lk 2,35) durchbohrte Seele der »mater dolorosa« unter dem Kreuz (vgl. Joh 19,25), deren Leiden als das menschlich höchstmögliche bezeichnet wird. Daran schließt sich das Eingeständnis des Ergriffenseins an, dem sich kein Mensch entziehen kann, wobei auch schon die Aufforderung zum Mitleiden mit der den Tod des Sohnes betrauernden »Mutter Christi« ergeht (Strophe III). So richtet sich das Interesse auch auf das vielfältige Leiden und die zahlreichen Martern des Sohnes selbst in Verbindung mit der Angabe des Sinnes dieses Leidens und Sterbens, das »pro peccatis suae gentis« (in der offiziellen Übersetzung »für seiner Brüder Schulden«: Strophe IV) geschah.

Danach ergeht die Bitte an 🅜, den »Born der Liebe«, den Beter an den Schmerzen der Mutter teilnehmen zu lassen, wobei das Leiden nun bestimmter als Mitleiden mit dem Sohn ausgegeben wird, das die Leidensmutter vermittelt (Strophe VI: »... drück die Wunden, die dein Sohn am Kreuz empfunden, tief in meine Seele ein«). Der Grund für die Teilnahme am Leiden Christi liegt wiederum in seiner Heilsbedeutung, weil das von Christus vergossene Blut »für mich dahingeflossen« ist (Strophe VI). Im folgenden wird das bereits angeklungene Motiv der Bitte um die Teilnahme am Leiden 🅜s verstärkt, welche zur Teilhabe am Leiden Christi (Strophe VIII) als beständiger christl. Lebenshaltung führt (Strophen VII und IX). Der Schluß (Strophen IX und X) bietet einen Ausblick auf das Ziel des Sich-Vereinens mit dem Gekreuzigten. Es liegt — dem ma. Sünden- und Gerichtsgedanken entsprechend — in der Bewahrung vor der ewigen Verdammnis und in der Teilnahme an »des Sieges Freuden« wie im »Erben des Himmels Seligkeit« (Strophe X). Bezeichnenderweise wird die Bewahrung vor dem verdammenden Gericht von der Fürbitte 🅜s erbeten und von ihr abhängig gemacht (Strophe IX), wie auch umgekehrt Christus um der Leiden der Mutter willen die Seligkeit gewährt. Freilich bleibt Christus (zuletzt wegen der am Kreuz vollbrachten Heilstat) in seiner unvergleichlichen Stellung als Bringer und Vollender des Heils anerkannt.

Als maßvoller Ausdruck einer subjektiven marian. Leidensfrömmigkeit, der seine Vorbilder in der schon in der frühscholastischen 🅜auffassung (vgl. → Arnold v.Bonneval, † 1156) hat, erhebt das Gedicht keine förmlichen theol. Ansprüche. Das hindert nicht, in ihm einen Grundstock von marian. Wahrheiten anzuerkennen, die für die theol. Legitimität der dichterischen Gestaltung sprechen. Dazu gehört das dem Glanz der Verherrlichung entrückte menschlich-mütterliche Bild der Mutter Jesu, die dieses Muttersein auch unter dem Kreuz bewährt. Aber auch die Darstellung ihrer Schmerzen ist, entgegen den übertriebenen Ausbrüchen in den → Klagen, maßvoll gehalten und seelisch verinnerlicht. Dem Mitleiden 🅜s wird dabei durchaus eine Bedeutung für die Verwirklichung des Heils beim Einzelnen zugesprochen, aber es ist nicht zum Gedanken an eine → Miterlösung Ⓜs übersteigert. Ⓜ erscheint hier auf der Grundlage eines allgemeinen Mittlergedankens in der Stellung der durch ihr Mitleiden zur Verbindung mit dem Leiden Christi berufenen Helferin des das Heil suchenden Menschen, welcher der Anteilnahme am Leiden Christi bedarf. So ist dem Gedicht in lehrhafter Hinsicht eine gewisse Ausgewogenheit in der Verarbeitung mariol. Grunddaten zu bestätigen, die der einzigartigen Heilsrolle Christi keinen Abbruch tun.

Lit.: Delius 166. — Graef 277 f. — Köster II 102. — Beinert-Petri 656. — H. Stirnimann, Marjam. Marienrede an einer Wende, 1989, 295–300. — LThK² IX 1000 f.   *L. Scheffczyk*

Stachowicz, Damian, *1658 in Sokołów/Polen, †27.11.1699 in Lowicz/Polen, trat mit 16 Jahren dem Piaristenorden bei und wirkte zwölf Jahre als Lehrer für Poesie und Rhetorik am Kollegium seines Ordens in Lowicz. Zu seinen kirchenmusikalischen Werken — im konzertanten Stil gehalten — zählen neben Psalmen und einer Requiemvertonung die Kantate »Ave virgo mundi« und die Litaniae BMV.

Lit.: MGG XII 1109. — Grove XVIII 41.   *E. Löwe*

Stadler, Maximilian (Johann Karl Dominik), *4.8.1748 in Melk, †8.11.1833 in Wien, österr. Komponist. Hineingeboren in eine musikliebende Familie, erhielt er schon in jungen Jahren Gesangsunterricht und wirkte im Kirchenchor seines Heimatortes mit. 1758 schickte ihn sein Vater in das Zisterzienserstift Lilienfeld, wo er seine musikalische Ausbildung noch vervollkommnen konnte. Mit 13 Jahren reiste er nach Wien. Am 4.11.1768 trat S. in das Benediktinerkloster Melk ein, feierte am 13.10.1772 Primiz und unterrichtete 1775–83 an der Theol. Hochschule des Stiftes. Schon zu dieser Zeit trat er mit Kompositionen hervor. 1783 wirkte er als Pfarrer von Wullersdorf. Ein Jahr später wurde er zum Prior seines Klosters berufen. Ab dem 19.6.1786 war ihm die Führung der Amtsgeschäfte des Klosters Lilienfeld von Joseph II. anvertraut. 1789 wurde er als Abbé commendataire nach Kremsmünster befohlen. Am 19. 1. 1791 ging er als Konsistorialrat nach Linz, um sich 1796 in Wien niederzulassen. 1803 übernahm er die Pfarrei Alt-Lerchenfeld sowie ein Ehrenkanonikat in Linz. Zugleich ließ er sich vom Ordenshabit entbinden, um als Weltpriester zu wirken. Mit den Musikern und Komponisten seiner Zeit stand er in engem Kontakt. Mit J. Haydn und W. A. Mozart war er freundschaftlich verbunden.

S. komponierte eine große Anzahl von Klavier- und Kammermusikwerken im Stil der Klassik. Von seiner KM sind 10 Messen, 2 Requiem, 1 Te Deum, sowie kleinere Gebrauchswerke bekannt. Sein Werkverzeichnis führt noch 3 Magnificat und marian. Antiphonen an.

Lit.: H. Sabel, H.S.s weltliche Werke und seine Beziehungen zur Wiener Klassik, Diss., Köln 1940. — Ders., M.S. und W. A. Mozart, In: Neues Mozart-Jahrbuch 3 (1943) 102–112. — L. Finscher, M.S. und Mozarts Nachlaß, ebd. 11 (1960/61) 168–172. — MGG XII 1122–26. — Grove XVIII 47 f   *H. Faltermeier*

Stadlmayr, Johann, * um 1575 wahrscheinlich in Freising, †12.7.1648 in Innsbruck. Nur das Titelblatt seines »Sacrum Beatissimae Virginis Mariae Canticum« von 1603 bezeichnet den Komponisten als »Frisingensem«. Geburtsjahr, Kindheit und Jugend, Ausbildung und erste Anstellung liegen im Dunkel. Erst 1603 ist S. als Musiker am Hof des Fürsterzbischofs von Salzburg nachzuweisen. 1606/07 wechselt er nach Innsbruck auf den Posten des Hofkapellmeisters bei Erzherzog Maximilian. Nach dessen Tod (1618) wurde die Hofkapelle aufgelöst. Trotz mehrerer Angebote blieb S. in Innsbruck. Als er dann 1623 als Kapellmeister an den Wiener Stephansdom bewerben will, hält ihn Erzherzog Leopold mit einem hohen Gehalt in Innsbruck und ernennt ihn zu seinem Kapellmeister. Claudia de' Medici, die Witwe Leopolds, ermöglichte S. den Druck seiner Werke.

S. schrieb fast ausschließlich KM, die sich durch Sorgfalt und Klarheit auszeichnet. Die Werke bis 1628 leben von der Gegenüberstellung homophoner und polyphoner Passagen und sind stark von der venezianischen Tradition geprägt. Während die frühen Kompositionen modal gehalten sind, setzten sich nach 1628 Tonalität und Diatonik durch. Konzertante Elemente treten in den Vordergrund, die Ausdeutung des Textes durch musikalische Mittel bahnt sich an.

Neben zahlreichen Messen und Magnificat mit bis zu 12 Stimmen hat S. öfter Antiphonen und Psalmen der Vesper vertont. Darüberhinaus existieren mehrere Litaneien, »Salve Regina«, »Ave Maria«, »Alma Redemptoris«, »Regina coeli« und »Ave Regina«. Mit einfachen Mitteln hat S. alle gregorianischen Eingangsgesänge der Messe (Introitus) bearbeitet. In der Sammlung »Rosetum Marianum« findet sich sein dt. Satz »Maria klar«.

Lit.: D. Calingaert, Rosetum Marianum, Diss., New York 1955. — H. H. Junkermann, The Magnificats of J.S., Diss., Ohio 1966. — MGG XII 1127–32. — Grove XVIII 48–50.   *J. Schießl*

Stählin, Wilhelm, *24.9.1883 in Gunzenhausen/Bayern, †16.12.1975 in Prien am Chiemsee, ev. Theol., wirkte 1917–26 als zweiter Pfarrer an St. Lorenz in Nürnberg; als Leiter des Bundes Dt. Jugendvereine (BDJ), als Prediger, Liturge und Seelsorger übte er einen nachhaltigen Einfluß auf viele Menschen aus. Mit K. B. Ritter u. a. inspirierte S. die → Berneuchener Konferenzen und stiftete die Ev. → Michaelsbruderschaft. Seit 1926 Prof. für Praktische Theol. in Münster i. W., leitete S. 1942–46 als »Ältester« die Ev. Michaelsbruderschaft, später den aus Frauen und Männern bestehenden »Berneuchener Dienst«. Seit 1945 war S. Bischof der Ev.-Luth. Kirche in Oldenburg. Mit Erzbischof Lorenz Jaeger (Paderborn) und weiteren bekannten Theologen gründete er 1946 den ökumen. Arbeitskreis ev. und kath. Theol. In der Stille und seit dem Zweiten Vatikanischen Konzil öffentlich hat dieser Kreis wesentliche Grundlagen ökumen. Theol. erarbeitet. Die 8. Tagung in Paderborn (1950) war der Heiligenverehrung gewidmet. Über die damals erfolgte Dogmatisierung der leiblichen Aufnahme M̄s in den Himmel gab es Auseinandersetzungen, ohne daß der Kreis zerbrach. — Als Mitbegründer der Luth. Liturg. Konferenz hat S. darauf hingewirkt, daß die biblisch begründeten M̄feste in der Vereinigten Ev.-Luth. Kirche Deutschlands (VELKD) liturg. berücksichtigt wurden. Papst Paul VI. ehrte den bedeutenden Ökumeniker 1963 durch eine Privat-Audienz.

S. hat oft das biblische Bild M̄s gezeichnet: auf bes. eindringliche Weise in seiner meditativen Betrachtung der Verkündigung der Geburt des Herrn »Freu dich, Begnadete«. Ihm lag daran, in den ev. Kirchen eine Theol. der Inkarnation heimisch zu machen. Eine Wurzel seines Verständnisses für M̄ und seiner Liebe zu ihr liegt in seiner südt. Herkunft, die ihn früh mit kath. Frömmigkeit in Berührung brachte. An Luther erkannte S., daß der Reformator sein Leben lang die Mutter des Herrn geliebt und verehrt hat. Die Verehrung der Heiligen ist in der Augsburgischen Konfession festgehalten. S. hat nach den Verirrungen des Rationalismus und Intellektualismus deutlich gemacht, daß nicht Ideen den Menschen retten, sondern der von M̄ geborene Sohn Gottes.

Im Zuge der liturg. Erneuerung hat S. zunächst in der Berneuchener Bewegung, später in Agenden und Kirchenordnungen dahin gewirkt, daß die biblisch begründeten M̄feste in Gottesdiensten gefeiert werden können: am 2. Februar die Darstellung des Herrn (M̄e Reinigung), am 25. März die Verkündigung und am 2. Juli die Heimsuchung M̄s. Überdies hat S. gern den 4. Sonntag im Advent als einen M̄sonntag begangen. Der Engelsgruß an M̄ wird zwar nicht allgemein, wohl aber im Einflußbereich der Michaelsbruderschaft mit dem Mittagsgebet verbunden und in der Vesper allgemein das Magnifikat gebetet. In das Tagzeitenbuch der Michaelsbruderschaft wurde Luthers Lied »Sie ist mir lieb, die werte Magd« aufgenommen; dieses und andere M̄lieder hat S. geliebt und ihren Gebrauch gefördert.

QQ: Berneuchen. Unser Kampf und Dienst für die Kirche, ²1939. — Tägliches Gebet, ²1960. — Große und kleine Feste der Christenheit, 1963. — Die Regel des geistlichen Lebens, ³1964. — Via vitae, Lebenserinnerungen, 1968. — Maria, In: Quatember 1963, 222–226. — Freue dich, Begnadete. Eine Betrachtung über die Verkündigung der Geburt des Herrn, o.J. — Siehe, dein König kommt zu dir, hrsg. von R. Mumm, 1982.

Lit.: A. Köberle, W.S., ein ökumen. Bischof, 1977. — R. Mumm, W.S., ein Leben für die hl. Kirche, In: Jahrbuch des Luther Bundes, 1983. *R. Mumm*

Stafford, Anthony, * 1587 in Northamptonshire, † 1645 (?), engl. rel. Schriftsteller, wurde als fünfter Sohn einer alteingesessenen Familie Northamptonshires geboren. Am 8.3.1604/05 schloß er das Oriel College in Oxford ab und wurde am 30.1.1605/06 zum Inner Temple zugelassen. 1623 wurde ihm der Magistertitel verliehen. Als nachgeborener Sohn verdiente er sich seinen Lebensunterhalt, indem er rel. und phil. Meditationen veröffentlichte, die er adeligen Gönnern widmete. Sein Hauptwerk, »The Femall Glory: or the Life and Death of our Blessed Lady, the holy Virgin Mary, Gods own immaculate Mother« (London 1635), war eine davon und wurde Lady Theophila Coke gewidmet. Im Vorwort verteidigt S. die Veröffentlichung seines Buches gegen mögliche Angriffe wegen Idolatrie, indem er erklärt, daß er ein Bewunderer M̄s, nicht aber ihr »Anbeter« sei, so daß er auf keinen Fall jene profanen Bräuche dulde, die Gott seiner Ehre berauben und diese auf M̄ übertragen. Obwohl er nicht so weit gehen möchte, die »jüngsten Schwierigkeiten« in Deutschland auf Grund der dortigen Geringschätzung der GM zu tadeln, ist er sich gleichzeitig sicher, daß es Gott mißfalle, wenn M̄ nicht entsprechend geehrt werde. In einem Versuch, die angemessene Achtung für M̄ in England zu fördern, bietet S. dem Leser einige »Panegyrika« in Gedichtform — eines davon (»The Gyrlond of the blessed Virgin Marie«) vom engl. Dichter und Dramatiker Ben Jonson — und fährt fort mit einer Darstellung des Lebens der GM auf der Grundlage von Legenden, die mehreren Quellen entspringen. Das Buch wurde zum Politikum, als es vom puritanischen Geistlichen Henry Burton (1587–1648) angegriffen wurde. In »For God and the King. Two Sermons« (London 1636) erhob Burton, Rektor von St. Matthew's in Friday Street (London), schwerste Vorwürfe gegen S.s »papistische Ausschweifungen«, wurde aber sofort Opfer der antipuritanischen Politik Bischof William Lauds (1573–1645). Burton wurde wegen seiner »Sermons« eingesperrt und zu Amtsenthebung, Aberkennung seiner Titel, Prangerstehen, Verlust seiner Ohren und lebenslänglicher Haft verurteilt; 1649 wurde er freigelassen. Weitere Veröffentlichungen in der Debatte um »The Femall Glory« waren Christopher Dows »Innovations Unjustly Charged« (London 1637) und Peter Heylyns »A Briefe and Moderate Answer, to H. Burton« (London 1637).

Ausg. und Lit.: O. Shipley (Hrsg.), The Life of the Blessed Virgin: together with The Apology of the Author, London 1860. — G.C. Moore Smith, A.S., In: Notes and Queries, March 26, April 2, 1927. — Dictionary of National Biography LIII, 1898, 444 f. *J. M. Blom*

Stagel, Elsbeth → Schwesternbücher

Stainmayr, Michael, * 1675 in Landshut, † 1.1.1701 in Osterhofen. Der Prämonstratenserchorherr in Osterhofen/Niederbayern, seit 1675 Abt seines Klosters, hinterließ mehrere marian. Erbauungsbücher, darunter eine Serie von Rosenkranzpredigten mit dem Titel »Marianische Schatz-Cammer (...) von der Kraft, Verdienst und Nutzbarkeit des Allerheiligsten Rosen-Crantzes«, dessen »Fünffter Thail« 1690 in München erschienen ist (andere Teile konnten nicht ermittelt werden). In der Vorrede schreibt der Abt, daß er trotz der Bürde seines Amtes das Werk herausgegeben habe, »weilen es zu Gottes/vnd seiner Liebwerthisten Mutter Mariae Ehr gereicht«. Die Predigten, rhetorische Sprachgebilde in der Art der Barockzeit, sind voll von witzigen Spielereien, die überraschende Wirkungen zeitigen; sie sind v.a. mit »schönen Exempeln« geziert und vermehrt, »durch welche die Menschen zur Tugend an/ vnd von den Lastern abgemahnet« werden sollen. Die fünf »Eingangs-Predigen« dieses Bandes handeln von den fünf Buchstaben des Namens der GM. S.s Werk ist in der Tat eine »Schatz-Cammer« tiefempfundener marian. Frömmigkeit und marian. Gedankengutes und als solche charakteristisch für ihre Zeit.

WW: Rationale Mariale. Oder Marian. Brustblat, München 1686. — Lauretanische Vogelgerten, München 1694.

Lit.: L. Goovaerts, Dictionnaire bio-bibliographique des Ecrivains, Artistes et Savants de l'Ordre de Prémontré, Bruxelles 1900–16, II 197 f. *H. Pörnbacher*

Stalenus, Joannes, * 25.4.1596 in Kalkar † 8.2.1681 in Kevelaer. In der Sitte seiner Zeit latinisierte er seinen Namen Johann Stael und verfaßte zahlreiche lat. Werke, einige davon auch in niederrheinischem Dialekt. Nach dem Studium der Lateinschule in seiner Heimatstadt und der Humaniora in Emmerich erlangte er an der Universität zu Köln das Lizentiat der Theol.; 1618 wurde er dort auch zum Priester geweiht. Während der Ereignisse von →Kevelaer die zur Errichtung der Gnadenkapelle des Wallfahrtsortes führten, war er Pfarrer von Rees. Mit seiner Gemeinde pilgerte er um den 1.6.1642 zum kurz davor eingesetzten Bild der GM in Kevelaer und hielt an diesem Tag die erste Predigt vor der dortigen M-kapelle. Der Erinnerung daran wird in Kevelaer bis heute Rechnung getragen, indem der Gemeinde aus Rees bei ihrer jährlichen Wallfahrt für ihre Wallfahrtskerze ein Ehrenplatz in der Mitte der Kirche bereitgehalten wird. 1657 trat S. in das Oratorium zu Kevelaer ein und wurde Dechant des Dekanats Geldern.

Sein theol. Werk stand im Dienste der Pastoral und somit auch im Dienste der Verteidigung der kath. Lehre und der Sitten des kath. Volkes; meist griff er dann zur Feder wenn Kalvinisten das Kath. angriffen, die zu seiner Zeit durch ihre Predigerschule in Wesel einen großen Einfluß am Niederrhein hatten und durch Besetzung früherer kath. Pfarreien versuchten mit der Gunst des Herzogs von Kleve ihre Macht auszudehnen und die Katholiken von ihrem »Aberglauben« abzubringen. Einer der Hauptkontrahenten des S. war der kalvinistische Prediger von Sonsbeck, Bernhard Boomhof, der unter seinem latinisierten Namen Fohmobeus — verschiedene Schriften gegen die von S. geförderten Frömmigkeitsübungen herausgab. Da der Wallfahrtsweg der Gemeinde ihres Rees nach Kevelaer durch Sonsbeck führte, richtete sich die Schrift zur Verteidigung der Wallfahrten gegen den Vorwurf Fohmobeus', solche Übungen seien eine abergläubische »novitas« im christl. Glauben, indem S. die traditionellen Argumente als »antiquitas« dagegenhielt.

Seine Verteidigung der Heiligenlitanei und der Wallfahrten enthalten sehr wertvolle mariol. Aussagen über die Mittlerschaft M-s und die Grundlage ihrer Verehrung, so daß S. gewiß zu den volkstümlichen Mariologen seiner Zeit zu zählen ist. Für ihn ist M »Jakobsleiter«, weil sie die Kirche auf Erden mit dem Himmel verbindet. Dabei spricht er von der Kirche hier auf Erden auch als der »Kirche der reumütigen Sünder«; mit »Mediatrix« bezeichnet er — wie später das II. Vaticanum — M als unsere Fürsprecherin, die aus Liebe zu uns vor ihrem Sohn für uns eintritt. Ohne Rücksicht auf die kalvinistische Kritik sprach er gern von der »Regina coeli« und sieht im Bild der »Maria lactans« ein Sinnbild ihrer mütterlichen Fürsorge: »Die Selige Jungfrau, die dem Kind ihre Milch gibt, stellt das Geheimnis der Menschwerdung dar, Christus, der das Brot der Engel ist, für uns kleine Kinder.« In der Menschwerdung ist er für uns Milch geworden, die wir von unserer Mutter M empfangen. Das Fundament der Funktion M-s als Mittlerin zwischen Christus und seiner Kirche sind ihre Verdienste und ihr Auftrag im Werk der Erlösung: indem sie »scala peccatorum« ist, ist sie »scala coeli« und »consolatrix afflictorum«.

In seiner Verteidigung der Fürbitten, die (neben den eindringlichen pastoralen Erklärungen zu den Mischehen und der Haltung von Katholiken gegenüber den prot. Herrschern) Hauptanliegen seiner Werke war, kam er immer wieder auf die Frage der Kardiognosis, nämlich ob die Engel und Heiligen, insbesondere M, von den Nöten unseres Herzens Notiz nehmen können, da nur Gott allein unsere Gedanken kennt. Seine Antwort ist eine zweifache: »Es gehört zur Gottesschau, zum Licht der Herrlichkeit, daß die Heiligen im Himmel die Werke der Gnade sehen ... Es gehört zu den Herrlichkeiten des Ewigen Lebens, daß die Verdienste der Heiligen den Verdiensten Christi zugezählt werden.« Folglich gehört es zur Herrlichkeit der Allerseligsten Jungfrau, daß sie die Werke der uns auf ihre Fürsprache hin gewährten Gnaden kennt, da sie selber in ihren Verdiensten ein Werk der Gnade ist, die ihr Sohn uns gewährt, wobei in M diese Gnade die reichsten Früchte, die Verdienste von uns Miterlösern, gebracht hat.

In seinen ständigen Auseinandersetzungen mit den Kalvinisten mußte sich S. immer wieder gegen den Vorwurf der Mariolatrie wehren und widmete daher diesem Thema in seiner Schrift zur Verteidigung der Wallfahrten ein ausführliches Kapitel, in dessen Erklärung er direkt auf seine Gegner eingeht: Wenn die Katholiken von ᛗ als ihrer Königin sprächen, meinten sie damit nichts »Göttliches« im Unterschied zu den Kalvinisten, die — wenn sie von der engl. Herrscherin Elisabeth sprächen, jene in blasphemischer Weise »als Göttin« bezeichneten. Für S. ist ᛗ v. a. unsere Mutter von deren Liebe zu uns wir wissen; deshalb »ziemt es sich zu Maria zu sagen: Dum steteris in conspectu Dei loqui pronobis bona«.

WW: Litania Sanctorum, Coloniae 1634. — Apologeticus pm litanaia Sanctorum, Coloniae 1635. — Papissa, monstrosa et mera fabvla, Coloniae 1639. — Oratio in recentem terraemotum..., Coloniae 1640. — Peregrinus ad loca..., Coloniae 1649 (mit seinem Consocio de consecratione et dedicatione Ecclesiae...). — Tractatus pastoralis practicus..., Coloniae 1677. — Dissertatio theologo-politica..., Coloniae 1677. — Sol Eucharisticus, dat is: Sie sonne-claerschijnende waergeyt..., Rees; Syntagma controversiarum..., (ohne Angaben). — Necessaria, brevis et clara instructio..., (ohne Angaben).
Lit.: J. J. Sluyter Gelehrte Männer aus Rees, In: Niederrheinischer Volksbote (1892) 9. — J. A. Wolff, Geschichte der Stadt Calcar, Frankfurt a. M. 1893. — R. Scholten, Beiträge zu den Kämpfen zwischen Katholiken und Protestanten am Niederrhein und J. S. aus Calcar, In: Beiträge zur Geschichte des Herzogtums Kleve (1909) 294–343. — G. Rovira, Die Schrift zur Verteidigung der Wallfahrten von J.S., In: Acta Congressus Mariologici-Mariani... IV, 1987, 425–452. *G. Rovira*

Stall von Betlehem. Auf Grund der Lk 2,7 überlieferten Notiz, ᛗ habe ihr Kind nach der Geburt mangels eines Platzes in der Herberge in eine → Krippe gelegt, ist vermutlich in Verbindung mit der folgenden Erwähnung der → Hirten und eventuell unter Rückgriff auf Jes 1,3 die Vorstellung von der Geburt Jesu in einem Stall entstanden. Sie kann sich sowohl auf die Nebenräume einer Übernachtungsstätte für Fremde als auch auf die Beherbergung in einem Privathaus beziehen: Der Hof einer typischen Karawanserei ist von einem gedeckten Arkadengang umgeben, in dem die Reittiere ihren Ruheplatz finden. Futtertröge sind in die Mauern eingelassen. Darüber nächtigen in kleinen Abteilen die Reisenden. Wohnraum und Stall von Privathäusern sind im → Palästina zur Zeit Jesu in ländlichen und einfachen Wohnverhältnissen vielfach zusammengebaut. Der Stall ist vom Bereich für die Menschen etwas abgesetzt, tiefer angelegt und durch eine (Stein-)Treppe mit diesem verbunden. Er wird vorwiegend für Großvieh (Esel, eventuell Rinder) verwendet. Die am Rand angebrachte Futterkrippe (aus Stein) kann auch für das Ablegen von Kleinkindern benutzt werden.

Welche Szenerie Lukas vor Augen hat, muß offen bleiben. Sein Anliegen ist es v. a., die Ausgesetztheit des Kindes und seiner Eltern von allem Anfang an aufzuzeigen (vgl. später Lk 9,58) und so das Werden Jesu von herkömmlichen Messiasvorstellungen abzugrenzen (Kremer 36). Die → Magiererzählung bei Matthäus kennt keine entsprechende Überlieferung.

Lit.: → Hirten, → Krippe. — G. Dalman, Arbeit und Sitte in Palästina VI, 1964, 285. — Kopp 22–26. — H. Schürmann, Das Lukasevangelium I, 1969, 105 f. — K. E. Bailey, The Manger and the Inn: The Cultural Background of Luke 2,7, In: Evangelical Review of Theology 4 (1980) 201–217. — R. Zuurmond, Kein Platz in der Herberge, In: Texte und Kontexte 16 (1982) 9–36. — K. Kipgen, Translating »kataluma« in Luke 2,7, In: BiTr 34 (1983) 442 f. — J. L. Ottey, »In a stable born our brother«, In: ET 98 (1986) 71–73. — J. Kremer, Lukasevangelium, 1988, 36. — W. Bühlmann, Wie Jesus lebte, ²1989, 13–15. — F. Bovon, Das Evangelium nach Lukas, 1989, 122. — B. Pixner und R. Riesner (Hrsg.), Wege des Messias und Stätten der Urkirche. Jesus und das Christentum im Licht neuer archäologischer Erkenntnisse, 1991, 23–41. — ThWNT VI 490. — BHH III 1851. *W. Kirchschläger*

Stalpart van der Wiele, Jan Baptist, *22.11.1579 in Den Haag, †29.12.1630 in Delft, niederländischer geistlicher Dichter, stammte aus einem kath. Patriziergeschlecht und studierte Jura in Löwen, Leiden und Orléans, wo er 1598 das Lizentiat beider Rechte erlangte. Er ließ sich als Rechtsanwalt in Den Haag nieder, fing aber bereits 1602 ein Theologiestudium in Löwen an und wurde 1606 zum Priester geweiht. Über Frankreich zog er nach Rom, wo er seine Studien fortsetzte und 1611 zum Dr. theol. promoviert wurde. Nach einer kurzen missionarischen Tätigkeit in mehreren nordniederländischen Städten wurde er 1612 zum Pfarrer der Hippolytuskirche in Delft ernannt, zudem 1613 zum Dechanten und 1621 zum Kanonikus an der Utrechter Petruskirche. Bis zu seinem Tode lebte er in Delft im Beginenstift, wo er auch Gottesdienste hielt.

In seinen Dichtungen ist S. ein typischer Barockdichter, der die Geistigkeit der nachtridentinischen kath. Reformbewegung propagiert. Seine ersten drei veröffentlichten Werke sind Martyrergeschichten in heroischen Alexandrinern, die zugleich allerdings auch Lehrdichtungen sind. »Hemelrijck« (1621) beschreibt, wie Adrianus, Richter in Nikomedia im 4. Jh. von der Standhaftigkeit christl. Martyrer beeindruckt war und sich über das Himmelreich belehren ließ, woraufhin er sich bekehrte und selber als Martyrer starb. Die Darlegungen über den Himmel, die auf der Bibel und den Kirchenvätern basieren, bilden den eigentlichen Kern des Werkes. Desgleichen kommt es im »Evangelische Schat« (1621) nicht so sehr auf die Darstellung des Martyriums von Laurentius und Hippolytus an, als vielmehr auf die Ausführungen über den Unterschied zwischen irdischen und himmlischen Schätzen, mit denen ersterer letzteren zu bekehren weiß. »Vrouwelik Cieraet van Sint' Agnes verschmaedt« (1622) schließlich ist nicht nur die Vita der hl. Agnes, sondern v. a. auch ein Plädoyer für bescheidene Kleidung und eine Absage an jegliches Gepränge und an das Alamodewesen. Zwei Schriften S.s sind polemisch-apologetische Abhandlungen, die sich gegen die Protestanten richten: »Roomsche Reijs« (1624) und das postum erschienene »Extractum Katholicum« (1631). S.s dichterisches Hauptwerk ist ein zweiteiliger Gedichtzyklus zu den Sonn- und Feiertagen des Kirchenjahres, deren erster Teil »Gulde-Jaer Ons Heeren Iesv Christi... Op alle de Zonnen-Dagen des Jaers« 1628 veröffentlicht wurde und dessen zweiter »Gulde-Jaers Feest-dagen« postum 1634 oder 1635 erschien. Gerade in diesem zweiten Teil finden sich S.s Ⓜgedichte. In erster Linie handelt es sich um solche zu den wichtigsten Ⓜfesten. Manchmal sind dies dichterische Betrachtungen zu den biblischen Geschehnissen, die dem betreffenden Fest zu Grunde liegen, so etwa im Gedicht zu Ⓜe Verkündigung, häufig jedoch ist der Bezug zum Anlaß des Ⓜfestes relativ locker, so ist das Gedicht zu Ⓜe Lichtmeß eher ein allgemeines Ⓜlob, das bes. die Mutterschaft der GM herausstellt, so wird zu Ⓜe Himmelfahrt eine freie Nachdichtung des »Ave maris stella« geboten und zu Ⓜe Geburt ein »Wächterlied«, das die GM begrüßt als den Morgen, der den neuen Tag, Christus, ankündigt. Mehrere Ⓜgedichte sind dagegen nicht an spezifische Ⓜfeste geknüpft, so erscheint zum Karfreitag eine Klage Ⓜs unter dem Kreuz und zu Weihnachten eine Anrede der GM an das neugeborene Kind, die die kläglichen Umstände der Geburt im Stall wirkungsvoll mit der Würde und der Majestät des Gottessohnes kontrastieren läßt. Der Sammlung sind schließlich 84 Nachdichtungen von ital. Madrigalen angehängt, unter denen sich fünf marian., allesamt Preislieder, finden.

WW: Het leven en uitgelezen dichten van J. S. v. d. W., hrsg. von J. van Vloten, Schiedam 1865. — J. S. v. d. W. zijn leven en keur uit zijne lyrische gedichten, hrsg. von G. J. Hoogewerff, 1920. — Madrigalia, hrsg. von M. v. d. Heijden, 1960. — J. S. v. d. W., Bloemlezing, hrsg. von M. v. d. Heijden, (1967). — Gulde-Jaer Ons Heeren Iesv Christi, hrsg. von B. A. Mensink, 1968.
Lit.: B. A. Mensink, J. B. S. v. d. W., Advocaat, priester en zielzorger, Diss., Nijmegen 1958. — NBW III 1196–99.
G. van Gemert

Stamitz, Johann Wenzel Anton, getauft 19.6.1717 in Deutschbrod, †27.3.1757 in Mannheim, böhmischer Komponist, Vater der gleichfalls als Komponisten bedeutenden Carl Philipp (1745–1801) und Anton Thadäus (1750–96), besuchte 1728–34 das Jesuitengymnasium in Iglau und 1734/35 die Universität in Prag; ab 1741 war er Geiger an der Hofkapelle des Kurfürsten Karl Theodor von der Pfalz in Mannheim, seit 1745 als Konzertmeister, 1750 als Direktor der Instrumentalmusik.

S.s Bedeutung als Komponist liegt v. a. im Bereich der Symphonie, als deren »Pionier« er gilt. Ferner schrieb er Solo-Konzerte und Kammermusik. Seine marian Werke (2 Litaniae Lauretanae in D-Dur und C-Dur für 4-stimmigen Chor, kleines Orchester und Orgel) sowie sein Offertorium in D-Dur »De venerabili sacramento« sind wohl noch vor der Mannheimer Zeit entstanden und gelten als Vorstufen für seine große D-Dur-Messe, die 1755 in Paris aufgeführt wurde.

Lit.: P. Gradenwitz, J. S. als Kirchenkomponist, In: Mf 11 (1958) 2–15. — Grove XVIII 60–66. *F. Trenner*

Stanford, Sir Charles Villiers, * 30.6.1852 in Dublin, †29.3.1924 in London. Der irische Komponist war Schüler von R. Stewart, C. Reinecke und Fr. Kiel. Bereits als junger Student am Queen's College in Cambridge zeichnete er sich als hochbegabter Musiker aus, so daß dem bis dahin Nichtgraduierten die Leitung zweier Musikgesellschaften anvertraut wurde. Nach Studienaufenthalten in Leipzig und Berlin wirkte er in seiner Heimat als Prof. für Musik. Der mehrfach mit dem Ehrendoktortitel und dem persönlichen Adel ausgezeichnete Komponist prägte die engl. KM wesentlich und setzte neue, höhere Maßstäbe. Sein Leichnam wurde neben dem Grab H. Purcells in Westminster Abbey bestattet.

Er schrieb zahlreiche Opern (u. a. »The Veiled Prophet of Khorassan«, 1881), Symphonien, kammermusikalische Werke und Vokalmusik, darunter auch 4 Magnifikat (F-Dur, 4-stimmig mit Orgel, 1872 [unveröffentlicht]; Es-Dur, 6-stimmig mit Orgel, 1873 [unveröffentlicht]; op. 98 für Chor und Orgel, 1907; op. 164, B-Dur, 8-stimmig, 1918).

Lit.: J. F. Porte, Sir C. V. S., 1921; Neudr. 1976. — F. Hudson, A Revised and Extended Catalogue of the Works of C. V. S., In: The Musical Review 37 (1976) 106 ff. — MGG XII 1172–84. — Grove XVIII 70–74. *E. Löwe*

Stanggassinger, Kaspar, sel. Redemptorist, *12.1.1871 auf dem Bergbauernhof Unterkälberstein bei Berchtesgaden, †26.9.1899 in Gars am Inn (Erzdiözese München), wurde am 24.4.1988 in Rom seliggesprochen. Als Theol.-Student des Freisinger Priesterseminars schloß sich S. 1892 der Kongregation der Redemptoristen an. Nach seiner Priesterweihe im Dom zu Regensburg (16.6.1895) durch Bischof I. v. Senestrey wurde er Erzieher und Lehrer im Knabenseminar des Ordens, das infolge des Kulturkampfes nach Dürrnberg (Erzdiözese Salzburg) verlegt worden war. Mit der Rückkehr des Seminars nach Gars wurde S. am 22.9.1899 zum Direktor ernannt. Sein plötzlicher Tod, wahrscheinlich wegen einer Blinddarmentzündung oder gar einer bösartigen Darmerkrankung, wurde als schmerzlicher Verlust für die Ordensprovinz empfunden. S. war ein begnadeter Lehrer und Erzieher. In der persönlichen Zuwendung zu den Schülern sah er den Kernpunkt einer guten Pädagogik. Die Anforderungen des Alltags waren ihm Ausdruck des Willens Gottes. S. gewährt Einblick in die Frömmigkeit und MV seiner Zeit und seines Ordens.

Seine Mutter hatte S. eine tiefe Liebe zu Ⓜ auf den Lebensweg mitgegeben. Nach der Reifeprüfung (1890), die er unter den Schutz der »lieben Himmelsmutter, des Sitzes der Weisheit« (Schuster 21) stellte, dankte er am 8.8.1890 Ⓜ in der Franziskanerkirche in Berchtesgaden und kaufte in einer Kunsthandlung eine getreue Nachbildung der Madonna in der Kapelle auf dem Kälberstein, die noch heute das »Kasparzimmer« schmückt. In den Exerzitien zur Tonsur und zu den vier niederen Weihen im Freisinger Dom (2.4.1892) zeichnete er auf:

»O Maria! Erhabene Mutter! Du hast mich so weit geführt, führe mich weiter. Du bist die Mutter der Priester und Kleriker« (ebd. 39). In der Gnadenkapelle von Altötting hörte S. Ende September 1892, als er vor dem Gnadenbild der GM betete, den inneren Ruf: »Geh nach Gars zu den Redemptoristen!« (Weiß, Tun, 38). Um die Einwilligung des Vaters zu gewinnen, ging er am Tag vor seinem Abschied aus dem Elternhaus (5.10.1892) morgens um vier Uhr bei brennendem Spanlicht mit seinen Geschwistern in die Ⓜ︎kapelle auf dem Kälberstein, die er sehr schätzte, und betete mit ihnen den Rosenkranz, vorerst vergebens. Nach einem Jahr erklärte der Vater seine Zustimmung. Am Tage der Ablegung seiner Ordensgelübde (16.10. 1893) vor dem Ⓜ︎gnadenbild in der Wallfahrtskirche zu Dürrnberg schrieb er in sein geistliches Tagebuch: »Jetzt gehöre ich ganz Gott und der lieben Mutter Gottes ...« (ebd. 54). In einer anderen Aufzeichnung verrät er: »Du sollst nie vergessen, daß du Maria alles verdankst, deinen Beruf zum Priester- und Ordensstand. O wie schön, daß du das Glück gehabt hast, vor einem Marienaltar das Ordenskleid zu empfangen und vor dem Gnadenbild der Mutter Gottes die Ordensgelübde abzulegen« (Schuster 107).

Viele Predigten S.s sind Ⓜ︎predigten, so auch seine erste und letzte. Sie wurden zu verschiedenen Anlässen v.a. im Salzburger Land gehalten. Er wiederholt darin seine Lieblingsgedanken: Die Mutter des Erlösers ist nur ein Geschöpf. Darum muß man Gott mehr lieben als Ⓜ︎. Sie ist uns aber Vorbild aller Tugenden, bes. der Gottes- und Nächstenliebe, »gab sie doch für uns Menschen auf Kalvaria ihr Liebstes hin« (Heinzmann 185). Den künftigen Ordensleuten stellt er Ⓜ︎ als Missionarin vor Augen: Sie hat den Erlöser zu Elisabeth getragen. Ⓜ︎ ist Mutter der Priester, die berufen sind, »das Erlösungswerk fortzusetzen« und in der Eucharistie den Herrn sakramental zu vergegenwärtigen (ebd.).

S.s MV gewann in weiteren Formen Gestalt: Er liebte das Rosenkranzgebet und Wallfahrten zu Ⓜ︎gnadenstätten. Vor jeder priesterlichen Handlung betete er ein Ave-Maria. Im Garten des Juvenates in Dürrnberg ließ er eine Lourdes-Grotte erbauen. Ihre Einweihung beging er mit den Studenten in einer nächtlichen eindrucksvollen Lichterprozession. Wahrscheinlich von L.-M. → Grignion de Montfort beeinflußt, vollzog er die Ganzhingabe an Ⓜ︎: »Bei der Aufnahme in die Kongregation des Allerheiligsten Erlösers habe ich mich ganz zum Leibeigenen Marias gemacht, durch das Weihegebet an sie. Dies will ich jeden Tag in meinem ganzen Leben beten« (Schuster 107). »Bei seinem Tod fand man, daß er stets ein Bild der ›Mutter von der Immerwährenden Hilfe‹ auf der Brust getragen hatte« (Weiß, Tun, 111).

QQ: Positio super Virtutibus, 1978. — Relatio ... super Virtutibus, 1985. — AAS 78 (1986) 473–478. — Weitere QQ und WW in den Ordensarchiven in Rom und Gars und im S.-Archiv in Gars, vgl. J. Heinzmann 243; O. Weiß, Tun, 135 ff.

WW: Verschiedene hs. Aufzeichnungen, Vorträge und Predigten in 6 Leitzordnern im S.-Archiv, Gars, hier IV/2, 1–103: Ⓜ︎predigten (1895–99).

Lit.: A. Meier, P.K.S., ein würdiger Sohn des hl. Alfons M. v. L., Mühldorf 1902, Cham, ²1908. — J. Schuster, Der Diener Gottes P.K.S., Redemptorist 1871–1899, 1937, überarbeitet von K. Wildenauer, ²1960 (zit.). — K. Büche, P.K.S., Redemptorist, 1939, ³1982. — (Michael v. Faulhaber), Kardinal Faulhaber über P.S., 1955. — F. Tatarelli, Un canto sulle Alpi ..., 1963. — A. Cummings, A. Shining Light ..., 1963. — O. Weiß, Geistliche Bausteine aus den Schriften von P.K.S., 1963. — Ch. Dungler, Le »bon« Père Gaspard, Redemptoriste (1871–1899), 1971. — O. Weiß, Die Redemptoristen in Bayern. Ein Beitrag zur Geschichte des Ultramontanismus, 1983, 758–761. — N.N., Materialiensammlung zur geistlichen Vorbereitung auf die Seligsprechung von P.K.S. CSsR am 24. April in Rom, 1988. — Friedrich Kardinal Wetter, Leben und Wirken eines Seligen. Hirtenbrief zur Fastenzeit 1988, 1988. — M. Stöbener, Du forderst mich heraus. Eine briefliche Begegnung mit K.S., 1988. — J. Heinzmann, Suchen was droben ist. P.K.S., 1988. — H. Pfeilstetter u.a., P.K.S. Annäherungen, 1988. — Ders., »Gleich wie ein neuer Tag«. Gedanken zum Reliquienschrein des sel. K.S., 1988. — O. Weiß, Den Tag verlangt. Das Leben von P.K.S., 1988 (zit.), ²1989. — Ders., Sel. K.S., Redemptorist, 1988. — Ders., K.S. (1871–1899) und seine Zeit. Umwelt und geistige Prägung eines Seligen, In: Beiträge zur altbayer. Kirchengeschichte 39 (1990) 113–180. — AAS 80 (1988) 1112–18.
F. Kästner/W. Baier

Stationalliturgie heißt der eucharistische Hauptgottesdienst einer Patriarchalstadt (Jerusalem, →Rom, →Konstantinopel) unter der Leitung des Patriarchen als Ortsbischof oder seines Bevollmächtigten in jeweils verschiedenen, für das betreffende Fest charakteristischen Stationskirchen.

In Konstantinopel war wesentlicher Bestandteil der S. die feierliche →Prozession von der Hagia Sophia (→Sophienkirche) als der allgemeinen Hauptkirche der Stadt zur Liturgie in der Stationskirche als der speziellen Hauptkirche des betreffenden Festtages mit Einschluß mehrerer Stationen an wichtigen Plätzen. Die Anziehungskraft der Prozessionen wurden dabei zur Festigung der staatlich-kirchlichen Einheit bewußt genutzt; durch ihre Ausrichtung auf die liturg. Eucharistiefeier und ihre Einbindung in diese mit der Übernahme der Festtroparien und Kontakien als Prozessionsgesänge wurde nicht nur die Christianisierung ihrer ursprünglich antiken Formen ermöglicht, sondern auch später noch die stete Gefahr eines Überbordens abergläubischer Vorstellungen in der inhaltlichen Ausrichtung auf die offizielle Lehre der orth. Kirche gebannt, der verselbständigte Prozessionen im Gegensatz zur Stationalpraxis im Laufe der Geschichte Konstantinopels wiederholt erlagen.

Das Typikon der »Großen Kirche« (Hagia Sophia) aus dem 10. Jh. ordnete in diesem Sinne auch die gesamte Stationalpraxis; es nennt 37 Stationskirchen, von denen 31 vor dem Ikonoklastenstreit (→Bildersturm) des 8. Jh.s gegründet waren, d.h. daß die Stationalpraxis in Konstantinopel bereits vor dieser Zeit ein festgefügtes und von dieser Grundlage weiter tradiertes System darstellte. Sie bezog sich zunächst auf die Kirchen im Stadtzentrum. Dazu kamen die großen Heiligtümer außerhalb der Befestigungen, welche die Stadt gleichsam als geistlichen

Schutzring umgaben, die ⋒kirchen der →Pege, →Blachernen und →Palaia Petra, dazu noch die Kirche Johannes des Täufers wie auch die des Apostels Johannes im Hebdomon. Durch die stete Konzentrierung auf die Christus geweihte Hauptkirche Hagia Sophia entsprach in der Stationalpraxis die Einbeziehung dieser ⋒- und Johanneskirchen dem Konzept der →Deesis.

Der Beginn der S. ist bei →Gregor v. Nazianz (379–381 Bischof von Konstantinopel) greifbar, der bei seiner Resignation 381 seine bischöflichen Liturgien nicht nur in der Hagia Sophia, sondern auch in der Apostelkirche und »vielen anderen Kirchen, verstreut in der Stadt« bezeugt (Oratio 38,5 f.); allerdings war diese Frühform der S. offenbar noch nicht mit Prozessionen verbunden. Erst bei Johannes Chrysostomos (398–404 Patriarch) kamen kirchliche Prozessionen auf, die aber zunächst als eigene Form neben der auch bei ihm feststellbaren Stationalpraxis standen; nach seinem Zeugnis zelebrierte er zwar gewöhnlich in der Hagia Sophia, zu bestimmten Festen aber auch in anderen Kirchen. Im 9. Jh. erwähnt Patriarch Photios (858–867) den Brauch, vom Beginn der Fastenzeit bis Karfreitag die bischöfliche Hauptliturgie in der Hagia Eirene zu halten (Hom. I, II, VI).

Die genaue Systematisierung der Stationalpraxis in Konstantinopel durch das »Typikon der Großen Kirche« entsprach offenbar dem Zeitgeist, was auch die etwa gleichzeitige Fixierung des kaiserlichen Zeremoniells durch das Zeremonienbuch des Kaisers Konstantin VII. Porphyrogennetos (913–959) zeigt (»De caerimoniis aulae Byzantinae«). Die Festlegung der größtenteils heute noch in der Ostkirche gültigen liturg. Texte auch für die Prozessionen zu den Stationskirchen entsprach dem dogm. Bewußtsein der Orthodoxie und ist bei den ⋒festen diesbezüglich besonders aufschlußreich. Dabei blieben die beweglichen Feste des Kirchenjahres zum größten Teil der Hagia Sophia vorbehalten; dennoch wurde auch für bestimmte bewegliche Feste eine S. in einem anderen Gotteshaus angesetzt.

Am ersten vorösterlichen Fastensonntag wurde (allerdings wohl erst ab 1086) zur Erinnerung an die Überwindung der Bilderfeindlichkeit das heute noch in der Ostkirche bestehende »Fest der Orthodoxie« (→ Sonntag der Orthoxie) in der ⋒kirche der Blachernen gefeiert, wo der Bilderstreit mit der Endemischen Synode 843 in einem feierlichen Gottesdienst beigelegt worden war. Am Ende des →Orthros in der Hagia Sophia wurde eine durch die ganze Stadt ziehende Prozession mit den hll. Ikonen zur Blachernenkirche veranstaltet, wie sie als Rest dieses Brauches heute noch konstitutiver Bestandteil der orth. Liturgie dieses Festtages ist. Im Festkontakion wird die Bilderverehrung mit dem Bekenntnis zum Mysterium der Inkarnation Gottes durch ⋒ im Sinne der (neu-)platonischen Vorstellung von Ur- und Abbild in Verbindung gebracht, die Wiedereinführung des Bilderkultes mit der Wiederherstellung des Menschen als Abbild vom Urbild Gottes, mit der durch Christus ermöglichten »Vergöttlichung« ($\theta\varepsilon i\omega\sigma\iota\varsigma$) des Menschen: »Das unbegrenzbare Wort des Vaters ward begrenzt durch die Fleischwerdung aus Dir, Gottesgebärerin. In Dir wurde das Abbild aus seiner Befleckung in seinen ursprünglichen Zustand verwandelt, erfüllt mit der göttlichen Schönheit des Urbildes. Wir aber bekennen das Heil in Wort und Werk und stellen es im Bilde dar.«

Der Samstag nach »Mitt-Fasten« (= 5. der 7 Fastenwochen) war das ursprüngliche Verkündigungsfest ($E\dot{v}\alpha\gamma\gamma\varepsilon\lambda\iota\sigma\mu\acute{o}\varsigma$) vor dessen Verlegung auf den 25. März, bei dem als Verkündigungslobpreis auf die GM der →Akathistos-Hymnus während des Orthros stehend gesungen wurde. Dem Singen dieses Hymnus wurde nämlich der Abbruch der Belagerung durch die Perser und Awaren 626 zugeschrieben, weil Patriarch Sergius mit der Ikone der ⋒ →Blacherniotissa in feierlicher Prozession um die Mauern der wehrlosen Stadt gezogen war, während Kaiser Heraklios mit seinem Heer abwesend war. Deswegen verstand man fortan den Akathistos-Hymnus als marian. Siegeslied, nachdem ihm — wohl durch Sergius selbst — ein entsprechendes Proömium vorangestellt wurde, dessen Schlußformel aber noch einen bezeichnenden Bezug zum ursprünglichen Verkündigungsfest aufweist: »Unbesiegbare Heerführerin, dir gelten die Lieder des Sieges. Aus der Gefahr befreit, bringe ich, Deine Stadt Dir, Gottesmutter, Hymnen des Dankes entgegen. Befreie mich, Du voll unwiderstehlicher Macht, aus jeder Gefahr, damit ich zu Dir rufen kann: Sei gegrüßt, Braut und Jungfrau!« Dieses Proömium wurde auch Kontakion des Akathistosfestes, der Feiertag selbst zum Siegesfest schlechthin, bei dem man auch der Befreiung vom Ansturm der unter Mohammed vereinten Araber 677 und 717 gedachte. In diesem Sinne war die Blachernenkirche, in der das →Gewand ⋒s als Schutzmantel der Stadt verehrt wurde, Stationskirche des Akathistosfestes. Der ursprüngliche Festinhalt der Verkündigung wurde allerdings immer noch im Tropar besungen: »Als der Engel den geheimnisvollen Befehl vernahm, begab er sich sogleich zum Hause Josephs und sprach zu der Jungfrau: Er, der die Himmel neigte, da Er zur Erde hinabstieg, wohnt in ganzer Fülle in Dir, ohne sich zu verändern. Ich sehe, wie er in Deinem Schoße die Gestalt eines Knechtes annimmt. Staunend rufe ich zu Dir: Sei gegrüßt, Braut und Jungfrau!«

Während der Osterwoche (»Woche der Erneuerung«) fand die Hauptliturgie der Stadt mit dem Patriarchen jeden Tag in einer anderen Stationskirche statt: Am »Lichten Montag« zogen Kaiser und Patriarch in ihren Prozessionen von der Hagia Sophia zur Liturgie in die ⋒kirche der Diakonissa, am »Lichten Dienstag« zur Blachernenkirche, am Mittwoch zelebrierte der Patriarch die S. (wegen der unmittelbaren

Nachbarschaft zur Hagia Sophia) ohne große Prozession in der Chalkoprateia-Kirche, wobei 𝔐 durch das Singen des Magnificat (Lk 1,46–48) als Prokimenon kommemoriert wurde, ebenso noch am folgenden Sonntag.

Zur Liturgie am Himmelfahrtstag zog der Kaiser, wie allerdings nur in »De caerimoniis« (I 18) erwähnt, zur 𝔐kirche Pege. In der Pfingstwoche wurde die GM in den S.n nach der Epiklese besonders kommemoriert: »Sei gegrüßt, Königin, die Du den Ruhm von Mutter und Jungfrau vereinst.« Bei diesen Stationsgottesdiensten wurde auch das danach während des ganzen Kirchenjahres gesungene marian. Schlußkontakion eingeführt: »Hilfe der Christen, nie vergeblich, Mittlerin beim Schöpfer, unwandelbar, verschmähe nicht der Sünder Stimme ...«

Von den feststehenden, datumsgebundenen Festen des byz. Kirchenjahres (→Menäen) war eine Vielzahl, dem Anlaß des jeweiligen Festes entsprechend, mit bestimmten Stationskirchen verbunden. Wegen der Vielzahl der →Feste 𝔐s spielten dabei die großen Kirchen der GM als Mittelpunkt des kirchlichen und öffentlichen Lebens der Reichsstadt eine bedeutende Rolle. Stationskirchen waren die Chalkoprateia am 8. September (𝔐e Geburt), am 21. November (𝔐e Tempelgang), am 2. Februar (Hypapante) und am 25. März (Verkündigung), die Blachernenkirche am 26. Dezember (weihnachtliches Fest der GM), am 2. Juli (→Gewandniederlegung) und am 15. August (Koimesis). Dazu kamen die marian. Kirchweihtage der Pege-Kirche am 8. Juli, der Blachernenkirche am 31. Juli und der Chalkoprateia am 18. Dezember.

Aber auch bei den ebenfalls datumsgebundenen großen staatlichen Festen war (spätestens seit dem 6. Jh.) die kirchliche und marian. Komponente zu einem bestimmenden Faktor geworden, so am Indiktions-(= Neujahrs-)Fest am 1. September und am Fest der Stadtgründung (→Konstantinopel, Fest der Stadt) am 11. Mai. Von hier aus wurden auch die Gedenktage an Rettungen der Stadt und des Reiches aus Gefahren als kirchliche Dankfeste mit Prozessionen und S.n begangen, so am 7. August die Befreiung von den Awaren und Persern (626) und am 25. Juni die von den Sarazenen (678) in der Blachernenkirche, am 16. August die Erlösung von der großen Sarazenenbelagerung (718) am goldenen Tor bzw. in der →Theotokos-Kirche des Jerusalemklosters. — Ähnlich wurde an große Erdbeben kirchlich gedacht, als Dank für die durch die »Gesandtschaftsdienste« (πρεσβεῖαι) 𝔐e abgewandten »gerechten Drohungen mit Schrecken, welche die Auferstehung ankündigen«, so am 26. Oktober und am 26. Januar (zur Erinnerung an die Ereignisse der Jahre 450 bzw. 740) in der Blachernenkirche, am 16. August und am 25. September im Gedächtnis des Erdbebens von 542 mit einer Prozession zum goldenen Tor und der S. in der Theotokos-Kirche des Jerusalemklosters.

Die S. verband im kommunikativen Element der zu ihr führenden Prozessionen nicht nur die Hauptkirche des Patriarchen mit einer Vielzahl von Einzelkirchen, sondern durch die Einbeziehung der öffentlichen Plätze auch ziviles und kirchliches Leben. Keineswegs zu unterschätzen ist deshalb ihre einheitstiftende und — erhaltende Funktion zwischen Kirche und Reich, Klerus und Volk wie auch zwischen der offiziellen Theol. des partriarchalen Lehramts und den besonderen kultischen Ansätzen, Traditionen und Entwicklungen in den verschiedenen Heiligtümern der Stadt. In der Verbindung dieser heterogenen Elemente zeigt sich v. a. die Einheit schaffende Bedeutung der Stationalpraxis für das Glaubensbewußtsein im byz. Reich und darüber hinaus in der Orthodoxie schlechthin. Das betrifft bes. auch dessen marian. Implikationen.

Die Vorstellung 𝔐s als mächtiger, ja kriegerischer Stadtbeschützerin mit Attributen der Pallas Athene geht von dem Lob eigener Heils- und Wundertaten der GM aus: »Die Großtaten deiner Wunder verkünden wir« (9. Juli). Eine solche Macht wird speziell auf den Schutz der ihr »eigenen Stadt« (οἰκεία πόλις) Konstantinopel übertragen: »Durch sie ist die Stadt geschützt und mächtig« (11. Mai und Samstag der 5. Fastenwoche). Als Unterpfand dieses Schutzes gilt der Besitz ihrer Gewandreliquien: »Du hast das Kleid und den Gürtel Deines unbefleckten Leibes Deiner Stadt als starken Wall geschenkt« (2. Juli). 𝔐 selbst erscheint mit ihren Reliquien und Ikonen als »überlegen kämpfende Heerführerin« (Fest der Orthodoxie). Und so wird sie gepriesen: »Du bist der Ruhm unserer Macht«.

Dabei ist jedoch beachtenswert, daß eine solche politische Inanspruchnahme 𝔐s eingebunden blieb in den Glauben an die allumfassende Fürsorge der GM und entsprechend in das Sendungsbewußtsein des byz. Reiches zum Wohl der gesamten Welt; zugleich zeigt sich das Bestreben, die Schutzfunktion 𝔐s zu spiritualisieren. So wird die konkrete Bitte »Durch deinen Schutz rette Deine Stadt stets aus Gefahren!« (9. Jh.) verallgemeinert: »Du hast die unbezwingbare Macht. So befreie uns aus allen Gefahren!« (Fest der Orthodoxie). So dienen S. und Prozessionen der Vertiefung des marian. Verständnisses der Gläubigen. 𝔐 ist nicht nur Schutzherrin »ihrer Stadt«, sondern schlechthin »der Menschen Schirm und Schutz« (2. Juli), »Hafen und Schutz des Menschengeschlechts« (1. September und 18. Dezember), »die unbezwingbare Mauer von uns Christen« (7. und 16. August) und letztlich »die Festung und Zuflucht unserer Seelen« (31. Juli). Das imperiale Machtbewußtsein 𝔐s wird geistlich vertieft und ausgeweitet: »Zu Dir nehmen wir unsere Zuflucht und bleiben ohne Wunden« (16. August) und: »Selig sind wir, da wir Dich als Schützerin haben« (15. August). Die Bitte »Schenke Frieden unserer Stadt und unseren

Seelen das große Erbarmen« (2. Juli) wird durch die andere ergänzt: »Bitte Christus, unseren Gott, daß Er Frieden schenke der ganzen Welt!« (1. September). — Dabei zeigt sich, daß der Schutz 𝔐s zuerst nur mittelbar in ihrer Fürsprache bei Gott gesehen wurde. So richtet sich die offensichtlich ältere konkrete Bitte um Bewahrung vor Erdbeben unter bloßer Berufung auf die Fürsprache 𝔐s direkt an Christus selbst: »Christus, unser Gott! Rette uns vor der furchtbaren Drohung des Erdbebens und schenke uns in reicher Fülle Dein Erbarmen durch die Fürsprache der Gottesgebärerin, der du allein die Menschen liebst!« (26. Oktober). Hier ist auffallend, daß die Vorstellung der Fürsprache 𝔐s in einem allgemeinen soteriol. Bezug bleibt, was weitere Hinweise auf 𝔐 als Fürsprecherin unterstreichen: »In dir haben wir Sünder unsere Anwältin und finden noch zur rechten Zeit unsere Rettung« (31. Juli), »... und wenn wir wieder in die Sünde verfallen, haben wir in Dir unsere Fürsprecherin (πρεσβεύουσα)«; dank dem Flehen (ἱκεσία) 𝔐s zeigt Gott sein Erbarmen (16. August). In diesem Sinne wird 𝔐 als Fürsprecherin angerufen: »In Deiner Fürsprache haben wir die sichere und beständige Hoffnung auf das Heil« (9. Juli), »Durch Deine Fürbitten befreist Du unsere Seelen vom Tode« (15. August).

Letztlich bleibt dabei alle MV als der »Alleingepriesenen« (9. Juli), als der »Hoffnung der Erde über alle Grenzen hin« (Fest der Orthodoxie und 11. Mai), der »begnadeten« und »wahrhaften Gottesgebärerin« (31. Juli und 2. Februar), begründet im Dogma der Theotokos und in der biblischen Botschaft der Inkarnation; auf dem Grund dieser Mysterien entfaltet sich der Preis der GM in symbolträchtigen Spiegelungen und Brechungen des Unfaßbaren: »Von dir nahm Fleisch an der Erlöser der Welt« (1. September). 𝔐 ist deshalb »Mutter des Lebens« (15. August), aus ihr »hervorgegangen ist die Sonne der Gerechtigkeit« (2. Februar und 8. September): »Das unbegrenzbare Wort des Vaters ward begrenzt durch die Fleischwerdung aus Dir« (Fest der Orthodoxie), »Er, den kein Raum zu fassen vermag, hat geruht, in Dir Raum zu nehmen« (15. August). Dieses Geheimnis wird immer wieder als Jungfrauengeburt gepriesen: »Du allein bist Jungfrau und Mutter« (1. September, 2. Februar, 2. und 9. Juli, 7., 8. und 15. August). Die »samenlose Geburt« des Erlösers durch die »immerwährende Jungfrau« (2. Juli) ist Unterpfand der Erlösung der gesamten Menschheit, repräsentiert in ihrer Unversehrtheit auch nach dem Tode und in ihrer bleibenden Gegenwart: »In Deinem Gebären hast Du die Jungfräulichkeit bewahrt, in Deinem Entschlafen die Welt nicht verlassen« (15. August); mit ihr »beginnt die Natur und die Zeit von neuem« (2. Juli), sie ist die »Erfüllung der göttlichen Vorsehung« (21. November); in ihr wurde der Mensch, »das befleckte Abbild, verwandelt in seinen ursprünglichen Zustand und erfüllt von der Schönheit des (göttlichen) Urbildes« (Fest der Orthodoxie), deshalb ist sie »heiliger als die Cherubim und erhabener als die Himmel« (31. Juli). Die so im Zusammenhang mit der S. auf die Straßen und Plätze der Reichsstadt hinausgetragene symbolträchtige Botschaft von der GM hat ihr Bild in der gesamten Weltkirche entscheidend bereichert.

QQ: J. Goar, Euchologion sive rituale Graecorum, 1730, Nachdr. 1960. — E. Martene, De antiquis ecclesiae ritibus I–IV, 1759–98. — J. Reiske und I. Bekker, De caeremoniis aulae byzantinae I–II, 1829–40. — F. E. Brightman, Liturgies Eastern and Western I: Eastern Liturgies, 1896, Nachdr. 1968. — B. de Khitrowo, Itineraires russes en orient, 1889. — Th. Praeger, Scriptores originum Constantinopolitanae, In: Propylaeum ad Acta Sanctorum Novembris, 1902. — V. Grumel, Regestes des actes du Patriarchat de Constantinople, 1932. — A. Vogt, Constantine Porphyrogénète, Livre de cérèmonies I–II, 1935. — J. Mateos, Le Typicon de la Grande Eglise I–II, 1962/63, 165 f.

Lit.: J. B. Bury, The Ceremonial Book of Constantine Porphyrogenitus, In: English Historical Review 22 (1907) 209–227. 417–439. — J. Dorn, Stationsgottesdienste in frühma. Bischofsstädten, In: H. Gietl und G. Pfeilschifter (Hrsg.), Festgabe für A. Knöpfler, 1917, 43–55. — U. Berlière, Les stations liturgiques dans les anciens villes episcopales, In: Revue liturgique et monastique 5 (1919) 213–216. 242–248. — J. Bonsirven, Notre Statio liturgique est-elle empruntée au culte juif?, In: RevSR 15 (1925) 258–266. — E. Kostermann, Statio principis, In: Philologus 87 (1932) 358–369. 430–453. — A. Alföldi, Die Ausgestaltung des monarchischen Zeremoniells am röm. Kaiserhof, In: Mitteilungen des dt. archäologischen Instituts Rom 49 (1939) 1–118. — N. H. Baynes, The supernatural Defenders of Constantinople, In. AnBoll 67 (1949) 165–177. — Ch. Mohrmann, Statio, In: Vigiliae Christianae 7 (1953) 221–245. — R. Zerfaß, Die Idee der statio und ihr Fortleben, In: LJ 8 (1958) 218–229. — J. A. Jungmann, The Early Liturgy, 1959. — G. Downey, From the Pagan City to the Christian City, In: Greek Orthodox Theological Review 10 (1964) 121–139. — A. Häussling, Was ist Stationsgottesdienst?, In: LJ 15 (1965) 163–166. — P. Sherrard, Constantinople: Iconography of a Sacred City, 1965. — D. Claude, Die byz. Stadt im 6. Jh., 1969. — W. H. C. Frend, Town and Countryside in Early Christianity, In: Studies in Church History 16 (1969) 25–42. — G. Dagron, Le christianism dans la ville byzantine, In: DOP 31 (1977) 3–25. — J. F. Baldovin, La liturgie stationale à Constantinople, In: La Maison-Dieu 147 (1981) 85–94. — Ders., The urban character of Christian Worship: The origins, development, and meaning of Stational Liturgy, In: OrChrA 228 (1987). — DACL XIV/2, 2514–3053. — LThK² IX 1021 f.
→ Prozessionen in Konstantinopel.

G. A. B. Schneeweiß

Staupitz, Johannes v., OSA (seit 1490) und OSB (nach 14. 6. 1522), * um 1468 in Motterwitz bei Leipzig, †28. 12. 1524 in Salzburg, studierte seit 1483 in Köln, Leipzig und Tübingen, wo er 1500, bereits Prior seit 1498, zum Dr. theol. promovierte. 1500 wurde er Prior in München, 1502 Prof. für Bibelwissenschaft und Dekan der neu gegründeten Theol. Fakultät in Wittenberg, 1512 ernannte er Martin Luther zu seinem Nachfolger auf diesem Lehrstuhl, 1503–20 war er zudem Generalvikar der Observantenkongregation der Augustiner in Deutschland und entließ als solcher Martin Luther aus dem Orden. 1520 zog er sich endgültig nach Salzburg zurück, wo er 1522 Abt des OSB-Klosters St. Peter wurde und sich von der neugläubigen Bewegung distanzierte.

Zur Mariol. äußerte sich S. 1498 in seinen Tübinger Universitätspredigten. Er bezeichnete 𝔐 als unsere einzige Hoffnung. In seiner Schrift »Von der Nachfolgung des willigen Sterbens«

(1515) erinnerte er an die Worte des Herrn vom Kreuze herab an M. Er würdigte M als die Mutter des sterblichen Jesus und die Mutter des unsterblichen Christus mit all seinen Gliedern, Aposteln und Propheten. Hier klingt die Ansicht an, daß M die Mutter des mystischen Leibes und der Kirche sei. S. vertrat die Lehre von der compassio Ms, wandte sich aber gegen übertriebene Schilderungen ihres Mitleidens. In seinen Salzburger Predigten (1512) über den Leidensweg Jesu behandelt er in der ersten Predigt den Abschied des Herrn von seiner Mutter. In der elften Predigt erörtert er Ms Haltung unter dem Kreuz. Er nennt sie die Königin des Himmels, die reine Mutter, die Virgo purissima und die Immaculata. In den Salzburger Fastenpredigten von 1518 hebt er die Bedeutung Ms als Helferin hervor. Seine Mariol. zeigt Einflüsse der Mfrömmigkeit, wie sie im Orden der Augustinereremiten lebendig war. → Luthers Äußerung in den Tischreden über die angeblich ablehnende Haltung S.' gegen die UE Ms dürfte kaum der Wahrheit entsprechen, da sie nicht nur der Ordenstradition, sondern auch den Aussagen von S. selbst widerspricht.

QQ: W. Klaiber (Hrsg.), Kath. Kontroverstheologen und Reformer des 16. Jh.s, 1978, nr. 2981–87. — Sämtliche Schriften, 1979 ff. — Salzburger Predigten 1512, hrsg. von W. Schneider-Lastin, 1991.

Lit.: D. C. Steinmetz, Misericordia Dei. The theology of J. v. S., 1968, 145 ff. — J. Sallaberger, J. v. S., In: SMBO 93 (1982) 218–269. — W. Günter, J. v. S., Kath. Theologen der Reformationszeit V, 1988, 11–31 (Lit.). — R. K. Markwald, A Mystic's Passion. The Spirituality of J. v. S. in his 1520 Lenten Sermons, 1990. — M. Wriedt, Gnade und Erwählung. Eine Untersuchung zu J. v. S., 1991. — A. Zumkeller, J. v. S. und seine christl. Heilslehre, 1994, 95–100. *R. Bäumer*

Steeb, Giovanni Enrico Carlo, sel. Ordensgründer, *18.12.1773 in Tübingen, †15.12.1856 in Verona, entstammte einer angesehenen prot. Familie, aus der einige Pfarrer hervorgegangen sind. Nach den humanistischen Studien in Tübingen wurde er für das elterliche Geschäft zum Kaufmann ausgebildet und dafür zuerst nach Paris und 1792 nach Verona geschickt, wo der Woll- und Seidenhandel blühte. Beeindruckt von der Religiosiät und Liebe der Veroneser, begann er mit aller Kraft, nach der Wahrheit zu suchen. Nach dem Studium des Werkes »Storia delle variazioni protestanti« (Histoire des variations des Eglises protestantes, Paris 1688) von J. B. → Bossuet konvertierte er am 14.9.1792 zur kath. Kirche. Es kam zum Bruch mit den Eltern. Später verzichtete er nach dem Tode des Vaters auf das von der Mutter ihm zugedachte Erbe zu Gunsten seiner kränklichen Schwester. Mit Hilfe der Bertolini, zweier Oratorianer des Philipp →Neri, und deren Familie bereitete er sich auf das Priestertum vor und wurde am 8.9.1796, dem Feste Me Geburt, ordiniert. Seit seiner Ankunft in Verona fühlte er sich, wie er am Ende seines Lebens bekennt, »unter dem besonderen Schutz Mariens, der er sich in den Seelenkämpfen vor seiner Konversion so vertrauensvoll anempfohlen hatte« (Tüchle 202). Über 18 Jahre wirkte er in Militärkrankenhäusern und auf den Schlachtfeldern, erhielt hohe Anerkennung von General Ignazio Giulay und später vom österr. Kaiser das »Goldene Verdienstkreuz mit Krone«. Die Veroneser nannten ihn »gute Mama der Kranken«.

Nach Beendigung der Napoleonischen Kriege arbeitete S. bei allen Aktivitäten des Wiederaufbaus mit: Viele Jahre war er Prof. am Priesterseminar, unterrichtete am Reale Collegio der Mädchen und widmete sich der Errichtung und dem Betrieb eines Altenheimes, der Hilfe der Kranken und Waisen, der Bedürftigen jeder Art, bes. im Ricovero, einer Art Obdachlosenheim. Er wurde unterstützt von der marian. geprägten »Evangelica Fratellanza«, einer losen Gemeinschaft apost. und karitativ tätiger Priester und Laien, in der er auch M. G. →Canossa, K. A. →Bertoni u. a. traf. Er bemühte sich ferner um die Rückkehr der Orden, die von Napoleon entfernt worden waren.

Zusammen mit Luigia (mit Ordnesnamen Maria Vincenza) Poloni gründete er 1840 das Institut der »Schwestern der Barmherzigkeit« (Istituto delle Sorelle della Misericordia di Verona) nach der Regel des hl. → Vinzenz v. Paul. Bescheiden war der Anfang in zwei Zimmern des städt. Ricovero. S. schenkte ihnen in der schwierigen Lage eine holzgeschnitzte Figur der Schmerzhaften GM, deren Verehrung er den Schwestern wiederholt ans Herz legte. Die Gemeinschaft breitete sich schnell in Italien und in den Missionen aus. Sie zählte 1993 in 184 Häusern in Angola, Argentinien, Deutschland (Berlin, Tübingen), Italien, Schweiz und Tansania 1652 Schwestern, die im karitativen, pädagogischen und pastoralen Bereich tätig sind. Für die Niederlassung in Tübingen setzte sich auch der aus Verona stammende R. →Guardini ein, als er an der Universität Tübingen lehrte.

S. war ein viel begehrter Seelenführer für Personen jeder Klasse, bes. der Jungen, Beichtvater in Klöstern und Kollegien und ragte durch das Apostolat unter den getrennten Brüdern hervor. Seine Spiritualität ist gekennzeichnet von einer tiefen eucharistischen Frömmigkeit, einem unbegrenzten Vertrauen in die göttliche Vorsehung, der Verehrung Jesu des Gekreuzigten, des Hlst. Herzens Jesu, des Unbefleckten Herzens Ms und zur Schmerzhaften GM. Er war geprägt von →Bernhard v. Clairvaux, der Ecole Française, P. →Berulle, K. →Borromäus, →Franz v. Sales, Ph. →Neri, Vinzenz v. Paul u. a. Für die Betrachtungen gab er den Schwestern »Die Herrlichkeiten Mariens« des →Alfons v. Liguori in die Hand. Als Priester trat er der »Bruderschaft des Unbefleckten Herzens Mariä« bei und führte im Ricovero die →Maiandacht ein. Anläßlich der Dogmatisierung der UE weihte er sein Institut der Immaculata. Die Kirche der Kongregation, ein öffentliches Oratorium, weihte er ihr am 8.12.1856. Von einem Veroneser Künstler ließ er für den Altarraum ein großes Bild der Unbefleckten, »Vorbild und Fürsprecherin« der Schwestern (Tüchle 203), malen, und zwar nach dem Vorbild der »Wunderbaren →Medaille« bzw. der Ⓜ︎erscheinungen der Vinzentinerin K. →Labouré. Am damaligen Oktavtag des Festes der UE verstarb er. — S. wurde am 6.7.1975 seliggesprochen (Fest: 15. Dezember).

QQ: Alle schriftlichen Unterlagen und Dokumente S.s wurden im Zweiten Weltkrieg zerstört. — Positio super virtutibus, 1960.
Lit.: D. Marzotto, Storia dell'Istituto I, 1948. — G. Casetta, Il Servo di Dio don C.S. Fondatore dell Istituto Sorelle della Misericordia, 1964 (grundlegend). — Ders., La Verità vi farà liberi, 1967. — H. Tüchle, Der Samariter von Verona, 1968 (beste dt. Biographie); ital.: Don C.S. Interprete della Misericordia, 1975. — A. Pronzato, Lungo il Filo della Misericordia, 1990; dt.: C.S. Der Samariter von Verona, 1990, ²1991. — AAS 63 (1971) 848–851; 67 (1975) 486–491. — Wimmer-Melzer, ⁶1988, 436. — BSS XI 1374 ff. (Lit.). *T. Civiero/W. Baier*

Steenhoff-Smulders, Albertine, * 2.11.1871 in Rotterdam, † 10.4.1933 in Baarn, niederländische Dichterin, Journalistin und Übersetzerin, stand in der Tradition der lit. Erneuerungsbewegung der 80er Jahre des 19. Jh.s, der sog. »Tachtigers«, die neuen Elan in der Dichtkunst forderten zur Ablösung der hausbacken verstaubten Biedermeierdichtung, was sich u. a. in modernerem Sprachgebrauch und neuen Bildern bekundete. Die jüngeren Katholiken, die sich zu den Auffassungen der »Tachtigers« bekannten, vereinigten sich um die Zeitschrift »Van onzen Tijd« (1900–20), deren Mitherausgeberin S. von Anfang an war. 1904 heiratete sie den Journalisten und Redakteur Petrus Steenhoff, in dessen Blatt »Het Centrum« sie eine Rubrik für die Frau hatte. Sie entwickelte sich zu einer der profiliertesten Vertreterinnen der kath. Frauenbewegung, namentlich als Herausgeberin der seit 1920 erscheinenden Wochenzeitung »De Katholieke Vrouw«. Als Schriftstellerin wurde sie v. a. bekannt durch drei historische Romane, die Gestalten und Geschehnisse aus der niederländischen Geschichte des MA romantisieren: »Jan van Arkel« (1908), »Jacoba van Beijeren« (1908), und »Een abdisse van Thorn« (1911). Sie legte weiter zwei Gedichtbände vor, »Verzen« (1904) und »Holland« (1917), die beide im großen und ganzen nach dem Jahreskreis-Prinzip aufgebaut sind und mehrere Ⓜ︎gedichte enthalten. In der älteren Sammlung findet sich das Lobgedicht »Maria Immaculata«, das die GM im Rückgriff auf marian. Ehrentitel aus der Lauretanischen Litanei preist als Zuflucht der Sünder. »Voor de kapel te Heiloo« in der Sammlung »Holland« schildert die marian. Frömmigkeit des MA in den Niederlanden und befürwortet die Errichtung einer neuen Ⓜ︎kapelle in Heiloo, wo Ⓜ︎ durch die Reformation ihre »Wohnung« verloren habe, während in »Mei« in derselben Sammlung eine Mutter zu ihrem Kind von der GM in deren himmlischer Herrlichkeit erzählt und letzteres so zu einem Ave Maria als Abendgebet anregt. Die Ⓜ︎, die hier in dem Gedicht »Maria« zum Gekreuzigten spricht, ist allerdings nicht die GM, sondern Maria Magdalena. Marian. ist ebenfalls enthalten in S.s populärem Prosabändchen »Uit het biënboec« (1904). Sie erzählt hier fünf Ⓜ︎legenden aus → Thomas v. Cantimprés »Bonum universale de apibus« nach, aus denen eine kindlich-fromme MV spricht.

Lit.: J. Persyn, A. S. en Marie Koenen, 1931. — L. J. M. Feber, A. S. †, In: Boekenschouw 27 (1933/34) 55–59. *G. van Gemert*

Steenken, Hermann (Hermannus de Petra), Kartäuser, * um 1360 in Schüttorf/Niedersachsen, †23.4.1428 in Brügge, studierte in Paris (1382 dort bezeugt), trat später in die Kartause in Zelem bei Diest ein und wurde 1404 als Profeßmönch in die Trierer Kartause aufgenommen. Seine Lebensaufgabe fand er in der geistlichen Betreuung der Kartäuserinnen des Klosters St. Anna bei Brügge: 1402–04 und von 1406 bis zu seinem Tode wirkte er dort als Vicarius.

Als S. in Paris weilte, vertrat dort der Dominikaner →Johannes de Montesono scharfe Thesen gegen die UE (1387) und löste so heftige Kontroversen aus, die tief ins 15. Jh. hineinwirkten. Dieser theol. Streit war sicher der zeitgeschichtliche Hintergrund und wahrscheinlich der Anlaß für S.s »Tractatus de immaculata conceptione BMV«. Der Traktat ist verschollen; die Behauptung, er sei 1484 in Löwen gedruckt worden, ist unbewiesen. Wir dürfen vermuten, daß S., wie die große Mehrheit der Pariser Theologen und die meisten Kartäuser, die Lehre von der UE verteidigt hat.

S.s gedrucktes Hauptwerk (RBMA III 42 und IX 115, Nr. 3240) besteht aus 50 Predigten zum Vaterunser. Es ist unergiebig für Rückschlüsse auf S.s Mariol. Unter den zahlreichen »exempla seu miracula«, die in die Predigten eingebaut sind, finden sich auffallend wenige Ⓜ︎mirakel. — Eine sechsbändige Sammlung von »Sermones de dominicis atque sanctis«, die gewiß auch Ⓜ︎predigten enthielt, ist verschollen.

WW: Sermones quinquaginta super orationem dominicam, Oudenaarde 1480 u. ö.
Lit.: De kartuizers en hun klooster te Zelem, red. F. Hendrickx, 1984, 94, 194–210. — BNBelg IX 262. — DSp VII/1 308. — Nationaal Biografisch Woordenboek XII, 1987, 701–703 (WW, Lit.). — DHGE XXIV 18. *J. Vennebusch*

Stefano da Verona (da Zevio), * um 1375, †nach 1438, ital. Maler und Zeichner der Spätgotik, Vertreter des Internat. »Weichen Stils«. Vasari erwähnt zahlreiche Fresken in Veroneser Kirchen, u. a. in S. Eufemia (stark zerstört). Signiert und datiert (1435) ist die »Anbetung der Könige« aus der Casa Ottolini (Mailand, Brera). Sein bekanntestes Werk neben anderen Ⓜ︎darstellungen (Fresko in der Pfarrkirche in Illasi; Tafel, Rom, Galleria Colonna) ist die Madonna im »Paradiesgärtchen«: Ⓜ︎ mit dem Kind sitzt umgeben von Engeln und der einen Kranz windenden hl. Katharina auf einer blumigen umfriedeten Wiese, die durch einen ziboriumsartig gefaßten Brunnen als Paradies charakterisiert ist (Verona, Mus., um 1410). Eine weitere Fassung des Themas wird S. oder Bonifacio Bembo zu-

Stefano da Verona, Paradiesgarten, um 1410, Verona, Museum

geschrieben (Worcester, Mus.). Zarte Gestalten, weich fließende Linienführung und der Verzicht auf Körperlichkeit und räumliche Tiefe kennzeichnen seine der Gotik verhafteten Werke. Auffallend ist das häufige Auftreten des Pfauenmotivs in seine Bildern.

Lit.: R. van Marle, The Developement of the Italian Schools of Painting VII, 1926, 270–294. — La Pittura in Italia. Il Quattrocento, 1987 (Reg.). — W. Braunfels, In: Mün. 9 (1956) 1–13. — Ausst.-Kat., Da Altichiero a Pisanello, Verona 1958, 37–50. — E. Moench, S. da V.: la quête d'une double paternité, In: ZfK 49 (1986) 220–228. *F. Tschochner*

Steffani, Agostino, * 25.7.1654 in Castelfranco, † 12.2.1728 in Frankfurt. Der spätere Komponist, Diplomat und Bischof wächst in Padua auf; 1667 geht er mit Kurfürst Ferdinand Maria von Bayern nach München, wo er vom Hofkapellmeister Johann Kaspar Kerll unterrichtet wird. Während eines Romaufenthalts (1672–74) erscheint seine erste Komposition im Druck, die »Psalmodia vespertina«. 1680 wird S. zum Priester geweiht. Im gleichen Jahr tritt der ihm verbundene Kurfürst Max Emanuel die Regierung an, der ihn mit geheimen diplomatischen Missionen betraut. 1688 verläßt S. München, zieht nach Italien, später als Diplomat an den Hof des Hannoveraner Herzogs Ernst August und 1703 an den kurpfälzischen Hof nach Düsseldorf, wo er es bis zum Regierungspräsidenten bringt. 1706 wird S. zum Bischof von Spiga ernannt. Um im Streit zwischen Kaiser und Papst zu vermitteln, reist er 1709 zu Papst Clemens XV., der ihn zum apost. Vikar und päpstlichen Thronassistenten ernennt. Nach Deutschland zurückgekehrt, bemüht sich S. um die Rekatholisierung einiger dt. Fürstenhäuser.

Obwohl S. zusehends mehr als Diplomat und Kirchenmann wirkte, gilt er doch als der einflußreichste Opernkomponist im Deutschland seiner Zeit. Seine Opern verbinden die ital. Herkunft mit franz. Elementen. Außerdem schreibt er zahlreiche Kammerduette. Zu marian. KM zählen ein 5-stimmiges »Qui diligit Mariam« und ein 6-stimmiges »Stabat Mater«.

Lit.: G. Croll, A. S., Diss., Münster 1960. — MGG XII 1206–15. — Grove XVIII 93–98. *J. Schießl*

Stegmüller, Otto, *2.4.1906 in Wintersdorf bei Rastatt, †9.2.1970 in Freiburg i. B., wurde 1930 zum Priester geweiht. Nach dem Studium der Altphilol. wurde er 1938 Dr. phil. in Berlin, 1941 Dr. theol. und 1949 Dr. theol. habil. in Freiburg. Er war Subregens am Priesterseminar St. Peter, 1951 Dozent, 1954 Prof. für Fundamentaltheol. und 1962 für Religionsgeschichte in Freiburg. S. erwarb sich große Verdienste um die Herausgabe des »Lexikon für Marienkunde«, für das er 170 Artikel verfaßte. Neuland erschloß sein Beitrag über den Immaculata-Traktat des Basler Franziskaners F. Wiler. S. war ein gründlicher Forscher und großer ᛘverehrer.

Lit.: FDA 93 (1973) 429–433 (Bibl.). *R. Bäumer*

Steidl, Melchior, getauft am 12.11.1657 in Innsbruck als fünftes von sieben Kindern des erzherzoglichen Kammerdieners Christoph S. und seiner Frau Sabina, †7.8.1727 in München. Seine Ausbildung zum Maler und Freskanten erhielt S. wohl bei dem Münchener Hofmaler Johann Andreas Wolff (1652–1716) und sicher bei dem ebenfalls aus Innsbruck stammenden und seit 1678 in München nachweisbaren Johann Anton Gumpp (1653–1719). Am 22.10.1687 trug er sich in das Meisterbuch der Münchener Malerzunft ein und ein halbes Jahr später, am 26.4.1688, heiratete er Maria Susanna Dobries, Enkelin des Hofmalers Kaspar Amorth d. Ä. (1612–75) und Tochter des Malers Hans Michael Dobries (seit 1665 in München nachweisbar). Neben der Tätigkeit als Altar- und Tafelbildmaler, mit der er gewöhnlich die Wintermonate überbrückte, war er in erster Linie Freskant, was nicht nur zahlreiche Entwurfszeichnungen für Deckengemälde, sondern auch die umfangreichen Aufträge, die S. zwischen 1690 und 1719 in österr. Stiften und im süddt. Raum ausführte, deutlich belegen. Nachdem er sich 1720 vergeblich um die Ausmalung der Benediktinerklosterkirche Hl. Kreuz in Donauwörth beworben hatte und nach diesem Jahr keinerlei Fresken von seiner Hand mehr bekannt sind, scheint er wohl aus gesundheitlichen Gründen die anstrengende Tätigkeit als Freskant aufgegeben zu haben. Die letzten Lebensjahre soll S. im Kloster Bernried am Starnberger See verbracht haben, wo einer seiner Söhne Mönch gewesen sei.

S., der mit zart leuchtenden, nur an den szenisch relevanten Stellen kräftigeren und stets klar gegeneinander abgesetzten Farben arbeitete und dessen Figurenstil den Einfluß Paolo Veroneses und Pietro da Cortonas erkennen läßt, verlieh seinen zahlreichen Decken- und Altarbildern durch eine volkstümliche, ins Detail gehende Art der Beschreibung Intensität und Darstellungskraft. Seine Bildwelt reicht vom Allegorisch-Profanen (vgl. die großflächigen Ausmalungen der Säle in Kremsmünster 1695/96 oder Bamberg 1707/09) bis hin zur tief rel. Aussage im Rahmen des rein sakralen Raums. Mit der barocken → Ikonographie und → Ikonologie eng vertraut, realisierte er komplikationslos Szenen aus dem AT wie aus dem NT, Heiligenviten beherrschte er ebenso wie marian. Themen. Letzteren sind die umfangreichen Programme an drei seiner wichtigsten Stationen als Freskant vorbehalten: in der Benediktinerklosterkirche im oberösterr. Lambach (1698), in der Wallfahrtskirche auf dem → Schönenberg bei Ellwangen (1711) und in der Pfarrkirche von Waidhofen im Landkreis Neuburg-Schrobenhausen (1719).

Lit.: V. Meinecke, Die Fresken des M. S., Diss. masch., München 1971. — G. Paula, Die Fresken M.S.s in Babenhausen und Blumenthal, In: Jahrbuch der Bayer. Denkmalpflege 41 (1991) 63ff. *G. Paula*

Steiermark. Die Landesgrenzen der S. entsprechen heute praktisch den Bistumsgrenzen von Graz-Seckau. Bei der Gründung der Diözese Seckau 1218 gehörte nur ein kleiner Streifen mit wenigen Pfarren dem neuerrichteten Salzburger Suffraganbistum an. Die josephinische Diözesanregulierung schuf 1786 drei Diözesen: Leoben mit Sitz in Göß, Seckau mit Sitz in Graz, einschließlich eines schmalen Streifens südlich der Drau, sowie die Diözese Lavant mit dem übrigen untersteirischen Anteil südlich der Drau im heutigen → Slowenien. 1859 wurden die Diözesangebiete von Leoben und Seckau vereinigt, der untersteirische Anteil außerhalb der heutigen Landesgrenze wurde dem Bistum Lavant mit Sitz in Marburg zugewiesen.

1. Marianische Patrozinien. Zu den ältesten steirischen Pfarrkirchen mit Mpatrozinium gehören Gröbming (vor der urkundlichen Nennung von 1170), Pöls (9./10. Jh.), Straden und Straßgang. Einige Mkirchen der S. gehen auf klösterliche Gründungen zurück, wie z.B. das Benediktinerinnenstift Göß, das älteste steirische Stift, das 1782 unter Kaiser Joseph II. aufgehoben wurde. In der Folge der Reformbewegung von Cluny wurde die MV von den Zisterziensern, den Chorherren und von den seit 1466 in Graz ansässigen Dominikanern (v.a. durch die Förderung des Rosenkranzes) getragen.

Die Patrozinien der frühen Mkirchen sind vornehmlich: Me Himmelfahrt (Rein, 1129–38, ab 1737 barockisiert; Seckau, 1140, 1164 geweiht; Pöls, 1147 genannt; Gröbming, 1170 genannt, 1491–1500 erbaut; Maria Buch bei Judenburg, 1074 genannt, 1455 erbaut; Weizberg, 1065–70, 1756–66 barockisiert; Straden, urkundlich 1188, 1469–72 erbaut; Graz, Franziskanerkirche, um 1230; Neuberg, 1327 gegründet, Bau 15. Jh., das Stift wurde 1786 aufgehoben; Vordernberg, vor 1461 erbaut), Me Geburt (Mariazell, 1157 gegründet, 1243 cella, gotisiert 1359–93, 1654 Chor barockisiert; Eisenerz, urkundlich 1453), M Dorn (Eibiswald, 1170 »Maria in Dornach«, 1678 barockisiert; St. Marein bei Graz, 1224 genannt), Me Opferung (Frauenberg bei Leibnitz, in der Nähe einer röm. Isis-Noreia-Tempelanlage, 1170 genannt, spätgotischer Bau, nach dem Brand von 1604 der Neubau von Bischof M. Brenner 1609 geweiht) und M allgemein (Göß, um 1020; Admont, 1074 Hl. Maria und Hl. Blasius; St. Marein bei Knittelfeld, 1166; Waasen bei Leoben, um 1160, 1185 Admont übertragen, heute Me Himmelfahrt; St. Marein im Mürztal, 1103, heute Anna; Mariahof, 1066, 1103 an St. Lambrecht; → Straßengel, 1208 urkundlich, Bau 1346–53; Altenmarkt bei Fürstenfeld, 13. Jh., Maria in der Au, später Donatus).

2. Wallfahrtsorte. Die Anfänge der Mheiligtümer der häufig damit verbundenen, späteren Mwallfahrten in der S. liegen, abgesehen von den ersten urkundlichen Nennungen, meist im Dunkeln. Wunderbare Ereignisse wie kniende Rinder (→ Lankowitz), flüchtendes Wild (Maria Rehkogel, 1354 Kapelle, erbaut 1489–96), teils verlorenes Legendengut wie in Preding mit Maria Dorn (1355 genannt, Bau 1699 und 1743) Eibiswald, Aich im Ennstal (18. Jh.), Gnas (urkundlich 1229, 2. Viertel 15. Jh. erbaut) und Dobl (urkundlich 1219) weisen auf Ursprünge und Zusammenhänge mit Gnadenbildern und ihrem Wirken hin. Brunnen und Quellen kommen meist erst in späterer Zeit in den Blick: → Maria Fieberbründl (1879 Neubau), Heilbrunn in Ofenegg (1787 Neubau), Schüsserlbrunn (1875), Bad Mitterndorf (1775), Heilbrunn bei Admont (1800), Frauenbrunn in Spital am Semmering (1682–86 erbaut, 1837 abgetragen), Maria Gnadenbrunn in Burgau, (Ende 15. Jh.). Auf die Verbindung von Gnadenbild mit bestimmten Bäumen verweisen Namen wie »Maria drei Fichten« in Hitzendorf (14. Jh.) oder Maria Hasel in Pinggau (genannt 1373, 18. Jh. erweitert).

Die Wallfahrtsbedeutung an teils schon früher bestehenden Mkirchen wird vielfach erst im 14. und 15. Jh. durch Ablaßverleihungen oder gar erst in den Visitationsprotokollen des 16. Jh.s greifbar: Straßengel (Kapelle 1038–68, 1157 angebliches Gnadenbild), Weizberg (urkundlich 1070, 15. Jh. Wallfahrtskirche), Pöllauberg (1339), Maria Hasel in Pinggau (1717–36 Neubau), Fernitz bei Graz (um 1160 Kapelle, Umbau 1506–14), Hitzendorf (1453) Maria Rehkogel (1354 Kapelle, 1489–96 Bau), → Frauenberg bei Admont (1410–23 erbaut, 1683–87 barockisiert), Maria-Buch bei Judenburg (1074 genannt, 1455 erbaut), Hirschegg (1042 genannt, 1467 erbaut), Osterwitz (spätgotisch), Pernegg (1448–61 erweitert), Lankowitz (1455), Lebing bei Hartberg (1309 Kapelle, 1472 Zubau) und Oppenberg (15. Jh. Umbau).

Die Bedeutung der Orden bei der Gründung von Mkirchen, deren Entstehung nicht mehr in die Frühphase fällt, wird deutlich bei Seckau (1143 begonnen), Lankowitz (Franziskanerkloster 1446 erbaut, Neubau 1678–81) jedoch nicht → Pöllauberg (zwischen 1339–74 erbaut, erst seit 1504 dem Stift Pöllau inkorporiert).

Die Reformationszeit unterbrach das Wachstum im Wallfahrtswesen und in der MV, das rel. Kunstschaffen erlebte einen tiefen Einschnitt. Zeitbedingte Kritik richtete sich damals gegen Wallfahrtsorte, z.B. gegen Mariazell. Dennoch hatte die prot. Kirchenordnung für Innerösterreich (Steiermark, Kärnten, Krain) 1578 auf im Volk verwurzelte Mfeste nicht verzichtet. Nach der durch Ferdinand II. angeordneten und hauptsächlich von Bischof Martin Brenner geleiteten, v.a. aber durch seine Predigten mitgetragenen Rekatholisierung unter militärischem Schutz blühte das Wallfahrtswesen wieder auf. Die Habsburger förderten die MV und die neuen Orden der Jesuiten, Kapuziner und Karmeliten mit ihren Dritten Orden förderten sie durch marian. Kongregationen, Volksmissionen, Predigten und Schriften. Neue Wallfahrtsorte und -heiligtümer kamen in der Barockzeit hinzu, viele durch Ordenseinfluß, z.B. in Graz Mariahilf (1607–11 erbaut, Gnadenbild 1611 von Pietro de Pomis), Mariä-Verkündigung im Karmelitinnenkloster (1647–60), Maria-Schnee (1710 geweiht, erst 1842 Karmeliterkloster), in Heilbrunn (1762 neue Kapelle), Freienstein (1661–63 Jesuiten), bei Graz Maria-Grün (1663 Kapuziner) und Mariatrost (1676 Mstatue aufgestellt, 1714 Barockbau begonnen), Maria-Schnee auf der Seckauer Hochalm (um 1660), Schönanger bei St. Lambrecht (1777 f. Holzkapelle ersetzt), Maria-Kumitz bei Bad Mitterndorf (1717, 1766–73 Neubau), Wildalpen im Salzatal (1674 erbaut), Winklern bei Oberwölz (1654–58 erbaut,

Kopie der Gnadenstatue von Altötting 1652) und Schönberg bei Knittelfeld (Übertragung einer Mstatue 1713).

Nach der Gegenreformation ersetzten neue marian. Gnadenbilder nach bekannten Vorbildern oftmals nichtmarian., dazu kamen im 17. Jh. Gnadenbildkopien nach Maria → Schnee (10), → Mariahilf (9), → Landshut und → Genazzano (je 3), Maria Gradiska (2) und Maria-Pötsch (1). Eine Neuerung der Zeit ist die Herz-Me-Verehrung, die 1648 zusammen mit der Herz-Jesu-Verehrung eingeführt (Pöllau, Kalvarienberg, 1715) worden ist. Neugründungen des 17. und 18. Jh.s orientierten Patrozinienwahl bzw. Gnadenbild an → Loreto (14), das Ferdinand II. von Innerösterreich 1598 auf einer Wallfahrt besuchte.

Die nach der Aufklärung neu erwachte MV im 19./20. Jh. hat teilweise → Lourdes und → Fatima mit ihren Gnadenbildern zum Vorbild, doch konnten sie keine so starke Kultdynamik entwickeln wie die älteren Mpatrozinien, allen voran Mariazell. Aber auch schon in der Gotik und im Barock verbreitete Bilder und Plastiken der Pietà, Verkündigung, Himmelfahrt und Krönung Ms sowie der Schmerzhaften GM und der Schutzmantelmadonna erleben eine Renaissance in Darstellung und Patrozinienwahl.

Neubauten von Pfarrkirchen im 20. Jh. greifen teils auf alte Patrozinien zurück, wie Me Verkündigung in Graz-Rehgrund (1974), Maria Königin in Kapfenberg-Schirnitzbühel (1956 f.) und Pölfing-Brunn (1957–59) oder Maria Rosenkranzkönigin in Stein an der Enns (1949–52); Kopien der Lourdes-Madonna wurden in Kapellen und Grotten aufgestellt, die sog. Fatima-Kirche in Graz-Münzgraben wurde dem Herzen Ms geweiht, Fatima-Patrozinien blieben Meßkapellen vorbehalten. Eine 1993 geweihte, mit künstlerisch beachtlichen Betonglasfenstern ausgestattete Kapelle in Dörfla bei Graz (1993) trägt das Patrozinium »Maria, Mutter Jesu«.

Anläßlich der Ausstellung »Maria. Verehrung und Gnadenbilder in der Steiermark« (1988) wurden 60 Pfarrkirchen, 24 Filialkirchen, 8 Kuratsbenefizien bzw. Stationskaplaneien und an die 300 Meßkapellen als Mstätten festgestellt; die Wallfahrt lebt in 50 Kirchen.

Besondere Bedeutung für die MV der S. erlangte → Mariazell. Die Errichtung der »cella Beatae Mariae Virginis« um die Mitte des 12. Jh.s durch Mönche des Stiftes St. Lambrecht entwickelte sich in der Folge zum größten steirischen, österr. und den Donauraum übergreifenden mitteleuropäischen Mheiligtum. Bereits 1340 haben die Bischöfe für den Bau und Besuch von Mariazell Ablässe verliehen und 1399 übertrug Papst Bonifaz IX. alle dem Markusdom in Venedig verliehenen Ablaßgnaden auch auf Mariazell. Auf vielen Wallfahrtswegen pilgerten die Wallfahrer nach Mariazell, auf der bekannten »Via sacra« jene aus Wien. Die Kaiser Ferdinand II. und Ferdinand III. besuchten Mariazell und unter Leopold I. stand das Gnadenbild in der Pietas Austriaca gleichsam als Reichsheiligtum an höchster Stelle. Kaiserin Maria Theresia feierte 1728 hier ihre Erstkommunion und auch Joseph II. besuchte den Wallfahrtsort (1764, 1766 und 1767), Maria Theresia verbot 1772 zunächst die mehrtägigen Wallfahrten, Joseph II. 1785 die Wallfahrt überhaupt. Ein Umdenken deutete erst die Wallfahrt der Erzherzogin Anna Maria 1794 an, die den Boden dafür bereitete, daß die Wiener seit 1796 wieder nach Mariazell wallfahrten durften. Anläßlich der 700-Jahr-Feier am 8.9.1857 kamen Zehntausende Ungarn, Tschechen, Slowaken, allein 9000 Pilger aus Preßburg, und Deutsche. Initiiert von der österr. Kirche erklärte Kaiser Franz Joseph bei seiner Wallfahrt 1907 Mariazell zum österr. Reichsheiligtum. Zur 800-Jahr-Feier kamen über eine Million Pilger. Heute lebt die Wallfahrt, die auch durch den Besuch Johannes Pauls II. (1983) neuen Auftrieb erhielt, unbeeinflußt von politischen Konstellationen. Mariazell wurde durch Kopien seiner Gnadenstatue für andere Orte (St. Pankrazen bei Grafendorf, Assach bei Liezen, Oberwölz, Pöllau, St. Lambrecht, Weichselboden und Klein-Mariazell im Bezirk Feldbach) Ausgangspunkt von Sekundärwallfahrten.

3. Bildende Kunst. Im Zuge der Salzburger Mission im Ostalpenraum kam auch ein von der ostkirchlichen Tradition beeinflußtes, aus dem venezianischen Raum stammendes Mbild (um 1210) in die S., die Seckauer → Nikopoia, eine erhabene Frau, die wie eine Hohepriesterin das göttliche Kind präsentiert. Die hochgotische Mystik schuf das Vesperbild zur Meditation des Leidens Christi und Ms. Die um 1300 entstandenen Mklagen (→ Klagen) dienten wohl der Pietà des Judenburgers Gundaker als Vorbild; weitere Vesperbilder stammen etwa aus dem Stift Admont (um 1500/10) und aus St. Ruprecht bei Bruck (um 1525). Dem alten Gebet »Unter deinen Schutz und Schirm …« und auch der Rechtsauffassung der Mantelschaft entsprach das Bild der → Schutzmantelmadonna z.B. in Straßgang (um 1519), Kirchdorf (Fresko, 1482), Frauenberg bei Admont (1420/30), Göß (Fresko, 2. Hälfte 15. Jh.), Göß-St. Erhard (Fresko, 1. Drittel 14. Jh.) und Hohenberg (1520). Noch 1596 ließ Erzherzogin Maria ein Schutzmantelbild schaffen (St. Johann und Paul in Graz).

Im SpätMA wird es zur Regel, daß jede größere Kirche ihren Maltar haben sollte. Solche Altäre wurden gern in den Seitenschiffen, an Pfeilern und Säulen aufgestellt, in der Spätgotik kommt der Lettner, eine Schranke zwischen Chor und Langhaus, hinzu (vgl. z. B. in Aussee 1483). In der Folge des Konzils von Trient, das die Eucharistiefeier in den Mittelpunkt rückte, forderte u.a. das Visitationsprotokoll von Bischof Jakob Eberlein 1617/19 die Beseitigung der Lettner »in medio ecclesiae« für einen ungehinderten Blick auf den Hochaltar, wobei auch viele Maltäre verlorengingen.

Zu den wichtigsten Typen in der marian. Kunst der S. gehören Nikopoia (Seckau, venezianisch, 1210), → Ährenmadonna (Straßengel, Gnadenbild, um 1430, 1976 gestohlen, 1978 durch Kopie ersetzt; Köflach, um 1470; Graz, Kloster der Barmherzigen Brüder; Graz, Welsche Kirche, 18. Jh.), M im Strahlenkranz (St. Lambrecht, 1425/30), thronende M mit Kind (St. Lambrecht, 2. Viertel 13. Jh.; Preding, Steinrelief, um 1300), Schöne Madonna (Admont, 14. Jh.), Schutzmantelmadonna (11 Darstellungen, z. B. Frauenberg bei Admont, um 1420), Vesperbild (31 Darstellungen, z. B. Admont, 1410/ 20; Judenburg, 1500/10; Seckau, um 1400), M lactans (Oberwölz, Fresko, um 1430; Sigmundsberg bei Mariazell, um 1380, seit 1926 in Nürnberg, Germ. Nat. Mus.; Göß, Pluviale des Gösser Ornats, um 1239–69, Österr. Mus. für angewandte Kunst; Straßengel, Glasfenster, 2. Hälfte 14. Jh.), Krönung Ms (10 Darstellungen) und Me Verkündigung (weit verbreitet mit 22 Darstellungen).

Die → apokalyptische Frau erfährt in der S. durch die Türkeneinfälle eine besondere Ausdeutung: der Mond erhält ein Gesicht und wird zur »luna ottomanica« (Seckau-St. Martha, Seggau bei Leibnitz). Das Thema »apokalyptische Frau« hat H. Böckl im Stift Seckau in seinen Fresken zur Apokalypse (1952–60) wieder aufgegriffen.

Das im 17. Jh. immer beliebtere Patrozinium der UE findet sich z. B. in der Pfarrkirche Tobelbad (1628–30) und in der Kapelle im Schloß Neudorf bei Stocking (1640). Darstellungen in St. Lorenzen ob Murau (2. Viertel 18. Jh.) und bes. die Msäulen (→ Säulen) zeigen auf vielen Plätzen das Bild der Immaculata. Nach dem Konzil von → Basel haben Karl V., bes. aber Ferdinand II. als Jesuitenschüler von Ingolstadt die Immaculata-Verehrung in Innerösterreich gefördert. Der Bulle Alexanders VII. vom 8.12. 1661 folgte 1708 die Einführung des Immaculata-Festes durch Papst Clemens XI. Die Definition der UE (1854) verbreitete dann die Immaculata-Verehrung erneut, was in zahlreichen Votivbildern, Patrozinien, Andachten und Immaculata-Altären zum Ausdruck kommt.

4. Liturgie und Frömmigkeit. In St. Ruprecht an der Raab gibt es seit 1497 die Stiftung eines gesungenen Amtes zum Fest der »conceptio Marie«, in St. Peter bei Graz (1607) eine Kapelle der Empfängnis Me. Vorref. Meßbücher in steirischen Klöstern kennen das Fest vom 8. Dezember mit den Formularen von Me Geburt, wobei statt »Geburt« überall »Empfängnis« eingesetzt wurde.

Das Ave Maria ist in Graz 1401 durch die Stiftung des Niclas Etl beim Hl.-Geist-Spital bezeugt, da es die Armen täglich für die Stiftung zu beten hatten. Zur Salve-Regina-Andacht, die regelmäßig am Samstag gehalten wurde, läuteten eigene »Salveglocken« (Bad Aussee) und in Ranten (1548) gab es den Salve-Weizen als besondere Abgabe. Die Andacht mit Antiphon war oft mit Ablässen versehen, mit eigener Prosa oder Oration, eine reich ausgestaltete liturg. Feier, die durch private Stiftungen gesichert war.

5. Marianische Glocken. Einen Ausschnitt der vielfältigen MV bieten die ikonographischen Programme auf steirischen → Glocken, die entweder eine Anrufung, einen Gruß, das Ave Maria oder eine bildliche Darstellung Ms tragen. Hervorzuheben sind Glocken des bekannten Gießers Hans Mitter, die zu den ältesten in der S. zählen, u. a. zeigen sie die Mkrönung (Bad Aussee, 1445, und Aflenz, 1446), die sitzende Madonna mit Kind, zu ihren Füßen ein Löwe und Einhorn (Lind bei Zeltweg, 1457) oder die GM (Maria-Buch, 1454; Seckau, 1438). Marian. Inschriften lauten etwa »in honorem beatissime virginis Marie« (Aflenz, 1446) oder »Maria mater gracie« (Göß, 1451; Kirchberg, 1457). Glocken des Florentin Streckfuß tragen auffallend oft eine Darstellung der Mkrönung, z. B. in Birkfeld (1693), Bertholdstein (1693), Graz Mariahilf (1689), St. Kathrein an der Laming (1707), Leibnitz (1712) und St. Oswald bei Zeiring (1708). Die Annuntiata-Glocke aus Seckau (1438) stellt in drei Reihen die Verkündigung an M dar, die Glocken in Kindberg (1633) und Passail (1650) zeigen M mit Kind auf der Mondsichel.

6. Marianische Bruderschaften. Im 15. Jh. entstanden zahlreiche Bruderschaften (z. B. Pöllauberg und Seckau, 1480), wobei Bruderschaften ULF in den erhaltenen Protokollresten der landesfürstlichen Visitation der Pfarren und Klöster in der S. von 1544/45 am häufigsten vertreten sind. Nach einem Rückgang in der Reformation entstehen neue Liebfrauen- und Rosenkranzbruderschaften, von denen heute noch die zahlreichen → Rosenkranzbilder zeugen. Die Marian. Kongregationen fanden auch in der S. im 17. Jh. in Graz beachtliche Verbreitung. Der Josephinismus verbot dann weitgehend die rel. Bruderschaften und erst ein halbes Jh. später kam es zur Revision der Anordnungen. Seit 1836 verbreiteten sich die Bruderschaften zum Herzen Me, außerdem brachte die Neugründung der marian. Kongregation (1885) und kurz darauf der Akademiker- und Arbeiterkongregation an der Stiegenkirche in Graz nochmals eine Belebung der MV.

→ Maiandachten gibt es seit 1840 in der S. Heute findet in mehr als 20 Pfarreien am 13. des Monats eine Wallfahrt statt.

7. Marianische Literatur. Als Beispiel für Mlyrik ist das »Vorauer Marienlob« aus dem 12. Jh. zu nennen, das Ms heilsgeschichtliche Rolle typologisch begründet. Eine Msequenz aus der Mitte des 12. Jh.s, wohl nicht — wie früher allgemein angenommen — in St. Lambrecht, sondern in → Seckau entstanden, ist eine Nachbildung der Sequenz »Ave praeclara maris stella« und das älteste Mlied der S. Ein vierzeiliges Gebet von seinem ersten Herausgeber »Ave Maria« betitelt, findet sich in zwei verschiedenen Handschriften des 12. Jh.s aus Seckau.

Die Sündenklage in einer Vorauer Handschrift, deren umfangreiches Einleitungsgebet ein Zeugnis für die MV ist, ruft M vorwiegend als Fürsprecherin für die Sünder an. Bruder → Philipps 10000 Verse umfassendes Ⓜleben (→ Leben) wurde im Kartäuserkloster Seiz (heute Slowenien) abgeschlossen. Im »Liber de vita et virtutibus BMV« hat → Engelbert v. Admont (um 1250–1331) eine Summe der Mariol. mit starker Wirkungsgeschichte verfaßt. In Neuberg hat Andreas Kurzmann († 1428) ein kleines Gedicht »Soliloquium Mariae cum Jesu« übersetzt. Auf dem Gebiet des rel. Liedes sei die Sammlung »Catholisch Gesang-Buch« des Schulmeisters Nikolaus Beuttner von 1602 genannt, das zahlreiche Ⓜlieder enthält. Joseph Wallner und Hyazinth Schönberger gaben 1856 das insgesamt sieben Auflagen erreichende »Katholische Volks-Gesangbuch« als Sammlung des rel. Volksgesanges heraus.

Lit.: E. Tomek, Geschichte der Diözese Seckau I, 1917. — Ders., Kurze Geschichte der Diözese Seckau, 1918. — J. J. Schütz, Maria in S. Gedichte aus 9 Jh.en, 1926. — H. Koren, Maria in S., In: Aus Archiv und Chronik 3 (1950) 65–76. — Gugitz IV. — A. Weissenbäck und J. Pfundner, Tönendes Erz , 1961. — K. Woisetschläger und P. Krenn, Maria in der steirischen Kunst, Ausst.-Kat., Graz 1968. — A. Kracher, Ma. Literatur und Dichtung in der S., In: Literatur in der S., 1976, 9–42. — K. Dieman, Magna mater Styriae, 1977. — Dehio-Graz, 1979. — Dehio-Steiermark, 1982. — A. Coreth, Pietas Austriaca, ²1982. — Ausst.-Kat., Maria. Verehrung und Gnadenbilder in der S., Graz 1983. — R. K. Höfer, Straßengel unter Kaiser Josef II., In: Begegnung mit Straßengel, Nr. 11 (1989) 6–31. — K. Amon und M. Liebmann (Hrsg.), Kirchengeschichte der S., 1993. *R. K. Höfer*

Stein, Edith, sel. Karmelitin (Teresia Benedicta a Cruce OCD), * 12.10.1891 (jüdischer Versöhnungstag) in Breslau als jüngstes von 11 Kindern der jüdischen Eltern Siegfried und Auguste S. (geb. Courant), † 9.8.1942 in Auschwitz. Nach dem Tod des Vaters (1893) führte die Mutter mit Erfolg dessen Holzgeschäft weiter. Nach dem Staatsexamen wurde E. S. u. a. Assistentin E. Husserls und 1917 promoviert. Mit 15 Jahren gewöhnte sie sich »ganz bewußt und aus freiem Entschluß das Beten« ab (WW VII 121) und bezeichnet sich bis zum 21. Jahr als Atheistin. Der Einfluß Max Schelers, der Eindruck Anne Reinachs, die in gläubiger Gefaßtheit den Tod ihres Mannes annahm, und schließlich die Autobiographie → Theresias v. Avila brachten sie der kath. Kirche näher. Nach der Taufe (1922) war S. bis 1932 Lehrerin am Lyzeum und Lehrerinnenseminar in Speyer, dann Dozentin am dt. Institut für wissenschaftliche Pädagogik in Münster. Seit 1928 war sie als Rednerin, v. a. in Hinblick auf Frauenbildung tätig. Nach dem Verbot ihrer Lehrtätigkeit trat sie 1933 in den Kölner Karmel ein, 1938 siedelte sie in den Karmel nach Echt (Holland) über, um der nationalsozialistischen Verfolgung zu entkommen. Am 2.8.1942 wurde sie interniert und dann in Auschwitz vergast. Am 1.5.1987 wurde sie in Köln seliggesprochen (Fest: 9. August).

Auf mariol. Fragen kommt S. einmal im Zusammenhang mit der Frauenfrage zu sprechen. Das Recht der Frau zur Wahl und zur — ihr verweigerten — Habilitation hat sie energisch, nach dem Sturz der Monarchie sogar in einem parteipolitischen Engagement vertreten (vgl. WW VII 70. 126; X 24; XIV 43. 117. 121f. 124. 126; 111. 116). Katholisch geworden, zog sie in ihrer Beschäftigung mit der Frauenbildung immer wieder Parallelen zwischen der GM und der Daseinsthematik bzw. der Erziehung der Frau, da Natur- und Gnadenordnung in gegenseitigem Bezug stünden. Die Frau sei zwar zu allen Berufen befähigt, doch sei sie mehr durch die Anlage zur Mutterschaft geprägt als der Mann durch die zur Vaterschaft. In dieser Hinsicht stehe die Frau mehr als Gehilfin dem Mann zur Seite. In der Doppel- und Überbelastung der berufstätigen Frau sieht S. die Gefahr, daß die Frau ihrer »wesentlichen Aufgabe«, »Herz der Familie und Seele des Hauses zu sein« nicht mehr nachkommen könnte (V 68). Die Beziehung der Geschlechter betrachtet S. ferner nach dem jeweiligen heilsgeschichtlichen Stand. Der ursprünglich harmonische Gottesbezug im Paradies entsprach der Fähigkeit zu hingebender Liebe. Mit dem Sündenfall, seit dem das Niedrigere (Triebbefriedigung, Ausnützen, Herrschsucht, Zerstören, Ersinnen von Zerrbildern, Abwälzen der Verantwortung: Gen 3,12ff.; nur biologische Sicht von Vater- und Mutterschaft) gegen das Höhere (Bewahren, Entfalten, Freude am Geschaffenen) rebelliert, drohen sowohl Vater- und Mutterschaft als auch das Verhältnis der Geschlechter zu entarten. Der Mann kann zum Despoten bzw. zum Sklaven der Sklavin werden. Die Frau, die dem Kind näher steht und als Herz der Familie das Kind dem Vater vermittelt (und umgekehrt), kann auch, ihre Rolle egozentrisch mißbrauchend, Vater und Kind an sich fesseln und beide isolieren.

In diesem Rahmen erklärt nun S. in genuiner Weise die Ⓜgestalt. Mit dem intensiveren Engagement der Mutter im Leben des Kindes und der überragenden Bedeutung der Mutterschaft im Vergleich zur Vaterschaft sucht sie zu verstehen, weshalb Jesus zwar eine Mutter aber keinen menschlichen Vater hatte und daß die Mutter Jesu, dessen Speise es war, den Willen des himmlischen Vaters zu tun, ganz dem Vater hingegeben sein mußte. Da eine nur biologische Rolle der Mutter beim Werden des Kindes (wobei dann die Erziehung anderen überlassen wird) die Frau entwürdigt, mußte Ⓜ auch seelisch-geistig Jesus vorbehaltlos zum Vater hinführen. »Sollte nicht der Menschensohn, der in allem Mensch sein wollte außer in der Sünde, von der Liebe der Mutter nicht nur Fleisch und Blut zur Bildung seines Leibes, sondern auch Nahrung der Seele angenommen haben? Ja, sollte dies nicht der tiefste Sinn der Unbefleckten Empfängnis sein?« (II 472; Ziegenaus 198f.).

»Die Mutterschaft Marias ist das Urbild aller Mutterschaft« (II 472). Das Urbildliche zeigt sich näherhin in dem schon genannten Aspekt, daß die Mutter je mehr sie in liebender Hingabe vom Wesen des Gatten in sich aufgenommen hat, desto mehr auch durch ihre Vermittlung die Eigenart des Kindes durch die des Vaters« (ebd.) bestimmt (ein Aspekt, dem — was S. nicht leugnen würde — im Hinblick auf den ewigen Vater-Sohn-Bezug bei Jesus nur sekundäre Bedeutung zukommt). Ferner zeigt sich das »Urbild im Fiat! der Gottesmutter. Damit ist die liebende Hingabe an Gott und den göttlichen Willen, der eigene Zeugungswille und die Bereitschaft, Leib und Seele dem Dienst der Mutterschaft zu weihen, zugleich ausgesprochen« (ebd.). Das Ur- und Vorbildliche der M-gestalt offenbart sich dann in der Fruchtbarkeit jeder Frau (auch der unverheirateten) und im Virgo-Mater-Ideal. Während sich im Normalfall Mutterschaft und Jungfräulichkeit ausschließen, ist M → Jungfrau und Mutter zugleich. In der Tendenz und dem Ideal nach schließen sich Jungfräulichkeit bzw. vorbehaltlose Hingabe an Gott und Mutterschaft nicht aus. Für die Verheiratete und die (gottgeweihte) Jungfrau gelten nämlich die Endgültigkeit einer Bindung, die Lauterkeit der Liebe zu Christus, die Maternität (leiblich oder geistig bei der Jungfrau: jede Frau ist eben durch die Anlage zur Mutterschaft bes. bestimmt) und die Jungfräulichkeit, deren Motivation auch die Verheiratete schätzen muß, um mögliches Alleinsein (Tod oder Erkrankung des Partners, Scheidung) in der Haltung der Jungfrau ohne Frustration durchstehen zu können. Das Urbildliche verdeutlicht schließlich ein Vergleich mit Eva. Als »Mutter alles Lebendigen« gibt sie nicht nur leibliches Leben, sondern geistige Formung im Kampf gegen die Schlange. Die eigentlichen Stammeltern sind der neue Adam und die neue Eva, »die Urbilder der gottgeeinten Menschheit«. M ist die Mutter des Sohnes, der Sünde und Tod endgültig besiegt hat (vgl. II 474; V 22f. 148). Analog zur ersten Eva, der Hilfe und Gefährtin (vgl. Gen 2,18.20), ist M Mitwirkerin an der Seite Christi (vgl. V 148. 151. 193). M hat so eine besondere Bedeutung für die Frau, aber dann, sowohl über die Frau als auch über die weiblich-marian. Kirche, auch für den Mann. M-nachfolge ist Sache aller Christen (vgl. VC 152).

Die innige Beziehung zur GM braucht bei einer Karmelitin nicht näher betont zu werden. Die Christo- und Staurozentrik (»Benedicta a Cruce«) ist klar gewahrt (vgl. Ziegenaus 205f.). Eine besondere, eine persönliche Tönung scheint jedoch die MV durch die in der jüdischen Abstammung begründete Liebe zum Judentum und zum AT erhalten zu haben, die durch die Verehrung des Propheten Elias im Karmel noch verstärkt wurde. So wird die MV schon ins AT zurückversetzt, weil im Karmel Elias als der erste M-verehrer gilt, da er in seinem Seherblick in der kleinen Wolke, die den erlösenden Regen ankündigte, das Bild der GM erkannt habe, der »Bringerin der Gnade« (so E. S. in der Kurzbiographie über Teresa v. Avila; vgl. Herbstrith, Ein neues Lebensbild, 131). S. hat ferner ihre Sendung im Karmel mit der der Königin Ester verglichen, die, aus dem Volk genommen, vor dem König für das Volk einsteht (vgl. IX 121), dem ein anderer Haman den Untergang geschworen hat. In dem Dialogstück »Nächtliche Zwiesprache« (XI 165–171) erscheint Ester, von der »Königin des Karmel« gesandt, um Seelen zu suchen, die für die Heimholung Israels, das fern vom Herrn und seiner Mutter, feind dem Kreuz« umherirrt, beten und opfern. Esters Los gleicht dem M's, die als »Mutter unablässig für ihr Volk« fleht. So entsteht eine Identifikationslinie von Ester, M und Schwester Teresia Benedicta a Cruce. Die marian. Haltung S.s ist bes. vom Stehen M's unter dem Kreuz geprägt, wie das Gedicht »Juxta Crucem tecum stare« vom Karfreitag 1938 bekundet »Daß unterm Kreuz du unsere Mutter worden ... / Doch die du auserwählt dir zum Geleiten, / Dich zu umgeben einst am ew'gen Thron, / Sie müssen hier mit dir am Kreuze stehen, / Sie müssen mit dem Herzblut bittrer Schmerzen / Der teuren Seelen Himmelsglanz erkaufen« (Teresia Renata 74; Ziegenaus 207). So kann man von der Kreuzesmystik der Schwester Teresia Benedicta a Cruce sprechen. Tatsächlich hat auch ihr äußeres Auftreten manche an M erinnert (vgl. Ziegenaus 207f.). Die Betonung der blutsmäßigen Verbindung mit ihrem Volk kann problematisch werden, wenn S. sagt: »Sie ahnen es nicht, was es für mich bedeutet, wenn ich ... im Blick auf den Tabernakel und auf das Bild Mariens mir sage: sie waren unseres Blutes« (überliefert von Johannes Hirschmann; In: Herbstrith, Ein neues Lebensbild, 153; vgl. damit Mk 3,32 ff.; Mt 12,47 ff.), doch insgesamt findet man bei S. gerade wegen dieser persönlichen Färbung und wegen der Verbindung von Frauen- und M-bild originelle und gerade für ihre Zeit ungewöhnliche mariol. Gedankengänge.

WW: Viele Mss. befinden sich u.a. in: Archivum Carmelitanum E. S. in Brüssel; E.-S.-Archiv in Köln. E. S.s Werke, hrsg. von L. Gelber und R. Leuven u.a., bisher 14 Bde., 1950. — E. S., Aus der Tiefe leben. Ausgewählte Texte hrsg. von W. Herbstrith 1988[1].

Lit.: Teresia Renata, E. S. Ein Lebensbild, [3]1957. — W. Herbstrith (Hrsg.), E. S. — Wege zur inneren Stille, 1987. — B. Albrecht, E. S.s Beziehung zu Maria. Frauenbild und Frauenbildung, In: Kath. Bildung 89 (1988) 193–205. — A. Ziegenaus, Urbild und Hilfe, Die Gestalt der Gottesmutter aus der Sicht E. S.s, In: L. Elders (Hrsg.), E. S. Leben – Philosophie – Vollendung, 1991, 189–209 (= De cultu mariano saeculis XIX–XX, Acta congressus mariologici – mariani ... in Kavelaer 1987 celebrati, 1991, IV 355–374. — H. B. Gerl, E. S. und die Frauenfrage, ebd. 155–172. — B. Albrecht, E. S. und die Ordensfrauen, ebd. 173–187. — AAS 79 (1987) 1110–14; 80 (1988) 297–305; 82 (1990) 645–649. — F. Ochayta Piñeiro, E. S. Nuestra Hermana, 1991.

A. Ziegenaus

Steinach an der Saale, Bistum Würzburg, Gemeinde Bad Bocklet-Aschach, Bergkapelle Mater Dolorosa. In schweren Kämpfen am Ende des Zweiten Weltkrieges (6.–8. 4. 1945) wurde der Ort zu 85 % zerstört. Nahe der damaligen

Zufluchtsstätte der Einwohner erbauten bes. Kriegsheimkehrer der Schmerzhaften Mutter eine Kapelle, die zugleich die 13. Station eines Kreuzweges ist. Die Kapelle und der Soldatenfriedhof daneben wurden am 19.10.1946 durch Bischof M. Ehrenfried geweiht. Die Pietà, wohl aus dem 18. Jh., kam aus dem 1945 gleichfalls zerbombten Würzburg nach S. Die Kapelle auf dem weitragenden Mehlberg ist eine gern besuchte Gebetsstätte und eine Mahnung zum Weltfrieden.

Lit.: Die Gefallenengedächtniskapelle in S., In: Würzburger kath. Sonntagsblatt vom 17.10.1946. — A. A. Weigl, Maria Hilf, 1949, 242 f. — D. A. Chevalley, Unterfranken, 1985, 58.

E. Soder v. Güldenstubbe

Steinbach, Gnadenbild, 1620/25

Steinbach (seit 1738 Maria Steinbach), Lkr. Unterallgäu, Diözese Augsburg, Wallfahrtskirche Maria Steinbach. Die wohl schon seit dem frühen 12. Jh. bestehende Kirche gehörte von 1181 bis zur Säkularisation von 1803 zum Prämonstratenserstift Rot an der Rot; 1510 wurde unter Abt Konrad ein Neubau begonnen; 1723 schenkte Abt Hermann Vogler der Pfarrkirche in S. einen Kreuzpartikel und begründete damit eine Wallfahrt zum hl. Kreuz. Fünf Jahre später folgte noch die Schenkung von zwei Assistenzfiguren, wobei an der M figur, dem späteren Gnadenbild, in den Jahren 1730–95 mehrfach →Augenwenden, andere Gesichtsveränderungen und Lichterscheinungen beobachtet wurden, die kultumbildend wirkten und große Wallfahrtsbewegungen hervorriefen. Für die zahlreichen Pilger wurde 1746–53 eine neue Kirche in einheitlichem Rokoko errichtet. Der einfallsreiche Bau ist deutlich von Dominikus Zimmermann beeinflußt; die Fresken schuf der Kemptener Hofmaler Franz Georg Hermann (Deckenfresko: M als Mittlerin der Gnaden; unter den Emporen: Gebetserhörungen und Verlöbnisse; über den Emporen: Sieben Schmerzen Me; über dem Hochaltar Verherrlichung Ms als Fürbitterin; in den Zwickeln über dem Chorraum: 4 marian. Symbole); das Hochaltarblatt — ebenfalls von Hermann — zeigt die Aufnahme Ms in den Himmel; der Stuck stammt hauptsächlich von Johann Georg Üblhör. Über 1000 Votivtafeln (ca. 700 davon im 1984 errichteten Museum) erweisen S. als einen der einst bedeutendsten Wallfahrtsorte Süddeutschlands. Seit 1952 wird S. von Salvatorianern betreut; die Wallfahrt hat heute nur noch regionale Bedeutung.

Lit.: H. Schindler, Maria S., In: Unbekanntes Bayern IV, 1959, 178–183. — H. Epplen, Die Wallfahrtskirche in S., 1960. — H. Schnell, Maria S., 6/1982. — L. Dorn, Die Augenwende am Gnadenbild in Maria S., In: JVABG 17 (1983) 137–154. — G. Beck u. a., Maria S., 250 Jahre Wallfahrt zur Schmerzhaften Muttergottes 1734–1984, 1984. — Dehio-Schwaben, 1989, 667–670. — F. J. Brems, Wir sind unterwegs..., 1992, 52–54. — O. Beck, Maria S., 7/1982.

L. Lehner

Steine. Dieser Begriff umfaßt zunächst »Gesteine«, also gewöhnliche Felsarten wie z. B. Granit oder Gneis, die Berge und Gebirge aufbauen. Im Zusammenhang damit stehen Minerale, die ihrerseits am Aufbau von Gesteinen beteiligt sind. Aus ihnen ragen die Edelsteine wegen ihrer Schönheit und Kostbarkeit heraus. Unter »Versteinerungen« versteht man die in Absatz-(Sediment-)Gesteinen enthaltenen Überreste ehemaliger Organismen (Pflanzen und Tiere). Erden und Metalle müssen in diesem Rahmen unbeachtet bleiben. Die für die genannten Begriffe zuständigen Fachdisziplinen sind Geologie, Petrographie, Mineralogie und Paläontologie. Hier gilt es, sie auf ihre kultur- und religionsgeschichtliche Bedeutung zu hinterfragen.

Der Stein gilt wegen seiner Härte seit altersher als Sinnbild des Festen, Unveränderlichen und (scheinbar) Unzerstörbaren. »Denn Berg und Stein sprechen gleichermaßen von Dauer, Zeitlosigkeit und ewigem Sein« (Forstner-Becker 291). So nimmt es nicht wunder, daß sich Jesus selbst im Anschluß an die Propheten als »Eckstein« des messianischen Gebäudes bezeichnete, den die Bauleute verworfen haben (z. B. Lk 20,17–18). In diesem Sinne ist auch der Satz: »Du bist Petrus, und auf diesen Felsen will ich meine Kirche bauen, und die Pforten der Hölle werden sie nicht überwältigen« (Mt 16,18) zu verstehen.

Nicht nur die Härte, sondern auch »riesige« Ausmaße, ungewöhnliche Formen und auffallende Farben der S. und Gesteine zogen den Menschen seit jeher in Bann und beflügelten seine Phantasie. Besondere Verehrung genossen bzw. genießen Gesteine, die vom Himmel gefallen sind wie die Meteoriten (z. B. Ka'aba von Mekka; → Meteorstein). Sie galten und gelten als Mittler zwischen Himmel und Erde, als Vermittler zwischen dem Göttlichen und der irdischen Welt. »Diese Steine sind Zeichen einer spirituellen Realität oder Instrument einer heiligen Macht, deren bloßes Gefäß sie sind« (Eliade 250).

In der Frühzeit durften für den Kult bestimmte Gesteine nicht bearbeitet, d. h. von Menschenhand verletzt werden. So waren z. B. bei den alten Griechen die »Hermen«, die an den Wegen zum Schutze der Reisenden aufgestellt wurden, unbehauene, rohe Gesteinsblöcke (Eliade 269 f.). Auch Moses wurde von Gott beauftragt, einen Altar aus unbearbeiteten Gesteinen zu errichten, die nicht durch einen Meißel entweiht waren (Ex 20,25; Dtn 27,5 f.). Zu den unbehauenen Gesteinen gehört auch der Stein, auf den Jakob sein Haupt legte, als er von der Himmelsleiter träumte (Gen 28,10–22). Er nannte ihn Betel (Haus Gottes) und salbte ihn mit Öl. Der kultische Brauch, S. mit Öl oder Butter zu salben, ist u. a. auch aus dem alten Griechenland (Delphi) und aus Indien (Saligrame) bekannt. Auch heute noch wird der Altarstein christl. Kirchen mit hl. Öl gesalbt.

Die beiden Hauptanliegen des Menschen waren seit jeher Schutz vor unheilvollen Bedrohungen, v. a. dämonischer Art, sowie Erlangung von Fruchtbarkeit. So dienten die Totendenkmäler (Megalithe) ursprünglich dazu, die Lebenden vor den Toten zu schützen (Eliade 249–251). Von den zahlreichen Steinkulten sei ferner das Aufschütten von Steinhaufen, v. a. auf Pässen und anderen geheiligten Orten, angeführt. An diesem Vorgang waren unzählige Menschen mit ihrem Scherflein, d. h. einem Stein, beteiligt. Groß ist die Zahl der S., die für die Schadensabwehr bestimmt waren und als Amulette benützt wurden. Einen ausgesprochen apotropäischen, also unheilabwehrenden Charakter hatte z. B. der grünlich schwarze, gefleckte Serpentinit oder Schlangenstein, der v. a. vor Gift schützen sollte (Hagn, 1985, 10–12). Denselben isotherapeutischen Schutz versprach die eherne Schlange, die Moses in der Wüste errichtete (Lev 21,6–9). Auf der anderen Seite ist der Stein mit zahlreichen Fruchtbarkeitsriten verbunden (Eliade 252–258). Stets waren S. ein Mittel, um etwas zu erlangen. Sie spielten demnach eine Vermittlerrolle zwischen dem Menschen und einer numinosen Kraft.

In vielen Fällen wurde der Steinkult vom Christentum bekämpft. Daneben bildete sich ein rel. Steinbrauchtum heraus, das eine moralische Komponente enthielt. Es entstanden Legenden und Sagen, nach denen Feldfrüchte oder Münzen versteinerten, also zu Stein geworden sind. Grund hierfür war menschliches Fehlverhalten, v. a. Geiz und Hartherzigkeit (»Fluchmotiv«). Hierher gehören die versteinerten Melonen vom Berg Karmel sowie die »betlehemitischen Erbsen«; letztere waren im HochMA begehrte Wallfahrtsandenken aus dem Hl. Land (Hagn, 1979, 167 f.).

Nur am Rande können die eher negativ besetzten Begriffe »Stein des Anstoßes« und »Steinigen« gestreift werden. Zusammen mit dem erstgenannten Begriff weist auch der Ausdruck »Stein und Bein schwören« auf den rechtlichen Bereich hin (Steiner 21 f.). Das »Steinigen«, das v. a. im NT häufig genannt wird, trägt als Todesstrafe auch einen entsühnenden Charakter.

Die funkelnden → Edelsteine galten als Lichtträger, denen geheime, übernatürliche Kräfte innewohnten. Im alten Ägypten entsprachen 12 Edelsteine den 12 Tierkreiszeichen (vgl. hierzu die Monatssteine). Berühmt sind die beiden Zitate aus dem AT (Ex 28,17–30; 39,10–14), nach denen das Brustschild des Aaron und damit des Hohenpriesters mit 12 Edelsteinen geschmückt werden solle, die den 12 Söhnen (Stämmen) Israels entsprechen. Sie sollten in vier Reihen zu je drei Edelsteinen angeordnet werden. Das kostbare Pectorale war Symbol der Macht. Der durch den verschiedenen Lichteinfall bedingte wechselnde Glanz der Edelsteine sollte zudem bei der Wahrheitsfindung (»Schiedsrichterspruch«) behilflich sein.

Auch im HochMA genossen die Edelsteine eine hohe Wertschätzung. → Hildegard v. Bingen widmete den S.n in ihrer »Naturkunde« ein eigenes Kapitel (Riethe 79 f.), entwarf eine »Lithotherapie« der Edelsteine und empfahl sie gegen vielerlei körperliche und geistige Gebrechen. Auch wird ihre Hilfe gegen Zauberei und dämonische Einflüsse hervorgehoben. Sie halfen darüber hinaus im Kampf gegen das Laster, denn der Teufel »haßt und verachtet« die Edelsteine (Riehte 81).

Ein weiteres Beispiel findet sich im »Parzival« des →Wolfram v. Eschenbach (12./13. Jh.), das den hl. Gral besingt. Darin wird u. a. der verwundete König Amfortas mit einem Edelstein behandelt, der im Kopf eines Einhorns gewachsen ist. Das Prachtbett des Königs ist mit einer Unzahl von Edelsteinen verziert, deren Namen nicht immer der heutigen Nomenklatur entsprechen (Schmidt 74 f.; Lüschen 47 f.).

Bereits in der Antike erregten Versteinerungen durch ihre Form und durch ihren Dekor Aufmerksamkeit und Bewunderung. Man deutete sie zunächst als Überreste ehemaliger Organismen. Diese »natürliche« Auffassung ging durch die Naturphil. des Aristoteles und im MA durch die Scholastik verloren. Man sah nun in den Versteinerungen oder Fossilien »Naturspielchen«, deren Existenz man auf spekulative Weise erklärte. Erst die Lehre des Diluvianismus, die Versteinerungen seien Überreste von Organismen, die in der Sünd- oder Sintflut ertrunken seien, gab der Paläontologie als der Lehre vom uralten Sein einen gewaltigen Aufschwung. Hauptvertreter dieser Richtung war der Zürcher Stadtarzt Johann Jakob Scheuchzer, als dessen Hauptwerk die vierbändige »Kupferbibel« mit 750 Kupferstichen (Augsburg und Ulm 1731–35) gilt.

Von einigen Versteinerungen nahm man, ähnlich den Meteoriten, an, sie seien vom Himmel gefallen. Dies gilt v.a. für Haifischzähne oder Glossopetren (»Zungensteine«), die man bei den Germanen für ausgefallene Zähne des Mondwolfes hielt, der den Mond periodisch zu verschlingen drohte. Auch Plinius übernahm in seinem 37. Buch der Naturgeschichte diese Deutung. Im SpätMA und in der Neuzeit wurde den fossilen Haifischzähnen indes ein christl. Sinn unterlegt. Man brachte sie mit dem Schiffbruch des hl. Paulus vor Malta in Verbindung (Apg 28,3–6), hielt sie für versteinerte Schlangenzungen (Hagn, 1985, 12–15) und trieb mit ihnen einen schwungvollen Handel, da sie angeblich Gifte unschädlich machten. Auch die in Mitteldeutschland sehr häufigen »Sonnenradsteine« (Stielglieder von Seelilien aus dem Muschelkalk) wurden in St.-Bonifazius-Pfennige umbenannt und als versteinertes Geld der Germanen gedeutet. Auch hier wurde eine pagane Vorstellung im Zuge der Christianisierung mit rel. Sinn erfüllt.

Nicht wenige Versteinerungen wurden wegen ihrer auffallenden Form (z. B. Spirale) oder wegen ihre Fünfstrahligkeit als Schutz gegen Zauber, v.a. gegen den »Bösen Blick«, also als Apotropäikum, eingesetzt. Es seien hier nur die »Verschreiherzerl« aus alpinen Korallen, die spiralen »Wirfelsteine« (Schnecken aus der alpinen Oberkreide) sowie die sog. »Siegsteine« angeführt (vgl. Abel).

Auch das »Fluchmotiv« spielte bei der Deutung von Versteinerungen eine große Rolle. Die versteinerten Linsen (Großforaminiferen aus dem Alttertiär) von Guttaring in Kärnten wurden im Volksmund damit erklärt, daß ein Bauer seine Feldfrüchte an einem Sonntag ausgebracht habe. Die St.-Ladislaus-Pfennige (gleichfalls Großforaminiferen aus dem Alttertiär) aus Siebenbürgen galten hingegen als versteinertes Geld, das der Heilige hinter sich warf, um die angreifenden Tataren abzuschütteln. Es handelt sich in beiden Fällen um ein sog. »Strafwunder«, das eine Versteinerung von Feldfrüchten oder Münzen bewirkte. Großforaminiferenreiche Gesteine wurden häufig auch als Fruchtsteine bzw. lapides frumentarii bezeichnet.

Versteinerungen standen und stehen auch als Wallfahrtsandenken bei den Pilgern hoch im Kurs, wie etwa die von den Hindus hoch verehrten Saligrame (Hagn, 1977), Gerölle von schwarzen Jurakalken aus dem Himalaya, die spiral geformte Ammoniten (»Ammonshörner«) einschließen. Im Chiemgau waren es im 19. Jh. Großforaminiferen aus dem Alttertiär, die als → Maria Ecker Pfennige die Wallfahrt zur Gnadenstätte von → Maria Eck bezeugten (Hagn, 1979).

In speziell mariol. Hinsicht sei von den Mineralen das »Marienglas« (→ Selenit) genannt, dessen Durchsichtigkeit als Sinnbild für die Reinheit M̶s gelten kann. Dieselbe Bedeutung kommt für die reinen, wasserklaren Kristalle des Minerals Marialith aus der Skapolithgruppe in Betracht (Lüschen 271). Sehr deutliche Bezüge zu M̶ ergeben sich ferner durch die bereits oben erwähnten Maria Ecker Pfennige. Der Wallfahrt nach → Maria Eck liegt zudem eine Steinlegende zu Grunde. Auf Steinlegenden weisen auch die Wallfahrtskirche → Mariastein bei Kufstein und der ehemalige Bergwerksort Marienstein westlich von Gmund am Tegernsee hin.

Lit.: C. J. Steiner, Das Mineralreich nach seiner Stellung in Mythologie und Volksglauben, in Sitte und Sage, in Geschichte und Literatur, im Sprichwort und Volksfest, Gotha 1895. — O. Abel, Vorzeitliche Tierreste im Dt. Mythus, Brauchtum und Volksglauben, 1939. — P. Schmidt, Edelsteine. Ihr Wesen und ihr Wert bei den Kulturvölkern, 1948. — P. Riethe, Hildegard v. Bingen. Naturkunde, 1959. — H. Lüschen, Die Namen der Steine, 1968. — M. Eliade, Die Religionen und das Heilige, 1976. — H. Hagn, Saligrame-Gerölle von Malm-Kalken mit Ammoniten als Kultgegenstände Indiens, In: Mitteilungen der Bayer. Staatssammlung für Paläontologie und hist. Geologie 17 (1977) 71–102. — Ders., Maria-Ecker-Pfennige, Versteinerungen aus dem Chiemgau als Wallfahrtsandenken, In: G. Benker (Hrsg.), Volkskunst, 1979, 167–175. — Ders., Schlangensteine und Natternzungen, In: G. Benker (Hrsg.), Volkskunst, 1985, 10–16. — D. Forstner und R. Becker, Neues Lexikon christl. Symbole, 1991. *H. Hagn*

Steinfeld, Diözese Aachen, in der Nordeifel gelegen, beherbergt in der romanischen Kirche der früheren Prämonstratenserniederlassung (heute von Benediktinerinnen und Salvatorianern besiedelt) das seit Generationen von Wallfahrern besuchte Grab des hl. → Hermann Josef. Bekannt wurde der in der 2. Hälfte des 12. Jh.s in Köln geborene und mit 12 Jahren in S. eingetretene Hermann Josef durch seine mystischen Gaben. Bereits als Knabe soll er dem Jesuskind der Muttergottesstatue der Kölner Kirche St. Maria im Kapitol — ähnlich den hll. Ildefons und Bernhard v. Clairvaux — einen Apfel und unter diesem Symbol sein Herz angeboten haben, das angenommen wurde. In späteren Jahren fand seine sog. mystische Vermählung mit der GM statt, wodurch er den Beinamen Josef erhielt. Er starb um den 7. 4. 1241 im Zisterzienserinnenkloster Hoven bei Zülpich. Die Translation nach S. erfolgte rund zehn Jahre später. Darstellung (im Habit eines Prämonstratenser-Chorherrn mit M̶, dem Jesuskind, Kelch, Rosen, Schlüssel und Schreibzeug) und ganzjährige, bes. in den Wochen um Ostern und Pfingsten rege Wallfahrten (aus dem Rheinland sowie dem angrenzenden Belgien und Luxemburg) weisen gemäß der Vita des Heiligen, dessen Kult letztmals 1958/60 bestätigt wurde, durchaus marian. Züge auf.

Lit.: K.Koch und E.Hegel, Die Vita des Prämonstratensers Hermann Josef v. Steinfeld, 1958. — J. Joester, Urkundenbuch der Abtei S., 1976. – D. Wynands, Geschichte der Wallfahrten im Bistum Aachen, 1986, 254–258. *D. Wynands*

Steinhausen an der Rottum, Lkr. Biberach, Diözese Rottenburg-Stuttgart, Pfarr- und Wallfahrtskirche ℳe Himmelfahrt.

Die heutige Kirche ließ Balthasar Puolamer, Abt des Benediktinerklosters Ochsenhausen, 1672/73 am Ort einer früheren Feldkapelle bauen. Georg Sigismund, Suffragan von Konstanz, weihte sie 1673. Die Bauleitung hatte P. Benno Waidtmann aus Rohrschach, die Bildhauer- und Schreinerarbeiten führte Laienbruder Bonifaz von Isny aus.

Die kreuzgratgewölbte Hallenkirche besitzt zwei gleich große, durch die vier Pfeiler voneinander getrennte Schiffe. Die Zweischiffigkeit ergab sich aus der Norderweiterung eines einschiffigen Raumes. Der Glockenturm über dem Südwestjoch des Schiffs auf quadratischem Sockel geht in ein Oktogon über und ist mit einer Kuppelhaube gekrönt. In der Mitte der Ostwand steht der Hochaltar (Kreuzaltar) mit einem Kreuzigungsgemälde von 1770. Der Gnadenaltar (ℳaltar, Volksaltar) ist an die erste Säule gestellt, an der über ihm das hölzerne Gnadenbild der schmerzhaften GM (2. Hälfte 14. Jh.) angebracht ist. Die Seitenaltarbilder von F.G. Hermann (1773) zeigen den Tod der hll. Benedikt und Scholastika. Vier heute zusammengehängte Gemälde aus dem ℳleben mit den Themen »Opferung ℳs im Tempel«, »Verkündigung«, »Joachim und Anna« sowie »Darstellung Jesu im Tempel« stammen aus einem Flügelaltar von 1606. J. Esperlin († 1775) malte die sieben Bilder der Schmerzen ℳs. Auf Bruderschaften weisen die ehemaligen Altarblätter der Rosenkranzübergabe an den hl. Dominikus und der Skapulierübergabe an den hl. Philippus Benitius hin.

Ein Kreuzweg verbindet die Kirche mit der 1592 errichteten und 1753 umgebauten Annakapelle, in der als linker Seitenaltar ein ℳaltar mit einer um 1495 geschaffenen Madonna aus dem Kreis um M. Erhart steht. O. Eberle stattete 1959 die Stationen mit Sgrafitti der → Sieben Schmerzen und → Sieben Freuden ℳs aus. Die Stationsbilder des 18. Jh.s sind verschwunden.

Nach der Überlieferung gehörte der Ort Ober-Oberstetten samt der verschwundenen Burg Oberstetten den 1129 genannten Herren v. Oberstetten. Ihnen folgten die v. Mungoldingen, die eine Pfarrei mit Pfarrkirche gründeten und ihren Besitz 1392 an Nikolaus Faber, Abt des Klosters Ochsenhausen, verkauften. Der Name »Steinhausen« geht zurück auf eine ortsnahe, »zum Steinhaus« bezeichnete steinerne Feldkapelle mit einem Gnadenbild der schmerzhaften GM. 1474 und 1487 erlassene Ablaßbriefe galten für Besucher an den ℳtagen. Aus der im Dreißigjährigen Krieg zerstörten Feldkapelle kam das Gnadenbild in die Annakapelle. Das Kloster Ochsenhausen ließ die Pfarrkirche abbrechen und die heutige Kirche bauen. Sie erhielt die Pfarrrechte, das Gnadenbild stellte man auf den Hochaltar. Pfarrei und Wallfahrt, die ihren Höhepunkt im 18. Jh. hatte, versah das Kloster, bis es 1803 aufgehoben und S. selbständige Pfarrei wurde. Kloster samt Kirche gehörten nun den Fürsten v. Metternich, die ihren Besitz 1825 an Württemberg verkauften. Im 19. Jh. ging die Wallfahrt zurück. 1870 ließ der Pfarrer von S. den barocken Gnadenaltar durch einen neuen Altar ersetzen, der bei der Kirchenerneuerung von 1935 wieder entfernt wurde.

Ein Mirakelbuch der Wallfahrt überliefert Wunderberichte aus dem 17. und 18. Jh. Für 1629 ist eine Votivtafel erwähnt, 1760 wurden zahlreiche Anathemata und Votive gebracht, darunter eine Votivtafel mit Ehrenstrauß. Heute ist kein Votiv mehr vorhanden. In einem Erlaß von 1784 befahl Maximilian Christoph, Bischof von Konstanz, die Votivtafeln zu entfernen.

Damian Hugo, Bischof von Konstanz, bestätigte 1741 die Bruderschaft der Sieben Schmerzen ℳe vom schwarzen Skapulier, die 1860 erneuert wurde und heute noch besteht. Sie feierte ihr Titularfest am 4. Sonntag im Mai, als weitere Festtage Blasius, Markus, Anna und Katharina. Früher vorhandene Wallfahrtsmedaillen aus dem 18. Jh. zu Ehren ℳs und der Bruderschaften gibt es nicht mehr. Haupttage der Verehrung sind das Siebenschmerzenfest am Freitag vor Palmsonntag, die drei goldenen Samstage am 4., 5. und 6. Samstag nach Ostern und das Bruderschaftsfest zehn Tage nach Fronleichnam, an denen bis heute Gruppen und Prozessionen kommen.

Lit.: Müller 537. — SchreiberW 438. — Welser 161. — A. Schahl, Kunstbrevier Oberschwabens, 1961, 129. — A. Kasper, Kunstwanderungen im Herzen Oberschwabens II, 1962, 61. — A. Lang, Das schmerzhafte Vesperbild in S. a. d. R., In: Kirchenblatt für die kath. Stadtpfarreien St. Martin und St. Maria in Weingarten, 1967. — Kurzkataloge 5. 157. *H. Schopf*

Steinhausen bei Schussenried, Lkr. Biberach, Diözese Rottenburg-Stuttgart, Pfarrkirche St. Petrus und Paulus und Wallfahrtskirche zu ULF.

Dominikus Zimmermann aus Wessobrunn verband den ovalen Zentralbau mit der Freipfeilerhalle und schuf ein Gebäude, das als erste dt. Kirche mit ovalem Grundriß und freistehenden Pfeilern sowie als Vorläufer der Wieskirche gilt. Das gestreckte Längsoval des Schiffes verbindet sich mit dem Queroval des Chores. Innerhalb des Längsovals tragen zehn freistehende Pfeiler eine Kuppel, die auf Rund- und Korbbögen ruht. Die Seitenschiffe des dreischiffigen Zentralraums bilden einen Umgang.

Architektur und Ausstattung in ihrer künstlerisch-theol. Gesamtkonzeption verdeutlichen den Charakter des Bauwerks als Wallfahrtskirche. Die Wallfahrt führt, in einer Kombination

Steinhausen, Wallfahrtskirche

realer und geistiger Bewegungen, zur Wallfahrtskirche und im Kircheninnern zum Gnadenbild. Die Erweiterungen des Zentralraums (Vorhalle, Chor, Querhaus) zeigen in die vier Himmelsrichtungen, aus denen die Pilger kommen. Sie betreten durch das westliche Hauptportal das quadratische Turmerdgeschoß mit dem Taufbecken und weiter durch eine Mitteltür das Innere unter der Orgelempore. Über die Vorhalle erreichen sie den hellen Zentralraum, der sie mit seiner in Licht, Farbe und Stuck aufgelösten Architektur umfängt und den Blick auf das Kuppelfresko lenkt. Die Bewegung führt weiter zum Chor mit dem Gnadenbild im Hochaltar, dessen Altarbild zum Fresko in der Chorkuppel hinaufleitet. Der auf dem Urplan (Schussenrieder Planalbum) noch eingezeichnete Umgang zum Umschreiten des Gnadenbildes wurde allerdings nicht verwirklicht. Die Szenenabfolge der Deckenfresken im Umgang (Mleben) springt jeweils von einem Seitenschiff zum anderen und ist so mit dem Kuppelfresko (Himmelfahrt Ms) in Beziehung gesetzt.

Phantasievolle Stuckkompositionen in zarten Farben, die an den Pfeilern und Fenstern emporwachsen, schmücken den Raum nicht nur, sondern steigern seine plastische Wirkung. Dominikus Zimmermann stuckierte die Naturwelt der dreiteiligen Oberfenster, seinem Bruder Johann Baptist werden die Musikanten in den Laibungen der Hauptfenster über dem nördlichen und südlichen Eingang zugeschrieben.

Das Gnadenbild der Pietà (»ULF auf der Saul«, bis 1728 auf einer Säule stehend, Holz, Anfang 15. Jh., 1732 von F. J. Bertold aus Augsburg bekrönt) ist in die Komposition des Altarbildes der Kreuzabnahme (F. M. Kuen) auf dem Hochaltar (J. Früholz, 1749/50) integriert. Eine Menschengruppe flankiert die Pietà und das leere Kreuz, an das ein schwebender Engel den Schuldschein der menschlichen Sünden heftet. Im Gemälde des Altaraufsatzes (Fr. X. Forchner) fährt Christus zum Himmel auf. Vater und Hl. Geist, umgeben vom Engelorchester, erwarten ihn im Fresko der Chorkuppel. Gnaden- und Altarbild, das Gemälde im Altaraufsatz und das Fresko in der Chorkuppel verherrlichen Christus und sein Erlösungswerk.

Das Hauptkuppelfresko (J. B. Zimmermann, 1731) verherrlicht M. Es zeigt die Himmelfahrt Ms und die Huldigung der Erdteile, der Heiligen und der Engel. Neun Chöre der Engel gruppieren sich um M, dazu zahlreiche Heilige, angeordnet nach den Anrufungen der Lauretanischen Litanei. M ist dargestellt als Königin der Engel, der Patriarchen und Propheten, der Jungfrauen und Bekenner, der Martyrer und Apostel. Sie entschwebt in der Mitte auf einer von musizierenden Engeln getragenen Wolke (Spruchband: »Regina caeli laetare«). Die Bildteile des verlorenen Paradiesgartens über der Westempore und M als der verschlossene Garten (Hld 4,12) gegenüber im Osten verweisen auf M als die Pforte des NT nach dem Verlust des Paradieses, auf M als Vorbild der Erlösung und auf den Weg durch M zu Christus. Die Szenenfolge aus dem Mleben an der Decke des Umgangs beginnt im Norden und wechselt jeweils zur gegenüberliegenden Raumseite: links Begegnung von Joachim und Anna an der Goldenen Pforte (Verheißung der Geburt Ms), rechts Me Geburt, links Tempelgang, rechts Verlobung, links Verkündigung, rechts Heimsuchung, links Darstellung im Tempel (Simeons Weissagung), rechts Legende M Schnee (Gründung der ersten Mkirche S. Maria Maggiore in Rom). Unter der Orgelempore verbindet Ms Tod die GM mit der Sterblichkeit des Menschen, über der Orgel verehrt der Prämonstratenser Hermann Joseph M.

Die Bilder J. Bergmaiers (Maria Magdalena und Maria Ägyptiaca, Petrus und David) auf den vier Beichtstühlen im Umgang symbolisieren den Anruf »Du Zuflucht der Sünder« der Lauretanischen Litanei. Bergmaier schuf wohl auch die Bilder der Diakone Stephanus und Laurentius über den Sakristeitüren. Auf dem

Gemälde (J. Esperlin) des linken Nebenaltars (J. Frühholz, 1746), dem ehemaligen Altar der Rosenkranzbruderschaft, überreicht ⓂD den hll. Dominikus und Katharina v. Siena den Rosenkranz. In den 15 Rosen sind die 15 Rosenkranzgeheimnisse gezeigt, die Plastiken stellen Joachim und Anna dar. Der rechte Nebenaltar, geschaffen von den gleichen Künstlern, besitzt ein Altarblatt mit dem Tod Josephs, flankiert von Statuen der hll. Mauritius und Sebastian.

Der Beginn der Wallfahrt ist nicht bekannt. Nach der Überlieferung geht sie ins 12. Jh. zurück. Nachgewiesen ist für 1275 eine Pfarrkirche in S. In der 2. Hälfte des 14. Jh.s kaufte das Prämonstratenserkloster Schussenried den Ort samt der Kirche und versah die Wallfahrt. Um 1400 werden Ablässe für Besucher erwähnt; die wachsende Verehrung ist durch Stiftungen und Jahrestage im 15. und 16. Jh. belegt. Eine Monstranz von 1513 zeigt im Turmhelm eine Plastik der Pietà zwischen den Kirchenpatronen Petrus und Paulus. Die 1616 in der Klosterkirche Schussenried gegründete Rosenkranzbruderschaft ging 1619 wegen der aufblühenden Wallfahrt nach S. 1619 wurde der Ablaß der ersten Sonntage im Monat auf die ersten Samstage verlegt. Obwohl Kaiser Joseph II. alle Bruderschaften 1784 aufgelöst hatte, bestand die Rosenkranzbruderschaft in S. bis ins 20. Jh. weiter. So bestimmt die Gottesdienstordnung von 1837 als Festtag der Bruderschaft Ⓜe Himmelfahrt, berichtet aber von keiner Wallfahrt. Die Pfarrstellenbeschreibung von 1898 erwähnt als Festtag der Rosenkranzbruderschaft den ersten Oktobersonntag.

Die 1632 geplünderte Kirche wurde 1652 neu konsekriert, im Span. Erbfolgekrieg (1702/04) hatten Kirche und Wallfahrt erneut zu leiden. Dennoch erblühte S. in hochbarockem Kult von Prozessionen, Gottesdiensten und Wallfahrtswesen seit Abt Tiberius Mangold v. Hagnaufurt (1683–1710), der auch Gnadenmedaillen und Ablaßpfennige prägen ließ. 1684 entstanden ein Kupferstich des Gnadenbildes (Augsburg, »Imago B. V. Mariae Steinhusianae Sorethum«) und Gnadenmedaillen. Aus dem späten 17. Jh. haben sich Andachtsbildchen erhalten. Ein Kelch vom Ende des 17. Jh.s zeigt das Gnadenbild als farbige Emailmalerei. Die zahlreichen Abbildungen bezeugen eine zunehmende Wallfahrt am Ende des 17. Jh.s. Wegen des Zulaufs zur Kirche und ihrer Baufälligkeit beschloß Abt Didakus Ströbele einen Neubau (1728–31), der 1733 der Schmerzhaften GM und Petrus und Paulus geweiht wurde. Das Gnadenbild, während der Bauzeit in Schussenried, kam 1735 mit großer Prozession wieder zurück. Leonhard Parcus druckte darüber 1736 in Konstanz die Festschrift »Triumphus Marianus [...]«. Die Wallfahrt blühte wieder auf. 1746 erhielt die Kirche neue Seitenaltäre, 1749/50 den neuen Hochaltar. Papst Clemens XIV. verlieh zwar 1770 weitere Ablässe, doch ging die Wallfahrt zu Ende des 18. Jh.s ein. Bei der Säkularisierung des Klosters Schussenried 1803 wurde S. selbständige Pfarrei mit Muttensweiler als Filiale. 1807 folgte ein bischöfliches Verbot von Prozessionen an Monatssonntagen und Ⓜfesten. Die Kirche kam in den Besitz der Familie Sternberg-Manderscheid, 1835 zur Krone Württembergs, 1865 an die Kirchengemeinde S.

Wallfahrtstage waren früher sämtliche Samstage, die Festtage im Mai, der »Dillinger Freitag« in der Oktav des Festes Christi Himmelfahrt mit großem Besuch, die Hagelfeier am 26. Juni, der Michaelibittgang am 19. September (zugleich Erntedankfest), sämtliche Ⓜfeste (bes. die Bruderschaftsfeste der »Sieben Schmerzen Mariae« am Schmerzensfreitag und das Rosenkranzfest im Oktober). An Heiligenfesten wurden gefeiert: die Kreuzauffindung, die Kirchenpatrone, die Mitpatrone der hl. Sippe (Joachim, Anna, Joseph), Sebastian, Vinzenz, Veit, Katharina, die Gute Beth, die Patrone des Reichsstifts Schussenried (Magnus, Norbertus und Augustinus) und vor 1736 die Hagelfeiern (Agatha, Gallus, Silvester, Anton, Verena).

Heute ist der Hauptwallfahrtstag das Siebenschmerzenfest am Freitag nach dem ersten Passionssonntag. Im Mai werden an den Sonntagnachmittagen Andachten mit sakramentalem Segen gehalten. An den Wallfahrtstagen kommen noch einige Prozessionen. Gegenüber früher nahm die Anzahl kirchlicher Gruppen zu, die bei Busfahrten in S. Station machen und Gottesdienst feiern.

Lit.: Schreiber 439. — Welser 165. — P. Weißenberger, Zur Bau- und Kunstgeschichte der Wallfahrtskirche in S. im 17. und 18. Jh., In: Zeichschrift für württembergische Landesgeschichte 6 (1942) 368. — U. Röhlig, Die Deckenfresken J. B. Zimmermanns, Diss., München 1949. — H. Koepf, S. Die Wieskirche Oberschwabens, 1954. — A. Kasper und W. Strache, S., ein Juwel unter den Dorfkirchen, 1957. — A. Schahl, Kunstbrevier Oberschwabens I, 1961, 141. — A. Kasper, Kunstwanderungen im Herzen Oberschwabens I, 1962, 15. — Kurzkataloge 5. 158. — E. Binder-Etter, Steinhausen, 1981. — Andachtsbildchen: München, Bayer. Nat. Mus., Sammlung Kriss 2926–29.
H. Schopf

Steinheid, Thüringer Wald, Bistum Würzburg, bzw. Bischöfliches Amt Erfurt-Meiningen, ehemalige Ⓜwallfahrtskirche. Der hochgelegene Ort, der zeitweise auch Stadtrechte besaß, wurde ab 1482 als Bergmannssiedlung »Unserer lieben Frauen Berg« bekannt. Bis 1528 wurde die dort entstandene Ⓜkapelle von der Pfarrei Schalkau aus betreut (dann selbständiger Sprengel). Früher sollen sich hier Rom- und Jerusalempilger einen gesegneten Reisepaß geholt haben. Auf den Grundmauern der alten Ⓜkirche wurde nach dem Neubau einer 1789–92 errichteten (ev.) Kirche ein Wirtshaus erbaut. An die alte Wallfahrtsbewegung und das vorref. Kirchenpatrozinium erinnert das (noch 1853 geführte) Stadtwappen: Jesuskind auf dem Arm seiner Mutter.

Lit.: G. Brückner, Landeskunde des Herzogthums Meiningen II, 1853, 478–481. — P. Lehfeldt und G. Voss, Bau- und Kunstdenkmäler Thüringens, Heft 27: Kreis Sonneberg, Jena 1899, 46f. — H. Patze und P. Aufgebauer (Hrsg.), Thüringen, ²1989, 423.
E. Soder v. Güldenstubbe

Steinle, Bartholomäus, Bildhauer, * um 1575 auf dem Steinlehof bei Böbing (ehem. Hofmark Rottenbuch), †1628/29 in Weilheim. Neben Hans → Degler der bedeutendste »Großunternehmer« des Weilheimer Kunstkreises im 17. Jh.

1605 erlangt S. das Bürgerrecht in Weilheim/ Oberbayern. Ein Jahr später entstehen als bisher erstes bekanntes Werk 3 Altarfiguren für St. Martin in Oderding bei Weilheim. 1612 wird S. der Vormund Georg → Petels. 1609–15 fertigt er mit einem großen Werkstattbetrieb für die Stiftskirche Stams/Tirol 6 Altäre: den Hochaltar in Form eines mächtigen Lebensbaumes mit Heiligen (im Zentrum hoheitsvoll die GM, im Auszug die Aufnahme ⓜs in den Himmel) mit spätgotischen Reminiszenzen und trotzdem zukunftsweisenden barocken Tendenzen (Lichtwirkung) sowie den Dreifaltigkeitsaltar (mit ⓜ unter dem Kreuz; heute in der Kapelle von See bei Mieming/Tirol); von den übrigen 4 Seitenaltären haben sich in Stams die Statuen von ⓜ und St. Michael erhalten. Weitere Großaufträge führt S. für die Klöster Wessobrunn (Choraltar mit ⓜe Himmelfahrt und 2 Seitenaltäre für die ⓜkapelle 1612; 3 Seitenaltäre für die Klosterkirche 1613–15; Hochaltar 1620/21; alle verschollen), Füssen (St. Mang, mehrere Altäre 1614–22, Hochaltar 1619; Figuralplastik z. T. erhalten) und Polling (Hochaltar und 9 Seitenaltäre 1623–28; teilweise noch vorhanden) sowie für die Wallfahrtskirche Hohenpeißenberg (Choraltar [verschollen] und Seitenaltäre, ab 1617) aus. Von S.s Hochaltar in der Pfarrkirche Bad Tölz ist die lebensgroße Figur der in den Himmel entschwebenden ⓜ von 1611 erhalten, an S.s sog. Greither-Altärchen (heute in der Friedhofskirche Weilheim) schlägt eine Anna Selbdritt das ⓜthema an; eine ⓜstatue S.s aus einer Kreuzigungsgruppe von 1608 ist in Rottenbuch zu sehen.

Bis etwa 1615 sind S.s Gewandfiguren mit einem abstrahierenden Netz von scharf gegeneinander gekanteten Flächen überzogen (vgl. Stamser Bildwerke), dann mildert sich diese manieristische Facettierung zugunsten von ausgeglicheneren frühbarocken Formen. Die Qualität differiert von Werk zu Werk, bedingt durch die enorme Auftragslage und den dadurch notwendigen großen Mitarbeiterstab.

Lit.: A. Miller, Beiträge zum Werk des B. S., In: Mün. 23 (1970) 41–50. — W. Zohner, B. S., Diss. masch., München 1978. — R. Helm, Stadtmuseum Weilheim 1882–1982, 1982, 33–37. 144f. — H.-J. Sauermost, Die Weilheimer, 1988, 93–102. — W. Zohner, B. S., 1993. *L. Altmann*

Steinle, Edward Jakob v., österr.-dt. Maler und Freskant, * 2.7.1810 in Wien, †18.9.1886 in Frankfurt am Main, Sohn eines aus Kempten stammenden Kupferstechers und Graveurs. Schon als 13-jähriger bezieht er, intensiv gefördert vom Vater, die Wiener Akademie, wo seine Lehrer der Füger-Schüler V. G. Kininger und v. a. Leopold Kuppelwieser sind, der ihn mit Fra Angelico und der ital. Frührenaissance vertraut macht. 1828 geht S. nach Rom, wo er sich dem Kreis von Cornelius, Overbeck, Führich und Veit anschließt und damit gewissermaßen der zweiten Generation der Nazarener angehört, deren letzter Vertreter er auch ist. 1829 beteiligt ihn Overbeck an seinem Außenfresko an der Portiunculakapelle in Assisi. 1830 entwirft er zwei Fresken (ⓜe Verkündigung, ⓜe Heimsuchung) für die Kirche Trinità dei Monti in Rom (von anderer Hand ausgeführt). Eine Beteiligung an Cornelius' Ausmalung von St. Ludwig in München zerschlägt sich vorläufig und realisiert sich erst 1838 partiell. 1833 endgültig nach Wien zurückgekehrt, findet S. dort erst einmal nicht die erwünschte Resonanz, die ihm jedoch in den folgenden Jahren aus Westdeutschland entgegenschlägt (1838 Beginn der Ausmalung der Schloßkapelle Rheineck bei Remagen), weshalb S. 1839 endgültig nach Frankfurt am Main übersiedelt, wo Ph. Veit die Kunstschule des Städel leitet. Engerer Umgang mit Moritz v. Schwind erweitert S.s Themenfelder, die v. a. dem spätromantischen, bürgerlichen Bildungsgut angehören, also Sagenstoffe, klassische Bühnenwerke u. a. Der Schwerpunkt von S.s Schaffen liegt jedoch im kirchlich-rel. Bereich; auf diesem Feld wird er, v. a. für das westliche Deutschland der offizielle Protagonist und ist damit der Hauptvertreter eines integralen Kirchenverständnisses in künstlerischer Hinsicht. So häufen sich auch mehr und mehr die offiziellen Großaufträge für ganze oder partielle Kirchenausmalungen oder solche von öffentlichen Gebäuden: 1843/46 Engel in den Gurtbogenfeldern des Chores im Kölner Dom, 1856 Ausmalung des Treppenhauses im (alten) Wallraf-Richartz Museum in Köln, 1861/64 Gesamtausmalung von St. Ägidien in Münster i. W., 1864/65 Apsisfresko St. Maria im Kapitol mit Krönung ⓜe in Köln, 1864/65 Chorbogengennischen der ⓜkirche in Aachen mit der Verherrlichung des Dogmas der Immaculata, 1869 künstlerische Gestaltung der Adresse der dt. Katholiken für Papst Pius IX. in 25 Foliobänden, 1877 Ausmalung des Treppenhauses im Studiengebäude des Frankfurter Städel und schließlich 1877/79 Ausmalung der Chorapsis im Straßburger Münster. Selbstredend sind bei diesem Arbeitsumfang in hohem Maß Mitarbeiter beteiligt, was sich nicht unerheblich auf die Qualität auswirkt, wobei vielfach eine künstlerische Konzentration verloren geht. (Ein großer Teil dieser Ausmalungen ging im Zweiten Weltkrieg oder danach unter.)

Relativ früh, in den vierziger Jahren, bleibt die Entwicklung S.s stehen, sein Schaffen wird gewissermaßen völlig statisch; neue Einflüsse werden nicht mehr aufgenommen, bis er schließlich in seinen späten Jahren völlig isoliert in einer ihm fremd gewordenen Zeit steht.

Zu überzeugen vermögen heute v. a. die nicht sehr zahlreichen Porträts, die zwischen Spätromantik und frühem Realismus stehen, manche kleinformatige Zeichnungen und Aquarelle mit

E. v. Steinle, Madonna Fontana, 1854, Wien

rel. Sujets, die eine oder andere spätromantische Thematik (Der Türmer 1859, Loreley 1864), während über die kirchlichen Großaufträge wohl endgültig die Zeit hinweggegangen zu sein scheint, zumal sie malerisch und koloristisch nicht die Dichte etwa Overbecks erreichen.

Aus den zahlreichen ℳdarstellungem, die einen breiten Raum im Schaffen S.s ausmachen, seien einige herausgegriffen: Hl. Anna mit ℳ (Altmannsdorf, Niederösterr., 1826), der hl. Lukas malt die Madonna (Karlsruhe, 1847), thronende ℳ (Wiesbaden, St. Bonifatius, 1849), ℳe Heimsuchung (Karlsruhe, 1849), Madonna Fontana (Wien, 1854, stark von G. Bellini und Giorgione geprägt), ℳ mit den hll. Aloisius und Franz v. Paula (Liechtenstein, 1856), ℳ mit den hll. Franz v. Assisi und Antonius v. Padua (Frankfurt, Städel, 1861), Entwürfe für einen Flügelaltar (Wien 1865), Votivbild (Aachen, 1872).

Lit.: A. M. v. Steinle, E. S., 1910. — Thieme-Becker XXXI 572–574. — ADB XXXV 733–737.
L. Koch

Stella maris, lumen orbis. Erster einer Reihe von acht längeren Rhythmen, die z. T. durch ein Telestichon verbunden sind: die Reime je eines Gedichtes enden der Reihe nach auf -m, -a, -r, -i, -a, -e und nochmals -m. Die Dichtung stammt vielleicht aus Cambron in der Diözese Cambrai (»Anonymus Camberonensis«); in einer kürzeren, in der Versfolge stark abweichenden Fassung (PL 158,1046 ff.; AHMA 48, 136 ff.) werden in Zusammenhang mit Bedrängnissen des Klosters Anselm (v. Peronne, der Gründer?), Kunigunde und Nikolaus (I., Bischof von Cambrai?) genannt.

Ausg.: AHMA 48, 106 ff.
Lit.: Chevalier 19452. — AHMA 48, 105. — Szövérffy II 91 ff.
G. Bernt

Stella maris, o Maria. Sequenz der zweiten Epoche an ℳfesten aus sieben Strophenpaaren in Stabat-mater-Strophen mit Binnenreim der Achtsilberzeilen. Die überaus formgewandte Sequenz schickt der Bitte um Fürsprache eine reiche Folge von Anrufungen und Preisungen in Bildern und → Ehrentiteln voraus, die durch die dichten Reime, den üppigen Redeschmuck und den raschen Fluß der Sprache etwas Mitreißendes und Hochgestimmtes erhält: »Tu fecunda, Tu fecundans, Mater munda, Mundum mundans, Exemplar munditiae. Tu magistra Generalis, Tu ministra Specialis Dulcoris et gratiae. Pietatis Fons amoenus, Caritatis Calix plenus Devotos inebrians.« Die Sequenz war verbreitet, v. a. bei den Dominikanern, Verfasser war, nach Blumes und Bannisters Vermutung, wohl ebenfalls ein Dominikaner, vielleicht in England. Es sind drei verschiedene Melodien überliefert.

Ausg.: AHMA 54,429. — Kehrein 235.
Lit.: Chevalier 19456. — Moberg, Sequenzen 271 (Index).
G. Bernt

Stellvertretung (der Menschheit durch ⟨M⟩). Der ewige Sohn in seiner Menschheit, der neue Adam, dessen Gehorsam für alle das Heil wirkte, wie durch den ersten Adam das Unheil über alle gekommen ist (vgl. 1 Kor 15,21 f.; Röm 5,12–21), hat nicht »von außen« die Erlösung bewirkt, sondern sie von innen her als Mensch vollführt. Er ist deshalb der einzige und eigentliche Stellvertreter der Menschen vor Gott. Der »Mensch Christus Jesus« ist »der Mittler zwischen Gott und den Menschen« (1 Tim 2,5); deshalb wurde seit → Irenäus bis ins 5. Jh. immer wieder gegen → Doketismus, Gnosis, Apollinarismus und Monophysitismus betont, daß nur das unverkürzte Menschsein des Erlösers die Erlösung garantiere, die auf demselben Weg das Heil erneuern muß, wie es verloren wurde.

Wie immer man sich konkret die Stellvertretung vorstellen mag (Einheit aller Menschen auf Grund eines stark realistischen Naturbegriffs, Anrechnung der Tat Christi durch Gott als für die Menschen bedeutsam, realistischer Begriff von Kirche als Leib Christi), sie besagt nicht nur, daß Jesus für die Menschen etwas getan hat (dafür hätte er nicht Mensch werden müssen), sondern daß er als Mensch an die Stelle und in die Lage des Menschen getreten ist, um ihn von da aus zu erlösen. Der Stellvertretungsgedanke ist zudem sowohl christol. als auch ekklesiol. zentral.

Wenn ⟨M⟩, in Unterordnung unter ihren Sohn und in Zuordnung zu ihm, Mittlerin, Fürsprecherin, Miterlöserin, Helferin genannt wird (LG 62), leistet sie zweifellos einen hohen Beitrag zum Heil der Menschen. In LG (Nr. 54) wird ⟨M⟩ als »Mutter der Menschen« bezeichnet. Jedoch muß bei einer schärferen Begriffsbestimmung festgestellt werden, daß ein Handeln ⟨M⟩s für die Menschen noch nicht besagt, daß sie als Repräsentantin der Menschen gehandelt hat. Das »für uns« heißt noch nicht: »an Stelle von uns«. Bis zur Hochscholastik findet sich daher die S. nur einschlußweise in anderen Themen angedeutet und miterfaßt: In dem Titel der neuen → Eva, in der Betonung der aktiven Teilnahme am Erlösungswerk ihres Sohnes, des eigentlichen Stellvertreters der Menschheit, ferner im Zusammenhang mit Israel (Abraham), in dem und durch das alle Völker gesegnet werden (vgl. Jes 45,14–24; Gen 12,3, 18,18; Gal 3,8). Das Moment der S. ist auch enthalten im Gedanken von ⟨M⟩ als Tochter Zion und Restisrael, der Kirche als Höhepunkt der Schöpfung (vgl. Eph 1,22 f.) und von ⟨M⟩ als Kirche am Anfang als Urbild der Kirche oder als hervorragendem Glied der Kirche. Schließlich ergibt sich S. aus der Abhängigkeit des Heils der ganzen Menschheit vom »Ja« ⟨M⟩s zur Menschwerdung (vgl. → Ambrosius Autpertus, PL 39,1986: »... die ganze sündenverhaftete Welt bittet dich, doch zuzustimmen ... Sprich das Wort der Entgegnung und nimm den Sohn an ... Dein Glaube schließt den Himmel entweder auf oder zu«; Bernhard v. Clairvaux, PL 183,83 f.: »Es erwartet deine Antwort der Engel ... die ganze Welt ... wartet«). Sehr nahe kamen an den Gedanken der S. griech. Väter am Ende des Altertums heran, die ⟨M⟩ προστάτις (Vorsteherin), Sprecherin (unserem Geschlecht als »Mund« gegeben) oder πρόξενος (die Sorge für die Fremden habend) nennen, so Germanus v. Konstantinopel (†733), Johannes v. Damaskos (†749) und Jacobus Monachus (11. Jh, PG 127,598). Ihm zufolge hat ⟨M⟩ über das ganze Menschengeschlecht den höchsten Vorsitz inne (Köster 99 f.). Schon Jakob v. Sarug (†521) schreibt: »Die Jungfrau war, als sie die Frage stellte, der Mund der Kirche und vernahm für die ganze Schöpfung die Erläuterung« (BKV, Syr. Dichter, 53). Förmlich begegnet die S. erst bei Thomas v. Aquin. Ihm zufolge war es geziemend, daß Gott ⟨M⟩ die Geburt Christi verkündet hat, weil »zwischen dem Gottessohn und der menschlichen Natur eine Art geistiger Ehe besteht. Deshalb wird durch die Verkündigung die Zustimmung der Jungfrau als der Vertreterin der gesamten Menschheit eingeholt (»loco totius humanae naturae«; S. th. III q. 30 a. 1). Ist bei Thomas (wie auch bei vielen der genannten Traditionszeugen) ⟨M⟩ Repräsentantin des Menschengeschlechtes durch ihre gläubige Empfänglichkeit bei der Verkündigung, so sieht das Mariale Ps.-Alberts darüber hinaus ⟨M⟩ auch als Vertreterin der Menschheit, für die das Kreuzesopfer dargebracht wurde (→ Schatzverwalterin): »sie gab ihr Ja im Namen aller und nahm die für alle bestimmten Früchte der Erlösung für alle an« (Lais 151). J. H. Oswald sieht in der Mitte des 19. Jh.s ⟨M⟩ in ihrem »Fiat« nicht nur als Repräsentantin der Menschheit, sondern auch des Frauengeschlechts (vgl. H. J. Brosch, In: Feckes 291–307; Lais 152). M. J. Scheeben schließt von der Stellung ⟨M⟩s als der neuen Eva und vom bräutlichen Verhältnis ⟨M⟩s zu Gott und zum Gottmenschen auf Ähnlichkeit und Verschiedenheit der S. der Menschheit durch Christus und ⟨M⟩. Sie vertritt die Menschheit durch ihr »Fiat« und durch ihr mittätiges Opfer am Kreuz, so daß das Erlösungsopfer im vollen Sinn von der Menschheit ausging und ihr angehörte (vgl. Wittkemper, In: Feckes 308–322; Lais 152 f.).

Von den lehramtlichen Äußerungen seien die Enzykliken Leos XIII. (Octobri mense vom 22. 9. 1891: ipsius generis humani personam quodammodo agebat; Fidentem piumque vom 20. 9. 1896: Graber 48. 107) und Pius' XII. (Mystici corporis; Leo XIII. und Pius XII. mit o. g. Zitat aus Thomas) erwähnt. Nach »Redemptoris Mater« von Johannes Paul II. (Nr. 28) hat sich »im Glauben Mariens schon bei der Verkündigung und dann endgültig unter dem Kreuz von seiten des Menschen jener innere Raum wieder geöffnet, in welchem der ewige Vater uns ›mit allem geistlichen Segen‹ erfüllen kann«. Auch die symbolische Dichtung Gertrud v. → le Forts sieht in ⟨M⟩ die Repräsentantin der ewigen Frau und darüber hinaus der gesamten Kreatur. »Maria als Vertreterin der gesamten Kreatur vertritt gleicherweise Mann und Frau« (9). Ähnliche Zusammenhänge erkennt Edith → Stein.

Eine systematische Durchdringung der im geschichtlichen Verlauf gewonnenen Einsichten kann hervorheben, daß M bei den für das Heil entscheidenden Ereignissen der Menschwerdung und des Erlösungsleidens nicht nur für, sondern auch an Stelle der Menschheit gewirkt hat, die in ihr die usprüngliche Bestimmung des Menschen, nämlich die vorbehaltlose gläubige und liebende Offenheit auf Gott, erreicht hat und die in der gnadenhaft bereiteten und bewahrten Mutter dem ewigen Sohn in seiner dem menschlichen Heil dienenden Menschwerdung die angemessene, notwendige, von den übrigen Menschen höchstens defizient gewährte personale Aufnahme ermöglichte. Die S. kann sowohl christol. betrachtet werden, d.h. in Hinblick auf Ms heilsgeschichtliche Stellung an der Seite ihres Sohnes, des einzigen Stellvertreters, zum Dienst an seinem Heilswerk, als auch ekklesiol., d.h. in Hinblick auf das bräutliche Gegenüber von Christus und Kirche bzw. Menschheit, die in M die sonst unvollkommene Treue und Liebe Gott geschenkt hat und somit durch die hl. Braut als der vollkommenen Erlösungsfrucht (vgl. Eph 5, 26f.) nicht nur die eigene Bestimmung (vgl. Eph 1,4), sondern auch die Erhabenheit des Erlösers und seines Werkes zum Ausdruck bringt.

Lit.: G. v. le Fort, Die ewige Frau, 1934. — C. Feckes (Hrsg.), Die heilsgeschichtliche Stellvertretung der Menschheit durch Maria, 1954. — H. Lais, War Maria im Erlösungswerk Stellvertreterin der Menschheit?, In: MThZ 11 (1960) 149–153. — Köster I 98–102. — A. Ziegenaus, Urbild und Hilfe — Die Gestalt der Gottesmutter aus der Sicht Edith Steins (1891–1943), In: Akten des Internat. Mariol. Kongresses 1987 IV, 1991, 355–374.   *A. Ziegenaus*

Stelzen bei Eisfeld, Thüringen, Bistum Würzburg bzw. Bischöfliches Amt Erfurt-Meiningen, ehemalige Mwallfahrtskirche, als Station auf dem vorref. Pilgerweg von Erfurt über Coburg nach Vierzehnheiligen, auf den mannshohe Steinpfeiler, die sog. Sachsendorfer, Stelzener und Gruber »Docke« hinweisen. Die alte Mkapelle wurde ab 1467 unter teilweiser Beibehaltung dieses Baues vergrößert. Bei einer in der Nähe befindlichen Quellgrotte soll ein Gelähmter aus Würzburg geheilt worden sein, wofür er aus Dank eine Mhilfkapelle erbauen lassen haben soll. Daraufhin folgte ein starker Zustrom von Pilgern. Die Kirche wurde von Augustinereremiten aus Königsberg i. Fr. betreut. Das relativ reiche Kirchenvermögen (laut prot. Kirchenvisitation 1528) in der ansonsten armen Ortschaft weist auf große Opfergaben hin. Bis 1830 waren noch Krücken von Geheilten vorhanden. Da man diese auch »Stelzen« nannte, galt das in einer Volksetymologie als namensgebend für den Ort.

Lit.: J.W. Krauß, Beyträge zur Hildburg häusischen Kirchen-, Schul- und Landeshistorie III. Stadt und Diözese Eisfeld, Hildburghausen 1753, 286–288. — G. Brückner, Landeskunde des Herzogthums Meiningen, 1853, 390. 410–412. 504. — P. Lehfeldt und G. Voss, Bau- und Kunstdenkmäler Thüringens, Heft 30: Eisfeld, Jena 1903, 166–168. — H. Reuter, Merkwürdige Steine an einem alten S.er Wallfahrtsweg, In: Das Thüringer Fähnlein 7 (1938) Beiheft: Heimatschutz, 88f. — K. v. Andrian-Werburg, Das Totenbuch des Franziskanerklosters in Coburg ca. 1257–1525, 1990, 90.

T. Freudenberger/E. Soder v. Güldenstubbe

Stemmelius (Stemmele), Gregor, Klosterkomponist des Stiftes Irsee, †16.5.1619 in Irsee. Die Verluste der Archivalien des Klosters Irsee im Dreißigjährigen Krieg und im Span. Erbfolgekrieg verhindern genauere Angaben zu seiner Biographie. Neben J. Seytz und C. Andrae zählt S. zu den herausragenden bayer. Klosterkomponisten. Erhalten sind u. a. der 6-stimmige Hymnus »Ave maris stella« sowie mehrere Antiphonen zum Magnificat.

Lit.: MGG XII 1251. — H. Frei (Hrsg.), Das Reichsstift Irsee 1981, 235–245.   *E. Löwe*

Stenmanns, Josepha (Hendrina), * 28.5.1852 in Issum, † 20.5.1903 in Steyl, kam am 12.2.1884 nach Steyl, wo Arnold → Janssen an die Gründung von Missionsschwestern dachte. Am 8.12.1889 entstand unter seiner Leitung die Missionskongregation der Dienerinnen des Hl. Geistes (SSpS), Steyler Missionsschwestern, als deren Mitgründerin S. in die Geschichte einging. Sie wirkte zunächst als Postulantenmeisterin und koordinierte die den Schwestern aufgetragenen Arbeiten. Am 8.12.1898 wurde sie Oberin der Missionsschwestern, die 1992 ca. 4000 Mitglieder zählten. Das Informativverfahren wurde 1950 eröffnet. Am 14.5.1991 erklärte Johannes Paul II. die Heroizität ihrer Tugenden.

Mutter Josephas erster Eifer galt der Hl.-Geist-Verehrung. Sie zeichnete sich aber auch aus durch eine große Liebe zu M. In ihren Aufzeichnungen finden sich Gebete zu M, die sie gesammelt, und einige, die sie selbst formuliert hat. Daraus spricht ein großes Vertrauen. Sie rief sie unter verschiedenen Titeln und in vielen Anliegen an. In ihren Briefen an die Schwestern finden sich häufig Hinweise auf das Beispiel Ms und Ermunterungen zum Vertrauen auf ihre Fürbitte. Sie empfahl M, der Königin des Friedens, den guten Geist unter den Schwestern, übergab der Mutter Gottes deren geistliches Leben und regte auch die Oberinnen in Übersee an, ein Gleiches zu tun. Sie betete mit ihnen Novenen um die Heilung der Kranken, wobei sie M bes. als die Jungfrau von →Lourdes anrief. Sie ließ in der Kommunität Bücher lesen, die das Vertrauen zu M stärkten, empfahl die Schwestern in der Ausbildungsphase dem besonderen Schutz der Mutter Gottes, ermahnte alle zur Demut und legte ihnen nahe, diesbezüglich oft an die demütige Magd des Herrn zu denken. Im Mai regte sie zu besonderen Tugendübungen an, im Oktober zum Rosenkranzgebet. Erhielt sie gegen Ende ihres Lebens auf ihrem Krankenbett Blumen, so schenkte sie sie der Mutter Gottes. Gerne verwies sie auf ⚜, die nach der frommen Überlieferung als Mädchen im Tempel weilte, wo sie unbeachtete Arbeiten zu verrichten hatte, und sie ermunterte die Schwestern, sich glücklich zu schätzen, daß sie ebenfalls berufen seien, so verborgene Arbeiten zu verrichten. Sie sollten oft mit ⚜ sprechen: Siehe, ich bin eine Magd des Herrn. Als die Schwestern in Argentinien das hellblaue Ordenskleid und den weißen Schleier gegen eine schwarze Kleidung tauschen wollten, meinte sie, daß A. Janssen für die Schwestern diese Farben gewählt habe, um sie an die Demut und Reinheit ⚜s zu erinnern, und daß dafür einige Unannehmlichkeiten in Kauf genommen werden könnten. In diesem Sinne war ihr Leben bewußt marian. geprägt.

S. hatte ein Leben lang eine besondere Verehrung zur Mutter Gottes von →Kevelaer wohin sie vor ihrem Eintritt oft Wallfahrten machte, und kurz vor ihrem Tod bat sie noch ihre Angehörigen, daß dorthin jemand für sie pilgern solle. (→Stollenwerk, M.)

WW: Mutter Josepha: Briefe an die Schwestern, 1987. — Briefe an Arnold Janssen, 1990. — Aufzeichnungen und Unterweisungen, 1992.

Lit.: A. Volpert, Mutter Maria Stollenwerk und Mutter J. S., 1920. — O. Stegmaier, Im Atem des Geistes, 1976. *O. Stegmaier*

Stephan II., Papst von März 752 bis 26. 4. 757. Seine Regierungszeit war mit großen Problemen belastet. Mit Kaiser Konstantinos V. kam es im →Bilderstreit zum Zerwürfnis, aber S. konnte auf die Unterstützung des Westens rechnen, da das durch Bonifatius vermittelte Bündnis von Papst und Franken sich bereits gefestigt hatte. Unter ihm vollzog sich die weitere Hinwendung des Papsttums zur westlich-germanischen Welt. Er war der erste Papst, der die Alpen überquerte. Pippin d. J. empfing ihn 754 in Ponthion und gewährte die vom Papst erbetene Hilfe.

Für Maria Maggiore in Rom ließ S. ein goldenes, mit Edelsteinen verziertes Bild der thronenden GM anfertigen, die Christus auf den Knien trug (Thron der Weisheit), wie der Liber Pontificalis (ed. Duchesne I 453) berichtet.

Lit.: Th. Schieffer, Winfrid-Bonifatius, 1954, 260–264. — W. H. Fritze, Papst und Frankenkönig. Studien zu den päpstlich-fränkischen Rechtsbeziehungen von 754–824, 1973. — S. Gero, Byzantine Iconoclasm during the reign of Constantin V, 1977. — A. Angenendt, Das geistliche Bündnis der Päpste mit den Karolingern (754–796), In: HJb 100 (1980) 1–94. — Papsttum I 115–128. — V. Peri, L' ecumenicità di un concilio, In: AHC 20 (1988) 218 f. *R. Bäumer*

Stephan der Heilige, erster König von Ungarn und Gründer des ungar. Staates, * um 970, † 1038, hieß ursprünglich Vajk und war Sohn des Großfürsten Geza aus dem Stamm Árpáds und Sarolta. Seine Gemahlin Gisela war die Schwester Kaiser Heinrichs II. 977 trat er die Regierung an. Am 3. 1. 1001 wurde er mit der von Papst Silvester II. geschickten Krone zum ungar. König gekrönt. Er hat den Grund zur lat. Kirchenstruktur in →Ungarn gelegt. 1083 wurde er heiliggesprochen.

In der Herausbildung der MV S.s mögen z. T. sein Erzieher (hl. Adalbert) und seine geistlichen Führer (hll. Wolfgang und Gerhard), z. T. seine Verbindungen zu Cluny (Abt Odilo) eine Rolle gespielt haben. Ausdruck seiner MV ist v. a. die Wahl der ⚜patrozinien der von ihm gegründeten Basiliken (Székesfehérvár, Esztergom), der erzbischöflichen und bischöflichen Kathedralen (Kalocsa, Győr, Vác) sowie der Abteikirchen und Nonnenklöster (Pécsvárad, Veszprémvölgy). Ein weiteres Kultzeugnis ist die Ikonogiaphie des ungar. Krönungsmantels, der von ihm und Gisela 1031 der Basilika von Székesfehérvár geschenkt wurde. Darauf ist ⚜ als eine von Engeln umgebene Nebenfigur (Typ Maria orans) in der Gesellschaft Christi, der Propheten, Apostel, Märtyrer und Heiligen dargestellt.

Die Legenden über S., die den jeweiligen dynastischen und kirchenpolitischen Interessen entsprechend gestaltet wurden, haben die MV des Königs bedeutend weiterentwickelt. In seiner frühesten Lebensgeschichte (Legenda maior, um 1077, vor 1083) sagt S. ⚜ Dank und vergibt in ihrem Namen den Bettlern, die ihn während des Almosengebens beleidigt haben. ⚜ ist persönliche Patronin S.s. Nach dem Tode seiner übrigen Kinder empfiehlt er seinen Sohn Emmerich in seinem täglichen Gebet Christus und ⚜. Hier erscheint das Motiv der Übergabe des Landes an die GM zum ersten Mal: Vor der Schlacht gegen den heidnischen Rebellen Koppány bittet er um die Hilfe ⚜s, Martins und Georgs; bei dem Angriff des Kaisers Konrad klagt er das erlittene Unrecht ⚜, um dann nach dem Rückzug des Feindes sich selbst und die Sorge seines Landes der GM zu übergeben. In der zweiten Quelle (Legenda minor, nach 1109), die die Legenda maior ergänzt, weist nur eine einzige Angabe auf die Verbindung S.s mit ⚜ hin: Der König ließ seine spätere Grabstätte, die ⚜kirche von Székesfehérvár erneuern und versah sie mit reichen Geschenken. Die Legendenkompilation des Bischofs Hartvik (vor 1116) schöpft v. a. aus den beiden früheren Quellen, spiegelt aber auch schon die unter der Herrschaft des Königs Ladislaus (1077–95) zugenommene und unter König Koloman (1095–1116) stabilisierte MV wider. In der MV S.s tauchen neue Motive auf: Am Ende seines Lebens betete er darum, daß er am Tage der Himmelfahrt ⚜s sterbe, weiterhin, daß er das Land vor seinem Tod in der Gegenwart der Bischöfe und der führenden Persönlichkeiten des Landes der GM weihe. Durch diese Legende, die man in späteren Epochen als historisch glaubwürdig betrachtete, wurden die Stephansüberlieferungen, die allmählich mit nationalen Zügen bekleidet wurden, durch die Vermittlung der späteren Legendenfassungen, der Chroniken und der Kodexliteratur grundsätzlich bestimmt.

Die erste Abbildung S.s, in der er zusammen mit ⚜ dargestellt wurde, war das Marmorrelief im Tympanon der Ehrenpforte der Basilika von Esztergom (Porta speciosa, Ende 12. Jh., 1764 zerstört). In der Komposition wurde der Dialog zwischen M und S. mit Hilfe von Inschriften festgehalten. S. steht neben der thronenden GM mit Jesuskind auf dem Schoß und hält ein Spruchband mit dem Satz in seiner Hand: »Suscipe Virgo Pia Mea Regna Regenda Maria«. Im 15. Jh. wird die MV mit dem Kult S.s und der übrigen ungar. hll. Könige (Ladislaus, Emmerich) eng verbunden; unter den Nebenfiguren der gotischen Maltäre erscheint S. meistens im Zusammenhang der ungar. Drei Könige; so z. B. auf dem Tafelbild von Vitfalva (Vitkovce, um 1480): Der stehende S. mit Reichsinsignien blickt auf die in der rechten Ecke erscheinende Gestalt Ms.

Die Darstellung der Übergabe der Krone bzw. des Landes an M kommt in Ungarn zum ersten Mal im Zusammenhang mit König →Ludwig dem Großen vor (silberner Siegelstock von Ujbánya aus den 1340er Jahren). Das Motiv erscheint in der Stephansverehrung seit der Wende vom 16. zum 17. Jh., zuerst in der Literatur (Stephans-Predigten, Hymnen, Gebete, Schuldramen), dann in den verschiedenen Gattungen der Bildkunst, meistens im Kontext der Patrona-Hungariae-Idee. Diese Aktualisierung hängt mit der Gegenreformation bzw. mit dem Bestreben der ungar. Jesuiten zusammen, die das Fest S.s in der ganzen Welt verbreiten wollten. Eine frühe, typische Darstellung der Szene ist z. B. auf dem Hauptaltar der Jesuitenkirche von Löcse (Levoca) aus dem Jahre 1675 zu sehen. Auf dem Altarbild ist M dargestellt, rechts und links stehen die Statuen S.s und des hl. Ladislaus. S. bietet auf einem Kissen seine Krone, Ladislaus auf einem Schild seine Waffen M an. Ein charakteristisches Motiv der barocken Ikonographie S.s, bes. in der Szene der Übergabe des Landes an M, die in zahlreichen Bildtypen dargestellt wurde, ist die thronende Figur Ms mit Jesuskind, die auch als Gnadenbild (z. B. Mhilf) erscheinen konnte. Für die frühe barocke Auffassung ist die Verknüpfung der nationalen Vergangenheit mit der MV und mit dem Kampf gegen die Türken charakteristisch (z. B. Altarbild der ungar. Heiligen in der Jesuitenkirche von Györ, 1642). Darin ist M die Patrona Hungariae, Ungarn das Regnum Marianum, Stephan der Rex Marianus, der sein Volk als Haereditas Mariae, als Familia Mariana betrachtete.

QQ: R. Szentpétery, Scriptores Rerum Hungaricarum II, 1938, 377–440.

Lit.: G. Schreiber, Stephan I. in der dt. Sakralkultur, 1938. — J. Serédi (Hrsg.), Emlékkönyv Szent István király halálának kilencszázadik évfordulóján, 3 Bde., 1938. — L. Németh, A Regnum Marianum állameszme, In: Regnum 4 (1940/41) 223–292. — E. Hoffmann, A. felajánlás a Szent István ábrázolásokon, In: Lyka Károly emlékkönyv, 1944, 168–187. — G. Galavics, Hagyomány és aktualitás a magyarországi barokk müvészetben — XVII. század, In: G. Galavics (Hrsg.), Magyarország reneszánsz es barokk, 1975, 231–277. — G. Györffy, István király es müve, 1977. — S. Bálint, Ünnepi kalendárium II, 1977, 196–224. — Z. Szilárdfy, Barokk szentképek Magyarországon, 1984, Abb. 28–34, IV. — G. Tüskés und É. Knapp, Europäische Verbindungen der ma. Heiligenverehrung in Ungarn, In: AnBoll 110 (1992) 31–60. — LCI VIII 407–409. LThK[2] IX 1048. — BSS XII 19–22. — Wimmer-Melzer[6], 1988, 762f.
G. Tüskés/É. Knapp

Stephan v. Sallay (oder Salley, Sawley) SOCist, †6. 9. 1252 in Vaudey, mit dem Familiennamen Stephan v. Eston, war zuerst Zisterziensermönch von Fountains (Yorkshire) und Ökonom des Klosters (1220–23), dann Abt von Sallay (24. 1. 1225–19. 10. 1233) und Abt von Newminster (26. 9. 1240–26. 7. 1247), der Mutterabtei von Sallay, als er zum Abt von Fountains gewählt wurde. Er starb bei der Visitation des Tochterklosters Vaudey. Von seiner schriftstellerischen Tätigkeit, vermutlich aus den ersten Jahren seiner Amtszeit als Abt von Sallay, sind vier Werke erhalten, die sich alle auf die Ausbildung der jungen Mönche beziehen. Dadurch sind sie ein erstrangiges Zeugnis für das Mönchsleben in den Abteien von Yorkshire:

1. »Meditationes de gaudiis beatae et gloriosae semper Virginis Mariae« sind sein mariol. Hauptwerk, gekennzeichnet durch einen sehr persönlichen, affektiven Stil, der aber sehr stark dogm. unterbaut ist. — 2. »Speculum novitiorum« oder »De informatione novitii« ist eine Art Handbuch für die Novizen, um sie in die Praxis des Zisterzienserlebens einzuführen. Sein Hauptziel ist dabei das persönliche Gebet und die geistliche Lesung (lectio divina). — 3. »Triplex exercitium« oder »De modo orationis et meditationis« legt drei ausgearbeitete Methoden zur Gestaltung der Betrachtung vor. Die zweite geht von einem marian. Thema aus. — 4. »De informatione mentis circa psalmodiam diei et noctis« bietet praktische Anweisungen und Methoden, wie der Mönch während des Offiziums die Psalmen und eventuell auch die Hymnen beten kann. S. schließt dabei den ganzen liturg. Tag ein.

»Meditationes de gaudiis« sind eine Sammlung von Betrachtungen über die fünfzehn Freuden Ms. Diese werden von S. in drei »Quinaria«, Fünfergruppen oder -gesätze, eingeteilt. Die erste enthält: 1. die Geburt Ms als Anfang der Erlösung; 2. die alles umfassende Heiligkeit Ms; 3. die Verkündigung des Engels; 4. die Empfängnis des Wortes; 5. die Begegnung Ms mit Elisabeth. — Die zweite Reihe umfaßt: 6. die Geburt Christi; 7. die Anbetung der Könige; 8. die Darbringung Christi im Tempel; 9. die Wiederfindung Christi im Tempel; 10. die Offenbarung Christi bei seiner Taufe. — Die dritte Reihe betrachtet: 11. den Erlösertod Christi; 12. die Auferstehung Christi; 13. die Himmelfahrt Christi; 14. die Sendung des Hl. Geistes; 15. die Aufnahme Ms in den Himmel. — Zwischen die einzelnen Fünfergruppen schiebt S. eine Ruhepause (pausatio) mit einem dazugehörenden Gebet ein. Diese Anordnung der Freuden könnte darauf hinweisen, daß das Ganze als eine einzige geistliche Übung betrachtet und praktiziert werden konnte. Doch ist jede einzelne Betrachtung sehr systematisch und in gleicher Weise aufgebaut: 1. Ein einführender Text beschreibt erklärend mit Zitaten aus Schrift und Liturgie das Mysterium. 2. Die »Freude« redet die GM an, beginnend mit »Erfreue dich«, und faßt die Freude in einigen kurzen Sätzen zusammen. 3. Das an die GM gerichtete Gebet bittet, sie möge die Gnaden dieser Freuden den Menschen mitteilen. 4. Ein Schlußgebet ist die älteste Form des späteren »Gegrüßet seist du, Maria«. Unwillkürlich denkt man dabei an eine frühe Praxis des späteren →Rosenkranzgebetes.

»Triplex Exercitium« bietet eine Art und Weise, ein Geheimnis des Lebens M̅s zu betrachten. Als Beispiel nimmt S. die Aufnahme M̅s in den Himmel, die dann durch Texte aus der Schrift und u. a. Ps.-Bernhards beleuchtet wird. — »Im Speculum Novitii« findet man auch marian. Stellen, bes. im 2. Kap. die Empfehlung, jede Betrachtung oder jedes Gebet mit einem dreimal wiederholten Ave Maria, begleitet von drei Kniebeugen, anzufangen. — Mit diesen Texten ist S. ein wichtiger Zeuge für die MV im Zisterzienserorden geworden und steht dabei, bes. bezüglich des Rosenkranzes, auch chronologisch zwischen den ersten Schriften aus dem Anfang des 13. Jh.s, welche von den Zisterzienserinnen von St. Thomas an der Kyll stammen, und den späteren Texten der hl. →Gertrud v. Helfta am Ende des 13. Jh.s.

WW (auch mit Lit.): A. Wilmart, Les méditations d'Etienne de Sallay sur les Joies de la Vierge Marie, In: RAM 10 (1929) 368–415 – Ders., Auteurs spirituels et textes dévots du moyen-âge latin, 1932, 317–360. — Ders., Le triple exercice d'Etienne de Sallay, In: RAM 11 (1940) 355–347. — E. Mikkers, Un »Speculum novitii« inédit d'Etienne de Salley, In: COCR 8 (1946) 17–68. — Ders., Un traité inédit d'Etienne de Salley sur la psalmodie, In: Citeaux 23 (1972) 245–288; engl. Übers. der lat. Texte: Stephan of Sawley, Treatises, übers. von J. O'Sullivan, 1984.
Lit.: A. Heinz, Zeugnisse zisterziensischer Marienfrömmigkeit in einer Gebetbuchhandschrift auf St. Thomas (um 1300), In: St. Thomas an der Kyll. Beiträge zur Geschichte der ehem. Zisterzienserinnenabtei, hrsg. vom Bischöfl. Priesterhaus St. Thomas, 1980, 109–156. — Gebete aus St. Thomas. Geistliche Texte aus einer ma. Zisterzienserinnenabtei des Trierer Landes, übers. und zusammengestellt von A. Heinz, 1980, 128–152. — Ders., Lob der Mysterien Christi. Ein Beitrag zur Entwicklungsgeschichte des Leben-Jesu-Rosenkranzes unter bes. Berücksichtigung zisterziensischer Wurzeln, In: H. Becker und R. Kaczynski (Hrsg.), Liturgie und Dichtung I, 1983, 609–639. — DSp IV 1521–24 (Lit.). *E. Mikkers*

Stephens, Thomas, * 1549 in Bushton, Wiltshire/Salisbury, † 1619 in Goa, 1575 SJ, ging 1579 nach Indien und wurde 1580 Priester. S. verlegte sich als Missionar mit Eifer auf das Erlernen der Sprache und Schrift, wobei er sich nicht nur auf den lokalen Dialekt Konkani beschränkte, sondern auch die Sprache der Gebildeten, das Marathi, mit Meisterschaft beherrschte. Nach dem Vorbild der großen Marathidichter Eknâth († 1609), Tukaram (1608–49), Ramdas (1608–81), Wamon Pandit († 1673) und Mukeshwar (* 1609) schuf er entsprechend deren Epen einen christl. Purâna, worin er im landesüblichen Ovi Metrum in 10962 Strophen die Geschichten des AT und NT schildert.

Neben den biblischen Stoffen werden viele Legenden und Erzählungen sowie die Apokryphen verwendet. So berichtet S. über die Eltern M̅s, über ihre Geburt und Kindheit sowie über die Prophetin Anna, den König Herodes, den 12-jährigen Jesus, die Jugend Jesu, den Abschied von M̅ (Gesang 45) und die Erscheinung des Auferstandenen bei seiner Mutter (Gesang 52).

Der zweite Teil bringt die Anrufung M̅s, der Apostel und Heiligen (Gesang 1), die Erlösungssehnsucht der Seelen in der Vorhölle, Vorhersage der Geburt M̅s, Geburt, Namengebung und Lobgesang der Engel bei ihrer Geburt, Opferung und Leben im Tempel bis zum 14. Jahre, Absicht des Hohenpriesters, sie zu vermählen, ihr Gebet zu Gott, ihre Vermählung mit dem hl. Joseph sowie beider Vorsatz, jungfräulich zu leben (Gesang 3). Dann folgt (Gesang 4–59) in vier Abteilungen die ganze ntl. Geschichte von der Verkündigung der Geburt des Johannes, über dessen Jugend- und Wüstenzeit bis zur Himmelfahrt des Herrn.

Marian. Teile sind der Abschied Jesu von seiner Mutter (Gesang 45), ihre Begegnung auf dem Kreuzweg (Gesang 48), die Klage von M̅, Johannes und Magdalena unter dem Kreuz (Gesang 50), die Erscheinung des Auferstandenen bei seiner Mutter (Gesang 51), die auch zu lyrischen Höhepunkten neben den Naturschilderungen zählen. Der Erfolg des Werkes war außergewöhnlich. Es wurde an Sonn- und Feiertagen in den Kirchen vorgelesen und war selbst bei den Nichtchristen hoch geschätzt. Es wurde zu einem Familienbuch und jahrhundertelang bei Familienfeiern gesungen.

Ein anderes Purana wurde von Francisco Vaz de Guimaraës ursprünglich in Port. (1593?) verfaßt und dann in Koli-Marathi, der Sprache des gewöhnlichen Volkes, übersetzt. Es besteht aus 46 Gesängen (Cathás) von Geburt, Leiden und Tod sowie Auferstehung und Himmelfahrt des Herrn. Es enthält auch eine Reihe von Lobliedern auf die GM, ferner zwei Wiegenlieder (Gandolams) für das Jesuskind.

WW: The Christian Purana. A work of the 17th century, reproduced from manuscript copies and edited with a biographical note, an introduction, a English synopsis of contens and a vocabulary by J. L. Saldanha, Mangalore 1907. — Kristpurâna, 1956.
Lit.: D. Fernandes, The first Englishman in India. Father T. S. SJ, Apostle of Salsette, In: Mangalore Magazine 1 (1897–1900) 70–73. 166–168; 3 (1904-06) 142–144. — J. A. Saldandha, The first Englishman in India. Father T. S. and his work, especially his Christian Puran, In: Journal of the Bombay Branch of the Royal Asiatic Society 22 (1905-07) 209–221. — L. C. Casartelli, The first Englishman in India. His great poem in a native tongue, In: Mangalore Magazine 4 (1907-09) 197–199. — G. Schurhammer, Der Marathidichter T. S. SJ. Neue Dokumente, In: Archivum Historicum Societatis Jesu 26 (1957) 67–82 (auch: Gesammelte Studien II 377–391). — M. Saldanha, A literatura purânica cristã e os respectivos problemas linguísticos e bibliográficos, In: Boletim do Instituto da Vasco da Gama 82 (1961) 27–35. — A. K. Priolkar, Goa rediscovered, 1967, 80–83. 92–103. *H. Rzepkowski*

Stepinac, Viktor Alojzije, Kardinal und Erzbischof von Zagreb, Metropolit Kroatiens, * 8.5.

1898 in Brezarić, Pfarrei Krašić, Erzdiözese Zagreb, †10.2.1960 ebd., studierte 1924–31 in Rom Theol. und wurde am 26.10.1930 dort zum Priester geweiht. In Zagreb wurde er erzbischöflicher Zeremoniar, Caritasleiter und vorübergehend Pfarrer zweier Pfarreien, bis er 1934 zum Erzbischof-Koadjutor und am 7.12.1937 zum Ordinarius ernannt wurde. Er organisierte 20 Eucharistische und 5 Marian. Kongresse, gründete 21 Kirchengemeinden, förderte durch die kath. Aktion und Verbreitung der kath. Presse geistliche Begegnungen für Priester und Gläubige, gründete ein Kloster strenger Klausur, errichtete ein Laieninstitut, baute die Ordensleute und Nonnen in die Gemeindepastoral ein und förderte kath. Gesundheits- und Erziehungsanstalten. Trotz politischer Unterdrückung und Kriegsleiden bahnte er den Weg zum Frieden und war Schützer der Menschen ohne Rücksicht auf Rasse, Geschlecht, Nationalität und Religion.

Als die kommunistischen Machthaber von ihm verlangten, sich von Rom zu trennen und die »Kroatische Nationalkirche« zu gründen, verteidigte er tapfer und treu die kath. Prinzipien und die Einheit mit dem Bischof von Rom. Er wurde am 11.10.1946 in »äußerst traurigem Prozeß« (Pius XII.) zu Freiheitsentzug und Zwangsarbeit für die Dauer von 16 Jahren und zum Verlust der politischen und staatsbürgerlichen Rechte für die Dauer von 5 Jahren verurteilt, in Lepoglava bis 5.12.1951 inhaftiert und dann in seine Geburtsgemeinde verbannt, wo er im Rufe der Heiligkeit verstarb. Sein Grab im Zagreber Dom ist das Ziel zahlreicher Pilger. Papst Pius XII. ernannte ihn am 12.1.1953 zum Kardinal. Das Kroatische Parlament rehabilitierte ihn am 14.2.1992.

S. stammte aus einer tief rel. Familie. »In der Familie«, pflegte er zu sagen, »wurde mir von meiner Kindheit an die Gnade erteilt, die Muttergottes zu ehren« (Vranekovič I 31). Zu seiner Persönlichkeit zählt neben der eucharistischen auch eine sehr marian. Frömmigkeit. Er wußte nämlich, daß »solange der Mensch die Muttergottes verehrt, ist es ein Zeichen seines geistigen Lebens« (Službeni Vjesnik Zagrebačke Nadbiskupye [Zagreber Diözesannachrichten] 1 [1944] 6). Seine Mariol. leitet er ab aus der aktiven Mitwirkung Ms im Mysterium des Sohnes Gottes und ihrer Vermittlung der persönlichen Gnade. Durch die Verbreitung der Herrlichkeit Ms setzte er im Volk marian. Traditionen fort, die M als »Königin aller Kroaten«, »Anfang einer besseren Welt« (»Melioris mundi origo«), »Seele der Seele Kroatiens« und »Beschützerin Kroatiens« verehrten.

S. bemühte sich bes., Marija →Bistrica zum nat. M-Wallfahrtsort und zum Ort der moralischen Wiedererweckung der Kroaten zu gestalten. Dorthin pilgerte er an der Spitze der Zagreber Pilger jedes Jahr (40 km) zu Fuß. Überzeugt, daß »Marienverehrung den richtigen Glauben an Jesus Christus bestätigt« und daß »überall dort die Heiligkeit aufblüht, wo man Maria als Muttergottes begegnet« (Marija Posrednica, 119), förderte er verschiedenste Formen der MV. Konfrontiert mit der tragischen Geschichte seines Volkes, pflegte er die Andacht zu Ehren der »Barmherzigen Muttergottes«.

Durch die Verehrung der GM wollte er die Ehre Christi und das Königreich Gottes verbreiten. Sie soll Zeichen der wahren, selbstlosen, zärtlichen, beständigen, richtigen und hll. Frömmigkeitsäußerungen sein. Diejenigen Gläubigen werden zur tiefen Erkenntnis Jesu Christi geführt, in denen Ms Geist der Bereitschaft zur Mitwirkung an Christi Erlösung erwacht. So empfahl er marian. Literatur, das individuelle und gemeinsame Rosenkranzgebet, bes. in der Familie, sowie den »lebendigen Rosenkranz«. Daher übersetzte er aus dem Franz. das Gebetbuch A. Pradels »Rosaire médite et récite«. Er empfahl die Mitgliedschaft in der Marian. Kongregation und in Bruderschaften, das Tragen von Mabzeichen und -bildern, Spenden und Gaben, Fasten vor Mfeiertagen, aus Liebe zu M Pflege der Kranken, Namensgebung Ms, Samstagsgebete für Priesterberufe, Pilgern zu Mkirchen und -heiligtümern, sowie Singen von Mliedern, bes. von »Ave, Maris Stella«, »Die weiße Lilie« und »Ave, o Maria«.

Große Aufmerksamkeit schenkte er der individuellen Weihe sowie der Familienweihe an die GM. Die Weihe des kroatischen Volkes an M nahm er am 7.7.1940 in Marija Bistrica vor. Mehrmals weihte er ihr das ganze Erzbistum. In seiner Gefangenschaft vertraute er ihr täglich einzelne Gemeinden an. Er versuchte, das vor dem Ansturm des Kommunismus in Angst vertriebene Volk durch das Pilgern der Statue der GM durch die Gemeinden (bekannt als »Peregrinatio Mariae«) im festen Glauben zu erhalten. In seiner marian. Einstellung führte er im Erzbistum die »Legio Mariae« ein und wurde selbst Mitglied. Er betete täglich alle drei Mysterien des Rosenkranzes. Als Erzbischof besuchte er im Mai und Oktober täglich eine andere Zagreber Gemeinde und betete mit dem Volk.

Im Einklang mit der Erscheinung Ms in Fatima glaubte er fest an das Kommen der Ära Ms. Durch diese erleuchtet, sagte er den Sturz des Kommunismus voraus und kündigte an, daß »Rußland sich bekehren und die Statue der Muttergottes im Kreml stehen wird« (Vranekovič III 87). Er wurde Mitglied der Bewegung »Per la regalità di Maria«, die die Verkündigung der Wahrheit des Glaubens über M als Königin verbreitete. Erkennend, daß die »Muttergottes Pfand des Bestehens des kroatischen Volkes« (Katolički List 86 [1935] 342 ff.) und »Sinn der Einheit und Rechtgläubigkeit der katholischen Kirche« (Propovijedi o Lurdskim, 1 f.) sei, schloß er sich in ihr Erbe durch folgende Zeilen seines Testaments ein: »Diejenigen, die mit ehrlicher und ewiger Liebe die Muttergottes verehren und lieben, werden am eigenen Leib spüren, was der erleuchtete Weise verkündet: ›Wer die Mutter verehrt, gleicht dem, der Schätze sammelt‹« (Geistliches Testament, Kračic, 28.5.1957, In: A. Benigar, A. S., 820).

WW: Der hs. Nachlaß im Erzbischöflichen Archiv in Zagreb enthält: ⚹predigten für jeden Samstag des Jahres und für verschiedene ⚹feste sowie bes. über das Magnificat. — Die Sekretäre haben die Tagebücher in S.s Zeit als Koadjutor und Ordinarius niedergeschrieben: Dnevnika 30.5.1934–13.2.1945, 5 Vol. — Vom Heimatpfarrer und einzigen Begleiter in der Verbannung stammen die Tagebücher dieser Zeit: J. Vraneković, V.A.S., Dnevnika 24.11.1951–27.1.1960, 5 Vol. — In Druck sind erschienen: Propov jedi u čast sv. Josipa (Predigten zu Ehren des hl. Joseph), 1953. — Katehetske propovijedi (Katechetische Predigten), 2 Bde., 1956. — Homilije za sve nedjelje i blagdane u godini (Predigten für jeden Sonntag und alle Festtage des Kirchenjahres), 2 Bde., 1957–58. — Propovijedi o Lurdskim Ukazanjima (Predigten über die ⚹erscheinungen in Lourdes), 1958. — Propovijedi o Presvetom Srcu Isusovu (Predigten zu Ehren des Heiligsten Herzens Jesu), 1958. — Homilije prema Poslanicama (Predigten über die Briefe des Apostels Paulus), 1959. — Sveci osobiti Štovatelji Marijini (Die Heiligen — die besonderen Verehrer der GM), 1959. — Propovijedi za sve blagdane Blazene Djevice Marije (Predigten für sämtliche ⚹feste des liturg. Jahres), 1960. — Marija Posrednica Milosti (⚹ — Mittlerin der Gnade), ²1961.

Lit.: F. Cavalli, Al processo dell'Arcivescovo di Zagabria, ³1947. — R. Pattee, The case of Cardinal Aloysius S., 1953. — Th. Dragoun, Le dossier du Cardinal S., 1958. — E. Beluhan-Kostelic, S. govori (S. spricht), 1967. — I. M. Emanuel, Sieben Jahre im roten Talar, 1970. — M. Raymond, The Life and Death of Aloysius Cardinal S., 1971. — A. Benigar, Alojzije S. Hrvatski kardinal, 1974. — D. Baton, Mladi S., prisma zaručnici (Der junge S. — Briefe an die Braut), 1975. — V. Nikolić, S. mu je ime (S. ist sein Name), 2 Bde., 1978–80. — E. Bauer, Aloisius Kardinal S. Ein Leben für Wahrheit, Recht und Gerechtigkeit, 1979. — M. Landercy, Le Cardinal S. martyr des droits de l'homme, 1981. — N. Istranin, S. un innocente condannato, 1982. — J. Batelja, Najljepše Mariji (Das Schönste an die GM. Die Gedanken des Kardinals A.S. über die Verehrung der Mutter Gottes), 1990. — Ders., Živjeti iz vjere (Aus dem Glauben leben. Das spirituelle Profil und die pastorale Sorge des Kardinal S.), 1990. — F. Kuharić, Poruke sa Stepinčevog groba (Botschaften vom Grab S.s), 1990. — R. A. Grahm, La riabilitazione di Cardinale S., In: Civiltà cattolica 143/2 (1992) 246–555. *J. Batelja*

Sterbeliturgie. Die S. besteht (im engeren Sinne) aus dem Viaticum (Wegzehrung, hl. Kommunion in der Todesstunde) und dem Ordo commendationis morientium (Sterbegebete). Letzterer kennt folgende marian. Elemente: je eine Bezugnahme auf ⚹ im Gefüge der Gebete »Profisciscere« (Nr. 146) und »Commendo te« (Nr. 147), v.a. aber die Antiphon → Salve Regina (Nr. 150) nach dem »Commendamus tibi« (Nr. 149). Im Salve Regina wird die »Mutter der Barmherzigkeit« als »unsere Fürsprecherin« angerufen. Das Motiv ist gegeben mit der Bitte: »Wende deine barmherzigen Augen uns zu und zeige uns nach diesem Elende Jesus, die gebenedeite Frucht deines Leibes« (illos tuos misericordes oculos ad nos converte. Et Iesum, benedictum fructum ventris tui, nobis post exilium ostende). »Elend« (exilium) bezeichnet nach ma. Sprachgebrauch das In-der-Fremde-Sein, die irdische Pilgerschaft, das »Tal der Tränen«, während die Anschauung Gottes in ewiger Herrlichkeit, der Himmel, als wahre Heimat verstanden wird (vgl. 2 Kor 5,6–7).

Lit.: Ordo unctionis infirmorum eorumque pastoralis curae, 1972. — Die Feier der Krankensakramente. Die Krankensalbung und die Ordnung der Krankenpastoral in den kath. Bistümern des dt. Sprachgebietes, 1975. *M. D. Klersy*

Stern der Magier. Der die Erzählung der → Magier prägende S. kann motivlich von der antiken Vorstellung hergeleitet werden, daß jeder Mensch einen eigenen Stern hat, welcher sein Leben am Firmament begleitet (vgl. dazu Midr zu Ps 148; ebenso Platon, Tim 41E). Dem besonderen Charakter des neugeborenen Königskindes entsprechen Bedeutung und Leitfunktion des Sternes Jesu.

Die Anregung für diese Deutung erhielt der Evangelist wohl durch die Überlieferung von einem außergewöhnlichen astrologischen Phänomen, das verschieden bestimmt werden kann, zum einen als das Erscheinen des Halleyschen Kometen, das auf 12/11 v. Chr. zu datieren ist (ebenso belegt ist ein Komet für 5/4 v. Chr.), zum anderen als Jupiter/Saturn-Konjunktionen (insgesamt drei) im Jahre 7 v. Chr. Diese Gestirne haben eine kontextbezogene Zeichenhaftigkeit: Jupiter galt als königlicher Stern; Saturn kann als Sabbatgestirn als Stern der Juden gedeutet werden (Belege bei Luz, Mt I 115). Vor dem Hintergrund der starken Hervorhebung der Königsidentität Jesu in Mt 2,1–12 ist dies bes. bedeutsam.

Für den Evangelisten überwiegt auch hier das theol. Interesse. Mittels der Entfaltung des Sternmotivs hebt der Verfasser die göttliche Führung zu diesem Königskind hervor und weist auf seine herausragende Besonderheit hin. Der in der Auslegungsgeschichte hergestellte Bezug zur Bileam-Prophetie (Num 24,17) ist für den Text selbst auf Grund des Fehlens von Bezügen zu Num 22–24 nicht gesichert.

Lit.: → Magier. — R. A. Rosenberg, The »Star of the Messiah« Reconsidered, In: Bib 53 (1972) 105–109. — R. E. Brown, The Meaning of the Magi; the Significance of the Star, In: Worship 49 (1975) 574–582. — K. Ferrari-d'Ochieppo, Der Stern der Weisen, 1977. — D. Hughes, The Star of Bethlehem Mystery, 1979. — U. Luz, Das Evangelium nach Matthäus I, 1985, 114ff. — J. Gnilka, Das Matthäusevangelium I, 1986, 36f. — M. Küchler, »Wir haben seinen Stern gesehen ...« (Mt 2,2), In: BiKi 44 (1989) 179–186. — ThWNT I 502. — BHH III 1865–67. *W. Kirchschläger*

Sternbach, Wallfahrtskapelle St. Gangolf »Zur Sternbacher Madonna« Niddatal, Wetteraukreis, Diözese Mainz.

Die heute im Wald liegende Kapelle war die ehemalige Pfarrkirche des um 1550 ausgestorbenen Dorfes. 778 gründete Graf Chancor während seiner Tätigkeit als Gaugraf in der Wetterau, die Pfarrei S. Im gleichen Jahr übertrug Abt Beatus v. Hohenau seiner Abtei die erste S.er Kirche, von der nach 1200 nichts mehr vorhanden war. Die zweite Kirche, von der noch der westliche Teil der Südwand stammt, wurde wohl im 9. Jh. errichtet, und die dritte Kirche, deren romanisches Portal zugemauert erhalten ist, im 12. Jh. Sie erhielt im 13. Jh. einen Chor der um die Mitte des 15. Jh.s abbrannte und sofort wieder aufgebaut wurde. 1449 wurde die Kirche dem Kloster Arnsburg incorporiert, das den heute noch stehenden Chor errichten ließ. 1456 weihte Weihbischof Heinrich v. Hopfgarten die Kirche. Das Aussehen von 1456 hat die Kirche, abgesehen von den Änderungen im Jahr 1896, bis heute bewahrt. Bis zur Kirchenweihe in Wickstadt (1707) fand der Pfarrgottesdienst wohl weiter im seit um 1550 wüsten S. statt. Das Kloster Arnsburg löste sich 1803 auf, seine Güter gingen an das Haus Solms. 1896 baute man den Dachreiter über dem Chor die Sakristei, den Außenaltar und das Obergeschoß über der Eingangshalle. Nach dem Krieg und 1956/57 wurde die Kapelle renoviert.

Die Wallfahrt bestand schon zu Beginn des 18. Jh.s, da man zwischen 1725 und 1727 auf dem Wallfahrtsweg zwischen Wickstadt und S. die Fußfälle aufstellte (heute nicht mehr am ursprünglichen Platz). Kurz vor und nach der Säkularisation war S. Ziel von Wallfahrten aus der Umgebung. Die Wallfahrt ging 1803–13 zurück und blühte 1814–52 wieder auf. Bischof Ketteler regte 1872 eine Neubelebung an. In den 90er Jahren ließ sie wieder nach, um darauf wieder zuzunehmen. 1881 errichtete man für die Besucher ein Haus mit Möglichkeiten zur Übernachtung, 1886 eine gedeckte Aufenthaltshalle. Beide Gebäude wurden 1973 abgerissen. 1896 fand der erste Wallfahrtsgottesdienst am Außenaltar statt. Auch in der Zeit des Nationalsozialismus und während des Zweiten Weltkriegs ging die Wallfahrt nicht völlig ein. Die Haupttage sind der Bittsonntag, der Sonntag nach M̄e Heimsuchung und der Sonntag nach M̄e Himmelfahrt. Zur Prozession treffen sich in Wickstadt Teilnehmer aus den Ortschaften der Pfarrei und auch aus der weiteren Umgebung und gehen auf der asphaltierten Straße zur Kapelle, nicht auf dem ehemaligen Prozessionsweg durch den Wald. Der Gottesdienst wird am Außenaltar gehalten, am Nachmittag folgt eine M̄feier. Im Mai finden M̄andachten statt, eine Hubertusmesse im Oktober.

Bischof Ketteler veranlaßte, das Gnadenbild, eine Skulptur der gekrönten M̄ (15. Jh., mittelrheinisch, Holz, mehrfach überarbeitet), in den Drehtabernakel auf den Hauptaltar zu übertragen. Es befand sich früher in der kleinen Kapelle westlich der Wallfahrtskapelle. Dort steht jetzt die Kopie einer Pietà des 18. Jh.s. Der Altar erhielt seinen barocken Aufbau 1748, heute noch ist der 1456 geweihte Altar darunter vorhanden. Wegen Diebstahlsgefahr wird das Gnadenbild in der Kapelle nur bei Veranstaltungen aufgestellt. Bei der Prozession ist es heute nicht dabei, es wird vorher in die Kapelle gebracht. Ein Votivbild aus der 1. Hälfte des 18. Jh.s hat ich erhalten, weitere Votivtafeln sind auf dem Kapellenspeicher gelagert. Heute werden keine Votivgaben mehr gebracht.

Lit.: W. Wagner, Die Wüstungen im Grossherzogtum Hessen, Darmstadt 1854, 320. — F. Falk, Heiliges Mainz [...], Mainz 1877, 96. — K. Heller Die S.er Kirche, In: Heimat im Bild, Beilage zum Gießener Anzeiger 37 (1928) 145. — SchreiberW 241. — Dehio-Hessen, 1966, 30. — W. Gerstner, Die Pfarrei S.-Wickstadt, Diss., Mainz 1969, 126. *H. Schopf*

Sterpi, Carlo, Generaloberer der Filii Divinae Providentiae (FDP), * 13.10.1874 in Gravazzana bei Tortona, †22.11.1951 in Tortona, studierte in Tortona Phil. und Theol. und wurde 1897 zum Priester geweiht. Im Priesterseminar war er mit L. →Orione verbunden. Er wurde dessen Mitarbeiter und gründete mit ihm das »Kleine Werk der Göttlichen Vorsehung« in dessen Häusern er als Vorgesetzter tätig war und das er während der Abwesenheit Oriones in Messina (1908–11) und Südamerika (1934–37) alleine leitete. Nach dem Tode des Gründers wurde er 1940 zum Generaloberen des Werkes gewählt. 1946 trat er wegen Krankheit von diesem Amt zurück.

S. hinterließ eine Auslese der Gedanken Oriones sowie mehrere Briefe an diesen und die Gemeinschaft, deren Charisma er in seinem Leben nach der Gesinnung M̄s v. a. in der Abgeschiedenheit von Nazaret nachgeahmt hat. Das Dekret über seine heroischen Tugenden wurde 1990 erlassen.

WW: Lo spirito di Don Orione, 1948. — Die Briefe liegen im Generalat des Werkes in Tortona.
Lit.: G. Barra, Il Servo di Dio — Don C. S., 1961. — Ders., In punta di piedi, 1963. — I. Terzi, Don C. S., 1991. — AAS 82 (1990) 191–195. — DIP VI 1508f. *B. Majdak/W. Baier*

Sterzinger Marienklage → Tiroler Marienklage

Steyler Missionare. Die S. sind keine spezifische marian. Ordensfamilie, die MV wird in der gesamtkirchlichen Sicht gepflegt und hat eine eigene Ausprägung durch die Hinwendung auf die Mission. Die marian. Einstellung läßt sich auf drei Kernpunkte konzentrieren: die Pflege und Verbreitung des Rosenkranzgebetes, die besondere Verehrung des Unbefleckten Herzen M̄s und v. a. die Verehrung der GM unter dem Titel »Unbefleckte Braut des Hl. Geistes«, die aufs engste mit der besonderen Verehrung des Hl. Geistes in den Gemeinschaften zusammenhängt. Zu dieser dreifachen Sicht kann ein weiterer Aspekt hinzugefügt werden, der aber weniger markant ist: die Verehrung M̄s als Königin der Engel, was durch die Ausrichtung auf die Mission bedingt und gegeben ist. Die geschichtliche Wurzel der Sonderheit in der MV der S. ist in der Person des Gründers, Arnold →Janssen, zu suchen, der wiederum in seiner MV stark von seiner Familie und Herkunft aus Goch geprägt war.

Die S. (Gesellschaft des Göttlichen Wortes, Societas Verbi Divini = SVD) wurden am 8. 9. 1875 von Arnold Janssen (1837–1909) in Steyl (in den Niederlanden, nahe der dt. Grenze wegen des Kulturkampfes in Deutschland) als Missionsgesellschaft gegründet. Damit verbunden sind zwei selbstständige Frauengenossenschaften, die im Verein mit Mutter Maria (Anna Helena) →Stollenwerk (1852–1900) und Mutter Josepha (Hendrina) →Stenmanns (1852–1903) ebenfalls von Arnold Janssen gegründet wurden. Die Kongregation der Steyler Anbetungsschwestern (Dienerinnen des Hl. Geistes von der Ewigen

Anbetung, Congregatio Servarum Spiritus Sancti de Adoratione Perpetua = SSpSAP) wurden am 8.12.1896 in Steyl mit der Aufgabe der Mitwirkung an der Mission durch das Apostolat des Gebetes gegründet, die Steyler Missionsschwestern (Missionsgenossenschaft der Dienerinnen des Hl. Geistes, Congregatio Servarum spiritus Sancti = SSpS) wurden am 8.12.1889 mit der Hauptaufgabe der Mitarbeit beim Missionswerk gegeründet.

1994 zählten die Steyler Anbetungsschwestern 365 Schwestern, 31 Novizinnen und 29 Postulantinnen; die Steyler Missionsschwestern 3696 Schwestern, 156 Novinzinnen und 109 Postulantinnen; die Steyler Missionare 3601 Patres, 932 Theologiestudenten, 857 Missionsbrüder und 313 Novizen.

Ausdruck der marian. Frömmigkeit sind zwei Mbilder. Das Bild »Braut des Hl. Geistes« von Carlo Dolci (1616–86) im Missionspriesterseminar St. Gabriel in Mödling bei Wien und die (Schutzmantel-)Missionsmadonna von Matthäus Schiestl d. J. (1869–1939) im Missionshaus St. Wendel/Saarland. Das Bild von Dolci fand durch G. →Wang Suta eine chinesische Umsetzung.

Lit.: A. Volpert, Mutter Maria Stollenwerk und Mutter Josepha Stenmanns, 1920. — H. Fischer, Tempel Gottes seid ihr! Die Frömmigkeit im Geiste P. Arnold Janssens, 1933. — K. H. Peschke, Verehren wir Maria zu Recht als Braut des Hl. Geistes?, In: Verbum svd 2 (1960) 21–34. — Ders., Was sagt uns der Titel »Braut des Hl. Geistes«?, ebd. 345–354. — F. Bornemann, Arnold Janssen der Gründer des Steyler Missionswerkes 1837–1909, 1969. — R. Pöhl, Der Missionar zwischen Ordensleben und missionarischem Auftrag: Untersuchung zur missionarischen Zielvorstellung und zur spirituellen Pluriformität der Gesellschaft des Göttlichen Wortes (SVD), 1977. — P. McHugh, Die Spiritualität unserer Gesellschaft: eine theol. Würdigung, 1980. — E. Pitterle, Die Spiritualität des Priesters im Leben und den Schriften des Johannes Janssen SVD (1853–1898), 1980. *H. Rzepkowski*

Stichfolgen. Bis heute gibt es keine erschöpfende Behandlung der überreichen und ausufernden Stichproduktion Augsburger Kupferstecher und Verleger, lediglich einige wenige monographische Arbeiten sind zum Abschluß gekommen (vgl. Seitz 128). Aus diesen Gründen ist es schwer, sich den Überblick über marian. Zyklen Augsburger Stecher zu verschaffen, zumal diverse graphische Sammlungen noch immer keine ikonographische Erschließung erfahren haben. Zwar sind oftmals Einzelblätter marian. Thematik bekannt geworden, ohne daß jedoch ihr einstiger Konnex herausgearbeitet wurde. Nur gelegentlich geben im Blatt eingeschriebene Nummern Hinweise auf zyklischen Kontext, so v. a. bei den Stechern Johann Wolfgang Baumgartner (1712–61) und Johann Georg Bergmüller (1688–1762), bei den Gebrüdern Klauber, bei Gottfried Bernhard →Göz (Götz) und Johann Daniel Hertz. Nicht immer haben die einzelnen Folgen geschlossene Publikation erfahren, wie etwa die seltene Edition der Lauretanischen Litanei unter Abt Georg Grill (1616–38) von Wilhering 1636 (bei Johannis Paltauff in Linz/Donau) als »Asma Poeticum, Litaniarum Lauretanarum« mit insgesamt 57 kleinformatigen (9×6 cm) Radierungen eines unbekannten Stechers. Auch die →Lauretanische Litanei der Gebrüder Klauber — Joseph Sebastian (ca. 1700–68) und Johann Baptist (1712–ca. 87) — hat im Dekan Franz Xaver Dornn von Friedberg bei Augsburg einen Exegeten gefunden, und 1750 wurde bei Matthaeus Rieger in Augsburg erstmals die »Litaniae Lauretanae ad beatae Virginis Mariae honorem …« herausgebracht, 1771 in dritter Auflage, mit insgesamt 57 Kupferstichen. Die dt. Übersetzung erschien 1763 bei Johann Baptist Burckhart zu Augsburg als »Lauretanische Litaney so zu Lob, und Ehr der Ohne Mackel empfangenen, von aller Sünd befreyten, Unbefleckten Jungfrauen, und Glorwürdigsten Himmels-Königin Mariae«. Klaubers Stiche zeichnen sich durch bes. bibelbezogenen Reichtum und typologische Vielfalt aus, die auf lange exegetische Tradition zurückblicken können.

Johann Daniel Hertz d. J. (1720–93) ist Stecher einer Folge (13,6 × 8,6 cm) »Familia Sacra« von vignettenhaftem Charakter. Auch hier spielen Schrifttexte über die Exegese hinaus eine kompositionelle Rolle. Blatt 9 dieser Folge zählt zur Hl. Familie, die durch die Drei Könige, die durch die Jahreszahl »175.« zwischen CBM eine Datierungshilfe geben und den Zyklus nach 1750 ansetzen lassen. Zugehörig sind Joachim und Anna, Zacharias, Elisabeth und Johannes der Täufer.

Ignatius Wilhelm Verhelst (1729–92) liefert zu einer Herz-Jesu-Litanei Klaubers einen Stich (14,3 × 8,8 cm) mit Cor Jesu et Mariae im Zusammenhang mit der Hl.-Blut-Reliquie von Weingarten inmitten der Herzen Me und Jesu; ähnlich dazu ein Klauber-Blatt (15 × 9,2 cm) nach Gen 39 »Der Herr ist gewesen mit Joseph«, das 14 um das Herz Josephs gruppierte Josephsszenen in Rocaillekartuschen bringt. Strenggenommen gehört es nicht zur 10-blättrigen Kupferstichfolge Klaubers (15,1 × 9,5 cm) mit der Vita Josephi »Vitae Historia S. Josephi Christi Domini Deique Nostri Nutritii, ac B. Mariae Virginis Sponsi Virginei Iconibus Illustrata« im Titelkupfer. Der Zyklus enthält den Stammbaum Josephs, Ms Vermählung, den Zweifel Josephs, Christi Geburt, den Traum Josephs zur Flucht, die Wiederauffindung Jesu im Tempel, die Hl. Familie, Josephs Tod und Glorie. Durch die Blattnummer 206 (15,1 × 9,2 cm) weist sich der Stich mit der Darstellung Josephs als Protektor Pekings und der Chinamission der Jesuiten (datiert 1746–54) als gesondertes Blatt aus, welches vermutlich keinem Zyklus zugehörig, aber von großer Seltenheit ist.

Emblematischer Charakter kennzeichnet eine anonyme Stichfolge (13 × 8,5 cm) mit den Namen Jesus – M – Joseph, wobei auf 19 Blatt jeder einzelne Buchstabe als Emblemikon behandelt ist (bis zur Nummer 85 durchnumeriert); obwohl zur Illustration eines Betrachtungstextes vorgesehen, blieb die Serie entweder ungedruckt oder isoliert als Abbildungsfolge.

Ob Klauber auch eine Stichfolge mit marian. Festen gestochen hat, muß offen bleiben; immerhin kennt man ein Blatt (15 x 9,2 cm) Klaubers zu »Dom. 1. Sept.« mit »S. Maria de Consolatione« nach der Vorlage Johann Anwanders (1715-70), der Ⓜ als Fürbitterin der Armen Seelen zeigt, also auf eine Ⓜbruderschaft Bezug nimmt. Dieses Blatt dürfte auch in keinem Zusammenhang mit den übrigen Gnadenbildstichen Klaubers stehen, die ebenfalls als Einzelblätter angesehen werden müssen: Gnadenbilder von Kloster Andechs, Czenstochau, Graz (Maria Hilf), Genazzano, Mannendorf (Dolorosa), Olmütz, Eldern bei Ottobeuren (nach M. Kuen), Niederscheyern bei Pfaffenhofen, Telgte, Salzburg-Maria Plain, Dürrnberg bei Hallein, Rotschwaig bei Dachau (nach J.G. Dieffenbrunner), Mazenhofen (nach P. Denzel, 1749), die Pietà von Maria Weissenstein/Südtirol und Kirchenthal (nach P.A. Lorenzoni). Als marian. Kongregationsblätter gelten die ULF Verkündigung von Eichstätt (nach J.M. Franz, 1768), von S. Ⓜ de Victoria (nach J.P. Federhauser) von Ingolstadt, ULF zu Landsberg/Lech, ein Ablaßzettel mit dem Gnadenbild von Mariazell/Steiermark und (1801) von der Erzbruderschaft der 14 Nothelfer (nach M.H. Fuchs) in Köln. Klaubers Gnadenbildstiche strebten damit keine flächendeckende Wirkung an, wie sie z.B. Wilhelm →Gumppenberg SJ in seinem Werk »Marianischer Atlas«, Ingolstadt 1657, vorgesehen hatte. Neben einer 15-blättrigen Folge mit den Geheimnissen des freudenreichen, schmerzhaften und glorreichen Rosenkranzes (15,1 x 9,4 cm) in zarter blütenbesetzter Rocaillerahmung stach Klauber auch den marian. Lobgesang (15,1 x 9,4 cm) des →Magnificats in 11 einzeln durchnumerierten Kupferstichen mit dem Titelblatt »Canticum Marianum« über der Heimsuchungsszene unter der Assistenz der 4 Erdteile. Den Titeltexten nach Lk 1 werden Psalmtexte kompiliert, um so eine typologische Note beizubehalten, wobei die Einzelszene unter Einbindung atl. Vorbilder in anagogischer Reihung in 3 Unterthemen Aufteilung findet.

Im Anschluß an den Vater-Unser-Zyklus mit 8 Szenen schildert Klauber unter Verwendung eines eigenen Titelblattes (14,8 x 9,2 cm) »Salutate Mariam« in einer 4-blättrigen Folge das Ave Maria unter Einbindung atl. Exempla für Ⓜ und ihre Mittlerrolle bei ihrem Sohn, wobei zur Erschließung der teilweise sehr ausgefallenen →Typologie eine reiche Textauswahl beigegeben ist. Auch hier ist das Blatt in mehrere Nebenszenen gegliedert, doch dominiert das ntl. Exempel.

Einem abschließenden Apostelzyklus fügt Klauber nach Blatt 1 mit Christus, dem »Princeps Pastorum« die »Regina Apostolorum« als Ⓜ Himmelskönigin und Immaculata (15,1 x 9,4 cm) bei. Die Vielfalt der Themen auch über marian. Zyklen hinaus läßt die Vermutung zu, daß die Blätter für ein didaktisch-mnemotechnisches Opus geplant waren — etwa wie in einem Catechismus Romanus behandelt — und bei Martin Engelbrecht (1684-1756) ähnlich vorliegend. Leider sind kaum Verlegerkataloge erhalten, ausgenommen der »Novus Catalogus Imaginum...« von 1770 der Klauberschen Offizin.

Lit.: O. Großwald, Der Kupferstich des 12. Jh.s in Augsburg und Nürnberg, 1912., — F. Schott, Der Augsburger Kupferstecher und Kunstverleger Martin Engelbrecht und seine Nachfolger, 1924. — M. Lanckoronska, Die Augsburger Druckgraphik des 17. und 18. Jh.s, In: Augusta Vindelicorum 955-1955, 1955. — H. Niedermeier, Der Augsburger Kupferstich, In: Kunst- und Antiquitäten-Rundschau 45 (1973) Nr. 6, 112 (Nr. 31). — G. M. Lechner, Maria Gravida, 1981. — W. Seitz, The Engraving Trade in Seventeenth- and Eighteenth-Century Augsburg: a Checklist, In: Print Quarterly 3 (1986) Nr. 2, 116-128. — H. H. Groer, Die Rufe von Loreto, 1987. — P. Gundelsheimer, Studien zu Johann Wolfgang Baumgartner als Vorlagenzeichner für Kupferstichserien, Magisterarbeit, Bamberg 1994. — Thieme-Becker XX 411-414. *G. M. Lechner*

Stieglitz (Distelfink, Carduelis carduelis). Die Bezeichnung »Distelfink« spielt auf die bevorzugte Nahrung des kleinen, auffällig gefärbten Vogels an, der bes. die Samen von Korbblütlern wie Disteln (lat.: carduus) zu sich nimmt. Der Name »Stieglitz« entstand vermutlich, wie es auch in der dt. Übersetzung des Vogelbuches von Conrad Geßner (1557) heißt, durch eine lautmalerische Nachahmung des Rufes. Dialektnamen wie Goldfink oder Rotvogel, oder die anderssprachigen Volksnamen, etwa das ital. cardellino oder das franz. chardonneret beziehen sich auf die Distelnahrung oder die Färbung des Gefieders.

Der S. ist in der europäischen Buch- und Tafelmalerei des MA und der frühen Neuzeit der wohl am häufigsten dargestellte Singvogel überhaupt. In der Tafelmalerei erscheint er in Darstellungen der thronenden und stillenden Madonna oder der GM in einer Laube, einem Gärtchen oder auf einer Rasenbank. Auch in erweiterten Figurengruppen mit mariol. Ausrichtung gibt es den S. in den Gruppen der hl. Anna Selbdritt und der Hl. Sippe, in der mystischen Verlobung der hl. Katharina, der Madonna mit Kind, Heiligen, Engeln oder dem Johannesknaben. Der S. findet sich ebenfalls, wenn auch in weit geringerer Zahl, auf Darstellungen zur Kindheitsgeschichte Jesu, z.B. auf Geburtsdarstellungen, in wenigen Fällen auf Passionsdarstellungen. Der Schwerpunkt der Bildaussage liegt dann nicht mehr auf Ⓜ, obwohl sie auch da noch zur zentralen Bildaussage gehört. Auf den Madonnentafeln kann ein einzelner S. oder ein Pärchen in seiner Plazierung deutlich auf Ⓜ oder das Kind bezogen sein, er kann aber auch als Teil einer Vogelschar Gärtchen oder Lauben bevölkern. Der Schwerpunkt der Tafelbilder liegt im Zeitraum zwischen der Mitte des 14. Jh.s und der ersten Hälfte des 16. Jh.s

In der Forschung ist es nicht klar, wo das Motiv der Madonna mit dem Kind und dem Vögelchen ursprünglich konzipiert wurde. Sehr frühe Beispiele finden sich jedoch in der ital. und böhmischen Tafelmalerei (Madonna von

Veveři vom Meister des Hohenfurther Altars, Prag, Nat. Mus., vor 1350). Das Motiv existiert aber auch auf franz., span. und dt. Tafeln. In der Buchmalerei, wo der S. bereits zu Ende des 13. Jh.s auf Randleisten auftaucht, fehlt die so bes. enge Zuordnung zu mariol. Themen wie in der Tafelmalerei. Dennoch gibt es auffällig beziehungsreiche Plazierungen des S.' innerhalb der Buchillustration, die er allerdings auch mit anderen, auffällig rot oder goldgelb gefärbten Singvögeln teilen kann. So wird in dem Stundenbuch des Etienne Chevalier (Frankreich, Brit. Library, Anfang 15. Jh.) der S. direkt unterhalb einer Initiale der GM gesetzt, wobei der Text mit dem Schmuckbuchstaben zu einer Miniatur mit der Verkündigung an M gehört. Eine ebenso beziehungsreiche Plazierung hat der Vogel in der Schmuckleiste zum Stundengebet der Sext im Moffizium im Stundenbuch der Johanna v. Navarra (Paris, Nat. Bibl.). Miniator war Jean le Noir, der das Stundenbuch in Paris nach 1336 illustrierte. Die Madonna mit dem Kind und einem Vögelchen war auch ein beliebtes Gestaltungsthema der Plastik im 15. und 16. Jh. Die Identifizierung des Vogels kann aber wegen der fehlenden Gefiederfärbung nur in Analogie zu den Tafeln vorgeschlagen werden. Auch in der ma. Textilkunst findet sich der S. auf die berühmten Wirkteppichen mit der Einhornjagd (New York, The Cloisters; Paris, Musée de Cluny), auf gestickten Tüchern und gewebten Wandbehängen, die vorzugsweise den → Hortus conclusus darstellen. Für eine mögliche sinnbildhafte Bedeutung des Vogels im mariol. Themenkreis kann also allgemein von einem hohen Bekanntheitsgrad und vermutlich von einer reichen Folklore ausgegangen werden.

Die den Tafeln zeitgleiche oder wenig vorausgehende theol. und profane Lit. bietet viele Belegstellen für die Bedeutung kleiner Singvögel allgemein, ohne Nennung der spezifischen Gattung, aber auch für einzeln benannte Vogelarten, wie den Distelfink. Kleine Singvögel waren, nach den Texten zu schließen, häufig Gegenstand der Beobachtung, der lehrhaften Auslegung für Glaubensinhalte, des Aberglaubens, der Volksmedizin und der Sprachanalogien für unterschiedliche Begebenheiten. Der Vogel kann Anspielung auf die menschliche Seele in ihrer Opposition zum Körper sein oder ist Sinnbild einer erotischen oder einer spirituellen Beziehung. Der Gesang wird als Gotteslob ausgelegt oder als Ankündigung von Jahres-, Tages- oder gar Todeszeiten. In der Lit. dokumentiert ist der Glauben, aus dem Flug der Vögel Glück oder Schicksal prophezeit zu bekommen. Auch Charaktervergleiche, tugendhaftes oder falsches Verhalten werden mit Analogien aus der Vogelwelt beschrieben. Anders als heute, muß im MA und in der frühen Neuzeit mit einer reichen und detaillierten Naturbeobachtung und -erfahrung gerechnet werden, die die ständige Neigung zum anschaulichen Sprachvergleich aus der Tierwelt erklären kann.

Des weiteren ist zu bedenken, daß ein kleiner Singvogel, am Faden angebunden, seit alters her ein beliebtes Kinderspielzeug war. Das Tierchen wurde durch Füttern aus einem kleinen Körnersack gezähmt und ist auf Kinderporträts des späten MA, der Renaissance und der Barockzeit ein deutliches Attribut der Säuglinge und Kleinkinder. Solche Spielzeugvögelchen sind mehrheitlich Distelfinken, es können auch Schwalben, Zeisige, Grünfinken, Seidenschwänze oder nicht näher zu bestimmende Gattungen sein. Als Attribut der Kindheit sind sie vornehmlich zu werten, wenn der Vogel am Faden angebunden ist und als zahmer Spielgefährte erscheint (z.B. Anna Selbdritt mit der Stifterfamilie Tänzl vom Meister der Habsburger Ahnentafel, Innsbruck, 1504: das Jesuskind hält auf der einen Hand den Vogel und in der anderen das Futtersäckchen). In der Mehrzahl der ma. Tafelbilder hält jedoch das Jesuskind den Vogel, der meist ein S. ist, fast zusammengedrückt in der Hand, berührt ihn sogar mit den Lippen oder hält ihn an die Brust. Außerdem kann er an bes. signifikanter Stelle erscheinen, z.B. an einer Traube oder Ähre pickend. Auf Michael Wolgemuts Tafel mit der hl. Anna Selbdritt (Nürnberg, Germ. Nat. Mus., um 1510) sitzt er, der hl. Gruppe zugewandt, direkt neben einer tiefblauen Irisblüte. Auf Cosmé → Turas Madonna dello Zodiaco findet sich über dem Kopf Ms eine Weinranke, rechts und links davon hängen an zwei Weintrauben ein S. und ein Mauerläufer, der ebenfalls durch eine intensive Gefiederfärbung ausgezeichnet ist (Venedig, Academia, um 1470). Solch ein Bildkonzept geht über die Darstellung eines aus dem Alltagsleben mit Kindern vertrauten Umgangs mit Vögeln hinaus und läßt auf sinnbildhafte Bedeutung schließen.

Namentlich genannt wird der S. in der großen Enzyklopädie des Albertus Magnus »De animalibus libri XXVI« und in dem »Buch der Natur« des Regensburger Klerikers → Konrad v. Megenberg, der die Naturgeschichte des Thomas v. Cantimpre 1349–50 aus dem Lat. übertragen hatte. Konrads Text zeigt bes. deutlich, wie Naturbeobachtung und christl. Auslegung untrennbar miteinander verbunden sind: »Carduelis haizt ain stiglitz. das ist ain klainr vogel, sam Isidorus spricht, der nert sich von den disteln, und daz ist ain groz Wunder, daz der vogel so wol singt und daz er doch gespeiset wirt von den scharpfen stichelingen der disteln. da pei verste die guoten lerer auf ertreich, die vil leidens habent und doch in den dornen diser werlt froelich got dienent. ach got, die waist wol, was dein stiglitz singent, die waist auch ir haimlech dornezzen wol: du hast selber gesungen auf erden unz in den pittern tot ...«

Der S. wird auch genannt in belehrenden und auslegenden Traktaten oder Sinngedichten für Ordensleute, die oft in einfachen, naiven Sprachbildern volkstümliche Erzählmuster aufgreifen.

In der theol. und profanen Lit. ist der Vogel nicht eindeutig oder gar ausschließlich auf M und das Jesuskind bezogen. Er wird vielmehr, in Auslegung seines Verhaltens, seiner Gefiederfarben, seiner Stimme auf allgemeine christl. Tugenden wie Reinheit, Gerechtigkeit, Einfachheit oder Liebe hin ausgedeutet, die allerdings in ihrer höchsten Ausprägung der GM zugewiesen sind. In der emblematischen Lit., die das Wissen der antiken Autoren wie Plinius, Aelian oder Aristoteles in knappe und illustrierte Sinngedichte faßt, steht der S., dort Acanthis genannt, im Zusammenhang mit Mahnungen zu Tugendhaftigkeit, zur Genügsamkeit und Achtung auch der scheinbar Geringen.

Mit der populären Gestalt des S. ist auch noch ein weiterer Zusammenhang herzustellen zwischen Text, Bild, ma. Lebenswelt und Frömmigkeitsübung.

Seine bevorzugte Nahrung, Distelsamen, stammt von einer Pflanzengattung, deren eine Unterart, Silybum marianum, unter ihrem Volksnamen Mdistel als Heilpflanze benützt wurde. Disteln wurden als Mittel gegen Kinderkrankheiten und auch gegen die Pest verwendet. Da mit der ersten Seuchenwelle 1349/50 eine noch nie dagewesene Bedrohung der Bevölkerung gegeben war, darf angenommen werden, daß der S. seine Darstellung auf Votivtafeln mit der Madonna mit dem Kind (und eventuell mit den Stiftern) dem medizinischen Gebrauch der Distel verdankt, die bei → Hildegard v. Bingen Wehedistel heißt. Die Verbindung zwischen der Heilerfunktion des Vögelchens und den Mtafeln wird unterstützt durch einen weit verbreiteten Volksglauben (nach HWDA), daß der S. Lungenkrankheiten auf sich ziehen könne, wenn er ins Zimmer des Patienten gebracht wurde. Hier liegt eine Bedeutungsparallele vor zu der heilenden und weissagenden Funktion des Vogels → Charadrius. Ein weiterer Hinweis für das Auftauchen des S.' in der Gruppe der Madonna mit dem Kind und dem Vogel wird von Friedman in einer volkstümlichen Wortverwechslung gesehen. Das Jesuskind auf dem Arm der thronenden Madonna oder auf Ikonen der Ostkirche wird mit einer Schriftrolle in der Hand gezeigt (ital. cartellino). In einer Zeit der Not, wie zu Pestzeiten, lag es nahe, dem Jesuskind ein anderes, aber ähnlich genanntes Attribut (cardellino = Distelfink) in die Hand zu geben, das die besonderen Wünsche um Heilung, Rettung, Fortbestand des Geschlechts besser auszudrücken vermochte. Außerdem war ja die Gestalt des S.' bekannt aus dem oben genannten Spektrum von Sinnbeziehungen. Die Distel selbst aus der Verfluchung Adams (Gen 3,17–19) bekannt, taucht auch in Tafelbildern mit mariol. und christol. Themen auf.

Das häufige Auftauchen des Vogels auf dt. Tafeln mit der hl. Anna Selbdritt (mit oder ohne Stifter) oder der Hl. Sippe legt auch noch einen anderen Sinnaspekt nahe. Die Blütezeit des An-

nenkultes war das 15. und 16. Jh. Anna als Mutter Ms, der Legende nach lange unfruchtbar, ist als mütterliche Heilige vielfach Beschützerin der Armen und sozial Schlechtgestellten. Sie wird aber auch verehrt von Familien mit all den Problemen der Sicherung der Generationenfolge, der Kinder- und Müttersterblichkeit und der Segenswünsche für ein junges Paar anläßlich seiner Hochzeit. So zeigt der Familienaltar des Friedrich Herlin von 1488 (Nördlingen, Stadtmus.) einen schönen S.

Für die weniger zahlreichen Darstellungen des S.' im Zusammenhang mit der Geburt Christi, der Anbetung der Könige oder der Flucht nach Ägypten ist, durch die chronologische Ordnung der Darstellungen, zu schließen, daß das Repertoire häufig gemalter Vögelchen aus der Buchmalerei und den frühen Mtafeln übernommen wurde. Dabei erscheint der S. am häufigsten neben verschiedenen Meisenarten und Rotkehlchen, Dompfaff, Hänfling, Sperling, Pirol oder Nachtigall (z. B. auf dem ehemaligen Hochaltar der Wiener Schottenkirche von 1469 finden sich auf der Anbetung der Könige Kohl- und Schwanzmeise und ein S. auf dem Gemäuer des Stalles). Eine sinnbildhafte Bedeutung ist dann nicht unbedingt anzunehmen, liegt aber nahe, da M und das Kind im Zentrum des Bildinhaltes und der Komposition stehen und die verschiedenen Bedeutungsaspekte des Vogels im mariol. Sinnbereich als bekannt vorausgesetzt werden dürfen.

Eindeutig christol. bezogen erscheint der Vogel auf einigen böhmischen Tafelbildern zur Passion (z.B. Altar von Hohenfurth, ca. 1350; Wittingau, Prag, Nat. Galerie, ca. 1380).

Lit.: H. Friedman, The symbolic Goldfinch, 1946. — F. Klingender, Animals in Art und Thought to the End of the Middle Ages, 1971. — B. Yapp, Birds in medieval Manuscripts, 1981. — G. Roth-Bojadzhiev, Studien zur Bedeutung der Vögel in der ma. Tafelmalerei, 1985. — E. und L. Gattiker, Die Vögel im Volksglauben, 1989
G. Roth-Bojadzhiev

Stiftungen sind Widmungen, bei welchen ein Vermögen dauernd einem bestimmten Zweck dienstbar gemacht wird. Unter S. werden aber auch die daraus entstehenden Einrichtungen verstanden. Wer über sein Vermögen frei zu bestimmen vermag, kann es frommen Zwecken zuwenden, sowohl durch Verfügung unter Lebenden als auch von Todes wegen. Die Willensverfügungen von Gläubigen, die zu frommen Zwecken Schenkungen vollziehen oder nach ihrem Tode hinterlassen (Testament) und die rechtsgültig angenommen wurden, sind mit großer Sorgfalt treu zu erfüllen. Dies betrifft sowohl die Verwaltung als auch die Verwendung des Vermögens (Stiftungszweck).

Im kirchlichen Recht wird unterschieden zwischen selbständigen und unselbständigen frommen S. Selbständige, von der krichlichen Autorität als juristische Personen errichtet, sind als Gesamtheit von Personen und Sachen auf ein Ziel hin geordnet, das mit der Sendung der Kirche übereinstimmt: Werke der Frömmigkeit, des Apostolates oder der Caritas. Wenn Erträge einer S. z. B. bestimmten Personen mit Seelsorgepflicht zugewendet werden, spricht man von einem Benefizium (= kirchliches Amt). Dieses ist mit einer nutzungsfähigen Vermögensmasse ausgestattet, das mit seinen Erträgen den Inhaber unterhält. Bei unselbständigen frommen S. (piae fundationes) ist ein Vermögen einer öffentlichen juristischen Person übergeben worden mit der Auflage, aus den Erträgnissen für längere Zeit Messen zu feiern, bestimmte kirchliche Aufgaben zu fördern oder bestimmte Zwecke (z. B. caritative) zu verfolgen. Für die Annahme einer unselbständigen S. bedarf es der Erlaubnis des Ordinarius. Dieser muß sich vergewissern, daß die betreffende juristische Person die neuen Lasten übernehmen kann, ohne ihre sonstigen Verpflichtungen zu vernachlässigen. In Geschichte und Gegenwart gibt es S. aller Art, die direkt oder indirekt der Förderung der MV gewidmet sind.

Lit.: CIC/83 cc. 1299–1310: Fromme Verfügungen im allgemeinen sowie fromme S. — J. Listl u. a. (Hrsg.), Handbuch des kath. Kirchenrechts, 1983, 885–888. — LThK² II 196–200; IX 1077 f. *M. D. Klersy*

Stimmer, Tobias, Schweizer Zeichner, Maler, Formschneider und Dichter, * 17.4.1539 in Schaffhausen, †14.1.1584 in Straßburg. Über seine Ausbildung ist nichts bekannt. Seine frühesten bekannten Werke sind die sechs Scheibenrisse mit Darstellungen von Gewerben (z. B. des Soldatenstandes durch eine Schlachtenszene, Berlin, Kupferstichkabinett, 1558). Nur noch wenige Gemälde von seiner Hand sind erhalten: außer sechs Porträts (Doppelbildnis des J. Schwytzer und seiner Frau, Basel, Kunstmus., 1564; die übrigen vier im Mus. Allerheiligen in Schaffhausen) die Bemalung des Gehäuses der astronomischen Uhr im Münster zu Straßburg (1571–74), wo er seit 1568 lebte. Dort schuf er u. a. für Buchdrucker und Verleger mehrere Holzschnittserien: Illustrationen zu Livius' »Röm. Geschichte« (1574), zu Flavius Josephus' »Jüdischer Geschichte« (1574). Acht der elf Holzschnitte zu Petrus Canisius' »Commentarii de verbis dei« (1584), die außer Szenen der Vita Christi auch die Verkündigung, Heimsuchung, die Pietà, die Krönung ℳs und ℳ im Strahlenkranz zeigen, stammen von ihm. Sein bekanntestes Werk aber sind die 169 Bilder zur Bibel (»Neue Künstliche Figuren Biblischer Historien«), die 1576 in Basel gedruckt wurden. Die 135 Szenen zum AT und 34 zum NT, deren Stil spannungsreicher als der des Vorbildes (Holbeins d. J. »Icones« von 1538) ist, werden von architektonisch und figural gestalteten Holzschnittrahmen eingefaßt. Merksätze moralisierenden Charakters über jedem Bild interpretieren kurz, die Verse Johann Fischarts darunter legen den Inhalt aus und lassen die didaktische Aufgabe der Bilderbibel S.s erkennen. Die von ihm illustrierten Flugblätter haben z. T. antiklerikalen Inhalt, z. B. »Der Gorgonisch Meduse Kopf« (1577), ein satirisches Bildnis des Papstes.

Lit.: A. Stolberg, T. S., Straßburg 1901. — M. Barnass, Die Bibelillustration des T.S., Diss., Heidelberg 1932. — F. Thöne, T. S. — Handzeichnungen, 1936. — M. Bendel, T.S. Leben und Werk, 1940. — W. L. Strauss, The German Single-Leaf-Woodcut 1550–1600, III, 1975, 984 ff. — Ausst.-Kat., T.S. Spätrenaissance am Oberrhein, Basel 1984. — J. S. Peters, German Masters of the 16th Century, 1988, 45 ff. *K. Falkenau*

Stirpe, Maria, regia. Sequenz des → Notker Balbulus

Stivori, Francesco, * um 1550 in Venedig, † 1605 vermutlich in Graz, Komponist, war ab 1579 als Organist in Montagnana bei Padua tätig, etwa um 1602 stand er in den Diensten Ferdinands von Österreich. Seine Madrigale und Instrumentalwerke zeigen nahe Verwandtschaft zu A. Gabrieli. S. bevorzugt die mehrchörige Tradition mit einfachen Harmonien und dynamischen Rhythmen. Zu seine Werken zählen u. a. 3 Vertonungen des Magnifikat (für 12, 15 und 16 Stimmen) sowie »In Sanctissimae Virginis Mariae Canticum Modulationes super omnes tonos«.

Lit.: H. Federhofer, Musikpflege und Musiker am Grazer Habsburgerhof der Erzherzöge Karl und Ferdinand, 1967. — MGG XII 1362. — Grove XVIII 147. *E. Löwe*

Stöckl (Stöcklin), Ulrich (Udalricus Wessofontanus), OSB, * um 1360 in Rottach, † 6.5.1443. Als Geschäftsträger der Diözese Freising berichtete S. in 46 Briefen, die seine konziliare Einstellung zeigen, über die Basler Kirchenversammlung — hier wurde u. a. das Dogma von der UE verkündet. Er war kurze Zeit Prior in → Tegernsee, ehe er 1438 die Aufgabe übernahm, als Abt von → Wessobrunn die Verhältnisse dieses Klosters zu bessern. Dreves erschloß in ihm den Autor einer Reihe rel. Dichtungen, die durch gemeinsame Züge gekennzeichnet sind — Klagen über die Beschwerden des Alters und die Mühen des Dichtens, viele eigenwillige Wortbildungen, aber auch Reimfreudigkeit und vorzügliche Form. Sie waren z. T. unter dem Namen eines Anselmus oder eines frater Quisutis verborgen. Die meist sehr umfangreichen Gedichte, die den Einfluß → Konrads v. Heimburg (→ Mystik) zeigen, wurden von Dreves als 6. und als 38. Band der Analecta hymnica mit einem Anhang von Melodien veröffentlicht. Darunter finden sich viele ℳdichtungen: Gruß- und Preishymnen, Gebete, Stundenlieder, Rosarien, häufig in der Form von Glossenliedern. → Akrostichen oder → Abecedaren, u. a. mehrfach über das Ave Maria. Unter den Strophenformen ist die Vagantenstrophe (in reichen gereimten Formen), eine Zehnsilberstrophe und eine Zwölfsilberstrophe mit daktylischem Rhythmus bevorzugt; in dieser ist auch eine ℳvision geschildert, die dem alten und ermüdeten Dichter zuteil wurde, als er das »Centinomium« verfaßte, eine Dichtung über hundert Namen ℳe: »Resumptis igitur paulisper viribus Atque officiis matutinalibus Completis redii in cellam protinus, Heramque reperi stantem prae foribus.« Von den 17 Reimpsalterien sind acht der GM gewidmet (→ Psalter).

Lit.: AHMA 6, 5–14; 38,5–8. — Dreves-Blume I 458. — Szövérffy II 313. — LThK² IX 1086. *G. Bernt*

Stollenwerk, Maria (Anna Helena), *28.11. 1852 in Rollesbroich, Gemeinde Simmerath, †3.2.1900 in Steyl, kam 1882 nach Steyl, in der Hoffnung, dort Missionsschwester werden zu können. Am 8.12.1889 nahm unter der Leitung Arnold →Janssens die Missionskongregation der Dienerinnen des Hl. Geistes, Steyler Missionsschwestern, als deren Mitbegründerin Mutter Maria S. gilt, ihren Anfang. Sie wirkte zunächst als Oberin, bis sie auf des Gründers Wunsch hin in die Klausurabteilung übertrat, aus der sich später die Kongregation der Steyler Anbetungsschwestern entwickelte. Zu ihr gehörten 1992 ca. 400 Schwestern. S. starb noch vor Beendigung des Noviziates. 1950 wurde das bischöfliche Informativverfahren eingeleitet. Am 14.5.1991 erklärte Papst Johannes Paul II. die Heroizität ihrer Tugenden.

Mutter Marias Eifer galt in erster Linie der Förderung der Hl.-Geist-Verehrung. Sie hatte aber auch eine große Liebe und Verehrung zu ⋔. Den ersten Schwestern vertraute sie an, daß ihre Mutter sie schon vor ihrer Geburt der Muttergottes von →Kevelaer geweiht habe. Sie war überzeugt, daß das ihr Leben mitbestimmt hat. Die Wallfahrt nach Kevelaer mit den Pfarrangehörigen gehörte zu den Selbstverständlichkeiten ihrer Jugendzeit. Besuchte sie Steyl, so führte ihr Weg auch über Kevelaer. Aus ihrer Berufsgeschichte ist zu ersehen, daß sie auch sonst viel zu ⋔ in diesem Anliegen betete. In ihrer Pfarrei Simmerath wurde ⋔ bes. unter dem Titel der Immerwährenden Hilfe verehrt, der sie am Eintrittstag noch einmal ihre Lieben empfahl. Sie freute sich sehr, daß ihr der Gründer A. Janssen am Einkleidungstag den Namen »Maria« gab. Sie verband damit den Wunsch, daß ⋔ es als einen Gruß ansehen wollte, so oft sie mit ihrem Namen genannt würde. Sie trug ferner das hellblaue Ordenskleid und den weißen Schleier, die A. Janssen gewählt hatte, um die Schwestern an die Demut und Reinheit ⋔s zu erinnern, sehr bewußt in diesem Sinne. Es bedeutete ihr eine große Freude, daß der ⋔altar nach der Einkleidung eine Woche lang festlich geschmückt sein durfte. Wie sie ihre Angehörigen dem Schutze ⋔s empfahl, so pflegte sie als Oberin jeden Morgen die Schwestern und deren Wirksamkeit dem Schutze ⋔s anzuvertrauen. Sie bat ⋔, die Mutter und Oberin der Schwestern zu sein und ihr den Hl. Geist zu erflehen, damit sie alle gut leite. Mai und Oktober wurden durch bes. feierliche Andachten ausgezeichnet. Im Mai wurde den Schwestern darüber hinaus auch noch etwas freie Zeit zum Verweilen bei ⋔ zugestanden. Sie faßte den Vorsatz, Gott täglich die Verdienste ⋔s aufzuopfern. Zu den Selbstverständlichkeiten ihres klösterlichen Alltags gehörte auch, daß während jener Arbeiten, die es zuließen, mehrmals am Tag der Rosenkranz gebetet wurde. Für das Rosenkranzgebet und den Eintritt in die Rosenkranzbruderschaft eiferte sie sich auch brieflich in ihrer Heimat. A. Janssen gegenüber äußerte sie sich einmal, daß ihr liebstes ⋔bild die Jungfrau sei, die das Göttliche Wort empfangen habe und mit und in Vereinigung mit ihm ihrer Base Elisabeth zu Hilfe eilte. In diesem Bild spricht sich ihre marian. Haltung aus, die durch den stillen und verborgenen Dienst das Göttliche Wort in die Welt tragen wollte (J. → Stenmanns).

WW: Mutter Maria: Briefe an die Schwestern, 1987. — Aufzeichnungen, 1987. — Berufsgeschichte, 1987. — M. Maria und ihre Familie. Briefe, 1988.
Lit.: A. Volpert, Mutter M.S. und Mutter Josepha Stenmanns, 1920. — O. Stegmaier, Anna Helena S., In: E. Fischer-Holz, Anruf und Antwort II, 1991, 153–176. *O. Stegmaier*

Stoltzer, Thomas, * vermutlich zwischen 1480 und 1485 in Schweidnitz/Schlesien, †1526 in Ofen, wurde um 1519 vicarius discontinuus am Breslauer Domkapitel. Hier dürften auch seine meisten kirchenmusikalischen Kompositionen entstanden sein. Ab 1522 stand er — wohl bis zu seinem Tode — als magister capellae der Hofkapelle Ludwigs von Ungarn vor.

Den Schwerpunkt seines Schaffens bildet die liturg. Musik, darunter Vertonungen des Ordinariums, 5 Bearbeitungen des Magnifikat, Hymnen (u. a. »Ave maris stella«), Responsorien, Psalmen und Motettenzyklen zum Proprium Missae.

Lit.: L. Hoffmann-Erbrecht, T.S.: Leben und Schaffen, 1964. — Ders., »Stoltzeriana«, In: Mf 27 (1974) 18 ff. — MGG XII 1398–1403. — Grove XVIII 170–172. *E. Löwe*

Stoß, Veit, dt. Bildschnitzer, Bildhauer, Maler und Kupferstecher, * um 1447/48 in Horb am Neckar, †um den 20.9.1533 in Nürnberg. Über seine Ausbildung und künstlerische Herkunft gibt es keine gesicherten Erkenntnisse — stilistische Ähnlichkeiten bestehen aber zur Kunst des Oberrheins und Schwabens und es wird eine Ausbildung bei Nikolaus Gerhaert van Leyden vermutet.

Aus seinen frühen Schaffensjahren, die S. in Nürnberg verbrachte, konnten ihm keine Werke gesichert zugeschrieben werden; vielleicht aber stammt von ihm die Figur des Erzengels Michael (Nürnberg, St. Lorenz, vor 1477). S. muß jedoch damals schon bedeutende Werke angefertigt haben, denn 1477 erhielt er den Auftrag für den ⋔altar in der ⋔kirche der dt. Gemeinde zu Krakau, wofür er sein Bürgerrecht in Nürnberg aufgab und nach Krakau übersiedelte, wo er fast 20 Jahre blieb. Die hohen Kosten für den Altar wurden nach der Stiftungsurkunde von 1477 (nur als Abschrift des 17. Jh.s erhalten) durch Spenden der Gemeinde aufgebracht. Er wurde einer der größten der Spätgotik (Höhe 16 m, fast 11 m breit). Sein mariol. Inhalt war durch das Patrozinium der Kirche vorgegeben. Über der Predella mit der Wurzel Jesse (Darstel-

V. Stoß, Hochaltar der Marienkirche in Krakau

lung des Stammbaumes Jesu) erhebt sich der Wandelaltar mit vollplastischen Skulpturen im Mittelschrein und mit zwei beweglichen Innenflügeln sowie zwei feststehenden Außenflügeln, die insgesamt 18 Relieftafeln tragen. Bei geschlossenem Altar (Werktagsseite) sind folgende Szenen sichtbar: Begegnung von Joachim und Anna an der goldenen Pforte, Me Geburt,

Tempelgang ℳe, Darbringung Jesu im Tempel, der zwölfjährige Jesus im Tempel, Gefangennahme, Kreuzigung, Beweinung, Grablegung, Christus in der Vorhölle, die drei Frauen am Grabe und die Erscheinung des Auferstandenen vor Maria Magdalena (Noli me tangere). Diese Relieffolge beginnt also mit Ereignissen des ℳlebens und endet mit jenen nach dem Tode Jesu, wobei die sechs Szenen der beweglichen Flügel dem Bilderkreis der →Sieben Schmerzen ℳe entstammen. Der geöffnete Altar (Festtagsseite) zeigt Verkündigung an ℳ, Geburt Jesu/ Anbetung der Hirten, Anbetung der Könige, Auferstehung Christi, Himmelfahrt Christi und Pfingsten. Diese Folge der Freuden ℳe wird im Mittelschrein vervollständigt durch die überlebensgroße, vollplastische Gruppenszene des ℳtodes und der Aufnahme ℳe in den Himmel. Über ℳ, von einem Apostel (Andreas?) gestützt und von den übrigen Aposteln umgeben, schwebt in einer Strahlenglorie Christus mit der Seele ℳs, und zwar in einer von der Darstellungstradition abweichenden Form. Ist sonst die Seele der GM als kleine Figur im Arm Christi wiedergegeben, so ergreift er hier den Mantel der gleichgroßen Jungfrau und hebt sie mit sich nach oben. In der Mittelachse des Gesprenges vollzieht sich die Krönung ℳs, flankiert von zwei Engeln sowie dem Nationalheiligen Polens, Adalbert v. Gnesen, und dem Stadtpatron Krakaus, Stanislaus. Die Reliefs des 1489 fertiggestellten Altars kennzeichnet eine große Erzähl- und Detailfreude (die Bemalung der Reliefhintergründe suggeriert Räumlichkeit und zeigt realistische Details), wohingegen von den Skulpturen des Mittelschreins eine theatralischfeierliche Stimmung ausgeht.

In der Krakauer ℳkirche befindet sich außerdem ein von S. geschaffenes Kruzifix aus Stein, das um 1490 von dem königlich poln. Münzmeister Heinrich Slacker bestellt wurde. Bedeutend sind auch die von S. in seiner Krakauer Zeit geschaffenen Grabmäler. 1492 entstand das Grabmal des poln. Königs Kasimir IV. Jagiello in der Krakauer Kathedrale. Bes. kunstvoll ist bei diesem Werk aus rotem Marmor der filigrane Baldachin über der mächtigen Figur des Königs. Die Grabplatte für Piotr v. Bnin schuf S. 1493 für den Dom von Włocławek und die des Erzbischofs Zbigniew Oleśnicki 1495 für den Dom zu Gnesen. Ein Bronzeepitaph für den ital. Humanisten Filippo Buonacorsi (genannt Callimachus), der Sekretär Kasimirs IV. Jagiello war, wurde nach S.' Entwurf kurz vor 1500 in Bronze gegossen.

Aus unbekannten Gründen verließ der in Krakau zu Reichtum und Ansehen gekommene S. die Stadt 1496 und kehrte nach Nürnberg zurück, wo er zahlreiche Ausstattungstücke für Kirchen schuf. 1499 erhielt er den Auftrag für die Stiftung des Nürnberger Patriziers Paulus Volckamer im Chor von St. Sebald in Nürnberg, bestehend aus drei Steinreliefs mit den Darstellungen des Abendmahls, Christi am Ölberg und der Gefangennahme sowie den darauf stehenden Eichenholzfiguren des Christus als → Schmerzensmann und der GM als Mater Dolorosa (→Miterlöserin). Nur Vermutungen können zur Funktion der sog. →Hausmadonnen geäußert werden, die S. um 1500 und gegen 1520 schuf. Sowohl jene aus Sandstein vom Nürnberger Weinmarkt als auch jene aus Lindenholz vom Haus in der Wunderburggasse (beide heute Nürnberg, Germ. Nat. Mus.) zeigen die stehende Madonna mit Kind und fanden ihre Aufstellung an Hausecken, wo sie möglicherweise den Vorübergehenden Schutz und Segen bringen sollten.

Dank der Handelsbeziehungen Nürnbergs, bot sich S. zwischen 1500 und 1503 die Gelegenheit, den Altar für den Bürgerchor der Pfarrkirche in Schwaz/Tirol zu schnitzen. Nur noch über schriftliche Dokumente ist das Thema dieses 1630 abgebrochenen Werkes zu erschließen: Tod und Himmelfahrt ℳs. Von der zum Altar gehörenden Kreuzigungsgruppe ist im Innsbrucker Ferdinandeum eine →Schmerzensmutter erhalten geblieben.

Nach einem Prozeß wegen Urkundenfälschung geriet S. 1503 in Gefängnishaft, wurde gebrandmarkt und ihm wurde verboten, Nürnberg zu verlassen. Dennoch flüchtete er nach Münnerstadt, um im Auftrag des Stadtrates den Magdalenen-Altar des Tilman Riemenschneider zu fassen und die Rückseiten der Altarflügel mit der Legende des Frankenapostels Kilian zu bemalen. Diese vier Tafeln sind die einzigen durch Quellen sicher S. zuzuschreibenden Gemälde.

In den folgenden Jahren entstanden nur kleinere Arbeiten, zu sehr beschäftigten S. Prozesse um sein durch Betrug verlorenes Vermögen und zu sehr war sein Ruf geschädigt. Die Kruzifixe im Heiliggeist-Spital zu Nürnberg, (heute, ebd., Germ. Nat. Mus.), in St. Lorenz zu Nürnberg und das sog. Wickelsche Kruzifix (Nürnberg, St. Sebald) stammen aus den Jahren zwischen 1505 und 1520. Unter letzterem stehen Skulpturen der GM und des Johannes, die aber auf Grund ihrer geringeren Größe nicht zum Kreuz gehören dürften.

Ein Zeugnis für die hohe Wertschätzung die S. bei Kaiser Maximilian I. genoß, ist kurz vor 1516 der Auftrag für die Bronzestatue der Zimburgis v. Masowien, der Großmutter Maximilians, für sein späteres Grabmal in der Innsbrucker Hofkirche, doch änderten auch kaiserliche Vermittlungsversuche zwischen S. und dem Rat der Stadt nichts an der schlechten Situation des Künstlers.

Das ikonographisch und formal höchst bemerkenswerte Epitaph für Margret v. Wildenfels in der Stadtkirche in Langenzenn bei Nürnberg hat S. 1513 datiert und monogrammiert. Das der Rundung einer Säule angepaßte flache Relief mit der Darstellung einer Verkündigung an ℳ zeigt das Geschehen in einem Innenraum, der durch eine Säule in zwei Hälften geteilt wird, wofür es ikonographisch keinen Grund zu geben scheint. Links der Säule kniet die andächtige M in frontaler Ansicht, von rechts fliegt der im Verhältnis zu M kleine Erzengel Gabriel schräg in den Raum hinein, was nicht der Bildtradition entspricht (meist kniet oder steht der Engel). Die Stifterin des Reliefs kniet rechts unten und kann durch Wappen identifiziert werden. Ungewöhnlich ist das Verkündigungsthema für ein Epithaphium. Weder dafür, noch für die Besonderheiten der Darstellung konnten überzeugende Vorläufer oder Parallelen gefunden werden.

Erst wieder 1517 konnte S. eine bedeutende Arbeit ausführen, und zwar die sog. Englischen Gruß (→Rosenkranzbilder), der noch heute an seinem ursprünglichen Ort im Chor der Nürnberger Lorenzkirche hängt: Eine überlebensgroße Verkündigungsgruppe wird von einem Rosenkranz umgeben, der sich aus 50 geschnitzten Rosenblüten zusammensetzt. Im Gestus des Erschreckens hält M die rechte Hand vor die Brust, aus ihrer linken fällt das Gebetbuch, auf ihrem Scheitel hat sich in diesem Moment der Verkündigung die Taube des Hl. Geistes niedergelassen. Die Gruppe wird von Engeln umflogen, über dem Rosenkranz ist die Halbfigur Gottvaters über einer Wolke angebracht, von der Strahlen ausgehen, und unter dem Kranz hängt die Schlange mit dem Apfel des Sündenfalls. Zudem besteht das Werk noch aus sieben Medaillons. Fünf davon zeigen Szenen des Lebens Jesu (diese befinden sich auf dem Rosenkranz), die zwei übrigen (Tod Ms und ihre Aufnahme in den Himmel) sind über den Rosen befestigt. Auf deren Rückseiten sind Mond und Sonne gemalt, im Zusammenhang einer Verkündigung bisher nicht erklärte Motive. Die meditative Rosenkranzliteratur des 15. Jh.s wird, neueren Forschungen zufolge, als wahrscheinliche Quelle für S. und seinen Auftraggeber, den Nürnberger Patrizier und Stadtrat Anton Tucher angegeben, bes. die Schrift »Der beschlossen Gart des Rosenkrantz Mariae« des →Adolf v. Essen (Nürnberg 1484).

Einer von S.' Söhnen, Andreas, der Prior des Karmeliterkonvents in Nürnberg geworden war, bestellte 1520 bei seinem Vater den Hochaltar für die Karmeliterkirche der Stadt. Dieser inschriftlich 1523 datierte Altar wurde schon 1543 an die Obere Pfarrkirche zu ULF nach Bamberg verkauft (der Nürnberger Karmeliterkonvent hatte sich mit den hohen Kosten für das Werk übernommen) und ist seit 1937 in nicht mehr vollständigem Zustand im Bamberger Dom aufgestellt. Der Altarschrein hat die Weihnachtsszene zum Thema. In diesem Hochrelief steht in der Mittelachse die Säule an der, den Meditationen des Johannes de Caulibus (Ps.-Bonaventura) zufolge, M sich an sie lehnend, gebar. Die Säule ist zudem der Hinweis auf die Martersäule, an der Christus gegeißelt wurde. Sonne und Mond, die an der Relieftafel angebracht sind, konnten im Zusammenhang mit der Geburt Christi noch nicht gedeutet werden. Nur noch vier der ursprünglich acht Flügelreliefs sind erhalten, doch mit Hilfe der Entwurfszeichnung von 1520 (heute im Besitz der Jagiellonen-Universität Krakau) läßt sich das ursprüngliche Programm zum größten Teil rekonstruieren.

Der nur zu den höchsten Festtagen und den im Anniversarium des Klosters festgehaltenen Gedenktagen geöffnete Altar, zeigte in diesem Zustand die Hochreliefs mit der Verkündigung an M, der Heimsuchung, der Anbetung der Könige und der Darbringung Jesu im Tempel. Welche Reliefs in geschlossenem Zustand zu sehen waren, bleibt unklar; von den Flachreliefs der dann sichtbaren Flügelaußenseiten sind nur die Geburt Ms und die Flucht nach Ägypten erhalten, die zwei verlorenen Szenen könnten die Begegnung an der Goldenen Pforte und den Tempelgang Ms dargestellt haben. Mit den drei atl. Szenen der nicht erhaltenen Predella (Erschaffung Evas, Vertreibung aus dem Paradies und Opferung Isaaks) wurden typologische Bezüge zu teilweise im Altar gezeigten Geschehnissen hergestellt (Geburt Ms, Wiedereröffnung des Paradieses durch die Geburt Jesu und Kreuzigung). Aufsätze der Altarflügel zeigen die Einzelfiguren des Elias, der in der Wüste gespeist wird und eine Speisung der Hl. Familie in der Wüste, sowie über dem Mittelschrein die Himmelfahrt Ms zwischen zwei Apostelgruppen (Fragmente davon erhalten in Bamberg, Erzbischöfliches Diözesanmus.). Im Altar für die Karmeliterkirche gelangen S. räumliche Kompositionen mit detailliert ausgearbeiteten Detailformen.

Wohl nur aus dem Umkreis oder der Werkstatt des S. stammt die durch Verluste leicht veränderte sog. Rosenkranztafel mit heilsgeschichtlichem Programm (Nürnberg, Germ. Nat. Mus., 1518/19), bei der auf einer Tafel Schnitzwerk aufgelegt ist. Ein Rosenkranz umgibt die Halbfiguren von Heiligen, die um ein Kruzifix gruppiert sind, begleitet von den Figuren der Himmlischen Hierarchie (Engel, Apostel, Propheten, Märtyrer), darüber Gottvater und die GM mit Kind. Unter dem Rosenkranz sind das Jüngste Gericht mit M und Johannes dem Täufer zu seiten des Weltenrichters, und das Grab Adams zwischen den Verdammten und den Seligen dargestellt. Im Rahmen befinden sich Reliefs mit Darstellungen aus der Genesis, dem Mleben (Tempelgang, Heimsuchung, Geburt Jesu, Anbetung der Könige, Darbringung Jesu im Tempel), der Passion (u. a. mit dem Abschied Jesu von M) und die Reihe der 14 Nothelfer (von ihnen nur noch 12 erhalten).

Es ist überliefert, daß S. mit Kleinskulpturen handelte. Gesichert ist ihm kein Exemplar zuzuweisen, aber möglicherweise sind die trauernde GM (Cleveland, Mus. of Art, vor 1500) und M mit Kind (London, Victoria and Albert Mus., um 1500/10) Beispiele für Kleinplastiken von S.' Hand.

S. war auch als Kupferstecher tätig. Zehn dieser vermutlich um 1480 entstandenen Blätter sind noch bekannt (München, Graphische Sammlung), davon haben vier mariol. Themen: ⓜ mit Kind im Zimmer sitzend; Hl. Familie im Zimmer mit der strickenden ⓜ und Joseph als Zimmermann; Beweinung Christi, wobei S. den Kreuzesstamm an den linken Bildrand rückt, um die Gruppe des trauernden Johannes und der GM, die ihren Sohn küßt, in das Bildzentrum zu bringen; ⓜ mit Granatapfel, die stilistisch den Hausmadonnen nahesteht.

Obwohl S.' Stil charakteristische Züge trägt, wie etwa die sorfältig feine Ausarbeitung von Details, großes Volumen der Figuren, Bedeutung der Umrißlinie, stark bewegtes Faltenspiel, ist die Diskussion um die genaue Abgrenzung zwischen eigenhändigen Werken und denen aus der Werkstatt oder seiner Nachfolger noch nicht abgeschlossen. Fest steht aber, daß S. schon zu Lebzeiten hohen Ruhm genoß, waren doch seine Werke über ganz Europa verbreitet; so wird von einer Adam-und-Eva-Gruppe für den König von Portugal oder einer Figur des hl. Rochus in Florenz (1520) berichtet.

Lit.: B. Daun, V. S. und seine Schule in Deutschland, Polen und Ungarn, Leipzig 1903. — Ders., V. S., Bielefeld und Leipzig 1906. — BeisselMA 561 ff. — M. Lossnitzer, V. S., Leipzig 1912. — Ausst.-Kat., V. S., Nürnberg 1933. — C. T. Müller, V. S. in Krakau, In: MJbK N.F. 10 (1933) 27 ff. — H. Stafski, Zur künstlerischen Herkunft des V. S., In: Anzeiger des Germ. Nat. Mus. (1936/39) 123 ff. — E. Lutze, Die »italienischen« Werke des V. S., In: Pantheon 19 (1937) 183 ff. — Ders., V. S., 1938; 1952. — G. Barthel, Die Ausstrahlungen der Kunst des V. S. im Osten, 1944. — E. Buchner, V. S. als Maler, In: Wallraf-Richartz-Jahrbuch 14 (1952) 111 ff. — K. Oettinger, Die Schüler des V. S., In: Jahrbuch für fränkische Landesforschung 14 (1954) 181 ff. — S. Sawicka, Rycing Wita Stowsza (Die Kupferstiche des V. S.), 1957. — A. Jaeger, V. S. und sein Geschlecht, 1958. — H. Keller, V. S. Der Bamberger Marien-Altar, 1959. — H. Stafski, Der Bamberger Altar des V. S., In: Anzeiger des Germ. Nat. Mus. (1970) 47 ff. — A. Burkhard, Der Krakauer Altar von V. S., 1972. — H. Sachs, V. S., 1972. — H. Bauer und G. Stolz, Engelsgruß und Sakramentshaus in St. Lorenz zu Nürnberg, 1974. — J. Rasmussen, Zum kleinplastischen Werk des V. S., In: Pantheon 34 (1976) 108 ff. — P. Skubiszewski, Der Stil des V. S., In: ZfKG 41 (1978) 93 ff. — J. Samek, Zu den Quellen der Kunst des V. S., In: Acta historiae Artium 26 (1980) 27 ff. — Z. Kepinski, V. S., 1981. — P. Skubiszewski, V. S. und Polen, 1983. — H. Stafski, Der Englische Gruß des V. S. für die Frauenkirche in Nürnberg, In: ZfKG 46 (1983) 341 ff. — Ausst.-Kat., V. S. in Nürnberg, Nürnberg 1983. — F. Geßler (Hrsg.), V. S. Bildhauer von Horb, 1983. — M. Baxandall, Die Kunst der Bildschnitzer, T. Riemenschneider, V. S. und ihre Zeitgenossen, 1984. — R. Kahsnitz, V. S. in Nürnberg, Eine Nachlese zum Katalog und zur Ausstellung, In: Anzeiger des Germ. Nat. Mus. (1984) 39 ff. — T. Chrzanowski, The Marian Altar of Wit Stowsz, 1985. — V. Funk, V. S. Der Krakauer Marienaltar, 1985. — P. Skubiszewski, V. S., 1985 — H. Stafski, Das Thema der Verkündigung im Werk des V. S. Die ›Verkündigung von links‹, In: Zeitschrift des Dt. Vereins für Kunstwissenschaft 39 (1985) 70 ff. — V. S. Die Vorträge des Nürnberger Symposions, 1985 (Lit.). — G. Sello, V. S., 1988. — M. Stuhr, Der Krakauer Marienaltar von V. S., 1992. *K. Falkenau*

Stradella, Alessandro, * 1.10.1644 in Rom, † 25.2.1682 in Genua, ist als Sängerknabe an San Marcello und als Schüler Ercole Bernabeis nachweisbar. Als erstes Werk ist die Motette auf einen eigenen Text »Chare Jesu suavissime« von 1663 überliefert. Auftraggeberin war — wie bei vielen weiteren Werken — Königin Christine von Schweden, bei der S. zunächst als Sängerknabe, später als Kammerdiener geführt wurde. Ab 1665 förderte ihn, bes. seine Theaterkompositionen, die röm. Familie Colonna. Sein berühmtestes Werk, das Oratorium »San Giovanni Battista«, wurde 1675 uraufgeführt. Zweifelhafte Liebesaffären zwangen ihn zu häufigem Ortswechsel und führten schließlich zu seiner Ermordung in Genua.

Unter Musikern genoß S. schon früh großes Ansehen. Seine kontrapunktisch, harmonisch und rhythmisch einfallsreiche Musik hat Komponisten wie A. Corelli, A. Scarlatti und G. F. Händel entscheidend geprägt. Er gilt als Wegbereiter des Concerto grosso und der Da-capo-Arie. Unter seinen geistlichen Werken finden sich die 16-stimmige Messe »Ad te clamamus« sowie die Motetten »Ave regina caelorum« und »Nascere virgo potens«.

Entgegen den historischen Tatsachen bezwingt in Friedrich v. Flotows romantischer Oper »Alessandro Stradella« (1844) die Macht einer ⓜ-hymne, die der Titelheld zur Probe für das am nächsten Tag folgende Madonnenfest singt, sogar die Hartherzigkeit seines Widersachers und verhindert S.s Ermordung: »Jungfrau Maria, himmlisch Verklärte, hohe Madonna, Mutter des Herrn! Ach! Blicke hernieder, gläubig Verehrte, freundlich und milde vom hohen Stern.«

Lit.: O. Jander, A Catalogue of the Manuscripts of Compositions by A. S., 1960. — R. Giazotto, Vita di A. S., 1962. — C. Gianturco (Hrsg.), Atti del Convegno Internazionale »A. S. e Modena 1983«, 1985. — Ders. (Hrsg.), Atti del Convegno Internazionale di Studi su A. S., 1988. — MGG XII 1418–22. — Grove XVIII 188–193. *J. Schießl*

Strahlungen, Stadt Bad Neustadt an der Saale, Bistum Würzburg, ⓜhilfkapelle. Im Ersten Weltkrieg (1916) faßte ein Frontsoldat aus S., der schwer verletzt schon bei den Toten lag, im Falle seiner Rettung den Vorsatz, eine kleine ⓜkapelle von 1753 zu erweitern. Aber erst als der Ort am 8.4.1945 unter schwerem Beschuß lag, erinnerte sich der Gerettete wieder daran, und da der Ort 1945 zwar schwer beschädigt, aber nicht total zerstört war, rief Pfarrer Karl Hartmann 1946 die Bevölkerung auf, das 1916 gemachte Versprechen in der Form einzulösen, daß in der Nähe der alten kleinen Kapelle eine größere Gebets- und Gedenkstätte errichtet werde. Als Altargemälde entstand eine Madonna, die ihren Schutzmantel über dem Dorf ausbreitet (Einweihung am 12.9.1948). Die Kapelle wird auch von Auswärtigen viel besucht; am gelobten Feiertag findet eine Lichterprozession statt; im Sommer wird der Rosenkranz am Sonntagabend auf dem Weg vom Ortsrand zur Kapelle gebetet.

Lit.: Bergkapelle Maria Hilf in Strahlungen, In: Würzburger Bistumsblatt vom 3.10.1948. — A. A. Weigl, Maria Hilf, 1949, 243–245. — D. A. Chevalley, Unterfranken, 1985, 278.
E. Soder v. Güldenstubbe

Straßburg, Departement Bas Rhin, Bischofssitz, Europastadt und Ort der »Straßburger Eide«

Straßburg

(Vertrag zwischen Ludwig dem Deutschen und Karl dem Kahlen, ältestes Sprachdenkmal der franz. und dt. Sprache, 842), geht auf eine gallische Gründung zurück. Mittelpunkt der Altstadt ist die Kathedrale ND de S. Ein Mönch erwähnt 826 eine M geweihte Kathedrale »Basilica Sanctae Mariae ... constructa infra civitatem«. Nach wiederholten Bränden entstand die heutige Kathedrale mit spätromanischem Chor (um 1190) und gotischem Langhaus zwischen 1235 und 1275, der seit 1277 die berühmte Haupt-(West-)Fassade, ein herausragendes Beispiel der Gotik, hinzugefügt wurde.

Nachdem der Stadtrat von S. 1529 die luth. Reformation eingeführt hatte, wurde die Kathedrale mit kurzer Unterbrechung (Interim von Ausgburg unter Karl V. 1550–60) bis zum Einzug Ludwigs XIV. (1681) zur Heimstatt der »neuen« Religion. — Während der Franz. Revolution (1793) wurden ca. 168 Statuen der Kathedrale zerstört. Der empfohlene Abriß der Turmspitze konnte nur vermieden werden, indem man gleichsam zu Propagandazwecken eine riesige »phgrygische Mütze« aus rotbemaltem Blech darüberstülpte. Nach dem Konkordat von 1801 war die Kathedrale wieder den kath. Gläubigen zugänglich. In den Kriegen (1870 und 1944) wurde die Bausubstanz z. T. zerstört.

M, die Schutzpatronin S.s, befindet sich seit dem MA auf dem Siegel und Banner der Stadt. Sie erscheint dort mit weit ausgebreiteten Armen in Orantenhaltung und dem Jesuskind auf ihren Knien, so wie sie der Glasmaler Max Ingrand 1956 in der Kathedrale im Zentralfenster der Apsis dargestellt hat, ein Geschenk des 1949 in S. gegründeten Europarates als Zeichen des Friedens und der Versöhnung der europäischen Staaten untereinander.

Das Patronatsfest der Kathedrale ist das Fest der Aufnahme Ms in den Himmel (15. August). Seit der Gegenreformation gibt es eine marian. Männerkongregation, deren Hauptfest auf den 8. Dezember gelegt wurde. In der Kathedrale werden insgesamt vier Mbildnisse verehrt: in der St.-Laurentius-Kapelle eine Mstatue mit Kind aus vergoldetem Holz (15. Jh.), in der St.-Katharinen-Kapelle eine Pietà (15./16. Jh.), eine zweite Pietà in einer Nische am Pfeiler des nördlichen Turms der Westfassade (Kopie des 19. Jh.s), in der Krypta eine Mfigur mit Kind (1937/38) nach dem Modell der Patronin S.s mit der Inschrift »Urbem, Virgo, tuam serva«. Zahlreiche Mdarstellungen an den Fassaden und im Innern der Kathedrale belegen ein marian. Bildprogramm: Am Mittelportal der Hauptfassade stehen eine Pfeilermadonna mit Kind und im Giebel des Portals eine Sedes Sapientiae mit Kind, »Notre-Dame de Strasbourg«; am linken Portal der Hauptfassade sind Szenen der Kindheit Jesu zu sehen. Das Nordportal zeigt die Anbetung der Hl. Drei Könige, das romanische Doppelportal an der Südseite (um 1230) den Tod Ms (darunter ihre Grablegung) sowie ihre Krönung (darunter ihre Aufnahme in den Himmel). Mathias Grünewald stellte dieses Portal 1519 auf seiner »Stuppacher Madonna« dar; vom Maler Eugène Delacroix wird berichtet, er habe immer wieder die Abbildung des ausdrucksstarken Reliefs der Dormitio Me betrachtet.

Auch die Glasfenster weisen zahlreiche Mdarstellungen auf, darunter das älteste Glasfenster der Kathedrale, eine Sedes Sapientiae in Orantenhaltung (Patronin von S., 3. Viertel 12. Jh.). An der für den Prediger → Geiler v. Kaysersberg 1485/87 geschaffenen Kanzel steht auf der Zentralstütze M mit Kind, darüber an der Kanzel selbst M unter dem Kreuz. Links vor dem Hochchor zeigen zwei Klappflügel aus der Pfarrkirche von Dangolsheim (1522) am Pankratiusaltar die Geburt Christi und die Anbetung der Hl. Drei Könige. Erwähnenswert ist der von Nikolaus v. Weyden geschaffene Grabstein des Domkapitulars Conrad v. Busnang (1464) mit einem pausbäckigen, lockigen Jesuskind, das sich mit der einen Hand am Gewand seiner Mutter festhält und mit der anderen an die zum Gebet gefalteten Hände des kirchlichen Würdenträgers faßt. Über dem Glasfenster von 1956 befindet sich eine Wandmalerei der Krönung Ms, von den neun Chören der Engel umgeben (19. Jh.). Die 1638 aus Anlaß der Weihe Frankreichs an M (→ Ludwig XIII.) für den Chor von ND von Paris bestellten Gobelins (4,90=5,50 m) mit marian. Themen und dem Wappen Richelieus wurden 1739 für 10000 Pfund vom Domkapitel von S. für die Kathedrale erworben und werden an Feiertagen im Hauptschiff gezeigt. 1519 wurde zu Ehren Ms eine (heute nicht mehr vorhandene) Glocke mit einem Durchmesser von 2,75 m geweiht. Auf der 1352/54 in der Kathedrale errichteten 12 m hohen mechanischen Uhr stand eine Mstatue mit Kind, vor der sich zu jeder Stunde die Hl. Drei Könige verneigten (heute im Musée des Arts Décoratifs). Drei marian. Kunstwerke wurden nach der → Kath. Reform (1681) im Zuge der Renovierung des Chors entfernt: der Lettner (1252) mit Mfigur (1949 vom Met. Mus. in New York erworben), die 1316 erbaute Mkapelle sowie der Hauptaltar mit Szenen aus dem Mleben (1501).

Lit.: O. Schadaeus, Summum Argentoratensium Templum, Strasbourg 1617. — Ph.-A. Grandidier, Essais historiques et topographiques sur l'église cathédrale de Strasbourg, Strasbourg 1782. — Abbé Hamon, ND de France, ou Histoire de Culte de la Sainte Vierge en France VI, Paris 1861–67, 166–232. — J. E. Drochon, Histoire Illustrée des Pèlerinages français de la Très Sainte Vierge, Paris 1890, 1121–44. — L. Dacheux, La cathédrale de S., Strasbourg 1900. — G. Dehio, Das Straßburger Münster, 1922. — H. Jantzen, Das Münster zu S., 1933. — I. Couturier de Chefdubois, Mille Pèlerinages de Notre-Dame, 1954, B 53 f. — M. Colinon, Guide de la France religieuse et mystique, 1969, 700 f. — R. Recht, La cathédrale de Strasbourg, 1971. — H. Reinhardt, La Cathédrale de Strasbourg, 1972. — R. Lehni, La Cathédrale de Strasbourg, 1978. — M. Klein-Ehrminger, Cathédrale Notre-Dame de Strasbourg, 1986. — J. Bur, Pour comprendre la Vierge Marie dans le mystère du Christ et de l'Eglise, Editions du Cerf, 1992. — D. Costelle, Lorsque Marie paraît, Editions Robert Laffont, 1993. — R. Laurentin, Lire la Bible avec Marie. Messages de Notre-Dame du Rosaire de San Nicolas (Argentine), O.E.I.L. — F. X. de Guibert, 1993. — Wertvolle Hinweise von H. H. Domkapitular J. Ringue. *W. Hahn*

Straßengel, Steiermark, Diözese Seckau, Pfarr- und Wallfahrtskirche zur hl. ℳ. Der Name »Strazinolum« wird bereits 860 urkundlich erwähnt. Möglicherweise wurde schon 1038/68 eine Kapelle errichtet, in der 1157 ein angeblich von Ottokar V. aus dem Hl. Land mitgebrachtes (heute verlorenes) ℳbild aufgestellt wurde. Urkundlich belegt ist eine ℳkapelle im Jahr 1208, die wohl bis gegen Ende des 18. Jh.s bestand; 1346–55 wurde eine prachtvolle dreischiffige gotische Hallenkirche aufgeführt, die der Zisterze Rein bis heute untersteht. Ihr achteckiger, dreigeschoßiger Turm (1355–66) ist mit seiner Zahlensymbolik, seiner Bauplastik und seinem lichtdurchfluteten Gesprenge in mehrerer Hinsicht ein marian. Symbol. Kunsthistorisch und für die marian. Ikonographie bedeutend sind die Glasfenster, von denen noch 77 Scheiben aus der 2. Hälfte des 14. Jh.s erhalten sind. Sie zeigen in mehreren Themenkreisen die Geschichte Joachims und Annas, die Kindheit der GM (u. a. Freier ℳs, Erwählung Josephs, ℳe Tempelgang), die Jugendgeschichte Jesu, Tod und Krönung ℳe sowie die Schutzmantelmadonna, ℳ in der Sonne und im brennenden Dornbusch. Gnadenbild ist das Gemälde einer → Ährenmadonna (um 1430; 1976 gestohlen und 1978 durch eine Kopie ersetzt).

Zahlreiche Votivgaben, v. a. aus den beiden letzten Jh.en (eiserne Hände, ein wächsernes Haupt, wächserne Augen, silberne Augen, Herzen sowie Brautkränze und Haaropfer) bezeugen den einst starken Zuzug der Pilger aus der ganzen Steiermark und aus Ostkärnten, die bes. mit der Bitte um Kindersegen und bei Krankheiten nach S. kamen. Ein Gnadenpfennig wurde geprägt, Andachtsbilder gibt es seit dem 18. Jh.

Lit.: Gugitz IV 264–266 (Lit.). — L. Grill und U. Ocherbauer, Der Turm von Maria S., In: Österr. Zeitschrift für Kunst und Denkmalpflege 18 (1964) 11–26. — E. Bacher (Hrsg.), Corpus Vitrearum Medii aevi, Österreich III, 1979, 111–195. — Dehio-Steiermark, 1982, 547–550. *F. Trenner*

Stratford-on-Avon (Warwickshire). 1367 gewährte der Bischof von Worcester, William Whittlesey all jenen einen vierzigtägigen Ablaß, die als Pilger, zur Erfüllung eines Gelübdes oder aus Verehrung das Bild der glorreichen Jungfrau ℳ in der Pfarrkirche von S. besuchen.

Lit.: E. Waterton, Pietas Mariana Britannica. A History of English Devotion to the most Blessed Virgin Mary Mother of God, London 1879. *J. M. Blom*

Straub, Johann Baptist, * 25. 6. 1704 in Wiesensteig (Schwäbische Alb), †15. 7. 1784 in München, bayer. Bildhauer des Rokoko. Nach einer kurzen Unterweisung beim Vater Johann Georg, der Schreiner und Bildhauer war, absolvierte S. 1721–25 beim Hofbildhauer Kurfürst Max Emanuels, G. Luidl, eine Lehre. Mit ihm war S. an Teilen der plastischen Ausstattung der Residenz in München beteiligt (1729 zerstört). 1726–35 beendete er seine Ausbildung in Wien (bei M. I. Gunst und J. C. Mader), wo sich

J. B. Straub, Hausmadonna, 1759, München, Bayer. Nationalmuseum

seine frühesten Werke erhalten haben: für die Wiener Schwarzspanierkirche (1963 abgetragen) schuf er die Kirchenbänke mit Reliefs biblischer Themen und das Orgelgehäuse (heute ebd., Augustinerkirche) sowie die Kanzel (heute Laxenburg / Niederösterreich, Pfarrkirche). Seit 1736 führte er, wieder nach München zurückgekehrt, eine eigene Werkstatt. Schon ein Jahr später wurde er zum Hofbildhauer ernannt, arbeitete aber kaum in kurfürstlichem Auftrag (Skulpturen für das Residenztheater, München, 1753, einige Skulpturen für den Garten von Schloß Nymphenburg, 1771, ferner Prunkschlitten), sondern stattete zahlreiche Kirchen und Klöster aus. Unter der Leitung von A. Faistenberger schuf S. 1734/35 für die Mariahilfkirche in München-Au den Hochaltar (im 19. Jh. zerstört), dessen Aussehen durch einen Stich überliefert ist: Eine Rundbogennische umfing ein ℳgnadenbild, flankiert von den Personifikationen des Glaubens und der Hoffnung, sowie den vier Erdteilen. Im Auszug stand der Name ℳs in der Strahlenglorie. Durch die Vermittlung seines Freundes J. M. Fischer erhielt er die Aufträge zur Ausstattung der Stiftskirche in Dießen am Ammersee (Altar und Kanzel, 1739–41) und in St. Michael in München-Berg am Laim (1732 ff.). Dort stammen von S. sechs Seitenaltäre und der Hochaltar, der den drei Erzengeln geweiht ist. Ikonographisch ungewöhnlich ist dabei, daß dem Verkündigungsengel Gabriel nicht ℳ gegenübersteht, sondern ein Putto mit geöffnetem Buch, in dem die Worte »ecce ancilla domini« zu lesen sind, die die übliche Antwort ℳs an den Engel sind. Die Rahmung um das Gemälde mit der Himmelfahrt ℳe des Hauptaltars der ehem. Zisterzienser-Abteikirche in Fürstenzell bei Passau (1741 ff.) zeigt u. a. die Dreifaltigkeit, wobei Christus in Erwartung seiner Mutter gezeigt ist und ein Putto Sternenkrone und Zepter für sie bereithält. 1755–64 entstanden mehrere Stücke für die Ausstattung der ehemaligen Prämonstratenser-Abteikirche in Schäftlarn, u. a. der Josephsaltar, geschmückt auch mit einem Verkündigungsrelief. Von Bedeutung für das Werk S.s sind zudem auch die Altäre und Skulpturen in der Karmeliter-Klosterkirche zu Reisach am Inn (1747 ff.), der Wallfahrtskirche Andechs (1751 ff.), der Abtei- und Wallfahrtskirche Ettal (1756 ff.) und der Klosterkirche zu Altomünster (1765 ff.).

1759 brachte S. an der Fassade seines Münchner Wohnhauses eine → Hausmadonna an, der auf einem, heute verlorenen, Spruchband die Anrufung »causa nostrae laetitiae« aus der → Lauretanischen Litanei beigegeben war. Die signierte und 1777 datierte Schmerzhafte Muttergottes vom Hochaltar der ehemaligen Stiftskirche St. Wolfgang bei Dorfen ist sein letztes bekanntes Werk. Im Sinne der Prophezeiung Simeons in Lk 2,35 steckt im Herzen ℳs ein Schwert als Ausdruck ihres Leidens, das sie aber regungslos erträgt.

Unter den 30 zur Mitte des 18. Jh.s entstandenen Holzbozzetti, die sich bislang nicht mit ausgeführten Werken S.s verbinden lassen, befinden sich auch zwei Figuren der Immaculata (Salzburg, Barockmus.; Karlsruhe, Badisches Landesmus.).

Waren seine in Wien entstandenen Skulpturen noch von starken Bewegungen und Gewändern mit tiefen Falten gekennzeichnet, so beruhigte sich sein Stil zunehmend in seiner Zeit als Hauptmeister der süddt. Plastik des 18. Jh.s. Seine Figuren sind getragen von eleganten Bewegungen und vornehmen Gesten, die allerdings — anders als bei seinem Schüler I. Günther — nur selten eine ländlich-zupackende, kraftvoll-dynamische Grundkomponente leugnen. Bes. charakteristisch sind für diese Figuren die langen Hälse und ovalen Köpfe. Bei seinen Altaraufbauten verwendete er verhältnismäßig wenig Ornament und betonte Architektur und Skulptur. S.s Bedeutung lag auch in seiner Eigenschaft als Lehrer und großes Vorbild für die letzte Generation der Rokokoplastik, die an der Schwelle zum Klassizismus stand, sie teilweise überschritt. Zu nennen sind dabei v. a. F. X. Messerschmidt und I. Günther.

Lit.: J. C. Lippert, Kurzgefaßte Nachricht von dem churbaierischen ersten Hofbildhauer Herrn Johannes Straub, In: Augsburgisches monatliches Kunstblatt 3 (1772) 53 ff. — C. Giedion-Welcker, J. B. S. und seine Stellung in Landschaft und Zeit, 1922. — R. Klessmann, Unbekannte Altarentwürfe von J. B. S., In: ZKW 10 (1956) 73 ff. — Ders., Zum Spätwerk des J. B. S. und zur Ausstattung der Stiftskirche in Wiesensteig, In: FS für P. Metz, 1965, 379 ff. — P. Steiner, J. B. S., 1974. — G. P. Woeckel, Eine unbekannte Hausmadonna J. B. S.s, In: Alte und moderne Kunst 23 (1978) 15 ff. — D. Hundt, J. B. S., 1982. — P. Volk, J. B. S. 1704–1784, 1984. — Ders., J. B. S. (1704–1784). Zum 200.Todestag des großen bayer. Rokokobildhauers, In: Pantheon 42 (1984) 250 ff. — W. Ziegler (Hrsg.), J. B. S. 1704–1784, Franz Xaver Messerschmidt 1736–1783, Bildhauer aus Wiesensteig, 1984, 24 ff. — Ausst.-Kat., Bayer. Rokokoplastik. Vom Entwurf zur Ausführung, München 1985. — Thieme-Becker XXXII 162 ff.   *K. Falkenau*

Strauß (struthio camelus). Unterschiedlich gedeutet wurde die Eigenschaft des S.es, die Sonnenwärme beim Ausbrüten seiner Eier auszunützen. Nach einer syr. Version des →Physiologus und den ma. Bestiarien beobachtet der Vogel den Himmel und erkennt das Aufgehen des Sternbilds der Pleiaden als Zeichen der Wärmezeit. Diese Himmelsbetrachtung gilt als vorbildlich. Negativ dagegen sei der Grund dafür: Der Vogel legt die Eier in den warmen Sand, vergißt sie dann, geht weg und überläßt die Arbeit des Ausbrütens der Kraft der Sonne (Seel 72 f.). Der fabelhaften Überlieferung liegt eine Teilwahrheit zugrunde: Bei Tage erhebt sich die Straußenhenne tatsächlich zeitweilig von den Eiern. Übersehen wurde aber die weitere Tatsache, daß das Brutgeschäft nachts vom Männchen übernommen wird. Eine andere Fabelversion aus einer Spätredaktion des Physiologus erzählt, daß der Kamelstrauß, »dem Kamel gleich in allem, aber mit schönen, bunten, glänzenden Federn«, die Eier durch seinen Blick ausbrütet; der Brauch, das →Ei des S.es in Kirchen aufzuhängen, soll uns mahnen, unseren Blick auf Gott zu richten (Treu 102).

Beide Sagen der »unberührt« ausschlüpfenden Jungvögel dienten als Analogie zur Jungfrauengeburt. Auf das Fest der Naherwartung ℳs (17./18. Dezember) bezieht sich das Emblem des auf ein Ei blickenden und anhauchenden S.es in Paolo Aresis »Sacrorum Phrenoschematum ...« (Frankfurt 1701). Der lebenspendende Blick des S.es gilt als das Gleichnis für die barmherzige Zuwendung ℳs zu den Menschen im MA (→Konrad v. Würzburg, → Muskatblut) wie noch bei Picinelli (»Symbola virginea ...«, Augsburg 1694). Das →Defensorium wiederum verwendet die Erzählung des Ausbrütens durch die Sonne und verknüpft diese mit der alten Metapher von Gott als »wahrer Sonne«: »Si ova strucionis sol excubare valet / cur veri solis opere virgo non generaret?« Das Strauß-Exemplum findet sich in allen wichtigen bebilderten Quellen des Defensoriums, von der Tafel in Stams (1426) bis zu den Fresken der Gnadenkapelle in der Pfarrkirche von Weihenlinden (um 1655/57). Die Defensoriumillustrationen vereinen oft beide, wohl gleich geläufige Vorstellungen des Brutvorgangs: Oben suggerieren Strahlen die Kraft der Sonnenwärme, unten blickt der Vogel unverwandt auf die Eier (Fresko des Rupert Potsch in der 7. Arkade des Kreuzganges des Doms zu Brixen, ca. 1493; Druck von P. und H. Hurus, Saragossa, gegen Ende 15. Jh.). Die Gestalt des S.es mit kamelähnlichem Kopf (vgl. oben »Kamelstrauß«) im Fresko des G. M. Falconetto in S. Pie-

Strauß, Holzschnitt aus dem Defensorium inviolatae virginitatis, Druck Hurus, Saragossa, spätes 15. Jh.

ro Martire in Verona (1509–16), der Motive des Defensoriums in die mystische →Einhornjagd einbezieht, findet Parallelen in der ma. Buchmalerei (Trinity Coll. Cambridge MS. B. 11.4, fol. 144ʳ, Mitte 13. Jh.). Das Wiener Defensoriumsblatt (Wien, Kunsthist. Mus., Inv.-Nr. 4927, 2. Hälfte 15. Jh.) bringt eine weitere Straußgeschichte: Auf wunderbare Weise befreite der S. des Königs Salomo seinen Jungvogel aus einem Glasgefäß, das durch Drachenblut gesprengt wurde. Diese Geschichte aus der Historia scholastica des → Petrus Comestor (PL 198, 1353) war durch das → Speculum humanae salvationis verbreitet, wurde aber dort auf die Höllenfahrt Christi typologisch bezogen. Im Wiener Blatt auf die Jungfrauengeburt umgedeutet, findet sich die Illustration unmittelbar neben dem üblichen Exemplum des »unberührten« Ausbrütens (Abb. ML II 159).

Lit.: Salzer 550. — M. Meiss, Ovum Struthionis, Symbol and Allusion in Piero della Francesca's Montefeltro Altarpiece, In: Studies in Art and Literature for Belle da Costa Greene, 1954. — H. Friedmann, Symbolic meanings in Sassetta's »Journey of the Magi«, In: Gazette des Beaux-Arts VI 48 (1956) 143–156. — Der Physiologus, übertragen . . . von O. Seel, 1960. — Physiologus. Naturkunde in frühchristl. Deutung, hrsg. von U. Treu, 1981. — D. Forstner, Die Welt der christl. Symbole, ⁵1986. — LCI IV 218.   *G. Nitz*

Streitel, Maria Franziska vom Kreuz, Ordensstifterin, *24. 11. 1844 als Amalia Franziska Rosa in Mellrichstadt, †6. 3. 1911 in Castel Sant' Elia bei Rom, war die älteste Tochter einer wohltätigen Beamtenfamilie, in der die MV gepflegt wurde. Während ihrer Taufe war das ganze Zimmer plötzlich mit hellem Licht erfüllt, so daß sich alle Anwesenden wunderten: »Was wird wohl aus diesem Kinde werden?« (Lk 1,66). Als Neunjährige suchte sie einzudringen in den Sinn des Schriftwortes: »Wenn ich einst erhöht sein werde, will ich alles an mich ziehen« (Joh 12,32). Im Alter von 17 Jahren wurde sie »auf besondere Weise« zum Ordensleben berufen. Erst vier Jahre später erlaubten ihr die Eltern den Eintritt in das Kloster »Maria Stern« in Augsburg. Der hl. Franziskus war ihr großes Vorbild. Während ihres Wirkens in Würzburg betete sie oft auf dem Käppele, einem Wallfahrtsort zur Schmerzhaften Mutter. Ein Franziskanerpater erkannte, daß ihre Berufung zu einem strengeren Orden echt war. Im Januar 1882 erlaubte der Bischof ihren Übertritt in den Karmel »Himmelspforten« zu Würzburg. Dort erkannte sie, daß der Herr sie zu einer Neugründung berief, »die Beschauung und Tätigkeit zugleich anstrebe«. Nach der Weisung ihres Beichtvaters begab sie sich im Februar 1883 nach Rom, wo sie zwei Jahre mit Pater F. M. →Jordan zusammenarbeitete. In Rom verwirklichte sich ihre gottgewollte Gründung. Leo XIII. bestätigte am 17.9. 1885 ihre Schwesterngemeinschaft, der sie den Titel »Schwestern von der Schmerzhaften Mutter« (SSM) gab. Sie zählten 1991 ca. 540 Schwestern, die in Brasilien, Italien, USA, Österreich, Deutschland und auf den karibischen Inseln tätig sind. S. setzte ihre ganze Kraft ein, das »Grundübel der Zeit«, hervorgerufen durch die Aufklärung und die Säkularisation, zu bekämpfen »mit der armen, aber verheerenden Waffe, dem Kreuz«, und einem streng asketischen Leben in Bezug auf Armut, Gehorsam und Demut, in welchem »Carmel (= Gebet) und Alverno (= Arbeit) sich in einer Form bilden, Beschauung und Tätigkeit sich berühren« (Brief vom 20.2.1883) und dadurch »Gott verherrlicht, die Kirche getröstet und die Welt vielfach gerettet und von ihren Grundübeln geheilt wird« (Brief vom 21.7.1883).

S.s geistliches Leben war fest gegründet in der Anbetung des heiligsten Sakramentes, in der Christus-, Kreuzes- und ℳnachfolge, bes. als Mutter der Schmerzen: »Sehen wir auf die Mutter des siebenfachen Schmerzes. Sie stand aufrecht unter dem Kreuze. Das, was sie beugen sollte, hielt sie aufrecht, die Wunden und das Blut Jesu. Da zum erstenmale sehen wir die Wahrheit sich erfüllen, daß wir heilkräftig werden in den Wunden des Erlösers« (Brief vom 28.3.1883). »Nun habe ich Alles, mein ganzes Wesen in und mit Maria dem Allerhöchsten geopfert« (Notizbüchlein vom 21.11.1896). »In Maria, der Unbefleckten, Wurzel fassen, und in ihr, den Absichten Gottes gemäß, Gestalt gewinnen; — von ihr mich einführen lassen in das Geheimnis von ›Liebe und Leiden‹, damit ich in Wahrheit ›Braut des Gekreuzigten‹ werde, die nicht von seinen Füßen weicht, bis die gekreuzigte Liebe sagen wird: ›Steige höher hinauf, nimm Platz in der Mitte meines Herzens‹. — Maria muß mich einführen in das Geheimnis unserer Altäre und meine Seele mit einer bräutlichen und eucharistischen Liebe zieren« (Notizbüchlein / Exerzitien, Rom, 7.–15.12. 1896). Ihr Seligsprechungsprozeß wurde 1937 eröffnet.

WW: Hs. Briefe und Aufzeichnungen, 1881, 1883–84, 1896, 1898 im Mutterhaus-Archiv, Suore dell' Addolorata, Rom.

Lit.: A. Reichert, Ein kurzes Lebensbild der ehrwürdigen Mutter M.F.S., Stifterin der Genossenschaft der Schwestern von der Schmerzhaften Mutter, 1932. — Ders., Mutter F.S. Ihr Leben und Wirken, 1946. — M. C. Koller, Walk in Love, 1981. — Ders., Franciscan Vision: The Life of Mother Frances S., 1982. — L. Giovanni, Come Abramo ..., o.J. (1983?); dt.: So wie einst Abraham ... Leben und Spiritualität von Mutter F.S. ..., o.J. (1983?). — LThK² IX 1113. *T.Müller*

Strigel, schwäbische Maler- und Bildhauerfamilie.

1. Hans d. Ä., Maler (Wandgemälde und Tafelbilder), nachweisbar 1430–62 in Memmingen, Werkstattgründer und Stammvater der Künstlerfamilie, deren Mitglieder z.T. überregionale Bedeutung erlangten.

Einzig erhaltenes signiertes Kunstwerk S.s ist der inschriftlich 1442 datierte Choraltar der Kapelle in Zell bei Oberstaufen im Allgäu mit Darstellungen der »Geburt Christi« und der »Anbetung der Könige« auf den Außenseiten der Flügel sowie innen auf Goldgrund mit Dreiecksmuster gemalter, paarweise zusammengestellter Heiliger. Die Predella zeigt in linearer Darstellung auf silbernem Grund Halbfiguren von Aposteln und zwei weibliche Heilige in spitzbogigen Arkaturen. Die drei Skulpturen im rechteckigen Schrein, GM zwischen den hll. Barbara und Kapellenpatron Stephanus, stammen von der Hand eines Mitarbeiters der S.-Werkstatt, der stilistisch zwischen weichem Stil und dem Realismus der Mitte des 15. Jh.s steht. Die Malerei S.s ist demgegenüber konservativer geprägt. Die unkörperlichen, in der Faltenbildung betont weich und fließend gestalteten Figuren und die zarten, runden Gesichter gerade auch der ⋒darstellungen in den beiden Weihnachtsbildern sind noch stark dem Streben nach Idealität und Transzendenz verpflichtet, und wenn in den beiden eben erwähnten Bildern in der Architekturdarstellung des Stalles Ansätze perspektivischer Sichtweise festzustellen sind, so stellt dieser doch eher eine Chiffre als ein tatsächliches Bauwerk dar.

Ein weiteres Kunstwerk aus der Umgebung von Oberstaufen, aus Tronsberg, befindet sich heute im Bayer. Nationalmuseum: ein Prozessionsaltar, der aus stilistischen Gründen dem Memminger Maler zugeschrieben und 1430/35 datiert wird und damit seine früheste bekannte Arbeit darstellt. Als drittes Werk der Tafelmalerei S.s liegt der 1438 datierte, zwar wiederum nicht signierte, aber sicher zuschreibbare Altar von Berghofen bei Sonthofen zeitlich in der Mitte. Seine Schreinfiguren, die GM zwischen den hll. Leonhard und Agathe, sind von anderer Hand als diejenigen in Zell, der Schnitzer dürfte in der Werkstatt Hans Multschers in Ulm ausgebildet worden sein. Die Gemälde zeigen auf den Außen- und Innenseiten der Flügel wieder paarweise beisammenstehende weibliche bzw. männliche Heilige, in der für S. typischen Malweise. Eine Darstellung der »Kreuztragung« auf der Rückseite des Schreins mit ⋒ und Johannes dem Evangelisten, die Apostel auf der Predella (wie in Zell in rein linearer Zeichnung auf Goldgrund) sowie an den Schmalseiten des Schreins ein Stifterbild und eine Darstellung, die wohl als »Urteil über Susanna« zu interpretieren ist, vervollständigen das Bildprogramm.

Ausgehend von der Stilistik der drei genannten Altäre können dem Memminger Meister auch größere Wandmalereizyklen zugeschrieben werden, so bes. die Ausmalung des Chores in Zell (um oder nach 1446, 1883 freigelegt, 1895/96 mit starken Nachzeichnungen und Ergänzungen restauriert) mit 16 Bildern zur ⋒- und Kindheitsgeschichte Jesu in der Nordhälfte und 15 Darstellungen im Süden mit den Martyrien der Apostel und der Kirchenpatrone Stephanus und Alban. Die halbfigurigen Bilder der fünf klugen und fünf törichten Jungfrauen im Chorbogen finden sich wie das übrige Programm wieder in Chor und Langhaus der Pfarrkirche in Gestratz im Landkreis Lindau (Bauzeit 1435/37), und die Übereinstimmungen der Komposition dieser 1935 freigelegten und konservierten Fresken — von besonderem Reiz eine lebensgroße Darstellung der »Hl. Sippe« mit den drei Marien in einer weiten Rundbogennische der nördlichen Chorwand — sowie die durch Dominanz zeichnerischer Mittel geprägte Stilistik ihrer besser erhaltenen Teile sprechen für die Hand S.s, die auch in einem »Jüngsten Gericht« in der südlichen Vorhalle von St. Martin in Memmingen von 1445 und Einzelfiguren an Pfeilern im Innern der Kirche seiner Heimatstadt zu erkennen ist. Kurze Zeit darauf ist das jüngste bekannte Werk entstanden, Wandbilder im nördlichen, 1447 erbauten Vorzeichen der Liebfrauenkirche in Memmingen, die wieder eine »Geburt Christi« und eine »Anbetung der Könige« zeigen — mit derselben »Andeutung« von Stall wie am Choraltar in Zell, hier jedoch mit bei aller Schönlinigkeit lebensvolleren Gestalten ⋒s und Josephs.

Lit.: G.Otto, H.S.d.Ä., In: Memminger Geschichtsblätter, Jahresheft 1957, 1–6. — KDB VIII 144–151. 1022–34 (Lit.). — A. Stange, Kritisches Verzeichnis der dt. Tafelbilder vor Dürer II, 1970, 190 f. — Thieme-Becker XXXII 189 f.

2. Hans d.J., Maler (Wandgemälde und Tafelbilder), urkundlich erwähnt 1450–79, Sohn Hans S.s d. Ä., Bruder von Ivo und Vater (?) von Bernhard S. Inschriftlich für S. gesichert sind nur je ein Wandgemälde bzw. Altarwerk: Zum einen die 1477 datierten Passionsfresken an der Langhausnordwand der Pfarrkirche in Tiefenbach bei Oberstdorf im Allgäu (unter den stark gestörten Bildern ist eine »Beweinung Christi« noch am aussagekräftigsten), zum andern der erst 1972 wenigstens in den Flügelgemälden wieder ergänzte Montfort-Werdenberg-Altar in der Staatsgalerie Stuttgart, dessen Inschrift, nun vervollständigt, nicht nur als Künstler die Brüder Hans und Ivo S. (als Bildhauer des weiterhin verschollenen Schreins) nennt, sondern auch das bisher mit 1483 oder 1488 angenommene Entstehungsjahr auf 1465 korrigiert.

Die Außenseiten der Altarflügel zeigen die Verkündigung an M und auf der rechten Tafel neben dem der Jungfrau sich zuwendenden Erzengel die sich betont diesem anschließenden Stifter Graf Hugo XIII. v. Montfort-Rothenfels-Argen und seine Gemahlin Elisabeth v. Werdenberg sowie darüber in nach hinten gestaffelter Anordnung deren Kinder. Die linke Tafel nimmt allein die vor ihrem Lesepult kniende Gestalt Ms ein, die sich nach rechts zum Engel umwendet und mit einer scheuen Gebärde der Hände auf ihn und seine im Schriftband gegebenen Worte »Ave gracia plena dominus tecum« antwortet. Der Raum ist als bürgerliche Wohnstube in perspektivischer Verkürzung dargestellt, in der das Geschehen wie auf einer Guckkastenbühne dem Betrachter präsentiert wird. Verschiedene Gegenstände illustrieren in dem seit der Mitte des 15. Jh.s unter holländischem Einfluß beliebten Realismus das irdische Leben, nehmen andererseits aber symbolhaft Bezug auf die heilsgeschichtlichen Zusammenhänge und die besondere Rolle Ms. Ihr Sonderstatus als Fürbitterin wird angesprochen im Schriftband über der Stifterfamilie: »Sancte dei genetrix intercede pro nobis«. Die Innenseiten der Flügel zeigen jeweils drei Heilige in symmetrischer Anordnung, deren stilistische Eigenart im Vergleich zu entsprechenden Gemälden Hans S.s d. Ä. in Berghofen und Zell den Abstand einer Generation verdeutlicht. Gewisse Ähnlichkeiten im Standmotiv und in anatomischen Details der schlanken, gestreckten Figuren sind nicht zu verkennen, doch stehen diese nun trotz des transzendierenden Goldgrundes ganz auf dem Boden der irdischen Welt. Die Köpfe zeigen in lebensvollem Realismus eine individuelle Differenzierung und Typisierung, von der die dritte Generation, Bernhard S., bei der feinen Charakterisierung seiner Heiligenbildnisse ausgehen konnte. Der Typus der weiblichen Gestalten und bes. Ms bestätigt diese Zusammenhänge auch in Details wie der Gestaltung der Augen oder dem herzförmig gebildeten Mund.

In der Zusammenstellung jeweils dreier Heiliger vor Goldgrund entsprechen den Stuttgarter Tafeln zwei aus Mickhausen im südlichen Lkr. Augsburg stammende Altarflügel im Museum der bildenden Künste in Budapest, die auf den Außenseiten, wiederum über beide Tafeln ausgedehnt, eine Darstellung des Mtodes zeigen. Auch im Stil ist deutliche Verwandtschaft festzustellen, in der Bildung und Neigung der Köpfe, in den dünnen Gliedmaßen und im Gewandfaltenstil. Dasselbe gilt für die im Oberhausmuseum Passau befindlichen, allerdings stark übermalten Altarflügel unbekannter Herkunft, deren Maße und Rankengoldgrund sogar die ehemalige Zugehörigkeit zu den Budapester Tafeln möglich machen.

Die im einzelnen etwas harte, insgesamt straff komponierte Gewanddrapierung S.s erscheint in gemäßigter Form wieder im Wandmalereizyklus überlebensgroßer Apostel über den Mittelschiffspfeilern der Frauenkirche in Memmingen (um 1470), deren ungesicherte und umstrittene Zuschreibung an S. insgesamt doch am plausibelsten erscheint. Unter den kleineren, ihm allgemein zugesprochenen Fresken dieser Kirche sei eine halbfigurige, gekrönte GM in der Mondsichel zwischen musizierenden Engeln genannt (Chorsüdwand), die um 1480/90 datiert wird, aber wohl doch eher zu den frühen Werken wie das inschriftlich 1464 datierte Vöhlinsche Stifterbild gegenüber gehört. Als unter S.s Leitung zum großen Teil durch Gehilfen ausgeführte Arbeit werden die bald nach 1475 vollendeten Fresken im Kreuzgang des ehemaligen Elsbethenklosters in Memmingen angesehen. Somit fallen wohl alle der gesicherten oder heute eindeutig zugeschriebenen Arbeiten in die Zeit zwischen 1460 und 1480, was sich mit den archivalischen Daten ziemlich genau deckt und ein Ableben des Künstlers deutlich vor 1500 wahrscheinlich macht.

Lit.: G. Otto, Die Künstlerfamilie S., In: Lebensbilder aus dem Bayer. Schwaben II, 1953, 77–79. — A. Stange, Dt. Malerei der Gotik VIII, 1957, 126–130. — Ders., Kritisches Verzeichnis der dt. Tafelbilder vor Dürer II, 1970, 192–194. — E. Rettich, Der Montfort-Werdenberg-Altar von Hans und Ivo S., In: Die Grafen von Montfort, Geschichte und Kultur, 1982, 65–72. — Thieme-Becker XXXII 190.

3. *Ivo* (Yff), Bildhauer (und Maler?), * 1430 in Memmingen, †17.8.1516 ebd., Sohn des älteren, Bruder des jüngeren Hans S., übernahm 1462 Haus und Werkstatt des Vaters, von wo aus er über die schwäbische Umgebung hinaus v. a. nach Graubünden, aber auch nach Vorarlberg und Tirol Altäre lieferte. Dabei sind stilistisch als eigenhändig erkennbare Schnitzwerke bis etwa 1500 nachweisbar, während bis 1506 ein von Jörg Syrlin in Ulm beeinflußter Mitarbeiter die Skulpturen der S.-Werkstatt prägte. Die nachfolgenden Werke, wenn überhaupt, dann immer noch vom mittlerweile hochbetagten S. signiert, zeigen wiederum eine neue Handschrift, die per Stilvergleich Hans Thomann zugewiesen wurde. Bei der Produktion der Werkstatt handelt es sich um Altäre, von denen im Schwäbischen, wo Reformation und der oft damit verbundene Bildersturm verbreitet Wirkung zeigen, fast nur noch Einzelskulpturen vorhanden sind. Vollständige Altäre, deren Flügelgemälde möglicherweise der junge Bernhard S. beigetragen hat, sind in Graubünden nachzuweisen, so der Altar in Brigels von 1486 (einem der frühesten Schnitzwerke, die S. zugeschrieben werden können) und v. a. der signierte und inschriftlich datierte Altar der Klosterkirche Disentis, der den Ausgangspunkt bei der Zusammenstellung eigenhändiger Arbeiten darstellt.

Jeweils im Zentrum der Altarschreine steht eine Mfigur, deren Typus bereits in Disentis erkennbar ist und bis etwa 1500 in wesentlichen Zügen unverändert bleibt: Während die Madonna in Brigels noch eine üppige, stark dominierende Gewandfaltenbildung kennzeichnet, die relativ beliebig durchgeformt erscheint, beginnt in Disentis eine gestraffte Gewandkomposition, die teilweise durchaus realistischen Verhältnissen verpflichtet ist und auch die Körperformen deutlicher hervortreten läßt. Die Haltung der Madonna, der insgesamt bei aller Würde etwas Behäbiges eignet, bes. auch die Art, wie ᛗ das Kind mit beiden Händen hält, deren charakteristisch lange, schlanke Finger sich weich anschmiegen und die enge Verbundenheit zeigen, wiederholen sich wie die Struktur der Gewanddrapierungen bei den ᛗfiguren in St. Andreas bei Lumbrein und in Obersaxen (beides Graubünden) sowie bei einer GM in Egg a. d. Günz und weiteren ᛗfiguren in Lauchdorf (Lkr. Kaufbeuren), in St. Joseph in Memmingen sowie in der dortigen Frauenkirche, einer Skulptur aus Hawanger Privatbesitz, die um 1500 datiert wird und somit eine der letzten, mehr oder weniger eigenhändigen Werke S.s darstellt. Zu den qualitätvollsten Arbeiten S.s rechnet G. Otto einen Verkündigungsaltar in der Unterstadtkapelle zu Meersburg am Bodensee, den sie als Gemeinschaftsarbeit mit dem Bruder Hans S. d. J. in die späten siebziger oder frühen achtziger Jahre des 15. Jh.s datiert sowie die Skulpturen eines Dreikönigsaltars aus dem ehemaligen Kloster Katharinenthal im Thurgau, wohl um 1490, der sich heute im Schweizerischen Landesmuseum in Zürich befindet. Eine Gemeinschaftsarbeit mit dem jungen Bernhard S. stellt schließlich der Altar in Sontg Andriu bei Lumbrein dar, dessen Skulpturen der ᛗ mit Kind zwischen den hll. Johannes Baptist und Martin ganz den Stil der Disentiser Figuren von 1489 zeigen.

Lit.: G. Otto, Grundsätzliches zur plastischen Tätigkeit I. S.s, In: Memminger Geschichtsblätter 20 (1935) H. 1, 1–6. — Dies., Strigelfiguren in der Schweiz und in Schwaben, In: Anzeiger für schweizerische Altertumskunde, NF 37 (1935) 233–240. — Dies., Altarwerke von I. S., In: ZAK 10 (1948) H. 1/2, 57–63. — Dies., Die Künstlerfamilie S., In: Lebensbilder aus dem Bayer. Schwaben II, 1953, 71–93. — Dies., Ivo und Bernhard S., Hans Thomann, In: Memminger Geschichtsblätter 52 (1967) 23–28. — Thieme-Becker XXXII 190 f.

4. **Bernhard**, Maler (Tafelbilder und Wandgemälde), * um 1460/61 in Memmingen, †1528 ebd., Enkel Hans S.s d. Ä., Sohn von Hans d. J. oder Ivo S. und bedeutender Vertreter dieser Memminger Künstlerfamilie, dessen Wertschätzung durch die Zeitgenossen in seiner Berufung zum Hofmaler Kaiser Maximilians zum Ausdruck kommt. Er zählt zu den großen Meistern der Zeit des Übergangs von der Spätgotik zur Renaissance. Als Bürger seiner Heimatstadt ist S. archivalisch besser belegt, als in seinen privaten Verhältnissen oder als Künstler. Neben verschiedenen Ehrenämtern in der Gerichtsbarkeit seiner Stadt (seit 1512) und von 1517 bzw. 1518 bis zu seinem Lebensende als Ratgeb oder Zunftmeister in der für ihn zuständigen Kramerzunft und Mitglied des Rates, diente er immer wieder als Abgesandter seiner Stadt, bes. auch am Hof der Habsburger. Eine wichtige Vermittlerrolle übernahm er in den Auseinandersetzungen der Reformation, deren Zielen er durchaus zugeneigt war, radikale Bestrebungen und gewaltsame Lösungen jedoch ablehnte und die Parteien zu versöhnen suchte.

B. Strigel, Hl. Familie, Flügel des Mindelheimer Sippenaltars, um 1505, Nürnberg, Germanisches Nationalmuseum

Die frühesten künstlerischen Eindrücke dürfte er im Kindesalter bei der Entstehung der Wandmalereizyklen in der Memminger Frauenkirche (um 1470) erfahren haben, die in Teilen von der Werkstatt Hans S.s d. J. ausgeführt wurden, darunter v. a. die monumentalen Apostel im Langhaus. Die ersten Lehrjahre im heimischen Betrieb folgten, als dieser mit der Ausmalung des Kreuzgangs im Elsbethenkloster in Memmingen (vollendet bald nach 1475) beschäftigt war. Die frühesten, ihm (jedoch nicht unumstritten) als eigenhändig zugeschriebenen Werke sind Tafelbilder zu Altären, die die Werkstatt Ivo S.s v. a. nach Graubünden lieferte, so ein Altarflügel im Schweizerischen Landesmuseum in Zürich, der aus Splügen stammt. Im hl. Sebastian dieses Altars ist bereits ein physiognomischer Typus festzustellen, der im Werk S.s jahrzentelang nachwirkt und geprägt ist auch durch die Kunst der Vorgängergeneration. Einflüsse speziell koloristischer Art (Verwendung bestimmter Lokalfarben) durch den wenig älteren Ulmer Meister Bartholomäus Zeitblom sind für die Frühzeit S.s festzustellen und lassen auf zeitweise Mitarbeit in dessen Werkstatt schließen.

Weitere Arbeiten des jungen Malers für Altäre, die Ivo S. nach Graubünden lieferte, sind die

Altarflügel von Disentis von 1489 (mit Ansätzen zu räumlicher Figurenanordnung, deren stärkerer Plastizität und Zuwendung zu den Schreinfiguren), die Rückseite des Altars in Brigels (eine Weltgerichtsszene wie sie u. a. auch in Disentis auftritt, wo die Verwendung von Stilmitteln erkennbar ist, die niederländische Künstler wie Memling entwickelt haben) und die Altarflügel von Obersaxen.

Zwischen 1490 und 1495 muß S. selbständiger Meister geworden sein. Sein erster Auftrag rel. Thematik, eine »Maria mit Kind« aus einem Diptychon mit Stifterbildnis des Memminger Patriziers Hans Funk d. J. (München, Alte Pinakothek), zeigt bes. deutliche niederländische Einflüsse in Komposition und Malweise sowie in einzelnen Details wie im »rundlich-weichen Kopftypus der Maria« (Otto). Die Mitarbeit am Hochaltar für die Klosterkirche Blaubeuren (1493/95), brachte ihn erneut mit B. Zeitblom zusammen. Von den insgesamt 16 auf mehrere Maler verteilten Tafelbildern erhält S. sechs Szenen. Gegenüber Zeitblom und den anderen Malern in Blaubeuren zeichnet sich S.s Malweise dabei aus durch gezielte Verwendung weniger, miteinander korrespondierender Farben, durch entschlossene Raumgestaltung und Konzentration der Kompositionen auf wenige Personen und deren individuelle Charakterisierung. Sein M̶typus ist hier im wesentlichen festgelegt: Der weich gerundete, hochovale Kopf ist von jugendlicher Zartheit, die fast konturlos aus der Farbe entwickelt ist. Typisch sind die gesenkten Lider, die vollen Wangen und der herzförmige Mund.

Spätgotische Züge in der Formgebung einzelner Figuren der S.schen Gemälde in Blaubeuren weichen in den Flügelbildern des um 1500 entstandenen Dreikönigsaltars (Memmingen, Städt. Mus.) einer natürlicheren Haltung und realistischeren Einbindung in den Raum. Dabei sind formale Übernahmen aus schwäbischen und fränkischen Holzschnitten festgestellt worden. In farblicher Hinsicht löst sich S. nun aus der Gebundenheit an reine Lokalfarben und gibt Lichtwirkung und Plastizität durch Farbnuancen in gebrochenen Tönen gesteigerten Ausdruck. Erste Versuche einer Hell-Dunkel-Malerei, die im überirdischen Licht des den drei Weisen erscheinenden Sternkindes (auch ikonographisch eine Seltenheit) ihre Quelle hat, weisen bereits voraus auf die »Geburt Christi« des Salemer M̶altars von 1507/08, die als Novum im südt. Raum ganz von der Lichtdramaturgie bestimmt wird.

Nur wenige Jahre früher ist der vierzehnteilige Mindelheimer Sippenaltar datiert, gestiftet um 1505 von Barbara v. Rechberg für die Annakapelle von St. Stephan in Mindelheim als Gegenüberstellung der Sippe der Patronin und der Familie der Stifterin (die Stiftertafeln heute Rechbergischer Familienbesitz in Donzdorf, Kreis Geislingen, die 10 Sippenbilder in Nürnberg, Germ. Nat. Mus.). Der Menschentypus ist nun standfester und derber, der charakteristische, später vielfach wiederkehrende männliche Kopf im Profil mit offenem Mund ist im Joseph der Hl. Familie vorgeprägt. Bei der Darstellung M̶s ist hier erstmals die als lineare Bereicherung wirkende, strähnige Aufteilung der Haarfülle zu sehen, die in der Folge nicht nur barhäuptige M̶darstellungen S.s kennzeichnet.

Die häufige Anwesenheit Kaiser Maximilians I. in der Reichsstadt Memmingen war eine günstige Voraussetzung für den Aufstieg S.s zum Hofmaler — die früheste Begegnung fällt in die ersten Jahre des 16. Jh.s. Maximilian dürfte, wie man vermutet im Zusammenhang mit seiner geplanten Kaiserkrönung in Rom, bei S. 1507 einen Altar mit Gemälden zur Kreuzlegende in Auftrag gegeben haben, in dem er selbst als Begleitfigur des das Kreuz tragenden Kaisers Konstantin in der typischen Profildarstellung auftritt. Die erhaltenen vier Tafeln befinden sich in Schloß Metternich in Königswart bei Marienbad und kamen im 19. Jh. aus päpstlichem Besitz an den Fürsten. Sie sollen aus der Basilika S. Paolo fuori le mura stammen, deren Symbolwert als Gründung Kaiser Konstantins und als eine der Hauptkirchen Roms bei Maximilian eine Stiftung angeregt haben könnte, die seiner Krönung durch den Papst förderlich sein sollte. Die Auftragsvergabe an S. spricht für seine hohe Wertschätzung durch den Kaiser, den er — offensichtlich mit Erfolg — bereits vorher porträtiert hatte. In dramatisch bewegter Manier bei lebendiger, körperhafter Formensprache erreicht der Künstler einen Höhepunkt seines Schaffens, der der hohen Aufgabe eines Geschenks des Kaisers an den Papst gerecht wird.

Der reife Meister zeigt sich schließlich in dem 1508 zu datierenden M̶altar der Klosterkirche Salem, von dem vier Szenen des M̶lebens im Schloßmuseum Salem erhalten sind. Auch hier wieder hebt in der Verkündigung an M̶ eine gezielte »Lichtregie« die Hauptpersonen hervor, in der »Geburt Christi« herrscht reine Hell-Dunkel-Malerei vor, die das weihnachtliche Heilsgeschehen tatsächlich als nächtliches darstellt, in dem das auf M̶, Joseph, Engel und Hirten fallende Licht allein vom Christkind ausgeht. Der souveränen Lichtbehandlung entsprechen die nuancierte Farbigkeit und die Beherrschung der Raumwirkung durch realistische Überschneidungen bei diagonaler Figurenkomposition (»Anbetung der Könige« — hier wieder Porträtähnlichkeit eines der Könige mit Maximilian I.). Die Predella des Altars zeigt eine »Grablegung M̶e«, deren Apostel typische Charaktere S.s darstellen.

Zu den hervorragenden Werken der reifen Phase zählt ein M̶leben aus der Prämonstratenserkirche Schussenried (um 1515), wovon vier Tafeln in den Staatl. Museen Berlin-Dahlem erhalten sind. Die durch das für S. typische schmale Hochformat bedingte Enge hindert den Künstler nicht mittels perspektivisch angelegter

Architekturen und Mobiliars sowie der Staffelung und teilweise gewagten Verkürzung der Personen Raum- und Tiefenwirkung zu erzielen. Zarte Gefühlswerte kennzeichnen die Begegnung Ms mit Elisabeth oder die Szene der in den Armen der Apostel Petrus und Johannes sterbenden M, während Christus mitten unter den übrigen Aposteln in doppelschichtiger Darstellung seine Mutter segnet und gleichzeitig bereits die kleine Gestalt ihrer Seele auf dem Arm trägt.

Von der Wandmalerei S.s, urkundlich bezeugt, ist vergleichsweise weniges, auf Memminger Kirchen beschränkt, erhalten: Ein Mleben an der ins Kirchenschiff gewandten Südwand des Turms der Liebfrauenkirche, Gemälde in der ehemaligen Antoniuskapelle (darunter eine Schutzmantelmadonna) sowie die besser erhaltenen Fresken der Zangmeisterkapelle in der Martinskirche, sämtlich zu datieren in die Zeit um 1515/20.

Vorangegangen war 1515 eine Reise nach Wien, um den Kaiser mit seiner Familie zu porträtieren. Die Bildniskunst wird in der Folge zu einem Schwerpunkt seines Schaffens. Als er ein zweites Mal 1520 nach Wien gerufen wurde, war Maximilian seit einem Jahr tot und der ihm nahestehende Humanist Johannes Cuspinian in den Besitz des Gruppenporträts gelangt. S. wandelte es durch einfache Bezeichnung der Dargestellten in ein Sippenbild (des Cleophas) um, das er durch das Gruppenporträt Cuspinians (als Sippe des Zebedäus) und die Hl. Sippe im engeren Sinne auf der Rückseite des Maximiliansbildes ergänzte. Neben dieser interessanten Entstehungsgeschichte liegt die Bedeutung des Cuspinianschen Diptychons (heute Wien, Kunsthist. Mus.) v. a. in der von S. aufgemalten Signatur mit Datierung, die mit einer annähernden Altersangabe verbunden ist und so den Rückschluß auf sein Geburtsjahr 1460/61 erlaubt. Der Porträtcharakter der Dargestellten zeigt nun die tiefe Erfassung der menschlichen Wesensart, die im Spätstil S.s auch die Gestalten rel. Bilder prägte.

Eine neue Betonung erfährt in den Jahren nach 1520 die Darstellung der Landschaft, wobei vielleicht auch Einflüsse der →Donauschule wirksam gewesen sind. Gerade auch bei den berühmten vier Grabwächtern (drei München, Alte Pinakothek, einer York, England, Art Gallery), die als Sargwände des 1521/22 entstandenen Hl. Grabes für die Frauenkirche in Memmingen dienten, ist neben der dominanten Darstellung der Wächtergestalten, die eingehende, auf realistische Darstellung der Details und Stimmungsgehalte des Ganzen angelegte Wiedergabe der umgebenden Natur unübersehbar.

Späte Werke zeigen wiederum stärkere Anklänge an spätgotische Eigenheiten wie fehlende Räumlichkeit, Goldhintergrund, gestreckte Figuren und die in bewegte Zipfel ausschwingende Stoffülle, doch stehen die Gestalten in ihrer ausgereiften Physiognomie und Körperlichkeit ganz auf der Höhe der neuen Errungenschaften. Die besondere S.sche Qualität liegt dabei in der fein abgestuften, warmen Farbigkeit, die gerade zum Stimmungsgehalt sakraler Themen (z. B. »Abschied Jesu von seiner Mutter« und »Entkleidung Jesu« in Berlin-Dahlem, bald nach 1520), aber auch zur feinen Differenzierung seelischer Werte in seiner umfangreichen Bildnismalerei den entscheidenden Beitrag leistete.

Einen deutlichen Einschnitt in die rel. Malerei S.s brachte das Jahr 1523, als sich in Memmingen die Reformation durchsetzte und kirchliche Aufträge in seiner Heimatstadt damit ausblieben. So stammen die erhaltenen Gemälde der letzten Lebensjahre aus der Umgebung, z. B. ein heute auseinandergerissener Altar mit dem Thema der »Sieben Freuden und sieben Schmerzen Mariä«, der aus Aulendorf oder aus Isny kommen soll und wovon u. a. eine Mkrönung sich heute in der Staatsgalerie Stuttgart befindet, sowie als letzte überkommene Werke rel. Art von Abt Jodokus Necker von Salem für sein Kloster gestiftete Passionstafeln, von denen zwei in der Kunsthalle Karlsruhe erhalten sind.

Der große Bestand an Porträtgemälden S.s bezeugt seinen Ruhm unter den Zeitgenossen. Neben den hier an erster Stelle zu nennenden zahlreichen Bildnissen Kaiser Maximilians und seiner Familie stehen naturgemäß Mitglieder des schwäbischen Adels und der städt. Patrizierfamilien. Eigens genannt sei hier allein das ganzfigurige Porträt des Conrad Rehlinger d. Ä. und seiner acht Kinder von 1517 (München, Alte Pinakothek). Der Vater ist in monumentaler Weise allein auf einer der beiden Tafeln dargestellt, doch sind er und seine Kinder in der Körperhaltung aufeinander bezogen, und der gemeinsame Landschaftshintergrund, in dem M mit dem die Kinder segnenden Jesuskind auf Wolken schwebt, verbindet die Familie zusätzlich.

Lit.: A. Stange, Dt. Malerei der Gotik VIII, 1957, 134–151. — B. Bushart, »Meister des Pfullendorfer Altars« oder B.S., In: ZfKG 21 (1958) 230–242. — G. Otto, B.S., 1964 (mit Werkkatalog und Lit.). — E. Rettich, B.S., Diss., Freiburg i. B. 1965. — G. Otto, Ivo und B.S., Hans Thoman, In: Memminger Geschichtsblätter (1967) 23–28. — A. Stange, Kritisches Verzeichnis der dt. Tafelbilder nach Dürer II, 1970, 195–221. — H. G. Thümmel, B.S.s Diptychon für Cuspinian, In: Jahrbuch der kunsthist. Sammlung in Wien 76 (1980/81) 97–110. — Thieme-Becker XXXII 187–189.

N. Leudemann

Strom, in Blut verwandelt. Aus der Stadt Toulouse soll sich unerklärlicherweise ein Blutstrom ergossen haben, was die Goten als Vorzeichen ihres Untergangs ansahen. Dieses von der Chronik des Sigebert v. Gembloux überlieferte Ereignis dient im → »Defensorium« als Parallele zum Wunder der Geburt Jesu aus der Jungfrau M. Illustrationen dazu finden sich in mehreren Handschriften und Drucken des Defensoriums.

Lit.: J. v. Schlosser, Zur Kenntnis der künstlerischen Überlieferung im späten MA, In: Jahrbuch der Kunsthist. Sammlungen des Allerhöchsten Kaiserhauses 23 (1902) Tafel 20 J 2. — Molsdorf, Nr. 906. — RDK III 1213.

F. Tschochner

Strozzi, Bernardo, ital. Maler, * 1581 in Genua, † 2.8.1644 in Venedig. Seine Ausbildung erhielt S. in Genua zunächst beim Maler und Kunsthändler Cesare Corte, dann 1595–97 beim gebürtigen Sieneser Pietro Sorri. 1598 trat er in das Kapuzinerkloster S. Barnaba in Genua ein, was ihm seinen Beinamen »Il Cappuccino« oder »Il Prete Genovese« einbrachte. Dort malte er überwiegend halbfigurige Heiligen- und Devotionsbilder. 1608 verließ er das Kloster, um als Laiengeistlicher für den Unterhalt seiner Schwester und seiner Mutter sorgen zu können. Als diese jedoch 1630 starb, entfiel der Grund für seinen Status als Weltpriester, aber S. entzog sich dem Wiedereintritt in das Kloster durch die Flucht nach Venedig. Dort hatte er seine erfolgreichste Phase, arbeitete in kirchlichem und städt. Auftrag und malte zahlreiche Porträts (z.B. des Dogen F. Erizzo, Wien, Kunsthist. Mus., 1631).

In der Frühzeit zeigte sein Stil noch Einflüsse der sienesischen Malerei (z.B. Ventura Salimbeni) mit kalten Farben, harter Modellierung und manierierten Körperformen (Verkündigung M's, New York, Sammlung Seligman, nach 1610). Seit etwa 1612 wurde seine Malerei unter dem Einfluß Caravaggios derber und realistischer, und S. verwendete nun wärmere Farben (M mit Kind und Heiligen, Genua, Galleria di Palazzo Rosso, um 1615); in dieser Zeit entstanden auch genrehafte Gemälde (z.B. Die Köchin, ebd., um 1615). Span. Malerei verarbeitete S. in den 20er Jahren (Wunder des hl. Didacus/Diego v. Alcalá, Levanto, Chiesa dell' Annunziata, 1625/30), und um 1625 geriet er unter den Einfluß der Malerei Peter Paul Rubens' und Anton van Dycks, die nach 1600 in Genua gearbeitet hatten. Von ihnen übernahm S. die warmen Farbtöne, das dramatische Helldunkel und die bewegten Körper (z.B. M reicht das Kind dem hl. Felix v. Cantalice, Genua, SS. Concezione; davon zahlreiche Versionen). Auch die Gemälde der venezianischen Zeit S.s zeigen diese Stilmerkmale, er verwendete nun aber leuchtendere Farben, womit er wieder an den Stil seiner frühen Jahre anschloß (Verkündigung an M, Budapest, Mus., nach 1631).

Marian. Themen kommen in seinem Werk mehrfach vor, so die Verkündigung an M, die Hl. Familie, M mit Kind und verschiedenen Heiligen, die Schmerzensmutter, lesende oder betende Madonnen, die Himmelfahrt Me. Ikonographisch bemerkenswert sind aber nur wenige Gemälde: die sog. Madonna della pappa (»Brei-Madonna«; verschiedene Versionen, u. a. Chalon-sur-Saône, Mus. Denon), die dem Jesuskind Brei zu essen gibt; die sog. Madonna der Gerechtigkeit (Paris, Louvre), zu deren Füßen ein Engel ein geöffnetes Buch mit den Worten »suprema lex esto« hält, die auf das Christuskind zu beziehen sind; die Schmerzensmutter (Voltaggio, Pinacoteca dei Cappuccini), deren Herz mit einem Schwert durchbohrt ist.

Das Aufstellen einer Chronologie der häufig undatierten Werke S.s wird dadurch erschwert, daß er von den meisten Themen — oft erst nach Jahrzehnten — Wiederholungen anfertigte.

Lit.: G. Fiocco, B.S., 1921. — T. da Ottone, B.S., 1940. — A.M. Matteucci, B.S., 1966. — L. Mortari, B.S., 1966. — M. Milkovich, B.S. Paintings and Drawings, Ausst.-Kat., Binghampton 1967. — F.R. Pesenti, L'officina di B.S., Ausst.-Kat., Genua 1981. — R. Pallucchini, La pittura veneziana del Seicento, 1981, 155 ff. — C. da Langasco, B.S., 1983. *K. Falkenau*

Strudel, Peter, * um 1660 in Cles im Nonnbergtal/Südtirol, † 1716 in Wien, gründet nach seiner Ausbildung in Venedig bei Carl Loth eine private Kunstakademie, die 1705 durch Kaiser Joseph I. offiziellen Status erhält. 1689 wird er zum Kaiserlichen Kammermaler ernannt. Sein umfangreichster Auftrag war die Ausstattung der Gemächer Josephs I. in der Wiener Burg mit ca. 150 Deckenbildern und anderen Gemälden (1688/89, nur wenige erhalten) in Öltechnik auf Leinwand. Er verknüpfte geschickt die Einflüsse seiner venezianischen Lehrzeit mit dem röm. Akademismus eines Carlo Maratta und dem neapolitanischen Realismus Luca Giordanos. Nach 1700 kam die flämische Stilkomponente von Rubens und van Dyk hinzu. S.s Akademie wurde durch die Unterstützung J.M. Rottmayrs zum Zentrum für die Ausbreitung eines venezianisch-neapolitanischen Mischstils in Europa.

Sein wichtigstes Werk ist die Beweinung Christi (Wien, Barockmus., um 1710), die in engem kompositionellen Bezug zu van Dycks Gemälde gleichen Themas steht. Lediglich Art, Stellung und Körperauffassung Christi entsprechen der Grablegung von C. Loth in S. Maria dei Derelitti in Venedig. Hier wird deutlich, wie S. die kraftvoll klaren Eindrücke flämischer Barockmalerei mit dem zarten, weich-athmosphärisch leuchtenden Kolorismus venezianischer Malerei verknüpft. Der linke Arm der GM umfängt dabei den Rücken des toten Sohnes, während der rechte Arm schräg im mittleren Bildraum mit offener Hand gegeben ist. Es entsteht so eine Synthese zwischen Gestus und himmelwärts gerichtetem Blick der GM.

Lit.: M. Koller, P.S., Diss., Wien 1972. *B.-U. Krüger*

Struve (Haker), Richard, Mariologe, * 8.8.1904 in Neustadt/Schleswig-Holstein, † 27.3.1973 in München, wuchs mit seinen Geschwistern in einer formell prot., jedoch rel. indifferenten Familie in Kiel auf. Nach dem Schulabschluß konvertierte er nach »einem langen Weg« am 7.7.1923 zur kath. Kirche. Er selbst hat diesen Weg mit heftigen geistlichen Krisen später in dramatischen Tönen in Spanisch beschrieben.

Trotz des anfänglichen Mißtrauens seitens des kath. Bischofs Wilhelm Berning wurde S. ins Priesterseminar aufgenommen. Er studierte Phil., Theol. und Kirchenrecht in Kiel, Fulda, Freiburg i. B. und Osnabrück, wo er am 23.12.1928 zum Priester geweiht wurde und war anschließend sieben Jahre Kaplan im Milieu des Hamburger Hafens. Weil er sich mutig dem Hitlerregime entgegenstellte, wurde er von einem Mitglied der Gestapo, der sich als Katholik ausgegeben hatte, denunziert. Ein Freund warnte ihn vor der unmittelbar drohenden Todesgefahr und drängte ihn, ein Schiff zu nehmen, das gerade nach Kolumbien in See stach. In dem ihm völlig unbekannten Land war er bis zum Ende des Zweiten Weltkriegs als Seelsorger für die Ausländer in Bogotá tätig. Seine außerordentliche sprachliche Begabung (er beherrschte 8 Sprachen in Wort und Schrift) erleichterte ihm seine Arbeit. So konnte er auch in der Erzdiözese die Ämter des Promotor iustitiae und des Defensor vinculi übernehmen. Außerdem wurde er Präsident des Nat. Sekretariats für Glaubens- und Sittenfragen, gleichzeitig war er Prof. für Kirchenrecht am Priesterseminar und an der Universidad Javeriana.

Seine Hinwendung zur Mariol. ist die Frucht eines Gelübdes an die GM von La Peña, als seine Familie im Bombenhagel extrem gefährdet war, aber die Zerstörung ihres Hauses glücklich überlebte. Von diesem Tag an widmete er sich mit beispielhaftem Eifer der Wiederbelebung des Kultes der GM von la Peña und der Restaurierung ihres Heiligtums. Er erforschte die Ursprünge der Wallfahrt zur Hl. Familie von La Peña und faßte seine Forschungen in dem Werk »El Santuario Nacional de Nuestra Señora de la Peña« zusammen, das wegen seiner Materialfülle bis heute wertvoll ist. Mit Stolz hebt er darin hervor, »daß es in der Kirchengeschichte Kolumbiens erstmals gelungen ist, einen wissenschaftlichen Nachweis zugunsten des übernatürlichen Ursprungs einer marianischen Anrufung vorzulegen« (ebd. 55). S. gründete die Zeitschrift »Regina Mundi« und am 22.9.1959 die Sociedad Mariológica Colombiana nach dem Vorbild der europäischen Einrichtungen. Es war die erste Gesellschaft dieser Art in Lateinamerika. Mit geradezu benediktinischer Geduld fertigte er ein Schriftverzeichnis zu PG und PL an. Dazu nahm er über 500 000 Zitate auf. Er gründete das »Nationale Marianische Zentrum Kolumbiens«. Auf der Grundlage seiner Studien schrieb er »Los tipos de María en los Padres Pre-Efesinos«. Mit Blick auf seine prot. Geschwister verfaßte er »María en el Protestantismo moderno«.

Auf Einladung von Kardinal Döpfner kehrte er im Juni 1968 nach Deutschland zurück.

WW: Hölderlin. Tribut einer Ehrfurcht, 1942. — Las Causales Canónicas del Divorcio, 1944. — Novena a San Juan María Vianney, Cura de Ars, 1948. — El Santuario Nacional de Nuestra Señora de La Peña, 1955. — El Problema del protestantismo en Colombia, 1958. — Novena en Honor de Jesús, María y José en su Advocación de La Peña. La Biblia Sola o »de error en error«, 1959. — Inquisición, Tolerancia e Idea Ecuménica, 1959. — Hacia la Iglesia. Por qué se volvieron Católicos Centenares de Pastores Protestantes?, 1959. — María en el Protestantismo moderno, 1959. — Teoría y Práctica de la Filatelia mariana, 1960. — Los tipos de María en los Padres Pre-Efesinos, 1966. — »Quae Sola Perfecte Stetit«. Disquisitio de voce »Stabant« in Ioh. 19,25ss, 1967. — Catecismo Católico para la Instrución Religiosa de los Conversos (unvollendet, nicht gedruckt).

QQ: Archivo Sociedad Mariológica Colombiana, Bogotá.
Lit.: Revista Regina Mundi, Nr. 1–50 (1957–F87). *L. Ramírez*

Stumpff, Carolus, Lebensdaten unbekannt, stand in den Diensten des badischen Hofes in Schlackenwerth, der dort zwischen 1690 und 1721 residierte.

Seine Werke für den Gottesdienst (Messen, Litaneien, ℳ-Antiphonen [je 2 Alma redemptoris, Salve regina, Ave regina, Regina coeli]) sind kantatenhaft aufgegliedert, wobei der Tuttianteil dominiert.

Lit.: MGG XII 1644f. — Grove XVIII 309. *E. Löwe*

Stundenbücher. 1. *Allgemeines.* Das lat. Stundenbuch, gleichzeitig mit dem Brevier im 11. Jh. entstanden, ist im Gegensatz zu diesem kein streng liturg. Buch (zur definitorischen Unterscheidung und historischen Entwicklung →Gebetbücher). Es enthält aber, allerdings in nicht geregelter Form, neben Privatgebeten (→Gebete) eine Anzahl liturg. Texte: als Hauptstücke ein Kalendar, das seit der 2. Hälfte des 10. Jh.s bezeugte und später v.a. durch die Zisterzienser, Prämonstratenser und Augustinerchorherren in das Hauptoffizium integrierte →»Officium parvum BMV« (sog. lange Tagzeiten bzw. Cursus unsrer lieben Frau, lediglich mit 3 Lesungen in der Matutin), die 7 Bußpsalmen mit Allerheiligenlitanei, Suffragien (kurze, aus Antiphon, Versikel, Responsorium und Oratio bestehende Bittgebete für einzelne Kirchenfeste bzw. zu einzelnen Heiligen), sowie das »Officium defunctorum« (lediglich mit Vesper, Matutin und Laudes), als mögliche Nebentexte sodann Evangelienperikopen (Joh 1,1–14; Lk 1,26–38; Mt 2,1–12; Mk 16,14–20), die Johannes-Passion (Joh 18–19,42 bzw. alle vier Passionen, zuweilen die Gradualpsalmen (Ps 119–133) und das »Psalterium sancti Hieronymi« (mit 183 Ps-Versen).

Nichtliturg. Provenienz sind die häufig übernommenen ℳgebete »Obsecro te« und »O intemerata«, die 5 bzw. 7, 9 oder 15 »Gaudia Mariae«, verschiedene Passions- und Kommuniongebete und katechetische Texte. Aus dem Bereich der Zusatzoffizien stammen die Offizien »de sancta cruce«, »de sancto spiritu« (in langer oder kurzer Form), »de sancta trinitate«, »de sacramento«, »de compassione Mariae«, →Heinrich Seuses »de aeterna sapientia« u.a., die als Kurzoffizien auch nach Wochentagen geordnet und zuweilen mit dem jeweiligen Meßformular verbunden sein können.

Das S. war das Gebetbuch des vom Chorgebet ausgeschlossenen und an der aktiven liturg. Teilnahme verhinderten Laien. Erst seit dem 14. Jh. allmählich in die Volkssprachen übersetzt, wurde es, vornehmlich in Frankreich, aber auch in den Niederlanden, Italien, England und Spanien, zu einem meist in Ateliers reich illustrierten Luxus- und Sammelobjekt des Adels, städt. Patrizier und wohlhabender Bürger, jedoch waren auch einfache Handschriften verbreitet. Dabei begünstigte der nichtoffiziöse Charakter (im Gegensatz zum Brevier) eine freie

Gestaltung und private Wünsche, so daß jedes S. in Textauswahl und Schmuck seinen individuellen Charakter besitzt. So wurde das S. zwischen 1375 und 1525 zum meistproduzierten Handschriftentyp, wobei Frankreich mit zwei Dritteln der erhaltenen Codices stets führend blieb. Auch der Buchdruck nahm sich der S. an, nach zögernden Anfängen (Venedig 1474, Delft und Brüssel seit 1480) vornehmlich in Paris (Antoine Vérard und Simon Vostre seit 1487) mit Holz- und Metallschnitten, wo im 16. Jh. der Höhepunkt erreicht wird (Labarre 416–423). Das gedruckte S. in Frankreich, seit dem 16. Jh. als Massenprodukt angefertigt, zumeist in lat.-franz. Mischversion, wird seit 1550 mit Privatgebeten angereichert, seit dem 17. Jh. treten geistliche Übungen, Meßgebete, die liturg. Vespertexte u.a. hinzu. Was für ev. Christen die Lektüre der Bibel, war für kath. Laien jene des S.s, das deshalb, jedenfalls in Frankreich, sogar Elementarbuch zum Lesen werden konnte (Labarre 429). Die frühe Verbreitung des S.s wurde zudem durch Bruderschaften und durch Drittorden begünstigt; so verpflichteten mehrere Orden (Franziskaner, Dominikaner, Augustiner, Serviten, Karmeliter) ihre Drittordensmitglieder zur täglichen Absolvierung des »Officium parvum de BMV«.

2. *Deutschsprachige Stundenbücher*. Im Gegensatz zum niederländischen S., das vornehmlich das von Geert Groote wohl um 1380 übersetzte »Getijdeboek« als standardisierte Textgrundlage heranzog, war das dt. S. kaum verbreitet, sowohl in der Textzusammenstellung wie auch als Luxusobjekt. Lediglich im Einflußbereich des Niederländischen, in Köln und im niederdt. Raum, teils wohl durch die Windesheimer Kongregation gefördert, wurden Grootes Übersetzungstexte in die entsprechende Regionalsprache adaptiert (z.B. Teile des Stephan-Lochner-Gebetbuchs von 1451 ins Ripuarische; das 1492–96 wohl von den Uracher Brüdern vom gemeinsamen Leben für Graf Eberhard V. im Barte von Württemberg geschaffene »Eberhardgebetbuch«), jedoch fehlen darüber genauere Untersuchungen. Vornehmlich im oberdt. Raum überwiegen die seit dem späteren 14. Jh. auftretenden Privatgebetbücher, in die freilich einzelne Textelemente des S.s integriert sein können. Begünstigt wurde diese Sonderentwicklung nicht zuletzt durch die Verbreitung von Privatgebetssammlungen (so von → Johann v. Neumarkt, bes. seiner kurzen »Tagzeiten zum Leiden Christi« und »Tagzeiten vom Mitleiden Marias«, und von → Johannes v. Indersdorf). Die wenigen frühen dt. Stundenbuchdrucke wurden seit 1501 vom →»Hortulus animae« in der Version des »Seelengärtleins« abgelöst.

3. *Maria im Stundenbuch*. Der Frömmigkeit der Zeit entsprechend, kommt der MV in den S.n eine herausragende Rolle zu. Den textlich umfangreichsten und künstlerisch stets am aufwendigsten ausgestatteten Teil bildet das »Officium parvum de BMV«, das je nach Diözese und Orden verschiedene Versionen herausgebildet hat (z. B. secundum usus Romane curie, secundum consuetudinum Anglie), die für die Lokalisierung einer Handschrift mit der notwendigen Vorsicht herangezogen werden können (Madan). So stellt Plotzek (Andachtsbücher, 27 f.) richtig fest: »Der in franz. Stundenbüchern ausgebildete und mit großer Konstantheit unverändert gebliebene Miniaturenzyklus zu den acht Gebetsstunden dieses Offiziums sieht zur Matutin die Verkündigung an Maria vor, zu den Laudes die Heimsuchung, zur Prim die Geburt Christi, zur Terz die Hirtenverkündigung, zur Sext die Anbetung der Könige, zur Non die Darbringung Jesu im Tempel, zur Vesper die Flucht nach Ägypten und zur Komplet die Krönung Mariens. Eine solche vorrangig in Livres d'Heures franz. Provenienz gebräuchliche Bildfolge übte zwar eine bestimmend bleibende Wirkung auf die Stundenbuchillustration anderer Länder aus, verhinderte jedoch nicht thematische Abweichungen, die einerseits durch lokal gefestigte, eigene Traditionen bewirkt wurden, andererseits aber auch aus der mehr oder weniger starken, von der Souveränität der jeweiligen Künstlerperönlichkeit bewirkten Loslösung von thematischen und ikonographischen Vorgaben resultierte.« Mit der zunehmenden Leidensfrömmigkeit dringt in die Illustration des »Officium parvum BMV«, schon früh in Frankreich und in der Tradition der Psalterikonographie, der Passionszyklus ein. Zudem entsteht das »Officium de compassione Mariae«, das zuweilen mit dem »Officium parvum BMV« vermischt sein kann. In späten franz. S.n begegnet zudem das Sonderoffizium »de immaculata conceptione BMV«. »Gleichsam zum Standardrepertoire in franz. Livres d'Heures gehören die beiden Mariengebete mit den Anfangsworten ›Obsecro te‹ und ›O intemerata‹, die in leicht abgewandelten Redaktionen verbreitet sind und gerade darin Lokalisierungshinweise enthalten« (ebd. 48; Text bei Leroquais, Les Livres d'Heures II 346. 336; vgl. Wilmart, Auteurs spirituels, 474–504). Auch in dt. Sprache existieren davon verschiedene Versionen. In litaneiartiger Form vertrauen diese beiden Gebete auf Ms Mittlerschaft bei Christus, wobei der Betende seinen Namen einbezieht. Unter den individuell aufgenommenen Privatgebeten erscheinen zahlreiche zu M: am häufigsten die (→Sieben) Freuden Ms (auf Erden und/oder im Himmel), ihre →Sieben Schmerzen, Rosenkranzklauseln, →Grüße, Bittgebete mit bestimmten Ablässen oder Versprechen, die in den vorausgehenden Rubriken formuliert sind. Marian. Frömmigkeit ist auch in den zuweilen aufgenommenen Meßformularen des Kirchenjahres präsent, etwa in den »Les Très Riches Heures« des Duc de Berry, wo von insgesamt 20 Formularen drei für Mfeste bestimmt sind (Assumptio, das allgemeine Formular »Salve sancta parens« und Purificatio; Text bei Cazelles-Rathofer 395–399. 411–414).

Ausg. (auch Faksimile-Editionen mit Kommentaren, Auswahl): I. Dubizmay, Der kurß zu Teutze von unser lieben frawen (Breviarium aus dem Jahre 1463), 1939. — J. Eschweiler, Das Eberhardgebetbuch. Cod. Brev. 4° Nr. 1 der Württembergischen Landesbibliothek zu Stuttgart, 1951. — F. Unterkircher und A. de Schryver, Gebetbuch Karls des Kühnen vel potius Stundenbuch der Maria von Burgund, 1968 f. — F. Gorissen, Das Stundenbuch der Katharina von Kleve, 1973. — W. Hilger, Das ältere Gebetbuch Maximilians I. Codex Vindobonensis 1907 der Österr. Nationalbibl., 1973. — H. Hauke, Das Eichstätter Stundenbuch. Die lat. Hs. 428 der Bibl. des Bischöfl. Seminars Eichstätt, 1977. — E. Mittler, G. Stamm und E. König, Stundenbuch des Markgrafen Christoph I. von Baden. Codex Durlach I der Bad. Landesbibl., 1978. — E. Trenkler, Rothschild-Gebetbuch. Codex Vindobonensis Ser. nov. 2844, 1979. — A. Sterligow, Das Stundenbuch Ludwigs von Orléans, 1980. — L. M. Tocci, Das Stundenbuch Vat. Ross. 94, 1983. — R. Cazelles und J. Rathofer, Les Très Riches Heures du Duc de Berry, 1984. — E. König, Offizium der Madonna. Stundenbuch des Jean Bourdichon (Vat. lat. 3781), 1985. — Ders., Stephan Lochner: Gebetbuch 1451. Hs. 70 der Hess. Landes- und Hochschulbibl. Darmstadt, 1989. — E. König und B. Brinkmann, Das Blumenstundenbuch von Simon Bening, 1989. — O. Mazal und D. Thoss, Das Buchaltärchen Herzog Philipps des Guten von Burgund. Codex 1800 der Österr. Nationalbibl. in Wien, 1991. — Ders., Les très belles heures de Notre-Dame, 1992.

Bibl.: H. Bohatta, Versuch einer Bibliographie der Livres d'Heures des 15. und 16. Jh.s mit Ausnahme der für Salisbury und York gedruckten, Wien 1907 (²1924). — Ders., Bibliographie des Livres d'heures aux XVe et XVIe siècles, Vienne 1909. — H. Köstler, Stundenbücher. Zur Geschichte und Bibliographie, In: Philobiblon 28 (1984) 95–128.

Lit.: W. v. Seidlitz, Die gedruckten illustrierten Gebetbücher des XV. und XVI. Jh.s, In: Jahrbuch der königl. preuss. Kunstsammlungen 5 (1884) 128–145; 6 (1885) 22–38. — E. Hoskins, Horae Beatae Mariae Virginis, or Sarum and York Primers, London 1901. — E. L. Taunton, The Little Office of Our Lady: A Treatise Theoretical recital, Practical and Exegetical, London 1903. — F. Madan, Hours of the Virgin Mary. Tests for Localization, In: The Bodleian Quarterly Record 3 (1920) 41 ff. — V. Leroquais, Les livres d'heures manuscrits de la Bibliothèque nationale, 3 Bde. und Supl., 1927 und 1943 (bes. Einleitung in I, I–XL). — J. Stadlhuber, Das Laienstundengebet vom Leiden Christi in seinem ma. Fortleben, In: ZkTh 72 (1950) 282–322. — G. Achten und H. Knaus, Dt. und niederländische Gebetbuchhandschriften der Hess. Landes- und Hochschulbibl. Darmstadt, 1959. — W. Irtenkauf, Zur liturg. Seite des Eberhardgebetbuches, In: FS für W. Hoffmann, 1962, 189–203. — F. X. Haimerl, Ma. Frömmigkeit im Spiegel der Gebetbuchliteratur Süddeutschlands, 1967. — F. Gorissen, Das Stundenbuch im rheinischen Niederland, In: Studien zur klevischen Musik- und Liturgiegeschichte (1968) 63–109. — P. Salmon, Les monuments liturgiques latins de la Bibliothèque Vaticane IV: Les livres de lecture de l'office, les livres de l'office du chapitre, les livres d'heures, 1971, XXIII–XVII. — L. M. J. Delaissé, The Importance of Books of Hours for the History of the Medieval Book, In: Gatherings in Honour of D. Miner, 1974, 203–225. — J. Harthan, S. und ihre Eigentümer, 1977. — E. König, Zur Lokalisierung von S.n mit überregional verbreitetem liturg. Gebrauch, In: Mün. 31 (1978) 346 ff. — M. Plotzek, Die Handschriften der Sammlung Ludwig II, 1982, 11–47. 286–313. — F. Unterkircher, Das S. des MA, 1985. — G. Achten, Das christl. Gebetbuch im MA. Andachts- und Stundenbücher in Handschrift und Frühdruck. Staatsbibliothek Preußischer Kulturbesitz Ausst.-Kat. 13, Berlin ²1987. — J. A. Plotzek, Andachtsbücher des MA aus Privatbesitz, 1987. — R. S. Wieck, Time sanctified. The Book of Hours in Medieval Art und Life, 1988, 27–44. — P. Ochsenbein, Vorreformatorische Gebetbuchdrucke in dt. Sprache, In: Librarium 32 (1989) 42–46. — DACL IX 1841–82. — DSp VII 410–431 (Labarre).

P. Ochsenbein

Stundengebet (Liturgia horarum/Stundenliturgie). Sowohl in seiner Geschichte als auch in seiner heutigen Gestalt erweist sich das S. als wichtige Quelle einer marian. Frömmigkeit, die in der Liturgie ihre »goldene Regel« (MCu 23) erkennt. Innerhalb des röm. Ritus wird das S. geordnet durch die mit der Apost. Konstitution »Laudis canticum« (1.11.1970) eingeführte Liturgia horarum iuxta ritum Romanum (4 Bde., 1971 ff.; dt.: Stundenbuch für die kath. Bistümer des dt. Sprachgebiets, 1978 ff., 3 Bde., 16 Faszikel für das Lektionar). Im ersten Band ist die Allgemeine Einführung (AES) vorangestellt, die v. a. sinnerhellende theol. und liturg. Aussagen bietet. Ausdrücklich wird in AES 240 darauf hingewiesen, daß an den → Samstagen im Jahreskreis, an denen nichtgebotene Gedenktage möglich sind, auf dieselbe Weise das Gedächtnis der seligen Jungfrau M mit seiner eigenen Lesung gehalten werden kann (vgl. auch Pastorale Einführung zur »Sammlung von Marienmessen«, Art. 35 f.). Dem → Magnificat wird in der Vesper dieselbe Feierlichkeit und Ehre erwiesen wie dem Evangelium (vgl. AES 138). Wo in der Apg zum erstenmal von der Gemeinde der Gläubigen die Rede ist, erscheint sie im Gebet vereint »zusammen mit den Frauen und mit Maria, der Mutter Jesu« (Apg 1,14).

Aus dem Gemeinschaftscharakter der Stundenliturgie (vgl. AES 9) resultiert das Bemühen, bes. Laudes und Vesper, »Angelpunkte« des S.es (AES 37–54. 272), wieder zu Gemeindegottesdiensten werden zu lassen, bes. an (hohen) Festtagen (vgl. AES 20–27). Die Elemente des S.es (Psalmen, Antiphonen, Cantica, Lesungen, Responsorien, Hymnen und andere nichtbiblische Gesänge, Preces) prägen neben dem Meßformular dieser Tage Eigenart und Gestalt der marian. Hochfeste, Feste und Gedenktage entscheidend mit und machen deren Mitfeier zu einem Weg geistlicher Aneignung und Vertiefung, zu einer Quelle marian. Spiritualität. »Im Gotteslob des Stundengebetes stimmt die Kirche ein in den Lobgesang, der im Himmel durch alle Ewigkeit erklingt« (AES 16; vgl. SC 83). Es gewährt Gemeinschaft mit der himmlischen Kirche und gibt schon jetzt »Anteil an der Freude des ewigen Lobes« (AES 16).

Lit.: S. Bäumer, Geschichte des Breviers, 1895. — J. Pascher, Das Stundengebet der röm. Kirche, 1954. — E. J. Lengeling, Liturgia horarum, In: LJ 20 (1970) 141–160. 231–249; 24 (1974) 176–193. — R. Kaczynski, Schwerpunkte der AES, In: LJ 27 (1977) 65–91. — Th. Schnitzler, Was das Stundengebet bedeutet, 1980. — M. Klöckener und H. Rennings (Hrsg.), Lebendiges Stundengebet, FS für L. Brinkhoff, 1989. — G. Fuchs, Singet Lob und Preis. S. mit der Gemeinde feiern, 1993. — P. Ringseisen, Morgen- und Abendlob mit der Gemeinde, 1994.

Th. Maas-Ewerd

Sturmlerner, Friedrich, * 10.9.1749 in Wolfach, † 1824 in Roggenburg. Der Prämonstratenserkonventuale von Roggenburg war viele Jahre in der Seelsorge tätig, gegen Ende der Klosterzeit als Superior in Roggenburgs Wallfahrt Schießen. Dort ist 1790 sein wichtigstes marian. Buch entstanden, »Das Pflegkind Mariä/ in seiner Andacht/ und/ Erinnerung/ nach den alten Urkunden der Kirche«. S.s Stil ist gekennzeichnet von der neuen Art zu schreiben, wie sie sich bei Sebastian → Sailer ankündigt, und frei von allem Überschwang. Er war ein eifriger Schriftsteller von Predigt- und Erbauungsbüchern, deren der Bibliograph 62 zu zählen vermag.

Lit.: L. Goovaerts, Dictionnaire bio-bibliographique des Ecrivains, Artistes et Savants de l'Ordre de Prémontré, Bruxelles 1900–16, II 218–226; IV 332. — F. Tuscher, Das Reichsstift Roggenburg im 18. Jh., 1976 (Register). *H. Pörnbacher*

Stuten. Augustinus (De civitate Dei 21,5) berichtet von S. in Kappadokien, die angeblich durch den Wind trächtig werden. Dieses Naturwunder zieht das → Defensorium als Parallele zur wunderbaren Empfängnis des Gottessohnes durch den Hl. Geist heran. Bildliche Darstellungen der S. finden sich in den illustrierten Fassungen des Defensoriums sowie am M-altar aus Kloster Stams von 1426, einem Wiener Pergamentblatt (Kunsthist. Mus., Inv. Nr. 4927) und einem Gemälde in Schleißheim (Mitte 15. Jh.).

Lit.: J. v. Schlosser, Zur Kenntnis der künstlerischen Überlieferung im späten MA, In: Jahrbuch der Kunsthist. Sammlungen des Allerhöchsten Kaiserhauses 23 (1902) Tafel 16 f. — K. Atz, Hochgotischer Marienaltar in Stams, In: ZChK 18 (1905) 326 Tafel X. — Molsdorf, Nr. 889. — RDK III 1216.
F. Tschochner

Suarez, Francisco, SJ, »Doctor Eximius« (Benedikt XIV.), *5.1.1548 in Granada, †24.9.1617 in Lissabon im Ruf der Heiligkeit, trat 1564 nach kirchenrechtlichen Studien der Gesellschaft Jesu bei. Nach der phil.-theol. Ausbildung in Salamanca unterrichtete er zuerst Phil. in Segovia und Avila (1570–74), und — seit 1572 Priester — von 1575 an Theol. in Valladolid. In der Folge lehrt er Theol. am röm. Kolleg der Jesuiten (1580–85), in Alcalá (1585–93), später in Salamanca (1593–97) und schließlich mit Unterbrechungen in Coimbra (1601–15).

S.' vielseitige Begabung findet ihren schriftlichen Niederschlag in den Bereichen der Phil. (Disputationes metaphysicae), des Rechts (De legibus), der Spiritualität (De religione) und der Theol. (De gratia). Sein theol. Denken ist von der thomistischen Tradition geprägt (Mancio de Corpore Christi); das geistliche Leben steht unter dem Einfluß der affektiven Betrachtungsform der Jesuiten (M. Gutierrez, B. Alvarez). S. ist um die phil. Grundlegung seiner Theol. bemüht und versucht die positive Lehre in Auseinandersetzung mit zeitgenössischer Problematik (z. B. die philol. Kritik des Humanismus und die theol. Einwände der Reformtheologen) zu formulieren. Er setzt sich mit Thomismus, Skotismus und Nominalismus gleicherweise auseinander und stellt gegebenenfalls die Komplementarität ihrer respektiven Standpunkte heraus (z. B. über Notwendigkeit und Kontingenz).

Sein Denken über M findet sich in den 23 Streitfragen (disputationes) des Kommentars zu den Fragen 27–37 im dritten Teil der Summa Theologiae (Vivès XIX 1–336), wo sie den allgemeinen Titel »De Mysteriis Vitae Christi« führen. Die erste Ausgabe erfolgte 1592 in Alcalá und trug die Bezeichnung »Commentariorum ac disputationum in tertiam partem Divi Thomae. Tomus Secundus« (Sommervogel VII 1162 f.). Diese 1590–92 fertiggestellte Schrift, von S. selbst herausgegeben, gilt als zweite und definitive Mariol. des span. Theologen.

Bereits während seiner röm. Lehrtätigkeit (1584–85) hatte S. eine erste, abgeschlossene Mlehre erarbeitet. Sie trägt die Überschrift »Quaestiones de B. Maria Virgine quatuor et viginti in Summam contractae« und behandelt in 24 Fragen (quaestiones) die gesamte Mlehre. Es handelt sich aber nicht um eine von S. verfaßte und veröffentlichte Schrift, noch auch um Schülermitschriften, sondern um eine Fabio de Fabiis zugeschriebene Zusammenfassung von Vorlesungen über Mariol., die im Ms. 3571 (Gesuit. 1.442) fol. 501–510 der Nat. Bibl. Vitt. Em. in Rom enthalten war und von J. A. de Aldama 1952 zum ersten Mal veröffentlicht wurde.

Weitere Materialien für S.' Mariol. sind eine Abhandlung über die Notwendigkeit des »debitum peccati« in M und die Wahrscheinlichkeit, daß bereits die Apostel die Lehre von der UE gelehrt hatten (erhalten als Ms. im span. Original [Bibl. de la Acad. de Historia, Madrid, t. XII, n. 25], in lat. Fassung veröffentlicht in: »De vitiis et peccatis« [Vivès IV 615 ff.]), eine kurze Erwähnung der Rolle Ms unter dem Kreuz in »De Eucharistia« (disp. 77, s. 3, n. 2), über die ursprüngliche Rechtfertigung Ms in »De opere sex dierum« (Vivès III 3,20) sowie weitere Erörterungen zur UE in Briefen oder Abhandlungen (vgl. Brief an Ignacio de las Casas, 26.4.1601, Arch. Sacromonte, Granada, Legajo 6, p. 1, fol. 204; Brief an Gonzalo de Albornoz, 8.2.1616, In: Alcazar, Historia de la Provincia de Toledo, MS., ch. III, 1; beide zitiert nach Corraille II 241. 246).

Was an S.' Schriften über M auffällt, ist die Unterscheidung zwischen einer ersten (Rom 1584–85) und einer zweiten (Alcala 1590–92) Mariol. Während die erste nur in der erwähnten Zusammenfassung erhalten ist, liegt die zweite vollumfänglich vor. Da sie zudem zeitlich später entstand und danach von S. keine neue umfassende Mlehre vorgelegt wurde, wird die Alcala-Fassung in »De Mysteriis Vitae Christi« als das eigentliche und abschließende Denken des Theologen über M angesehen. Sie ist gekennzeichnet durch die weitgehende Unterordnung unter den marian. Schematismus der Summa (III 27–37) und die dort behandelten Themen, trägt aber auch gewisse Züge der röm. Fassung. Hier hatte sich S. gegenüber der Summa größere Freiheit herausgenommen, namentlich indem er Fragen wegließ, ihre chronologische Ordnung umstieß und neue Aspekte beifügte (16–24). Die 24 Streitfragen der röm. Fassung bilden ein geschlossenes Ganzes, das bei der GMschaft ansetzt (8), die dadurch bedingte ursprüngliche Heiligkeit Ms erörtert (9–15), deren Entfaltung im Leben (16–20) und bei der Vollendung im Himmel (21–22) verfolgt und mit den beiden Fragen zur MV schließt (23 f.). Im Vergleich dazu ist die spätere Version (1590–92) weniger geistliches Porträt Ms als eine chronologische Abfolge ihres Lebenslaufes im

Rahmen der Mysterien Christi, begleitet von einschlägiger theol. Reflexion. Im neuen Schema vermischen sich das ursprüngliche chronologische Ordnungsschema der Summa und die systematische Ordnung von S.' röm. Traktat. Es stellt einen Mittelweg zwischen der Freiheit der röm. Fassung und der Hörigkeit gegenüber den marian. Artikeln des Thomas dar.

Der methodologische Ausgangspunkt der Mariol. ist parallel zur Christol. konzipiert: wie die Inkarnation (»Christum esse Deum et Incarnationem factum«) die Grundlage dessen ist, was über das Geheimnis Christi ausgesagt werden kann, so ist die GMschaft M̄s (»illam esse Matrem Dei«) das Fundament der Mariol. Alle Vorzüge M̄s und alle theol. Aussagen über sie erschließen sich aus ihrer Würde als Theotokos. Indem S. dem thomasischen Prinzip der Nähe M̄s zu Gott folgt — sie ist Person-Mutter des Gottessohnes — ordnet er diese Würde dem Bereich der hypostatischen Ordnung zu, jedoch nicht im Sinne einer der hypostatischen Ordnung eigenen Wesenseinheit mit Gott, sondern nur insofern, als ihre Mutterwürde eine Sendung (munus) zum Ausdruck bringt. Die in der GMschaft angezeigte Beziehung zur hypostatischen Ordnung hat, im Gegensatz zu unserer Gottesbeziehung, den Charakter einer inneren Notwendigkeit. Die Würde der GMschaft ist Urform und Prägemal aller von M̄ erhaltenen Gnadengaben (vgl. Disp. I 5. 1–3).

S. schließt die Möglichkeit (im Sinn von Gottes Allmacht) einer GMschaft nach der natürlichen Zeugungsordnung nicht aus, vertritt und verteidigt jedoch M̄s vollumfängliche Jungfräulichkeit nach der historischen Heilsordnung. M̄s Jungfräulichkeit ist hingeordnet von Gott auf die GMschaft und die damit verbundene leibliche Fruchtbarkeit (»ad Filii generationem«); sie ist ein Aspekt von M̄s Heiligkeit als GM (»ad consecrandum Deo thalamum«) (Disp. V und VI, bes. VI 5. 3. n. 7). S. setzt sich auch ausführlich mit der Natur der Beziehung zwischen Mutter und Sohn auseinander. Sein theol. Verständnis der GMschaft wird in der Folge von thomistischer Seite mangelnder ontologischer Begründung bezichtigt (Manteau-Bonamy 186 f.)

Obwohl objektiv und systematisch der GMschaft nachgeordnet, gilt der Heiligkeit M̄s S.' besonderes persönliches Interesse. Bereits anläßlich des Studienabschlusses in Salamanca (1570) formuliert S. die These von den alle Heiligen und Engel übersteigenden Gnadengaben M̄s, die später in die Alcala-Fassung eingeht. In der Folge vereinheitlicht er seine theol. Auffassung, indem er über die fortwährende Entfaltung der Ursprungsgnade, über M̄s beinahe ununterbrochene Konzentration auf Gott, die Höchstform in der Verbindung von Aktion und Kontemplation in ihrem Leben, und über das stetig und ins Unermeßliche wachsende Verdienst der Gnade M̄s nachdenkt. S. schließt nicht rundwegs aus, daß M̄s Heiligkeit, d. h. das ihr zugemessene Maß an Gnade und Liebe, jenes aller Heiligen und Engel übersteigt (vgl. bes. Disp. XVIII 5. 1–4). Diese Auffassung wird manchmal unter den Charakteristika des sog. Suarezianismus aufgeführt.

Bereits in Salamanca übernimmt S. das Versprechen der dortigen Jesuiten, für die Verteidigung der UE einzutreten. Er nimmt die Möglichkeit und Wahrscheinlichkeit an, daß die UE bereits von den Aposteln gelehrt wurde. Doch mit Beharrlichkeit hält er am »debitum peccati« fest, selbst gegen die Inquisition (1616), vorwiegend aus Sorge um die Universalität der Erlösung und M̄s Abhängigkeit von Christus.

S., dessen Verständnis der Offenbarung in mancher Hinsicht zu hinterfragen ist (Dillenschneider), veranschaulicht am Beispiel der Lehre über die UE die Bedingungen zur Definition eines Dogmas. Obwohl kein ausdrückliches Zeugnis über die UE in der Schrift zu finden ist, hält er dafür, daß alle Bedingungen erfüllt sind, um diese Lehre als Dogma zu definieren. Er schreibt dies der Wirkung des Hl. Geistes und dem unter dessen Einflußnahme sich festigenden »communis sensus Ecclesiae« zu: »Potest igitur hic Ecclesiae consensus ita crescere, ut tandem possit Ecclesia absolute et simpliciter rem definire ...« (Mysteria Vitae Christi, q. 27, a. 2, d. 3, s. 6, n. 4, In: Vargas Machuca 65).

Die Aufnahme M̄s mit Leib und Seele in den Himmel hat für S. denselben dogm. Gewißheitsgrad wie die UE. Die dafür angeführten Gründe (8) fußen letztlich auf der Tatsache und den Auswirkungen der UE, ein Argument, das — neben der theol. Autorität des S. allgemein — in »Munificentissimus Deus« aufgegriffen wird.

Die Aussagen über M̄s Mitwirkung in der Erlösung haben einschränkenden Charakter: M̄ ist nicht im Sinne einer Wirkursache, einer eigentlichen und wesentlichen Ursächlichkeit an unserer Erlösung beteiligt. Doch hat sie daran in gewisser und besonderer Weise mitgewirkt (vgl. Disp. XVIII 5. 1, n. 2 und 4). S. charakterisiert diese besondere Weise als Mitwirkung bei der Inkarnation und als das damit erwirkte Verdienst, sowie als M̄s Fürsprachefunktion (causalidad impetratoria) im Hinblick auf die Erlösung. Er bringt die Diskussion um M̄s Rolle in der Erlösung zu keinem Abschluß (de Aldama, Bover). Er sieht in ihr die neue Eva, das Aquädukt und die Mittlerin, durch die uns alle Gnadengaben Gottes zukommen. Sie ist die universelle Fürsprecherin, deren Macht die aller anderen Heiligen übersteigt. Es gilt: »Si ergo omnia gratiae dona per Virginem ceteris communicantur, rationi consentaneum est ut in ipsa prius recipiantur« (Disp. XVIII s. 4, n. 13).

S. hat Joh 19,25–27 nicht im Sinne von M̄s geistlicher Mutterschaft interpretiert. Unter Verwerfung der sog. sakramentalen Theorie (d. h. Verwandlung der physischen Natur des Johannes und damit Schaffung einer körperlich gebundenen Mutter-Sohn-Beziehung durch das »Ecce Filius«) werden Jesu Worte in Anlehnung an Augustinus als persönliches Zeugnis seiner Sohnesliebe und nicht als geistliches Band der Mutter-Sohn-Beziehung zwischen M und Johannes verstanden (Disp. XXXVII s. 4, n. 10). Diese Erklärung ist ein retardierendes Moment auf dem Weg zu einer umfassenderen Deutung des Textes im Sinne der messianischen und geistlichen Mutterschaft Ms. Andererseits sprechen solide Gründe dafür, daß S. M die Rolle des Mitopferns unter dem Kreuz im moralischen Sinne zugesteht (de Aldama; vgl. De Eucharistia, disp. 77, s. 3, n. 2). Das Mitleiden Ms mit Christus steht in enger Verbindung zu ihrer Rolle als geistliche Mutter aller Menschen (Disp. IV s. 3, n. 5; s. 2, n. 4).

Die MV hat ihre Begründung in Ms Nähe zu Christus, bezieht sich auf die M eigene Heiligkeit und ist ganz auf ihre Würde als GM ausgerichtet; die praktische Ausrichtung dieser MV zeigt sich an der Behandlung der Mfeste, wo neben den vier großen und ältesten (Verkündigung, Reinigung, Aufnahme in den Himmel, Geburt), ebenfalls ULF vom Schnee, der Besuch bei Elisabeth, die Empfängnis Ms und die Darstellung im Tempel erwähnt sind, ebenfalls typisch lokale Feste wie die »Expectación« und »Descensión« Ms, sowie das besondere Gedächtnis ULF am Samstag. In abgeklärter und aufschlußreicher Form, handelt S. auch über die Mmessen, das Mgebet (Ave, Salve, Rosenkranz, Lauretanische Litanei), die Mkirchen, das mehrmalige tägliche Glockengeläute, Bilder und Wunder. Der Höhepunkt der MV liegt in der Nachahmung Ms (vgl. Disp. XXII und XXIII). S.' MV, die in ihrer zutiefst christozentrischen Form immer Hyperdulia bleibt, zeichnet Echtheit und Maß aus.

Die Bedeutung der Mariol. des S. erhellt nicht zuletzt aus dem historischen Zusammenhang. Die span. Theol. im goldenen Zeitalter war um die Harmonisierung von ma. Scholastik und humanistischer Kultur der Renaissance bemüht, was sich bei S. am gegenüber Thomas gehobeneren sprachlichen Ausdruck zeigt (Matilla Martinez). S.' Mariol. ist zudem das Ergebnis der Auseinandersetzung mit prot. Mariol.-Kritik aus dem Norden und immaculatistischem Fieber im Süden. Sie mündet in klärende theol. Wissenschaftlichkeit bei gleichzeitig gedämpfter affektiver Engagiertheit.

Will man das methodische Bemühen um die umfassende Idee, die Aufmerksamkeit gegenüber den konkreten Gegebenheiten, die systematische Ordnung und die Unabgeschlossenheit als Merkmale einer Synthese von klassischer und barocker Mariol. bezeichnen, mithin als »barocco andaluz« (de Aldama), dann kann S.' Mlehre auch dafür stehen. Ihre Besonderheit liegt inhaltlich in der Anlehnung bei gleichzeitiger Abgrenzung von Thomas, in der systematisch abrundenden Behandlung des mariol. Fragenkomplexes, der parallel zur Christol. durchgeführten Eruierung eines mariol. Organisationsprinzips (GMschaft), in der besonderen Akzentuierung der Heiligkeit Ms und in der Komplementarität von Wissenschaftlichkeit und Frömmigkeit.

WW: Opera omnia, 23 Bde., Venedig 1740–51. — Opera omnia, 26 Bde. in 28 Büchern, Paris 1856–61; 2 Bde. Index, Paris 1878 (Mariol.: XIX 1–336). — J. B. Malou, Francisci Suaresii … Opuscula sex inedita, Paris 1859. — Misterios de la vida de Cristo (vol. 1, Disp. 1–32). Version castellana del R. Galdos, 1948. — The Dignity and Virginity of the Mother of God (Disp. I, V, VI from the Mysteries of the Life of Christ), übers. von R. O'Brien, 1954. — É. Elorduy, Cartas y Mss. de S., In: Miscelanea Comillas 39 (1962) 271.

Lit.: G. Vazquez, Varones ilustres de la Compania de Jesus VIII, Bilbao, 1891^2, 374. — R. de Scorraille, F. S., 2 Bde., Paris 1911. — Dillenschneider 153–161. — R. Rodriguez de Yurre, S. y la transcendencia de la maternidad divina, In: Revista espanola de Teologia 1 (1941) 873–914. — J. M. Bover, S. Mariologo, In: EE 22 (1948) 167–193 oder 311–337. — H.-M. Manteau-Bonamy, Maternité divine et Incarnation. Etude historique et doctrinale de Saint Thomas à nos jours, 1949, 175–187. — J. A. de Aldama, El sentido moderno de la mariologia de S., In: Actas del IV. cent. del nac. de F. S., 1948–1948 II, 1950, 55–73. — T. M. Bartolomei, Relazione doctrinale tra la Bolla »Munificentissimus Deus« e il pensiero del S. sul Assunzione Corporea di Maria Vergine, In: DT 54 (1951) 334–358. — J. A. de Aldama, Piété et Système dans la Mariologie du »Doctor eximius«, In: Maria II, 1952, 975–990. — Ders., Un resumen de la primera Mariologia del P. F. S., In: ATG 15 (1952) 292–337. — H. Nolan, F. S.: Theologian of Our Lady's Assumption, In: De assumptione B. V. Mariae. Romae, Academia mariana VIII, 1953, 15–23. — E. Lopera, De divina maternitate in ordine unionis hypostaticae ad mentem Doctoris eximii, In: EphMar 4 (1954) 66–88. — I. Riudor, Influencia de San Bernardo en la Mariologia de Salmeron y S., In: EstMar 14 (1954) 329–352. — F. de Paola Sola, Doctrina del Doctor Eximio y Piadoso F. S. sobre la Concepcion Inmaculada de Maria, In: EE 28 (1954) 501–532. — J. M. Bover, Posicion de S. en la controversia concepcionista, In: De debito contrahendi peccatum originale in B. V. Maria. Romae, Academia mariana Internationalis II, 1957, 268–284. — J. M. Moran, De mysterio Jesu Christi et suae matris, B. V. Mariae suisque corporis mystici, secundum conceptionem theologicam Patris S., In: Miscelanea Comillas 27 (1957) 257–292. — F. Sebastian Aguilar, Maternitatis divinae intima natura a F. S., S. I., et Didaco Alvarez, O. P. diversimode interpretata. Dos mentalidades diversas ante el problema de la maternidad divina, Diss., Madrid 1957. — N. Öry, S. in Rom, In: ZkTh 81 (1959) 133–162. — S. Castellote, Die Anthropologie des S., 1962. — J. M. Castillo, La afectividad en los Ejercicios segun la teologia de F. S., In: ATG 28 (1965) 69–178. — A. Moreira Ferraz, A teologia das revelações privadas em F. S. e a sua possivel incidencia sobre Fatima, In: De primordiis cultus mariani VI, 1970, 207–222. — Th. Koehler, Maria nella storia della devozione cristiana del sec. XIII al sec. XVII (1650), 1973, 146–148. — A. Vargas-Machuca, La teoria del progreso dogmatico en F. S., In: ATG 36 (1973) 5–80. — M. Matilla Martinez, Escolastica medieval y escolastica renacentista: comparacion S. — Santo Tomas, In: Escolastica medieval y escolastica renacentista, Valladolid, Dep. de Filologia Latina, Universidad de Valladolid, V/9–10 (1977) 167–172. — J. A. de Aldama, Maria y el sacrificio de la cruz, segun el pensiamento de S., In: »Homenaje a E. Elorduy«, 1978, 43–47. — S. Castellote, Der Stand der heutigen Suarezforschung auf Grund der neu gefundenen Handschriften, In: Phil. Jahrbuch 1 (1980) 134–142. — P.-F. Moreau, Ecriture Sainte et Contre-Réforme: la position suarézienne, In: RSPhTh 64 (1980) 349–353. — L. Diez Merino, Fundamentos biblicos en cuestiones mariologicas y perspectivas del culto mariano en F. S., In: EstMar 49 (1984) 147–184. — E. Llamas, Los grandes teologos de los siglos XVII y XVIII y el culto y la piedad hacia la Virgen Maria, In: EstMar 49 (1984) 27–31. — DThC XIV 2638–49; Tables II 4084–88. — RoschiniDiz 469f. — LThK^2 IX 1129–32. — Theotokos 334–336. — DSp XIV 1275–83.
J. Roten

Suassuna, Ariano Vilar, * 16. 6. 1927 in Cidade de Nossa Senhora das Neves/João Pessoa (Paraíba), bedeutender Schriftsteller des brasilianischen Nordostens, stammt aus einer traditionsreichen prot. Großgrundbesitzerfamilie des Landesinneren (»Sertão«) des brasilianischen

Nordostens, dessen Kultur S. entscheidend prägte. Sein Vater, Gouverneur des Staates Paraíba, wurde 1930 im Zusammenhang mit politischen Wirren in Rio de Janeiro ermordet. Die höhere Schule und das juristische Studium absolvierte S. in Recife. Bereits bei seinen ersten lit. Werken läßt er sich von der regionalen Volksliteratur inspirieren. Er gründet 1948 das Tourneetheater »Teatro do Estudante de Pernambuco«. 1951 tritt er zum Katholizismus über. Als Prof. für Ästhetik an der Universität Recife (seit 1956) wird S. zu einem bedeutenden Impulsgeber des kulturellen und lit. Lebens Pernambucos. Bedeutende Werke sind, nach den frühen Stücken, »O Castigo da Soberba« (1953), »O Rico Avarento« (1954), »Auto da Compadecida« (1955), »O Casamento Suspeitoso« (1957), »O Santo e a Porca« (1957), »O Homem da Vaca e o Poder da Fortuna« (1958), »A pena e a Lei« (1959), »Farsa da Boa Preguiça« (1960) u.a. Sein Roman »Romance d' A Pedra do Reino e o Príncipe do Sangue do Vai-e-Volta« (1971) gehört zu den bedeutendsten Darstellungen der phantastisch-realen Welt des Nordostens.

Das Werk S.s ist geprägt durch seinen Katholizismus, sein moralisches Engagement und das geistige wie lokale Szenarium des Nordostens. In der Theatertraditon der lat.-kath. Länder, v.a. der span. (Calderón), erscheint das Leben als Schauspiel, in dem Gott und die Heiligen, oft in merkwürdigen Verkleidungen, miterscheinen. S. eröffnet das dem Nordost-Roman entsprechende eigentliche Theater des Nordostens.

🐝 erscheint in zentraler Stellung im »Auto da Compadecida«, dem »Spiel von der Mitleidigen«. Das Stück beginnt mit einer weitausgespielten Umsetzung des traditionellen Farcenstoffs vom »Testament des Hundes« ins Milieu einer Kleinstadt des »Sertão«, in der als (literatur-)tpyische Figuren korrupte oder geldgierige Kleriker (Bischof, Priester, Sakristan), ein guter und einfältiger Mönch, ein hochfahrender Großgrundbesitzer, der ausbeuterische Bäcker und seine Frau, die ihn betrügt, erscheinen, aber auch der schlaue João Grilo und sein Freund Chicó. João Grilo führt, verwirrend und entwirrend, die Intrige zu jedermanns letztlicher Zufriedenheit und zum eigenen nicht ganz ehrlichen Profit. Beim Überfall des Räubers (cangaceiro) Severino auf das Städtchen werden alle außer Chicó getötet. Noch bevor das »Gericht« beginnen kann, versucht der Teufel, alle in die Hölle zu schleppen. João Grilo appelliert an Jesus und fordert ein »reguläres« Gericht; Jesus erscheint als schwarzer Priester (»Manuel«). Als auch vor seinem Gericht — der Teufel fungiert als Ankläger — die Lage brenzlig wird, appelliert João Grilo an »die Barmherzige.« 🐝, unterstützt von João Grilo, gelingt es, für die Seelen das Fegefeuer zu erwirken. João Grilos eigener Fall ist so verzwickt, daß man sich entschließt, ihn zur Bewährung ins Leben zurückkehren zu lassen. Seine erste Probe besteht er: das von dem verzweifelten Chicó der Jungfau 🐝 versprochene (ergaunerte) Geld stiftet er nach kurzem Hin und Her tatsächlich als »honorários da advogada«.

Das Stück erinnert in der Handlungsanlage und in der Rolle 🐝s an die 🐝mirakel des 13. und 14. Jh.s, in der sehr originellen Dramaturgie an Stücke Gil Vicentes und des 17. Jh.s. Die überzeugende Transponierung des Stoffes in die Welt des brasilianischen Nordostens mit ihren typischen Figuren, Motiven, Glaubensinhalten und Legenden unter Integrierung der Zeitaktualität (P.^{e} Cícero u.a.) sowie die realistische und differenzierte Sprache machen das Stück zu einem Meisterwerk.

🐝 hat als Fürsprecherin (»advogada«) und »Mitleidige« (»compadecida«) eine zentrale und die letztlich das Schicksal der Personen entscheidende Funktion. Ihre Hauptargumente sind zum einen die Tatsache, daß in der »Sprache der Welt und in der Art, wie der Teufel anklagt«, stets das Negative im Menschen herausgekehrt und das Gute unterschlagen wird; zum anderen die conditio humana (»a pobre e triste condição do homem«), sein Beherrschtsein durch das Fleisch und durch die Angst vor Tod, Leiden, Hunger und Einsamkeit — was wiederum nur ein »wirklicher« Mensch verstehen kann, ist doch, wie João Grilo bemerkt, »der Abstand zwischen uns und dem Herrn sehr groß« (wobei 🐝 freilich an die Angst Jesu auf dem Ölberg und seine Einsamkeit am Kreuz erinnert). »Auto da compadecida« dürfte eines der wenigen Zeugnisse neuerer Literatur sein, in dem 🐝 künstlerisch glaubhaft in entscheidender Funkton auftritt. In ihr summiert sich, was an christl. Lebenssicht das ganze Stück durchzieht: »intimer Kontakt mit Gott, der Gedanke der Einfachheit seiner Beziehungen mit den Menschen, das Verständnis von Leben und Glauben als Barmherzigkeit« (H. Oscar).

WW: O Casamento Suspeitoso, 1961. — Uma Mulher Vestida de sol, 1964. — O Santo e a Porca, 1964. — Auto da Compadecida, 1989.
Lit.: P. Dantas, Na compadecida alma do Nordeste, In: Revista Brasiliense Nr. 14, XI–XII (1957) 80–97. — M. Tati, Estudos e Notas Críticas, 1958. — A. Houaiss, Crítica Avulsa, 1960. — D.F. Ratcliff, Folklore and Satire in a Brazilian Comedy (Auto da Compadecida), In: Hispania 44,2, V (1961) 282–284. — Ders., Representative Plays of Northeastern Brazil, In: Kentucky Foreign Language Quarterly 9,2 (1962) 86–92. — A. Boudoux, Entrevista com A.S., In: Revista do Globo, Nr. 815 (3.3. und 16.3.1962) 30–33. — A. Suassuna, Teatro, região e tradição, In: Gilberto Freyre: sua filosofia, sua arte, 1962, 474–483. — S. Magaldi, Panorama do Teatro Brasilieiro, 1962. — A. Suassuna, Folk Theater in Northeastern Brazil, In: Américas 16,11, XI (1964) 18–23. — Ders., Genealogia Nobiliárquica do Teatro Brasilieiro, In: Américas 16,12, XII (1964) 18–23. — V. Aúz, Auto de la compadecida, In: Revista de la Cultura Brasileña 4 (1965) 350–355. — J. Pontes, O Teatro Moderno em Pernambuco, 1965. — W. Martins, Poetic Humor and Universality of S.'s Compadecida, In: Ball State University forum 10,3 (1969) 25–30. — A. Obino, A obra fabulosa de S., In: Revista de Teatro Nr. 385, Rio I–III (1972) 26. — L.H. Quackenbusch, The »auto« Tradition in Brazilian Drama, In: Latin American Review 5/2 (1972) 29–43. — W. Martins, From Essay to Theatre in the Northeast of Brazil, In: Academics (Oakland) 1972/73. — J.A. Guerra, El mundo mágico y poético de A.S., In: Revista de Cultura Brasileña 5 (1973) 56–71. — H. Oscar, (Einleitung) zu A.V.S., A Compadecida, 1989, 9–14. *W. Kreutzer*

Sub tuum praesidium. I. LITURGIE-WEST. »Unter deinen Schutz und Schirm« ist das älteste an ₥ gerichtete Gebet, das im Osten wie im Westen bekannt ist und aus dem 3. oder 4. Jh. stammt. Die byz. Liturgie verwendet es in der Vesper der Fastenzeit. Im Breviarium Romanum fand man es früher in Verbindung mit der → Lauretanischen Litanei abgedruckt. Als Antiphona post Evangelium der ₥messen steht es im Missale Ambrosianum (Mailand). Auch der kopt. Ritus kennt es in der Vesper der Quadragesima. In GL 32,3 wird das S.t.p. in folgender Übersetzung geboten, die auf dem ma. röm. Text mit seinen Erweiterungen (ab: unsere [liebe] Frau ...) basiert: »Unter deinen Schutz und Schirm fliehen wir, heilige Gottesmutter [Gottesgebärerin]. Verschmähe nicht unser Gebet in unseren Nöten, sondern errette uns jederzeit aus allen Gefahren, o du glorwürdige und gebenedeite Jungfrau, unsere Frau, unsere Mittlerin, unsere Fürsprecherin. Führe uns zu deinem Sohne, empfiehl uns deinem Sohne, stelle uns vor deinem Sohne.«

Statt »Führe uns zu deinem Sohne« war in älteren Übersetzungen die Version »Versöhne uns mit deinem Sohne« geläufig. Aus der abendländischen Geschichte dieses Gebetes sind einige Textformen bekannt, von denen die röm. ursprünglich wie folgt lautet: »Sub tuum praesidium confugimus, sancta Dei Genitrix; nostras deprecationes ne despicias in necessitatibus, sed a periculis cunctis libera nos semper, Virgo gloriosa et benedicta.«

Die ambrosianische Version des S.t.p. weist Gemeinsamkeiten mit der byz. auf und dürfte aus dieser abgeleitet worden sein; allerdings kann die im Anklang an das Vaterunser entstandene Variante des ambrosianischen Textes (»ne inducas in tentationem« statt: »ne despicias in necessitate«) nicht zur ursprünglichen Übersetzung gehören: »Sub tuam misericordiam confugimus, Dei Genitrix; nostram deprecationem ne inducas in tentationem, sed de periculo libera nos, sola casta et benedicta.«

In verstümmelter Form findet sich der griech. Text des S.t.p. auf dem Papyrus Nr. 470 der John Rylands Library, den C. H. Roberts 1938 veröffentlicht hat, ohne ihn zu identifizieren: Catalogue of the Greek and Latin Papyri in the John Rylands Library III, Cambridge 1938, Nr. 470. F. Mercenier OSB hat Inhalt und Bedeutung dieses Fragments erkannt und den Text mit eigenen Ergänzungen veröffentlicht (L'antienne mariale grecque la plus ancienne, In: Le Muséon 52 [1939] 229–235). Nach einer Vervollständigung des griech. Fragments mit Hilfe des kopt. Textes lautete das S.t.p. ursprünglich: ὑΠΟ τὴν σὴν / ΕΥΣΠλαγχνίαν / ΚΑΤΑφΕύγομεν, / ΘΕΟΤΟΚΕ Τὰς ἡμῶν / ΙΚΕΣΙΑΣ ΜΗ ΠΑρ- / ΕΙΔΗΣ ΕΜ ΠΕΡΙΣΤΑΣΕΙ / ΑΛΛ ΕΚ ΚΙΝΔΥΝΟΥ / ΡΥΣΑΙ ΗΜΑΣ, / ΜΟΝΗ ἀγνὴ / Η ΕΥΛΟΓμηένη. (»Unter den Schutz deiner vielfachen Barmherzigkeit fliehen wir, Gottesgebärerin; unsere Bitten verachte nicht in Nöten, sondern aus Gefahren rette uns, du allein Gesegnete.«)

Sub tuum praesidium, Papyrus Rylands

Bemerkenswert ist im S.t.p., das in LG 66 genannt wird, die direkte Anrufung ₥s, die Verwendung des ansonsten nur auf Gott bezogenen Begriffes εὐσπλαγχνία und des auf dem Konzil von Ephesus (431) definierten Titels Gottesgebärerin (θεοτόκος, Dei Genitrix), der seit Origenes gebräuchlich war. Die allgemeine Fassung des Gebetes und der Plural (Wir-Stil) lassen bereits auf einen frühen liturg. Gebrauch des Gebetes schließen, das heute im Geltungsbereich der röm. Liturgie v.a. in Andachten (→ Maiandachten) und als Privatgebet verwendet wird.

Lit.: F. Mercenier, La plus ancienne prière à la Sainte Vierge: le Sub tuum praesidium, In: Les questions liturgiques et paroissiales 25 (1940) 33–36. — A. Paredi, Influssi orientali nulla Liturgia Milanese antica, In: La scuola cattolica 68 (1940) 578 f. — P. G. Vanucci, La più antica preghiera alla Madre di Dio, In: Mar. 3 (1941) 97–101. — C. M. Perrella, De commate »in necessitatibus nostris« in predicatione »Sub tuum praesidium«, In: EL 56 (1942) 169 f. — E. M. Rieland, De completorio Fratrum Praedicatorum, In: EL 60 (1946) 57. — C. Cecchelli, Mater Christi I (II »Logos« e Maria). Rom 1946, 172 f. 305–308. — O. Stegmüller, Sub tuum praesidium. Bemerkungen zur ältesten Überlieferung, In: ZKTh 74 (1952) 76–82. — G. Lutz, Die dt. Erweiterung des »Sub tuum praesidium«, In: LJ 17 (1967) 102–105. — G. Giamberardini, Il »Sub tuum praesidium« e il titolo »Theotókos« nella tradizione egiziana, In: Mar. 31 (1969) 324–362. — J. Auer, Unter deinen Schutz und Schirm. Das älteste Mariengebet der Kirche, ⁸1988. — A.M.Tríacca, »Sub tuum praesidium«: Nella »lex orandi« un' anticipata presenza della »lex credendi«. La »teotocologia« precede la »mariologia«? In: S. Felici (Hg.), La mariologia nella catechesi dei Padri (Biblioteca di Scienze religiose 88). Bd. 1 (età prenicena). Rom 1989, 183–205. — Th.Maas-Ewerd, »Sub tuum praesidium ...« Zeugnis für ein marianisches Gebet von hohem Rang, In: KlBl 74 (1994) Nr. 7, 155–157. — Beinert-Petri 236. 366. 462. — LitWo II 2598f. — EC XI 1468–72. — DACL I 2295–97.

Th. Maas-Ewerd

II. LITURGIE - OST. In den Klöstern der Kirchen des byz. Ritus wird das Offizium des großen Apodipnon (Komplet) in der großen Fastenzeit am Montag, Dienstag, Mittwoch und Donnerstag gefeiert (ausgenommen am Vorabend des Festes M̃e Verkündigung und am Fest selbst sowie am fünften Donnerstag der Fastenzeit, wo man den → Kanon des Andreas v. Kreta singt), außerdem in der Nacht auf Christi Geburt und an Theophanien; in der russ. Kirche betet man es auch am Freitag der Großen Fastenzeit. Im dritten Teil wird vor den Schlußgebeten eine Reihe Troparien gesungen, die mit folgendem Theotokion beschlossen wird: »Groß ist die Menge unserer Missetat, Gottesgebärerin. Zu dir, Allreine, flehe ich der Erlösung bedürftig. Sieh meine kranke Seele an und flehe zu deinem Sohn, unserem Gott, daß mir gewährt werde die Vergebung des Bösen, das ich getan, du einzig Gesegnete! — Allheilige Gottesmutter, verlaß mich nicht die ganze Zeit meines Lebens hindurch. Vertraue mich menschlichem Schutze nicht an, sondern du selbst nimm mich auf in deine Sorge und erbarme dich meiner. — Auf dich setze ich alle meine Hoffnung, o Gottesgebärerin, bewahre mich unter deinem Schutz und Schirm.«

Lit.: J. Raya und J. de Vinck, Byzantine Daily Worship: with Byzantine breviary, the three liturgies, Propers of the day and various offices, 1969, 116. — La prière des Eglises de rite byzantin. 1. La Prière des Heures (Ὡρολόγιον), 1975, 452 f. — S. Heitz und S. Hausammann (Hrsg.), Das Gebet der Orth. Kirche (Orologion und Oktoich), 1981, 235.

J. Madey

Subbā'ā, (wörtlich: Vollkommenheit, Gesättigtsein). Im ostsyr. Ritus ist S. das Offizium der Komplet. Als eigenständiges Offizium ist sie nur noch in der Großen Fastenzeit erhalten. Wenn aber sonst der → Lelya' sich aus zwei oder drei → mawtḇē zusammensetzt, entstammen die Texte des ersten mawtḇā dem früheren S. Im westsyr. Ritus heißt die Komplet, die nur in Klöstern gebetet wird und Bußcharakter hat, → sutōrō.

Lit.: J. Mateos, Lelya-Sapra. Essai d'interprétation des matines chaldéennes, 1959, 497f. — B. Griffiths, The Book of Common Prayer of the Syrian Church, o. J. passim. *J. Madey*

Subbārā (westsyr.: sūḇōrō; wörtlich: Verkündigung).

1. Im ostsyr. liturg. Jahr wird die erste Periode des Kirchenjahres S. bezeichnet; sie besteht aus fünf bis sechs Sonntagen, in deren Zentrum das Fest der Geburt des Herrn liegt. Am ersten Sonntag nach Weihnachten gedenkt man der unschuldigen Kinder von Betlehem (Mt 2,1–23) und am zweiten der Darstellung Jesu im Tempel (Mt 2,21–52). Die ostsyr. Tradition feiert in diesen Wochen in der Tat das Gott-Mensch-Verhältnis, das zu einem geschichtlichen Ereignis geworden ist. Da M̃ an Gottes Heilsplan bei der Menschwerdung aufs innigste beteiligt gewesen ist, werden ihre Persönlichkeit und Würde bei der liturg. Feier des S. hervorgehoben. Sie wird wiederholt gepriesen als Mutter Jesu, Mutter Gottes des Sohnes oder die Mutter dessen, der Mensch geworden ist. Gepriesen wird auch ihre Jungfräulichkeit. Außer dem Fest ihrer Empfängnis im Schoße der hl. Anna (8. Dezember) feiert die ostsyr. Liturgie M̃ mit einem besonderen Fest am letzten Freitag des S., um sie wegen der Geburt Jesu Christi zu beglückwünschen: »Gepriesen bist du, Maria, denn dein Name wird hochgepriesen und erhöht um deines Sohnes willen« (→ Ōnīṯā d-bēm); denn nur auf Grund M̃s Existenz und Zustimmung wurde der beabsichtigte Heilsakt Wirklichkeit. M̃ glaubte dem Wort des Engels, und ihr Glaube wurde fruchtbar in der Menschwerdung. Diese ist daher die Berufung des Menschengeschlechts zum Heil, und zwar in der Person der hl. Jungfrau und in M̃s Antwort auf den Ruf Gottes durch ihre Zustimmung zum Plane Gottes und seiner fruchtbaren Verwirklichung in der Tatsache der Geburt des Herrn. Darum ist es wegen der entscheidenden Zustimmung M̃s durchaus angebracht, daß die Zeit des S. mit der Beglückwünschung der Mutter des Herrn abgeschlossen wird. In der Weihnachtsliturgie wird M̃s Jungfräulichkeit herausgestellt, wenn die Kirche singt: »Der Heilige Geist stieg herab in ihre Wohnung, den Ort, der versiegelt und bescheiden war, in ihm wohnte der Sohn des Allerhöchsten, und ihr Siegel bestätigt (dies).« »Der Sohn, der ewig vom Vater geboren ist, wurde ohne Veränderung Mensch in dem Schoß, der durch Jungfräulichkeit versiegelt war.« »O Christus, der du uns gewürdigt hast, das Gedächtnis deiner Mutter, die dich neun Monate in ihrem Schoß getragen und in Jungfräulichkeit geboren hat, zu feiern, hab Erbarmen mit uns.« Indem M̃ der zweite Himmel genannt wird, wird ihre Sündenlosigkeit im Nachtoffizium von Weihnachten gepriesen: »In ihrem Schoße trug sie das Feuer, und in ihrem Leib trug sie feierlich einen Tabernakel, in ihrer Seele überschattete sie der Geist, und sie war ganz und gar ein Himmel. O Leser, tadle mich nicht, daß ich sie Himmel genannt habe. Wie ich sagte, ist sie kostbarer, höher und erhabener als ein Himmel. Unser Herr blieb verborgen im Himmel, ohne das Menschengeschlecht zu erlösen, bis für ihn eine Wohnstatt vorhanden war. ... Sie war nicht verstrickt in Begierde und war durch die Sünde nicht zerrissen.«

V. Pathikulangara

2. Im westsyr. und maronitischen Ritus ist S. die zweite liturg. Zeit des Kirchenjahres. Sie besteht allein aus den sechs Sonntagen vor Weihnachten, in deren Mittelpunkt Johannes der Täufer, ⳩ und der hl. Joseph stehen. Diese Sonntage haben eigene Namen: Verkündigung der Geburt des Vorläufers Johannes an Zacharias (= 6. Sonntag vor Weihnachten), Verkündigung an die GM (= 5. Sonntag), Besuch der GM bei Elisabeth (= 4. Sonntag), Geburt Johannes des Täufers (= 3. Sonntag), Die Joseph zuteil gewordene Offenbarung (= 2. Sonntag), Sonntag vor Yaldō (Geburt Christi). *J. Madey*

Lit.: P. Bedjan (Hrsg.), Breviarium iuxta ritum Syrorum Orientalium id est Chaldaeorum (syr.), 3 Bde., 1938. — P. Hindo, Disciplina Antiochena Antica, siri, IV: Lieux et temps sacrés — culte divin — magistère ecclésiastique, bénéfices et biens temporels ecclésiastiques (S. Congregazione per la Chiesa Orientale, Codificazione Canonica Orientale, Fonti, ser. II, fasc. XXVIII), 1943, 70–72. — Supplementum Mysteriorum sive Proprium Missarum de Tempore et de Sanctis iuxta ritum Ecclesia Syro-Malabarensis, 1950. — J. Mateos, Lelya-Sapra. Essai d'interprétation des matines chaldéennes, 1959, 498. — V. Pathikulangara, Das liturg. Jahr der ostsyr. und syro-malabarischen Kirche, In: Kyrios 14 (1974) 209–233. — P. J. Podipara, The Mariology of the Church of the East, 1980. — J. Madey, Marienlob aus dem Orient. Aus Stundengebet und Eucharistiefeier der Syr. Kirche von Antiochien, ²1982, 22 f. — J. Moolan, The Period of Annunciation-Nativity in the East Syrian Calendar, 1985. — P. Kuruthukulangara, The Feast of the Nativity of our Lord in the Chaldean and Malabar Liturgical Year, 1989.

V. Pathikulangara/J. Madey

Suchensinn, Liederdichter und Sänger, bezeugt 1386 in Nürnberg und 1390/92 in Straubing am Hofe Herzog Albrechts II., verwendete für seine Lieder nur einen einzigen, von ihm selbst geschaffenen Ton und signierte alle seine Dichtungen, wie es auch andere Berufsdichter taten. Knapp 25 Lieder sind von ihm erhalten, dazu eine Minnerede. Sein Lieblingsthema sind die Frauen, denen er unermüdlich Lob und Belehrung zuteil werden läßt. Er rechtfertigt das theol. mit der Inkarnation: ⳩ war eine Frau, und sie hat als Mutter des Erlösers die Versöhnung ermöglicht. Deswegen wird der Streit zwischen Frau und Priester um die höhere Würde (Pflug, Nr. 1) zugunsten der Frau entschieden, worauf auch ein anderes Lied (Nr. 2) Bezug nimmt. In zwei Liedern hat S. ⳩ selbst zum Thema gemacht. Er mahnt die jungfräuliche Mutter an die Verkündigung des Engels und an die Geburt des Erlösers und bittet die Hüterin der Christenheit, die von Gott ihrer Obhut anvertraute Kirche nicht dem Teufel anheimfallen zu lassen, denn ihre Würde ist ihr um unsertwillen verliehen worden. Das andere Lied ist defekt überliefert, es fehlt ausgerechnet der Signaturvers, doch ist S.s Autorschaft kaum zweifelhaft (vgl. WackernagelKL II, Nr. 318). Es handelt sich nach verbreitetem Muster um einen ⳩gruß (→ Grüße) mit Ave-Anaphern, in dem preisenden Apostrophierungen und Prädikationen Bitten um Hilfe beigefügt sind.

Ausg.: E. Pflug (Hrsg.), S. und seine Dichtungen, 1908. — Th. Cramer (Hrsg.), Kleine Liederdichter des 14. und 15. Jh.s, 4 Bde., 1977–85, II 292–339; IV 327–334.

Lit.: Pflug (s. o.) — F. Schanze, Meisterliche Liedkunst zwischen Heinrich v. Mügeln und Hans Sachs, 2 Bde., 1983/84, I 137–145; II 26–28. — Repertorium der Sangsprüche und Meisterlieder, hrsg. von H. Brunner und B. Wachinger, Bd. V, bearb. von F. Schanze und B. Wachinger, 1991, 412–423. — VL² IX (in Vorbereitung).

F. Schanze

Südafrika. Erst 1822 begann der Bau einer kath. Kirche in Cape Town, die der Sturm 1837 wieder völlig zerstörte. 1841 wurde dann der Grundstein zur heutigen Kathedrale Saint Mary's, somit der Mutterkirche aller Kirchen S.s, gelegt. Ähnlich wie in → Mariannhill Abt Franz (Wendelin) → Pfanner (1825–1909), der die ersten Missionsgründungen nach ⳩wallfahrtsorten benannte, folgten diesem Brauch auch die Oblaten der Unbefleckten Jungfrau.

Als die beiden ersten Missionare Jean-François Allard (* 26.11.1806 in La Roche/Gap, 1830 Priester, 1837 OMI, 1851 Apost. Vikar von Natal, 1874 Resignation, †26.9.1889 in Roma) und Jean-Joseph Gérard (* 12.3.1831 in Bouxièresaux-Chênes/Nancy, 1851 OMI, 1853 nach Natal, 1854 Priester, †29.5.1914 in Roma) nach Basutoland kamen, am 18.2.1862 von König Moshoeshoe die Erlaubnis zur Niederlassung im Basutoland erhielten und ihn fragten, wie man diese nennen solle, nannte er den Namen »Motse oa M'a Jesu« (»Dorf der Mutter Jesu«), gegenwärtig Roma. In der kriegerischen Auseinandersetzung mit den Buren (1865) rät J.-J. Gérard dem König, in der Kirche von Roma eine Novene zu halten. Den Sieg am Fest der Aufnahme ⳩s in den Himmel und dem neunten Tag der Novene schrieb der König der Hilfe der GM zu. Schon im Mai 1865 ermunterte P. Gérard den König, das ganze Volk unter den besonderen Schutz der Immaculata zu stellen und es ihr zu weihen. Am 2.2.1868 wurde die feierliche Weihe vollzogen. In Roma ist eine Lourdes-Grotte das Ziel kleinerer Wallfahrten. Sie geht auf P. Gérard zurückgeht.

Das Heiligtum ULF von Fatima in Ramabanta am Fuß der höchsten Berge des Landes, etwa 50 km von Maseru entfernt, ist das nat. marian. Zentrum. Am 28.3.1954, dem ersten Jahrestag seiner Bischofsweihe begründete Bischof Emmanuel Mabathoana von Leribe die Wallfahrt zu ULF von Pontmain als Pilgerzentrum seiner Diözese. 1930 eröffneten die Missionsbenediktiner unter Bischof Thomas (Franz Xaver) Spreiter (* 28.12.1865 in Regensburg, 1885 OSB in St. Ottilien, 1897 Priester, 1900 nach Süd-Sansibar, 1906 Apost. Vikar von Daressalam, 1919 ausgewiesen, 1924 Apost. Vikar von Zululand/Eshowe, resignierte 1943, †27.1.1944 in Inkamana) die neue Missionsstation Fatima im Zululand. Nach dem Zweiten Weltkrieg erhielt Fatima eine besondere Bedeutung für die Diözese Eshowe. Bischof Aurelian (Josef) Bilgeri (1903–[1947]–1973) löste das Gelöbnis seines Vorgängers Spreiter ein, im Zululand ein ⳩heiligtum zu errichten, falls die Benediktinermission die Kriegsjahre ohne größeren Schaden übersteht. Er erklärte die Kirche von Fatima und das dortige Gnadenbild 1954 als »erstes und vorzügliches Marienheiligtum der Diözese Eshowe«. Zum Abschluß des Marian. Jahres wurde in Fatima eine schlichte Kapelle für das Gnadenbild errichtet. Am 8.12.1954 versammelten sich die Katholiken aus der ganzen Diözese zur ersten großen Wallfahrt. Seitdem findet jeweils am Fest der Aufnahme M̃s in den Himmel die Diözesanwallfahrt statt und Fatima hat sich zu einem Zentrum der M̃frömmigkeit entwickelt.

Bei den Zulus wird der Oktober bes. der MV geweiht. Das entspricht einem alten Zulubrauch, der für den Frühlingsmonat (in Südafrika der Oktober) die Verehrung der »himmlischen Prinzessin« vorsieht, die angefleht wird, um Trockenheit und anderes Unglück von der Saat abzuwenden.

1953 eröffnete in → Kevelaer (in Afrika) Bischof Alphons Streit ein Wallfahrtszentrum für die Diözese Marianhill.

In der Diözese Johannesburg wurde 1948 ein Heiligtum ULF von Fatima in Bénoni durch Kardinal Teódosio Clemente de Gouveia (1889–[1946]–1962), Erzbischof von Lourenco-Marques in Mozambique eröffnet und eingeweiht. Der Wallfahrtsort der Diözese Natal heißt Shongweni, wohin jährlich eine Wallfahrt der Diözese Durban am 31. Mai stattfindet. In der Diözese Oudtshoorn befindet sich der Wallfahrtsort »ULF von Rosemoor«.

Herausragendes Ereignis war der nat. marian. Kongreß von Durban im Jahre 1952.

Lit.: A. Roche, Clartés australes, Vie du Serviteur de Dieu, le P. Joseph Gérard, 1951. — J. E. Brady, History of the Church in South Africa, In: The Catholic Church and Southern Africa. A Series of Essays, 1951, 114–122. — W. E. Brown, The Catholic Church in South Africa. From its Origins to the Present Day, 1960. — Manoir V 181–192. — E. J. Krige, The social System of the Zulus, 1965. — G. Sieber, Der Aufbau der kath. Kirche im Zululand, 1976. *H. Rzepkowski*

Sühnesamstag. Den Samstag M̃ zu weihen, reicht in das FrühMA zurück. Zeuge für diesen Brauch ist →Alkuin († 804). In dieser Zeit gibt es im karolingischen Raum bereits ein besonderes Meßformular; das 10. Jh. kennt ein eigenes Officium »De Beata«. Beides wird von Papst Urban II. 1095 auf die Gesamtkirche ausgedehnt. Im SpätMA fördern →Salve-Bruderschaften die am Samstagabend gefeierten Salvegottesdienste; es sind Volksandachten, bei denen feierlich, oft mit Prozession zur M̃kapelle verknüpft, das →Salve Regina gesungen wird. In jene Zeit reichen auch die →Goldenen Samstage zurück, die nach Ostern zu Ehren M̃s und als Sühne für die Sünden des vergangenen Jahres begangen werden.

Dieser Tradition im weiten Sinne verpflichtet, bietet das neue Missale von Papst Paul VI. (1970) vier Meßformulare von M̃messen am Samstag. Auch im erneuerten Stundengebet lebt dieser Brauch mit einzelnen Hinweisen auf M̃ fort. Die neue »Sammlung von Marienmessen« (dt. 1990; Pastorale Einführung, 36) nennt als Begründung, daß das M̃gedächtnis am Samstag für viele kirchliche Gemeinschaften gleichsam den Auftakt zum »Tag des Herrn bildet«. M̃ steht als jene Frau vor uns, »die als einzige von seinen Jüngern an dem ›Großen Samstag‹, als Christus im Grab lag, voll Glaube und Hoffnung wachend seine Auferstehung erwartete«.

Der besondere Brauch, den ersten Samstag eines Monats mit dem Sühnemotiv zu verbinden, reicht ins Frankreich der nachrevolutionären Zeit zurück. Pierre Joseph Picot de →Clorivière SJ (1735–1820) gründet die »Société des Filles du Coeur Immaculé de Marie« mit dem Ziel, Sühne zu leisten für die M̃ von Gottesleugnern zugefügten Schmähungen. Der Herz-M̃e-S. sei in Analogie zum allmonatlichen Herz-Jesu-Freitag zu begehen. Bekräftigt wird diese Frömmigkeitsform durch das 1855 von Pius IX. approbierte, aus der Tradition der →Eudisten stammende Meßformular mit Offizium zu Ehren des Herzens M̃s. Eine Annäherung der liturg. Feier an das Herz-Jesu-Fest kommt zunehmend in den Blick; sie fällt zumeist auf den Samstag danach. Weitere Konturen erhält der S. durch →Fatima. In den dort ergangenen →Botschaften« gehört mit der Einladung zur Weihe Rußlands an das unbefleckte Herz M̃s auch der Aufruf zur Sühnekommunion am ersten Samstag eines Monats (→Herz-Mariä II 9).

Lit.: CampanaC I 383–402. — RoschiniDiz 447. — S. Rosso, Sabato, In: NDMar 1216–28. *F. Courth*

Sümeg, Ungarn, Diözese und Komitat Veszprém, bedeutender M̃wallfahrtsort Transdanubiens. Die ursprünglich einschiffige Kirche (Grundsteinlegung 1649) mit Tonnengewölbe und Wehrturm sowie das Kloster ließ Bischof György Széchényi von Veszprém für die Franziskaner errichten. 1724-33 wurde die Kirche erweitert und barockisiert, 1949 restauriert und teilweise umgebaut; die Türme bekamen dabei einen neubarocken Helm. Kultobjekt ist eine Pietà (Holz, 2. Hälfte 15. Jh.), »Salus infirmorum« genannt, die István Gallovits, Domherr von Veszprém, um 1653 umgestalten und auf dem Seitenaltar des hl. Stephan aufstellen ließ. 1743 wurde unter Bischof Ignác Acsády von Veszprém ein neuer, umgehbarer Hochaltar errichtet und die Statue dorthin übertragen.

Die Wallfahrten setzten nach der wunderbaren Heilung der Maria Berngober aus Wien am 6.2.1699 ein, die den Ort der Legende nach auf Grund eines Traumes besucht hatte. Dieses erste Wunder ließ Bischof Pál Széchényi untersuchen, worauf es am 2.7.1699 für authentisch erklärt wurde. Die Wallfahrten haben bei der Rekatholisierung der überwiegend prot. Bevölkerung eine wichtige Rolle gespielt. 1703 wurde ein Mirakelbuch in ungar. Sprache veröffentlicht. Bischof Márton Padányi → Biró von Veszprém ließ 1748–55 seine Residenz in unmittelbarer Nähe der Kirche erbauen, was auch zur Steigerung des Kultes beitrug. Die Votivgaben und Wallfahrtsbildchen beweisen die Kontinuität des Kultes im 18. Jh. Während des Josephinismus wurden die Wallfahrten eingestellt, sie lebten aber im 19. Jh. neu auf. Der in den 1860er Jahren errichtete Kreuzweg gab neuen Aufschwung. Hauptwallfahrtstage sind die Feste M̃ Himmelfahrt, M̃ Namen, Sieben Schmerzen M̃ und M̃ Heimsuchung. Letzterer ist der Gedenktag der offiziellen Anerkennung des Gnadenortes und mit einem vollkommenen Ablaß verbunden. Um die Jh.wende wurden jährlich etwa 50 000 Wallfahrer und 17 000 Kommunikanten gezählt.

QQ: F. Kiss, Betegek gyogyitoja ..., Nagyszombat 1703.
Lit.: A. Jordánszky, Kurze Beschreibung der Gnadenbilder der seligsten Jungfrau Mutter Gottes Maria, welche im Königreiche Hungarn ... verehrt werden, Pressburg 1836, 87 f. — A. F. Balogh, Beatissima Virgo Maria Mater Dei, qua Regina et Patrona Hungariarum, Agriae 1872, 532 f. — I. Genthon, Magyarország müvészeti emlékei I, 1959, 331. — J. F. Bangó, Die Wallfahrt in Ungarn, 1978, 100. *G. Tüskés/E. Knapp*

Sündenlosigkeit. I. KATH. DOGMATIK. Die S. M̃s umfaßt die Freiheit von der Erbsünde (→ UE), dann das Freisein von der bösen →Begierlichkeit; ferner die Freiheit von jeder persönlichen Sünde und schließlich den Bestand einer wahren →Unsündlichkeit. Alle vier Momente werden M̃ zugesprochen, wenn auch mit unterschiedlicher theol. Verbindlichkeit. Hier wird S. nur im Sinn der Freiheit von jeder persönlichen Sünde behandelt.

Während für alle Menschen gilt, daß sie sich selbst betrügen, wenn sie sagen, keine Sünde zu haben (vgl. 1 Joh 1,8), und »wir alle uns in vielen Dingen verfehlen« (Jak 3,2), glaubt die Kirche, daß M̃ nicht nur von jeder Todsünde, sondern auch von jeder läßlichen Sünde frei geblieben sei. Obwohl keine biblische Einzelstelle diese S. direkt zum Ausdruck bringt, verweist das lukanische Kindheitsevangelium als Ganzes in diese Richtung: M̃ ist die in einmaliger Weise Begnadete, wegen ihres Glaubens selig gepriesen, und zwar von allen Geschlechtern, die Magd des Herrn (vgl. Lk 1,28. 38. 45. 48). Die Verkündigungsszene wird schon im 2. Jh. mit dem Sündenfallbericht kontrastiert: M̃ ist die neue Eva (→Eva-M̃-Parallele). Obwohl im Altertum M̃s Heiligkeit und Tugendhaftigkeit in lebendigen Farben geschildert wurden, haben nicht wenige Väter aus einigen Schriftstellen (Mt 12,46–50; Lk 8,19–21; 2,35; Joh 2,4 u.a.) gewisse →Unvollkommenheiten M̃s herausgelesen. Nach dem Ephesinum verstummten jedoch solche Stimmen (→Ohnmacht). Im Westen markiert →Ambrosius eine klare Wende zur Anerkennung der S. M̃s. Zwei Gesichtspunkte bestätigen ihm diese Auffassung, einmal die immerwährende Jungfräulichkeit, die über die wunderbar erhaltene leibliche Unversehrtheit hinaus M̃s Ganzhingabe bezeichnet, und dann die Verbindung von Kirche und M̃. Ambrosius prägt die Formel: »Maria est typus ecclesiae« (M̃ ist Vorbild und Urbild der Kirche). Die beiden bisher üblichen Gegenüberstellungen von Eva — Kirche und von Eva — M̃ wurden von Ambrosius zu Ende gedacht: Die Kirche in ihrer Berufung zur Heiligkeit (vgl. Eph 1,4; 5,27) ist verwirklicht in M̃. Augustinus betont in »De natura et gratia« (Nr. 42) gegen Pelagius, daß auch die Gerechten des Alten Bundes sich auf eine Frage als Sünder im Sinn von 1 Joh 1,8 bekannt hätten und somit alle Menschen Sünder seien, bemerkt jedoch zugleich: »Ausgenommen aber die heilige Jungfrau Maria, über die ich wegen der Ehre des Herrn (propter honorem domini) überhaupt nicht gehandelt haben will, wenn von der Sünde die Rede ist — woher wissen wir nämlich, was ihr mehr an Gnade zuteil wurde, um in jeder Hinsicht die Sünde zu besiegen, ihr, die würdig wurde (meruit), den zu empfangen und zu gebären, von dem feststeht, daß er keine Sünde hatte?«

Dieser in der Geschichte so wirkungsreichen Stelle zufolge, in der Augustinus nur die volle Zurückhaltung zum Ausdruck bringt (nicht aber M̃s Freiheit von der Erbschuld), mußte zwar M̃ um die S. kämpfen (»besiegen«), doch war diese v. a. ein Geschenk der Gnade propter honorem domini. Die S. als Freiheit von persönlicher Sünde, so kann man schließlich folgern, wurde in der Kirche früher im Glauben angenommen als die UE. Die Folgezeit war von der S. M̃s fest überzeugt. Bonaventura z. B. sagt: »Während andere zweifelten, blieb in der Jungfrau Maria das Verständnis der Wahrheit fest und beständig und unerschütterlich«; sie sei nie unterlegen (Op. Om., ed. Quaracchi IX 91, 717). Erst manche Reformatoren sprechen wieder von Unzulänglichkeiten und Verfehlungen M̃s (→Ohnmacht).

Das Rumpfkonzil von →Basel »definierte« 1439 die UE oder, wie man treffender sagen kann, die vollkommene Heiligkeit M̃s (vgl. Pozo 92); darin war auch die Freiheit von jeder persönlichen Sünde eingeschlossen (immunem fuisse ab omni originali et actuali culpa, sanctamque et immaculatam; vgl. Mansi 29, 183 oder Pozo 90). Das theol. Argument für die UE war die Würde der GM oder — genauer — die Bereitung und Heiligung des Tempels, in dem die ewige Wahrheit wohnen sollte; dieses Argument schließt auch die Freiheit von persönlichen Sünden ein (vgl. Pozo 91). Das Konzil von Trient lehrt in can. 23 des Rechtfertigungsdekrets (DS 1573): »Wer behauptet, der einmal gerechtfertigte Mensch ... könne während des ganzen Lebens alle, auch die läßlichen Sünden meiden, ohne besonderes von Gott verliehenes Vorrecht, wie es die Kirche von der seligsten Jungfrau lehrt, der sei ausgeschlossen« (»posse in tota vita peccata omnia etiam venialia vitare, nisi ex speciali Dei privilegio, quemadmodum de beata Virgine tenet Ecclesia a.s.«). Aldama untersuchte die dogm. Qualifikation dieser Aussage und ihre Interpretation durch nachtridentinische Theologen und kam zu dem Ergebnis, daß die Kirche hier feierlich ihren Glauben festgestellt habe, daß M̃ nie eine persönliche Sünde begangen habe. Ihre S. beruhe auf einem göttlichen Privileg. Das Zweite Vaticanum lehrte: 🅜 »umfing den Heilswillen Gottes mit ganzem Herzen und von Sünde unbehindert ...« (LG 56) und in 🅜 ist »die Kirche schon zur Vollkommenheit gelangt, in der sie ohne Makel und Runzel (vgl. Eph 5,27) ist« (LG 65).

Systematische Zusammenfassung: Die Feststellung L. Scheffczyks für die →Karolingerzeit, daß sie »mehr an der Darstellung der positiven Schönheit und Erhabenheit der Mariengestalt als an der Erörterung ihrer ›negativen‹ Privilegien«, der S., interessiert war (Scheffczyk 306) galt auch für andere Theologen. Wenn deshalb die S. auch nicht zu häufig thematisiert wird, ist sie doch bei den meisten mariol. Themen miteingeschlossen. Die S. steht in innerer Verbindung mit der GMschaft, mit der Jungfräulichkeit 🅜s, der UE und — wegen des Zusammenhangs von Sünde und Tod — mit der leiblichen Aufnahme in den Himmel. Natürlich ist die S. v. a. ein Gnadengeschenk, das ihr auf Grund ihrer Auserwählung zur Mutter des Erlösers zuteil wurde, aber es ist eine Auserwählung zu einem Dienst. 🅜 ist die erste Dienerin des Erlösers und das höchste Werk des Erlösers. Ihr ganzes Sein und Handeln, als GM, als neue Eva, als die schon im →Protoevangelium angekündigte Frau, als Fürbitterin, sind auf die Überwindung der Sünde gerichtet. Mußte sie da nicht zuerst selber von Sünden frei sein, um ihre ganze »Energie« nach außen entfalten zu können? An der Freiheit von Erbsünde und persönlicher Sünde und an der Heiligkeit 🅜s zeigt sich, daß die Tat des Erlösers nicht fruchtlos war; sie bewirkte volle Heiligung. Wegen der »Ehre des Herrn« (Augustinus) und zur Bereitung des würdigen Tempels (Basel) erhielt 🅜 die Gnade der S.

Lit.: Feckes, In: Sträter II 138–141. — Köster I 56–59. — Scheffczyk 306–313. — J. A. de Aldama, El valor dogmatico de la doctrina sobre la inmunidad de pecado venial en Nuestra Señora, In: ATG 9 (1946) 53–67. — C. Pozo, Culto Mariano y »Definición« de la Inmaculada en el Concilio de Basilea, In: Akten des Internat. Mariol.-Marian. Kongresses von 1975, 1981, II 67–98. *A. Ziegenaus*

II. ORTH. THEOL. Allein Gott, dem Schöpfer aller sichtbaren und unsichtbaren Dinge und der Quelle des Lebens und der Güte, kommt die von Natur aus (φύσει) und absolute S. zu. Dementsprechend ist sie Eigenschaft und Merkmal auch des menschgewordenen Sohnes und Logos Gottes. Daß Jesus Christus wegen der hypostatischen Union »uns in allem mit Ausnahme der Sünde ähnlich« wurde (so die Entscheidungen des IV. und VI. ökumen. Konzils), ist die feste Lehre des NT (Joh 8,46; Hebr 4,15; 1 Joh 3,5; 1 Petr 2,22) und wird auch von vielen Kirchenvätern (Athanasios dem Großen, Johannes Chrysostomos, Johannes v. Damaskos etc.) nachdrücklich hervorgehoben.

Im Gegensatz zu der absoluten S. Gottes ist die S. aller von ihm geschaffenen und vernunftbegabten Wesen (Engel und Menschen) eine relative und der Gnade nach (σχετικὴ καὶ κατὰ χάριν). Nach dem Abfall der Erstgeschaffenen gilt für alle Menschen die Allgemeinheit der Sünde, wie dies im AT mehrfach gelehrt (Ps 13/14,1–3; Ijob 14,4; 15,14; Jes 53,6 etc.) und in Röm 3,23 lapidar erklärt wird: »Alle haben gesündigt und ermangeln der Herrlichkeit Gottes«; denn sie alle tragen die Folgen der Sünde Adams (Röm 5,12). Von diesem Zustand, d. h. vom Zustand des »alten Menschen« (παλαιὸς ἄνθρωπος, Eph 4,22; Kol 3,9), werden sie alle durch das Werk Christi, bes. durch seinen Tod und seine Auferstehung, gerettet und in den Zustand des »neuen Menschen« (καινὸς ἄνθρωπος, Eph 2,15; Kol 3,10) versetzt. Alle Menschen »werden gerecht, ohne es verdient zu haben, durch die Erlösung in Jesus Christus« (Röm 3,24).

Auch seine Mutter, die Gottesgebärerin 🅜, erfährt ihre Erlösung — so wie alle Menschen vor und nach ihr — in Jesus Christus. Ihre S. ist ebenso relativ und der Gnade nach.

Dies bedeutet, daß auch sie mit den Folgen der Ursünde empfangen und geboren wurde (Gregorii Nys., De virginitate 13, PG 46, 377 D). Die röm.-kath. Lehre von der UE 🅜s, die hauptsächlich seit dem 12. Jh. belegt ist und von Papst Pius IX. durch die Bulle »Ineffabilis Deus« vom 8.12.1854 zum Dogma erklärt wurde, widerspricht demnach dem oben angeführten Befund der Hl. Schrift von der Sündhaftigkeit aller Menschen ohne Ausnahme. Ebenfalls ist diese Lehre in der apost. und allgemein der altkirchlichen Tradition unbekannt und wird entsprechend von der orth. Theol. und Kirche als Neuerung zurückgewiesen. Die apologetischen Bemühungen des Jesuiten M. Cordillo (Mariologia Orientalis, In: OrChrA 141 [1954] 88–149), Belege der Kirchenväter für die UE anzuführen, erweisen sich bei näherer Betrachtung als wenig hilfreich. Ebenso unergiebig dafür, daß 🅜 »vom Erbe der Ursünde bewahrt worden (ist)«, sind die vier Stellen, welche in der Enzyklika »Redemptoris Mater« vom 25.3.1987 von Papst Johannes Paul II. angeführt werden: Germani Const., Hom. in Annuntiationem SS. Deiparae: PG 98,328 f.; Andreae Cretensis, Canon in B. Mariae Natalem 4, PG 97, 1321 f.; In Nativitatem B. Mariae 1, PG 97,812 f.; Hom. in Dormitionem S. Mariae 1, PG 97, 1068 f. Bei diesen Stellen, die erst aus dem 8. und 9. Jh. stammen, handelt es sich um homiletische und poetische Texte, welche eine dichterische und daher undogm. Sprache verwenden. Die darin gepriesene Reinheit 🅜s wird überdies nicht ausdrücklich auf die Ursünde bezogen; sie betrifft vielmehr ihre unumstrittene und für Menschen einmalige Heiligkeit. Im Hinblick auf die Ursünde war 🅜 im Prinzip wie der Apostel Paulus »untadelig in der Gerechtigkeit, die das Gesetz fordert« (Phil 3,6). Es geht um die Heiligkeit, welche allen Vorvätern und Propheten bis Johannes dem Täufer zugesprochen wird. Dieser Heiligkeit ist 🅜 in besonderer Weise teilhaftig geworden. Sie hat die Ursünde und ihre Folgen, mit denen sie empfangen und geboren wurde, kaum in persönliche Sünde umgesetzt.

Außerdem bedeutet die relative S. Ms, daß sie wie alle anderen Menschen die Fähigkeit zu sündigen besaß (posse peccare). Unter den alten Kirchenvätern spricht nur Augustinus M völlig frei von persönlichen Sünden (De natura et gratia 36,42, PL 44,267: »Excepta itaque sancta virgine Maria, de qua propter honorem Domini nullam prorsus cum de peccatis agitur, haberi volo quaestionem«). Dagegen schreiben mehrere Kirchenväter ihr das posse peccare und sogar Schwächen und →Unvollkommenheiten zu (Origenes, In Luc. 17, PG 13, 1845 BC; Basilii M., Epist. 260,9, PG 32,965 C–968 A; Amphilochii Icon., Oratio in occursum Domini 8, PG 39,57 AB; Joannis Chrys., In Matth. 44,1, PG 57,465 ff.; In Joan. 21,2, PG 59,130 f.; Cyrilli Al., In Joan. 12, PG 74,661 D). Es geht in diesem Zusammenhang in erster Linie um die Tatsache, daß M im Gegensatz zu ihrem Sohn die S. in fortschreitender menschlicher Weise vollbrachte und deshalb zum höchsten Vorbild der Heiligkeit und der Vollkommenheit wurde. In Jesus Christus ist die Heiligkeit des Menschen Ausdruck des göttlichen Willens im Hinblick auf den Menschen, in M ist sie das äußerste Maß dessen, was der Mensch bei der Umsetzung dieses Willens zu leisten vermag.

Diese höchstmögliche Heiligkeit eines Menschen erlangte M durch ihre →Demut, ihren Gehorsam und v.a. ihre Mitwirkung beim Heilsplan, deren sie vom Hl. Geist gewürdigt wurde. Die Herabkunft des Hl. Geistes auf sie bei der Verkündigung stellt deshalb nach orth. Verständnis den Zeitpunkt ihrer »Taufe« dar. Wie die übrigen Menschen bei der Taufe so wurde M bei der Verkündigung von den Folgen der Ursünde und von jeder persönlichen Verfehlung befreit (vgl. Cyrilli Hieros., Catech. 17,6, PG 33, 976 AB; Gregorii Naz., Poemata dogm. 9,68, PG 37,462 A; Joannis Dam., De fide orthodoxa III, 2, PG 94,985 B: »Μετὰ οὖν τὴν συγκατάθεσιν τῆς ἁγίας Παρθένου Πνεῦμα ἅγιον ἐπῆλθεν ἐπ᾽ αὐτήν ... καθαῖρον αὐτήν«; Metr. Kritopoulos, Glaubensbekenntnis 7, J. Karmiris, Dogmatica ..., II, 551 [631]: »Ἐδεῖτο γὰρ καὶ αὐτὴ καθάρσεως«). Ihr Gehorsam (»mir geschehe nach deinem Wort« Lk 1,38) ist ihr besonderer Beitrag für das reinigende und heiligende Werk des Hl. Geistes. Bis zur Verkündigung zählte M zu der Welt des Alten Bundes, denn das Heil der Menschen beginnt mit der Fleischwerdung des Sohnes und Logos Gottes »vom Heiligen Geist und der Jungfrau Maria«.

Weil M — als Antitypus von Eva — die höchste Stufe der Heiligkeit unter den Menschen erreichte, wurde sie zum würdigen Gefäß des menschgewordenen Logos und »wahrhafte Gottesgebärerin«; sie wird deshalb spätestens seit dem 5. Jh. mit Recht die Allheilige (Παναγία: Basilii Seleuc., Oratio in s. deiparae annuntiationem, PG 85,425 C) genannt. Sie ist die Begnadete (κεχαριτωμένη) und höchste aller Heiligen (τῶν ἁγίων ἁγιωτέρα: Andreae Cretensis, In dormitionem s. Mariae, PG 97,1108 B); heiliger als alle Apostel, Märtyrer und Propheten, ja sogar »ehrwürdiger als die Cherubim und unvergleichlich herrlicher als die Seraphim« (Heirmos der 9. Ode des Kanons vom Karfreitagmorgen von Kosmas dem Meloden und Chrysostomos-Liturgie). »Sie wurde Herberge aller Tugenden, indem sie den Verstand von aller Begierde des Lebens und des Fleisches ferngehalten und dadurch die Seele mit dem Körper jungfräulich bewahrt hat, wie es sich für jene geziemte, die Gott im Schoß empfangen würde; ... so erweist sie sich als heiliger und wunderbarer und des höchsten Gottes würdiger Tempel.« (Joannis Dam., De fide orthodoxa IV,14, PG 94,1160 A)

Lit.: G. Florovsky, The Ever-Virgin's Mother of God, In: E. L. Mascall, The Mother of God, 1949. — J. Kalogirou, Μαρία ἡ ἀειπάρθενος θεοτόκος κατὰ τὴν ὀρθόδοξον πίστιν, 1957. — P. Trempelas, Dogmatique de l'Église Orthodoxe Catholique II, Kap. 12, 1967, 222–234. — Bekenntnisschriften von Metrophanes Kritopoulos, Petros Mogilas, Dositheos v. Jerusalem, Patriarch Jeremias II. etc: J. Karmiris, Dogmatica et Symbolica Monumenta Orthodoxae Catholicae Ecclesiae, ²1968. — A. Spourlakou-Eftychiadou, Ἡ Παναγία Θεοτόκος τύπος χριστιανικῆς ἁγιότητος, 1990 (Lit.). — TEE VIII 649–685.   Th. Nikolaou

Sünder und Maria. Die besondere Beziehung Ms zu den Sündern folgt aus ihrer hervorragenden Würde als »Mutter und Königin der Barmherzigkeit« (→Salve Regina), »Gnadenmittlerin« und mächtige »Fürsprecherin«. Nach allgemeiner Glaubensüberzeugung der Kirche hat sie nicht nur Mitleid mit den oft so schmerzlichen Krankheiten, Mängeln und Fehlern ihrer Anvertrauten, sondern bes. auch mit der durch die Sünden bedingten Not: Daher wird sie von alters her als »Zuflucht der Sünder« angerufen (bes. seit dem 12. Jh.; →Lauretanische Litanei), nicht zuletzt auch im Rahmen der →Herz-M-Verehrung. Die absolut Sündenlose bemüht sich nicht nur, vor jeder Sünde zu bewahren, sondern kann durch ihre geistliche Mutterschaft auch mehr als andere zur Rettung der Sünder beitragen. Die bekannten marian. Volksschriften, Predigten, Lieder, Andachten und Gebete betonen seit dem ausgehenden MA anhaltend und übereinstimmend, daß sie sogar die größten Sünder, die sie aufrichtig und beharrlich verehren, zum Heile führt.

In der griech. Kirche empfehlen namentlich Johannes v. Damaskos (In Nativ. BMV 1; In dormitionem 1 [PG 96,679 et 719]) und →Germanos v. Konstantinopel nachdrücklich die Anrufung Ms als »Zuflucht der Sünder«. Letzterer preist M beredt als Ursache unseres Heiles (In praesent. ss. Deiparae 1 [PG 98,300 f.]), als Zuflucht der Christen, gütige Mittlerin aller Sünder, »peccatorum frequens asylum« (In annunt. 1 [PG 98,321B], In dormitionem BMV 2 [PG 98, 351–354], In s. Mariae zonam 2 [PG 98,351–354. 382]): »Täglich reichst du den im Strudel der Sünden Gescheiterten Deine hilfreichen Hände«.

Im MA wurde M häufig »via reconciliationis, causa generalis reconciliationis« genannt (Anselm: »Es gibt keine Versöhnung, die nicht Du, o Reinste, hervorgebracht hast« [H. Barré, Prières anciennes, 1963, 305]). Auch eines der neuen Formulare für die marian. Votivmessen trägt den Titel »mater reconciliationis« (Collectio Missarum BMV, nr. 14). Bischof →Fulbert v. Chartres († 1029) erzählt seinen Gläubigen das Wunder an dem Sünder →Theophilus, dem durch die Mutter der Barmherzigkeit rasch geholfen wurde (celerem misericordiam consecutus; Sermo IV [PL 141,323 CD]). →Bernhard v. Clairvaux nennt M »peccatorum scala« (Sermo in dom. infra oct. Assumpt., n. 2 [Opera V, Sermones II, 1968, 263; PL 183,429 f.]) und empfiehlt den Sündern die MV mit dichterischer Kraft: »Si insurgant venti tentationum, si incurras scopulos tribulationum, respice stellam, voca Mariam. Si iactaris superbiae undis, si ambitionis, si detractionis, si aemulationis, respice stellam, voca Mariam. Si iracundia, aut avaritia, aut carnis illecebra naviculam concusserit mentis, respice ad Mariam. Si criminum immanitate turbatus, conscientiae foeditate confusus, iudicii horrore perterritus, baratro incipias absorberi tristitiae, desperationis abysso, cogita Mariam. In periculis, in angustiis, in rebus dubiis, Mariam cogita, Mariam invoca. Non recedat ab ore, non recedat a corde, et ut impetres eius orationis suffragium, non deseras conversationis exemplum. Ipsam sequens non devias, ipsam rogans non desperas, ipsam cogitans non erras. Ipsa tenente non corruis, ipsa protegente non metuis, ipsa duce non fatigaris, ipsa propitia pervenis« (Sermones in laudibus virginis Mariae, Hom. 2 super »Missus est«, n. 17 [Opera IV, Sermones I, 1966, 35; PL 183,70]).

In der morgenländischen und abendländischen Ikonographie erweisen zahlreiche Darstellungen die Macht und Liebe Ms zu Gunsten der Sünder, z. B. Himmelstür, Himmelsleiter, Treppe des Heils, →Deesis, →Schutzmantel, der →Rosenkranz als Rettungsseil.

Seit dem ausgehenden MA prüften die Theologen dann zunehmend die Frage, ob zum wahren Mkult die rechtfertigende Gnade und Gottesliebe erforderlich sei oder ob auch der noch sündige Mensch schon ein wahrer Mverehrer sein könne. Einige behaupteten, zum wahren Mkult gehöre ein tadelloser Lebenswandel; sie verwechselten »wahre« und »vollkommene« MV. Bis zum 18. Jh. setzte sich jedoch allgemein die auch in der Tradition gut begründete Lehre durch: Der Mkult ist »wahr«, sobald der »Wille zur Besserung« vorliegt, d. h. sobald der Mkult aufrichtig gemeint und nicht nur Vorwand für vermessentliches Sündigen ist (J. B. Van Ketwigh, Panoplia Mariana, Antwerpen 1720; Alfons v. Liguori, Le Glorie di Maria, vol. 2, disc. 9, oss. 4; L. Gallifet, L'excellence et la pratique de la devotion à la S. Vierge, 1750; V. Sedlmayr, Theologia Mariana, 1758). Vor etwaigen (wirklichen und vermeintlichen) Fehlformen warnten heftig nicht nur kritische »Minimalisten« wie B. →Pascal (1664), A. →Widenfeld (1673), L. →Muratori (1748), sondern auch Verteidiger des traditionellen Mkultes wie L. →Abelly, J. B. →Bossuet, L. Bourdaloue, J. Crasset, L. →Grignion v. Montfort (vgl. P. Hitz, Maria und unser Heil, 1951, 250 ff. 348 f.).

Auch der Sünder kann ein »wahrer« Mverehrer sein, denn er kann kraft einer aktuellen Gebetsgnade sowie in Glaube und Hoffnung noch aufrichtig, beharrlich und wirksam beten, d. h. also auch Ms Fürbitte anrufen — ohne dabei allerdings Verdienste zu erwerben. M ist ihm oft sogar bes. leicht zugänglich; er kann immer noch »Heilige Maria … bitt' für uns arme Sünder« stammeln. Die häufige Aussage der Andachtsliteratur, der Sünder fürchte sich vor dem göttlichen Richter und gehe daher leichter und lieber zur Mutter der Barmherzigkeit (vgl. Bernhard v. Clairvaux, Sermo in nativ., De aquaeductu, 7 [PL 183,441]) will jedoch keinen Gegensatz zu Christus behaupten, sondern bedeutet nur eine Argumentation ad hominem, denn an sich ist ein Angsterlebnis vor Christus im bekehrungswilligen Sünder unbegründet (vgl. P. Hitz, ebd. 88–107).

J. →Crasset verteidigt das Eintreten Ms für die Sünder gegen die Polemik der Jansenisten A. Arnauld und Johannes v. →Neercassel. Die Missionare ULF von La Salette verbreiteten den Titel »reconciliatrix peccatorum«. Bei den Merscheinungen von →Fatima und →Lourdes ist bes. das Gebet für die Sünder empfohlen worden. Das letzte Konzil lehrt die fortdauernde Mutterschaft Ms in der Gnadenökonomie (LG 62; Katechismus der Kath. Kirche, n. 969) und empfiehlt eindringlich den besonderen Kult Ms, unter deren Schutz die Gläubigen in allen Gefahren und Nöten bittend Zuflucht nehmen (LG 66; Katechismus, n. 971). Johannes Paul II. erklärt im apost. Schreiben »Reconciliatio et poenitentia«, daß M wegen ihrer göttlichen Mutterschaft beim Werk der Versöhnung »socia Dei« geworden sei (AAS 77 [1985] 275).

Für alle Sünder gilt, daß die MV ein bes. wirksames Mittel ist, um dennoch das Heil zu erlangen. Insofern der Mkult aufrichtig betend und beharrlich geschieht, wirkt er somit heilsschernd, denn wer so betet, wird gerettet (vgl. Röm 10,12 f.; Joh 14,13 f.; 16,23 f. usw.). Die Heilskraft dieser MV des Sünders kommt nicht aus der Heiligkeit des Betenden, sondern von der zuvorkommenden Gebetsgnade des Hl. Geistes sowie der mütterlichen Vermittlungsmacht Ms, in der sich die barmherzige Heilsmacht und Heilsliebe Gottes und Christi darstellen. So bewahrheitet sich auch für den Sünder das traditionelle Axiom: »Ein Marienverehrer kann unmöglich verloren gehen« (Anselm, Or. 52 [PL 158,956]; Eadmer, De excell. virg., c. 11 [PL 159,566]; Adam v. Perseigne, Mariale, Sermo 2 [PL 211,715 C]; Antonin v. Florenz, Summa, p. 4 tit. 50). Wahre MV gilt als Indiz der Prädestination: Germanus v. Konstantinopel preist M als sichere Heilshoffnung und verspricht auch dem Sünder Rettung durch sie (Sermo in dormit. 2 [PG 98,356 C. 349]), Bernhard v. Clairvaux vergleicht sie mit der rettenden Arche für den Sünder, ähnlich Richard v. St. Laurentius (De laud. virg. lib. 11, in Prov 31,14), das »Memorare« (seit dem 15. Jh.), Novatus (De eminentia Deiparae 2, Bononiae 1639, 404), J. Berchmans und R. Bellarmin SJ (vgl. die Traditionszeugnisse bei Alfons v. Liguori, Le Glorie di Maria I, c. 1–8). Einige Theologen erklären ausrücklich daß der gute Schächer und der hl. Paulus ihre Bekehrung dem Gebet der GM verdanken (Petrus Damiani, Cornelius a Lapide, in Act. 8; A. M. Lépicier OSM, Tract. de BVM Matre Dei, Paris 1901, 412). Pius IX. bezeichnet M als »tutissimum omnium periclitantium perfugium et fidelissima auxiliatrix« (Ineffabilis Deus), unter deren schützender mütterlicher Macht und Barmherzigkeit nichts zu fürchten und alles zu hoffen ist. Benedikt XV. nennt die Mutter der Barmherzigkeit »durch die Gnade allmächtig« (5.5.1917; AAS 9 [1917] 266) und stellt fest: »Es ist der stetige, in langer Erfahrung begründete Glaube des Volkes, daß alle, die sich dem Schutze Mariens unterstellen, nicht ewig verloren gehen« (Inter sodalitia, 22.3.1918; AAS 10 [1918] 182; ähnlich Pius XII., Mediator Dei, 20.11.1947).

Vermessentliches Vertrauen ist jedoch mit wahrer MV unvereinbar (Alfons v. Liguori, Le glorie di Maria I, c. 8,1; Grignion v. Montfort, Traité de la vraie dévotion, Teil 1, Kap. 3, Abschnitt 1), denn eine angebliche MV, die nicht von Sünden abhält und nicht dazu verhilft, böse Gewohnheiten aufzugeben, ist bloße Selbsttäuschung (Pius X., 2.2.1904, Ad diem illum); die →Sündenlosigkeit Ms steht ja im Gegensatz zu aller Sünde.

Nicht wenige Berichte schreiben M eine außerordentliche Hilfe beim Sterben des Sünders zu. Nicht ausgeschlossen werden von vielen Theologen sogar Ausnahmefälle (vgl. Thomas v. Aquin, Suppl. 71,5 ad 5; I Sent. d. 43 q. 2 a. 2 ad 5), in denen bereits verstorbenen Sündern durch M der Aufschub des Urteilsspruches und die Rückkehr zum Leben geschenkt wurden, damit sie Buße tun und so zum Heile gelangen konnten. Beispiele seit dem 11. Jh. finden sich wohl zuerst bei →Petrus Damiani (Opusculum 33,2 [PL 145,562–564]) dann häufiger, z.B. bei →Thomas v. Cantimpré (Miraculorum etc. libri duo II 29,24), →Vinzenz v. Beauvais (Speculum historiale VII 116), →Richard v. St. Laurentius (De laudibus BMV 4,2), →Pelbart v. Temesvár (Stellarium coronae benedictae V.M. XII 2,1), →Nieremberg (Trophaea Mariana IV, c. 9 f. 20–22. 25. 29. 33, Antwerpen 1658, 171), bes. bei den Volksschriftstellern E. →Binet, F. Poré, J. Schmid, J. Crasset usw., bei den Theologen F. Petrello (De intercessione B. Deiparae M.V., 1647), A. Velasquez (De Maria advocata nostra, 1668), J. B. Van Ketwigh (Panoplia Mariana, 1720, 81) auch bei R. Bellarmin (Con-

trov. IV, De purgatorio II, ca. 8 [Op. om. 3, Paris 1870, 114–116]) und Alfons v. Liguori (ebd.), später bei J.B. →Terrien (La Mère de Dieu et la Mère des hommes II 2, Paris 1902, 353–363), A. Nyon (Dict. Apologétique III 324 f.), C. Dillenschneider (La Mariologie de S. Alphonse de Liguori I, 1931, 336 f.). Ablehnend äußern sich dagegen G.C. →Trombelli (Liturgia Mariana, In: Bourassé, Summa aurea IV 86–126), E. → Campana (Maria nel Culto cattolico I, 1933, 125–127) u.a. Die angeführten Beispiele sollen jedoch nicht zu vermessenem Leichtsinn, sondern zu größerem Vertrauen auf M führen (Alfons v. Liguori, ebd.). Oft geht es um Berichte, deren eigentlicher Sinn schwer festzustellen ist.

Lit.: J. Crasset, La véritable dévotion à la S. Vierge établie et défendue, Paris 1679. — Alfons v. Liguori, Le Glorie di Marie, Roma 1750, 1936 u. ö. — V. Sedlmayr, Scholastica Mariana, Monachii 1758. — J. B. Terrien, La Mère de Dieu et la Mère des hommes II 1 und 2, Paris 1902. — BeisselMA. — Dillenschneider. — Sträter III. — Manoir I 875–895. — P. Hitz, Maria und unser Heil, 1951.

J. Stöhr

Süß, Hans (Hans Süß v. Kulmbach), * um 1480 vermutlich in Kulmbach, † 1522 in Nürnberg. Der Maler war um 1500 in Nürnberg Schüler des Venezianers Jacopo de' Barbari, der sich dort bis 1503 aufhielt, und Geselle in der Werkstatt Albrecht Dürers. 1511 erhielt er das Nürnberger Bürgerrecht. Aufenthalte in Krakau werden 1509/11 sowie 1514/18 vermutet. Bis 1505 ist der Künstler nur als Graphiker nachzuweisen. 1501/02 arbeitete er zusammen mit Dürer an den Holzschnitten zu Werken von Conrad Celtis (Komödien, Quattuor libri amorum). Der Einfluß de' Barbaris zeigt sich an den Illustrationen zum »Beschlossenen Gart des Rosenkranz Mariae« von Ulrich Pinder (1505). Auch die Heiligenfiguren auf den Flügeln des Nikolausaltares von St. Lorenz (Nürnberg, Germ. Nat. Mus.), seinem ersten Werk als Maler, sind noch vom Vorbild seiner Lehrer geprägt. Erst beim Peter-und-Pauls-Altar von 1510 (Florenz, Uffizien) fand der Maler zu seinem persönlichen Stil. Die stimmungsvolle Landschaft ist klar gegliedert, kleine, friesartig gereihte Figuren agieren im Vordergrund. Charakteristisch für S. ist die weiche Farbigkeit und Modellierung.

1513 entstand das Epitaph für den Nürnberger Propst Lorenz Tucher (Nürnberg, St. Sebald). Auffallend ist die Form des querformatigen, nicht mehr beweglichen Triptychons, die ebenso wie das Thema der Sacra Conversazione (M zwischen den hll. Barbara und Katharina) an ital. Vorbilder denken läßt. Auch die Renaissancenische, in der die Madonna sitzt, die musizierenden Putten und nicht zuletzt die Farbigkeit weisen in dieselbe Richtung. Im Oeuvre des Künstlers nimmt dieses Bild eine Ausnahmestellung ein.

Einige kleinere Maltäre malte S. für Nürnberger Kirchen. 1510 entstanden Altarflügel mit Episoden aus dem Mleben (Bamberg,

H. Süß, Verkündigung an Maria, um 1512/13, Nürnberg, Germanisches Nationalmuseum

Städt. Gemäldesammlungen). Szenen desselben Themas zeigen Flügel und Predella eines nur mehr rekonstruierbaren Ⓜaltares aus den Jahren 1512/13 (Allentown, Art Mus.; Leipzig, Mus. der Bildenden Künste; München, Alte Pinakothek; Nürnberg, Germ. Nat. Mus.). In Krakau schuf der Maler um 1514/15 eine Ⓜkrönung (Wien, Kunsthist. Mus.).

S. erhielt gelegentlich auch Portraitaufträge, darunter den für das Bildnis des Markgrafen Kasimir v. Brandenburg (München, Alte Pinakothek, 1511). Bedeutenden Anteil an seinem graphischen Werk haben die Entwürfe für monumentale Glasgemälde Nürnberger Kirchen (St. Sebald) und für Kabinettscheiben in Patrizierhäusern (Nürnberg, Germ. Nat. Mus., Kirchenväterfenster).

<small>Lit.: F. Winkler, Die Zeichnungen H. Süß v. Kulmbachs und H. L. Schäufeleins, 1942. — Ders., H. v. Kulmbach, Leben und Werk eines fränkischen Künstlers der Dürerzeit, 1959. — Ausst.-Kat., Meister um A. Dürer, Nürnberg 1961. — K. A. Knappe, Meister um A. Dürer. Zur Nürnberger Ausstellung 1961, In: ZKG 24 (1961) 250ff. — Ausst.-Kat., Nürnberg, 1300–1550, Kunst der Gotik und Renaissance, Nürnberg 1986, 338 ff.</small> R. Wedel-Bruognolo

Sufanieh. Am 27.11.1982 stellt die frisch verheiratete, 18-jährige kath. Frau Myrna Nazzour

Unsere Liebe Frau von Sufanieh

fest, daß aus einem kleinen Ⓜbild Öl fließt. Es folgten Ⓜerscheinungen (vier) und Botschaften. Das Öl (nach verschiedenen Analysen in Europa und in Damaskus 100 Prozent Olivenöl), floß weiter aus dem Bild und erschien an unzähligen Reproduktionen des Bildes in verschiedenen Ländern der Welt, im Orient sowie in Amerika und Europa. An Myrnas Händen, Gesicht und Hals, manchmal auch aus ihren Augen, erschien Öl, in Zusammenhang mit Entrückungen oder im Wachzustand, und dies in Anwesenheit zahlreicher Menschen. Myrna erhielt bis jetzt insgesamt 11 Botschaften von Ⓜ in 12 Visionen und 16 von Jesus Christus in 19 Visionen. Viermal haben sich am Abend des Gründonnerstags an ihrem Körper Stigmata gezeigt, die von verschiedenen Ärzten beobachtet worden sind.

Seit den ersten Tagen versammeln sich Christen aus den verschiedenen Gemeinschaften und Kirchen jeden Nachmittag im Innenhof des Hauses zum Gebet für die Anliegen, die in den Botschaften im Laufe der Jahre formuliert wurden: Umkehr, Glaube, Gebet, gegenseitige Liebe, Frieden in der Welt und v. a. die Einheit der Christen und der Kirche.

Die Analyse der Botschaften läßt nichts entdecken, was im Widerspruch zum kath. Glauben stünde. Die Botschaft von S. trägt bereits erstaunliche Früchte: das ständige Gebet, einige Krankenheilungen (die Zeugnisse der behandelnden Ärzte liegen vor), die Bekehrung vieler Menschen und ihre Neuorientierung im Leben, die von christl. Liebe geprägte Atmosphäre, das inständige Beten für die Einheit der Kirche und für den Frieden in der Welt, die symbolische Verwirklichung dieser Einheit durch die regelmäßige Teilnahme vieler Christen aus verschiedenen Kirchen am täglichen Gebet. Ein Betrug ist nicht erkennbar.

Lit.: R. Laurentin, Multiplication des apparitions de la Vierge aujourd'hui. Est-ce elle? Que veutelle dire?, 1989, bes. 72–80. — A.Th. Khoury, Zeichen vom Himmel in Damaskus. Die Botschaft von S., ²1991. — E. Zahlaoui, Soufanieh. Chronique des apparitions et manifestations de Jésus et de Marie, à Damas 1982–90, 1991. — Ders., Souvenezvous de Dieu. Messages de Jésus et Marie à S., 1991.   *A.Th. Khoury*

Sulpizianer. Die vom Tridentinum zur Priesterausbildung vorgesehenen Seminarien sind in Frankreich erst relativ spät verwirklicht worden. Sich hierfür eingesetzt zu haben ist das Verdienst von Jean-Jacques → Olier (1608–57). Es gelang ihm, 1641 in Vaugirard bei Paris eine Lebens- und Wirkgemeinschaft von gleichgesinnten Priestern zusammenzuschließen; ihr gehörten aber auch Priesteramtskandidaten an, die auf ihre spätere Aufgabe vorbereitet werden wollten. Im Unterschied zum Konzil von Trient handelte es sich nicht um Schüler oder Heranwachsende, sondern um Männer. In der Folgezeit wurde die Ausbildung bis zur Priesterweihe schrittweise auf mehrere Jahre ausgedehnt. Die ersten Mitarbeiter Oliers wurden sehr bald von Bischöfen anderer Diözesen gerufen, auch dort ähnliche Ausbildungszentren zu gründen. Olier selbst nannte sie »Priester für den Klerus« (prêtres du clergé); er wollte damit unterstreichen, daß sie keine Ordensgemeinschaft bildeten, sondern Diözesanpriester blieben. Gleichwohl hießen sie bald Priester von →Saint-Sulpice oder Sulpizianer; denn in Paris im Bezirk St. Sulpice, wo Olier 1642–52 als Pfarrer wirkte, waren sie zuerst als Gemeinschaft konstituiert worden. Durch die in vielen Diözesen wirkenden Priester haben die S. die marian. Frömmigkeit Oliers weithin verbreitet.

Wegen eines Augenleidens machte der junge Olier eine Wallfahrt nach Loreto. Von dort kehrte er geheilt und innerlich gewandelt zurück; er gab sein weltliches Streben auf und erwählte das geistliche Amt. Zum Diakon geweiht, legte er das Gelübde der Dienerschaft (→ Sklavenschaft) Ms ab. Von einem Nervenleiden fühlte er sich bei einer Mwallfahrt nach Chartres geheilt. Nunmehr gab es keine Entscheidung, keine neue Aufgabe (bes. die Errichtung eines Seminars), ohne daß er nicht zuvor die Fürbitte Ms angerufen hätte. Unsicher ist, in welchem Ausmaß das Gelübde der Dienerschaft Ms von den Schülern Oliers vollzogen wurde. Bekannt jedoch ist die Bedeutung des Gelübdes für das geistliche Leben →Grignions de Montfort, der in St. Sulpice ausgebildet worden war. Bei dem Gebet »O meine Gebieterin« bekennen die S. ihre Abhängigkeit von M. Der Bezug auf sie in den Stunden der Entscheidung ist für die S. eine überlieferte Übung geblieben. Sie haben die Gewohnheit, ihren Einsatz für die Priester am Fest Me Opferung zu erneuern; es ist ihr Patronatstag.

Obgleich viele M Braut des Hl. Geistes nennen, sieht Olier unter dem Einfluß → Bérulles in der Mutterschaft Ms einen Widerschein der Vaterschaft Gottes. M ist für ihn v.a. die hilfreiche Mutter. Ferner öffnete er sich zunehmend für die bräutliche Rolle Ms als Urbild der Kirche, die Christus bis zur äußersten Hingabe geliebt hat. Verschiedene Analogien heben das Verhältnis zwischen der Rolle Ms und der des Priesters hervor. Christus kam zur Welt durch M; auf dem Altar bietet er sich dar durch die Hände der Priester. M hat einen Priesterdienst ausgeübt, als sie im Tempel dem Vater Jesus darbrachte, was die Priester bei der Messe tun. Gewiß, M war im Abendmahlssaal nicht anwesend, als Jesus die Eucharistie einsetzte. Aber auf Calvaria vereinigt sie sich mit der Selbsthingabe Jesu. Zusammen mit den Aposteln empfängt sie den Hl. Geist. Diese Analogien haben dazu geführt, M als Priester-Jungfrau (Virgo sacerdos) auszurufen und sie als Königin der Priester zu verehren. Der erste Titel hat wegen seiner Doppeldeutigkeit Vorbehalte geweckt zu einer Zeit, in der das Priestertum der Laien nicht die Beachtung erfuhr wie heute; er kam außer Übung, nachdem das Hl. Offizium ihn mißbilligte (1926). Aber der zweite Titel, Königin der Priester, wird weiter verwendet bes. in den Litaneien der S. Zu der Zeit, als die Verehrung des Hl. Herzens einen neuen Aufschwung erfuhr, betrachtete Olier nicht nur das Herz Jesu (dieses nannte er oft »das innere Leben Jesu«), sondern auch das Herz Ms. Die S. feierten lange das Fest »La vie intérieure de Marie«: die Mutter Jesu ist geistlich (bei ihrer Schwangerschaft auch physisch) dem inneren Leben ihres Sohnes verbunden und auch dem Lob, das dieser dem Vater darbringt. Das von Charles de → Condren (1588–1641) stammende Gebet »O Jesu vivens in Maria« erinnert an diese Verbindung.

Lit.: J.-J. Icard, Doctrine de M. Olier, Paris ²1891, Kap. 7. — Manoir I 801–824; III 153–162. — M. Dupuy, Se laisser à l'Esprit. Itinéraire spirituel de J.J. Olier, 1982. — P.-H. Schmidt, Jean-Jacques Olier, Ein Leben für die Erneuerung und Heiligung des Priesterstandes, 1990. — DSp XI 737–751; XIV 170–191.   *M. Dupuy*

Sunamitin → Schunemitin

Sunder, Friedrich → Friedrich Sunder

Supplementum Mysteriorum → Nagpayātā d-rāzē

Šurrāyā (wörtlich: Anfang). Mit S. kann ein Psalm bezeichnet werden, der einer → Ōnītā vorausgeht, der dem Evangelium entnommene Text vor den Ōnyātā der Palmsonntagsprozession und dgl., ein → reš qālā oder ein (ganz oder teilweise) allelujatischer Psalm, der im → Ramšā gesungen wird. Es gibt zwei Šurrāyē: einen »vor« und einen »nach« (Psalm 140). Am

Ende des Ramšā findet sich ein dritter S. Auch Lieder in der Volkssprache, die von Kindern während der Auferstehungsfeierlichkeiten gesungen werden, nennt man S.

Lit.: J. Mateos, Lelya-Sapra. Essai d'interprétation des matines chaldéennes, 1959, 500.   *J. Madey*

Šûšeppā (westsyr.: šušeppō), im allgemeinen die Bezeichnung für ein Velum. S. bezeichnet im ostsyr. Ritus stets das Velum, mit dem man die Opfergaben (Kelch und Patene) bedeckt. Im westsyr. Ritus nennt man die beiden kleinen Velen, die auf den Kelch bzw. die Patene gelegt werden, huppōyē, das große weiße Velum, das beide bedeckt, heißt auch annāpūrō.

Lit.: P. K. Meagher u. a. (Hrsg.), Encyclopedic Dictionary of Religion, 1979, 3294.   *J. Madey*

Sustris, Friedrich, ital. Maler und Architekt niederländischer Herkunft, * um 1540 wohl in Padua, † um Pfingsten 1599 in München. Als bedeutender Vertreter des Manierismus verband S. ital. und niederländische Einflüsse und prägte durch seine maßgebende Tätigkeit als entwerfender Künstler am bayer. Hof den süddt. höfischen Manierismus wesentlich mit. S. lernte vermutlich bei seinem Vater, dem Maler Lambert S., in Venedig und Padua, ging 1560 wahrscheinlich nach Rom und war 1563–67 Schüler und Gehilfe Giorgio Vasaris in Florenz. 1564 wurde er Mitglied der Accademia del Disegno. Mit der Berufung nach Augsburg um 1568/69 durch Hans Fugger begann seine einflußreiche Tätigkeit in Süddeutschland. Auf Vermittlung Fuggers trat er im Oktober 1573 in die Dienste Herzog Wilhelms V. von Bayern, der ihm die Leitung der Umgestaltung und Neuausstattung der Burg Trausnitz in Landshut übertrug. 1580 erfolgte S.' Berufung an die herzogliche Residenz in München, wo er 1583 als Hofmaler und Oberster Baumeister bestallt wurde und alle wichtigen Projekte Wilhelms V. betreute. Seit 1597 stand er in dessen persönlichem Dienst. Zu seinen Hauptwerken für die Münchner Residenz zählt der Bau der dreiflügeligen Sommerresidenz Wilhelms V. um den ebenfalls von ihm gestalteten Grottenhof. S. wurde am Münchner Hof zum maßgeblichen Entwurfskünstler in den Bereichen Architektur, Plastik, Malerei und Kunsthandwerk. So stammen von ihm die Entwürfe für die kostbare, edelsteinbesetzte Reiterstatuette des hl. Georg (zwischen 1586 und 1597, Schatzkammer der Residenz München) sowie für die Glasschnitte am Heiltumskasten in der Reichen Kapelle der Residenz mit der zentralen Darstellung von ⓜ und Johannes unter dem Kreuz Christi. Eine von Passionsszenen umgebene Kreuzigungsdarstellung zeigte auch ein 1945 verbrannter Entwurf für ein Hausaltärchen (ehemals Stuttgart, Staatsgalerie). 1596–1600 besorgte S. die Umgestaltung des unter Albrecht V. als Antikensammlung entstandenen Antiquariums der Residenz in einen Festsaal. S.' zweites Münchner Hauptwerk ist die für den süddt. Kirchenbau wegweisende Jesuitenkirche St. Michael, deren Bauleitung er 1583 übernahm (Weihe 1597). Seine Autorschaft für die in einer 2. Bauphase 1593–97 geschaffenen Bauteile Querhaus, Chor und Turm gelten als gesichert, wahrscheinlich zeichnet er auch für das Langhaus im Wandpfeilersystem (1. Bauphase 1582–90) verantwortlich, auch entwarf er einen Großteil der Ausstattung und baute seit 1585 das angrenzende Jesuitenkolleg. S. schuf auch zusammen mit Wendel Dietrich die ehem. Wilhelminische Veste (1590–96, heute Maxburg) in München.

F. Sustris, Anbetung der Hirten, um 1570, Augsburg, Hl. Kreuz

S.' Bedeutung liegt v. a. in der Projektierung umfassender Dekorationsentwürfe, doch gibt es auch einige für die Malerei des Manierismus bedeutende Tafelbilder von seiner Hand, in denen sich sein Stil von einer harten, kantigen Formensprache bei zarter Farbigkeit zu malerischer Auffassung und leuchtenden Farben entwickelte. Neben Historienbildern schuf er auch rel. Bilder, darunter einige ⓜdarstellungen. Hierzu gehören die »Anbetung der Hirten« in der Hl. Kreuzkirche in Augsburg (um 1570) mit Anklängen an Taddeo Zuccari, eine »Beschneidung Christi« (ehemals Staatl. Gemäldegalerie in Schloß Schleißheim) sowie das Hauptaltarbild »Himmelfahrt Mariä« in der ehem. Kapuzinerkirche in Landshut. Einen bedeutenden Stellenwert im Werk von S. haben seine Entwurfszeichnungen, da sich in ihnen seine kreative Kraft am unmittelbarsten manifestiert. Kennzeichen seines Zeichenstils sind der zarte, leichte Federstrich und die nervös-zackige Umrißzeichnung, die ihn als einen der besten Zeichner seiner Zeit ausweisen. Typisch für den Manierismus sind die pointierten Posen seiner

Bildfiguren. In diesem Medium haben sich zahlreiche Arbeiten rel. Thematik erhalten, darunter auch Ⓜdarstellungen, wie die Vorlagen für Johann Sadelers Stiche »Hl. Familie mit Engeln mit einer Ansicht der Münchner Michaelskirche« von 1589/90 (Kopenhagen, Kobberstiksammlung, Titelblatt zu Gretsers und Raders »Trophaea Bavarica« von 1597), »Thronende Muttergottes mit Kind über der Stadt Augsburg« (Göttingen, Universitätssammlung, für das Stichwerk »Imagines Sanctorum Augustanorum Vindelicorum«, Augsburg 1601) und »Nähende Maria« (Würzburg, Martin v. Wagner Mus.). Ferner ist ein Entwurf für das nicht lokalisierte Deckengemälde einer »Anbetung der Hirten« erhalten (Wien, Albertina).

Lit.: M. Hock, F.S., Diss., München 1952. — H. Geissler, Unbekannte Entwürfe von F.S., In: Kunstgeschichtliche Studien für K. Bauch zum 70. Geburtstag, 1967, 151–160. — Ders., Neues zu F.S., In: MJbK 29 (1978) 65–91. — Thieme-Becker XXXII. *B. Langer*

Sutor, Petrus → Couturier, Pierre

Sutōrō (wörtlich: »Schutz«). Im westsyr. Ritus empfehlen sich die in rel. Gemeinschaft (Klöster, Bischofsresidenzen u. ä.) Lebenden vor der nächtlichen Ruhe dem Schutze Gottes. Dieses kurze Offizium, das in etwa der abendländischen Komplet entspricht, beginnt mit dem üblichen → Qawmō, mit dem alle kanonischen Stunden anfangen, und dem Einleitungsgebet. Das darauf folgende P̄rumyon mit dem entsprechenden Tages-Sedrō hat, im Gegensatz zu den anderen kanonischen Stunden, im S. aller Tage Bußcharakter, ebenso der anschließende → Qōlō sowie der Bo 'ūtō. Das Offizium schließt ab mit dem Psalmen 91 und 121 sowie weiteren Bitten. Allein hier wird Bezug genommen auf die Fürsprache der GM und der Heiligen: »Auf die Gebete Marias, die dich getragen hat, und aller Heiligen, verzeihe mir, Herr, und erbarme dich meiner, o Gott.« Zum Schluß betet man das Gebet des Herrn, den englischen Gruß und das nizänische Glaubensbekenntnis. — Im ostsyr. Ritus nennt man das entsprechende Offizium → Subbā'ā.

Lit.: Shīmō (syr.), Sarfeh 1937 (kath.), Pampakuda ³1968 (orth.). — B. Griffiths, The Book of Common Prayer of the Syrian Church, o. J. — J. Madey, Marienlob aus dem Orient. Aus Stundengebet und Eucharistiefeier der syr. Kirche von Antiochien, ²1982, 138. 148. *J. Madey*

Suyyākā (Plural: suyyākē; wörtlich: Abschluß). Im ostsyr. → Lelya der Sonntage bezeichnet man die beiden → Hullālē, die den qālē d-šahrā vorausgehen, als suyyākē; im Lelya der Tage der Fastenzeit, die eine eucharistische Feier haben, den → Hullālā, der dem → qālē d-šahrā vorausgeht, bzw. das in einen Psalm eingeschobene Alleluja oder auch den Qānōnā (→ Kanon). Normalerweise verbindet der S. zwei bedeutende Teile des liturg. Gebets.

Lit.: J. Mateos, Lelya-Sapra. Essai d'interprétation des matines chaldéennes, 1959, 498 f. — P. K. Meagher u. a., Encyclopedic Dictionary of Religion, 1979, 3427. — V. Pathikulangara, Mar Thomma Margam. A New Catechism for the Saint Thomas Christians of India, 1989, 165. *J. Madey*

Suzuki, Daisetz Teitaro, * 18. 10. 1870 in Kanazawa/Ishikawa (Japan), † 12. 7. 1966 in Tokyo. Während europäische Forscher sich mit dem älteren Buddhismus befaßt hatten, sah S. seine Lebensaufgabe darin, umgekehrt vom Osten her den Westen für den Zen-Buddhismus zu öffnen. Diesem Ziel widmete er seine Tätigkeit als Gastprofessor an amerikanischen Universitäten, auf Vortragsreisen durch Europa und v. a. eine unermüdliche schriftstellerische Tätigkeit in japanischer und engl. Sprache. In S.s Werk fällt sein Reichtum auf. Ein weiteres Charakteristikum ist die unsystematische Art, das Fragmentarische, das keine zusammenhängende Aussagen erwarten läßt. Er sucht, dem westlichen Hörer und Leser über vertraute Vorstellungen phil. wie rel. Art einen Weg zu bauen; so greift er immer wieder auf Vergleiche mit dem Christentum zurück, um Ähnlichkeiten und Unterschiedungen aufzuzeigen. Dabei beschäftigt er sich sporadisch auch mit Ⓜ, allerdings nicht so oft und in der gleichen Dichte wie mit Texten des NT und dem Leben Jesu. Sie wird die »Mutter Jesu« genannt, öfter auch »Jungfrau Maria«, aber wohl eher als nichtinhaltliche Aussage, denn als eine feste, formelhafte Bezeichnung wie eine Namensnennung. Damit wird auch keine Glaubensfrage angesprochen, sondern es handelt sich um eine Redeweise, die aus dem Amerikanischen übernommen ist. Die Aufnahme Ⓜs in den Himmel wird mit der Auferstehung Jesu Christi verglichen und dann festgestellt, daß das gewirkte Wunder bei Ⓜ größer sei, da sie lebend in den Himmel eingegangen sei. Die Gottessohnschaft wird Jesus Christus abgesprochen und damit Ⓜ auch der Titel GM. Es werden auch keine Unterschiede zwischen Jesus Christus und Ⓜ gemacht. Vorurteile und Fehldeutungen ergeben sich aus der buddhistischen Sicht.

Lit.: Susumu Yamaguchi (Hrsg.), Buddhism and Culture. Dedicated to Dr.. T. S. in Commemoration of his Ninetieth Birthday, 1960, Werkverzeichnis. — H. Rzepkowski, Das Menschenbild bei D. T. S.: Gedanken zur Anthropologie des Zen-Buddhismus, 1971. — Ders., D. T. S. und das Christentum, In: ZRGG 13 (1971) 104–116. — Han Ki-Bum, Zen and Bible: A Study of D. T. S.s Dialogue with Christianity, Diss., Philadelphia 1975. — J. Spae, D. T. S. on Christianity: some personal reflections, In: Ders., Buddhist-Christian Empathy, 175–187, 1980. *H. Rzepkowski*

Swaen, Michiel de, (süd-)niederländischer Dichter, * 20. 1. 1654 in Dünkirchen, † 3. 5. 1707 ebd., besuchte 1665–72 das Jesuitenkolleg in seiner Vaterstadt und wurde anschließend zum Wundarzt ausgebildet, als welcher er erstmals 1678 in Dünkirchen nachgewiesen ist. Aus zwei Ehen wurden ihm insgesamt 8 Kinder geboren. S. gehörte wiederholt dem Dünkirchener Magistrat an.

Als Dichter war S. Mitglied der Dünkirchener Rederijkerskammer (Dichtergesellschaft) St. Michiel, die nach ihrem Symbol, dem Gänseblümchen, zumeist als »De Carsauwe« bezeichnet wurde und die in der Stadt, die 1662 an Frankreich gekommen war und zunehmend französisiert wurde, die niederländische (flämische) Dichtkunst pflegte. Seit 1687 stand S. als »Prince« der Kammer vor. Seine Werke weisen denn auch die typischen Merkmale der Dichtung der »Rederijker« auf, die in etwa mit den deutschen Meistersängern zu vergleichen wären. Bis heute ist S. bekannt geblieben durch ein Fastnachtsspiel, die Komödie »De gecroonde leersse« (1688), die eine Anekdote über Kaiser Karl V. dramatisiert. Abgesehen von Übersetzungen franz. Theaterstücke, darunter Corneilles »Cid« (1694), und einer Poetik (»Neder-Duitsche digtkonde of rymkonst«, nach 1700) sind fast alle Werke S.s rel. Inhalts. Unter ihnen finden sich zwei Martyrerdramen, »Catharina« (vor 1702) und »Mauritius« (nach 1702). S.s Dichtungen kleineren Umfangs, darunter zahlreiche geistliche und viele Gelegenheitsgedichte, wurden gesammelt in »Verscheyden godtvruchtige en sedige rym-wercken« (2 Teile, 1697/98) sowie in den »Sedige rym-wercken in stercken en soeten stijl« (1702) und den »Verscheyde rymwercken in soeten en stercken styl« (1706). S.s Hauptwerke sind jedoch das Mysterienspiel »De menschwordingh« (1686) und das geistliche Epos »Het leven en de dood van onsen saligmaker Jesus Christus« (1694). In beiden Werken spielt ⟨M⟩ eine entscheidende Rolle. In ersterem ist sie als künftige GM, an die sich die Verkündigung durch den Erzengel Gabriel richtet, die zentrale Gestalt schlechthin, wenn sie auch erst im 4. und 5. Akt auftritt, da die ersten drei Akte im Himmel unter den Engeln spielen. Im 4. Akt berichtet ⟨M⟩ von der wunderbaren Weise, in der ihre Verlobung mit Joseph zustande kam, im 5. Akt erscheint Gabriel ihr und ⟨M⟩ fügt sich dem Willen Gottes. In dem Epos vom Leben und Sterben Christi befassen sich die Gesänge 4–17 des ersten Teils mit den Ereignissen von der Verkündigung bis zum Wiederfinden des zwölfjährigen Jesus im Tempel. Hier erscheint ⟨M⟩ in erster Linie als die Mutter. Im 2. und 20. Gesang des zweiten Teils wird sie zur Schmerzensmutter, die das Leiden des Sohnes vorausahnt bzw. die mit Johannes unter dem Kreuz steht. In den »Godtvruchtige en sedige rymwercken« wird bes. in Gelegenheitsgedichten zum Ordenseintritt von Klosterfrauen die Jungfräulichkeit der GM hervorgehoben, so etwa in der »Aenroepingh van de heylige maghet Maria«.

WW: Werken van M. de S., hrsg. von V. Celen, C. Huysmans und M. Sabbe, 6 Bde., 1928–34.
Lit.: M. Sabbe, Het leven van M. de S., Brüssel 1906. — R. Seys, M. de S., In: M. Lamberty (Hrsg.), Twintig eeuwen Vlaanderen XIII: Vlaamse figuren I, 1976, 255–258.
G. van Gemert

Sweelinck, Jan Pieterszoon, * Mai 1562 in Deventer, † 16.10.1621 in Amsterdam, erhielt ersten Musikunterricht bei seinem Vater, einem Organisten. S. wurde um 1577 Organist an der Oude Kerk zu Amsterdam, wo er bis zu seinem Tode wirkte. Dabei hatte er nicht während, sondern vor und nach dem prot. Gottesdienst zu spielen; zudem amtierte er auch als Carilloneur. Haupteinnahmequelle dürfte jedoch seine Unterrichtstätigkeit gewesen sein, da er ab ca. 1600 ein internat. berühmter Orgellehrer war. Seine Instrumentalkompositionen sind — von wenigen Lautenstücken abgesehen — ausschließlich für Orgel oder Cembalo gedacht; darunter sind v. a. die 5 Echofantasien erwähnenswert. Bekannt wurden auch seine Variationen über weltliche (»Mein junges Leben hat ein End'«) und geistliche Lieder; letztere bieten die Choralmelodie mehrfach, meist vorimitiert. Mit Ausnahme der einfachen, franz. Chansons (1594) sowie der kontrapunktisch meisterhaften 2–3-stimmigen »Rimes francoises et italiennes« (1612) besteht sein Vokalwerk aus geistlicher Musik. Herausragend sind hier die vollständigen »Psalmen Davids« (1604–21). Deren Melodien beruhen auf dem Genfer Psalter, jedoch mit starken rhythmischen Varianten. Psalmen mit gleicher Melodie sind in unterschiedlicher Technik gearbeitet, wobei sowohl kontrapunktischer Motettenstil als auch homophoner Chansonsatz erscheinen. Gerne bedient sich S. tonmalerischer Effekte. Fantasievolle motivische Arbeit, expressive Rhythmik und Skalen zeugen von der Originalität des Autors. Als zweites Hauptwerk gelten die »Cantiones Sacrae« von 1619. Die biblischen Texte dieser 36 lat. Motetten zu 5 Stimmen waren alle im kath. und großteils im prot. Gottesdienst gebräuchlich. Trotz konfessioneller Divergenz öffnete die kath. Zensurbehörde in Amsterdam dieser Musik die Kirchentore und empfahl sie zur Erbauung der Gläubigen. Aus kleinsten Keimzellen erwachsen formal abgerundete Motetten; Wort- und Melodieakzent decken sich, wichtige Textpassagen werden sinnfällig illustriert, zudem integrieren sie den Generalbaß, womit S. zu den niederländischen Pionieren zählt. Mit besonderer Klangpracht überzeugt das »Te Deum«. Auffällig ist die stattliche Zahl marian. Motetten: »Hodie beata virgo Maria puerum Jesum praesentavit in templo« (Lk 2,25–29) hat seinen Höhepunkt im plötzlichen Dreiertakt beim Lobgesang des Simeon. »Ecce virgo concipiet« (Jes 7,14) steigert sich nach verhaltenem Beginn kontinuierlich bis zu den Skalen des Alleluja. Das vierteilige »Regina caeli« bedient sich der Motive der gregorianischen Vorlage; die tertia pars wird auch 3-stimmig gesungen, die zweite Stimme setzt sofort mit der lebhaften Themenfortspinnung auf das Wort »laetare« ein. Hervorragend wirkt das »Magnificat« in seiner spielerischen Gegenüberstellung von geraden und ungeraden Rhythmen, akkordischen und polyphonen Blöcken, hohen und tiefen Stimmen sowie seiner ausdrucksstarken Themenbildung (z. B. chromatisch bei »timentibus eum«, gegenläufig bei »deposuit potentes et exaltavit humiles«). Separat ist ein untextierter 3-stimmiger Kanon überliefert, mit dem gregorianischen »Ave maris stella« als cantus firmus.

Ausg.: Opera Omnia, hrsg. von M. Seiffert u. a., 1943 ff.
Lit.: B. van den Sigtenhorst Meyer, J. P. S., 1941. — G. Frotscher, Geschichte des Orgelspiels und der Orgelkomposition, ²1959, 282–291. — R. L. Tusler, The Organ Music of J. P. S., ²1963. — MGG XII 1775–85. — Grove XVIII 406–413.

M. Hartmann

Symbolum → Glaubensbekenntnis

Symeon Metaphrastes, so benannt wegen der von ihm bzw. von einer Arbeitsgruppe unter seiner Leitung durchgeführten stilistisch-rhetorischen Umarbeitung (Metaphrase) einer liturg. Sammlung von Heiligenviten (Menologion), *unter dem byz. Kaiser Leon VI. (886–912), lebte noch unter Kaiser Johannes I. Tzimiskes (969–976), † um 987. Die Mehrzahl der gegenwärtigen Forscher (mit Ausnahme von A. Kazhdan) tendiert zu seiner Gleichsetzung mit dem Chronisten Symeon Logothetes. Von den ihm zugeschriebenen Beiträgen zur ⟨M⟩thematik bleibt, da nach Ansicht Hörandners eine ⟨M⟩klage unter dem Kreuz eher von Nikephoros Basilakes oder einem Unbekannten verfaßt ist, nur noch eine Gesamtdarstellung des Lebens ⟨M⟩s, der am Schluß die Legende von der Auffindung ihres Gewandes im 5. Jh. angefügt ist (Commentarius de vita, obitu et veste Deiparae). Anfangs sind Texte Gregors v. Nyssa, Athanasios' v. Alexandrien und Ps.-Dionsios' als Quellen der Darstellung genannt. Die Vita folgt zunächst der Kindheitsgeschichte des Lukas, unter Benutzung anderer Autoren. Die Paragraphen 2–4 sind fast wörtlich einer Weihnachtspredigt Gregors v. Nyssa entnommen (der Abschnitt PG 46, 1137 D–1141 B). Es folgen die Hochzeit zu Kana (§ 26), die Passion Christi (§ 27–35), seine Auferstehung und Himmelfahrt (§ 36 f.) und der Heimgang ⟨M⟩s nach der Legende (§ 38–43) sowie die Auffindung ihres Gewandes (§ 44–53). Ein in BHG Nr. 1048 gesondert angeführter Text über den Heimgang ist Bestandteil dieser Vita.

Ausg.: B. Latyšev, Menologii anonymi Byzantini saec. X quae supersunt II, 1912, 346–383 (Vita). — W. Hörandner, Der Prosarhythmus in der rhetorischen Literatur der Byzantiner, 1981, 91–171.
Lit.: Jugie 320 f. (Heimgang Mariens); 690, Anmerkung 4 (Legende vom Gewand). — BHG³, App. III 2, Nr. 1047 f. — Beck 570–575. — A. Markopulos, Sur les deux versions de la Chronographie de Syméon Logothète, In: ByZ 76 (1983) 279–284 (neue Argumente zur Identifizierung mit dem Chronisten). — DSp XIV 1383–87. — Oxford Dictionary of Byzantium III 1983 f.

F. Tinnefeld

Symeon Neos Theologos, * 949 in Paphlagonien, † 12.3.1022 in Konstantinopel. S. Neos (»der junge« und »der neue«) Theologos lebt ab 960 bis zu seiner Verbannung mit kurzen Unterbrechungen in Konstantinopel, wo er nach dem Tod seines Oheims (963) bei einem ersten Versuch, in das Studiu-Kloster einzutreten, abgewiesen wird. Seit damals mit seinem Spiritual Symeon Eulabes (»der Fromme«, »der Gottesfürchtige«) in Kontakt, erlebt er seit 970 Visionen und wird 976 in Studiu Mönch. 977 wegen seiner tiefen Bindung an Symeon Eulabes aus Studiu verwiesen, tritt er in das Mamas-Kloster in Konstantinopel ein, wo er 980 zum Priester geweiht und zum Abt gewählt wird. Die Bindung an seinen Spiritual bleibt zeit seines Lebens erhalten und steigert sich nach dessen Tod (986/987) zur Einführung eines (umstrittenen) Heiligenkults für denselben. Diese Verehrung, aber auch die Rigidität der spirituellen Führung seiner Mönche und extreme Aussagen bezüglich seiner Visionen führen mehrfach zu Schwierigkeiten sowohl innerhalb des Klosters als auch mit kirchlichen Amtsträgern, bes. mit dem Metropoliten von Nikomedeia, Stephanos, der als Synkellos des Patriarchen einflußreich war. Nach 25-jähriger aktiver Administration des Klosters resigniert er daher auf Drängen des Patriarchen und wird vom Patriarchatsgericht — nach mehreren Verhandlungen — im Januar 1009 zur Verbannung verurteilt; 1011 begibt er sich nach (teilweiser) Rehabilitierung in ein — nunmehr freiwilliges — Exil auf der kleinasiatischen Seite des Bosporus, in welchem er bis zu seinem Tod verbleibt und den Großteil der Hymnen dichtet.

S. erlebt seit dem Jünglingsalter Visionen des immateriellen Lichtes des Logos, in welchem er so sehr aufgeht, daß er selbst immaterielles Licht zu werden vermeint; dieses Licht, das Tabor-Licht, ist zugleich Medium und Objekt, also Ziel seiner Gottesschau. Auf die Visionen bereitet er sich zwar durch regelmäßige, intensive, mit Tränen verbundene Buß- und Gebetsbetrachtungen vor, so wie es ihm sein $\pi\nu\varepsilon\upsilon\mu\alpha\tau\iota\kappa\grave{o}\varsigma\ \pi\alpha\tau\acute{\eta}\rho$ aufgetragen hat; das entscheidende Moment seiner Visionen aber ist die Gnade Gottes, die ihm — für ihn selbst unerwartet — die Schau des göttlichen Lichtes zuteil werden läßt. Am Gnadenakt der Visionen, die von menschlicher Seite durch nichts »bewirkt« werden können, die also (anders als teilweise im → Hesychasmus) allein durch die Gnade Gottes gewährt werden, hält S. insbesondere in seinen 58 Hymnen (in fast 11 000 Versen) fest, in welchen er versucht, seine visionären Begegnungen mit dem Logos und dem Hl. Geist mitzuteilen. Hierbei ist es ihm ein besonderes Anliegen, die Allgemeinverbindlichkeit, das Nicht-Elitäre seiner mystischen Erfahrungen hervorzuheben: Grundsätzlich, so S., ist es jedermann möglich, im diesseitigen Leben die Teilhabe am Tabor-Licht, also am Logos und am Hl. Geist, somit an Gott zu erfahren, freilich nicht eine Teilhabe an der göttlichen $\varphi\acute{\upsilon}\sigma\iota\varsigma$, sondern eine $\theta\acute{\varepsilon}\sigma\varepsilon\iota\ \kappa\alpha\grave{\iota}\ \chi\acute{\alpha}\rho\iota\tau\iota$ (durch Disposition und Gnade) gewährte: Gott, selbst Mensch geworden, läßt den Menschen durch Adoption an sich teilhaben. Einzelne Hymnen (z.B. XV) zeigen die große dichterische Begabung des Mystikers, der auch vor gewagten Bildern nicht zurückscheut. Neben den Hymnen vermitteln auch manche Passagen der »theologischen und ethischen Traktate« und der (an die Mönche seines Klosters gerichteten) Katechesen, freilich in wesentlich geringerem Ausmaß, einen Eindruck von seinen Visionen, welche schwer in die mystischen Traditionen der Ostkirche einzuordnen sind, so daß er auch nur sehr bedingt als »Vorläufer« der spätbyz. Hesychasten bezeichnet werden kann, wiewohl ihn die Hesychasten (von ihren Gegnern bestätigt) für sich reklamieren.

Zu 𝔐 nimmt S. die konventionelle Position seiner Zeit ein. In seinen theol. gewichteten Schriften, bes. in Eth. I (Kap. 3,9–10) und II (Kap. 7), stellt er ihre heilsgeschichtliche Rolle in der traditionellen, stark am AT orientierten Denkweise dar. Hinsichtlich der Entfaltung seines Wirkens als Mystiker läßt sich feststellen, daß S. sich offenbar lediglich als Jüngling, vor seiner ersten Vision des Tabor–Lichtes (noch vor seinem Klostereintritt) im Gebet an 𝔐 als Vermittlerin gewandt hat (Kat. XXII, Euchar. II), in einer Phase seiner spirituellen Entfaltung, in welcher er im wesentlichen von Symeon Eulabes geführt wurde — symptomatischerweise ist ein Gedicht, in welchem 𝔐 als Vermittlerin ($\mu\varepsilon\sigma\tilde{\imath}\tau\iota\varsigma$, → Mittlerin) eine besondere Rolle zukommt, pseudepigraph. Ansonsten begegnet 𝔐 in S.s Oeuvre zwar mehrfach — hervorzuheben der Zusammenhang mit der Menschwerdung Christi (Eth. I 10, Hymnus XXI 460 ff.) sowie mit den zwei göttlichen Naturen (Kat. XXIX), weiters die in den Kontrast der Schöpfung mit der Heilstat der Neuschöpfung eingebundene Gegenüberstellung Eva — 𝔐 (Eth. II 2,7, Eth. XIII) —, doch entwickeln sich seine Visionen hauptsächlich in direkter Hinwendung zu Gott, in der Form des mit Tränen verbundenen Gebets.

Ausg.: B. Krivochéine und J. Paramelle S. N. Th., Catechèses I–III, 1963–65. — J. Darrouzès, S. N. Th., Traités Theologiques et Éthiques I–II, 1966–67. — J. Koder, J. Paramelle und L. Neyrand, S. N. Th., Hymnes I–III, 1969–73. — A. Kambylis, S. N. Th., Hymnen, 1976. — J. Darrouzès, S. N. Th., Chapitres théologiques, gnostiques et pratiques, ²1980.
Lit.: I. Hausherr, Un grand mystique byzantin. Vie de S. N. Th. (949–1022) par Nicetas Stéthatos, 1928. — Beck 360–363. 585–587. — D. L. Stathopoulos, Die Gottesliebe ($\theta\varepsilon\tilde{\iota}o\varsigma$ $\check{\varepsilon}\rho\omega\varsigma$) bei S. dem N. Th., 1964. — W. Völker, Scala Paradisi, eine Studie zu Johannes Climacus und zugleich eine Vorstudie zu S. N. Th., 1968. — Ders., Praxis und Theoria bei S. N. Th., ein Beitrag zur byz. Mystik, 1974. — B. Krivochéine, Dans la lumière du Christ. Saint S. N. Th. 949–1022, 1980. — B. Fraigneau-Julien, Les sens spirituels et la vision de dieu selon S. N. Th., 1985. — J. Koder, Normale Mönche und Enthusiasten: Der Fall des S. N. Th., In: Religiöse Devianz. Untersuchungen zu sozialen, rechtlichen und theol. Reaktionen auf rel. Abweichungen im westlichen und östlichen MA, 1990, 97–119. — H. J. M. Turner, St. S. N. Th. and Spiritual Fatherhood, 1990. — DSp XIV 1387–1401. *J. Koder*

Symeon v. Thessalonike, * nach 1350 in Konstantinopel, † 1429 in Thessalonike, wurde Mönch im Kloster der Xanthopuloi zu Konstantinopel und nahm zu Ehren des Metaphrasten den Mönchsnamen Symeon an. Wohl vor 1420 wurde er Metropolit von Thessalonike. Angesichts der türkischen Belagerung der Stadt in den 20er Jahren zeigte er große Einsatzbereitschaft für sein Kirchenvolk. Seit 1981 ist er Heiliger der griech.-orth. Kirche. Sein Hauptwerk ist der »Dialogos« eine Sammlung von 372 dogm. und liturg. Traktaten in Form eines Gesprächs zwischen Bischof und Kleriker (PG 155, 33–696). Im liturg. Teil ist hier auch der Ritus der Broterhebung der Panagia berücksichtigt (PG 155, 660–669). Der 𝔐thematik sind außer einigen Theotokia, Gebete (1. zur Euangelismos-Prozession am Vorabend des 25. März, an Christus, mit Reflexion über die Inkarnation [Phuntules, Edition, 3–6], 2. zur Kirchweihe der Acheiropoietos Theotokos-Kirche in Konstantinopel [ebd. 30–32], 3. Prozessionsgebet zur GM [ebd. 32–34], 4. und 5. Bittgebete an 𝔐 [ebd. 34–36. 46 f.]) sowie Kanones gewidmet. Diese Kanones verbinden das Gedenken an die GM jeweis mit dem an ein bestimmtes Engel- oder Heiligenfest: Erzengel Michael, 6. September (ebd. 147–150), Apostel und Evangelist Johannes, 26. September, unter reichlicher Berücksichtigung von Gedanken seines Evangeliums im Kanontext und Anspielung auf die von Jesus am Kreuz angeregte Mutter-Sohn-Beziehung von 𝔐 und Johannes (ebd. 159–166), Synaxis der Engel, 8. November (ebd. 209–213), Johannes Chrysostomos, 13. November (ebd. 213–217), Nikolaos, 6. Dezember (ebd. 245–249). Jugie (in: L'Immaculée Conception) zitiert, meist aus dem Dialogos, zahlreiche Belege für S.s Glauben an die unbefleckte Reinheit 𝔐s von der Sünde, muß aber auch zugeben, daß er an einer Stelle Christus *allein* als sündenlos bezeichnet. Dennoch möchte er S. als Zeugen für die UE retten. Zweifellos billigt S. der GM eine einzigartige Heiligkeit zu, die von keinem anderen Menschen erreicht werden könne, und er geht im Sinne Jugies sehr weit, wenn er sagt, der Herr sei durch seine Gnaden und Erleuchtungen immer ($\pi\acute{\alpha}\nu\tau o\tau\varepsilon$) mit 𝔐 gewesen; aber es fehlt eine explizite Aussage über die UE.

Ausg.: PG 155 (Dialogos und andere Schriften). — I. M. Phuntules, Συμεὼν ἀρχιεπισκόπου Θεσσαλονίκης τὰ λειτουργικὰ συγγράμματα I, Εὐχαὶ καὶ ὕμνοι, 1968 (Gebete und liturg. Hymnen).
Lit.: Jugie 351 f. (Ritus der Broterhebung). — M. Jugie, L'Immaculée Conception dans l'Ecriture sainte et dans la tradition orientale, 1952, 287–292. — Beck 752f. — I. M. Phuntules, Τὸ λειτουργικὸν ἔργον Συμεὼν τοῦ Θεσσαλονίκης, 1966. —Tusculum-Lexikon³ 758f. — DThC XIV/2, 2976–84. — DSp XIV 1401–07. *F. Tinnefeld*

Synapte → Litaneien

Synaxarion. Das Wort S. kann verschiedene Bedeutungen haben. Es dient 1. zur Bezeichnung eines liturg. Buches, das die liturg. Anweisungen für jeden Tag des Kirchenjahres enthält (man nennt es auch Typikon); 2. zur Bezeichnung dessen, was man in der abendländischen Kirche Martyrologium nennt; 3. ist es auch als Menologion bekannt und enthält kurze Lebensbeschreibungen der Heiligen, die im → Orthros nach der 6. Ode vorgelesen werden.

Lit.: A. S. Morelli, Kalendarium Ecclesiae Constantinopolitanae, 2 Bde., 1782. — J. Mateos, Le Typicon de la Grande Eglise I: Le cycle des douze mois, 1962. — La Prière des Eglises de rite byzantin. I La Prière des Heures ($\Omega\rho o\lambda\acute{o}\gamma\iota o\nu$), 1975, 517. — K. Onasch, Liturgie und Kunst der Ostkirche in Stichworten unter Berücksichtigung der Alten Kirche, 1981, 262 f. 346. 364 f.
J. Madey

Synaxis, wörtlich Zusammenkunft (anläßlich eines Gottesdienstes). Das byz. Kalendarium kennt aber auch zwei Feste der GM, die S. bezeichnet werden: 1. die S. der Theotokos der Miasenoi, ein Ikonengedächtnisfest, das am 1. September begangen wird. Es handelt sich um eine Ikone der hl. Jungfrau, die in der Zeit des Ikonoklasmus in den See von Gazouros in Kleinasien geworfen wurde. Sie wurde später unversehrt wieder aufgefunden und im Kloster der Miasenoi bei Melitene in Armenien aufbewahrt. — 2. Am 26. Dezember wird die S. der Theotokos als Begleitfest zum Fest der Geburt Christi begangen. Es ist wohl das älteste ⟨M⟩fest. Die Mutterschaft ⟨M⟩s wird an diesem Tage hervorgehoben; durch Christus wird sie auf die Kirche hin ausgedehnt: »Es wäre leicht, weil ohne Gefahr ein furchtsames Schweigen zu bewahren, Jungfrau« heißt es im Gedächtnis der GM nach der Epiklese. »Aber dir aus Liebe wohlklingende und schöne Hymnen zu dichten, ist ein schwieriges Werk. So gib uns, die du unsere Mutter bist, nach dem Maße unserer Absicht die Eingebung.« — Das Fest geht auf einen alten Stationsgottesdienst zu Ehren der GM am 3. Meilenstein von Jerusalem nach Betlehem zurück. Als Fest war es wohl ursprünglich ein Fest der Blachernenkirche von Konstantinopel, wo auch seit 473 das Gewand der GM als Reliquie auf Weisung des Kaisers Leon I. verehrt wurde (Fest am 2. Juli).

Lit.: M. Jugie, La première Fête Mariale en Orient et Occident, In: EOr 22 (1923) 153–181. — B. Capelle, La Fête de la Vierge à Jérusalem, In: Le Muséon 56 (1943) 1–33. — J. Mateos, Le Typicon de la Grande Eglise I: Le cycle des douze mois, 1962, 3. 159. — N. Edelby, Liturgikon. »Meßbuch« der byz. Kirche, 1967, 581. 373 f. — K. Onasch, Liturgie und Kunst der Ostkirche in Stichworten unter Berücksichtigung der Alten Kirche, 1981, 346.
J. Madey

Syrakus, Erzbistum auf Sizilien. Nach Apg 28,12 hat der Apostel Paulus in S. geweilt; seit dem 2./3. Jh. ist eine christl. Gemeinde dort nachweisbar; ⟨M⟩bilder in den Katakomben verweisen auf eine frühe MV. Im Dom S. Maria del Piliero o delle Colonne befinden sich die Gnadenbilder der »Madonna delle Neve« und »S. Maria del Miracoli«.

Das heutige Zentrum der MV in S. ist das Gipsrelief der »Madonna delle Lacrime«, die am 29.–31. 8. 1953 mehrmals vor zahlreichen Zeugen menschliche Tränen vergossen haben soll, außerdem sei eine Veränderung des Gesichtsausdrucks bemerkt worden. Als eine provisorisch errichtete Holzkirche die zahlreichen Pilger nicht mehr fassen konnte, wurde 1968 die monumentale Rotunde des »Santuario della Madonna delle Lacrime« erbaut.

Lit.: O. Garana, Siracusa e la sua Madonnina, 1954 — O. Musumeci, Die Muttergottes von S. hat geweint, 1955. — D. Marcucci, Santuari mariani d'Italia, 1982. — H. Scharf, Sizilien, 1986, 168 ff.
F. Trenner

Syrer, Bezeichnung der Christen des Patriarchats Antiochien, die den ursprünglichen Ritus von Antiochien-Jerusalem bewahrt haben und in ihrer Mehrheit im Altertum aramäisch sprachen.

Als »jakobitisch« bezeichnet man die S., die die dogm. Definitionen des Konzils von Chalkedon nicht angenommen haben (im Gegensatz zu den mehrheitlich hellenisierten »Melkiten«), sondern die alexandrinische Schule und ihre Terminologie vertraten. Jakob Burdōnō (nach dem sie genannt wurden) gelang es, für sie ein unabhängiges Kirchentum mit einem Patriarchen von Antiochien zu reorganisieren. Sie selbst bezeichnen sich als syrisch-orthodox. Heute hat dieses Patriarchat seinen Sitz in Damaskus und zählt 4 Diözesen in Syrien, 3 im Irak, 2 im Libanon, je 1 in der Türkei, Mitteleuropa, Skandinavien (einschließlich Großbritannien), Nordamerika (USA und Kanada), ferner ein Patriarchalvikariat in Jerusalem und eins in Brasilien. Die Gläubigenzahl dürfte bei ca. 150 000 liegen. Seit 1984 besteht eine weitgehende sakramentale Gemeinschaft (Eucharistie, Buße, Krankensalbung) mit der kath. Kirche (→ Malankaren).

Ein Teil der S. nahm im 17./18. Jh. die volle Kirchengemeinschaft mit Rom auf und bildet das jetzige syrisch-kath. Patriarchat von Antiochien (Sitz in Beirut). Dieses hat 4 Diözesen in Syrien, 2 im Irak, 1 in Ägypten sowie je 1 Patriarchalvikariat im Libanon, in der Türkei und in Jerusalem, außerdem Gemeinden in den USA, Kanada, Venezuela und Paris. Die Gläubigenzahl beträgt etwa 100 000.

Die S. verehren ⟨M⟩ als Gottesgebärerin (yōldaṯ Alōhō), und die meisten Kirchen sind ihr geweiht. Die traditionellen ⟨M⟩feste sind Beglückwünschung (Noṣrōtō oder Qulōsē) der Jungfrau ⟨M⟩ (26. Dezember; es ist wohl das älteste ⟨M⟩fest bei den S.n, bezeugt in einem Dokument des 5. oder 6. Jh.s), ULF der Saaten (15. Januar), ⟨M⟩e Verkündigung (25. März), ULF der Ähren (15. Mai), Weihe der ersten ⟨M⟩kirche in Atrīb in Ägypten (15. Juni), Hinübergang (šunōyō) ⟨M⟩s sowie ULF der Weinstöcke (15. August); diesem geht heute ein Fasten vom 8. bis 14. August (syr.-kath.) bzw. 10. bis 14. August (syr.-orth.) voraus. Bei den syr. Katholiken wird auch das Fest der UE ⟨M⟩s (8. Dezember) begangen. Unter den ⟨M⟩festen ragt das Fest der Verkündigung derart heraus, daß an diesem Tag selbst dann die Eucharistie gefeiert wird, wenn es auf den Karfreitag fällt. Es gedenkt des Beginns unserer Erlösung. Obwohl das Fest ⟨M⟩e Empfängnis schon bei Jakob v. Edessa (640–708) bezeugt ist, fehlt es in neueren orth. Kalendern. Die besondere ⟨M⟩zeit der S. ist die »Zeit der Verkündigung«, die sechs Sonntage vor Weihnachten umfaßt. Der wöchentliche ⓜtag ist der Mittwoch, an dem nach syr. Überlieferung ⓜ geboren wurde und gestorben ist. Aber auch an allen anderen Tagen kommt der Lobpreis ⓜs bei den S.n im Stundengebet nicht zu kurz. In der Volksfrömmigkeit der kath. S. haben unter dem Einfluß der röm.-kath. Missionare u.a. auch das Rosenkranzgebet und das Skapulier ULF vom Karmel (der Einfluß der Karmeliten war in der Vergangenheit überall im Orient sehr stark) einen Platz gefunden.

Lit.: S.E. Barsoum, The Golden Key to Divine Worship, 1950. — A.A. King, Liturgie d' Antioche, 1967. — J. Madey, Marienlob aus dem Orient. Aus Stundengebet und Eucharistiefeier der Syr. Kirche von Antiochien, ²1982. — AnPon 1986. — N. Wyrwoll (Hrsg.), Orthodoxia 1990–91, 1990, 147–149.   *J. Madey*

Syrien. I. FRÖMMIGKEITSGESCHICHTE. S.s Christen sind eine Minderheit, haben aber ein reiches marian. Erbe aus der byz. Zeit. Archäologische Zeugnisse, Epigraphe und Bilder erinnern an diese Zeit. In Edessa waren ein großes Heiligtum unter dem Titel »Theotokos« sowie drei weitere ⓜkirchen. In Amid war eine ⓜkirche auf den Ruinen einer Synagoge erbaut worden. Zeugma hatte gegen Ende des 6. Jh.s eine ⓜkirche. In Hama wurde ein »Zufluchtsort« der GM ausgegraben. Für seine Umgebung sind drei ⓜkirchen belegt: El Hazimé, Hawa und Rouweida, weiter südlich eine weitere in Salamia, im Norden von Alepo eine im Gebirge (Gebal Sim'ân).

Neben der großen ⓜbasilika in Damaskus sind zwei ⓜkirchen in Yabroud und je eine in Maloula und Saidnaya belegt. Bedeutende Inschriften aus dem 5. und 6. Jh. bezeugen die MV. Das gleiche gilt von ⓜbildern, z. B. in Zedeb.

Unter den Wallfahrtsorten ist v.a. Saidnaya zu nennen, etwa 10 km nördlich von Damaskus. Wenn man dem Zeugnis der Pilger aus dem Westen, wie Thietmar (1217), Matthias v. Paris († 1259) und Ludolf v. Suchem (Suthem, Sudheim, weilte 1336–41 im Orient; † 1348), vertrauen kann, so gehen Kloster und Heiligtum in die byz. Zeit zurück. Eine fromme Frau aus Damaskus hatte sich in die Einsamkeit zurückgezogen und hier ein kleines Heiligtum errichtet. Ein Mönch aus Jerusalem brachte eine ⓜikone dorthin, denn er hatte auf wunderbare Weise erfahren, daß die GM eine Ikone in dem Heiligtum wünschte. Während der Kreuzfahrerzeit wurde das Heiligtum zu einer wichtigen Station auf der Pilgerfahrt ins Hl. Land. Bes. im Sommer wird das Heiligtum besucht von Pilgern aus S. und dem Libanon. Hauptfest ist der 8. September. Die wundertätige Ikone befindet sich heute im Schwesternkloster und wird von den Schwestern durch eine psalmodierende ⓜlitanei (al Baraklissi) verehrt.

Frauen, die um die Gnade der Mutterschaft beten verbleiben die Nacht über vor der Ikonostase, hinter der sich die wundertätige Ikone befindet und essen vom Docht (al ftilé) der Öllampe. Betet eine Muslime um das Geschenk eines Kindes, so gelobt sie, das Kind taufen zu lassen. Die zahlreichen Votivgaben, v.a. von kleinen Kindern in Gold, bezeugen den Dank der Mütter.

Ein anderes Heiligtum, das zwar im Libanon liegt, sich aber unter den Christen S.s großer Beliebtheit erfreut ist ULF von Râs Baalbeck. Und es gibt keinen heiligeren Schwur in der Gegend als den Namen der Madonna (Sitt as Saidé) anzurufen. Das Hauptfest wird am 15. August gefeiert, wozu Pilgerscharen aus dem Libanon, S. und v.a. aus der Region von Alepo kommen.

Die erste Marian. Kongregation in S. gründete der Jesuit Aimé Chézaud (1604–65) an der Kirche zum hl. Elias in Aleppo für die Maroniten, außerdem errichtete er eine für die Armenier und Melkiten. Der Jesuit Gilbert Rigault († 30.9.1655 in Tripolis) gründete eine für die Mitglieder der europäischen Kolonie in Alepo. In Damaskus wurde eine weitere von Jérôme Queyrot († 8.9.1653 in Damaskus) errichtet. Die vielfältigen Titel der Marian. Kongregationen sind neben Immaculata und Verkündigung bes. ULF von Pompeji.

Lit.: H.C. Butler, Early Churches in Syria, 1929. — Habib Zayat, Histoire de Saidnaya, 1932. — R. Loir, Saidnaya et son Convent, 1944. — J. Nasrallah, Voyageurs et Pèlerins au Qalamoun, In: Bulletin des Etudes Orientales 10 (1945/46) 1–38. — J. Lassus, Sanctuaires chrétiens de Syrie, 1946. — Manoire IV 875–883. — B. Zimmel, Bemühungen um den Landweg nach China. Die Expedition P. Aimé Chezauds SJ nach Chorassan 1659, In: NZM 25 (1969) 102–110.   *H. Rzepkowski*

II. LITERATURGESCHICHTE. Die syr. marian. Lit. läßt sich, wenn auch mit Überschneidungen, in drei Perioden einteilen: 1. vor dem Konzil von Chalkedon (451), 2. bei den Monophysiten, 3. bei den Nestorianern. Diese Einteilung ist aber nicht ganz durchzuhalten, denn wegen der Schönheit des Textes waren manche ⓜhomilien auch über die Grenzen der jeweiligen Konfession verbreitet; außerdem haben melchitische Sammlungen auch Werke des Jakob v. Sarug aufgenommen. Darüber hinaus wird man die Periode des Henotikons (482–512) nicht völlig als antichalkedonisch bezeichnen können, und gerade diese Zeit bildet eine der reichsten Perioden der marian. Literatur. Am Beginn dieser Literatur ist zweifellos eine gemeinsame Betrachtung wünschenswert.

Die Eingangsperiode beginnt im 2. Jh. mit zwei Richtungen, die andauern werden. Einerseits mit Schriften auf der Grundlage der Oden Salomos, die mit ihrer reichen marian. Symbolik oft eine gnostische Deutung zulassen und ihren Höhepunkt im umfangreichen Werk → Ephraems des Syrers finden; andererseits ist das → Jakobusevangelium Ausgangspunkt einer ausdehnten Lit., die mit den Berichten über die Himmelfahrt ⓜs endet, deren letzte syr. Redaktionen zumindest aus der Epoche des Henotikons stammen.

In der Zeit, da die syr. Kirchen des Westens (Monophysiten) und des Ostens (Nestorianer) gefestigt sind, konzentriert sich die marian. Lit. v. a. auf die Homilien zu den Ⓜ︎festen. Im Westen basieren die meisten Predigtsammlungen auf den Schriften des Severus v. Antiochien, die genau zu datieren, aber nur syrisch überliefert sind. Nachfolgende Autoren schrieben auch griechisch und verfaßten zusammen mit Georgiern und Armeniern eine homiletische Sammlung für das ganze Kirchenjahr. Die Reformen Justinians haben nicht alle griech. Originale eliminiert. Im Osten ist der Zyklus weniger entfaltet, aber auch weniger festgelegt. Daraus ergibt sich, daß im Lauf der Jh.e mehrere Verfasser eine Homilie oder einen Hymnus auf Ⓜ︎ geschrieben haben. Diese beiden Richtungen der mariol. Lit. beeinflussen mehrere Berichte über den Tempel von Jerusalem, die den symbolischen Bericht zur apokryphen Erzählung ausweiten und die Öffnung des Himmels bei der Aufnahme Ⓜ︎s in den Himmel betreffen. Davon kommen die himmlischen Hierarchien, die in den mystischen Werken des Ostens den Namen der Jungfrau nicht mehr aussprechen werden. Außerdem steht seit dem Konzil von Ephesos der Titel Theotokos im Mittelpunkt der Diskussion. Die Katechetenschule von Antiochien hat diesen Titel nie gebraucht, Nestorius lehnte ihn ab und die Nestorianer nach ihm. Der christol. Aspekt der zwei Naturen ist eine direkte Konsequenz des Titels Theotokos. Wenn das Konzil von Chalkedon den Titel Theotokos akzeptiert, so wird das Henotikon des Kaisers Zenon anregen, davon nur mäßigen Gebrauch zu machen, um Spannungen zu vermeiden. Zu dieser Zeit erscheinen die zahlreichen marian. Homilien, die → Gregorius Thaumaturgus, der Symbolfigur des Henotikons, zugeschrieben werden.

1. Die Zeit vor Chalkedon. Die → Oden Salomons, meist in das 2. Jh. datiert, sind eine Sammlung von 42 kleinen Dichtungen, in denen der anonyme Erzähler Gott aufnimmt, wobei schwer zu unterscheiden ist, ob es sich bei dem Berichtenden um den Sohn, die Jungfrau oder um die betrachtende Seele handelt. Ode 19 ist mehrfach als marian. betrachtet worden (vgl. Bover [1931], v. Campenhausen [1962], Buck [1970], Binder [1976], Ortiz de Urbina [1978], Lagrand [1980]). Campenhausen rückt diese Ode in die Nähe der Himmelfahrt des Jesaja: »Die ursprünglichen Oden Salomos« seien »dem Lehrer und Dichter Ephräm in gewissem Maße vorausgegangen, nämlich dem orientalisch-überschwenglichen Stil seiner poetischen Verherrlichung Mariens als Jungfrau und als Christi Mutter und Braut«. Bover und Ortiz betrachten Ode 33 als marian. im Hinblick auf die Parallele in der Homilie BHG 1128 f. (CPG 4519, PG 10,1172), und im Hinblick auf eine armenische Parallele, die Jes 29,11 glossiert, hat auch Ode 22 über den vom Himmel herabgestiegenen Brief mariol. Bedeutung (OChr 72 [1988] 223); auch spricht die Wiederaufnahme der Oden in den Kontext der koptischen Pistis Sophia (5. Jh.) für die mariol. Interpretation.

Aphrahat hinterließ 23 Demonstrationes aus den Jahren 335–345, aus denen Ortiz (1978, 37–40) sechs marian. Abschnitte veröffentlichte, in denen sich schon die Eva-Ⓜ︎-Parallele und die jungfräuliche Mutterschaft finden.

Ephraem der Syrer († 373), von Ortiz systematisch untersucht, bietet folgende Titel der GM: Mutter des Herrn, göttliche Mutterschaft, Jungfräulichkeit vor, während und nach der Geburt Christi, neue Eva und UE. Von den 9 alten Bänden, die bis zu 87 Hymnen enthielten, ist der sechste Band, mit dem Titel »Die Braut des Königs« verschollen (vgl. Halleux, 1974). Er enthielt 66 Hymnen, wobei die marian. Themen sicher einen breiten Raum einnahmen. W. Murray (1975) stützt sich fast ganz auf Ephraem. E. Beck (1956) berief sich auf die mariol. Anschauungen Ephraems, um die Authentizität der Hymnen »De beata Maria« abzulehnen (hrsg. von T. J. Lamy, 1886). P. Youssif (1982 und 1985) stützt sich ebenso wie die anderen Ephraemologen v. a. auf den Diatessaron-Kommentar, auf die Hymnen von der Geburt, der Jungfräulichkeit und über den Glauben. Die Menge der biblischen Symbole ist im allgemeinen ausgedehnter, aber weniger leicht einzukreisen als die westlichen theol. Definitionen, die Ortiz in den Texten wiederzufinden sich bemühte.

→ Kyrillonas (Baumstark, 1922, 67), noch 4. Jh., bietet eine ausführliche Darlegung über die Eva-Ⓜ︎-Parallele, ebenso Balai (Baumstark, 1922, 61, und Ortiz 77), der eine Reihe von Lobpreisungen an Ⓜ︎ verfaßte. Bemerkenswert ist auch eine Exegese in dem »Traktat über die Gewichte und Maße« des Epiphanius v. Zypern (Ende 4. Jh.): Der Inhalt von 4 Xesten des Kruges, der das Manna enthielt — denn στάμνος (Krug) ist feminin — »symbolisiert die dauernde Jungfräulichkeit der Jungfrau (Ⓜ︎) wegen des gereinigten Goldes«. »Maria enthielt das Wort, das von den vier Evangelisten verkündet worden war; denn sie war selbst die heilige Arche ... Die hl. Maria, die lebendige Arche, hatte das lebendige Wort geboren in sich ... und das lebendige Wort war auch eine lebendige Arche in ihrem eigenen lebendigen Körper« (vgl. J. E. Dean, 1935). Die Mariol. des 4. Jh.s hilft, die lit. Entwicklung des 5. Jh.s in Jerusalem zu verstehen. Von Titus v. Bostra sind Fragmente über Christi Geburt (Baumstark, 1922, 60, Anm. 4) erhalten.

Die syr. Apokryphen über Ⓜ︎ beginnen mit dem Jakobusevangelium. Diese fast ausschließlich erzählende Gattung umfaßt eine Reihe apokrypher Kindheitsgeschichten Jesu sowie ein sehr umfangreiches »Leben der Jungfrau«, das bei den Jakobiten im Westen in einer abweichenden Redaktion überliefert ist (Geerard, 1992, 95).

Diese Endstufe des erzählenden Genus weist im Zwischenraum leider nur sehr schlecht erhaltene fragmentarische Redaktionen auf, die sich der »Dormitio der Jungfrau« nähern.

Das älteste dieser Fragmente (Geerard, 1992, 120), in mehreren Palimpsesten erhalten, gehört zu einer auch in anderen Sprachen erhaltenen Redaktion. Gewisse Theologumena sind darin in die Form der Erzählung gekleidet: bei der Ankunft in Ägypten ist der Baum, der ⋈ freiwillig seine Frucht reicht, die ⋈ ans Jesuskind weitergibt, das Gegenstück zum Baum des Paradieses, dessen Frucht Eva pflückte, um sie Adam zu geben (Van Esbroeck, 1982, 33–351). Die Fragmente Geerard 121 und 122 sind weniger leicht einzuordnen. Mit Geerard 123 überliefert die syr. Lit. einen urtümlichen Text, der am Anfang der Zuweisung der üblichen griech. Dormito Mariae (Geerard, 1992, 101; BHG 1055) an Johannes den Evangelisten steht. Wie schon E. Testa (1982) ganz richtig gesehen hat, ist diese Redaktion eine Frucht der Politik des Henotikons. Sie schließt frühere, verlorene Texte ein in einem Bild in 6 Büchern, wobei immer zwei Apostel zusammen ein Buch redigiert haben sollen. Immerhin ist die tatsächliche Einteilung dieser Bücher sehr gekünstelt. Das zu Grunde liegende theol. Prinzip ist die Exegese von 1 Thess 4,17: Die Apostel kommen zum Treffen mit Christus auf den Wolken; denn Christus kommt, um die Seele ⋈s zu holen. Die Öffnung der Himmel zur Aufnahme ⋈s schließt die Erscheinung der himmlischen Heerscharen und der Propheten ein. Aber der Bericht behauptet von sich selbst, er sei im Haus des Johannes in Jerusalem wiedergefunden worden, und zwar durch Mönche vom Sinai, die, auf der Suche nach einer Dokumentation über das Endschicksal ⋈s, zuerst nach Ephesos geschickt worden seien. Bischof »Cyriacus« (vielleicht Kyrill v. Jerusalem) hielt sie auf und bedeutete ihnen, diese Dokumentation sei schon in Jerusalem zugänglich. Dieses Szenario wird bestärkt durch den Einschluß der Abgarlegende und der Kreuzauffindungslegende in das Textkorpus, wo ausdrücklich Cyriakus als Bischof von Jerusalem erwähnt ist, der früher als Jude Würdenträger der Synagoge war. Von hier aus wird man auf einen legendären Text verwiesen aus der Epoche des Julianus Apostata, unter dem Cyriacus das Martyrium erlitt, einen sehr alten Text, der auch in syr. vorliegt. Von Kyrill v. Jerusalem ist ein Brief über das Erdbeben am Sonntag, dem 18., und Montag, dem 19.5.363, erhalten (vgl. Brock, 1976 und 1977), das dem Versuch eines Wiederaufbaus des Tempels ein Ende setzte. Der Bericht über Juden, die den Tempel angreifen, hat erstaunliche Parallelen mit dem Angriff der Juden auf den Körper ⋈s im Transitus; in beiden Berichten folgt eine Bekehrung der Juden, die das Kreuzzeichen an sich tragen (Van Esbroeck, 1991). In einer Apostelliste in einem Codex (Baumstark, 1922, Add. 17193, fol. 80ʳ) aus dem Jahr 874 berichtet eine Notiz des Apostel Johannes, daß die Jungfrau diese Welt am Freitag, dem 23. Iyyar des Jahres 7 des Domitian, verlassen hat. Der Wochentag stimmt mit dem des Erdbebens in Jerusalem im Jahre 363 überein. Die Liste, die diese bemerkenswerte Information bietet, ist stark gegen Jerusalem eingestellt und kritisiert wahrscheinlich die Verbindung Jerusalems mit Kaiser Maurikios (um 590) (Van Esbroeck, 1994). Die Episode erlaubt zu verstehen, warum die sinaitischen Mönche der syr. Legende in 6 Büchern daran denken, sich zuerst nach Ephesos zu begeben. Das sind die Grundzüge der syr. apokryphen Überlieferung über ⋈, zu denen andere Überlieferungen mit ihrer eigenen Sicht beitragen.

2. Die westsyrische Überlieferung. Der marian. Zyklus des → Severus v. Antiochien kann im allgemeinen mit großer Genauigkeit auf die Jahre 512–518 datiert werden. Zwar griech. verfaßt, sind die Homilien nur in syr. Übersetzung erhalten. Darin sind mindestens 10 Homilien marian., die in der Übersetzung durch Jakob v. Edessa († 704) angeordnet sind: Nr. 2: Homilie über die Verkündigung (PO 38,273–291), in der Severus die Bewirkung der Inkarnation durch die Worte des Engels bekräftigt (ebd. 279); Nr. 4: Über die Geburt (ebd. 301–303), in der Severus ausdrücklich auf das Wort »berührt« hinweist, um die zwei in Chalkedon definierten Naturen auszuschließen; Nr. 7: Über die Geburt (ebd. 311–323), in der die Wiederherstellung des in der einen Natur befleckten Ebenbildes unterstrichen wird, dergestalt, daß nach der Geburt die Jungfräulichkeit versiegelt (unversehrt) geblieben ist (ebd. 316); Nr. 14: Über die GM (ebd. 400–415), eine Homilie, gegründet auf die drei Attribute Prophet, Apostel und Martyrer, angewandt auf die Jungfrau; Nr. 36: Über die Geburt (PO 35,459–473) gegen Eutyches: Wenn die Jungfrau ein Phantasma in die Welt gesetzt hat, hat ihre Jungfräulichkeit nichts Außergewöhnliches an sich (ebd. 469); Nr. 67: Über die Jungfrau (PO 8,340–367) liest die Jungfräulichkeit aus den Figuren des Weihrauchs (Lev 16,12) und des Goldes (Ex 25,4); Nr. 83: Über die Geburt (PO 20,399–420), die mit den Worten schließt: »Laßt uns den loben, der durch die Mutter Gottes das weibliche Geschlecht verehrungswürdig gemacht hat, und der unsere Geburt gesegnet hat!«; Nr. 94: Homilie (PO 25,51–74), die daran erinnert, daß die Jungfräulichkeit ⋈s geheim bleiben mußte, um die Jungfrau vor Mördern zu schützen (69); Nr. 101: Über die Epiphanie (PO 22,249–273), die Eutyches angreift: »Werden sie nicht über den neuen Tomos erröten, ich meine die Mutter Gottes, die abgetrennt wurde von unserem menschlichen Geschlecht und auserwählt wurde sozusagen als heiliger Tempel?«; Nr. 115: Über die Geburt und die Epiphanie (PO 26,307–324), in der Severus nachdrücklich feststellt, daß durch die Worte des Engels der Geist, der von Gott ausgeht, den Logos in ⋈ empfängt (ebd. 309).

Jakob v. Sarug († 521), der syr. schrieb, bearbeitete auch die marian. Themen des Kirchenjahres, die er in seinem charakteristischen Versmaß, umfangreicher als das Ephraems des Syrers, behandelt. Seine Werke erschienen z. T. in den umfangreichen Sammlungen, die von Vööbus beschrieben worden sind, v.a. in denen des Patriarchats in Damaskus, deren sich J. M. Sauget ebenfalls zu bedienen begann. Die Angaben von Vööbus sind leider recht ungenau; denn sie verzeichnen nur die Titel. Viel nützlicher ist das Verzeichnis von S. Brock (1987, 279–313), in dem 541 Incipits analysiert sind, im Falle des Jakob v. Sarug sind einige der zitierten Texte noch unediert. Acht seiner marian. → Mēmrē sind ediert und übersetzt von C. Vona (1953), mehrere davon sind in den von J. M. Sauget (1986) analysierten Homiliarien enthalten: »Über Maria« (Brock, 1987, 256, und Sauget, 1986, 12165,5); »Über die Verkündigung« (Brock, 1987, 138); »Über die Heimsuchung« (ebd. 114); »Über die Jungfrauenschaft Mariens« (ebd. 166); »Über den Tod der Jungfrau« (ebd. 158); »Über die Geburt« I (ebd. 522 und Sauget, 1986, 12165,2); »Über die Geburt« II (Brock, 1987, 526) und »Über die Geburt« III (ebd. 427). Fünf weitere Homilien finden sich in den Homiliarien: zwei Turgōmē in Prosa über die »Geburt und Epiphanie« (Sauget, 1985, 9 und 24; PO 43,538–567), »Über die Epiphanie« (Sauget 1986, 12165,11), »Über die Taufe« (Sauget, 1986, 12165,14) und »Über Hypapante« (ebd. 12165,5). Sowohl Vööbus als auch Brock (1987) enthalten darüber hinaus Incipits noch nicht edierter oder nicht identifizierbarer Texte. Philoxenos v. Mabbug hinterließ eine marian. Homilie über die Verkündigung (hrsg. von P. Krüger, 1954), die nach A. de Halleux (1963) zu einem Kommentar des Lukasevangeliums gehört. Ein Florilegium des Timotheus Aelurus ist von R. Ebied und L. Wikham (1985) veröffentlicht worden. Um das Jahr 500 verfaßte Simeon Quqaya 9 Hymnen zu Ehren der Geburt (hrsg. von S. Euringer). Schließlich ist von Timotheus v. Gargar oder Johannes v. Birtha ein Hymnus auf die Dormitio der Jungfrau erhalten (hrsg. von G. Cardahi, 1875, später von A. Baumstark, 1905).

Die alten Homiliare enthalten außerdem: drei Homilien des Johannes Chrysostomos »Über die Geburt« (Sauget, 1962, 1; CPG 4334; BHG 1892. — Sauget, 1985, 5, und 1986, 12165,1; CPG 4335; BHG 1911. — Sauget, 1985, 6, und 1968, 2; BHG 1905), »Über die Verkündigung« (Sauget, 1968, 1; BHG 1118m), »Über die Gottesmutter« (Sauget, 1985, 11; ohne griech. Entsprechung), »Über die Taufe« (Sauget, 1985, 20; CPG 4335; BHG 1941) und zwei Homilien ohne Titel (BHG 1928 und 1936; Sauget, 1962, 12), Severians v. Gabala »Über die Geburt« (Sauget, 1962, 4; CPG 4260) und ohne Titel (Sauget, 1962, 6; BHG 1928; CPG 4212), Gregorius' Thaumaturgus (?) »Über die Epiphanie« (Sauget, 1962, 9 und 1985, 20; BHG 1926; CPG 7385) und «Über die Verkündigung« (BHG 1139w; CPG 1775), eine unbetitelte Predigt des Epiphanius v. Zypern (CPG 3771) und eine »Über die Hypapante« (Sauget, 1968, 7; CPG 3774; BHG 1956s), Antipaters v. Bostra »Über die Geburt des Täufers und die Verkündigung« (Sauget, 1986, 17267; Vona 1974; CPG 6680) und »Über die Epiphanie (Sauget, 1986, 23, hrsg. von E. Malki, 1984), »Über die Gottesmutter« von Atticus v. Konstantinopel (Sauget, 1986, 12165,4; CPG 5650), von Gregor v. Nazianz »Über die Geburt« (Sauget, 1985, 2; CPG 3010) und »Über die Epiphanie« (Sauget, 1986, 12165,8 und 1968, 6; BHG 1938). Weiter sind enthalten: Gregors v. Nyssa »Über die Geburt« (Sauget, 1985, CPG 3194) und ohne Titel (Sauget, 1985, 12; CPG 3194), Theodots v. Ankyra »Über die Geburt« (Sauget 1985, 4; BHG 1902; CPG 6126), von Cyrill v. Alexandrien »Über die Geburt« (Sauget, 1985, 12; BHG 1154; CPG 5255) und Homilien zu Lk 2,10 und 11 (Sauget, 1985, 1986, 12165; CSCO 14,1 und 2,18–29), von Basilius v. Caesarea »Über die Geburt« (Sauget 1985, 7; CPG 2913; BHG 1922), von Proklus v. Konstantinopel »Über die Jungfrau« (Sauget, 1985, 27; BHG 1129; CPG 5800), »Über die Geburt« (Sauget 1962, 3; BHG 1897; CPG 5823), »Über die Menschwerdung« (Sauget 1962, 4; BHG 12914d; CPG 5802), »Über das Dogma der Menschwerdung« (Sauget 1962, 9 und 15; BHG 1898; CPG 5822) und »Über die Hypapante« des Amphilochius v. Ikonium (Sauget 1962, 7; BHG 1964; CPG 3232). Ein weiterer Text findet sich in den Sammlungen, die bei Vööbus leider nur dem Titel nach beschrieben sind: Timotheus v. Jerusalem »Über die Hypapante« (Chicago 12008,34; Vööbus II 81). Unter die Anonyma müssen mehrere Texte gerechnet werden, die aus dem Codex Add. 17181 (6. Jh.) ediert worden sind: der Madrāšā über den Glauben, ediert von S. Brock (1980) ist stark marian. In der gleichen Handschrift findet man auch die anonyme Homilie »Auf die Epiphanie« (hrsg. von A. Desreumaux, PO 38,4). Eine Liste zur Literaturgattung der dialogischen Hymnen, die im Osten und Westen vorhanden sind und daher auf ein hohes gemeinsames Alter schließen lassen (4. Jh.?) stellt S. Brock (1991) auf: Viele dieser Werke berühren die Mariol., z. B. ein akrostichischer Dialog zwischen dem Engel und 𝔐, ein anderer Dialog über dasselbe Thema findet sich bei Brock (1991, 118) wie auch ein Dialog zwischen Joseph und 𝔐 (übers. von S. Brock, 1988, 83–85) und ein Dialog zwischen 𝔐 und den Magiern (ebd. 90–92).

3. Die ostsyrische Überlieferung. Von Nestorius selbst findet sich der locus classicus über die Theotokos in den Fragmenten des Sermo XVIII (CPG 5707). Ein weiterer bemerkenswerter Text, der zeigt, wie seine Auffassung von »Natur« und »Person« den Titel Theotokos ausschließt, steht in Sermo VIII (CPG 5697; vgl. Abramowski, 1963, 42 und 228). Narsai v. Edessa (und dann Nisibis) verfaßte eine metrische Homilie »Über die Geburt unseres Herrn aus der Jungfrau Maria« (PO 40,42–69), wo nach einem Angriff Narsais auf Cyrill v. Alexandrien, die Mariol. Narsais ihren eigenen Ausdruck in den Versen 164–186 findet: Die Abstammung bleibt ganz in der Natur des Vaters: »Eben zu der Zeit, da die Erde am Anfang den erstgeborenen Adam empfing, wurde der zweite Adam erbaut in der Erde ihres (𝐌s) Körpers« (200). Die Homilie Nr. 5 des Narsai (noch nicht ediert) ist ganz der seligen Jungfrau 𝐌 gewidmet (Brock, 1987, 479). Daraus ersieht man, daß in der trinitarischen Tradition des Ostens eine Mariol. eingeschlossen ist, die 𝐌 nicht oft ausdrücklich erwähnt. Thomas v. Edessa verfaßte um 500 eine Schrift »De causis festorum« und den »Tractatus de Natura D. N. Jesu Christi« (Baumstark, 1922, 121 f.). Babai der Große (550–627) hat Lobgedichte für den Advent und Weihnachten verfaßt (Breviarium Chaldaicum, Paris 1886/87, 57–67). Er ist auch Verfasser eines Buches, »in dem er aufgereiht hat den Zyklus der Triumphe unserer lieben Frau Maria, des Johannes und anderer Heiliger« (Baumstark, 1922, 138, Anm. 12), sowie eines »Traktats über die Gottheit, die Menschheit und die Person der unio« (hrsg. von A. Vaschalde, CSCO 80). Dieses sehr sorgfältig ausgearbeitete Werk über die Menschwerdung Christi schreibt ohne Bedenken: »Wegen der unio wird die selige Jungfrau Maria Mutter Gottes und Mutter des Menschen genannt. Mutter des Menschen im Hinblick auf seine Natur, Mutter Gottes wegen der unio, die von Gott mit seiner Menschheit vollzogen wurde, die sein Tempel ist seit dem Zeitpunkt seiner Bildung in ihrem Schoß, und der geboren wurde in geeinter Weise« (214; vgl. Abramowski, 1974 und 1975). Es ist nicht verwunderlich, auf dieser Linie einen Überläufer des Nestorianismus in der Person des Martyrius-Sahdona zu finden, der gegen 615/620 Mönch in Bēt ʿAbē wurde. Die Verkündigung der Einheit der Hypostase in Christus ließ ihn dem Banne seiner Kirche verfallen. In seinem »Livre de la Perfection« (CSCO 201 und 215, hrsg. von A. de Halleux) steht: »Die Leiden und Schwächen gehören naturgemäß dem von Maria geborenen Körper an; die Wunder und Wunderzeichen gehören dem Logos, geboren vom Vater; aber in der unio ist es, daß demselben und einzigen πρόσωπον des Sohnes und des Vaters die einen wie die anderen angehören« (17, §26). Michael v. Nisibis (um 600) soll der Verfasser eines anonymen Traktats auf das Fest der Jungfrau sein, das auf Weihnachten folgt (Baumstark, 1922, 129, Anm. 5). Emmanuel aš-Šahhar schrieb um 913 einen Hymnus auf 𝐌, der in einem Hudhrā (ebd. 238, Anm. 8) enthalten ist. Moše bar Kepha († 903) ist der Verfasser von zwei Homilien auf die Verkündigung und auf die Geburt (ebd. 282) sowie eines Kommentars zum Lukasevangelium. Katholikos Yahballaha II. bar Qayyoma († 1222) schrieb eine → ʿonītha auf 𝐌 (Baumstark, 1922, 304), die in dem Buch von Giwargis Warda († 1330) enthalten ist. Dieser Giwargis schrieb Hymnen auf das Kindheitsevangelium (OrChr 8 [1908] 395–405). Auch von Salomon v. Basra (etwa gleiche Zeit) findet sich ein Hymnus auf 𝐌 im Buch des Giwargis (Baumstark, 1922, 309). Im 16. Jh. schrieb Symeon v. Amid mehrere ʿonyāthā, die in ms. Vat. syr. 84 erhalten sind (ebd. 333 f.). Andere ʿonyāthā verfaßte Šemša v. Bet Saydaya auf die Geburt und auf die Verkündigung (ebd. 334). Schließlich hat P. Bedjan in seinem ostsyr. Dialekt einen »Monat Mariens« (Paris 1904) geschrieben, ein Andachtsbuch, das nach einer soghīthā und einer ʿonīthā jeweils einen Text für jeden Tag des Monats bietet.

Die maronitische Tradition kennt kaum marian. Texte in syr. Sprache. Immerhin existiert eine »Darlegung des Glaubens« von Johannes Maron (7. Jh.). Man findet dort den Titel Theotokos mit folgender Überlegung nach Jes 9,5: »Wenn also das von der Jungfrau geborene Kind Gott, Herr der Jahrhunderte, genannt worden ist, dann kann diejenige, die ihn geboren hat, mit Recht Mutter Gottes genannt werden« (RevOrChr 4 [1899] 175–226). Zu erwähnen wäre noch, daß die maronitische Chronik ein Erdbeben erwähnt, das Jericho und das Kloster des hl. Euthymius — wo es sicher viele arabische Mönche gab — zerstörte, eben an dem Tag des Jahres 659, an dem Muʿawiya zum Grab der Jungfrau 𝐌 hinunterstieg und betete.

Ausg. und Lit.: Clavis Patrum Graecorum (CPG). — BHO. — BHG. — G. Cardahi, Liber thesauri de arte poetica Syrorum necnon de eorum poetarum vitis et carminibus, Rom 1875, 145–159. — T. J. Lamy, S. Ephraemi Syri Hymni et sermones II, Malines 1886, 519–641. — F. Nau, Opuscules Maronites, In: RevOrChr 4 (1899) 175–226. — P. Bedjan, S. Martyrii qui et Sahdona, quae supersunt omnia, Paris und Leipzig 1902, 615–808. — A. Baumstark, Zwei syr. Dichtungen auf das Entschlafen der allerseligsten Jungfrau, In: OrChr 5 (1905) 100–125. — Ders., Geschichte der syr. Lit., 1922. — L. Hammersberger, Die Mariologie der ephremischen Schriften, 1928. — J. E. Dean, Epiphanius' Treatise on Weights and Measures, The Syriac Version, 1935, 52–54. — C. Vona, Omilie mariologiche di S. Giovanni di Sarug, 1953. — P. Krüger, Der Sermo des Philoxenus v. Mabbug »de annuntiatione Dei genitricis Mariae«, In: OrChr 20 (1954) 153–165. — E. Beck, Die Mariologie der echten Schriften Ephräms, In: OrChr 40 (1965) 22–40. — J.-M. Sauget, Deux homéliaires syriaques de la Bibliothèque Vaticane, In: OrChrP 28 (1962) 387–424. — A. de Halleux, Philoxène de Mabbog, 1963. — L. Abramowski, Untersuchungen zum Liber Heraclidis des Nestorius, 1963. — J.-M. Sauget, L'homéliaire du Vatican syriaque 253, In: Le Muséon 81 (1968) 297–349. — A. de Halleux, Un clé pour les hymnes d'Ephrem dans le ms. Sinai syr. 10, ebd. 85 (1972) 171–179. — A. Vööbus, Handschriftliche Überlieferung der memre-Dichtung des Ja'qob v. Serug I, 1973, 69. — Ders., Discovery of the Exegetical Works of Mose bar Kepha, 1973, 29 f. — A. de Halleux, La transmission des hymnes d'Ephrem d'après le Ms. Sinai syr. 10, In: OrChrA 197 (1974) 21–63. — C. Vona, L'orazione di Antipatro sulla nascita del Baptisto e sull'Annunziazione, 1974. — L. Abramowski, Die Christologie Babais des Großen, ebd. 219–245. — Dies., Babai der Große, In: OrChrP 41 (1975) 289–343. — W. Murray, Symbols of Church and Kingdom, 1975, 131–154. — A. Desreumaux, Une homélie syriaque anonyme sur la Nativité, In: ParOr 6/7 (1975/76) 195–212. — S. Brock, The Rebuilding of the Temple under Julian: a New Source, In: Palestine exploration Quarterly (1976) 103–107. — Ders., A letter attributed to Cyrill of Jerusalem on the rebuilding of the Temple, In: Bulletin of the School of Oriental and African Studies 40 (1977) 267 f. — A. Desreumaux, Trois homélies syriaques anonymes et inédites sur l'Epiphanie, 1977 (= PO). — I. Ortiz de Urbina, Maria en la Patristica siriaca, In: Scripta de Maria 1 (1978) 40–75. — S. Brock, An Anonymous Madrasha on Faith, In: OrChr 64 (1980) 49–59. — M. van Esbroeck, Bild und Begriff in der Transitus-Literatur: Der Palmbaum und der Tempel, In: Typos, Symbol und Allegorie bei den östlichen Vätern, hrsg. von M. Schmidt, 1982, 333–351. — E. Testa, Lo sviluppo della »Dormitio Mariae« nella litteratura, nella teologia e nella archeologia, In: Mar. 44 (1982) 316–389. — P. Youssif, La Vierge Marie et l'Eucharistie chez saint Ephrem de Nisibe et dans la patristique syriaque antérieure, In: EtMar 39 (1982) 57–85. —

S. Brock, Sughyotho mgabyoto, 1982, 14–20. — A. de Halleux, La version syriaque des discours de Grégoire de Nazianze, In: J. Mossay (Hrsg.), II. Symposium Nazianzenum, 1983, 85. — S. Brock, Syriac Dialogic Poems, In: Le Muséon 97 (1984) 42–44. — E. Malki, Die syr. Handschrift Berlin Sachau 220, 1984. — R. Ebied und L. Wikham, Timothy Aelurus: Against the Definition of the Council of Chalcedon, In: Orientalia Lovanensia Analecta 18 (1985) 115–166. — P. Youssif, Marie et les derniers temps chez saint Ephrem de Nisibe, In: EtMar 42 (1985) 31–55. — A. de Halleux, Saint Ephrem le Syrien, In: RTL 14 (1985) 328–355. — J.-M. Sauget, Le manuscrit Sachau 220, Son importance pour l'histoire des homéliaires syro-occidentaux, In: Annali dell' Istituto Universitario Orientale (Napoli) 45 (1985) 367–397. — J.-M. Sauget, Pour une interprétation de la structure de l'homéliaire syriaque: Ms. British Library add. 12165, In: Ecclesia orans 3 (1986) 121–146. — M. Lattke, Die Oden Salomos in ihrer Bedeutung für NT und Gnosis, 3/1986. — S. Brock, The published verse homilies of Isaac of Antioch, Jacob of Sarugh and Narsai: Index of Incipits, In: Journal of Semitic Studies 32 (1987) 279–313. — R. N. Beshara, Mary Ship of Treasures, 1988. — S. Brock, Syriac Dispute Poems: The various types, In: G. J. Reinink und H. L. Vanstiphout (Hrsg.), Dispute, Poems and Dialogues in the Ancient and Medieval Near East, 1991, 109–119. — M. van Esbroeck, Les signes des temps dans la littérature syriaque, In: Revue de l'Institut Catholique de Paris 39 (1991) 113–149. — M. Geerard, Clavis apocryphorum Novi Testamenti, 1992. — M. van Esbroeck, Neuf listes d'apôtres, In: Augustinianum 34 (1994) 185–192 [109–195]. *M. van Esbroeck*

Szeged, Ungarn, Diözese Szeged, Csanád, Komitat Csongrád, internat. Ⓜwallfahrtsort im südöstlichen Teil des historischen Ungarn.

Die spätgotische Kirche S. Maria ad Nives, 1502 vollendet, wurde während der Türkenzeit (1543–1686) mehrmals zerstört; 1624 wurde das Dach, 1625 das Gewölbe erneuert, 1713 und während mehrerer Umbauten die ganze Kirche unter Beibehaltung gotischer Teile barockisiert. 1900 und 1938 folgten Restaurierungen. Die Kirche und das Franziskanerkloster haben während der Türkenbelagerung im rel. und kulturellen Leben der Bevölkerung von Sz. und seiner Umgebung eine wichtige Rolle gespielt.

Das Objekt des angenommenen spätma. Kultes soll eine Kopie des Gnadenbildes von S. Maria Maggiore in Rom gewesen sein, die wegen der Türkengefahr in der Mitte des 16. Jh.s nach Makó übertragen wurde. Heute steht im Zentrum des Kultes ein auf Leinen gemaltes Ⓜbild aus dem 17. Jh. (Ⓜ in der Sonne). Es zeigt Ⓜ auf der Mondsichel, in ihrem linken Arm hält sie das Jesuskind, in ihrem rechten ein Zepter. Beide sind gekrönt. Es ist vermutlich die Kopie jenes Bildes, das der Legende nach zum Schutz vor den Türken zusammengerollt und in dem Teich Csöpörke nahe der Kirche versteckt worden sein soll. Dort wurde es 1630 durch einen Türken gefunden und den Franziskanern übergeben. Der Rahmen des Bildes wurde 1823 verfertigt, das silberne Zepter Ⓜe ist eine Arbeit des Goldschmiedes József Szentpétery aus Pest.

Sekundäres Kultobjekt ist eine →»Schwarze Madonna« auf dem rechten Seitenaltar, eine Kopie des Gnadenbildes von →Czenstochau. Dieses Bild hat András Morvay aus Sz. 1740 unter wunderbaren Umständen gemalt. Die Legendenmotive der beiden Bilder sind eng miteinander verwoben, sie auseinanderzuhalten ist mangels zeitgenössischer Quellen nur z. T. möglich.

Der historisch greifbare Anfang des Kults reicht bis 1697 zurück, als der Legende nach das Ⓜbild von Sz. während der Schlacht von Zenta (Senta) in den Wolken schwebte und dem Heer des Prinzen Eugen v. Savoyen zum Sieg gegen die Türken verhalf. Bei Feuersbrünsten in Sz. (1730, 1749, 1811, 1812) wurde die Rettung der Kirche jeweils dem Bild zugesprochen. Über die Verehrung im 18. Jh. hat einer der den Ort betreuenden Franziskanermönche, der namhafte Prediger József Telek (1710–73) ein heute verlorenes handschriftliches Mirakelbuch unter dem Titel »Cosmographia« zusammengestellt, das 1831 durch Konstantin Ordinánsz ausgewertet und erweitert wurde, wobei auch über die Vernichtung der Votivgaben und Unterbrechung des Kultes während des Josephinismus berichtet wird. In seinen in ungar. Sprache gedruckten Ⓜpredigten spricht J. Telek auch oft über die MV in Sz. Das regionale Einzugsgebiet des Wallfahrtsortes reichte über Sz. und seine Umgebung hinaus bis zu den südlichen Territorien Ungarns (Banat, Temeschvar). Hauptwallfahrtstag ist das Titularfest der Kirche (Ⓜ Schnee), an dem sich bis zum Zweiten Weltkrieg 20 000–30 000 Menschen versammelt haben. Wallfahrtsbräuche sind Umgang des Altars, Tempelschlaf und Wallfahrtstaufe. Letztere wurde bis zum Austrocknen des Teiches Csöpörke mit dessen als heilbringend geltendem Wasser vollzogen, das dem Gnadenbild »dargebracht« oder mit nach Hause getragen wurde.

QQ: K. Ordinánsz, A Libanus havasi alatt ... Szeged, 1831.
Lit.: A. Jordánszky, Kurze Beschreibung der Gnadenbilder der seligsten Jungfrau Mutter Gottes Maria, welche im Königreiche Hungarn ... verehrt werden, Pressburg 1836, 102–105. — S. Bálint, Szeged-Alsóváros, 1983. *G. Tüskés/E. Knapp*

T

Ta'āmra Māryām → Wunder Marias

Ṭablīṭō bezeichnet im westsyr. Ritus die Altartafel oder auch den ganzen Altar. Der Weiheritus beider ist identisch und wird oft vom Bischof zusammen vollzogen. Beide werden mit dem hl. Mūrōn (Chrisam) auf dieselbe Art gesalbt. In der Mitte der T. wird kreuzweise die Weihe urkundlich vermerkt: »Die Hl. Dreieinigkeit (im syr.-kath. Patriarchat: der Hl. Geist) hat diese T. durch die Hände von Mār N. (Name des Bischofs) geheiligt am (Tag, Monat, Jahr).« Die T. wird aus kostbarem Holz oder aus Marmor gefertigt und enthält keine Reliquien. Ohne T. darf auf dem Thronos (Altartisch) die Eucharistie nicht gefeiert werden. Im Notfall kann aber auf einer T. auch außerhalb des Kirchenraums zelebriert werden. Man bedeckt die T. normalerweise mit einem Stück Leinen, das symbolisch auf die fünf Wunden Christi weist.

<small>Lit.: A. A. King, Liturgie d'Antioche. Rite syrien et rite chaldéen, 1967, 47f. — P. K. Meagher u. a. (Hrsg.), Encyclopedic Dictionary of Religion, 1979, 3447. — P. T. Givergis Paniker, The Holy Qurbono in the Syro-Malankaran Church, In: J. Madey, The Eucharistic Liturgy in the Christian East, 1982, 146f. *J. Madey*</small>

Taborin, Gabriel, Ordensgründer, * 1.11.1799 in Belleydoux (Ain, Frankreich), †24.11.1864 in Belley, wächst als letztes von sieben Geschwistern in einer bäuerlichen, sehr rel. Familie auf, entdeckt während des Studiums zur Vorbereitung auf das Priestertum seine Berufung, Gott als Laie im Ordensstand zu dienen, kehrt nach Hause zurück und wird engster Mitarbeiter des Pfarrers. Nach längerem Suchen wählt er 1829 Belmont (Ain) zum Wohnsitz, nimmt seit 1835 in einem dortigen Internat Einkleidungen vor und legt 1838 selbst die ewige Profeß ab. 1840 verlegt er das Noviziat nach Belley, wo einige Jahre zuvor P. →Colin die »Gesellschaft Mariens« (Maristen) gegründet hat. 1841 erhält er durch Gregor XVI. die Gutheißung für sein Institut der »Brüder von der Hl. Familie« (Fratres a S. Familia de Bellecio = FSF), von denen er dann in ca. 15 Diözesen kleine Kommunitäten errichtet; sie sollen in den Schulen Unterricht erteilen und den Pfarrern helfen. Als Superior ist T. bis zu seinem Tode bemüht, das geistliche Leben und fachlich-pastorale Können seiner Mitbrüder zu fördern. Mit dem hl. J. M. →Vianney ist er durch Freundschaft und seelsorgliche Zusammenarbeit verbunden. — Am 14.5.1991 bestätigte Johannes Paul II. den heroischen Grad seiner Tugenden. Die 350 FSF arbeiteten 1992 in 10 Ländern, bes. in Frankreich, Italien, Spanien und Südamerika.

»Und Maria, wie hat er sie geliebt!« Mit diesem Satz umreißt F. Bouvet (437) die ganze marian. Spiritualität T.s, der nach Familientradition im Vornamen ⓜ führt und in Nachahmung der Erwachsenen als Kind den Rosenkranz, das ⓜoffizium die Litanei u. a. betet. Mit 17 Jahren wird er Mitglied der ⓜ-Hilf- (ND Auxiliatrice) und mit 22 der Rosenkranzbruderschaft. Den im jugendlichen Alter eingegangenen Verpflichtungen blieb er sein Leben lang treu (ebd. 47). Seine MV äußert sich bei alltäglichen und besonderen Ereignissen: Bei der Dogmatisierung der UE ⓜs veranstaltet er mit den Mitbrüdern ein großes Fest, errichtet im Garten des Mutterhauses eine ⓜstatue und erläutert in einem eigenen Rundschreiben Sinn und Bedeutung des Dogmas. In seinen katechetischen Schriften legt er möglichst schlicht, aber genau die ⓜlehre der Kirche aus. Darin finden sich Erwägungen, Gebete und Lieder unterschiedlichen marian. Inhalts. Die Lebensregel seiner Gemeinschaft gewährt Andachtsübungen zu Ehren ⓜs breiten Raum.

T. besucht gerne ⓜwallfahrtsorte: Fourvière (seit 1827), die Kapelle von Mazières (Hauteville) und ND de la Garde (Marseille). In der Eigenart seines inneren Weges ordnet er die Verehrung ⓜs mit der des hl. Joseph dem Geheimnis zu, dem sein Werk Namen und geistliche Grundinspiration verdankt: der Hl. Familie, so z. B. im Rundbrief von 1847: »Jesus ist der Neue Adam, Maria die Neue Eva, und Joseph ist dazubestellt, der Beschützer dieser beiden Kleinodien zu sein.« ⓜ rückt für T. ganz in die Perspektive des Heilsgeschehens, das sich in der Familie von Nazareth wie im Alltagsleben der Glaubenden ereignet.

<small>WW: Hs. Briefe (masch.), 20 Bde. und weitere Dokumente, Archiv Haus »Gabriel Taborin«, Belley. — In Druck: Guide des Frères de la Sainte Famille, Bourg-en-Bresse 1839. — Circulaires aux F. S. F. (21 Hefte), Belley 1843–64; Neuausg. in 1 Bd., 1969; span.: Circulares a los Hermanos de la Sagrada Familia, 1990. — Principes de lecture et plainchant, ebd. 1843. — Serie: Biographies des Frères défunts, Belley-Lyon 1844–64. — Angeconducteur des pèlerins d'Ars, Lyon 1850. — Nouveau Guide des F. S. F., Belley 1858. — Trésor des écoles chrétiennes, Lyon 1860. — Manuel des confrères de Sainte Anne, Belley 1863. — Positio super virtutibus ex officio concinnata, 1985, 1165–85 (WW).
Lit.: L. Carlier, Le Très Rév. Fr. G. T. fondateur et premier supérieur général des Frères de la Sainte Famille, 1927. — B. Sanz, María en la vida y en los escritos del R. Hno. G. T., 1964. — F. Bouvet, Vie du Rév. Fr. G. T., 1986. — L. Ponzin, Ripercussioni del dogma dell' Immacolata Concezione in Fratel Gabriele T., masch. Lizentiatsarbeit, Theol. Fakultät Marianum, Rom 1989. — Zeitschrift: L' Entretien Familial, bulletin officiel des F. S. F., seit 1924, mit vielen Artikeln über G. T. — AAS 83 (1991) 772–777. — DSp XV 1–3 (Lit.). *T. Berzal/W. Baier*</small>

Taddeo di Bartolo, * 1362 oder 1363 in Siena, † zwischen 26.8.1422 und 13.5.1423 ebd., ital. Maler der Sieneser Schule, der die Tradition der Malerei um Lorezetti und Martini der jüngeren Generation vermittelte. Das erste erhaltene Dokument stammt von 1386 und betrifft einen Vertrag über die Bemalung von Statuen im Dom von Siena. Im letzten Jahrzehnt des Jh.s war er hauptsächlich in Padua tätig, unterbrochen nur von Aufenthalten in Genua (1393, 1397/98), S. Gimignano (um 1395) und Pisa (1395–97). Ab 1400 war T. v. a. in Siena ansässig, von wo aus er Arbeiten für Montepulciano (1401), Perugia (1403) und Volterra (1410/11) erledigte. Größere Aufträge führten ihn auch nach Orte und wahrscheinlich Lucca. Ab 1405 wurde T. in Siena zunehmend für bedeutende Aufgaben im Dom und dem Palazzo Pubblico herangezogen. Die Übernahme etlicher Ehrenämter und die Auftragsfülle zwangen ihn schließlich nach 1410 in seiner Werkstatt verstärkt Hilfskräfte an Altären und Fresken zu beteiligen. Der damit verbundene Qualitätsverfall verhinderte jedoch nicht, daß T. noch öfters ikonographisch originell arbeitete.

T.s eigentliche Lehrmeister sind unbekannt, doch waren für ihn bes. sienesische Meister vorbildhaft. Stilistisch gehört er ins 14. Jh., obwohl er noch weit ins folgende Jh. hinein schuf. Die Gestalten zeichnen sich durch ma. Würdehaltungen des Internat. Stils aus, die von sanfter Stimmung umfangen scheinen. Die in ihrem Temperament gedämpften Charaktere beeinflußten die jüngeren Maler noch über etliche Jahrzehnte hinweg, obwohl T.s unmittelbare Schüler keine Bedeutung hatten.

Die Chronologie des Œuvres ist einigermaßen übersichtlich, außerdem läßt sich seine Entwicklung in drei Phasen unterteilen. In der Frühzeit (1389–1400) erarbeitete sich T. eine solide Körperbildung, die von klarer Zeichnung getragen wird. Auch strebte er ausgehend von der Internat. Gotik ein entschiedenes Lineargerüst an, das manchmal angestrengt wirkt. Die zweite Periode (1400–09) ist geprägt von der vollen Entfaltung seiner Kunst. Er entwickelt einen ihm eigentümlichen Gesichtstyp, der die volksnahen Vorbilder/Modelle verrät. Gleichzeitig behält er die würdevolle Distanz zu den Darstellungen aufrecht. Kennzeichnend für die letzte Phase (1409–22) ist schließlich eine zunehmende Verflachung der errungenen Darstellungsmittel. T. und seine Werkstatt können den Schritt zu der neuen Frührenaissancekunst nicht mehr vollziehen, die in Siena durch das Auftreten Sassettas die Führung übernimmt.

Mthemen hat T. vielfältig auf großen Altarretabeln und narrativen Wandfresken bearbeitet. Zu den frühesten Werken gehört der Maltar in Grenoble (Musée des Beaux-Arts, 1390/95). Auf dem Triptychon besetzt eine stehende MG, von Seraphenflügeln umgeben, die Mitteltafel. Ihr Gewand ist mit einem feinen Liniengespinst überzogen, das das Faltenspiel chrysographisch nachahmt. Im Mittelfeld des Altars von S. Michele in Borgo (Pisa, 1397/98) weist M die gleiche Haltung auf, nur daß die Trennsäulen des Triptychons weggefallen sind. Die beiden musizierenden Engel können so schräg vor der GM knien und dem ganzen Raumgefüge eine intensivere Tiefe verschaffen. Der um 1400 zu datierende Maltar von S. Caterina della Notte in Siena (Pinacoteca) greift das alte Einteilungsschema wieder auf und weist der Mutter-Kind-Gruppe eine separierte Mittelpartie zu. Auffällig gegenüber den bisherigen Arbeiten ist, daß in der Mittelphase der Gesichtsausdruck beider Personen vergrämt und bitter erscheint.

Repräsentativ gesteigert findet sich die Haltung Ms auf dem Altar von Montepulciano (1401). Die GM schwebt in ihrer Himmelfahrtsszene übergroß im Zentralblatt über den um den leeren Sarkophag bewegt diskutierenden Aposteln; im Bild darüber setzt ihr Christus die Krone aufs Haupt. Das ganze Triptychon ist wie eine ital.-gotische Kathedralfassade aufwendig gebaut, was den offiziellen Charakter der Ehrungen für M als die Stadtpatronin Sienas noch unterstreicht.

In den zwischen 1406 und 1408 (bzw. 1414) fertiggestellten Fresken des Mlebens im Sieneser Palazzo Pubblico zeigt T. seine Fähigkeit, große Gruppen um die Zentralfigur herumzukomponieren. M bildet in allen Szenen mit ihrer verhaltenen Gestik einen Ruhepunkt inmitten der bewegt agierenden Jünger. Die andere Technik und der Anbringungsort erlaubte es dem Maler, dichter zu erzählen. Es ist das »modernste« Werk T.s.

Der Verkündigungsaltar von Siena (Pinacoteca, 1409) steht an der Schwelle zur letzten Phase, die am Anfang nochmals auf die monumentalen Gestaltungen der zweiten Periode zurückgreift. M sitzt leicht nach hinten gebeugt auf einem Steinthron und drückt ihre Überraschung durch sehr verhaltene Gestik aus. In den Arbeiten um 1410 (z. B. Tafel mit M und dem Kind zwischen Heiligen, Volterra, Pinacoteca, 1411) verfügen die Figuren über eine wesentlich verbesserte Gestik und Anatomie, eine Errungenschaft, die in T.s letzten eigenhändigen Werken (M mit dem Kind, Cambridge/Mass., Fogg Art Mus., 1418; Maria Orans, Orte/Viterbo Kathedrale, 1420) zunehmend laxer gehandhabt wird.

Lit.: R. van Marle, The Development of Italian Schools of Painting II, 1924. – E. Cecchi, Trecentisti senesi, 1928. – G. H. Edgell, A history of Sienese Painting, 1932. – B. Berenson, Pittori Italiani del Rinascimento, 1936. – L. Coletti, I Primitivi II, 1946–48. – C. Brandi, Quattrocentisti senesi, 1949. – E. Carli, Pittura pisana del Trecento II, 1961. – S. Symeonides, T. di B., 1965. – H. W. van Os, Mariä Demut und Verherrlichung in der sienesischen Malerei. 1300–1450, 1969.   *N. Schmuck*

Tading, Lkr. Erding, Erzdiözese München und Freising. Eine Ursprungslegende ist für diese Mwallfahrt nicht bekannt. Erstmals erwähnt sie der Jesuitenpater Wilhelm → Gumppenberg im Jahr 1673. Das Gnadenbild, eine Plastik um 1500, stellt eine stehende Madonna dar, die in der rechten Hand das Jesuskind und in der linken ein Szepter trägt. Die Rokokozeit gab ihr Krone, Strahlenkranz sowie Brokatmantel und schuf zu ihren Füßen den Halbmond und die von der Schlange umwundene Weltkugel. Um dieses Gnadenbild, das sich anfangs in einer kleinen Kapelle befand, baute der Erdinger Maurermeister Anton Kogler 1714–19 die heutige Wallfahrtskirche. Tabernakel und Kanzel stammen von dem Dorfener Kistler Mathias Fackler, die Skulpturen von Christian Jorhan d. Ä. aus Landshut. 1765 fertigte der Münchner Hofmaler Johann Martin Heigl das Deckengemälde der Kirche an.

Im 17. und 18. Jh. stand die Wallfahrt in ihrer vollen Blüte; es ist verbürgt, daß aus 52 Pfarreien Pilger nach T. kamen. Ein nur mehr kleiner Votivtafelbestand sowie zwei Mirakelbücher mit 11 119 Eintragungen von Gebetserhörungen aus der Zeit 1690/1790 legen darüber Zeugnis ab. Zudem gab es eine Dreifaltigkeitsbruderschaft, der 1747–92 laut Eintragungen im Bruderschaftsbuch 1327 Mitglieder angehörten.

Heute noch führt der Bittgang zahlreicher Gemeinden zum Gnadenbild nach T.

QQ und Lit.: Pfarrarchiv Buch am Buchrain, Gutthatenbücher von T., 2 Bde., 1690–1790. — Bruderschaftsbuch von T. 1747–92. — W.Gumppenberg, Marianischer Atlas, München 1673, 279. — F.X.Kerer, T.er Liebfrauenbüchlein, München ²1901. — W.Schierl, Maria T. und die Kirchen der Gemeinde Forstern, 1979. — Gnadenstätten im Erdinger Land (= Gnadenstätten im Erzbistum München und Freising III), 1986, 63–65. *S. Herleth-Krentz*

Tagharan, armenisches Gesangbuch, das die Hymnen enthält, die zum Proprium der jeweiligen Eucharistiefeier gehören. Es wird vom Klerikerchor in den Kathedral- und Klosterkirchen gebraucht (→ Tebrutiun).

Lit.: P.K.Meagher u.a. (Hrsg.), Encyclopedic Dictionary of Religion, 1979, 3448. *J. Madey*

Tagzeitengedicht von den sieben Betrübnissen ℳs (→ Klagen), in acht Handschriften und einem Druck des 15. Jh.s überliefertes mittelniederdeutsches Gedicht mit überliefertem Titel »de seven drofnisse van unser leven vrowen der moder Marien«, das sieben Ereignisse aus der Passion Jesu und das dadurch verursachte Leid ℳs den Tagzeiten zuordnet: Matutin — Gefangennahme, Prim — Verhör durch Pilatus, Terz — Dornenkrönung, Sext — Kreuzigung, Non — Tod, Vesper — Kreuzabnahme, Komplet — Begräbnis. Den Schluß bildet ein Gebet, das ℳ aus dem Mitleiden des Beters anruft.

Ausg. (nach Bergmann, Katalog Nr. M 27): A. Lübben, Mittelniederdeutsche Gedichte aus Handschriften herausgegeben, Oldenburg 1868, 34–37.

Lit.: Bergmann, Katalog Nr. M 7. M 27. M 64. M 117. M 138. M 142–144. MD 17. *R. Bergmann*

Taizé, Communauté de. Als Frère Roger (* 12. 5. 1915 in Provence/Waadt) die Communauté von T. gründete, suchte er einen Weg, die Zerrissenheit unter den Christen und durch Versöhnung der Christen manche Konflikte in der Menschheit zu überwinden.

Mit 25 Jahren verließ er 1940 seine Schweizer Heimat und zog allein nach Frankreich, ins Ursprungsland seiner Mutter. Mehrere Jahre trug er sich bereits mit dem Gedanken, eine Gemeinschaft ins Leben zu rufen, deren Brüder sich tagtäglich von neuem versöhnen. Er wollte diesen Plan in einem Kriegs- und Notstandsgebiet verwirklichen und ließ sich mitten im Zweiten Weltkrieg im südburgundischen Dorf T. nieder. Dort nahm er politische Flüchtlinge auf, die über die nahegelegene Grenze der besetzten Zone flohen, bes. Juden. Zu Kriegsende erwirkte er die Erlaubnis, die unweit von T. eingerichteten Lager mit dt. Kriegsgefangenen zu besuchen und Insassen einzuladen.

Nach und nach schlossen sich ihm Brüder an. 1949 gingen sie gemeinsam ein dreifaches Lebensengagement ein: Ehelosigkeit, Anerkennung des Dienstamtes des Priors und Gemeinschaft der materiellen und spirituellen Güter. Die Communauté bestand zunächst aus Männern, die aus verschiedenen ev. Glaubensgemeinschaften kamen; bald stießen auch Katholiken dazu; heute sind Brüder aus über zwanzig Nationen in T.

Die Communauté nimmt für sich selbst keine Spenden und Geschenke an. Die Brüder verzichten auch auf ihre Erbschaften. Sie verdienen ihren Lebensunterhalt selbst und bestreiten die Unterstützung anderer ausschließlich mit dem Ertrag ihrer Arbeit.

Seit den 50er Jahren leben Brüder zeitweise als Zeugen des Friedens an der Seite der Armen und Leidenden. Derzeit gibt es kleine Fraternitäten in benachteiligten Wohngebieten in Asien, Afrika, Latein- und Nordamerika. Auch Frère Roger fährt für eine bestimmte Zeit an Orte, an denen Menschen bes. harten Verhältnissen ausgesetzt sind. Seit 1962 besuchten Brüder und Jugendliche unauffällig die verschiedenen mittel- und osteuropäischen Länder und knüpften enge Kontakte mit Menschen, die nicht frei reisen konnten.

Seit Ende der 50er Jahre kommen immer mehr Jugendliche aus ganz Europa und auch von anderen Kontinenten nach T. Sie beteiligen sich an den Wochentreffen, bei denen sich jede Woche bis zu 6000 Menschen aus 35 bis 70 Nationen begegnen. Bei täglichen Bibelgesprächen geht es um die Suche nach dem Sinn des Lebens. Dreimal am Tag finden gemeinsame Gebete in der »Kirche der Versöhnung« statt, die 1962 errichtet wurde.

Seit 1966 wohnen Schwestern von St. André (eine internat. kath. Gemeinschaft) im Nachbardorf und übernehmen einen Teil der Aufgaben für das Jugendtreffen.

Zur Unterstützung der Jugendlichen wurde in T. ein »Pilgerweg des Vertrauens auf der Erde« begonnen. Dieser Weg hat nicht die Gestalt einer fest organisierten Bewegung, vielmehr soll jeder einzelne in seinem Alltag am Ort, in der Kirchengemeinde herausfinden, wie er im Einsatz für Frieden, Versöhnung und Vertrauen auf der Erde unterwegs sein kann. Bei seinem Besuch 1986 in T. nannte sich Papst Johannes Paul II. selbst einen Pilger und sagte: »Man kommt nach Taizé wie an den Rand einer Quelle.« Als Stationen auf dem Pilgerweg finden jeweils zum Jahreswechsel Europäische Treffen mit bis zu 100 000 Jugendlichen in den Kirchengemeinden einer ost- oder westeuropäischen Metropole statt (z. B. 1992/93 in Wien; 1993/94 in München).

Bruder Roger hat sehr oft die Rolle Ms als Gestalt der Kirche unterstrichen. Er schreibt: »Im Geheimnis der Gemeinschaft, das die Kirche ist, ist es uns heute wie im ersten Jahrhundert gegeben, ›einmütig im Gebet zu verharren ... mit Maria, der Mutter Jesu‹ (Apg 1,14). Die Jungfrau Maria erleuchtet unsere Wege. In ihr ist eine Katholizität des Herzens: im Magnifikat steigt ihr Gesang auf, wagt sie für alle zu hoffen; in einer prophetischen Schau ahnt sie, daß durch das Kommen ihres Sohnes eine Quelle des Heils für alle Menschen zu fließen begonnen hat (Lk 1,46–55). In Maria fallen Mütterlichkeit und Katholizität in eins. Verhält es sich mit der Kirche nicht genauso? Geht eine der beiden Wirklichkeiten verloren, verflüchtigt sich auch die andere.« (Liebe aller Liebe, die Quellen von Taizé).

Lit.: Mutter Teresa und Frère Roger, Maria, Mutter der Versöhnung, 1988. — Frère Roger, Liebe aller Liebe. Die Quellen von Taizé, 1990. — K. Spink, Frère Roger, Gründer von Taizé, 1990, ²1993. *Ch. Albrecht*

Talbott, Matthew, Diener Gottes, Laie, Hafenarbeiter, * 2.5.1856 in Dublin, †7.6.1925 ebd., entstammte einer armen Familie, mußte schon mit 12 Jahren seinen Lebensunterhalt selbst verdienen, verfiel dabei alsbald dem Alkohol und war mit 16 Jahren ein chronischer Alkoholiker. 1884 hatte er ein Bekehrungserlebnis, als seine Freunde sich weigerten, ihm alkoholische Getränke zu kaufen. Seine Gesundung fand er hauptsächlich durch Gebet, tägliche hl. Messe, Kommunion und geistliche Anweisungen. Sein Genesungsprogramm schloß die »Zwölf Schritte der Anonymen Alkoholiker« mit ein, die allerdings erst 40 Jahre später niedergeschrieben wurden. Unter der Leitung seines geistlichen Seelenführes lebte er nach der Ordensregel und Askese der irischen Mönche des 6. Jh.s und 1891–1925 gehörte er dem Dritten Orden des hl. Franz v. Assisi an. Er blieb unverheiratet, teilte sein Einkommen mit seinen armen Nachbarn und gab viele Almosen.

Als Junge pflegte T. eine einfache MV und betete sogar in der Zeit seiner starken Alkoholabhängigkeit ein »Gegrüßet seist Du, Maria«, bevor er zu Bett ging. Nach seiner Bekehrung betete er jeden Tag die 15 Gesätze des Rosenkranzes und den »Englischen Gruß«. Er trat einer Arbeiterbewegung bei, die sich der UE der Jungfrau M geweiht hatte, und nahm über 40 Jahre gewissenhaft an deren Versammlungen teil. »Niemand weiß, welch' eine gute Königin sie für mich ist«, vermerkte T. über die GM (Glynn 40). An einem Samstag, dem der GM geweihten Tag, empfing er die Gnade der Bekehrung. Um ihre Festtage zu ehren, besuchte er extra hl. Messen. Ca. 1912 begann er, »das Sklaventum Jesu in Maria« nach →Grignion de Montfort zu üben. Bei besonderen Gelegenheiten trug er Ketten als Symbol seiner Hingabe. Als er am Dreifaltigkeitssonntag 1925 auf dem Weg zur hl. Messe starb, wurden sie an seinem Körper gefunden. Sie offenbarten das unerkannte Leben in Heiligkeit, das er 40 Jahre im Verborgenen geführt hatte. Am 3.10.1975 wurden seine heroischen Tugenden zum Abschluß seines Seligsprechungsprozesses anerkannt.

QQ: Hs. Notizen aus spirituellen Büchern und beschworene Aussagen beim Seligsprechungsprozeß sind erhalten in: Archives, Archbishop House, Dublin 9.
Lit.: M. Purcell, Matt T. and his Times, 1954. — J. Glynn, Life of Matt T., ²1977. — M. Costelloe, The Mystery of Matt T., 1981. — Ders., Hope for Addicts, 1987. — M. Purcell, Remembering Matt T., 1990. — AAS 67 (1975) 738–742. — NCE XIII 919. *M. Costelloe*

Tallinn (dt.: Reval), Hauptstadt Estlands (→ Baltikum). In der ma. Hansestadt Reval waren sowohl der Mkult als auch der Heiligenkult mit der Tradition der Hansestädte verbunden. Die MV begann hier mit der Ankunft der dt. Kaufleute aus Gotland und Deutschland um 1230 und mit den engen Beziehungen zu dt. Städten, v. a. zu Lübeck, dessen Mkirche Mutterkirche für viele Gotteshäuser an der östlichen Ostseeküste war.

Aus der Zeit vor der Reformation sind aus Reval außer dem Dom drei weitere größere Kirchen (St. Nikolai, St. Olai, Heiligengeist), drei Kapellen, das St. Johannisspital (Leprosorium) mit der Kirche sowie drei Klöster (Zisterzienserinnenkloster St. Michael, Dominikanerkloster St. Katharinen und St. Birgittenkloster [→ Vallis Marie]) zu nennen.

Der Revaler Mdom wird erstmals 1233 erwähnt. 1240 erklärte ihn König Waldemar II. von Dänemark (1202–41) zur Kathedrale des Revaler Bistums. Die Revaler Diözese unterstand 1240–1397 dem Erzbistum von Lund. Der Dom blieb bis zum Jahr 1565 kath. Er birgt ein Triumphkreuz mit M (17. Jh.), eine Mglocke mit der Inschrift »Maria Mater Dei« (1685) und das Altarbild der Kreuzigung Christi mit M von Eduard v. Gebhardt (1866).

Die meisten Belege zum Mkult im ma. Reval beziehen sich auf die St. Nikolaikirche (1. Hälfte 14. Jh., am 9.3.1944 zerstört, heute Museum). Vor dem Chor befanden sich ein Maltar und eine Mstatue, die je nach dem Anlaß verschieden angekleidet wurde. Der Maltar sowie der Altar des Hl. Kreuzes wurden von einer »Magd Unserer Lieben Frau« (unser leuen vrouwen maget), die auch als »Begine« bezeichnet wurde, oder aber von der Ehefrau des Küsters gegen ein kleines jährliches Entgelt von 6 Ferdingen betreut. Die 1428/29 erwähnte Mkapelle unter dem Chor (später Matthäus-, dann Antoniuskapelle) zeigte an der Fassade ein Mbild von Diderick Katwich (um 1480). 1489 malte Meister Johann Wowsack (Vawgesack) ein Mbild für den vor dem Chor gelegenen Altar; weitere Mbilder befanden sich am Hl.-Kreuz-Altar, am Antoniusaltar. (von Adrian Isenbrant [?], um 1515, von Michael Sittow übermalt) und am großen Flügelaltar der Nikolaikirche (von Hermen Rode, 1478–81). Außerdem gab es ℳglocken (jene von 1451 ist nicht mehr vorhanden, jene von 1564 wurde um 1860 umgegossen); ein großer siebenarmiger Leuchter (16. Jh.) symbolisiert die Sieben Schmerzen ℳs, und die 1624 gestiftete Kanzel zeigte die Verkündigung an ℳ. Im 15. Jh. läuteten die Glocken jeden Samstag zum Salve Regina, vor den großen Feiertagen wurde »Tota pulchra« und »Salve Regina« gespielt. Die ℳmesse wurde mittwochs und freitags abgehalten, während der Fastenzeit mußte sechzig Mal das »Salve Regina« gesungen werden. Zu Beginn des 16. Jh.s wurde zum Gedenken an die Schmerzen ℳs jeden Mittwoch nach der Frühmesse vor dem Hochaltar eine «missa cantata« abgehalten; jeden Freitag folgte der ℳmesse das Requiem.

Die ältesten Nachrichten über die St. Olaikirche (1. Viertel 14. Jh., heute von Baptisten genutzt) stammen von 1267. Die Kirche hatte einen ℳaltar sowie eine ℳkapelle (mit Anna-Altar), der 1509 ein prächtiger Ablaßbrief mit Darstellungen ℳs, des hl. Olaf und des hl. Laurentius erteilt wurde (Tallinn, Stadtarchiv). 1522 stiftete Domherr Jürgen Baden in der Olaikirche eine Vikarie zu Ehren ℳs, bei der ein von ihm ernannter Priester jeden Mittwoch die Verkündigungsmesse zelebrieren sollte.

Auch die Hl.-Geist-Kirche (1316 erstmals genannt; heute von der luth. Gemeinde genützt) hatte einen ℳaltar; außerdem birgt sie den Flügelaltar von Bernt → Notke (1483), dessen Mittelbild ℳ inmitten der Apostel in einem kapellenartigen Raum zeigt. Das Triumphkreuz mit dem Gekreuzigten zwischen ℳ und Johannes stammt aus dem 17. Jh. Zur Gemäldeserie an den Brüstungen der nördlichen Empore gehören auch Bilder von ℳe Verkündigung und Christi Erscheinung vor ℳ; die älteste ℳglocke trägt die Inschrift: »O REX GLORIE XPE VENI CVM PACE AVE GRACIA PLENA DOMINUS TECVM ANNO M CCCC XXX III«.

Im Revaler Dominikanerkloster zu St. Katharinen (gegründet 1246, 1531 größtenteils abgebrannt) befand sich ein prachtvoller Flügelaltar (Ende 15. Jh., z. Z. in der Nikolaikirche), dessen Mittelbild die thronende ℳ mit dem Jesuskind zeigt, sowie u. a. ein ℳaltar, für den der Revaler Rat lange Zeit stiftete. Die Dominikaner besaßen auch eine »Marienkiste«, die für Gaben bestimmt war, sowie zahlreiche mit ℳ zusammenhängende Kirchengeräte und Kleinodien.

Im Zisterzienserinnenkloster zu St. Michael (heute russ.-orth.) wurden spätestens seit 1430 eine Verkündigungsmesse und zu Beginn des 16. Jh.s jeden Samstag eine Messe zum Andenken an die Schmerzen ℳs gefeiert.

1342 wurde in der am St. Nikolaikirchhof gelegenen St. Barbarakapelle eine Vikarie zu Ehren ℳs und der hl. Barbara gestiftet. 1516 verlangte der livländische Ordensmeister Wolter v. Plettenberg, daß Reval auf seine Münzen eine ℳdarstellung prägen sollte.

Von einer lebhaften MV zeugen die Bräuche der Revaler Dom- oder ℳgilde. Laut des ältestens Schragens der Gilde, aus dem Anfang des 15. Jh.s, wurde sie 1407 zu ℳe Verkündigung von den Domherren Diderick Todwyn und Diderick Toyss gegründet. Von 1496 stammen einige Nachträge zum Schragen: »fraternitas sancte Marie virginis, que noviter in summo Revaliensi auctoritate apostolica instituta et fundata est«. 1508 beschenkte Wolter v. Plettenberg die Gilde mit einem Grundstück für den Bau des Gildehauses in der Nähe der Ordensburg. Anfangs hatte die Gilde ausschließlich kirchliche Funktionen, wurde jedoch später zu einer ständischen Vereinigung der Handwerker von Domberg und Domvorstadt. Der für die ℳgilde wichtigste Feiertag war ℳe Himmelfahrt, an dessen Vorabend der obligatorische Festumtrunk stattfand. In der Prozession zu ℳe Himmelfahrt trugen die Gildeschwestern ein ℳbild mit. Laut der Nachträge zum Schragen vom 15. Jh. mußten die Gildemitglieder für jedes verstorbene Mitglied 30 Ave Maria beten. In den Revaler Quellen des MA erscheinen als ℳfeiertage am häufigsten purificatio, annuntiatio, visitatio, assumptio, nativitas, presentatio und conceptio. In den Rechnungsbüchern des Revaler Rats (um 1500) werden am häufigsten nativitas und assumptio und als Zahlungstermin purificatio aufgeführt. Im allgemeinen jedoch wird assumptio, obwohl es zu den festa principalia zählte, in außerkirchlichen Quellen viel seltener erwähnt als annuntiatio oder purificatio. In der Zeit vor der Reformation werden annuntiatio, visitatio, assumptio, nativitas, presentatio und conceptio mit totum duplex gewürdigt.

Infolge des Bildersturms am 14. 9. 1524 sowie des Voranschreitens der luth. Propaganda flaute die MV in Reval ab. 1861 wurde bei der Domkirchengemeinde ein ℳstift zur Unterstützung unbemittelter adeliger Damen gegründet, das bis zum zweiten sowjetischen Einmarsch im Herbst 1944 bestand. Heute ist nur eine von den 11 Kirchengemeinden T.s kath., der ℳkult hat keine weite Verbreitung mehr.

Lit.: Liv-, Est- und Curländisches Urkundenbuch nebst Regesten, hrsg. von Fr. G. v. Bunge u. a., Reval u. a. 1853 ff. — G. v. Hansen, Die Kirchen und ehemaligen Klöster Revals, Reval 1885. — E. v. Nottbeck und W. Neumann, Geschichte und Kunstdenkmäler der Stadt Reval, Reval 1904. — Der älteste Schragen der S. Mariengilde zu Reval (Domgilde), hrsg. von Fr. Stillmark, In: Revaler Beobachter, Nr. 68/69, 1907. — P. Johansen, H. v. zur Mühlen, Deutsch und Undeutsch im ma. und frühneuzeitlichen Reval, 1973. — Kämmereibuch der Stadt Reval II, 1432–63, bearb. von R. Vogelsang, 1976. — M. Lumiste und R. Kangropool, Niguliste kirik, 1990. — T. Kala, Neitsi Maarja keskaegse tallinlase meelepildis, In: Eesti Naisüliõpilaste Selts 1911–91, 1991, 133–45. — Dies., Tallinna dominiiklaste kalender reformatsiooniieesle ajakasutuse peeglina, In: Vana Tallinn II (VI), 1992, 16–28. — Dies., Keskaegse tallinlase pühaderingist, In: Akadeemia 4/11, 1992, 2243–59.

T. Kala

Tallis (Tallys, Talles), Thomas, * ca. 1505 in Kent (?), †23. 11. 1585 in Greenwich, engl. Komponist, war nach einer Organistenausbildung in seiner

Jugend ab 1532 als Organist in Dover, 1537/38 an St. Mary-at-Hill in London und bis 1540 in der Augustinerabtei Holy Cross in Essex tätig. Im Anschluß daran war er bis 1542 Chorsänger an der Kathedrale in Canterbury, bis er 1543 Gentleman of the Chapel Royal wurde. In den Diensten des königlichen Hauses blieb er bis zu seinem Tod, doch gab er seine Tätigkeit als Organist in dieser Zeit wohl nicht auf; er diente unter Heinrich VIII., Edward VI., Maria Tudor und Elisabeth I.

In seiner Jugendzeit spielte er die brillanten, für ⓜmessen bestimmten Orgelbearbeitungen des Offertoriums Felix Namque. Aus seiner lat. KM sind zunächst 3 Votiv-Antiphonen der Jungfrau ⓜ zu nennen, alle im 5-stimmigen Satz und wohl vor 1530 komponiert und unter T.' ersten erhaltenen Werken: »Salve Intemerata Virgo« in imitatorischer Technik, »Ave Rosa Sine Spinis« und »Ave Dei Patris Filia«; diese Gattung, deren typische Struktur aus zwei Hälften mit einem langen und formlosen Text besteht, war in England um diese Zeit weit verbreitet, verschwand aber um 1530. Die 6-stimmige, eindrucksvolle Antiphon »Gaude Gloriosa Dei Mater«, die T. unter Maria Tudor komponierte, ist direkt an die Königin adressiert, wobei einige Textstellen malerisch auskomponiert sind, während es sich formal um eine »alte« Antiphon mit imitatorischen Anfängen handelt. Weiter zu erwähnen sind ein 4-stimmiges Magnificat mit einem faburden-Tenor und ein 5-stimmiges Magnificat. Aus der Antiphon »Salve Intemerata Virgo« entstand eine 5-stimmige Parodiemesse gleichen Namens. T. war auch einer der ersten Komponisten, die für die neue anglikanische Liturgie (1547–53) komponierten. Daraus ist ein 5-stimmiges Magnificat in imitatorischem Kontrapunkt eines Great Service und ein 4-stimmiges in syllabischer Setzweise eines Short Service zu nennen.

Lit.: H. B. Collins, T. T., In: Music and Letters 10 (1929) 152. — P. Doe, Tallis, ²1976. — MGG XIII 67–76. — Grove XVIII 541–548.   *P. Böhm*

Talmud. Der T. (»Lehre« von hebr. limmed »lernen«) besteht aus zwei Teilen: Der älteren, Ende des 2. Jh.s n. Chr. entstandenen Mischna (von schanah »wiederholen«) und der diese weiterführenden Gemara (von gemar »vollenden«). Er liegt in zwei Fassungen vor: dem in der 1. Hälfte des 5. Jh.s abgeschlossenen palästinischen (Jerusalemer) T. und dem Anfang des 6. Jh.s redigierten babylonischen T. Es handelt sich im wesentlichen um Auslegungen der Gebote der Tora, die sog. Halacha, im Unterschied zu der sog. Haggada in den Midraschim, die sich stärker an den erzählenden Teilen der Hl. Schrift orientieren. Der T. gliedert sich in 6 Ordnungen mit insgesamt 63 Traktaten. Der babylonische T. ist in der Folgezeit die maßgebende Grundlage des Judentums geworden.

Die Anfänge der Halacha gehen zurück auf die pharisäische Tradition der vorchristl. und urchristl. Zeit. Entscheidend wurde aber die im Zusammenhang mit der Reorganisation des → Judentums stehende rabbinische Tradition, die sich in der Zeit nach der Zerstörung des Jerusalemer Tempels ausbildete. Von Jochanan ben Zakkai (Ende 1. Jh.) bis Jehuda han-Nasi (Ende 2. Jh.) reicht die grundlegende Überlieferungsphase, die mit der Fixierung der Mischna ihren Abschluß fand. Es folgte die Zeit der Weiterbildung in mehreren Schulen und Bereichen bis zur redaktionellen Vereinheitlichung in den beiden T.-Fassungen.

Die Nachrichten über Jesus sind im T. nicht zahlreich. Man muß diese Angaben unterscheiden sowohl von den außertalmudischen Überlieferungen der Spätantike (v. a. Pesiqta Rabbati) oder des MA (hierhin gehört Toledot Jeschu) als auch von den Mitteilungen über jüdische Urteile in den Schriften der Kirchenväter. Aufgrund neuerer Forschungen steht fest, daß in den früh entstandenen Teilen des T. überhaupt keine diesbezüglichen Aussagen zu finden sind, sondern daß diese erst in der Zeit der byz. Reichskirche mit ihren judenfeindlichen Tendenzen in die Endfassungen des T. aufgenommen worden sind, vielleicht sogar einer Nachredaktion zugehören; da Texte häufig mehrfach überliefert oder kommentiert sind, läßt sich ihre Traditionsgeschichte noch erhellen (vgl. J. Maier). Unter dieser Voraussetzung geht es lediglich um vier Stellen, die mit Jesus in Verbindung gebracht werden können.

Der erste Text handelt von einer Aussage, in dem von denen die Rede ist, die keinen Anteil an der kommenden Welt haben, wozu nach den Spätfassungen auch Jesus und seine Anhänger gehören (Mischnatraktat Sanh 10,1 f. und zugehörige Gemaratexte). Der zweite Text enthält ein angebliches Jesuswort, das aber nicht ursprünglich sein kann (Mischnatraktat Chullin 1+2 mit Parallelen). Der dritte Text erörtert das jüdische Prozeßverfahren, was auch für den Prozeß Jesu herangezogen worden ist (Mischnatraktat Schabbat 12,4 mit den verschiedenen Gemarafassungen). Nur der vierte Text ist mit Jesu Herkunft und seiner Mutter in Beziehung gesetzt worden.

Im babylonischen T. gibt es im Traktat Schabbat 104 b (mit Parallele in Sanhedrin 67 a) einen Bericht, in dem ohne Nennung Jesu von dem »Sohn Panderas« bzw. »Stadas« und dessen Mutter Mirjam, einer Frauenhaarflechterin (oder Frau mit langen Haaren), die Rede ist; sie war verheiratet mit Pappos ben Jehuda, beging aber Ehebruch mit Pandera. Die Aussage hat, wie der Kontext zeigt, nichts mit Jesus zu tun. Dasselbe gilt für die damit verglichenen Aussagen über den »Sohn einer Dirne«, die allgemeine Bedeutung haben (Pesiqta Rabbati 21 u. ö.). Eine Beziehung auf Jesus ergab sich nur dadurch, daß in der antichristl. Polemik des Platonikers Kelsos (bei Origenes, Contra Celsum I 28, Ende 2. Jh.) der Vorwurf auftaucht, Jesus entstamme der ehebrecherischen Verbindung seiner Mutter mit dem Soldaten Pantheras. Es bleibt nur die Möglichkeit, daß eine im T. erhaltene andersartige Überlieferung hier sekundär auf Jesus angewandt wurde.

Lit.: H. L. Strack, Jesus, die Häretiker und die Christen nach den ältesten jüdischen Angaben, Leipzig 1910 (Texte mit Übersetzungen). — J. Klausner, Jesus von Nazareth, 1932, ³1952. — M. Goldstein, Jesus in the Jewish Tradition, 1952. — J. Maier, Jesus von Nazareth in der talmudischen Überlieferung, 1978. *F. Hahn*

Tanner, Adam, SJ, * 14.4.1572 in Innsbruck, † 25.5.1632 in Unken bei Salzburg, trat 1590 in die Gesellschaft Jesu ein und empfing 1597 die Priesterweihe. T. war über 30 Jahre Lehrer der Theol. (Hebräisch, Moral- und Kontroverstheol., Dogmatik) in Ingolstadt, München, Prag und Wien. In der traditionellen wie in der zeitgenössischen Theol. gleichermaßen bewandert, gegenüber neuen Entwicklungen aufgeschlossen (Gegner der Hexenprozesse; Verteidiger des Zinsnehmens unter gewissen Bedingungen), war er um eine eigenständige Vermittlung der Scholastik unter Heranziehung der positiven Beweisgründe aus Schrift und Tradition bemüht, allerdings auch an der Auseinandersetzung und Polemik mit der ref. Theol. interessiert (Teilnahme am Regensburger Religionsgespräch von 1601). Wegen seiner klaren Begrifflichkeit und seines Unterscheidungsvermögens geschätzt (Petri 78), wurde er seinen Lehrern → Gregor v. Valencia und J. Gretser gleichgestellt und von der Nachwelt als der einzige »wahrhaft große Theologe« im nachreformatorischen Deutschland gerühmt (Scheeben, nr. 1095), dies v. a. wegen seines Hauptwerkes »Universa theologia scholastica«.

In seinen Schriften nahm er auch mariol. Fragen auf. So verteidigt er im 2. Buch des Werkes »Dioptra fidei« (1617) im Zusammenhang mit der Anrufung der Heiligen die MV mit Berufung auf den Engelsgruß, auf Athanasius und Basilius, aber auch unter Verweis auf Irenäus und die Eva-M-Parallele, in welcher M als die advocata (Fürsprecherin) Evas in Erscheinung tritt. In der Streitschrift gegen das »Ketzerische Luthertum« (1608) behandelt er unter den 18 »Unwahrheiten« auch mariol. Kontroverspunkte (5–8). So geht er gegen die Behauptung an, daß die Katholiken »dem Werk des Erlösers seine Mutter als Gehilfin zuordnen würden«, so als »ob die Mutter Gottes mit und neben Christus eine ›principalis concausa nostrae salutis‹ wäre« (I 90), wo sie doch nur als »nachgesetzte Ursache« gelten könne wegen Erfüllung ihrer mütterlichen Pflichten von der Empfängnis Christi an bis zu seinem Tod, woraus sich ihre Fürbittaufgabe für die ganze Welt ergibt (94). Wohl aber wird sie als »coadiutrix« Christi anerkannt. Dem Anwurf, daß die Sünder von der Kirche mehr an M als an Christus verwiesen werden, hält er den Grundsatz »zu Christus durch die Mutter Gottes« entgegen (103). Interessant ist seine Heranziehung Ms in der Rechtfertigungslehre, wo sie den Beweis liefert, daß alles Verdienst und alle Fürbitte nur kraft der Gnade und des Verdienstes Christi wirkt (106).

Eine gewisse Zusammenfassung seiner mariol. Gedanken bietet er im Anschluß an → Thomas v. Aquin (S. th. III q. 27–30) in t. IV seines Hauptwerkes (1627), aber auch unter Anhalt an → Suarez, → Vazquez und → Gregor v. Valencia. So legt er Wert auf die Prädestination Ms zur GMschaft (disp. I q. 3 n. 265 ff.), auf ihre Befreiung von der Erbsünde »in primo statim instanti conceptionis seu animationis« (disp. I q. 3 n. 262. 272), auf ihre Gnadenfülle, ihre Befestigung im Guten, ihre Sündenlosigkeit, ihre eingegossenen Tugenden und ihren Glauben, mit dem sie alle Apostel und Theologen überragte (disp. II q. 1 n. 63–72). Ähnlich eindeutig erklärt er sich zum Alter Ms, zu ihrer königlichen Abkunft und zu ihrem Jungfräulichkeitsgelübde (ebd. nr. 120). Dem so von Gott ausgezeichneten Leben entspricht auch das glorreiche Ende durch Erhebung in den Himmel nach Leib und Seele, was (gegen Ps.-Hieronymus) mit dem allgemeinen Glauben der Kirche begründet wird. In diesem mariol. Konzept herrscht, der theol. Zeitsituation entsprechend, die personal-gestalthafte Betrachtung Ms vor, aber durchaus eingefügt in die Erlösung durch Christus.

WW: Universa theologia scholastica speculativa practica, 4 Bde., Ingolstadt 1627. — Anatomia Confessionis Augustanae, 2 Theile, Ingolstadt 1613–14. — Dioptra fidei. Allgemeiner katholischer und gründlicher Religionsdiskurs von dem Richter und Richtschnur in Glaubenssachen, 3 Bde., Ingolstadt 1617. — Ketzerischen Luthertums und Widerlegung des falschgenannten unkatholischen Papsttums Jacoben Heilbrunners von der Gerechtfertigung des Sünders und Gewißheit eigener Gerechtigkeit, 2 Teile, Ingolstadt 1608.
Lit.: M. J. Scheeben, Handbuch der kath. Dogmatik I, Freiburg 1873. — W. Lurz, A. T. und die Gnadenstreitigkeiten des 17. Jh.s, 1932. — Koch 1726 f. — H. Petri: HDG I/2c, 1985. — Hurter ²I 254. — Sommervogel VII 1843–55. — ADB XXXVII 380 ff. — LThK² IX 1289. — EC XI 1732. — DThC XV 40–47.

L. Scheffczyk

Tapisserie. Der europäische Wandteppich (franz. tapisserie, engl. hanging) ist ein Wandschmuck in der Art eines Gemäldes aus Wolle, Leinen, Seide oder anderen textilen Materialien, dessen Herstellung seit dem Altertum bekannt ist. Eine weitere Bezeichnung für T. ist Gobelin, sie wird aber im allgemeinen nur für Gewirke benutzt, die an einem Hochwebstuhl erstellt werden. Die Ausführung einer T. besteht aus mehreren Tätigkeiten. Dem Entwurf eines Künstlers folgte der Zwischenentwurf, ausgeführt durch den Patronenmaler oder Kartonier, der die Arbeitsvorlage für dem Wirker anfertigte. Händler und Kreuzfahrer brachten die Technik vom Orient nach Mitteleuropa. Erstaunlich ist, daß sich aus der Zeit vor 1300 nur dt. Arbeiten erhalten haben (einzige Ausnahme ist der Monatsteppich in Oslo, Kunstindustri Museet, 1. Hälfte 13. Jh.). Die frühesten bekannten und erhaltenen Stücke sind die Fragmente eines Teppichs aus St. Gereon in Köln (heute Nürnberg, Germ. Nat. Mus.; London, Victoria & Albert Mus.; Lyon, Musee des Tissues, um 1200) sowie die T.n im Dom-

Tapisserie, Verkündigung an Maria, um 1400, Freiburg, Augustinermuseum

schatz in Halberstadt (Michaelsteppich, um 1150; Apostelteppich, um 1170–75; Karlsteppich, um 1200). Die Wirker des MA bedienten sich der Vorlagen aus Architektur, Plastik und Buchmalerei und transportierten die Neuerungen in Verbindung mit der Geschichte, der Dichtkunst oder rel. Inhalten in ihre Arbeiten. Für Mitteleuropa wurde die T. das, was für Italien die Mosaiken und Fresken bedeuteten. Die T.n wurden zu beweglichen »Fresken« und auf den vielen Reisen mitgenommen.

In Deutschland entwickelten sich im Gegensatz zu Flandern und Frankreich keine großen Manufakturen. Die T.n entstanden in der Blütezeit des 15./16. Jh.s in vielen Frauenklöstern, Kleinwerkstätten und in Heimarbeit. Die Arbeiten wurden zum größten Teil ohne Vorlage eines Kartoniers angefertigt. Seit der Mitte des 16. Jh.s wanderten niederländische Wirker nach Deutschland und gründeten Manufakturen in Frankenthal, Stuttgart, Berlin und Leipzig. Mit Einsetzen der Renaissance wird Italien führend in der Herstellung der T.n. Der Auftrag Papst Leos X. an Raffael, Vorlagen für eine Serie von T.n mit dem Thema der Apostelgeschichte, bestimmt für die Sixtinische Kapelle, zu entwerfen, führt zu einer grundlegenden Neuerung. Nicht nur die Entwürfe, sondern auch die Kartons wurden von Raffael angefertigt (Vatikan, Sixtinische Kapelle, 1515f., Ausführung Pieter van Edinghen, Brüssel, bis 1519). Das 16. Jh. wurde für die flämische Wirkerei zur Blütezeit mit bedeutenden Manufakturgründungen in Brüssel, Brügge, Tournai und Gent (Antependium, Süd-Niederlande, Darstellung der Anbetung der Könige, M sitzt mit dem Kind vor einer Ruine in einer Landschaft mit einer Vielfalt an Blüten, umgeben von den drei Königen, Joseph steht am rechten Bildrand, Detroit, Institut of Arts, frühes 16. Jh.). Durch die Zusammenarbeit ital. Künstler und flämischer Wirker verschmolzen die Stilarten miteinander. Flämische Wirker gründeten Werkstätten in Ferrara, Florenz und Mantua.

Mit der Gründung königlicher Manufakturen im Rahmen der nat. Zentralisierungspolitik im 16. Jh. wurde der Grundstein für die große Tradition der T.herstellung in Frankreich gelegt. Die von Heinrich IV. 1597 in seinem Haus gegründete Werkstatt siedelte zu Beginn des 17. Jh.s zunächst in den Louvre und später in die Gebäude der ehemaligen Färberfamilie Gobelin um. Durch den Ankauf des Privathauses der Gobelin durch Colbert im Auftrag Ludwigs XIV. wurde die Bezeichnung Gobelin für T. eingeführt. Mit Erfindung des mechanischen Webstuhls im 19. Jh. verlor die Herstellung kostbarer T.n an Bedeutung, erst in unserem Jh. wurde die Wirkerei mit der Hand wieder zu einem bedeutenden Zweig des Kunsthandwerks.

Im Besitz der Kirchen und Klöster haben sich zahlreiche T.n erhalten, da diese Kunstobjekte nicht dem ständigen Transport unterlagen. Das Kloster Adelshausen bei Freiburg besitzt eine Sammlung von T.n, deren Vielfalt und kunsthistorische Bedeutung in Deutschland wohl einzigartig ist. Der aus der Zeit um 1400 stammende M teppich zeigt drei Szenen aus dem M leben (M e Verkündigung, Heimsuchung, Anbetung der Könige), die seitlich von der hl. Katharina und dem hl. Augustinus gerahmt werden. Unter der Verkündigung befindet sich die Darstellung der Einhornjagd (→ Einhorn) sowie unterhalb der Anbetung die Darstellung der Hirtenverkündigung. Die Bodenzone besteht aus blumenbewachsenen Hügeln; die Bilder sind jeweils mit Spruchbändern gerahmt. Der sog. Rosa-Mystica-Teppich ist eine oberrheinische Wirkarbeit aus Wolle und Leinen (2. Hälfte 15. Jh.), auf dunkelblauem und grünem Mittelstreifen wechselt das M monogramm »SM« (Sancta Maria) mit stilisierten Rosenblüten. Der Teppich hatte vermutlich eine Funktion bei Andachtsübungen (Rosenkranzgebet) und wurde wohl als Wandbehang oder Rücklaken verwendet. M leben und Jugend Christi gehörten zu den beliebtesten Darstellungen auf mittelrheinischen T.n. Es wurden sowohl großformatige T.n als auch kleinere Werke mit Einzelszenen hergestellt (M tod, Glasgow, The Burrell Collection, 1450–60). Doch auch außerhalb Deutschlands und Flanderns entstanden bedeutende T.n, ein aus Spanien stammendes Antependium (Seide und Silberfäden auf Leinen, Detroit, Institut of Arts, 1550/80) zeigt in der Mitte ein großes Wappen, umrahmt von der

Kette des Goldenen Vlies. Die Ränder sind durchzogen mit der Darstellung der Wurzel Jesse, am linken unteren Rand mit Jesse beginnend und am unteren rechten Rand mit M und dem Kind endend, der gesamte Rand ist mit Vorfahren Christi durchzogen, dazwischen sind in sieben Medaillons Szenen des Mlebens dargestellt.

Lit.: H. Schmitz, Bildteppiche, 1919. — B. Kurth, Die dt. Wandteppiche des MA, 3 Bde., 1926. — D. Klein, Meisterwerke der Webkunst, 1932/33. — Ausst.-Kat., Peter Paul Rubens. Triumph der Eucharistie. Wandteppiche aus dem Kölner Dom, Essen 1954/55. — D. Heinz, Europäische Wandteppiche, 1963. — M. Pianzola und J. Coffinet, Die Tapisserien, 1971. — Metropolitan Mus. of Arts, Masterpieces of Tapistry, 1974. — H. Appuhn, Bildstickereien des MA in Kloster Lüne, ²1984. — Chr. Cantzler, Bildteppiche der Spätgotik am Mittelrhein 1400–1550, 1990. — A. Rapp-Buri und M. Stucky-Schürer, Zahm und wild. Baseler und Straßburger Bildteppiche des 15. Jh.s, 1990. S. Egbers

Tarasios, †18.2.806, wurde am 25.12.784 auf Initiative von Kaiserin Eirene aus dem Laienstand zum Patriarchen von Konstantinopel ernannt, unterstützte als Geheimsekretär die Kaiserin in ihrem Bemühen, die Bilderverehrung wieder zu beleben, und berief 786 dazu ein Konzil nach Konstantinopel ein, das er nach massiver Störung durch das kaiserliche Militär 787 nach Nikaia verlegte. Unter seinem umsichtigen Vorsitz wurden die Bilderverehrung wieder eingeführt und die MV erneuert (Mansi XIII 132). Seine sprichwörtliche Milde stürzte ihn später bei der Behandlung der Simonie und der ehebrecherischen zweiten Eheschließung des Kaisers Konstantin IV. in Schwierigkeiten.

Neben Briefen hat T. eine wichtige Predigt zu Me Tempelgang hinterlassen, worin er sich als Meister des byz. Stils erweist, eine Reihe marian. Titel nennt und die χαῖρε-Technik für die Mariol anwendet. Dabei folgt er ganz dem apokryphen → Jakobusevangelium und zwar im Stil der byz. Panegyriker. Er läßt die Eltern Joachim und Anna Lobreden auf ihre Tochter halten (PG 98,1488 ff.), worauf der Hohepriester Zacharias mit ähnlichen Lobpreisungen antwortet. Bes. hervorgehoben und mit vielen Epitheta ornantia gefeiert werden die Heiligkeit und Heilsbedeutung Ms. Mit der Feststellung, daß M »die seit der Schöpfung der Welt auserwählte Jungfrau« sei, spricht er die Prädestination Ms aus (PG 98,1497A).

T. lehrt, M sei von Anbeginn der Welt vorbestimmt gewesen, Gottes Wohnung zu sein, sie sei der Spiegel der Propheten und das Ergebnis ihrer Prophezeiungen gewesen. Er setzt Ez 44,1–3, Jes 11,1, Jer 43, 31 f. und Dan 10,11; 2, 34 f. in Beziehung zu M.

Für T. steht Ms göttliche Mutterschaft im Zentrum: M ist der »Abgrund der Wunder, die Quelle alles Guten ..., die immer jungfräuliche Mutter Gottes«, sie ist für ihn »Mittlerin (μεσίτης) für alle Dinge unter dem Himmel« (PG 98,1500), das »Bild unserer Wiedergeburt«, »die Ursache der Erlösung für alle Sterblichen« usw. Er sieht in der →Eva-M-Parallele eine grundsätzliche theol. Erkenntnis. M habe uns vom Fluch befreit, den Eva auf unsere ersten Eltern geladen habe, denn durch eine Frau erntete die Menschheit den Tod, durch eine Frau werde Gott alle Dinge neu erschaffen.

In völliger Übereinstimmung mit der christl. Tradition seiner Zeit, die er in einem Brief an Papst Hadrian betont, lehrte T. auch die immerwährende Jungfräulichkeit Ms. Nach G. M. Roschini sei bei T. zudem die Annahme der UE genügend erwiesen (»sat aperte indicatur«). Das Verdienst des 7. Ökumen. Konzils, nicht zuletzt für die MV, war auch das des Patrarchen T.

WW: PG 98,1427–1500. — BHG 1149.
Lit.: Roschini Mariol I 191f. — M. Jugie, L'Immaculée Conception dans l'Ecriture Sainte et dans la tradition orientale, 1952, 128 f. — G Dumeige, Nizäa II. Geschichte der Ökumen. Konzilien, 1985. — LThK² IX 1298. — Theotokos 336 ff. — EC XV 54–57. G. Söll/M. O'Carroll

Tarditi, Orazio, * um 1602 in Rom, †18.1.1677 in Forli, war Mitglied des Kamaldulenserordens und erhielt dort seine musikalische Ausbildung. Als Kapellmeister wirkte er in Arezzo, Murano, Volterra, Forli, Jesi und Faenza. Er schrieb mehrere Messen, Psalmvertonungen, Motetten, Madrigale, Canzonetten und Litaneien, darunter »Litanie della Madonna« und »Litanie della BVM ... con le 4 Antifone dell' istessa Vergine Santissima«, und ein Magnificat.

Lit.: J. L. A. Roche, North Italian Liturgical Music in the Early 17th Century, Diss., Cambridge 1968. — MGG XIII 124–126. — DMM VII 638. E. Löwe

Tarín, Francisco de Paula, Priester der SJ, Diener Gottes, * 7.10.1847 in Godelleta (Valencia) als Sohn wohlhabender Landwirte, †12.12.1910 in Sevilla, besuchte nach Beendigung der ersten Schulbildung in seinem Heimatort 1859–64 die Schule der Schulbrüder in Valencia. Wegen einer Tuberkuloseerkrankung mußte er seine Pläne für ein Universitätsstudium zunächst für zwei Jahre aufschieben. In dieser Zeit durchlitt er eine gewisse geistliche Krise, die er am 15.8.1866 anläßlich eines Besuches der Basilika ULF von Pilar in Saragossa überwinden konnte. Dieses starke marian. Erlebnis ist der Ausgangspunkt für seine spätere Berufung zum Priester- und Ordensstand. Während er sich noch über seinen geistigen Werdegang Gedanken machte, nahm er 1866–69 gleichzeitig das Jura- und Phil.-Studium an der Universität Valencia auf. Gesundheitliche Probleme nötigten ihn erneut zur Unterbrechung seiner Studien. Ende 1872 nahm er Kontakt zu den Jesuiten auf, die zu Besuch in Valencia weilten. Am 31.8.1873 verließ er heimlich sein Elternhaus, zunächst mit dem Ziel, sich bei den karlistischen Truppen im Bürgerkrieg gegen die Liberalen einzuschreiben. T. betrachtete diese Entscheidung als Ausdruck seiner rel. Überzeugung. Wegen seiner schwachen Gesundheit abgewiesen, begab er sich zum Noviziat der Exil-Jesuiten in Poyanne (Landes, Frankreich), in das er am 30.10.1873 aufgenommen wurde. Nach der üblichen Ausbildung zur Vorbereitung auf die Priesterweihe setzte er die vor seinem Ordenseintritt in Valencia begonnenen Studien fort, die er 1880 mit dem Lizentiat in Phil. in Salamanca abschloß. Am 29.7.1883 empfing er die Priesterweihe.

Nach seiner ordensinternen Ausbildung zeigte sich rasch die außerordentliche Begabung T.s zum Volksmissionar. Unermüdlich bereiste er bis zu seinem Tode den Süden Spaniens. Seine missionarische Aktivität ist wegen des gewaltigen Arbeitspensums und der geistigen Bewegung, die er unter zahllosen Menschen auslöste, im Spanien des 19./20. Jh.s beispiellos. Seine Opferbereitschaft und seine Hingabe an das Apostolat lösten allgemeine Bewunderung aus. Schon zu Lebzeiten galt er als Heiliger. Der heroische Tugendgrad wurde am 3.1.1987 erklärt.

T. durfte an einem Festtag und in einer Wallfahrtskirche der GM seine Bekehrung erleben. In seiner Verkündigung verbindet er die Spiritualität der Herz-Jesu-Verehrung, für die er sich bes. einsetzte, mit der Verbreitung einer starken ⓜfrömmigkeit. Bereits während seines Theol.-Studiums in Oña (Burgos) rief er eine marian. Kongregation ins Leben, mit der er alle männlichen Jugendlichen des Ortes erfaßte. Mit ihnen organisierte er einen »Rosario de la aurora«, einen Rosenkranz, der an den ⓜfesten bei Tagesanbruch auf der Straße gesungen wird. Nach seiner Priesterweihe verband T. als erster Volksmissionar diesen »Rosario de la aurora« mit den sonst üblichen Veranstaltungen seiner Volksmissionen. Damit stellte er die Mission unter den Schutz der GM und rief das Volk zusammen. Mit Hilfe der marian. Kongregation für Mädchen (Hijas de María) sicherte er seinen Missionen auch nach deren Beendigung unter der weiblichen Jugend einen bleibenden Erfolg. Er pflegte seine Volksmissionen mit einer großen Versammlung bei einem ⓜheiligtum zu beenden. Gelegentlich lud er dazu auf regionaler Ebene die zuletzt missionierten Dörfer gemeinsam ein. Am 10.6.1889 versammelte er z.B. die Dörfer der Ebene von Murcia in der Wallfahrtskirche NS de la Luz (ULF vom Licht.). Diese Art von marian. Versammlungen wiederholte sich ungezählte Male bei seinen Volksmissionen.

WW: Im Archiv der Vizepostulatur in Sevilla befinden sich 1721 hs. Briefe und 12 hs. kurze spirituelle Schriften.
QQ: 12 Aktenbündel mit Zeugenaussagen, ebd. — Akten des Diözesanprozesses und des apost. Prozesses.
Lit.: P.M. Ayala, Vida documentada del Siervo de Dios P. F. de P.T., 1951. — J.M. Granero, El misterio de un apóstol. El P.F.T., 1983. — J.M. Javierre, El león de Cristo. Biografía del Ven. F.T., ²1988. — AAS 79 (1987) 475–479. *C. Pozo*

Tartini, Giuseppe, * 8.4.1692 in Piran/Istrien, † 26.2.1770 in Padua, erhält bei einem Geistlichen in seiner Heimat ersten Musikunterricht, erlernt — wohl v.a. autodidaktisch — in Ancona das Geigenspiel, das er zu höchster Virtuosität steigert und dem auch der größte Teil seines kompositorischen Werks (Violinkonzerte, Violinsonaten, u.a. »Teufelstrillersonate«) gewidmet ist. 1721 erhält er die Anstellung des »Sonator singulare« als »primo Violino e Capo di concerto« an der Antoniuskirche zu Padua, wo er eine Schule für Komposition und Geigenunterricht gründet und — mit Ausnahme weniger Konzertreisen — bis zu seinem Tod bleibt. Unter seinen zahlreichen Kompositionen finden sich u.a. »Canzone sacre«, »Stabat mater« und — als T.s letztes Werk — ein 4-stimmiges »Salve regina«.

Lit.: M. Pincherle, G.T., 1972. — L. Frasson, G.T., 1974. — L. Ginzburg, G.T., 1976. — DMM VII 640–646. — Grove XVIII 583–589. *F. Trenner*

Taufe Marias → Sakramente

Tauler, Johannes, OP, dt. Mystiker, * um 1300 in Straßburg, †16.6.1361 ebd., begraben in der Straßburger Dominikanerklosterkirche, ist nach Meister →Eckhart und mit →Heinrich Seuse der dritte bedeutende Vertreter der → Mystik dominikanischer Prägung. Er wurde aller Wahrscheinlichkeit nach als Sohn des für 1312/13 bezeugten Ratsherren Nikolaus T. von Finkenweiler geboren. Bereits frühzeitig scheint er in den Straßburger Dominikanerkonvent eingetreten zu sein. Über sein Studium ist nichts bekannt, wahrscheinlich hat er Theol. am Studium theologiae particulare in Straßburg studiert. 1339 hielt er sich vermutlich in Basel auf, wohin der Straßburger Konvent auf Grund des Interdiktes gegen →Ludwig den Bayern ausgewichen war. Dort traf er auf →Heinrich v. Nördlingen. Noch von Straßburg aus war er 1339 in das Dominikanerinnenkloster Medingen gereist, wo er mit →Margareta Ebner zusammentraf. Im selben Jahr ging er nach Köln, wo er sich vielleicht bis 1342 aufgehalten hat. Spätestens dort dürfte er mit den Lehren Meister Eckharts konfrontiert worden sein, außerdem hat er sich das »Horologium sapientiae« Heinrich Seuses beschafft (Scheeben 33), v.a. aber hat er sich Berthold v. Moosburg angeschlossen, nur so ist T.s große Wertschätzung des Philosophen Proklos zu erklären (vgl. Sturlese). Es ist gut möglich, daß er um diese Zeit etwa 40 Jahre alt war, denn er betont in seinen Predigten mehrmals die Bedeutung einer zweiten Bekehrung in diesem Alter. Eine zweite Reise nach Köln 1348 ist gesichert, da er in diesem Jahr im Dominikanerinnenkloster St. Gertrud gepredigt hat. Um den Jahreswechsel 1347/48 war er noch einmal in Medingen. Die ältesten erhaltenen, noch zu seinen Lebzeiten entstandenen Handschriften seiner →Predigten deuten darauf hin, daß Köln und Straßburg die Zentren seiner Predigttätigkeit waren, denn alle Handschriften des 14. Jh.s lassen sich mit einer der beiden Städte in Verbindung bringen (Mayer, Diss., 31).

Von T. sind über 80 Predigten überliefert (eine genaue Zahl kann nach dem Stand der Forschung noch nicht angegeben werden), daneben gilt nur ein Brief an die Priorin Elisabeth Scheppach und Margaretha Ebner in Medingen von

1346 als echt (P. Strauch, Margaretha Ebner und Heinrich v. Nördlingen, Freiburg i. B. und Tübingen 1882, 270). Außerdem könnte das Kirchenlied »Es kommt ein Schiff geladen« auf T. zurückgehen (vgl. M. E. Becker, In: E. M. Filthaut 77–92).

Die Wirkung der Predigten T.s war enorm. In gut 200 Handschriften des 14., 15. und 16. Jh.s finden sich Tauleriana, davon entstammen etwa 40 dem niederländischen Raum, während der Südosten, des dt. Sprachraums (Böhmen, Österreich, Tirol) keinen einzigen Textzeugen aufzuweisen hat. Die Predigten wurden wohl schon sehr früh systematisch gesammelt; die ältesten erhaltenen Codices entstanden noch zu T.s Lebzeiten oder nur kurz nach seinem Tod. Um 1400 wurden nahzu alle auch heute als echt geltenden Predigten in einer großen Sammlung nach den Perikopen des Kirchenjahres zusammengebracht. Diese, wohl in Straßburg entstandene, »Gesamtausgabe« bestimmte weitgehend die oberdt. Überlieferung und gelangte, in einer allerdings bearbeiteten Form, schließlich 1498 in den Druck (Leipzig, Kachelofen). Der prägnante Stil T.s mit vielen Beispielen aus dem Alltag, die überwiegende Dreigliedrigkeit seiner Predigten, die in einem Schlußhöhepunkt mit einem Gebetssatz ausläuft, führte dazu, daß »ein Tauwler« nicht nur eine T.-Predigt bezeichnen konnte, sondern auch eine Predigt oder Predigt-Sammlung im Stile T.s meinte.

Mit der Übertragung des stark erweiterten Kölner Taulerdruckes von 1543 (u. a. kamen einige Eckhart-Predigten hinzu) ins Lat. durch L. Surius (Köln 1548) gelangten die Predigten auch nach Frankreich, Spanien und England. Auf der Basis einer Rückübersetzung des Surius-Druckes durch Daniel Sudermann, erschien 1621 in Frankfurt eine T.-Ausgabe für Protestanten, während Johannes de Lixbona OP 1647 in Antwerpen eine »katholische« Rückübersetzung herausgab. T.s Predigten wurden von 1498 bis heute nahezu kontinuierlich neu aufgelegt. Lediglich im 18. Jh. gibt es mit nur drei bekannten Ausgaben einen deutlichen Einbruch.

Zentrales Thema T.s ist die Geburt Gottes in der Seele. Dabei geht er von einem »gruntlosen grunt« oder auch »abgrunt« in der Seele aus, in dem sich Gott mit dem Menschen vereinigt; dieser Grund ist eng verwandt mit dem Begriff des »Seelenfünkleins« bei Meister Eckhart.

Zu M. äußert sich T. in größerem Umfang nur in den Predigten (Vetter 46, 49, 52 und 1, ein Sonderfall, der getrennt zu behandeln ist). Dennoch wies Hoffmann darauf hin, daß sich an nur wenigen Sätzen, bes. aus dem Eingang der Pr. 46, der »Keim einer ganzen Mariologie« festmachen läßt. Die zentrale mariol. Predigt T.s ist Pr. 49 über die Geburt ULF. Die Möglichkeit für die mystische Vereinigung ist durch die Gnade aus dem Erlösungswerk Christi gegeben. Somit ist die Geburt Christi durch M. das über alles erhabene Vorbild der Unio, und T. rühmt deshalb das Wunder dieser Geburt: »Was wunders was das, das si iren Got und iren schöpfer hatte in irre schosse und an iren armen und in den aller begerlichesten lustlichesten wisen, die uber alle sinne woren, und enzwifelte ein har nút, und was des sicher das er ir Got was, und mochte mit im gebaren wie si wolte, und er wandelte mit ir als ir kint, das ir herze in allem irem lebende nie ein ögenblik do uffe engeraste mit genügde, denne das ir gemüte ane underlos uf gieng und über gieng in das götlich abgründe« (Pr. 46 202,3–10).

M. ist, indem sie »reine und luter und heilig geborn wart von ir müter libe« (Pr. 49, 219,23, vgl. auch Pr. 65, 356,4) und durch die Geburt Christi völlig eingebunden in das Erlösungswerk des Vaters. »... si Maria für mit ir vernunft úber die himel in das abgründe der helle und in das tieffe mer und in den umbekreis des ertrichs ...« (Pr. 46, 201,23–25); deshalb soll der Mensch »ie ein stunde dar zů tůn, das er dieser minneklichen fröwen ie ein (202,1) sunderlich wunneklich lob und dienst erbiete, und si minneklichen bitten das si uns füre und ziehe und helfe zů irem geminten kinde.« (Pr. 46, 201,206–202,2). Dieser Gedanke wird in Pr. 49 (auf den Tag M.e Geburt) weitergeführt. M. hat das im Paradies verloren gegangene Bild des (wahren) Menschen wiedergeboren: »Und in ir ist wider bracht das verlorn was in dem paradyse, das edel bilde das der vatter nach im gebilt hatte, das do verderbet was, das si nu were ein widergeberin mit dem vatter alle sine gelider wider in den ursprung, und von grundeloser barmherzekeit Gotz wolt er uns durch si wider uf helfen von dem ewigen abgründe do wir in gevallen woren als verre als es an uns was.« (219,24–29). Deshalb fordert T. am Ende der Predigt dazu auf, M. zu bitten »das si uns neme in ir hůte, wan si als hütte geborn wart das si uns wider gebere in den ursprung« (224,4 f.).

Im Gegensatz zu diesen Aussagen gibt es auch Textstellen, die andeuten, daß die Hinwendung zu M. (und auch zu Christus) im Gebet in bestimmten Situationen völlig wirkungslos sein kann (vgl. Pr. 9, 45,9–29 und Pr., 62, 340,11–15). In Pr. 9 geht es um den Zustand der Seele unmittelbar vor der »unio mystica«.

T. betont eine dreifache Vorbildfunktion M.s: Demut, Gehorsam und Reinheit. Ihre hervorstechende Eigenschaft ist die unendliche (»grundlose«) Demut: »Dar umbe unser fröwe versweig alles des grossen gůtz das Got in si gegossen hatte, und sprach von irgrundeloser demůtkeit, daz si dar umbe solten selig sagen alle geslechte, wan der herre het die alleine an gesehen« (Pr. 52, 239,5–8). Für den Gehorsam ist das ganze Leben M.s ein vollkommenes Vorbild: »Do si ein kint was, do was si gehorsam iren alteren, vatter und müter. Dar nach schiere do was si under der hůte des priesters im tempel. Dar nach do was si under hern Yosephs hůte, dar nach under unserm herren Jhesu Christo, dar nach under Sant Johannes hůte, dem si unser herre in sin stat beval« (Pr. 49, 223,32–224,3).

Den Aspekt der Reinheit Ms thematisiert T. mehrmals im Zusammenhang mit ihrer eigenen Geburt und der Geburt Christi (s. o.). In »Ascendit Jhesus« (Mt 5,1; nicht bei Vetter) preist er abermals die »luterkeit« Ms: »O wie ein schöne wunnenclich ding das ist in dem lichomen werden funden unberürt als ein engel! Wemme got der eren gan das er in dem kleide funden würt das er selber und sin werde müter so überalle zierde trügen, den menschen solte vor der fröiden niemen in zit mügen betrüben ...« (nach D. Helander, Johannes Tauler als Prediger, Diss., Lund 1923, 353).

Die Pr. 1 ist ein Sonderfall, in keiner anderen wird in so hohem Maß von der Terminologie Meister Eckharts Gebrauch gemacht, in keiner anderen wird aber auch der Name »Maria« so oft genannt wie hier (mit Ausnahme von Pr. 49, 223,31 heißt es immer »unser fröwe«). Da sich aber auch typisch taulerische Wendungen und Gedanken wiederfinden und auch die Überlieferung ganz eindeutig ist, muß diese Predigt wohl T. zugesprochen werden.

In dieser Predigt »von den drei Geburten« wird die Mutterschaft Ms als die zweite oder »mittlere« Geburt Jesu bezeichnet, nach der Geburt durch Gott Vater und vor der im Menschen, letzteres ist allerdings das eigentliche Thema. Mit der Geburt durch M ist Gottes Sohn unser Bruder (und damit M aller Mutter) geworden (Pr. 1, 11,2–3). Das Mysterium dieser Geburt wird eindrucksvoll beschrieben: »Er wart in der ewigkeit geborn sunder müter und in der zit sunder vatter« (11,3–4). Diejenige, die Gott in sich gebären will, muß wie M nur für das Göttliche taugen (11,16), sie soll »ein stille in ir machen und sich in sich sliessen und vor den sinnen in dem geist sich verbergen und verstekken« (11,27–29).

Ausg.: F. Vetter, Die Predigten, Berlin 1910; Nachdr. 1968. — L. Corin, Sermons de J. T. et autres écrits mystiques, I. Le Codex Vindobonensis 2744, 1924. — Ders., Sermons de J. T. et autres écrits mystiques, II. Le Codex Vindobonensis 2739, 1929.
Dt. Übers.: W. Lehmann, T.s Predigten, 2 Bde., 1913, ²1923. — G. Hofmann (Hrsg.), J. T., Vollständige Ausgabe. Übertragen und hrsg. von G. Hofmann, Einführung von A. M. Haas, 2 Bde., 1979.
Lit.: W. Preger, Geschichte der dt. Mystik III, Leipzig 1893. — G. Théry, Introduction historique, In: Sermons de T. trad. par. Huguenin, Théry, et Corin, 1928, 3–54. — Gössmann 212. — A. Hoffmann, Maria in den Predigten T.s, In: M. Filthaut (Hrsg.), J. T, ein dt. Mystiker, 1961, 241–246. — H. Ch. Scheeben, Zur Biographie J. T.s, ebd., 19–36. — Ders., Der Konvent der Predigerbrüder in Straßburg – die rel. Heimat T.s, ebd. 37–64. — W. Stammler, T. in Basel, ebd., 75 f. — G. Hofmann, Literaturgeschichtliche Grundlagen zur T.-Forschung, ebd. 436–479. — L. Sturlese, T. im Kontext, In: PBB 109 (1987) 390–426. — J. G. Mayer, T. in der Bibliothek der Laienbrüder von Rebdorf, In: FS für K. Ruh, Überlieferungsgeschichtliche Editionen und Studien zur dt. Literatur des MA, 1989, 365–390. — Ders., Die ›Vulgata‹-Fassung der Taulerpredigten. Zur Überlieferung der Taulerpredigten von den Handschriften des 14. Jh.s bis zu den ersten Drucken, Diss., Eichstätt 1991. — L. Gnädinger, J. T. Lebenswelt und mystische Lehre, 1993, bes. 327–336.
J. G. Mayer

Tauzes, Elzear, OFM, * 1707, †1751, war den größten Teil seines Lebens Lektor in Ungarn und Kroatien, lehrte Phil. in Pech und Varazdin, Moraltheol. in Kloštar Ivanić und Remetinec, Dogmatik in Pech und Zagreb und publizierte eine lat. Mariol., die eigentlich eine umfangreich ausgearbeitete Sammlung der theol. Schulthesen über die Privilegien Ms mit häufigen Rückblicken auf die Lehren der Väter und späteren Theol. ist. Der Autor sieht in den zwölf Sternen der Krone zwölf Mprivilegien und bedient sich dieser Symbolik im Titel und in der Gliederung des Buches. Die zwölf Sterne sind: IC, immunitas a debito, iustitia originalis, miraculum gratiae, impeccabilitas, meritum continuum, virgineum matrimonium, maternitas Dei, foecunditas integerrima, singularis redemptio, admirabilis assumptio, specialis gloria et cultus.

WW: Corona stellarum duodecim seu totidem privilegia et speciales prerogativae Beatissimae Dei Genitricis et intemeratae Virginis Mariae (...), Zagreb 1748. — Opusculum de virtute religionis et vitiis oppositis, ebd. 1749.
Lit.: K. Balić, Skotistička škola u prošlosti i sadašnjosti, In: Collectanea Franciscana Slavica 1 (1937) 15. — F. E. Hoško, Skotistička teologija zagrebačkog kruga 17. i 18. stoljeca, In: Kačić 3 (1970) 92.
V. Kapitanović

Taverner, John, * ca. 1490 in Tattershall (?), †18.10.1545 in Boston, engl. Komponist, bes. berühmt für seine geistliche Musik. An Londoner Kirchen war er in seiner Jugend als Organist tätig, 1524–25 als Chorsänger an der Collegiate Church in Tattershall; Anfang 1526 folgte er einer Einladung des Bischofs von Lincoln nach Oxford als 1. Lehrer der Sänger am Cardinal College (jetzt: Christ Church), wo entsprechend der dortigen Statuten im täglichen Gottesdienst auch die Antiphonen »Salve Regina« und »Ave Maria« zu singen waren, und wo er bis 1530 blieb. Nach Boston zurückgekehrt, bekam er eine Anstellung an St. Botolph's, wo er den Chor der Gilde von St. Maria bis 1537 betreute.

T. vertonte die marian. Antiphonen »Ave Dei Patris« (5-stimmig), »Gaude Plurimum« (5-stimmig) und »Mater Christi sanctissima« (5-stimmig), sowie ein 5-stimmiges »Ave Maria«, eine 2-stimmige Prozessionsantiphon »Ecce Mater Nostra« und 3-stimmige Fragmente der Antiphonen »Prudens Virgo« und »Virgo Pura«. Zu T.s wichtigsten Kompositionen zählen ferner Messen, Votiv-Antiphonen und Magnificatvertonungen. Seine drei Magnificatvertonungen sind im Stil alle ähnlich, wobei das 6-stimmige Werk (primi toni) bes. ausgeschmückt ist; das 6-stimmige und das 4-stimmige (sexti toni) verwenden die Melodie selbst als cantus firmus; vom 5-stimmigen (octavi toni) ist der Tenor verloren, vermutlich basierte es auf der Technik des faburden. Zu T.s marian. Werken gehört ferner eine 5-stimmige Parodiemesse »Mater Christi« über die gleichnamige Antiphon.

Lit.: D. Stevens, Essays in Musicology in Honor of Dragan Plamenac, 1969. — D. S. Josephson, J. T., Tudor Composer, 1979. — MGG XIII 152–156. — Grove XVIII 598–602.
P. Böhm

Taxa, Lkr. Dachau, Erzdiözese München und Freising, ehemaliger Wallfahrtsort Maria Stern. 1606 gelobte der Hofmarksherr von Odelzhau-

B. V. Maria thavmaturga in stella apud R.R.P.P. Augustinianos Discalceatos Taxæ.

Taxa, Wallfahrtsbild, um 1770

sen, Graf Johann Baptist Wilhelm v. Hundt, in Seenot den Bau einer ⟨M⟩kapelle. Das Gelöbnis sei allerdings zunächst in Vergessenheit geraten. Erst als im Jahr 1616 eine schwarze Henne ihr Ei, das mit einem Stern und einem Frauenhaupt verziert war, auf einen Ziegelstein gelegt habe, habe sich der Hofmarksherr an sein Gelöbnis erinnert und die Kapelle errichten lassen, die dann am 8.9.1619 durch den Freisinger Bischof Bartholomäus Scholl geweiht werden konnte. Das Gnadenbild der GM mit Kind vor einem sternförmigen Hintergrund stiftete Herzog →Wilhelm V. von Bayern, seine Gemahlin Maria Anna förderte die Wallfahrt entscheidend; je einen Altar stifteten Kaiser Ferdinand II. und Kurfürst Ferdinand von Köln. Als die Zahl der Wallfahrer immer mehr zunahm, wurde 1629 neben der Kapelle eine Kirche erbaut. 1654 übertrug die Kurfürstin den Augustiner-Barfüßern aus Wien die Wallfahrtsseelsorge, die 1660 den Grundstein zu ihrem ersten Kloster in Bayern legten. Neben →Altötting und →Tuntenhausen wurde T. zum berühmtesten Wallfahrtsort Bayerns. Zwei Mirakelbücher (München, Bayer. Staatsbibliothek, Cgm 1915 und 1916) verzeichnen die Gebetserhörungen der Jahre 1642–1754 in T., das v. a. bei Frauenleiden, »hitzigem Fieber« und in Kriegsnöten aufgesucht wurde.

→Abraham a Sancta Clara, der wohl 1667–70 als Wallfahrtsprediger in T. war, setzte dem Ort ein lit. Denkmal mit seiner Schrift »Gack / Gack / Gack / à Ga. Einer Wunderseltzamen Hennen in dem Herzogthumb Bayrn. Das ist: Ein ausführliche / und umbständige Beschreibung der berühmmten Wallfahrt Maria-Stern in Taxa / Bey den P.P. Augustinern Parfüessern. Welche seinen urheblichen Anfang genommen von einem Hennen Ay / auff deme durch Anordnung deß Himmels ein strahlender Stern erhoben ware / in dessen Mitten ein schön gekröntes Frauen Haupt«. Darin preist er »eine teutsche Henn, mit der das hoch berühmteste Hertzogthumb Bayrn mehr zu prangen hat, als Arabia mit dem Wunder-Vogel Phoenix...«.

Aufgrund des Dekrets vom 3.7.1802 wurden der Wallfahrtsort aufgehoben, die Gebäude abgerissen, das Inventar versteigert und das Gnadenbild — trotz des Protestes der Bevölkerung — nach Odelzhausen verbracht. 1848 enstand zur Erinnerung an die einst so blühende Wallfahrt eine Kapelle mit einer Kopie des Gnadenbildes.

Lit.: M. Summerer, Taxa, 1935. — G. Schwab, Odelzhausen und »Maria Stern« in T., 1955. — H. Graßl, Abraham a Sancta Clara in T., In: A. Fink (Hrsg.), Unbekanntes Bayern IV, 1959, 39–50. — R. Böck, Volksfrömmigkeit und Wallfahrtswesen im Gebiet des heutigen Lkr. Freising, In: BJVk (1969/70) 41–43. — C. Böhne, Kloster T. und seine Künstler, In: Jahrbuch für christl. Kunst 10 (1978) 83–89.   *F. Trenner*

Te dicimus praeconio. Hymnus in metrischen ambrosianischen Strophen für das Fest ⟨M⟩e Empfängnis. Die sündhafte Nachkommenschaft Adams preist ⟨M⟩, die als einzige, wie man glaubt, von jedem Makel der Erbsünde frei ist. Sie zertritt den Kopf der alten Schlange; sie möge deren Listen vereiteln und uns schützen. Der Hymnus wurde im 19. Jh. verfaßt, vielleicht von Leo XIII.

Ausg.: Officium divinum..., Liturgia horarum I 936. — Te decet hymnus. L'Innario della »Liturgia horarum« a cura di A. Lentini, 1984, nr. 262. — AR, Liber hymnarius 476.
Lit.: A. Cuva, Maria SS. nella storia della salvezza: Dall' innario della »Liturgia horarum«, In: Virgo fidelis, a cura di F. Bergamelle e M. Cimosa, 1988, 253–282, bes. 256.   *G. Bernt*

Te gestientem gaudiis. Hymnus in ambrosianischen Strophen zum Rosenkranzfest. Im Preis der GM werden die Rosenkranzgeheimnisse in dichter Sprache evoziert und die Völker aufgerufen, aus den Geheimnissen Rosen zu pflücken und zum Kranz der Liebe zu flechten. Verfasser ist Eustachius →Sirena.

Ausg.: Officium divinum..., Liturgia horarum IV 1194. — Te decet hymnus. L'Innario della »Liturgia horarum« a cura di A. Lentini, 1984, n. 221. — AR, Liber hymnarius 454.
Lit.: A. Cuva, Maria SS. nella storia della salvezza: Dall' innario della »Liturgia horarum«, In: Virgo fidelis, a cura di F. Bergamelli e M. Cimosa, 1988, 253–282, bes. 276 f. *G. Bernt*

Tebrutiun (Dprutïwn), armenisches liturg. Buch für die Sänger oder Altardiener, das an die 100 Hymnen enthält, die während der eucharistischen Liturgie an Sonntagen und an den Festen des Herrn, der GM und der Heiligen gesungen werden. Es gibt Hymnen, die von einem Solisten oder von einem Chor vorgetragen werden, zu Beginn der Liturgie der Gläubigen als Eingangslied und als Tageslied. »Die rechtgläubige Kirche verneigt sich und verkündet dich als Mutter Gottes; denn ihn, auf den die vieläugigen Cherubim, die feurigen Throne und die sechsflügeligen Seraphim ihre Blicke nicht zu richten wagten, hast du ohne Samen in deinem unzerstörbaren Schoß wie eine Dienerin getragen, den Herrn, und du hast ihn als einen Menschen geboren, den Gott aller, ihn, der aus dir Fleisch angenommen hat, das unaussprechliche Wort, für das Heil der Welt und das Leben unserer Seelen« (Weihnachten, Introitus). »O Blume, die überhaupt nicht welkt, der Verderbnis entgangenes Reis, das der Wurzel Jesse entsprungen ist, dich hat Jesaja im voraus als Empfängerin der siebenfachen Gnade des Geistes genannt. Mutter Gottes und Jungfrau, dich preisen wir hoch« (Aufnahme M's in den Himmel, Tagestroparion).

Ausg.: Venedig 1911.
Lit.: La Divine Liturgie du rite arménien, Texte et appendices, 1957, 76. 90 f. *J. Madey*

Tegernsee, oberbayer. Benediktinerkloster am Ostufer des gleichnamigen Sees, gegründet um 760 (traditionell 746), 1803 aufgehoben, Patron: St. Quirinus.

Ein Maltar in der Klosterkirche ist durch eine metrische Weiheinschrift schon für das 8. Jh. bezeugt. 1087 erfolgte die Weihe einer »ecclesia sanctae Mariae« im Klosterkomplex. Der 1472 geweihte Maltar der spätgotischen Klosterkirche erhielt 1473 eine Altartafel von Gabriel → Mäleßkircher. Für die 1635 approbierte Rosenkranzbruderschaft wurde an Stelle des alten Kreuzaltars in der Mitte der Kirche ein frühbarocker Bruderschaftsaltar errichtet, dessen Aufbau seit 1692 als Hochaltar der Pfarrkirche Gmund dient. In der Klosterkirche entstand dafür bei der Barockisierung im linken Querschiff ein neuer Marmoraltar, der 1692 geweiht wurde (verändert 1781 und 1824/25); Altarbild der Rosenkranzspende (Kopie von Hans Georg Asam nach Original von Johann Carl → Loth im Besitz des Klosters, 1691; in Bayern mehrere weitere Kopien, u.a. Asamkirche München; Original heute als Leihgabe der Bayer. Staatsgemäldesammlungen in der Würzburger Karmelitenkirche); bekleidete Mfigur (18. Jh.) unter Rokokobaldachin. Die Fresken der Klosterkirche, ausgeführt von Hans Georg Asam (1688–94), bilden einen christol. Zyklus, unterteilt in Szenen der Epiphanie und der Passion; M ist darin nahezu durchgehend dargestellt, als die Begleiterin auf Christi Lebens- und Leidensweg (Geburt, Hll. drei Könige, Zwölfjähriger im Tempel, Abschied Jesu von M, Geißelung, Ecce Homo, Kreuztragung, Kreuzigung, Christi Himmelfahrt); an das zentrale Kuppelbild der himmlischen Glorie (ohne M) schließt sich über dem ehemaligen Psallierchor u.a. die Himmelfahrt M's an.

Eine 1620 von Kloster T. nach München geschenkte Mfigur (Mitte 15. Jh.) wird dort seit 1624 als »Hammerthaler Muttergottes« verehrt (bis 1803 in der Augustinerkirche; seither in der Pfarrkirche Heiliggeist). P. Wolfgang → Rinswerger initiierte als Prof. am Lyzeum zu Freising die Errichtung der marian. Kongregation (1698) und begründete 1703 die Verehrung der »Seminarmadonna«. In der Klosterdruckerei erschien 1772–81 in zehn Fortsetzungen die »Abhandlung von der Verehrung der unbefleckten Jungfau … Maria … zu Wessobrunn« des → Wessobrunner Benediktiners P. Pontian Schallhart.

1449 schmückte der T.er P. Anton Pelchinger († 1465) eine Abschrift des → »Defensorium inviolatae virginitatis B. Mariae« (München, Bayer. Staatsbibl., clm 18077) mit 46 kolorierten Federzeichnungen von Beweisen für die Jungfräulichkeit M's. Eine T.er Handschrift (Mitte 15. Jh.) enthält Übersetzungen u.a. von marian. Hymnen und Sequenzen in bairischer Mundart. In den lat. Reimdichtungen des Priors Ulrich → Stöckl († 1443; seit 1438 Abt von Wessobrunn) finden sich zahlreiche marian. Gebete, Psalterien, Rosarien und Abecedarien. Von P. Ulrich Kager (Ulrich v. Landau; † 1505), einem großen Mverehrer, wurde 1623 eine allegorische Auslegung der 12 Sterne um M's Haupt (Offb 12,1) gedruckt. P. Wolfgang Seidel († 1562), der in seinen 28 Jahren als weitberühmter Prediger in München auch immer wieder die Glaubenswahrheit von der Gnadenmacht M's verteidigte, widmete 1562 sein letztes Werk der GM von Tuntenhausen: »De excellentia B. V. Mariae 22 articuli per modum confessionis concinnati«. Abt Quirin Rest († 1594) ließ 1585 in Ingolstadt unter dem Titel »Rosengarten« 45 seiner Predigten auf die Mfeste des Kirchenjahres drucken. P. Gregor Ilmberger († 1701) zeichnete als Pfarrvikar in Egern Gebetserhörungen auf und gestaltete kalligraphisch zwei »Cursus Mariani«; ein Exemplar kam als Geschenk an den Papst in die Vatikanische Bibliothek. Als Lehrer in Freising förderte P. Roman Krinner († 1738) die Verehrung der »Seminarmadonna«, war in T. acht Jahre Präses und Prediger der Rosenkranzbruderschaft und schildert in seiner Klosterchronik (»Florilegium sacrum«, mit Biographien der zwischen 1636 und 1736 in T. eingetretenen Mönche; München, Bayer. Staatsbibl., clm 27148) Beispiele marian. Frömmigkeit im Konvent. 1724 predigte P. Gotthard Wagner († 1738) zum hundertjährigen Jubiläum der »Hammerthaler Muttergottes« (gedruckt in T.), war danach Prediger in Maria Plain und bei der T.er Rosenkranzbruderschaft; derselbe komponierte fünf Ariensammlungen unter marian. Titeln (»Marianischer Schwan …«, »Musikalische Bruett des Marianischen Schwanens …«, »Musikalischer Hof-Garten der übergebenedeyten Himmels-Königin ...«, »Marianischer Springbrunn ...«, »Marianisches Immelein ...«; gedruckt 1710–30; nur Fragmente erhalten). Der spätere Abt Gregor Plaichshirn († 1762), 1717–25 Pfarrvikar in Egern, verfaßte 1723 »Corona centum stellarum, sive conclusiones theologicae imagini B. V. Mariae subiectae«. P. Michael Lory († 1808), Mitglied der Bayer. Akademie der Wissenschaften und Prof. in Salzburg, schriftstellerisch universal tätig, schuf ein Ⓜoffizium in dt. Versen.

In der Pfarrkirche St. Laurentius der Klosterpfarrei Egern (ab 1636 durch T.er Konventuale versehen) wurde seit 1647 eine spätgotische Ⓜstatue (spätes 15. Jh.) als Gnadenbild verehrt. Aufzeichnungen von über 4000 Gebetserhörungen (1647–1804; bislang nicht erforscht) und Platten für Wallfahrts-Kupferstiche sind im Pfarrarchiv erhalten. P. Alphons Hueber († 1734), Geschichtsschreiber des Klosters, als Pfarrvikar in Egern 1705–17 eifriger Prediger und Förderer der Wallfahrt, sammelte unter dem Titel »Marianischer Wunderbaum« über 2500 Gebetserhörungen seit 1648 und widmete der Egerner Gnadenmutter sein 1732 in Stein an der Donau erschienenes großes marian. Werk »Gantz sicher-führende himmlische Ariadne der auß dem Labyrinth dieser verführischen Welt reysenden nach ihren Vatterland Oder Die trostreicheste Göttliche Mutter Maria ...«. 14 Darstellungen von Gebetserhörungen sind in die Emporenbrüstungen eingelassen (1711); nur noch wenige Votivbilder befinden sich am Ⓜaltar (u. a. von den Teilnehmern der Sendlinger Bauernschlacht 1705). Eine Wiederbelebung der nach der Säkularisation erloschenen Verehrung wurde 1945 unternommen; bis heute trägt jährlich im Oktober die Gebirgsschützenkompanie T. das Gnadenbild ihrer Patronin in einer Dankprozession durch Rottach-Egern.

Bereits durch einen Stich Matthäus Merians (1644) nördlich der Mündung des Alpbachs in den T. (im Ort T.) bezeugt, erfuhr die kleine Kapelle Ⓜ Schnee 1793 einen Neubau und erhielt ein frühklassizistisches Holzaltärchen mit einer (älteren) Kopie des Ingolstädter Gnadenbildes der »Mater ter admirabilis« (bzw. des röm. Gnadenbildes Ⓜ → Schnee); einige Votivtafeln und -gaben des 19. Jh.s sind erhalten. 1935 wurde die Kapelle wegen Straßenverbreiterung abgebrochen und in ähnlicher Form mit der alten Ausstattung weiter östlich im Alpbachtal »am Paradies« neu errichtet.

Lit.: AHMA VI und XXXVIII (Werke Ulrich Stöckls). — B. Pez, Thesaurus anecdotorum novissimus III/3, Augsburg 1721, 497–590. — P. Lindner, Familia S. Quirini in T., In: Oberbayer. Archiv 50 (1897); 50 E (1898), mit Angaben zu den einzelnen marian. Autoren. — P. Lindner (Hrsg.), Historia monasterii Tegernseensis, In: Deutingers Beiträge 7 (1901); 8 (1903). — J. N. Kißlinger, Chronik der Pfarrei Egern am T., In: Oberbayer. Archiv 52 (1907) 3. Heft; Nachdr. in: Chronik Rottach-Egern am T., 1984. — B. Gillitzer, Die T.er Hymnen des Cgm. 858, 1942. — B. Bischoff, Bemerkungen zu den T.er Inschriften, In: SMBO 60 (1946) 27–31. — H. Pöhlein, Wolfgang Seidel (1492–1562). Benediktiner aus T., Prediger zu München. Sein Leben und sein Werk, 1951. — R. Münster, Fragmente zu einer Musikgeschichte des Klosters T., In: SMBO 79 (1968) 66-91. — H. Sperber, Unsere Liebe Frau. 800 Jahre Madonnenbild und Marienverehrung zwischen Lech und Salzach, 1980, 32–35. — J. Weißensteiner, T., und Österreich, 1983. — E. Wagner-Langenstein, Hans Georg Asam (1649–1711), 1983. — M. Pörnbacher (Hrsg.), Roman Krinner OSB (1679–1738). Autobiographie, 1984. — BB III.

R. Götz

Teising, Lkr. Mühldorf, Erzdiözese München und Freising, Pfarrei Neumarkt-St. Veit, Sekundärwallfahrt Maria Einsiedeln. Sie entstand bei einer Votivkirche, die der T.er Schloßherr Nicasius Ottheinrich Magensreiter 1623 bei der Genesung seiner Frau von tödlicher Krankheit auf eine Wallfahrt nach Maria Einsiedeln gelobt hatte. 1626 wurde die Kapelle geweiht. Sie kopiert das Schweizer Vorbild bis zu Details wie »Unsers Herrn Handgriff« im Türsturz oder einem Gemälde mit der Weihe der Einsiedelkapelle durch Christus; auch die Madonna im Gnadenaltar ist bis zum ehemals schwarzen Inkarnat getreue Nachbildung. Nach dem Aussterben der Gründerfamilie übernahmen nacheinander die Geschlechter der Puechleiten und Pelkhoven das Patronat über das 1634 gestiftete Benefizium. Für den wachsenden Wallfahrerstrom wurde die Kapelle zu Beginn des 18. Jh.s um einen Kirchenvorbau mit Sakristei und Orgelempore erweitert. Wertvolle Ausstattungsstücke wurden angeschafft, ein hölzernes Brunnenhaus entstand, das Benefiziatenhaus und ein Ausweichplatz für große Pilgergruppen vor einem Kalvarienberg oberhalb der Kapelle. Ein schlichter Rundbau vollendete 1726 das Ensemble. Er birgt als T.s zweites Gnadenbild einen Christus in der Rast.

Die bewußte Gründung eines Adeligen entwickelte sich rasch zu einer Wallfahrt für alle Stände. Die Anliegen lassen kein besonderes Patronat erkennen, doch hebt der Atlas Marianus Verlöbnisse sterbender und toter Kinder hervor, außerdem bleibt T. rel. Zufluchtsort in allen Kriegsnöten. Höhepunkte in der Geschichte der bis zum Ersten Weltkrieg blühenden Wallfahrt waren die beiden Centenarfeiern; die Verbote in der Aufklärungszeit ließen die Wallfahrerzahlen allerdings sinken. Unter den bis 1965 amtierenden insgesamt 35 Benefiziaten förderte bes. der Bartholomäer Josef Weinberger (1719–62) durch seinen unermüdlichen lit. Eifer die Wallfahrt. Heute ist T. nur noch Ziel von Bittgängen einiger Nachbarpfarreien, im 18. Jh. waren es gut 40 Kreuztrachten aus einem Umkreis von etwa 30 Kilometern gewesen.

QQ: M. Wartenberg, Marianischer Atlaß ..., 4. Teil, München 1673, Nr. 1143, S. 281. — Decimae oder Etwelcher sonderbar denck- und merckwürdigen Gnaden/ und Wohlthaten ... In der So genannten Maria Einsidl-Capellen Zu Teising ..., Landshut 1720. — Manipulus Beneficiorum, Das ist Marianische Gnaden-Garb ..., Landshut 1721. — J. Weinberger, Teisingerisches Erstes Marianisches Jubel-Jahr ..., Landshut 1727. — Ders., Fructus Centesimus, Hundertfältiger Frucht/ oder Außzug von der Marianischen Einsidlerischen Teisingerischen Histori ..., Landshut 1732.

Lit.: Kriss I 51 f. — K.-S. Kramer, Typologie und Entwicklungsbedingungen nachma. Nahwallfahrten, In: Rheinisches

Jahrbuch für Volkskunde 11 (1960) 195–211, bes. 206–208. — M. Lechner, Ex voto — pro voto. Historische Miniaturen aus der alten T.er Marien-Wallfahrt, In: Heimat an Rott und Inn (1970) 66–105. — Ders., »Schön schwarz bin ich« — Zur Ikonographie der Schwarzen Madonnen der Barockzeit, ebd. (1971) 44–61. — Ders., Kirchenführer Neumarkt-St.Veit, 1973, 26–29. — Ders., Die Kirchen der Stadtpfarrei Neumarkt-St.Veit und ihre kunstgeschichtliche Bedeutung Teil II, In: Heimat an Rott und Inn (1974) 78–80. *S.John*

Tejeda, Luis José de, * 1604, † 1680, ist der erste in Argentinien geborene Dichter. Nach einem abenteuerlichen Leben trat er als Witwer und Vater von zehn Söhnen 1663 in den Dominikanerorden ein. Von seinem Werk sind nur die Dichtungen aus seiner Klosterzeit bekannt (Canción safica a Santa Teresa; Romance de su vida; Soledades). Bes. erwähnenswert sind einige Sonette sowie das Gedicht »El peregrino en Babilonia«, ein umfangreiches Epos, das autobiographische Abschnitte mit marian. Themen mischt und in mystische Tiefen steigt. Vom Umfang her ist T.s Werk beachtlich, wobei er die unterschiedlichsten Formen verarbeitet, dennoch durchaus eigenständig ist, wenngleich er deutlich von Bartolomé Góngora (kam 1608 nach Mexiko) beeinflußt ist.

Lit.: E. Carilla, La literatura barroca en Hispanoamérica, 1972. — L. Iñigo Madrigal, Historia de la literatura hispanoamericana colonial, 1982. — F. Ayala Poveda, Manual de literatura colombiana, 1984. — C. Goić, Histoira y crítica de la literatura hispanoamericana I, 1988. — J. Martínez Gómez, Literatos Eclesiasticos Hispanoamericanos, In: P. Borges (Hrsg.), Historia de la Iglesia en Hispanoamérica y Filipinas I, 1992, 747–760. *H.Rzepkowski*

Tekakwitha, Katerii, * um 1656 in Ossernenon (Auriesville)/New York, † 17.4.1680 in Caughnawaga/Kanada. Die Missionierung der Huronen und Irokesen zeigt auffallend starke marian. Bezüge, die durch den großen ⚕apostel Pierre-Joseph-M. Chaumonot SJ (1611–93) bedingt waren. Dieser hatte in jungen Jahren in Loreto eine wunderbare Heilung erfahren und in Seenot auf der Überfahrt nach Amerika das Gelübde abgelegt, ein kanadisches Loreto zu errichten. Er wirkte zehn Jahre unter den Huronen und erbaute in der Nähe von Quebec die Kirche »ND de la Foi« mit einer Kopie des Gnadenbildes von Dinant/Belgien. Nach dem Untergang der Huronen suchte man die Irokesenmission fest zu begründen. Bei den Friedensverhandlungen mit den 5 Irokesenvölkern (1653) war Chaumonot der Dolmetscher. 1656 wurde »ULF von Ganentea« in T.s Geburtsort als erste Station gegründet. Die Irokesenmission erstreckte sich auf den Staat New York. Vergeblich versuchten die Jesuitenmissionare Fuß zu fassen. 1669/70 wurde Caughnawaga in Lapraerie gegenüber von Montreal als eigene Siedlung für die christl. Irokesen gegründet, wo die MV, bes. die Rosenkranzandacht, zu großer Blüte gelangte. Hier legte T. am Fest ⚕e Verkündigung 1679 das private Gelübde der Jungfräulichkeit ab. T. zeichnete sich durch eine tiefe marian. Liebe aus und schätze das Rosenkranzgebet sehr. Ihr Seelenführer war Pierre Cholonec (1641–1723), der mit seinen Mitbrüdern Jacques de Lamberville (1641–1710) und Claude Chauchetière (1645–1709) Aufzeichnungen und Berichte zu ihrem Leben sammelte. T. wurde am 22.6.1980 seliggesprochen (AAS 72 [1980] 597–602). 1885 wurde die erste eigene Kapelle zum Gedenken an die Jesuiten-Martyrer (Issac Jogues [1607–46]; René S. Goulip [1608–42]; Jean de La Lande [ca. 1620–46], 1925 selig-, 1930 heiliggesprochen) eröffnet; 1930 entstand in Auriesville eine große Halle zu Ehren der Jesuiten-Martyrer, der heutige Wallfahrtsort »Shrine of Our Lady of Martyrs«. In Fonda im Staat New York befindet sich der »National Shrine of Blessed Katerii Tekakwitha«.

Lit.: E. Lecompte, Une vierge iroquoise. Catherine Tekakwitha, le lis de bords de la Mohawk et du St. Laurent (1656–80), 1927–30. — H. P. Donon, The Story of Auriesville, 1932. — D. Sargent, Catherine Tekakwitha, 1936. — G.C. Bouvier, Kateri Tekakwitha, la plus belle fleur èpanouie au bord du Staint-Laurent, 1939. — A. Montoya Quiralte, Cuauthlactoatzin o Juan Diego y Catarina Tekakwitha, 1940. — Ch. Dubé, Joseph-Marie Chaumonot, apôtre de Marie en Nouvelle-France, In: Message Canadien 49 (1940) 243–250. — A. Supreanant, Le Père Pierre-Joseph-Marie Chaumonot, missionnaire de la Huronie, In: Revue d'Histoire de l'Amérique français 7 (1953) 64–87. 241–258. 392–412. 505–523. — H. Béchard, L'héroique indienne K.T., 1967. — Ders., Le Père Pierre Chevrier, le directeur spirituel de Kateri, In: Lettres du Bas-Canada 22 (1969/68) 156–164. — F. Weiser, Das Mädchen der Mohawks, 1970. — J. S. McBride, The living Spirit of blessed K.T., In: Worldmission 31 (1980) 4, 51–54. *H.Rzepkowski*

Telgte, Bistum Münster. Der im alten Fürstbistum →Münster wichtigste ⚕wallfahrtsort hatte im 15. Jh. nur lokale Bedeutung. Es wurde damals ein Bildnis verehrt, das 1455 erstmals archivalisch belegt ist. Bei der mit Reliquien versehenen, aus Pappelholz geschnitzten, 1,40 m hohen Pietà könnte es sich um eine Stiftung eines ehemaligen T.r Bürgers für das Grab seiner Eltern gehandelt haben. Eine andere Deutung stellt das Bild in Zusammenhang mit dem Brauchtum der T.r Handwerksgilden und rel. Bruderschaften. Hiernach stand das Bild auf dem Friedhof für das Totengedenken der Vereinigungen. Gegen Ende des 15. Jh.s hatte sich diese Grabstiftung bzw. dieses Andachtsbild kultisch verselbständigt: Im Zentrum der T.r MV stand »unser leyven frouwen dracht«. Ähnlich den marian. Umtrachten in anderen Orten Westfalens wurde auch in T. das ⚕bildnis in Prozession umhergetragen. Im Ablauf des Kirchenjahres unternahmen keine Pilger den Gang nach T. Im Zeitalter der Reformation erschien den T.rn die MV mit dem neuen Glauben vereinbar. Zentrale Ausdrucksform des Kultes um das Vesperbild war weiterhin die jährlich stattfindende Umtracht mit dem ⚕bild, die sich das ganze 16. Jh. hindurch nachweisen läßt.

Der Aufstieg T.s zur bedeutendsten ⚕wallfahrt des Fürstbistums Münster begann um 1600. Die Verehrung unterlag seither dem Zugriff von Ordensgemeinschaften sowie des Fürstbischofs und seiner Verwaltung. Seinen Ausdruck fand dieser Sachverhalt in der Instal-

Telgte, Kupferstich der Gebrüder Klauber, um 1750

lierung einer Wallfahrtsprozession von Münster nach T., zunächst von den Jesuiten (1609 ff.), dann vom Fürstbischof Christoph Bernhard v. →Galen und den Observanten gefördert (ab 1651), sowie in der Schaffung einer entsprechenden Infrastruktur (Kapelle, Gebetbücher und Prozessionsweg). Auch die vormals lokale Umtracht erwuchs zum Bestandteil des sich über T. hinaus erstreckenden Kultes. Die Form, in der die Wallfahrt stattfand, war die des Ganges kleiner Gruppen bzw. des individuellen Besuchers zur Umtracht, der Gang des Pilgers im Jahresablauf und die Teilnahme an den neuen Wallfahrtsprozessionen. Die um 1700 erfolgte Umdirigierung von Wallfahrtsprozessionen, die das Fürstbistum vormals in Richtung Kevelaer verlassen hatten, führte zu einem rapiden Anstieg der Wallfahrtsprozessionen nach T. und vermehrte langfristig auch den Andrang der Pilger. 1703 herrschte bereits Hochbetrieb: Vom 9. Juni bis 10. Juli kamen aus 23 Orten Wallfahrtsprozessionen. Hingegen trat die Bedeutung der lokalen Mprozession in den Hintergrund. Mit großem Aufwand und genauester Planung wurde von der Kirchenführung 1754 das T.r »Jubelfest« als großangelegte Manifestation der MV inszeniert. Es bot dem Fürstbischof Clemens August und seinem Gefolge die Möglichkeit, sich als rel. und weltliche Herrscher sowie als Mverehrer darzustellen. In nur 14 Tagen wurde T. von Wallfahrtsprozessionen aus dem ganzen Oberstift besucht; ca. 80 000–100 000 Wallfahrer und Pilger folgten dem Aufruf des Fürstbischofs.

Im Zentrum der Volksfrömmigkeit standen das Heilungswunder und der Trost Ms im Leiden und Sterben. Verbunden waren diese volksfrommen Überzeugungen mit dem T.r Mbildnis. Dem Bild wies man eine eigene Persönlichkeit zu, die sich in den Legenden zeigte. Einstmals wollten Münsteraner das T.r Bildnis in die Bischofsstadt bringen, aber »das Gnadenbild schien durchaus keine Neigung hierzu zu haben«. Dreißig Pferde hätten nicht ausgereicht, das Bild vom Fleck zu bewegen. »Das Bildnis gab sichtbare Zeichen von sich, daß nur Telget (!) der Ort seines Aufenthaltes und seiner Ruhe sein sollte«, versicherten die Bürger.

In der Aufklärung führten veränderte theol. Anschauungen und ethische Postulate dazu, daß die in der kath. Konfessionsbildung propagierte Mwallfahrt T. von Teilen des Klerus zunehmend distanzierter beurteilt wurde. Die auch im Fürstbistum Münster erfolgte Feiertagsreduzierung von 1770 berührte auf zwei Ebenen die Mwallfahrt. Zum einen wurde die Feier des Festes Me Heimsuchung auf den Sonntag nach Peter und Paul (29. Juni) verlegt, zum anderen läßt der Blick in die Kirchenrechnung des Jahres 1770 das Ausbleiben mehrerer Wallfahrtsprozessionen erkennen. Trafen 1769 noch 20 Wallfahrtsprozessionen ein, so waren es 1770 lediglich 14. Auf lange Sicht beeinträchtigte die Feiertagsreduzierung die T.r Mwallfahrt jedoch nicht. Für die Gläubigen hatte die Wallfahrt zum T.r Mbildnis weiterhin eine hohe soziale und rel. Bedeutung. Am 5.8.1826 verbot der Bischof von Münster, Kaspar Max Droste zu Vischering, alle mehrtägigen Wallfahrten, weshalb die vordem alljährlich in T. eintreffenden Wallfahrten aus dem westlichen und nördlichen Münsterland ausblieben. Die Wallfahrten aus der Region fanden 1829/30 ihr Ende, denn mehrere Erlasse ließen nur noch eine — in Ausnahmefällen zwei — Prozessionen in den Gemeinden zu. In den 1830er Jahren war die einstmals alle Regionen des Bistums erfassende Mwallfahrt T. ebenso wie die anderen Wallfahrten fast völlig erloschen. So konnte ein Besucher T.s berichten: »Die Schließerin, welche uns in Telgte das wunterthäthige Marienbild in der verschlossenen Kapelle zeigte, klagte, daß sich jetzt die Wallfahrten sehr verminderten, und schlechte Opfer brächten.«

Im Gefolge der kath. Romantik setzte in der Kirchenführung eine Rückbesinnung auf die überkommene MV ein. 1854 inszenierten lokaler Klerus, Generalvikar und Bischof wiederum eine Jubelfeier in T., die ebenso wie die Feier von 1754 zu einem Großereignis geriet. 58 000 Wallfahrer wurden gezählt, außerdem zahlreiche Pilger. Bischof Johann Georg Müller forderte die Gläubigen zur Verherrlichung ☾s auf, »weil grade in dieser Zeit die Kirche ihres göttlichen Sohnes sich in allen Beziehungen und Verhältnissen so groß und wunderbar gestärkt vom H. Geiste zeige, so daß jene, die vor Jahren mit wegwerfendem Blick die Kirche betrachteten, jetzt ihr Staunen und ihre Bewunderung über das segensvolle Leben in ihr nicht mehr unterdrücken könnten.« In der kath. Kirche werde man »das Gift der schlechten Presse« durch die Verbreitung von Büchern, den Empfang der Sakramente, ein Erwachen der kath. Kunst und »in der freien und offenen Darlegung des H. Glaubens bei Prozessionen und Wallfahrten«, unschädlich machen. In diesen frommen Übungen offenbare sich der »neuerwachte Geist des Glaubens«. In der Predigt Bischof Müllers findet sich im Unterschied zu den Predigten zur Zeit der tridentinischen Reform kein Bezug zum Heilungswunder, statt dessen jedoch ein überschwengliches ☾lob; das neue ☾dogma der UE spiegelte sich. 1904 krönte Kardinal Fischer aus Köln das Bildnis im Rahmen einer groß angelegten Feierlichkeit. Bischof Dingelstad gelang es in seinem Aufruf zur Krönung, die Gratwanderung zwischen besonderer Betonung des Bildes und dem Bezug auf die GM zu unternehmen: »So ladet denn ein alle jene seligen Bewohner des Himmels, die in den vergangenen Jahrhunderten vor diesem Bilde der schmerzhaften Mutter und barmherzigen Königin gekniet und gebetet haben ... Wenn dann der Kardinal die Krone nimmt, um das ehrwürdige Bild zu krönen, dann wollen wir zusammenlegen allen Dank unserer Herzen und alles Gold unserer Liebe und Treue, und es in seine Hand übergeben, daß er alles mit der Krone zugleich ihr, unserer Königin und Mutter, für immerdar schenke und weihe«. In T. kam es in der Zeit des Nationalsozialismus zu bes. großen ☾wallfahrten. Unterstützung und Förderung fanden diese bei Bischof Clemens August v. →Galen. Der Bischof stellte ☾ als Vorbild heraus, wie Christen mutig dem Neuheidentum Rosenbergs entgegentreten sollten und gleichzeitig durch ihre Fürbitte Hoffnung schöpfen konnten, den Anfeindungen der Nationalsozialisten zu widerstehen und die Leiden im Krieg mit Sinn zu erfüllen. Große Manifestationen marian. Verehrung erfolgten in T. nochmals 1954; die Wallfahrt von Vertriebenen nach T. prägte die Nachkriegszeit mit. Heute ist T. neben →Kevelaer der wichtigste Wallfahrtsort des Bistums Münster.

Lit.: W. Freitag, Volks- und Elitenfrömmigkeit in der Frühen Neuzeit. Marienwallfahrten im Fürstbistum Münster, 1991. — Ders., Sichtbares Heil. Wallfahrtsbilder in MA und Neuzeit, In: Imagination des Unsichtbaren. 1200 Jahre Bildende Kunst im Bistum Münster I, 1993. *W. Freitag*

Tempel (templum) außerhalb von ☾vita und -legenden als Epiteton für ☾ als GM basiert auf den Propheten Ezechiel (43,4), Sacharja (6,12) und Maleachi (3,1) sowie der Auslegung Pauli in 1 Kor 3,16. 17; 6,19 und 2 Kor 16. Der → Akathistos-Hymnos (23. Strophe) mit seinen östlichen und westlichen Entfaltungen kennt ☾ als das templum animatum (beseelt), castitatis (Reinheit), conditum non manu hominis (nicht von Menschenhand geschaffen), Dei (Gottes), Deitatis (Gottheit), divinitatis (Göttlichkeit), Domini (des Herrn), gratiae (Gnade), Jesu Christi, iustitiae (Gerechtigkeit) maiestatis summae (höchster Majestät), numinis veri (wahren göttlichen Willens), parvi et magni (des Geringen und Großen), pietatis (Frömmigkeit), plenum Sancti Spiritus (voll des Hl. Geistes), Spiritus Sancti (des Hl. Geistes), puritatis (Unschuld), Salomonis (Salomos), salvatoris (Erlösers), sanctitatis (Heiligkeit), sanctum tuum (dein heiliger Tempel), tale elegit pater filio (so erwählt der Vater [den Tempel] für den Sohn), trinitatis (Dreifaltigkeit), veritatis (Wahrheit), vitae (Lebens). Diese Vielzahl von Epiteta stützt sich v. a. auf die Väterliteratur (Salzer 36 ff.), wobei T. mit Saal und Palast gleichgesetzt werden kann. Zeugen sind Ambrosius, → Prudentius und Adam v. St. Viktor; sie beeinflussen in reichem Maße die kirchlichen Hymnen und Sequenzen, die ma. ☾dichtung eines Gottfried v. Straßburg, → Konrad v. Würzburg, → Heinrich v. Laufenberg, → Walther von der Vogelweide, Georg v. Reinbot v. Thurn, Wernher vom Niederrhein, die ☾lieder Bruder → Hansens und u. a. auch Privatoffenbarungen, z. B. Gertruds v. Helfta (Legatus divinae Pietatis, lib. IV) und → Birgittas v. Schweden (Revelationes, lib. 7, cap. 1; lib. 3, cap. 29; lib. 4, cap. 18).

Im Bereich der Emblematik erscheint der T. als Ikon nicht im erwarteten Umfang, er fehlt z. B. in den 323 Deckenemblemen des Ludwig v. Wyl in der Loreto-Wallfahrt zu Hergiswald/Luzern (1652) vom Maler Caspar Meglinger. Bei Philippus Picinelli (Köln 1715, Mundus symbolicus, Pars II, lib. XVI, 19 Nr. 193–207) werden ☾s Reinheit, Tugendhaftigkeit, Glückseligkeit, Schwangerschaft und Gottes Unfaßbarkeit mit folgenden Lemmata versehen: »Flatus irritus omnis/ Virtutis imperio/ Se ipsa tuetur/ Virtute praevia/ Patet aditus/ Jovis omnia plena/ Continet immensum/ Virtutis asylum«. Jacobus Boschius SJ (Ars symbolica, Augsburg/Dillingen 1702) bringt für ☾ als Königin lediglich beim Tempeltor das Lemma »et claudere nostrum« (Classis II, Nr. 795). In Emblemfresken erscheint der T. bei Johann Bapist Zimmermann (1752) in der Wallfahrtskirche Maria Brünnlein bei → Wemding (Bistum Eichstätt) als Domus aurea mit der Immaculata vor der Fassade des Salomonischen T.s, dort noch einmal als Rundtempel mit ☾monogramm überm Portal und dem Lemma »Fons parvus, crescens in fluvium magnum«, mit »Eshel. 10.6« in Anspielung auf Ezechiels Tempelvision mit dem Fluß Kebar (47,1-55). Ansonsten beziehen sich die T.-Ikones auf Ekklesia, den Hl. Geist und die Sapientia. Das Epiteton T. weist ☾ als ntl. Abbild der Stiftshütte, des Bundeszeltes (Ex 25,40) und Sa-

Tempel, Kupferstich der Gebrüder Klauber zur Lauretanischen Litanei, 18. Jh.

lomonischen T.s (1 Kön 6) aus, wo Gott-Sohn provisorische Einwohnung durch seine von Ewigkeit her gewollte Menschwerdung nahm und dadurch ⟨M⟩ und ihren Schoß zum T. der Dreifaltigkeit (→ Schreinmadonna) weihte. Symbolischer Hinweis darauf ist auch der Purpurfaden, den ⟨M⟩ zum Tempelvorhang wirkt, und der beim Kreuzestod Christi, den Alten Bund beendend, zerreißt (vgl. die Nowgoroder Ikone der Verkündigung von Ustjúg, Moskau, Tretjakow-Galerie, ca. 1130–1180). Im Bereich des illustrierten Akathistos-Hymnos (Haus 23) ist die Theotokos »als beseelter Tempel« das vorletzte Haus der Zyklusabfolge und erscheint anfangs in keinem festen kanonischen Darstellungsschema. So ist ⟨M⟩ im Pantokratorkloster zu Dečani (1350) und Sv. Kliment zu Ohrid (1364/65) als thronende Nikopoia vor Kuppelarchitektur von Tempeldienern und Priestern umgeben, während sie in der Theotokoskirche des Klosters Matejča (1355/60) als stehende Hodegetria mit Priestergefolge aufgefaßt ist. Die Fresken der Olympiotissa zu Elasson (1330/40) und Markov Manastir (1380/81) bevorzugen die Darstellung einer ⟨M⟩ikone mit Priestergefolge, einen Typus, der dann bis ins 19. Jh. am Athos (z. B. Megisti Lavra, Iviron, Chilandar, Philotheou und Vatopedi) tradiert wird.

Im Westen wird das Tempelmotiv erstaunlich selten aufgegriffen: z. B. in der → Lauretanischen Litanei mit der Anrufung »Domus Aurea«. Der Kupferstich (ca. 1750) der Gebrüder Klauber zeigt ⟨M⟩ mit der Lilie der Reinheit in einem Blütenfüllhornrahmen, darunter nach 3 Kön 7 »Domus templi ex auro«, die Tempeldarstellung mit säulenbestückter Rokokofassade dabei in Anlehnung an röm. Architektursprache. Gold ist Anspielung auf ⟨M⟩s Erwählung und Sündenlosigkeit, Christus erscheint mit Kreuz und Schwurhand und dem Spruch nach Ps 131 (132,14) »Hic habitabo, quoniam elegi eam«, um seine Einwohnung in ⟨M⟩ nach Gottes ewigem Ratschluß anzudeuten, während über ⟨M⟩ »nach 2 Par 5,14« (= 2 Chr 5,11A. 13B) bestätigend zu lesen ist »Compleverat gloria Domini domum Dei«. Dieselbe Auffassung wird in den Asma Poeticum Litaniarum Lauretanarum (Linz 1635) mit der Translatio des Loretohauses illustriert. Im Deckenfresko (1734) des Cosmas D. Asam im Kongregationssaal von Maria de Victoria zu Ingolstadt fungiert die Bundeslade vor ⟨M⟩ als Deutungshilfe: in der dahinter aufragenden Gebäudekulisse mit goldkronenbesetzter Säulenarchitektur und gesprengtem Giebelportal ist ⟨M⟩ nicht nur als Sapientia und → Thron Salomonis, sondern auch als templum zu interpretieren. Ansonten bleibt der T. attributiv auf Darstellungen der UE beschränkt. In Gestalt eines säulenbestückten Tempiettos, meist in Oval- oder Rundform, fügt er sich zu den übrigen Attributen der Lauretanischen Litanei: z. B. bei Federico Zuccaris Immaculata-Altarbild in San Francesco und S. Maria delle Grazie zu Pesaro (1592), bezeichnet mit »Templum Dei« in den Tafelbildern von Dirk Hendricksz mit Franziskanerheiligen in Baronissi (SS. Trinità, 1591) und Pomigliano (Immaculata e del Sacramento, 1586) bei Neapel. Francesco Solimena (ca. 1710/14) erhebt auf dem Altarbild von S. Francesco alle Cappuccinelle in Neapel das Tempelattribut in den Himmel neben die sitzende (!) Immaculata, ebenso bei Angelo Di Chirico auf der Holztafel (1525) in der Cappella Paternò in S. Maria di Gesù zu Catania. Diego Velasquez (Immaculata, London, Nat. Gallery, um 1618) und El Greco (Werkstatt ?) (Madrid, Thyssen-Stiftung, ca. 1605/10) stellen den T. in die als Draufsicht gegebene Landschaft, während Francesco Vanni (1563–1610) in seinem 1588 datierten Tafelbild am Immaculata-Altar des S. Salvator-Domes in Montalcino den T. mit den restlichen ⟨M⟩symbolen zum Landschaftsbild gestaltet. Die zerberstende Tempelarchitektur des röm. Friedenstempels auf der venezianischen Tafel (um 1400) mit der Tiburtinischen Sibylle und Kaiser Augustus (Stuttgart, Staatsgalerie) kann infolge ihres apokryphen Themas nicht als Epiteton ⟨M⟩s angesehen werden, wenngleich auch hier die trinitarische Komponente mit vorhanden ist.

Lit.: BeisselMA 208. 223. 290. — Meersseman 375. — R. Haussherr, Templum Salomonis und Ecclesia Christi, In:

ZfKG 31 (1968) 101–121. — C. Kemp, Angewandte Emblematik in südd. Barockkirchen, 1981. — A. Pätzold, Der Akathistos-Hymnos, 1989, 40–42. — G. Spitzing, Lexikon byz.-christl. Symbole, 1989, 298 f. — P. v. Naredi-Rainer, Salomos Tempel und das Abendland, monumentale Folgen historischer Irrtümer, 1994.
G. M. Lechner

Tempelfrömmigkeit. Hervorstechendster Zug an der nachexilischen T. ist der grundsätzliche Unterschied zwischen Priestern und Laien. Die Priester sind die eigentlich Tätigen dabei. Nur bei den großen Festversammlungen an den Hauptfesten des Jahres war die ganze dazu versammelte Volksgemeinde aktiv am Gottesdienst beteiligt. Die priesterliche Gesetzgebung vermehrte die Opfer. Hauptsache war das tägliche ständige Opfer (Tamid). Der gewissenhafte Vollzug des Kultes garantierte das gute Verhältnis zwischen Gott und seinem Volk. Äußerlichkeiten und Formalismus werden prägend, falsch dargebrachtes Räucherwerk oder der Genuß gesäuerten Brotes an Pascha gilt als Frevel. Den Laien fielen ihrerseits eine Menge äußerer Verpflichtungen zu, Abgaben für Tempel und Priesterschaft (Erstlingsopfer, Zehnte, Kopfsteuer für die ständigen Opfer). Tempelmusik und Gesang werden gepflegt. Die Sängergilden, ursprünglich Laien, werden in den niederen Klerus aufgenommen und erhalten schließlich das Recht auf das priesterliche weiße Gewand. Im späthellenistischen Judentum entwickelt sich die eigentlich gesetzliche Frömmigkeit. Viele Laien aus Jerusalem und der Umgebung nahmen am Tempelkult teil, v. a. zu den Morgen- und Abendopfern, holten sich den priesterlichen Segen, hörten den Tempelgesang der Leviten und wenn die Priester bei jedem Abschnitt des Gesangs die silbernen Trompeten bliesen, warfen sie sich andächtig nieder. Nach Ex 23,17 war jeder erwachsene Jude oder Proselyt verpflichtet, dreimal im Jahr nach Jerusalem zu pilgern, zum Paschafest (Lk 2,41), zu Pfingsten (Apg 2,5) und zum Laubhüttenfest (Joh 7,8). Nicht nur aus Judäa und Galiläa und von jenseits des Jordans, sondern v. a. auch aus der Diaspora strömten Massen herbei. Josephus Flavius versteigt sich zur phantastischen Zahl von 2,7 Millionen Pilgern. Einmal im Leben in Jerusalem, einmal im Vorhof des Tempels sein zu können, war das größte Glück derer, die von weit her kamen (Ps 84,11). ᛗ und Joseph pilgerten jedes Jahr dort hin.

Zur Zeit Jesu freilich hat sich die T. im Volk teils geläutert, teils verflüchtigt. Manche gerade als bes. fromm geltende Gruppen (Essener, Qumranleute) schickten zwar Weihegeschenke zum Tempel, aber beteiligten sich nicht mehr am Tempelkult. Das Brot auf dem Tempeltisch sei befleckt und unrein (Hen aeth 89,73; Damaskusregel 1,5–11), die Priester seien Betrüger, Schlemmer, Blutsauger der Armen voller Verbrechen und Ungerechtigkeit und hielten sich für rein, während sie doch unrein waren (Ass Mos 7). Wenn Jesus sich entschieden gegen Gesetzesfrömmigkeit, Formalismus, unbarmherzige Sabbathaltung, das Reinheitstabu, Scheinheiligkeit bei Beten, Fasten und Almosengeben wendet, so hat er doch kaum gegen eine Überschätzung des Opferkults polemisiert. Für die Mönche von Qumran ist das wahre Heiligtum überhaupt die Gemeinde (1 QS 8,5; 9,6), so auch bei Paulus (1 Kor 3,16 f.). Im neuen Jerusalem (Offb 21,22) wird es überhaupt keinen Tempel mehr geben, weil Gott selbst der Tempel für die Gemeinde ist.

Lit.: → Darbringung. — → Tempeljungfrau. — W. Bousset, Die Religion des Judentums, ⁴1966, 97–118. — P. Billerbeck, Ein Tempelgottesdienst in Jesu Tagen, In: ZNW 55 (1964) 1–17. — J. Maier und J. Schreiner, Literatur und Religion des Frühjudentums, 1973, 371–390. — DSp III 1551–67; VIII 1510–18. — ThWAT II 408–415. — EWNT II 429–431. 1122–26 (Lit.).
J. B. Bauer

Tempelgang Mariae. Die lit. Grundlage für Darstellungen dieser Begebenheit aus der Kindheit ᛗs bilden das apokryphe → Jakobusevangelium (7,1–8,3) und die Legenda aurea. Gemäß dem Versprechen Annas, ihr Kind dem Herrn zu weihen, brachten sie und Joachim ᛗ im Alter von drei Jahren in den Tempel, wo sie bis zur Eheschließung mit Joseph ein gottgefälliges, tugendhaftes Leben führte. Als Fest der Opferung ᛗe wird der T. am 21. November gefeiert.

Die detaillierten lit. Schilderungen des Ereignisses regten zu einer variantenreichen Ikonographie des T.s an, dessen Darstellung nicht nur kanonischer Bestandteil von Zyklen zum ᛗleben ist (z. B. Türsturzrelief des mittleren Domportals in Siena, um 1300), sondern auch als Einzelbild vorkommt. Auf dem Weg zum Tempel wurden ᛗ und ihre Eltern von einem Zug von Jungfrauen mit brennenden Fackeln begleitet, durch die das Kind abgelenkt werden sollte, damit es sich nicht umdrehe und doch bei den Eltern bleiben wolle (Menologion Basileios II., Byzanz, um 980, Vatikan, Bibl. Apostolica, cod. grec. 1613, fol. 198ᵛ). Am Tempel angelangt, stieg das Kind mit wundersamer Sicherheit die 15 Stufen zum Heiligtum hinauf, wo es vom Hohenpriester Zacharias erwartet wurde. Diese zentrale Stelle wurde üblicherweise verbildlicht, wobei außer Joachim und Anna noch weitere Begleitfiguren, Verwandte und Zeugen, zu sehen sind (z. B. Meister des Marienlebens, München, Alte Pinakothek, 1460/65. Fast immer wird die Zahl der Stufen, die mit den 15 Gradualpsalmen (Ps 120–134, Lied des Hinaufzugs) übereinstimmen, exakt wiedergegeben, doch können es auch weniger (Giotto, Padua, Arenakapelle, um 1305) oder mehr sein (Nikolaus v. Bruenck, Wien, Österr. Galerie, um 1525/30). In Ausnahmefällen wird ᛗ von Anna, abweichend von den Textquellen, bis zum Hohenpriester (Giotto) oder sogar bis zum Altar des Tempels begleitet (Meister v. Schloß Liechtenstein, Wien, Österr. Galerie, um 1505/10). Den entschlossenen, eigenständigen Einzug (bes. hervorgehoben bei Dürer, Marienleben, um 1503) unternimmt ᛗ zuweilen auch auf Knien (B. Peruzzi, Rom, S. Maria della Pace, 1516) oder

H. Holbein d. Ä., Tempelgang Mariae, 1493, Augsburg, Dom

eine Kerze haltend (Cima da Conegliano, Dresden, Gemäldegalerie, um 1500). Vielfach umgibt sie dabei ein Lichtkranz, z. B. auf J. Tintorettos Gemälde in Venedig (Madonna dell'Orto, um 1552), wo überdies durch die erstaunten Anwesenden das Sensationelle des Ereignisses betont wird. Einzigartige ikonographische Sonderfälle sind das Fresko T. Gaddis in der Baroncelli-Kapelle in Florenz (S. Croce, 1332–37) und das Relief Orcagnas am Tabenakel in Or San Michele (Florenz, 1355–59), in denen ℳ doch zu ihren Eltern — wohl zum Abschied — zurückschaut. Auf ihrem Weg wird sie in manchen Illustrationen von einem Engel geführt (Meister von Saint Gudule, Brüssel, Musées Royaux, um 1480), der sie zum Zeichen ihrer Erwählung krönt (Salzburger Perikopenbuch, München, Bayer. Staatsbibl., cod. lat. 15713). In Anlehnung an ein bei der Darbringung Christi übliches Motiv wird ℳ gezeigt, wie sie ein Taubenopfer darbringt (Glasgemälde im Ulmer Münster, um 1400). Bei ital. Darstellungen des 16. Jh.s ist eine Anhäufung von Symbolen beim T. zu bemerken, die auf ℳe Jungfräulichkeit hinweisen, bes. bei Tizians großformatigem Leinwandgemälde für die Scuola della Carità in Venedig (1534–39). Gelegentlich sind Nebenszenen eingefügt, die ℳ bei Tätigkeiten im Tempel zeigen; so z. B. im Gebet mit anderen Tempeljungfrauen (B. Strigel, Schussenrieder Altar, Berlin, Gemäldegalerie, um 1520) oder bei der Arbeit am Webstuhl (Stundenbuch des Herzogs von Bedford, Paris, 1422/25, Wien, Österr. Nationalbibl., cod. 1855, fol. 25ᵛ).

Lit.: Künstle I 327f. — M. J. Kispaugh, The Feast of the Presentation of the Virgin in the Temple, 1941. — M. Meiss, Painting in Florence and Siena after the Black Death, 1951, 27 ff. — G. La Piana, The Byzantine Iconography of the Presentation of the Virgin Mary to the Temple ..., In: Late Classical und Medieval Studies in Honor of A. M. Friend, jr., 1955, 261 ff. — Réau II/2, 162. — J. Lafontaine-Dosogne, L'iconographie de l'enfance de la Vierge I, 1964/65, 136 ff. — D. Rosand, Titian's »Presentation of the Virgin in the Temple« and the Scuola della Carità, In: ArtBull 58 (1976) 55 ff. — Schiller IV/2, 67 ff. — LCI III 212.   *K. Falkenau*

Tempeljungfrau. I. EXEGESE. Nach den → Apokryphen wird ℳ dreijährig zu dauerndem Aufenthalt in den Tempel gebracht (Jakobusevangelium 7 f.; Hist. Jos. 3; Ps-Mt 6; Nativ. Mar. 6 f.), dort von Engeln genährt (vgl. Weish. 16,20), lebt monastisch (Tageseinteilung Ps-Mt 6,2, wie Benediktinerregel 48) mit Wollarbeit, Gebet und Gesetzesmeditation, bis die Priester die Zwölfjährige aus Furcht vor Verunreinigung des Tempels durch Menstruationsblut dem Witwer Joseph anvertrauen. Das Gelübde Annas, ihr Kind dem Tempeldienst zu weihen (Jakobusevangelium 4,1), hat seine Parallele in 1 Sam 1,11, der Tempeldienst der Mädchen etwa in Ex 38,8; 1 Sam 2,22 hat genauere Entsprechungen im heidnischen Bereich bei Xenophon v. Ephesos (3,11,4: Mädchen bis zur Verehelichung vom Vater der Isis geweiht) und Heliodor (2,33: Mädchen weiht sich der Artemis).

Lit.: R. Hofmann, Das Leben Jesu nach den Apokryphen, Leipzig 1851, 35–44. — W. Bauer, Das Leben Jesu im Zeitalter der ntl. Apokryphen, 1909/67, 20 f. — S. Morenz, Die Geschichte von Joseph dem Zimmermann, In: TU 56 (1951) 37. — H. R. Smid, Prot-Evangelium Jakobi, A commentary, 1965, 56–69. — A. Masser, Bibel, Apokryphen und Legenden, 1969. — H. Hilg, Das Marienleben des Heinrich v. St. Gallen, 1981, 143–146. 328.   *J. B. Bauer*

II. KUNSTGESCHICHTE. Die Intention, das Leben ℳs darzustellen, basiert auf den Erzählungen im → Jakobusevangelium sowie den → Ps.-Matthäus. Sie berichten von der Herkunft ℳs und ihrem Leben vor der Geburt Christi. Als Einlösung des Gelübdes Annas wird nach den apopkryphen Schriften ℳ im Alter von drei (Jakobusevangelium) bzw. von zehn Jahren (Ps.-Mt) in die Obhut des Priesters im Tempel von Jerusalem übergeben. Beim Tempelgang läßt das Kind die Eltern am Fuß der Treppe, die zum Tempel hinaufführt, zurück und wird von dem Priester in Empfang genommen (Tempelgang ℳs, Tafelgemälde, Meister der Georgslegende, München, Alte Pinakothek, 1473; Giotto, Fresko, Padua, Arena Kapelle, 1305–07). Jacobus Monachus (7. Jh.) schildert in einer seiner Predigten zum Preis der jungfräulichen Gottesgeburt den Zug vom Elternhaus zum Tempel nach dem Vorbild eines antiken Brautzuges. Es wird berichtet, daß ℳ während ihrer Zeit als T. keine irdischen Speisen zu sich nahm. Ein Engel brachte jeden Tag das Himmelsbrot; die Speisen, die ℳ im Tempel erhielt, gab sie an die Armen weiter.

Das Leben ℳs als T. geht v. a. auf die Erzählung bei Ps.Mt zurück, während das Jakobusevangelium lediglich über den Tempelgang, die Engelsspeisung und die Verlobung mit Joseph berichtet. Auch die später entstandene Legenda Aurea des → Jacobus a Voragine berichtet vom Leben ℳs im Tempel, vorrangig aber von den täglichen Besuchen des Engels sowie den wunderbaren Taten, die ℳ während dieser Zeit verrichtet haben soll. In Anlehnung an Ps.-Mt berichten die im 14. Jh. entstandenen »Meditationes vitae Christi« (ital. illuminierte Handschrift in Paris, Bibl. Nat., Cod. ital. 115, fol. 6ʳ-8ᵛ, 3. Viertel 14. Jh.) vom Tempelgang ℳe und ihrem Aufenthalt im Tempel. Der Tempeldienst wird zum Ausdruck für die schon früh einsetzende Auseinandersetzung mit der immerwährenden Jungfräulichkeit und der vorherbestimmten GMschaft. In der Gläubigkeit der Ostkirche nahm ℳ schon früh als T. einen hohen Rang ein (Fest der Präsentation ℳs, 21. November, im 6. Jh. durch Germanos I. v. Konstantinopel, bezeugt). In der bildenden Kunst wird vornehmlich nur die Aufnahme in den Tempel unter Einbeziehung der Engelsspeisung dargestellt (Zyklus des ℳlebens, Daphni, ℳkirche, um 1100; Istanbul, Chora-Kirche, Narthex-Mosaik, um 1315–20).

Die Darstellung der T., getrennt von der Darstellung des Tempelganges, ist eine Sonderform der abendländischen Kunst, die v. a. zwischen 1300 und ca. 1520 besondere Ausprägung fand. Die sich am Anfang des 14. Jh.s merklich häufenden Zyklen des ℳlebens verweisen auf einen Zusammenhang mit dem → Speculum humanae salvationis. Die Darstellung ℳs als T. erfolgt überwiegend in narrativen Zyklen des ℳlebens, der älteste Gesamtzyklus nördlich der Alpen ist an den Kapitellen des Königsportals von Chartres abgebildet (um 1150).

Seit Anfang des 14. Jh.s erfolgt eine vielfältige und weit verbreitete Darstellung der T. auf Glasfenstern, Tafelgemälden und Textilarbeiten. In den Meditationes wird der Aufenthalt ℳs im Tempel als Vorbereitung auf ihre Berufung dargestellt, während derer sich ℳ v. a. mit dem Lesen der Hl. Schrift befaßt. In Anlehnung an diese Vorstellung wird die T. oft an einer Gebetsbank kniend, im Gebet versunken oder lesend dargestellt (Buchmalerei, Brüssel, Bibl. Royal Albert I., Cabinet des manuscrits, ms 9229-30, um 1320).

Die Dichtung des Priesters → Wernher »Driu liet von der maget« (1172) spricht vom Fleiß und Eifer, mit denen ℳ die weiblichen Arbeiten verrichtet, und erwähnt das Wirken von Seidenstoffen und Leinen. Die frühesten Darstellungen der handarbeitenden ℳ zeigen die Glasfenster von St. Dionys (um 1300) und der Frauenkirche (um 1320), beide in Esslingen.

Auch der Zyklus des ℳlebens auf dem Glasfenster der Wallfahrtskirche in → Straßengel bei Graz (um 1350–60) zeigt ℳ, in höfisches Gewand gekleidet und mit einer Krone auf dem Haupt, an einem Hochwebstuhl sitzend, daneben einen Altar mit Kerzen als Verdeutlichung des Tempelraumes. Zu Füßen ℳs sitzen drei Jungfrauen mit Stickarbeiten. Der ℳzyklus eines Regensburger Domfensters (um 1370) zeigt ℳ ebenfalls an einem Webstuhl sitzend, begleitet von zwei Jungfrauen. Der Entwurf Hans Baldung Griens für die Fenster des ehemaligen Karmelitenklosters in Nürnberg (heute Pfarrkirche Großgründlach, Ausführung Veit Hirschvogel, 1504–08) verbindet die Darstellung ℳs am Webstuhl mit der Speisung durch den Engel. Eine Stichfolge des ℳlebens von Israel v. Meckenem verbindet den Tempelgang und das Leben im Tempel. Während im Bildvordergrund ℳ die Treppen zum Tempel hinaufsteigt, ist sie im Bildhintergrund in erhöhter Position mit zwei Jungfrauen mit Handarbeiten beschäftigt.

Eine seltene Darstellung ℳs in Begleitung der sieben → Jungfrauen zeigt das Tafelgemälde von Luis Borassà (Barcelona, S. Francisco, Ende 14. Jh.). Die sieben Jungfrauen zeigen einer, am rechten Bildrand sitzenden älteren Frau mit Kopftuch (Anna?) ihre Stickarbeiten mit stilisierten Bäumchen, während ℳ im Bildvordergrund ihr mit aufwendiger Stickerei verziertes Tuch hochhebt, auf dem sie einen Garten mit Palmen (→ Hortus conclusus) und einen → Brunnen gestickt hat.

Ein Tafelgemälde der Abegg-Stiftung in Riggisberg (Kölner Schule, 1503) verbindet die Darstellung von handarbeitender und betender ℳ als Ausdruck von vita activa und vita contemplativa. ℳ, die mit drei weiteren Jungfrauen in einem überwölbten Raum sitzt und mit Handarbeiten beschäftigt ist, erscheint in einer kleinen Miniatur im Bildhintergrund an einer Gebetbank im Chor eines Kirchenraumes.

In franz. Stundenbüchern wird die Darstellung der T. zu einer Nebenszene des Verkündigungsbildes (Stundenbuch der Isabella Stuart, Cambridge, Fitzwilliam Mus., ms. 62, fol. 29; Stundenbuch des Duc de Berry, Paris, Bibl. Nat., ms. Latin 919, fol. 34, 1405). Auffällig ist, daß die Handarbeiten der T. sich auf das Weben und Sticken beschränken, während die Arbeit mit der → Spindel dem Verkündigungsbild vorbehalten bleibt. Die wohl ikonographisch interessanteste Darstellung zeigen 17 Wandteppiche mit Szenen des ℳlebens in Reims (Kathedrale, um 1507–30). Der sechste Teppich der Folge (»Les perfections des Marie«) zeigt ℳ als Bortenweberin im → Hortus conclusus, hinter ihr stehen zwei Engel, die Brot und Wasser halten, gerahmt wird die Darstellung von marian. Sinnbildern.

Als eine Sonderform kann die Darstellung der T. als → Ährenmadonna gesehen werden. Ein westfälisches Votivbild (Soest, Maria auf der Höhe, Ende 15. Jh.) zeigt ℳ frontal zum Betrachter in einem überwölbten Raum stehend, die Hände zum Gebet gefaltet und den Blick demütig gesenkt, gekleidet in ein dunkelblaues Kleid mit aufgestickten Ähren. Am linken Bildrand kniet eine Frau, die ᛗ einen Blütenkranz entgegenhält, sowie auf der rechten Seite ein Mann in einem Schraubstock, vermutlich das Stifterpaar der Votivgabe.

Lit.: R. L. Wyss, Die Handarbeiten der Maria, In: Artes minores. Dank an W. Abegg, 1973, 113–188. — H. Sachs, Christl. Ikonographie und Stichwörter, 1975. — F. Büttner, Imitatio Pietatis, 1983, 66l–70. — Schiller IV/2, 67–75. 165–169. — LCI III 212–233. *S. Egbers*

Templon → Ikonostase

Templum cordis adornemus. Sequenz des → Adam v. St. Viktor auf das Fest ᛗe Lichtmeß (2. Februar) aus neun Stabat-Mater-Strophen, von denen die neunte geteilt und jeweils um vier Verse erweitert ist; zweisilbiger Paarreim, in der letzten Halbstrophe auch Binnenreim. Hintergrund für den Text ist Lk 2,21–39: die Freude des greisen Simeon im Tempel soll an diesem Festtag im Tempel des Herzens nachvollzogen werden. Die Sequenz besteht aus zahlreichen Bildern für den Opfertod des Erlösers am Kreuz und die Erlösung der Welt durch das wahre Licht, die vor dem anfangs zitierten Hintergrund — Weissagung des Simeon (Strophe 2) — verständlich sind, und erhält so einen Ausdruck erhabener Schönheit. Das Erlösungswerk von Kind und Mutter wird durch das Licht der Kerzen symbolisiert (Strophe 3): Der Erlöser, das Wort des Vaters (nach Joh 1 und Offb 19,13) ist das wahre Licht (Joh 1,9): das Fleisch, das er von der Jungfrau angenommen hat, ist das Wachs, Christus selbst die leuchtende Kerze, die das Herz erleuchtet (Strophe 4). Dies ist auch der Sinn des Festbrauchs: wer Christus liebt, trägt heute eine brennende Kerze, wie Simeon das Wort des Vaters mit seinen Gebeten, das Kind der Mutter mit den Armen umfangen hat (Strophe 5). Hier folgt die Anrede an ᛗ: »Gaude, mater genitoris«. Das Geheimnis der Jungfrauengeburt wird in einer kunstvollen Konstruktion umschrieben: »A dilecto praeelecta,/ Ab praedilecta« (Chiasmus der Morpheme, Parallelismus der Konstruktion). Nach dem Lob der Jungfrau, die alle an Schönheit, Süße, Duft und Liebe übertrifft (parallel gebaute Strophenhälften; Strophe 7 und 8) erscheint ᛗ in der letzten Strophe als mächtige Mittlerin des Heils: Meerstern, Mutter der Wahrheit, des Weges, des Lebens, der Liebe (Joh 14,6), Quelle des lebenspendenden Wassers (Joh 4,6 und 14), versiegelter Quell im Garten (Hld 4,12 und 15), der alles Unreine abwäscht (Wortspiel: funde — infunde — unda; redundans — inundans — munde; ab immundo munda mundo/ cor mundano populi; vgl. Str. 9 von → Lux advenit veneranda).

Die Seqeunz ist in zahlreichen, auch Viktoriner Handschriften und in einigen gedruckten Missalien überliefert (Melodie: »Laudes crucis«; Misset-Aubry 247–249).

Ausg.: AHMA 54, 307f. — Gautier I 331. — Wrangham II 28. — Misset-Aubry 182 f.
Lit.: AHMA 54, 308 f. — Chevalier 20310 und Add. — Szövérffy II 108. 120. 443. *M. Pörnbacher*

Teniers, David d. J., getauft am 15. 12. 1610 in Antwerpen, † 25. 4. 1690 in Brüssel, lernte bei seinem Vater, David T. d. Ä. und wirkte seit 1651 als Hofmaler sowie als Verwalter der Kunstsammlungen Erzherzog Leopold Wilhelms und Don Juans d'Austria in Brüssel, wo er mit seinen Landschaften und Bauernbildern zu den erfolgreichsten Genremalern seiner Zeit gehörte. Nachdem in T.' frühen Werken der Einfluß von Frans Francken und Adrian Brouwer spürbar ist, findet er um 1640 seinen eigenen ausgeglichenen und gefälligen Stil, der freilich unter der Last allzu vieler Aufträge zunehmend verblaßt.

Unter marian. Aspekt ist neben einer »Hl. Familie mit Elisabeth und Johannesknaben« v. a. T.' Rosenkranzzyklus (München, Bayer. Staatsgemäldesammlungen) von Bedeutung, den er um 1660/70 wohl für die Frau David T.' III., Anna-Maria Bonnarens, gemalt hat und der dann 1710 in die Sammlung Kurfürst Max Emanuels von Bayern gekommen ist: 15 Kupfertafeln (23 x 17,5 cm) die die 15 Rosenkranzgeheimnisse meist ohne architektonisches oder landschaftliches Beiwerk auf das Wesentliche konzentrieren. Allerdings erscheint die rel. Kunst für T. eher als ungewohntes Feld; lediglich bei den Hirten (Geburt Christi), Schärgen (Dornenkrönung) und Wachen (Auferstehung) kommt T.' eigentliches Metier als Genremaler zum Durchbruch.

Lit.: J. P. Davidson, D. T. the Younger, 1979. — Ausst.-Kat., hrsg. von M. Klinge, D. T. the Younger, Antwerpen 1991. *F. Trenner*

Teresa de Los Andes (Fernández y Solar), hl. Karmelitin OCD (Teresa von Jesus), * 13. 7. 1900 in Santiago de Chile, † 12. 4. 1920 in Los Andes, wurde auf den Namen Juanita getauft, entstammte einer gut situierten Familie und wurde in der Familie und im Kolleg der Schwestern vom Herzen Jesu rel. erzogen. Sie bemühte sich mit Jesus zu leben: »Heute, am 8. Dezember 1915, im Alter von fünfzehn Jahren, lege ich vor der Heiligsten Dreifaltigkeit und in Gegenwart der Jungfrau Maria und aller Heiligen im Himmel das Gelübde ab, keinen anderen Gemahl zu nehmen als meinen Herrn Jesus Christus, den ich von ganzem Herzen liebe und dem ich dienen will bis zum letzten Augenblick meines Lebens« (Tagebuch).

Trotz äußerer und innerer Schwierigkeiten trat sie am 7. 5. 1919 in den Karmel von Los Andes ein. Verschiedene Krankheiten führten schon nach 11 Monaten im Karmel zum Tode, nachdem sie noch am 7. 4. 1920 mit Dispens die Ordensprofeß ablegen durfte.

Ihre Briefe, in denen sie auch im Karmel mit Erlaubnis der Oberin mit vielen Menschen Kontakt pflegen und vielen Freude und Ermutigung an der Hand des Herrn vermitteln durfte, und ihr unvollendetes Tagebuch spiegeln ihre Persönlichkeit wider: leidenschaftliche Liebe zu Christus, Mut und Ausdauer im Leiden, totale Hingabe an Gottes Willen, Hellhörigkeit für die Not der Mitmenschen. Wie ein roter Faden zieht sich die MV durch ihr kurzes Leben: Schon als Kind betet sie täglich den Rosenkranz, als heranwachsendes Mädchen im Internat schreibt sie M einen Brief und sieht in ihr die Mutter, der sie alles anvertrauen kann.

Der Seligsprechungsprozeß wurde am 20.3. 1947 eröffnet. Am 3.4.1987 wurde sie von Papst Johannes Paul II. in Santiago de Chile selig- und am 21.3.1993 in Rom als erste Heilige aus Chile heiliggesprochen.

WW: Diario y Cartas, ed. Carmelo Teresiano, 1987; dt. Übers. in Vorbereitung (1994?).

Lit.: M. Purroy, T. de Los A. cuenta su vida, 1987. — A. Risopatrón, T. de Los A. — Teresa de Chile, 1992. — M. Purroy, Así pensaba T. de Los A., 1992. — F. Holböck, Die neuen Heiligen der Kath. Kirche II, 1992, 135–138. — A. Sagardoy, Meine Jugend gehört Gott, 1992. — Ders., Eine Heilige aus Lateinamerika, 1993. — AAS 80 (1988) 1265–70. — OR (dt.) 23 (1993) Nr. 14/15, 11. — BSS XIV 484.

A. Sagardoy (W. Baier)

Terrien, Jean-Baptist, SJ (seit 1854), * 26.8.1832 in Saint-Laurent-des-Autels (Maine-et-Loire), †3.12.1903 in Bellevue (Hauts-de-Seine), Prof. v.a. für Dogmatik an den Scholastikaten des Ordens in Laval (1864–80), bis 1888 in Jersey (England), bis 1891 Spiritual in Laval; dann lehrt er am Institut catholique in Paris (1891–94). Die letzten Lebensjahre widmet er verschiedenen Seelsorgsdiensten sowie der Publikation seiner christol. und gnadentheol. Schriften. Der scholastischen Denkart und Methode verpflichtet, verbindet er diese mit dem Erbe der positiven Theol. und einer reichen Kenntnis der Patristik und Theologiegeschichte, bes. des → Thomas v. Aquin. Das gilt v.a. für sein vierbändiges Hauptwerk »La Mère de Dieu et la Mère des hommes, d'après les Pères et la théologie« (1900–02). Das in verschiedenen Auflagen erschienene Buch ist weithin rezipiert (vgl. Manoir VIII 186. — RoschiniMariol ²II/2, 343 f.) und darf als Standardwerk der franz. Mariol. der 1. Hälfte des 20. Jh.s gelten. Die gründliche Verarbeitung der Tradition macht das Werk nach wie vor kostbar. Beispielhaft ist ferner die enge Verbindung von trinitätstheol. Konzeption und Stringenz, von wissenschaftlicher Zuverlässigkeit und spirituellem Gehalt. Eine monographische Bearbeitung wäre begrüßenswert.

Lit.: DThC XV 129–130. — DSp XV 257–259. — Theotokos 387.

F. Courth

Tersteegen, Gerhard, reformierter Pietist, * 25.11.1696 in Moers, † 3.4.1769 in Mühlheim/Ruhr, lebte nach Besuch der Lateinschule und Kaufmannslehre zunächst seit 1719 zurückgezogen als Bandwirker in Mühlheim. Am Gründonnerstag 1724 vollzog er mit seinem Blut die »Verschreibung« zur innigsten Nachfolge Christi; unter bewußtem Verzicht blieb er ehelos und erstrebe die Armut des Herrn. Trotz häufiger Krankheiten gewann er durch seine verstehende Güte als Verfasser und Übersetzer mystischer und quietistischer Schriften, als Seelenführer und Leiter klosterähnlicher Gemeinschaften, als Heilkundiger und Laienprediger, und v.a. als Dichter zahlreicher geistlicher Lieder eine weitreichende Wirkung.

T.s Bedeutung liegt darin, daß er im Zeitalter der Aufklärung innerhalb des Kalvinismus (wenn auch weithin im Gegensatz zur offiziellen Kirchenleitung) die »Nachfolge des Gekreuzigten« als die für den Christen wesentliche Forderung herausstellte. Hierdurch wurde sein Blick frei für ein tieferes Verständnis kath. Heiliger (sein Hauptwerk, an dem er über 20 Jahre gearbeitet hat: »Auserlesene Lebensbeschreibung heiliger Seelen«, 3 Bde., 1733–53). Obwohl ihm die Welt des Sakramentalen verschlossen blieb, spricht er daher in seinen Werken immer mit der größten Hochachtung von der hl. Jungfrau und GM wegen ihrer einzigartigen Christusnähe.

Lit.: W. Nigg, Große Heilige, 1946. — A. Pagel, G. T., ⁵1986. — H. Ludewig, Gebet und Gotteserfahrung bei G. T., 1986. — G. Wolff, Sohn Christus, Wurzeln der Christusmystik bei G. T., 1989. — Tersteegen-Sammlung der Stadtbibl. Mülheim/Ruhr.

K. J. Klinkhammer

Tertullian, Quintus Septimius Florens, * um 160 in Karthago, † nach 220. Der Sohn eines röm. Zenturio erhielt eine gründliche rhetorische Ausbildung; Kenntnisse erwarb er sich ferner im Recht, so daß er später in der Lage war, das Christentum auch von der juristischen Seite her gegen die staatl. Behörden zu verteidigen. Umstritten ist, ob er Priester gewesen ist. T. wurde durch seine schroffe, zum Extremen und Rigorismus neigende Natur zum Zerwürfnis mit der Kirche getrieben. Etwa um 205 schied er aus der Kirche aus; er wurde nun der bedeutendste Anhänger des aus Kleinasien nach Nordafrika übergreifenden Montanismus und wahrscheinlich auch das Haupt einer kleinen Gruppe, der Tertullianisten (Augustinus, De haer. 86: PL 42,46 f.).

Von T. sind 31 Schriften erhalten, einiges ging verloren. Mit ziemlicher Sicherheit kann man die Bücher nach der vormontanistischen und montanistischen Periode ordnen. Er verfaßte apologetische, dogm.-polemische und praktisch-asketische Schriften.

M, die aus der Familie Davids stammt (Adv. Marc. V 1), wird von T. als »Arbeiterin« gekennzeichnet: Jesus »ist der Sohn eines Handwerkers und einer Arbeiterin« (»fabri et quaestuariae filius«: De spect. 30); dieser Ausdruck erscheint wieder bei Hieronymus (Ep. 14,11): »operarii et quaestuariae filius«.

T. stellt die jungfräuliche Empfängnis Jesu im Schoß Ms mit einer apologetischen Haltung gegen Heiden (Apol. 21) und Gnostiker (De praescr. 21) dar und geht tiefer auf sie ein mit einer theol. und exegetischen Mentalität in seinen gegen Gnostiker, Markioniten und Patripassianer gerichteten Abhandlungen. Gegen Markion besteht er auf der Notwendigkeit, zwei Zeugungen Christi als Gott und Mensch deutlich zu unterscheiden (Adv. Marc. IV 10). Daß ᛗ Jesus ohne Zutun eines Mannes, allein durch die Kraft des Hl. Geistes empfangen hat, verteidigt er gegen die abweichende Anschauung Hebions (De praescr. 33; De carne Chr. 14). Andererseits hält er gegen Markion und die Gnostiker, welche die Empfängnis und Mutterschaft ᛗs doketisch auflösten, an die Wirklichkeit dieser Vorgänge fest (Adv. Marc. II 11; De carne Chr. 7) und beruft sich auf Jes 7,14. An einer Stelle (Res. mort. 34) läßt T. Christus den Leib vom Vater erhalten; er widerspricht sich hier nicht: Christus erhält ihn vom Vater, durch die Jungfrau ᛗ. Von der jungfräulichen Empfängnis als einer Wirklichkeit und Tatsächlichkeit ist bei ihm sehr oft die Rede; von einem biologischen Gesichtspunkt aus betrachtet, erreichen seine Beschreibungen dieses Wunders einen großen Realismus.

Aber T. kennt nur eine Jungfräulichkeit ᛗs »ante partum«, keine »in partu« und keine »post partum«: Jesu Geburt ist ein natürlicher Vorgang, der die Jungfräulichkeit seiner Mutter beendet und ihre Ehe mit Joseph freigibt. ᛗ ist »virgo quantum a viro, non virgo quantum a partu« (De carne Chr. 23): Es ist also ihr Sohn, der durch seine Geburt ihren Leib »entsiegelte«, wie ja auch nach Ex 13,2 die Erstgeburt »den Mutterschoß öffnet«. Sonst geschieht freilich diese Öffnung durch die Ehe, bei ᛗ aber erfolgte sie vorher, sie ist »saltu quodam mater ante quam nupta« (De carne Chr. 23); bei der Geburt Jesu wird ᛗ zur Frau, zur »nupta«. Darum sagt der Apostel Paulus, daß Jesus »aus der Frau geboren« sei (Gal 4,4), nicht aus der Jungfrau. Diese Überlegungen sind im Bereich der Auseinandersetzung mit dem Gnostiker Valentin zu verstehen. Nach T. legten die Valentinianer Ex 13,2 aus im Sinne, daß Christus doketisch in den Leib ᛗs einging und ihn verließ, ohne ihn zu berühren, denn Christus nahm kein Fleisch aus ᛗ und verletzte ihre Jungfräulichkeit bei der Geburt auch nicht. T. widersetzte sich diesem Irrtum, indem er zugleich in das Gegenextrem geriet und die Jungfräulichkeit »in partu« verleugnete. Nach der Geburt Jesu tritt die Ehe ᛗs mit Joseph voll in Kraft (De pud. 11; De monog. 8; De virg. vel. 6). Aus dieser Ehe gingen die → Brüder und Schwestern Jesu hervor (Adv. Marc. IV 19; De carne Chr. 7).

Die Jungfräulichkeit ᛗs vor der Geburt ihres Sohnes spielt eine wichtige Rolle in der Soteriologie T.s. Christus, »novissimus Adam«, ist der Urheber eines neuen Geschlechts; von seiner jungfräulichen Empfängnis an vereinigt das »verbum structorium vitae« (De carne Chr. 17) in sich die lange Reihe der Menschen wieder, die unfähig waren, sich von der Sünde zu befreien; auf diese Weise rettet Gott den Menschen kraft einer Handlung, die das Gegenteil von dem ist, was der Teufel gemacht hatte, um ihn ins Verderben zu stürzen. Notwendig war die Geburt Christi wegen seines Todes (De carne Chr. 6); eine Heilsbedeutung der Geburt Christi kennt T. also nur insofern, als damit die Voraussetzung geschaffen ist für ein echtes, erlösendes Leben und Wirken und v. a. für die Erlösung durch den Tod und durch die Auferstehung. Der Erlöser wirkt das Heil durch eine »aemula operatio« (De carne Chr. 17): Der Tod Christi am Kreuz ahmt die Geschichte der Erbsünde nach und kehrt sie um; die Menschwerdung des Sohnes Gottes ahmt auch die Geschichte der Erschaffung des Menschen nach, um den Menschen das Heil zu ermöglichen. Die Empfängnis ᛗs brachte den neuen Adam hervor, genauso wie der erste Adam aus der jungfräulichen Erde geschaffen wurde; als Eva noch jungfräulich war, setzte der Teufel in ihren Schoß »ein Wort des Todes«, »ein Wort des Teufels« ein, aus dem Kain, der »brudermörderische Teufel«, geboren wurde. Die »aemula operatio« — oder Gegenwirkung — bestand eben in der Tatsache, daß Gott »das Wort des Lebens«, »das Wort Gottes« in den Schoß ᛗs einsetzte, damit daraus Christus, »der gute Bruder«, geboren wurde. In beiden Ereignissen ist die Bedeutung des weiblichen Geschlechts hervorzuheben, denn der Glaube ᛗs dem Erzengel Gabriel gegenüber gleicht die sündhafte Leichtgläubigkeit Evas dem Teufel gegenüber aus. An dieser Stelle (De carne Chr. 17) finden wir nicht nur den Parallelismus Eva-ᛗ, sondern auch den Parallelismus Kain-Christus.

Ausg.: PL 1–2. — F. Oeler (Hrsg.), 3 Bde., Leipzig 1851–54. — CSEL 20, 47, 69, 70, 76, 1890–1957. — CChr.SL 1–2, 1954. — SC 35, 46, 173, 216, 217, 273, 280, 281, 310, 316, 319, 332, 343, 365, 368, 394, 395, 399, 1952–94. — Dt. Übers.: H. Kellner und G. Esser (Hrsg.), BKV 7 und 24, 1912–15.
Lit.: H. Koch, Virgo Eva — Virgo Maria, 1937. — K. Adam, Theol. Bemerkungen zu H. Kochs Schrift Virgo Eva — Virgo Maria, In: ThQ 119 (1938) 171–189. — J. Madoz, Vestigios de Tertuliano, In: EE 18 (1944) 187–200. — K. Wölfl, Das Heilswirken Gottes durch den Sohn nach T., 1960. — R. Cantalamessa, La Cristologia di T., 1962. — J. A. de Aldama, Virgo Mater. Estudios de Teología Patrística, 1963. — J. Blinzler, Die Brüder und Schwestern Jesu, 1967. — R. Braun, Deus Christianorum. Recherches sur le vocabulaire doctrinal de Tertullien, 1977. — A. Viciano, Grundzüge der Soteriologie T.s, In: ThGl 79 (1989) 147–161. — Ders., La feminidad en la teología de Tertuliano y Cipriano, In: D. Ramos-Lissón (Hrsg.), Masculinidad y feminidad en la Patrística, 1989, 63–82. *A. Viciano*

Tešboḥtā (Plural: tešbᵉḥātā; westsyr.: tešboḥtō; wörtlich: Lobpreis, Ruhm), eine Dichtung, die in den Kirchen syr. Überlieferung für verschiedene Lobgesänge verwendet wird: 1. eine auf einen Psalm oder ein Canticum folgende T. kann (a) sich an den Psalm anlehnen, wie z. B. die T. des Psalms »Miserere« im → Ṣaprā der Wochentage bzw. an den Kehrvers an den Wochentagen der Fastenzeit; (b) vom Psalm unabhängig sein (z. B. die T. des → Mawtbā des Sonntags, die der jeweiligen liturg. Zeit eigen ist); 2. nicht mit einem Psalm verbundene T.

sind im ostsyr. Ritus die Nuhrā-Hymnen im Ṣaprā der Festtage; im westsyr. Ritus für irgendeine Form des »Ehre sei Gott in der Höhe« (T. des Mār Athanasios); 3. auch die alternativ gesungenen dichterischen Texte der Danksagung nach der Kommunion in der ostsyr. eucharistischen Liturgie sind eine T.

Es gibt zahlreiche T. zu Ehren ⚥s, v. a. in der Feier des Gotteslobs. Die Thomaschristen sangen eine T. im → Qālā d-sahrā der ⚥feste, ebenfalls während der Prozessionen an hohen Festtagen: »Am heutigen Fest laßt uns zum Ruhme Mariens einen Kranz von Gesängen verzieren;/ sie ist mit der Sonne bekleidet und beschuht mit dem Mond, und die Sterne sind auf dem Haupte Mariens wie eine Krone./ Eva, eine getötete Jungfrau, tritt ein, die Jungfrau hat Leben gegeben./ Die Herrin Maria ist die reine Muschel, die Schützerin des Wortes, die Perle./ Maria empfängt als Jungfrau, und als Jungfrau ohne Makel bringt sie hervor Gott das Wort./ O Wunder der Jungfräulichkeit, Maria ist immer Jungfrau und Mutter./ Im Buschfeuer wie Tau, so ist Gott das Wort im Schoße Mariens./ Zwei Naturen ohne jegliche Vermischung in einer Person ist der Sohn Marias./ Christus der ewige, den Maria gebar, ist ewiger Gott und vollkommener Mensch./ Vom Samen des Adam war sie nicht befleckt, Maria war vollkommen ohne Makel./ Maria ist die Herrin des Meeres, die Fülle des Glanzes aller Heiligkeit./ Vor Maria ist die Sonne dunkel, und der Mond ist verborgen, und die Sterne sind ohne Licht./ Vor Maria verehren die Seraphim, die Cherubim beugen die Knie, und die (himmlischen) Heere werfen sich zu Boden./ Der Zusammenhalt ihres Leibes wurde überhaupt nicht aufgelöst, und Maria wurde von ihrem Sohn als ein Tempel begründet./ Und er führte sie zur Glückseligkeit der Himmlischen und ließ Maria Platz nehmen zu seiner Rechten./ Er setzte Maria über alle Geschöpfe und über die hohen Mächte der Körperlosen./ Von dem Werke der Finger in den vier Teilen der Welt ist Maria die heilige und geschmückte Königin,/ das Paradies von Eden, umzingelt von der Klinge (des Schwertes), in das Maria eingepflanzt ist, der Baum des Lebens./ Sie ist die Säule und die Stärke der Kirche, Maria ist das östliche Tor, das verschlossen ist./ Herr, laß uns durch dieses Tor eintreten zur ewigen Glückseligkeit. Amen und Amen.« Obgleich die Diskussion über Naturen und Person im menschgewordenen Logos nachscholastisch zu sein scheint, enthält diese T. doch eine Reihe von Zugängen zur ostsyr. Mariologie.

Lit.: Kᵉtā ā d-tešmeštā qanōnāytā d-yawmātā d-ʿēdē (Das Buch des kanonischen Dienstes für Festtage; syr., malabarisch), 1930. — J. Mateos, Lelya-Sapra. Essai d'interprétation des matines chaldéennes, 1959, 500 f. — P. K. Meagher u. a. (Hrsg.), Encyclopedic Dictionary of Religion, 1979, 3478. — P. J. Podipara, Mariology of the Church of the East, 1980. — F. Y. Alichoran, Missel Chaldéen, L' Ordre des Mystères avec les trois anaphores selon le rite de la Sainte Eglise de l' Orient, 1982, 112–114. — V. Pathikulangara, Resurrection, Life, and Renewal, 1982. *J. Madey/V. Pathikulangara*

Tešboḥtā l-Alāhā (»Ehre sei Gott«). Mit der dreifachen Wiederholung des Hymnus der Engel »Ehre sei Gott in der Höhe« (Lk 2,14) beginnt nach ostsyr. Überlieferung jede liturg. Feier. Der Zelebrant spricht den Text, der vom Volk jedesmal mit Amen beantwortet wird. Dann fährt er fort: »Und auf Erden Frieden ...«.

Lit.: J. Madey und G. Vavanikunnel, Qurbana oder die Eucharistiefeier der Thomaschristen Indiens, 1968, 32. 95. — F. Y. Alichoran, Missel Chaldéen, L' Ordre des Mystères avec les trois anaphores selon le rite de la Sainte Eglise de l' Orient, 1982, 43. — V. Pathikulangara, Mar Thoma Margam. A New Catechism for the Saint Thomas Christians of India, 1989, 166. *J. Madey*

Tešmeštā (Plural: tešmᵉšātā; westsyr.: tešmeštō; wörtlich: Dienst, Ordnung), kann verschiedene Bedeutungen haben: 1. eine der Stunden im ostsyr. Stundengebet (t. d-ram-šā, t. d-lēlyā, t. d-ṣaprā) bzw. eine Nokturn; 2. im westsyr. Ritus ein kurzer Gottesdienst, der mit Psalmversen oder einem mit einem eingeschobenen Halleluja versehenen Canticulum beginnt, auf das dann ein → Prumyōn-Sedrō folgt und das mit einem Qōlō abschließt; am Ende der Komplet des Samstags wird ein T. d-kōhnē (der Priester) für die verstorbenen Bischöfe und Priester gesungen; auch die beiden Dienste der Prothesis (ṭuyōbō) der westsyr. Eucharistiefeier, »des Melchisedech« und »des Aaron«, sind Tešmᵉšōtō.

Lit.: P. K. Meagher u. a. (Hrsg.), Encyclopedic Dictionary of Religion, 1979, 3478. — P. T. Givergis Paniker, The Holy Qurbono in the Syro-Malankara Church, In: J. Madey (Hrsg.), The Eucharistic Liturgy in the Christian East, 1982, 142–152. *J. Madey*

Teufel (→ Satan). Die Kulturen des Zweistromlandes kennen eine Fülle dämonischer Götter, die auf die Anschauungen des AT nachhaltig einwirkten. Der Name »Satan« bedeutet »Ankläger« und schließt Feindschaft ein. Die Formgebung im ikonographischen Sinne entsteht langsam. In Ijob 1 erscheint Satan im Kreise der Söhne Gottes, was physische Schönheit vorausetzt. Sach 3,1 und 1 Chr 21 geben ihn als »Polizeispion Gottes«, Verderben sinnend. Das AT gestaltet in häßlichen Tierdämonen tiefes Empfinden für die Abgründigkeit, nicht ohne Blick auf altiranische Theol. Als Drama wird der Engelssturz geschildert. Ez 28,1 schildert Satans Verstoßung durch Michael, und die Mitstürzenden füllen laut Tertullian Straßen und Plätze der Städte.

Verweise zur jüdischen und christl. Ikonographie gibt es zuhauf. Humanistische Gelehrte entwickelten komplexe Bildprogramme (Fassade der Münchner Michaelskirche u. a.). Die ranghöchste Ausformung erfolgte mit Blick auf ⚥ als → Apokalyptische Frau. 12 Sterne und siebenköpfiger Drachen, Feuer- und Wassermetaphern, Michaels Sieg lassen textliche Querverweise zu (Tierkreis, Apostel, Christus als Sonne der Gerechtigkeit u. a. bei Hippolyt, Tychonius, Beda Venerabilis u. a.). Eine großartige Verbildlichung des Antagonismus ⚥s zu Satan gelingt

P. P. Rubens im Hochaltargemälde des Freisinger Doms (Original: München, Alte Pinakothek). Durch exakte Position im Raumganzen, Goldenen Schnitt im Gemälde und Farbsymbolik wird das Langhaus einbezogen. Hier entsteht ein Vorbild für den südtt. spätbarocken Apparat von Bildfläche, rahmender Architektur, Raumkunst ohnegleichen. Bescheidener gestaltet sich die Aufnahme der Motivverknüpfung an der Decke der Pfarrkirche in Weilheim.

Lit.: A. Rosenberg, Engel und Dämone, 1967. — Pigler. — LCI IV 295–300.
G. Westrum

Teufel und Maler. Das →Mirakel »Der Teufel und der Maler« gehört dem häufig vertretenen Typus an, in dem ⚕ und der Höllenfürst als unerbittliche Widersacher aufeinander treffen. Gerade wegen der permanenten bedrohlichen Anschläge des Teufels gegen den Menschen erscheint die GM darin als verläßliche Beschützerin, die — wenn sie nur will — den schlimmsten Sünder sogar noch aus den Fängen der Hölle zu reißen vermag (→»Theophilus«, »Maria und die Sündenwaage«). Aber auch im Alltagsleben ist sie bereit, allen, die sie verehren, gegen die Machenschaften des Teufels beizustehen, handle es sich nun um Ritter, Mönch, Klausnerin, Jüngling, Jungfrau, Sterbenden, Mörderin u.a.

So hatte ein Maler seine Kunstfertigkeit vornehmlich in den Dienst ⚕s gestellt. Einst erhielt er den Auftrag, auf einem Wandbehang die Himmelskönigin und ihren ärgsten Rivalen zu verbildlichen. Er bot all sein Können auf, ⚕ so schön und den Teufel so häßlich wie möglich darzustellen. Erbost verlangte dieser Rechenschaft, warum er so abstoßend gemalt worden sei. Der Maler erwiderte: »Du bist so niedrig, so böse und so entsetzlich, daß ich dich noch viel häßlicher hätte ins Bild setzen müssen, wenn es mir nur möglich gewesen wäre. Unsere liebe Frau dagegen ist so gütig und vollkommen, daß ich meine ganze Seele in ihr Bildnis gelegt habe, und sie hätte es verdient, noch weit schöner gemalt zu werden.« Voll Zorn wollte der Teufel den Maler von der Leiter stoßen, aber der rief die GM an, und sie reichte ihm aus der Leinwand ihre Hand und bewahrte ihn so vor dem tödlichen Sturz. Da suchte der Teufel enttäuscht das Weite.

Ausg.: H.-G. Richert, Marienlegenden aus dem Alten Passional, 1965, 84–86.
Übers.: M. Lemmer, Mutter der Barmherzigkeit, 1987, 41 f.
M. Lemmer

Textilkunst ist ein Sammelbegriff für Verfahren, bei denen Fäden aus Wolle, Baumwolle, Seide oder anderen Materialien zu verschieden großen Flächen oder Gebilden zusammengefügt werden. Die T. beinhaltet verschiedene Techniken der Materialverarbeitung wie das Flechten, Weben, Wirken, Sticken, die Herstellung von Spitzen sowie die Musterung der Stoffe durch Färben oder Bedrucken. Eine spezielle Technik

Textilkunst, Kaselkreuz mit marianischen Szenen, um 1380, Paris, Louvre

der Weberei ist die Wirkerei, die innerhalb des Kunstgewerbes eine eigenständige Entwicklung vollzog (→ Tapisserie).

Die T. der vorchristl. Hochkulturen erlangte schon früh über einfache Gebrauchsgegenstände hinaus selbständige künstlerische Bedeutung. In Konstantinopel verschmolzen verschiedene kulturelle Anlagen zu einer Einheit. Aus dem sassanidischen Reich kamen Stoffe für Reliquienhüllen nach Europa. Dort wo wertvolle Seide nicht erschwinglich war, nahm man einheimische Materialien zur Kombination. Neben den orient. Mustern entwickelten sich eigene Motive v.a. aus dem christl. Vorstellungskreis. Mit den Mongolenstürmen des 13./14. Jh.s kamen wertvolle Stoffe in die ital. Häfen. In Lucca und Pisa entstanden bedeutende Kunstwebereien, die sich später nach Florenz sowie Venedig und Genua verlagerten. Der Samtstoff und v.a. das Granatapfelmuster wurden prägend für die ital. T. Die Abwanderung der Hugenotten aus Frankreich 1598 führte zur Gründung großer Webzentren in Deutschland (Sachsen und Krefelder Raum). Mit Beginn des 18.

Jh.s übernimmt Frankreich die Führung in der Seidenwebkunst. Eine neue Entwicklung der Webstühle ermöglicht die Kombination verschiedener Techniken, die Gebildeweberei (Damast) erlangt Weltruf. Mit der Erfindung des maschinellen Webstuhles wird die Weberei zur Massenproduktion.

Kostbare Stoffe fanden seit alters im Gottesdienst ihre besondere Verwendung. Sie gehörten zur Ausstattung der Kirchen und wurden — von der Kleidung des Priesters bis hin zum Schmuck von Kirchenraum und Altar — bei der täglichen liturg. Feier benutzt. Die Kircheninventare des MA verdeutlichen die Vielfältigkeit und den Glanz der T. Neben den gewirkten und gewebten Kunstwerken war v.a. die als »Nadelmalerei« bezeichnete Stickkunst für die Kirche von großer Bedeutung.

Bereits in der Romanik und Gotik blühte die marian. T., wie Paramente zeigen (Kasel, Niederrhein, Köln, Schnüttgen Mus., um 1510, im Mittelstück des Kaselkreuzes Darstellung der Mondsichelmadonna; Besatz einer Dalmatika mit Darstellung des Mtodes, Seiden- und Goldstickerei auf Leinen, Nürnberg, Germ. Nat. Mus., 1320–20). Die bildlichen Stickereien beschränkten sich zunächst auf Kaselkreuze und Schilde von Pluvialen. Seit dem 13. Jh. wurden aber auch andere liturg. Gewänder mit figürlicher Stickerei verziert (Mitra mit der Darstellung der Krönung Ms, Berlin, Kunstgewerbemus., 13. Jh.).

Die Stickerei war bis zum ausgehenden 15. Jh. vorwiegend ein Teil der Arbeit in den Frauenklöstern. Nach 1600 entwickelte sich jedoch ein eigenständiges Zunfthandwerk, doch blieb die Kirche bis in das 17. Jh. hinein der Hauptauftraggeber. In den Niederlanden setzte Mitte des 15. Jh.s ein Aufschwung in der Paramentenstickerei ein. Werkstätten in Lüttich, Utrecht und Amsterdam fertigten Kaselkreuze, Schilde, Stäbe und Besätze, die im 16. Jh. weithin exportiert wurden (z.B Kasel, das Mittelstück des Rückenkreuzes mit der Darstellung der Krönung Ms, Köln, Schnüttgen Mus., um 1450).

Nicht nur Paramente, sondern auch Kunstgegenstände für den Kirchenraum wurden angefertigt. V. a. die span. Stickerei des ausgehenden 15. Jh.s erreichte mit drastischer Dramatik eine realistische Verbildlichung. Das Altarretabel mit Predella des Bischofs Pedro de Montoja (Chicago, Art Institute, um 1468) zeigt in der Mitte eine Madonna mit Kind, seitlich flankiert von Szenen der Geburt des Kindes und der Anbetung der Könige, die Predella zeigt den Auferstandenen, seitlich von sechs Aposteln gerahmt. Die Anwendung der Stickerei erfolgte sowohl für Antependien und Retabeln, als auch für bildliche Objekte (Altartuch mit 18 Szenen aus dem Mleben, Seidenstickerei auf Leinen, Braunschweig, Städt. Mus., um 1400).

Neben den gewebten und gestickten Textilien ist seit ca. 1000 der Zeugdruck als sog. Direktdruck bekannt. Glatte Seiden- oder Leinenstoffe werden mit Mustern wertvoller Stoffe bedruckt und ahmen so kostbare Brokate oder Damaste nach. Seit dem 14. Jh. werden figürliche Darstellungen, darunter auch marian., gedruckt (Abdruck eines Zeugdruckmodels nach Vorbild eines ital. Seidenmusters, süddt., um 1430–35, eingeklebt in eine Inkunabel von 1479, Regensburg, Alte Kapelle, Archiv). Der Buntdruck wurde zu einem erschwinglichen Ersatz für kostbare Seidenstoffe, ein Teil der Drucke diente auch als Vorlage für Stickarbeiten.

Weitere Techniken der T. sind Sprengarbeiten, Strickereien (Reliquienbeutel, Seidenstrickerei, Chur, Kathedralschatz, 14. Jh.) sowie das Knoten und Flechten, die jedoch im künstlerischen Bereich nur eine untergeordnete Rolle spielen.

Lit.: M. Heiden, Die Textilkunst des Altertums bis zur Neuzeit, 1909. — F. Witte, Die liturg. Gewänder und kirchlichen Stickereien des Schnüttgenmuseums, 1921. — J. Braun, Die liturg. Paramente in Gegenwart und Vergangenheit, 1924. — U. Jaumann, Textilkunde, 1938. — E. Flemming, Das Textilwerk, 1957. — B. Schmedding, Ma. Textilien in Kirchen und Klöstern der Schweiz, Abegg-Stiftung Bern, 1978. — J. Eißengarthen, Ma. Textilien aus Kloster Adelshausen im Augustinermuseum Freiburg, 1985. — R. Martin, Textiles in Daily Life in the Middle Ages, Cleveland Museum of Arts, 1985. — Provinciaal Museum voor Religieuze Kunst, Stof ut de Kist, 1991. — P. Barnet, Clothed in Majesty. European Ecclesiastical Textiles from the Detroit Institut of Art, 1992. — L. v. Wilckens, Die textilen Künste. Von der Spätantike bis um 1500, 1991.
S. Egbers

Thalbach. Die Anfänge des Klosters T. (Bregenz/Österreich) gehen in die erste Hälfte des 15. Jh.s zurück. Seit 1592 befindet sich in dem Kloster eine kostbare Mstatue vom Typ der → »Sedes Sapientiae«, ein Geschenk der nahegelegenen Abtei Mehrerau (früher Benediktiner, seit 1854 Zisterzienser) an die Franziskanerinnen, die damals T. bewohnten und den Mönchen bei der Bekämpfung einer Seuche beistanden. In der Mehrerau befand sich die Statue über dem Portal der Vorhalle zur Kirche. Sie wurde vom Volk sehr verehrt.

1609/10 wurde zu Ehren der »Sedes Sapientiae« die Klosterkirche von G. Prato neu erbaut. 1782 erfolgte die Aufhebung des Klosters durch Joseph II., 1796 übergab die Stadt Bregenz T. den Dominikanerinnen von Hirschberg-Hirschtal, deren Kloster durch einen Brand zerstört worden war. Im folgenden Jahr wurde auch die Statue, die vom Bregenzer Bürger Karg aufbewahrt worden war, in die Klosterkirche zurückgebracht. 1983 übernahm durch ein Dekret der Kongregation für die Ordensgemeinschaften und Säkularinstitute die internat., kirchlich anerkannte Gemeinschaft »Das → Werk« (gegründet von Julia Verhaeghe in Belgien) das Kloster T.

Die zu den bedeutendsten Kunstwerken des Bodenseeraumes zählende T.er GM (Mitte 13. Jh.) weist stilistische Übereinstimmungen mit rhein-maasländischen (z.B. Mstatue in Zolder/Belgien) und dt. Bildwerken (z.B. Reliquienbüste der hl. Walburga in Eichstätt) auf. Sie gilt seit Jh.en als wundertätiges Gnadenbild. Die 1970 freigelegte Fassung (gold, rot und blau) sowie die Faltensprache des Gewandes und die Symbolik können auch heute noch dem betrachtenden Beter die Größe des M geheimnisses in der Lehre und Verehrung der Kirche nahebringen: Der Typus der »Sedes Sapientiae« zeigt M frontal, in ernster und feierlicher Weise, sie dient als Thron für die göttliche Weisheit, die in ihrem Sohn Jesus Christus Mensch geworden ist. Sie, selber voll der Gnade und Weisheit, bringt den Menschen die göttliche Weisheit.

Seit Jh.en ist das M heiligtum Ziel von Wallfahrern aus Nah und Fern. »Das Werk« bemüht sich, die marian. Tradition von T. neu zu beleben. Neben den M andachten (v. a. im Mai und Oktober) wurde der alte Brauch wieder aufgegriffen, einen Brief mit dem Anliegen der Pilger im Stuhl der Gnadenmutter zu hinterlegen. Auch Photos von Menschen, für die gebetet werden soll, können dazugelegt werden. Die Mitglieder des »Werkes« nehmen diese vielen Anliegen immer wieder in ihr persönliches und gemeinschaftliches Gebet auf.

Lit.: L. Rapp, Topographisch-historische Beschreibung des Generalvikariates Vorarlberg II, Brixen 1896, 605–644. 648–661. 662–676. — F. Knecht, Die Aufhebung der Klöster in Vorarlberg unter Kaiser Joseph II., In: Veröffentlichungen des Vereines für christl. Kunst und Wissenschaft in Vorarlberg 12 (1923) 27–45. — A. Ulmer, Die Klöster und Ordensniederlassungen in Vorarlberg einst und jetzt, ebd. 24/25 (1926) 82–89. — G. Fußenegger, Bregenz am Bodensee, Terziarinnenkloster T., In: Alemania Franciscana Antiqua 9 (1962) 94–140. — I. Krumpöck, Die Muttergottes von T. Eine Madonna vom Typus Sedes Sapientiae im Kloster T. in Bregenz, 1988. *H. Geißler*

Thalfang-Berglicht, Lkr. Bernkastel-Wittlich, Diözese Trier. Berglicht wird erstmals 1228 urkundlich erwähnt. Der Ort bestand ursprünglich aus den Ortsteilen Berg und Licht, wovon die Kirche im Ortsteil Berg stand. Es wird angenommen, daß die Verehrung ULF vom Berge hier ihre Wurzeln hat. Bereits 1470 wird die Wallfahrtskirche erwähnt. Berglicht besaß im MA Gerichtsbarkeit und war Mutterkirche für viele Pfarreien im heutigen Dekanat Morbach. Die Wallfahrtskirche hatte damals vier Altäre und drei Glocken (von 1391, 1462 und 1545), die alle der GM geweiht waren. In den Neubau der heutigen Wallfahrtskirche von 1913/14 wurden Teile des romanischen (Wehrturm, Taufstein, Altartisch) und gotischen (Chor, Sakramentshäuschen, Sakristei) Vorgängerbaus einbezogen.

Über die Anfänge des Gnadenbildes ULF vom Berge ist nur bekannt, daß es 1756 durch eine neue Madonna ersetzt wurde. Es war immer ein bewegtes Auf und Ab der Wallfahrt, im Krisen- und Grenzgebiet zu Frankreich. Der Schulchronik von 1920 zufolge, soll es in früheren Jahren viele Gebetserhörungen durch ULF vom Berge gegeben haben. Patrozinium ist »Mariae Geburt« (8. September); außerdem werden alle anderen Hochfeste der GM feierlich begangen. Noch heute kommen mehrere Wallfahrtsgruppen zu Fuß oder mit dem Bus nach Berglicht.

Lit.: Wallfahrtskirche ULF vom Berge Berglicht, hrsg. vom Pfarramt Berglicht, o.J. — Trierische Landeszeitung vom 4.5.1957, 4. — Dehio-Rheinland-Pfalz, 1972, 94. *H. Resch*

Thans, Hilarion, OFM, (Taufname: Antonius), * 12.1.1884 in Maastricht, † 10.1.1963 in Lanaken, südniederländischer Dichter und Schriftsteller, trat 1902 in den Franziskanerorden ein und wurde 1909 zum Priester geweiht. Während des Ersten Weltkriegs war er als Sanitäter und später als Feldgeistlicher tätig. Nachher übernahm er, soweit es seine schwache Gesundheit ihm erlaubte, Aufgaben in der Seelsorge und machte mehrere Reisen.

Als Prosaschriftsteller verfaßte T. zahlreiche Erzählungen, mehrere Reiseberichte, hagiographische Werke, einen Bericht über seine Kriegserlebnisse (»Mijn oorlog«, 1921), eine Autobiographie (»Eigen leven en werk«, 1953) sowie geistliche Essays und Betrachtungen (»Geestelijk onderricht«, 1946–63, 12 Bde.). T.' lyrische Anfänge sind symbolistisch und impressionistisch geprägt; sie weisen ebenfalls Tendenzen auf, die an die Tradition der niederländischen lit. Erneuerungsbewegung der 80er Jahre des 19. Jh.s, der sog. »Tachtigers«, anknüpfen. Bereits seine frühen Gedichtbände, »Omheinde hoven« (1913) und »Verloren stroom« (1920) enthalten zahlreiche M gedichte, ausgelöst etwa durch die Betrachtung von Glasmalereien, durch Reisen zu marian. Gnadenstätten, durch die Jahreszeit oder durch den Krieg. T.' marian. Hauptwerk ist der M zyklus »Der Lieve Vrouwe« (1923), der 91 Sonette umfaßt, die sich um Bitten und Anrufungen aus Litaneien und M liedern sowie um Wörter und Satzteile des Ave Maria gruppieren. Einen Großteil seiner frühen M gedichte vereinte T. 1939 zu einem M leben in Versen mit verbindenden Prosatexten unter dem Titel »Langs Maria's leven«. Es wurde 1955 in einer leicht überarbeiteten Fassung erneut aufgelegt, diesmal mit dem Titel »Dichterlijke dagen bij Maria«. T. verfaßte auch eine Biographie in Versen von Bernadette → Soubirous, der M in Lourdes erschienen war (»Van het kind dat Maria zag«, 1929), zudem übersetzte er den Dokumentarband von L.J. Kerkhofs über den M wallfahrtsort → Banneux (»Wat gebeurde er te Banneux«, 1957).

Lit.: L. Swerts, H. T., de minnezinger Gods, 1943. — Pelgrim over aardse landen. Gedenkboek H. T., 1964. — L. Brans und D. Janssen, H. T., een eeuw later, 1984. *G. van Gemert*

Theatiner (CR, CRT, OT, OTheat), Regularkleriker, am 14.9.1524 zur rel. Erneuerung des Klerus gegründet vom hl. Cajetan v. Thiene (1480–1547) zusammen mit Giampietro Caraffa (Paul IV.; 1476–1559), der damals Bischof von Chieti (lat. Theate) war, woher die volkstümliche Bezeichnung T. rührt. Es entspricht der tiefen M frömmigkeit Cajetans, der M bes. als Mittlerin aller Gnaden verehrte, daß er den neu gegründeten Orden der Mutter Jesu übereignet und sie, den → Dominikanern gleich, bei den ersten Gelübden in St. Peter (Rom) nennt: »promitto Deo et beatae Mariae semper virgini …«. Die T. wissen sich seit 1647 unter dem Patronat der Mater puritatis stehen; sie verehren M aber auch als Immaculata. Mit Privileg (30.1.1671) von Papst Clemens X. verleihen sie dieser zu Ehren das Blaue Skapulier. Dieser Brauch wird weiter institutionalisiert mit der unter Papst Leo XIII. am 19.9.1884 bei St. Andrea della Valle (Rom) errichteten Erzbruderschaft der UE; etwa 200 Bruderschaften sind ihr aggregiert. Die T. waren schließlich Förderer der bes. mit → Grignion v. Monfort verbundenen Sklaven-, Dienerschaft ᛗs. Marian. Heilige des Ordens sind bes. der hl. → Andreas Avelino (1521–1608), der reiches marian. Schrifttum verfaßte, ferner der ehrwürdige Francesco M. Olimpo († 1639) sowie die ehrwürdige Ursola → Benincasa (1567–1618), Gründerin der Eremitinnen sowie der Oblatinnen der Immaculata, auch Theatinerinnen genannt. Für die marian. Askese hat Lorenzo Scupoli (1530–1610) mit seinem in viele Sprachen übersetzten Werk »Il combatimento spirituale« (Venedig 1589 u. ö.; dt. zuletzt Limburg 1935) Bemerkenswertes beigesteuert.

Lit.: S. Bordoy, In: EphMar 8 (1958) 151–157. — DIP V 978–999. 2016. — NCE XIV 5f.   *F. Courth*

Theodor I., Papst vom 24.11.642 bis 14.5.649, wurde in Jerusalem geboren und gehörte zum griech. Klerus in Jerusalem. Als Papst führte er den Kampf gegen den Monotheletismus entschieden fort und bereitete die Lateransynode von 649 vor. Unter ihm wurde das Fest der Darstellung des Herrn erstmals in Rom gefeiert.

Lit.: Caspar II 543–553. — Manoir II 489; VI 172. 694. — Beinert-Petri 416. — Papsttum I 102f.   *R. Bäumer*

Theodoret v. Kyros, * um 393 in Antiochien, † spätestens 466, erhielt seine Ausbildung in den Klosterschulen Antiochiens. Daß → Theodor v. Mopsuestia sein Lehrer, → Nestorius und → Johannes v. Antiochien seine Mitschüler gewesen sind, ist unwahrscheinlich. Schon 423 wurde er gegen seinen Willen Bischof der kleinen, östlich von Antiochien gelegenen Stadt Kyros. Anfang 431 griff er mit zwei Schriften → Cyrill v. Alexandrien und das ephesinische Konzil zugunsten des Nestorius an. Der geschlossenen Union, deren Formel (Acta Unionis) wahrscheinlich von ihm selbst verfaßt war, trat er erst 434 bei, ohne jedoch damit Nestorius preiszugeben. Die der nestorianischen entgegengesetzte Irrlehre des Eutyches fand in ihm einen entschiedenen Gegner. Er wurde deshalb auf der »Räubersynode« von Ephesos (449) abgesetzt. Daraufhin appellierte er an Papst → Leo I. (Epistula 113). Nach Abgabe einer gegen die Lehre des Nestorius gerichteten Erklärung durfte er am Konzil von → Chalkedon (451) »als orthodoxer Lehrer« teilnehmen. Das 5. Allgemeine Konzil hat später (533) seine gegen Cyrill und das Ephesinum gerichteten Schriften sowie einige seiner Briefe und Predigten unter den »drei Kapiteln« verurteilt. Trotzdem hat T. die nestorianische Lehre nie vollständig gebilligt.

T. gehört zu den fruchtbarsten Schriftstellern der griech. Kirche: 1. Dogmatisch-polemische Schriften: Unter diesen Werken sind wegen ihres mariol. Inhalts der »Eranistes« (Der Bettler), ein Dialog zwischen einem Bettler und einem Orthodoxen, »De incarnatione Domini« und »Quaestiones et responsiones ad orthodoxos« zu erwähnen; 2. Apologetische Schriften: Die letzte und vielleicht beste der gegen das Heidentum gerichteten Apologien schrieb er unter dem Titel »Graecorum affectionum curatio« (Heilung der heidnischen Krankheiten); die stilistisch sorgfältig ausgearbeiteten 10 Reden über die Vorsehung hat er zwischen 435 und 437 vor einer gebildeten Hörerschaft in Antiochien gehalten; 3. Briefe und Predigten: von den vielen Briefen sind ungefähr 230 erhalten geblieben; von den Predigten sind nur geringe Reste überliefert; 4. Historische Schriften: die »Kirchengeschichte« wurde 449–450 geschrieben und umfaßt die Jahre 325–428; die »Historia religiosa« (Mönchsgeschichte) beschreibt das Leben von Asketen bei Antiochien und Kyros; das »Haereticarum fabularum compendium« (Häretikergeschichte) beschreibt die Häresien bis Eutyches; 6. Exegetische Schriften: Nach der Versöhnung des Johannes v. Antiochien mit Cyrill v. Alexandrien in den Acta Unionis (433) nahm T. seine exegetische Arbeit auf; seine Kommentare, die fast vollständig erhalten sind, umfassen in etwa das ganze AT; er schreibt Kommentare (Interpretationes) zu allen Propheten, den Psalmen und dem Hohenlied; dazu kommt eine Reihe von »Quaestiones et responsiones« zum Oktateuch, den Büchern der Könige und den Paralipomena (Chronica); das einzige Zeugnis aber, das von seiner Exegese des NT erhalten blieb, ist sein Kommentar zu den Paulusbriefen. T. darf als einer der bedeutendsten Erklärer der Hl. Schrift im Altertum bezeichnet werden.

Nach der Unterzeichnung der Acta Unionis (433) und der damit verbundenen Versöhnung mit der Kirche von Alexandrien nimmt T. den Begriff Θεοτόκος an. Er widersetzt sich sogar der Lehre des Nestorius, die die Gültigkeit dieses Begriffs leugnet (Haer. fabul. compendium 4,12). Das Nestorius entgegengesetzte Extrem wird von Eutyches vertreten, der die Tatsache leugnet, daß das Göttliche Wort bei der Menschwerdung einen Leib angenommen habe (ebd. 4,13); für T. ist die Irrlehre des Eutyches, chronologisch gesehen, die letzte christol. Häresie, ihr Inhalt ist jedoch der Christol. der Gnostiker wie Marcion, Manes, Valentin und Bardesanes sehr ähnlich. In der »Epistula 151 ad monachos« systematisiert T. die mariol. Irrlehren vor Nestorius und Eutyches auf folgende Weise: Marcion und Manes leugnen die Fleischwerdung des Wortes und seine Geburt aus der Jungfrau ᛗ, denn das göttliche Wort habe nur menschlichen Schein angenommen; Valentin und Bardesanes leugnen ebenfalls die Fleischwerdung; obwohl sie an die Geburt aus ᛗ glauben, wird diese Geburt als Durchgang durch einen Kanal verstanden, ohne daß Christus wirklich fleischliche Gestalt annimmt; Sabellius v. Lybien, Photinus v. Galatien, Markellos v. Ankyra und Paulus v. Samosata behaupten, daß Christus nur ein aus 🅼 geborener Mensch sei und leugnen seine göttliche Natur; Arius und Eunomius behaupten, daß das Wort von 🅼 nur einen menschlichen Leib ohne Seele empfangen habe, und Apollinarius v. Laodicea, daß das Wort einen Leib mit einer vernunftlosen Seele, ohne menschlichen Geist angenommen habe. All diesen werden zuletzt noch die Irrlehren des Nestorius und Eutyches hinzugefügt (s. a. De incarnatione Domini 9, Erastines prol. und Ep. 145).

Als Angehöriger der Schule von Antiochien behauptet T., daß an der Seite des Namens Θεοτόκος der Ausdruck Ἀνθρωποτόκος verwendet werden müsse, denn so würde deutlich herausgestellt, daß es in Christus zwei Naturen gibt, die göttliche und menschliche, und so der mögliche Irrtum einer absurden Fehlinterpretation des Θεοτόκος verhindert werde, nach der 🅼 ein göttliches Prinzip wäre, eine Göttin, die einen anderen Gott zeugt (De incarnatione Domini 35). Außerdem bedeuteten die beiden Wörter dasselbe, denn sie unterschieden sich nicht in ihrem theol. Inhalt; auf jeden Fall ist Θεοτόκος wie der Eigenname 🅼s zu betrachten und Ἀνθρωποτόκος wie der Gattungsname, der auch für jede andere Frau und Mutter Gültigkeit besäße (Ep. 16). Christus sei immer Gott und ohne aufzuhören, Gott zu sein, werde er Mensch von Anbeginn seiner Zeugung in 🅼: das sei die einzige Bedeutung des Begriffs Θεοτόκος (Ep. 151 ad monachos). T. findet die biblische Grundlegung dieser Lehre in den Paulusbriefen (In Ep. ad Gal 4,4; In Ep. ad Hebr. 7,3) und auch (Ep. 83) in einer Synthese der paulinischen Doktrin (Röm 1,3 und 9,5) mit der des Johannes (Joh 1,14 und 1,30). In dieser Ep. 83 bezeichnet er diejenigen, die 🅼 den Namen Θεοτόκος verweigern, als weit von der Frömmigkeit und Rechtgläubigkeit entfernt (ἀλλοτρίους τῆς εὐσεβείας).

Die Jungfräulichkeit 🅼s wird laut T. auch von verschiedenen Irrlehrern geleugnet: Carpocrates, die Sethianer, die Ebioniten, Cerinthus, Artemon, die Elkesaiten und Noëtus v. Smyrna (Haer. fabul. compendium 1,5; 1,14; 2,1; 2,3; 2,4; 2,7; 3,3). Der Bischof von Kyros geht von den paulinischen Parallelismus aus 1 Kor 15,47 aus: »Der Erste (Mensch) stammt von der Erde und ist Erde; der Zweite (Mensch) stammt vom Himmel« und er schließt mit der Aussage, daß so wie Adam aus der jungfräulichen Erde wie aus einer Mutter entstand, Christus gleichsam aus einer jungfräulichen Mutter entstanden ist und daß die Jungfräulichkeit unberührt blieb, als er geboren wurde (De incarnatione Domini 23). Christus nahm die ganze Menschennatur an außer der Sünde und daher wurde er aus einer Frau geboren, nach den Gesetzen der menschlichen Natur; nur die jungfräuliche Geburt gehe über die Natur hinaus (In Psalmum 108,21). Aus diesem Grund vergleicht T. das Wunder der jungfräulichen Geburt mit dem Gang über das Wasser und dem Eintritt in das Haus der Jünger bei verschlossenen Türen (Erastines, dial. 2; Ep. 145). T. findet die biblische Begründung dieser Lehre nicht nur in den Paulusbriefen, sondern auch in zahlreichen Passagen des AT, denn die zukünftige Fleischwerdung seines Sohnes aus einer Jungfrau sei von Gott vorgesehen gewesen (In Genesim 19); daher sagten die Propheten und Psalmen die jungfräuliche Geburt Christi voraus (Graec. affect. curatio 6,79). Die hauptsächlichen atl. Bilder, die die spätere Jungfräulichkeit 🅼s bekunden, seien der brennende Dornbusch, der sich nicht verzehrt (Ex 3,2) und der Frühling, mit dem die Befreiung Israels aus Ägypten begann, denn ebenso wie Israel, als es in Sklaverei unterworfen war, dazu bestimmt gewesen sei, Ägypten überlegen zu sein, so sollte der Eingeborene die Jungfräulichkeit seiner Mutter erhalten, nachdem er in ihrem jungfräulichen Leib gewohnt hatte; man solle auch bedenken, daß der Erzengel Gabriel 🅼 die jungfräuliche Geburt ihres Sohnes im Frühling verkündet habe (In Gen 6 und 72). Die jungfräuliche Geburt sei auch vorangekündigt durch den Stein, der, nach der Vision des Daniel (Dan 4,23), ohne Kraftanstrengung ausgerissen wurde (In Dan. II 2,34; In Psalmos 117,22). Die Jungfrau 🅼 sei auch präfiguriert in den vom Regen benetzten Feldern (Ps 71,6) und in dem Brautkleid im Hohenlied 4,11 (In Canticum II 3,7; III 4,11); 🅼 sei auch präfiguriert in der Prophetin, von der Jesaja 8,3 spricht (ebd. IV 7,5). Prophezeiungen der Jungfräulichkeit 🅼s fände man in dem verschlossenen Tor, das nach Osten gerichtet ist (In Ez 44,1) und in dem Begriff παρθένος aus Jes 7,14, der nach T. nicht »jung« schlechthin bedeute, sondern eher jungfräulich (in Isaiam 7,14).

T. verteidigt auch die Jungfräulichkeit 🅼s nach der Geburt in seinem Kommentar zu Ez 44,1 sowie in der Deutung des Ausdrucks »Jakob, Bruder des Herrn« (Gal 1,19): Nach T. sei der hl. Jakob der Sohn einer Schwester 🅼s und keineswegs Sohn des hl. Joseph aus einer früheren Ehe vor 🅼 (In Ep. ad Gal. 1,19). Jesus sei nach jüdischem Gesetz Sohn Josephs, auch wenn es keinen Beischlaf gegeben habe (Quaest. et resp. ad orthodoxos 66–67), und aus diesem Grund sei 🅼 im eigentlichen Sinne Gattin Josephs (In Deuteronomium 24). Die Jungfräulichkeit in der Kirche sei Frucht der immerwährenden Jungfräulichkeit 🅼s (Hist. Rel. 30).

In den »Quaestiones et responsiones ad orthodoxos« (224–228) bietet T. eine Exegese von Joh 2,4, Lk 2,51 und Lk 11,28, in der er zeigt, daß Jesus 🅼 immer gehorsam war und seiner jungfräulichen Mutter die gebührende Ehre erwies.

QQ: PG 80–84. — CPG III, 1979, 201–219. — Die kritischen von 1979 bis heute erschienenen Ausg. und Übers. beziehen sich auf Werke T.s, die kaum mariol. Probleme berühren, außer: N. Fernández-Marcos und A. Sánchez-Badillos (Hrsg.), Theodoretis Cyrensis Quaestiones in Octateuchum, Editio critica, 1979. — J.-N. Guinot (Hrsg.), Théodoret de Cyr. Commentaire sur Isaïe, 1980, 1982, 1984.

Lit.: A. Bertram, Theodoreti doctrina christologica, Hildesiae 1883, 176–178. — K. Jüssen, Die Christologie des T. v. Cyrus nach seinem neuveröffentlichten Isaiaskommentar, In: ThGl 27 (1935) 438–452. — M. Mandac, L'union christologique dans les oeuvres de Théodoret antérieures au Concile d'Éphèse, In: EThL 47 (1971) 64–70. — G. Koch, Strukturen und Geschichte des Heils in der Theol. des T. v. K., 1974. — A. Grillmeier, Jesus der Christus im Glauben der Kirche I, 1979, 692–700. — Altaner 339–341. — J.-N. Guinot, Un évêque exégète: Théodoret de Cyr, In: C. Mondesert (dir.), Le mond grec ancien et la Bible, 1984, 335–360. — Ders., La christologie de Théodoret de Cyr dans son Commentaire sur le Cantique, In: VigChr 39 (1985) 256–272. — P. B. Clayton, T. Bishop of Cyros, and the Mystery of the Incarnation in Late Antiochene Christianity, Diss., New York 1985. — A. Viciano, Cristo el Autor de nuestra salvación. Estudio sobre el Comentario de Teodoreto de Ciro a las Epístolas paulinas, 1990. — Ders., T. v. K. als Interpret des Apostels Paulus, In: ThGl 80 (1990) 279–315. — LThK² X 32–35. — DSp XV 418–435. *A. Viciano*

Theodoros v. Mopsvestia, * um 350 in Antiochien, † um 428, war wohl Schüler des Libanius, Freund des →Johannes Chrysostomus und gehörte einer aszetischen Gruppe um →Diodor an. 392 wurde er Bischof von Mopsvestia. Er kommentierte fast die gesamte Bibel und verfaßte viele dogm. und katechetische Schriften. Der zu Lebzeiten geschätzte Bischof und Theologe wurde 439 von Cyrill v. Alexandrien der geistigen Urheberschaft des →Nestorianismus beschuldigt; das 2. Konzil von Konstantinopel (553) verurteilte ihn deshalb (anschließender Dreikapitelstreit). Das umfangreiche Schrifttum wurde deshalb im Urtext größtenteils vernichtet, jedoch sind lat. (Kommentare zu den Paulusbriefen und Psalmen) und syr. Übersetzungen erhalten. Außerhalb des Reiches in der Schule von Nisibis und in der ostsyr. Kirche, den sog. Nestorianern, wurde T. zur verbindlichen Lehrautorität erhoben. Die Missionsarbeit dieser Kirchen (Indien, Mongolei) verbreitete auch T.s Theol. Sicher kann von ihm noch nicht die theol. Ausgeglichenheit von Chalkedon erwartet werden, jedoch bleibt die Frage, ob er in seinem berechtigten Kampf gegen Arius und →Apollinaris nicht zu stark der Trennungschristologie gefolgt ist. Ohne echte →hypostatische Union und die communicatio idiomatum (T. spricht z. B. auch von der Einheit Christi analog zur Einheit von Mann und Frau) können Soteriol. und Mariol. nicht gelingen, auch wenn T. die Einheit der beiden Naturen stark verankern wollte.

Gegen die Geschöpflichkeit des Sohnes (Arius) und das Logos-Sarx-Schema verteidigte T. die Transzendenz des Logos, der nicht geschöpflichem Wandel unterliegen (vgl. DS 126) und deshalb auch nicht die Stelle der Geistseele einnehmen kann. T. arbeitet demgegenüber mit den Begriffen der Annahme (annehmender Logos und angenommener Mensch) und der nicht auflösbaren Verbindung. Der göttlichen Natur fremde Geschehnisse und Empfindungen (dürsten, versucht werden, leiden, geboren werden) sind nur auf den Menschen zu beziehen. Die Geburt aus M sieht T. mit Gal 4,4 als Beleg für das volle Menschsein des Erlösers. T. weist dabei energisch den Einwand zurück, die vaterlose Empfängnis Jesu widerstreite seinem vollen Menschsein. Auch Eva sei voller Mensch und doch nicht wie die übrigen Menschen entstanden. Jesus »nimmt nämlich ganz an der menschlichen Natur teil, weil er aus der Natur Mariens hervorgegangen ist«. Die Andersheit seines Entstehens bezeugt seine Neuheit (alterum advenit nova ratione et alterum secundum legem naturae: Katech. Hom 6; StT 145, 147 f.; Corp. Marian. 1299; 1297). Die neue Epoche sieht T. auch darin angedeutet, daß derselbe Hl. Geist, der mit Vater und Sohn am Anfang die Welt geschaffen hat, auch den Leib Jesu aus M entstehen ließ (vgl. PG 66,705; Corp. Marian. 1308). Sowohl in der Begründung des vollen Menschseins Jesu mit seiner Herkunft aus M als auch in der jungfräulichen Empfängnis und in ihrer Erklärung (vgl. das nove nasci Tertullians; später ähnlich Leo: DS 292) geht T. mit der kirchlichen Tradition konform. Problematisch wird die (Christol. und) Mariol. erst dadurch, daß er die Sache (die Begrifflichkeit selber ist überhaupt jünger) der hypostatischen Union bzw. der communicatio idiomatum auf Grund der genannten Frontstellung nicht mehr zu halten vermag und die Naturen zu stark trennt. Deshalb erklärt er die Auffassung, Gott sei aus der Jungfrau geboren worden, für »unsinnig«; man müsse zwischen dem Geborenen bzw. dem Tempel und dem Logos, der im Tempel ist, unterscheiden (PG 66,997; Corp. Marian. 1304). Der Theotokostitel ist von dieser Unterscheidung her zu prüfen: »Wenn man fragt, ob Maria Menschengebärerin oder Gottesgebärerin ist, soll unsere Antwort heißen: Beides. Das eine auf Grund der Natur des Geschehens, das andere auf Grund des Bezuges ... Gottesgebärerin, da Gott in dem geborenen Menschen war ...« (PG 66,992; Corp. Marian. 1203; Devreesse 173). Der Theotokostitel ist ganz im Rahmen der Zwei-Naturen-Lehre T.s zu verstehen, deren Einheit er nicht befriedigend erklären konnte, und gilt nicht im vollen Sinne. Wegen der begrenzten Berechtigung des Theotokostitels kann auch die Jungfrauengeburt (als Verweis auf den göttlichen Vater), an der T. ohne Einschränkung festhält, nicht recht gewürdigt werden.

Da auf Grund der Christol. die Stellung Ms nicht voll zur Geltung kommen kann, verwundert die marian. Zurückhaltung T.s nicht. Bei der Erklärung von Mt 12,47–50 findet er, im Gegensatz zu Johannes Chrysostomus, nichts Tadelnswertes an M (vgl. Corp. Marian. 1309), jedoch hätte sie auf der Hochzeit zu Kana die Not der Brautleute nur zum Vorwand genommen, um Jesus zur Offenbarung seiner (M schon von den Kindheitsevangelien her bekannten) Herrlichkeit zu bewegen; deshalb wird sie zurechtgewiesen (vgl. CSCO 116,39 f.; Corp. Marian. 1310/11). Bei der Auslegung von Joh 19,25 ff. hebt T. nur die Liebe Jesu zu Johannes hervor, den er seinen Platz bei der Mutter einnehmen ließ; zu ihr selber fehlt jede Ausführung. Auch bei T. bestätigt sich der innere Konnex zwischen Christol. und Mariol., d.h. die zentrale Stellung und katalysatorische Wirkung der Mariol.

Lit.: S. Alvarez Campos, Corpus Marianum Patristicum II. — R. Devreesse, Essai sur Théodore de Mopsueste, In: StT 141 (1948). — A. Ziegenaus, Das Menschenbild des T. v. M., Diss., München 1963. — A. Grillmeier, Jesus Christus im Glauben der Kirche I, 1979, 614–634. *A. Ziegenaus*

Theodoros Prodromos, byz. Schriftsteller, tätig ab ca. 1120, † wahrscheinlich vor 1158 (oder erst gegen 1170). Schwerpunkte seines Schaffens bilden u.a. Lehrschriften (z.B. ein Kommentar zu Hymnen des → Johannes v. Damaskos und des → Kosmas v. Maium), rel. Epigramme (darunter metrische Heiligenkalender und eine Sammlung von Tetrasticha zum AT und NT) sowie Gelegenheitsgedichte, verfaßt im Auftrage des Kaisers (Johannes II. Komnenos, 1118–43) und anderer Personen des Hofes zu verschiedenen Anlässen im Leben der Auftraggeber und ihrer Angehörigen, aber auch zu großen öffentlichen Festlichkeiten wie Wagenrennen oder dem feierlichen Einzug des Kaisers in der Hauptstadt nach einem erfolgreichen Feldzug.

Ohne selbst ein Hofamt zu bekleiden, ist P. doch, ähnlich wie Jh.e zuvor Georgios → Pisides, als echter Hofdichter anzusprechen, der es mit großer Gewandtheit versteht, die Inhalte der byz. Kaiserideologie den Lesern und insbesondere den Hörern seiner Gedichte (viele davon wurden im Rahmen des Zeremoniells vorgetragen) sinnfällig zu vermitteln. Dabei wird, speziell bei der Schilderung kriegerischer Auseinandersetzungen mit nichtchristl. Gegnern, GM nicht nur als Fürsprecherin, sondern (auch dies bereits bei Pisides vorgebildet) bes. als Mitstreiterin und eigentliche Urheberin des Sieges dargestellt. Die in diesem Sinn aussagekräftige Geste des Kaisers, beim feierlichen Einzug in → Konstantinopel den Platz auf dem Triumphwagen einer Ikone der GM zu überlassen und selbst zu Fuß zu gehen, wird entsprechend hervorgehoben (Historische Gedichte V und VI). Gelegentlich schreckt T. auch vor besonderer Drastik nicht zurück, etwa wenn er im Historischen Gedicht VIII (bezeichnenderweise ein hexametrisches und auch motivisch stark homerisch geprägtes Gedicht) berichtet, wie GM, ähnlich einer antiken Gottheit, ein Gebet des Kaisers während der Belagerung von Gangra erhörend, einen von ihm aufgelegten Stein mitten in die belagerte Stadt auf ein Haus lenkt, dessen Bewohner tötet und so den byz. Erfolg einleitet.

Die an GM gerichteten Epigramme sind ebenfalls größtenteils im Umkreis des Hofes entstanden. Es handelt sich zumeist um Votivinschriften für Ikonen, liturg. Geräte und sonstige rel. Objekte, die in der Regel ein Bitt- oder Dankgebet (oder beides) sowie eine knappe Nachricht über die Person des Stifters, allenfalls auch über den Anlaß der Stiftung enthalten.

Das in den Handschriften unter dem Namen des → Gregor v. Nazianz überlieferte Passionsdrama »Χριστὸς Πάσχων«, das mit großer Wahrscheinlichkeit in das 12. Jh. zu setzen ist, wurde gelegentlich P. zugewiesen. Es ist dies eine groß angelegte GMklage (dem Karfreitagshymnus des → Romanos Melodos oder den Prosaklagen wie jener des Georgios → Lapithes an die Seite zu stellen), die sich zwar der Form der griech. Tragödie (unter Verwendung zahlreicher unveränderter Euripides-Verse) bedient, jedoch offenbar nicht für dramatische Aufführungen geschaffen wurde.

Ausg.: PG 133,1101–1422. — E. Miller, Poésies inédites de Théodore Prodrome, In: Annuaire de l'Ass. pour l'encouragement des études grecques 17 (1883) 18–64 (zahlreiche GM-Epigramme, vermutlich unecht). — W. Hörandner, Theodoros Prodromos, Historische Gedichte, 1974 (mit Werkliste).
Lit.: S. Papadimitriu, Feodor Prodrom, Odessa 1905. — A. Kazhdan und S. Franklin, Studies on Byz. Literature of the 11th and 12th Centuries, 1984, 87–114. — W. Puchner, Theaterwissenschaftliche und andere Anmerkungen zum »Christus Patiens«, In: Anzeiger der phil.-hist. Klasse der Österr. Akademie der Wissenschaften 129 (1992) 93–143. — Tusculum-Lexikon, ³1982, 666–670. — Oxford Dictionary of Byzantium, 1991, 1726 f. *W. Hörandner*

Theodoros Studites, bedeutender byz. Theologe und Reformator des Mönchtums, »großer (Kirchen)vater und Bekenner« (PG 99,113 A), *759 in Konstantinopel, †11.11.826 im Kloster Tryphon auf dem Kap Akritas (PG 99,221 D ff.), stammte aus einer reichen Adelsfamilie; seine Eltern, Photinos und Theoktiste, waren sehr fromm und ikonenfreundlich und widmeten sich dem monastischen Leben (PG 99,116). T. erhielt eine gute Ausbildung, wobei die Mutter ihn am stärksten beeinflußte (PG 99,901). 780 trat er mit seinem Bruder Joseph, dem späteren Erzbischof von Thessaloniki, in das Kloster Sakkudion in Bithynien ein, dem sein Onkel Platon vorstand. 787/788 wurde er dort Priester und 794 Abt. Wegen der ablehnenden Haltung der Mönche des Sakkudion-Klosters unter der Führung T.s im moichianischen Streit (ζευξιμοιχεία: Kaiser Konstantin VI. verließ seine Frau Maria und heiratete die Hofdame Theodora, was nachträglich auch vom Patriarchen Tarasios gebilligt wurde) wurde das Kloster schon bald aufgelöst und T. 795 nach Thessaloniki verbannt. Nach Absetzung des Kaisers durch seine Mutter Eirene (797) und Beendigung des Streites konnte er zwar nach Sakkudion zurückkehren, mußte aber vor den Arabern fliehen.

798 übernahm er das alte und verlassene Kloster τοῦ Στουδίου (gegründet 463 vom Senator Studius). War das System des organisierten Koinobions v.a. wegen der Mönchsverfolgungen während der ersten Phase des Bilderstreites zugunsten des anachoretischen Ideals vernachlässigt worden, so erlebte das Studiu-Kloster unter dem strengen Typikon von T., der die koinobitischen »Mönchsregeln« des hl. Basileios zugrundelegte, in wenigen Jahren eine große Blüte und zählte über 700 Mönche. Es wurde zum Zentrum klösterlicher Reformen, beeinflußte stark das spirituelle und liturg. Leben der Kirche (auch im slawischen Raum) und förderte

überdies kulturelle Entwicklungen (die Minuskelschrift hat sich wahrscheinlich durch das eifrige Abschreiben von Handschriften dort durchgesetzt).

Nach der Wahl von Nikephoros (806) zum Patriarchen und nachdem dieser durch eine Synode über Abt Joseph, der Konstantin VI. getraut hatte, »Oikonomia« walten ließ, kam es 808 zu neuer Opposition und Verfolgung der Studiten. T., Platon und Joseph wurden auf die Prinzeninseln verbannt; von dort aus hat sich T. u.a. mit der Bitte um Hilfe an den Papst gewandt. Erst unter Kaiser Michael I. Rangabes (811–813) wurde der Konflikt beigelegt (Ep 86: PG 1329 B–1332 B). Nach dem erneuten Aufflammen des →Bildersturmes unter Leon V. (813–820) leistete T. wieder heftige Opposition und mußte nochmals in die Verbannung gehen, zuerst nach Metopa, dann nach Bonita und zum Schluß nach Smyrna. Seine Aktivitäten für die Ikonen setzte er auch von dort aus durch Briefe und Traktate fort. Unter Kaiser Michael II. (820–829), der in der Frage der Bilder nach Kompromissen suchte, wurden die Gefangenen, darunter auch T., freigelassen. Wohl wegen der ambivalenten Politik des Kaisers hat sich T. danach und bis zu seinem Tode in erster Linie nicht mehr in Konstantinopel, sondern an verschiedenen anderen Orten (im Kloster Kriskens und zum Schluß im Kloster Tryphon) aufgehalten. Nach der endgültigen Wiederherstellung der Bilder, an der T. wesentlichen Anteil hatte, wurden seine Reliquien, wie die seines Onkels Platon und Bruders Joseph, 844 feierlich zum Studiu-Kloster nach →Konstantinopel überführt. Sein Fest wird am 11. November begangen.

T. hat zahlreiche Schriften verfaßt: Einen großen Teil seines Werkes machen seine Briefe aus, die an verschiedene Personen (Kaiser, Päpste, Patriarchen, Mönche etc.) gerichtet sind und von denen nur ein Teil (ca. 550) erhalten ist. Inhaltlich befassen sich die Briefe, von denen viele richtige Traktate sind, mit verschiedenen, bes. zeitgenössischen, Fragen. Mehrere Schriften richten sich gegen die Ikonengegner und stammen hauptsächlich von 815–826 (drei Ἀντιρρητικοὶ καὶ εἰκονομάχους, Ἀνατροπὴ ἀσεβῶν ποιημάτων τῶν Ἰωάννου, Ἰγνατίου, Σεργίου καὶ Στεφάνου, Προβλήματά τινα πρὸς Εἰκονομάχους, Κατὰ Εἰκονομάχων κεφάλαια ἑπτά, einige Jamben etc.). Bes. erwähnenswert sind die etwa zwanzig erhaltenen Homilien und seine asketischen Schriften, die nicht nur rein asketische Fragen (Fasten, kanonische Strafen etc.), sondern auch die Ordnung der Gottesdienste zum Gegenstand haben (neben den 210 kleinen geistlichen Ansprachen, die schon früh von seinen Schülern in zwei Sammlungen (Κατήχησις μικρά und Κατήχησις μεγάλη) unterteilt wurden: Κεφάλαια Δ΄, Σχόλιον, Ἀσκητικαὶ Διατάξεις, Ἑρμηνεία τῆς θείας λειτουργίας τῶν προηγιασμένων, Διδασκαλία χρονικὴ ἢ Κατήχησις Χρονικὴ τῆς Μονῆς τοῦ Στουδίου, Ὑποτύπωσις καταστάσεως τῆς Μονῆς Στουδίου, Περὶ ἐξαγορεύσεως ἁμαρτιῶν, Περὶ ἐρωτήσεως ... κανόνες, Ἐπιτίμια, Διαθήκη etc.).

T. und dem Studiu-Kloster kommt auch eine große Bedeutung bezüglich der liturg. Dichtung in Byzanz zu. Er gehört mit seinem Bruder Joseph zu den großen Dichtern und Hymnographen, die unter dem Namen »Studiten« bekannt sind. Nach Pitra (I, S. XLIII) sind die Werke der Studiten in der Hauptsache →Theotokia und Staurotheotokia (Theotokia bei den Stichira der Vesper zum Mittwoch und Freitag; ihr Inhalt bezieht sich auf das Kreuzesleiden mit Anrufung der GM oder Erwähnung ihrer Gefühle bei der Kreuzigung).

Von T.' vielen Theotokia seien hier zwei Beispiele genannt, die gewichtige Aussagen über die GM enthalten, zum einen im Hinblick auf ihre Auserwählung und Bedeutung bei der Menschwerdung des Logos: »Das Wort ist Fleisch geworden, indem es in deinem Schoß, Untadelhafteste, wohnte; dabei hat es die eigene Natur nicht verwandelt, sondern diese mit dem Menschlichen vereint; daher bekennen wir dich, Unvermählte, als die wahrhaftige Gottesgebärerin«, und zum anderen mit Bezug auf das Geheimnis ihrer Jungfräulichkeit: »Der Verstand erfaßt das Wunder nicht und die Zunge kann es nicht aussprechen, daß du ohne Samen gebärst und nach der Geburt wahrhaftig Jungfrau bleibst; indem wir diese (Geburt) besingen, preisen wir (den Geborenen) als den Herrn und loben ihn in allen den Äonen« (Theotokia am Montag vor Pfingsten: Trempelas, 229–230; vgl. auch PG 99,724 A: ⓜ ist Jungfrau, »weil das Geborene Gott war«).

T. hat außerdem viele Triodia und Tetraodia, sowie →Idiomela und →Kontakia verfaßt. Durch die Triodia und Tetraodia von T. und Joseph ist das Buch →Triodion neu bearbeitet und neu gestaltet worden; dort befinden sich auch drei vollständige Kanones von T., deren Theotokia von ebenfalls großem Interesse sind: »Du bist die von allen Propheten mit vielen Namen gepredigte; denn du hast dich, gottvermählte (θεόνυμφε) Jungfrau, als die Tür Gottes, den goldenen Krug, das heilige Land erwiesen, indem du Jesus den Christus, den Gott der Väter und überaus herrlichen, im Fleische geboren hast.« (Theotokion des 7. Kanon am Sonntag der Kreuzesverehrung). Von ihm stammen schließlich die in der Oktoechos enthaltenen Kanones der Anabathmoi. Weitere Idiomela gibt es in den →Menäen.

Nicht nur in den Hymnen, sondern auch in vielen der angeführten Werke gibt es Ausführungen über die GM. So wird z.B. in der Catechesis Chronica von der »Fastenzeit der Gottesgebärerin« gesprochen (νηστεία Θεοτόκου: PG 99,1701 BC). Gemeint ist die Zeit vom 1. bis 15. August, d. h. vor dem Fest der Entschlafung ⓜs (→Koimesis). Von dichterischer Hochleistung, theol. Scharfsinn und tiefer ⓜfrömmigkeit zeugen seine Homilie »Zur Entschlafung« (PG 99,720 B–729 B) und die sehr wahrscheinlich von ihm stammende Homilie »Zur Geburt« der GM (PG 96,680 C–697 A; s. van de Vorst in: ByZ; vgl. auch den Hinweis in seiner Vita, daß T. zu den Festen der GM Festreden gehalten hat: PG 99,152 D–153 A). Dort begegnen viele höchst dichterische und erhebende Bezeichnungen ᛉs wie z. B. »Königin und Herrin des Alls«, »gütig« *(φιλάγαθος,* 720 C), »Gebärerin des Herrn« *(Κυριοτόκος),* »irdischer Himmel« (720 D), »gold- und gottgeschaffene Lade der Heiligung« (721 A), »allreine Taube« (721 B), »allheilig« *(παναγία,* 724 B), »die Christusblühende Wurzel von Jesse, der heiligsprießende Stab von Aaron, das geistige Paradies des Holzes des Lebens, die beseelte Weide der jungfräulichen Düfte, der blühende von Gott beackerte Weinberg der reifen und lebenstriefenden Traube, der hohe und erhabene Cherubimthron des Allkönigs, das von der Herrlichkeit des Herrn erfüllte Haus, die hl. Hülle Christi« (721 CD; vgl. weitere solche Aussagen 725 A ff. und 689 A ff., wo sie mit dem Begriff *χαῖρε* — sei gegrüßt — anfangen und an die entsprechenden Strophen des →Akathistos-Hymnos erinnern).

T.' Lehre über die GM besitzt einen stark christol. Charakter. Seine Aussagen verstehen sich ausschließlich in diesem Zusammenhang, und es gibt für ihn keine Mariol. für sich. ᛉ ist »in der Tat und wahrhaftig Gottesgebärerin« *(Θεοτόκος κυρίως καὶ ἀληθῶς,* PG 96,696 B), so wie dies seit dem dritten ökumen. Konzil (→Ephesos, 431) festgehalten wird (vgl. 6. Anathematismus des fünften ökumen. Konzils, Konstantinopel, 553: *ἀληθῶς ... κυρίως καὶ κατ' ἀλήθειαν Θεοτόκον),* und nimmt eine einmalige Stellung in der Heilsgeschichte ein, weil sie würdig befunden wurde, Gott zu gebären bzw. Gott geboren hat; deshalb »überragt sie die Engel; denn den, welchen nicht einmal diese selbst anblicken können, den hältst du als Sohn in reinen Händen« (Bildergedicht XXXVII, Speck 186). Jesus Christus, der seiner Gottheit nach wie sein Vater unumschreibbar ist, erhält von der GM die volle Menschheit, einschließlich der Eigenschaft des Umschreibbaren und Darstellbaren. So wie die GM hat auch Christus ein »artifizielles Bild« *(τεχνητὴν εἰκόνα,* PG 99, 417 A ff.). Indem die GM mit ihrem Sohn auf dem Arm dargestellt wird, erscheint Christus als echter Sohn und darum abbildbar: »Auf meinem Arm trage ich in der Darstellung ein mir, der Mutter ähnliches Kind, den Allkönig Christus, der das Licht der Unverweslichkeit ausstrahlt und die Welt von der Verirrung der Dämonen befreit.« »Wie es einer Mutter geziemt, trage ich in der Darstellung den Sohn, damit er als echtes Kind einer Mutter erscheint, er, der in seiner Ähnlichkeit zum Vater der Darstellung erhaben ist; denn er ist seiner Natur nach untrennbar doppelt« (Bildergedichte XXXVI und XXXVII, Speck 185 und 187). Daß die Aussage »damit er als echtes Kind einer Mutter erscheint« in dem letzten Gedicht »eine aktive Teilnahme der Maria am Heilsgeschehen« enthält (so Jugie 425 und Speck 187), läßt sich weder von T.' gesamten Werk noch durch das nähere Studium dieser Stelle bestätigen; denn das Gedicht unterstreicht an dieser Stelle lediglich die echte und volle Menschheit Jesu Christi und seine daraus resultierende Darstellbarkeit. In einem weiteren Gedicht (XLI, Speck 190) sagt T. deutlich aus, daß die Kraft der Gottheit die Schöpfung, einschließlich der GM selbst, rettet.

Ebenfalls lehrt T. (gegen die Behauptung von Jugie 425 ff.) weder die UE noch die leibliche Aufnahme ᛉs in den Himmel im Sinne des röm.-kath. Dogmas. Die Stellen, auf die Jugie bezüglich der UE hinweist: PG 99,684 B. 685 A. 689 B etc., betonen die persönliche →Sündenlosigkeit, Reinheit und ausnehmende Heiligkeit ᛉs ohne die geringste Andeutung auf die Freiheit von der Ursünde, z. B.: ᛉ »ist Erde, auf welcher ein Stachel der Sünde nicht aufgegangen ist. Im Gegenteil wurde er (der Sündenstachel) durch ihren Sproß eher ganz herausgerissen. Sie ist Erde, nicht verdammt wie die vorherige, deren Früchte voller Stachel und Dorne waren, sondern auf die der Segen des Herrn (herabgekommen ist) und deren Frucht des Leibes gebenedeit ist, wie das heilige Wort sagt« (685 A).

Viel differenzierter fällt allerdings sein Urteil über das »Geheimnis des Wiederlebens« *(τὸ τῆς παλινζωΐας σου* [der GM] *μυστήριον:* PG 99,728 C) aus, d. h. das Mysterium des Todes und des Wieder- bzw. Weiterlebens der GM und dem entsprechend aller hll. und geretteten Menschen. Die GM nimmt bezüglich ihres Todes allen anderen Menschen gegenüber eine Sonderstellung ein, weil wir, die Gläubigen, absolute Zuversicht und Sicherheit über die Erlösung ihrer Seele samt ihres Leibes haben. Ihr Tod, sowie der Tod aller hll. Propheten, Apostel, Märtyrer, Väter, hll. Gerechten und aller in der Hoffnung auf die Auferstehung Entschlafenen, ist im Lichte unseres Glaubens an das »Wieder- bzw. Weiterleben« zu betrachten. Deshalb wendet T. bes. in seiner Rede »Zur Entschlafung« der GM Begriffe an, welche in der griech. Patristik zur Beschreibung des Todes allgemein geläufig und bezeichnend sind: z. B. *κοίμησις* (Entschlafung), *ἔξοδος* (Ausgang), *ἐκδημία* (außer Landes gehen), *μετάστασις* (Übergang in eine andere Existenz), *μετάβασις* (Gehen an einen anderen Ort). In derselben Rede spricht er ausdrücklich davon, daß sie, d. h. ihr Geist, zwar »aus dem Leibe herausgegangen ist« *(ἐξελθοῦσα τοῦ σώματος,* 721 B), aber gleichzeitig »durch die Würde der Unsterblichkeit glänzt« (721 A; ihr Tod ist »eine lebenbringende Entschlafung«, *ζωηφόρος κοίμησις,* und sie allein hat *τοῦ συναμφοτέρου τὸ ἄφθαρτον,* 724 A); »sie ist entschlafen, aber nicht gestorben« (721 D); »der irdische Himmel (sc. die GM am Tag des Festes) zieht sich das Kleid der Unverweslichkeit an und wechselt den Aufenthaltsort mit einem besseren und ewigen« (720 D–721 A). In offensichtlicher Anspielung an das Exaposteilarion des Festes der Entschlafung ᕙ︎s führt er aus, daß bei der »Bestattung« *(κηδεία)* der GM der Herr und die Engelkräfte auf unsichtbare Weise, die Apostel dagegen leiblich dabei waren und die göttliche Herrlichkeit besangen (728 B); ᕙ︎ übergibt hierbei ihren Geist in die Hände des Herrn, und die Apostel, welche aus diesem Anlaß zusammengekommen sind, vollbringen die Bestattung »ihres Leibes, aus dem du (Jesus Christus), die Unsterblichkeit, aufgegangen bist« (724 B). An einer Stelle (Catechesis chronica 11: 1701 C), an der er vom »großen und furchtbaren Wunder dieses sonderbaren Schlafes« spricht, erwähnt er auch eine Legende, die er bei Klemens v. Rom gefunden hat (es ist unbekannt in welcher ps.-klementinischen Schrift dies enthalten ist), und führt aus, daß die Apostel drei Tage lang am Grab ᕙ︎s ausgeharrt haben, bis ein Engel sie »in alles eingeweiht hat«. Aber weder hier noch an einer anderen Stelle spricht T. konkret und ausdrücklich von einer leiblichen Aufnahme ᕙ︎s in den Himmel.

Unabhängig davon, daß das Mysterium des Todes und des Weiterlebens ᕙ︎s dem menschlichen Verstand unzugänglich bleibt, ist es für T. selbstverständlich, daß die GM nicht aufgehört hat, zu vermitteln und für das ganze Menschengeschlecht einzutreten und Fürsprache zu halten *(μεσιτεύουσα, τὸ πρεσβευτικόν, πρεσβεία,* 721 BC, 729 A; →Mittlerin).

WW: (Kritische Gesamtausgabe fehlt) PG 99, 328–1824. — J. Cozza-Luzi, Nova patrum bibliotheca VIII, 1, Rom 1871, 1–244; IX, 2, Rom 1888, 1–217; X, 1, Rom 1905. — Große Katechese hrsg. von A. Papadopoulos-Kerameus, Petersburg 1904. — Kleine Katechese, hrsg. von E. Auvray, Paris 1891 (dazu J. Leroy, In: Muséon 71 [1958] 329–358 und Scriptorium 15 [1961] 36–60). — J. B. Pitra, Analecta sacra I, 336–380. — P. Trempelas, Ἐκλογὴ ὀρθοδόξου ἑλληνικῆς ὑμνογραφίας, 1949, 220–231. — Epigramme, ed. von A. Garzya, In: Ἐπετηρὶς Ἑταιρείας Βυζαντινῶν Σπουδῶν 28 (1958) 11–64. — P. Speck, T. S. Jamben auf verschiedene Gegenstände, 1968, bes. 184–191. — Über Th. sind drei Viten erhalten: die beiden ersten verfaßt von zwei Mönchen, beide namens Michael: PG 99, 113–232. 233–328; die dritte von einem unbekannten Autor, in russ. Sprache hrsg. von A. P. Dobroklonsky, Odessa 1913/14.

Lit.: C. Thomas, Theodor v. Studion und sein Zeitalter, Osnabrück 1892. — G. A. Schneider, Der hl. Theodor v. Studion. Sein Leben und Wirken, Münster 1900. — A. Gardner, Theodore of Studion, his life and times, London 1905. — E. v. Dobschütz, Methodius und die Studiten, In: ByZ 18 (1909) 41–105. — S. Salaville, La primauté de saint Piere et du pape d'après S. Théodore Studite, In: EOr 17 (1914) 23–42. — Ch. Van de Vorst, La petite catéchèse de S. Théodore Studite, In: AnBol 33 (1914) 31–51. — Ders., A propos d'un discours attribué à S. Jean Damascène, In: ByZ 23 (1914–19) 128–132. — V. Crumel, L'iconologie de Saint Théodore Studite, In: EOr 20 (1921) 257–68. — S. Eustradiades, Οἱ Στουδῖται ποιηταὶ Α' — Θεόδωρος ὁ Στουδίτης, Ῥωμανὸς ὁ Μελῳδός, 1932/33, 372–410. — B. Hermann, Der hl. Abt Theodor v. Studion († 11.11.826), Erneuerer des basilianischen Mönchtums im Lichte seiner Schriften, In: BenM 7 (1925) 418–434. — Ders., Bekennertum des hl. Abtes Theodor v. Studion († 826) und seine Mönche, ebd. 8 (1926) 31–45. 111–123. — M. Jugie, La doctrine mariale de saint Théodore Studite, In: EOr 25 (1926) 421–427. — I. Hausherr, S. Théodore Studite, l'homme et l'ascète, 1926. — Max, Herzog zu Sachsen, Der hl. Theodor, Archimandrit von Studion, 1929. — B. Hermann, Der hl. Abt Theodor († 826). Der asketische Meister vom Studium und der Studitenmönche, In: ZAM 4 (1929) 289–312; 5 (1930) 121–147. — C. Papadopoulos, Ὁ ἅγιος Θεόδωρος Στουδίτης ἐν τῷ ἀγῶνι αὐτοῦ ὑπὲρ τῶν ἱερῶν εἰκόνων, In: Ἐπετηρὶς Ἑταιρείας Βυζαντινῶν Σπουδῶν 15 (1939) 3–37. — J. Leroy, Un nouveau témoin de la Grande Catéchèse de S. Théodore Studite, In: REByz 15 (1957) 73–88. — Ders., La réforme studite, In: Il monachismo orientale, 1958, 181–214. — Ders., La conversion de Saint Athanase l'Athonite à l'idéal cénobitique et l'influence Studite, Le Millénaine du mont Athos 963–1963, I, 1963, 101–120. — P. Speck, Humanistenhandschriften und frühe Drucke der Epigramme des T. S., In: Helikon 3 (1963) 41–110. — J. Leroy, Studitisches Mönchtum. Spiritualität und Lebensform, In: Geist und Leben der Ostkirche IV, 1969. — P. O'Connell, The Letters and Catecheses of St Theodore Studites, In: OrChrP 38 (1972) 256–259. — J. Leroy, L'influence de saint Basile sur la réforme studite d'après les catéchèses, In: Irén 52 (1979) 491–506. — N. Streza, Aspectul dogmatic al cultului icoanei la st. Theodor Studitul, In: StTheol 29 (1977) 298–306. — Ch. Frazee, St. Theodore of Stoudios and Ninth Century Monasticism in Constantinople, In: StMon 23 (1981) 27–58. — J. Gouillard, La femme de qualité dans les lettres de Théodore Studite, In: JÖB 32 (1982) 446–452. — G. Tsigaras, Phil. Instrumentarium der Christol. von T. S. über die Darstellung des menschgewordenen Logos, In: AHC 20 (1988) 268–277. — Th. Nikolaou, Die Ikonentheologie als Ausdruck einer konsequenten Christol. bei T. S., In: OFo 7 (1993) 23–53.
Th. Nikolaou

Theodosius II., Kaiser von Byzanz, * 30.8.401, † 28.7.450, Sohn und (seit 408) Nachfolger seines Vaters Kaiser Arkadios. In seiner Jugend wurde er theol. durch seine Schwester → Pulcheria beeinflußt. Er war fromm, gebildet und wohltätig, theol. aber ohne klare Linie. T. spielte eine große Rolle in den Auseinandersetzungen um Nestorianismus und Monophysitismus. Am 19.11.430 berief er das Konzil von → Ephesos, das dort am 7.6.431 zusammentrat. Im Einladungsschreiben zum Konzil sprach er den Wunsch aus, die theol. Streitigkeiten zu beenden. Eine Einladung zum Konzil sandte er auch an Papst Coelestin. Das Konzil wurde von → Cyrill v. Alexandrien am 22.6. in der ᕙ︎kirche in Ephesos eröffnet. Am 29. Juni annullierte T. die Entscheidungen des Konzils und kündigte eine kaiserliche Untersuchung an. Ende Juni ordnete er eine neue Eröffnung des Konzils an. Im August 431 bekannten die Orientalen in einem Brief an T.: »Wir bekennen, daß die hl. Jungfrau ›Theotokos‹ ist, weil das göttliche Wort Fleisch und Mensch geworden ist«. Anfang August bestätigte T. die Entscheidungen des Konzils, u.a. die Absetzung von → Nestorius und Cyrill. Im September fanden in Anwesenheit des Kaisers Ausgleichsverhandlungen statt, ohne daß es zu einer Einigung kam. Daraufhin erklärte T. das Konzil für beendet. Er setzte Maximus als Nachfolger für Nestorius ein. 433 kam es unter dem Einfluß des Kaisers zu einer Einigung zwischen Cyrill und den Orientalen.

Am 30.3.449 berief T. eine neues Konzil, das sich Anfang August 449 in Ephesos versammelte. Er übertrug Dioskur den Vorsitz auf dem Konzil. Nach Abschluß der Beratungen bestätigte er das Konzil. Papst → Leo I. verwarf jedoch das Konzil und bezeichnete es als »Räubersynode«. Er schrieb am 13.10.449 an T. und bat um Einberufung eines Konzils im Westen. Der Kaiser reagierte erst im April 450 ablehnend und verteidigte die Legitimität des 2. Konzils von Ephesos. Nach seinem Tod übernahmen seine Schwester Pulcheria und Marcian die Regierung. Sie leiteten einen kirchenpolitischen Kurswechsel ein und machten den Weg für die Berufung des Konzils von → Chalkedon frei.

Lit.: P.-Th. Camelot, Ephesus und Chalcedon, 1963. — W. de Vries, Die Struktur der Kirche auf dem Konzil von Ephesos, In: AHC 2 (1970) 22–55. — L. I. Scipioni, Nestorio e il Concilio di Efeso, 1974. — A. Grillmeier, Das »scandalum oecumenicum« des Nestorius, In: Mit ihm und in ihm, 1975, 245–282. — H. J. Vogt, Papst Coelestin und Nestorius, In: Konzil und Papst, hrsg. von G. Schwaiger, 1975, 85–101. — Ders., Das gespaltene Konzil von Ephesus, In: TThZ 90 (1981) 89–105. — Ders., Die Bibel auf dem Konzil von Ephesus, In: AHC 18 (1986) 31–40. — A. Grillmeier, Jesus der Christus im Glauben der Kirche I, 1979, 703 ff. u. ö. — G. May, Das Lehrverfahren gegen Eutyches im November des Jahres 448, In: AHC 21 (1989) 1–61. — G. Alberigo (Hrsg.), Geschichte der Konzilien, 1993, 90–111. *R. Bäumer*

Theodotos v. Ankyra, * nach 381, †438/446, Metropolit von Ankyra, prominenter Teilnehmer am Konzil von Ephesos 431 auf der Seite → Cyrills v. Alexandrien, betonte in seiner Lehre von den zwei Naturen Christi den wunderbaren Charakter dieser Verbindung und war einer der eifrigsten Verteidiger der Lehre von der GMschaft ⓜ s gegen die nestorianische Häresie. Als seine Beiträge während des Konzils sind von ihm zwei Predigten auf die Geburt Christi und eine gegen Nestorius überliefert, außer diesen noch zwei weitere auf die Geburt Christi und eine auf die Darstellung Christi (Hypapante). In zwei dieser Homilien findet Jugie Gedanken zur UE, in der Hypapante-Predigt und in der von ihm selbst edierten auf die GM und die Geburt Christi. Die erste spricht allerdings recht deutlich von einem Heiligungsprozeß ⓜ s durch das göttliche Feuer und den Hl. Geist, wodurch sie von allem Materiellen und Widernatürlichen ($τῶν\ ὑλικῶν\ ἁπάντων\ καὶ\ τῶν\ παρὰ\ φύσιν$) gereinigt worden sei, was der UE widersprechen würde. Doch sieht Jugie in der zweiten Predigt eine klare Aussage in dieser Richtung, die allerdings nicht gegeben ist. Zwar erscheint die Jungfrau ⓜ als das unbefleckte Gegenbild zu Eva, aber im Kontext heißt es nur, sie sei dem Schöpfer vor ihrer Geburt geweiht worden (was die UE nicht zwingend impliziert); eher gegen die Annahme der UE spricht, wenn Th. schreibt, ⓜ sei nach ihrer Geburt von der göttlichen Gnade wie mit einem Gewand umkleidet worden. In der von Aubineau edierten Weihnachtspredigt wird ⓜ s virginitas in partu betont; mit Joseph sei sie zum Schutz ihrer Jungfräulichkeit vor den Nachstellungen des Teufels verheiratet worden. Wenn Paulus (Gal 4,4) nur sagt, Jesus sei »von einer Frau« (nicht: von einer Jungfrau) geboren worden, so habe dies zu bedeuten, daß in ⓜ alle Frauen gesegnet seien.

Ausg.: Drei Homilien auf dem Konzil von Ephesos: PG 77,1349–89; kritische Edition von E. Schwartz: Acta conciliorum oecumenicorum I/1, 2, 71–90. — Hypapante-Predigt: PG 77,1389–1412. — Weihnachtspredigt: M. Aubineau, Une homélie de Théodote d'Ancyre sur la nativité du Seigneur, In: OrChrP 26 (1960) 221–250, Text 224–232; PG 77,1411–18 (nur lat.). — Gottesmutter und Geburt Christi: PO XIX/3, 318–335; PG 77,1418–32 (nur lat.).

Lit.: M. Jugie, L'Immaculée Conception dans l'Ecriture sainte et dans la tradition orientale, 1952, 81–87. — DThC XV/1, 328–330. — LThK² X 51. *F. Tinnefeld*

Theognostos, Archimandrit in Konstantinopel und Exarch des Patriarchen Ignatios, der ihn nach seiner Absetzung ca. 861 nach Rom sandte. Er übergab dort Papst Nikolaus I. einen Bericht, der im Sinne des Ignatios die Auseinandersetzung mit dessen Gegenspieler → Photios darlegte. Nachdem er 868 als Gesandter des Papstes an den Kaiser zurückgekehrt war, erhob ihn Ignatios zum Abt des Pege-Klosters in Konstantinopel und zum Skeuophylax (Sakristan) der → Sophienkirche. Später begab er sich im Auftrag des Papstes noch einmal nach Rom.

Wir kennen von ihm zwei sicher authentische Predigten, eine auf alle Heiligen sowie eine Lobrede auf die Entschlafung der GM, in der T. gleich in der Einleitung ihre ewige Heiligkeit mit folgenden Worten hervorhebt: »Denn deren Anfang heilig war, deren Mitte (des Lebens) war auch heilig und (deren) Ende war heilig und (deren) ganzes Auftreten war heilig.« Unter diesem Motto steht dann die ganze Homilie. So wie sie den Engel der Verkündigung willkommen hieß, ebenso bereitwillig habe sie den Engel der Entschlafung empfangen. Nach kurzer Beschreibung ihrer Beisetzung beendet T. seine Rede mit der Aufforderung: »Also laßt uns, Geliebte, ihre Empfängnis preisen, um ihre Entschlafung zu rühmen, damit wir Vergebung der Sünden erlangen … Laßt uns ihren Heimgang seligpreisen, um die Auferstehung der Unverweslichkeit zu erlangen. Und mit ihr wollen wir Jesus Christus, ihrem Sohn und Gott danken, der unsere Seelen aus dem Verderben gerettet hat.«

Ausg.: PG 105,849–861. — PO 16,457–462.
Lit.: Beck 544. — LThK² X 55. *E. Trapp*

Theophanes Graptos, * um 775, †11.10.845, wurde im Alter von 22 Jahren Mönch des Sabasklosters bei Jerusalem. 813 begleitete er Michael Synkellos zusammen mit seinem Bruder Theodoros und dem Mönch Job nach Konstantinopel. Dort trat er gegen die bilderfeindliche Kirchenpolitik der Kaiser Leon V. (813–820) und Theophilos (829–842) auf, was ihm Verbannung, wiederholte Verhöre und Mißhandlungen einbrachte. Schließlich ließ im Jahre 832 der Kaiser ihm und seinem Bruder zur Strafe zwölf selbstverfaßte Spottverse auf die Stirn brennen (daher ihr Beiname $οἱ\ γραπτοί$, »die Gezeichneten«). Nach dem Ende des Ikonoklasmus (843) wurde T. Metropolit von Nikaia. Über sein Leben unterrichtet ein Brief, in dem sein Bruder Theodor dem Bischof Johannes v. Kyzikos von ihrem Leidensweg unter Theophilos berichtet.

Von seiner schriftstellerischen Tätigkeit zeugen seine 19 Idiomela, die in einigen Handschriften auch unter dem Namen eines Theophanes Protothronos laufen, sowie v. a. 162 Kanones, die zum größeren Teil noch nicht veröffentlicht sind.

Sein Kanon auf ⲘⲎ Verkündigung weist eine alphabetische → Akrostichis auf, indem zunächst jede Strophe mit einem fortlaufenden Buchstaben des Alphabets beginnt. Nachdem aber mit der letzten Strophe der 8. Ode bereits das Omega erreicht ist, schließt sich eine neuerliche Akrostichis an, wobei die Anfänge der einzelnen Zeilen dem Alphabet rückwärts vom Omega bis zum Alpha folgen. Die Oden sind in Dialogform gehalten, indem in Ode 1–5 (die 2. fehlt, wie gewöhnlich) nach einleitenden Worten Davids der Engel auf die Fragen und Zweifel der Theotokos antwortet, während sie in den Oden 6–8 ihrer Zuversicht und Freude Ausdruck verleiht. In der 9. Ode spricht schließlich der Dichter selbst.

Ausg.: J. Pitra, Hymnographie, Rom 1867, CXIII–CXVII. CXXXI–CXXXVII. — W. Christ und M. Paranikas, Anthologia Graeca carminum christianorum, Leipzig 1871, 236–242 (Kanon auf ⲘⲎ Verkündigung). — J. Pitra, Analecta I, Paris 1876, 408–410. — S. Pétrides, In: ByZ 11 (1902) 363–369 (Kanon auf Romanos Melodos). — PG 116,653–684 (Vita mit Brief).

Lit.: Beck 511. 516f. — Tusculum-Lexikon, 1982³, 776. 786f. — LThK² X 40. 84. — Oxford Dictionary of Byzantium, 1991, 2062.
E. Trapp

Theophanes der Grieche (Feofan Grec), *1330/40 in Konstantinopel (?), † zwischen 1405 und 1415 in Moskau (?), einer der eigenartigsten und bestumrissensten Künstlerpersönlichkeiten der byz. Malerei, der neben Fresken und Ikonen auch Buchillustrationen (nur in Kopien des 15. Jh.s erhalten) gefertigt hat. Die meiste Zeit seines Lebens verbrachte er in Rußland, wo er zu einem der wichtigsten und einflußreichsten Maler der russ. Kunst der Wende vom 14. zum 15. Jh. wurde. Laut eines Briefes des Mönchs und Chronographen Jepiphani (†1420) von 1415 soll T. aus Konstantinopel stammen bzw. dort und im näheren Umfeld (Galata, Chalkedon) tätig gewesen sein, bevor er gegen 1370 in Rußland (Kaffa/Feodossija, Krim) auftauchte. Zwei frühere Arbeiten in Novgorod (Kirche des Hl. Fedor Stratilat, nach 1361; Klosterkirche Vólotovo, um 1363 oder danach) sind umstritten. Im Brief wird über Ausmalungen von ihm in 40 steinernen Kirchen berichtet, bevor er in den siebziger Jahren nach Welikij Novgorod kam.

1378 ist sein erstes gesichertes Werk mit der Freskierung der Erlöserkathedrale von Novgorod belegt. Einige Zeit danach ging T. nach Moskau, wo er mit Jepiphani und dem Malerkollegen Prochor v. Gorodez, vielleicht auch schon mit Andrej → Rublew, bekannt wurde. Zum Jahr 1395 ist in einer Chronik eine nicht überkommene Ausmalung der dortigen Mariä-Geburts-Kathedrale in Zusammenarbeit mit Simeon Tschornyj faßbar. Dieselbe Chronik nennt für 1399 T. auch als Maler in der Moskauer Erzengel-Michael-Kirche (nicht erhalten). 1405 schließlich arbeitete er mit Prochor und Rublew am Freskenschmuck (1484 durch Neubau zerstört) und an der Ikonostase der Verkündigungskathedrale im Kreml. Neben der Ausschmückung des Herrenhauses des Moskauer Großfürsten Wassili I. wird er auch im Palast des Fürsten Wladimir Chrabry in Serpuchow gemalt haben. Weitere Ikonen bzw. Wandmalereien sind von T. nicht gesichert, er soll allerdings während seiner Moskauer Zeit auch in Nishni Novgorod, Kolomna und Perejaslawl Salesski tätig gewesen sein.

T.' Stil kann nur anhand der wenigen gesicherten und erhaltenen Werke aufgezeigt werden. In den frühen Fresken bevorzugt er eine monochrome Tonmalerei in vielfältigen rotbraunen Tönungen, wobei die monumental gehaltenen Gestalten in festen Umrißlinien und klarer Binnenzeichnung vor matten Hintergründen auftreten. Bes. charakteristisch setzt T. zur Schilderung von Einzelheiten summarische Mittel ein, die in ihrer freien illusionistischen Technik in den Gesichtern ihren Höhepunkt erreichen. Auf eintoniger Grundfläche mit schwarzen Strichen und Flecken modelliert er mit kräftigen parallel geführten weißen Linien, die als dynamische Form ungewöhnlich lebhafte Ausdrucksmöglichkeiten bieten.

Die vom spätbyz. (paläologischen) Stil abgeleiteten sehr expressiven Formen mit ihrer Neigung zur ausdrucksstarken Überzeichnung wendet T. auf seinen (späteren) Ikonen feiner differenziert an. Die Farben sind dichter und kräftiger, die Gesichter zart modelliert und vermitteln durch die leichten Verzeichnungen und sonstigen Anomalien, die keinen Mangel an Zeichnung bedeuten, den antinaturalistischen Ausdruck des spirituell »Andersartigen«.

Von den eindeutig T. zugewiesenen Werken ist letztlich nur ein Bild mit ⲘⲎ überliefert. Es handelt sich um die GM der Deësis der Ikonostase der Moskauer Verkündigungskathedrale von 1405. Die manchmal ihm zugesprochene GM vom Don (»Donskaja«) mit einer Koimesisszene auf der Rückseite (Moskau, Tretjakow-Galerie), die auf Grund ihrer Rolle bei der Tatarenschlacht von Kulikowo unter dem Moskauer Großfürsten Dmitri Donskoi um 1380 entstanden sein muß, dürfte jedoch nicht von T. stammen. Die Stildifferenzen zu den Novgoroder Fresken wie der Vergleich mit der späteren Ikone aus dem Kreml machen dies deutlich.

Bei der Ikonostasikone steht ⲘⲎ in Dreiviertelansicht nach rechts zu Christus-Pantokrator gewendet, ihr Körper ist überschlank gezeichnet und folgt in den Proportionen den Vorschriften des spätbyz. Kanons, der den Kopf im Verhältnis zur Gesamtgestalt kleiner ausfallen läßt. Für T. typisch konzentriert sich der Hauptgehalt des Ausdrucks im Gesicht entgegen den ekstatischeren Gesten bzw. den verselbständigten Graphismen in der Gewandbildung der fälschlich ihm gegebenen Werke.

Lit.: I. Grabar, Feofan Grec, 1922. – P. Muratov, Les icones russes, 1927. – A. Anissimov, La peinture russe du XIVe siècle: T. le Grec, In: Gazette des Beaux-Arts 72 (1930) 158–177. – P. Schweinfurth, Geschichte der russ. Malerei im MA, 1930. – J. Lebedewa, Andrej Rublew und seine Zeitgenossen, 1962. – D. Lichatschow, Die Kultur Rußlands während der osteuropäischen Frührenaissance, 1962. – V. Lazarev, T. d. G. und seine Schule, 1968. – W. Felicetti-Liebenfels, Geschichte der russ. Ikonenmalerei, 1972. – P. N. Labrecque, L'iconostase. Une évolution historique en Russe, 1982. – G. I. Vzdornov, Feofan Grec, 1983. – M. V. Alpatov, Feafon Grec. T. d. G., 1990. – RBK II 533–537. *N. Schmuck*

Theophanes v. Nikaia, byz. Schriftsteller des 14. Jh.s, war von 1365 bis zu seinem Tod 1380/81 Metropolit von Nikaia, residierte aber zumeist in Konstantinopel. Als Anhänger des Exkaisers Johannes VI. Kantakuzenos war er wie dieser Anhänger des Palamismus und Gegner der Union. 1367/68 begab er sich nach Serrhai zum Despoten Jovan Uglješa, um über die Rückkehr der serbischen Kirche zum Patriarchat von Konstantinopel zu verhandeln.

Sein Hauptwerk ist eine Apologie des Christentums gegen die Juden, in dem er zeigt, daß das Judentum seiner Zeit mit dem biblischen nichts mehr gemein habe. Außerdem verfaßte er Schriften gegen die Lateiner, zwei Antworten an den lat. Patriarchen zur Verteidigung des Palamismus, drei Pastoralbriefe, einen Dialog über die Ewigkeit der Welt, eine Dankrede an Christus, drei Pastoralbriefe an seine Gemeinde, liturg. Dichtungen sowie insbesondere eine Rede auf die Theotokos.

In der letzteren gibt er nach einem kurzen Prolog zunächst als das Motiv zur Abfassung der Schrift seine große Liebe zur GM an. Danach führt er aus, inwieweit wir durch die Betrachtung der Schöpfung den Grad ihrer Vollkommenheit erkennen, die nur hinter ihrem Sohn zurückbleibe. Auf einen Exkurs über die Inkarnation folgt die Darlegung, daß M im Heilsplan die universelle Mittlerin nach und neben dem universellen Mittler (Christus) sei. T. bezeichnet M als »zweiten Pontifex« (ἕτερος ἱεράρχης), der sich zwischen Gott und den Engeln befinde. So wie man sich dem Vater nur durch den Sohn nähern könne, so auch diesem nur durch die Mutter. Für die Menschen sei sie mehr als die Königin, sie sei die wirkliche Mutter, die alle anderen Mütter durch ihre Liebe in unvergleichlicher Weise überrage. Danach beschreibt T. ihre Beziehung zu Vater, Sohn und Hl. Geist und schließt mit der Betonung ihrer Rolle als Gnadenspenderin für die Menschen, die sie dafür ständig zu rühmen haben.

Ausg.: Theophanes Nicaenus, Sermo in sanctissimam Deiparam, ed. M. Jugie, 1935.
Lit.: Beck 746 f. — Prosopographisches Lexikon der Palaiologenzeit, Nr. 7615. — Tusculum Lexikon, 1982³, 758 f. *E. Trapp*

Theophilus, eine lit. Gestalt, deren reales Leben nicht bezeugt ist, gehört zu den bekanntesten Legendenheiligen des europäischen MA. In der Erzählung von Sündenfall und Begnadung dieses »Gottesliebling« kommen wie bei kaum einem anderen Legendenheiligen Grundtendenzen ma. Glaubens und Denkens prototypisch zum Ausdruck.

Entstanden ist die →Legende im ostkirchlich-byz. Bereich, wahrscheinlich im 7. Jh.; in der Westkirche wurde sie v. a. durch die lat. Übersetzung des →Paulus Diaconus (9. Jh.) bekannt. Zahllose lat. und volkssprachliche legendarische Fassungen, aber auch Predigtexempel, lyrische und dramatische Werke sowie Darstellungen der bildenden Kunst variieren ein gleichbleibendes Grundschema: Ein frommer, angesehener Stellvertreter eines Bischofs verzichtet aus Demut auf das Bischofsamt; durch Unrecht verliert er dann auch seine bisherige Stellung. Daraufhin schließt er unter Vermittlung eines Juden einen Bund mit dem Teufel, wobei er dem christl. Glauben schriftlich abschwört. Nachdem er dadurch Amt und Ehre wiedererlangt hat, überkommt ihn die Reue; mit Hilfe Ms kann er der Gewalt des Teufels entrinnen und stirbt einen seligen Tod.

Die Wurzeln dieser ma. Legende sind vorchristl. orientalisch-antike Magus-Sagen, die sich unter dem Einfluß dualistischer Religionen hin zu Teufelsbündnersagen entwickelt hatten: Dem guten Magier als Diener Gottes und Wundertäter steht der böse Zauberer als Teufelsdiener gegenüber. Im Christentum brachten dann die Erzählungen von Simon Magus, Cyprian (in der Justina-Legende), Anthemios (in der Legende der Maria v. Antiochien) und vom Diener des Proterius/Eradius (in der Basilius-Legende) eine folgerichtige Entwicklung: Wird der antike Magier zuerst besiegt und vernichtet, später aber bekehrt, so scheint nach dem endgültigen Sieg des Christentums Magie nur noch durch den Abfall vom Glauben zugänglich; die Rettung des Teufelsbündners ist dann bald nicht mehr allein durch das herkömmliche Fürbittgebet der Kirche gewährleistet, sondern erfordert die Bittkraft eines großen Heiligen und wird schließlich einzig durch das Eingreifen der GM M möglich.

Die Magus-Sage hat so, durch die christl. Ekklesiol. und Mariol., ihre typische ma. Ausprägung erhalten: der Teufelspakt endet nicht mehr tragisch, sondern dient dazu, die Manifestation der göttlichen Gnade und die Macht Ms umso strahlender erscheinen zu lassen; das gute Ende ist zwingend vorgeschrieben. Die Gestalt des großen »Un-Heiligen«, der sich gegen Gott auflehnt und tragisch endet, wird dabei aufgespalten: während der eine »Teil« — Theophilus — erlöst und dadurch zum Vorbild wird, steht der andere »Teil« (rudimentär in der Gestalt des vermittelnden Juden) völlig außerhalb des Interesses und Verständnisses. Die Anti-Legende des Teufelsbündners wird zur Legende des hl. Sünders, die als Mmirakel (→Mirakel) die Wirkmacht der GM verkündet.

Indem die Erzählung von T. nie eine endgültige dichterische Gestaltung fand, sondern — in immer neuen Fassungen variiert wurde — bedeutende Versionen verfaßten u. a. →Hrotswith v. Gandersheim, Radewin, der arme Hartmann, →Brun v. Schönebeck, →Marbod v. Rennes, →Adgar, →Gautier de Coincy, →Rutebeuf, Gonzalo de →Berceo — kann sie in seltener Deutlichkeit Entwicklung und Hintergrund der ma.

MV aufzeigen. M tritt hier wesentlich als Mittlerin zwischen Gott und dem Menschen auf; dabei werden zugleich vielfältige Aspekte ihrer Heilsgröße ebenso wie ihrer Heilsmacht thematisiert. So ist M in der frühma. Legende bei Paulus Diaconus v. a. die mächtige Himmelsherrscherin, eifernd auf das Ansehen ihres Sohnes bedacht; sie will anfangs zwar die Schmähung ihrer Person, nicht aber die ihres Sohnes verzeihen. In genauer Umkehrung hierzu ist in einem spätma. niederdt. Drama Christus über die Beleidigung seiner eigenen Person weniger erzürnt als über die Absage an seine Mutter; er überläßt dann auch ihr die Rettung des Sünders. Als die gewaltige Wundertäterin erscheint sie als die eigentliche Mittlerin des Heils; ihr Kampf gegen den Satan wird zum Höhepunkt des Geschehens. Der Bericht von dem reuigen Teufelsbündner ist hier nicht mehr das Beispiel einer außerordentlichen Buße, sondern das Beispiel der außerordentlichen Gnadenmacht Ms. So machen die Theophilus-Texte die zentrale Stellung, die M in der ma. Religiosität gewinnt, deutlich: Die schwerste der Sünden, der Abfall von Gott, wird nur noch durch ihre Hilfe überwunden; ihre Mittlerschaft erscheint als heilsnotwendig.

Die Texte lassen erkennen, wie sehr diese Mariol. durch die Entwicklung der Christol. (und damit auch der Trinitätslehre) bedingt ist. Von Anfang an ist die Göttlichkeit Christi stark betont; dadurch schwindet seine Mittlerrolle: der Sünder wagt nicht, sich ihm zu nähern. Gott ist für T. nicht so sehr der Barmherzige als vielmehr der strenge Richter. Je mehr dies betont wird, desto ferner rückt er dem Menschen; die Mittlerschaft Ms wird unabdingbar. M selbst steht außerhalb des richterlichen Amtes, in dem Gott durch seine eigene Gerechtigkeit gebunden ist, und kann daher die göttliche Barmherzigkeit und Gnadenfülle rein verkörpern. Zuletzt hat sie die Seele nicht nur dem Teufel, sondern auch — mit Hinweis auf ihre großen Verdienste im Erlösungswerk — der strafenden Gerechtigkeit Gottes abzuringen!

Zugleich zeigen die Theophilus-Texte die Bezüge der Mariol. zur sich wandelnden rel. Wirklichkeitssicht und zum Selbstverständnis des Menschen in seinem Dasein zwischen Gut und Böse. Bei Paulus Diaconus steht — gewissermaßen in einem ontologischen Antagonismus — das Reich des Teufels dem Reich Gottes gegenüber; Gott und Teufel ringen um die Seele. Spätere Texte verinnerlichen den Kampf: der Teufelsbund ebenso wie die Wendung zum Guten entspringen den Strebungen der eigenen Seele; der Mensch hat sich — in einem ethischen Antagonismus — zwischen Gut und Böse zu entscheiden. (Damit verbunden sind weitere Wandlungen in der Sehweise von Sünde, Reue und Buße, Tod und Teufel.) Je persönlicher die Entscheidung für den Menschen wird, desto persönlicher muß auch die Hilfe sein: M erscheint v. a. als diejenige, die dem Menschen in ihrer Güte nahe und vertraut ist und die zugleich in einem innigen Vertrauensverhältnis zu Christus, ihrem »lieben Kinde«, steht. Die dogm. geprägte Verehrung der Theotokos wandelt sich zu einer gefühlvollen Liebe zu »Unserer lieben Fraue«.

Heute wird der T.-Stoff meist im Zusammenhang mit dem Fauststoff gesehen, als »ma. Faustgeschichte«. Tatsächlich zeigen diese beiden Ausformungen der Magus-Sage aber v. a. die grundlegenden Unterschiede ma. und neuzeitlichen Denkens. Der ehrsüchtige T. ist keine vom Erkenntnisdrang getriebene »faustische« Gestalt. Der bedingungslose Abfall von Gott und der tragische Ausgang des Teufelspaktes werden erst dann wieder möglich, wenn die Wirkmacht Ms als Vermittlerin göttlicher Gnade nicht mehr geglaubt wird. So ließe sich vielleicht auch der legendarisch überhöhte Schluß von Goethes Faust-Dichtung im Sinne des an T. erzeigten Mmirakels (→Mystik) deuten.

Ausg.: ActaSS Febr. I 483–487. — Jacobus de Voragine, Legenda aurea, hrsg. von Th. Graesse, ³1890, 593 f.; Nachdr. 1965; übers. von R. Benz, ⁸1975, 686 f. — R. Petsch (Hrsg.), T. — Mittelniederdt. Drama in drei Fassungen, 1908 (mit der lat. Fassung des Paulus Diaconus). — L. Radermacher, Griech. Quellen zur Faustsage, In: Wiener Sitzungsberichte, Phil.-hist. Klasse, Bd. 206, Abh. 4, 1927. — H. G. Richert (Hrsg.), Marienlegenden aus dem Alten Passional, 1964, 148–160.
Lit.: K. Fischer, Goethes Faust I: Faustdichtung vor Goethe, hrsg. von V. Michels, Heidelberg ⁷1913. — R. Petsch, Magus-Sage und Faustdichtung, In: Gehalt und Form, 1925, 225–259; Neudr. in: Faustsage und Faustdichtung, 1966. — K. Plenzat, Die T.legende in den Dichtungen des MA, 1926. — Th. Meier, Die Gestalt Marias im geistlichen Schauspiel des dt. MA, 1959. — H. H. Weber, Studien zur dt. Marienlegende des MA am Beispiel der T., Diss., Hamburg 1966. — E. Dorn, Der sündige Heilige in der Legende des MA, 1967. — L. Kretzenbacher, Teufelsbündner und Faustgestalten im Abendlande, 1968. — M. Lazar, T.: Servant of Two Masters. The Pre-Faustian Theme of Despair and Revolt, In: Modern Language Notes 87 (1972) 31–50. — E. Ukena, Die dt. Mirakelspiele des SpätMA, 1975, bes. I 150–222. — A. Gier, Der Sünder als Beispiel. Zu Gestalt und Funktion hagiographischer Gebrauchstexte anhand der T.-Legende, 1977. — D. Dreßel, Strukturen ma. Mirakelerzählungen in Bildern. Ausgewählte Beispiele der franz. Glasmalerei des 13. Jh.s, 1993, 81–122. — LL XI 329 f. *S. Ringler*

Theotokarion, ein liturg. Buch der byz. Kirche mit Gesängen zu Ehren der Theotokos (→Kanon, →Theotokion), die jährlich acht Wochen hindurch nach den acht Kirchentönen gesungen werden (→Oktoichos). Insgesamt sind es 56 Hymnen. Diese sind in acht Gruppen mit je sieben Gesängen eingeteilt und stammen von 22 Hymnographen, von denen →Andreas v. Kreta, Johannes v. Damaskos, →Theodoros Studites und →Theophanes Graptos die bedeutendsten sind. Die älteste gedruckte Ausgabe stammt von A. Landos und erschien 1643 in Venedig. Theotokarien nennt man auch Hymnen zu Ehren der GM, die den Exaposteilaria der Auferstehungs- und Morgenevangelien entsprechen und ihnen zugeordnet sind.

Lit.: L. Clugnet, Dictionnaire grec-français des noms liturgiques en usage dans l'Eglise grecque, 1895, 62 f. — S. Eustratiades, Theotokarion, 1931. — K. Kirchhoff, Hymnen der Ostkirche, ³1979, 77–211. — K. Onasch, Liturgie und Kunst der Ostkirche in Stichworten unter Berücksichtigung der Alten Kirche, 1981, 358. — LThK² X 96. *J. Madey*

Theotokion, ein Hymnus unterschiedlicher Länge zu Ehren der GM, der das Mysterium der Menschwerdung des Logos aus der Theotokos besingt. Die kirchliche Überlieferung schreibt die Entstehung dieser Dichtungsform Johannes v. Damaskos zu. Der →Oktoichos sammelte das T.-Material, zu dem auch die Kanones (→Kanon) zu Ehren der GM des Johannes v. Damaskos (†750) und des Theophanes († 845) gehören. Im Zusammenhang mit der wachsenden Verehrung der GM im Orient erhielt die neunte Ode des Kanons im →Orthros mariol. Charakter. Bald darauf folgte jeder Ode des Kanons ein T., z. B. folgt auf die Troparien der sechsten Ode (hier am Feste Me Geburt) nach dem »Ehre sei« zunächst ein Triadikon (Troparion zu Ehren der Dreieinigkeit): »In dir, Allreine, wird besungen und verherrlicht das Geheimnis der göttlichen Dreieinigkeit. Der Vater hat an dir Gefallen gefunden, der Sohn hat sein Zelt mitten unter uns errichtet, und der göttliche Geist hat dich mit seinem Schatten bedeckt. — Jetzt und allezeit ...«. Daran schließt sich sich das T. an: »Du bist zu einem goldenen Rauchfaß geworden, denn durch die Einwirkung des Heiligen Geistes hat das Feuer, welches der Logos ist, aus deinem Schoß sein Zelt gemacht, und er hat sich dort in menschlicher Gestalt gezeigt, o reine Gottesgebärerin.« Ein T., das auch auf das Kreuz Christi anspielt und die GM zu Füßen des Kreuzes besingt, nennt man »Stavrotheotokion«, z. B. im Offizium des Mittwochs und Freitags: »Als deine jungfräuliche Mutter neben deinem Kreuze stand und es nicht ertragen konnte zu schauen, wie du ungerecht littest, da klagte weinend sie, rief sie zu dir hinauf: Wie leidest du, der du leidlos bist von Natur, o süßester Sohn? Ich preise deine erhabene Güte in Hymnen« (Hesperinos des Mittwochs, 2. Ton).

Lit.: D. L. O'Leary, The Coptic Theotokia, 1925. — Manoir I 249–326. — A. Kniazeff, La Théotokos dans les offices byzantins du Temps pascal, In: Irénikon 34 (1961) 21–41. — La Prière des Eglises de rite byzantin. I La Prière des Heures (Ὡρολόγιον), 1975, 516. 518. — K. Kirchhoff, »Es preise alle Schöpfung den Herrn«. Hymnen aus dem Wochenlob der byz. Kirche (Oktoichos), 1979, passim. — K. Onasch, Liturgie und Kunst der Ostkirche in Stichworten unter Berücksichtigung der Alten Kirche, 1981, 359.   *J. Madey*

Theotokos (θεοτόκος, lat. Deigenitrix, Deipara), »Gottesgebärerin« (→ Gottesmutter), theol., Kern- und Merkwort des wahren Christusglaubens und der Würde der Jungfrau-Mutter. Bei der Bildung dieses Begriffs und Titels (zum theol. Inhalt → Gottesmutter), der in den Mutteraussagen des NT ansatzweise vorgebildet (u. a. Mt 2,11. 13; Lk 1,60; Joh 2,1; 19,25–27) und in den Feststellungen der Tradition über das Geheimnis der Geburt des Sohnes aus M (Ignatius v. Antiochien, Ep. ad Eph. 18,2; PG 5,660 u. a.) sachlich angelegt war, bedurfte es einer gewissen Zeit, in der die Gefahren der heidnisch-mythol. Mißdeutung und der arianischen Fehlinterpretation überwunden werden mußten. Auch der im 4. Jh. aufgekommene Gegensatz zwischen alexandrinischer Einigungs- und antiochenischer Trennungschristologie (deren Grundanliegen nicht illegitim waren) verhinderte eine schnelle Durchsetzung des Titels in der Theol. (bes. im Abendland; vgl. → Ambrosius, der freilich erstmals »mater Dei« gebraucht; → Hilarius: »mater filii dei«; → Augustinus: »Mutter seiner Menschheit«). Daraufhin sind auch die früher vorgenommenen Frühdatierungen bei → Tertullian, → Hippolyt und → Origenes als unzutreffend erkannt worden.

Der erste nachweisliche theol. Gebrauch findet sich bei → Alexander v. Alexandrien († um 328), der diesen Würdenamen als dem Glaubensbekenntnis der alexandrinischen Kirche zugehörig ausgibt (Ep. ad Alex. Const., 12: PG 82,908), das nachfolgend auch von der antiarianischen Synode von Antiochien 324 f. zitiert wird (Abramowski 357). Diese Andeutungen weisen auf einen früheren Ursprung des Titels im praktischen Glaubensleben hin, wofür auch das älteste Mgebet der Christenheit, das auf einem ägyptischen Papyrus überlieferte »Unter deinen Schutz und Schirm« (→ Sub tuum praesidium, von einigen Papyrologen [E. Lobel] schon ins 3. Jh. datiert), einen Beweis bietet. Nach der Mitte des 4. Jh.s war der Titel bei den Theologen des Ostens vielfach im Gebrauch (u. a. bei → Athanasius, → Basilius, → Gregor v. Nazianz, Gregor v. Nyssa), so daß → Theodoret v. Kyros († um 466) vom Gebrauch des Titels bei den »ältesten Verkündern des orthodoxen Glaubens« sprechen konnte (Haeres. fabul. comp. IV,12: PG 83,436). Das Konzil von Ephesos (431) bestätigte diesen Titel als genuinen Glaubensausdruck (DS 251 f.) gegen Nestorius (→ Nestorianismus), der, obgleich diesen nicht gänzlich ablehnend, das Gewicht der bereits bestehenden Tradition und die Bedeutung des »Kultwortes« (A. Grillmeier) verkannte, mit dem das von den Nestorianern bevorzugte χριστοτόκος nicht konkurrieren konnte. Das Konzil von Chalkedon (451, DS 300) und das 5. Allgemeine Konzil (das 2. von Konstantinopel, 553, DS 427) bekräftigten diese Glaubensaussage, wobei das letztere zur Vermeidung jeden Irrtums ergänzend die Lehre von den »zwei Geburten« des Wortes hinzufügte (der ewigen des Logos aus dem Vater, der zeitlichen aus der Jungfrau-Mutter: DS 422).

Der danach in der Tradition des Ostens ebenfalls gebrauchte Ausdruck μήτηρ θεοῦ (im Westen »mater Dei« = »Mutter Gottes« oder »Gottesmutter«) bedeutet keine Entkräftung des Sinngehaltes des Titels »Deigenitrix«. Dies bezeugen auch der Eingang der Bezeichnung »mater Dei« in das liturg. Leben der Kirche (→ Ave Maria ... mater Dei; Einsetzung des Festes »Maternitas [divina] BMV« durch Pius XI., 1931) sowie die Aufnahme in die Theol. (vgl. Thomas v. Aquin, S. th. III qq. 27–29) und in die Lehrverkündigung (u. a. Leo XIII., Enzyklika »Magnae Dei matris« 1892; Vaticanum II, LG 61.

66). Der bes. dem dt. Sprachempfinden mehr entsprechende Ausdruck »Gottesmutter« beeinträchtigt keineswegs den Anteil M?s an der zeitlichen Erzeugung und Geburt des Wortes, begreift aber zugleich die personalen Momente des andauernden leiblichen und geistigen Mutterseins gegenüber ihrem Sohn ein und bietet vermittels des Begriffes Mutter allein auch die Möglichkeit der sprachlichen Ableitungen zur »Mutter der Gläubigen« oder »Mutter der Kirche«.

Lit.: C. H. Roberts, Catalogue of the Greek and Latin Papyri in the John Rylands Library III, 1938. — Theotokos 342 f. — O. Stegmüller, Sub tuum praesidium. Bemerkungen zur ältesten Überlieferung, In: ZKTh 74 (1952) 76–82. — L. Abramowski, Die Synode von Antiochien 324/325 und ihr Symbol, In: ZKG 86 (1975) 356–366. — A. Grillmeier, Das Scandalum oecumenicum des Nestorios in kirchlich-dogmatischer und theologiegeschichtlicher Sicht: Mit ihm und in ihm, 1975, 245–282. — H. Stirnimann, Marjam. Marienrede an einer Wende, 1989. — Beinert-Petri 112–116. *L. Scheffczyk*

Therese (Thérèse) **v. Lisieux**, hl. Karmelitin (OCD), * 2.1.1873 als Marie Françoise Thérèse Martin in Alençon, †30.9.1897 in Lisieux, trat mit 15 Jahren in das Karmelitinnenkloster von Lisieux ein und erhielt den Namen »Theresia vom Kinde Jesus und vom hl. Antlitz«. Ihre 1891 auftretenden Glaubenszweifel verstanden weder Beichtvater noch Mitschwestern. Seit 1893 Assistentin der Novizenmeisterin, las sie v.a. die Schriften des →Johannes vom Kreuz, später nur noch die Hl. Schrift. 1895 erhielt sie den Auftrag, ihre Lebenserinnerungen niederzuschreiben, durch die sie nach ihrem Tod Weltruhm erlangte. 1896 setzte die erste Lungenblutung ein, gleichzeitig auch die radikale Glaubensanfechtung. Ihre Schwester Pauline notierte 1897 ihre letzten Gespräche mit der Todkranken (Derniers Entretiens). T. wurde am 29.4.1923 selig- und am 17.5.1925 heiliggesprochen (Fest: 1. Oktober). Die liebliche Sprache der Französin im ausgehenden 19. Jh. verdeckte lange Zeit die klare, herbe Theol. ihrer Botschaft. Sie bahnte eine Wende in der christl. Mystik an. Dem Gott der Gerechtigkeit (Jansenismus) stellte sie den biblischen Gott der Liebe, des Erbarmens gegenüber, der Leistungsfrömmigkeit der Gläubigen das biblische Vertrauen und Hoffen. Entsprechend wandelte sich ihr Menschenbild: Jesus ist Bruder und Freund, er ist radikal Liebender, der den Menschen zur Freundschaft mit sich beruft.

T.s Lehre vom »Kleinen Weg« ist eine von der Bibel inspirierte Desillusionierung des gängigen Gottes-, Christus- und M?bildes. Im Gegensatz zu den Gewohnheiten ihrer Zeit, liest T. selbständig die Hl. Schrift, legt sogar die Mystiker beiseite und spricht von »der Schrift allein«.

Ähnlich bahnbrechend sind ihre Gedanken zur Mariol. (Derniers Entretiens). M? ist nicht ein unwirklich verklärtes Wesen (Himmelskönigin), sondern Schwester im Glauben, schlichte, biblisch vertrauende Zeugin des Glaubens. Sie ist liebende Mutter, von der sich T. in einer schweren Erkrankung als Kind geheilt weiß.

Der frühe Tod ihrer Mutter läßt T. eine tiefe Beziehung zu M? entwickeln, die ihre Christol. nicht schwächt. T. stößt durch zur nackten Wahrheit des Evangeliums. Diese Wahrheit ist auch eine über M?: »Wie gerne wäre ich Priester gewesen, um über die hl. Jungfrau predigen zu können ... Man sollte nicht unwahrscheinliche Dinge sagen oder Dinge, die man nicht weiß ... Damit mir eine Predigt über die hl. Jungfrau gefällt und nützt, muß ich ihr Leben vor mir sehen, wie es wirklich war, aber nicht ein erdachtes Leben. Und ich bin überzeugt, daß ihr wirkliches Leben ganz einfach gewesen sein muß. Man stellt sie unnahbar dar, aber man müßte sie nachahmbar zeigen, ihre Tugenden aufzeigen, sagen, daß sie aus dem Glauben lebte wie wir, die Beweise aus dem Evangelium dafür anführen, wo wir lesen: ›Sie verstanden nicht, was er zu ihnen sagte‹ (Lk 2,50)« (Th. Martin, Ich gehe, 177 f.). M? wird erkannt als eine von uns. Hier ist T. Pionierin, Vordenkerin des heute erwachten ökumen. Interesses am biblischen M?bild (Asmussen, Max Thurian). »Es ist gut, daß man von Marias Vorzügen spricht, aber man sollte nicht ausschließlich von ihnen sprechen. Wer weiß, ob das nicht schließlich manche Seele soweit bringt, daß sie sich schließlich einem dermaßen überlegenen Geschöpf gegenüber eine gewisse Entfremdung fühlt ...« (ebd. 178).

Trotz M?s Erwählung ist sie eine von uns, verdeckt sie nicht den Glanz ihrer Mitglaubenden, sondern erhöht ihn. T. sieht die Leiden M?s, ihre Flucht, ihr Nichtverstehen des Sohnes, sein Scheitern in der Öffentlichkeit. Diese konkrete M? ist für sie ein Mensch, mit dem sie sich identifizieren kann.

QQ: Procès Apostolique (1915–17), 1976. — C. Martin, Meine Schwester Therese, ²1985.
WW: Histoire d'une Ame, ed. Sr. Agnès de Jésus, Lisieux 1898. — Derniers Entretiens, 1971. — Correspondence générale de T. de L., 2 Vol., 1972–74. — Poesies, 2 Vol., 1979. — Prieres, 1988. — Dt. Ausg.: T. v. L., wie sie wirklich war. Authentische Fotografien. Einleitung und Kommentar von François de Ste-Marie, 1961. — T. v. L., Selbstbiographische Schriften, ⁸1978. — Th. Martin, Ich gehe ins Leben ein (Derniers Entretiens), ²1982. — R. Stertenbrink (Hrsg.), Allein die Liebe zählt. Worte der hl. T. v. L., ²1981. — Briefe der hl. T. v. L., ²1985. — Geschichte einer Seele, 1986. — T. v. L., Gebete der Liebe, hrsg. von W. Herbstrith, 1990. — Gedichte der hl. T. v. L., 1990.
Lit.: M.-J. Nicolas, La Vierge-Marie ... d'après Ste Thérèse de L., In: Revue thomiste 52 (1952) 508–527. — H. U. v. Balthasar, T. v. L., Geschichten einer Sendung, 1958 = Schwestern im Geist. T. v. L. und Elisabeth v. Dijon, 1970, 14–349. — J. F. Görres, Das Senfkorn von Lisieux, ⁸1958. — W. Herbstrith, T. v. L. Anfechtung und Solidarität, ²1974. — J. F. Six, T. v. L. Ihr Leben, wie es wirklich war, 1976. — W. Herbstrith, T. v. L. Arm vor Gott, Priestersein. T. v. L., In: Da-Sein für andere. Geistliche Berufung heute, 1977, 64 f. — A. W. Adelkamp, Jesus — unser Bruder, der Christusgestalt der T. v. L. Geleitwort von J. Kardinal Ratzinger, 1978. — M. E. Grialon, Meine Berufung ist die Liebe. Die Botschaft der hl. T. v. L., 1982. — Ladame 332–343. — F. Holböck, Geführt von Maria, 1987, 549–553. — LThK² X 102 ff. — W. Herbstrith, T. v. L., In: Ch. Schütz (Hrsg.), Praktisches Lexikon der Spiritualität, 1988, 1278. — Wimmer-Melzer, ⁶1988, 790 f. — DSp XV 576–611 (QQ, WW, Lit.).
W. Herbstrith (W. Baier)

Theresia (Teresa) **v. Avila**, hl. Ordensgründerin, eigentlich Teresa de Ahumada und seit dem Leben in ihrem ersten Reformkloster San José in

Avila (1562) Teresa de Jesús, * 28.3.1515 in Avila/Spanien in einer väterlicherseits jüdischen Familie, †4.10.1582 in Alba de Tormes, trat am 2.11.1535 in das Karmelitinnenkloster Encarnación ihrer Heimatstadt ein, wo sie am 3.11.1537 Profeß ablegte. Ihr Leben bis zu ihrer sog. endgültigen Bekehrung in der Fastenzeit 1554 beschreibt sie als »ein Stürzen und Aufstehen«, als »ungestümes Meer« usw. Es wäre jedoch falsch zu meinen, sie hätte sich in dieser Zeit nicht um eine Entwicklung im Glauben bemüht, vielmehr erlebte sie, daß es nicht reicht, guten Willen und beste Vorsätze zu haben, sondern daß es auch Grenzen gibt. Die Erfahrung dieser Grenzen ließ sie aber erkennen, daß Fromm-Sein letztendlich nicht im Erreichen von Vollkommenheit, sondern in einem Leben in der »Freundschaft mit Gott« besteht, als was sie Beten definiert. Bis zu ihrem Tod gründete sie weitere 15 Klöster und bewirkte, daß ab 1568 Brüder, als erster von ihnen →Johannes vom Kreuz, nach ihrem Ideal lebten. Auf Grund von Schwierigkeiten, die letzten Endes in der unterschiedlichen Reformpolitik des span. Hofes und der röm. Kurie begründet sind, kam es 1581 zur Abtrennung einer eigenen Provinz der sog. »Unbeschuhten« Karmeliten vom Stammorden. Ab 1599 existiert der Karmel in zwei getrennten Orden: (Beschuhte) Karmeliten und Unbeschuhte, zutreffender Teresianische Karmeliten genannt.

Neben diesen vielen Gründungen entfaltete T., auf Geheiß ihrer Beichtväter, auch eine große schriftstellerische Tätigkeit, indem sie ihre einzigartige geistliche und mystische Erfahrung zu Papier brachte: Leben (1565), Weg der Vollkommenheit (1566), Innere Burg (1577), Gründungen (1573–82), Betrachtungen zum Hohenlied (1572–75), Gewissensberichte (1560–81), ca. 400 noch erhaltene von den schätzungsweise insgesamt 15000 Briefen. Damit nimmt T. nicht nur einen hervorragenden Platz unter den geistlichen Autoren der Christenheit ein, sondern gehört auch zu den Klassikern der Weltliteratur.

Die Bedeutung ᴹs in der Spiritualität T.s kann kurz in zwei Punkten dargestellt werden: 1. ᴹ im Leben T.s; 2. ᴹ in der geistlichen Erfahrung T.s.

1. Von ihren Eltern christl. erzogen und zum Beten angehalten, wendet sich die 13jährige T. nach dem frühen Tod ihrer Mutter an ᴹ und bittet »sie inständig, mir nun Mutter zu sein« (Leben 1,7). Als Fürsprecherin in Notlagen tritt ᴹ noch öfter im Leben T.s auf, z.B. als sie am 14.10.1571 gegen ihren und der Schwestern Willen in ihrem Stammkloster Encarnación auf Geheiß des Apost. Visitators das Amt der Priorin übernehmen mußte. T. stellte eine Statue ᴹs auf den Priorinnenplatz, setzte sich daneben — und der Sturm der Entrüstung legte sich. Auch beim Ablauf ihres Gründungswerkes ist ihrer Überzeugung nach ᴹ mitbeteiligt, da sie von ihr Auftrag (Leben 33,14) und Bestätigung der ersten Gründung (Leben 36,24) erhält und zur Konsolidierung des gesamten Unternehmens den von ihr überaus geschätzten Pater Jerónimo Gracián geschickt bekommt (Gründungen 23).

2. T. sieht in ᴹ die Patronin, Herrin und Mutter ihres Ordens, wobei sie ganz in der Tradition des Karmels steht (passim); die vollendete Frau, deretwegen es ihrer Meinung nach nicht richtig ist, die Frauen zu verachten und einer gesunden Frömmigkeit nicht für fähig zu erachten (Weg [Escorial] 4,1); den Christus im Leiden am nächsten stehenden Menschen, woraus sie folgert, daß auch sie, wenn sie Christus möglichst nahe sein möchte, nicht ohne Kreuz und Leiden auskommen wird (Weg 26,8; 7. Wohnung 4,5; Betrachtungen zum Hohenlied 3,8–9); den demütigen Menschen, d.h. nach T.s Deutung von Demut, den Menschen, der in der »Wahrheit wandelt« (6. Wohnung 10,8), also denjenigen, der seine Kreatürlichkeit, sein Geschaffensein aus Erde (humus — humilitas) existentiell anerkennt, mit allen Folgen für das Leben des Menschen, so daß die so verstandene Demut die Grundhaltung der Spiritualität T.s ist (Weg [Escorial] 24,2; Weg 13,3; Leben 12,4; Betrachtungen zum Hohenlied 6,7; 4. Wohnung 1,2; 5 W 1,12; 6 W 4,12; 7,9;8,5); und schließlich die große Glaubende, was sie bes. im Zusammenhang mit ihrer Verteidigung der Verehrung der Menschheit Jesu herausstellt (Leben 22; 6. Wohnung 7).

Die marian. Erfahrungen und Lehren T.s zeigen, daß ᴹ miteinbezogen ist in das Geheimnis Jesu Christi, d.h. die Verehrung ᴹs führt T. zu Jesus Christus, die Liebe zu Jesus Christus führt zu ᴹ oder kann zumindest nicht achtlos an ihr vorbeigehen. Diese Wechselbeziehung zwischen Christus und ᴹ wird auch deutlich, wenn wir T.s MV im Licht ihres Betens sehen, das nichts anderes ist als ein »Verweilen bei einem Freund«, bei Jesus, dessen Mutter ᴹ ist. So können wir sagen, daß die ganz spezifisch für T. zutreffende Aussage über ᴹ darin besteht, daß sie sie als Mutter ihres Freundes Jesus Christus sieht. Dieser Ansatz kann zu einer existentiellen MV führen — »die Mutter meines Freundes« ist aber andererseits von einer einzigartigen christozentrischen Tiefe und Dichte.

WW: Werke der hl. T., hrsg. von A. Alkofer, 6 Bde., ³1960–62. — S. Teresa de Jesús, Obras completas, ed. A. Barrientos u. a., 1984.

Lit.: Archange de la Reine du Carmel, La mariologie de Sainte Thérèse, ou la pensée de Sainte Thérèse sur les relations du Carmel á Marie, In: Etudes Carmelitaines 9 (1924) n. 8,1–62 suppl. — G. Papásogli, Teresa v. A., 1959. — E. Llamas, La Virgen María en la vida y en la experiencia mística de Santa Teresa de Jesús, In: Mar. 44 (1982) 48–87. — U. Dobhan, Maria in der Spiritualität Teresas, In: Christl. Innerlichkeit 18 (1983) 243–251. 287–293. — LThK² XI 98–102. — NCE XIII 1013–17. — BSS XII 395–419. — Wimmer-Melzer, ⁶1988, 787 ff. — DSp XV 611–658 (QQ, Übers., Lit.).   *U. Dobhan*

Thesenblätter mit marian. Thematik sind als typisch barocke Bildsprache in der Druckgraphik des 17. und 18. Jh.s bes. zahlreich. Kupferstich, Radierung und Schabkunst sind bevorzugte Drucktechniken. Infolge Aneinanderreihung mehrerer Einzelplattenabzüge erreichen die Graphiken häufig überdimensionales, plakatives Bildformat. Der oft gesonderte Thesentext ermöglicht, daß die Bildthematik mehrfach Verwendung findet, wie Ähnliches auch in der vergleichbaren Gattung Hochstiftskalender Gepflogenheit war. T. zeigen die öffentliche Thesis zum Studienabschluß einer Hochschulausbildung an und beziehen sich in erster Linie auf Universitäten wie auch auf Ordensgemeinschaften, Bruderschaften und Kongregationen, die Jubiläen und Studienabschlüsse eines oder mehrerer ihrer Konventualen und Konfratres durch T. promulgierten, welche weltlichen Mäzenen oder kirchlichen Patronen vom Kaiser bis zum Prälaten inschriftlich gewidmet wurden. Nicht selten richtete sich die Thesenbildthematik nach der Patronanz und postulierte figürliche Themen aus Genealogie, Historie, Mythologie, Hagiographie, Kirchengeschichte, Phil. und Theol., Musik und Wallfahrts- oder Lokalgeschichte mit Darstellungen von Diözesan-, Ordens- und Kirchenpatronen. Dabei kommt der marian. Thematik auf dem Thesenblatt beachtliche Dominanz zu. Die breite thematische Vielfalt läßt sich in vier Gruppen gliedern: 1. M leben, 2. Wallfahrts- und Gnadenbilder, 3. historische Ereignisse und 4. spekulative Themen, wobei Übergänge durchaus fließend verlaufen können.

Unter der Bildthematik im Thesenspiegel verweist eine an der Plattenbasis angefügte Thesenleiste auf die Provenienz des Blattes. Der oder die Defendent(en) der Thesen werden mit Namen, Herkunft, Titel, Studienstand, Ordens- und Kongregationszugehörigkeit angeführt. Die Nennung der Professoren als Vorsitzende oder Präsides der Veranstaltung erfolgt mit Titel, Rängen, Ordenszugehörigkeit oder sonstiger Provenienz. Titulaturenhäufungen, bes. akademischer Würden, sind unter gesteigerter Anwendung von Ligaturen und Chronogrammen üblich. Da die Thesenleiste fast immer ergänzend angeschossen wird, erfährt der bildlich-thematische Teil meist mehrfach Verwendung, so daß dieselben Themen über mehrere Jahre hin und an verschiedenen Orten Verwendung finden. Signaturen der Künstler beziehen sich auf die Inventoren, deren Gemälde oder Zeichnungen als Vorlage dienten. Die Stechersignaturen weisen überwiegend nach Augsburg; seltener sind Herstellungsorte wie Prag, Olmütz, Nürnberg, Wien und Graz. Meist wurden die bevorzugten Exemplare für Mäzene und Patrone auf Seide gedruckt, papierene T. erreichten in gefaltetem Zustand die Adressaten. Solcherart wurden sie in graphischen Sammlungen aufbewahrt oder überdauerten zerschnitten in Klebebänden (vgl.: Ottobeuren, Wiblingeriana-Sammlung). Wenn jedoch großformatige Blätter aufkaschiert in Sammlungen, Klostergängen oder Universitätsaulen Aushang fanden, sind sie meist durch dauernde Lichteinwirkung bis zur Unkenntlichkeit verdorben oder wurden

nachkoloriert wie Gemälde behandelt (z. B. Wien, Dominikanerkloster). Die Auflagenhöhe richtete sich zumeist nach Bekanntheitsgrad oder Bedeutung des Thesenverteidigers sowie dessen Gemeinschaft. 100 bis 300 Abzüge waren üblich, was die heutige Seltenheit manchen Blattes bis hin zum Unikat begründet. Etliche Abteien und Universitäten beschäftigten für das Thesenblatt eigene, vertraglich bezahlte Künstler, etwa Maria Einsiedeln/Schweiz Gottfried Bernhard →Göz, das Clementinum zu Prag Carol Skreta, Burkhard Schramann und Christoph Thomas Scheffler. Ihrerseits unter Vertrag standen Künstler wie Johann Carl v. Reslfeld, Johann Georg Glückher, Johann Spillenberger, Josef Gottfried Prechler, Caspar Sing, die Gebrüder Asam, Johann Evangelist Holzer, Johann Wolfgang Baumgartner, Johann Georg Bergmüller, Nicolas Pitau d. Ä., Benoit Farjat, Benoit Tiboust, Martino Altomonte u. a.

Die Frühgeschichte der T. und ihre postulierte Entstehung aus dem Titelkupfer kleiner Thesenbroschüren des 16. und 17. Jh.s sind noch unklar, doch scheint die spekulative Thematik mit aufwendigen Allegorien und Allusionen bis hin zur Überfrachtung am Anfang zu stehen, während geläufige Themen aus AT und NT, aus Kirchen- und Weltgeschichte und Mythologie eher später im fortschreitenden 17. und 18. Jh. vorkommen. Dann hat die Bildthematik aber zu den zu verteidigenden Thesen oftmals keinen Bezug mehr. Bildschöpfungen bekannter Maler werden beliebte Vorlage; nunmehr findet die Gattung Altarblatt in den Thesenstichen ihren wesentlichen Multiplikator. Dies fällt bes. in marian. Thematik auf, wo wiederholt Zitate nach anerkannten Meistern üblich sind. Diese umfassende Thematik hat bislang keine Zusammenstellung erfahren, doch wird deutlich, daß M themen im Thesenblatt von großer Beliebtheit sind.

1. Thesenblätter mit Szenen aus dem Marienleben. Dominierend ist die narrative Gruppe mit M leben, wobei die Vorlagen überwiegend von bekannten Künstlern stammen, denen neben den Evangelien auch apokryphe und außerbiblische Literatur als Quelle dient: 1. Hl. Anna mit M als Immaculata auf der Erdkugel, Hinweis auf M s UE, Schabkunstblatt mit G. Eichler und Th. Chr. Scheffler der Wiener Franziskaner 1735 (Dürnstein, Kellerschlößl); M s Unterweisung durch die hll. Anna und Joachim, Schabkunstblatt von Elias Christoph Heiß und Bernhard Vogel nach Benedetto Luti, 1717 (Jesuitengymnasium zu Görz). — 2. Der aus Lobsprüchen gebildete Name M s, Kupferstich von Johann Daniel Hertz nach Gottfried Winckler, 1747 Franziskanerkloster Langenlois/Niederösterreich (Wien, Salesianerinnen). — 3. M e Reinigung, Tempelgang, Kupferstich mit F. L. Schmittner, Wien 1754 Franziskaner (Wien, Salesianerinnen). — 4. Vermählung M s, Schabkunstblätter von Johann Georg Bergmüller, Wien 1719, von Gottlieb Heiß nach Wenzeslaus Priecz, Wien 1735; Kup-

Marianisches Thesenblatt mit dem Göttweiger Gnadenbild und der Gründungsgeschichte, Schabkunstblatt von Elias Christoph Heiß nach Jonas Drentwet, 1691, Göttweig, Graphisches Kabinett

ferstich von Johann Daniel Hertz nach Andreas Lescher und Jakob Wagner, 1739 Serviten von Passau/Wien (Wien, Salesianerinnen); Schabkunstblatt von Stephan Meistetter und Georg

Kilian nach Jean Jouvenet (Göttweig, Graphisches Kabinett). — 5. ⓜe Verkündigung, Kupferstich von Johann Daniel Hertz, Wien 1741 (Wien, Salesianerinnen) und Schabkunstblatt von Georg Kilian nach Alessandro Marchesini als Dillinger Thesis 1726 an Abt Modestus von Wiblingen (Ottobeuren, Konventgang). — 6. ⓜe Heimsuchung, Schabkunst nach Alessandro Marchesini von Elias Christoph Heiß, Universität Wien 1714, und von Georg Kilian nach Peter Paul Rubens, Wien 1725, von den Gebrüdern Klauber 1756 bei den Pauliner-Eremiten in Lepoglava 1756, von F. L. Schmittner, bei den Franziskanern Wien 1755 (Wien, Salesianerinnen) und mit zusätzlichen Eckkartuschen der Geburt Christi und Epiphanie für Abt Modestus von Wiblingen die Dillinger These 1726 (Ottobeuren, Wiblingeriana 30). — 7. Selten ist das sog. →Magnifikat-Thema mit gravider GM im Gebetbuch lesend, so als Schabkunstblatt von Elias Christoph Heiß nach Bartolomeo Cesi (Bologna) und Benedetto Lutti (Rom) 1718 bei den Karmeliten in Ravensburg. — 8. Zählt man die verschiedenen Darstellungen der Geburt Christi zum Leben Jesu, müssen Genreszenen mit ⓜ und Kind eher in den ⓜleben-Zyklus integriert werden, wobei sich allerdings Überschneidungen mit der Gruppe der Wallfahrts- und Gnadenbilder, z. B. Maria Plain/Salzburg, ergeben. Beispiele sind: ⓜ, das Kind wiegend, Kupferstich von Elias Hainzelmann, 1684 Universität Innsbruck (Ottobeuren, Wiblingeriana 4); ⓜ mit schlafendem Jesuskind, Schabkunstblatt von Elias Christoph Heiß, 1735 Jesuitenkolleg Wien (Dürnstein, Kellerschlößl); die Traubenmadonna von Elias Christoph Heiß nach Petrus Mignard, Schabkunstblatt der Universität Wien 1718 (Wien, Salesianerinnen). — 9. Selten ist das Thema Flucht nach Ägypten, so von F. L. Schmittner, Kupferstich 1754 bei den Franziskanern Wien (Wien, Salesianerinnen). — 10. Das Haus von Nazareth von F. L. Schmittner (Wien, Franziskaner, 1754) ist thematischer Übergang zum häufigen Thema der Hl. Familie. — 11. Hl. Familie, ausgeweitet Hl. Wandel, Trinitas terrestris und bei Personenvermehrung Nähe zur Hl. → Sippe; so für die Jesuiten in Dillingen und Würzburg 1666, belegt nach Jakob Sandrart (Nürnberg), gestochen von Jonas Umbach und Bartholomäus Kilian (Ottobeuren, Wiblingeriana 35); Kupferstich von Georg Andreas Wolfgang, Dillingen 1688, gewidmet Anton Joseph Fugger (Ottobeuren, Wiblingeriana 35); Kupferstich nach Johann Georg Bergmüller von Johann Daniel Hertz und Jeremias Wolff, Universität Wien 1718; Schabkunstblatt vom selben Inventor, von Georg Christoph Kilian für die Universität Wien 1745 (Wien, Salesianerinnen); nach Joachim ab Ach das Schabkunstblatt von Gottfried Heiß für die Universität Graz 1725 und Wien 1748; selten sind der Kupferstich vom älteren und jüngeren Rugendas nach Johann Lorenz Haidt bei den Franziskanern in Zistersdorf (1740 und 1756 Universität Wien), die Hl. Familie mit Engelgeleit von Gottlieb Heiß nach Johann Lorenz Haidt für die Universität Straßburg 1766 (Wien, Salesianerinnen) sowie mit Johannes dem Täufer das Schabkunstblatt von Elias Christoph Heiß nach Alessandro Marchesini für das Görzer Jesuitenkolleg 1711. — 12. Das Thema der Beweinung Christi oder der →Pietà ergibt wieder Überschneidungen mit Wallfahrts- und Gnadenbildern; im Bereich ⓜleben finden jedoch historisch-topographische Zusammenhänge keine Berücksichtigung, ebenso nicht die Mater Dolorosa, etwa als die Münchner →Herzogspitalmuttergottes (1651). Die Beweinung Christi erscheint als Thesenblatt für das Görzer Jesuitenkolleg (1718–20) von Elias Christoph Heiß und Bernhard Vogel nach Alessandro Marchesini, für die Universität Wien 1719 nach Jacques Callot von Georg Kilian (Wien, Salesianerinnen) und ohne Künstlerangabe ebd. 1764 im Kupferstich für die Piaristen zu Kremsier. — 13. Die Mater Dolorosa im Typus der span. Soledad stammt als Schabkunstblatt am Jesuitenlyzeum zu Görz (1720) nach Johann Georg Bergmüller von Elias Christoph Heiß, dasselbe Blatt 1757 für die Franziskaner von Warasdin und 1747 für die Franziskaner in Klagenfurt von Christian Rugendas nach Johann Lorenz Haidt, erweitert durch das Engelgeleit nach Johann Michael Rottmayr von Elias Christoph Heiß für das Jesuitenkolleg San Giovanni Battista zu Görz (1707). — 14. Himmelfahrt ⓜs wählen die Serviten von Passau und Wien für ihr Thesenschabkunstblatt (1741) von Johann Georg Bergmüller und Gottlieb Heiß; am Görzer Jesuitenkolleg greift man auf das Göttweiger Hochaltarbild (1694) des Johann Andreas Wolff zurück, gestochen von Gottlieb Heiß (1713); den Franziskanern von Eggenburg wird der Kupferstich von Johann Daniel Hertz (1745) zugeordnet und den Minoriten in Wien das Schabkunstblatt (um 1740) nach Giovanni Lanfranco von Elias Christoph Heiß und Bernhard Vogel (Wien, Salesianerinnen). — 15. Die Krönung ⓜs fungiert als Abschluß des ⓜlebens: Für die Wiener Minoriten entstand 1718 das Schabkunstblatt von Elias Christoph Heiß (Wien, Salesianerinnen) und ebd. für die Trinitarier in Wien 1725 das Thesenblatt von Georg Christoph Kilian mit Wiederholung 1741 (ebd.).

2. Thesenblätter mit Bezug zu marian. Gnadenstätten. Thematisch vielfältig und interessant durch Hereinnahme von Gründungsgeschichten und -legenden, durch Anspielungen auf Filiationen und Verbreitungsgebiete sowie Schilderungen von Lokaltradition und Stiftungsgeschichte sind T. mit Wallfahrts- und Gnadenbildern und deren diversen ⓜbildtypen. Solche T. erfreuen sich bes. gesprächiger Ausgestaltung und ikonographischer Besonderheiten durch Rückgriffe auf Typologien und Emblematik. Sie nehmen gelegentlich spekulative ⓜbildthemen vorweg oder apostrophieren historische Ereignisse. Auffallend ist die frühzeitig einsetzende Wallfahrtsthematik auf T.n vor allen sonstigen Gruppen, wenn bereits 1610 das Gnadenbild einer barock bekleideten gotischen Madonna von Kirytein/Bukowina im Kupferstich von Philipp Kilian (Melk, Stiftssammlungen) erscheint, gefolgt 1659 vom Gnadenbild von Altbunzlau im Typus der sog. Karmelmadonna als »Magnae Dei Matris statua« für die Universität Prag, gestochen von Melchior Küsell nach Carol Skreta (Göttweig, Graphisches Kabinett); ebenfalls für die Universität Prag 1661 erscheint die Schweidnitzer Gnadenmadonna im Kupferstich des Bartholomäus Kilian nach C. Skreta auf der Thesis der »Wachsamen Regierung des Otto Freiherrn v. Nostitz« (München, Staatl. Graphische Sammlung, 131211); der Patrona-Bavariae-Typus über der Münchner Frauen- und Michaelskirche mit bayer. Heiligen und Wallfahrtsorten wie Altötting, Andechs und Ettal mit dem Titel »De Forti Dulcedo« mit den Kurfürsten Ferdinand Maria und Maximilian I. an der Universität Dillingen 1666, gestochen von B. Kilian nach Jonas Umbach (Ottobeuren, Wiblingeriana 35, fol. 17); Maria Hilf steht für Innsbruck mit der Habsburger Dynastie, Universität Innsbruck 1674, gestochen von B. Kilian nach Aegid Schor, und von derselben Universität 1674 mit der Bezeichnung »De Corpore Animato« von denselben Künstlern (Göttweig, Graphisches Kabinett). Das Todtmooser Gnadenbild einer bekleideten Pietà erscheint in zweifacher Verwendung an der Universität Salzburg, einmal 1681 mit der Widmung an Abt Roman Vogler von St. Blasien/Schwarzwald und 1719 an Abt Augustin Fink, gestochen von B. Kilian nach Johann Georg Glückher (Lambach, Graphische Sammlung E 3). Die Weißensteiner Pietà über dem Franziskanerkloster mit Stammbaum-Motiv von Gabriel Bodenehr datiert als frühes Schabkunstblatt ins Jahr 1692. Die Madonna von Einsiedeln mit den Kardinaltugenden für Abt Augustin von Einsiedeln von der Universität Innsbruck 1683 ist von P. Athanasius Beutler gezeichnet, gestochen von Georg Andreas Wolfgang (Ottobeuren, Wiblingeriana 35). Das bekleidete Gnadenbild »ULF unter den vier Säulen« von Kloster Wilten zeichnete Matthias Reiser, gestochen für die Universität Innsbruck 1688 von B. Kilian (Augsburg, Staats- und Stadtbibl.). Die Krypta-Pietà des Stiftes Göttweig wird mit dem Altmanni-Schrein und der Stifter-Vita kompiliert auf dem Schabkunstblatt 1691 nach Jonas Drentwet von Elias Christoph Heiß (Göttweig, Graphisches Kabinett). Als »Porta Coeli« über der Gnadenkapelle schwebend erscheint das Altöttinger Gnadenbild der schwarzen Madonna auf dem Thesenblatt des Professen P. Placidus Vischer OSB von St. Ulrich und Afra in Augsburg vom Stecher G. Ehinger nach Johann G. Knappich 1693 (Augsburg, Staats- und Stadtbibl.), während ᛗ als »Speculum sine macula« und Patronin über Villingen erscheint, These von 1695 aus dem Benediktinerkloster St. Georgen zu Villingen (Augsburg, Staats- und Stadtbibl.). Im Schabkunst-Thesenblatt der Universität Wien von 1714 von Gottlieb Heiß ist die Maria Plainer Gnadenmutter über der Vedute Salzburgs, während die Gnadenbildübertragung im Schabkunstblatt der Universität Salzburg 1732 von Johann Georg Bergmüller nach Bernhard G. Fridrich geschildert wird (Salzburg, Erzbischöfliches Dom- und Diözesanmus.). Das Wessobrunner ᛗbild wird mit den Kardinaltugenden kompiliert im Schabkunstblatt von Elias Christoph Heiß und Bernhard Vogel nach Johann Georg Bergmüller, 1727 im Jesuitengymnasium von Görz. Die Andechser Gnadenmadonna über dem Hl. Berg, gestochen von den Gebrüdern Klauber nach Johann Baptist Zimmermann (1755) ist Pendant zum gleichgestalteten Thesenblatt mit dem dreiteiligen Hostienreliquiar nach Entwürfen von P. Placidus Scharl (Andechs, Konventsgang). Das röm. Gnadenbild der Mutter vom Guten Rat wird vom Schabkunstblatt (1757) der Wiener Augustiner-Eremiten von St. Rochus tradiert, ebenso die mater admirabilis von Zöbingen, Wien ca. 1760, beide bei den Salesianerinnen in Wien.

3. Historische Themen auf Thesenblättern mit verschiedenen ᛗdarstellungen beziehen sich z. B. auf dynastisch-genealogische Ereignisse einzelner Dynastien und deren politische Bedeutung, auf Diözesan- oder Ordensjubiläen, auf Ordens- und Kongregationsgeschichte, auf Gründungslegenden, Wunderberichte und auf patroziniengeschichtliche Zusammenhänge bis hin zur Lokalhistorie und deren ekklesiol. Relevanz. Im Typus der →Patrona Boiariae wacht ᛗ über die Erziehung Max Emanuels zum christl. Helden auf dem Thesenblatt der Universität Ingolstadt 1670 von B. Kilian nach Jonas Umbach (Wien, Albertina, DI 38,36); für die Universität Dillingen erscheint 1663 als »Laurus Boica« mit bayer. Heiligen über Max Emanuel im Kupferstich von B. Kilian nach Christof Storer (Ottobeuren, Wiblingeriana 35, fol. 11). Beliebt ist ᛗ de Victoria als Mondsichelmadonna über der historischen Seeschlacht 1571 von →Lepanto, Kupferstich von J. Chr. Winkler 1756 (Linz, Stadtmus., Nr. 8056), 1763 nochmals verwendet von den Franziskanern in Wien, ähnlich als Mondsichelmadonna mit Wappenschild und Augsburger Diözesanpatronen über der Schlacht auf dem Lechfeld 955 mit St. Ulrich von Johann Christof Storer und B. Kilian, 1664 an der Universität Dillingen (München, Staatl. Graphische Sammlung). ᛗ erscheint als Patronin über dem Hostienwunder von Wolfsberg auf dem Kupferstich von G. Jovoda und B. Kilian, 1666 für die Universität Graz (Wien, Albertina). Als Patronin des Hauses Habsburg erscheint ᛗ auf dem prächtigen Thesenblatt der Ettaler Ritterakademie für Kaiser Karl VI., 1724 von Franz Georg II. Hermann und Gottlieb I. Heiß mit den Hausheiligen Johann Nepomuk, König Stephan, Karl Borromäus, Marcus d'Aviano und dem Erzengel Michael (Göttweig, Graphisches Kabinett) und als böhmische Gnadenmutter über dem Tierkreiszeichen Löwe mit der Darstellung des Grafen Althan als Führer Bohemias, Kupferstich-Thesenblatt der Universität Prag 1673 nach Carol Skreta und B. Kilian (Prag, Staatsbibl., Clementinum, Nr. 465). Kloster- oder Stiftspatronin ist ⟨M⟩ als Regina Apostolorum im Tempietto mit 12 Apostelsäulen neben der Vedute von Spital am Pyhrn mit Propst Johann Heinrich (1681–93) im Thesenblatt des Linzer Jesuitenkollegs, 1681 von B. Kilian nach Johann Wolfgang Dallinger (Göttweig, Graphisches Kabinett, XII Nr. 23); zusammen mit Benediktinerheiligen und dem hl. Ernst mit den Stiftern von Neresheim sowie Augsburger Bistumspatronen im Thesenblatt »Philosophischer Ring« zu Ehren der Augsburger Benediktinerkongregation, Neresheim 1692, von B. Kilian nach Fr. Anton Rissi (Coburg, Veste, Sammlung 6); 1693 zusammen mit Johannes dem Täufer über dem Kloster Ossegg mit der Vermählung Benedikts und Bernhards v. Clairvaux mit dem Jesuskind nach Carl Liska und B. Kilian (Augsburg, Staats- und Stadtbibl.) und über dem alten Benediktinerstift Göttweig mit Altmanni-Vita und Gnadenpietà, 1691 gewidmet Johann Philipp Graf v. Lamberg, Bischof von Passau (1689–1712) von Elias Christoph Heiß nach Jonas Drentwet. Als Patronin der Stadt Eichstätt mit den Diözesanheiligen erscheint ⟨M⟩ als Schutzfrau über Bischof Marquard II. Schenk v. Castell (1636–85) im Thesenblatt der Universität Ingolstadt 1659 von Matthäus Küsell (Göttweig, Graphisches Kabinett). Als Mittlerin und Fürsprecherin im Konnex des Jesuitenordens zusammen mit Jesuitenheiligen und dem Salvator bei der Himmelfahrt des hl. Franz Xaver auf dem Triumphwagen für die Universität Ingolstadt 1670, Kupferstich von B. Kilian nach Jonas Umbach (Ottobeuren, Wiblingeriana 35, fol. 30) und als Fürsprecherin im Anliegen der Weltmission der Gesellschaft Jesu im Kupferstich B. Kilians nach J. Ch. Storer in mehrfacher Verwendung für die Universität Dillingen 1664, Freiburg i. B. 1672 und Prag 1705 (Wien, Albertina, D I 38,33). Selten hingegen ist ⟨M⟩ im Ährenkleid ohne Kind als ⟨M⟩ virgo, als Spica-Ähre aus dem Hohenlied mit Hinweis auf die Eucharistie und die Empfängnis Jesu in ⟨M⟩, der Unbefleckten, bedingt durch die Darstellung der Hostienauffindung von Wolfsberg, Thesenblatt der Universität Graz 1666 von B. Kilian nach G. Jovoda (Wien, Albertina).

4. Thesenblätter mit spekulativer Marienthematik. Derartig vielschichtige Thematik leitet über zu spekulativen ⟨M⟩themen in T.n, der Zeit entsprechend mit dem bevorzugten Thema der UE noch vor ⟨M⟩ als Sitz der Weisheit und Siegerin. Häufig wird ein reger Disput von Kirchenvätern und -lehrern über die Immaculata geschildert, so am Magisterzettel von Matthäus Küsell aus der Dillinger Studienbibliothek, verwendet 1663 für Freiburg, 1663/67 Dillingen und 1669 Ingolstadt. ⟨M⟩ zusätzlich als neue Eva mit dem Hinweis auf das Protoevangelium (Gen 3,15) und Kapitel 12 der Apokalypse im Thesenblatt von B. Kilian nach Johann Christof Storrer wird von der Universität Ingolstadt 1663 stellvertretend für alle kath. Universitäten (Wien, Albertina, D I 38, 23) gebracht. Die Immaculata im Ewigen Ratschluß der Trinität greifen nochmals die Jesuiten-Universitäten Ingolstadt (ca. 1675) und Dillingen (1672) auf, gestochen von Matthäus Küsell nach Jonas Umbach (Göttweig, Graphisches Kabinett). Die Universität Olmütz (o. J.) zeigt von Carol Skreta einen ausführlichen Immaculata-Disput mit Kirchenvätern des Westens und Ostens in einem Bibliotheksraum mit Theologen und Heiligen aus dem Dominikaner-, Augustiner-, Jesuiten-, Franziskaner- und Benediktinerorden (Ottobeuren, Wiblingeriana 4), während das Schabkunstblatt von Elias Christoph Heiß für das Jesuitenkolleg Görz (1709) die Immaculata mit ⟨M⟩ de Victoria verbindet. Ein Wiener Blatt bei den Salesianerinnen zeigt in Schabkunsttechnik die Immaculata von Gottlieb Heiß nach der Vorlage von Alessandro Marchesini. Als besonderes Thesenblatt fungiert unter dem Titulus »Iubilatio Triumphi Virginis Deiparae sub Urbano VIII. P. P. Max.« der Triumph der Immaculata, Nancy 1625, gewidmet Herzog Carl IV. und Nicola v. Lothringen. Es fand 1625 an der Universität Rom Verwendung bei den Minoriten auf Ara Coeli, gestochen als Radierung von Jacques Callot, und gilt als bildliche Antwort auf die Mariol. der »Ecole Française« unter Pierre de Bérulle (†1629), Jean-Jacques Olier (†1657), Jean Eudes (†1680), Theophil Raynand (†1663) und Vincent de Contenson OP (†1674) mit seiner »Theologia mentis et cordis« (Lyon 1681).

Basierend auf der Thematik Evangelistenbild wird mit Lukas als Madonnenmaler die legendär-apokryphe Entstehung des ⟨M⟩bildes behandelt, so im Schabkunstblatt des Gottlieb Heiß bei den Franziskanern in Wien (1744), während ⟨M⟩ als Salomonischer Thron der Weisheit »Sapientia increatae, et creatae auspicijs« ein beliebteres Thema aufgreift. Im Kupferstich Melchior Küsells nach Jonas Umbach (o. J.) erhält ⟨M⟩ am Thron reichliche Dienerschaft, die bei B. Kilian nach Jonas Umbach mit dem Titel »Omnia uno complectitur verbo« (Ottobeuren, Wiblingeriana 4) fehlt. 1678 dem Salzburger Erzbischof Maximilian Gandolf v. Kuenberg von der Salzburger Universität gewidmet ist der Kupferstich von Georg Andreas Wolfgang nach Caspar Sing (Ottobeuren, Wiblingeriana 35), worauf ⟨M⟩ als Ara Sapientiae erscheint. Als Sedes Sapientiae ist das Thema nach Entwurf von Oswald Ongers aus Würzburg, gestochen von Johann Alexander Böner aus Nürnberg, bekannt. Es schildert 1672 eine Würzburger Jesuitendisputation mit den hll. Xystus, Aristides, Justinus, Dionysius und Katharina v. Alexandrien (Ottobeuren, Wiblingeriana 35). Am Prager Clementinum 1751 und in Dillingen 1758 kompiliert der Stich der Gebrüder Klauber nach Johann Wolfgang Baumgartner ⟨M⟩ mit Kind als Fakultätsthesenblatt der Phil. mit »Facultas inclyta I —

Sapientia« mit den Dominikaner-Heiligen Albertus Magnus und Thomas v. Aquin (Göttweig, Graphisches Kabinett) und greift damit auf ein früheres mit »Sapientia Increata et Creata« des B. Kilian nach Jonas Umbach an den Universitäten Ingolstadt und Dillingen (fragmentiert und undatiert) zurück (Augsburg, Staats- und Stadtbibl.). In Richtung → Legitimationsbild geht ein unsignierter Kupferstich im Kellerschlößl zu Dürnstein aus dem Wiener Servitenkloster 1735 mit M's Skapulierüberreichung an Mitglieder des Servitenordens, M erscheint dabei mit den Arma Christi. Eine letzte Gruppe hat die Thematik der Eva-M im Ewigen Ratschluß Gottes und M als Himmelskönigin in der These der Wiener Universität 1651 (Göttweig, Graphisches Kabinett) im Kupferstich von Moritz Lang. Im seltenen Blatt eines unbekannten Stechers, bezeichnet mit »Deo eucharistico Deique matri eucharisticum mundus hoc obtulit ...« (Ottobeuren, Wiblingeriana 24), erscheint M als → Platyteramonstranz mit Hostienscheibe in herzförmiger Custodia, 1683 anläßlich der Türkenbefreiung Wiens, dessen Stadtvedute den Fuß der Votivmonstranz bildet.

Die ikonographische Dichte im marian. Thesenblatt ist bei aller Auswahl immer noch beachtlich, obzwar sich im Vergleich mit nicht marian. Themen für die Universitäten und Ordenshäuser keine eindeutige marian. Präferenz feststellen läßt. Auch werden Themen ausgetauscht, überschnitten und mehrfach an verschiedenen Orten übernommen. Lediglich Wallfahrtsthemen lassen sich eindeutig lokalisieren, wobei die Drucke allerdings infolge des Eigenbesitzes der Platten vielfach Verwendung finden. In solchen Fällen ist dann zur Differenzierung v. a. der Textspiegel mit den wechselnden Defendenten und Professoren heranzuziehen, um aus den biographischen Daten eine Chronologie zu erzielen. Allgemein ist festzuhalten, daß im Verlauf des 18. Jh.s die Thematik dahingehend verflacht, daß infolge Rückgriff auf etablierte Künstlervorlagen die spekulative Dimension des 17. Jh.s, z. B. mit der Betonung der Emblematik und Typologie, Allegorie und Personifikation, zunehmend eliminert wird zugunsten allgemeiner Themen aus M vita und -legende nach Art vorrätiger Konfektionsware. Bei der Fülle und Breite des ausgewählten ikonographischen Materials fällt die Dominanz weniger Künstler und Stecher auf, deren Signatur auf marian. T.n aufscheint: die Kilians, Küsells und die Heiß', ferner ein Storer, Umbach, Schor, Hertz und Skreta — bis auf letzteren alle in Augsburg. Die Gattung marian. T. gibt als beredtes barockzeitliches Dokument (K. Büse, Das Marienbild in der dt. Barockdichtung, 1956) und akademisches Spiegelbild deutlich die umfassende theol. Diskussion hinsichtlich mariol. Thematik in ihrer Intensität und Weite wieder und ist so adäquate, komprimierte Verbildlichung der zu meist noch unbeachteten Fülle an homiletisch-exegetischer und dogm.-patristischer M literatur dieser Zeit.

Lit.: E. Eibl, Die Thesentafeln des 18. Jh.s im Kloster der Salesianerinnen zu Wien, Diss. masch., Wien 1934. — O. J. Blašiček, Theses in Universitate Carolina Pragensi Disputatae, saec. XVII. et XVIII., In: Editio Cimelia Bohemica I-III, 1967. — I. Sperling, Die Olmützer Universitätsthesen, 1972. — W. Seitz, Die graphischen T. des 17. und 18. Jh.s, in: Wolfenbütteler Barocknachrichten, 1984, 105–115. — G. M. Lechner, Ausst.-Kat., Das barocke Thesenblatt, Entstehung — Verbreitung — Wirkung, Göttweig 1985 (Lit.). — S. Appuhn-Radtke, Das Thesenblatt im Hochbarock, 1988 (Lit.). — P. Preiss, Zu 3 Thesenblatt-Entwürfen von Johann Spillenberger, In: Annales de la Galerie Nationale Hongroise, Études sur l'histoire de l'art en honneur du soixantième anniversaire de M. Mojzer, 1991, 171–174. — M. Malni-Pascoletti, Ex Universa Philosophia, Stampe barocche con le Tesi dei Gesuiti di Gorizia, 1992 (Lit.). — G. M. Lechner und W. Telesko, Ausst.-Kat., Barocke Bilder-Eythelkeit, Allegorie — Symbol — Personifikation, Göttweig 1993 (Lit.). — W. Telesko, Barocke T., Katalog, Stadtmus. Linz, 1994. — LdK VI (im Druck). *G. M. Lechner*

Thesmophorien sind Fruchtbarkeitszauber, die hinsichtlich ihrer Entstehung einer sehr primitiven Kulturstufe angehören. Darauf verweisen die kruden Riten mit ihrer einfachen Symbolik. Die T. wurden wohl zuerst auf Sizilien und auf der Peloponnes gefeiert, verbreiteten sich später aber an verschiedenen Orten des griech. Kulturraumes. Als (Frauen-)Fest begangen, sollten sie die Fruchtbarkeit des Ackerbodens und des Frauenschoßes steigern. Dazu wurden lebendige Ferkel mit phallussymbolischen Beigaben (Pinienzapfen, Teigschlangen) in die hll. Gewölbe der → Demeter und Kore geworfen. Die verwesten Reste wurden am Tag Kalligeneia (»schöne Nachkommenschaft«) heraufgeholt, auf die Altäre gelegt, als Vermittler der Fruchtbarkeit mit Saatgetreide gemischt und ausgesät. Die verwesten Überreste sind die »gebrachten und hingesetzten« Dinge, von denen das Fest seinen Namen hat. Das mythol. αἴτιον zu diesem Ritus sind der Raub der Persephone und die Suche der Korngöttin Demeter nach ihrer Tochter. Die T. werden dadurch als Weihefest der Demeter interpretierbar.

Die T. (wie die Demeterfeste) kreisen um das donum materiale. Durch magisches Ritual soll dem Ackerboden wie dem Frauenleib Befruchtung beigebracht werden. Nicht Jenseitiges, sondern diesseitiger, materieller Reichtum wird in den T. eingefordert. Aus dem Unterirdischen soll vermittels Magie Frucht erwachsen.

In der Figur M's als »Gottesgebärerin« führt das Christentum eine entscheidende Spiritualisierung des Fruchtbarkeitswunsches ein. Das Geheimnis des Lebenspendenden liegt nicht in der zyklisch sich erfüllenden Fruchtbarkeit, sondern in der Rückbindung an den transzendent-absoluten Gott. M's Gehorsam wird vor dem Kontrasthintergrund der T. zum Symbol der fruchtbaren Akzeptanz des göttlichen Willens.

Lit.: L. Deubner, Attische Feste, 1932, 50 ff. — PRE, 2. Reihe, 11. Halbband, 15–28. *E. Möde*

Thévenet, Claudine, hl. Ordensgründerin (Maria a S. Ignatio), * 30. 3. 1774 in Lyon, † 3. 2. 1837 ebd., erfährt zu Hause wie auch im Pensionat der Benediktinerinnenabtei St-Pierre eine gediegene rel. Erziehung. Für ihren Lebensweg sind die Schreckenserfahrungen der Franz. Revolution entscheidend. 19jährig muß sie die Exekution ihrer beiden Brüder miterleben. Deren letzten Wunsch — »Vergib, bitte, Glady (so ihr Rufname), auch wir vergeben« — erfüllt sie auf heroische Weise: die Denunzianten ihrer Brüder bringt sie später nicht zur Anzeige. Die rel. Unwissenheit der Kinder und Jugendlichen geht ihr ans Herz. 1815 eröffnet sie, angeregt von P. André Coindre, die erste »Providence« (Heim für verwaiste und mittellose Mädchen). Um deren Bestand zu sichern, wird am 31.7. 1816 die Vereinigung vom Hl. Herzen Jesu gegründet. Die Mitglieder, eine Gruppe junger Mädchen, wählen T. zur Vorsitzenden. So kommt es, daß sie, weiterhin unterstützt durch P. Coindre, 1818 eine Kongregation ins Leben ruft, die den Namen »Schwestern von Jesus-Maria« (Religieuses de Jésus-Marie) trägt und ihre Aufgabe in der christl. Erziehung der Jugend aller sozialen Schichten sieht. 1992 zählte die Kongregation ca. 1840 Schwestern, die in fünf Kontinenten wirkten. T. wurde am 4.10. 1981 selig- und am 21.3.1993 heiliggesprochen.

Im Leben T.s ist M eine immer gegenwärtige Wirklichkeit und das Vorbild und der Weg zu Jesus. Bes. deutlich bezeugt sind ihre Liebe und ihr Vertrauen zu M in den von ihr inspirierten Satzungen der Vereinigung vom Hl. Herzen Jesu. Der Geist, der sie belebt, soll kein anderer sein als jener der echten Dienerinnen Ms (vgl. Positio 68–74). Mit ganzer Hingabe sollen die Mitglieder für die Verherrlichung Ms, ihrer Schutzherrin und Mutter, arbeiten. Die Verehrung Ms wieder zu beleben, muß ihr Vorsatz sein (vgl. ebd. 55).

In den Beschlüssen der Vereinigung finden sich häufige Hinweise auf die Nachahmung der Tugenden Ms, v.a. ihrer Demut. Marian. Andachtsübungen, wie das Beten des Magnifikat, der Lauretanischen Litanei, des Ave maris stella und auch zu Ehren Ms gehaltene Novenen, werden oft erwähnt (vgl. ebd. 88. 91). M gilt wegen ihres Lebens in Einfachheit, ihres Gehorsams gegenüber dem hl. Joseph und der innigen Verbundenheit mit Jesus, ihrem Sohn, als Vorbild. Der kürzeste Weg zum Herzen Jesu führt für T. und ihre Gefährtinnen über das Unbefleckte Herz Ms. In den Briefen äußert T. eindrucksvoll ihre Liebe zu M: einen ihrer Neffen veranlaßt sie, seine erstgeborene Tochter Marie der GM darzustellen, so wie sie einst selbst ihren Neffen Claudius nach dessen Taufe M aufgeopfert hatte. Ihre Freude gelegentlich der Priesterweihe dieses Neffen wird noch größer, weil er nicht nur dem Herrn, sondern auch M bes. geweiht ist und dafür arbeiten will, daß sie verehrt und geliebt werde (ebd. 354). — »Die Mutter Gottes möchte nicht, daß wir irgendetwas ohne sie oder nicht in ihrer Nähe tun«, pflegte sie zu sagen (ebd. 352).

Die Lage des Mutterhauses in Fourvière/Lyon ganz nahe dem Heiligtum Ms scheint T. »ein Fingerzeig zu sein, daß ihre Kinder unter ihren mütterlichen Augen sich vereint wissen sollen« (ebd. 553). Nach ihrer Profeß am 25.2. 1823 in Monistrol »kniet Claudine, wie auch vor ihrer Abreise dorthin, zu Füßen ULF von Fourvière nieder, um ihr zu danken und sie zu bitten, die Wiege ihrer Gemeinschaft noch mehr als bisher in ihre Hut zu nehmen« (ebd. 573). Auch in den gefahrvollen Tagen während der Revolution von 1830 und der Unruhen von 1834 setzt sie auf M ihr Vertrauen: Die Jungfrau von Fourvière läßt sie nicht im Stich (ebd. 599). Immer wieder nimmt sie zu M ihre Zuflucht, wenn das fürchterliche Kopfweh, eine Nachwirkung der Erlebnisse während der Franz. Revolution, sie heimsucht: Dann hielt sie sich mit ihren abgemagerten Händen eine kleine Statue der hl. Jungfrau auf den Kopf, bis die Schmerzen ein wenig nachließen (vgl. ebd. 622). — Für T. existiert M nie für sich allein, isoliert von ihrem Sohn. Diese MV hat sie ihrer Kongregation hinterlassen: In ihr soll der Name Ms immer mit dem Namen Jesu verbunden sein.

QQ: Positio super introductione causae et virtutibus, 1967. — Textes constitutionnels des Religieuses de Jésus-Marie, 1977.
WW: Hs. Briefe, Archiv des Generalates, Rom.
Lit.: N. N., Histoire de la Congrégation des Religieuses de Jésus-Marie, d'après des témoignages des contemporains, Lyon 1896. — L. Cristiani, Au service de l'enfance, C. T., 1961. — G. M. Montesinos, En cette nuit-là aux Pierres Plantées, 1973. — L. Chiasson, Si le grain ne meurt..., 1981. — M. de la Paloma Alvarez, La Spiritualité propre à la Congrégation de Jésus-Marie, 1987. — F. Holböck, Die neuen Heiligen der kath. Kirche I, 1991, 70 ff. — AAS 66 (1974) 361 ff; 70 (1978) 507–511; 73 (1981) 466 f. 665 f. — DIP II 1209 f.; IV 1139 f. — DSp V 987; XV 682–685 (Lit.).   I. Léger/W. Baier

Thomas, B. Anthony, * 1886 in Jaffna/Sri Lanka, † 26.1.1964 ebd., 1909 OMI, 1912 Priester, gründete 1928 in Thologatty/Jaffna die Kongregation der Rosarianer (Rosarians, Servants of Our Lady of the Holy Rosary), die 1939 durch Bischof Alfred Guyomard (1884-[1924]-1956) als diözesane Kongregation bestätigt wurden und denen 1948 die Rosarian Sisters als Gründung folgten. Beide Gemeinschaften sind als beschauliche Orden mit dem ewigen Rosenkranzgebet gegründet, den sie mit gekreuzten Armen zu beten pflegen. Neben dem unentwegten Rosenkranzgebet ist es das Hauptziel der Ordensgründung, einen einheimischen Orden zu gründen, der die überlieferten Formen des asiatischen Mönchtums aufgreift und mit der kath. Form des Klosterlebens verbindet.

Lit.: A. Guyomard, La Congrégation des Rosariens à Jaffna, In: Bulletin de l'Union Miss. du Clergé 15 (1935) 120–123. — J. Bayart, The Indian Penitential Congregation (The Rosarians), In: The Clery Monthly 10 (1946/47) 273–275. — Manoire IV 935–949. — Congregation of the Rosarians, ²1957. — J. Mendonça, A Plea for Comtemplatives, 1958.   H. Rzepkowski

Thomas v. Aquin, OP, * 1224/25 in Roccasecca, † 7.3.1274 in Fossanova auf dem Weg zum Zweiten Konzil von Lyon, wurde in Monte

Cassino erzogen (ca. 1230–39), studierte in Neapel (1239–44), trat 1244 in den Predigerorden in Neapel ein, setzte sein Studium in Paris (1245–48, 1252–56) und Köln (1248–52) fort und lehrte in Köln (Assistent des Albertus Magnus) und Paris (als Sententiarius bis zum Magister 1256, dort als Magister regens 1256–59 und 1268–72) sowie in Orvieto (1261–65), Rom (1265–68) und Neapel (1272–73, vielleicht auch schon 1259–61). Obwohl sein Denken bes. in den letzten Jahren seines Lebens und in den ersten fünfzig Jahren danach sowie auch später im Rahmen der theol. Schulstreitigkeiten keineswegs einhellige Akzeptanz fand, wurde T. wie kein zweiter Scholastiker von der kath. Theol. breit rezipiert; er bleibt bis heute eine geachtete Autorität. Wegen seiner phil.-theol. Schriften zu nicht-mariol. Themen wurde T. mit der Zeit als »doctor communis« verehrt. Dabei gewannen auch seine mariol. Äußerungen allmählich ein Gewicht, das ihre Stellung im theol. und spirituellen Werk des Aquinaten selbst übertrifft (hingegen kommen jüngste Darstellungen seiner Spiritualität z. T. auch ohne einen mariol. Akzent aus; vgl. Torrell 1991). So wurde seine damals übliche, kritische Haltung zu Kult und Vorstellung der UE erstens zum Maßstab des späteren Widerstands v. a. unter den Dominikanertheologen gegen die pia opinio, aber auch zweitens zu einem von Antithomisten gern angeführten Grund zur generellen Relativierung der theol. Bedeutung thomistischer Ideen oder drittens auch zum Gegenstand gewaltsamer Uminterpretationen im Sinne der neuen Majorität (vgl. Horst). Schließlich aber wurden angesichts der Diskrepanz zwischen der früheren thomanischen Stellungnahme einerseits und der späteren Ausbreitung des liturg. Festes mit der ihm entsprechenden pia opinio andererseits gelegentlich auch die Folgen für eine geschichtsbewußte Theol. genuiner Lehrentwicklung gezogen (→ Johannes a Sancto Thoma). Dadurch wurde die Rezeptionsgeschichte der thomanischen Mariol. zum aufschlußreichen Kapitel theol. Methodenlehre. Im folgenden wird nur auf die Werke von T. selbst eingegangen.

Unter den Werken des T. sind zehn unter mariol. Aspekt bes. hervorzuheben. Während die ersten vier davon 🐝 weitgehend im traditionell christol. Kontext behandeln, wird in den letzten sechs Werken diese Perspektive zunehmend durch soteriol. und heilsgeschichtliche Motive ergänzt, ohne 🐝 aus ihrer unmittelbaren Beziehung zum Christusmysterium herauszulösen. Die Mysterien dessen, was Jesus getan und gelitten hatte, hatte T. nach eingehendem Studium patristischer Schriftexegese (Glossa continua super Evangelia [Catena aurea], 1262–68) in zunehmendem Maß soteriol. und heilsgeschichtlich gedeutet (vgl. Scheffczyk). Diese Akzentverschiebung läßt sich auch in seinen mariol. Äußerungen erkennen.

1. Scriptum super libros IV Sententiarum (ca. 1252–57). Hier folgt T. v. a. im Kommentar zum dritten Buch den mariol. Fragestellungen, die er in der Sentenzen- und Summenliteratur vorfand (vgl. die Summa Halensis und den Sentenzenkommentar Bonaventuras). Der christol. Rahmen wird in der Diskussion zur vierten Distinktion des dritten Buches deutlich, wo in der zweiten Quaestion die Mutterschaft 🐝s als »mater illius hominis« und dann als »mater dei« verteidigt wird, um christol. Häresien zu widerlegen, welche im Fall Christi das wahre Fleisch unserer Natur bzw. die personale Einheit geleugnet hatten. »Die Menschheit Christi und die Mutterschaft der Jungfrau sind derart miteinander verbunden, daß jeder, der in bezug auf das eine irrt, auch in bezug auf das andere irren muß... Daher ist die Jungfrau im wahren Sinn als Mutter Gottes zu bekennen, genau wie wir Jesus als wahren Gott bekennen« (In III Sent. 4, 2, 2 co.). Die verschiedenartigen Fragen zur dritten Distinktion haben ihre Einheit im Bemühen, das Fleisch bzw. die menschliche Natur Christi als genuin menschlich, aber ohne Bindung an die Sündhaftigkeit aufzuweisen. T. sieht diese Aufgabe infolge der aristotelischen Betonung des passiven Beitrags jeder Maternität (eine Vorbereitung, Bereitstellung, Verbesserung und Ernährung der Materie eines neuen Menschen, nicht aber deren generative Formung) als umso leichter zu erfüllen (In III Sent. 3, 2 et 5). Bei aller festzuhaltenden Natürlichkeit dieses Beitrags stehe etwas Mirakulöse im Hintergrund, das weniger in der Jungfrauengeburt, als vielmehr in der Verbindung zweier Naturen in einer Person erscheine. Gleichwohl wird der Beitrag 🐝s zur Menschwerdung Christi für bedeutend genug gehalten, um besonderes Gewicht auf ihre eigene Heiligung zu legen; aus ähnlichen Gründen wird auch der schwächere Beitrag der aus den Genealogien bekannten Vorfahren Jesu bedacht (In III Sent. 3, 4). Die »sanctificatio« 🐝s sei in drei Etappen vollzogen: nach ihrer Empfängnis bzw. ihrer Beseelung, aber noch vor der Geburt wird sie von der Erbschuld befreit. Die erbsündlich bedingte Neigung zur läßlichen Sünde (fomes) wird dabei suspendiert, ohne in ihrer Wurzel ausgerottet zu werden; dies geschieht erst mit der Verkündigung bzw. der Empfängnis Christi. Die Vollendung der Heiligung 🐝s in der Assumptio als ihrer Befreiung von der letzten Strafe der Erbsünde wird nur am Rande erwähnt, da sie in keinem unmittelbaren Bezug zur Menschwerdung Christi steht. Eine Heiligung vor oder im Augenblick ihrer Beseelung lehnt T. ab, da sie 🐝 von der Erlösung durch Christus auszuschließen scheint, was der Dignität Christi (und 🐝s) abträglich wäre (In III Sent. 3, 1). Von daher ist wohl auch das im anderen Kontext gefallene Wort von 🐝 als »a peccato originali et actuali immunis« (In I Sent. 44, 1, 3 ad 3) im Sinne einer nach der Empfängnis geschenkten Immunität zu verstehen. In seiner Überarbeitung des ersten Buchs 1265–66 sah T. offenkundig keinen Grund, den Satz im Lichte seiner ausführlicheren Darstellungen ändern zu müssen. Das Wort »immunis« wird von T. auch in anderen Zusammenhängen im weiteren Sinn verwendet. Auch der Ausdruck »depuratio ab omni peccato« (In I Sent. 17, 2, 5 ad 4) deutet in diese Richtung. Selbst in der Behandlung der Verkündigung, wo außer der Frage der Heiligung M's heilsgeschichtliche Ansätze begegnen (die Bedeutung der Erkenntnis und der Freiheit M's), bleibt die Perspektive christol.: daß Körperliches und Geistiges durch Erscheinung und Wort des Engels angesprochen werden, entspricht der Inkarnation des göttlichen Wortes, genauso wie auch die Einbeziehung von Engel und Mensch in das für beide entscheidende Ereignis (In III Sent. 3, 3). Selbst die wissende und bejahende Art der Mitwirkung, die durch die Verkündigung ermöglicht werden soll, entspricht der göttlichen Natur des hauptsächlich Wirkenden. Von sich aus verdient M unsere Verehrung (dulia), die sich in bezug auf Christus zu »hyperdulia« steigert (In III Sent. 9, 1, 2 iii). Am meisten heilsgeschichtlich erscheint die Behandlung der Ehe M's (In IV Sent. 30, 2, 1–3): ihr nur konditionelles Gelübde der Jungfräulichkeit, der passende Charakter ihrer Ehe, die qualifizierte, aber genuine Wahrheit dieser Ehe und die dreifache Jungfräulichkeit ante und post partum bzw. in partu werden behandelt. Nur zum Teil geht es hier um das Verständnis des Ehesakraments im allgemeinen. Eine konkret-heilsgeschichtliche Orientierung läßt sich auch in der Behandlung des Pfingstereignisses erkennen, in dem M keine spezielle Sendung des Geistes erfahren habe, zumal sie nicht zur Wortverkündigung gesandt worden sei. Hingegen werden andere Fragen der Mariol. in erster Linie zur Exemplifizierung allgemeiner Fragen der Theol. angeschnitten: eine unüberbietbare Höchststufe der caritas sei auch für M wie auch für alle anderen Geschöpfe unmöglich (In I Sent. 17, 2, 5 ad 4); infolge der unendlichen Distanz des Geschöpfs zu Gott hätte Gott M je vollkommener machen können (In I Sent. 44, 1, 3 ad 3, was in keinem Widerspruch zur späteren Rede von »quandam dignitatem infinitam« der GM steht, STh I 25, 6 ad 4, da auch diese nur »ex parte dei«, nicht »ex parte creaturae« bejaht wird); M habe den Tod Jesu mit der gleichen, von der Sache her gerechtfertigten Ambivalenz betrachtet wie dieser selbst (In I Sent. 48, 1, 4 ad 3); die gnadenhafte Erhebung M's über die Engel widerspreche weder der naturhaften Geltung ihrer gegenseitigen Zuordnung noch der Sonderstellung Christi (In II Sent. 16, 1, 3 ad 5; In III Sent. 22, 3, 3 iii ad 3).

2. *Summa contra Gentiles*, lib. IV (ca. 1264 f.). In den Kapiteln 27–49 des vierten Buchs behandelt T. die Christol. im Licht der gegen sie gerichteten Häresien. M wird dabei öfters als Mutter Jesu und Mutter Gottes erörtert, um in Auseinandersetzung mit Valentinus, Arius und Nestorius den wahren Leib (Kap. 30) und die wahre Seele (die zum wahren Sohn einer Mutter gehört: Kap. 32) sowie die personale Einheit Christi (Kap. 34 und 38) zu bejahen. Die wahre Mutterschaft M's spricht dagegen, daß Christi Menschsein praeexistiert hätte (Kap. 43). Die aristotelische Analyse menschlicher Entstehung scheint T. bes. geeignet, um M als wahre Mutter auszuweisen, ohne Christus auf das nur Menschliche zu reduzieren; dazu diene auch die Lehre von der Jungfräulichkeit M's (Kap. 45). M vermag als Mutter Christi in einer Weise Garant der Einheit Christi zu sein, wie das nicht möglich wäre, wenn der Geist als Vater Christi bezeichnet worden wäre; denn dieser müßte anders als jene als Quelle einer neuen personalen Sohnschaft erscheinen (Kap. 47). Die vom apologetischen Zweck des Werkes diktierte Konzentration auf die Kernwahrheiten des Glaubens verstärkt den christol. Kontext dieser mariol. Äußerungen. Nicht einmal die Fragen nach der Heiligung M's werden hier gestellt.

3. *Compendium theologiae*, pars I (ca. 1265–67). Der unvollendete, unkorrigierte, für ein breiteres Publikum gedachte Handbuchentwurf bringt mariol. Aussagen im Rahmen einer Darstellung der christol. Aussagen der Glaubensbekenntnisse. Wohl in der Absicht, auf jenen Glaubensartikel zu warten, in dem M erwähnt wird, geht T. bei der Darstellung der christol. Häresien nur knapp auf mariol. Themen ein (am ausführlichsten bei Valentinus, Kap. 208; selbst im Kap. 203 zu Nestorius begegnen noch keine Aussagen zu M). Auch bei der Diskussion der Lehren von den zwei Naturen in einer Person und von der Herkunft des Leibes Christi kommt T. zunächst ohne mariol. Themen aus. Um so mehr erscheint die Diskussion über den Glaubensartikel »de conceptione et natiuitate Christi« (Kap. 220–226) als eine gewollte Verdichtung mariol. Themen (221–225; vgl. die Vernachlässigung solcher Themen bei der Behandlung dieses Glaubensartikels in den »Collationes super Credo in Deum«). Während in den Kapiteln 221–223 die jungfräuliche Mutterschaft M's in einer Weise dargestellt wird, die an die »Summa contra Gentiles« erinnert, geht T. in Kap. 224 und 225 auf Themen ein, die dort weitgehend gefehlt hatten: die Heiligung M's und ihre bleibende Jungfräulichkeit in partu (vgl. SCG IV 45) und post partum. Ähnlich wie im Sentenzenkommentar sucht T. hier die Befreiung M's von der Schuld jeder Sünde und von der Auswirkung des nur suspendierten »fomes peccati originalis« zwischen den Privilegien Christi einerseits und den Gnadengaben des Jeremias und des Täufers andererseits einzuordnen. »Eine derartige Heiligung geht aber der Eingabe der Seele nicht voraus, denn sonst wäre diese nie der Erbsünde unterworfen und hätte keine Erlösung nötig« (Kap. 224, ed. Leon. 42, 175 A, lin. 40–42; vgl. lin. 22–26). Anders als im Sentenzenkommentar wird hier eine Heiligung im Augenblick der »infusio animae« nicht in Erwägung gezogen, noch werden weitere Etappen der Heiligung diskutiert.

4. Die *reportatio* des Kommentars *Super Epistolam ad Galatos* (1265–68) läßt den Übergang erkennen. Zwar argumentiert T. zu Gal 1,19 (zum Wort »Herrenbruder«) mit exegetischen Gründen für die bleibende Jungfräulichkeit Ms (auch hier gegen den aus Hieronymus bekannten Helvidius), aber der Kommentar zu Gal 4,4 bleibt im christol. Rahmen: das Wort »geboren von einer Frau« wird zur Abgrenzung von den Irrlehren von → Photinus, den Ebionitern, Valentinus und Nestorius herangezogen.

5. Die *Glossa continua super Evangelia* (*Catena aurea* genannt, 1262–68) markiert noch deutlicher die Wende in der Mariol. des T. Von Gelehrten am päpstlichen Hof unterstützt, sammelte T. Äußerungen zu den Evangelien aus 22 lat. und 57 griech. Vätern. Die Glossa der M betreffenden Stellen bes. aus den beiden Kindheitsnarrationen verstärkte das Interesse des T. an den dort geschilderten Details aus dem Leben Jesu und Ms, an der soteriol. Dimension der Christol. und an der patristischen Einschätzung der Stellung Ms bei der Vermittlung des Heils. Zu Mt 12,46–50 wird z.B. nicht nur die Frage nach den »Brüdern Christi« und so der bleibenden Jungfräulichkeit Ms gestellt, sondern auch in bezug auf die Angehörigen und die Mutter Christi gefragt, ob sie durch die Liebe der eigenen Ehre (Johannes Chrysostomus) oder der Ehre Christi (Augustinus) motiviert waren; immerhin gilt die scheinbare Zurückweisung Ms als Mahnung gegen jede Selbstsicherheit späterer Christen, die ihre Zugehörigkeit zu Christus überschätzen.

6. Die *Lectura super Matthaeum* (nach 1263, vielleicht ca. 1269) war eine erste Frucht dieses patristischen Quellenstudiums. Außer der christol. Bedeutung der wahren und jungfräulichen Mutterschaft Ms wird z.B. ihre wahre Ehe (zu Mt 1,16–25, Nr. 87 ff.) verteidigt. Deutlicher als in der Glossa zu Mt 12,46 ff. wird die Unterstellung einer Eitelkeit Ms durch Chrysostomus geschildert und zurückgewiesen (Nr. 1067–76). Das eigene Gnadenleben Ms zieht nun größere Aufmerksamkeit auf sich: GM zu sein, sei eine unvergleichbare Würde und ein »privilegium gratiae singularis« (zu Mt 1,18, Nr. 108). Jene alternativen, hebr. bzw. syr. Deutungen des Namens »Maria«, die T. in der Glossa unter Berufung auf → Beda erwähnt hatte (Glossa in Mt 1,18, Nr. 9), werden hier wiederholt: »maris stella, vel illuminatrix, et syro (corr. suo) sermone domina« (zu Mt 1,18, Nr. 109). »Daher wird sie in Rev 12,1 mit dem Mond unter ihren Füßen dargestellt« (ebd.). Die enge Verbindung von M und Kind in Mt 2,11.13.21 sieht T. als Hinweis, daß die Flucht vor der Sünde auf die Treue und die Hilfe dieser Mutter und ihres Sohnes bauen sollte. Die Weisen aus dem Osten begegnen einer armen Mutter, der sie materiell beistehen; Joseph ist nicht anwesend, um nicht fälschlicher Weise als leiblicher Vater zu erscheinen. Das Schema für die Einordnung der »acta et passa Jesu (ingressus/processus/egressus«), das in der Summa theologiae auch den Rahmen der Mariol. bestimmen wird, wird schon zu Beginn des Kommentars grundgelegt, ohne schon mit mariol. Themen in Verbindung gebracht zu werden (Mt 1, Nr. 11).

7. Die *Collationes in salutationem angelicam* (Datierung unsicher, vielleicht 1268–72) geben die unkorrigierte Nachschrift einer Predigt wieder, deren Einordnung in die Opera des T. nicht leicht fällt. Aufgrund ihrer Veröffentlichung zusammen mit Ansprachen, die möglicherweise in volkssprachlicher Form während der letzten Monate des Aquinaten in Neapel gehalten worden sind, und von einer Zeugenaussage unterstützt, T. habe in Neapel über das Salve gepredigt (nicht notwendigerweise 1273), wurde diese Predigt oft seiner letzten Assignation oder zumindest Italien (Neapel, aber auch Rom) zugeordnet. Neuere Studien halten indes für plausibler, daß es sich um eine Universitätspredigt aus der zweiten Pariser Lehrzeit ohne volkssprachliche Vorlage handelt (vgl. Torrell/Emery). Umstritten ist das Werk auch in textkritischer Hinsicht, da eine Minderheit der Textzeugen die scheinbare Verteidigung der UE ausläßt: »Denn sie war ganz rein auch in bezug auf die Schuld, da sie weder in die Erbsünde (nec originale) noch in die Todsünde noch in die läßliche Sünde gefallen war (incurrit)« (Rossi 472, 13 f.). Schon im SpätMA wurde die textkritische Frage kontrovers diskutiert. In diesem Fall ist aber wahrscheinlicher, daß die Textzeugenminderheit eine Korrektur vornahm (eine der vier von Rossi edierten Minderheitshandschriften zeigt unter dem rasierten Spatium noch den Mehrheitstext), um den Sinn dieses Passus mit der sonstwo bezeugten Ansicht von T. und mit der deutlicheren Aussage dieses Werkes selbst zu harmonisieren: »Die Selige Jungfrau vermied jede Sünde mehr als irgendein Heiliger sonst außer Christus. Denn Sünde ist entweder Erbsünde, und davon wurde sie im Mutterschoß gereinigt, oder Todsünde und läßliche Sünde, und davon war sie frei ... Christus aber übertrifft die Selige Jungfrau darin, daß er ohne Erbsünde empfangen und geboren wurde, während die Selige Jungfrau in Erbsünde zwar empfangen, aber nicht geboren wurde« (Rossi 468, 14–469, 3). Die Eindeutigkeit dieser Aussage zeigt die Ungenauigkeit des umstrittenen Passus; gemeint wird wohl wieder die nach der Empfängnis Ms geschenkte Freiheit von der Erbschuld, obwohl im Gegensatz zum Terminus »immunis« das Wort »non incurrit peccatum« keine Verwendung in einem breiteren Sinn erfährt. Im übrigen erwähnt T. an dieser Stelle mehrere Beispiele von einer erst nach der Empfängnis Ms geschenkten »Immunität« von den Straffolgen der Erbsünde: M wird gegenüber dem Fluch auf Eva, Adam und die sterbliche Menschheit »immun« gemacht. In bezug auf die Befreiung vom Fluch des sterblichen Zerfalls tritt diese Immunität erst nach dem Tod ein. Auch wenn hier keine Veränderung der

damals traditionellen Stellungnahme zur Immaculatafrage vorliegt, so dokumentiert das Werk doch die Akzentverschiebung auf eine soteriol. Sichtweise. Die drei Deutungen des Namens Ms als »illuminatrix«, »domina« und »stella maris« werden zur dreifachen Gliederung des Textes herangezogen. Die Gnade leuchtet nicht nur in der exemplarischen Tugend ihrer Seele und in der Heiligung ihres den Christus tragenden Leibes, sondern in ihr bzw. in ihm »... reicht diese Gnade zum Heil aller Menschen auf Erden« (Rossi 471,1). Daher ist M eine Quelle von Hilfe zur Tugend und von Heilmitteln gegen Gefährdungen; so heißt »Maria« nicht nur »illuminata in se«, sondern »illuminatrix in alios quantum ad totum mundum« (Rossi 471,8–11). Der Titel »domina« wird auf die ungewöhnliche Vertrautheit Ms mit dem dreifaltigen Gott und Herrn zurückgeführt. Ihre Nähe zu dem, den Engel und Menschen zunächst nur als Herrn verehren, genießt sie als Mutter des göttlichen Sohnes, als Tempel des Geistes und (gemäß dem Albertus Magnus zugeschriebenen Hymnus vom Fest der Assumptio »Salve, mater salvatoris«) als »totius trinitatis nobile triclinium« (Rossi 472,5–6. 9–10). Bei der Ausführung zur dritten Namensdeutung kommt der soteriol. Aspekt wieder wie beim ersten Titel zum Wort. Die Herrlichkeit der Gnade gilt nicht nur ihrer persönlichen Befreiung vom uralten Fluch, sondern »durch Maria werden Christen so zum Heil geführt, wie die Schiffspiloten durch den Meerstern zum Hafen geführt werden« (Rossi 474,1–4). Die Konzentration auf Christus hin wird zum Schluß des Werkes noch einmal unterstrichen. Doch anders als im Frühwerk, wo M v.a. auf die wahre Menschheit und die personale Einheit Christi transparent gemacht wurde, erscheint sie hier der soteriol. Erfüllung in Christus zugeordnet. Nicht in der verfluchten Frucht des verbotenen Baumes, sondern in Christus als der gesegneten Frucht des Leibes Ms (»benedictus fructus ventris sui«) wird die dreifache Sehnsucht Evas erfüllt: die Sehnsucht danach, wie Gott zu werden, sowie das Streben nach Freude und Schönheit (vgl. hingegen die Gegenüberstellung von Eva und M als eher ontischer Ansatz zum Fall bzw. Wiederherstellung, In III Sent. 12, 3, 1 ii). Nur in dieser gesegneten Frucht kann die tiefste menschliche Sehnsucht erfüllt werden. Bei allen der Homiletik eigenen Stilelementen exemplifizieren diese collationes den Schwerpunkt der späteren thomanischen Mariol., genauso wie drei weitere Predigten: »Germinet terra« und »Lux orta« (beide zum Fest der Geburt Ms) sowie »Puer Jesus« (zum Leben Jesu in Nazareth).

8. Die Quaestio de quolibet 6, 5, 1 (1270) schließt M als Kind Adams in die allgemeine Heilsbedürftigkeit und Erbsünde (Röm 5,12) bzw. in die einmalige Heilsvermittlung Jesu (unter Berufung auf 1 Tim 4,10) ein. Um diese Wahrheit zu unterstreichen, feiere die röm. Kirche wie auch viele andere Kirchen das Fest der Empfängnis Ms nicht. Bei den Kirchen, die das Fest dennoch feiern, sei als Anlaß die Heiligung Ms unmittelbar nach ihrer Empfängnis zu verstehen.

9. In seiner Lectura super Ioannem (ca. 1270–72) kommt T. mehrfach kurz auf M zu sprechen. Mit Bezug auf Joh 1,14 beginnt der Kommentar mit der christol. Bedeutung Ms, obwohl die Hinweise auf sie öfter implizit bleiben. Die Rückkehr nach Kafarnaum bzw. Nazaret (2,12) nimmt T. zum Anlaß, auf das Leben Ms (die dreifache Jungfräulichkeit) und Josephs knapp einzugehen. Die Begegnung Jesu mit M und Johannes (bzw. dem geliebten Jünger) bei der Kreuzigung wird als Sorge Jesu um seine Mutter, als ein belehrendes Vorbild solcher Fürsorge um die je eigenen Eltern und als Zeichen der Sonderstellung des Evangelisten bzw. Jüngers gedeutet (zu Joh 19,25–27; vgl. den Kommentar des T. zum Prolog des Hieronymus, Nr. 15). Während dort der mystische Sinn fehlt, nimmt dieser im Rahmen des ersten Zeichens zu Kana breiten Raum ein (zu Joh 2,1–12), wo die Ehe zwischen Christus und der Kirche bzw. der Seele angedeutet worden sei. Bahnt sich diese mystische Vereinigung in der Zeit des Naturgesetzes bzw. des geschriebenen Gesetzes im ersten Testament an, so wird sie erstmals im Schoß Ms (dem ersten »thalamus huius coniunctionis«) mit der Menschwerdung Christi vollendet; auf diese heilsgeschichtliche Dreiteilung wird die dreitägige Dauer der Hochzeitsfeier zu Kana bezogen. T. hält es für wahrscheinlich, daß Jesus die Einladung zur Hochzeit nur über M erhielt. Jedenfalls wird hier die Demut Jesu deutlich, da der göttliche Autor der großartigen Institution Ehe sich nur als Gast bei der Hochzeit ausgibt; immerhin soll jede Geringschätzung der Ehe dadurch abgewehrt werden. Die Anrede Frau statt Mutter läßt T. weder als Infragestellung der wahren Mutterschaft und der bleibenden Jungfräulichkeit Ms noch als Leugnung der Sohnschaft Jesu gelten; die Argumente werden an dieser Stelle wieder christol. T. referiert die Meinung des Johannes Chrysostomus, M habe aus Eifer um ihren Sohn übereilt gehandelt oder zu sehr nach Zeichen gedrängt (stellvertretend für die Synagoge, welche ebenfalls die Mutter Christi sei). Nachdem aber der Mangel an Wein (bzw. an Gerechtigkeit, Weisheit und Liebe oder Gnade) sichtbar wurde, wurde das Vertrauen Ms auf das Mitleid ihres Sohnes anerkannt. Das entsprach ihrer eigenen Barmherzigkeit, antwortete auf ihre Fürsorglichkeit und Aufmerksamkeit und unterstrich die Beispielhaftigkeit ihrer Bitte für unser Gebet: auch wir brauchen nur unsere Nöte vor Gott zu bringen und sollen ihm die Lösung überlassen. Auffallend in ihrer soteriol. Bedeutung und — im Gegensatz zu den bisher geschilderten Themen — ohne Parallele in der Glossa des T. zum Johannes-Evangelium ist die Andeutung der Mittlerschaft Ms: »In mystischer Weise ist die Mutter Jesu, gerade die selige Jungfrau, wie eine Eheberaterin bzw. Ehevermittlerin (nuptiarum consiliatrix) in spirituellen Ehen, da auf ihre Fürbitte hin man durch Gnade mit Christus vereint wird ... Christus, der wie der wahre Bräutigam der Seele ist ...« (Nr. 343). Diese mystische Deutung ist im Wort »miraculi procuratrix« (Nr. 369, zu Joh 2,12) sowie in der Rede von »miraculi procuratio« und »mediatrix« (Nr. 344) nicht mehr unmittelbar beabsichtigt.

10. Summa theologiae. Obwohl ⟨M⟩ zur Konkretisierung nicht-mariol. Fragestellungen in den ersten Teilen der Summa theologiae sporadisch begegnet (z. B. Sth I 24, 6 ad 4 im Rahmen der Theodizee, Sth I–II 81, 5 ad 3 zur Klärung der Stellung Evas in der Erbsündenlehre und Sth I–II 103, 3 f. mit Bezug auf die im NT fortgesetzte Feier des älteren Kults), wird sie v. a. im dritten Teil diskutiert (z. B. Sth III 2,11 ad 3, mit Bezug auf den völlig unverdienten Charakter der Menschwerdung und die responsoriale Mitwirkung der Menschen; oder auch 7, 10 ad 1, zur Frage, wie ⟨M⟩ und Stephanus anders »von Gnade erfüllt« seien als Christus). Die Verdichtung mariol. Themen wird ab Quaestio 27 (1272 verfaßt) bes. intensiv. Der Versuch aber, in den Quaestiones 27–30 (⟨M⟩s Heiligung, Jungfräulichkeit, Verehelichung und Verkündigung) einen mariol. Traktat zu sehen (vgl. Heath), ist insofern irreführend, als T. diese Fragen als Beginn des ersten Teils jener vierteiligen heilsgeschichtlichen Darstellung der gesta Jesu (»ingressus«, Quaestiones 27–39, bis zur Taufe einschließlich, dann »processus«, »exitus« und »exaltatio«) betrachtet, die in der Mt-Glossa und im Mt-Kommentar vorbereitet wurde. Die Verselbständigung eines mariol. Traktats aus diesem Kontext heraus leidet auch daran, daß wichtige mariol. Fragen erst nach der Quaestio 30 begegnen, wo sie weniger zusammenhängend in die Heilsgeschichte Jesu eingebettet sind. Diskutiert wird ⟨M⟩ hier etwa bei den Fragen zur Empfängnis Jesu (31, 3–5; 32, 4; 33, 4), zu seiner Geburt (35, 3–6 zur Mutterschaft ⟨M⟩s) sowie zu den Religionsobservanzen in bezug auf das Kind (37, 4 zur Reinigung ⟨M⟩s). Dennoch trugen die Quaestiones 27 ff. zur späteren mariol. Traktatenbildung bei, die freilich nicht notwendigerweise »christusvergessen« ausfallen muß, obwohl der christozentrisch-soteriol. Kontext nicht mehr so gesichert bleibt wie hier. Zur Traktatenbildung half die Konzentration mariol. Themen in diesem Abschnitt; der Zusammenhang ⟨M⟩s mit den weiteren Geheimnissen zu »processus«, »exitus« und »exaltatio Christi« wird in den Quaestiones 40–59 kaum untersucht. (Sth III 46, 5 zählt zu den Leiden des Gekreuzigten, daß er seine Mutter und den geliebten Jünger dort weinend gesehen habe.) Aber auch die Anziehungskraft dieser um patristische Quellen, einen erweiterten Fragenkatalog und die stärkere Betonung soteriol. und heilsgeschichtlicher Gesichtspunkte bereicherten Behandlung mariol. Themen machte den Traktat »de ingressu Christi« zur Quelle späterer Mariol. In bezug auf die Heiligung ⟨M⟩s wiederholt T. seine früheren Argumente (bes. aus der »Quaestio de quolibet«) gegen die UE, die nach seiner Einschätzung bedeuten würde, daß ⟨M⟩ »jenes Freikaufs und jenes Heils nicht bedurft hätte, welche durch Christus sind« (Sth III 27, 2 co); das wäre wiederum der Stellung Christi als des universalen Erretters aller abträglich (ad 2). So feiere die röm. Kirche zum Fest der Empfängnis ⟨M⟩s ihre Heiligung, während sie die Feier der Empfängnis in anderen Kirchen gemäß dieser Auslegung einer Heiligung vor der Geburt toleriere (ad 3). Die Infragestellung der → Sündenlosigkeit ⟨M⟩s, die aus dem Vorwurf der Eitelkeit in den Homilien des Chrysostomus zu Mt 12 hervorzugehen scheint, wird wie schon im Mt-Kommentar zurückgewiesen, während T. die Behauptung einer »dubitatio admirationis et discussionis« in ⟨M⟩ angesichts des Kreuzes (in Erfüllung der Schwertprophetie Simeons) gelten läßt (Sth III 27, 4, ad 2 f.; vgl. In III Sent. 3, 3, 2 ii ad 1). Die in drei Stufen vollzogene Befreiung ⟨M⟩s von der Last der Erbsünde wird wieder bejaht (Sth III 27,3) und von der Befreiung der anderen Heiligen hervorgehoben (art. 6), aber auch auf die Gnadenfülle und den Fortschritt im Gnadenleben ⟨M⟩s bezogen (art. 5). Während die Heiligung ⟨M⟩s sie für ihre Berufung vorbereitete, wurden die vollkommene Form der Gnade in ihr durch die Gegenwart des Sohnes im Mutterschoß und das vollkommene Ziel der Gnade in ihrer Assumptio geschenkt. Ihre Gnadenfülle war zwar ganz anderer Art als im Gottmenschen (dem »auctor et instrumentum gratiae«), aber auch von größerer Vollendung als in anderen Heiligen, weil sie »... propinquissima Christo fuit secundum humanitatem; quia ex ea accepit humanam naturam« (art. 4, co, ad 1 et ad 2). ⟨M⟩ empfing und gebar den Autor der Gnade, jenen, der allein im vollen Sinn »plenus gratiae« ist, auf daß sie dadurch allen in gewissem Sinn die Gnade ausschenke (»... et eum pariendo quodammodo gratiam ad omnes derivaret«: art. 5, ad 1). Die Gnade zeigte sich auch in einer ihr eigenen Gabe der Weisheit (obwohl nicht zum Lehrdienst), in Tugenden (obgleich nicht zur Wirkung von Wundern während ihres Lebens, da diese der Lehre zugeordnet sind) sowie im Gebrauch der Prophetie (art. 4, ad 3 mit Bezug auf das Magnificat). Zu den christol. Gründen für eine jungfräuliche Mutterschaft (wo die Passivität der Mutterschaft im allgemeinen auf diese Mutterschaft bezogen und durch die Jungfräulichkeit als Freiheit von männlich-zeugender Aktivität unterstrichen wird, so später auch Sth III 31, 5; 32, 4; 33, 4) kommt nun ein gnadentheol. Argument theozentrischen Zuschnitts hinzu, das auch exemplarisch-ekklesiol. Bedeutung für alle Glieder der Kirche hat. Durch den Vergleich der Kirche mit dem relativ passiven Beitrag der Mutterschaft ⟨M⟩s wird die bleibende

Theozentrik der durch kirchlichen Dienst vermittelten Gnade anders hervorgehoben, als wenn die Kirche ihr Vorbild in der Instrumentalursächlichkeit der Menschheit Christi hat. Die jungfräuliche Mutterschaft M's sei »... um des Ziels der Fleischwerdung Christi willen, die dazu geschah, daß Menschen als Kinder Gottes wiedergeboren werden — nicht aus dem Willen des Fleisches, nicht aus dem Willen des Mannes, sondern aus Gott, d. h. durch die Kraft Gottes. Ein Exemplar dieser Gnadenwirklichkeit sollte schon in der Empfängnis Christi sichtbar werden« (Sth III 28, 1 co). Ein Augustinuszitat, das diese Gedanken auf die Kirche als Jungfrau und Mutter bezieht, wird unmittelbar angefügt. Ausführlich zieht T. patristische Quellen in die ganze Quaestio ein, etwa zur Frage, wie eine Jungfräulichkeit post partum im Rahmen der damaligen Kultur vorstellbar wäre (art. 3 sq.). T. argumentiert, daß dieses am besten im Rahmen einer Ehe geschehen konnte, die zudem im Interesse Jesu und M's sowie der Ausbreitung des Glaubens lag (Sth III 29, 1); nicht wenige der angeführten Gründe sind pragmatisch-historischer Natur. In der inneren Freundschaft und Treue der Eheleute (»perfectio prima et forma coniugii«) sowie in ihrem Dienst am Nachkommen (»perfectio secunda et finis coniugii«) erwies sich die Verbindung als eine wahre Ehe (art. 2). T. wiederholt einen früheren Gedanken, wenn er in M die Bejahung sowohl der christl. Ehe als auch der Ehelosigkeit um des Evangeliums willen sieht (art. 1 co, wo auch das theozentrisch akzentuierte Bild der einzig aus der Kraft Gottes wirkenden jungfräulichen Mutter Kirche wieder begegnet). Die Fragen zur Verkündigung wiederholen z.T. wörtlich die Ausführungen des Sentenzenkommentars, doch wird nun der Glaube M's ungleich stärker betont (Sth III 30, ad 2 sq.). Während im älteren Werk die Zustimmung M's nur als eine Entsprechung zur göttlichen Natur erscheint, die niemanden zur Entscheidung zwingen will (In III Sent. 3, 3, 1 i co), heißt es hier, daß »... die Verkündigung passend war, um eine gewisse Art geistlicher Verehelichung zwischen dem Sohn Gottes und der menschlichen Natur zu zeigen. Daher wurde die Zustimmung der Jungfrau anstelle der ganzen menschlichen Natur ersucht« (Sth III 30, 1 co). Wie schon im ersten Werk hebt T. hier die anthropologische Dimension hervor, die in der Vertiefung des geistigen Verstands durch sinnliche Anschauung besteht (Sth III 30, 3, ad 1; In III Sent. 3, 3, 1 ii); nicht weniger menschlich ist aber nun die neu betonte Aufregung (turbatio) M's angesichts der englischen Botschaft (Sth III 30, 3, ad 3). Die Genealogien Christi werden mit patristischer Hilfe v. a. auf ihren Literalsinn hin untersucht (Sth III 31, 3). Hingegen wird der Geburt des Sohnes aus der Frau soteriol. Bedeutung beigemessen, da beide Geschlechter in den Heilsplan einbezogen und erlöst werden sollen (Sth III 31, 4 co et ad 1). In ihrem eigenen Beitrag zur Menschwerdung Christi ist M seine wahre und natürliche Mutter (Sth III 35, 3); dank der personalen Einheit Christi und der relatio realis M's zu ihm wird M zu Recht Mutter Gottes genannt (Sth III 35, 4–5). Da die eventuellen Geburtswehen M's im Gegensatz zum verdienstvollen Leiden Christi unsere Erlösung nicht erwirkt hätten, gibt es keinen soteriol. Grund, sie als konvenient zu erachten (Sth III 35, 6 ad 2 zur virginitas in partu). Dennoch heißt es in bezug auf die Beobachtung des Älteren Gesetzes durch Jesus und M: »So wie die Fülle der Gnade von Christus in die Mutter verteilt wird (»derivatur«), so war es auch passend, daß die Mutter der Demut des Sohnes angeglichen werden sollte« (Sth III 37, 4 co). Die Verbindung M's mit dem Geheimnis Christi wird also im thomanischen Spätwerk nicht geringer, wohl aber fügt T. den christol. Argumenten soteriol., heilsgeschichtliche und gnadentheol. Gedanken in zunehmendem Maße hinzu.

Ausg.: Editio Leonina, Rom 1882 ff. — Editio Parma, Parma 1852–73; New York 1948–50. — Vivès, Paris 1871–82. — Marietti, Rom u.a. 1951 ff. — Editio Indicis Thomistici, hrsg. von R. Busa, 1980. — I. F. Rossi, S. Thomae Aquinatis Expositio Salutationis Angelicae. Introductio et Textus, 1931 (zitiert hier nach der Ersterscheinung, In: DT 34 [1931] 445–479).
Bibl.: Sancti Thomae de Aquino, Summa theologiae, Editiones Paulinae, 1988. — G. M. Roschini, Ciò che è stato scritto sulla mariologia di S. Tommaso, In: San Tommaso e l'odierna problematica teologica. Saggi, 1974, 159–198. — M. Cuervo, Santo Tomás en Mariologia, 1968.
Lit.: G. M. Roschini, La Mariologia di S. Tommaso, 1950. — A. Hoffmann, Kommentar, In: T. v. A., Des Menschensohnes Sein, Mittleramt und Mutter, 1957, 433–646. — T. R. Heath, Appendices, In: St. Thomas Aquinas, Our Lady, 1969, 85–118. — J. A. Weisheipl, Friar Thomas d'Aquino. His Life, Thought, and Work, 1974; 1983. — Theotokos 343 f. — L. Scheffczyk, Die Stellung des T. v. A. in der Entwicklung der Lehre von den Mysteria Vitae Christi, In: M. Gerwing u. a. (Hrsg.), Renovatio et Reformatio. Wider das Bild vom »finsteren« MA, FS für L. Hödl, 1985, 44–70. — F. M. Jelly, Madonna. Mary in the Catholic Tradition, 1986, 131–147. — U. Horst, Die Diskussion um die Immaculata Conceptio im Dominikanerorden, 1987. — J.-M. Salgado, La Maternité Spirituelle de la Très Sainte Vierge Marie, 1990. — J.-P. Torrell, Initiation à saint Thomas d'Aquin. Sa personne et son œuvre, 1993 (zum jüngsten Forschungsstand zur Chronologie der Werke vgl. G. Emery, Bref Catalogue des œuvres de saint Thomas, ebd. 483–525). — DSp XV 718–773. *R. Schenk*

Thomas (Becket) v. Canterbury, hl. Bischof und Martyrer, * 21.12.(?) 1120 in Cheapside/London, † 29.12.1170 in der Kathedrale von → Canterbury (ermordet), getauft in St. Mary Colechurch, erzogen im Augustinerpriorat Merton in Surrey (BMV), studierte kanonisches Recht in Auxerre und Bologna, war seit 1143 in Diensten von Erzbischof Theobald von Canterbury, ab Oktober 1154 Archidiakon von Canterbury, nach der Krönung Heinrichs II. Plantagenet (Dezember 1154) zum engl. König dessen Kanzler und Vertrauter. 1162 wurde er zum Erzbischof von Canterbury geweiht. Seit Mitte 1163 nahmen die Auseinandersetzungen zwischen dem gregorianisch gesinnten Bischof und dem König um kirchliche Freiheitsrechte zu. Von November 1164 bis November 1170 weilte T. freiwillig im Exil in Pontigny (OCist) und Sens (St. Colombe), erst ein oberflächlicher Friedensschluß (22.7.

1170) ermöglichte die Rückkehr in sein Bistum. Eine mißverständliche Unmutsäußerung des engl. Königs führte zu T.' Ermordung durch vier Edelleute. Unmittelbar darauf setzte die Verehrung des Bischofs durch das Volk ein; am 21.2.1173 folgte die Kanonisation durch Papst Alexander III., 1220 die Translation der Gebeine. Canterbury war Ziel der größten ma. Wallfahrt zu einem nichtbiblischen Heiligen (wobei die Canterbury-Wallfahrer in der Kathedrale auch an den ⚭altären im Seitenschiff und in der Krypta Statio machten); bis zur Unterdrückung des Kults durch König Heinrich VIII. Tudor (1538) galt T. als engl. Nationalheiliger.

1. *Leben*. Mathilda (seltener: Rosea) »Becket« (so der Spitzname ihres Gatten), überzeugte Christin und ⚭verehrerin, leitet — gemäß der ältesten Thomasvita aus der Feder des Johannes v. Salisbury († 1180) — ihren Sohn an, »die selige Jungfrau gleichsam als Führerin seiner Wege und Schutzpatronin seines Lebens auf innige Weise anzurufen, und auf sie — nach Christus — alles Vertrauen zu werfen« (MB II 302 f.). T., ihr insgesamt seine rel. Erziehung verdankend, erinnert sich häufiger an die »Marienlehre« der Mutter. Seine eigene ⚭frömmigkeit bleibt dennoch eher unauffällig, so daß in den umfangreichen Materialien zu seiner Geschichte (MB: 7 Bde.), nur an wenigen Stellen davon die Rede ist. Im umfangreichen Becket-Brief-Corpus spricht T. selbst lediglich ein einziges Mal von ⚭: Indem T. die GM als »Mutter der Barmherzigkeit« und Fürsprecherin bei ihrem »Sohn, den sie für das Heil der Welt als Gott und Mensch geboren hat« (MB VII 308 f.), bezeichnet, bezeugt der in mancher Hinsicht ungewöhnliche Brief eine in der Tradition wurzelnde und sogleich christol. gewendete ⚭frömmigkeit. Diese Zurückhaltung T.' hebt sich gerade auf dem Hintergrund einer gewissen Vorliebe für seinen Vorgänger →Anselm v. Canterbury ab. Die Aussagen in der neueren Sekundärliteratur, daß seine Mutter und die GM offensichtlich die einzigen Frauen von Bedeutung in seinem Leben gewesen wären (Barlow 17) und daß hauptsächlich zwei Frömmigkeitsrichtungen, nämlich die hlst. Dreifaltigkeit und die Jungfrau ⚭ sein Gebet bestimmt hätten (DSp XV 778), tragen einen hagiographischen Akzent. Seine Wallfahrt nach Soissons mit drei Nachtwachen in der Benediktinerinnenabtei Notre-Dame und in Saint-Médard, bekundet zwar seine MV, steht aber ganz im Zeichen des dort ebenfalls verehrten hl. Bischofs Drausius, des Patrons der Zweikämpfer (MB V 382). Die »Vision« einer Domina, die dem jungen T. während eines starken Fiebers erscheint und ihm die Bewahrung der Paradiesesschlüssel verheißt (MB III 162), hat er selbst wohl nicht, einige Bio/Hagiographen zu Beginn des 20. Jh.s dagegen als ⚭erscheinung stilisiert. Nicht völlig auszuschließen ist, daß die Erwähnung ⚭s in seinen Sterbeworten bereits eine hagiographische Erweiterung darstellt.

2. *Legende*. Im Einzelfall ist nicht immer einfach zu entscheiden, ob Aussagen der Vitenliteratur (wie T. — zwischen Benediktsaltar und ⚭kapelle erschlagen — habe auf dem Weg ins »Martyrium« die »Ikone der seligen Jungfrau vor sich« gehabt [MB I 132]) historisch wortwörtlich genommen werden dürfen oder ob es sich dabei um eine zur Hagiographie tendierende, legendenartige Ausschmückung und Deutung handelt. Spielt die GM in den »Miracula Sancti Thomae«, einer der größten Wundersammlungen des MA, noch keine Rolle (MB I 290: ULF von Rocamadour und andere Heilige überlassen dem neuen Heiligen ihre Wunderkraft; MB II 31: ⚭ empfängt mit den Aposteln und anderen Heiligen T. bei seiner Ankunft im Himmel), meldet sich bald ein Bedarf an »marian. Nachträgen« zu den historischen Viten an, dem — wohl zuerst in Zisterzienserkreisen — durch Legendenbildung entsprochen wird. Die Legende »Vom Priester, der nur eine Messe lesen konnte«, geht auf »eines der ältesten (⚭-) Wunder westlichen Ursprungs« (Kunstmann 101) zurück: zwei Episoden aus den T.-Viten (MB III 124 f.: Motiv vom armen Priester mit dem Motiv vom Wissen um das wunderbar geflickte Cilicium; Walberg 123: ⚭ verweist einen Konversen aus Pontigny, der sie verehrt und in seiner Bedrängnis anruft, an T.) machten die Übertragung auf T. möglich: zum ersten Mal im 1219–23 entstandenen »Dialogus miraculorum« des →Caesarius v. Heisterbach unter Berufung auf einen nicht mit Namen genannten Zisterzienserabt greifbar, wurde diese Geschichte mit der Gestalt T.' verbunden und v. a. durch Aufnahme in die Legenda aurea verbreitet.

Wann die heute unter dem Titel →»Thomas v. Kandelberg« bekannte mhd. Reimlegende entstanden ist, wann und wo sie mit dem Namen des hl. T. verknüpft wurde, ist immer noch ungeklärt: der von seinen Kommilitonen seiner Keuschheit wegen ausgelachte Student Thomas erhält von »seiner Freundin« ⚭ eine Liebesgabe, die allen Spott verstummen läßt, ein vollständiges Bischofsgewand. Im 14. und 15. Jh. entstehen weitere ⚭visionen. Die sog. Vision von Sens, eine politische Prophezeiung, läßt T. in der ersten Person über eine ⚭erscheinung berichten: ⚭ weissagt T. über die künftigen engl. Könige und übergibt ihm das Krönungsöl für ein kommendes Herrschergeschlecht. In zwei weiteren Überlieferungen kommt ⚭bildern eine Bedeutung zu (ein auf T.' Veranlassung am neu errichteten Turm von Pisa würdiger als zuvor aufgestelltes ⚭bild neigt sich ihm zu — und später der ganze Turm —, als T. die GM bittet, immer sein Freund zu sein (Brown 233–235: im nachfolgenden Text noch eine ⚭vision in Poitiers); von einem sprechenden ⚭bild in Canterbury weiß Gabriel Tetzel von Nürnberg zu berichten: »Auss der cappellen get man herfür zu einem steinen stul, da ist unser Frawen Bild, das gar oft mit sant Thomas geredet hat.« [In: Des böhmischen Herrn Leo's von

Rožmital Ritter-, Hof- und Pilger-Reise durch die Abendlande, 1465–1467. Beschrieben von zweien seiner Begleiter, Stuttgart 1844, 154 f.]). Die Verbindung T.s mit Ⓜ, die sich als permanent erweist, will im Kontext der Ⓜfrömmigkeit der jeweiligen Epoche oder des jeweiligen Autors gelesen werden (siehe z. B.: Marianisches Tag=Buch, ... Augsburg 1695, 723–725, und den Eintrag zum 29. Dezember bei Gabriel Bucelinus, Menologium benedictinum ... Pars 2 ... Opus posthumum, nunc demum publicae luci expositae a Roberto Schindele. Campidoni: Stadler 1763).

3. Marianische Gebetsliteratur (Pseudo-Thomas Becket). Nach der isländischen Thomas Saga »komponierte er, wie mittlerweile weithin bekannt ist, Lobgesänge zu unserer lieben Frau, sowohl für das private Gebet als auch für den Gottesdienst in der Kirche« (Magnússon I 20 f.). Die 1200–1340 gewachsene »Saga« selbst nennt die Hymnen »Imperatrix gloriosa« und »Hodiernae lux diei«. Auch der Ⓜpsalter →»Ave mater advocati« — in der »Saga« gilt T. als einer der »Erfinder« des Ⓜpsalters (Magnússon I 20) — und das Gebet »O decus virginitas virgo« wird gelegentlich mit T.' Namen in Verbindung gebracht. Dagegen gilt bis in die Gegenwart »Gaude flori virginali« als echte Ⓜdichtung des Heiligen, wobei die Angabe, T. sei ihr Autor, in den Handschriften zwar häufig, erstmals aber für 1260 (Rom, Bibl. Cassinatense, Hs. D. V. 26; vgl. Stracke 13, dort auch mit der Ätiologie über deren Entstehung anläßlich einer Ⓜvision mit dem Motiv »Maria — Lehrerin von Gebeten«) nachweisbar ist. Diese These scheidet nicht nur deshalb aus, weil der Ⓜfrömmigkeit des T. mariol. innovative und mariozentrische Züge fremd sind, sondern auch weil historisch verbürgt ist, daß er überhaupt wenig Bezug zur Poesie hatte und selbst nie gedichtet hat (MB III 461). Die Einordnung der im SpätMA sehr beliebten →Sieben Freuden Ⓜs in die Gaude-Literatur steht noch aus: ihre mögliche Herkunft aus zisterziensischem Milieu und Ableitung aus den lat. Clausulaereihen (der Rosenkranz aus St. Thomas an der Kyll/Eifel, in einer um 1300 entstandenen Gebetbuchhandschrift überliefert, stimmt in »den marianischen Klauseln 86–92 inhaltlich und z. T. im Wortlaut« mit den Formulierungen der T. zugeschriebenen Andacht zu den Sieben-Himmelsfreuden überein; Heinz 637). Wie die anderen →Gebete, welche die Freuden und Schmerzen sowie das Mitleiden Ⓜs bedenken, im SpätMA sehr beliebt, belegen Handschriften mit mundartlichen Fassungen dieser Ⓜandacht, daß seit der 2. Hälfte des 15. Jh.s üblich wurde, die einzelnen Abschnitte zusammen mit je einem →Ave Maria verbunden zu beten.

4. Ikonographie. In Verbindung mit Ⓜ erscheint T. in der bildenden Kunst u. a. in folgenden Darstellungen oder Motiven: a) Mord am Ⓜaltar (z. B. Borenius, Aspects, 180 f., Pl. XLIX, Fig. 1.: Stickerei, 15. Jh.). — b) Darstellung

Thomas v. Canterbury, Mord am Marienaltar, Sammlung P. Gregor Reitlechner, Salzburg, Bibliothek der Erzabtei St. Peter

der Legende vom dummen Priester in Trier (Borenius, St. T. B. in Art, 55, Abb. in: Langenbahn, Kultgeschichtliche Studien, 286, Abb. 6; Wismar, St. Jürgen, Altarbild [Borenius, Aspects, 179, Pl. XLVII, Fig. 3]; Landshut-Seligenthal, Stich unbekannter Herkunft: GM und T. sitzen nebeneinander und flicken das härene Gewand). — c) Thomas-Bildchen aus dem Annus Mariano-Benedictinus (opus 5 der Druckschriften von Joseph Mezger OSB; Salzburg 1668): der jugendliche T. kniet, die Hände zum Gebet gefaltet, vor der GM, die ihm auf einer Wolke stehend erscheint und Kasten oder Buch geöffnet darbietet (wohl Legende der Übergabe des Liebeszeichens Ⓜs an ihren Verehrer [Abb. in: Langenbahn, T. v. C. und die Marienverehrung, 61]). — d) Bild des Pietro Liberi (1605–87) in der Kirche San Tommaso Cantuariense in Padua: Ⓜ erscheint, von Engeln umgeben, dem T., der mit einem Buch am Fuße eines Altars kniet (Borenius, St. T. B. in Art, 64 Pl. XXIII, Fig. 2), möglicherweise Legende von der Entstehung der Sieben himmlischen Freuden. — e) Flämischer Meister, Flucht nach Ägypten, um 1480, mit Betlehemitischem Kindermord (28. Dezember) und T.' Ermordung (29. Dezember) (Borenius, Aspects, 178, Pl. L, Fig. 1.). — f) Bologna, San Salvatore, Gemälde von Girolamo da Treviso (1499–1544), Opferung Ⓜe, T. »irgend wie unpassend« im Vordergrund kniend (Borenius, St. T. B. in Art, 35, Pl. VIII). — g) Verona, Kirche des hl. T. v. C., Hochaltarblatt von Felice Brusasorzi, 1579: ᛞ mit Jesuskind im Himmelssegment, darunter in einer Gruppe von fünf Heiligen der Martyrerbischof mit Dolch im Herzen (Borenius, St. T. B. in Art, 34, Pl. VII). — h) Edenhausen, St. T. v. C. (Bistum Augsburg), Deckenfresko im Langhaus: die GM durch den dreifaltigen Gott über alle Engel und Heiligen — repräsentiert durch T., Ulrich, Afra, Leonhard und Konrad v. Parzham — erhoben.

5. Patrozinien. Verbindung von T.- und ᛞpatrozinien sind nicht ungewöhnlich. Es ragen heraus: Our Lady Martyrdom in der Kathedrale von Canterbury, das Kapellenpatrozinium in Notre-Dame de Fourvière in →Lyon; die bei der ältesten Verehrungsstätte des engl. Bischofs im deutschsprachigen Raum errichtete Zisterzienserinnen-Abtei (1222) hat — Ordensbrauch entsprechend — die GM als Haupt- und T. als Zweitpatron; im Fall des gemeinsamen Patroziniums des ᛞklosters vor den Toren der Stadt Andernach hat der Thomastitel seit dem späten 15. Jh. »vulgo« den ᛞtitel überlagert.

QQ: Materials for the History of T. B., Archbishop of Canterbury, hrsg. von J. Craigie Robertson (und J. Brigstocke Sheppard: 7. Bd.), 7 Bde., London 1875–85; Nachdr.: Wiesbaden 1965 (abgekürzt MB). — La vie de saint Thomas le martyr par Guernes de Pont-Sainte-Maxence. Poème historique du XIIe siècle (1172–74), hrsg. von E. Walberg, 1922. — Thómas Saga Erkibyskups. A Life of Archbishop T. B. in Icelandic, ed. by E. Magnússon, Vol. I, London 1875.
Lit.: R. Scholl, Thomas v. Kandelberg. Eine mittelhochdeutsche Marienlegende, 1928. — P. A. Brown, The Development of the Legend of T. B., 1930. — T. Borenius, St. T. B. in Art, 1932. — Ders., Some Further Aspects of the Iconography of St. T. of C., In: Archaeologia 83 (NS 33) (1933) 171–186. — D. A. Stracke, Bijdrage tot de middelnederlandse devotie: de vreugden en weeëen van Maria, In: OGE 26 (1952) 7–22. — P. Kunstmann, La légende de Saint Thomas et du prêtre qui ne connaissait qu'une messe, In: Romania 92 (1971) 99–117. — A. Heinz, Lob der Mysterien Christi. Ein Beitrag zur Entwicklungsgeschichte des Leben-Jesu-Rosenkranzes, In: H. Becker und R. Kaczynski (Hrsg.), Liturgie und Dichtung, 1983, 609–639, bes. 636–639. — F. Barlow, T. B., 1986. — S. K. Langenbahn, Kultgeschichtliche Studien zur Darstellung des hl. T. B. auf einem zerstörten Freskenzyklus im Trierer Dom, In: Ars et Ecclesia, FS für F. J. Ronig, hrsg. von H.-W. Stork u. a., 1989, 259–286. — Ders., T. v. C. und die Marienverehrung. Handschrift 1983/12 8° der Stadtbibl. Trier, In: Kurtrierisches Jahrbuch 33 (1993) 31–63. — DSp XV 773–780. — VL² VIII 1158–68.

S. K. Langenbahn

Thomas v. Cantimpré, auch v. Bellinghen, v. Brabant, Cantimpratensis, Cantipratanus, OP, * 1201 in Leeuw-St. Pierre/Belgisch Brabant, †1263 oder 1270/72 in Löwen, Theologe, Hagiograph und Enzyklopädist.

Aus vornehmer Familie stammend, wurde T. mit 16 Jahren Augustinerchorherr, trat jedoch um 1230 zu den Dominikanern über. Er studierte in Lüttich, Löwen, Köln (1233–37) und Paris (1237–40), bevor er als Lektor in Löwen wirkte. Als Hagiograph verfaßte er mehrere Viten weiblicher Vorbildgestalten und eine »Vita Ioannis Cantipratensis« (hrsg. von R. Godding in RHE 76 [1981] 241–316).

T. ist neben →Vinzenz v. Beauvais und Bartholomäus Anglicus der bedeutendste Enzyklopädist des 13. Jh.s. Sein in 15jähriger Kompilationsarbeit (ca. 1225–40) erstellter »Liber de natura rerum«, der u. a. auf Aristoteles, Plinius, Solinus, Ambrosius und Jakob v. Vitry zurückgreift, fand neben einer altfranz. Teilübersetzung vier volkssprachliche Übertragungen: um 1270 die mittelniederländische Reimfassung »Der Naturen Bloeme« →Jacobs van Maerlant, um 1348/50 das wirkmächtige »Půch von den naturleichen dingen« →Konrads v. Megenberg, schließlich zwei Unikal-Übertragungen durch Peter Königschlacher (1472) und den Bronnbacher Konventbruder Michael Baumann (1478).

Der »Liber de natura rerum« ist in drei unterschiedlichen Redaktionen zu 19, 20 und 17 Büchern (»Thomas I–III«) meist anonym oder → Albertus Magnus zugeschrieben überliefert, wobei die (gleichwohl breit tradierte) Dritt-Redaktion nicht mehr von T. selbst stammt. Das Werk behandelt die menschliche Anatomie ebenso wie Tierklassen, Pflanzen, Metalle, Edelsteine, Monstra, die Meteorologie und den Kosmos. Wie später mit seinem »Bienenbuch« will T. im »Liber de natura rerum« den Predigern ein Handbuch zur Verfügung stellen, welches die Fülle der Natur-Proprietäten homiletisch nutzbar macht. Mariol. findet sich im »Liber de natura rerum« v. a. in den Kapiteln vom Mond (XVII 4) und der Sonne (XVII 6), passim auch andernorts in Form von Allegorien oder biblischen Reminiszenzen.

So wird erinnert an die Erscheinung des Engels bei Joseph mit der Mahnung, ᛞ zu heiraten (II 13,24 f.), an die biblische Schilderung, daß »Ioseph non fuit ausus intueri faciem beatissime virginis, quamdiu habuit Christum solem in utero suo« (XVII 4,58 f.), sowie im Phönix-Kapitel unter Berufung auf Haimo an den Ort, wohin »beata Maria dei genitrix« vor Herodes flüchtete (V 45,26). Genannt wird der vielzitierte Vergleich der Jungfrau, die das Einhorn fängt, mit der »gloriose virginis Marie in comparabili pulchritudine« (IV 104,20 f.).

Vielfältig sind die marian. Benennungen: Der Autor führt an »beata Maria« (XVII 4,66. 69), »beata virgo« (XI 8,7 f., XVIII 7,92) oder »virgo Maria« (XI 29,10, vgl. XVII 4,62); diese ist ihm die »virgo prius« (XVII 7,74) und »regina virginum« (XVII 7,85), auch »stella maris« (XIV 4,15 f.) und »stella virgo Maria« (IV 83,36); sie ist die »humorum mater« und »mater gratiarum« (XVII 4,45. 51); T. spricht betont von der »excepta beata virgine Maria« (XVII 7,109). In Anlehnung an das Hohelied wird die »beatitudo gloriose virginis Marie« gerühmt (XVII 4,42). Im Sonnenkapitel werden vier Verse über ᛞ zitiert und dann ausgelegt: »Virgo prius vovit, virgo sine semine pregnans/ Virgo deum genuit, virgo mater simul exstans./ Hec sine labe manens omni virtute beatur./ Imperat hec Christo; super ipsa creata levatur« (XVII 7,74–77).

Noch weit größeren Raum nimmt ᛞ in T.' weit verbreitetem, aber heute nur noch sehr schwer zugänglichem allegorisierenden Spätwerk »Bonum universale de apibus« (entstanden zwischen 1256 und 1263, Erstausg. Straßburg 1472) ein. Darin stellt T. den Bienenstaat als Vorbild für das Leben einer Ordensgemeinschaft dar. Das Werk ist in 2 Teile gegliedert, wovon der erste (»Von den Prälaten«) 25, der zweite (»Ordnung des Bienenvolks«) 57 Kapitel umfaßt. Meist sind im 1. Teil die Kapitel dreigliedrig angelegt: Einer Proprietät aus dem Bienenbereich folgt eine Auslegung, der sich ein Exemplum mit »conclusio« anschließt.

Im 1. Buch spielt ⋈ nur an drei Stellen eine Rolle, erstmals bereits in cap. 1, pars 4 bei der »Mirabilis electio Mauritij episcopi Cenomanensis« (p. 6): Sie erscheint einem Klausner, den ein Kanoniker um Rat in der anstehenden Wahl gebeten hatte, in einer Vision: Nachdem »beata Maria virgo, patrona Ecclesiae« (in der in nur einer Handschrift des 15. Jh.s tradierten mndt. Übersetzung heißt es »hilghe iuncfrowe Maria, patrone iuwer kerken«, 7) ihren Sohn (der die Entscheidung seiner »mater →domina« überträgt) um Hilfe gebeten und sich mit den Engeln beraten hatte, fällt ihre Wahl auf Mauritius als neuen Bischof. In cap. 17 (»De canonico poenitente occiso«) stirbt ein junger dt. Dominikaner 1242 während seiner in Klausur verrichteten Buße an übermäßigem Geißeln; seine Seele bittet jedoch »gloriosam virginem matrem Christi« (mndt.: »de gloriose ioncfrowe Maria«) um Gnade für seinen Mörder (62 f.).

In cap. 23 (»De vita & orationibus cuiusdam Reclusae«/ »De Psalterijs eidem miraculose ostensis«) wird von einer T. bekannten jungen Brabanterin, »filia ... viri pauperrimi« (93) berichtet, deren Vater ihr aus Armut keinen Psalter kaufen kann, woraufhin das Mädchen ein Jahr lang »suppliciter ad matrem Christi orauit & dixit: O beata Maria mater Christi, da mihi Psalterium quod pater dare non potest«, bis ihr ⋈ im Schlaf zwei Psalter zur Wahl bietet. Nach dem Aufwachen wähnt sich das Mädchen beim Betrachten ihrer leeren Hände »a matre Christi« betrogen; der Vater aber rät ihr, erst lesen zu lernen, daraufhin erfüllt sich später ihr Begehren — »et sic B. Maria multo miraculosius promissum suae dignationis impleuit« (94).

Zahlreicher tritt ⋈ im 2. Buch des »Bonum Universale« auf: In lib. II, cap. 10 ist die »Visio, qua declaratum est beatam Virginem esse patronam ordinis Praedicatorum« (170) enthalten; ihr schließt sich als weiteres Unterkapitel an die Geschichte »De Raynero Brugensi Praedicatore, qui ordinem volens deserere, a beata Virgine est reductus: Et cur in ordine Praedicatorum canatur, Salue regina cum processione post Completorium« (172 f.). Die »conclusio« dieser Geschichte: »Caueant ergo maledici & impij detractores, ne contra patrocinium matris Christi eius filios insectentur ...« (173). In cap. 23 wird eine Auslegung auf die »felix Christi mater Maria« bereits im Eingangsmotto gebracht, im Druck von 1627 versehen mit der Rand-Adnotatio »b. Mariae nulla virtus defuit« (238).

Die umfangreichste Sammlung mariol. Exempel bietet das sehr umfängliche cap. 29 »De virtute castitatis« (273–319). Die Themen und Überschriften einzelner Exempel lauten u. a. »Quod pulchritudo beatae Mariae neminem incitarit ad libidinem« (275), »De inuene dissoluto, qui beatam Virginem saluationibus Angelicis quotidie honorabat, ex nuptijs assumpto« (276), »De monacho Cisterciensi e cuius demortui ore processit arbor, cuius folijs, aureis litteris insculptum erat: Aue Maria« (280 f.), »Quid in Angelica saluatione gratius sit beatae Virgini« (282), »De duobus clericis ... reuelatione eis facta, quod Beata Maria in caelum cum corpore sit assumpta« (283 f.), »Quomodo beata Virgo reparauit cilicium beati Thomae Cantuarensis, et de presbytero apud eum accusato, qui numquam celebrabat aliam missam, quam de beata Maria« (285–288), »De clerico caeco a natiuitate, qui cantans respons. de B. Maria illuminatus est« (289), »De Iosberto monacho, qui in singulos dies quinque psalmos recitabat in honorem B. Mariae incipientes a V. litteris nominis eius, e cuius iam mortus ore, oculis, & auribus quinque rosae eruperunt« (289–291), »De honesta matrona ab iliaca paßione sanata per B. Virginem« (291 f.), »De quodam religioso, qui Mariam dixit fatuam« (292 f.), »Quomodo ter beata Maria super altare apparuit in domo fratrum Praedicatorum in Longobardia« (294 f.), »De capite abscisso confitente, & de ieiunio feriae quartae & sabbati in honorem beatae Mariae Virginis« (306), »Per Salue Regina tempestas sedatur« (308 f.), schließlich »De religioso Cisterciensi per Virginem Mariam peccati veniam consecuto« (311 f.). Um im letzten Zehntel dieses Kapitels noch auf weitere vorbildliche Jungfrauen zu sprechen kommen zu können, enden die mariol. Exempel abrupt: »Concludit de beata virgine, quod satis laudari nequeat, & redit ad exempla virginitatis« (314).

Kurz kommentiert wird auch die Sequenz »Salue mater Saluatoris« des »venerabilis magister Adam, canonicus sancti Victoris Parisijs« (279), und auch hier bleibt die Allegorie vom Einhorn nicht ausgespart (312–314). Mit zahlreichen bekannten Titeln und Attributen wird ⋈ in diesem Kapitel benannt. Weiter handeln im 2. Buch drei Kapitel von ⋈: In cap. 40 wird von »De cantu angelorum in laudem beatae Virginis iuxta ciuitatem Sueßionensem« erzählt (404–406), in cap. 53 werden drei Exempel überliefert: »De Fratre Praedicatore a beata Virgine praemunito contra diabolum, & remedio sanitatis ipsi inspirato« (489–491), »De nobili viro Guillelmo de Ascha, qui a B. Virgine a morbo curatus est« (494 f.), sowie »De anima cuiusdam canonici Cameracensis, & postea religiosi Cantipratensis, per B. Virginem & Ioannem Euangelistam a poenis purgatorij liberata« (498). Letztmals geht es in cap. 55 um ⋈: »Quomodo diabolus ausus fuerit diuina simulare sacramenta, & de puero a beata Virgine Maria protecto« (532–534). — Eine ausführliche Sichtung des mariol. Gehalts des »Bienenbuches« wurde bei Van der Vet (74–108) vorgenommen.

Ausg.: Liber de natura rerum, hrsg. von H. Boese, 1973; Ed. der Version »Thomas III« in Vorbereitung durch B. K. Vollmann, München. — Bienenbuch, lat.: Georgivs Colvenerivs (Hrsg.), Thomae Cantipratani S. theol Doctoris ... Bonum universale de apibus, Dvaci 1627 (hier benutzt); Bienenbuch, dt.: Die mittelniederdt. Version des Bienenbuches von T. v. C. Das erste Buch, hrsg. von N. O. Heinertz, Lund 1906.
Lit.: A. Kaufmann, T. v. C., Köln 1899. — W. A. van der Vet, Het Biënboec van T. v. C. en zijn exempelen, 's-Gravenhage 1902, bes. 74–108: Hoofdstuk II: »Maria in het Biënboec«. — Ch. Hünemörder, Die Bedeutung und Arbeitsweise des T. v. C. und sein Beitrag zur Naturkunde des MA, In: Medizinhistorisches Journal 3 (1968) 345–357. — H. Boese, Zur Textüberlieferung von T. v. C.' Liber de natura rerum, In: AFP 39 (1969) 53–68. — T.-M. Nischik, Das volkssprachliche Naturbuch im späten MA, 1986 (dazu Rezension von W. Buckl, In: PBB 111 [1989] 138–146, von H. Meyer, In: AfdA 100 [1989] 79–86). — LL XI 342 f. *W. Buckl*

Thomas v. Capua, * vor 1185 in Capua, †18.8. 1239 in Anagni, Kardinal-Erzbischof von Neapel, Leiter der päpstlichen Kanzlei, schrieb u. a. eine Ars dictandi, Hymnen, die ins Franziskus-Offizium des Julian v. Speyer eingehen, und vermutlich die M-sequenz »Virgo parens gaudeat«. In gewandten Vagantenstrophen ist hier eine rasche Folge von Bildern und Gedanken, meist Typen und Paradoxa, aufgereiht. Trotz ihrer Qualität fand die Sequenz jedoch keine Verbreitung.

Ausg.: AHMA VIII 70. — Dreves-Blume I 320.
Lit.: LThK² X 139. — Dreves-Blume I 319. *G. Bernt*

Thomas v. Charmes, OFMCap, Theologe, * 1703 in Charmes-sur Moselle, †1765 in Nancy, übte mit der umfangreichen, in 7 Bänden erschienenen »Theologia universa« und einem »Compendium theologiae universae« von der 1. Auflage 1751 bis zum Ende des 19. Jh.s großen Einfluß bes. auf die theol. Lehranstalten aus. In seiner Theologia, von Benedikt XIV. und Clemens XIII. sehr gefördert und bis zur letzten Auflage 1886 von verschiedenen Autoren wiederholt überarbeitet, findet sich kein eigener mariol. Traktat. T. behandelt die marian. Privilegien im Zusammenhang mit verwandten Fragen an anderer Stelle. Gleiches gilt für das sehr verbreitete Compendium.

1. Die UE Ms wird im Zusammenhang mit der Erbsünde erörtert. T. bekennt sich ohne Umschweife zu dieser Lehre. Die Worte an die Schlange »Feindschaft setze ich zwischen dich und die Frau« (Gen 3,15) und den Text aus Hld »Alles an dir ist schön, meinen Freundin, kein Makel haftet dir an« (4,7) deutet er marian. Dabei bemüht er sich bei der Anführung der Traditionszeugen, auch →Bernhard v. Clairvaux und →Thomas v. Aquin miteinzubeziehen. Angesichts der Vorhaltungen, die der hl. Bernhard dem Kapitel der Kathedrale von Lyon wegen der Einführung des Festes der UE gemacht hatte, meint T., dies sei nicht wegen der Einführung des Festes selbst geschehen, sondern weil sie ohne vorherige Konsultation der Röm. Kirche vorgenommen worden sei. Beim hl. Thomas rät er zu einer nachsichtigen Interpretation. Wenn er 1751 gelebt hätte, hätte er nach T. gewiß dieses marian. Privileg verteidigt. Immerhin sei für Thomas die Tatsache, daß die Kirche ein bestimmtes Glaubensgeheimnis liturg. feiere, z. B. die Geburt Ms (vgl. STh p. 3, q. 27 a. 1), ein ausreichender Grund gewesen. Die schwierige Frage, wie die Erlösung durch Christus M zugewendet wurde, löst er dadurch, daß er lediglich das debitum bejaht, nicht aber auf die theol. Unterscheidungen eingeht, die man später dazu entwickelt hat.

2. Andere marian. Glaubensgeheimnisse behandelt T. im Rahmen der Christol. Die GMschaft Ms leitet er aus der hypostatischen Union ab. Scholastisch präzise erläutert und verteidigt er die wirkliche GMschaft, da der Zielpunkt der Relation Mutterschaft die Person als solche ist. M konnte wohl ihre Erwählung nicht im strengen Sinne (de condigno) verdienen, wohl aber im weiteren Sinne (de congruo). Dieses Verdienst läßt sich im »Magnificat« ablesen: »Denn auf die Niedrigkeit seiner Magd hat er geschaut« (Lk 1,48). In diesem Sinne muß man etwa Hieronymus verstehen: »Die hl. Jungfrau besaß eine solche Reinheit, daß sie verdiente, Mutter Gottes zu sein«, oder Augustinus: »Sie verdiente, den zu empfangen und zu gebären, von dem gewiß ist, daß er ohne Sünde war.« Man kann von ihr sagen, daß sie dahingehend »de condigno« dazu bereitet wurde, Mutter Gottes zu werden, als die Gnade Gottes in ihr diese Bereitung verwirklichte. Mögliche Komplikationen löst er mit Blick auf die Vielgestaltigkeit der Gnade, die vom ersten Augenblick ihrer Existenz über M ausgegossen wurde.

3. Im Hinblick auf den Jesus Christus geschuldeten Kult bezeichnet er den Mkult als einen besonderen Kult (cultus hyperduliae), der ihr wegen ihrer Eigenschaft als GM zukommt. Dieser Kult gilt in absoluter Weise für ihre Person, dagegen in relativer Weise für ihre Bilder.

4. Am Ende des Traktats »de verbo incarnato« wendet sich T. der immerwährenden Jungfräulichkeit und der Sündenlosigkeit Ms zu. Als biblischen Beleg für die Jungfräulichkeit führt er Jes 7,14 an. Eigenartig ist bei T. die marian. Deutung von Ez 44,2. Im traditionellen Sinn löst der Autor die Fragen, die einige der Evangelientexte aufwerfen. Auch zitiert er die ebionitische Interpretation des »geboren von einer Frau« (Gal 4,4), die in der »Frau« die »nicht mehr Jungfrau« sieht und gibt die entsprechende Lösung.

5. Die Sündenlosigkeit Ms vertritt er mit den bekannten Zeugnissen der Tradition und begründet sie mit der Würde Ms als GM. Diese Lehre verteidigt er gegen Lutheraner und Kalvinisten als kath.

WW: Theologia universa ad usum theologiae candidatorum, 7 Vol., Nancy 1751, Augsburg 1760, u. ö. — Compendium theologiae universae..., ebd. 1760.
Lit.: P. Marie-Benoit, Th. de Ch., In: EtFr 46 (1934) 698–701. — Hurter V 16. — KL XI 1670. — DThC XV 773. — LexCap 1696. — LThK² X 140 (WW, Aufl.). *Bernardino de Armellada*

Thomas Illyricus (Fra Schiavone, Tommaso da Osimo), OFM, Wanderprediger, Klostergründer und Theologe, * im 3. Viertel des 15. Jh.s in Vrana/Kroatien, †1528/29 in Carnolès/Frankreich, trat in Osimo/Italien in den Franziskanerorden ein und wird deshalb auch »da Osimo« genannt. Nach 1510 widmete er sich der Predigerarbeit von Santiago de Compostela bis Jerusalem, wie auch in Süddeutschland. Seine Predigten dauerten manchmal 4 bis 5 Stunden. Zeitgenössische Chronisten berichten, wahrscheinlich übertrieben, daß sich bei seinen Predigten manchmal 20000–30000 Zuhörer versammelten. Die Menschen hielten ihn für einen Propheten und Heiligen. Ihm wird der »Tractatus de Conceptione Virginis« zugeschrieben, der bis jetzt nicht aufgefunden wurde. Wahrscheinlich handelt es sich um seine Rede »De immaculata conceptione Virginis Mariae«, die er in seinem Werk »Sermones Aurei« veröffentlicht hat. Darin legt er die Texte des hl. Thomas aus und verteidigt dabei die Lehre von der UE ᛗs.

WW: Sermones aurei, Tholosae 1521. — Libellus de potestate summi pontificis (...) qui intitulatur Clipeus status papalis, Taurini 1523. — In Lutherianas hereses clipeus Catholicae ecclesiae, ebd. 1524.
Lit.: G. Gelcich, Fra Tommaso Illirico detto da Osimo. Appunti biografico-critici, Spalato 1903. — P. Pauwels, Les Franciscains et l'Immaculée conception, Malines 1904, 157. — R. J.-M. Mauriac, Nomenclature et description sommaire des oeuvres de Frère T. I. OFM, In: AFH 18 (1925) 374–385. — A. Bacotich, Degli scritti a stampa e della vita di fra Tommaso Illirico (1450–1528), In: Archivio storico per la Dalmazia 5–6 (1930–31) X/60, 575–587. — R. J.-M. Mauriac, Une enquête en vue de la béatification de Frère T. I. OFM, In: AFH 24 (1931) 513–522. — Ders., Un réformateur catholique: T. I. Frère mineur de l'Observance, 1935. — M. F. Godfroy, T. I. predicateur et théologien (1484–1528), Diss., Université de Toulouse-Le Mirail, 1984. — Ders., Le prédicateur franciscain T. I. à Toulouse (Novembre 1518 — May 1519), In: Annales du Midi 97 (1985) 101–114. *V. Kapitanovic*

Thomas v. Kandelberg. Die mhd. (um die Mitte des 13. Jh.s entstandene und in zwei Fassungen überlieferte) →Mirakelerzählung eines unbekannten Autors repräsentiert den Typus ᛗwunder, der das gnadenhafte Wirken der GM in Form einer Verleihung von Insignien künftiger hoher geistlicher Ämter zum Gegenstand hat.

Ausgangspunkt ist eine Studentenwette in Rom: Jeder soll einer fröhlichen Runde von Zwölfen sollte am nächsten Sonntag ein Liebespfand seiner Herzensdame mitbringen, und wer das geringste vorweise, müsse als Verlierer die Zeche des Tages zahlen. Ein mittelloser Scholar, der noch nie eine andere Geliebte als die Jungfrau ᛗ gehabt hat, wendet sich in seiner Not an diese, und sie schenkt ihm ein Büchslein, das sie aus der Hand des Jesusknaben genommen hat. Das scheinbar bescheidene Geschenk erweist sich als das kostbarste: Ihm entströmt himmlischer Duft, und es enthält eine Kasel und ein Meßgewand als Zeichen des Erwähltseins dieses Jünglings. Als kurz darauf ein Bischof stirbt, verleiht ihm der Papst als dessen Nachfolger die Mitra.

Während in Vers 333 noch gesagt wird, daß der Name des Helden unbekannt sei (»weste ich rehte sinen namen«), heißt es am Ende: »Von Kandelberk so heizet er, Sante Tomas, von dem diz maer' Ist geschriben und gelesen.« Die Identifizierung des Scholaren mit dem (auch lit. vielbehandelten) →Thomas (Becket) v. Canterbury erweist sich dadurch als spätere Zuschreibung.

Ausg.: R. Scholl, T. v. K., eine mhd. Marienlegende, 1928 (beide Fassungen synoptisch, 39–56).
Übers.: M. Lemmer, Mutter der Barmherzigkeit, 1986, 95 ff. (Fassung I).
Lit.: VL² IV 453 ff. *M. Lemmer*

Thomas Hemerken **a Kempis** (v. Kempen), CanA, * 1379/80 in Kempen, † 25.7.1471 in Agnetenberg, bedeutender Vertreter der Devotio moderna, wurde in Deventer an der Schule des Johannes Boome erzogen und lebte seit 1398 unter den »Brüdern vom gemeinsamen Leben«, seit 1399 im Regularkanonikerstift Agnetenberg bei Zwolle, wo er 1425 und 1448 Subprior war. T. ist v. a. durch die vier Bücher »De imitatione Christi« bekannt; seine Verfasserschaft ist jedoch seit dem 15. Jh. stark umstritten (LexMA V 386 f.). Im Sinne der devotio moderna sind seine lat. Schriften v. a. auf die Praxis des geistlichen Lebens im Alltag, Seelsorge und rel. Bildung der Novizen ausgerichtet, dem Verhältnis von Gott und der Seele, der Pflege wahrer Demut und der Jesus-Frömmigkeit zugewandt, innerhalb dieser auch dem liebenden Mitempfinden der Leiden und Freuden ᛗs. Eine Meditation »An die selige Jungfrau, daß sie uns ihren Sohn Jesus zeige« (III 114) führt zu einer liebreichen Rede Christi an den Suchenden. Ausgesprochen marian. Werke sind vier längere Gebete (III 355–368) und eine Reihe von Gesängen (IV 241 ff.): Nr. 21 (die Überschrift «Mitleiden der hingebungsvollen Seele angesichts des Schmerzes und Leidens der hl. Jungfrau Maria« ist in die Singweise einbezogen), 36 (ein Grußhymnus mit vielen typologischen Bezügen), 38 (kurze Anrufung), 51 (über das reiche innere Leben ᛗs [»Auf dem Nestchen der Keuschheit sitzend, nährt sie die Küken heiliger Gedanken mit den Früchten der Betrachtung«] und ihren zurückgezogenen äußeren Wandel [»Gib, daß wir so leben!«]), 52 (Preis ᛗs), 53 (läßt ᛗ sprechen: »Ich bin die Mutter der Barmherzigkeit, kommt her zu mir alle, die ihr mich liebt«), 54 (ᛗ als Meerstern in den Stürmen der Versuchungen), 78 (Preis ᛗs mit Typen), 83–89 (Versus zu verschiedenen liturg. Texten, u. a. den Antiphonen »Regina caeli laetare« und »Salve Regina«); Nr. 90, »In dulci iubilo« (mit Anklängen an das bekannte Weihnachtslied) schließt mit einer marian. Strophe. Die Texte sind meist aus unregelmäßigen Zeilen mit ein- bis zweisilbigem Reim oder Assonanz gebaut, Nr. 84 aus Vagantenstrophen, Nr. 85 hat die Strophenform des »Dies irae«. Die Sprache dieser Dichtungen ist bildreich, innig, mit meist prosaähnlicher einfacher Wortfolge aber rhythmischem Klang.

Ausg.: Thomae Hemerken a Kempis, opera omnia ed. M. I. Pohl, 1902–22 (Neue Gesamtausg. beim CChr.CM durch

P. Chandler und P. Van Geest in Vorbereitung). — F.-J. Legrand, H. Blommestijn und P. Van Geest, T. a K., La vallée des lis, 1992 (Bibl.).
Lit.: LThK² X 144f. — DThC XV/1, 761–765. – VL IV 455–464; V 1089. — Bibliographie annuelle du Moyen-Age tardif, ed. J.-P. Rothschild II, 1992, nr. 4333–49. *G. Bernt*

Thomas v. Olera (Acerbis, v. Bergamo), Laienbruder des OFMCap, * 1563 in Olera (Bergamo), † 1631 in Innsbruck, trat als Laienbruder in den Kapuzinerorden ein und ist, da er vollständiger Analphabet war, ein außerordentliches Beispiel für theol. Intuition auf der Grundlage einfacher und demütiger Betrachtung des Geheimnisses Gottes. T. war während eines Großteils seines Lebens Almosenier verschiedener Konvente, beginnend in Italien und schließlich in Innsbruck, wohin er sich begab, als Erzherzog Leopold V. ihn sich zum Ratgeber wünschte. 40 Jahre lang war sein Leben von beispielloser Wirksamkeit gekennzeichnet. Seine Verkündigung gelangte durch Predigt und Schriften in alle Gesellschaftsschichten, vom einfachen Volk bis hin zum Hochadel. Trotz fehlender akademischer Ausbildung unterhielt er eine umfangreiche Korrespondenz mit Menschen, die seinen Rat suchten, und verfaßte mehrere geistliche Traktate, in denen marian. Lehre und Frömmigkeit einen wichtigen Rang einnehmen. Seine heroischen Tugenden wurden 1987 anerkannt.

Der GM ℳ war T. in herzlicher Liebe zugetan und widmete ihr in seinen Schriften viele Seiten, wobei sich eine solide Theol. mit inniger Frömmigkeit verbindet. Nach seiner Auffassung waren Demut und Jungfräulichkeit die Tugenden, durch die ℳ von Gott bes. erwählt wurde (Positio 292). Er betrachtet ℳ mit ihren Privilegien und Aufgaben, mit ihren Freuden und Leiden. Für ihn ist ℳ der angemessene Rahmen, innerhalb dessen man wie in einem Bild das göttliche Werk der Erlösung, das durch Jesus Wirklichkeit wurde, betrachten kann. Das Motto »zu Jesus durch Maria« war für ihn gelebte Wirklichkeit. Mit reichbegabter Phantasie bemühte er sich dar-um, sich die Gefühle ℳs vorzustellen, die sie angesichts der von ihr erlebten Geheimnisse empfand: »Schau, wie Maria fromm und ehrfürchtig ist, schau, wie sie, der verkündigt wird, daß sie Mutter Gottes ist, nicht hochmütig sondern, je mehr sie erhöht wird, mit umso größerer Demut sich erniedrigt« (Fuoco d'amore 50f.). Eindringlich betrachtet T. die Kreuzigung des Herrn marian.: »Die Blicke Jesu verletzten das Herz Marias, die Augen Marias verletzten das Herz Jesu; Jesus sah den Schmerz der Mutter, und die Mutter sah das Todesringen Jesu« (ebd. 216). In alter franziskanischer Tradition fühlt er mit ℳ, die den toten Sohn auf dem Schoß hält: »Wer es nun gesehen hätte, welchen Schmerz das Herz Marias empfand! ... Geöffnet waren die Herzen beider; und das Herz Marias war nicht nur auf einer Seite geöffnet, sondern es war durchbohrt an so vielen Stellen, wie das Haupt ihres geliebten Sohnes durch die Dornen« (ebd. 232).

T. nennt ℳ Schatzmeisterin, die alle Gnaden austeilt und so ihre mütterliche Aufgabe weiter gegenüber dem mystischen Leib Jesu ausübt. Dies sei darin belegt, daß Jesus bei der Himmelfahrt seine Mutter nicht sogleich mit sich nahm, sondern sie bei den Aposteln als Mutter der Kirche beließ (ebd. 139f.). Er empfiehlt die kirchliche Verehrung der Unbefleckten Jungfrau ℳ, um die Tugend der Keuschheit zu leben und zu bewahren (Positio 105f.). Aus Verehrung zur UE förderte er die Errichtung einer Kirche in Volders, die die erste Wallfahrtskirche dieses Titels auf dt. Boden war. T. weist auf ℳ als Beistand hin und ruft sie zugleich an, um die Keuschheit zu leben, da sie zu einer herzlichen Gottesliebe führt: »Wieviele Gnaden gewährt Maria denen, die sie verehren! Sie beschützt sie, sie verteidigt sie vor den unsichtbaren und sichtbaren Feinden« (ebd. 313). »Zu Recht kann die streitende Kirche neue Lieder zum Lob Marias singen. ... Glücklich und selig, wer diese große Fürstin Maria verehrt als Schutzfrau, denn sie ist die Schatzmeisterin der Schätze des Himmels« (ebd. 315).

T. besaß eine besondere Liebe zu den ℳwallfahrtsorten. Verschiedentlich hatte er die Gelegenheit, eine Wallfahrt nach Loreto zu machen: »Wenn ich in jenes ›Heilige Haus‹ eintrete, ist mir, als träte ich ins Paradies ein« (Fuoco 38). In einem Brief an die Erzherzogin Claudia di Medici schreibt er: »Haben Sie die Güte, Eure Madonna von Passau in meinem Namen mit einer Verneigung zu verehren« (ebd. 573).

T. spricht über ℳ aus der »Überfülle des Herzens« und drückt spontan und einfach seine geistliche Erfahrung aus (Positio super scriptis, 27). Beim Zweiten Vaticanum bezeichnete Paul VI. ihn als »taugliches Instrument für die geistliche Erneuerung« und als »leuchtendes Beispiel der Treue, des Eifers und der Hingabe« (Analecta OFMCap 80 [1984] 42).

WW: Fra Tommaso da Bergamo, Fuoco d'amore, ²1986 (Selva di contemplazione, Scala di Perfezione, Diversi Trattati del vero, retto, puro, filiale, unitivo e trasformativo amore, 26 lettere).
QQ: Positio super scriptis, 1973. — Positio super introductione causae et super virtutibus, 1978. — Positio super virtutibus, 1983. — AAS 79 (1987) 1526–29.
Lit.: V. Wass, Der Bruder von Tirol. Lebensbild des T. v. Bergamo, 1931. — Maria Immacolata nella provincia dei Frati Minori di Lombardia, 1955. — Fernando da Riese Pio X, Un inchino alla vostra Madonna, In: Mater Ecclesiae 7 (1971) 241–248. — Ders., Tommaso da Olera e Loreto, In: Il messaggio della S. Casa-Loreto 76 (1973) 76f. — LThK² X 137. — BSS XIV 7–12 (Lit., Bilder). — DSp XV 865ff. (Lit.).
Bernardino de Armellada

Thomas v. Straßburg, OSA, * um 1300 in Hagenau/Elsaß, † 1357 in Wien, um 1336 Sententiarier in Paris, ebd. um 1341 Magister der Theol. Seit 1343 Provinzial der rheinisch-schwäbischen Augustinerprovinz, 1345–57 Ordensgeneral; selbständiger Denker thomistisch-augustinischer Richtung im Sinne des →Ägidius v. Rom, Verfasser eines wegen seiner Stoffülle, Prägnanz und Klarheit geschätzten Sentenzenkommentars (gedruckt, Straßburg 1490 u. ö.).

Unter den Theologen des Augustinerordens ist er der erste Verteidiger der UE. Er hat damit die Auffassung des Ägidius von einer erst nachträglich erfolgten Heiligung Ms im Mutterschoß überwunden und der späteren Ordenstheol. den Weg gewiesen. Seine Frage lautet: »Utrum Virgo gloriosa, quae a Deo fuit praeelecta, ut filium Dei conciperet, fuerit concepta in originali peccato?« (lib. III dist. 3 qu. 1). Schon mit dieser Formulierung weist er auf die enge Verbindung der Frage mit Ms Erwählung zur Mutter des Erlösers und mit dem Geheimnis der Menschwerdung hin. Seine Antwort bedient sich der bekannten Formel: »Potuit, decuit, ergo fecit«: Gott konnte M vor der Erbschuld bewahren (art. 1 concl. 1). Dies ziemte sich für seine göttliche Güte (concl. 2). M ist tatsächlich ohne Erbsünde empfangen worden (coroll.). T. spricht von einem besonderen Privileg, »quo filius Dei in sua matre praeelecta hanc maculam dispensative praevenit, quam tota natura humana in ceteris puris hominibus incurrit«. Im gleichen Zusammenhang lehrt er ausdrücklich die Freiheit Ms von jeder persönlichen Sünde: »... numquam contraxerit peccatum actuale« (art. 2). Außerdem wendet er sich gegen die Auffassung vieler »doctores«, in M sei der »fomes peccati«, die ungeordnete Begierlichkeit des sinnlichen Strebevermögens, durch die Heiligung im Mutterschoß »gebunden« und bei der Empfängnis ihres göttlichen Kindes gänzlich ausgelöscht worden. Als einer der Ersten bestreitet T. »salvo tamen semper meliore iudicio«, daß in M jemals dieser »fomes« vorhanden war, weil er dem »peccatum originale« entstamme (art. 3–4). Die Frage der Assumptio hat T. nicht näher behandelt, aber doch gelegentlich seiner Überzeugung Ausdruck gegeben, daß für M die Auferstehung des Leibes schon geschehen sei.

Lit.: G. Tumminello, L'immacolata concezione di Maria e la scuola agostiniana del secolo XIV, 1942, 1–28. — C. Balić, Testimonia de assumptione BMV I, 1948, 321. — E. D. Carretero, Tradición Inmaculista Agustiniana ..., In: La Ciudad de Dios 166 (1954) 343–386, bes. 351–354. — A. Zumkeller, Die Augustinerschule des MA, In: AAug. 27 (1964) 167–262, bes. 212–214 (ältere Lit.). — P. Vara, Inquietud agustiniana: T. de Argentina, In: Archivo Teológico Agustiniano 2 (1967) 57–83. — K. Binder, T. v. S., ein Verteidiger der UE, In: Studia mediaevalia et mariologica P. C. Balić OFM dicata, 1971, 259–281. — C. Mateos Alvarez, Doctrina inmaculista de T. de S., 1975 (auch gedruckt in: Archivo teológico Agustiniano, später: Estudio Agustiniano 1 [1966] 245–265; 2 [1967] 131–148; 10 [1975] 3–28. 173–193). — L. A. Kennedy, Two Augustinians and Nominalism, In: Augustiniana 38 (1988) 118–128. — LThK[2] X 147 f. — NCE XIV 122 f. — DSp XV 872 f. *A. Zumkeller*

Thomas v. Villanova, OSA, Hl. (Fest: 22. September), * um 1486 in Fuenllana bei Villanueva de los Infantes /Spanien, †8.9.1555 in Valencia. Nach Studien in Alcalá lehrte er dort 1513–16 Phil. und trat 1516 in Salamanca in den Augustinerorden ein; seit 1519 war er Prior in verschiedenen Augustinerklöstern Spaniens, 1527–29 und 1534–37 Provinzial. T. war Prediger am Hof Karls V. und 1540 Prior von Valladolid; 1544 wurde er Erzbischof von Valencia. T. war ein hervorragender Prediger und geistlicher Schriftsteller. Wegen seiner karitativen Tätigkeiten und seiner großen Mildtätigkeit als Bischof wurde er der »Almosengeber« genannt. 1618 wurde er selig und 1658 heiliggesprochen. F. Garcia und S. Gutierrez OSA bezeichnen ihn als »principe de la Mariología sistemática y doctrinal«. Die Daten der großen Mfeste hatten auch in seinem persönlichen Leben eine besondere Bedeutung, so daß man ihm den Ehrentitel »Sohn der Jungfrau« gab. Von T.' persönlicher MV zeugt auch ein von ihm 1550 am Fest Me Opferung in Valencia gegründetes Kolleg für arme Studenten. In der Kapelle des Hauses sollte jährlich das Fest Me Opferung feierlich begangen werden zum Dank dafür, daß er an diesem Festtag das Ordenskleid der Augustiner empfangen hatte.

In 33 umfangreichen Mpredigten (Op. om. IV 255–508) von rel. Innigkeit und dogm. Tiefe — thematisch behandelt er die wichtigsten Feste und Titel Ms (z. B. UE [4 Predigten], Geburt, Darstellung, Verkündigung [7 Predigten], Heimsuchung, Reinigung, Aufnahme in den Himmel und M als unsere Herrin) — bietet T. eine gediegene, an Schrift und Tradition ausgerichtete Mariol., die mit Vorliebe den biblischen »sensus interior et mysticus« herauszuarbeiten sucht. T. selbst bedauert, daß im NT über M so wenig berichtet wird und gibt die Begründung: »... satis fuit de ea dicere: ›de qua natus est Jesus‹« (IV 306). Seine ganze Mariol. ist deshalb auf Christus zentriert, d. h. sie deutet Ms Gestalt von ihrer GMschaft her. Zu Unrecht hat man seiner Mariol. wegen ihrer Superlative vorgeworfen, sie stelle M zwischen Christus und den Christen, sieht sie doch ihre Hauptaufgabe darin, den Christen zu Christus zu führen (vgl. Martínez Sierra 523 f., bzw. 71 f.). M ist nach T. zeitlebens »vera imago et effigies humanitatis Christi« gewesen (IV 463).

Nach T. ist M »der Weg, durch den Gott zum Menschen kommt und durch den der Mensch zu Gott kommt« (I 87). Wegen der hervorragenden heilsgeschichtlichen Stellung Ms bilde sie einen »tiefen Abgrund von Mysterien und Tugenden, undurchdringlich für jede menschliche Einsicht« (IV 363). M sei von Anfang der Welt an in Zeichen vorangekündigt worden — ein verschlossener Garten wegen der Abgrundtiefe der Mysterien und ihrer Tugenden (IX 363), enger als jeder andere mit dem Erlösungswerk Christi verbunden. Zeichen des Bundes (IV 316), Turm der Zuflucht, unsere Anwältin (IV 312), Pforte des Himmels und Pforte der Welt (IV 366), Zelt des Höchsten (IV 311), Morgenröte (IV 309), das Buch vom Hl. Geist geschrieben, ganz fleckenlos (IV 290), erwählt zur Mutter Gottes und advocata mundi (so erklärt er Spr 8,23; IV 304). Er bringt eine marian. Interpretation von Est 15,13; Sir 24,10; Hld 2,2; Ps 75,3; Jes 16,1 im mystischen Sinne.

Die atl. Vorbilder und die biblischen Allegorien für M legte er in enger Anlehnung an biblische und patristische Theol. (bes. an Augustinus, Gregor, Bernhard und Thomas v. Aquin) dar. So sei M die Quelle im Paradies, aus der die Flüsse der Gnaden kommen (Gen 2,8), aus denen wir in Freude schöpfen sollen (IV 371).

M sei absolut sündenlos und mit allen Ereignissen des Lebens Jesu engstens verbunden. Bemerkenswert ist die ausführliche Darstellung der Rolle Ms im verborgenen Leben Jesu, in der familiären Gemeinsamkeit der alltäglichen häuslichen Gemeinschaft (IV 164. 471–478. 431 f.). T. sieht in ihr Aktion und Kontemplation wunderbar vereint (IV 473 f. 421–423). Nach der Auferstehung sei Christus zuerst M erschienen (II 273 f.). Johannes, der Lieblingsjünger, wird mit Obededom verglichen, der die Arche in seinem Hause hatte (V 67).

Die höchste Würde Ms sei die UE, nicht geringer als die GMschaft (IV 266) Gottes Gnade bewahrte M durch ein besonderes Privileg im Augenblick der Erschaffung vor Sünde und Erbsünde (IV 269). Spr 8,24 deutet er in diesem Sinn (»abyssus« bedeute die Erbsünde). Bereits im Augenblick der Erschaffung erhielt M die Gnadenfülle; wenn sie nicht bewahrt worden wäre, wäre sie befleckt, hätte nicht würdige GM sein und das Haupt des Dämons nicht zerschmettern können (IV 269). Mit dem Wort von der Schlangenzertreterin sei M von dem Fluchwort (Gen 3,17 f.), das sich auch auf unseren Leib beziehe, ausgenommen (IV 264 f.) und von Ewigkeit her als ganz makellose prädestiniert (IV 290–292). Die Würde der UE sei die größte und könne nicht geleugnet werden: M könnte sonst nicht dignissima mater Dei sein (IV 266). Eine Leugnung dieses Privilegs — so erklärt er beim damaligen Stande der Dogmenentwicklung — wäre temerär und unfromm, aber nicht häretisch (ebd.). Die Wohnung der ewigen Weisheit mußte ohne fomes peccati errichtet werden (IV 310 f.). Nicht ganz klar ist, ob T. wenigstens ein debitum peccati bei M annimmt: in einigen Texten scheint sie schon vor dem Fall Evas davon ausgenommen (IV 276 f.). M sei befestigt und in unverlierbarem Besitz der Gnade gewesen (IV 258–262), die siegreiche Frau, nach dem Hohenlied »acies ordinata« (IV 264). Im Unterschied zu der allein Christus zukommenden absoluten Gnadenfülle sei Ms Gnade relativ, aber intensiv und extensiv vollkommen (IV 290–292. 420 f.); wie der Tau auf dem Vlies nach Ps 71,9: »Die Mutter war in allem nur ein Bild des Sohnes und er ein vollkommenes Bild der Mutter« (IV 307 f.); »Qualis Filius, talis mater« (IV 282), »überfließend von Gnaden, da sich in sie die Gnade nicht nur teilweise wie bei anderen, sondern in ihrer ganzen Fülle ergoß« (IV 453 f.). »Von ihrer Fülle empfangen alle, von ihrer Überfülle ist der ganze Erdkreis erfüllt« (IV 328). »Andere erfüllte Gott mit seinen Gaben, die Jungfrau mit sich selbst« (IV 352).

T.' Predigten über die Immaculata und die Assumpta zeigen ihn ganz auf dem Boden heutiger Glaubenslehre. Dabei bringt er klar die innere Verknüpfung beider Wahrheiten zum Ausdruck: »Quia ergo vere credimus Virginem non incineratam, sed corpore et anima in caelis gloriosam, vere etiam credimus, et pie sine macula conceptam; si enim non caruisset vitio, non caruisset supplicio« (IV 258).

Heimgang, Auferstehung und Aufnahme in den Himmel werden zusammen behandelt (IV 455). Den Tod Ms setzt T. als sicher voraus; ihre leibliche Aufnahme begründet er im Anschluß an Hld 3,6 und 6,9 mit ihrer GMschaft und Miterlösung. Doch der Leib Ms mußte unverwest bleiben wegen der UE, denn Verwesung sei Strafe der Sünde, wegen ihrer GMschaft, die sie Christus ganz ähnlich sein ließ, und wegen ihrer Miterlöserfunktion, zu der die Verwesung nicht passe. »Es ziemte sich nicht, daß das Heiligtum, aus dem Gott Fleisch annahm, zu Asche würde« (IV 454 f.). Eine Art Begründung für Ms Assumptio sieht T. auch in ihrer Leidensgemeinschaft mit ihrem Sohn, wenn er die Frage stellt: »Non associabitur regnanti, quae fuit socia patienti?« (IV 482). Von der Assumpta habe Geltung: Sie ist die »caelorum terrarumque regina«, der alle Kreaturen zum Dienst gegeben sind (IV 420).

Klar lehrt er die Miterlöserschaft Ms durch ihr Fiat bei der Inkarnation und ihr Mitleiden am Kreuz; und mittelbar auch ihre geistliche Mutterschaft. Er nennt sie »hominum advocata« (IV 354) und »inventrix gratiae«, nämlich jener Gnade, durch die wir für Gott wiedergeboren werden (IV 65). V. a. sieht er in ihr die »socia« des Gekreuzigten: »Una crux, et duo qui pendebant, … qui patiebantur: Filius in corpore, Mater in corde« (IV 270). »Die Mutter führt uns zum Sohn, der Sohn zum Vater« (IV 366). Christus sei der Seele Leben, M die Mutter Christi, also Mutter unserer Seele; sie brachte den Baum hervor, von dem alle leben, und sei die Quelle des Paradieses (Gen 2,10), aus der alle Flüsse der Gnade kommen (IV 371); in Freude sollen wir daraus schöpfen. Ihre Mitwirkung zur Erlösung formuliert er mit den Worten: »… ipse edemptor est, sed ab ipsa accepit, unde redimeret« (IV 422). In diesem Sinne äußert er auch einmal: »… ipsa enim est, per quam natura humana redempta est« (IV 352).

Mittlerschaft erläutert er mit dem Bild der Pforte: »Per hanc portam Deus ingreditur mundum, per hanc iustus ingreditur caelum; omnium facta est porta Dei genitrix« (IV 366). »durch das Wort der Jungfrau ist das Wort Fleisch geworden« (II 239). Durch die Gnade Gottes seien wir Adoptivkinder des Vaters, aber auch der Mutter (IV 64 f.). Wie Bernhard nennt er M Hals des Leibes Christi. Ihr Königtum gilt ihm (nach Hld 6,7–8) für ebenso gewiß wie die UE.

In den Gründonnerstagspredigten berührt er auch Ms Beziehung zur Eucharistie: »Corpus (Christi) mundum virgineum, ex virgine assumptum« (II 232). An sich könnten wir das Brot des göttlichen Wortes, das Brot der Engel nicht ohne weiteres essen: ᛘ habe uns bei der Menschwerdung Christi Leib und Blut durch die Inkarnation zugänglich gemacht, so wie die Mütter feste Nahrung in Milch für ihre Kinder verwandeln (vgl. IV 315).

Das enge Verhältnis ᛘs zur Kirche hebt T. auch durch den Ehrentitel »microcosmus Ecclesiae« hervor; denn in ihr sei zusammengefaßt »omnis Ecclesiae et Sanctorum perfectio« (IV 311). Auch bezeichnet er sie als »apostolorum omnium et discipulorum Christi ecclesiarumque Magistra« (IV 441).

WW: Conciones sacrae, 6 vol., Alcalá 1572, 1581, Köln 1614, 1616, 1619, 1687, Venedig 1850 u. ö. — Opera omnia I–VI, Manila 1881–97. — Vida de la Santísima e Inmaculada Virgen Maria, recogida y extratada de las obras de T. d. V., Lerida 1881. — Opusculos castellanos, Valladolid 1885. — Obras de S. T. d. V.: Sermones de la Virgen ..., übersetzt und kommentiert von S. Santamarta, 1952.
Bibl.: Repertorio Bibliografico: S. T. d. V. (1486–1987), bearb. von R. Lazcano, In: RAE 28 (1987) 671–725, v. a. Nr. 233–245.
Lit.: J. B. Haydt, Mariale Augustinianum, München 1707, 97 ff. — T. Rodríguez, Estudio sobre los escritos de Tomás de V., Salamanca ²1896. — Ossinger 938–945. — S. García, El dogma de la Asunción de Maria al cielo en las doctrinas de S. T. d. V., In: Archivo Historico Agustiniano 10 (1918) 287–292. — G. Santiago Vela, Ensayo de una Biblioteca Iberoamericana de la Orden de San Agustín VIII, 1931, 223–302 (Lit.). — V. Capánaga, Santo T. d. V., 1942. — Ders., La mediación de la Virgen María según S. T. d. V., In: EstMar 1 (1942) 227–283. — E. D. Carreteo, Tradición Inmaculista Agustiniana ..., In: La Ciudad de Dios (1954) 343–386. — H. García Coral, San Bernardo en los sermones marianos de S. T. d. V., In: EstMar 13 (1954) 313–327. — S. Gutiérrez, La aportación inmaculista de los teólogos agustinos españoles, ebd. 16 (1955) 199–232. — Ders., La mariología de S. T. d. V. y sus principios fundamentales, ebd. 17 (1957) 477–499. — B. Rano Gundín, Notas críticas sobre los cincuenta y siete primeros años de Santo Tomás de V., In: La ciudad de Dios 171 (1958) 646–718. — S. Folgado Flórez, Función de la Virgen en la economía de la salvación, según S. T. d. V, In: Revista Española de Teología 20 (1960) 361–390. — P. Jobit, L'évêque des pauvres D. T. d. V., 1961. — S. Navarro, Mariología biblica de S. T. d. V., In: EstMar 23 (1962) 357–410. — A. Turrado, Espiritualidad agustiniana ... en S. T. d. V., 1966. — BSS XII 591–595 (Lit.). — N. Gonzalez Gonzalez, La teología de la predicación en S. Tomás de V., Diss., Madrid 1972. — S. Gutiérrez, María en S. T. v. V., 1977. — S. Folgado Flórez, S. T. d. V., predicador y teólogo de la piedad mariana, In: Scripta de Maria 5 (1982) 133–146. — I. M. Dietz, Der hl. T. v. V., Zeuge der Tradition für Marienlehre und Marienkult im 16. Jh., In: De culto Mariano saeculo XVI, 1983, IV 187–223. — A. Martínez Sierra, Dimensión cristológica de la mariología de S. T. d. V., In: RAE 28 (1987) 507–525; engl., In: Augustinian Heritage 35 (1989) 55–73. — LThK² X 150. — DSp XIII 874–890.   J. Stöhr/A. Zumkeller

Thomasevangelium. Das koptische T., das im Dezember 1945 in Ägypten (bei Nag Hammadi, ca. 100 km nordwestlich von Luxor) gefunden wurde, ist eine ursprünglich griech. Sammlung von 114 Logien, Jesusworten, meist asketisch-gnostischen Charakters. »Es spricht viel dafür, daß das Thomasevangelium um die Mitte des 2. Jh.s im östlichen Syrien entstanden ist, wobei allerdings das zusammengestellte Spruchmaterial zum Teil auch bis in das 1. Jh. zurückreichen kann« (B. Blatz, NTApo I, 97). Das T. kommt nur indirekt auf ᛘ zu sprechen. Der Lobpreis der Mutter Jesu (Logion 79 = Lk 11,27) wird abgewiesen und mit dem Lobpreis der Kinderlosen (Lk 23,29; vgl. Logion 22) verbunden. Logion 99 (vgl. Mt 12,46–50; Mk 3,31–35; Lk 8,19–21) weist Jesu leibliche Verwandte zugunsten der geistigen zurück, die den Willen des Vaters tun. Logion 101: »Wer seinen Vater und seine Mutter nicht hassen wird wie ich, wird mir nicht Jünger sein können. Und wer seinen Vater und seine Mutter nicht lieben wird wie ich, wird mir nicht Jünger sein können. Denn meine Mutter, die ... [Lakune; Text dürfte inhaltlich Logion 114; HebrEv 1 und 3, sowie Afrahats Gen-Auslegung entsprechen.] Aber meine wahre Mutter gab mir das Leben«. Logion 105: »Jesus sprach: Wer Vater und Mutter kennen wird, den wird man den Hurensohn nennen«. Jesus kennt seinen Vater (Joh 8,54 f.) im Himmel. Dagegen HebrEv 1: »Als Christus auf die Erde zu den Menschen kommen wollte, erwählte der Vatergott eine gewaltige Kraft im Himmel, die Michael hieß, und vertraute Christus ihrer Fürsorge an. Und die Kraft kam in die Welt, und sie wurde Maria genannt, und Christus war sieben Monate in ihrem Leibe.« Und Logion HebrEv 3: »Sogleich ergriff mich meine Mutter, der Heilige Geist [vgl. Mk 1,12; Mt 4,1], an einem meiner Haare und trug mich weg auf den großen Berg [vgl. Mt 4,8] Thabor« (NTApo ⁶I 146). → Afrahat legt Gen 2,24 aus: »Solange der Mann keine Frau genommen hat, liebt er Gott, seinen Vater und den Hl. Geist, seine Mutter, sobald der Mann eine Frau nimmt, verläßt er diesen Vater und diese Mutter, sein Denken wird von Gott weg auf die Welt gelenkt« (Abhandlung 18,10 PS I/1,840; vgl. Evangelium der Wahrheit 24,6). Der Schimpfname Jesu (»Hurensohn«) begegnet Jebamoth 4,13 (Origenes, Gegen Kelsos 1,28) und ist wohl Joh 8,41 vorausgesetzt. Logion 114 (vgl. Logion 22) artikuliert abschließend nochmals das gnostische Anliegen des T.: »Simon Petrus sprach zu ihm [= Jesus]. Maria soll von uns weggehen! Denn die Frauen sind des Lebens nicht wert. Jesus sprach: »Siehe, ich werde sie ziehen, daß ich sie männlich mache, damit sie auch zu einem lebendigen Geist wird, der euch Männern gleicht. Denn eine Frau, die sich zum Manne macht, wird eingehen ins Reich der Himmel.«

Ausg.: Evangelium nach Thomas, kopt. Text hrsg. und übers. von A. Guillaumont, H.-Ch. Puech, G. Quispel, W. Till und Yassah 'Abd al Masih, 1959. — K. Aland, Synopsis Quattuor Evangeliorum, 1963, ¹³1988, 517–530 (lat.: G. Garitte, dt.: E. Haenchen, engl.: B. M. Metzger). — NTApo I 93–113.
Lit.: J. B. Bauer, Echte Jesusworte?, In: W. C. van Unnik, Evangelien aus dem Nilsand, 1960. — Ders., Das Thomasevangelium in der neuesten Forschung, In: R. M. Grant und D. N. Freedmann, Geheime Worte Jesu, Das T., 1960. — L. McL. Wilson, Studies in the Gospel of Thomas, 1960. — R. Kasser, L'Evangile selon Thomas, 1961. — W. Schrage, Das Verhältnis des T.s zur synoptischen Tradition und zu den koptischen Evangelienübersetzungen, In: Beihefte zur Zeitschrift für ntl. Wissenschaft 29 (1964). — J. Leipoldt, Das Evangelium nach Thomas, In: TU 101 (1967). — M. Erbetta, Gli Apocrifi del NT I/1, 1975, 253–282. — J. E. Ménard, L'Evangile selon Thomas, 1975. — M. Fieger, Das T., In: NTA NS 22 (1991).   J. B. Bauer

Thomassin(us) d'Egnac, Louis de, * 28. 8. 1619 in Aix en Provence, †24. 12. 1695 in Paris, trat 1633 dem Oratorium P. de →Berulles bei. Vom Geist der École Française geprägt, bewahrte T.

doch eine gewisse Eigenständigkeit, was sich u. a. an seiner früh entwickelten Neigung zu Platon und später an seiner engen Verbindung zur positiven, biblisch-patristisch ausgerichteten Theol. bewies. Zunächst Lehrer der scholastischen Phil. in Pezenas und Samur, kam er über Lyon nach Paris auf einen theol. Lehrstuhl (Seminar Saint-Magloire), den er bis 1668 inne hatte. Seine Frühschriften (Dissertationes, commentarii, notae in concilia generalia et particularia, 1667, und Mémoires sûr la grâce, 1668) gerieten in die Kritik der Gallikaner und Jansenisten, obgleich er anfangs zu letzteren Verbindungen pflegte. Danach in wissenschaftlicher Zurückgezogenheit lebend, schuf T. seine umfänglichen rechtsgeschichtlichen, liturgiegeschichtlichen und dogm. Werke, die ihm den Ruf als führender Theologe des Oratoriums im 17. Jh. verschafften. Von einigen mit dem Titel des »Vaters der Rechtsgeschichte« ausgezeichnet, gilt er der Theologiegeschichte allgemein »als einer der Schöpfer der positiv-historischen Dogmatik« (im Anschluß an D. Petavius). Seinen diesbezüglichen Einfluß entfaltete er später auch auf M. J. →Scheeben v. a. bezüglich der Dogmengeschichte, auch wenn Scheeben unter systematischem Aspekt bei ihm die Präzision und Klarheit im Vergleich mit den Scholastikern der Zeit vermißt.

Bezüglich der M lehre und -frömmigkeit finden sich bei T. einige die École Française allgemein bestimmende Züge, so u. a. der Ausgang vom Geheimnis der Inkarnation (so bes. in der Christol. der Dogmata theologica: De Verbi Dei Incarnatione, Paris 1680), die damit gegebene Christozentrik und das enge Verbundensein von Christus und M. Aber anders als seine Vorgänger im Oratorium, P. Berulle und J. J. → Olier, entwickelte T. diese Grundzüge nicht im Rahmen und in Ausrichtung auf eine rel.-mystische Innerlichkeit mit dem Hochziel der Angleichung des Menschen (und bes. des Priesters) an das Verhältnis von Christus zu M. Als positiver, biblisch-patristisch gerichteter Theologe erfaßte er die M gestalt vorzüglich in ihrer objektiven Heilsstellung, die in den atl. Bildern von M vorbereitet ist und in der Eva-M-Parallele ihre stärkste Wurzel hat, wobei M auch und gerade als Vertreterin des weiblichen Geschlechtes gewürdigt wird, welche in ihrer jungfräulichen Reinheit und Fruchtbarkeit die Schuld Evas tilgt, darüber hinaus aber auch in eine bräutliches Verhältnis zu Christus (und zu den Gläubigen) tritt (Dogm. III 174–176; IV 113). Auch die neben der GMschaft und der Jungfräulichkeit anerkannten Privilegien Ms (wie Heiligkeit, Freiheit von der Sünde und himmlische Vollendung) stehen in innerem Zusammenhang mit der gotteswürdigen M geburt und dem Erlösungswerk Christi. Die theol. Begründung erfolgt nicht nur aus der weitläufig herangezogenen Lit. der Kirchenväter, sondern bes. auch aus der Liturgie (Festes, 209. 214 f.).

Auf Grund des inkarnatorischen Grundzuges dieser Theol., der sich vermittels der Wahrheit vom »mystischen Leib« auch in die Ekklesiol. hineinzieht, gewinnt M auch ein prototypisches Verhältnis zur Kirche. Ms. Stellung zu Christus setzt sich in der Kirche fort. Die jungfräulichbräutliche Mutter des Herrn rückt so in die Stellung der Heilsmittlerin und der Mutter der Kirche ein (Dogm. III 184). Die marian. Gedanken T.s weisen auf einen einheitlichen Fluchtpunkt hin, der in der kirchentypischen Bedeutung Ms gelegen ist. Diese eröffnet eine noch weitere Perspektive, in welcher M eine Aufgabe für die ganze Welt zufällt (Dogm. III 173).

Der objektiv-heilsgeschichtlichen und ekklesiol. Fassung des M bildes entspricht eine ähnlich geartete M frömmigkeit, in der, gemäß den in der Liturgie vorgebildeten Grundanschauungen, die persönlich-subjektiven Züge zurücktreten. »Die Kirche konnte nichts Weiseres tun als Elisabeth nachahmen« (Festes, 66). So kommt T. sogar zu einer gewissen kritischen Beurteilung der Festes particulières à la Vierge (ebd. 66 f.). In dieser Hinsicht bleibt T. hinter der Entwicklung der M frömmigkeit der Zeit zurück und ist Zeuge für eine Nebenlinie, die aber als Korrektiv ihre Bedeutung behält.

WW: Dogmata theologica, 3 Bde., Paris 1680–89; neu hrsg. von F. Ecalle, 7 Bde., Paris 1864–72 (zit.). — Traités des festes de l'Eglise, Paris 1683.
Lit.: P. Nordhues, Der Kirchenbegriff des L. de T., 1958, 230 ff. — R. Lachenschmid, Eine Theol. der Menschwerdung. L. de T.s Lehre vom Geheimnis der Inkarnation, 1968. — F. J. Busch, Lex Christi secundum naturam. Die christol.-heilsgeschichtliche Einheit und Identität des sittlichen Gesetzes nach L. T., 1975 (Lit.). — DSp XV 892–907 (Lit.). *L. Scheffczyk*

Thompson, Francis, * 16. 12. 1859 in Preston, † 13. 11. 1907 in London, engl. Dichter.

Neben dem Jesuiten Gerard Manley →Hopkins ist T. der wichtigste engl. kath. Dichter des ausgehenden 19. Jh.s, wenngleich der Ertrag seines Schaffens, wie der Hopkins', relativ klein ist. Insgesamt veröffentlichte er drei Bände: »Poems« (1893), »Sister Songs« (1895) und »New Poems« (1897). Nach seinem Tod gab Wilfred Meynell seine vollständigen Werke heraus, wobei er eine Reihe bis dahin unveröffentlichter Stücke hinzufügte.

T. war ein typischer »Dekadenz«-Poet, der aber mit beeindruckender Ausdauer an seinem Glauben festhielt. Er war Bewunderer von P. B. Shelley und Gabriel Rossetti. Sein Leben war gekennzeichnet von äußerster Armut, selbst herbeigeführter Krankheit auf Grund von Alkohol- und Drogenabhängigkeit und Verzweiflung, die ihn an den Rand des Selbstmords trieben. Die engl. Dichter Alice und Wilfred Meynell, die sein »Passion of Mary« — T.s erstes im Druck erschienenes Gedicht — für die Veröffentlichung in »Merry England« 1888 annahmen, noch bevor sie die Identität des Verfassers kannten, retteten ihn vor der völligen Verzweiflung und sorgten den Rest seines Lebens mit wechselndem Erfolg für ihn. Daß die Trauer der

Jungfrau ᛘ Thema von T.s erstem veröffentlichten Gedicht ist, zeigt deutlich die Bedeutung, die der Verfasser der Gestalt der GM beimaß. Er war einer der wenigen Schriftsteller dieser Zeit, der erkannte, daß die Grenzen der dichterischen Konventionen der viktorianischen Ära — sichtbar in anderen ᛘgedichten des 19. Jh.s — nur durch die Hinwendung zu den gewagten dichterischen Grundhaltungen der sog. »Metaphysical Poets« des 17. Jh.s überwunden werden konnten. T.s Einstellung zu ᛘ zeigt viele verschiedene Seiten: neben großer Bewunderung steht innige Vertrautheit, die bisweilen ans Mystische grenzt; es findet sich aber auch direkte unbewußte Sinnlichkeit, die beim ersten Lesen erschrecken kann. Die Haltung des Dichters ist in zwei Zeilen aus »In her Path« zusammengefaßt: »For this was even that Lady, and none other/ The man in me calls ›Love‹, the child calls ›Mother‹«. Von seinen anderen Gedichten zeigt »Assumpta Maria« den Einfluß Crashaws in Bild- und Verstechnik. Ferner seien »Her Portrait« als auch »The After Woman« als typische Beispiele für T. genannt.

Ausg.: W. Meynell (Hrsg.), The Collected Poetry of F. T., London, 1913.
Lit.: J. Walsh, Strange Harp, Strange Harmony. The Life of F. T., 1968. *J. M. Blom*

Thouret, Jeanne-Antide, hl. Ordensgründerin, * 27.11.1765 in Sancey-le-Long (Diözese Besançon), †24.8.1826 in Neapel, verliert mit 16 Jahren ihre Mutter, widmet sich der Sorge für die Ihrigen und tritt mit 22 Jahren in Paris in die »Gesellschaft der Töchter der Liebe« (Vinzentinerinnen) ein. 1793 zwingt sie die Franz. Revolution, zu ihrer Familie heimzukehren. Um Ordensfrau zu bleiben, schließt sie sich 1795 zu Vérge bei Fribourg/Schweiz der Gesellschaft des P. Receveur an, die bald aus Fribourg vertrieben wird. Sich den Kranken widmend, folgt T. der umherirrenden Gruppe der Einsamen und Zurückgezogenen bis nach Wiesent in Bayern. Hier verläßt sie P. Receveur und seine Schar, weil sie empfindet, daß bei ihnen nicht ihr Platz sei, und kehrt allein, um ihr Brot bettelnd, an die schweizerische Grenze zurück. Nach einem Aufenthalt in Einsiedeln erreicht sie Landeron, wo die Begegnung mit vertriebenen Priestern sie zu ihrer endgültigen Bestimmung führt. Dem Hauptvikar gehorchend, kehrt sie nach Besançon zurück. Im April 1799 eröffnet sie mit einigen Gefährtinnen eine geheime Schule: Das ist die Gründung der »Schwestern der Liebe« (Soeurs de la Charité de Ste. Antide). 1802 schreibt T. eine Regel, die von jener inspiriert ist, nach der sie bei den Schwestern des hl. →Vinzenz v. Paul gelebt hat. Die Gründung entwickelt sich gut. 1810 geht T. auf Wunsch des Königs Murat mit sechs Schwestern nach Neapel. Am 23.7.1819 billigt Pius XII. die Regel, die der neue Erzbischof von Besançon, ein Gallikaner, ablehnt. T. ist das Betreten der von ihr gegründeten Häuser untersagt. Das ist die Teilung ihres Institutes. Im Dienst bes. an den Armen war es 1992 mit ca. 4430 Schwestern in 560 Häusern in Afrika, Südamerika, Asien und Europa tätig. T. wurde am 23.5.1926 selig- und am 14.1.1934 heiliggesprochen (Fest: 23. Mai).

T. hat ein glühendes, vertrauensvolles und rührendes Verhältnis zu ᛘ, zu der sie täglich und bes. in den großen Augenblicken ihres Lebens Zuflucht nimmt. Die MV ist ein Erbe aus Familie und Region: Bei der Krankheit der Mutter fühlt das junge Mädchen das Bedürfnis, beschützt zu werden, und bald noch mehr, selbst zu schützen und den Ihren und den Armen zu helfen. Sancey ist ein Land des Glaubens, wo man lange vor der Proklamation des Dogmas die Immaculata verehrt hat. Die Wallfahrt nach Einsiedeln ist eine Pflicht für jeden. Bei der Rückkehr aus Bayern dort anzukommen, ist für T. eine Freude. Der Fürsprache ᛘs schreibt sie es zu, daß sie auf ihrer langen Reise vor Gefahren bewahrt wurde, und daß ihr vier Tage des Gebetes und des Nachdenkens geschenkt waren sowie die Begegnung mit einem Einsiedler, der sie den Willen Gottes erkennen ließ. Zum Dank dafür verspricht sie, jeden Tag das Salve Regina zu beten. Zuvor hat die Vorsehung das junge Mädchen zu einer Gesellschaft geführt, in der die MV sehr lebendig und im Mysterium Jesu integriert ist: Die Novizin wird für immer durch sechs Jahre der Bildung nach dem Geist des hl. Vinzenz geprägt, dessen Theol. das Mysterium des menschgewordenen Wortes zum Mittelpunkt hat. Ohne die Volksfrömmigkeit der Franche-Comté und Neapels zu verachten, ist die MV von T. erleuchteter und tiefer, äußerst einfach: ᛘ, kaum genannt, ist beinahe immer in Bezug zu Gott und Jesus gesetzt. Sie ist »Dienerin« neben dem »Diener« Christus.

T. wünscht für ihre Töchter eine »zarte«, aber »tiefe« MV, gegründet nicht nur auf das Gefühl sondern auf den Glauben, und die Konkretisierung durch die Bemühung eines christl. Lebens. T.s Schriften setzen den Akzent auf Jesus Christus, seine Demut und seinen Gehorsam. Darin ist ᛘ eingeschlossen. Großes Unglück weckt in T. mehr das Verlangen, sich noch mehr an die Mutter der Barmherzigkeit zu wenden. In Gemeinschaft mit ihrem Sohn tritt ᛘ für uns ein. T.s Gebet wird bes. innig, als ihr Institut in Gefahr ist. Es richtet sich ganz an Gott Vater, Jesus Christus und an den Hl. Geist. Die Anrufung ᛘs ergießt sich wie ein Nebenfluß in den Strom des Vertrauens und Flehens, das sie vor Gott trägt. ᛘ ist unsere Mutter, weil sie Mutter Jesu ist. Das Heil kommt durch sie, aber von ihm (Hebr 7,25). In Prüfung und Leid erfährt T. die Macht und Milde des Schutzes ᛘs, so wahrhaft als Waisenkind von Sancey und als Exilantin in Neapel und allgemein als Flüchtling in der Schweiz und angefochtene Gründerin in Besançon. Das Gebet bedeutet für T. Eintreten in das Geheimnis ᛘs. Sie will so leben wie ᛘ, ganz der Person und dem Werk Jesu Christi geweiht.

WW: Ste. J.-A. T., Lettres et Documents, ed. A. de Padoue, 1965, ²1982; ital. 1974 (Regeln, Briefe, Rundschreiben, Erinnerungen).
Lit.: F. Trochu, Ste. J.-A. T. Fondatrice des Soeurs de la Charité, 1933, ³1973; ital.: 1961; engl.: 1966. — (A. de Padoue), L'esprit apostolique de ste. J.-A., 1968. — Soeur Marie-Antoine, Retour aux sources, 1971. — LThK² X 170 f. — BSS VI 565–568. — DSp VIII 856–859 (Lit., QQ). — DIP IV 1195–98 (Bild).

M. Th. Grunenwald (W. Baier)

Thron Davids. Im Gegensatz zum Thron Salomonis (→ Sedes Sapientiae) gibt es in der Kunstgeschichte keinen unmittelbaren Konnex zwischen dem Davidsthron und ᛉ. Das Stichwort erscheint allerdings in der anagogischen Exegese, so 1 Kön 5,5 (= Vulgata 3 Kön 5,5), 2 Sam 7,1 und Jes 9,6 in Bezug auf Lk 1,32 f. Wird die Verheißung ewiger Friedensherrschaft Davids auch für seinen Sohn und Nachfolger Salomo in Anspruch genommen, so noch mehr für Christus als Salomo des Neuen Bundes. Aus diesen Gründen erscheint König David hin und wieder auf Darstellungen des Salomonischen Thrones zusammen mit seinem Sohn. Dabei mag David auch als Psalmenautor apostrophiert sein, wenn nach Ps 85 (84),11 die Personifikationen von Wahrheit und Barmherzigkeit, Gerechtigkeit und Frieden aufscheinen, so am Triumphbogenfresko der Johanneskapelle am Kreuzgang des Doms zu Brixen, wo das Königspaar Schriftrollen trägt (ca. 1250). Unter dem Stiegenbau des Salomonischen Throns im Triumphbogenfresko (ca. 1335) der Schloßkapelle in Mauterndorf ist David mit dem Harfenattribut abgebildet, desgleichen unter dem Christus-Salomo in der böhmischen Initialminiatur des Liber Viaticus des → Johannes v. Neumarkt (Prag, Nat. Bibl., Cod. XIII A. 12, um 1360). Zusammen mit den Personifikationen der Bonitas, Pietas und Castitas erscheint David mit König Caspar und Salomo (Ende 14. Jh.) im Glasfenster des südlichen Querhauses im Dom zu Augsburg. Natürlich kommt in solchen Zitaten die davidische Genealogie (Mt 1,17) für Christus aus ᛉ zum Tragen.

Lit.: R. Jaques, Die Ikonographie der Madonna in trono, In: Mitteilungen des Kunsthistorischen Instituts in Florenz 5 (1937/40) 1–57. — C. Michna, Maria als Thron Salomonis. Vorformen, Blüte und Nachwirkung des ma. Bildtypus, Diss., Wien 1950, Nr. 4. 6. 9. 36. — A. Vizkelety, Maria, Thron Salomonis. Bildbeschreibung einer Millstätter Handschrift von 1427 in der Széchényi-Nationalbibliothek von Budapest, In: Carinthia 180 (1990) 275–284.

G. M. Lechner

Tibet. Der Franziskanermissionar Odorico da Pordenone (* zwischen 1265 und 1285/86, † 1331) berührte zwar auf seiner Chinareise (1314/18–1330) T., aber die erste Mission wurde erst 1624 von António d'Andrade (1580–1634) gegründet, ging allerdings schon 1630 wieder zugrunde. Alle Versuche der Jesuiten von Goa und Peking aus blieben ohne Erfolg.

1703 wurde die Mission den Kapuzinern übertragen, die 1702–12 und 1716–45 dort wirkten und in Lhasa Kirchen und Klöster errichteten, aber nur vereinzelte Bekehrungen erzielten. Eine Verfolgung 1742–45 zwang zum Rückzug der Missionare nach Nepal und Nordindien. Seit 1846 wurde T. den Pariser Missionaren (MEP) übertragen. 1854 wurden zwei Missionare ermordet, ein dritter starb 1864 und der letzte Überlebende wurde des Landes verwiesen. Seitdem ist T. ein »missionsloses« Land. Die neueren Versuche waren alle nur in Randzonen T.s.

Eine kleine Elfenbeinmadonna, gefertigt von einem Christen in Tongking, die Jean-Charles Fage (* 6.10.1824 in Ladignac Corrèze, 1845 MEP, 1847 Priester, 1847 nach China, Tibet, dann 1883 nach Yunnan, † 19.8.1888 in Poueul-hao oder Tchao-tong), 17 Jahre auf seinen Missionsreisen durch T. und China mitgeführt hatte, schenkte er am 3.5.1876 in Frankreich an Jules-Etienne Dubernard (* 8.8.1840 in Useel, Corrèze/Tule, † 26.7.1905 in Tsekou oder Atentse ermordet; 1860 MEP, 1864 Priester, 1864 nach T.), der sie unmittelbar als »ND du Tibet« bezeichnete. Sie wurde unter diesen Titel angerufen mit dem Zusatz der Bitte für die Missionare. Seit 1884 fand sie Aufstellung auf dem Hauptaltar der Kapelle der Missionsstation Tsekou. Heute befindet sie sich im Karmel von Lourdes. Die Immaculata-Statue auf der Erdkugel, die mit Engelköpfen geziert ist, steht auf der Mondsichel und tritt mit einem Fuß auf den Schlangenkopf. Sie ist im Stil und in der Art der Goa-Kunst geschnitzt, d.h. die port. Barock-Madonna wird durch den indischen Sari der asiatischen Umwelt angepaßt.

Lit.: A. Launay, Histoire de la Mission du Thibet, Lille 1903. — L. Petech, Die kath. T.-Missionen im 17. und 18. Jh., In: Saeculum 12 (1961) 358–365. — W. Henkel, Versuche einer Missionsgründung in T. Die Apost. Präfektur T. 1703–1821, In: J. Metzler (Hrsg.), Sacrae Congregationis de Propaganda Fide Memoria Rerum. 350 Anni a Servizio delle Missioni 1622–1972, Vol. II: 1700–1815, 1973, 962–975 (Lit.). — J.-Cl. Didelot (Hrsg.), Tibet »Mission impossible«. Letters du Père Etienne-Jules Dubernard, 1990.

H. Rzepkowski

Tibi cordis in altari. Sequenz der zweiten Epoche an ᛉfesten aus fünf Strophenpaaren (Stabat-mater-Strophen), die ganz der Mittlerschaft der GM gewidmet ist: Auch törichte Gebete macht ᛉ Christus angenehm; gäbe es nicht uns Sünder, so wäre sie nicht Mutter eines solchen Sohnes geworden; sollte sie sich der Sünder nicht annehmen, so möge sie erwägen, wozu sie über drei Hierarchien gestellt wurde — hier klingt gleichsam eine Mahnung an, einer Amtspflicht zu gedenken. Die Sequenz, die im 13. Jh. wohl von einem Dominikaner verfaßt wurde, fand weite Verbreitung.

Ausg.: AHMA 54, 422. — Mone II 316. — Kehrein 208.
Lit.: Chevalier 20459.

G. Bernt

Tiburtius van Brussel, OFMCap, * um 1605 in Brüssel, † 1669 in Lier, war musikalischer Mitarbeiter an zwei geistlichen Liederbüchern, die viel Anklang fanden und mehrere Auflagen erfuhren. Weiter erschienen von ihm eine Sammlung mehrstimmiger Litaneien, darunter die »Litaniae seraphicae BMV«.

Lit.: MGG XIII 390. — Grove 812 f.

E. Löwe

Tielt-Winge, Bezirk Löwen, Erzbistum Mechelen-Brüssel. Das wundertätige Bild der sitzenden Madonna mit Kind in T. wird seit vielen Jh.en, bes. in Pestzeiten sowie bei Augen- und Halskrankheiten aufgesucht. Außerdem war T. ein Buß-Pilgerort bei kleinen Verbrechen. Die Gläubigen gingen dreimal um die Kirche und brachten Tierköpfe, Geflügel und Butter als Votivgaben. 1620 besuchten die Erzherzöge Albrecht und Isabella das Heiligtum.

Lit.: H. Maho, La Belgique à Maria, 1927, 498 f. — A. van Oostveld, Het Hageland aan Maria, 1954, 141–143. *J. Philippen*

Tienen, Bezirk Löwen, Erzbistum Mechelen-Brüssel. Die eindrucksvolle Pfarrkirche ULF ten Poel wurde 1327 geweiht. Sie steht auf ehemals sumpfigem Gelände. Als Thierry, der Rektor der Pariser Universität, 1073 auf seinem Weg nach Hause hier vorbei kam, wurde er ermordet und in den Sumpf geworfen. Bei Arbeiten am Fundament der Kirche stieß man auf seinen Leichnam. Daneben sei eine Quelle entsprungen, deren Wasser zahlreiche Kranke geheilt haben soll. Diese Quelle ist noch heute über eine Treppe neben der Kirche erreichbar.

Lit.: F. De Ridder, Geschiedenis van Onze-Lieve-Vrouw ten Poel te T., 1922. — H. Maho, La Belgique à Marie, 1927, 507–509. *J. Philippen*

Tiepolo, Giovanni Battista, * 5. 3. 1696 in Venedig, † 27. 3. 1770 in Madrid, der letzte bedeutende Vertreter der langen Tradition venezianischer Malerei, kam sehr jung in die Lehre zu Gregorio Lazzarini (1655–1730). Danach bildete sich T. selbständig unter den Einflüssen von G. B. Piazzetta und S. Rizzi weiter und unterhielt künstlerische Beziehungen zu F. Bencovich. Schwerpunkt seiner Studien war neben Tintoretto und Tizian v. a. P. Veronese, dessen Werk ihn entscheidend prägte. Ab 1717 taucht sein Name in den Verzeichnissen der venezianischen Malerzunft auf, wahrscheinlich hatte er da schon die Werkstatt Lazzarinis verlassen. 1720–25 arbeitete er hauptsächlich in Venedig, bevor er 1726, bereits als gesuchter Künstler, in Udine seinen ersten größeren Auftrag mit der Ausmalung des erzbischöflichen Palastes und des Domes erhielt. In den 30er Jahren war T. inzwischen so erfolgreich, daß er bei Aufträgen aus Mailand, Bergamo und Venedig das Honorar mitentscheiden konnte.

Zu den ständigen oberital. Arbeiten kamen in den 40er Jahren vermehrt Auslandsaufträge (1743 vom König August III. von Sachsen, 1744 vom Grafen Brühl), die ihn auch als Vermittler für die Ankäufe venezianischer Gemälde fungieren ließen. Im Dezember 1750 schließlich folgte T. der Einladung des Fürstbischofs von Greiffenklau, die Residenz in Würzburg auszumalen. Bei den umfangreichen Freskierungen gingen dem Meister auch seine beiden Söhne Giovanni Domenico und Lorenzo zur Hand, von denen allein Giovanni (1727–1804) eine Nachfolgekarriere als Maler in Oberitalien erlebte.

G. B. Tiepolo, Erziehung Marias, um 1732, Venedig, S. Maria della Fava

Im November 1753 nach Venedig zurückgekehrt knüpfte T. unmittelbar an die rege Produktion seiner Werkstatt an. 1755 wurde der schon längst angesehenste Maler Venedigs gebeten, die Richtlinien der 1750 von der Republik gegründeten »Accademia di Pittura e Scultura« zu entwerfen. Ein Jahr später wählte man ihn zu ihrem ersten Präsidenten. 1759 ernannte man ihn zum außerordentlichen Ehrenmitglied der Akademie in Parma. Es erreichten ihn ehrenvollste Aufträge wie 1760 von König Ludwig XV. von Frankreich, vom Papst aus Rom und von König Georg III. von England. 1761 erfolgte die Einladung König Karls III. nach Madrid, den neuen Königspalast auszumalen (1762–66). Bis zu seinem Tod blieb T. in Madrid, wo er noch zahlreichen anderen Aufträgen nachkam, allerdings unter dem zunehmenden Konkurrenzdruck des Klassizisten Anton Raphael Mengs.

T.s Stil entwickelte sich unter den Einflüssen der venezianischen Tradition des 16. Jh.s. In der Frühzeit der 20er Jahre bemühte er sich, die neuen Fremdeinflüsse zu verarbeiten und an verschiedensten Aufgabenbereichen zu erproben. Er bevorzugte Diagonalkompositionen mit großen Massen bei kräftigen Licht- und Schattenkontrasten; den Figuren eignen gewollte Posen und theatralische Körperwendungen. In den 30er Jahren beginnt mit der Abkehr von der reinen Vordergrundkomposition die Eroberung der Tiefendimension, wobei das Bemühen um starke Raumgliederungen v. a. von Veronese bestimmt ist. Hell erleuchtete Architekturkulissen bilden oft die Rahmung für die neuen großfigurigen Szenerien, die sich durch eine geänderte Körperbildung auszeichnen. Ab den 40er Jahren stellt sich der Maler in seiner eigenständigen Art dar, indem seine Figuren der beherrschende Faktor werden. Die menschlichen Gestalten treten ausgeglichen im Gestus und Ausdruck auf und bewegen sich variantenreich in der fortgeschrittenen Illusion der Fortsetzung des Raumes im Bild. Die Dramatik einer Szene wird vornehmlich durch die seelische Spannung in den Köpfen ausgedrückt. Während der letzten beiden Jahrzehnte verschwinden die Reste der dunklen Farbtonalität des Jh.s gänzlich und weichen einer völligen Durchsichtigkeit der Farben. Die plastischen Formen schweben gewichtslos in den gleichmäßig verteilten Massen und beginnen zum Schluß in das Spielerische des ausklingenden Rokoko hinüberzugleiten.

T.s Schaffen umfaßt Fresken, Ölgemälde, Zeichnungen und Radierungen mit großer Themenvielfalt, darunter auch eine ansehnliche Zahl marian. Darstellungen: Szenen aus dem NT und den Apokryphen (Erziehung der Jungfrau, Verkündigung, Ruhe auf der Flucht, Beschneidung, Anbetung des Kindes, Kreuzigung, Kreuzabnahme, Himmelfahrt) sowie repräsentative Abbildungen (Mysterien, UE, M visionen von Heiligen, M mit dem Kind).

Bei der Einsetzung des Rosenkranzes (Venedig, Gesuati-Kirche, 1737–39) weicht M in der tiefen Raumachse zurück gegenüber dem Hauptereignis auf dem Treppenabsatz, wo der hl. Dominikus den Heiden den Rosenkranz zureicht. Die Translation des Hauses der Verkündigung nach Loreto (Venedig, Scalzi-Kirche, 1745; 1915 zerstört) zeigte, wie die Santa Casa durch eine Himmelsöffnung entschwebt. Auf dem Dach war in starker Untersicht kaum kenntlich die Mutter-Kind-Gruppe plaziert.

T. schuf meist mehrere Kompositionsvorschläge zur Vorlage beim Auftraggeber, wodurch stilistische Entwicklungen komplexer nachzuzeichnen sind. Liegen Beispiele zeitlich sehr weit auseinander, dann vereinfacht sich die Analyse. So ist zwischen der frühen Verkündigung in St. Petersburg (Eremitage, 1720/24) und der späten in Madrid (Sammlung Luna-Villahermosa, 1767–70) ein deutlicher Unterschied in Bildaufbau und Szenenschilderung festzustellen. Im ersten Bild kniet M im rechten Vordergrund an einem Betpult und weicht der auf sie treffenden Himmelserscheinung nach hinten aus. Die vor die linke Brust gehobene Hand drückt die ganze Überraschung aus, die ihr Gesicht weniger deutlich verrät. Der Raum ist erfüllt mit Wolkenspiralen, aus denen der Engel mit verschränkten Armen herabsteigt. Die Architektur ist nur in Resten einer Säule hinter der GM erahnbar, ansonsten verschwindet sie hinter den Wolkenschichten. Ganz anders und sicher unter dem Einfluß der neuen abgeklärten Entwicklung in Spanien interessiert T. das Geschehen im zweiten Bild. Der Innenraum ist klar umrissen, nur durch das Fenster dringt von links eine rauchige Wolke ins Zimmer, in dem sich vor M der Engel auf den Boden geworfen hat. M blickt hier entgegen dem vorigen Beispiel, kaum überrascht, gnädig auf Gabriel herab.

Im Vergleich zu der privat wirkenden Darstellung der Ruhe auf der Flucht (S. Diego/California, Fine Arts Gallery, 1718/20; Padua, SS. Massimo e Osvaldo, 1745; u. a.) konnte T. die Anbetung des Kindes zeremonieller ausgestalten, allerdings mit vielen genrehaften Zügen im Beiwerk. Im Bild von München (Alte Pinakothek, 1753) sitzt M vor einem Marmorblock und hält das nackte Kind vor sich den Weisen entgegen. Links vorne wird die Szene durch einen von rückwärts gesehenen Orientalen in scharlachrotem Gewand gerahmt, der rückwärtige Abschluß geschieht durch ein ruinöses Stallgebäude, das den Blick in den blaßblauen Himmel zu einer Hälfte des Bildes freiläßt.

Bei Kreuzigungs- und Kreuzabnahmeszenen hat T. die Wirkung unterschiedlich verteilter Gruppen und deren Organisation im Raum mittels der Kreuze durchgespielt. Die frühe Kreuzigung in Burano (S. Martino, um 1722) ist breit angelegt, dem die schräg vor dem fast aufgerichteten Mittelkreuz ohnmächtig in den Armen der beiden Begleitpersonen ausgestreckt liegende M entspricht. In der Variante in Holland (Vierhouten, Sammlung Beuningen, um 1750) ist die Ereignisebene enger um das monumental aufragende Kreuz Christi zusammengerückt, wobei M in schräg verkürzter Frontalansicht in den Armen nur einer Begleiterin liegt.

In den Himmelfahrtsdarstellungen kommt T.s Neigung zur Auseinanderlegung von Kompositionsteilen zur Geltung. Das Altarblatt für die Residenzkapelle von Würzburg (1752) folgt zunächst einem Renaissanceschema, wobei die Apostel um den offenen Steinsarkophag mit unterschiedlichen Gesten auf das Geschehen reagieren; M schwebt mit ausgebreiteten Armen von Engeln getragen auf einer Wolke. Die beiden Kompositionseinheiten treten nicht nur räumlich klar auseinander, sondern sind durch die leichte Untersicht quasi auseinandergerissen.

Die meisten M themen bilden kombinierte Szenen mit Anbetungen durch Heilige, die Sacra Conversazione sowie Heiligenvisionen. M ist dabei fast immer höher plaziert als die sie umgebenden Gestalten. Sie sitzt mit dem Kind entweder auf einem Steinthron (Moskau, Puschkin-Mus., 1730/35) oder blickt erhaben unwirklich von einer Wolkenbank über die Köpfe herab (London, Nat. Gallery, um 1735). Diese Distanz zwischen Himmelsvision und nicht stattfindendem Blickkontakt tritt in allen Bildern dieserart auf und wird bei Deckenfresken (Venedig, Gesuati-Kirche, um 1740) durch die starke Untersicht noch mehr dramatisiert. Auf Altarblättern sind solche Themen vornehmlich architektonisch gerahmt (Chicago, Art Institute, 1730/35; u.a.), auch wenn die Wolken- und Lichtvision den Hintergrund zu verdrängen droht (Rom, Sammlung Spalletti-Trivelli, 1750/55; u.a.).

Die intimsten M-bilder sind die relativ wenigen Darstellungen der GM mit dem Kind. Zumeist in Büste gegeben, wie im frühen Beispiel mit dem schlafenden Kind (Venedig, Sammlung Brass, um 1722), rückt T. den Knaben sehr nahe an die Mutter heran. M blickt mit einer Ausnahme (Bergamo, Privatsammlung, 1720/25) schräg nach unten und drückt das Kind in Kopfhöhe gehoben an die Brust. Ganzfigurig und mit bekleidetem Kind gewinnt die Szene höfische Eleganz, die trotz spielerischer Bewegung des Knaben auf dem Arm der Mutter bleibt (Springfield, Mus. of Fine Arts, 1959).

Die Entrücktheit der GM entfaltet T. beim in der Mitte des Jh.s erneut heftig diskutierten Thema der UE. M steht hier kontrapostisch fest auf der Weltkugel und der Schlange und schwebt von Engeln umkreist vor dramatisch bewegten Wolkenbändern. Stets leicht seitlich gewendet faltet sie ihre Hände schräg vor der Brust, ohne die Handflächen aneinanderzulegen und blickt mit halbgeschlossenen Lidern nach unten. Obwohl als Himmelsszene konzipiert, wird eine kaum merkliche Untersicht gewählt, sodaß die himmlische Entrückung weniger mysteriös wirkt. Neben den Mutter-Kind-Gruppen sind diese M-gestalten trotz des Darstellungspathos T.s natürlichste Frauenfiguren (Amiens, Musée de Picardie, 1734/36; Madrid, Prado, 1767/69; London, Sammlung Lord Kinnaird, um 1768). Das trifft auch zu, wenn das Sujet in einen größeren Zusammenhang wie im Deckenfresko »Triumph des Glaubens« in Venedig (S. Maria della Pietà, 1755) eingebettet ist und mehr ihre himmlische Majestät ausdrückt.

Lit.: T. Molmenti, G.B.T., la sua vita e le sue opere, 1909. – E. Sack, G. und Domenico T., ihr Leben und ihre Werke, 1910. – H.W. Hegemann, G.B.T., 1940. – A. Morassi, G.B.T., 1955. – C. Donzelli, Pittori Veneti del Settecento, 1957. – M. Levey, Painting in XVIII. Century Venice, 1959. – A. Morassi, A Complete Catalogue of the Paintings of G.B.T., 1962. – A. Marinz, Giovanni Domenico T., 1971. – M. Precerutti Garberi, G.B.T. Gli Affreschi, 1971. – M. Levey, G.T. His life and art, 1986. – W.L. Barcham, The religious paintings of G.T. Piety and tradition in eighteenth-century Venice, 1989. – G. Brunel, T., 1991. – W.L. Barcham, G.T., 1992. *N. Schmuck*

Tiere. Unter den vielen M-sinnbildern aus dem Bereich der Natur (vgl. → Bäume, → Blumen, → Edelsteine, → Mineralien) zeichnen sich die Tiersymbole durch besondere Vielfalt aus. Dies liegt in der Mehrdeutigkeit von Tiersymbolen im allgemeinen begründet. Das Tier, das dem Menschen einerseits in seiner Reaktions- und Bewegungsfähigkeit als das Verwandte, andererseits als das Geheimnisvolle, Andersartige erscheint, hat den Menschen seit jeher begleitet und beschäftigt. Das Schillernde an der Mensch-Tier-Beziehung spiegelt sich in den Bemühungen des Menschen über die Jahrtausende, dem Wesen des bald als Gott, bald als Dämon gedeuteten Tieres nachzuspüren. In den Deutungen schlagen sich u.a. kosmologische Anschauungen, alltägliche Erfahrungen und naturwissenschaftliche Beobachtungen nieder. Der Symbolwert des jeweiligen Tieres ist manchmal aus dessen Aussehen oder Verhalten abzuleiten, manchmal aus rel. Praktiken (Reinheitsvorschriften im AT, Verwendung als Opfer- oder Aurientier). Die in der Bibel spürbare Ambivalenz gegenüber dem Tier setzt sich in der christl. Versinnbildlichung fort. Ein und dasselbe Tier kann Positives wie auch Negatives verkörpern, je nachdem man seine Kraft und Geschicklichkeit als bewundernswert oder bedrohlich empfindet. Der Löwe beispielsweise ist nach Offb 5,5 ein Zeichen der Herrlichkeit Christi, dagegen nach Ps 22,22 eine feindliche Macht. Die Sinnbilder sind auch zeitlichen Verschiebungen unterworfen. So ist der Adler, in der Mythologie vieler vor- und nichtchristl. Kulturen Sonnensymbol und Feind der → Schlange, der chthonischen Macht, in frühchristl. Zeit Gleichnis des auferstandenen Christus, des »sol invictus«. Im MA wird der Adler, wie viele andere Christussymbole aus dem Tierbereich (u.a. die wichtige Symbolgruppe → Einhorn, → Löwe, → Pelikan, → Phönix) auch marian. gedeutet: M ist ein Adler der Tugend (→ Frauenlob, Marienleich 12,37). Wie der Adler König der Vögel ist, so ist M Königin der Engel; wie der Adler die anderen Vögel übertrifft durch seinen Höhenflug und seine Fähigkeit, in die Sonne zu schauen, so übertrifft M alle anderen Heiligen durch den Höhenflug geistiger Betrachtung und ihre Kontemplation der Sonne der Gerechtigkeit, ihres Sohnes (→ Richard v. St. Laurentius, De Laudibus B.M. XII 7,2). In der barocken Emblematik wird der Höhenflug des Adlers auch zum Bild der Himmelfahrt M-e. Die Übertragung christol. Tiersymbole auf M und das Schaffen zahlreicher neuer Sinnbilder aus Tierlegende und -sage sind für die marian. Frömmigkeit des späteren MA bezeichnende Erscheinungen. Die dem jeweiligen Tier zugeschriebenen Eigenschaften, die zum Vergleich mit M verwendet werden, entstammen hauptsächlich dem → Physiologus, den Enzyklopädien und den Bestiarien, eben den Hauptquellen des zeitgenössischen »Popularwissens« über T., in denen zum großen Teil die Naturlehre der heidnischen Antike weiterlebt. Diese Quellen selbst kennen allerdings keine marian. Analogien. Die Bestiarien erwähnen M kaum, der Physiologus nur gelegentlich im Kontext der Inkarnation Christi.

Die in der geistlichen Lit. des MA herausgebildeten ⓜvergleiche ergeben sich aus vermeintlichen Eigenschaften, die oft auf antike Tierkunde zurückgehen. Danach ist z. B. der → Elephant bes. enthaltsam (Plinius, Nat. hist. VIII 13), der → Salamander bleibt unversehrt im Feuer und löscht Glut durch seine Kälte (Plinius X 188), → Geier werden vom Wind befruchtet (RAC 432), Bienen begatten sich nicht, sondern sammeln ihre Brut aus Blüten (Vergil, Georgica IV 197 f.). Solche Eigenschaften liefern Parallelen zur Keuschheit und zur unversehrten Jungfräulichkeit der GM. Eine weitere Assoziation ergibt sich in Anspielung auf Gen 3,15 aus der Feindschaft bestimmter T. — Adler, Elephant, Wiesel, Ichneumon, Storch — mit der Schlange (Plinius VIII 32 ff. 88; X 17. 62; vgl. Salzer, Register). Auch die Schönheit, Erhabenheit und Tugenden ⓜs werden durch Tiergleichnisse charakterisiert. Sie ist einzigartig wie der Phönix, in ihrer Barmherzigkeit gleicht sie der → Taube mit dem → Ölzweig des Friedens (Gen 7,11), in ihrer Liebe der Taube (Braut) des Hohenliedes, ihre vielen Tugenden sind wie die vielen Farben des Panthers (Salzer, Register).

Die Versinnbildlichung von Tugenden — und auch Lastern — durch T. entspricht einem Weltbild, in dem die Schöpfung als Ganzes, als unzerteilbares System von Korrespondenzen begriffen wird. Physiologus und Bestiarium sind letztlich eher geistliche Lehrbücher als naturwissenschaftliche Berichte. Danach erfüllt jedes Wesen den ihm von Gott zugeordneten Platz. Die T. sind nicht bloß als Nutzwesen zum Dienst des Menschen und zu seinem körperlichen Wohlgefallen geschaffen worden, sondern — im Bestiarium ausdrücklich — damit sie durch ihre besonderen Eigenschaften und durch ihr Verhalten die Menschen belehren und zu Gott hinführen sollen. Dieses Einbinden in ein ganzheitliches, von Gott gewolltes System sicherte dem Tier wenigstens ideel einen höheren ethischen Wert als die bloßen nutznießerischen Überlegungen der Neuzeit.

Das → Defensorium enthält mehrere Exempla aus dem Bereich der Tiersage. Ein näherer Bezug zum Grundthema der unversehrten Jungfräulichkeit ⓜs ist nur gelegentlich vorhanden. Öfters genügt lediglich die Vorstellung der Prodigie, die das Naturgesetz übertritt, als »Beweis« für das Wunder der Jungfrauengeburt. Zu den häufigsten Tiergleichnissen, die in wichtigen Quellen des Defensoriums abgebildet sind, zählen: Stuten in Kappadokien, die vom Wind trächtig werden, ein sprechender Stier bzw. Ochse, der Rom während des Zweiten Punischen Krieges warnt, von Tau befruchtete Muscheln, die Perlen erzeugen, → Bärin, → Bonofa, → Carabas, → Carista, → Charadrius, → Eisvogel, → Papagei, → Strauß und die oben erwähnte Symbolgruppe mit Einhorn, Löwe, Pelikan und Phönix.

Verschiedene Möglichkeiten der Tierdarstellung und -deutung ergeben sich auch bei Narrativthemen der Kindheit Jesu. Von frühchristl. Zeit an sind Ochs und Esel an der Krippe zu Betlehem ein festes Motiv in Darstellungen der Geburt Christi. Die T. werden im → Ps.-Matthäus-Evangelium bezogen auf Jes 1,3: »Der Ochse kennt seinen Besitzer und der Esel die Krippe seines Herrn«, und Hab 3,2: »Zwischen zwei Tieren wirst du erkannt« (NTApo I 367). Geläufig war auch im MA die patristische Deutung von Ochs und Esel als Vertreter des Judentums und des Heidentums. Ebenfalls aus dem Ps.-Matthäus-Evangelium stammt die Schilderung der wilden T., die die Hl. Familie auf der → Flucht nach Ägypten ehrfurchtsvoll und dienstfertig geleiten. Leoparden, Löwen und Wölfe gehen friedlich einher neben den Haustieren — Ochsen, Eseln, Böcken und Schafen, — welche die Hl. Familie aus Judäa herführt; den Zugochsen weisen die Löwen den Weg durch die Wüste (NTApo I 367 f.). Hier erfüllt sich die alte Vision vom Tierfrieden als Zeichen der Zurückführung der Schöpfung in den Zustand der Harmonie, ausgedrückt in der messianischen Prophetie des Jesajas: »Dann wohnt der Wolf beim Lamm,/ der Panther liegt beim Böcklein./ Kalb und Löwe weiden zusammen,/ ein kleiner Knabe kann sie hüten./ Kuh und Bärin freunden sich an,/ ihre Jungen liegen beieinander./ Der Löwe frißt Stroh wie das Rind« (Jes 11,6–8; 65,25). Auch die heidnische Antike kannte die Vorstellung des Tierfriedens in der Geschichte des musizierenden Orpheus. Die Legende des Tiergeleits bei der Flucht wurde weiter ausgeschmückt in der Lit. des MA (»Vita B. V. Mariae et Salvatoris rhythmica«, »Marienleben« Wernhers des Schweizers, »Marienleben« des Walther v. Rheinau), blieb aber ohne Auswirkung auf die bildende Kunst. Außer dem Esel, dem Reittier ⓜs, werden nur gelegentlich einige Haus- bzw. Nutztiere dargestellt. Dafür entwickelt sich im frühen 15. Jh. der Zug der Hll. Drei Könige zur Anbetung des Kindes in Betlehem zum faszinierenden Tierspektakel, dessen Pracht und Mannigfaltigkeit z. T. tatsächliche Gepflogenheiten und den Besitzstand zeitgenössischer Hofmenagerien widerspiegeln. Zur Kavalkade der Magier gehören Kamele, Elephanten, Pferde, Affen, Geparde, Falken und Jagdhunde (Miniaturen der Gebrüder Limburg aus den Très Riches Heures des Herzogs v. Berry; Altarbilder von → Gentile da Fabriano, → Stefano da Verona u. a.). Solche Darstellungen erinnern an die Berichte von den großen Menagerien, die Kaiser Friedrich II. auf seinen Reisen zu begleiten pflegten: Z. B. kam er 1231 in Ravenna an mit Elephanten, Dromedaren, Kamelen, Panthern, Gerfalken, Löwen, Leoparden, weißen Falken und Eulen, 1245 in Verona mit einem Elephanten, fünf Leoparden und 24 Kamelen.

Zugleich sind die Darstellungen der Magierzüge im Sinne der Apokryphen des Tiergeleits

A. Dürer, Maria mit den vielen Tieren, um 1503, Wien, Albertina

zu deuten: Die ganze Schöpfung ist präsent in ihrer Mannigfaltigkeit und herrlichen Schönheit, um dem Schöpfer und seiner Mutter zu huldigen. In die Darstellungen der Gebrüder Limburg und Gentiles fließen die Ergebnisse jener Tierstudien nach der Natur ein, die v. a. in Norditalien in den Jahrzehnten vor und nach 1400 in Musterbuchsammlungen belegt sind und das Aufblühen eines neuen, empirischen Zugangs zur Natur dokumentieren. Ein reger Austausch von Musterstudien ist nachweisbar, Traditionsketten bestimmter Tiermotive lassen sich durch die ital. Malerei des Quattrocento hindurch verfolgen (→ Pisanello, → Uccello).

Fortgesetzt wird das Anliegen präziser Naturschilderung in Albrecht Dürers »Maria mit den vielen Tieren«, die in zwei ausgearbeiteten Fassungen existiert (Federzeichnung in Paris, Louvre; aquarellierte Federzeichnung in Wien, Albertina; beide 1503/04). M thront mit dem Kind auf einer Bank im Vordergrund, umgeben von einer Fülle von Pflanzen, Tieren, Vögeln und Insekten, die teils durch traditionelle Symbolbezüge, teils durch Dürers persönliche naturwissenschaftliche Interessen bestimmt sind. In der aquarellierten Fassung finden sich u. a. Storch, → Schwan, Specht und, unmittelbar neben M, der Papagei, der prophetische Vogel des »Ave«; Hirschkäfer (nach Plinius XI 97 in der Antike ein Atropopaion) und → Schnecke kriechen auf der Erde, Libellen flattern darüber, Frosch und Krebs vertreten die Wassertiere. Im Vordergrund liegt ein Hund. Auch Negativsinnbilder fehlen nicht; diese erscheinen aber wie durch Gegenkräfte gebannt. So überragt die Heilpflanze Stockrose die Verstecke der Eulen, die als Wesen der Dunkelheit und des Unheils galten. Der Fuchs, wie der → Affe in Dürers Kupferstich der »Madonna mit der Meerkatze«, ist an einer Leine gebunden und damit unschädlich gemacht. Das Bild der »Maria mit den vielen Tieren« scheint sehr beliebt gewesen zu sein. Noch etwa ein Jh. nach seiner Entstehung wurde Dürers aquarelliertes Blatt, das damals im Besitz Kaiser Rudolfs II. war, von Egidius Sadeler in Kupferstich reproduziert. Jan Brueghel malte danach ein Ölbild (Rom, Gall. Doria Pamphilj, um 1604).

Lit.: Salzer, Register. — E. P. Evans, Animal Symbolism in Ecclesiastical Architecture, 1896. — J. Ziegler, Ochse und Esel an der Krippe, In: MThZ 3/4 (1952) 385–402. — T. H. White, The Bestiary. A book of beasts, 1954. — F. Klinender, Animals in art and thought of the Middle Ages, 1971. — N. Henkel, Studien zum Physiologus im MA, 1976. — K. Clark, Animals and Men. Their relationship as reflected in Western art from prehistory to the present day, 1977. — P. Michel, Tiere als Symbol und Ornament, 1979. — F. Unterkircher, Tiere Glaube Aberglaube, 1986. — Ders., Bestiarium. Die Texte der Handschrift MS Ashmole 1511 der Bodleian Library Oxford in lat. und dt. Sprache, 1986. — W. B. Clark und M. T. McMunn (Hrsg.), Beasts and Birds of the Middle Ages, 1989 (Lit.). — W. A. Schulze, Fehlinterpretationen der Kindheitsgeschichte Jesu, In: Mün. 44 (1991) 291–298. — C. Eisler, Dürer's Animals, 1991, bes. 31–55. —LCI III 339; IV 315–320. *G. Nitz*

Tijssen, Ludovicus Petrus Hubertus Jozef, * 2.11.1865 in Wessem, †20.2.1929 in Sittard, studierte in Rolduc bei Kerkrade Phil. (1882–85) und im Priesterseminar in Roermond Theol. (1886–88), wo er am 6.4.1889 zum Priester geweiht wurde. Er wurde Präfekt und Lehrer in Niederländisch und Latein (1888–1911) zu Rolduc, dann Pfarrer in Susteren (1911–19) sowie Pfarrer und Dechant in Sittard (1919–29).

Seine pastorale Tätigkeit zeichnet sich aus durch Gebet, Opferbereitschaft (»Wo Leiden ist, muß man froh sein, denn dort ist Gott.«, Schreurs 135) und eine sehr konkrete, mit den Menschen mitfühlende christl. Liebespraxis, die bes. Armen das Letzte gab, so daß er bei seinem Tode nur 2.50 Gulden besaß.

T.s Spiritualität war eucharistisch und marian. geprägt. Er hatte eine große Herz-Jesu- und Herz-Me-Verehrung. Seine Berufung zum Priestertum verdankte er nach eigener Aussage der Mutter Gottes von Thorn. In Rolduc ging er den Rosenkranz betend durch die Korridore und zwischen den Studenten auf dem Spielplatz und in Susteren zu den Kranken. Er sammelte die Kinder einer kranken Mutter um sich und betete mit ihnen den Rosenkranz. Als er zum Pfarrer und Dechant von Sittard ernannt war, machte er sich zu Fuß auf den Weg in seine neue Pfarrei, wobei er in der einen Hand das Brevier und in der anderen den Rosenkranz trug, den er täglich drei Mal zu beten pflegte, einmal mit seinen Hausgenossen. — Die offiziellen Vorbereitungen zu T.s Seligsprechung wurden in Roermond (1955–60) und in Rom (1976–79) durchgeführt.

Lit.: J. Schreurs, Pastoor-Deken T. van Sittard. De man met de rozenkrans, 1957. — M. Gemmeke, Deken T., In: Katholiek Archief 15 (1960) 971–974. — P. Penning de Vries, Deken T., 1978. — AAS 68 (1976) 582–585. *P. W. F. M. Hamans*

Tilly, Johann Tserclaes Graf v., Feldherr, * Februar 1559 auf Schloß Tilly (Belgien), †30.4.1632 in Ingolstadt. Nach seiner militärischen Ausbildung trat er in den Dienst Spaniens und des Kaisers. 1610 wurde er Feldherr der Truppen der Kath. Liga, die er bis zu seinem Tode befehligte. Am 20.5.1620 eroberte er Magdeburg. Die Krönung seiner militärischen Laufbahn war der Sieg über Friedrich V. von der Pfalz am 8.11.1620 am Weißen Berg bei Prag. Anschließend eroberte er Nordwestdeutschland, schlug am 27.8.1626 bei Lutter König Christian von Dänemark und besetzte Holstein und Schleswig. Im November 1630 übernahm er den Oberbefehl über die vereinigten kaiserlichen Truppen und die der Liga. Am 17.9.1631 wurde er bei Breitenfeld von Gustav II. Adolf geschlagen. Als er den Übergang der Schweden über den Lech bei Rain verhindern wollte, wurde er 1632 schwer verwundet und starb zwei Wochen später.

T. war ein großer Mverehrer, wallfahrtete verschiedentlich nach →Altötting und führte das Bild der GM bei seinen Feldzügen mit sich. Im März 1624 betete er drei Tage in Altötting und schenkte für den Maltar ein mit Edelsteinen geschmücktes Kleinod, das er von der Erzherzogin Isabella erhalten hatte. Bevor er 1630 den Oberbefehl über die kaiserlichen Truppen übernahm, wallfahrtete er wiederum nach Altötting, das er auch als seine letzte Ruhestätte bestimmte. Sein Leichnam wurde dorthin überführt (Tilly-Kapelle).

Lit.: G. Gilardone, T. der Heilige im Harnisch, 1932. — A. König, Weihegaben an ULF von Altötting II, 1940, 176–181. — K. Repgen, Die röm. Kurie und der Westfälische Friede I, 1962. — F. Neuer-Landfried, Die Kath. Liga, 1968. — R. Bauer, Altötting. Bayer. Wallfahrt, ²1980. — A. Kraus, Geschichte Bayerns, 1983, 238–247. — G. Sanson de Gérard, Der unerschrockene Feldmarschall, 1984. — B. Rill, T. Feldherr für Kaiser und Reich, 1984. — A. Kraus, Maximilian I. von Bayern, 1990. — A. Schröer, Vatikanische Dokumente zur Geschichte der Reformation und der Kath. Erneuerung in Westfalen, 1993, 278 f. 282. *R. Bäumer*

Tilo v. Kulm, Deutschordensdichter (→ Deutscher Orden), Autor der mhd. Dichtung »Von siben ingesigeln« (6284 Verse), ist 1324 und 1328 als Domherr des ermländischen Kapitels und 1352/53 als Mitglied des dem Dt. Orden inkorporierten Kapitels von Samland urkundlich nachweisbar. In der lat. Schlußschrift der einzigen erhaltenen Handschrift seiner Dichtung wird er »magister Tilo de Culmine« genannt. T. schloß das Werk am 8.5.1331 ab, gibt an, es zu Ehren des Hochmeisters des Dt. Ordens, Luder v. Braunschweig, gedichtet zu haben. Luder, Hochmeister 1331-35, war ein bedeutender Förderer und Anreger geistlicher Literatur des Dt. Ordens und verfaßte auch selbst deutschsprachige Verswerke, u.a. eine → Legende der hl. Barbara. Bei der einzigen Handschrift von T.s »Von siben ingesigeln«, die früher in Königsberg aufbewahrt wurde (jetzt: Toruń, Biblioteka Główna UMK, Rps 6/I), handelt es sich wohl um das Widmungsexemplar für Luder, das nach Diktat des Dichters angefertigt und von diesem durchkorrigiert wurde.

Im Prolog (V. 1-222) ruft T. nach der üblichen Bitte um die Hilfe Gottes bei der Vollendung seines Werkes auch ₥ um ihren Beistand an (»Mait Maria, edele vrucht, gotlicher Gotes schenke, mir mine sinne lenke uf di rechte straze dan« [V. 56-59]) und erklärt, er habe sein Gedicht für die Ritter ₥s, den Dt. Orden geschrieben (»Wen ich wil iz, vrowe gut, schenken dinem eden vrut, ich mein den rittern, dinen kint, di von dem duschen huse sint genennet und gemezzen, in Prusenlant gesezzen« [V. 69-74]). Sowohl im Prolog (V. 65 f. 115-118) als auch in den einleitenden Versen zum Hauptteil (V. 1124-26) betont er, daß er zum Lob der GM und ihres Sohnes dichte; mit einem Lobpreis der Trinität und ₥s beschließt er die Dichtung (V. 6257-84). Diese Stellen zeigen die Bedeutung, die T. der Verehrung ₥s, der Schutzpatronin des Ordens, zumißt, ebenso wie der Inhalt seiner Dichtung, der an selbständigen, von den Quellen unabhängigen Partien, in der Hauptsache nur solche über ₥ enthält. Obwohl nur z. T. ₥dichtung, darf T.s »Von siben ingesigeln« doch als das — neben dem → »Passional« und → Philipps v. Seitz »Marienleben« — bedeutendste lit. Denkmal für die MV im Dt. Orden gelten.

Als Quelle für den einleitenden Teil (V. 123-1120), eine großangelegte allegorische Dichtung über den Erlösungsbeschluß und die Inkarnation, kommt nur der sog. »Scheyerner Rhythmus von der Erlösung« (vgl. VL² VIII 659-661) in Frage, ein wahrscheinlich im 13. Jh. entstandenes lat. Gedicht in 58 Vagantenstrophen; nur in diesem »Rhythmus« sind genau wie bei T. drei Typen geistlicher Allegorie miteinander verbunden: der Streit der (zwei statt der üblichen vier) Töchter Gottes, die Hochzeit des Gottessohns mit seiner irdischen Braut und das Streitgedicht zwischen Ratio (vertreten durch arianischen Ketzer) und Fides über die Geburt aus der Jungfrau und die Trinität. T.s Darstellung deckt sich in ihrem Aufbau mit dem »Rhythmus« und gibt diesen auch vielfach wörtlich wieder. Die auffälligsten Abweichungen T.s resultieren aus seiner mariol. Deutung der allegorischen Hochzeit. Während der »Rhythmus« es in der Schwebe läßt, ob mit der »sponsa« die Ecclesia oder ₥ gemeint ist, setzt T. die Braut ausdrücklich mit ₥ gleich, wie sich deutlich in zwei Abschnitten zeigt, die kein Vorbild in der lat. Quelle haben: In der ersten Partie (V. 747-774) wird u.a. erklärt, daß sich weder ein Engel noch ein Mensch zur Erlösungstat eignete, sondern nur jemand, der zugleich Gott und Mensch war; deshalb habe der Gottessohn die menschliche Natur »in eyner meide bruste« angenommen. In dem zweiten Zusatz (V. 850-882) beschreibt T. das Wunder der Inkarnation und die Geburt aus der Jungfrau: Bei der Hochzeit floß der himmlische Tau in die → Rose von Jericho, Gott kam wie ein Regen mit »ave, suzem worte« in das »reine vaz«, in die goldene Pforte (→ Porta aurea), die immer verschlossen blieb. Ohne Schmerzen gebar die »mait Marie« den »dritten uz der drye«, den wahren Gott und den wahren Menschen.

Im Hauptteil (V. 1121-6256) behandelt T. die wichtigsten Heilstatsachen des Neuen Bundes, die mit den sieben Siegeln des apokalyptischen Buches (Offb 5) identifiziert werden: Menschwerdung, Taufe, Passion, Auferstehung, Himmelfahrt Christi, Herabkunft des Hl. Geistes und Jüngstes Gericht. Als Quelle benutzte er den anonymen »Libellus septem sigillorum«. T. gibt nur eine Auswahlübersetzung dieses umfangreichen theol. Traktats; von dessen insgesamt 135 Kapiteln zieht er nur ca. 50 heran, hauptsächlich die am Anfang der einzelnen »sigilla« stehenden Abschnitte.

Im ersten Siegel (V. 1121-3030), das fast ein Drittel der gesamten Dichtung einnimmt, verhält sich T. am freiesten gegenüber seiner Quelle; nur hier finden sich größere eigenständige Zusätze, v. a. Partien über ₥. Ein umfangreicher Abschnitt ist den atl. Präfigurationen (»figuren manicvalt« und »prophecien clug«) für die Inkarnation des Gottessohns in der Jungfrau gewidmet (1351-1970): ₥ ist die neue Sara, die Frau Abrahams, die dieser in Ägypten als seine Schwester ausgab (Gen 12); der Thron Salomos (1 Kön 10,18); der Nußgarten, in den »der Heilant« hinabstieg (Hld 6,10); der von Moses geschaute Dornbusch, der von der Flamme Christus nicht verbrannt wird (Ex 3,2); Aarons blühender Stab, in dem sich der Mandelkern Christus befindet (Num 17,8); die Bundeslade (»gelubdis arke«), in welcher der »guldine eimer« mit dem lebenden Himmelsbrot aufbewahrt wird (Hebr 9,4).

Diese nur teilweise von der Quelle vorgegebenen atl. Typen werden nicht nur aufgeführt, sondern unter Verwendung einer Vielzahl von weiteren M symbolen und -epitheta ausführlich gedeutet und erklärt.

Mit Nachdruck weist T. auf die Kraft der Fürsprache Ms bei ihrem Sohn hin. Nach der typologischen Ausdeutung der Bundeslade, die das Volk vor den Feinden schütze und eine Arznei gegen alle Wunden sei, flicht er einen Exkurs über die »muter wol gemeit aller barmeherczekeit« ein. Er läßt M selbst die Macht ihrer Hilfe für die Menschen rühmen: Sie vergleicht sich mit einer grünen Linde, unter der man Schutz vor der Hitze finden könne; ihre »vrucht, der mandilkern« werde den Menschen mit kühlem Wein laben, der »uz der lebnden trubeln myn« gepreßt sei (1686–1796). Als atl. Vorbild für M als »cluge sunerinne« und »vil reine mitlerinne« zwischen Mensch und Gott dient die Geschichte von Abigail (Sam 25), die den Zorn des Königs David gegen ihren Mann, den Toren Nabal, besänftigte (V. 1323–50).

Ausführlich geht T. auch auf die Demut Ms ein (V. 1971–2132, 2531–50), die er — ausgehend von Lk 1,48 — als ihre (neben dem »magetum«) hervorragendste Tugend preist. Die Demut, personifiziert als »ver (mhd. »vrouwe«) Demut«, habe Gott v. a. zur Menschwerdung veranlaßt. In der Demut seien alle anderen Tugenden enthalten, sie sei »eyn kunigin«, »eyn mørderin der sunden«, »eyn houbt der gerechtekeit«, »der sieten wechterinne«.

T.s Stil, der von Rudolf v. Ems, → Konrad v. Würzburg und → Frauenlob, aber auch von der Deutschordensdichtung, v. a. dem »Passional«, beeinflußt ist, nähert sich der sog. geblümten Rede; T. liebt überraschende ungewöhnliche Wendungen, negative Versicherungen, Genitivumschreibungen, Spiele mit Wortstämmen und Worten. Seine Sprache enthält eine reiche Fülle an anschaulichen Bildern und Vergleichen, darunter an Bildern für M, die überwiegend auch schon bei Frauenlob vorkommen: »suzez himel cleit«, »balzem schrin«, »der rieche sark und daz guldin balsem vaz«, »Gotes nwe arke«, »rose sunder dorn«, »rosen garten czart«, »clar lilge schøn ensprungen«, »czweir blumen vullemunt«, »der bernde grunt«, »ein ursprinc aller salden«.

Ausg.: T.s v. K. Gedicht Von siben Ingesigeln, aus der Königsberger Handschrift, hrsg. von K. Kochendörffer, Berlin 1907.
Lit.: G. Reissmann, T.s v. Culm Gedicht Von siben Ingesigeln, Berlin 1910. — W. Holz, Ist die mitteldt. poetische Hiobparaphrase ein Werk des T. v. K?, Diss. masch., Frankfurt a. M. 1923. — K. Helm und W. Ziesemer, Die Literatur des Dt. Ritterordens, 1951, 107–111. — H. de Boor, Die dt. Literatur im späten MA, 1. Teil 1250–1350, 1962, ⁴1973, 509–512. — E. J. Mäder, Der Streit der »Töchter Gottes«. Zur Geschichte eines allegorischen Motivs, 1971, 33–36 (zum »Scheyerner Rhythmus«, ohne Erwähnung T.s). — Ausst.-Kat., 800 Jahre Dt. Orden, Nürnberg 1990, 100 f. — R. Plate, Zum Verbleib ma. dt. Handschriften der ehemaligen Königsberger Bibliotheken, In: Berichte und Forschungen. Jahrbuch des Bundesinstituts für ostdt. Kultur und Geschichte 1 (1993) 93–111, bes. 100 f. — VL¹ IV 473–478. — LL XI 373 f.   *W. J. Hoffmann*

Timmermans (Leopoldus Maximilianus) Felix, (süd-)niederländischer Dichter, * 5. 7. 1886 in Lier, †24. 1. 1947 ebd., verließ die höhere Schule ohne Abschluß und durchlief eine Zeichenausbildung, war anschließend im väterlichen Kurzwarengeschäft tätig, bis er selber einen Laden eröffnete, lebte dann aber bald als freier Schriftsteller. Da er während des Ersten Weltkrieges aus flämisch-nat. Gesinnung mit den Deutschen zusammengearbeitet hatte, floh er 1918 in die Niederlande, wo er fast zwei Jahre lebte. Hier kam es zu einer Auseinandersetzung über den Roman »Pallieter« (1916), den der niederländische Episkopat als zu freizügig ansah. Dieses Werk sowie die Romane und Erzählungen, die danach in rascher Abfolge erschienen, »De Zeer Schoone Uren van Juffrouw Symforosa, Begijntjen« (1918), »Anna-Marie« (1921), »Mijnheer Pirroen« (1922), »Driekoningen-tryptiek« (1923), »De Pastoor uit den Bloeyenden Wijngaerdt« (1923) u. a., lassen T. zunehmend zum flämischen Volkserzähler werden. Aus seinen Schriften spricht zumeist eine selbstverständliche, manchmal etwas naive Gläubigkeit und eine einfache Frömmigkeit, die ihren Halt finden in den Traditionen, in denen auch T. selber wurzelte. Gerade diese Volksverbundenheit und sein Einsatz für die flämische Emanzipation führten mit dazu, daß T. nach dem Zweiten Weltkrieg eine zu enge Zusammenarbeit mit der dt. Besatzungsmacht vorgeworfen wurde und er, damals bereits schwer krank, nur knapp der Verhaftung und einem Prozeß entgehen konnte. Fast alle Bücher T.' wurden kurz nach ihrem Erscheinen ins Dt. übersetzt und fanden v. a. in den 30er und frühen 40er Jahren, aber auch später noch, in Deutschland viel Anklang.

T.' marian. Frömmigkeit tritt bes. in dem Roman »Het Kindeken Jezus in Vlaanderen« (1917) zutage, der das Weihnachtsgeschehen und die Jugend Jesu in einem durchaus anachronistischen Verfahren nach Flandern verlegt. M erscheint hier als junges flämisches Mädchen vom Lande und als flämische Mutter und Hausfrau. Gerade die ungewohnte Einbettung der vertrauten Geschichte und die anschauliche Sprache machen den besonderen Reiz des Werkes aus. Für das geistliche Spiel »O. L. Vrouw in de doornkens« (1927), in dem M als Maienkönigin erscheint und als »Maria im Dornbusch« Wunder wirkt, griff T. auf eine franz. Vorlage von Henri Ghéon zurück.

Lit.: J. de Ceulaer, Kroniek van F. T. 1886–1947, 1972. — I. Dom, F. T., de Pelgrim, 1986.   *G. van Gemert*

Tinctoris, Johannes, * um 1435 in Nivelles (Brabant), †wohl vor dem 12. 10. 1511 in Neapel, studierte an der Universität von Löwen (?) Rechtswissenschaft und die freien Künste, war 1460 als Sänger unter Dufay tätig, danach als Magister an der Kathedrale von Chartres, 1471—74 Kapellmeister in Neapel und Musikerzieher der Prinzessin Beatrix, der späteren Königin von Ungarn.

T. gilt als einer der bedeutendsten und einflußreichsten Musikschriftsteller und Musiklehrer seiner Zeit. Neben seinen 12 musikwissenschaftlichen Traktaten (darunter »Diffinitorium Terminorum Musicae«) sind 5 Meßkompositionen, Chansons, Lamentationes, 2 Motetten erhalten, darunter »Virgo Dei throno digna« und ein 3-stimmiges »O virgo miserere mei«.

Lit.: W. E. Melin, The Music of J. T., Diss., Ohio 1979. — MGG XIII 418–425. — Grove XVIII 837–840. — DMM VIII 43 f.

E. Löwe

Tindari, das alte Tyndaris der Griechen, von Cicero »nobilisima civitas« genannt, an der Nordküste Siziliens, seit dem 5. Jh. Sitz eines Bischofs, wurde zu einem nicht mehr bekannten Zeitpunkt völlig zerstört. Bei den Ruinen entstand spätestens im 16. Jh. in prächtiger Lage ein ᛜheiligtum, auf dessen Hochaltar sich heute das Gnadenbild der »Madonna Nera«, einer sitzenden ᛜ mit Kind (8./9. Jh. ?) befindet, die 1940 feierlich mit einem Diadem geschmückt wurde. Nach der Legende sei ein Schiff mit dem Bild an Bord zur Zeit des Bildersturms aus dem Orient (bzw. aus Byzanz) an dem Felsvorsprung unterhalb des Heiligtums vorbeigekommen und habe erst weiterfahren können, als das Bild abgeladen war. Nach einer anderen Legende habe die GM einer über die schwarze Farbe des Gnadenbildes enttäuschten Mutter geantwortet »Niger sum, sed formosa«. Als das Kind dieser Mutter später den Sturz von einer Klippe unversehrt überstand, habe man dies als Gnadenerweis ᛜs gewertet. Das von den Sizilianern »Bedda Matri« (»erhabene Mutter«) genannte Gnadenbild wird u. a. besungen mit den Versen: »O Madre del Tindari,/ Sei bruna, ma bella:/ Sei lucida stella/ Del torbido mar!« Hauptwallfahrtstag an dem vielbesuchten Gnadenort ist der 8. September.

Lit.: Bonomo 266–268. — D. Marcucci, Santuari mariani d'Italia, 1982, 89–94. — H. Scharf, Sizilien, 1986, 92–94.

F. Trenner

Tinel, Pierre-Joseph-Edgar, * 27. 3. 1854 in Sinay, † 28. 10. 1912 in Brüssel, gilt als Reformer der belgischen KM. Seine Kompositionen stehen in der Tradition J. S. Bachs und der klassischen Romantiker, weisen aber auch neue Elemente auf, wie z. B. das Chorrezitativ in den Oratorien.

T. erhielt seine musikalische Ausbildung am Conservatoire royal de musique in Brüssel, war danach als Klaviervirtuose auch im Ausland tätig und wandte sich dann dem Komponieren zu. 1881 wurde er Direktor der KM-Schule Mecheln, war Mitarbeiter der Société de Saint-Grégoire, 1889 Inspektor der Musikerziehung in Belgien, 1896 Prof. für Kontrapunkt und Fuge am Conservatoire royal de musique in Brüssel, dessen Direktor er 1909 wurde. 1910 erfolgte seine Ernennung zum »maître de chapelle du Roi«.

Neben Opern, Oratorien (»Franciscus«), Orchester- und Instrumentalwerken, schrieb er ein Te Deum und die »Missa in honorem B. M. Virginis de Lourdes« für 5 Stimmen a cappella.

Lit.: MGG XIII 425 f. — DMM VIII 44 f.

E. Löwe

Tino di Camaino, * um 1280/85 in Siena, † 1337 in Neapel, ital. Bildhauer und Architekt, Sohn des Bildhauers Camaino di Crescentino, der zwischen 1298 und 1338 im Dienst der Dombauhütte in Siena stand. Mit ihm arbeitete T. dort am Türsturzrelief über dem mittleren Domportal zusammen (Darstellungen aus dem Leben Annas und der Kindheit ᛜs), bevor er sich der Werkstatt des G.→ Pisano anschloß und an den Reliefs der Kanzel in S. Andrea in Pistoia beteiligt war. Gegen 1300 war Pisano in Pisa tätig, wohin ihm T. folgte. Dort schuf er seine ersten nachweisbaren, eigenständigen Werke: für die Kapelle des hl. Ranierius im Dom ein Taufbecken (geweiht 25. 3. 1312), von dem nur noch vier Relieffragmente erhalten sind, sowie das Grab des hl. Ranierius, das nach dem Dombrand 1595 in unvollständigem Zustand (architektonische Teile fehlen) in den Camposanto umgesetzt wurde. Im Mittelpunkt der Reliefdarstellungen des Grabes steht aber weniger der Heilige selbst (drei Szenen seiner Vita am Sarkophag), sondern, im großen Giebelfeld darüber, die GM, vor deren Thron die Stifter geführt werden. Nach der Überlieferung soll die GM Ranierius erschienen sein und ihm vorausgesagt haben, er werde nach seinem Tode in ihrem Schoße ruhen, d. h. in der ᛜ geweihten Pisaner Kathedrale. Ebenfalls im Dom zu Pisa befand sich ursprünglich das Grabmal Kaiser Heinrichs VII., das T. 1315 unvollendet zurückließ, weshalb die Zusammenstellung der einzelnen Fragmente noch diskutiert wird (Sarkophag des Toten, sitzende Figur des Kaisers umgeben von vier, ursprünglich sechs Räten, sowie eine halblebensgroße Verkündigungsgruppe).

T.s wesentlicher Beitrag zur ital. Skulptur des 14. Jh.s liegt in der Gattung des Grabmonuments, das er stets als Tabernakelgrab ausführte. Dieser Form folgt auch das Grab des Kardinals Petroni (1318) in der Kathedrale von Siena, deren Dombaumeister T. 1318–21 war. Engel halten am Petroni-Grab einen Vorhang zurück und geben damit den Blick auf die Liegefigur des Toten frei. Darüber thront unter einem Baldachin ᛜ mit Kind, begleitet von Petrus und Paulus.

1320–23 schuf T. die Grabdenkmäler des Patriarchen von Aquileia G. della Torre (Florenz, S. Croce; mit vollplastischer Verkündigungsgruppe seitens der Giebelbekrönung) und des Bischofs d'Orso (Florenz, Dom). Die verbliebenen Einzelteile des Orso-Grabes werden heute an verschiedenen Orten aufbewahrt, so z. B. die motivisch außergewöhnliche Sitzfigur des Toten in Florenz (Dom), ein Engel, der den Bischof der GM empfiehlt, in Frankfurt a. M. (Liebieghaus) und eine Darstellung der sitzenden ᛜ mit segnendem Kind, am Sockel mit → »sedes sapientiae« bezeichnet, in Florenz (Bargello).

Tino di Camaino, Maria mit Kind vom Grabmal des Bischofs Antonio Orso, 1321, Florenz, S. Maria del Fiore

1323 wird T. zum Hofkünstler König Roberts v. Anjou nach Neapel berufen, wo er bis zu seinem Tode blieb und die Grabmäler für die Angehörigen des angevinischen Königshauses schuf: u. a. das — anders als seine toskanischen Werke — freistehende Grab für Katharina v. Österreich (Neapel, S. Lorenzo Maggiore, 1323), für Maria v. Ungarn (ebd., S. Maria Donnaregina, 1325) und in S. Chiara zu Neapel die Gräber der Maria v. Kalabrien (1329), Karls v. Kalabrien (1332) und der Marie v. Valois (1333–37). In allen diesen Grabmälern ist ⋈ entweder als vollplastische Figur (zumeist als hoheitsvolle Sitzmadonna oder im Zusammenhang einer Verkündigungsgruppe) oder als Relief gezeigt. Die neapolitanischen Werke T.s vermittelten die Formen der toskanischen Gotik nach Süditalien und übten noch für viele Jahre großen Einfluß auf andere Künstler aus (z. B. Grabmal der Maria v. Durazzo, Neapel, S. Chiara, um 1366).

Nicht gesichert ist wegen des noch unzureichenden Wissensstandes zur toskanischen Skulptur des 14. Jh.s abseits der großen Meister die Zuordnung weiterer Werke zum Oeuvre T.s: so neben den Gräbern Philipps v. Tarent und Johannes' v. Durazzo (Neapel, S. Domenico Maggiore, um 1335), bes. die von Einzelstücken wie z. B. den Madonnen in Anghiari (Badia), Detroit (Art Institute) und Volterra (Museo Diocesano). Inschriftlich gesichert ist hingegen die ⋈ in Turin (Museo Civico), die um 1315 entstanden sein dürfte, da sie dem Stil G. Pisanos nahesteht. Ein Madonnenrelief in Raleigh (North Carolina, Mus. of Art, 1320) stammt vom Schrein des hl. Oktavian im Dom von Volterra und ein Triptychonrelief aus T.s Zeit in Neapel zeigt ⋈ mit Kind zwischen der hl. Katharina und Johannes dem Täufer (Privatbesitz, um 1335). T.s eigener Stil ist in seinen toskanischen Jahren noch sehr einfach, die Figuren sind blockhaft, zeigen eine breite Flächigkeit, reduzierte Bewegungen und eine ruhige, doch reiche Faltengebung, wie auch eine genaue Ausführung im Detail (Haar, Gewandstickereien). Insbesondere kennzeichnen sie schmale Augen und längliche Köpfe mit vollen Wangen. Erst in Neapel entwickelte er eine elegante, weniger feierliche Formensprache und die Skulpturen wurden schlanker.

In seiner Tätigkeit als Architekt leitete T. in Neapel zeitweise z. B. die Bauarbeiten an der angevinischen Stammburg, dem Castel Nuovo, und dem Kartäuserkloster S. Martino.

Lit.: I. B. Supino, T. d. C., Rom 1895. — E. Carli, T. d. C. Scultore, 1934. — W. R. Valentiner, T. d. C. A Sienese Sculptor of the Fourteenth Century, 1935. — O. Morisani, T. d. C. a Napoli, 1945. — J. Pope-Hennessy, Italian Gothic Sculpture, 1955, 15 ff. 183 ff. — M. Masciotta, T. d. C., 1966. — M. Seidel, Studien zu Giovanni di Balduccio und T. d. C., In: Städel-Jahrbuch NF 5 (1975) 37 ff., bes. 61 ff. — G. Kreytenberg, Giovanni Pisano oder T. d. C.?, In: Jahrbuch der Berliner Museen 20 (1978) 29 ff. — Ders., T. d. C.s Grabmäler in Florenz, In: Städel-Jahrbuch NF 7 (1979) 33 ff. — N. Dan, La Madonna di Torino e la Carità Bardini, 1981. — G. Kreytenberg, T. d. C., 1986. — Ders., Die Werke von T. d. C., 1987. — M. Seidel, Das »gemeißelte Bild« im Trecento — Ein neu entdecktes Meisterwerk von T. d. C., In: Pantheon 47 (1989) 4 ff. — V. Herzner, Herrscherbild oder Grabfigur? — Die Statue eines thronenden Kaisers und das Grabmal Heinrichs VII. von T. d. C. in Pisa, In: Iconographia, FS für D. de Chapeaurouge, 1990, 26 ff. — Thieme-Becker XXXIII 184 ff. — EncIt XXXIII 865 f. *K. Falkenau*

Tinos, Insel im ägäischen Meer, in der vorchristl. Zeit Zentrum des heidnischen Kults von Poseidon und Dionysos, wurde in christl. Zeit für die MV zum wichtigsten Wallfahrtsort Griechenlands. Die wohl schon vor dem 4. Jh. christianisierte Insel ist als Ortskirche bereits in den Bischofslisten des 5. Ökumen. Konzils (553) durch die Unterschrift des Bischofs von T. belegt. Das bis 1207 kanonisch dem Metropoliten von Rhodos untergeordnete Bistum geriet 1207–1715 unter venezianische Besatzung, die es dem auf Kreta residierenden röm.-kath. Vicarius des Kath. Patriarchats von Konstantinopel unterstellte und auch die Ansiedlung vieler westlicher Christen verursachte. Nach 1715, unter türkischer Herrschaft, wurde T. nochmals dem griech.-orth. Patriarchen von Konstantinopel als Erzbistum und nach 1810 als Metropolie zugeordnet. Nach der Befreiung (1821) wurde es der

Kirche Griechenlands unterstellt und zur Metropolie von Syros und T. umbenannt.

Für die MV ist v. a. das Kloster Kechrobouni von Bedeutung, das im 9. Jh. von drei Schwestern gegründet und der *Θεοτόκος κύρια τῶν ἀγγελων* (Herrin der Engel) gewidmet wurde, wie die Tradition berichtet. Neben dem ersten schriftlichen Beleg über das Kloster (1614) geht aus einem Dokument des röm.-kath. Bischofs im 18. Jh. hervor, daß das Kloster schon seit der Herrschaft der Familie Ghisi (1207–1390) existierte. Es überstand die Säkularisationspolitik des griech. Königs Otto (1833–62) und lebt bis heute als Idiorhythmon fort.

Wiederholte Visionen einer frommen Nonne des Klosters Pelagia führten dazu, daß bei Ausgrabungen, an denen das ganze Volk der Insel teilnahm, am 30.1.1823 in den Ruinen eines Kirchengebäudes eine 30×22,5 cm große, an der Rückseite leicht angesengte nachbyz. Darstellung der Verkündigung an ⓜ entdeckt wurde. Der Fund war von besonderer Bedeutung, weil er während des griech. Befreiungskampfes (1821) zu Tage kam: Wie die Verkündigung an ⓜ die Befreiung des Menschengeschlechtes, so bedeutete der Fund die Verkündigung der Befreiung der griech. Nation. Die Ikone wird nicht nur am 15. März gefeiert, sondern v. a. auch am Fest der Entschlafung der GM (15. August), während dessen von vielen Wundertaten berichtet wird.

Nach der Entdeckung der Ikone bemühten sich die wichtigsten lokalen Vorsteher und der Metropolit um eine repräsentative Kirche und eine Infrastruktur für die Pilger, was zur Gründung der Panhellenischen Stiftung der Panagia Evangelistria führte. Mit zahlreichen Spenden wurden eine Kirche (Kuppelbasilika, 1831) und viele Einrichtungen erbaut, die allmählich die soziale und wirtschaftliche Entwicklung der ganzen Insel vorantrieben. Außerdem finanzierte die Stiftung den Bau von Straßen, Wohnungen, Schulen usw. Durch die regelmäßigen Versteigerungen der kostbaren Votivgaben werden viele soziale Einrichtungen unterstützt.

Am 15.8.1940 wurde das Kriegsschiff »Elli«, das bei T. vor Anker lag, von einem ital. U-Boot angegriffen und sank, was u. a. zum späteren Beitritt Griechenlands zum Zweiten Weltkrieg führte.

Lit.: D. Pyrrhos, *Περιήγησις ἱστορικὴ καὶ βιογραφία Διονυσίου Πύρρου τοῦ Θετταλοῦ ἐν αἷς προσετέθη καὶ ἡ καταγραφὴ τῆς πόλεως τῶν Ἀθηνῶν καὶ τῆς εὑρεθείσης ἁγίας Εἰκόνος τῆς Εὐαγγελιστρίας καὶ τῶν θαυμάτων*, Athen 1848. — N. Sakellion und N. S. Phillipidis, *Ἱστορία τοῦ ἐν Τήνῳ Ἱεροῦ Ναοῦ καὶ Ἱδρύματος τῆς Εὐαγγελιστρίας, προσκυνήματος τῶν ἁπανταχοῦ ὀρθοδόξων ἀπὸ τῆς εὑρέσεως τῆς θαυματουργοῦ εἰκόνος μέχρι σήμερον*, 1929. — L. Phillipidis, *Συμβολὴ εἰς τὴν Ἐκκλησιαστικὴν Ἱστορίαν τῆς νήσου Τήνου*, Ἐπετηρὶς Ἑταιρείας Κυκλαδικῶν μελετῶν, 1963. — A. Lagouros, *Ἡ ἱστορία τῆς Τήνου*, 1965. — *D. Moschos*

Tintoretto, Jacopo, eigentlich Robusti, * 29.9.1518 in Venedig, † 31.5.1594 ebd., einer der bedeutendsten Maler Venedigs im 16. Jh., Sohn eines Seidenfärbers, nach dessen Berufsbezeichnung »tintore« er genannt wurde. Über die Frühzeit ist wenig bekannt, doch dürfte er kurz bei Tizian in die Lehre gegangen sein, bevor er sich weitgehend autodidaktisch fortbildete. Bereits ab 1539 arbeitete er selbständig. Das erste sicher datierbare Bild stammt von 1545. 1547/48 wird gemeinhin eine Romreise angenommen, die allerdings nicht belegbar ist. Einen Hinweis hierauf bildet v. a. eine neue Schaffensphase, die 1548 begann und die eine intensive Auseinandersetzung mit Michelangelo voraussetzt. In dieses Jahr fällt auch der Beginn einer allgemeinen Anerkennung, so daß er ab 1551 seine ersten Staatsaufträge von der Republik erhielt, die er sein ganzes Leben mit einer Ausnahme nicht mehr verließ.

1565 wurde T. Mitglied der Scuola di S. Rocco, für die er in drei Schüben (1564/65, 1577/81, 1583/87) sein Hauptwerk, einen 65 Gemälde umfassenden Bilderzyklus schuf, der eine der größten und bedeutendsten sakralen Bilderfolgen der abendländischen Malerei darstellt. Im folgenden Jahr ernannte man ihn zum Mitglied der Florentiner Akademie. Die einzige beweisbare Reise außerhalb des Gebietes von Venedig führte ihn 1579/80 nach Mantua, wo er für das Haus der Gonzaga mehrere Historienbilder malte. Seit den 80er Jahren ist der inzwischen neben Tizian und Veronese zum dritten Hauptmeister der Stadt aufgestiegene T. mehrmals mit der Neuausstattung des durch einen Brand geschädigten Dogenpalastes beschäftigt, wo ihn u. a. beim größten Leinwandgemälde der Welt (Paradies, 1588, 7×22 m) mit Domenico (1560–1635) einer seiner Söhne maßgeblich unterstützte. Letzte Arbeiten fertigte er 1592–94 für die Kirche S. Giorgio Maggiore.

T.s Schaffen erlebt eine rasante Entwicklung. Als typischer Vertreter des Venezianischen Manierismus unterscheiden sich seine Werke in der Frühzeit von den anderen beiden Großmeistern durch seine skizzenhafte Malweise, die düster gehaltene Farbgebung und die expressive Behandlung der Figuren.

Ab 1548 lassen neuartige Kompositionen durch heftigere Bewegtheit der nun auch kraftvoller gebildeten Körper die direkte Kenntnisnahme Michelangelos vermuten. Ein an der Diagonale orientierter Bildaufbau ist jetzt eines der wichtigsten Ausdrucksmittel für die Dramatisierung der Darstellung. In den 50er Jahren kommt dann eine stärker kontrastierende Licht-Schatten-Aufteilung hinzu, die die komplizierten Verschränkungen, Verkürzungen und Überschneidungen zusätzlich variiert. Seit den frühen 60er Jahren verändert T. die Farbigkeit, indem die Bedeutung des Lichteinsatzes noch mehr gesteigert wird. Die Abbildung von Menschenmengen, die Emotionen wie Einzelpersonen zum Ausdruck bringen, ist eine andere Neuheit im Darstellerischen. Im Wechsel zum siebten Jahrzehnt des Jh.s taucht eine weitere Qualität T.s auf, die nun manieristische Elemente gestrafft einsetzt. Ab den späten 70er Jahren

J. Tintoretto, Der Kampf des hl. Georg mit dem Drachen, 1586–90, Dresden, Gemäldegalerie

gewinnt das Licht einen fast übernatürlichen Charakter, was die Handlung oft seltsam verunklärt und, verbunden mit der Labilität der Figurenhaltungen, der Darstellung einen unwirklichen Zug verleiht.

Diese Spätstufe findet ab den mittleren 80er Jahren ihren Abschluß, indem T. eine neue und gelöste Dramatik vorträgt, die als Summe aller seiner Bestrebungen zu sehen ist. Die Farben scheinen durch die unterschiedlichen Lichtzentren und -richtungen aufgezehrt und haben im Bildganzen längst ihre ursprünglich tragende Funktion verloren.

T. schuf für die Republik, die Kirche, die Bruderschaften und Privatleute die vielfältigsten Stoffe aus der Schrift, den Heiligenlegenden, der Mythologie, der Geschichte — auch zeitgenössische Begebenheiten und politisch motivierte allegorische Verherrlichungen — sowie neben gegenref. Themen auch zahlreiche Bildnisse. Insofern spielen Darstellungen mit der GM einen nicht unbeträchtlichen Teil in seinem Oeuvre. Szenen aus dem Leben M̃e (eingeschlossen die Passion) finden sich ebenso wie die repräsentativen Kompositionen (M̃ mit dem Kind, die Hl. Familie mit und ohne Heilige bzw. Stifter).

Die frühesten erhaltenen Bilder T.s sind bereits M̃darstellungen mit Heiligen (Luzern, Sammlung Fischer; Pordenone, Sammlung Dell' Agnese; Cremona, Privatsammlung; u.a., alle 1537), die schon standardisierte Figurengruppierungen variieren. Im Rotterdamer Beispiel (M̃ mit Kind, Mus. Boymans-van Beuningen, 1540/41) kommt dabei der eher andeutende Farbauftrag, der kaum feste Formen bildet, am auffälligsten zum Einsatz. Gegenüber dieser noch relativ ruhig gestalteten Zweiergruppe ergreift im Londoner Bild (M̃ mit Kind und Heiligen, Privatsammlung, 1540) sämtliche Figuren eine expressive Unruhe, die nur von den Eltern des Kindes in der Bildmitte konterkariert wird. Die in einem Halbkreis um die Mutter-Kind-Gruppe postierten Heiligen bringen durch weit ausladende Gesten ihre Verehrung zum Ausdruck.

In der 1549/50 entstandenen Himmelfahrt (Venedig, Accademia) hat die expressive Bewegtheit auch die GM erfaßt, die in einer leichten Körperbiegung über dem Sarkophag schwebt und mit ausgebreiteten Armen nach oben drängt. Die in unterschiedlichen Phasen des Erstaunens geschilderten Apostel umstehen die leere Steintruhe, wobei T. als Ausdrucksmittel fast alles in der Gestik und Körperhaltung konzentriert.

Die Kreuzigung von 1562 (Venedig, S. Maria del Rosario) gibt recht deutlich den nächsten Schritt im Werk T.s wieder, da hier die theatralische Bewegtheit der Figuren durch eine stark kontrastierende Lichtverteilung noch gesteigert wird. Unter dem statisch monumentalen Kreuz beugen sich, in Diagonalen orientiert, die Begleiter um die schräg nach rechts gesunkene M̃. Die höchste Lichtkonzentration sammelt sich um das Haupt der GM und setzt hier den dramatischen Akzent.

Bei der ein Jahr später entstandenen Pietà (Mailand, Brera) saugt das Licht in den Hauptstellen die Farben quasi auf, ein Experiment, das der Künstler beim gleichen Thema in einer Privatsammlung (Mailand, 1563) teilweise jedoch wieder zurücknimmt.

Das repräsentative Bild »Madonna in trono, verehrt vom Dogen Alvise Mocenigo und anderen Familienmitgliedern« (Washington, Nat. Gallery, 1573) zeigt die neue Bildqualität in diesem wesentlich ruhigeren Genre. Einheitlich verhalten knien oder stehen die anbetenden Personen seitlich von der erhöht sitzenden M̃ mit dem links schräg sich überlehnenden Kind. Die Lichtgebung überzieht das Bild mit einem geometrischen Grundgerüst, das sich als Darstellungsmittel in den Vordergrund drängt.

Diese Methode wird in der Anbetung der Hirten (Venedig, Scuola Grande di San Rocco, Sala Superiore, 1579–81) noch deutlicher eingesetzt. In der höchst originellen Erfindung — die Hl. Familie sitzt rechts oben auf dem Heuboden, während die Hirtengruppe unten eingetreten ist und in zwei Gruppen geteilt die Gaben nach oben zu reichen beginnt — sind die Lichtzentren auf eine Kreisebene verteilt, um den Gang der Geschenke bis zur Mitte der Handlung zu illustrieren.

Die zwischen 1583 und 1587 entstandene Himmelfahrt zeigt die bei T. stets als selbstbewußte Bürgersfrau gegebene M von einem Engels- und Wolkenkranz umgeben über dem leeren Sarkophag. Die Statik der Figuren ist ganz in Gestikulation und Lichtregie aufgelöst, ein wesentliches Stilmoment der letzten Zeit, das in der Grablegung in Venedig (S. Giorgio Maggiore, 1593/94) voll zum Tragen kommt. Das auch hier in zwei getrennte Schichten zerlegte Bild — im Vordergrund der sich noch in der Haltung des Gekreuzigten befindliche, aber mit matt herabhängenden Händen, getragene Christus, im Hintergrund links die ohnmächtig zusammengesunkene M, beide entgegengesetzt diagonal ins Bild gesetzt — demonstriert die ganz neue Einstellung zum Raumproblem. In Schräglinien in die Fläche bzw. den sehr tief wirkenden Raum gepflanzte Figuren überziehen die Bildebene mehr eine künstliche Komposition ausdrückend, als daß sie einen ganz bestimmten Inhalt transportieren würden. Die durch das neue Licht flacher gewordenen Gestalten verharren in einer Theatralik, die die Kompositionsexperimente das Wichtigste sein läßt. T. markiert hierdurch den Endpunkt des Venezianischen Manierismus, der bereits mit seinem Sohn Domenico den Übergang zur Malerei des Barock schafft.

Lit.: D. v. Hadeln, Zeichnungen des G. T., 1922. — E. v. der Bercken, J. T., 1923. — M. Pittaluga, Il T., 1925. — V. Maschini, T., 1931. — E. v. der Bercken, Die Gemälde des J. T., 1942. — H. Tietze, T., 1948. — L. Coletti, Il T., ³1951. — P. de Vecchi, Tout l'Oeuvre de T., 1971. — P. Rossi, I disegni di J. T., 1975. — R. Pallucchini und P. Rossi, J. T. Le opere sacre e profane, 1982. *N. Schmuck*

Tirol (Bundesland T. auf österr. Staatsgebiet und Südtirol auf ital. Staatsgebiet) umfaßt heute die Diözese → Bozen-Brixen, die Diözese → Innsbruck und den T.er Anteil der Erzdiözese Salzburg, das entspricht vor 1964 der Diözese Brixen, dem dt. Anteil der Diözese Trient und dem T.er Anteil der Diözese Salzburg.

In T. hat sich der Mkult später durchgesetzt als in anderen österr. Diözesen. Bei den Patrozinien dominieren im MA die Apostel und die »alten Heiligen«.

Die älteste Mkirche dürfte in Säben gewesen sein; urkundlich faßbar ist 1027 ein Münster zu Säben, das zu Ehren der GM erbaut wurde. Erst im späten MA häufen sich die Mpatrozinien zu ULF bzw. Me Himmelfahrt. Mwallfahrten in größerer Zahl haben sich so auch erst im Spät-MA ausgebildet.

Die Feste Me Lichtmeß, Me Verkündigung, Me Himmelfahrt, M ad martyres und Me Geburt scheinen bereits in den Kalendarien des 12. und 13. Jh.s auf, jedoch sind die beiden letztgenannten in einigen ma. Kalendarien nicht als Feiertag hervorgehoben. Im 12. und 13. Jh. leiten sich die Namen der Klöster Marienberg, Maria Steinach und Mariathal von Mpatrozinien her.

In T. sind keine Mdarstellungen vor dem 12. Jh. bekannt (Hocheppan, letztes Viertel 12. Jh.). Erst im 13. Jh. ist eine gesicherte Verehrung eines marian. Gnadenbildes nachzuweisen (Wilten, Ablaßbrief von 1259). Zu dieser Zeit finden sich vermehrt Altartitel bzw. werden Mreliquien (Schleier, Haar und Gürtel, Stücke des Mantels) genannt, die in Altäre eingeschlossen sind. Bereits im 12. Jh. hatte Ulrich v. Tarasp (1158–77) u. a. eine Mreliquie (de veste s. Mariae) nach Marienberg gebracht. Aus dem 14. Jh. (1366) datiert der erste Nachweis über die Wallfahrt zum wundertätigen Mbild in Schnals. Aus dem 13. und 14. Jh. stammen Ablaßverleihungen an Mkirchen bzw. -kapellen (z. B. weil der Kapelle keine Eigenmittel zur Verfügung stehen), jedoch ohne Hinweis auf ein Gnadenbild (Kaltenbrunn 1285, Riffian 1310). Aus dem 1. Viertel des 13. Jh.s datiert eine Stiftung an das Kloster Georgenberg, welche die Kirche »Maria unter der Linde« erwähnt, die außerhalb des Klosters gelegen war. M wurde dort im Lauf der Zeit zum zweiten Wallfahrtsziel neben dem hl. Georg und schließlich zum Hauptwallfahrtsziel.

Legenden von Mwallfahrten, über die Aufstellung eines Andachtsbildes im Freien oder den Bau einer Kapelle, die den Wallfahrtsstrom schon bald nicht mehr aufnehmen konnte, reichen z. T. weiter zurück, es fehlen aber die schriftlichen Belege (Ehrenburg, Serfaus, ULF im Walde – Pfarrkirche Landeck).

Nur wenige der heute als Gnadenbilder bekannten Madonnen gehören dem 13. und 14. Jh. an (Schnals, um 1300; Wilten 1. Hälfte 14. Jh.), die Mehrzahl stammt aus späteren Jh.en.

Bei den Mbildern des 13. und 14. Jh.s in Stein oder Holz handelt es sich um thronende, sitzende oder stehende Darstellungen; im späten 14. und beginnenden 15. Jh. kommen die Vesperbilder dazu (Riffian, Georgenberg).

Die MV im 15. Jh. zeigt sich auch in 13 der GM geweihten Bruderschaften (Liebfrauenbruderschaft, Bruderschaft zu Me Reinigung, zu den sieben Freuden Ms, zur Schmerzhaften Mutter, zu Maria delle grazie). Wallfahrten im 15. Jh. führen nach Maria → Trens, wo Ende des 15. Jh.s aus den reichen Spenden die neue Kirche errichtet wird, nach → Maria Waldrast, wo 1429 eine Kapelle erbaut und das Gnadenbild dorthin übertragen wird, und nach Mariastein im Unterinntal, das dann in der 1. Hälfte des 16. Jh.s einen ersten großen Pilgerandrang erfährt. Die Bedeutung des Gnadenortes Kaltenbrunn im 15. Jh. zeigen die Stiftungen der T.er Landesfürsten Friedrich mit der leeren Tasche und Sigmund des Münzreichen.

Besonderen Zuspruch muß Ende des 15. und im beginnenden 16. Jh.s die Wallfahrt zu Unserer Frau im Wald in Serfaus erhalten haben. Die Wallfahrt wurde v. a. von Müttern mit totgeborenen Kindern aufgesucht. Vor dem Gnadenbild wurden die Kinder scheinbar wieder zum Leben erweckt und konnten die Taufe erhalten. In einem Schreiben vom 14. 12. 1523 warnt der

Brixner Bischof Sebastian Sprenz vor einer leichtfertigen Taufe.

1450 wird im Kalendarium der Pfarre Ahrn erstmals die Kirchfahrt nach Ehrenburg erwähnt. Dieser zweitägige Bittgang findet auch heute noch alljährlich am Freitag und Samstag in der Bittwoche statt.

Die Reformationszeit warf auch in T. ihre Schatten auf den M kult, die Gründung neuer M kirchen und -kapellen ging im 16. Jh. zurück. Erst die Gegenreformation bringt eine neue Welle der MV. So trachtete Erzherzog Ferdinand II., das Interesse des Volkes für die Wallfahrten neu zu beleben. Seine MV drückt sich im Bau neuer M kapellen aus. Unter Erzherzog Ferdinand wird durch seinen Hofprediger, den Jesuiten Petrus → Canisius, die → Lauretanische Litanei in T. bekannt. Ferdinand II. ließ 1578 in Innsbruck die Silberne Kapelle neben der Hofkirche errichten, deren M altar lat. beschriftete Bildsymbole aus den Anrufungen der Lauretanischen Litanei zeigt. Der Einfluß Petrus Canisius' sowie die Verbindung Ferdinands mit dem Haus Gonzaga in Mantua schuf die Voraussetzung für die Errichtung der ersten Casa-Santa-Kapelle im dt. Sprachraum in der Haller Au. Weitere Loretokapellen entstanden im 17. und 18. Jh. (Maria Saalen im Pustertal, Ried im Oberinntal). Auffallend ist, daß in T. die Klöster nicht die Bedeutung für die Förderung des M kultes gewinnen wie in anderen Diözesen.

Ins 16. Jh. zurück reicht die Wallfahrt zum bedeutendsten M heiligtum in Südtirol, nach → Maria Weißenstein. In der Landesbeschreibung von Südtirol von Marx Sittich v. Wolkenstein (um 1600) wird die »kirchen bay Unser Frauen zu Weisenstain, dahin gros walfahrten und wunder geschechen« genannt.

Besondere Verbreitung findet der M kult im 17. Jh. In über 120 Bruderschaften wurde M verehrt, die Hälfte davon waren Rosenkranzbruderschaften.

Nach den Katastrophen der 1. Hälfte des 17. Jh.s mit dem Dreißigjähren Krieg und der Pest wandten sich die Menschen M zu.

Zum am weitesten verbreiteten M gnadenbild des dt. Sprachraumes wurde das → Mariahilf-Bild. Das Original von Lukas Cranach im Innsbrucker Dom, der ehemaligen Pfarrkirche St. Jakob, wurde von Erzherzog Leopold V., dem damaligen Fürstbischof von Passau, vor dem Bildersturm der Reformation nach → Passau gerettet und dort verehrt. Der Passauer Domdekan Marquard v. Schwendi ließ eine Kopie anfertigen, die in der Folge zum Passauer Gnadenbild wurde. Als Erzherzog Leopold Landesfürst von T. wurde, brachte er das Cranachbild in seine Residenzstadt Innsbruck mit, wo es in den Nöten des Dreißigjährigen Krieges zum vielverehrten Gnadenbild wurde und Innsbruck zu einem neuen Zentrum der Mariahilfverehrung werden ließ. Von Innsbruck und von Passau aus verbreitete sich dieser Bildtypus und führte zur Gründung vieler Sekundärwallfahrten auch in T., wie in Birkenberg bei Telfs, Zinggen bei Brixen, Hollbruck in Osttirol, Kleinholz bei Kufstein, Kronburg bei Zams (alle 17. Jh.), Gries im Sulzthal, Hechenberg bei Niederndorf (18. Jh.), Wolkenstein und Locherboden (19. Jh.).

Auf das Pestjahr 1636 geht die Wallfahrt der Welsberger nach Enneberg zurück, die heute noch alljährlich stattfindet. In Pestnot aufgesucht wurde das Gnadenbild in der Kirche von → Lavant, woran das berühmte Widderopfer der Gemeinden Virgen und Prägraten erinnert. Die Wallfahrt in → Heiligwasser bei Igls reicht ebenfalls ins 17. Jh. zurück.

Im 18. Jh. findet auch das Gnadenbild von → Genazzano »Maria vom guten Rat« Verbreitung. Das Kloster Stams errichtet eine Bruderschaft zum guten Rat, die 1757 von Papst Benedikt XIV. bestätigt wird. Im selben Jahr wurde eine Kopie des Gnadenbildes den Dominikanerinnen übergeben, die große Verehrung erlangte. Zuspruch erzielten auch die Kopien dieses Gnadenbildes in Hinterhornbach im Lechtal und in der Innsbrucker Spitalskirche.

Die MV im 18. Jh. ist gekennzeichnet durch eine Aufsplitterung in kleinste Wallfahrtsbezirke und unzählige lokale M gnadenstätten.

Unter Kaiser Joseph II. erleben die M wallfahrten einen Rückschlag: Kirchen und Kapellen werden geschlossen, Gnadenbilder entfernt, Votivgaben zerstört und eingeschmolzen. Die Verehrung für die GM lebt aber in der Bevölkerung weiter und Wallfahrten finden — trotz Wallfahrtsverbot — auf privater Ebene weiterhin statt. Ende des 18. Jh.s entsteht ein neuer Wallfahrtsort, der zu den größten in Österreich wurde, Maria → Absam. 1797 soll auf dem Fenster eines Bauernhauses das Brustbild der weinenden GM erschienen sein, das schnell großen Zulauf erhielt. Trotz des zunächst heftigen Widerstandes der Brixener Kurie entstand eine neue Wallfahrt. Das Absamer Gnadenbild wurde am Seitenaltar der Pfarrkirche aufgestellt und ist auch heute Ziel vieler Wallfahrer aus nah und fern.

Die vielen im 19. Jh. neu entstandenen M bruderschaften und ihre großen Mitgliederzahlen sind Zeugnis für eine ungebrochene MV.

Das neuere M bild haben die M erscheinungen der letzten 160 Jahre mitgeprägt, v. a. Lourdes. Nach dem Vorbild der Lourdesgrotte entstand eine Reihe von Lourdeskapellen, manche auch mit einer nahen Quelle (Lourdeswasser). Zu einer Wallfahrtskirche entwickelte sich die im neuromanischen Stil 1895 auf der Laaser Höhe errichtete Kirche »Unsere Frau von Lourdes«. In organisierten Pilgerzügen fahren alljährlich Wallfahrer aus dem ganzen Land nach Lourdes, um Trost und Hilfe zu finden. Auch die neuen Erscheinungen von → Medjugorje ziehen Pilger an.

Die letzten Jahre zeigen insgesamt eine Neubelebung der Wallfahrten. Großen Zuspruch finden die zwischen Mai und Oktober gehaltenen Nachtwallfahrten, z. B. nach Georgenberg und Locherboden. Dekanats-, Pfarr-, Schützen-, Jugendwallfahrten und die vielen Pilger, die allein oder in kleinen Gruppen die Gnadenorte aufsuchen, sind Zeugnis für das Vertrauen, das M in T. entgegengebracht wird. Der Fürsprache Ms werden die verstorbenen Angehörigen empfohlen, deren Sterbebildchen am Wallfahrtsort hinterlegt werden; sie nehmen an manchen Wallfahrtsorten (Mariastein, Maria Waldrast) die Stelle der früher üblichen Votivbilder ein.

Lit.: F. A. Sinnacher, Beiträge zur Geschichte der bischöflichen Kirchen Säben und Brixen in Tyrol, 9 Bde., Brixen 1821–34. — G. Tinkhauser und L. Rapp, Topographisch-historisch-statistische Beschreibung der Diözese Brixen, 5 Bde., Brixen 1855–91. — K. Atz und A. Schatz, Der dt. Antheil des Bisthums Trient, 5 Bde., Bozen 1903–10. — M. Mayer, Mariastein im Unterinntal, 2. Teil, 1933. — Ders., Der Tiroler Anteil des Erzbistums Salzburg, 10 Hefte, 1936–48. — Gugitz III. — Dehio-Tirol, 1980. — H. Hochenegg, Bruderschaften und ähnliche rel. Vereinigungen in Deutschtirol, 1984. — J. Neuhardt (Hrsg.), Salzburgs Wallfahrten in Kult und Brauch, 1986. — Ausst.-Kat., Heiltum und Wallfahrt, Innsbruck 1988. — K. Gruber und H. Grießmayr, Südtiroler Wallfahrten, 1989.

H. Menardi

Tiroler Marienklage (→Klagen), unedierte szenische Mklage mit Prophetenauftritten in einer Sterzinger Handschrift der 1. Hälfte des 16. Jh.s. Das beigegebene Rollenverzeichnis deutet auf eine Aufführungsfunktion der Handschrift hin.

Lit.: Bergmann, Katalog Nr. M 125. *R. Bergmann*

Tiroler Verkündigungsspiele (→Spiele). Das einzige erhaltene Einzelspiel von Me Verkündigung ist im Debs-Codex des Sterzinger Stadtarchivs überliefert, der gegen Ende des 15. Jh.s in Bozen entstand. Der Verkündigung gehen Auftritte der Propheten Jesaja und Ezechiel sowie Dialoge zwischen ihnen und den Juden voraus. Da die Verkündigungsszene selbst nicht ausgeführt ist, kann über die Darstellung Ms nichts gesagt werden. — Eine andere Tiroler Handschrift eines Verkündigungsspiels von 1514 ist verloren. — Verkündigungsszenen sind ferner in →Weihnachtsspielen sowie in den Weihnachtsteilen von →Passions- und Fronleichnamsspielen enthalten.

Lit.: Bergmann, Katalog Nr. 137, 150 und S. 520 f. *R. Bergmann*

Titelouze, Jean, * 1563 in Saint Omer (damals span. Niederlande), †24. 10. 1633 in Rouen, wurde 1585 zum Priester geweiht und im selben Jahr Organist zu Saint-Jean in Rouen, dem damaligen Zentrum des franz. Orgelbaues. Bes. auf Grund seiner überragenden Fähigkeiten als Improvisator wurde ihm das Organistenamt an der Kathedrale zu Rouen übertragen, das er bis zu seinem Tode innehatte. 1610 erfolgte seine Ernennung zum Domherrn. Der vielseitig gebildete Mann tat sich auch als Schriftsteller hervor, seine Anmerkungen zum Orgelspiel, zur Aufführungspraxis, zu neuen musikalischen Entwicklungen, zu Harmonik und Modalität sowie zur Rolle der Musik im Gottesdienst sind auch heute noch relevant.

Sein kompositorisches Schaffen weist mehrere Messen auf, darunter eine 6-stimmige, v. a. aber Orgelmusik. Seine »Hymnes de l'Eglise« (1623) für Orgel basieren auf 12 gregorianischen Choralmelodien, die jeweils zu einem 3 oder 4 Verse umfassenden Zyklus bearbeitet werden. Der Cantus firmus wird fast immer vollständig geboten, ohne Kolorierung. Dabei sind zwei Hymnentypen zu unterscheiden: Zum einen erscheint der cantus firmus in langen Notenwerten im Pedal, gelegentlich wandert er auch durch alle Stimmen; zum anderen wird der cantus firmus im Fugenstil paraphrasiert. Letztere Technik ist dem zeitgenössischen Motettenstil verwandt. Eine der Hymnen ist »Ave maris stella«. 1626 erschien T.s zweite Sammlung mit Orgelwerken »Le Magnificat«. Sie bietet 8 Zyklen mit je 7 Versetten zu den 8 Psalmtönen, wobei hier nur jeweils die feierlichen Initien als Motive entnommen werden, ansonsten freie Themenbildungen dominieren. Das »Deposuit potentes« wird immer zweifach durchgeführt. Die Versetten sind fugiert gehalten; diese Stücke zeichnen sich durch subtile Dissonanzbehandlung und neuartige Rhythmik aus. T.s Musik steht auf der Schwelle von Renaissance (Merkmale: Themeneinsätze wechselnd auf betonten und unbetonten Zeiten, modale Harmonik, teilweise ametrische Notation) zum Barock (Merkmale: Starke dynamische Akzente, Chromatik, virtuose Elemente).

Lit.: A. Colette und A. Bourdon, Histoire de la Maîtrise de Rouen, 1892. — G. Frotscher, Geschichte des Orgelspiels und der Orgelkomposition II, ²1959, 668–674. — MGG XIII 432–434. — Grove XIX 13 f. *M. Hartmann*

Tittel, Ernst, * 26. 4. 1910 in Sternberg/Mähren, † 28. 7. 1969 in Wien, studierte an der Wiener Musikakademie und promovierte über »Simon Sechter als Kirchenkomponist«. Ab 1932 war er Organist der Wiener Franziskanerkirche, ab 1934 zusätzlich Organist der »Geistlichen Stunde« im Rundfunk. Neben Professuren an der Wiener Musikakademie und der Universität ab 1954 kennzeichnet eine reiche kompositorische und publizistische Tätigkeit T.s Vielseitigkeit.

Unter seinen etwa 200 Kompositionen, die überwiegend der geistlichen Musik angehören, finden sich folgende marian. Werke: Missa mariana (op. 32, 1949), Dt. Festkreis-Proprien (Bd. IV: Mfeste), Dt. Magnifikat, Dt. Proprium für die Messen der allerseligsten Jungfrau, Muttergottesmesse (1954), »Der Engel des Herrn« (1961), »Gegrüßet seist du, Maria« (1969), »Maria, breit den Mantel aus«, »Wiener Marienlied« und »Corona Sanctissimi Rosarii«

Lit.: H. Lemacher, E. T., In: MS 80 (1960) 117ff. (WW). — A. Weissenbäck, E. T. In: Chorblätter 3 (1948). — E. Werba, E. T., In: Musikerziehung 4 (1950/51) 160. — H. Jancik, E. T. — Werkverzeichnis, In: Singende Kirche 17 (1969/70) 110 f. — F. Haberl, In memoriam E. T., In: MS 89 (1969) 277 f. — MGG XIII 437 f. — Grove XIX 16. *J. Still*

Titus v. Bostra (Arabien), †vor 378, hat vier Bücher gegen die Manichäer geschrieben, die nur in syr. Übersetzung ganz erhalten sind. Zahlreiche Katenenfragmente sind von seinen Lk-Homilien überliefert, sowie syr. Bruchstücke einer Epiphanie-Predigt. Er verherrlichte die GM und die immerwährende Jungfräulichkeit ᛜs. Dabei stützte er sich auf die Äußerung Josephs im apokryphen →Jakobusevangelium bezüglich seiner Söhne aus früherer Ehe (Sickenberger 174 f.). An einer anderen Stelle wies T. den Gedanken an weitere Kinder der hl. Jungfrau zurück (ebd. 257 f.), doch ist dieser Text nicht ganz gesichert.

Ausg.: PG 18,1069–1264. — P. A. Lagarde, (syr. Text), Berlin 1859, 1924.
Lit.: G. Mercati, Reliquie di un commentario all' evangelo di s. Luca, Milano 1898. — J. Sickenberger, T. v. B., Studien zu dessen Lukashomilie, Leipzig 1901. — Manoir I 90 f. — Altaner-Stuiber 311. *G. Söll*

Tizian, eigentlich Tiziano Vecellio, * 1477 oder 1489/90 in Pieve di Cadore, † 27. 8. 1576 in Venedig, Hauptmeister der venezianischen Malerei des 16. Jh.s neben Veronese und Tintoretto. Auf der Kunst der Bellini und Giorgiones ansetzend, nur wenig von manieristischen Strömungen beeinflußt, gelangte er zu großartigen Bildlösungen, die den Ausdruck »protobarock« rechtfertigen. T. war bedeutend für die sakrale und profane Kunst, bes. auch für das Porträt, mit Wirkung auf die ganze abendländische Malerei. Mit neun Jahren kam T. nach Venedig zu Sebastiano Zuccato. Nach Dolces Bericht trat er bald in die Werkstatt Gentile Bellinis und später in die Giovanni Bellinis ein, der damals größten Malerpersönlichkeit in Venedig. 1508 arbeitete T. mit Giorgione zusammen am Fondaco dei Tedeschi, was aber mit einem Zerwürfnis endete. Ungefähr zur selben Zeit erhielt T. Einblicke in die Holzschnittkunst Albrecht Dürers, die seine eigenen graphischen Arbeiten stark beeinflußte. Um 1510 wird der eigene Stil T.s genauer faßbar. Schon 1516 wird er Staatsmaler der venezianischen Serenissima. Im selben Jahr beginnen die Kontakte zu den d'Este in Ferrara. Ab 1523 kommt es zu Aufträgen für die Gonzaga in Mantua. 1530 malt T. das Bildnis Kaiser Karls V. Zu den Habsburgern reißt die Verbindung bis zu T.s Tod nicht ab. 1533 ernennt der Kaiser T. zu seinem Leibmaler, zum Grafen des Lateranischen Palastes, zum Mitglied des kaiserlichen Hofes und Staatsrates, zum Pfalzgrafen und Ritter vom Goldenen Sporn. Ab etwa 1535 wird T. für den Hof in Urbino, ab 1542 für die Farnese-Familie tätig.

Die künstlerische Entwicklung T.s läßt sich in vier kontrastierende, aber nicht wirklich gegensätzliche Phasen einteilen. Zu den Hauptwerken aller vier Phasen gehören sakrale Werke mit marian. Thematik.

Ein Meisterstück der ersten Periode, die die Zeit bis etwa 1516 umfaßt, ist die sog. »Zigeunermadonna« (Wien, Kunsthist. Mus., um 1510). Noch ist die typisch venezianische Kompositonsform der hinter einer Brüstung stehenden Halbfigur ᛜs gewählt, die das Christus-

Tizian, Himmelfahrt Mariae, 1516–18, Venedig, Frarikirche

kind hält; die Personen sind mit einer Bahn kostbaren Stoffes hinterfangen, seitlich wird ein Landschaftsausschnitt sichtbar. Durch die Reduzierung der Brüstung auf ein Teilstück, durch Verlegung der Stoffbahn nach rechts aus der Bildmitte, Dezentrierung der Figurengruppe und Blickrichtung der Dargestellten ist eine Diagonalkomposition schon mehr als angedeutet, wie sie T. in späteren Werken umso klarer schildern wird. Der koloristische Aufbau arbeitet mit dem großen Farbklang Rot-Grün-Blau, wobei die Töne schwer und materiell dicht angelegt sind. Die Abhängigkeit von Giovanni Bellini und Giorgione ist noch sichtbar.

Etwa um 1515 entstand die sog. »Kirschenmadonna« (Wien, Kunsthist. Mus.), in der symmetrisierten Komposition noch deutlicher dem eben geschilderten venezianischen Typus (stehende Halbfigur hinter einer Brüstung, hervorgehoben durch eine hinterfangende Stoffbahn) verpflichtet. Die Zurückwendung zur späten Quatrocento-Tradition — zu einer für einen

Neuerer wie T. eigentlich antiquierten Kompositionsweise —, ist gemildert durch beginnende komplizierte Haltungs- und Bewegungsmotive, die bes. in der als gleichschenkliges Dreieck aufgebauten Gruppe M, Jesuskind, Johannesknabe zu beobachten sind. Erreicht ist eine Art der Figurenverschränkung, die genau wie die in der »Zigeunermadonna« wahrgenommene Diagonalkomposition auf barocke Stilprinzipien vorausweist. Zwei assistierende Heilige, die eine Art → Sacra Conversazione beginnen, sind in ihrer Charakterisierung von der Hauptgruppe unterschieden und im Wahrnehmungsgrad von ihr getrennt. Beobachtet wurden Zusammenhänge dieses Bildes mit Dürers »Maria mit dem Zeisig«, das wohl Vorbild für T.s Komposition war.

Die zweite Phase in T.s Schaffen ist durch größere Dynamisierung geprägt. Sie beginnt mit dem Bild »Me Himmelfahrt«, das 1516–18 für die Frarikirche in Venedig geschaffen wurde. Die Komposition ist vordergrundsnah angelegt und scheidet sich in drei horizontale Bereiche. Unten stehen die erregten Apostel am leeren Grab Ms, die Bildmitte zeigt M auf dem Vehikel von Wolken- und Engelreigen wie sie Gottvater im oberen Bildteil zustrebt. Irdischer und himmlischer Bereich sind farblich und kompositorisch vollständig voneinander abgegrenzt. Der Gesamtkomposition ist ein deutlich sich abzeichnendes Dreieck zu Grunde gelegt, das noch die Ruhe und Ausgeglichenheit der nahen Renaissancekunst gebiert; dagegen ist allein der Gedanke, einen Altar mit einem mehr als sechs Meter hohen und drei Meter breiten Bild zu besetzen und damit zum konzentrierenden Blickpunkt einer Kirche zu machen, barock zu nennen. Auf den Barock voraus weist auch die Gestaltung des Illusionsraums, in dem sich die Mdarstellung bewegt: Er bringt in seinen Farben Licht hervor, scheinbar ohne auf die natürlichen Lichtquellen angewiesen zu sein. Wie fast alle Bilder der zweiten Periode T.s ist auch die »Assunta« der Frarikirche auf den Kontrast von Karminrot und Ultramarinblau hin angelegt. Ihre Komposition steht als Anfangspunkt einer neuen ikonographischen Lösung, die Himmelfahrt und Krönung Ms zu vereinigen sucht (vgl. schließlich Peter Candids Lösung für den Hochaltar der Münchener Frauenkirche).

Ein enormes Werk in vielerlei Hinsicht ist die 1519–26 entstandene sog. »Pesaromadonna« (Venedig, Frarikirche). Das rel. Andachtsbild bzw. die Fürbitteszene ist hier erstmals mit der Form des Gruppenporträts organisch vereint. Waren in der »Assunta« «Himmel« und »Erde« noch deutlich geschieden, so werden hier auf delikate Weise Heiliges und Weltliches einander angenähert. Die dezentralisierende Diagonalkomposition und das Prinzip der Figurenverschränkung sind zu diesem frühen Zeitpunkt im 16. Jh. fast unfaßbare Vorausgriffe auf barocke Kunst. Inhaltlich wirkt das Gemälde als Schutzbild für Jacopo Pesaro und seine Familie, der in päpstlichem Auftrag gegen die Türken gekämpft und sich verdient gemacht hatte.

Manieristische Züge tragen mehrere andere Mbilder der zweiten Periode, z. B. die Darstellung »M erscheint den hll. Franziskus und Aloisius mit dem Stifter Alvise Gozzi von Ragusa« (Ancona, Museo Civico, 1520): die Madonnengruppe ist ungewöhnlich angelegt, die Achsen, die sich aus den Bewegungs- und Haltungsmotiven ergeben, sind für diese Zeit sehr kompliziert. Ähnlich manieriert in seinem Konzept wirkt der Auferstehungsaltar von SS. Nazaro e Celso in Brescia (1522), der in seinem Ensemble von fünf Bildern auch eine Verkündigung präsentiert. Trotz oder wegen des »Fenstercharakters« der Einzelbilder und der Bezüge der Seitenbilder (unten: hll. Nazarus und Celsus, mit Stifter Altobello Averoldo; Marter des hl. Sebastian; oben: Verkündigungsengel sowie M, beide als Halbfiguren und offensichtlich in geschlossenem Raum) auf das Hauptbild (Auferstehung Christi), die das gesamte als ein von Rahmenleisten unterbrochenes, einziges Bild zu deuten versuchen, zeigen sich Logikschwierigkeiten und letztendlich die nichtrationale Auflösbarkeit des Werks. Noch gesteigert sind die manieristischen Züge im Verkündigungsbild des Doms von Treviso (1520–22). »Hauptakteur« ist die im Fußbodenmuster angezeigte schnelle Perspektive. Die erwartende M als Hauptperson ist ganz nahe in den Vordergrund gesetzt, der Verkündigungsengel eilt mit schnellen Schritten aus dem Hintergrund zu ihr, als Botschafter Gottes, der sich durch ein phantastisches Konzert aus Licht und Wolken zu erkennen gibt.

Die dritte Stilphase T.s ist gekennzeichnet von einer Reduzierung der Dynamik, Werken mit gesammeltem, durchaus stillebenhaftem Charakter und der Entwicklung des Koloristen. Die Grundrichtungen Senkrechte und Waagerechte bestimmen meist die Bildordnung. Nähe und Ferne sind kaum durch Bewegungszüge verbunden. Das Detail, Inkarnat und Gewandstoffe interessieren. Trotz aller Zurücknahme bleiben Grundzüge des erworbenen »barocken« Gefühls erhalten. In diese Zeit gehören Werke wie »M mit dem Kind, dem Johannesknaben und dem hl. Antonius« (Florenz, Uffizien, um 1530), »M mit dem Kinde, dem Johannesknaben und der hl. Katharina« (London, Nat. Gallery, um 1530), die sog. »vierge au lapin« (Madrid, Prado, um 1535–40). Mehrere »Verkündigungen« (dieser und der folgenden Periode) von sehr unterschiedlicher Qualität weisen auf das Problem des großen Werkstattbetriebs, der Nachahmer und der oft genug umstrittenen Eigenhändigkeit von Werken hin (Venedig, Scuola di S. Rocco, um 1540; Neapel, S. Domenico Maggiore, um 1557; Venedig, S. Salvatore, um 1565). Der »Tempelgang Me« (Venedig, Accademia, um 1534–38), eine breit angelegte Szene vor venezianisch-antikischen Architekturen, kann die Entwicklung des Koloristen vor Augen führen. Statt der gewohnten großen Kontraste und der einfachen Farbwiederholungen werden nun Nuancenreichtum und Farbmodulation wirksam. Die Einzelfarben sind vielfach gebrochen und verbinden sich zum farbigen Ganzen des Bildes. Sehr still und kompositorisch schwach ist die »Himmelfahrt M̃e« (um 1543) im Veroneser Dom. Die um 1542 datierte Szene »M̃ mit sechs Heiligen« (Rom, Vatikan) bringt erneut manieristische Züge, die das Bild eher wie ein Übungstück, denn wie ein geplantes Altarwerk wirken lassen; die Heiligen stehen in unterschiedlichster Ansicht und Gewichtung (bis zur halb verdeckten Rückenansicht), in unterschiedlichster Verfassung (vom Bischof im Ornat bis zum gefesselten, pfeildurchbohrten Sebastian) und mit unterschiedlichstem Interesse für die M̃erscheinung über ihnen in einem nicht näher definierten Raum.

Die Werke ab der Mitte der 1550er Jahre zählt man zur Phase des Altersstils T.s. Der Künstler konzentrierte sich nun hauptsächlich auf die Interpretation durch Farbe, die das Stoffliche überwindet. Raumtiefe und Modellierung spielen keine große Rolle. Kompositionen erhalten oft einen sogar auch ornamentalen Reiz. Die in München verwahrte »M̃ mit dem Kinde« (Alte Pinakothek, um 1560) bietet das Sujet nun in der Formel des Porträts Kaiser Karls V. dar. Die komplizierten Posen sind in Größe und Ruhe verborgen — ein Bild fast »zeremonieller Schönheit«. Die »Pietá« (Venedig, Accademia, 1573–76) war eines der vielen, nach dem Tode T.s von Schülern vollendeten Werke (weitere Werke marian. Thematik [auch Graphiken] vgl. Lit., z.B. Werkkatalog in H. Tietze 1956).

Lit. (Auswahl): W. Suida, T., 1933. — T. Hetzer, T. Geschichte seiner Farbe, ²1948. — L. Venturi, Tiziano, 1954. — G. A. Dell'Acqua, Tiziano, 1955. — H. Tietze, T. Leben und Werk, 2 Bde., 1956. — F. Valcanova, Tutta la pittura di Tiziano, 1960. — A. Morassi, Tiziano, 1964. — R. Pallucchini, Tiziano, 2 Bde., 1969. — E. Panofsky, Problems in Titian, 1969. — D. Rosand, Titian in the Frari, In: ArtBull 53, Nr. 1 (1971) 196 ff. — M. A. Chiari, Incisioni da Tiziano, 1982. — D. Rosand (Hrsg.), Titian. His World and His Legacy, 1982.

T. J. Kupferschmied

Tlōytō (wörtlich: Erhebung [der Stimme]). In der westsyr. Liturgie besteht, wie auch in anderen östlichen Riten, jedes Priestergebet aus zwei Teilen: der erste wird still gesprochen, wobei der Priester in geneigter Haltung steht und die Hände auf der Brust faltet bzw. überkreuzt; man nennt ihn Ghontō. Beim zweiten, T. genannten, laut vorgetragenen Teil steht der Priester aufrecht und mit ausgebreiteten Armen. Man kann den T. mit der byz. Ekphonesis bzw. dem ostsyr. Qānōnā (→ Kanon) vergleichen.

Lit.: F. E. Brightman, Liturgies Eastern and Western I, Oxford 1896, 589. — H. W. Codrington, Studies of the Syrian Liturgies, Nachdr. 1952, 25. — M. Elenjikal, Baptism in the Malankaran Church, 1974. — P. K. Meagher, Encyclopedic Dictionary of Religion, 1979, 3466.

J. Madey

Tobit → Sara, Tochter Raguëls

Tochter Zion. In den semitischen Sprachen werden Städtenamen als Feminina behandelt. Darum personifiziert man in gehobener, dichterischer Sprache eine Stadt als Frau und spricht dann z. B. von der »Tochter Babel«. Das geschieht auch im hebräischen AT. So ist in Ps 45,13 die Rede von der »Tochter Tyrus« (bat ṣōr), in Jes 23,12 von der »Tochter Sidon«. Dann ist auch Jerusalem die »Tochter Jerusalem« (Zef 3,14; Sach 9,9 u.ö.) und der Zion »die Tochter Zion«, wobei schwer zu unterscheiden ist, ob Personifizierung oder Allegorie vorliegt. Oft wird dem Nomen »bat = Tochter« noch das Nomen »bᵉtulat = Jungfrau« vorangestellt. Der Sprachgebrauch (bᵉtulat) »bat ṣijōn = (Jungfrau) Tochter Zion« findet sich in Heilszusagen an Jerusalem, z. B.: »Die Jungfrau Tochter Zion wird verlachen« den Assyrer Sanherib (2 Kön 19,21 = Jes 37,22); die Heiden werden einst Gaben schicken »auf den Berg der Tochter Zion« (Jes 16,1); Jahwe wird »die Fesseln von deinem Hals lösen, Tochter Zion« (Jes 52,26); »Juble, Tochter Zion« (Zef 3,14; Sach 2,14; 9,9). Öfter aber steht die Wendung in Unheilsankündigungen (Jes 1,8; 10,32; 23,12; Jer 4,31; 6,2. 23; Mi 1,3; 4,10) und in Klagen über den Untergang Jerusalems (Klgl 1,6; 2,4. 8. 10. 13. 18). Die griech. Übersetzungen geben diese Wendung mit θυγάτηρ Σιών, die lat. mit »filia Sion« wieder.

Das NT gebraucht die Wendung »Tochter Zion« nur in Mt 21,5 und Joh 12,15 im Zusammenhang mit dem feierlichen Einzug Jesu in Jerusalem in einem aus Jes 40,9 und Sach 9,9 zusammengezogenen Zitat: »Fürchte dich nicht, Tochter Zion! Siehe, dein König kommt!« Der Gruß des Engels an M̃ nach Lk 1,28-33 ist deutlich beeinflußt von Zef 3,14-17: »Freue dich, Tochter Zion, ... fürchte dich nicht, Zion, der Herr, dein Gott, ist in deiner Mitte«.

In der Liturgie und in der M̃hymnik wird die jubelnde T. bzw. die T. als die Stadt, die der Wohnsitz des Gottes Israels ist, auf M̃ übertragen, was als Akkomodation anzusehen ist, wird aber auch die T. der Klagelieder auf die mater dolorosa bezogen (vgl. M. Thurian und Beinert-Petri).

Lit.: ThWNT VII 291–338. — ThWAT I 868 f.; VI 994–1028. — S. Zimmern, Zion als Tochter, Frau und Mutter. Personifikation von Land, Stadt und Volk nach ihrem Eigenart untersucht, Diss., München 1959. — N. W. Porteous, Jerusalem — Zion: The Growth of a Symbol, In: FS für W. Rudolph, 1961, 235–252. — W. F. Stinespring, No Daughter of Zion. A Study of the Appositional Genitive in Hebrew Grammar, In: Encounter 26 (1965) 133–141. — M. Thurian, Maria, ²1967. — Ders., Maria, Mutter des Herrn — Mutter der Kirche, 1978. — A. Fitzgerald, »Btwlat« and »bat« as Titles for Capital Cities, In: CBQ 37 (1975) 167–183. — Beinert-Petri 87 f. 224–229. — B. Bakke Kaiser, Poet as »Female Imperator«: The Image of Daughter Zion as Speaker of Biblical Poems of Suffering, In: JR 67 (1987) 164–182. — E. G. Mori, Figlia di Sion e serva del Signore nella Bibbia, nel Vaticano II, nel postconcilio, 1988. — F. J. A. Sawyer, Daughter of Zion and Servant of the Lord in Isaiah, In: JSOT 44 (1989) 89–107. — F. W. Dobbs-Allsop, Weep, O Daughter of Zion: A Study of the City-Lament Genre in the Hebrew Bible, 1993.

J. Scharbert

Tod Mariens. I. DOGMATIK. *1. Zur Problemlage.* Die Frage, ob M̃ gestorben ist (Mortalisten) oder ob sie ohne den leiblichen Tod verherrlicht wurde (Immortalisten), hat v.a. in der Zeit unmittelbar vor der Definition der leiblichen →Aufnahme Ms in den Himmel am 1.11.1950 zu einer heftigen Kontroverse geführt, die auf beiden Seiten von führenden Mariologen ausgetragen wurde. Während früher diese Frage kaum erörtert bzw. der Tod Ms von den meisten unter Berufung auf die Tradition in Ost und West, bes. auf die Liturgie, als selbstverständlich angenommen wurde (in der Kontroverse unseres Jh.s u. a. von C. →Balić, E. Sauras, H. Lennerz, Chr. Pesch), vertritt ein geringerer Teil der Theologen (u. a. G. M. →Roschini, M. →Jugie, T. →Gallus) mit verschiedenen Argumenten die Freiheit Ms vom Tod. Die Definitionsbulle für die leibliche Aufnahme Ms in den Himmel »Munificentissimus Deus« trifft in dieser Kontroverse keine Entscheidung, wenn sie sagt, »daß die unbefleckte, immer jungfräuliche Gottesmutter Maria nach Vollendung ihres irdischen Lebenslaufes (expleto terrestris vitae cursu) in die himmlische Herrlichkeit aufgenommen wurde«. Obwohl Pius XII. die Kontroverse bewußt offen gelassen hat, begünstigte die Wortwahl der Entscheidung die Verbreitung der Position der Immortalisten.

2. Das Zeugnis der Hl. Schrift und der mündlichen Überlieferung. Die Hl. Schrift bietet keine Aussage zu dieser Kontroverse. Im Blick auf die klar bezeugte Lehre des NT von der Allgemeinheit des Todes, der Heilsgestalt des Todes Christi und der Verbindung zwischen Christus und M kann der Gedanke einer Befreiung Ms vom Tode zunächst nicht aufkommen, ja der Tod Ms wird eher als selbstverständlich vorausgesetzt. Abwegig ist es, wenn die Immortalisten gelegentlich auf Mt 27,52–53 verweisen, da diese Stelle im Zusammenhang der Schilderung und Deutung des Todes Jesu nur für die Heilsmacht dieses Todes zum Ausdruck bringen will. Es bleibt zu beachten, daß Pius XII. bei aller Schwierigkeit des Schriftbeweises für die leibliche Aufnahme Ms in den Himmel gerade diese Stelle nicht zitiert hat.

Das Zeugnis der Tradition ist nicht einheitlich. Die ersten vier Jh.e bieten weder ein Zeugnis für den Tod Ms noch für ihre Unsterblichkeit. →Epiphanius v. Salamis erklärt, daß er trotz sorgfältiger Nachforschung nicht feststellen konnte, ob und auf welche Weise M gestorben sei, und wo sie begraben liege. Über ihr Ende weiß niemand Bescheid. Er möchte weder behaupten, M sei gestorben, noch daß sie unsterblich sei. →Hesychius v. Jerusalem nennt M die Pflanzung der Unvergänglichkeit und das Paradies der Unsterblichkeit und meint, die Heilsgüter der ἀφθαρσία und der ἀθανασία sollten M nicht vorenthalten sein. Eine große Bedeutung für die weitere Entwicklung hat die im 5. Jh. auftauchende Transitus-Me-Legende, die eingehend vom Tod und Begräbnis Ms berichtet. Theoteknos v. Livias sagt in einer Predigt aus der zweiten Hälfte des 6. Jh.s, daß der allheilige und vergöttlichte Leib Ms nur für kurze Zeit der Erde anvertraut, dann aber mitsamt der Seele in den Himmel aufgenommen wurde. →Modestus v. Jerusalem (7. Jh.) lehrt, daß M von Christus, dem Chorführer des Lebens und der Unsterblichkeit, aus dem Grabe erweckt und in den Himmel aufgenommen wurde. →Johannes v. Thessaloniki (7. Jh.) sagt ausdrücklich, daß M eines natürlichen Todes gestorben sei. →Johannes v. Damaskos (†749) betont, daß der Leib der Jungfrau nach dem Tod von der Verwesung (→Unverweslichkeit) bewahrt worden ist. Im Zuge der Entfaltung des späteren Dogmas von der leiblichen Aufnahme Ms in den Himmel wird immer wieder betont, daß Ms Leib nicht verwest ist, eine Lehre, zu der sich auch Papst →Alexander III. (†1181) bekannte. Zusammenfassend läßt sich also sagen, daß die Tradition der Kirche im Zuge der Erläuterung der Lehre von der leiblichen Aufnahme Ms in den Himmel in der Regel den Tod Ms annimmt, aber die Verwesung ihres Leibes ausschließt.

3. Die Position der Immortalisten. Die Vertreter dieser Lehre gehen davon aus, daß weder die Hl. Schrift noch die ersten vier Jh.e etwas vom Tod Ms wissen, eine Tatsache, die zu der Annahme berechtigt, M sei nicht gestorben, sondern ohne Tod verherrlicht worden. Auf den Einwand, daß diese Meinung in der Tradition kaum begegne, weisen die Immortalisten daraufhin, daß die bis weit über das MA hinaus vertretene Lehre von der erbsündlichen Empfängnis Ms die Annahme der Unsterblichkeit der GM verhindert hat. Gerade dieses entscheidende Hindernis ist aber durch das Dogma von 1854 beseitigt. Spekulativ wird Ms Unsterblichkeit aus der GMschaft, der immerwährenden Jungfräulichkeit, der →UE und schließlich aus ihrer Funktion als →Miterlöserin begründet. Diese Gnadenvorzüge schließen mit logischer Notwendigkeit das einzigartige Gnadengeschenk der Bewahrung vor dem Tode ein (Gallus). Es ist theol. nicht nachzuvollziehen, daß Gott den jungfräulichen Leib der GM, den er vor jeder Versehrung schützte, nicht vor dem Tod, d. h. der Trennung der Seele vom Leib bewahrt hat. »Der fast unerträgliche Gegensatz zwischen dem Dogma von der Unbefleckten Empfängnis und der Lehre vom leiblichen Tod Mariens läßt sich durch keine noch so große Sanftheit des Sterbens aus der Welt schaffen« (Gallus 60), so daß die verbindliche Lehre von der Erbsündenfreiheit die Freiheit vom leiblichen Tod einschließt.

Auf den naheliegenden Einwand, Jesus habe den Tod erlitten und in der Auferstehung besiegt, und M müßte daher in gleicher Weise den Tod erleiden und besiegen, wird geantwortet, daß der Tod Jesu auf einen ausdrücklichen Willen des Vaters zurückgeht, während für M eine derartige Aussage weder in der Schrift noch in der Tradition begegne. Eng verbunden mit dieser Beweisführung ist das Argument aus der Lehre von der Miterlöserschaft Ms. Weil die →Schmerzensmutter durch ihren mystischen Tod unter dem Kreuz Miterlöserin wurde, »ist es undenkbar, daß sie noch ein zweites Mal, sei es in noch so sanfter Weise, dem Tod unterworfen sein sollte« (Gallus 71).

4. Die Position der Mortalisten. Die Vertreter dieser These verweisen auf die Hl. Schrift und die christl. Tradition, die im wesentlichen den Tod ⓂÌs ausdrücklich bezeugt oder als selbstverständlich voraussetzt. Das Schweigen der Schrift und der Tradition der ersten vier Jh.e wird ohne weiteres verständlich, wenn man bedenkt, daß im Zuge der Entfaltung des Christus- und Ⓜgeheimnisses und der Abwehr der aufgetretenen Irrlehren andere Gesichtspunkte des Heilsgeheimnisses verteidigt werden mußten. Die Entfaltung der Lehre von der leiblichen Aufnahme ⓂÌs in den Himmel, die sich u. a. an der Entwicklung des Festes von der dormitio bis zur assumptio zeigen läßt, wird unter der Voraussetzung des Todes ⓂÌs leichter verständlich. Die These, daß man aus den Gnadenvorzügen ⓂÌs, der GMschaft, der immerwährenden Jungfräulichkeit und der UE, die Freiheit vom Tod folgern müsse, ist weder spekulativ überzeugend noch aus der Tradition zu erweisen. Die oben angeführten Zeugen aus der Tradition sehen die Würde ⓂÌs durchaus gewahrt, wenn sie zwar gestorben, ihr Leib aber von der Verwesung bewahrt worden ist. So sehr die Tradition den Schluß »assumpta quia immaculata« kennt, so schließt diese Folgerung zwar die Verwesung des Leibes ⓂÌs aus, nicht hingegen die Freiheit vom Tod ein. Wenn Ⓜ seit der ältesten Tradition in Analogie zu Christus als dem zweiten Adam als die neue Eva bezeichnet wird, so kommt ihre Teilhabe am Erlösungswerk Christi zum Ausdruck, nicht hingegen der Gedanke, daß Ⓜ eine Art paradiesische Natur im Sinne der Freiheit vom Tode hatte. Das oben genannte Argument aus der Miterlöserschaft ⓂÌs ist wohl kaum überzeugend, zumal im einzelnen zu fragen wäre, was unter dem Titel Miterlöserin zu verstehen ist.

5. Der Versuch einer abschließenden Würdigung. Die These von der Freiheit ⓂÌs vom Tod hat einen berechtigten Platz in der Mariol. Sie ist in ihren Argumenten zu messen. Unter Berücksichtigung der christl. Tradition und v. a. bei einer grundsätzlich christol. Sicht des gesamten Ⓜgeheimnisses ist der Lehre der Mortalisten der Vorzug zu geben.

Lit.: LaurentinKT. — G. Söll, HDG III/4. — Beinert-Petri 93–213. — T. Gallus, Starb Maria, die Makellose, oder gilt vor der Sünde bewahrt, bewahrt auch vor der Strafe?; dt. von M. Neumann, ²1991. — F. Courth, Mariologie: Texte zur Theologie. Dogmatik, hrsg. von W. Beinert, 1991. *J. Finkenzeller*

II. KUNSTGESCHICHTE. *1. Die östliche Ikonographie.* Aus vorikonoklastischer Zeit sind keine Darstellungen des Ⓜtodes erhalten. Es ist jedoch davon auszugehen, daß sich die ersten Bildformulierungen des Themas spätestens nach der für das gesamte byz. Reich gültigen Einführung des Koimesisfestes gegen Ende des 6. Jh.s herausbildeten.

Ein erster Hinweis auf die Darstellung eines Entschlafungsbildes findet sich in einem Bericht des →Andreas v. Kreta († um 720) für die Jerusalemer Grabeskirche der GM. Ein solches Bild ist auch für die Koimesiskirche in Nikaia (7. Jh.) anzunehmen. Die Reste der auf östlichen Vorlagen beruhenden malerischen Ausstattung der Kirche S. Maria Egiziaca (= Tempel der Fortuna Viriles) in Rom (zwischen 872 und 882) lassen für die Frühzeit zwei Rückschlüsse zu: erstens war es wohl üblich, mehrere Szenen der Entschlafungslegende in einem Zyklus abzubilden (erhalten sind die Todesverkündigung Christi an Ⓜ, die Reise der Apostel in Begleitung von Engeln zum Haus ⓂÌs und die dortige Begrüßung durch Johannes, nicht aber das eigentliche Entschlafungsbild); zweitens ging wohl bereits die Ikonographie der Frühzeit auf die Legendenberichte zurück.

Eine Übergangsstellung hin zum sog. »klassischen« oder »kanonischen« Typ nehmen einige Fresken in kappadokischen Kirchen des 10. und 11. Jh.s ein. So zeigt das Entschlafungsbild der Ağaç Alti Kilise in Ihlara (Anfang 11. Jh.) Christus, der beide Hände vor das Gesicht seiner Mutter hält, um die aus dem Mund ausgehauchte Seele zu empfangen. Am Kopfende des Bettes steht der Apostel Johannes mit dem Palmzweig in Händen. In der oberen Zone erscheint Christus ein zweites Mal mit der Ⓜseele, begleitet von Michael als Seelenführer.

Ebenfalls bereits im 10. Jh. bildet sich in Byzanz der einfache Typus der klassisch-kanonischen Koimesis heraus (Fresko in Ateni/Georgien, 904–906), der in der Folge bezüglich des Bildschemas keine wesentlichen Veränderungen, nur noch Erweiterungen erfährt und v. a. in zahlreichen Elfenbein- und Steatitreliefs des 10. und 11. Jh.s überliefert ist (z. B. Elfenbein des Buchdeckels des Evangeliars Ottos III., München, Bayer. Staatsbibl., clm. 4453, Konstantinopel, 10. Jh.). Charakteristische Kennzeichen sind die Christophanie und die Darstellung der »assumptio animae«: Ⓜ liegt sterbend oder bereits tot auf ihrem in den Vordergrund gerückten, bildparallel gestellten Bett, vor dem sich zumeist ein Schemel befindet (in späteren Darstellungen dient er als Träger der in den Legenden erwähnten Kerze). Ihre Arme liegen entweder in das Gewand gehüllt eng am Körper an oder sind über der Brust gekreuzt. Hinter dem Bett steht Christus und blickt seitlich auf seine Mutter herab. In seinen Händen hält er das εἴδολον (Urbild) in Form einer in ein Tuch gehüllten oder wie ein Kind gewickelten Seelenfigur und reicht sie zwei Engeln, die in symmetrischer Anordnung mit verhüllten Händen vom Himmel herabkommen, um sie in Empfang zu nehmen. Eine spätere Variante führt eine asymmetrische Komposition vor, bei der nur ein Engel vom Himmel herabkommt und der zweite mit der bereits in Empfang genommenen Seele nach oben fliegt. Beiderseits des Sterbelagers haben sich die Apostel und

Tod Mariae, Benedictionale des Erzbischofs Robert v. Jumièges, um 980, Rouen

häufig noch weitere in den apokryphen oder anderen Quellen genannte Personen versammelt. In der Regel schwingt Petrus am Kopfende das Weihrauchfaß, beugt sich der greise Johannes über den Oberkörper und umfaßt Paulus am Fußende verehrend die Füße ᛗs.

Im 11./12. Jh. ist die Entwicklung dieses Typus abgeschlossen und erfährt, v. a. auf dem Gebiet der Wand- und Buchmalerei, lediglich Detailerweiterungen. So wird das Sterbegeschehen häufig um die Nebenszene der Apostelreise erweitert. Zur Bereicherung der Hauptszene gehören die Hintergrundarchitektur (sie zeigt in der Regel links in Anspielung auf die Grabeskirche in Gethsemane eine Kirche, rechts in Anspielung auf das Wohn- und Sterbehaus ᛗs ein

Haus), die Einführung zusätzlichen, in den apokryphen oder anderen Quellen genannten Bildpersonals (die Gefährtinnen M̲s sowie der Herrenbruder Jakobus, Dionysius Areopagita, Herotheus und Timotheus in wechselnder Zahl, seit dem 14. Jh. zusätzlich →Johannes v. Damaskos und →Kosmas v. Majum) sowie die gelegentliche Anspielung auf die Grablegung durch den sarkophagartigen Charakter des Bettes M̲s. Darüberhinaus wird Christus durch seine Größe hervorgehoben und seit dem 12. Jh. mit einer monochromen, mandorlaförmigen Lichtgloriole, die auch als Doppelaureole ausgebildet sein kann, umgeben. Seit dem 13. Jh. sind in diese Aureole ebenfalls monochrome Engel und ein bekrönender Seraph eingefügt. Die vom Himmel herabschwebenden Engel werden zunehmend durch zwei zu Seiten Christi stehende Engel ersetzt, die sich mit verhüllten Händen verneigen.

Während die von Konstantinopel abhängige Malerei diese Darstellungsformen der Erscheinung Christi am Bett seiner Mutter im wesentlichen beibehält, geht die Wandmalerei Serbiens und Makedoniens v. a. in den Werken der sog. Milutin-Schule (König Milutin: 1281–1321) seit dem 13. Jh. eigene Wege: das Gefolge Christi, nun häufig in byz. Hoftracht gekleidet, wird immer zahlreicher, die Form der klassischen Aureole kann durch komplizierte Gebilde mit flammenförmigen Strahlen oder durch Doppelrhomben ersetzt werden und die Anzahl der Nebenszenen nimmt kontinuierlich zu. Hierzu gehören die Todesverkündigung an M̲, das Gebet der GM am Ölberg, M̲ im Gespräch mit ihren Gefährtinnen, denen sie ihren bevorstehenden Tod mitteilt, die →Grabtragung einschließlich der Jephonias-Szene, die Himmelfahrt M̲s mit oder ohne →Gürtelspende an Thomas und die Apostel vor dem leeren Grab M̲s. Gelegentlich sind Sterbeszene und Grabtragung in einem Bild vereinigt (Sv. Joakim i Ana, sog. Königskirche, Studenica, 1313/14; Sv. Djordje, Staro Nagoričino, vollendet 1317/18).

Demgegenüber sind aus Griechenland im selben Zeitraum in der Regel traditionelle Koimesis-Kompositionen ohne Nebenszenen erhalten. Erst seit dem 15. Jh. beginnen sich auf Kreta figurenreiche, expressive Darstellungen durchzusetzen.

Auch auf dem Gebiet der Ikonenmalerei ist ein Festhalten am klassischen Koimesis-Schema zu beobachten, das erst im 15. Jh. v. a. im russischen, zyprischen und rumänischen, im bulgarischen Bereich sogar erst seit dem 19. Jh. mehrszenigen Darstellungsformen weicht. Etwa seit dem 17./18. Jh. kommt es, ausgehend von der russischen Ikonenmalerei, zu einer bewußten Rückwendung hin zur einfachen klassischen Bildformulierung, wobei es vielerorts bis in die Gegenwart geblieben ist.

2. Die westliche Ikonographie. Im Westen setzt die Darstellung des M̲todes erst im späten 10. Jh. ein. Bis zur Mitte des 12. Jh.s haben sich ausschließlich Beispiele der Buchmalerei in liturg. Texten erhalten, die das Thema jeweils in Abstimmung mit dem zu illustrierenden Text behandeln und zu eigenständigen Bildaussagen führen. Neben der Abwandlung des byz. Grundmodells entwickeln sich selbständige Neuformulierungen, die auf dem Hintergrund der in die Gebete und Hymnen von Liturgie und Stundengebet aufgenommenen Brautsymbolik von Ps 44 und dem Hohenlied den Akzent immer mehr vom eigentlichen Sterben auf die Aufnahme M̲s in den Himmel und ihre himmlische Vollendung verlagern und schließlich in das Motiv der →Krönung M̲s einmünden.

Als ältestes Beipiel eines westlichen Entschlafungsbildes gilt die Miniatur im Benediktionale des hl. Aethelwold (London, British Library, Add. Ms. 49598, fol. 102^v, Winchester, um 975–980): umgeben von ihren Gefährtinnen und den Aposteln liegt M̲ auf ihrem Bett. Von oben blicken vier Engel, nur einer von ihnen mit verhüllten Händen, auf M̲ herab, während am Himmel die Hand Gottes mit der Krone des Lebens erscheint. Ähnlich, doch ohne Apostel und Engel, die Komposition im Benediktionale des Erzbischofs Robert v. Jumièges (Rouen, Bibl. Municipale, Ms. 369 [Y 7], fol. 54^v, Winchester, um 980). Charakteristisch für diese frühen engl. Beispiele ist der Verzicht auf die Aufnahme der Seele M̲s in den Himmel.

Der an östlichen Vorlagen orientierten Gruppe sind die Anwesenheit Christi am Sterbelager seiner Mutter sowie die Darstellung der von ihm emporgehaltenen M̲seele als nacktes Kind oder eingewickeltes Bündel gemeinsam. Daneben fließen häufig zusätzliche, die Thematik erweiternde Motive ein: geläufig sind z. B. der Empfang der M̲seele mit der Krone des Lebens durch die Hand Gottes (Prümer Antiphonar, Paris, Bibl. Nat., Ms. lat. 9948, fol. 60^v, Prüm, zwischen 993 und 1000) oder die Motivverschmelzung von Tod und Grablegung (Perikopenbuch des →Berthold v. Regensburg, New York, Pierpont Morgan Library, Ms 780, fol. 64^v, Salzburg, 2. Hälfte 11. Jh.).

Eine wesentliche ikonographische Neuerung gegenüber dem geläufigen byz. Schema bietet eine Reihe von Bildschöpfungen der →Reichenauer ottonischen Malerschule. Der entscheidende Unterschied liegt im Verzicht auf die Anwesenheit Christi am Sterbelager seiner Mutter. Stattdessen erscheint er als Majestas Domini im oberen Bildteil (Perikopenbuch Heinrichs II., München, Bayer. Staatsbibl., clm 4452, fol. 161^v, Reichenau, 1007/12) oder wird durch die ein Kreuz umfassende dextera Dei am Himmel ersetzt (Tropar und Sequentiar, Bamberg, Staatsbibl., Msc. lit. 5, fol. 121^v, Reichenau, 1000/02), während zwei Engel ein Medaillon mit der nun als erwachsene Frau wiedergegebenen M̲ emportragen oder zur Verehrung darbieten. Die Form des von Engeln getragenen Clipeus knüpft dabei an das in der röm. und frühchristl.

Funeralsymbolik geläufige Motiv der von Genien bzw. Viktorien oder Engeln getragenen »imago clipeata« an. Die sonst in einem Bild zusammengestellten Ereignisse von Tod und Aufnahme ₥s in den Himmel können in dieser Gruppe der Reichenauer Miniaturen auch auf zwei Darstellungen verteilt sein (Kollektar, Hildesheim, Bibl. Beveriana, cod. 688, fol. 76^v und 77^r, Reichenau, 1015–20).

In der Spätzeit kehrt die Ikonographie zur byz. Bildformel mit Christus am Sterbebett zurück, doch kann dieser anstelle des dort üblichen Seelenkindes weiterhin den Clipeus mit der Büste der erwachsenen GM halten (Bernulph-Evangelistar, Utrecht, Rijksmuseum het Catharijneconvent, Ms. 3, fol. 173^v, Reichenau, 1040–50). Auch außerhalb des Reichenauer Bereichs ist in der Folge das Medaillon mit dem Brustbild ₥s anzutreffen (St. Erentruder Perikopenbuch, München, Bayer. Staatsbibl., clm 15903, fol. 81^v, Salzburg, um 1140).

Ab der Mitte des 12. Jh.s machen sich in der Ikonographie des ₥todes neue Motive bemerkbar. Neben der Ausbildung von Darstellungen der Himmefahrt ₥s im strengen Sinn fließen im Zuge der Gleichsetzung ₥s mit der Kirche und der Braut Christi Motive der Brautsymbolik in die Ikonographie ein, die sich schließlich verselbständigen. Unter Beibehaltung der traditionellen westlichen Koimesis-Adaption entsteht durch den Austausch der ₥seele gegen die Gestalt der Ecclesia (Einzelblatt eines Psalterfragments, München, Staatl. Graphische Sammlung, Regensburg-Prüfening, 12. Jh.) eine typisch abendländische Bildform, die Legende und liturg. Hauptthema des ₥festes am 15. August miteinander kombiniert.

Eine weitere wichtige Neuerung ist, zunächst noch in Verbindung mit dem Sterbebild, dann als eigenständige Komposition, v. a. innerhalb der Monumentalkunst, die Entwicklung von Darstellungen der Krönung bzw. Inthronisation ₥s, die seit etwa 1170 ihren Höhepunkt in der franz. und der von ihr abhängigen →Kathedralskulptur haben. In den Programmen dieser ₥portale findet der Tod, ebenso wie die Auferweckung ₥s durch Engel, seinen Platz auf dem Türsturz, während das Tympanon die Krönung bzw. Inthronisation ₥s als zentrales Thema aufnimmt. Auffallend ist eine erneute Annäherung der Ikonographie an das östliche Schema, wobei auch die Kombination oder der Austausch mit der Grablegung (Senlis, Kathedrale Notre-Dame, Mittelportal, um 1170) bzw. die Verbindung mit der Auferweckung ₥s (Paris, Notre-Dame, nördliches Westportal, um 1200–20) möglich sind.

Die ital. Ikonographie ist auch im SpätMA und bis in die Renaissance hinein stark vom byz. Grundschema der Koimesis und seiner verschiedenen Erweiterungen abhängig (Jacopo Torriti, Apsismosaik in S. Maria Maggiore, Rom, 1295) und variiert dieses nur geringfügig z. B. in der unterschiedlichen Anordnung der um das Sterbelager versammelten Apostel. Auch Frankreich, wo sich der Schwerpunkt der Darstellung seit dem 14. Jh. auf das Gebiet der Elfenbeinschnitzerei und seit dem 15. Jh. auch auf die Buchmalerei verlagert, hält im wesentlichen an der byz. geprägten Ikonographie fest und bildet diese weiter. Neu ist z. B. das Motiv eines kleinen Engels, welcher Augen und Mund der gerade Verstorbenen schließt.

Demgegenüber entwickelt die dt. Kunst im 14. Jh. den Typ der auf eine Matte am Boden gebetteten ₥ als ein Zeichen für das demütige Sterben der GM und zeigt erste Ansätze, ₥ nicht mehr in Anspielung auf die Grabtragung Christi wie auf einer Bahre, sondern tatsächlich im Bett liegend und von Decken verhüllt wiederzugeben. Diese Art der wohl vom geistlichen Theater abhängigen Darstellung wird in Deutschland zur beherrschenden Bildform des 15. Jh.s und wird zunehmend mit einer Reihe realistischer Details angereichert, die einerseits auf den Tod ₥s als Trost und Vorbild für einen guten Tod hinweisen, andererseits zu einer Verweltlichung des Themas führen. Zu den frühesten Darstellungen dieses neuen Typs gehören die Werke →Konrads v. Soest (z. B. Marienaltar, Dortmund, Marienkirche, um 1420) und seines Umkreises, in denen gleichzeitig das neue Motiv des das Haupt ₥s umschwebenden und ihr Augen und Mund schließenden Engelreigens entwickelt ist. Parallel dazu wird es üblich, den Vollzug der Exequien, die sich jedoch weniger auf die »commendatio animae« als vielmehr auf Aufbahrung und Bestattung beziehen, zu betonen. Für den Vollzug dieser Sterberiten bilden sich bestimmte Zuordnungen zu einzelnen Aposteln aus (so reicht meist Johannes ₥ die Sterbekerze oder Palme), unter denen der priesterlich gekleidete Petrus eine Sonderstellung einnimmt.

Ebenfalls seit dieser Zeit setzt sich eine Darstellungsform durch, die das Bett nicht mehr im Vordergrund stehend zeigt, sondern, zunächst noch in bildparalleler Ausrichtung, in den Raum hineinrückt. Christus, der bis dahin entweder hinter dem Bett stehend und die Seele ₥s aufnehmend oder als Himmelserscheinung anwesend war, fehlt nun häufig, ₥ ist als Sterbende gekennzeichnet und von allerlei liturg. und häuslichem Gerät umgeben. Ebenfalls bereits in der ersten Hälfte des 15. Jh.s wird das Bett ₥s vereinzelt diagonal in den Raum hineingestellt (Hans Multscher, Wurzacher Altar, rechter Flügel, Berlin, Staatl. Mus., 1437), doch stellt — mit Ausnahme der niederländischen Kunst, die das Motiv schon früher kennt — erst Michael Pacher (Wolfgangsaltar, St. Wolfgang, Pfarrkirche, 1471–81) als einer der ersten die sterbende GM mit hochgelagertem Oberkörper in einem in der Mitte des Raums übereck gestellten Himmelbett dar. Diese Darstellungsform findet rasche Verbreitung und wird u. a. von Martin Schongauer, Albrecht Dürer und Hans Baldung Grien aufgenommen. Innerhalb der dt. Kunst schafft noch einmal Hans Holbein d. Ä. (z. B. Flügel des ehemaligen Hochaltars der Dominikanerkirche zu Frankfurt a. M., Basel, Kunsthalle, 1501) eine eigenständige Form, indem er M quasi thronend zeigt und so ihre Rolle als künftige Himmelskönigin hervorhebt.

In Böhmen entwickelt sich auf dem Hintergrund der eigentlich das Weihnachtsbild betreffenden Visionen des Ps.-Bonaventura und der Birgitta v. Schweden seit der ersten Hälfte des 15. Jh.s neben der Beibehaltung des dt. Typs eine selbständige Form des Mtodes, die sich sehr rasch in den Gebieten des Deutschordenslandes, seit den zwanziger Jahren des 15. Jh.s auch in Oberbayern bis Nürnberg, Österreich, Kärnten und in der zweiten Jh.-Hälfte auch in Südpolen ausbreitet: M liegt bei ihrem Tode nicht im Bett, sondern kniet bzw. schwebt kniend und betet. In der Regel ist Christus dargestellt, wie er die Seele seiner Mutter zu sich nimmt, während M von Johannes gestützt wird. Später wird auch in Parallelität zur Ohnmacht der GM unter dem Kreuz gezeigt, wie sie sterbend zusammenbricht (z. B. Veit Stoß, Krakauer Altar, Krakau, Marienkirche, 1472–89).

In den Niederlanden wird das Thema des Mtodes erst um die Mitte des 15. Jh.s beliebt und erreicht seinen Höhepunkt in den Darstellungen des Hugo van der Goes (Tafelbild des Mtodes, Brügge, Groeningen-Mus., um 1480) mit ihrer charakteristischen, u. a. für Rembrandt verbindlichen Synthese des realistisch dargestellten Sterbens der GM mit dem Lichtwunder der Erscheinung Christi.

Seit der Zeit der Gegenreformation verliert das Thema zugunsten der Himmelfahrt Ms und ihres triumphalen Empfangs im Himmel zunehmend an Bedeutung und wird nur noch selten dargestellt, ohne daß es zu neuen Bildformulierungen kommt.

Lit.: H. R. Peters, Die Ikonographie des Marientodes, Diss., 1950. — P. A. Dunford, Iconografia della dormizione e del l'assunta della Vergine Maria nell' arte rinascimentale Italiana, In: Arte cristiana 63 (1975) 284–298. — G. Holzherr, Die Darstellung des Marientodes im SpätMA, Diss., 1979. — Schiller IV/2, 83–154. — C. Schaffer, Koimesis. Der Heimgang Mariens. Das Entschlafungsbild in seiner Abhängigkeit von Legende und Theorie, 1985. — R. Kahsnitz, Koimesis — dormitio — assumptio. Byzantinisches und Antikes in den Miniaturen der Liuthargruppe, In: Florilegium in honorem C. Nordenfalk octogenarii contextum, 1987, 91–122. — LCI IV 333–338. — RBK IV 136–182.
U. Liebl

Todesstunde. Sofern der Tod »Lohn der Sünde« ist (Röm 6, 23), bleibt er trotz seiner Überwindung durch Christus für den Gläubigen stets eine Bedrängnis, ja die letzte Anfechtung. Um sie zu bestehen, richten die Gläubigen seit je, ermutigt von der Kirche, ihr Vertrauen auf M und zwar nicht erst in der T. selbst, sondern schon, auf sie vorausblickend, immer wieder im Lauf ihres ganzen Lebens.

1. Zeugnisse aus der Frömmigkeitsgeschichte. Die bekannteste und am häufigsten ausgesprochene Bitte um den Beistand Ms in der T. enthält der um 1400 entstandene 2. Teil des »Ave Maria«.

Der Servit Gasparini Borro († 1498), einer der ersten Tradenten des gesamten Textes des »Ave Maria«, fügt der Bitte: »ora pro nobis ... in hora mortis nostrae« die Erläuterung an: »traza degli adversarj rompi« (»verspreng die Schar der Feinde«; zit. nach Roschini 88). Er zeigt damit den Gläubigen an, welche Hilfe sie sich von M in der T. erhoffen sollen. Dieses Anliegen findet sich bereits viel früher im → »Melker Marienlied« (um 1130/40). Im Zusammenhang mit ihm wird M kennzeichnenderweise »Pforte des Paradieses« genannt: »du wis uns allen wegente / ze jungiste an dem ente / (erweise du uns allen Hilfe / zuletzt am Lebensende)« (Haufe 18/21).

Auch eine Paraphrase zum »Ave Maria« aus der Zeit Dantes drückt die Erwartung aus, daß den Gläubigen auf die Fürbitte Ms das Eingehen in die ewige Glückseligkeit geschenkt wird: »O Vergin benedetta ... ora pro noi Dio ... che 'l paradiso al nostro fin ci doni« (»gebenedeite Jungfrau bitte Gott für uns, daß er uns an unserem Lebensende das Paradies schenke«; zit. nach DSp I 1164). Im aus demselben Zeitraum stammenden »Stabat Mater« erhofft sich der Beter auf die Fürbitte Ms die Siegespalme und zwar von Christus: »Christe, cum sit hinc exire, / Da per Matrem me venire / Ad palmam victoriae.« Um den Beistand Ms für die T. zu veranschaulichen, zieht Seifrid Helbing (Ende 13. Jh.) das Bild vom Stern heran: »du bist der steren / der uns leiten sol uz dem ellende / hin ze vreuden ewiclich an (= ohne) ende« / (Haufe 52). M wird sodann ausdrücklich um Befreiung von den Sünden angerufen, um vor der ewigen Verdammnis bewahrt zu bleiben (nach Münchener Codex von 1505): »Am letzten Tag so wohn uns bei, / wenn Seel und Leib sich scheiden, / so mach uns aller Sünden frei, ... / behüt uns vor ewigem Leide« (ebd. 177).

Gerade die Gedichtsform und die Verwendung der Muttersprache zeigen, wie sehr diese Flehrufe dem frommen Gemüt des gläubigen Volkes entsprangen. Das macht auch ein Gebet im eigentlichen Sinne aus dem 15. Jh. deutlich, das dem Kurfürsten von Brandenburg zugeschrieben wird und das die »Kettenbrüder ULF« täglich verrichten sollten; es endet mit der Bitte: »An der letzten Stunde mein, / Wann ich leid Smertz und Pein / Und von hynnen verscheide, / Thu mir dann Maria Trost, / Das ich selig ganz erlost / Fahr hin in dein Geleyde.« (zit. nach Heck 118).

Wie tief solches Verlangen in der Seele des gläubigen Volkes verankert war, beweisen auch zahlreiche Mlieder, die zu Beginn der Neuzeit entstehen. Die letzte Strophe des Weihnachtsliedes »Es ist ein Ros' entsprungen« (um 1587/88) enthält die Bitte an M: »Wenn wir fahren dahin aus diesem Jammertal, du wöllest uns begleiten bis in der Engel Saal.« (Haufe 203). In Vorausschau auf die Leiden in den letzten Lebensstunden heißt es in dem Lied »Herzliches Bild, Maria klar« aus dem Tegernseer Gesangbuch (um 1577): »O Mutter, nicht von mir dich wend, / wenn ich einst leid am letzten End.« (Unser Singbuch 157,4)

Mit Hinweis auf den hl. Bernhard nannte der hl. Petrus Canisius M. »Iudicis Mater«, um die Gläubigen in ihrem Vertrauen auf die GM zu bestärken, wenn sie im Tod vor das Gericht Gottes hintreten (Migne IX 108). Dieses Anliegen ist in dem Abendlied »Schön glänzt in der Nacht« (1777) gleichfalls aufgegriffen: »Einst, wenn das Aug' uns bricht, / verlaß uns doch nicht / zur Stunde des Todes / im letzten Gericht; / ach bitt deinen Sohn, / daß er uns verschon, / in Gnaden uns rufe zum himmlischen Thron.« (Unser Singbuch 163,5). In dem Lied »Glorwürdge Königin« (um 1830) bekennt der Sänger, daß der Beistand M.s ihm alle Ängste, selbst die vor der Hölle, nimmt: »Mutter der Todesnot, / Mutter des Lichts, / wenn uns die Hölle droht, / fürchten wir nichts, / wendest du, führend zur seligen Ruh, / deine barmherzigen Augen uns zu. (Gotteslob 881,4)

Auf eine theol. Kurzformel brachte Virgil → Sedlmayr OSB († 1772) dieses Vertrauen, indem er M. »in hora mortis nostrae Patrona« bezeichnet (Migne VIII 253). Als eifrigem Seelsorger lag bes. dem hl. → Alfons M. v. Liguori daran, die Gläubigen auf das Bestehen der Anfechtungen in der T. vorzubereiten, damit sie sicher das Heil erlangen. In seinem »Gebet zur allerseligsten Jungfrau um einen guten Tod« leitet er den Gläubigen an, zu M. zu rufen: »Halte fern von mir die höllischen Geister, komm und nimm meine Seele auf, um sie dem ewigen Richter vorzustellen« (zit. nach Krebs 45). Und in seiner Erklärung des »Salve Regina« erläutert er die Bezeichnung M.s als »dulcedo nostra« mit den Worten: »Maria versüßt den Tod des Verehrers«; wenig später tröstet er den Beter: »Diese gute Königin und Mutter verläßt ihre treuen Diener ... nicht in der Todesnot, sie ist zur Zeit des Todes unsere Süßigkeit; sie erwirbt uns dann ein süßes und seliges Hinscheiden« (ebd. 112). Im 19. Jh. rief sodann der franz. Priester Charles Duguey, Gründer der Congregatio Presbyterorum a S. Maria de Tinchebray (1851), die »Bruderschaft unserer Lieben Herrin vom guten Tod« ins Leben.

2. Kirchenamtliche Zeugnisse. In Schreiben an diese Kongregation liegen päpstliche Aussagen über den Beistand M.s in der T. vor. Ihre Anrufung im Todeskampf »verleiht uns sicheren Schutz« (Pius X. AAS 3 [1911] 266). Benedikt XV. lehrt, daß M. den mit dem Tod Ringenden »barmherzig beisteht« (AAS 10 [1918] 182), und Pius XI. begründet theol. dieses Vertrauen auf M., nahm sie doch »mit Jesus Christus teil am Erlösungswerk; und bestellt zur Mutter der Menschen, umfängt sie diese, die ihr, gleichsam durch die letztwillige Verfügung (testamento) der göttlichen Liebe, anvertraut wurden« (AAS 15 [1923] 104). Diese gläubige Zuversicht kommt auch in liturg. Gebeten zum Ausdruck, mit denen die Kirche den Sterbenden begleitet (→ Sterbeliturgie). So wird in einem Gebet des Rituale Romanum Pius' V. die Bitte ausgesprochen, daß M. die Seele des Sterbenden »ihrem Sohn empfehle, damit sie die Ängste des Todes dank ihres mütterlichen Eintretens nicht fürchten müsse, sondern in ihrer Begleitung freudig in die ersehnte Wohnstatt in der himmlischen Heimat eingehe« (Tit. V c. 7). In dem nach dem Vaticanum II herausgegebenen Rituale erfleht die Kirche dem Sterbenden: »Wenn du aus diesem Leben scheidest, eile dir Maria entgegen« (Sterbegebete, Nr. 147).

3. Zeugnisse in der Dichtung. Ihr Vertrauen auf M. in der T. haben auch Dichter bekannt. Josef v. → Eichendorff (1857) fleht zu M. unter Verwendung dichterischer Metaphern: »Wenns einst dunkelt in den Gipfeln / und der kühle Abend sacht / niederrauschet in den Wipfeln: / O Maria, heilge Nacht! / Laß mich nimmer wie die andern, / decke zu der letzten Ruh / mütterlich den müden Wandrer / mit dem Sternenmantel zu.« (An die heilige Mutter; Haufe 318).

Clemens v. → Brentano beschließt sein Gedicht »Meerstern, wir dich grüßen«, auf dichtere Bilder verzichtend, mit der Bitte: »Jungfrau, Himmelstüre, / in des Todes Gründe / sende deiner Strahlen Schein / und helleuchtend führe / aus dem Meer der Sünde / uns zum Quell des Lichtes ein!« (ebd. 313)

Lit.: J. P. Migne (Hrsg.), Summa aurea de laudibus beatissimae Virginis Mariae Dei Genetricis, VIII und IX, 1862. — Alfons M. v. Liguori, Die Herrlichkeiten Mariens, übers. und hrsg. von A. Krebs, 1922. — Sträter III. — Unser Singebuch (sc. der Salesianer Don Boscos), 1958. — E. Haufe (Hrsg.), Dt. Mariendichtung aus neun Jh.en, 1960. — Gotteslob. Kath. Gebets- und Gesangbuch mit dem Diözesananteil Augsburg, 1975. — D. Bertetto, Maria, maestra di vita spirituale, 1982. — E. Heck, Ave Maria, Hl. Schrift – Liturgie – Frömmigkeitsgeschichte, 1989. — DSp I 1161–65.
A. Bodem

Todtmoos, Lkr. Waldshut, Erzdiözese Freiburg, Pfarr- und Wallfahrtskirche »Ad Assumptionem BMV«.

Eine Kapellenerrichtung wird für 1255 auf dem »Schönbühl« erwähnt. Die Erhebung zur Pfarrkriche des oberen Wehratales erfolgt 1268, die Patronatschaft geht 1319 von den Habsburgern an St. Blasien über. Für 1382 ist das M.-patrozinium mit Sicherheit nachgewiesen. Ablässe werden ab 1422 verliehen.

Die Kirche wird 1300 zum ersten Mal erweitert, 1391 entsteht ein neuer Chor, 1626/28 erfolgt ein Um- bzw. Neubau mit fünf Altären. Mehrere Baumaßnahmen folgen bis zur Erweiterung der Jahre 1927/28 und zur Neukonsekration 1928. Für die Wallfahrt wichtig wird die Errichtung des Hochaltares 1728 und die Transferierung des Gnadenbildes dorthin 1759; es hatte bis dahin auf dem rechten Seitenaltar gestanden.

Das Gnadenbild ist eine lebensgroße Pietà aus der Zeit um 1400. Sie ist in ein bodenlanges Barockgewand gekleidet, so daß man nur die beiden Häupter sieht. Der Grund dafür sind massive Schäden bei einem Kirchenbrand.

Todtmoos, Andachtsbildchen, 19. Jh.

1759 stiftet Karl v. Lothringen ein silbernes Antependium für den barocken Hochaltar. Es stammt von Elias Jäger aus Augsburg und befindet sich heute in Wien (Kunsthist. Mus.).

Mirakelberichte (ab 1427) und die Förderung durch das Kloster St. Blasien ab dem 14. Jh. bringen einen bis heute im wesentlichen anhaltenden beachtlichen Wallfahrtszulauf. Bruderschaften (z. B. »Mariä-Himmelfahrts-Bruderschaft zum Troste der Armen Seelen«) sind ab 1471 nachgewiesen, ein Bruderschaftsbüchlein erscheint 1742, die Aufhebung in der Aufklärung erfolgt 1789. 1898 wird die Wiedererrichtung mit neuen Statuten vorgenommen.

Mirakelaufzeichnungen berichten u. a. vom Ausbruch der Pest (Beziehung schwarzes verkohltes Gnadenbild?) in Freiburg und Basel. Es werden 1427 bzw. 1439 Prozessionen gelobt und seitdem durchgeführt. Weitere Mirakel und Ablässe fördern die Wallfahrt seit dem 15. Jh. In einem Verzeichnis von 1647 wird von Votivprozessionen aus Orten des Südschwarzwaldes, des Elsaß und der Schweiz (u. a. kommt später das aargauische Fricktal hinzu) berichtet. Heute erfolgt die Betreuung dieser bedeutenden Wallfahrt im südlichen Schwarzwald und der Pfarrei durch Pauliner-Patres aus Czenstochau. Hauptwallfahrtstag mit zahlreichen Prozessionen ist der 15. August.

QQ: Wallfahrtsbücher von 1628, 1698, 1847, 1902–50, vgl. G. Wolf, Wallfahrtsbücher in der Erzdiözese Freiburg, in: K. Welker (Hrsg.), Heilige in Geschichte — Legende — Kult, 1979, 84.
Lit.: Müller I 285–289. — BeisselW 341. — SchreiberW 162 f. — P. Hugger, Die Wallfahrt von Hornussen nach T., 1975. — J. A. Ruf, T. Geschichte und Landschaft, 1976. — Kurzkataloge 65. — H. Brommer, Pfarr- und Wallfahrtskirche T. im Schwarzwald, ³1983. — Beinert-Petri 755. 761. — R. Metten, K. Welker und H. Brommer, Wallfahrten im Erzbistum Freiburg, 1990, 156–158 (Lit.). — Dokumentation in der Abteilung Rel. Volkskunde des Instituts für Biblische und Historische Theol. der Albert-Ludwigs-Universität Freiburg i. B. *W. Müller (K. Welker)*

Töchter (filiae, figlie, filles, daughters, hijas) ist in Verbindung mit dem Namen M⃝s (oder eines Äquivalents z. B. Annunziata, Consolata) mit (oder ohne) Beifügung eines weiteren Glaubensgeheimnisses (Immaculata, Heilig), oder eines Ortes (Lourdes, Fatima, Lujan) eine beliebte, in den Titel aufgenommene Selbstbezeichnung der Mitglieder von weiblichen rel. Gemeinschaften. Daß sie das Verhältnis zu M⃝ (»Tochter«) in ihren Titel aufnehmen, zeigt, was es ihnen bedeutet. Rel. Frauengemeinschaften nennen sich »Töchter« auch mit nichtmarian. Bezug (z. B. Töchter des Kreuzes, des Herzens Jesu, der Liebe, der göttlichen Vorsehung, der Kirche, der hl. Elisabeth). Von den 149 im Lexikon des Rätestandes (DIP) genannten Töchter-Vereinigungen mit marian. Bezug seien folgende stellvertretend genannt. *H. M. Köster*

1. Töchter der Weisheit (Filles de la Sagesse, FdlS). Sein missionarisches Charisma ließ L.-M. → Grignion de Montfort von Anfang an daran denken, angesichts der Nöte der Kirche nach Mitarbeitern für die Missionsarbeit in Wort und Tat zu suchen. Während seiner ersten seelsorglichen Tätigkeit im Armenhaus von Poitiers (1701–03) erarbeitete er mit einer kleinen Gruppe armer und kranker Frauen in einem Saal, den er »La Sagesse« (die Weisheit) nannte, ein Lebensprogramm, in dessen Mittelpunkt Jesus Christus, die menschgewordene Weisheit steht: Sich selbst verleugnen und unter der Führung M⃝s sein Kreuz tragen in der Nachfolge Jesu, ist sein zentraler Gedanke, der zugleich Grundzüge der montfortanischen Spiritualität zum Ausdruck bringt. Dieser Gruppe schloß sich Marie-Louise → Trichet an, mit der zusammen Grignion die Kongregation der »Töchter der Weisheit« gründete; sie empfing am 2. 2. 1703 als erste von ihm das Ordenskleid. In der ersten Regel der Kongregation, die 1715 approbiert wurde, gibt Grignion als »inneres Ziel« der Gemeinschaft den Erwerb der göttlichen Weisheit an; Jesus Christus, der menschgewordenen Weisheit, weihen sich die Schwestern in der montfortanischen Weihe; Vorbild ist ihnen dabei M⃝, die sich ganz in den Dienst Christi gestellt hat. So wissen sich die Schwestern wie M⃝ einbezogen in das Heilswerk Gottes und in die Heilsgeschichte des Erlösers. Von daher bestimmt sich ihre missionarische Tätigkeit als Dienst an den Notleidenden, Kranken und Behinderten, in Schulen und Kindergärten, im pastoralen und sozialen Einsatz in der Heimat und in den Entwicklungsländern. 1994 zählte die Kongregation ca. 2500 Schwestern in allen Kontinenten.

Lit.: Règle primitive de la Sagesse, In: L.-M. Grignion de Montfort, Oeuvres complètes, 1966. — C. Besnard, La vie de la Soeur Marie-Louise de Jésus, première supérieure des Filles de la Sagesse (1759), 1985.
H. J. Jünemann

2. Töchter Mariä Hilfe der Christen (Figlie di Maria Ausiliatrice, FMA), in Deutschland »Don Bosco-Schwestern«, gegründet 1872 von Don → Bosco und M. Domenica → Mazzarello in Mornese bei Genua. Zielsetzung ist — entsprechend dem Wirken Don Boscos für die männliche Jugend — die Erziehung und allseitige Förderung der weiblichen Jugend, bes. der ärmeren. 1985 zählte die Vereingung über 17 000 Mitglieder in aller Welt, auch in Missionsgebieten. ℳ wird bes. als Helferin der Christen verehrt; der tägliche Rosenkranz und das Weihegebet an ℳ sind in der Regel verankert. Das marian. Apostolat ist bes. bei der Jugend verbreitet.

Lit.: FS zur Heiligsprechung der Stifterin, 1951. — Instituto Figlie di Maria Ausiliatrice, Cronistoria I–IV (als Manuskript gedruckt), Rom 1974. — M. E. Posada, Elementi caratteristici della spiritualità delle FMA, In: Spiritualità dell' azione, 1977, 287–295.
G. Söll

3. Töchter Mariens vom evangelischen Marienweg. In der ev.-luth. Kirche → Schwedens ist aus einer Bewegung eine Kongregation entstanden, die sich das Klosterleben mitten in der Welt und die Verbreitung der MV zum Auftrag gemacht hat. Initiatorin und Mittelpunkt dieser Bewegung war Gunvor Paulina Norrman (25.5.1903–27.3.1985), die im »Ja« ℳs zum Willen Gottes, im Hören auf Gott und im Gehorchen den einzig richtigen Weg in ihrem Leben und bei ihrer christl.-sozialen Arbeit sah. Deshalb erstrebte sie nach dem Vorbild ℳs die völlige Hingabe an Christus. Diesem Ziel schlossen sich bald andere Frauen auch in einer gemeinsamen Lebensführung an. Nach Widerständen und Zweifeln erfuhr G. P. Norrman 1949 im meditativen Gebet durch ℳ die Bestätigung ihres Vorhabens und nannte sich seitdem Paulina Mariadotter (Marientochter). Sie wollte aber nicht als Gründerin der Gemeinschaft bezeichnet werden, denn »die Mutter Maria hat durch die Kraft ihres Sohnes den evangelischen Marienweg für die Marientöchter gegründet«. 1982 hat sich die Kongregation geteilt. Die Marientöchter, die das Klosterleben mitten in der Welt leben, sind in der ev.-luth. Kirche geblieben und wurden 1990 bischöflich anerkannt. 1993 lebten 17 Marientöchter in Vallby, 10 in Kollund/Dänemark und 2 in Nådendal/Finnland.

1988 konvertierte der Teil der Kongregation, der in → Vadstena lebte — in völliger Einheit mit allen Marientöchtern — zur kath. Kirche, schloß sich dem Benediktinerorden an und wurde zum Priorat ernannt. 1990 erfolgte die bischöfliche Anerkennung. 14 Marientöchter leben in Vadstena, wo sie das Kloster zum Hl. Herzen errichteten.

Lit.: P. Mariadotter, Von der Liebe, 1949. — E. Wolf, Kvinde hvad vil Gud?, 1952. — L. Präger, Frei für Gott und die Menschen, 1964. — S.-E. Brodd, Evangeliskt Klosterliv i Sverige, 1972. — Mariadöttrana (Hrsg.), Paulina Mariadotter, Herrens Redskap, 1990.
C. Nilsson/R. Jönsson

Togo. Seit 1973 findet jährlich am ersten Sonntag im November die Diözesanwallfahrt von Lomé nach Togoville statt (Sanctuaire diocésain à ND du Lac Togo, Mère de la Misèricorde). Das Gnadenbild ist von dem Künstler Michelini gemalt. Es befand sich einige Jahre in der Kapelle der Ecole Professionelle in Lomé und zog viele Menschen zum Gebet an. Es ist im Ikonenstil gehalten und weist als Heiligenschein einen Regenbogen auf, der das Haupt der GM umfließt. Das Bild mit dem Titel »Maria Amenuveno — Maria, Mutter der Barmherzigkeit« wurde durch alle Pfarreien der Diözese getragen, zur Verehrung aufgestellt und dann in einem eigens dafür geschnitzten Einbaum von Agbodrafo aus über den Togosee nach Togoville geleitet, wo es in einer feierlichen Zeremonie in der Pfarrkirche zum Hl. Geist in einer Kapelle hinter dem Hochaltar aufgestellt wurde. Angeblich sei das ℳbild vom Himmel herabgestiegen, in einem Einbaum über den Togosee gekommen und dann in Togoville an Land gegangen.

Die Teilnahme an der Diözesanwallfahrt ist seit 1973 steigend. Der Ablauf ist immer gleichbleibend. Am Samstagnachmittag ist die Ankunft der Pilger mit anschließender Beichtgelegenheit. Bei Einbruch der Dunkelheit findet die Feier der ersten hl. Messe statt. Danach ist eine Pause und Gelegenheit zum Besuch des Gnadenbildes, dem sich um Mitternacht die Feier der zweiten hl. Messe mit Prozession durch den Ort anschließen. Bei Sonnenaufgang wird die dritte hl. Messe gefeiert. Danach kehren die Pilger heim. Der Sinn der Wallfahrt ist die Hinwendung der Pilger zur Mutter der Barmherzigkeit und die gemeinsame Bitte um Vergebung von Sünde und Schuld. Die Kirchendisziplin der Erzdiözese verlangt, bei Verfehlungen wider das Leben, wie Mord und Abtreibung, die Absolution in Togoville und eine Wallfahrt zur Mutter der Barmherzigkeit. In der Überlieferung der Ewe ist in Togoville der Ort der Sühne und Reinigung. Dieser Gedanke wird in der Wallfahrt aufgegriffen und findet hier seine christl. Fortsetzung. In Togoville wurde der Ewe-Gott (Tro des Klans) Togbe Nyigbla (anyigba = Erde) verehrt. Nyigbla existiert als männliche Gottheit in Anlogan/Ghana, in Togoville wird sein weibliches Pendant verehrt. Der Kult dieser Gottheit verbietet Blutopfer; es genügt, wenn seine Priester ihm Hirsebier, Maisbier und in Wasser und Honig getauchte Mehlklöße opfern. Alle zwei Jahre finden Ende August/Anfang September in Togoville kollektive Riten zur Reinigung von der Schuld (dzotidada) statt. Diesen geht eine einmonatige Fastenzeit voraus, in der die Trommeln nicht gespielt werden dürfen und öffentliche Vergnügungen und Feiern verboten sind. Die Priester des Gottes Nyigbla bestimmen den Tag, an dem alle Bewohner den Unrat ihres Hauses und Hofes zusammenkehren und verbrennen müssen. Ein Teil davon wird aufbewahrt und in ein Maisblatt gewickelt. In der Frühe des nächsten Tages gehen dann alle Leute auf ein Schellenklingeln des Nyigblapriesters mit dem ins Maisblatt eingewickelten Unrat in den Busch, wo er an einer bestimmten Stelle hingeworfen und verbrannt wird. Anschließend zieht man über den Marktplatz hinunter zum Togosee und nimmt ein Bad. Darauf folgt ein gemeisames Mahl.

1952 wurden durch Bischof Joseph Strebler SMA (1892-[1945]-1961) die »Soeurs de ND de l'Eglise« gegründet.

Lit.: K. Müller, Geschichte der kath. Kirche in T., 1958. — C. Rivière, Anthropologie relieuse des Evé du T., 1981.

H. Rzepkowski

Toledo. Reinhold → Schneider bezeichnete das → Spanien der Habsburger als »das ewige Spanien«. In diesem Spanien war T. »la ciudad imperial«, wovon der span. Schriftsteller Pérez Galdós sagte, es sei »die gesammelte Geschichte Spaniens«. T. wurde v. a. die Hauptstadt des iberischen Christentums, seitdem der Westgote Leovigild (568–586) die Stadt zur »urbs regia« ernannte und sie so zur »civitas regalis« der Westgoten wurde; sie wurde auch das Zentrum des span. Katholizismus, nachdem das westgotische Reich kath. wurde. Die großen Konzilien von T., angefangen von dem ersten (400) gegen den Priscillianismus über das dritte (589), auf dem die Westgoten dem Arianismus abschworen, prägten nicht nur den span. Katholizismus, sondern auch die MV in ganz Spanien, die gewissermaßen durch den span. Kirchenvater → Ildefons v. T. ihre theol. und ritterliche Prägung erhielt. Das 10. Konzil von T. (656) bestimmte den 18. Dezember zum Fest der Verkündigung an ⓜ im westgotischen Reich; später wurde das Fest in ⓜe Erwartung der Geburt Christi umgewandelt, auch wird es z. T. »Maria de la O« genannt, weil am Vortag des Festes die → O-Antiphonen zum Magnificat beginnen. Die weit verbreitete Meinung, der hl. Ildefons wäre der Promotor dieses Festes gewesen, kann nicht bewiesen werden, erscheint jedoch plausibel. Auch die christol. Aussagen im 11. Konzils von T. (675) enthalten ein wesentliches Bekenntnis zum Mitwirken ⓜs an der Menschwerdung des Wortes und am Erlösungswerk ihres Sohnes.

Die Festung Toletum, von den Römern 192 erobert, soll — nach den spärlich erhaltenen Zeugnissen — eine »urbs parva, sed loco bene munita« gewesen sein. Von den Anfängen des Christentums in dieser Region existieren nur spätere Notizen, und erst die Akten des Konzils von Elvira (um 300) enthalten die Unterschrift des Bischofs Melanctius von T. Zu dieser Zeit hat wohl die hl. Leocadia das Martyrium in T. erlitten, deren »Passio« aus dem 7. Jh. stammt.

Unter den Westgoten wurde T. zuerst die Metropolitankirche der Subprovinz Carpetania und danach der ganzen Provinz Cartaginensis. Die hll. Bischöfe Eugenius, Ildefons und Julian v. T. (7. Jh.) gehören zu den bedeutenden span. Kirchenvätern. Seit dem 12. Konzil von T. (681) wurde dem Metropoliten von T. ein besonderes Recht bei der Ernennung und Weihe der Bischöfe Spaniens zugestanden, was zum späteren Titel eines »Primas Hispaniae« führte.

Nach der Eroberung Spaniens durch die Mauren verlor T. an Bedeutung, da die Eroberer Córdoba zur Hauptstadt des Kalifats machten. Die Christen in T. durften ihre Religion zwar »privat« ausüben, viele von ihnen flohen jedoch unter der Herrschaft Abdar-Rahmans I. (um 780) in den christl. Norden; die übrigen, »Mozaraben« (von arabisch »mustarib«, »arabisiert«) genannt, blieben ihrem Glauben und ihrer MV in ihrer Heimat treu. Eine der beiden später in T. zugelassenen Kirchen soll »S. Maria de Alfizén« gewesen sein, die anscheinend auch die Bischofskirche war und möglicherweise mit der Kirche S. Maria de Melque zu identifizieren ist. Jedenfalls gab es schon am Ende des westgotischen Reiches eine bedeutende ⓜkirche in T., da das 9. Konzil von T. (655) in der Basilika S. Maria Virgen seinen Abschluß feierte. T. war im maurischen Spanien das Zentrum der mozarabischen Kultur, und noch heute wird die hispano-gotische Liturgie auch als mozarabische bezeichnet, ebenso werden die gotische Schrift und die christl.-span. Kunst des 9. und 10. Jh.s mozarabisch genannt. Nach der Wiedereroberung T.s durch die Christen entwickelte sich umgekehrt der »Mudejarstil«, der maurisches und gotisches Formengut miteinander verbindet und noch im 16. Jh. die »Plateresco-Kunst« Spaniens bestimmte.

Nach dem Zerfall des maurischen Imperiums wurde T. Schnittpunkt jener drei Kulturen, die Spanien in Zukunft prägen sollten: der christl.-röm.-gotischen, der arabischen und der jüdischen. Ab dem 11. Jh. wird T. die Hauptstadt des span. Judentums, das »Jerusalem judeorum Hispaniae«, und Judá Heleví, bekannt als »el Castellano«, wird von Menéndez Pelayo als erster span. Schriftsteller bezeichnet, der kastilisch schreibt, auch wenn er sich noch des Arabischen und Hebräischen bedient. Nach der Wiedereroberung T.s durch Alfons VI. von Kastilien (1085) und bes. unter Ferdinand III. und seinem Sohn → Alfons X. wurde T. die geistige und geistliche Hauptstadt, wo auf »kastilisch Gottes Liebe besungen wurde, auf hebräisch sein Vergeben und auf arabisch seine Freude«. Die Statue der »Virgen del Sagrario«, der Patronin der Stadt, die von Mauren und jüdischen Schmieden aus Silber angefertigt wurde, ist ein Symbol jenes friedlichen Zusammenlebens von Menschen, die sich alle als Spanier und Bürger von T. fühlten. Die Statue gilt als → Lukasbild, stammt aber wohl aus dem 11./12. Jh. Als im 15./16. Jh. viele ⓜstatuen bekleidet wurden, erhielt auch die Patronin von T. 1572 einen Mantel mit 85 000 Perlen, der 1903 einem Raub zum Opfer fiel; ihre Kapelle in der Kathedrale soll die reichste der Welt gewesen sein. Daneben wird noch ein zweites, aus Silber gearbeitetes Mbild in der Kathedrale von T. verehrt, sowie NS de la Antigua, vor der der hl. Ildefons häufig gebetet haben soll. Dieses Bild (Frankreich, 12. Jh.) ist aus weißem Alabaster, weswegen es auch »Virgen Blanca« genannt wird, wie die Mstatue in der früheren »sinagoga mayor«, die unter Alfons VIII. (um 1212) eine christl. Kirche mit dem Titel S. María la Blanca wurde.

Mit der Vertreibung der Juden und Mauren aus Spanien wurde T. das Zentrum des neuen Imperiums, das vom Alcazar aus regiert wurde, den Karl V. dort bauen ließ, wo Alfons VI. und Alfons X. ihren Palast hatten. Die Geschichte der MV in T. zu dieser Zeit spiegelt den Einsatz der Spanier für die Dogmatisierung der UE Ms wider, deren Fest am 8. Dezember in Spanien schon Ende des 13. Jh.s begangen wurde. Und in T. gründete die sel. Beatrix de Silva 1477 mit dem »Orden de la Inmaculada Concepción« (später »Franciscanas Concepcionistas« genannt) auch den ersten Orden zu Ehren der UE Ms. 1515 bestätigte Kardinal Cisneros in T. eine der ersten Bruderschaften der UE in Spanien, die schon im Jh. vorher, wahrscheinlich vom damaligen Prinzen Pedro (Später Pedro IV. von Kastilien), gegründet worden war. 1617 verpflichtete sich die Universität von T. wie auch die meisten Universitäten Spaniens unter Eid, die Lehre von der UE Ms »bis zum Blutvergießen« zu verteidigen; einen ähnlichen Eid leistete 1652 auch das Domkapitel von T., 1717 folgte der Rat der Stadt mit dem gleichen Eid; er erhob die Immaculata zur Stadtpatronin und dokumentierte diese Verpflichtung auf einer Tafel im Rathaus: »Toledo hat feierlich geschworen, das Faktum, daß die immerwährende Jungfrau und Gottesmutter Maria ohne Erbsünde empfangen wurde, immer zu verteidigen«. In dieser Tradition dankten die Verteidiger des Alcazar im span. Bürgerkrieg (1936) der GM, daß keine Frauen und Kinder, die Zuflucht in der umzingelten Festung gesucht hatten, umgekommen waren. Das Bild der GM, vor der die Belagerten beteten, wird heute als Jungfrau vom Alcazar verehrt. Außerdem wird M in T. unter den Titeln NS del Aguila, Virgen de los Alfileritos, Virgen de la Paz (o descensión) und Virgen de Montesión verehrt.

In der Diözese T. gibt es wie in ganz Spanien viele kleine und größere Mwallfahrtsstätten sowie unzählige Kapellen, wo die Gläubigen die Begegnung mit der GM suchen. Zu den bekanntesten gehören u. a. NS de Gracia in Ajofrin, NS de la Oliva in Almonacid, NS de la Encina in Carriches, NS de los Pastores in Huerta de Valdecarábanos, NS de la Soledad y la Paz in Puebla de Montalbán, Virgen Blanca in Sonseca, Virgen del Valle in Torrecilla de la Jara, Virgen del Castellar in Villarrubia de Santiago, Virgen del Prado en Talavera de la Reina, Virgen de las Peñitas en Oropesa, Virgen del Otero en Maqueda und Virgen de Pera en Pera. Überdies gibt es außer den »Franciscanas Concepcionistas« zahlreiche Orden, z. B. die »Bernardas de la Purísima«, »Terciarias de la Inmaculada«, »Capuchinas de la Inmaculada Concepción« oder die »Benitas de la Purísima Concepción«.

Lit.: E. Magnin, L'Eglise wisighotique au XIIe siècle, Paris 1912. — J. A. de Aldama, El símbolo del Concilio de T., 1934. — I. de las Cagicas, Los Mozárabes, 1948. — G. Téllez González, La Iglesia toledana, 1953. — N. Pérez, La Inmaculada y España, 1954. — J. Ibañez und F. Mendoza, Maria en la Liturgia Hispana, 1975. — Diccionario de Historia Eclesiástica de España IV 2564–71. *G. Rovira*

Toledo, Francisco de, SJ, *um 1534 in Córdoba, †14. 9. 1596 in Rom. Das Datum seiner Geburt und seine möglicherweise jüdische Herkunft wird aus der Eintragung über die Aufnahme in das Jesuiten-Kolleg von Salamanca erschlossen. Sein Zuhause war eine tiefgläubige Familie mit neun Kindern, von denen drei Töchter Ordensschwestern waren. T. studierte »artes« wahrscheinlich in Saragossa (nicht in Valencia, wie frühere Autoren behaupten). Ab 1556 war er an der Universität von Salamanca immatrikuliert, wo er, schon zum Priester geweiht, am 3. 6. 1558 in die Gesellschaft Jesu eintrat. T. muß zu dieser Zeit bereits ein gewisses Ansehen genossen haben, da ihn der damalige Ordensgeneral Lainez noch während seines Noviziats nach Rom berief, um als Dozent am Röm. Kolleg Phil. zu lehren. Dort wirkte er 1559 schon als Ordinarius; ab 1562 lehrte er Theol., bis ihn Papst Pius V. 1569 zum Prediger des päpstlichen Hofes und zum Assessor der röm. Pönitentiarie und Inquisition ernannte. Später wurde er Consultor beinahe aller päpstlichen Kongregationen. Der Nachfolger Pius' V., Gregor XIII., sagte, es gäbe in Rom keine wichtige Angelegenheit, bei der T. nicht konsultiert würde. T. genoß das volle Vertrauen aller nachfolgenden Päpste, 24 Jahre hindurch blieb T. ein geschätzter Prediger im Vatikan, von dem Kardinal Federico Borromeo sagte, seine Predigten langweilten nie. T. erhielt immer wieder schwierige Aufgaben, die auch diplomatisches Geschick erforderten, wie den berühmten Carranzas-Prozeß in Spanien und die Verhandlungen mit Bajus, um von ihm die Berichtigung seiner verurteilten Thesen zu erreichen. Auch bei der Herausgabe der sixtinischen und clementinischen Bibel wurden ihm maßgebende Aufgaben anvertraut. Am 17. 9. 1593 erhob ihn Papst Clemens VII. zum Kardinal mit der Titularkirche von S. Maria Transportina. Dies erschien wie ein Symbol für T.s marian. Frömmigkeit. Nach seinem Wunsch wurde er in S. Maria Maggiore bestattet, was wiederum als ein dauerndes Zeugnis seiner MV gedeutet werden kann.

Im Grunde sind alle Werke T.s reich an mariol. Ausssagen, bes. aber sein »Kommentar zu den XII ersten Kapiteln des Lukasevangeliums«. Für T. ist die GMschaft das Fundament aller

Gnadenvorzüge Ms und ihrer Würde, sowie der universalen, geistigen Mutterschaft und die Wirksamkeit ihrer Fürsprache: Die Mutterschaft Ms ist Widerspiegelung der Vaterschaft Gottes. Die »Überschattung des Allerhöchsten« — »obumbratio Altissimi« — bedeutet für ihn die »Mitteilung der wunderbar zeugenden Kraft des Vaters« (»communicatio Patris mirabilae genitricae potentiae«). Die Sendung Ms ist der Widerschein der Sendung des Sohnes: Gott selbst ist der Sendende und dies unterstreicht die Würde der Sendung. Die Bezeichnung »gratia plena« heißt, daß sie Gott am meisten wohlgefällig ist. So ist auch für uns diese Bezeichnung das höchste Lob, mit dem wir M preisen können. Andererseits bedeutet diese Bezeichnung »Fülle der Gnade« (»plena gratiae, emulatio gratiae«), »makellose übertragene Fülle« (»immaculata plenitudo ex parte subiecti«), weil sie die Tugendhafteste ist (»eminentissima virtus«). Mit dieser Anrufung wird der Glaube Ms hervorgehoben. M ist die Allerseligste und die Würdigste (»sufficientae dignitatis«), Jungfrau dem Geiste und dem Leib nach (»ab mente et corpore«), damit der neue Mensch, auf eine neue Weise empfangen würde (»novus homo, novo modo conciperetur«); denn der menschgewordene Gottessohn stammt als Mensch ganz von der reinsten Jungfrau. Selig heißt ja: Gott lieb und wohlgefällig. Dies wird M bezeugt mit der Aussage »Der Herr ist mit dir«. Die ganze Dreifaltigkeit ist mit M: »der Vater überschattend, der Heilige Geist wirkend, der Sohn das Fleisch annehmend« (»Pater quidem obumbrans, Spiritus vero Sanctus perveniens, Filius denique carnem induens«). T. vergißt nicht, den hl. Joseph zu erwähnen, um ihn als den Bräutigam Ms lobend zu würdigen. Im Kommentar zum Johannes-Evangelium erklärt T. die geistige universale Mutterschaft der Mutter Jesu: Johannes vertritt die ganze Kirche, denn Johannes zog in das Haus Ms, und M blieb bei dem Apostel. T. nennt deswegen Johannes »glücklich«, einerseits, weil er von Jesus geliebt wurde, was auch darin Ausdruck findet, daß Jesus ihm seine Mutter anvertraut, andererseits, weil er zum Kind Ms wurde. Da M als Sinnbild der Kirche dastand, die der Leib Christi ist, gilt auch: Wenn Christus unseretwegen leidet, so auch sie, wir haben ihr Herz durchbohrt. Die Teilnahme Ms an der Hochzeit zu Kana nimmt T. zum Anlaß, die Tugenden Ms zu erklären: Glaube, Klugheit und Barmherzigkeit, die sie so liebenswürdig machen. Der Evangelist braucht für T. nicht zu unterstreichen, wie sehr Jesus M liebt, »eine solche Aussage wäre ja eine Plattheit«. T., der die Fassung »ex Deo natus est« für Joh 1,13 kennt, benutzt sie nur dazu, seine Aussage andeutungsweise zu bekräftigen, daß die jungfräuliche Empfängnis Ms die ewige Zeugung des Vaters widerspiegelt.

WW: Opera philosophica, Ludguni 1592. — In sacrosanctum Joannis Evangelium commentaria, Ludguni 1589. — In sacrosanctum Evangelium secundum Lucam, Venetii 1601. — Commentarii et anotationes in Epistolam B. Pauli Apostoli ad Romanos, Romae 1602. — De institutione sacerdotum et peccatis mortalibus, Compluti 1610. — Instrucción de sacerdotes y suma de casos de conciencia, Valladolid 1605.

Lit.: Sommervogel VIII 64–82. — A. Astrain, Historia de la Compañía de Jesús III, 1910, 569–574. — R. Galdós, Méritos escriturísticos del Cardenal F. de T., In: ATG 3 (1940) 19–33. — J. M. Bover, La acción del Espíritu Santo en la Encarnaticón, In: ATG 9 (1946) 72 ff. — J. M. Alonso, Naturaleza y fundamento de la gracia de María, In: EstMar 5 (1946) 73–87. — M. Peinador, La maternidad divina de María ..., In: EstMar 8 (1949) 38–49 f. — L. Colome, Relaciones trinitarias en la maternidad divina, ebd. 123 f. — S. del Páramo, La plenitud de gracia de la Santísima Virgen, In: EstMar 14 (1963) 177–192. — Q. Aldea, Historia eclesiástica de España IV, 1975, 2572 ff.   *G. Rovira*

Tolsá, Manuel, * 1757 in Enguerra/Spanien, † 25.12.1815 in Mexiko, wurde nach Beendigung seiner Studien in Valencia Prof. für Bildhauerei an der Akademie S. Carlos in Mexiko. 1799 begann er mit dem Hauptaltar für die Kathedrale in Puebla, der von seinem Schüler José Manzo 1818 vollendet wurde. Neben anderen Bauten, gilt der »Placio de Minería« (vollendet 1807) als ein herausragendes Beispiel der kolonialen-profanen Architektur. T. plante die später von Agustín Paz erbaute Kirche in Loreto mit der größten Kuppel in Mexiko und er entwarf für die Kirchen S. Domingo sowie für die Basilika in Guadalupe die Hochaltäre. Er war ein herausragender Architekt im neoklassischen Stil. Zudem schuf er ebenfalls im neoklassischen Stil mehrere Mstatuen.

Lit.: A. Escontria, Breve estudio de la obra y personalidad del escultir y arquitecto Don M. T., 1929. — F. Almela y Vives und A. Igual Ubeda, El arquitecto y esculator Valenciano M. T. 1757–1816, 1950. — J. Fernández, Él Palacio de Minería, 1951.
H. Rzepkowski

Tomasi, Carlo, Theatiner, Theologe, * 17.10.1614 in Ragusa (Sizilien), † 1.1.1675 in Rom, war Onkel des hl. Giuseppe M. → Tomasi und der ehrwürdigen Isabella Tomasi (Maria Crocefissa), entstammte einer adeligen und wohlhabenden Familie und gründete, um den Arbeitern seines Lehens entgegenzukommen, 1637 die heutige Stadt Palma di Montechiaro. Philipp IV. von Spanien belohnte am 10.12.1638 T. mit dem Titel des ersten Herzogs von Palma di Montechiaro. Kurz darauf aber verzichtete er auf Titel und Erbe zu Gunsten seines Bruders Giulio, des Vaters der genannten Giuseppe und Isabella, und empfing im September 1640 auf Grund eines Päpstlichen Breve alle Weihen bis zum Priestertum. Am 8.12.1640 trat er in Palermo bei den Theatinern in S. Giuseppe ein und legte hier am 11.4.1642 die feierliche Profeß ab. Den Rest seines Lebens verbrachte er in Rom in S. Silvestro am Quirinal.

T., ein Mann von hervorragenden Tugenden und vollkommener Gelehrsamkeit, hinterließ ein umfangreiches lit. und wissenschaftliches Erbe. F. A. Vezzosi verzeichnet etwa 70 größere und kleinere, edierte und nicht edierte Werke. Er stand in Verbindung mit bekannten zeitgenössischen Persönlichkeiten, u. a. mit G. Hodierna, L. Bernini, den Kardinälen F. Barbarini, Bar-

barigo, Casanate, dem Jesuiten Pietro Sforza Pallavicino, der ihn an sein Sterbebett rief. Der umfangreiche Briefwechsel mit Giacinto Simiane, Marchese von Pianezza und Staatsminister des Herzogs von Savoyen, entwickelt reich aszetische Gedanken, die T. in die Nähe der Spiritualität von P. → Bérulle und J.-J. → Olier bringen.

T. bezeugt in seinen Werken einen entschiedenen marian. Geist. Aus ihnen sind auch die mariol. Grundlagen zu entnehmen, in denen T. ⚥ immer in Gemeinschaft mit dem Herrn als »Gefährtin Christi« (Socia Christi) betrachtet, so an den Hauptfesten und bei den Mysterien des liturg. Jahres: ⚥ ist gegenwärtig beim göttlichen Kind, das in der Krippe angebetet wird — eine tiefempfundene Frömmigkeit der → Theatiner, die vom Gründer Gaëtano (Cajetan) v. Thiene vererbt wurde — bis zum Leiden des Erlösers, wie man ihr in den verschiedenen Werken und Frömmigkeitsformen der »Horologien der Passion« begegnet. Überdies möchte T., daß der ganze Tagesablauf von der dauernden »Gegenwart« ⚥s durchdrungen sei, gestützt und verwirklicht in der Frömmigkeitsübung des »Ave Maria«, verteilt auf sieben Stunden des Tages. So stellt er sich vor, daß ⚥ es in ihrem Leben im Tempel gemacht habe.

Auch im Leben T.s finden sich Zeugnisse seiner MV: Er wollte, daß der Madonna vom Rosenkranz die Hauptkirche der von ihm gegründeten Stadt Palma di Montechiaro geweiht sei. Bei den Theatinern trat er am Tag der Immaculata ein und zur Feier seiner Primizmesse begab er sich von Palermo in das Heiligtum der Madonna di Trapani. Für seine Pilgerschaft zum ⚥heiligtum von → Loreto verließ er Rom am 18. 3. 1664, dem damaligen Fest des hl. Gabriel, und kam dort am folgenden 25., dem Fest der Verkündigung ⚥s, an. T. wollte die MV bes. unter den Pilgern, die im Hl. Jahr 1675 nach Rom kamen, verbreiten. Eine »Einladung an die Pilger« bot ihnen die Möglichkeit für einen geistlichen Vortrag am Samstagabend und Hilfe für die Feier der hl. Messe am folgenden Sonntag. Die Namen derer, die die Einladung annahmen, wurden eingeschrieben in die »Kongregation von S. Gaetano unter dem Schutz der Unbefleckten Empfängnis«. T. erlebte nur die Eröffnung dieses Hl. Jahres. Seinem Neffen, dem hl. Giuseppe M. Tomasi, der in der Todesstunde seines Onkels um dessen letzten Segen bat, antwortete er: »Nos cum prole pia benedicat Virgo Maria.«

QQ: Briefe, Hss. (Originale), Schriftstücke: Archivio Generale dei teatini, Rom, Mss. 233–244. — Acta domus panormitanae Divi S. Josephi: Archivio Comunale di Palermo, Ms. 3 Qq A 29.
WW: La Sacra Corona della madonna cavata dalle parole Mariane e figurata in sette Salutazioni: Archivio Generale dei Teatini, Rom (cf. A.F. Vezzosi). — In Druck: Septem Salutationes Angelicae septem diei horis addictae, Palermo 1649; ital.: Bologna 1650. — Oratio Marialis seu septem petitiones, quas B. Virgo quotidie faciebat, dum morabatur in Templo, Palermo 1650. — Anthologia Sacra, ebd. 1653, Paris 1658, ²1659, enthält: Rosarium Beatissimae Virginis seraphicis Bonaventurae Principiis spiritualiter expensum; Mariae Praesentia septem Salutationibus Angelicis efficacius coruscans; Salutatio Angelica Chronologica. — Ave Maria Parodiis et paraphrasibus Beatissimae Virginis principalibus festivitatibus ac misteriis pie et non injucunde accomodata, Roma 1668. — Munusculum Beatissimae Virginis visitantibus suum dulcem natum pauperrime in praesepio, o. O. o. J. — Clypei Mariani pro sacra Aede Laurentana, o. O. o. J. — WW in ital.: La presenza di Maria Vergine, consistente in sette Salutazioni Angliche corrispondenti ad altrettante ore del giorno, Palermo 1649. — Orologio istorico della Passione de Signore, Roma 1657, enthält 4 liebevolle, auf die 24 Stunden verteilte Gebete zur schmerzhaften Jungfrau (cf. A.F. Vezzosi 356). — Rosario di S. Rosa, vergine di Lima…, ebd. 1673. — Giornata divota della Madonna, cioè sette Ave Maria asegnate a sette ore diverse del giorno, ed. bei: A. Macci, Fiori, 31–38.

Lit.: A. Macca, Fiori spirituali, Roma 1675. — G.B. Bagatta, Vita del Ven. Servo di Dio D.C. de' T. …, ebd. 1702. — G.M. Cottone, De Scriptoribus Ven. Domus S. Josephi Clericorum Regularium urbis Panormi, Palermo 1733. — A.F. Vezzosi, I scrittori de' Cherici Regolari detti Teatini, 2 Vol., Roma 1780, hier II 349–359. — M. Pavone, La vita e le opere di G.B. Hodierna, 1986. — F. Andreu, Pellegrino alle Sorgenti, S.G.M. Tomasi…, 1987. — DSp XV 1028–33 (Lit.).

F. Andreu/W. Baier

Tomasi (Tomasius, Thomasius), Giuseppe Maria, hl. Theatiner-General, * 12. 9. 1649 in Licata, Diözese Agrigento/Sizilien, †1. (10.?) 1. 1713 in Rom, war Sohn des Fürsten von Lampedusa, verzichtete mit 17 Jahren auf alle Erbrechte, trat in Palermo bei den Theatinern ein und legte am 25. 3. 1666, dem Fest ⚥e Verkündigung, die Profeß ab. Von engelgleichen Sitten, aber schwacher Gesundheit, vollendete er die Studien der Phil. in Messina (1667–69), Ferrara, Bologna und Modena und der Theol. in Rom, wo er am 25. 12. 1673 zum Priester geweiht wurde. Er widmete sein Leben den biblischen, patristischen, liturg. Studien, bes. der Erforschung der Quellen und alten Zeugen der Liturgie. Die Wiederherstellung der Liturgie sah T. als wirksames Mittel zur Erneuerung des christl. Lebens an. »Der Fürst der römischen Liturgiker« ist darin ein Vorläufer des Zweiten Vaticanum, das den Geist und nicht wenige Voraussetzungen T.s übernommen hat. Er stand mit Gelehrten seiner Zeit in persönlicher Beziehung: mit G. Bona, L. Colloredo, G. Casanate, G. De Aguirre, A. Muratori und bes. mit G. Mabillon und den → Maurinern. Er war Konsultor bei der Leitung seines Ordens (1704–07), der Kongregationen und Dikasterien der röm. Kurie. Nur im Gehorsam gegenüber dem Papst nahm er die Ernennung zum Kardinal durch Clemens XI. am 13. 3. 1712 an. 1803 wurde er selig- und am 12. 10. 1986 heiliggesprochen. Sein Leib wird in Rom in der Basilika S. Andrea della Valle verehrt (Fest: 3. Januar).

Die MV T.s keimte und reifte im Klima der eigenen Familie. Sie begann mit der Verehrung der Immaculata, die der »heilige Herzog«, sein Vater, laut in den Straßen von Palma Montechiaro verkündete. Er wollte, daß sie von den Predigern in der Kirche der Stadt, die der Madonna vom Rosenkranz geweiht ist, verkündet werde. Das Rosenkranzgebet ist ein anderer Aspekt der Frömmigkeit T.s, vielleicht bes. geschätzt, weil ein Vorfahre der Familie sich in der Schlacht von Lepanto hervorgetan hat. Dem Adelsleitspruch »Meine Hoffnung in Gott« haben die T. »durch Maria« hinzugefügt. Eltern und Söhne trugen am Arm ein Kettchen aus wertvollem Metall, weil sie »Sklaven Mariens« sein wollten. Die Frömmigkeit des »Marianischen Sklaventums« (→Grignion de Montfort, Simon de →Rojas) verbreiteten die Theatiner in Sizilien und darüberhinaus in Italien. Die M-feste feierte man in der Familie nicht nur einmal im Jahr sondern bei jeder Messe des wiederkehrenden Gedenkens der marian. Geheimnisse.

Bei den Theatinern traf T. auf einen rel. Orden, der die »Madonna der Reinheit« (Madonna della Purità) zur Patronin hat, proklamiert auf dem Kapitel von 1647, mit dem Privileg, das kleine blaue Kleid der Immaculata zu segnen und aufzulegen. Am 12.11.1666 unterschrieb T. mit den Mitbrüdern in Palermo ein Gelübde, durch das er sich verpflichtete, die UE Ms zu verteidigen und sie in allen Predigten für die Gläubigen nach span. Gewohnheit anzurufen. Zu diesem Zeitpunkt fügte er seinem Namen »Joseph« den Namen »Maria« hinzu. Bevor er methodisch seine lange Forschung über die Quellen der Liturgie begann, pilgerte er am 21.11.1676 nach Loreto, um hier der Madonna das Juwel seiner fruchtbaren wissenschaftlichen Leistung ist sein Werk »Vera norma di glorificare Iddio« (Wahre Richtschnur der Gottesverehrung, Rom 1678). Er bestimmt es für alle Gläubigen und zeigt M mit ihrem »Magnificat« als erstes zuverlässiges Vorbild des Gebetes. In der Widmung der Abhandlung wendet er sich an sie: »Du, Maria, bist die erste Lehrerin, von der wir im Neuen Testament lesen, die Gott mit Redewendungen, Formeln und Begriffen der göttlichen Schriften verherrlicht. Wie klar geht in dem obengenannten Gesang, von dir mit verschiedenen Begriffen und Redewendungen des Alten Testamentes gewebt, hervor, welch überaus schönes gewebtes Seidentuch der verschiedenen Fäden und reizvollen Farben er ist« (Op. asc., ed. Tolotta). T. lehrte, nach Möglichkeit, wie es die Kirche in der Liturgie macht, in den gleichen, von Gott inspirierten Worten zu beten und darin M zu folgen. Er bestand darauf, und empfahl den Benediktinerinnen von Palma Montechiaro, deren Kloster von seinem Vater gegründet worden war, im privaten Gebet das Credo, Vaterunser, Ave Maria und Salve Regina in der Volkssprache zu sprechen.

Beim Sterben wünschte er sich seine Bestattung in einem niedrigen Grabgewölbe seiner Titelkirche der hll. Silvester und Martin vor dem Altar der Madonna, die hier als »Gaudium Christianorum« angerufen wird.

Die Ikonographie stellt T. mit einem Buch in einer Hand dar, während er mit der anderen ein Bildchen der Madonna, der Immaculata oder »Reinheit« der Theatiner, trägt und zeigt. Die liegende Statue, in der er heute verehrt wird, zeigt eine kleine byz. Ikone der →Hodegetria.

QQ: Kopie der Akten des Seligsprechungsprozesses im Archivio Generale dei Teatini (= AGT), Roma, Fondo Tomasi. — Acta Capit. Generalium im AGT, Ms. 8 (1658–1710). — Biblioteca Comunale di Palermo: Fondo manoscritti, Ms. 3 Qq D. 53 (Mariologia teatina). — A. F. Vezzosi, De vita et scriptis Ven. J. M. T. commentarius, Roma 1769. — Ders., I Scrittori dei Chierici Reg. Teatini, 2 Vol., ebd. 1780, hier II 360–432.

WW: Lettere originali del T. liegen im AGT, andere im Archivio del Monastero delle Benedettine di Palma di Monte chiaro (in Kopien auch im AGT). — Op. om., ed. A. F. Vezzosi, 11 Vol., Roma 1747–69; zusammengestellt und gesichtet von F. Andreu, Pellegrino (s. u.). — Opere ascetiche del Ven. G. M. T., ed. G. Tolotta, Ferrara 1735, hier: Vera norma di glorificare Iddio e di far orazione secondo da dottrina della Divina Scrittura e dei Santi Padri, Roma 1678; Breve instruzione del modo di assistere fructuosamente al s. Sacrificio della Messa, per le persone, che non intendono la lingua latina, ebd. 1710; Esercicio quotidiano per la Famiglia, ebd. 1712, für seine Familie oder den »Hof« der Kardinäle verfaßt.

Lit.: D. Bernino, Vita del. Ven. Card. G. M. T., Roma 1714; ³1746. — G. Fontanini (†1736), 8. Artikel, In: Giornale dei letterati d'Italia, Venezia, t. 18–26 (1714–16). — G. Card. Mercati, Opuscoli inediti del B. Card. G. T., Rom 1905. — I. Scicolone, Il Card. G. T. di Lampedusa e gli inizi della scienza liturgica (Studi Anselmiani 82) 1981 = Regnum Dei. Collectanea Theatina 38 (1982) 1–29. — G. L. Masetti-Zannini, G. M. T. Cardinale santo e liturgista Principe, 1986. — A. Oliver, José M. T. El hombre, el sabio, e Santo (BAC), 1986. — G. B. Mattoni, Nei sentieri della Sapienza. Vita S. G. M. T., 1986. — F. Andreu, Pellegrino alle sorgenti, S. G. M. T. Vita, pensiero, opere, 1987 (mit vollständiger Bibl. bis 1987). — V. Card. Noè, Come l'hanno amata!, 1989. — F. Holböck, Die neuen Heiligen der kath. Kirche II, 1992, 241–246. — Weitere Artikel, In: Regnum Dei, seit 1945; Madre e Regina 40 (1986) n. 12. — AAS 79 (1987) 180–184. — LThK² X 248. — BSS XII 530–533. — EC XII 236 f. — DSp XIII 1414 ff. (Lit.).

F. Andreu

Tomaso da Modena, * zwischen dem 9.3.1325 und 6.5.1326 in Modena, † kurz vor dem 16.7.1379 ebd., lombardischer Maler der Internat. Gotik, dessen Frühwerk noch wenig klar ist. Die Lehre erhielt T. beim Vater Barisino, bevor er nachgewiesenermaßen in den vierziger Jahren selbständig in Modena und Bologna arbeitete. 1349 findet man ihn in Treviso, wo er vielleicht zum dort schon ansässigen Bruder Benedetto ging. Bis 1358 war er abwechselnd da und in Modena tätig, bevor er sich endgültig in Modena niederließ. Von hier aus erledigte er nun seine Aufträge auch in Treviso. Aus stilistischen Gründen müssen Reisen nach Siena oder zumindest 1350/60 nach Assisi und Trient angenommen werden. Ein Aufenthalt in Mitteleuropa anläßlich eines Auftrages von Karl IV. für die Burg Karlstein bei Prag um 1360 ist nicht beweisbar, doch markieren die dortigen Tafeln einen wichtigen Einfluß ital. Malerei in dieser Region. In seinen letzten Lebensjahren hat T. vornehmlich in Mantua für die Gonzaga gemalt.

T.s Stil durchläuft zwei deutliche Phasen, deren erste bis in die 50er Jahre reicht. Im Frühwerk zeigt er sich v. a. von Vitale da Bologna und Nicoló di Giacomo geprägt, die den Stil Giottos mit mehr erzählerischen Elementen und größeren malerischen Feinheiten durchsetzten. Die ersten Arbeiten können zudem den Einfluß des Realismus der bologneser Miniaturmalerei in Form der illustrierten Rechtskodizes nicht leugnen. T. war sicher nicht nur nebenbei auch als Buchmaler tätig. Bereits in seiner ersten Stilperiode verrät er seine besondere Neigung, Gestalten vermittels genauer Detailbeobachtung zu individualisieren. Ab der Mitte der 50er Jahre läßt sich sein reifer Stil erkennen. Er komponiert seine Bilder nicht um einen beherrschenden Mittelpunkt herum, sondern verteilt die Handlungen ausschließlich im Vordergrund, was noch ma. Episodenvorstellungen entspricht. Doch gibt es bereits erste Ansätze von zarten Helldunkelschattierungen, die auf feiner Naturbeobachtung fußen. Kühne Verkürzungen und die neuen farblichen Abstufungen weisen schon ins Quattrocento und lassen T. als einen Vorläufer der Frührenaissance gelten. Sein nicht unerheblicher Einfluß in der Malerei des späten 14. Jh.s ist in Bologna, Verona und Modena festzustellen.

T. arbeitete als Fresko- und Tafelmaler. Bei ᴍthemen verwendete er erzählerische und repräsentative Modi, so schuf er neben einigen Szenen aus dem Leben ᴍe (Verkündigung, Kreuzigung, Himmelfahrt Christi) v. a. Madonnen mit dem Kind als ganz- oder halbfigurige Throndarstellungen. Das früheste Bild einer halbfigurigen GM mit dem gewickelten Kind schräg vor der Brust findet sich auf dem Mittelteil eines Triptychons in Modena (Galleria Estense, um 1345). Bei der ungewöhnlichen Haltung des Kindes fällt dessen massige Körperlichkeit mit kräftigen Weißhöhungen auf, die auch bei ᴍ zu sehen ist. Die Neigung des Kopfes der Mutter und das weite Unterfassen mit dem Mantel gibt der Gruppe einen extrem asymmetrischen Aufbau.

Dieses räumliche Ausgreifen vermied T. sonst, wie bereits beim ebenso frühen auf Leinwand übertragenen Fresko in S. Michael aus Fidenza (ebd., S. Maria delle Grazie, um 1348). Auf dem erhaltenen zentralen Teil eines Triptychons zeigt er sodann ganz außergewöhnlich ᴍ in separaten Bildern auf dem Thron sitzend bei drei verschiedenen Tätigkeiten (Bologna, Pinacoteca, 1348–50). Dem mittleren frontal stehenden Thron schräg zugeordnet liest ᴍ im linken Bild allein in einem Buch, rechts davon strickt sie und blickt auf den links von ihr sitzenden Knaben herab. Im Mittelbild hält sie das Kind auf ihrem linken Knie beidhändig eng herangerückt und reicht ihm ihre Brust.

Die repräsentativste Darstellung schuf T. im etwa gleichzeitigen Fresko in Treviso (S. Francesco, Capella di S. Giovanni Battista). Umgeben von mehreren Heiligen sitzt ᴍ breit gelagert den ganzen Thron einnehmend und blickt auf das von ihr schräg vor ihre Brust gehaltene Kind, das mit der linken Hand an den Halsausschnitt greift. ᴍ weist hier erstmals, den rosa Mantel voll ausfüllend, eine fühlbare Körperlichkeit auf, die in den plastischen Bildungen der Inkarnatstellen ihre Entsprechung finden. Neuartig bei diesem Bild sind auch die sich überschneidenden, zu einer »Gruppe« gefaßten Figuren, die nicht mehr wie sonst im 14. Jh. beziehungslos aneinandergereiht stehen. Die Gesichter gelangen zudem vom Stereotypischen

weg zur individuellen Schilderung. Bei ᴍ bedeutet das ein generell weicher gefaßtes Gesicht bei feinerer Zeichnung (Fresko, Madonna, das Kind nährend, Treviso, Villa Felissent, Kapelle, um 1355), die aber auch schon übertrieben sein kann (Fresko, Annunziata, Treviso, Museo Civico, 1355–57).

In den späteren 50er Jahren wächst den Madonnen auf den Tafelbildern eine Monumentalität zu, die T. zunächst im Fresko entwickelte. Auf der fragmentarischen Mailänder Tafel (Sammlung Saibene, um 1355–60) trägt ᴍ das Kind mit beiden Händen vor ihrer linken Brust, blickt melancholisch über den Kopf Christi hinweg und sinnt über dessen Schicksal nach, das symbolisch durch den Vogel in der linken Hand des Knaben angedeutet wird. Große flächige Gewandstreifen mit wenigen Faltensträngen bilden das festgefügte Gerüst für die innige und verhaltene Gestik der beiden Gestalten vor einem gemalten Vorhang.

Das intime Verhältnis von ᴍ und Jesus steigert sich noch in den für die Burg Karlstein bestimmten Bildern. Beim 1355/59 entstandenen Diptychon (Palas) hält die halbfigurig gegebene ᴍ den Knaben auf ihrem linken Arm und zieht mit ihrer Rechten den herabgeglittenen Mantel des Kindes um dessen Hüfte. Jesus greift an den Halsausschnitt und faßt mit der rechten Hand an die Unterseite des Kinns der Mutter. Die GM blickt hier mit etwas zusammengekniffenen Augen schräg aus dem Bild heraus in die Ferne und scheint den Kontakt des Kindes nicht wahrzunehmen. Demgegenüber blickt ᴍ das Kind im zweiten Beispiel (Karlstein, Hl. Kreuzkapelle, um 1358–64) an, das ihren Blick erwidert und als Art Antwort auf das Hündchen vor seiner linken Hüfte verweist. Die Intimität der Detailschilderung ist völlig außer der Reihe, da der Gesichtsausdruck ᴍs als Frage auf die Handlung des Knaben zu verstehen ist, der seinen rechten Zeigefinger auf die Zungenspitze des Tieres legt.

Nach den böhmischen Bildern sind von T. nur noch erzählerische Darstellungen wie eine Verkündigung der 60er Jahre (Modena, Museo) oder ᴍ im Kreise der Apostel bei der Himmelfahrt Christi bzw. von den Frauen umgeben bei der Kreuzigung in der Gonzaga-Kapelle von S. Francesco in Mantua (jetzt ebd., S. Bernardino-Kapelle, um 1370–80) erhalten. Die Fresken in Mantua sind jedoch größtenteils in Zusammenarbeit mit Serafino Serafini entstanden.

Lit.: G. Bertoni, T. d. M., Pittore modenese del sec. XIV, 1903. – L. Coletti, L'Arte di T. d. M., 1933. – P. Toesca, Il Trecento, 1951. – Ders., T. d. M., 1963. – F. Zava Boccazzi, T. d. M., 1966. – A. Smart, The Dawn of Italian Painting 1250–1400, 1978. – L. Menegazzi u. a., T. d. M. Ausst.-Kat., Treviso 1979. – T. d. M. e il suo tempo. Atti del convegno internazionale di studi per il 6. centenario della morte. Treviso 1979, 1980. – R. Gibbs, L'occhio di T. Sulla formazione di T. d. M., 1981. – Ders., T. d. M. Painting in Emilia and the March of Treviso, 1340–80, 1989.

N. Schmuck

Tomyris. Zwischen den apokryphen Narrativereignissen des Abstiegs Christi in das Reich der Toten und die Befreiung der Erzväter aus der Hölle schaltet das → »Speculum humanae salvationis« zwei Kapitel ein, die gleichsam die Heilsgeschichte in ihrer vollen Auswirkung verdeutlichen sollen: Christus überwindet den Teufel (Kapitel 27) und M tut, in Hervorhebung ihrer Rolle als Mittlerin durch ihre → Compassio, dasselbe (Kapitel 28). Als Präfiguration des Triumphs Ms dienen die Geschichten der atl. Heldinnen → Jaël und → Judit und der bei Herodot (Hist. I 214) überlieferte Bericht von T., der Königin der Massageten, die den Perserkönig Cyrus besiegte. Den Kopf des auf dem Schlachtfeld gefallenen Königs warf sie in einen mit Menschenblut gefüllten Schlauch mit den Worten: »Trink dich satt an dem Blut, nach dem du gedürstet hast.« Diese Erzählung wurde im MA in der Historia scholastica des → Petrus Comestor tradiert (PL 198,1474). Der Speculumtext zieht eine Prallele zwischen Cyrus, der nach Blut dürstete, und dem Teufel, der nach dem Verderben des Menschen dürstet; an der ewigen Verdammnis, die er uns bereiten wollte, soll er sich fortan selbst sättigen, besiegt von der Königin des Himmels durch das Leiden ihres Sohnes.

Lit: → Speculum humanae salvationis. — PRE VI A 2, 1702 ff.   G. Nitz

Tondo (von ital. rotondo, lat. rotundus) Bild oder Relief in Kreisform mit betontem Rahmen, v. a. in der Florentiner Früh- und Hochrenaissance bevorzugt für Darstellungen der Madonna mit Kind, welche der Hausandacht dienten. Außer in Privaträumen fanden Mtondi in Florenz im Zusammenhang von Grabmälern sowie als Einzelbilder in Kirchen und in öffentlichen Versammlungsräumen Aufstellung. Über Florenz hinaus wurden in sich aus dem Architekturzusammenhang ergebenden Tondiformen z. B. in Kirchen und anderen sakral genutzten Räumen Heilige, deren Legenden oder Evangelisten dargestellt (z. B. Evangelisten nach Entwurf von Cesare Nebbia und Giovanni de Vecchi in den Mosaiktondi der Zwickel der Vierungskuppel von St. Peter in Rom). In Bekrönungen und an Predellen von Altären finden sich T.formen, z. B. mit Verkündigungsszenen, in Italien bereits in der Gotik (etwa Bernardo Daddi zugeschrieben, Triptychon, Berlin, Staatl. Museen, Gemäldegalerie, nach 1333 [?]).

Die augenfällige Verbreitung von Tondi mit Darstellungen Ms mit Kind im Florenz des 15. Jh.s wird erklärt mit der Einzelglieder betonenden florentinischen Architektur und mit in Florenz diskutierten rel. Überlegungen. Diese rührten aus der christl. Mystik und griffen neuplatonisches Gedankengut auf: Schöpfung wie Paradies wurden begrenzt von der in sich selbst zurückkehrenden und sich erneuernden Kreislinie gedacht, der Kreis zum Zeichen für Erlösung und ewiges Leben, das durch den Opfertod Christi für den Gläubigen erreichbar wurde. Im M-T. entsprechen sich im Sinne dieser Interpretation Thema und Format: M und das Kind wirken in der keisrunden himmlischen Sphäre und vermitteln zu ihr. Das T. wird verstanden als fensterartiger Ausblick auf paradiesische Szenen und dient der konzentrierten Darstellung eines himmlischen Geschehens. Außer der Symbolfigur Kreis dürften das Rundformat formal traditionsbildend der auszeichnende Kranz und die → imago clipeata beeinflußt haben. Auch Medaillon, Münze, Medaille, Rundfenster und jüngst Florentiner Wochenbettprunkteller werden in der Forschung als Vorläufer des T. genannt. Die Einordnung von Rundbildern der Grabskulptur in die Entwicklungsgeschichte des T. ist umstritten.

Als erste selbständige plastische Tondi gelten Donatellos Bronze-T. der Madonna Chellini (London, Victoria and Albert Mus., vor 1456) und ein mit Luca della → Robbia in Verbindung gebrachtes Stuckrelief (Oxford, Ashmolean Mus., 1428). In der zweiten Hälfte des 15. Jh.s erstarrte der lebendige Bezug von Mutter und Kind zu idealer Repräsentation: Die Künstler versuchten Komposition und Format in Einklang zu bringen und paßten der Körperhaltung der Dargestellten häufig der Rundform an. Auf gemalten Mtondi wurden über die Einzeldarstellung der M mit Kind hinaus verschiedene Themen, jedoch vorzugsweise solche aus dem Mleben verwirklicht. Die in der Malerei zu beobachtende Tendenz zur Vielfigurigkeit findet sich in der Plastik nicht; Reliëftondi beschränken sich fast ausschließlich auf das Thema der Madonna mit Kind.

Plastische und skulpturierte Tondi zeigen M stehend als Halbfigur mit dem stehenden Kind (Luca della Robbia, glasierte Terracotta, Florenz, Bargello, 1478/80), mit dem auf ihrem linken Arm sitzenden Kind (Benedetto da Maiano, M-T., Marmor, Scarperia, Prepositura, vor 1490), oder vor dem liegenden Kind (Antonio Rossellino, Marmor-T., Florenz, Bargello, um 1477). Auf einem Terracotta-T. der Donatello-Nachfolge im Tabernakelrahmen betet M das Kind an (Paris, Louvre, vor 1460). Die farbig glasierten Tondi des della Robbia-Kreises sind häufig mit prächtigen Blumen- und Fruchtkränzen (Andrea und Giovanni della Robbia-Werkstatt, T. der Anbetung des Kindes durch M und Johannes, um 1500, sowie Luca, Andrea und Giovanni della Robbia, T. der Anbetung des Kindes durch M, beide Florenz, Bargello, um 1520) umwunden. Bisweilen ist M und dem Kind der Johannesknabe beigegeben (z.B. auf Tondi von Raffaellino del Garbo, Neapel, Museo di Capodimonte und Franciabigio, Florenz, Uffizien, um 1506). Auf Michelangelos T. Taddei (Marmor, London, Royal Academy, 1504 f.) zeigt Johannes dem in den Armen Ms Zuflucht suchenden Jesuskind einen Stieglitz und eine Dornenkrone als Andeutungen auf die Passion. In den Lünetten von Wandgräbern in S. Croce in Florenz beten Engel Mtondi an (Bernardo Rossellino und Werkstatt, Grabmal des Leonar-

Tondo, S. Botticelli, Madonna del Magnificat, vor 1481, Florenz, Uffizien

do Bruni [† 1444]; Desiderio da Settignano und Werkstatt, Grabmal des Carlo Marsuppini, 1453–55).

In gemalten Tondi wurden anbetende Engel ins Bildfeld aufgenommen (Schüler Lorenzo di Credis, Madonna mit Kind und zwei Engeln, Rom, Galleria Capitolina); diese musizieren (Meister der Conversazione di S. Spirito, St. Petersburg, Ermitage) oder wohnen der Begegnung des Johannesknaben mit ⓜ und dem Kind bei (Sebastiano Mainardi, Paris, Louvre, um 1500). Oft stützt ein Engel den Johannesknaben (Sandro Botticelli, Glasgow, Art Gallery, um 1490–95; Lorenzo di Credi, Anbetung des Kindes, Florenz, Uffizien, nach 1500). Die Umarmung der beiden Kinder Jesus und Johannes in Gegenwart ⓜs zeigt Filippino Lippi auf einem T. von ca. 1495 (Cleveland, Mus.). ⓜ und Joseph in einer Landschaft, das Jesuskind anbetend, gibt ein T. Lorenzo di Credis wieder (Buffalo, Albright Art Gallery). Auch die Anbetung durch die Hirten (Mainardi, Leipzig, Mus., 1492), die durch die Hll. Drei Könige (Filippo Lippi, Washington, Sammlung Kress, um 1450) oder eine Versammlung von Heiligen in der Tradition der → Sacra Conversazione um ⓜ und das Kind (Luca Signorelli [?], Madonna mit Kind und Heiligen, Prato, Antichità Moretti) waren als T.themen verbreitet.

Eine Reihe außergewöhnlicher ⓜtondi schuf Sandro Botticelli: In der Madonna Raczynskj (Berlin, Staatl. Mus., 1482 [?]) und der Madonna del Magnificat (Florenz, Uffizien, vor 1481 [?]) klingt das Thema der ⓜkrönung an. Auf einem weiteren T. Botticellis stand die Madonna mit dem Kind vor einer prachtvollen Thronarchitektur umringt von einer Schar Kerzen und Vasen haltender Engel (ehemals Berlin, verschollen).

Zu den bekanntesten Tondi der Hochrenaissance zählt Raffaels Madonna della Sedia: Es zeigt in Seitenansicht die auf einem Sessel thronende, das Kind auf ihrem Schoß umarmende ⓜ und den anbetenden Johannesknaben (Florenz, Palazzo Pitti, um 1514). Michelangelos T. Doni weist in seiner spiralförmigen Komposition und komplizierten Figurenbildung manieristische Züge auf: Er zeigt die Hl. Familie auf einer Wiese vor einer Gruppe nackter Gestalten im Hintergrund. Der in der Werkstatt der del Tasso gearbeitete prachtvolle Holzrahmen zu diesem Bild hat sich erhalten: zwischen Blattwerk und Masken sind fünf Büsten in T.form von Christus, zwei Propheten und zwei Sibyllen geschnitzt (Florenz, Uffizien, 1504–06). Rein ornamental hat Giuliano da Maiano den Rundrahmen für Botticellis Madonna des Granatapfels gestaltet.

Ab dem Beginn des 16. Jh.s entstanden in Siena ⓜtondi nach Florentiner Vorbild: Sodoma, Girolamo del Pacchia, Brescianino, Neroni und Beccafumi schufen ⓜdarstellungen im Rundformat (z. B. Beccafumi, Hl. Familie mit Johannes und Stifter, Florenz, Museo Horne, um 1528). In Mailand, Venedig und Ferrara blieben solche dagegen die Ausnahme. Im Barock löste das Ovalbild das T. ab, ohne jedoch dessen Verbreitung in der Renaissance zu erreichen. Peter Paul Rubens malte 1608 für den Hauptaltar von S. Maria in Vallicella in Rom ein von Engeln angebetetes Ovalbild der ⓜ mit Kind. Um Rubens' Ovalbild einer von Putti gekrönten Madonna gestaltete Jan I Brueghel einen Blütenkranz (Paris, Louvre, 1617). Das eigentliche ⓜ-T. findet sich ab der Mitte des 16. Jh.s nur noch vereinzelt. Im 19. Jh. griffen es die Nazarener nochmals auf (z. B. Edward v. Steinle, Madonna del Campidoglio, 1841, oder Johann Friedrich Overbeck, Madonna mit dem schlafenden Jesuskind, Lübeck, Mus., 1842 f.). In der modernen Kunst ist das Format des T. nicht mehr mit bestimmten Bildthemen verknüpft.

Lit.: M. Hauptmann, Der Tondo, 1936. — M. Lurker, Der Kreis als Imago Mundi, In: Mün. 25 (1972) 297–306. — R. G. Kecks, Madonna und Kind. Das häusliche Andachtsbild im Florenz des 15. Jh.s, 1988. — A. Cecchi, Les cadres ronds de la Renaissance florentine, In: Revue de l'art 76 (1987) 21–24. — R. Carvalho de Magalhães, Il formato del dipinto come elemento compositivo: il tondo, In: Critica d'arte 55 (1990) 77–80. — LCI II 558–560. D. Gerstl

Tongeren, Bistum Hasselt. Der hl. Maternus, Bischof von Keulen, unter dessen Jurisdiktion auch T., die älteste Stadt Belgiens, stand, baute in T. zu Beginn des 4. Jh.s die erste Kirche und weihte sie zu Ehren der GM. Nach der Tradition soll T. das erste ⓜheiligtum diesseits der Alpen sein. Das röm. Bethaus wurde durch die zierliche, 1246 geweihte und heute noch bestehende gotische Kirche ersetzt. 1479 wurde das Gnadenbild in die Kirche übertragen: eine lächelnde GM mit Kind, sie hält Trauben in der Hand, von denen sich das Kind eine Beere abgepflückt hat. An ⓜs Gürtel hängt ein Schwert, das auf →Judit hindeutet, die das Haupt des Holofernes abgeschlagen hat. 1890 wurde das Gnadenbild ULF »Ursache unserer Freude« im Auftrag Papst Leos XIII. gekrönt. Darauf wurde an die alte Tradition angeknüpft, den reichen Reliquienschatz in Prozession alle sieben Jahre durch die Straßen T.s zu tragen. Am 20.2.1931 verlieh eine päpstliche Bulle der Kirche den Ehrentitel »Basilika«.

Lit.: H. Maho, La Belgique à Marie, 1927, 514 f. — F. Ooms, Onze-Lieve-Vrouw in Limburg, 1950, 179–183. J. Philippen

Tonglu. Eine christl. Gemeinde wurde in T. (Donglu) in der Diözese Paotingfu (Baoding) in der Provinz Hebei etwa 175 km südlich von →Peking schon 1863 begründet. 1897 nahm der erste Missionar Emmanuel-Joseph-Marie Catheline (1870–1906) dort einen festen Wohnsitz. Zum Wallfahrtsort wurde T. durch die wunderbare Errettung während der Boxerwirren (1899/1900): Während ringsum die Boxer bereits alle Ortschaften eingenommen hatten, stürmten sie immer wieder vergeblich gegen T. an. Sie mußten vor der kleinen Schar christl. Verteidiger und der »weißen Dame mit ihren Reiterscharen«, die über dem Heiligtum und den Mauern von T. erschien, zurückweichen. Zum Ausbau der Mission mit Kirche kam es nach 1901 unter Louis-Marie-Joseph Giron (1858–1926). Dabei wurden Grund und Boden einer Pagode mitbebaut. In der neuen Kirche wurde als Dank für die Rettung und zugleich als Bitte um weiteren Schutz ein Bild der GM angebracht. Es war das erste Bild »ULF von Tonglu«. Es zeigte die GM mit dem Kind auf dem Arm und zu ihren Füßen P. Giron mit Rochett und Stola. Auf einer Platte hielt er als Dankesgabe das Bild der neuen Kirche und der Gemeinde, die durch eine christl. Frau und einen Mann dargestellt war, außerdem war ein kleines Kind zu sehen, das auf der Erde mit dem Rosenkranz spielte.

1906 übernahm Rene-Joseph Flament die Gemeinde. Sein Hauptbemühen ging dahin, für die Kirche ein würdiges Bild der »Jungfrau und Königin von Tonglu« zu erhalten. In enger Zusammenarbeit mit ihm malte der Jesuitenbruder Simeon Lieou (1843–1912) von der Lukasmalerschule der Jesuiten in Zikawei (Xujiahui) 1909 das Bild »ULF von China«. Dabei diente ein Bild der amerikanischen Malerin Carl als Vorlage, das die letzte chinesische Kaiserin Cixi (1835–1908) darstellt. Das ⓜbild, auf dem in chinesischen Schriftzeichen steht »Muttergottes, Königin von Tonglu, bitte für uns«, kam am 17.3.1909 in T. an. ⓜ ist darauf im Prachtornat der chinesischen Kaiserin dargestellt, das Jesuskind auf ihren Knien im Ornat des kaiserlichen Kronprinzen. Das Bild wurde 1924 auf der Synode von Shanghai als »ULF von China« proklamiert und gilt seitdem auch als künstlerisches Ideal einer chinesischen ⓜdarstellung. Es kam auch zu starker Kritik an dem Bild, da der Maler an alte Überlieferungen angeknüpft und die blutige und knechtende Regentin zum Vorbild der Darstellung ᎙s genommen habe.

Lit.: ND de Chine (Origine du tableau de ND de Tonglu), In: Le Bulletin Cath. de Pékin 12 (1925) 171–175. — P. Teepe, Chineesch-Christlijke Kunst. Een ingewikkeld vraagstuk, In: Het Missiewerk 11 (1929/30) 171–175. — X. Corbisier, L'influence des pèlerinages en Chine, In: Compte rendu de la neuvième Semaine de Missiologie de Louvain, 1931, 74–79. — J. Cornet, Impression d'un pèlerin de Tonglu, In: Le Bulletin Cath. 20 (1933) 337–355. — S. v. Eltz, Die schweigende Königin, 1936. — S. Schüller, Die Geschichte der christl. Kunst in China, 1940. — A. Rios, NS de Tonglu, Reina de China, In: El Siglo des las Misiones 41 (1954) 58–64. 111–114. — H. Rzepkowski, ULF von China von Simeon Lieu, In: China Heute 12 (1992) 80–81.

H. Rzepkowski

Tor des Lichtes (äthiopisch Anqaṣa berhān) ist das gewöhnlich nach seinen Anfangsworten benannte sonntägliche ᎙offizium, dessen vollständiger Titel »Lobpreis und Danksagung an die Mutter des Herrn« (Weddāsē wa-genāy la-'emma Adonāy) lautet. Der Anordnung und dem Inhalt nach ist das T. eine erweiterte Ausschmückung der Sonntagslektion des Weddāsē Māryām (→ Lobpreis Marias), von dem es sich nur gelegentlich in der Anwendung der Bilder und Vergleiche ᎙s unterscheidet. Von der einheimischen Tradition wird die Verfasserschaft dieses marian. Sonntagsoffiziums Yārēd, dem angeblichen Begründer der äthiopischen Kirchenpoesie im 6. Jh., zugeschrieben, das Werk dürfte jedoch ein unbekannter Autor erst nach dem Vorliegen der äthiopischen Bearbeitung der koptischen Theotokien geschaffen haben. Vom Anqaṣa berhān ist auch, ebenfalls von einem unbekannten Verfasser, eine der Prosafassung ziemlich treu folgende Umgestaltung in einen aus fünfzeiligen gereimten Strophen bestehenden Hymnus erhalten. Das T. ist in der Hymnensammlung des Meᶜerāf enthalten und findet sich in Manuskripten und Drucken oft im Anhang zum Psalter.

Ausg. und Lit.: Weddāsē Māryām. Weddāsē wa-genāy, hrsg. von I. Guidi, Rom 1900. — Aethiopische Marienhymnen, hrsg., übers. und erläutert von A. Grohmann, 1919, 18–25. 383–394. — B. Velat, Études sur le Meᶜerāf, commun de l'office divin éthiopien. Introduction, traduction française, commentaire liturgique et musical, 1966 (= PO 33,279–283). — Meᶜerāf, commun de l'office divin éthiopien pour toute l'année. Texte éthiopien avec variantes par B. Velat, 1966 (= PO 34,62–75).

W. W. Müller

Tornay, Maurice, sel. Augustiner-Chorherr und Martryrer, * 31.8.1910 in La Rosière bei Orsières, Diözese Sitten, Unterwallis/Schweiz, †11.8.1949 in Tothon bei Teking, Yünnan/China, trat nach dem Besuch des Kollegs der Abtei von Saint-Maurice (1925–31) 1931 bei den Augustiner-Chorherren auf dem Großen Sankt Bernhard ein und studierte nach der Profeß (1932) Phil. und Theol. Noch als Theol.-Student durfte er am 24.2.1936 in die Mission von Tibet ausreisen, beendete hier das Theol.-Studium und empfing am 24.4.1938 in Hanoi die Priesterweihe. Er leitete sieben Jahre ein Probatorium für Jungen, wurde 1945 zum Pfarrer von Yerkalo im freien Tibet bestellt und 1946 auf Betreiben der Lamas vertrieben. Auf dem Weg nach Lhasa wurde er am Paß Choula auf chinesischem Boden von vier Lamas aus dem Hinterhalt ermordet und zu Atentze bestattet. Die Christen übertrugen 1987 seine sterblichen Überreste nach Yerkalo, wo sie sich heute noch befinden. Der 1953 eingeleitete Informativprozeß wurde mit der Seligsprechung am 16.5.1993 gekrönt.

T. war sehr begabt und fromm, arbeitete unermüdlich an der Vervollkommnung seines Charakters, war ein vorbildlicher Ordensmann und Seelsorger für seine Christen. Seine Begeisterung für die Mission ist vom Wirken Pius' XI. geprägt. Die Bereitschaft zum Martyrium als Hingabe an Christus trat früh hinzu. Im Kolleg von Saint-Maurice war er Mitglied der Marian. Studentenkongregation der »Kinder Mariens«. Im Mai 1930 pilgerte er nach Lourdes und erbat von ᎙ die besondere Gnade der Demut und Reinheit und »ein heiliger Priester und Martyrer werden zu dürfen«, wie seine leibliche Schwester, Ordensfrau der »Filles de la Charité«, bei der Seligsprechung, an der sie mit 81 Jahren teilnahm, bezeugte. T. verehrte bes. »ULF von der immerwährenden Hilfe« (Summarium 25).

WW: Ecrits valaisans et tibétains 1910–49 (Corpus Christianorum), 1993.
QQ: Summarium, 1970. — Relatio et vota, 1992.
Lit.: R. Loup, Martyr au Tibet, 1950, ²1953; engl. 1956; ital. 1957; dt. 1959; span. 1962; chinesisch 1965. — M. Zermatten, Terre de fer et ciel d'airain, 1988. — C. Marquis-Oggier und J. Darbellay, Le Bienheureux M. T., un homme séduit par Dieu, 1993; dt. (Lit., QQ, Bilder, Auszug aus der Homilie bei der Seligsprechung), engl., ital., port. 1993. — BSS XIV 1379 f.

A.-M. Lovey/W. Baier

Torreciudad, ᎙heiligtum in der span. Provinz Huesca, 20 km von Barbastro entfernt.

Die erste Erwähnung der Ortschaft Civitate findet sich in einem Dokument von 1066. Nachdem Christen den Landstrich zwischen den Flüssen Esera und Isábena zurückerobert hatten, bauten sie die maurische Festung von Civitate aus und errichteten vermutlich über dem Standort der ehemaligen Moschee die Kirche S. Maria. 1084 gilt als Weihejahr von S. Maria de Civitate. Nach der Überlieferung wurde ein Bild der GM in dieser Kirche von Christen auf wunderbare Weise am 15. August wiedergefunden. Zuvor sei es in der Kirche von Boturina verehrt worden, bis die Bewohner beim Einfall der Mauren das Dorf verließen und das Bild vergruben. Die Wallfahrt zu S. Maria von T. läßt sich bis zur Weihe der erwähnten Kirche zurückverfolgen; auch sind Berichte von Heilungen an Pilgern bereits in frühester Zeit bezeugt; 1790 erwähnt der Bischof von Barbastro, Abad y Lasierra, in einem Bericht über seinen Ad-limina-Besuch in T. »Heilungen, die auf die Fürsprache der Gottesmutter im Heiligtum stattgefunden haben«.

Die Betreuung des Heiligtums besorgte ursprünglich eine in dieser Gegend sehr verbreitete Bruderschaft »ULF von Torreciudad«. Für die Seelsorge und geistliche Betreuung der Pilger bestellte die Diözese einen Priester als Prior, der neben dem Heiligtum wohnte. Die Kirche erhielt den Titel einer Basilika und wurde von Papst Clemens XI. mit zahlreichen Privilegien ausgezeichnet.

Während des span. Bürgerkrieges mußte das Gnadenbild versteckt werden. Der damalige und letzte Prior des Heiligtums, José Muzás Lazuela, wurde ermordet, als er 1936 die Zerstörung von Kirche und Priorat verhindern wollte. Nach der Befreiung der Region wurde das Gnadenbild am 21.8.1938 in einer Prozession und in Begleitung zahlreicher Gläubiger zu den Ruinen des Heiligtums zurückgebracht.

Das Gnadenbild (Holz, 90 cm, 11. Jh.?) der thronenden Madonna mit Kind vom Typus einer »Sedes Sapientiae« weist Merkmale der hellenistisch geprägten Kunst der karolingischen Renaissance auf. In neuester Zeit wurde die Statue vollständig restauriert und den Gläubigen zur Verehrung zugänglich gemacht.

Am 24.9.1962 wurde die Betreuung des Heiligtums dem → Opus Dei anvertraut, dessen Gründer Josemaría → Escrivá de Balaguer eine großzügige Anlage mit einer neuen Basilika, Kapellen und Andachtswegen errichten ließ. Für viele Pilger bildet der Besuch der Heiligtümer von El Pilar in → Saragossa, T. und → Lourdes die sog. »Marianische Route«.

Lit.: A. Sanz Lavilla, Santuarios y ermitas de la diócesis de Barbastro, 1953. — Diccionario de Historia Eclesiástica de España IV, 1975, 2362. — Patronato de Torreciudad (Hrsg.), NS de T. — IX Centenario, 1986. — Ders., Torreciudad, 1988.
G. Rovira

Torres Acosta, María Soledad, hl. Ordensstifterin, * 2.12.1826 in Madrid, †11.10.1887 ebd., stammte aus einer bescheidenen Familie und verbrachte Kindheit und Jugend im Elternhaus, der Arbeit und dem Frömmigkeitsleben hingegeben. Mit 25 Jahren schloß sie sich einer Gruppe von sieben Frauen an, mit denen der Pfarrer der Vorstadt von Chamberí, Miguel Martínez, die Gründung eines rel. Institutes beabsichtigte. Bei seiner Gründung am 15.8.1851 wählten die Gründerinnen für das neue Institut den Namen »Mägde Mariens, Dienerinnen der Kranken« und einen schwarzen Habit als Ordenskleid. T., bisher Manuela genannt, nahm aus Verehrung für die Schmerzhafte GM (Madonna Desolata, de la Soledad, eine Variation von ₥ Addolorata) den Namen María Soledad an. Innere und äußere Schwierigkeiten führten in kurzer Zeit zum Ausscheiden von sechs Mitbegründerinnen. Der Pfarrer ging 1856 in die Missionen nach Afrika und ließ T. als Leiterin des bedrohten Institutes zurück. Mit Hilfe exklaustrierter Augustiner-Rekollekten als Direktoren organisierte T. die Kongregation neu und betrieb ihre ordnungsgemäße Approbation zur Leitung. Mit großer Seelenstärke und einem unbegrenzten Vertrauen in die göttliche Vorsehung unternahm sie die Gründung neuer Häuser in Spanien und sogar in Lateinamerika. Heroische Taten, die der öffentlichen Anerkennung wert waren, vollbrachten T. und ihr Töchter während der Choleraepidemien der Jahre 1855, 1865 und 1885. Das Institut erhielt 1867 das Decretum laudis und 1876 die päpstliche Approbation. Beim Tode der Gründerin, die seit 1857 Generaloberin war, zählte es mehr als 40 Häuser und 1992 129 mit 2080 Schwestern, die in 20 Ländern Afrikas, Amerikas und Europas tätig sind. 1924 wurde der Seligsprechungsprozeß für T. eingeleitet, am 5.2.1950 folgte ihre Seligsprechung und am 25.1.1970 die Heiligsprechung.

Von Anfang an wurde das Institut von der marian. Spiritualität des Servitenordens, dessen Terziar Don M. Martínez war, geformt. Die Augustiner-Direktoren führten nicht wenige Elemente der Spiritualität ihres Ordens ein, dessen Regel vom Institut 1885 angenommen wurde. Unter ihnen setzte sich die MV unter der Anrufung der Schmerzhaften GM und der »Madonna des Heiles« (Madonna de la Salud) als unbestrittener Bestandteil des Lebens und Geistes der »Mägde Mariens« fort. Nach dem ausdrücklichen Willen von T. mußte in jedem Haus des Institutes ein Bild der »Madonna in den Himmel aufgenommen« (Asunción), an deren Fest die Kongregation gegründet worden war, den »Vorsitz« führen. T. wollte ferner, daß es in jedem Haus eine Kopie des Bildes der Madonna des Heiles aus dem Mutterhaus in Madrid geben sollte. Unter den täglichen rel. Übungen, die in den Regeln von T. empfohlen werden, finden sich die hl. Messe, der das Gebet des Rosenkranzes von den Sieben Schmerzen ₥s folgen solle, am Nachmittag die Rezitation des einfachen Rosenkranzes. In gleicher Weise mußte in jedem Haus das Fest der Schmerzhaften Mutter mit Festlichkeit gefeiert werden.

An dem einfachen schwarzen Kleid der Kongregation befand sich als äußeres Zeichen der marian. Haltung des Instituts in der Höhe des Herzens eine Metallbrosche mit dem Herzen ₥s, das von sieben Schwertern durchbohrt und von drei Nägeln gestützt wird. Das erste Siegel, das T. gebrauchte, bestand aus dem Anfangsbuchstaben »M« des Namens ₥s. Als 1861 die Metallbrosche vom Kleid verschwand, blieb dennoch bis 1913 das offizielle Wappen der Kongregation marian. geprägt: in der Mitte die drei Anfangsbuchstaben von Maria Salus Infirmorum (MSI), darüber ein Herz, das von zwei gekreuzten Pfeilen (dem augustinischen Symbol) durchbohrt ist.

WW: Cartas de Santa M. S., ed. E. Ayape, 1970.
Lit.: E. Federici, Santa M.S.T.A., fondatrice delle Serve di Maria Ministre degli Infermi, ²1969. — J. M. Javierre, Soledad de los enfermos, S. T. A., ²1973. — J. Zugasti, La Madre S. T. A. y su Instituto de las Siervas de María. Estudio histórico, ²1978. — P. Panedas Galindo, Con María junto a la Cruz. Santa M. S. y las Siervas de María, 1984. — Ders., Santa María Soledad vista por sus hijas, 1984. — Baumann 240–244. — AAS 62 (1970) 737 ff. — LThK² X 258 f. — BSS XII 631 f. — DIP V 948 f.; VIII 1363–67.
Isidoro de Villapadierna

Tota pulchra. Im Hohenlied Salomos (Hld 4,7) heißt es: »Tota pulchra es, amica mea, et macula non est in te« (»Ganz schön bist Du, meine Freundin, und kein Makel ist an Dir«). Dieser Vers wird seit alters her auf ⟨M⟩ bezogen, auf ihre Sündenlosigkeit und Tugendfülle und von lat. Kirchenvätern und Theologen weitertradiert (z. B. Bonaventura, Petrus Damiani, Anselm v. Canterbury). So findet er Eingang in den Reichtum ma. ⟨M⟩dichtung, in die liturg. Hymnen und Sequenzen (Salzer 350,17 f.; 444,5 f.) sowie in das Liedgut (z. B. David Gregor Corner [†1648], Groß Catholisch Gesangbuch, Fürth bei Georg Endter, 1625; Geistliche Nachtigal der katholischen Deutschen, Wien 1682, in den Liedern CLXXIV: »Andächtiger Hymnus an ULF von König Casimir v. Polen« [S. 289, Strophe 39]; CLXXVII: »Ein ander Alts sehr guts Gsang« [S. 311, Strophe 25]; CLXXIX: »Ein ander schöner Gruß« [S. 314, Strophe 10]).

Bildlich ausgedrückt werden diese marian. Epitheta durch → Rose und → Lilie, z. B. in der ⟨M⟩e Himmelfahrtskirche zu Mauern (Bistum Augsburg) in monochromen Emblemfresken des Presbyteriums von 1734 oder in den Lauretanischen Emblemen der Stuckdecke der Benediktuskirche im Kreuzgang des Freisinger Domes (ca. 1710). Bei Picinelli (Lib. I, Cap. VIII, Nr. 227) wird der Hoheliedvers den »Corpora coelestia« kompiliert, hier für »Immaculata Conceptio« die »Luna recens«. Die illustrierten Stundenbücher der Pariser Drucker Antoine Vérard, Thielman Kerver und Simon Vostre bringen den Vers wörtlich als jubelnden Ausruf des göttlichen Bräutigams als Hinweis ewiger Auserwählung ⟨M⟩s in den Titelholzschnitten zum ⟨M⟩offizium mit der Jungfrau ⟨M⟩ schwebend zwischen den meist dem Hohenlied entnommenen Symbolen der Sündenlosigkeit. Ein Kupferstich von Philippe Thomassin basiert auf Giorgio Vasaris Altarblatt in SS. Apostoli zu Florenz (Cappella Altoviti, 1540/41) und beeinflußt einen weiteren Stich um 1600 im Auftrag von Alessandro Gambalonghi aus Rimini mit zugehörigen Vorzeichnungen (Paris, Louvre, Nr. 2082; Frankfurt, Städel, Nr. 4454; Florenz, Uffizien, Nr. 1183 E). Manuel Trens formuliert in seiner marian. Ikonographie einen eigenen span. Typus, den der »La Virgen tota pulchra«, und belegt derartige Übernahmen aus der Graphik mit weiteren Bildwerken, die ⟨M⟩s Präexistenz bezeugen: Beispiele sind ein Gemälde (1497) in der Kirche von Artajona (Novarra), auf dem Gottvater das Spruchband weist, eine trinitarische ⟨M⟩krönung (Anfang 16. Jh.) im Jesuitenkolleg Sagrado Corazón de Jesus zu Valencia, ein seltenes Tympanonrelief (1594–1601) von Miguel Verger am Hauptportal der Kathedrale von Palma de Mallorca oder die Virgen preexistente von Lienzode Francisco Pacheco (Anfang 17. Jh.) in der Kathedrale von Sevilla. Dieser span. Sondertypus lebt in volkstümlichen Holzschnitten bis ins späte 18. Jh. weiter.

Im Zusammenhang mit der → Lauretanischen Litanei kommt erstaunlicherweise dieses Schriftzitat nur selten vor, so in der 16. Anrufung »Mater purissima« der »Asma poeticum Litaniarum Lauretanarum« (Linz 1636) für Abt Hilarius von Wilhering im anonymen Stich mit der Darstellung Jesu im Rundtempel. Die Gebrüder Klauber zitieren bei derselben Anrufung »pulchra ut luna«. Diese Anspielung findet sich allerdings häufiger zusammen mit »electa ut sol«, etwa im Kupferstich des Hieronymus Wierix (ca. 1590) oder bei Nikolaes e Liemaekere (Immaculata, Tafelbild, Gent, Mus. der schönen Künste, um 1650). Weitere Beispiele sind die Fresken der ⟨M⟩e-Himmelfahrtskirche von Baar (Diözese Augsburg, 1717), das Presbyteriumsfresko mit Sonne und Mond über einer Landschaft bei verdorbenem Text in der Heimsuchungskirche zu Hohenpolding bei Erding (1752), eine Darstellung mit Vollmond, Getreidegarbe und Sonne in der nördlichen Seitenkapelle der Hl.-Kreuz-Wallahrt zu Klimmach bei Augsburg (1729), Emblemfresken der Mariahilf-Filialkirche von Oberammingen (J. B. Enderle, 1766) und Fresken mit Sonne und Mond in der Maria-Brünnlein-Wallfahrt zu Wemding (Diözese Eichstätt; J. B. Zimmermann, 1750–52) mit zusätzlich dt. Text: »Die Sonn das helle Wunder, und Liecht der gantzen Welt/ (k)ein Schaten ist der Mutter, so Gott hat auserwählt.// Schönster Mond wie glantzst her vor/ auss den schenen Himelsthor«.

Tota pulchra, Marten de Vos, um 1555, Rom, S. Francesco a Ripa

Außerhalb der Emblematik bleibt das Textzitat den frühen Darstellungen der UE vorbehalten, etwa bei Mossis Vincenzo Valerio im Tafelbild (1551) in S. Francesco zu Montone, auf dem Sibyllen und Propheten auf die präexistente M im apokalyptischen Typus unter Gottvater verweisen, während flankierende Engel diesen Text auf Spruchbändern schwingen. Ähnlich auf dem dramatisch gesprächigen Altarbild des Marten de Vos (ca. 1555) mit der UE in der Seitenkapelle von S. Francesco a Ripa in Rom mit Hinweis auf M als neue und erste Eva. M erringt ihren Sieg über Sünde und Tod, während Eva, durch Cupido verführt, Adam den Apfel vom Paradiesesbaum darbietet. Die Altarumrahmung bringt das Textzitat nach Hld 4,7, das ebenso die Kalotte der Apsis mit dem Fresko von Pietro Gagliardi in San Agostino zu Rom (1868) nach unten zu abschließt. Der Hinweis auf das Protoevangelium mit »Ipsa conteret caput tuum« (Gen 3,15) im Apsisfresko festigt die Vorstellung, daß M im göttlichen Ratschluß seit Urbeginn existent und von Erbschuld frei war. Demnach überlagern sich eher getrennte Bildthemen: war man bisher bei der Darstellung der UE auf die Darlegung ihrer Prädestination bedacht, kommen jetzt Elemente aus dem Motivbereich der Eva-M-Antithese hinzu. Solchen Trend belegen franz. Beispiele, so das ehemalige Glasfenster der Chorkapelle Ste.-Anne in Saint-Vincent/Rouen (ca. 1515/25) von Engrand und Jean Le Prince (heute: Rouen, Musée Le-Secq-des-Tournelles), wo unter dem Titulus »Sub gratia« im dritten Triumphzug mit der Darstellung des Sieges der Jungfrau M David und Salomon als königliche Geleiter Ms diesen Spruchbandtext tragen. Davon abhängig sind zwei weitere Glasfenster (Rouen, Saint-Patrice, 1540, und Conches, Sainte-Foy, 1553), sicherlich nicht unbeeinflußt vom Holzschnitt im Pariser Stundenbuch von Geoffroy Tory. Die Gestalt Ms als Schlangentöterin wird damit in Lehre und Liturgie zunehmend in franziskanischen Kreisen betont als UE gesehen (z. B. Franziskanerbrevier mit Officium de Conceptione Beatae Virginis von Bernhardin de Busti [† 1500]). So erscheint folgerichtig Hld 4,7 als Antiphon zur Laudes und zum Graduale dieses Festes, das 1854 unter Pius IX. anläßlich der feierlichen Erklärung des Dogmas zum gebotenen Feiertag und 1879 unter Leo XIII. zum Fest 1. Klasse erhoben wurde.

Lit.: Salzer 350. 444. — Trens 149–164. — E. Guldan, Eva — Maria, 107. 119. 194. 229; Abb. 121. 166. 172. *G. M. Lechner*

Totenliturgie. Die T. umfaßt die → Sterbeliturgie und die Begräbnisliturgie, wobei letztere unmittelbar nach dem Verscheiden beginnt und bis zum Requiem mit anschließender Beisetzung reicht. Der Ordo exsequiarum eröffnet die Möglichkeit, nach der Grablegung »aliquis cantus haberi ... iuxta consuetudinem locorum« (Nr. 57, 76). Davon macht die »kirchliche Begräbnisfeier in den katholischen Bistümern des deutschen Sprachgebietes« Gebrauch. Sie sieht als Möglichkeit den Gesang des → Magnificat nach der symbolischen Schließung des Grabes vor (S. 68, Nr. 34; S. 85, Nr. 23; S. 103, Nr. 28; S. 115, Nr. 18).

Nach dem »Gebet für Verstorbene und Lebende« kann der Zelebrant die Anwesenden einladen, die Mutter des Herrn anzurufen (→ Ave Maria oder ein anderes Mgebet bzw. Mlied [S. 70, Nr. 38; S. 87, Nr. 27; S. 105, Nr. 32; S. 116, Nr. 22]). Zur consuetudo im dt. Sprachgebiet gehört auch das nach Abschluß des Begräbnisritus gesungene → Salve Regina (z. B. beim Begräbnis eines Klerikers).

Lit.: Ordo exsequiarum, 1989. — Die kirchliche Begräbnisfeier in den kath. Bistümern des dt. Sprachgebietes, 1972. *M. D. Klersy*

Toulouse, Erzdiözese und Département Haute Garonne, vom hl. Saturnin (Sernin), dem ersten Bischof der Stadt, 245 christianisiert, Gründungsort des Dominikanerordens im Jahre 1216, weist das erste Mheiligtum Galliens auf, »ND de la Daurade«, das im 5. Jh. an der Stelle eines Minervatempels am Ufer der Garonne errichtet wurde. Zahlreiche heute nicht mehr vorhandene Mosaiken mit reichem Goldgrund erklären die Namensgebung »La Daurade«, »La Dorée«, die »Vergoldete«. Die dort verehrte Schwarze Madonna mit Jesuskind aus dem 14. Jh. wurde 1799 verbrannt, 1807 ersetzt und am 31. 5. 1874 gekrönt. In Notzeiten wandte sich die Bevölkerung von T. vertrauensvoll an die GM, so z. B. 1631, als die Pest die Stadt bedrohte; am 23. 6. 1790 schenkte der revolutionäre Stadtrat, als eine Überschwemmung die Stadt bedrohte, der Gnadenstatue eine Taftschärpe in den Nationalfarben Blau, Weiß und Rot; am 15. 8. 1944 trug man »ND de la Daurade« in die Kathedrale St. Etienne und erflehte die Befreiung von nationalsozialistischer Besetzung, die vier Tage später endete. Bes. werdende Mütter stellen sich unter den Schutz Ms und lassen sich einen von der Gnadenstatue berührten »Gürtel« (»La Ceinture de ND de la Daurade«) zuschicken, der die Worte trägt: »O Marie, Divine Mère, Priez pour moi, Protégez moi«.

Im 14. Jh. gründeten die das Mheiligtum bis 1789 betreuenden Benediktiner die Bruderschaft »Confrérie des Toulousains« zur besonderen Verehrung der UE, der dann auch die 1764 neu gebaute Kirche geweiht wurde. 1839 errichtete der Pfarrer der Gemeinde, Abbé Ferradou, eine »Association des Prières«, eine Gebetsgemeinschaft zu Ehren des »Heiligsten Herzens Mariä« zur Bekehrung der Sünder, die er sogleich in die Erzbruderschaft »ND des Victoires« in → Paris eintragen ließ. Seitdem wird jeden Samstag eine Messe zu Ehren des Hl. Herzens Ms zelebriert.

Zahlreiche Votivgaben bezeugen Gebetserhörungen; Wallfahrten finden v. a. im Mai, zu Me Aufnahme in den Himmel (15. August) und Me Geburt (8. September) statt.

Lit.: J. de Chabanel, De l'antiquité de l'église ND dite la Daurade à Tolose, Toulouse 1625. — Ders., De l'estat et police de l'église ND dite la Daurade à Tolose, Toulouse 1625. — A. J.-M. Hamon, ND de France ou Histoire du Culte de la Sainte Vierge en France III, Paris 1861, 1222–89. — Abbé Ferradou, ND de la Daurade à Toulouse, Toulouse 1874. — J. E. Drochon, Histoire Illustrée des Pèlerinages Français, Paris 1890, 647–666. — A. Degert, Origine de la Vierge Noire de la Daurade, Toulouse 1903. — Manoir IV 372 f. — I. Couturier de Chefdubois, Mille Pèlerinages de Notre-Dame, 1954, B 191. — E. Rémond, ND de la Daurade, No. 38, XI, 1965. — M. Colinon, Guide de la France religieuse et mystique, 1969, 721. — V. H. Belot, La France des Pèlerinages, 1976, 235 f. — B. Chevallier und B. Gouley, Je vous salue, Marie, 1981, 209 f. — S. Cassagnes-Brouquet, Vierges Noires, 1990. — Broschüre: La Basilique Notre-Dame la Daurade, o. J. *W. Hahn*

Trabattone, Egidio, * in Desio (Mailand), wurde nach seiner Priesterweihe 1625 Organist am Dom zu Varese und 1638 an S. Vittore in Seregno. T. widmete sich vorwiegend der liturg. Musik, so Vertonungen des Meßordinariums, von Motetten und des Magnificat. Die »Messa e Salmi con le Letanie della Madonna« wird in das Jahr 1638 datiert.

Lit.: M. Th. Bouquet, Musique et Musiciens à Turin de 1648 à 1775, 1968. — MGG XIII 606. — DMM VIII 87. *E. Löwe*

Traetta, Tommaso, *30.3.1727 in Bitonto, †6.4. 1779 in Venedig, war 1738–48 Schüler am Conservatorio S. Maria di Loreto in Neapel, 1758 Hofkapellmeister und Musiklehrer bei Herzog Philipp von Parma, Leiter des Conservatorio dell' Ospedaletto in Venedig und 1768 Hofkapellmeister in St. Petersburg.

Auf dem Gebiet der Oper gilt T. als Vorläufer Chr. W. Glucks, er konzentrierte sich bes. auf die Vertiefung und Verbesserung der musikalischen Audrucksmittel. Zu seinen geistlichen Kompositionen zählen u. a. Oratorien (»Rex Salomone«), Passionen, Messen, Motetten und ein Stabat Mater.

Lit.: F. Casarola, T. T. di Bitonto, 1957. — MGG XIII 613–619. — Grove XIX 111–114. *E. Löwe*

Traini, Francesco, umstrittenster Meister des ital. Trecento, dessen Lebensdaten unbekannt sind, der aber in seinem Tätigkeitsfeld Pisa zwischen 1321 und 1363 faßbar ist. Es gibt letztlich nur ein eindeutig verbürgtes Werk, den signierten Altar mit dem Leben des hl. Dominikus für S. Catarina in Pisa (Pisa, Museo Nazionale, um 1344/45), der aus stilistischen Gründen auf einen Studienaufenthalt T.s in Siena mit Kontakt zu den Lorenzettis schließen läßt. Der von Vasari dem Maler zuerkannte Altar des hl. Thomas v. Aquin, ebenso vormals in S. Catarina (Pisa, Museo Nazionale), wird inzwischen einem anderen Meister gegeben. Auch der seit 1894 für ein Werk T.s gehaltene »Triumph des Todes« wie die »Passion Christi« im Pisaner Camposanto wurde jüngst mehrmals als aus der Bologneser Malerei um B. Buffalmacco stammend identifiziert. Alle anderen Arbeiten bleiben unsicher und werden je nach Forschungsstand zu- oder abgesprochen.

F. Traini, Hl. Anna Selbdritt, um 1345, Princeton University Art Museum

T.s Künstlerpersönlichkeit ist folglich allein aus dem Dominikusaltar erschließbar, der jedoch die Bedeutung des Meisters als Haupt der Pisaner Malerei des 14. Jh.s unterstreicht. Mit einem an Giovanni Pisano orientierten kräftigen Ausdruck der Figuren, die oft gedrungene Proportionen haben, schafft er lebendige Bewegungen. Sehr weit entwickelt ist sein Streben, mittels Kontrastierung von Licht und Schatten perspektivische Wirkungen und plastische Wirklichkeit der Figuren zu erhalten.

Von den sonst diskutierten Werken können auch zwei Bilder mit M-themen ziemlich glaubwürdig zugewiesen werden. Das frühere von beiden ist eine Tafel mit einer halbfigurigen M mit Kind (Pisa, S. Giusto in Cannicci, um 1335), in der M den Knaben auf dem linken Arm trägt. Mit den Kopfhaltungen, der gedrungenen Stirn Ms, den scharf geschnittenen mandelförmigen Augen und dem klar modellierenden Licht-Schattenspiel bei fest umrissenen Konturen sind Stilmomente eingesetzt, die bis ins Detail gehend die nahe Verwandtschaft zum Dominikusaltar belegen.

Das Bild Anna Selbdritt (Princeton, University Art Mus., um 1345) ist eine der frühesten Darstellungen dieses Themas in der ital. Malerei und kommt stilistisch dem gesicherten Werk des gleichen Jahres noch näher. Die die ganze Bildfläche ausfüllende Anna sitzt hieratisch frontal. Den Umfang ihrer Kontur nicht übergreifend ist die Mutter-Kind-Gruppe plaziert, wobei 𝔐 seitlich auf Annas Schoß gerückt ist. Der dramatische Kontrast zwischen der frontal gegebenen Anna und der quergesetzten Madonna, der in der Gesichtsmodellierung deutlich herausgearbeitete Altersunterschied der drei Personen und die plastisch zeichnende Lichtbehandlung zeigen T. auf der vollen Leistungshöhe.

Lit.: F. Bonaini, Memoire inedite di F. T., Pisa 1846. — M. Meiss, The Problem of F. T., In: ArtBull 15 (1933) 97–173. — R.-Oertel, F. T. Der Triumph des Todes im Camposanto zu Pisa, 1948. — G. Paccagnini, Il problema documentario di F. T., In: Critica d'Arte 8 (1949) 191–201. — M. Meiss, A ›Madonna‹ by F. T., In: Gazette des Beaux-Arts 55–56 (1960) 49–56. — E. Carli, Pittura Pisana del Trecento, 1961. — M. Meiss, Painting in Florence and Siena after the Black Death, ²1964. — L. Bellosi, Buffalmaco e il Trionfo della Morte, 1974. — A. Smart, The Dawn of Italian Painting, 1978. — M. Meiss, F. T., 1983. *N. Schmuck*

Transitus Mariae → Liber de transitu Mariae

Trapani, Stadt und Bistum auf Sizilien, das am 31.5.1844 als Suffraganbistum von Palermo errichtet wurde. In der Chiesa di S. Maria del Gesù befindet sich in der Cappella Staiti das vielverehrte Bild der »Madonna degli Angeli«, das Andrea della Robbia zugeschrieben wird. Außerhalb der Stadt erhebt sich die 1315–32 als Klosterkirche erbaute und von den Karmelitern betreute Wallfahrtskirche »Santissima Annunziata«. Die ursprünglich dreischiffige gotische Halle wurde im 15./16. Jh. verändert und 1742 von G. B. Amico umgebaut. Hinter dem Hochaltar schließt sich die Cappella della Madonna mit dem Gnadenbild an, einer Marmorstatue die wohl aus der Werkstatt Nino Pisanos (14. Jh.) stammt. Nachbildungen des Gnadenbildes sind weit über Sizilien hinaus in Nordafrika und Spanien verbereitet. Hauptwallfahrtszeit mit Feiern und Lichterprozession (am 15. August) ist vom 6. bis 16. August, wobei gleichzeitig auch der Mitpatron von T., der hl. Karmeliter Alberto de Abbatis († 7.8.1307) geehrt wird.

Lit.: G. Monaco, Notizie storiche della Basilica, Santuario della Madonna di T., 1950. — D. Marcucci, Santuari mariani d'Italia, 1982, 89–94. — A. Franco Mata, La Madonna di T. y su expansión en España, In: Rales Sitios 21 (1984) 79, 8–20. — H. Scharf, Sizilien, 1986, 113–116. *F. Trenner*

Trautmannshofen, Lkr. Neumarkt in der Oberpfalz, Diözese Eichstätt, Pfarr- und Wallfahrtskirche Mariä Namen. Das Gnadenbild, eine hölzerne stehende Madonna, seit der Barockzeit bekleidet, soll der Legende nach dreimal Verbrennungsversuchen von Hussiten widerstanden haben. Die ma. Ursprünge der Wallfahrt liegen im Dunkel, möglicherweise steht die Stiftung eines Benefiziums BMV in der 1. Hälfte des 15. Jh.s in Zusammenhang mit dem Aufblühen des marian. Kultes. Auch nach Einführung der Reformation (ab 1542) blieben die Wallfahrer — zumindest anfänglich — nicht aus. Bei der Rekatholisierung der Oberpfalz konnte erfolgreich an die vorref. Tradition angeknüpft werden. Ein rascher Aufschwung der Wallfahrt ermöglichte 1655–66 den Neubau der Kirche, 1686–89 eine umfangreiche Umgestaltung unter Bauleitung und Beteiligung der Brüder Dientzenhofer. 1760 wurde der Innenraum neu freskiert und stuckiert. Während der Blütezeit der Wallfahrt im 17. und 18. Jh. scheiterten die Versuche des Eichstätter Ordinariats, einen eigenen Seelsorger nach T. zu setzen, an den politischen Gegebenheiten. Erst 1887 wurde T. zur Expositur, 1947 zur Pfarrei erhoben. Das Hauptfest wird am Sonntag nach 𝔐e Geburt gefeiert.

Lit.: J. Lehmeier, Propstei und Pfarrei Litzlohe, 1896; Neudr. 1985 mit Ergänzungen von H. Lang und H. Loda. — KDB II/17, 282–285. — SchreiberW 96 f. — F. X. Buchner, Das Bistum Eichstätt. Historisch-statistische Beschreibung II, 1938, 99–106. — H. Batzl, Trautmannshofen, 1962 *B. Lengenfelder*

Trejo y Paniagua, Antonio de, * 1579 in Plasencia, † 13.12.1635 in Cartagena, stammte aus der Familie der Grafen von Oliva, studierte in Salamanca und trat dort in den Orden der Franziskaner ein. 1599 ist er Lektor an der Ordensschule zu León und Zamora. Als Generalsekretär des Ordens war er auch Kommissar für die Missionen der Franziskaner in Amerika mit Sitz am span. Hof. Nach fünf Jahren als Generalvikar des Ordens wurde T. 1618 zum Bischof von Cartagena geweiht. Kurz nach Übernahme der Diözese sandte ihn der span. König nach Rom als außerordentlichen Botschafter, um bei Papst Paul V. die Dogmatisierung der UE 𝔐s zu erreichen. Wenn seine Verhandlungen nicht den erwarteten Erfolg brachten, so lag dies nicht an T.s Argumentation sondern eher an der Abneigung des Papstes gegen eine Dogmatisierung sowie an Streitigkeiten in der Junta de la Inmaculada. T.s Studien bildeten später jedoch die Grundlage für ähnliche Versuche der span. Könige. Nach Cartagena zurückgekehrt, wurde T. ein großer Förderer der 𝔐frömmigkeit. In seiner Diözese entfaltete sich die Verehrung der UE so stark, daß die Immaculata 1623 zur Patronin der Kathedrale, der Stadt und 1624 des Königreichs von Cartagena erkoren wurde.

In einem Antwortschreiben an die Bruderschaft der Immaculata in → Sevilla auf die Anfrage an den Generalvikar des Franziskanerordens, ob der Sitz der Bruderschaft an die Kirche der Franziskaner verlegt werden könne, lobt T. den Eifer der Brüder, die er »Wächter der Ehre der Gottesmutter« nennt; er weist den Guardian des Franziskanerkonvents an, den Mitgliedern der Bruderschaft »alle möglichen Gnaden« zu gewähren, »da sie ein Ehrenkranz des Klosters sein werden«.

In seiner Petition zur Dogmatisierung der UE 𝔐s streicht T. neben der gängigen Argumentation von der Würde, die der GM zukommt, heraus, daß der Erlöser nicht von einer Unerlösten stammen darf. T. zeigt den Schaden auf, welchen die Diskussion über diese Wahrheit, die von »wenigen Schamlosen« angegriffen wird, beim Gottesvolk und bei den Predigern verursacht, wenn sie meinen, man dürfe über diesen Gnadenvorzug unterschiedlicher Ansicht sein.

<small>WW: Relación de una carta que fray Antonio de Trejo ... escribió a la cofradía de la Inmaculada Concepción de la Virgen Santísima Nuestra Señora, Sevilla 1616. — Memorial que en defensa de la definibilidad ... dió a Su Majestad el año 1612, oder: De definienda controversia Immaculatae Conceptionis B. V. Mariae .., In: L. Wadding, Legatio Philippi III et IV catholicorum regum hispanorum, Löwen 1624.
Lit.: P. Díaz, Serie de los obispos de Cartagena, Madrid 1895, 118. 124. — N. Pérez, La Inmaculada y España, 1954. 175 ff. — M. Rodríguez Molinero Fray A. de T. y el movimiento inmaculista en la diócesis de Cartagena, In: Archivo Ibero-Americano 15 (1955) 1057–71. — M. de Castro, In: Crónica de la provincia franciscana de Santiago 1214–1614, 1971. — Diccionario de historia eclesiástica de España, 1975, 2592 f. *G. Rovira*</small>

Trenquelléon, Adèle de Batz de (Marie de la Conception), Ordensgründerin, * 10.6.1788 auf Schloß Trenquelléon bei Feugarolles (Lot-et-Garonne, Frankreich), †10.1.1828 zu Agen, war in einer adeligen und im christl. Glauben tief verwurzelten Familie geboren, erfuhr in ihrer Kindheit einige dramtische Folgen der Franz. Revolution und emigrierte mit ihren Eltern 1797 nach Spanien und Portugal. In noch jugendlichem Alter 1801 nach Frankreich zurückgekehrt, begann sie ein Leben zu führen, das bereits ihre zukünftige Hingabe an den Herrn anzeigte. Mit einer Jugendgruppe von Firmlingen gründete sie 1804 eine »Kleine Gesellschaft« (Petite Societé), die sich beachtlich ausbreitete und in die zusammen mit in der Welt verpflichteten Christen auch einige Priester eintraten. In dieser kleinen Gemeinschaft bildeten sich einige hochherzige Mädchen heraus, mit denen Adèle 1816 die Gründung der ersten Gemeinschaft der »Töchter von der Unbefleckten Empfängnis« (Filiae Mariae Immaculatae = FMI, Marianistenschwestern) vornahm. Diese quartierte sich in »Refuge«, einem alten Konvent in der Nähe der Stadt Agen, ein. W. J.→Chaminade, der spätere Gründer der Marianisten, der T. und die »Kleine Gesellschaft« einige Jahre vorher kennengelernt hatte, verfaßte die ersten Konstitutionen, die auf einem ihm von T. unterbreiteten Vorschlag basieren. Die geistliche Führung Chaminades bewirkte, daß die neue rel. Kongregation einen klar marian. Charakter annahm. In der Kapelle »Sainte-Foy« zu Agen ist T. bestattet. Das Dekret über ihre heroischen Tugenden erging am 5.7.1986. — Die Marianistenschwestern sind heute mit 404 Mitgliedern in Frankreich, Spanien, Italien, Japan und in den USA verbreitet.

T. schwebte ihre Gemeinschaft als eine Familie ⋈s vor (Lettres 175,78), deren Händen diese als ihr Eigentum anvertraut ist, mit der Verpflichtung, zur Ehre Gottes und ⋈s zu wirken (Lettres 560,6). Persönlich übernehmen die »Töchter von der UE« durch ein Gelübde der Stabilität, das die klare Bedeutung einer marian. Weihe hat. In der Vorstellung der Gründerin findet diese Weihe ihre theol. Begründung in der geistlichen Mutterschaft ⋈s als Austeilerin der göttlichen Gnade (Lettres 574,3). Der seelische Ansporn, der hilft, sich an sie zu wenden, kommt aus der Betrachtung ihrer großen Güte und Zartheit, die dem Kinderherz größtes Vertrauen einflößen (Lettres 91,5). Diese christol.-marian. Spiritualität, hinter der man leicht den Gedanken Chaminades erkennt, hatte im Leben Adeles und ihrer Schwestern einen starken Einfluß. Im Namen ⋈s und unter ihrer Führung wollen sie sich einem Apostolat weihen, das die christl. Erziehung der Jugend in allen ihren Formen bevorzugt.

<small>WW: T.s hs. Hinterlassenschaft umfaßt neben 737 Briefen »kleine Katechismen«, Schriften und »Konferenzen« über das Ordensleben ihrer Gemeinschaft. — Lettres de A. de B. de T., 2 Vol., 1985–87.
Lit.: H. Rousseau, A. de T. et son oeuvre, 1921. — E. Solirène, Au service de la Vierge: A. de B. de T., 1947. — J. Stefanelli, Adèle. A Biography of A. de B. de T., 1989. — DIP I 1112–15 (Lit., Bild). *L. Gambero*</small>

Trens, (Maria Trens), Bistum Bozen-Brixen, gehört mit →Maria Weißenstein zu den bedeutendsten Wallfahrtsorten Südtirols. Der Name leitet sich vielleicht von »Torrentes« (reißende Bäche) ab. Eine Siedlung bestand hier schon in röm. Zeit. Das Entstehen der Wallfahrt läßt sich zeitlich nicht genau festlegen. Der Legende nach soll ein Bauer das Gnadenbild bei Grabungsarbeiten gefunden und es in seiner Stube aufgestellt haben. Am Tag darauf war es verschwunden und fand sich in der Dorfkapelle wieder. Dies wiederholte sich drei Mal, bis man es in der Kapelle stehen ließ. 1353 wird eine ⋈kirche erstmals urkundlich erwähnt. Opfergaben zu Ehren der GM wurden bereits im 14. Jh. schriftlich aufgezeichnet. 1498 war der wegen der aufblühenden Wallfahrt nötig gewordene Neubau vollendet. Um 1500 ließ der damalige Pfarrer von Stilfes eine Mirakeltafel anfertigen. Im 17. Jh. wurde die Rosenkranzbruderschaft gegründet. 1726–28 erfolgte der Bau der barocken Seitenkapelle in der sich heute noch das Gnadenbild befindet. Die geschnitzte Statue der GM mit dem Jesuskind (um 1470) trägt eine Krone und ein barockes Prunkgewand. Von großem kulturhistorischen Wert sind die vielen historischen Votivtafeln (z. T. deponiert). Die Marmorfigur der GM über dem Hauptportal stammt von 1498.

<small>Lit.: F. Freiberger, Maria Trens. Pfarr- und Wallfahrtskirche, 1959. — K. Gruber, Maria Trens in Südtirol, 1986. *M. Gluderer*</small>

Treppendorf, Lkr. Saalfeld/Thüringen, bis zur Reformation bei der Erzdiözese Mainz, vom späten 19. Jh. bis 1994 als Exklave von Sachsen-Meiningen im Weimarer Gebiet beim Bistum Würzburg, dann Erfurt, ehemalige ⋈kirche. Der Ort, der an der früheren Straße von Erfurt nach Rudolstadt liegt, wurde 874 erstmals erwähnt.

Die erste Kirche soll einen durch Alexander III. in Bologna geweihten Hochaltar besessen haben. Da bei einer Inventarisierung von 1631 neben dem erhaltenen spätgotischen Flügelaltar »ein Täfelchen voller Ablaßbriefe« erwähnt wird, handelte es sich wohl um ein Altare privilegatum. Die ⓂKirche soll noch einen Kapellenanbau gehabt haben mit einem Dreikönigsaltar. Allerdings besaß der Filialort Milbitz eine Kapelle mit dem Ⓜ- und dem Dreikönigspatrozinium. Die frühgotischen Teile sind die ältesten der heutigen ev. Kirche mit massiven Mauern, die in einem ummauerten Friedhof liegt.

Durch die Ⓜwallfahrt sei ein Jahrmarkt entstanden (Dienstag nach Laurentius), der auch »Ablaß« hieß. Um 1500 wurde westlich an den Turm das heutige Langhaus angebaut, in gleicher Breite mit dem Chor. Umbauten folgten 1756 und 1830; ein spätgotisches Sakramentshäuschen ist an der Chorostseite erhalten, ebenso der gleichzeitig entstandene Taufstein. Der wertvolle Altar, um 1480 aus der Saalfelder Werkstatt des Valentin Lendenstreich ist an der Ostseite aufgestellt. Er zeigt im Mittelschrein Ⓜ mit dem Jesuskind, rechts und links verschiedene Heilige.

Lit.: G. Brückner, Landeskunde des Herzogtums Meiningen, 2. Teil, Meiningen 1853, 803 f. — P. Lehfeldt, Bau und Kunstdenkmäler Thüringens, Heft 7, Jena 1890, 164–166. — G. Voß, Die Thüringer Holzschnitzkunst des MA, Magdeburg 1911. — E. Koch, Valentin Lendenstreich und andere Saalfelder Maler, Jena 1914. — M. Hannappel, Das Gebiet des Archidiakonates BMV Erfurt am Ausgang des MA, 1941, 248. — B. Opfermann, Das Bischöfliche Amt Erfurt-Meiningen und seine Diaspora., 1988, 366. *E. Soder v. Güldenstubbe*

Triberg, Holzschnitt, 18. Jh.

Triberg im Schwarzwald, Schwarzwald-Baar-Kreis, Erzdiözese Freiburg. Die Wallfahrts- und Pfarrkirche »Maria in der Tanne« (Patrozinium: ad Assumptionem BMV) beherbergt eine bedeutende Ⓜwallfahrt des mittleren Schwarzwaldes.

Die Täler, die Schonach, Gutach und die Nußbach durchfließen, werden gesäumt von drei, das Gebiet umgebenden Bergen (Triberg = Dreiberge). Das hochgelegene, dichtbewaldete Gebiet wird erst ab etwa 1000 besiedelt, 1239 erfolgt die erste Erwähnung T.s als Stadt. Ab 1355 wird die Stadt österr. und gehört 1645–1805 zur vorderösterr. Landgrafschaft Breisgau. Pfarreimäßig gehörte T. zu Schonach. 1457 wird eine Kapelle erwähnt.

Der heutige Kirchenbau (1700–05) hat einen hölzernen Vorgänger des 17. Jh.s, eine kleinere Steinkirche entsteht bereits 1697. Die ursprüngliche Pfarrkirche fällt dem großen Stadtbrand von 1826 zum Opfer. 1808 wird die Wallfahrtskirche zur Pfarrkirche erhoben, womit ein Erlöschen der Wallfahrt verhindert werden kann. In neuester Zeit erfolgen Restaurationen 1950–53, 1985 sowie 1987.

Eine Quelle entspringt hinter der Kirche, die in der Nähe des Wasserfalls liegt, sie wird in den Mirakelaufzeichnungen als heilkräftig dargestellt. Im Zentrum des Hochaltars steht, auf den Tabernakel aufgesetzt, das Mittelstück des alten Tannenstammes mit dem Gnadenbild in der Höhlung: eine kleine Lindenholzplastik der GM mit Jesuskind auf dem linken Arm, das sich segnend den Gläubigen zuwendet. Beide Figuren tragen Kronen.

In T. fand ein Gnadenbildwechsel statt, denn das ursprüngliche, an die im Freien stehende Tanne angeheftete Wallfahrtsbild war Mitte des 17. Jh.s ein Pergamentbildchen. Dieses wurde 1644 aufgefunden, ein Soldat verehrte es und dann erst entstand 1695 die erste hölzerne Kapelle.

Die Wallfahrt wird wegen ihrer starken Entwicklung von Einsiedeln als Konkurrenz empfunden. Ihre Betreuung erfolgt durch »Petriner« (1709) und ab 1805 durch Redemptoristen unter dem hl. Klemens Maria → Hofbauer. Markgraf Ludwig von Baden (Türkenlouis) stiftet ein Silberantependium, der Abt von Salem einen Schrein für das Gnadenbild. Bis 1698 werden bereits an die 40 Mirakelaufzeichnungen protokolliert. Der Wallfahrtszulauf hält bis zur Aufklärung an, durch deren Reformbestrebungen auch die T.er Wallfahrt beeinträchtigt wird, wobei zunächst noch die bereits erfolgte Umwandlung in eine Pfarrkirche sich als hilfreich erweist. Votivtafeln und Votive sollen bei der Renovation von 1891 vernichtet worden sein. Einzelwallfahrten und Fußwallfahrten in Gruppen sind durchaus bis in die Gegenwart zu verzeichnen.

QQ: Wallfahrtsbücher von 1722, 1834, 1847, 1866, 1873 und 1881, vgl. G. Wolf, Wallfahrtsbücher in der Erzdiözese Freiburg, In: K. Welker (Hrsg.), Heilige in Geschichte — Legende — Kult, 1979, 84.
Lit.: Müller I 332–335. — BeisselW 341. — SchreiberW 163. — Gnadenbild Maria in der Tanne zu T. 1646–1946, 1946. — W. Maier und K. Lienhard, Geschichte der Stadt T. im Schwarzwald, 1964, 185–240. — Kurzkataloge 65 — Beinert-Petri 800. — K. Schmalfeldt, Sub tuum praesidium confugimus. ULF in der Tanne zu T., Diss., In: FDA 108 (1988) 5–298. — R. Metten, K. Welker und H. Brommer, Wallfahrten im Erzbistum Freiburg, 1990, 173–177. — R. Bäumer, Marian. Frömmigkeit am Oberrhein im 19. Jh., In: FDA 111 (1991) 259–280, bes. 269 ff. — Dokumentation in der Abteilung Rel. Volkskunde des Instituts für Biblische und Historische Theol. der Albert-Ludwigs-Universität Freiburg i. B.
W. Müller (K. Welker)

Tricherousa (Dreihändemadonna). Die Ikone der T. ist eine Variante der → Hodegetria: die GM hält das Kind mit der rechten Hand, unter der eine dritte Hand sichtbar wird. Auf einigen Ikonen erweckt diese dritte Hand den Eindruck, als gehöre sie der GM an; eine solche Darstellung ist aber falsch; weil sie zu phantastischen Erklärungen und Schmähungen Anlaß bot, wurde sie verboten. In der Verordnung der hl. Synode der russ. orth. Kirche heißt es: »Die Gemeindepriester müssen dafür sorgen, daß es in den Häusern der Gläubigen keine unrichtig gemalten Ikonen gibt, ... auch keine Ikonen der Tricherousa mit drei natürlichen Händen anstatt einer angehängten dritten Hand ...« (Handbuch für Priester, S. V. Bulgakov, Kiew 1913, 780). Die Geschichte der T. ist auf den Beginn des Bildersturms (8. Jh.) zurückzuführen und mit dem Namen des hl. → Johannes v. Damaskos verbunden. Der flammende Verteidiger der Ikonenverehrung wurde nach der Legende vom Ikonoklastenkaiser Leo III. beim Kalifen von Damaskos verleumdet, in dessen Diensten er eine hohe Stellung einnahm. Auf Befehl des Kalifen wurde die rechte Hand des Heiligen abgeschlagen, aber auf sein Gebet hin vor einer Ikone der GM soll sie wieder angewachsen sein. Als Erinnerung an dieses Wunder ließ der Heilige eine silberne Hand machen und hängte sie an der Ikone auf. Er verließ die Welt, ging in das Kloster des hl. Savva (Sabbas) zu Jerusalem und nahm die Ikone mit. Bis zum 13. Jh. blieb sie dort; dann kam sie nach Serbien. Als die Türken Serbien überfielen, wurde sie in das Athoskloster Chilandari gebracht, wo sie sich bis heute befindet (vgl. L. Mirkovic, Hilandarske starine, In: Starinar 10/11 [1935/36] 83–94). In Serbien genießt die T. eine besondere Verehrung, wahrscheinlich weil das Original dort so lange aufbewahrt wurde. Die Russen feiern den 28. Juli an verschiedenen Orten als Tag der »Troierutschitsa«. Im Ikonen-Mus. Recklinghausen befindet sich eine südruss. Ikone der T. (18. Jh.) sowie eine Darstellung des Wunders der T.-Ikone (20. Jh.; vgl. Katalog des Ikonen-Mus. Recklinghausen, 1960, Nr. 129–130).

Lit.: BeisselW 115, 487. — Réau II 2, 632. — W. Felicetti-Liebenfels, Gesch. der byz. Ikonenmalerei, 1956, 92. — B. Rothemund, Handbuch der Ikonenkunst, ³1985, 343
L. Ouspensky

Tricherousa, Russische Ikone der Palecher Altgläubigenschule, nach 1800, Ikonenmuseum Schloß Autenried

Trichet, Marie-Louise (Marie-Louise de Jésus), Ordensgründerin, * 7. 5. 1684 in Poitiers, †28. 4. 1759 in Saint-Laurent-sur-Sèvre, war das vierte von acht Kindern eines Rechtsanwalts, begegnete im Alter von 17 Jahren →Grignion de Montfort, der ihr geistlicher Leiter wurde und ihrem Leben eine bleibende Orientierung gab. Sie entschloß sich, das Leben der Armen im Hôpital Général ihrer Heimatstadt zu teilen, wo Grignion als Seelsorger tätig war, und empfing am 2. 2. 1703 von ihm als erste und für die nächsten zehn Jahre einzige das graue Kleid des neuen Frauenordens, den Grignion gründen wollte und dessen Mitbegründerin sie wurde. Beim Tode Grignions (1716) hatte die neue Gemeinschaft vier Schwestern. T. verlegte die Kommunität nach Saint-Laurent, wo Grignion begraben ist. Von dort aus errichtete sie mit der langsam wachsenden Gemeinschaft zahlreiche Neugründungen im Nordwesten Frankreichs, immer im Dienst an den Ärmsten der Armen. 60 Jahre blieb sie bis zu ihrem Tod an der Spitze der Gemeinschaft und formte sie nach der Ordensregel der »Töchter der Weisheit«, die Grignion noch selbst verfaßt hatte. Der Seligsprechungsprozeß wurde 1947 eingeleitet. Am 16. 5. 1993 wurde sie seliggesprochen.

T. ist gänzlich von der Spiritualität Grignions geprägt, die sie nicht aus seinen Schriften, sondern von ihm persönlich in Wort und Zeugnis und unter seiner geistlichen Führung empfangen hat. Im Mittelpunkt ihres Lebens steht die »Weisheit des Kreuzes«; Nachfolge und Nachahmung der menschgewordenen Weisheit, Christus, in seinen Tugenden des Gehorsams, der Demut und der Armut führen sie zur Vereinigung mit ihm. Auch der marian. Lehre Grignions hat sie nichts hinzugefügt, sondern bietet nur das gelebte Zeugnis seiner marian. Spiritualität, charakterisiert durch die Weihe an Jesus Christus durch M in der Form der Sklavenschaft. Für T. ist M die wahre Oberin ihrer Gemeinschaft. Sie selbst lebt in der ständigen Betrachtung der Mysterien Ms, indem sie einen Meditationszyklus von 72 Tagen wiederholt, zu Ehren der 72 Jahre, die M auf Erden gelebt haben soll. In diesem Sinne gänzlich von Grignion abhängig, ist sie es, die nach seinem Tod seinen hohen Idealen Form und Leben gegeben hat.

Lit.: Sr. Florence, Chroniques primitives de Saint-Laurent-sur-Sèvre (1749–1761), 1967. — C. Besnard, La vie de la Soeur Marie-Louise de Jésus, première supérieure des filles de la Sagesse (1759), 1985. — B. Papàsogli, Maria Luisa T. La sapienza del cuore, 1989 (Lit.). — AAS 82 (1990) 1580–83.

H. J. Jünemann

Tridentinum. Das Konzil von Trient war die Antwort der Kirche auf die ref. Angriffe gegen die kath. Glaubenslehre. Es brachte die Klärung zentraler kath. Glaubensaussagen. M. → Luther hatte bereits 1518 und erneut 1520 an ein allgemeines Konzil als die höchste Instanz in Glaubensfragen appelliert, obschon er die Lehrautorität der Konzilien bei der Leipziger Disputation mit Johannes → Eck 1519 geleugnet hatte. Das propagandistische Motiv seiner Konzilsappellation ist nicht zu übersehen. Noch 1530 gab Luther den Rat, an ein doch nicht kommendes Konzil zu appellieren, damit man zunächst Ruhe habe, um die ref. Ansichten verbreiten zu können. Der rechtzeitige Zusammentritt des Konzils, der vielleicht die Ausdehnung der Glaubensspaltung hätte verhindern können, kam leider nicht zustande, da in Rom bei Clemens VII. — in Erinnerung an die Konzilien in → Konstanz und → Basel — die Konzilsfurcht zu stark war. Hinzu kamen die politischen Gegensätze zwischen Frankreich und dem dt. Reich, die eine Konzilsberufung verhinderten. Erst nach dem Regierungsantritt von → Paul III. trat die Konzilsfrage in ein neues Stadium, jedoch scheiterten die Konzilsberufungen nach Mantua bzw. Vicenza an der Weigerung Frankreichs und der Protestanten, am Konzil teilzunehmen. Auch die Konzilseinladung nach Trient 1542 war erfolglos. Erst nach dem Sieg → Karls V. über Franz I. und dem Frieden von Crépy (1544) konnte das Konzil verwirklicht werden. Es trat am 13. 12. 1545 zusammen und wurde durch die päpstlichen Legaten eröffnet.

Die erste Tagungsperiode fand 1545–47 in Trient statt. Am 11. 3. 1547 wurde das Konzil nach Bologna verlegt und — angesichts des Widerspruchs Karls V. — die Konzilsarbeit am 3. 2. 1548 eingestellt. Die offizielle Suspension des Konzils erfolgte am 14. 3. 1549. Julius III. berief das Konzil auf den 1. 5. 1551 — trotz der ablehnenden Haltung Frankreichs — wieder nach Trient. Diese zweite Tagungsperiode hatte eine stärkere dt. Beteiligung aufzuweisen, selbst Vertreter der Protestanten waren in Trient anwesend. Aber die prot. Fürstenverschwörung gegen den Kaiser führte am 20. 4. 1552 zur Suspension des Konzils, das erst am 18. 1. 1562 wieder in Trient zusammentrat. Die prot. Stände lehnten auf dem Fürstentag in Naumburg am 5. 2. 1561 eine Teilnahme ab. Der Abschluß des Konzils erfolgte am 3./4. 12. 1563. Alle Konzilsdekrete wurden verlesen und durch 199 Bischöfe und 19 Prokuratoren unterzeichnet. → Pius IV. bestätigte am 26. 1. 1564 mündlich alle Entscheidungen des Konzils. Die Ausfertigung der Bestätigungsbulle erfolgte am 30. 8. 1564.

Auf dem T. wurden entscheidende kath. Glaubensfragen geklärt, u. a. das Verhältnis von Schrift und Tradition (sessio 4), die Lehre von der Erbsünde (sessio 5), der Rechtfertigung (sessio 6), den Sakramenten (sessio 7), der Eucharistie (sessio 13), der Buße (sessio 14), der Messe (sessio 22), der Priesterweihe (sessio 23).

Für die Mariol. bedeutsam wurden die Beratungen über das Erbsündendekret. Schon am 21. 5. 1546 hatten mehrere Väter, u. a. der Jesuitentheologe C. Le Jay, den Wunsch geäußert, daß das Erbsündendekret der allerseligsten Jungfrau M und ihrer UE nicht abträglich sein solle. Am 24. Mai legten die Legaten den Konzilstheologen die Frage vor, auf welche Zeugnisse der Hl. Schrift und der apost. Traditionen sich die Väter, Konzilien und der Apost. Stuhl gegen die Leugner der Erbsünde beriefen. Am 28. Mai schlug der span. Theologe Kardinal Pedro Pacheco vor, daß das Konzil zunächst die Frage entscheiden solle, ob die GM ohne Erbsünde empfangen worden sei. Er sprach sich in diesem Zusammenhang für die Definition der UE aus. Auch der Erzbischof Vauchop von Armagh verteidigte die Ansicht, daß M ohne Erbsünde empfangen worden sei. Verschiedene andere Bischöfe forderten die Erörterung der UE Ms. Am 31. Mai notierte Massarelli in sein Tagebuch, die große Mehrheit der Theologen sei der Meinung, daß die selige Jungfrau M von der Erbsünde bewahrt worden sei. Manche Väter forderten auch, das Konzil möge entscheiden, daß M ganz und gar von der Sünde frei sei. Der Dominikanerbischof Pietro Bertono von Fano widersprach und warnte davor, die Frage der UE Ms zu erörtern. Damit werde man nur den Protestanten einen Dienst erweisen, da die Beratung einer so schwierigen theol. Frage das Konzil mehrere Monate von seiner eigentlichen Aufgabe abhalten werde.

Die Konzilsväter entschieden sich für den Grundsatz, man solle auf dem Konzil nicht Schulstreitigkeiten entscheiden, sondern sich um die Abwehr ref. Irrlehren bemühen.

Im Dekretentwurf über die Erbsünde vom 7. 6. 1546 hieß es im can. 2, die Folgen der Erbsünde seien auf die ganze Menschheit übergegangen. Pacheco schlug vor, daß man das Privileg der GM erwähnen möge. Die vorgeschlagene Formulierung werde der von allen Universitäten gebilligten Lehre der Bewahrung der GM vor der Erbsünde nicht gerecht. Der verbesserte Dekretentwurf berücksichtigte diesen Einwand und betonte: Die Hl. Synode habe nicht die Absicht, die Unbefleckte Jungfrau M bei der Formulierung der Erbsünde miteinzuschließen, wolle aber auch nicht über die Entscheidung von → Sixtus IV. über die UE Ms hinausgehen. In der Kongregation vom 14. Juni kam es zu einer lebhaften Diskussion über das abgeänderte Dekret. Pacheco argumentierte, daß die Röm. Kirche sich durch die Einführung des Festes der UE am 8. Dezember zu Gunsten dieser Lehre ausgesprochen habe. Deshalb müsse das Konzil eine Formulierung wählen, die die Lehre von der UE begünstige. Cervini forderte, daß das Konzil an der Position von Sixtus IV. festhalte und in der Frage der UE keine Entscheidung treffe. Auch Kaiser Karl V. hatte in einem Brief vor einer Definition der UE gewarnt, weil sie zu Streitigkeiten führen und die Autorität des Konzils beeinträchtigen würde.

Am 17.6.1546 verabschiedete das Konzil das Erbsündendekret und erklärte darin, das Konzil habe nicht die Absicht in dieser Entscheidung die allerseligste und unbefleckte Jungfau und GM M einzubeziehen und verwies auf die Entscheidung von Sixtus IV. Durch diesen Zusatz wollte das Konzil verhindern, daß das Erbsündendekret gegen die Lehre von der UE Ms, die von der Mehrheit der Konzilsväter vertreten wurde, ausgelegt werden könnte.

Der Versuch von Kardinal P. Pacheco, eine stärkere Formulierung zu Gunsten der UE zu erreichen, fand keine Zustimmung. Eine Definition der UE Ms wurde von 40 Vätern abgelehnt, nur 10 Väter stimmten dafür. Wenn auch Pacheco eine Entscheidung zu Gunsten der UE nicht durchsetzen konnte, so erreichte er doch, daß M im Erbsündendekret ausdrücklich ausgenommen und die Aussagen von Sixtus IV. bestätigt wurden. Die Immaculataklausel vom 17.6.1546 des T.s hatte für die weitere dogmengeschichtliche Entwicklung der UE Ms eine nicht zu unterschätzende Bedeutung. Sie ermöglichte die Dogmatisierung der UE durch → Pius IX. (1854).

Mariol. Fragen wurden auch in der Rechtfertigungsdebatte angesprochen und die Frage der völligen Sündenlosigkeit Ms erörtert. Im Canon 23 des Rechtfertigungsdekretes wurde entschieden, daß M von dem Gesetz der läßlichen Sünde ausgenommen sei. Das Konzil betonte auch die Wahrheit von der immerwährenden Jungfräulichkeit Ms.

Das Dekret über die Heiligenverehrung (1563) wirkte sich ebenfalls positiv für die MV aus. Das Konzil entschied: Die Heiligen stehen Gott und Christus bes. nahe und haben erfahrungsgemäß denen, die sie anrufen, viel Hilfe gebracht und ihre Gebete erhört. Die Entscheidung des Konzils über die Bilderverehrung vom 3.12.1563 wurde desgleichen einflußreich für die Mfrömmigkeit. In der sessio 25 erklärte das Konzil: Die Verehrung der Bilder der Heiligen ist lobenswert. Die Bischöfe wurden angewiesen, in Predigt und Unterricht den erzieherischen Wert der Bilderverehrung zu betonen. Die Bilder sind heilsame Beispiele zur Nachahmung der Heiligen und tragen zur Vertiefung der Gottesliebe und Frömmigkeit bei. Mit dieser Aussage stellte das Konzil den Wert der Bilder heraus und leitete in der Kunst eine Entwicklung ein, in deren Folge die GM und die Heiligen unzählige Male dargestellt wurden. Diese Entscheidung des T.s wurde vom Zweiten Vatikanischen Konzil (LG 67) bestätigt. Am Ende des Konzils wurden in den liturg. Akklamationen die hl. Jungfrau, »unsere unbefleckte Herrin, die hl. Gottesgebärerin und Jungfrau Maria und alle Heiligen« angerufen.

Einflußreich für die Mariol. wurde ebenfalls die vom Konzil dem Papst übertragene Brevierreform, die unter Pius V. verwirklicht wurde. Dabei wurden die dem → Ps.-Hieronymus entnommenen Lesungen am Fest der Aufnahme Ms in den Himmel durch solche aus → Johannes v. Damaskos ersetzt und so die Lehre von der Aufnahme Ms in den Himmel verbreitet und gefördert.

Bedeutsam für die Förderung der MV wurde auch der im Auftrag des Konzils veröffentlichte Catechismus Romanus. Er wurde unter der Federführung von Kardinal K. → Borromäus erstellt und konnte bereits 1566 vorgelegt werden. Er betonte die Berechtigung der Anrufung der Heiligen. Im 3. Kapitel behandelt der Katechismus »natus ex Maria virgine«.

In den Predigten auf dem Konzil wurden verschiedentlich Fragen der Mariol. behandelt, so in der Neujahrspredigt 1552 des Karmelitenprovinzials E. Billick und in der Epiphaniaspredigt von Johananes → Gropper vom 6.1.1552. Obschon die Mariol. nicht im Mittelpunkt der Konzilsberatungen stand, hat das Konzil eine starke Belebung der MV ausgelöst, die sich im Zeitalter der → Kath. Reform auch in der Theol. eines Petrus → Canisius, und Robert → Bellarmin sowie in der Barocktheol. zeigte.

Das T. brachte mit der Festlegung der kath. Glaubenslehre eine theol. Klärung und eine notwendige Abgrenzung gegenüber den Ansichten der Neugläubigen. Die Entscheidungen des T.s besitzen als Definitionen eines allgemeinen Konzils Verbindlichkeit. Die neueren Versuche, die Lehrentscheidungen des T.s zu entwerten, sind nicht überzeugend.

QQ: Concilium Tridentinum (bisher 19 Bände), Freiburg 1901 ff. — Forschungsberichte: H. Jedin, Das Konzil von Trient. Ein Überblick über die Erforschung seiner Geschichte, 1948. — R. Bäumer, Das Konzil von Trient und die Erforschung seiner Geschichte, In: Concilium Tridentinum (1979) 3–48. — L. Scheffczyk, Das Konzil von Trient und die Reformation, 1992.

Lit.: Allgemein: Pastor V. — R. Bäumer, ebd. 541–553. — H. Jedin, Geschichte des Konzils von Trient, 4 Bde., 1949–75. — Weltkonzil von Trient, hrsg. von G. Schreiber, 2 Bde., 1951. — O. de la Brosse, J. Leclerq u. a., Lateran V und Trient, 2 Bde., 1978–87. — M. Venard, In: Geschichte der Konzilien, hrsg. von G. Alberigo, 1993, 340–383. — Zur Mariol.: J. de Aldama, El valor dogmatico de la doctrina sobre la inmunidad de pecado venial en Nuestra Señora, In: ATG 9 (1946) 52–57. — O'Connor 264–267. — L. Kruse, Die Lehre von der Unbefleckten Empfängnis Mariens auf dem Konzil von Trient, In: ThGl 44 (1954) 161–185. — J. Sagues, Trento y la Inmaculada, In: EE 28 (1954) 323–368. — M. Tognetti, L'Immacolata al Concilio Tridentino, In: Mar 15 (1953) 304–374. 555–586. — Ders., L'Immacolata nelle controversie Tridentine, 1954. — P. de A. M. Martínez, La corredención en Catarino y en los teólogos de Trento, In: EstMar 17 (1958) 181–194. — G. Söll, Mariologie, HDG III/4 191 f. — H. Köster, Urstand, Fall und Erbsünde, HDG II/3c, 47 ff. — H. Jedin (s. o.) II 116 f. 127 f. 130. 133. 135 f. — Catechismus Romanus, ed. P. Rodriguez, 1989. — R. Bäumer, Die Entscheidung des Basler Konzils über die Unbefleckte Empfängnis Mariens und ihre Nachwirkungen in der Theol. des 15. und 16. Jh.s, In: Studien zum 15. Jh., FS für E. Meuthen, 1994 I 193 ff. *R. Bäumer*

Trier. 1. *Bistum.* Das seit dem frühen 4. Jh. nachweisbare Bistum T. ist ältester Bischofssitz des Reiches mit dem einzigen Apostelgrab nördlich der Alpen (hl. Matthias) und reichte bis 1802 als Erzbistum von der oberen Saar bis zur Ahr und von der belgischen Grenze bis zur Sieg. Seit der Neuumschreibung durch die Bulle »De salute animarum« (1821) umfaßt das Bistum nur mehr 12 870 km² mit jetzt (1994) 1 700 000 Katholiken und 969 Pfarreien und Vikarien.

Die älteren Nachrichten über die Verehrung Ms im Trierischen sind z. T. legendär, doch bürgen Namen wie Athanasius, Ambrosius und Hieronymus wohl für eine Verbreitung der MV auch in der Frühzeit. Seit dem frühen MA sind zahlreiche Klostergründungen zu Ehren Ms bezeugt (Oeren–St. Irminen, Echternach, Pfalzel, Kreuznach, St. Marien in T., Mettlach, Prüm, Niederprüm, St. Thomas bei Andernach). Am Ende des ersten Jahrtausends hatte die Stadt T. nachweislich vier Mkirchen, Koblenz drei; eine stattliche Anzahl mächtiger und auch reicher Klöster und Stifte, über das ganze Erzbistum zerstreut, stand unter dem besonderen Schutz Ms: die Mehrzahl der rel. Stiftungen der Merowinger-, Karolinger- und Sachsenzeit im T.er Sprengel war der GM geweiht.

Den lebendigen Kult Me bezeugen auch die seit dem 12. Jh. zahlreich werdenden Mkirchen. Ausgangs des MA hatte das Mpatrozinium große Verbreitung: im Archidiakonat Longuyon wiesen 30 Pfarr- und 20 Filialkirchen M als Patronin auf, im Archidiakonat Tholey waren es 15 bzw. 7, im Archidiakonat Trier 9 bzw. 9, im Archidiakonat Karden 5 bzw. 10, im Archidiakonat Dietkirchen 7 bzw. 7, insgesamt also 66 Pfarrkirchen (von 728) und 53 Filialkirchen verehrten M als ihre Patronin. Wichtig ist dabei das Vorkommen des Mpatroziniums in nicht weniger als fünf alten Römerkastellen (Ivoix, Bitburg, Neumagen, Andernach, Koblenz). 1943 war die GM in 212 Kirchen und Kapellen an 27 Mfesten Patronin. Heute sind es 274 Kirchen und Kapellen.

Durch angelsächsische Benediktiner kamen im Trierischen die Feste Me Verkündigung, Me Lichtmeß, Me Geburt und Purificatio in Gebrauch. Das metrische Martyrologium Wandalberts v. Prüm (848) nennt diese vier Feste. Das Fest Me Empfängnis ist in T.er Kalendarien seit dem 12. Jh. nachgewiesen, offiziell eingeführt wurde es in T. zwischen 1338 und 1343. Die Visitatio Me und die Praesentatio Me finden sich erstmals in Kalendarien des 14. Jh.s. Das Fest der Darstellung Me wurde 1381 in T. eingeführt. Balduin v. Luxemburg (1307–54) ordnete in einem Statut vom 8. 4. 1338 eine Mindestzahl von Kirchenfesten an, unter denen sich an Mfesten Me Geburt, Verkündigung, Reinigung und Himmelfahrt befanden. Einige Jahre später wurde noch Me Empfängnis hinzugefügt, das sich auch im Breviarium Balduini findet.

Die allerseligste Jungfrau M wurde von Erzbischof und Kurfürst Karl Kaspar von der Leyen (1652–76) unter dem Titel der UE zur Patronin des trierischen Landes erwählt; das Fest der UE begingen die T.er Untertanen festlich. Johann Hugo v. Orsbeck bestätigte die Verordnung seines Vorgängers. Seit dieser Zeit wird M, die unbefleckt Empfangene, in den T.er Landen als Patrona patriae verehrt. Am 8. 12. 1939, also im Zweiten Weltkrieg, wurde das Bistum T. von Bischof Franz Rudolf Bornewasser erneut »der unbefleckt empfangenen Jungfrau und Gottesmutter Maria« geweiht. Bischof Dr. Matthias Wehr vollzog 1954 im Anschluß an das Marian. Jahr die Mweihe des Bistums T.

Kunstvolle Mstatuen befinden sich — außer in Wallfahrtskirchen (s. u.) — etwa in Ayl (frühes 11. Jh., jetzt Dom- und Diözesanmus. Trier), Boppard (ca. 1280), Bad Neuenahr-Ahrweiler-St. Laurentius (um 1300), Dieblich (1. Hälfte 14. Jh. und um 1400, beide jetzt in Trier), Ernst (um 1480), Karden (um 1430), Kesselheim (18. Jh., jetzt in Trier), Longuich (um 1480), Kyllburg (um 1360), Maria Laach (2. Hälfte 15. Jh.), Münstermaifeld (1309/52 und 1320/60), Kloster Rosenthal (um 1400, jetzt in Trier), Salm (nach 1500, jetzt in Trier), Salzig (nach 1100, jetzt in Trier), Trier (s. u.), Urschmitt (2. Hälfte 15. Jh., jetzt in Trier), Wasserliesch (um 1470, jetzt in Trier) und Wehr (um 1400). Bes. in und an den Weinbergen an Rhein und Mosel findet sich noch manch verstecktes Kleinod, so etwa die »Schwarze Muttergottes« in den Weinbergen zwischen Rachtig und Ürzig, eine moderne Traubenmadonna in der Weinbergskapelle bei Mehring, eine Traubenmadonna an einem Hotel in Altenahr und die »Elblingmadonna« in Perl-Sehndorf. Reich ist das Bistum ebenfalls an Mdarstellungen auf Kirchenfenstern, Takenplatten und sogar auf Weinetiketten (etwa Pündericher Marienberg, Kaimter Marienburger, Sehndorfer Marienberg). Im Saarland gibt es kaum einen Ort, der nicht seine Lourdes-Grotte hätte. Die erste Lourdes-Grotte Deutschlands überhaupt steht im Saarland, in Niedaltdorf, nahe bei den Grenzübergängen nach Sierck und Bouzonville.

Die Orden, zunächst der der Benediktiner, verbreiteten den Mkult im zweiten Jahrtausend auch im Trierischen. 1083 entstand die Abbatia

BMV in Luxemburg, 1124 Marienberg bei Boppard, 1093 legte Pfalzgraf Heinrich den Grundstein zur Abtei Maria am See; 1156 weihte Erzbischof Hillin die vollendete Kirche in → Maria Laach. In der ersten Hälfte des 12. Jh.s entstand das Doppelkloster Schönau. An Klöstern der Zisterzienser und Zisterzienserinnen als Stätten reger MV sind zu nennen Himmerod (seit 1138), St. Thomas an der Kyll, Rosenthal, Machern, in der Leer in Koblenz, Orval in Luxemburg, St. Katharinen bei Linz, Wallersheim bei Koblenz. Als Prämonstratenserniederlassungen sind zu erwähnen: Romersdorf, Sayn, Arnstein, Engelport, Beselich, Marienrod, Altenberg und Dorlar bei Wetzlar, Marienburg bei Zell und Wadgassen. 1223 kamen die ersten Franziskaner nach T., bald zählte das Erzbistum 13 Franziskanerklöster, drei Klarissenklöster und sieben vom dritten Orden des hl. Franziskus. Von den Kapuzinern seien bes. genannt Dionysius v. Luxemburg († 1703), der Verfasser des »Großen Marianischen Kalenders« und der Volksmissionar → Martin v. Cochem († 1712). Das erste von sechs Karmeliterklöstern des Sprengels wurde 1256 in T. gegründet. Karthäuser, Dominikaner und Jesuiten mehrten das Lob M?s im Trierischen.

Zahlreiche M?bruderschaften blühten seit der Neuzeit v. a. im ländlichen Bereich auf; auch die »Marianische Liebesversammlung« ist in zahlreichen Orten der Diözese bis weit ins 19. Jh. hinein bezeugt. Die Bruderschaften prägten das marian. Frömmigkeitsleben und trugen Wesentliches zu dessen Erneuerung bei. Die marian. Volksfrömmigkeit äußerte sich ferner im Rosenkranzgebet und in M?liedern. Bei der Entstehung des uns bekannten Volksrosenkranzes war der Konzer Kartäuser → Dominikus v. Preußen († 1460) der maßgebliche Inspirator. In wunderbarer textlicher und musikalischer Fassung besingt das Kirchenlied »Es ist ein Ros entsprungen«, das wahrscheinlich schon vor 1500 bekannte »alt trierisch Christliedlein«, die Geheimnisse der jungfräulichen Empfängnis und Geburt. Kirchenlieder zu Ehren M?s finden sich seit dem 19. Jh. in den T. Diözesangesangbüchern in größerer Zahl. 1818 enthält das Gesangbuch 15 M?lieder (Ehrenbreitsteiner Gesangbuch), 1846 sind es 23, 1871 21, 1892 33 und im letzten T.er Diözesangesangbuch 33 M?lieder, nicht gerechnet die vielfach marian. geprägten Weihnachts-, Passions- und Osterlieder. Das 19. und 20. Jh. als »hohe Zeit der Marienfrömmigkeit (war) auch eine Blütezeit des marianischen Kirchenliedes« (A. Heinz). Das 1975 erschienene Einheitsgesangbuch »Gotteslob« hat diese Entwicklung etwas gedämpft: das T.er Proprium fügt den 24 M?liedern im Stammteil noch 10 hinzu.

In der ersten Hälfte des 19. Jh.s findet sich in zahlreichen Pfarreien der Diözese das Maigebet. Von 75 Pfarreien, die um 1830 ausweislich der Visitationsakten eine Andacht im Mai bestätigen, führen zwar 62 den Rosenkranz als ausgeübte Gebetsform an, was aber weniger für eine dezidierte Verehrung M?s spricht, sondern nur dafür, daß der Rosenkranz die einfachste und gebräuchlichste, von jedermann gemeinsam zu verrichtende Gebetsform auf dem Land war. Eine eigene M?litanei als Element dieser → Maiandacht findet sich nur in drei Pfarreien; weitere Elemente dieser Maigebete waren der »Angelus« (5 Belege) und das Gebet → »Sub tuum praesidium« (2 Belege). Der später so charakteristische marian. Zug der Maiandachten fehlt noch weitgehend. In der Bischofsstadt T. ist die marian. Maiandacht dann vor 1855 gefeiert worden. In Koblenz hielten die Jesuiten erstmals 1856, gleich nach der Gründung ihrer dortigen Niederlassung, die ersten Maiandachten. Das T.er Diözesangesangbuch von 1871 nahm erstmals zusätzliche »Marianische Andachten für den Mai« auf. Dieser Befund - marian. Maiandacht und altes Mai(wetter)gebet - bleibt in der Ausgabe des Jahres 1892 gewahrt. Als eigenes Lied zur Maiandacht wird unter der Überschrift »Maria, Maienkönigin« das Lied »Kommt, Christen, kommt zu loben, der Mai ist froh erwacht« ergänzt. Eher negative Folgen der Dogmatisierung der UE M?s (1854) und der M?erscheinungen von Lourdes (1858) waren im Bistum T. die kirchlicherseits nie anerkannten M?erscheinungen in → Marpingen (1876), Gronig, Münchwies, Wemmetsweiler, Berschweiler und Urexweiler (1877/78).

Bedeutende Wallfahrtsorte und Gnadenbilder befinden sich in folgenden Ortschaften des Bistums: Ahrbrück-Pützfeld (Lkr. Ahrweiler) besitzt seit dem 17. Jh. eine Kapelle zu Ehren der Geburt M?e, die sich seit dem 18. Jh. in eine öffentliche Wallfahrtskapelle für das gesamte Ahrtal wandelte. Hauptwallfahrtszeiten sind der Mai und der September. Verehrtes Gnadenbild ist eine Madonna mit Kind (17. Jh.). — In Auw an der Kyll (Lkr. Bitburg-Prüm) hat sich seit dem ausgehenden 17. Jh. eine Wallfahrt zunächst zur Consolatrix Afflictorum, später zu M?, der Himmelskönigin, entwickelt. Für die Eifeler und Moselaner sind Hauptfeste der Sonntag nach M?e Himmelfahrt (»Krautwischtag«), die M?feste sowie der Josephs- (19. März) und der Annatag (26. Juli), ferner die »Fatimatage« am 13. eines jeden Monats zwischen Mai und Oktober. — In Barweiler (Kreis Ahrweiler) wird M?, »Mutter Gottes mit der Lilie«, bes. in der Hauptwallfahrtszeit vom 8. September (M?e Geburt) bis zum 2. Sonntag im Oktober verehrt. Das »Lilienwunder« von 1726, als eine verdorrte Lilie in der Hand der Mutter Gottes (Gnadenbild) im September neue Knospen und Blüten trieb, kann als Beginn der noch heute lebendigen Wallfahrt, vornehmlich aus dem Kölnischen, betrachtet werden. — Seit wenigen Jahrzehnten ist eine durch die Säkularisation unterbrochene Verehrung der »Schwarzen Madonna« in Beilstein (Lkr. Cochem-Zell) wieder aufgenommen worden. Wallfahrtstag ist der 16. Juli; Gnadenbild eine Madonna des 13. Jh.s

— In Berglicht (Lkr. Bernkastel-Wittlich; →Thalfang-Berglicht) wird M, ULF vom Berge, von Mai bis Oktober in seelischen und leiblichen Nöten angerufen. Gnadenbild ist eine Statue um 1750. Die Wallfahrt besteht seit der zweiten Hälfte des 17. Jh.s und soll bis ins SpätMA zurückgehen. Seit 1955 gibt es eine Fatimakapelle. — In → Bergweiler (Lkr. Bernkastel-Wittlich) werden in der »Fintenkapelle« M und die hl. Helena bei Kinderkrankheiten angerufen. Die ganzjährige Wallfahrt der Pilger aus den Gebieten Mosel, Eifel, Hunsrück, Belgien, Luxemburg und Saar hat ihren Höhepunkt in einer theophorischen Prozession und einer Eucharistiefeier am Sonntag nach dem 18. August (Helena). — In Binscheid (Gemeinde Üttfeld, Lkr. Bitburg-Prüm) wird M, Mutter von der Immerwährenden Hilfe, bes. bei schwerer Krankheit angerufen. Monatlich ist Bruderschaftsandacht, im Mai eine große Prozession. Verehrt wird ein Gnadenbild der Immerwährenden Hilfe. — In Bruchhausen (Lkr. Neuwied) verehren die Gläubigen aus dem Rhein-Sieg-Kreis und dem Kreis Ahrweiler im Mai und September ein Gnadenbild Ms als Refugium Peccatorum und Consolatrix Afflictorum. — In Engelport (Gemeinde Treis-Karden, Lkr. Cochem-Zell) wird M vom Hilfe in den verschiedensten Anliegen angerufen. Die Gläubigen v.a. aus Treis-Karden, Cochem-Land und Blankenrath wallfahrten ganzjährig zur Mstatue mit dem Kinde aus der Zeit um 1420. Hauptwallfahrtsfest ist der 15. August. — Die Kapelle auf dem Hasenberg »Maria Frieden« in Ensdorf ist am Hauptwallfahrtstag Christi Himmelfahrt, der als internat. Bergmannstag gefeiert wird, Ziel tausender Pilger aus dem Saarland, Lothringen und Luxemburg. — Die sog. Schwanenkirche in Forst (Lkr. Cochem-Zell) ist in der Woche vor Palmsonntag seit über 500 Jahren Ziel zahlreicher Wallfahrer, die das Gnadenbild der schmerzhaften Mutter Gottes besuchen. — In der Büschkapelle (um 1900) in Gerolstein (Lkr. Daun) wird M vom Klaren Bronnen bei Krankheit von Mensch und Vieh sowie bei materiellen und geistigen Sorgen verehrt. Die Wallfahrer aus der näheren Umgebung pilgern ganzjährig zu einer Pietà vom Jahre 1936. — In Illingen (Lkr. Neunkirchen) wird M, Mater Dolorosa, bes. an den Mfesttagen 15. August und 15. September (Sieben Schmerzen Ms) verehrt. Die Wallfahrer aus dem Großraum Saarbrücken und Neunkirchen pilgern zu einer Pietà aus dem Jahre 1797. Sinti und Roma aus allen Teilen der Bundesrepublik, aus Frankreich und Belgien treffen sich am ersten Sonntag im Oktober in Illingen bei ULF zur einzigen Zigeunerwallfahrt Deutschlands. — In der renovierten Sakristei einer verfallenen Kirchenruine in Isenburg-Hausenborn (Lkr. Neuwied) wird seit kurzem eine um 1400 entstandene Pietà durch zahlreiche Pilgergruppen und Einzelpilger wieder verehrt. — In Kell (Gemeinde Andernach, Lkr. Mayen-Koblenz) wird M, Regina Martyrum, in der Pfarrkirche verehrt. Zum Vesperbild kommen Wallfahrer aus den Kreisen Mayen-Koblenz und Ahrweiler ganzjährig, bes. im Mai und an den Mfesten. — Aus dem Brohltal kommen jährlich, bes. in der Karwoche und am Fest der Sieben Schmerzen Ms, Tausende von Pilgern zum Bild der schmerzhaften Mutter Gottes im Kreuzwäldchen in Kempenich (Lkr. Ahrweiler). — In Klausen (Lkr. Bernkastel-Wittlich), dem bedeutendsten Mwallfahrtsort des Bistums Trier, wird M, Mater Dolorosa, seit dem SpätMA verehrt. Die Hauptwallfahrtszeit reicht von Mitte August bis Mitte Oktober. Die Wallfahrer kommen aus dem gesamten rheinisch-mosselländischen Raum. — In Koblenz-Arenberg wird eine Gnadenstätte der Schmerzhaften Mutter (Pietà um 1700) gern besucht. — In Kyllburg (Lkr. Bitburg-Prüm) wird M, ULF zu Kyllburg, seit dem ausgehenden MA verehrt und bes. um gutes Wetter angerufen. Die Wallfahrer kommen aus der näheren Umgegend und verehren verschiedene Mstatuen: M Königin (2. Hälfte 14. Jh.), M Lactans, die Schmerzensmutter und die »Staudenmadonna«. Eine 1886 errichtete Msäule überragt den nördlichen Teil des Ortes. — In der Mkapelle von Landskron (Lkr. Ahrweiler) stellt ein sehr verehrtes Altarbild (1794) die Verkündigung Ms dar. Am Fest Me Verkündigung werden nach altem Brauch den Gottesdienstbesuchern Brezeln ausgehändigt. — In Lebach-Steinbach (Lkr. Saarlouis) wird seit der Jh.wende eine Mkapelle auf dem Höchstener Berg vornehmlich im Mai und um die Tage um Me Himmelfahrt (15. August) stark besucht. Auf dem Wünschberg wird seit 1970 die → »Dreimal wunderbare Mutter« von → Schönstatt von jährlich 25 000 Menschen von Mai bis Oktober verehrt. — In Lutzerath-Driesch (Lkr. Cochem-Zell) kommen an den Mfesten noch heute zahlreiche Wallfahrer zur aus dem 15. Jh. stammenden Pietà, genannt »Starke Mutter«. — In Lützel (Koblenz-Lützel) ist seit 1730 eine Wallfahrt zu M, Hilfe der Christen, belegt. Die Gläubigen aus dem Großraum Koblenz, aber etwa auch aus Hildesheim/Eifel (dreitägige Fußwallfahrt seit 1830) kommen am 24. Mai und in den Monaten Mai und September nach Lützel. — In Maria Martenthal (Gemeinde Kaisersesch, Lkr. Cochem-Zell) wird M, Mater Dolorosa und Regina Martyrum, seit dem SpätMA verehrt. In der Wallfahrtsoktav um den 15. September (Sieben Schmerzen Ms) verehren Pilger aus den Diözesen Westdeutschlands und des westlichen Auslandes eine holzgeschnitzte Pietà aus der zweiten Hälfte des 15. Jh.s. — In Merzig-Harlingen (Saarland) wird an Me Himmelfahrt in der Wallfahrtskirche eine der ersten Hälfte des 15. Jh.s entstammende Mstatue durch zahlreiche Pilgergruppen besucht. — In Mörz (Rhein-Hunsrück-Kreis) wird M, Mater Dolorosa, in den unterschiedlichsten Anliegen von Pilgern des Hunsrücks und einiger Moselgemeinden angerufen. Wallfahrtszeit ist hauptsächlich der Freitag nach dem Passionssonntag (Schmerzhafter Freitag), ferner Mitte Mai und Mitte August. — In Püttlingen/Saarland finden zahlreiche Prozessionen in der Maizeit zu der 1927 errichteten Kapelle ULF vom Marienberg statt. — In Remagen (Lkr. Ahrweiler) wird eine im Kriegsgefangenenlager »Goldene Meile« 1945 durch Adolf Wamper gefertigte Mutter Gottes mit Kind verehrt. — In Riegelsberg/Saarland besuchen jährlich Tausende von Pilgern die Pfarrkirche, in der eine Nachbildung der Schwarzen Madonna von Altötting seit 1945 verehrt wird. — In Saarburg-Beurig (Lkr. Trier-Saarburg) wird ein Gnadenbild ⓜ Lactans von den Gläubigen der näheren Umgebung vornehmlich am Hauptwallfahrtsfest ⓜe Heimsuchung am 2. Juli besucht. — Das Gnadenbild in der → Schankweiler Klause (Lkr. Bitburg-Prüm) ist einem oft kopierten Bild von Lucas Cranach in der Innsbrucker St. Jakob-Kirche nachempfunden. Gnadenbild und erste Kapelle stammen aus dem 17. Jh. Die Eifeler und Luxemburger Bevölkerung pilgert zwischen dem 1. Mai und 15. September nach Schankweiler. — In Schillingen (Lkr. Trier-Saarburg) birgt eine ursprünglich 1931/32 erbaute, später durch Neubau ersetzte Kapelle ein am 13. Mai und 13. Oktober viel besuchtes Gnadenbild ULF von Fatima. Die zahlreichen Wallfahrer vorzüglich aus den Nachbargemeinden beten für den Frieden in der Welt. — In Schöndorf-Lonzenburg (Lkr. Trier-Saarburg) ist eine 1957 gebaute Kapelle zur Ehre der Jungfrau der Armen (Banneux) mit entsprechendem Gnadenbild im Mai Ziel zahlreicher Prozessionen von Wallfahrern aus den Nachbargemeinden. — In Schönstatt-Vallendar (Lkr. Mayen-Koblenz) wird ⓜ, »Dreimal Wunderbare Mutter von Schönstatt« und »Königin der Apostel« das ganze Jahr über, v. a. aber in der Woche vor dem 18. Oktober, von Gläubigen aus der ganzen Welt verehrt. Begründer der Wallfahrtsstätte ist P. Josef → Kentenich. — In Schuld (Lkr. Ahrweiler) wird in der Schorn-Kapelle ⓜ, Mater Dolorosa, seit dem 18. Jh. verehrt. Jeden Sonntag im Mai versammeln sich Gläubige des Dekanates Adenau vor der Pietà in der Kapelle. — Seit 1926 steht in einer Kapelle in Heiligenborn bei Schweich (Lkr. Trier-Saarburg) eine Schutzmantelmadonna, die neben der Künstlerfamilie (Nagel aus T.) u. a. die Figur des T.er Mystikers Hieronymus Jaegen († 1919) birgt, dessen Seligsprechungsprozeß eingeleitet ist. Bes. im Mai pilgern viele Gläubige der Umgegend zu dieser Kapelle. — In Serrig (Lkr. Trier-Saarburg) steht im Mittelpunkt der Wallfahrt eine ⓜstatue und der »Heiligenborn«, aus dem heilkräftiges Wasser geschöpft wird. Die Pilger kommen hauptsächlich aus Saarburg, Konz und T. — Mittelpunkt der bereits im 14. Jh. nachgewiesenen Wallfahrt nach → Spabrücken (Lkr. Bad Kreuznach) ist die »Schwarze Madonna von Soon«, eine Statue aus der Mitte des 14. Jh.s. Die Gläubigen aus dem Saarland und dem Nahegebiet pilgern vornehmlich am Hauptwallfahrtsfest ⓜe Geburt am 8. September nach Spabrücken. — In Spessart-Wollscheid (Lkr. Ahrweiler) ist ein Gnadenbild von der »Immerwährenden Hilfe« um den 8. September (ⓜe Geburt) Ziel zahlreicher Wallfahrtsgruppen. — In Steffeln (Lkr. Daun) wird in einer 1947 zum Dank für Schutz im Zweiten Weltkrieg errichteten Kapelle eine Schutzmantelmadonna aus Stein verehrt. Hauptwallfahrtsfest ist der 2. Juli (ⓜe Heimsuchung). Die Pilger kommen aus den Kreisen Daun und Euskirchen. — Die Fraukirch bei Thür (Lkr. Mayen-Koblenz) wird von zahlreichen Wallfahrern aus dem Land zwischen Rhein, Mosel und Brohltal besucht. Dabei wurde seit der Neuzeit versucht, einen bestehenden Genovefakult in die MV einzubinden. — In Trier (s. u.) gibt es mehrere Wallfahrtsziele und Gnadenbilder. — In Unter-Bischofsstein (Lkr. Mayen-Koblenz) wird in einer spätromanischen Kapelle ein altes Gnadenbild der Schmerzhaften Mutter Gottes sehr verehrt. — In Valwig (Lkr. Cochem-Zell) wird seit dem 15. Jh. ein Gnadenbild »der wundertätigen Mutter vom Berge« (um 1400) verehrt (→ Valwigerberg). — In Völklingen-Fürstenhausen/Saarland wird eine 1950 fertiggestellte Kapelle mit einer zeitgenössischen ⓜstatue »Maria, Hilfe der Christen« als Dank für Errettung aus Kriegsnot von saarländischen und lothringischen Pilgern von Mai bis Oktober gern besucht. — In Waldbreitbach-Verscheid (Lkr. Neuwied) wird am 4. Freitag nach Ostern das sog. Kompassionsfest (im Trierischen ursprünglich nicht gefeiert; Verscheid war früher kölnisch) durch zahlreiche Gläubige der umliegenden Ortschaften begangen. Gnadenbild ist eine trauernde GM (um 1400). — In Waldorf (Lkr. Ahrweiler) kommen seit über 250 Jahren Wallfahrer zur sog. Türkenmadonna »ULF zum Siege« (Schlacht bei Lepanto 1571). Das heutige Gnadenbild ist eine Nachahmung der älteren ⓜfigur und entstand um 1900. — In Wallerfangen (Lkr. Saarlouis) ist seit 1951 ein ⓜbildstock mit einer russ. Ikone Ziel zahlreicher Wallfahrer aus der Umgebung. — In → Weidingen (Lkr. Bitburg-Prüm) ist seit dem SpätMA eine Wallfahrt zu einer um 1500 entstandenen Pietà bezeugt. — In → Wiebelskirchen (Lkr. Neunkirchen) findet seit dem Zweiten Weltkrieg die jüngste saarländische ⓜwallfahrt statt. — In → Windhausen (Gemeinde Herschwiesen, Rhein-Hunsrück-Kreis) blüht seit dem 18. Jh. eine Wallfahrt zur »Schwarzen Muttergottes«.

2. Stadt. Nach dem Zeugnis der alten trierischen Schriftsteller erbaute Bischof Felix vor 400 in T. eine ⓜkirche auf dem Marsfeld vor der Porta nigra, an der Stelle der heutigen Kirche St. Paulin. Im 4. Jh. soll eine zweite ⓜkirche an der Stelle des alten trierischen Kapitols in der Nähe der röm. Moselbrücke erstmals erbaut worden sein. Diese Kirche war die Kirche St. Maria ad pontem, die 1673 von den Franzosen zerstört wurde. Vor 700 gründete Adela in Trier-Pfalzel ein der allerseligsten Jungfrau geweihtes Benediktinerinnenkloster, dessen noch erhaltene Kirche möglicherweise die älteste Mkirche Deutschlands ist, von der Teile erhalten sind. Weitere Stätten uralten Mkults in T. war die Doppelkirchenanlage Dom und Liebfrauen, wobei die Liebfrauenkirche als ältester gotischer Kirchenbau Deutschlands schon immer eine besondere Anziehungskraft besaß. Das königliche Mkloster Oeren-Irminen (Mitte des 7. Jh.s gegründet) wurde wie die Benediktinerabtei St. Marien am Ufer (Gründung im 8. Jh.) und das Zisterzienserinnenkloster beata Maria in ponte Leonis (gegründet vor 1232) Opfer der Säkularisation.

Die Marian. Kongregation wurde von den Jesuiten 1617 gegründet und blüht fort.

Das Marian. Gnadenbild im T.er Dom, eine steinerne Sitzmadonna mit Kind, war bei Schleifung der Stadtmauern 1697 in den Dom verbracht worden und ist im 18. Jh. Ziel vieler Wallfahrten gewesen, wie Wallfahrtsmedaillen beweisen.

Das Gnadenbild der Abtei Trier-St. Matthias, eine Sedes Sapientiae, entstand vermutlich um 1700 und ist neben dem Apostelgrab bevorzugtes Ziel der blühenden Wallfahrt nach St. Matthias.

Weitere gern besuchte marian. Andachtsstätten in T. sind der Maltar in der Liebfrauenkirche (Mitte 14. Jh.), die »Zuckerberg-Madonna« (ca. 1320) in der Bürgerkirche St. Gangolf, der Me-Himmelfahrts-Altar (1617) in der Pfarrkirche St. Antonius, die Lourdes-Grotte im Park des Herz-Jesu-Krankenhauses und die Schiffermadonna (ca. 1750) in der Pfarrkirche St. Martin. Aus neuester Zeit sind zu nennen die Schönstattkapelle im Casparygarten (1987 eingeweiht), die Mikone in der Pfarrkirche St. Maternus und die »Muttergottes des Zeichens«, eine 1970 für die Kapelle der Kath. Akademie erworbene serbische Mikone des 18. Jh.s.

Im Gefolge marian. Begeisterung im Anschluß an die Dogmatisierung der UE (1854) wurde am 8.10.1866 eine die Stadt T. hochüberragende Msäule auf den linken Moselhöhen durch den Bekennerbischof Matthias Eberhard eingeweiht. Zwei Jahre später wurde wenige Schritte unterhalb der Säule eine Mariahilf-Kapelle durch Weihbischof Johann Jakob Kraft eingeweiht.

Das Bischöfliche Museum in T. birgt manch kostbare Mstatue aus der Stadt, so eine M von den Chorschranken des T.er Domes (2. Hälfte 12. Jh.), eine Hausmadonna vom Mergener Hof in T. (2. Hälfte 14. Jh.), eine Hausmadonna von St. Antonius in T. (um 1400) und eine reitende Madonna einer Flucht nach Ägypten aus der Welschnonnenkirche in T. (1. Hälfte 16. Jh.). Heute noch grüßen ca. 60 Statuen ULF von T.er Profanbauten, eine M- und eine Liebfrauenstraße tragen den Namen der GM.

Lit.: J. A. I. Liehs, Leben und Thaten der Heiligen, deren Andenken im Bistum T. gefeiert wird, Trier 1862. — P. Oster, Die Marienverehrung in den Trierischen Landen, In: Sechster Internat. Marian. Kongreß in T. 3.–6.8.1912, Teil II: Die Referate, Trier 1912, 265–280. — P. Miesges, Der T.er Festkalender. Seine Entwicklung und seine Verwendung zu Urkundendatierungen, Trier 1915. — Die Jüngling-Kongregation »Maria Himmelfahrt« in T., 1920. — Wallfahrten durchs dt. Land. Eine Pilgerfahrt zu Deutschlands hl. Stätten, 1928, 469–488. — H. Becker, Die Wallfahrtskirche in Wirzenborn, In: AMRhKG 3 (1951) 187–217. — Marienverehrung im Saarland, In: Paulinus 77 (1951) Ausg. Nr. 24 vom 17.6.1951, 15. — Handbuch des Bistums Trier XX (1952). — M. Schrecklinger, T.er Madonnen. 32 plastische Werke des Bischöflichen Museums, 1957. — J. Schreiner, Zu ULF. Mariengnadenstätten in dt. Landen, 1966. — U. Hagen, Die Wallfahrtsmedaillen des Rheinlandes in Geschichte und Volksleben, 1973. — Die Gottesmutter. Marienbild im Rheinland und in Westfalen, hrsg. von L. Küppers, 2 Bde., 1974. — P. Becker und P. May, Das St. Mattheiser Marienbild in T., ebd. I 349–360. — K. Kolb, Mariengnadenbilder. Marienverehrung heute, 1976. — F. Pauly, Siedlung und Pfarrorganisation im alten Erzbistum T. X, 1976. — R. Scherschel, Der Rosenkranz – das Jesusgebet des Westens, 1979. — Wallfahrt im Rheinland, Köln 1981. — Klöster in T. von der Spätantike bis zur Gegenwart, 1984. — »Voll der Gnade«. Marienverehrung im Rheinland, hrsg. von K. W. Kraemer, 1986. — E. Sauser und M. Bair, T.er Andachtsstätten, 1987. — In Gottes Namen unterwegs. Wallfahrten im Bistum T., 1987. — K. Küppers, Marienfrömmigkeit zwischen Barock und Industriezeitalter, 1987. — M. Persch, Das T.er Diözesangesangbuch von 1846 bis 1975, 1987. — A. Heinz, Marienlieder des 19. Jh.s und ihre Liturgiefähigkeit, In: TThZ 97 (1988) 106–134. — B. Schneider, Bruderschaften im T.er Land, 1989. — M. Backes, Die Marien-Wallfahrtskapelle zu Ahrbrück-Pützfeld (Ahr). Mit einem Beitrag von A. Thomas, ³1990. — G. Graff-Höfgen und D. Graff, Maria in den Reben. Brauchtum und Bekenntnis, 1990. — M. Persch, Das Ergebnis einer »religiösen Bürgerinitiative«. Vor 125 Jahren, am 8.10.1866, wurde die T.er Mariensäule eingeweiht, In: Paulinus 117 (1991) Nr. 40. — S. Hansen (Hrsg.), Die dt. Wallfahrtsorte, ²1991. — G. Oberhauser, Wallfahrten und Kultstätten im Saarland, 1992.

M. Persch

Trierer Marienklage (→Klagen). Die T. ist als erster Teil (Karfreitagsspiel) zu dem in derselben Handschrift aus der Mitte des 15. Jh.s überlieferten Osterspiel anzusehen. Sie beruht auf den entsprechenden Szenen (Tod Jesu und Mklage) eines →Passionsspiels, vergleichbar etwa dem Alsfelder Passionsspiel. Auf eine einleitende Klage Ms und einen Dialog zwischen M und Johannes folgt der Gang zum Kreuz, wo Jesus mit den Worten an M und Johannes und mit den weiteren seinem Tod vorangehenden Worten in den Mittelpunkt tritt. Den Schluß bildet wiederum ein Dialog M – Johannes. Das Spiel zeigt wie das Trierer Osterspiel den liturgienahen Charakter mancher →Spiele des 15. Jh.s und war für eine Aufführung im Kirchenraum gedacht.

Ausg.: Trierer Marienklage und Osterspiel, Codex 1973/63 der Stadtbibl. Trier, hrsg. von U. Hennig (Text) und A. Traub (Melodien), In: Litterae 91 (1990).
Lit.: Bergmann, Katalog, Nr. 158.

R. Bergmann

Trinidad. Die Verehrung der GM als »La Divina Pastora« kam von Spanien durch die Kapuziner nach →Venezuela und 1759 von dort in die neugegründete Kapuziner-Missionsstation nach Siparia auf T. Nicht sicher ist das Datum der Ankunft der Statue in T. In dem Report von D. W. D. Comins von 1893 über die Einwanderung von Indern auf T. wird berichtet, die Statue sei 1730 von span. Kapuzinern, die auf der Flucht vom Festland waren, nach T. gebracht worden. Alle Legenden über den Beginn der Verehrung enthalten im Kern, daß die Statue im

Wald gefunden und später in einer Kapelle aufgestellt wurde. Die Ⓜstatue ist von dunkler Hautfarbe (kupferfarben) und hat langes schwarzes Haar. Sehr zur Verbreitung der Verehrung trug bei, daß Siparia das Zentrum der Guarnon-Indios ist, die im 19. und 20. Jh. lebhaften Handel betreiben. Das Hauptfest wird am zweiten Sonntag nach Ostern gefeiert.

Muslime und Hindus, die nach T. kamen (seit 1845), sahen in »La Divina Pastora« die »Mutter von Siparia« und damit die Mutter Kali. Wann die Identifizierung der GM Ⓜ mit der indischen Muttergottheit durch die Inder begann und seit wann sie von ihnen »Suparee Ke Mai« genannt wurde, ist nicht bekannt. Belegt ist, daß schon 1890 zahlreiche Inder, Hindus wie Muslime unter den Pilgern waren. Aber die Hindus und Muslime feiern ihr Hauptfest der »La Divina Pastora / Suparee Ke Mai« am Gründonnerstag und Karfreitag. Die Formen der Verehrung haben sie aus Indien übernommen. Als die Inder noch unter der Aufsicht der Zuckerrohrplantagenbesitzer standen, bot sich der Karfreitag als öffentlicher Feiertag und als Festtag der Göttin Kali an, an dem man mit der Eisenbahn unter Gesang von Hindu-Liedern zum Wallfahrtsort fuhr. Die Hindus opfern Edelsteine, Gold- und Silberarmspangen, Gürtel und Ringe, Kerzen, Öl und Geld. Vielfach werden indische Tänze von buntgewandeten Tänzern aufgeführt, die sowohl die Danksagung als auch die Bitte des Pilgers unterstützen.

In der Stadt Araure wird eine Ⓜstatue verehrt, die nach der Überlieferung 1702 von der Mulattin Margarita unter einem Baum gefunden wurde und an die Kapuziner kam. In San Luis de Cura wird die Statue »NS de los Valencianos« verehrt, die in einer tiefen Schlucht gefunden wurde. Auf dem •Berg Laventille, der Stadt und Hafen von Port-of-Spain überragt, befindet sich das Heiligtum »Our Lady of the Rosary of Fatima«. Es wurde Anfang des 19. Jh.s durch einen Portugiesen aus Madeira als Nachahmung des dortigen Heiligtums »S. Maria del Monte« errichtet. Heute finden an jedem 13. des Monats von Mai bis Oktober große Wallfahrten statt. Die Teilnehmer gehören allen gesellschaftlichen Schichten an, ohne Unterschied von Hautfarbe oder Religion. Auffallend ist die Anziehungskraft der MV auf die Jugend.

Lit.: J. Th. Harricharan, The Work of the christian churches among the East Indians in T. during the Period of Indentureship, 1976. — J. Th. Harricharan, The Catholic Church in T. 1498–1852 I, 1983. — G. Boodoo, The »La Divina Pastora / Suparee Ke Mai« Devotions of T., In: Internat. Review of Mission 82 (1993) 383–389. *H. Rzepkowski*

Trinitarier, gegründet vom hl. Johannes v. Matha und vom Eremiten Felix de Valois, 1198 approbiert, setzten sie sich theol. die Verehrung der allerheiligsten Dreifaltigkeit und sozial den Loskauf der im Zeitalter der Kreuzzüge versklavten Christen zum Ziel. Heute leben 600 T. in 17 Ländern und 68 Klöstern. Sie bemühen sich im Sinne der Gründer, den vergessenen und verratenen Mitchristen Begleiter zu sein. Sie verehren Ⓜ als Hilfe gegen die Übel der Zeit (BMV de remedio).

In die gleiche Zeit reichen die *Trinitarierinnen* zurück. Nach vielfachen Umbildungen und Abzweigungen zählen sie heute 7 Kongregationen mit ungefähr 4000 Mitgliedern, die sich dem Unterricht, der Krankenpflege und anderen sozialen Aufgaben widmen.

Beiden Gemeinschaften steht ein → Dritter Orden zur Seite.

Lit.: F. Stroobants, ND du Remède et l'Ordre Trinitaire, 1954. — LThK² X 359. *Q. de Leeuw/H. M. Köster*

Triodion, liturg. Buch der byz. Kirche, das die wechselnden Teile für die Liturgie und die anderen Dienste jener liturg. Periode des Kirchenjahres enthält, die am vierten Sonntag vor der Großen Fastenzeit, d. h. am Sonntag des Verlorenen Sohnes, beginnt und am Großen oder Hl. Samstag endet. Die Bezeichnung hat ihren Ursprung in der Tatsache, daß während dieser Zeit die Kanones (→ Kanon) im → Orthros der Werktage nur drei (anstelle von neun) Oden enthalten; am Samstag vier. Ein Großteil der Texte des T. stammt aus der jerusalemischen Liturgie, eine jüngere Schicht geht auf Hymnographen wie Andreas v. Kreta, Kosmas v. Jerusalem, Johannes v. Damaskos usw. zurück. Byz. Ursprungs sind die Kanones von Theodoros Studites und Joseph v. Thessaloniki. In der Zeit des T.s wird an den ersten vier Freitagen der Großen Fastenzeit je ein Viertel des → Akathistos-Hymnus zu Ehren der GM gesungen, am fünften Freitag wird der ganze Hymnus in den Kanon des → Apodeipnon eingefügt.

Lit.: P. de Meester, Riti i particularità liturgiche del Triodio e Pentecostario, 1943. — The Lenten T., 1978. — K. Onasch, Liturgie und Kunst der Ostkirche in Stichworten unter Berücksichtigung der Alten Kirche, 1981, 362 f. — N. D. Patrinacos, A Dictionary of Greek Orthodoxy, 1987, 359. — LThK² X 363 f. *J. Madey*

Triptychon. Das T. als »Dreitafelbild« gestaltet vermittels Symmetrie Mittelachse und Gleichgewicht. Dabei ergibt sich eine Subordination der Seitenflügel. Im Gegensatz zu Bildreihen oder dem Diptychon intendieren Auftraggeber und Künstler gleichsam gesteigertes Lebensgefühl beim »Dreitafelbild». Es gibt Triptychen aus Edelmetall, Email und als Tafelmalerei.

Dreigliederung zeigen bereits Bildplatten des 4. und 5. Jh.s, vorbereitet durch heidnische Klapptafelbilder, auch sind andeutungsweise Predella und Auszug vorhanden. Man kann die Entwicklung des T. im Rahmen der Kirche nicht von der des Retabels als des künstlerisch hochambitionierten Altaraufsatzes trennen, wiewohl das T. eben kein dreidimensionales Kultbild aufnimmt: das Imagohafte wird verweigert. Die Bildeinheit wirkt bewußt flach, enthüllt aber gleichzeitig »wahre Wunder« der Kunstfertigkeit der Maler in Konkurrenz zur Dreidimensionalität des Retablo. Künstler der ital. Gotik und

Renaissance suchen die Dreiteilung zu überwinden, u. a. mit Hilfe der Perspektive und gedanklicher Verknüpfung »dramatisch handelnder« Personen. In den Niederlanden kennt man vergleichbare Bestrebungen.

Das T. blieb nicht auf den geistlichen Raum beschränkt. 1421 schuf Jacopo del Fiore im Auftrag des Magistrats von Venedig das sicher älteste T. nichtliturg. Bindung, »Justitia zwischen Markuslöwen und zwei Erzengeln«. Bei Monarchenporträts überträgt sich namentlich im Protestantismus das sakrale Pathos auf die weltliche Obrigkeit (Cranach); um 1800 säkularisiert die Kunst im T. christl. Themen (z. B. »Geschichte als Lebensmacht«) und selbst der Nationalsozialismus macht sich die Intention des T.s zunutze.

Triptychen mit marian. Themen schufen u. a. D. Baegert (Stolzenhain bei Cottbus, ev. Kirche), G. → Bellini (Venedig, Frarikirche), R. Campin (»Merode-Triptychon«, New York, The Cloisters), J. van → Eyck (Genter Altar, Gent, St. Bavo), A. → Mantegna, (Verona, S. Zeno), H. → Memling (Danzig, St. Marien), A. v. Montfort (Bingen, St. Martin), Rogier v. d. → Weyden (Beaune, Hospital) und P. P. → Rubens (Antwerpen, Kathedrale).

Lit.: K. Lankkeit, Das T. als Pathosformel, 1959. — W. Pilz, Das T. als Kompositions- und Erzählform, 1970. *G. Westrum*

Trishagion. Nicht zu verwechseln mit dem → Sanctus, das zuweilen auch so bezeichnet wird, ist das T. mit seinem dreimaligen Ἅγιος ὁ Θεός, ἅγιος ἰσχυρός, ἅγιος ἀθάνατος — ἐλέησον ἡμᾶς.

Die erste Nachricht über das T. stammt vom Konzil von → Chalkedon, wo die Bischöfe es als Kampflied gegen die Monophysiten anstimmten. Betont wird die Unvermischbarkeit der göttlichen Natur mit der menschlichen: Selbst in Leiden und Sterben bewahrt die göttliche Natur des aus der GM Mensch gewordenen Herrn als zweite göttliche Person ihre eigene Leidensunfähigkeit. Protest rief die Erweiterung des T. durch Petrus den Walker (Patriarch von Antiochien, † 488) hervor, der es 468 mit dem Zusatz versah: »Der du für uns gekreuzigt wurdest.« Nach Johannes v. Damaskos bedeutet der Zusatz entweder, daß am Kreuz die gesamte Trinität leidet oder die Einführung einer vierten Person in die Trinität, eben den Leidenden neben den leidensunfähigen Hypostasen. Das T. bezieht sich aber auf die Trinität und sein Ursprung liegt in einer wunderbaren himmlischen Offenbarung. Der Zusatz des Petrus wird heute noch von allen orient. Kirchen gesungen, die das Konzil von Chalkedon ablehnen.

Lit.: K. Nikolaskij, Posobie k isučeniju ustava bogosluženija pravoslavnoj tserkvi, St. Petersburg 1900; Nachdr. Graz 1960, 183 f. 400–404. — I. M. Hanssens, Institutiones Liturgicae de Ritibus Orientalibus II–III und Appendix, 1930–32, Nr. 869–931. — H. Engberding, Zum formgeschichtlichen Verständnis des ἅγιος ὁ θεός, ἅγιος ἰσχυρός, ἅγιος ἀθάνατος — ἐλέησον ἡμᾶς, In: JLW 10 (1930) 168–174. — A. Baumstark, Comparative Liturgy, 1958, 48–51. 85 f. 89 f. — H. J. Schulz, Die byz. Liturgie. Vom Werden ihrer Symbolgestalt, 1964, 46–51. — H. Engberding, Das Gebet zum T. während der Vormesse der ostkirchlichen Liturgie, In: OstKSt 15 (1966) 130–142. — C. Kucharek, The Byz.-Slav. Liturgy of S. John Chrysostom, 1971, 399–405. — Beck (Lit.). — K. Onasch, Kunst und Liturgie der Ostkirche in Stichworten, 1981, 362 f. (Lit.). — DACL XV, 2, 279 f. — CathEnc XIV 311. — LThK² X 365. *M. Kunzler*

Trithemius (Familienname: Zeller), Johann, OSB (seit 1482), *1.2.1462 in Trittenheim bei Trier, † 13.12.1516 in Würzburg, 1483 Abt von Sponheim, wo er sich um die Bibliothek größte Verdienste erwirbt, 1506 Abt der Schottenabtei St. Jakob in Würzburg, wo er seine wissenschaftlich-lit. Arbeit verstärkt fortsetzen kann, gilt als humanistischer Polyhistor, vielen Humanisten seiner Zeit freundschaftlich verbunden. Trotz reicher Quellensammlung eignet seinen Werken nur eingeschränkte historische Zuverlässigkeit. Neben pastoralen, asketischen und naturwissenschaftlichen Schriften schreibt er Werke zur Ordens-, Diözesan- und Landesgeschichte. Auf Veranlassung des Bischofs von Worms (seit 1482), Johann v. Dalberg (1455–1503), verfaßt er sein Hauptwerk »De scriptoribus ecclesiasticis« (Mainz 1494); darin weist er als erster das → Salve Regina → Hermann v. Reichenau zu. Im Auftrag der Stadtväter von → Dettelbach (Diözese Würzburg) verfaßt er 1511 die Schrift »De miraculis BMV in ecclesia nova prope Dettelbach, libri duo«, wodurch die dortige Wallfahrt neuen Auftrieb erfährt. Über die Landesgrenzen hinaus diskutiert wird sein auf Veranlassung der Karmeliten geschriebenes Werk »De laudibus S. Annae matris beatissimae Dei genitricis et virginis Mariae« (Leipzig 1494). Dessen VII. Kapitel behandelt die Frage: »Quod sancta Anna mater filiam suam benedictam Dei genitricem sine originali macula concepit.« Die positive Antwort verweist auf das alljährliche Fest sowie auf die fromme Ehrfurcht der Künstler. Hauptkritiker der Schrift ist Wigand Wirth OP († 1519); diesem gilt jede Stellungnahme zu Gunsten der UE als Häresie; nach einer Diskussion mit T. veranlaßt ihn die Universität Köln zum Widerruf. Auch aus Holland sind zumeist briefliche Zeugnisse der bes. in Humanistenkreisen geführten Diskussionen überliefert.

Lit.: Ch. Schmitt, La controverse allemande de l' Immaculée Conception. L' intervention et le procès de Wigand Wirt, O. P. (1494–1513), In: AFH 45 (1952) 397–450. — A. Emmen, Doctrina et cultus Immaculatae Conceptionis in Hollandia usque ad Concilium Tridentinum, In: VirgoImmac XIV, 1957, 300–348. — ADB XXXVIII 626–630. — DThC VII/1, 1128 f. — LThK² X 366 f. *F. Courth*

Troger, Paul, getauft am 30.10.1698 in Welsberg/Pustertal, † 20.7.1762 in Wien, Freskant, Maler, Zeichner und Radierer. Quellen über die frühen Jahre T.s sind spärlich, doch steht zu vermuten, daß T. wohl bei dem ansonsten unbekannten Matthias Durchner in Welsberg erste Unterweisung in der Malkunst erhielt. Bereits um 1712 trat T. auf Grund der Mittellosigkeit seiner Eltern mit seinem älteren Bruder Joseph in die Dienste des Tiroler Grafen Franz Alphons

P. Troger, Aufnahme Mariens in den Himmel, 1748–50, Brixen, Dom

v. Firmian. Noch im Hause Firmian muß T. Kontakt zu dem Trientiner Priester und Maler Giuseppe Alberti im Fleimstal aufgenommen haben. Aufmerksam geworden auf die Begabung T.s, empfiehlt ihn Graf Firmian an die Grafen Giovanelli in Venedig, wo T., wohl finanziert durch seinen Bruder Joseph, vermutlich seine eigentliche Lehrzeit absolvierte. Spätestens Anfang der 20er Jahre des Jh.s muß diese Lehrzeit beendet gewesen und T. zurückgekehrt sein, denn auf dem 1722 datierten Altarblatt der Kalvarienbergkirche in Kaltern bezeichnet sich T. bereits als »pictor«. Ein weiterer, etwa dreijähriger Italienaufenthalt, der T. nach Rom, nach Neapel, Bologna und Padua geführt hat, wurde ihm durch die Summe von 1000 Reichstalern ermöglicht, die Graf Firmian vom Fürstbischof von Gurk, Jakob Maximilian v. Thun und Hohenstein, für den jungen Maler erwirken konnte. Diese zweite Reise kann kurz vor 1724 angesetzt werden, da sich ab diesem Jahre Martin van Meytens d. J. in Rom aufhielt, den T. dort traf und mit dem er sich befreundete. Es erscheint wahrscheinlich, daß T. während seiner röm. Zeit auch mit Sebastiano Conca in Verbindung trat und nach Bologna durch den Ruf Giuseppe Maria Crespis gezogen wurde. Ende 1725 oder Anfang 1726 wurde T. vom Gurker Fürstbischof zurückgerufen, für den er im selben Jahr einige Werke ausführte. Spätestens im Sommer 1727 siedelte T. vorübergehend nach Salzburg über, wo er 1728 die Kuppel der Kajetanerkirche freskierte. Noch im selben Jahr ließ sich T. in Wien endgültig nieder.

Die 30er und 40er Jahre stellen T.s bedeutendste Schaffensphase dar, sein Ruf als richtungsweisender Maler und Freskant eilt ihm weit voraus. Entsprechend zahlreich sind die bedeutenden Aufträge, die ihm von den größten Kirchen und Klöstern Österreichs und Tirols zuteil werden und ihn immer wieder zu längerer Abwesenheit von Wien zwingen. Ab dem 22.2.1747 wird T.s Name in den Akten der Wiener Akademie der bildenden Künste geführt, erst am 22.7.1751 wird T. mit einer Professur betraut. Am 18.5. 1754 wird T. für eine dreijährige Amtsperiode zum Direktor der Akademie gewählt, zieht sich jedoch 1759, nach der Ernennung van Meytens als Direktor der Akademie durch Kaiserin Maria Theresia am 28. August enttäuscht aus dem Akademiebetrieb zurück.

T.s Hauptwerke sind zweifellos seine zahlreichen Feskendekorationen für die Kirchen und Klöster Österreichs und Tirols, die T. z.T. über Jahre hinweg zu verschiedenen Ausmalungskampagnen zu sich riefen. 1731–45 entstanden die Fresken für die Benediktinerabtei Melk, 1732–42 war T. maßgeblich an der malerischen Ausstattung der Benediktinerabtei Altenburg beteiligt, 1735 entstand das Deckenfresko im Marmorsaal der Benediktinerabtei Seitenstetten, 1738 das Deckenfresko im Marmorsaal des Prämonstratenserstifts Geras, 1739 das Deckenfresko in der Kaiserstiege der Benediktinerabtei Göttweig, 1740/41 das Deckenfresko in der Abtei in Seitenstetten, 1747 das Deckenfresko des Mittelfeldes in der St. Ignatiuskirche zu Györ in Ungarn, 1748–50 die Deckenfresken im Dom von Brixen, und 1752 malte T. die Kuppel der Wallfahrtskirche Maria Dreieichen aus. Gerade als Freskant machen sein leichter Pinselstrich, seine warme, helle und klare Farbigkeit, sein zuweilen dramatisches Helldunkel, seine illusionistischen, bewegten und doch in sich geschlossenen, ausponderierten Kompositionen sowie kräftige und plastische Volumina T. zu einem der bedeutendsten Illustratoren des Barock.

In seinen zahlreichen Ölgemälden, zum größten Teil Altarblätter und Andachtsbilder, darunter zahlreiche ⟨M⟩darstellungen, bevorzugt T. häufig eine Palette mit dunkelfarbigen Stufungen für den Hintergrund, vor dem sich das Bildpersonal durch eine zuweilen geradezu caravaggeske Lichtführung abzeichnet.

Beachtlich ist auch die Anzahl der Zeichnungen in T.s Oeuvre. Ebenso wie in den Gemälden überwiegen hier wieder die Blätter mit rel. Thematik, allein 42 ⟨M⟩darstellungen, doch finden sich auch Landschafts-, Tier- und Architekturstudien, vereinzelt sogar Darstellungen aus der antiken Mythologie. Selbst in den flüchtigsten Zeichnungen zeigt sich T.s außerordentliche Beherrschung von Perspektive und Verkürzungen sowie sein Vermögen, mit schnellem Strich emotionale Zustände zu charakterisieren. Die Radierungen von T.s Hand sind zwar zahlenmäßig gering, doch ebenso wie die Zeichnungen von hoher Qualität.

Auf Grund seiner vornehmlich kirchlichen Auftraggeber enthält T.s Oeuvre zahlreiche Mdarstellungen mit entsprechend vielfältiger Thematik. In seinen Fresken sind sie, gemäß der überwiegend großen Flächen, in einen weiten Erzählzusammenhang mit meist mystischem Gehalt eingebettet. Die bedeutendsten unter diesen Fresken sind die »Menschwerdung Christi durch die Jungfrau und die Verfolgung durch den Drachen« (Altenburg, Stiftskirche, Hauptkuppelfresko, um 1733–34), »Maria als gekrönte Königin des Himmels und der Heiligen und Triumph des Todes« (Heiligenkreuz-Gutenbrunn, Schloßkapelle, Kuppelfresko, 1739), der »Englische Gruß« (Györ, St. Ignatiuskirche, Deckenmittelfeld, 1747) und das Fresko »Maria, Engel und Heilige in der Glorie des dreieinen Gottes« (Maria Dreieichen, Hauptkuppelfresko, 1752).

Die bedeutenden Mdarstellungen auf T.s Gemälden sind zahlreicher. An Einzeldarstellungen ist nur eine Mater dolorosa bekannt (um 1735, Seitenstetten, Prälatur). Für T.s drei Darstellungen »Maria mit Kind« sei stellvertretend das frühe aber meisterliche Gemälde in Meraner Privatbesitz (um 1726) genannt. Eine gelungene »Anbetung der Hirten« ist um 1726 entstanden und befindet sich heute in der Bischöflichen Residenz zu Klagenfurt, die spätere »Anbetung der hll. drei Könige« (1746) in der Bürgerspitalkirche zu Salzburg. Von T.s zwei Darstellung der Hl. Familie ist diejenige in Wiener Privatbesitz auf dem Höhepunkt seiner Kunst, um 1738/40 entstanden.

M unter dem Kreuz ist auf dem bereits erwähnten frühen Altarblatt in Kaltern (1722) zu sehen. Eine von zwei Pietàdarstellungen (1735/40) befindet sich im Historischen Museum der Stadt Wien und ist ein Werk höchster Reife. Dasselbe trifft auch für die frühere von zwei Me Himmelfahrtsdarstellungen zu, die 1734 datiert ist und den Hauptaltar der Stiftskirche in Altenburg krönt.

Als weitere bedeutende Werke sind noch ein »hl. Bernhard als Fürsprecher bei der GM« (Klagenfurt, Bischofsresidenz, um 1722–25), eine »Vermählung Mariens« (Wien, Schloß Schönbrunn, Schloßkapelle, um 1740) und eine »Maria vom Siege« (Platt bei Zellerndorf, Pfarrkirche, um 1740–45) zu erwähnen.

T.s sämtliche Mdarstellungen sind durch große varietà der Komposition, durch tiefe Religiosität und emotionale Einfühlsamkeit gekennzeichnet. Sein reiches Werk war in höchstem Maße prägend für die österr. Malerei des 18. Jh.s und durch seine Schüler, darunter Johann Jakob Zeiller und Martin Knoller, auch für die bayer. Rokokomalerei. Mit T. erlebte die österr. Malerei ihre höchste Blüte und seine neuen Impulse zeigen noch über die Jh.wende hinaus ihre Wirkung.

Lit.: W. Aschenbrenner und G. Schweighofer, G. P. T. Leben und Werk, 1965. — Thieme-Becker XXXIII 415–419.

A. Chr. Braun

Troiani, Maria Catarina von der hl. Rosa (Taufnahme: Constanza Domenica Antonia), sel. Ordensstifterin, *19.1.1813 in Giuliano di Roma/Lazio, †6.5.1887 in Kairo, trat 1829 in den Klarissenorden ein, gründete 1868 die »Franziskaner-Missionarinnen vom Unbefleckten Herzen Mariens von Ägypten« und wurde am 14.4.1985 seliggeprochen. Die Kongregation umfaßte 1993 1043 Ordensfrauen in 110 Niederlassungen in Ägypten, Brasilien, Israel, Italien, Jordanien, Libanon, Malta, Marokko und USA.

T. ging von ihrem Konvent in Italien als Missionarin nach Ägypten. Als dieser die Mission einstellte, blieb sie mit einigen Schwestern in Ägypten, die vom Hl. Stuhl als eine neue Missionskongregation mit der Regel des Dritten Ordens des hl. Franziskus anerkannt wurden. Ihre hervorragende Arbeit im Dienst an den Kindern gewann ihr und ihren Mitschwestern die Wertschätzung der Bevölkerung von Kairo über die Grenzen der Religion hinaus.

Für T.s besondere Verehrung der GM fanden sich im Seligsprechungsprozeß zahlreiche Belege, die auch ihre Biographen hervorheben. Ihr Leben in Ägypten, in dem M nach Lukas und den Apokryphen ihr Exil fand, als die Hl. Familie vor König Herodes fliehen mußte, gab ihrer Mfrömmigkeit eine besondere Note. So oft sie konnte, pilgerte sie zu den Orten der MV, die an den Aufenthalt der Hl. Familie erinnern: zur »Heiligen Grotte« und zum »Baum der Jungfrau Maria« (Lentini 289). Ihren Mitschwestern und allen, die sich an sie mit der Bitte um einen Rat wandten, legte sie stets nahe: »Legt alles in die Hände der Herrin. Sie ist unsere Mutter« (ebd. 288). Jeden Tag betrachtete sie die Geheimnisse des Lebens Jesu und Ms und betete den franziskanischen Rosenkranz. Als Patronin ihres Institutes wünschte sie sich die Immaculata, deren Festtag sie mit großer Feierlichkeit beging und zu deren Verehrung sie auch andere anregte (ebd.). An den Freitagen betete sie den Rosenkranz von den Sieben Schmerzen Ms. Der Mai war ihr als der M geweihte Monat bes. teuer. Die Unbefleckte Jungfrau und Schmerzensmutter »voll der Gnade« und »durchbohrt vom Schwert des Schmerzes« an der Seite ihres gekreuzigten Sohnes waren die Mgeheimnisse, die sie voll Liebe, Freude und Schmerz während ihres ganzen Lebens bewegten (Paoli 30). Von ihrem Vertrauen in M, die Mittlerin der Gnaden, zeugt ein von ihr niedergeschriebenes Bittgebet: »Heiligste Maria, die du mir so viele Gnaden von deinem Sohn erreicht hast, erflehe nun bei deinem Sohn die Gnade der Treue für mich und für diese meine Töchter« (ebd. 60). Stoßgebete, die sie immer wieder betete, waren: »Süßes Herz Mariens, sei du meine Rettung« und »Gepriesen sei ihre heilige und unbefleckte Empfängnis« (Lentini 282). Besondere theol. Bedeutung kommt ihrer Gebetshaltung zu, die sie »in Maria den Heiligen Geist anbeten ließ, der sie zur Mutter Christi und der Kirche gemacht hat« (ebd. 283). Eigentümlich war für sie auch die Anrufung der Hl. Familie: »In euren Herzen, heilige Dreiheit — Jesus, Maria und Joseph —, berge ich mich, meine Vorsätze und die all dieser eurer geliebten Töchter« (Positio 692).

QQ: Positio super virtutibus, 1962.
Lit.: P. Paoli, Suor M. C. di S. Rosa, 1929. — A. Pierotti, Clausura e Missione, madre M. C. T. di S. Rosa da Viterbo, fondatrice delle suore Franciscane Missionarie di Cuore Immaculato di Maria, già d'Egitto, 1952. — G. Lentini, C. T. »Nella tua volontà, Signore«, 1986. — F. Holböck, Neue Heilige der kath. Kirche II, 1992, 49–51. — AAS 77 (1986) 945–950. — BSS VIII 1042 f. *Bernardino de Armellada*

Trombelli, Giovanni Crisostomo, CanR (seit 1713), *5.3.1697 in Galeazza bei Nonantola/ Modena, †7.1.1784 in Bologna, lehrte in Candinana (Padua) und Bologna; 1737 wurde er Abt, 1754 Visitator, 1757 Generalprokurator und 1760 Generalabt der Chorherren. T. verfaßte zahlreiche Schriften, die seine historische Gelehrsamkeit widerspiegeln. Dies gilt auch, wenn bisweilen der notwendige kritische Sinn verfeinert werden müßte. 1740 veröffentlicht er in Bologna »De cultu Sanctorum dissertationes decem« (6 Vol.). Das Werk gilt bis heute als eine erschöpfende Enzyklopädie aller denkbaren Probleme über die Heiligen (Müller 123). Es findet Wertschätzung bei Benedikt XIV., Kritik äußert der ev. Theologe und Orientalist Johannes Rudolf Kießling (1706–78) in seiner Schrift »Exercitationes historico-theologicae« (2 Vol., Leipzig 1773). T. antwortet unter dem Pseudonym Philalethes Aphobus »Priorum quatuor de cultu Sanctorum dissertationum vindiciae« (1751). 1761 erscheint in Bologna in 6 Bänden »Mariae SS. vita ac gesta cultusque illi adhibitus« (Nachdr.: Bourassé I. II. IV). Diesem geschichtlich systematisch und praktisch theol. konzipierten Werk folgen 1767 »Vita e culto di s. Giuseppe« und 1768 »Vita e culto dei ss. genitori di Maria V. Gioacchino ed Anna«, beides Schriften, die angemessener historischer Kritik ermangeln (Hurter V/1, 334). Der sich entfaltenden Glaubenslehre von der leiblichen Vollendung ⚭s und ihrer ursprünglichen Heiligung steht T. aufgeschlossen gegenüber. Erstere nennt er »probabilissima« (Bourassé II 324); und die zweite kann nach ihm verantwortlicherweise nicht geleugnet werden (ebd. II 41–86). Zurückhaltender äußert er sich angesichts der Ehrentitel, die ⚭s Anteil an der Erlösungsgeschichte umschreiben, wie »Mediatrix, Redemptrix, Reparatrix, Causa nostra laetitiae, Advocata et Patrona nostra, Spes et Refugium nostrum«. Bei deren Beurteilung leitet ihn die biblische Grundaussage von dem einen Mittler Jesus Christus (1 Tim 2,5 f.); die Katholiken teilen die Erlösung nicht auf zwischen Christus und ⚭. Ihr Dienst ist dem ihres Sohnes zugeordnet. Nur in einem weiteren, abgeleiteten Sinn kann ⚭ Zuflucht und Hoffnung der Christen genannt werden. Die Titel wollen nicht in einem engen (stricte) und unmittelbaren (rigorose) Sinn verstanden sein, sondern etwas weit (cum aliqua latitudine) und uneigentlich (improprie) gefaßt (Bourassé IV 285). T.s Mariol. gehört zu den wenigen bemerkenswerten Entwürfen des 17. Jh.s. Leider ist sie heute kaum bekannt, geschweige denn beachtet.

Lit.: Hurter V/1, 331–334. — Th. Koehler, La storia della mariologia dal 1650 all' inizio del Novecento, 1974, 115 f. — G. L. Müller, Gemeinschaft und Verehrung der Heiligen, 1986. — EC XII 568 f. — LThK² X 372. *F. Courth*

Troparion, allgemeine Bezeichnung für einen dichterischen Gesang in Prosa oder in metrischer Form. Seine Struktur ist einfach und besitzt eine rhythmische Kadenz. In Alexandrien wurde der Gesang der Troparien um 400 eingeführt. Sie sind in allen Tonarten komponiert. Das T. feiert ein liturg. Ereignis oder einen Heiligen, dessen Gedächtnis gerade begangen wird. Inhaltlich können sich die Troparien auf die Auferstehung des Herrn, auf das Martyrium oder das liturg. Ereignis (Gedächtnis) beziehen. Das T., das unmittelbar vor dem Entlassungsgebet gesungen wird, nennt man → Apolytikion. Viele Troparien sind zu Ehren der GM verfaßt worden (→ Theotokion). Mehr als 30 Hymnenarten tragen neben ihrem Eigennamen die Bezeichnung T.

Lit.: J. B. Pitra, L'Hymnographie de l'Eglise grecque, 1867. — L. Clugnet, Dictionnaire grec-français des noms liturgiques, 1895, 153 ff. — E. Wellesz, A History of Byzantine Music and Hymnography, ²1961, 171–197. — LThK² X 373. — K. Onasch, Liturgie und Kunst der Ostkirche in Stichworten unter Berücksichtigung der Alten Kirche, 1981, 363 f. — N. D. Patrinacos, A Dictionary of Greek Orthodoxy, 1987, 360. — P. Day, The Liturgical Dictionary of Eastern Christianity, 1993, 294. *J. Madey*

Tropen. I. LITURGIEWISSENSCHAFT. Seit dem 8. Jh. begann man, ausgehend von Frankreich, davon abhängig in Regensburg-St. Emmeram (Engyldeo, ca. 780–848) und St. Gallen (Notker Balbulus, 840–912 und Tuotilo, † ca. 909), die Texte des Meßordinariums (Kyrie, Gloria, selten Credo, häufiger → Sanctus, Agnus Dei und Ite missa est) und auch des Meßproriums (Introitus, Graduale, Offertorium, Communio), ja auch der Epistel (und gelegentlich auch des Evangeliums) durch Einleitungen (wahrscheinlich zunächst aus mnemotechnischen Gründen), durch Einschaltungen und Zusätze zu erweitern (Tropierungen). Als ein vornehmlich den Festtage auszeichnender Schmuck werden sie (v. a. hinsichtlich des Gloria) auch »festiva laudes« genannt. Die strengen Texte der im 8. Jh. nördlich der Alpen eingeführten röm. Liturgie wurden hiermit nach dem Charakter der (alt-) gallikanischen Liturgie dichterisch erweitert; sie erhielten dadurch eine direkte Beziehung zum Charakter des jeweiligen Festes. Marian. T. finden sich deshalb bes. in den Bearbeitungen des Glorias für Weihnachten und die marian. → Hochfeste.

Bes. beliebt und bis ins 16. Jh. in Übung war der marian. Tropus »... Domine Deus, Agnus Dei, Filius Patris, primogenitus Mariae virginis matris; qui tollis peccata mundi, suscipe deprecationem nostram ad Mariae gloriam. Qui sedes ad dexteram Patris, miserere nobis. Quoniam tu solus sanctus, Mariam sanctificans, tu solus Dominus, Mariam gubernans, tu solus altissimus, Mariam coronans, Iesu Christe, cum Sancto Spiritu in gloria Dei Patris. Amen.« → Josquin Desprez verwendet ihn in seiner »Marienmesse«.

Nachdem das Konzil von Trient alle T. als »Mißbräuche« verboten und die mit ihnen verwandten → Sequenzen weitgehend reduziert hatte, wurde im Missale Romanum 1570 ausdrücklich auch dieser Tropus als unzulässig erklärt. Vereinzelt (Mainz, Lyon) war er aber noch bis ins 17. Jh. in Übung.   F. Baumeister

II. MUSIKWISSENSCHAFT. Tropus (von τρέπω = wenden) bezeichnet zu verschiedenen Zeiten verschiedene Begriffe. Als musikalisch-liturgisch-hymnologischer Terminus — im Hinblick auf ma. Gesangsformen — ist Tropus in dem Zusammenhang seit dem 8. Jh. in Frankreich (Limoges, Moissac, Clermont, Bayeux u. a.) und seit dem Anfang des 9. Jh.s in Regensburg und St. Gallen als Wendung, Paraphrase oder auch Art und Weise relevant. In diesem Sinne ist Tropus zu verstehen als Einleitung, Einschub oder Zusatz zu liturg. Gesängen, ohne dabei zunächst ihre inhaltliche Substanz zu ändern, zu mehren oder zu mindern. T. kommentieren und amplifizieren vielmehr akzidentiell liturg. Gesang; beide zusammen bilden gleichsam wie Kette und Einschlag ein Gewebe. Im allgemeinen setzen sich T.-Bestände aus zwei großen Gruppen zusammen: Die eine amplifiziert einen liturg. Gesang mit Hilfe melodisch oder textlich *und* melodisch neuer Stücke, die andere dissolviert seine Melismen in syllabische Melodik, ohne ihn dabei musikalisch zu erweitern.

Zu unterscheiden sind: Introduktions-T., sie führen — v. a. in dramatisierender Dialogform — zu liturg. Dramen und → Spielen, die zunächst im Gotteshaus, später auf öffentlichen Plätzen aufgeführt worden sind. — Interpolations-T. sind — in poetischer Form — Ausgangsbasis für Officia rhythmata (Reim-Offizien). — Amplifikations-T. sind als Alleluja-Jubilus — eine Sonderform von Tropus, also als → Sequenz, Prosa (auch im Sinne von »pro sequentia« = an Stelle einer Sequenz) und von geringerem Umfang als Prosula — geläufig; sie waren einst populäres Element liturg. Gesanges. Viele von ihnen — in Volkssprachen übertragen — helfen den Schatz geistlicher Lieder zu mehren. — Kommentierende T. tangieren zuweilen auch dogm. Aussagen, die theol. Diskussionen bewirken (Habitzky).

Keinem dieser Kriterien läßt sich das Credo unterordnen: Bis ins 20. Jh. galt der Grundsatz: Die geheiligte Form des Glaubensbekenntnisses sei nie angetastet worden. In der Tat lassen die AHMA T. zum Symbolum beiseite. Villetard kann aber als erster mit Hilfe seiner Publikation eines tropierten Nicaeno-Constantinopolitanum (381) aus dem 13. Jh. diese These widerlegen. Ein anderes Beispiel aus dem 13. Jh. kennt M. Huglo. Auch das Kuttenberger Graduale (Wien, Nationalbibl., ms. 15501, fol. 53vo–55ro) gehört grundsätzlich hierher. Die Gesänge des Nicaeno-Constantinopolitanum der genannten Quellen erklangen im officium missae. Die Frage, ob die geringe Anzahl tropierter Symbola etwa auf einem Mangel an melismatischer Bildung ihrer Melodien beruhe, bleibt offen. Im MA waren liturg. Formen lebendig und beweglich genug, um Zusätze zu vertragen, ohne dabei ein Gefühl von Unverletzlichkeit liturg. Gebräuche zu tangieren.

Ältestes Beispiel eines tropierten Symbolum und zudem einziges eines Apostolicum überliefert der Schäftlarner Collectarius aus dem 12. Jh. (München, Bayer. Staatsbibl., Clm 17022, fol. 8ro–8vo); es erklang im officium chori des ordo novus der Regularkanoniker am Palmsonntag und an den Bittagen, also an dem liturg. Ort, an dem auch sonst das Apostolicum gesungen worden ist. Der marian. Einschub hinter »Natus ex Maria Virgine« lautet: »Domina gentium«.

Zu allen in der AHMA publizierten T.-Texten sind im Anschluß daran dazugehörige Melodien in den genannten — meist handschriftlichen — liturg. Gesangbüchern überliefert.

1. Marianische Introduktionstropen sind meist im Proprium Missae (AHMA 49) zu finden, und zwar zu a) Introiten und b) Communiones:

a) In Epiphania Domini: Forma speciosissima (nr. 11). — In Purificatione BMV: Adest alma virgo parens (nr. 27), Gratias agamus Deo (nr. 28), O nova res, en, virgo venit (nr. 165), Pectore laudifluo decantet mysticus ordo (nr. 166), Caelorum rex, advenisti, ut nos redimeres (nr. 167), Psallentem legimus (nr. 169), Eia nunc, socii psallamus voce sonora (nr. 170), Plebs subiecta Deo, voces attolle canendo (nr. 171), Gaudeat trium maximarum (nr. 172). — In Assumptione BMV: Aulam sanctam nunc tui (nr. 29), Omnipotens, petimus, pia laudum suscipe vota (nr. 30), Est quia nunc praeclara dies, veneranda per orbem (nr. 31), Vocibus altisonis in Christi promite matris (nr. 32), Ecce, dies sancta renitet, veneranda Maria (nr. 33), Ave, beata Maria (nr. 34), Aurea post Christum volumus (nr. 174), Fulge nempe dies (nr. 175), Festiva per orbem (nr. 176), Cantemus omnes (nr. 177), Aulam sanctam (nr. 178), Pangamus, socii, humili (nr. 179), Nos, sinus ecclesiae matris (nr. 180), Virginis et matris Domini (nr. 181), Exaudi, virgo virginum (nr. 183). — In Nativitate BMV: Splendore sollemni rutilat dies, qua virgo Maria (nr. 154), Caelitus instructi sophiae spiramine sanctae (nr. 155), Ecce Dei matris sollemnia (nr. 156), Virginis exortum cunctis cernentibus altum (nr. 157), Sancta Dei genetrix hodie resplenduit orbi (nr. 158), O quam clara nites, agni pulcherrima sponsa (nr. 159), Prudens virgo, tuis, Maria, fidelibus assis (nr. 160), Cunctipotens Domine, quia satque benignus haberis (nr. 161). — In Annuntiatione BMV: Germinis excelsi vates magnalia cernens (nr. 162), Splendidus adventum Gabriel (nr. 163), Tellus arescit, non rore (nr. 164). — De BMV: O flos florens in Jericho (nr. 184).

b) In Purificatione BMV: Felix, qui meruit promissum cernere Christum (nr. 705), Dum peteret votis numen venisse salutis (nr. 706). — In Assumptione BMV: Injustos quae justificat justosque coronat (nr. 707). — In Annuntiatione BMV: Virginis antique sceleri quo terminus instet (nr. 739).

2. Marianische Interpolationstropen begegnen im Proprium Missae (AHMA 49) seltener zu Introiten, etwa In Purificatione BMV: Christum, quem sacris hodie suscepit (nr. 168), Homo justus, providus, timidus (nr. 173). – In Assumptione BMV: Agmina spiritum (nr. 182). — De BMV: Lectio libri sapientiae: Maria, mater indulgentiae (nr. 400) ist gleichermaßen einer der wenigen Tropen ad Epistolam wie In Nativitate BMV: O virgo gloriosa, Tibi sit laus gloria (nr. 510) ad Alleluja.

Häufiger zu finden sind Interpolations-T. im Proprium Missae zu a) Graduale, b) Offertorium und c) Communio, sowie im Ordinarium Missae zu d) Kyrie, e) Gloria, f) Sanctus und g) Agnus Dei, und zwar a)–c) in AHMA 49, d)–g) in AHMA 47.

a) In Nativitate BMV: Trinitatis gloria resonet nostra (AHMA 49, nr. 458), Forma speciosa sponso, novem quem in caelo (nr. 459) und Mundo gratum veneremus ortum (nr. 460). — In Purificatione BMV: Psalla ludens, Thalia, et melos chorda (nr. 461), Versus: Post partum virgo, inviolata permansisti, Dei genetrix, Theotochos quae caelitus illius hauseras (nr. 462), Novus novae legis nuntius (nr. 463). — In Assumptione BMV: Audi, recta, Praeelecta, Dilecta (nr. 464), Audio, filia Egregia, Parens paris nescia (nr. 465), Rex pacificus. Unicus Matris unicae (nr. 466), In fidelem populum! Aman ad patibulum (nr. 467), Hodie Mariae Concurrant laudi mentes piae (nr. 468), O Maria, Mater pia, mater salvatoris (nr. 469). — De BMV: Stirps Jesse progreditur (nr. 470), Radix veniae, Vena gratiae (nr. 471), Virga Jesse floruit Cujus flos non marcuit (nr. 472), Sacra virgo, Dei vera cellula, Puella parvula (nr. 473), Almae Matris Dei Ad veneranda gaudia (nr. 474).

b) In Annuntiatione BMV: Versus: Ad Mariam missus Gabriel sic angelus infit (AHMA 49, nr. 564). — In Purificatione BMV: Aurea Davidico prodisti germine virgo (nr. 565), Cuncta, quod ipse manes, verbo qui condita servas (nr. 566), Salve, mater formosi prae natis hominum (nr. 567). — De BMV: (In Adventu Domini) Versus: Quo concentu Celebri te, Maria, resultemus? (nr. 563), Recordare Virgo ad Versum: Ab hac familia Tu propitia (nr. 634), O vera, o pia, o gemma splendida (nr. 635), Ab orthodoxa et catholica (nr. 636), Ave, virgo pia salutis via (nr. 637), Virgo speciosa, Salus humilium (nr. 638), Virgo, flebilia Cura vitia (nr. 639), Ave, Maria, nos pia sana (nr. 640), Ave, tu rosa, Virgo Maria (nr. 641), Quos juste damnarat poenam avertat (nr. 642).

Darüber hinaus gibt es auch offertoria rhythmata (rhythmisierte Offertorien) wie etwa In Nativitate BMV: Cor, manus offerimus Ad matrem confugimus (nr. 653). — In Compassione BMV: Christum cruce mortuum nostros ob defectus (nr. 654), Maria, rosa Necnon lilium (nr. 655). — In Assumptione BMV: Mater patris et filia Mulierum laetitia (nr. 656), O lilium Convallium, Flos virginum, Stirps regia (nr. 657), Ave, rosa speciosa, Semper virgo, Maria (nr. 658). — De Quinque Gaudiis BMV: Gaude, virgo concipiens De sancto flamine (nr. 662). — De BMV: Praeter rerum seriem Parit Deum hominem Virgo mater (nr. 659), Gloriose flos caelorum (nr. 660), A sidera Gabriel fert curia (nr. 661), Gaude, virgo concipiens! Gaude, clausa parturiens (nr. 663), Salve, stella serenans saeculum (nr. 664), Mater Dei, caelestis gloria (nr. 665), Mater Dei gloriosa, Stirpe nata generosa (nr. 666), Ave, nobilis, Amicabilis Mater gratiae (nr. 667), Virgo clemens et benigna (nr. 668), Regina, regi supplica (nr. 669), Mediatrix sis pro nobis (nr. 670), Pretiosa Mellis stilla, Speciosa Maris stella, Gloriosa Regis cella, Sponsa Dei et Puella, Ave, plena gratia (nr. 671), Pura, puerpariens (nr. 672), Ave, plena gratia, Peccatorum venia (nr. 673), Generosi germinis De radice virginis (nr. 674).

c) zu Kommuniongesängen sind Interpolations-T. v. a. unter Communiones rhythmicae (rhythmisierte Communiones) zu finden wie etwa De Compassione BMV: De cruce depositum videns corpus Christi (AHMA 49, nr. 754). — De BMV: Pater summae pietatis (nr. 755), Ave, regina caelorum Mater, regem angelorum (nr. 756), Ave, regina virginum, Ave, virgo christifera (nr. 757), Dulcis mater, maris stella Contra naufragium Et exterminium (nr. 758), Quid, naturae Parvitas, Stupes, quod virginitas (nr. 759), O regina, Saeculi salvatrix Sempiterna (nr. 760), Vera fides geniti purgavit crimina mundi (nr. 761), O qualis femina Cunctorum domina (nr. 762), Ave, virgo christifera (nr. 769).

d) Rex virginum amator (AHMA 47, nr. 8), Kyrie virginitatis (nr. 9), Kyrie Pater Summe (nr. 54), Deus Pater auctor Mariae (nr. 66), O Maria lux (nr. 77) Ave nunc genetrix (nr. 98), Cum jubilo (nr. 100), Kyrie Visitantis Mariae (nr. 103), Kyrie angelorum domina (nr. 104), Virginis odas (nr. 137), Creator puritatis (nr. 138), Kyrie salve semperque (nr. 143), Mariae laus et amor (nr. 151), Kyrie rex virginis (nr. 152), Kyrie machinae conditor (nr. 153), Pater pie (nr. 154), Lux et gloria (nr. 155), Rex Mariae (nr. 156), Kyrie summe decus (nr. 157), Rutilans maris (nr. 165).

e) De BMV tempore Adventus: Clementiam pax baiula (laus; AHMA 47, nr. 207). — De BMV: Decus Virginum (prosula; 225) und Salve virgo virginum (prosula; nr. 230).

f) Marian. Interpolations-T. zum Sanctus (AHMA 47) sind: Ave, nobilis virgo (nr. 303), Sanctus qui prophetizatus (nr. 304), Sancte ingenite (nr. 310), Per quem vigent elementa (nr. 316), Jesu bone rex in caelis (nr. 329), Flos candens (nr. 330), Ave, Maria (nr. 331), Salve, dulcis (nr. 332), O consolatrix (nr. 333), Ave, porta (nr. 334), Salve, mater pia (nr. 335), Te laudamus o benigne (nr. 336), O vernalis rosula (nr. 337), O Maria sponsa digna (nr. 338). – Zum Hosanna (AHMA 47): Clemens et benigna (nr. 346), Mater mitis (nr. 358), De virgine nato (nr. 359), Maria mater egregia (nr. 369), Mariam concrepet (nr. 371), Splendor patris (nr. 372), Laude canora (nr. 373), Gaude virgo (nr. 374), O mater Dei (nr. 375).

g) Geringer ist der Umfang an T. zum Agnus Dei (AHMA 47): Maria videns angelum (nr. 464), Ave, Maria (nr. 465), Mater sine tactu maris (nr. 466), Laus angelorum (nr. 467), Salve mater (nr. 468), O flos regalis (nr. 469), Gloriosa spes reorum (nr. 470).

3. Marianische Amplifikationstropen sind wie Amplifikations-T. im allgemeinen eine Sonderform des Tropus, die aus Sequela, Jubilus u. a. resultiert; sie sind uns als Sequenzen geläufig. *D. v. Huebner*

Lit.: A. Lesley, Missale mixtum I, 1775, 151. — R. Schlecht, Geschichte der Kirchenmusik, Regensburg 1871, 45–48; Nachdr. 1973. — L. Gautier, Histoire de la poésie liturgique au moyen-âge. Les Tropes I, 1886, 76–133. — C. Blume und H. M. Bannister, Tropen des Missale im MA, 2 Bde., Leipzig 1905 (AHMA 47. 49). — H. Villetard, Office de Pierre de Corbeil, In: Bibliothèque Musicologique 4 (1907) passim. — K. Weinmann, Das Konzil von Trient und die Kirchenmusik, 1919, 59–74; Nachdr. 1970. — J. Handschin, Zur Frage der melodischen Paraphrasierung im MA, In: ZMw 10 (1928) 513–553. — JLW 9 (1929) 305, nrr. 361–362. — E. Jammers, Die Antiphonen der rheinischen Reimoffizien, In: EL 63 (1929) 199–219. 425–451. — O. Ursprung, Die Kath. Kirchenmusik, In: Handbuch der Musikwissenschaft II, 1931, 67–76. — L. Eisenhofer, Handbuch der kath. Liturgik, 2 Bde., ²1941, II 95. — R. v. Gemmingen, Die T. des Reichenauer Kantoriums Bamberg Ed. V. 9 (Ms. lit. 5), Diss., Heidelberg 1941. — C. Kirsch, Enchiridion fontium Historiae ecclesiasticae antiquae, 1941, 102–104. — O. Cullmann, Les premiers confesseurs de foi chrétienne, 1943, passim. — R. J. Hesbert, Les tropes de Jumièges, In: Congrès scientifique de Jumièges II, 1955, 959–968. — Jungmann I 461. — H. Barré, Prières mariales du Xe siècle, In: EphMar 10 (1960) 195 ff. — Ders., Prières anciennes de l'Occident à la Mère du Sauveur. Les origines à saint Anselme, 1963, 110 ff. — H. Husmann, T.- und Sequenzenhandschriften, In: RISM B 5, 1 (1964) 74–79.— P. J. Thannabaur, Anmerkungen zur Verbreitung und Struktur der Hosannah-Typen, In: FS für B. Stäblein, 1967, 250–252. — P. Wagner, Einführung in die Gregorianischen Melodien. Ein Handbuch der Choralwissenschaft, 3 Bde., ⁵1970, I 277–299. — R. Jonsson, Corpus troporum I, In: Acta Universitatis Stockholmiensis — Studia latina Stockholmensia 21 (1975) 47–224. — O. Marcusson, Tropes de l'Alleluia. Corpus troporum 2, ebd. 22 (1976) 12. — G. Iversen, Tropes de l'Agnus Dei, ebd. 26 (1980) 163–330. — H. Schmid, Musica et scolica enchiriadis cum aliquibus tractatulis adjunctis, In: Bayer. Akademie der Wissenschaften, Veröffentlichungen der Musikhistorischen Kommission 3 (1981) 295 et passim. — M. Habitzky, Um das wahre Sein »in Christus«, In: Theologisches 141 (1982) 4391–4403. — D. v. Huebner, Neue Funde zur Kenntnis der T., In: Musik in Bayern 29 (1984) 13–29. — Ders., T. in Handschriften der Bayer. Staatsbibl. in München, In: Münchner Beiträge zur Mediävistik und Renaissance-Forschung 36 (1985) 203–223. — MGG XIII 797–826. — LitWo II 2721–23. — CathEnc XV 65 f. — Grove XIX 172–187. *F. Baumeister/D. Huebner*

Trost. Die Maria-Trost-Bruderschaft ist eine von den →Augustinern zur Verehrung 𝔐s, der Mutter des T.es, begründete und über die ganze christl. Welt verbreitete Erzbruderschaft (Archiconfraternitas S. Cincturae BMV Matris de Consolatione). 𝔐 wird dargestellt mit dem Kind auf dem Arm, den Mantel mit einem großen Stern und das Haupt mit einer Gloriole von 12 kleineren Sternen geschmückt, gegürtet mit dem schwarzen Ledergürtel der Augustiner. Eine Legende, die vielleicht bis ins 15. Jh. zurückreicht und auf vielen Gemälden der 𝔐-T.-Altäre der Barockzeit dargestellt ist, berichtet, die hl. Monika habe in Trauer um den Tod ihres Gatten und voll Sorge um ihren Sohn Augustinus 𝔐 um T. in ihrer Bedrängnis angefleht.

Diese sei ihr erschienen, das Gewand mit einem schwarzen Ledergürtel gegürtet; sie habe diesen Gürtel gelöst, Monika überreicht und ihr die Verheißung gegeben, wer diesen Gürtel trage, empfange ihren besonderen T. und Schutz. Patrone der Bruderschaft sind auch der hl. Augustinus und der hl. →Nikolaus v. Tolentino aus dem Augustinerorden († 1305). Für das Fest der »Mutter des Trostes«, zugleich Titularfest der Erzbruderschaft, wählte man zunächst den ersten Adventssonntag, doch wurde es 1675 auf den ersten Sonntag nach dem Fest des hl. Augustinus (28. August) und 1971 bei der Reform des liturg. Kalenders auf den 4. September festgelegt. Der Titel »Mutter des Trostes« wird im erneuerten Meß- und Choroffizium christol. interpretiert, etwa in der Festoration: »Allmächtiger Gott, durch die Jungfrau Maria hast du deinem Volk in Jesus Christus göttlichen Trost geschenkt. Laß uns auf ihre Fürsprache immer wieder diesen Trost erfahren und ihn allen Menschen erweisen.«

Die Erzbruderschaft ist aus der Verschmelzung von zwei älteren Bruderschaften entstanden, die beide in der Augustinerkirche San Giacomo von Bologna ihren Ursprung hatten. 1439 erteilte der damalige Generalprior der Augustiner, Gerhard v. Rimini, dem Ordensmitglied Caesarius v. Rom die Vollmacht, in der genannten Kirche eine Bruderschaft »vom Gürtel« für Gläubige beiderlei Geschlechts zu gründen. Man nannte sie »Confraternitas Cincturatorum et Cincturatarum S. Augustini et S. Monicae«. Schon am 14.8.1439 erfolgte ihre Bestätigung durch Eugen IV. Der Name der Bruderschaft wies auf die schon in der Hl. Schrift (vgl. Ps 17,33. 40; Lk 12,35) bezeugte Symbolik des Gürtels hin und besaß einen besonderen Bezug zum schwarzledernen geweihten Gürtel der Augustiner, der schon um 1350 von →Jordan v. Quedlinburg als Sinnbild für ein abgetötetes, keusches und wachsames Leben gedeutet wurde (Jordani de Saxonia Liber Vitasfratrum I 15, 1943, 51–53). Ob bei der Gründung auch die alte Überlieferung von der Auffindung des Gürtels Ms eine Rolle spielte, deren in der byz. Kirche noch heute am 31. August durch das Fest der »Niederlegung des kostbaren Gürtels der allheiligen Mutter Gottes in Chalkoprateia« gedacht wird, ist ungewiß. 1495 wurde in der gleichen Augustinerkirche von Bologna durch den angesehenen Augustinerprediger Martinus v. Vercelli die Bruderschaft »Maria vom Trost« (Confraternitas BMV de Consolatione) begründet. 1575 vereinigte der Ordensgeneral Thaddäus v. Perugia die beiden Bruderschaften mit allen ihren Privilegien zu einer einzigen unter dem Namen »Bruderschaft der hl. Maria vom Trost genannt vom Gürtel«. Die Bestätigung erfolgte durch die Bulle Gregors XIII. »Ad ea« vom 15.6.1575, der selbst aus Bologna stammte und sich als erstes Mitglied in die Matrikel der neuen Bruderschaft eintrug. Mit dem Breve »Curandum est« vom 1.8.1576 erhob der Papst die neugegründete Bruderschaft zur Erzbruderschaft mit dem Recht, sich andere Bruderschaften gleicher Zielsetzung anzugliedern, — ein Recht, das dem Ordensgeneral der Augustiner zustehen sollte. Sitz der Erzbruderschaft war bis 1922 die Augustinerkirche von Bologna; seit dem ist es die röm. Ordenskirche Sant'Agostino.

Die Erzbruderschaft wurde zur eigentlichen marian. Bruderschaft des Augustinerordens, der die Verehrung Ms unter dem Titel »Maria vom Trost« im Laufe des 17. und 18. Jh.s in aller Welt verbreitete. Es gab kaum eine Provinz des Ordens, in deren Klöstern die Bruderschaft nicht errichtet wurde. Zur schnellen Ausbreitung trug es auch bei, daß Papst Paul V. 1606 den Weltgeistlichen die Erlaubnis gab, in ihren Kirchen durch den Generalprior der Augustiner die Bruderschaft errichten zu lassen; z. B. wurde die M-T.-Bruderschaft im Bereich des heutigen Bayern in nicht weniger als 32 Pfarrgemeinden errichtet (Krettner 145). In der dt. sprachigen Schweiz bestand sie an 16, im Tessin an 17 Orten; das Fürstentum Liechtenstein besitzt ein M-T.-Heiligtum in Dux über Schaan, die Mutter des T.es wurde und wird als Landespatronin verehrt (Wild, In: Cor Unum 39 [1981] 23). Mitglieder der Bruderschaft waren zahlreiche Martyrer Japans zu Beginn des 17. Jh.s. Eigene »Sodalitates BMV de Consolatione« gründeten die Augustiner im 18. Jh. an ihren Gymnasien für die studierende Jugend. Eine derartige Matrikel des Münnerstädter Augustiner-Gymnasiums (hrsg. von E. Schöffler, 1993) umfaßt 1735–1804 die stattliche Zahl von 2180 Sodalen.

Die Mitglieder standen und stehen in Gnaden- und Gebetsgemeinschaft mit dem Augustinerorden und sind gehalten, ein gutes christl. Leben zu führen und regelmäßig die Sakramente zu empfangen. Als Zeichen ihrer Zugehörigkeit trugen sie bis in neuere Zeit — gewöhnlich unter dem weltlichen Gewand — den geweihten Ledergürtel und beteten als Bruderschaftsgebet eine marian. Korone von 13 Vaterunsern und 13 Ave Maria, wobei sie die Glaubenswahrheiten in der Reihenfolge des Apost. Glaubensbekenntnisses betrachteten. In den Bruderschaftskirchen fand an jedem vierten Sonntag im Monat die Bruderschaftsandacht mit Predigt und sakramentaler Prozession statt. Auch wurde den Mitgliedern oftmals die Generalabsolution und sechs Mal im Jahr der sog. Päpstliche Segen erteilt. Sehr zahlreich waren die Ablässe, die die Päpste der Erzbruderschaft im Laufe der Zeit verliehen.

In neuester Zeit wurde die Erzbruderschaft, die schon infolge der Aufhebung vieler Augustinerklöster durch die Säkularisationen in nicht wenigen europäischen Ländern während der ersten Hälfte des 19. Jh.s zahlenmäßig sehr zurückgegangen war, durch den mit dem Zweiten Vaticanum einsetzenden Wandel der Frömmigkeitsformen stark tangiert. Überlegungen zu einer zeitgemäßen Erneuerung dieser marian.

Bruderschaft stehen noch am Anfang. Jedenfalls wird das Tragen des Gürtels von den Mitgliedern seit langem nicht mehr verlangt. Auch ist man auf der Suche nach einem Bruderschaftsgebet, das dem heutigen Menschen mehr zusagt.

Lit.: Anonymus, Compendio dell'origine, miracoli, indulgenze, indulti e privilegi apostolici della Sacra Cintura, Verona 1642. — G. M. Cavalieri, La Sacra Cintura di Maria ..., Mailand 1737. — G. van Etten, Compendium privilegiorum regularium, praecipue Ord. Erem. S. Augustini, Rom 1900, cap. 21. — F. Behringer, Die Ablässe, ihr Wesen und ihr Gebrauch II, 15¹1922, 187–190. — Rituale Ord. Erem. S. Augustini, 1928, 103–106. 116–123. 309–311. 388 f. — P. Martínez Velez, La Correa de la Virgen, de Santa Mónica y San Agustín en al Le yenda, la historia y el culto, In: Archivo Agust. 40 (1933) 230–241. 358–377. — B. Wild, Die Bruderschaften an der ehemaligen Augustinerkirche zu Freiburg (Schweiz), In: Freiburger Geschichtsblätter 38 (1945) 69–81, hier 75–79 (abgedruckt in: Cor Unum, 19 [1961] 79–88). — M. Heim, Die Erzbruderschaft »Maria vom Trost«, ihre Andachten und Privilegien, 1954. — A. M. Giacomini, L'Ordine Agostiniano e la devozione alla Madonna, In: Augustinus vitae spiritualis Magister II, 1959, 77–144, hier 109–111. — S. De Angelis, De fidelium associationibus II, 1959, 155 f. — 700 Jahre Augustiner-Eremiten in Würzburg, Würzburg 1963, 31 f. — J. Meisner, Nachreformatorische kath. Frömmigkeitsformen in Erfurt, 1971, 74–79. — D. Gutiérrez, Die Augustiner vom Beginn der Reformation bis zur kath. Restauration, 1975, 266 f. — S. Back, Das Augustinerkloster in Münnerstadt. Ein Gang durch seine Geschichte, 1975, 166–168. 171 f. — A. Kunzelmann, Geschichte der dt. Augustiner-Eremiten VI, 1975, 137. 358 f. 376; VII, 1976, 591. 632. — M. De Conto, Contributo alla vita religiosa in Treviso: La confraternità dei Cinturati (1460–1806), In: AAug. 39 (1976) 75–174; 41 (1978) 215–284. — C. E. Nobile, La Madonna della Consolazione a Reggio Calabria: storia e devozione, In: Ricerche di storia soziale e religiosa n. s. 11 (1977) 343–380. — J. Krettner und Th. Finckenstaedt, Erster Katalog von Bruderschaften in Bayern, 1980, 145. — B. Wild, Die Erzbruderschaft Maria vom Trost in der Schweiz, In: Cor Unum 39 (1981) 23–25. — J. Gavigan, Die Augustiner von der Franz. Revolution bis zur Gegenwart, 1988, 364 f. — LThK² IV 1281. — DIP I 278–381, bes. 379 f. *A. Zumkeller*

Trost der Betrübten → Lauretanische Litanei

Troszel (Troschel), Wilhelm, * 26. 8. 1823 in Warschau, † 2. 3. 1887 ebd., poln. Sänger und Komponist, war 1843–65 als Baß an der Warschauer Oper tätig. Zudem war er ein guter Liedsänger. Sein Werk, das zum größten Teil in Warschau aufbewahrt wird, enthält auch ein »Ave Maria« und ein »Salve Regina«.

Lit.: Grove XIX 188 *P. Böhm*

Trullanum (Quinisextum), viertes Konzil von Konstantinopel. Es wurde im Herbst 691 (692?) im Sitzungssaal des kaiserlichen Palastes eröffnet. Protokolle der einzelnen Sitzungen fehlen. Erhalten sind eine Adresse der Bischöfe an den Kaiser, der Wortlaut der verabschiedeten Canones und eine Liste der Teilnehmer mit 227 Namen. An der Spitze steht der Name von Kaiser Justinian II. Es folgt der Name von Papst Sergius I. und des Patriarchen Paulos von Konstantinopel. Das Konzil beteuerte die Treue der versammelten Bischöfe zum rechten Glauben, wie er von den sechs ökumen. Konzilien definiert worden sei. Die von dem Konzil erlassenen Canones betreffen die Verpflichtungen der Kleriker und regeln das klösterliche Leben. Canon 52 beschäftigt sich mit der GM. An allen Tagen der Fastenzeit, ausgenommen die Samstage und Sonntage und ℳe Verkündigung, findet nur eine »liturgia praesanctificatorum« statt. Canon 79 erwähnt die wunderbare Geburt Christi, die für die hl. Jungfrau ohne Schmerzen verlaufen sein soll. Für die orth. Kirche gilt das T. als 7. allgemeines Konzil. Papst Sergius lehnte jedoch die vom Kaiser geforderte Anerkennung des Konzils ab.

Lit.: V. Laurent, L'oeuvre canonique du concile in Trullo (691/692), In: REByz 21 (1965) 7–41. — F. Winkelmann, Kirche und Gesellschaft in Byzanz, In: Klio 59 (1977) 477–489. — Ders. und H. Köpstein, Byzanz im 7. Jh., 1978. — I. Rochow, Zu »heidnischen« Bräuchen in der Bevölkerung des byz. Reiches im 7. Jh., vor allem auf Grund der Bestimmungen des T., In: Klio 60 (1978) 483–497. — F. R. Trombley, The Council in Trullo 691/692, In: Comitatus. Journal of Medieval and Renaissance Studies 9 (1978) 1–18. — M. van Esbroeck, Le culte de la Vierge de Jérusalem à Constantinople au 6ᵉ–7ᵉ siècle, In: REByz 46 (1988) 181–190. — H. J. Vogt, Der Streit um das Lamm. Das T. und die Bilder, In: AHC 20 (1988) 135–149. — H. Ohme, Das Quinisextum auf dem VII. Ökumenischen Konzil, ebd. 325–355. — Ders., Das Concilium Quinisextum und seine Bischofsliste. Studien zum Konstantinopolitanischen Konzil von 692, 1990. — E. Boshof (Hrsg.), Die Geschichte des Christentums IV, 1994, 59–68. *R. Bäumer*

Truszkowska, Zofia Kamilla (im Orden Maria Angela), sel. Ordensstifterin, * 16. 5. 1825 in Kalisz/Polen, † 10. 10. 1899 in Krakau, wurde am 18. 4. 1993 in Rom seliggesprochen. Die Familie mit sieben Geschwistern wohnte seit 1837 in Warschau. Hier trat T. der Konferenz des hl. → Vinzenz v. Paul bei und betreute eine Gruppe von Waisenkindern und Siechen. Mit Unterstützung ihrer Familie und ihres Beichtvaters, des sel. Honoratus → Koźmiński, gründete sie 1855 die Waisenanstalt des hl. → Felix v. Cantalice, in der sie auch wohnte, das Ordenskleid des Dritten Ordens des hl. Franziskus nahm und mit nur einer Mitschwester am 21. 11. 1855 die einfachen, privaten Gelübde ablegte. Die Kongregation der Felizianerinnen (CSSF) entwickelte sich rasch, zählte 1864 ca. 150 Schwestern und 1993 ca. 2900 Mitglieder in 12 Provinzen, je eine in Brasilien und Kanada, drei in Polen (mit 104 Häusern und ca. 930 Schwestern) und sieben in den USA.

T.s Frömmigkeit entwickelte sich unter dem Einfluß von P. Honoratus und hatte stark marian. Gepräge: die ersten Gelübde legte T. vor dem Bild der GM von → Czenstochau mit der Absicht ab, sich ganz ihrem Dienst nach dem Willen ihres Sohnes zu weihen. ℳ wurde hier die Stifterin der neuen Kongregation genannt, wie auch heute noch in der ganzen Gemeinschaft. In jedem Haus und in jeder Zelle befindet sich ein Bild »der Stifterin«, d. h. das Gnadenbild der »Schwarzen Madonna« von Czenstochau. Der Wahlspruch der neuen Kongregation lautete »Omnia per Cor Mariae ad honorem Sanctissimi Sacramenti«. Am 2. 8. 1864 wählte T. zusammen mit allen Mitschwestern »die Heiligste Jungfrau Maria zur Generaloberin der Kongregation«. Am 28. 8. 1864 wurde die Kongregation dem Unbefleckten Herzen ℳs geweiht. Die feierlichen, ewigen Ordensgelübde am 21.11.1868 wurden mit der vollständigen Hingabe jeder Schwester an ⚕ und durch ⚕ an Jesus in der Eigenschaft einer »Sklavin« im Geiste des hl. L.-M. → Grignion de Montfort verbunden. T. pflegte ihre Briefe mit den Worten »Gelobt sei Jesus Christus und die ohne Erbsünde empfangene Jungfrau Maria« oder »Ehre den Herzen Jesu und Mariä« anzufangen. In vielen Briefen an die Schwestern kehrt sie sehr oft zu marian. Motiven zurück: ⚕ als Stifterin und Generaloberin, als Vorbild der Demut und der Treue zu Gott, z. B. 1866: »In Deinem ganzen Leben betrachte immer Maria als Dein Vorbild, welches Du nachahmen sollst. Sie wird Dir auch Meisterin, ... Stern und Führerin zum ewigen Leben sein« (Wybór pism III, 164.).

Auf T.s Grabstein in Krakau steht der Wahlspruch: »Wszystko przez Serce Maryi« (»Omnia per Cor Mariae«). Der Text der Erneuerung der Ordensgelübde am 21. November und am Samstag nach dem Herz-Jesu-Fest enthält auch die Worte: »Von ganzem Herzen erneuere ich meine, im Unbefleckten Herzen Mariä abgelegten Gelübde ...«

WW: Wybór pism, 3 Vol., 1977–82.
QQ: H. Koźmiński, Listy okólne do sióstr felicjanek 1863–1907, 1980. — Prowadź mnie, Panie. Modlitewnik felicjański (Gebetbuch, bearb. von den Schwestern der Kongregation), 1982.
Lit.: B. Szlęzak, T. Z. K., In: R. Gustaw (Hrsg.), Hagiografia polska I, 1972, 492–513 (Lit.). — E. Ch. Frankowska, Matka Angela T., założycielka felicjanik, 1986. — B. Dmowska, Aby żyć trzeba umrzeć. M. Angela T., założycielka zgromadzenia sióstr felicjanek, 1993. — Droga do beatyfikacji Marii Angeli Truszkoskiej, 1993. — M. J. Szmigielska, Ciemność jak dzień zajaśnieje. Bł. Maria Angela T., założycielka felicjanek 1993 (Lit.). — AAS 74 (1982) 808–811. — OR (dt.) 23 (1993) Nr. 17,10. *K. Dola*

Tryphon, der Jude → Justin

Tschagguns, Vorarlberg, Diözese Feldkirch, Wallfahrts- und Pfarrkirche ⚕e Geburt, markant auf einem Felssporn über der Ill gelegen, seit 1339 Pfarrei. Archäologische Ausgrabungen haben Vorgängerbauten aus dem MA belegt. Der gotische Kirchenbau stammt von 1452–54, eine großzüge Umgestaltung und Erweiterung folgte 1812–14.

Das Gnadenbild, eine Pietà (um 1520), wurde ursprünglich in einer separaten Kapelle verehrt und 1752 in ein eigens gebautes Seitenschiff der Pfarrkirche übertragen. Zahlreiche interessante Votivtafeln (u. a. aus der napoleonischen Zeit) sind erhalten. T. gilt neben → Rankweil und → Bildstein als der dritte wichtige Wallfahrtsort → Vorarlbergs. 1990–94 fand eine Innenrestaurierung der Kirche mit besonderer Bedachtnahme auf liturg. Erfordernisse statt.

Ein ehemals viel verehrtes Gnadenbild der GM mit Kind (um 1510) befindet sich nun in der Filialkirche in Latschau (Pfarre Tschagguns).

Lit.: Gugitz. — Dehio-Vorarlberg, 1983, 395–398. *E. Schallert*

Tschiderer, Johannes Nepomuk v., Fürstbischof von Trient, * 15.4.1777 in Bozen, †3.12.1860 in Trient, zeichnete sich seit den ersten Jahren durch besonderen rel. Eifer aus, wurde 1800 in Trient zum Priester geweiht und nach der Tätigkeit in einigen Pfarreien Dozent am theol. Seminar und später Dekan in Meran. 1827 wurde er Generalprovikar für Südtirol, 1832 Vikar des Bischofs von Brixen für Nordtirol und Titularbischof von Elenopolis mit Sitz in Feldkirch. 1834 wurde er zum Bischof von Trient ernannt. Er leitete die Diözese heiligmäßig, wandte alle Energie auf für die Visitation der Pfarreien, auch derer im Hochgebirge, für die Katechese und die Verkündigung des Wortes Gottes in Wort und Schrift, für die Unterstützung der Armen und Kranken und der Missionswerke. In Trient gründete er ein Institut für die Erziehung von Taubstummen sowie in Trient und Bozen ein Knabenseminar zur Pflege von Priesterberufen. Mit besonderer Aufmerksamkeit förderte er die Fortbildung der Priester und die apost. Werke der Ordensmänner und -frauen des kontemplativen und aktiven Lebens zu Gunsten der christl. Erziehung der Jungen und Mädchen. In seinem sehr lebhaften Eifer für den göttlichen Kult errichtete und restaurierte er viele Kirchen. Von heiterem und fröhlichem Charakter, pflegte er beständig jede Tugend, bes. die Demut, Buße und Liebe. Kurz nach seinem Tode wurden von seinem Nachfolger die Vorbereitungen für seine Seligsprechung eingeleitet. Das Dekret über die heroischen Tugenden T.s wurde am 4.7.1968 erlassen.

Seit seiner Jugend ließ T. eine deutliche und tiefe Verehrung ⚕s, bes. unter dem Titel der UE, erkennen. Treu betete er täglich den Rosenkranz und feierte mit Freude und besonderer Feierlichkeit die liturg. Feste der GM. Von seiner kindlichen Liebe zu ⚕ bewegt, bat er in einer Petition Pius IX., in die Lauretanische Litanei die Anrufung »Königin, ohne Erbsünde empfangen« einzufügen, und das einige Jahre vor der Proklamation des Dogmas der UE. Heiß sehnte er sich danach, bei dieser Feier in Rom anwesend zu sein, wurde aber durch Krankheit daran gehindert.

Lit.: E. Rizzoli, Cenni sulla vita e le virtù del Servo di Dio Giovanni Nepomuceno de T., Trient 1872. — A. Hundegger, Leben von J. de T., Bozen 1874. — A. Trait, Vita del Venerabile Servo di Dio Giovanni Nepomuceno de T., 2 Vol., Venezia 1906. — M. de Buol, Una veneranda figura di Vescovo, 1962. — C. Vivaldelli, Un Vescovo con gli scarponi, 1977. — AAS 61 (1969) 121–125. — EC XII 588 f. *S. Gilli*

Tschu Tao (Xu Dao). Der taoistische Mönch T. kompilierte das taoistische Werk »Li-tai shen-hsien t'ung-chien« (»Lidai shenxian tongjian«), das im 17. Jh. von Chang Chi-tsung (Zhang Jizong; 1667–1715), dem 54. Himmlischen Meister, und Huang Chang-Lun (Huang Zhanlun) neu herausgegeben wurde. Es enthält die »taoistische Geschichte Jesu«. Den Text hat Karl Ludwig Reichelt (1877–1952) übersetzt und in Europa bekannt gemacht. Seine daraus gefolgerte Beeinflussung der chinesischen Kwanin ist wohl haltbar. Es wird darin über Verkündigung und Geburt Jesu von einer Jungfrau Ⓜ berichtet. Verlust und Wiederfinden des zwölfjährigen Jesu durch seine Mutter, der Abschied mit 30 Jahren von der Mutter und die Erscheinung des Auferstandenen vor seiner Mutter sind weitere marian. Szenen. Der Haupttext gilt der Aufnahme Ⓜs in den Himmel. »Nach zehn Tagen kamen die Himmelsgeister zur Erde nieder und nahmen seine Mutter auf. Sie nahmen sie mit hinauf in den Himmel, wo sie ihr ihren Platz auf der neunten Stufe (p'in) gaben [der höchste Platz in der Reine-Land-Lehre]. So wurde sie zur Himmelskönigin, die die ganze Welt regiert. Sie steht vor allem den Jüngern bei, so daß sie sich durch die ganze Welt zerstreuen können bei ihrer großen Aufgabe, die Lehre zu verkündigen.«

Lit.: K. L. Reichelt, Der chinesische Buddhismus, 1926. — S. Holth, Karl Ludwig Reichelt 1877–1952, In: Internat. Review of Mission 41 (1952) 444–451. — N. N. Thelle, Karl Ludwig Reichelt, 1959. — J. M. Boltz, A surey of Taoist literature. Tenth to seventeenth centuries, 1987. *H. Rzepkowski*

Tuccia. Die röm Vestalin T. (fälschlich Tuscia) wurde der Untreue gegenüber ihrem Keuschheitsgelübde angeklagt. Um ihre Unschuld zu beweisen, trug sie vor den Augen der Richter Wasser in einem Sieb aus dem Tiber bis zum Forum, ohne einen Tropfen zu verlieren (Valerius Max. VIII, 1,5; Plinius, Nat. hist. XXVIII, 3; Dionysius Hal. II, 69). Augustinus greift neben der Legende der Vestalin → Claudia das Bild der T. mit dem Sieb auf (Augustinus, De civitate Dei, X, 16). Im → Defensorium werden diese beiden Vestalinnenwunder sowie ein drittes (die Vestalin Aemilia entzündet ein Feuer mit ihrem Schleier) als Analoge zur Jungfräulichkeit Ⓜs verwendet. Das T.-Thema findet weithin seine Umsetzung (Blockbuch Friedrich Walther, Blockbuch Johann Eysenhuth, Wiegendruck von G. Reyser, Handschrift Anton Pelchinger), die Darstellung erfolgt oft in der Form, daß aus einer Wolke Regen in das Sieb T.s herabfällt, ein Richter bezeugt das Wunder (Inkunabel Hurus, Saragossa, 1485–99, Paris, Bibl. Nat.).

Während das Motiv der Claudia in die Profanikonographie übergeht, bleibt das T.-Motiv vom 15. bis zum 17. Jh. im christl. Bereich lebendig. Darstellungen des Themas finden sich sowohl in der Plastik (Rom, St. Peter, Bronzetüren A. Filaretes, 1435–45; Giovanni Battista Caccini, Marmorstatue, Monteolivieto bei Florenz, S. Bartolomeo, um 1600) und in der Malerei (Tintoretto, Glasgow, Corporation Galleries, um 1545; A. Mantegna, London, Nat. Gallery, um 1500).

Lit.: Pigler II 346 f. — Molsdorf 903. 907. — RDK III 1214. — LCI IV 457. *S. Egbers*

Türkei → Ephesos, → Konstantinopel

Türkenkriege. Die Osmanen, später Türken genannt, waren seit dem Ende des 13. Jh.s gegen das byz. Reich und im 14. Jh. gegen Europa vorgedrungen. Sie besetzten 1361 Adrianopel. Nach ihrem Sieg auf dem Amselfeld 1389 eroberten sie Bulgarien, Makedonien, Südserbien und bedrohten das Abendland. 1396 wurde König Sigismund von ihnen bei Nikopolis geschlagen. Nach der Niederlage von Varna fiel 1453 Konstantinopel in ihre Hand. Erst 1456 konnten die Ungarn mit Unterstützung von Papst →Calixt III. die Türken zurückdrängen. Die Bemühungen von Papst →Pius II., die christl. Mächte zu einer gemeinsamen Verteidigung gegen die Türken zu veranlassen, waren erfolglos. 1521 eroberten die Türken Belgrad, 1526 Ungarn und drangen 1529 bis Wien vor. Durch den Seesieg bei →Lepanto 1571 unter Don Juan d'Austria konnten die Türken zurückgedrängt werden. 1683 wurden sie vor Wien geschlagen und unter Prinz Eugen aus Ungarn vertrieben.

Angesichts der Türkengefahr stellten sich die Gläubigen unter den Schutz Ⓜs. Papst Calixt III. ordnete 1456 an, daß täglich in den Kirchen für die Rettung des Abendlandes gebetet werde. Der Kaplan Maximilians I., →Hermann Nitzschewitz, empfahl das Rosenkranzgebet als Hilfe gegen die Türken und nannte 1494 sein Rosenkranzbuch »Novum BMV Psalterium ad Turci conteritionem confectum«. Papst Pius V. schrieb den Sieg der christl. Flotte bei Lepanto 1571 der Fürbitte Ⓜs zu (→Mariahilf-Verehrung). Das Schiff der Liga unter Don Juan d'Austria führte eine Ⓜstandarte mit, die die Aufschrift trug: »Sancta Maria succurre miseris«. Als Dank für die Rettung des Abendlandes führte Papst Pius V. das Fest B. Mariae Virginis de Victoria ein. Sein Nachfolger →Gregor XIII. ordnete 1573 die Feier des Rosenkranzfestes am 7. Oktober, dem Tag des Seesiegs von Lepanto, an. Der Senat von Venedig ließ unter das Bild der Schlacht von Lepanto die Worte schreiben: »Weder Macht, Waffen oder Führer, sondern Maria vom Rosenkranz hat uns zum Sieg verholfen.« Nach der Überwindung der Türken am 12.9.1683 vor Wien setzte →Innozenz XI. das Fest Ⓜe Namen ein. Bei der Dankmesse für den Sieg war der Altar mit einem großen Ⓜbild geschmückt.

Lit.: Pastor I 659–676; II 52 ff. 220–289; VII 539–610; XIV/2, 787–840. — C. A. Kneller, Hilfe der Christen. Die Muttergottes in der Weltgeschichte, In: ZAM 10 (1935) 77–89. — W. Schulze, Reich in Türkengefahr im späten 16. Jh., 1978. — C. A. Sammer, Der Türkenpapst Innozenz XI. und die Wiener Türkenbelagerung von 1683, 1982. — J. Wimmer, Der Entsatz von Wien 1683, 1983. — J. Beeking, Don Juan d'Austria, Sieger von Lepanto, 1983. — E. Werner, Die Geburt einer Großmacht. Die Osmanen, 1985. — B. Roberg, Türkenkriege und Kirchenpolitik. Die Sendung des Kardinals Madruzzo an den Kaiserhof und zum Reichstag von 1594, In: QFIAB 65 (1985); 66 (1986) 192–309. — P. Sutter-Fichtner, Ferdinand I. Wider Türken und Glaubensspaltung, 1986. — E. Eickhoff, Venedig, Wien und die Osmanen, 1988. — E. Zöllner und K. Gutkas, Österreich und die Osmanen, 1988. — J. Beeking, La battaglia di Lepanto, 1988. — E. Charles-Rux, Stèle pour un bâtard, Don Juan d'Austriche, 1990. — K. H. Setton, Venice, Austria and the Turks in the 17th century, 1991. — F. Majoros und B. Rill, Das osmanische Reich, 1994. *R. Bäumer*

Tugend ist eine Haltung, die in der Mitte zwischen dem reinen Seins- und Tunkönnen und der vollen Verwirklichung der in der Entfaltungsrichtung auf das Gute hin angelegten Natur liegt. Wegen ihrer Naturgemäßheit fällt die T. einerseits leicht, obwohl sie andererseits der Kraft und Anstrengung bedarf. In ihrer Freiheit von der → Begierlichkeit und der Sünde (→ Sündenlosigkeit, → Unsündlichkeit) war ⚕ zwar innerlich in einmaliger Weise geneigt zum Guten, doch war seine Verwirklichung durch ihre Berufung zur besonderen Kreuzesnachfolge auch außergewöhnlich schwierig.

Im NT bringt nur Lukas Hinweise auf Grundhaltungen der GM: Die Bereitschaft der Magd des Herrn (1,38), die Seligpreisung wegen ihres Glaubens (1,45), ihre hingebende Dankbarkeit und Demut (Magnifikat) und ihre bewahrende Bedächtigkeit (2,19. 51). Ob aus ⚕s Gang zu Elisabeth und aus dem Hinweis auf der Hochzeit zu Kana auf eine fürsorgliche Haltung und aus der Tatsache an sich, daß ⚕ unter dem Kreuz stand (→ Ohnmacht), besonderer Starkmut erschlossen werden müssen, sei zunächst dahingestellt. Eine Lehre über die T.en ⚕s ist angesichts der wenigen Aussagen des NT v. a. aus ihrer heilsgeschichtlichen Berufung und ihrem → Charakter zu entwickeln, der besagt, daß ⚕ durch die Gnade der GMschaft zuinnerst und deshalb bleibend geprägt ist und daß diese Prägung der Wurzel- und Brennpunkt aller Attribute und Haltungen ⚕s ist. Aus diesem Geprägtbleiben (Personalcharakter) ergibt sich, daß ⚕ nicht nur »Funktionsgnaden« zur Erfüllung der Mutterschaft erhalten hat und alles, was vor oder nach dieser Mutterschaft liegt (wie UE, Jungfräulichkeit nach der Geburt, Mutter der Kirche), als sekundär erachtet werden kann, sondern daß sie von der GMschaft, die eine jungfräuliche ist, seinsmäßig bestimmt ist, so daß sie auch nach Jesu Geburt jungfräulich bleibt und den Menschen mütterlich den Erlöser bringt.

So können die Attribute und Haltungen ⚕s auf Grund der heilsgeschichtlichen, ihr Sein begründenden und prägenden Berufung auf eine Mitte zurückgeführt und von ihr her beurteilt werden, auch wenn im einzelnen die Haltungen erst im Verlauf der Geschichte der Theol. und der Spiritualität erkannt wurden. Im Vergleich zu den wenigen Angaben des NT zu den T.en ⚕s ergibt dieser Ansatz bei der personalen Prägung ⚕s eine Ausweitung und Vertiefung der T.en ⚕s und ihres Vorbildcharakters. Im 2. Jh. wurde ⚕s heilsgeschichtliche Stellung im Anschluß an Lk 1,26–38 mit dem Titel neue → Eva gekennzeichnet. Ihm entspricht bei ⚕ die Haltung des vorbehaltlosen Glaubensgehorsams (→ Glaube).

Auf Grund der personalen Prägung ⚕s von der einzigartigen jungfräulichen GMschaft wurde die bleibende → Jungfräulichkeit (nach der Geburt) gefolgert. Obwohl der Bericht von → Brüdern und Schwestern Jesu rein philol. auch an mehrere Kinder ⚕s denken ließe. Diese immerwährende Jungfräulichkeit bedeutet auf der Ebene des Vorbildlichen die totale Beanspruchbarkeit des Menschen durch Gott, die Preisgabe der Selbstverfügung und Selbstplanung und die Treue zu der einmal angenommenen Berufung. In dieser Weise ist dann ⚕ — wie bei jeder Mutterschaft bis ins Leibliche hinein — Urbild der Jungfrauen und der Eheleute in ihrer Treue. Auch ⚕s Stehen unter dem Kreuz erhält dann im Vergleich zu den übrigen Frauen, die auch dort gestanden sind (vgl. Joh 19,25), eine einmalige Bedeutungstiefe: ⚕ vertritt in ihrer Offenheit für Gottes Wort, in ihrem Gehorsam und in der Preisgabe der Selbstverfügung die ursprüngliche, unversehrte Schöpfung, wie sie hätte sein sollen, und ist Typus der Kirche. ⚕ hat die Kirche auch im Kreuz den Glauben bewahrt, es durchgestanden und blieb auch am Karsamstag treu. Eine solche Glaubenshaltung belegt Standhaftigkeit und Starkmut. In ihrer bleibenden Prägung von der Messiasmutterschaft ist ⚕ auserwählt, immer mitzuwirken, damit ihr Sohn in die Welt kommt und von den Menschen angenommen wird. Sie behält eine mütterliche Aufgabe für die gesamte Kirche und für jeden einzelnen Gläubigen (→ mystischer Leib, → Mutter der Kirche, → Mutterschaft). Schließlich ist ⚕ in ihrem Glaubensgehorsam, in ihrer — der Kern aller T.en — Liebe zu Gott und zu den Menschen (→ Nächstenliebe) in der → Nachfolge ihres Sohnes Vorbild aller Heiligen (die tatsächlich ⚕ als ihre Mutter bes. verehrt haben), sie ist sogar der Typos für die Realität der Heiligkeit der Kirche, die in ⚕ vorbehaltlos glaubend, liebend und hoffend ist. Aus der Betrachtung der heilsgeschichtlichen Stellung ⚕s können also der Reichtum ihrer T.en und ihre vielfältige Vorbildlichkeit erkannt werden.

Einige Anmerkungen sollen nun dieses ethische ⚕bild ergänzen. Das röm.-griech. Altertum lenkte seinen Blick mehr auf die heilsgeschichtliche Bedeutung der T.en ⚕s, während seit der → Karolingerzeit stärker die menschlich mütterlichen Züge angesichts der individuellen Nöte der Menschen hervorgehoben wurden, so die vertrauensvolle Zuversicht zur Himmelsmutter, das Mutter-Kind-Verhältnis, ihre tröstende Zuwendung (vgl. Scheffczyk, Tendenzen, 118–122). Die neue Sicht kommt im → Salve Regina zum Audruck, wo ⚕, »die Mutter der Barmherzigkeit«, als »clemens«, »pia« und »dulcis« angerufen wird. Züge des ethischen ⚕bildes wurden ferner im Altertum von → Origenes, → Athanasius und v.a. von → Ambrosius hervorgehoben (Vorbild für Jungfräulichkeit, Heiligkeit). Origenes nimmt schon eine gewisse Systematisierung vor, indem er in diesem Zusammenhang die vier Kardinaltugenden einführt. Zur Demut der Magd (Lk 1,48) erklärt er: »Damit wollte sie sagen: Er schaute auf die Gerechtigkeit, die Mäßigkeit, den Starkmut und die Weisheit seiner Magd« (In Lc hom. 8). Häufig wurden von der Theol. und Spiritualität der Väterzeit und des MA diese Kardinaltugenden der Klugheit, Starkmut, Mäßigkeit und Gerechtigkeit gerühmt. In der → Lauretanischen Litanei werden einzelne T.en ⟨M⟩s gerühmt, ferner ihre alle Gruppen der Heiligen überragende Heiligkeit (→ Königin) und dann ihre fürbittende Hilfe. Die T.en sind schließlich bei ⟨M⟩ wie bei allen Menschen nicht Zeichen menschlicher Kraft, sondern der Gnade, die zum Großen befähigt, aber dabei menschliches Mitwirken nicht ausschließt.

Lit.: J. Pieper, Tugend, Handbuch Theol. Grundbegriffe II, 1963, 714–718. — A. Ziegenaus, Die Gestalt Mariens im Glaubensleben der Kirche, In: G. Rovira (Hrsg.), Die Mutter der schönen Liebe, 1982, 45–63. — L. Scheffczyk, Tendenzen und Entwicklungslinien der Marienlehre im MA, In: G. Rovira (Hrsg.), Das Zeichen des Allmächtigen, 1981, 118–138. — G. Söll, HDG III/4.
A. Ziegenaus

Tuntenhausen, Lkr. Rosenheim, Erzdiözese München und Freising, seit dem 14. Jh. als Ort besonderer MV bekannt. Ein Gnadenbild ist seit 1334 überliefert, das ab dem 15. Jh. zum Mittelpunkt einer Wallfahrt wurde. Als erstes Mirakel wird die Heilung einer Frau aus Brettschleipfen im Jahr 1441 berichtet. Ein »Geschwülst« am Bauch und heftige Schmerzen am Magen wurden geheilt, nachdem sie gelobt hatte, drei Samstage hintereinander nach T. zu gehen und soviel Garn zu opfern, bis daraus ein Altartuch gewebt werden konnte. Für das Jahr 1527 sind bereits über 100 Pfarrbittgänge nach T. nachgewiesen. Das erste Mirakelbuch stammt von 1509. Seit 1221 war die Pfarrei T. dem nahen Chorherrenstift Beyharting inkorporiert, das die Wallfahrtsseelsorge übernahm.

Die Herzöge von Bayern, Albrecht V. und → Wilhelm V. verlobten sich nach T. und förderten die ⟨M⟩wallfahrt. Im Zuge der gegenref. MV — angeleitet von Kurfürst → Maximilian I. von Bayern — erlebte die Wallfahrt nach T. ihren Höhepunkt. Im 16. und beginnenden 17. Jh. war T. die bedeutendste ⟨M⟩wallfahrt in Bayern, erst im Lauf des 17. Jh.s wurde sie im Rang von Altötting abgelöst. Zum Ausgang des 18. Jh.s und mit der Säkularisation von 1803 erlebte die Wallfahrt ihren stärksten Einbruch, bevor sie ab Mitte des 19. Jh.s wieder wachsenden Zulauf fand.

Bald nach 1441 wurde eine größere Kirche ⟨M⟩e Himmelfahrt in T. errichtet, die zu Beginn des 16. Jh.s die den Ort prägende Zwillingsturmsfassade erhielt. 1548 zerstörte ein Brand die Kirche samt der verehrten ⟨M⟩plastik. Das bis heute verehrte Gnadenbild, die Virgo Potens, wurde kurz danach geschaffen, ebenso ein Neubau der Kirche. 1627/30 wurde die Kirche vom Münchner Baumeister Veit Schmidt zur heutigen dreischiffigen Hallenkirche mit Chorumgang umgestaltet. Um den Bau und die Ausstattung der Kirche machte sich bes. Kurfürst Maximilian I. verdient. Hofkünstler schmückten die Kirche aus. Der linke Chorbogenaltar als Mittelpunkt einer 1624 gegründeten Rosenkranzbruderschaft, wurde vom General des Kurfürsten, Tserclaes → Tilly, gestiftet. Von

Tuntenhausen, Andachtsbild von J. Franck, 1681

Kurfürst Ferdinand Maria stammt die bedeutende T.er Barock-Krippe. Ein Zyklus von Mirakelbildern aus dem 18. Jh. an den Außenwänden und zahlreiche Votivbilder und -kerzen im Inneren unterstreichen das Vertrauen der Menschen in die Wirkmächtigkeit der MV in T. Bei einem großen Dorfbrand 1844 blieb die Kirche verschont. Die T.er Kirche hat mit ihrer »glanzvollen Synthese von Architektur, Dekoration und Ausstattung« hohe kunsthistorische Bedeutung.

Demonstrativ wurde während der Zeit des Nationalsozialismus 1941 das 500-jährige Jubiläum der Wallfahrt gefeiert, 1942 wurde auf Betreiben von Kardinal Michael v. Faulhaber die päpstliche Auszeichnung der Kirche als Basilica minor erwirkt. Wiederholt nutzte v. Faulhaber Predigten in T. zu Stellungnahmen gegen die Kirchen- und Schulpolitik des Dritten Reiches. T. mit dem mutigen, von der Gestapo angegangenen Orts- und Wallfahrtspfarrer Innozenz Lampl wurde in Altbayern auch zu einem Mittelpunkt kath.-konservativer Widersetzlichkeit gegen totalitäre Ansprüche des Nationalsozialismus.

Nach dem Zweiten Weltkrieg lebte der 1869 von Graf Ludwig Arco-Zinneberg gegründete und von den Nationalsozialisten aufgelöste bayer.-patriotische Bauernverein zu T. als »Katholischer Männerverein Tuntenhausen« wieder auf. Er veranstaltet Frühjahrs- und Herbstwallfahrten zur Virgo Potens, wobei er sich unter der Leitung hochrangiger konservativer Politiker Bayerns einer Politik aus dem Glauben bes. verpflichtet fühlt. Aus dem Umfeld des T.er Männervereins wurde 1945 die erste Nachkriegsregierung Bayerns unter Ministerpräsident Fritz Schäffer gebildet.

Durch die Ⓜwallfahrt erhielt der Ort T. seit dem MA zentrale Funktion. Der Zulauf der Wallfahrer ließ Gewerbe und Handel aufblühen. Gerade wenn die Not im Lande groß war, strömten die Wallfahrer bes. zahlreich zur MV nach T., so daß die Bewohner des Dorfes von der allgemeinen Bedrängnis stets weniger stark betroffen waren. Als langfristige Folge der Ⓜwallfahrt wandelte sich das 1994 knapp 400 Einwohner zählende Dorf vom Bauern- zum Wallfahrts- und wirtschaftlich blühenden Gewerbedorf.

Lit.: I. Gierl, Bauernleben und Bauernwallfahrt in Altbayern. Eine kulturgeschichtliche Studie auf Grund der T.er Mirakelbücher, 1960. — P. Germann-Bauer, Wallfahrtsbasilika T., ³1989. – F. Kramer (Hrsg.), T. Vom Herrenhof zum Wallfahrtsdorf. Geschichtliche Grundlagen seiner Dorfentwicklung, 1991. — T. Gebhard, Die T.er Krippe, 1992. *F. Kramer*

Tura, Cosmè (Cosimo), ital. Maler, * um 1430, †1495. Von dem ältesten der drei großen Vertreter der Ferrareser Schule des Quattrocento (→ Cossa, Ercole de' → Roberti) ist wenig über die genaueren Lebensdaten bekannt. Als Maler am glänzenden Hof der Este in Ferrara konnte T. die Auswirkungen jenes großen künstlerischen Aufschwungs erleben, der ab 1440 von den Marchesen d'Este gefördert wurde, und der auch Künstler aus anderen Zentren zeitweilig zum Arbeiten am Hof anzog — darunter Pisanello, Piero della Francesca, Jacopo Bellini und Rogier van der Weyden. Starken Einfluß auf T. übten auch Donatello und v. a. Mantegna aus.

Das Werk T.s ist nur bruchstückhaft erhalten. Die Altarwerke für die Ferrareser Kirchen sind nicht intakt auf uns gekommen, der ursprüngliche Zusammenhang einzelner Tafeln ist nicht immer zu klären. Als Hofkünstler hat T. Buchmalerei, Entwürfe für Tafelsilber und Kartons für Tapisserien (Beweinung Christi, danach ausgeführte Tapisserien in Köln, Sammlung Neven Dumont, und Cleveland, Mus. of Art) geschaffen. An dem groß angelegten Freskenprogramm im Palazzo Schifanoia in Ferrara war er beteiligt, allerdings bleibt die Zuschreibung einzelner Felder umstritten. In vielen Fällen erfolgt die Identifizierung des Künstlers nur auf Grund stilistischer Merkmale. Bezeichnend für T. ist eine unruhige Formensprache, die sich im Extremfall bis ins Überartikulierte steigert — etwa in den bewegten Falten der Gewänder, den gespreizten Händen, der emphatischen Gestik und der Modellierung der breiten Gesichter mit betonten Kiefer- und Kinnpartien. Der Eindruck des Übersteigerten wird durch einen Hang zu phantastischem Ornament verstärkt.

Umstritten bleibt die Chronologie jener Werke, die mit einiger Sicherheit T. zugewiesen sein können. Als Frühwerk, wahrscheinlich um 1452, gilt die Madonna mit schlafendem Jesuskind in einem Garten (Washington, Nat. Gallery). Das → hortus-conclusus-Thema wird durch teilweise stilisierte Flora angedeutet; oben bildet eine kräftige Ranke den Buchstaben »M« und läuft in Medaillons mit kleinen Figuren des Erzengels Gabriel und der Annunziata aus. Diese Tafel veranschaulicht in der kuriosen Diskrepanz zwischen dem ornamentalen Hintergrund und der plastisch artikulierten Figur Ⓜs die besondere Stellung T.s am Übergang von der Spätgotik zur Renaissance. Der → Schlaf des Jesuskindes kehrt auch in späteren Ⓜdarstellungen wieder und wird als Präfiguration des Leidens Christi — zusammen mit weiteren Passionssymbolen wie den → Weinreben der Eucharistie und dem → Stieglitz — zum Hauptinhalt einer Ⓜtafel in der Accademia in Venedig (um 1460/70); in der Geschlossenheit ihrer Form und der Konzentriertheit ihrer Aussage spiegelt diese eher zurückhaltende Darstellung am deutlichsten von T.s Madonnen die Ideale der Renaissance. Das Polyptychon der Familie Roverella (um 1474/80, ehemals Ferrara, Kirche S. Giorgio fuori le Mura, um 1474/80) ist nur unvollständig und verstreut auf uns gekommen. Die Mitteltafel (jetzt London, Nat. Gallery) zeigt die Madonna mit schlafendem Kind in einer für T. typisch phantastischen, hohen schlanken Thronarchitektur, auf deren Stufen Engel musizieren. In das üppige Ornament integriert sind als Sinnbilder des AT und des NT Tafeln mit Auszügen des Gesetzes und die Evangelistensymbole, gleichsam die Heilsgeschichte in summa vertretend. Der exquisit manierierten Heiterkeit dieser Darstellung mit seiner hellen Farbigkeit und verspielter Dekoration steht das gesteigerte Pathos des Lünettenbildes, einer mehrfigurigen Beweinung Christi, gegenüber (Paris, Louvre). Ob drei kleinformatige Tondi mit Szenen der Kindheit Jesu (Beschneidung, Anbetung der Könige und Flucht nach Ägypten; jetzt in Boston, Cambridge/Mass., und New York) ursprünglich zur Predella des Polyptychons gehörten, bleibt umstritten. Aus ihrem ehemaligen Zusammenhang gerissen sind auch eine beschnittene Tafel der thronenden Madonna mit segnendem Kind (Bergamo, Accademia) und zwei farblich sehr ansprechende Täfelchen mit stehenden Figuren des Erzengels Gabriel und der Annunziata vor einer Felslandschaft (Washington, Nat. Gallery). In einer Darstellung der Pietà (Venedig, Museo Correr, ca. 1460/70) hat man Einflüsse der Kunst Rogier van der Weydens geltend gemacht; ikonographisch bemerkenswert ist das Motiv des → Affen, der im → Apfelbaum rechts vom Sarkophag hockt. Als Auftragswerk ist eines der berühmtesten und qualitätvollsten Werke T.s entstanden: der Drachenkampf des hl. Georg und die Verkündigung an den Orgeltüren der Kathedrale von Ferrara (jetzt Museo del Duomo, 1468/69). Die monumentale Verkündigungsszene findet statt in einer üppigen Renaissancearchitektur mit Landschaftsausblicken in die Tiefe hinein. Eine kleine Tafel der anbetenden Madonna mit auf einer Brüstung liegendem Jesuskind wiederholt ein Motiv, das auf der Weinreben-Madonna in Venedig auftaucht und zeitgenössische astrologische Interessen spiegelt: Die Mandorla hinter ꟽ setzt sich aus den Zeichen des Tierkreises zusammen (Rom, Sammlung Colonna, um 1470). Als Spätwerk T.s unter Werkstattbeteiligung gilt die schlecht erhaltene Tafel der ꟽ mit Heiligen aus der Kirche S. Maria della Consolazione in Ferrara (jetzt Ajaccio, Musée Fesch, ca. 1480/ 85).

Lit.: R. Longhi, Officina ferrarese, 1934. — S. Ortolani, C. T., Francesco Cossa, Ercole de' Roberti, 1941. — M. Salmi, C. T., 1951. — E. Ruhmer, C. T., Paintings and Drawings, 1958. — P. Bianconi, Tutta la pittura di C. T., 1963. — R. Molajoli, L'opera completa di C. T., 1974 (Lit.). *G. Nitz*

Turin, Stadt und Erzbistum in Piemont, wurde nach 250 christianisiert; erster namentlich bekannter Bischof war gegen Ende des 4. Jh.s der Homilet Maximus († wohl um 420).

Die MV T.s manifestiert sich an den bedeutenden ꟽkirchen der Stadt:

SS. Annunziata wurde 1648–57 für eine marian. Laienbruderschaft errichtet.

S. Maria Ausiliatrice (Hilfe der Christen, → Lauretanische Litanei) ist die ꟽwallfahrtskirche der Salesianer, die Don Giovanni → Bosco 1865–68 errichten ließ; sie sollte das Lebenszentrum all seiner Werke und das sichtbare Zeugnis seiner MV werden, dort ruhen auch seine Gebeine; das Hochaltarbild, ꟽ als Hilfe und Schutz der Kirche, schuf Tommaso Lorenzone (1865–68).

S. Maria del Carmine, die barocke Karmeliterkirche (1732–36 erbaut) enthält das Hochaltargemälde »Madonna del Carmine mit dem sel. Amedeo v. Savoyen« von C. F. Beaumont (1760).

S. Maria Consolatrice (bzw. S. Andrea) ist eine der traditionsreichsten Wallfahrtskirchen Piemonts, deren frühchristl. Vorgängerbau bis in die Zeit des Bischofs Maximus (Ende 4. Jh.) zurückreicht. Vermutlich aus Anlaß einer legendären ꟽerscheinung (1104) bei dem hier verehrten ꟽbild wurde dann im 12. Jh. der frühchristl. Bau durch die romanische Basilika S. Andrea ersetzt. Ab 1678 wurde die ma. Anlage abgebrochen und bis 1703 durch die barocke Doppelkirche S. Andrea/S. Maria Consolatrice ersetzt; Gnadenbild ist eine späte Kopie der Hodegetria aus S. Maria del Populo in Rom.

S. Maria al Monte, beherrschend auf dem Monte dei Cappuccini gelegener Zentralbau, wurde im Auftrag Herzog Carlo Emanueles I. durch den von ihm berufenen Ascanio Vitozzi aus Orvieto 1585 begonnen, 1656 geweiht und im 18. Jh. barock ausgestattet.

S. Maria di Piazza (= Assunta) ist ein barocker Zentralbau, der 1751 anstelle der 1018 im Areal des röm. Forums bezeugten Pfarrkirche S. Maria de Platea geweiht wurde.

Weitere marian. Stätten in T. sind die Chiesa della Immaculata Concezione (1673–97), die Chiesa della Visitazione (1657–60) und die klassizistische Kuppelrotunde Gran Madre di Dio (1818–31).

Ca. 7 km außerhalb der Stadt erhebt sich anstelle der ꟽkapelle S. Maria sub pergola(m) (17. Jh.) die Basilica Natività di Maria (=»Basilika der Superga«), deren Errichtung Herzog (seit 1713 König) Viktor Amadeus II. und sein Vetter Prinz Eugen anläßlich einer Wallfahrt am 2. 9. 1706 für den Fall eines Sieges über die Franzosen gelobt hatten und von Filippo Juvara (1676–1736) errichten ließen.

Lit.: D. Franchetti, Storia della Consolata, Torino 1904. — C. de Ambrogio, La Madonna di Don Bosco, 1968. — D. Marcucci, Santuari mariani d'Italia, 1982, 72–76. *F. Trenner*

Turm Davids → Davidsturm

Turrado Riesco, Rafael, OFMCap (Melchor de Pobladura), Theologe und Historiker, * 1. 2. 1904 in Pobladura (León/Spanien), † 19. 2. 1983 in Madrid, leistete Außerordentliches als Historiograph des Kapuzinerordens und über die Grenzen seines Ordens hinaus als Hagiograph. 1932–68 arbeitete er im Historischen Institut der Kapuziner; 1968–75 war er Generalrelator der Kongregation für die Selig- und Heiligsprechungen. Wenn auch die lit. Werke T.s keinen theol.-spekulativen Charakter haben, atmen sie doch einen tiefen marian. und mariol. Geist.

1. Historiker, Organisator und Publizist im marianischen Anliegen. In den Jahren vor der Dogmatisierung der Aufnahme ꟽs in den Himmel engagierte er sich mit Eifer im Sinne der marian. Theol. Dabei ist seine Mitarbeit in der wissenschaftlichen Organisation des II. Mariol. Weltkongresses hervorzuheben, der aus Anlaß des hundertjährigen Jubiläums der Verkündigung des Dogmas der UE veranstaltet wurde. Seine Verdienste wurden durch die Auszeichnung »Silbermedaille des Marianischen Jahres« gewürdigt, die ihm vom Papst verliehen wurde. T. gab zu diesem Anlaß das Werk »Regina Immaculata« heraus, eine Sammlung mit mariol. Studien von Kapuzinern, zu der er selbst drei umfangreiche Beiträge beisteuerte, in denen er über die Theol. und die marian. Frömmigkeit bei den Kapuzinern schrieb und denen er außerdem eine ausführliche Bibliographie des Schrifttums der Kapuziner im marian. Jahr 1954 beifügte.

2. Marianische Spiritualität. T. stand in enger Beziehung zur Spiritualität der Sr. Maria de los Angeles → Sorazu aus dem Orden der Konzeptionistinnen, für die »das Leben in marianischer Frömmigkeit der sicherste Weg ist, um auf die Ebenen der verschiedenen Stufen einer Vereinigung mit Gott zu gelangen, und das Mittel, die Vorliebe unseres Herrn zu erhalten« (Una flor, 163). In seinem Buch »Die Spiritualität des Ordens der Gesellschaft Mariens« unterstreicht er »die grundlegende Bedeutung, die dem Einwirken Marias bei der Errichtung und Verbreitung des Reiches ihres Sohnes in der Gesellschaft zukommt und ihre unverzichtbare Mitwirkung bei der innerlichen Vervollkommnung der Seelen, die auf dem Weg der Vollkommenheit hin zum Vater im Himmel wandeln« (La espiritualidad, 162). Voller Bewunderung für die Kapuziner der ersten Zeit, weiß er sich mit ihrer Auffassung im Einklang, daß man ohne eine einfache und kindliche Verehrung der GM kein echter Minderbruder sein kann. Im Vorwort seines Werkes »Regina Immaculata« bringt er zum Ausdruck, daß von allen denkbaren Arbeiten ihm diese zur Ehre der GM die angenehmste und liebenswerteste ist.

3. *Mariologische Theologie.* In den Arbeiten, die er dem Anteil der Franziskaner an der Vorbereitung der Dogmatisierung der Aufnahme Ms in den Himmel widmet, hebt T. hervor, daß die Definierung des Dogmas die Privilegien Ms (GMschaft, UE und immerwährende Jungfräulichkeit) mit einem neuen Licht erfüllt und so einen Beitrag dazu leistet, daß das christl. Volk seine so wunderbar erlöste Mutter und Königin inniger verehrt. Die mariol. Studien franziskanischer Autoren referiert T. nicht als unbeteiligter Historiograph, sondern er identifiziert sich mit deren Anliegen, die Größe und unversehrte Heiligkeit Ms zu verteidigen und M als die zu sehen, die an der Seite Christi zu der einzigartigen Aufgabe voll Gnade und Reinheit ausersehen ist, Mutter Gottes und Miterlöserin der Menschheit zu sein. In der Korrespondenz des P. →Pio v. Pietrelcina, deren Herausgabe T. in drei Bänden besorgte, wird dann vollends klar, was im theol. Leben Gegenwart und aktives Handeln der Prototypen jeglicher Heiligkeit bedeuten: Jesus und M, in einem Rahmen einer christozentrischen und marian. Spiritualität.

WW: Una flor siemprevia. Sor María de los Angeles Sorazu, ... a la luz de su correspondenzia epistolar, 1941. — La bella e santa Riforma dei Fratri Minori Capuccini, 1943. — De congressibus franciscanis marialibus (1947–1949). Notitia biografica, In: CFr 20 (1950) 379–397. — Regina Immaculata. Studia a sodalibus capuccinis scripta occasione primi centenarii a proclamatione dogmatica Immaculatae Conceptionis B. M. V., ed. M. a P., 1955, hier von M. a P.: Petitiones fratrum Minorum Capuccinorum ad Paulum V pro dogmatica definitione Immaculatae Conceptionis B. M. V.: 302–321; Apologia pro Immaculata Conceptione a Bernardino Nucerino, OFMCap, anno 1619 scripta: 417–474; De solemni Anni Marialis celebratione in universo Fratrum Minorum Capuccinorum Ordine: 506–552; Bibliografia capuccina Anni Marialis: 553–570. — La espiritualidad de la Orden de la Compañía de María Nuestra Señora, 1963. — Alla scuola spirituale di Padre Pio da Pietralcina, 1978.

Lit.: Isidoro de Villapadierna, P. Melchiore da P. (1904–1983) storico e agiografo, In: CFr 54 (1984) 101–157.

Bernardino de Armellada

Turris eburneus → Elfenbeinerner Turm

Ṭuʿyay (wörtlich: der Irrtum), Beginn der ersten Strophe des Hymnus → Nuhrā, der Narsai zugeschrieben wird. D-ṭuʿyay bezeichnet eine Rubrik, die im Ṣap̄rā von Ostern die Einfügung der → Sog̱īṯā zwischen den beiden Nuhrā-Hymnen anzeigt.

Lit.: J. Mateos, Lelya-Sapra. Essai d'interprétation des matines chaldéennes, 1959, 501.

J. Madey

Tympanon (Bogenfeld über einem Portal). Die figürliche Ausgestaltung des T.s hat eine weit in die Antike zurückreichende Tradition. In der christl. Kunst gehören Mthemen in Tympana trotz ihrer Vielzahl anfangs nicht zu üblichen Bildtypen.

In der franz. Kunst herrschen in den figürlichen Tympana seit dem 11./12. Jh. die hierarchischen Christus-Bilder vor, zumeist der stehende oder der thronende Christus in der Mandorla (in Verbindung mit dem Jüngsten Gericht). Mtympana treten im Laufe des 1. Viertels des 12. Jh.s auf. Eines der frühesten Beispiele stellt das südliche Vorhallenportal der Sainte-Madeleine in Vézelay dar (1125–30), das das vorherrschende Thema der Anbetung der Könige zeigt. Darunter erscheinen im Türsturz, der aber auch noch einen Bestandteil des T.s darstellt, Verkündigung, Heimsuchung und Geburt Christi. Überhaupt werden in franz. Portalanlagen die narrativen Szenen zumeist in den Türsturz verlegt.

Etwas früher als in Vézelay wird um 1120 in Neuilly-en-Donjon in einer höchst phantasievollen Weise die Anbetung dargestellt: die Könige werden begleitet von Tuba blasenden Engeln, während unter der Szenerie Tiermonstren liegen. M thront leicht nach rechts verschoben und nicht frontal, sondern den Königen zugewandt. Ein weiteres prominentes Beispiel für die frontal und hierarchisch thronende GM zeigt das T. an der ehem. Abteikirche in Saint-Gilles-du-Gard (2. Viertel 12. Jh.), wo die anbetenden Könige fast Nebenfiguren werden. Im südlichen T. stehen M und Johannes unter dem Kreuz.

Das rechte Westportal der Kathedrale von Chartres (um 1145/50) zeigt als eigentliches T. die thronende GM, darunter in einem kleineren Figurenfries die Darstellung im Tempel, hinter der wohl heidnisch-antike Vorbilder stehen dürften, und — vergleichbar Vézelay — auf dem Türsturz Verkündigung an M und die Hirten, Heimsuchung und Geburt Christi, wobei eine Symmetrie zum linken Westportal mit dem thronenden Christus beabsichtigt ist.

Einen Höhepunkt der bisherigen Mtympana stellt das Nordportal der Kathedrale in Bourges (um 1160) dar: in einem höchst prachtvollen, antikisierenden Rahmen wird die unter einer Architekturkulisse thronende GM von zwei Bildstreifen flankiert, die Engel, die Verkündigung an M und die Hirten, die Heimsuchung und Anbetung der Könige zeigen.

In der 2. Hälfte des 12. Jh.s und seit Beginn des 13. Jh.s werden in der franz., Kunst Mtympana immer häufiger: das rechte Westportal von Notre-Dame in Paris (nach 1160) ergänzt die bisherigen Nebenszenen um den Tempelgang Me und die drei Könige vor Herodes, außerdem treten erstmals Stifterfiguren zur thronenden GM.

Tympanon, Paris, Notre-Dame, rechtes Westportal, 1150/60

Die thronende GM der Porte Romane am Nordquerschiff der Kathedrale von Reims (um 1180) vertritt den geläufigen Typus. Auch zu Beginn des 13. Jh.s bleibt der Bildtyp der thronenden GM mit Engeln und den drei Königen verbreitet (Germigny l'Exempt, Lâon).

Einen neuen Weg beschreitet das Westportal der Kathedrale in Senlis, dessen T. die M-krönung zeigt, bei der Christus und M nebeneinander sitzen, während der Türsturz Tod und Aufnahme Ms in der Himmel trägt. — In direkter Anlehnung hieran sind die Mtympana in Saint-Yved in Braine (1205–15) und Chartres, mittleres Nordquerhausportal (1205–10) entstanden. In dieser Tradition steht auch noch das linke Westportal der Kathedrale Notre-Dame in Paris (1210–20), in dem zwar auf den Mtod verzichtet ist, hingegen die leibliche Aufnahme einen ganzen Streifen einnimmt.

Erstmals erscheint der Mtod allein als Thema eines T.s im linken Südquerhausportal des Straßburger Münsters (um 1230), dessen rechtes Gegenstück die Mkrönung zeigt. Das nördliche Querhausportal der Notre-Dame in Paris breitet um 1250 biblische und hagiographische Mszenen in epischer Breite aus: neben Geburt Christi, Darbringung im Tempel, Kindermord und Flucht nach Ägypten, sind es der vor einem M-bild betende → Theophilus und M im Kampf gegen den Teufel. Die Porte Rouge der Notre-Dame wiederholt um 1260 die Mkrönung.

In der dt. Kunst setzen Mtympana viel später als in Frankreich ein und erleben ihre Blüte im 13. Jh. Vorherrschend sind zunächst die hierarchischen Bilder der thronenden GM. Zu den ältesten erhaltenen Beispielen gehört das T. in Holzzelle (4. Viertel 12. Jh.). In St. Castulus in Moosburg thront Christus, begleitet von M und dem hl. Castulus (Ende 12. Jh.). Gegen Ende des 12. Jh.s entstand das T. vom ehemaligen Südportal von St. Peter in Worms, das traditionell den thronenden Christus zeigt, daneben M, Petrus, Bischof und Stifter.

Auch im 13. Jh. bleibt die thronende GM mit Kind, mit oder ohne Nebenfiguren der übliche Typus (Bad Reichenhall, um 1200; Salzburg, Nonnberg, Anfang 13. Jh.; Gelnhausen, um 1210/20; Mainzer Dom, Leichhofportal, um 1220; Bamberger Dom, Gnadenpforte, um 1220; Freyburg, um 1220/30; Quedlinburg, um 1230; Freiberg, Goldene Pforte, um 1235–40; Nürnberg, Frauenkirche, um 1360). Die stehende GM kommt hingegen seltener vor, so am Erfurter Dom und an der Elisabeth-Kirche in Marburg (1. Hälfte 13. Jh.). Kreuzigungsbilder mit M und Johannes sind am äußeren T. des Domkreuzgangs in Erfurt (um 1240/50), in Halberstadt und Mühlhausen zu erwähnen.

Eine Mkrönung findet sich im elsässischen Kayersberg (nach 1230). M unter dem Kreuz läßt sich z. B. in Gelnhausen (um 1210/20) oder am Südportal der ehemaligen Stiftskirche in Wimpfen im Tal (2. Hälfte 13. Jh.) nachweisen. Die → Ohnmacht Ms unter dem Kreuz wird am südlichen Chorportal des Freiburger Münsters um 1365/70 dargestellt, um 1395 am Nordportal der Prager Teynkirche. Unter dem Einfluß Prags steht schließlich das T. im Westportal des Regensburger Doms, das den Höhepunkt eines reichen marian. Bildzyklus darstellt (um 1395/1400): Mtod, Grabtragung, Himmelfahrt und Inthronisation Ms; sie ist die wohl reichste Anlage dieser Art östlich des Rheins. In einen reichen erzählerischen Rahmen stellte Madern Gertener um 1420 die Anbetung durch die Könige im Portal der Liebfrauenkirche in Frankfurt/Main.

Anders als in der cisalpinen Kunst konnte sich das ma. Italien, von regionalen Sonderentwicklungen abgesehen, mit dem T. als künstlerischer Aufgabe nicht anfreunden. Figürliche Mtympana gehören daher eher zu den Ausnahmen. Auch in Italien ist der vorherrschende Bildtyp die thronende GM, so an der Kathedrale von Verona. Formal bleiben T.-Typen als Lunetten über ital. Renaissance-Hochgräbern in Florenz,

Lucca oder Rom in Gebrauch. Am häufigsten gibt es ⓂTympana im venezianischen Bereich im 14. und 15. Jh.: in Venedig selbst an SS. Giovanni e Paolo, im Campo S. Zaccaria und in S. Maria della Salute, wo ausnahmsweise eine Ⓜkrönung dargestellt ist (1440er Jahre). Erwähnenswert ist noch ein von der Scuola Vecchia della Misericordia stammendes T. mit einer Schutzmadonna, 1441–45 von Bartolommeo Buon (London, Victoria and Albert-Mus.). Um 1340/50 sind im Veneto zu nennen: Chioggia (Dom), Kapodistria, Vicenza (S. Lorenzo).

Die span. Kunst des MA hat dem Ⓜ-T. offensichtlich kein großes Interesse entgegengebracht, so gibt es nur wenige Beispiele, wie Agramunt (Lérida), wo als Sonderlösung 1283 nachträglich eine thronende GM in den Scheitel der innersten Archivolte eingesetzt worden ist.

In der südosteuropäischen Skulptur der lat. Kirche sind Ⓜ-Tympana vergleichsweise selten: gegen Ende des 12. Jh.s erhielt die Kirche des Muttergottesklosters in Studenica (Slowenien) ein Ⓜ-T., das ganz traditionell die thronende GM zwischen Engeln zeigt. Unter dem Einfluß der ital. Skluptur wohl dürfte das Westportal-T. der Anastasia-Kathedrale in Zadar (Kroatien) entstanden sein, das gleichfalls die thronende GM aufgreift. Dieser Bildtyp ist noch 1372 am Westportal der Dominikanerkirche in Trogir (Kroatien) verwendet worden. Als reichstes gotisches Portal Kroatiens gilt das Südportal der Markuskirche in Zagreb, von der Prager Bauhütte der Parler beeinflußt, das in Nischen Standbilder Christi, der GM, des hl. Markus und der Apostel zeigt. Spät, nämlich 1499, entstand die Pietà über dem Südportal der Franziskanerkirche in Dubrovnik, eher ein Portalaufsatz als ein T.

Die wenigen engl. figürlichen Tympana, z. B. in Rochester, Ely oder Lincoln, verblieben beim traditionellen Typ der Majestas Domini.

Lit.: E. Redslob, Das Kirchenportal, 1901. — H. Karlinger, Die romanische Steinplastik in Altbayern und Salzburg, 1005–1260, 1924. — W. Sauerländer, Gotische Skulptur in Frankreich 1140–1270, 1970. — J. Pope-Hennessey, Italian Renaissance Sculpture, 1971. — E. Neubauer, Die romanischen skulptierten Bogenfelder in Sachsen und Thüringen, 1972. — B. Rupprecht, Romanische Skulptur in Frankreich, 1975. — W. Wolters, La scultura veneziana gotica (1300–1460), 1976. — R. Budde, Dt. Romanische Skulptur 1050–1250, 1979. — L. Trifunovic, Kunstdenkmäler in Jugoslawien, 1981. — M. J. Liebmann, Die dt. Plastik 1350–1550, 1982. — F. Fuchs, Das Hauptportal des Regensburger Doms, 1990. *P. Morsbach*

Tympius (Timpe, Tympe), Matthaeus (Ps. Paulus Pytthmaetus), Verfasser und Übersetzer geistlicher Literatur, * 1566 in Heessen bei Hamm, † 26. 3. 1616 in Münster, war wohl der fruchtbarste Autor der kath. Reformbewegung in Westfalen im frühen 17. Jh. Er studierte 1586–93 Theol. in Köln, wo er das Bakkalaureat erlangte und war gleichzeitig Konrektor in Jülich bzw. seit 1591 Prof. für Phil. und Rhetorik am Kölner Laurentianum. Um 1590 muß er zum Priester geweiht worden sein. 1595 wurde er als Rektor an die Domschule nach Osnabrück berufen, die er trotz Widerständen aus der Bevölkerung energisch rekatholisierte. Seit 1608/09 stand er dem Collegium Dettenianum in Münster vor.

T. veröffentlichte, vorwiegend in den letzten anderthalb Jahrzehnten seines Lebens, an die 80 Schriften, darunter Rhetoriklehrbücher für den Schulgebrauch, pädagogische Schriften wie die »Kinderzucht« (1597, Neufassung 1610), die Vorschläge für eine Unterrichtsreform ausarbeitet, oder »Erhebliche Ursachen« (1612), die die Gründung einer kath. Universität in Münster fordern, aber v. a. geistliche Schriften, einerseits polemisch-apologetischen, andererseits moralisch-asketischen Charakters. Von T.' eigenen Schriften sind v. a. die unterschiedlichen Einzelpredigten, Predigtsammlungen (»Catholische Leychpredigten«, 1609; »Leich-, trost- und Busspredigten«, 1612 u. ö.) und auf Predigten zurückgehende Werke wie die »Teutsche Moralische oder Sittliche Theologey« (4 Bde., 1601–03) bedeutsam. T. zählt zu den wichtigsten Vermittlern der Schriften Luis de Granadas im dt. Sprachraum im 17. Jh. An marian. Schriften hat er von Francisco → Arias die »Imitacion de María« übertragen und bearbeitet (»Nachfolgung Mariae«, 1604 u. ö.) und von Frans → Coster ein Gebetbuch für die Marian. Kongregation (»Schatzbüchlein oder Wegweiser der gnadenreichen Sodalität der heiligen Mutter Gottes«, 1614). Unter T.' eigenen Schriften wäre die »Geistliche Charwochenspeiß« (1613) zu nennen, die Betrachtungen zu den »zwantzig hertzliche(n) schmertzen Mariae« enthält.

Lit.: G. van Gemert, Zum Verhältnis von Reformbestrebungen und Individualfrömmigkeit bei T. und Albertinus, In: D. Breuer (Hrsg.), Frömmigkeit in der frühen Neuzeit, 1984, 108–126. — Ders., Zur Rezeption der Werke von Luis de Granada im dt. Sprachraum in der frühen Neuzeit, In: A. Martino (Hrsg.), Beiträge zur Aufnahme der ital. und span. Literatur in Deutschland im 16. und 17. Jh., 1990, 289–336. *G. van Gemert*

Typikon, ein Direktorium für die Feier der byz. Liturgie. Es ist heute im allgemeinen im Menaion zu finden und enthält genaue Anweisungen bezüglich der Anordnung der Hymnen an einem bestimmten Festtag. Man findet im T. auch nähere Instruktionen hinsichtlich der Hymnenordnung, wenn ein Festtag auf einen Sonntag fällt. Dies hat besondere Bedeutung für die vier großen Ⓜfeste: Geburt der Theotokos, Eintritt in den Tempel, Ⓜe Verkündigung und Entschlafung der Theotokos. Das heutige »Typikon des hl. Sabas«, das im Ökumen. Patriarchat gebraucht wird, spiegelt im wesentlichen den im 11. Jh. vollzogenen Ausgleich zwischen der jerusalemischen und der konstantinopolitanischen Liturgietradition wider; es wurde von G. Violakis zusammengestellt. Kalenderartige Ausgaben für ein bestimmtes Jahr werden auch »Taxis« (= Ordo) genannt. Man nennt T. auch Sammlungen genauer disziplinärer Vorschriften für den Lebenswandel von Klerus, Laien und Mönchen, außerdem die Regeln von Klöstern und Ordensgemeinschaften.

Lit.: A. A. Dmitrievskij, Opisanie liturgičeskich rukopisej I, 1895. — Ders., Drevniejše Patriaršie Tipikoni Svjatogrobskoj, 1907. — Schymonach Andrej (Metropolit Šeptyc'kyj), Typykon Studytskoi Lavry Sv. Antonija Pečerskoho v' Sknylovje pod' L'vovom, 1910. — A. Baumstark, Das T. der Patmos-Hs. 266 und die altkonstantinopolitanische Gottesdienstordnung, In: JLW 6 (1926) 98–111. — Ders., Denkmäler der Entstehungsgeschichte des byz. Ritus, In: OrChr 24 (1928) 1–32. — J. Mateos, Le Typicon de la Grande Eglise, 1962. — K. Onasch, Liturgie und Kunst der Ostkirche in Stichworten unter Berücksichtigung der Alten Kirche, 1981, 364 f. (Lit.). — J. Fedorow, Obrjady Ukraíns'koi Cerkvy — De Ritibus Ecclesiae Ucrainae, 1970, 167–176. — S. Heitz (Hrsg.), Mysterium der Anbetung. Göttliche Liturgie und Stundengebet der Orth. Kirche, 1986, 787. — LThK² X 422. — N. D. Patrinacos, A Dictionary of Greek Orthodoxy, 1987, 360. — P. Day, The Liturgical Dictionary of Eastern Christianity, 1993, 296 f.   *J. Madey*

Typologie. I. EXEGESE. *1. Altes Testament.* Der Ausdruck T. für eine Kategorie der biblischen Hermeneutik knüpft an die paulinische Lehre von den »Typen« (τύποι = »Vorbilder«, »Vorabbildungen« oder »Urbilder«) an, wonach Adam als der erste, freilich durch die Sünde gefallene Mensch als Stammvater der Menschheit die »Vorabbildung/Urgestalt« für den kommenden »ersten Menschen« der erlösten Menschheit, Christus ist (Röm 5,14). Nach 1 Kor 10,6 sind die in der Wüste zur Strafe gestorbenen Israeliten das warnende Urbild (Typos) für die nach Christus die göttliche Strafe erwartenden Sünder. Nach Hebr 8,5 f. ist das hl. Zelt, in dem der Hohepriester Dienst tat, »Urbild« (Typos) für die Gemeinde der Erlösten, in der »der Mittler des besseren Bundes« Dienst tut. Weil aber das atl. Urbild immer weniger vollkommen ist als die ntl. Wirklichkeit, nennt Hebr 9,24 das atl. Heiligtum, das der Hohepriester betritt, das »Gegenbild« (ἀντίτυπος) des Himmels, in den Christus eingegangen ist. 1 Petr 3,21 aber nennt die christl. Taufe das »Gegenbild« (Antitypos) der Sintflut, aus deren Wasser Noach gerettet wurde. Im Gefolge von 1 Petr 3,21 nennen die Kirchenväter und Bibelausleger die ntl. Entsprechungen der atl. »Vorbilder/Vorabbildungen« (Typoi) »Antitypen«.

Dieser Sprachgebrauch hat sich bis heute erhalten. Man sollte aber den Vorschlag des tschechischen Exegeten Stanislav Heřmanský annehmen, zwischen »Teleotypen« (τέλος = Ziel, Vollendung) und »Antitypen« zu unterscheiden. So wäre Christus als der sündenlose Erlöser der Antitypos zum gefallenen Adam oder ⲘⲰ, die sündenlose Messiasmutter, der Antitypos zu Eva, der Mutter des Todes und der Sünde. Als Teleotypen, die im AT bereits eine positive, wenn auch noch unvollkommene Entsprechung haben, kann man etwa die Kirche in Bezug zum hl. Zelt oder zum Tempel in Jerusalem bzw. die atl. Gemeinde oder das eucharistische Mahl im Verhältnis zum Manna, aber auch in der Mariol. ⲘⲰ im Verhältnis zu den vorbildlichen bzw. rettenden Frauen (Judit, Ester) bezeichnen.

Typologische Geschichtsbetrachtung bzw. Schriftdeutung findet sich schon im AT selbst, so z. B. wenn bei den Propheten die Rettung aus dem Babylonischen Exil auf dem Hintergrund der Rettung Israels aus der ägyptischen Knechtschaft oder dem Einzug ins gelobte Land unter Josua betrachtet werden. Dabei kann man schon im AT und erst recht im NT unterscheiden zwischen Personaltypen (David — kommender Messias — Christus; der leidende Gerechte der Psalmen — der leidende Gottesknecht in Jes 53 — der leidende Jesus Christus; Eva — Judit — ⲘⲰ), Sachtypen (hl. Zelt in der Wüste — Tempel Salomos — Kirche bzw. Himmelreich) und heilsgeschichtlichen Typen (z. B. Rettung aus ägyptischer Knechtschaft — Rettung aus dem Babylonischen Exil — Erlösung durch Jesus Christus; Rettung Noachs aus dem Wasser der Flut — Rettung am Schilfmeer — Erlösung durch die Taufe). Aber auch die Unterscheidung zwischen den Typen und Antitypen gibt es schon im AT, z. B. die den Tod bringende Schlange im Paradies und die von Mose erhöhte Kupferschlange, die vor dem Gift eines Schlangenbisses rettet, an die Jesus selbst erinnert, wenn er von seiner Erhöhung am Kreuz spricht (Gen 3 — Num 21,4–9 — Joh 3,14 ff.). Im Zusammenhang mit heilsgeschichtlichen Typen, z. B. dem Frieden im Reich Salomos (1 Kön 5,5), dem Frieden im erhofften messianischen Reich (Mi 4,1–4; Sach 3,10) und dem Frieden, den Christus bringt (Lk 2,14; Joh 14,27) sprechen manche Exegeten statt von T. lieber von »Motivtransposition« (H. Groß), also von der Übertragung früherer Vorstellungen auf spätere Glaubensinhalte.

Die typologische Bibelauslegung wird heute von vielen Vertretern der historisch-kritischen Bibelwissenschaft als der Bibel sachfremd abgelehnt. Wenn man aber die biblische Theol., v.a. wenn man diese als ganzheitliche Auslegung der ganzen Bibel, also des AT und des NT, versteht, kann man die T. nicht rundweg ablehnen. Auch wenn man einzelnen Beziehungen zwischen atl. und ntl. Gegebenheiten, die die systematische oder die praktische Theol. festgestellt haben wollen, skeptisch oder als bibelfremd und unsachgemäß beurteilen mag, wird man doch grundsätzlich typologische Exegese nicht ablehnen dürfen. Wenn man Heilsgeschichte als einen fortschreitenden Offenbarungsprozeß versteht, wird man damit rechnen müssen, daß Gott in früheren, atl. Ereignissen, Tatsachen und Gestalten als in Vorentwürfen oder Geschehensmustern seinen Heilsplan bereits andeutet und in immer neuen und deutlicheren Zeichen die Erlösungsgeschichte ihrem Ziel näherführt. Darum wird man aber auch ntl. Heilsereignisse als Typen der eschatol. Teleotypen betrachten dürfen.

Lit.: B. J. Alfrink, Over typologische exegese von het Oude Testament, 1945. — R. C. Dentan, Typology — Its Use and Abuse, In: Anglican Theological Review 34 (1952) 211–217. — G. v. Rad, Typologische Auslegung des AT, In: EvTh 12 (1952/53) 17–33, jetzt in: TB 48 (1973) 272–280. — S. Amsler, Prophétie et typologie, In: Revue de théologie et de philosophie III/3 (1953) 139–148. — S. Muñoz Iglesias, El llamado sentido tipológico no es estrictamente sentido bíblico viejotestamentario, In: Semana bíblica española XIII, 1952, (1953)

301–324. — J. M. Bover, Tipología verbal, ebd. 325–337. — J. Coppens, La Mère du Sauveur à la lumière de la théologie vétérotestamentaire, In: EThL 31 (1955) 7–20. — W. Eichrodt, Ist die typologische Exegese sachgemäße Exegese?, In: VT. S. 4 (1957) 161–180, jetzt in: TB 11 (³1968) 205–226. — H. Groß, »Motivtransposition« als überlieferungsgeschichtliches Prinzip im AT, In: J. Coppens u. a. (Hrsg.), Sacra Pagina, 1959, 325–334. — S. Heřmanský, Základní problémy biblické hermeneutiky (Grundprobleme biblischer Hermeneutik), 1959. — P. A. Verhoef, Some Notes of Typological Exegesis, In: Ou testamentiese werkgemeenskap in Suid-Afrika, 1962, 58–63. — L. Goppelt, Apokalyptik und Typologie bei Paulus, In: ThLZ 89 (1964) 321–344. — H. D. Hummel, The Old Testament Basis of Typological Interpretation, In: Biblical Research 9 (1964) 38–50. — K. Galley, Altes und neues Heilsgeschehen bei Paulus. Ein Beitrag zur Frage der Typologie, 1965. — N. Lohfink, Das Siegeslied am Schilfmeer, 1965, 102–128. — C. T. Fritsch, *TO ANTITYION*, In: Studia Biblica et Semitica, FS für Th. C. Vriezen, 1966, 100–107. — M. D. Preuß, Das AT in der Verkündigung der Kirche, In: Dt. Pfarrerblatt 68 (1968) 73–79. — S. Mather, The Figures or Types of the Old Testament, 1969. — N. Füglister, In: MySal III/1, 1970, 220–224. — R. McMear, The Presence of Christ in the Old Testament, In: Ang. 47 (1970) 77–82. — J. H. Steck, Biblical Typology Yesterday and Today, In: Calvin Theological Journal 5 (1970) 133–162. — A. P. B. Breytenbach, Die tipoligie as 'n metode van uitleg van die Ou Testament, In: Hervormde teologiese studies 28 (1971) 17–21. — E. H. Pagels, Origen and the Prophets of Israel: A Critique of Christian Typology, In: JANES 5 (1973) 333–344. — C. van der Waal, Enkele opmerkings oor tipologie, In: Nederduitse gereformerde teologiese tydskrift 15 (1974) 225–235. — D. L. Baker, Typology and the Christian Use of the Old Testament, In: Scottish Journal of Theology 29 (1976) 1–14. 137–157. — H. Haag, Typologisches Verständnis des Pentateuch?, In: FS für W. Kornfeld, 1977, 243–257, jetzt in: Ders., Das Buch des Bundes, 1980, 234–249. — J. W. Drane, Typology, In: Evangelical Quarterly 50 (1978) 195–210. — J. Scharbert, Sachbuch zum AT, 1981, 156–159. — R. M. Davidson, Typology in Scripture, 1981. — H. Jarpalău, Valoarea interpretării tipologice a Vechiului Testament (Der Wert der typologischen Auslegung des AT), In: StTeol 33 (1981) 423–435. — J. Cahill, Hermeneutical Implications of Typology, In: CBQ 44 (1982) 266–281. — H. D. Preuß, Das AT in christl. Predigt, 1984, 112–120. — J. H. Schmid, Biblische Theologie in der Sicht heutiger Alttestamentler, 1986, 194–203. — R. Zuurmond, Over allegorische en typologische exegese, In: Amsterdamse cahiers voor exegese en bijbelse theologie 7 (1986) 130–137. — F. Link (Hrsg.), Paradigmata. Literarische Typologie des AT I, 1989. — E. Taylor, Upon the Types of the Old Testament, 2 Bde., 1989. — U. H. J. Körtner, Zurück zum vierfachen Schriftsinn?, In: ThBeitr 43 (1992) 249–265. — W. Pratscher, Die ekklesiologische Dimension der Adam-Christus-Typologie (Röm 5,12–21), In: FS für G. Sauer, 1992, 133–142.   *J. Scharbert*

2. Neues Testament. Neben dem Wortsinn des AT kennen NT (wie frühjüdische Exegese), Kirchenväter und Liturgie auch einen typischen Sinn. Typos/Vorbild (Röm 5,14) ist eine Person, Sache, Tat oder Institution des AT, die eine ähnliche (Antitypos, 1 Petr 3,21) vorausabbildet. Der Typos ist stets weniger vollkommen als der Antitypos, der Schatten immer weniger als der Körper (Kol 2,17; Hebr 10,1). Beweis für das Vorliegen eines typischen Sinns ist seine Feststellung im NT, bei den Kirchenvätern und im sensus communis Ecclesiae. Man unterscheidet Personaltypen (z. B. Adam 1 Kor 15,45. 47) und Realtypen (Osterlamm 1 Kor 5,7; Manna Joh 6,30–35). Typen Christi sind Adam, Abel, Melchisedech, Abraham, Isaak, Jakob, Joseph, Moses, Josua, Samson, Samuel, David, Salomon, Elias, Jonas; Typen Ⓜs → Eva, → Mirjam, die Schwester des Mose (Gregor v. Nyssa, virg. 19 SC 119,486; Ambrosius De virg. 1,3,12 PL 16,192A; Hieronymus epist. 22,41, CSEL 54,209), die Tochter Jephtes, → Judit und → Ester.

Marian. Realtypen sind die → Bundeslade, der brennende → Dornbusch, das Vlies → Gideons. Die der Erbauung dienende patristische und liturg. Deutung überschreitet die Grenzen des echten typischen Sinns des AT, greift selbst auf außerbiblische Stoffe zurück, um Typen im weiteren Sinn, marian. Bilder und Symbole zu gewinnen wie → Altar, → Einhorn, Perle, → Taube, → Tempel, → Weinstock, → Zelt Gottes.

Auch im NT läßt sich so etwas wie ein typischer Sinn finden. Nach Hebr 13,12–14 hat »Jesus außerhalb des Tores gelitten, denn wir haben hier keine bleibende Stadt«. Der von Jesus geheilte Blindgeborene ist Typos des Menschengeschlechts (Augustinus, tract. Joh. 44,1 CCL 36,381), die Eucharistie Präfiguration des ewigen Lebens (Johannes v. Damaskos, Expos. fidei, 86 PTS 12,198; Missale Rom., Postcommunio von Fronleichnam). Ⓜ ist Typos der Kirche (Ambrosius, Luc II, 7 CCL 14,33; de inst. virg. 14,89, PL 16,326; Augustinus, sermo 72A8, PL 46,938; Ps.-Augustinus, sermo Mai 176, PLS II,1275).

Lit.: J. Daniélou, Sacramentum Futuri, 1950. — R. Bultmann, Ursprung und Sinn der Typologie, In: ThLZ 75 (1950) 205–212. — A. Müller, Ecclesia → Maria. Die Einheit Marias und der Kirche, 1951. — H. Rahner, Maria und die Kirche, 1951. — H. de Lubac, Der geistige Sinn der Schrift, 1952. — Y. M.-J. Congar, Maria et l'Eglise dans la pensée patristique, In: RSPhTh 38 (1954) 3–38. — J. Huhn, Das Geheimnis der Jungfrau-Mutter Maria nach dem Kirchenvater Ambrosius, 1954, 144–169. — R. Murray, Symbols of Church and Kingdom, 1975, 144–150. — F. Ohly, Schriften zur ma. Bedeutungsforschung, 1977. — M. Schmidt (Hrsg.), Typus, Symbol, Allegorie, 1982. — V. Bohn (Hrsg.), Typologie, 1988. — M. Lurker (Hrsg.), Wörterbuch der Symbolik, ⁴1988. — DThC XV/2, 1935–45. — LCI IV 395–404.   *J. B. Bauer*

II. KUNSTGESCHICHTE. T. basiert auf der im Judentum angeregten allegorischen Schriftauslegung und der im Frühchristentum praktizierten Betrachtungsweise, daß gewisse historische Ereignisse des AT Vorbilder für Erscheinungsformen künftiger Ereignisse sind, in welchen sich das Vorbildereignis inhaltlich erfüllt und anagogisch vollendet. Christus selbst greift laut Evangelien diese Art der Betrachtung auf, z. B. in Lk 24,22, Joh 3,14 oder Mt 12,40, fortgeführt von Paulus in Röm 5,14, 1 Kor 15,22. 45–49 und im Hebräerbrief. Damit werden Personen, Handlungen, Ereignisse und Institutionen des AT zu prophetischen Topoi für Ereignisse der Geschichte Christi und seiner Kirche. Bekannt sind die → Adam-Christus- und die → Eva-Ⓜ-Parallelen. Ab → Theodor v. Mopsuestia († 428) und in »De civitate Dei« des → Augustinus (vgl. C. Mayer [Hrsg.], Augustinus-Lexikon I, 1994, 1195–1201) ist in der Patrologie ein erster Höhepunkt typologischen Denkens erreicht, wobei auch antike Mythologie zum Tragen kommt und Topoi in der Gegenüberstellung von Typus und Antitypus kanonisch werden. Exegeten des MA basieren auf frühchristl. Schrifttum und lassen ab dem beginnenden 13. Jh. eine Vielzahl typologischer Schriften entstehen, die es mitunter durch Umfang und Popularität über Ordenskreise hinaus zu beachtlicher Wirkung auf die

Defensorium inviolatae Beatae Mariae Virginitatis, 1426, Zisterzienserstift Stams

Künste bringen. Die Hochblüte liegt in der Zeit der Scholastik mit bedeutenden Vertretern wie Suger v. St. Denis, → Honorius Augustodunensis, → Innozenz III., → Thomas v. Aquin, → Bonaventura, Joachim v. Fiore u. a. Bis zum 16. Jh. ist die T. allgemein von zunehmender Bedeutung, doch weicht der anfänglich christol. Aspekt dem mariol. Zu musterbuchartigen Bildzyklen, basierend auf der Bibelexegese Pariser Universitätskreise und zisterziensischer Predigtpraxis wie die → Biblia pauperum, → Bible moralisée, → concordantia caritatis und Spekulenliteratur, gesellen sich zunehmend → Defensorien mit ihren den strengen Kanon spielerisch aufweichenden Bildkombinationen und offenkundigen Verfallserscheinungen, welche erst die sich neu an der Bibel orientierende Reformation aufhob. Der klassische Kanon findet sich im Klosterneuburger Altar (1181) des → Nikolaus v. Verdun, der den Antitypus des NT als

»sub gratia« mit den 2 Typen aus dem AT vor Mose mit »ante legem« und nach ihm mit »sub lege« konfrontiert, wobei die Kindheitsgeschichte Jesu schon marian. Komponenten einbringt. Dies erfolgt bis ins 15.Jh. mit steigender Wirkung, z.B. in den beiden gefaßten Kindheit-Jesu-Reliefs einer Biblia Pauperum, Franken vor 1500, in der Fränkischen Galerie der Feste Rosenberg zu Kronach.

Für die marian. Typologie bedeutsam sind das in Deutschordenskreisen entstandene → »Speculum humanae salvationis« mit erweiternden Beispielen aus der Geschichte des Altertums und das → »Defensorium inviolatae Beatae Mariae Virginitatis« (auch: Defensorium inviolatae virginitatis Beatae Mariae) des Dominikaners Franz v. Retz (ca. 1343–1427) mit seiner apologetischen Tendenz und Exemplen aus Mythologie, Welt-, Zeit- und Naturgeschichte, bes. dem → Physiologus und Bestiarium. Als wichtige Quellenschrift dient der um 1200 in England geschriebene sog. Pictor in carmine, ein bilderloses Anleitungsbuch für typologische Bildprogramme mit 138 Antitypen zu 508 Typen aus AT, Legende, Kultus- und Naturgeschichte (bes. Historia Naturalis des älteren Plinius) von denen pro Antitypus 2 bis 21 Typen zugeordnet werden können. Bezüglich M gipfeln die gleichbleibenden Analogieschlüsse sämtlich im Beweis von Ms Jungfräulichkeit, für die auch außergewöhnliche und Naturereignisse negierende Fakten zur Zeugenschaft aufgeboten werden.

Das Speculum humanae salvationis kompiliert Joachims und Annens Begegnung (→ UE) unter der Goldenen Pforte (→ Porta aurea) mit dem Traum des Mederkönigs Astiages, wonach aus seiner Tochter Mandane ein sein ganzes Land beschattender Baum herauswächst. Ms betrachtendes Gebet im Tempel ist kompiliert mit der ihre hängenden Gärten bewundernden Königin → Semiramis. M als → Tempeljungfrau gleicht dem goldenen Tisch, den Fischer von Zabulon mittels Netz ans Land ziehen und der Sonnengottheit weihen. Trotz thematischer Verbreitung durch Freskenmalerei (Brixen, Domkreuzgang), Blockbücher, Tafelmalerei und Bauskulptur (Kreuzgangkämpferzone in Kloster Isenhagen) hielt sich die Popularität solcher Anspielungen in Grenzen, was ebenso für das Defensorium zutrifft. Dieses interpretiert eindeutige Christussymbole wie → Einhorn, → Löwe, → Pelikan und → Phönix nun auf die Jungfrauengeburt hin und bedient sich hierbei der Dichtung der »Goldenen Schmiede« des → Konrad v. Würzburg. Typische Defensorienexempla sind z.B. die Zwillinge, vor denen sämtliche Schlösser aufspringen; Vögel wachsen ähnlich Früchten auf Bäumen; Stuten werden durch Wind trächtig; Bärenmütter lecken ihre Neugeborenen in die typische Bärengestalt; Strauße brüten ihre Eier durch ihren Blick aus, eine Vestalin trägt zum Beweis ihrer Jungfrauschaft Tiberwasser im Siebgefäß.

Gängigere typologische Exempla sind als Beweis für Ms dauernde Jungfräulichkeit Mose vor dem brennenden Dornbusch (Ex 3,5ff; basierend auf Gregor v. Nyssa), Aarons blühender Stab (Num 17,25; basierend auf Ephraim dem Syrer), das betaute Vlies Gideons (Ri 6,37ff.), die verschlossene Tempelpforte (Ez 44,1f.) und die Virga Jesse (Jes 11,1–2), die das → Melker Marienlied und der Mleich → Walthers von der Vogelweide aufgreifen. In bildlichen Darstellungen werden sie häufig zu Me Verkündigung und Christi Geburt gruppiert.

Wird der Verkündigungsszene der Sündenfall der Stammeltern (Gen 3,1–8) und deren Vertreibung aus dem Paradiesesgarten (Gen 3,23–24) zugeordnet, ist die Antithese Eva-M angesprochen, basierend auf der Adam-Christus-Parallele in 1 Kor 15,22 und der negativen Umkehrung bei Irenäus v. Lyon, wonach durch Eva der Tod, durch M das Leben in die Welt kamen. So können auch wie im Berthold-Furtmayr-Missale von 1481 (München, Bayer. Staatsbibl., Cod. lat. 15710) beide Urfrauen unter dem Paradiesesbaum zu stehen kommen (fol. 60ᵛ).

M als Königin (z.B.: Freskenprogramm von 1277–83 der Michaelskapelle in Göss-Leoben/Steiermark) hat eine Reihe von Vorbildern, so in der vom Sohn → Salomo (1 Kön 2,13ff.) auf den Thron genommenen → Batseba; weniger als Antitypus für M dient die → Königin von Saba, lediglich deren dunkle Hautfarbe (Hld 1,4) erfährt durch die Barockallegorie bei Schwarzen Madonnen eine Begründung, sie gilt vielmehr als Typus für → Ekklesia; Ms Fürbittkraft belegt die Gattin → Ester vor König Asverus (Est 2,17), während die Heldinnen → Judit (Jdt 13,4–10), → Jael, Hebers Frau (Ri 4,17–22), und die Prophetin → Debora (Ri 4,4), Lippidots Frau, Ms Entschlossenheit und Mittlerschaft apostrophieren; Sulamith als Braut (1 Kön 1) steht für die bräutliche GM sowie für deren Tugenden und Jungfräulichkeit (Hld 7,1; 1,8; 5.9; 6,1). Infolge ihrer Drohbotschaft erscheint die Prophetin und Frau des Schallum Hulda (2 Kön 22,14–20) kaum als marian. Antitypus.

Lit.: A. Vögtlein (Hrsg.), Vita beatae Virginis Mariae et Salvatoris rhythmica, Tübingen 1888. — E. M. Vetter, Mariol. Tafelbilder des 15. Jh.s und das Defensorium des Franz von Retz, Diss., Heidelberg 1954. — S. Esche, Adam und Eva. Sündenfall und Erlösung, 1957. — F. Röhrig, Rota in medio rotae, Forschungen zur biblischen Typologie des MA, 2 Bde., Diss., Wien 1960. — Ders., Rota in medio rotae. Ein typologischer Zyklus aus Österreich, In: Jahrbuch des Stiftes Klosterneuburg, NF 5 (1965) 1–113. — P. Bloch, Typologische Kunst, In: Miscellanea mediaevalia, 1969, 126–142. — G. Schmidt, Die Armenbibeln des 14. Jh.s, 1969. — H. Sachs, E. Badstübner und H. Neumann, Christl. Ikonographie in Stichworten, 1975, 335–338. — H. Appuhn, Einführung in die Ikonographie der ma. Kunst in Deutschland, 1979. 14–20. — Ders., Heilsspiegel, Die Bilder des ma. Erbauungsbuches speculum humanae salvationis, 1981. — H. und M. Schmidt, Die vergessene Bildersprache christl. Kunst, 1981, 229–236. — V. Bohn (Hrsg.), Typologie, Internat. Beiträge zur Poetik, 1988. — K.-A. Wirth, Pictor in Carmine. Ein Handbuch der Typologie aus dem 12. Jh. nach der Handschrift des Corpus Christi College in Cambridge, Ms. 300, unter Mitwirkung von P. G. Schmidt (im Druck 1994).

G. M. Lechner

U

Ubertino da Casale, OMin (1273–1317), *1259 in Casale, †ca. 1329, studierte in Paris, wo er auch neun Jahre als Mag. theol. lehrte. Von Johannes v. Parma und Petrus →Olivi, auch von Joachim v. Fiore beeinflußt, verlief sein Leben in der Auseinandersetzung mit dem Papsttum in Avignon äußerst stürmisch. Als dessen Kritiker trat er 1317 in den Benediktinerorden ein. Mariol. interessant sind seine Gedanken zum Leben ⟨M⟩s in den ersten vier Büchern seines Hauptwerkes »Arbor vitae crucifixae Jesu« (1305), ein Werk über das Leben Jesu mit dogm. und geistlichen Betrachtungen und polemischen Exkursen, wodurch er v. a. den hl. Bernhardin v. Siena bis zu wörtlichen Übernahmen beeinflußt hatte.

I. THEOLOGIEGESCHICHTE. Für U. ist ⟨M⟩ über alle Geschöpfe erhaben und stellt eine eigene Ordnung in sich selbst dar; in überaus ausgezeichneter Weise vereinigen sich in ihr alle Gnade und aller Ruhm der Schöpfung, denn die sel. Jungfrau sei die Erstgeborene der Erlösung durch ihren Sohn, und er kam v. a., sie vor allen anderen Geschöpfen zu erlösen. U. lehrte nicht die UE, nahm aber an, daß ⟨M⟩ im Mutterschoß geheiligt und, abweichend von der franziskanischen Lehre, bei der Verkündigung von der Erbsünde (fomes peccati) befreit worden sei; sie habe die größtmögliche Fülle der Gnade, göttlichen Charismas und Vollendung aller Tugenden erhalten. In der Inkarnation gab sie ihre Zustimmung für die ganze Menschheit und wurde mehr im Geiste als im Fleische gesegnet — ein augustinischer und thomistischer Gedanke.

⟨M⟩ ist mit jeder Person der Hl. Dreieinigkeit verbunden, denn am Tag der Verkündigung wurde sie die Braut Gott Vaters, die Mutter und Gefährtin (socia genitrix) seines Sohnes und die wunderbare Schatzkammer des Hl. Geistes, das Heiligtum der ganzen Trinität und die Königin und Herrin der Engel.

Die tiefe Beziehung zwischen Mutter und Sohn und ihre ungeheure Bedeutung für die Menschheit wird kaum aus den Augen verloren. In einer typisch franziskanischen Darstellung der Geburt in Betlehem kann U. von der überaus barmherzigen Mutter sprechen und von einem Herzen, das vom Hl. Geist bewegt ist. Was U. über das Hl. Herz Jesu und ⟨M⟩s schreibt, auch seine Ansichten über den hl. Joseph entsprechen neuerem biblischem Denken des 20. Jh.s, waren aber einmalig zu seiner Zeit.

Die Beschneidung ruft Gedanken des Mitleidens und der Freude über das Versprechen zukünftiger Erlösung hervor. Das Opfer bei der Darstellung Jesu wird im Zusammenhang mit ⟨M⟩s Miterlöserschaft gesehen, obwohl das Wort nicht gebraucht wird.

U. nimmt eine weitere Erkenntnis moderner Mariol. vorweg: ⟨M⟩ ist die Gefährtin (»alma socia«) ihres göttlichen Sohnes. Außer Ps.-Albert und seine Schüler vertritt im MA nur U. diese Auffassung. ⟨M⟩ bittet den Vater, sie mit dem Sohn in seinem Leiden zu verbinden.

U. ist fest von ⟨M⟩s Mitleiden überzeugt und davon, daß allein ihr Glaube Golgatha überlebte. Daraus leitet er ihre Miterlöserschaft ab. Deswegen stellt er ⟨M⟩ als mediatrix vor und betont ausdrücklich ihre allgemeine Mittlerschaft, eine Erkenntnis, die der hl. Bernhardin von ihm übernommen hat.

U. verfaßte auch zwei Hymnen zur Ehre ULF, eine Klage zur Passionszeit und einen Freudengesang zu Himmelfahrt.

WW: Arbor vitae crucifixae Jesu, Venedig 1485; Nachdr., hrsg. von C. T. Davies, 1961 (Einleitung und Bibl.).

Lit.: E. Blondeel d'Isegem, L'Influence d'Ubertin de Casale sur les écrits de S. Bernardin de Sienne, In: CFr 5 (1935) 5–44. — C. Balic, Die Corredemptrixfrage innerhalb der franziskanischen Theol., In: FS 39 (1957) 235–237. — G. M. Colosanti, I SS Cuori di Gesu e di Maria nell'Arbor Vitae di U. da C. OMin, In: MF 59 (1959) 1–40. — Ders., Maria SS nella vita di Cristo secondo l'Arbor Vitae di U. da C., In: Mar. 24 (1959) 1–40. — G. L. Potesta, Un secolo di studi sull'Arbor Vitae; Chiesa ed escatologia in U. da C., In: CFr 47 (1977) 217–267. — DSp XVI 3–15. — VL² IV 211–219. — Theotokos 348 f.   M. O'Carroll

II. GERMANISTIK. Die Rezeption im germanischen Bereich konzentriert sich völlig auf die Niederlande; unter den fünf von K. Ruh (VL) erfaßten Texten — teils nur partielle Bearbeitungen und Auszüge — sind drei jeweils nur unikal überliefert: der Traktat »Van den inwindigen lijden ons liefs heeren Jesu Christi na dat het die leeraers Ubertinus ende s. Bernardinus bescreven«, ein niederländischer Auszug aus Buch IV, sowie die »Oefening van St. Ubertinus«. Der von Ruh in Unkenntnis des Verfassers mit 4 Handschriften als wirkmächtigster niederländischer Rezeptionszeuge an erster Stelle genannte »Rosengarten Jesu und Marias« läßt sich nur mittelbar der Ubertino-Rezeption zuzählen: Es handelt sich um die Verdeutschung des in einer langen lat. Redaktion nur in einer Handschrift bekannten »Hortus aurearum rosarum Jesu et Mariae« des Kartäuserpriors Jacobus van Gruitrode; dieser Text wurde in acht Handschriften auch in einer kurzen Redaktion (»Rosarium Jesu et Mariae«) tradiert. Die kurze Redaktion wurde wiederum ins Niederländische übersetzt (wahrscheinlich von Jacobus selbst), wovon ebenfalls bereits 8 Textzeugen bekannt sind. U. ist für Jacobus jedoch nur eine unter mehreren verwendeten Quellen (Deschamps). Der Text beschränkt sich auf die Rezeption von U.s Christus- und ⟨M⟩vita und spart zeitgenössische Polemik (Buch V) aus.

Besondere Aufmerksamkeit verdient Ruhs fünfter Rezeptionszeuge, eine aus Amsterdam kommende Den Haager Handschrift (Kon. Bibl., Cod. Academie v. Wetenschappen XXX) aus der Zeit um 1500, worin sich (129^v–139^r) eine niederländische Version allein zur mariol.

»Arbor vitae«-Partie unter dem Titel »Hubertynus spreect vander maghet marien« findet (Textbeginn: »Overmits maria der hemelscher coninghinnen sijn die sacramenten der godliker ontfermherticheit veruolt die hemelen sijn om hare wil neder gheneycht Die fonteynen der wateren sijn op gheloken Die fundamenten der werelt sijn ondect Dat is doe cristus van haer gheboren wort ...«; der Text geht über in Ausführungen über die Seele).

Ausg.: »Arbor vitae«: Inkunabel Venedig 1485 (Hain Nr. 4551), Nachdr. Turin 1960, eingeleitet von Ch. T. Davis.

Lit.: L. Verschueren (Hrsg.), Hendrik Herp, Spieghel der Volcomenheit I, 1931, 71–73. — M. Zugai, Assumptio B. M. Virginis in ›Arbor vitae crucifixae Jesu‹ Fr. Ubertini de C. O. Min., In: MF 46 (1946) 124–156. — G. Colasanti, I ss. Cuori di Gesù e di Maria nell' ›Arbor vitae crucifixae Jesu‹ (1305) di U. da C., ebd. 59 (1959) 30–69. — J. Deschamps, In: Ausst.-Kat., De kartuizers en hun klooster te Zelem, hrsg. von F. Hendrickx, Diest 1984, 215–220. — Ders., De lange en de korte redactie van het »Rosarium Jesu et Mariae« van kartuizer Jacobus van Gruitrode en de Middelnederlandse vertaling van de korte redactie, In: Codex in Context. Studies over codicologie, kartuizergeschiedenis en laatmiddeleeuws geestesleven, FS für A. Gruijs, hrsg. von Chr. de Backer u. a., 1985, 105–125. — DThC 2024–32. — LThK² X 440 f. (Lit.). — VL² IV 211–219 (Lit.). W. Buckl

Uccello, Paolo, eigentlich Paolo di Dono, * um 1397 in Pratovecchio bei Arezzo, † 10. 12. 1475 in Florenz, florentiner Maler an der Schwelle von der Spätgotik zur Renaissance, der die Perspektive zum Stilprinzip seines Schaffens gemacht hat. So sind seine Menschen und Tiere im Extremfall prachtvolle formalistische Geschöpfe, die zu geometrischen Formen abstrahiert sind und den akademischen Gesetzen der Perspektive gehorchen. Um 1415 wird U. als Gehilfe Ghibertis erwähnt, später gerät er unter den Einfluß Brunelleschis, Donatellos und Masaccios. U.s Hauptwerke sind seine drei Gemälde der Schlacht von S. Romano (Florenz, Uffizien; London, Nat. Gallery; Paris, Louvre; um 1456), in denen vielleicht am deutlichsten U.s perspektivische Raffinessen zum Ausdruck kommen.

Ferner schuf er u. a. einen Genesis-Zyklus für S. Maria Novella in Florenz (1424/25), das Reiterbild des Giovanni Acuto (Florenz, S. Maria del Fiore, 1436) und Georg mit dem Drachen (London, Nat. Gallery, 1455–60).

Unter marian. Aspekt bedeutend ist U.s »Anbetung des Kindes« mit den hll. Hieronymus, Magdalena und Eustachius (vereinzelt nur als Zuschreibung anerkannt; Karlsruhe, Kunsthalle, um 1431–33): Der Künstler zeigt die Hl. Familie überspannt von einem tiefblauen Himmel: ⋒ betet das Kind an, Joseph schläft, aber Ochs und Esel, frontal zum Betrachter gewandt, beugen die Knie vor dem Hl. Geschehen; die drei Heiligen sind horizontal abgetrennt im unteren Teil des Bildes angeordnet. Um 1434/35 schuf U. eine Tafel mit zwei Szenen aus dem ⋒leben (Geburt und Tempelgang ⋒e, Prato, Assunta-Kapelle); mit ihr korrespondiert eine zweite Tafel mit Szenen aus der Stephanusvita. Für S. Maria del Fiore entwarf U. zwei Rundfenster mit der Auferstehung und der Geburt Christi,

P. Uccello, Anbetung des Kindes, um 1431–33, Karlsruhe, Kunsthalle

wobei er ⋒ im blau-schattierten Mantel mit edlen Gesichtszügen gibt. Als relativ spätes Werk gilt U.s auf das Wesentliche konzentrierte Kreuzigung mit den beiden Johannes, Franziskus und einer kühn geschwungenen ⋒, die in ihrem schwarzblauen Mantel mit der öden Hintergrundslandschaft kontrastiert (Madrid, Sammlung Thyssen, 1457/58).

Zu U.s Arbeiten mit marian. Thematik gehören ferner ein stark beschädigtes ⋒fresko (Florenz, Museo di S. Marco, 1415/20), eine Verkündigungsszene (verschollen, um 1424/25), ein Predellenbild mit der Anbetung der Könige

(Florenz, Museo del Castello, um 1433), ein Freskenfragment mit der Anbetung des Kindes (Bologna, S. Martino Maggiore, 1435–37) sowie eine »bäuerliche« 🅐 mit Kind (Dublin, Nat. Gallery, 1437–40), die allerdings gelegentlich nur als Zuschreibung gilt.

Lit.: A. Parronchi, P. U., 1974. — H. Damisch und L. Tongiorgi Tomasi, P. U., 1986. — A. Padoa Rizzo, P. U., 1991. — F. und S. Borsi, P. U., 1993. *F. Trenner*

Ude, Johannes, *28.2.1874 in St. Kanzian/Kärnten, †7.7.1965 in Grundlsee/Steiermark, Lebensreformer, Prof. für spekulative Dogm. in Graz 1910/17–1934, studierte auch Naturwissenschaft und Nationalökonomie und erwarb vier Doktorate, kandidierte bei den Landtagswahlen 1927 und für die Wahl zum Bundespräsidenten 1951 in Österreich. U. trat vehement für jedes Tötungsverbot ein, war lebenslang ein Kämpfer für Frieden, Abrüstung und gegen Atomwaffen. Die Abstinenzbewegung trug er entscheidend mit, er wandte sich v. a. gegen Nikotin-, Alkohol- und Fleischgenuß, setzte sich für sittliche Lebensweise und angesichts sozialen Elends nach dem Ersten Weltkrieg für eine gerechte Sozial- und Wirtschaftsordnung ein. Die Thematik seiner Publikationen verlagerte sich von theol. am Beginn der Lehrtätigkeit zu sozial-ethischen Themen. U. stand dem Nationalsozialismus anfangs aufgeschlossen gegenüber, hat aber nach den Ereignissen der Reichskristallnacht wohl singulär einen anklagenden Protestbrief an Gauleiter Uiberreither (Steiermark) geschrieben, der nach seinem Erscheinen in der Emigrantenpresse U.s »Gauverweis« nach »Oberdonau« zur Folge hatte.

Als Dogmatiker beschäftigte sich U. u. a. in einer eigenen Publikation »Ist Maria die Mittlerin aller Gnaden?« mit der Frage der Gnadenmittlerschaft 🅐s. Ausgehend von der vorherrschenden theol. Lehrmeinung in der Mariol., daß 🅐 die Mittlerin aller Gnaden sei, und der Forderung nach einer lehramtlichen Definition, hat U. in seiner Untersuchung v. a. die theol. Argumente für die Lehre von 🅐s Mittlerschaft aller Gnaden, die Christian Pesch und Heinrich Schüth vertreten haben, auf ihre Gewichtigkeit untersucht. U. versuchte v. a. gegen Chr. Pesch und H. Schüth stringent zu beweisen, daß die Fundierung für eine dogm. Entscheidung in dieser Frage weder in der Bibel noch in der Tradition hinlänglich grundgelegt ist. Die theol. Lehrmeinung von 🅐 als Mittlerin aller Gnaden hält U. nicht einmal für eine conclusio theologica certa, sondern nur für eine pia opinio. Als mögliche Folge der damals in Diskussion stehenden Definition sieht U. die Notwendigkeit der Änderung der Gebetspraxis mit der Einfügung 🅐s bei der Anrufung Gottes gegeben, die Anrufung der Heiligen um direkte Vermittlung bei Gott wäre als weitere Konsequenz entbehrlich. U. sah die Argumente für die geforderte definitive Lehrentscheidung nicht in der Offenbarung und in der Tradition fundiert, äußerte jedoch auch ausdrücklich die Bereitschaft, eine solche Lehrentscheidung, wenn sie gefällt werde, anzunehmen. U. anerkennt 🅐 als Mittlerin, Ursache des Heils, indem sie uns Christus als den Mittler aller Gnaden geschenkt hat. »Maria ist und bleibt auch so die geistliche Mutter aller Erlösten, die neue Eva, die Mitwirkerin am Erlösungswerk, die Helferin in allen Anliegen, die wirksame Vermittlerin aller Gnaden, die uns jede Gnade vermitteln kann und will; sie ist und bleibt auch dann, wenn ein solches Gnadenvermittlungsgesetz, das wir abgelehnt haben, nicht besteht, immer jene, die fort und fort für uns bei Gott in wirksamer Weise Fürbitte einlegt« (Ist Maria …, 154). 🅐s herausragende Stellung als Mutter des Erlösers stand für U. nicht in Frage (vgl. F. B. M. →Diekamp).

WW: Monistische oder teleologische Weltanschauung, Graz 1907. — Die Erschaffung der Welt, Kevelaer 1910. — Modernes Großstadtelend, 1921. — Ist Maria die Mittlerin aller Gnaden?, 1928. — Soziologie. Leitfaden der natürlich-vernünftigen Gesellschafts- und Wirtschaftslehre im Sinne des hl. Thomas v. Aquin, 1931. — Soziale Planwirtschaft, 1932. — Gesellschaft und Wirtschaft, dargestellt in Leitsätzen aus »Rerum novarum« und »Quadragesimo anno«, 1936. — Zölibat oder Priesterehe?, 1938. — »Du sollst nicht töten«, 1948. — Atomare Götzendämmerung, 1958. — Das Tier als Teil der Schöpfung, 1961. — U. verfaßte außerdem etwa 150 Monographien und Broschüren.

Lit.: J. Diakow, U., der Stumme von Österreich, 1931. — H. Noveiller, J. U. Sein Leben und Wirken, 1948. — K. Moritz, Sein und Wirken des großen Friedensarbeiters und Lebensreformers J. U., 1960. — Dies., J. U., Ein Leben und Wirken im Geiste der Bergpredigt, 1964. — F. Loidl, Univ. Prof. DDDDr. J. U. (1874/1965). Über meine Begegnung mit ihm und zu seiner Ehrenrettung, 1983. — M. Liebmann, Die »Reichskristallnacht« — J. U. war nicht zu feige, In: Domus Austriae, FS für H. Wiesflecker, 1983, 263–272. — Ders., J. U. Sein Leben, sein Wirken und seine Lehren, In: Ausseer Beiträge zur Zeit- und Kulturgeschichte, 1985, 127–143. — Ch. Anderle, J. U. — Mahner und Märtyrer, In: R. Farkas, Grüne Wurzeln, 1992, 267–286 (WW). *R. K. Höfer*

Über dich freut sich, Gnadenvolle, die ganze Schöpfung (Ἐπὶ σοὶ χαίρει, κεχαριτωμένη, πάντα ἡ κτίσις), Beginn des Gedächtnisses der GM nach der Epiklese in der byz. Basilius-Anaphora, die an den ersten fünf Sonntagen der Fastenzeit, am Großen Donnerstag und am Großen Samstag, an den Paramonien (Vigilien) von Weihnachten und Epiphanie sowie am Fest des hl. →Basilius (1. Januar) verwendet wird: »Über dich freut sich, Gnadenvolle, die ganze Schöpfung; der Chor der Engel und das Menschengeschlecht. Geheiligter Tempel, geistiges Paradies, Ruhm der Jungfrauen, in dir hat Gott Fleisch angenommen, in dir wurde ein kleines Kind der, der unser Gott vor aller Zeit ist. Deinen Schoß machte er zu einem Thron, weiter als die Himmel, in dir Gnadenvolle, freut sich die ganze Schöpfung. Ehre sei dir.«

Lit.: A. Couturier, Cours de Liturgie Grecque-Melkite III, 1930, 297. — *IEPA TIKON*, 1950, 197. — N. Edelby, Liturgikon, »Meßbuch« der byz. Kirche, 1967, 497. — S. Heitz (Hrsg.), Mysterium der Anbetung. Göttliche Liturgie und Stundengebet der Orth. Kirche, 1986, 431. *J. Madey*

Überlieferung (παράδοσις, traditio). Die Weitergabe der göttlichen → Offenbarung geschieht durch Schrift und Tradition (vgl. Vaticanum II, Dei Verbum). Ihr Prinzip ist somit die Selbstmitteilung Gottes und seines Heilswillens an die Menschen, so daß diese durch Gottes eigenes Wort, den menschgewordenen Logos, im Hl. Geist teilhaben am göttlichen Leben. Im Wort erschaffen, wird der Mensch, Gottes Bild und Gleichnis, durch das inkarnierte Wort erlöst von den Verstrickungen der Schuld, um in der Gegenwart Gottes seine letzte Vollendung zu finden. Mitteilung als Ü. des Eigenen, in der der »Empfänger« durch den anderen sich selbst empfängt, erst ganz zu sich selbst gelangt, geschieht — bei aller Analogie — ursprünglich im göttlichen Leben, in dem der Vater seine Natur dem Sohn übergibt und beide sich in der Hauchung des Geistes umfangen, sie geschieht auch, den Ursprung frei spiegelnd, in der Schöpfung aus Nichts, durch die das Geschaffene teilhat am Sein und seinen Selbststand empfängt, und neu nach der Verweigerung Adams, da Gott die Verheißung und schließlich überbietend nichts weniger als sich selbst mitteilt. In dieser Ü. des Sohnes ist für uns alles begründet, in ihm alles gegeben (vgl. Röm 8,32), die Schöpfung im Vorlauf (vgl. Kol 1,16; Hebr 1,2), die Erlösung, Gnade und Wahrheit, die wir aus seiner Fülle empfangen (vgl. Joh 1,14. 16). Sie hat sich ereignet, als die Zeit erfüllt war, da Gott seinen Sohn sandte, geboren von einer Frau (vgl. Gal 4,4). Sie wird zur göttlich-menschlichen Tat in der Selbsthingabe Christi, der aus Liebe zu uns Gabe und Opfer wird, das Gott gefällt (vgl. Eph 5,2. 25; Gal 2,20). Dieses göttlichmenschliche Ereignis der παράδοσις bleibt in seiner eigenen Struktur durch die Zeit hindurch. Diese ist erfüllt, da Gott sich in sie hineinbegeben hat; Christus hat seinen Geist überliefert (vgl. Joh 19,30). Alles, was er vom Vater gehört hat, hat uns der Sohn mitgeteilt (vgl. Joh 15,15). Der Geist aber führt in die eine ganze Wahrheit ein (vgl. Joh 16,13), so daß er als Selbstmitteilung, ja Selbstauslegung Jesu verstanden werden darf. Durch ihn bleiben die an Christus Glaubenden in seiner Wahrheit und Liebe.

In diesen Hervorgängen, den Sendungen der göttlichen Personen nach wird die Wirklichkeit der Kreatur betroffen. In der Übereignung Gottes in die Welt wird diese neu qualifiziert, der Mensch als Empfänger aktiv befähigt zur Teilnahme an Gottes Leben, zum lebendigen Organ auch von Gottes Hingabe. Ein gegenläufiges Geschehen kann seinen Anfang nehmen, gleich einem Gespräch, in dem die Anrede erst die Antwort ermöglicht und zum Weitersagen drängt.

Die christol. Zentriertheit und Prägung der Offenbarung, die sich in Jesus Christus als ihrem Mittler und ihrer Fülle ausspricht, bestimmt auch ihre Weitergabe. Da die Person selbst das Wort ist, das als die Offenbarung gesagt wird, da alle offenbarenden Handlungen und Worte auf Christus hin, ja in ihm ihren Sinn finden, der selbst Gottes sich ins Letzte entäußernde, gekreuzigte Liebe und so Gottes Herrschaft ist, ist — wie im Offenbarungsgeschehen, so auch in der Weitergabe — die Ü. durch Worte eingebunden in die Ü. der Person. In Worten und Zeichen gibt sich die »res« weiter. »Realüberlieferung« und Ü. durch Worte oder Handlungen gehören zusammen. Die Weitergabe führt ein in die Beziehung zum Vater, die sich ausgelegt hat in Jesu Wort und erlösendem Tun. Sein Selbstverständnis findet in ihr Ausdruck.

Diese Gottesgemeinschaft stellt sich zeichenhaft real dar in der neuen Gemeinschaft der Menschen untereinander, der Gemeinschaft des Glaubens, der Liebe, die sich von Jesus selbst begründet weiß, in die hinein er sich übergeben hat, indem sie sein eigener Geist belebt. Das stete Gedächtnis ihres Ursprungs, der Verweis auf die begründende Person und das Geschehen, in dem Gott das Mysterium seiner sich hingebenden Liebe eröffnet hat, die rückbezügliche Hinwendung zu diesem je größeren Geheimnis kann sich ausfalten in einem tieferen Verständnis, in innigerem Hineinwachsen, in der Auferbauung der Kirche, des Leibes Christi. Daher ist Ü. zunächst zu verstehen als Fortführung der Sendung vom Vater, die sich als das Leben der Kirche, als Einführung in die Wahrheit ereignet. Ihr Subjekt ist die Kirche, und zwar in der ihr eigenen, vorgegebenen Struktur, in der die Glieder in der amtlich geordneten Gemeinschaft versammelt sind. In den zum Wohl des Ganzen vom Herrn eingesetzten Dienstämtern wird durch die Geschichte die besondere Verantwortung seiner ausgewählten Zeugen, der in seiner Vollmacht handelnden Gesandten, der Apostel, in der Sukzession durch die Bischöfe fortgesetzt. Die Existenz des Amtes verdeutlicht, daß sich die Gemeinschaft nicht aus sich selbst bilden kann. Die Ü. richtet sich an alle Menschen, an die Gottes Sendung ergeht: alle Glieder der Kirche und durch sie an alle in den verschiedenen Völkern und Kulturkreisen.

Hervorragendes Medium dieses Verstehens- und Umgestaltungsprozesses, in dem die Glaubenden zur Gotteserkenntnis und -liebe kommen, ist das Wort. Handlungen, menschliches Vorbild, Einrichtungen und Ordnungen, eine nicht verbale Kommunikation innerhalb der Gemeinschaft findet ihre Deutung, auch ihre Bestimmung. Dabei wird das lebendige Geschehen der Realüberlieferung weder ganz ausgelotet noch gar auf ein bloßes Sprachgeschehen reduziert.

Heilsmittlerische Kraft kann den die Wahrheit übermittelnden Worten und Zeichen nur zukommen, soweit Jesus Christus selbst durch seinen Geist anwesend ist, das menschliche Aussprechen und auch das Hören und Erfahren — geradezu sakramental — innerlich getragen wird von der göttlichen Wirklichkeit. Das entgrenzende Empfangen bleibt so im weiterführenden Überlieferungsgeschehen die erste menschliche Aktivität; auch der handelnde Sprecher ist zuerst empfangender Hörer innerhalb der kirchlichen Gemeinschaft. Die personale Individualität ihrer Glieder, historische, kulturelle, soziale Kontexte, mehr noch das je eigene Eintauchen und Umformen-Lassen vom Heilsgeschehen begründen in großer Bandbreite eine Verschiedenheit der Formen und Intensität des Ausdrucks im Überlieferungsgeschehen. In der Verantwortung, auch aktiven Leitung durch das sakramental begründete Amt, das Gottes Wort authentisch und verbindlich auszulegen hat, steht mit der Unversehrtheit des Glaubens durch die Geschichte hindurch auch die Identität des Leibes Christi.

Anderseits werden alle Glieder dieses Leibes mit der sakramentalen Aufnahme in ihn mit dem Geist Christi begabt. Die Realität des Glaubens ereignet sich in ihnen. Auf Christi Tod und Auferstehung getauft, werden die Inhalte des Glaubens im Glaubensakt mitvollzogen. Was sich im christl. Leben entfaltet, wird vorgängig, doch in seiner ganzen herausfordernden Fülle gewährt. Weil die Real-Ü. bereits Raum findet, die Wirklichkeit Gegenwart wird, kann von einem impliziten, vorbegrifflichen »Wissen aus der Taufe« gesprochen werden, das im Bekenntnis des Glaubens einen ersten und maßstäblichen Ausdruck hat. Der Geist Gottes, der im Menschen Wohnung nimmt, er ergründet alles, auch die Tiefen Gottes (vgl. 1 Kor 2,10–16); die empfangene Salbung lehrt selbst (vgl. 1 Joh 2, 20. 27). Augustinus hatte daher auf den inneren Lehrer verwiesen: Wenn innen keiner ist, der lehrt, dann ist eitel unser Schall. Die Verwalter des Lehramtes sind nur eine gewisse Hilfe und Aufmunterung von außen (vgl. Tract. in I ep. Jo. 3,13; vgl. auch Thomas v. Aquin S. th. I–II 111, 4–5). Aus der ersten Ü., die wir in der Taufe, und so von Christus durch die Kirche und im Hören auf sie empfangen, in der wir wiedergeboren werden, kommt die Klarheit und Verstehbarkeit der Glaubensrede (»manifestus ex prima eius traditione, quam ex Domini voce cum salutis praebuit mysterium accepimus in lavacro, in quo iterum generamur«: Gregor v. Nyssa, Ep. 24; vgl. Basilius, De Spiritu Sancto 12,28). Im Geheimnis der Taufe wird die Seele erleuchtet durch die Ü. der Gotteserkenntnis (Basilius, ebd. 15,35). Das Sein in Christus, der Mitvollzug seiner Existenz begründet eine geradezu experimentale Kenntnis (vgl. Thomas v. Aquin, S. th. I 43,5 ad 2). In aller Kühnheit konnte der Gedanke der Teilhabe an göttlicher Natur (vgl. 1 Petr 1,4) für die vom Geist getriebenen Kinder Gottes (vgl. Röm 8,14) ausgedeutet werden: »Die Erkenntniskraft solcher Seele ist Erkenntniskraft Gottes ...« (Johannes v. Kreuz, Lebendige Flamme I 34).

Gewiß bleibt bei aller Intensität des mit dem Glaubensakt beginnenden Rechtfertigungsgeschehens hier der Glaubende in den Unvollkommenheiten, den Abschattungen und den Gefährdungen mit bloßem Angeld des Heils auf dem Weg des Lebens, der noch nicht im Glück der seligen Schau versinkt. Und doch ist die schon gewährte Gegenwart des Geistes, der den Gerechtfertigten gegeben ist und die Liebe Gottes in die Herzen ausgießt (vgl. Röm 5,5), Grund des Verständnisses des Mysteriums nach dem Maß des lebendigen, sich in die Liebe umsetzenden Glaubens. Der Geist Christi macht das ingenium des Menschen im Habitus des Glaubens kongenial seiner eigenen, der göttlichen Wahrheit. So wird ein geradezu instinktives Erfassen des den Heiligen ein für allemal anvertrauten überlieferten Glaubens (vgl. Jud 4) ermöglicht, das auf Grund seiner eigenen Konstituierung durch den einen Geist Christi nicht anders als ekklesial verstanden werden kann, sich in der von diesem Geist formierten Gemeinschaft in der Wahrheit der sich hingebenden Liebe auszeitigt und so den gemeinsamen sensus fidelium begründet. Da das Personen Einend-Verbindende geradezu als personale Eigenheit des göttlichen Geistes verstanden werden darf, werden die communialen Bezüge in jenem ersten, noch vorbegrifflichen Erfassen präsent. Die innere und lebensmäßige Zustimmung zu den kirchlichen Ausformulierungen des Glaubens, den Aussagen des bloßen menschlichen Verstand übersteigenden göttlichen Heilsgeheimnisses, ist die personal verantwortete Konsequenz. Ein weiteres Einstimmen in das »sentire cum Ecclesia« wird möglich und charakterisiert christl. Haltung. Bei all den Fehlern, Mißverständnissen und der Schuld, die menschliches Leben kennzeichnen, den Spannungen der Gemeinschaft, kann sich der Glaubende an den Ursprung des ihm gegebenen Geistes verwiesen sehen, in dem der Sohn im Gehorsam sich selbst hingegeben hat.

Dieses Leben der Gemeinschaft im je eigenen Vollzug des Glaubens macht v. a. den Vorgang der Ü. aus, indem »die Kirche in Lehre, Leben und Kult durch die Zeiten weiterführt und allen Geschlechtern alles übermittelt, was sie selbst ist, alles, was sie glaubt« (Dei Verbum 8). Die göttlich-menschliche Wirklichkeit der Kirche in der Dynamik ihrer Sendung und hierin formend ihr Glaube ist als Ü. zu verstehen. Ihr Inhalt ist der von Gott empfangene, in der Kirche bewahrte und in ihr lebendige Glaube. Die kirchliche Gemeinschaft ist das erste Subjekt des Glaubensbewußtseins. Weitergabe und Annahme des Glaubens ereignen sich in der aktiven Ü., die eine wesentliche Dimension des Glaubensaktes als Vollzug seines Inhaltes aufnimmt.

Ebenfalls als »transmissio« der göttlichen Offenbarung nachgeordnet, hebt sich die Hl. Schrift in der Verbal-Ü. hervor. Unter der Inspiration des Hl. Geistes niedergeschrieben, ist sie selbst Wort des lebendigen Gottes. Die Ü. gibt das anvertraute Wort unversehrt weiter. Weil die Schrift in ihrer Ganzheit mit allen ihren Teilen Gott zum Urheber hat (auctor), wenngleich sie ganz und gar von Menschen als echten Verfassern (veri auctores) geschrieben wurde, lehrt sie sicher, getreu und ohne Irrtum die Wahrheit, die Gott um unseres Heiles willen aufgezeichnet haben wollte (vgl. Dei Verbum 11). Bei der Inspiration ist der Geist in seiner eigenen Aktivität und Lebendigkeit, nicht nur im bloßen negativen Sinn eines Bewahrens vor Irrtum, bei der Weitergabe der Offenbarung beteiligt; dabei bringen die menschlichen Verfasser im Glauben der ihre erste Darstellung findenden, der »werdenden« Kirche ihr Zeugnis ein. Da die Aufnahme des Wortes Gottes schon in der Ü. steht, geschieht noch mehr die Anerkenntnis der Schrift, ihrer Inspiration durch den Hl. Geist und ihre Sammlung im Kanon, zutiefst aber ihr Verständnis in der Tradition der Kirche; die Schrift befruchtet diese nicht nur, sie bestätigt und dokumentiert sie gültig. So schöpft die Kirche ihre Gewißheit über alles Geoffenbarte nicht nur aus der Schrift allein (Dei Verbum 9). Doch führt auch die Schrift in der ihr eigenen Weise durch den Text die Kirche an das ein für allemal ergangene historische Christusereignis zurück. In der Zusammengehörigkeit der atl. und ntl. Schrift der Kirche werden die das Kommen Christi vorbereitenden Texte des Alten Bundes erschlossen, während sie hinwiederum den Neuen beleuchten und deuten. Der christozentrische Charakter der Ü. und damit schon die Überschreitung des bloßen Schriftprinzips wird in der Zuordnung beider Testamente (vgl. Lk 24,27) als der Hl. Schrift manifest. Das Wort Gottes versteht sich von der göttlichen, offenbarenden Person. Da die in der Hl. Schrift enthaltene Wahrheit des Heils zur Fruchtbarkeit ihres geistlichen Verständnisses, zur Gottesbeziehung zielt, bedarf sie der Auslegung auf ihre Sinnmitte, auf Christus im Hl. Geist. Daher führt bei der unauflösbar engen Zusammengehörigkeit von Schrift und Ü. das Erfassen des realen Geschehens, die Gegenwart der Oikonomia Gottes, zum Verständnis und zur Anerkenntnis der in Schrift wie der apost. Ü. enthaltenen Wahrheit.

Es ist auch Prinzip ihrer Ausfaltung. In einem wachsenden, auch von den jeweiligen Umständen und Bedingungen herausgeforderten Verständnis durch Nachsinnen und geistliche Erfahrung und Verkündigung findet die den Aposteln anvertraute Ü. selbst einen Fortschritt. Verstehen und lebendiges Bedenken von Erlöser und Erlösung stehen im Erlösungsgeschehen. Auch in dieser der Heilsgeschichte wesentlichen Spannung vom einmaligen Geschehen zu seiner steten Vergegenwärtigung im Weg des Glaubens, auf dem die Kirche der Fülle der empfangenen göttlichen Wahrheit entgegenstrebt (vgl. Dei Verbum 8), wird die äußere Bezeugung der Tradition ein kritischer Maßstab dafür, daß alle Ausfaltung bei ihrem Ursprung bleibt, sogar zu einer tieferen Einfaltung, nicht aber in freischwebende Spekulation führt, die die Inkarnation und das Kreuz Christi entleert. Aus der christol.-pneumatischen Sinnmitte der Offenbarungsdokumente ergibt sich die Dynamik ihres Gegenwartsbezuges. In der Vitalität zeigt sich die Identität des lebendigen Wortes, die Kraft der Wahrheit, die sich keinem Zeitgeist beugt, wenn sie der Kultur der Menschen begegnet, die menschliche Vernunft erleuchtet und sich so ins Gespräch begibt. In den bevollmächtigten Zeugen spricht sich das Wort Gottes in der Zeit aus.

Dieser Fortschritt konnte auf dem Gebiet der Dogmenentwicklung am präzisesten beobachtet und zu verstehen gesucht werden. Der Abschluß der Offenbarung, der das depositum fidei begründet, ermöglicht erst den ganzen Traditionsvorgang in der Kirche; denn wäre die Offenbarung nicht begründend vorgängig, könnte Ü. als bloß menschliches Gemächte kaum heilsrelevant sein. Die verbindlichen, irreversiblen und unfehlbar wahr vorgelegten dogm. Äußerungen als markanteste Profilierungen dieser Entwicklung führen immer zu dem je größeren Gott nur hin.

Während begriffliche Unterscheidungen entsprechend der Vorlage in göttliche, apost. oder kirchliche Ü. diese durch das in der Offenbarung begründete Glaubensgut bestimmen, muß aber auch vermerkt werden, daß mit der hl. Überlieferung oft eng verflochten sich Traditionen bilden können, einzelne Bräuche liturg. oder disziplinärer Art, aber auch Bräuche wie in anderen menschlichen Gemeinschaftsformen auch, die vor der kritischen Frage »Wahrheit oder Gewohnheit?« kaum bestehen. Die Verschränkung des Reduktiven und Progressiven, die den Charakter echter Tradition kennzeichnet, indem sie im Weiterführen der Sendung Jesu je zurückverweist auf ihren Ursprung, im Empfangen sich hergibt und nur überliefern kann, so sie sich ganz und gar unterstellt, gar enteignet und so gerade Mitvollzug der Existenz Jesu wird, läßt sie zum selbstkritischen Vorgang, die Tradition zum Grund der steten Reform werden.

Daß in der Kirche ungeschriebene, inhaltlich bestimmte Einzelüberlieferungen, die sich in ihrer ausgestalteten Form der Lehre oder Übung auf die Apostel zurückführen, sich so konkret als apost. Ü. tradiert haben, war verbreitete Auffassung. V. a. auf Basilius' v. Cäsarea Unterscheidung wurde verwiesen: »Unter den in der Kirche bewahrten Glaubenslehren und Verkündigungen besitzen wir die einen aus der schriftlich festgelegten Unterweisung, die andern haben wir von der Tradition der Apostel auf dem Weg der Mysterien (en mysterio) überliefert empfangen. Beide haben für den Glauben die gleiche Bedeutung« (De Spiritu Sancto 27,66; Sieben 273 f.). Ihre Übergabe geschieht im Mysterium, im liturg. Geschehen. Die Ablehnung des ungeschriebenen Brauchs beschränkte nach Basilius die Verkündigung auf bloße Namen. Das v. a. dürfte darauf hindeuten, daß durch sie die wirkliche παράδοσις von Vater, Sohn und Geist selbst geschieht (vgl.

ebd. 10,26). Doch auch die Auffassung einer bloß additiven Ergänzung durch Inhalte, die man auch hätte schreiben können, ist vertreten worden. Im lat. MA konnte in gewisser Engführung zwar auf die Auswortung hintersteigende Dimension, wohl auf Grund eines einfachen Schreibfehlers, hingewiesen werden: Aus dem Mysterium im genannten Basiliustext wurde ein Ministerium, und so die amtliche Vorlage (im Decretum Gratianum c. 5 dist. XI; Panormia II 159; vgl. HDG I/4, 50 ff.).

Die Frage nach der materialen Suffizienz wurde auf dem Konzil von Trient weniger als in seiner späteren Interpretation (Geiselmann-Lennerz, Schauf) diskutiert. Kann von der Kirche mehr vorgelegt werden als das, was in der Schrift enthalten ist, wenn auf Menschenwort nicht die Hoffnung gesetzt werden kann? Gegenüber der ref. Herausforderung an das kirchliche Selbstverständnis und der Vorstellung, daß die Schrift sich selbst klar auslege, wußte sich das Konzil von Trient im Hl. Geist versammelt und hielt fest, daß das von Christus verkündete, in die Herzen der Menschen geschriebene (Cervini: ConcTrid V 11) Evangelium lebendige Quelle aller heilsamen Wahrheit und Sittenlehre ist. Diese veritas et disciplina ist »in libris scriptis et sine scripto traditionibus« enthalten; die Apostel haben sie von Christus oder dem Hl. Geist empfangen; sie wurde ununterbrochen bewahrt. Diese Ü.en werden wie die Bücher »pari pietatis affectu ac reverentia« angenommen und verehrt (DS 1501). Obwohl der Dekretsentwurf, der die Wahrheit teils in Büchern, teils in Traditionen (partim — partim) enthalten sein ließ, aus nicht ganz rekonstruierbaren Gründen verändert wurde, wurde die Interpretation im Sinne einer materialen und konstitutiven Ergänzung des Glaubensgutes üblich. Auch die Auffassung einer interpretativen Tradition kann sich auf der Ebene einer bloßen Verbaltradition bewegen, ohne die Dimension der Gegenwart der Ökonomie zu erreichen.

Der innere Zusammenhang von Schrift, Tradition und Kirche jedenfalls wurde in Trient bewahrt. Vertritt man eine »globale vorunbegriffliche Implikation« aller Heilswahrheit in der Schrift, werden die Fragen einer explizierenden theol. Exegese um so drängender. Allerdings wird eine solche Implikation auch dem Wesen der Schrift wenig gerecht, da schon das Symbol oder die Aussage »Jesus ist der Herr« alles zusammenfaßt. Das Vaticanum II hat es vermieden, in der umstrittenen Frage Stellung zu beziehen. Es hat Ü., Schrift und Lehramt im Volk Gottes so miteinander verknüpft und einander zugesellt, »daß keines ohne das andere besteht und daß alle zusammen, jedes auf seine Art, durch das Tun des einen Heiligen Geistes wirksam dem Heil der Seelen dienen« (Dei Verbum 10). Seine Lehre wurde in der These zusammengefaßt: »Die im theologischen Sinn verstandene Tradition ist die in Lehre, Leben und Liturgie der Kirche geschichtlich wie geistlich ausgelegte Schrift« (Kasper, In: ThQ 170 [1990] 183). Der gegenseitige Bezug beider ist aber vorgängig abhängig vom Bezug zur Offenbarung in Christus.

Was personal bezeugt wird, wurde unter einem inhaltlichen Aspekt durch die regula fidei umschrieben, womit die Verkündigung der Apostel als normativ betrachtet wurde. Diese Glaubensnorm ist im Glauben selbst gegeben (vgl. Irenäus v. Lyon, Adv. haer. II 28, 1: Wir haben die Wahrheit selbst als Regel). Sie konnte mit der Hl. Schrift wie mit der mündlichen Ü. gleichgesetzt werden, ohne daß inhaltliche Differenzen in den Vordergrund getreten wären. Die vorgegebene, unveränderlich selbe Lehre fand in den Glaubenssymbolen klares Gefüge und ihren sich konzentrierenden Ausdruck unter dem Anspruch des Bekenntnisses, die Inhalte der Ü. wie Schrift aber auch eine in ihnen begründete und verbindlich vorgelegte Leitschnur der Auslegung. Damit sind dem Glauben Inhalte weder zugefügt noch weggenommen. In seiner Verflechtung mit dem Taufgeschehen wird mit dem Bekenntnis jedem einzelnen Glied der kirchlichen Gemeinschaft deren Glaube zu eigen übergeben: im Wort und in der Sache. In seiner trinitarischen Struktur die Artikel ordnend, wird die Vorstellung einer »hierarchia veritatis« realisiert, die sich nicht als Auswahl-, sondern als Auslegekriterium versteht. Im eigenen Bekenntnis und Empfang des Vollzugs des Sakramentes wird auch der einzelne zum Subjekt (»ich glaube«) in der bleibenden Vorgegebenheit des Glaubens, das Empfangen zur Neugeburt, zum Leben, aber nun nicht mehr in sich selbst, sondern in Christus.

Die lebendige Ü. hat sich im Lauf der Geschichte in Monumenten dokumentiert, in denen das Überlieferte uns im gleichen Vorgang zukommen kann. Die Texte der Verkündigung durch das kirchliche Lehramt, seine Antworten auf die Herausforderungen der Zeit, insbesondere durch die Konzilien und Päpste, die Aufnahme im liturg. Beten, die in den Äußerungen der Glaubenden, v. a. der Heiligen, erkennbaren Ausformungen, die Wiedergabe bei den Vätern, den Kirchenlehrern, die denkerische Ausgestaltung durch die Theologen, auch ihre künstlerische Darstellung und weitere Zeugnisse der Lehre, des Lebens und des Kultes der Kirche bilden die Fundorte. Diese historischen Dokumente sind nicht die theol. Tradition, aber je ihr Niederschlag. Ihre Verbindlichkeit entspricht dem Engagement der Kirche bei ihrem Zustandekommen, ihrer Katholizität, auch zeitlich und räumlich, und ist im einzelnen zu prüfen. Die berühmte Formel des Vinzenz v. Lérins »quod ubique, quod semper, quod ab omnibus« (Common. 2,3) mit ihrer Attitüde gegen die augustinische Gnadenlehre kann darauf aufmerksam machen, daß in archivarischer Betrachtungsweise allein noch nicht die Einheit des Geglaubten aufgefunden wird. Da in der Zeit der Väter tragende Strukturen, Kanon, die grundlegenden Glaubensbekenntnisse der Kirche sowie die lehrhaften und pastoralen Haltungen ausgebildet wurden, die die Kirche bewahrt hat, auch in der jeweiligen Begegnung des Glaubens mit der Kultur, werden die Väter als privilegierte Zeugen der Ü. angesehen. Ihre einmütige Übereinstimmung entspricht in Trient und dem Vaticanum I als sichere Regel für die Auslegung der Schrift dem von der Kirche festgehaltenen Sinn (vgl. DS 1507. 3007; vgl. Dei Verbum 8. 23).

Als Abschluß des Auswortungsgeschehens kann sich weder ein einzelner Text, auch nicht der Schrift, noch deren nachträgliche Sammlung verstehen. Die Welt könnte in Büchern nicht fassen, was Gott in seinem Sohn, in seiner Liebe ist.

Die gegenwärtige Situation des Überlieferungsbegriffs ist durch die Offenbarungskonstitution des Vaticanum II und die allgemeine theol. Situation bestimmt. Einerseits hat die Ausweitung eines engsten Begriffes von ungeschriebenen mündlichen Traditionen über Einrichtungen und Beispiele, die Konzeption der aktiven Tradition bei einem sakramentalen Grundverständnis der Kirche als Gemeinschaft und schließlich die klare Scheidung und damit Zuordnung der durch sie transmittierten Offenbarung als Selbsterschließung Gottes ihn zu einem der formalen theol. Grundbegriffe werden lassen; was ehemals bloß Fundort war, wird in den bewegenden Fragen nach der einen Wahrheit der in der Geschichte erkannten, vorgelegten und zum Vollzug drängenden Glaubenslehre und dahinter nach der Gegenwart des Heils selbst durchgängige theol. Struktur und Aufgabe zugleich. Im Rückblick v. a. auf die Väter wurde von neuem die Dynamik und heilsvermittelnde Kraft der »deifica catholice ecclesiae traditio« (Nicaenum II: Conc. Oec. Decr.³ 134, 14 f.) ansichtig, die prospektivisch mit der Weitergabe des Glaubens und Evangelisierung, durch Dialog und Inkulturation umschrieben werden kann. In ihrem Verhältnis zur Schrift wird die Verbindung von historisch-kritischer und geistlicher Schriftauslegung akut (vgl. Comm. Bibl. Pontif., L'interpretation de la Bible dans l'Eglise, In: Biblica 74 [1993] 451–528). Andererseits kann gegenüber diesem durch Ausweitung bedingten Präzisionsverlust die Traditionskrise der modernen Kultur einer bloß anthropologisch-soziologischen Bestimmung des Begriffs vorarbeiten.

Was die mariol. Dimensionen der Ü. betrifft, so wirkt sich die einmalige Stellung M s in der Heilsgeschichte, vom Vater vorherbestimmte Mutter des Sohnes, unseres Erlösers zu sein, den sie vom Geist empfängt, gebiert und bis unters Kreuz begleitet, durchgängig aus: Sie ist »in ihrem Gehorsam für sich und das ganze Menschengeschlecht Ursache des Heils geworden« (Irenäus, Adv. haer. III 22,4). Die Offenbarung ist in ihrer Konkretheit im Menschgewordenen und in ihrer Weitergabe, da der Jünger der Mutter anvertraut wird und der einführende, vergegenwärtigende Geist über die Kirche herabkommt, marian. geprägt. Das Leben, das sie in die Welt gebracht hat, wird weitergegeben, nicht nur durch die Botschaft, durch sie hindurch die Person. Die »Mutterschaft Mariens in der Gnadenökonomie dauert unaufhörlich fort« (LG 62). Die Ausweitung des Traditionsbegriffs führt über die Begründung der einzelnen Lehraussagen im Glaubensgut hinaus mit der formalen christol.-pneumatologischen Prägung der Ü. zu deren marian. Konkretheit. »Maria vereinigt«, wie das Vaticanum II formulierte, »da sie zuinnerst in die Heilsgeschichte eingegangen ist, gewissermaßen die größten Glaubensgeheimnisse in sich und strahlt sie wider« (LG 65). Die Grundaussage des Christentums von der Personeinheit des menschgewordenen Gottessohnes ist geradezu marian. als GMschaft ausbuchstabiert worden. Gegenüber den häretischen Herausforderungen weiß sich der gesamte Traditionsprozeß marian. verdankt, wie das im »Sola omnes haereses interemisti« (vgl. Leo I: Act. Conc. Oec. II/2,1, 25) und im »sceptrum rectae fidei« (Cyrill, Hom. div. 4) zum Ausdruck gebracht wird (→ Häresie). In der gegenwärtigen Problematik der Weitergabe des Glaubens ist M als »lebendiger Katechismus« bezeichnet worden (Paul VI., Catechesi Tradendae 73).

Wie aber die Erkenntnis des M geheimnisses die Verbindung Gottes mit der Welt, im Verhältnis des ewigen Logos zur empfangenden Weisheit, und im neuen Adam zur neuen Eva das Zueinander des Erlösers zur Menschheit ansichtig werden läßt, führt folgerichtig in der Spiegelung die Reflexion des Traditionsprozesses zur zunehmenden Erkenntnis nicht nur des Verständnisses der Kirche von sich selbst, sondern auch zur Helligkeit der M wahrheit. Die Entwicklung der marian. Aussagen mit den Definitionen von 1854 und 1950 hat daher in bezug auf die Lehre konkret und unter theoretischem Aspekt den Zusammenhang von Schrift und Tradition im Überlieferungsvorgang — bei Betonung des »Factum Ecclesiae« — gültig beleuchtet: Auch für die Lehre der → Aufnahme M s in den Himmel stützen sich die Beweise und Überlegungen der Hl. Väter und der Theologen auf die Hl. Schrift als letzte Grundlage (vgl. DS 3900).

Das bei dieser Definition geübte Verfahren wurde von I. Filograssi beschrieben (vgl. Greg. 30 [1949] 443–489). Er unterscheidet progressive und regressive Beweismethode: die eine schließt vom erstmaligen Auftreten über die sich verdichtende Überzeugung in der kirchlichen Ü. auf die Situation in der Gegenwart, die andere vom gegenwärtigen Glaubensbewußtsein der Kirche auf den Offenbarungscharakter. Nach der Feststellung des gegenwärtigen Konsenses bezüglich des Offenbarungscharakters wird gefragt, in welchen explizit geglaubten dogm. Wahrheiten die Assumptio enthalten ist:

Sie ist verbunden mit der GMschaft, der vollkommenen Jungfräulichkeit etc. Auf Grund der früheren Implikation und späteren Explikation gelange man bis ins apost. Zeitalter. Wiewohl die Assumptio nicht immer als geoffenbart gelehrt wurde,»sufficit ut paulatim, Deo speciali supernaturali providentia Ecclesiam gubernante, sensu fidelium comitante ad statum actualem deventum sit« (ebd. 484).

Der zu beachtende »nexus mysteriorum« läßt für das Marian. aber v.a. eine formale Konstituente in der Ü. aufscheinen. Da die Kirche Subjekt der Tradition ist, ist der »Typus der Kirche« (LG 63) ⋒ auch als Typus der Ü. zu verstehen. Denn der »Schoß, der die Menschen für Gott wiedergebiert« (Irenäus, Adv. haer. IV 33,11), das ist ⋒, das ist die Kirche. In der →Typologie wird die Mutter des physischen mit der Kirche als Mutter des mystischen Christus engstens in-eins gesehen. Im Empfangen des Wortes wird Christus geboren. In den Glaubenden verwirklicht sich die Mutterschaft: » ... formatur autem Christus in credente per fidem in interiore homine« (Augustinus, Exp. in Gal. 38). Ein Ps.-Chrysostomus formulierte: »Wenn du das Wort Christi aufnimmst und ihn gestaltest in deinem Sinn, und wie in einem Mutterschoß durch Nachsinnen umgestaltest, wirst du seine Mutter genannt« (De caeco et Zachaeo 4). Weil sie die Anfänge des Evangeliums empfing, in der Empfängnis und in der Auferstehungsbotschaft, nannte → Ephräm der Syrer ⋒ Vorbild der Kirche (vgl. Müller, Ecclesia–Maria, 149). Wegen der Identität des Glaubens der jungfräulichen Braut Christi, das ist ⋒ und die Kirche, konnte Cyrill die Gottesgebärerin ansprechen: » ... durch dich ist der einziggeborene Sohn Gottes als Licht aufgestrahlt denen, die in Finsternis und Todesschatten sitzen, durch dich haben die Propheten geweissagt, durch dich verkünden die Apostel das Heil den Völkern« (Hom. div. 4).

Das Vaticanum II hielt daran fest, daß die Kirche auch in ihrem apost. Wirken zu ⋒ aufblickt, »die Christus geboren hat, der dazu vom Heiligen Geist empfangen und geboren wurde, daß er durch die Kirche auch in den Herzen der Gläubigen geboren werde und wachse. Diese Jungfrau war in ihrem Leben das Beispiel jener mütterlichen Liebe, von der alle beseelt sein müssen, die in der apostolischen Sendung der Kirche zur Wiedergeburt der Menschen mitwirken« (LG 65). Durch Predigt und Taufe gebiert die Kirche Kinder zum neuen und unsterblichen Leben (vgl. LG 64). Ein zweiter Hinweis des Konzils verdient Beachtung: Unter den Faktoren des Fortschritts der Ü. wird das Nachsinnen und Studium der Gläubigen genannt, die die Ü. in ihren Herzen erwägen, und hierfür wird mit Lk 2,19. 51 auf das Verhalten ⋒s verwiesen (vgl. Dei Verbum 8). In ihrem Bewahren und Erwägen der Geschehnisse findet unser Zugang zu ihnen sein gültiges Vorbild, und hierin die überlieferten Dinge und Worte, der Glaube selbst wachsendes Verständnis.

Das Urbild der Kirche verwirklicht am reinsten deren Sendung. In der ihr eigenen Offenheit des Glaubens für das erlösende Wort, für das Empfangen des Geistes in der Reinheit des Herzens (→ Auserwählung, → Charakter, → UE), wird sie zum geistigen Gefäß, zum Tempel des Hl. Geistes, indem die eigene Existenz und ihre Aufgabe für Kirche und Menschheit deckungsgleich sind. Weil ⋒ von vornherein die umgreifende Dimension der Kirche ist, ist aller Aktivität und Weitergabe des Glaubens über die Selbstlosigkeit des Dienstes hinaus als Urgrund das Wohlgefallen Gottes selbst vorgegeben, der sich seine Jungfrau Mutter gebildet hat. Insofern ist die marian. Dimension in der Ü. gerade jenes auf den Ursprung zurückverweisende Element des unversehrten Glaubens. Als Typus der vollkommenen Einheit mit Christus zeigt ⋒ das in der Kirche realisierte Ziel des Überlieferungsgeschehens an: In ihr ist die Kirche schon zur Vollkommenheit gelangt.

Was aber die Ü. im engeren Sinne betrifft, so ist über ihre Einsicht in die Glaubensgeheimnisse, in die sie ja selbst einbezogen ist, zu reflektieren. Auf Grund ihrer Person und Stellung könnte ihrer Glaubenserkenntnis innerhalb der Kirche eine vorgeordnete Bedeutung zukommen, die aber gerade sich selbst nicht thematisch macht. In der Geschichte der Theol. wurde die Frage der Einsicht ⋒s erörtert im Sinne einer prophetischen Kenntnis (→ Prophetin). Sie schließt die Weissagung aller Propheten ab durch die Verheißung des Herrn und überliefert in ihrer Person den Glauben an den kommenden Christus in den Neuen Bund hinein. Als Königin der Apostel verehrt, ohne deren spezifisches Amt erhalten zu haben, nimmt ihr Zeugnis in der Ü. der Offenbarung einen ersten Rang ein; sie wird den Menschen Führerin zum Glauben, weil ihr mit der Fülle des Geistes auch die vollkommenste Kenntnis der Geheimnisse Gottes in Christus zukommt. Ihre Einsicht, die den menschgewordenen Logos zum Inhalt hat, ihr Wissen und Erfahren um die Inkarnation, ist als ⋒s eigentliche Geisteserfahrung gedeutet worden (vgl. Grillmeier, Mit ihm, 216).

Lit.: J.H. Newman, Essay on the Development of Christian Doctrine, 1845 (dt.: Über die Entwicklung der Glaubenslehre, 1966). — I.B. Franzelin, Tractatus de divina traditione et scriptura, 1870. — A. Deneffe, Der Traditionsbegriff, 1931. — I. Filograssi, Traditio Divino-Apostolica et Assumptio B.V.M., In: Greg. 30 (1949) 443–489. — A. Müller, Ecclesia — Maria. Die Einheit Marias und der Kirche, 1951. — J.R. Geiselmann, Das Konzil von Trient über das Verhältnis der Hl.Schrift und der nicht geschriebenen Traditionen, In: M. Schmaus (Hrsg.), Die mündliche Überlieferung, 1957, 123–206. — H. Lennerz, Scriptura sola?, In: Greg. 40 (1959) 38–53. — Ders., Sine scripto traditiones , ebd. 624–635. — H.U. v. Balthasar, Verbum Caro, 1960. — P. Lengsfeld, Überlieferung. Tradition und Schrift in der ev. und kath. Theol. der Gegenwart, 1960. — J. Beumer, Die mündliche Ü. als Glaubensquelle (HDG I/4), 1962. — W. Kasper, Die Lehre von der Tradition in der röm. Schule, 1962. — Y.M. Congar, La Tradition et les traditions, 2 Bde., 1960–63 (dt.: I 1965). — K. Rahner und J. Ratzinger, Offenbarung und Ü., 1965. — J. Ratzinger, A. Grillmeier und B. Rigeaux, Kommentar zu: Dogmatische Konstitution über die göttliche Offenbarung, In: LThK² XIII 497–581. — E. Stakemeier, Die Konzilskonstitution über die göttliche Offenbarung. Werden, Inhalt und theol. Bedeutung, ²1967. — G. Söll, Dogma und Dogmenentwicklung (HDG I/5), 1971. — A. Grillmeier, Maria Prophetin, In: Ders., Mit ihm und in ihm, ²1978, 198–216. — J. Ratzinger und H. U. v. Balthasar, Maria — Kirche im Ursprung, 1980. — W. Kasper, Tradition als theol. Erkenntnisprinzip, In: W. Löser u. a. (Hrsg.), Dogmengeschichte und kath. Theol., 1985, 376–403. — L. Scheffczyk, Das Mariengeheimnis in der Kath. Kirche, In: M. Seybold (Hrsg.), Maria im Glauben der Kirche, 1985, 11–26. — H. J. Pottmeyer, Normen, Kriterien und Strukturen der Ü., In: Handbuch der Fundamentaltheologie IV, 1988, 124–152. — D. Wiederkehr, Das Prinzip Überlieferung, ebd. 100–123. — G. Hintzen, Die Selbstbezeugung des Wortes Gottes. Gedanken zu Schrift, Tradition und kirchlichem Lehramt, In: Cath(M) 44 (1990) 1–25. — W. Kasper, Das Verhältnis von Schrift und Tradition. Eine pneumatologische Perspektive, In: ThQ 170 (1990) 161–190. — D. Wiederkehr (Hrsg.), Wie geschieht Tradition?, 1991. — A. Ziegenaus, Der Menschheit den Erlöser bringen: Die bleibende Berufung Mariens in der Heilsgeschichte, In: Ders. (Hrsg.), Maria in der Evangelisierung, 1993, 59–73. — RGG³ VI 966–984. — LThK² X 290–299.

E. Naab

Uganda. *1. Missionierung.* Am Beginn der Evangelisierung von U. steht die Weihe der Missionare und der Mission an ⟨M⟩. Gleich am Tage der Ankunft begannen die ersten Missionare (Weiße Väter, PA) gemeinsam eine Novene zu ULF, die am 20. 7. 1879 endete. Sie weihten sich und die Mission der GM und versprachen den Weiheakt in feierlicher Form zu erneuern, sobald die erste Kapelle erbaut sei. Am 21. 9. 1879 vollzogen sie die feierliche Weihe der Mission U. und Nyanza an ⟨M⟩. Vor einer kleinen Immaculata-Statue sprach für alle Missionare, der spätere Generalobere der Weißen Väter, Léon Livinhac (1846–1922) den Weiheakt, der von allen Missionaren unterschrieben wurde: Ludovic Girault (1853–1941), Siméon Lourdel (1853–90), Léon Barbot (1846–82) und Bruder Amans. Die Weihe wurde jährlich nach dem gleichen Ritual wiederholt und zwar mit dem ursprünglichen Gebet, das erst von Bischof L. Livinhac (seit 1884) geändert wurde.

Die Weißen Väter stellten auch alle Pfarreien und neuen Missionsstationen unter den besonderen Schutz ⟨M⟩s. Den Erfolg ihrer Mission schrieben sie der GM zu. Die Neugetauften standen ebenfalls unter dem Schutz der GM und es wurde Gewohnheit unter den Katholiken von U. zu sagen: »Maria ist unsere Mutter, die Königin von Uganda ist die Königin Maria«.

Vertieft wurde diese Haltung durch Bischof Henri Streicher (* 1863 in Wasselnheim / Straßburg, 1886 PA, 1887 Priester, 1890 nach Nord-Nyanza, 1897 Apost. Vikar von Nord-Nyanza, seit 1914 in U., resignierte 1933, † 1952), der ausdrücklich verfügte, daß jede neue Pfarrei unter den besonderen Schutz der GM zu stellen sei. Er verfügte auch, daß jeder Katechumene die Wunderbare Medaille als Unterscheidungszeichen zu den Nichtchristen tragen solle. Die Neuchristen sollten Medaillen anstelle der Amulette tragen.

Die Synode von Rubaga (1959) knüpft an diese frühen Gewohnheiten an und vermerkt, nach der Taufe sollten die Priester die Eltern veranlassen, ihr Kind ULF zu weihen (Nr. 120). Bei der Schlußfeier zum Ende das Katechumenates wird den Katechumenen das Skapulier überreicht (Nr. 118). Weiter wird für die Katechumenen bestimmt, daß sie vor der Taufe und ersten hl. Kommunion drei Tage Exerzitien machen und nach der Messe zur ⟨M⟩kapelle gehen sollen, um dort ein Dankgebet zu sprechen. Christen wie Nichtchristen verwenden eine ganze Reihe von Ehrentiteln für ⟨M⟩, die teils Übersetzungen aus anderen Sprachen sind, aber auch aus der eigenen Kultur stammen wie »Königin-Mutter« (Omugo) und »Königspalast« (Rubuga Rw' Omukama). Verbreitete volkstümliche Anrufungen sind »Ai Maria Mau« (»O Mutter Maria«), »Mbe Boojo Maria Mau« (»Sieh her, liebe Mutter Maria«) und »Maria Mau« (»Mutter Maria«).

2. Wallfahrtsorte. Von den sechs Wallfahrtskirchen steht die älteste in Villa Maria (1895), die als Dank für die Errettung von der Seuche (Kawumpuli) erbaut, inzwischen zum nat. Pilgerzentrum geworden ist.

Während der Religions- und Bürgerkriege (1882–97) suchten die Katholiken Zuflucht in Kabula und konnten sich hier erfolgreich verteidigten. Nach dem Krieg errichteten sie als Dank eine ⟨M⟩kapelle (1897), wo im Oktober Wallfahrten stattfinden. 1974 wurde dort ein großes neues Nationalheiligtum vollendet.

Das ⟨M⟩heiligtum in Nyabyeya geht auf poln. Flüchtlinge zurück, die hier 1942 eine Kapelle zu Ehren der Schwarzen Madonna, ULF von Czenstochau erbauten. Nach dem Krieg kehrten die Polen in ihre Heimat zurück, aber die Wallfahrten blieben. 1976 wurde das Heiligtum renoviert und der Titel durch Bischof Albert Edward Baharagate von Hoima in ULF von Bunyoro geändert. Das Heiligtum ist nun der zentrale Pilgerort der Diözese.

In Lodonga wurde 1927 die zweite ⟨M⟩basilika »Mittlerin-Königin von Afrika« errichtet, die erste war in Algier unter dem Titel »ULF von Afrika« erbaut worden. Heute ist sie Ziel jährlicher Wallfahrten aus U. und ganz Afrika.

Das Heiligtum ULF von Metu in der Diözese Arua wurde von Christen aus der Schweiz gestiftet und 1971 eingeweiht. Heute ist es das Wallfahrtszentrum der Diözese und von anderen Teilen U.s.

In Nnakulabye bei Kampala (seit 1976) findet sich der jüngste Wallfahrtsort. Die erste Pilgerfahrt wurde 8.–16. 5. 1976 durchgeführt. Während dieser offiziellen Eröffnung der Pilgerstätte zu Ehren ULF von Fatima erklärte Kardinal Emmanuel K. Nsubuga ⟨M⟩ zur größten Patronin von U.

Im Westen von U. und Zentral-U. werden jährliche ⟨M⟩prozessionen durchgeführt. Eine ⟨M⟩statue wird von der Kathedrale aus in jede Pfarrei und jede Außenstation getragen. Die Statue wird auch zu allen Familien getragen, auch zu den nichtkath.; es sei denn, eine Familie wünscht es ausdrücklich nicht.

3. Rel. Gemeinschaften mit marianischem Bezug: Daughters of Mary (Bannabikira) of Masaka oder Congregation of Bannabikira of Masaka, 1910 durch Bischof Henri Streicher als pia unio gegründet, seit 1925 als rel. Gemeinschaft. — Sisters Our Lady of Good Councel (Diözese Mbarara), 1943 durch Bischof François-Xavier Lacoursière PA (1885–[1934]–1970) gegründet. — Sisters of the Immaculate Heart of Mary (Erzdiözese Kampala), 1927 durch Bischof Louis-Joseph Cabana (1896–[1947]–1981) gegründet. — Sisters of Mary Immaculate of Gulu (Diözese Gulu), 1939 durch Bischof Angelo Negri FSCJ (1889–[1934]–1949) gegründet. — Religious Missionary Congregation of Mary Mother of the Church / Missionary Sisters of Mary Mother of the Church (Diözese Lira), 1970 durch Bischof Cesare Asili (1924–[1968]–1988) gegründet. — Brothers of the Immaculate Heart of Mary of the Marian Brothers (Diözese Arua), 1951 durch Bischof Giovanni Battista Cesana FSCJ (1899-[1950]-1991) gegründet.

In der Diözese Kabale besteht seit 1966 der Verein »Bafatima«, dessen Mitglieder das private Versprechen der Selbstheiligung, der Mitarbeit in der Kirche und der besonderen Ⓜ️frömmigkeit ablegen. Die weit verbreitete »Erzbruderschaft Mariä, Königin der Herzen« des hl. Louis-Marie →Grignion de Montfort wurde 1954 durch Bischof Joseph Kiwanuka (1899–[1939]–1966) in U. eingeführt. Die Werke von Grignion de Montfort sind in die beiden Hauptsprachen Luganda und Runyoro übersetzt. 1954 wurde auch die »Vereinigung der Wunderbaren Medaille« eingeführt, die eine Fortsetzung der Praxis der Überreichung der Medaillen an die Katechumenen ist.

4. Marianische Literatur. Eine Besonderheit der marian. Lit. in U. sind die marian. Katechesen, die in Katechismusform die lehrmäßigen Aussagen über Ⓜ️ und über die marian. Frömmigkeit sowie am Ende Ⓜ️gebete bieten: Ow' Omukkisa (1914, in Luganda), Munyamugisha (Ow'Omugisha, 1926, in Runyoro), Bikira Maria Omuhikorire Nyina Ruhanga Kandi Nyina Abantu (1950) und Katehismo Atiree Dri (1927 in Gulu).

Lit.: A. Nicq, Vie du Revérend Père Simeon Lourdel, premier missionnaire Catholique de l'Ouganda/Afrique Equatoriale, Paris 1896. — J. Muyldermans, Le Culte de la Vierge chez les Noirs. Et erat Mater Jesu ibi. Et la Mère de Jésus était là. St. Jean, c.II § I. Institut des Missionnaires de Cardinal Lavigerie (1899). — St. Comte, Le Culte de la Sainte Vierge chez les Noirs de l'Ouganda, In: Missions d'Afrique (1905/06) 87–109. — H. Streicher, Plans d'instructions, Première Année, Foi et Symbole Esparance, Grace et Prière, Alger 1910. — M. Hallfell, U., eine Edelfrucht am Missionsbaum der kath. Kirche, 1921, 200–300. — P. Antony, Au Coeur de l'afrique Ouganda, un demi-siècle d'apostolat au Centre Africain 1878–1928, 1929. — Manoir V 135–148. — Mgr. Pavy, Histoire Critique du Culte de la Siante Vierge en Afrique, 1958. — J. Cabana, Synodal Constitutions, Acts and Decrees of the First synod of the Archidiocese of Rubaga, 1959. — M-D. Poinsenet, Avec Marie Mère de Jésus, Doctrine Mariale du P. Vayssiere, 1976. — A. Gilli, La Madonna e l'Uganda, In: Madre della chiesa IV, 1978, 241–259. — J.M. Bukenya Biribonwa, The devotion to Mary in U. in the light of the doctrine of chapter VIII of Lumen Gentium, Diss., Rom 1980. *H. Rzepkowski*

5. Märtyrer von Uganda, eine Gruppe von 22 jungen Afrikanern, die 1885/87 durch den Herrscher (Kabaka Mwamga) von Buganda gemartert wurden. Der Herrscher und die Baganda Häuptlinge suchten, den fremden rel. Einfluß zurückzudrängen und die alten Traditionen wieder zu beleben. Dadurch kam es zu Konflikten, wobei einige Katholiken, ev. Christen und Muslime hingerichtet wurden. Auch wollte der Herrscher die Pagen seinen homosexuellen Neigungen gefügig machen. Als erster wurde der Hofmeister Joseph Mukasa Balikuddembe am 15.11.1885 enthauptet. Weiterhin wurden hingerichtet: Denys Sebouggwawo (25.5.1886), Pontien Ngondé (26.5.1886), André Kaggwa (26.5.1886), Athanase Badzekouketta (26.5.1886), Gonzague Gonza (27.5.1886), Mathias Mouroumba (30.5.1886), Noé Mawaggali (31.5.1886) und Charles Lwanga (3.6.1886). Die größte Gruppe von ihnen wurde am 3.6.1886 in Nnamugongo verbrannt: Luc Baanabakintu, Jacques Buzabalyawo, Bruno Serounkouma, Adolphe Mukasa Ludigo, Ambroise Kibouka, Achille Kiwanuka, Anatole Kiriggwajjo, Kizitto, Mougagga, Giawira, Mbaga-Tuzindé, Mukasa Kiriwawanvou. Im Januar 1887 starb Jean-Marie Mouzei. Die Märtyrer von U. wurden am 6.6.1920 durch Papst Benedikt XV. selig- und durch Papst Paul VI. am 18.10.1964 heiliggesprochen (AAS 56 [1964] 901–912). Charles Lwanga wurde 1934 zum Patron der Kath. Aktion und der Jugend Afrikas erklärt. Während sie brannten riefen die Märtyrer die Namen Jesu und Ⓜ️s. Auch weihten sie sich in der Nacht vor ihrem Tode der Schmerzensmutter.

Lit.: M. Hallfell, Die Neger-Martyrer von U., 1931. — J.F. Faupel, The African Holocaust, 1962. — M. André, La veridique Histoire des Martyrs de l'Ouganda, 1965. — J.P. Thoonen, Black Martyrs, 1941. — D.A. Low, Converts and Martyrs in Buganda, In: C.B. Baeta (Hrsg.), Christianity in Tropical Africa, 1968, 150–164. *H. Rzepkowski*

Ugarit, nordphönikische Küstenstadt, wurde vermutlich um die Wende vom 3. zum 2. Jahrtausend von Kanaanäern (Amurritern) besiedelt, erlebte 1500–1200 v. Chr. ihre Blütezeit bis zum Seevölkersturm um 1175 v. Chr. 1929 haben die Ausgrabungen von Ras Shamra U. wieder freigelegt, woraus sich wichtige Erkenntnisse (Keilschriftalphabet, Mythologie) über die kanaanitische Kultur am Ende des Bronzezeitalters (1365–1175 v. Chr.) ergaben.

Durch die in U. gefundenen kultischen, epischen und mythischen Texte ergibt sich ein detaillierter Einblick in die dortige phönizische Religion. Die atl. Offenbarung vollzog sich in schärfster Auseinandersetzung mit dem Pantheon von U. Dessen oberster, weltentrückter »Stier«-Gott ist der gütige El. Der unerbittliche Baal, der Sohn des Sturm-Gottes Dagan ersetzt ihn in allen Angelegenheiten der Menschen. Die Gattin Els ist die Göttermutter Athirat (Aschera). Ihre Attribute beziehen sich auf das Meer. Anat, die Schwester und Geliebte Baals ist mächtige Göttin der Liebe und des Krieges.

Beide Göttinnen verwandeln sich später in der Person der Ashtart wa-Anat (Liebeszauber) in die syr. Gottheit Atargatis, deren Meeresattribute und Fruchtbarkeitskulte bis in die Anfänge des Christentums erhalten bleiben.

Ein bestimmbarer Einfluß dieser Kulte auf die frühchristl. MV ist nicht auszumachen. Die Funde von U. bestätigen hingegen die wesentliche Verschiedenheit zwischen dem Typus der phönikischen Göttinnen und M. Während die phönikisch-kanaanitischen Göttinnen sich in den friedvoll-fruchtbaren Muttertypus (Athirat) und den kriegerisch-listenreichen Tochtertypus (Anat) aufspalten, transzendiert M diese archaischen Typisierungen als Mittlerin.

Lit.: A. S. Kapelrud, Die Ras-Schamra-Funde und das AT, 1961. — V. Maag, Syrien — Palästina. Kulturgeschichte des Alten Orients, 1961, 448–604. — M. Eliade und I. P. Couliano, Handbuch der Religionen, 1991, 151–155. — LThK² X 445–447. — H. Waldenfels (Hrsg.), Lexikon der Religionen, 1987, 685.   *E. Möde*

Uhyst am Taucher, Sachsen, Lkr. Bautzen, Diözese Dresden-Meißen, 1412 zum ersten Mal als Kirchdorf erwähnt. In der Nähe des Dorfes, im sog. »Taucherwald« ist seit dem 15. Jh. eine Kapelle mit einem wundertätigen M-bild nachweisbar. Wegen Unzukömmlichkeiten und Unsicherheit in dem entlegenen Waldgebiet ordnete der Meißner Bischof Johann VIII. v. Schleinitz (1518–37) auf Bitten des Rates der Stadt Bautzen als Grundherrn von U. an, daß die Wallfahrtskapelle abgebrochen und vor den Toren der Stadt Bautzen wieder aufgebaut werde (heute Taucherkirche und -friedhof in → Bautzen). Bezüglich des Bildes bestimmte der Bischof, daß es in die Pfarrkirche von U. komme und dorthin künftig die Wallfahrten erfolgen. Als 1551 in U. die luth. Reformation eingeführt wurde, soll der letzte kath. Pfarrer das Bild nach Göda gebracht haben. Als 1559 auch Göda luth. wurde, kam das Bild nach Crostwitz/Lkr. Kamenz und wurde in der Filialkirche in → Rosenthal aufgestellt.

Lit.: C. Knauthe, Derer Oberlausitzer Sorbenwenden umständliche Kirchengeschichte, Görlitz 1767, 168 ff. — H. Knothe, Geschichte der Pfarrei Göda, In: Archiv für Sächsische Geschichte 5 (1867) 96 ff. — Neue Sächsische Kirchengalerie, Band Bautzen, Leipzig 1905, 549 f. — H. Helbig, Untersuchung über die Kirchenpatrozinien in Sachsen, 1940, 79.
                                                               S. Seifert

Ujest (Ujazd Slaski), Polen, Diözese Oppeln, vor 1945 Deutschland. Oberschlesien, Diözese Breslau, wurde 1223 gegründet und war vom 12. bis 15. Jh. Eigentum der Breslauer Bischöfe. Östlich der Stadt liegt an Stelle einer 1749 errichteten Kapelle die neugotische Wallfahrtskirche »Mariae Brunnen«, die am 18.3.1862 konsekriert wurde. Auf dem Hochaltar befindet sich eine Kopie des Gnadenbildes aus →Czenstochau, darunter eine heilkräftige Quelle, in die — der Sage nach — einst in Czenstochau gestohlene Schätze geworfen wurden. Der Wallfahrtsort war im 18. und 19. Jh. viel besucht; v. a. an den Festtagen der hll. Markus und Florian sowie an Kreuztagen und am Rosenkranzfest kamen zahlreiche Prozessionen. Am Vortag des Hauptablaß-Festes M-e Heimsuchung kommen alljährlich Dankprozessionen aus Kotulin und Klein Stein, seit 1859 auch aus Zdzieszowice. Der Wallfahrtsort wird noch heute besucht; ein Mirakelbuch verzeichnet die Gebetserhörungen.

Lit.: E. Ramisch, Die Kirche Mariae-Brunnen bei U., In: Oberschlesische Heimat 2 (1906). — E. Grabowski, Wanderungen durch Oberschlesiens Städte, 1927, 175–178. — A. Nowack, Schlesische Wallfahrtsorte älterer und neuerer Zeit im Erzbistum Breslau, 1937, 127–132. — W. Urban, Zarys dziejów diecezji wroclawskiej, 1962, 150.   *A. Witkowska*

Ukraine (dt: »Land am Rande«), Republik, Hauptstadt Kiew.

I. KIRCHENGESCHICHTE. Mit dem Reich der »Rus« um Kiew unter der Herrschaft der Waräger (Wikinger) beginnt die gemeinsame Geschichte der Ostslawen, die sich später in ihren drei Hauptstämmen, den (Groß-) Russen, den Ukrainern (ursprünglich »Kleinrussen«) und den Weißrussen (Weißruthenen) zu eigenen, unverwechselbaren Völkern entwickelten.

988 heiratete der warägische Großfürst von Kiew Wolodymyr (978–1015) aus Staatsräson die byz. Prinzessin Anna (die Schwester Kaiser Basileios' II.) und nahm infolgedessen für die gesamte Kiewer Rus das Christentum in dessen östlicher (griech.-orth.) Form unter der Jurisdiktion des Patriarchen von Konstantinopel an, der bis ins 16. Jh. Griechen als Metropoliten zur Leitung dieser neuen Ortskirche berief. Kirchen- und Liturgiesprache war allerdings von Anfang an das zur Slawenmission von Kyrill († 869 in Rom) und Method († 885 in Velehrad/Mähren) entwickelte Kirchenslawisch, auf dessen Grundlage die allgemeine Slawisierung des Reiches der Rus erfolgte; im Laufe des 10. Jh.s wurde allmählich auch die warägische Oberschicht slawisch.

Andererseits pflegte Wolodymyr durchaus auch die Verbindung zu Rom im Sinne der damals noch ungeteilten (»katholischen«) Kirche, wie 991 seine Gesandtschaft an Papst Johannes XV. beweist. Als erste Kirche in massivem Steinbau baute er die des hl. Basileios, bald darauf (989–996) die »Zur Entschlafung der Allerheiligsten GM«, kurz darauf die Sophienkirche in Nowgorod nach dem Vorbild der gleichnamigen in Konstantinopel.

Wolodymyrs Sohn Jaroslaw, der bereits von Nowgorod die Herrschaft über die gesamte Kiewer Rus gewann, baute 1037 in Kiew die noch erhaltene Sophienkathedrale, die alle Kirchen in der U. an Schönheit und Pracht übertrifft, zur gleichen Zeit, ebenfalls in Kiew, die Kirche zur »Verkündigung an die seligste Jungfrau«. 1051 wurde das Kiewer Höhlenkloster, »Wiege des russischen Mönchtums« gegründet und der »Entschlafung der seligen Jungfrau Maria« geweiht. Gleichzeitig wurde das slawische Recht (»Ruskaja Prawda«) erstmals kodifiziert.

Der Legende nach geht das Christentum in der heutigen U. jedoch schon auf den Apostel

Andreas zurück, der seine Missionsreisen bis in die Gegend von Kiew ausgedehnt haben soll: Dort habe er von den Hügeln aus , wo er das erste Kreuz im Lande errichtete, die Vision einer großen Stadt mit vielen Kirchen gehabt (Nestor-Chronik).

Nach der Kirchenspaltung 1054 zwischen Ost und West blieb die Kiewer Kirche unter der Jurisdiktion des Patriarchen von Konstantinopel. Infolge seiner Schnittpunktslage zwischen westlichen und östlichen Einflüssen blieb Kiew weiterhin nach beiden Seiten geöffnet: Die Fürsten verbanden sich ehelich mit dem westlichen Adel; die Kiewer Metropoliten nahmen an Kirchenkonzilien des Westens teil, ihre ökumen. Aufgeschlossenheit war stets stärker als die der Kirchen anderer slawischer Fürstentümer.

Jedoch bereits ab 1054 und dann bes. in Verbindung mit einer Wanderbewegung der Bevölkerung (12./13. Jh.) zerfiel das Kiewer Reich durch Erbteilung (»Udel«-System) in eine Vielzahl von kleinen Teilfürstentümern.

1237 fällt Kiew zudem mitsamt der gesamten Rus dem Tartarensturm unter Batu Khan zum Opfer. Der westliche Missionar Plano de Carpini zählt statt der einst bezeugten 600 Kirchen und 20 Klöster zu dieser Zeit in Kiew nur noch 210 Häuser. Die Stadt wird bedeutungslos, ihr einstiges Reichsgebiet wird zum »Land am Rande« (= »Ukraine«) und verschwindet für lange Zeit aus den Geschichtsquellen.

Die Tartaren zeigten sich allerdings religiös tolerant und beließen der orth. Kirche ihre privilegierte Stellung. Im Gegenzug unterwarf sich die Kirche willig der Mongolenherrschaft und fungierte vielfach als Mittlerin zwischen den Ostslawen und ihren Beherrschern. Doch bereits 1299 verlegte Metropolit Maximos (1283–1305) seine Residenz nach Nowgorod, sein Nachfolger 1325 nach Moskau, behielt aber den Titel »Metropolit von Kiew und der ganzen Rus« bei. Zudem festigte er die Vormachtstellung des russ. Fürsten noch durch folgende Prophezeiung: »Wenn du der Seligsten Jungfrau Maria eine Kirche in deiner Stadt baust, wirst du berühmter als alle anderen Fürsten...« ☧ sollte also als Schutzherrin Moskaus fungieren, wie sie zuvor Schutzherrin Kiews und Konstantinopels war.

Großen Einfluß auf die Geschicke der U. kam dem Fürstentum Halych (Galizien-Wolhynien) um die Stadt Lemberg zu, das sich im Südwesten der alten Rus gebildet hatte und zu dem auch Kiew gehörte. In diesem Gebiet bestand schon seit der 1. Hälfte des 9. Jh.s das Bistum Przemysl; zu Beginn des 12. Jh.s ist das Bistum Halych durch eine Medaille des Bischofs Kosmas von Halych anläßlich der Einführung des Festes ☧e Schutz bezeugt. 1209 gewannen die Ungarn Gewalt über das Fürstentum, um im Auftrag des Papstes Innozenz III. dort den lat. Ritus einzuführen. Sie wurden aber durch einen Aufstand 1219 aus dem Land vertrieben, die Herrschaft übernahm Mstyslaw v. Nowgorod.

Ähnlich erfolglos blieb der Versuch von Dominikanern und Franziskanern, das Land für den röm. Katholizismus zu gewinnen.

Der Fürst von Halych, Danylo (1242–64) mußte vor den Mongolen Batus nach Polen fliehen und versuchte, mit Polen und Litauen eine Abwehrfront gegen die Tartaren zu bilden. Anläßlich seiner Rückkehr (gegen 1254) wurde er durch einen päpstlichen Legaten zum »König von Galizien und Wolhynien« gekrönt; diese Episode hat im Geschichtsbewußtsein des mit Rom unierten Teils der Ukrainer symbolkräftige Bedeutung, obwohl Danylo keineswegs die orth. Kirche seines Landes Rom unterstellt hatte. Allerdings zeigt sich bei ihm ein erster, kurzer Ansatz eines eigentlich »ukrainischen« Staates. Danylo starb 1264 und wurde in der von ihm gebauten Kirche zur »Entschlafung der Seligsten Jungfrau Maria« bestattet.

Trotz des Niedergangs der Mongolenmacht und des dadurch entstandenen Machtvakuums zerfiel durch ständige Kriege und Aussterben der Fürstendynastie bald der galizisch-wolhynische Staat. Der größte Teil der heutigen U. und ganz Weißrußland (die »Ruthenischen Länder«) fielen an den (damals noch nicht christl.) Großherzog v. Litauen (Besetzung Kiews 1341), der die Kirche tolerierte, weil er deren soziale Bedeutung im Lande erkannte und den jeweiligen Einfluß ihrer Administration zur Festigung seiner Macht nutzen wollte.

Nach seiner Heirat mit der poln. Königstochter Jadwiga (1386) nahm der litauische Herrscher Wladislaw Jagiello (1377–1434) den röm.-kath. Glauben an und wurde in Personalunion auch König von Polen (Vertrag von Krevo). Im Dekret von Horodelsk (1413) beschnitt er die Rechte der Orthodoxen erheblich, so waren sie z.B. von höheren staatl. Ämtern ausgeschlossen. 1569 brachte der Unionsvertrag von Lublin endgültig die poln. Dominanz im Großreich. Die riesigen Landgüter wurden an den poln.-kath. Hochadel vergeben, über die ukrainischen Bauern die Leibeigenschaft verhängt.

Die machtpolitische Rivalität zwischen Moskau und Litauen-Polen vertiefte sich durch den konfessionellen Gegensatz (orth. bzw. röm.-kath.) der Fürstenhäuser, was letztlich die gegensätzliche kulturelle Entwicklung in diesen Ländern und die Auflösung der ostslawischen Einheit zur Folge hatte.

Im Gegensatz dazu versuchte der Metropolit von Moskau und Kiew/Halych, Isidoros, als Teilnehmer und eifriger Förderer des Konzils von Ferrara-Florenz (1438 f.) die dort beschlossene Wiederherstellung der Union zwischen der Ost- und Westkirche im Sinne der friedlichen Beendigung der rel.-politischen Spannungen zwischen Polen und Moskowitern einerseits und andererseits zwischen den poln.-kath. Besatzern und dem ostslawisch-orth. Volk in seiner Metropolie zu nutzen. Als er jedoch an seinem Metropolitensitz in Moskau die Union zwischen Konstantinopel und Rom verkündete, ließ ihn der Moskowiter Großfürst Wassilij II. als »Ketzer« verhaften, in ein Kloster verbannen und an seine Stelle 1448 durch die Moskauer Bischofssynode den Bischof von Rjazan, Jonas, zum Metropoliten wählen. Für Moskau bedeutete dieser machtpolitische Akt jedoch den Beginn seiner kirchlichen Autokephalie.

Als Reaktion auf starke Latinisierungs- und Polonisierungskampagnen der röm.-kath. Polen entstand im Laufe des 16. Jh.s allerdings auch in der Kiewer orth. Kirche eine ausgesprochen romfeindliche Tendenz.

Die Erhebung Moskaus zum Patriarchat (1588) stürzte die U. in neue rel. Kämpfe. Der poln. König Sigismund III. versuchte mit der Zusicherung der gleichen Privilegien und des gleichen königlichen Schutzes für die weißruthenischen und ukrainischen Bischöfe des slawischen Ritus wie für die poln. Bischöfe des lat. Ritus im Falle einer Union mit Rom, die orth. Bischöfe von Moskau abzuwerben. Tatsächlich entsandte am 12.6.1595 die Versammlung der Bischöfe der ukrainischen Metropolien Kiew und Halych in Brest Kyrillos mit dem Bischof Ipatij zu Unionsverhandlungen nach Rom.

Am 23.12.1595 beschloß die ukrainische Bischofssynode die Union mit Rom unter den vom Papst und poln. König zugesicherten Bedingungen: Der byz. Ritus mit altslawischer Liturgiesprache, die Laienkommunion in beiderlei Gestalten, der Julianische Kalender und die Möglichkeit der Priesterehe sollen beibehalten werden, andererseits wird der päpstliche Lehr- und Jurisdiktionsprimat anerkannt; der poln. König sichert Landtags- und Senatssitze für den unierten slawischen Episkopat in seinem Herrschaftsbereich zu, und die grundsätzliche rechtliche Gleichstellung der Gläubigen des slawisch-unierten Ritus mit denen des lat. soll gewährleistet sein. Am 6.10.1596 erfolgte die feierliche Verkündung dieser »Brester Union« auf der ukrainischen Bischofssynode in Brest durch Metropoliten Mychajlo.

Die Gegnerschaft gegen die Union von Brest als Union von oben (R. Hotz) konzentrierte sich in der U. bei den Bruderschaften, in den Klöstern und bei den Kosaken, die als bäuerlich-militärische Gemeinschaft aus der Fluchtbewegung vor den neuen poln. Großgrundbesitzern in der U. hervorgegangen waren.

Um 1520 hatten sich zwei Zentren der Bruderschaften in Lemberg und Wilna entwickelt. Die Lemberger Bruderschaft »Zur Aufnahme Mariens« (auch »Heilig Kreuz« genannt) nahm sich der wissenschaftlichen Theol. sowie der rel. und allgemeinen Volksbildung an. Schon 1539 hatte sie eine maßgebliche Rolle bei der Wiedererrichtung des Episkopats von Halych gespielt und die Verlegung des Bischofssitzes nach Lemberg durchgesetzt. Der Patriarch Joachim v. Antiochien approbierte 1586 die Statuten der Bruderschaften und ernannte die Lemberger Bruderschaft zur leitenden aller bestehenden oder noch zu gründenden Bruderschaften in der Metropolie von Kiew-Halych in unmittelbarer Unterstellung unter den Patriarchen von Konstantinopel. 1592 gab ihr auch der poln. König das Recht, Schulen zu gründen und ihr Bildungsprogramm auszuweiten. 1580 hatte bereits Fürst Konstantin W. Ostrozkuj (Ostroschkij) für die Bruderschaften die Akademie in Ostrog (Wolhynien) gegründet, an die er hervorragende Gelehrte, auch aus dem Ausland, berief; in der Druckerei dieser Akademie erschien 1581 der Erstdruck der Altkirchenslawischen Bibel. So beeinflußten die Bruderschaften auch das innere Wiedererstarken der Orthodoxie. Mittelpunkt des monastischen Widerstands war das orth. gebliebene Höhlenkloster in Kiew unter seinem Archimandriten Nikophor Tur, dem sich alle bedeutenden Klöster der U. in der Verteidigung der Orthodoxie anschlossen.

Am 15.8.1620 war durch den Patriarchen Theophanes IV. von Jerusalem, der den neuen Moskauer Patriarchen geweiht hatte, in der U. eine orth. Hierarchie neu errichtet und der direkten Jurisdiktion des Patriarchen von Konstantinopel unterstellt worden; diese orth. »Parallel-Hierarchie« zur bestehenden unierten mußte vom poln. König unter dem Druck von Kosakenaufständen toleriert werden. Die Attacken der Kosaken gegen die unierte Kirche kulminierten 1623 in der Ermordung des unierten Erzbischofs von Polotsk, Josaphat Kuncevich. Unter diesem Eindruck trat u.a. der orth. Erzbischof von Polotsk, Meletius Smotrytsky, der Union bei. Er erhoffte sich davon Erleichterungen von seiten des poln. Staates, den Bau von Schulen, Kirchen und Klöstern, die Hebung der Volksbildung, den Zugang zu höheren Staatsämtern und eine weitgehende Selbstverwaltung, v.a. aber das Ende der selbstzerstörerischen rel. Kämpfe im ukrainischen Volk; umgekehrt wies er darauf hin, daß eine vom Westen getrennte Orthodoxie der U. in ihrer politischen Situation keinerlei Vorteile mehr bringen könne. Aber Smotrytsky wurde auf der orth. Bischofssynode in Kiew 1628 verurteilt und starb 1634 im Kloster von Derman.

Die orth. Kirche in der U. zeigte sich ansonsten durchaus reformwillig. Bes. der westlich gebildete orth. Metropolit von Kiew, P. Mohyla (1633–47), führte seine Kirche zu neuer Blüte. Er ließ die Sophienkirche in Kiew restaurieren und Grabungsarbeiten in den Ruinen der alten Kirche 🜨e Entschlafung durchführen, wobei das Grab und Reliquien des hl. Wolodymyr gefunden wurden (1635). Er hatte schon als Proto-Archimandrit des Kiewer Höhlenklosters durch seine Verbindungen mit dem poln. Adel 1632 vom neugewählten poln. König Wladislaw in den »Versöhnungsartikeln« für die orth. Kirche in der U. die gleichen Rechte erreicht, wie sie die röm.-kath. und die unierte Kirche schon genossen; 1640 richtete er in Kiew eine Geistliche Akademie nach dem Vorbild der Jesuitenkollegien ein. Zudem entwickelte er in Verhandlungen mit dem unierten Metropoliten

B. Rutsky (1614–37) den Plan eines eigenen Patriarchats für die U., das gemeinsam sowohl die unierte wie auch die orth. Kirche umfassen sollte; dieser Plan scheiterte jedoch am Widerstand konservativer orth. Kräfte und am grundsätzlichen Mißtrauen der Kosaken gegen die mit der Union verbundenen Polonisierungs- und Latinisierungstendenzen. Daraufhin konzentrierte sich Mohyla auf die innere Reform der orth. Kirche. Als dann der Erzbischof von Nowgorod, Nikon, 1652 Moskauer Patriarch wurde, setzte sich auch in Moskau mit Hilfe gelehrter Theologen aus Kiew der Reformgedanke endgültig durch.

Es sammelte sich jedoch eine Protestbewegung um die nationalistischen Traditionalisten Neronow und Avvakum. Es kam zur Kirchenspaltung (»Raskol«) durch die sog. »Altgläubigen«, die von einer starken Mfrömmigkeit getragen waren (»Die allerreinste Jungfrau hat mich geführt«, so Avvakum in seiner Autobiographie). Dagegen wurden die Reformen Nikons nach der Synode von 1666/67 mit vollem Einsatz staatl. Machtmittel durchgesetzt. Durch die Zwangsmaßnahmen gegen die »Altgläubigen« provozierte der Staat eine Gemeinschaft von Ausgestoßenen, welche Staatsfeindschaft fortan zu ihrer Glaubenssache machten. Aber auch die Moskauer Kirche selbst wurde in ihrer unmittelbaren Autorität beim Volk durch die geistlich notwendigen Reformeinflüsse aus der fortschrittlichen U. geschwächt.

Angesichts der drohenden Türkengefahr wurde auf Betreiben Habsburgs der russ.-poln. Krieg 1668 durch den Frieden von Andrusovo beendet und die U. mit dem Dnjepr als Grenze in eine poln. West- und eine russ. Osthälfte (mit Smolensk und Kiew) geteilt.

Die unierte Kirche in der U. war nach den Kosakenaufständen im 17. Jh. fast untergegangen. Nach dem Frieden von Andrusovo wurde sie im poln. Teil der U. neu stabilisiert. Die Synode von Zamosc (1720) versuchte unter dem Metropoliten Lew Kiska (1714–28) eine Reorganisation der unierten Kirche durch Errichtung von Bildungsanstalten. Gleichzeitig hatten sich die Unierten zunehmender Latinisierungstendenzen zu erwehren, da die Beibehaltung des byz.-slawischen Ritus Rom wie auch Polen suspekt blieb. Dazu kam eine vehemente Gegnerschaft im eigenen Volk. Beim Aufstand der Barer Konföderierten (1768–72) vollzogen Kosaken regelrechte Pogrome gegen unierte Geistliche und Gläubige.

Im östlichen Teil der U. dagegen hob der Zar im Interesse der allrussischen Einheit die Union auf und führte die orth. Metropolie von Kiew von der Jurisdiktion des Patriarchen von Konstantinopel in die des Patriarchen von Moskau über (1686).

In den poln. Teilungen 1772, 1775 und 1785 durch Preußen, Österreich und Rußland kamen vier Fünftel der U. an Rußland, nur Galizien und die Bukowina an Österreich.

Die unierten Bistümer im russ. Herrschaftsbereich wurden aufgelöst (1839, Chelm 1875), die ukrainischen Katholiken zum großen Teil zu Konversionen in die orth. Staatskirche gezwungen. Nur im österr. gewordenen westlichsten Teil der U. bestand relative Religionsfreiheit, so daß sich allein in Galizien und Transkarpathien die unierte ukrainische Kirche erhalten konnte. Im Bewußtsein der Ukrainer wird aber im 19. Jh. die unierte Kirche in ihren Resten Sinnbild der ukrainischen Eigenständigkeit und Mittel nat. Identifikation.

Die unierte ukrainische Kirche schien wieder aufzuleben, als ihr 1807 Papst Pius VII. die Metropolie von Halych mit Sitz in Lemberg neu einrichtete. 1836 stellte Bischof Josyf Smasko ihren ursprünglichen byz.-slawischen Ritus wieder her. Doch bereits 1839 »gewährte« der Zar nach entsprechendem massiven Druck seinerseits den ukrainisch-unierten Bischöfen gnädig die »Bitte«, sich wieder mit der russ. orth. Kirche vereinigen zu dürfen.

Die bedrängte soziale Lage in der U. löste aber im Laufe des 19. Jh.s eine starke Auswandererbewegung, v. a. nach den USA und nach Kanada, aus, wo bald als nat. Sammlungsorte einflußreiche unierte Diaspora-Metropolien entstanden.

In der U. selbst führte Metropolit Andrej Graf Szeptyckyj (1901–44) die ukrainische unierte Kirche, die seit dem Ersten Weltkrieg die offizielle Bezeichnung »griechisch-katholische Kirche« (UGrKK) trug gegen Schwierigkeiten mit den lat. Bischöfen, mit dem russ. wie auch dem poln. Staat und später mit der nationalsozialistischen Besatzungsmacht.

Im Ersten Weltkrieg war die »griechisch-kath.« Kirche für ihre ukrainischen Anhänger der Garant und Hort ihrer nat. Identität, bes. verstärkt, als Galizien (und ein Teil Weißrußlands) in der Kriegszwischenzeit 1918 unter poln. Herrschaft stand.

Am 1. 2. 1918 wurde die Nat. Volksrepublik U. durch die Mittelmächte anerkannt, im Frieden von Brest-Litowsk vom 3. März als souveräner Staat bestätigt. Ende 1918 marschierte jedoch die Rote Armee in der U. ein, 1920 siegten die Bolschewisten endgültig; die allzu kurze Zeit der ukrainischen Souveränität endete, die »Ukrainische Sozialistische Sowjetrepublik« (USSR) wurde Teil der UdSSR.

Im Oktober 1921 konstituierte sich im Zeichen des Kirchenkampfes der UdSSR gegen die Russ.-Orth. Kirche (ROK) auf Betreiben von ukrainischen Sowjets in der Kiewer Sophienkathedrale die nat. orientierte »Ukrainisch-Orthodoxe Autokephale Kirche« (UOAK). Da diese Gründung aber weder vom Ökumen. Patriarchen in Konstantinopel noch sonst von einem orth. Patriarchat anerkannt wurde, gilt diese Kirche als unkanonisch.

Im Zuge seines totalitären Zentralismus änderte Josef Stalin auch die Politik gegenüber der U. und unterdrückte im Zusammenhang mit seiner »antinationalistischen Kampagne« bereits 1929 rigoros die UOAK, liquidierte ihre Hierarchie und einen Großteil des Klerus als Exponenten eines »bourgeoisen Nationalismus«. 1930 erklärte er die UOAK für aufgelöst. Reste der UOAK konnten sich bis 1942 nur im Untergrund, von da an als »Ukrainische Orthodoxe Auslandskirche«, in verschiedenen Ländern der Welt, an den Zentren ukrainischer Exulanten erhalten.

1940 begannen die Versuche, die ukrainischen Kirchen als Zentren des nat. Widerstandes auszuschalten. Alle Klöster und kirchlichen Einrichtungen wurden aufgehoben, allein im Bistum Lemberg 250 000 Gläubige nach Sibirien, Kasachstan und an das Polarmeer verschleppt, in ganz Galizien über eine halbe Million. Metropolit Szeptyckyj konnte bei Papst Pius XII. im November 1942 noch die Erlaubnis erwirken, für die verschleppten Ukrainer drei neue griech.-kath. Bistümer, in Rußland, in der Ost-U. und in Sibirien, einzurichten. 1941–44 war die U. von Truppen des nationalsozialistischen Deutschland besetzt. Dank des Desinteresses der dt. Heeresleitung konnten in der besetzten U. die inzwischen von den Sowjets geschlossenen oder umfunktionierten Kirchen sämtlicher Konfessionen zum großen Teil wieder geöffnet und reaktiviert werden. Daraus erklärt sich bis heute die im Vergleich zur übrigen ehemaligen Sowjetunion relativ starke kirchliche Präsenz in der U. Bei der Rekonstitution der UOAK 1942 gab diese ihr ursprüngliches demokratisch-synodales System zugunsten des hierarchischen (in Angleichung an die ROK) auf.

Nach Rückgewinnung der U. durch die Rote Armee (1944) gewährte Stalin zwar noch ein Staatsbegräbnis für den verstorbenen griech.-kath. Metropoliten Szeptickyj, begann aber unmittelbar darauf eine Kampagne gegen die UGrKK. 1945 wurde der neue Metropolit der UGrKK, Slipyj, verhaftet (bis 1953), danach die gesamte Hierarchie (von der insgesamt nur zwei Bischöfe lebend aus Sibirien zurückkehrten).

Auf Weisung Stalins, fand vom 8.–10. 3. 1946 in der Lemberger St. Georgs-Kathedrale eine mit bestellten »Delegierten« (aus der ukrainischen Initiativgruppe um den Studentenpfarrer Gavriel Kostelnyk mit den neu ernannten Bischöfen Pelwetzky und Melnyk) arrangierte »Synode« der UGrKK zur Aufhebung der Brester Union von 1596 statt. Mit einstimmigem Beschluß aller 214 Delegierten wurde weisungsgemäß die »Wiedereingliederung« der UGrKK in die ROK beschlossen. Ähnliches geschah 1949 in der Karpatho-U.

Für die ROK freilich bedeutete dieses Ergebnis, das Stalins Belohnung für deren kooperative Haltung im »vaterländischen Krieg« gegen den faschistischen Aggressor war, eine geradezu lebensnotwendige Kraftquelle. Der ROK wurden 3000 Kirchen in der U. übergeben, während sie in der übrigen Sowjetunion infolge der Kirchenverfolgung durch das atheistische Sowjetsystem von ursprünglich über 54 000 (1917) nur noch 2000 besaß. Bis zur Verselbständigung der U. 1990 kamen im Moskauer Patriarchat zwei Drittel des Priesternachwuchses aus der U.

Daneben bildete sich eine ukrainische Geheimkirche im Untergrund mit 10 (von inhaftierten Bischöfen in den Lagern geweihten) Bischöfen und Hunderten von Geistlichen; diese war für manche Ukrainer (besonders in Galizien) der letzte nat. Hort ukrainischer Eigenständigkeit.

1987 kamen bereits 40 000 Unterschriften für einen Antrag auf Wiederzulassung der UGrKK zusammen. Nach dem Treffen Michail Gorbatschows mit Papst Johannes Paul II. im Vatikan am 1. 12. 1989 erfolgte die Erlaubnis der Registrierung (Legalisierung) unierter Kirchengemeinden beim Ukrainischen Rat für rel. Angelegenheiten. Tatsächlich schlossen sich während des Jahres 1990 in der gesamten West-U. die meisten Priester, die bislang russ.-orth. waren, entweder der UGrKK oder der UOAK an; nur wenige blieben beim Moskauer Patriarchat; dagegen blieben in der Ost-U. die meisten Pfarreien russ.-orth. So wirkte die historische Teilung des Landes politisch und bis in die Fragen des persönlichen Glaubens bis heute nach.

Bereits am 6. 11. 1987 hatte der Kardinal der UGrKK, Lubachivskyi, in Rom in einer Erklärung zur Versöhnung mit der russ.-orth. Kirche, wie vorher mit dem poln. Volk, verlauten lassen: »Wir sind alle Brüder in Christus. Respektieren wir einander, lernen wir gemeinsam zu leben! Wir sollten uns bewußt sein, daß derselbe Glaube an den Heiland uns einigt. Maria, die Mutter Gottes, stellt eine starke Verbindung unserer religiösen Traditionen dar, welche uns helfen wird, alle Schwierigkeiten auf dem Weg zur Einheit und zum Heil unserer Völker zu überwinden.«

Nach der Ratifizierung des Gesetzes der U. »Über die Gewissensfreiheit und religiöse Organisationen« am 23. 4. 1991 erfolgt im Juni die Registrierung und volle Anerkennung der UGrKK. Am 8. 2. 1992 unterzeichnen die Vertreter der U. und des Vatikans bei den Vereinten Nationen ein Abkommen zur Aufnahme diplomatischer Beziehungen.

Die UOAK begründete auf ihrer Synode in Kiew am 5./6. 6. 1990 ihr eigenes Patriarchat. Daraufhin gab im November 1990 das Moskauer Patriarchat dem bisherigen Exarchat der ROK in der U. bei Beibehaltung der Jurisdiktion des Moskauer Patriarchats die volle administrative Unabhängigkeit (nach der bereits im Januar gewährten Teilunabhängigkeit) und den neuen Namen »Ukrainische Orthodoxe Kirche« (UOK), einschließlich des Rechtes des Gebrauchs der ukrainischen Landessprache in der Liturgie und der lokalen Mitbestimmung bei der Ernennung von Bischöfen. Die UOAK vereinte sich auf einer Synode vom 25./26. 6. 1992 mit einigen Bischöfen der Ukrainischen Orth. Kirche (Patriarchat Moskau) und nannte sich ebenfalls »Ukrainische Orthodoxe Kirche« (zur Unterscheidung hat sich die jeweilige Hinzufügung des Patriarchats eingebürgert: UOK PM = Patriarchat Moskau; UOK K = Patriarchat Kiew). Einige Gemeinden jedoch blieben bei der früheren Kirchengemeinschaft, so daß neben der UOK PK noch eine UOAK weiter existiert. Ebenso blieben einige russ.-orth. Gemeinden neben der UOK PM als ROK unmittelbar dem Patriarchat Moskau unterstellt.

Nach dem Gesetz der U. »Über die Gewissensfreiheit und religiöse Organisationen« vom 23.4.1991, Art. 9, gelten praktisch alle Kirchen außer der UOK PK als »Auslandskirchen«, da »deren leitende Stellen sich im Ausland befinden«. Das betrifft sowohl die UOK PM wegen ihrer obersten Kirchenleitung in Rußland wie auch die UGrKK, deren oberste Leitung beim Papst liegt.

Trotz der ihr so in den Weg gelegten Schwierigkeiten traten der UOK PM die meisten Kirchengemeinden Kiews bei, und sie blieb darüber hinaus die mitgliederstärkste Kirche in der U. (etwa 25% der Gläubigen, wobei allerdings 75% der 51,8 Millionen Einwohner der U. sich als »atheistisch« oder »gläubig ohne besondere konfessionelle Zugehörigkeit« bezeichnen). Ihr gehören 21 Bischöfe an, 3000 Priester, 5031 Kirchen und (nach kircheninternen) Angaben 12 Millionen Gläubige. Sie hatte ihre Gemeinden von 3971 (1968) auf 6505 (1.9.1991) ausweiten können, verlor aber 1474 (bis Anfang 1992) an die UGrKK oder UOAK bzw. UOK PK.

Schwerer getroffen hat die UGrKK, die in der Kirchengeschichte des Landes seit ihrer Gründung 1596 eine herausragende Bedeutung gespielt hatte. Einst unter Stalin wegen ihres »ukrainischen Nationalismus« verfolgt und tatsächlich im Untergrund Sammelbecken ukrainischer Nationalisten, wird sie nun als »Auslandskirche« diskreditiert und wegen ihrer »polnischen Herkunft« sowie wegen ihrer derzeit »polnischen Leitung« subversiver antinationaler Tendenzen verdächtigt. Zu ihr zählen sich nur noch 5% der Gläubigen (nach eigenen Angaben allerdings »mehr als 5 Millionen« Mitglieder), sie hat 15 Bischöfe, über 1000 Priester, 800 Ordensfrauen und betreut 1912 Kirchengemeinden, vorwiegend in der West-U.

Die UOK PK hatte infolge massiver staatl. Förderung einen großen Zulauf und verzeichnet 13% der Gläubigen (nach eigenen Angaben 3 Millionen), 11 Bischöfe und ca. 1500 Gemeinden.

Neben den Kirchen des byz.-slawischen Ritus existiert in der U. seit dem 12. Jh. auch die röm.-kath. Kirche des lat. Ritus. Die Zahl röm. Katholiken im Gebiet der ruthenischen Fürsten wuchs bes. im 13. Jh. an. 1361 richtete König Kasimir an den Papst die Bitte um Errichtung eines lat. Erzbistums in der Stadt Lemberg, 1375 wurde das lat. Erzbistum Halych mit der Residenz des Erzbischofs in Lemberg als Metropole für die Suffraganbistümer Przemysl, Wolodymyr und Cholm errichtet, die heutige Erzdiözese Lemberg zählt 313 registrierte Kirchengemeinden.

Lit.: P. Sethe, Russ. Geschichte, 1953; 1965. — J. Madey, Kirche zwischen Ost und West, 1969. — A. Schmidt, Geschichte des Baltikums, 1982. — G. Fedoriw, History of the Church in U., 1983 (Lit.). — G.-S. Korbyn, Architecture of Churches in U., 1983. — G. Stökl, Russ. Geschichte, von den Anfängen bis zur Gegenwart. ⁴1983. — N. L. Fr. Chirovsky (Hrsg.), The Millenium of Ukrainian Christianity, 1988. — N. Polonska-Wasylenko, Geschichte der U., 1988. — W. Janiw (Hrsg.), Wissenschaftlicher Kongreß zum Millenium des Christentums in der U., 1988/89. — C. G. Ströhm und St. Baier, Kirche im Kampf, 1989. — L. Husar, Das Millenium ist mehr als Folklore, 1990. — R. Hotz, Eine Kirche »zwischen allen Stühlen«, In: G2W 4 (1990). — A. Geoffrey (Hrsg.), Church, Nation and State in Russia and U., 1991. — D. Little (Hrsg.), U.: The Legacy of Intolerance, 1991. — H. Janas, (Hrsg.), U. ihre christl. Kirchen vor dem Hintergrund der Geschichte in Hoffnung in Spannung, 1993.   *G.A.B. Schneeweiß*

II. FRÖMMIGKEITSGESCHICHTE. Die MV beginnt im Kiewer Reich der Rus unmittelbar nach der Einführung des Christentums im Jahre 988 durch den Fürsten Wolodymyr den Großen. Wie Theol. und Liturgie von Konstantinopel übernommen wurden, so gelangte auch der Glaube an die Schutzmacht Ms und die Dankbarkeit dafür in die Rus, wo die MV unmittelbar nach der Christianisierung des Landes nat. Merkmale annahm. Die erste Mikone soll die Fürstin Anna, die Gattin Wolodymyrs, in die Rus mitgebracht haben. Der »Izbornik« (1076), eine Art Handbuch des geistigen Lebens, der Jh.e lang Gültigkeit besaß, mahnte zur Verehrung der Ikonen, v. a. der von Jesus Christus und der GM. Die erste Kirche, die Fürst Wolodymyr in Kiew gebaut hatte, wurde Me Himmelfahrt gewidmet. Viel zur Verbreitung der MV hat der Akt von Fürst Jaroslaw dem Weisen beigetragen, durch den er 1037 sein Land und dessen Bewohner unter den Schutz Ms gestellt hatte. Zum Andenken daran ließ er am Stadttor die Kirche Me Verkündigung bauen. Der Name dieser Kirche ist symbolträchtig, da sich bis heute an der hl. Pforte der Ikonostase in allen ukrainischen Kirchen das Bild der Verkündigung befindet, was besagen will, daß M der Anfang des Heils und die Pforte zum Himmelreich ist.

Kiew hat, wie Byzanz, einige wundersame Errettungen erfahren, die dem Schutz Ms zugeschrieben werden. So wird in dem Gedicht über Igors Feldzug gegen die Polowetzer berichtet, daß Fürst Igor nach seiner Flucht aus der Polowetzer Gefangenschaft zunächst zu der Ikone von Borytschew geeilt sei, um für seine Rettung zu danken.

In der Zeit des Leidens unter Tataren, litauischer und poln. Herrschaft stammen zahlreiche Mlieder, Legenden, Apokryphe und Erzählungen über die schützende Kraft Ms und ihre mütterliche Fürsorge für die Leidenden, die vom Volk geschaffen wurden. Wundertätige Ikonen mit dem Bildnis Ms werden zum Zentrum des rel. Lebens. Manche dieser Ikonen befinden sich heute außerhalb der U., so wurden z. B. die Ikone aus Wyschhorod nach Moskau und die aus Belsk nach Czenstochau gebracht. In diesen grausamen Zeiten der Kriege und Eroberungen kam das geistige, kulturelle und rel. Wachstum zum Stillstand. Aber gerade in jener Zeit verbreitete sich der Glaube an ⋒s Schutz, dessen sichtbares Zeichen die Einführung des Festes »Maria Schutz« (Prokow) im Oktober wurde. Zeugnis dafür gibt die Kirche der Kosaken auf den Dniepr-Inseln mit der Widmung an ⋒: »Nimm uns unter deinen heiligen Schutz«.

Unter der Herrschaft der orth. Kosaken blühte die MV erneut auf. Es wurden viele Kirchen gebaut, von denen mehr als ein Drittel der GM gewidmet ist, Klöster mit wundertätigen ⋒-ikonen erlangten Berühmtheit (z. B. das Kloster von Potschajiw); es wurden Bruderschaften mit ⋒ als Schutzpatronin ins Leben gerufen und ⋒lieder gesammelt und neu geschrieben, die die Grundlage des heutigen »Blahohlasny« bilden. ⋒ wird besungen als Beschützerin und Königin, als Frau, die mit dem Volk lebt, die sich um es kümmert und dessen Schicksal betrauert. Aus dieser Zeit stammen die »weinenden Ikonen«. Auch die Union von Brest, von heftiger Polemik und bitteren Kämpfen begleitet, zeitigte keine Unterbrechung der MV. In der Zeit der Trennung war ⋒ diejenige, die alle vereinte, als »Mutter des ruthenischen Landes«, wie sie in einem Lied aus jener Zeit besungen wird.

Die unierte ukrainische Kirche machte die MV zur Basis für Volksfrömmigkeit und Jugenderziehung. Hohen Verdienst um die MV erwarben sich die Klöster, v. a. der Orden der → Basilianer. Es entstanden Gesänge mit neuem Inhalt und in neuem Musikstil. Pilgerfahrten nach Zarwantytsia, Hoschiv und Potschajiw erfreuten sich großer Beliebtheit. Zahlreiche marian. Organisationen wurden gegründet und tägliche ⋒andachten im Mai eingeführt.

Im röm.-kath. Teil der U. entstanden unter dem Einfluß des westlichen lat. Ritus neue liturg. Praktiken der MV. Im orth. Teil unter russ. Besatzung wurden die alten Formen gepflegt, v. a. → Akathistos und Ikonenverehrung.

Dieser Prozeß einer organisierten und dynamischen MV reichte bis zum Zweiten Weltkrieg. Danach begann eine schwere Prüfungszeit für die Kirchen in der U. Unter russ.-bolschewistischer Herrschaft wurden bis auf einige orth. alle Wallfahrtskirchen geschlossen, eine ganze Reihe wundertätiger Ikonen ging verloren. Es überlebte nur der Glaube an die geistige Obhut ⋒s.

In der Emigration wurde die MV von den Ukrainern weitergepflegt. So haben ukrainische Soldaten im Ausland das Fest »Maria Schutz« zu ihrem Feiertag erkoren, und es entwickelte sich in den »Wanderikonen«, die von Ort zu Ort weitergereicht werden, ein neuer alle Ukrainer verbindender Kult.

Mit der Erlangung der Souveränität hat in der U. eine neue MV begonnen, die von Dankbarkeit für die schützende Macht ⋒s im Laufe der vergangenen Jh.e geprägt ist. Das ukrainische Volk hat ein ausnehmend hohes Vertrauen in den Schutz der GM — es verbindet sein Überleben im Osten Europas und seine geschichtliche Existenz mit der Fürsorge ⋒s, der Mutter unseres Heilands.

Lit.: s. o. — → Rußland.   *I. Muzyczka*

Ulbrich, Maximilian, * um 1741 in Wien, † 20. 9. 1814 ebd., Schüler von J. Chr. Wagenseil und J. G. Reuter, war hauptberuflich im Staatsdienst tätig. Ob sein reichhaltiges kirchenmusikalisches Schaffen je aufgeführt wurde, ist unsicher. Neben zahlreichen Opern (u. a. »Frühling und Liebe«), einer Operette, einem Oratorium (»Die Israeliten in der Wüste«), Symphonien und Kammermusik, sind eine Messe in D, Litaniae Lauretanae, ein Regina coeli und ein Salve Regina überliefert.

Lit.: MGG XIII 1037 f. — Grove XIX 324 f.   *E. Löwe*

Ullinger, Augustin, * 27. 3. 1746 in Randoldsberg, † 30. 7. 1781 in Freising, studierte nach dem Gymnasium am Jesuitenkolleg in München Phil. und war als Musiklehrer tätig. 1777 ist er als Kammerkompositeur und Hoforganist des Fürstbischofs Ludwig Josef v. Welden in Freising nachweisbar. Neben Instrumental- und weltlichen Vokalwerken sind Meßkompositionen, Lauretanische Litaneien, ein »Sub tuum praesidium« sowie Psalmvertonungen erhalten.

Lit.: MGG 1040 f. — Grove XIX 926.   *E. Löwe*

Ulrich v. Pottenstein, * um 1360, † 1416/17, Verfasser einer katechetischen Summe und bedeutender Repräsentant der »Wiener (Übersetzer-) Schule«, hatte bereits vor Übernahme seiner Pfarre enge Beziehungen zum Wiener Hof; er ist belegt als Kaplan der alten Herzogin Beatrix, der Frau Albrechts III. von Österreich. Zu Beginn der 1390er Jahre übernahm er die Pfarrei Pottenstein (südwestlich von Wien) und trat etwa um 1396 dem Wiener Domkapitel von St. Stephan bei. Von 1404 bis mindestens 1408 war er Pfarrer in Mödling, danach Dekan in Enns-Lorch bei Linz. Er wird dem frühhumanistischen Wiener Gelehrtenkreis zugezählt.

U.s in 18 Handschriften überlieferte Übersetzung der »Cyrillus-Fabeln« fällt in seine Amtszeit zu Enns; damit bearbeitete er ein im Spät-MA weitverbreitetes lat. Werk eines nicht identifizierbaren Verfassers; er wirkte mit diesen Fabeln u. a. auf Hans → Sachs.

Weniger verbreitet, jedoch weit bedeutender ist U.s zweites deutschsprachiges Werk, seine vierteilige Katechismus-Summe für »die frumen vnd verstanden layen«: Als umfangreichstes dt. Summenwerk des MA besteht es aus der Auslegung des Pater noster (Kap. 1–13), des Ave Maria (Kap. 14–20), des Credo (Kap. 21–42), des Magnificat und des Dekalogs (Kap. 47–70). Jedes der 70 Kapitel ist in zahlreiche Großbuchstaben untergliedert. Kein einziger der bisher bekannten elf Textzeugen vermag das exkursreiche Riesenopus vollständig zu tradieren — es würde 1200 eng beschriebene Folioblätter umfassen. Die Hauptanliegen der fortlaufend lesbaren wie als Nachschlagewerk nutzbaren (»Nu was materij du dir für nymst, die suech in der tavel«) Summe waren Laienbelehrung und Ketzerbekämpfung. Teilweise entstand sie auf Anregung von Reinprecht II. v. Wallsee, Hauptmann ob der Enns und ab 1412 Hofmeister Albrechts V.; U. verspricht dem Leser ausdrücklich eine Kontrastlektüre zur Heldenepik der »rekchen streytpücher«, nämlich eine Lehre und Anleitung zum »nucz deiner sele, deines hayles vnd der ewigen selichait, wie du die gewinnen vnd erstreyten mügest«. Als Übersetzer bevorzugt er eine freiere Sinnübertragung (»umbred/ gemain dewtsch«) gegenüber dem eng an Stil und Syntax des Latein orientierten »aygen dewtsch«.

Editorisch ist die katechetische Summe noch kaum erschlossen und daher (bis auf Paternoster-Auslegung und Kap. 22 aus dem Credo) praktisch unzugänglich; dies betrifft auch die 7 Kapitel (14–20) des mariol. Teils, dessen Umfang sich immerhin aus den drei Handschriften, in denen er überliefert ist, ersehen läßt: In der Folio-Hs. B V 2 der Erlauer Erzbischöflichen Bibl. nimmt die ₥auslegung 109 Blätter ein (180ra–288rb); der Text beginnt: »Nů hebt sich an uber daz Aue maria. Aue maria gracia. (V) Ir sind der ding die mir zittern vnd foricht machen so ich reden sol von der hochwirdigen vnd götlichen maget …« und endet: »… Also mit irem gütigen vnd Andechtigen flehen vnd pitten mach sy vns in zu der zeit vnsers todes einen hayler Amen.« Weiter überliefert wird die Auslegung in cgm. 5019 der Bayer. Staatsbibl. München (177va–264ra) und in der Hs. a X 13 der Stiftsbibl. St. Peter Salzburg (117rb–188vb).

Trotz der fehlenden Edition kann der Inhalt von U.s Ave-Maria-Auslegung aus den Überschriften des Gesamtregisters erschlossen werden. ₥ ist demnach Thema von 55 Unterkapiteln. In welcher Ausführlichkeit U. arbeitet, kann man bereits aus den Registerangaben über den Englischen Gruß ersehen. Unter den vielen Fragen fällt auf, daß U. darüber reflektiert, »ob maria geczweyfelt hab an den worten des engel« (Cap. xix O). Ebenso wird »Marie beschettung nach des engels verhaissen … ausgericht« (Cap. xx F) und beschrieben, »wie der engel mariam versichert hat mit ebenpilden« (Cap. xx G). U. fragt sich endlich, »warumb der engell mariam mit worten vnd nicht mit werchen versichert« (Cap. xx H).

₥ wird im Register nicht nur unter ihrem eigenen Namensstichwort benannt, sondern auch unter zahlreichen anderen, deren Aufreihung eine Skizzierung der Mariol. U.s erlaubt, etwa unter »Benedicio — Segen«, »Canticum — Lobgesangkch«, »Filius — Sun«, »Fructus — Frucht«, »Gracia — Genad«, »Humilitas — Dyemutichait«, »Natiuitas — Gepurd«, »Salutacio — Grues«, »Spiritus — Geist« und »Vacacio — Veyr«.

Ein zweites Hauptthema von U.s Mariol. ist neben der Verkündigung das Lob ₥s (Cap. xiiij A, D, L; Cap. xvj A). Näherhin wird das Lob ihrer »diemütichait« angestimmt (Cap. xx P; anschließend fragt Cap. xx Q eigens, »ob die diemütichait marie mer zu loben sey wenn ir chawschait«, und das folgende Cap. xx R, »ob die diemütichaytt marie besunderleich von got pewart sey«).

Weitere Themen sind ₥s Erwählung zum Erlösungswerk (Cap. xv A), ihre Natur (sie »übertraff englische natur in dreyn dingen«, Cap. xv C), ihre Gaben (Cap. xvj C), schließlich ihre Heiligkeit (diese »wirdet pewäret mit der juden vnd haiden schrift«, Cap. lxix F).

Ausführlichen Raum in mehreren Kapiteln nimmt die Segnung ₥s (Cap. xvj N) ein: U. behandelt etwa die Fragen, »ob marie segen besliesz in im aller segen der weyb« (Cap. xvj Q), und »ob maria von ires segens wegen sey vber all chor der engel erhöcht« (Cap. xvj R). Daß »maria von ires segens wegen erhebt sey vber all hymel mit leib vnd mit sel, das wirt pewart mit acht sachen« (Cap. xvj S), und »das maria mit leib vnd mit sel erhöcht sey das wirt manigualtichleich pewärt« (Cap. xvj T).

Eine Reihe von Prädikaten reflektiert U., wenn er fragt, »ob maria besunderleich sey gewesen der mer stern. Vnd ob sy aygenleich müg genant werden das pitter mer« (Cap. xv L, M), ob ₥ »ein fraw gewesen sey der engel vnd der menschen« oder »ein besundre muter … aller heyligen« (Cap. xv N, O), »ein besundre vorsprecherin … aller heyligen« und »ein besundre regel … aller syten vnd tugenden« (Cap. xv P, Q), »ein besundre tötterjnn … aller laster« und »ein besunder vas vnd behalterinn der gab des heyligen geists« (Cap. xv R, S). U. überlegt, »ob maria nicht zu nennen sey ein ware muter gots, darumb das er die gotleich natur nicht aus ir entphangen hat« (Cap. xx E), und er betont und begründet die Charakterisierung: ₥ »ist das puech des lebens« (Cap. xl G).

Eine Fundgrube für die ₥forschung verspräche die Edition des noch unedierten Cap. xl F aus dem Ende der Credo-Auslegung, dessen Thema lautet: ₥ »wirdet uil dingen geleichent«. U. fordert von ₥, sie »muss vns beschaiden wie der herr mit ir gewesen sey« (Cap. xvj G), und er meint, »Mariam nötten drew ding das sy vns genad muss mit tailen« (Cap. xviij B). Dem Register zufolge führt U. auch aus, wie ₥ »die czehen gepot wesungen hat« (Cap. xliij B) und »wie die von got westättet ist« (Cap. liij C).

In die eschatol. Dimension führt die Frage, »wie maria die sunder vnd die gerechten tailet als daz firmament die wasser« (Cap. xv H). Weiter habe ₥ »abgenomen driueltigen gepresten menschleicher natur« (Cap. lvj Y).

Breiten Raum nehmen ihre Mutterschaft und das Verhältnis ₥s zu ihrem Sohn ein. In diesem Zusammenhang wird auch die Jungfrauenschaft thematisiert.

Auch das Verhältnis zum Schöpfergott und Erlöser wird behandelt: »Maria hat driueltige frewd gehabet in got irem hayler« (Cap. 1 A); »Maria hat grosse ding von got enphangen« (Cap. lvj A, B). Der Autor fragt, »ob maria von got erleucht sey besunderleich vber all menschen vnd über alle creatur« (Cap. xv J, K) und »alain gefreyet sey vor dem fluech aller weyb« (Cap. xvj P).

Wohl kaum ein anderer Autor des dt. MA hat das Ave Maria in einer ähnlich breit angelegten Auslegung reflektiert wie der Pottensteiner Kleriker.

Ausg.: Auswahl-Editionen des »Katechet. Werks« bei Hayer (Kap. 1–13), Baptist-Hlawatsch 144–357 (Kap. 22, Gesamt-Register; Ed. und Quellen-Analyse der Auslegung des 1. Gebots in Vorbereitung).
Lit.: G. Hayer, U. v. P. (ca. 1360–1429), Paternoster-Auslegung, Diss. masch., Salzburg 1972. — G. Baptist-Hlawatsch, Das katechetische Werk U.s v. P., 1980, bes. 270–273. — P. Ernst, U. v. P., In: Unsere Heimat 58 (1987) 203–213. — VL[1] III 918–923. — LL XI 477 f.
W. Buckl

Umbanda ist als vierte Religion in Brasilien anerkannt, neben Katholizismus, Protestantismus und Spiritismus. U. ist der Versuch des Wiederaufbaues dessen, was von den afrikanischen Religionen übriggeblieben ist, also eine Revitalisierung und Revalorisierung der afrikanischen Überlieferung der Farbigen, die sich mit indianischem und christl. Glaubensgut verbunden hat, zunächst unter der Bezeichnung »Macumba« bekannt, später unter dem Namen »Umbanda« zusammengefaßt. Das hat seinen Grund darin, daß die U. in Lehre, Kultpraxis und Organisation die am meisten gefestigte Bewegung darstellt. Sie erstrebt eine Vereinheitlichung der Kulte und Rituale.

U. ist eine Kultreligion mit eigenem Priesterstand, farbenprächtigem Ritual und einem Katechismus. Der Name, von dem sich bereits der Begriff »Umbandismus« gebildet hat, wird verschieden erklärt. Am wahrscheinlichsten ist eine Herleitung von dem Bantu-Wort ki-mbanda (Prophet, Zauberer, Heiler), was dann »priesterliche Heilkunst« bedeuten würde. Als Religion hat U. die rassischen Grenzen ihres afrikanischen Ursprungs überschritten und wendet sich an alle Teile der Bevölkerung.

Die U.-Religion setzt westafrikanische Gottheiten mit biblischen Gestalten und kath. Heiligen in Beziehung, zuweilen auch indianischen Numina. Diese Gottheiten werden in die gütige Orixá und den bösen Exú eingeteilt. An der Spitze des bösen Exú steht der Exú-König (Exú-Rei), der mit Satan gleichgesetzt wird und gezwungen wird seine bösen Taten rückgängig zu machen. An der Spitze der wohltätigen Gottheiten steht der Himmelsherr und Schöpfergott Oxalá, der mit Jesus Christus identifiziert wird, und Yemanjá, die Göttin des Meeres, die Mutter aller Orixás und Symbol der Fruchtbarkeit, die mit der Jungfrau ℳ gleichgesetzt wird, meist mit »NS da Conceicâo« (ULF von der UE); zudem wird sie noch synkretistisch mit der indianischen Flußnixe Jára verbunden. Ihr Jahresfest wird am 8. Dezember begangen mit Opfern an Flußläufen und am Meerestand.

Lit.: A. Ramos, O mito de Yemanjá e suas raízes inconscientes, In: Bahia Médica 3 (1932) 109–112. — Z. A. O. Seljam (Hrsg.), Iemanjá e suas lendas, 1967. — H. Unterste, Der Mythos der Iemanjá, Diss., Zürich 1973. — Z. A. O. Seljam, Iemanjá mâe dos orixás, 1973. — H. Unterste, Der Mythos der Iemanjá, In: Archiv der Religionspsychologie (1978) 252–276. — N. B. Medale, Cento e Sete Invocacôes da Virgen Maria no Brasil, 1980. — L. Cabbera, Iemanjá y Ochún, 1980. — (P.) K. Iwashita, Maria no contexto da Religiosidade popular Brasileira. Análise religiosa e psicológica do sincretismo entre Maria e Iemanjá, na perspectiva de C. G. Jung, 1987.
H. Rzepkowski

Umiltà, auch »Demutsmaria« und »Gärtleinsmadonna« genannt, verrät durch ihren sprachlichen Terminus ihre ital. Provenienz. Der ikonographische Typus beinhaltet eine Darstellung ℳs, die voll Demut auf der Erde sitzt und als Mutter ihrem Kind die Brust reicht (vgl.: ℳ → lactans, → Galaktotrophousa). Das Christuskind wendet sich dabei oftmals von seiner Mutter ab und dem Betrachter zu, als wollte es ihn fixierend einbeziehen, was der Thematik den Charakter eines persönlichen Devotionsbildes verleiht. V. a. wird dabei ein kleinteiliges Bildformat bevorzugt. Vielfach begleiten Inschriften die Tafelbilddarstellung und bringen wörtlich den Hinweis auf U., so daß der Typenname »Madonna dell'Umiltà« unmittelbar von den Darstellungen abgeleitet werden kann. Zudem ist die U. eine Verselbständigung einer Annunziata-Darstellung, bei der ℳs → Demut (Ancilla Domini) die notwendige Voraussetzung ihrer Berufung zur Mutter Christi und zu ihrer Verherrlichung gewesen war. Gerade sienesische Verkündigungsdarstellungen (Simone Martini, Ambrogio Lorenzetti und Luca di Tommè) betonen im ℳtypus die Humilitas der GM, so daß durch Isolierung dieses ℳtypus' in Siena in der 1. Hälfte des 14. Jh.s auch die Entstehung der U. postuliert werden kann. Im Gegensatz dazu plädierte u. a. M. Meiss eher für eine Christi-Geburt-Darstellung als ikonographischen Konnex. Gerade durch die Unmittelbarkeit des U.-Typus' ist die Demuts-ℳ zu einer der beliebtesten ℳdarstellungen geworden und enthält sämtliche Charakteristika eines spätma. Andachtsbildes mit weitem Einzugsbereich und großer Breitenwirkung bis hin zu Darstellungen des Paradiesgärtleins (→ Paradies), ℳ im Rosenhag, auf der Rasenbank und ℳ im Grünen unter Einbeziehung des → Hortus conclusus, ein Motiv, das um 1400 am Oberrhein bevorzugt aufgegriffen und bes. von den Dominikanern propagiert wurde. Katharina v. Siena galt als besondere Verehrerin der U., war doch ihr Geburtstag am 25. März, dem Verkündigungsfest. In den »Meditationes Vitae Christi« des Ps.-Bonaventura oder eines sonst postulierten Autors des Franziskanerordens sind im Zusammenhang mit der Verkündigung an Ⓜ in den moralisierenden Randbemerkungen bereits sämtliche Konturen des späteren Devotionsbildes der U. vorformuliert. Wie umfassend das Bild von Ⓜ, der demütigen Magd war, belegen die vielfältigen Zeugnisse bei A. Salzer (345–368).

Simone Martini ist Schöpfer der ersten bezeugten U.-Darstellung im Portaltympanon (1340/43) von ND-des-Doms in Avignon. Obwohl die Thematik durch das Stifterbild eher privaten Charakter hat und somit mehr für Klosterzellen bestimmt war, steht hier der Stifter, Kardinal Jacopo Stefaneschi († 1343), stärker im Vordergrund als die U. Nachahmung erfuhr S. Martini 1345 durch seinen Schüler mit der U. über dem Grab von Johanna Aquinas in S. Domenico Maggiore zu Neapel, was die Thematik auch in Nähe zur Funeralkunst brachte, vielleicht im Kontext mit dem Salve-Regina-Hymnus und bes. dem Vers »post hoc exilium«. Die neapolitanische »Replik« zeigt ⓂⓏ zu ebener Erde auf dem Kissen, zudem die Mondsichel zu ihren Füßen, um mit »amicta sole, luna sub pedibus« die Apokalyptische Frau (Offb 12,1) und als Ziel die Demut zu ihrer Verherrlichung anzudeuten. Zur neuen Bezeichnung »Mater omnium« kommt auch das Motiv der Ⓜ lactans. Damit zeigen die beiden frühest bezeugten Bildbeispiele bereits die gesamte Variationsbreite der U.-Thematik. Stilistisch gehören die U.-Tafeln zu den letzten reifen Werken Simone Martinis, wobei eine neue, feinfühlige Devotion, erwachsend aus privater Frömmigkeit und höfischer Verfeinerung bis hin zu zartem, raffiniertem Reiz der Kleidung im aufwendigen Dekor byz. Stoffe und orient. Teppiche, auffällt. Nachahmer überzeichnen die ursprünglich dekorative Wirkung mit Hilfe überreichen Ornamentschmucks und übertriebenen Glanzes auf Kosten der plastischen Form. In der ersten Hälfte des 15. Jh.s sind Darstellung der U. in Siena so zahlreich, daß es den Anschein hat, die Gläubigen hätten sich Ⓜ nur mehr als U. vorstellen können. Eine führende Rolle hierbei fällt v.a. Andrea di Bartolo, Sohn des Bartolo di Fredi, zu, der ab 1380 bis ins 15. Jh. hinein in seiner Werkstatt eine große Zahl von U.-Darstellungen schuf.

1423 avancierte die U. erstmals zum sienesischen Altarbild, nämlich am Altar der Familie Tolomei im Dom von Siena, gemalt von Gregorio di Cecco di Lucca, künstlerisch übertroffen von den U.-Madonnen der Werkstatt Sassettas in Cortona, auf denen Engel, die Krone über Ⓜ haltend, zunehmend eine Rolle spielten. Dies geschieht in Anlehnung an Martini, doch dessen sanft abgestimmte Empfindsamkeit bis ins Manierierte übertreibend. Das Ende des Lieblichen im Einflußbereich der internat. Gotik des Quattrocento ist die plastisch monumentale U. des Domenico di Bartolo (1433) in der Pinacoteca in Siena, eine Auffassung, die durch ihre Präsenz die Devotionsdarstellung Ⓜs aufhebt und ihr mittels erdverhafteter Sinnbilder und En-

Umiltà, Domenico di Bartolo, Maria mit Kind und Engeln, 1433, Siena, Accademia

gelwesen irdische Größe verleiht. Die Aureole hat wie im Utrechter Beispiel kosmische Dimension mit Inschriften wie »stella micans« und »gemma preciosa«. Diese Texte basieren auf einem sienesischen Traktat des beginnenden 15. Jh.s mit dem Titel »De proprietatibus nominibus beatae Virginis Mariae« und behandelt zudem in Lebensbeschreibungen seltene Ⓜverehrer, wie die Heiligen Marcellinus de Ancona, Constantius de Perugia, Equitius und Libertinus. Ab Mitte des 15. Jh.s verliert das U.-Thema in Siena an Bedeutung. Zu den Malern zählten: Pietro a Ovile (Amsterdam, Rijksmuseum), Arcangelo di Cola (Ancona, Mus. Civico), Umkreis Simone Martinis (Berlin, Preuß. Kunstbesitz), Andrea di Bartolo (Bologna, Museo Stefaniano; Booklyn Mus.; Brüssel, Sammlung Stoklet; Detroit, Art Institute; Florenz, Sammlung Finaly; Genua, Sammlung Guecco; Greenville, Bob Jones University; Mombaroccio bei Pesaro, Wallfahrtskirche; Montreal, Mus. of Fine Arts; New York, Kunsthandel Ehrich; Washington, Nat. Gallery, Zuschreibung an Masaccio (1425) in Washington (Nat. Gallery, Mellon-Collection), Giovanni di Paolo (Boston, Mus. of Fine Arts; Lugano, Sammlung Thyssen-Bornemisza; Rocca d'Orcia, S. Simione und Siena, Pinacoteca), Giovanni di Bologna (Venedig, Accademia und Brüssel, Sammlung Van Gelder), Taddeo di

Bartolo (Budapest, Szépmüvészeti Múz.), Domenico di Bartolo (Siena, Pinacoteca und Cambridge, Fitzwilliam Mus.), Puccio di Simone (Florenz, Accademia), Vitale da Bologna (Mailand, Mus. Poldo-Pezzoli), Gentile da Fabriano (New York, Kunsthandel French & Co.; Pisa, Mus. Civico, Velletri, Dom-Mus.), Jacopo Bellini (Paris, Louvre), Paolo di Giovanni Fei (Polesden Lacey; Siena, Dom) Stefano da Verona (Worcester, Mus.) und Bartolomeo da Camogli (Palermo, Museo Naz., 1346), um nur die bekanntesten zu nennen.

Auf Sassettas Vorlagen zurückgreifend, erfüllt Giovanni di Paolo (ca. 1440) in den Exemplaren von Boston und der Replik in Siena das U.-Thema mit neuem rel. Inhalt. Der weite Landschaftsausblick und die exakten botanischen Einzelheiten im Vordergrund rahmen die bizarre Silhouette ℳs. Heftige Gefühlswallungen sind in zuckenden Bewegungen des Kindes wiedergegeben. Die Erde, auf welcher ℳ sitzt, ist ein Paradiesgarten voller Blumen, die symbolische Hinweise auf die GM bringen. Der Ort der Verherrlichung ist auch im zeitgenössischen Traktat »De proprietatibus nominibus BMV« angesprochen: »Paradisus amena dicitur beata Maria et ex paradiso sita in alto«, dies vor dem Hintergrund des Hohenliedes (5,1) »Descende in hortum meum«, was auch die Geisttaube auf dem Bostoner Tafelbild zu bestätigen scheint. Diese »terra fructifera«, in die Gottes Wort gesät wurde, ist mehr als »terra«, ist »humus«. »Humilitas« wird bereits bei → Isidor v. Sevilla (560–636) etymologisch von »humus« abgeleitet, und noch Bonaventura vergleicht ℳ, die Demütige, mit Humus/Erde: »Terra nostra Virgo Maria est.« Selbst Katharina v. Siena greift in ihrem Brief (1375) an Schwester Pavola in Fiesole (Epistolario Nr. 1412/2) diesen Vergleich auf, allerdings mit der Betonung, daß ℳ passiv Empfangende ist. Die Fruchtbarkeit des Paradieses wird zudem durch eine Hecke aus → Orangenbäumchen als Hortus conclusus in sienesischer Landschaft angedeutet, wobei Giovanni di Paolo auf Gentile da Fabriano und der U. mit Lionello d'Este von Ferrrara, Jacopo Bellini zugeschrieben (1441), basiert und die Blumen mit der fruchtbaren Erde des Paradiesgartens als Sinnbilder für ℳs Demut einsetzt. Dieser Garten des Paradieses (Gen 2,8–15) ist nach Evas Fall symbolischer Aufenthaltsort der neuen Eva (ℳ), der jetzt endgültig durch sie im typologischen Sinn geöffnet wird. Bei Jacopo Bellini wird ℳ mit »Ave Mater, Regina Mundi« angerufen. Als solche aber schwebt sie im Typus der U. zwischen Himmel und Erde, bereits verwandt der ℳ Assunta.

Die sienesische U. ist Vorgabe für Darstellungen nördlich der Alpen mit der Bezeichnung Gärtleinmadonna, ℳ auf der Rasenbank, ℳ im Grünen, ℳ im Rosenhag und das Paradiesgärtlein. Gemeinsam ist allen Motiven bis hin zu M. Grünewalds (um 1518) Stuppacher Altarbild die ganzfigurige Madonna im Grünen, auf dem Rasen oder einer Rasenbank sitzend, im Hintergrund der Ausblick auf die Landschaft, im Vordergrund detailreiche Blumenschilderung, die ℳ als Blume des Feldes, als die Zeitlose, die Lilie im Tale, die schmerzensreiche oder die »wonnigliche Apotheke« bezeichnet, da vorwiegend Heilkräuter ausgesucht sind wie etwa auf dem Tafelbild eines rheinischen Meisters (München, Alte Pinakothek), auf einem böhmischen Täfelchen (Köln, Wallraf-Richartz-Mus., um 1420/25) und bei einer ℳ lactans aus den nördlichen Niederlanden (Utrecht, Reichsmus., Catharinen-Convent, Mitte 15. Jh.). Beispiele reichen von Tafelbildern Martin Schongauers (Bologna, Pinacoteca Naz.) und Kupferstichen (ℳ auf der Rasenbank) bis zu Albrecht Dürers Kupferstichen (Madonna mit der Meerkatze, 1497/98, und die Hl. Familie mit der Heuschrecke, 1494), die weithin als Vorlagen dienten. Liegt die Betonung mehr auf dem Hortus conclusus, sitzt ℳ vor einer hinter der Rasenbank hochgehenden Rosenlaube als ℳ im Rosenhag, so beim Meister des Paradiesgärtleins (Solothurn, Städt. Mus., um 1410), auf der Tafel eines Veroneser Meisters vom Anfang des 15. Jh.s der Sammlung Kurt Herberts in Wuppertal mit Inschriftennimbus »Ave Gratia Plena Dominus …« oder in der kölnischen Miniatur des sog. Rationale von Aachen um 1450 mit Karl dem Großen als Stifter des Aachener Münsters (Brüssel, Bibl. Royal) bis zur Colmarer Rosenhag-Madonna Martin Schongauers (Colmar, St. Martin, 1473) oder bes. Stephan Lochners Madonna in der Rosenlaube (Köln, Wallraf-Richartz-Mus.) als eines seiner letzten Werke um 1450. Neben Einflüssen des franz. Hofes auf diesen um 1400–20 entstandenen Bildtypus der Rosenhagmadonnna wird auch der des Paradiesgärtleins spürbar, der, vom nördlichen Italien ausgehend, bes. in der Schweiz, im Elsaß und der Rheinachse entlang Ausdruck marian. Mystik geworden ist. Vorgaben sind etwa das Tafelbild Stefanos da Zevio (Verona, Museo di Castelvecchio, um 1410) und das oberrheinische Paradiesgärtlein (Frankfurt, Städel, um 1410). Daß im Paradiesgarten der Hortus conclusus inkludiert ist, zeigen z. B. der bezinnte Mauerkranz und die flankierenden Ecktürme auf dem Paradiesgartentriptychon der Werkstatt Stephan Lochners (Köln, Wallraf-Richartz-Mus, um 1447–51) und das Paradiesgartentäfelchen des Meisters von St. Laurenz aus der Werkstatt des Meisters der hl. Veronika (ebd., um 1420). Im Paradiesgarten ist zwar die Demut ℳs noch durch Rasenbank und Blütenfülle ausgedrückt, doch treten jetzt im Hortus conclusus als Spielgefährten des Jesuskindes weibliche Heilige hinzu, so auf dem Kupferstich des Meisters E. S. (um 1450/60) die hll. Margaretha und Katharina v. Alexandrien, mit propädeutischen Attributen Jesu künftiges Leiden andeutend, bei Stefano da Verona die hl. Katharina und beim Meister des Paradiesgärtleins (Frankfurt, Städel, um 1410) die hll. Sebastian und Georg, Dorothea, Martha und Caecilia, die dem Jesusknaben die Zither zum Spielen reicht. Im Paradiesgartenmotiv ist ⓜ meist lesend zu sehen, während das Jesuskind mit den Heiligen im Gartenbereich spielt. Gerade das Frankfurter Täfelchen ist im Gegensatz zu Giovanni Bellinis (ca. 1430–1516) Paradiesgärtlein zum Inbegriff des nordischen Paradiesgärtchenmotivs geworden, es betont gegenüber Italien seine recht eigenständige Bildform mit deutlichem Hinweis auf das Himmlische Jerusalem in Anwesenheit von dienenden Engeln, die Blumen pflücken, adorieren oder ⓜ krönen. »Fließender Bronn« und anwesende Heilige sind Anspielungen auf das Hohelied, weshalb auch das Motiv der Verlobung der hl. Katharina mit einbezogen werden kann, etwa beim Nürnberger Meister des Nothelferaltars um 1430 (Bamberg, Staatsgalerie). Der Goldhintergrund weicht zunehmend blauem Himmel, der in Italien und den Niederlanden zu typischen Landschaftsausschnitten mutiert, die ⓜ in die irdische Sphäre zurückholen, so etwa beim Meister von Flémalle (St. Petersburg, Ermitage; London, Nat. Gallery). Noch in Raphaels »Madonna Alba« (Washington, Nat. Gallery, um 1510/11) ist das U.-Motiv durchzuspüren.

Lit.: R. L. Ottley, Humility, In: Encyclopaedia of Religion and Ethics IV, 1913, 870 ff. — G. G. King, The Virgin of Humility, In: ArtBull 17 (1935) 474–491. — M. Meiss, The Madonna of Humility, ebd. 18 (1936) 435–64 (Lit.). — R. Wolfgarten, Die Ikonographie der Madonna im Rosenhag, Diss. masch., Bonn 1953. — E. M. Vetter, Maria im Rosenhag, 1956. — W. Braunfels, Giovanni Bellinis Paradiesgärtlein, In: Mün. 9 (1956) 1–13. — O. Schaffner, Christl. Demut, des hl. Augustinus Lehre von der Humilitas, 1959. — D. de Chapeaurouge, Zur Symbolik des Erdbodens in der Kunst des MA, In: Mün. 17 (1964) 38–58. — M. Wundram, Stefan Lochner — Madonna im Rosenhag, 1965. — H. W. van Os, Marias Demut und Verherrlichung in der sienesischen Malerei, 1300–1450, 1969. — H. Sachs, E. Badstübner und H. Neumann, Christl. Ikonographie in Stichworten, 1975, 290 f. — Schiller IV/2 207–210. — H. und M. Schmidt, Die vergessene Bildersprache christl. Kunst, 1981, 246 f. — K. Schreiner, Maria, Jungfrau – Mutter – Herrscherin, 1994, 151 ff. — RDK III 1251–57.   *G. M. Lechner*

Unabhängige Afrikanische Kirchen. Mit der planmäßigen Mission in Afrika entstanden durch kirchliche Spaltungen und rel. Bewegungen »Unabhängige Afrikanische Kirchen« in wachsender Zahl. Da die meisten unabhängigen Kirchen aus prot. Kirchen und Missionen hervorgegangen sind, steht die mariol. Frage nicht im Vordergrund und wird meist nur indirekt mit den christl. Fragen angesprochen.

In einigen Kirchen findet der Rosenkranz Verwendung, bes. durch die Priesterschaft und leitende Personen. Der Ursprung dafür ist bei der röm.-kath. Kirche und beim Islam zu suchen; denn beide Formen des Rosenkranzes kommen vor. Er wird anstelle eines Stabes bei der Weihe des Wassers verwendet und zeitweilig als Gebetshilfe gebraucht. So verwendet die »Musama Disco Christo Church« (oder »Army of the Cross of Christ Church«), die 1922 von Joseph W. E. Appiah, dem späteren Propheten Jemisemihn Jehu-Appiah, Akoboha I., gegründet wurde, einen Rosenkranz mit 15 Perlen.

Einige unabhängige Kirchen oder messianische Bewegungen sind im Zusammenhang mit der kath. Kirche und Mission entstanden. 1704 entstand um die 20-jährige Prophetin Chimpa Vita, die sich Dona Béatrice nannte, die messianische Antonier-Bewegung in der Kongo-Mission. Ein mariol. Bezug besteht in der Rückbindung der Identität der Gruppe an das Jesuskind. Die Prophetin verstand sich als Verkörperung des hl. Antonius, der ihr aufgetragen habe, sein Werk weiterzuführen. Sie sei beauftragt, das zerstörte Kongoreich wieder aufzurichten. Dona Béatrice fand eine große Gefolgschaft. Ihre Anhänger trugen eine eigene Tracht, die eine Gruppenbildung erleichterte. Diese Kleidung lehnte sich bewußt an den althergebrachten Rindenstoff der Ba-Kongo an. Der Rindenstoff wurde auch als die Kleidung des Jesuskindes ausgegeben, so daß hier eine bewußte Anpassung des Christentums und der mit ihm identifizierten europäischen Zivilisation vorliegt. Die Anpassung an die Tradition wird erst ganz verständlich, wenn bedacht wird, daß der nesanda-(nsanda-)Baum, von dem der Rindenstoff gewonnen wird, als mythischer Ursprung der Ba-Kongo gilt. Er ist also ein nat. Symbol. Dona Béatrice wurde am 4. 7. 1706 öffentlich verbrannt.

Die erste Bewegung der neueren Zeit, die aus der kath. Kirche hervorging war »Holy Face Catholic Church«, die um den Ort Uyo in Ost-Nigeria 1944 entstand. Die Bewegung, die als »Holy Face Society« begann, benutze von Anfang an den Rosenkranz.

Im Sambia entwicklete sich die »Catholic Church (oder Children) of the Sacred Heart«, deren Gründer der ehemalige Seminarist und spätere kath. Lehrer Emilio Mulolani aus Lusaka ist. Durch Visionen der Jungfrau ⓜ und der hl. Theresa v. Lisieux ermuntert, siedelte er seine Mitglieder in eigenen Dörfern an. 1960 wurde die Religion von der Regierung verboten.

In Kenia haben sich zwei Kirchen unter den Luo mit kath. Hintergrund und marian. Namen gebildet: Die »Religion of Mary« (»Dini ya Mariam«) geht auf die Prophetin Mariam Ragot zurück, die sich seit 1952 in ihren Predigten gegen die röm.-kath. Kirche und die Europäer wandte. 1954 wurde die Gruppe verboten; die Beschränkungen gegen die Prophetin und ihren Ehemann wurden erst 1960 aufgehoben. Seither besteht die Gruppe unbehindert in Süd-Nyanza. Die »Maria Legio (of Africa)« oder »Legion of Mary (of Africa Church)« wurde durch den kath. Katechisten Simeo Ondeto gegründet. Ende 1963 wurde seine Anhängerschaft auf 90 000 Mitglieder geschätzt. Nach 1964, als Simeo Ondeto wegen unerlaubter Versammlungen inhaftiert war, ging die Leitung der Gruppe an Gaudencia Aoko oder Mtakatifu (Hl. Mutter; * 1943) über. Die Bewegung wurde ausgesprochen anti-römisch, dennoch behielt sie die lat. Kultsprache, die Verwendung der liturg. Kleidung, des Rituals und des Rosenkranzes bei.

Eine Splittergruppe (seit 1963) dieser Bewegung besteht in Tansania und folgt der röm.-kath. Praxis so eng wie nur möglich.

Ähnlich wie in vielen anderen unabhängigen Kirchen der Titel Messias dem Gründer beigelegt wird, wurde er hier dem Mitbegründer Simeo Ondeto zuerkannt. Damit soll zum Ausdruck kommen, daß die Kirchengründung durch ein ganz besonderes Eingreifen Gottes erfolgte. Da die röm.-kath. Kirche vom rechten Wege abgekommen ist, »sandte er (Gott) Bikira Maria (die Jungfrau ⋈) und ihren Sohn (Simeo Ondeto), um dem Volke den rechten Weg zu zeigen ...«. Die MV in der Legio ist von Bedeutung, auch die Verwendung des Rosenkranzes ist beibehalten worden. Der Hl. Geist nimmt eine zentrale Stellung in der Theol. der Legio ein. ⋈ teilt die Gaben des Hl. Geistes aus. Sie hat die Mittlerrolle der Ahnen in der traditionellen Religion übernommen.

Ein weiterer wichtiger Aspekt für die afrikanischen Stammesreligionen bei vielen Stämmen (etwa ein Drittel der südlich der Sahara gelegenen) ist die Verehrung einer weiblichen Erdgottheit, einer impersonalen Gestalt, die als Schützerin des Landes, Geberin der Fruchtbarkeit und Hüterin von Ehe, Familie und Heimat verehrt wurde. Den damit verbundenen Fruchtbarkeitskulten und Ahnenkulten war die Stabilität der afrikanischen Gesellschaft während der kolonialen Zeit und während des Einbruchs der Mission zu verdanken. Schon sehr früh schenkte die Mission ihnen daher ihre Aufmerksamkeit. Im 17. Jh. tolerierte die kath. Mission im Kongo die überlieferten Gewohnheiten soweit, daß in der Loango-Region die MV fast nicht von der Verehrung der lokalen Erdgottheit zu unterscheiden war. Die spätere Mission zog eine weitaus deutlichere Trennungslinie.

In den Ackerbau-Kulturen Westafrikas war die Verehrung der Erdgottheit mit ihren Fruchtbarkeitsriten für die Mission des 19. Jh.s nicht annehmbar. Die Mission ging gegen die Muttergottheiten vor, aber nur selten kam die Kontroverse an die Oberfläche. Seit 1944 versuchte der Ashanti-Bund, dem überlieferten Bann über das Pflügen des Ackers am Donnerstag mehr Nachdruck zu verleihen, denn jeder Donnerstag war der Erdgottheit Asase Yaa (Mutter Erde) heilig. Die Auseinandersetzung mit den Kirchen zog sich lange hin. In Nigeria bildete sich zu diesem Zweck die Geheimgesellschaft Ogboni. Die Missionen verboten ihren Mitgliedern, sich der Geheimgesellschaft anzuschließen. 1914 bildete der Anglikaner-Pfarrer T. A. J. Obunbiyi, ein Yoruba, eine Bewegung innerhalb der Kirche unter dem Namen »Christliche Ogboni-Gesellschaft«, die in Nigeria allgemein »Reformierte Ogboni-Bruderschaft« genannt wurde. Dabei ging es T. A. J. Obunbiyi um die Verchristlichung der Ogboni-Gesellschaft über den Gedanken von der allgemeinen Bruderschaft aller Menschen, die sich aus der Mutterschaft von Eva herleitet. Die »Reformierte Ogboni-Bruderschaft« wurde aber immer wieder angeklagt, daß sie unter dem Namen von »Eva« bei dem althergebrachten Kult der Erdmutter verbleibe. Die anglikanische Kirche verbot dem Klerus die Mitgliedschaft in dieser Bewegung.

Die Jamaa-Bewegung (Familie) unter den Luba in der Katanga-Provinz in Zaire begann 1945 und breitete sich bis zur Unabhängigkeit über das ganze Land aus. Sie ging aus dem Bemühen von Placide (François) Tempels OFM (1906–77) um die afrikanische Kultur und ihre Grundgedanken hervor. Nachdem er die »Lebenskraft« (»force vitale«) als das entscheidende Element für das afrikanische Weltbild erkannt hatte, wollte er ein pastoraltheol. Entsprechen finden. Aus seiner Unterweisung (mafundisho) der Erwachsenen entstand die Bewegung zunächst innerhalb der kath. Kirche, die dann aber in Irrwege im lehrhaften wie ethischen Bereich verfiel. Dabei hat die Mariol. eine weite und entscheidende Bedeutung. In vielen Pfarreien kommen die Gläubigen im Mai und Oktober täglich zu ⋈andachten zusammen und es ist vielfach Brauch, die ersten neun Tage des Monats als Novene zu gestalten.

Die GM wird unter verschiedenen Namen angerufen, z. B. unter dem hebräischen »Myriam«, dem christl. »Maria« und dem Bantu-Namen »mama Maria« sowie als »neue Eva«.

Die Jamaa-Anhänger glauben, daß die erste und die idealste Jamaa, von der sich alle anderen herleiten und auf die sie letztlich bezogen sind, die »Einheit der Liebe« ist, die zwischen Christus und ⋈ bestand. Sie haben sich gegenseitig in einer vollkommenen und absolut geistlichen Weise hingegeben, sodaß sie übernatürlich eine Einheit wurden. Christus ist der »neue Adam« und ⋈ die »neue Eva«, frei von der Erbsünde des ersten Menschenpaars, die durch ihre Liebe und Einheit, die nicht ohne die Einheit mit Gott bestehen kann, die Erbsünde des Menschen tilgten. Nach ihrer Glaubensaussage ist ⋈ für immer das Medium der Einheit mit Christus, die Quelle, durch die Liebe, Einheit und Menschlichkeit gegeben und empfangen werden. Sie ist die Fruchtbare, durch die Kinder geistlich wie natürlich geboren werden. In den Träumen, Predigten und Glaubensaussagen der Jamaa sind Christus und ⋈, Mann und Frau, die Begegnung, die Einheit und die Fruchtbarkeit die zentralen Themen.

Der hl. Joseph wird nur gelegentlich im Schrifttum der Jamaa erwähnt, in der mündlichen Überlieferung einiger Gemeinden wird er als der Patron der Bewegung verstanden. ⋈ und Joseph waren Eheleute und führten eine normale eheliche Gemeinschaft, so daß sie außer Jesus noch andere Kinder hatten. Aber Jesus zeigte seinen Eltern die »wahre« Liebe.

Weitere Gründungen mit marian. Bezug sind die »Community of the Holy Heart of Mary (Ndeya Kanga)« in Gabon und die »St. Joseph's Chosen Church of God« in Nigeria, gegründet durch den Apostel Joseph Ikechiuku.

Lit.: K. Schlosser, Propheten in Afrika, 1949. — S. C. Phillips, The Heathen Cult called Reformed Ogboni Society, 1949. — H.-C. Chery, Les Sectes en Rhodésie du Nord, In: Parole et Mission 2 (1959) 585–589. — L. Jadin, Le Congo et la secte des Antoniens. Restauration du royaume sous Pedro IV et la >sainte Antoine< congolaise (1694–1718), 1961. — L. Oger, L'Eglise du Sacre Coeur (Zambia), In: Notes et Documents 51 (1964) 421–430. — H. W. Turner, African Independent Church, 1967. — E. Anderson, Messianic Popular Movements in the Lower Congo, 1968. — D. B. Barrett, Schism and Renewal in Africa. An Analysis of six thousand contemporary religious Movements, 1968. — G. C. Oosthuizen, Post-Christianity in Africa. A theological and Anthropological Study, 1968. — E. and I. Weaver, The Uyo Story, 1970. — J. Fabian, Jamaa: A Charismatic Movement in Katanga, 1971. — T. Filesi, Nazionalismo e religioni nel Congo all'inizio del 1700, 1972. — W. de Craemer, The Jamaa and the Church. A Bantu Catholic Movement in Zaire, 1977. — A.-J. Smet, Le Père Placide Tempels et son oeuvre publié, In: Revue Africaine de Théologie 1 (1977) 77–128. — H. W. Turner, Religious Innovation in Africa. Collected Essays on New Religious Movements, 1979. — C. G. Oosthuizen, Iconography of Religions XXIV, 12: Afro-Christian Religions, 1979. — A.-J. Smet, La Jamaa dans l'oeuvre du Père Placide Tempels, In: Religions africains et christianisme 1 (1979) 265–269. — S. Moreau and J. Kombo, An introduction to the Legio Maria, In: African Journal of Evangelical Theology 10 (1991) 10–27. — H. Hinfelaar, Women's revolt: The Lumpa Church of Lenshina Mulenga in the 1950s, In: Journal of Religion in Afrika 21 (1991) 99–129. — T. M. Hinga, An African Confession of Christ: The Christology of Legio Maria Church in Kenya, In: J. S. Pobee (Hrsg.), Exploring Afro-Christology, 1992, 137–144. *H. Rzepkowski*

Unamuno (y Jugo), Miguel de, * 29.9.1864 in Bilbao, † 31.12.1936 in Salamanca, Philosoph und Schriftsteller, war ab 1891 Prof. für Griech. an der Universität Salamanca und später jahrelang Rektor der Universität. 1924 wurde er auf Grund seiner Angriffe gegen die Diktatur Primo de Riveras nach Fuerteventura verbannt und verbrachte danach Jahre des Exils in Frankreich, 1930 kehrte er nach Salamanca zurück, wo er bis kurz vor seinem Tod wiederum das Amt des Universitätsrektors bekleidete.

U. gilt als der prominenteste Vertreter der sog. 98er Generation in → Spanien, die sich die Erneuerung Spaniens zum Ziel gesetzt hatte und die zwischen der Jh.wende und dem Beginn der 20er Jahre das span. Geistesleben entscheidend prägte. Sein umfangreiches, auf alle lit. Gattungen verteiltes Werk behandelt v. a. das Thema Spanien, dessen Wesen und Werte er klarzulegen und anhand derer er die Position Spaniens in Europa neu zu bestimmen suchte. Andererseits gibt U.s Werk von tiefer persönlicher Beunruhigung (Widerstreit von Glaube und Vernunft angesichts der Erwartung des eignen individuellen Todes) leidenschaftlichen und in seinen Aussagen schwankenden und auch widersprüchlichen (»agonischen«) Ausdruck. Seine bedeutendsten Werke sind zunächst die lit.-phil. Essais »En torno al casticismo« (1895), »Vida de Don Quijote y Sancho« (1905) und »Del Sentimiento Trágico de la Vida« (1913) sowie die kulturhistorischen Essais seiner Landschafts- und Reisebücher wie »Por tierras de Portugal y España« (1911) und »Andanzas y visiones españolas« (1922), daneben eine fast unübersehbare Zahl verstreuter Essais; dann seine Romane »Paz en la guerra« (1897), »Amor y pedagogía« (1902), »Niebla« (1914), »Abel Sánchez« (1917), »La Tía Tula« (1921) und »San Manuel Bueno, Mártir« (1931); schließlich seine stark von persönlichen Themen beherrschte Lyrik seit 1907, in der unter rel. Aspekt v. a. der »Rosario de sonetos líricos« (1917) und der »Cancionero« (Gedichte 1928–36) sowie das lange Gedicht »El Cristo de Velázquez« (1902) interessieren. Einblicke in das Entstehen seiner Gedanken bietet das »Diario íntimo«.

Wenn auch ⓜ kein primäres Thema bei U. ist, so erscheint sie doch relativ häufig und v. a. in Perspektiven, die leicht mit den das Werk und das Denken U.s generell beherrschenden spezifischen Interessen, auch Obsessionen oder »persönlichen Mythen« des Autors in Verbindung gebracht werden können.

ⓜ als integrierendes Element traditioneller span. Mentalität erscheint bei U. unter autobiographischem Bezug als Kindheitserinnerung (»En la Basílica del Señor Santiago de Bilbao«, wo sie mit der Basilika selbst identifiziert wird, OC VI 200–204), als emotionale Größe (Avemaria-Läuten, abendlicher Rosenkranz als Teile des Erlebens einer Landschaft, OC I 79). Gerade als zutiefst verinnerlichte Empfindung und Erinnerung an eine geborgene Kindheit bleibt, wie mehrfach im »Diario poético« notiert wird, ein latenter Glaube an die Jungfrau ⓜ als Zuflucht und Stütze in intellektuellen Zweifeln (OC VIII 787. 865) und bewahrt die ursprüngliche kindliche Frömmigkeit vor der Depravierung in spirituellen Ästhetizismus (ebd. 876). Ähnliches bewirkt auch das Rosenkranzgebet (OC VIII 856–857).

Als mythisches Mutterbild hat ⓜ über Jh.e im Bewußtsein der christl. Völker gelebt und gewirkt (OC IX 53). So erscheint sie natürlich, wo immer in U.s Werk span. Lebensrealität thematisiert wird, in den üblichen Kontexten, also in formelhaften Ausdrücken des Alltags, als Helferin und Beschützerin in mannigfachen Bedrängnissen (OC II 119. 724; Schlucken eines Zettels mit marian. Stoßgebeten in den Schmerzen der Geburt, ebd. 330). Sie erhält Versprechen und Gelübde (OC II 253. 432. 434), der Sünder sündigt aber auch in gewissem Seelenfrieden mit dem Kalkül auf das in extremis rettende Stoßgebet an die Jungfrau (OC II 114). ⓜ erscheint als Objekt öffentlicher Verehrung und materieller Fürsorge der Gläubigen in Prozessionen, neuen Gewändern für die Statue und im Wunderglauben des Volkes (OC I 456. 458. 646; OC II 197), aber auch als Helferin im Kampf und Bildnis auf den Feldzeichen (OC I 845; II 155. 165), wobei sich der Autor selbst freilich scharf von einer »Nationalisierung« der Jungfrau ⓜ distanziert (OC IX 1179). Span. ⓜheiligtümer erscheinen in seinen Reiseessais (OC I 236. 289. 451. 454. 603) und dem Cancionero (Peña de Francia, OC VI 1079). Eventueller Widerstreit von Kunst und Glauben in der ⓜdarstellung wird thematisiert (Gegenüberstellung eines kunstlosen ⓜbildes in einer span. Wallfahrtskirche mit der perfekten Inszenierung marian. Frömmigkeit in Notre Dame de la Victoire in Paris, OC I 169; auch OC II 720).

Ein häufig erscheinender, von stark persönlicher Anteilnahme geprägter marienthematischer Komplex ist bei U. der Hinweis auf M's Mittlerfunktion zwischen Gott und der Menschheit. In einer Liste vorgesehener Themen für das Diario íntimo erscheint die Rubrik »Demut und Gehorsam. Maria. Vom Menschen zu Gott« (OC VIII 773). Wie Gott unter allen Gestirnen ausgerechnet die Erde erwählt habe, so habe er ein einfaches hebräisches Mädchen zur Erlösung der Menschheit erkoren. »Maria ist die Menschheit, die durch Demut und Gehorsam zu Gott aufsteigt. Deshalb stieg Gott zu ihr und in sie herab, in die Menschheit, die sich zum Göttlichen erhebt, und ließ Jesus Fleisch werden, die Gottheit, die zum Menschlichen herabsteigt.« (OC VIII 855; ähnlich ebd. 799. 801). M ist wie Eva vor dem Sündenfall, wie sie aus den Händen des Schöpfers kam (OC VIII 856–857). M's Größe ist komplementär an die Niedrigkeit der Menschheit gebunden (ebd.). Im Zusammenhang mit der Spekulation über das ewige Leben als kontinuierliche Fortsetzung des irdischen Daseins erscheint M als das selbst von den Engeln verehrte »höchste Symbol der irdischen Menschheit« (ST 212). Als »Virgen de los Dolores« ist sie das Bewußtsein des Universums und des Lebens (OC VI 1230). Die »humanisierende« Rolle M's erscheint indirekt in der dichterischen Meditation über den »ahumanen«, irdisch-erdhaften toten Christus in der Kirche S. Clara in Palencia, an deren Anfang und Ende der Dichter jeweils den Hinweis auf die in diesem Kloster lokalisierte Legende der »Margarita la tornera« (→ Beatrix-Legende; → Zorrilla) plaziert (OC VI 517–520). Die mit dieser Mittlerfunktion M's stets verbundenen Haltungen der Demut und des Gehorsams verkörpern die Weisheit (sapientia, sabiduría; OC VIII 788) M's, deren Inkarnation sie auch selbst ist (OC VIII 856f.), und die an anderer Stelle dem Wissen (scientia, saber) Evas gegenübergestellt wird (OC VI 1160). Der Menschlichkeit M's entspricht schließlich ihre Sorge für unseren Alltag: Wie bei der Hochzeit zu Kana bittet sie Gott um irdische Güter für uns und fordert uns auf, alles zu tun, was er uns gebietet (OC VIII 868). Sie gibt das Leben, die Tage und behütet »die Stunde unseres Todes« (OC VI 1008).

Ein wohl in psychischen Tiefenschichten der Persönlichkeit U.s verankertes Mythologem, dem immer wieder sein Interesse gilt, ist das Bild der »jungfräulichen Mutter« (als solche bezeichnet er z. B. seine eigene Frau Concha, cf. OC VI 1393). Eine seiner bekanntesten Romanfiguren, die »Tante Tula« (»La Tía Tula«), lebt diesem Ideal, indem sie die Kinder aus anderen Ehen des geliebten (und sie liebenden) Mannes erzieht, sich diesem aber als Frau verweigert, ein Ideal, das freilich in diesem Kontext — und in der für U. typischen Ambiguität — auch als psychische Deformation und zumindest teilweise als Verweigerung gegenüber ihrer Umwelt mit durchaus grausamen Folgen gedeutet werden kann. Tula erfüllt ihr Leben und das der Kinder mit der Verehrung M's (OC II 1057; auch Fernhalten der Kinder von der Erfahrung der Sexualität durch Mskapuliere, ebd. 1056), sie bittet die Jungfrau um Kraft, schließt sich in ihrem Zimmer ein, um zu weinen und zur Jungfrau zu beten (OC II 1068. 1073). Der dieser Figur spezifischen Problematik der Übertragung eines rel. Ideals in die Lebenswirklichkeit gilt möglicherweise der Hinweis, »Natur« und die Jungfrau seien das Gleiche (OC II 1086). Andere Hinweise auf das Motiv der jungfräulichen Mutter betreffen, neben Maria, »Mutter des Vaters« (OC VI 1151), auch Abisag, die Sunamitin, als »Mutter« des greisen David sowie die »Mutter« Santa Teresa de Jesús (OC VIII 494). Das Motiv der jungfräulichen Mutter, »ewiges Nachträumen der verlorenen Unschuld« (OC VI 1151), erkennt U. auch in der ma. Frauenverehrung und dem mit ihr verbundenen Mkult, auch der »mariolatría« des Bonaventura, als Wiedererscheinen einer paganen, freilich »christianisierten« Religiosität (ST 166).

Wie tief schließlich das Mmotiv in die persönlichen Spekulationen U.s integriert gewesen sein muß, zeigen nicht zuletzt einzelne, z. T. kaum klar interpretierbare Gedichte im »Cancionero«, der z. T. persönlichste Notizen in Gedichtform festhielt: so etwa in einem kurzen Gedicht die mehrfache Kombination der Wörter »Ave«, »Eva« und »María« (OC VI 972) oder die Bezeichnung Evas als »Mutter des Wissens vom Leben,/ Mutter des Lebens und des Wissens« und notwendige Sünderin, die aber offenbar nicht nur negativ M gegenübergestellt wird (OC VI 1160), die Ausdeutung des Mnamens als »maria« (die Meere; OC VI 1407) oder ein etwas enigmatisches Verkündigungsgedicht (OC VI 1213–14) — alles möglicherweise Versuche, durch Sinn-, v. a. aber Sprachkombinatorik neue Sinngehalte um M aufzuschließen.

U. bemühte sich deutlicher als andere seiner Zeitgenossen um die phil. Neubestimmung der Stellung des Menschen, bes. des Individuums, nach dem Zusammenbruch allgemein verbindlicher Glaubensnormen und gelangte dabei zu Problemstellungen, aber auch Lösungsversuchen, die — nicht zuletzt unter dem Einfluß seines Studiums Kierkegaards — den späteren Existenzialismus und die Phil. des Absurden vorwegnehmen. Sein Denken in ständigen Positionswechseln und unter dauernder Revidierung getroffener Aussagen ist nicht nur durch den subjektiv-existentiellen Impuls seines Philosophierens und Dichtens bedingt, sondern entspricht auch seiner sich selbst zugedachten Rolle eines geistigen Beunruhigers und »Ruhestörers« des zeitgenössischen Spanien. M erscheint in diesem Rahmen in U.s Werk als doch gelegentlich ersehnter Ruhepunkt, aber auch als Reflex zutiefst subjektiver psychisch-mentaler Eigenart und Gegenstand seiner Spekulation.

WW: Obras Completas (OC), 9 Bde., 1966–71. — Del sentimiento trágico de la vida, 1978.

Lit.: S. de Madariaga, M. de U., In: Ders., Semblanzas literarias contemporáneas, 1924, 127–159. — J. Marías, M. de U., Espasa-Calpe, 1943 u. ö. — S. Serrano Poncela, El pensamiento de U., 1953 u. ö. — F. Meyer, L'ontologie de M. de U., 1955; Übers.: La ontología de U., 1962. — J. Ferrater Mora, U., bosquejo de una filosofía, 1957; Übers.: U.: A Philosophy of Tragedy, 1962. — L. S. Granjel, Retrato de U., 1957. — P. Laín Entralgo, M. de U. o la desesperación esperanzada, In: Ders., La espera y la esperanza, 1957, 356–398. — C. Blanco Aguinaga, El U. contemplativo, 1959. — Ch. Moeller, M. de U. et l'espoir désespéré, In: Litérature du XXème siècle et christianisme IV, 1960; Übers.: La esperanza en Dios nuestro padre y M. de U. y la esperanza desesperada, In: Literatura del siglo XX y cristianismo IV, ⁷1968, 55–175. — V. Marrero, El Cristo de U., 1960. — F. Schürr, M. de U. Der Dichterphilosph des tragischen Lebensgefühls, 1962. — R. Gullón, Autobiografías de U., 1964. — A. Sánchez Barbudo (Hrsg.), M. de U. El escritor y la crítica, 1974. — C. Nunally Wood, The Mother Image in Selected Works of U., Diss. 1976, 4551A.

W. Kreutzer

Unbefleckte Empfängnis. I. DOGMATIK. *1. Das Dogma.* Am 8.12.1854 verkündete Papst Pius IX. in der Bulle »Ineffabilis Deus« das Dogma der UE ⓂS: »Die Lehre, daß die allerseligste Jungfrau Maria im ersten Augenblick ihrer Empfängnis auf Grund einer besonderen Gnade und Auszeichnung von seiten des allmächtigen Gottes im Hinblick auf die Verdienste Jesu Christi, des Erlösers des menschlichen Geschlechtes, von jeder Makel der Erbsünde bewahrt blieb, ist von Gott geoffenbart und muß deshalb von allen Gläubigen fest und unabänderlich geglaubt werden« (Graber 26; vgl. DS 2803).

Auf dem mariol. Kongreß zur Hundertjahrfeier des Dogmas hat J. B. Alfaro die Definitionsformel auf dem Hintergrund ihrer Vorbereitung einer sorgfältigen Analyse unterzogen (vgl. Alfaro, La fórmula), den im strengen Sinn definierten Gehalt erhoben und von den mitschwingenden Implikationen und möglichen Schlußfolgerungen unterschieden.

Zunächst ist ein immer wieder anzutreffendes Mißverständnis auszuräumen. Das Dogma der UE bezieht sich nicht auf den Akt der Menschwerdung Christi im Schoße Ⓜs, sondern meint das Entstehen Ⓜs selbst im Schoß ihrer Mutter Anna. Es sagt auch nichts über die generative Tätigkeit der Eltern Ⓜs, sondern zielt ausschließlich auf die Person Ⓜs selbst, ihre passive Empfängnis: Schon im ersten Augenblick ihrer personalen Existenz ist Ⓜ frei vom Makel der Erbschuld. Der »erste Augenblick« ist jener der Beseelung der Leibesfrucht, wobei der Zeitpunkt offen bleibt. Das Wesen der Erbsünde wird nicht beschrieben, ist aber aus dem Konzil von Trient als »mors animae« oder »amissio sanctitatis et iustitiae« vorauszusetzen, so daß in der negativ gehaltenen Definitionsformel implizit positiv die übernatürliche »Heiligkeit und Gerechtigkeit« für Ⓜ vom Beginn ihrer Existenz im Mutterleibe an mitdefiniert ist. Schlüssig ergibt sich daraus ihre uranfängliche Ausstattung mit der heiligmachenden Gnade (gratia habitualis). Nicht formell definiert ist mit der Erbsündenfreiheit schon die Freiheit von Konkupiszenz (→ Begierlichkeit) und anderen Erbsündenfolgen; nicht tangiert wird die sog. Debitum-Frage, obgleich die Vorherbewahrung (praeservatam fuisse) mindestens die Möglichkeit des Erbsündigwerdens für Ⓜ mitsagt. Diese Möglichkeit ist nicht eine bloß neutrale, sofern ihre Nichtverwirklichung ausschließlich auf ein besonderes Gnadenprivileg Gottes im Blick auf die Verdienste »Christi, Salvatoris humani generis«, zurückgeführt wird. Die Vorherbewahrung als Vorhererlösung durch Christus im strengen Sinn ist nicht definiert, ergibt sich jedoch aus dem Kontext der Bulle, aus der Verdeutlichung durch Pius XII. (Enzyklika Fulgens Corona, DS 3909) und das Vaticanum II (LG 53; Alfaro, Maria; Pozo, Maria, 311 f.). Die Definition läßt auch die Frage offen, ob ausschließlich Ⓜ auf diese Weise von Gott begnadet wurde, was aber wiederum vom Kontext und nachfolgenden lehramtlichen Aussagen her so zu verstehen ist (Pius X., Enzyklika Ad diem illum, DS 3370; Pius XII., Enzyklika Fulgens Corona, DS 3908–10; vgl. De Fiores, In: NDMar², 687).

Wenn also in Beachtung des Grundsatzes »dogmata sunt stricte interpretanda« (vgl. CIC can. 749, § 3) der formell und explizit definierte Gehalt des Dogmas der UE zu beschränken ist auf die Wahrheit der Erbsündenfreiheit Ⓜs schon im ersten Augenblick ihrer Existenz im Mutterleib und der darin implizierten radikalen Heiligung und Begnadung, so heißt das nicht, daß die erwähnten und andere Ausfaltungen oder Teilaspekte nicht integrierender Bestandteil der Offenbarung und des Glaubens wären, sondern markiert lediglich den unterschiedlichen Grad der Gewißheit und Helligkeit im Glaubensbewußtsein der Kirche. Es ist geradezu umgekehrt so, daß das Dogma im strikten Sinn seinen Reichtum erst entbirgt, wenn man es in der Verwobenheit des Heilsmysteriums erkennt, das in der Kirche lebendig da ist und sich im Gang ihrer Geschichte schrittweise ins reflexe Bewußtsein hebt durch das Wirken des Hl. Geistes im allgemeinen Glaubenssinn, der in den verschiedenen Lebensäußerungen der Kirche Ausdruck sucht und Niederschlag findet. Gerade das Dogma der UE bedeutet (wie das der → Aufnahme Ⓜs in den Himmel) einen mächtigen Impuls auch für die theol. Erkenntnislehre und Einsicht in den komplexen Vorgang der Dogmenentwicklung (vgl. Söll, HDG I/5, 214 ff.). Das Enthaltensein in der Offenbarung ist für ein Dogma wesentlich und mit der Dogmatisierung unfehlbar gewiß. Weil aber explizite wörtliche Aussagen der Schrift und ältesten Überlieferung für die UE nicht ausmachbar sind, sie sich aus der Natur der Sache einer historischen Verifizierung entzieht und auch nicht bloß logisch-stringent aus anderen Offenbarungsdaten erschließen läßt, erhält auf ausdrücklichen Wunsch Pius' IX. (Sardi II, 234. 300) die Endfassung der Bulle als erste und wichtigste Begründung das von ihm so bezeichnete »Factum Ecclesiae«, d. h. das tatsächliche übereinstimmende synchron-universale Glaubensbewußtsein der gegenwärtigen Kirche, dessen er sich vor der Dogmatisierung gleichsam wie in einem »schriftlichen Konzil« durch Befragung des Weltepiskopates, der theol. Fakultäten usw. versichert hatte. Die Bulle skizziert die Kontinuität dieses Glaubensbewußtseins auch diachron in den Zeugnissen der Tradition bis zurück zur Schrift, die so im Mitglauben mit den Zeugen der Tradition gelesen wird. Solches Mitlesen im gesamtkirchlichen Glaubenshorizont behält die in der Schrift überlieferte Offenbarung in ihrer Einheit und Ganzheit im Blick, hat deshalb gegenüber den verengenden und fragmentierenden, glaubensneutral operierenden, gar sich verabsolutierenden Methoden neuzeitlicher Schriftauslegung die größere Chance, Tragweite und Aussageintention der Texte auszuloten, den Sinnüberschuß (Ratzinger, Schriftauslegung, 41) zu vernehmen, der sich in ihnen ausworten und das glaubende Verstehen und Einverstandensein evozieren will. Das Dogma der UE forderte, wie auch das der Aufnahme Ⓜs in den Himmel, wegen des Begründungsansatzes im Glaubensbewußtsein der Kirche heraus zu vertiefter Methodenreflexion im Umgang mit dem Depositum fidei, auch und gerade der Hl. Schrift, die von ihrem Wesen und faktischen Gewordensein her gar nie »sola scriptura« war und sein will.

2. *Geschichtlicher Werdegang. a) Schriftgrundlage.* Wer diesen von der Definitionsbulle selbst angebotenen hermeneutischen Horizont beachtet, wird nicht unbedingt isolierte explizite wörtliche Schrifttexte für die UE fordern, vielmehr die Wahrheit derselben nicht minder erkennen, wenn sie in typologischer Verhüllung mit anderem Alphabet auftritt. So buchstabiert sich die später ausformulierte Mariol. in der Ineinslegung und wechselseitigen Erhellung von AT und NT weithin schon aus im Selbstverständnis des auserwählten Volkes und seiner Erfüllungsgestalt, der Kirche als dem neuen Gottesvolk, in unterschiedlich zeichenhaft-sakramental dichter Zuordnung zum kommenden oder gekommenen Erlöser und seiner Durchführung des ewigen Heilsratschlusses. Die Adam-Christus-Typologie ist begleitet von derjenigen Eva-Ⓜ (Müller), wobei Ⓜ als wahre »Tochter Zion« die personale Konkretheit der Kirche in sich versammelt (Ratzinger, Tochter Zion). Die typologische Schriftlesung erlaubt es, den langen Weg der Erneuerung, Reinigung und Aufheiligung des Volkes Israel, den Bau der hl. Stadt Jerusalem durch Gott selbst zusammenzulesen mit der vom Himmel herabsteigenden Stadt und in Ⓜ ihre personale Konkretion und Aufgipfelung zu erkennen, im Ja Israels am Berge Sion das Fiat Ⓜs mitzuvernehmen, beide umhüllt vom Gnadenglanz der gottgeschenkten Heiligkeit (vgl. Serra, In: NDMar² 688–695).

Eingebettet in solche Typologien gewinnen dann v. a. zwei Texte auch direkt in Richtung UE Bedeutung, nämlich das → Protoevangelium (Gen 3,15) und der Verkündigungsbericht (Lk 1,28). In ersterem liegt der Argumentationsgang in der Zuordnung Ⓜs (direkt bei mariol. Lesart: ipsa; indirekt bei christol. Version: ipse) zu Christus in seiner universalen Feindschaft zu Satan und Überwindung der Sünde, was ihre radikale und totale Heiligkeit voraussetzt und eine auch nur vorübergehende Freundschaft mit Satan und Behaftung auch bloß mit der Erbsünde ausschließt (Pozo, Maria, 297). Die Verkündigungsstelle hat ihr Gewicht aus der Anrede »κεχαριτωμένη« für Ⓜ, was sicher eine der angekündigten GMschaft adäquate Begnadung und Heiligkeit meint, die in ihrer Fülle vielfach so verstanden wird, daß implizit die (→ Sündenlosigkeit) Freiheit von jeglicher Sünde (einschließlich der Erbsünde) und damit UE ausgesagt sei.

Doch darf die Stringenz dieses Beweisganges für sich alleine in beiden Texten nicht zu hoch angesetzt werden. Das gebietet schon die faktische weitere Glaubensentwicklung, welche in einem breiten Strom und mit einer unterschiedlichen Reflexivität in Ost und West fast das ganze erste Jahrtausend hindurch zunehmend eine umfassende Heiligkeit für Ⓜ reklamierte, ohne eindeutig zur UE im präzisen Sinne des späteren Dogmas vorzustoßen, das dann aus Gründen der Analogia fidei in namhaften Vertretern der ma. Theol. sogar direkte Ablehnung erfuhr, um die Universalität der Erlösungstat Christi und der ihr korrespondierenden allgemeinen Erlösungsbedürftigkeit nicht zu gefährden.

b) Patristische Annäherung. Stimmen, welche Ⓜ leichte ethische Mängel zutrauen, gibt es vereinzelt, doch eher als Ausnahmen (→ Unvollkommenheiten). Im Raum der → Eva-Ⓜ-Parallele steigern die Zeugen der Frühzeit ziemlich durchgehend mit der je deutlicheren Kontrastierung die Heiligkeit Ⓜs. Der von Satan besiegten Eva steht Ⓜ als die Siegerin über ihn gegenüber. Eine Parallelisierung Eva-Ⓜ am Sündenfall Evas vorbei, d. h. eine Typusfunktion der supralapsarischen Eva für Ⓜ (Nicolas), hat in der frühen patristischen Periode keinen Anhalt (vgl. Pozo, Maria, 299, Anm. 10). Das gilt von → Justin, der die Eva-Ⓜ-Parallele erstmals verwendet, aber auch für den »Vater der katholischen Marienlehre« (Söll, HDG III/4, 37) Irenäus. Seine Rekapitulationstheorie reicht nicht so weit, daß für Ⓜ eine Erschaffung im supralapsarischen Zustand zu folgern wäre. Vielmehr legt er nahe, daß Ⓜ bei der Verkündigung »gereinigt« wurde (Adv. haer. IV, 33, 11; Söll, HDG III/4, 39). Dieser Heiligung für die GMschaft bei der Verkündigung, die allgemein angenommen wurde, trat bald zur Seite die Überzeugung einer dafür vorbereitenden Vorausreinigung (προκαθαρθεῖσα, Gregor v. Nazianz, Or. 38,112). Damit war tendenzmäßig die Rückverlagerung an den Lebensbeginn Ⓜs eigentlich schon eingeläutet. Eine das ganze Leben umgreifende spezifische Heiligkeit Ⓜs aus ihrer besonderen Zuordnung zu Christus preist Ephräm (Carm. Nis. 27,8), wie überhaupt die östlichen Väter hierin weitgehend übereinstimmen (Proklos, Andreas v. Kreta, Hesychius, Photius usw., vgl. Köster, In: LThK X 467 f.; Jugie). Die Übereinstimmung zerbricht dort im Grunde genommen erst in der Neuzeit durch westlich-ref. Einfluß (vgl. Köster, In: LThK X 467). Doch darf diese Übereinstimmung auch nicht überstrapaziert werden, da bei den Griechen die Erbsünde eher als Straf- denn als Schuldverhaftung aufgefaßt und deswegen der Zeitpunkt der Befreiung von ihr weniger wichtig war (Balthasar, Theodramatik II/2). Im Westen hatte die von Augustinus in Auseinandersetzung mit Pelagius und v. a. mit Julian v. Eclanum nachhaltig betonte Universalität der Erlösungsbedürftigkeit wegen der universalen Erbsündenverhaftung, von der er allein Christus den Erlöser ausgenommen sein ließ, retardierend auf die UE gewirkt. Augustinus (wie vor ihm Hieronymus und Ambrosius) hält an der Heiligkeit und Freiheit ⚚s von persönlichen Sünden fest (»propter honorem Dei«), betont aber gegen Pelagius und Julian als deren Grund die unerläßliche Wiedergeburt und Gnadenbedingtheit, ohne über Zeitpunkt und Modus etwas Genaueres zu sagen (vgl. Söll, HDG III/4, 84 ff.). Im augustinischen Umfeld findet sich dann bezeichnenderweiser auch die erste direkte und explizite Leugnung der UE, nämlich bei Caesarius v. Arles: »... a peccati enim uteris nexu non est immunis nec ipsa genitrix Redemptoris« (Hom. 2,4, vgl. Pozo, Maria, 302). Die universale Erbsündenverhaftetheit und Erlösungsbedürftigkeit muß einerseits auch für ⚚ gelten, wenn die universale Erlöserfunktion Christi nicht gefährdet werden soll. Hatte ⚚ sich die Erbsünde nicht zugezogen, schien auch Christus nicht ihr Erlöser sein zu können. Andererseits erforderte die besondere Stellung ⚚s im göttlichen Heilsplan, Mutter unseres Gottes und Erlösers zu sein, eine Heiligkeit, die so groß ist, wie sie für ein Geschöpf größer nicht gedacht werden kann (Anselm); das war aber noch nicht gegeben, wenn ⚚ überhaupt erbsündig war, und wäre es für eine noch so kurze Zeit.

c) Die Epoche der Kontroversen. Das im Westen so ausformulierte Dilemma führte in die offene Kontroverse nicht zuletzt deswegen, weil das im Osten schon im 7./8. Jh. bestehende liturg. Fest der Empfängnis ⚚s im 9. Jh. im Westen Verbreitung fand und von den einen (beginnend mit → Paschasius Radbertus) als Argument in Richtung UE oder mindestens Heiligung im Mutterleib herangezogen (Scheffczyk, Karolingerzeit, 306–344), von anderen (z. B. → Bernhard v. Clairvaux) heftig angefochten wurde. Für die gerechte Würdigung der Auseinandersetzung muß auch berücksichtigt werden, daß der Begriffsgehalt von »Empfängnis« (und damit der präzise Inhalt der liturg. Festfeier) wegen zeitbedingter biologischer Vorstellungen auf den Zeugungsakt, auf sukzessive Etappen der Entstehung der Leibesfrucht und/ oder deren Beseelung bezogen und das Erbsündigwerden bzw. Geheiligtwerden entsprechend unterschiedlich verortet werden konnte, wenn man in augustinischer Sehweise das konkupiszenzbehaftete Zeugungsgeschehen in einer gleichsam negativen Sakramentalität (Seybold, Sozialtheol. Aspekte, 84–116) als Vehikel der Erbsündenübertragung gelten ließ.

Große Theologen der Scholastik, wie etwa → Anselm v. Canterbury, Bernhard v. Clairvaux, → Petrus Lombardus, → Thomas v. Aquin, → Albert der Große, → Bonaventura hatten vor diesem Hintergrund um der universalen Erlöserfunktion Christi willen Vorbehalte gegen die UE, doch waren sie bestrebt, die Heiligung möglichst nahe an die Empfängnis heranzuführen, ihr folgen zu lassen »cito post conceptionem« (vgl. Söll, HDG III/4, 171, Anm. 119).

Getrieben von Frömmigkeit und Glaubensinstinkt und die Prinzipien seines Lehrers Anselm weiterdenkend, kommt → Eadmer († 1141) das Verdienst zu, als erster die UE dezidiert vertreten zu haben (Geenen; Köster, Der Beitrag Eadmers). Er zeigte mit seinem berühmten Kastaniengleichnis von dorniger Schale und dennoch glatter Frucht, daß Gott den erbsündenbringenden Konnex von Zeugung und Empfängnis auch durchbrechen kann, ohne auf jungfräuliche Empfängnis auszuweichen. Auf ihn geht das später klassisch gewordene und nicht selten inflationär mißbrauchte Argument zurück: »potuit, voluit, fecit« (vgl. Tract. 10). Nahe an die wirkliche UE kamen auch heran Robert → Grosseteste und → Wilhelm v. Ware, wobei letzterer über Eadmer hinaus die Qualifizierung der UE als Erlösung durch Christus liefert. ⚚ verdankt alle Reinheit ihrem Sohn; sie bedurfte des Leidens Christi nicht wegen einer Sünde, die in ihr war, sondern die in ihr gewesen wäre, wenn nicht der Sohn selbst sie durch den Glauben vorherbewahrt hätte (vgl. Quaest. disp. de IC, ed. Quaracchi, 1904, 10). Von da an begleitet die Diskussion um die UE ausgiebig die später so genannte Debitum-Frage (Pozo, Maria, 307).

Völlig vereindeutigt wurde die Position der Bejahung der UE durch den Schüler Wilhelms v. Ware, Johannes → Duns Scotus († 1308). Er beseitigt die aus den zeitgenössischen Zeugungsvorstellungen kommenden Probleme bezüglich des Subjekts von Erbsünde und Heiligung, indem er für beides klar die menschliche Person festlegte, worin ihm schon Anselm v. Canterbury in etwa präludiert hatte. Die Vorherbewahrung vor der Erbsünde begreift Scotus nicht als Herausnahme aus der Erlösung durch Christus, sondern als deren wirkungsvollsten Höchstfall. Christus wäre nicht der vollkommenste Erlöser, wenn er nicht gegenüber einer Person, für die er Erlöser war, diesen Höchstfall seiner erlöserischen Wirksamkeit realisiert hätte. An ⚚ hat er es getan, ihr durch seine vollkommenste Erlösung die Vorherbewahrung verdient. Der Einfluß des Scotus war enorm (vgl. Balić), nicht bloß im Franziskanerorden und unmittelbar wie durch → Petrus Aureoli und → Franz v. Meyronnes, sondern für die ganze Folgezeit (vgl. Sebastian; Galot 70 ff.), in der sich auf der Gegenseite die Dominikaner um ihre große Autorität, den hl. Thomas v. Aquin, scharen, so daß zum Streit der Schüler (hie Immakulisten — da Makulisten) in Verbindung mit der tatsächlichen Entwicklung in Liturgie und Volksfrömmigkeit das kirchliche Lehramt nicht auf Dauer schweigen konnte.

d) *Kirchliches Lehramt und Heraufführung der Dogmatisierung.* Das kirchliche Lehramt hielt sich auffallend zurück. Auch wenn die Päpste mal mehr der einen, mal mehr der anderen Schulrichtung entstammten, hat — wie R. Laurentin nachweisen konnte — kein Papst in Ausübung seines Lehramtes die Position der Makulisten vertreten. Es wurden aber auch die Immakulisten gemahnt, in ihrem Eifer für die UE Übersteigerungen zu vermeiden und Auswüchse v. a. in der Volksfrömmigkeit zurückzudrängen, wie z.B. aufkommende Blutgelübde. Wiederholt ergingen Verbote gegenseitiger Verketzerung. In Rom selbst wurde das schon auf dem ganzen Kontinent übliche Fest der UE erst unter → Sixtus IV. Ende des 15. Jh.s offiziell eingeführt.

Der erste größere Versuch des Lehramtes, die Kontroverse einer Lösung zuzuführen, kam nicht zum Tragen, weil die auf dem Konzil von Basel erfolgte Definition (DS 1400 Intr.) keine Verbindlichkeit erlangte, nachdem das Konzil durch die päpstliche Verlegung nach Ferrara seine Legitimität verloren hatte. Dies ist u. a. auch deshalb bedauerlich, weil das Baseler Dekret (im Vergleich zur Definition von 1854) die UE noch deutlicher in einer heilsgeschichtlichen und gesamttheol. Einbettung vorstellte (vgl. Auer, Gedanken, 76 ff.), den Festcharakter formell als UE (d.h. als »conceptio«, nicht »sanctificatio«) bestimmte, dabei jedoch die Freiheit von aktuellen Sünden ausdrücklich mit einschloß: »Immunem semper fuisse ab omni originali et actuali culpa« (Mansi 29, 183; vgl. Pozo, Culto, 92) und das Fest für die Universalkirche verbindlich vorschrieb. Wenn es die Vorherbewahrung nicht mit Erlösung und Verdiensten Christi in Beziehung bringt, sondern bloß allgemein mit göttlichem Gnadenwirken (»praeveniente et operante divini numinis gratia«), bleibt es hierin ungenügend (Meo 113). Obwohl die Baseler Definition wegen des westlichen Schismas ungültig war, blieb sie dennoch nicht unwirksam, verstärkte vielmehr die immakulistische Strömung in Liturgie und Volksfrömmigkeit, aber auch an vielen Universitäten, welche den Eid auf die UE einführten. Papst Sixtus IV. verbot zweimal (1477: Cum praeexcelsa, DS 1400; 1482: Gravissimas inter, DS 1425 f.) wechselseitige Verketzerung, förderte aber indirekt nachdrücklich die Immakulisten durch Einführung des Festes UE für Rom und Approbation eines neuen Festformulars, das sehr präzise alle wesentlichen Momente des späteren Dogmas der UE schon enthielt (Söll, HDG III/4, 188 ff.).

Die Reformatoren vertraten unterschiedliche Positionen, konvergieren aber in Richtung einer Ablehnung der UE bzw. einer bloßen heiligenden Reinigung ᛗs als innerem Moment der geistgewirkten Empfängnis Christi in ᛗ (vgl. Courth 96), bleiben also noch hinter der Auffassung der Makulisten von einer Heiligung im Mutterschoß »cito post conceptionem« zurück. Das Konzil von Trient äußert sich eher indirekt, indem es ᛗ das Gnadenprivileg der Vermeidung von auch nur läßlichen aktuellen Sünden zuerkennt (DS 1573), im Erbsündendekret ᛗ ausklammert und bezüglich der UE auf Papst Sixtus IV. zurückverweist (DS 1516). Da diese Zurückhaltung auch mit bloßen Opportunitätsgedanken unterlegt wurde, wirkte sich die doch deutliche Sonderstellung ᛗs als Beförderung des Glaubens an die UE aus. Die Gründung von Bruderschaften, Weihen ganzer Völker, eine zunehmende Kunstwelle (z. B. Guido → Reni, → Murillo) für die UE setzten ein. Hinzu kommt das förderliche Engagement großer Kirchenführer (Karl → Borromäus, → Canisius, → Bellarmin, → Franz v. Sales, → Bossuet u. a.), v. a. aber die förmliche Selbstverpflichtung des einflußreichen neuen Ordens der Jesuiten auf die Lehre der UE als »sentencia magis recepta«.

Pius V., Paul V. und Gregor XV. erneuern das Verbot gegenseitiger Verketzerung, letzterer auch der Äußerung in Wort und Schrift. → Alexander VII. überschreitet 1691 mit der Bulle »Sollicitudo« die disziplinarische Ebene und greift in den v. a. in Spanien geführten Streit um die theol. Inhaltlichkeit der Festfeier ein, indem er sich klar für die UE ausspricht und alle Angriffe dagegen untersagt (DS 2015–17). Gleichzeitig nimmt er jedoch die Makulisten vor Häresieverdacht in Schutz. Die Lehrverbindlichkeit von »Sollicitudo« schwächt sich dadurch erheblich ab. Bedeutungsvoll ist die universalkirchliche Ausdehnung der liturg. Festfeier 1708 durch → Clemens XI. Nachdem schon in Basel → Johannes v. Segovia die faktische liturg. Feier der UE als maßgebliches Glied im Argumentationsgang für eine Definition betont hatte (vgl. Pozo, Culto), wurde die Methodenfrage im Sinne der Lex orandi und des allgemeinen Glaubenssinnes zunehmend wichtiger (vgl. Horst).

In den von J. B. → Perrone und C. → Passaglia besorgten ersten Entwürfen der Definitionsbulle scheint das unübersehbar durch und geht in den Endtext ein (vgl. Söll, HDG III/4, 207–215). Entscheidender Erkenntnisfaktor wird der die Kirche in ihren verschiedenen Lebensäußerungen belebende und diese miteinander und unter Führung des Lehramtes mit der Offenbarung Christi in Einheit haltende Hl. Geist. Erkenntnis, Selbstbewußtsein der Kirche und Heiligkeit bekommen reflex miteinander zu tun. Diese »lebendige Tradition«, »il sentimento della Chiesa«, das »Factum Ecclesiae«, wird zum Hauptgrund für die Definition, der allen ausgefalteten

Einzelbegründungen (biblischen und geschichtlichen Zeugnissen, glaubenslogischen Ableitungen und Verbindungen, liturg. Praxis, lehramtlichen Stellungnahmen) von innen her vorausliegt und vorausbleibt, sie innerlichst durchprägt und »beweiskräftig« sein läßt. Die Methode, welche in der Dogmatisierung der UE zutage tritt, folgt damit eigentlich genau der »Sache«, entspricht präzise dem Inhalt: dem wesentlichen »Vorweg« des Geistes Christi und seiner Gnade in M, Ms in der Kirche und Ökumene, der Kirche mit M als ihrem Herzen (Tromp) in der Welt (vgl. Johannes Paul II., Enzyklika Redemptoris Mater 26–28. 35. 43. 49). Die Dogmatisierung der leiblichen Aufnahme Ms in den Himmel durch Papst → Pius XII. (1950) zieht gleichsam die leibhafte eschatologische Konsequenz aus der Vorerlösung als Vollerlösung für M und beschreitet methodologisch einen ähnlichen Weg wie Pius IX. für die Dogmatisierung der UE (vgl. Söll, HDG III/4, 215 ff.).

3. *Theologische Systematisierung.* Das Vaticanum II ordnet die gesamte Mlehre der Kirchenkonstitution LG zu, beschreibt in reicher biblisch-patristischer Sprache die Aufgaben Ms in der Heilsgeschichte und bringt die UE damit in Verbindung, ausdrücklich mit der GMschaft (Lk 56), indirekt aber auch dort, wo Ms sich durchhaltender Glaubensgehorsam des »Fiat« (der ja Reflex ihrer UE ist) für die Mitwirkung bei der Erlösung angeführt (LG 61. 62) oder wo die Verbindung Ms mit der Kirche »durch ihre einzigartigen Gnaden und Gaben« begründet wird (LG 63). In Nachahmung des Glaubens und der Liebe Ms wird die Kirche auch selbst Mutter (LG 64). Das Konzil vermeidet aber bewußt (nicht zuletzt aus ökumen. Rücksichtnahme) die Bezeichnungen Ms als »Miterlöserin« und »Mutter der Kirche«. Dadurch scheinen die Bedeutung der UE Ms und die der Kirche für das Erlösungswerk Christi eher moralisch parallelisiert denn seinsmäßig verbunden, jedenfalls nicht ausgelotet zu sein.

Die feierliche Proklamation des Titels »Mutter der Kirche« durch Papst → Paul VI. (1964) und die starke Betonung der »mütterlichen Vermittlung« Ms beim Heilswerk der Erlösung in der Enzyklika »Redemptoris Mater« Papst Johannes Pauls II. (1987) wollen hier offensichtlich vertiefend wirken und signalisieren die Koordinaten, in welchen die theol. Bemühung um ein tieferes Verstehen der Mariol. und damit auch des Dogmas der UE heute die Akzente setzen sollte, nämlich GMschaft als Erlöseruttterschaft und deren Fortwirken in der Kirche. Das Ziel muß eine in der Glaubenslogik plausible Einfügung der UE in das glaubensgemäße Verständnis des sich in Schöpfung und Erlösung uns gewährenden trinitarischen Mysteriums im ganzen sein.

a) Beziehung zur Gnaden- und Rechtfertigungslehre. Freilich muß sich die Theol. heute auch oft erst den Weg zu diesem Ziel bahnen, weil ihn aus glaubensfremden Kriterien herkommende Vorentscheide so versperren, daß das Geheimnis der UE selber unzugänglich, beschädigt oder gar gegenstandslos wird. UE paßt z. B. nicht in ein autonomistisch-emanzipatorisches Menschen- und Frauenbild, erübrigt sich aber auch in einem so oder anders immanentistisch verkürzten Gottes-, Christus- und Kirchenverständnis. Ebenso erreicht man das Dogma der UE nicht mehr, wenn man die dogm. Erbsündenlehre (evolutionistisch, soziologisch, psychologisch-existentialistisch, politisch) verflacht oder sprachwissenschaftlich zum inhaltsleeren Metadogma entwirklicht (vgl. Köster, Urstand; Seybold, Schwerpunkte). Ohne sicheres Festhalten der dogm. Erbsündenwahrheit gerät das »singulare privilegium« der UE in der Tat zu einem »privilegium quoddam ioculatorium« (Tromp 37), drohen der in der Wahrheit der UE enthaltenen Heiligkeits- und Gnadenwirklichkeit der Verlust ihrer erlöserischen Dimension und eine generelle pelagianische Verfälschung. Umgekehrt radikalisiert die Wahrheit der UE vor dem Hintergrund des Erbsündendogmas die absolute Gnadenhaftigkeit und Gratuität der göttlichen Erwählung und Heilsverwirklichung sowie deren erlöserische Qualität. Ohne UE (zusammen mit der Assumptio) Ms wäre die Erlösung durch Christus nirgendwo präsentisch vollkommen verwirklicht. UE ist als Kapitel der Gnaden- und Rechtfertigungslehre die Aussage objektiver Heilsgewißheit in personaler Konkretion und deshalb verläßlicher Orientierungspunkt menschlicher Heilshoffnung (Ratzinger, Tochter Zion, 70). »Für den einzelnen Menschen und seine Heilsverwirklichung in der Entscheidung zwischen Gnade und Sünde besagt das in der Unbefleckten Empfängnis Marias aufgerichtete Zeichen, daß der von Gott gewollte und gleichsam ›ideale‹ Mensch der schuldlose Mensch ist, daß daraufhin die Sünde nicht zur Wirklichkeit oder gar zum Wesen des Menschen gehört und daß der Weg des Menschen durch die Welt und ihre Geschichte nicht notwendig durch die Sünde führt … Die niemals von der Macht der Sünde angegriffene ›Gnadenexistenz‹ Marias spricht uns Menschen von der tiefsten Berufung zur Ungebrochenheit und Unverzerrtheit eines menschlichen Daseins aus der Tiefe der Gottesbeziehung, die für uns allerdings erst nach der Tilgung der Erbschuld zu gewinnen ist« (Scheffczyk, Unbefleckte Empfängnis, 34 f.).

Zur Befestigung der anthropol. existentiellen Relevanz der UE sind die objektiven Verstrebungen ihrer Wahrheit mit den tragenden Konstruktionspfeilern des Glaubensgebäudes aufzudecken: ihr christol.-soteriol. und ihr ekklesiol. Bezug, dahinter und darin ihre Verankerung in dem sich uns gewährenden trinitarischen Mysterium. Dabei sind die überreichen Erkenntnisse und Einsichten der überkommenen theol. Bemühungen um das Mgeheimnis mitzuveranschlagen.

b) Christol.-soteriol. und ekklesiol. Bezug in trinitätstheol. Verankerung. Die bis zur UE auslangende Heiligkeit M͡s resultiert aus ihrer Berufung zur Mutterschaft für die Menschwerdung des Logos. Die Erwählung zur Mutterschaft wurzelt im selben göttlichen Ratschluß wie die Menschwerdung des Sohnes als des einzigen und universalen Mittlers und Erlösers. In der Prädestination Christi ist die M͡s als seiner Mutter mitgesetzt. Sie ist geradezu M͡s »Personalcharakter« (Scheeben; →Charakter), ihre umfassende ontologische Bestimmung. Die Mutterschaftsgnade ist für M͡ nicht eine transeunte Funktionszurüstung, sondern umfassende personale Prägung in ihrer gesamten Existenz, ja man muß sagen, daß ihr Mutter-sein-Sollen ihr Erschaffen-Werden begründet und unterfängt. Es gibt nicht eine M͡, die dann auch noch Mutter des menschwerdenden Sohnes werden soll, aber ebenso gut nicht werden könnte, vielmehr wird sie durch die Erwählung zur Mutterschaft überhaupt existent.

Es besteht also eine singuläre, ihrer Existenz ontologisch vorlaufende personale Beziehung M͡s zum ewigen Sohn des Vaters und zu diesem selbst. Der präexistente Mensch werden sollende Sohn liebt von Anfang an M͡ als seine kommende Mutter in derselben Liebe, die ihn mit dem Vater verbindet, in der personhaften Liebe des Hl. Geistes. Die streng Gott eigene dreifaltige Lebens- und Liebesbewegung von Vater und Sohn im Hl. Geist wartet gleichsam darauf, sich in der den göttlichen Personen eigentümlichen Weise an M͡ zu verschenken. Es ist diese personhafte Liebe in Gott, der Hl. Geist, der die Erschaffung M͡s (die als Seinsgewährung von allen drei göttlichen Personen her gemeinsam erfolgt) von Anfang an umfängt und durchwohnt, ihr »in primo instanti vitae suae« einwohnt und in ihr sich mit dem Vater und dem Sohn abspiegelt.

Ähnlich wie mit Christus (in der Sendung und Menschwerdung des Sohnes) fängt auch mit M͡ (in Sendung und Einwohnung des Hl. Geistes) Gott wirklich mit sich selber an. Man hat deswegen wie von der Inkarnation des Sohnes in Jesus Christus so auch von einer Quasi-Inkarnation des Hl. Geistes in M͡ wie in seinem Organ, seiner Ikone (Scheeben; vgl. Ziegenaus) gesprochen. Man wird das »Quasi« bei diesem Vergleich unterstreichen und M͡ in ihren Beziehungen zu trinitarischen Personen in diesen nicht enhypostasieren (nach Art der Hypostatischen Union in Christus), sondern herausstellen, daß es sich um zwischenpersonale Beziehungen handelt (Mühlen 461–493), andererseits zugleich im Blick behalten, daß die M͡ exklusiv eigene wahre Mutterschaftsbeziehung zum menschgewordenen Gottessohn der Dreh- und Angelpunkt ist für den singulären Vorrang ihrer Heiligkeit und Sündenfreiheit, wie er in der Definitionsbulle zum Ausdruck kommt (Scheffczyk, Unbefleckte Empfängnis, 31 f.). »Allein im Geheimnis Christi klärt sich voll und ganz ihr eigenes Geheimnis« (Johannes Paul II., Enzyklika Redemptoris Mater 4). Wenn man als Grundgesetz der Heilsökonomie Stellvertretung gelten läßt, in der Exklusivität immer Inklusivität anzielt, ja in sich trägt, wird M͡ nicht abgetrennt von den übrigen Menschen, vielmehr tiefer mit ihnen verbunden. Der Gedanke erweist sich als bes. fruchtbar, wenn man zum Pfeiler der Prädestination zur GMschaft den zweiten dazu nimmt, auf dem die UE aufruht: die Erlösung M͡s durch ihren eigenen Sohn, die sich wendet und weitet in deren Vermittlung durch M͡ für die Kirche und in der Kirche, mit der Kirche für die Welt. Zu solcher Zusammenschau des Mysterium Marianum (im Brennpunkt der UE) mit dem Heilsmysterium im ganzen ist die Prädestination M͡s zur GMschaft von vornherein und innerlichst als Prädestination zur Erlösermutterschaft zu begreifen. Die M͡s ganzes Personsein prägende Prädestination zur Mutterschaft ist ebenso spezifische (nur der Mutter mögliche) Zuordnung zum Erlösungsauftrag des Sohnes, Prädestination zur »Brautschaft«, zur »Gehilfenschaft« in der Erfüllung der Sendung des Sohnes zur Erlösung. Da M͡ aber selber vom Sohn erlöst sein muß (»intuitu meritorum Christi«), ist diese Erlösung so zu denken, daß der Sohn sie in der besonderen Intention »vorhererlöst«, sie sogleich und ebendadurch schon in Dienst zu nehmen für die Erlösung aller. In M͡ kommen deswegen »gratia sanctificans« und »gratia gratis data«, Heiligkeit und Sendung, voll zur Deckung. Die in der UE gewährte umfassende Heiligkeit, ihre Vollerlösung, ist schon Mitverfügtsein in den erlösenden Gehorsam des Sohnes. »Die grundlegende Tatsache, Mutter des Sohnes Gottes zu sein, bedeutet von Anfang an ein völliges Offensein für die Person Christi, für all sein Wirken, für seine ganze Sendung« (Johannes Paul II., Enzyklika Redemptoris Mater 39). Im Fiat M͡s bei der Verkündigung und im weiteren glaubenden Mitgehen mit dem Sohn bis ans Kreuz stellt sich ihre in der UE wurzelnde ontologische Sendung existentiell dar, »erfährt die Mutterschaft Marias ihrerseits eine einzigartige Umwandlung« bis zur Einprägung »ins Eigene« des Apostels Johannes, der für die Kirche steht, unter dem Kreuz (ebd. 40), wird M͡ personaler Innenraum der Kirche, ihr mütterlicher Schoß. »Deshalb umfängt Maria mit ihrer neuen Mutterschaft im Geiste alle und jeden in der Kirche, sie umfängt auch alle und jeden durch die Kirche« (ebd. 47). Weil M͡ Mutter der Kirche ist, kann und soll die Kirche nach ihrem Vorbild Mutter sein und werden, d. h. »von der Jungfrau und Gottesmutter die reinste Form der vollkommenen Christusnachfolge übernehmen« (Paul VI., Konzilsansprache vom 21. 11. 1964). Die Nachahmung hat eine seinshafte Beziehung zur Voraussetzung. Wenn die UE M͡s als Ineinsfall von Heiligkeit und Sendung, von Existenz und Amt, und zwar aus ewiger göttlicher Erwählung zur Erlösermutterschaft, begriffen werden darf, ergibt sich glaubenslogisch ihre unersetzliche Bedeutung für innerkirchliche Verabbildung, für das Selbstverständnis auch jeglicher ökumen. oder missionarischer Betätigung der Kirche in der Welt. Sie liegt im je anders geschichteten unbedingten »Voraus« der göttlichen Heilsinitiative und des ihr entsprechenden Glaubensgehorsams als Dienstverfügbarkeit. Wenn die dahinein verwobene geschöpfliche Geschlechtersymbolik mitveranschlagt werden darf, dann folgt auch das »Voraus« der Frau (Balthasar, Kommentar, 136 ff.; Ders., Affekt, 153 ff.), ein Voraus freilich von innen her, von Gottes Hl. Geist als dem Geist des Sohnes und des Vaters her. Wenn die Kirche insgesamt, auch in ihren Strukturen, Communio in trinitarischer Selbstgewährung, eben das »Colloquium salutis« (Paul VI.) ist, bleiben alle innerkirchlichen Differenzierungen unterfangen und geprägt von diesem »Vorweg« M's (Wickert; vgl. Johannes Paul II., Enzyklika Redemptoris Mater 24. 26. 42. 44. 49), das in der Kirche den Grundimpuls der Heiligkeit vermittelt und bewahrt, in personaler Konkretheit im Zeichen der Frau (Ratzinger, Hinführung) wirksam präsent hält.

Lit.: J. B. Perrone, De Immaculato Beatae Mariae Conceptu an dogmatico decreto definiri possit disquisitio theologica, Rom 1847. — C. Passaglia, De Immaculato Deiparae semper Virginis Conceptu commentarius I, Neapel 1855. — Scheeben III, nn. 1587 ff. — V. Sardi, La solenne definizione del dogma dell' immacolato concepimento di Maria SS.ma. Atti e documenti, 2 Bde., Rom 1904–05. — A. Müller, Ecclesia — Maria. Die Einheit Marias und der Kirche, 1951. — R. Graber, Die marianischen Weltrundschreiben der Päpste in den letzten hundert Jahren, 1951. — M. Jugie, L' Immaculée Conception dans l' Ecriture Sainte et dans la tradition orientale, 1952. — T. Gallus, Interpretatio mariologica Protoevangelii Posttridentina I (1545–1660), II (1661–1854), 1953–54. — C. Balić, Joannes Duns Scotus Doctor Immaculatae Conceptionis, II. Duns Scotus et historia Immaculatae Conceptionis, 1955. — R. Laurentin, L'action du Saint Siège par rapport au problème de l' Immaculée Conception, In: VirgoImmac II 1–98. — J. B. Alfaro, La fórmula definitoria de la Inmaculada Concepción, ebd. 201–274. — G. Geenen, Eadmer, le premier théologien de l' Immaculée Conception, ebd. V 90–136. — J. H. Nicolas, L' innocence originelle de la nouvelle Eve, In: EtMar 15 (1957) 15–35. — W. Sebastian, The Controversy over the Immaculate Conception from after Scotus to the End of the Eighteenth Century, In: O'Connor 213–270. — L. Scheffczyk, Das Mariengeheimnis in Lehre und Frömmigkeit der Karolingerzeit, 1959. — SchmausKD V/2. — J. B. Alfaro, Maria salvada por Cristo, In: RET 22 (1962) 37–56. — M. Seybold, Sozialtheologische Aspekte der Sünde bei Augustinus, 1963. — J. Galot, L' Immaculée Conception, In: Manoir VII 9–116. — H. Mühlen, Una Mystica Persona. Die Kirche als das Mysterium der heilsgeschichtlichen Identität des Hl. Geistes in Christus und den Christen, ³1968. — G. Söll, HDG I/5; III/4. — S. Tromp, Corpus Christi quod est Ecclesia, IV. De Virgine Deipara Maria Corde Mystici Corporis, 1972. — H. U. v. Balthasar, Der antirömische Affekt, 1974. — C. Pozo, Maria en la obra de la salvación, 1974. — J. Ratzinger, Die Tochter Zion. Betrachtungen über den Marienglauben der Kirche, 1977. — H. U. v. Balthasar, Die Antwort der Frau, In: Ders., Theodramatik II/2, 1978, 260–330. — L. Scheffczyk, Maria im Glauben der Kirche, Maria in der Heilsgeschichte II, 1980, 29–37. — Ders., Die »Unbefleckte Empfängnis« im umgreifenden Zusammenhang des Glaubens, In: G. Rovira (Hrsg.), Im Gewande des Heils, 1980, 25–43. — H. M. Köster, Der Beitrag Eadmers OSB 1060/64–1141 zur theol. Erkenntnis der UE, ebd. 61–70. — J. Auer, Gedanken zu den Bemühungen des Konzils von Basel (1438) um die Lehre von der »Unbefleckten Empfängnis Mariä«, ebd. 71–84. — F. Courth, Mariens UE im Zeugnis der frühen reformatorischen Theologie, ebd. 85–100. — C. Pozo, Culto Mariano y »Definicion« de la Inmaculada en el Concilio de Basilea, In: De Cultu Mariano Saeculis XII–XV. Acta Congressus Mariologici-Mariani Internationalis, Rom 1975, 1981, II 67–98. — S. M. Meo, Il culto dell' Immacolata nel Concilio di Basilea, ebd. 99–119. — H. M. Köster, Urstand, Fall und Erbsünde in der kath. Theologie unseres Jh.s, 1983. — Beinert-Petri 955–984 (Bibl.). — U. Wickert, Freiheit von Sünde — Erhöhung zu Gott. Die Koinzidenz von Schöpfung und Erlösung in Mariens Erwählung und ihre heilsgeschichtliche Wirkung, In: M. Seybold (Hrsg.), Maria im Glauben der Kirche, 1985, 59–85. — D. Fernández, La crisis en la teología de pecado original afecta al dogma de la Conceptión Inmaculada?, In: EphMar 35 (1985) 277–297. — M. Seybold, Schwerpunkte der Erbsündendiskussion in der jüngeren kath. Dogmatik, In: Veritati Catholicae, FS für L. Scheffczyk, hrsg. von A. Ziegenaus u. a., 1985, 265–280. — U. Horst, Die Diskussion um die Immaculata Conceptio im Dominikanerorden, 1987. — J. M. Salgado, Aux origines de la découverte des richesses du Coeur Immaculé de Marie: du IIIe au XIIe siècle, In: Div. 31 (1987) 186–232. — J. Ratzinger, Das Zeichen der Frau. Versuch einer Hinführung zur Enzyklika »Redemptoris Mater«, In: Maria — Gottes Ja zum Menschen, 1987, 107–128. — H. U. v. Balthasar, Kommentar (zu Johannes Paul II., Enzyklika »Mutter des Erlösers«), ebd. 129–143. — J. Ratzinger (Hrsg.), Schriftauslegung im Widerstreit, 1989. — A. Villalmonte, Duns Escoto, la Inmaculada y el pecado original, In: Coll. Franc. 60 (1990) 137–153. — Ders., Los inicios de la teología de la Inmaculada, In: EphMar 40 (1990) 195–210. — A. Ziegenaus, Maria als das Abbild der Person des Hl. Geistes, In: Ders. (Hrsg.), Maria und der Hl. Geist, 1991, 25–38. — U. Horst, Nova opinio et novelli doctores. Johannes de Montenigro, Johannes Torquemada und Raphael de Pornassio als Gegner der I. C., In: Studien zum 15. Jh., FS für E. Meuthen I, 1994, 169–192. — R. Bäumer, Die Entscheidung des Basler Konzils über die UE Mariens und ihre Nachwirkung in der Theol. des 15. und 16. Jh,s, ebd. I 193–206. — LThK² X 467–469. — DThC VII/1, 845–1218. — NDMar² 679–703.   *M. Seybold*

II. REL. GEMEINSCHAFTEN. *1. Die Zisterzienser (von) der UE* wurden in der (1854 von Bernard Barncuin wiederhergestellten, früheren) Abtei Sénanque/Südfrankreich mit der Tochter-Abtei Fontfroide (seit 1858), zuerst (1867) der Kongregation St. Bernard (Italien) zugerechnet, dann (1882) als autonome Kongregation unter dem Namen der UE geführt und sind eine der acht Kongregationen des Ordens von Cîteaux.

2. Die Österr. Benediktiner-Kongregation (von) der UE war zunächst in zwei Kongregationen gegliedert und wurde 1930 unter dem genannten Titel der UE vereinigt.

3. Die Brüder (von) der UE wurden 1840 durch Bischof Ludwig Hubert Rutten († 1891) und Jacques Adrien Hoecken (Bruder Bernard, † 1880) in Maastricht/Diözese Roermond zur rel. Unterweisung gegründet. Ihre Konstitutionen wurden erstmals 1870, erneut 1928 und endgültig 1936 gebilligt.

4. Die Söhne der UE sind eine Kongregation päpstlichen Rechts aus Laien und Priestern, die eine einzige Klasse mit gleichen Rechten und Pflichten bilden und nach derselben Regel in Gemeinschaft leben mit der gemeinsamen Aufgabe von Krankenpflege und Betreuung verwaister Jungen. Sie wurden 1857 von Luigi Maria → Monti (1825–1900) gegründet und erhielten 1862 das decretum laudis, 1865 die erste und 1906 die endgültige Approbation. Sie unterhalten ca. 30 Einrichtungen in Italien, Kanada, Kamerun und Indien. Die von den Söhnen der UE einmal Betreuten bleiben, zu einer eigenen Vereinigung zusammengefaßt, der rel. Gemeinschaft ihrer Betreuer verbunden.

5. *Die Schwestern (von) der UE in Annecy*, eine Kongregation päpstlichen Rechts, wurde 1855 von Mlle. de Mélient gegründet und von Pius IX. gefördert. Sie haben als Ziel, die Verehrung der UE zu fördern, widmen sich aber darüber hinaus karitativen wie apost. und missionarischen Aufgaben im weitesten Sinne.

6. *Die Schwestern (von) der UE (blaue Schwestern)* in Castres/Tarn wurden 1836 durch Marie de Villeneuve gegründet und sind seit 1852 eine Gemeinschaft päpstlichen Rechts. Ihre Arbeitsgebiete sind Krankenpflege und Unterricht (Waisenhäuser, Internate, Haushaltungsschulen). 1928 gingen sie mit der Schwesternschaft gleichen Namens von Cleremont Ferrand eine Verschmelzung ein.

7. *Die Schwestern (von) der UE ULF von Lourdes* wurden 1863 zu Lannemezan von Père Louis Peydessus und Eugénie Ducombs gegründet, 1870 nach Lourdes verlegt und sind seit 1910 eine Gemeinschaft päpstlichen Rechts, mit einer an Ignatius v. Loyola orientierten Spiritualität marian. eucharistischer Prägung. Sie wirken u. a. in Brasilien, Argentinien und Chile in Schulen für Säuglingspflege, sowie in der Betreuung von Alten und Kranken.

8. *Töchter der allerseligsten Jungfrau Maria von der UE:* Pauline v. → Mallinckrodt; → Christliche Liebe.

Lit.: DIP III 1497 ff; IV 1638–51. — Cath. V 1291–95.

H. M. Köster

III. LITURGIEWISSENSCHAFT. Die Westkirche feiert am 8. Dezember das Geheimnis der ohne Erbsünde empfangenen GM, wonach ⓜ durch die Erlösungsverdienste Jesu Christi im Augenblick ihrer Empfängnis in Anna vor jeglichem Makel der Erbschuld bewahrt blieb. Die Ostkirche hingegen gedenkt (am 9. Dezember) in erster Linie des legendären Wunders, durch welches Anna ⓜ trotz hohen Alters des Joachim noch empfangen hat und nennt das Fest »Empfängnis der hl. Anna«. Die Lesungen sind demzufolge auch dem westlichen Gedächtnistag (9. September) von Joachim und Anna entnommen. 1166 ist unter Manuel Komnenos (1143–80) das Fest in der Ostkirche bezeugt, wird aber vom Westen nicht übernommen; lediglich der thematische Inhalt wird im Westen zur Mitte des 11. Jh.s kurzfristig im Pontificale Leofrics, Bischof von Exeter, aufgegriffen. → Anselm v. Canterbury († 1109) führte das Fest in seiner engl. Diözese ein (PL 158,451). Das Festbild der Ostkirche zum 9. Dezember ist die Begegnung von Joachim und Anna unter der Goldenen Pforte, versinnbildlichend ihre eheliche Vereinigung. Weitere Motive sind die Verkündigung an die Mutter Anna und die hl. Anna mit dem Kind ⓜ. Quelle ist das → Jakobusevangelium, das die Thematik Hannas aus Sam 1 und 2 aufgreift. Obzwar der Osten die Makellosigkeit ⓜs nie in Frage stellte, betont der Westen im Fest der IC die Lehre von der UE ⓜs im Schoße Annas, und dies bereits zu Beginn des 12. Jh.s in England. Dazu erschien 1124 ein kurzer Traktat »De Conceptione Sanctae Mariae« des Mönchs → Eadmer. Über die Normandie verbreitete sich das nicht unumstrittene Fest auch in Frankreich, gefördert von den Benediktinern und Franziskanern. Die Einführung des Festes ca. 1140 an der Kathedrale zu Lyon löste die Gegnerschaft → Bernhards v. Clairvaux aus, welche sich auf Augustinus berief, der im Zeugungsakt selbst die unvermeidliche Quelle der Erbsünde erblickte (PL 182, 336, Ep. 174). Die Franziskaner schrieben des ungeachtet 1263 in Pisa beim Generalkapitel die Festfeier für ihre Orden vor. Thomas v. Aquin und Bonaventura gehörten wie Luca v. Ferrara, Katharina v. Siena und Alexander v. Hales (ca. 1185–1245) ins gegnerische Lager. → Duns Scotus (1265/66–1308) brachte im »Opus Oxoniense« erneut eine Befürwortung, wonach eine vorgezogene Erlösung ⓜs Gott mehr verherrliche. Das Konzil von Basel (1431–49) erklärte (1437) schließlich ⓜ frei von jeder ererbten und persönlichen Schuld und ließ auf der Grundlage Eadmers für Messe und Offizium Formulare erarbeiten, die noch 1854 in der Bulle »Ineffabilis Deus« (Nr. 2800–04) zur Dogmatisierung des Glaubenssatzes von der UE ⓜs durch Pius IX. aufschienen. Die Verlegung des Konzils von Basel nach Florenz und Ferrara führte auch bezüglich des ⓜfestes zu weiteren Auseinandersetzungen, sogar noch im folgenden Jh. zum sog. → Jetzerhandel zu Bern (1507–09), eine Werbekampagne für die beflecke Empfängnis ⓜs. 1476 begegnete Sixtus IV. (1471–84) dem Streit mit der Erstellung neuer Formulare durch Leonhard de Nogarolis und das Festschreiben des Oktavfestes auch für Rom, das bisher die Feier abgelehnt hatte. Das Konzil von Trient (1568) schuf im Rückgriff auf die alten, farblosen Vorlagen einen neuen Text, der bis 1863 über die Definition des Dogmas hinaus Gültigkeit hatte. Wichtige Stationen sind ferner 1625 die Errichtung der österr. Benediktinerkongregation durch Urban VIII. auf den Titel der UE, 1708 die allgemeine Anordnung des Festes durch Clemens XI. (1700–21) und 1879 die Erhebung des gebotenen Feiertags zum Fest erster Klasse durch Leo XIII. (1878–1903).

Im Umfeld der intensiven Beschäftigung der Kirche mit der UE bedienen sich die ⓜerscheinungen von Lourdes (1858) und Fatima (1917) des Titels der UE und des Unbefleckten Herzens ⓜs, desgleichen die weniger bekannten von Toulouse (836), Nordsee (1070), Maria Dolina (1849), Marpingen (1876), Beauraing (1932), Wigratzbad (1938), Montichiari (1946), Cossirano (1953), Turzovka (1958), Lecce (1970), Olmes (1973) und Ohlau (1981).

Lit.: V. Sardi, La solenne definizione del dogma dell'immacolato concepimento di Maria Santissima, Atti e documenti, Rom 1904/05, 301–312, 597–615. — B. Capelle, La fête de la conception de Marie en Occident: Congrès marial Lyon, 1954, 147–162. — J. Pascher, Das liturg. Jahr, 1963, 643–648. — A.-G. Martimort (Hrsg.), Handbuch der Liturgiewissenschaft II, 1965, 300–302. — K. Binder, Die Lehre des Nikolaus v. Dinkelsbühl über die UE im Licht der Kontroverse, In: Wiener Beiträge zur Theologie 31 (1970). — K.Onasch, Kunst und Liturgie der Ostkirche in Stichworten, 1981, 97. — M.Warner, Maria, Geburt, Triumph, Niedergang — Rückkehr eines Mythos?, 1982, 279–297. — H.Denzinger, Enchiridion symbolorum, hrsg. von P.Hünermann, 37/1991, 774–776. — EC VI 1657–62.

G. M. Lechner

IV. KUNSTGESCHICHTE. Die im Osten und Westen verschiedene Auffassung der UE findet in der Ikonographie der Darstellungen der IC ihren Niederschlag. Landläufig wird darunter die Darstellung M︎s in den Wolken verstanden, die als Schlangenzertreterin über dem Erdball und auf der Mondsichel stehend gezeigt wird. Dabei wird M︎ mit wenigen Ausnahmen ohne Jesuskind und stehend dargestellt, mit ausgebreiteten Armen, mit oder ohne Lilie, oder die Hände vor der Brust gekreuzt; auffallend ist M︎s Jugendlichkeit, gelegentlich trägt sie deutlich mädchenhafte Züge. Die sich um den Erdball windende Schlange des Sündenfalls trägt oft Evas Apfel vom Baum der Erkenntnis im Maul, ihr Kopf wird von M︎s Fuß zermalmt (Hinweis auf das → Protoevangelium nach Gen 3,15), wie dies im Barocktypus der M︎ de Victoria ganz eindeutig zum Ausdruck kommt. M︎s Stehen über dem Mondsichelattribut, dem Sinnbild für Vergänglichkeit und auf Offb 12,1 basierend, verdeutlicht die von der vergänglichen Welt unberührte IC. Dem Erdball eingefügt, erscheinen nicht selten die Stammeltern nach dem Sündenfall als Hinweis auf die Eva-M︎-Parallele, etwa im Deckenfresko Matthäus Günthers (1765) im Kleinen Goldenen Saal des ehemaligen Jesuitenkollegs Augsburg im Kontext der Prophetie des Jesaja für Ahas (Jes 7,10–16) hinsichtlich der Geburt des Emmanuel aus M︎ als Zeichen von Gottes Treue für Davids Dynastie. Die Reformation lehnt derartige Darstellungen ab und beruft sich auf Luthers Genesis-Vorlesung von 1535 in Wittenberg und auf die Übersetzung von »1 Mos 3,15« (Gen 3,15) mit »ipsum« statt »ipsa«. Dieser IC-Typus, auch »Puri(s)sima« genannt, dominiert im Barock in sämtlichen kath. Ländern, wobei Spanien die meisten Belege liefert und es den Anschein hat, als sei dieser Bildtypus genuine Schöpfung der iberischen Halbinsel. Doch auch Italien kennt diese Ausformung, etwa Guido Renis IC in New York (Met. Mus., 1627) und in S. Biagio zu Forli (1623) bis zu Giambattista Tiepolo (1734/35) in der Pinacoteca di Palazzo Chiericati in Vicenza. Es gibt kaum einen iberischen Maler oder Bildhauer, der sich nicht dieses Themas angenommen hätte. Richtungsweisend sind die Bildschöpfungen des Francisco de → Zurbarán (1598–1664, Budapest, Mus. der Bildenden Künste, 1661), von Bartolomé Esteban Murillo (1618–82; Madrid, Prado; Sevilla, Museo de Bellas Artes), bei Francisco Rizi (Cádiz, Museo de Bellas Artes), José Antolinez (Oxford, Ashmolean Mus.) und Juan Antonio Escalante (1630–70; Budapest, Mus. der Bildenden Künste, 1663). Weitere wichtige Stationen in der iberischen Kunst sind u.a. IC-Darstellungen von Alonso Cano (IC-Skulptur, Granada, Kathedrale, 1655; Gemälde in San Isidoro zu Madrid, in Vitoria, Museo Provincial de Alava und Granada, Kathedrale), Claudio Coello (Madrid, Fundación Lázaro Galdiano) und Juan Carreño de Miranda (New York, The Hispanic Society of America). IC-Beispiele aus dem Bereich der Skulptur sind oft als Altaraufbauten einbezogen, so bei Juan de Juni im Hochaltar der Kathedrale von Valladolid, von Juan Martinez Montañés, Francisco Pacheco und Baltasar Quintero im Altar der Capilla de la Concepción Chica der Kathedrale von Sevilla, von denselben Künstlern in der Kirche NS de la Consolación in Sevilla-El Pedroso oder von Felipe Vigarny in der Universität von Salamanca. Gerade bei diesen Figuren scheint die IC des Velázquez (London, Nat. Gallery) Vorbildwirkung gehabt zu haben. Auch Italien liefert überzeugende Beispiele mit Giacomo Parolini (1663–1733; Radierung in Ferrara, Museo Schifanoia), Giovanni B. Tiepolo (Madrid, Prado), Francesco Solimena (Neapel, S. Francesco alle Cappuccinelle, um 1710/14), der sie als Sitzende über den hll. Franziskus, Clara, Rosalia, Januarius und Hieronymus darstellt, bei Paolo de Matteis (Neapel, Museo Duca di Martina, ca. 1710/15) als Triumph und Glorie der Immaculata, bei Federico Zuccari (Pesaro, S. Francesco o S. Maria delle Grazie, 1592), bei Pietro Antonio Magatti (1691–1767) aus Mailand, Santa Margherita (Paris, Privatsammlung, ca. 1730), als Carrara-Marmorskulptur von Antonio Calegari (1699–1777) und Giovanni B. Carboni (ca. 1746–90) in der Sakristei der Kirche S. Maria della Pace in Brescia (1770/75) und als Ölbozzetto die Madonna di Gloria des Giovanni Baglione (1573–1644) in der Pinacoteca Capitolina zu Rom (ca. 1630). Domenico Piola (1627–1703) zeigt auf seinem Ölmodello um 1668 die IC als Marmorgruppe von Pierre Puget (1666) im Hochaltar der Kirche des Albergo dei Poveri zu Genua, Berninis Baldachinaltar (1624–33) in St. Peter zu Rom nachgestaltet. Gerade Pugets Schöpfung war bes. in der span. Monarchie und in den habsburgischen Ländern stilbildend, so bei Filippo Parodis (1672–1742) IC für das Oratorium S. Filippo Neri (Genua, heute Palazzo Doria-Balbi) und vom selben Bildhauer die Statue (um 1690–1702) in S. Maria della Cella (Genua), von Christophe Veyrier (1671) im Dom zu Tivoli und von Giovanni Battista Gaulli (1639–1709) das Gemälde in S. Margherita zu Rom, Trastevere.

Auffällig an ital. Beispielen ist der Umstand, daß die UE seltener solistisch, vielmehr in einen umfassenderen ikonographischen Kontext eingebunden wird, so etwa bei Luca Signorelli am Altarbild (1521) in Il Gesù zu Cortona mit Disput und Zeugnis der Auserwähltheit M︎s über dem Stammelternpaar und dem Baum der Erkenntnis unter Gottvater und zwischen Vätern und Patriarchen des Alten Bundes. Ähnlich gestaltet Piero Francesco Foschi (1502–67) in Florenz, Santo Spirito (1544/46), den Disput um die IC, wo über dem gefallenen Adam die hll. Hieronymus, Augustinus, Anselm v. Canterbury und Bernhard v. Clairvaux über die UE sprechen, während Gottvater ⟨M⟩ vor ausgebreitetem Mantel mit Bibelversen nach Ps 45,12 und Esr 3,2 präsentiert. Bei Giovanni Benedetto Castiglione, genannt Il Grechetto, erscheint die UE über Franz v. Assisi und Antonius v. Padua (Minneapolis, Institute of Arts, um 1645/50), während Luis de Vargas' Altarbild in der Kathedrale von Sevilla den dramatischen Disput mit Vertretern des Alten und Neuen Bundes ins Allegorische wendet, ähnlich mit den hll. Dominikus und Franz de Paula im Altarbild des Giovanni Battista Caracciolo in S. Maria della Stella zu Neapel (1607) und mit St. Michaels Kampf gegen Luzifer bei Luca Giordano (1634–1705) um 1692/1702 im Bozzetto einer Pariser Privatsammlung. Eine Skizze von Cesare Ligari in Sondrio (Mus. Valtellinese di storia e d'arte, Nr. 460, ca. 1735) zeigt das Mädchen ⟨M⟩ zwischen Joachim und Anna, jedoch unter Gottvater und der Geisttaube; deswegen handelt es sich hier um die UE, nicht um ⟨M⟩s Erziehung. Auch die Francesco Vanni zugeschriebenen zwei Tafelbilder im Erzbischöflichen Seminar zu Siena und ebendort im Museo della Contrada del Leocorno (ca. 1598/1600) schildern die UE vor Gottvater, zeigen jedoch keine Anbetung durch ⟨M⟩, sondern ihre Auserwählung im Ratschluß Gottes. Die Zeichnung zu letzterem (Paris, Louvre, Nr. 1992) zeigt wohl den Sternreif um das Haupt ⟨M⟩s, zu ihren Füßen aber noch keine Mondsichel.

Die Verbindung der UE mit dem Ratschluß der Erlösung postuliert die Anwesenheit Gottvates in den Wolken, der sich mit den Worten Esters (15,13) »Non enim pro te, sed pro omnibus haec lex constituta est« an ⟨M⟩ wendet. Ein jesuitisches → Thesenblatt der Universität Zagreb, Graf Christoph Orssich v. Szlavetich, Tinin und Carnia gewidmet, gestochen von Johann Daniel Herz d. Ä. (1693–1754), zeigt ⟨M⟩ als Auserwählte der Trinität über Jesuitenheiligen mit den vier Erdteilen. Einem Thesenblatt ähnlich ist der Kupferstich von Nicola und Caesarius OFM de Roma im »Stellarium Immaculate Conceptionis« (Neapel, 1636; Madrid, Bibl., Nacional) mit der allegorischen Darstellung der Geschichte der IC, ähnlich Peter Paul Rubens' Ölskizze einer franziskanischen Allegorie auf die UE (Philadelphia, Mus. of Art, 1631/32) und von Juan de Roelas das Gemälde in Valladolid (Museo de la Pasión, 1616) mit einem theol. Disput zu Ehren der UE. Bei Dosso Dossi (Dresden, Gemäldegalerie) knien die Kirchenväter vor ⟨M⟩ auf der Erde. Andere Heilige werden bei Piero di Cosimo in S. Francesco zu Fiesole kombiniert, und bei Giannantonio de Francesco Sogliani (1492–1544; Florenz, Uffizien) aus S. Maria Nuova findet sich eine Anlehnung an das Schutzmantelmotiv, während Gottfried B. Götz (Augsburg) in seinem Kupferstich (1758) Adam und Eva im Mantel ⟨M⟩s geborgen zeigt. Caspar de Crayer (1584–1669) kompiliert auf seinem Riesengemälde im Stadtmuseum Mainz die UE mit der ⟨M⟩krönung durch die Trinität. Auf Erden sichtbar sind viele Symbole der Reinheit ⟨M⟩s aus der → Lauretanischen Litanei, unter ⟨M⟩ windet sich die Paradiesesschlange, am niedrigen Horizont erscheinen Sonne und Mond. Wenn Johann Rudolf Bys (1662–1738) in der Schönborn'schen Gruftkirche zu Göllersdorf (1729/30) die Immaculata an die sternförmige Decke inmitten von 8 Engelsgestalten malt, wird lokalbedingt auch die Assumptio ⟨M⟩s stellvertretend mitgesehen. Die Hereinnahme des Assumptio-Motivs klingt bei UE-Darstellungen öfters an, etwa bei El Grecos Gemälde im Museo de Santa Cruz in Toledo, bei Bartolomé Esteban Murillo (Madrid, Prado; Sevilla, Museo de Bellas Artes) bis zu Michel Sittow (Washington, Nat. Gallery). Hierzu fehlen dann die Symbole der Lauretanischen Litanei.

Auf frühen UE-Darstellungen weisen Engel um ⟨M⟩ häufig auf die üblichen Reinheitssymbole wie → Lilie (lilium destillans myrrham, Hld 5,13), goldenes Gefäß (urna aurea habens manna, Hebr 9,4), Berg (mons domus Domini, Jes 2,2), Regenbogen (aquaeductus exivi de paradiso, Sir 24,41), Kronreif (corona exultationis/exaltationis, Sir 1,11), siebenarmiger → Leuchter (candelabrum cum septem lucernis, Ex 25,37), üppiger Weinstock (vitis abundans, Ps 128,3), Tempelchen (templum Spiritus Sancti, 1 Kor 6,19), Quellbrunn (fons patens domui David, Sach 13,1), Turm Davids (turris David cum propugnaculis, Hld 4,4), → Rose (plantatio rosae in Jericho, Sir 24,18), → Zeder/Palme (palma exaltata, Sir 24,18), Befestigungswall (civitas refugii, Num 21,27). Häufiger allerdings sind die Symbole von → Sonne (electa ut sol, Hld 6,10), Mond (pulchra ut luna, Hld 6,10), Himmelspforte (porta coeli, Gen 28,17), → Meeresstern (stella maris, nach Venantius Fortunatus), Rosengärtlein (plantatio rosae, Sir 24,18), Olive/Olivenbaum (oliva speciosa, Sir 24,19), → Wurzel Jesse (virga Jesse, Jes 11,1), Quelle (fons signatus, Hld 4,12), → Spiegel (speculum sine macula, Weish 7,26), Gottesstadt (civitas Dei, Offb 3,12), Brunnen (puteus aquarum viventium, Hld 4,15), verschlossener Garten (→ hortus conclusus, Hld 4,12). Sie alle sind in Auswahl oder sämtlich in verschiedenen Kombinationen um oder realitätsbezogen unter ⟨M⟩ gruppiert und symbolisieren ihre Reinheit und Auserwählung, wobei durch die Hereinnahme des Jesuskindes auf ⟨M⟩s Arm auch eine trinitarische Komponente notiert wird, so im Altarbild des Francesco Vanni (Montalcino, Kathedrale, 1588), ohne Kind das Altarbild (Neapel Erzbischöfliche Kurie, um 1645/47) aus S. Maria Donnaregina Nuova von Charles le Lorrain (1597–1649) und von einem unbekannten Maler vom Ende des 16. Jh.s im Museo Regionale zu Messina (ehemals San Gregorio). Diesen Typus der → »Tota Pulchra« übernehmen mit ausgewählten Attributen El Greco (Madrid, Thyssen-Stiftung, um 1605/10), Diego Velasquez (London, Nat. Gallery, um 1618), Jusepe de Ribera (Salamanca, Convento de las Agustinas Recoletas), Antonio Palomino (Dallas, The Meadows Mus.), Joan de Joanes (Gemälde in Castellón, 1576/77), El Greco im Verband mit der Johannesvision der Apokalypse (Toledo, Museo de Santa Cruz), Cristóbal Gómez (Sevilla, Salvatorkirche), Juan de Roelas mit der Darstellung des hl. Ferdinand v. Mata vor der UE (Berlin, Staatl. Mus.), Francisco de Herrera d. Ä. (?) (Stockholm, Nat. Mus.) oder Juan de Valdés Leal mit den hll. Andreas und Johann Baptista (Paris, Louvre; Sevilla, Museo de Bellas Artes; Córdoba; London, Nat. Gallery; Madrid, Coll. Plácido Arango). Graphische Vorlagen finden sich bereits um 1500 in Stundenbüchern (Madrid, Bibl. Nacional), im »Libre des consells« von Jaime Roig (1561), von Marten de Vos (Dresden, Kupferstich-Kabinett) und Hieronymus Wierix (Brüssel, Kupferstichkabinett); sie übernehmen offensichtlich häufig eine Vermittlerrolle, wie dies frühe »Tota-pulchra«-Tafelbilder belegen, wie etwa von der Werkstatt des Jean Bellegambe (ca. 1530) im Musée de la Chartreuse zu Donai, von Vicente Macip in Madrid (Collection Banco Centr. Hispano-americano) oder die Altartafel vom Ende des 16. Jh.s in San Saturnino in Artajona (Navarra) und in der Sakristei der Kathedrale von Sevilla.

Ebensolche Vorbildwirkung hatten diesbezüglich Holzschnitte und Kupferstiche franz. Stundenbücher, etwa das des Simon Vostre (Paris 1518), in diesem Fall allerdings im Mittelpunkt die Darstellung einer Anna-Selbdritt unter dem segnenden Gottvater.

Die hl. Anna mit Joachim steht in der Darstellung der UE ⊕s zeitlich am Beginn, denn zunächst wurde nach den Apokryphen (Jakobusevangelium) die Empfängnis ⊕s in der Begegnung von Anna und Joachim unter der Goldenen Pforte gesehen, bereits im Menolog des Basilios II. im 1. Viertel des 11. Jh.s (Bibl. Vaticana, Cod. gr. 1613) zum 9. Dezember dargestellt. Die Miniatur illustriert damit die aktive Empfängnis ⊕s, wie sie auch noch im 14. Jh. im Fresko des Brixener Domkreuzgangs (Inschrift: »Hic conveniunt Ioachim et Anna, amplexantes se mutuo in porta aurea et concepit et peperit Mariam matrem Domini Jesu Christi«), auf Giottos Fresko der Scrovegni-Kapelle in Padua (1305/06) oder auf einer franz. Medaille von 1565 aufscheint. Wenn die Begegnung an der Goldenen Pforte zusätzlich einen Engel wie im Annenportal von ND zu Paris zugefügt erhält, wird die Übernatürlichkeit des Vorgangs noch eindeutiger, und um 1500 entstehen daraus neue ikonographische Varianten in Richtung UE: so bei Johann v. Burgund auf der Altartafel der Kathedrale von Toledo (Ende 15. Jh.), bei Pedro Berruguete in Palencia (S. Maria), Antonio de Comontes in Toledo (Konvent de la Conception), Juan Correa de Vivar in Toledo (Konvent S. Isabel de los Reyes) bis zu Johann v. Burgund im Gemälde des Kapitelsaales der Kathedrale von Toledo.

Das Stammbaummotiv als weitere Variante, wonach aus der Brust der Eltern ⊕s Zweige sprossen, die am Vereinigungspunkt eine Blüte bilden, die ⊕ trägt, bringt die Eingangsminiatur mit der Goldenen Pforte im Horarium belgicum (Wien, Nat. Bibl., Cod. 1984, um 1500). Auf dem flämischen Tafelbild in Berlin (Gemäldegalerie, um 1520) greift ein unbekannter Maler auf vergleichbare Vorlagen zurück. In der Glasmalerei übernimmt Theodor aus Holland (1528) im Kathedralfenster zu Granada dieses Motiv. Über das Missale Romanum, ab 1585 in der Offizin Plantin zu Antwerpen gedruckt, findet die Thematik weitere Verbreitung über den Bereich der Pfortenbegegnung hinaus, etwa im Relief (1513) des Petrus von Mainz im Erfurter Dom. Nur ein kleiner Schritt ist zum Wurzel-Jesse-Motiv, das ⊕ mit einem Baum vergleicht und sie als »Blume aus Anna« bezeichnet (lit. Quellen des HochMA vgl. Salzer 118). Das Bild des Pfropfreises benützen die »Chants royaux couronnis dans le Puy de la Conception de Rouen« des Parmentier (Paris, Bibl. Nat., Ms. fr. 1557, fol. 92, 14. Jh.) und eine Predigt des Karmeliters Richard Fitzralph 1342 zur UE. In Armenbibeln ab dem letzten Viertel des 15. Jh.s wird beim Thema der Geburt ⊕s auf Jesaia (11,1 f.) verwiesen, welcher ⊕ aus der Wurzel Jesse habe hervorgehen sehen; wie aber ein Reis den Geschmack der Wurzel nicht behalte, so sei die Jungfrau zwar aus Annens Geschlecht hervorgegangen, jedoch ohne mit dem Makel der Erbsünde belastet zu sein. Vergleicht man diesbezüglich das → Defensorium inviolatae Virginitatis beatae Mariae, so wird hier lediglich die unversehrte Jungfräulichkeit ⊕s verteidigt, nicht ihre UE, d.h, daß auch nicht jede Wurzel-Jesse-Darstellung im Sinne einer UE zu interpretieren ist. Das Stammbaum-Motiv aus Anna und Joachim ist bes. in der span. und niederländisch-flämischen Kunst des 16. Jh.s bekannt, doch zeugt auch ein Retabelflügel des Buxheimer Altares (Ulm, Stadtmus., um 1510) für das Vorkommen in der dt. Tafelmalerei. Wenn statt der Eltern ⊕s die Stammväter Annas und Joachims aus dem Haus Davids und Aarons dargestellt sind, wird die davidische und hohepriesterliche Abkunft hervorgekehrt.

Eine durch die Karmeliter verbreitete Sonderform der UE ist das Gravidamotiv. Danach erscheint die Mutter Anna mit dem nackten ⊕kind in einer Gloriole auf ihrem hohen Leib, so im bekannten Tafelbild (um 1490) eines südwestflandrischen Malers im Historischen Museum zu Frankfurt, ehemals in der Annenkapelle der Frankfurter Karmeliterkirche. Um den Annenaltar versammelt sind im Disput die Könige David und Salomo mit dem Text nach Spr 8,24, Papst Sixtus IV., Anselm v. Canterbury, der hl. Augustinus, Hieronymus als Kardinal und Vertreter des Karmeliterordens. Ähnlich

Unbefleckte Empfängnis

P. P. Rubens, Apokalyptische Frau, um 1626, München, Alte Pinakothek

ausführlich sind auch das kleine Tafelbild der ehemaligen Sammlung Buchen (Berlin, um 1525) in der Art des Jean Bellegambe zu Douai und die Miniaturen (um 1510 im Breviarium Grimani; 8. Dezember) der Bibl. Marciana zu Venedig mit der thronenden Anna, dem betenden M-kind im Schoß, Gottvater, David und Salomo. Die Spruchbänder enthalten Texte nach Sir 24,23 und 24,31. Weitere Beispiele sind die Annenminiaturen im Liber Precum der Margarethe von Österreich (Wien, Nat. Bibl., Cod. 1862, ca. 1505), im Cod. brev. lat. 5 (fol. 113ᵛ) der Württembergischen Landesbibl. Stuttgart (franz., um 1510) und in franz. Privatbesitz in Lille eine kniende Annenstatue (um 1500) mit dem reliefierten M-kind auf dem Schoß. Von Bernardino Pinturicchio (1454–1513) stammt eine UE-Darstellung (Stockholm, Nat. Mus.) besonderer Art: M im weißen Kleid, umgeben von einer Engelmandorla, trägt nach Art einer → Platytera Christus im Schoß, über ihr Gottvater mit der Hl.-Geist-Taube, um das trinitarische Prinzip und den Ewigen Ratschluß zu betonen. Die über der Landschaft schwebende GM als von Anbeginn Erwählte ist häufig in reinem Weiß geschildert, jedoch ist das Gravidamotiv in diesem Kontext einmalig und außergewöhnlich.

Der dargestellte Disput zur UE ist eine weitere Motivvariante der IC. Diese Bildform kann die Bezeichnung »Verherrlichung der IC« tragen, im Ital. »La Disputa intorno alla Concezione«. Zeugen sind Gemälde des Francesco Solimena, Luca Signorelli, Francesco Foschi, ein Majolikarelief der Robbia-Werkstatt (Ende 15. Jh.) in Empoli, als Dossale in Verwendung, ebendort in S. Maria a Ripa die Tafel des Jacopo Chimenti und Giorgio Vasaris Gemälde in Ss. Apostoli (um 1540/41) zu Florenz. Die Spruchbandtexte lauten dann »Nunquam super omnes choros angelorum ascendisset, si eos in puritate non transcendisset» (Augustinus: PL 44,267), »Non puto verum esse...« und »Haec est virga, in qua nec nodus originalis nec cortex venialis culpe fuit« (Ambrosius: PL 17,664). Aus dem AT stammen Verse wie »Virga Jesse floruit«, »Ecce virgo concipiet« (Jes 7,14), »Orietur stella ex Jacob« (Num 24,27), »Sicut lilium inter spinas« (Hld 2,2) und »Ab initio et ante saecula creata sum« (Spr 8,22); Vertreter des Alten Bundes sprechen beim Gemälde J. Chimentis »Quos Evae culpa damnavit, Mariae gratia solvit«. Die atl. Gestalten können auch durch Heilige, Ordensmitglieder oder sonstige Verfechter der UE vertreten werden. So kann z. B. Anselm v. Canterbury seines Eintretens für die UE wegen als Heiligenattribut ein Tafelbild mit der IC in Händen halten, zu sehen am südlichen Querhaus-Seitenaltar in St. Peter zu Salzburg am Vitalisaltar des Bildhauers L. Härmbler (1761/64). Martin Johann Schmidt (1708–1801) zeigt Anselm auf dem Gemälde (1788) der Kunstammlungen in Göttweig in der Schau der IC; dieselbe Thematik findet sich bereits 1652 auf einem Gemälde von Murillo im erzbischöflichen Palais zu Sevilla, auf dem Fray Juan de Quirós als Verfasser marian. Schriften erscheint. Einmalig ist die Auffassung des Peter Paul Rubens (um 1626) im ehemaligen Hochaltarbild des Freisinger Doms (heute München, Alte Pinakothek). Rubens kompiliert die IC mit Kind und Flügeln dem Engelsturz des Erzengels Michael und charakterisiert M damit als Apokalyptische Frau (Offb 12). Sie ist »Schlangentreterin« mit dem Sichelmond über dem Erdball, ist »Maria de Victoria«, der Engel Siegestrophäen zureichen und »Frau mit der Sonne bekleidet«, deren Neugeborenes angesichts des dräuenden Drachens, den Michael erlegt, zu Gottvater entrückt wird. Nirgendwo ist die IC in einen derart strengen Sinnbezug zur Apokalypse gebracht worden wie in Freising, auch nicht bei der M Apocalyptica auf dem ehemaligen Kanzelschalldeckel der Pfarrkirche von München-Ramersdorf (um 1760) und im Hochaltarauszug (1768/70) der ehemaligen Benediktinerklosterkirche Mallersdorf/Niederbayern, allesamt Skulpturen von Ignaz Günther. Auch die auf Dürers Apokalypse basierende Druckgraphik kennt dieses Motiv, etwa als Kupferstich des Juan de Jáuregui in der Bibl. Nacional zu Madrid. Gottfried B. Göz erreicht 1749 im Deckenfresko des Presbyteriums von Birnau/Bodensee in der Allegorie der IC nicht mehr diese Dichte, die Apokalyptische Frau wird nämlich mehr als Mutter der Schönen Liebe (»Eccl 24,24«) zwischen Glaube und Hoffnung gesehen. Dieselbe Intention findet sich bereits bei Zurbarán (Dublin, Nat. Gallery), wo Glaube und Hoffnung irrig als Joachim und Anna interpretiert werden. Wenn manche Darstellungen die Schlange auf dem Erdball durch einen Drachen ersetzen, etwa bei Francesco Vanni (1588) und Gregorio Fernández (Astorga, Diözesanmus.), ist damit noch nicht die Apokalypse evoziert, in diesem Fall steht der Drache nur stellvertretend für die Paradiesesschlange.

Allegorisch kann die UE durch Symbole ausgedrückt werden (Ms Namensmonogramm, Schlange mit Apfel über der Erdkugel, brennender Dornbusch und Lilie unter Dornen); in dieser Kombination z. B. für den Kircheneingang der Karmeliterkirche zu Székesfehérvár, nach der Vorschrift des Domkapitels vom Freskanten Franz Anton Maulbertsch vor 1770 gemalt. Grund dieser emblematischen Darstellung am Portaleingang ist das nachfolgende Freskenprogramm im Inneren der Kirche mit der Darstellung von Me Geburt im westlichen Joch, in den Zwickeln die Vorfahren Abraham, Isaak, Jakob und David, im zweiten Feld die Himmelfahrt Ms und über dem Presbyterium mit dem Gnadenbildaltar als Krönung die Darstellung der UE. Damit entfaltet dieser Freskenzyklus die gerahmte Genese und Bedeutungsweite des Geheimnisses der göttlichen Erwählung Ms. Diese kann auch emblematisch dargestellt werden, wobei die »Innocentia Vindicata« des St. Gallener Abtes Coelestin Sfondrati (St. Gallen, 1695 gestochen von Gabriel Ehinger) häufig als Vorlage in Frage kommt, dies bes. in benediktinischen Kreisen, so in der Akademischen Kapelle zu Kremsmünster in den rot-violetten Emblemgrisaillen von W. A. Heindl (1739). Joseph Appianis Fresken (1749) in der Lindauer Ⓜkirche kennzeichnen die UE durch eine Esche mit zwei fliehenden Schlangen und die Jungfrau unter der im Zenit stehenden Sonne vor einer schattenlosen Pyramide, Sinnbild für das Freisein von der Erbsünde. Weitere Emblemfresken zum Thema UE finden sich in der Pfarrkirche Altendorf (1710) von Melchior Michael Steidl, in Benediktbeuern (1. Hälfte 18. Jh.) von Bruder Lucas Zais, in Bedernau (1709/10) von Michael Niggl von Hiltenfingen, in der Wallfahrtskirche Bernbeuren (1736) von Johann Heel, an der Empore der Pfarrkirche von Biberachzell (1772), in der Kirche von Dietkirch (1727) von Johann Jakob Kuen, in Dietramszell (1726) von Johann Baptist Zimmermann, im Refektorium des ehemaligen Jesuitenkollegs Dillingen (1737) von Joseph Ignaz Schilling, in Hohenpolding (1752), in der Filialkirche von Länglöh (1742) von Joseph Hartmann, im Festsaal des ehemaligen Augustinerchorherrenstifts Rebdorf (1735) von Joseph Dietrich und im Klostergang (1712) des Benediktinerklosters Wessobrunn. Um von Fall zu Fall entscheiden zu können, ob jeweils eine genuine Verbildlichung der UE vorliegt, ist es notwendig, die Intention des Auftraggebers, das Patrozinium und den inneren Konnex des gesamten Freskenprogramms zu berücksichtigen.

Gerade im Wandel der Darstellungen der UE wird deutlich, inwieweit die einzelnen Bildschöpfungen von den jeweils vorherrschenden und fallweise kontroversen Lehrmeinungen abhängig sind, ebenso, welche Bedeutung dem Festtag am 8. bzw. 9. Dezember zu verschiedenen Zeiten und in diversen Regionen zuerkannt wurde. Sogar im serbischen Barock erfolgen westliche Übernahmen, etwa im IC-Fresko von Jos Vasilijevič in der Vorhalle des Klosters Krušedol (1750/51–56). Formal ähnliche Bildgestaltungen können von der Dogmatik her einen unterschiedlichen bis gegenläufigen Sinn erhalten. Erst nach einer Beruhigung der theol. Kontroversen um das Dogma der UE wurde ab dem 18. Jh. eine eindeutige, einheitliche und einprägsame Bildform gefunden, die auch das Ⓜbild des 19. Jh.s über Lourdes und Fatima hinaus bis zum endenden 20. Jh. beharrlich mitbestimmte (vgl. dazu das Gemälde »Madonna« [1979/80] von Ernst Fuchs als Paraphrase nach E. Murillo).

Zu den gültigen und prägenden Inventionen der Barockzeit gehören nördlich der Alpen Paul Egells (1691–1752) Seitenaltar des Doms von Hildesheim (1729–31) mit zugehörigem Bozzetto (Mainz, Landesmus., 1730), die Hausmadonna am Haus zum Saal in Bamberg (um 1715) von einem unbekannten fränkischen Bildhauer, Ignaz Günthers (1725–75) Tabernakelbekrönung der Trinitätspfarrkirche zu Geppersdorf (Kopčivna, um 1752), der Monstranzfuß der dortigen Kirche (1752/53) von Ignaz Günther und S. Forstner, ähnlich dem der kostbaren Loretto-Monstranz in Prag aus der Werkstatt Johann Bernhard Fischers von Erlach (Entwurf: Rohrau, Graf Harrach'sche Familiensammlung), die IC der Unteren Pfarrkirche St. Moritz zu Ingolstadt von Ignaz Günther, das Günthersche Tympanonmedaillon (1771/72) am Nordostportal der Frauenkirche in München, die kniende Immaculata Günthers (Berlin, Staatl. Mus., um 1760), Christian Jorhans d. Ä. (1727–1804) Figur in der Tondorfer Friedhofskapelle (1782) und jene im Verkündigungskontext am nordöstlichen Wandpfeiler der Pfarrkirche zu Buchbach (1771) bis hin zur Immaculata-»Rokokodame« Joseph Anton Feuchtmayers (1696–1770; Berlin, Staatl. Mus., um 1750/52).

Lit.: J. B. Malou, Iconographie de l'immaculée conception, Brüssel, 1856. — P. Pauwels, I Francescani e la Immacolata Concezione, Roma 1904. — Fr. P. Parisi, Il Magnificat applicato allo Immacolato Concepimiento di Maria, Palermo 1905. — E. Tormo y Monzó, La Immaculada y el arte español, Madrid 1915. — M. Lindgren-Fridell, Der Stammbaum Mariä aus Anna und Joachim, In: Marburger Jahrbuch für Kunstwissenschaft 11/12 (1938/39) 289–308. — H. Rosenau, A Study in the Iconography of the Incarnation, In: Burlington Magazine 85 (1944) 176–179. — Trens 96–190. — J. Lafond, L'Immaculée Conception glorifiée par le vitrail normand, In: Ecclesia 69 (1954) 62 ff., Abb. 57. 60. 63. — J. J. M. Timmers, L'Iconographie de l'Immaculée conception, In: Carmelus I, fasc. 2 (1954) 278–289. — C. Catena, L'Immacolata Concezione nell' Ordine Carmelitano, In: VirgoImmac VIII, 1956, 19–39. — M. L. d'Ancona, The Iconography of the Immaculate Conception in the Middle Ages and Early Renaissance, 1957. — J. Fournée, Les thèmes iconographiques de l'Immaculée Conception en Normandie au Moyen-âge et à la Renaissance, In: VirgoImmac XV, 1957, 90 ff. — B. Borchert, L'Immacolata nella Iconografia del Carmelo, ebd. 158–169. — M. Bertagna, Episodo toscani riguardanti la controversia e il culto dell' Immacolata Concezione, ebd. 360–384. — J. Fournée, Les Thèmes essentiels de l'Immaculata Conceptio dans l'Art français, In: Sanctuaires et Pèlerinages 2 (1958). — M. L. d'Ancona, More about the IC, In: Burlington Magazine 101 (1959) 149 f. — E. Guldan, Eva und Maria, 1966. — M. Gómez-Moreno, La Immaculada en la escultura española, 1967. — Pigler I 497–505. — G. M. Lechner, Maria gravida, 1981, 459–464, Nr. 231–241. — P. Amato, Imago Mariae, Tesori d'arte della civiltà cristiana, 1988. — A. Grede, Marienbilder, Katalog des Nationalmuseums Stockholm 1989, 64, Nr. 73 Abb. — N. Mayberry, The Controversy over the Immaculate Conception in Medieval and Renaissance Art, Literature and Society, In: Journal of Medieval and Renaissance Studies 21 (1991) 207–224. — S. Appuhn-Radke, Thesenschrift und Merkbild — Franzsikanische Katechese der »Disputation über die Immaculata Conceptio« von Giovanni Antonio Sogliani, In: Kunst des Cinquecento in der Toskana, hrsg. vom Kunsthistorischen Institut Florenz, 3. Folge, Bd. XVII (1992) 219–236. — K. Utz-Tremp, Eine Werbekampagne für die befleckte Empfängnis: der Jetzerhandel in Bern (1507–09), In: Maria in der Welt, Marienverehrung im Kontext der Sozialgeschichte 10.–18. Jh., hrsg. von C. Opitz u. a., 1993, 323–337. — S. L. Stratton, The Immaculate Conception in Spanish Art, 1994 (Lit.). — Schiller IV/2, 174–178. — RDK V 242–259 (Lit.). — LCI II 338–344 (Lit.); III 199 ff. G. M. Lechner

V. ORTH. THEOLOGIE → Sündenlosigkeit

Ungarn. I. FRÖMMIGKEITSGESCHICHTE. Die Geschichte der MV in U. spiegelt neben den regionalen Charakteristiken die entsprechenden Perioden der europäischen Kultentwicklung wider. Im folgenden wird die kath. MV behandelt, die Geschichte des Ⓜkultes im ungar. Prot. und in der Orthodoxie wird nur am Rande berücksichtigt.

1. 11.–15. Jahrhundert. Die MV wurde anfangs durch den Einfluß der lat. Kirche, bes. durch die Reform von Cluny bestimmt und von den Benediktinern verbreitet. Unter den Benediktinermissionaren tritt der hl. Gerhard (977–1046) aus Venedig hervor, der seine Genesung im Kindesalter der Fürbitte Ms zuschrieb, als Bischof von Csanád einen Maltar stiftete, das als seine Grabstätte erbaute Kloster unter das Patronat Me stellte und wohl auch die MV König → Stephans des Hl. v. U. (1000–38) beeinflußt hat. Die wichtigsten Quellen des Mkultes vom 11.–13. Jh. sind die Liturgie und die Patrozinien. Himmelfahrt Me wurde schon unter König Stephan gefeiert, und von den Klöstern, die in der Arpaden-Zeit (bis 1301) errichtet wurden, waren etwa 30 der Himmelfahrt Me geweiht. Die unter dem hl. König Ladislaus (1077–95) gehaltene Synode von Szabolcs (1092) reiht neben Me Himmelfahrt auch Purificatio und Nativitas unter die gebotenen Mfeste ein. Die mit einer eigenen Messe versehenen Mfeste im Codex von Hahót (Ende 11. Jh.) sind Purificatio, Annuntiatio, S. Maria ad Martyres (Kirchweihfest des röm. → Pantheons), Vigilia Assumptionis, Assumptio und Nativitas. Während der Codex von Hahót die Meßtexte regelmäßig aus dem Sacramentarium Gregorianum übernimmt, schöpft der am Ende des 12. Jh.s entstandene Codex Prayanus wohl aus mehreren Quellen. Die marian. Aspekte darin sind vielfältig; er enthält außer Fürbitten und Meßpräfationen zwei Mhymnen als Marginale sowie die Skizze eines Moffiziums für den Samstag. Neben den Mfesten des Codex von Hahót erscheinen hier zum ersten Mal die Feier der in der lat. Kirche relativ seltenen Oktav Assumptionis sowie die Feste Praesentatio Me und UE. Östlichen Einfluß spiegelt das Fest Praesentatio Me, das in der lat. Kirche erst 1373 zum offiziellen Feiertag erklärt wurde. Dieser östliche Einfluß geht wohl auf König Béla III. (1172–96) zurück, der am byz. Hof erzogen worden war. Dies gilt auch für das Fest der UE, wobei in dem Ausdruck »Conceptio BMV« im Codex Prayanus dieses dogm. noch nicht fixierte Glaubensgeheimnis erscheint. Ferner waren die marian. Votivmessen für die Samstage sowie für Advent, Weihnachten und Ostern in der lat. Kirche bis zum Ende des 12. Jh.s unbekannt. Béla III. ließ zum ersten Mal eine Münze mit der Darstellung Ms prägen. Für das Fest der UE gibt es bis zum Ende des 15. Jh.s nur vereinzelt Spuren; es wurde erst durch die Provinzialsynode von Esztergom (1493) in die Reihe der verbindlichen Feiertage aufgenommen. Nach einer Legende war ein ungar. Priester, ein Halbbruder des Königs von U., Initiator dieses Festes. Einen frühen Hinweis auf die Verehrung der → Sieben Schmerzen Me stellt die Altungarische Mklage (→Klagen; 13. Jh.) dar, die v. a. durch die Franziskaner verbreitet wurde. Die Verehrung der Heimsuchung Me konnte durch die Vermittlung von Franziskanern und Paulinern erst im 14./15. Jh. Fuß fassen, die Zahl der Patrozinien ist relativ klein. Seit etwa 1450 verbreiteten die Dominikaner die Verehrung Ms als Rosenkranzkönigin, gleichzeitig begann auch die Feier des Kirchweihtages von S. Maria Maggiore (das erste Patrozinium: 1444, Szeged-Alsóváros).

Die Verehrung Me als Patrona Hungariae geht auf Stephan den Hl. bzw. auf den Text einer Stephanslegende (Legenda maior, um 1080) zurück. »Patrona Hungariae« hatte keinen eigenen Festtag, sondern wurde im MA am Fest Me Himmelfahrt begangen. Als König Béla IV. (1235–70) 1252 auf der Burg Turóc ein Prämonstratenserkloster stiftete, war der Titel des Klosters »Maria, quae nostra et Regni nostri est Domina et Patrona«. Nach den Statuten des Domkapitels von →Győr (Mitte 13. Jh.) mußte der Priester dort jeden Morgen eine Mmesse lesen, weil das in jeder Kirche Brauch war und weil M »Patrona Hungariae a nobis dicitur«. Im Alleluja des hl. Stephan (Graduale des 14. Jh.s) heißt es: »O König Stephan ... , der du uns vor deinem Tod mit gegen Himmel erhobenen Händen der Mutter Christi anvertraut hast ...«. Im 14. Jh. breitet sich die höfische Repräsentation auch im Zusammenhang mit der MV aus. Die staatsrechtliche Bedeutung des Kultes tritt durch die Thronbesteigung der Anjous deutlich hervor und trägt zum Kult der ungar. hll. Könige wie auch zur Prestigesteigerung der neuen Dynastie bei. Auf dem Fresko des Domes von Szepeshely (Spišská Kapitula, 1317) ist die Krönung des Anjoukönigs Robert Karl (1308–42) dargestellt, der den Thron als Erbfolger der ungar. hll. Könige bestieg: M setzt dem knienden König die Krone auf. In einer für das Mkloster von Szepes ausgefertigten Urkunde (1347) → Ludwigs des Großen (1342–82) wird M als besondere Patronin des Landes bezeichnet: »Virgo Maria, quae regni nostri specialis existit Domina et Patrona«. Darauf beruft sich auch König Matthias (1458–90) in einem 1479 an Papst Sixtus IV. gerichteten Brief. All dies, wie auch die Zeugnisse der Literatur und bildenden Kunst, zeigt die Rolle Ms als symbolischer Figur in den Anfängen regionaler Identität.

In der Geschichte der ma. Mwallfahrten spielen der Bau der Kirche von →Mariazell und die Stiftung des späteren Schatzkammerbildes durch König Ludwig den Großen (1378) eine besondere Rolle. Unter den einheimischen Wallfahrtsorten mag die Mkirche von Obuda-Fehéregyháza, die z. B. Königin Anna 1504 besucht hat, zu den bedeutenderen gezählt haben. Der Ursprung von einigen barocken Wallfahrtsorten wird nur durch die Legenden ins MA zurückverlegt (z. B. →Marienthal/Máriavölgy). Im Vergleich zu ungar. Mwallfahrten scheint der Besuch ausländischer Mwallfahrtsorte bedeutender zu sein, z. B. Loreto (1502 von Johannes Corvinus besucht), Altötting und Achioggia (von Kristóf Frangepán besucht); außerdem sind Pilger auch den 🅜bruderschaften von Trier und Czenstochau beigetreten.

Im Bruderschaftsleben, das sich erst ab etwa 1450 entfaltete, waren neben den Corpus-Christi-Bruderschaften v. a. die verschiedenen 🅜-bruderschaften verbreitet, außerdem war 🅜 eine beliebte →Patronin der Zünfte. In Pozsony, Sopron und Eperjes gab es z. B. je drei verschiedene 🅜bruderschaften, in mehreren anderen Städten hat man wenigstens eine errichtet. In Sopron entstand neben einer Sieben-Schmerzen-Bruderschaft die sog. »fraternitas exulorum« (»Ellendzech«) unter dem Patronat 🅜e Heimsuchung, deren Ziel die Unterstützung der Gefangenen und Verbannten war. In Kassa und Kolozsvár gab es Rosenkranzbruderschaften, in der Maria-Magdalena-Kirche von Buda stand ein Altar zu Ehren der Rosenkranzkönigin.

Um 1500 wurde das Rosenkranzgebet in weiten Kreisen bekannt. Laut Pelbárt v. Temesvár ist es auch hilfreich, 🅜 wegen der Kraft ihres Namens bzw. ihrer Ehrentitel anzurufen. Er beschreibt jene bis ins 20. Jh. lebendige Vorstellung, wonach die Bitte dessen erfüllt wird, der an 🅜e Verkündigung 1000 Ave Maria betet. Wie im Codex Prayanus erwähnt, soll am Fest der Purificatio BMV eine Kerze geweiht werden. An 🅜e Himmelfahrt fand nach dem Obsequiale von Esztergom (1496) eine »benedictio herbarum« statt. Das Glockenläuten zum englischen Gruß wurde durch die Synode von Udvard 1309 angeordnet. Der Samstag galt als der GM geweihter Tag, an dem zahlreiche Messen zu ihrer Ehre gestiftet wurden. Für das Singen des Salve Regina wurden eigene Stiftungen errichtet. Nach Vorschrift des Codex Apor (Anfang 16. Jh.) war im Prämonstratenserorden in der Oktav von 🅜e Heimsuchung die Armenspeisung üblich; eine laikale Variante dieses Brauchs lebte bis ins 20. Jh. weiter. Die MV kam gegen Ende des MA mit mehreren anderen Kultformen (z. B. mit der Verehrung Christi, des Hl. Blutes und der ungar. Nationalheiligen) in Verbindung.

2. *16.–18. Jahrhundert.* Die sich entfaltende MV dieser Periode wird durch die Türkenbelagerung (1526–1686) sowie durch Reformation und Gegenreformation bestimmt. So werden z. B. die bildlichen Darstellungen der UE und der Patrona Hungariae sowie die Kopien des Gnadenbildes von S. Maria Maggiore zum Symbol der Gegenreformation und des Kampfes gegen die Türken. Der besondere Immaculata-Typus der »Mulier amicta sole«, die auf der Mondsichel stehend den Kopf der Schlange zertritt, ist schon im 16. Jh. zugleich ein antihäretisches und türkenfeindliches Symbol, das sich dann im 17./18. Jh. mit der Magna Domina Hungarorum verbindet. In der Türkenzeit verbreiteten sich die Bildtypen von Loreto, Mariahilf und Czenstochau, die an mehreren Wallfahrtsorten sowie an zahlreichen Stätten der MV vorkommen. Auch sog. »weinende Madonnen« wurden zum Symbol für den Kampf gegen die Türken, für die Gegenreformation und für die Union mit der Ostkirche (1646).

Die Verbreitung mancher Kultformen steht mit bestimmten Orden in Verbindung. So werden z. B. die Verehrung der »Mulier amicta sole« und das Fest der Verlobung 🅜e bes. durch die Franziskaner gefördert; die Bildtypen von S. Maria Maggiore und Máriapócs gehören zu den Jesuiten, der Kult der Rosenkranzkönigin zu den Dominikanern, die Mutter vom Guten Rat wird v. a. von den Augustinern verehrt, das Gnadenbild von Czenstochau von den Paulinern, 🅜 vom Berge Karmel von den Karmelitern und die Sieben Schmerzen 🅜e von den Serviten.

Mehrere 🅜feste gewinnen nun an Bedeutung. So verfügte z. B. Kaiser Ferdinand II. (1578–1637) 1636 die Verlautbarung der Lehre von der UE an der neu gegründeten Universität Nagyszombat und bat den Hl. Stuhl um die Dogmatisierung dieser Lehre. Das Fest 🅜e Namen wurde nach der Befreiung Wiens von den Türken (1683) auf Anordnung von Papst Innozenz XI. allgemein eingeführt; seine Feier in U. wurde auch durch die dt. Einwanderer gefördert. Nachdem Joseph, der Sohn Kaiser Leopolds I. (1640–1705), an 🅜e Verlobung zum Kaiser gekrönt worden war (1690), bat er den Papst, diesen Tag im ganzen Habsburgerreich in den Rang eines Festes zu erheben. Das Fest der Rosenkranzkönigin wurde durch Papst Clemens XI. nach dem Sieg gegen die Türken bei Pétervárad (1716) offiziell angeordnet. Außerdem wurde vereinzelt das Fest Praesentatio 🅜e als Votivfest in verschiedenen Notsituationen begangen (z. B. 1709: Nagyszombat, Pest; 1749: Szür, Heuschreckenplage). Neben das Patrozinium 🅜e Himmelfahrt treten im 17./18. Jh. auch 🅜e Heimsuchung, der Kirchweihtag von S. Maria Maggiore (darunter mehrere Votivkapellen gegen die Pest, so z. B. Pécs, Somogybükkösd, Rozsnyó) und 🅜 vom Berge Karmel. Die meisten Patrozinien 🅜e Geburt befinden sich in Oberungarn. Beliebte Titel sind noch 🅜e Namen und Sieben Schmerzen 🅜e (bes. seit Mitte des 18. Jh.).

🅜 ist auch in fast allen lit. Gattungen eine herausragende Gestalt, z. B. in Werken von Johannes →Nádasi, Márton →Kopcsányi und Gábor →Hevenesi. Fürst Paul →Esterházy hat in der Art eines »Atlas Marianus« zwei Bücher in der Nachfolge von Wilhelm Gumppenberg über die 🅜gnadenbilder der ganzen Welt (1690, 1696) herausgegeben, weiterhin 52 Betrachtungen zur MV; außerdem verfaßte er aus den Ehrentiteln der 🅜bilder in aller Welt eine Litanei sowie zwei 🅜gebete. Der »Seelenführer« von István Tarnóczy SJ (1626–89) ist stilistisch durch geschickt angewandte Blumensymbolik geprägt. Im Gebetbuch von Paul Baranyi SJ (1657–1719) findet sich ein eigener Teil über die MV (1700); außerdem enthalten die meisten Gebetbücher eigene 🅜gebete. Das beliebteste Offizium ist das Offizium

BMV (1643), das auf Bitten »von mehreren andächtigen vornehmen Frauen« zusammengestellt, und Julia Esterházy, der Tochter des Palatins gewidmet wurde. Das Gebetbuch »Officium Rákóczianum« mit mehreren M offizien hat von 1693 bis zum Ende des 18. Jh.s etwa 70 Auflagen erlebt. M ist die zentrale Figur in den Mirakelbüchern der M wallfahrtsorte, in den Publikationen der M bruderschaften und marian. Kongregationen sowie in der rel. Flugschriftenliteratur. In den Gesangbüchern des 17./18. Jh.s ist M als oberste Patronin, als Bewahrerin der glorreichen Vergangenheit und als Quelle einer schöneren Zukunft dargestellt (z.B. B. Szöllösi, Cantus catholici, 1651; J. Kájoni, Cantionale catholicum, 1676). Das »Regina Caeli« wurde 1510 in Szeged unter den Pestgebeten aufgezeichnet, der Hymnus »O gloriosa virginum« ist im 17. Jh. zum Grundtext des am beliebtesten Liedes gegen die Pest geworden.

Das Erbauungsbuch »Makula nélkül való tükör« (1712), das durch die Klarissenschwester Judit Ujfalusi nach einem Werk des →Martin v. Cochem aus dem Tschechischen ins Ungar. übersetzt wurde, erzählt anschaulich und detailliert das Leben M s (bisher 10 Aufl.). Seine Wirkung ist in der volkstümlichen MV bis heute spürbar, und es mag auch zur Verbreitung des Festes der Verlobung M e beigetragen haben. M ist eine beliebte Gestalt der Predigtliteratur (z. B. György Káldi SJ, István Csete SJ, Márton →Biró und József Telek).

Ein bes. wichtiges Element der MV ist seit etwa 1600 die Entfaltung des Patrona-Hungariae- bzw. Regnum-Marianum-Gedankens, der hauptsächlich von den Jesuiten verbreitet wird und durch die Türkenbelagerung sowie durch die Reformation wesentlich mitbestimmt ist. Demnach ist M seit der Weihe des Landes an die GM durch König Stephan die Magna Domina Hungarorum, und U. ist das Land M e, ein Regnum Marianum. Die Belagerung U.s durch die Türken schrieb man der Absage an M in der Reformation zu, und erst wenn die Protestanten zum kath. Glauben und zur MV zurückgekehrt seien, könnten die Türken mit M s Hilfe besiegt werden. So wurden die Befreiung Budas von den Türken (1686) und der Sieg bei Zenta (1697) der Hilfe M s zugeschrieben. Die staatssymbolische Bedeutung des Gedankens wird u. a. dadurch deutlich, daß Kaiser Leopold I. 1693 das Land erneut der GM dargeboten hat, was auch auf die Rex-Marianus-Idee des MA verweist. Unter Leopold I. erscheint M auf mehreren Münzen mit der Umschrift »S. Immaculata Virg(o) Mar(ia) Mat(er) Dei Pat(rona) Hunga(riae)«.

Die Patrona Hungariae ist auch ein häufiges Motiv der Lit. und Kunst. So lautet z. B. im Gebetbuch von Péter →Pázmány eine Fürbitte: »Befreie und führe zum rechten Glauben die Dir anvertrauten Ungarn.« Das Lied »O Maria virgo pia« im Gesangbuch »Cantus catholici« wie auch manche Gesangbücher des 18. Jh.s (→Boldogaszony Anyánk) preisen M als »Patronin der alten Ungarn«. Paul Esterházy feierte seine Ernennung zum Reichsfürsten am 8.12.1687 u. a. mit der Errichtung einer Immaculata-Säule (1694; →Säule). Er verfaßte ein Weihegebet an die Magna Domina Hungarorum und spricht auch in seiner Kantatensammlung »Harmonia coelestis« (1711) mehrmals über sie.

Die Bezeichnung Magna Hungariae Domina findet sich im Titel des ersten Mirakelbuches von Máriavölgy (1661, Autor ist Ferdinandus Ignatius Grieskircher OSPPE), und der nach U. gekommene österr. Benediktinermönch Odo Koptik schreibt in der Form eines Mirakelbuches von Máriavölgy ein lat. Epos in Hexametern über M (1745). Mit teilweise politischen Zielsetzungen wurde 1734 für Adelige in Győr eine Congregatio BMV sub titulo Magnae Hungarorum Dominae Nationis Hungaricae errichtet.

Die kulturelle Bedeutung der MV in ihren räumlichen, zeitlichen und sozialen Bezügen ist bes. gut an den Wallfahrten des 17. und 18. Jh.s zu sehen. Etwa 90 % der ca. 140 Wallfahrtsorte sind der GM geweiht. Von den ausländischen Gnadenbildtypen kommen ital. häufig vor (z. B. →Re, →Genazzano). Ein Teil davon — v. a. der Loretotyp — kam durch österr. bzw. Wiener Vermittlung nach U. Von den österr. Gnadenbildtypen ist das Mariahilfbild am häufigsten. Im südwestungar. Wallfahrtsort Homokkomárom steht die auf Glas gemalte Kopie der »Maria mit der Birne« von A. Dürer im Zentrum des Kults. Neben dem »Import« ausländischer Gnadenbilder begegnet man auch einem »Export« jener M darstellungen, die in U. schon als wundertätig galten oder im Ausland zum Mittelpunkt von Wallfahrten geworden sind. Das Gnadenbild zu Máriapócs, das Kaiser Leopold 1697 nach Wien bringen ließ, wurde im ganzen Habsburgerreich zum Symbol gegen die Türken, ein Teil seiner zahlreichen Kopien in U. und im Ausland wurde selbst zum Ziel von Wallfahrten. Die kulturelle Vermittlerrolle der Wallfahrten bezeugen neben dem Austausch der Kultobjekte auch die Legenden der Wallfahrtsorte, die Mirakelbücher, die Wallfahrtsbildchen und die mit dem Wallfahrtswesen zusammenhängenden Flugschriften. Unter den österr. Wallfahrtsorten hat Mariazell die wichtigste Rolle in der Geschichte des ungar. Wallfahrtswesens gespielt. Die bedeutendste Filiation von Mariazell in U. ist der Gnadenort →Dömölk. Einige M wallfahrtsorte waren auch für die herrschaftliche Repräsentation von Bedeutung (→Marienthal/Máriavölgy, →Schoßberg/Sasvár, →Máriabesnyö). Weitere, bisher nicht erwähnte wichtige M wallfahrtsorte sind →Altgebirg/Zólyom-Ohegy, Andocs, →Bistrica/Bisztrica, Bodajk, →Csiksomlyó, →Frauenkirchen/Boldogasszony, →Győr, →Kolozsvár, →Leutschau/Löcse, →Maria Loreto bei Eisenstadt, →Máriagyüd, →Máriaradna, →Mátraverebély, →Neutra/Nyitra, →Oberberg-Eisenstadt/Kismarton, →Schemnitz/Selmecbánya, →Sümeg, →Szeged, Tersato/Trsat, Zágrábremete/Remete.

Wichtige Träger des Mkultes sind die Mbruderschaften und Kongregationen. Etwa 20% der zwischen 1563 und 1800 tätigen ca. 1300 Bruderschaften und Kongregationen sind Mbruderschaften, wobei die Skapulier- (seit 1670) und die Rosenkranzbruderschaften (seit 1620) am weitesten verbreitet sind. Beliebt waren außerdem die UE-, Verkündigungs-, Heimsuchungs- und Himmelfahrtsbruderschaften. Die v.a. in den Städten verbreiteten marian. Kongregationen (seit 1580 nachzuweisen) wurden von den Jesuiten gefördert, die Rosenkranzbruderschaften von den Dominikanern und den Paulinern, die Sieben-Schmerzen-Bruderschaften von den Serviten, die Skapulierbruderschaften von den Karmeliten und die Trost-Bruderschaften von den Augustinern. Um 1720/30 errichtete Gábor Kapi SJ während seiner Missionsreise durch U. 18 Rosenkranzbruderschaften, die nicht zuletzt wegen ihrer gegenref. Ziele beliebt waren. Die Hauptursache für die Popularität der Skapulierbruderschaften lag in der Vorstellung, daß die Skapulierträger nicht verdammt werden. Die marian. Kongregationen spielten eine wichtige Rolle bei der Erziehung der Adeligen zur MV und beim Rekatholisierungsprozeß. Bei der Aufhebung der Bruderschaften (1788) sind unter den insgesamt 718 Organisationen 80 marian. Kongregationen, 62 Skapulier- und 48 Rosenkranzbruderschaften verzeichnet.

Die verschiedenen Moffizien, der Rosenkranz und die Lauretanische Litanei sowie die MV am Samstag sind allgemein bekannte Andachtsformen. Der Rosenkranz mit zwölf Sternen erinnerte an die UE und wurde bes. durch die Piaristen verbreitet. Die Verehrung der 7 oder 15 Freuden, der Sieben Schmerzen, des Herzens Me und der Rosenkranzkönigin förderten v.a. die Bruderschaften. Außerdem wurde M bes. als Todespatronin verehrt. Erwähnung verdienen ferner die sog. Minze ULF (16.Jh., Umgebung von Szeged), die gegen Krankheit verwendet und in den Sarg des Toten gelegt wurde, das sog. Mwasser sowie eine Silbermünze mit dem Bild Me (sog. Mzwanziger), die, am Dreikönigstag geweiht, v.a. Hexen abwehren sollte.

An mehreren Wallfahrtsorten war es Brauch, die Mgnadenbilder der Liturgie entsprechend anzukleiden. Im griech.-kath. Wallfahrtsort Máriapócs wird das Fest der Himmelfahrt Me mit Parastas (Totenmesse) begangen, wobei man auf dem Friedhof mit einer Kerze in der Hand für die Toten betet. Mehreren Gnadenbildtypen wurde eine pestabwehrende Wirkung zugeschrieben (S. Maria Maggiore, ULF vom Skapulier, Maria lactans, Mariahilf); die Verehrung der UE verhilft angeblich zu einer leichten Geburt.

3. 19./20.Jahrhundert. Um 1800 verändert sich allmählich die Struktur der MV unter dem Einfluß der Aufklärung, des Josephinismus und der beginnenden Säkularisation. Die höheren Gesellschaftsgruppen zählten immer weniger zu den aktiven Trägern des Kultes, die MV nimmt immer mehr einen volkstümlichen Charakter an, und ein historisches Interesse an dem Thema bricht auf. Die bis heute vollständigste, systematische Zusammenfassung der MV in U. gab Augustus Florianus Balogh, Pfarrer von Kocskóc 1872 heraus (vgl. Lit.). 1873–81 erschien die umfangreiche theol. Quellensammlung zur Lehre von der UE Ms von Agoston → Roskoványi.

Aus Anlaß des 1000-jährigen Jubiläums der ungar. Landnahme (1896) bat Fürstprimas Kolos Vaszary Papst Leo XIII. um die Bewilligung des Festes der Magna Domina Hungarorum am zweiten Oktobersonntag. Das Fest wurde nach der Liturgiereform Pius' X. (1914) auf den 8. Oktober, dann als Folge des II. Vaticanums auf den 12. September verlegt (1971). Seit 1973 wird Magna Domina Hungarorum am 15. August in der Weltkirche, am 12. September in U. gefeiert. Auf den 1929–39 geprägten silbernen Zweipengöstücken war das Bild Me mit der Umschrift »Schutzfrau Ungarns« zu sehen. Hinweise auf eine politische Inanspruchnahme der Patrona-Ungariae-Idee finden sich auch in verschiedenen Äußerungen von Kardinal →Mindszenty. Die Weihe des Landes an M wurde das letzte Mal 1988, im 950. Todesjahr des hl.Stephan erneuert.

In der Popularisierung des Mkultes hat die rel. Flugschriftenliteratur, die auch die breitesten Schichten erreichte, eine bes. wichtige Rolle gespielt. Die Autoren der meistens auf Jahrmärkten und an Wallfahrtsorten z.T. verbreiteten Flugschriften waren z.T. Bauerndichter, Wallfahrtsführer und sog. hll. Männer, die einen Teil der barocken Traditionen weitergaben, durch neue Elemente erweiterten und in leicht memorierbarer Form vortrugen. Die Blütezeit der Flugschriften war 1850–1900, sie wurden aber auch noch in den 1930er Jahren herausgegeben. Zur populären Mliteratur gehört auch das Erbauungsbuch von Béla Tárkányi (1821–86), das unter dem Titel »Szomoruak vigasztalója« seit 1859 in 16 Auflagen erschienen ist. 1885 wurde die rel. Zeitschrift »Szüz Mária Virágoskertje« (Máriakert) zur Förderung der MV gegründet (erschien bis 1935), und im Zentrum der Zeitschrift »Rózsafüzér Királynéja« (1909–44) stand die Verehrung Me als Rosenkranzkönigin.

In der Geschichte der Wallfahrten folgt nach dem Niedergang am Ende des 18.Jh.s ein neuer Aufschwung in der ersten Hälfte des 19.Jh.s. Die kirchlichen Regenerationsbestrebungen zeigt z.B. das Buch über die ungar. Mgnadenbilder von Elek Jordánszky, Domherr von Esztergom (1836). Er folgt damit den barocken marian. Atlanten und Mirakelbüchern und nimmt eine wichtige Vermittlerrolle zwischen der spätbarocken Mfrömmigkeit und der neuen Religiosität des 19.Jh.s ein. Der Hauptteil beschreibt 69 Mgnadenbilder, denen Kupferstiche beigefügt sind, den Abschluß bilden acht Mgebete. Auf dem Frontispiz reicht König Stephan der GM eine Krone, womit die Verbindung zur Patrona-Hungariae-Idee betont wird. Die Mehrheit der beschriebenen Gnadenbilder entstand bereits im Barock, nur bei wenigen verbreitete sich der Kult erst im frühen 19. Jh. Jordánszky ließ das Buch außer in ungar. auch in dt. und slowakischer Sprache veröffentlichen; 1863 erschien es nochmals in ungar. und dt. Sprache.

Die Dogmatisierung der Lehre von der UE (1854), die Erscheinungen von Lourdes (1858) wie auch andere Merscheinungen brachten wichtige Anregungen für Wallfahrten und für die ganze MV. Die kirchliche Zeitschrift »Magyar Sion« (1863–1904) publizierte regelmäßig Artikel über die MV, bes. über Merscheinungen (z. B. Lourdes, La Salette, Fontet). 1912 wurde eine Bildzeitschrift mit dem Titel »Lourdes« gegründet (bis 1947); auch ein Lourdes-Kalender wurde herausgegeben. In der ersten Hälfte des 20. Jh.s wurde in oder bei den meisten Kirchen eine Lourdesgrotte errichtet, und auch die Wundertätige Medaille breitete sich aus. Die »Erscheinungen« häuften sich auch in U., z. B. Budaörs (1847), Töröktopolya (1854 f.), Jászdózsa (2. Hälfte 19. Jh.), Szanda (1890), Lövö (1928) und Hasznos (1948). Auf Grund mehrerer Erscheinungen einer Frau in Budapest (1961–81) entstand die Bewegung »Liebesflamme des unbefleckten Herzens Mariae«, die sich in der ganzen Welt ausbreitete. Nach dem Ersten Weltkrieg nimmt der Besuch der Wallfahrtsorte außerhalb U.s deutlich ab; nach dem Zweiten Weltkrieg kommen administrative Einschränkungen hinzu. Heute gibt es in U. etwa 50 Mwallfahrtsorte. Zu den am meisten frequentierten, die im 19./20. Jh. entstanden oder bedeutend geworden sind, gehören Bucsuszentlászló, Budapest-Máriaremete, Csatka, Eger, Esztergom, Hajós, Márianosztra, Segesd, Solymár und Vasvár. Die meistbesuchten ausländischen Mwallfahrtsorte sind heute Mariazell, Medjugorje, Fatima und Lourdes.

Im Rahmen des um die Mitte des 19. Jh.s wiedererwachten Bruderschafts- und Vereinslebens breiten sich die verschiedenen Skapuliere sowie die Bruderschaften vom lebendigen Rosenkranz aus, die die bäuerliche Frömmigkeit an vielen Orten bis heute beeinflussen. Die marian. Kongregationen leben v. a. in den Städten wieder auf. Ab 1907 wurde eine Monatszeitschrift für die Kongregationen unter dem Titel »Mária-Kongregáció« herausgegeben (bis 1944). 1903 haben Budapester Weltpriester die Vereinigung »Regnum Marianum« für die moderne Jugenderziehung gegründet, die u. a. Jugendzeitschriften herausgab und marian. Kongregationen leitete. Ein Jahrbuch für kirchengeschichtliche Forschungen erschien zwischen 1936 und 1946 unter dem Titel »Regnum«.

Unter den marian. Bräuchen ist z. B. die Verehrung eines verkleinerten Gnadenbildes in der heimischen Umgebung, eventuell im sog. Mhaus, einer Art Hausaltar landesweit bekannt. Am Fest Me Verlobung wird die Hochzeit Me mit Gebet und frommer Unterhaltung, meistens bei den Bruderschaften, gefeiert; der am Fest Darstellung des Herrn geweihten (oder sieben Mal geweihten) Kerze wird Böses und Gewitter abwehrende Kraft zugeschrieben; an Me Heimsuchung und Himmelfahrt findet die benedictio herbarum statt, außerdem wird ein »Sarg« Me aus Blumen gefertigt oder Wache am Grab Me gehalten; an Me Geburt erwartet man den Sonnenaufgang im Freien, um in der Sonne M erblicken zu können.

Die Mthematik spielt in der Folklore in volkstümlichen biblischen Erzählungen, aitiologischen Sagen, Glaubensgeschichten, Legenden, sog. archaischen Gebeten, Beschwörungen und Volksgesängen eine wichtige Rolle. Unter den epischen Gesängen mit rel. Thematik sind die Mgesänge die populärsten, die das ganze Leben Me umfassen. In all diesen Texten ist der Einfluß der Apokryphen, der ma. Legendenliteratur, der Mklagen, der barocken Predigtliteratur (→ Predigten), der volkstümlichen Lesestoffe, der Flugschriften und der offiziellen kirchlichen Gesangbücher greifbar. Die beliebtesten Themen sind Me Geburt, Episoden ihres Lebens (z. B. Hochzeit, Herbergsuche, Flucht), Tod Me, weiterhin apokrpyhe Motive, wie z. B. das Mittagessen, der Faden, der Ring, die Blumen, das Taufkind oder der Traum Me, M sucht Christus, das Gespräch zwischen dem gekreuzigten Christus und M sowie die Trauer Me. In diesen Texten erscheint M meistens zugleich als idealisierte Figur und als einfache Frau.

Lit.: A. Jordánszky, Kurze Beschreibung der Gnadenbilder der seligsten Jungfrau Mutter Gottes Maria, welche im Königreiche Hungarn ... verehrt werden, Pressburg 1836, Faksimile der ungar. Ausgabe 1988. — A. F. Balogh, Beatissima Virgo Maria Mater Dei, qua Regina et Patrona Hungariarum, Agriae 1872 Pars prima: Btmam V. Mariam hungara natio colit et veneratur; I. Hagiographia, II. Patrona Hungariae, III. Homagium singulorum singulare, IV. Fundationes et instituta multifaria, V. Ordines religiosi, VI. Ecclesiae, basilicae et templa, VII. Effigies, statuae et imagines, VIII. Campanae, IX. Heraldica, X. Numismatica, XI. Coetus, confraternitates, societates et sodalitates, XII. Solemnitates, devotiones, festivitates, processiones et peregrinationes, XIII. Ave Maria, XIV. Immaculata, XV. Literatura et bibliographia; Pars secunda: Batma V. Maria hungaram nationem diligit et tutatur, I. Vocatio, II. Loca gratiarum, III. Thaumaturgia, IV. Protectio, V. Conclusio. — Á. Pacha, A Magyarok Nagyasszonyának tisztelete Temesvárott, Temesvár 1901. — I. Tömörkény, Mária-legendák Szegeden, In: Ethnographia 20 (1909) 160–164. — M. Zalán, Das früheste Vorkommen des Festes Praesentatio BMV im Abendland, In: EL 41 (1927) 188 f. — B. Wick, A kassai Immaculata-szobor története, 1928. — L. Szimonidesz, Jézus és Mária ereklyéi, 1933. — I. Gajtkó, A XVII. század katolikus imádságirodalma, 1936. — M. Waczulik, Szüz Mária tisztelete kereszténységünk elsö századában, In: Regnum 3 (1938 f.) 59–74. — F. Kühár, Mária-tiszteletünk a XI. és XII. század hazai liturgiájában, 1939. — L. Pásztor, A magyarság vallásos élete a Jagellók korában, 1940. — L. Németh, A Regnum Marianum állameszme a magyar katolikus megujhodás korában, In: Regnum 4 (1940 f.) 223–292. — S. Bálint, Egy magyar szentember, Orosz István önéletrajza, 1942. — Ders., Sacra Hungaria. Tanulmányok a magyar vallásos népélet köréböl, 1943 (1944). — I. Dám, A »Hordozó Mária« valláséleti szerepe Mátraalján, 1944. — P. Tamás, Telek József élete és müve, 1948. — I. Dám, A Szeplötelen Fogantatás védelme a Hunyadiak és a Jagellók korában, 1955. — J. Hetény, A Mária-ünnepek magyar népi megülésének teológiai vizsgálata, Diss., 1957. — P. Radó, Az egyházi év, 1957. — Ders., Enchiridion Liturgicum II, 1961, 1317–63. — Z. Szilárdfy, Egy barokk kori Immaculata tipus ikonográfiájához, In: Művészettörténeti Értesitö 19 (1970) 284–288. — K. Szigeti, A Magyarok Nagyaszszonyának tisztelete történelmünk folyamán, In: Vigilia 38 (1973) 557–559. — Zs. Erdélyi, Hegyet hágék, lötöt lépék. Archaikus népi imádságok, 1976. — S. Bálint, Ünnepi kalendárium. A Mária-ünnepek és jelesebb napok hazai és közép-európai hagyományvilágából I–II, 1977. — J. F. Bangó, Die Wallfahrt in U., 1978. — P. P. Domokos, »…édes Hazámnak akartam szolgálni …«, 1979. — Z. Szilárdfy, Kegyképtipusok a pestisjárványok történetében, In: Orvostörténeti Közlemények Suppl. 11–12, 1979 (1981) 207–236. — Gy. Sümegi, A kiskunsági Madonnák, In: Zs. Korkes und L. Péter (Hrsg.), A Kiskunság népművészete. Honismereti tanácskozás Kiskunfélegyházán 1978. október 9., 1980, 37–42. — I. Kriza, A legendaballada. Epikai-lirai alkotások az irodalom és a folklór határán, 1982. — I. Volly, Karácsonyi és Mária-énekek, 1982. — K. Gaál, Auxilium Christianorum. A loretói szüz tisztelete Kelet-Közép-Európában, In: Szolgálat 1983/2, 22–28. — L. Székely, Mária eljegyzése a székelyek hagyományában, In: Vigilia 48 (1983) 759–761. — Z. Szilárdfy, Barokk szentképek Magyarországon, 1984. — A. Lammel und I. Nagy, Parasztbiblia. Magyar népi biblikus történetek, 1985. — M.-K. Fasching, Zur Geschichte der Wallfahrtsorte Südwestpannoniens, Diss., 1986. — G. Galavics, Kössünk kardot az pogány ellen. Török háboruk és képzömüveszet, 1986. — F. Jádi und G. Tüskés, A népi vallásosság pszichopatológiája. Egy hasznosi parasztasszony látomásai, In: »Mert ezt Isten hagyta …« Tanulmányok a népi vallásosság köreböl, hrsg. von G. Tüskés, 1986, 516–556. — Z. Szilárdfy, G. Tüskés und E. Knapp, Barokk kori kisgrafikai ábrázolások magyarországi bucsujóróhelyekröl, 1987. — E. Unger, Szüz Mária alakja magyar pénzeken, In: Vigilia 52 (1987) 328–332. — L. Szörényi, Mária, a magyar történelem tanuja. Koptik Odo: Thalleis, In: Irodalomtörténeti Közlemények 1987 f., 440–448. — G. Galavics, A mecénás Esterházy Pál (Vázlat egy pályaképhez), In:. Művészettörténeti Értesitö 37 (1988) 136–161. — G. Tüskés und E. Knapp, Mirakelliteratur als sozialgeschichtliche Quelle: barockzeitliches Wallfahrtswesen in U., In: Schweizerisches Archiv für Volkskunde 84 (1988) 79–103. — Dies., Graphische Darstellungen in den Publikationen barockzeitlicher Bruderschaften, In: ZfKG 52 (1989) 353–372. — Dies., Die Illustrationsserien barockzeitlicher Mirakelbücher, In: Revue des archéologues et historiens d'art de Louvain 22 (1989) 41–57. — M. Lantosné Imre, Öltöztetös Mária szobrok Magyarországon, In: Néphit, népi vallásosság ma Magyarországon, hrsg. von S. Lovik und P. Horváth, 1990, 49–61. — G. Tüskés und E. Knapp, Österr.-ungar. interethnische Verbindungen im Spiegel des barockzeitlichen Wallfahrtswesens, In: BJVk (1990) 1–42. — G. Limbacher, Máriácska Káponkája. A népi unio-mystica egyik tárgyi megjelenéséröl, In: A Nógrád Megyei Muzeumok Évkönyve 17 (1991) 245–283. — G. Tüskés und E. Knapp, Revitalisierung zwischen Barockfrömmigkeit und Massenreligiosität. Ein ungar. Versuch, In: SIEF 4th Congress Bergen, June 19th–23rd 1990, Papers II, hrsg. von B. G. Alver und T. Selberg, 1991, 645–673. — Zs. Urbach, »Genuina effigies …« A máriacelli kincstár kegyképének másolata a Szépművészeti Muzeumban, In: A Magyar Nemzeti Galéria Évkönyve 1991, 255–261. — G. Tüskés und E. Knapp, Literaturangebot und Bildungsprogramm in den barockzeitlichen Bruderschaftspublikationen in U., In: Internat. Archiv für Sozialgeschichte der dt. Literatur 17 (1992) 1–42. — Dies., Bruderschaften in U. im 17. und 18. Jh., In: BJVk (1992) 1–23. — G. Tüskés, Bucsujárás a barokk kori Magyarországon a mirákulumirodalom tükrében, 1993. — LThK² X 488–494. *G. Tüskés/E. Knapp*

II. LITERATURGESCHICHTE. U. wurde unter Stephan dem Hl. zum Christentum bekehrt. Seiner vom Raaber Bischof Hartwik am Anfang des 12. Jh.s redigierten lat. Legende nach empfahl der König vor seinem Tod »die ungarische Kirche mit den Bischöfen und Priestern, das Land mit seinem Volk und den Herren in den Schutz der Himmelskönigin Maria«. Der hier erstmals »in statu nascendi« artikulierte Patrona-Hungariae-Gedanke gibt dem ungar. M-kult bis heute eine besondere Note. Die Entstehung der ungar. Bezeichnung M-s »Nagysszonyunk« (»unsere hehre frouwe«) geht jedoch vermutlich ins hohe MA zurück. Die ersten erhaltenen ungar. liturg. Handschriften (1. Hälfte 12. Jh.) übernahmen fünf M-hymnen und sieben M-sequenzen aus dem westeuropäischen hymnologischen Fundus. Bis um 1500 wuchsen diese Zahlen auf 22 bzw. 58. Auch liturg. Spiele (»Tractus stellae«, »Quem quaeritis«), in denen M vorkommt, stehen bereits in den frühen ungar. Agenden und Sakramentarien. Diese poetische Tradition lebte in den Krippen- und Passionsspielen erst lat., dann ab dem 16. Jh. auch ungar. weiter. Mit der ersten sicherlich in U. entstandenen M-sequenz »Mira mater extitisti« (AHMA 8,63), überliefert im Codex Prayanus (vor 1210), beginnt die selbständige ungar. M-dichtung. Etwa gleichzeitig entstand die »Altungarische Marienklage« (überliefert etwa ein halbes Jh. später im »Löwener Kodex«), eine ungar. Bearbeitung der Sequenz »Planctus ante nescia« (→ Klagen). Sie gilt als erstes lyrisches Denkmal in ungar. Sprache, wie das in Siebenbürgen im 15. Jh. aufgezeichnete »Heltauer Marienlied« der erste Zeuge ungar.-dt. Lyrik ist. Die M-klage in verschiedenen Fassungen bildete einen festen Bestandteil der Passionsspiele und der ungar. Andachtsschriften im SpätMA, aber auch andere M-hymnen wie »Ave rosa sine spinis« und »Te Mariam« wurden im 15. Jh. ins Ungar. übersetzt. Im späten 15. und im frühen 16. Jh. erscheinen schon alle mariol. Andachtstexte (Vers- und Prosagebete, Kanzionen, Legenden, Exempel, Antiphonen, das kleine Offizium) in ungar. Bearbeitungen. Albert Csanádi verfaßte um 1500 zwei Hymnen »De annunciatione B. V.«

Die erste von Dominikanern um die Mitte des 13. Jh.s für ungar. Gebrauch zusammengestellte Predigtsammlung (»Sermones Quinqueecclesienses« enthält 18 M-predigten. → Pelbart v. Temesvár schrieb im 15. Jh. eine lat. mariol. Sermonesreihe »Stellarium coronae B. V.« von europäischer Bedeutung (Erstdruck: Straßburg 1496). Ein unbekannter Kartäusermönch stellte 1524–27 die erste umfangreiche Predigthandschrift in ungar. Sprache mit acht M-predigten zusammen. Ebenfalls ins frühe 16. Jh. gehören die ersten Textzeugen des volkssprachigen mariol. Kirchenliedes. Das eine dichtete der Franziskaner András Vásárhelyi (1508), das andere ist die ungar. Fassung der Hymne »O gloriosa, o speciosa« (Chevalier 30495). Beide werden noch heute gesungen. Um 1550 breiteten sich auch in U. ref. Ideen aus, die durch die politische Zerrissenheit des Landes (im Nordwesten das habsburgische Königreich, im Osten das siebenbürgische Fürstentum und das von den Türken besetzte Zentral-U.) begünstigt wurden. Das kath. rel. Schrifttum erstarkte erst wieder gegen Ende des 16. Jh.s. Den Auftakt der ungar. Gegenreformation signalisiert die ungar. Übersetzung des Canisius-Katechismus von Miklós

Telegdi (1562), der auch eine Erklärung des »Salve regina« schrieb. Sein Schüler András Monoszlóy verteidigte in einer 1589 veröffentlichten Schrift den M-kult (»A szenteknek hozzánk való segítségiről«). Der bedeutendste ungar. Barockschriftsteller, der Exjesuit und Kardinalerzbischof Péter →Pázmány (1570–1637), der seine Feder hauptsächlich der Gegenreformation zur Verfügung stellte, hat zwar kein selbständiges mariol. Werk geschrieben, sein Gebetbuch (1606) und seine Predigten (1636) bezeugen jedoch seine tiefe MV. Die spätere Barockpredigt hat die bereits seit Pelbart v. Temesvár vorhandene M-Metaphorik zur vollen Blüte gebracht. Der Pauliner Zsigmond Csury († 1729) wußte von 1600 M-Metaphern. Eine Reihe von Mgedichten verfaßte Mátyás Nyéki-Vörös (1575–1654, Pázmány nahm seine Lieder in sein Gebetbuch auf), Péter Beniczky (1603–64) sowie der galante Barock-Poet István Gyöngyösi (1629–1704), der die »Geheimnisse« des Rosenkranzes zum Thema eines Gedichtzyklus wählte (Rózsa-koszorú, 1690). Aus dem 17. Jh. sind viele handschriftliche und gedruckte lat.-ungar. Gesangbücher überliefert. Die Sammlung »Cantus Catholici« um 1651 enthält 25 Mlieder, die Ausgabe von 1674 bereits 42, wovon 20 erstmalig hier belegt sind. János Kájoni notierte in seinem »Cantionale Catholicum« 93 Mlieder. Das Patrona-Hungariae-Motiv taucht zur Zeit der Befreiungskriege gegen die Türken (1686) in Liedern und theoretischen Schriften häufig auf, so bei Paul →Eszterházy, der zwei mariol. Werke in ungar. Sprache (über den Ursprung der M-bilder, 1690, und über die MV, 1698) veröffentlichte. Er war auch als Komponist bekannt. Seine »Harmonia coelestis« mit zahlreichen mariol. Stücken erschien 1711. Sein Gebet an die Patrona Hungariae hat die ungar. Kirche auch ins Brevier aufgenommen. Das noch heute populärste ungar. patriotische Mlied →»Boldogasszony Anyánk« stammt auch aus dieser Zeit (früheste Handschrift von 1714). Zwei Gesangbücher von 1797 (zusammengestellt von Mihály Bozóky bzw. Mihály Szentmihályi) enthalten weitere noch heute gesungene Mlieder (»A keresztfához megyek« und »Máriát dícsérni«). Der Franziskaner József Telek (1716–73), der seine 73 Mpredigten in zwei Bänden herausgegeben hat (XII csillagú korona, 1769 und 1772) betont darin oft, daß U. nur durch die Hilfe Ms gerettet werden kann. Auch István Csete SJ (1648–1718) hat die Kronen-Metapher verwendet (»Panegyrici sanctorum patronorum Regni Hungariae«, ins Ungar. übersetzt von J. Gyalogi, 1754). Farkas Cserei hat 1790 alle marian. Stätten U.s zusammengestellt (»Geographia Mariana Regni Hungariae«. Dem Husarenkontingent des Radeczky-Regiments, das Papst Pius VII. 1814 nach Rom zurückbegleitete, schenkte der aus der Gefangenschaft befreite Papst eine Mfahne mit der Aufschrift »Ungariae Patronae Pium comitantis ad urbem/ O Felix tanto Roma sub auspicio« (seit etwa 1600 zogen ungar. Truppen mit einer Mfahne in den Krieg). Im 19. Jh. war eine Reihe begabter ungar. Priester als Dichter tätig. Der Dorfpfarrer Imre Szabó (1814–81), später Bischof von Szombathely (Steinamanger), bekam für sein Gedicht »Szeplőtelen Fogantatás« (UE) 20 Goldgulden von der Akademie. Höher einzuschätzen sind aber die Mdichtungen und -legenden von Antal Sujánszky (1815–1906), Béla Tárkányi (1821–86) und Gedeon Mindszenti (1829–77). Erwähnenswert ist noch der 1885 erschienene Band mit Mliedern und -legenden von Gyula Rudnyánszky. Die Gedichte Sándor Endrődis »A celli búcsú« und Antal Váradis (1854–1923) »Az ezüstfátyol legendája« gehörten zu den populärsten Gedichten der Zeit, die auch in den Schulbüchern abgedruckt wurden. Nach dem Stoff der vielgelesenen Erzählung »Der Clown Mariä« (»Mária bohóca«) von Dezsö Malonyai (1866–1916) hat Jenő Rákosi sein erfolgreiches Singspiel-Libretto geschrieben. Menyhért Kiss (1880–1934) hat Legenden von Mkultstätten (z. B. Czenstochau, Csiksomlyó) lit. bearbeitet. Die größte Persönlichkeit des ungar. Reformkatholizismus Ottokár Prohászka (1858–1927) schrieb in einer seiner Mmeditationen: »Sowohl an der Sonnenseite als auch an der Schattenseite unserer neunhundertjährigen Geschichte sehe ich überall die Gestalt unserer Hohen Frau.« Die GM hat sogar einen überzeugten Liberalen wie den Kalvinisten Endre →Ady (1877–1919) zu einem schönen Gedicht (»A pócsi Mária«) inspiriert. Der andere große ungar. Lyriker des frühen 20. Jh.s Mihály →Babits (1883–1941) muß v. a. wegen seiner »Stabat-Mater«-Übersetzung und Gyula Juhász (1883–1937) wegen seines erschütternden Gedichts an die »schwarze« Patrona Hungariae (»A fekete Mária«, 1924) erwähnt werden. Der Piarist Sándor Sík (1884–1963), Führer der neokath. Richtung, gab erst seine Hymnen- und Psalterübersetzungen heraus, dann 1947–48, als U. das Jahr Me feierte, veröffentlichte er den Mzyklus »Zwölfsternige Krone« (»Tizenkétcsillagú korona«) und plante auch die Herausgabe einer großen mariol. Anthologie. Für diesen Band schrieb einer der originellsten Lyriker des 20. Jh.s József Berda (1902–66) die Gedichte »Harangszó május estén« (»Glockengeläute am Maiabend«) und »Bizakodó levél Verebélyről« (»Ein hoffnungsvoller Brief aus Verebély«), die erst 1988 veröffentlicht werden konnten. Unter den ungar. Lyrikern des 20. Jh.s schrieb György Rónay (1913–78) schöne Mgedichte. Der geistliche Dichter László Székely verfaßte 1970 eine Verserzählung vom Leben Me unter dem Titel »Ime, a te anyád« (»Siehe, deine Mutter«).

Ausg. außer den im Artikel genannten: Régi magyar költők tára (Corpus alter ungar. Dichter), Budapest 1877 ff. (wird laufend fortgesetzt). — Nyelvemléktár. Régi magyar codexek és nyomtatványok (Corpus der Sprachdenkmäler, alter ungar. Codizes und Drucke), hrsg. von G. Volf, I–XV, Budapest 1874–1908. — J. Dankó, Vetus hymnarium ecclesiasticum Hungariae, Budapest 1893. — Régi magyar kódexek (Alte ungar.

Codizes, mit Faksimile), 1985 ff. — S. Lukácsy, Isten gyertyácskái. Metaforák a régi magyar prédikációkban (Funzelein Gottes. Metaphern in der alten ungar. Predigt), In: Irodalomtörténeti Közlemények, 1994.

Übers.: Vom Besten der alten ungar. Lit., 11.–18. Jh., hrsg. von T. Klaniczay, 1983.

Lit.: R. Nyilasi, Codexeink Mária-legendái, Budapest 1902. — F. Holik, Index miraculorum Marianorum, 1920. — P. Radó, Répertoire hymnologique des manuscrits liturgiques dans les bibliotheques publiques de Hongrie, 1945. — A History of Hungarian Literature, ed. by T. Klaniczay, 1983.

A. Vizkelety/L. Rónay (B. Holl)

III. KUNSTGESCHICHTE. Das künsterliche Erbe des MA wurde in Mittel- und Südungarn, eben in den wichtigsten kirchlichen Zentren, in der Türkenzeit und durch den darauf folgenden Wiederaufbau größtenteils vernichtet. Was erhalten blieb, läßt jedoch die unterschiedlichen Wurzeln sowohl der Frömmigkeit wie auch ihrer Kunstformen erkennen. Das bedeutendste frühe Denkmal des M kultes im jungen christl. Königreich war die von König Stephan dem Hl. als institutionelle und funktionelle Nachbildung Aachens gegründete Liebfrauenkirche von Székesfehérvár. Von ihrer reichen Ausstattung ist der ungar. Krönungsmantel, ursprünglich eine von König und Königin 1031 geschenkte Kasel, erhalten geblieben. In dem äußerst komplizierten Bildprogramm erscheint M als →Orante neben dem siegreichen Christus in der himmlischen Herrlichkeit, eine Anspielung auf das Me-Himmelfahrt-Patrozinium der Kirche. Einen ähnlichen marian. Bezug weist auch der Stuhlweißenburger Sarkophag König Stephans auf, der 1038 am Fest Me Himmelfahrt starb. An der vorderen, dem Kirchenvolk zugewandten Schmalseite des Sarges trägt ein Engel ein Wickelkind, die Seele des Verstorbenen gen Himmel. Das Motiv ist den Koimesis-Darstellungen der sog. Triptychon-Gruppe byz. Elfenbeinreliefs um die Jahrtausendwende entnommen, war jedoch im 11. Jh. nur M vorbehalten. Die ebenfalls typisch byz. Dekoration der Langseiten weist den Sarkophag als Abbild der himmlischen Wohnstätte des toten Königs aus. Es wird also angedeutet, daß Stephan, der sein Königreich dem Schutz der GM anvertraut hatte, sozusagen mit ihr in den Himmel aufgestiegen ist.

Als selbständiges Kultbild diente wohl eine Reliefikone byz. Prägung (um 1100), deren Fragmente in den Ruinen der Burg und der Benediktinerabtei Pécsvárad gefunden wurden. Der ikonographische Typ ist aber nicht mehr zu bestimmen. In den christl. Zyklen hatte M ihren festen Platz. Davon zeugen die Reliefs der Verkündigung und der Anbetung der Könige aus dem letzten Viertel des 12. Jh.s im Lapidarium der Kathedrale von Pécs (Fünfkirchen).

Das »Porta Speciosa« genannte, um 1190 entstandene Westportal der alten erzbischöflichen Kathedrale von Esztergom (Gran) scheint im lat.-christl. Abendland nördlich der Alpen das früheste bekannte Beispiel dafür gewesen zu sein, daß die Majestas Me den Haupteingang einer großen Kirche schmückte. Die Kathedrale

Maria als Patrona Hungariae, Missale Zagrabiense, 1511

hatte das Doppelpatrozinium St. Albert-M; die zwischen und über Cherubim thronende Madonna vom Typ Nikopoia bildete den Mittelpunkt von zwei verschiedenen Bedeutungsschichten des figuralen Schmuckes. Als Kathedra Christi war sie das Zentrum des christol. Programms der ganzen Fassaden- und Portaldekoration. Im Bogenfeld wurde aber die Szene dargestellt, wie die GM auf Ersuchen König Stephans dem Königreich ihren Schutz zusichert, wobei jedoch auch die Rechte des vom Kirchenpatron Adalbert vertretenen Erzbistums gewahrt werden müssen. Die Darstellung war ein Dokument des kirchenpolitischen Kompromisses zwischen dem in Byzanz erzogenen König Béla III. und Erzbischof Hiob von Esztergom, dessen Primat von Kalocsa bedroht wurde.

Die Gotik brachte auch in U. eine Bereicherung des M kultes, wobei sich neben der Madonna mit Kind als Kultbild weitere marian. Themen aus der Heilsgeschichte verselbständigten. Ms Tod bzw. Aufnahme in den Himmel erscheint auf einem Fresko in der ehemaligen Benediktinerkirche zu Ják bereits in den 1230er Jahren. Mkrönungen und Schutzmantelmadonnen sind aus dem 14.–16. Jh. zahlreich erhalten geblieben. Das große Wandgemälde der Domkirche von Szepeshely von 1317 greift die Idee von M als Schutzherrin U.s auf, indem es die Krönung des Königs Karl I. Robert von Anjou durch die thronende Madonna byz. Prägung darstellt. Die Vorliebe der ungar. Anjou galt einem Andachtsbildtypus italo-byz. Herkunft mit der Halbfigur der Madonna im kostbaren Rahmen, dessen berühmtester Repräsentant als Geschenk des Ungarnkönigs Ludwigs des Großen nach seinem Sieg über die Türken in die Schatzkammer von Mariazell gelangte. Ansonsten wurden die Denkmäler der MV nicht von der aufblühenden höfisch-ritterlichen Kultur, sondern vielmehr von der Mystik der Zisterzienser, Franziskaner und Dominikaner geprägt. Jedermann erwartete von der GM Schutz und Hilfe in der Not. Die Franziskaner-Observanten erhoben im 15. Jh. das mariol. umgedeutete mit der Sonne bekleidete Weib, bzw. die Immaculata als Siegerin über den Bösen zum Symbol des Kampfes gegen Häretiker und Heiden, in Südosteuropa gegen die Türken. Dadurch wurde der politische Bezug der MV in U. weiter konkretisiert. Seit 1468 trugen etliche Münzen des Königs Matthias Corvinus auf der Rückseite das Bild der thronenden Madonna mit der Umschrift »Patrona Hungariae«. Das Motiv wird in der ungar. Münzprägung bis zum Zweiten Weltkrieg immer wieder Verwendung finden. Madonnenfiguren vom Typ der mit der Sonne bekleideten M erhielten Sohl-Alt-Gebirg/Slowakei (15. Jh.), Siebenbürgens berühmtester Wallfahrtsort Csíksomlyó (um 1500), Máriatölgyes/Slowakei (16. Jh. aus der Burg der Illésházy zu Trentschin). Der »corvinischen Renaissance« verdankt U. hochrangige marian. Kunstwerke florentinischer Prägung wie die Madonna von Visegrád (um 1480), Giovanni Dalmatas Madonna von Diósgyör (vor 1490), die Bakócz-Kapelle von Esztergom (1507–19) und die Madonna des Andreas Báthory (1526). Zur Patrona Hungariae gesellten sich in der Druckgraphik die ungar. Hll. Könige Stephan und Ladislaus, sowie Herzog Emerich in einer Sacra-Conversazione-Komposition (Holzschnitt von Jacques Sacon im Missale Strigoniense, Lyon 1501, oder Holzschnitt von Petrus Liechtenstein im Missale Zagrabiense, Venedig 1511). Gleichzeitig erlebte die spätgotische Altarbaukunst in den nördlichen und östlichen Randgebieten ihre letzte Blüte mit Mfiguren, wie z. B. in →Leutschau/Slowakei am Hochaltar der St.-Jakobs-Kirche (Meister Paul von Leutschau, 1515-18). In Siebenbürgen hatte Luther bei den Sachsen schon gesiegt, als 1543 im nahen Széklerland der Maltar von Csikmenaság aufgestellt wurde. »Mit ihm endet die Kunst der Flügelaltäre in Ungarn« (J. Végh).

Der spätma. Bildtyp der mit der Sonne bekleideten GM bzw. Immaculata hat dank der Franziskaner und der Jesuiten die Reformation überdauert. Die Altarbilder dieser Art der Pfarrkirche von Sárospatak und der Franziskanerkirche von Szeged (17. Jh.) sind wahrscheinlich Ersatz für verlorene Statuen. Die Patrona-Hungariae-Komposition des Missale Zagrabiense wurde später aufgegriffen in mehreren Votiv- und Altarbildern (z. B. Kolozsvár, Jesuitenkirche, 1740; Csíkcsobotfalva, 1755, beide in Siebenbürgen, sowie Szentgotthárd, Zisterzienserkirche, 1764, von Matthias Gusner). Der wichtigste Bildtyp der Patrona-Hungariae-Idee wurde die Darstellung der Szene aus der Stephanslegende, wie der König sein Land der GM anbietet. Als erste Beispiele gelten der »Altar der ungarischen Heiligen« in der Jesuitenkirche von Györ (1642) und das 1664–65 wohl in Nagyszombat/Slowakei entstandene und jesuitisch geprägte Altarbild von Arpás, wo auch das ma. Schutzmantelmotiv noch erscheint. Die Darstellung wurde später dahin abgeändert, daß der König der GM als Symbol des Königreiches seine Krone anbietet, zuerst auf dem Mariazeller Votivbild des Franz Nádasdy und seiner Frau, Julianne Esterházy, von Tobias Pock (1665). In der häufig wiederholten Komposition erschien neben dem hl. Stephan ab und zu auch der hl. Emerich, z. B. auf dem Hochaltarbild von Vinzenz Fischer im Dom zu Székesfévár (1775). Weitere Beispiele dieses Typs befinden sich in Preßburg (Kapuzinerkirche, von Pater Udalricus, 1742) und Nagyvázsony (Pfarrkirche, Figurengruppe des Hauptaltars, 1740).

Nach dem Vorbild der Münchener Msäule verbreitete sich der Typus der M vom Siege. Erzbischof Georg Szelepcsényi errichtete 1675 in Preßburg die Msäule mit apologetischem Akzent vor der Jesuitenkirche, die von den Lutheranern zurückerobert worden war. Die von Bischof Leopold Kollonich in Györ 1686 errichtete Säule erinnert an die Befreiung von der Türkenherrschaft, weist aber auch auf eucharistische Motive und auf die Abwehr der Pest hin. Auch an die Madonna aus Salzburger Marmor in der Liebfrauenkirche von Buda knüpfen sich türkenfeindliche Legenden. Der Bildtypus der M vom Siege wurde bald abgelöst von der Immaculata als Siegerin mit dem Christuskind, das mit dem Kreuzstab die Schlange oder den Drachen tötet. Frühestes Beispiel in U. ist das Altarbild mit der Darstellung der Schlacht von Lepanto (1642) in der Jesuitenkirche zu Györ. Weitere bedeutende Beispiele befinden sich in Zalaszentgrót (Pfarrkirche, Altarbild aus dem Umkreis von Paul Troger, Mitte 18. Jh.), Preßburg (Immaculatasäule vor der Kapuzinerkirche, 1723) und Budapest (Deckengemälde der ehem. Pauliner-, jetzt Universitätskirche von Johann Bergl, 1778).

Besondere Bedeutung für U. bekam auch das Passauer →Mariahilfbild, das am Ende des 17. Jh.s dem Bericht des Fürsten Paul Esterházy zufolge — freilich irrtümlich — für eine Kopie des von König Ludwig dem Großen gestifteten Gnadenbildes von Mariazell gehalten wurde. Zur türkenfeindlichen Deutung trug auch der Umstand bei, daß Kaiser Leopold 1683 nach Passau zum Berg Mariahilf floh und der Hof den Sieg am Kahlenberg eben der Hilfe der »Passauer Muttergottes« zuschrieb. Deshalb wurde M auf dem Mhilfaltar der Jesuitenkirchen Trencsén/Slowakei mit Kriegstrophäen umgeben, in der Michaelskirche von Sopron aber von Bartolomeo Altomonte als Siegerin über die Türken (1739) dargestellt.

In den Bestrebungen um die Union mit der Ostkirche erhielten die M-bilder bzw. Ikonen vom Typ Hodegetria einen spezifischen Sinn. So soll die weinende M-ikone von →Máriapócs (heute im Wiener Stephansdom) 1697 in der Schlacht bei Zenta eine ähnliche Rolle gespielt haben wie das M-hilfbild von Passau 1683 beim Entsatz Wiens. Ihre zahlreichen Kopien werden ebenfalls als Gnadenbilder verehrt, z. B. in Máriapócs und in der Bakócs-Kapelle von Esztergom. Auch andere Ikonen vom Typ Hodegetria erhielten eine türkenfeindliche bzw. die Kirchenunion unterstützende Bedeutung, z. B. die »weinende Jungfrau« von Klausenburg (1699)

Da die Pest in U. nach den Türkenkriegen als deren Nachwirkung und letzte Rache des Feindes gedeutet wurde, betete man vor den Bildern der siegreichen M auch um die Abwendung der Seuche. Sie wurde an den Pestsäulen unter der hl. Dreifaltigkeit als Immaculata dargestellt, z. B. in →Schemnitz/Slowakei (D. Stanetti, 1755–64). M-säulen wurden errichtet, um die Pest zu bekämpfen, z. B in Gödöllö (Martin Vogerl, 1749). Das Gnadenbild »Mariahilf« mit Sternengloriole um das Haupt der Jungfrau wurde überhaupt der wichtigste vor der Seuche schützende Darstellungstyp nicht nur auf Altären, sondern auch als Votivbild (Ják, ehem. Abteikirche, 1710). Die gleiche schützende Kraft wurde auch Hodegetriabildern zugeschrieben sowie den Kopien des Gnadenbildes von S. Maria Maggiore zu Rom (Pécs, Kapelle am Havihegy; Rozsnyó/Slowakei, Dom 1736)

Das letztere wurde, wie sein röm. Vorbild, in Zeiten der Pest bei Prozessionen mitgetragen. Von der Verehrung der Kopien ausländischer Gnadenbilder zeugen u. a. noch die Hauptaltäre der Universitätskirche von Budapest, der Pfarrkirche von Egervár, der berühmte M-altar der Pfarrkirche von Szeged mit der Madonna von Czenstochau und die ehemalige Benediktinerkirche von Dömölk mit der Nachbildung des Gnadenbildes von Mariazell.

Von den Darstellungen der schmerzhaften M seien erwähnt die Pietà-Statue des seit 1733 von den ungar. Paulinern betreuten Wallfahrtsortes Sasvár/Slowakei (1564), deren Kopie auf einem Nebenaltar der ehem. Paulinerkirche (heute Universitätskirche) von Budapest (1744) sowie das Gnadenbild der Franziskanerkirche von Sümeg (Ende 17. Jh.) und dessen Darstellung auf einem Votivbild der ehem. Abteikirche zu Ják (1736).

Mit dem Rokoko kamen auch genrehafte, bukolische Darstellungen auf wie M die Gute Hirtin auf dem »Altar der Hirten« der Piaristenkirche von Kecskemét und auf der Kanzel der Franziskanerkirche von Simontornya.

Der Josephinismus hat die schöpferische Kraft der sakralen Kunst auch in U. lahmgelegt. Das 19. und 20. Jh. vermochte keine neuen Bildtypen mehr hervorzubringen. Die 1822–69 erbaute, der Himmelfahrt M-e geweihte klassizistische Kathedrale von Esztergom wurde zwar das größte Gotteshaus des alten ungar. Königreiches, seinen Hauptaltar aber schmückt eine riesengroße Kopie der Assunta von Tizian. Der Patrona Hungariae wurde 1930 die zur Erinnerung an die Überschwemmungskatastrophe von 1879 errichtete monumentale neuromanische Votivkirche von Szeged geweiht (Architekt Ernö Foerk). Der Neuromanik verpflichtet war auch die von Iván Kotsis 1926–30 in Budapest erbaute, dann nach 1945 vom kommunistischen Regime zerstörte Regnum-Marianum-Kirche. Eigenständiger waren die Künstler, denen die innere Ausstattung der Kirchen oblag, meist ehemalige Stipendiaten der Accademia d'Ungheria von Rom, Mitglieder der sog. »römischen Schule«. Gemäßigte Modernität kennzeichnet auch die jüngste Schöpfung marian. Kunst U.s, die 1980 von Papst Johannes Paul II. geweihte Kapelle der Magna Domina Hungarorum in der Gruft der Peterskirche zu Rom.

Lit.: L. Eber, Über einige Schutzmantelbilder in U., In: ZChK 26 (1926) 349–56. — D. Radocsay, A középkori Magyarország falképei, 1954. — Ders., A középkori Magyarország táblaképei, 1955. — M. Agghazy, A barokk szobrászat Magyarországon, 1959. — D. Radocsay, A középkori Magyarország faszobrai, 1967. — J. Deér, Aachen und die Herrschersitze der Arpaden II. Aachen und Stuhlweißenburg, In: MIÖG 79 (1971) 5–31. — T. v. Bogyay, Der Sarkophag des hl. Stephan und seine Ikonographie, In: Mün. 25 (1972) 307–312. — D. Radocsay, Wandgemälde im ma. U., 1977. — Z. Szilárdfy, Barokk szentképek Magyarországon, 1984. — T. Wehli, In: E. Marosi (Hrsg.), Magyarországi müvészet története 1300–1470 körül I., 1987, 187–203. 214. 492 f. — Z. Szilárdfy, G. Tüskés und E. Knapp, Barokk-kori kisgrafikai ábrázolások magyarországi búcsújáróhelyekröl, 1987. — E. Kovács, Iconismus casulae Sancti Stephani regis. Vázlat, In: F. Glatz und J. Kardos (Hrsg.), Szent István és kora, 1988, 133–144. — I. Takács, »Rosa inter lilia rubirosa«, In: Sub Minervae nationis praesidio. Studies on the National Culture in Honour of Lajos Németh on his 60th Birthday, 1989, 20–25. — Z. Szilárdfy, »Sub tuum praesidium« Budavár köpenyes Madonnája, In: Annales de la Galérie Nationale Hongroise 1991, 123–126. — T. Bogyay, Jób érsek és Bizánc, In: Strigonium Antiquum 2 (1993) 47–52.

T. v. Bogyay/Z. Szilárdfy

Unio Catholica, oder Catholica Unio (offizieller Name), ist eine kath. Vereinigung von Priestern und Laien, die sich um ökumen. Verständigung mit den Ostkirchen bemüht. Die Not osteuropäischer Emigranten am Beginn dieses Jh.s veranlaßte P. Augustin v. Galen OSB (den Bruder des Kardinals Clemens v. Galen) 1921 zur Gründung eines Aktionskomitees, das in Wien Christen aus dem Osten helfen sollte. Das Engagement der Katholiken weitete sich zu einem allgemeinen Interesse an den Ostkirchen und mündete schließlich in der Gründung einer geistlichen Vereinigung, die am 19.9.1924 als päpstliches Werk approbiert wurde (Approbation der überarbeiteten Statuten am 24.3.1983). Ziele und Aufgaben des Werkes haben sich gewandelt: Nach der ersten Phase der Veröffentlichung von »frommen Schriften«, der Unterstützung von Priesterseminaren und Knabeninternaten der unierten Kirchen und der »Rückführung der Dissidenten in den Schoß der Mutterkirche« (Statuten von 1924) versteht die U. C. ihre Arbeit heute so: Kontaktpflege zu orth. und orient. Kirchen, Wertschätzung und Bekanntmachung des geistlichen Reichtums der Ostkirchen im Westen, Gebet um die Einheit des Glaubens, »Schaffung eines Klimas der gegenseitigen Annäherung« (Statuten von 1983) und materielle Hilfe beim Neuaufbau nach dem Zusammenbruch des Kommunismus. Die U.C. hat ca. 7500 Mitglieder (Stand: 1994) in Deutschland, Österreich, Schweiz und Brasilien. Sie arbeitet in den USA mit CNEWA (Catholic Near East Welfare Association) zusammen und in den Niederlanden mit Apostolaat voor de Oosterse Kerken.

Die hohe Wertschätzung der GM in den Ostkirchen (»Christus ist das Haupt, Maria ist das Herz der Kirche«) prägt auch die U.C.: Schutzpatronin des Werkes ist die »Gottesmutter von Kasan«. Die Ikone der Kasanskaja (eine Hodegetria-Variante, um 1700) in der Kathedrale der zentralrussischen Stadt wurde der Legende nach von einem jungen Mädchen gefunden und ausgegraben, nachdem ihr M im Traum erschienen war. Der Ikone wird vielfach wundertätige Wirkung zugeschrieben. In ihren Publikationen und Veranstaltungen trägt die U.C. den mariol. Themen der Ostkirche Rechnung.

QQ: Generalsekretariat: Fribourg/Schweiz; für Deutschland: Würzburg. — Dt. Organ: Der Christl. Osten (zweimonatlich) im gleichnamigen Verlag, Würzburg. *M. Ott*

'**Unnaya** (westsyr.: 'unnoyo; wörtlich: Responsorium), Kehrvers zu Beginn mancher syr. metrischer Kompositionen (bo'uto oder madroso), selten auch → 'ōnītā genannt. Der Bischof intoniert den U., und die Gemeinde wiederholt ihn. Am Ende wird er in der Regel ganz oder teilweise wiederholt. Gegenwärtig ist U. im ostsyr. Ritus a) der Kehrvers des →Madrāšā; man wiederholt ihn nach jeder Strophe; b) ein Psalmvers, der in der Eucharistiefeier der vorausgehenden →Marmītā angehängt wird, z.B. an Me Geburt (8. September) und an Me Hinübergang (15. August) Ps 46,5: »Sie wankt nicht, in ihrer Mitte ist Gott.«

Lit.: J. Mateos, Lelya-Sapra, Essai d' interprétation des matines chaldéennes, 1959, 502. — S. Congregazione per la Chiesa Orientale (Hrsg.), Supplementum Mysteriorum sive Proprium Missarum de Tempore et de Sanctis iuxta ritum Ecclesiae Syro-Malabarensis, 1960, 235. 242. — M. Elenijkal, Baptism in the Malankara Church, 1974, 206. — P. K. Meagher u. a. (Hrsg.), Encyclopedic Dictionary of Religion, 1979, 3615. *J. Madey*

Unser vrouwen klage (→ Klagen, → Planctus). Als »Unser vrouwen klage« wird ein teils erzählender, teils als lyrisch-erbauliche Betrachtung gestalteter Mklagentext bezeichnet, der in zwei Fassungen überliefert ist. Fassung I (»Uvk I« oder nur »Uvk«) ist in 13 Handschriften aus der 1. Hälfte des 14. Jh.s bis in die 2. Hälfte des 15. Jh.s überliefert, Fassung II (»Uvk II« oder »Spiegel«) in 7 Handschriften vom Ende des 13. bis ins 15. Jh. Über 20 weitere Handschriften überliefern nur das Schlußgebet des Textes. Grundlage beider Fassungen ist eine im 13. Jh.

angefertigte Übersetzung des sog. → Bernhardstraktats, der vor 1205 entstanden sein muß.

Der in der kritischen Edition 1657 Verse umfassende Text, der hier nicht weiter nach seinen Fassungen unterschieden werden kann, enthält zunächst eine in der Ichform gehaltene Betrachtung über Ms Leid. Mit der Quellenberufung auf die lat. Vorlage wird die Person ihres Verfassers eingeführt (V. 378 f.: »daz schreip ein reiner heileger man:/ der was ein bsunder cappelân«), der M anruft und bittet, von ihrem Schmerz bei der Passion ihres Sohnes zu sprechen. M beginnt daraufhin ihre Erzählung: Sie beschreibt die Einzelheiten der Geißelung, Dornenkrönung usw. und drückt jeweils den Schmerz aus, den sie dabei empfand. Später wechselt der Text von Ms Ich-Erzählung in die Erzählung in der 3. Person. Der Erzähler wendet sich dann auch an das lesende oder eher hörende Publikum (V. 1110–12: »Nû hoerent, reiniu herzen,/ hoerent grôzen smerzen,/ hoerent von der maget guot.«) und fordert es zum Mitleiden auf (V. 1128: »weinent mit ir, schrîent vil«). Nach der Darstellung des Begräbnisses und dem Ausblick auf die Osterfreude endet der Text mit einem längeren Mgebet.

Die Darstellung von Ms Schmerz ist mit vielen anschaulichen Einzelheiten ausgeschmückt und erreicht eine besondere Intensität. Wie in anderen Mklagen auch, will M mit Jesus sterben. Sie bittet die Juden (V. 764): »nû henket mich zuo im dar«. In ihrem Leid will M den Gekreuzigten berühren (V. 1067–71: »si ergap sich ûf ir vüeze,/ sî stuont vorn ûf den zêhen/ durch daz sî möhte genêhen,/ unt rueren ir kindes lîp,/ daz vor ir hienc als ein diep.«), was ihr nicht gelingt (V. 1081: »wan er ir ze hôhe hienc«). So küßt sie schließlich das Kreuz (V. 1116) und die Erde, auf die Jesu Blut geflossen war (V. 1118–20). Bes. anrührend ist die Pietà-Szene ausgestaltet (V. 1235–1355). M legt nach der Kreuzabnahme Jesu Haupt an ihre Brust und weint so sehr, daß die Tränen über Jesu Leichnam fließen (V. 1250 ff.) und Erde und Grabstein übergossen scheinen (V. 1314 ff.). Sie küßt seine Wunden, seine Wangen und seinen Mund und legt seine Hände an ihre Wangen. Sie spricht zu Jesus (V. 1308–12): »Ô edel kint, nû sich mich an/ wand ich daz niht gesehen kan,/ an wem ich vinden müge trôst./ des lîbes würde ich gerne erlôst./ brich, tôt, mîn herze enzwei!«. Sie kann sich kaum von dem Leichnam trennen und küßt schließlich den Grabstein (V. 1396).

Das Mitempfinden des Verfassers und des Publikums dient dem eigenen Seelenheil. Ausdrücklich bittet der Verfasser Jesus (V. 51–56): »daz ich sô müge ir clage/ künden, schrîben unde sagen,/ daz dir sî lop und êre/ unt sich mîn saelde mêre/ und mir diu reine muoter dîn/ ir gnâde tuo mit triuwen schîn.«

Die umfangreiche Überlieferung verdeutlicht in ihrer zeitlichen und räumlichen Ausdehnung den Erfolg des Textes. Große Zitate aus »Unser vrouwen klage« sind auch in die → Böhmische und in die → Bordesholmer ⓜklage eingegangen.

<small>Ausg.: G. Milchsack, Unser vrouwen klage, In: PBB 5 (1878) 193–357.
Lit.: Bergmann, Katalog Nr. M 12. M 13. M 34. M 37. M. 60. M 66. M 70. M 98. M 115. M 131. M 133. M 139. M 145; M 8. M 17. M 29. M 45. M 74. M 84. M 146; Teil III. 3. Anhang b. — E. Büttner, Die Überlieferung von »Unser vrouwen klage« und des »Spiegel«, 1987. R. Bergmann</small>

Unsere Liebe Frau (ULF) ist im dt. Sprachraum eine beliebte Bezeichnung für die GM; ähnlich der lat. Formel Beatissima Virgo Maria (BMV) oder anderen Entsprechungen in modernen Sprachen: Nostra Signora, Madonna, Santa Vergine (ital.); Notre-Dame (franz.); Our Lady (engl.); Nuestra Señora, Madona (span.); Nossa Senhora (port.). Diese Bezeichnung geht in den Titel vieler rel. Gemeinschaften, v.a. von Frauen ein. Ergänzt durch die Angabe von Orten, wo solche Gemeinschaften entstanden sind oder wirken, durch die nähere Bezeichnung eines weiteren Glaubensgeheimnisses, das die Spiritualität solcher Gemeinschaften prägt (z.B. der Liebe, der Barmherzigkeit, der UE, der Vorsehung, der Helferin der Christen, vom guten Rat, vom Trost, vom Kreuz, von der Freude, von der Gnade) verzeichnet das Lexikon der rel. Gemeinschaften (DIP VI 336–438) weltweit mehr als 120 Gruppierungen mit diesem Wesenselement im Titel, wobei noch mit einer nicht erfaßten Dunkelziffer zu rechnen ist. Alle diese Gemeinschaften signalisieren mit diesem Titel eine gelebte Bindung an ⓜ, die zu thematisieren den hier verfügbaren Raum sprengt. Folgende Vereinigungen mögen als Paradigmen dienen:

H. M. Köster

1. Die Gemeinschaft ULF vom Wege ist ein Säkularinstitut für berufstätige Frauen, das 1936 in Österreich gegründet wurde. Gemeinsam verfaßten sie die ersten Satzungen, deren Grundlage die ignatianische Spiritualität ist. Maria Elisabeth Strachotinsky baute die Gemeinschaft aus und leitete sie durch viele Jahre.

Am 6.1.1939 wurde der Gemeinschaft von Kardinal Innitzer der kirchliche Status einer Pia Unio zuerkannt. Die ersten Mitglieder kamen fast alle aus der damaligen Kongregation: berufstätige, unverheiratete Frauen, die das Zeugnis ihres Glaubens bes. an ihrem Arbeitsplatz ablegen wollten. Diese erste Gruppe bestand während des Zweiten Weltkrieges trotz der damaligen Behinderungen weiter. Auf Grund eines päpstlichen Dekrets vom 7.3.1948 wurde die Gemeinschaft zu einem Säkularinstitut päpstlichen Rechts erhoben. In kurzer Zeit sprach der Gedanke eines Gott geweihten Lebens in der Welt viele Frauen an und die Gemeinschaft fand internat. Verbreitung.

In der Nachfolge Jesu verpflichten sich die Mitglieder der Gemeinschaft auf die ev. Räte. Sie führen kein gemeinsames Leben. In selbständiger Verantwortung wollen sie die frohe Botschaft des Gottesreiches in ihrer Umwelt, im Beruf und in allen Situationen des Lebens durch ihr christl. Dasein, durch ihre Anwesenheit »inmitten der Welt« verkünden; sie unterhalten keine eigenen Werke, weder karitativer noch apost. Art. Im Dienst solcher Werke zu stehen, ist Charisma der einzelnen Mitglieder. Die Aufmerksamkeit auf Gottes Führung in der konkreten Alltäglichkeit des Lebens wie die Verfügbarkeit für seinen Willen sind Eigenart der ignatianischen Spiritualität, der sich die Gemeinschaft verpflichtet weiß. In der Nachfolge Jesu sind die Mitglieder der Gemeinschaft dem Glaubensweg ⓜs, der Mutter und Jüngerin des Herrn eng verbunden.

Der Name der Gemeinschaft geht auf das röm. ⓜbild »Unsere Liebe Frau vom Wege« zurück, welches sich heute in der Jesuitenkirche Il Gesú befindet.

Der Sitz des Instituts ist in Wien IX, Boltzmanngasse 14. Es gliedert sich in Gebiete, für die jeweils eine Leiterin mit einem Leitungsteam verantwortlich ist. Gebiete und einzelne Mitglieder befinden sich außer in europäischen Ländern in den USA, auf den Philippinen, in Indien und Japan.

M. Wild

2. Die Schwestern ULF von der UE sind eine Gemeinschaft päpstlichen Rechts und wurden am 8.12.1836 in Castres/Frankreich von Emilie de Villeneuve gegründet mit dem Ziel der Jugend-, Alten- und Krankenpflege sowie für den Dienst in Pfarreien und der Heidenmission, seit 1841 mit der Ermächtigung, jedwede für notwendig erachtete Aufgabe zu übernehmen. Durch die klosterfeindlichen Gesetze zu Anfang dieses Jh.s verlor die Gemeinschaft in Frankreich alle Häuser. Die in Frankreich lebenden Mitglieder der Gemeinschaft weigerten sich, ihren rel. Charakter zu verleugnen, und gingen entschlossen und geschlossen ins Ausland, wo sie in Spanien, Italien und Südamerika eine neue Blüte erlebten. Ihrer Gemeinschaft schlossen sich 1926 die Schwestern von der UE von Clermond-Ferrand (Frankreich) und 1936 die Krankenschwestern des hl. Alexius v. Limoges an.

3. Die Schwestern ULF von Namur wurden 1804 für Unterricht, rel. Erziehung, Waisen- und Krankenpflege in Amiens gegründet, 1809 nach Namur verlegt, 1844 von Rom belobigt und 1921 endgültig bestätigt. Die Gemeinschaft breitete sich aus nach Amersfort/Holland (1822), USA (1840), England (1845), Schottland (1894), Afrika, China und Japan. Sie führt Volks- und höhere Schulen, Pensionate, Lehrerinnenseminare, Frauenakademien und eine Frauenuniversität (Washington, seit 1898). Amersfort ist seit 1870 eine selbständige Kongregation, von der sich die Schwestern ULF von (Mühlhausen bei) Coesfeld herleiten, die sich wiederum nach Holland, England, Italien, Brasilien, USA, Indonesien, Korea, Neu-Guinea verbreiteten.

4. *Die Schwestern (des regulierten dritten Ordens) ULF vom Berge Karmel* wurden 1872 in Luxemburg von Anne Bové und Lucia Margerita Niederprüm unter Beihilfe von Kanonikus Nikolaus Wies mit dem Ziel gegründet, sich der zur Arbeitssuche in die Stadt strömenden Mädchen geistlich und materiell anzunehmen. Bei der Ausarbeitung ihrer Regel orientierten sie sich zunächst an den M schwestern von Brügge (1880), dann, nachdem sie sich den Unbeschuhten Karmelitern aggregiert hatten (1886), an den Schwestern Ms vom Berge Karmel (1897). 1894 übernahmen sie Krankenpflege, Altenpflege, Kinderasyle, Nähschulen, Krankenpflegeschulen in Verbindung mit neu von ihnen erbauten Kliniken, schließlich Katechese und Frauenbildung in den Missionen.

5. *Die Schwestern ULF vom guten Rat* sind eine Gemeinschaft päpstlichen Rechts mit dem Ziel, die Frauen in allen sozialen Klassen zur Wahrnehmung ihrer christl. Pflichten in Familie und Gesellschaft anzuregen und zu ertüchtigen. Auf den Weg gebracht von Marie Gérin-Lajoie, beraten von den Jesuiten St. Loiseau und G. Bellavance, gefördert vom Erzbischof von Montréal, P. Bruchési, sollten die in der Welt stehenden, von einem solchen Orden anzuregenden Frauen selbst die notwendigen sozialen Hilfswerke schaffen. So wurde diese Frauenkongregation 1923 diözesanrechtlich errichtet und 1951 mit dem röm. Decretum laudis versehen. Erstrebt werden soziale Dienste von Frauen in den Pfarreien, Diözesanzentralen, freie Initiativen in der Jugend-, Familien- und Einwandererbetreuung, Bildungshilfen für Sozialhelferinnen, Haushaltungsschulen, Erwachsenenkurse, Kindertagesheime, Kindergärten sowie Bildung von Frauengruppen gegenseitiger Hilfe und Freizeitgestaltung.

6. *Schwestern ULF von der Arbeit (ND du Travail)* → Arbeit.

Lit.: LThK² X 522f. — DIP VI 336–438. — AnPont 1990, 1470f.
H. M. Köster

Unsündlichkeit. M war nicht nur frei von der Erbsünde (→UE), von der →Begierlichkeit, von →Unvollkommenheiten und persönlichen Sünden (→Sündenlosigkeit = impeccantia facti = faktische U.), sondern darüber hinaus sogar in der Gnade so befestigt (→Befestigung), daß von ihrer U. als Unmöglichkeit zu sündigen (= impeccabilitas) gesprochen werden kann. Bei einer recht verstandenen U. darf aber nicht die Möglichkeit der Sünde wie durch einen Zwang ausgeschaltet werden, denn M hat in voller menschlicher Freiheit in ihrem Ja-Wort die Zustimmung zu ihrer einzigartigen Mutterschaft gegeben. Auf der Erkenntnisebene ist die U. der Höhepunkt, auf der Seinsebene der Quellpunkt der genannten Vorzüge Ms.

Erkenntnismäßig ist der Weg, der zur allmählichen Erfassung der U. führt, weithin mit dem der oben genannten Themen identisch: die neue →Eva; die Bemerkung Augustins, der im Gegensatz zu den atl. Gerechten, die nicht ohne Sünde waren, von einer Sünde Ms propter honorem domini nicht sprechen will (vgl.: De nat. et grat. 36); die zunehmende Betonung der Heiligkeit Ms, bes. nach dem Ephesinum; der Vergleich des Johannes v. Damaskos, der die Willensbefestigung der GM mit der Heiligen im Himmel erklärt (PG 96,718). Dieser Vergleich sieht M — nicht in Einschränkung, sondern in der Befestigung ihrer Freiheit — in einem höheren Gnadenstand als die Stammeltern, die im Paradies zwar von persönlicher Sünde und Begierlichkeit frei waren, aber noch sündigen konnten.

Das — augustinisch gesprochen — paradiesische posse non peccare war bei M immer durch das non posse peccare überhöht. Anselm († 1109) diskutiert die Frage, ob die Stammeltern wie die Engel, wenn sie nicht gesündigt hätten, sofort im Guten befestigt worden wären. Der Terminus lag also Richard v. St. Viktor schon vor, wenn er M als befestigt (confirmata) bezeichnet, die als Spiegelbild Christi sündenunfähig ist; M überragt darin alle Heilige, über die höchstens die Sünde nie geherrscht habe, daß ihr eine Freiheit von der Sünde in Analogie zu den Heiligen im Himmel gegeben wurde, (Sed quod de exterminio peccati in beata Virgine Maria factum creditur, in futurum omnibus sanctis speratur). Das Wunderbare an M ist, daß sich in ihrem sterblichen Erdendasein eine tanta incorruptibilitas (= U.) cum tanta corruptibilitate (= Sterblichkeit) verbinden konnte (PL 196,664. 516f. 483). Ähnlich argumentieren die großen Theologen der Hochscholastik. →Suarez hält es für gesichert, daß es bei M wegen der GMschaft nie zu einer Sünde kommen konnte. Gott war ihr in seiner Weisheit und Güte die U. schon vor der Empfängnis Christi schuldig, nachher habe sie ihr gleichsam als eine Selbstverständlichkeit gebührt. Zwar ist vor der Inkarnation die U. wegen der noch nicht realisierten GMschaft eine äußere mit dispositivem Charakter; doch die Inkarnation begründet eine innere U. Gegen die Auffassung von Suarez versucht →Scheeben zu zeigen, daß M schon seit ihrer Empfängnis die innere, im gewissen Sinn physische U. als ihrem Personalcharakter entsprechend zugekommen sei (zum Gegensatz zwischen Suarez und Scheeben vgl. Pohle-Gummersbach 379 ff.).

Zur Erklärung des Nicht-Sündigen-Könnens (trotz der Freiheit!) wurden verschiedene nicht immer voll überzeugende Argumente angeführt: Einmal ist eine visio beatifica wie bei den Heiligen im Himmel für die Zeit des Erdenlebens Ms abzulehnen. Das aktualistische Modell eines ständigen Liebesaktes zu Gott kann auch nicht überzeugen, weil ein solcher Akt tatsächlich unterbrochen werden könnte. Auch mit der Tilgung der Begierlichkeit, die letztlich nur zur Freiheit des posse non peccare führt, ist das non posse peccare nicht zu erklären. Eine Erklärung muß bei der jede Sünde vereitelnden Gnade ansetzen, die Gott ⟨M⟩ wegen ihrer besonderen Bestimmung gegeben hat. Scheeben, demzufolge ⟨M⟩ im Unterschied zu Gott einerseits sündefähig war, aber andererseits nicht sündigen konnte, erklärt die U. mit der Analogie zum Beistand Christi, der der Kirche auch die Unfehlbarkeit garantiere. »In der Tat ist ja auch die Unsündlichkeit Mariens als der Säule und Veste der Heiligkeit Vorbild und Unterpfand der Unfehlbarkeit der Kirche als der Säule und Veste der Wahrheit« (Nr. 1731).

Lit.: J. Pohle und J. Gummersbach, Lehrbuch der Dogmatik II, ¹⁰1956, 376. 383. — Scheeben Nr. 1716–35.   *A. Ziegenaus*

Unterebersbach, eingemeindet nach Niederlauer, Lkr. Rhön-Grabfeld, Bistum Würzburg, Pfarr- und Wallfahrtskirche ⟨M⟩e Verkündigung. Die Kirche ist wohl um 1450 entstanden, von ihr steht noch der Chor, das Langhaus mit einem Netzgewölbe ist etwas jünger (erneuert ab 1583), der Turm wurde um 1600 errichtet.

1453 stiftete das Ehepaar Georg und Katharina von Schweinfurt dort eine Vikarie »Trium Regum« (bischöflich 1467 bestätigt); der Würzburger Weibischof Johannes Hutter OFM konsekrierte 1460 die »Capelle b. Virg. in der Ried«. Offensichtlich entstand dort eine Bruderschaft, die neben der Kapelle ein sog. »Bruderey-Haus« errichtete.

Durch die Voit v. Salzburg wurde der Ort evangelisch, den Fürstbischof Julius Echter rekatholisierte und 1588 wieder zur Pfarrei erhob, der er die um 1600 restaurierte Brudereikirche zuordnete, während die alte Pfarrkirche St. Peter und Paul, westlich über dem Dorf gelegen, Friedhofskapelle wurde. Echter begründete 1583 auch wieder eine Laienbruderschaft zu Ehren Gottes und »der seligsten Jungfraw Maria«, die aber bald wieder einging. Deren Haus wurde Wohnung des Pfarrers. Daneben rief er 1588 eine Bruderschaft zu ⟨M⟩ vom → Schnee ins Leben, die Bestand hatte und alljährlich vom 5. August viele Beter anzog, bestärkt durch Berichte von Wunderheilungen und seit 1843 durch Ablässe zum Titularfest.

Das stark übermalte Hochaltarbild zeigt ⟨M⟩ mit dem Kind in einem Wolkenkranz, darunter S. Maria Maggiore mit Pilgern. Im Auszug befindet sich eine Kopie des Gnadenbildes von S. Maria Maggiore, das 1723 Weihbischof Johann Bernhard Mayer stiftete, rechts neben dem Chor auf einem Rundpfeiler eine Barockmadonna mit Kind. St. Michael als Seelenwäger stammt von ca. 1500 (Riemenschneiderschule), ein eindrucksvolles Kruzifix aus der Zeit um 1520.

Lit.: N. Reininger, Geschichte der Pfarrei Ebersbach im Landkapitel Neustadt a. d. Saale, In: Archiv des Historischen Vereins für Unterfranken 13, I (1875) 113–162. — KDB, Bezirksamt Neustadt/Saale, 1922, 207–213. — J. Dünninger, Die marian. Wallfahrten, 1960, 138–140. — H. Dünninger, Processio Peregrinationis, In: WDGB 23 (1961) 158–160. — K. Kolb, Wallfahrtsland Franken, 1979, 106. — H. Hofmann, Vier Archivalien, In: WDGB 35/36 (1975) 702. 740. — L. Remling, Bruderschaften in Franken, 1986, 411.   *E. Soder v. Güldenstubbe*

Unverweslichkeit. Im Gegensatz zu manchen Heiligen, deren sterbliche Überreste in überraschender Weise vor dem Zerfall bewahrt wurden (die aber trotz dieser Art von Unverwestheit der Herrschaft des Todes unterliegen), kann bei der GM diese empirische Erfahrung nicht gemacht werden, weil ihr Leib entweder kurze Zeit nach dem → Tod in den Himmel aufgenommen (→ Aufnahme) wurde oder sie — im unwahrscheinlicheren immortalistischen Fall — ohne Tod entrückt wurde. Ist somit die Frage nach der U. des Leibes ⟨M⟩s nach der Definition der Aufnahme in gewisser Weise belanglos geworden, war der Glaube an die U. doch eine notwendige Etappe auf dem Weg zur Definition. Scheeben (n. 1749) stellt zu Recht fest: »Es ist daher nicht zu verwundern, daß man in älterer und neuerer Zeit bei allen, welche bez. der Auferstehung Mariens sich zweifelhaft äußern, niemals einen ausdrücklichen Zweifel an der Unverweslichkeit des Leibes begegnet.«

Im 4. Jh. schreibt ein Anonymus, daß die Gottheit der Jungfrau, die ihr zu Diensten war, eine φύσις ἄφθαρτος verliehen habe (vgl. Corp. Mar. 647); die Formulierung scheint wie viele ähnliche über die Unversehrtheit der Jungfrau hinaus auch die des Leibes einzuschließen (vgl. ebd. VII: Index), auch wenn diese Folgerung erst später bewußt gezogen wurde. Theotecnus (7. Jh.) stellt bereits den Zusammenhang von der Unversehrtheit der Jungfrau mit der U. und der Aufnahme her (vgl. ebd. 4665–70: »der heiligste Leib der GM ... blieb jungfräulich und unzerstörbar«; ähnlich 4961). Im Hymnus → Akathistos wird ⟨M⟩ als Urbild der neuen Schöpfung »Blume der Unzerstörbarkeit« genannt (ebd. 4938). → Modestus v. Jerusalem († 634, Autorschaft nicht unbestritten) verbindet die Jungfräulichkeit mit der U. des Leibes (vgl. PG 86 bis 3292; Ibañez-Mendoza 116) und läßt ⟨M⟩ mit Christus, dem Spender der Unsterblichkeit, Anteil an der leiblichen U. erlangen. → Germanus v. Konstantinopel († 733) folgert aus der GMschaft, d. h. aus der engen Verbindung ⟨M⟩s mit dem, der das Leben ist, und aus ihrer Mitwirkung an der Überwindung des Todes, die U. des Leibes ⟨M⟩s (Ibañez-Mendoza 111 ff.). Andreas v. Kreta († 740) sieht durch ⟨M⟩, die Urheberin des Lebens, das bittere Todesurteil zerbrochen; die GMschaft als Beitrag zur Erlösung, die Jungfräulichkeit und die Ehrung der Mutter durch den Schöpfer sind Gründe für die U. (vgl. Ibañez-Mendoza 114 ff.). Johannes v. Damaskos betont ⟨M⟩s besondere Nähe zu Christus. ⟨M⟩s U. wird einerseits in der Jungfräulichkeit grundgelegt, andererseits aber erst bei der Aufnahme verwirklicht (ebd. 117–122). Im Westen wird der augustinische Gedanke von der caro Christi, die aus der caro ⟨M⟩s stamme (über die mozarabische Liturgie, die die unitas carnis betont) von Hinkmar v. Reims († 882) aufgegriffen; er sagt in Hinblick auf die Gleichheit des Fleisches, daß das »heilige Fleisch Gottes (= Christi) nicht durch das Grab zerstört« worden sei und fährt in mariol. Hinsicht fort: »Auch nicht dein Fleisch, durch das Gott selbst den Leib angenommen hat« (vgl. Scheffczyk 300. 305. 312. 105 f.). In Munificentissimus Deus, der Definitionsbulle Pius' XII., werden viele Zitate der Väterzeit in Zusammenhang von U. und Aufnahme angeführt.

Eine systematische Aufschlüsselung kann zeigen, daß die zentralen mariol. Themen auf die U. hinweisen, nämlich die Unversehrtheit der Jungfrau (vgl. Scheeben n. 1748 f.); dann der soteriol. Beitrag Ms, der neuen Eva, der Schlangenzertreterin, der Mutter des Erlösers zur Überwindung von Sünde und Tod, so daß sie als Organ der Erlösung nicht selber der Herrschaft des Todes ausgeliefert sein konnte; ferner die GMschaft, d. h. die Einheit der caro Ms mit der unverweslichen caro (vgl. Apg 2, 27) Christi; dann die Freiheit von der Erbsünde und den Folgen der Sünde, nämlich dem Tod und seiner Herrschaft, die sich in der Verwesung zeigt; schließlich die Vorwegnahme der Eschatologie in M als der Ganzvollendeten. Nach Scheeben wäre die Verwesung mit der Würde der Frau, die in bräutlich-mütterlicher Einheit mit Christus steht, unvereinbar.

Lit.: Scheffczyk (Register). — Scheeben n. 1659. 1739–51. — S. Gutiérrez, Doctrina agustiniana sobre la muerte de la Santissima Virgen, In: EstMar 9 (1951) 289–316. bes. 306–313. — S. Alvarez-Campos, Corpus Marianum Patristicum, Burgos 1970–85. — F. Mendoza, Die Aufnahme Marias in den Himmel nach dem Zeugnis der Kirchenväter, In: G. Rovira (Hrsg.), Die Sonnenbekleidete Frau, 1986, 95–139. *A. Ziegenaus*

Unvollkommenheiten Mariens. Einige Kirchenväter deuteten bestimmte Reaktionen Ms als Zeichen gewisser Unvollkommenheit; dabei denken sie eher an Schwächen als an persönliche Sünden. Im Osten verschwanden solche Meinungen in der Regel nach dem Ephesinum, im Westen bereits nach Ambrosius und Augustin. Origenes berichtet von Häretikern, denen zufolge M von Jesus zurückgewiesen worden wäre, weil sie sich mit Joseph verbunden hätte; Origenes weist den Vorwurf mit dem Argument zurück, daß Elisabeth, »vom Heiligen Geist erfüllt«, M preist (In Luc. Hom. VII 4). Beim Durchgang der Evangelien finden die Väter an mehreren Stellen U. Ms: 1. Verkündigungsszene: Zögern (Origenes: Corp. Marianum 227); ein Zweifeln: deshalb Ms Nachfrage (Johannes Chrysostomus: ebd. 1195) oder ihr Gang zu Elisabeth, um die Wahrheit der Auskunft des Engels zu prüfen (Ephräm: ebd. 1407). — 2. Darstellungsszene, v. a. bei der Schwertweissagung: Zweifel (Asterius Sophista: ebd. 530; Anonymus des 5. Jh.s: ebd. 1119; anderer Anonymus: ebd. 1677); Ärgernis über das Kreuz (Basilius v. Caesarea: ebd. 886 f.). — 3. Verlust des Zwölfjährigen: Unvollkommener Glaube (Origenes: ebd. 184); Tadel wegen des Suchens des Knaben unter den Verwandten (Nilus: ebd. 1321 f.; Philoxenus: ebd. 5486). — 4. Hochzeit zu Kana: Joh 2,4 als Tadel der Voreiligkeit Ms (Irenäus: ebd. 61; Ammonius v. Alexandrien: ebd. 4443 f.); mütterliche Anmaßung (Johannes Chrysostomus: ebd. 1243; Philoxenus v. Mabbug: ebd. 5495); Ms Unkenntnis der Göttlichkeit des Sohnes (Severian v. Gabala: ebd. 1277); mütterliche Geltungssucht, die auf die Offenbarung der Größe ihres Sohnes drängt (Theodor v. Mopsvestia: ebd. 1310); Tadel ihres Zweifels an seiner Wundermacht (Ephräm: ebd. 1429 ff.). Severus v. Antiochien († 538) versteht dagegen die Frage Jesu nicht mehr als Tadel (vgl. ebd. 3981). — 5. Im Zusammenhang mit der Rede von den wahren Verwandten (Mt 12,46–50; Mk 3,31–35; Lk 8,19–21): Unglaube (Tertullian: ebd. 407 ff.); Widerspruch (Apollinaris v. Laodizea: ebd. 837); vgl. dagegen Ambrosius (ebd. 1924: keine Verleugnung der Mutter, die sogar vom Kreuz herab anerkannt wurde!). — 6. Bei Jesu Sterben → Ohnmacht. — 7. Bei der Auferstehung: Zweifel an der Auferstehung, da M (Joh 20,15. 17, auf die GM gedeutet!) an den Gärtner dachte; deshalb durfte sie den Auferstandenen nicht berühren (Ephräm: ebd. 1423; 1451). (Zum Ganzen vgl. ebd.: Indices 44 f.).

Innerhalb der Schriften der genannten Autoren und noch mehr innerhalb der gesamten patristischen Lit. nehmen solche Hinweise auf U. nur einen verschwindend kleinen Raum ein. V. a. ist dabei zu bedenken, daß das Dogma von der allgemeinen Erlösungsbedürftigkeit vor der skotistischen Interpretation der UE auch bei M gewisse U. voraussetzen ließ. Deshalb stand für diesen Zeitraum M irgendwie noch unter den Folgen der Ursünde oder galt als mit gewissen persönlichen Schwächen behaftet. Die genannten Vorwürfe wurden später von den Reformatoren z. T. aufgegriffen (→ Ohnmacht), mit denen sich Petrus → Canisius ausführlich auseinandersetzt. Zur theol. Aufarbeitung des Problems: → Ohnmacht, → UE, → Sündenlosigkeit, → Unsündlichkeit. Der Gedanke, daß M die neue → Eva, frei von der Erbsünde und ihren Folgen und Typus für das Gelungensein der Schöpfung und für die Heiligkeit der Kirche ist, schließt letztlich alle U. aus, läßt aber durchaus eine Reifung und ein vertiefendes Eindringen in Gottes Willen zu (vgl. → Beharrlichkeit).

Lit.: Scheeben n. 1726 ff. — S. Garofalo, »Tuam ipsius animam pertransibit gladius« (Lc 2,35), In: Acta Congressus Mariol.-Mariani in Rep. Dominicana anno 1965 celebrati IV, 1967, 175–181. — J. M. Alonso, La espada de Simeon (Lc. 2,35 a) en la exégesis de los padres, ebd. 183–285. — Fr. Mußner, Lk 1,48 f.; 11,27 f. und die Anfänge der Marienverehrung in der Urkirche, In: Acta Congressus Mariol.-Mariani 1967 II, 1970, 25–34. — S. Alvarez Campos, Corpus marianum Patristicum, 1970 ff. *A. Ziegenaus*

Unzeitig, Hubert, Mariannhiller Missionar (Pater Engelmar), * 1. 3. 1911 in Greifendorf/Mähren (Tschechische Republik), † 2. 3. 1945 im KZ Dachau, entstammte einer bäuerlichen Familie. Der Vater starb 1916 in russ. Gefangenschaft, die Mutter sorgte für die Erziehung der fünf Kinder. U. war der einzige Junge. Nach der Volksschule arbeitete er bei einem tschechischen Bauern bei Brünn. Mit 17 Jahren ging er ins Spätberufenenseminar der Mariannhiller in Reimlingen (Diözese Augsburg). Nach dem Abitur trat er in deren Orden ein und studierte in Würzburg. Nach der Priesterweihe (6. 8. 1939) wirkte er in Riedegg (Österreich) und Glöckelberg (Böhmerwald). 1941 wurde er durch die Gestapo verhaftet, in das Gefängnis Linz (Donau) und am 3. 6. 1941 in das KZ Dachau gebracht. Hier starb er an Typhus, nachdem er sich freiwillig zur Pflege russ. Häftlinge in die Typhusbaracke gemeldet hatte. Seine Asche wurde aus dem KZ geschmuggelt und am Karfreitag 1945 auf dem städt. Friedhof zu Würzburg beigesetzt. 1968 erfolgte die Übertragung der Urne in die Herz-Jesu-Kirche der Mariannhiller in Würzburg. Ehemalige KZ-Häftlinge nannten U. den »Engel von Dachau«, einen »Martyrer der Nächstenliebe« bzw. den »Maximilian Kolbe der Deutschen«. Der Seligsprechungsprozeß wurde am 26. 7. 1991 in Würzburg eingeleitet.

U.s MV wurde u. a. vom Elternhaus, von der Mariannhiller Gemeinschaft und vom Priesterblock im KZ Dachau geprägt: U.s Mutter übertrug ihre MV auch an ihre Kinder, z. B. ᛗgebete, Rosenkranz, ᛗfeste und Wallfahrten zum »Marienbildstock« bei Pohler. Dort wurde nach der Legende einst ein Edelmann von Räubern überfallen. Er versuchte zu entkommen, indem er seinem Pferd die Sporen gab und mit dem Bittruf »Maria, hilf!« in den nahen Abgrund jagte. Roß und Reiter blieben auf wunderbare Weise unversehrt (Balling, 1984, 35). Die 1909 aus dem Trappistenorden entstandene Missionsgemeinschaft der Mariannhiller war von Anfang an marian. geprägt (vgl. F. → Pfanner). P. Ludwig Tremel CMM, Provinzial in Deutschland und Rektor der Reimlinger Schule, der später völlig erblindete, war ein glühender ᛗverehrer und beeinflußte U.s MV sehr (Balling, 1989, 88 ff.), ebenso der Studienort Würzburg (»Marienfeste«, »Käppele«). Die fränkische Art der ᛗminne (»Käppele«, Maiandachten, ᛗlieder, Litaneien) steckte an.

U.s Frömmigkeit wurde wohl mit am stärksten im Priesterblock (Baracke 26) zu Dachau geprägt. Vor der »Lagermadonna« (Balling, 1984, 155) erwies er täglich mehrmals der GM seine Verehrung. Auch beim Jäten in der KZ-Plantage wurde von den Geistlichen heimlich halblaut der Rosenkranz gebetet. Das von Pfarrer J. Schulz verfaßte Gebet »ULF von Dachau« hat U. unzählige Male gesprochen, dabei seiner Mutter, Schwestern, Mitbrüder usw. gedenkend: »Und kommst du, ULF von Dachau, an die Stätten, wo unsere Eltern und Angehörigen, unsere Pfarrkinder und Mitarbeiter, schon so lange um unsere Heimkehr beten, dann sag ihnen, daß du über uns wachst im Leben und im Sterben. ULF von Dachau, zeige, daß du Mutter bist, wo die Not am größten ist!« (ebd. 157). Am persönlichsten wird U.s MV in seinen KZ-Briefen an Verwandte und Mitbrüder: »Der Rosenkranzmonat sieht uns wieder am Nachmittag zu gemeinsamem Rosenkranzgebet um den Altar geschart, um Maria, die Hilfe der Christen, die Mittlerin der Gnaden zu grüßen …« (5. 10. 1941). »Vertrauen wir auch weiter auf Maria, unsere gute Mutter; sie wird auch in Zukunft über uns wachen und uns helfend zur Seite stehen …« (6. 6. 1943). »Im Maimonat dürfen auch wir uns hier um den Thron der Himmelskönigin scharen, um sie zu grüßen und ihr die Anliegen der schwergeprüften Menschheit vorzutragen …« (21. 5. 1944). U. blieb bis zu seinem Tod missionarisch und marian. Nach dem Krieg, so pflegte er Mithäftlingen zu sagen, wolle er als Missionar nach Rußland gehen, ᛗ, die GM, werde ihm dabei helfen. Er starb nur wenige Wochen, bevor die Amerikaner Dachau erreichten.

WW: P. Engelmar U., Liebe verdoppelt die Kräfte. Briefe aus Dachau, 1993.

Lit.: A. L. Balling, Eine Spur der Liebe hinterlassen. Engelmar U., Martyrer der Nächstenliebe, 1984. — R. Abeln und A. L. Balling, Speichen am Rad der Zeit. Priester in Dachau, 1985. — A. L. Balling, Gute Menschen sterben nicht. Mariannhiller Porträts, 1989. — Ders., Sie waren Boten der Liebe. Mariannhiller Porträts, 1990. *A. L. Balling*

Upadhyay, Brahmabanbhav, * 2. 2. 1861 in Khanyan / Bengalen, † 27. 10. 1907 in Kaltutta, eigentlicher Name Bhawani Charan Banerji U., ließ sich am 26. 2. 1891 in der anglikanischen Kirche taufen und trat im September 1891 zur kath. Kirche über. Seinen Taufnamen Theophilus übersetzte er ins Sanskrit und nannte sich Brahmabandhav. Seit 1894 übernahm er die Lebensform eines Sannyasi und wollte so zur Befreiung der Theol. vom europäischen Erbe beitragen. Er wagte den Versuch einer indischen, christl. Theol. im System der Advaita-Phil. Aber nicht nur die Widerstände seitens höchster kirchlicher Kreise, sondern auch sein schwieriges Temperament brachten das ganze Unterfangen zum Scheitern. U. war lange vergessen, gilt heute aber als ein Pionier eines geniun indischen Christentums.

Seine christol. und soteriol. Aussagen stehen ganz in Übereinstimmung mit der christl. Lehre. An der Zwei-Naturen-Lehre (in der hinduistischen Begrifflichkeit nara-hari [»Mensch« – »Vertreiber der Sünde«, Gott]) hat er festgehalten. Er legte großen Nachdruck auf die Einzigartigkeit Jesu Christi und seines Evangeliums. Hier sind auch die mariol. Aussagen anzusiedeln: die wunderbare Geburt aus einer Jungfrau durch die allmächtige Kraft Gottes. ᛗ ist Königin der Erde und des Himmels, der Menschen und der Engel, sie ist die Vollendung des Menschen- und Frauenbildes und seine Krönung.

Ausg.: J. Lipner und G. Gisért-Sauch (Hrsg.), The Writings of B. U. (including a Resumé of his Life and Thougth), 1991.

Lit.: B. Animananda, Swami Upadhyay Brahmabandhav: I. A Story of his Life; II. A Study of his religious position, Calcutta 1908. — J. Schmidlin, Swami Upadhyay Brahmagandhav. Ein kath. Wahrheitsucher des Ostens, 1925. — F. Heiler, Glaube und indisches Geistesleben, 1926. — A. Väth,

Im Kampf mit der Zauberwelt des Hinduismus, 1928. — K. Baago, Pioneers of Indigenous Christianity: Confession Faith in India, 1969. — S. G. Gispert-Sauch, The Sanskrit Hymns of B. U., In: Religion and Society 19 (1972) 60–79. — J. Cherupallikat, Witness Potential of Evangelical Povertiy in Indian, 1975. — K. P. Aleaz, The Theological Writings of B. U. Reexamined, In: The Indian Journal of Theology 28 (1979) 55–77. *H. Rzepkowski*

Urban II. (Odo v. Châtillon), Papst vom 12.3.1088 bis 29.7.1099, Seliger, * um 1035 wahrscheinlich bei Châtillon sur Marne. Nach Studien bei →Bruno v. Köln in Reims wurde er Kanoniker und Archidiakon in Reims, trat anschließend als Mönch in →Cluny ein. 1080 wurde er Kardinalbischof von Ostia. 1084/85 weilte er als päpstlicher Legat in Deutschland. Als Papst bemühte er sich um die Überwindung der Folgen des Investiturstreits. Er förderte die Kirchenreform und suchte sie auf Synoden durchzusetzen. 1090 berief er Bruno v. Köln nach Rom. U. wurde zum Träger der Kreuzzugsbewegung. Der erste Kreuzzug fand während seines Pontifikates 1095–99 statt. Auf der Synode von Clermont schrieb er die M-präfation allgemein vor. Er ordnete das Gebet des »Officium parvum BMV« für das Gelingen des Kreuzzuges an.

Lit.: Manoir II 374. 620. 637. — VirgoImmac II. — R. Somerville, The councils of U. II, 1972, 127–130. — P. H. Pascher, Die Privilegierung der Reformklöster Hirsau, St. Blasien und St. Paul durch Papst U. II, 1980. — H. Fuhrmann, Papst U. II. und der Stand der Regularkanoniker, 1984. — A. Becker, Papst U. II., 2 Bde., 1984–88. — F. Tardioli, Il concilio di Melfi di Papa Urbano II, 1989. — R. Somerville, Papacy, Councils and Canon Law in the 11th–12th century, 1990. *R. Bäumer*

Urban IV. (Jacques Pantaléon), Papst vom 29.8.1261 bis 2.10.1264, * um 1200 in Troyes, † 2.10.1264 in Perugia, war Kanoniker in Laon und später Archidiakon in Lüttich, weilte 1247–49 als päpstlicher Legat in Schlesien, Preußen, Pommern und Polen und war 1251 Legat bei den dt. Fürsten. 1253 wurde er zum Bischof von Laon und 1255 zum Patriarchen von Jerusalem ernannt. Seine Wahl zum Papst erfolgte in Viterbo. U. schrieb 1264 das Fronleichnamsfest für die ganze Kirche vor. Seine Unionsverhandlungen mit den Griechen waren erfolglos. Nach der Überlieferung gewährte U. allen Gläubigen einen Ablaß, die beim »Gegrüßet seist du Maria« die Anrufung »Jesus Christus. Amen« anfügten.

Lit.: BeisselMA 231. — VirgoImmac II 15 f. — B. Roberg, Die Union zwischen der griech. und der lat. Kirche auf dem zweiten Konzil von Lyon, 1964, 29–52. — R. R. de Lama, La documentation pontificia de Urbano IV, 1981. *R. Bäumer*

Urban VI. (Bartolomeo Prignano), Papst vom 8.4.1378 bis 15.10.1389, * 1318 in Neapel, wurde 1363 Erzbischof von Acerenza und 1377 Erzbischof von Bari. Nach der Rückkehr von Papst →Gregor XI. aus Avignon übernahm er die Leitung der päpstlichen Kanzlei. Nach Gregors Tod wählten ihn die Kardinäle unter dem Druck des röm. Volkes, das einen Römer als Papst forderte, zum Oberhaupt der Kirche. U. bemühte sich um die Reform der Kirche, überwarf sich aber bald mit den Kardinälen, die sich von ihm lossagten und seine Wahl als ungültig bezeichneten, weil sie unter Zwang erfolgt sei. Ohne einen offiziellen Prozeß wählten die franz. Kardinäle in Fondi Robert v. Gent zum Papst, der sich Clemens VII. nannte und seine Residenz wieder in Avignon aufschlug. Damit begann das große Abendländische Schisma. Große Verdienste erwarb sich U. um die Einführung des Festes der Visitatio BMV.

Lit.: BeisselMA 306. — VirgoImmac II 64. — Manoir VIII 88. — J. V. Polc, »Visitatio BMV« da Seicento anni nell' Occidente liturgico, In: EL 103 (1989) 269–274. — M. Jacoviello, Un papa napoletano nello Scisma d'Occidente: Bartolomeo Prignano, In: Campania sacra 21 (1990) 72–95. — W. Brandmüller, Papst und Konzil im Großen Abendländischen Schisma, 1990, 3–41. — Ders., Das Konzil von Konstanz II, 1991, Reg. *R. Bäumer*

Urban VII. (Giambattista Castagna), Papst vom 15. bis 27.9.1590, * 1521 in Rom, trat in den diplomatischen Dienst der Kurie, wirkte 1553–73 als Erzbischof von Rossano, ab 1573 als Nuntius in Venedig und Gouverneur von Bologna. 1578 nahm er als Vertreter des Papstes an dem Pazifikationstag in Köln teil. Nach dem Scheitern der Verhandlungen kehrte er 1580 nach Rom zurück, wurde Konsultor der Kongregation für die Angelegenheiten des Kirchenstaates und 1583 Kardinal. Drei Tage nach seiner Wahl zum Papst befiel ihn ein Fieber, neun Tage später starb er. Der Lehre von der UE M-s stand er reserviert gegenüber.

Lit.: Pastor X 503–618. — VirgoImmac II 158. *R. Bäumer*

Urban VIII. (Matteo Barbarini), Papst vom 6.8.1623 bis 29.7.1644, * 1568 in Florenz, wurde 1604 Erzbischof von Nazaret und Nuntius in Paris, 1606 Kardinal, 1608 Bischof von Spoleto sowie 1611–14 Legat in Bologna. Er setzte die Unterstützung des Kaisers im Dreißigjährigen Krieg nicht fort. 1630 wallfahrtete er nach Genazzano, damit Rom vor der Pest bewahrt bleibe. Die Brevierreform schloß er 1631 mit der Herausgabe eines neuen Breviers ab. 1631 hob er das Institutum BMV (Englische Fräulein) auf. Am 6.3.1641 erneuerte er die Verurteilung der Irrtümer M. Bajus (1513–89). Zu Privatoffenbarungen äußerte er sich am 23.9.1642 kritisch. Er empfahl die Lehre von der UE M-s, vertrat aber in der Frage der Definition einen abwartenden Standpunkt.

Lit.: Pastor XIII. — VirgoImmac II 21. 24. 30 f. 37 f. 108 f. 155 f. — Manoir VIII 188 (Reg.). — A. Kraus, Das päpstliche Staatssekretariat unter U. VIII., 1964. — L. Nussdorfer, Civil politics in the Rome of U. VIII., 1992. *R. Bäumer*

Urreda, Johannes, * wahrscheinlich in der zweiten Hälfte des 15. Jh.s in Brügge, war 1477–81 Kapellmeister bei Ferdinand V. von Aragonien, weiter sind Aufenthalte in Medina del Campo, Sevilla und Madrid, Saragossa, Valencia, Toledo und Barcelona belegt. Neben Dunstable, Dufay und Ockeghem zählt U. zu den großen Musikern seiner Zeit, was u. a. seine Messen (»Missa de beata Virgine«), sein Magnificat und mehrere Psalmvertonungen beweisen.

Lit.: R. Stevenson, Spanish Music in the Age of Columbus, 1960. — MGG XIII 1176–78. — Grove XIX 467 f. *E. Löwe*

Urrutia, Uldarico, Mariologe der SJ, * 30.10. 1883 in San Bartolomé de Honda/Kolumbien, † 25.6.1957 in Bogotá, trat am 12.3.1899 in die Gesellschaft Jesu ein und wurde am 30.7.1915 in Spanien zum Priester geweiht. 1917 kehrte er nach Kolumbien zurück und übte dort folgende Ämter aus: 1921 und 1933 Prof. für Phil., 1926 Sekretär des Provinzials; 1927–32 Rektor des Kollegs San José in Barranquilla. Über viele Jahre war er Prof. für Kirchenrecht und Rechtsphil. an der Universidad Javeriana in Bogotá, Leiter des Gebetsapostolats (Apostolado de la oración) und 1941–46 der Zeitschrift »el Mensajero del Corazón de Jesús« (Bote des Herzens Jesu), 1946–52 Prof. für Kirchenrecht im Priesterseminar von Buenos Aires, Argentinien.

U. war schon seit seiner Jugendzeit schriftstellerisch tätig. Das Werk »Los Nombres de María«, in Bilbao (Spanien) 1923 veröffentlicht, machte ihn in seiner Heimat und darüber hinaus bekannt. Nach eigenen Angaben habe er sich an »La Noche serena« von Fr. →Luis de Leon gehalten. Der Vergleich läßt einige Gemeinsamkeiten feststellen: Der Titel, die Abfassung in Dialogform und die drei Gesprächspartner, für die U. die Namen Luciano (ein Priester und Theologe), Alfonso und Bernardo wählte. Luciano entspricht dem Marcelo bei Fr. Luis. Der Name war zu dieser Zeit berühmt, weil der kath. Humanist und kolumbianische Präsident Marco Fidel Suárez das Werk »Sueños de Luciano Pulgar« geschrieben hatte. Die jungen Jesuitenstudenten Alfonso und Bernardo, so genannt in Erinnerung an Alfons M. v. Liguori und Bernhard v. Clairvaux, hören den Ausführungen Lucianos zu, sie stellen ihre Fragen und kommentieren alle behandelten Themen. Die Themen sind unterschiedlich und ebenso die Art und Weise ihrer Abhandlung. Die Originalität des Werkes lobt Felix Restrepo SJ im Vorwort zur ersten Auflage: »Für mich ist Los Nombres de María das beste Buch, das unter theologischem Gesichtspunkt in spanischer Sprache über die Vorzüge der Jungfrau Maria geschrieben worden ist.«

U. versteht es, in seinem Werk theol. Themen im Ambiente der tropischen Landschaften zu behandeln. Seine Argumentation wird durch ständige Schriftzitate in kluger biblischer Exegese gestützt. Außerdem zieht er Texte der griech. und lat. Väter sowie späterer Autoren heran, wie →Albert d.Gr., →Bonaventura, →Thomas v. Aquin, Francisco →Suárez, Arthur Vermeersch, v. a. aber J. B. →Terriens »La Mère de Dieu et la Mère des hommes« (Paris 1900, ²1902). Dieses Werk befreit er von der Art eines scholastischen Traktats und gibt ihm einen Hauch von Dichtung. Ständig macht er Gebrauch von den Schätzen der marian. Liturgie. Gelegentlich gibt es Passagen mit einem Übergewicht an emotionaler Rhetorik.

Das Werk behandelt zwölf Namen, die wie eine Krone von zwölf Sternen das Haupt der Königin des Himmels schmücken sollen: ⟨M⟩, Tochter Gottes, Taube, Braut, Mutter, Königin, Magd, Stadt Gottes, Meeresstern, Pforte des Himmels, Frau, Geliebte. Diese Auswahl findet sich in den beiden letzten Ausgaben. In der ersten sind die drei ersten Namen in der Reihenfolge umgestellt, und Luciano fordert zusammen mit Alfonso nach seinen theol. Ausführungen Bernardo auf, ein Gedicht in span. Sprache vorzutragen, einmal von einem span., einmal von einem kolumbianischen Autor. Die Kritik hat bedauert, daß U. diese Passagen in den späteren Ausgaben gestrichen hat, um an dieser Stelle Bernardo ⟨M⟩hymnen →Ephräms des Syrers vortragen zu lassen, die U. selbst übersetzt hat.

WW: Los Nombres de María, 1923, 1932, 1948. — El Diablo, 1940. — La Inquietud Humana ante Jesucristo, 1948. — El Púlpito Colombiano, 1949. — Amáos..., 1955.
Lit.: J. M. Pacheco, Padre U. U., In: Revista Javeriana 48 (Bogotá 1957) 45. — M. Lombo, El padre U. U. SJ, gran Mariólogo Tolimense, masch., Ibagué/Kolumbien 1990. *L. Ramírez*

Ursache unserer Freude (causa nostrae laetitiae). Die bereits in der Pariser Fassung der →Lauretanischen Litanei verwendete Anrufung »causa nostrae laetitiae« ist durch die lukanische Geburtsgeschichte (2,10) angeregt, in der der Engel zu den Hirten sagt: »Fürchtet euch nicht, denn ich verkünde euch große Freude, die dem ganzen Volk zuteil werden soll: Heute ist euch der Retter geboren in der Stadt Davids. Er ist Christus, der Herr«. Lukas, der hier der in der hellenistischen Σωτήρ-Religiosität herrschenden intensiven Freudenstimmung Ausdruck verleiht, läßt auch sonst in seinem Evangelium (13,17; 19,6; 24,52) keinen Zweifel daran, daß erste und unmittelbare Ursache der christl. Freude die Epiphanie des Retters und Heilands Christus ist. Er hat das Werk der Erlösung der Menschen durch seine Menschwerdung begonnen und durch sein Leiden, seine Auferstehung und Himmelfahrt erfüllt. Darum schreibt der Apostel: »Einer ist Gott, einer auch Mittler zwischen Gott und den Menschen: Der Mensch Christus Jesus, der sich als Lösegeld hingab für alle« (1 Tim 2,5f.). Da ⟨M⟩s volle und freie Gehorsamsbereitschaft ermöglichte, was Gott beschlossen hatte, und da ihr »Ja« für den Eintritt des Erlösers in die menschliche Geschichte entscheidende Bedeutung hatte, kann man auch ⟨M⟩ als Ursache der Freude bezeichnen. Weil ⟨M⟩s Ja am Anfang steht, aus welchem sich alles Kommende entfaltet hat, wirkt es auch in alles Kommende hinein, so daß die Anrufung »Ursache unserer Freude« einen tiefen und bleibenden Sinn erhält. Sie macht uns vom Ereignishaften bedrohten und unausweichlich dem Tode preisgegebenen Menschen deutlich, was der Grund und der Inhalt christl. Freude ist, nämlich dies, daß wir, im Glauben an den Erlöser aus der

Verlorenheit der Sünde und des Todes errettet, im Einklang und Frieden mit Gott stehen, der sinnzerstörenden Übermacht des Ereignishaften enthoben sind und damit grundsätzlich und bis in die Tiefe und Mitte unseres Wesens in Hoffnung für uns und unser ganzes Leben eines erfüllenden Sinnes gewiß sein dürfen. Diese Zuversicht erfüllt die Glaubenden mit Freude. Dem entsprechend beten wir in der Collecta der Votivmesse De beata Maria Virgine causa nostrae laetitiae: »Gott, Du hast die Welt durch die Menschwerdung Deines Sohnes erfreut; verleihe uns gnädig, wenn wir seine Mutter, die Ursache unserer Freude, verehren, auf dem Weg Deiner Gebote zu wandeln und unsere Herzen dort zu verankern, wo die wahren Freuden sind. Durch unsern Herrn Jesus Christus.« In der Oratio super oblata der gleichen Messe beten wir: »Nimm an, o Herr, die Gaben Deiner frohlockenden Kirche. Du hast uns in unserem Erlöser, Jesus Christus, der aus der unbefleckten Jungfrau geboren worden ist, alle guten Gaben geschenkt; gewähre uns auch die Frucht der ewigen Freude« (Collectio Missarum de beata Maria Virgine, 1987, n. 34, S. 133 f.). Aus dem zur Erklärung der Anrufung »causa nostrae laetitiae« Gesagten wird verständlich, daß in früheren Jh.en da und dort die inhaltssynonyme Übersetzung »Ursache unseres Heils« begegnet, die sich auf ma. marian. Grußorationen berufen konnte. So heißt es z. B. in einer aus der Mitte des 12. Jh.s stammenden Pariser Handschrift (nat. Lat. 2882, fol. 82ᵛ): »Ave Maria, a Deo preelecta, janua celi, ortus benedictionis et causa salutis«.

Lit.: →Lauretanische Litanei. *W. Dürig*

Ursulinen, erster apost. Frauenorden, geht zurück auf Angela Merici (zwischen 1470 und 1475–1540), die 1535 in Brescia die »Gesellschaft der hl. Ursula« gründete, eine Vereinigung junger Frauen, die zwar kein gemeinschaftliches Leben führten, vielmehr alleine, in kleinen Gruppen oder in ihren Familien lebten und ihrer Arbeit nachgingen, gleichzeitig aber durch ein Versprechen der Jungfräulichkeit sowie durch die Verpflichtung auf eine »Regel« religiös gebunden waren. Durch ein beispielhaftes christl. Leben im Sinne der Spiritualität Angela Mericis sollten sie in der Welt das Evangelium bezeugen. Das Beispiel der hl. Jungfrau und Märtyrerin Ursula sollte ihnen dabei Orientierung geben.

Der Reformer Karl → Borromäus beauftragte als Erzbischof von Mailand die U. v. a. mit dem Katechismusunterricht in den Sonntagsschulen. In Mailand »kongregierten« sich die U. zur vita communis. Mädchenerziehung und -bildung wurden zunehmend Schwerpunkte ihres Apostolates, als Ende des 16./Anfang des 17. Jh.s zahlreiche U.klöster in Frankreich entstanden. Hier vollzog sich die Umwandlung der »Gesellschaft der hl. Ursula« in einen Orden im kirchenrechtlichen Sinn mit feierlichen Gelübden und Klausur. Er verbreitete sich von hier aus in ganz Europa und darüber hinaus. Das erste dt. U.kloster wurde 1639 in Köln gegründet.

Weltweit gibt es heute ca. 24 000 U., die sich auf die hl. Angela Merici als Stifterin berufen, wenn auch unter verschiedenen Lebensformen, z. B. in Deutschland als »Föderation deutschsprachiger Ursulinen«, einem Zusammenschluß autonomer Klöster, und als Ursulinenkongregation in Calvarienberg-Ahrweiler mit Mutterhaus und Filialklöstern. In Schulen, in spirituellen, pastoralen und missionarischen Diensten erfüllen sie ihren apost. Auftrag. Daneben besteht weiterhin das Säkularinstitut »Gesellschaft der hl. Ursula«, dessen Mitglieder die ursprünglich vorgesehene Lebensform beibehalten haben.

Alle U. verpflichten sich auf die geistliche Lebensordnung, welche die hl. Angela Merici ihren Töchtern als »Regel«, »Testament« und »Ricordi« hinterlassen hat. Spiritualität und Frömmigkeit sind stark christozentrisch geprägt. In diesem Sinne ist die Verehrung M̃s als Jungfrau und GM wesentlich von der Christol. her bestimmt.

QQ: L. Mariani, E. Tarolli und M. Seynaeve, Angela Merici. Contributo per una biografia, 1986 (franz.: 1987). — Angela Merici, Die Schriften, Kritische Ausgabe, hrsg. von A. Faller, 1988. — Angela Merici, Regel – Ricordi – Legati, hrsg. von der Föderation deutschsprachiger Ursulinen, 1992. — Weisungen für das gemeinsame Leben im Orden der Ursulinen, o. O., o. J. [Werl 1993].

Lit.: M. V. Neusee, Geschichte der hl. Angela Merici und des von ihr gestifteten Ordens der U., Innsbruck 1893. — K. Seibel-Royer, Die hl. Angela Merici, Gründerin des ersten weiblichen Säkularinstituts, 1966. — T. Ledóchowska, Angèle Merici et la Compagnie de Ste-Ursule à la lumière des documents, 1967. — M. P. Desaing, Angela Merici. Persönlichkeit und Auftrag, 1976. — A. Conrad, Zwischen Kloster und Welt. Ursulinen und Jesuitinnen in der kath. Reformbewegung des 16./17. Jh.s, 1991. — Dies., Mit Klugheit, Mut und Zuversicht. Angela Merici und die Ursulinen, 1994.

S. Rönneper/A. Conrad

Uruguay. Ende des 18. Jh.s wurde in Pintado (heute Vieja) etwa 20 km westlich von Florida ein M̃bild verehrt, das durch Jesuitenmissionare aus Paraguay dorthin gebracht wurde. Um Pintado wurde das Holz für die →Reduktionen geschlagen. Das barocke Bild ist 36 cm hoch und nach dem Typos der M̃darstellungen von Bartolomé Esteban Murillio gestaltet. Während der Restaurierung 1909 stellt fest, daß es sich dabei um Zedernholz aus Misiones/Argentinien handelt. Drei Madonnentypen hat die Kunst der Jesuiten in Paraguay hervorgebracht: die eindeutig einheimische Madonna (die grobe Arbeitsweise verrät die ungeübte Hand), dann die allgemeine und weit verbreitete Form und als letztes die Statue, die wirkliches Können verrät und das Ziel einer künstlerischen Entwicklung darstellt. Linienführung und die vollendete Form weisen das Bild als eines der dritten Gruppe aus. Sowohl das Holz wie die künstlerische Gestaltung lassen die Statue zu den Immaculatafiguren rechnen, die ausschließlich von den Jesuiten verbreitet wurden. Somit ist die Herkunft aus Misiones wahrscheinlich.

1805 errichtete Bischof Benito Lué y Riega von Buenos Aires (1803–12) in Pintado eine Pfarrei unter dem Titel »NS de Luján«. Die Pfarrkirche hatte eine ⓂStatue, die seit urdenklichen Zeiten schon dort war, und wohl mit der alten Jesuitenstatue identisch ist.

Wegen der Trockenheit und der Ungunst der Natur wurde das Heiligtum nach Florida verlegt, wo eine Kapelle errichtet und die ⓂStatue aufgestellt wurde. Nachdem die Unabhängigkeit von Brasilien errungen war (1825), huldigten dort die 33 Freiheitshelden unter Juan Antonio Lavalleja (1788–1858) mit ihren Fahnen der Immaculata.

Von diesem nat. Ereignis leitet sich der heutige Name »Virgen de los Treinta y Tres« her. Um die Erforschung der Geschichte des Bildes und seine Verehrung hat sich bes. der Jesuit Juan Faustino Sallaberry (1871–1946) verdient gemacht. Bei Wallfahrten zum Heiligtum feierte man ULF von den »Treinta y Tres« als Patronin und Befreierin von U.

Daneben haben sich Wallfahrtsorte mit lokaler Bedeutung gebildet, wo vielfach die ursprünglichen Formen der überlieferten Frömmigkeit ihren Ausdruck finden, z. B. das Heiligtum zu Ehren der Rosenkranzkönigin in Paysandú in der Diözese Salto, das 1860 errichtet wurde.

Die marian. Frömmigkeit unter den Gläubigen wurde bes. durch die Bischöfe von U. gefördert. Sie veröffentlichten dazu mehrere Hirtenbriefe. Herausragendes Beispiel dafür ist Bischof Mariano Soler (1846–1908, 1891 Bischof, 1897 Erzbischof von Montevideo), der mit den nat. Wallfahrten zum Heiligtum ULF von Luján/Argentinien begann. Zu Ehren der GM gründete er im Hl. Land ein uruguayisches Kloster unter dem Namen »Hortus Conclusus«.

Unter seinen Veröffentlichungen finden sich mehrere marian. Werke, bes. über die Verehrung der »Virgen de los Treinta y Tres«.

Das marian. Thema ist in den Dichtungen von Francisco Acuña de Figueroa (1720–1862), dem Schöpfer der Nationalhymne, und v. a. bei Juana de →Ibarboubou (1895–1981) vorherrschend.

In neuerer Zeit gewinnt auch der Wallfahrtsort ULF von Verdun in Minas (Lavalleja) steigende Bedeutung.

Lit.: L. A. Pons, Biografía de D. Jacinto Vera y Durán, Montevideo 1905. — Ch. Aimond, ND de Verdun, 1923. — J. M. Vidal, El primer arzobispo de Montevideo. Don Mariano Soler, 1935. — H. Ghéon, Le Mystère des Prodiges de ND de Verdun, 1937. — Ch. Souplet, ND de Verdun, ou dix années d'apostolat marial, 1944. — A. E. Xalambrí, La figura del Padre Juan F. Sallaberry sobre el pedestal de sus libros. La tradición de cultura de la Compañia de Jesús uruguayo, 1947. — Manoir IV 463–467. — Vargas Ugarte II 363 f. — C. Parteli, La Virgen de los Treinta y Tres, 1961. — Centro de Estudios Cristianos, Aspectos religiosos de la sociedad uruguaya, 1965. — J. Villegas, Historia de la parroquia NS de Guadalupe de Canelones, 1775–1977, In: Estudios Históricos. La Iglesia en el Uruguay, 1978, 130–158. — A. Vidal Perri, Los Orígenes de NS de Guadalupe en el U., In: Libro annual X del Instituto Teológia del Uruguay Monseñor Mariano Soler, 1983, 103–247. — C. Parteli, La Virgen de los Treinta y Tres, In: CELAM II, 1988, 347–367. *H. Rzepkowski*

Usuard, OSB, †13.1. um 875, Mönch von St. Germain-des-Prés in Paris, verfaßte sein Märtyrerbuch, das »Martyrologium Usuardi« zwischen 863 und 869 im Auftrag Karls des Kahlen unter Benutzung des Hieronymianum, seiner Vorgänger Beda, Florus und bes. →Ado v. Vienne. Die Arbeit des letzteren kürzte er und brachte sie in eine dem liturg. Gebrauch besser entsprechende Form. Das Werk besitzt so keinen selbständigen Charakter, sondern erweist sich als Kompilation, die sich jedoch wegen der Straffung der einzelnen Passiones und Viten (die dennoch nicht allzu rigoros geriet) für die Verwendung bei den liturg. Lesungen bes. empfahl. Diese Vorzüge ließen das Werk bald im kirchlichen Gebrauch so beherrschend werden, daß es später die Grundlage für das von Gregor XIII. 1587 zum offiziellen Gebrauch vorgeschriebene Martyrologium Romanum werden konnte. Die ursprüngliche Fassung, die bald viele lokal bedingte Erweiterungen erfuhr, enthält an Ⓜfesten: »Annuntiatio Domini« (25. März), »Natalis s. Mariae ad Martyres« (13. Mai), »Dormitio (noch nicht »Assumptio«) s. Dei genitricis Mariae« (15. August) mit der Vigil, das Fest der »Nativitas beatissimae Dei genitricis Mariae perpetuae Virginis« (8. September) und die »festivitas beatae Genitricis et omnium martyrum« (1. November). Das Fest am 2. Februar erscheint noch unter der alten Bezeichnung der »Hypapante Domini«. Für die Entwicklung der Assumpta-Lehre wirkte sich dieses Werk insofern nachteilig aus, als es die von →Ps.-Hieronymus und →Ps.-Augustinus Sermo 208 inaugurierte agnostizistische Einstellung gegenüber der assumptio corporalis weitertrug und durch den einseitig historischen Aspekt auf dieses Faktum das Aufkommen der theol.-dogm. Betrachtungsweise für lange Zeit hintanhielt. Der entsprechende Text zum Fest der »Dormitio«, der sich eng an den Text bei Ado anschließt, lautet: Es sei besser, »in Frömmigkeit nichts darüber zu wissen, als etwas aus frivolen und apokryphen Berichten festzuhalten und zu lehren« (PL 124,365).

Ausg.: J. B. du Sollier, In: ASS Junii VI (1715) und J. Bouillart, Paris 1718. — PL 123,453–124,860.

Lit.: Historisch politische Blätter 117 (1896) 181–187. — H. Quentin, Les Martyrologes hist. du moyen-âge, Paris 1908. — Manitius I 361 f. — A. Deneffe, In: Scholastik 1 (1926) 180. — C. Balić, Testimonia de Assumptione I, 1948, 168. — G. Quadrio, Il trattato »de Assumptione BMV«, 1951, 103. — Scheffczyk 442–455. — Delius 250 f. — J. W. Frank, Das Retzer Martyrologium, In: Xenia medii aevi historiam illustrantia oblata Thomae OP, hrsg. von R. Creytens und P. Künzle, 1978, 269–297. — G. Söll, Mariologie, HDG III/4, 1978, 196. — Brunhölzl II 116 f. — LThK X 462 f. *L. Scheffczyk*

Ut virginem fetam loquar. Hymnus des Magnus Felix Ennodius, *473 in Arles, †521 als Bischof von Pavia. Ennodius verfaßte als Diakon in Mailand zwölf Hymnen, die wie seine Reden, Briefe und manche seiner übrigen Gedichte durch ihre oft gezwungene Rhetorik beschwert sind. Der Hymnus in ambrosianischen Strophen betrachtet das Wunder der Jungfrauengeburt

(»Das Ohr empfing den Samen, den die Zunge auswarf«). Am Schluß steht eine Bitte um M[s] Beistand.

Ausg.: W. Bulst, Hymni latini antiquissimi, 1956, 86. — MGH Auctores antiquissimi VII 254. — CSEL VI 552. — AHMA 50, 67 f. — Dreves-Blume I 34 f. — Meersseman I 133.
Lit.: Schaller-Könsgen 16920. — Szövérffy I 119 f. 122. — Dreves-Blume I 32. — F.J.E. Raby, Christian Latin Poetry, ²1953, 115–117. — H. Barré, Prières anciennes de l'occident à la mère du Sauveur, 1963, 26. — RAC V 398–421.   G. Bernt

Uterus virgineus thronus est eburneus. M-Sequenz der zweiten Epoche mit zehn verschieden gebauten Strophenpaaren. Der Leib der Jungfrau ist der elfenbeinerne Thron des Königs Salomo (2 Chr 9,17), den sich Salomo pacificus (1 Chr 22,9), d. h. Christus, erwählt hat. Mit kunstvollem Strophenbau und gewandter Sprache wird in vielen Bildern, mit → Ehrentiteln und typologischen Bezügen M gerühmt, die von uns nicht genug gepriesen werden kann und ihren Sohn besänftigen möge. Gott hat seine Gnade auf sie herabregnen lassen, möge sie ihre Gnade auf uns herabregnen lassen: »In te pluit, In te fluit Deus suam gratiam; Ergo tue Nobis plue Gratie clementiam.« Die Sequenz ist seit dem 13. Jh. zunächst aus Frankreich, dann in zahlreichen Handschriften v. a. aus Süddeutschland und Österreich überliefert.

Ausg.: AHMA 54, 389. — Kehrein 239.
Lit: Chevalier 21086.   G. Bernt

V

Vaccari, Aloisio (meist Luigi genannt), OSB (seit 1861), Theologe und Bischof, * 22. 2. 1817, † 17. 12. 1887, Dr. theol. der Universität Neapel (1847), 1841 Priester, 1843 Pfarrer seiner Heimatgemeinde Fuscaldo (Cosenza), lehrt danach als Prof. für Moraltheol. in Cosenza, ist dort Kanoniker, Synodalrichter, Generalvikar der beiden Diözesen Nicotera und Tropea und schließlich von Mileto, dem größten Bistum Kalabriens. 1860 tritt er in Montecassino ein, wo er Dogmatik lehrt. 1867 wechselt er nach S. Paolo fuori le mura in Rom wird 1868 dort Pfarrer, 1869 Theologe und Teilnehmer des Konzils und ist seit 1871 Koadjutor-Bischof von Nicotera und Tropea. V. entfaltet vielfältige pastorale Tätigkeiten. Diese tragen auch marian. Prägung: Belebung der Maifrömmigkeit mit zwei Pastoralschreiben (1876; 1886); Hirtenbrief zum 25. Jahresgedächtnis der Dogmatisierung der UE (1879); feierliche Krönung Ms als Diözesanpatronin. Als erster Biograph des hl. V. → Pallotti hebt er dessen besondere (singolarissima) MV hervor (1888) (V.s Bruder Francesco [1814–56] war Gefährte des Heiligen und dessen Nachfolger als Generalrektor der → Pallottiner.) Über seine Heimat hinaus wird V. durch seine Initiativen für eine Dogmatisierung der Aufnahme Ms in den Himmel bekannt. So tritt er als Sprecher einer Gruppe von 113 Vätern hervor, die auf dem Konzil eine diesbezügliche Petition vorlegen; inhaltlich dürfte sie über den engl. Jesuiten Silvester Hunter auf dessen sizilianischen Lehrer und Ordensbruder Paul Botalla zurückgehen (Jugie 476 f.). Vor dieser Petition steht V.s Hauptwerk, das die Definibilität der leiblichen Verherrlichung Ms verteidigt: »De Corporea Deiparae Assumptione in Coelum an dogmatico decreto definiri possit, disquisitio historico-critico-theologica« (1869). Diese Überzeugung sieht V. ins 1. und 2. Jh. zurückreichen, wenn sie auch erst vom 3. Jh. an ausdrücklich bezeugt ist. An systematischen Gründen entfaltet er die gesamtkirchliche Rezeption und Einmütigkeit sowie den inneren Bezug zur UE. Nach dem Konzil verfolgt V. seine Initiativen weiter, sei es, daß er in der Zeitung für eine weitere Öffentlichkeit wirbt (1880), sei es, daß die OSB-Bischöfe und Äbte bei einem Benedikt-Jubiläum auf Montecassino ein positives Votum abgeben sollten. Aus Gründen der Opportunität sistiert das Hl. Offizium (19. 2. 1880) diese Bemühungen. Die vorgesehene Neuauflage seiner Studie bleibt davon unberührt, doch unterläßt V. jeden Hinweis auf ein Votum für eine Dogmatisierung.

QQ. und Lit.: F. Russo, Il vescovo benedettino L. V., propugnatore della definibilità dogmatica dell'Assunta al tempo di Pio IX, In: Pio IX. Studi e ricerche sulla vita della Chiesa al settecento ad oggi. Vaticano, Postulazione della causa di Pio IX, 1972, 121–133. — Jugie 463–495.   *F. Courth*

Vadstena (ma. Vatzsten, »das steinerne Haus am Wasser«), ehem. Schloß am Vätter-See (13. Jh.), das nach 1369 auf Anordnung der in Rom lebenden → Birgitta in das erste Kloster des Birgittenordens verwandelt und wie fast alle Tochterklöster gemäß der Ordenskonzeption der GM geweiht wurde. Die Abtei wurde so zu einer Mabtei, zu der später der Name Birgittas hinzukam: »Monasterium sanctarum Marie et Birgitte Vatstenis«. Die meisten Abteien des Ordens erhielten nach diesem Beispiel zusammengesetzte Mnamen (z. B. im Dänischen Maribo und Mariager, im Niederdt. Marienbronn, -crone, -wohlde, -tal, am Niederrhein Marienforst, -baum, im Niederländischen Marienborg, -kamp, -sterre, -water, Marie Wijngart, in Italien S. Maria in Paradiso, S. Maria de Scala Coeli).

Die marian. Grundhaltung gab nicht nur V., sondern auch der Klosterkirche von V. das entscheidende Gepräge. Die baulichen Anordnungen der ersten, hölzernen Vorgängerkirche (um 1370), die 1388 durch Feuer stark beschädigt wurde, sind unbekannt; die steinerne Kirche wurde 1430 eingeweiht. Ein ursprünglich wohl nicht sehr stark erhöhter Maltar mußte später einem an der östlichen Wand unter der Empore gelegenen Birgittenaltar weichen, der außerhalb der Klausur lag und für Weltpriester und Pilgergruppen gedacht war. Auf den danach errichteten, höher gelegenen Maltar bezieht sich wahrscheinlich die Quellennotiz des Vadstenadiariums, am 8. 10. 1443 sei »altare beate Virginis in honorem beate Marie et sanctarum Anne et Birgitte« eingeweiht worden. Da die Nonnen während der Feier ihrer eigenen täglichen Mmesse, die sie als Frühmesse vor dem täglichen Hochamt der Priester sangen, nicht kommunizierten, bestand kein Bedürfnis für sie, unbehinderten Zutritt zum Maltar zu haben. Allerdings hatten die Nonnen auf ihrer Empore einen eigenen Maltar, der bei der Weihe einer Äbtissin durch den Bischof benutzt wurde. Auf ihm durften die Nonnen kraft besonderer Offenbarung Christi an Birgitta das Allerheiligste aussetzen. Ein Teil der Emporenanlagen in V. ging 1580 durch Einsturz, der Rest 1692 durch Umbauten zu Grunde.

Zur prächtigeren Ausschmückung des Hochaltars und des Maltars bestellte das Kloster, wohl nach 1500, aus der Werkstatt des Jan Borman in Brüssel zwei Schnitzaltäre, von denen der Christusaltar nur im Fragment, der Maltar (um 1520) fast unbeschädigt heute noch erhalten ist, da er 1576–1829 die Stadtpfarrkirche St. Peter (Per) schmückte. Das Mittelfeld zeigt die Aufnahme Ms in den Himmel und darunter in einem kleinen Feld die dormitio, ein Motiv, das auch auf dem großen Schnitzaltar zu Ehren Birgittas aus Lübeck (Anfang 15. Jh.) vorkommt. Zwei gleich große Seitenfelder zeigen die Hl. →Sippe und eine hl. Ursula (?), die — ähnlich einer →Schutzmantelmadonna — mehrere Menschen unter ihrem Mantel birgt. In den Türen schildern 14 Felder das →Leben M.s. Berühmt ist auch die sog. »Schöne Madonna« (ca. 1450–75), eine niederrheinische Holzstatue, die »ad modum coronae« in der Kirche aufgehängt war und so vor Beschädigungen bewahrt wurde.

Im bemalten Kapitelsaal ist ein marian. Bildprogramm vom Anfang des 15. Jh.s erhalten. Stil und Programm des unbekannten, wohl schwedischen Meisters wirkten auch außerhalb der Klostermauern weiter, wie Studien der Freskomalereien in den umliegenden Pfarrkirchen zeigen. Die Aufnahme M.s in den Himmel und ihre Krönung nehmen dort einen dominierenden Platz ein. Später tritt der aus Deutschland stammende Laienbruder Gerhard (1487–1510) als Maler des Klosters hervor. Im Nonnenkonvent wurden bei der Ausschmückung von Textilien und in der Buchmalerei häufig marian. Motive gewählt. Die Stellung M.s in der Theol. der Birgittenpriester, so wie sie in den →Predigten aus V. abzulesen ist (C-Sammlung der Universitätsbibl. Uppsala), ist weithin unerforscht.

Unter den zahlreichen Altarpreben, die auf Kleinaltären in der Klosterkirche gestiftet wurden, bezeugen die Patrozinien die Vertiefung marian. Frömmigkeit. Die Grabstätte der zwei Gemahlinnen König Karls Knutsson Bonde wurde abwechselnd Königschor, Chor ULF und Sakramentschor genannt. Die adelige Familie Sparre stiftete 1471 eine »capella S. Marie Visitationis«, der Bürgermeister von V., Erengisl, um 1500 eine Pfründe »compassionis Marie«, außerdem erhielt sowohl die Klosterkirche als auch, durch Morten Skinnare, die Stadtpfarrkirche Anfang des 16. Jh.s einen Rosenkranzaltar. Noch 1522 erteilte der Reichsverweser Gustav Vasa der M psalterbruderschaft von V. — sie soll damals 2350 Mitglieder gehabt haben — einen Schutzbrief. Aus dieser Bruderschaft ist das Nervenkrankenhaus von V. hervorgegangen.

Während der kath. Restauration unter König Johann III. und seiner poln. Gemahlin Katharina wurde die »Gebetskammer« im Obergeschoß des Klosters 1582 mit neuen Malereien geschmückt; neben Christus tritt das Bild der »Mater Dei« in einem der Gewölbe hervor. An einer Stelle wurde ein Rosenkranz in den Fußboden eingemeißelt.

Nach dem Verbot der kath. Religion (1593) mußten die Nonnen 1595 V. verlassen und in Birgittenklöster Danzigs und Polens übersiedeln. Die Klostergebäude wurden in ein Heim für Kriegsbeschädigte umgewandelt und waren später ein Teil des Nervenkrankenhauses, bis ihre Restaurierung unter teilweiser Wiederherstellung des Königsschlosses und der Klosterräume ein Hauptanliegen der sog. Birgittastiftelsen wurde.

Lit.: J. Roosval, Schnitzaltäre in schwedischen Kirchen und Museen aus der Werkstatt des Brüsseler Bildschnitzers Jan Borman, Straßburg 1903. — A. Lindblom, Johan III och V. nunnekloster, In: Antikvariskt arkiv 16 (1961). — Ders., Kult och konst i V. kloster, In: Antikvariska serien 14 (1965). — Ders., Birgittastiftelsen 1920–70. Femtio år med Birgitta, 1970. — Ders., V. klosters öden, 1973. — S. Ekwall, Mariakor och systrakor i V. klosterkyrka, In: Fornvännen 70 (1975) 184–191. — T. Nyberg, Mariamässa och systrakor i birgittinklostren, ebd. 72 (1977) 199–207. — B. Fritz, Den heliga Birgitta och hennes klosterplaner, In: Fromhed och verdslighed i middelalder og renaissance, FS für T. Jexlev, 1985, 9–17. — M. Andersson-Schmitt u. a., Ma. Handschriften der Universitätsbibl. Uppsala. Katalog über die C-Sammlung, Acta Bibliothecae R. Universitatis Upsaliensis XXVI: 1–6, 1988–94. — P. Sloth Carlsen, Laegteranordningerne i den birgittinske klosterkirke — et udviklingsforlob, In: Birgitta, hendes vaerk og hendes klostre i Norden, hrsg. von T. Nyberg, 1991, 143–165. — T. Nyberg, Das Birgittenkloster in Danzig bis Ende 1402, In: Zeitschrift für Ostforschung 40 (1991) 161–225. — I. Anderson, V. klosterkyrka I: Byggnaderna. Sveriges kyrkor 213, 1991. — A. Andersson, V. klosterkyrka II: Inredning. Sveriges kyrkor 194, 1992.

T. Nyberg

Valbuena Prat, Angel, span. Autor und bedeutender Literaturhistoriker, * 6. 4. 1900 in Barcelona, † 3. 1. 1977 in Madrid. Nach seiner Gymnasialzeit in Huesca und Badajoz, wo er seine ersten Gedichte schrieb, studierte er Literaturwissenschaft in Madrid und legte 1924 seine Doktorarbeit über »Los autos sacramentales de Calderon de la Barca (clasificación y análisis)« vor, die den Fastenrathpreis der Real Academia Española erhielt. 1943 wurde er Prof. der Literaturwissenschaft an der Universität Murcia, 1959 an der Universität Madrid und nahm Gastprofessuren u. a. in Oxford, Cambridge, Puerto Rico, Edinburgh etc. wahr.

Altersmäßig gehörte er zur sog. 27er Generation, die den Übergang zwischen Modernismo und neuen avantgardistischen Strömungen bildet. Neben seiner Forschungsarbeit über das Werk Calderóns, die ihn als besten Kenner Calderóns ausweist, widmete er sich der Literaturkritik; seine Werke über die Geschichte der span. Literatur sind grundlegend für das Studium der span. Literatur.

Sein lit. Werk umfaßt den 1926 erschienenen Roman »Teófilo, esbozo de una vida (1898–1925)«, sowie die in dem Buch »Dios sobre la muerte« (1939) gesammelten und andere in Zeitschriften und Publikationen im Umkreis der 27er Generation verstreut erschienenen Gedichte. Seine tiefe Kenntnis Calderóns prägt seine Religiosität, die in seinen Werken und ihren Titeln zum Ausdruck kommt. Sein Gedichtband schließt mit »Mi nueva letanía mariana«. In ihr bekennt der Dichter seine Begeisterung vor »der Besiegerin des Erzfeindes/ von Sonnenglanz bekleidet«, der »erhabenen Schönheit«, der »vollendeten Synthese des Menschlichen, von Mutterschaft und Reinheit« und beendet die Litanei mit dem Ausdruck seines völligen Vertrauens in die Mutter aller Menschen: »Nimm uns auf — Tränen, Salbung, Hoffnung —,/ verteidige uns — Feuerglanz des Schwertes —,/ beschütze uns — warmer behütender Mutterschoß —,/ reinige uns — Lilie im klaren Wasser, heiterer Spiegel —,/ Allen Friede, Liebe, Heil«.

WW: Los Autos Sacramentales de Calderón de la Barca (clasificación y análisis), 1924. — Teófilo, esbozo de una vida, 1926. — Historia de la Literatura española, 1937. — Dios sobre la muerte (Gedichte), 1939. — El sentido católico en la Literatura española, 1940. — Calderón, su personalidad, su arte dramático, su estilo y sus obras, 1949. — La vida española en la Edad de Oro según sus fuentes literarias, 1943. — Los Autos Sacramentales de Calderón, 1953. — Historia del teatro español, 1956. — La religiosidad popular en Lope de Vega, 1963. — Estudio de Literatura religiosa española, 1964

Lit.: Enciclopedia Universal Ilustrada Espasa, Suplemento 1971–72, 292 f.

J. L. Bastero

Valdés Leal, Juan de Nisa, * 4.5.1622 (Taufe) in Sevilla, † 15.10.1690 ebd., letzter bedeutender Vertreter der andalusischen Barockmalerei der Schule von Sevilla. Über die frühen Jahre des Sohnes des port. Silberschmiedes Fernando de Nisa ist wenig bekannt, doch dürfte er zwischen Sevilla und Cordoba oftmals gewechselt haben, bevor er sich 1647 in Cordoba fest ansiedelte. Von hier aus belieferte V. nach seiner Verselbständigung auch andere andalusische Metropolen (Carmona), bis er sich 1656 endgültig in Sevilla niederließ. Als angesehener Meister wurde er 1659 Vorsteher der Malerzunft und gründete 1660 zusammen mit Bartolomé → Murillo die »Academía de dibujo«, deren Präsident er 1663–66 war. Bis 1663 bekleidete er auch die Funktion eines »Mayordomo« der Malerbruderschaft »Hermandad de S. Lucas«. V. arbeitete ausschließlich für Auftraggeber in Sevilla, nur einmal begab er sich Ende 1674 zur Ausführung zweier Bilder nach Cordoba. Im selben Jahr reiste er auch nach Madrid. In den letzten Lebensjahren mußte er, bereits leidend, zunehmend auf die Hilfe seines Sohnes Lucas zurückgreifen. Das letzte Werk ist 1686 datiert, kurz vor der Lähmung des Meisters.

V. schuf neben etlichen Porträts v. a. im Auftrag von Klöstern und Kirchen eine große Zahl von Historien- und Heiligenbildern. Er gehörte zu den leidenschaftlichsten Malern der Epoche, fertigte aber trotz differenzierter malerischer Darstellungsmittel Werke von sehr unterschiedlichem Rang. Sein früher Stil ist herausragenden Sevillaner Malern wie Francisco Herrera d. Ä. und Francisco → Zurbarán verpflichtet. In den 50er Jahren macht sich ein stärkerer Einfluß Murillos bemerkbar, die 60er Jahre bringen eine noch rastlosere Malweise und dramatischere Figurenzusammenstellungen mit krassen Licht-Schatten-Effekten, deren beste Produkte gegen Ende dieses Jahrzehnts ungewöhnlich exaltierte Beispiele eines ins Extrem gesteigerten makabren Naturalismus der barocken Todesikonographie darstellen.

In seinem auf uns gekommen Werk gestaltete V. neben einigen Szenen des Lebens der GM (Verkündigung, Tempelgang, Heirat, Heimsuchung, Himmelfahrt), einer Kreuzigung mit ⚚, der Kaselübergabe an den hl. Ildefons v. a. mit der UE etliche Beispiele dieses Standardtyps barocker Kirchenmalerei in Spanien.

Die früh anzusetzende Jungfrau der Silberschmiede (Cordoba, Museo de Bellas Artes, vor

J. Valdés Leal, Tempelgang Mariae, Madrid, Prado

1650) zeigt V. noch stark manieristischen Traditionen verpflichtet, deren Einfluß immer wieder durchschlägt. ⚚ steht auf einem Silberthron über einer Wolke und ist von vielen Engeln dicht gedrängt umgeben, die ihr kaum Freiraum lassen. Ihre verhaltene Geste des linken Armes vor der Brust und des rechten auf den hl. Eligius nach unten weisend verstärkt den Eindruck der zurückgenommenen Emotionalität. Auch der vom Wind aufgewehte Mantel dreht sich mehr in sich selbst als daß er wirklich aufgebläht wäre.

Gegenüber der reifen Frau in Cordoba gibt V. um 1655 ⚚ unter dem Einfluß Murillos ein jugendlicheres Aussehen (IC, Sevilla, La Magdalena). Auch die bewegtere und logischere Form des windbewegten Mantels rekurriert auf den Sevillaner Konkurrenten. In der nach 1669 entstandenen UE (Sevilla, Museo) ist ⚚ vollends zum Kind geworden, allerdings wieder in einem dichten Engelsschwarm plaziert. Es ist dies ein dekoratives Element bei V., das er nie aufgibt, aber zunehmend abgeklärter einsetzt. So ragt die GM auf der Mondsichel stehend aus dem Gedränge einsam auf und füllt trotz starker Untersicht mit ihrer prallen Gestalt den ihr zugewiesenen Raum aus.

Gegen Ende seiner Laufbahn kehrt V. zum reiferen Frauentyp zurück. In der 1682 datierten und signierten UE (Amsterdam, vormals Privatsammlung) nimmt ⚚ fast das gesamte Bild ein. Ihre linkisch wirkende Gestik in der Handhaltung, die monoton in abfallender Linie aufgereihten Engel und die die Figuren zu zerlegen drohenden Licht- und Schattenflächen markieren auch den Endpunkt einer Malerkarriere, die in marian. Standardthemen kaum gegen die Übermacht der Großmeister bestehen und nur in Sonderaufgaben Eigenständiges leisten konnte.

Lit.: C. López Martínez, V. L. y sus discípulos, Sevilla 1907. — A. de Beruete, V. L., Madrid 1911. — J. Gestoso y Pérez, Biografía del pintor sevillano Juan de V. L., Sevilla 1916. — C. López Martínez, Juan de V. L., Sevilla 1922. — E. Du Gué Trapier, V. L., Spanish Baroque Painter, 1960. — G. Jedlicka, Span. Malerei, 1962. — D. T. Kinkead, Juan de V. L., 1978. — E. Valdivieso, Juan de V. L., 1988. — Ausst.-Kat., J. de V. L., Prado Madrid, 1991. *N. Schmuck*

Valdivielso, José de, * 1562 in Toledo, † 19. 6. 1638 in Madrid. V. war Pfarrer in Santorcaz/Madrid, wurde Capellán im mozarabischen Ritus an der Metropolitan-Kathedrale von Toledo, dann Capellán des Kardinals Don Fernando de Sandoval y Rojas und schließlich Capellán des Infanten Don Fernando, des Sohnes Philipps III., Primas von Toledo. Als Angehöriger der lit. Kreise in Madrid und Toledo und Mitglied ihrer Akademien pflegte er Beziehungen zu den berühmtesten Schriftstellern seiner Zeit (Calderón, Cervantes, Espinel, Medinilla u. a.) und v. a. zu Lope de → Vega, der ihn »meinen Lehrer« nannte und mit dem er Titel und Themen verschiedener Werke gemeinsam hat. V. schrieb Dramen und Autos sacramentales — Zwischenglied zwischen den ma. Moralitäten und jenen Autos sacramentales, die in Calderón ihre Vollendung fanden —, lyrische Dichtung, die oftmals an die Lopes heranreicht (»Romancero espiritual en gracia de los Esclavos del Santísimo Sacramento para cantar cuando se muestra descubierto«) und epische Gedichte: »El Sagrario de Toledo« (über die Geschichte der Virgen del Sagrario, Patronin von Toledo, in Verbindung mit San Ildefonso v. Toledo, dem größten Verteidiger der immerwährenden Jungfrauschaft Ms — eine Geschichte, die später Calderón in seinem Drama »Origen, pérdida y restauración de la Virgen del Sagrario« wieder aufgreifen sollte), v. a. aber »Vida, Excelencias y Muerte del glorioso Patriarca y Esposo de Nuestra Señora San José«, ein monumentales Gedicht (2264 Octavas reales mit 18122 Versen), das als Ausgangs- und erster Höhepunkt der span. Dichtung über den hl. Joseph auch Inspirationsquelle für verschiedene Autos sacramentales und Comedias Lopes wurde. Er verfaßte es anläßlich der Einweihung einer Kapelle des hl. Joseph im Kloster von Guadalupe (1597), zu der der Metropolitanchor von Toledo eingeladen war. Das Gedicht, trotz seines Umfangs, der es bisweilen schwer lesbar macht, in zahlreichen Ausgaben bis ins 18. Jh. erfolgreich, interessiert, abgesehen von poetischen Schönheiten durch die ernsthafte Dokumentierung des Dichters, der jeweils am Rand die zitierten Autoren praktisch alle, die bis dahin über den hl. Joseph geschrieben hatten, angibt.

WW: Autos sacramentales, Biblioteca de Autores Españoles LXIII. — Poesías, Biblioteca de Autores Españoles XXV y XLII. — Vida de San José, Biblioteca de Autores Españoles XXIX. — Teatro completo, hrsg. von R. Arias und R. Piluso, 1975. — Romancero espiritual, hrsg. von J. M. Aguirre, 1984.

Lit.: A. Valbuena Prat, Historia de la literatura española II, 1950. — J. M. Aguirre, J. de V. y la poesía religiosa tradicional, 1965. — R. Arias, The Spanish Sacramental Plays, 1980. — L. M. Herrán, El maestro J. de V. y su poema »Vida, excelencias y muerte del Glorioso Patriarca Esposo de Nuestra Señora San Josef«, In: Estudios Josefinos XXXV, n. 69–70 (1981). — F. Pierce, La poesía épica del Siglo de Oro, 1981. — L. M. Herrán, La Sagrada Familia en las vidas de Cristo, María y José, In: Actas del Primer Congreso sobre la Sagrada Familia, Barcelona/Begues, 8–11 setiembre 1982, 227–291. — J. M. Aguirre, Introducción, In: Romancero espiritual, 1984 (vgl. WW). *L. M. Herrán*

Valentini, Giuseppe, * um 1680 in Florenz oder Rom, † nach 1759 in Paris (?), war Schüler Corellis, dessen Einfluß in seinen Werken spürbar ist. Als Komponist und Violinvirtuose wirkte er in Bologna, Rom und Florenz. Neben Instrumentalmusik und einer erhaltenen Oper bilden Oratorium und Kantate den Schwerpunkt seines Schaffens. So schuf er 1730 »Oratorio per l'Assunzione della Beata Vergine« und 1746 »Cantata per la Natività della B. Vergine«.

Lit.: MGG XIII 1231 f. — Grove XIX 496 f. *E. Löwe*

Valentini, Pietro Francesco, * um 1570 in Rom, † 1654 ebd., war Schüler G. M. Naninis, wurde zwar kein Berufsmusiker, galt aber als einer der meist geachteten und bewunderten Kontrapunktisten seiner Zeit. Im Gegensatz zu anderen zeitgenössischen Musikern beschäftigte sich V. mehr mit musiktheoretischen Fragen (u. a. in dem Traktat »Duplitonio Musica«). Neben zahlreichen Madrigalen, Motetten, Litaneien, Kanzonen und 2 Opern verdient sein 2–5-stimmiger Kanon mit über 200 Variationen zum Text des Salve Regina besondere Beachtung.

Lit.: MGG 1233–35. — Grove XIX 497 f. — DMM VIII 151. *E. Löwe*

Valera y Alcala Galiano, Juan, * 18. 10. 1824 in Cabra/Córdoba, † 18. 4. 1905 in Madrid, bedeutender span. Romancier und Kritiker des 19. Jh.s. Nach Philosphiestudien im Seminar von Málaga und dem Studium der Rechtswissenschaft in Granada, bei denen er den Titel des Baccalaureus erwarb und sie 1846 mit dem juristischen Staatsexamen abschloß, war er 1846–59 im diplomatischen Dienst aktiv (Neapel, Lissabon, Rio de Janeiro, Dresden, Paris, Brüssel, Münster, Berlin, St. Petersburg etc.).

Nach 1859 war er lit., aber durch seine politischen Chroniken in der Zeitschrift »El Contemporáneo«, deren Redakteur er war, auch politisch im Sinne der liberalen Partei tätig. Er wurde wiederholt zum Abgeordneten und Senator gewählt. Seine politischen wie lit. Reden waren Meisterwerke der Rhetorik. Seine umfassende Kultur und die Brillanz seiner Darlegungen machten ihn zusammen mit Ayala, Alarcón, Ventura de la Vega, Tamayo, Hartzenbusch, Donoso Cortés u. a. zu einer der bedeutendsten und unumstrittenen Persönlichkeiten des lit. Spanien dieser Jahre.

Trotz großen Geschicks und poetischen Feingefühls krankt V.s Dichtung an mangelnder Inspiration und Originalität, wofür nicht zuletzt seine weite lit. Bildung verantwortlich sein dürfte. Den Anstoß zu seinen Romanen muß man nach Julián Juderías »in der großen philosophischen Kontroverse, die das Erscheinen der krausistischen Schule hervorrief, suchen«. Sein erster und berühmtester Roman »Pepita Jiménez« verbindet mit einer Liebesgeschichte feinsinnige Erörterungen zu Mystik und Moraltheologie. Neben weiteren Romanen wie »Las ilusiones del doctor Faustino«, »El comendador Mendoza«, »Doña Luz«, »Pasarse de listo«, »Juanita la Larga«, »Genio y figura« usw. trugen auch seine Erzählungen, Dialoge und Artikel wie »Parsondes«, »El pájaro verde«, »Asclepigenia y Gopa«, »La cordobesa« und ein dramatisches Essay »La venganza de Atahualpa« zu seinem Ruhm als Schriftsteller bei.

V. definiert sich selbst als »Mensch von frommer und optimistischer, wenn auch nicht christlicher Art«. Seinem Temperament widerstrebt jede extreme politische oder rel. Haltung. Trotzdem bewegen ihn in seiner Dichtung die Schmerzen der Jungfrau M, und in einer Ode von klassischer Vollkommenheit besingt er die schmerzensreiche Mutter als jenes Geschöpf, das Gott als seine Mutter vorherbedacht und rein geschaffen hatte, seit dem ersten Moment ihrer Erkenntnis. »... rein und schön geboren, dein reines Herz von göttlicher Liebe entflammt, kamst du auf Erden; perlmuttstrahlender Hoffnungsstern, hast du den Menschen von der Sünde erlöst und bist in den Himmel zurückgekehrt« (Obras completas, 1303 f.). In derselben Ode besingt er auch die jungfräuliche Mutterschaft Ms in der Verkündigung.

WW: J. Valera, Obras Completas, 1958.

Lit.: J. Juderías, La bondad, la tolerancia y el optimismo en las obras de D. J. V., In: La Ilustración Española y Americana, 1914. — A. Araujo-Costa, Giovanni V. critico, In: Rivista Colombo, Roma II, 1927. — J. A. Balseiro, J. V., In: Novelistas españoles modernos, 1933. — C. Bravo-Villasante, Idealismo y ejemplaridad de don J. de V., In: Revista de Literatura, 1952. — J. F. Montesinos. V. o la ficción libre, 1957. — C. Bravo-Villasante, Biografía de don J. V., 1959. — S. Montoto, V. al natural, 1963.

J. L. Bastero

Valeriano, Antonio → Nican Mopohua

Vallis Mariae. Das der hl. → Birgitta und M geweihte Kloster bei Reval (heute: → Tallinn) wurde 1407 von den Revaler Kaufleuten Hinrich Huxer, Gerlach Kruse und Hinrich Schwalberch (Baumeister des Klosters) in Mariental (Vallismariae, Mariendael) gestiftet. Der Name des Klosters bzw. der hl. Birgitta wurde auf den Ort übertragen (deutsch [St.] Birgitten, estnisch Pirita). Schon seit 1403 lebten in Mariental Einsiedler. Die Errichtung provisorischer Holzbauten begann wahrscheinlich 1407, als zwei von den drei Stiftern eine Reise nach → Vadstena machten, um vom Mutterkloster Privilegien und Reliquien der hl. Birgitta für das neugegründete Kloster zu holen. Die ersten Steinbauten (Kirche und Sakristei) wurden 1417 fertiggestellt. 1436 wurde der Klosterkomplex vollendet und vom Revaler Bischof Heinrich II. v. Üxküll (1419–56) eingeweiht. Aus dem Mutterkloster zu Vadstena kamen Pater Carolus als Prior, zwei weitere Patres, Bruder Stephan Lapicida, sowie die Chorschwestern Christina Tocke und Christina Jovans mit zwei Kandidatinnen nach Mariental. Auch die drei Gründer gingen ins Kloster, Gerlach Kruse wurde einige Jahre später zum Priester geweiht.

Am 29. 5. 1411 bestätigte Papst Johannes XXIII. die Rechte des nach den Regeln des hl. Augustinus errichteten Klosters und erteilte ihm die gleichen Privilegien, die das Mutterkloster hatte. In den ersten Jahren scheinen die Nonnen überwiegend skandinavischer Herkunft gewesen zu sein.

Gemäß den Regeln der hl. Birgitta war auch das Kloster bei Reval ein Doppelkloster. 1423 verfügte Papst Martin V., daß sein Verbot der Doppelkonvente nicht für die Birgittenklöster in Vadstena, bei Reval sowie für weitere Birgittenklöster gelte. 1455 forderte der Revaler confessor generalis Arnold die Brüder in Vadstena zum Beistand auf, um beim neuen Papst Calixtus III. weitere Privilegien für die Klöster in Vadstena, Mariental und Abo zu erwirken. Das Birgittenkloster bei Reval war Mutterkloster des Birgittenklosters in Marienwolde bei Mölln (eingeweiht 1458, zerstört 1534).

1506–08 hielten sich die Brüder Nicolaus Ragvaldi und Carolus Benedicti aus Vadstena im Revaler Kloster auf, um den Konvent zu reformieren. Von der Reformation von 1525 in Reval blieb das Kloster unberührt; unter dem Schutz der Ritterschaft konnte es fortbestehen. Während des livländischen Krieges (1558–83) plünderten russ. Truppen das Kloster, am 1. 2. 1577 zerstörten sie das Kloster völlig, die Kirche brannte aus.

Nach den Regeln der hl. Birgitta sollte die Klosterkirche aus Naturstein (in Mariental war es Kalkstein) als dreischiffige Hallenkirche erbaut werden, deren Gewölbe von achteckigen Pfeilern getragen werden. An der nördlichen Längswand waren die Nonnenempore sowie die »Tür der Gnade und des Heiligenscheins«. Außer dem Hauptaltar sollten in jeder Birgittenklosterkirche 22 Nebenaltäre sein, in Mariental waren es nur 13. Als typisches Beispiel für die Revaler Baukunst des 15. Jh.s gilt die Westfassade der Kirchenruine: 3 große Fensteröffnungen, Giebel mit Blendnischen und Kreisblenden.

In den 70er Jahren des 16. Jh.s klagt der luth. Pastor und Chronist Balthasar Russow in seiner Chronik über die heidnisch-kath. Bräuche und Handlungen im Kloster zu Heiligenfesten und an Me Heimsuchung, bei denen das Volk Wachsfigürchen opferte und Feste feierte. Das Innere der Klosterruine wurde noch gegen Ende des 18. Jh.s als kath. Beerdigungsstätte benutzt. Die wissenschaftliche Erforschung der Klosterruine wurde 1894 von W. Neumann eingeleitet, die Instandsetzung 1962 abgeschlossen. Anläßlich des 500. Jahrestages der Einweihung des Klosters fanden am 15. und 16. 8. 1936 in Pirita große Feierlichkeiten statt.

Aus einem Kalenderfragment (über die Monate Mai und Juni) mit Obituarium, das aus dem Birgittenkloster stammt und in den Jahren 1474–1544 im Gebrauch war, geht hervor, daß im Kloster mit Totum Duplex die Translation der hl. Birgitta (28. Mai), St. Erikstag (18. Mai), Johannes der Täufer (24. Juni), Peter und Paul (29. Juni) sowie alle Birgittentage gefeiert wurden.

Lit.: Liv-, Est- und Curländisches Urkundenbuch nebst Regesten, hrsg. von Fr. G. v. Bunge u. a., Reval u. a. 1853 ff. — G. v. Hansen, Die Kirchen und ehemaligen Klöster Revals, Reval 1885. — L. Arbusow, Livlands Geistlichkeit vom Ende des 12. bis ins 16. Jh., Mitau 1904. — Ders., Die Einführung der Reformation in Liv-, Est- und Kurland, 1919. — Pirita rand, hrsg. von B. Linde, 1928. — Pirita. St. Brigitten bei Tallinn (Reval), Pirita Kaunistamise Seltsi Kirjastus nr. 10, 1932. — O. Sild, Mil viisil austati Vana-Liivimaal P. Birgittat, 1936. — Eesti Entsüklopeedia VI, 1936. — P. Johansen, Tallinna Pirita kloostri kalendrikatkend mai ja juuni kuu kohta, 1939. — Pirita klooster, 1940. — B. Russow, Liivimaa krooonika, 1993.
T. Kala

Valls, Francisco, * 27. 12. 1665 in Barcelona, † 2. 2. 1747 ebd., war u. a. in Mataró, Gerona und Barcelona als Kapellmeister tätig. Seine Kompositionen knüpfen an die Tradition an, die V. als Ausgangspunkt für alle Neuerungen ansah.

Neben zahlreichen Vertonungen des Ordinariums (darunter »Missa Scala Aretina«), Psalmen und Motetten sind 16 Magnificatbearbeitungen erhalten.

Lit.: J. López-Calo, V. and the Spanish Baroque, In: Musical Times 113 (1972) 253 ff. — MGG XIII 1247. — Grove XIX 507.
E. Löwe

Valsè-Pantellini, Teresa, FMA, * 10. 10. 1878 in Mailand, † 3. 9. 1907 in Turin, stammte aus einem sehr reichen und rel. Elternhaus. Der Vater besaß mehrere Hotels in Ägypten, wo V. einen Großteil ihrer Kindheit verbrachte. 1885 übersiedelte die Familie nach Fiesole. Bis zu ihrem 12. Lebensjahr wurde sie von Privatlehrern unterrichtet. Das Rosenkranzgebet sowie andere marian. Andachtsformen gehörten zum täglichen Gebetsschatz der Familie. Ab 1890 besuchte sie die Internatsschule der »Schwestern der Heiligsten Annunziata« in Poggio Imperiale (Florenz), wo sie am 29. 3. 1981 die Erste Hl. Kommunion empfing. Nach dem Tod ihres Vaters wechselte sie zu den »Schwestern des Heiligsten Herzens Jesu«, deren Schule sie bis 1897 absolvierte. Dort trat sie der »Vereinigung der Töchter Mariens« bei. In Rom, wohin ihre Familie übersiedelt war, vertraute sie ihrem Bruder Italo an, daß sie bereits am Tag ihrer Erstkommunion das Gelübde der Jungfräulichkeit abgelegt habe und nun als Ordensschwester sich ganz Gott weihen wolle. Sie lernte die Kongregation der »Töchter Mariens, der Helferin der Christen« (Don-Bosco-Schwestern; FMA) kennen, wo sie 1901 als Postulantin eintrat. In Don Bedeschi SDB fand sie einen klugen und einfühlsamen geistlichen Begleiter, mit dessen Hilfe sich ihr rel. Leben voll entfalten konnte: die Liebe zu Gott immer mehr zu vertiefen, gegen die eigenen Schwächen anzukämpfen, sich in Demut zu üben und ein Leben wie Jesus in der Verborgenheit von Nazaret zu führen.

Nach dem Noviziat wurde V. im neu gegründeten Jugendzentrum Bosco Parrasio in Trastevere (Rom) eingesetzt, wo sie Katechismusunterricht gab und für die Freizeitgestaltung verantwortlich war.

Zu Beginn des Jahres 1907 erlitt sie einen Blutsturz mit heftigem Fieberanfall. Auf ärztlichen Rat hin brachte man sie nach Turin, wo eine bessere medizinische Versorgung gewährleistet war. Nun durfte sie in unmittelbarer Nähe der von Don →Bosco gegründeten M̃hilfbasilika wohnen. Täglich besuchte sie das Heiligtum und betete vor der M̃hilfstatue. Sie starb im Rufe der Heiligkeit. Sr. Maria Galvanone, die sie bis zu ihrem Tod pflegte, bezeugte: »Sie starb wie ein Engel. Sie nahm das Kruzifix, drückte es an ihr Herz und wiederholte ständig: Jesus und Maria« (Maccono 324). Am 29. 11. 1926 wurde in Turin der Seligsprechungsprozeß eröffnet, am 12. 7. 1982 ihr heroischer Tugendgrad anerkannt.

Lit.: F. Maccono, Un fioro di umiltà, Suor T. V.-P., 1918. — L. Càstano. Santità salesiana. Profili dei Santi e Servi di Dio della triplice Famiglia di San Giovanni Bosco, 1966, 163–183. — M. D. Grassiano, Irrevocabilmente. Profilo di suor T. V.-P., Figlia di Maria Ausiliatrice, 1971; dt.: Unwiderruflich entschieden, Theresia V.-P., Innsbruck o. J. (ca. 1980). — A. L' Arco, Ho scelto i poveri, Suor T. V.-P., FMA, 1977. — AAS 75 (1983) 469–472.
J. Weber

Valverde, Fernando de, * Ende des 16. Jh.s in Lima, † 1657 ebd., trat in das Noviziat der SJ ein, das er aber wieder verließ und legte 1614 seine Ordensgelübde beim OSA ab. Im gleichen Jahr organisierte er einen lit. Wettstreit an der Universität von Lima zu Ehren der Immaculata, wobei er eine Goldmedallie erhielt. 1621 wurde er Lektor und 1630 Studienrektor. V. bekleidete verschiedene Ordensämter und wurde 1640 Mitglied des hl. Offiziums. Er entfaltete eine rege Seelsorgs- und Kanzeltätigkeit, außerdem veröffentlichte er sieben Bücher in Spanisch und Latein zu unterschiedlichen Themen.

1651 schrieb Pedro →Calderón de la Barca das Drama »La Aurora en Copacabana«, das zweifelsfrei angeregt wurde durch Alfonso Ramos Gavilán (Historia de Célebre santuario de NS de Copacabana y sus milagros, e invención de la Cruz de Carabuco, Lima 1621) und Baltasar Salas (Compendio-Historial de la Virgen de Copacabana, de su Santuario y de su Península, en la laguna de Chucuito, en el Alto Perú, Madrid 1600), bes. aber durch ein Gedicht von V. Neben dem gleichen Thema haben beide Dichtungen auch die gleiche These: Gott sucht mittels M̃ und Spanien die Idolatrie durch den kath. Glauben zu verdrängen. Für beide ist die Sonnenanbetung bei den Inka am Titicaca-See ein Symbol einer anderen und höheren Anbetung, die im Heiligtum von Copacabana in die Welt kommen wird, die wahre Sonne der Gerechtigkeit Jesus Christus, das Licht der Völker

(Lk 2,32). Die Morgenröte, die die Sonne ankündigt, ist ⋒. Beide Dichtungen besingen die »Virgen morena« in Gestalt und Charakter einer Inka-Königin. Nach V.s Meinung ruft Gott in der Geschichte zu seinem Dienst; von daher muß die Sklaverei der Leidenschaften und Laster gebrochen werden und der Mensch in das Reich des Erbarmens und der Tugend eintreten. Das ganze Geschehen wird von V. zeitlos geschildert, wenn auch mit einigen Anspielungen auf feste historische Daten. Das Gedicht zeichnet sich auch durch seinen Figurenreichtum aus. Neben den Hauptpersonen treten eine Reihe von Völkerschaften auf, Hirten und Hirtinnen der Anden, Engel und Gestalten der griech. und röm. Mythologie, Monster und Dämonen. Letztes Ziel ist es, zu zeigen, daß das Reich der Liebe und Gnade in Copacabana errichtet ist, das dem Schrecken der Inkaherrschaft überlegen ist, zugleich aber auch die Härten und Grausamkeiten der Konquistadoren abmildert.

WW: Epigramma pro Immaculata Virginis Mariae Conceptione, Lima 1615. — Santuario de NS de Copacabana en el Peru. Poema sacro compuesto, Lima 1641.
Lit.: C. Bravo Morán, El P. F. V. como literato, In: Archivo Histórico Hispano Agustiniano 7 (1923) 366–371. — G. Martínez, Copacabana, dos versiones poéticas: Fr. F. de V. OSA y Pedro Calderón de la Barca, In: Missionalia Hispanica 38 (1981) 59–93. *H. Rzepkowski*

Valwigerberg, Diözese Trier, Wallfahrtskirche St. Maria. Die vor 1511 vollendete Kirche entstand aus einem Mainzer Kanonikern zugehörenden Kapellenbau eines Hofes des frühen 13. Jh.s und ist Filialkirche der 1337 zur selbständigen Pfarrei erhobenen Ortschaft Valwig bei Cochem an der Mosel. Wegen einer als »Gnadenbild der wundertätigen Mutter vom Berge« in Verehrung gekommenen ⋒statue mit Kind (Weichholz, Kölner Meister?, um 1400) entstand seit dem frühen 15. Jh. eine wohl ursprünglich von dem Ritter Johann v. Winneburg (1385–1470) initiierte rege Wallfahrt. Seit dem 12.5.1463 war ein zur Wallfahrtskirche gehörendes Benefizium eingerichtet; am 7.1.1494 wurde eine zweite Seelsorgerstelle genehmigt und dotiert. Im 16. Jh. ging die Wallfahrt zurück, blühte aber im Gefolge des Dreißigjährigen Krieges sowie durch eine Vielzahl von Mirakeln im 17. Jh. wieder so stark auf, daß an einzelnen ⋒festen bis zu 1700 Pilger am Tage gezählt wurden und bis zu zwölf Geistliche mit der Spendung der Sakramente betraut waren. Heute finden Wallfahrten nur noch in kleinerem Rahmen für zumeist umliegende Ortschaften (Cochem, Cond, Valwig, Bruttig, Blankenrath, Welcherath, Karden, Treis, Mesenich) statt; hinzu kommen viele Einzelpilger und geschlossene Gruppen, z. B. am 1.5.1990 die Sinti. An die 20000 Wallfahrer werden jährlich immer noch gezählt. Das Gnadenbild wurde 1985 ins Diözesanmuseum nach → Trier verbracht und durch eine Kopie ersetzt.

Lit.: J. A. I. Liehs, Leben und Thaten der Heiligen, deren Andenken im Bistum Trier gefeiert wird. III. Abteilung: Von den Wallfahrtskirchen der Trierischen Diöcese, Trier 1862, 441–445. 580 f. — J. Schreiner, Zu Unserer Lieben Frau. Mariengnadenstätten in dt. Landen in diözesaner Sicht, 1967, 152. — In Gottes Namen unterwegs. Wallfahrten im Bistum Trier, 1987, 159–160. — S. Hansen (Hrsg.), Die Wallfahrtsorte, ²1991, 864 f. — R. Schommers, Gemeinde Valwig an der Mosel, 1992, 16–22. *M. Persch*

Van unser leuen vrouwen leß dit bet alsuß, unedierter niederdt. Text in einer Handschrift des 15. Jh.s.

Lit.: Bergmann, Katalog Nr. M 54.

Vanhal, Johann Baptist (Jan Krtitel), * 12.5.1739 in Neu-Nechanitz bei Königgrätz, † 20.8.1813 in Wien, vielfach geschätzter und äußerst produktiver böhmischer Komponist, der seine musikalischen Erfahrungen in Böhmen, Wien und auf einer Italienreise (1769–71) gesammelt hat. Infolge einer vorübergehenden Krankheit, die als »bigotte Schwärmerei« und »Geistesverwirrung« bezeichnet wird, konnte er eine Kapellmeisterstelle in Dresden nicht annehmen und lebte wohl zeitlebens ohne feste Anstellung von seinen Kompositionen und von den Zuwendungen seiner Gönner.

V. schrieb Opern, Symphonien, Instrumentalkonzerte (u.a. interessante Kompositionen für Viola bzw. Kontrabaß und Orchester), Kammermusik und zahlreiche kirchenmusikalische Werke, die wohl aus gläubiger Überzeugung heraus entstanden sind: Messen, marian. Motetten und Litaneien sowie ein Passionsoratorium.

Der Lexikograph Dlabacz nennt V. »zugleich einen großen Tonkünstler, eifrigen Christen, wahren Patrioten, edlen und warmen Freund, und einen zärtlichen Vater der leidenden Menschheit«.

Lit.: M. v. Dewitz, Jean Baptiste Vanhal, Leben und Klavierwerke, Diss., München 1933. — Grove XV. *F. Trenner*

Vaňura, Česlav, * 11.2.1667 in Miletin, † 7.1.1736 in Prag, gilt als wichtiger Repräsentant des tschechischen Barock, dessen Musikleben sich seit dem Dreißigjährigen Krieg fast ausschließlich in Kapellen, Kirchen und Klöstern vollzog. Von V.s Kompositionen sind heute u. a. 7 »brevissimae et solennes litaniae lauretanae« und 12 Offertorien erhalten, weiter liegen Handschriften mit sakralen Werken vor.

Lit.: MGG XIII 1268 f. — Grove XIX 527 f. *E. Löwe*

Vaquedano, José de, * um 1642, † 17.2.1711 in Santiago de Compostela, einer der besten Vertreter des span. Musikbarock, war stellvertretender Kapellmeister in Santiago. Von seinen als konservativ einzuordnenden Kompositionen sind neben Messen, Psalmen, Lamentationes und Motetten zwei Magnificatvertonungen überliefert.

Lit.: MGG XIII 1269 f. — Grove XIX 528 f. *E. Löwe*

Varallo im Sesiatal, Diözese Novara, ist berühmt durch seinen »Sacro Monte«, der mit

→Crea und →Varese zu den bedeutenden Bergwallfahrtsorten Oberitaliens zählt. Die gesamte Anlage mit den 44 Kapellen entlang dem Weg zur Kirche S. Maria Assunta auf dem Berggipfel geht auf die Initiative Bernardino Caimis OFM aus Mailand zurück, der unter dem Eindruck einer Jerusalem-Reise (1477) zuhause ein »neues Jerusalem« errichten wollte. Papst Innozenz VIII. billigte diesen Plan durch sein Breve vom 21.12.1486; die künstlerische Realisierung stand unter der Leitung Gaudenzio Ferraris († 1546). Die 45 Andachtsstätten enthalten ca. 9000 gemalte und ca. 600 geschnitzte bzw. modellierte Figuren. Im einzelnen zeigen sie: 1. Sündenfall, 2. Verkündigung, 3. Heimsuchung, 4. Josephs Traum, 5. Hll. drei Könige, 6. Geburt Christi, 7. Anbetung der Hirten, 8. Darbringung, 9. Josephs Warnung im Traum, 10. Ruhe auf der Flucht, 11. Betlehemitischer Kindermord, 12. Taufe Christi, 13. Versuchung in der Wüste, 14. Christus und die Samariterin, 15. Heilung des Gelähmten, 16. Erweckung des Sohnes der Witwe von Nain, 17. Verklärung Christi, 18. Erweckung des Lazarus, 19. Einzug in Jerusalem, 20. Letztes Abendmahl, 21. Gebet im Garten Gethsemane, 22. Erwachen der Apostel, 23. Gefangennahme Jesu, 24. Jesus vor dem Tribunal, 25. Jesus vor Kaiphas, 26. Petri Reue, 27. Jesus vor Pilatus, 28. Jesus vor Herodes, 29. Jesus erneut vor Pilatus, 30. Geißelung, 31. Dornenkrönung, 32. Jesu Aufstieg zum Prätorium, 33. »Ecce homo«, 34. Pilatus wäscht seine Hände, 35. Verurteilung Jesu, 36. Aufstieg nach Golgatha, 37. Kreuzigung Jesu, 38. Tod Jesu am Kreuz, 39. Kreuzabnahme, 40. Beweinung, 41. Grablegung, 42. Tod des hl. Franziskus, 43. Hl. Grab, 44. Brunnen als Symbol der Auferstehung, 45. Kirche S. Maria Assunta (1614–1896) mit einer Terrakottagruppe der in die Paradiesesglorie auffahrenden GM (1671–78). In der Krypta befindet sich das spätgotische, griech.-byz. Gnadenbild (bekleidete Holzstatue) der im Tode schlafenden GM, das B. Caimi aus Palästina mitgebracht haben soll.

Am Fuß des Monte Sacro erhebt sich die — angeblich ebenfalls von B. Caimi gegründete — spätgotische Saalkirche S. Maria delle Grazie (1487–1501), die G. Ferrari mit Fresken zur Geburts- und Passionsgeschichte Jesu sowie zum Mleben ausgeschmückt hat.

Ende des 15. Jh.s wurde ca. 1,5 km südöstlich der Stadt nach dem Vorbild der S. Casa in Loreto eine Wegkapelle errichtet. G. Ferrari und Maler aus seinem Umkreis haben sie vollständig mit Szenen aus dem Leben der GM und des hl. Joachim freskiert. Auf dem Hochaltar steht eine M mit Kind (Terrakotta) von G. Ferrari.

Lit.: A. Salsa, Biografia del B. Bernardino Caimi, fondatore del S. Monte di V. Sesia, 1928. — C. Debiaggi, Osservazioni sulla capella della Madonna di Loreto presso V., In: Bolletino della società piemontese di archeologia e di belle arti NS 14/15 (1960/61) 17–23. — H. Schomann, Reclams Kunstführer Italien I/2, 1982, 494–499. — D. Marcucci, Santuari mariani d'Italia, 1982, 72–78. — W. Hood, The Sacro Monte of V., In: Monasticism and the arts, 1984, 291–311. *F. Trenner*

Varese, Erzdiözese Mailand. Ca. 8 km nördlich der Stadt liegt auf 880 m Höhe der »Sacro Monte«, der mit →Crea und →Varallo zu den bedeutendsten »Heiligen Bergen« Oberitaliens zählt. Der Legende nach soll bereits der hl. Ambrosius im 4. Jh. dort eine Mkapelle gegründet haben, im 7. Jh. stand dort eine Basilika, für das SpätMA sind Mwallfahrten bezeugt; 1452 begründete die sel. Caterina de' Moriggi aus Pallanza eine Einsiedelei, die Papst Sixtus IV. (1471–84) zum Nonnenkloster erhob; 1473 wurde — vermutlich nach Entwürfen des Sforza-Architekten B. Gadio — mit dem Bau der spätgotischen dreischiffigen Basilika S. Maria del Monte begonnen. Sie birgt das Gnadenbild (Skulptur einer thronenden Madonna mit Kind) und ist mit zahlreichen marian. Fresken ausgestattet (u.a. Klostergründung sowie Ester, Judit und Jael als atl. Typologien von S. Bianchi; M in der Glorie zwischen Allegorien klösterlicher Tugenden von A. Busca).

Auf Initiative des Kapuzinerpaters und Klosterpredigers G. B. Aguggiari entstanden ca. 1604–80 entlang dem Weg zur Basilika nach Entwürfen des Vareser Architekten G. Bernascone 14 Kapellen, die das NT in mariol. Bezug auf die Rosenkranzgeheimnisse veranschaulichen, außerdem am Wegansatz eine Immaculata-Kapelle, deren Freskenprogramm auf den Beweis der UE Ms ausgerichtet ist. Die Rosenkranzkapellen zeigen in plastischen Terracottagruppen bzw. farbenfrohen Fresken meist im Rahmen eines Theatrum sacrum folgende Szenen: 1. Verkündigung an M, 2. Heimsuchung, 3. Geburt Jesu mit Flucht nach Ägypten, 4. Darbringung im Tempel, 5. Disput mit den Schriftgelehrten, 6. Gebet Jesu in Gethsemane, 7. Geißelung, 8. Dornenkrönung, 9. Aufstieg nach Golgatha, 10. Kreuzigung, 11. Auferstehung, 12. Christi Himmelfahrt, 13. Pfingsten, 14. Himmelfahrt Me; als 15. Station erscheint M in der Glorie in der Basilika.

Die Museen Baroffio und Poliaghi enthalten u.a. Zeugnisse der MV. Auf den heute noch vielfach besuchten Hl. Berg pilgerte am 2.11. 1984 Papst Johannes Paul II.

Lit.: C. Del Fratte, S. Maria del Monte sopra V., 1933. — D. Marcucci, Santuari mariani d'Italia, 1982, 53–58. — S. Lutze, Die Kapellenanlage des Sacro Monte von V., 1984. — C. A. Lotti (Hrsg.), La decima Cappella del Sacro Monte di V., 1987. — Ders. (Hrsg.), Il Sacro Monte di V., 1990. *F. Trenner*

Vargas, Luis de, * 1505/06 in Sevilla, † 1567 ebd., einer der letzten Maler einer Phase des span. Manierismus, der ital. beeinflußt war. Wo er seine Lehre absolvierte ist ungewiß; die ältere Forschung läßt ihn bei Diego de la Barrera lernen, Palomino macht ihn für 7 Jahre zum Schüler von Perino del Vaga in Rom, das er gegen 1526/27 aufgesucht haben dürfte. 1534 muß er wieder in Sevilla gewesen sein. 1541–49 war V. erneut in Italien, bevor er nach Sevilla zurückkehrte, das er nicht mehr verließ.

V. gehört zu den span. Romanisten, die die Kunstszene beherrschten, als im Lande noch keine selbständige Kunst hergestellt wurde, sondern alles fast ausschließlich von ital. und flämischen Einflüssen lebte. In Italien wohl hauptsächlich in der Freskomalerei ausgebildet, zeigt sich sein Stil insbesondere von G. Vasari und dem Raffael-Nachfolger Perino del Vaga bzw. der oberital. Malerei Correggios verpflichtet. Der Figurenstil V.s folgt ganz der Auffassung Michelangelos, die architektonische Raumkonzeption und die Art der Hell-Dunkel-Behandlung verweist auf G. Romano. Die sorgfältige, fast naturalistische Erfassung der Details hat flämische Vorbilder.

Von dem als talentvollsten Vertreter der andalusischen Schule dieser Zeit zu wertenden V. sind kaum 10 Werke erhalten, die sich zumeist in beklagenswertem Zustand befinden. Manchmal erreichte er die als Vorbild genommene Anmut und Grazie Raffaels, was ihm auch bei seinen Landsleuten den Beinamen »Pintor Excellente« eintrug.

Die Arbeiten sind ausschließlich mariol. und ntl. Themen gewidmet, wobei das älteste erhaltene Bild eine Geburt Christi von 1555 darstellt (Sevilla, Kathedrale). Die meisten Werke stammen aus den 60er Jahren und verbleiben in der manieristischen Hauptströmung wie die 1561 anzusetzende UE in der Kathedrale von Sevilla. Die wegen des kunstvoll gekrümmten Beins Adams im Vordergrund, das wie lebend aus dem Bild herauszuragen scheint, auch »La Gamba« (Krummbein) genannte Darstellung zeigt M mit dem Kind über dem Jessebaum, eine in Spanien »Generación temporal« genannte Genealogie des Heilands.

Die in die Mitte des Jahrzehnts gehörende Kreuzigung (Sevilla, Kathedrale, Sacristía de los Calíces) zeigt M unter dem Kreuz: Der zerknitterte Mantel, das Leid verbildlichend, hüllt die GM fast ganz ein und läßt nur das Gesicht und die flehentlich gefalteten Hände aus der Kontur herausragend sichtbar werden.

Das etwa zeitgleiche Bild in einer Madrider Privatsammlung (M mit Kind, dem Johannesknaben und dem hl. Dominikus) treibt die manieristischen Effekte noch weiter. Im mit Putten, Girlanden, Voluten und sonstigen Versatzstücken überladenen Bildfeld sitzt M in einer auf einem Podest erhöhten Nische und hält das Kind über ihrem linken Knie. Die blassen Farben, die verschleierte Statik und die komplizierten bzw. unnatürlichen Haltungen (Kind) machen das Werk zu V.' ausgeprägtester Schöpfung dieser Kunstrichtung.

Rein artifiziell mit Diagonalen und Rechtecken komponiert gibt V. die Pietà von S. María la Blanca (Sevilla, 1564). Vor einem zentral in die Bildmitte gesetzten Felsblock liegt Christus diagonal vor M, die mit tränengefüllten Augen leicht schräg nach oben blickt. Die stark ausgebleichten Farben erhalten im Bildganzen nur durch die kräftigen Rottöne im Mantel des Johannes, dem den Kopf Me umkreisenden Weiß des Schleiers und dem Gelb der vorgebeugten Jüngerin zu Füßen Christi farbintensive Akzente, die kompositionskonform diagonal situiert sind.

Eine der letzten Arbeiten stellt das Fresko des Jüngsten Gerichtes dar, das 1568 für das Sevillaner Hospital de la Misericordia gefertigt wurde (abgenommen, Madrid, Sammlung Gómez-Moreno). Im eindeutig von Michelangelos Werk in der Sixtina inspirierten Fresko sitzt M in Dreiviertelansicht rechts von Christus. Sie ist hier die einzige in sich gekehrte Gestalt im Kreis der sonst heftig bewegten Figuren.

Lit.: C. Bermudez, Diccionario Historico de los mas formosos Profesores de Bellas Artes en España, Madrid 1800. — A. L. Mayer, Die Sevillaner Malerschule, Leipzig 1911. — Ders., Geschichte der span. Malerei, Leipzig 1913. — V. v. Loga, Malerei in Spanien, 1923. — E. Lafuente Ferrari, Historia de la Pintura Española, 1946. — A. Griseri, Nuove schede di manierismo Iberico, In: Paragone 113 (1959) 33–43. — E. Valdivieso, Historia de la Pintura Sevillana, 1986. *N. Schmuck*

Vargas Ugarte, Rubén, * 22.10.1886 in Lima/Peru, † 7.2.1975 ebd., 1905 SJ, 1921 Priesterweihe, studierte Phil. und Theol. in Spanien, unterrichtete an den Kollegien in Sucre, La Paz und Lima. 1931 wurde er Prof. an der Kath. Universität von Peru, 1932 an der Gregoriana in Rom Prof. für Missionsgeschichte. 1935–44 war er Dekan der Fakultät für »Filosofía y Letras« an der Universität von Lima, 1947–53 ebd. Rektor, 1960 Präsident des Rates zur Erhaltung der Historischen Zeugnisse von Peru und Direktor der Nationalbibliothek. Er war Mitglied verschiedener Akademien und Institute, so des Instituto Historico del Peru und der Academia Peruana de la Lengua. Seit 1963 lebte er nur der Forschung und wissenschaftlichen Arbeit.

Neben einem reichen Schriftum und der Veröffentlichung zu Quellen der Kirchengeschichte Lateinamerikas und bes. Perus schrieb er das ausführliche und historisch kritische Standartwerk zur Geschichte der MV in Lateinamerika. Dabei stellte er die Bedeutung Ms bei der Evangelisierung Lateinamerikas und ihre Rolle bei der Entdeckung heraus. Danach wird die Geschichte der Wallfahrtsorte und der nat. Besonderheiten in den einzelnen Ländern Lateinamerikas behandelt, beginnend mit Mexiko und nach einer geographischen »Rundreise« schließend mit Brasilien. Kleinere Arbeiten zu marian. Themen behandeln die Geschichte der Marian. Kongregation ULF von → O in Peru und die Aufnahme Ms in den Himmel.

WW: Historia del culto a María en Hispanoamérica y de sus imágenes y santuarios más celebrados, 1931; 2. Aufl.: Historia del culto a María en Iberoamérica…, 1946; 3. Aufl.: 2 Bde., 1956. — Historia de la ilustre Congregación de Seglares de NS de la O, 1973. — La asunción de María a los cielos, In: Mercurio Peruano 284 (1950) 399–405.

Lit.: S. Ráez Patiño, Bio-bibliografia del R.P. R. V. U. SJ, In: Boletín de la Bibliotheca nacional 5 (1948) 11, 48–61. — Bio-bibliografia del R.P. R. V. U. SJ, ebd. 27 (1954) 216–238. — A. Lostaunau Ulloa, P. R. V. U. SJ (1886–1975), In: Mercurio Peruano 42 (1967) 215–262. — A. Nieto Vélez, P. R. V. U. SJ (1886–1975), In: AHSJ 44 (1975) 424–439. — A. Tamayo Vargas, R. V. U. (1886–1975), In: Boletín de la Academia peruana de la lenga (1975) 10, 9–14. *H. Rzepkowski*

Variara, Luigi, SDB, Missionar und Ordensgründer, * 15. 1. 1875 in Viarigi/Italien, † 1. 2. 1923 in Cúcuta/Kolumbien, kam mit 12 Jahren zu Don → Bosco nach Turin, wo er das Gymnasium absolvierte. 1891 trat er in den Orden der SDB ein. Als junge Mitbrüder für die Missionsarbeit in Südamerika gesucht wurden, erbat er sich in einer Novene zur GM die Gnade, bei den Ärmsten der Armen als Missionar tätig sein zu dürfen. Auf eigenen Wunsch wurde er ab 1894 in Kolumbien im Lepradorf Agua de Dios eingesetzt, in dem über 2000 meist jugendliche Aussätzige lebten. Am 24. 4. 1898 wurde er zum Priester geweiht. Als eifriger Seelsorger und großer ⚜verehrer rief er u. a. das »Bündnis des hl. Aloisius«, die »Vereinigung der Töchter Mariens« und die »Bruderschaft des hl. Joseph« ins Leben. Für die Kranken errichtete er ein großes Heim, in dem zahlreiche Aussätzige eine Heimat fanden, und förderte den folkloristischen und kirchlichen Gesang.

Um dem Werk Bestand zu verleihen, gründete V. am 7. 5. 1905 die »Kongregation der Töchter des heiligsten Herzens Jesu und Mariens« (»Hijas de los Sagrados Corazones de Jesús y de María«), die am 6. 4. 1964 vom Apost. Stuhl endgültig anerkannt wurde und 1993 mit ca. 500 Schwestern in Kolumbien und Ecuador in 52 Niederlassungen v. a. für chronisch Kranke der unteren Volksschichten wirkte. Früher durften auch leprakranke Frauen in die Kongregation eintreten. — 1959 wurde der Informationsprozeß für V. eröffnet.

Lit.: R. Fierro Torres, El Padre Luis V., 1963. — L. Cástano, Un grande cuore: Il Servo di Dio L. V., fondatore delle Suore figlie dei Sacri Cuori di Gesù e Maria, 1964. — Ders., Santità Salesiana. Profili dei Santi e Servi di Dio della triplice Famiglia di San Giovanni Bosco, 1966, 317–336. — DIP III 1678. *J. Weber*

Vas honorabile → Kostbarer Kelch

Vas insigne devotionis → Kelch der Hingabe

Vas spirituale → Kelch des Geistes

Vasco, Fernández, genannt O Grão Vasco, * um 1480 in Viseu/Portugal, † zwischen 1541 und 1543 ebd., führender Maler der Schule von Viseu. Mit Gaspar Vaz und dem »Meister des Altares der Kathedrale von Viseu« war V. der Hauptvertreter der Malerschule von Beira, einer der drei wichtigsten Kunstschulen des 16.Jh.s in Portugal. Über sein Leben sind nur sehr wenige Daten bekannt, doch war er vermutlich ein Schüler des Meisters von Tarouca, der wiederum mit Nuno Gonçalves, dem bedeutendsten Maler Portugals im 15.Jh., und Jan van Eyck in Beziehung stand. Auch soll er von König Manuel I. zu Studien nach Italien geschickt worden sein und nach der Rückkehr fortan »der große Vasco« geheißen haben. V. scheint ausschließlich in Beira (Mittel- und Nordportugal) tätig gewesen zu sein, jedenfalls läßt das die Hinterlassenschaft seiner wenigen erhaltenen Werke schließen (Lamego, Freixo, Coimbra, Viseu).

V.s Malerei vereint ital. und flämische Elemente, wobei ein roher und leidenschaftlicher Naturalismus beherrschend bleibt. Die klare Farbigkeit und die dramatischen Hell-Dunkel-Kontraste folgen der lange in Portugal bestimmend gewesenen niederländischen Maltradition. In den Umrissen knapp gibt er z. B. die Gesichter seiner Gestalten einander so ähnlich, als wären sie einem formelhaften Schema entsprungen. Trotz dieser handwerklich geprägten Arbeitsweise zählen v. a. seine repräsentativen Heiligenbilder (hl. Petrus, Viseu, Mus. Regional de G. V.; hl. Sebastian, ebd.; u. a.) zu den klassischen Werken der port. Renaissancemalerei.

V. scheint nur Heiligenbilder und Altäre gemalt zu haben, worunter die Tafeln des Altares der Kathedrale von Lamego (ebd., Mus. Regional, 1506–11) die frühest gesicherten Werke darstellen. Von den erhaltenen fünf Bildern sind vier Themen der GM gewidmet (Verkündigung, Heimsuchung, Darbringung, Beschneidung). In der Verkündigung ist der Einfluß der altniederländischen Malerei unübersehbar. In einem reichst ausgestatteten Innenraum mit landschaftlichem Ausblick durch ein geöffnetes Fenster bewegt sich von links kommend Gabriel auf die GM zu und weist auf die Geisttaube über sich. Er blickt auf die weniger überrascht als demütig sich zurückwendende Jungfrau, die den Kopf neigt und still empfängt. Ähnlich verhalten bewegt sich ⚜ in der Heimsuchung und der Beschneidungsszene. Immer blickt sie zur Seite, so als hätte sie mit dem Geschehen eigentlich nichts zu tun.

Als Hauptwerk des Meisters gilt der Passionsaltar für die Pfarrkirche von Freixo de Espada à Cinta (ebd., um 1520). Im Vergleich zur späteren Darstellung (Richmond) gibt V. das Thema der Beweinung breiter angelegt. ⚜ ist zwar über dem Kopf des toten Sohnes zusammengesunken, doch bildet sie, von Johannes gehalten, mit ihrem Kopf einen Dreierrhythmus in der Vertikalen. Die ganze Gruppe ist in einer Kreisbewegung eingefangen, in der die GM als Nebenfigur fast untergeht.

Auch im Pfingstbild desselben Altars wird die GM als Ruhepol in die Szenerie eingebunden. ⚜ kniet im Gebet versunken an einem kleinen Pult und liest aus der Schrift. Im dunklen Mantel verhüllt ist sie die einzige Gestalt, die von der Licht-Tauben-Erscheinung über ihr scheinbar nichts wahrnimmt.

In der V. zugeschriebenen Pietà in Richmond (Sammlung Cook, 1520/30) gewinnt die landschaftliche Hintergrundschilderung immer mehr Gewicht. ⚜ ist in diesem Bild eine Frau, die von einer Begleiterin gehalten, mit gekreuzten Armen den Sohn beweint.

Die Haltung der scheinbar unbeteiligten Zentralfigur im Pfingstbild greift V. im gleichen Thema bei den Tafeln für S. Cruz in Coimbra (ebd., um 1535) wieder auf. Das mit »VELASCUS« signierte Werk gilt als die repräsentativste Arbeit seiner letzten Schaffensperiode. In ei-

F. Vasco, Kreuzigung Christi, Viseu, Museu regional

ne ähnliche Bogenarchitektur gesetzt, kniet ᴍ nun frontal vor dem Pult und betet versunken, obgleich über ihr die Lichterscheinung hereinbricht und die Jünger um sie herum aufgeregt gestikulieren.

Zu einem seiner letzten Werke gehören die Tafeln eines Kreuzaltares für die Kathedrale von Viseu (ebd., Mus. Regional Grão Vasco, 1530/40). Zwischen großen Heiligenbildern und über einer Predella mit drei Passionsszenen malte V. eine der eindrucksvollsten Kreuzigungen des 16.Jh.s in Portugal. ᴍ ist hier unter den linken beiden Kreuzen in die Arme der drei Frauen gesunken. Auch hier bildet die Gruppierung um die Jungfrau gegenüber dem Gesamtereignis einen Ruhepol, der aus dem Getriebe um die Hinrichtung herauszufallen scheint.

Lit.: M. D'Aragão, G. V., Viseu 1900. — S. Viterbo, Noticia de alguns Pintores Portuguezes, Lissabon 1903. — V. Correira, Pintura Quatrocentista e Quinhentista. Novos Documentos, In: Boletin de Arte e Arqueologia 1 (1921). — Ders., Artistas de Lamego, 1921. — F. de Almeida Moreira, Un peintre régionaliste Portugais au XVIe siècle: Vasco Fernandes (Résumé), In: Congrès d'Histoire de l'Art Paris 1921 (1922) 136–137. — L. Reis Santos, Vasco Fernandes e os pintores de Viseu no século XVI, 1946. — Ders., O tríptico de Vasco Fernandes de Colecção Cook, de Richmond, In: Boletin do Museu Nacional de Arte Antiga 1 (1947) 83-85. — R. Dos Santos, L'Art portugais, 1953. — J. Mann, Exhibition of Portuguese art at the Royal Academy, In: The Burlington Magazine 97 (1955) 367–372. — A. de Gusmão, Os »Grão Vasco« de Lisboa. Un »retanolo« de Santa Cruz de Coimbra, no Museu das Janelas Verdes, In: João Conto in memoriam, 1971, 37–44. — Ausst.-Kat., G.V., Sevilla 1992.

N. Schmuck

Vase. Die Vorstellung ᴍs als geheiligtes Gefäß der Gottheit bei der Inkarnation Christi bestimmt die Symbolik der V.: »daz ûzerwelte reine vaz«, »daz reine gotes vaz« (Walther v. Rheinau, Marienleben 2815, 3240); »Templo sacrato, ornato vasello/ annuntiato da San

Gabriello/ Cristo incarnato nel tuo ventre bello« (ital. Lauda des 13. Jh.s, vgl. Laude dugentesche, hrsg. von G. Varanini, 1972, 62 f.). Damit deckt die V.n-Metapher ein ähnliches Bedeutungsfeld ab wie die Sinnbilder Tabernakel, Gemach, Haus usw., denen die Funktion des Bergens, Schützens oder Enthaltens gemeinsam ist. In diesem Sinne findet sich eine V. häufig bei Darstellungen der Verkündigung M̶e an betont augenfälliger Stelle, z. B. im Bildvordergrund zwischen M̶ und dem Erzengel Gabriel oder unmittelbar neben M̶: Duccio, Verkündigungstafel aus der »Maestà« (jetzt London, Nat. Gallery, 1308–11); Tafel der kölnischen Schule (Köln, Wallraf-Richartz-Mus., um 1330), Gemälde von Memling (New York, Lehmann Coll., um 1480); Tizian (Venedig, San Salvador, um 1565); und Zurbarán (Grenoble, Musée de peinture et sculpture, um 1640); Bleistiftzeichnung von Overbeck (Basel, Kunstsammlungen, 1814). Den »ornato vasello« kennzeichnen erlesene Form und edle Materialien: Gold (Simone Martini, Altarbild in Florenz, Uffizien, 1333), Silber (Meister des Fröndenberger Altares, Blankenberch-Altar in Münster, Westfälisches Landesmus., um 1420/30) und auch, vorwiegend im Norden, krugähnliche Keramikgefäße (Lochner, Kölner Dombild, um 1440; Rogier van der Weyden, Tafelgemälde in Paris, Louvre, um 1435). Die V. aus Glas (Lippi, Verkündigungsbilder in Florenz, San Lorenzo, und München, Alte Pinakothek, um 1440/45) beinhaltet darüber hinaus eine spezifische, auf die Eigenschaft des lichtdurchlässigen Materials Glas beruhende Symbolik der Jungfrauengeburt: Wie das Licht bzw. die Sonne durch Glas dringt, ohne es zu zerstören, so wurde Christus von M̶ empfangen und geboren, ohne ihre Jungfräulichkeit zu verletzen. Mit Bezug auf die Anrufungen »Vas spirituale«, »Vas honorabile« und »Vas insigne devotionis« der → Lauretanischen Litanei erzielt Matisse in einer Skizzenreihe für seine M̶darstellung in der Rosenkranzkapelle in Vence (1948–50) eine interessante Angleichung der Gestalt M̶s an die Form einer V. (G. Langdon, »A spiritual Space«: Matisse's Chapel of the Dominicans at Vence, In: ZfKG 51 [1988], 544, Abb. 19–21).

Lit.: Salzer 17 f. 71 f. *G. Nitz*

Vaser, Alfano, FMS, Diener Gottes (Taufname: Joseph Karl), * 10. 9. 1873 in Hône/Aostatal, † 1. 3. 1943 in Ventimiglia/Italien, entstammte einer kinderreichen, christl. geprägten Bergbauernfamilie. Durch die Erziehung im Elternhaus wurden eine tiefe, volkstümliche MV und die Abscheu vor der Beleidigung Gottes grundgelegt. Am 8. 8. 1889 trat er ins Noviziat der Maristen-Schulbrüder in St.-Paul-Trois-Châteaux ein und legte am 17. 9. 1891 die erste, am 16. 9. 1894 die Ewige Profeß ab. 1891–1943 wirkte er als Lehrer, Direktor, Scholastikatsleiter, Provinzialrat und Novizenmeister in den Bildungshäusern Rom, Ventimiglia, Mondovi, Genua und Grugliasco der ital. Provinz der Maristen-Schulbrüder.

Als vorbildlicher Ordensmann pflegte V. seine Berufung durch regelmäßige, tägliche Übung der Spiritualität der Maristen-Schulbrüder. Die Merkmale seines Ringens um Heiligkeit waren heroische Treue zu den Konstitutionen, beständiges Gebet, Einfachheit und kindliche Hingabe an die »Gute Mutter Maria«. M̶ in ihrer Rolle als Mutter in der Hl. Familie in Nazaret und unter dem Kreuz galt seine Liebe und Nachahmung. Dazu betete er ständig den Rosenkranz, verbreitete die MV unter den ihm anvertrauten Jugendlichen und gestaltete die liturg. Feiern zu Ehren M̶s mit besonderer Freude. Die letzten zwei Jahre seines Lebens war er von schwerer Krankheit befallen. Er überließ sich klaglos dem Willen Gottes und vereinigte sich im Geiste mit Jesus, M̶ und dem sel. Ordensgründer M. → Champagnat.

Am 18. 9. 1948 wurde der Informativprozeß eröffnet. Am 22. 1. 1991 anerkannte Johannes Paul II. V.s heroische Tugenden. Der vollständig erhaltene Körper V.s wurde 1991 nach Rom in die Hauskapelle des Istituto S. Leone Magno übertragen und dort beigesetzt.

WW: Lettere (hs.), Archivo della Postulazione FMS, Roma.
QQ: Chronologie de l' Institut des Frères Maristes, 1976. — Positio, 1980. — A. Di Pietro und G. Andreucci, Fedeltà Generosa, 1987.
Lit.: M. Destefanis, Fr. A. Notices Biographiques, 1947. — M. Colin, La Ligne Droite. Vie du serviteur de Dieu Fr. A., 1963. — M. Destefanis, Coerenza e Santità. Vita del Servo di Dio F. A. dei Fratelli Maristi, 1967. — G. B. Bellone, Un contestore Autentico, 1971. — AAS 83 (1991) 606–611. — BSS XIV 1416. *B. Tremmel*

Vaticanum I. Im Dezember 1864 erklärte Papst Pius IX. den Kurienkardinälen, daß die Einberufung eines allgemeinen Konzils für die Kirche heilsam wäre. Sie könnte die großen Nöte der Kirche überwinden. Er bat die Kardinäle, diese Anregung zu erwägen und schriftlich dazu Stellung zu nehmen. Die Mehrzahl der Kardinäle äußerte sich zustimmend. Eine eingesetzte Kardinalskommission bezeichnete den Zusammentritt eines Konzils als zeitgemäß und wünschenswert. Daraufhin wurden im April-Mai 1865 36 Bischöfe informiert, daß Pius IX. die Einberufung eines ökumen. Konzils plane. Sie wurden aufgefordert, Beratungsgegenstände für das Konzil vorzuschlagen. Am 26. 6. 1867 erfolgte die Ankündigung, am 29. 6. 1868 verkündete der Papst in einem öffentlichen Konsistorium die Einberufung eines Konzils, das Hilfe für die zahlreichen Probleme bringen solle, welche die Kirche bedrängten. Als Konzilsbeginn wurde der 8. 12. 1869, das Fest der UE M̶s, festgelegt. Die Berufung des Konzils löste eine Kontroverse über die Frage der Möglichkeit und Opportunität einer Definition der päpstlichen Unfehlbarkeit und der Aufnahme M̶s in den Himmel aus.

Das Konzil wurde termingerecht am 8. 12. 1869 durch Pius IX. eröffnet. Am 28. 12. 1869 begannen die Konzilsväter mit der Diskussion der ersten Vorlage der dogm. Konstitution gegen die Irrtümer des modernen Rationalismus. Sie wurde scharf kritisiert und noch im Januar 1870 zur Neufassung an die Kommission zurückverwiesen. Am 18. März nahm man die Erörterung des Schemas wieder auf. Am 24. April wurde die Konstitution »Dei Filius« einstimmig angenommen. Seit Januar 1870 lief die Diskussion des Schemas über die Kirche, u. a. über Primat und päpstliche Unfehlbarkeit. 140 Bischöfe stellten den Antrag auf Definition der päpstlichen Unfehlbarkeit, der vom 13. Mai an eingehend diskutiert wurde. Die Frage der päpstlichen Unfehlbarkeit beriet man in der Zeit vom 15. Juni. Am 11. Juli wurde eine revidierte Textfassung vorgelegt. In der vierten öffentlichen Sitzung vom 18. Juli stimmten die Konzilsväter über die Konstitution »Pastor aeternus« ab. 533 Bischöfe stimmten der Definition der päpstlichen Unfehlbarkeit zu, zwei Bischöfe lehnten sie ab. Der Ausbruch des dt.-franz. Krieges im Juli 1870 verursachte die vorzeitige Beendigung des Konzils. Am 20. September eroberten die Italiener Rom und am 20. Oktober vertagte Pius IX. das Konzil.

Nachdem Pius IX. 1854 die Lehre von der UE M̃s dogmatisiert hatte, stand die Mariol. auf dem Konzil nicht im Vordergrund. Eingehend erörtert wurde jedoch die Frage einer Definition der Aufnahme M̃s in den Himmel. Am 3. 2. 1864 reagierte Pius IX. auf die Bitte von Königin Isabella II. von Spanien vom 27. 12. 1863, die Lehre von der Assumptio M̃s zu definieren, mit der Feststellung, daß die Dogmatisierung dieser Lehre zwar die Konsequenz aus der Wahrheit von der UE M̃s sei, fügte aber hinzu, der geeignete Zeitpunkt für eine Definition sei noch nicht gekommen. Er habe nicht die Absicht, diese Wahrheit als Dogma zu verkünden.

In der Zeit der Konzilsvorbereitung wies Pius IX. auf die fürbittende Macht M̃s hin. Er erklärte, daß er das Konzil unter den besonderen Schutz M̃s stellen wolle. Am 27. 7. 1868 bat der Papst die Gläubigen, die GM während des Konzils bes. anzurufen.

Die Frage der Aufnahme M̃s in den Himmel trat in den Mittelpunkt der Diskussion, als in der einflußreichen Jesuitenzeitschrift »Civiltà cattolica« vom 6. 2. 1869 festgestellt wurde, es sei der Wunsch vieler Katholiken Frankreichs, daß auf dem kommenden Konzil neben der Unfehlbarkeit des Papstes auch die Aufnahme M̃s in den Himmel zum Glaubenssatz erhoben werde. Der Artikel löste scharfe Reaktionen aus. Bes. in Deutschland waren die Gegner der päpstlichen Unfehlbarkeit zugleich die Gegner der Lehre von der Aufnahme M̃s in den Himmel. I. Döllinger z. B. lehnte im »Janus« die Assumptio scharf ab. Kardinal Schwarzenberg nannte am 25. 7. 1869 die Lehre von der Aufnahme M̃s in den Himmel eine nicht zu definierende Ansicht.

Dennoch war das Konzil marian. geprägt: Die Konzilseröffnung erfolgte am Fest der UE M̃s; das Fest M̃e Reinigung wurde feierlich mit Kerzenweihe durch den Papst und Prozession der Kardinäle, Patriarchen und Bischöfe begangen. Die Bitte um Definition der Assumptio wurde in neun Anträgen gestellt. Am 23. 2. 1870 baten 192 Bischöfe um die Dogmatisierung der Aufnahme M̃e in den Himmel. Die dt. Bischöfe hielten sich nach der Diskussion in Deutschland in dieser Frage zurück. Von den Bischöfen aus dem dt.sprachigen Raum unterschrieben nur der Bischof von Basel und der Apost. Vikar von Luxemburg den Antrag. In ihrer Petition führten die Bischöfe folgende Gründe für die Dogmatisierung an: 1. die Würde der GM, 2. ihre einzigartige Jungfräulichkeit, 3. ihre überragende Heiligkeit, 4. ihre innige Vereinigung mit ihrem Sohn, 5. die Liebe des Sohnes zu seiner Mutter. Die Dogmatisierung der Lehre solle zugleich die christl. Auffassung von der Auferstehung des Fleisches und der künftigen Verherrlichung des menschlichen Leibes hervorheben. Die zuständige Kommission lehnte am 14. 3. 1870 den Antrag ab, da keine Notwendigkeit der Dogmatisierung gegeben sei. Eine Definition sei auch inopportun, weil sie eine Kontroverse zwischen Katholiken und Protestanten auslösen werde. Am 8. 5. 1870 wurde die Dogmatisierung endgültig abgelehnt.

Am 19. 2. 1870 beantragten 108 Konzilsväter, beim Ave Maria sollten die Worte »Virgo immaculata« eingefügt werden, in die Lauretanische Litanei möge man die Anrufung »Maria sine labe originali concepta« aufnehmen. Die Bitte, die u. a. von den Bischöfen von Basel, Würzburg und Brixen und dem Abt U. Lang, dem Präses der bayer. Benediktinerkongregation unterschrieben wurde, trug man am 3. 5. 1870 erneut vor.

In den Akten des Konzils erscheint auch der Begriff »Miterlöserin«. In dem von J. Kleutgen neugefaßten Text vom 22. 7. 1870 wird von der göttlichen Mutterschaft M̃s gesprochen und M̃ als Mutter der Gnade bezeichnet. Er beeinflußte den marian. Abschnitt von »Lumen gentium« des 2. Vaticanums (vgl. LThK^2 XII 338). Beantragt wurde auch, daß das Dogma von der UE M̃s dem Glaubensbekenntnis eingefügt werden solle.

In den Diskussionen um die päpstliche Unfehlbarkeit wurde das Dogma von der UE M̃s verschiedentlich angeführt. Auch die Privilegien M̃s und ihre Verehrung wurden auf dem Konzil angesprochen.

QQ: Mansi Bde. 49–53. — G. Schneemann und Th. Granderath, Collectio Lacensis VII, 1890. — Petitiones de Assumptione Corporea B. Virginis Mariae in Caelum definienda ad S. Sedem delatae, ed. G. Hentrich und R. G. de Moos I, 1942, 93–159. 162–167. 171–174; II, 1942, 880–917.

Lit.: Th. Granderath, Geschichte des Vatikanischen Konzils, 3 Bde., 1903–06. — C. Butler und H. Lang, Das Vatikanische Konzil, 1933; ^{2}1961. — Jugie 462 ff. — Manoir III 803 f. — M. Garrido, Doctrina Mariana en las Actas del Concilio Vaticano I, In: EphMar 13 (1963) 315–369. — F. van der Horst, Das Schema »De Ecclesia« auf dem 1. Vatikanischen Konzil, 1963. — R. Aubert, Vaticanum I, 1965. — VirgoImmac II 425–433. —

M. Maccarone, Il concilio Vaticano I e il »Giornale« di Mons. Arrigoni, 2 Bde., 1966. — G. Söll, HDG III/4, 217. — P. Walter, Die Frage der Glaubensbegründung auf dem 1. Vaticanum, 1980. — A. Riedl, Die kirchliche Lehrautorität in der Fragen der Moral nach den Aussagen des 1. Vatikanischen Konzils, 1979. — L. Pasztor, Il concilio Vaticano I. Diario di V. Tizzani, 1991 (vgl. dazu: G. M. Croce, In: AHP 31 [1993] 307–348). — G. Alberigo (Hrsg.), Geschichte der Konzilien, 1993, 385–412. — K. Schatz, Vaticanum I, bisher 3 Bde., 1992–94.   *R. Bäumer*

Vaticanum II. Das V., am 25.1.1959 von Johannes XXIII. angekündigt, am 11.10.1962 feierlich eröffnet und nach der vierten Sitzungsperiode am 8.12.1965 in einer festlichen Schlußfeier abgeschlossen, wurde nach seiner vorherrschenden Intention als »pastorale« Kirchenversammlung gekennzeichnet, obgleich nie genau geklärt wurde, inwiefern diese Bestimmung dem Konzil speziell oder ausschließlich zukommt. Die Hervorhebung des pastoralen Prinzips bedeutete nämlich keineswegs den Verzicht auf jede lehrhaft-doktrinäre Aussage des Konzils, wie ja die Pastoral als Hirtensorge der Grundlegung in Wahrheit und Lehre nicht entbehren kann.

Auf das Gesamt der Konzilsdekrete gesehen, nehmen sich die marian. Verweise sparsam aus und ergehen sich weithin in traditionellen spirituellen Anmutungen, so bezüglich der Vorbildhaftigkeit Ms für die Priester (Presbyterorum Ordinis 18) und Ordensleute (Perfectae Caritatis 25), bezüglich ihrer Bedeutung für die Laien und ihrer apost. Aufgabe (Apostolicam actuositatem 4, insofern M »auf ganz eigenartige Weise am Werk des Erlösers mitarbeitete«) oder in Bezug auf ihre Einheitsfunktion in der Ökumene (Orientalium Ecclesiarum 30; vgl. auch Unitatis Redintegratio 15; 20). Nur gelegentlich klingt ein dogm. Gedanke an, so wenn M in der Liturgiekonstitution als »erhabenste Frucht der Erlösung« bezeichnet und ob ihres »unzerreißbaren Bandes mit dem Heilswerk ihres Sohnes« als das Selbstbildnis der Kirche gepriesen wird (Sacrosanctum Concilium 103). Aber diese zahlenmäßige Geringheit der marian. Verweise werden qualitativ aufgehoben und wettgemacht durch das eigene marian. Kapitel in der Kirchenkonstitution, von dem her dem Konzil eine herausragende marian.-mariol. Bedeutung zuerkannt werden muß.

Die »Dogmatische Konstitution über die Kirche« (Lumen Gentium) entwickelt in ihrem achten und letzten Kapitel eine ausführliche (wenn auch keine Vollständigkeit beanspruchende) Lehre über »die selige Gottesmutter Maria im Geheimnis Christi und der Kirche« (in 5 Unterabschnitten und 18 Artikeln), welche als die umfassendste konziliare Stellungnahme zum Mgeheimnis geschichtliche Bedeutung gewonnen hat. Um den Sinn, die Eigentümlichkeit und den Charakter dieser dogm. verbindlichen Mlehre zu erfassen (deren »pastorale« Ausrichtung vornehmlich in dem Bemühen um Annäherung an den Menschen, in der Distanz zu spekulativen Gedanken und Schulmeinungen, in der Rücksichtnahme auf prot. Überzeugungen und in der Zurückhaltung gegenüber hypertrophen Aussage- wie Verehrungsformen sichtbar wird), ist ein Eingehen auf die Geschichte dieses Kapitels angebracht, die nicht frei war von inneren Auseinandersetzungen und einschneidenden Wendungen.

1. Die dem Konzil vorangehende Epoche einer marian.-mariol. Hochstimmung (das »marianische Jahrhundert«) nährte von Beginn an wie selbstverständlich die Erwartung einer Stellungnahme des Konzils zum Mthema, die mancherorts sogar mit der Hoffnung auf die Erhebung eines neuen Mdogmas verbunden wurde (etwa der »mediatrix« oder »corredemptrix«). Die päpstliche Wallfahrt nach Loreto (4.10.1962) zur Anempfehlung des Konzils an M und die Eröffnungsansprache Johannes' XXIII. mit der Anrufung der »Hilfe der Christen« verstärkten die Annahme eines Eingehens des Konzils auf die marian. Bewegung, die tatsächlich in der vorangehenden Zeit das Glaubensbewußtsein in der Kirche ähnlich bestimmt hatte wie die Bibel- oder die Liturg. Bewegung (wenn auch nicht in allen Schichten der Gläubigen und der Theol.). Dementsprechend wurde schon in der vorbereitenden theol. Kommission ein selbständiges Schema zur Mlehre erarbeitet mit dem Titel »De BMV, Matre Dei et Matre hominum«, das den Vätern in der ersten Sitzungsperiode zusammen mit einem eigenen Schema über die Kirche vorgelegt, aber damals noch nicht diskutiert wurde. Gleichwohl meldeten sich bei der Diskussion des Schemas über die Kirche Stimmen (wie bereits schon in der Vorbereitungskommission), die für eine Einbeziehung des Mschemas in das Kirchenschema votierten. Diese Tendenzen verstärkten sich in der Zeit zwischen der ersten und zweiten Sitzungsperiode durch entsprechende schriftliche Vorschläge seitens mancher Väter. Sie erhielten schließlich ein solches Übergewicht, daß den Konzilsvätern am 29.10.1963 die Frage nach der Einbeziehung des Mschemas in die Kirchenkonstitution förmlich vorgelegt wurde. Die Entscheidung fiel mit einer knappen Mehrheit von 40 Stimmen zu Gunsten der Einbeziehung der Mwahrheit in die Kirchenkonstitution aus. Die gegen diese Einfügung danach erhobenen Einwände, die z. T. den Vorwurf eines versteckten Minimalismus erhoben, wurden von den Befürwortern mit dem Hinweis darauf beantwortet, daß damit keine Minderung der Bedeutung und des Inhalts der Glaubenslehre über M intendiert sei, sondern einer Isolierung ihrer Gestalt gewehrt werden und eine organische Sicht gefördert werden solle, in der die GM als heilshafte Größe in der Geschichte Gottes mit den Menschen auftrete. Dieser Aspekt würde der Bibel und der frühen Tradition besser entsprechen, aber auch dem prot. Verständnis von der Bedeutung Ms näherkommen. (Freilich blieb bei solcher Argumentation unbeachtet, daß die führende prot. Theol. auch gegen eine sog. »ekklesiotypische« Mariol. ihre schwerwiegenden Einwände hat: vgl. u. a. K. Barth und G. Ebeling, weil hier das Kirchenbild nicht marian. geprägt ist.)

Tatsächlich ist von der durch das Konzil getroffenen Einordnung M̃s in die Lehre von der Kirche allein eine Minderung des M̃glaubens nicht zu befürchten, es sei denn, daß man M̃s Stellung in der Heilsgeschichte rein funktional oder rein symbolhaft-existentiell verstünde und ihre individuell-personale Wirklichkeit in Korrespondenz zur Person Jesu Christi gänzlich übersähe, was das Konzil nicht tat, zumal der endgültige Titel des marian. Kapitels »Die selige jungfräuliche Gottesmutter Maria im Geheimnis Christi *und* der Kirche« lautete.

Aber auch die Festlegung des Titels war Gegenstand vieler Diskussionen und mancherlei Änderungen, die sich auf dem Hintergrund unterschiedlicher mariol. Grundkonzepte erhoben. Die ursprüngliche Vorlage trug die Überschrift: »Über die selige Jungfrau Maria, die Mutter Gottes und die Mutter der Menschen«. Darin war der vom Konzil im ganzen beabsichtigte Zug zur Verbindung M̃s mit der Welt der Menschen und ihrer Geschichte theol. zutreffend zur Geltung gebracht. Allerdings erfuhr dieser Titel bei der Vorlage des Schemas in der zweiten Sitzungsperiode eine merkliche Abänderung (wohl auf Initiative Johannes' XXIII.) und erhielt die Fassung: »Über die selige Jungfrau Maria, die Mutter der Kirche«. Sie war geeignet, die schon festgelegte Einbeziehung des M̃kapitels in das Kirchenthema auch begrifflich auszuweisen und zu festigen. Aber die Übernahme des Titels »Mutter der Kirche« in die Kapitelüberschrift stieß bei der Mehrheit der Mitglieder des Konzils auf Ablehnung. Als Gründe dafür wurden u. a. genannt: der relativ seltene Gebrauch des Titels in der Tradition, die angebliche Mehrdeutigkeit dieser Bezeichnung, welche die Gliedschaft M̃s *in* der Kirche verdunkeln und sie *über* die Kirche erheben könnte; vermutlich spielte aber auch die Befürchtung eine Rolle, daß dieser gefühlsmäßig stark befrachtete Titel ev. Empfinden anstößig erscheinen könnte. So kam es in der 3. Sitzungsperiode nach der Diskussion des inzwischen neuen Textes (16.–18. 9. 1964) zur Abstimmung über das Schema mit dem von der Mehrheit angenommenen Titel (29. 10. 1964). Obgleich nur zehn Stimmen gegen das Schema votierten, wurde unter den 521 Placet-iuxta-modum-Stimmen doch von 24 Konzilsvätern die Forderung nach Beibehaltung des Titels »Mutter der Kirche« aufrecht erhalten. Sie erfuhr eine gewisse Entsprechung, insofern Paul VI., der wie bereits Johannes XXIII. seine besondere Wertschätzung des Titels (gemeinsam mit der vorangegangenen Verkündigung der Päpste) bekundet hatte, den Titel als marian. Ehrennamen in der Schlußsitzung der dritten Konzilsperiode am 21. 11. 1964 feierlich proklamierte. Die dazu gegebene Begründung lautete, daß M̃ als Mutter Christi auch Mutter der Gläubigen und der Hirten, also der Kirche in der Vielzahl ihrer Glieder sei und als solche angerufen werden dürfe. Die Distanz des Konzils zu diesem Titel offenbart dessen Grundtendenz, sich von Neuerungen und überhöhten mariol. Würdenamen fernzuhalten und Äußerungen einer extensiven Frömmigkeit zu vermeiden. Allerdings ist nicht zu übersehen, daß der Text des Kapitels den Sachgehalt des Titels »Mutter der Kirche« in vielen seiner Elemente aufnimmt, so unter den Bezeichnungen »Mutter der Glieder Christi« (a. 53), »Mutter des Menschen, vor allem der Gläubigen« (a. 54), »Mutter der Lebendigen« (a. 56), »Mutter in der Ordnung der Gnade« (a. 61). Jedoch drückt der Titel mehr aus als eine geistlich-mütterliche Beziehung M̃s zu den einzelnen Gliedern der Kirche, insofern M̃ in ihrer GMschaft der Kirche als ganzer ihren Ursprung gab (→ Mutter der Kirche).

2. Das in fünf Unterabteilungen gegliederte Kapitel legt den Grund für die heilsgschichtliche Konzeption in einem Proömium, in dem der Ausgang vom Erlösungsplan Gottes genommen wird, der nach Gal 4,4 seine Vollendung in der Sendung des Sohnes erfuhr. Zu diesem mit dem Konstantinopolitanischen Glaubensbekenntnis formulierten Heilsereignis gehört aber auch die Empfängnis »durch den Heiligen Geist aus Maria, der Jungfrau« hinzu. Damit erscheint M̃ von Beginn an in das Heilsmysterium Christi einbezogen. Darüber hinaus ist aber sofort auch eine Beziehung M̃s zur Kirche geknüpft, insofern der folgende Satz davon spricht, daß dieses Heilsmysterium »in der Kirche fortgesetzt wird«, die Christus als seinen Leib gegründet hat, woraufhin die Gläubigen auch das Gedächtnis M̃s feiern müssen (a. 52).

So liegt in den Anfangssätzen eine treffende Exposition des Gesamtthemas von der Stellung M̃s »im Mysterium Christi und der Kirche«. Die Verbindung mit dem Sohn, die nie anders denn als eine untergeordnete gedacht und ausgedrückt ist, wird mit dem Dogma der Kirche als wahre Mutterschaft gegenüber dem Sohn Gottes und dem Erlöser anerkannt und als »enge und unauflösliche Verbindung« ausgegeben. Sie erhebt die GM zu einer einzigartigen geschöpflichen und gnadenhaften Höhe. Obgleich schon im Ansatz die Gedankenbewegung auf M̃s Stellung in der Heilsgeschichte geht, wird auch der Person M̃s und ihrer individuellen Gestalt Beachtung geschenkt, weil das Geschehen des Heils niemals ohne Berücksichtigung der Eigenart der Person verstanden werden kann. So werden hier schon die entscheidenden Gnadenprivilegien M̃s genannt: ihre »erhabenere« Erlösung durch die Verdienste ihres Sohnes und die Ausstattung mit einem »hervorragenden Gnadengeschenk«, das hier aber in personalen Kategorien ausgedrückt wird: M̃ ist so die »geliebte Tochter des Vaters« und das »Heiligtum des Heiligen Geistes«. Durch diese Vorzüge (die in dem Dokument durchaus nicht unterdrückt, wenn auch nicht zum Gegenstand ausführlicher Erklärungen gemacht sind) hat M̃ in der der kath. Mariol. eigenen dialektischen Perspektive »bei weitem den Vorrang vor allen anderen himmlischen und irdischen Kreaturen«, findet sich aber »zugleich auch mit allen erlösungsbedürftigen Menschen in der Nachkommenschaft Adams verbunden«, eine Verbindung, die wiederum keine egalitäre Nivellierung besagt; denn sie ist in dieser Einordnung zugleich »Mutter der Glieder Christi«, weil sie (nach Augustinus) »in Liebe mitgewirkt hat, daß die Gläubigen in der Kirche geboren wurden« (53).

Nach dem Proömium spricht der zweite Abschnitt über die Verwirklichung dieser Bestimmung ⓜs durch die Erfüllung ihrer Aufgabe in der Heilsgeschichte. Diese ist schon in der Weise der Verheißung in der Geschichte des Alten Bundes vorbereitet, wofür die traditionellen biblischen Beweisstellen (Gen 3,15; Jes 7,14; Mich 5,2–3), freilich »im Licht der weiteren und vollen Offenbarung« verstanden (a. 55), herangezogen werden. Die Erfüllung dieser Verheißung geschah in der von Gott zu »einer neuen Kreatur gemachten« sündenlosen Jungfrau und Mutter des Erlösers, die sich mit ihrem Jawort auf die Engelsbotschaft (Lk 1,38) »ganz der Person und dem Werk ihres Sohnes hingab« und dies nicht nur in passiver Weise, sondern »in freiem Glauben und Gehorsam«. Darum kann auch von ihrem Mitwirken gesprochen (humanae saluti cooperans) und ⓜ mit der Vätertradition als neue Eva und als »Ursache des Heils« bezeichnet werden (a. 56). Diese tathafte Verbindung der Mutter mit dem Sohn, die das ganze Leben ⓜs bestimmt (a. 57), bewährt sich auch im öffentlichen Leben Jesu, das ⓜ auf dem »Pilgerweg des Glaubens« von der Hochzeit zu Kana an (Joh 2,1–11) bis unter das Kreuz begleitete (Joh 19,25), »wo sie nicht ohne göttliche Absicht stand« (a. 58), wo sie »heftig mit ihrem Eingeborenen litt und sich mit seinem Opfer in mütterlichem Geist verband« und der Darbringung des Opfers »liebevoll zustimmte« (a. 58). Dabei scheut sich die Darstellung des Pilgerweges ⓜs mit Christus nicht, auch die von der Kritik sog. antimarian. Stellen aufzunehmen (Mk 3,35 und Parallelen, Lk 1,27–28), weil die Mutter Jesu auch das Beispiel für eine die Bande des Blutes übersteigende Hör- und Aufnahmebereitschaft für die Botschaft vom Reiche Gottes darbietet.

Die Weiterführung der Christusverbindung ⓜs, die sogleich auch in ihrer himmlischen Vollendung dargestellt wird (a. 59), zur Verbindung mit der Kirche, vorbereitet durch die Erwähnung ihrer Anwesenheit inmitten der Apostel am Pfingstfest (Apg 1,14), erfolgt im dritten Abschnitt des Kapitels, wobei der Gedanke der Mittlerschaft eine tragende Rolle empfängt, verbunden mit der »mütterlichen Aufgabe Marias gegenüber den Menschen«. Unter Wiederaufnahme des Gedankens der Erhabenheit der zur GM vorherbestimmten sel. Jungfrau, der »großmütigen Gefährtin und demütigen Magd des Herrn«, wird ihre Mitwirkung noch in einer gesteigerten Form zum Ausdruck gebracht und erklärt, daß sie »beim Werk des Erlösers in durchaus einzigartiger Weise in Gehorsam, Glaube, Hoffnung und brennender Liebe mitgewirkt hat zur Wiederherstellung des übernatürlichen Lebens der Seelen« (a. 61) und daß sie dadurch eine »Mutterschaft in der Gnadenökonomie« erlangt hat, die von ihrer Zustimmung bei der Verkündigung an über die Treuebekundung unter dem Kreuz »bis zur ewigen Vollendung aller Auserwählten« unaufhörlich fortdauert (a. 62). Darum fährt sie auch nach ihrer Aufnahme in den Himmel fort, »durch ihre vielfältige Fürbitte, uns die Gabe des ewigen Heils zu erwirken«.

Es kann nicht bezweifelt werden, daß hier die Wahrheit vom Mittlertum ⓜs im objektiven wie im subjektiven Erlösungsgeschehen aufgenommen und ausgeführt ist, freilich unter der schon im ersten Satz des Abschnitts betonten Kautele, daß nach 1 Tim 2,5–6 »ein einziger ist unser Mittler nach dem Wort des Apostels«, so daß durch ⓜs Beitrag »diese einzige Mittlerschaft in keiner Weise verdunkelt« wird, sondern im Gegenteil ihre Wirkkraft in besonderer Weise zum Ausdruck gebracht wird; denn »jeglicher heilsame Einfluß der seligen Jungfrau auf die Menschen kommt nämlich nicht aus irgendeiner sachlichen Notwendigkeit, sondern aus dem Wohlgefallen Gottes und fließt aus dem Überfluß der Verdienste Christi, stützt sich auf seine Mittlerschaft, hängt von ihr vollständig ab und schöpft aus ihr seine ganze Wirkkraft« (a. 60).

So ist die Beziehung zwischen ⓜ und Kirche unter dem Begriff der Mittlerschaft angemessen zum Ausdruck gebracht, aber zugleich auch durch den Gedanken an das einzig vollkommene Mittlertum Christi in die rechten Grenzen gewiesen. Allerdings war die Verbindung ⓜs zur Kirche in der früheren Fassung des Textes ausgeprägter dargestellt als im endgültigen Text und dem in ihm führenden Gedanken von der geistlichen Mutterschaft. Auch ist bekannt, daß auf dem Konzil um die Formulierung dieses Gedankens angelegentlich gerungen wurde, zumal ein Teil der Konzilsväter den Mittlergedanken mit der in der Theol. und Frömmigkeit bereits eingebürgerten Vorstellung von ⓜ als »Mittlerin aller Gnaden« verbinden wollte, während andere den Titel »Mittlerin« wegen seiner angeblichen Unklarheit gänzlich gestrichen wissen wollten. Das Konzil beschritt hier einen Mittelweg, indem es diese höchste Qualifizierung des Mittlertums ⓜs vermied, den Titel »Mittlerin« aber doch beibehielt und ihn mit Hinweis auf seinen Gebrauch in der Kirche als Anrufung legitimierte, freilich unter Einreihung unter andere Titel wie »Fürsprecherin, Helferin, Beistand« (a. 62).

Bei der Verbindung ⓜ — Kirche legt das Konzil größeren Nachdruck auf die Typologie, nach der ⓜ und Kirche im Verhältnis von Urbild und Abbild stehen.« »Die Gottesmutter ist, wie schon der hl. Ambrosius lehrte, der Typus der Kirche unter der Rücksicht des Glaubens, der Liebe und der vollkommenen Einheit mit Christus« (a. 63). In Nachahmung der Heiligkeit, des Glaubens und der Liebe M̄s wird die Kirche (durch Predigt und Taufe) selbst auch Mutter der zu neuem Leben geborenen Kinder, wie sie in einem rein bewahrten Glauben auch Jungfrau bleibt (a. 64). Die Nachahmung dieses Urbildes ist umso wirksamer, als die in die Herrlichkeit erhobene GM die Kirche in ihrer Vollendung darstellt, so daß die Kirche durch den verehrenden Aufblick zu M̄ »ihrem erhabenen Typus ähnlicher wird« (a. 65) durch Wachstum in Glaube, Hoffnung und Liebe. Dabei wird die Anziehungs- und Strahlkraft M̄s im Glauben durch die in der Tradition verankerte Erkenntnis unterstützt, daß M̄ »gewissermaßen die größten Glaubensgeheimnisse in sich vereinigt und widerstrahlt«, weil »sie zuinnerst in die Heilsgeschichte eingegangen ist« (a. 65). So gibt nach der Auffassung des Dokumentes die Heilsgeschichte auch den Blick frei auf M̄ als Spiegelbild der Mysterien des Glaubens.

Der folgende kurze Unterabschnitt zieht aus den dogm. Grundwahrheiten nur die Folgerungen für die Verehrung der GM in einem »Kult eigener Art«, der »sich ebenso jeder falschen Übertreibung wie zu großer Geistesenge ... enthalten« (a. 66 f.) soll. Dem folgt die Schlußbetrachtung, in der M̄ allen Christgläubigen »als Zeichen der sicheren Hoffnung und des Trostes« zur Verehrung anempfohlen wird, wobei das Konzil der Zuversicht Ausdruck gibt, daß solche Verehrung auch unter den »getrennten Brüdern«, zuerst unter den Orientalen, lebendig ist und als Kraft der Einigung wirken kann (a. 68 f.). In diesem hoffnungsfrohen ökumen. Ausblick wird verständlicherweise nicht erwähnt, daß sich gerade am M̄glauben nach wie vor die Gegensätze zum ref. Christentum entzünden.

3. So stellt sich das M̄kapitel der Kirchenkonstitution im ganzen als ein Zeugnis des M̄glaubens dar, das im Ausdruck dieses Glaubens v. a. auf die Einhaltung einer rechten Mitte zwischen den Extremen und einer klaren Ordnung Bedacht nimmt, welche konkret die Ein- und Unterordnung unter das in der Kirche weitergehende Christusgeheimnis besagt. Das Maßvolle in Inhalt und Ausdruck des M̄dogmas, das von den einen im Hinblick auf die gewiß reichere Ausfaltung des M̄glaubens im Jh. der marian. Dogmen von der UE und der Leiblichen Aufnahme bedauert wurde, fand bei den anderen freudige Anerkennung im Hinblick auf die dadurch neu eröffneten Möglichkeiten für das ökumen. Gespräch. Hinter diesen unterschiedlichen Beurteilungen verbirgt sich allerdings die Tatsache, daß es sich bei den entscheidenden Grundsatzaussagen des Kapitels um Kompromißformeln handelt, die nicht nur den Reichtum des in der Kirche waltenden Glaubensbewußtseins einengen, sondern auch Anlaß zu divergierenden Interpretationen bieten, welche auch sonst die Wirkungsgeschichte des Konzils belasten. Das zeigt sich etwa in der Behauptung, daß das Konzil eine »Eliminierung der Lehre von der Mittlerschaft Mariens« vorgenommen hätte (H. Mühlen).

Aber selbst auf der Seite der Befürworter des Dokumentes fehlte es nicht an Kritik, insofern man die positiven Möglichkeiten des Neuansatzes nicht ausreichend genutzt sah. So bemängelte man die nicht genug historisch-kritisch gehandhabte Schriftbegründung, die sich, zumal in den atl. Vorbedeutungen M̄s, vom Literalsinn entferne und die Aussagen der Texte »spiritualisiere« (W. Quanbeck). Aber dieser Vorwurf verkennt, daß die kirchliche Schriftwendung stets in Einheit mit der Tradition erfolgt und daß diese Methode, die sich gerade in der M̄lehre als die einzig fruchtbare erwiesen hat, in den Ausführungen der »Dogmatischen Konstitution über die göttliche Offenbarung« (Dei Verbum) legitimiert ist durch die Anweisung, daß die Einheit der Schrift beachtet werden muß »unter Berücksichtigung der Überlieferung der Gesamtkirche und der Analogie des Glaubens« (Dei Verbum 12). Ohne das Medium der Tradition gibt die Schrift ihre heilsgeschichtliche Tiefendimension nicht frei.

Wenn so das heilsgeschichtliche Grundkonzept als der Vorzug und die Errungenschaft der M̄lehre des Konzils angesehen werden kann, so liegt darin zugleich auch ein Moment ihrer Begrenztheit. Die heilsgeschichtliche Konzeption eines Offenbarungsgeschehens ist recht gut geeignet, den gottgefügten Gesamtplan aufzuzeigen und die gotterfüllte Dynamik dieses Geschehens von seinem Ursprung her bis zu seiner Vollendung zum Ausdruck zu bringen. Sie vermag damit auch den Sinn der Geschichte für den Menschen, das »Pro me« und »Pro nobis« des Heilsgeschehens in Ausrichtung auf ein überragendes Endziel aus dem Zusammenhang hervortreten zu lassen. Auf das M̄geheimnis angewandt, widersteht das der Gefahr einer Isolierung der M̄gestalt oder einer Subjektivierung und Fixierung auf ihre individuellen Vorzüge und Privilegien, deren Alleinbeachtung wiederum Anlaß für das Entstehen einer rein subjektivistischen Frömmigkeit bieten könnte. Im M̄kapitel des Konzils sind deshalb alle personalen Vorzüge deutlich aus den inneren Voraussetzungen ihrer Heilsaufgabe abgeleitet und an diese zurückgebunden. Das hat freilich zur notwendigen Folge, daß das »An sich« dieser Geheimnisse, ihre innere Mächtigkeit und ihre das Denken des Menschen herausfordernde Tiefe mit weniger Aufmerksamkeit bedacht und erwogen werden.

So werden in dem Dokument die den M̄glauben tragenden Grunddogmen zwar ungeschmälert genannt und aufgeführt, aber ihre innere Bewahrheitung nicht weiter ausgewiesen. Wenn man bedenkt, welchen inneren Reichtum und welche Beziehungsfülle etwa das

Geheimnis der immerwährenden Jungfräulichkeit M's in sich enthält (das z. B. hier in Richtung auf die virginitas post partum nicht bedacht wird), wenn man auf der Gegenseite die gegen dieses Geheimnis (wie gegen alle marian. Grunddogmen) heute erhobenen Gedankenschwierigkeiten erwägt, dann wird man die Kargheit und Zurückhaltung des Konzils bei der Aufführung der marian. Wahrheiten nicht als Vorzug verbuchen können. Hier hat das heilsgeschichtliche Konzept zu einer gewissen Verengung geführt, die gerade aus pastoralen Gründen hätte vermieden werden können.

Aus der Strenge der heilsgeschichtlichen Durchführung der marian. Wahrheit, die naturgemäß den Blick v. a. auf den Anfang, die Mitte und die Vollendung des dynamischen Prozesses fixiert hält, ergibt sich auch die negative Möglichkeit einer geringeren Beachtung der gegenwärtigen Zeit und der epochalen Situation, die tatsächlich, weil vom Offenbarungswort nicht ausgewiesen, nicht leicht in ihrer heilsgeschichtlichen Bedeutung erfaßt werden kann. So verzichtet das Konzil faktisch auch auf jede Wertung der vorausgegangenen marian. Bewegung mit ihrer unbestreitbaren Bedeutung für die Auferbauung der Kirche wie für die Bildung der Menschheit in der modernen Welt, z. B. auch für die Erhebung der Würde der Frau (Gedanken, die alle etwa zehn Jahre zuvor anläßlich der Dogmatisierung der Aufnahme M's in den Himmel in Theol. und Verkündigung fruchtbaren Widerhall gefunden hatten). Dementsprechend ist auch dem (gewiß nicht problemlosen) Phänomen der anerkannten M-erscheinungen, welche das kirchliche Leben seit dem 19. Jh. nicht unwesentlich und zum Schaden beeinflußt haben, keine Aufmerksamkeit geschenkt. Es hat sogar den Anschein, daß diese glaubensgeschichtlichen Entwicklungen einem heilsgeschichtlichen Reduktionismus weichen sollten, der sich mit der nüchternen und zurückhaltenden Aufführung der Heilsfakten als solchen begnügt und der sich vornehmlich als Korrektiv aller über das Notwendigste hinausgehenden Bewegungen in Theol. und marian. Frömmigkeit versteht. Damit hat sich das Konzil auch der Möglichkeit begeben, in der danach aufgekommenen Phase des Abschwungs des M-glaubens als Gegenkraft aufzutreten.

Von diesen Desideraten bleibt das Verdienst der organisch-heilsgeschichtlichen Fassung des M-dogmas durch die Verbindung mit Christus und der Kirche unangetastet. Aber, wie ein Ausblick auf die nachkonziliare Entwicklung des marian. Gedankens zeigt, ist doch die kirchentypische Bedeutung M's weithin unter dem Einfluß der theol. Existentialismus und Idealismus (in der Form der sog. Transzendentaltheologie) einseitig in Richtung auf eine rein idealtypische, moralische und spirituelle Wertung entwickelt worden. M wurde mehr als Beispiel und Vorbild der Kirche (und der Gläubigen) gesehen, mehr als Begleiterin oder als »Schwester« verstanden, denn als mitursächlicher Ursprung, als Grund und Kern der Kirche und ihrer Glieder. Dem ist nur zu begegnen, wenn M — eindeutiger als das Konzil es tat — in ihrer einzigartigen Zuordnung zu Christus und dem Hl. Geist auch als der Kirche vorausgehende Exemplarursache mit realer Einwirkung auf die Kirche ernst genommen wird, was ihr Gliedsein in der Kirche nicht aufhebt.

Die Zurückhaltung und Nüchternheit dieses Dokumentes in der M-lehre erklärt sich, wie vielfach zugegeben, aus Gründen der Rücksichtnahme auf das ökumen. Gespräch zumal mit der prot. Theol. Der Erfolg dieser durchaus zu rechtfertigenden Methode, welche die Theol. nicht hindert, mehr zu sagen, darf aber nicht überbewertet werden. Man muß sich freilich nicht der hyperkritischen Ansicht eines Beobachters anschließen, der behauptete: »Von keinem Standpunkt aus kann dieser Text befriedigen, weder aus der Sicht der fortschrittlichen noch der konservativen Katholiken, weder aus der Sicht der orthodoxen noch der protestantischen Christen« (W. Quanbeck). Es finden sich in ihm durchaus für alle erkennbare Bausteine zu einem Brückenschlag. Aber die Überbrückung selbst ist noch nicht gelungen.

QQ: AAS 57 (1965) 58–67. — Acta et documenta Concilio Oecumenico Vaticano apparando I–III, 1960–61.
Lit.: O. Semmelroth, Kommentar zum achten Kapitel, In: LThK, Das Zweite Vatikanische Konzil I 326–347. — J. Chr. Hampe (Hrsg.), Die Autorität der Freiheit. Gegenwart des Konzils und Zukunft der Kirche im ökumen. Disput I, 1967. — W. Quanbeck, Die Lehre von der Gottesmutter auf dem Konzil, ebd., 476–482. — H. Mühlen, Neue Perspektiven der Mariologie, ebd. 486–498. — G. Baraúna (Hrsg.), Beiträge zur Konstitution »Über die Kirche« des Zweiten Vatikanischen Konzils, 2 Bde., 1966. — Ders., Die Heiligste Jungfrau im Dienste des Heilsplanes, ebd. II 459–476. — J. Galot, Maria Typus und Urbild der Kirche, ebd. 477–492. — Doctrina Mariana del Vaticano II, In: EstMar 27/28 (1966). — Maria nel Concilio Vaticano II, In: Acta de la VI settimana mariana nazionale, 1966. — E. Carruth, Mary and the Council, 1969. — Theotokos 356. — G. M. Besutti, Lo schema mariano al Vaticano II, 1966. — L. Scheffczyk, Neue Impulse zur Marienverehrung, 1974. — Constitutionis Dogmaticae »Lumen gentium« Synopsis Historica, hrsg. von G. Alberigo und F. Magistretti, 1975. — Beinert-Petri 224–227 (G. Söll). — M. Kießling (Hrsg.), Maria, die Mutter des Herrn. Eine ökumenische Handreichung, 1991. — U. Wilckens, Maria, Mutter des Herrn in evangelischer Sicht, ebd. 109–120. — L. Scheffczyk, Die Mariologie als Aufgabe und Impuls der Ökumene, In: A. Ziegenaus (Hrsg.), Maria in der Evangelisierung. Beiträge zur mariol. Prägung der Verkündigung, 1993. *L. Scheffczyk*

Vaughan Williams, Ralph, * 12. 10. 1872 in Down Ampney, † 26. 8. 1958 in London. Der Sohn eines Pfarrers spielte schon als Kind Klavier, Orgel, Geige und Bratsche. Seit 1890 studierte er Musik am Royal College in London, später bei Max Bruch in Berlin und bei Maurice Ravel in Paris. 1896–99 wirkte er als Organist an der Kirche St. Barnabas in Lambeth. Entscheidende Impulse für seine Kompositionen gaben ihm der lebenslange Austausch mit seinem Studienfreund Gustav Holst, die Beschäftigung mit engl. Volksliedern und die Entdeckung der

Musik der Tudorzeit, die ihren Niederschlag in der Tallis Fantasia von 1910 fand. 1926 entstand das biblische Oratorium »Sancta Civitas«, v. a. nach Texten der Offenbarung. In seinem immensen kompositorischen Schaffen (neun Symphonien, Opern, Chor-, Kammer- und Filmmusik) findet sich auch KM, so eine eine unbegleitete Messe in G, zwei Magnifikat und Orgelmusik, die sich stark an J. S. Bach orientiert.

Lit.: U. Vaughan Williams, R. V. W. a Biography, 1964. — H. Ottaway, V. W., 1966. — M. Hurd, V. W., 1970. — MGG XIII 1333–41. — Grove XIX 569–580. *J. Schießl*

Vaz, Joseph, * 21.4.1651 in Sancoale (Salsette) / Goa, † 16.1.1711 in Kandy/Sri Lanka, wurde 1676 Priester, 1681–84 Missionar in Kanara / Indien, 1685 in Goa und 1685 Oratorianer. Seit 1687 war er in Jaffna / Sri Lanka und Kandy und reorgansierte dort die kath. Mission, die 1658 durch die niederländische Eroberung zusammengebrochen war. Um die Gemeinden wieder aufzubauen und die Katholiken zu finden, zog er ärmlich gekleidet von Dorf zu Dorf und predigte. Dabei trug er deutlich sichtbar den Rosenkranz um den Hals. Dieses Zeichen hatte für die Nicht-Christen keine Bedeutung, rief aber die Verachtung durch die reformierten Christen hervor und galt für die Katholiken als Erkennungszeichen. Das Immaculta-Fest ließ er mit großer Feierlichkeit und Musik begehen, wobei das Musikinstrument »uddappa« den Liedern zu Ehren der GM vorbehalten war.

In Sancoale / Goa ist ein Wallfahrtsort erstanden, zu dem viele Menschen pilgern und für die Seligsprechung von V. beten.

Lit.: S. G. Perera, The Oratorian Mission in Ceylon, 1936–38. — Ders., Life of the Venerable Father J. V., 1953. — Manoir V 935–949. — W. L. A. Don Peter, Les méthodes missionnaires de l'Apôtre de Ceylan, In: Eglise Vivante 8 (1956) 90–103. — C. Gasbarri, A Saint for the New India, 1961. — Ders., Father J. V.: Evangelisation and Culture, In: Evangelizazione e Culture III, 1976, 283–294. — J. C. Lawrence, A gisteling wake of the life and labours and death of Oratorian Ven. Fr. J. V., 1981. — N. Aneyasingha, The Radical Tradition: The changing shape of Theological Reflection in Sri Lanka, 1985. — E. Francis und T. Rodrigues, Venerable J. V. in words and pictures, 1985. — W. L. A. Don Peter, Historical Gleanings. From Sri Lankan Church History, 1992. *H. Rzepkowski*

Vázquez (Vasquez), Gabriel, SJ, * 18.6.1549 in Villaescusa de Haro (bei Belmonte in Cuenca, Neukastilien; daher: »Bellomontanus«), † 30.9. 1604 in Jesús del Monte (bei Alcalá), studierte 1565–75 Phil. und Theol. in Alcalá, lehrte 1575–77 Moral in Ocaña, 1577–79 Phil. und Theol. in Madrid sowie 1580–85 thomistische Theol. in Alcalá. 1586–91 war er Nachfolger von F. → Suárez am Collegium Romanum, 1591–1604 wieder in Alcalá. Neben Suárez (doch ihm gegenüber kritisch unabhängig) sehr einflußreich im Deutschland des 16. und 17. Jh.s, bemühte er sich wie F. de Vitoria und M. → Cano bes. um die Aufwertung der positiven Theol. V. war zwar für seine Augustinuskenntnisse bekannt, aber wegen seiner Kommentare zur »Summa theologiae« des hl. Thomas v. Aquin berühmt.

V. hat keinen eigenen Traktat der Mariol. hinterlassen, handelt aber ausführlich über die Heiligenverehrung im allgemeinen (Comm. et disp. in S. Th. III d. 93–113) und speziell über 🕊 in seinem monumentalen Summenkommentar. Die besondere Heiligkeit 🕊s, begrifflich von der Würde der GMschaft durchaus unterschieden, steht für ihn wie für seine Zeitgenossen zweifelsfrei fest: Nach dem Zeugnis der ganzen Kirche sei 🕊 schon vor der Geburt geheiligt (d. 114 c. 1 n. 5, c. 2 n. 11). Er lehrt darüber hinaus klar die UE (d. 114 c. 1 n. 5) und zwar nicht nur als Freiheit von der Erbsünde, sondern auch von jeglichem »fomes peccati«, als Möglichkeit (d. 116 c. 4 n. 46) und Faktum (d. 117 c. 2 n. 23. 26. 27) — allerdings noch nicht als Dogma, so daß er abweichende Meinungen nicht zensuriert (d. 117 c. 14. n. 143. 149). Er sieht sie in ihrer Glut der Liebe auf Grund der GMschaft und ihrer Funktion als Königin der Engel und Menschen begründet. V. distanziert sich von der Meinung, 🕊 habe dieselbe Gnade wie Adam gehabt: Sie besaß alle natürlichen und eingegossenen Tugenden, aber höhere Gnade sogar als die Engel und empfand andererseits auch Hunger, Kälte, Trauer und erlitt den Tod. Trotz ihrer Vollkommenheit sei dennoch ein Wachstum ihrer Gnade möglich gewesen; es sei keine Anfangsvollkommenheit anzunehmen, die sie dann später hätte verdienen müssen. Die Prädestination 🕊s versteht er nicht wie die Molinisten (Luis de → Molina) als Würdigkeitsverdienst, sondern ganz »ex praevisis meritis« (In III d. 23 c. 4 n. 20); dabei wendet er sich ausführlich gegen den Kongruismus von Suárez. Während bei anderen Gerechten indifferente Akte möglich waren (weder gut noch böse) sei es sehr wahrscheinlich, daß diese bei 🕊 fehlten, da sie alles ausnahmslos mit voller Hingabe tat. Die MV habe ihren spezifischen Wert; sie sei begründet durch ihre besondere Heiligkeit und Beziehung zu Gott durch die GMschaft und die damit gegebene einzigartige Einheit und leibliche Verwandtschaft mit Christus. Ausführlich geht er auf prot. Einwände ein: Melanchthon z. B. berief sich auf Epiphanius' Verurteilung der Kollyridianerinnen; V. analysiert deren Irrtümer genauer: Opfern sei nur den Männern erlaubt, da nur sie Priester seien; auch könne grundsätzlich keinem Geschöpf geopfert werden, so heilig es auch sei. Mit Recht sei der Gott allein zukommende latreutische Kult der religio für 🕊 ausgeschlossen. Luthers Vorwurf der Idolatrie wegen der Verwendung einiger 🕊titel beantwortet er ähnlich wie P. → Canisius und erklärt näher den Begriff der → Hyperdulie.

Lit.: Sommervogel VIII 513–519; XII 857. 1239. — F. Stegmüller, Zur Prädestinationslehre des jungen V., In: A. Lang u. a. (Hrsg.), Aus der Geisteswelt des MA, FS für M. Grabmann III/2, 1935, 1287–1311. — J. A. de Aldama, G. V. y el problema de la elección de NS a la maternidad divina, In: Miscelanea Comillas 34–35 (1960) 485–496. — A. Martinez Sierra, El culto a María en G. V. SJ, In: EstMar 45 (1980) 307–322. — LThK[2] X 645–647. — DThC XV 2601–10. *J. Stöhr*

Vázquez de Arce y Ceballos, Gregorio, * 1638 in Bogotá / Kolumbien, † 1711 ebd., begann schon in jungen Jahren unter Balthasar de Figueroa mit dem Malen. Daneben wurde er von Pedro Bedón (etwa 1555–1621) und dem Italiener Angelino Medoro beeinflußt. Weithin angeregt durch europäische Maler wie Rubens, Raffael, Dürer, Reni und Zurbarán, deren Bilder er durch Drucke kennenlernte, verraten seine Bilder eine überaus gute Beherrschung der Technik, ein natürliches Gefühl für den Aufbau, Frische in der Farbgebung und geben rel. Anregungen.

Neuere Kritik betrachtet sein Werk als eine Mischung zwischen Barock und Humanismus und seinen Stil als eine Spielart des Manierismus. V. schuf mehr als 500 Gemälde für Kirchen, Konvente und Privatpersonen. Seine Miniaturen zeichnen sich durch eine außerordentliche Detailbeherrschung und leuchtende Farbgebung aus. Seine Themen waren fast ausschließlich biblisch. Herausragend sind »San Juan Bautista Niño«, »La Virgen con el Niño« und »La Concepción«.

Lit.: J. M. Groot u. a., G. V. de A. y C.: Su vida, su obra, su vigencia, 1963. *H. Rzepkowski*

Vecchi, Orfeo, * um 1550 in Mailand, † vor April 1604 ebd. Die fast ausschließlich geistlichen Kompositionen des ital. Musikers sind von den Reformbemühungen des Carlo Borromeo geprägt.

Neben Messen, Psalmen, Motetten und Magnificatvertonungen findet sich ein Zyklus zu Ehren der Madonna »La Donna vestita di sole« von 1602.

Lit.: MGG XIII 1355 f. — Grove XIX 586. *E. Löwe*

Vecchietta, Lorenzo di Pietro, genannt Il V., * um 1412 in Castiglione di Val d'Orcia, † 1480 in Siena, Maler, Bildhauer, Architekt, Erzgießer und Silberschmied, Schüler Sassettas und Hauptmeister des Quattrocento in Siena. Der außerordentlich vielseitige Künstler war außerdem in Castiglione, wo er mit Masolino zusammenarbeitete, sowie in Pienza und Rom tätig, nachdem ihn die Commune Papst Pius II. empfohlen hatte. Für die Stadt Siena befaßte er sich mit so verschiedenartigen Aufgaben wie Festungsbauten, Altartafeln, Fresken der Schutzmantelmadonna und der Stadtheiligen im Palazzo Pubblico, mit Buchdeckeln der Biccherna-Akten und Skulpturen an der Loggia della Mercanzia. Hier läßt sich eine Beeinflussung durch Donatello erkennen, der 1457 in Siena tätig war und wahrscheinlich V. als Mitarbeiter für den ⓜ-tondo am Dom beschäftigte.

1440/50 malte V. für das Baptisterium S. Giovanni (Deckenfresken mit Credo-Darstellung) und für Kirche und Ospedale S. Maria della Scala (Reliquienschrank und Sakristei-Fresken), für welche auch sein 1470 entstandener Bronzetabernakel bestimmt war (heute im Dom). Das

Vecchietta, Maria mit Kind, Florenz, Uffizien

Scala-Fresko zeigt in Anlehnung an den Namen, wie die im Hospital betreuten Findelkinder unter Assistenz des sel. Sorore, des Gründers der Institution, auf einer Leiter dem Himmel entgegensteigen, wo sie von ⓜ empfangen werden. V.s Vorliebe für reiche Architekturdarstellungen wird hier bes. deutlich. An weiteren ⓜdarstellungen V.s sind Altartafeln in Siena (Pinacoteca) und Pienza zu erwähnen: thronende Madonna mit Heiligen im Typ der Sacra Conversazione (Mus.) und Assunta mit Gürtelspende zwischen Heiligen in Triptychonform (Dom).

Über seine Schüler Neroccio, Francesco di Giorgio, Matteo di Giovanni und Benvenuto di Giovanni beeinflußte V.s Stil mit metallischplastischen Figuren in reichen Architekturen von großer perspektivischer Tiefe anhaltend die Kunst in Siena.

Lit.: R. van Marle, The developement of the Italian Schools of painting XVI, 1935, 219–250. — H. W. van Os, V. and the Sacristy of the Siena Hospital Church, 1974. — Ders., V. and the persona of the Renaissance artist, In: Studies in late medieval and Renaissance painting in honor of M. Meiss, 1977, 445–454. — Ders., V. and Blessed Sorore, In: FS für W. Braunfels, 1977, 281–287. — F. Zeri u. a. (Hrsg.), La Pittura in Italia, Il Quattrocento I, 1987, 316 ff. (Reg.). — A. Rosenauer, Die »Madonna del Perdono«. V. als Mitarbeiter Donatellos, In; Musagetes, FS für W. Prinz, 1991, 197–203. — Thieme-Becker XXXIV 152–156.
F. Tschochner

Veerle, Provinz und Bistum Antwerpen, ULF im Weingarten. Das Gnadenbild (Nußbaumholz, 14. Jh.) stammt vermutlich aus »Wijngaardsbos«. Heute wird es in der Pfarrkirche verehrt, die auf einem Hügel in der Dorfmitte errichtet wurde. Seit Beginn des 18. Jh.s wird von wunderbaren Heilungen in V. berichtet.

Lit.: E. H. Van Heurck, Les drapelets de pèlerinage, 1922, 441–443. — H. Maho, La Belgique à Marie, 1927, 541 f.
J. Philippen

Vega, Andrés de, * in Segovia 1498, †13.9.1549 in Salamanca, war Schüler des Francisco de Vitoria und 1532–38 Lehrer der Theol. in Salamanca. Hier wirkte er auch als Prof. am Lehrstuhl von Vitoria und schrieb die »Comentarios de Vitoria a la II–II de Santo Tomás«, die von Beltrán de Heredia ediert wurden. Am 23. 3. 1538 trat er bei den Franziskanern ein. Zum Berater des Kaisers ernannt, entschied er mit über die Praxis der Taufspendung für die Indianer. Am Konzil von Trient nahm er teil als theol. Berater des Kardinals Pacheco. Ihm wird das erste Schema des Dekrets über die Rechtfertigungslehre zugeschrieben, zu dem er auch einen Kommentar abfaßte. Nach einem kurzen Aufenthalt in Italien, wo er die Veröffentlichung seiner Werke vorantrieb, kam er wahrscheinlich Anfang 1549 nach Spanien zurück.

Seine Darlegung der Regel des hl. Franziskus ist verschollen, und man vermutet, daß weitere Werke von ihm das gleiche Schicksal erlitten. In seinem Kommentar zur Rechtfertigungslehre des Trienter Konzils erklärt V. die Rechtfertigung und die Gnade M̃s als die Frucht der Erlösung, die in der »Jungfrau Maria eine viel größerer Wirksamkeit erreicht als bei allen anderen Erlösten«. Die Gnade, die sich »in der Jungfrau und Mutter des Herrn nach der Empfängnis des Sohnes Gottes im höchsten Grad entfaltete«, machte sie reiner und weiser als alle anderen Geschöpfe und hinderte sie an jeder Sünde. Sie wurde im Erlösungswerk »Gefährtin Christi« (socia Christi).

WW: Opusculum de iustificatione, gratia et meritis, Venetii 1546. — Tridentini Decreti de iustificatione expositio et defensio libris XV distincta, Venetii 1548 bzw. Compluti 1564.
Lit.: G. Rossa, L'oppinione di Andrea V. sulla necessità della fede per la giustificazione, 1942. — Ders., Al maestro Salmantino Fray A. de V. en el IV centenario de su muerte, In: Liceo Franciscano 2 (1949) 75–191. — H. Recka, Andreas V. OFM, Doctrina de iustificatione et Concilium Tridentinum, Veröffentlichungen des CSIC, 1966.
G. Rovira

Vega Carpio, Lope Félix de, * 15. 11. 1562, † 27. 8. 1635 ebd., einer der repräsentativsten Autoren des span. Barock. Im Laufe seines bewegten Lebens mußte er 1558 Madrid infolge von Auseinandersetzungen mit der Familie einer Geliebten, Elena Osorio, verlassen. Er schloß eine Ehe per procuram, trat in die Armada ein, kehrte nach dem Tod seiner Frau nach Madrid zurück, wo eine zweite Ehe und gleichzeitig weitere Liebesbeziehungen folgten. Sein wachsender lit. Ruhm brachte ihm auch Feindschaften ein. Obwohl er der berühmteste Autor seiner Zeit war, akzeptierte er die letzten 30 Jahre seines Lebens das Mäzenat des Duque de Sessa. 1614, nach Jahren rel. Krisen und erneut verwitwet, ließ er sich zum Priester weihen, was eine erneute Liebesbeziehung (Marta de Nevares) nicht hinderte. Er starb nach beschwerlichem und reuevollem Alter.

Die Leichtigkeit, mit der V. schrieb, war sprichwörtlich. Sein immenses Oeuvre (nach eigener Angabe 1500 Theaterstücke, wovon heute noch über 400 erhalten sind) brachten der span. Bühne eine neue publikumsnahe Theaterkunst. Neben dem Theater umfaßt sein Werk fast alle Gattungen seiner Zeit und zeugt, trotz vieler schwächerer Werke, von hoher Originalität. Von diesem Werk ist ein wesentlicher Teil rel. und dabei wieder marian. Themen gewidmet.

Das Erzählgedicht über Madrids Stadtpatron »Isidro« enthält die Legende der »Jungfrau von Atocha«, die bei der Wiedereroberung der Stadt aus maurischer Hand den Christen geholfen haben soll; dieselbe Legende erscheint auch in den Dramen (»comedias«) »La juventud de Isidro« und »San Isidro, Labrador de Madrid«. »La Virgen de la Almudena, poema histórico«, M̃ als der Stadtpatronin von Madrid gewidmet, berichtet die Legende vom Verbergen ihres Bildes und seinem Wiederauftauchen. »El Peregrino en su patria«, ein »byzantinischer Roman«, enthält Preisgedichte auf die Jungfrau (z. B. »Virgen del mar«), daneben eine Passage über das M̃thema in der Malerei und eine über einen Besuch in der Kathedrale der Virgen del Pilar in → Saragossa.

Das Rosenkranzthema behandeln in Versen »Forma breve de rezar« und das Autosacramental »Los hijos de María del Rosario«. Das erste und zweite »Coloquio en alabanza de la limpia y pura Concepción de la Virgen Nuestra Señora« sind der Geburt Christi gewidmet. In den Jahren seiner rel. Krise schrieb V. die bedeutenden »Rimas sacras«, die, ganz im gegenref. Geist, die Rolle M̃s unterstreichen. Neben gezierten »conceptos«, etwa um den Namen M̃s, stehen (wie auch in »Pastores de Belén«) einfache Darstellungen der Mutterschaft. Verse an M̃ finden sich auch in anderen rel. Werken (»Soliloquios amorosos«; »Triunfos divinos«; »Romancero espiritual«).

In V.s dramatischer Produktion ist M̃ noch deutlicher präsent. Z. T. auf apokryphe Evangelien stützt sich ihre Rolle in »La Vuelta de Egipto«, »Nuestro bien«, »El tirano castigado« und »Auto famoso del nacimiento de Nuestro

Salvador Jesucristo« (die beiden letzteren bei nicht ganz sicherer Zuschreibung). »El nombre de Jesús« enthält eine physische Beschreibung der Jungfrau ℳ (blond, mittlere Statur). In »Las aventuras del hombre« erscheint die Jungfrau in barocker Inszenierung aus einer sich öffnenden Wolke. In »Dos ingenios y esclavos del Santísimo Sacramento« ist sie Fürsprecherin. In der Allegorie »De la puente del mundo« kann sie als einzige die Brücke zur Welt überschreiten, ohne mit der Erbsünde bezahlen zu müssen.

Auch in Stücken um Leben und Wunder der Heiligen, einer eigenen Gattung im 17. Jh., hat ℳ ihren festen Platz. In »Los locos por el cielo« und »El cardenal de Belén« erscheint hinter einem Vorhang die Geburt Jesu. Wunderbare Erscheinungen ℳs (Herabstieg vom Himmel, Heraustreten aus einer Wolke) finden statt in »San Nicolás de Tolentino«, »San Segundo«, »El saber por no saber«, »El capellán de la Virgen« und in »La vida de San Pedro Nolasco«. Andere Heiligenstücke mit marian. Präsenz sind »El truhán del cielo y loco santo« (über Fray Junípero), »Barlán y Josafá«, »San Diego de Alcalá«, »Lo fingido verdadero«, »La niñez del padre Rojas« und »El divino africano«; zentral ist ihre Rolle in »La limpieza no manchada«, »La Madre de lo Mejor« (Geburt ℳs, aus apokryphen Evangelien) und »La buena guarda« (→ Beatrijs-Legende). Stilistisch sind diese Stücke durch den starken Einfluß volkstümlicher Lyrik und auch des rel. Schäferstücks (v. a. in »El nacimiento de Cristo«) gekennzeichnet.

Auch in seinem profanen Theater fehlen marian. Episoden nicht, so in »Tragedia del rey Don Sebastián« (ℳwallfahrt nach Andújar), »El cerco de la fe« und »Los hechos de Garcilaso« (Anbringen eines Papiers mit dem Ave Maria in einer Moschee bei der Eroberung Granadas), »El casamiento en la muerte« (mit einer sicherlich von V. erfundenen Version der Legende von NS de la Peña de Francia), »Los guanches de Tenerife« (Erzählung von der Erscheinung der Inselpatronin, NS de la Candelaria) und »El sol parado«.

Eine Gesamtbewertung der marian. Präsenz im Werke V.s ist schwierig auf Grund seines Umfangs, aber auch der unsicheren Zuschreibung mancher Stücke (z. B. »Las albricias de Nuestra Señora«, »El Rosario de Nuestra Señora«) oder des Verlustes von Stücken, deren Titel marian. Thematik erahnen lassen (»La Orden de Redención y Virgen de los Remedios«, »La Peña de Francia«). Marian. Thematik durchzieht in volkstümlicher und gegenref. Perspektive und Ausformung praktisch das gesamte Werk (vgl. auch Gedichte in Dramen, die oft als Lyrik anthologisiert erscheinen) dieses von seinen Zeitgenossen hochgeschätzten typischen lit. Vertreters seiner Epoche.

WW: Lope Felix de Vega Carpio, Obras, hrsg. von M. Menéndez y Pelayo, 1963–72.

Lit.: J. de Entrambasaguas, Estudios sobre L. de V., 3 Bde., 1956–48. — M. Menéndez y Pelayo, Estudios sobre el teatro de L. de V., 6 Bde., 1949. — J. F. Montesinos, Estudios sobre Lope, 1967. — A. Castro und H. A. Rennert, Vida de L. de V., ²1968. — E. T. Howe, L. de V. and the inmaculate conception, In: Bulletin of the Comediantes 38,1 (1968) 39–53   *J. Navarro*

Vegas, Damián de, span. Dichter der 2. Hälfte des 16. Jh.s, war Doktor der Theol., Ordensgeistlicher (vermutlich Johanniter) und lebte haupsächlich in Toledo, wo er 1590 als Akt des Gehorsams das »Libro de Poesía cristiana, moral y divina, en que muy de principal intento se trata de la Inmaculada Concepción de Nuestra Señora« veröffentlichte. Dieses Werk enthält Redondillas, Tercetos, Quintillas, Décimas, Sonetos und Canciones. Sein Stil ist leicht und elegant, doch wenig kraftvoll. Des weiteren veröffentlichte er die »Comedia llamada Jacobina o benedición de Isaac«, die »Comedia entre una doncella honesta y un mancebo lascivo, amante« und das »Coloquio entre un alma y sus tres potencias«.

Das »Libro de Poesía cristiana, moral y divina« enthält im wesentlichen asketisches Gedankengut. Sein ästhetischer Wert besteht lediglich in seiner korrekten dichterischen Form. Am Ende des Buches finden sich freilich eine Reihe von Villancicos, von großer dichterischer Schönheit.

V., Ordensmann von tiefer Spiritualität, gibt in diesem Buch und in anderen Gedichten seiner innigen Liebe zu ℳ Ausdruck. Der marian. Teil dieses Werkes — 2 Sonette und 2 Canciones — folgt der lit. Doktrin seiner Zeit. Die »Canción a Nuestra Señora« schlägt nach einem Lob auf ℳ in Invektiven gegen die »Dichterlinge«, die die menschlichen Schönheiten besingen, um (Romancero y Canciones Sagradas, 467–468). Seine Behandlung der Geburt ℳs verteidigt auch kurz die UE. Bei seiner Betrachtung der göttlichen Mutterschaft preist V. die einzigartige Beziehung ℳs zu jeder der drei göttlichen Personen und preist sie ob all ihrer Tugenden, die sie verdientermaßen zur Himmelskönigin machten.

Bei der Betrachtung der Reinigung ℳs lobt er ihre Demut und ihren Glauben (»A la purificación de Nuestra Señora«, ebd. 542). Bei der Behandlung der Himmelfahrt ℳs versucht der Dichter, der sich selbst in den Himmel versetzt, in kunstvollen Versen die unaussprechliche Freude der Himmelsbewohner angesichts dieses so ungewöhnlichen Geschehens zu vermitteln (ebd. 543–544).

WW: Romancero y Canciones Sagradas, Biblioteca de Autores Españoles XXXV.   *J. L. Bastero*

Veghe, Johannes, * um 1431 in Münster, † 21.9. 1504 in Niesing, wurde 1450 unter dem Namen »Joh. ten Loe al. Veghe« als Münsterscher Kleriker an der Universität Köln immatrikuliert, an der 20 Jahre zuvor auch schon sein Vater, Magister der Universität Paris, immatrikuliert worden war. 1451 trat V. in das Haus der Brüder vom gemeinsamen Leben in Münster ein, wurde von dort aus in das Rostocker Fraterhaus entsandt, dessen Leitung er 1469–71 inne hatte, und 1475 Rektor des Münsterschen Fraterhauses, das als älteste Gründung und als Veranstalter des »Münsterschen Colloquiums« als Forum zahlreicher Konvente eines der bedeutendsten Häuser der nordwestdt. devotio moderna war, und das, wie auch das Münstersche Schwesternhaus, unter seiner Leitung eine Blütezeit erlebte. 1472 urkundet V. als kaiserlicher Notar. Für die Übernahme des Rektorenamts (1481) im Münsterschen Schwesternhaus Marienthal, genannt Niesing, werden gesundheitliche Gründe angeführt. Von den Humanisten Murmellius und Hermann von dem Busche sind Lobgedichte auf V. erhalten (Predigtausg. XXVI–XXVII).

Sicher zuweisbar sind lediglich insgesamt 24 niederdt. → Predigten und Predigtexzerpte für die Schwestern des Niesing-Konvents, überliefert in einer durch V.s jüngeren Mitbruder Johannes Becker angelegten Handschrift (Münster, Staatsarchiv, Depos. Altertumsverein 4), die Predigten zu Anlässen des Kirchenjahres (Ostern, Fronleichnam, 4., 6., 11., 15., 21. und 23. Sonntag nach Pfingsten und Invocabit), zu Heiligenfesten (Maria Magdalena, Jakobus, Anna, Augustinus, Simon und Judas, Allerheiligen, Allerseelen und Johannes Evangelista) sowie zu Kirchweih nach dem Kalenderjahr geordnet. Dabei sind für drei Anlässe zwei Predigten enthalten, dreimal bilden jeweils zwei Predigten Reihenpredigten. Die insgesamt sieben emblematischen Predigten deuten einen Baum, bzw. Bäume (75ff.), den Kirchbau (148ff.), die Tuchherstellung (222ff.) und das Paradies (300ff.). In der Überlieferung werden die Predigten zu Kirchweih, Augustinus und Johannes bes. hervorgehoben.

Wichtiger als der Tages- und Kirchenjahrsbezug, der auch in den Predigten lediglich zu Ostern, Fronleichnam, Allerheiligen und zu den Heiligenfesten stärker ausgeprägt ist, und signifikanter als die ebenfalls nur in einigen Predigten umfangreicher ausgeführte allegorische Deutung der Perikope ist das geistlich-theol. Predigtthema, das die meisten Überschriften stichwortartig angeben. Dessen inhaltlicher Angelpunkt ist, korrespondierend mit der devotio moderna allgemein, der Wille, der Gott zugekehrt und mit dem seinen vereint werden soll (93f. 169ff. 186ff.). Daher sind Seelenlehre (45ff.), Schaden der Sünde und Sündenvergebung (31ff. 57ff. 137ff. 209ff. zum Fegefeuer) aber auch die Tugenden, die in der göttlichen Liebe als zweitem Kernpunkt V.scher Predigt wurzeln, häufig behandelte Predigtthemen (75ff. 222ff.). Ein weiteres Thema ist das Leid (67ff.). Dabei werden in der Formulierung der Willensübereinstimmung oder dem Lobpreis des Tugendlebens mitunter Begriffe verwendet, die an die mystische Predigt erinnern, die V. jedoch in den Dienst seiner Predigtanliegen stellt (Kunisch). Mit Aussagen über beginnende, fortschreitende und vollkommene Menschen (6ff. 268ff.) und über die Zeichen göttlicher Erwählung (183ff.) werden größere Zusammenhänge dargestellt. Signifikant ist neben der inhaltlichen Ausrichtung der häufige kurze Rückgriff auf lebensweltliche Beispiele und Vergleiche zur Erläuterung; als Autoritäten werden am häufigsten Augustinus, weit seltener Bernhard, Gregor und Gerson, aber auch Ambrosius, Bonaventura und Seneca zitiert; je einmal greift V. auf Ruusbroec (42) und Geert Groote zurück (387).

In der Osterpredigt wird 𝔐s Abwesenheit am Ostermorgen mit ihrem Glauben an die Auferstehung erklärt (2) und die Erscheinung des Auferstandenen bei seiner Mutter angenommen (6). In der langen Predigt auf Johannes (317–353) werden die in Bibel und Legende überlieferten biographischen Bezüge von Johannes und 𝔐 genannt, darüber hinaus berühren sich beide in Reinheit, Jungfrauschaft (319. 324), hl. Leben (347) und im Tod (352). Bedeutsam für die MV sind die beiden Annen-Predigten (75–99, Marienthal besaß eine Annen-Kapelle), in denen Anna als Muster geistlichen Tugendlebens (76) und Beispiel einer guten Frau dargestellt wird (92). Strukturbildend ist der Vergleich mit Zeder (Stärke), Zypresse (Unvergänglichkeit), Ölbaum (Blüte und Fruchtbarkeit), Weihrauch (guter Geruch = Gedanken und Begierden) und Feigenbaum (Frucht, darin Vergleich mit einem Panther) oder mit einem Baum an sich; als Privilegien werden vornehme Abkunft, Fruchtbarkeit, Heiligung der Tochter im Mutterleib, Großmutterschaft Christi und das Erleben der Wahl ihrer Enkelkinder zu Aposteln, aber auch die Engelsbotschaft, die Gesellschaft der Hl. Familie und besondere Ehre im Himmel genannt.

In den Traktaten »Wyngaerden der sele« und »Lectulus noster floridus«, für die V. entgegen früheren Annahmen als Verfasser nicht in Frage kommt, spielt 𝔐, die als Weingarten und als Bereiterin des Bettes Christi beschrieben wird, eine deutlich größere Rolle als in den Predigten (Hübner). In einem anspruchslosen »Marientrost«, der ebenso wie die »Gheystlike Jagd« ebenfalls ohne stichhaltige Gründe für V. in Anspruch genommen wurde, sind die beiden ersten Teile der Betrachtung von Christi Geburt und Tod gewidmet, so daß 𝔐 erst im letzten Teil im Zentrum steht.

Ausg.: F. Jostes (Hrsg.), J.V., ein dt. Prediger des 15. Jh.s, Halle 1883 (darin Nr. 8 zweimal). — Ders. (Hrsg.), Drei unbekannte Schriften von J.V., In: HJb 6 (1885) 345–412 (377ff.: Teiledition Marientrost). — H. Rademacher (Hrsg.), J.V., »Lectulus noster floridus«, 1938. — Ders. (Hrsg.), J.V., »Wyngaerden der sele«, 1940. — Morvay-Grube T 179.
Lit.: L. Schulze, Zur Geschichte der Brüder vom gemeinsamen Leben. Bisher unbekannte Schriften von Geert Groote, Johannes Busch und J.V., In: ZKG 11 (1890) 577–619, bes. 596ff. — F. Landmann, Das Predigtwesen in Westfalen, Münster 1900. — A. Bömer, Westfälische Lebensbilder I, 1930, 166–182. — H. Kunisch, J.V. und die oberdt. Mystik des 14. Jh.s, In: ZfdA 75 (1938) 141–171. — A. Hübner, Die Sprache Ruusbroecs und V.s (Zusammenfassung), In: Korrespondenzblatt des Vereins für niederdt. Sprachforschung 62 (1955) 19. — F. Wortmann, J.V. und die ihm zugeschriebenen Traktate, In: Ders. u. a. (Hrsg.), Münstersche Beiträge zur niederdt.

Philologie, 1960, 47–77. — D. Schmidtke, Bemerkungen zum »Wyngaerden der Sele« des Ps.-Veghe, In: H. Fromm u.a. (Hrsg.), Verbum und Signum II, 1975, 413–436. — G. Rehm, Die Schwestern vom gemeinsamen Leben im nordwestlichen Deutschland, 1985. — N. Staubach, Pragmatische Schriftlichkeit im Bereich der Devotio moderna, In: Frühma. Studien 25 (1991) 418–461. — ADB XXXIX 525–528. — VL IV 682–685. — DSp XVI 343–347. *M. Costard*

Vehe, Michael, OP, * Ende 15. Jh. in Biberach bei Wimpfen am Neckar, † April 1539 in Halle, studierte nach dem Eintritt in den Predigerorden in Wimpfen an der Universität Heidelberg (spätestens ab 1506), wurde dort 1508 Dozent, promovierte 1513 und wurde 1515 Studienregens der Dominikaner. 1520 war er in der Kommission zur Beilegung des Streits um J. Reuchlin. Nachdem V. in den zwanziger Jahren in den Dienst von Kardinal Albrecht von Brandenburg getreten war, wurde er von diesem mehrfach mit theol. Aufgaben betraut: 1530 beim Reichstag zu Augsburg (Mitarbeit an der → Confutatio), 1532 als Propst des Neuen Stiftes in Halle (dort designierter Kanzler der von Albrecht gegründeten Universität), 1534 als Leiter der kath. Partei beim Leipziger Religionsgespräch, 1539 als ernannter, noch nicht eingeführter Weihbischof von Halberstadt.

Zu dem im allgemeinen maßvoll ausfallenden Schrifttum V.s gehören mehrere Verteidigungen einer wohl verstandenen und gereinigten Heiligenverehrung, darunter das 1532 in Leipzig erschienene Werk »Wie underschydlicher weiss Gott und seine auserwelten Heiligen von uns Christen sollen geehret werden. Von Lob, Preiss, Fürbitte, Anrüffung und Verdienst der Heiligen«, sowie der 10. Traktat seiner 1533 verfaßten, 1535 erschienenen »Assertio«. Dieses Kapitel zur Anrufung und Verehrung der Heiligen wurde 1544 in Ingolstadt von Johannes Cochläus nachgedruckt. Die breiteste marian. Wirkung erzielte V. aber mit seinem erstmals 1537 erschienenen, noch 1970 nachgedruckten »New Gesangbuechlin Geystlicher Lieder«, dem ersten deutschsprachigen kath. Gesangbuch mit Noten. Zu den Liedern des vielfach bis heute nachwirkenden Buches gehören Vertonungen des Ave Maria und des Magnificat sowie Lieder zu zentralen Ⓜfesten (Empfängnis, Geburt, Heimsuchung, Assumptio, Verkündigung und Lichtmeß).

WW: vgl. W. Klaiber (Hrsg.), Kath. Kontroverstheologie und Reformer des 16. Jh.s. Ein Werkverzeichnis, 1978, 239 (Nr. 3173–79). — Wie underschydlicher weiss Gott und seine auserwelten Heiligen von uns Christen sollen geehret werden. Von Lob, Preiss, Fürbitte, Anrüffung und Verdienst der Heiligen, Leipzig 1532. — Assertio sacrorum quorundam axiomatum, quae a nonnullis nostri seculi pseudoprophetis in periculosam rapiuntur controversiam, Leipzig 1537. — Ein New Gesangbuechlin Geystlicher Lieder, Faksimile-Druck der Erstausgabe von 1537, hrsg. von W. Lipphardt, 1970.
Lit.: F. Schrader, M. V. OP († 1539), In: E. Iserloh (Hrsg.), Kath. Theologen der Reformationszeit IV, 1987, 15–28 (Bibl. 27 f.). *R. Schenk*

Veilchen. Das V. in seiner botanischen Gestalt als Märzveilchen (viola odorata L.) ist wegen seines niedrigen Wuchses und seiner dunklen

S. Lochner, Madonna mit dem Veilchen, um 1439, Köln, Diözesanmuseum

Farbe als Blume der Demut (flos humilitatis) eine der beliebtesten Ⓜpflanzen. Davon zu unterscheiden ist das wilde Stiefmütterchen (viola tricolor L.), das Symbol der hl. Dreifaltigkeit ist.

Ausgangspunkt für die symbolische Auslegung des V.s als Ⓜblume ist Hld 2,12, dessen »flos campi« im allgemeinen mit dem V. gleichgesetzt wurde. Da die Pflanzensymbolik des Hohenliedes bereits von den Kirchenvätern auf Ⓜ gedeutet wurde, wurde das V. schon früh zur Ⓜpflanze. An diese Interpretation knüpft die Ⓜmystik des HochMA an, die das V. regelmäßig auf die Demut Ⓜs bezieht. Häufig ist die Kombination von Ⓜblumen → Rose, → Lilie und V. in ihrer Bedeutung als rosa claritatis, lilium castitatis und viola humilitatis.

Seit dem frühen 15. Jh. erscheint das V. auf ma. Tafelbildern als Ⓜsymbol, so im Paradiesgärtlein eines oberrheinischen Meisters (Frankfurt, Städel, um 1410), wo sich die V. zu Füßen ⋒s finden. V. begleiten ⋒ u.a. in Darstellungen der ⋒ im Rosenhag (Stephan Lochner, Madonna im Rosenhag, Köln, Wallraf-Richartz-Mus., um 1450), in Darstellungen der Verkündigung (Mittelrheinischer Meister, Friedberger Altar, Utrecht, Diözesanmus., um 1420), in Darstellungen der drei Frauen unter dem Kreuz (Meister Francke, Thomasaltar der Englandfahrer, Hamburger Kunsthalle, 1424). Auf die Demut ⋒s spielt schließlich auch die häufig veilchenblaue Farbe ihres Mantels an.

In wohl einmaliger Darstellung erscheint das V. als Attribut hervorgehoben in der von Stephan Lochner gemalten GM mit dem V. (Köln, Diözesanmus., vor 1443), wo ⋒ das V. mit der rechten Hand vor ihre Brust hält.

Lit.: Salzer 194 f. — E. Wolffhardt, Beiträge zur Pflanzensymbolik. Über die Pflanzen des Frankfurter ›Paradiesgärtleins‹, In: ZKW NF 8 (1954) 177–196. — L. Behling, Die Pflanze in der ma. Tafelmalerei, ²1967. —Dies., »Viola tricolor«, In: FS für H. Ladendorf, hrsg. von P. Bloch und G. Zick, 1970, 13–143, bes. 137 f.   *U. Liebl*

Veit, Philipp, dt. Maler und Freskant, * 13.2. 1793 in Berlin, † 18.12.1877 in Mainz, Sohn des jüdischen Bankiers Simon V. und der Dorothea (Brendel), geb. Mendelsohn, die nach ihrer Scheidung Friedrich Schlegel heiratete. Finanziell gesichert, wuchs V. in einer intellektuell intensiven Atmospähre auf. 1809 erfolgte der Eintritt in die kath. Kirche und die Taufe. 1811–13 bei den Schlegels in Wien lebend, fand V. dort Anschluß an J. v. Eichendorff und Th. Körner. Hatte V. 1809 kurz die Dresdener Akademie besucht, wo er bei F. Matthäi und C.D. Friedrich lernte, so bildete er sich in Wien autodidaktisch weiter. 1813 schloß er sich dem Lützow'schen Freikorps an. Im Herbst 1815 ging V. nach Rom, wo sich sein ebenfalls malender Bruder Jonas bereits seit 1811 aufhielt, wurde dort Mitglied des Lukasbundes und Anhänger der → Nazarener (F. Overbeck, J. Schnorr v. Carolsfeld und P. Cornelius). 1816/17 und 1819–24 beteiligte er sich an den beiden Großprojekten der Künstlergruppe, der Ausmalung der Casa Bartholdy und des Casino Massimo. 1830 wurde er Direktor des Städel in Frankfurt und machte diese Institution zum Vorort der Nazarener-Richtung. Dort entstand sein programmatisches Hauptwerk, »Die Einführung der Künste in Deutschland durch die Religion«. 1843 legte V. wegen zunehmender künstlerischer Differenzen die Leitung des Städel nieder und lebte fortan freischaffend in Frankfurt, bis er 1853 die Leitung des Museums in Mainz übertragen bekam und 1854 dorthin übersiedelte. Hier entstanden in den folgenden Jahren die Kartons für die Fresken der Blendnischen des Mittelschiff-Obergadens des Mainzer Doms, deren Ausführung er Schülern überließ. In den späten Jahren war er verstärkt schriftstellerisch tätig (1869 programmatisches Essay »Über die christliche Kunst«).

V. war ein langsamer Arbeiter, der reizvolle autonome Zeichnungen schuf und dessen Porträts noch heute erfreuen. Neben Geschichts- und Sagenstoffen nahm aber rel. Thematik den breitesten Raum seines Schaffens ein und er malte dabei folgende ⋒themen: ⋒ mit Kind und Johannesknaben (Wien-Heiligenstadt, 1812/13), Immaculata (Rom, SS. Trinità dei Monti, 1829/30), Darstellung im Tempel (Schweinfurt, 1830), die beiden Marien am Grab Christi (3 Fassungen: Privatbesitz, 1837; Berlin, 1846; Düsseldorf, 1858); Himmelfahrt ⋒e (ehem. Frankfurt, Dom; Ölskizze im Städel, 1847–51); Der erste Schritt (Frankfurt, 1858); Hl. Anna ⋒ lesen lehrend (Esztergom, 1847–69).

Lit.: N. Suhr, Ph. V., 1991. — Thieme-Becker XXXIV 183–185. — ADB XXXIX 546–551.   *L. Koch*

Velankanni (andere Schreibweisen: Vailankanni, Velankanny, Velaukani, Vallanganni). Der Wallfahrtsort »Our Lady of Good Health« (Tamil: Arokiamata) in V. in der Nähe von Negapatnam ist mit 150000–200000 Pilgern jährlich das Herz der Tamil-Katholiken und zugleich einer der bekanntesten ⋒wallfahrtsorte Indiens.

Nach der Legende führten drei wunderbare Ereignisse zur Gründung des Wallfahrtsortes: Die GM erschien einem lahmen Knaben, der am Wegrand unter einem banyan-Baum (ficus bengalis) Buttermilch verkaufte, sie heilte ihn und bat, eine Kapelle an einer von ihr bezeichneten Stelle zu errichten. Auf Grund dieses Wunders erbaute man eine kleine einfache Kapelle mit einem Strohdach, auf deren Altar eine Statue der GM mit dem Jesuskind in den Armen aufgestellt wurde. In Erinnerung an dieses erste Wunder wurde die Kapelle »Our Lady of Health« genannt. Eine weitere Legende berichtet von der Erscheinung ⋒s, der Heilung eines Einwohners von Negapatnam (Nagapatam) und der nochmaligen Bitte um die Errichtung einer Kapelle. Noch von einer weiteren Erscheinung vor einem Hirtenknaben wird berichtet, der mit der Milch auf dem Heimweg war und den die GM um Milch für den durstigen Jesusknaben bat. Der Knabe erfüllte die Bitte, doch die Milch im Krug wurde nicht weniger. Nochmals wurde die Erbauung der Kapelle erbeten.

Eine andere Überlieferung berichtet von der wunderbaren Errettung port. Seeleute vor dem Schiffbruch. Auf der Überfahrt von Macao nach Colombo gerieten sie in ein furchtbares Unwetter und waren dem Schiffbruch nahe. Sie gelobten, eine Kapelle zu Ehren der GM dort zu erbauen, wo sie lebend das Land erreichen würden. Sie kamen in V. an Land, knieten nieder und dankten für die Errettung. Da erschien ihnen die GM und zeigte ihnen die kleine strohgedeckte Kapelle. Als sie später überlegten, wie sie ihr Gelübde erfüllen könnten, erschien ihnen die GM erneut und bezeichnete die Stelle, wo sie die Kapelle errichten sollten. Sie gingen sofort ans Werk und errichteten eine kleine Kapelle. Als sie überlegten, wie sie die Statue aus der ursprünglichen Kapelle übertragen sollten, fanden sie eines morgens die Statue auf dem für sie vorgesehenen Platz. Doch waren die Seeleute mit ihrem Werk nicht zufrieden und so kehrten sie mehrfach zurück und schmückten die Kapelle mit Ornamenten aus. Dabei verwendeten sie auch blaue Kacheln mit biblischen Szenen, die heute noch am Hauptaltar eingefügt sind.

Die Urkunden (erstmals 1635) erwähnen nichts von einem wunderbaren Beginn der Ⓜkirche, noch davon, daß hier ein besonderer Wallfahrtsort bestand. Die Legenden wurden um 1900 im Volk gesammelt und 1920 von Motha Vaz, dem damaligen Generalvikar der Diözese Tanjore, wozu V. gehörte, veröffentlicht. In keinem Dokument findet sich ein Hinweis, daß der Ort ein besonderer Pilgerplatz oder eine besondere Ⓜkirche war. Erwähnt wird nur eine kleine Kirche außerhalb der Stadt mit dem Titel »Our Lady of Health« für eine Gruppe christl. Fischer, die von Franziskanern betreut wurde. Im Laufe des 18. Jh.s hat sich dann V. zum Ⓜwallfahrtsort entwickelt. Einmal ist das erschließbar aus der ständigen Anwesenheit eines Franziskaners um 1781 am Ort, was bei der kleinen Zahl der Priester für die wenigen Fischer nicht gerechtfertigt wäre; zweitens aus einem Brief von Jacques Wilmet SJ (1793–1862), der 1846 schrieb, daß eine halbe Meile von Negapatnam entfernt in V. ein berühmter und bekannter Wallfahrtsort ULF sei.

In Irla (Andheri)/Bombay ist ein Wallfahrtsort ULF von V., der tausende von Pilgern, darunter auch eine große Anzahl von Nichtchristen anzieht, bes. während der Novene zum Fest Ⓜe Geburt.

Lit.: M. M. Vaz, Monography of Our Lady of Health of Vailankanni, 1920. — S. R. Santos, Vailankanni, 1946. — Manoir IV 917–933. — A. Meersman, The Origin of the Shrine and Cult of Our Lady of Vallanganni, In: Indian Ecclesiastical Studies 1 (1962) 60–71. — S. R. Santos, The Shrine Basilica of Our Lady Vailankanni, ⁷1966.   *H. Rzepkowski*

Velázquez, Diego Rodriguez de Silva y, * 6.6. 1599 (Taufe) in Sevilla, † 6.8.1660 ebd., bedeutendster Vertreter der span. Barockmalerei und einer der größten Künstler überhaupt. Als Sohn portugiesischstämmiger Eltern wurde er 1610 bei Francisco Herrera d. Ä. in die Malerlehre gegeben, die er nach nur wenigen Monaten bei Francisco → Pacheco bis 1617 fortsetzte. Nach dem Ende der Lehrzeit ließ er sich in Sevilla nieder, trug sich in die St.-Lukas-Gilde der Stadt ein und heiratete ein Jahr später die Tochter Pachecos Juana. In der Geburtsstadt war V. inzwischen ein gefragter Maler der sog. »bodegones« (Genreszenen der Alltagswelt in Küche und Gasthaus) geworden, als er 1622 mit der Hoffnung nach Madrid reiste, dort eine Stelle als Hofmaler zu erhalten.

1623 ging er erneut in die Hauptstadt, diesmal auf Einladung eines Freundes des ersten Ministers Philipps IV., des Grafen von Olivarez. Ende Oktober des Jahres wurde V. bereits zum königlichen Hofmaler ernannt und ist seitdem

D. Velázquez, Anbetung der Könige, 1619, Madrid, Prado

der führende Maler des königlichen Hofes bis zu seinem Tod. 1628 traf V. mit dem damals berühmtesten Maler Europas, mit Peter Paul → Rubens zusammen, der sich in diplomatischer Mission einige Zeit in Madrid aufhielt. Am 10.8.1629 trat er schließlich seine lang ersehnte Reise nach Italien an, die ihn über Venedig, Ferrara und Bologna nach Rom führte. Ende 1630 besuchte er auf seinem Rückweg Neapel, wo er mit Jusepe → Ribera zusammentraf.

In seinen verschiedenen Ämtern war V. u. a. auch verpflichtet, für die Ausstattung des neuerrichteten Buen Retiro Palastes zu sorgen bzw. Kollegen hierfür zu engagieren.

Im November 1648 begab sich V. auf seine zweite Italienreise, diesmal im Auftrag des Königs, um zeitgenössische Kunstwerke und v. a. antike Plastiken für die königlichen Sammlungen einzukaufen. 1652 errang er schließlich das höchste Amt am Hof, die Stellung eines Marschalls des königlichen Palastes, die ihm ausgedehnte Pflichten auferlegte. Ein längeres Verfahren ab 1658 verschaffte V. dann ein Jahr später die letzte lang gewünschte Ehrung, die Mitgliedschaft als Ritter im Orden von Santiago. Als Marschall hatte V. im Sommer 1660 das Zusammentreffen zwischen Ludwig XIV. und

Philipp IV. zwecks Ehebündnisses beider Länder im Norden Spaniens zu organisieren, von dem er Ende Juli nach Madrid zurückkehrt. Wenige Tage später erkrankt er schwer an seinem Dauerleiden, der Malaria, von der er sich nicht mehr erholt.

V. macht in seiner stilistischen Entwicklung drei Etappen durch. In der Frühzeit der Gattung der Bodegones bringt er den sog. »Naturalismus« in die Sevillaner Malerei ein. Charakteristisch hierfür sind dunkle Farbtöne, eine starke Modellierung durch Licht und Schatten sowie die Betonung des Details. Diese penible Arbeitsweise beginnt sich in den frühen 30er Jahren zu verändern. Die Farben werden heller, die Palette generell reichhaltiger und v. a. beginnt sich eine flüssiger werdende Technik abzuzeichnen. Mit technischen Mitteln leitet V. in diesen Jahren auch einen Stilwandel ein, der in der späteren Zeit ausschlaggebend sein wird: Neben klar gezeichneten stehen unscharf belassene Partien, die eine Konzentration auf das thematische Zentrum einer Darstellung bedeuten. Ab den mittleren 40er Jahren läßt sich seine neue Technik voll entwickelt feststellen, die er je nach Bildaufgabe stärker oder schwächer einsetzt. Neben den frühen Genrebildern hat V., dessen Oeuvre im Vergleich mit den anderen Großmeistern der Zeit relativ bescheiden ist, hauptsächlich Porträts der königlichen Familie gearbeitet. Auch Jagdbilder, Reiterdarstellungen und Porträts bedeutender Personen des höfischen Umfeldes gehören dazu. Mythische Themen und Historien treten in weit geringerer Anzahl auf, auch gestaltete er verhältnismäßig selten kirchliche Motive. Bildwerke mit M hat er nur vier Mal hergestellt.

Das erste dieser Gruppe ist eine IC (London, Nat. Gallery), die kurz nach einem päpstlichen Breve von 1617 gemalt wurde, das das Mysterium ausdrücklich verteidigte und mithalf, bes. in Spanien dieses Thema zum wichtigsten Kirchenbild des 17. Jh.s zu machen. V.' Beitrag gehört zu einem der frühesten Beispiele dieses Typs und hält sich an die von seinem Lehrer Pacheco formulierten Vorschriften. In einfacher Pose steht die mädchenhafte M auf der Mondscheibe, faltet ihre Hände vor der Brust und blickt nach unten. Die schweren Falten ihres Gewandes und des wenig bewegten Überwurfes geben der Gestalt eine feste und natürliche Form.

Wenig später entstand das zweite Mbild (Anbetung der Könige, Madrid, Prado, 1619). In der als Nachtstück gedachten Szene fällt ein scharfes Licht auf die etwas rechts von der Mitte sitzende GM mit dem Kind auf dem Schoß. Die junge andalusische Bäuerin hält den eingewikkelten Knaben beidhändig kräftig an den Hüften umfaßt den im Halbdunkel sich herandrängenden Verehrern entgegen.

Das dritte Bild mit M stellt die Übergabe der Kasel an den hl. Ildefons dar (Sevilla, Museo de Bellas Artes, 1623). V. läßt hier die mädchenhafte M auf einer Wolke links oberhalb vor dem Heiligen sitzen und ihm den Mantel überlegen, wobei ihr Gesicht im Blick nach unten im Halbschatten liegt.

Im letzten Mbild (Krönung Me, Madrid, Prado, um 1640) griff V. eindeutig auf Vorlagen von Rubens zurück. Das in seinem geometrisch-symmetrischen Aufbau klarste Bild des Meisters zeigt in der Mitte eines elliptischen Kompositionsschemas die Jungfrau auf einer Wolke sitzend zwischen Gottvater und Christus. Beide halten die Blumenkrone über ihr Haupt, auf das durch den Kranz hindurchgehend ein Lichtstrahl von der Geisttaube darüber auftrifft.

Lit.: A. de Beruete, V., Paris 1898. — J. Allende Salazar, V., 1925. — E. Lafuente Ferrari, V., The paintings and drawings, 1943. — K. Gerstenberg, D. V., 1957. — J. López-Rey, V.: A Catalogue Raisonné of his Oeuvre, 1963. — J. Camón-Aznar, V., 1964. — J. López-Rey, V.' Work and World, 1968. — M. A. Asturias und P. M. Bardi, L' opera completa di V., 1969. — P. M. Bardi, V., 1969. — J. Gudiol, V., 1974. — J. Gaya Nuño, V., 1974. — G. Eckardt, V., 1976. — Pérez Sánchez, V., 1980. — E. Harris, V., 1982. — A. D. Ortiz u. a., V., 1990.   *N. Schmuck*

Velletri, das alte Velester der Volsker, suburbikarisches Bistum in der Provinz Rom, dessen erster namentlich bekannter Bischof Adeodatus († 465) war. Seit Ende des 11. Jh.s wurde das Bistum von den Bischöfen von Ostia mitverwaltet, um 1150 durch Eugen III. mit Ostia vereint, 1914 von Pius X. wieder davon getrennt. 1807 erwählte sich die Stadt die »Madonna delle Grazie« als Hauptpatronin.

Kirchliches Zentrum der Stadt ist der Dom S. Clemente, der im 4. Jh. auf den Ruinen einer röm. Basilika errichtet, im 13./14. Jh. durch einen Neubau ersetzt und im Zweiten Weltkrieg schwer beschädigt wurde. Mehrere Fresken des 15.–17. Jh.s im Dom widmen sich dem Mthema. An den Dom angebaut ist die 1637 geweihte Capella della Madonna delle Grazie. Sie birgt das Gnadenbild Ms mit dem Kind (gemalt auf Nußbaumholz, 150×70 cm), die beide gütig auf den Betrachter blicken. Der Legende nach kam es im 8. Jh. aus dem Orient nach V., allerdings stammt es wohl von einem ital. Meister des 14. Jh.s; am 2. 5. 1682 wurde es in päpstlichem Auftrag gekrönt. Die Kuppel der Capella della Madonna delle Grazie ist mit Fresken der Verkündigung und Krönung Ms sowie mit zahlreichen marian. Symbolen (marian. Bäume, Lauretanische Litanei) geschmückt.

Weitere marian. Stätten in V. sind der Tempietto di S. Maria del Sangue (1523 gegründet) und die Kirche S. Maria del Trino (1622 errichtet).

Lit.: F. Ercolani, La cattedrale di San Clemente, 1988. — Reclam-Kunstführer, Italien V, 1974, 566 f.   *C. Henze*

Venantius Fortunatus (Honorius Clementianus), * um 535 in Oberitalien (bei Treviso), † nach 600 als Bischof von Poitiers. In Ravenna ausgebildet und schon früh dichterische Neigungen zeigend, kam V. um 565 nach Gallien, wo er als Hofpoet König Sigiberts († 566 in

Metz) wirkte und sich 567 in Poitiers niederließ (Freundschaft mit Königinwitwe Radegunde und deren Pflegetochter Agnes, Verbindung mit → Gregor v. Tours). Durch seine Reisen in Gallien mit den Großen des Landes bekannt, widmete er diesen poetische Briefe, Gelegenheitsgedichte, Grabpoeme und Elegien, die von persönlichem Erleben geprägt sind und einen gewissen originellen Charakter besitzen. Schon → Paulus Diaconus würdigt ihn bes. als Hymnendichter (Hist. Langobardorum 2,13 p. 95) und Schöpfer rel. Lyrik, derentwegen er heute »als der erste Dichter des Mittelalters« (Brunhölzl) anerkannt wird (obgleich auch als Hagiograph hervortretend: Vita S. Martini; Viten der Radegunde und des Hilarius v. Poitiers). Diesen Ruf begründeten v. a. die Kreuzeshymnen »Pange lingua gloriosi proelium certaminis« (der Anfang von Thomas v. Aquin nachgeahmt) und »Vexilla regis prodeunt«, die frühzeitig in die Liturgie eingegangen sind.

In der Nachfolge des → Sedulius verfaßte V. auch marian. Lieder (obgleich das → »Quem terra pontus aethera« ihm abgesprochen wird und die Echtheit des Weihnachtshymnus umstritten ist). Unter den Carmina (liber XIII) findet sich der poetisch hochstehende Hymnus »De virginitate« mit der Überschrift »In nomine domini nostri Iesu Christi et domnae Mariae matris eius« (MGH auct. antiqu. IV, 1, 181–192), der in starken Gefühlstönen ℳ als die Höchste unter den Patriarchen, Propheten und den atl. Frauengestalten preist, weil sie zur Mutter des Heilands erwählt war. Deshalb müssen ihr, die zur Königin des Himmels erhoben ist, alle Heiligen nacheifern. Bezeichnend ist aber auch, daß in dieses glorreiche Bild die Züge menschlicher Mütterlichkeit eingetragen bleiben, insofern ℳ Christus an ihre Brust zieht und das »Himmelsbrot« nährt (183). Carmen IV »Ad Virgines« preist die Jungfräulichkeit ℳs und spricht sie als »virgo dei, fructus caeli, victoria mundi« an (192). Das stärker theol. gehaltene Gedicht »In laudem sanctae Mariae« (Schaller-Könsgen 8941), das sich unter den »spuria« findet, aber als ein Alterswerk dem Dichter zugeschrieben wird, ist heilsgeschichtlich orientiert und beginnt mit den auf ℳ bezogenen Weissagungen der Propheten und der Psalmen, die kundtun, daß die Jungfrau ℳ »haec virga fuit, de qua est flos Christus obortus« (371). Es strebt auf das Geheimnis der Menschwerdung zu, in welcher der die göttliche Natur vom Vater her besitzende Sohn seine menschliche Natur von der Mutter empfängt (372). Sie stellt dabei die geschlossene Pforte dar, »in die kein Mann ein- noch ausgeht« (»haec porta est clausa, in quam intrat vir nemo nec exit« [372]). In der Art des betont hervorgehobenen Lobpreises Elisabeths und Simeons (373) steigert sich das Gedicht unter Anführung einer Vielzahl von schmückenden Beiwörtern aus der Welt der Pflanzen und Steine (377) zum Lob der Himmelskönigin, der »felix regina«, um die sich im Himmel die Heiligen scharen. Die strahlende Größe ℳs läßt sie auch als »auxilium terrae« erscheinen (379), »per quam omnes fines terrae meruere salutem« (380). Auf diese Helferin richtet der Sänger zum Schluß seine Blicke und setzt auf sie seine Hoffnung (»haec tibi qui indignus quamvis corde ore susurro,/ spes mihi sis veniae, quae vehis orbis opem«, 380).

In dem aus den Versen V.' hervortretenden ℳbild fließen die für die Merowinger- und beginnende → Karolingerzeit charakteristischen Farben der himmlischen (»felix regina«) und der liebenden menschlichen Mutter zu einer Einheit zusammen, wie sie sich danach auch bei → Ambrosius Autpertus findet. Was der dichterische Ausdruck überschwenglich formuliert, ist im Grundgehalt die marian. ausgerichtete Wahrheit des Konzils von Chalkedon über die Person des Gottmenschen. Meersseman (I 71 f. 137 ff.) verzeichnet eine Bearbeitung dieses Gedichtes durch Gondracus v. Mainz (9. Jh.), die in das Sermonen-Mariale der Zisterzienser aufgenommen wurde.

Ausg.: MGH auct. antiqu. IV.
Lit.: W. Meyer, Der Gelegenheitsdichter V. F., Berlin 1901. — D. Tardi, Fortunat, 1927. — S. Blomgren, Studia Fortunatiana I, 1933. — B. de Barré, S. Venance Fortunat, In: AnBoll 70 (1952) 262–284. — H. Weisweiler, Das frühe Marienbild der Westkirche unter dem Einfluß des Dogmas von Chalzedon, In: Schol. 28 (1953) 321–360. 504–525. — H. Barré, Prières Anciennes de l'Occident à la Mère du Sauveur, 1963, 26 f. — Scheffczyk 134 f. — Delius 146 f. — Theotokos 389. — Brunhölzl I 118–128. *L. Scheffczyk*

Vénard, Théophane, hl. Priester, Missionar und Martyrer, * 21. 11. 1829 in Saint-Loup, Diözese Poitiers, † 2. 2. 1861 in Hanoi, besuchte seit 1841 das Kolleg von Doué-la-Fontaine, 1847 das Kleine Seminar von Montmorillon, 1848 das Große Seminar in Poitiers und schloß sich 1851 als Subdiakon mit Erlaubnis seines Bischofs der »Gesellschaft für auswärtige Missionen von Paris« (Société des Missions Étrangères de Paris = MEP) an. Am 5. 6. 1852 zum Priester geweiht, wurde er für die Mission in China bestimmt, kam am 19. 3. 1853 in Hongkong an und wurde nach Einarbeitung nach Tonkin geschickt. Bei den ausbrechenden Verfolgungen und Gefangennahmen der Missionare in Teilen Vietnams (L 289. 294) konnte sich V. zuerst verstecken, wurde aber verraten, am 30. 11. 1860 in Dong-Bao festgenommen und in Hanoi enthauptet. Am 2. 5. 1909 wurde er selig- und am 19. 6. 1988 heiliggesprochen. Damit anerkannte die Kirche, was → Therese v. Lisieux in V. gesehen hat: den Prototyp der »kleinen Seelen«. Reliquien von V. befinden sich im Seminar von Paris.

V. begeisterte sich als Neunjähriger am Martyrium, so bei der Lektüre des Lebens von C. Cornay, der in Tonkin das Martyrium erlitt. Als Jugendlicher, dessen einzige Leidenschaft die Ankunft des Reiches Gottes war, hatte er trotzdem einen offenen Blick für Fortschritt und Mängel der Zeit, für die »wunderbaren« Erfindungen der Technik (L 138. 148. 152 ff.), aber auch für die Verantwortung des Bürgertums in sozialen und politischen Konflikten (L 162). Er liebte seine Familie so sehr, daß die Trennung zu einem Opfer für Gott wurde. Aber er blieb mit ihr brieflich verbunden. Sein Bruder Eusèbe, ebenfalls Priester, sammelte V.s Briefe aus der Mission. Froh trotzte er in Tonkin den lebensfeindlichen Verhältnissen und bearbeitete bei der Übersetzung der Concordantia Evangelica von Migne in das Vietnamesische die Apostelgeschichte und die Apokalypse. Als Verantwortlicher für das theol. Seminar legte er die Grundlagen für die Heranbildung des einheimischen Klerus (lat. Studie erhalten in Archives de la Société des MEP, Vol. 1266, Schluß) und richtete die Kongregation der »Liebhaber des Kreuzes« (Amantes de la Croix) auf eine ℳ- und Kreuzesspiritualität aus.

Für V. war ℳ die immer aufmerksame Mutter, sichtbares Zeichen der Liebe Gottes, wie die Briefe seiner Jugend und in der Verfolgung bezeugen. Seine ersten Briefe sprechen von seinem Entschluß, »jede Woche« (L 1) oder »jeden Tag« (L 23) einen Rosenkranz zu ℳ zu beten, »sich ihr zu weihen« (L 2. 6. 27), ihr zu Ehren zu zelebrieren, sie zu verehren (L 7. 13. 22. 51. 70. 88) und »von ihr zu sprechen« (L 16. 84). Im Alter von 18–19 Jahren nimmt er bei Enttäuschungen im Kolleg »Zuflucht bei ihr« (L 23. 39. 44). Seine Geschwister lädt er ein, ihr Leben vertrauensvoll ℳ zu übergeben. »Wie ein Novize der Jungfrau« (L 33. 35. 153) verpflichtet er sich im März 1848 auf die vorgeschriebenen Frömmigkeitsübungen der »Kongregation der hl. Jungfrau« des Seminars. Ende 1851 lebt er »unter dem Schutz Marias«, »auf ihren Armen«, »an ihrem Herzen« (L 112. 115. 119. 124. 128).

Mitten in der Verfolgung legt er wieder sein Leben in die Hände ℳs, »der zweiten Vorsehung der Missionare« (L 128). Ende Januar 1860 liest er, auf dem Boden seines Verschlages, in dem er sich versteckte hockend, »Traité de la vraie dévotion à la Sainte Vierge« des L.-M. → Grignion, schreibt 10 Zeilen der Weihe mit seinem Blut ab und unterschreibt »Théophane Vénard, Sklave Marias«. Im Gefängnis sind seine Gebete Offizium BMV, Rosenkranz, Ave Maris stella, Salve Regina, Inviolata. Seinem Bischof schreibt er am 3. 1. 1861: »Wenn mein Haupt zu Boden fällt ... Unbefleckte Mutter, empfanget euren kleinen Diener wie eine aufgeblühte Rose, gepflückt zu euerer Ehre« (Archives de la Société des MEP, Vol. 1266, 131). Das Magnificat singend, schreitet er zur Hinrichtung.

WW: Lettres choisies du Bx. Th. V. (ed. E. Vénard), Paris 1909 = L; dt.: Käfigbriefe, 1953.
QQ: E. Vénard, Vie et correspondance de Jean-Th. V., Poitiers 1864, 15.1928.
Lit.: F. Trochu, Un martyr du 19e siècle, le Bx. T. V., 1929. — G. Emonnet, Deux athlètes de la foi, Théophane et Thérèse, 1988. — Thérèse de Lisieux, Oeuvres complètes, surtout Derniers entretiens, 1992, passim. — Ladame 245–251. — AAS 80 (1988) 1510–16. — LThK[2] X 657 f. — BSS XII 987–991 (Bild). — DSp XV 522 ff. (Lit.).   L.-M. Yver

Vendramini, Elisabetta, sel. Ordensgründerin, * 9. 4. 1790 in Bassano del Grappa/Vicenza, † 2. 4. 1860 in Padua, löste eine bereits bestehende Verlobung auf, um als Franziskaner-Terziarin für mehrere Jahre in einem Waisenhaus zu arbeiten. 1828 gründete sie die Kongregation der Franziskaner-Terziarinnen der hl. Elisabeth (Elisabethinnen v. Padua; Patronin: hl. Elisabeth v. Thüringen). Die Gemeinschaft macht sich die Armenfürsorge zur Aufgabe, bes. die Betreuung verwahrloster Kinder. V. widmete sich bes. der geistlichen Bildung der Ordensfrauen ihrer Kongregation. 1833 zählt die junge Gemeinschaft 14 Schwestern, die V. zu ihrer Oberin wählten, 1993 1500 Schwestern, die in Italien, Afrika, Südamerika, Ägypten, Israel und in der Schweiz wirkten. Mit Blick auf die Jungfrau ℳ, die sie bei Gründung ihrer Kongregation zur »Oberin des Konvents« erwählt hatte, nannte sich V. deren »unwürdige Stellvertreterin«. Eine Fülle von Dokumenten bezeugt ihre außerordentliche MV. In ihrem Tagebuch schrieb sie in dem Monat, als man sie zur Oberin wählte: »Du allein, Maria, sollst meine Patronin sein, Gebieterin meiner Seele ... in deine Hände gebe ich mich aufs neue, um unserem Herrn Jesus zu dienen, und ich bitte dich darum, aus mir, so wie es jeweils die Notwendigkeit erfordert, einen Löwen, ein Lamm oder einen Adler zu machen. Heiligste Jungfrau, ich gehöre dir und danke dir schon jetzt von ganzem Herzen für diese Gnade. Du bist meine Kaiserin, ich bin deine Sklavin und Tochter Elisabetta« (Menara 148). Am 4. 11. 1990 wurde V. seliggesprochen.

Vom nachgelassenen Schrifttum V.s sind bislang lediglich die Instruktionen publiziert worden. Es handelt sich um Ansprachen, die sie hin und wieder in Wahrnehmung ihrer geistlichen Leitungsaufgaben den Schwestern hielt, und Mitteilungen familiären Charakters. In ihnen zeigt sich eine tiefe und gelehrte MV: »Für den elementaren Unterricht, den ich euch erteilen möchte, erhalte ich die Feder von Maria, denn bevor ich etwas schreibe, gebe ich in ihre Hände, was ich nicht weiß, damit sie meinem Gedächtnis zu Hilfe kommt und ich mich so an euch wenden kann, wie es die Regel vorsieht« (Elisabetta ... istruzioni, 80). »Gebt euch Tag für Tag in die Hände der heiligen Jungfrau: Gewöhnt euch beim Verlassen der Zelle daran, Gott als Vater anzubeten und euch ihr als eurer Mutter anzuvertrauen« (ebd. 140). »Antwortet auf die Liebe Jesu so, wie es Johannes mit der Reinheit eines Engels getan hat, und folgt ihm in Liebe und Dienstbereitschaft gegenüber Maria bis zum Tode« (ebd. 158). Besondere Erwähnung verdient ein Gedanke, den sie über die Schmerzen ℳs unter dem Kreuz anstellt. Sie ergründet die Gefühle ℳs und macht sie sich zu eigen: Das Herz der GM werde von heftigstem Schmerz durchdrungen, und ℳ nehme schweigend und tapfer ihr Martyrium und das ihres Sohnes auf sich, wodurch sie zur Miterlöserin der gesamten Menschheit werde (vgl. ebd. 73 ff.). Aus dieser Überlegung ergibt sich für V.

folgende Bitte: »Da du mich schon mit so vielen Seufzern zum Licht der Gnade auf jenen Berg geführt hast, schlage mir nun nicht die Bitte ab, zeit meines Lebens deine und die Schmerzen Jesu in meinem Herzen zu meinem Heil eingeprägt zu bewahren« (ebd. 75). In V.s Tagebuch zeigt sich, wie sie beständig in Beschauung und Sammlung verharrte. Sie betrachtete bes. das Geheimnis der Allerheiligsten Dreifaltigkeit, die Eucharistie und die Jungfrau ⋈ (vgl. Relatio et vota, 29). Als sie zum Sterben kam, vertraute sie einer Mitschwester, die ihr beistand, an, sie habe die Hl. Familie mit einer Geste der Einladung an sich vorbeiziehen sehen. Sie fügte hinzu: »Jesus, Maria, Joseph ... welch ein Trost!« (Menara 319).

WW: Tagebuch, Briefe, Erinnerungen, Instruktionen, hs. in 9 Bden. Generalarchiv der Suore Francescane Elisabettine, Padua. — Florilegio spirituale, ed. A. Marzaritto, ²1962. — E. V. e le sue Istituzioni, ed. G. Barra, 1974.
QQ: Relatio et vota congressus pecularis super virtutibus, 1988. — AAS 81 (1989) 880–884.
Lit.: G. Menara, E. V., 1928. — V. Turetti, L' angelo bianco, serva di Dio E. V., 1956. — G. Barra, Madre E. V. e la sua opera nella documentazione del tempo, 1972. — F. S. Pancheri, E. V., 1986. — D. Pili, E. V., 1990. — AAS 83 (1991) 556–560. — BSS XIV 1425 f.   *Bernardino de Armellada/W. Baier*

Venedig, Patriarchat mit 9 Suffraganen. 421 wird die erste Kirche am Rialto errichtet; seit 827 ist V. Sitz eines Bischofs, der zunächst in S. Pietro in Castello residiert; 832 wird — nach der Überführung der Gebeine des hl. Markus, mit dem Bau der Kirche S. Marco begonnen; um 1450 hat V. bereits etwa 140 Kirchen; mit der päpstlichen Bulle vom 8.10.1451 wird V. Patriarchat. 10 Patriarchen V.s wurden zu Päpsten gewählt, unter ihnen im 20. Jh. Pius X., Johannes XXIII. und Johannes Paul I.

Es kann hier nicht der Ort sein, V.s Bedeutung als Wirtschaftsmacht, als Sitz eines Patriarchen sowie als Zentrum von Kultur und Kunst darzustellen, wo zeitweise die größten Künstler ihrer Epoche zusammenwirkten, die sich auch intensiv dem ⋈thema widmeten. Selbst die Geschichte der MV in V. muß sich auf Andeutungen sowie auf die Nennung der wichtigsten marian. Stätten und Bildnisse beschränken.

In erster Linie ist V. die Stadt des hl. Markus. Entsprechend nennen sich die Venezianer Söhne und Töchter des hl. Markus, außerdem werden zahlreiche Gebetserhörungen sowie der Aufstieg V.s der machtvollen Fürsprache des Evangelisten zugeschrieben, was auch immer wieder in der Kunst V.s dokumentiert ist. Bald nach der Translation der Gebeine des hl. Markus (828/829) errichteten ihm die Venezianer eine stattliche Kirche (Baubeginn 830; Abschluß der Innenausstattung 883). Der heutige Bau allerdings stammt aus der 2. Hälfte des 11. Jh.s und wurde im 13. Jh. ausgeschmückt und erweitert. Marian. Zentrum im Markusdom ist in der nördlichen Abseite des linken Querhauses der »Altare della Madonetta« mit dem Gnadenbild der Nikopoia (wohl 10. Jh.), das die Venezianer 1203 in Byzanz vom Generalswagen des griech.

Venedig, S. Marco, Ikone der Nikopoia, 11. Jh.

Gegners erbeutet hatten. Die Ikone der thronenden Muttergottes, die das Christuskind darbietet, gilt als →Lukasbild und verkörperte schon in Byzanz die siegreiche himmlische Heerführerin, der auch die Kaiser bei ihren Festzügen den Vortritt ließen. Entsprechend wurde auch in der alten Republik V. dieses im Krieg erbeutete Palladium »als wahrer Souverän des Staates öffentlich geehrt« (Belting 14) und die Venezianer vertrauten ihm ihr Gemeinwesen an.

Im rechten Seitenschiff des Querarms befindet sich das von der häufigen Berührung durch die Gläubigen abgenutzte byz. Relief der »Madonna del Bacio« (12. Jh.) sowie eine byz. Reliefikone der GM. — Aus dem 11. Jh. stammt die sog. »Madonna delle Gracie«, ein Relief der stehenden GM mit ausgebreiteten Armen, die mit ihrem weiten Mantel an eine →Schutzmantelmadonna erinnert und mit dem Kultbild in der Blachernenkirche zu →Konstantinopel in Verbindung steht. Dort wird die Mantelreliquie ⋈s aufbewahrt, von der 1204 einige Partikel nach V. kamen. — Der Name der Reliefikone »Madonna dello Schioppo« (= Flinte; 13. Jh.) spielt auf die der GM zugeschriebene Bewahrung venezianischer Seeleute vor Bomben im Ersten Weltkrieg an. — Die Cappella Zen birgt das Relief der »Maria aniketos« (13. Jh.), dessen mißverstandene ursprüngliche Inschrift zur Legendenbildung beigetragen hat, wonach das Bild aus jenem Stein gehauen sei, aus dem Moses in der Wüste das Wasser geschlagen habe. Ferner befindet sich dort die »Madonna della Scarpa« mit einer vergoldeten Schuhspitze, die auf die Legende anspielt, wonach die GM einen als Votivgabe gebrachten Schuh in Gold verwandelt habe. — Weitere marian. Kunstdenkmäler in S. Marco sind u. a. das Andachtsbild an der Südfassade, vor dem gemäß der Stiftung eines Seemanns täglich zwei Kerzen brennen; die stehende GM aus der Donatello-Nachfolge, 1465 gestiftet vom Dogen Cr. Moro; vier Baldachinsäulen im Altarraum (13. Jh.) mit marian. Szenen sowie vielfache Bezüge im reichen ikonographischen Programm der Mosaiken.

Die Kirche S. Maria della Salute, das bekannteste Bauwerk des venezianischen Barock, entstand in Erfüllung eines Gelübdes vom 22.10. 1630, als man das Ende einer Pestepidemie der Fürsprache ᙏs zuschrieb. Der Hochaltar der 1687 geweihten Kirche enthält in einem Marmorschrein die 1672 aus Kandia/Kreta nach V. gebrachte ᙏikone. Darüber versinnbildlichen die Figuren der GM, der jugendlichen Venezia und der Pest, in Gestalt einer fliehenden häßlichen Alten, das Ende der Epidemie. Zur Erinnerung an die Stiftung findet alljährlich am 21. November eine feierliche Prozession (»Andata«) von S. Maria del Giglio (auch S. Maria Zobenigo, im 9. Jh. gegründet, heutiger Bau 16./17. Jh.) zur Kirche S. Maria della Salute statt.

Als Votivkirche wurde 1481–89 auch S. Maria dei Miracoli erbaut, und zwar für ein wundertätiges ᙏbild, das seit 1477 verehrt wird und heute seinen Platz auf dem Hochaltar hat. — Ursprünglich als Klosterkirche entstand im 14./15. Jh. S. Maria Gloriosa dei Frari mit Tizians bahnbrechender »Assunta« (1516–18) und seiner sog. Pesaro-Madonna (1519–26); ferner befindet sich dort u. a. G. Bellinis Triptychon mit der thronenden Madonna (1488) und ein Tympanonrelief ᙏs mit dem Kind, das die Mutter vom Kreuz zurückhalten möchte (um 1440). — Tiepolos Bild der »Einsetzung des Rosenkranzes« in der 1726–36 erbauten Kirche »Gesuati« (S. Maria del Rosario) zeigt einerseits in dunklen Farben den Sturz der Häretiker, andererseits in lichten Tönen die himmlischen Gestalten; weitere Altarbilder Tiepolos, Piazettas und S. Riccis sind dem Dominikanerorden und seiner MV gewidmet. — Im 15. Jh. entstand unter Verwendung älterer Bauteile die ursprünglich dem hl. Christophorus geweihte Kirche Madonna dell'Orto, deren Name sich von einem ᙏbild herleitet, das unter wunderbaren Umständen in einem Garten (= Hortus) gefunden wurde. Die Kirche birgt mehrere bedeutende marian. Gemälde J. Tintorettos, der in dieser Pfarrei lebte und auch dort begraben ist. — S. Maria Formosa ist eine von acht Kirchen, die der Überlieferung nach im 7. Jh. vom hl. Magus gegründet worden sind. In der heutigen, 1493 erbauten Kirche befindet sich B. Vivarinis Triptychon von 1473 mit der Schutzmantelmadonna zwischen Joachim und Anna. — In der Cappella del Rosario in SS. Giovanni e Paolo stiftete die Rosenkranzbruderschaft ein Oratorium der GM in dankbarer Erinnerung an den durch ᙏs Fürbitte errungenen Sieg bei Lepanto. Aus Anlaß des Sieges bei Lepanto ließ der Senat von V. auch unter dem entsprechenden Bild im Dogenpalast die Worte setzen: »Weder Macht und Waffen noch Führer, sondern Maria vom Rosenkranz hat uns zum Sieg verholfen«.

Weitere marian. Stätten in V. sind die Jesuitenkirche S. Maria Assunta (17. Jh.) mit Tintorettos »Assunta« auf dem Hochaltar, S. Maria del Carmelo, S. Maria della Fava mit Tiepolos Jugendwerk »Erziehung ᙏs«, S. Maria della Pieta (S. Maria della Visitatione), S. Maria di Nazareth (Chiesa degli Scalzi) und S. Maria Mater Domini mit einem vergoldeten Madonnenrelief des 15. Jh.s auf dem Hochaltar und einer Maria orans aus dem 13. Jh.

Lit.: G. v. Pölnitz, Venedig, 1949. — Reclams Kunstführer, Venedig, 1974. — M. Gemin, La Chiesa di S. Maria della Salute, 1982. — T. Droste, Venedig, 1985. — R. E. Liebermann, The Church of Santa Maria dei Miracoli in Venice, 1986. — T. Pignatti, 1000 Jahre Kunst in V., 1989. — H. Belting, Bild und Kult, 1990, bes. 220–232. — B. Bertoli, Le Chiese di Venezia nel Settecento, 1993. *F. Trenner*

Veneremur virginem,/ Genetricem gratiae. Späte Sequenz der zweiten Periode, fünf rhythmische Strophenpaare mit jeweils zweisilbigem Kreuzreim. Nach der einleitenden Aufforderung, ᙏ zu ehren, folgen Gruß, Anrede und Bitte um Fürsprache am Jüngsten Tag (8, 3 f.). Der Text besteht im wesentlichen aus einer Aufzählung von biblischen Ehrentiteln und dichterischen Beinamen, die die GMschaft ᙏs hervorheben (1,2 »genetrix gratiae«; 1,3 »salutis dulcedo«; 2,1 »aula regia«; 2,2 »regina prudentiae«; 3,1 »lilium castitatis«; 4,2 »fidei principium«; 5,3 »odor nardi pretiosi« Hld 1,11; 6,1 »arbor vitae« nach Ps 1,3 und 7,1 »via peccatorum« Ps 1,1; 8,1 »virga Jesse« Jes 11,1; 9,4 »virgula aromatum« Hld 3,6).

In Wortwahl und Stil wie nach dem Ausdruck der inneren Haltung steht der Text den → Psalterien BMV nahe (z. B. auch Deutung von Ps 1,1 »via peccatorum«: nicht mehr negativ wie im Bibeltext, sondern ᙏ als Weg des Sünders zum Heil).

Herkunftsland der Sequenz, die in zahlreichen Handschriften seit dem 14. Jh. und in gedruckten Missalien überliefert ist, ist wohl Frankreich.

Ausg.: AHMA 54, 402–403. — Kehrein 240–241.
Lit.: Chevalier 21184 und Add. — AHMA 54,403
M. Pörnbacher

Veneziano, Domenico, * wohl um 1410 in Venedig, † 1461 in Florenz, erhielt seine Ausbildung in Norditalien und lebte dort auch während seiner ersten Schaffensphase. Vermutlich lernte er durch Gentile da Fabriano die spätgotische Kunst des Nordens kennen. Nach einem Romaufenthalt im Gefolge von Gentile, trat V. 1432 in Florenz seine Laufbahn als selbständiger Maler an. Seine ersten Arbeiten müssen 1432–38 entstanden sein. Einen Anhaltspunkt dafür bietet die Tafel der Anbetung der Hll. drei Kö-

Domenico Veneziano, Verkündigung an Maria, Cambridge

nige (Berlin-Dahlem, Gemäldegalerie, 1439/41) — ein → Tondo, das noch von der Internat. Gotik geprägt ist. Als älteste Quelle gilt ein Brief, den V. im April 1438 von Perugia aus an die Medici in Florenz geschrieben hat und in dem er um noch nicht an Fra Angelico oder Filippo Lippi vergebene Aufträge nachsucht. Ab 1439 wird V.s künstlerische Entwicklung im Rahmen der florentinischen Malerei der Quattrocentomitte von weitgehender Bedeutung.

Mthemen spielen in V.s Oeuvre eine signifikante Rolle. 1439 entstanden die heute zum größten Teil zerstörten Fresken des Mzyklus im Chor von S. Egidio in Florenz, bei denen Piero della Francesca assistierte. Das erste florentinische Werk V.s ist eine fragmentarisch erhaltene Darstellung Ms mit dem Kind, das sog. »Carnesecchi-Tabernakel« (London, Nat. Gallery, 1432/37). Die GM sitzt in streng frontaler und statuarischer Haltung auf einem eleganten, mit bunten Kosmatenschmuck verzierten Thron, das Kind auf ihren Knien. Bes. überrascht die schroffe Perspektive des Thrones und die Verkürzung der Taube und Gottvaters über dem Nimbus Ms.

Ähnliche Bezüge zur florentinischen Malerei zeigt auch die M mit dem Kind der Berenson-Sammlung in Florenz (1432/37). Die zarte Erscheinung der Jungfrau hebt sich von einem rötlich schimmernden Brokat ab, während sie ihrem pausbackigen Kind eine Blume darreicht. Der mattblaue Mantel der GM fällt schwer und voluminös. Das rosagrünliche Inkarnat des Madonnengesichtes hebt sich ab gegen die schwärzliche Folie der Innenseite des Stoffes, der mit Goldpunkten übersät ist.

Besondere Beachtung verdient der aus einer dichten Blütenhecke bestehende Hintergrund der Madonna von Bukarest (1435/37), die die zarten Gesichtszüge und die gestische Anmut der Berenson-Madonna wiederholt.

In der Kirche S. Egidio des Hospitals S. Maria Nuova begann V. 1439 zusammen mit Piero della Francesca einen Freskenzyklus mit Szenen aus dem Mleben. Nach der Fertigstellung der »Begegnung an der Goldenen Pforte« und der »Geburt Me« brach V. 1445 seine Arbeit aus ungeklärten Gründen ab. Die Vermählung der Jungfrau blieb dabei unvollendet; sie wurde 1461 von Alesso Baldovinetti zu Ende geführt, während Andrea del Castagno 1451–53 die verbleibenden Episoden malte. Nahezu die gesamte Dekoration ging im 18. Jh. verloren.

Das Tondo der Anbetung der Hll. drei Könige (Berlin-Dahlem, 1439/41) zeigt deutliche Anklänge an Gentile da Fabriano. Das traditionelle Motiv wird hier in ein höfisches Milieu versetzt. Dabei nimmt V.s Komposition auf das Rund des Tondos keine Rücksicht. In einem oblongen, bildparallelen Figurenblock werden die Gestalten der Hl. Familie und des feierlich höfischen Aufzuges zusammengefaßt, in einem quadratischen Schacht die des begleitenden Trosses. Das Hauptmotiv tritt innerhalb der Komposition des im Rund zusammengedrängten Bildes hinter dem Gepränge des ritterlichen Gefolges zurück. Vor dem Stall von Betlehem sitzt M und hält das segnende Kind dem knienden König entgegen, der sich tief herabbeugt, um ihm den Fuß zu küssen.

1445/47 malte V. für die Kirche S. Lucia de Magnoli ein Altarbild, welches die thronende M mit Kind zwischen den hll. Franziskus, Johannes dem Täufer, Zenobius und Lucia darstellt (Florenz, Uffizien). Die fünf Predellenszenen dieser → Sacra Conversazione (Abb.) sind auf verschiedene Museen veteilt. In ihrer Anordnung entsprachen diese den Figuren auf der

Haupttafel: Stigmatisation des hl. Franziskus, Johannes der Täufer in der Wüste (Washington, Nat. Gallery); Verkündigung an 🄼, der hl. Zenobius erweckt den vom Ochsen getöteten Knaben (Cambridge, Fitzwilliam Mus.) und das Martyrium der hl. Lucia (Berlin-Dahlem). Der Lucia-Altar zeigt eine Lockerung des Bildgefüges, eine Harmonie heller, aufeinander abgestimmter Farben. Hier stehen die Figuren zum ersten Mal in einem lichterfüllten Raum, der unabhängig von den menschlichen Gestalten existiert. Dennoch folgt die Architektur mehr einer dekorativen als einer tektonischen Ordnung. Die gotische Säulenhalle wird zur weitgedehnten Schale, die das Licht auffängt. Auf 🄼s rechtem Oberschenkel steht das Kind, den linken Arm um den Hals der Mutter gelegt. Obgleich 🄼, über deren Wange eine Träne rinnt, und das Kind nicht in Blickkontakt zueinander sind, ist doch die innere Beziehung der beiden Gestalten spürbar. Von entscheidender Bedeutung sind für den Lucia-Altar Farbe und Licht. Bei der GM sind alle Farben, wenn auch abgeschwächt und aufgehellt, gesammelt: ein mattes Blau, ein sanftes Grün, ein helles Rosa und leuchtendes Ocker, ein von V. bevorzugter Farbenvierklang. Durch die harmonische Verbindung der einzelnen teilweise changierenden Farben, entsteht erst der Eindruck des einheitlichen Bildgefüges. Im Gesamtkolorit überwiegen ein sehr helles Grün und ein zartes Rosa.

Kurz nach der Fertigstellung des Lucia-Altares begab sich V. 1447 in die Marken, um dort, abermals mit Piero della Francesca, das Gewölbe der Kirche S. Maria di Loreto auszuschmücken. Auch dieses (heute zerstörte) Werk hinterließ V. unvollendet.

Das letzte zugeschriebene 🄼bild aus V.s Spätphase befindet sich in der Kress Collection in Washington (1448–50). Die GM zeigt dieselbe anmutige Eleganz, die allen 🄼n V.s eigen ist. Den Hintergrund bildet — wie im Gemälde von Bukarest – eine blühende Hecke, ein Motiv, das sich um 1450 auch in der florentinischen Malerei durchsetzte. Die Gestalten der Madonna und des genremäßigen, puttenhaften Kindes beruhen ganz auf florentinischer Tradition. Stärker als beim Lucia-Altar waltet bei diesem 🄼bild das Bemühen, die Einzelheiten möglichst in eine bildparallele Fläche zu setzen. Auch hier offenbart sich die rein malerische Einstellung des Künstlers. Aufgehellte Farbflächen in dem von V. bevorzugten Kolorit eines milchigen Rosa, eines matten Blaßblau, eines leuchtenden Gelb und eines sanften Grün des Hintergrundes sind aufeinander abgestimmt.

Selbst wenn aus V.s letztem Lebensjahrzehnt kein Werk erhalten ist, wird jedoch allgemein davon ausgegangen, daß er bis zu seinem Todesjahr 1461 als Maler tätig war.

V.s stilgeschichtliche Bedeutung liegt darin, Licht und Farbe aus ihrer dienenden Stellung im Aufbau einer plastischen Bildwelt gelöst zu haben. Als erster verwirklicht er die im Quattrocento gewonnene neue Bildeinheit rein mit Hilfe koloristischer Mittel. V. knüpft letztlich an einen gotischen Kolorismus an, aber durch seine an der Wirklichkeit geschulte Farbbeobachtung überwindet er die trecentistische Farbauffassung. So führen V.s Farbimpressionen zu einer Intimität und lyrischen Zartheit des Koloristischen und damit des ganzen Bildes; bes. gelingt ihm dies in seinen gefühlvollen 🄼bildern. V. wird durch seine sensuelle, rein farbige Einstellung zum feinsinnigsten Koloristen unter allen Florentiner Malern des Quattrocento.

Lit.: G. Vasari, Le vite de' più eccelenti pittori, scultori e architetti, Firenze 1568. — G. B. Cavalcaselle und J. A. Crowe, Storia della pittura in Italia V., Firenze 1892. — B. Berenson, Die Florentiner Malerei der Renaissance, 1925. — R. Longhi, Un frammento della pala di D. V. etc., 1925. — M. Salmi, Paolo Uccello, Andrea del Castagno, D. V., 1936. — A. Blunt, Artistic Theory in Italy, 1450–1600, 1940. — J. Pope-Hennessy, The Early Style of D. V., In: Burlington Magazine 17 (1951) 216–223. — C. Semenzato, Un' opera giovanile di D. V., In: Rivista d' Arte 29 (1954) 133–136. — H. Wohl, The paintings of D. V., 1980. — A. Apolieri, Paolo Uccelo, D. V., Andrea del Castagno, 1991.

S.-M. Mittendorf

Venezuela. Das Bild (27 x 22 mm auf Pergament gemalt) »NS de Coromoto« von →Guanare (Zamora) ist das am meisten verehrte 🄼bild in V. Unter diesem Titel wird 🄼 als Nationalpatronin der Republik angerufen, was von der Bischofskonferenz am 10.5.1942 in einem Dekret verkündet und von Papst Pius XII. am 7.10. 1944 bestätigt wurde. 1949 wurde die kanonische Krönung des Bildes erlaubt, die Wallfahrtskirche zur Basilika minor erhoben. Die feierliche Krönung erfolgte am 11.9.1952 anläßlich eines Marian. Kongresses und der 300-Jahrfeier der Erscheinung. 1975 wurden von der Bischofskonferenz zum Jahrestag der Krönung eine neue eigene Messe und ein Offizium erbeten.

Ein steinernes Bild ULF von Coromoto wird in Naiguagtá (Guaira) verehrt, das Bild »NS del Valle« auf der Insel Margarita (Nueva Esparta). Sein Name leitet sich vom Ortsnamen Valle del Espíritu Santo her. Die Verehrung ist auf der ganzen Insel und auf dem Festland verbreitet.

In der Pfarrei Táchira (Erzdiözese Mérida), in der Nähe von San Cristóbal, wird die GM unter dem Titel »NS de la Consolación« angerufen, oft auch »NS de Táchira« genannt. Das Gemälde soll durch die ersten Augustiner-Missionare dorthin gekommen sein. Die Verehrung, die in die Jahre 1630 und um 1640 zurückgeht als eine Pest San Cristóbal heimsuchte, ist im ganzen Land verbreitet.

In der Paulskirche (erbaut 1580) von Caracas befand sich ein Bild ULF von Copacabana, das nach der Zerstörung der Paulskirche in die Kirche S. Teresa verbracht wurde, wo es bis heute verehrt wird. Die legendenreiche Überlieferungsgeschichte des Bildes läßt keine klare geschichtliche Einordnung zu. Es stammt wohl aus Peru. Seine Verehrung läßt sich schon 1596 nachweisen. Das ursprüngliche Bild ist verschollen. Eine besondere Verehrung erfährt es in Guarinas, etwa 40 km westlich von Caracas.

Das Bild »NS de Alta Gracia« ist eine Kopie des alt-ehrwürdigen Bildes gleichen Titels auf der Insel Santo Domingo. In Caracas wird es seit 1656 in einer eigens erbauten Kirche verehrt, die später zur Pfarrkirche wurde. Eine für Mulatten gegründete Bruderschaft unterhielt die Kirche und feierte das Fest am 21. Januar jeweils mit großem Prunk. Ein Bild mit der gleichen Anrufung wird in Quíbor, nahe von Tocuyo, verehrt.

Erwähnenswert in Caracas ist auch »NS de la Merced«, die bes. gegen Erdbeben angerufen wurde, so schon am 20. 6. 1638. 1766 wurde sie erneut feierlich als Patronin erwählt und 1900 wurde ihr als Dank ein Denkmal errichtet, weil die Stadt vor einer drohenden Zerstörung bewahrt blieb. Die 1681 erbaute Kirche wurde 1812 zerstört. Eine größere Kirche als die vorausgehenden wurde nun als Wallfahrtskirche errichtet.

In neuerer Zeit begann die Verehrung ULF von Lourdes im Heiligtum von Maiquetía in der Nähe von La Guayra. Durch den Priester Santiago Machado wurde eine Lourdes-Grotte errichtet. Die Wallfahrten begannen 1887 und wuchsen an. Vor der Kirche wurde eine kolossale Statue der GM errichtet und ein riesiges Kreuz.

In Maracaibo befindet sich eine Kopie des Bildes ULF von Chiquinquirá (Kolumbien). 1920 wurde mit Erlaubnis von Papst Benedikt XV. die kanonische Krönung des Bildes vollzogen und die Wallfahrtskirche zur Basilika minor erhoben. 1942 wurde ein Marian. Kongreß durchgeführt, an dessen Ende das Bild erneut gekrönt wurde. Ein Bild unter gleichem Titel wird auch in Zara als »NS de Arégue« angerufen.

Ein sehr gefeiertes Bild ist auch »NS de la Corteza« (Baumrinde) in der prächtigen Pfarrkirche von Acarigua. 1702 war die Mulattin Margarita auf der Wallfahrt nach Coromoto und als sie nach der Rast auf dem Wege ihr Reittier von Baum losbinden wollte, sah sie ein Bild der Jungfrau auf der Rinde. Sie trennte es mit ihrem Messer ab und nahm es mit auf ihrer Pilgerfahrt. In Acarigua wurde das Geschehnis bekannt. Die Kapuziner gründeten dort eine Mission und die Verehrung wuchs an. 1757 wurde die Verehrung kirchlich gestattet. Das kleine Bild (52 x 43 mm) wird in einer Silbermonstranz aufbewahrt. Es gibt eine ganze Reihe von solchen und ähnlichen kleinen ⓜbildern in V., die teils einfache Nachahmungen, aber dennoch recht berühmt und alt sind.

Das kleine, in einer Monstranz aufbewahrte Bild »NS de los Valencianos« (18. Jh.) befindet sich in der Pfarrkirche S. Luis de Cura. Der Name leitet sich von einem Trockenflußbett her, in dem ein alter Indio das Bild fand, und nicht, wie oft behauptet, von der Rettung von Seefahrern aus Valencia vor der Küste V.s.

Wegen seiner Geschichte ragt das aus Spanien stammende Bild »NS del Socorro« in Valencia heraus, das sich in der Kathedrale (erbaut 1819) befindet. Für 1702 wird seine Hilfe gegen eine Heuschreckenplage überliefert. Das geschnitzte Bild ist bekleidet und wird nach altem Brauch als Schmerzensmutter angerufen. Aus Anlaß seiner Krönung (1910) wurde hier der erste Marian. Kongreß von V. ausgerichtet.

Ein Bild unter dem gleichen Titel, auch »Virgen del Tutumo« genannt, wird in Nueva Barcelona (Anzoátegui) verehrt. Um 1650 wurde es von Indios im totumo- oder tutumo-Baum (Totumakürbis) gefunden und in die Kirche S. Cristóbal gebracht; von dort kam es 1671 in das neu gegründete Barcelona. Bes. erwähnt wird die Errettung der Stadt im Jahr 1748 von einer schlimmen Epidemie.

In der Kirche S. Francisco von Caracas wird »NS de la Soledad« verehrt. Dabei handelt es sich um eine Kopie des sehr populären Bildes der »Virgen de la Paloma« aus der gleichnamigen Pfarrkirche in Madrid, das nach einem Schiffbruch (1654) in einer Kiste an Land geschwemmt wurde.

In San Sebastián (Aragua) wird bes. ein kleines Gemälde der GM mit dem Jesuskind unter dem Titel »NS de la Caridad« verehrt. Ursprünglich befand es sich auf einem Landgut in der Nähe von San Sebastián; es wurde bei einem Brand gerettet und am 22. 1. 1892 in den Ort selber verbracht, wo eine Bruderschaft zu seiner Verehrung gegründet wurde. 1731 wurde eine eigene Kapelle für das Bild errichtet, später kam es in die Pfarrkirche. Mérida besitzt ein verhältnismäßig modernes Bild der »Virgen del Espejo« (Spiegelmadonna), dessen Verehrung zu Beginn des 19. Jh.s anzusetzen ist. Es ist ein Miniaturbild der Immaculata mit biblischen Motiven und Symbolen der Lauretanischen Litanei.

In Barquisimeto wird eine Kopie des ⓜbildes aus San Juan de los Lagos (→Mexiko) seit Ende des 18. Jh.s angerufen. 5 km östlich davon in Santa Rosa befindet sich das geschnitzte Bild »NS Divina Pastora« (→Gute Hirtin), dessen Verehrung ins späte 18. Jh. zurückgeht. Durch die span. Kapuziner wurde die MV unter diesem Titel verbreitet.

Während des Unabhängigkeitskampfes (1810–21) wurde eine besondere patriotische Novene zu Ehren der Schmerzensmutter entwickelt.

Marian. Vorstellungen spielen in der María-Lionza-Religion eine bedeutende Rolle. Diese junge afroamerikanische Religion in V., die viele Kulturelemente in sich vereinigt, wurde nach einer einheimischen mythischen Prinzessin mit diesem Namen benannt, deren Verehrung als Naturgottheit im Mittelpunkt des Kultes der Anhänger (Marialionzistas) steht. Das Ziel des Kulthandelns ist die Kommunikation der Gläubigen mit den Geistern, an die man sich mit seinen Problemen wendet, weil (der christl.) Gott zwar die Welt lenkt, für die Menschen aber fern ist. Durch Medien erhalten die Menschen Rat und Hilfe, werden Kranke geheilt oder magische Wirkungen verursacht. Die

Anfänge des Maria-Lionza-Kultes liegen um 1920. Heute ist die zeitweise verbotene Religion in V. staatlich garantiert und hat sich über das ganze Land ausgebreitet. Man rechnet mit mehr als 120 000 Anhängern, die seit 1968 in einzelnen Kultzentren mit der Bezeichnung Culto aborigen zusammengeschlossen sind. Maria Lionza wird als Reina, Madre Reina und Diosa von den Gläubigen verehrt. Zu ihrem himmlischen Hofe (Corte Celestial) gehören alle kath. Heiligen und bes. die GM; ihre verschiedenen Anrufungen und Titel gelten als Inkarnationen Ms. Wenn Maria Lionza in einem Medium erscheint wird ihr Champagner gereicht und sie wird mit dem gesungenen »Ave Maria« begrüßt. Viele Gläubige vergleichen sie mit der Jungfrau von Coromoto oder setzen sie mit ihr gleich.

Lit.: D. Narro, Memoria sobre la imagen nueva de NS de la Consolación, 1921. — Fr. Izquierdo Marti, Tradiciones Marianas en V., 1929. — M. Acosta Saignes, Las cofradías coloniales y el folklore, In: Cultura Universitaria (Caracas) n. 47 (1955) 79–102. — Manoir IV 469–480. — Vargas Ugarte I 430–445. — F. Campo del Pozo, Fiesta de la Inmaculada y Cofradía de la Consolación, 1957. — Ders., La Virgen de la Consolación en V. Historia de la imagen de NS de la Consolación de Tábriba y de la archicofradías de la coronilla, historia y privilegios de los confrades de la correa de NS de la Consolación, 1958. — J. Suria, Al primera cofradía de Caracas, In: Boletín Histórico 3 (1963) 28–39. — R. M. Rosales, La Virgen que alumbró una historia, ²1972. — F. Campo del Pozo, NS del Rosario de Paraute (Las Morochas, Cuidad Ojeda, Zulia), In: Venezuela Maria (1979) 523–570. — T. Eberhard, Kult & Kultur. Volksreligiosität und kulturelle Identität am Beispiel des María-Lionza-Kultes in V., 1983. — A. Pollak-Eltz, María Lionza. Mito y culto venezolano, ²1985. — O. Ramos Cordero, NS de Coromoto y su mensaje teológico, 1986. — M. García Gavidia, Posesión y ambivalencia en el culto a María Lionza: notas para una tipología de los cultos de posesión existentes en la América del Sur, 1987. — F. Campo del Pozo, Cofradías y doctrinas del convento de Mérida (Venezuela), In: ArAg 71 (1987) 97–127. — O. Ramos Cordero, NS de Coromoto y su mensaje teológico, In: CELAM II, 1988, 431–500. — F. Campo del Pozo, Cofradía de la Concepción Purísima de Mucurubá (Venezuela), In: ArAg 72 (1988) 159–218. — R. Mahlke, Die Geister steigen herab, 1992. — Ders., Die María-Lionza-Religion in V. Eine religionsgeschichtliche Untersuchung, In: ZMR 76 (1992) 139–157. *H. Rzepkowski*

Veni, praecelsa domina. Späte Sequenz der zweiten Periode zum Fest Me Heimsuchung aus acht rhythmischen ambrosianischen Strophen mit zweisilbiger Endassonanz. Jede Strophe beginnt mit »Veni«. Abgesehen von Parallelen zum Hymnus »Veni, creator spiritus« in der äußeren Anlage der Sequenz finden sich im Text zahlreiche Zitate und wörtliche Anklänge sowohl an diesen Hymnus (z. B. 1, 2 f. »Maria, tu nos visita, / Aegras mentes illumina«: »Mentes tuorum visita« 1,2) als auch an die Sequenz »Veni, sancte spiritus« (z. B. 3,3 »Rege quodcumque devium«: »Rege quod est devium« 8,3; vgl. auch »Veni virgo virginum, veni lumen luminum«, AHMA 54,393). Strophe 7 ist ausdrücklich ein Gebet um die Gaben des Hl. Geistes.

Im Vordergrund der Betrachtung steht nicht das Geschehen nach Lk 1,39 ff., das als Folie dient (5,3 f. »Exsultet cor in gaudium / Johannis ante Dominum« — »Möge unser Herz vor dem Herrn in Freude aufjauchzen wie Johannes«) für den Gedanken, M möge die Christenheit als ihr Volk besuchen; vielmehr wird das Festgeheimnis ausgedeutet: M als Mittlerin des Heils (2,1 »salvatrix saeculi«; 3,1 »regina gentium«; 5,1 »stella, lux marium«). Die Sequenz schließt mit einer Doxologie (Strophe 8), was ungewöhnlich und hier wohl auch mit dem Einfluß des Hymnus zu erklären ist.

Zu der in zahlreichen Handschriften seit dem frühen 14. Jh. und in gedruckten Missalien überlieferten Sequenz existieren vier Melodien. Ursprungsland ist Deutschland oder Italien.

Ausg.: AHMA 54,301. — Kehrein 163. — Mone II 125.
Lit.: Chevalier 21231 und Add. — AHMA 54,301–303. — G. Besutti, Sequenze mariane del »Missale Fratrum Servorum Sanctae Mariae« (Pal. lat. 505), In: Virgo fidelis, a cura di F. Bergamelli e M. Cimosa, 1988, 229–251, bes. 249 f. *M. Pörnbacher*

Veni praecelsa domina ... quae iam cognatae domui. Neue Umdichtung der Sequenz an Me Heimsuchung, sechs rhythmische ambrosianische Strophen mit einsilbigem Paarreim: M, die dem Haus ihrer Verwandten soviel Freude gebracht hat, möge auch uns besuchen, uns vor Sünde bewahren, uns lenken als ein Stern auf dem Meer, uns stärken im Glauben.

Ausg.: Te decet hymnus. L'Innario della ›Liturgia horarum‹ a cura di A. Lentini, 1984, n. 165. — Officium divinum ..., Liturgia horarum II 1400. — AR, Liber hymnarius 376.
Lit.: A. Cuva, Le dossologie con riferimenti Mariani negli inni della »Liturgia horarum«, In: Salesianum 47 (1985) 829 f. — Ders., Maria SS. nella storia della salvezza: Dall' innario della ›Liturgia horarum‹, In: Virgo fidelis, a cura di F. Bergamelli e M. Cimosa, 1988, bes. 264. *G. Bernt*

Veni, virgo virginum, Veni lumen luminum. Msequenz zweiter Epoche aus fünf Strophenpaaren zu je drei steigenden Siebensilbern (Reim aabccb). M wird angerufen, daß sie komme, den Sündern und den Bedrängten beizustehen. Der Dichter zeigt Vorliebe für Alliteration, die dem Text sein sprachliches Gepräge gibt (z. B.: Veni, vena veniae; Veni, vide visita [daher vielleicht manchmal an Me Heimsuchung gesungen]; Magna, maior, maxima). Die Melodie und einige Formulierungen sind von »Veni sancte spiritus« übernommen. Die Sequenz ist seit dem 13. Jh. in Frankreich und Deutschland überliefert.

Ausg.: AHMA 54,393. — Mone II 359. — Kehrein 215.
Lit.: Chevalier 21280. — Moberg, Sequenzen, 271. *G. Bernt*

Veniens mater inclita. Hymnus an Me Heimsuchung, sechs rhythmische ambrosianische Strophen mit zweisilbigem Kreuz- oder Paarreim. Der Hymnus knüpft an das Festgeschehen an: M möge uns besuchen wie den Johannes, sie möge sich der Kirche grüßend zuwenden, daß sie die Nähe Christi empfinde und sich erhebe; sie möge das Volk, das zu ihr aufblickt, den Himmelsbewohnern beigesellen. Die Doxologie nimmt Worte des Magnificat auf. Der Hymnus ist im 16. Jh. verfaßt.

Ausg.: Te decet hymnus. L'Innario della ›Liturgia horarum‹ a cura di A. Lentini, 1984, n. 166. — Officium divinum ..., Liturgia horarum II, 1971 f., 1404. — AR, Liber hymnarius 376 f.

Lit.: A. Cuva, Le dossologie con riferimenti Mariani negli inni della »Liturgia horarum«, In: Salesianum 47 (1985) 828 f. — Ders., Maria SS. nella storia della salvezza: Dall' innario della ›Liturgia horarum‹, In: Virgo fidelis, a cura di F. Bergamelli e M. Cimosa, 1988, 253–282, bes. 264. *G. Bernt*

Venus → Aphrodite

Vera, Fortino Hipólito, * 1834 in Tequixquiac / Mexiko, † 1898 in Cuernavaca, seit 1857 Priester und Seelsorger in Amecameca, seit 1894 Bischof von Cuernavaca, einer der herausragendsten Befürworter (Aparicionistas) der Ereignisse von Guadalupe im 19. Jh. Sein Einfluß und seine Bildung haben mit den Beiträgen von Agustín de la Rosa und Esteban Antícoli SJ viel zur Verbreitung der Verehrung ULF von →Guadalupe beigetragen, die in der Krönung des Bildes am 12. 10. 1894 ihren Höhepunkt hatte. Neben den Ereignissen selber war einer der Hauptdiskussionspunkte mit den Antipariconistas (Gegner der Erscheinungen) die historische Zuverlässigkeit des →Nican Mopohua. Weitere wichtige Dokumente für die kirchliche Anerkennung waren die vom Erzbischof von Mexiko 1666 in einem historischen Prozeß gesammelten »Informaciones«, die die Aussagen von 20 Zeugen (Geistliche und Indios) über die Glaubwürdigkeit des Guadalupe-Ereignisses enthalten. Diese Berichte sowie die ergänzenden »Informaciones« von 1723 wurden durch V. veröffentlicht.

WW: Tesoro Guadalupano. Noticia de los libros, documentos, inscripciones & c. que tratan, mencionan ó aluden a la aparición y devotción de Nuestra Señora de Guadalupe, 2 Bde., Amecameca 1887–89. — Informaciones sobre la Milagrosa Aparición de la Santísima Virgen de Guadalupe, recibides en 1666 y 1723, Amecameca 1889; Neudr. 1946. — Contestación histórico-crítica en defensa de la maravillosa aparición de Santísima Virgen de Guadalupe. Al anónimo intitulado: Exquistio Histórica, y a otro anónimo tanbién que dice Libro de Sensación, Querétaro 1892.

Lit.: A. Alcalá Alvarado, El Milagro del Tepeyac. Objeciones y Respuestas, 1981. — J. M. Rodríguez, El Disfraz de los Antiguadalupanos, 1981. — E. de la Torre Villar und R. Navarro de Anda, Testimonios Históricos Guadalupanos, 1982.
H. Rzepkowski

Verba seniorum, Olmützer Spruchsammlung. Während in der üblichen Tradierung der »Verba seniorum« (der Sammelbegriff bezeichnet die in Form von Lehrgesprächen tradierten Aussprüche und Beispielhandlungen der ersten Eremiten) ⓜ keine Rolle spielt, stellt ein einzelner Textzeuge des Komplexes eine bemerkenswerte Ausnahme dar: die »Olmützer Verba seniorum«.

Der Olmützer Codex M II 24, der Ende des 15. Jh.s im Brünner Dominikanerinnenkloster Marienzell entstand, enthält neben anderen geistlichen Texten — insgesamt eine konzeptionell durchdachte Sammlung — eine Auswahl von 48 Sprüchen aus den »Vitaspatrum« (295^r–329^r) in einer nur in dieser Handschrift bezeugten mittelbairischen Prosa-Übersetzung in der »vmbred«-Tradition; als Hauptquelle diente die Kompilation der »Commonitiones sanctorum patrum«. Der Text steht im Dienst einer Erneuerung des klösterlichen Lebens.

Nach dem 30. »Verba seniorum«-Exempel sind ein Dutzend Exempel aus der »Vitasfratrum«-Sammlung des Gerhard v. Frachete aus dem 13. Jh. eingeschoben (entstanden als Auftragsarbeit des Generalkapitels unter der Leitung des Ordensgenerals Humbert v. Romans). Als Schreiber der gesamten Handschrift (und Übersetzer?) nennt sich Heinrich Sigel, der für das letzte Jahrzehnt des 15. Jh.s in Konventslisten der böhmischen Dominikanerklöster nachgewiesen werden konnte (Schütz-Buckl 62 f.).

Da sich die Nonnen des Klosters schon im Namen ihres Konvents, der auch »Cella Castitatis, Cella Beatae Mariae V.« genannt wird, ⓜ geweiht haben (»Das puch ist der wirdigen Kloster junkfrawen zw vnser lieben frawen in der statt Brün prediger ordens genänt vnser Marie Czell«, 343vb, ähnlich 329rb), darf man bei ihnen ein besonderes Interesse an Legenden im Zusammenhang mit ⓜ voraussetzen; tatsächlich sind fast ausschließlich solche »Vitasfratrum«-Visionsexempel in den »Vitaspatrum«-Text interpoliert, in denen ⓜ eine große Rolle spielt (Schütz-Buckl 72). Als Vorbild für die perfekte Erfüllung des Gebots der Gottesliebe begegnet ⓜ auch in dem ebenfalls im Olmützer Codex M II 24 überlieferten »Büchlein von der Liebhabung Gottes« Thomas Peuntners.

Nach Exempeln und Sprüchen zahlreicher Äbte (wie Agathon, Pimenius, Moyses u. a.) und etlicher Altväter (u. a. Macharius und Arsenius) findet sich in der Interpolations-Passage als erster Text über ⓜ ein »Exempel von der junkchfrawn Mariam wie si die pruder behütt« (E IV): Einem kranken »laypruder« erscheint im Siechhaus »die junkchfraw Maria mit ettlichen andern junkchfrawn«, die Bütten und Seife tragen: Auf Anfrage erläutert ⓜ, sie sei gekommen, um die Brüder »von dem vnlewnt (schlechten Leumund) vnd vngunst, die si ieczund empfangen haben« reinzuwaschen, denn ein entlaufener Bruder habe den Konvent in Briefen rundum verleumdet. Nach der Erscheinung jedoch bekehrte sich der »laiprüder, der aus dem orden was geloffen« und widerrief seine Lügen (98).

Im nächsten Exempel (E V) wähnt sich ein sterbender Bruder auf Grund seiner Sünden bald dem Verderben ausgesetzt; darauf rät ihm ein Mitbruder: »rüef an vnser beschirmerin die junkchfrawn Mariam fleizzichleich mit dem vers ›Maria mater gracie‹. Der ist zu dewtsch also, Maria, ein müeter der gnaden vnd ein mueter der parmherczichait, pis vns peschirmen vor dem veint, vnd czu der czeit des todes nym vns genadichleich zu dir.« Daraufhin hat der Sterbende die Vision, daß ⓜ »vnser beschirmerin ... ein grosse schar der teüffel von mir getriben hat«. Nach diesem Beistand kann er in Ruhe sterben (98 f.). In ähnlicher Weise steht »die chünigin Maria« den Ordensbrüdern Petrus (E VI) und Leodacus (E VII) in ihren Todesstunden als Trösterin und Seelenführerin bei.

Tröstlicher Beistand ⓜs im Sterben ist auch der Inhalt einer Predigt, die ein Dominikaner in

Paris über die Vision eines Mitbruders hält, der »von jugent auf fleissichlich dint der junkchfrawn Mariam«, indem er schon als »schüeler« und dann zeit seines Ordenslebens »albeg nach metten der junkchfraün Mariam vnd der junkchfrawn sand Kathrein vnd sand Niklas ir iedem ein besunder pett gesprochen« habe (E VIII 100 f.). Daher zeigte M diesem Mitbruder als letzte Ruhestätte »ein auserwelte vnd czirleiche stat«; M habe diese den Dominikanern »erwarffen von meynem lieben sün ... das ir si sült besiczen«. Daraufhin freut sich der Bruder auf den Tod.

M erhört aber auch Bitten um Errettung vor dem Tod (E X): Einem kranken engl. Dominikaner, der sie während der Komplet um Gesundung bittet, erscheint »die junkchfrawn« als Pietà (»die hett Jesum in der schoss als plütigen, als er was gehangen an dem chreücz«); vorwurfsvoll entgegnet sie dem Bruder: »Siechstu, wie uil hat mein chind durch deinen wegenn geliten, der warten wenn du auch leidest, das du nicht chlainmütig werst.« Dennoch gesundet der Kranke unverzüglich nach der Vision.

Im vorangegangenen Exempel (E IX) berichtet eine »frumme andächtige fraw« aus Marsilia, die oft an der Komplet des Dominikanerkonvents teilgenommen hat, ihrem dominikanischen Beichtvater von einer vierteiligen Vision: Während des → Salve Regina sah sie »die junkchfrawn Mariam, das si wider vmb grüsset die prüder«. Während der Gebetsanrede »Eya unser vorsprecherin« sah sie M niederfallen »für irn lieben sün vnd pittet für die prüder«. Nach der Aufforderung »Deine parmherczige augen zu vns« sah die fromme Visionärin, daß »die junkchfraw Maria froleich anluget die prüder«, bevor sie schließlich nach der Zeile »dein gesegenten frucht deines leibs, erczaig vns nach disem ellend« das Jesuskind am Arm hochhält.

Das letzte Mmirakel (E XII) berichtet von einem Traum des flandrischen Novizen Waldvinus: Er grämt sich, daß er vor seinem Ordensleben als reicher Mann viele Almosen habe geben können, nun aber über keine materiellen Mittel mehr verfüge. Vor einem Maltar erscheint ihm im Morgengrauen M, die ihm zwei Trinkbecher reicht, zunächst mit trübem, dann mit dem »allerpesten lautern vnd aus der massen ein suessen gütenn wein«. Beide Weine deutet M dem Novizen als sein Leben vor und nach dem Ordenseintritt: »Wann als vil mer pesser vnd loblicher ist der geistleich stant, da du ieczund in stest, den der weltleich stant, als vil mer pesser vnd süesser ist gewesen der ander trankch«. Daraufhin erwacht der Bruder froh und erlebt alsbald eine vorbildliche Ordenskarriere: »In chürcz ward er lesmaister vnd ein andächtiger prediger.« — Eine weitere Rezeption der Olmützer V. ist bis heute nicht bekannt.

Ausg.: Schütz-Buckl (s. Lit.) 86–111.
Lit.: K. Kunze, U. Williams und Ph. Kaiser, Information und innere Formung. Zur Rezeption der »Vitaspatrum«, In: Wissensorganisierende und wissensvermittelnde Lit. im MA, hrsg. von N. R. Wolf, 1987, 123–142. — Ch. Schütz-Buckl, Die »Olmützer Verba seniorum«. Untersuchung und Edition, In: Studie o rukopisech 28 (1991 [de facto 1993]) 57–123. — LL XII 43 f.
W. Buckl

Verbist, Theophile, * 12.6.1823 in Antwerpen, † 23.2.1868 in Lao-hu-kou / Mongolei, seit 1846 Priester der Erzdiözese Mechelen, wo er als Subregens am kleinen Seminar wirkte, Kaplan an der Militärakademie in Brüssel und Nationaldirektor des Werkes der Hl. Kindheit. Als durch den Vertrag von Peking (1860) die Beschränkungen für die Mission in China gefallen waren, wollte V. mit drei Priesterfreunden in die Chinamission gehen. Auf Wunsch des Kardinalpräfekten gründete er ein belgisches Missionsseminar, um so den missionarischen Nachwuchs zu sichern. Daraus entwickelte sich die »Kongregation vom Unbefleckten Herzen Mariens« (Congregatio Immaculati Cordis Mariae — Congregatie van het Onbevlekt Hart van Maria-Missionarissen van Scheut — CICM).

V. erwarb ein Grundstück in Scheut in der Nähe von Brüssel, zu dem auch die alte Wallfahrtskapelle »Onze Lieve Vrouw van Gratie« gehörte, heute allgemein ULF von Scheut genannt. In der Wallfahrtskirche legte er 1864 seine Gelübde ab. Der Gründer und Generalobere der Kongregation fuhr mit vier Mitarbeitern nach China, wo ihnen die innere Mongolei übertragen wurde. Seit 1888 wirkten die Scheut-Missionare im Apost. Vikariat Belgisch-Kongo und seit 1907 auch auf den Philippinen.

V. erkrankte auf einer Visitationsreise an Typhus. Er wurde im Mai 1931 in die erweiterte Kapelle ULF von Scheut überführt.

Lit.: J. Vandeputte, Uitleg van de Constituties. Congregatie van het O. Hart van Maria — Missionarissen van Scheut, 1950. — V. Rondelez, Scheut, zo begon het... Leven en Werk van Provicaris T. V., Stichter van de Missiecongregatie van Scheut 1823–1868, 1960. — D. Verhelst, La Congrégation du Coeur Immaculé de Marie (Scheut). Edition critique des sources I, Une naissance laborieuse 1861–65, 1986. — Ders., T. V. et les origines de la Congrégation de Scheut, 1980. — Ders. und H. Daniels (Hrsg.), Scheut Vroeger en nu 1862–1987. Geschiedenis van de Congregatie van het Onbevlekt Hart van Maria CICM, 1991.
H. Rzepkowski

Verborgene Christen. Nicht alle Christen in →Japan, die im Verborgenen lebten gaben sich zu erkennen und schloßen sich nach der Öffnung des Landes der kath. Kirche an. Zwar gab sich eine kleine Gruppe aus Urakami (nördlich von Nagasaki) dem Missionar Bernard-Thadée →Petitjean 1865 in der Kirche von Oura nahe bei Nagasaki zu erkennen und weitere Gruppen folgten, aber andere Altchristen lebten weiter im Verborgenen ihrer christl. Überlieferung. Sie werden »(Kakure) Kirishitan« (verborgene Christen) oder einfach Kakure genannt. Es findet sich auch die Bezeichnung »Hanare« (getrennte Christen). Die Christen nach der Öffnung des Landes werden »Kirisuto-sha«, »Kirisutokyôto« oder einfach »Christian« — in japanischer Aussprache — genannt. Gruppen von V. finden sich auf Kyûshû und Honshû in der Gegend von Kyoto-Osaka sowie im Nordosten in der Gegend Tôhoku, in der heutigen Fukushima-Präfektur, in der Feudalzeit Aizu.

Die Gruppen auf Kyûshû teilen sich in zwei Familien, die miteinander keinen Kontakt hatten. Die erste Gruppe lebt auf den Inseln Hirado und Ikitsuki im Nordwesten von Kyûshû, im Feudalgebiet der Matsuura-Familie. Im Feudalgebiet der Saga- und Omura-Familie, auf den Halbinseln Sonogai im Norden von Nagasaki lebt die zweite Gruppe; eine dritte ist im Gebiet von Sotome und Kashiyama, die mit den Gruppen auf den Gotô-Inseln Kontakt hatte.

Durch die selbstgewählte Isolierung sind die V. ein trockner Ast am Baum geworden, der langsam abstirbt. Ihre Zahl geht zurück und ihr christl. Glaube ist im Schwinden. Die mündliche Übermittlung wird fast unmöglich. Nur noch eine kleine Minorität läßt die Kinder taufen. Wo die Kinder getauft werden, wird das Wasser von bestimmten Quellen geholt und das »Ave Maria« (abe Mariya) dabei gebetet. Die Bindungen, die sie zur Zeit der Verfolgung zusammengehalten haben, werden nun zum Hindernis für ihre Freiheit und die Rückkehr zur kath. Kirche. Zwar fahren sie fort zu Jesus und zur GM zu beten sowie ihr Bild unter dem der Bodhisattva Kannon zu verehren, aber die Grenzen werden fließender. Es erfolgen Neudeutungen, die den Weg zu einer neuen Religion eröffnen. Es gibt auf der Insel Goto eine Statuengruppe (Anata-sama) von zwei unterschiedlich großen Füchsen. Die größere Statue wurde auf Jesus Christus bezogen und die kleinere auf ⋈. Noch vor einer Generation wurde die Gruppe, deren Ursprung unbekannt ist, Jiwan-sama (hl. Johannes) genannt. Neuerdings wird sie von den Leuten selber als Bodhisattva Jizô gedeutet. Immer mehr schwindet der Sinn für die Geschichtlichkeit des Christentums; geschichtliche Elemente werden durch mythol. ausgetauscht. Zwar wird gesagt, Jesus Christus sei in Betlehem geboren worden (Beren no kuni), aber dem entspricht bei ihnen keine geographische und zeitliche Komponente. Die Heiligen werden zu Gottheiten. Sie nehmen den Platz der Gottheiten (kami-sama) im Shintoismus ein, so auch die GM, die Beschützerin (Omamori-no-Santa-Maria-sama).

Als wichtiges Fest gilt am 3. August ULF vom Schnee (Yuki no Santa Maria), das seinen Ursprung im Gründungsfest von S. Maria Maggiore in Rom hat, gleichzeitig aber eine japanische Legende aufgreift. Aus dem 17. Jh. ist ein Bild der »Hl. Maria vom Schnee« von einen unbekannten japanischen Künstler erhalten, das sich im »Museum der 26 Martyrer von Nagasaki« befindet.

Lit.: N. Murakani, An old Church Calendar in Japanese, In: Monumenta Nipponica 5 (1942) 220–224. — K. Tagita, 40 000 Secret Christians in Japan, 1950. — Ders., Secret Christians of Japan, In: Worldmission 7 (1956) 336–342. — A. Rios, Los Cristianos Ocultos del Japón, In: El Siglo de las Misiones 44 (1957) 327–335. — K. Tagita, A study of Acculturation among the Secret christians of Japan, 1966. — A. F. Verwilghen, Les Cryptchrétiens de Ikitsuki au Japon, In: Rhythmes du Monde (1960) 74–90. — I. Hori, Folk Religion in Japan: Continuity and Change, 1968. — G. Elison, Deus Destroyed. The Image of Christianity in Early Modern Japan, 1973. — G. B. M. Terada, La riflessione istorico sulla devozione a Maria SS. nella Chiesa giaponnese, 1973. — A. Volpe, Kakure, Religione e societá in Giappone, 1992. — Ch. Whelan, Religion concealed: the Kakure Kirishitan on Narushima, In: Monumenta Nipponica 47 (1992) 369–387. — A. M. Harrington, Japan's Hidden Christians, 1993. — St. Turnball, Devotion to Mary anomg the Hidden Christians of Japan, 1993. — P. Nosco, Secrecy and the Transmission of Tradition — Issues in the Study of the »Underground« Christians, In: Japanese Journal of Religious Studies 20 (1993) 1–29. — E. M. and A. H. Kroehler, The Krishitan of Aizu, In: Japanese Religions 19 (1994) 44–57. — St. Turnbull, From Catechist to Kami: Martyrs and Mythology anomg the Kakure Krishitan, ebd. 58–81. — Ch. Whelan, Loss of signifed anomg the Kakure Krishitan, ebd. 82–105. — D. Yuuki, The Crypto-Christians of Nagasaki, ebd. 121–124.

H. Rzepkowski

Verbum bonum et suave. Sequenz zweiter Epoche an ⋈festen, drei Strophenpaare aus je drei fallenden Achtsilbern und einem steigenden Siebensilber: die Gläubigen wollen das »Ave« erklingen lassen, das gute und liebliche Wort, durch das ⋈ zum Gemach Christi wurde. In leichtfließender Sprache, mit schönen Bildern, Ehrentiteln, darunter auch Typen (Vlies Gideons und brennender Dornbusch) wird ⋈ angerufen. Die Entstehung der überaus verbreiteten Sequenz reicht noch ins 11. Jh. zurück. Ihre große Beliebtheit zeigt sich auch darin, daß sie in einem Trinklied parodiert wurde: »Vinum bonum et suave« (Walther 20366. — P. Lehmann, Die Parodie im MA, ²1963, 124 ff.).

Ausg.: AHMA 54,343. — Kehrein 206 f. — Dreves-Blume II 269 f.
Lit.: Chevalier 21343. — AHMA 54,345. — Walther 20166. — Szövérffy I 414 f. — G. Besutti, Sequenze mariane del »Missale Fratrum Servorum Sanctae Mariae« (Pal. lat. 505), In: Virgo fidelis, a cura di F. Bergamelli e M. Cimosa, 1988, 229–251, bes. 248 f.

G. Bernt

Verdaguer i Santalo, Jacint, *17.5.1845 in Folgueroles/Katalonien, †10.6.1902 in Vallvidrera/Barcelona, stammte aus einer Arbeiterfamilie, weshalb er sich seine Studien als Externer des Priesterseminars von Vic als Landarbeiter verdienen mußte; 1870 empfing er die Priesterweihe. Kurze Zeit als Vikar in der Ortschaft Vinyoles d'Ordis tätig, wurde er aus Gesundheitsgründen Schiffsgeistlicher. Er wirkte bei der Reederei des Marquis von Comillas, der ihn fördern wollte. Bereits mit 15 Jahren gründete V. einen lit. Verein für Jugendliche und gewann 1865 seinen ersten Preis bei einem Poesiewettbewerb. Seine Überseereisen gaben ihm Gelegenheit, sein erstes großes Epos »L'Atlantida« zu schreiben, für das er 1877 den Preis der Stadt Barcelona erhielt. Danach veröffentlichte er mehrere Gedichtbände, zumeist geistlicher Art, die immer wieder mit Preisen ausgezeichnet wurden, u. a. »Idilis i Cants Mistics«, »Monserrat«, »Flors del Calvari«, »Roser de tot l'any«, »San Josep« und »San Francesc«. 1888 erschien sein zweites großes Epos »Canigo«, ein Mythos über die katalanischen Pyrenäen. Sein letztes Werk war »Santa Eularia« (die Patronin von

Barcelona). Die »Eucarístiques« wurden dann postum veröffentlicht.

Auch wenn das Marian. zum wesentlichen Merkmal der rel. und überhaupt der ganzen Dichtung V.s gehört, kann man dennoch als besondere marian. Werke seine »Cants místics«, »Jesus infant« (wunderbare lyrische Bilder aus den Apokryphen), »Roser de tot l'any« (christl. Kalender mit Gebeten und Kommentaren in Versform für das ganze Jahr) und »Flors de Maria« (gewissermaßen eine Mariol. in Gedichten) hervorheben. Das Mysterium des gesamten Lebens ⓜs und ihre Gnadenvorzüge (von der UE bis zur Himmelfahrt) sind Gegenstand der marian. und profanen Dichtung V.s. Er verbindet die Verehrung ⓜs mit seinem Patriotismus; denn ⓜ ist für ihn Ursprung »der Herrlichkeiten« Kataloniens und des gemeinsamen Vaterlandes aller iberischen Nationalitäten. Dies kommt bes. in der Apotheose von »L'Atlantida« zum Ausdruck sowie in vielen Gedichten seines Epos »Patria«: »La batalla de Lepant«, »A la mort de Balmes«, oder in »Lo pelegrinet de santa Teresa«; auch in seinem Buch »Aires del Montseny« besingt V. die marian. Frömmigkeit des Volkes, die eigentliche Triebkraft seiner marian. Dichtung. Für das Volk schrieb er Lieder und »gozos« zur Ehre ⓜs — eine besondere Ausdrucksform der Frömmigkeit in Aragonien und Katalonien, die man in etwa mit den kastilischen »villancicos« vergleichen könnte und die von den Bruderschaften und bei Volksfesten gebetet oder gesungen wurden. Beispiele hierfür sind »Veus del Bon Pastor« für die Klaretiner, »Goigs de l'Inmaculat Cor de Maria«, »Goigs de santa Maria de Ripoll«, »Coples de la Mare de Deu de Roure« und »Virolai: Rose d'abril, Morena de la serra …« zu Ehren ULF von →Monserrat, das zur Hymne von Monserrat und zum eigentlichen rel. Nationallied von Katalonien überhaupt geworden ist, und das alle Katalanen und viele kastilisch Sprechende auswendig können. Viele von V.s marian. Liedern, aber auch profane Gedichte wurden von ihm selbst ins Kastilische übertragen; sie gehören zu den Schätzen der span. Lit.

WW: C. Ribal (Hrsg.), J. V., Antologia poética, ³1967. — L. Guarner (Hrsg.), J. V., Antoloía de su lírica, 1974. — Ders. (Hrsg.), J. V., Obres completes, ⁵1974.

Lit.: M. Folch i Torres, L'Obra d'en V., Barcelona 1904. — V. Serra Voldu, Mosen J. V., Bellpuig 1915. — M. Condominas, El exorcismes: J. V., 1970. — R. Xuriguera, J. V., L'home i l'obra, 1971. *L. Herrán/G. Rovira*

Verdelais, Erzdiözese Bordeaux, Département Gironde, bekanntester Wallfahrtsort im Bordelais. Die Gründungslegende geht auf den ersten Kreuzzug zurück. Ein im Hl. Land 1099 in Gefahr geratener Ritter aus Aquitanien soll gelobt haben, eine Kirche zu Ehren ⓜs zu errichten. Die nach seiner glücklichen Rückkehr unter dem Namen »ND du Luc« (lucus = hl. Hain) verehrte Madonna soll er selbst in Betlehem geschnitzt haben. Zwischen 1160 und 1550 betreuten »Grandmontains«-Mönche den Wallfahrtsort, der eine Ausweichmöglichkeit für eine Wallfahrt in das Hl. Land war. Für 1185 wird als erstes Wunder die Heilung eines von Geburt an blinden Mannes bezeugt.

Mit der Heirat von Elénore d'Aquitaine und Henri Plantagenet (um 1150) war das Gebiet zum engl. Lehen geworden. 1190 unterzeichnete Richard Löwenherz eine Charta, in welcher der Name »Verdelais« zum ersten Mal aktenkundig wurde: »… capellam Beatae virginis commemor de Verdelaye« (viridi-luco = grüner hl. Hain).

In der 2. Hälfte des 16. Jh.s, der Zeit der Religionskriege, wurde der Wallfahrtsort stark in Mitleidenschaft gezogen, gelangte jedoch unter der Betreuung der Mönchsgemeinschaft der »Célestins« (1627–1774) zu hohem Ansehen. Nach den Revolutionswirren übernahmen die von Jean-Claude →Colin gegründeten »Maristen« (1838–1990) die Wiederbelebung des Wallfahrtsortes, die sich bes. in der 2. Hälfte des 19. Jh.s manifestierte. Seit Weihnachten 1990 steht dem Wallfahrtsort die vom hl. →Paul vom Kreuz 1720 gegründete Kongregation der Passionisten vor, die eine sog. »pèlerinage d'un jour« (Eintageswallfahrt), jeweils am ersten Sonntag eines jeden Monats zwischen März und Oktober, eingeführt hat.

Als Gnadenbild wird eine aus Kastanienholz geschnitzte, 80 cm hohe thronende Madonna verehrt, die mit beiden Händen das einen Vogel fassende Jesuskind hält. Die Gruppe ist um 1390 entstanden und wurde von einer Adeligen gestiftet, deren Bitten um die Geburt eines Kindes erfüllt wurden. Am 2. 7. 1856 wurde das Gnadenbild gekrönt. 1924 erhob Pius XI. die Wallfahrtskirche in den Rang einer Basilika; zahlreiche Votivgaben schmücken das Innere. Die Hauptwallfahrten finden an den Festen Aufnahme ⓜs in den Himmel und ⓜe Geburt statt. Jährlich besuchen etwa 60000 Pilger (steigende Tendenz) den ⓜwallfahrtsort.

Lit.: Martial de Brives, Le Sacré Tableau de ND de V., Bordeaux 1637. — Claude Proust, Le Guide des Pèlerins de ND de Verdelays, contentant les saintes dispositions dans lesquelles ils doivent être pour obtenir de Dieu ses Grâces, par l'intercession de la Sainte Vierge, Bordeaux 1674, ²1700, ³1725; La 2ᵉ partie, intitulée: Abrégé des miracles de ND de Verdelays, est suivi de deux cantiques spirituels propres à chanter dans le Batteau en s'en retournant de ND de Verdelays. — P. Salé, Le Guide des Pèlerins des ND de Verdelays … et l' Abrégé des miracles qui y son operez, Bordeaux 1725. — J. M. Hamon, ND de France ou Histoire de Culte de la Sainte Vierge en France IV, Paris 1864, 1–62. — A. Chare, Le Trésor des Pèlerins de ND de V., Bordeaux 1873. — J. E. Drochon, Histoire Illustrée des Pèlerinages Français de la Très Sainte Vierge, Paris 1890, 479–494. — P. Gobillot, ND de V., 1926. — P. Aubazac, ND de V. au diocèse de Bordeaux, In: Revue ND (mai/juin 1927) 274–282. — M. Durand-Lefebvre, Etude sur l' origine des Vierges Noires, 1937. — P. de Rouvray, Pèlerinages du Pèlerinages de ND de V., Paris o. J. (1953). — I. Couturier de Chefdubois, Mille pèlerinages de Notre-Dame, 1954, B 176. — Manoir IV 303. — M. Colinon, Guide de la France religieuse et mystique, 1969, 748 f. — V. H. Belot, La France des pèlerinages, 1976, 239 f. — B. Chevallier, B. Gouley, Je vous salue, Marie, 1981, 211. — J. Ladame, ND de toute la France, 1987, 121–124. — S. Cassagnes-Brouquet, Vierges Noires. Regard et fascination, 1990. — Wallfahrtsbroschüre: ND de V., o. J. — Telefonische Auskünfte durch J.-C. Delion, Verdelais. *W. Hahn*

Verdelot, Philippe, * wahrscheinlich 1470/80 in Frankreich, † vor 1552 in Florenz (?). 1523–25 ist er als Kapellmeister am Baptisterium San Giovanni in Florenz nachzuweisen. Aufenthalte in Rom und später in Venedig sind wahrscheinlich. Seine Madrigale, die um → Josquin Deprez und um die Zeit → Palestrinas und Orlando di → Lassos anzusiedeln sind, waren durch viele Nachdrucke weit verbreitet. Adrian → Willaert hat 22 Madrigale von V. für Singstimme und Laute bearbeitet. Das geistliche Werk von V. besteht aus zwei 4-stimmigen Messen, einem ebenfalls 4-stimmigen Magnifikat und 58 Motetten, wovon über zehn marian. Texte vertont worden sind (z. B.: Ave gratia plena, Ave Maria gratia plena, Ave sanctissima Maria, Beata es virgo, Gaude Maria virgo, Salve regina, Sancta Maria succurre, Sancta Maria virgo virginum).

Lit.: N. Böker-Heil, Die Motetten von P. V., 1967. — MGG XIII 1421–26. — Grove XIX 631–635. *J. Schießl*

Verdi, Giuseppe, * 10. 10. 1813 in Le Roncole bei Busseto/Parma, † 27. 1. 1901 in Mailand, wuchs in einfachen Verhältnissen auf, fand aber in Antonio Barezzi, einem musikliebenden Kaufmann aus Busseto einen großzügigen Gönner, der seine Ausbildung bezahlte. 1836 wurde V. städt. Musikdirektor von Busseto und konnte die Tochter seines Mäzens heiraten. Nach dem Umzug nach Mailand wurde 1839 seine Oper »Oberto« erfolgreich an der Scala uraufgeführt und V. schloß Verträge für drei weitere Opernkompositionen ab. Da starben innerhalb von knapp zwei Jahren seine beiden Kinder und seine Frau, die nächste Oper fiel durch, und V. gab tief deprimiert die Kompositionsaufträge zurück. Doch 1841 überredete ihn der Impressario der Scala, Merelli, zur Vertonung des »Nabucco«, dessen Premiere 1842 V. den Durchbruch verschaffte. Der Chor der gefangenen Israeliten »Va pensiero« wurde zur heimlichen Befreiungshymne des ital. Volkes, der Name »Verdi« aber zum Kürzel für »Vittorio Emanuele Re D'Italia«.

Die folgende Periode bis 1851, in der er in unentwegter Arbeit 14 Opern schrieb, bezeichnete V. später selbst als seine Galeerenjahre. An ihrem Ende hatte er mit den Meisterwerken »Rigoletto« (1851), »Il Trovatore« (1953) und »La Traviata« (1853) aus der Tradition Rossinis, Bellinis und Donizettis zu seinem eigenen Stil gefunden, den er in den Werken der nächsten Jahre verfeinern konnte (»Vêpres Siciliennes«, 1855, Paris; »Simone Boccanegra«, 1857, Venedig; »Un Ballo in Maschera«, 1859, Rom; »La Forza del Destino«, 1862, St. Petersburg; »Don Carlo«, 1867, Paris; »Aida«, 1871, Kairo). Im Zentrum steht bei V. immer die Singstimme, die in Melodien von großer Schönheit und hoher Ausdruckskraft die handelnden Personen und ihre Gefühle charakterisiert. Die Mittel sind so sparsam wie möglich, so werden etwa Koloraturen nicht als virtuose Verzierungen, sondern zur Darstellung von Emotionen eingesetzt. Das Orchester begleitet und koloriert, im Verlauf des Gesamtwerkes zunehmend subtiler, nuancenreicher und ausgefeilter in Instrumentation und Satz.

Entspannung von der Musik fand V. in Aufbau und Pflege seines 1848 erworbenen Gutes Sant'Agata bei Le Roncole. Gleichzeitig engagierte er sich als Politiker im Dienste des vereinigten Italien. Als sein größtes Werk bezeichnete er aber selbst das Altersheim »Casa di Riposo per Musicisti«, das er in Mailand stiftete.

Sein Alterswerk wird von geistlicher und Kammermusik mitbestimmt, so entstand u. a. 1873 das Streichquartett in e-moll und 1874 zum Tode A. Manzonis das Requiem. V. schrieb mehr als 20 Lieder sowie weltliche und geistliche Chorwerke. Einen letzten schöpferischen Höhepunkt im Opernschaffen erreichte er in der Zusammenarbeit mit dem kongenialen Librettisten A. Boito mit »Otello« (1887, Mailand) und »Falstaff« (1893, Mailand).

Boito schreibt über V. in einem Brief vom 24. 12. 1910: »Er wußte, daß der Glaube die Stütze des Herzens ist« ... »Im idealen, moralischen und sozialen Sinn war er ein großer Christ, aber man muß sich sehr wohl hüten, ihn in politischer und im strengen Sinn des Wortes theologischer Hinsicht als Katholik hinzustellen.« ... »Er hat ein Beispiel christlichen Glaubens durch die ergreifende Schönheit seiner religiösen Werke gegeben« (Busch 518).

Die meisten positiven Figuren V.s werden als gläubige Menschen dargestellt, die in dramatischen Situationen Gott oder die Jungfrau 🅜 anrufen.

Marian. Gesangsnummern finden sich in »I Lombardi alla Prima Crociata« (»Salve Maria«), »La Forza del Destino« (»La Vergine degli Angeli« und »Madre pietosa Vergine«) und — als reifstes Beispiel — Othello (»Ave Maria« der Desdemona).

Am Ende von V.s Schaffen stehen die »Quattro Pezzi Sacri« (1898), zu denen außer einem »Te Deum« für Doppelchor und Orchester drei marian. Stücke gehören: das »Ave Maria« über eine Scala enigmatica, eine chromatisch veränderte Tonleiter, das »Stabat Mater« für Chor und Orchester und die »Laudi alla Vergine« für vier solistische Frauenstimmen, das intimste der vier Werke.

In diesem Zyklus zeigt sich V. noch einmal als der »Sohn Palestrinas«, der die ungebrochene ital. Musiktradition zu einem neuen Gipfel geführt hat.

Lit.: H. Kühner, G. V. in Selbstzeugnissen und Bilddokumenten, 1961. — C. Gatti, V., 1961. — J. Wechsberg, G. V., 1981. — H. Busch, V. - Boito Briefwechsel, 1986. *C. Wedler*

Verdienst Marias. Wenn aus 🅜s Bestimmung zur »würdigen Gottesmutter« (Leo XIII., Magnae Dei Matris) zweifellos eine ganz außerordentliche objektive Heiligung und Heiligkeit folgt, so schließt dies (ähnlich wie bei der Prädestination Christi) auch eine besondere subjektive Heiligkeit mit ein — Frucht der beständigen und hochherzigen Entsprechung ihres freien Willens gegenüber den Anregungen des Hl. Geistes (Paul VI., Signum magnum). Nach allgemeiner Auffassung der Theologen kommt ℳ, wenn ihr eine wirkliche Miterlösung (→ Miterlöserin) zugeschrieben werden kann, auch ein Mitverdienst zu, d. h. auch eine mitverdienende und nicht nur fürbittende Gnadenvermittlung. Darauf verweisen auch viele ℳtitel, z. B. »adiutrix redemptoris«, »mater salutis« (Petrus Damiani, Sermo 45 in nativ. [PL 144, 741]; Anselm, Or. 54 [PL 158,961]; Ps.-Albertus, Mariale q 29 § 3 [Opp. 37, 62]; Bonaventura, De donis Spiritus Sancti, coll. 6 n. 5, 14, 16, 17) oder »causa nostrae laetitiae« (→ Lauretanische Litanei).

Die Tatsache dieses Mitwirkens per modum meriti erwähnen schon → Eadmer († 1124), der als erster den Begriff des Verdienstes beigezogen zu haben scheint (De excell. Virg., c. 8, c. 11 [PL 159,573C, 578B]), Johannes → Tauler und Ambrosius Catharinus. »Meruit portare Christum Dominum« heißt es nicht nur in der Liturgie, sondern auch bei Theologen wie → Thomas v. Aquin (S. th. III q 2 a 11 ad 3). Pius X. spricht im apost. Schreiben »Parta humano generis« (8. 9. 1901) von den einzigartigen Verdiensten ℳs, die »ihr mit ihrem Sohne Anteil gaben an der Erlösung des Menschengeschlechtes«. »Mysteriis redemptionis ... non adfuit tantum sed interfuit« (Pius X., Litt. apost. »Parta humano generis«; AAS 34 [1901–02] 194 f.). Johannes Paul II. erklärt, die Kirche schöpfe aus dem Herzen ℳs, aus ihrem tiefen Glauben, wie er in den Worten des Magnifikat zum Ausdruck kommt (Redemptoris Mater, 37).

1. Für sich selbst konnte ℳ ebenso wie alle anderen durch Werke in übernatürlicher Gnade und Liebe Verdienste erwerben, weil Christus die Möglichkeit dazu verdient hat: die Vermehrung der heiligmachenden Gnade, das ewige Leben und die Steigerung der ewigen Seligkeit (vgl. Konzil von Trient, Sess. 6 can. 32). Da ℳ niemals gesündigt hat, sind ihre Taten ausnahmslos im Stande der Gnade und aus Liebe zu Gott gewirkt und demnach auch verdienstlich. Das Maß des Verdienstes entspricht dem Maß der heiligmachenden Gnade, der Intensität der Liebe und der Werthaftigkeit des frei gewollten Werkes und war daher bei ℳ infolge ihrer UE und besonderen Gnadenfülle außerordentlich hoch.

Die »Fülle« der Gnade durch die UE und die Gnade der GMschaft schloß während des Pilgerstandes ein verdienstliches Wachsen der Gnade und des Tugendlebens und damit auch des Verdienstes nicht aus (Thomas, S. th. III q 27 a 5 ad 2; A. M. Lépicier); das Ziel war noch nicht bereits bei ihrer Geburt oder bei der Empfängnis Christi erreicht. Dies wird oft auch im Anschluß an Spr 31,29 erläutert: »Viele Töchter haben Reichtümer gesammelt, aber du hast sie alle übertroffen«. Dieser Fortschritt war möglich (vgl. Thomas, S. th. III q 7 a 11–12), weil alles Geschaffene endlich ist und einen Zuwachs erfahren kann — nur wenige stellten ihn in Frage (Petrus Venerabilis, Christophorus de Vega SJ).

Besteht auf Grund der Selbstbindung des wahrhaftigen und getreuen Gottes ein »Anspruch« auf den Lohn, so daß damit eine gewisse Parallelität zwischen Werk und Lohn gegeben ist, dann liegt ein Verdienst im eigentlichen Sinne (Würdigkeitsverdienst, meritum de condigno) vor. Fehlt aber ein derartiger Anspruch der Gerechtigkeit für das Werk und kann nur von einer Art Angemessenheit einer Belohnung die Rede sein, so folgt nur ein Verdienst im uneigentlichen Sinne (meritum de congruo). Bei dieser Frage nach der Eigenart des Mitverdienens ℳs sprechen die Theologen seit dem 17. Jh. in der Regel von einem »meritum de congruo« (F. Quirinus de Salazar SJ [vgl. O. Casado, Doctrina Ferdinandi Q. Salazar de B. V. Mariae corredemptione, In: EphMar 9 (1959) 101–112], G. de Rhodes, B. de los Rios, J. B. Novati, M. Gickler, J. Brinktrine usw.). Jedoch gibt es Ausnahmen: Johannes Martinez de Ripalda († 1648) hielt ein meritum de condigno für möglich; Christopher de Ortega († 1686) und einige andere Autoren des 17. und 18. Jh.s sprachen sich direkt mit gewissen Einschränkungen dafür aus (Carolus de Moral OFM, † 1731: »meritum secundum quid de condigno«; Fons illimis theologiae scoticae Marianae, Matriti 1730; vgl. C. Balic, In: WiWei 4 [1937] 1–22), J. B. Gonet nimmt dies zumindest für eine Beschleunigung der Inkarnation an (Clypeus theologiae thomisticae, V, disp. 7 a 4 § 1). Auch nach Erscheinen der Enzyklika Pius' X. »Ad diem illum«, in der nur von einem Angemessenheitsverdienst die Rede ist (vgl. J. A. Moynahan, Our Lady's merit de congruo according to Pope Pius X, In: MarSt 2 [1951] 153–169), blieb die Frage aktuell. A. Fernandez OP (1928) und J. Lebon (1939) blieben bei einem »meritum de condigno« (natürlich in Abhängigkeit von Christus). E. Cuervo OP möchte ein Verdienst in diesem Sinne nicht auf die »gratia capitis Christi« zurückführen, sondern auf die mitmenschliche Bedeutung der Gnade ℳs als gratia Dei. M. Llamera OP lehnt zwar diese Unterscheidung ab, spricht sich aber doch für ein »meritum de condigno« aus, das sich aber von dem absoluten Würdigkeitsverdienst Christi unterscheide; er fand Widerspruch bei M. J. Nicolas (Revue Thomiste 53 [1953] 157–174). Die Vertreter der verschiedenen Auffassungen waren mit der bekannten Terminologie wenig zufrieden und suchten neue Formulierungen, wie z. B. »meritum de supercongruo« (C. Dillenschneider, E. Druwé SJ, C. M. Henze), »congruissimum« (C. Friethoff, Alastruey, J. Keuppens). Andere Autoren beziehen sich auf die Terminologie des hl. → Bonaventura, der eigens von einem »meritum de digno« spreche, das man für andere erwerben könne und das ℳ in höchster Weise zukomme. J. Bover nennt das Verdienst ℳs »dignum«, dasjenige Christi »superdignum«, und das der übrigen Menschen »infradignum«. Durch Rückgriff auf die Terminologie Bonaventuras suchten wieder andere einen Ausgleich; G. M. Roschini spricht z. B. vom »meritum excellentiae« (ebd. 277). Bei dieser ganzen Diskussion erscheinen allerdings dt. Theologen weniger beteiligt; sie beschränken sich meist auf die allgemeine Warnung vor Übertreibungen.

Damit hängt das Problem zusammen, ob sich M durch ihren Tugendreichtum vor der Verkündigung selbst die GMschaft verdient habe. Man könnte sich dafür auf Texte der Liturgie berufen: »quem meruisti portare« im Regina coeli und ähnliche Erklärungen von Kirchenvätern und Theologen, die sie als würdige GM preisen (z. B. Augustinus: »Sie verdiente es, Gott zu empfangen«, De nat. et gratia, c. 36 n. 42 [PL 42,267]; Hieronymus: »Gott hätte niemand finden können, der mehr in Betracht gekommen wäre«, Ep. 22 ad Eustoch., n. 38 [PL 22,422]; Gregor d. Gr. zitiert Jes 2,2: »Mit Recht wird Maria höchster Berggipfel und Haus genannt, da sie mit unvergleichlichen Verdiensten begabt Gott eine heilige Wohnung bereitstellte«, Expos. in 1 Reg., c. 1,5 [PL 79,26]). Doch gilt auch hier, daß der Abstand zwischen einem menschlichen Akt in der Gnade und der GMschaft, die von der hypostatischen Union her zu erklären ist, für ein eigentliches Verdienst unüberbrückbar ist; denn niemand kann verdienen, was er besitzt (Thomas, De ver. q 29 a 6). M ist aber von Anfang an zur GM erwählt worden; nach vielen Theologen ist ihre GMschaft Prinzip aller ihrer anderen Gnadengaben (C. Feckes). Die Prädestination zur GMschaft gilt allgemein als absolut ungeschuldet, ante praevisa merita (vgl. Pius IX., Ineffabilis Deus; A. M. Lépicier, Tract. de BVM Matre Dei, Paris 1901, 16 f.). Außer einzelnen Nominalisten (Biel, 3. Sent. dist. 4 n. 3) lehnen daher die Theologen meist ein »meritum de condigno« für die Menschwerdung ab, da keinerlei Proportion zwischen einem Werk der gewöhnlichen Gnadenordnung und der Ordnung der hypostatischen Union bestehe; fast alle nehmen dagegen nur ein »meritum de congruo« an (Thomas, S. th. III, q 2 a 12 ad 3).

Wenn M also die GMschaft als solche, die ja von der hypostatischen Union her bestimmt ist, nicht de condigno verdienen konnte, so doch möglicherweise jenen Grad von Reinheit und Heiligkeit, den Gott sich als für eine GMschaft in Betracht kommend erdacht hatte — allerdings auch dies nur auf Grund der völlig unverdient geschenkten UE des besonderen Gnadenbeistandes. So kann nicht ausgeschlossen werden, daß sich M die GMschaft als gänzlich frei geschenkte Gabe auf einen zweiten Titel hin irgendwie miterwerben konnte, ohne dadurch den im Magnifikat gepriesenen Primat des göttlichen Gnadenwillens in Frage zu stellen. Falls M schon im Mutterschoß Selbstbewußtsein und volle Freiheit des Willens gehabt hätte (so Alfons v. Liguori, Terrien) — die Theologen halten dies jedoch in der Regel für ein Privileg Christi (Thomas, S. th. II q 27 a 3; J. Gerson; M. Premm) — dann wäre eine meritorische Vorbereitung im Augenblick der Verleihung der Gnade denkbar, doch bleiben alle menschlichen Überlegungen im Hinblick auf Gottes Wirken stümperhafte Spekulation.

2. *Für andere* verdienen im Vollsinne (de condigno) kann nur Christus als Haupt für seinen Leib, andere als Glieder der Gemeinschaft der Heiligen de congruo. An diesem Vorrecht hat M nach Ansicht der Theologen als bevorzugtes Glied der Kirche und als Gehilfin Christi beim Erlösungswerk einen einzigartigen Anteil, und zwar auf Grund ihres schmerzhaften Mitopferns unter dem Kreuz, bei dem sie sich die Intentionen ihres Sohnes zu eigen machte (Liturgie vom Fest der 7 Schmerzen Ms). Zeugnisse der Überlieferung dafür finden sich z. B. bei Ps.-Augustin, Eadmer, Bernhard, Ps.-Albert und von da ab in verstärktem Maße. Bonaventura bemerkt: »Ipsa enim reconciliationem toti generi humano promeruit« (In Sent. III, d. 4 a. 3 q. 3). Bezeichnend sind nicht zuletzt die Ausführungen von Dionysius Carthusianus: »Etenim Virgo purissima Redemptorem nobis produxit; immo et suae merito sanctitatis de congruo nobis promeruit Redemptoris adventum. Quod autem est causa causae, dicitur esse causa causati ... Insuper, amantissima Dei Virgo Christifera dici potest mundi salvatrix propter eminentiam, virtuositatem et meritum suae compassionis, quae patienti Filio fidelissime ac acerbissime condolendo, excellenter promeruit, ut per ipsam, hoc est per preces eius ac merita, virtus ac meritum Christi communicetur hominibus« (De dignitate et laudibus BMV lib. 2 a. 23; Op. om., Tornaci 1908, XXXVI 99).

Papst Pius X. erklärte auf Grund dieser Tradition: »Promeruit, ut reparatrix perditi orbis dignissime fieret« (Eadmer, De excell. Virg. Mariae, c. 9 [PL 159,573 D]); M »wurde von Christus selbst zu Vollführung des Erlösungswerkes herangezogen, und verdiente als Angemessenheitsverdienst (de congruo promeret), was er in streng rechtlicher Weise (de condigno meruit) verdient hat« (Ad diem illum, 2. 2. 1904; Graber n. 144). Benedikt XIV. spricht von Miterlösung (Inter sodalitia, 22. 3. 1918), Pius XI. von den »Früchten ihres Mitleidens«, ihrer participatio am Erlösungsmitwerk Christi (2. 2. 1923). Diese Verdienste Ms unter dem Kreuz werden näherhin als Sühneverdienste bezeichnet. Leo XIII.: »Ihr wurde das gleiche Lob zuteil, nämlich auf schmerzvolle Weise für die Menschheit Sühne zu leisten« (Jucunda semper, 1894; Graber n. 88). Ihre Mutterliebe und ihre Schmerzen haben im engsten Bunde mit der Liebe und den Qualen Jesu Christi unser Heil bewirkt (Pius XII., Haurietis aquas, 15. 5. 1956).

Wenn M de congruo zur Menschwerdung (Thomas, S. th. III q 11 a 3; cf. III Sent. d 4 q 3 a 1 ad 6) und Auferstehung (J. Eudes, Le coeur admirable de la Mére de Dieu, II, ch. 8) des

Gottessohnes beigetragen hat, kommt ihr als → »Socia Christi« beim objektiven Erlösungswerk und »Advocata« bzw. »Thesauraria« (→ Schatzverwalterin) und »Ministra gratiarum«, d. h. universale Gnadenmittlerin bei der subjektiven Erlösung auch meritorische Universalität zu: Sie hat uns zumindest im Sinne eines Angemessenheitsverdienstes (vgl. Quirinus de Salazar, Pius X.) im umfassendsten Sinne die Gnaden mitverdient. Die Tatsache, daß die mütterliche Aufgabe Ms in bezug auf Entstehung und Vermehrung des göttlichen Lebens in allen Menschen in der Gegenwart fortdauert, ist nach der Lehre Pauls VI. nicht weniger als eine göttlich geoffenbarte und als solche von der Kirche angenommene Wahrheit; sie ist daher von allen im Glauben festzuhalten (debet fide teneri; Adhortatio apost. Signum magnum, 13. 5. 1967; AAS 59 [1967] 465. 467–468).

Kontrovers bleibt bis heute, was genauer gesehen der Lohn der Opferliebe Ms ist: die Erlösungsgnaden selbst, oder nur ihre Entgegennahme und Austeilung, und wie das entsprechende Verdienst im einzelnen zu verstehen ist. Während einige, bes. span. Theologen für ein meritum de condigno streiten, begnügen sich die meisten mit einem meritum de congruo; manche steigern dieses wegen der Erhabenheit Ms zu einem meritum supercongruo o. ä.

Kontroversen gab es allerdings bei der Frage, ob es sich um eine mittelbare oder unmittelbare Mitwirkung handele. Dazu erklärten H. Seiler SJ und P. Sträter SJ zusammenfassend (Gregorianum 28 [1947] 336): »Maria per actus suos meritorios, praecipue per consensionem in mortem Jesu, Filium determinat, ut valorem satisfactorium et meritorium sacrificii sui, qui primarie Mariae ipsi destinatus erat, etiam pro ceteris omnibus hominibus offerat; Pater acceptat immediate intercessionem Filii sese sacrificantis, mediate in hac acceptatione exaudit supplicationem Mariae. Hoc modo Maria sensu stricto est corredemptrix in redemptione generis humani, cui ut causa moralis comparationem thesauri gratiarum procurat«.

Lit.: Sträter II 74–78. 272 ff. — RoschiniMariol II, p. I. sect. I. c. 3; sect. IV ac. 1 a. 1. II. 2+3. — J. Keuppens, De dignitate Matris Dei in ordine ad meritum, In: DT (P) 36 (1933) 537–566. — M. M. Philipon, Le mérite de congruo»de notre Mére dans le Christ, In: Bulletin de la société française d'Etudes Mariales 1 (1935) 204–253. — C. Balic, Die sekundäre Mittlerschaft der Gottesmutter (Hat Maria die Verdienste Christi de condigno mitverdient?), In: WiWei 4 (1937) 1–22. — M. Cuervo, La gracia y el mérito de Maria en su cooperación a la obra de nuestra salud, In: CTom 57 (1938) 87–104. 204–223. 507–543; 58 (1939) 305–337. — Lorenzo di Fonzo, B. Virgo »de congruo ut aiunt, promeret nobis quae Christum de condigno promeruit«, In: EstMar (1943). — J. Aldama, Cooperación de Maria a la red. a modo di satisfacción, ebd. — M. Cuervo, Sobre el mérito corredentivo de Maria, In: EstMar (1942) 327–352; dagegen G. M. Roschini, In: Mar. 8 (1946) 157–160. — C. M. Henze, De essenti ratione praecipua dolorum BMV ..., In: Mar. 11 (1949) 54–70. — M. Llamera, El merito materal corredentivo de María, In: EstMar 11 (1951) 81–140. — L. Donnelly, Satisfacción y méritos corredentivos de la Madre de Dios, In: ASC 7 (1952) 189–230. — G. M. Roschini, On the nature of the Corredemptive merit of the blessed Virgin Mary, In: Mar. 15 (1953) 277 f. — R. Gauthier, La nature du mérite corédempteur de Marie, In: MeE IV, 1959, 315–352. — J. Thieu, De natura meriti corredemptivi BVM secundum recentiora documenta pontificia et auctores hodiernos, Diss., Manila 1958. — J. A. de Aldama, El mérito condigno de la maternidad divina de Nuestra Señora en la teología de los s. XVI–XVII, In: ATG 25 (1962) 179–224. — L. M. Herran, Lo social y lo personal en la gracia de Maria, In: EstMar 29 (1967) 91–144. *J. Stöhr*

Verdonck, Cornelius, *1563 in Turnhout, †5.7. 1625 in Antwerpen. Der niederländische Komponist war Schüler S. Cornets, ab 1579 in Diensten des Schatzmeisters von Antwerpen und seit 1601 für den Gouverneur von Wichelen und Ceeskamp tätig.

Neben der großen Anzahl weltlicher Madrigale und Lieder sind ein 5-stimmiges Magnificat und ein 4-stimmiges Ave Maria erhalten.

Lit.: P. Bergmans, La biographie du compositeur C. V., 1919. — MGG XIII 1465–67. — Grove XIX 666. *E. Löwe*

Verehrung Mariens ist ein typisches Kennzeichen kath. und ostkirchlicher Frömmigkeit und selbst bei Gläubigen anderer Religionsgemeinschaften zu finden, auch wenn dies nicht öffentlich bekundet wird. Sie hat im Lauf der Jh.e eine solche Bedeutung und Vielfalt der Formen erlangt, daß sie mehrmals Gegenstand kritischer Begutachtung geworden ist und von manchen als Hindernis für die ersehnte Einheit der Christenheit betrachtet wird. Ihr Werdegang ist in einzelnen Phasen und in seiner Gesamtheit mehrmals zur Darstellung gelangt, jedoch nicht allumfassend, weil die Komplexität des Thema einen Einzelnen überfordert. Dazu kommt, daß die Mlehre wegen der theol. Diskussionen und lehramtlichen Stellungnahmen relativ gut dokumentiert ist, die MV jedoch wenig erörtert wurde und zudem regional sehr differenziert ist.

1. Grundlegung. Zwei Sachverhalte, die von der Kirche als göttliche Offenbarung ausgewiesen werden, haben die Mlehre, auf welcher die MV aufruht, begründet.

a) Das Wirken Gottes, gemäß Gal 4,4: »Als die Zeit erfüllt war, sandte Gott seinen Sohn, geboren aus einer Frau«. Es gibt keine Sprache, die das Geheimnis von der Menschwerdung des Gottessohnes durch ein einziges Wort so prägnant versprachlicht und zugleich eine solche Frohbotschaft bedeutet, als der überragende Würdename Ms »Gottesgebärerin«. Er wurde zum Bindeglied der Mlehre, zum Glaubensgut über Christus und zur Berufungsinstanz für alle weiteren Vorzüge dieser Frau. Christi Empfängnis erfolgte gemäß Lk 1,35 und Mt 1,20 unter Ausschluß eines irdischen Vaters als »Jungfrauengeburt«. Die kath. Kirche und die Ostkirchen wehren jeden Versuch ab, dieses Glaubensgeheimnis als Mythos, Symbol, Legende oder lukanische Komposition zu entwerten. Auch hier war Gott am Werk. »Jungfräuliche Gottesmutter« wurde zum bestimmenden Kennzeichen der Mgestalt und zum Gegenstand wachsender Verehrung.

b) Die erwählte »Magd des Herrn« (Lk 1,38) wird bei Lk und Joh als Leitbild christl. Tugend und Heiligkeit wenigstens skizzenhaft ausgewiesen und so zum Modell marian. Spiritualität. Das M bild des NT war bereits dazu angetan, eine MV vorzubereiten. Der Gruß des Verkündigungsengels (Lk 1,28), die Begrüßung durch Elisabeth (Lk 1,42 f.) sowie das erste öffentlich indirekte M lob (Lk 11,27) ließen M nicht in der Anonymität verbleiben. Die weitere Dogmenentwicklung bestätigte diese ersten Zeugnisse einer MV. Zum Wirken Gottes an M gehört auch die wesentliche Aussage der beiden jüngsten M dogmen von der →UE und der leiblichen →Aufnahme der GM in die himmlische Herrlichkeit. Denn die damit gemeinten Sachverhalte fielen in die apost. Zeit und können nur durch Rekurs auf das Wirken Gottes glaubhaft gemacht werden. Gemäß der kath. Auffassung vom Rang der apost. Tradition als Glaubensquelle sind sie Offenbarungsgut.

2. *Der Werdegang* der MV ist durch eine Reihe fördernder Faktoren bestimmt, die mit unterschiedlicher Wirksamkeit zur Geltung kamen.

a) Die Heiligenverehrung im Christentum (→ Heilige) ist nicht die Fortsetzung des heidnischen Polytheismus auf christl. Boden (E. Lucius, Lit.), sondern erkannte als Heroen die ruhmvollen Märtyrer an, von denen keiner in die Rolle eines olympischen Helden gedrängt wurde. Der Begriff »heilig«, der vom rabbinischen Judentum erstmals auch auf Menschen angewandt wurde, faßt wie bei Gott auch bei M die Fülle der Tugenden zusammen. »Heilig« wurde zum gängigsten Attribut der GM und im 2. Teil des Ave Maria verewigt. Schließlich wurde die MV mit →Hyperdulia, d. h. Vorzugsverehrung bezeichnet. »Ihr gebührt nicht ein beliebiger Kult, sondern eine Hyperdulia« (Thomas v. Aquin, S Th. II, 25, 5, resp.).

b) Die Glaubensentwicklung. Da Christus zunächst das beherrschende Thema der Dogmenentwicklung wurde, lag es nahe, den inneren Zusammenhang zwischen Christol. und Mariol. aufzuzeigen, und so wurde M Gegenstand dogm. Auseinandersetzungen. »Theotokos-Gottesgebärerin« wurde zum Ausweis der Rechtgläubigkeit (→Häresie) und diente auf dem Konzil von Ephesos (431) als Schlüsselwort gegen die Irrlehre des →Nestorius. Auf dem 5. Konzil wurden die Leugner der Menschwerdung Christi der »aus der heiligen, hochberühmten und allzeit jungfräulichen Maria Fleisch annahm und aus ihr geboren wurde« (DS 422) mit dem Bann belegt und so das »semper virgo« definiert (Konstantinopel 553).

3. *Die religionspsychologischen Gegebenheiten.* Während die Juden bei aller Hochachtung für berühmte Frauen ihrer Geschichte keinem Menschen kultische Verehrung entgegenbrachten, konnten die Heidenchristen, die immer zahlreicher wurden, auf die verschiedenen Muttergottheiten hinweisen mit der Gefahr der Gleichsetzung mit der Mutter des christl. Erlösers. Die Kirche wehrte sich energisch dagegen, wie Bischof →Epiphanius zeigt, der von einer arabischen Sekte sprach, die M göttliche Ehren erwies. Er erklärte: »Obwohl Maria die schönste und heilig und ehrenwert ist, verdient sie doch keine Anbetung« (GCS III 482). Andererseits neigt die Grundverfassung des Menschen dazu, auch eine Verkörperung und Wirksamkeit des Fraulichen in sein kultisches Denken und Handeln miteinzubeziehen.

4. *Die Beheimatung Mariens in der Liturgie.* Die Liturgie ist im Laufe der Zeit zur wirksamsten Förderung der MV geworden. Die marian. → Feste stellen den Vorrang M s vor allen anderen Heiligen heraus, sichern die Verbindung mit Christus, verankern die biblischen M texte in der Meßfeier und im Bewußtsein der Gläubigen, halten die Erinnerung an die GM wach und regen die Neugestaltung von M gebeten, Hymnen und paralitug. Andachten an. Auch die christl. Kunst wurde dadurch gefördert. Die Liturgie ist die entscheidendste Antriebskraft für die MV und sichert in besonderer Weise ihr Fortleben.

5. *Die Glaubenserfahrung der Mittlerschaft Mariens* führte immer mehr Gläubige zu ihr. Schon das älteste M gebet »unter Deine Barmherzigkeit flüchten wir, Gottesgebärerin, verschmähe nicht unsere Bitten in der Not, sondern befreie uns aus der Gefahr, Du allein Reine, die Gebenedeite« (griech. Urtext) deutet es an. Die lat. Übersetzung führte zum Zusatz: »Unsere Frau, unsere Mittlerin, unsere Fürsprecherin …«. Besonderer Ausdruck des Vertrauens ist das Gebet →»Memorare — Gedenke«. Das Zweite Vaticanum hat den Titel »Mediatrix — Mittlerin« nicht definiert, ihn jedoch verteidigt (LG 62); Christus Jesus ist der einzige Mittler zwischen Gott und den Menschen (1 Tim 2,5). M ist →Mittlerin zum Mittler.

6. *Die vertiefte Einsicht in das Mariengeheimnis.* M wurde schon früh nicht nur als Person, sondern auch in ihrer Funktion, d. h. als heilsbedeutsam, gesehen, bes. bei der Verwendung der →»Eva-Maria-Parallele«. →Irenäus nannte sie »Anwalt der Eva« und »Ursache des Heils«. Im Westen wurde sie auch mit der Passion Jesu in Verbindung gebracht. Dazu kam ihre Bezeichnung als »Urbild der Kirche« (Ambrosius) und »Mutter der Kirche« (→Mutterschaft). →Pius XII. proklamierte M als »Königin des Himmels und der Erde«. Im langen Ringen um die beiden jüngsten M dogmen erschien die GM immer mehr als die Vollerlöste (Immaculata) und daher auch der leiblichen Aufnahme in den Himmel Gewürdigte (Assumpta).

7. *Mariologie.* Die bislang genannten fördernden Faktoren zugunsten der MV fanden naturgemäß ihren Niederschlag bzw. ihre Anregung in den fortschreitenden Ergebnissen der → Mariol., angefangen bei →Ignatius v. Antiochien bis zur Gegenwart. Dabei übernahm zuweilen die Begeisterung für die hl. Jungfrau die Federführung, und es kam zu Behauptungen hinsichtlich der Gnadenfülle und Vollmacht M s, die mit der Bibel und der kirchlichen Lehre

nicht mehr in Einklang zu bringen waren, und daher innerhalb und außerhalb der Kirche Kritik und Ablehnung hervorriefen. Doch ist den meisten Theologen zu bescheinigen, daß sie den Grundsatz »Von Maria nie genug« maßvoll handhabten und die MV bereicherten.

8. Die lehramtliche Förderung der MV. Entsprechend der wachsenden Zuständigkeit des Zentrums der Kirche wurden die Päpste (→ Papsttum) auch für die Bereiche der Glaubensentscheidungen, der Liturgie und Frömmigkeit maßgebend. Sie förderten die MV durch die Einführung neuer Feste, Gebete, Belobigungen marian. Initiativen, Verleihung von geistlichen Vergünstigungen, Anerkennungen marian. Vereinigungen und Bestätigungen von Wundern und Merscheinungen. Von →Pius IX. an förderten sie die MV bes. durch →Enzykliken und den Besuch von Mwallfahrtsstätten, bes. durch die Verkündigung eines Marian. Jahres (Pius XII., →Johannes Paul II.). Schließlich gaben → Johannes XXIII. und →Paul VI. dem Zweiten Vaticanum die Chance, zur Mlehre und MV maßgeblich Stellung zu nehmen.

9. Marian. Institutionen, Bewegungen und Kundgebungen. Auch im kirchlichen Raum gibt es Interessen und Zielsetzungen, die am besten von einer Gemeinschaft Gleichgesinnter zu verwirklichen sind. So entstanden für die MV im Verlauf der Jh.e marian. Bruderschaften, bes. zur Übung des Rosenkranzgebetes, ferner die v. a. von den Jesuiten verbreiteten Marian. → Kongregationen sowie Laien- und Priestervereinigungen und apost. wirkende Bewegungen (Blaue Armee, →Fatima Weltapostolat, →Legio Mariae u. a.). Besondere Pflege der MV erfolgte durch die verschiedenen Ordensgemeinschaften sowie durch nat. und internat. marian.-mariol. Kongresse und nat. Mariol. Gesellschaften.

10. Außerordentliche Phänomene: Wunder und Erscheinungen. Wie keine Verehrung eines anderen Heiligen wurde und wird die MV von echten oder vermeintlichen Wundern begleitet und gefördert. Während sich manche Gebetserhörung *wie* durch ein Wunder ereignete, sind nicht wenige als unleugbar echt ausgewiesen, v. a. an Gnadenstätten wie →Lourdes. Sie sind von Gott gewirkt und der Fürsprache Ms zu verdanken. Nicht weniger förderlich für die MV erweisen sich Merscheinungen (→ Erscheinungen), wie sie nahezu allen Jh.en überliefert, aber von der Kirche oft nicht bestätigt sind. Anders ist es mit wenigen aus dem 19. und 20. Jh. Entscheidend ist die Erfüllung der erforderlichen Kriterien.

11. Die Formen der MV sind gesamtkirchlich oder regional so verschiedenartig wie die sie fördernden Faktoren. Ehrendes Gedenken für bestimmte Persönlichkeiten beginnt auch im profanen Bereich mit Bewunderung, Dank und Lobpreis. Bei der Heiligen- und Mverehrung führt diese Anerkennung zu vertrauensvoller Anrufung durch Gebete und Hymnen, wobei zumeist ein Lob vorausgeht, eingeleitet durch ein Ave oder Salve. Beliebtes Zeichen der Verehrung wurde die Verleihung von →Ehrentiteln, von denen M am Ende des Väterzeitalters bereits 56 besaß. Im MA wuchsen sie erheblich an. Manche bedürfen jeweils einer Erklärung, z. B. »Mutter der göttlichen Gnade« und »Elfenbeinerner Turm« in der →Lauretanischen Litanei. Am vielsagendsten sind die Kurzbezeichnungen in den vier Mdogmen (Gottesgebärerin, Alljungfrau, Immaculata, Assumpta), weil sie zugleich die Pfeiler der Mlehre markieren. In der Lauret. Litanei erscheinen v. a. die Ehrentitel »Mutter, Jungfrau, Königin«. Volkstümliche Ausdrucksformen findet die MV in paraliturg. Andachten, wo dem Lobpreis und der Zuneigung oft keine Grenzen gesetzt sind, zuweilen aber auch dem Überschwang und dem Mißverständnis. Förderung und Formen der MV zugleich stellen die Errichtung von Mkirchen und die Wallfahrten zu Mheiligtümern dar. Dabei wird v. a der Rosenkranz als sichtbares Zeichen kath. Frömmigkeit gebetet und meditiert. Gerade er wahrt den Bezug zum Erlöser Christus.

In den Dienst der MV stellten sich auch in den mannigfachsten Formen die Kunst, Musik und Dichtung. Nahezu jedes Museum präsentiert Mbilder, an denen man Schönheit und Ausdruckskraft studieren kann. Oft ist schon ein Andachtsbildchen ein werbender Hinweis und Gegenstand der MV. Viele Werke der Dichtkunst sind Zeugnisse marian. geprägter Frömmigkeit geworden, auch bei Nichtkatholiken. MV eigener Art ist die marian. Spiritualität, die in der Nachahmung der hl. Jungfrau gipfelt. Zahlreiche Vereinigungen pflegen diese Art der MV und versuchen so den Geist und das Schaubild Ms zu verkörpern. Bes. fruchtbar wird die MV in den verschiedenen Formen des Apostolats und der sozialen Fürsorge für Arme und sittlich Gefährdete, z. B. bei der Legio Mariae und verwandten Gruppierungen. Durch → Grignion v. Montfort und andere große Mverehrer wurde die persönliche Weihe an M gefördert. Päpste der Neuzeit vollzogen die Weihe der ganzen Welt, doch ist dabei zu bedenken, daß damit nicht die persönliche Entscheidungsfreiheit einzelner angetastet werden soll. Schließlich wird die MV durch Volksbrauchtum (z. B. →Kräuterweihe, →Frauentragen u. a.) bekundet und gepflegt. Auch →Devotionalien (bes. →Medaillen und →Andachtsbilder) sowie Realien wie die Benennung von Heilpflanzen und marian. Deutung von Tieren (Biene, Taube) wurden zu Hinweisen auf die Königin aller Heiligen und somit zu Zeugen der MV.

11. Theologische Rechtfertigung. Die Reformatoren lehnten mit der Heiligenverehrung weithin auch die MV ab und wandten sich bes. gegen die Mittlerschaft Ms und ihre Darstellung als Schutzmantelmadonna, die v. a. die Zisterzienser verbreitet hatten. Die Rechtfertigung der MV hat vom Grundsätzlichen her zu erfolgen.

Da ist einmal die Solidarität zwischen den pilgernden und den verherrlichten Gliedern in der großen Gemeinschaft der Heiligen, auf Grund ihrer Verbundenheit im Leib Christi (→ Mystischer Leib). Christus, das Haupt, läßt die Glieder seines Leibes fürbittend und dienend an seiner Wirksamkeit teilnehmen, um den bedrängten Brüdern und Schwestern in dieser Welt zu helfen. »Alle liturgische und private Heiligenverehrung versteht sich als Lob Gottes in seinen Heiligen und Medium seiner Verherrlichung. Anrufung und Fürbitte ergeben sich aus dem Lebensaustausch der streitenden und triumphierenden Kirche, der dem Aufbau des Leibes Christi dient, und der auf ›die Fülle Christi‹ (Kol 1,19) ausgerichtet ist« (Müller 193). Als Warnung vor einem Automatismus der Erhörung und zur Begründung für nicht erhörtes Gebet bemerkt Thomas v. Aquin: »Die Heiligen bitten um das, von dem Gott will, daß es durch ihre Fürbitte geschehe« (S. Th. II II, 83. 11, ad 2). Zum zweiten erweist sich der Haupteinwand gegen die Heiligen- und Mverehrung als unbegründet, denn sie bedeutet keine Beeinträchtigung der Mittlerschaft Christi. Hier hat Thomas nach dem Hinweis auf 1 Tim 2,5 klargestellt: »Nichts jedoch steht dagegen, daß auch andere in gewisser Hinsicht als Mittler angesprochen werden, insofern sie in vorbereitender und dienender Funktion an der Verbindung der Menschen mit Gott mitwirken« (S.Th. III, 26. 1, resp.). Das Zweite Vaticanum hat zu 1 Tim 2,5 versichert: »Marias mütterliche Aufgabe gegenüber den Menschen verdunkelt oder mindert diese einzige Mittlerschaft Christi in keiner Weise, sondern zeigt ihre Wirkkraft« (LG 60) und: »Deshalb wird die selige Jungfrau in der Kirche unter dem Titel der Fürsprecherin, der Helferin, des Beistandes und der Mittlerin angerufen. Das aber ist so zu verstehen, daß es der Würde und der Wirksamkeit Christi, des einzigen Mittlers, nichts abträgt und nichts hinzufügt« (LG 62).

Eine weitere Rechtfertigung liegt in der einzigartigen Stellung Ms in der Heilsgeschichte, von der sie zuinnerst geprägt ist (→ Charakter): »Maria vereinigt ... gewissermaßen die größten Glaubensgeheimnisse in sich und strahlt sie wider« (LG 65). Das Zweite Vaticanum beruft sich auf die GMschaft Ms, ihre Einbeziehung in die Mysterien Christi und auf die Erfüllung ihrer Weissagung: »Selig werden mich preisen ...« (Lk 1,48). Es erklärt: »Alle Christgläubigen mögen inständig zur Mutter Gottes und der Mutter der Menschen flehen» (LG 69). In den nach Ort und Zeit verschiedenen Formen der MV sieht die Kirche Ms göttlichen Sohn »richtig erkannt, geliebt, verherrlicht« (LG 66). Eine unwiderlegbare Rechtfertigung der MV ist schließlich die ständige Erfahrung der Mittlerschaft Ms für das pilgernde Volk Gottes. Hier gilt: »Gegen Tatsachen hilft kein Argumentieren.» Das vieltausendfache »Maria hat geholfen« an den marian. Wallfahrtsstätten widerlegt jeden Versuch, die Mittlerschaft Ms in Frage zu stellen, um die MV als ganzes abzulehnen. Die Segnungen, die diese Form kath. und ostkirchlicher Frömmigkeit über Jh.e den Verehrern Ms und der ganzen Welt gebracht hat, sind die beste Rechtfertigung der MV. So lange sie sich von den Weisungen des kirchlichen Lehramtes leiten lassen, werden das Vertrauen auf die Mutter des Erlösers und ihre Anrufung jeder ungerechtfertigten Kritik standhalten.

Lit.: Lucius. — BeisselMA. — BeisselD. — EtMar. — Acta Congressus: Referate auf den Internat. Mariol. Kongressen, 1951–94. — G. Besutti, Bibliografia Mariana, 7 Bde., 1951–84 (Lit.). — Manoir. — Sträter. — Documentos Marianos, hrsg. von H. Marin, 1954. — Spiazzi. — Delius. — Graef. — G. Roschini, Maria Santissima IV, 1969. — Th. Koehler, La storia della Mariologia, 5 Bde., 1971–76. — G. Söll, Mariologie, HDG II/4, 1978. — L. Scheffczyk, Maria in der Verehrung der Kirche, 1981. — Beinert-Petri. — G. L. Müller, Gemeinschaft und Verehrung der Heiligen, 1986. — P. Lappin, First Lady of the World, 1988. — Mariologie. Texte bearbeitet von F. Courth, 1991.
G. Söll

Vereinigte Staaten von Amerika. Als frühestes Zeugnis der MV in den USA gilt der 1362 datierte »Kensington Stone«. Der schwedische Farmer Olaf Ohman fand 1898 in Alexandria/Minnesota diesen Runenstein in den Wurzeln eines Espenbaumes. Der Stein wurde zunächst nach Kensington gebracht und befindet sich gegenwärtig in der Smithsonsonian Institution in Washington. Nach seiner Auffindung und dann wiederum nach 1932 wurde seine Echtheit bestritten. Neuere vorgebrachte Bedenken haben die Authentizität des Steines bisher nicht ernstlich schwächen können. Die Runenschrift auf dem Stein (entziffert vom norwegischen Historiker Hjalmar R. Holand) spricht von Kämpfen der Vikinger aus »Vinland« (= Massachusetts) mit den Indianern in Minnesota. Auf der Frontseite des Steins steht der Bericht: »8 Goten und 22 Norweger auf/ Entdeckungsreise von/ Vinland westlich. Wir/ kampierten an zwei Felseninseln eine/ Tagreise nördlich von diesem Stein./ Wir gingen und fischten. Als/ wir zurückkamen fanden wir 10 (unserer) Männer rot/ von Blut und tot. AVM./ Erlös uns vom Übel.« Die Abkürzung »AVM« wird als »Ave Maria« oder »Ave Virgo Maria« aufgelöst.

1570 wurde die erste Missionsstation mit einer Blockholzkapelle am Ufer der Rappahannock in Nord-Virginia von Jesuiten gegründet und »Santa Maria« genannt. 1573 kamen die Franziskaner nach Florida und erbauten Kirche und Konvent »Purísima Concepción« in St. Augustine. Es war die erste Kirche auf dem heutigen Gebiet der USA. Sie wurde mehrfach durch Feuer zerstört. Die letzte Kirche wurde aus Stein erbaut und 1755 vollendet. Nachdem 1821 Florida zu den USA kam, wurde »St. Francis Barracks« auf den Fundamenten der alten Konventskirche wieder errichtet.

Drei Mheiligtümer der USA gehen in die frühe Missionsepoche zurück: »NS de la Conquistadora« (1625) in der St. Francis Cathedral von

→Santa Fé, der »Shrine of Our Lady of La Leche« in St. Augustine/Florida und der »Shrine of Our Lady of Bethlehem« in Carmel/California. Das aus Spanien stammende, heute durch eine Replik ersetzte Gnadenbild »NS de la Leche y Buen Parto« (»Our Nursing Mother of Happy Delivery«) wurde um 1620 in der alten Mission »Nombre de Dios« nördlich von St. Augustin aufgestellt.

Der Wallfahrtsort zu Ehren ULF von Betlehem, auch »La Conquistadora« genannt, geht in das Jahr 1770 zurück. Damals wurde das Gnadenbild, ein Geschenk des Erzbischofs von Mexiko an José de Galvez, feierlich in der neugegründeten Mission San Carlos in Monterey eingeschreint. In den folgenden Jahren wurden Mission und Wallfahrtskirche zum gegenwärtigen Ort in der Nähe von Carmel verlegt. Nach der Säkularisierung der Mission (1840) kam die Statue in Privatbesitz. 1944 wurde sie in die wiederhergestellte Mission verbracht, wo sich auch das Grab von Junípero →Serra OFM (1713–84) befindet.

Unter den ⓜheiligtümern nimmt der »National Shrine of the Immaculate Conception« in Washington eine Sonderstellung ein. Auf dem sechsten Provinzialkonzil von Baltimore (1846) wurde beschlossen, das Fest der UE zum Patronatsfest für die Kirche in den USA und ⓜ unter dem Titel der IC zur Patronin des Landes zu erklären, was von Rom am 7.2.1847 bestätigt wurde. In diesem Zusammenhang wurde auch der Plan eines zentralen ⓜheiligtums unter diesem Titel diskutiert.

1914 erhielt Bischof Thomas Joseph Shadan (1857–1932), der vierte Rektor der »Catholic University of America« (seit 1909) von Papst Pius X. die Erlaubnis zum Bau der Universitätskirche, die er als nat. Wallfahrtsort der GM plante. Gleich nach dem Ersten Weltkrieg wurde in der Hauptstadt mit dem Bau eines Nationalheiligtums begonnen. Den Endentwurf zeichnete Charles Maginis (1867–1955). Der urspünglich »gotische« Entwurf wurde zu Gunsten eines zeitgemäßen eigenständigen Modells verworfen, das aber von der byz. und romanischen Architektur beeinflußt war. Am 23.9.1920 legte James Kardinal Gibbons (1834–[1886]–1921) den Grundstein zur Wallfahrtskirche neben dem Campus der Universität. Die Kirche wurde von Francis Kardinal Spellman (1889–[1946]–1967) am 20.11.1959 eingeweiht.

Nur sehr wenige Wallfahrtsorte sind ohne den bestimmenden Einfluß von ethnischen Gruppen enstanden. Etwa 10% der Pilgerorte werden fast ausschließlich von einer bestimmten Einwanderergruppe besucht. Vielfach werden Bilder, Statuen und Erscheinungsorte aus Europa und Mittelamerika übertagen mit den jeweils entsprechenden Verehrungsformen. Mehr als 60 ⓜstätten sind so entstanden.

In der 2. Häfte des 19. Jh.s wurde eine ganze Reihe von Pilgerorten eröffnet, die heute meist Basiliken in den großen Stadtzentren sind.

Gleichzeitig begannen im mittleren Westen Auswanderer aus Westeuropa mit der Übertragung von europäischen Wallfahrtsstätten. Um 1930, aber auch um 1950, setzte die Gründung von Wallfahrtsstätten durch Polen, Ungarn, Böhmen und Ukrainer ein. In diese Zeit fällt auch der Beginn des Wallfahrtsortes in San Juan/Texas mit dem »Virgen de San Juan de Valle Shrine« durch die Mexikaner.

Etwa 30 Wallfahrtsorte haben ihren Ursprung im 20. Jh., so der erste Lourdes-Wallfahrtsort, der 1908 zum 50-jährigen Gedächtnis an die Erscheinungen von Lourdes gegründet wurde. Während der 60er, 70er und 80er Jahre kommt es zu keiner weiteren Gründung durch ethnische Gruppen. Typisch für diese Zeit ist die Eröffnung von Fatima-Heiligtümern. Das erste Heiligtum wurde 1956 in Youngstown begonnen.

Die 126 Wallfahrtsorte der USA werden jährlich von mehr als 7 Millionen Pilgern besucht. 35–40% der Pilger sind Nichtkatholiken, 15 % der Katholiken machen jährlich eine Wallfahrt.

Die wichtigsten Wallfahrtsorte sind: Alabama, Cathedral of the IC in Mobile. — Arizona, Shrine of St. Joseph of the Mountains in Yarnell. — California, Shrine of Our Lady of Bethlehem in Carmel; Sanctuary of Our Lady of Guadalupe in Sacramento; Grotto of Our Lady of Lourdes in Altaneda; Shrine of Our Lady of Peace in Santa Clara. — Connecticut, Lourdes in Lichtfield. — District of Colombia, The Ukrainian Catholic National Shrine of the Holy Family in Washington; National Shrine of the IC in Washington (500 000–1 000 000 Pilger jährlich). — Florida, Shrine of Our Lady of Charity, Miami (500 000–1 000 000 Pilger jährlich); Shrine of Our Lady of La Leche in St. Augustine; Mary, Queen of the Universe Catholic Shrine in Orlando (100 000–500 000 Pilger jährlich). — Illinois, Shrine of Our Lady of the Snows in Belleville (500 000–1 000 000 Pilger jährlich); Basilica of Our Lady of Sorrows in Chicago. — Indiana, Monte Cassino Shrine dedicated to the Virgin Mary in St. Meinrad. — Kentucky, Our Lady of Guadalupe Shrine in Carlisle; Shrine of St. Ann in Covington; Grotto of Our Lady of Lourdes in Covington; Kentucky Mountain Apostolate Shrine, Mother of Good Counsel Mission Center in Hazard. — Lousiana, Grotto of Our Lady of Lourdes in Lousina; St. Ann Shrine in Metaire; National Shrine of St. Ann in New Orleans; Our Lady of Prompt Succor, National Shrine Church in New Orleans. — Maryland, National Shrine, Grotto of Lourdes in Emmitsburg. — Massachusetts, Shrine of Our Lady of La Salette in Attleborough (100 000–500 000 Pilger jährlich); Stella Maris Oratory in Boston; Madonna Queen National Shrine in East Boston; St. Anne's Church and Shrine in Fall River; Our Lady of Fatima Shrine in Holliston; National Shrine of Our Lady of La Salette in Ipswich. — Michigan, Assumption Grotto Shrine in Detroit; Sainte-Anne-de-Deroit in Detroit; St. Mary of Mt. Carmel Shrine in Manstee; Our Lady of Woods

Shrine in Mio; St. Joseph's Church in West Pontiac. — Minnesota, Assumption Chapel in Cold Spring; Schoenstatt on the Lake in Sleepy Eye. — Missouri, Shrine of the Immaculate Heart of Mary in Carthage; Black Madonna Shrine and Grottos (Czestochowa) in Eureka; Shrine of the Miraculous Medal in Perryville; Shrine of Our Lady of Sorrows in Rhineland. — Montana, St. Mary's Mission in Stevensville. — New Hampshire, Shrine of Our Lady of Grace in Colebrook; Shrine of Our Lady of La Salette in Entfield. — New Jersey, The Sanctuary of Mary in Branchville; Mariapoch Shrine in Matawan; Rosary Shrine, Monastery of Our Lady of the Rosary in Summit; Shrine of the Immaculate Heart of Mary Washington. — New Mexico, NS de la Conquistadora in Santa Fe; Our Lady of Lourdes in San Juan. — New York, National Shrine of the Motherhood of St. Ann in New York; Shrine of Our Lady of Martyrs in Auriesville (100000–500000 Pilger jährlich); Shrine of Our Lady of the Island in Eastport; Our Lady of Hope in Essex; Our Lady of Fatima Shrine in Youngstown (100000–500000 Pilger jährlich); National Shrine of Our Lady of Victory in Lackawanna; Lourdes Grotto in New Lebanon; Shrine of the Holy Infant of Jesus in North Nonawanda; Holy Dormition Shrine in Sloatsburg; Marian Shrine and Don Bosco Retreat Center in West Haverstraw. — Ohio, Shrine of Our Lady of Levocha in Bedford; Sorrowful Mother Shrine in Bellevue; Shrine of Our Lady of Consolation in Carey; Our Lady of Czestochowa in Cleveland; Our Lady, Queen of Holy Rosary in Cleveland; National Shrine of Our Lady of Lourdes in Cleveland; Our Lady of Fatima Shrine in Ironton; Our Lady of Mariapoch in Welchfield-Burton. — Oklahoma, National Shrine of the Infant Jesus of Prague in Prague. — Oregon, The Grotto, National sanctuary of Our Sorrowful Mother in Portland (100000–500000 Pilger jährlich). — Pennsylvania, National Shrine of Our Lady of Guadalupe in Allentown; National Shrine of Our Lady of Czestochowa in Doylestown (500000–1000000 Pilger jährlich); Grotto of Our Lady in Philadelphia; National Shrine of Miraculous Medal in Germantown; Holy Dormition Monastery in Sybertsville; The Shrine of Our Lady of Perpetual Help, Mount St. Macrinca in Uniontown. — Texas, Lourdes Shrine of the Southwest in San Antonio; Our Lady of Czestochowa in San Antonio; Virgen de San Juan del Valle Shrine in San Juan (500000–1000000 Pilger jährlich). — Vermont, St. Anne's Shrine in Burlington. — Wisonsin, Our Lady of Holy Hill National Shrine in Hubertus; Schoenstatt Heights in Madison; Archdiocesan Marian Shrine in Milwaukee; Schoenstatt Shrine in Milwaukee; Chapel of Our Lady of Good Help in New Franken; Shrine of Our Lady of La Salette in Twin Lakes; Schoenstatt Shrine in Waukesha.

Unter den von Einwanderergruppen gegründeten Wallfahrtsorten, die eine nat. Bedeutung erlangten, ragen die folgenden bes. heraus: »Shrine of Our Lady of Charity« (Ermita de la Caridad) in Miami/Florida war zunächst als Wallfahrtsort für die Exil-Kubaner und die span. Bevölkerung in den USA gegründet worden — die Statue ist eine Replik von »NS de la Caridad« aus La Habana (Kuba) —, wurde später aber zu einem nat. Heiligtum. Dort wurde eine Bruderschaft errichtet, die 35000 Mitglieder (1990) hat und am 8. September eine eigene Wallfahrt hält. Im Oktober kommen Pilgergruppen aus einigen lateinamerikanischen Staaten, Kanada und Spanien. Während des ganzen Jahres kommen drei Mal wöchentlich Gruppen von ehemaligen Kubanern, d. h. 126 Mal während des Jahres, was der Anzahl der Herkunftstädte in Kuba entspricht.

»Our Lady of Czestochowa« in Doylestown/Pennsylvania ist der herausragende Pilgerort der aus Polen kommenden Amerikaner, die 80% der Pilger stellen. Aber auch andere Volksgruppen betrachten dieses Heiligtum als ihr Pilgerzentrum, so die Einwanderer aus Haiti, die die »Schwarze Madonna« als ihre besondere Patronin gewählt haben. Besondere Wallfahrtstage gibt es dort für Litauer, Deutsche, Italiener und Filipinos.

Der Wallfahrtsort »Virgen de San Juan del Valle Shrine« in San Juan (Rio Grande Valley, Texas) wird als das Heiligtum der Mexikaner in den USA verstanden. Was rein äußerlich dadurch bekundet wird, daß alle Gottesdienste in Span. gehalten werden. Das M-bild ist eine Replik von San Juan de Los Lagos in Jalisco/Mexiko. Einwanderer von den Philippinen finden sich zu besonderen Pilgertagen bei den Wallfahrtsorten »Our Lady of the Snows« (Belleville) und »Our Lady of Consolation« (Carey, Ohio) zusammen.

Der Wallfahrtsort »Our Lady of the Snows« in Belleville ist untypisch unter den amerikanischen Pilgerstätten. Er ist weder eine Übertragung europäischer Frömmigkeit nach den USA, noch ist er aus der nat. Frömmigkeitsform einer Einwanderergruppe erwachsen. 1941 führten die Oblaten der Immaculata (OMI) die Verehrung ULF vom Schnee im Mittleren Westen der USA ein. Ihren Anfang nahm die Verehrung im St. Henry-Seminary in Belleville. Einer der Förderer dieser Verehrung ULF vom Schnee war Paul Schulte (1895–1974), der »Fliegende Pater der Arktis«. Nach einem Foto, das P. Schulte vor seinem Missionsflugzeug zeigt, wie er die Eucharistie zu einigen kranken Eskimos bringt, malte J. Watson Davis aus New York das Bild ULF von Schnee, wo er die Erscheinung M's vor den arktischen Himmel setzt, einige Eskimos knien im Vordergrund und dazwischen malt er die Szene des Fotos. Das Bild wurde in der Kapelle des Seminars aufgestellt, und es gelang P. Schulte und Edwin J. Guild OMI in kurzer Zeit die Verehrung ULF vom Schnee so auszubreiten, daß schon bald eine eigene neue Kapelle notwendig wurde. Am 2. 4. 1943 begann man mit der ewigen Novene, 1951 wurde die feierliche Novene zum Fest M-Schnee (5. August) vor der Kirche begonnen. Seit 1958 wurde der Wallfahrtsort zu einem Pilgerzentrum mit dem größten »outdoor Shrine« in Amerika erweitert. Jährlich kommen weit über 1 000 000 Pilger, von denen etwa 65 % Katholiken und 35 % Nicht-Katholiken sind.

Aus der allgemeinen Typologie der Wallfahrtsorte hebt sich auch »Our Lady of Consolation« in Carey/Ohio durch seinen Ursprung heraus. Der Priester Joseph Peter Gloden aus Luxemburg übernahm 1873 die beiden kleinen kath. Gemeinden Frenchtown und das nahe gelegene Carey. Die Gemeinde in Carey hatte mit dem Bau einer kleinen Kapelle für den Gottesdienst begonnen, die man dem hl. Edward weihen wollte. Der neue Pfarrer förderte das Vorhaben, regte aber die Gemeinde an, die Kirche »Maria, Mutter Jesu, Trösterin der Betrübten« (ND de Luxembourg, Consolatrice des Affliges) zu weihen. Eine Kopie des M bildes in Luxemburg wurde bestellt, John Nicholas Weinimout brachte die Statue 1875 nach Frenchtown und man bestimmten den 24. Mai als den Tag, am dem das Bild in Prozession nach Carey verbacht werden sollte. Ein heftiges Umwetter drohte das Vorhaben zu vereiteln, doch sobald die Statue herausgetragen wurde, durchbrach die Sonne die Wolken und die ganze Prozession zog unter Sonnenschein nach Carey, obgleich es ringsum furchtbar regnete. Zahlreiche weitere Witterungswunder sowie Heilungen werden dem Gnadenbild zugeschrieben.

Am 11. 10. 1949 wurde »The Mariological Society of America« durch den Franziskaner Juniper Benjamin Carol gegründet, anfänglich als eine Zweiggesellschaft von »The Theological Society of America«; sie veröffentlicht seit 1950 jährlich »Marian Studies«.

An der Universität von Dayton/Ohio, einer Gründung der Maristen (SM), befindet sich die »Marian Library« mit der umfangreichsten Sammlung marian. Lit.; sie veröffentlichte die »Marian Reprints« (1951–67), Nachdrucke marian. Lit. und die eigenen Studien der Bibliothek in der Serie »Marian Library Studies«. Seit 1965 besteht für Studenten der »Marian Study Fund«, um Studien der Mariol. zu fördern. Seit 1949 wird von der Universität Dayton jährlich der »Marianist Award« in Form einer Plakette für herausragende Leistungen im Bereich der MV vergeben. Der erste Preisträger war 1950 Juniper B. Carol. Außerdem wird von der marianischen. Bibliothek an der Dayton-Universität die »Marian Library Medal« verliehen, um englischsprachige Bücher über die GM zu fördern. Der erste Empfänger war Bischof Fulton J. →Sheen (1895–[1951]–1979).

Im März 1739 wurde durch eine Bulle von Papst Clemens XII. (1730–40) die erste Marian. Kongregation der USA an der Ursulinen-Schule in New Orleans anerkannt. Die erste Sodalität nach der Unabhängigkeit wurde 1789 an der Georgetown University in Washington eingerichtet und 1833 mit der »Prima Primaria« verbunden. In den letzten Jahrzehnten des 19. Jh.s und zu Beginn des 20. Jh.s wurden die Marian. Kongregationen auf breiter Basis von den Pfarreien für Frauen und Mädchen eingeführt. Sie bildeten die Grundorganisation für die Glaubensvertiefung und die Weckung der apost. Verantwortung. Es wurde aber auch eine beachtliche Anzahl von Männersodalitäten begonnen. Weitere Schritte in der Entwicklung waren der erste Nationalkongreß der Marian. Kongregationen in St. Louis 1957, wo es zur Bildung der »National Federation of Sodalities« (NFS) und zur Wahl eines nat. Exekutivkomitees mit einem Präsidenten kam. Der nächste strukturelle Schritt wurde auf dem vierten, alle zwei Jahre stattfindenden, Nationalkongreß in Cleveland (1963) vollzogen. Dabei wurde eine neue Verfassung angenommen, mit der Umwandlung der NFS in eine Vereinigung, die alle Gruppen der Sodalität berücksichtigt.

1913 wurde für die Verbreitung marian. Schrifttums in den USA der Verlag »The Queen's Work« gegründet, der unter der Leitung von Edward F. Garesché SJ (1876–1960) stand. Er brachte auch die Zeitschrift »Queen's Work« heraus, die der Führung der Marian. Kongregationen dienen sollte. Daneben förderte Garesché v. a. die Marian. Kongregationen. Seit 1925 wurden die Zeitschriften der Marian. Kongregationen von Daniel A. Lord (1888–1955) herausgegeben, der einen bedeutenden Einfluß auf die Entwicklung und Verbreitung der Marian. Kongregation hatte.

Marian. Bruderschaften und Vereinigungen auf nat. Ebene sind: »Archconfraternity of Our Lady of Perpetual Help and St. Alphonsus« (seit 1871) für die Verbreitung der Verehrung der GM unter dem Titel der Immerwährenden Hilfe. — Seit 1948 besteht die »Association of Our Lady of Salvation«, die Pilgerfahrten zu M wallfahrtsorten in aller Welt organisiert und durchführt. — »Block Rosary Lay Apostolate« (seit 1945) regt das wöchentliche Rosenkranzgebet für den Frieden und die Bekehrung der Welt an. — Die »Blue Army of Our Lady« besteht seit 1946 und gibt die Zweimonatsschrift »Soul« heraus. — In der »Catholic Aviation of Our Lady of Loretto« (seit 1949) sind Katholiken zusammengeschlossen, die im Luftverkehr und -handel arbeiten. — »Guard of Honor of Immaculate Heart of Mary« (seit 1932) mit der halbjährlichen Publikation »The Messanger of the Guard of Honor of the Immaculate Heart of Mary« will die Verehrung Ms und ihre Hochachtung fördern. — Die »Guild of Our Lady of Ransom« (seit 1948) trägt Sorge um das leibliche und geistliche Wohl Inhaftierter und um ihre Wiedereingliederung. — Die »Reparation Society of the Immaculate Heart of Mary« (seit 1946) mit 2 000 000 Mitgliedern und der Monatsschrift »Fatima Findings« fördert die Verehrung des Unbefleckten Herzens der Immaculata durch den täglichen Rosenkranz. — Die »Rosary Altar Society (Confraternity of the Most Holy Rosary)« besteht seit 1891 und hat 5 000 000 Mitglieder. Sie hilft in Pfarreien und Schulen, die Rosenkranzbruderschaft dort zu errichten und fördert das Rosenkranzgebet. Dem Anliegen dient die monatlich erscheinende Schrift »The Rosary«. — Die Franziskanerinnen von Atenement haben 1901 die »Rosary League« errichtet, um die Verehrung ULF von Atenement zu fördern und so der Einheit der Christen zu dienen. Sie geben die Zeitschrift »Candle« vierteljährlich heraus.

In der MV sahen die ersten Bischöfe der USA ein bedeutendes Element für die kath. Einwanderer ihren kath. Glauben zu bewahren und ihre Identität zu begründen. So konnten sie auch ein kath. Umfeld schaffen. Unter ihnen ragen bes. hervor der erste Bischof der USA Erzbischof John Carroll (1736–[1789]–1815) von Baltimore, der erste Bischof von Charleston John England (1786–[1808]–1842), der erste Bischof von Cincinnati/Ohio Benedict Joseph Fenwick (1768–[1822]–1832) und der dritte Bischof von York John Dubois (1764–[1826]–1842). Dem gleichen Gedanken diente der erste in den USA geweihte Priester und Konvertit Demetrius Augustine Gallitzin (1770–1840), der ein großer Förderer der marian. Frömmigkeit war.

Die »Schwarze Madonna« (»Black Madonna«) spielt in der orth. afrikanischen Kirche in den USA eine gewisse Rolle, wo sie für die revolutionären Führer zum Symbol einer Schwarzen Theol. wurde; ebenso bei Marcus Moziah Garvey jr. (1887–1940), dem Gründer der »Universal Negro Improvement Association« (seit 1914) mit seiner Zurück-nach-Afrika-Kampange.

Lit.: X. D. Mac Leod, The blessed Virgin in North America, o.J. — A. Carrion, La Virgen Maria en America antes del descubrimento de Colon, Loyola 1904. — J. E. Garvin, The Centenary of the Society of Mary, 1917. — E. F. Garesché, The rise and progress of the Queen's work, In: Woodstock Letters 47 (1918) 1–18. — Ders., The Progress of Sodality movement, ebd. 48 (1919) 54–71; 49 (1920) 209–215. — W. P. Kennedy, The National Shrine of the IC, 1922. — H. R. Holand, The Kensington Stone, 1932. — J. M. Espinosa, The Virgin of the Reconquest of New Mexico, In: Mid America 18 (1936) 79–87. — R. L. und H. F. Woods, Pilgrim Places in North America: A Guide to Catholic Shrines, 1939. — B. Wolff (Mary Florence S. L.), The Sodality movement in the United States 1926–36, 1939. — R. Bandier, The first Sodality of the Blessed Virgin, New Orleans, 1730, In: Historical Records and Studies 30 (1939) 47–53. — M. Geiger, Our Lady in Franciscan California, In: FrS 23 (1942) 99–112. — S. St. Peterson, America's Rune Stone of A. D. 1362 Gains Favor, 1946. — R. Huber, Pre-Columban Devotion to Mary in America: The Testimony of the Kensington Stone, In: The American Ecclesiastical Review 117 (1947) 7–21. — E. B. Adams, The Chapel and Cofradia of Our Lady of Light in Santa Fe (New Mexico), In: New Mexico Historical Review 22 (1947) 327–341. — A. Chavez, Our Lady of the Conquest, 1948. — A. Chavez, La Conquistadora, In: New Mexico Historical Review 23 (1948) 94–128. 177–216. — J. P. Donnelly, A forgotten story of the cholera plague of 1849. A silver drown for the statue of the Virgin, In: Bulletin of the Missiouri Historical Society 5 (1948–49) 207–210. — J. J. Reilly, Mary's national Shrine: a statement of progress, In: The American Ecclesiastical Review 120 (1949) 458–462. — J. Brondsted, Norsemen: North America befor Columbus, In: Smithsonian Report for 1953, 1954, 391–397. — F. B. Thornton, Catholic Shrines in the United States and Canada, 1954. — Manoir V 261–283. — K. Baer, Painting and Sculpture at Mission Santa Barbara, 1955. — D. Sargent, Our Land and our Lady, [6]1955. — S. Bonano, Our blessed Lady's influence in the discovery of America and during the colonial period of United States, In: EphMar (1955) 47–87. — H. A. Baer, The Black Spiritual Movement: A religious response to racism, 1955. — S. Bonano, Mary and the United States Protestantism, In: EphMar (1956) 369–425. — M. H. Habig, First Marian Shrine in the United States, In: American Ecclesiastical Review 86 (1957) 81–89. — Ders., Rosary of Churches, In: Worldmission 8 (1957) 97–112. — B. A. McKenna, Memoirs of the First Director, 1959. — W. B. Fatherty, A half-century with the Queen's Work, In: Woodstock-Letters 92 (1963) 99–114. — W. Schlaert, The national shrine of the North American Martyrs, Auriesville (New York), 1964. — E. D. Cronon, Black Moses: The story of Marcus and the universal Negro Inprovement Association, [2]1969. — R. I. McKinney, The Black Church. Its Development and Present Impact, In: Harvard Theological Review 64 (1971) 452–481. — Br. Jefferey, A History of the Basilica and national Shrine of Our Lady. Basilica and shrine of Our Lady of consolation, 1979. — V. und E. Turner, Postindustrial Marian Pilgrimage, In: J. J. Preston (Hrsg.), Mother Worship, 1982, 145–173. — R. H. Gracida, Shrines and Pilgrimages in the USA, Partical Pastoral Experience. III World Congress, Pastoral Care of Tourism, October 9–12, 1984, 1–23. — P. L. Higgins, Pilgrimage USA, 1985. — M. L. Nolan, Roman Catholic Pilgrimage in America, In: National Conference of Catholic Bishops, Procedings, First National Meeting, Directors of Shrines/Places of Pilgrimage, Diocesan Directors of Pilgrimage, 1986, 1–10. — J. Schulte und H. Lembeck, Der fliegende Pater Paul Schulte. Gründer der MIVA, 1987. — E. J. Guild, Dreams Realized, Missionary Oblates, 1988. — G. Rinschede, Catholic Pilgrimage Places in the US, In: G. Rinschede und S. M. Bhardwaj (Hrsg.), Pilgrimage in the United States, 1990, 63–135. — G. E. Faiers und C. V. Proorok, Pilgrime to a »National« American Shrine: »Our Lady of Consolation« in Carey, Ohio, ebd. 137–147. — P. Giuriati, Ph. M. G. Myers und M. E. Donach, Pilgrims to »Our Lady of the Snows« Belleville, Illinois in the Marian Year: 1987–1988, ebd. 149–192. *H. Rzepkowski*

Vereinigung des Katholischen Apostolates ist ein vom hl. Vinzenz → Pallotti 1835 gegründeter Zusammenschluß einzelner Personen und Gemeinschaften mit dem Ziel, gemäß dem Charisma des Heiligen die apost. Berufung unter allen Getauften zu wecken, um den Glauben zu beleben, die Liebe in Kirche und Welt zu entzünden und so zur Einheit aller in Christus beizutragen. Daß in diesen Zusammenschluß Laien ausdrücklich wegen ihrer genuinen Mitverantwortung einbezogen sind, wird u. a. mit dem Blick auf ⓜ als → Königin der Apostel, die Patronin der V., begründet. Sie, obgleich nicht Priester und Apostel, hat in überragender und einmaliger Weise am Heilswerk Christi teilgenommen (→ Apostolat).

Lit.: Vinzenz → Pallotti. — M. Probst und H. Socha (Hrsg.), Die Vereinigung des kath. Apostolats V. Pallottis. Idee — Geschichte — Gestalt, 1993. *F. Courth*

Vereinigungen, fromme. Der CIC von 1917 verstand allgemein unter Piae Uniones solche V., die zur Pflege irgendeines Werkes der Frömmigkeit oder der Nächstenliebe kirchlich formell errichtet oder auch nur approbiert sind (Can. 707; vgl. auch Can. 686). Sofern solche V. nach Art einer organischen Körperschaft verfaßt sind, wie die Marian. → Kongregationen und → Bruderschaften, heißen sie Sodalitäten. Im neuen CIC von 1983 sind die Piae Uniones (Sodalitäten und Bruderschaften) den Vereinen subsumiert; alte Rechte, falls nicht ausdrücklich widerrufen, bleiben unangetastet (Can. 4). Über diesen kanonistischen Sprachgebrauch hinaus ist »Vereinigung« die Bezeichnung für jede Art von organisiertem Zusammenschluß, der innerhalb des kirchlichen Organismus gemeinsam christl. Ziele verwirklichen will. In diesem weiten Sinne gibt es eine ganze Reihe marian. V. unabhängig von ihrem unterschiedlichen kirchenrechtlichen Status. Am bekanntesten in Deutschland sind: das → Schönstatt-Werk, die → Legio ⓜe, die → Fokolar-Bewegung, → Cursillo, die Gemeinschaften Christlichen Lebens (Marian. Kongregationen). Deren Wirken beratend zu koordinieren ist das Ziel der → Arbeitsgemeinschaft Marian. Vereinigungen (AMV) (→ Gebetsvereine).

Lit.: Arbeitsgemeinschaft Marianischer Vereinigungen für Deutschland. Selbstdarstellungen der Mitgliedgemeinschaften, 1987. — DDC I 1204–85. — NDMar² 154–162.   *F. Courth*

Verhelst, Aegid d. Ä., getauft am 13.12.1696 in Antwerpen, † 19.4.1749 in Augsburg, Bildhauer und Stukkator, Sohn des Bildhauers Gillis V. Zwischen 1708 und 1710 absolvierte V. seine erste Lehrzeit wohl in der Werkstatt des Vaters in Antwerpen. Vor 1714/15 wandte er sich nach Paris und war vermutlich in der Werkstatt seines Landsmannes Wilhelm de Grof tätig. 1718 tritt V. wohl durch Vermittlung de Grofs, der bereits 1716 nach München als erster Hofbildhauer kam, in die Bildhauerwerkstatt des Münchener Hofes ein. 1724 ist V. vorübergehend in den Diensten des Freisinger Fürstbischofs Johann Theodor von Bayern, 1726 übersiedelt V. mit seiner Familie nach Ettal. Nach dem Tode des Abtes Placidius II. Seitz 1736 scheint V. Ettal verlassen zu haben; im November 1737 sucht er um die Aufnahme als Bürger und Meister beim Rat der Stadt Augsburg nach. Beides wird ihm am 12.4.1738 bewilligt, zusätzlich wird ihm als Bildhauer Zunftbefreiung gewährt; am 1.6.1743 wird V. als Hofbildhauer des Augsburger Bischofs und des Kemptener Fürstabtes erwähnt.

Hineingewachsen in die flämische Schnitzertradition, vertraut mit der höfisch geprägten Kunst Frankreichs und geschult durch seinen ebenfalls an Frankreich orientierten Landsmann Wilhelm de Grof, nimmt V. eine Schlüsselposition in der Enstehung der bayer. Rokokokunst ein.

Sein wohl frühestes erhaltenes Werk ist mit Ettal in Verbindung zu bringen und wird heute in Trostberg aufbewahrt. Es stellt ⓜ und Johannes einer Kreuzigungsgruppe dar und kann um 1726 datiert werden. Um dieselbe Zeit arbeitete V. vermutlich auch an de Grofs neuem Hochaltar für die Klosterkirche mit. V.s 1726–36 für das Ettaler Kloster geschaffenen Werke, allen voran die mächtigen Apostelfiguren an der Kirchenfassade, die bald nach der Ankunft V.s in Arbeit genommen worden sein müssen, sind noch ganz dem Spätbarock verhaftet. Doch bereits die 1738/40 für das Chorherrenstift Dießen entstandenen Apostelfiguren veranschaulichen in ihrer Entkörperlichung und verschleifenden Einbindung in einen übergeordneten Zusammenhang, daß V. den Übergang zur Rokokoskulptur vollzogen hat.

Fortgesetzt wird V.s künstlerische Entwicklung von einer additiven Reihung plastischer Formen zu einer flüssig subtilen Integration der Figur in ein dekoratives Gesamtkonzept in der 1742 entstandenen Kanzel für die ehemalige Benediktinerabtei in Ochsenhausen und bei den vornehm eleganten Allegorien des Kemptener Thronsaales, die ebenfalls 1742 geschaffen wurden.

V.s Spätwerk schließlich, seine 1748 entstandenen Evangelisten- und Prophetenfiguren am Hochaltar der Wieskirche, bes. aber seine bereits um 1745 entstandene Beweinung in der Wallfahrtskirche zu Friedberg, die in ihrer Bewegtheit und fein strukturierten Komposition weit über V.s Schaffenszeit hinaus wirkt, erweisen ihn als bedeutenden, wegweisenden Meister der südt. Rokokoskulptur.

Die Anzahl an ⓜdarstellungen in V.s Gesamtwerk ist zwar nicht sonderlich groß, doch gehören sie mit zu seinen besten Arbeiten. Neben der still gen. ⓜ in der bereits genannten Friedberger Beweinungsgruppe sind noch eine bewegte ⓜfigur mit Kind von 1742 in der kath. Pfarrkirche in Nasgenstadt zu erwähnen, eine kleine GM einer Beweinung von 1745 im ehem. Wohnhaus des Malers F. G. Hermann und schließlich die elegante späte Annen-Marien-Gruppe von 1748/49 in der ehem. Klosterkirche in Kempten (ursprünglich einem Annenaltar zugehörig).

Wenngleich V.s Werken, selbst den trauernden Madonnen, häufig eine gewisse distanzierte Reserviertheit innewohnt, die keinerlei Nachfolge findet, und seine Formensprache durch seine Söhne Placidus und Ignaz Wilhelm bis beinahe zum Ende des Jh.s weitergetragen wird, so wird sein Werk doch durch die Brillianz von Johann Baptist Straub und Ignaz Günther überstrahlt.

Lit.: D. Dietrich, A. V., 1986. — Thieme-Becker XXXIV 248–250.   *A. Chr. Braun*

Verhoeven, Bernard, * 29.4.1897 in Arnheim, † 4.6.1965 ebd., niederländischer Dichter, Journalist und Essayist, war Redakteur der Utrechter Zeitung »Het Centrum« und gehörte zu dem Kreis junger Dichter um die Zeitschriften »Van onzen Tijd« (1900–20) und »De Gemeenschap« (1924–41), die bestrebt waren, die Emanzipation der Katholiken in den Niederlanden voranzutreiben. Nach dem Zweiten Weltkrieg war er eine Zeit lang Parlamentsmitglied und Direktor der Kunsthochschule in Maastricht.

Bereits in V.s frühen Gedichtbänden sind mehrere ⓜgedichte enthalten: »De voorhof« (1919), das Maigedicht »Aan Maria in mei«, das die einzelnen Ave Maria des Rosenkranzes als Blumen darstellt, die ⓜ dargebracht werden, und das 15. Gedicht im Zyklus »De voorhal«, »Maria met Uw kuisch-geloken oogen«, das als Dinggedicht offensichtlich durch das Betrachten eines ma. ⓂGemäldes ausgelöst wurde; in dem schmalen Bändchen »Verzen« (1922) das Verkündigungsgedicht »Annunciatie«, das in zart empfindsamer Weise eben dieses freudenreiche Rosenkranzgeheimnis besingt. Dieselben Gedichte kehren teilweise wieder in der Sammlung »De pelgrim« (1924). In »De hof van rozen en olijven« (1942) wird in »De droom van den timmerman« das Verhältnis von Joseph und Ⓜ dargestellt als der große Verzicht Josephs, der sich nach innerem Ringen freiwillig für die Jungfräulichkeit in der Ehe mit der GM entscheidet. Die Sprache wirkt hier nicht mehr pathetisch erhaben wie noch in den älteren Sammlungen. Schlichtheit, allerdings ohne Absage an den intellektuellen Gehalt, ist auch ein Merkmal der Ⓜgedichte in der Sammlung »Pax hominibus« (1944); sie umfaßt eine Betrachtung der GM unter dem Kreuz (»Maria onder het kruis«) und acht Gedichte über die marian. Geheimnisse des Rosenkranzes (»Maria's mysteriën«). 1938 veröffentlichte V. ein marian. Laienspiel, «Maria's mysteriën». Een meivaart en heiligen en dwazen«, das neben altem Legendengut auch Elemente aus Franz v. Assisis »Fioretti« aufgreift und schildert, wie der Heilige, um sich der Institutionalisierung seines jungen Ordens zu widersetzen mit Bruder Juniper das Ⓜbild aus dem Franziskanerkloster entführt, um es zu seiner Schwester Klara ins Klarissenkloster zu bringen, wo der ursprüngliche Ordensgeist ungetrübter erhalten geblieben wäre.

Lit.: G. Smit, In memoriam B. V., In: De Volkskrant 5. 6. 1965. — J. Engelman, B. V. †, In: De Tijd 5. 6. 1965. — R. F. Ljssens u. a. (Hrsg.), Lexicon van de Nederlandse Letterkunde, ²1986, 411.
G. van Gemert

Verkade, Willibrord (Taufname: Jan), OSB, * 18. 9. 1868 in Zaandam/Holland, † 19. 7. 1946 in Beuron, Maler und Schriftsteller, wuchs in einer ausgesprochen antikath. Umgebung auf. 1887/89 erhielt er an der Kunstakademie Amsterdam als Schüler von Haverman seine Ausbildung zum Maler. Während mehrmaliger Aufenthalte in Paris und Pont-Aven in der Bretagne 1890/93 lernte er Gauguin und den Malerkreis der »Nabis« (»die Propheten«) kennen, deren Streben weg vom Naturalismus und hin zu einer neuen Darstellung mystisch-christl. Inhalte seinem Suchen sehr entgegenkam. Er schloß sich der Gruppe an und befreundete sich v. a. mit Maurice Denis und Paul Sérusier. Nach einer intensiven Beschäftigung mit rel. Schriften und dem Glaubensgut der kath. Kirche konvertierte er am 26. 8. 1892 und ließ sich in Vannes/Bretagne taufen. Während einer längeren Wanderschaft, die ihn nach Italien und Deutschland führte, lernte er Kloster Beuron kennen, wo er 1894 als Oblate eintrat und den Namen Willibrord annahm. 1898 legte er die Mönchsgelübde

W. Verkade, Eva und Maria, 1905, Erzabtei Beuron

ab, 1902 wurde er zum Priester geweiht. In der ersten Begegnung mit der → »Beuroner Schule« sah V. eine enge Verwandtschaft zu den Bestrebungen der Nabis und stellte seine Malerei nicht nur in deren Dienst, sondern bemühte sich auch, seinen Stil der hieratischen Strenge anzunähern, wie sie der Begründer der Schule, P. Desiderius Lenz, forderte. Er führte zwischen 1895 und 1905 zahlreiche Aufträge in Prag (Kloster St. Gabriel), Beuron (u. a. Ⓜ mit Kind) und Monte Cassino aus. In der engen Zusammenarbeit mit P. Lenz in Monte Cassino kam es wegen dessen Absolutheitsanspruch zu Auseinandersetzungen, und V. kehrte nach Beuron zurück. Er übernahm 1905 einen vielgelobten Auftrag für die Secession in Wien (»Eva und Maria«), in dem er sich wieder seinem lebensvolleren Stil der Nabizeit annäherte und als Hoffnungsträger für eine Erneuerung der Beuroner Schule gesehen wurde. 1906 ging er für ein Studienjahr nach München an die Akademie, wo er u. a. Jawlensky kennenlernte, mit dem ihn eine lebenslange Freundschaft verband. 1906 malte er die Kirche in Aichhalden/Schwarzwald aus, 1908 die Kapelle der Heiligbronner Schwestern bei Salzstetten/Schwarzwald (u. a. Weihnachtsbild: Joseph kniet vor Ⓜ und dem Kind). 1909–12 sandte ihn der Orden an die »Dormitio«, das Benediktinerkloster in Jerusalem, wo er gelegentliche Malaufträge annahm, v. a. aber durch erste journalistische Arbeiten mit seiner schriftstellerischen Tätigkeit begann. Sein letzter Auftrag wurde 1913/14 die Ausmalung der Karmelitenkirche in Wien-Döbling mit einer Kreuzabnahme (Ⓜ nimmt ihren Sohn vom Kreuz). Nach Ausbruch des Ersten Weltkriegs fehlten mangels Geld die

Aufträge, und V. wandte sich der Niederschrift seiner Bekehrungsgeschichte zu. Die verstärkte Beanspruchung durch Aufgaben im Orden, v. a. aber die Einsicht, daß er nicht seine Malerpersönlichkeit den strengen Vorgaben der Beuroner Schule beugen konnte, ohne daran zu zerbrechen, daß auf der anderen Seite die enge Vorgabe eines P. Lenz eine Weiterentwicklung kaum ermöglichte, ließen seine gestalterischen Fähigkeiten allmählich zum Erliegen kommen. Nach 1914 gab er die Malerei praktisch gänzlich auf und war nur noch schriftstellerisch tätig.

WW: Die Unruhe zu Gott. Erinnerungen eines Maler-Mönches, 1920. — Der Antrieb ins Vollkommene. Erinnerungen eines Malermönches, 1931. — Spuren des Daseins, 1938.
Lit.: A. Dreher, Zur Beuroner Kunst, In: B. Reetz (Hrsg.), Beuron 1863–1963, FS, 1963, 358–394. — S. Mayer, Beuroner Bibliographie, Schriftsteller und Künstler während der ersten hundert Jahre des Benediktinerklosters Beuron 1863–1963, 1963, 144–147. 172–174. — H. Siebenmorgen, »Ein richtiger Beuroner werd ich nie werden« — Karl Caspar als Wandmaler und die »Beuroner Kunstschule«, In: P.-K. Schuster, Ausst.-Kat., »München leuchtete« Karl Caspar und die Erneuerung der christl. Kunst in München um 1900, München 1984, 254–267. — C. Boyle-Turner, Ausst.-Kat., Jan Verkade, Albstadt 1989 (Lit.). *A. Rafferzeder*

Verkündigung an Maria. I. EXEGESE. Im Gegensatz zu den matthäischen → Vorgeschichten, in denen die Verkündigung der Geburt Jesu an Joseph gerichtet ist (vgl. Mt 1,18–25), ist die entsprechende Perikope im Lukas-Evangelium (Lk 1,26–38) auf M konzentriert. Die durch das Kommen (Lk 1,26–27) und das Weggehen des Engels (Lk 1,38b) gerahmte Texteinheit ist als dreiteiliger Dialog konzipiert. Daher ist sie gattungsmäßig der »besprochenen Welt« zuzuordnen. In der Darstellung sind das biblisch gebräuchliche Verkündigungsschema und das Berufungsschema zur Gattung der »Kindheitsgeschichte« verbunden (Berger 357–359). Im »begrüßenden Dialog« (Lk 1,28–29) wird M in zwei Redeschritten die Fülle der Gottesgemeinschaft zugesagt (vgl. zur Deutung sodann Lk 1,30b). Ihre als innerer Monolog dargestellte Frage nach der Bedeutung des Grußes (Lk 1,29) leitet über zum »verheißenden Dialog« (Lk 1,30–34). Diese im Zentrum der Texteinheit stehende Wechselrede bildet den Kern der Verkündigungsdarstellung. Die Sprechweise des Engels orientiert sich an atl. Verheißungsreden in vergleichbarem thematischen Kontext (vgl. so bes. Gen 16,11–12; 17,19; Jes 7,14, ähnlich auch Lk 1,13–15, sowie Mt 1,20–21). Das verheißene Kind wird ebenfalls mittels biblisch geläufiger Umschreibungen charakterisiert. Die wiederum als Frage gestaltete Antwort M's nimmt auf ihre persönliche Situation als zwar verheiratete (vgl. Lk 1,27 a), aber noch nicht heimgeführte Frau Bezug (Lk 1,34), deren →Jungfräulichkeit in diesem Stadium der Ehe (→Verlobung) vorauszusetzen ist. Im »erklärenden Dialog« greift der Engel die Form der im Parallelismus deutenden Gottesrede auf, um die Herkunft des Kindes von Gott her aufzuzeigen (Lk 1,35). Die Gottesbotschaft wird — entsprechend dem herangezogenen Verkündigungsschema — mit einem Zeichen verbunden, das die Ankündigungserzählung von der Geburt des Täufers (vgl. Lk 1,5–25) mit der Verkündigungsperikope verknüpft (vgl. Lk 1,24, sodann 1,26 mit dem Bezug zu Lk 1,36). Der Hinweis des Engels auf die Vollmacht Gottes entstammt dem ähnlichen Textzusammenhang in Gen 18,14 in der Septuaginta (Lk 1,37). Die abschließende Antwort M's wird nicht mehr in Frageform, sondern im indikativischen Ausdruck der Bereitschaft formuliert. Die Wendung »Siehe: die Magd des Herrn« begegnet mehrfach als Selbstbezeichnungsformel und als Ausdruck der Ergebenheit im AT (vgl. Rut 3,9; 1 Kön 25,25. 41; Jud 11,16).

Im Vordergrund des Verfasserinteresses stehen folgende Aussagen: M ist die von Gott vorweg Begnadete. Das Partizip perfect passiv κεχαριτωμένη (von χαριτόω) verweist auf ein bereits vollzogenes, in Gegenwart und Zukunft wirkendes Handeln (Gottes). Das im Gruß enthaltene Wortspiel (Lk 1,28: χαῖρε, κεχαριτωμένη) sowie die nachfolgende Zusage der Gottesgemeinschaft unterstreichen dies. Lk 1,30 b (»... du hast Gnade gefunden bei Gott«) ist dazu interpretierend zu lesen. Dieses Moment der Erwählung konkretisiert sich im Modus der Menschwerdung Jesu. Der Parallelismus in Lk 1,35 hebt hervor, daß Gott selbst das Subjekt agens ist. »Heiliger Geist« und »Kraft des Höchsten« umschreiben die dynamische Wirkmacht Gottes. »Geist« ist hier also nicht trinitarisch, sondern vor dem Hintergrund atl. Verwendung zu deuten. Die Metaphorik der Wendungen entspricht atl. Vorbildern (vgl. bes. Jes 32,15 und Ex 40,35); sie unterstreichen den Gedanken der ausgesagten Gottesgegenwart. Die Konsequenz solch erwählenden Handelns Gottes ist die Selbstüberantwortung M's an Gottes Willen (Lk 1,38). Dies ist weniger Ausdruck ihres Verstehens oder Wissens als vielmehr ihres Glaubens (vgl. Lk 1,45).

Die Charakterisierung des Kindes (Lk 1,32–33) geschieht unter Anwendung atl., auf Gott angewandter Königsterminologie. Zugleich wird darin die Beschreibung von Aufgabe und Bedeutung des Johannes (vgl. Lk 1,14–17) parallelisierend überhöht. In Sir 48,22 und Jes 9,5 wird Gott als der »Große« bezeichnet; »Sohn des Höchsten« ist der atl. gebräuchliche Titel für den Messias (Hahn 247 A 5). Durch die Nennung des Hauses Jakob und Davids (Lk 1,32–33, vgl. dazu Lk 1,27; 2,4) ist ebenfalls eindeutig determiniert, von welchem Kind die Rede ist. Die Herrschaftsübertragung erinnert an 2 Sam 7,14. Lk 1,33 vertieft diese Herrschaftszusage in Form eines Parallelismus, der bes. die Dauerhaftigkeit der neuen Königsherrschaft hervorhebt. Vor diesem Hintergrund sind die Aussagen von Lk 1,35 folgerichtige Konsequenz. Dies gilt sowohl für die Herleitung der Herkunft Jesu aus der schöpferischen Wirksamkeit Gottes in radikalst denkbarer Art als auch für die Bezeichnung des Kindes als »heilig«. Κληθήσεται ist hier (wie oben Lk 1,32) im Sinne der Wesensumschreibung zu verstehen und syntaktisch mit ἅγιον zu verbinden. Mit dem Hinweis auf die Heiligkeit des Kindes ist auf seine Gottzugehörigkeit angespielt. »Sohn Gottes« steht als appositionelle Ergänzung; die Wendung ist assoziativ nachgestellte Erläuterung (im Sinne eines Nominalsatzes) zu »heilig«. Das bedeutet: Der Duktus aller auf Jesus bezogenen Aussagen steuert auf diese eine Benennung zu. Was sich aus seiner Charakterisierung längst ergibt, wird zusammenfassend eigens nochmals gesagt. »Sohn Gottes« hat hier sowohl die Funktion der Herkunftsbezeichnung wie auch der Wesensumschreibung dessen, der im Kontext des Hauses Davids und für dieses geboren werden soll. Der Hinweis des Engels auf die Wirkvollmacht Gottes (Lk 1,37) erscheint dazu als (aus nachösterlicher Perspektive) rückblickende, tiefsinnige Reflexion.

Lit.: F. Hahn, Christologische Hoheitstitel, ⁴1974, bes. 275–277. 304–308. — J. G. Sobosan, Completion of Prophecy, Jesus in Lc 1,32–33, In: BTB 4 (1974) 317–323. — A. Vicent, La presunta sustantiación τὸ γεννώμενον en Lc 1,35 b, In: EstB 34 (1974) 265–273. — D. M. Smith, An Exposition of Luke 1,26–28, In: Interp. 29 (1975) 411–417. — G. M. Verd, »Gratia plena« (Lc 1,28), In: EstE 50 (1975) 357–389. — C. H. Dodd, New Testament Translation Problems I, In: BiTr 27 (1976) 301–311. — J. Carmignac, The Meaning of Παρθένος in Luke 1,27. A Reply to C. H. Dodd, ebd. 28 (1977) 327–330. — R. E. Brown, Luke's Method in the Annunciation Narrative of Chapter One, In: Perspectives in Religious Studies Special Series 5 (1978) 126–138. — T. Veerkamp, Die Erhöhung der Unteren: Lukas 1,26–56, In: Texte und Kontexte 6 (1979) 41–63. — H. E. Faber van der Meuwlen, Zum jüdischen und hellenistischen Hintergrund von Lk 1,31, In: FS für K. H. Rengstorf, 1980, 108–122. — K. Stock, Die Berufung Marias (Lk 1,26–38), In: Bib. 61 (1980) 457–491. — Ders., Lo Spirito su Maria (Lk 1,26–38), In: Parola, Spirito e Vita 4 (1981) 88–98. — I. de Potterie, L' anuncio a Maria (Lc 1,26–38), ebd. (1982) 55–73. — C. Buzetti, Κεχαριτωμένη, »favoured« (Luke 1,28) and the Italian Common Language New Testament, In: BiTr 33 (1982) 243. — S. Zedda, Il χαῖρε di Lc 1,28 alla luce di un triplice contesto anticotestamentario, In: FS für S. Cipriani, 1982, 273–292. — H. Schürmann, Lk I, ²1982, 39–64. — H. Verweyen, Mariologie als Befreiung. Lk 1,26–45. 56 im Kontext, In: ZkTh 105 (1983) 168–183. — K. Berger, Formgeschichte des NT, 1984, bes. 345–357. — E. Delebecque, Sur la salutation de Gabriel à Marie (Lc 1,28), In: Bib. 65 (1984) 352–355. — S. Munoz Iglesias, El anuncio del Angel y la objeción de Maria, In: EstB 42 (1984) 315–362. — C. Buzzeti, Traducendo κεχαριτωμένη (Lc. 1,28), In: FS für J. Dupont, 1985, 111–116. — R. Meynet, Dieu donne son Nom à Jésus. Analyse rhétorique de Lc 1,26–56 et de 1 Sam 2,1–10, In: Bib. 66 (1985) 39–72. — A. M. Buscemi, L' annonce à Marie I et II, In: Terre Sainte 3–4 (1986) 67–71; 5–6 (1986) 98–102. — E. Vallauri, L' annunciazione in Luca e la verginità de Maria. Una rassegna esegetica, In: Laur. 28 (1987) 286–327. — J. Kremer, Lk, 1988, 27–30. — F. Bovon, Lk I, 1989, 62–78. (→ Jungfräulichkeit I 2; → Vorgeschichten).

W. Kirchschläger

II. LITURGIE-WEST. Verkündigung des Herrn (In Annuntiatione Domini) ist der heutige Titel des Hochfestes vom 25. März, der bei der Reform des liturg. Kalenders (1969) die frühere Bezeichnung »In Annuntiatione BMV« (»Mariä Verkündigung«) abgelöst hat (→ Feste des Herrn).

Den wichtigsten Kommentar zu dieser Änderung hat Paul VI. in seinem Apost. Schreiben »Marialis Cultus« (2.2.1974) geliefert: »Für die Feier der Menschwerdung des göttlichen Wortes ist nach wohlüberlegtem Beschluß im Röm. Kalender die alte Bezeichnung ›Verkündigung des Herrn‹ wieder eingeführt worden. Doch ist diese Feier zugleich ein Fest des Herrn und der allerseligsten Jungfrau: das heißt des Logos, der Sohn Mariens (Mk 6,3) wird, und der Jungfrau, die Mutter Gottes wird. Im Hinblick auf Christus feiern Osten und Westen in ihren Liturgien ... das Andenken an das heilbringende Fiat des menschgewordenen Logos, der beim Eintritt in die Welt sprach: ›Siehe ich bin gekommen, um deinen Willen, o Gott, zu erfüllen‹ (Hebr 10,7; Ps 39,8–9), nämlich das Gedächtnis des Anfangs der Erlösung und der unauflösbaren Verbindung zwischen der göttlichen und menschlichen Natur, die in der einen Person des göttlichen Wortes existiert. Was aber Maria betrifft, so feiern die beiden Liturgien das Fest der neuen Eva, der gehorsamen und getreuen Jungfrau, die durch ihr hochherziges Fiat (vgl. Lk 1,38) und durch die Mitwirkung des Heiligen Geistes Mutter Gottes (Dei Genitrix) und zugleich Mutter aller Lebenden (vera mater viventium) wurde. Indem sie den einen Mittler (vgl. 1 Tim 2,5) in ihrem Schoß empfing, wurde sie zur wahren Arche des Bundes und zum wahren Tempel Gottes. So ist der 25. März Gedächtnisfeier eines Höhepunktes im Heilsdialog zwischen Gott und dem Menschen, Gedächtnis (memoria) der freien Zustimmung der Jungfrau Maria und ihrer Mitwirkung beim Werk der Erlösung« (MCu 6).

Die Wurzeln dieses »weihnachtlichen Festes« außerhalb des → Weihnachtsfestkreises reichen im Osten bis in die Zeit vor dem Konzil von Ephesos (431) zurück, im Westen kommen die ersten Nachrichten aus dem 7. Jh., wobei schon der Liber Pontificalis 86 (ed. Duchesne I 376; weitere Belege bei Righetti II 300f.; Radó II 1339f.) den Titel »Verkündigung des Herrn« bezeugt.

Fällt das auf den 25. März (neun Monate vor Weihnachten) datierte Hochfest, das in erster Linie als Herrenfest, in zweiter auch als marian. Fest betrachtet werden muß, in die Karwoche oder in die Osteroktav, so wird es am Montag nach dem »Weißen Sonntag« begangen. Dieses Fest zeigt exemplarisch, daß es in der Liturgie immer um die Feier der Erlösung geht (vgl. SC 2). Die MV aber ist organisch in die Feier der Heilsgeheimnisse eingebunden und untrennbar mit ihr verknüpft (vgl. SC 103).

Lit.: Nachkonziliare Dokumentation 20, 114. 178; 45, 22–25. — M. Righetti, Manuale di storia liturgica II: L' anno liturgica, ³1969, 300 f. — W. Beinert (Hrsg.), Maria heute ehren, 1977, 128–137. — A. Adam, Das Kirchenjahr mitfeiern, 1979, 129 f. — G. Voss, Dich als Mutter zeige. Maria in der Feier des Kirchenjahres, 1991, 123–131. *Th. Maas-Ewerd*

III. LITURGIE–OST. Die orth. Kirche feiert unter dem Titel »Verkündigung der Frohen Botschaft an unsere hochheilige Herrin, die Gottesgebärerin und Immerjungfrau Mariä« dieses Fest am 25. März. Es gehört zu den (zwölf) Hochfesten und wird als Fest 2. Klasse (in Rußland 1. Klasse) begangen. Ein Vorfest gleichen Inhalts am vorausgehenden Tag und ein Begleitfest zu Ehren des Erzengels → Gabriel umrahmen das Verkündigungsfest.

Entgegen abendländischer Tradition (Spanien, Gallien, Oberitalien), die Verkündigung im Advent in zeitlicher Nähe zu Weihnachten zu feiern, beging man sie in der byz. Kirche seit der Mitte des 6. Jh.s am 25. März, wie die Predigt des Abraham v. Ephesos (PO 16,442–454; ByZ 22 [1913] 37–59) bezeugt. Diese Festsetzung wurde nicht nur durch das neun Monate später zu feiernde Geburtsfest Christi veranlaßt, sondern noch mehr durch das Frühlingsäquinoktium, das als Tag der Neuschöpfung galt und deshalb ebenso auf die Menschwerdung Christi im Schoß ⋈s als auch auf die Neuwerdung der Menschheit durch seinen Tod und seine Auferstehung hinzuweisen geeignet war. Rom folgte im 7. Jh. diesem Brauch, der sich schließlich im ganzen Abendland durchgesetzt hat. Den Charakter des Tages und seine theol. Bedeutung bringt das Festtroparium zum Ausdruck: »Heute ist unserer Rettung Ursprung/ und des seit Ewigkeit bestehenden Geheimnisses Offenbarung./ Der Sohn Gottes/ wird Sohn der Jungfrau,/ und Gabriel verkündet die frohe Botschaft der Gnade./ Deshalb wollen mit ihm auch wir der Gottesgebärerin zurufen:/ Freue dich, Begnadete, der Herr ist mit dir« (Anthologion II 1519).

Obwohl der 49. Kanon der Synode von Laodikeia (Ende 4. Jh.), der bis heute in der orth. Kirche Gültigkeit besitzt, bestimmt, daß in der Fastenzeit nur an Samstagen und Sonntagen die eucharistische Liturgie gefeiert werden darf, gestattet die Trullanische Synode von Konstantinopel (692) im 52. Kanon ausdrücklich, daß das Verkündigungsfest mit einer Eucharistiefeier am 25. März begangen werden darf. Wie in den Sonntagen erblickt man in ihm die Würde eines Herrenfestes. Es wird deshalb grundsätzlich auch nicht verlegt. Umfangreiche Regeln im Typikon geben an, wie liturg. zu verfahren ist an den Fast- und Sonntagen, auf die das Fest fällt; nur wenn es mit dem Karfreitag oder Karsamstag zusammentrifft, an denen eine Eucharistiefeier nicht gestattet ist, wird es am Ostersonntag mitgefeiert. (In der russ. Orthoxie wird es auch am Karfreitag oder Karsamstag gefeiert).

Als eine Verdoppelung des Verkündigungsfestes ist der Samstag des → Akathistos-Hymnos zu sehen. Der 51. Kanon von Laodikeia bestimmt, daß Heiligenfeste, die in die Fastenzeit fallen, am Samstag nachgeholt werden sollen. Das Fest der V., das seiner Bedeutung entsprechend mit einer eucharistischen Liturgie gefeiert werden sollte, wurde deshalb zunächst auf einen Samstag in zeitlicher Nähe zum 25. März gelegt und durch den Akathistos-Hymnos ausgezeichnet. Noch im 9. Jh. bestand die Möglichkeit, den nun Akathistos-Samstag genannten Feiertag am 4. oder 5. Samstag in der Fastenzeit zu begehen. Heute wird je ein Viertel des Hymnos an den ersten vier Fastensamstagen als Vorbereitung auf den Akathistos-Samstag gesungen. Als sich schließlich im 6. Jh. der Brauch durchgesetzt hatte, das Verkündigungsfest tatsächlich am 25. März zu begehen, suchte man der Verdoppelung des Festes dadurch abzuhelfen, daß man dem Akathistos-Hymnos einen neuen Sinn gab: Wohl Patriarch Sergios I. (610–638) verfaßte eine Widmungsstrophe zum Dank an ⋈ für die Befreiung Konstantinopels aus der Perser- und Awarenbedrohung im Jahr 626; sie scheint dem Hymnos ein anderes Gepräge zu verleihen; doch steht fest, »daß der Hymnus für das Fest Mariä Verkündigung verfaßt wurde« (Meersseman 21 f.). Beim Zusammentreffen des Akathistos-Samstags mit dem 25. März feiert man deshalb auch nur das Fest der V.

QQ und Lit.: A. H. Kellner, Heortologie, Freiburg ³1911, 175–177. — G. G. Meersseman, Hymnos Akathistos, 1958. — Μηναῖον τοῦ Μαρτίου, (1960). — Ἀνθολόγιον τοῦ ὅλου ἐνιαυτοῦ II, 1974. — L. Heiser, Maria in der Christusverkündigung des orth. Kirchenjahres, 1981, 115–164. *L. Heiser*

IV. KUNSTGESCHICHTE. Mit der V. beginnt die Erlösungstat Christi, damit auch der ntl. Bilderkreis. Sie ist Fundament und Bedingung für das ganze christl. Heilsgeschehen. Daraus erklärt sich die Häufigkeit der Darstellung.

Die älteste bekannte Einzeldarsellung befindet sich an einer Decke der Priscillakatakombe: der Engel ist ohne Flügel, fast frontal gegeben und streckt die Rechte gegen die links sitzende ⋈ aus (3. Jh.). In der Petrus- und Marcellinuskatakombe tritt die V. zum ersten Mal als Anfang eines christol. Zyklus (4. Jh.) auf. Im 5./6. Jh. erfolgt die ikonographische Fixierung: der Engel kommt von links und ⋈ empfängt sitzend oder stehend seine Botschaft (der stehende Typ ist wohl östlichen Ursprungs). Gelegentlich sitzt ⋈ auf einem Schemel und spinnt an einem Rocken, dessen Faden in einen Korb gleitet (sog. Pignatta-Sarkophag, Ravenna, S. Francesco, Ende 5. Jh.; → Handarbeiten, → Spindel) oder sie kniet mit einem Krug vor einer Quelle (Elfenbeindeckel, Mailand, Domschatz, 7. Jh.). Meistens aber steht sie vor einem Portikus (Elfenbein, Mailand, Sammlung Trivulzio, 5./6. Jh.). Dieser Typus bleibt für Italien im wesentlichen für das ganze MA verbindlich.

Wie in den griech. Handschriften das Autorenbild des Evangelisten mit einem Szenenbild des Evangeliums verknüpft ist, so kommt die V. auch in karolingischen Evangeliaren vor, meist in Verbindung mit dem hl. Lukas, aber auch mit Matthäus (z. B. Evangeliar aus St. Médard, Soissons, Paris, Bibl. Nat., ms. lat. 8850, 827; Evangeliar aus Chartres [?], Paris, Bibl. Nat., ms. lat. 9386, 9. Jh.). In den ottonischen Handschriften verselbständigt sich die V.s-Darstellung und wird zum ganzseitigen Bild vor dem 1. Evangelium (Evangeliar aus Niedersachsen, Wolfenbüttel, Bibl. 16. I, um 980; Evangeliar der Äbtissin Hitda von Meschede, Darmstadt, Landesbibl., cod. 164, um 1020; Evangeliar, Paris, Bibl., Nat., Ars. ms. 592, 11. Jh.) Neben Darstellungen, die von der Antike her noch Andeutungen von Gebäuden haben, also noch eine Örtlichkeit (Sakramentar von St. Gereon, Köln, Ende 10. Jh., Hitda-Codex; Codex Egberti, Reichenau-Schule, Trier, Stadtbibl., cod. 24, um 980, dort als Nazareth bezeichnet) stehen V.s-Bilder, die auf einen Hintergrund verzichten und die Begegnung zwischen Göttlichem und Menschlichem vor einem Goldgrund geschehen lassen, der die Szene völlig dem Irdisch-Zufälligen enthebt und das Mysterium ins Zeitlose entrückt. In den romanischen Handschriften ist diese Abstraktion noch stärker. Ein streng dekorativer Rahmen tritt an Stelle einer Arkade. Vor dem Goldgrund stehen Engel und ⓜ einander gegenüber; mit sparsamsten Gesten, das Menschliche ganz verhalten, sind sie nur Träger des übernatürlichen Geschehens (Evangeliar aus Kloster Gengenbach, Stuttgart, Landesbibl., ms. theol. n. 59, um 1150). Die V. ist in diesen Handschriften immer Teil eines christol. Zyklus. In diesem Rahmen findet man sie auch auf Türen (Holztür von St. Maria im Kapitol, Köln, Mitte 11. Jh.), an Portalen (Moissac, 2. Viertel 12. Jh.; Arles, St. Trophime, Mitte 12. Jh.), an Ambonen (Klosterneuburger Altar des Nikolaus v. Verdun, 1181), an Chorschranken (Bamberg, Georgenchor, um 1220). Im allgemeinen wird im Norden der stehende Typ der ⓜdarstellung bevorzugt, im ital. und byz. beeinflußten Raum der sitzende.

Auch in der Gotik gehört die V. zum integralen Bestand der Portalzyklen (Chartres und Amiens, 1. Viertel 13. Jh.; Reims, 1230/45), sie wird auch Bestandteil der neuen typol. Zyklen (Gewölbe von St. Maria Lyskirchen, Köln, um 1250; Hauptchorfenster der ehemaligen Abteikirche Mönchen-Gladbach, um 1260/70). Das 13. Jh. fügt der Ikonographie der V. eine → Vase mit einer oder mehreren langstieligen Blumen hinzu, die zwischen den beiden Hauptgestalten steht. Das Motiv findet sich schon in einer kopt. Handschrift des 10. Jh.s (New York, Morgan Library) und in einer Salzburger Handschrift (München, Bayer. Staatsbibl., clm 8272, 12. Jh.). An diesen frühen Beispielen erkennt man auch die Wurzel des Motivs der Blumen, das Lebensbaummotiv. Für die Vase finden sich Vorstufen in V.s-Darstellungen, die neben ⓜ einen Brunnen zeigen (Mistra, 13. Jh.; Prüll bei Regensburg, um 1200), auch Brunnen in Form eines Kelches (Einzelblatt aus einem Psalter, New York, Met. Mus., um 1250) oder einen einfachen Kelch (Psalter in Maihingen, Bibl. I. 2. 4⁰ 24, kurz nach 1255). In St. Maria Lyskirchen (Köln) erscheint eine Kombination von Brunnen und Blumen. Der Brunnen, ursprünglich wohl Lebensbrunnen und Fruchtbarkeitssymbol — auch bei der V. an Anna sind Lebensbaum und Lebensbrunnen Attribute der Darstellung (Daphni, 11. Jh.) — wird in der marian. Typologie zum »fons signatus« oder »fons aquae vivae«; ⓜ ist auch »vas caelestis gratiae« (Adam v. St. Viktor). Erst im 14. Jh. werden aus den eigenartig stilisierten Blumen im allgemeinen → Lilien (Simone Martini, Florenz, Uffizien, 1333). Später hält oft auch der Engel einen Lilienstengel in der Hand (Domenico Veneziano, Predella, Cambridge, Mitte 15. Jh.; Jan van Eyck, Genter Altar, 1432). Andere Attribute des Engels sind Dreiflammenszepter (auch vom Lebensbaummotiv herrührend) oder Schriftband, in Italien meist ein grüner Zweig, → Ölzweig oder → Palmzweig. Ebenfalls dem 13. Jh. entstammt das Buch als Attribut ⓜs, es wird zum unentbehrlichen Requisit der V.s-Darstellung. In S. Maria in Trastevere (Rom, Mosaik von Cavallini, 1291) hält es ⓜ in der Hand; es liegt aufgeschlagen auf ihrem Schoß (Fra Angelico, Altartafel in Cortona, um 1425) oder auf dem Lesepult (Filippo Lippi, Rom, Palazzo Venezia, nach 1435; Dürer, Federzeichnung, Chantilly, 1526). Das Motiv des Buchs (→ Liber) kann wohl von scholastischen Gedankengängen hergeleitet werden (bei Albertus Magnus z. B. ist ⓜ Meister der 7 freien Künste), auch von den Meditationes Vitae Christi, wonach ⓜ dem Gebete und der Betrachtung obliegt, bevor der Engel eintritt. Daß ⓜ und der Engel in der Arenakapelle von Padua (Giotto, um 1305) knien, weist auf die gleiche Quelle hin. Im 14. Jh. erhält die Szenerie eine bis dahin nicht beobachtete Bedeutung. Der Raum, in dem sich die Handlung abspielt, wird zum unerläßlichen Bestandteil der Darstellung. Der erste Schritt wird von Giotto in der Arenakapelle getan; es wird dort der Eindruck eines Raumes erweckt, aber noch herrscht die traditionelle Zweiräumigkeit der V. vor — hier getrennt durch den Bogen der Chorkapelle —, die allmählich überwunden wird (Giovanni da Milano, Rom, Palazzo Venezia, 1350/65). Der traditionelle ital. Typus wirkt auf Böhmen (Meister von Hohenfurth, um 1350), auf Nordwestdeutschland (Grabower Altar des Meisters Bertram, Hamburg, 1379) sowie auf Frankreich (Heures de Jeanne d'Evreux von Jean Pucelle, Paris, Sammlung Rothschild, 1325/28). Die V.s-Darstellung wird immer mehr aus dem christol. Zyklus ausgesondert. Zum Mittelstück eines Altars wird sie zum ersten Mal bei Simone Martini (1333); im Norden etwa 100 Jahre später beim Meister von Flémalle (Mérode-Altar). In der östlichen Kunst behält die V. ihren traditionellen Platz innerhalb des christol. Rahmens am Chorbogen oder an der Ikonostase.

Die V.s-Darstellung im Kircheninnern wird charakteristisch für die franz. Kunst um 1400: Die Kirche ist Abbild des Paradieses; ⓜ im Garten (→ Hortus conclusus) oder in der Kirche besagt dasselbe. Drei Haupttypen kommen im 15. Jh. vor: Beim ital. Typus sitzt die Jungfrau unter einem Portikus, der Engel tritt aus dem Freien auf sie zu; beim franz. spielt die Handlung im kirchlichen Innenraum, in der flämischen Kunst wird die Handlung in einen bürgerlichen Innenraum verlegt. Die dt. Darstellungen stehen teils unter flämischem (Konrad Witz, Nürnberg, Germ. Nat. Mus., 1445), teils unter franz. Einfluß (Grünewald, Isenheimer Altar, 1512/15). Der Mérode-Altar des Meisters von Flemalle (um 1425) bietet einen bürgerlichen Innenraum mit V.s-Darstellung. Wasserkessel und Handtuch im Hintergrund sind Sinnbilder der jungfräulichen Reinheit. Das hl. Geschehen wird nunmehr ereignishaft geschildert, es wird »historisch«. Menschliche Gefühle und Empfindungen werden hineingetragen. Das Diesseitige wird betont, um das Überirdische ahnen zu lassen. In der Renaissance wird die Begegnung zwischen Göttlichem und Menschlichem in eine idealistische Sphäre gestellt; ideal und schön werden Raum, Landschaft und die handelnden Personen gegeben. Das allmählich sich durchsetzende natürliche Größenverhältnis zwischen Mensch und Gebäude verändert auch den Hintergrund für M. Er wird nun entweder zum Erdgeschoß eines geschlossenen Gebäudes oder zu Säulen einer Halle (Leonardo, Predellentäfelchen, Paris, Louvre, Frühwerk). Tizians späte V. (Venedig, S. Salvatore, um 1560) vermittelt eine Ahnung von den neuen Tendenzen des Manierismus und des Barock; in der Renaissance wird die Szene wieder irrealer. Das Jenseits bricht in das Diesseits und wird zur Vision. Wohl steht der Engel auf dem Boden, aber über M hat sich der Himmel geöffnet, aus dem die Taube des Hl. Geistes inmitten einer Engelschar auf sie herabschwebt. Etwa 100 Jahre später, bei Pietro da Cortona (Cortona, S. Francesco), sind diese Tendenzen noch stärker. Wie eine plötzliche Erscheinung ist der Engel rauschend herabgeflogen, M ist niedergesunken vor dem Ansturm des Göttlichen, oben in den Wolken Gottvater mit der Taube, die ihre Strahlen auf die Jungfrau herabsendet. Die Wirkung des Jenseitigen wird sichtbar an dem starken Sensualismus des Dargestellten.

Der Klassizismus begünstigt rel. Themen nicht. Erst bei den Nazarenern finden sich schüchterne Versuche. Julius → Schnorr v. Carolsfeld hat in einem Jugendwerk die V. nach alten Vorbildern, aber nicht vom Geist der ma. Welt erfüllt, dargestellt. Auch Dante G. Rossetti versucht eine Wiederbelebung (London, Tate-Gallery, um 1850). M kauert auf dem Lager, vor dem der Engel mit dem Lilienstengel steht, aber der Eindruck des Modells bleibt und verschwindet nicht hinter dem Bild der Jungfrau.

Erst in der modernen Kunst ist vielleicht wieder etwas spürbar von dem Unfaßbaren, das diese Botschaft des Himmels auf die Erde herunterbrachte. Bei Ivan Méstrovic (Walnußrelief) kniet M, der Engel steht vor ihr mit einer Blüte in der linken Hand. Seine Rechte weist nach oben. M bietet sich dem breiten Band von Strahlen dar, das von oben auf sie herabfließt.

Anzufügen wäre noch, daß die Taube des Hl. Geistes immer zu V.-Darstellungen gehört, das FrühMA ausgenommen. Eine mehr volkstümliche Richtung des 14./15. Jh.s läßt auf dem Lichtstrahl das Christkind herabgleiten (Würzburg, Marienkapelle, Nordportal, um 1425).

Lit.: S. Beissel, Die bidliche Darstellung der Verkündigung Mariae, In: ZfCK 4 (1891) 191–196. 207–214. — W. Braunfels, Die V., 1949. — Schiller I 44–62. — G. Düwe, Der Wandel in der Darstellung der Verkündigung an Maria vom Trecento zum Quattrocento, 1988. — LCI IV 422–438. *I. Correll*

Verkündigungsspiele → Roratespiele, → Spiele, → Tiroler Verkündigungsspiel

Verlobung. I. EXEGESE. Matthäus schreibt in seiner → Vorgeschichte: »Mit der Geburt Jesu Christi war es so: Maria, seine Mutter, war mit Joseph verlobt; noch bevor sie zusammengekommen waren, zeigte sich, daß sie ein Kind erwartete — durch das Wirken des Heiligen Geistes« (1,18). Gleichzeitig nennt Matthäus Joseph den Mann Ms (1,16. 19) und M Josephs Frau (1,20. 24). Lukas verwendet den Begriff »sich verloben« wie Matthäus in seiner Vorgeschichte: »Im sechsten Monat wurde der Engel Gabriel von Gott in eine Stadt in Galiläa namens Nazaret zu einer Jungfrau gesandt. Sie war mit einem Mann namens Joseph verlobt, der aus dem Haus David stammte« (1,27). Und: »Er wollte sich eintragen lassen mit Maria, seiner Velobten, die ein Kind erwartete« (2,5). Lukas vermeidet es aber, Joseph und M als Mann und Frau zu bezeichnen. Der griech. Begriff »sich verloben« ($\mu\nu\eta\sigma\tau\epsilon\acute{\upsilon}\epsilon\sigma\theta\alpha\iota$) hat im Hebräischen kein sprachliches Äquivalent und gibt die jüdischen Verhältnisse nur ungenau wieder. Eine Verlobung, die Bekanntgabe der Heiratsabsicht eines Paares mit anschließendem Brautstand, gab es dort nicht. Dagegen ließ man nach der rechtlichen Eheschließung bis zur feierlichen Heimführung der Frau von ihrem Elternhaus in das Haus des Mannes in der Regel eine bestimmte Zeit vergehen. Diese Frist betrug meist ein Jahr, um eine eventuelle Schwangerschaft aus der Zeit vor der Eheschließung abzuwarten und in diesem Falle die Ehe wieder zu lösen (Mt 1,19). Bei der idealen Eheschließung mit einer »Jungfrau« im engeren Sinn (»naara« oder »betula«), d. h. mit einem Mädchen an der Schwelle seiner Reife im Alter zwischen 12 und 12½ Jahren, erfolgte die Heimführung wohl erst, wenn die junge Frau das Alter von 12½ Jahren überschritten hatte, nach dem Einsetzen der Menstruation. Erst jetzt galt sie als »Mannbare« (»bogeret«). Mit dem griech. Begriff des Verlobtseins bezeichnen Matthäus und Lukas gleichermaßen die rechtlich geschlossene, aber noch nicht vollzogene jüdische Ehe. Matthäus hat eher den Normalfall vor Augen, Lukas scheint an die Ehe einer Jungfrau in der engeren Bedeutung zu denken. Im apokryphen → Jakobusevangelium ist die Erzählung noch weiter in diesem Sinn verdeutlicht. M wird dort mit 12 Jahren (8,2) aus dem Tempel entlassen und dem Joseph vermählt, der sie zwar gleich in sein Haus aufnimmt, selbst aber das Haus verläßt (9,3). Bald darauf erfolgt die Verkündigung. Erst nach dem Besuch Ms bei Elisabeth, also ein halbes Jahr später, kehrt Joseph zurück (12,1). In jedem Fall bedeutet die Empfängnis

Jesu während der Zeit der »Verlobung« einen wunderbaren Lebensursprung ohne Beteiligung des Mannes. Sofern auch gemeint ist, daß in dieser Zeit die Jungfrau selbst erst den Eintritt ihrer körperlichen Reife erwartet, ist die Empfängnis Jesu vom Hl. Geist nicht als göttliche Zeugung gedacht, sondern ganz als schöpferischer Akt (Lk 1,35 vgl. Gen 1,2), als Hineinerschaffung der Menschheit des göttlichen Kindes in die Ehe seiner Eltern, als Anbruch des Äons der neuen Schöpfung, entsprechend der Deutung Jesu als des neuen Adam.

Lit.: C. M. Henze, Bezeichnet »desponsata« eine Verlobte oder Vermählte?, In: ThPQ 101 (1953) 308–313. — P. Hofrichter, Nicht aus Blut, sondern aus Gott geboren, 1979, 99–105. — EWNT II 1073. — H. Schürmann, Das Lukasevangelium, ²¹1982, 39–64. — U. Luz, Das Evangelium nach Matthäus, ²¹1989, 98–111. — F. Bovon, Das Evangelium nach Lukas, 1989, 62–78. *P. Hofrichter*

II. Kunstgeschichte. Die bildliche Darstellung der V. Mꟾe greift zur Gestaltung vieler Einzelmotive (Greisengestalt Josephs, Jugendalter Mꟾs, Taube auf dem Haupt, grünender Stab Josephs, Hoherpriester, Jungfrauen in Begleitung Mꟾe, dürre Stäbe der Freier) über Lk 1,27 und 2,5 hinaus zu den → Apokryphen, bes. zum → Jakobusevangelium.

Die älteste erhaltene Darstellung am Sarkophagrelief im Museum zu Le Puy (4./5. Jh.) zeigt Mꟾ mit Schleier, die ihre linke Hand in Josephs Rechte legt. Dahinter erscheint ein nimbierter, assistierender Engel mit einer Rolle in der Hand, was auf den klassischen Typus hinweist, wonach während der Händereichung Juno Pronuba erscheint. In der östlichen Kunst gilt die Darstellung der V. = Mꟾe auf den Tabernakelsäulen in Venedig S. Marco (5. Jh.) als die älteste. In der Plastik ist die V. verhältnismäßig selten, Beispiele dafür sind der Tabernakel Orcagans in Florenz, in Orsanmichele, am Paliotto im Dom von Pistoja, sowie am Annaportal von Notre Dame in Paris, in der Stiftskirche in Kalkar und in Abbeville (St. Paul). Die Byzantiner hielten sich an die Apokryphen und an die griech. Kirchenväter, wonach Mꟾ und Joseph nicht verehelicht seien (PG 42,709 D), und Joseph nur der Beschützer der Jungfrau sei, weshalb in den Homilien des → Jacobus Monachus (Paris, Nat. Bibl.) nur von der Übergabe Mꟾe an Joseph die Rede ist.

Die Lateiner zeigen dagegen eine wirkliche Hochzeitszeremonie mit Ineinanderlegen der Hände (Tob 7,15) oder Anstecken des Ringes unter priesterlicher Assistenz und vor Trauzeugen.

Bei Griechen und Lateinern grünt oder blüht der Stab Josephs wie der Stab → Aarons (Num 17,16–24); eine Taube erscheint auf dem Stab oder auf dem Haupt Josephs, wenigstens ein einzelner dürrer Stab wird gebrochen.

In der ital. Malerei schildert Giotto (Padua, Arenakapelle) die V. monumental einfach in 4 Phasen: Übergabe der Stäbe, Gebet vor den Stäben, Anstecken des Rings und Hochzeitszug. Giotto hält sich dabei an die Apokryphen, folgt aber auch der jüdischen Auffassung, wonach V. kein rel. Akt ist, und verlegt die Handlung nicht ins Gotteshaus. Giottos Komposition wird für die ital. Meister bis ins 16. Jh. richtungsweisend: Mꟾ steht links vom Priester, der ihre Hand hält; Joseph reicht seine rechte Hand oder steckt den Ring auf Mꟾs Finger. Hinter Mꟾ stehen die Jungfrauen. Joseph trägt einen sprossenden Stab; hinter ihm brechen zornige Freier einen dürren Stab oder wollen auf Joseph einschlagen. Mꟾ ist jung, Joseph alt, oft passiv und schüchtern; beide tragen einen Nimbus; hinter der Zeremonie befinden sich oft Trauzeugen, auch Posaunenbläser und Violinspieler. Ohne Begründung aus Tradition und Apokryphen, aber infolge des im 15. Jh. in Italien und Deutschland auflebenden Annenkults, erscheinen oft Anna und Joachim (Bartolo Fredi, Siena, Accademia; Sano di Pietro, Vatikan), beide durch Nimbus hervorgehoben. Anna blickt besorgt auf Mꟾ, Joachim wehrt die zürnenden Freier ab. Über T. Gaddi (Florenz, S. Croce) und Giovanni da Mila (ebd.) steigern die Meister der Renaissance den Affekt der Freier oft bis zur Posse (Franciabigio, Florenz, S. Annunciata); anderseits betonen die pompösen architektonischen Hintergründe die Feierlichkeit des Trauaktes (D. Ghirlandaio, S. Maria Novella). Der Baldachin (z. B. bei O. Nelli, Foligno, Palazzo de' Trinci) deutet wohl auf den spätjüdischen Ritus, die V. unter einem Traubaldachin zu vollziehen, wo der Segen gesprochen wird. Fra Angelico (Florenz, Uffizien) drängt das Getümmel der Freier zurück und betont die rel. Weihe durch die betenden Frauen. Die Schlangentrompeten gehörten zum Florentiner Hochzeitszug des 15. Jh.s. Raffaels V. (Mailand, Brera, 1504) verläßt das übliche Schema. Mꟾ steht auf dem Ehrenplatz rechts vom Priester, Joseph ist jugendlich; die Zeremonie konzentriert sich auf das Anstecken des Ringes. Raffael verehrte den legendären Ehering Mꟾe im Dom zu Perugia. Der Zentralbau im Hintergrund symbolisiert die Einheit der Ehe.

Im dt. Raum ist die V. ins Gotteshaus gerückt (M. Pacher, Wien, Kunsthist. Mus.) — oft bis an die Altarstufen, wo das Paar vor dem Priester kniet (Meister des Marienlebens, München, Alte Pinakothek), deshalb stört das burleske Verhalten der Freier die Zeremonie nicht mehr, die jetzt bisweilen durch das Auflegen der Stola sakramentalen Charakter zeigt (C. Engelbrechtsen, Wien, Albertina; Kappenberger Meister, Münster, Landesmus.). Mꟾ, aus königlichem Geschlecht (Lk 1,32; Röm 1,3) trägt vereinzelt eine Krone (Konstanz, Rosengartenmus.). El Grecos V. (Bukarest) erreicht äußerste Einfachheit und Andacht. Der Barock gestaltet die V. als prunkendes Hochzeitsereignis und oft als historisches Genrebild. Auf C. Vanloos V. (Paris, Louvre) trägt Mꟾ Brautschleier und Brautkranz. Die neue Kunst bringt trotz vielfacher Gestaltung kein neues Motiv in diesem Thema.

Vermählung 612

El Greco, Vermählung Mariae, 1613/14, Bukarest

Lit.: H. Seeliger, Zur Ikonographie der Vermählung Marias, In: Der Schlern 52 (1978) 75–90. — G. Winter, Empirie und Bildsinn. Beobachtungen zu den Sposalizio-Darstellungen von Raffael und Perugino, In: Giessener Beiträge zur Kunstgeschichte 7 (1985) 1–31. — Schiller IV/2, 76–80. *Th. Mols*

Vermählung der Menschheit mit Gott durch Maria. Gott kennzeichnet schon im AT sein Offenbarungsverhältnis zur Menschheit nicht nur als Bund (z. B. Gen 12–17 und 26–28; Ex 6 und

19; Pss 49 [50],5 und 16; 77[78],10 und 37; 88[89]; Sir 17,12. 24,23 und 44–50; Jes 54–56; Jer 11,1–10 und 31,31–36; Ez 37,23–28), sondern sogar als Ehebund, in dem er selbst Bräutigam und Gatte, Israel aber Braut und Gemahlin ist (Hos 2,18–25; Jes 54,6–10 und 62,4–5; Jer 3; Ez 16; vgl. Hld; Ps 44[45]). Das NT übernimmt dieses Symbol und wendet es auf das Verhältnis des Sohnes Gottes zur Menschheit (Kirche) an (Mt 22,1–4 und 25,1–13; Mk 2,19–20; Joh 3,28–30; 2 Kor 11,2–3; Eph 5,22–33; Offb 19,6–9. 21,2–10 und 22,16–29). Der Bund und demgemäß die V. des einzelnen mit dem Sohn Gottes vollziehen sich im gläubig liebenden Anschluß an ihn (2 Kor 11,2; vgl. → Thomas v. Aquin, In Symb. Apost. Expos. 1,1 und Comm. in 2 Cor 11,2) bei der Taufe, in der Übernahme des jungfräulichen Standes (Profeß) und schließlich in gesteigerter Form als mystische V. auf dem Gipfel der sog. passiven Gebetsstufen. Eine objektive V. der Gesamtmenschheit bedeutet der Kreuzestod Jesu, wo der Sohn Gottes »das Blut des neuen und ewigen Bundes« vergossen (Liturgie; vgl. 1 Kor 11,25; Mt 26,28; Mk 14,24; Lk 22,20) und er die Kirche sich als Braut geheiligt hat (Eph 5,25f.). Die spätere theol. Besinnung hat auch der Menschwerdung diesen Charakter zuerkannt. Die nähere Formulierung der Idee in der Geschichte schwankt: einmal figuriert die Hl. Dreifaltigkeit oder Gott (ohne nähere trinitarische Differenzierung), ein andermal der Vater oder der Hl. Geist, schließlich der Sohn Gottes als »Bräutigam«; im letzten Falle erscheint entweder die Menschheit Jesu oder die Kirche als → »Braut«. Um beim christol. Gebrauch des Bildes dem (nestorianischen) Mißverständnis vorzubeugen, »die Person unseres Gottes und Erlösers Jesus Christus setze sich aus zwei Personen zusammen«, empfiehlt → Gregor d. G. (Hom. 38 in Ev.; PL 76,1283 B) die zweite Vorstellung: der Vater habe »dem Königssohn dadurch eine Hochzeit bereitet, daß er ihm durch das Geheimnis der Menschwerdung die heilige Kirche vereinte«. Braut wäre also nicht eigentlich die Menschheit Jesu innerhalb, sondern die übrige Menschheit außerhalb der hypostatischen Union.

Jeder dieser Sinnmöglichkeiten entspricht eine eigene Deutung. Daß in der »Fülle der Zeit« (Gal 4,4) für die Vereinigung von Gottheit und Menschheit in Christus ein übernatürliches Prinzip den göttlichen, ⋈ aber (in williger und wahrhaft mütterlicher Empfänglichkeit für diesen göttlichen Einfluß) den entgegengesetzten menschlichen Wesensbeitrag geliefert hat, bildet ihren gemeinsamen Kern. Näherhin ist ⋈ Braut des Vaters, mit dem sie sich, in vielfacher Nachahmung seiner einzigartigen (jungfräulichen) Fruchtbarkeit, in die zeitliche Hervorbringung seines ewigen Sohnes teilt (→ Berulle, G. Gibieuf [1580–1650], → Olier). Sie ist, im gleichen Vorgang, auf eigene Weise auch Braut des Hl. Geistes, der durch ⋈ nun in einem appropriierten Werk nach außen zu einer Fruchtbarkeit kommt, die er innerhalb der Hervorgänge in Gott nicht hat (→ Grignion v. Montfort), wobei allerdings die Vorstellung zu meiden ist, Jesus sei sein (des Hl. Geistes) Sohn.

Ist der Sohn Gottes selbst Bräutigam, Braut aber die von ihm angenommene Menschheit (Jesu), wird ⋈ weniger nach ihrer Tätigkeit, sondern einfach als »der Schauplatz des heilbringenden Vertrages (und als) das Brautgemach (gewertet), in dem sich das Wort Gottes das Fleisch anvermählte« (Proklos v. Konstantinopel, Laudatio in ss. Dei genitricem Mariam: PG 65,681–682 A; vgl. auch Augustinus, En. in Ps 44; PL 36,495; En. in Ps 18; PL 36,161). Ist aber die Menschheit im ganzen (außerhalb der Menschheit Jesu) das vom Sohn Gottes angesprochene Gegenüber, erscheint ⋈ selbst in bevorzugtem Sinn als die Braut, die, als schönster Ausdruck und in Stellvertretung der Menschheit (Kirche, Schöpfung), deren V. mit dem Sohne Gottes (menschlicherseits) vollzieht. Diese Idee klingt schon bei → Petrus Chrysologus († um 450; Sermo 140; PL 52,576 A) an. Seit → Ambrosius Autpertus († 784) wird diese Vorstellung immer mehr geläufig und entfaltet sich zur Parallele Adam/Eva — Christus/⋈ (→ Eva-⋈-Parallele). Oft schillert der Begriff »des Fleisches (der Menschheit)«, womit der Sohn Gottes sich verbindet, zwischen der ersten (konkreten) und der zweiten (universalen) Bedeutung; ähnlich gehen auch die Vorstellungen hinsichtlich der Brautschaft ⋈s oft ineinander über.

Erscheint ⋈ als Braut, ist es dem ntl. Sprachgebrauch gemäßer, sie Braut (nicht des Vaters oder des Hl. Geistes, sondern) des Sohnes zu nennen, in der die der Offenbarung so vertraute Idee einer gottmenschlichen V., weil allein hier (unter voller Wahrung der Jungfräulichkeit) auch die körperliche Mutterkraft tatsächlich in Anspruch genommen wurde, ihre einmalige Vollverwirklichung fand. Freilich zeigt dann der Umstand, daß die Person ⋈ hinsichtlich einer und derselben anderen Person (Christus) zugleich Braut und Mutter ist, wie die übernatürliche Wirklichkeit die natürlichen Analogien immer wieder übersteigt, und besondere Erwägungen nötig sind, das einmalige Zusammentreffen beider Merkmale auf eine Person einsichtig zu machen (→ Charakter). → Thomas v. Aquin (S. th. III 30,1) verleiht jenem (zweiten) christol. Bildgebrauch den klassischen und oft wiederholten Ausdruck, daß ⋈ an Stelle der gesamten menschlichen Natur »die Zustimmung zur geistlichen Vermählung zwischen dem Sohne Gottes und der menschlichen Natur leistet«. Dagegen erinnert noch → Bossuet (Predigt über die UE vom 7.12.1650 [1651?, 1656]) an die erste Deutung, wonach ⋈ »das Brautbett ist, darin (der Sohn Gottes) seine ganze geistige Hochzeit mit unserer Natur« feierte. Leo XIII., von Pius XII. (»Mystici corporis«, 29.6.1943) gefolgt, nimmt den Gedanken und die Formulierung des hl. Thomas in die lehramtliche Sprache

(»Octobri mense«, 22.9.1891; ähnlich »Fidentem piumque«, 20.9.1896) auf. Hat sich M auch unter dem Kreuz dem Erlösungswerk Christi eingefügt (→ Miterlöserin), könnte dieser ihr Anteil, entsprechend der Analogie der beiden Ereignisse, als Fortsetzung ihrer Rolle bei der Verkündigung umschrieben werden.

Dieser heilsgeschichtlichen Berufung entspricht die Ausstattung Ms. Sie ist (nicht zuletzt durch ihr weibliches Geschlecht und ihre leibliche Unversehrtheit) Hochbild und Symbol jener Bräutlichkeit und Empfänglichkeit, die der Sohn Gottes von der Menschheit (Kirche) erwartet, weshalb denn auch → Scheeben die Bräutlichkeit als Wesensmerkmal in den Personalcharakter Ms einbezog. M ist als immerwährende Jungfrau das geborene Symbol der Gesamtkirche und verwirklicht durch ihre UE wie durch ihre Freiheit von jeder persönlichen Sünde und Unvollkommenheit in höchster Form deren bräutliche Reinheit. In ihrer unwandelbaren Liebe und Treue, der wahrscheinlich sogar eine Art → Unsündlichkeit oder Befestigung im Guten zu Grunde liegt, findet sie Unauflöslichkeit, in ihrer freien Zustimmung zur Inkarnation die Freiheit dieser allgemeinen menschlichen V. mit dem Sohn Gottes ihre schönste Verwirklichung. Ihr überragender Reichtum an Gnade und übernatürlicher Schönheit, ihre Beziehungen zu den drei göttlichen Personen, sowie ihre beschleunigte leibliche Erweckung und Verklärung stellen die höchste Möglichkeit dessen dar, was Christus seiner Brautkirche erworben hat. Ihre Gottes- und Gnadenmutterschaft endlich ist das eminente Vorbild für die Fruchtbarkeit der V. (des Sohnes) Gottes mit der Menschheit, deren Entsprechung in der Kirche die (bes. nach Grignion v. Montfort immerfort von M abhängige) mystische Gottesgeburt in den Herzen der einzelnen Gläubigen und die Fähigkeit (auch des Laien) ist, in Ausübung des Apostolates anderen übernatürliches Leben zu vermitteln.

M ist durch ihre Beteiligung an der objektiven V. der Menschheit mit dem Sohne Gottes für die subjektive Verbindung der einzelnen mit Gott nicht bloß das große Ur- und Vorbild, sondern auch eine in diese hineinwirkende Ursache: die Neue Eva (adiutorium simile) an der Seite des Neuen Adam. Als → Mittlerin der Gnaden führt sie jede einzelne Seele bräutlich dem Sohne Gottes zu. Das geschieht umso vollkommener, je mehr sich die Seele ihr als der »sponsa Verbi per eminentiam« angleicht und anvertraut. Es findet seinen höchsten Abschluß hienieden in der geistlichen V. mit dem Sohne Gottes auf dem Gipfel des mystischen Lebens, nach dem Tode aber in »der Hochzeit des Lammes« (Offb 19,7–9).

Lit.: Th. Raynaud, Opera Omnia, II, sect. 4, cap. 1, Lyon 1665, 410–425. – Scheeben III, § 244, nr. 875–877; § 276, nr. 1587–90; auch in der Bearbeitung von C. Feckes, Die bräutliche Gottesmutter, § 6 II, 1936, 72–76. – C. Chavasse, The bride of Christ, an enquiry into the nuptial element in early Christianity, 1940. – J. C. Plumpe, Mater Ecclesia, an enquiry into the concept of the Church as Mother in early Christianity, 1943. – H. M. Köster, Der Mensch vor Gott im Gottesbund, In: Ders. (Hrsg.), Neue Schöpfung, 1948, 332–395. – Ders., Die Magd des Herrn, ²1954, 81–86. 113f. 118. 158–160. 171. 255–274. – L. Colomer, Reactiones trinitarias engastadas en la maternidad divina, In: EstMar 8 (1949) 93–131. – J. M. Alonso, Hacia una Mariologia trinitaria: dos escuelas, In: EstMar 10 (1950) 141–191. – Marie et l'Eglise I–III, In: EtMar 9–11 (1951–53). – H. Rahner, Die Gottesgeburt. Die Lehre der Kirchenväter von der Geburt Christi im Herzen des Gläubigen, In: ZkTh 59 (1953) 333–418. – H. Coathalem, Le parallelisme entre la sainte Vierge et l'Eglise dans la tradition latine jusqu'à la fin du XIIe siècle, 1954. – A. Deussen, Das Geheimnis der Liebe im Weltplan Gottes, 1954. – O. Semmelroth, Urbild der Kirche, ²1954. – A. Müller, Ecclesia-Maria, ²1955. – L. Scheffczyk, Der trinitarische Bezug des Mariengeheimnisses, In: Cath(M) 29 (1975) 120–131. – Ders., Die Mittlerschaft Marias, In: Ders., Glaube in der Bewährung. Gesammelte Schriften zur Theologie III, 1991, 300–320. *H. M. Köster*

Verona, Stadt und Bistum in Oberitalien, Suffraganbistum bis 1732 von Aquileja, bis 1818 von Udine, seither von Venedig.

1. Stadt. a) Kirchliches Zentrum V.s ist die Kathedrale S. Maria Matricolare, die 1139–84 auf den Fundamenten eines röm. Gebäudes, eines frühchristl. Gotteshauses des 5. Jh.s und einer Domkirche des 10. Jh.s von Maestro Nicolao erbaut wurde. Das herausragende marian. Kunstwerk des Domes ist Tizians Himmelfahrt Ms (um 1535) im linken Seitenschiff; ferner sind der GM u. a. ein Tympanon sowie im Presbyterium Fresken mit Szenen aus dem Mleben von Francesco Torbidio nach Entwürfen von Giulio Romano gewidmet (1534); das linke Seitenschiff öffnet sich zur 1440 gestifteten »Cappella della Madonna del Popolo«.

b) Die Kirche S. Maria Antica wurde anstelle eines Baues aus dem 9. Jh. errichtet, 1185 durch den Patriarchen von Aquileja geweiht und Ende des 13. Jh.s zur Pfarrkirche der in Verona herrschenden Scaliger.

c) Die spätromanische Kirche S. Maria in Organo verdankt ihren Namen der nahegelegenen ma. Porta Organa; das Hochaltarblatt (M mit Heiligen) stammt von Girolamo Savoldo.

d) Über dem Grab des Bischofs Zeno v. V. (4. Jh.) wurde bereits im 5. Jh. eine Kirche errichtet; der heutige Bau der Kirche S. Zeno Maggiore (1118–35) birgt als Hochaltar A. Mantegnas Triptychon, eine →Sacra Conversazione mit M.

2. Marienwallfahrtsorte im Bistum Verona. a) Vor den Toren V.s in S. Michele Extra steht die Kirche der Madonna di Campagna (2. Hälfte 16. Jh.). Gnadenbild ist der bei Abbrucharbeiten entdeckte Freskenrest einer M lactans (14. Jh.; Schule des Altichiero v. V.), die auch als »Madonna della Spianata« und zur Erinnerung an den Frieden von Cateau-Cambrésis als »Madonna della Pace« bekannt ist.

b) Nach dem Zweiten Weltkrieg wurde auf dem Colle S. Leonardo bei V. eine Kirche zu Ehren der Madonna di Lourdes errichtet, deren Gnadenbild aus der im Krieg zerstörten Theresienkirche in V. stammt.

c) Die Madonna di Dossobuono (6 km von V. entfernt) stand ursprünglich in S. Eufemia in V., wurde 1739 ausgelagert und ein Jahr lang unbeachtet liegen gelassen. Als 1740 der Goldschmied Borella die Statue auf seinem Ochsenkarren zu einer Kapelle bringen wollte, seien die Ochsen über den Zielort hinausgelaufen und hätten so den Ort angezeigt, an dem die neue Kapelle entstehen sollte; 1801 wurde dort eine größere Kirche errichtet. Nach der Choleraepidemie (1835) gelobte die Bevölkerung alljährlich eine Prozession zum Gnadenbild; Hauptwallfartstage sind die Feste Me Geburt und Himmelfahrt.

d) Auf dem Monte Baldo liegt in 800 m Höhe das schwer zugängliche Heiligtum der Madonna della Corona mit dem Gnadenbild einer Marmor-Pietà von 1432, das der Legende nach 1522 zum Schutz vor den Türken in ein Adlernest gebracht worden sein soll. Zahlreiche Votivgaben bezeugen den Zustrom der Gläubigen, die v. a. am 15. August, 8. und 15. September auf den Monte Baldo pilgern.

e) Die Verehrung der Madonna del Frassino/ Peschiera del Garda, die 1933 zur Patronin des Gardasees erklärt wurde, basiert auf einer Legende, wonach ein Bauer, als er von einer giftigen Schlange bedroht wurde, in einem Baum eine leuchtende Mstatue entdeckte und vor dem Schlangenbiß bewahrt wurde. Um den Baum mit der kleinen Terracotta-Mfigur wurde eine Kirche errichtet; der heutige Bau stammt von 1514, 1518 folgte ein Klosteranbau. Als der Ort im Unabhängigkeitskrieg 1848 zerstört wurde, blieben Kirche und Kloster verschont. Hauptfeste sind der 11. März und der 4. Sonntag im September.

f) Bei S. Felice del Benaco auf dem Valteneser Hügel steht das 1450 geweihte und später vergrößerte Heiligtum der Madonna delle Grazie mit dem Gnadenbild der Madonna del Carmine (17. Jh.), die bes. in Pestzeiten häufig angerufen wurde. Hauptfest ist der 4. Sonntag im Juli.

g) Die Verehrung der Madonna di S. Martino/ Lonato geht auf das Jahr 1614 zurück als M einem stummen Mädchen erschienen sein soll, es geheilt und ihm ihre Verehrung an diesem Ort aufgetragen habe. 1639 wurde dann mit dem Bau der Kirche begonnen. Das alte Gnadenbild der thronenden GM im Hochaltar des 18. Jh.s konnte der Legende nach bei einem Transport 1675 nur vom Erzpriester fortbewegt werden. Hauptfest ist zur Erinnerung an die Erscheinung der 1. Sonntag im August.

h) In der 1955 geweihten Kirche von Porto Legnano befindet sich das bereits im 15. Jh. verehrte Gnadenbild der Madonna della Salute (Kopie), das 1849 zum ersten Mal, 1978 erneut gekrönt wurde und 1944 die Bombardierung der der Kirche überstand. Es wurde v. a. zum Dank für die Befreiung von Pest und Cholera sowie zum Schutz vor Hochwasser aufgesucht.

i) Die Madonna del perpetuo soccorso in Bussolengo ist eine der ältesten Kopien des röm. Gnadenbildes (15. Jh.), dessen Fest am 27. Juni gefeiert wird (→Redemptoristen).

j) Infolge eines Gelübdes bei einer Parasitenplage errichteten die Bewohner von Fumane das 1860 geweihte Heiligtum Nossa Signora de →La Salette mit der »Grotte des Weinens« daneben.

k) Vermutlich existierte anstelle der 1126 datierten Kirche in Isola della Scala schon vor 1000 ein Vorgängerbau; die Fresken des 15. und 16. Jh.s sowie die Votivbilder lassen auf eine frühe MV schließen; das Gnadenbild der Madonna della Bastia steht im Hochaltar des 17. Jh.s.

l) In der 1143 datierten Kirche von Belfiore an der Etsch steht das an der antiken Römerstraße Verona-Esta gefundene Gnadenbld der Madonna della Strà (1497), das v. a. in Pestzeiten verehrt wurde.

m) Die Kirche S. Maria Assunta della Bassanella/Soave (1837) birgt die Tuffstein-Skulptur der GM (11. Jh.), auf deren quadratischer Säule Me Verkündigung und Himmelfahrt sowie ein Heiliger dargestellt sind. Nach der Legende sei M während der Pestepidemie von 1098 einem Hirtenknaben erschienen und habe an einen Felsen geschlagen, worauf eine (heute noch sprudelnde) Quelle entsprungen sei. Der Wallfahrtsort wurde v. a. bei Epidemien und zum Schutz vor der dt. Invasion 1917 aufgesucht; 8 Bilder von 1912 zeigen die Merscheinung und die Entstehung der Wallfahrt.

n) Anstelle der 1682 erbauten Kirche S. Maria Valverde in Marano Valpolicella auf dem Monte Castelon standen ursprünglich ein röm. Kastell und ein Minervatempel. Das Gnadenbild der betenden Madonna mit dem Kind (1516) wird v. a. am Markusfest und am 15. August aufgesucht.

o) Die Madonna della Scoperta von Lonato soll 1201 bei der Zerstörung der Kirche verschollen sein; erst 1601 wurden Kirche und Gnadenbild rekonstruiert. Später wollen Kinder das ursprüngliche Gnadenbild unversehrt wiedergefunden haben, wofür dann die Kirche 1741 um eine Seitenkapelle erweitert wurde.

Lit.: M. Candeo, Santuari Mariani di V., 1982. — D. Marcucci, Santuari mariani d'Italia, 1982. — Reclams Kunstführer, Italien II,2, 1981. — *R. Dillis*

Veronese, Paolo di Gabriele, genannt Caliari und V., * 1528 in Verona, † 19.4.1588 in San Samuele, Sohn des Bildhauers Gabriele di Piero, lernte in Verona beim Maler Antonio Badile, seinem späteren Schwiegervater. Ab 1551 sind Aufträge des venezianischen Adels an V. bezeugt. 1555 übersiedelte er nach Venedig, wo er eine erfolgreiche Werkstatt aufbaute, in der später auch seine Söhne mitarbeiteten. Als Hauptwerke V.s gelten die Bildausstattung der Kirche S. Sebastiano in Venedig, die Ausmalung der Villa Barbaro in Maser, die Deckenbilder in der Sala del Collegio und der Sala del Consiglio im Dogenpalast in Venedig und die großen Gastmahlsszenen (u. a. Paris, Louvre; Mailand, Brera; Vicenza, Monte Berico). Das für die Dominikaner von SS. Giovanni e Paolo in Venedig gemalte große Abendmahl trug V. 1573 eine Hä-

P. Veronese, Die mystische Vermählung der hl. Katharina, um 1575, Venedig, Accademia

resieanklage vor dem Inquisitionsgericht ein. Er vermochte sie unter Berufung auf die künstlerische Freiheit und mit Umänderung des Bildtitels in »Gastmahl im Hause des Levi« abzuwenden (heute Venedig, Accademia).

Neben Tizian und Tintoretto war V. der bedeutendste Maler Venedigs im 16. Jh.: Er inszenierte in seinen Bildern festliche Pracht und ruhmreichen Anspruch der Seerepublik. Stilistisch verband er unter dem Primat der Farbe Gestaltungsprinzipien der klassischen Renaissance mit solchen des Manierismus. Seine rel., mythol. und allegorischen Szenen zeigte V. bei klarer Bildkomposition meist vor Architekturstaffagen, die an Arbeiten Palladios und Sansovinos erinnern. Vor ihnen ordnete er mit großen Gesten agierende und in luxuriöse Gewänder gekleidete Figuren an. Bes. zeichnet V. seine Fähigkeit aus, verschiedene Stofflichkeiten wiederzugeben. Seine Bilderfindungen wurden von zahlreichen Künstlern in verschiedenen graphischen Techniken über Italien hinaus verbreitet.

M wurde von V. häufig dargestellt: Wiederholt als thronende Madonna mit Kind, bei der Verkündigung, bei der Anbetung des Kindes durch die Hirten und die Hll. drei Könige sowie bei der mystischen Verlobung der hl. Katharina. Im Aufbau mehrerer seiner Bilder der thronenden Madonna mit Kind läßt sich der Einfluß Tizians deutlich erkennen: etwa bei der Pala Bevilacqua-Lazise (Verona, Museo del Castelvecchio, 1546–48), der Pala Giustiniani (Venedig, S. Francesco della Vigna, um 1551), der Pala Marogna (Verona, S. Paolo, 1562) und der Pala di S. Zaccaria (Venedig, Accademia, 1564). Für die Sakristei von S. Sebastiano in Venedig malte er als zentrales Bild vor Darstellungen der vier Evangelisten umgebene Mkrönung (1555). Bei Verkündigungsbildern (u. a. Florenz, Uffizien, um 1555; Venedig, Accademia, 1578; Sammlung Thyssen, um 1580) und bei der Darbringung Jesu im Tempel (Dresden, Gemäldegalerie, um 1550) zeigt V. die Figuren vor aufwendiger, säulengestützter Bühnenarchitektur. In besonderem Maße nehmen Bildarchitektur und reale Gegebenheit an der Orgel von S. Sebastiano in Venedig aufeinander Bezug (etwa bei der Szene der Darbringung im Tempel). Seine Fähigkeit, unterschiedliche Materialwerte wiederzugeben, brachte der Maler gerade in Bildern der Anbetung der Könige zur Geltung, wo die luxuriös gewandeten Könige auf die Hl. Familie im betlehemitischen Stall treffen (London, Nat. Gallery, 1573; Vicenza, S. Corona, 1573; St. Petersburg, Ermitage, 1580–82). In der Londoner Fassung der Anbetung werden M und das Kind von einem vom Himmel kommenden, das ganze Bild durchziehenden Lichtstrahl beleuchtet. Häufig übermalt wurde V.s Anbetung der Hirten (Venedig, SS. Giovanni e Paolo, 1565 f.). Bei einer Ruhe auf der Flucht nach Ägypten zeigt er die Hl. Familie in friedlicher Vertrautheit unter einem Baum (Sarasota/Florida, Ringling Mus., 1580–83).

Barocke Deckenbildauffassungen kündigen sich in drei, in V.s Werkstatt für die venezianische Kirche S. Maria dell'Umiltà gemalten Leinwandbildern an: In mächtigen, z. T. gerundeten Architekturaufbauten zeigen sie eine Verkündigung, die Anbetung der Hirten und die Himmelfahrt Ms (heute Venedig, SS. Giovanni e Paolo, vor 1568). Für einen Salon im Stadtpalast der venezianischen Familie Cuccina entstanden in V.s Werkstatt vier Leinwandbilder mit Szenen aus dem Leben Jesu: eines zeigt die Familienmitglieder, geleitet von einer weiß gekleideten Allegorie der Fides, vor der thronenden GM mit Kind (Dresden, Gemäldegalerie, 1570–72). Die mystische Verlobung der hl. Katharina malte V. für die dieser Heiligen geweihte Kirche in Venedig: Die in ein prächtiges bräutliches Brokatgewand gehüllte Katharina kniet vor M mit dem Kind, welches der Heiligen eine Ring an den Finger steckt (heute Venedig, Accademia, 1575). In den 80er Jahren des 16. Jh.s entstanden in V.s Werkstatt die Kreuzabnahme mit der trauernden M unter dem Kreuz (Honolulu, Sammlung Kress) sowie mehrere Fassungen der Kreuzigung (Venedig, S. Lazzaro dei Mendicanti; ebd., S. Sebastiano; Budapest, Szépművészeti Muzeum) und der Pietà (z. B. St. Petersburg, Ermitage). Für den Hauptaltar von S. Maria Maggiore, der venezianischen Votivkirche, schuf V. eine letzte großformatige Himmelfahrt Ms (heute Venedig, Accademia, um 1585).

Lit.: T. Pignatti, V., 2 Bde., 1976. — Ausst.-Kat., Immagini del V., Rom 1978. — N. Huse und W. Wolters, Venedig. Die Kunst der Renaissance, 1986, 328–331. — Ausst.-Kat., V. e Verona, Verona 1988. — Ausst.-Kat., The Art of Paolo V. 1528–1588, Washington 1988. — T. Pignatti und F. Pedrocco, V., 1991.
D. Gerstl

Verrocchio, Andrea del, eigentlich A. de' Cioni, * 1435 in Florenz, † 30. 6. 1488 in Venedig, ital. Bildhauer und Maler der späten Florentiner Frührenaissance. Als Goldschmied ausgebildet wird er bald (v. a. nach dem Tod Donatellos 1466) einer der Hauptmeister in der Stadt. Die frühesten Werke werden um 1465 angesetzt. Bes. als Bronzebildner nahm V. eine hervorragende Stellung in der toskanischen Kunst des 15. Jh.s ein, die es ihm erlaubte, eine umfangreiche Werkstatt zu betreiben. Aus dieser Werkstatt gingen u. a. Lorenzo di Credi und Leonardo da Vinci hervor. Von Florenz aus belieferte er toskanische Städte (Pistoia), bis er 1486 endgültig nach Venedig übersiedelte.

Der als Maler schwer faßbare V. zeichnete sich durch technische Sicherheit in der Zeichnung der Anatomie und präzise Modellierung aus. Das Oeuvre vermittelt ein neues Schönheitsideal durch die elegante Verfeinerung der Formen, die lebensvolle Haltung der Gestalten und die differenzierte Charakterisierung der üppigen Gewänder. Die wenigen erhaltenen Gemälde sind betont rational komponiert und wirken gegenüber den Skulpturen etwas trocken.

Von den Mbildern ist das Stuckrelief in Oberlin/Ohio das früheste (vor 1470). Die halb-

A. del Verrocchio, Maria mit Kind, um 1470, Berlin, Gemäldegalerie

figurige GM rafft ihren Umhang vor ihrem Bauch und hält mit der Rechten den auf der Brüstung stehenden nackten Knaben an der Hüfte. In der Haltung stärker ins Profil gedreht wendet sich ⚭ auf dem Berliner (Gemäldegalerie, ca. 1470) Tafelbild dem Sohn mehr zu.

Ähnliche Madonna-Kind-Bilder (alle 1470–75) u. a. in New York (Met. Mus.), Berlin (Gemäldegalerie), London (Nat. Gallery) oder Frankfurt (Städel) sind schwerlich mit großer Beteiligung V.s entstanden, auch wenn bestimmte Details wie der Kopftypus des Kindes (New York und verändert in Frankfurt) oder die Augen- und Gesichtsbildung der GM dies nahelegen.

Das authentischste ⚭bild V.s dürfte das bemalte Hochrelief in Ton aus Florenz ein (Museo Nazionale del Bargello, 1475/80). Die halbfigurige ⚭ präsentiert hier den Knaben auf einem Kissen stehend, indem sie ihren Umhang mit der linken Hand hinter der Hüfte des Kindes vorbeizieht und mit ihrer Rechten die segnende Hand Christi leicht unterstützend berührt.

Das reifste und auch größte Bild mit ⚭ ist der 1478/79 entstandene Medici-Altar von Pistoia (Dom). Der weite Bildraum, die Monumentalität des Figurengefüges und die Zartheit des seelischen Ausdrucks — alles wesentliche Momente der Hochrenaissance — machen das Ölgemälde zu einem wichtigen Werk der Zeit. ⚭ thront hier erhöht auf einem Steinsitz, architektonisch gerahmt und von einem muschelbesetzten Bogen überhöht, und hält den Knaben wiederum nur andeutungsweise auf ihrem rechten Oberschenkel. Das traditionelle Grundkonzept geht sicher auf V. zurück, jedoch muß wegen der größeren Feinfühligkeit der malerischen Ausführung sein Schüler di Credi als Vollender gelten. Für 1485 bzw. danach ist eine Überarbeitung durch ihn sowieso verbürgt.

Lit.: M. Reymond, La Sculpture Florentine, 3 Bde., Florenz 1897–1900. — H. Mackowsky, V., Leipzig 1901. — M. Cruttwell, V., London 1904. — N. Reymond, V., Paris 1906. — W. v. Bode, Florentiner Bildhauer der Renaissance, 1921. — Schubring, Ital. Plastik des Quattrocento, 1922. — A. Bertini, L'arte del V., 1935. — L. Planiscig, A. d. V., 1941. — G. Galassi, La scultura fiorentina del Quattrocento, 1949. — G. Passavant, A. d. V. als Maler, 1959. — A. Busignani, V., 1966. — G. Passavant, V. Skulpturen, Gemälde und Zeichnungen, 1969. — C. Seymour, The Sculpture of V., 1971. *N. Schmuck*

Verschlossener Garten. I. EXEGESE. Die Bibel spricht im AT vier Mal von einem Garten der verschlossen wird oder verschlossen ist.

1. Ganz in profanem Zusammenhang erzählt die nur griech. erhaltene Susannaerzählung (in der Vulgata Dan 13), daß die verheiratete Susanna ihren Mägden befiehlt, den Garten in dem sie baden will, zu verschließen, um ungebetene Zuschauer abzuhalten. Aber schon vorher haben sich zwei in sie verliebte »Älteste« versteckt, wollen sie zum Ehebruch verführen und klagen sie, als sie schreiend durch das geöffnete Tor flieht, fälschlich des versuchten Ehebruchs an. Sie wird aber durch Daniel gerettet, der die Machenschaften der beiden »Ältesten« aufdeckt und für deren Bestrafung sorgt.

2. Die Paradies-Erzählung schließt in Gen 3,24 mit der Mitteilung, Gott habe den gefallenen Menschen aus dem Garten von Eden, den wir als Paradies zu bezeichnen pflegen, verbannt und den Zugang zum »Baum des Lebens« und damit zum Garten durch einen Kerub und »das züngelnde Flammenschwert« versperrt, so daß ihn der Mensch nicht mehr betreten kann.

An den beiden anderen Stellen ist von einem Garten in Metaphern die Rede, die aus der altorient. Liebesdichtung kommen.

3. In Jes 5,1–7 kleidet der Prophet ein Gerichtswort an sein Volk Israel bzw. an das Volk von Jerusalem in ein »Weinberglied«. Der Weingarten ist im ganzen alten Orient ein beliebtes Bild für die Braut in der Liebeslyrik. Ein in ein Mädchen verliebter Freund legt einen Weingarten an, gräbt ihn um, pflanzt Reben edelster Sorte, umgibt ihn nach Vers 5 mit einer Hecke und einer Mauer, um Tiere und Diebe abzuhalten, und baut, wie man das noch heute in orient. Weinbergen sehen kann, einen kleinen Turm, von dem aus der Wächter den ganzen Weingarten überblicken kann, und wartet nun auf saftige Trauben. Zur Zeit der Weinlese aber muß er feststellen, daß die ganze Arbeit umsonst war; statt saftiger süßer Trauben findet er nur verdorrte, saure Beeren. Der Prophet fragt nun seine Zuhörer, was er mit einem solchen Weingarten tun soll, und gibt gleich selbst die Antwort: Er reißt Hecke und Mauer nieder, reißt die Stöcke aus und läßt ihn von Weidetieren zertrampeln bzw. macht ihn zum Ödland.

In der Liebeslyrik würde das bedeuten: Der Weingarten ist die Braut, die der Bräutigam verwöhnt, mit Geschenken überhäuft, ihr Schmuck kauft und ihr jeden Wunsch erfüllt. Als es aber zur Hochzeit kommen soll, versagt sie sich ihm, wird ihm untreu und läuft anderen Männern nach. Der Prophet löst die Metapher, die seine Zuhörer ohne weiteres als Lied eines enttäuschten Liebhabers verstehen mußten, auf und überträgt sie auf das Verhältnis zwischen dem Volk und seinem Gott Jahwe: »Der Weinberg Jahwes der Heerscharen ist das Haus Israel, die Reben sind die Männer von Juda. Er hoffte auf Rechtspruch, doch siehe da — Rechtsbruch, auf Gerechtigkeit, doch siehe da — Geschrei nach Gerechtigkeit!«.

4. Reine Liebeslyrik ist das Hohelied. Nur hier findet sich der Satz: »Ein verschlossener Garten (gan nāᶜûl) ist meine Schwester Braut.« Der ganze Abschnitt Hld 4,12–5,1 beschreibt dichterisch die Braut mit all ihren Vorzügen und Liebreizen im Bild eines üppigen, herrlichen Gartens. Schon die jüdische Exegese hat das ganze Hohelied als eine Metapher für das Verhältnis zwischen Jahwe und dem Volk Israel verstanden und entsprechend auch Vers 12 gedeutet: der verschlossene Garten ist Israel, insofern es für fremde Götter unantastbar und unzugänglich ist. Man versteht es leicht, wenn die christl. Bibelausleger das ganze Buch Hld nun auf das Verhältnis zwischen Gott bzw. Christus und der Kirche beziehen. Als man dann in M das Urbild der Kirche sah, lag es nahe, daß man das Bild vom verschlossenen Garten nun auch auf M bezog. Den drei anderen Texten konnte man wohl nur schwer oder auf Umwegen einen Bezug zu M abgewinnen. In der Susanna-Erzählung kann man höchstens in Susanna selbst einen Typus für M sehen, insofern ihre Unschuld und Treue zum göttlichen Gesetz erwiesen wird. Zu Gen 3,24 läßt sich höchstens feststellen, daß M durch ihr Jawort zu ihrer Erwählung das Tor zum Paradiesesgarten geöffnet hat. Das Weinberglied von Jes 5,1–7 läßt sich wohl wegen seines negativen Charakters kaum in der Mariol. auswerten; man könnte M höchstens als Antitypos zur treulosen Braut jenes Lieds verstehen. Es gehört aber zum Hintergrund der biblischen Liebeslyrik, der auch die Mlyrik ihre Motive und Bilder entnimmt. — Dem NT ist die Metapher vom verschlossenen Garten fremd.

Lit.: vgl. zu den entsprechenden Stellen die Kommentare zu den betreffenden Büchern, ferner: zu Dan 13: J. R. Busto Saiz, La interpretación del relato de Susana, In: EE 57 (1982) 421–428. — M. Caroll, Myth, Methodology and Transformation in the Old Testament, In: Studies in religions Ann Arbor 12 (1983) 301–312. — H. Engel, Die Susanna-Erzählung, 1985. — J. W. van Henten, Het verhaal over Susanna als een pre-rabbijnse midrasj bij Dan. 1:1–2, In: Nederlands theologisch tijdschrift 43 (1989) 278–293. — M. Bal, The Elders and Susanna, In: Bible Interpretation 1 (1993) 1–19. — zu Gen 3,24: A. S. Kapelrud, The Gates of Hell and the Guardian Angels of Paradise, In: Journal of the American Oriental Society 70 (1950) 151–156, jetzt in: Ders., God and His Friends in the Old Testament, 1979, 191–194. — R. S. Hendel, »The Flame of the Whirling Sword«, In: JBL 104 (1985) 671–674. — M. Alexandre, L'épée de flamme (Gen 3,24): textes chrétiens et traditions juives, In: FS für V. Nikoprowetzky, 1986, 403–441. — J. C. de Moor, East of Eden, In: ZAW 100 (1988) 105–111. — Zu Jes 5,1–7: Teófilo de Orbiso, El cántico de la viña del amado (Is 5,1–7), In: FS für A. Fernández, 1960, 715–732. — S. Pezzella, La parabola della vigna, In: BeO 5 (1963) 5–8. — W. Schottroff, Das Weinberglied Jesajas (Jes 5,1–7), In: ZAW 82 (1970) 68–91. — D. Lys, La vigne et le double jeu, In: VT. S 26, 1974, 1–16. — J. T. Willis, The Genre of Isaiah 5:1–7, In: JBL 96 (1977) 337–362. — A. Graffy, The Literary Genre of Isaiah 5:1–7, In: Bib. 60 (1979) 400–409. — G. A. Yee, The Form Critical Study of Isaiah 5,1–7 as a Song and a Juridical Parable, In: CBQ 43 (1981) 30–40. — P. Höffken, Probleme in Jes 5,1–7, In: ZThK 79 (1982) 392–410. — G. T. Sheppard, More on Isaiah 5:1–7 as a Juridical Parable, In: CBQ 44 (1982) 45–47. — W. Weren, Israël en de kerk. Het substitutiedenken en de lijn van Jes. 5,1–7 naar Mt. 21,33–44, In: Tijdschrift voor theologie 24 (1984) 355–373. — G. R. Williams, Frustrated Expectations in Isaiah 5 V 1–7, In: VT 35 (1985) 459–465. — H. Nier, Zur Gattung von Jes 5,1–7, In: BZ NF 30 (1986) 99–104. — A. Köberle, Das Lied vom Weinberg (Jes 5,1–7), In: ThBeitr 19 (1988) 113–116. — M. C. A. Korpel, The Literary Genre of the Song of the Vineyard, In: W. van der Meer und J. C. de Moor (Hrsg.), The Structural Analysis of Biblical and Canaanite Poetry, 1988, 155. — N. J. Tromp, Un démasquage graduel, In: FS für C. H. W. Brekelmans, 1989, 197–202. — Zu Hld 4,12–5,1: C. Schedl, Der Verschlossene Garten, In: XIX. Dt. Orientalistentag, 1977, 165–177. — H. P. Müller, Hld 4,12–5,1: ein althebräisches Paradigma poetischer Sprache, In: Zeitschrift für Althebraistik 1 (1988) 191–201.

J. Scharbert

II. KUNSTGESCHICHTE → Hortus conclusus

Versiegelter Quell → Quell

Versiglia, Luigi, SDB, sel. Bischof und Missionar, * 5. 6. 1873 in Olivia Gessi/Pavia, † 25. 2. 1930 in Liu-Chow/China, absolvierte 1885–88 das Gymnasium bei Don Bosco in Turin. Nach dem Eintritt ins Noviziat der SDB 1888 in Foglizzo setzte er sein Studium in Rom fort, wo er 1893 zum Dr. phil. promovierte. Die Priesterweihe empfing er am 21. 12. 1895 in Ivrea. 1886–1905 war er Novizenmeister und Direktor in Genzano bei Rom. 1906 führte er die Aussendung der ersten Salesianermissionare nach China an. Zunächst eröffnete er ein Waisenhaus in Macao. Wegen der 1910 ausgebrochenen port. Revolution mußten alle rel. Orden ihre Tätigkeiten einstellen. V. gründete daraufhin 1911 in Heung-Shan/China die erste salesianische Missionsstation mit einem Pfarrzentrum und mehreren Lehrwerkstätten, deren Leiter er bis 1918 war. Ab 1918 wurde den SDB in Shiu-Chow/Provinz Kwangtung ein 35 000 qkm großes Gebiet zur Missionierung übertragen, in dem 3 Millionen Menschen lebten. V. leitete diese Missionsstation zunächst als Apost. Vikar, ab 1921 als Bischof. Durch Reisen nach Europa und Amerika konnte er die finanziellen Mittel für den Bau zahlreicher Missionsstationen aufbringen. In Shiu-Chow errichtete V. zwei große Schulzentren: das »Institut Don Bosco« und das »Institut Maria, Hilfe der Christen«. Beide Schulen hatten größtes Ansehen und wurden von den staatl. Behörden respektiert. Durch den Ausbruch der chinesischen Revolution (1911) mußten viele kirchliche Einrichtungen jedoch große Repressionen ertragen.

Eine dreifache Sorge kennzeichnet V.s Apostolat: die Not und das Elend ungezählter Kinder und Jugendlicher in seiner Diözese; die Heranbildung junger Menschen für den Priester- und Ordensberuf; schließlich das Wohl der ihm anvertrauten Mitbrüder. Letzteren legte er immer wieder ans Herz: »Ein Missionar, der nicht in der Einheit mit Gott lebt, ist wie ein von der Quelle getrennter Bach, ein Missionar, der viel betet, wird auch viel Gutes tun; ein Missionar ist für alle Menschen da; es gilt, in allem das Bessere anzustreben, jedoch mit dem zufrieden zu sein, was der Alltag mit sich bringt; ohne Maria, der Helferin der Christen, vermögen die Salesianer nichts« (Bosio 168). V. war ein Mann des Gebetes und der Buße; je größer die Schwierigkeiten in der Seelsorge wurden, desto öfter verbrachte er die Nachtstunden in seiner »Kathedrale«, einer aus Lehm und Holz notdürftig errichteten Kirche, vor dem Tabernakel bzw. vor einer aus Italien mitgebrachten M̃statue. Zusammen mit C. → Caravario wurde er während einer Missionsreise von bolschewistischen Rebellen überfallen und ermordet. Beide wurden am 15. 5. 1983 durch Johannes Paul II. in Rom seliggesprochen.

Lit.: G. Fergnani, La prima spedizione salesiana in Cina, 1929. — L. Bassano, Assassinio di Mons. L. V. e di Don C. Caravario. Documentazione storica, 1933. — L. Càstana, Santità salesiana, profili dei santi e servi di Dio della triplice famiglia di San Giovanni Bosco, 1966, 185–202. — G. Bosio, Martiri in Cina, Mons. L. V. e Don C. Caravario nei loro scritti e nelle testimonianze di coetanei, 1977. — J. Weber, »Ihr sollt meine Zeugen sein«. Ein Lebensbild der ersten Salesianermärtyrer Bischof L. V. und Don Callisto Caravario, 1983. — AAS 75 (1983) 609–613.   *J. Weber*

Versöhnerin, Versöhnung. *1. Grundaussagen.* In M̃ »hat sich die Versöhnung Gottes mit der Menschheit verwirklicht«; sie ist »Verbündete Gottes im Werk der Versöhnung« (Johannes Paul II., AAS 77 [1985] 274 f.). Oder, weil einbezogen in die Versöhnung der Sünder, kann M̃ »Dienerin der Versöhnung« genannt werden (Paul VI., AAS 66 [1974] 307). Diese Rolle läßt sich von den Grundzügen der Erlösung her verstehen. Deren zentrale Herausforderung ist die Sünde, »eine Wunde im Inneren des Menschen«, sie zu schließen ist das Ziel der Versöhnung (Johannes Paul II., AAS 77 [1985] 188. 192). Die Quelle der Versöhnung ist die Liebe des Vaters, der seinen Sohn und seinen Geist sendet und so die Herzen heilt; aus Feinden macht er Freunde; trennende Mauern reißt er nieder wie die zwischen Juden und Heiden (vgl. Eph 2,16). Denn der Sohn hat durch sein Leiden »Frieden gestiftet am Kreuz durch sein Blut« (Kol 1,20). Diese Tat ruft den Menschen zu Umkehr und Sühne. Bedingt nicht des Schuldners Einsicht in seine Fehler, daß der Freund jetzt seine wahre Liebe zeigt und für ihn einsteht? So ist es auch mit unserer Teilnahme am Kreuz Christi; nicht im streng juristischen Sinn gefordert, kann sich gleichwohl ohne sie die Erlösung nicht voll entfalten.

2. Die Lehre der Väter. Schon → Justin († ca. 165) und → Irenäus († 202) haben M̃ in ihr Erlösungsverständnis einbezogen. In der Zeit nach dem Konzil von → Ephesos heben die Väter ihre Rolle ausdrücklich hervor. → Ps.-Ephräm nennt M̃ »die Braut, durch die wir mit ihrem göttlichen Bräutigam versöhnt wurden«, »Werkzeug für die Versöhnung der Welt«, »wirkmächtige Versöhnerin des Universums« (J. S. und S. E. Assemani, S. P. N. Ephraem Syri Opera omnia, Roma 1732–46, 528. 530. 576). → Andreas v. Kreta (600–740) wendet sich an M̃: Der Erlöser »hat uns versöhnt mit Gott und dem Vater durch dich« (PG 97,1097 f.; vgl. ebd. 895 f. 1095 f.). Nach → Johannes v. Damaskos († ca. 750) findet durch M̃ »unsere alte Feindschaft mit dem Schöpfer ihr Ende; durch sie ward kund unsere Versöhnung mit ihm« (PG 96,744 f.; SC 80,163). → Anselm v. Canterbury (1030/40–1109) nennt M̃ »Weg« und »Ursache der universalen Versöhnung« (PL 158,954). Wenn Autoren M̃s Beitrag zur Erlösung erläutern, erwähnen sie immer die Inkarnation, mit Beginn des 12. Jh.s auch das Kreuz. Bei → Arnald v. Bonneval († nach 1156) heißt es: »Vor dem Vater stiften Mutter und Sohn das unzerstörbare Testament der Erlösung ... Gemeinsam bringen sie ein einziges Opfer dar, Maria mit dem Blut ihres Herzens und Christus mit dem seines Leibes« (PL 189,1726 f.).

3. Versöhnung mit dem Sohn als Richter. Auf diesen Aspekt schauen v. a. die Autoren des MA, wenn sie nach dem Versöhnungsdienst M̃s fragen. So betet → Germanus v. Konstantinopel († 733): »Kraft des Freimutes und mütterlichen Einflusses bei deinem Sohn komme uns zu Hilfe, die wir wegen unserer Sünden verloren wären und nicht zum Himmel aufzuschauen wagten« (PG 98,380 f.). Großen Einfluß auf die Volksfrömmigkeit hatte die im 9. Jh. aus dem Griech. ins Lat. übersetzte → Theophilus-Legende. Diese beliebte ma. M̃erzählung handelt von der Bekehrung des Apostaten Theophilus auf die Fürsprache M̃s. Kontext dieser Frömmigkeit ist ein ausgeprägtes Sündenbewußtsein, das zu einer zweiten Bekehrung hindrängt. In der Neuzeit trägt »Die Herrlichkeit Mariens« (1750) des → Alfons v. Liguori († 1787) den Titel »Versöhnerin« in weite Kreise. Unzulässig wäre es, diesen Autoren ein Spannungsverhältnis zwischen dem strengen Jesus und der gütigen M̃ zu unterstellen; vielmehr läßt sie das starke Bewußtsein ihrer eigenen Unwürdigkeit um Fürsprache flehen. So bitten Anselm v. Canterbury und → Hermann v. Tournai († nach 1147) sowohl M̃ um Versöhnung mit ihrem Sohn, als auch Jesus um Versöhnung mit seiner Mutter; die Sünde berührt beide. Bei ihrer Fürbitte für die Sünder übt M̃ in mütterlich-menschlicher Weise einen Versöhnungsdienst aus, der letztlich aus der Inkarnation folgt. Diese schließt das Herz und seine Regungen mit ein; ohne sie wäre Christus ein unvollständiger Mensch nach Art des → Apollinaris v. Laodicea († nach 394).

4. Liturgie. Von 1852 an begegnet der Titel »Versöhnerin« in mehreren Dokumenten des

Hl. Stuhles zur in → La Salette gepflegten Frömmigkeit, so auch im Meßformular und im Stundengebet (1943, 1976 revidiert). Die Collectio missarum BMV (1987) nimmt das dortige Meßformular weitgehend auf.

5. Versöhnerin und Mutter der Versöhnung. Der Titel »Versöhnerin« benennt 🕅s aktiven Beitrag bei der Erlösung. Daran hat sie während ihres irdischen Lebens mitgewirkt, bei der Menschwerdung wie auch unter dem Kreuz; im Himmel setzt sie dies durch ihr Gebet fort (LG 61 f.). Die in diesem Zusammenhang 🕅 zugesprochenen Titel »Erlöserin« und »Miterlöserin« tasten für manchen die übergenügende Genugtuung Christi an. Arnald v. Bonneval sieht richtig, daß Versöhnung die Ebene der Gerechtigkeit übersteigt; sie umschließt auch Momente von Wechselbeziehungen, Gemeinschaft und Verbundenheit. Diese sind wesentlich, um die Rolle 🕅s im Heilswerk zu verstehen: 🕅 hat uns nicht erlöst; sie besaß aber das Herz (vgl. Lk 2,19. 51), dort mitzuempfinden, wo Gerechtigkeit und Liebe ineinandergreifen. Die Hinwendung zu ihr als V. macht dem Gläubigen bewußt, vor Christus Sünder zu sein, so daß seine Gotteskindschaft nur in Demut gelebt werden kann; zugleich wird er besser verstehen, daß Heil zwischenmenschliche Liebe einschließt, welche Teilnahme am Kreuz Christi ist. Der Titel »Mutter der Versöhnung« verdeutlicht, daß 🕅 vermittelnd wirkt, sofern sie Mutter Christi und Mutter der Glaubenden ist. Ihre mütterliche Gegenwart bewahrt den versöhnten Sünder davor, seinen Beitrag zum Heil als lastvolle äußerliche Gerechtigkeit zu empfinden; sie hilft ihm zu einem Leben der Liebe und mitmenschlichen Verbundenheit.

QQ: Enzykliken. — H. Barré, Prières anciennes de l'occident á la Mère du Sauveur, 1963. — Ders., L'intercession de la Vierge aux débuts du Moyen Age occidental, In: EtMar 23 (1966) 77–104. — J. Stern, La Salette. Documents authentiques III, 1991.

Lit.: J. Pintard, Marie dans l'Eglise divisée, Mère de la réconciliation, 1968. — J. Stern, Marie dans le mystère de notre réconciliation, In: NRTh 97 (1975) 3–24. — C. M. Martini, La donna della riconciliazione, 1985. — BgMar (1978–84) VII 262.

J. Stern

Versteinertes Vogelnest. Im → »Defensorium inviolatae virginitatis beatae Mariae« wird unter den Naturwundern, die als Parallelen zur wunderbaren jungfräulichen Geburt Jesu angeführt werden, auch ein versteinerter Baumast mit einem Vogelnest erwähnt, der nach Albertus Magnus (De mineralibus 1,1,7) bei Lübeck im Meer gefunden sein soll. Abbildungen davon finden sich in der Defensoriums-Hs. von 1459 aus Tegernsee (clm 18077), in Blockbüchern von 1470 und 1471 von Eysenhuth in Regensburg und den Inkunabeldrucken 1475 von Reyser in Würzburg und 1485 von Hurus in Saragossa.

Lit.: J. v. Schlosser, Zur Kenntnis der künstlerischen Überlieferung im späten MA, In: Jahrbuch der Kunsthist. Sammlungen des Allerhöchsten Kaiserhauses 23 (1902) Tafel 21 M 2. — Molsdorf, Nr. 908. — RDK III 1216. *F. Tschochner*

Versuchungen 🕅s werden im NT zwar nicht erwähnt, da aber V. zur Erprobung, Bewährung und zur Krönung mit dem Siegeskranz führen können (vgl. 1 Petr 1,6 f.; Jak 1,12 f.; 1 Kor 9,24 f.; 2 Tim 2,5; 4,8), die Freiheit Entscheidungsmöglichkeit einschließt, und auch Jesus versucht worden ist, sind auch V. 🕅s nichts Ungewöhnliches. Wenn Jesus wegen seiner V. und Leiden »denen helfen kann, die in Versuchung geführt werden« (Hebr 2,18), kann gerade 🕅s eigenes Ringen die mütterliche Fürsorge für die zum Bösen geneigten und versuchten Menschen und deren Zutrauen zu ihr verstärken und jede Fremdheit überwinden helfen. 🕅 wird ferner neue → Eva genannt; ihr Kontrast zur ersten Eva liegt nicht in der Bewahrung vor allen V., sondern im Glaubensgehorsam. Ferner ist in diesem Zusammenhang zu berücksichtigen, daß im Gegensatz zu den übrigen Menschen 🕅 auf Grund der → UE und der Freiheit von der → Begierlichkeit innerlich nicht für das Böse anfällig war. »Deshalb erhob sich aus den Tiefen ihres Ich nie die Versuchung, ihr eigenes Selbst gegen Gottes Willen zur Geltung zu bringen« (Schmaus 211). 🕅 wurde insofern nur von außen auf die Probe gestellt, zugleich aber auch von Gott geführt und vorbereitet, so daß sie auch ihre schwerste Stunde unter dem Kreuz durchstehen konnte. Zwar wurden in den ersten Jh.en gelegentlich bei verschiedenen Ereignissen gewisse → Unvollkommenheiten 🕅s (→ Ohnmacht) angenommen, doch handelte es sich dabei um solche V., die 🕅 siegreich bestanden hat.

Lit.: Schmaus KD 211 ff. — Sträter II 144. *A. Ziegenaus*

Vesi, Simone, * ca. 1610 in Forli, † nach 1667 in Padua (?), ital. Komponist, war seit Dezember 1638 Tenor am Dom zu Padua, wo er 1646 zum Kaplan geweiht wurde. 2 Jahre später wurde er zum Leiter der Privatkapelle des Bischofs von Padua (Giorgio Cornaro) ernannt; während dieser Tätigkeit behielt er jedoch seine Ämter als Sänger und Kaplan im Dom bei.

Sein Schaffen umfaßt v. a. Motetten und Psalmvertonungen; er schrieb nur ein weltliches Werk (Le Mascherate, Venedig 1660). Sein marian. Werk, »Le lettanie della Madonna« (op. 2) für 4 Stimmen (Venedig 1648), ist dem bei V. vorherrschenden Concertato-Stil verpflichtet.

Lit.: MGG XIII 1557. — Grove XIX 684. *P. Böhm*

Vesper (von lat. vesper = Abendstern, vespera = Abend), kanonische Hore (Stunde) des röm. und monastischen Officium chori (→ Stundengebetes), Gebet zur Zeit des Lichtanzündens (in mozarabischer, mailändischer und gallikanischer Liturgie »Lucernarium«, von lat. lucernare = Lichter anzünden) ist als gemeinsames Gebet älter als das Mönchtum und geht wohl auf das im jüdischen Tempeldienst übliche Abendopfer »Elevatio manuum mearum sacrificium Vespertinum« (Ps 140,2) zurück. Das Synonym

»Vespertina synaxis« (abendliche Zusammenkunft oder Versammlung) betont den gemeinschaftlichen Charakter der Hore. Hinsichtlich des feierlichen Vollzugs ist im ganzen Kirchenjahr jede V. mit ihrem marian. Höhepunkt, dem → Magnificat, die festlichste Gebetszeit überhaupt. Die einen (Battifol, Eisenhofer, Stapper) führen die Entstehung der V. und Laudes auf eine Spaltung der Vigilien zurück, die anderen (Bäumer, Pascher, Salmon) richtiger auf das im Judentum bezeugte Gebet am Abend und am Morgen. Ursprünglich ist die V. der erste Teil der nächtlichen Vigilien, die mit Eintritt der Dunkelheit und dem Erscheinen des Abendsterns begonnen wird. V. und Lucernarium (CSEL 39, 6 ff.) sind aber nicht überall scharf voneinander geschieden. Sie finden gegen Abend statt, ohne dabei eine fest umrissene Tagesstunde für das »Anzünden der Lichter« genau festzulegen, zumal gottesdienstliche Räume in Antike und frühem MA selten von großen und weiten Fenstern erhellt werden und deshalb früh dunkeln. »Duodecima« als Synonym für V. wäre in strenger Rechnung die Stunde vor Sonnenuntergang oder der Augenblick des Sonnenuntergangs, ob der Himmel bedeckt ist oder nicht. »Lucernare« ist dagegen eine Helligkeitsbestimmung, die nicht notwendig mit der Sonnenzeit parallel läuft. So kann die V. als Ende des Tages aufgefaßt werden oder als Anfang der Nacht. Benedikt v. Nursia (um 480–547) macht für seine Klöster die V. zum Tagesoffizium (CSEL 75, cap. 41); er schafft seine Ordnung wahrscheinlich unter dem Einfluß röm. Bräuche, die nun in benediktinischer Form zurückkehren und von hier aus spätestens seit dem 9. Jh. den Siegeszug über die ganze abendländische Kirche antreten. Wie der Cursus seiner V.-Psalmen zeigt, ordnet Benedikt die V. dem abgelaufenen Tag zu. Er läßt die Reihe am Sonntagabend mit Pss. 109–112 beginnen. So gewiß diese Gruppe für eine Sonntags-V. und nicht etwa für eine Voraus-V. des Montags gedacht ist, so gewiß sind auch die Pss. 144–147 am Schluß des Cursus für den Samstag und nicht für eine Voraus-V. des Sonntags bestimmt. Zum andern liegt es in der Natur dieser Gebetsstunde, sie vor wie nach Benedikt auch der Nacht zuzurechnen. In der Tat gibt es Offizien, die sich die V. des Vorabends aneignen und zu Voraus-V.n oder erste V.n werden. Hohe Feste ziehen den Abendgottesdienst an sich, ohne deshalb ihr Recht auf die V. am eigentlichen Tage aufzugeben (CSEL 39, 72, 90–91). So steht am Anfang eine nach beiden Seiten offene Abendhore. Die am Festtag selbst gehaltene V. wird seit dem 13. Jh. die »zweite V.« genannt (Andrieu, Ordo Romanus XIII, 25). Zwei V.n haben darum nur höhere Feste, wobei die erste V., weil ursprünglich die einzige, Vorrang hat. Für V.n zu ⋒festen gestaltet die Kirche im allgemeinen Formulare meist aus der Reihe der Psalmen 112, 115, 119, 121, 126, 139, 140, 141 und 147. Im frühen MA ist die Zahl der V.-Psalmen verschieden; auch in der röm. Kirche scheint eine bestimmte Zahl kaum festgelegt gewesen zu sein, weil Benedikt, um in seinen Klöstern Einheitlichkeit herzustellen, vier Psalmen, also ein Drittel der geheiligten Zwölfzahl, vorschreiben kann. Zum ersten Male erwähnt Amalar (um 775/780–um 850) in seinem Werk »De ordine antiphonarii« (c. 17) für die Karolingerzeit fünf V.-Psalmen, wobei wohl die Fünfzahl der Laudes-Psalmen Vorbild war. Daran reihen sich im großen und ganzen eine kurze Schriftlesung (Capitulum oder Lectio brevis), Hymnus, Versikel und das Magnificat. Die V. schließt gleich dem Laudes mit der Oration, der an bestimmten Tagen die »Preces feriales« vorausgehen, und mit dem »Suffragium« ab.

Auf das V.-Repertoire greifen auch mehrstimmige Kompositionen aus beinahe allen Epochen der Musikgeschichte zurück, wie z. B. die Niederländer, → Lasso, → Palestrina, → Monteverdi mit seiner berühmten Marien-V., der Wiener Klassik, der Romantik, der Cäcilianer, der Neuzeit und der Moderne (→ Vokalmusik).

Während die monastische V. auch in nachkonziliarer Zeit im wesentlichen ihre von Benedikt vorgezeichnete Struktur beibehält, kennt die röm. V. heute in der Hauptsache zwei Psalmen, ein atl. Canticum und das Magnificat. Indes erreicht die ganze V. nach wie vor im Lobgesang der GM den Höhepunkt ihrer Feierlichkeit. Das zeigen der Reichtum des Gesangs in der feierlichen Cantica-Psalmodie und das Zeremoniell, das ihn im Sacramentale der Inzensation umgibt. Zum ersten Male erwähnt Benedikt das »Magnificat« für die V. als canticum de »Evangelia« (CSEL 75, c. 17). Gleichwohl dürfte die Einführung wohl kaum auf ihn zurückgehen, zumal sie von Papst Gelasius I. (492–496) im röm. Offizium bereits vollzogen war. Marian. Glanzstück der abendländischen Liturgie sind die → O-Antiphonen der unmittelbaren Vorbereitung auf Weihnachten. Das Gebet der V. steigt indes ohne Unterlaß zum Throne Gottes empor, gleichsam als ein Symbol des nie endenden Lobgesanges der Seligen: »Divina psalmodia est caelestis hymnodiae filia, quae canitur assidue ante sedem Dei et Agni« (Urban VIII., In: Pastor XIII, 1–2, 19328/29, 225–980).

An ⋒festen vor- und nachkonziliarer Zeit verstärkt v. a. der einstimmige Gesang von Antiphonen zu Psalmen und Cantica, Responsorien und Hymnen den marian. Aspekt der V:

In Festis BMV per annum, Officium BMV in Sabbato, In Conceptione immaculata BMV (8. Dezember), Purificatio BMV et Praesentatio Domini in Templo (2. Februar), Apparitionis BMV Immaculatae (11. Februar), In Annuntiatione BMV (25. März), Septem Dolorum BMV (Freitag nach dem Passionssonntag), In Visitatione BMV (2. Juli), BMV Matris Providentiae (9. Juli), In Commemorationis BMV de Monte Carmelo (16. Juli), S. Mariae ad Nives (5. August), In Assumptione BMV (15. August), Immaculati Cordis BMV (22. August), In Nativitate BMV (8. September), Festum Sanctissimi Nominis BMV (12. September), Festum Septem Dolorum BMV (15. September), Sacratissimi Rosarii BMV (7. Oktober), In Festo

Maternitatis BMV (11. Oktober), In Praesentatione BMV (21. November). — In nachkonziliarer Zeit: Sollemnitas Sanctae Dei Genetricis Mariae (1. Januar), BMV de Lourdes (11. Februar), In Annuntiatione Domini (25. März), In Visitatione BMV (31. Mai), BMV de Monte Carmelo (16. Juli), In Dedicatione basilicae BMV (5. August), In Assumptione BMV 15. August), BMV Reginae (22. August), In Nativitate BMV (8. September), BMV Perdolentis (15. September), BMV a Rosario (7. Oktober), In Praesentatione BMV (21. November), In Conception immaculata BMV (8. Dezember). — Antiphonen zu Psalmen und Cantica vorkonziliarer Zeit: A planta pedis, Anima mea liquefacta, Archangelus Gabriel, Ascendit Deus, Assumpta est Maria, Ave Maria, gratia, Beata Dei Genitrix, Beata es Virgo, Beata Mater, Beatam me dicent, Benedicam te, Benedicta es tu, Benedicta filia, Benedicta tu, Benedictionem omnium, Benedixit te Dominus, Candor est lucis, Contritum est, Corde et animo, Cum audisset, Cum essem parvula, Cum esset desponsata, Cum jucunditate, Cum vidisset Jesus Matrem, Dabit ei Dominus, Descendi in hortum, Desponsatio gloriosae, Desponsatio est hodie, Desponsatio tua, Dilectus meus, Dixit Mater, Dum esset rex, Ecce ancilla Domini, Ecce Dominus meus, Ecce Dominus veniet, Ecce tu pulchra, Et venerunt festinantes, Ex quo facta, Exaltata est Virgo, Exsultavit cor meum, Exsurgens Maria, Fasciculus myrrhae, Fulcite me floribus, Gabriel Angelus, Genuisti qui te fecit, Gloria Libani, Gloriosae Virginis, Hodie beata Virgo, Hodie egressa est, Hodie gloriosa caeli, Haec est Regina Virginum, Hodie Maria Virgo, Hodie nomen tuum, Hortus conclusus, In aeternum, In odorem, Ingressus Angelus, Intravit Maria, Ista est columba, Jacob autem genuit, Jam hiems transiit, Laetare Virgo Mater, Laeva ejus, Magnum haereditatis, Maria Virgo, Maria Virgo assumpta, Maternitas tua, Missus est Angelus, Missus est Gabriel, Mulier amicta, Nativitas est hodie, Nativitas gloriosae, Nativitas tua, Nativitatem hodiernam, Ne timeas, Maria, Nigra sum, Nolite me considerare, Non est ei, Non pepercisti animae, Non recedet laus, O beata Virgo, Oculi tui, sancta Dei Genitrix, Oppressit me dolor, Porta caeli, Posuit fines, Pulchra es et decora, Quasi aurora, Quae est ista, Quo abiit, Recedite a me, Recordare Virgo, Regali ex progenie, Regina caeli laetare, Regina mundi, Salus nostra, Sancta Maria succurre, Senex puerum, Sicut lilium, Sicut malus, Speciosa facta es, Spiritus Domini, Spiritus Sanctus, Sub tuum praesidium, Surge, aquilo, et veni, Tota formosa, Tota pulchra es, Trahe nos Virgo, Tu gloria Jerusalem, Tuam ipsius animam, Ut audivit salutationem, Vadam ad montem, Vestimentum tuum, Viderunt eam, Virgo potens und Virgo prudentissima (AM, AP, AR, AS, CAO I 421–436; II 798–815; III 21–550). — Antiphonen nachkonziliarer Zeit: Accedamus ad civitatem, Angelus Domini, Angelus Gabriel, Ascendit Christus, Assumpta est, Ave Maria, Beata Dei Genetrix, Beata es, Virgo, Beatam me dicent, Benedicta es tu, Benedicta et venerabilis, Benedicta filia, Benedicta tu, Christus est pax, Cum vidisset, Dabit ei, De Jesse progenie, Ecce ancilla, Egredietur virga, Ex quo facta, Exaltata est, Gabriel Angelus, Genuisti qui te, Gloriosae Virginis, Hodie Maria, In Christo habemus, Induit me Dominus, Inimicitias ponam, Intravit Maria, Laetare, Virgo, Maria audiebat, Maria conservabat, Maria Virgo, Nativitas est hodie, Ne timeas, O admirabile commercium, O quam casta, Paradisi porta, Quando natus es, Respexit Dominus, Rubum, quem viderat, Spiritus Sanctus, Stabat juxta crucem, Tota pulchra es, Trahe nos, Virgo, Tu gloria Jerusalem, Verbum supernum, Vestimentum tuum (Liturgia Horarum). — Responsoria brevia et prolixa vorkonziliarer Zeit: Ad nutum Domini, Angelus Domini, Assumpta est Maria, Ave Maria, gratia, Beatissimae Virginis, Christi Mater, Cui comparabo, Deus omnipotens praecinxit, Deus vitam meam, Ego Mater, Exaltabo te, Domine, Exaltata est Sancta Dei, Fasciculus myrrhae, Gaude Maria Virgo, In hoc cognovi, Maria Virgo assumpta, Nihil inquinatum, O vos omnes, Per unum hominem, Post partum Virgo, Quae est ista, Qui me invenerit Quomodo fiet, Sancta Dei Genitrix, Simeon vir justus, Speciosa facta es, Stirps Jesse, Super salutem und Videte miraculum (AM, AP, AS, CAO I 436–444; II 816–823; IV 1–471). — Responsoria brevia et Prolixa nachkonziliarer Zeit: Assumpta est, Ave Maria, Deus omnipotens praecinxit me, Exaltabo te, Domine, Gaudens gaudebo, Germinavit radix Jesse, Hodie nata est, In hoc cognovi, Maria Virgo, Nativitatem hodiernam, Post partum, Stabat sancta Maria, Verbum caro factum (Liturgia Horarum). — Hymnen vorkonziliarer Zeit: Aurora soli praevia, Ave maris stella, Caelestis aulae Nuntius, Dum spargit aram, Jam morte victor, Jam toto subditus, Matris sub almae, O gloriosa Domina, O gloriosa Virginum, O Prima, Virgo, prodita, O quam glorifica,

Omnis expertem maculae, Quod chorus vatum, Sancta Mater, istud agas, Sic Patres vitam peragunt, Solis, o Virgo, radiis, Stabat Mater dolorosa, Summae Deus clementiae, Te gestientem gaudiis, Te, Mater almaund Virgo Virginum praeclara (AHMA 7–10. 34. 39–42. 44. 53– 55. — AM — AP — AS — CAO IV 507–520). — Hymnen nachkonziliarer Zeit:. Agnoscat omne, Ave, maris stella, Beata Dei, Concito gressu, Gaudium mundi, Maria, quae mortalium, Mole gravati, O quam glorifica, O virgo mater, Omnis expertem maculae, Praeclara custos, Quod chorus vatum und Virgo virginum praeclara (LH).

QQ: AM. — Antiphonarium ad usum sacri et candidi Ordinis Praemonstratensis (AP), 1934. — AR. — Antiphonale Romano-Seraphicum (AS), 1955. — CSEL 17, 1888, Joannes Cassianus (360–430/35), De institutis coenobiorum et de octo principalium vitiorum remediis (419/26), 12 Volumina, capp. I, 2; III, 9–12; XIV, 7; XVII, 21; XIX, 4; XXIV 13. — CSEL 39, 1898, Itinera Hieroslomytana (Itinerarium Burdigalense). — CSEL 75, 1977, Benedicti Regula. — Liber Hymnarius — Antiphonale Romanum, Tomus alter (LH), 1983. -
S. Bäumer, Geschichte des Breviers, 1895, 502–510. — O. Abel, Studien zu dem gallischen Presbyter Joannes Cassianus, 1904. — P. Battifol, Histoire du Bréviaire Romain, 1929. — M. Anadrieu, Les Ordines Romani du haut moyen-âge. I. Les Manuscrits; II/III. Les Textes, In: Spicilegium Sacrum Lovaniense 11 (1931); 23 (1948); 24 (1951). — L. Eisenhofer, Handbuch der kath. Liturgik II, 1933, 539. — Opuscula et Textus historiam ecclesiae eiusque vitam illustrantia. Series Liturgica, ed. R. Stapper et A. Rücker, 1933ff. — Caesarius von Arles († 542), Regula ad virgines, ed. G. Morin, In: Florilegium Patristicum, (1933). — C. Hutter, Maria in der Liturgie, 1934, 31 ff. — Amalarii episcopi opera liturgica omnia, ed. J. M. Hanssens, In: SET 138–140 (1948–1950). — J. Lechner, Grundriss der Liturgik des Röm. Ritus, ^{5}1950, 335–338. — W. Lipphardt, Marienlob im einstimmigen Gesang, In: Musik und Altar 7 (1954/55) 1- 6. 46 - 48. — J. Pascher, Das Stundengebet der Röm. Kirche, 1954, 35–45. 163–191 — R. Hanslik, Textkritisch-sprachliche Bemerkungen zur Regula Benedicti, In: Gedenkschrift für P. Kretschmer I, 1956, 146–153. — A. Blaise, Le Vocabulaire latin des principaux thèmes liturgiques, 1966, 235. 245. — R. Hanslik, Zur Sprache der Regula Benedicti und der Regula Magistri, In: Regulae Benedicti Studia (1972) 195–207. — P. Salmon, L'office divin au moyen-âge. Histoire de la formation du bréviaire du IXe au XVIe siècle, In: Lex Orandi 43 (1967). - A. Verheul, La Sainte Vierge dans le culte de l'Église, In: Les Questions liturgiques et paroissiales 50 (1969) 235–254. — Liturgia Horarum juxta Ritum Romanum — Officium Divinum, Editio Typica 1977. — LexMA II 640–641. — MGG XIII 1558–66. — Grove XIX 685–686.

D. v. Huebner

Vesperbild (seit 1973 offizielle Ortsteilbezeichnung Maria Vesperbild), 30 km westlich von Augsburg, 2 km südöstlich des mittelschwäbischen Marktes Ziemetshausen, im südlichen Teil des Lkr. Günzburg gelegene Wallfahrtskirche.

Die Wallfahrt geht auf die Stiftung eines spätgotischen Vesperbildes durch den damaligen Inhaber von Schloß und Herrschaft Seyfriedsberg, Jakob v. Saint Vincent, im Jahre 1650 zurück. Das Gnadenbild wurde von einer Feldkapelle umgeben, für die seit 1673 die Zelebrationserlaubnis vorlag. Die anschwellende Wallfahrt machte größere Kirchenbauten erforderlich, bis dann 1756 die jetzige Kirche eingeweiht werden konnte. Sie wurde von dem Öttingen-Wallersteinschen Hofbaumeister Georg Hitzelberger (1714–92) gebaut. Der heutige Hauptaltar mit dem Gnadenbild ist eine fürstlich Öttingen-Wallersteinsche Stiftung von 1960.

Seit 1650 besteht eine ununterbrochene Kontinuität des Wallfahrtslebens, die weder durch den Josephinismus, noch durch die bayer. Ge-

Vesperbild, Gnadenbild, 15. Jh.

setzgebung unter Montgelas unterbrochen werden konnte.

Im Mittelpunkt der Wallfahrt steht die Verehrung des Gnadenbildes. Seit 1957 besteht in unmittelbarer Nähe der Wallfahrtskirche auch eine Fatimagrotte, die einen großen Zuspruch bei den Pilgern findet. 1974 wurde in Maria V. ein Klarissenkloster gegründet. Seit 1988 ist für die Pilgerseelsorge eine Wallfahrtsdirektion, die von einem Wallfahrtsdirektor geleitet wird, zuständig.

Höhepunkte im Wallfahrtsjahr sind Pfingstsonntag und ⋒e Himmelfahrt mit großen Lichterprozessionen. Maria V. ist mit ca. 300 000 Pilgern jährlich die vom Pilgeraufkommen her bei weitem größte schwäbische ⋒wallfahrt.

Lit.: L. Dorn, Die Wallfahrten des Bistums Augsburg, 1983, 111 f. — Pur-Magazin (Sonderausgabe) Nr. 14/15, 1989. — Dehio-Bayern III, Schwaben, 1989, 671. — A. Bichler, Wallfahrten in Bayern, Ein Führer zu 60 Gnadenstätten, 1990, 180–183. — L. Gschwind, Kirchen- und Wallfahrtsorte im Dekanat Krumbach, 1991, 73–76. — F.J. Brems, Wir sind unterwegs..., 1992, 56 f. — K. Winkler, Die Geschichte von Maria Vesperbild, In: Hoi' Garta, Heft 43, Februar 1992, 4–6; Heft 45, April 1992, 17–19; Heft 48, Juli/August 1992, 33 f.; Heft 52, Dezember 1992, 17–19; Heft 66, März 1994, 8 f.; Heft 68, Mai 1994, 6–8. — Wallfahrtskalender, seit 1989 jährlich von der Wallfahrtsdirektion herausgegebene Jahresübersicht aller Wallfahrtstermine.
W. Imkamp

Vianney, Johannes Maria, *8.5.1786 in Dardilly bei Lyon, †4.8.1859 in Ars bei Lyon, wuchs während der Franz. Revolution auf, lernte erst mit 17 Jahren schreiben, wurde nach großen Schwierigkeiten 1815 Priester, wurde von Charles Balley, Pfarrer in Dardilly, in den priesterlichen Dienst eingeführt und war von 1818 an bis zu seinem Tode Pfarrer von Ars, einem Dorf mit 350 Einwohnern, das er durch sein Leben des Gebetes und der Buße in eine vorbildliche Pfarrei verwandelte. Von 1830 an suchten jedes Jahr ca. 30 000 Personen seinen Beichtstuhl auf. Anfangs stand er unter dem Einfluß der jansenistischen Strenge, einem Erbe von Ch. Balley. Unter dem Eindruck des hl. →Alfons v. Liguori schlug er bald den Weg der Barmherzigkeit ein.

Die ⋒frömmigkeit V.s war ein Erbe seiner frommen Mutter. Sie schenkte ihm eine grobgeschnitzte hölzerne Statue der GM, vor der er von nun an, wann und wo er nur konnte, den Rosenkranz betete und die er in seiner Blusentasche sogar aufs Feld mitnahm. In seinem Elternhaus wurde bei jedem Stundenschlag das Ave Maria gebetet. Dieser Übung blieb V. sein Leben lang treu, sogar während der Predigt. In der Pfarrkirche von Ars ließ er die ⋒kapelle vergrößern. Die kleine ⋒statue wurde durch eine große vergoldete aus Holz ersetzt. Bei der Einweihung (1.5.1836) weihte V. die ganze Pfarrei ⋒. Ein Blatt mit den Namen aller Bewohner von Ars wurde in ein vergoldetes silbernes Herz gelegt und der Statue um den Hals gehängt, während die Jugend das Salve Regina sang. Als die Cholera in der Gegend wütete, ließ V. eine ⋒medaille prägen, auf der ⋒ als die Unbefleckte zwischen zwei Lilien abgebildet war und auf deren Rückseite stand: »O Maria ohne Erbsünde empfangen, bewahre uns vor der Pest!«

Obwohl V. oft über ⋒ gepredigt hat, handeln von den 85 gedruckten Predigten nur drei über ⋒: ihre Geburt, ihre Himmelfahrt und das Rosenkranzfest. Jede umfaßt etwa 15 bis 20 Seiten. Sie wirken konventionell und unpersönlich, stammen aus den ersten Jahren, in denen er Predigten aus Vorlagen abgeschrieben und auswendig gelernt hat. Als später die Zeit zur Vorbereitung fehlte, gab er mehr die Frucht seines inneren geistlichen Lebens preis. Die Katechesen, in denen er während der letzten 15 Jahre seines Wirkens jeden Tag um 11 Uhr den Pfarrkindern und Pilgern eine Seite des Katechismus erklärte, sind z. T. in Nachschriften der Zuhörer erhalten. Wiederholt spricht V. von ⋒ als der Mutter der Christen, der Mittlerin der Gnaden und v.a. der von der Erbsünde Unbefleckten, die vom ersten Augenblick ihres Lebens an auserwählt war. Es war die Zeit um die dogm. Definition der UE ⋒s durch Pius IX. (1854): »Gott konnte eine bessere Welt erschaffen als diese, die jetzt existiert, aber er konnte kein besseres Geschöpf ins Leben rufen als Maria« (Rossé 79). »Alle Heiligen haben eine große Verehrung für die heilige Jungfrau. Keine Gnade kommt vom Himmel, außer durch ihre Hände« (ebd. 80). »Je mehr wir Sünder sind, desto mehr Liebe und

Mitleid hegt sie für uns. Das Kind, das die Mutter die meisten Tränen gekostet hat, ist ihrem Herzen das liebste« (ebd.). »Das Herz dieser Mutter ist nur Liebe und Barmherzigkeit ... Man braucht sich nur an sie zu wenden, und man wird erhört« (ebd.). »Maria ist noch besser als die beste aller Mütter« (Nodet 253). »Das Ave Maria ist ein Gebet, dessen man nie überdrüssig wird« (Monnin, 1935, 89). »Ich denke, daß Maria am Ende der Welt zur Ruhe kommen wird, doch so lange die Welt bestehen wird, wird man Maria nach allen Seiten ziehen. Sie ist wie eine Mutter, die viele Kinder hat. Immer ist sie unterwegs, um vom einen zum andern zu gehen« (ebd. 91).

WW: Sermons, 4 Vol., Paris-Lyon 1883. — S. Jean-Marie Baptiste, Curé d'Ars, Catéchismes et écrits sur la Vierge. Textes choisis et présentés par J. Alzin, 1958. — G. Rossé, Curato d'Ars — Scritti scelti, 1976; dt.: Der Pfarrer von Ars an seine Gemeinde. Ausgewählte Gedanken und Predigten, 1980.
Lit.: A. Monnin, Le Curé d'Ars. Vie de M. Jean-Baptiste-Marie V., 2 Vol., Paris 1861. — F. Trochu, Le Curé d'Ars, 1925; dt.: 1936 u. ö. — A. Monnin, Esprit du Curé d'Ars, ^{34}1935. — B. Nodet, Jean-Marie V., Curé d'Ars. Sa pensée — son coeur, 1959. — J. Genet, L'énigme des sermons du Curé d'Ars, 1961. — R. Fourrey, Le Curé d'Ars authentique, 1964. — M. de Saint-Pierre, La vie prodigieuse du Curé d'Ars. Vorwort von Maurice Kardinal Feltin, 1973; dt.: Der Pfarrer von Ars, ^{2}1976. — M. Breig, Die Marienverehrung des hl. Pfarrers von Ars, ^{3}1989. — W. Nigg, Der Pfarrer von Ars, 1992. — BSS VI 1040–45. — DSp VIII 840–844. *M. Benzerath/W. Baier*

Vicenza, Suffraganbistum von Venedig und Stadt in Oberitalien, besaß bereits vor 400 eine erste christl. Kirche; erster namentlich bekannter Bischof war um 590 Horontius. Der Dom S. Maria Maggiore (1400 begonnen, 1566 mit der Vollendung der Kuppel abgeschlossen) ist auf den Fundamenten mehrerer Vorgängerbauten errichtet, deren ältester ins 4. Jh. zurückreicht. Er enthält u. a. Lorenzo Venezianos Polyptychon mit der »Dormitio Virginis« (1356), eine ⋔ mit Kind von Giambattista Pittoni (um 1730), eine Sacra Conversazione von Bartolomeo Montagna sowie in der Krypta die Statue der sog. »Madonna Mora« (15. Jh.).

Weitere ⋔kirchen V.s sind S. Maria Mater Domini (5. Jh.), S. Maria dell' Aracelli (1675-80), S. Maria del Carmine und S. Maria dei Servi.

Das am meisten besuchte ⋔heiligtum V.s und ganz Venetiens aber ist das Santuario della Madonna di Monte Berico. Es wurde am 25.8.1428 begonnen, nachdem der Bäuerin Vincenza Pasini am 7.3.1426 und am 2.8.1428 die GM erschienen sein soll und ihr verkündet haben soll, die Stadt werde von der Pest befreit, wenn ihr am Erscheinungsort eine Kirche erbaut würde. Der Bau war in wenigen Monaten vollendet; 1429 wurde der Grundstein für ein Kloster gelegt und 1435 von Serviten bezogen, die das Heiligtum seither betreuen. 1576 wurde Palladio mit einem Erweiterungsbau beauftragt und 1688–1703 entstand an Stelle dessen der heutige von Carlo Borella entworfene dreischiffige Kuppelbau. Gnadenbild ist eine Schutzmantelmadonna aus Marmor (Anfang 15. Jh.), die Antonino di Nicolo da Venezia zugeschrieben wird. Am 25.8.1900 wurde sie durch den späteren Papst Pius X. feierlich gekrönt. Als 50 Jahre später dieser Krönung in einem Jubeljahr gedacht wurde, wurden 11 470 hll. Messen gefeiert, zu denen insgesamt etwa 2 000 000 Pilger kamen.

Neben der Fahrstraße führt seit 1596 ein gedeckter Portikus zur Kirche sowie die sog. »scalette« mit 192 Stufen, auf denen sich manche Pilger barfuß oder auf den Kien zum Heiligtum bewegen. Die seit dem 16. Jh. gebrachten Votivgaben bezeugen zahlreiche Gebetserhörungen, u. a. bei Pest (1700), Erdbeben (1695 und 1873 und Kriegen.

Lit.: Bonomo 232-235. — Reclam-Kunstführer, Italien II/2, 1981, 689-712. — D. Marcucci, Santuari mariani d'Italia, 1982. — P. Candeo, Santuari mariani di V., 1987. *F. Trenner*

Victoria, Tomás Luis de, * 1548 in Avila, † 20.8.1611 in Madrid, wurde wahrscheinlich 1558 Chorknabe an der Kathedrale seiner Heimatstadt. 1565 trat V. ins Collegium Germanicum in Rom ein, wo er Palestrina und seine Musik kennenlernte. Ab 1569 musizierte er als Sänger und Organist an der Aragoneser Kirche S. Maria di Montserrato, später u. a. auch an der anderen span. Kirche Roms, S. Giacomo degli Spagnoli. Im Germanicum übernahm er 1571 den Unterricht im Gregorianischen Choral und versorgte, nachdem er 1575 zum Priester geweiht worden war, die Musik an der kollegseigenen Kirche S. Apollinare. Nach seinem Eintritt in das Oratorium Philipp Neris wirkte er 1578–85 als Kaplan an S. Girolamo della Carita. Nebenbei kümmerte er sich um die Drucklegung seiner Werke, u. a. der Cantica Beatae Virginis (1581) und des Officium Hebdomadae Sanctae (1585). Um 1587 nahm er das Angebot König Philipps II. an, Kapellmeister und Kaplan der verwitweten Kaiserin Maria, einer Tochter Karls V., im Konvent der Barfüßer-Clarissinnen in Madrid zu werden.

V. gilt als der größte span. Renaissancekomponist. Er hat ausschließlich liturg. Musik auf lat. Texte komponiert. Unter seinen 22 Messen sind bes. die außergewöhnliche 9-stimmige »Missa pro victoria« und die drei 8-stimmigen Messen »Salve Regina«, »Alma Redemptoris« und »Ave Regina« auf eigenen marian. Antiphonen zu erwähnen. Die beiden letztgenannten verbreiteten sich bis nach Mexiko, wo sie noch 1640 nachgedruckt wurden. Die zehn marian. Antiphonen und die 18 Vertonungen des Magnifikat zeichnen sich durch eine große Ideenvielfalt aus. Darüberhinaus finden sich unter den zahlreichen Motetten mehrere auf marian. Texte. V., der einen Hang zum Revidieren und zu aufwendigen Drucken hatte, hat den Stil Palestrinas nicht bloß kopiert, sondern ihn durch chromatische und klare harmonische Gliederung weiterentwickelt.

Lit.: F. Pedrell, T. L. de V., 1918. — N. Saxton, The Masses of V., Diss., Princeton 1951. — J. Soler, Victoria, 1983. — MGG XIII 1586–97. — Grove XIX 703–709. *J. Schießl*

Victorinus, Gaius Marius, * zwischen 281 und 291 in Nordafrika, † nach 365. Der gefeierte Rhetor Roms verfaßte verschiedene Bücher zum Trivium. Die libri platonicorum wirkten offensichtlich propädeutisch auf das Christentum hin, zu dem sich V. um 354 in einer Augustin beeindruckenden Weise bekannte (vgl. Conf. VII 9,13; VIII 2,3–5,10). Zwischen 358 und 363 verteidigte er im Rückgriff auf die Metaphysik des Porphyrius in mehreren Schriften die Gottheit des Sohnes und des Hl. Geistes. Nach 363 verfaßte er als erster lat. Pauluskommentare. Für die Mariol. sind nicht theol. oder spirituell weiterführende Einsichten wichtig, sondern die Problematik, die sich angesichts der Begegnung von antiker und neuplatonischer Denkform und christl. Lehre ergab.

Noch in seiner heidnischen Zeit kommentiert V. in seinen »Explanationes in Ciceronis Rhetoricam« Ciceros Schrift »De inventione«. Dabei erklärt V. (232), was ein »argumentum necessarium« ist. Es handelt sich dabei um einen zwingenden Schluß aus einem Tatbestand. Schon in Ciceros Schrift lauten die Beispiele dafür: »Si natus est, morietur; si peperit, cum viro concubuit.« Im heuristischen Beweisverfahren gab es also bei Cicero zwei in der Rhetorik immer wiederholte Musterbeispiele, die später informierte Leser an zwei von den Christen geglaubte Ausnahmen erinnerten; diese erwähnt nun V.: »Übrigens handelt es sich nach Meinung der Christen dabei nicht um ein necessarium argumentum: ›Wer geboren hat, hat mit einem Mann geschlafen‹ und auch nicht: ›Wer geboren ist, wird sterben. Denn bei ihnen ist offensichtlich einer ohne Mann geboren und nicht gestorben« (»Nam apud eos manifestum est sine viro natum et non mortuum«).

Die gemeinsame Nennung von Jungfrauengeburt und Auferstehung (bei V. etwas verzerrt beschrieben), die schon Celsus und Porphyrius bes. bekämpften, geht hier auf die ciceronianische Vorlage zurück. Die Nennung gerade dieser Musterbeispiele in den Rhetorikvorlesungen erschwerte aber sicher den Glauben an die christl. Botschaft. V. wollte jedoch kaum den christl. Glauben lächerlich machen, wie auch vermutet wurde. Im Kontext erklärt er nämlich, daß es im irdischen Bereich nur Wahrscheinliches und kein »argumentum necessarium« gebe; diese Wunder sind also nicht absolut unmöglich. Während Porphyrius sie entschieden leugnet, hält also der sonst von ihm häufig abhängige V. wegen seines Skeptizismus in Hinblick auf den Sinnesbereich verschiedene Meinungen (opiniones) für möglich (vgl. Hadot 48–58). Die skeptische Strömung im Neuplatonismus führte zu einer freundlicheren Einstellung zu den christl. Dogmen.

V.s Übertritt zur kath. Kirche entsprang sicher einer echten Glaubensentscheidung, doch scheint er nicht in einer seiner geistigen Persönlichkeit (A. Dempf, Kritik der historischen Vernunft, 144: Der nach Aristoteles »zweite Großmeister der Metaphysik«) entsprechenden Weise in den Glauben eingeführt worden zu sein. Es bleiben starke Eigenwilligkeiten und neuplatonische Relikte: Der starke Verteidiger des Nizänums benützte zwar in seinem Glaubensbekenntnis (Adv. Arium I 46 f.) Elemente des nizänischen Symbols, doch kam bei V.s Staurozentrik die Inkarnation zu kurz; die Geburt aus der Jungfrau ⓜ wird nicht erwähnt. Auch scheint V. — im 4. Jh. keine Überraschung — die Idiomenkommunikation noch nicht erfaßt zu haben, wenn er bei allen Versuchen, die Identität zwischen präexistentem und inkarniertem Sohn aufzuzeigen, zu dem Ergebnis kam: »Derjenige, der vor aller Schöpfung geboren wurde, ist derselbe in dem, der von Maria geboren wurde« (»ipse est in eo qui de Maria natus est)« (Adv. Ar. I 35). V. konnte auch in einer »nestorianischen«, im 4. Jh. noch unverdächtigen Weise (vgl. SC 69, 875) Jesus, die »caro a carne« (= ⓜ) »dei templum et domicilium« (adv. Ar. I 58) nennen. Wie aus dem Kontext dieser Stelle hervorgeht, wirkte sich für die Mariol. bes. die neuplatonische Abwertung der sinnlichen Welt negativ aus. Die »Überschattung durch die Kraft des Allerhöchsten« (Lk 1,35), die »obumbratio«, identifizierte V. mit der »Entäußerung« von Phil 2,7. Eine solche Entäußerung (im ontologischen Sinn) hielt V. für notwendig, da die menschliche Natur das Göttliche in seiner Vollendung und Herrlichkeit nicht aufnehmen kann. Das »nasci a virgine« ging also mit einer Verringerung (diminutio) einher, und gerade wegen dieser diminutio erfolgte die Erhöhung (vgl. Adv. Ar. I 51). Während Leo in seiner Epistola ad Flavianum oder Theodoret in Eranistes seu Polymorphus die Kenose so verstanden, daß der Sohn Knechtsgestalt »annahm« (Phil 2,7) und dabei voll Gott blieb (so daß auch eine echte Menschwerdung Gottes — nicht eines verringerten Gottes — und die GMschaft gegeben sind), bedeutet die Entäußerung nach V., »daß der allumfassende Logos nicht allumfassend ist, sofern er Logos des Fleisches ist und Fleisch wurde. Er hat also nicht den Menschen angenommen, sondern ist Mensch geworden« (Adv. Ar. I 22; vgl. IV 32). Vom Neuplatonismus stammt aber auch ein weiterer, der Entwicklung der Mariol. feindlicher Gedanke: Der Wunsch dessen, der »das Leben ist« und deshalb alles beleben will, führt zur Menschwerdung. Das Leben und Belebenwollen sind jedoch nach neuplatonischer Auffassung weiblich und in etwa negativ (vgl. Adv. Ar. I 51). Erst mit der Auferstehung gelangt das Männliche zum Durchbruch. Im »editum ex femina« (Gal 4,4) sieht V. deshalb ein Zeichen für eine gewisse Unvollständigkeit sowohl dessen, der aus der Frau ist, als auch der Frau selber (vgl. den Kommentar zu Gal 4,4: CSEL 83 II 140).

Irenäus zeigte in seiner Zeit gegenüber den verschiedensten phil. und rel. Systemen, daß die biblisch-kirchliche Christol. und Mariol.

nur unter bestimmten metaphysischen und schöpfungstheol. Voraussetzungen möglich sind. Auch der Neuplatonismus mit seiner Abwertung des Materiellen schafft nicht den metaphysischen Rahmen für die Menschwerdung des Sohnes (dessen Ewigkeit V. mit aller Energie aufzuweisen suchte), für die Würdigung des Leibes in der menschlichen Existenz und — was damit in vielen Systemen einhergeht — für die Würdigung der Frau. V. gab zwar schon vor der Taufe die strenge Gegnerschaft der Neuplatoniker zum Christentum auf, nahm später auch die Jungfrauengeburt an und zeigte wichtige Ansätze zu Idiomenkommunikation und damit zur GMschaft ᛗs, doch stand ihm seine neuplatonische Herkunft, die ihm in der Trinitätslehre weiterhalf, in der Christol., Soteriol. und damit der Mariol. im Wege. Bei V. wird die Problematik des phil. Vorentscheids und des Systemansatzes bei der Begegnung von Neuplatonismus und christl. Glauben bewußt.

Ausg. und Lit.: Explanationes in Ciceronis Rhetoricam, In: C. Halm (Hrsg.), Rhetores Latini Minores, Leipzig 1863, 152–304. — CSEL 83,1 = SC 68/69 (Text mit franz. Übers. und Kommentar): Trinitarische Traktate. — P. Hadot und U. Brenke, M. V. Christl. Platonismus (dt. Übers.). — CSEL 83,2 (Pauluskommentare). — P. Hadot, M. V., 1971 (Leben, WW, Lit.). — A. Ziegenaus, Die trinitarische Ausprägung der göttlichen Seinsfülle nach M. V., 1972. *A. Ziegenaus*

Victorinus v. Pettau, hl. Bischof und Martyrer der diokletianischen Verfolgung, † um 304. Einem Grenzland zwischen der lat. und griech. Sprache entstammend, wirkte er als Vermittler des Erbes der griech. Schriftauslegung und war der erste Bibelexeget der lat. Kirche. Er schrieb zahlreiche Kommentare zur Bibel, von denen nur der zur Apokalypse erhalten ist. Von den übrigen Abhandlungen ist nur »De fabrica mundi« überliefert. Trotz seiner Abhängigkeit von der Allegorese des antichiliastischen → Origenes übernahm V. chiliastische Tendenzen. Nur einmal erwähnt er ᛗ, um die Wirkung des Erzengels Gabriel und des Hl. Geistes beim Parallelismus Eva-ᛗ hervorzuheben (De fabrica mundi 9).

WW: PL 5,301–344. — CSEL 59 (= PLS 1,103–172).
Lit.: C. Curti, Il regno millenario in Vittorino di Petovio, In: Augustinianum 18 (1978) 419–433. — LThK X 775 f. — DPAC II 3612–14. *A. Viciano*

Vicuña, Laura del Carmine, sel. Mädchen, * 5. 4. 1891 in Santiago/Chile, † 22. 1. 1904 in Junin de los Andes/Argentinien, entstammte einer angesehenen Familie, die in den Wirren des Bürgerkrieges nach Argentinien flüchten mußte. Der Vater starb 1893, die Mutter Doña Mercedes brachte nach dessen Tod eine zweite Tochter namens Julia Amanda († 1981) zur Welt. 1899 kam sie mit ihren beiden Kindern nach Quilquihué, wo sie bei dem reichen Gutsbesitzer Manuel Mora Aufnahme fand. Dieser war ein sittenloser Mensch, der die Indios wie Sklaven hielt und die Peitsche für Mensch und Tier gleichermaßen gebrauchte. Im selben Jahr errichteten die SDB sowie die Don-Bosco-Schwestern im 20 km entfernten Junin de los Andes eine Schule mit Internat. Doña Mercedes lebte mit dem Gutsbesitzer zusammen, zu einer Heirat war er jedoch nicht bereit. Dieses Verhältnis und der schlechte Charakter des Mannes beeinflußten in starkem Maße die Entwicklung von Laura und Julia Amanda. Um ihnen eine gute Erziehung zu ermöglichen, vertraute Doña Mercedes ihre beiden Töchter 1900 den Don-Bosco-Schwestern an. Der Gutsherr war bereit, für die Internatskosten aufzukommen.

Laura blühte in der neuen Umgebung auf. Sie konnte die Schule besuchen und ihre tiefe rel. Veranlagung zur Entfaltung bringen. Am 2. 6. 1901 empfing sie die Erstkommunion. Bedrückend für ihr junges Leben war die Situation ihrer Mutter. Sie bat Gott inständig, ihr die Kraft zur Umkehr zu schenken. Wann immer Laura aus den Ferien zurück ins Internat kam, war sie niedergeschlagen. Ab 1902 mußte sie sich mehrmals den sittenwidrigen Angriffen Manuel Moras widersetzen. Am 29. 3. 1903 empfing Laura von Bischof G. Cagliero SDB das Sakrament der Firmung und bat um Aufnahme als Novizin bei den Don-Bosco-Schwestern. Die Elfjährige wurde wegen ihres zu jungen Alters abgewiesen. Schließlich durfte sie am 8. 12. 1902 dem Bund der »Kinder Mariens« beitreten. Sie weihte sich ganz der GM und wollte ihre Reinheit, ihre Liebe und ihren Gehorsam bedingungslos nachahmen. Für die Bekehrung ihrer Mutter bot sie Gott an diesem Tag ihr Leben an. Gegen Ende des Jahres 1903 erkrankte Laura und mußte das Internat verlassen. Kurz vor ihrem Tode gestand sie ihrer Mutter, daß sie Gott ihr Leben für deren Bekehrung angeboten habe. Noch im selben Jahr verließ Doña Mercedes den Gutsherrn Manuel Mora.

Unter der klugen Führung von Don Crestanello SDB und geprägt von der rel. Atmosphäre im Internat, konnte sich V.s junge Persönlichkeit menschlich und rel. frei entfalten. Das Wesen ihrer Heiligkeit lag nicht so sehr in einer einzigen heroischen Tat, sondern im Maß ihrer Liebe, die in der Verehrung Jesu und seiner Mutter ᛗ wurzelte und die ihr junges Leben erfüllte und vollendete. V. wurde am 3. 9. 1988 durch Johannes Paul II. anläßlich des Don-Bosco-Jubiläumsjahres in Turin seliggesprochen.

Lit.: A. Crestanello, Vida de L. V., Alunna de las Hijas de Maria Auxiliadora e Hija de Maria Immaculada, 1911. — L. Càstano, Tredicenne sugli altari. Beata L. V., Alunna delle Figlie di Maria Ausiliatrice nelle Missioni Patagoniche, 1983. — M. Grassiano, La mia vita per la mamma, L. del C. V., 1983. — J. Schepping, Laura — das Mädchen aus den Anden, 1984. — L. d' Auria, Io o nessun altro. Con Laura in cammino, 1987. — M. Beccalossi, Il messaggio di L. V., alle giovani di ieri, di oggi e di domani, 1989. — AAS 78 (1986) 953–956; 81 (1989) 79–83. — Theologisches 23 (1993) 195 f. *J. Weber*

Vieira, António, * 6. 2. 1608 in Lissabon, † 18. 7. 1697 in Baía/Brasilien, war im rel.-moralischen Bereich der markantesten und originellsten Persönlichkeiten Portugals und Brasiliens im 17. Jh. Er kam als Kind nach Brasilien, studierte bei den Jesuiten und trat 1623 als Novize in den Orden ein. Seit 1633 war er Prediger in Baía; nach seiner Priesterweihe 1635 wurde er zum bedeutendsten Kanzelredner Brasiliens. Die Predigten dieser Epoche beziehen in weitem Umfang die aktuellen Zeitläufte (Krieg mit Holland, Einnahme und erneute Belagerung Baías durch die Holländer 1624 und 1638; Sebastianismus; Probleme der Kolonialregierung etc.) ein. Im Jahr nach der erneuten Unabhängigkeit Portugals von Spanien (1640) reiste V. nach Lissabon, wo er als Hofprediger, Ratgeber und in diplomatischer Mission für D. João IV. tätig war. 1653 kehrte er nach Konflikten innerhalb des SJ als Missionar nach Brasilien (Maranhão) zurück, wo er sich in der Auseinandersetzung zwischen Jesuiten und Kolonisten für die Indianer engagierte. 1654 reiste er überraschend nach Lissabon, wo er den Erlaß eines Schutzgesetzes des Königs für die Indios erwirkte. Nach Brasilien zurückgekehrt, nahm er an gefährlichen Missionsreisen, auch ins Innere Amazoniens, teil und wurde 1661 auf Betreiben der Kolonisten mit seinem Orden aus Brasilien vertrieben. Seit dem Tod Joãos IV. (1656) verloren die Jesuiten an Einfluß bei Hof. V., nach Portugal zurückgekehrt, wurde zunächst nach Porto verbannt, 1665 auf Grund millenaristischer Prophezeiungen über eine Wiederkehr Joãos IV. auf der Grundlage der bereits verurteilten Thesen des weissagenden Schusters Bandarra (Sebastianismus) durch die Inquisition inhaftiert und zur dauernden Einschließung in einem der Häuser des Ordens verurteilt, aber 1668 amnestiert. Ab 1669 betrieb er in Rom seine Rehabilitierung. Er attackierte und demaskierte die Unmenschlichkeit der Inquisitionspraktiken in Portugal, begab sich 1675, versehen mit einem päpstlichen Schutzbrief, nach Portugal, wo die Lage für ihn freilich zunehmend schwieriger wurde, so daß er 1681 nach Baía zurückkehrte, wo er die letzten Jahre mit der Herausgabe seiner Sermões befaßt, zurückgezogen lebte.

Konstanten seines Lebens und Wirkens sind sein ständiges kämpferisches Engagement für die Erhaltung und Verbesserung der Position Portugals in Brasilien, für die Missionierung und Besserstellung der Indios, aber auch der schwarzen Sklaven, und schließlich sein politisch-rel. Messianismus, der seit den 40er Jahren die Ankunft eines »Fünften Reiches« (»Quinto Império«), das unter einem port. König nach Bekehrung von Heiden und Juden die universale Herrschaft Christi bedeuten wird, erwartet.

V.s Werk umfaßt im wesentlichen seine Predigten (Sermões, 15 Bände, 1679–1748) sowie seine prophetisch-messianistischen Schriften, v. a. die unvollendete »História do Futuro«, den Brief »Esperanças de Portugal« und im Zusammenhang damit seine »Defesa perante o Tribunal do Santo Ofício« (Verteidigung vor dem Inquisitionsgericht) und eine resumierende Darstellung seiner Utopie, »Clavis Prophetarum — De regno Christi in Terris consummato«.

M erscheint als Thema v. a. in den »Sermões«, von denen einige sogar zu einem Mzyklus, »Maria, Rosa mística«, zusammengefaßt sind. Die Predigten XVII und XXVII entwickeln ihr Thema im Hinblick auf einen konkreten Lebens- und Publikumsbezug — es handelt sich um Predigten vor schwarzen Sklaven, die in Rosenkranzbruderschaften zusammengeschlossen waren. Die Predigt XVII (1633) verbindet das Thema des Tagesheiligen, des Evangelisten Johannes, mit dem Thema der GM und dem Fest der schwarzen Rosenkranzbruderschaft. In scharfsinniger Deutung und Formulierung wird dargelegt, daß M unter dem Kreuz drei Söhne geboren habe: Jesus den Erlöser (in Betlehem hatte sie den Christus geboren), den Jünger Johannes und die gesamte Menschheit, in ihr auch die Schwarzen. Letztere haben eine besondere Verpflichtung, M mit dem Rosenkranzgebet zu ehren, und sei es auch nur, angesichts ihrer Mühen und Qualen, in kurzen Formen; bes. die Geheimnisse des Schmerzhaften Rosenkranzes entsprechen »ihrem Stand«. Niemand, auch die Engel nicht, vermögen ihn so angemessen zu beten, und durch dieses Beten der Schwarzen wird der Rosenkranz, der im Himmel gebetet wird, erst vollkommen. Die Gefangenschaft der Schwarzen ist einerseits ein Wunder, mit dem Gott und die Jungfrau ihre Rettung aus der Verdammnis des Heidentums bewirken, andererseits wird aber auch die Arbeit der Schwarzen in den »engenhos« (Zuckerrohrpressen und -kochereien) mit der Hölle verglichen und Kritik an der Herzlosigkeit der Herren geübt (OE XI 1–46).

Die Predigt XXVII (Baía, undatiert) geht aus von der Ungeheuerlichkeit der Massendeportation der Sklaven von Afrika nach Brasilien und der Frage, warum Gott dies zuläßt, ja sogar zu fördern scheint. Indem V. die Verschleppung der Juden in die Babylonische Gefangenschaft und ihre Rückführung mit dem Schicksal der Schwarzen parallel setzt, schließt er aus deren konkreter Situation auf die Vorbereitung der zweiten Überführung »in die ewige Freiheit« durch Gott und die GM. Versklavt sei nur der Körper, von der Versklavung der Seele durch den Teufel befreie die Jungfrau M ihre Gläubigen (Erwähnung der → Theophilus-Legende). Die Sklaven werden für ein bewußt und geduldig ertragenes Schicksal einst von Gott selbst belohnt werden, wird doch auch ihr Leiden in direkten Bezug zum Leiden Christi gesetzt. Schärfer als in der vorhergehenden Predigt ist hier die Kritik an der Sklaverei, die in einzelnen, sich freilich nicht zum System verbindenden Argumenten bereits als grundsätzlich inakzeptabel erscheint. Die Kritik an den Herren geht bis zum Zweifel an der »Heilsfähigkeit« einiger unter ihnen. Die Sklaven bezeichnet der Prediger wiederholt und sehr freundlich als Brüder. Die Stilhöhe, aber auch die gelegentliche Kompliziertheit der Gedankengänge und das einfließende Bildungsgut lassen freilich erkennen, daß die Predigt ebenso an die Herren der Sklaven gerichtet ist. Die Strategie des Diskurses zielt offensichtlich auf die Verbindung beider Gruppen zu einer »Heilsverantwortungsgemeinschaft« und entspricht damit implizit der vorgegebenen Grundthematik der Mkindschaft (OE XI 47–89).

Der »Sermão da Visitação de Nossa Senhora« (Predigt zu Me Heimsuchung, Juni 1640) setzt den Besuch Ms bei Elisabeth in Parallele zur Begrüßung des nach dem Abzug der Holländer nach Baía entsandten port. Vizekönigs. Wie Jesus die »Krankheit«, d. h. die Erbsünde des Johannes im Mutterleibe, heilte (»exultavit infans«), so gilt es auch, Brasiliens »Erbsünde«, sein »Schweigen« d. h. sein Nichtbeachtetwerden, zu beenden und ihm Gehör zu verschaffen (OE X 80–114).

In Predigten wie »Sermão da Glória de Maria Mãe de Deus«, »Sermão de Nossa Senhora da Graça« (Lissabon 1651) oder »Sermão do Santíssimo Nome de Maria« (Baía, vermutlich 1683, anläßlich der Einsetzung des Festes durch Innozenz XI.) wird barocke Ingeniosität und »agudeza« zum hauptsächlich tragenden thematischen Element: Die erste Predigt spitzt den Vers »Maria optimam partem elegit« (Lk 10,42), indem die Maria aus der Martha-und Maria-Erzählung mit der GM identifiziert wird, zu der auf den ersten Blick skandalösen Behauptung zu, die Glorie Ms übertreffe die Gottes. Die Lösung: der »bessere Teil«, den M erwählt hat, besteht darin, daß ihr als Mutter Christi alle Herrlichkeit des Sohnes mehr Freude bereite als ihre eigene. Die zweite Predigt löste das Paradox, daß Ms Leib den unendlichen Gott umschlossen habe, u. a. mit dem Hinweis auf die »O-Anrufungen« und Wünsche Ms während ihrer Schwangerschaft, wobei die Kreisform des »O« Unendlichkeit impliziere. Die dritte Predigt beweist mit spitzfindigen Begriffsunterscheidungen, daß GM zu sein nicht das ganze Maß der Gnade Ms ausschöpfe. In der Predigt zum »Allerheiligsten Namen Mariae« zählt V. verschiedene »ethimologias« auf, die im Namen Me, der von Gott selbst vor aller Zeit bestimmt worden sei, enthalten sein sollen (Stella Maris; Illuminatrix; Amarum mare; Deus ex genere meo) und die er alle umfaßt. In einer »gloriosa anatomia do nome admirabilissimo de Maria« ordnet er dann auch den einzelnen Buchstaben des Namens solche Bedeutungen zu (z. B. für »M«: »Mater Dei«, »Mar vermelho«, »Medicamento universal«, »Mesa espiritual«, etc.), reflektiert über die Zahl der Buchstaben und setzt — über den Bezug zu den fünf Kieselsteinen Davids — den Namen Ms »proporcionadamente« mit dem Jesus-Namen gleich. Wunderberichte lockern die Predigt auf.

Neben weiteren Erwähnungen Ms und v. a. dem jeweils zwischen dem ersten und zweiten Teil der Predigten eingefügten Ave Maria spielt die GM auch in der Konzeption der »História do Futuro« eine Rolle, wobei freilich die entsprechenden Texte nicht mehr ausgearbeitet wurden. In der Projektierung des Werkes erscheint unter den in Buch IV zu behandelnden Thematiken auch die der wesentlichen Rolle Christi und der Allerheiligsten Jungfrau bei der Bekehrung aller Völker, die die Voraussetzung für die Herstellung des universalen weltlichen wie spirituellen Christusreiches, des »Quinto Império«, ist (Hist. Fut., 27–34).

Die Schrift »Vox apologética. Via sacra por outra via mais breve, mais fácil, mais segura, mais útil« (OE VII 57–123) ist eine Stellungnahme zu der im gegebenen Zeitpunkt sehr verbreiteten Frömmigkeitspraxis der »Via Sacra«, dem Abschreiten von zwölf an verschiedenen Stellen aufgestellten Kreuzen im Mgedenken an den Weg Jesu vom Haus des Pilatus zum Kalvarienberg — eine Praxis, die von M selbst begründet worden sei und die sie von der Bestattung ihres Sohnes an bis zu ihrem Lebensende gepflegt habe. V. versucht, anhand der Darlegung der Lebensumstände Ms die Haltlosigkeit dieser frommen Annahme zu beweisen; die vorgesehene Aufzeigung von Möglichkeiten, die Gefahren dieser Übung zu vermeiden bzw. die von ihr erbrachten geistigen Früchte auf unbedenklichere Weise zu erlangen, wurde offenbar nicht mehr ausgeführt.

Obgleich nach seinem ersten Biographen der zunächst nur mäßig erfolgreiche Jesuitenschüler V. seinen plötzlichen intellektuellen Durchbruch dem innigen Gebet vor einem wundertätigen Mbild in der Kathedrale von Baía verdankte, ist V. unter Berücksichtigung des an sich stark marian. geprägten rel. Klimas der Epoche kein primär »marian.« Autor. Dies ist wohl nicht zuletzt auf seine im Grunde wenig mystische Veranlagung und seine im ausschließlich theol. Bereich nur geringe Originalität (Besselaar 68) zurückzuführen. In einigen Predigten, die M gewidmet sind, spielt das eigentliche Mthema eine eher untergeordnete Rolle. In anderen wird M, ganz im Sinne des zeitüblichen barocken Predigtstils, zum Gegenstand spitzfindiger, scheinbar widersinniger, aber jedenfalls Staunen erregender Aussagen, die in ingeniöser Argumentation aufgelöst werden. Es entspricht wohl der wirklichen Begabung, dem Engagement und dem ethischen Gewicht V.s, wenn dem modernen Leser jene Mtexte am überzeugendsten erscheinen, in denen sich die marian. Thematik mit aktuellen Problemen, z. B. der Situation der Sklaven, verbindet. In ihnen wird das Mthema als Einheit gebende Struktur, gewissermaßen als »innere Form«, am deutlichsten spürbar und nachvollziehbar.

WW: Obras Completas, 27 vols., Lisboa 1854–58. — Sermões, hrsg. von H. Cidade, 1940. — Obras Escolhidas (OE), hrsg. von A. Sérgio und H. Cidade, 12 vols., 1951–54. — Cartas, hrsg. von J. Lúcio de Azevedo, 3 vols., 1925–28. — História do Futuro, hrsg. von J. van den Besselaar, 1976. — História do Futuro, hrsg. von M. Leonor Carvalhão Buescu, 1982. — »António Viera: Predigt an den heiligsten Namen Mariens«. Text mit Anmerkungen von F. Berkemeier, In: Aufsätze zur port. Kulturgeschichte V, 1965, 149–200.

Lit.: A. de Barros, Vida do apostólico Padre António Vieyra (...), Lisboa 1746. — J. L. de Azevedo, História de A. V., 2 vols., 1931. — A. Sérgio, Préfacio, In: A. V., Obras Escolhidas, T. 1, 1951, XI–XVIII. — R. Cantel, Prophétisme et messianisme dans l'oeuvre d'A. V., 1960. — H. Cidade, Padre A. V., 1961. Col. A Obra e o Homem. — H. Haubert, L'Eglise et la Défense des Sauvages. Le Père A. V. au Brésil, 1964. — A. J. Saraiva, Les quatre sources du discours ingénieux dans les sermons du P. A. V., In: Bulletin des Études Portugaises, NS 31 (1970) 177–269. — W. Martins, História da Intelegência Brasileira I (1550–1794), 1978. — J. van den Besselaar, A. V.: O homem, a obra, as ideias, 1981. — Cf. zahlreiche Untersuchungen in den Port. Forschungen der Görresgesellschaft (Münster). *W. Kreutzer*

Viel, Placida, sel. Schulschwester, * 26. 9. 1815 in Val Vacher/Quettehou (Normandie), * 4. 3. 1877 in St. Sauveur-le-Vicomte, wurde als achtes von elf Kindern einer einfachen, im christl. Glauben gründenden Familie geboren und auf den Namen Victoria Eulalia Jacqueline getauft. 1833 trat sie in die von M. M. → Postel 1807 gegründete Gemeinschaft der »Armen Töchter der Barmherzigkeit« ein und erhielt den Namen Placida, der ganz ihrem Wesen entsprach: Stille und Sanftmut bestimmten immer mehr ihre Haltung auch in schwierigen Lebenslagen. M. M. Postel leitete sie an, sich ganz der Führung Gottes anzuvertrauen und beim Herrn in der Eucharistie Rat und Hilfe zu suchen, ließ ihr eine gute pädagogische Ausbildung zukommen, erkannte in V. ihre Nachfolgerin, betraute sie mit verantwortungsvollen Aufgaben und ernannte sie mit 26 Jahren zur ersten Assistentin. Nach dem Tod der Gründerin (16. 7. 1846) wurde V. zur Nachfolgerin und Generaloberin gewählt. Für den Wiederaufbau der zerstörten Abteikirche, des Mutterhauses der Gemeinschaft, erbettelte sie zehn Jahre lang Mittel.

1856 wurde das neu errichtete Gotteshaus der »Trinität« und — wie alle Kapellen der Gemeinschaft zuvor — der »Mater misericordiae« geweiht. In ihrer tiefen Christusliebe verehrte V. nach dem Vorbild der Gründerin ☧ bes. als »Mutter der Barmherzigkeit«, weil durch sie die Barmherzigkeit Gottes in Jesus Christus den Menschen nahegekommen ist. ☧ wurde ihr so der Schlüssel zur unendlichen Liebe Gottes. Sie war ihr bevorzugter Anwalt bei Gott. Deshalb empfahl V. den Schwestern: »Sie ist mächtig und immer bereit zu helfen. Leiten wir die Kinder, die uns anvertraut sind, durch unsere Ratschläge und unser Beispiel dahin, sich ihr zu schenken und sie häufig anzurufen. Sagt ihnen immer wieder, daß sie stets die Arme offen hält, um die zu empfangen, die ernstlich zu ihr kommen« (Canuet 271 f.). Ihr ganz persönliches Vertrauen in die Hilfe ☧s bezeugt sie in einem Reisebericht: ☧ habe sich ihr als Führerin zugesagt, sie aber verpflichtet, über den Anlaß der Reise zu schweigen. Am Rosenkranzfest 1862 konnte V. den ersten vier dt. Schwestern in Heiligenstadt das Ordenskleid überreichen. Sie erlebte das rasche Anwachsen der Gemeinschaft in Frankreich und Deutschland und war dabei stets bemüht, das Erbe der Gründerin unverfälscht weiterzutragen. Nicht äußere Erfolge waren für sie wichtig, sondern die Erfüllung des Willens Gottes: »Denken wir immer an Jesus und sagen wir immer wieder« ›Dein Wille, guter Meister, und nicht der meine!‹« (Zirkular, Februar 1877). Wie die GM lebte V. ihr »fiat mihi«, trug geduldig und ergeben Demütigung und Zurücksetzung sowie in den letzten Lebensjahren das Kreuz einer schweren Krankheit. Pius XII. sprach V. am 6. 5. 1951 selig. Ihr Leib ruht in der Abteikirche von St. Sauveur-le-Vicomte, dem Mutterhaus der franz. Gemeinschaft. Heute trägt die Gemeinschaft den Namen »Schwestern der hl. Maria Magdalena Postel« (SMMP), in Deutschland bekannt als »Heiligenstädter Schulschwestern«.

QQ: Briefe, Zirkulare, zeitgenössische Dokumente und Akten zum Informationsprozeß befinden sich im Archiv »Ste Marie-Madeleine Postel«, St. Sauveur-le-Vicomte (Manche). — AAS 43 (1951) 364–369.
Lit.: L. Canuet, La Bonne Mère Placide, ²1925. — P. de Crisenoy, La Vén. Placide V., 1942. — Ä. Perl, Pilgerin auf endlosen Straßen. Leben der sel. Mutter P. V. von Saint-Sauveur-Le-Vicomte, 1961. — M. A. Stratmann, P. V. »Die Hand Gottes leitet mich«, 1976. — A. Merlaud, La douceur victorieuse. Placide V., 1977. — Gesellschaft für christl. Öffentlichkeitsarbeit (GCÖ) e. V., Tonbild »Die Hand Gottes leitet mich«, 1987. — Baumann 292 ff. — LThK² X 779. — BSS XII 1080.
M. A. Stratmann

Vietnam. Waren auch schon vor ihm Missionare nach Siam, Kambodscha und Laos ins heutige V. gekommen, so gilt doch Alexandre de →Rhodes (1591–1660) als der Apostel V.s. Mit ihm beginnt die Evangelisierung und die grundsätzliche marian. Ausrichtung des christl. Lebens wie es der Katechismus für den fünften Tag darlegt. Für eine weite Verbreitung der MV setzten sich die Dominikanermissionare ein. 1688 wurden die Rosenkranzbruderschaften begründet, die überall hohe Mitgliederzahlen hatten und an fast allen größeren Kirchen errichtet worden waren. Sie wurden stark von den Bischöfen gefördert, weil sie sie als sehr wichtig für die Seelsorge erachteten. Vielfach schrieben sie selber die Regeln der Bruderschaft, wie z. B. Isidore-François-Joseph Colombert (1838–[1872]–1894).

Der Rosenkranz, der bei feierlichen rel. Veranstaltungen, bei Prozessionen und Beerdigungen gebetet wird, wurde zur großen Volksandacht. Die zweite Synode von Kotschinchina (1682) empfahl unter den Frömmigkeitsübungen bes. das gemeinsame Rosenkranzgebet, das schon vielerorts in Kotschinchian in Gebrauch war. Die zweite Regionalsynode von Tongkin bat ausdrücklich darum, den gemeinsamen täglichen Rosenkranz beizubehalten. Auf dem ersten Konzil von Indochina (1934) wurde beschlossen, wer nicht die hl. Messe mitfeiern konnte, sollte an Sonn- und Feiertagen mindestens fünf Geheimnisse des Rosenkranzes beten. Neben der Verehrung des Allerheiligsten Altarsakramentes, des Herzens Jesu und des Leidens Christi empfahlen die Konzilsväter dringend die MV. Am Fest der Aufnahme ☧s in den Himmel sollte alljährlich ganz Indochina der GM geweiht werden.

Ende des 19. Jh.s wurde die Verehrung ULF von Lourdes durch die Missionare stark gefördert, so daß fast alle Pfarreien eine Lourdesgrotte hatten.

Unter den nat. marian. Zentren ragen »ND de La Vang« (→Lavang; Trung Tâm Thanh Mâu Toan Quôc) 60 km von Huê und →Phu Nai heraus. Auf dem Hügel von Bao-Nham wurde eine Kirche zur Ehren ULF von Lourdes als Danksagung für die wunderbare Errettung der Christen im Jahre 1885 von der Übermacht von 2000 Piraten errichtet. P. Joseph-Adolphe Klinger (1853–1916, 1878 nach Tongking) gelobte eine Kirche. »ND de Tra Kiêu« (Quang-nam) liegt auf einer Bergkuppe und ist ULF von der Immerwährenden Hilfe geweiht, wohin viele Pilger ziehen. Ein weiteres Wallfahrtszentrum ist »ND de La Ma« (Ben Tre). In Nam Dingh (Diözese Buichu) geht das ⓜ︎heiligtum auf den Diözesanpriester Nghiem zurück, der 1904 in seinem Testament die MV seiner Pfarrgemeinde bes. ans Herz legte. Demnach solle man das Immaculata-Fest, das Herz-Jesu-Fest und das Fest ULF vom Rosenkranz bes. würdig feiern.

Die »Töchter Mariens« (seit 1932) sind ein Verein junger Frauen, der in allen Bistümern eingeführt ist und sich in besonderer Weise um die Kranken kümmert.

Unter dem Pseudonym Hàn Mâc-Tù legte der leprakranke kath. Dichter Nguyen Trong-Tri (1912–40) mit 24 Jahren seine erste Gedichtsammlung »Gái Que« vor. Es folgten »Thó Diên« (Gedichtsblätter) und »Quam tiên hôi« (Versammlung der Unsterblichen). Seine Dichtung ist christl. bestimmt und von hohem lit. Rang. Unter seinen Gedichten, die erst z. T. veröffentlicht sind, befindet sich als Zeugnis für seine MV die Dichtung »Ave Maria«. Unter den einheimischen christl. Künstlern ragt Celse Lé-Van-Dé mit zahlreichen ⓜ︎darstellungen hervor.

Kongregationen mit marian. Bezug sind: Filles de Marie Immaculée (Erzdiözese Hué), gegründet 1931 durch Bischof Alessandre-Paul-Marie Chabanon MEP (1873–1936). — Filles de ND de la Visitation de Phu-Hau (Erzdiözese Hué), 1937 errichtet durch François-Arsème-Jean-Eugène Lemasle MEP (1874–1946). — Filles de la Bienheureuse Marie du Saint Rosaire de Bui-Chu (Diözese Bui-Chu, Erzdiözese Saigon), errichtet 1946 durch Bischof Dominikus Maria Ho Ngoc Can. — Soeurs Missionnaires de la Bienheureuse Marie Reine du Monde (Diözese Bui-Chu, Erzdiözese Saigon), errichtet 1953 von Bischof Peter Maria Pham-Ngoc-Chi (* 1909, Bischof 1950). — Soeurs du Coeur Immaculèe de Marie (Diözese Nhatrang), errichtet 1961 von Bischof Marcel Piquet (1888–1966). — Soeurs de Marie, Reine de la Paix (Diözese Ban Me Thuôt), 1962 begonnen durch Bischof Paul-Leon Seitz MEP (* 1906, Bischof 1952). — Filles de la Médaille Miraculeuse (Diözese Kontun), errichtet 1947 durch Bischof Jean-Liévin-Joseph Sion MEP (1890-[1941]-1951). — Société de Nazareth (Diözese Xuan-Loc), errichtet 1966 durch Bischof Joseph Lê van An. — Petits Frères de Saint Joseph (Diözese Nhatrang), gegründet 1926 durch Bischof Damien Grangeon MEP (1857–1933). — Congrégation de la Mère Co-Redemptrice (Diözese Qui-Nhon; Diözese Bui-Chu), begonnen 1943, errichtet 1953 durch Bischof Peter Maria Pham-Ngoc-Chi.

Lit.: P. Terres, Le culte de Sainte Vierge au Tonkin Oriental, In: Compte rendu de Congrès marial de Fribourg 1902, 141–165. — P. M. Compagnon, Le cultue de ND de Lourdes dans la Société des Missions Étrangères, Paris 1910. — V.-H.-M. J. Barbier, Délivrance des Chrétiens de Bao Nham (19.11.1885), In: Mémorial Indochinois 1 (1919/20) 600–606. — C. L. F. Lé-Van-Dé, L' art annamite devant les nécessités de la vie moderne, In: Bulletin de la Ligue Missionnaire des Étudiants de France 8 (1938) 26–29. — L. Gillet, Exposition du peintre indochinois C. Lé Van Dé, 1939. — C. Costantini, L' arte christiana nelle Missioni, Manoir IV 1940. — F. Parrel, Le Culte de Marie au Vietnam, In: Bulletin MEP 2e Sér. No. 65/75 (1954) 657–661. — L. Mainier, »Route mariale« en pays vietnam, ebd. No. 77 (1955) 101–110. — F. Parrel, Le Congrès Marial National du Vietnam (Saigon, 15–18. fèvrier 1959), ebd. No. 120/130 (1959) 293–300. — Our Lady of Lavang. Marian Congres of Lavang 1961. — M. M. Durand und Nguyen Tran-Huam, Introduction à la Littérature Vietnamienne, 1969. — M. Lê-Ngog-An, A Devotion Mariale au V., Thèse de Doctorat en Théologie avec Specialisation en Mariélogie, Pontifical Theological Marian Faculty, Rome 1977. — J. Metzler, Die Synoden in Indochina 1625–1934, 1984. — E. Vô Dú'c Hanh, La place du catholisme dans les relations entre la France et la Viêt-Nam de 1870 à 1886, 1992. *H. Rzepkowski*

Vigilantius, ein Priester aus Aquitanien, der sich 395 in Betlehem bei Hieronymus aufhielt, wandte sich wie sein Zeitgenosse Jovinian gegen das asketische Leben und die Kontinenz der Kleriker. In diesem Zusammenhang hatte Jovinian die Jungfräulichkeit ⓜ︎s geleugnet. Aber aus dem Werk des Hieronymus »Contra Vigilantem« (406) läßt sich nicht schließen, daß sich auch V. gegen die Jungfräulichkeit ⓜ︎s ausgesprochen habe, da Hieronymus in diesem Werk ⓜ︎ nicht erwähnt.

QQ: Hieronymus, Contra Vigilantem, PL 23,351D–368C.
Lit.: H. Crouzel, Saint Jérôme et ses amis toulousains, In: BLE 73 (1972) 125–146. — LThK² X 787. — DPAC II 3590 f.
A. Viciano

Vilaseca, José Maria, * 19.1.1831 in Igualada/Spanien, wurde am gleichen Tag auf den Namen José Jaime getauft, † 3.4.1910 in Mexiko. Während seines Theologiestudiums am Priesterseminar von Barcelona trat er in den Orden der Lazaristen ein mit dem Wunsch, als Missionar in Mexiko wirken zu dürfen. Er betrat das Land am 19.3.1853 in Veracruz; kurz danach begann er das Noviziat bei den Lazaristen. Bei seiner Profeß nahm er den Namen José Maria an. Geweiht wurde er am 20.12.1856 durch den Erzbischof von Mexiko-Stadt. Obwohl es sein Ideal war, als Missionar unter den Indianern zu wirken, machte die damalige politische Lage im Lande dies unmöglich. Darum wurde V. nach dem klassischen Muster seines Ordens Volksmissionar. Er hielt unzählige Missionen in Texcoco, Atlixco und anderen Städten der Staaten Querétaro, Hidalgo und Morelos. Danach arbeitete er wiederholt an der Gründung verschiedener neuer Niederlassungen der Lazaristen in Monterrey und Saltillo mit, bis er Superior des Seminars von Monterrey wurde. Während dieser Zeit entwickelte er eine intensive Tätigkeit als Schriftsteller geistlicher Lit. im Geist der Lehre des →Vinzenz v. Paul, den er sehr verehrte. Seine Schriften sind die reife Frucht seiner Verkündigung und seiner katechetischen Arbeit: Erläuterungen zum Katechismus, Kommentare zu den Sonntagsevangelien, etc. Er verfaßte auch einige praktische Regeln und Kommentare für seine Mitbrüder nach den Schriften seines Ordensgründers. Gleichzeitig leitete er viele Exerzitienkurse und war ein eifriger Beichtvater. In die Stadt Mexiko zurückgekehrt, rief er die »Religiöse Bibliothek« und die Zeitschrift »El Propagador de la devoción al señor San José« ins Leben. Er gründete die Erzbruderschaft des hl. Joseph, die bald Tausende von Mitgliedern zählte (1877 waren es 326 492), den Orden der »Josephsschwestern« und das »Kleriker-Kolleg des hl. Joseph«, das später die Wiege des von ihm ebenfalls gegründeten Ordens der »Josephsmissionare« wurde. Die immer weiter um sich greifende Kirchenverfolgung brachte V. als Ausländer zuerst die Kerkerhaft ein und danach die Verbannung (1873–75).

1877 empfahl ihm der Erzbischof von Mexiko, sich ganz der Betreuung der »Josephsschwestern« zu widmen, die er als Kongregation diözesanen Rechts anerkannte, und ermutigte ihn zur Gründung der Kongregation der »Josephsmissionare«. V. kam dadurch in Konflikt mit dem Provinzial der Lazaristen, der ihm das Verlassen des Ordens nahelegte. Die ersten Priester der neuen Kongregation der »Josephsmissionare« erhielten 1885 die Weihe. Bald wurden den Orden verschiedene Missionsgebiete anvertraut; 1903 wurden beide Kongregationen vom Hl. Stuhl approbiert.

V. wurde durch seine kindliche MV zum modernen und großen Förderer der Verehrung des hl. Joseph in Mexiko: »Man kann Maria nicht ehren, wenn man ihre große Liebe zum hl. Joseph nicht beachtet.« V. schrieb zeit seines Lebens viele marian. Andachtsbücher und kleine Traktate über die GM. Er betrachtete es als Vorsehung, daß ihm das Erzbistum ein Haus im Stadtbezirk von S. Maria de la Ribera für die Gründung der »Josephsmissionare« zur Verfügung stellte. Die MV prägte sein ganzes Leben und Handeln: Er überantwortete alle seine Unternehmungen der »himmlischen unbefleckten Braut des hl. Joseph«. Der mariol. Leitgedanke seiner Abhandlungen über die Gnadenvorzüge ℳs war ihre UE; den Ursprung seines Vertrauens auf die Hilfe ℳs sah er in ihrer GMschaft. Seine Mariol. war auch das Fundament für seine Anschauungen über den hl. Joseph.

WW: La explicación del Ave María, Mexico 1866. — La vida de la inmaculada y divina Maria, augusta Madre de Dios, Mexico 1870. — La Virgen María I., Mexico 1870. — ¿Quien es Maria, la madre de Dios? II., Mexico 1871. — El pequeño mes de mayo, Mexico 1871. — El nuevo ramillete de flores dedicado a la Virgen María, Mexico 1873.

Lit.: L. Beltrán, El primer centenaria, 1931. — E. Galindo, El siervo de Dios J. M. V., 1947. — D. Medellin-Ortiz, El creador de los Institutos Josefinos, In: Veinte mexicanos canonizables, 1985, 113–120. — R. Aguilera Murguía, J. M. V., Apostol de San José, 1988. — A. Barrios Moneo, Al estilo de Cristo, 1991.
R. Palomino/G. Rovira

Vilgertshofen, Lkr. Landsberg am Lech, Diözese Augsburg, ist geprägt von der Wallfahrt, die zu dem Gnadenbild der Schmerzhaften GM, einer kleinen Pietá-Statue, entstanden ist. Eine Kirche ist in V., das zum Kloster →Wessobrunn gehörte, erstmals im 10. Jh. genannt, die Wallfahrt ist ab 1284 durch einen Ablaßbrief Bischof Friedrichs von Chur belegt. Als 1671 der Vilgertshofer Pfarrer Nikolaus Praun von der Schmerzhafte GM von quälenden Kopfschmerzen befreit wird, erfährt die Wallfahrt einen neuen Aufschwung, was den Bau einer größeren, der heutigen Kirche zur Folge hatte. Als Baumeister und Stukkateur des 1692 eingeweihten Gotteshauses wirkte Johann Schmuzer, die Deckenfresken stammen von P. Joseph Zaech OSB aus Wessobrunn, im 18. Jh. trugen noch Johann Baptist Zimmermann, Franz Schmuzer und Johann Baptist Bader (gen. »Lechhansl«) zur Ausstattung der Kirche bei. Die Bedeutung dieses Kirchenbaus liegt v. a. in seiner zentralisierenden Anlage, fast in der Form eines griech. Kreuzes, und in der Chorgestaltung, die mit einer umlaufenden Galerie, die sich in Bögen nach dem Altarraum öffnet, für weitere Wallfahrtskirchen in Bayern beispielgebend wurde.

Da durch die unruhigen Zeiten des Bayer. Erbfolgekriegs (1701–14) der Besuch der Wallfahrtsstätte stark zurückgegangen war, übernahm eine neu gegründete Bruderschaft ab 1708 die Aufgabe, die Wallfahrt am Leben zu erhalten und zu fördern. Seit Anfang des 18. Jh.s wird bis zum heutigen Tag das alljährliche Titularfest am Sonntag nach ℳe Himmelfahrt begangen mit einem feierlichen Gottesdienst, der sog. »Stummen Prozession« und einem anschließenden Jahrmarkt. Bei der »Stummen Prozession« stellen weit über 100 Mitwirkende schweigend, nur begleitet von getragenen Weisen einer Musikkapelle und den Gebeten der Begleiter des Allerheiligsten, Szenen aus dem AT und dem NT dar. Ihre Wurzeln hat diese Prozession wohl in den Karfreitagsprozessionen und -spielen der Barockzeit: Wie dort werden einzelne Szenen der Passion in Präfigurationen vorgeführt, d. h. einer atl. Person als Verheißung entspricht eine ntl. als Erfüllung, z. B. Ester und Judit als Vorbilder ℳe.

Die Säkularisation 1803 brachte auch für V. einschneidende Veränderungen: Da Wessobrunn aufgelöst wurde, sollte die Kirche abgerissen werden, was am heftigen Widerstand der Bevölkerung scheiterte. Sowohl die Wallfahrt, als auch das Bruderschaftsfest überlebten alle staatl. Verbote des 19. Jh.s. 1874 wurden die Darsteller des Leidenszuges nach Oberammergauer Vorbild neu eingekleidet, die Wallfahrt erfreute sich ungebrochener Beliebtheit. Im 20.

Vilgertshofen, Andachtsbild, um 1760

Jh. nur kurz während der beiden Weltkriege unterbrochen, besteht das Bruderschaftsfest bis zum heutigen Tag, und die Wallfahrt zur Schmerzhaften GM von V. ist die bedeutendste Wallfahrt des Lechrains.

Lit.: A.W. Endres, Geschichte der Wallfahrtskirche V. in Oberbayern, Augsburg 1864. — P. Bauer, Geschichte der Wallfahrtskirche V., ehemalige Filiale des Klosters Wessobrunn, Landsberg 1906. — H. Frank, Das »Vilgertshofer Fest«, In: Lech-Isar-Land 12 (1936) 119–124. — M. Hotz, Das Bruderschaftsfest von V., Magisterarbeit, München 1986. — H. Schnell und M. Hartig, Wallfahrtskirche V., ⁹1989. — S. Aiblinger, Die Stumme Prozession von V., In: Vom echten bayer. Leben, ²1990. — K. Filser, M. Hotz und A. Ziegenaus, Die Stumme Prozession in V., 1990. *M. Kramer*

Villa-Lobos, Heitor, * 5.3.1887 in Rio de Janeiro, † 17.11.1959 ebd. Als Komponist weitgehend Autodidakt, erregte er bei seinen Paris-Aufenthalten in den 20er Jahren großes Aufsehen.

Sein kompositorisches Schaffen verläuft in mehreren Perioden. In den 14 Chôros (1920–29) — einer beeindruckenden Sammlung von Werken mit unterschiedlichster Besetzung von Gitarre solo bis zum großen Orchesterwerk mit Chor — setzte er den brasilianischen Volksmusikern ein Denkmal, die ihn improvisatorische Gitarrenbegleitungen lehrten und in die Gattung der Chôros einführten. Aber auch impressionistische und neoklassizistische Einflüsse sind unverkennbar. 1930–44 schlug sich die intensive Beschäftigung mit J.S. Bach, dessen Betonung der Eigenwertigkeit jeder Einzelstimme ihm der brasilianischen Volksmusik verwandt schien, in den »Bachianas brasileiras« nieder. Nach 1945 entstanden v.a. virtuose Instrumentalkonzerte, die zu seinen reizvollsten Werken zählen (z.B. Mundharmonikakonzert). Sein alle Gattungen umfassendes Schaffen verzeichnet auch 12 Sinfonien, Klavierkonzerte, Opern, Ballette, Lieder.

Neben zahlreichen kleineren Gelegenheitsarbeiten — wie mehreren Ave-Maria-Vertonungen, dem 1939 entstandenen »As Três Marias« (Die drei Marien), Tantum ergo — ragen die Primera Missa do Brasil für Doppelchor, Holzbläser und brasilianische Schlaginstrumente (teilweise unter Verwendung gregorianischer Themen) sowie die Missa São Sebastião (1937) für Chor a cappella und die Missa oratoria Vidapura (1919) für Chor und Orchester auf dem Sektor KM hervor. Eine große Wirkung erzielt auch das »Magnificat-Alleluja« (1958) für Solo, Chor und Orchester (oder Orgel). Der lat. Text ist gut verständlich syllabisch behandelt; nach jedem vom Sopran-Solo gesungenen Vers erklingt das Alleluja des bis zu 6-stimmigen Chores. Das für V. typische Werk konstituiert sich aus Mixturklängen mit Sept-Non-Akkorden sowie übermäßigen Dreiklangsbildungen und Tonfortschreitungen.

Lit.: A. Muricy, V., una interpretação, 1960. — L.M. Peppercorn, H. V. Leben und Werk des brasilian. Komponisten, 1972. — S. Wright, Villa-Lobos, 1992. — MGG XIII 1624–28. — Grove XIX 763–767. *M. Hartmann*

Villani, Gasparo, * um 1565 in Piacenza, † nach 1612 ebd., wirkte als Sänger, Organist und Komponist in seiner Heimatstadt. Neben Messen, Motetten, Vespern, Psalmen und Hymnen sind mehrere Litaneien erhalten, darunter die »Letanie della B. Vergine«.

Lit.: MGG XIII 1636 f. — Grove XIX 773 f. *E. Löwe*

Villeneuve, Alexandre de, * 24.5.1677 in Hyères/Provence, † nach 1756, war bis 1706 als Sänger, später als »maistre de musique du chapitre« an der Kathedrale zu Arles, arbeitete danach in gleicher Eigenschaft in Paris und für verschiedene Adelshäuser.

Neben Instrumental- und weltlichen Vokalwerken sind drei Messen, Psalmen und Motetten (u.a. »Alma Redemptoris Mater«) und Magnificatvertonungen verzeichnet, die allerdings verschollen sind.

Lit.: MGG XIII 1640 f. — Grove XIX 776. *E. Löwe*

Villers-Notre-Dame ist eine der kleinsten Pfarreien der Diözese Tournai/Belgien, nicht weit von der Stadt Ath. Bei einer ersten Erwähnung wird die Ortschaft noch Villers-sur-Dendre genannt: 965 übergibt Kaiser Otto I. der Abtei von Saint-Ghislain Grundbesitz in Villers-sur-Dendre. Bischof Liétard von Cambrai schenkte der von ihm errichteten Abtei von Ghislenghien

1132 den Altar von V. sowie Grundbesitz in der Ortschaft, die seitdem in den verschiedenen Urkunden »Sainte Marie de Villers«, »Villare Beatae Mariae« und schließlich »Villers-Notre-Dame« genannt wird. 1950 übernahm die internat. kirchlich anerkannte Schwesterngemeinschaft »Das →Werk« eine Niederlassung in V., die eine rege pastorale und soziale Tätigkeit im Dorf und in der Umgebung entfaltete und sich für die Wiederbelebung und Beseelung der MV der →»Sedes Sapientiae« einsetzte. So wurde 1952 ein »ewiger Rosenkranz« eingeführt, den die Pfarrangehörigen wöchentlich beten, im Sommer 1976 die Wallfahrtskirche restauriert und die ⍰prozession am 15. August sowie der traditionelle Wallfahrtstag am Pfingstmontag wiederaufgenommen.

Die »Sedes Sapientiae« von V. ist eine 80 cm hohe vergoldete Holzfigur, die wohl im 12. Jh. entstanden ist, wofür auch die Namensänderung des Dorfes zwischen 1132 und 1148 von »Villers-sur-Dendre« zu »Villare Beatae Mariae« spricht. In →Belgien gibt es in der gleichen Gegend noch andere Darstellungen der GM vom Typ der »Sedes Sapientiae«, z. B. in Familleureux und Thuin. Während jene unter verschiedenen Titeln verehrt werden, wurde in V. immer der Titel »Sedes Sapientiae« verwendet. Stilistische Ähnlichkeiten mit Plastiken aus der Umgebung ermöglichen es, die Statue nicht nur in die gesamte Tradition der rel. Kunst innerhalb der Diözese Tournai einzubetten, sondern auch über die Grenzen Belgiens hinaus.

Anläßlich der Krönung der ⍰statue durch den päpstlichen Nuntius in Brüssel, Mons. Moretti, wurde auf Bitte des Diözesanbischofs, Mgr. Huard, eine Bruderschaft, »die Pilger der Sedes Sapientiae«, errichtet. Die Mitglieder aus verschiedenen Ländern und aus allen Ständen der Kirche verpflichten sich auf ein bewußtes Glaubensleben im Hinblick auf die Erfordernisse der Zeit sowie auf eine echte und gesunde MV, die sie nicht nur persönlich pflegen, sondern auch versuchen anderen nahezubringen. Das vom Bischof approbierte Statut dieser Bruderschaft verweist die Mitglieder wiederholt auf die Aussagen des Zweiten Vaticanums bezüglich der ⍰lehre und -verehrung und auf die Enzykliken der Päpste zu diesen Fragen. Eine Zeit der konkreten Einübung in die Zielsetzungen der Bruderschaft geht dem Ablegen des Versprechens voraus. Die geistliche Begleitung ist den Mitgliedern des »Werkes« anvertraut.

Lit.: Vos, Les Paroissies et les Curés du diocèse actuel de Tournai VII, Bruges 1903. — E. J. Soil de Moriame, Inventaire des Objets d'Art et d'Antiquité, 1928. — J. Cassart, Les Madones anciennes du diocèse de Tournai, In: Revue Diocésaine de Tournai, 1954. — J. De Borchgrave d'Altena, Madones en Majesté, In: Revue belge d'Archéologie et d'Histoire de l'Art 30 (1961) 5. — A. Gersten, Essai d'un Corpus des Sedes Sapientiae Mosanes du XIe au XIVe siècles, Mémoire présenté en vue de l'obtention du grade de licencié en Histoire d'Art et Archéologie, 1971 f. I 79. 82. 262. 263; II 54. — En route vers Notre-Dame, Siège de la Sagesse .../ Op weg naar Onze Lieve Vrouw, Zetel van de Wijsheid (Handbuch für Pilger), hrsg. von »Das Werk«, Villers-Notre-Dame. *L. Govaert*

Villiers, Pierre de, gilt als einer der bekanntesten Chanson-Komponisten des frühen 16. Jh.s und wirkte wahrscheinlich in Lyon. Neben zahlreichen Chansons sind die Messe »De Beata Virgine« für vier Stimmen und mehrere Motetten (u. a. »Regina coeli«) erhalten.

Lit.: F. Dobbins, The Chanson at Lyons in the Sixteenth Century, Diss., Oxford 1971. — MGG XIII 1643 f. — Grove XIX 777. *E. Löwe*

Villon, François (de Montcorbier oder des Loges), franz. Lyriker, * 1431/32 in Paris, † nach dem 5.1.1463 (historische Person oder »Maske« für die Kritik eines unbekannten Juristen an mißlichen Zeitverhältnissen?). Zweifellos präsentiert sich V. als ein Autor, der wie kein anderer zeitspezifische Vorstellungen und Denkweisen derart ungewöhlich akzentuiert und radikalisiert, dazu in einer kunstvollen Mischung aus vulgärem Jargon und hohem lit. Stil, daß ihn die Forschung als den ersten »poete moderne« (J.-C. Payen) der franz. Literaturgeschichte würdigt. Schon Clemont Marot (1496–1544) gefielen sein Witz und sein Sentenzenreichtum; der klassischen Literaturtheorie des 17. Jh.s schienen die teilweise obszönen und allzu realistischen Gedichte unvereinbar mit »bienseance« und »raison«; Nicolas Boileau (1637–1711) erkannte 1674 die Formvollendetheit seines Werkes; der Literaturkritiker Theophile → Gautier (1811–72) betonte 1834 seine Modernität in der Abrechnung mit dem MA; das 20. Jh. diskutiert spektakuläre Thesen, etwa janushafte Dichtung aus einer janushaften Existenz, fiktionales Kunstwerk oder Dichtung als Inszenierung der wechselnden Rollen und Maskeraden eines proteushaft verwandlungsfähigen Schauspielers.

Hinter dieser bewegten Rezeptionsgeschichte zeigt sich eine ebenso vieldeutige Persönlichkeit — V. der »bon follastre« oder »poète maudit«, ein »homo duplex«, der von sich bekannte: »Je riz en pleurs« — mit einer außergewöhnlichen Biographie: V. kannte das Milieu der Studenten und kleinen Gauner, studierte an der Faculte des arts in Paris, erhielt die Titel des Lizentiaten und des Magisters artium, hatte Kontakte zu den »Coquillards«, geriet in zahlreiche Konflikte mit der Justiz, wurde schließlich nach der Begnadigung vom Tode durch den Strang für zehn Jahre aus Paris verbannt. V.s Ende bleibt ungewiß: Seit 1463 fehlt jegliches Zeugnis über sein Leben.

In den als fiktive Nachlaßverfügungen angelegten Gedichten »Le Lais« (das sog. Kleine Testament« ca. 1456; 40 achtzeilige Achtsilber) und »Le Testament« (das sog. Große Testament; ca. 1461; 185 achtzeilige Achtsilber mit 19 eingefügten Gedichten) gestaltet der Dichter aus der Perspektive des sozialen Außenseiters kritisch, polemisch, satirisch, derb komisch, aber auch in sanften Tönen der Wehmut über die Vergänglichkeit alles Irdischen die großen, zeittypischen Themen Einsamkeit, Alter, Liebe und Tod. In dieses umfassende Zeitgemälde des spätma. Paris fügt V. die üblichen Angaben zum Erblasser bzw. den Erbnehmern sowie diverse Legate. Seiner Mutter hinterläßt er die »Ballade pour prier Nostre Dame«, ein Gebet an die GM als den einzigen Hort, der dem reuigen Sünder bleibt. Zu Beginn der Ballade formuliert die »humble chrestienne« ihre Bitte an ᛘ, »Dame du ciel, regente terīenne,/ Emperiere des infernaulx paluz«. Die zweite Strophe inszeniert an traditionellen Vorbildern bekannter ᛘlegenden die Problematik von Sündhaftigkeit und Errettung. Wie ᛘ die ägyptische Kurtisane Maria und den Bistumsverweser von Adana → Theophilus, der seine Seele dem Teufel versprochen hatte, errettete, so solle sie auch die Betende vor ähnlich bösem Tun bewahren. Erscheint ᛘ hier als die Mittlerin aller Gnaden, bleibt Jesus nur »vostre Filz« und »le sacrement qu'on celebre a la messe«. In der dritten Strophe geht es um die Menschen als »pecheurs« schlechthin mit ihrer Angst vor der Hölle und ihrer Hoffnung auf das Paradies. Die letzte Strophe, die als Anagramm den Namen »Villon« trägt, bringt dagegen deutlich Neues: Die persönliche Anrufung der GM wird in ein allgemeines Gebet umgestaltet, die MV in die Verehrung Jesu Christi überführt. Während die Ballade überkommene ᛘfrömmigkeit in einfach gehaltenen Szenen darstellte, verdichtet der »envoi« in seiner Erzählung das gesamte Kerygma: »Vous portastes, digne Vierge, princesse,/ Jhesus regnant qui n'a ne fin ne cesse./ Le Tout Puissant, prenant nostre foiblesse,/ Laissa les cieulx et nous vint secourir,/ Offrit a mort sa tres clere jeunesse./ Nostre Seigneur tel est, tel le confesse:/ En ceste foy je veul vivre et mourir.«

V. schöpft aus der reichen Tradition ᛘ verehrender Dichtung des 12. und 13. Jh.s (bes. der Legenda aurea des → Jacobus a Voragine), übernimmt die lit. Form der Ballade, deren Geschichte eine Vielzahl von »Ballades pour prier des Nostre Dame« aufweist, etwa die des Lyrikers Eustache Deschamps (1346–1407). Die Eigenart seiner Ballade besteht nun darin, daß sie die vorgegebenen Formen einer naiven ᛘrezeption sichtbar macht und dann in die kerygmatische Verkündigung überführt. Dabei bleibt stets eine Spannung zwischen den im Glauben aufgehobenen Gegensätzlichkeiten: zwischen einer fremden Stimme zitierter Naivität und einer eigenen Stimme erfahrenden Glaubens in einer überaus rel. geprägten Lebenswelt (D. Ingenschay).

Ausg.: A. Mary (Hrsg.), Oeuvres, ²1970. — J. Rychner und A. Henry (Hrsg.), Le Testament V., 2 Bde., 1974. — W. Küchler (Hrsg.), Sämtliche Dichtungen. Franz. mit dt. Übers., 1956. — F.-R. Hausmann (Hrsg.), F. V. Das Kleine und das Große Testament, Franz./Dt., 1988.
Lit.: P. Champion, F. V. Sa vie et son temps, 2 Bde., 1933. — W. H. Rice, The European Ancestry of V.s Satirical Testaments, 1949. — G. A. Brunelli, F. V., 1961. — D. Kuhn, La poétique de F. V., 1967. — P. Le Gentil, V., 1967. — I. Siciliano, F. V. et les thèmes poétiques du Moyen Age, 1967. — P. Guiraud, Le Testament de V. ou le gai savoir de la Basoche, 1970. — J. Dufournet, Recherches sur le testament de F. V., 2 Bde., ²1971/²1973. — I. Siciliano, Mésaventures posthumes de Maître F. V., 1973. — A. J. A. van Zoest, Structures de deux testaments fictionnels. Le »Lais« et le »Testament« de F. V., 1974. — V. R. Rossman, F. V. Les concepts médiévaux du testament, 1976. — P. Brockmeier, F. V. — eine kritische Biographie, In: K. Baldinger (Hrsg.), Beiträge zum romanischen MA, 1977, 377–392. — Ders., F. V., 1977. — O. Petit-Morphy, F. V. et la scolastique, 2 Bde., 1977. — G. Pinkernell, F. V.s »Lais«. Versuch einer Gesamtdeutung, 1979. — D. Ingenschay, Alltagswelt und Selbsterfahrung. Ballade und Testament bei Deschamps und V., 1986.
I. Böhm

Vilsbiburg, Lkr. Landshut, Diözese Regensburg, Wallfahrtskirche Mariahilf. Die Wallfahrt verdankt ihre Entstehung ganz dem Wirken des aus Locarno stammenden Kaminkehrermeisters Donat Barnabas Orelli. Dieser ließ 1686/87 samt einem Kalvarienberg die erste Kapelle aufführen, beschaffte das Gnadenbild (Kopie des Passauer Mariahilfbildes durch den Venezianer Daniel Basini), kümmerte sich um Ablässe und Bruderschaften, erwarb die Leiber ganzer Heiliger aus den Katakomben Roms, sorgte für die Betreuung der Wallfahrer (zunächst durch Augustiner-Eremiten und seit 1705 durch Kapuziner) und organisierte den neuen großen Kirchenbau 1701–04 (Baumeister Domenico Zuccalli; massive Erweiterungen und Veränderungen 1791–96, 1832–36 sowie 1870–73).

Die V.er Wallfahrt entsteht auf dem Höhepunkt der → Mariahilf-Verehrung nach 1680 (angesichts Türkengefahr und Pestepidemien) ohne eine spezielle Gründungslegende. Sie ist eine der Mariahilf-Filiationen außerhalb des unmittelbaren Kernbereiches der Passauer Mariahilf-Wallfahrt, welche überregionale Bedeutung erlangen konnte und diese über die Säkularisation hinweg bis zur Gegenwart behauptete (ununterbrochene geistliche Betreuung v. a. durch die Kapuziner, zwischendurch Weltpriester und Redemptoristen). Eindrucksvoll ist die Lage auf dem Berg über der Stadt, ähnlich wie in → Passau.

Seit ca. 60 Jahren etabliert sich ein zweiter Verehrungsschwerpunkt mit dem Grab des Kapuziners Victrizius → Weiss, der hier gewirkt hat († 1924).

Lit.: Kalender für kath. Christen, Sulzbach 1888, 53–58. — B. Spirkner, Wie entstand Maria Hilf? FS zum 200. Todestag D. Orellis, 1934. — H. Schnell, Mariahilf-V., ²1975. — L. Grasmann, Bildquellen zur Baugeschichte der Wallfahrtskirche Maria Hilf in V., In: Der Storchenturm 24 (1977) 60–72. — Ders., Zur Bau- und Kunstgeschichte der Wallfahrtskirche Maria Hilf in V. 1686–1986, ebd. 40 (1985) 96–135. — W. Hartinger, Mariahilf ob Passau. Volkskundliche Untersuchung der Passauer Wallfahrt und der Mariahilf-Verehrung im deutschsprachigen Raum, 1985.
W. Hartinger

Vilvoorde, Provinz Brabant, Erzbistum Mechelen-Brüssel, ULF von der guten Hoffnung. In einer Seitenkapelle der Pfarrkirche ULF wird ein ᛘbild verehrt, das v. a. von Frauen mit der Bitte um eine gute Geburt aufgesucht wird. Bereits 1413 wird eine Bruderschaft »ULF von der guten Hoffnung« (auch »ULF von der Heimsuchung« genannt) erwähnt.

Lit.: H. Maho, La Belgique à Marie, 1927, 551.
J. Philippen

Vincentius v. Kastav (de Kastua), kroatischer spätgotischer Maler aus dem 15. Jh., ist durch seinen Freskenzyklus (M leben, Passionsszenen, Dreikönigszug, Glücksrad, Totentanz, Heilige) bekannt, den er 1474 für die Kirche S. Maria delle Lastre in Beram (Vermo, Istrien) geschaffen hat.

Lit.: A. Morassi, Gli affreschi nella chiesa di S. Maria delle Lastre a Vermo, In: Emporium 63 (1926) 204–208 (Abb.). — B. Fučić, Istarske freske, 1963, 26–28. — R. Ivančević, Umjetničko blago Hrvatske, 1993, 128–132. — Enciklopedija likovnih umjetnosti IV, 1966, 530. *V. Kapitanović*

Vinders, Hieronymus, flämischer Komponist, lebte in der ersten Hälfte des 16. Jh.s und erlangte durch sein Josquin-Epitaph »O mors inevitabilis« Berühmtheit. Neben Psalmvertonungen sind mehrstimmige Cantiones über »Assumpta est Maria«, ein Magnificat und die Messe »Stabat Mater« erhalten.

Lit.: W. Elders, Studien zur Symbolik in der Musik der alten Niederländer, 1968. — Grove XIX 789 f. *E. Löwe*

Vinnenberg, Bistum Münster. 1641–54 häuften sich in dem in der Nähe Warendorfs und an der östlichen Bistumsgrenze gelegenen Benediktinerinnenkloster V. wunderbare Ereignisse, in deren Mittelpunkt ein vormals unscheinbares M bild stand. Die Nonnen standen vor der Frage, ob die Verehrung in festere Formen geführt werden konnte. Dazu mußte die Erlaubnis des Fürstbischofs Christoph Bernhard v. →Galen eingeholt werden. So entstand nach der Genehmigung im Jahre 1654 eine Prozession am Festtag M e Geburt. Während im nahe gelegenen →Telgte Wallfahrtsprozessionen aus vielen Orten des Fürstbistums eintrafen, machten sich nur Prozessionen aus Warendorf und Milte nach Kloster V. auf. Andere Besucher kamen als Pilger. Die Konkurrenz zu Telgte brachte es im 18. Jh. mit sich, daß V. an Attraktivität einbüßte. Die M wallfahrt fand infolge der Aufhebung des Klosters durch die Franzosen 1809/10 ihr vorläufiges Ende. Daran schloß sich eine Auseinandersetzung um den Verbleib des M bildes an. Clemens August v. Ketteler, Herr zu Harkotten (Füchtorf), bat den neuen Generalvikar und späteren Erzbischof von Köln, Clemens August Droste zu Vischering, um die Genehmigung, das Bild in die Füchtorfer Kirche zu überführen. Dort sei die Aufstellung sinnvoller, da in V. kein Gottesdienst mehr stattfinde. Am 26. 7. 1810 wies Vischering den Pfarrer von Füchtorf an, das »Gnadenbild ... in aller Stille abzuholen«. Dennoch kam es in Milte, dem Kirchspiel, in dem sich V. befand, zu Unruhen. Die Entfernung des »immer (in V.) gewesenen Gnadenbildes« habe bei den »hiesigen und benachbarten Gläubigen zu höchst ärgerlichen Gerüchten Anlaß gegeben«, so der Milter Pfarrer. Gegen Ende des 19. Jh.s befand sich die Wallfahrt zu dem inzwischen von den Benediktinerinnen der ewigen Anbetung bewohnten Kloster wieder in neuer Blüte, wenn auch im Unterschied zu Telgte mit kleinerem Einzugsbereich. Die Vertreibung der V. er Nonnen durch die Nationalsozialisten 1941 konnte der Verehrung in der Folgezeit aber ebenso keinen Abbruch tun wie der Untergang des alten Wallfahrtsbildes, das, von Bischof Clemens August verwahrt, während eines Bombenangriffs auf Münster verbrannte. Auch heute ist das idyllisch gelegene Kloster mit seinem neuen M bild Einkehrpunkt für Pilger und Wanderer aus der Region.

Lit.: W. Freitag, Volks- und Elitenfrömmigkeit in der Frühen Neuzeit. Marienwallfahrten im Fürstbistum Münster, 1991. *W. Freitag*

Vinzentiner, Vinzentinerinnen. *1.* Die Vinzentiner (offiziell Kongregation der Mission [C.M.], nach ihrem ersten Mutterhaus auch Lazaristen genannt) wurden am 25. 4. 1625 zu Paris von → Vinzenz v. Paul (1581–1660) gestiftet. Am 24. 4. 1626 erhielten sie die bischöfliche und am 12. 1. 1632 die päpstliche Bestätigung. Beim Tod des Gründers hatte sich die Kongregation über ganz Frankreich verbreitet und bis nach Italien und Polen ausgedehnt. Die V. gehören zu den Gesellschaften des apost. Lebens, zählen 4100 Mitglieder und haben die Verkündigung des Evangeliums an die Armen, v. a. an die am meisten Verlassenen zum Ziel. Darauf ist auch ihr besonderer Einsatz für die Ausbildung der Geistlichen und der Laien ausgerichtet. Sie verehren M, die Mutter Christi und der Kirche, die nach den Worten des hl. Vinzenz mehr als alle Gläubigen die Lehre des Evangeliums erfaßt und in ihrem Leben verwirklicht hat.

2. Am 29. 11. 1633 gründete Vinzenz zusammen mit der Witwe Luise Le Gras, geborene →v. Marillac (1591–1660) die V.innen (offiziell: Genossenschaft der Töchter der christl. Liebe, Dienerinnen der Armen). Am 18. 1. 1655 wurden sie bischöflich, am 6. 6. 1668 päpstlich anerkannt. Es gibt heute 30 000 Schwestern. Die Genossenschaft ist eine Gesellschaft des apost. Lebens in Gemeinschaft, die Christus in den Armen im Geist der Liebe, der Demut und der Einfalt dienen will. Am 17. 10. 1644 erbat Luise in Chartres Gottes Schutz für die Schwestern durch die Fürsprache M s, der »Mutter und Beschützerin« der Genossenschaft. Im Dezember 1658 bat sie Vinzenz im Namen aller Schwestern, die Genossenschaft unter den Schutz der hl. Jungfrau zu stellen und ihr M zur »einzigen« Mutter zu geben. Die Schwestern wurden angeeifert, M zu lieben und nachzuahmen. Sie verehren sie als die unbefleckt Empfangene, die offen war für das Wirken des Hl. Geistes, als die niedrige und getreue Magd im Heilsplan des Vaters, als die Mutter Gottes, die Mutter der Barmherzigkeit und die Hoffnung der Kleinen und Geringen. Am Fest M e Verkündigung (25. März) verpflichten sich die Schwestern immer wieder durch Gelübde für ein Jahr zum Armendienst, wie es die hl. Luise am 25. 3. 1634 erstmalig getan hatte.

3. In der Franz. Revolution wurden beide Gemeinschaften aufgehoben. Einige Priester und Schwestern wurden hingerichtet und werden als Selige verehrt. Durch Dekret vom 22. 12. 1800 erlangten die V.innen wieder ihren juridischen Status in Frankreich. Nach dem Wunsch Luises v. Marillac standen die Schwestern von Anfang an unter der Jurisdiktion des Generalsuperiors der V. Aber Napoleon unterstellte sie den Bischöfen, was eine Spaltung der Genossenschaft zur Folge hatte, die bis zum Fall Napoleons dauerte. Heute arbeiten die V. und die V.innen in allen Erdteilen an der Verbreitung des Evangeliums und der Behebung aller Arten menschlicher Not.

1830 ist ℳ der Novizin Katharina → Labouré (1806–76) in der Kapelle des Mutterhauses der Schwestern in der Rue du Bac in → Paris erschienen und hat ihr den Auftrag gegeben, eine Medaille prägen zu lassen, die schon bald vom Volk die »Wundertätige Medaille« genannt wurde. Als Umschrift erhielt die Medaille das Gebet »O Maria, ohne Sünde empfangen, bitte für uns, die wir unsere Zuflucht zu dir nehmen«. Die Erscheinungen haben auch Botschaften und Verheißungen für die vinzentinischen Gemeinschaften verkündet. Eine geistliche Erneuerung setzte ein, gefolgt von einer großen Ausbreitung in allen Erdteilen. Die Ankündigung, daß sich andere Gemeinschaften den Schwestern anschließen würden, ging in Erfüllung. Am 15. 11. 1851 schlossen sich die von der hl. Elisabeth → Seton (1774–1821) gestifteten Schwestern von Emmitsburg/USA an, am 19. 7. 1851 die Schwestern von Graz, gestiftet von Leopoldine Brandis, am 23. 7. 1854 die Schwestern von Verviers/Belgien und am 27. 6. 1882 die Schwestern von Salzburg. Bei den Erscheinungen habe ℳ Katharina gegenüber den Wunsch ausgedrückt, es möge eine marian. Vereinigung gegründet werden. P. Aladel C.M., der Direktor der V.innen, rief die erste Gruppe in Paris am 8. 9. 1837 ins Leben. Pius IX. gab die kanonische Anerkennung durch Breve vom 20. 6. 1847. In Frankreich wurden v. a. Arbeiterinnen Mitglieder und wirkten segensreich auf sozialem Gebiet. In erneuerter Form arbeitet diese Vereinigung noch immer im marian. und vinzentinischen Geist. Durch Reskript vom 16.12.1908, gefolgt von dem Breve vom 19. 7. 1909, errichtete Pius X. die Vereinigung von der Wundertätigen Medaille, die in erneuerter Form auch heute für die V. und die V.innen ein Mittel ist, die Botschaft der Medaille, angepaßt an die heutigen Nöte der Kirche und der Armen, zu verbreiten. Seit Dezember 1930 breitet sich von Germantown (Philadelphia/USA) die wöchentliche Gebetszusammenkunft der fortlaufenden Novene zu Ehren ℳs, der unbefleckt empfangenen über viele Länder aus. Ein Pastoralteam, bestehend aus V. und V.innen versieht den Dienst an der Wallfahrtskapelle in der Rue du Bac in Paris, wohin jährlich ca. 1,5 Million Menschen pilgern.

Lit.: A. Dodin, Le culte de Marie et l'expérience de Monsieur Vincent, 1975, 207–225. — Vinzenz v. Paul und Luise v. Marillac, Briefwechsel, 1960, Briefe 372 und 592. — R. Laurentin und P. Roche, Catherine Labouré et la Medaille miraculeuse, 1976. — S. Sarneel, Den Menschen zuliebe. Louise v. Marillac, Geistliche Biographie in Selbstzeugnissen, 1990, 122–124.

G. A. Ch. van Winsen

4. Die Vinzentinerinnen von Straßburg (Filles de la Charité) entstanden auf Veranlassung des Kardinals A.-G. de Rohan-Goubise 1734 in Zabern (heute Saverne/Unterelsaß) als selbständige Kongregation, deren erste Mitglieder bei den Paulus-Schwestern in Chartres ihre Ausbildung empfingen. Sie verlegten ihr Mutterhaus 1827 nach Straßburg, wonach sie seitdem benannt sind. Sie verehren, wie es ihrem Werdegang entspricht, seit dem Generalsuperior A. Jean Jean (1758–1790) den hl. Vinzenz v. Paul als geistigen Gründer und Patron.

Von der Straßburger Kongregation gingen — direkt oder indirekt — weitere Gründungen aus: Zams/Tirol 1821, Wien-Gumpendorf 1831, München 1832, Fulda 1834, Innsbruck 1839, Paderborn 1841, Salzburg 1844, Agram/Zagreb 1845, Freiburg 1846, Hildesheim 1857, Untermarchtal 1858, Augsburg 1862, Heppenheim 1921; als Provinz von Innsbruck Meran 1941 und Treviso 1955. — Seit 1971 bilden 10 der genannten selbständigen Mutterhäuser (einschließlich Straßburg) und 2 Provinzen die »Föderation Vinzentinischer Gemeinschaften« päpstlichen Rechts.

Die MV orientiert sich an Vinzenz v. Paul und Louise de Marillac.

Lit.: L. Lutz, La congrégation des soeurs de la Charité de Strassbourg, 1923. — E. C. Scherer, Die Kongregation der B. Schwestern von Straßburg, 1930. — LThK² X 797 f.

H. M. Köster/M. C. Gebhardt

Vinzenz v. Beauvais (Vintentius Bellovacensis), OP, franz. Theologe, Pädagoge und Enzyklopädist; * 1184/94, † um 1264 in Beauvais, Leiter der Studien und erzieherischer Berater für den Hof Ludwigs IX. in der Abtei Royaumont, Verfasser der pädagogischen Abhandlung »De eruditione filiorum regalium« (um 1247/49) zur Prinzenerziehung.

Die Idee, daß »der Mensch, dieses Wunder der Schöpfung, diese kleine Welt, dieses Universalgeschöpf, geschaffen nach dem Bilde und Gleichnis Gottes, ... durch sich selbst, durch seine Gedanken, durch seine Weisheit zum lebendigen Bild der Welt werden [soll], zum großen allgemeinen Spiegel, aus dem Gott, die Welt und die Menschheit zurückstrahlen kann« (zit. nach Bourgeat), motivierte V. zu einem der inhaltsreichsten Zeugnisse ma. Kultur, dem »Speculum maius« (vermutlich nach 1256 veröffentlicht, erstmals gedruckt Straßburg 1473–76, zuletzt Douai 1624, 4 Bde.). Er exzerpiert Werke von mehr als 400 Autoren der griech., lat., jüdischen und arabischen Lit. und systematisiert das Gesammelte in der auf drei Teile angelegten Enzyklopädie: dem »Speculum naturale« (Naturgeschichte), dem »Speculum doctrinale« (theoretische bzw. angewandte Wissenschaften) und dem »Speculum historiale« (Weltgeschichte bis 1250). Damit gelingt V. eine umfassende Summe der im 13. Jh. bekannten wissenschaftlichen Erkenntnisse.

So erstaunt es kaum, daß dieser bedeutende Enzyklopädist und Pädagoge gerade am Höhepunkt ma. MV seinen Zeitgenossen auch Kenntnis vom überlieferten Mglauben geben, und mehr noch, sie über das Wertbeständige, Bleibende und Unaufgebbare seiner Verehrungsformen belehren will. Bereits im »Speculum historiale« findet sich ein nach apokryphen Vorlagen (vgl. Evangelium de nativitate Mariae, Kap. 1–8) gestalteter »Liber de ortu beatae Mariae et infantia Salvatoris«. Diesem in Aufbau und Inhalt vergleichbar, jedoch weitaus umfassender, komponiert V. für die Volksfrömmigkeit des 2. bis 9. Jh.s repräsentative, unter dem Aspekt der Wirkungsgeschichte und des Beliebtheitsgrades bestimmter Motive ausgewählte Texte vorrangig aus den apokryphen Evangelien des Jakobus und →Ps.-Matthäus sowie den Schriften der Kirchenväter, zu einem »Liber laudum Virginis gloriosae«. Erzählt wird das Leben Ms und ihres göttlichen Sohnes, z. B. ihre wunderbare Geburt, ihr Aufwachsen im Tempel, ihre Jungfrauenschaft, die durch die Witwer Joseph und die Geburt Jesu unverletzt bleibt, ihre Aufnahme in die Herrlichkeit Gottes. Dieses Lebensbild wird ergänzt durch Wunderbares, Undogmatisches, Erbauliches, u. a. durch zwei im MA überaus beliebte Mlegenden, die →Theophiluslegende und die in vielfältigen Fassungen überlieferte Legende vom →Jüdel (→Mirakel), einem jüdischen Jungen, der in einem Bild die GM hingebungsvoll verehrt und durch sie vor dem Feuertod gerettet wird. Gerade die Gestaltung der lit. Vorlagen, die eigenwillige Verknüpfung theol. Überlegungen mit Mvita und Mlegende, veranschaulicht die überragende Stellung der GM als Mater, Redemptrix, Mediatrix omnium gratiarum per incessabilem intercessionem, rückt ihre Person als Fürsprecherin, Helferin und Trösterin in den Mittelpunkt gläubiger Betrachtung.

War auch V.s Leistung die eines Kompilators mit didaktischer Absicht, nutzte er u. a. Quellen, die keinen soliden Grund für eine aufs Wesentliche dringende MV boten, so benannte er dennoch die großen mariol. Wahrheiten, bestätigte gerade durch die »originelle« Formgebung den notwendigen wechselseitigen Einfluß von Lehre und Frömmigkeit. Daß dieses Gesetz nirgends eine so breite Anwendung gefunden hat wie in der Mlehre und Mfrömmigkeit, dafür steht auch V.s ausführlicher Ave-Maria-Kommentar, »Expositio salutationis beatae Mariae«, nicht zuletzt eine ehrfurchtsvolle Verneigung des Dominikaners vor der »wohlwollenden Mutter« seines Ordens.

Lit.: J. B. Bourgeat, Études sur V. de B., théologien, philosoph, encyclopédiste, Paris 1856. — W. Gass, Zur Geschichte der Ethik, In: ZKG 1 (1877) 365–396; 2 (1878) 332–365. 510–536. — P. Feret, La Faculté de Théologie de Paris et ses docteurs et les plus célèbres II, Paris 1895. — L. Lieser, V. v. B. als Kompilator und Philosoph, 1928. — K. Keil, Die Meteorologie im »Speculum maius« des V. v. B., 1952. — G. Göller, V. v. B. OP (um 1194–1264) und sein Musiktraktat im Speculum doctrinale, 1959. — E. Boutaric, Examen des sources du »Speculum historiale« de V. de B., 1963. — A. L. Gabriel, V. v. B., 1967. — HLF XVIII 449–519. — DThC XV 3026–33.   *I. Böhm*

Vinzenz Ferrer, OP, hl. Bußprediger, * 23. 1. 1350 in Valencia, † 5. 4. 1419 in Vannes/Bretagne, wurde 1455 selig- und 1458 heiliggesprochen (Fest: 5. April). Er wurde 1367 in Valencia Dominikaner, studierte Phil. in Valencia, Barcelona und Lérida, Theol. und Hl. Schrift in Barcelona (1372–74), wo er u. a. eine Schrift zum Schisma verfaßte, und in Toulouse (1376–ca. 1384), wurde Lektor für Theol. in Valencia (1384–89) und 1389 Generalprediger. Unter dem Einfluß von Thomas Carnicer verfaßte er in dieser Zeit »Tractatus de vita spirituali«, der die Tradition dominikanischer Spiritualität zusammenfaßt und in Form einer Anleitung für einen fiktiven Ordensbruder diesen anweist, ein heiligmäßiges Leben zu führen, um daraus in der Predigt zu schöpfen. Die Schrift, in der ganze Kapitel aus der Vita Christi des → Ludolf v. Sachsen wörtlich übernommen sind, fand weite Verbreitung. Nach Priorat in Valencia und Lektorat an der Kathedralschule der Stadt rief ihn Benedikt XIII. nach Avignon als Magister Sacri Palatii, päpstlichen Beichtvater und Almosenier. Ab 1399 durchzog er als Prediger ganz Europa und bekehrte in seinem großen Bußeifer Tausende, auch Juden und Mauren. Im Abendländischen Schisma war V. zunächst bedingungsloser Parteigänger von Clemens VII. und Benedikt XIII. (»Tractatus de moderno schismate«), doch wandte er sich, enttäuscht über den mangelnden Unionswillen bei Benedikt XIII., zusammen mit den span. Königreichen 1416 von diesem ab und widmete sich bis zu seinem Tod nur noch der Predigt.

V.' marian. Gedankengut findet sich v. a. in seinen Predigten, die von Schülern aufgeschrieben wurden. In ihnen schöpft er aus der Schrift, der Väterlehre, Texten der Liturgie und den Werken des → Thomas v. Aquin. Gewöhnlich schließt er bei einer Predigt die Vorstellung des Themas und die Einleitung mit einem Gruß an M. Auch Ansprachen, die kein eigentliches Mthema behandeln, erhalten häufig einen marian. Einschub, hin und wieder in der Form, daß der GM bestimmte Worte in den Mund gelegt werden. V. geht stets von der GMschaft und immerwährenden Jungfräulichkeit Ms aus, die er durch Bilder erläutert, wie etwa »Pilgermantel« (der das fleischgewordene Wort zu Beginn seines Pilgerweges umhüllt), »farbiger Kristall«, der den Lichtstrahl (Sohn) voller Glut (Hl. Geist), von der Sonne (Vater) ausgehend, unverletzt aufnimmt und durchscheinen läßt (als Bild für die Jungfräulichkeit), zugleich aber dem Licht die Farbe gibt (als Bild für die hl. Menschheit Christi), »fruchtbare Erde« und »Wollvlies« (M nimmt das ewige Wort auf, wie das Erdreich den Regen, bzw. umhüllt das Wort wie ein reines Wollgewand). Er preist die Tugenden Ms und stellt sie als Vorbild christl. Lebens hin (Glaube, Gottesverehrung, Demut, Dienstbereitschaft, Ehrfurcht vor Jesus und Joseph etc.). Auch die Gnadenmittlerschaft Ms wird von V. ohne Umschweife bejaht: M ist Mittlerin zwischen Gott und den Menschen, »indem sie die Versöhnung bewirkt«, was er mit dem klassischen Parallelismus Eva (Verdammnis) — M (Erlösung) begründet sowie mit der besonderen Teilnahme Ms am Opfer Christi: »Sie erlitt mit Christus das tiefste Leid« (Sauras 23–25). Der Gedanke der Miterlösung wird ergänzt durch den der Austeilung der Gnaden, die denen gewährt wird, die M anrufen: Sie ist »Mutter der Gnade für ihre Kinder und Mutter der Barmherzigkeit für die Sünder. Wer sie anruft, kann nicht verloren gehen« (Sermons V 9). Die leibliche Aufnahme Ms in den Himmel legt V. auf den 3. Tag nach ihrem Tod, analog zur Auferstehung Christi. Das liturg. Fest der Aufnahme gilt ihm als das größte der Mfeste. In der Lehre von der UE geht V., darin Thomas v. Aquin folgend, von der Heiligung nach der Empfängnis aus (sanctificatio post animationem; vgl. Op. om. III 424 f.).

QQ: H. Fages, Procès de canonisation, Paris 1909. — A. P. Fages, Histoire de S. Vincent Ferrier, Apôtre de l'Europe, 2 Vol., Paris-Louvain ²1901. — S. Brettle, S. Vincente F. und sein lit. Nachlaß, 1924 (Lit.). — M. M. Gorce, S. Vincent Ferrier, 1924. — V. Gadulf, Vida de S. Vincente F., 1950. — M. Catherine, Angel of Jugdement. Life of Vincent Ferrier, 1954.
WW: Tractatus de vita spirituali, Valencia 1591 u. ö., zuletzt 1956 (Überss., dt. 1922). — Opera omnia, 3 Vol., Valencia 1696–95. — Opuscula ascetica, ed. P. Rousset, Paris 1901. — Tractatus de moderno Schismate, ed. A. Sorbelli, Bologna ²1905. — Oeuvres de S. Vincent Ferrier, ed. H. Fages, 2 Vol., Paris 1909. — Sermons, ed. J. Sanchis Sivera und G. Schib, 5 Vol., 1932–84. — J. M. de Garganta und V. Forcada, Biografía y escritos de S. Vincente F., 1956. — Sermons de Quaresma, ed. M. Sanchis Guarner, 2 Vol., 1973.
Lit.: M. Caldentey, La Asunción de la Virgen Maria en los escritores catalanes de la Edad Media, In: EstMar 6 (1947) 430–455, bes. 438–440. 446–455 (mit 3 Predigten). — A. Riera Estavèllas, La Doctrina Inmaculista en los orígenes de nuestras lenguas Romances, ebd. 16 (1955) 245–284, bes. 257 f. — M. García Miralles, La Orden de Predicadores en su aportación española al triunfo de la Inmaculada, ebd. 135–168, bes. 137–144. — Ders., Maria en la Sagrada Escritura, segun los Escritores Doménicos: S. Vicente F. (1350–1419), ebd. 24 (1963) 89–100. — J. Anta Jares, La predicación mariana cristiana de S. Vicente F., 1963. — E. Sauras, La Santisima Virgen en los Sermones de S. Vicente F., In: EstMar 37 (1973) 11–33. — W. Baier, Untersuchungen zu den Passionsbetrachtungen in der Vita Christi des Ludolf v. Sachsen, 1977, 121–130. — SOP I 763 ff.; II 338. 822. 987. — DThC XV 3033 ff. — BSS XII 1168–76. — Diccionario de Historia ecclesiástica de España II, 1972, 927 f. — Gran Enciclopedia de Rialp XXIII, 1975, 481 ff. — TRE XI 91 ff. — LexMA IV 395 ff. (Lit.). — Biographisch-bibliographisches Kirchenlexikon II, 1990, 20 f.   J. Grohe (W. Baier)

Vinzenz v. Paul, hl. Ordensstifter, * 24. 1. 1581 in Pouy (heute »St-Vincent-de-Paul«), † 27. 9. 1660 in Paris, wurde 1600 Priester, Pfarrer in Clichy und Châtillon-les-Dombes. 1617 begann er die caritative Tätigkeit mit der Gründung der Caritaskonferenzen, heute Vinzenz- oder Elisabethkonferenzen. Zur Missionierung der armen Landbevölkerung gründete er mit Weltpriestern 1625 die Congregatio Missionis (CM), auch Vinzentiner oder Lazaristen genannt. Für den Klerus hielt er Weiheexerzitien und Priesterkonferenzen. 1633 gründete er mit der hl. L. v. → Marillac die Kongregation der Barmherzigen Schwestern (Vinzentinerinnen) ohne Profeß und Klausur, damit sie frei für alle Werke der christl. Caritas seien. V. war Schüler von P. de → Bérulle, Freund des hl. → Franz v. Sales und gehörte in seiner geistlichen Ausrichtung zur École Française. Durch sein Organisationstalent verstand er es, die von Bérulle übernommene Christozentrik in praktisches Tun umzusetzen: »Jesus Christus anziehen«, »Instrument Jesu Christi sein«, »Lieben wir Gott — aber auf Kosten unserer Arme und im Schweiße unseres Angesichts«. Daher kommt seine ständige Forderung, Christus in den Armen zu sehen und ihm in den Armen zu dienen. V. wurde 1729 selig- und 1737 heiliggesprochen (Fest: 27. September). Seit 1885 ist er Patron aller Vereinigungen der christl. Caritas.

V. war kein systematischer Theologe, sondern ein Pragmatiker der Nächstenliebe. So gründet auch seine Mfrömmigkeit auf den allgemein festgelegten kirchlichen Lehraussagen und den marian. Tugenden, die uns die Evangelien unmittelbar erschließen. Es fehlen jedwede zeitgebundene Sonderformen: Inhalt der MV von V. sind Ms Beispiel für uns zu einer verstärkten Hinwendung zu Gott, denn die Tugenden Ms weisen auf die Vollkommenheit Gottes und die Bitte um ihre Fürsprache bei Gott, daß er auch uns begnade, wie er M begnadet hat. M, wie sie uns in den Evangelien begegnet, zeigt uns den Weg, wie wir Jesus Christus nahe kommen und ihn lieben lernen: Ohne Erbschuld empfangen im Hinblick auf ihre Aufgabe, Mutter Gottes zu werden, ist sie in ihrer Reinheit ein Vorbild, wie wir Jesus Christus aufzunehmen haben (Coste XIII 35). Wenn Jesus Christus außerhalb der Naturgesetze von einer jungfräulichen Mutter geboren werden wollte, die auch danach jungfräulich blieb, ist es für uns ein Hinweis, welchen Wert Jesus auf die Tugenden der Jungfräulichkeit und Keuschheit legt (Regeln IV § 4). Bei der Verkündigung stehen dem »Voll der Gnade« die Demut, Bescheidenheit und Dienstbereitschaft Ms gegenüber. »Siehe, ich bin die Magd des Herrn« ist Ausdruck der Bereitschaft zu handelndem Dienen, wie es im Wahlspruch der Barmherzigen Schwestern heißt: »Die Liebe Christi drängt uns«. Der Besuch Ms bei Elisabeth ist Vorbild für die Schwestern, mit der gleichen Hilfsbereitschaft die Kranken zu besuchen und ihnen beizustehen: »Bei ihren Besuchen sollen sie die Liebe und Demut Mariens vor Augen haben« (Coste I 318). M hat Jesus nicht nur geboren, sondern ihn mit offenem Herzen durch sein Leben begleitet, hörte auf ihren Sohn, nahm seine Worte auf, betrachtete und erwog sie in ihrem Herzen, nährte ihr Inneres mit den Worten Jesu und ist so Vorbild für die betrachtende und hörende Begegnung mit Jesus (Coste IX 340). Jesus war gehorsam gegen seine Mutter, ᄊ gehorchte ihrem Sohn, indem sie sein ganzes Leben teilte bis in die Passion und den Tod am Kreuze. So wurde sie zum Vorbild des Mitleidens mit den andern und der Zustimmung zum eigenen Leiden und Sterben: »Verehren wir die Zustimmung Mariens zum Willen Gottes beim Tode ihres Sohnes« (Coste VII 419).

Beim Gebet zu ᄊ geht es um V.' persönliches Gebet und um seine Ratschläge an die Missionspriester, die Barmherzigen Schwestern und die Caritaskonferenzen. Er pflegte die traditionellen Formen der Volksfrömmigkeit, den Rosenkranz, den Angelus und Wallfahrten: Der Rosenkranz sollte das Stundengebet der Barmherzigen Schwestern sein. Wenn sie in der Betrachtung nicht weiterkamen, sollten sie den Rosenkranz beten. Als Zeichen ihrer Verehrung trugen die Missionspriester und Schwestern den Rosenkranz offen an ihrem Gürtel. »Wie könnten die Töchter Gottes dieser frommen Übung untreu werden, wenn doch auch die heidnischen Türken, auf ihre Art, ihren Rosenkranz beten« (Coste X 621). Den Angelus betete V., gleich wo er war, kniend, »und sein Beispiel zwang die andern, das Gleiche zu tun« (Abelly III 62). Zum Sinn dieses Gebets sagte er den Schwestern: »Jedesmal, wenn ihr die Betglocke hört, sagt ihr Gott Dank für dieses große Geheimnis der Menschwerdung« (Coste X 570). Wallfahrten unternahm V. selber und lud auch häufig dazu ein, bes. um von Gott auf die Fürbitte der Mutter der Barmherzigkeit Hilfe in den großen Anliegen des Volkes zu erbitten.

WW: Correspondance, Entretiens, ed. P. Coste, 15 Vol., 1920–25, 1970. — Entretiens spirituels, ed. A. Dodin, 1960. — Allgemeine Regeln und Konstitutionen der Kongregation der Mission, 1992.
Lit.: L. Abelly, La vie du vén. Vincent de P., 3 Vol., Paris 1664 (zit.), letzte Ausg. ebd. 1891; dt.: 5 Bde. Regensburg 1859–60. — J. Calvet, St. Vincent de P., 1948; dt: Güte ohne Grenzen, 1950. — Manoir III 95–108. — M. Auclair, Herr Vinzenz hat das Wort, 1962, ²1978. — H. Kühner, V. v. P., ²1963. — A. Dodin, Le culte de Marie et l' expérience religieuse de M. Vincent de P., In: Cahiers Marials 68 (1969) 169–182. — A. Erb, Kreuzzug der Liebe. Leben und Werke des hl. V. v. P., 1981. — A. Dodin, St. Vincent de P. et la Charité (Maîtres spirituels 21), ⁵1983. — P. Thorer, V. v. P. und Louise v. Marillac — Gründer der Lazaristen und der Barmherzigen Schwestern, In: J. Weismayer (Hrsg.), Mönchsväter und Ordensgründer. Männer und Frauen in der Nachfolge Jesu, 1991, 261–280 (Lit.). — LThK² X 801 f. — BSS XII 1155–68 (Lit.).

N. Tix (W. Baier)

Violau, Lkr. und Diözese Augsburg, Pfarr- und Wallfahrtskirche St. Michael, Wallfahrt zur »Schmerzhaften Muttergottes«, von 1282 bis zur Säkularisation von 1803 im Besitz der Zisterzienserinnen von Oberschönenfeld. Der Name »Violau = Veilchenau« geht zurück auf den auf ᄊ bezogenen Titel »viola clementiae« und ist 1346 erstmals urkundlich erwähnt. Seit 1466 ist eine ᄊwallfahrt verbürgt; 1555 kommt der erste große »Kreuzgang« aus Augsburg mit 700 Personen, um Errettung von der Pest zu erbitten. Um 1580 wird die Kapelle vergrößert; vermutlich aus dieser Zeit stammt auch das ursprüngliche Gnadenbild (Pietà), das — während des Dreißigjährigen Krieges vergraben — 1688 durch eine Kopie ersetzt und heute noch verehrt wird. 1617–20 errichteten die Augsburger Baumeister Georg und David Hebel (Höbel) — unter dem Einfluß des Elias Holl — einen Neubau; die Umgestaltung des Innenraumes erfolgte 1751–57; die Fresken schuf Johann Georg Dieffenbrunner (im Mittelschiff: Vision des hl. Bernhard, ᄊ als Braut des Hl. Geistes, die Herzen Jesu und ᄊe in der Gnadenkelter; in den Seitenschiffen: Sieben Schmerzen ᄊe); über der Portalinnenseite stehen die Worte des hl. Bernhard: »Per te, Maria, accessum habemus ad filium«. Zahlreiche gedruckte Andachtsbildchen des 18. und 19. Jh.s sowie Votivtafeln verweisen in V. auf Gebetserhörungen. Auch heute noch ziehen ca. 70 000 Pilger jährlich nach V.

Lit.: E. Hennes, Die Wallfahrtskirche zu V., Diss., 1941. — J. Schöttl, Die Wallfahrtskirche V. Ihre Geschichte und Kunst, 1954. — G. Paula, Die Fresken Johann Georg Dieffenbrunners in der Wallfahrtskirche V., In: Mün. 37 (1984) 304 ff. — A. Lohmüller, Violau, 6/1985. — W. Pötzl, Der Landkreis Augsburg, 1989, 142 f. 192. — Dehio-Schwaben, 1989, 1026–28. — F. J. Brems, Wir sind unterwegs ..., 1992, 76. — G. Egger, Kirchenführer, 1992.

L. Lehner

Virga Jesse → Isai, → Wurzel Jesse

Virginalia, Sammlung von 44 Sonetten des 17. Jh.s. »Virginalia. Or spirituall sonnets in prayse of the most glorious virgin Marie, upon euerie seuerall title of her litanies of Loreto« wurde 1632 ohne Druckvermerk und ohne Verfasserangabe veröffentlicht; der einzige Hinweis auf die Identität des Verfassers sind die Initialen »J. B.« auf der Titelseite. Typographisch kann das Buch einer franz. Druckerei in Rouen zugeordnet werden, wo damals sehr viele Bücher für die Katholiken in England hergestellt wurden. Da die Initialen »J. B.« auch auf der Titelseite einer Reihe von Streitschriften des 17. Jh.s vorkommen, die »John Brerely« zugeschrieben werden könnten, katalogisierten Standardbibliographien die V. unter seinem Namen. Der Name »John Brerely« aber ist selbst ein Pseudonym, das nicht geklärt werden konnte. A. F. Allison beweist schlüssig, daß weder V. noch die Handschrift, worauf es basierte, »John Brerely« zugeordnet werden können. Jede Anfangszeile der V. übersetzt einen Titel der GM aus der Lauretanischen Litanei. Eine Fülle von Anmerkungen wird dem Leser dargeboten, um seine Aufmerksamkeit auf biblische Quellen oder auf die Autorität der Kirchenväter zu lenken.

Ausg.: D. M. Rogers (Hrsg.), English Recusant Literature Series VI, 1969.
Lit.: A. F. Allison, Who was John Brerely? The Identity of a Seventeenth-Century Controversionalist, In: Recusant History 16, Nr. 1 (Mai 1982) 17–41.

J. M. Blom

Virgines Capitales. Als V. wird in Mittel-, Nord- und Osteuropa eine Gruppe hll. Martyrer-Jungfrauen verehrt, denen besondere Hilfs- und Wunderkraft zugeschrieben wurde. Barbara mit dem Turm, Margaretha mit dem Wurm und Katharina mit dem Rad (im süddt.-österr. Raum als die »Drei hll. Madl« bekannt) gelten als mächtige Patroninnen in vielen Anliegen (Todesstunde, Pest, Geburtswehen) und vieler Berufe. In ihren Passionsberichten wird ihnen vor ihrem Tod die Erhörung ihrer Fürbitte von Gott zugesichert. Die drei V. zählen auch zu den 14 → Nothelfern. In bildlichen Darstellungen gehören sie zu den → Heiligen, die am häufigsten und nächsten der Madonna zugesellt sind und in ihrem Jungfrauengefolge die ersten Plätze einnehmen. Zu ihnen tritt ab dem 14. Jh. oft noch die hl. Dorothea v. Caesarea, bisweilen wird eine der vier auch durch eine der beiden im Meßkanon erwähnten hll. Jungfrauen Agnes oder Lucia ersetzt.

Allen gemeinsam ist, daß sie aus Treue zu Christus, dem himmlischen Bräutigam, ehrenvolle Anträge ablehnen und die schlimmsten, auch tödlichen Martern überstehen (Martyrer vom unzerstörbaren Leben). Bei Katharina hat sich diese Hingabe an Christus im Bild der → Mystischen Vermählung verdichtet. Auf Bildern der V. mit M stellt dieser Ringtausch häufig eine Beziehung zwischen Katharina und dem Kind in Ms Schoß her. Die V. erscheinen in der Kunst v. a. im 15. und 16. Jh., häufig auf Flügeln von Mretabeln; sie umgeben zusammen mit anderen Jungfrauen M als Virgo inter virgines im Garten sitzend (Tafel vom Meister der Lucia-Legende, Brüssel, Mus. des Beaux-Arts) oder als thronende Madonna (Gemälde von H. Holbein d. Ä., 1519, Lissabon, Mus. nac. de Arte Antiga).

Lit.: R. Benz, Legenda aurea, 1969. — LCI V 304–311; VI 89–92; VII 289–297. 494–500; VIII 573.   *F. Tschochner*

Virginis in gremio. Msequenz zweiter Epoche zur Weihnachtszeit, Siebensilber mit steigendem Schluß, drei Strophenpaare zu sieben bzw. (im letzten Paar) vier Versen. Der Lobpreis gilt dem Heilsgeschehen um Christi Geburt: In Me Schoß hat sich der Allmächtige zu menschlicher Gestalt erniedrigt und so Gottheit und Menschheit vereint: In Versen von frischem und freudigem Klang zeigt eine Reihe von Paradoxa die Einmaligkeit und Unbegreiflichkeit des Geschehens. Die Sequenz ist vermutlich in Süddeutschland entstanden und v. a. in Handschriften und Drucken des 14.–16. Jh.s überliefert. Als Melodie diente »Mundi renovatio« (Walther 11432).

Ausg.: AHMA 54, 376. — Mone II 69. — Kehrein 241.
Lit.: Chevalier 21683.   *B. Gansweidt*

Virginis in laude/ Grex fidelis plaude/ Alleluia. Sequenz der zweiten Periode aus sieben Strophen mit zweisilbigem Paarreim. Das Lob Me möge erklingen, da sie der Welt das wahre Heil zurückgebracht hat, das durch Evas Schuld verloren war: das Geheimnis der Jungfrauengeburt (Strophe 5). Am Schluß wird M direkt angeredet: sie möge jetzt dieses Lied hören, damit ihr Lob einst ewig erklinge. Der kurze, beschwingte Text erhält Qualität durch den strengen gedanklichen Aufbau und die feine sprachliche Ausarbeitung. Das »Plaude Alleluia« der 1. Strophe wird in der 7. Strophe mit »Iubilemus Alleluia« aufgegriffen, so daß der Weg der Gedanken vom irdischen Leben zur ewigen Herrlichkeit auch in der Sprache zum Ausdruck kommt. Ursprungsland ist möglicherweise England. Die Sequenz ist in zahlreichen Handschriften seit dem 12. Jh. und in einigen gedruckten Missalien überliefert.

Ausg.: AHMA 54, 403. — Kehrein 241 f.
Lit.: Chevalier 21684 und Add.; 21685 (Plebs fidelis); vgl. dazu Cl. Blume, Repertorium repertorii, Leipzig 1901; Neudr. 1971, 304. — AHMA 54, 404.   *M. Pörnbacher*

Virginis virginum cantica Mariae. Sequenz mit doppeltem Cursus (mit höherer Responsion, Da-capo-Sequenz) zu Me Verkündigung. Drei einleitende Strophenpaare entfalten das Liedmotiv. Daran schließt sich in neun Strophen, z. T. mit Worten des Hymnus → Missus sacer a supernis die betrachtende »relatio« der Verkündigung. Dieser Teil ist durchdrungen von Ausdrücken des Musizierens. Die Gestalt der Strophen wiederholt sich in einer ungewöhnlich ausführlichen und eindringlichen Bitte um Fürsprache in Kriegsnöten durch Barbareneinfälle. Die Sequenz ist am Ende des 9. oder Anfang des 10. Jh.s entstanden.

Ausg.: AHMA VII 113.
Lit.: Chevalier 21718. — Schaller-Könsgen 17307.   *G. Bernt*

Virués, Cristóbal de, * 1550 in Valencia, † 1609 ebd., hatte bei Lepanto und vor Mailand gekämpft, war aber auch lit. tätig. Berühmt wurde er durch sein Werk »El Monserrate« (Madrid 1597); Neufassung mit dem Titel »El Monserrate segundo«, Mailand 1602), ein episches Gedicht, das in der Strophenform der Oktava real die Legende des berühmten katalanischen Klosters → Monserrat erzählt: Der Eremit Garín treibt den Teufel aus der Tochter des Grafen Don Jofre aus, danach jedoch vergewaltigt er sie, tötet sie und begräbt sie. Aus Reue über sein Verbrechen beschließt er nach Rom zu gehen, um die Verzeihung des Papstes zu erbitten. Er erreicht sie nach unzähligen Wechselfällen, muß jedoch zur Buße auf den Knien ganz Europa durchqueren. Er kehrt in seine Klause zurück und wird wie ein Tier vom Grafen Don Jofre gejagt. Als man das Bild der Jungfrau von Monserrat entdeckt und ihr ein prächtiges Gotteshaus weiht, endet auch die Buße Garíns, der Don Jofre sein Verbrechen gesteht. Man exhumiert die Tochter, die man lebend vorfindet und die sich entschließt, Nonne zu werden. Das Gedicht endet mit der prophetischen Ankündigung der künftigen Herrlichkeit des Monserrat durch Garín. Diese natürlich legendäre Überlieferung geleitete unzählige Pilger auf den »hl. Berg« und wurde auch von anderen Dichtern, wie Jacinto → Verdaguer und in neuerer Zeit Josep Maria de Sagarra y de Castellarnau, gestaltet.

WW: Historia del Montserrate, Biblioteca de Autores Españoles XVII.
Lit.: F. v. Munch, V.' Leben und Werke, Jahrbuch für romanische und engl. Literatur II, 1860. — F. Rodríguez Marín, C. de V., Boletín de la R. Academia Española X, 1922. — J. Hurtado, J. de la Serna y A. González Palencia, historia de la Literatura española I, 1940, 341. — C. V. Sargent, A Study of the Dramatic Works of V., 1930. — E. Díez Echarri und J. M. Roca Franqueza, Historia de la literatura española e hispanoamericana, 1960.
L. M. Herrán

Vischel, Nikolaus, Mönch der Zisterzienserabtei Heiligenkreuz/Niederösterreich, * um 1250 wahrscheinlich in Wiener Neustadt/Niederösterreich (dort im 13. Jh. die Familie der »pisciculi« nachgewiesen), † um 1330 in Heiligenkreuz, studierte in Paris (Cod. 84, fol. 115^b), besuchte Rom (ebd. fol. 109^b), widmete sich dann in seinem Kloster der theol. und annalistischen Schriftstellerei (Scriptores rerum Austriacarum I 706) und verfaßte über ⓂⓂ »Libri XII de laudibus B.M.V.« und »Imago B.M.V.«.

V.s Mariol. ist → Albert dem Großen und dem hl. → Bernhard v. Clairvaux verpflichtet. Die UE nimmt er nicht an. Die entsprechenden Ausführungen im Heiligenkreuzer Cod. 35 sind von späterer Hand durchgestrichen mit dem Vermerk, diese seien nicht Überzeugung des Ordens. ⓂⓂ wurde von der Erbsünde im Schoße ihrer Mutter gereinigt und bei der Empfängnis Jesu von läßlichen Sünden und Begierden befreit. Dagegen bekennt er die leibliche Aufnahme ⓂⓂs in den Himmel. Es finden sich viele allegorisch genommene Stellen der Bibel und reichliche Benützung der Väter.

»Libri XII« schrieb V. auf Wunsch von Freunden unter den Zisterziensermönchen und -schwestern. Es ist ein breit angelegtes populärtheol. Werk. Darin spricht er von der Würde ⓂⓂs, vom Dienst, den sie uns erwiesen hat und erweist, so als Mittlerin der Gnaden, und den wir ihr erweisen müssen. Damit ehren wir Gott selbst. Er spricht von ihren Tugenden und Vorzügen, auch im Himmel. Diese sieht er ausgedrückt in der Natur (z. B. in Gestirnen, Bergen, Flüssen, Wegen etc. und in verschiedenen Baumarten, Pflanzen, aber auch in den Körperteilen), im sozialen Leben (ⓂⓂ als Frau, Jungfrau, Witwe, Königin etc.) und der Technik (Aquädukt, Piszine, Zisterne). Bemerkenswert ist die Lust an breiter Darstellung.

»Imago B.M.V.«. dem Prior Johannes OSA in Baden/Niederösterreich gewidmet, ist ein Predigtbuch (vgl. Cod. 84, fol. 1ra). ⓂⓂ ist Vorbild v. a. der Ordensleute, »wie Maria im Schoße der Mutter (!), so sollen die Ordensleute im Kloster geheiligt werden« (ebd. 8rb). Es ist ein Mönchsspiegel in drei Teilen: 1. ⓂⓂs Vorzüge vor allem Geschaffenen sind »Vorbild« für uns; 2. Erwählung und Sendung ⓂⓂs, ausgedrückt in ihrem Namen, zeigt ihre Tugenden; 3. Bedeutung ihrer (und unserer) Jungfräulichkeit aus dem Gruß des Engels.

WW: Continuatio des Chronikon Austriacum (1302–10), In: H. Pez, Scriptores rerum Austriacarum I, Leipzig 1721, 704–706. — Imago beatae Virginis: Bibl. Heiligenkreuz, Cod. 84, fol. 1ra–31va und Bibl. Klosterneuburg, Cod. 367, fol. 41ra–52vb; Druck: Augsburg 1477. — De incarnation verbi: Bibl. Heiligenkreuz, Cod. 84, fol. 32ra–70vb. — De sex operibus Abigail.: ebd. fol. 71rb–93ra und Klosterneuburg, Cod. 933, fol. 335rb–348ra; cf. J. B. Schneyer, Repertorium der lat. Sermones des MA IV, 1972, 387 ff. — De s. Eucharistia: Bibl. Heiligenkreuz, Cod. 84, fol. 94ra–114ra. — Tractatus contra perfidos Judaeos: ebd. fol. 115va–141vb. — Libri XII de laudibus B.M.V.: ebd. fol. 1ra–303va und Klosterneuburg, Cod. 773, fol. 102va–129ra, Inhalt: Einleitung und Prolog (Cod. 35 fol. 10ra–10vb). Liber I: De triplici salutatione et effectu salutationis (10vb–34rb). Liber II: De specialis causis, quare Mariae serviendum, ... quomodo nobis servivit in filio. ... quomodo ipsi serviendum est de corde, ... quomodo serviendum est ipsi de singulis membris et sensibus ... quomodo serviendum est ei de ore et labiis ... de proprietatibus que necessarie sunt volentibus ei servire ad beneplacitum suum. ... de festo aeternitatis, ad quod homo redit per Mariam et partum ipsius (34va–69rb). Liber III: Prerogativae XII, de privilegiis et dignitatibus (69rb–85vb). Liber IV: De virtutibus Mariae (85vb–122rb). Liber V: Commendatio Mariae a pulchritudine singulorum membrorum et sensuum et quasdam specialia de pulchritudine Christi et fidelium Mariae mystice et expositione maximorum theologorum (122rb–135vb). Liber VI: De personalibus Mariae. Mater, amica, soror etc. (135vb–148vb). Liber VII: De corporibus superioribus, per quae significatur Maria coelum (148vb–163rb). Liber VIII: De corporibus liquidis (163rb–171va). Liber IX: De corporibus inferioribus, per quae significatur Maria et primo (?) (171va: Incipit VII particula horti conclusi, in quae agit de avibus huius horti et primo ponitur quod sit nicticorax: Christum dico: 171va–182va). Liber X: Maria archa (182va–210ra). Liber XI: De munitionibus et navigiis, quae possunt significare Maria. Urbs virgo regia (210ra–230va). Liber XII: De horto concluso cui sponsa exprimatur in canticis canticorum (230va–307va). Oratio super Ave Maria.
QQ: J. Trithemius, Liber de Scriptoribus ecclesiasticis, Basel 1492, fol. 100 a. — Epitome bibliothecae Conradi Gesneri, Tiguri 1555, fol. 135 b. — Carolus v. Visch, Bibliotheca Scriptorum Sacri Ordinis Cisterciensis, Köln 1656, 250. — H. Pez, Scriptores rerum Austriacarum Lipsiae I, Leipzig 1721, 704. 706. — L. Hain, Repertorium Bibliographicum II/1, Stuttgart-Paris 1831, 487 f. — Hurter II^2 501.
Lit.: Xenia Bernardina, 3 Vol., Wien 1891, hier II/1, 135; III 82 f. — F. Watzl, Die Cistercienser von Heiligenkreuz, Graz 1898, Nr. 132. — Ders., Der Mönch Nikolaus und die Sekten seiner Zeit, Diss., Wien 1903 (Archiv Heiligenkreuz, Rub. 5 Fasc. F). — S. Grill, Kleiner Führer durch die Bibliothek des Stiftes Heiligenkreuz, 1927, 20. — Ders., N. V. von Heiligenkreuz. Ein österr. Scholastiker, In: Cistercienser-Chronik 49 (1937) 97–108 = Sonderdruck 1937. — G. M. Colosanti, La Corredenzione di Maria nel »De Laudibus B.M.V.« di Riccardo da San Lorenzo, In: Mar. 19 (1957) 335–371 (Ps.-Albert → Richard v. St. Laurentius). — H. Watzl, Heiligenkreuz, In: Ausst.-Kat., Die Zeit der frühen Habsburger, 1979, 264. — Dictionnaire des Auteurs cisterciens, ed. E. Brouette u. a., 2 Vol., 1975–77, hier I 526.
G. Hradil

Vischer, Peter d. Ä., * 1460, † 7. 1. 1529, Sohn des Hermann V. d. Ä. Die Tätigkeit dieser Nürnberger Künstlerfamilie umfaßt den Zeitraum 1453–1554. Die Gießhütte der V. war die angesehenste in Deutschland, ihre Werke sind bis Polen zu finden. Die Bronzegießer dieser Werkstatt haben eine Schlüsselstellung in der Überleitung der Spätgotik in die Renaissance, ebenso Anteil an der Scheidung des Handwerker-Technikers vom Künstler-Entwerfer. Diese Tatsache erschwert die V.-Forschung, bes. die Bewertung der künstlerischen Leistungen der einzelnen Vertreter. Wesentliche Teile der V.-Forschung tragen daher hypothetischen Charakter.

Die früheste selbständige Arbeit V.s ist der nicht ausgeführte Entwurf zum Schrein des Sebaldusgrabes in Nürnberg, eine Zeichnung von rein spätgotischem Formcharakter (1488). 1489 wurde V. Meister, erweiterte die Werkstatt und brachte sie zu großem Ansehen. Aus der V.-Werkstatt sind bes. zahlreich Grabplatten und Epitaphien hervorgegangen; ⓜdarstellungen sind eher selten.

Ein Hauptstück V.scher Jugendkunst ist der sog. Astbrecher (München, Bayer. Nat. Mus., 1490), ursprünglich als Tragfigur für das Sebaldusgrab bestimmt. Mit dieser Figur läßt V. die spätgotische Zartheit des konkav Gespitzten zurück, er steigert das Plastische zu äußerster Vehemenz und bringt das Dreidimensionale durch die ausgreifenden, den Hohlraum durchmessenden Raumbewegungen der Glieder sowie durch das begleitende Motiv des Astes zur konsequenten Darstellung.

Für 1500/01 werden V. ein Holzschnitt mit der Beweinung Christi und 7 Tafelbilder, welche die 7 Schmerzen ⓜe zeigen, zugeschrieben.

V.s Ruhm haftet aber v.a. am Sebaldusgrab in Nürnberg (1508–19), an dessen Fertigung seine Söhne Hermann und Peter entscheidend Anteil genommen hatten, so daß es eine Synthese zweier Generationen ist, die ältere aus der Geistes- und Formenwelt der Gotik herausdrängend, die jüngere in der Bildungssphäre der Gegenwart stehend und das in der Fremde Gelernte zum Nutzen des gemeinsamen Werkes anwendend. An einer Schmalseite des Grabes setzten die Söhne dem Vater ein Denkmal: es zeigt ihn mit runder Kappe, grobem Kittel und lederner Schürze, eine gedrungene, schwere Gestalt, ohne Pathos, ein Handwerker.

Die Grabtumba des Grafen Hermann VIII. von Henneberg und seiner Gemahlin Elisabeth in der Stadtkirche zu Römhild (1507/12) ist eine Variation des Ernstgrabes (1495) in Magdeburg. Sie ist moderner im Sinne der Renaissance. In der Komposition befindet sich eine Madonna mit Kind. Die Figuren an der Tumbenwand, die eine Anbetung der Könige darstellen, sind vermutlich von anderer Hand.

Ein Holzschnitt von 1519 zeigt die Hl. Familie, ein weiterer aus dem Jahr 1521 stellt die Madonna dar — beide Werke sind jedoch Zuschreibungen.

Der Auf- und Abstieg der Rotgießerfamlie V. enthält ein Stück Geschichte der dt. Skulptur und ihres Auftrags: Hermann V. d. Ä. hatte in der Mitte des 15. Jh.s in sorgsamer Handwerksarbeit kirchliches Gerät und Figuren geschaffen, Peter V. d. Ä führte die Kunst dann zur klassischen Höhe, die Söhne hatten sich zwar an der Renaissancekunst Italiens gebildet, aber die großen Aufträge waren selten geworden.

Lit.: B. Daun, P. V. und Adam Kraft, Bielefeld und Leipzig 1905. — S. Meller, P. V. d. Ä. und seine Werkstatt, 1925. — E. F. Bange, Die künstlerische Bedeutung P. V.s d. Ä., 1926. — A. Feulner und T. Müller, Geschichte der dt. Plastik, 1953. — V. Oberhammer, Die Bronzestatuen am Grabmal Maximilians I., 1955. — H. Stafski, Die V.-Werkstatt, In: ZfK 21 (1958) 1–26. — D. Wuttke, Die Handschriften — Zeugnisse über das Wirken der V., In: ZfK 22 (1959) 324–336. — F. Kämpfer, P. V., 1961.   S.-M. Mittendorf

Visintainer, Amabile Lucia, sel. Ordensstifterin, * 16. 12. 1865 in Vigolo Vattaro bei Trient, † 9. 7. 1942 in São Paulo/Brasilien, entstammte einer armen, tief rel. Familie, die 1875 nach Nova Trento bei Vigolo im Staate S. Catarina/ Brasilien auswanderte. Hierher kamen 1879 die Jesuiten. Nach der Erstkommunion beteiligte sie sich am gemeindlichen Leben und übernahm Katechismusunterricht für die Kinder, Krankenbesuche und die Reinigung der Kapelle.

1888–90 hatte V. in drei aufeinanderfolgenden Nächten einen Traum mit ⓜ, der ihrem Leben eine neue Richtung gab: In einem großen Saal eines unbewohnten Hauses erschien ihr eine sehr schöne Dame, bekleidet mit einer weißen Tunika und mit einem himmlischen Band umgürtet. Zuerst dachte V., es sei die Frau des Hauses, erfaßte aber schnell, daß es die Jungfrau von → Lourdes war. Voll Freude wollte sie sich ihr zu Füßen werfen, aber sie konnte es nicht wegen des Glanzes, der von ihrer ganzen Person ausstrahlte. Das Mädchen, das die Dame begleitete, forderte V. auf, sich zu nähern und auf die Worte zu achten, die die Dame ihr zu sagen habe, da »sie eine bestimmte Initiative zur großen Ehre Gottes« beträfen. Sie konnte nichts vernehmen und erwachte. In der folgenden Nacht hatte V. denselben Traum. ⓜ sagte zu ihr: »Es ist mein brennender Wunsch, daß Du ein Werk für das Heil meiner Töchter beginnst.« »Wie soll ich das machen, meine Mutter? Ich habe keine Mittel und fühle mich sehr arm und unwissend«, fragte V. und erwachte. In der folgenden Nacht beim dritten Traum zeigte sich ⓜ in ihrer ganzen Hoheit einer Königin und Zärtlichkeit einer Mutter: »Meine Tochter, was hast du entschieden?« »Meine Mutter, ich will Euch dienen, aber ich bin ein armes Geschöpf«, antwortete V. Darauf ⓜ: »Ich gebe Dir einen, der Dir helfen wird.« In diesem Augenblick schien es V., daß P. Marcello Rocchi SJ, der 1887 in Nova Trento angekommen war, ganz heiter auftrat und mit ⓜ redete. Nach der Unterredung wandte sich ⓜ zu V., zeigte auf den Pater und sagte zu ihr: »Das ist der, der Dir helfen wird. Später werde ich Dir auch die Töchter zeigen, die ich Dir anvertrauen werde«. V. empfing den Segen ⓜs und erwachte (nach Doroteia I 20).

In diesem Traum war die »Kongregation der kleinen Schwestern der UE« (Irmãzinhas da Imaculada Conçeião = CIIC) geboren. Am 12. 7. 1890 verließ V. mit Zustimmung ihres Vaters — die Mutter war bereits gestorben — und M. Rocchis das Elternhaus und nahm mit ihrer Freundin Virginia Nicolodi Wohnung in einer Baracke, um einer krebskranken Frau beizustehen. Im August 1895 wurde das »Werk der Madonna« vom Bischof von Curitiba approbiert. Am 7. 12. 1895 legte V. mit zwei Gefährtinnen die Religiosengelübde ab und nannte sich »Schwester Paolina vom Herzen Jesu in der Todesangst« (del Cuore Agonizzante di Gesù). 1903 zur Generalsuperiorin gewählt, mußte sie 1909 aus dem Amt ausscheiden und lebte 33 Jahre lang als einfache Schwester.

In einem weiteren Traum wurde V. 1891 von M die Sorge für die Schwachen und Elenden, bes. für die Kinder aufgetragen. Die Aussagen beim Seligsprechungsprozeß bezeugen, daß »die Madonna für sie alles war«, sie nur mit einem Lächeln über M sprach, das Rosenkranzgebet und andere Mgebete und -novenen verrichtete. P. Luigi Maria Rossi SJ, ihr Beichtvater während 26 Jahren und größter Mitarbeiter seit Anfang der Kongregation, schrieb im August 1910 während einer großen geistlichen Prüfung V.s an sie: »Und da haben Sie vergessen, daß Maria, die Unbefleckte, ganz die Ihre ist?« (Positio 346). V. hatte sich seit 1890 ganz der Immaculata geweiht und bezeugte, daß sie nichts ohne die Erlaubnis »unserer Directrice, der Madonna«, getan habe (ebd. 99). — Johannes Paul II. sprach sie am 18.10.1991 in Florianopolis selig.

Das Charisma der CIIC umfaßt die ignatianische Spiritualität, in der Jesus, bes. in der Eucharistie, und M, die ohne Erbsünde Empfangene, im Zentrum stehen, sodann die Mission als Dienen in der Kirche im Geiste der Demut, Einfachheit und des inneren Lebens, verbunden mit einem dauernden Leben in schwesterlicher Gemeinschaft. Die CIIC wirkte 1993 in Argentinien, Bolivien, Brasilien, Chile, Italien, Mosambique, Nicaragua und im Tschad mit 570 Schwestern, 20 Novizinnen, 30 Postulantinnen und mehr als 130 Aspirantinnen nach dem Grundsatz »Den Bedürftigsten dienen«.

QQ: M. Doroteia, História da Congregação, 12 Vol., Ms. im Archivio CIIC, São Paulo, 1924–43. — Positio super vita et virtutibus, 1986.
Lit.: J. L. da Costa Aguiar, Madre Paulina do Coração Agonizante de Jesus, 1942. — R. Azzi, As Irmãzinhas da Imaculada Conceição, In: Convergência 11 (1978) Nr. 113, 300–321. — C. B. Cadorin, Essere-per-gli-altri. Cronistoria di Madre Paolina de Cuor Agonizzante di Gesù. A. V. 1865–1942, 1989. — AAS 80 (1988) 1049–54; 84 (1992) 629–634. — OR (dt.) 21 (1991) Nr. 46, 9 f. *C. B. Cadorin (W. Baier)*

Vision unserer Herrin Maria (äthiopisch Rā'ya egze'tena Māryām), apokalyptische Schrift, die nach dem Bericht Ms vom Apostel Johannes niedergeschrieben worden sein soll. In ihr erzählt M, wie sie entrückt wird und in visionärer Schau sieht, wie die abgeschiedenen Seelen gerichtet werden und sich ein Engel derer bemächtigt, welche die Dreifaltigkeit und die Jungfrauschaft Ms geleugnet haben. M wird zunächst zu den hellstrahlenden Wohnungen der Seligen im himmlischen Jerusalem geleitet und dann in eine finstere Ebene zum Ort der Verdammten, die für jede schwere Sünde eine besondere Form der Bestrafung erdulden oder je nach dem Ausmaß ihres Vergehens mehr oder weniger tief in einem Feuerstrom stehen müssen. Auf die inständigen Bitten der GM hin wird den Verworfenen während des Sabbats und Sonntags eine Aussetzung ihrer Qualen gewährt. Da diese detailliert beschreibende Apokalypse nur auf äthiopisch überliefert ist und sich keine Vorlage in griech. oder einer orient. Sprache nachweisen läßt, ist anzunehmen, daß das Werk unter Benutzung älterer Höllenschilderungen und Apokalypsen aus apokryphen Schriften in Äthiopien entstanden ist. Für den Volksglauben aufschlußreich sind die schauererregenden Ausmalungen der Höllenstrafen und die Vorstellungen von der Rolle der Engel beim Gericht über die einzelne Seele. In der Hervorhebung Ms als Fürbitterin der Verdammten ist der Ursprung für den → Bund der Erbarmung zu sehen. Die Entstehungszeit dieser Apokalypse ist nicht eindeutig zu bestimmen; da jedoch bei der Beschreibung der Hölle bereits die Anhänger der Lehre Mohammeds erwähnt werden, dürfte das Werk kaum vor dem 9. Jh. abgefaßt worden sein.

Ausg. und Lit.: Apocrypha de B. Maria Virgine, ed. et interpret. M. Chaîne. III. Apocalypsis seu Visio Mariae Virginis, Romae 1909 = CSCO 39 f., Scriptores Aethiopici, tom. 22 f. — De Transitu Mariae Apocrypha Aethiopice, ed. et interpret. V. Arras. VII f. Pactum Misericordiae, 1974 = CSCO 351 f., Scriptores Aethiopici, tom. 68 f. *W. W. Müller*

Visitandinen. → Franz v. Sales gründete (mit Franziska v. → Chantal) den Schwesternorden von der »Heimsuchung Mariens« (Visitatio Mariae), in ihrer Landessprache »visitandines« genannt.

Visitatio. Festum in Visitatione BMV, Fest Me → Heimsuchung (31. Mai, 2. Juli)

»Vita beate virginis Marie et Salvatoris rhythmica« (oder »Vita Marie metrica«), lat. Mleben (→ Leben) in 8032 Reimpaarversen (Vagantenzeilen), wohl um 1230 entstanden. Auf Grund der handschriftlichen Überlieferung ist anzunehmen, daß das Werk im Südosten des dt. Sprachgebiets entstanden ist. Über den Autor ist nichts bekannt; wahrscheinlich gehörte er einem Orden an (den Benediktinern oder Zisterziensern).

Die V. ist in 4 Bücher gegliedert: Das 1. Buch (V. 1–1477) erzählt zunächst vom Leben der Eltern Ms, Joachim und Anna, von der Geburt Ms und ihrer Kindheit. Sodann wird ihr Dienst im Tempel, den sie vom 7. bis zum 15. Lebensjahr verrichtete, behandelt: Detailliert werden dabei ihre Tätigkeiten im Tempel (Handarbeiten, Schriftlesung) beschrieben und ihre Tugenden und ihre Schönheit gepriesen. Es folgt als Abschluß die Vermählung mit Joseph. — Das 2. Buch (V. 1478–3621) ist der Geschichte der Hl. Familie gewidmet: Es behandelt die Verkündigung und die Geburt Jesu, die Flucht der Hl. Familie nach Ägypten, ihren sieben Jahre dauernden Aufenthalt in Ägypten, ihre Rückkehr nach Judäa und ihr Leben in Nazareth. Angefüllt ist die Erzählung mit vielen episodenhaft aneinandergereihten Wundertaten des Jesuskindes. Abschluß des Buchs und Überleitung zum folgenden bildet ein Dialog Jesu mit M, in dem dieser sie über den Sinn seines bevorstehenden Kreuzestodes belehrt. — Das 3. Buch (V. 3622–6061) behandelt das öffentliche Auftreten Jesu, in der Hauptsache beschränkt auf seine Wundertätigkeit. Der Schwerpunkt liegt auf der Passion Christi und dem Mitleiden der GM, das in breit ausgeführten → Klagen geschildert wird. — Das 4. Buch (V. 6062–8031) besteht aus einem ersten Teil, der die Ereignisse von der Auferstehung bis zum Pfingstfest umfaßt, und einem zweiten, weit längeren Teil über die letzten Erdenjahre 𝔐s. Ausführlich werden ihre Lebensweise nach der Himmelfahrt Christi, ihre Wundertaten und ihre Mitwirkung bei der Ausbreitung des christl. Glaubens beschrieben; den Schluß bildet die Erzählung von ihrem Tod, dem Begräbnis durch die Apostel und der Assumptio, die als festlicher Empfang durch die neun Engelchöre, die Patriarchen und Propheten sowie die Trinität dargestellt wird.

Jedem der vier Bücher ist ein Prolog vorangestellt; ein dreiteiliger Epilog schließt das Werk ab. Die V. ist unterteilt in zahlreiche, oft sehr kurze, jeweils mit eigenen Überschriften versehene Kapitel. Der Verstext wird in den meisten Handschriften von teilweise umfangreichen Randglossen in Prosa umrahmt. Die Glossen, die in Vögtlins Ausgabe fehlen, jedoch in ihrem Grundbestand sicher zum Originaltext gehören, bieten Autorenangaben (zu jedem Kapitel), Wort- und Sacherklärungen sowie nähere Erläuterungen zu den verwendeten Quellen.

Der Verfasser der V., der sein Werk als »compilatio« (V. 7975) bezeichnet, hat nach eigener Angabe eine Vielzahl von Quellen benutzt. Als Hauptquellen nennt er (V. 1–14) die kurz zuvor ins Lat. übersetzten Schriften dreier griech. Autoren zum Leben 𝔐s: »Epyphanius« (»Salamine Pontifex Cypri civitatis«), »Ignatius« (Schüler des Evangelisten Johannes, ein Ps.-Ignatius v. Antiochien) und Johannes v. Damaskos. Neben diesen habe er auch die Evangelien (»ex evangeliis plurima collegi«) und eine größere Zahl von Werken bekannter Autoren »de virgine scribentes« herangezogen (V. 23–32).

Nach den Untersuchungen von Mlinarič bildete das 𝔐leben des Epiphanius (griech. Text: PG 120, 186–216, zu zwei lat. Übersetzungen vgl. Päpke, 26 f., Anm. 4), bei dem es sich nicht um → Epiphanius v. Salamis, sondern um einen gleichnamigen Mönch aus Konstantinopel vom Anfang des 9. Jh.s handelt, den Grundstock der Darstellung. V. a. jedoch schöpfte der Autor seinen Stoff aus den ntl. Apokryphen oder von diesen abhängigen Schriften: dem → Ps.-Matthäus, dem Thomas-Evangelium, dem »Evangelium Nicodemi« und verschiedenen Fassungen des → »Liber de transitu Mariae«. Auf die kanonischen Evangelien griff er in breiterem Umfang nur in Buch 3 zurück. An weiteren Quellen (die er wohl teilweise nur aus zweiter Hand kannte) benutzte er sowohl Werke spätantiker Autoren, wie → Hieronymus, → Augustinus und → Ambrosius, als auch Schriften hochma. Verfasser, wie das »Speculum ecclesie« des → Honorius Augustodunensis und die »Historia Scholastica« des → Petrus Comestor. Daneben zog er auch einen mhd. Verstext als Vorlage heran: die »Kindheit Jesu« → Konrads v. Fußesbrunnen.

In den Prologen und im Epilog versucht der Dichter, den Wert seiner wichtigsten Quellengruppe, der Apokryphen, zu verteidigen. Er sieht in ihnen v. a. eine stoffliche Ergänzung der kanonischen Evangelien, die zu den Kindheitsjahren Jesu oder gar dem Leben 𝔐s nur wenig berichten. So sei es z. B. undenkbar, daß Jesus vor seinem 30. Lebensjahr keine Wunder vollbracht hätte. Auch wenn eine Schrift als apokryph bezeichnet werde, könne sie Wahres und für den Glauben Förderliches enthalten, zumal wenn sie von bekannten Autoritäten stamme. Der Verfasser der V. gibt deshalb zu jedem Kapitel immer die Autoritäten an, diese seien die »verissimi doctores« (V. 36) seines Gedichtes; er selber wolle nicht darüber entscheiden, ob etwas wahr oder falsch sei, sondern überlasse dem Leser die Beurteilung. Er empfiehlt sein Werk v. a. den »viri litterati«, die es korrigieren (oder gar vernichten) sollten, falls es etwas Falsches enthalte.

Sein vorrangiges Ziel ist es, das Lob 𝔐s und ihres Sohnes zu verkünden: »Sed tantum per poeticum modum decantare laudes volo virginis et Jesum collaudare« (V. 45 f., vgl. 8002–05). Die Dichtung ist durchsetzt von hymnischen Abschnitten, die dem Lobpreis Jesu und 𝔐s gewidmet sind; der ausführlichste 𝔐preis findet sich beim Empfang 𝔐s durch die neun Engelchöre (V. 7498–7771), von denen jeder eine Tugend 𝔐s rühmt (»humilitas, castitas, discretio, obedientia, patientia, misericordia, sapientia, fides, caritas«). Bes. breiten Raum gewährt der Verfasser den Schilderungen des vorbildlichen tugendhaften Lebenswandels 𝔐s und ihres Sohnes; in allen Details beschreibt er die äußere Gestalt und die Schönheit der beiden.

Die V. ist zwar eine Kombination von 𝔐- und Jesusleben, der Schwerpunkt liegt jedoch auf der Biographie 𝔐s. Das Leben Jesu wird bis zu seinem 12. Lebensjahr ausführlich beschrieben; die Phase seines Lebens, in der 𝔐 keine Rolle spielt, nämlich sein öffentliches Wirken, wird dagegen stark abgekürzt, seine Predigttätigkeit ganz ausgeklammert. Auch in den Teilen der Erzählung, in denen Jesus im Mittelpunkt steht, wird 𝔐 immer wieder in das Geschehen mit einbezogen: So wird die Passion Christi zum großen Teil aus der Sicht der mitleidenden GM beschrieben; ausdrücklich wird betont, daß Jesus nach seiner Auferstehung zuerst 𝔐 erschienen ist.

Das 𝔐bild, das der V. zu Grunde liegt, ist v. a. das der jungfräulichen Gottesgebärerin: Schon den Eltern 𝔐s wird verkündet, daß ihre Tochter den Erlöser der Menschen gebären werde; im 2. Buch wird wiederholt die Jungfräulichkeit 𝔐s vor und nach der Geburt thematisiert. 𝔐 erscheint als Mithelferin beim Erlösungswerk ihres Sohnes, über das dieser sie genauestens in einem ausführlichen Gespräch vor seinem öffentlichen Auftreten unterrichtet

(V. 3450–3621). Zur Frage der UE nimmt der Verfasser eindeutig Stellung: In Übereinstimmung mit der vorherrschenden Lehrmeinung seiner Zeit, wie sie etwa von → Bernhard v. Clairvaux vertreten wurde, erklärt er, daß ⋈ im Leib ihrer Mutter durch den Hl. Geist gereinigt wurde (V. 383–394). Der gesamte Schlußteil des Werks dient der Propagierung der leiblichen Aufnahme ⋈s in den Himmel.

Der große Erfolg, den die V. hatte, läßt sich an der umfangreichen Überlieferung ablesen: Inzwischen sind ca. 60 meist vollständige Handschriften und 16 Exzerpte bekannt. Der Schwerpunkt der Überlieferung liegt im südddt. Raum. Nachweislich wurde die Dichtung zur Tischlektüre in Klöstern gebraucht. Sie fand aber auch im Schulunterricht Verwendung; so ließ der Bamberger Schulrektor Hugo v. Trimberg (Ende 13. Jh.) die V. abschreiben und fügte ihr am Schluß noch 61 eigene Zusatzverse an, die eine Verteidigung der Assumptio unter Berufung auf Bernhard v. Clairvaux enthalten. Noch im 13. Jh. entstand auch eine Kurzfassung in Prosa.

Die V. übte einen enormen Einfluß auf die dt. geistliche Dichtung des MA aus: Neben den drei vollständigen Übertragungen in mhd. Verse durch → Walther v. Rheinau, → Philipp v. Seitz und den Schweizer → Wernher, von denen die freie Übertragung Philipps weiteste Verbreitung fand, sowie einer Versbearbeitung einer verbrannten Straßburger Handschrift gibt es noch eine weitere, aus dem mittelrheinischen Sprachgebiet stammende Fassung des 14. Jh.s, die jedoch nur fragmentarisch erhalten ist; wahrscheinlich handelte es sich bei dieser Dichtung nur um eine Auswahlübersetzung, da sich in dem erhaltenen Bruchstück an einen Abschnitt über ⋈s Alter gleich die Schilderung ihres Aufstiegs durch die Engelchöre anschließt, die Erzählung von ⋈s Tod und Begräbnis also vollständig übergangen ist. — Einzelne Stücke der V. wurden in verschiedenen anderen Verswerken benutzt: Teil II des »Grazer Marienlebens« ist eine Übertragung der Verse 3450–3621 (»Soliloquium quod habuit Jesus cum Maria matre sua«). Die gleiche Partie liegt auch einer Dichtung (427 V.) des Andreas Kurzmann (Anfang 15. Jh.) zu Grunde. Die Verse 1599–1878 von Heinrichs v. Neustadt »Gottes Zukunft« basieren auf den Versen 1908–2045 der V. (Wunderzeichen bei der Geburt Jesu). In zwei Gedichten zur Himmelfahrt ⋈s (einem Meisterlied in Regenbogens Langem Ton und einer Darstellung innerhalb des niederdt. »Hartebok«) wurden die entsprechenden Abschnitte der V. frei bearbeitet.

Auch in dt. Prosa erfuhr die V. eine breite Rezeption: Bereits zu Beginn des 14. Jh.s übersetzte der Autor des »Klosterneuburger Evangelienwerks« Teile aus ihr, v. a. die ⋈klagen. Im 15. Jh. diente sie, zumeist zusammen mit weiteren Werken, einer größeren Anzahl von Prosa-⋈leben als Quelle; von diesen basiert nur das (südbair.) ⋈leben einer Kopenhagener Handschrift auf der V. als einziger Quelle. Indirekt wirkte die V. außerdem noch durch mehrere Prosaauflösungen von Philipps »Marienleben«. Häufig wurden einzelne Teile der V. separat übersetzt, v. a. die »Regula beate virginis« (V. 6612–6741); in einer wohl aus dem Umkreis der Devotio moderna stammenden Übersetzung der »Regula« (Düsseldorf, Universitätsbibl., Cod. C 25) wird die Lebensweise ⋈s nach der Himmelfahrt ihres Sohnes allen Ordensleuten als Vorbild empfohlen: »sonderlinge die begeuen menschen als kertuser ende voirt alle ander geordende menschen die sullen dit leuen ansien ende marien ende oir regule ende orden auerdencken«.

Die V. war für die dt. Lit. des 13. bis 15. Jh.s die sicherlich wichtigste Stoffquelle zum Leben ⋈s und dürfte auch einen beträchtlichen Einfluß auf die Darstellung ⋈s und der Hl. Familie in der bildenden Kunst ausgeübt haben. Außerhalb des deutschsprachigen Raums hat sie dagegen kaum gewirkt: Die ⋈leben der romanischen (→ Leben, 2.) und engl. (→ Apokryphen, II.2.) Lit. des MA scheinen allesamt auf anderen Quellen zu basieren. Lediglich in der irischen Lit. wurde die V. rezipiert. Eine altirische Übersetzung der gesamten V. hat sich in zwei Handschriften erhalten, daneben gab es auch Übertragungen von einzelnen Kapiteln der V., u. a. — wie im Deutschen — des »Soliloquium« und der »Regula« ⋈e.

Ausg.: Vita beate virginis Marie et Salvatoris rhythmica, hrsg. von A. Vögtlin, 1888 (sehr fehlerhaft). — Korrekturen und Ergänzungen (mit den in Vögtlins Ausgabe fehlenden Randglossen und Autorenangaben): M. Päpke, Das Marienleben des Schweizers Wernher. Mit Nachträgen zu Vögtlins Ausgabe der Vita Marie Rhythmica, 1913, 119–170. — Abdruck einer Kurzfassung der V. in Prosa: Narrationes in vita et conversatione beatae Mariae virginis et de pueritia et adolescentia Salvatoris, hrsg. von O. Schade, 1870.

Lit.: F. Gündel, Mittelrheinisches Marienleben, In: ZfdA 68 (1931) 233–243. — E. Schröder, Von der Vita B. Mariae rhythmica, ebd., 243–248. — K. Langosch, Das »Registrum Multorum Auctorum« des Hugo v. Trimberg. Untersuchungen und kommentierte Textausgabe, 1942, Nachdr. 1969, 259–268. — A. Masser, Bibel, Apokryphen und Legenden. Geburt und Kindheit Jesu in der rel. Epik des dt. MA, 1969, 24–28. 47–57. — R. van den Broek, A Latin Diatessaron in the »Vita beate virginis Marie et Salvatoris rhythmica«, In: NTS 21 (1975) 109–132. — M. McNamara, The Apocrypha in the Irish Church, 1975, 122–125. — J. Mlinarič, Latinski epos »Vita Marie metrica«. Tekstnokritična-historiografska in literarna analiza, Diss. masch., 1977. — H. Hilg, Das »Marienleben« des Heinrich v. St. Gallen. Text und Untersuchung (mit Verzeichnis dt. sprachiger Prosamarienleben bis etwa 1520), 1981, 395–407. — K. Gärtner, Philipp v. Seitz: Marienleben, In: ACar 83,2 (1981) 117–129. — Ders., Regulierter Tageslauf im »Marienleben« Philipps v. Seitz, ebd. 113,1 (1984) 47–60. — J. Mlinarič, Das Epos »Vita Mariae metrica« als Unterlage für das Marienlied des Karthäusers Philipp v. Seitz, ebd. 116,2 (1988) 29–39. — VL[1] IV 710–713. — VL[2] III 843; IV 280 f. 1253; V 470. 1273–75. — DSp XVI 1025–29. — LL XII 41–43. *W. J. Hoffmann*

Viterbo, exemtes Bistum und Stadt ca. 80 km nördlich von Rom, im MA Residenz der Päpste. Die Mauern des 12. Jh.s umfassen den Dom S. Lorenzo, die im 12. Jh. erbaute, im 18./19. Jh. verwüstete und 1906–14 wiederhergestellte Kirche S. Maria Nuova, die Kirche S. Maria della

Salute (12. Jh.) sowie die Kirche S. Maria della Verità, die im 12. Jh. von den Prämonstratensern errichtet, 1912 als Museum umgestaltet, im Zweiten Weltkrieg zerstört und nach ihrer Wiedererrichtung dem Gottesdienst zurückgegeben wurde. Sie birgt ein Fresko der M lactans (14. Jh.) sowie (in der Cappella Mazzatosta) fünf Szenen aus dem Mleben (Verkündigung, Darstellung, Verlobung Me, Geburt Christi, M in der Glorie) von Lorenzo da Viterbo (1469).

3 km östlich der Stadt liegt das Heiligtum der Madonna della Quercia, das seinen Namen von einem an einer Eiche befestigten, 1417 von Monetto gemalten Mbild herleitet. Ursprünglich sollte das Bild an der Eiche nur den Weinberg des Besitzers schützen; als aber 1467 ein von Feinden Verfolgter hier wunderbare Rettung gefunden hatte, erlangten im gleichen Jahr auch die Bewohner Sienas beim Erdbeben sowie die Bewohner V.s bei der Pest Hilfe von der Madonna della Quercia. So wurde über dem Eichenstamm mit dem Bild zunächst eine Kapelle und 1468 die heute noch bestehende dreischiffige Kirche mit Campanile errichtet; die Tonplastiken über den Eingängen stammen von Andrea della Robbia, die Kassettendecke von Antonio da Sangallo d. J. (1518–25), die Madonna in der Apsiswölbung von Monaldo da Viterbo (1519) und das prächtige Marmorgehäuse über dem Eichenstamm von Andrea Bregno (1490); 1469 schloß Paul II. einen Dominikanerkonvent an die Kirche an. Bereits 1481 schreibt Sixtus IV. von der Madonna della Quercia, sie wirke Tag für Tag unzählige Wunder, wie er mit eigenen Augen gesehen habe. Auch andere Päpste haben dieses Heiligtum besucht, so Alexander VI. (1493), Julius II. (1505), Leo X. (1519), Pius V. (1571) und Paul III. (1544), der dem von ihm gestifteten Lilienorden außer den Farnese-Lilien auch die Madonna della Quercia beigab.

Bei der Bombardierung am 20. 1. 1944 blieb die Kirche verschont; im Winter 1948/49 zog die Madonna della Quercia durch alle Pfarreien der Diözesen Viterbo und Tuscania und wurde bei seiner Rückkehr von ca. 30 000 Menschen begrüßt.

Lit.: A. Nelli da Viterbo, Origine e miracoli della Madonna della Quercia, Viterbo 1611. — A. Borzacchi, Historia della Vergine della Quercia, Venezia 1696. — F. Bussi, Storia di V., Roma 1749. — C. Pinzi, Memorie e documenti inediti della Basilica di S. Maria della Quercia, Roma 1890. — S. Bagnaia, Il Santuario della Madonna della Quercia, 1952. — D. Marcucci, Santuari Mariani d'Italia, 1982, 40. *C. Henze*

Vivanco, Luis Felipe, * 22. 8. 1907 in San Lorenzo del Escorial, † 1975 in Madrid, span. Dichter der Nachbürgerkriegszeit. Von Beruf Architekt, hinterließ er verschiedene Gedichtbände, neben einer hervorragenden »Introducción a la poesía contemporánea« (1957). Als Angehöriger der sog. »gespaltenen Generation« bildete er zusammen mit Leopoldo → Panero († 1962) und Luis → Rosales († 1992) jene Gruppe, die nach dem Bürgerkrieg 1936–39 der rel. Dichtung neue Impulse gab. Im Unterschied zur rel. Desinteressiertheit der 27er Generation (eine Ausnahme bildete der zeit seines lit. Lebens tief rel. Gerardo → Diego, 1896–1987) tritt mit der erwähnten Gruppe eine äußerst relevante rel. Dichtung wieder in den Vordergrund. Nach den »Cantos de primavera« (1935) veröffentlichte V. 1940 »Tiempo de Dolor«, das seine innigste Mlyrik enthält. In freien Versen nach der Art Claudels oder in der klassischen Odenform der span. Lira besingt er das Geheimnis Ms, von seiner Vorgeschichte im AT bis zum Eintritt Ms in die Heilsgeschichte, und konkret in der schmerzvollen Jetztzeit, die der Dichter selbst erleben mußte. Obwohl seine Dichtung neue Orientierungen, auch avantgardistische, entwickelte, schrieb er Gedichte von unterschwelliger Religiosität, wie »Continuación de la vida« (1949), »El descampado« (1957) und schließlich »Lecciones para el hijo«, ein Dichtwerk, das nach Emilio del Río »das vielleicht am anspruchsvollsten geplante und verwirklichte Werk Vivancos« ist.

WW: A. Valbuena Prat, Antología de poesía religiosa, 1949. — E. del Rio (Hrsg.), Antología de la poesía católica del siglo XX, 1964. — Antología poética, intr. de J. M. Valverde, 1976. *L. M. Herrán*

Vivarini, ital. Malerfamilie und Hauptmeister der sog. Schule von Murano.

1. Antonio da Murano, * um 1418 in Murano/Venedig, † vor 1484 oder nach 1491 ebd., Begründer der Schule von Murano, der den Herkunftsort der Familie als Namen annahm. Seine Ausbildung erhielt er im spätgotischen Kunstklima Venedigs, wo er u. a. unter dem Einfluß Gentile da Fabrianos und eventuell auch Masolinos stand. Seine ersten eigenständigen Werke stammen aus den frühen vierziger Jahren und bedienten das nähere Umfeld Venedigs. Gegen 1444 begann eine Werkstattgemeinschaft mit seinem Schwager Giovanni d'Alemagna, die hauptsächlich in Venedig tätig war. 1447–50 führte ein Auftrag beide nach Padua, wo sie neben Mantegna und Pizzolo Fresken für die Eremitanikirche fertigten. Ab 1450 trat in der Werkstatt an die Stelle des Schwagers der Bruder Bartolomeo.

Ausgehend vom dekorativ verfeinerten Stil der Zeit um 1400 kommt Antonio zu einer Vereinfachung durch die Übernahme frührenaissancehafter Raumkomposition. Seine Figuren werden plastischer, wirken aber relativ starr. Die sehr realistisch gezeichneten Typen bringen in die Szenen eine gewisse Empfindsamkeit, die seine Kunst zusammen mit den Bellinis zu einer venezianischen Parallele der Florentiner Frührenaissance werden läßt.

Antonio hat hauptsächlich Altäre gearbeitet, von denen viele erhalten sind. Auch einige Fresken (Padua, S. Marco) stammen von ihm. An Mthemen schuf er zumeist altargebundene repräsentative Mutter-Kind-Darstellungen, szenische Bilder wurden nur wenige geschaffen.

Antonio Vivarini, Thronende Muttergottes (Ausschnitt), 1446, Venedig, Accademia

Das früheste Beispiel bildet das Polyptychon von Parenzo (Basilika Eufrasiana, 1440). ⓜ thront hier unterhalb des halbfigurigen Schmerzensmannes auf einer Steinnische. Das Kind ergreift mit seiner Linken die von ⓜ zugereichte Birne. Beim ein Jahr später entstandenen Triptychon von S. Gerolamo (Wien, Kunsthist. Mus.) blickt ⓜ auf das Christuskind, das kräftig gebaut vor ihr auf dem Bildrahmen steht und fest an ihren Hals greift.

Das in der städt. Galerie von Città di Castello befindliche Thronbild (1443/46) zeigt die Throngruppe feierlich aufgebaut und mit prallen Formen vorgetragen. Das Triptychon von Venedig (Accademia, 1446) bindet die hoch offizielle Hofszenerie in einem die Einzelbilder übergreifenden kirchlichen Architekturrahmen zusammen, der in seiner Steifheit etwas mit der weicheren Faltengebung und dem intensiveren Sentiment der Thronfiguren zuwiderläuft.

Das Polyptychon in Mailand (Brera, um 1448) bringt einen Rückgriff auf das eher distanzierte Madonnenkonzept vom Anfang der 40er Jahre. Die sich hier bereits andeutende innigere Empfindsamkeit findet im Polyptychon von Arbe (Kloster S. Eufemia, 1458) ihren Abschluß. Nach dieser Arbeit sind keine Bilder mit ⓜ von Antonio mehr überliefert.

2. *Bartolomeo*, * um 1430 in Murano, † nach 1490 ebd., Bruder des Antonio, der ab 1448 mit eigenständigen Werken faßbar ist. 1450 begann die Werkstattgemeinschaft mit dem Bruder, die in wechselnder Intensität der Bindung bis in die 70er Jahre dauerte. Ab 1454 finden sich daneben auch selbständig signierte Arbeiten, die stilistisch deutlich von Antonio zu unterscheiden

sind. Das gemeinsame Atelier belieferte neben Venedigs Kirchen auch das weitere Umfeld (Mailand, Bologna, Padua, Parenzo) mit Altären, ab 1470 beschränkte sich Bartolomeo aber wieder hautpsächlich auf die Lagunenstadt.

Als fruchtbarstes Mitglied der Familie bringt es Bartolomeo in seinen Gestaltungen gegenüber seinen Brüdern zu intimeren Aussagen, die die neuen Frührenaissanceformen sicherer handhaben. Die Werke sind plastisch gebaut und geben scharfe, manchmal krasse Konturen, die bei kräftiger Farbigkeit frei von spätgotischen Formen werden. Ab den 70er Jahren zeigt sich in der prächtigeren und detailgetreueren Farbauffassung die Rückwirkung Bellinischer Kunst, die allerdings nach 1482 in der Werkstattroutine ermattet.

In seinem Gesamtwerk findet sich eine Vielzahl von Altären und ᛘandachtsbildern, von denen die halbfigurige Darstellung mit dem Kind auf dem Kissen stehend in St. Louis zu den frühesten gehört (City Art Mus., 1450/55). ᛘ wendet sich dem Knaben zu, der seine linke Hand leicht an die Wange ᛘs legt. Ähnlich intim drücken die beiden Figuren ihre Köpfe aneinander im Londoner Bild von etwa 1455/60 (Westminster Abbey). Hinter einer üppig mit Renaissancemustern verzierten architektonischen Pilasterstellung steht ᛘ mit ihrem Kind vor einer weiten oberital. Landschaft.

Die in die mittleren 60er Jahre gehörenden Thronbilder in Bologna (Musei Davia Bargellini), Bari (Castello Svevo) und Sands Points/Long Island (Sammlung Rabinowitz) zeigen überdeutlich den Einfluß des Bruders Antonio, der hier pinselführend war. Einen Kompromiß stellt in dieser Hinsicht das Polyptychon in Venedig dar (Accademia, 1464).

Sowohl die Krönung ᛘe (New Orleans, Isaac Delgado Mus. of Art, 1460/70) als auch das Thronbild mit vier Heiligen in Neapel (Galleria Nazionale, 1465) lassen wieder den Vorrang Bartolomeos erkennen. Die feine Gesichtsbildung, der zarte Ausdruck und die ausgewogene Körperhaltung machen die beiden Werke zu den technisch besten im Oeuvre.

Die Arbeiten in Rom (Galleria Colonna, 1471), New York (Met. Mus., 1472) oder Sassari (Museo Sanna, 1473) gehören schon in die Klasse, in der der Einfluß Bellinis unübersehbar wird. Von metallischer Klarheit in den Farben und aristokratischer Haltung geprägt präsentiert sich die Mutter-Kind-Gruppe distanzierter als vorher (Rom, New York) oder verliert durch diese »ikonenhafte« Darstellung, auch bei intimerer Zuwendung der beiden Figuren, den näheren Kontakt zum Betrachter (Sassari; vergleichbar Cambridge/Mass., Harvard University, Fogg Mus. of Art).

Dieser Einfluß verstärkt sich noch, bes. bei den großen repräsentativen Altarbildern der Sacra Conversazione (Venedig, S. Giovanni in Bragora, 1478). Die Throngruppe wie auch die umstehenden Heiligen werden in der Figurenzeichnung härter, so als wolle der Künstler den Eindruck von Skulpturen erwecken. Gleiches gilt für die Madonna-Kind-Darstellungen ab den 80er Jahren, in denen gänzlich jegliche Intimität zwischen den beiden Personen zugunsten der kühl plastischen Wohlgefälligkeit weicht (Philadelphia, Johnson Art Collection, um 1480; Venedig, Frari-Kirche, 1482; Bergamo, Accademia Carrara, 1486; u. a.).

Den Abschluß bilden Routinearbeiten der Werkstatt, die nach gängigem Schema (ᛘ hinter einer Steinbank stehend, das Kind daraufsitzend oder -stehend) die Figuren nur mehr zusammenstellen, ohne daß der jeweilige Körperkontakt eine engere Beziehung erläutern könnte.

3. *Alvise* (Luigi), * 1445/46 in Venedig, † zwischen 6.9.1503 und 14.11.1505 ebd., Sohn des Antonio, der neben der Muraner Tradition bes. der malerischen Erneuerung Antonello da Messinas folgte. Seine Ausbildung erhielt Alvise in der Werkstatt des Onkels Bartolomeo und arbeitete zunächst auch in Venedig selbständig. 1483/85 ist er in Südtalien nachweisbar, ab 1487 findet man ihn wieder in Venedig, wo er bis zu seinem Tod bleibt. Die Stadt war auch sein hauptsächliches Betätigungsfeld.

Anfänglich folgt Alvise dem harten körperplastischen Stil Mantegnas und Bartolomeos, bevor er sich gegen 1480 zu zarteren Gestalten und tieferer Vergeistigung wandelt. Die ab da dominierenden ausgewogenen und ruhigen Formen werden von einer locker gestalteten Helldunkelmodellierung bei reiner Farbigkeit aufgebaut, die das manchmal Mühsame der Komposition vergessen macht. Die in der Spätzeit gelegentlich auftretenden Versuche eine weichere Auffassung in Form und Farbe einzusetzen weichen letztlich jedoch wieder einer hart geschlossenen Plastik, die in Venedig der Zeit vielfach kopiert wurde.

Alvise malte Porträts, Andachtsbilder und einige Altäre, hat aber auch in der Freskotechnik bei Kirchenausstattungen gearbeitet. Das früheste faßbare ᛘbild befindet sich auf dem Polyptychon in Urbino (Galleria Nazionale, 1476), das Auswirkungen seiner Ausbildungssituation bei Bartolomeo und dessen Bellinischer Phase dieser Zeit wiederspiegelt. ᛘ thront hier auf einem Steinsitz mit hinter ihr hochgespanntem Brokatstoff und betet das auf ihrem Schoß schlafende Kind an. Bei klarer Zeichnung und angedeuteter intimer Zuwendung scheint die ganze Szenerie einem aristokratischen Umfeld entsprungen, die eine gewisse kühle Distanz aufbaut (vergleichbar die Sacra Conversazione in Venedig, Accademia, 1480). Entsprechendes läßt sich auch von den reinen Mutter-Kind-Gruppen dieses Jahrzehnts sagen (u. a. London, Privatbesitz, 1478/80).

Ab 1483 taucht bei den Madonnen eine neue Gefühlstiefe auf, die den trocken gewordenen Stil der Bellinischule überwindet. Die thronende GM mit Kind in Barletta (S. Andrea, 1483) weist zwar das Schema des Steinsitzes mit dem hinter ℳ hochgespannten Tuch auf, das der Darstellung von vorneherein ein steiferes Aussehen gibt, doch entwickelt Alvise in den Gesichtern einen innigen Ausdruck der Sympathie. Im etwa zeitgleichen Londoner Bild der halbfigurigen Madonna mit Kind hinter einer Balustrade und einem eingefügten Fensterausschnitt mit weitem Ausblick hält ℳ das Kind in beiden Armen schräg vor sich und neigt liebevoll den Kopf (Nat. Gallery).

Ab den späten 80er Jahren macht sich eine Verhärtung in den Darstellungsmitteln bemerkbar, die vergleichbar der Entwicklung Bartolomeos einen Ausdrucksverlust bedeutet (Baltimore, Walters Art Gallery, 1488/90). Die Zeichnung wird härter, der Bildaufbau wieder schematischer und v. a. die Blicke unbeteiligter als vorher (Venedig, S. Giovanni in Bragora, 1488/90).

Kurz vor der Jh.wende übernimmt Alvise dann einen neuen Madonnentyp. ℳ wird jetzt eine fülligere Italienerin, die matronenhaft auf ihrem Steinthron ruht (Sacra Conversazione, Berlin, Gemäldegalerie, 1499) oder mütterlich fürsorglich auf das Kind achtet (Madonna mit Kind und drei Heiligen, Amiens, Musée de Picardie, 1500).

Die letzten ℳbilder versuchen eine Vermittlung zwischen beiden Extremen der Hochrenaissance. Die wohlgenährte ℳ im Werk von Verona (Museo di Castelvecchio, um 1500) scheint eine schlankere Version der Berliner Arbeit zu sein. Die Madonna mit auf ihrem Schoß schlafenden Kind und musizierenden Engeln auf der Balustrade vor ihr in Venedig (Redentore, um 1500, verloren) kommt von der anderen Seite her und läßt ein letztes Mal einen Anflug mütterlicher Zuwendung in einem repräsentativen Umfeld aufscheinen.

Lit.: G. Singaglia, De V. Pittori da Murano, Bergamo 1905. — A. Venturi, Storia dell'arte italiana VI, La pittura del Quattrocento, Mailand 1911–15. — R. Longhi, Viatico per cinque secoli di pittura veneziana, 1946. — V. Moschini, I V., 1946. — L. Coletti, Pittura veneta del Quattrocento, 1953. — C. Gilbert, A. e compagni, 1956. — B. Berenson, Italian Pictures of the Renaissance, [4]1957. — R. Palluccini, I V., 1962. — F. d'Arcais, Antonio V., 1966. — J. Steer, Alvise V. His art and influence, 1982.

N. Schmuck

Vlies Gideons → Gideon

Vogel (Vogl), Cajetan, OSM, böhmischer Komponist und Chordirigent, * 27. 12. 1747 in Konojedy, † 27. 8. 1794 in Prag, erhielt seinen ersten Musikunterricht an der Schule seines Geburtsortes. Ab 1763 besuchte er das Jesuitengymnasium in Breslau, wo er auch als Sänger (Altist) und Organist tätig war. Er war Schüler des Violinisten Franz Anton Ernst und des Komponisten Franz Johann Habermann. V. trat am 30. 4. 1768 in das zur böhmischen Servitenprovinz gehörende Kloster zur »Hl. Jungfrau von Loreto« in Jaroměřice ein und legte dort am 30. 4. 1769 seine Profeß ab. Anschließend studierte er Phil. und Theol. in Prag und wurde dort am 21. 9. 1771 zum Priester geweiht. 1774–86 wirkte er als Regens Chori an der Servitenkirche in der Prager Altstadt, zu deren Konvent er gehörte. Nach der Aufhebung des Klosters unter Joseph II. im Jahre 1786 bis zu seinem Tode war er »Deutscher Prediger« an der Dreifaltigkeitskirche in der Prager Neustadt.

Von seinen Instrumentalwerken ist der größte Teil verschollen. Die derzeit bekannten profanen Werke befinden sich im Nationalmuseum Prag, in den Beständen der Universitätsbibliothek Prag (Clementinum) und im Stadtarchiv von Pilsen (1 Cembalokonzert, 1 Hornkonzert, 1 Quintett für Violine, Klarinette, Fagott, Horn und Baß, 3 Fugen für Orgel, 2 Bearbeitungen von Themen aus »Le Nozze di Figaro« von W. A. Mozart für Streichquintett).

V. gilt als einer der Repräsentanten sakraler Musik des böhmischen Spätbarock. Seine kirchenmusikalischen Werke fanden im tschechischen und im bayer. Raum starke Verbreitung. Der Schwerpunkt seines Schaffens liegt in der liturg. Musik: Messen, Requiem, Te Deum, Litaneien, Hymnen, Offertorien, Tantum ergo, Motetten, Miserere und Vespern.

Als Servit betonte V. in seiner Musik bes. den marian. Aspekt. So vertonte er marian. Antiphonen, Magnificat, ℳvespern, Ave maris stella, Stabat Mater und Lauretanische Litaneien.

WW C. V.s nachgewiesen in folgenden Katalogen: A. Buchner, Hudební sbírka Emiliána Troldy, 1954. — M. Marx-Weber, Katalog der Musikhandschriften im Besitz des Musikwissenschaftlichen Seminars der Rheinischen Friedrich-Wilhelms-Universität zu Bonn, 1971. — R. Münster und R. Machold, Die Musikhandschriften der ehemaligen Klosterkirchen Weyarn, Tegernsee und Benediktbeuern, 1971. — O. Pulkert, Catalogus artis musicae in Bohemia et Moravia cultae. Artis musicae antiquoris catalogorum series I 1: Domus Lauretana Pragensis, 1973. — R. Münster u. a., Thematischer Katalog der Musikhandschriften der Benediktinerinnenabtei Frauenwörth und der Pfarrkirchen Indersdorf, Wasserburg am Inn und Bad Tölz, 1975. — G. Haberkamp, Die Musikhandschriften der Fürstlich Oettingen-Wallerstein'schen Bibliothek Schloß Harburg, 1976. — G. Haberkamp und R. Münster, Die ehemaligen Musikhandschriftensammlungen der Königlichen Hofkapelle und der Kurfürstin Maria Anna in München, 1982. — H. Herrmann-Schneider, Die Musikhandschriften der St. Michaelskirche in München, 1985. — G. Haberkamp, Die Musikhandschriften der Benediktiner-Abtei Ottobeuren, 1986. — H. Hell u. a., Die Musikhandschriften aus dem Dom zu ULF in München, 1987. — H. Herrmann-Schneider, Thematischer Katalog der Musikhandschriften in Eichstätt I. Benediktinerinnen-Abtei St. Walburg und Dom, 1991. — Dies., Die Musikhandschriften der Pfarrkirche und der Musikkapelle Vils, 1993.

Ausg.: Salve Regina in B für Solo, Chor und Orch. hrsg. von F. M. Weiß, 1989.

Lit.: F. M. Weiß, C. V. OSM (vor 1750–94), ein vergessener böhmischer Kleinmeister des 18. Jh.s, In: KMJ 60 (1976) 83–88. — Ders., Thematisches Verzeichnis der Werke des böhmischen Komponisten C. V. OSM (vor 1750–94), ebd. 61/62 (1977/78) 107–130. — L. v. Köchel, Chronologisch-thematisches Verzeichnis sämtlicher Tonwerke Wolfgang Amadé Mozarts, [8]1983, 789. — MGG XIII 1881 f. — Grove XX 55.

F. M. Weiß

Vogler, Georg, * in Engen/Hegau, † 26. 6. 1635 in Würzburg, wurde 1603 in Würzburg Jesuit und bekleidete nach Jahren des Wirkens im Elsaß die Stelle eines Prof. und Dompredigers in der Bischofsstadt am Main. Er war in erster Linie Seelsorger und alle seine Schriften dienen dieser Aufgabe. Am bekanntesten blieb sein Katechismus, der viele Auflagen erfuhr und zahlreiche Nachahmer fand. Es ist ein Katechismus in Exempeln, in denen die GM, aber auch marian. Andachtsformen wie der Rosenkranz eine wichtige Rolle spielen. Als großer Förderer der Marian. Kongregation in Würzburg sammelte er marian. Wallfahrtsgesänge und Gebete. Für die Kranken und Sterbenden war sein Buch »Trostbronnen Mariae und Josephi« (Würzburg 1624) bestimmt.

Ausg.: Catechismus in Außerlesenen Exempeln, Würzburg 1625 (und öfter). — Textbeispiele in BB II 839–841.
Lit.: W. Metzger, Beispielkatechese der Gegenreformation. G. V.s »Catechismus in Außerlesenen Exempeln«, 1982.

H. Pörnbacher

Vogler, Georg Joseph (Abbé), * 15.6.1749 in Pleichach bei Würzburg, † 6.5.1814 in Darmstadt. Nach juristischen und theol. Studien in Würzburg und Bamberg wurde V. Hofkaplan Kurfürst Karl Theodors in Mannheim. Eine zweijährige Studienreise führt ihn nach Italien, anschließend entfaltete er in Mannheim eine rege Tätigkeit als Kapellmeister, Musiktheoretiker und -pädagoge. An der von ihm 1776 gegründeten »Mannheimer Tonschule« studierten etwa J. H. Knecht, C. M. v. Weber und G. Meyerbeer. 1784 folgte V. Karl Theodor nach München und bekleidete dort das Amt des ersten Hofkapellmeisters. Doch schon zwei Jahre darauf lockte ihn ein Angebot König Gustavs III. nach Schweden, wo er 13 Jahre lang als königlich schwedischer Kapellmeister amtierte. Eine Studienreise über Portugal und Nordafrika nach Griechenland 1792/93 inspirierte ihn zu einer Studie über den Ursprung des Gregorianischen Chorals (»Choralsystem«, Stockholm 1800). Nach der gescheiterten Bewerbung auf die Pfarrstelle seines Geburtsortes Pleichach begann ab 1799 ein unstetes Wanderleben. In Kopenhagen, Berlin, Prag und München hielt er Vorlesungen, komponierte, baute Orgeln nach einem von ihm entwickelten »Simplifikationssystem« um und erwarb kurioserweise die Rechte an dem neu erfundenen Stein- und Messingdruck. Seine letzte Anstellung fand er 1807 als Hofkapellmeister in Darmstadt.

Sprunghaft wie die Biographie ist auch das Werk V.s: Einerseits beeindrucken seine solide und wegweisende musikwissenschaftliche und musikpädagogische Arbeit, andererseits lassen v. a. sein fragwürdiges Simplifikationssystem, das viele namhafte Barockorgeln »romantisieren« sollte, in Wirklichkeit aber zerstörte, an seiner Seriosität zweifeln. Als berühmter Orgelimprovisator waren Imitationen von Orchesterinstrumenten und programmatische Naturschilderungen — bes. von Gewittern — seine Spezialität. Sein reiches, heute aber völlig vergessenes kompositorisches Werk umfaßt Instrumentalmusik, einige Opern und Operetten, Lieder, Chöre und Bearbeitungen fremder Werke. Unter seiner geistlichen Musik finden sich zahlreiche marian. Werke: 3 »Salve regina«, »Salve sancta parens« (1809), 2 »Alma redemptoris« (1776, 1809), »Regina coeli«, »Marias Lobgesang« (1780), »Der Lobgesang Mariä nach dem 8. Kirchentone« (1815), »Magnificat«, »Ave maris stella« (1776), »Ave Regina coelorum« (1810), »Sancta Dei genitrix« (1809), »Virginis proles« (1809) und »Stabat mater« (Ms.).

Lit.: J. Fröhlich, Biographie des großen Tonkünstlers Abt G. V., Würzburg 1845. — K. E. v. Schafhäutl, Abt G. J. V., Augsburg 1888. — H. Schweiger, Abbé V.s Orgellehre, 1938. — H. Kreitz, Abbé G. J. V. als Musiktheoretiker, Diss., Saarbrücken, 1957. — D. J. Britton, Abbé G. J. V. His Life and his Theories on Organ Design, Diss., Rochester, 1973. — MGG XIII 1894–1906. — Grove XX 59–63.

J. Still

Vokalmusik ist für die menschliche Stimme konzipierte Musik. Substantielles Merkmal ist Sprachgebundenheit. Vornehmste Aufgabe der V. ist die Verkündigung des liturg. Wortes, zumal in der Liturgie das Wort Gottes transparent wird. In der Hauptsache sind →Choral und daraus resultierende Formen des 7. bis 11. Jh.s gesungenes Gebet, das selbstverständlich auch an allen M-festen und -gedenktagen präsent ist. Davon abgesehen, erlebt die Wende vom 12. zum 13. Jh. auf beinahe allen Gebieten des geistigen, künstlerischen und allgemein kulturellen Lebens weitausgreifenden Wandel und ein neues Werden. Die Theol. vollzieht den Übergang von Platonismus und augustinischer Tendenz hin zu Aristotelismus und → Scholastik; in der Literatur — vielfach mit Musik verschwistert — blühen → Hymnodik und Drama (→ Spiele), ritterliche Minnelyrik und höfische Epik; daneben beginnt auch das Volk zum Träger der Dichtung zu werden, wodurch v. a. in Deutschland das volkssprachliche Kirchenlied zu einem Höhepunkt führt; in der Kunst hebt die Gotik an. Die Jh.wende sieht auf kirchenmusikalischem Gebiet neue Verhältnisse.

Papst Nikolaus III. (1277–80) läßt liturg. Ordnungen der röm. Basiliken vernichten und schreibt ein neues Officium der röm. Kurie allgemein für Rom vor. Radulph de Rivo (1340–1403), hervorragender Liturgiker seiner Zeit, ist der letzte Verteidiger des alten röm. Officium; seine Schriften sind darum substantielle Quelle für die Kenntnis der Liturgie um die Wende vom 12. zum 13. Jh. und bleibendes Mittel, um überlieferungstreuen, fundierten und frommen liturg. Sinn zu wecken und zu schärfen.

Zum ersten Mal schafft die päpstliche Kurie ein — cum grano salis — einheitliches Officium und damit die Voraussetzung zu einem relativ einheitlichen liturg. Gesang im gesamten Missionsbereich der röm. Kirche. Später bewirkt das →Tridentinum (1545–63) absolute Einheit und Einheitlichkeit der Liturgie und leitet damit neue Epochen der KM ein; seine Werke sind bis heute aktuell, zumal auch das Vaticanum II unter kirchenmusikalischem Aspekt an das Tridentinum sowie an Verkündigungen und Verordnungen der Päpste Pius X. (1903), Pius XI.

(1928) und Pius XII. (1939) anknüpft. Sonderliturgien, die im Laufe der Zeit aufgekommen waren, bleiben auch im Hinblick auf ihren Gesang davon unberührt.

Innerhalb dieses Zeitraumes — vom 13. bis zum 20. Jh. — blüht V. mehr und mehr. Beinahe jede Epoche bringt in reichem Maße marian. Kompositionen hervor, zumal seit dem 15. Jh. auch das Kunstlied dabei eine Rolle spielt.

In der Epoche der Ars antiqua (1100/80–1300/20) sind verschiedene, miteinander verwandte Musikstile gleichzeitig gebräuchlich. Dennoch sind in der Ars antiqua eine ältere (mit Franco von Köln, †um 1250, mit Franco von Paris identisch, sowie Adam de la Halle, 1237–86/87) und eine jüngere (mit Petrus de Cruce, um 1280; von ihm stammen im Triplumstil u. a. die marian. Kompositionen »Ave virgo regia«, »Ave gloriosa«, »O Maria, virgo davidica« und »O Maria, maris stella«) zu unterscheiden.

Eingebettet in die Ars antiqua tritt die Epoche von Notre-Dame (1150–1250) hervor, als deren hervorragender Vertreter Léonin (1150/75) den »Magnus Liber Organi de Gradali et Antiphonario« zur musikalischen Gestaltung von Messe und Stundengebet schreibt, wobei er marian. cantus firmi zuweilen auch auf marian. Heiligenfeste adaptiert. →Pérotin gilt dann als überragender Discantus-Komponist und verfaßt einzigartige 4-stimmige Organa wie etwa das »Viderunt« und das »Sederunt« mit reichhaltigem Dekor harmonischer Kunst.

Zu bedeutsamen marian. →Conductus-Kompositionen Léonins und Pérotins zählt als Ausgangspunkt das Organum »Alleluja, Nativitas gloriosae virginis«, das am Fest M̄e Geburt gesungen worden ist.

Aus einer Wechselwirkung von Formen und Stilen sowie aus engen Bindungen zwischen Organum und Diskant, Conductus und Klausel resultiert, in wie erstaunlichem Ausmaß Typen ma. Musik voneinander abhängig waren. So entsteht aus der Texturierung einer Klausel (Schlußformel) die Frühform der → Motette. Dabei ist die Klausel eine mehrstimmige Bearbeitung — also eine Paraphrase, ein → Tropus — eines liturg. cantus firmus. Gleichermaßen ist die Motette ein textlicher Zusatz — ein Tropus — zur Klausel. Das Ausmaß marian. Motetten ist beinahe unüberschaubar, z. B. befinden sich gegen Ende des 13. Jh.s in einer umfangreichen Sammlung der Londoner St. Pauls-Kathedrale zahlreiche marian. Motetten, darunter auch die bekannten Werke:»Virgo generosa«, »Benedicta veritatem«, »Benedicta et venerabilis«, »Benedicta Mariae virginis«, »Beatae virginis«, »Propter veritatem«, »Per omnia saecula saeculorum, Maria«, »Per omnia saeculorum saecula, Virgo regia«, »Prolis aeterne genitor/ Psallat mater gratiae«, »O quam glorifica/ O quam beata/ O quam felix« und »Virgo regalis«. Auch das Worcester-Repertoire enthält zahlreiche marian. Vertonungen zu Messe und Stundengebet wie etwa »Spiritus et alme« (für Messen an M̄feßten) und die Motette »Beata viscera«, die als Beispiel genügen mögen. Hauptursache des Auftretens marian. Motetten in so großer Zahl ist zum einen die wachsende Zunahme der MV im 13. und 14. Jh. und zum andern das Bedürfnis, M̄gedenktage mit Gottesdiensten zu anderen Festen oder Heiligengedenktagen zu verbinden.

Die Begriffe »Ars antiqua« und »Ars nova« (1320/25–1420) sind eher bequem als zutreffend. Beide Methoden, Motetten zu mensurieren, sind primär eine Methode der Notation. In der Tat tritt während des 14. Jh.s auch ein Form- und Stilwandel ein. Philippe de Vitry (1291–1361), Bischof von Meaux, Komponist und Theoretiker, kodifiziert die Regeln der alten und der neuen Kunst in einem kurzen Traktat (um 1320), der mit den Worten »Ars nova« beginnt und einen neuen, vielfarbigen Abschnitt der Musikgeschichte bezeichnet. In Frankreich, dem Zentrum gotischen Geistes, bleiben ma. Tendenzen vorherrschend, während in Italien, bereits um 1300 die Renaissance sichtbar wird. Lang andauernde Kontroversen führen 1325 in Avignon zu einem ersten prinzipiellen päpstlichen Decretale zur KM in der Constitutio »Docta SS. Patrum« Papst Johannes' XXII. (1316–34), der damit den Anfang moderner kirchenmusikalischer Gesetzgebung macht. Mehrstimmigkeit wird grundsätzlich nicht abgelehnt, ohne die Grundlagen des »Gregorianischen Chorals« außer acht zulassen. In Frankreich und Burgund bleibt indes die Musik konservativ. Die Gotik ist vorherrschender Stil. Der »Dichtermusiker« Guillaume de →Machault (1300–77) vertont als erster das ganze Ordinarium 4-stimmig und gibt diesem hochbedeutsamen Werk den marian. Titel »La messe de Nostre-Dame«. Außerdem hinterläßt Machault noch viele M̄motetten im isorhythmischen Stil.

Die Epoche der Niederländer (1400–1530) charakterisiert ein Gleichzeitig, Nebeneinander und auch Gegeneinander des Verhältnisses von Gotik und Renaissance. Im Übergang vom 14. zum 15. Jh. steht Johannes Ciconia (1335/40–1411) an der Spitze, der den Typus der imitierenden Motette erfindet, Madrigalvorlagen benutzt und auch für die frühe Form der Parodiemesse bedeutsam ist. Etwa gleichzeitig wirken v. a. auch Liederkomponisten wie z. B. der → Mönch von Salzburg (um 1300) und → Oswald v. Wolkenstein (1377–1445).

Die mehrstimmige Musik im 15. Jh. bildet nach und nach Cantus-firmus-Technik zum Kontrapunkt aus; sie ist gekennzeichnet von einem Ringen um die musikalische Gestalt der Sprache, um in der Liturgie den neuen Gesang mit dem alten zu verbinden und zu verschmelzen. V. a. die in den Niederlanden aufblühende »Devotio moderna«, die sich im 15. Jh. mit zunehmender MV verbindet, prägt das Jh. In dieser Zeit sind bes. die großen Engländer (J. → Dunstable und L. Power [†1445]) vorzügliche Meister der M̄motette. Dabei begnügen sie sich nicht mit tradierten Mantiphonen, sondern verwenden auch neu entstehende Votivantiphonen. Unter Lionel Powers marian. Messen gehört die Missa »Alma Redemptoris Mater« zu den frühen Beispielen einer Zyklus-Messe mit einem in allen Ordinarienteilen gleichlautenden Ténor, nämlich über der ersten marian. Schlußantiphon »Alma Redemptoris Mater«, wobei auch marian. Zahlensymbolik eine gewichtige Rolle spielt. Einer rel.-mystischen Interpretation kann sich die Musik als immateriellste aller Künste kaum und auch die Musiktheorie am allerwenigsten entziehen. Die Musik, ihre Elemente, ihr systematischer Aufbau werden als Widerschein des einen und dreifaltigen göttlichen Wesens, einer von Gott gesetzten Weltordnung angesehen.

Repräsentative Musiker der Zeit sind Gilles → Binchois, der für seine Messe »Ecce ancilla Domini« die Anlage einer Ténormesse von den engl. Komponisten Power, Dunstable und Benet (1370–1455) übernimmt. Das Werk ist insofern außergewöhnlich, als es zwei verschiedene Antiphonen als cantus firmi heranzieht. »Beata es, Maria« erscheint neben der Titel-Antiphon.

Zu hervorragenden Kompositionen Johann →Ockeghems zählen neben vielen anderen marian. Werken v. a. »Intemerata Dei mater«, die 5-stimmige Motette »Gaude Maria« und die Messe »Ecce ancilla Domini«. Antoine Busnois (um 1465–92) — möglicherweise Ockeghems Schüler — komponiert u. a. 15 Messen und 7 Motetten.

Von den Werken Jakob → Obrechts sind hervorzuheben seine 3- bis 7-stimmige Messe »Sub tuum praesidium«, in der er zu den Sätzen jeweils einen neuen marian. cantus firmus einsetzt sowie die Messen »Maria zart« und »Mediatrix nostra«. Im Gegensatz zu seinen ma.-formalistischen Messen strahlen die Mmotetten »Alma Redemptoris mater«, »Ave Regina caelorum« und »Salve Regina« Wärme und Gefühlsempfinden aus; für die kaiserliche Kapelle schreibt er ein »Regina caeli«.

Pierre (Pierchon) de la Rue († 1518 zu Courtray), aus der Pikardie stammend, schuf mehrere Mmessen wie etwa die »Missa Ista est speciosa«, »Missa Ave Maria«, »Missa Conceptio tua«, »Missa De doloribus BMV« und »Missa Ave sanctissima Maria« sowie die Motette »Salve Regina«.

Der hochberühmte Musiker seiner Zeit, → Josqin Deprez (Jodocus a Pratis) hinterläßt neben anderen Mwerken ein »Ave Maria virgo serena«, das schon zu seinen Lebzeiten weit verbreitet war und vielen Meistern als Vorlage zu marian. Kompositionen diente. Die Motette beginnt mit dem Gruß des Engels, der in eine Meditation über das Leben Ms mündet und mit einer Bitte endet. Als Vorlage dient eine seit dem MA verbreitete Melodie. Textlich bilden männliche Fünfsilbler den Anfang und den Schluß: »Ave Maria, gratia plena, Dominus tecum, virgo serena« und »O mater Dei, memento mei«; dazwischen stehen 5 aus 4 männlichen Achtsilbern gebildete Strophen: »Ave cujus conceptio«, »Ave cujus nativitas«, »Ave pia humilitas«, »Ave vera virginitas« und »Ave praeclara omnibus«. Der Strophenbau ist imitatorisch konzipiert. Josquins »Missa Gaudeamus«, »Missa de Beata Virgine«, die wie auch die »Missa Mater Patris« um 1514 gedruckt worden ist, die »Missa in honorem Beatae Mariae Virginis« sowie Messe und Hymnus »Ave maris stella« verkörpern den neuen Stil der konsequenten Imitation. Außerdem schuf Josquin eine stattliche Anzahl marian. Motetten: »Inviolata integra«, »Benedicta es caelorum Regina«, »Stabat Mater«, »Alma Redemptoris Mater«, »Salve Regina«, »Ave Regina caelorum«, »Virgo prudentissima«, »Missus est Gabriel«, »Ave Maria«, »O Virgo Genitrix« und »Ecce tu pulchra es«.

Zu Josquins Umfeld zählen: Antoine →Brumel mit seiner »Missa de Beata Virgine« und seiner Motette »Regina caeli«; Benedictus de Opitiis († um 1515) mit seinen Motetten »Sub tuum praesidium« und »Summae laudis, o Maria«; Loyset →Compère mit den marian. Messen »Hodie nobis de Virgine«, »Beata Dei Genitrix«, »Genuit puerpera« und der Motette »Regina caeli«; Jean →Mouton mit seinen Messen »Alma Redemptoris«, »Regina mearum« sowie den Motetten »Nesciens Mater virum«, »Ave Maria, gemma virginum«, »Ave Maria gratia«, »Salve Mater Salvatoris« und »Benedicta es«; Marbriano de →Orto u. a. mit der Motette »Ave Maria«; Joannes Ghiselin (vor 1491 – nach 1535) mit der Motette »Vita Dulcedo« (aus der Antiphon »Salve Regina«).

Als letzter Vertreter des Jh.s ist Heinrich → Isaac zu nennen. Sein berühmter »Choralis Constantinus«, eine Sammlung mehrstimmiger Meßproprien für die Kathedrale von Konstanz, enthält auch die marian. Meßgesänge. Isaacs Schüler, Freund und Nachfolger am kaiserlichen Hof in Innsbruck ist Ludwig → Senfl; er hinterläßt neben — auch marian. — Motetten, Magnificat-Kompositionen und v. a. dt. mehrstimmige Lieder und Liedbearbeitungen von erstaunlichem Ausdrucksreichtum.

Unter ital. Einfluß kommt es 1530/50 zu einem Stilwandel; er erfaßt das Wort-Ton-Verhältnis und verdeutlicht den Text durch die Musik klar emotional und bildhaft. Parallel dazu vollzieht sich unter →Clemens non Papa ein Wandel von einem melismatischen Stil zu einem mehr syllabischen, von einem streng polyphonen zu einem mehr akkordischen mit Chorteilung und Echowirkung, zu einem harmonisch gedachten Aufbau, der auch Chromatik anwendet. Damit steht im Zusammenhang: Inhaltlich dramatisch bewegte Szenen als Texte von Motetten werden bevorzugt. In der geschlossenen Komposition des Ordinarium missae wird die Form der Parodiemesse weiter ausgebildet. Der Meßkomposition wird eine Motette, Chanson oder auch ein Madrigal als ganzer mehrstimmiger Satz zugrundegelegt, der aufgegriffen und mehr oder weniger verhüllt verarbeitet wird. Die Motette gewinnt an Bedeutsamkeit. Sie umfaßt beinahe alle liturg. Sätze der Messe, biblische Texte und Neudichtungen. In der Kirche ist nun ein konzertierendes Element vorhanden, das auf einer alten Technik basiert und mit neuem Geist erfüllt ist. Kompositions- und Aufführungsstil bedingen sich gegenseitig. Die Zeitgenossen nennen ihn »Musica reservata«. Er geht von Josquin und seiner Schule aus, verzweigt sich durch Nikolaus →Gombert nach Spanien und wirkt durch niederländische und span. Meister auch in Rom; ihren Hauptsitz aber hat sie in Venedig, wo der italienisierte Adrian →Willaert (»Messer Adriano«) tätig ist. Willaert ist der repräsentative Meister des mehrchörigen Stils. Mit gewissem Recht kann Giuseppe →Zarlino ihn sogar als den Erfinder der Mehrchörigkeit bezeichnen, obschon das Vorbild sicher nicht in byz. KM und auch nicht in der Architektur der Markuskirche von Venedig zu suchen ist. Gleichwohl bedient sich Willaert der Doppelchörigkeit bloß selten und schreibt im übrigen vorwiegend 4-stimmige Sätze. An marian. Werken Willaerts sind 4- bis 7-stimmige Motetten erhalten.

Seine Schüler und Nachfolger, Cipriano de →Rore und Giuseppe Zarlino, der — wie schon vor ihm (1480) Bartolomé Ramos de Pareja (um 1440 – nach 1491) — in seinen »Istitutioni harmoniche« (1558) und Dimostrationi harmoniche (1571) die Modalität (Kirchentonarten) zu überwinden sucht, sowie Andrea →Gabrieli, der die Stilmittel steigert, und Giovanni →Gabrieli, der als Schüler von Orlando di →Lasso und Lehrer von Heinrich →Schütz eine neue Phase der Mehrchörigkeit einleitet und den Höhepunkt der »Venezianischen Schule« bildet, führen das Werk Willaerts konsequent fort.

Das →Tridentinum (1545–63), das die Gegenreformation einleitet, stärkt die kath. Kirche und bewirkt einen bedeutsamen Aufschwung sakraler Kunst, Architektur, Malerei und Musik. Es ist das erste Konzil, das sich mit KM beschäftigt. Die Auseinandersetzung um die kirchliche Mehrstimmigkeit in ihrem Verhältnis zum überlieferten Choral sowie mangelhafte Textbehandlung hat auf dem Konzil eine starke Opposition veranlaßt, überhaupt ein Verbot mehrstimmiger Musik in der Liturgie zu verlangen. Dank seines Einsatzes für die mehrstimmige KM, gelingt es dem Augsburger Bischof und Kardinal Otto Truchseß v. Waldburg zusammen mit Jakobus de →Kerle, dem eigentlichen »Retter der Kirchenmusik«, mit seinen Preces speciales, die in einem polyphon-homophon gemischten und gemäßigt modern expressiven Stil vertont sind, das Konzil umzustimmen und in seinen Forderungen nach Verständlichkeit der liturg. Texte, Pflege des gregorianischen Chorals, kirchlicher Würde (pia gravitas) und Fernhalten jeglicher Musik, die ihr »lascivum aut impurum« (Schlüpfriges oder Unreines) beimischt, zu unterstützen.

Die päpstliche Kapelle in Rom zeichnet sich seit der Mitte des 16. Jh.s durch einen Stil aus, der von der Röm. Schule vertreten wird und bis heute fortwirkt. Repräsentant dieser Schule ist Giovanni Pierluigi da →Palestrina, dessen Eigenart in einmaliger Konzentration und Ausgewogenheit der Kunstsprache liegt, die — im Vergleich zu Orlando di →Lasso — weder dramatische Unterscheidungen noch Akzente auffallender Art kennt. In unübersehbarer Fülle für die Liturgie bestimmter Werke nehmen marian. Gesänge sehr breiten Raum ein: Messen, Motetten, Hymnen und Magnificatkompositionen. Von seinen etwa 100 Messen sind etwa 20 marian., z. B. »Ave Maria«, »Salve Regina«, »Regina caeli«, »Ave Regina caelorum«. In der 6-stimmigen Motette und Messe »Assumpta est« versucht er den leuchtenden marian. Charakter in Klang umzusetzen. Seine marian. Motetten, Hymnen und Offertorien sind für 4, 5, 6, 8, ein »Salve Regina« sogar für 12 Stimmen geschrieben. Bes. zu erwähnen ist das 8-stimmige »Stabat Mater«. Hinzukommen 6 𝔐litaneien, darunter zwei für 8 Stimmen, 31 Magnificat für alle acht Psalm-Modi von 4 bis 8 Stimmen. Auch bei Palestrinas Nachfolgern nimmt die 𝔐komposition einen gewichtigen Platz ein, etwa bei Ruggiero Giovanelli (†1625), Giovanni Maria Nanino (†1607), Annibale Stabile (†1604), Antonio Dragoni (†1598), Felice →Anerio und Francesco Suriano (†1621).

Seit der Mitte des 16. Jh.s sind Rom und Venedig Hauptzentren sakraler Musik, Neapel, Mantua und Mailand Pflegestätten der KM. Im 17. Jh.s entfaltet sich ein röm. Kolossalstil, der die barocke venezianische Mehrchörigkeit aufgreift. Er wird von Orazio Benevoli (†1672) mit seiner berühmten 53-stimmigen Festmesse zur Einweihung des Salzburger Domes (1628), von Paolo Agostino (†1629), Antonio Maria →Abbatini und Virgilio →Mazzocchi vertreten. Die Zeit von damals sieht den Stil als gleichnishaft für die höhere Welt an. Dabei liegen Einflüsse von Gegenreformation und Jesuiten nahe.

Obschon Italien in der zweiten Hälfte des 16. Jh.s mehr und mehr die Führung an sich zieht, treten in Europa nach wie vor überwiegend Musiker franko-flämischer Herkunft als Komponisten hervor und besetzen überall wichtige Positionen.

An erster Stelle ist zu nennen der geniale Orlando di →Lasso, der v. a. Messen und Motetten, darunter 𝔐motetten, -hymnen, -antiphonen, ein »Stabat mater«, allein 101 Magnificatvertonungen in allen Psalm-Modi schuf, teils für Alternatimpraxis, teils als durchkomponierte Werke. Zu den großen Meistern neben Lasso zählt auch Philippo de → Monte, der neben Madrigalen, in der Hauptsache Messen und — auch marian. — Motetten schreibt.

Im 16. Jh., dem Goldenen Zeitalter span. Musik, tragen die marian. und liturg. Musik nationale Züge, die auf Einfachheit der Technik, Gefühlskraft, Mystizismus und dramatischer Spannung basieren. Zentrum musikalischen Schaffens sind in der Hauptsache drei Schulen, die andalusische, die kastilische und die katalanische.

Hauptmeister der andalusischen Schule ist Cristóbal de →Morales, der erste span. Komponist, der seinem Wirken internat. Anerkennung geben kann: 21 Messen und über 80 Motetten — darunter einige marian. — sind erhalten. Hinsichtlich seiner Sprache antizipiert Morales die Ideale des Konzils von Trient und Palestrinas Eigenart.

Francisco Guerrero (1527/28–99), Schüler von Morales, Kapellmeister an der Kathedrale von Sevilla, hinterläßt 18 Messen und über 100 z.T. marian. Motetten; Juan →Navarro, Schüler von Morales, ist in Avila, Salamanca und Palucca im Sinne seines Lehrers tätig.

Höhepunkt der kastilischen Schule ist das Schaffen von Tomás Luis de → Victoria. Unter seinen 22 Messen und 52 Motetten befinden sich vorwiegend marian. Werke, von denen sein »Ave Maria« mit der choralen Antiphonintonation des ersten Modus in vielen unserer Kirchen auch heute heimisch ist. Zahlreich sind seine Magnificatvertonungen, marian. Antiphonen und Hymnen. Zur kastilischen Schule zählen ferner Juan → Escribano, Bartolomé Escobedo (um 1500–63) und Diego Ortiz (1. Drittel 16. Jh.), der auch als Theoretiker hervorgetreten ist.

Hauptvertreter der katalanischen Schule ist Juan Pablo →Pujol, in dessen 18 Bände umfassendem Gesamtwerk marian. Werke einen breiten Raum einnehmen.

Die kath. KM des 17. Jh.s ist im allgemeinen von vier Stilen geprägt: 1. Der konzertierende Stil (stile concertato) resultiert aus der Venezianischen Epoche; er erreicht bei Giovanni Gabrieli († 1612) einen Höhepunkt und verbindet sich mit dem Ausdrucksstil. 2. Der ario-rezitativische Stil der Oper (stile concitato) — auf KM übertragen — hat dramatische Wortausdeutung in Deklamation und Satz zur Folge. 3. Der röm. Kolossalstil wird ausgebildet und in Rom auch im 18. Jh. weitergepflegt. 4. Der kontrapunktische und obligate Stil (stile antico) bleibt daneben erhalten; er verbindet sich mit dem stile moderno zu einem stile misto, einem vermischten Kirchenstil, bei dem neben ariosen Teilen Kontrapunkt und Fuge stehen.

Die Zeit um 1600 ist — aus der Sicht der Gegenreformation betrachtet — so stark marian. betont, daß beinahe der ganze Stilwandel in der KM aus marian. Werken resultiert oder sich in ihnen spiegelt. Um diese Zeit — von Italien ausgehend — bahnt sich ein Stilwandel zur Monodie an. Den Vokalstimmen — verschieden besetzt — wird ein beweglicher Instrumentalbaß unterlegt, der als Träger der Harmonie fungiert und als Generalbaß unentbehrlich ist. Dieser monodische Stil behauptet sich in der KM bloß vorübergehend, gibt aber Anstoß zu einer Entwicklung instrumental-konzertanter KM.

Gregor → Aichinger gebührt das Verdienst, der neuen monodischen KM zu ihrem Siegeszug diesseits der Alpen verholfen zu haben. Zugleich kann man mit Recht Aichinger als den »marianischen Meister« dieser Übergangszeit bezeichnen. Seine »Tricinia mariana« (3- bis 4-stimmige Gesänge) erscheinen 1597 in Innsbruck. Auf seiner Rückreise von Rom, wo er zum Priester geweiht worden ist, widmet er in Maria Einsiedeln dem Gnadenbild eine Offizensammlung zu ℳfesten; sie enthält auch seine bes. klangvolle Messe »De Beata Virgine«. 1604 steuert Aichinger dem Augsburger Domkapellmeister, Domvikar und Kanonikus des Kollegiatstifts St. Gertraud, Bernhard Klingenstein (1545–1614), eine ℳmotette bei für dessen »Rosetum Marianum«, einer Sammlung von 34 ℳ-liedern und -motetten zum Gebrauch der Marian. Kongregation. Die 1607 entstandene marian. Laudensammlung »Virginalia« enthält kurze Motetten zu den 15 Rosenkranzgeheimnissen, die Aichinger zu Formen der MV über den engeren liturg. Rahmen hinaus in sein Schaffen einbezieht. Dem Generalbaß verpflichtet ist v. a. sein »Encomium verbo incarnato eiusdemque Matri« für vier Stimmen und Basso continuo.

Claudio → Monteverdi gelingt 1607 mit seinem »Orfeo« das hervorragende Werk der frühen Operngeschichte; mit seiner »Marienvesper« erreicht er 1610 den Gipfel seines gesamten Schaffens. In dieser Vesper wird zum ersten Mal ein ganzer liturg. Komplex durchkomponiert. Antiphonen aus dem Hohenlied sind als geistliche Konzerte für Singstimmen und Generalbaß konzipiert, eine großartige Instrumentalsonate über »Sancta Maria, ora pro nobis« trennt den Psalmteil der Vesper von Hymnus und Magnificat.

Giacomo Carissimi (1605–74), der überragende Geist und Römer, ist um 1650 auf der Höhe seines Schaffens angelangt; seine Größe manifestiert sich im →Oratorium. Neben ihm nehmen bes. der etwas ältere Luigi Rossi (1598–1653) mit seinem »Stabat Mater« und der gleichaltrige Mario Savioni (1608–85) mit seinen »Madrigali morali e spirituali« eine bedeutende Stellung ein. Ihnen steht der in Rom und seit 1674 in München wirkende Benevoli-Schüler Ercole Bernabei (um 1622–87) mit seinen 2 Messen, 23 Motetten, Hymnen und Antiphonen stilistisch nahe. Die Motette »Ipse praeibit« ist von Anfang an kantatenhaft mit zwei duettierenden Sopranen und Vokalbaß besetzt, z. B. in dem mit figurativem Choralzitat eröffneten »Alma Redemptoris Mater«.

Johann Kaspar Kerlls (1627–93) Werke krönen die konzertante KM des 17. Jh.s in Süddeutschland. Seine Kirchenkantaten sind als Folge von vorwiegend ariosen Abschnitten der älteren Kantatenform verpflichtet. Ihnen sind beizuzählen Magnifikatkompositionen und Versetten. Auf diesem Gebiet ist v. a. auch der ältere Girolamo → Frescobaldi als Vorbild zu nennen. Hierher gehören auch Alessandro → Grandi und Antonio → Draghi mit den marian. Werken: Sepolcro »Li sette dolori di Maria Vergine« (1670), Missa »Assumptionis BMV« für 5-stimmigen Chor, 2 Trompeten, 4 Posaunen, 2 Violinen, 4 Violen und Basso continuo (1684) und »Stabat Mater« für 4-stimmigen Chor.

Gleichermaßen bedeutsam sind das »Stabat Mater« und die Motette »Qui diligit Maria« von Agostino Steffani (1654–1728), der seit 1667 etwa 21 Jahre lang in München am Hof des Kurfürsten Ferdinand Maria von Bayern weilt. In der Entwicklungsgeschichte der Kantatenform repräsentiert Steffani den Typus der subjektiven, psychologisch experimentierenden Barockkantate und erreicht mit seiner einaktigen. Kantate »Reginam nostram« die Meisterschaft.

Zur Epoche des Barock zählen in Deutschland auch nachfolgende hochberühmte Meister: Leonhard → Lechner, Ignaz Franz → Biber (1644–1704), mit seinen 16 Rosenkranzsonaten für Violine (um 1675) und seinem »Stabat Mater« a cappella; für Salzburg ist Bibers Wirken zusammen mit dem Georg Muffats (1645–1704) der Höhepunkt des musikalischen Salzburger Barocks; seine Rosenkranzsonaten sind weniger vordergründige Programmusik, sondern eher Ausdrucksmusik im Sinne barocker Affektenlehre; darum sind sie als »Meditationsmusik« zu den Rosenkranzgeheimnissen zu verstehen, vielleicht auch als Vorläufer der heute oft gefragten Meditationsmusiken für Orgel (M. Dupré oder O. Messiaen). Zu nennen sind ferner Johann Joseph → Fux, Georg Philipp Telemann (1681–1767) mit seinen »Magnificat«-Vertonungen, Johann Sebastian → Bach und Georg Friedrich → Händel (1685–1759) mit seinen marian. Beiträgen zur kath. KM, den Antiphonen »Haec est Regina virginum« sowie »Salve Regina«, nicht zuletzt komponierende Habsburger wie etwa Ferdinand III. (1637–57) mit einem »Stabat Mater« und »Litaniae Lauretanae«, → Leopold I., unter dessen langer Regierungszeit Wien das Zentrum dt. Musik- und KMpflege geworden ist (von ihm sind 79 kirchliche Werke erhalten, darunter sein marian. Oratorium »L'amor della redenzione«, ein »Magnificat«, ein »Stabat Mater« sowie fünf »Marianische Antiphonen«), Joseph I. (1705–11) mit seinem »Regina caeli« sowie Karl VI. (1711–40); in Frankreich Jean-Baptiste Lully (1632–87) mit seinen drei marian. aus 14 kleinen Motetten: »Magnificat«, »Regina caeli«, »Salve Regina«, François → Couperin le Grand und schließlich in England Henry Purcell (1658/59–95) mit seinem »Magnificat«.

Auf dem Wege musikhistorischer Entwicklung ist als Zwischenaufenthalt Giovanni Battista →Pergolesis »Stabat Mater« zu betrachten. In seiner Empfindsamkeit und dramatischen Stärke des Ausdrucks klingt zum einen die Barockperiode aus und weist zum andern auf die symphonische KM mit ihrem Höhepunkt in der Wiener Klassik hin.

Eine veränderte Geistes- und Lebenshaltung, die in prachtvollen Bauten mit prunkvoller Ausstattung sichtbar wird, wirkt auf die Entwicklung der Musik. Dazu äußert sich Papst Benedikt XIV. (1740–58) in seiner Enzyklika »Annus qui« (1749) auf der Grundlage des Konzils von Trient. Während der Papst Orgel und andere »seriöse« Instrumente anerkennt, weist er das Eindringen theatralischer Musik entschieden zurück. In ihrer Gesamtheit schafft die Enzyklika die Basis für die Entwicklung zur symphonischen KM der Wiener Klassik.

Im liturg. Repertoire der sog. »Wiener Klassik«, also der Zeit Haydns, Mozarts und Beethovens wird das marian. Thema immer wieder von neuem behandelt. Die Aufklärung, die in Kaiser Joseph II. (1765–90) einen ihrer tatkräftigen Repräsentanten findet, versucht zwar die MV zurückzudrängen, kann aber den breiten Strom des MVlobes kaum behindern.

Von führendem Einfluß auf die Entwicklung sind A. und D. → Scarlatti, F. → Durante, Pergolesi und Luigi Boccherini (1743–1805) mit seinem »Stabat Mater«. Neben der Subjektivierung des Kirchenstils durch die Neapolitaner besteht die Pflege des »stile antico«, des strengen a-cappella-Stils, weiter. Die Meister schreiben in diesem Sinne, in dem auch zeitbedingte Einflüsse erkennbar sind: Antonio Vivaldi (1687–1741) mit 2 »Magnificat«, 1 »Regina caeli«, 4 »Salve regina« und 1 »Stabat mater«, Giovanni Porta (um 1690–1706) mit 6 »Magnificat«, Giovanni Battista →Sammartini sowie Ferdinando Galimberti (um 1730/50) mit 2 »Magnificat«. Indes erschöpft sich die ital. KM im hochkonzertanten Stil neapolitanischer Richtung und wird nun von dt. Kunst überflügelt und verdrängt.

Zu den Wiener Meistern zählen Christoph →Wagenseil und Franz Ignaz Anton Tuma (1704–74). Wagenseil hinterläßt an marian. Werken die Missa solenne »Immaculatae Conceptionis« für 4 Stimmen und Instrumente (1743) sowie 9 Antiphonen; Tuma komponiert 13 Antiphonen, 5 »Stabat Mater« und 3 »Magnificat«. Die Tendenz Antonio →Caldaras und der älteren Neapolitaner zeigt sich in den Kompositionen Johann Georg Reutters d. J. (1708–72) wie etwa in seinem Oratorium »La Maria lebbrosa« (1739). In rein ital. »Fahrwasser« bewegen sich Johann Adolph Hasse (1699–1783) mit 2 Offertorien »Ave nata Creatoris«, »O felix caeli porta«, 18 Antiphonen, 1 »Alma Redemptoris Mater«, 3 »Ave Regina caelorum« 1 »Regina caeli«, 13 »Salve Regina«, 1 Hymnus »Ave maris stella« und 1 »Magnificat«, sowie Georg Mathias →Monn und v. a. Josef Bonno (1710–88) mit seinem Graduale »O virgo tristissima«, 4 Offertorien »Assumpta est«, »Beata es virgo«, »Veni dilecta sponsa«, »Veni sponsa«, 3 Litaniae »de Beata Virgine«, 3 Magnificat-Antiphonen, 1 »Magnificat« und 1 »Salve Regina«. Florian Leopold Gassmann (1729–74) mit seinem »Stabat Mater« für 4 Stimmen und Basso continuo löst Christoph Willibald Gluck (1714–87) ab, der hier mit seiner Motette »Alma sedes« für 1 Singstimme und Orchester (vor 1779) zu nennen ist.

Als das Wiener Musikleben wieder glänzend aufsteigt, bestimmen seinen Charakter substantiell zwei berühmte Musiker: Johann Georg Albrechtsberger (mit seinen 16 »Magnificat« und 25 »Marianischen Antiphonen«) und Antonio →Salieri.

Einen substantiellen Beitrag zur KM der Wiener Klassik leisten in Prag Bohuslav Czernohorsky (1684–1740; an marian. Werken hinterläßt er »Litaniae Lauretanae BMV de victoria«, »Regina caeli« sowie ein »Motetto della Madonna«), Joseph Seeger (1716–82; »Ave Regina«, »Alma Redemptoris Mater«), Franz Xaver Brixi (1732–71) mit 400 liturg. Werken, darunter 100 Messen, marian. Offertorien, Litaneien und Vespern, sowie in Eger Franz Habermann (1706–83) mit 6 Litaneien.

Salzburg begünstigt als erste dt. Stadt sog. venezianische Mehrchörigkeit und bleibt dieser Klangpracht vorerst treu. Hierher gehören Johann Ernst →Eberlin, der tüchtige Kirchenmusiker Anton Kajetan → Ad(e)lgasser, der Vizekapellmeister Leopold → Mozarts und seit 1762 Michael → Haydn; er komponiert in der Hauptsache Wechselgesänge, die er seit 1783 pflegt und die ein Vorbild zeitgenössischen pseudochoralischen Kirchenstils sind. Als Abkömmling der älteren Salzburger Schule wirkt in Kremsmünster Georg → Pasterwitz, der über 200 Werke der KM hinterläßt.

In München erlebt die KM unter Giovanni Battista Ferrandini (1710–91) und Andrea Bernasconi (um 1706–84) eine dürftige Nachblüte ital. Konzertstils; in Freising wirkt Placidus Cajetan v. Camerloher (1718–82) mit vielen Kirchenkompositionen (u. a. »Stabat Mater«).

In Mannheim beobachten wir eine bedeutsame Wende zum neuen klassischen Stil: Johann →Stamitz (1717–57), schreibt »Litaniae lauretanae« und »Litaniae lauretanae (Sollennes)«, Ignaz Holzbauer (1711–83) schreibt 21 Messen, Georg Joachim Joseph →Hahn und Karl Theodor Toeschi (1768–1843) das marian. Chorwerk »O Maria nostra spes«. Hauptvertreter der KM in Mannheim aber ist Franz Xaver → Richter (1709–89), der später an der Straßburger Kathedrale wirkt (u. a. »Magnificat«).

Im Zentrum der Wiener Klassik stehen Joseph →Haydn, Wolfgang Amadeus →Mozart und Ludwig van Beethoven (1770–1827), der einzig im Credo seiner »Missa solemnis« Aufschluß gibt über sein marian. Empfinden. Über dem »de Spiritu Sancto ex Maria virgine« klingt unvermittelt die Soloflöte auf, die in ruhiger viermaliger trillerähnlicher Bewegung in hoher Lage gleichsam das Schweben des Hl. Geistes über ☧ symbolisiert.

Diese Zeit bringt auch viele Klosterkomponisten in Bayern und in den Nachbarländern hervor, z.B. in Andechs, Benediktbeuern, Beuerberg, Diessen, Dietramszell, Fürstenfeld, Herrenchiemsee, Kaisheim, Kremsmünster, Schauensee-Luzern, Melk, Michelfeld, Neustift bei Freising, Ottobeuren, Raigern, Raitenhaslach, Regensburg-St. Emmeram, Reichenbach, Schäftlarn, Scheyern, Seeon, Seitenstetten, Steingaden, Tegernsee, Weltenburg, Wessobrunn, Weyarn, Windberg. Beinahe jedes dieser Klöster hatte einen oder mehrere Komponisten unter seinen Konventualen, die für den Musikchor und zu besonderen Gelegenheiten Werke lieferten.

Zu nennen sind Nonnosus → Madlseder aus Andechs mit einem »Stabat mater« op. 3 (1768) und einem »Salve Regina«, P. Meyer von Schauensee in Luzern, der in der Gefolgschaft der älteren Neapolitaner steht, Abt Maximilian →Stadler aus Melk mit seinen marian. Antiphonen (2 »Alma Redemptoris«, 3 »Ave Regina«, »Regina caeli«, 9 lat. und einem dt. »Salve Regina«) und 5 »Magnificat«, Maurus Haberhauer OSB (1746–99) aus Raigern mit zahlreichen Kirchenwerken, Hugo Ponrad Opraem (* 1737) aus Schäftlarn mit 2 »Salve Regina«.

Darüber hinaus wirken in Michelfeld P. Michael Gulder OSB (1761–1830); in Ottobeuren Conrad Bagg OSB (1749–1810); in Raitenhaslach Candid Schwab OCist (1757–1811) und Generosus Schwab OCist (1765–1811); in Regensburg-St. Emmeram Sebastian Prixner OSB und Abt Coelestin Steiglehner OSB (1738–1819) als letzter Fürstabt von St. Emmeram; in Reichenbach Josephus Prixner OSB (1743–1804); in Schäftlarn P. Burkholzer OPraem, Evermodus Groll OPraem (1755–1810), Otto Schwab OPraem (†1810), Maurus Denni OPraem (1752–1834), Ludolph Stollreiter OPraem (* 1752) und Johann Nepomuk Silberhorn OPraem (1780–1842); in Scheyern Marian Gulder OSB (1757–1809); in Seitenstetten Franz de Paula Raab OSB (1763–1804) mit seiner Vesper de Beata und in Steingaden Abt Gilbert Michl OPraem.

Doch auch unter den Kleinmeistern kündigt sich die neue Zeit der Romantik an, die bestrebt ist, ureigenes Empfinden und Überzeugungen musikalisch auszudrücken, etwa bei Königsperger, Bonifaz Stöckl, Robert Kimmerling und Ildefons Haas.

Das Wesen der Romantik (19. Jh.) beruht auf Gefühlsbetontheit. In ihrem Dienste stehen reiche Harmonik und Chromatik, die aus einem gesteigerten Leittonbedürfnis und differenzierten Ausdruckswillen hervorgehen, Konfrontation von Klangfarben, ferner neuartige thematische Charakteristika von Leit- und Erinnerungsmotiv, d.h. ein kurzes hervorstechendes thematisches Tongebilde von melodischem, rhythmischem und harmonischem Gepräge, das bei seinem ersten Auftreten mit dem verbundenen Gesangstext zu organischer Bedeutung gelangt.

Auf kirchenmusikalischem Gebiet stehen in Carl Maria v. Weber (1786–1826) und Franz → Schubert zwei verschiedene Typen der romantischen Schule, nämlich der Dramatiker und der Lyriker, einander gegenüber; beide fühlen sich der Tradition verpflichtet.

Webers vornehmliche Merkmale — auch in seinen 5 Messen — sind polyphone Durcharbeitung der Chorpartien und eingestreute ariose Stellen, beweglicheres harmonisches Empfinden, bes. ein Bläserklangfarben hervorhebender Satz mit charakterisierenden Aufgaben. Schubert, in freier Lebensstellung und bitterer Lebensnot schaffend, versteht den strengen Satz einschließlich der alten Simultanfuge; näher liegt ihm der homophone Satz, der mehr und mehr auf das ariose Element verzichtet. Hier entfaltet er als ein gewichtiges Stilmittel seine neue Harmonik in aller Schönheit und Dynamik.

Mit Beethoven und Schubert geht eine Zeit großer symphonischer KM zu Ende. Bisher Vorhandenes pflegt man im Gottesdienst weiter; im allgemeinen wird nach großen Vorbildern komponiert. Gleichwohl macht der Mangel an überragenden Persönlichkeiten den Verfall dieses Musikstils unaufhaltsam. Mehr und mehr dringt Opernhaftes in die KM ein. Rel. und liturg. Texte unter gängigen Opernmelodien und -arien, triviale und banale Melodien mit Marsch- und Tanzcharakter bis hin zu Tusch und Trommelwirbel an bestimmten Stellen der Liturgie sind kaum mehr Ausnahme. Die Vorgänge im Bereich der KM resultieren zutiefst im geistigen, theol. und politischen Wandel der Aufklärung, die sich seit langem angebahnt hatte und in den Wirren der Franz. Revolution (1789) und der Säkularisation (1803) zum Durchbruch gelangen.

Freilich gibt es auch in dieser Zeit Komponisten, die mit qualitätvoller KM über den Durchschnitt hinausragen. Zu ihnen zählen Luigi →Cherubini in Frankreich, Franz →Danzi in Deutschland und Abbé — richtiger Prälat — Georg Joseph →Vogler, der u.a. 2 »Alma Redemptoris Mater« für 2 Violinen und Streicher, »Regina caeli« und 2 »Magnificat« sowie »Marias Lobgesang« für Doppelchor (1780) schreibt.

Felix Mendelssohn-Bartholdy (1809–47), der sich in kath. Weltanschauung einfühlt und konservativ einstellt, komponiert an marian. Werken u.a. ein »Magnificat« (1822), ein »Salve Regina« (1824), den Hymnus »Ave maris stella« (1828) sowie ein »Ave Maria« (1820).

Unter den Zeitgenossen und Nachfahren der Wiener Schule sind zu nennen Leopold Hoffmann, Carl Ditters v. Dittersdorf (1739–99) und der ihm nahestehende Wenzel Pichl (1741–1805) mit über 30 Messen und »Magnificat«. Den Schülerkreis der Wiener Klassiker eröffnet der J.-Haydn-Schüler Anton Rößler (1750–92) mit 8 »Salve Regina«. Mozart-Schüler sind Joseph Leopold Eybler (1765–1846) mit 4 marian. Antiphonen, Franz Xaver Süßmayer (1766–1803) und Johann Nepomuk Hummel (1778–1837) mit den Offertorien »Alma Virgo« (1805), »Salve Regina«, »Alma virgo mater«, »O virgo intemerata« und der Antiphon »Sub tuum praesidium«. M.-Haydn-Schüler sind Assmayer, Diabelli, C.M. v. Weber, J.B. Gänsbacher (1778–1844) und Georg Johann Schinn (1768–1833). Beethoven-Schüler sind Carl Czerny (1791–1857), der nachmalige Lehrer Liszts, mit seinem Offertorium »Salve Regina« (op. 726) und dem Hymnus »Ave maris stella« sowie Simon Sechter (1788–1867), mit über 100 Kirchenwerken. Salieri-Schüler sind Joseph Weigl (1766–1846) mit den Gradualien »Felix es sacra virgo Maria« (1827), »Benedicta et venerabilis« (1832) und den Offertorien »Beata es virgo Maria« (1828), »Maria Mater gratiae« (1829), »Sancta Maria mater Dei« (1830), »Assumpta est Maria in caelum« (1831), »Te matrem Dei laudamus« (1832) und »Ave Maria gratia plena« (1833), sowie Franz Schubert und Anselm Hüttenbrenner (1794–1868) mit mehr als 30 Kirchenwerken.

In Prag wirken Matthäus Sojka (1740–1817) mit etwa 300 Kirchenkompositionen, Johann Anton Kozeluch (1738–1814) mit etwa 400 Kirchenwerken, sein jüngerer Bruder Leopold Kozeluch (1747–1818) und Wenzel Johann Tomaschek (1774–1850) mit zahlreichen, auch marian. Kompositionen. Ihre geistigen Erben sind Robert →Führer und Wenzel Horak (1800–71) mit 11 Messen, 3 Requiem, 2 »Te Deum«, zahlreichen Gradualien, lat. Motetten, kleineren Werken und Hymnen. Zu den jüngeren Mannheimer Schule gehören Abbé Vogler und Ignaz Jakob Holzbauer (1711–83) mit 17 Messen, 1 Miserere, 37 Motetten und anderen Einzelwerken sowie Johann Franz Xaver Sterkel (1750–1817) in Würzburg mit 4 Festmessen für 4-stimmigen Chor und Orchester sowie 2 »Te Deum« (1793). Die Münchner Tradition vertreten Joseph Christian Willibald Michl (1745–1816) mit Messen und anderen zahlreichen liturg. Kompositionen für die Marian. Kongregation sowie Joseph Schlett.

Als der Mannheimer Hof bei Antritt des kurbayer. Erbes 1778 nach München übersiedelt, wirken hier Abbé Vogler, Peter Winter (1754–1825), Hauptvertreter des heroischen Stils, mit Messen, Requiem, Psalmen, Offertorien, Hymnen, Responsorien, Motetten und »Stabat mater«, sowie Franz Danzi.

Die Stilrichtung Michael Haydns pflegen in München seine Schüler Georg Johann Schinn und Joseph Grätz (1760–1826); sein kirchenmusikalisches Schaffen umfaßt Messen, Litaneien, geistliche Lieder und ein Oratorium.

Mit Beginn des 19. Jh.s resultiert aus dieser Richtung eine umfassende Bewegung kirchlicher Restauration. Geistige Voraussetzungen schaffen im allgemeinen Sinne Johann Michael → Sailer, im engeren kirchenmusikalischen Bereich E.T.A. Hoffmann (1776–1822) und Anton Friedrich Justus Thibaut (1774–1840) mit seinem Buch »Über die Reinheit der Tonkunst« (1825). In programmatischen Reden und Schriften rufen sie eindringlich dazu auf, die KM aus dem Geiste der Liturgie zu erneuern und dabei an die reine Tradition anzuknüpfen. Carl Proske (1794–1861) in Regensburg ergänzt die geistige Grundlage mit Hilfe einer Sammlung und Publikation weithin in Vergessenheit geratener Werke der klassischen Vokalpolyphonie.

Caspar → Ett, Hoforganist an der Michaelskirche, gilt als Begründer des Zentrums früher Reformbestrebungen in München. Hier wirkt auch Johann Kaspar → Aiblinger an der Allerheiligenhofkirche. Kanonikus Johann Baptist Schmid, Regens chori bei St. Michael, und Stiftspropst Michael Hauber von St. Kajetan, eine Gestalt wie Michael Sailer, legen den theol. Grund zu dem Münchener Reformwerk, das eine stattliche Schar von Schülern Etts hier und auswärts trägt. Karl Greith (1828–78) in St. Gallen und München, Eduard Rottmanner in Speyer, Karl Ludwig Drobisch in Augsburg sowie Franz Paul → Lachner in München.

Der kunstsinnige Bischof Michael Sailer zieht das Zentrum der Restaurationsbewegung nach Regensburg, wo ein blühender Domchor mit einer Knabenschule wirkt (heute »Regensburger Domspatzen«). Sailer schafft die Instrumentalmusik ab und bevorzugt Meister der Vokalpolyphonie. Carl Proske als Arzt und Priester sowie Johann Georg Mettenleiter (1812–58) als Kirchenmusiker unterstützen ihn dabei.

Für die Restauration der KM in Wien stehen Raphael Georg Kiesewetter (1773–1850) aus Mähren und Simon Sechter (1788–1867) mit 221 Kirchenwerken. In Trier wirken Stephan Lück (1806–83) und Heinrich Oberhoffer. In Köln veröffentlicht Friedrich Koenen (1829–87) seine Liedersammlungen »Ave maris stella« sowie »Ave mater amabilis«. In Berlin edieren Franz Commer (1813–87), Johann Nikolaus Forkel (1749–1818) und Siegfried Wilhelm Dehn (1799–1858) Sammlungen älterer Musik.

Der aus der Oberpfalz stammende Priester Franz Witt (1834–88) faßt mit der Gründung des Cäcilienvereins 1868 die überall aufbrechenden Erneuerungskräfte in einer festen Organisation zusammen. Das Konzept des → Cäcilianismus findet weithin Anklang. Es setzt eine geradezu kirchenmusikalische Welle unübersehbaren Ausmaßes ein. Den marian. Aspekt behandeln Komponisten in bisher ungeahnter Breite. Ursache dafür ist das starke Aufblühen der MV im 19. Jh. Die um 1850 in Deutschland aufkommende →Maiandacht, die Verkündigung des Mdogmas (1854) und die Einführung des Festes der UE (8. Dezember) tragen dazu bei, daß alle bedeutenden cäcilianischen Komponisten Mmessen, Offertorien, Marian. Antiphonen, Hymnen, »Stabat mater« und »Ave Maria« in ihr Schaffen einbeziehen.

Zur historisierenden Richtung zählen der »Palestrina des 19. Jahrhunderts«, Michael Haller (1840–1915) aus Neusaat/Oberpfalz, Urheber vieler Kirchenwerke, darunter auch eines 8-stimmigen »Ave Maria«, sowie die Sammlungen dt. Mlieder unter verschiedenen Titeln (»Mariengrüße«, »Maiengrüße«, »Mariengarten« und »Marienkinder-Weisen«), Franz Xaver Haberl (1840–1915), J. Gustav Eduard Stehle (1839–1915; sein Hauptwerk: die Preismesse »Salve Regina«, 1868) und Franz Nekes (1844–1914), der den Neupalestrinastil mit Kirchenwerken für Männerchor vertritt. Zum rheinischen Kreis gehören Peter Piel (1835–1904), Gerhard Jakob Quadflieg (1854–1915) und Moritz Brosig (1815–87). Zu jüngeren Cäcilianern zählen Karl Greith (1828–87) und Ignaz Martin Mitterer (1850–1924), der mehr als 200 Kirchenwerke hinterläßt, darunter auch seine bekannte »Missa in honorem S. Nominis Mariae« sowie seine Liedersammlung »Marienpreis«.

Ferner gehören hierher Max Filke (1855–1911), Johann Baptist Meuerer (* 1871), Joseph → Renner und Vinzenz → Goller u. a. mit seiner berühmten »Loretomesse« und Meßproprien. Joseph Gruber (1855–1933) aus Wösendorf bei Krems an der Donau, schreibt seine Liedersammlung »Marienmyrthen« in mehreren Folgen. Peter Griesbacher (1864–1933) zählt mit seinen berühmten Messen »Stella maris« und »Mater admirabilis« zu den Cäcilianern, die den Anschluß an den zeitgenössischen Musikstil suchen. Joseph Kromolicki (* 1882) ediert neben eigenen Werken eine brauchbare Sammlung »Florilegium« alter, darunter auch marian. Motetten.

Die Kluft zwischen Cäcilianismus und Zeitstil ist in Deutschland tiefer als anderswo. Der cäcilianische Vereinskatalog — in bester Absicht angelegt — erwies sich aber als Hemmschuh für freie Entwicklung der KM. Er enthält einzig vom »Allgemeinen Cäcilienverein« empfohlene Kompositionen. In der Hauptsache sieht man mit Recht auf liturg. Geist, auf vollständigen Text; dabei wird oft musikalische Mittelmäßigkeit (sog. Devotionalienharmonik) bevorzugt und jede freiere und modernere Tendenz verdammt, so daß auch Bruckner und Liszt schlechte Erfahrungen mit dem Katalog machen mußten. Zwei Richtungen laufen nebeneinander: Die streng cäcilianische, beinahe exklusiv vokal orientierte KM der Palestrinaimitation und die freie symphonische Romantik.

Franz → Liszt komponiert seit seinem Aufenthalt in Rom intensiv kath. KM und empfängt auch die niederen Weihen. Unter seinen Kirchenwerken befinden sich mehrere »Ave Maria« und sein beliebtes »Ave maris stella« für Chor und Orgel. Bedeutender ist Anton → Bruckner. Einen Höhepunkt seiner KM, die das Anliegen der Cäcilianer geradezu genial verwirklicht, stellt seine 8-stimmige e-moll-Messe dar, die er zur Einweihung der Votivkapelle des neuen Linzer Mdoms (30. 9. 1869) schreibt. Seine Mmotetten »Ave Maria«, »Tota pulchra es« und »Virga Jesse« — ihnen sind andere Mmotetten vorausgegangen — bleiben unsterblich. Bruckners KM basiert auf unerschütterlichen Fundamenten wahren Christentums und überragenden technischen Könnens.

Peter → Cornelius vertritt als Dichterkomponist die neuromantische Richtung. Sein »Stabat Mater« für Soli, 8-stimmigen Chor und Orchester ist weniger für den Gottesdienst als für den

Konzertsaal geschaffen. Joseph →Rheinberger schreibt eine Ⓜmesse, 4 »Stabat Mater« und andere Ⓜmotetten. Sein Schüler Joseph →Renner komponiert Messen, Ⓜlieder, Litaneien und mehrere Cantica BMV (»Magnificat«). Johannes →Brahms, der KM fernestehend, hinterläßt dennoch eine Reihe hervorragender Ⓜlieder mit Texten verschiedener Herkunft, vom englischen Gruß bis zu alten Legendenliedern.

Max → Reger fühlt sich — obschon Katholik — in seinen Motetten und Choralkantaten mehr dem ev. Gottesdienst verbunden. Gleichwohl ist der Meister in seinen kleineren Chorwerken — darunter v. a. die Ⓜlieder — bemüht, dem Anliegen der Cäcilianer gerecht zu werden. Allen voran geht sein Lied »Und unser lieben Frauen«, gefolgt von dem volkstümlich innigen Lied »Maria sitzt im Rosenhag«, in dem er die Melodie des Weihnachtsliedes »Joseph, lieber Joseph mein« verarbeitet.

Als Ausläufer symphonisch-romantischen Kirchenstils wirkt in Wien Joseph Venantius v. Wöss (1863–1943), der u. a. 16 Messen, 2 »Te Deum«, 2 »Requiem«, 10 vollständige Proprien sowie zahlreiche, darunter auch marian. Motetten, Hymnen und 94 geistliche Lieder schreibt.

In Holland wirkt Alfons Diepenbrock, in Belgien Edgar → Tinel, Meister des klaren, an Bach geschulten Satzes (Lourdes-Messe).

In Frankreich führen Adolphe → Adam und Charles → Gounod im wesentlichen die Linie → Cherubinis und Etienne-Nicolas Méhuls (1763–1817) weiter. César → Francks Kirchenwerke, zwischen 1838 und 1871 entstanden, gehören kleinen Formen an und sind in der Hauptsache Gebrauchsmusik.

In Böhmen läßt sich Anton → Dvořak bereitwillig von dem Bemühen um Vertiefung des liturg. Geistes ergreifen. Den Beweis liefert er u. a. mit seinem »Stabat Mater«, das wohl als Ausdruck seiner persönlichen Ⓜfrömmigkeit zu werten ist. Unverkennbar symbolisiert im ersten Satz der wiederkehrende Ton ›fis‹ das Stehen Ⓜs unter dem Kreuz.

Für Italien ist in dieser Zeit Gioachino → Rossini zu nennen, der ein »Stabat Mater« ganz im Opernstil schreibt. Das letzte Werk Giuseppe → Verdis ist der Jungfrau Ⓜ gewidmet: »Quattro spezzi sacri«.

In der kirchenmusikalischen Restauration des 19. Jh.s sind verschiedene Strömungen wirksam, die oft aufeinanderprallen. Das »Motu proprio« Papst Pius' X. vom 22.11.1903, das sich selbst als Gesetzbuch der KM versteht, sucht die Lösung für die Zukunft. Es hält fest an Wert und Bedeutung des gregorianischen Chorals, der klassischen Vokalpolyphonie und an ihrem Vorbildcharakter für die Liturgie, aber es billig auch die moderne Musik. Der Prozeß der Integration zeitgenössischer Musik in die Fortentwicklung der großen Tradition der KM verläuft allerdings nicht einheitlich.

In Österreich versuchen Kirchenkomponisten — von Bruckner ausgehend — einen neuen Kirchenstil zu prägen: Joseph Venantius v. Wöss (1863–1943), Max Springer (1877–1954), Schöpfer durchkomponierter Messen, und Joseph Lechthaler (1891–1948). Er schafft die von ihm so genannte »Atonalität der Kirchentöne« und betritt mit seinem »Stabat Mater« (1928), seiner Missa »Gaudens gaudebo« und seiner Missa »Rosa mystica« kirchenmusikalisches Neuland. Ferner schaffen in Österreich kirchenmusikalische, darunter auch marian. Werke Joseph Messner (* 1893), Karl Koch (* 1887), Karl Walter (* 1892) und Ferdinand Andergassen (* 1892).

In Deutschland bildet sich nach dem Ersten Weltkrieg ein neues Verhältnis zur Liturgie, das die Orchestermesse abwehrt und zu einer Hochschätzung des a-cappella-Gesanges führt. Bedeutsame Vertreter des damit verbundenen neuen Vokalstils sind: Joseph Haas (1879–1960), der auf dem Gebiet der dt. Singmesse mit seiner »Speyerer-Domfestmesse« (1930) für einstimmigen Volksgesang und Orchester ad libitum bahnbrechend wirkt. Unter seinen weiteren Volksmessen dieser Art ist am bekanntesten die »Münchener-Liebfrauen-Messe« (1944). Gleichermaßen beliebt und bekannt sind seine volkstümlichen Krippen- und Ⓜlieder. Gottfried Rüdinger (1886–1946), Reger-Schüler, schafft in München ein meisterhaftes Werk, indem er geistliche Volkslieder bearbeitet, das eine neue Liedliteratur für Frauenchor darstellt. Heinrich Lemacher (1891–1966) begründet in Köln die neue Richtung und schreibt neben Ⓜkantaten, Ⓜliedern und -motetten v. a. die »Kieler Liebfrauenmesse«, die »Missa Regina pacis« und die »Missa Ave Maria« als gute Gebrauchsmusik. Franz Philipp (1890–1972) schreibt u. a. auch »Ich sehe dich in tausend Bildern, Maria, lieblich ausgedrückt« für vier gemischte Stimmen.

In der Schweiz wirkt Jean Baptist Hilber (1891–1973); sein marian. Chorsatz »Gott spiegelt seine Reinheit« für vier gemischte Stimmen ist weit über die Grenzen seines Landes bekannt geworden.

In Italien beginnt seit der Mitte des 19. Jh.s ein neuer Aufschwung der Oratorienpflege klassizistisch-rückschauender Tendenz mit Pietro Raimondi (1786–1853, Oratorientrilogie »Giuseppe«), Jacopo Tomadini (1820–83) und Lorenzo Perosi (1872–1956).

In Ungarn bemüht sich Zoltan Kodaly (1882–1967) zusammen mit Bela Bartok um die Sammlung und Erforschung des ungar., später auch des ausländischen Liedes.

Die Reihe der Namen ist unvollständig und lückenhaft. Gleichwohl gelangt in der Konsequenz diese Entwicklung zu einer neoklassizistischen Richtung, die sich streng am gregorianischen Choral orientiert und die von bedeutenden Komponisten wie etwa von Johann Nepomuk →David, Georg Texler (1903–79) und Joseph Ahrens (* 1902) getragen wird. Die jüngere Generation vertreten in Deutschland Hermann Erpf (* 1891), Johannes Hafner (* 1901) und Karl Höller (* 1907).

In Augsburg wirkt Arthur Piechler (1896–1974), dessen »Ettaler Liebfrauenmesse« (1970) den Typus einer dt. liturgiegemäßen Komposition darstellt. Karl Kraft (* 1903) knüpft in seinen Liedkantaten an das dt. Kirchenlied an.

In dem Personalstil einiger Komponisten tritt neben dem künstlerischen Wachstum auch eine Entfaltung neuer Ziele auf. Alles ist im Fluß, auch bei denen, die auf der Höhe ihres Schaffens stehen und als Programmatiker ihres Stiles gelten können, wie Carl Senn in Innsbruck und J. G. Scheel in St. Gallen, Max Springer in Klosterneuburg, Joseph Messner in Salzburg und Joseph Lechthaler in Wien. Die Münchener Schule tragen die Reger-Schüler Gottfried Rüdinger und Joseph Haas; von ihnen gehen aus Karl Kraft und Arthur Piechler in Augsburg sowie Otto → Jochum (u. a. Christnacht-Messe). Hermann Schroeder (* 1904) schreibt zahlreiche 𝔐liedbearbeitungen und Motetten, mehrere lat. 𝔐messen, darunter »Missa Regina caeli« und ein Kantorenproprium zu »Mariä Himmelfahrt«. M. Baumann (* 1917) arbeitet in seine »Deutsche Passion« neben anderen liturg. Hymnen auch ein ergreifendes »Stabat Mater« ein. Sein 8-stimmiges »Ave Maria« verwendet keine gregorianischen Themen, ist aber im Klangspiel mit verschiedenen Chören eindrucksvoll.

In Österreich wirken unter marian. Aspekt Ernst → Tittel mit zwei 𝔐messen, Hans Bauernfeind (* 1908), Anton Heiller (* 1923), Hermann (* 1914) und Joseph Kronsteiner (* 1910), der ein großes Oratorium »Maria« nach Texten des AT und NT komponiert. In der Schweiz ragen hervor Albert Jenny (* 1912) aus Solothurn, Paul Schaller (* 1913) aus Überstorf, Paul Huber (* 1918) aus St. Gallen, Ernst Pfiffner (* 1922) aus Mosnang und v. a. Oswald Jaeggi (1913–63) aus Basel: seine marian. Kompositionen von hoher Qualität sind ein »Ave Maria«, die dt. Motette »Glückselig bist du« und sein marian. Chorzyklus (1953). In Italien vertreten die moderne Richtung Celestino Eccher (* 1892), Renato Lunelli (* 1895), Orazio L. Refice (1885–1954), der außer 𝔐messen und Motetten ein »Stabat Mater« als großes Oratorium schreibt. Giorgio Federico Ghedini (* 1892–1965) verbindet die ital. Tradition (Frescobaldi, Monteverdi, Vivaldi) mit Kategorien der Moderne (auch Dodekaphonik) in seinen Werken »Maria d'Alessandria« (1937), »Re Hassan« (1939), »Billy Budd« (nach 1949). Giovanni Pertrassi (* 1904), schreibt 1939/40 ein »Magnificat« für Koloratursopran, Chor und großes Orchester, in dem Saxophone, Xylophon und Schlagzeug verwendet werden. In Frankreich wendet sich Francis Jean Marcel → Poulenc nach seinem ersten kirchenmusikalischen Werk (1935), einer Litanei zu Ehren der Schwarzen Madonna von Roccamadour für Frauen- oder Kinderchor und Orgel, einem großen »Stabat Mater« für Solosopran, 4-stimmigen Chor und Orchester (1951) zu. André Jolivet (* 1905) gründet 1936 zusammen mit O. Messiaen, D. Lesur und Y. Baudrier die Gruppe »La jeune France«, eine bedeutsame Vereinigung franz. Komponisten der Vorkriegszeit. In Spanien gilt Nemesio Otannio (* 1880) als Führer kirchenmusikalischer Reform seines Landes. In Polen wirken unter marian. Aspekt v. a. K. Szymanowski (1882–1937) und K. →Penderecki (* 1933). In dem reichen Schaffen K. Szymanowskis markieren seine beiden großen marian. Werke, ein »Stabat Mater« für Soli, Chor und Orchester (1929) und eine spätere 𝔐litanei für Soli, Frauenchor und Orchester (1930/33) seine eigene, in die Zukunft weisende Schreibweise.

Seit den berühmten »Straßburger Eiden« im Jahre 842 in altfranz. und althochdt. Sprache, die an Stelle des üblichen Lateins gewählt worden waren, treten mehr und mehr sprachliche Unterschiede auf. Sie sind gleichsam der Beginn franz. und dt. Literatur. Von da an verbindet sich das Lied mit diesen, später auch mit anderen Nationalsprachen, obschon Latein noch lange dominiert. Dabei werden die Melodien zunächst mündlich überliefert, zumal die abendländische Musiknotation nach und nach aufkommt.

Zwei ohne Melodie überlieferte Lieder, das Pilgerlied des Priesters Ezzo (etw 1065) und das Melker Marienlied (1140), mit dem die Geschichte des Liedes eigentlich beginnt, repräsentieren eindeutig das geistliche Kunstlied.

In seinem Palästinalied verwendet →Walther von der Vogelweide den melodischen Grundstoff des Volksliedes, wandelt ihn aber ab und erhebt damit das Lied in die Sphäre der Kunstmusik.

Die Kolmarer Liederhandschrift umfaßt eine Tradition von mehr als 200 Jahren von Walther von der Vogelweide bis zu → »Muscatblüt« (um 1420). Von M. Beheim (1416–74) geht die Entwicklung weiter über H. Folz zu H. Sachs, Hermann v. Salzburg und → Oswald v. Wolkenstein.

In der 𝔐dichtung mit ihrer Vorliebe für fromm-erotische Texte und im Entstehen der geistlichen Kontrafaktur im 14. Jh. liegen die Anfänge einer von der Mystik beeinflußten rel. Privatlyrik, die im 15. und 16. Jh., v. a. in Nonnenklöstern fortgesetzt wird. Auch in den Kontrafakta des Theologen, Dichters und Musikers, →Heinrichs v. Laufenberg und des Hohenfurter Liederbuchs, für die einige der schönen Volkslieder als Vorlagen gedient haben, ist der Einfluß der →Mystik deutlich zu erkennen. Um die Mitte des 12. Jh.s zeichnen sich die Anfänge einer dt.sprachigen einstimmigen Liedkunst ab, die zunächst ritterlich-höfisches Gepräge zeigt.

Das →Melker Marienlied, Nachbildung einer sapphischen Strophe mit dem Adonius »Sancta Maria« als Kehrreim, die Psalm-Paraphrase zu Psalm 138, die 𝔐leiche von Muri und Seckau, beides Übertragungen der Sequenz »Ave praeclara«, sind erste Beispiele dt. Messgesanges. Alle diese Gesänge stehen im Zusammenhang mit den von Cluny und Gorze ausgehenden Reformbewegungen seit dem Ende des 10. Jh.s; sie sind Beispiele einer durch besondere Forderungen der Seelsorge bestimmten geistlichen Dichtung und stehen durchaus in der Tradition kirchlichen Gesanges. Mit dem »Kyrie eleison« oder kurzen Refrainrufen, wie »Sancta Maria«, beteiligt sich das Volk an solchen Gesängen. Auch das älteste in Neumen aufgezeichnete franz. ℳlied »O Maria Deu maire« aus dem 11. Jh. beruht auf lat. Vorbildern. Das MA hindurch bis zur Reformation und darüber hinaus werden Übersetzungen von ganzen Hymnaren, Sequentiaren und anderen liturg. Büchern bereitgestellt. So stimmt eine spät überlieferte Weise (1586) mit den Neumen des Initiums aus dem 12. Jh. auch melodisch im Hinblick auf die Septimenspannung des »Dic nobis Maria« der Sequenz überein sowie auch mit der Zeile »Sepulchrum Christi viventis«.

Den alten ℳruf »Sant Mari, muoter unde meit, al unsriu not si dir gkleit« überliefern Geißlerlieder. Der Strophenanfang wird im MA zu dem häufig gebrauchten Liedanfang: »Maria, Mutter, reine Magd«. Ähnliche dieser Rufe bleiben Volksgut und werden von Beuttner (1606), Corner (1625) und anderen Gesangbüchern dem Schatz kath. Liedes einverleibt. Im 17. Jh. entstehen Lieder zur mehr und mehr aufkommenden Verehrung der Hl. Familie, wie etwa das Lied »Heilige Namen, allzeit beisammen«; sein Kehrvers »Jesus, Maria, Joseph« ist dem alten »Kyrieleis« oder »Jesus und Maria-Ruf« vergleichbar. Das neue »Gotteslob« (1975) beschränkt diese Lieder auf wenige Diözesananhänge.

Kaum zu überblicken ist die Zahl der ℳlieder aus dem 12. Jh., wie etwa »Ave viellichter Meerstern«, nach der Sequenzmelodie »Ave praeclara maris stella«, oder aus dem 15. Jh. von Heinrich v. Laufenberg frei gedichteten Lieder zum »Lobe Mariens, der Hl. Jungfrau«, wie etwa »Maria honigsüßer Nam«. Aus der gleichen Zeit stammt »Frau von Herzen wir dich grüßen«, nach der Choralmelodie des »Salve Regina« im I. Modus, ebenso »Königin der Himele«, eine Übertragung des »Regina caeli«, abgeleitet aus der jüngeren Choralmelodie. Das Lied »Alle Tage sing und sage« ist eine aus dem 14. Jh. stammende Übertragung des Hymnus »Omni die dic Mariae« aus dem 12. Jh. Mit dem Aufkommen neuer ℳfeste und der Pflege des Rosenkranzgebetes entstehen auch neue ℳlieder, wie etwa »Unser lieben Frauen Rosenkranz«. Die aufblühende Kreuzesfrömmigkeit seit dem 12. und 13. Jh. bewirkt auch die Verehrung der schmerzhaften GM; sie findet im »Stabat mater« ihren hervorragenden Ausdruck. Als Übertragung »Christi Mutter stand mit Schmerzen« wird das »Stabat mater« auch dem Volk als Lied geläufig. Zu den Legendenliedern, die erst später aufgezeichnet worden sind, zählen »Maria einst wollt wandern« und »Als Jesus von seiner Mutter ging«. Der Jesuit Fr. v. →Spee greift die Dichtungsform des M. Opitz (1597–1639) auf, die er für die Kirche nützt. Unter anderen ℳliedern schafft Spee die auch heute beliebten Lieder »Laßt uns erfreuen herzlich sehr« und »O himmlische Frau Königin«. In den Wirren des Dreißigjährigen Krieges entstehen die Lieder »Maria, breit den Mantel aus« (1640), »Ave Maria zart«, »Sagt an, wer ist doch diese« und »Mein Zuflucht alleine«. Aus der Zeit der Aufklärung stammen »Meerstern, Maria, Heil der schiffbrüchigen Seelen« und auch »Maria zu lieben«. Mit dem Aufblühen der Maiandacht seit Pius VII. (1815) entstehen viele ℳlieder, wie etwa »Maria Maienkönigin« (1844) von G. Görres, »Kommt Christen, kommt zu loben« (1865) von J. Herold, »Milde Königin gedenke«, »Es blüht der Blumen eine« u.a. Anläßlich der Definition des Dogmas der UE entsteht »Glänzender Stern, Kleinod des Herrn«. Zur 800-Jahrfeier des Speyerer Domes dichtet W. Molitor das Lied »O Königin voll Herrlichkeit« (1861). Um 1869 erhält das Lied »Wunderschön prächtige« von A. G. Stein eine neue, einer älteren Melodie nachgebildete Vertonung aus Corners »Geistliche Nachtigall« (1676). Vom 19. Jh. beeinflußt sind die Lieder des beginnenden 20. Jh., wie etwa »Segne du, Maria« oder die Grüssauer ℳrufe »Mutter Gottes, wir rufen zu dir«. Von Thurmair und Chr. Lahusen (1940) stammt das Rosenkranzlied »Maria sei gegrüßt mit deinem lieben Sohn«.

Es sollte nicht der ganze Weg der Entwicklung des Kirchenliedes aufgezeigt werden, obschon er eng verbunden ist mit dem Werden des Liedes. Dennoch verdient das Sololied, das im 19. Jh. den Höhepunkt seiner Entwicklung erreicht und seit Franz →Schubert zu einer selbständigen Musikgattung geworden ist, zumindest erwähnt zu werden. Dabei ist der marian. Aspekt dieser Gattung bis heute wenig erforscht. Gleichwohl sollen das marian. Thema einige Beispiele aufzeigen. Von Schubert, Reger und Haas abgesehen, gibt es im 19. Jh. unter vielen Liedern von R. Franz (1815–92) eine Vertonung des Gedichtes von E. Geibel (1815–84): »Ave Maria, Meer und Himmel ruhn«. Von H. → Wolf (1860–1903) stammen die Lieder »Auf ein altes Bild« und »Schlafendes Jesuskind«.

A. Webern (1883–1945) schreibt die Lieder »Liebste Jungfrau, wir sind dein« aus op. 17 (1924) »Drei religiöse Volkslieder« für Gesang, Violine, Bratsche, Klarinette und Baß-Klarinette, wobei dem letzten Lied zum ersten Male eine Zwölftonreihe zu Grunde liegt, und opus 18 (1925), »Drei Lieder« für Gesang, Es-Klarinette und Gitarre, darunter — streng dodekaphonisch — »Erlösung«, ein Gespräch zwischen ℳ, Jesus und Gott-Vater, sowie die Antiphon »Ave regina caelorum«. Von A. Knab (1881–1951) stammen vier ℳlieder von inniger Schönheit, darunter das Legendenlied »Marie und der Schiffer«. W. Courvoisier (1875–1931) schreibt »Geistliche Lieder« op. 27 (1917/19), die als fünfteiliger Liederzyklus auf Gedichte verschiedener Epochen der Gotik das »Marienleben« behandelt. P. →Hindemiths (1895–1963) »Marienleben« (1938), nach Gedichten von R. M. Rilke ist als programmatisches Hauptwerk der neuen Musik zu verstehen.

Im großen und ganzen entsteht der Eindruck: Die Quantität der Liedkomposition nimmt seit 1900 mehr und mehr ab. Ursache des Phänomens liegt wahrscheinlich darin, die Schlichtheit des Ausdrucks mit der neueren Kompositionstechnik zu paaren. Zum andern haben sich sogar Dodekaphonkomponisten auf dem Gebiet vokaler Lyrik versucht. Dies beweist: Das Lied wird sich auch künftig als substantieller Bestandteil westlicher Musik behaupten.

Literatur: C. v. Winterfeld, G. Gabrieli und sein Zeitalter, 1834. — W. Ambros, Geschichte der Musik I–V, 1862–82. — F. Ludwig, Die mehrstimmige Musik des 14. Jh.s, In: Sammelbände der Internat. Musik-Gesellschaft IV, 1902–03. — H. Riemann, Handbuch der Musikgeschichte I–V, 1904–13. — H. Abert, Die Musikanschauung des MA und ihre Grundlagen, 1905. — H. Leichtentritt, Geschichte der Motette, 1908. — M. Schneider, Die Ars nova des 14. Jh.s in Frankreich und Italien, 1914. — E. Schmitz, Geschichte der Kantate, 1914. — L. Fischer, Ordo officiorum ecclesiae Lateranensis, 1916. — G. Adler, Handbuch der Musikgeschichte, 1924. — R. Haas, Die Musik des Barock, 1928. — C. Sachs, Vergleichende Musikwissenschaft, 1930. — R. v. Ficker, Musik der Gotik, 1930. — O. Ursprung, Die Kath. Kirchenmusik, In: Handbuch der Musikwissenschaft II, 1931, 116–299. — H. Besseler, Die Musik des MA und der Renaissance, ebd., 1931–34. — F. Gennrich, Grundriß einer Formenlehre des ma. Liedes, 1932. — W. Flemming, Oper und Oratorium im Barock, 1933. — A. Pirro, Histoire de la musique de la fin du XIVe siècle à la fin du XVIe siècle, 1940. — G. D. Sasse, Die Mehrstimmigkeit der Ars antiqua in Theorie und Praxis, Diss., Berlin 1940. — G. Reese, Music in the Middle Ages, 1941, 249–422. — P. H. Lang, Musik des Abendlandes, 1947. — M. F. Bukofzer, Music in the Baroque Era, 1947, 1–179. 239–246. — J. Handschin, Musikgeschichte im Überblick, 1949. — O. Strunk, Source Readings in Music History, 1952. — F. Bose, Musikalische Völkerkunde, 1953. — F. Gennrich, Aus der Formenwelt des MA, 1953, 7, 26. — G. Reese, Music in the Renaissance, 1954, 3–152. 184–518. 575–814. — F. Gennrich, Mittelhochdeutsche Liedkunst, 1954, 3 f. — Ders., Melodien althochdeutscher Lieder, 1954. — Ders., Perotinus Magnus. Das Organum »Alleluja Nativitas gloriosae virginis Mariae« und seine Sippe, 1955, 1–32. — J. Kunst, Ethno-Musicology, 1955. — E. Preussner, Musikgeschichte des Abendlandes, 1958. — F. L. Harrison, Music in Medieval Britain, 1958. — C. Parrish, A Treasury of Early Music, 1959. — D. Stevens, A History of Song, 1960. — J. D. Grout, A History of Western Music, 1960. — A. Robertson und D. Stevens, Geschichte der Musik I, 1960, 256–402; II, 1963, 21–56. 205–233. 246–295. — R. Münster, Evermodus Groll und die Musikpflege in Schäftlarn im Ausgang des 19. Jh.s, In: 1200 Jahre Kloster Schäftlarn 762–1962, 1962, 123–156. — H. J. Burbach, Studien zur Musikanschauung des Thomas v. Aquin, In: Kölner Beiträge zur Musikforschung 24 (1966) 30–34. — K. G. Fellerer, Geschichte der kath. Kirchenmusik I, 1972; II, 1976. — O. Hamburg, Musikgeschichte in Beispielen, In: Taschenbücher zur Musikwissenschaft 39 (1979) 191–208. — Beinert-Petri 622–663. — MGG VIII 745–856. — Grove X 830–848.

D. v. Huebner

Volkach, Lkr. Kitzingen, Bistum Würzburg, Wallfahrtskirche St. Maria im Weingarten, am Kirchberg in herrlicher Flußlandschaft nahe der Stadt über einen Stationsweg zu erreichen. Mit ihrem ehemaligen Friedhof lag dort die ursprüngliche Pfarrkirche V.s. Der erhaltene Turmstumpf mit Sakristei entstand im 13./14. Jh., die heutige Kirche wurde im wesentlichen unter Fürstbischof Rudolf v. Scherenberg (regierte 1466–95) erbaut. Im SpätMA wurden in V. allein drei M-Vikarien gestiftet, 1501 eine auf dem Kirchberg. Nebenpatrone scheinen dort St. Bartholomäus und St. Laurentius gewesen zu sein. 1412 wurde eine Beginenklause eingezogen und deren Einkünfte einer Bartholomäusvikarie zugeteilt. Bei der Konfirmation eines St. Laurentius-Benefiziums 1501 erwähnt Fürstbischof Lorenz v. Bibra eine marian. Wallfahrt, die aber damals bereits sehr zurückgegangen war, was 1511 auch Johannes Trithemius erwähnt. Eine weit verbreitete Mbruderschaft hatte dort bis ca. 1550 ihren Sitz.

Als Gnadenbild gilt eine volkstümlich geschnitzte Pietà, die noch 1612 mitten vor dem Chor auf einem Altar stand (seit einer Renovierung 1954/55 auf dem linken Seitenaltar). Das bekannteste Kunstwerk ist die Rosenkranzmadonna von ca. 1522, die Tilman Riemenschneider schuf. Die 1642 gegründete Rosenkranzbruderschaft belebte sicher die Wallfahrt erneut, wenn auch bis ins 19. Jh. noch St. Laurentius im Vordergrund der Verehrung zu stehen schien. Seither ist das Fest Me Schmerz Hauptwallfahrtstag. Aber es kommen täglich Besucher und Beter. 1746 hatte ein aus der Abtei Münsterschwarzach erworbener Barockaltar einen ma. Flügelaltar ersetzt, der seinerseits der Regotisierung zum Ende des 19. Jh.s weichen mußte. Eine Anna-Selbdritt-Gruppe in der Art Riemenschneiders stammt von ca. 1500.

Lit.: I. Gropp, Collectio novissima scriptorum et rerum Wirceburgensium, 2 Bde., Frankfurt und Leipzig 1741–44, bes. I 189 (Trithemius); II 89. — E. Schön, Historische Nachrichten über Volkach, bes. dessen kirchliche Verhältnisse, In: Archiv des Historischen Vereins für Unterfranken 2, I 1833, 1–182, bes. 5–56. 71. — N. Reininger, Beitrag zur Geschichte der Wallfahrtskirche und ehemaligen Beguinenklause auf dem Kirchberg bei V., ebd. 19, V. 1868, 199 ff. 203. — G. A. Weber, Til Riemenschneider, Regensburg 1911, 155–158. — KDB, Bezirksamt Gerolzhofen, 1913, 250–261. — H. Muth, Tilman Riemenschneiders Madonna im Rosenkranz in der Wallfahrtskirche »Maria auf dem Kirchberg« bei V., In: Mainfränkisches Jahrbuch 6 (1954) 161–169. — G. Wehner, Die Wallfahrtskirche St. Maria im Weingarten auf dem Kirchberg bei V., o. J. — J. Dünninger, Die marian. Wallfahrten, 1960, 79–84. — P. Dünninger, Processio Peregrinationis, In: WDGB 24 (1962) 121–126. — L. Remling, Bruderschaften in Franken, 1986, 411.

E. Soder v. Güldenstubbe

Volksfrömmigkeit (Volksbrauch, Volksglaube, Volkskunst). Der Begriff »Volksfrömmigkeit« wird im Bereich der Volkskundeforschung verwendet, um Erscheinungen des Volksglaubens, soweit sie von christl. Traditionen geprägt sind oder im Zusammenhang kirchlichen Lebens aufscheinen (innerhalb der unterschiedlichen christl. Denominationen) zu charakterisieren und zusammenzufassen.

»Volksglaube« hingegen ist ein heute gebräuchlicher Fachausdruck volkskundlicher Wissenschaft für alle diejenigen Erscheinungen, die z. T. am Rande kirchlicher Traditionen bis hin zu den Phänomenen allgemeiner rel., »primitiver« und »magischer« Auffassungsweise in allen Hochreligionen liegen (→ Aberglaube).

»Brauch(-tum)«, »Gewohnheit« (frömmigkeitsgeschichtlich consuetudo/traditio), »Sitte und Brauch« meinen überlieferte Ausdrucksformen gesellschaftlichen, auch rel. Lebens, im Rahmen von Familie, Beruf, Region, Gemeinschaft (z. B. Pfarrei, Bistum, Orts- und Weltkirche), die bei regelmäßig wiederkehrenden Anlässen üblich sind. Entstehung und Sinn sind oftmals nicht mehr nachvollziehbar, da die Brauchformen gegebenenfalls formalistisch überliefert und institutionalisiert wurden.

Das »volksfromme Brauchtum« (nach einer bekannten Formulierung des Kirchenhistorikers Ludwig Andreas Veit, der intensive frömmigkeitsgeschichtliche Quellenstudien betrieb), läßt jedoch sehr oft die Intentionen frommer Stiftungen sichtbar werden. Diese sind als Zeugnisse rel. Tradition in einer Region und für diese, v. a. aber für die Haltung des einzelnen Gläubigen und der rel. Gemeinschaft, Zeugnisse rel. Lebens in dessen Gestaltung und Bewältigung. Für die Brauchtumsformen (rel. und profane, die jedoch oft ineinanderfließen) sind die Möglichkeiten der unreflektierten Tradierung und das Verständnis von Überlieferung und Innovation bzw. deren Verknüpfung in verstehender Anpassung (»aggiornamento« nach Johannes XXIII.) solide Grundlagen für deren Erforschung und Praktizierung.

Eine Brauchphänomenologie könnte (nach Wolfgang Brückner) etwa die Gesamtheit der Bräuche für Alltag, Arbeit, Fest und Lebenslauf/Jahreskreis umfassen und dabei von frühen Schichten (Magie, Zauber, »primitiver« Volksglaube) ausgehen, in denen die Verbindung zum Götter-, Heroen- und Totenkult bis hin zu Fragen der Repräsentation fürstlicher und priesterlicher Macht gegeben ist. Fragen der Kontinuität (keltische, germanische, slawische Wurzeln u. ä.) sind dabei durchaus umstritten.

Heutige Aufgabe der Forschung (der volkskundlichen wie auch der frömmigkeitsgeschichtlichen) ist es, »in historischer und vergleichender Methodik die Entwicklung aller Brauchtumsphänomene in ihrer Bindung an Umwelt und wirtschafts-, sozial- und geistesgeschichtlichen Wandel, nach Impulsen, Funktionen und Formen in Vergangenheit und Gegenwart klarzulegen« (Brückner).

Der Begriff »Volkskunst« ist geläufig seit etwa 1870. Er findet seitdem Verwendung zur Kennzeichnung eines spezifischen Kulturgutes, das seitens anderer Wissenschaften nicht genügend Beachtung fand. Bei den Objekten handelt(e) es sich um zumeist handwerklich gestaltetes Formengut, das eng an volkstümlichen und volksfrommen Brauch gebunden ist und in überlieferten Werkformen gestaltet wird. Die Herstellung erfolgt (kleinhandwerklich) mehr oder minder unabhängig vom internat. Stilwechsel.

Der Begriff ist vielschichtig, bleibt jedoch auf den Bereich bildender Kunst beschränkt. Seit der Jh.wende (wissenschaftliche Diskussionen über Einordnung und Beurteilung von Volkskunst seit 1894 etwa) werden die seitdem modisch gewordenen Sammelobjekte von Bauernkunst und naiver Malerei gemeint.

Es zählen auch Verzierungen von Gerätschaften dazu, ebenso die Massenerzeugnisse älterer Druckgraphik und ihrer traditionellen Bilderwelt (»Imagerie populaire«).

Ein Verstehen der Phänomene von V. und rel. Volksbrauch, von Volksglaube und »magischem«, frührel. Verhalten, von Volkskunst u. a. in Geschichte und Gegenwart hat zunächst die Phänomene aus ihrem Entstehungszusammenhang (Funktion, Intention etc.) zu erheben, sodann ihre Beurteilung innerhalb einzelner Epochen (MA, Barock, Aufklärung etc.) zu beachten, den Gesichtswinkel der Beurteilenden (einzelne, Gruppen, Institutionen — staatlich, kirchlich —) zu erforschen und schließlich auf dieser Grundlage eine quellenmäßig fundierte Darstellung zu versuchen.

Eine solche ideengeschichtlich wie auch phänomenorientierte Betrachtungsweise wird auch die Ausformungen marian. Frömigkeitszeugnisse weiter erhellen können.

Das volksfromme Brauchtum im Bereich der MV ist äußerst vielfältig. Beginnend mit und ausgehend vom Liturg. Jahr und seinen (marian.) Festen bis hin zum Lebenslauf- und Jahresbrauchtum ist marian. Frömmigkeitsgut (sehr oft in heilgeschichtlich relevanter Verbindung mit christol.) begleitender und durchdringender Aspekt des Fest- und Alltagslebens des einzelnen Gläubigen und der christl. Gemeinschaft(en) — einschließlich der Eigenausprägungen des Ordenslebens.

Reich ausgestaltet sind volkstümliche Andachten und das Devotionalwesen (Litaneien, Rosenkranz, Mai und Oktober als Ⓜmonate, Samstagsheiligung, → Medaillen, Skapuliere).

Ⓜ ist Nothelferin in allen Situationen, ihre Verehrung steht zu allen Zeiten über der der Heiligen, mit dem Barock jedoch tritt die Vielzahl der Heiligen zurück und Marianisches (wie auch Christologisches) nehmen — u. a. auf Grund offizieller Förderung — massiv zu. Patrozinienwesen und Kultgeographie spielen im Zusammenhang mit Ⓜ schon seit frühester Zeit eine große Rolle, seit der Gegenreformation wird sie zur Patronin, u. a. Bayerns, Frankens, der habsburgischen Monarchie, Polens, Ungarns.

Wallfahrtsmittelpunkte (und ihre Kultpropaganda) treten bes. hervor als vielfach besuchte Verehrungsstätten: → Altötting, → Einsiedeln, → Kevelaer, → Loreto und die Casa Santa, → Telgte, → Mariazell und → Czenstochau, um nur einige zu nennen. Die marian. Gnadenbilder (und Devotionalkopien hierum) gewinnen zunehmende Bedeutung.

Ⓜerscheinungen des 19. und 20. Jh.s führen zur Entwicklung neuer Kultorte, wie z. B. → Banneux, → Fatima, → Heroldsbach, → La Salette, → Lourdes, → Medjugorje.

Ⓜ wird häufigster Mädchenname, zweiter Name bei Männern und wichtiger Zusatz bei der Namensgebung der Klosterfrauen.

Auch Tiere- und Pflanzenbezeichnungen gehen vielfach auf M. zurück.

Die Zahl marian. Reliquien und verwandter Symboliken (Länge ihres Leibes und Fußes usw.) in der volkstümlichen Vorstellung ist mannigfach.

Lit.: B. Goy, Aufklärung und Volksfrömmigkeit in den Bistümern Würzburg und Bamberg, 1969. — I. Baumer, Der Wissenschaftscharakter der Volkskunde, insbesondere der rel. Volkskunde, In: Österr. Zeitschrift für Volkskunde 76 (1973) 9–30. — M. Zender, Glaube und Brauch. Fest und Spiel, In: G. Wiegelmann (u. a.), Volkskunde. Eine Einführung, 1977. — F. Hensel, Frömmigkeit in Beharrung und Wandel. Überlegungen zum Verständnis rel.-volkskundlicher Forschung als theol. Disziplin, In: K. Welker (Hrsg.), Heilige in Geschichte — Legende — Kult, 1979, 3–21. — D. Harmening, Superstitio. Überlieferungs- und theoriegeschichtliche Untersuchungen zur kirchlich-theol. Aberglaubensliteratur des MA, 1979. — R. van Dülmen (Hrsg.), Kultur der einfachen Leute. Bayer. Volksleben vom 16. bis zum 19. Jh., 1983. — M. N. Ebertz und F. Schultheis (Hrsg.), V. in Europa, 1986. — A. A. Gribl, Volksfrömmigkeit. Begriff, Ansätze, Gegenstand, In: E. Harvolk (Hrsg.), Wege der Volkskunde in Bayern. Ein Handbuch, 1987. — P. Dinzelbacher und H.-D. Mück, Volkskultur des europäischen MA, 1987. — Ch. Daxelmüller, Volksfrömmigkeit, In: R. W. Brednic (Hrsg.), Grundriß der Volkskunde, 1988, 329–351. — H. Ch. Ehalt (Hrsg.), Volksfrömmigkeit. Von der Antike bis zum 18. Jh., 1989. — E. Kimminich, Rel. Volksbräuche im Räderwerk der Obrigkeiten, 1989. — R. Böck, Volksfrömmigkeit und Brauch, 1990. — R. van Dülmen, Kultur und Alltag in der Frühen Neuzeit, 3 Bde., 1990–94. — H. Eberhart u. a. (Hrsg.), Volksfrömmigkeit. Referate der österr. Volkskundetagung 1989 in Graz, 1990. — A. Heller u. a. (Hrsg.), Religion und Alltag, 1990. — W. Hartinger, Religion und Brauch, 1992. — W. Brückner, Zu den modernen Konstrukten »Volksfrömmigkeit« und »Aberglauben«, In: JbVk NF 16 (1993) 215–222. — I. Bauer (Red.), Frömmigkeit. Formen, Geschichte, Verhalten, Zeugnisse, FS für L. Kriss-Rettenbeck, 1993. — O. Wiebel-Fanderl, Religion als Heimat?, 1993. — J. Grabmayer, Volksglauben und V. im spätma. Kärnten, 1994. — TRE XI 671–688. — LThK³ I 50–46. *K. Welker*

Volkslieder. »In tausend Bildern lieblich ausgedrückt« (Eichendorff) wird M. seit den Tagen des Frühchristentums verehrt und besungen, so auch durch V., die heute v. a. in den Alpenländern noch einen guten Teil des Repertoires der singenden Gruppen ausmachen. Zentrales Thema dieser MV ist u. a. die erbsündefreie Jungfrau.

Von Benediktinern und Jesuiten stark gefördert und von den Herrschenden, v. a. von deren Frauen vorgelebt, pilgern im 17./18. Jh. unzählige Gläubige zu den Gnadenorten, allen voran → Altötting und → Mariazell. Bruderschaften wurden ins Leben gerufen, die z. T. noch heute bestehen und mit ihren »Erkennungsliedern« beredte Traditionspflege betreiben.

M., die der Schlange den Kopf zertritt oder auf der Mondsichel steht und dergestalt über die Türken als die äußeren und die Irrgläubigen als die inneren Feinde triumphiert, wird nun auch in den V.n als die »Große Mutter Österreichs« und die »Schutzfrau« Bayerns besungen: »Maria, breit den Mantel aus, mach Schirm und Schutz für uns daraus ...« (Gotteslob, Nr. 595).

Im 19. und 20. Jh. sind es v. a. die → Maiandachten, in denen die MV und die M.lieder weiterleben. Die M.erscheinungen in Lourdes und Fatima sind deutliche Zeichen für die anhaltende M.frömmigkeit der kath. Christen.

Dennoch entstehen weniger neue Lieder, aber die überlieferten leben in den Herzen der Gläubigen weiter. Liederbücher mit geistlichen Liedern haben stets auch einen großen Anteil an M.liedern.

Das Vaticanum II sagt über M. aus: »Maria ist hellstes Vorbild und Urbild der Kirche im Glauben und in der Liebe und zugleich völlig einzigartiges Glied der Kirche.« Hier zeigt sich deutlich die Wandlung von der konkreten, greifbaren »volkstümlichen« GM hin zu M., dem Leitbild christl. Frömmigkeit. Im Brauchtum der Alpenländer und in den V.n wird diese Wandlung nur zögernd vollzogen.

Die M.feste im Jahreskreis bieten eine Fülle von Liedern, die in Sammlungen aufgenommen und erhalten sind. Die Tradition der »Kirchensinger« (vgl. Hartmann/Abele und N. Wallner) wird von vielen Gesangsgruppen weitergeführt, die ihr »Frauenlob« meist mehrstimmig und häufig mit instrumentaler Begleitung darbieten. Folgendes Lied zum Fest M.e Geburt erschien 1762 im Liederbuch »Der singende Christ« in Dillingen (insgesamt 3 Strophen): »Die Sonn steigt nicht so schön empor auf ihrem goldnen Wagen,/ als wie Maria geht hervor. Dafür wolln wir Dank sagen./ Gott Vater hat sie auserwählt die Mittlerin zu werden./ Er hat zur Mutter sie bestellt für seinen Sohn auf Erden.«

Zum Fest M.e Verkündigung enthält ein anonymes Flugblatt vom Ende des 18. Jh.s den Text eines Wechselgesangs zwischen dem Engel und M., der sich kaum verändert auch in der Sammlung »Volksthümliche Weihnachtslieder« von Hartmann/Abele (Leipzig 1884) wiederfindet und bis heute bei entsprechenden Gelegenheiten (z. B. Adventssingen im alpenländischen Raum) gesungen wird: »Gegrüßt seyst du Maria,/ jungfräuliche Zierd!/ du bist voller Gnaden,/ der Herr ist mit dir,/ ein ganz neue Bothschaft, ein unerhört's Ding,/ vom himmlischen Hofstab ich Gabriel dir bring./ — Was seynd das vor Reden?/ wer soll dieses seyn?/ wer kommt dann zu mir/ in's Schlafzimmer herein? ...« Dieses Lied zeigt, daß der Landbewohner bei Texten geistlichen Inhalts nie seine Mundart benutzt, sondern immer versucht, sich in der Hochsprache auszudrücken, um damit seine Ehrfurcht vor Gott und dem Heilsgeschehen zu erweisen.

Menschlich und in den heimatlichen Lebensbereich verlegt, wird die Herbergsuche in den V.n behandelt. Hier ist M. die notleidende arme Frau unterwegs nach Betlehem, bezeichnenderweise in der Vorstellung der Alpenbewohner im kalten Winter bei Eis und Schnee, um schließlich mit Joseph in einem Stall Unterschlupf zu finden und der Welt den Heiland zu schenken. Häufig wird die Form des Wechselgesangs gewählt, wie wir es schon in einem der ältesten dt. Weihnachtslieder »Joseph lieber Neve mein« (Tegernsee, 14. Jh.) beggenet.

Die Volksfrömmigkeit hat hier ihr großes Betätigungsfeld gefunden, das Heilsgeschehen in ihrem Lebensbereich anzusiedeln und den hll. Personen menschliche Züge zu verleihen.

In den volkstümlichen Hirtenliedern, die hauptsächlich im 19. Jh. entstanden sind, spielt M meist nur eine Nebenrolle. Sie ist die treusorgende Mutter für ihr Kind: »O liebster Joseph mein!/ O such' ein kleines Kämmerlein;/ es wird nicht lang mehr währen,/ ein Söhnlein werd' gebähren,/ o Joseph mein!« (insgesamt 18 Strophen; J. Gabler, Nr. 41). Ein anderes Beispiel ist das Lied: »Felsenharte Bethlehemiten!/ wie könnt ihr so grausam sein/ und Maria auf ihr Bitten/ nicht den kleinsten Platz verleih'n?« (insgesamt 6 Strophen, vgl. Hartmann/Abele).

Zahlreiche V. widmen sich dem Weihnachtsgeschehen, z.B. in dem Lied: »Jobst, nimm d'Flautn und die Leier,/ Woferl, du tragst den Dudlsack/ und der dritte die Schalmeier,/ s'übrig tuats alls z'samm in an Pack!/ Eppas hin muaß ma wohl bringa/ und halt grad singa/ schon aufn Takt.... Schönste Mutter, Jungfrau rein,/ küß statt meiner das liebe Kind;/ in zwei Tagen ich erschein,/ aber jetzund reis ich gschwind,/ mach, daß ich und dein Liabal,/ das herzig Büabal,/ gsund wiedafindt.« (insgesamt 7 Strophen, vgl. W. Fanderl, Schwanthalerkrippen).

Zum Fest der Darstellung des Herrn (2. Februar), im Volk weiterhin Me Lichtmeß genannt, dem einst wichtigsten bäuerlichen Feiertag, sind nur wenige Liedbeispiele überliefert, z.B. das nachfolgende Lichtmeßlied aus Kärnten: »Heut ist unser lieben Frauen ihr Tag,/ wir wünschen euch allen ein glückseligs Jahr./ Maria ging in ihr Zellen hinein,/ sie leset in einem Büchelein.« (insgesamt 6 Strophen, vgl. W. Scheck, Geistl. Volkslieder).

Das folgende Lied spannt den Bogen von der Geburt Christi bis zu seinem Tod aus der Sicht Ms: »Draußt auf da grean Heiden geht der Morgenstern auf;/ da sitzt unsa liawi Frau mit ihrem Jesulein drauf./ Die liawi Frau tuat schlafn,/ schlaft nur a halwi Stund,/ das Jesulein lauft wegga,/ sie waß nit, warum.« (insgesamt 4 Strophen; vgl. C. Bresgen, Hochgelobt sei für und für). Ein zweites Beispiel eines allegorischen Liedes stammt aus der dt. Siedlung Rothammel an der Wolga: »Es träumet einer Frau,/ ein wunderschöner Traum:/ Es wuchs unter ihrem Herzen/ ein wunderschöner Baum.«

Der Mmonat Mai bietet eine Fülle von Gelegenheiten zum Singen von Mliedern. Zum einen sind es die Maiandachten, die v.a. auf dem Land noch festlich gefeiert werden. Aber auch auf den Bittgängen, die durch die frühlingshafte Natur meist zu naheliegenden Gnadenorten führen, werden neben den speziellen Gebeten (Rosenkranz, Litanei etc.) auch die altbekannten Mlieder vom Volk gesungen, z.B. »Meerstern ich dich grüße«, »Maria zu lieben« (Gotteslob) oder »Freu dich du Himmelskönigin«.

Weitere V. widmen sich den Festen Me Himmelfahrt, UE, Verkündigung, Heimsuchung und Me Namen sowie dem Oktober als Rosenkranzmonat und dem → Frauendreißiger.

Daß es auch Neuschöpfungen alpenländischer Mlieder gibt, die sich nahtlos in die Tradition einreihen, mag das folgende Magnifikat zeigen, dessen Text und Melodie von Anette Thoma stammen: »Als Maria übers Gebirge ging,/ die Base Elisabeth sie empfing:/ ›Was will Gott mir für Gnade gewährn,/ daß zu mir kommt die Mutter des Herrn!‹« (insgesamt 4 Strophen, vgl. W. Fanderl, Liedblatt Nr. 2).

Neben den Liedern zu den Mfesten gibt es eine große Zahl von Wallfahrtsliedern. Der österr. Geistliche Josef Gabler hat in seinen umfangreichen Sammlungen geistlicher Lieder ganze Abläufe von Wallfahrten anhand der zu den betreffenden Gelegenheiten gesungenen Liedern geschildert. Über 300 Mlieder sind in seinen Sammlungen zu finden, häufig mit Bezug zu bestimmten Wallfahrtsorten; so preisen vier Lieder Mariazell (Nr. 412. 414. 418. 475) und es heißt z..B.: »Auf, auf, Wallfahrter, kommet all' zusammen!/ Ergreift den Pilgerstab in Gottes Namen,/ Um nach Zell zu reisen,/ Mutter, dich zu preisen;/ O Maria, Jungfrau rein,/ Ich will heut' noch bei dir sein.« (insgesamt 5 Strophen, vgl. Gabler Nr. 418).

In der Basilika von Altötting erklingt jährlich am Pfingstmontag das Lied: »Sei gegrüßt viel tausendmal, o Gottesmagd,/ hier in deinem Gnadensaal. o Königin!/ Maria, Maria, o Maria, Königin!« (insgesamt 8 Strophen, vgl. C. Bresgen).

Von marian. Bruderschaften in München oder beim samstäglichen Rosenkranz an der Münchener Msäule wurde u.a. gesungen: »O himmlische Frau Königin,/ der ganzen Welt ein' Herrscherin!/ Maria, bitt' für uns!/ Du Herzogin von Bayern bist,/ das Bayernland dein eigen ist./ Darum, liebreiche Mutter,/ reich uns dein milde Hand,/ halt deinen Mantel ausgespannt/ und schütze unser Bayernland!« (Neufassung des Mlieds von Johann → Khuen; insgesamt 3 Strophen; vgl. Volksmusik in München, Heft 16), dessen letzte Strophe im Original von Johann Khuen folgendermaßen lautet: »Die Stadt zu München ist gantz dein./ Laß dirs allzeit befohlen sein, Maria .../Mir bitten dich all Groß vnd Klein,/ du wöllest vnser Mutter seyn./ Darumb liebreiche Mutter/ Reich vns dein milde Handt/ Halt dein Schutz Mantl außgespant/ Vber das gantze Bayerlandt.« (letzte von 31 Strophen; vgl. Volksmusik in München 5 [1986] 30ff).

Wie stark M im Bewußtsein vieler Menschen verankert ist, zeigt nicht zuletzt der große Erfolg des seichten Schlagers »Patrona Bavariae«, der vor einigen Jahren auch in den Bierzelten zu hören war.

Liederbücher: C. Bresgen, »Hochgelobt sei für und für«, 1979. — W. Fanderl, Liedblätter, 1960. — Ders., Schwanthaler Krippen, 1974. — J. Gabler, Geistliche Volkslieder; Nachdr. 1984. — E. Schusser, Das geistliche Volkslied im Jahreslauf, 1987. — A. Hartmann und H. Abele, »Volksthümliche Weihnachtslieder«, 1884. — Münchner Marienlieder, In: Volksmu-

Volpertus (Vulpertus), Autor einer in drei Handschriften (Erfurt, München) und einem Fragment (Graz) überlieferten Sammlung von 46 lat. ⟨M⟩mirakeln in elegischem Maß. Näheres über diesen Poeten, von dem es am Schluß der Handschrift heißt »Doctor in Ahusa (Ashusa, Alhusa?) Volpertus simplice musa Edidit hoc pueris carmen sub tempore veris« hat sich bislang nicht ermitteln lassen. Seine Quelle ist eine der von Bernhard Pez (»Liber de miraculis Mariae«, 1731) herausgegebenen Handschriften (Neuedition von F. T. Crane, 1925), der er auch in der Anordnung der → Mirakel folgt.

Lit.: F. Kritz, De codicibus bibliothecae Amplonianae Erfurtensis potioribus, Erfurt 1850, Nr. 44. — W. Schum, Verzeichnis der Amplonianischen Handschriften-Sammlung zu Erfurt, Berlin 1887, Nr. 49. — A. Mussafia, Studien zu den ma. Marienlegenden III, In: Wiener Sitzungsberichte, Phil.-Hist. Klasse 119 (1889) IX. Abh., 13–20 (mit kurzen Inhaltsangaben der Mirakel). — VL IV 718 f. *M. Lemmer*

Volpi, Angelo, OFMConv, bedeutender skotistischer Theologe, * um 1590 in Pontepeloso (heute: Irsina), † 19.3.1647 in Neapel, war 1614–17 Lehrer am Kolleg S. Bonaventura im Sacro Convento in Assisi und 25 Jahre Leiter des Generalstudiums an S. Lorenzo Maggiore zu Neapel. Sein zwölfbändiges Werk stellt den ersten Versuch dar, die Lehre des → Duns Scotus nach Art des Thomas v. Aquin in eine Summe zu fassen. Das unvollendet gebliebene Werk stand, wohl auch wegen seines sehr polemischen Stils, teils absolut, teils »bis zur Korrektur« einige Jahre auf dem Index, was zweifellos mit dazu beigetragen hat, daß V., obwohl zu Lebzeiten recht bekannt und umstritten, nach seinem Tod schon bald in Vergessenheit geriet.

Wichtig für V.s Mariol. ist v. a. der letzte Band seiner Summa (pars IV, t. 3) »De Incarnatione Verbi et Disputationes de Virgine« (Neapoli 1646) mit den insgesamt 15 Abhandlungen zur ⟨M⟩lehre. Die Grundlage für V.s Mariol. bildet die Vorherbestimmung ⟨M⟩s: Nicht erst nach dem Sündenfall, sondern schon von Ewigkeit her wurde sie, zusammen mit Christus, durch göttliche Verfügung dazu erwählt, durch ihre GMschaft aktiv am Erlösungsgeschehen mitzuwirken. Primär ist daher die »Mutter des Christus Glorificator«, sekundär »Mutter des Christus Redemptor« und damit »Miterlöserin des Menschengeschlechts«.

Der Gedanke der Miterlöserschaft ⟨M⟩s wird von V. mittels des Prinzips der Analogie bildhaft ausgestaltet. Christus ist »König über Engel und Menschen«, universaler »Mittler« beim Vater und »Haupt des mystischen Leibes«, ⟨M⟩ hingegen erscheint als »Königin« der Schöpfung, als »Mittlerin« beim Sohn, als »Hals«, durch welchen alle Gnaden den Engeln und Menschen zugeleitet werden.

Die Analogie zu (oder die Ähnlichkeit mit) Christus führt dazu, daß ⟨M⟩ an allen »Privilegien« Christi teilhat, soweit diese überhaupt auf die Geschöpfe, handele es sich nun um Engel oder Menschen, übertragen werden können. Dabei greift V. auf das von ihm zwar nur ein einziges Mal zitierte Konvenienzprinzip des Duns Scotus zurück, nach welchem ⟨M⟩ alle nur denkbaren Vorzüge zugeschrieben werden müssen, es sei denn, diese stünden den Aussagen der Schrift oder der von der kirchlichen Autorität vertretenen Lehre entgegen. Tatsächlich beruft sich V. in seiner Ausführung zur Assumptio und zur Erbsündenfreiheit ⟨M⟩s hauptsächlich auf dieses Konvenienzprinzip.

So hält V. daran fest, daß ⟨M⟩ den Tod freiwillig auf sich nahm und nach drei Tagen auferweckt und mit Leib und Seele in den Himmel aufgenommen wurde, von wo aus sie, auch darin Christus ähnlich, ihre Herrschaft ausübt über Engel, Heilige und Menschen. Ausdrücklich betont V., daß die leibliche Aufnahme ⟨M⟩s in den Himmel nicht bloß eine doctrina communis, sondern eine eigentliche Glaubenswahrheit darstelle.

Da V. die Lehrmeinungen des Duns Scotus nicht bloß referiert und kommentiert, sondern unter Anwendung des Konvenienzprinzips sehr oft Schlußfolgerungen daraus ableitet, die in den Prämissen seines Lehrmeisters nicht enthalten sind, ist seine Mariol. nicht frei von frommen Übertreibungen, die schließlich zur vorübergehenden Indizierung seines Werkes führten. So vertritt er die Ansicht, daß ⟨M⟩ nicht auf das Erlösungswerk Christi angewiesen gewesen sei, daß ihr Wissen jenes der Engel weit übertroffen habe, daß ihr schon in diesem Leben die visio beatifica zuteil geworden wäre, wenn sie nicht freiwillig darauf verzichtet hätte, daß der hl. Joseph als »natürlicher Vater« Jesu zu betrachten sei, weil er das Wirken des Hl. Geistes bei der Empfängnis Jesu stillschweigend gebilligt habe. Damit ist V. faktisch ein Vorläufer jener Theol., welche, v. a. in der ersten Hälfte unseres Jh.s, ihre Mariol. nach dem Prinzip »de Maria numquam satis« entwickelten.

WW: Sacrae Theologiae Summa Joannis Duns Scoti doctoris subtilissimi et Commentaria quibus eius doctrina elucidatur, comprobatur, defenditur. Opus ex eiusdem doctoris contextu industriose non minus quam fideliter excerptum et a nemine usque modo typis traditum, 12 t., Neapoli 1622–46.
Lit.: G. Franchini, Bibliografia e Memorie letterarie di scrittori Francescani Conventuali che hanno scritto dopo l'anno 1585, Modena 1693. — L. Di Fonzo, La mediazione universale di Maria in un Trattato mariologico del P. A. V. OFMConv, In: MF 42 (1941) 175–226. — G. Conti, L'Assunzione di Maria nell' opera mariologica del P. A. V., 1946. — Ders., La Predestinazione e la Divina maternità secondo il P. A. V., 1947. — A. Di Monda, L'Immacolata nell opera mariologica dello sco-

tista A. V., In: VirgoImmac VII/2, 242–273. — G. D'Andrea, Scotismo e scotisti francescani delle Provincie di Napoli, In: Giovanni Duns Scoto nel VII Centenario della nascita, 1967, 215–245. *G. Conti/J. Imbach*

Volusius (Vogler), Adolf Gottfried, * 1617 in Hanau, † 1679 in Mainz, wirkte zuerst wie sein Vater in Hanau als kalvinistischer Prediger. 1638 konvertierte er, bes. auf Grund des Studiums der Kirchenväter, der Werke von Bellarmin und Becanus sowie eines kath. ⓜbuches. 1642 wurde er Pfarrer zu Heppenheim, 1645 Dompfarrer und Prediger in Mainz, 1656 Prof. der Theol. in Mainz, seit 1657 mehrmals Rektor, 1676 Weihbischof in Mainz. Wegen seiner Gelehrsamkeit und seines Seeleneifers berühmt, hat er sich besondere Verdienste auf katechetischem Gebiet erworben.

Die Mainzer Theologen engagierten sich im Streit um die »Monita salutaria« (→ Widenfeld); sie verurteilten diese am 25.6.1674. Mit der Widerlegung der Monita beauftragt, veröffentlichte V. im Mai 1674 die Schrift »Notae salubres ad Monita nec salutaria nec necessaria a quodam incognito probe cognito ad B.V. Mariae cultores, ut prae si fert, indiscretos: revera autem concinnata in gratiam haereticorum calumniarum firmandarum, quibus genuinus et totius Ecclesiae catholicae praxi receptus Deiparae cultus a Lutheri et Calvini coeterorumque haeresiarcharum sectatoribus iam a saeculo et quod excedit fuit traductus appositae per theologum amatorem genitricis Virginis Mariae perpetuum« (48S.). Dem Text der Monita ist in der 2. Kolumne eine Antwort gegenübergestellt. Übertreibungen fehlen nicht; doch war die Schrift in der Hitze der Auseinandersetzungen zwischen Köln und Mainz recht erfolgreich.

WW: Neben anticalvinistischen Werken: Conciones Catecheticae, Catechismus biblicus, Mainz 1660, ²1663.
Lit.: Hurter IV 107 ff. — P. Hoffer, la dévotion à Marie au declin du XVIIe siecle, 1938, 164–66. — LThK² X 873   *J. Stöhr*

»Von deme bitter lieden dat Maria hadde« unedierter niederdt. Text in einer Handschrift des 15. Jh.s.

Lit.: Bergmann, Katalog Nr. M 20.

Vondel, Joost van den, * 17.11.1587 in Köln, † 5.2.1679 in Amsterdam, niederländischer Dichter, war der Sohn mennonitischer Eltern, die 1582 aus Glaubensgründen aus Antwerpen nach Köln geflohen waren. 1595 zog die Familie nach Utrecht und später nach Amsterdam. Innerlich entfernte V. sich zunehmend vom strengen Mennonismus, während er gleichzeitig in seinen Schriften kalvinistische Pastoren befehdete, so in seinem Drama »Palamedes« (1625), das die Hinrichtung des Ratspensionärs Johan van Oldenbarnevelt als Justizmord anprangert. Mehrere Todesfälle im engsten Familienkreis in den dreißiger Jahren — 1633 starben zwei seiner vier Kinder, 1635 seine Frau und 1637 seine Mutter — stürzten ihn in eine tiefe künstlerische wie rel. Krise, die mit dazu geführt haben dürfte, daß er 1641 zum Katholizismus übertrat. Als Dichter wandte er sich fortan stärker der Tragödie zu. Der finanzielle Ruin, den das geschäftliche Ungeschick seines Sohnes Joost jr. verursacht hatte, zwang ihn noch 1658, siebzigjährig, ein Amt am städt. Pfandhaus zu übernehmen. 1668 wurde er unter Beibehaltung seines vollen Gehalts pensioniert. Seine letzten Jahre verlebte er, nach dem Tode seiner beiden ihm verbliebenen Kinder, in der Familie seines Enkels Justus.

V., der als der bedeutendste Dichter der niederländischen »Gouden Eeuw«, der Zeit der kulturellen Hochblüte im 17. Jh., gilt, trat zunächst v. a. mit Gelegenheitsgedichten und Übersetzungen aus dem Franz. (Du Bartas) und Lat. (Seneca) hervor. Auch später sollte er noch manches übertragen (Ovid, Vergil, Horaz), nicht zuletzt auch aus dem Griech. (Sophokles, Euripides) und aus dem Ital. (Tasso). Zu den bedeutenderen Werken der frühen Jahre zählen seine Lobgedichte auf den niederländischen überseeischen Handel (»Hymnus ofte Lof-gesangh over de wijd-beroemde Scheepsvaert«, 1613; »Lof der Zee-vaert«, 1623) oder auf die Oranier (u.a. »Verovering van Grol«, 1627) sowie Polemiken gegen korrupte Regierende (»Roskam«, 1630) und Amsterdamer Reformierte (»Rommel-pot vant Hane-kot«, 1627). Nach seinem Übertritt zum Katholizismus verfaßte er mehrere theol. Lehrgedichte, so 1645 die »Altaergeheimenissen« über das Altarsakrament, sowie »Bespiegelingen van Godt en Godtsdienst« (1662) und »Heerlyckheit der Kercke« (1663). V. war aber in erster Linie Dramatiker. Seine Stücke behandeln v.a. biblisch-rel. Stoffe, so etwa »Pascha« (1612), die »Joseph«-Dramen (1640), sein bekanntes »Lucifer« (1654), »Jephta« (1659) und »Adam in Ballingschap« (1664), aber auch profan-historische wie der »Gysbreght van Aemstel« (1637), der ein Kapitel aus der Geschichte der Stadt zum Thema hat, und das Martyrerdrama »Maria Stuart« (1646).

Schon vor 1641 erwähnt V. gelegentlich die GM in einzelnen Werken, wenn auch nur beiläufig, aber immer voller Achtung, so etwa 1635 in der Totenklage für seine Gattin Mayken de Wolf, »Lycklaght aan het Vrouwekoor«, in der es heißt, daß ⓜ, die gebenedeite Jungfrau (»segenrycke Maeghd«), auch dem Namen Mayken, der ja auf »Maria« zurückgeht, seinen Wert verliehen habe: »En die mijn naam oock gaf zijn waarde«. Gleich nach der Konversion widmet V. seine »Brieven der Heilige Maeghden, Martelaressen« (1642) in einer umfangreichen Zueignung ⓜ, die hier als Himmelskönigin und Mittlerin erscheint. Eingefügt ist ein ⓜleben; eine Übertragung des »Magnificat« wurde angehängt. Zwei Jahre später überträgt V. unter dem Titel »Kruisklaght« das »Stabat Mater«. Als Schmerzensmutter erscheint ⓜ ebenfalls in »Gethsemani of Engeletroost« (1654) und im nicht genau datierbaren »Hartebreker«. Ihre Rolle im Kontext der Menschwerdung als Mutter des Herrn hatte V. bereits im »Gysbreght van Aemstel« herausgestellt. Er besingt sie auch später immer wieder in dieser Eigenschaft, so im »Kersliedt« von 1660, in einem nicht datierten Gedicht gleichen Titels, sowie in den »Bespiegelingen van Godt en Godtsdienst«. In der »Heerlyckheit der Kercke« (1663) ist ⓜ zudem Mutter der Kirche, ja der Christenheit schlechthin. Damit sind nur die wichtigsten Werke V.s genannt, in denen die GM auftritt; in sehr vielen anderen Dichtungen erwähnt er sie mehr oder weniger ausführlich. Sie ist für ihn der Inbegriff des rel. Menschen schlechthin, eine Idealgestalt, die er nicht nur dichterisch besingt, sondern die ihm auch zur Richtschnur seines Lebens wurde.

WW: De Werken van V., 10 Bde. und Reg., 1927–40.
Lit.: H. J. Allard, V. en de Moeder des Heeren, Utrecht 1869. — W. M. Frijns, V. en de »Zeestar«, 1928. — Ders., V. en de Moeder Gods, 1948.   *G. van Gemert*

Vorarlberg, österr. Bundesland, gebietsgleich mit der Diözese Feldkirch, vor 1818 den drei ausländischen Bischöfen von Chur, Konstanz und Augsburg unterstellt. Von den ⓜpatrozinien des Konstanzer Münsters und der Churer Kathedrale gingen zweifellos wichtige Impulse auf die jeweiligen Diözesangebiete aus.

Aus der Zeit der kirchlichen Zugehörigkeit V.s zu → Tirol (Brixen bzw. Innsbruck, 1818–1968) stammen Kontakte zu den Wallfahrtsorten → Kaltenbrunn, Locherboden, Wilten und → Absam. Das berühmte Mariahilfbild in der St. Jakobskirche zu Innsbruck bildete jahrzehntelang einen Anziehungspunkt für Brautleute aus dem V.er Raum. Vor dem Arlberg befinden sich auch unzählige Kopien dieses Gnadenbildes in Kirchen, Kapellen und Privathäusern, bes. auch auf Hausfassaden des 17.–20. Jh.s.

Mehr als 30 marian. Stätten in V. haben sich zu Gnadenorten herausgebildet, was von einer bedeutenden traditionellen und volkstümlichen MV zeugt, deren Anfänge vielleicht ins 8. Jh. zurückreichen. Die frühesten marian. Stätten V.s befinden sich im Walgau: die 1992 entdeckte Authentik der Kirche in Röns (2. Hälfte 8. Jh., zugleich älteste V.er Urkunde) nennt an der Spitze von sieben Heiligen den Namen ⓜs. In Schlins, dem Nachbarort von Röns (Bezirk Feldkirch), wird in einer Urkunde von 940 die »capella S. Marie« genannt; ob diese ⓜkapelle mit der heutigen Pfarrkirche identisch ist (Patrozinium ULF), ist ungewiß.

Ma. marian. Stätten befinden sich in Mehrerau bei Bregenz (Klosterkirche, als Benediktinerkloster 1097 gegründet, Kirche 1740 im Barockstil neu erbaut, 1808 abgebrochen, 1859 neu erbaut; Gnadenbild der sitzenden GM mit Kind, um 1510), Marienthal (alter Name für Klostertal; 1218 schenkt Hugo v. Montfort den Johannitern u. a. eine Kapelle mit Wald »in valle sancte Marie«; Unklarheit besteht über den Standort dieser Kapelle, entweder Klösterle oder Stuben), → Rankweil, → Tschagguns, Brand (Bezirk Bludenz, Pfarrkirche ⓜe Himmelfahrt, als Kapelle ULF bereits 1410 erwähnt; Gnadenbild ist eine GM mit Kind für die Rosenkranzbruderschaft, von Erasmus Kern, 1667), Siechenkapelle in Bregenz (Stiftung der Montforter, Gnadenbild ist eine Madonna mit Kind, schwäbische Plastik, um 1400, die Wallfahrt ist ab 1445 belegt), Altstadt bei Feldkirch (Dominikanerinnenkloster zum »Englischen Gruß«, seit 1591; in der Klausur Pietà, um 1400), Feldkirch (Dom, Maria mit Kind, Typus der »Schönen Madonnen«, Steingußplastik, um 1420).

Aus dem 17. Jh. stammen die marian. Stätten in Feldkirch (Kapuzinerklosterkirche ⓜe Opferung, 1602–05, mit ⓜkapelle, Gnadenbild der Schwarzen GM mit Kind von 1736), Bildstein, Buchboden (Pfarrkirche ⓜe Geburt, als Kapelle bereits 1638 erwähnt, 1687 als Wallfahrtskirche zur Schmerzhaften Mutter neu erbaut), Stallehr (Wallfahrtskirche ⓜe Geburt, um 1640), Vens (Gemeinde Vandans, Montafon, Wallfahrtskapelle ULF, 1613 erbaut, 1697 vergrößert; zahlreiche Votivbilder), Gaschurn (Montafon, Kapelle ⓜ Schnee, 1637 von Lukas Tschofen gestiftet, mit Rosenkranzmadonna, Rosenkranzmedaillons, Pietà, Täfelung mit gemalten Szenen aus dem ⓜleben), Bludenz (Kapuzinerkloster, Kirche zu ⓜe Heimsuchung, 1648/49 erbaut).

Ins 18. Jh. gehören die Wallfahrtsorte Langenegg (Pfarrkirche ⓜe Heimsuchung, 1775, Deckenfresken mit Szenen aus dem ⓜleben von J. M. Koneberg, Gnadenbild der gekrönten GM mit Kind, um 1520), St. Gerold (seit 1748 Kopie des Einsiedler Gnadenbildes) und Bregenz (Kapuzinerkirche, seit 1760 Kopie des Gnadenbildes aus Genazzano), Schruns (Kapuzinerkloster, Nachfolge einer Einsiedelei, Kirche mit Gemälde der Schmerzhaften ⓜ, um 1750). Im 18. Jh. entstanden ferner zahlreiche bäuerliche Wallfahrtsorte, z. B. Kühbruck (Nenzing).

Aus dem 19. Jh. stammen Mariastern-Gwiggen (1856 bzw. 1861 Gründung einer Zisterzienserinnenabtei mit barocker Kapelle ⓜe Heimsuchung und Klosterkirche ⓜe Himmelfahrt, erbaut 1895/96). Am Ende des 19. Jh.s wurden zahlreiche Lourdesgrotten errichtet, z. T. in bestehenden Kapellen, am bekanntesten jene beim Kapuzinerkloster in Bregenz mit einer Original-Statue aus Lourdes (Geschenk von Papst Leo XIII.).

Im 20. Jh. entstanden die Gebetsstätten in Bregenz (Stadtpfarrkirche Mariahilf, erbaut 1925–31, Architekt Clemens Holzmeister), Bludenz (Fatima-Gedenkstätte Herz ⓜe, 1948-50 erbaut), auf dem Stollen (Gemeinde Langen bei Bregenz, Fatimakapelle, 1951/52, Neubau nach Plan von Willi Braun), Feldkirch-Levis (neue Pfarrkirche ⓜ Königin des Friedens, 1962–66 erbaut), Bürs (neue Pfarrkirche ⓜ Königin des Friedens, 1968–73 erbaut), Sippersegg (Pfarre Hittisau, Kapellenneubau ⓜe Himmelfahrt von 1953, Glasfenster von Martin Häusle).

Als bedeutendster auswärtiger Wallfahrtsort gilt Maria → Einsiedeln in der Schweiz, das schon im MA aufgesucht wurde. Infolge der alten Beziehungen einiger Pfarreien zu Einsiedeln und seit der Flucht des Gnadenbildes in der napoleonischen Zeit gibt es viele Nachbildungen der Schwarzen Madonna im Raum Bludenz (Dominikanerinnenkloster St. Peter, Nüziders, Schnifis und Propstei St. Gerold).

→ Laurentius v. Schnüffis aus Schnifis in V. († 1702 zu Konstanz) schuf spätbarocke Kirchenlieder, u. a. »Wunderschön prächtige ...«. Zahlreiche Glockeninschriften ab dem 15. Jh. nennen den Namen M̄s.

Lit.: K. Atz, Kunstgeschichte von Tirol und V., Innsbruck 1909. — A. Ulmer, Die Gotteshäuser V.s, 1936. — Ders., Kunst um V.er Gotteshäuser, 1936. — Gugitz III. — Dehio-Vorarlberg, 1983.   *G. Gugitz/E. Schallert*

Vorauer Marienlob. Dieses Lied, dessen Langzeilen eher als beim → Melker Marienlied auf einen epischen Charkater (→ Lyrik) hinweisen, ist nach der Sammelhandschrift (Ende 12. Jh.) des regulierten Chorherrenstiftes Vorau in der Steiermark benannt. Hier findet es sich im Rahmen der Darstellung der gesamten Weltgeschichte, mitten unter den Büchern Mosis, ohne Anfangsinitialen. Es wurde also, zusammen mit den Stücken seiner Umgebung, einer älteren Vorlage entnommen und dürfte 1130/50 verfaßt worden sein. Damit ist das V. M. etwas jünger als das Melker Marienlied (vor 1130), mit dem es die bair.-österr. Mundart teilt. In 5 ungefähr gleich langen Strophen (von 10–13 Langzeilen) sind jedoch die Akzente etwas anders gesetzt als in diesem Lied und auch in den übrigen frühmhd. M̄dichtungen (z. B. → Arnsteiner Mariengebet). Denn das eigentliche M̄wunder, das Wunder der jungfräulichen Geburt des Sohnes, bildet lediglich das Rahmenthema der 1. und 5. Strophe. Dieser Rahmen wird vom Bild des Sohnes als des im AT vorausgesagten Königs und Richters (2.–4. Strophe) ausgefüllt. Das Schwergewicht der Aussage liegt dabei auf der Betonung des geschichtlichen Prozesses von der prophetischen Verkündigung zu ihrer Erfüllung, ihrer Wirksamkeit und fundamentalen Bedeutung für die geschichtliche Gegenwart und schließlich ihrer Konsequenz für die Stellung M̄s.: M̄s einzigartiges »privilegium«, der wunderbaren Geburt ihres Sohnes »ane ser/ unde ane gelust des fleiskes« ist von jeher Gegenstand der Weissagungen (1. Strophe). Deren Erfüllung ist mit der Linie bezeichnet, die nach Jes 11,1 am Ende zur »gerte« aus »Yesse« hinführt. Zunächst aber ist noch nicht von M̄ bzw. von M̄s Frucht, sondern in weitem heilsgeschichtlichen Rahmen von der entfernten »Frucht« Davids die Rede. Denn »Yesse« ist zunächst »Davides vater« (2,3). Ganz wie es in Ps 131,11 heißt (»De fructu ventris tui ponam super sedem tuam«), gelangte Christus als die »Frucht« (»wuocher«) seines (Davids) Leibes zur Herrschaft. Der typologischen Deutung des Psalmverses auf Christus in der Apostelgeschichte folgend, wird Christus dann als machtvoller »Iskiros«, als Herrscher, bezeichnet (2. Strophe; Freytag 86).

Wieder an Jes und zusätzlich an das Hld (2,1), anknüpfend, wird die Gewalt dieser Herrschaft in ihrer Schönheit (Christus als »Blume«, als »Lilie« aus der »Gerte«) und in ihrer Qualität, im Vollbesitz der Sieben Gaben des Hl. Geistes, beschrieben (3. und 4. Strophe). Dieser volle Besitz der Gaben seitens des »Iskiros« wird von der bloß partikularen Beziehung der geistlichen »liute« zu diesen Gaben (4,5) scharf unterschieden. Und doch ist sein Gericht ebenso heimlich wie gegenwärtig, so wirkungsvoll wie universell (4,11 ff.: »Er refset mit gewalte di herren unde di scalche,/ die frowen unde die diwe, dasz tuont di sine triwe«).

Wenn erst die 4. Strophe die Beziehung zwischen der »gerte« des Jesaja und M̄ herstellte, so erhebt sich endlich die 5. und letzte Strophe zu dem eigentlichen M̄preis. Sie allein rechtfertigt aber die Gattungsbezeichnung des Liedes als M̄lob vollauf. Denn vor dem Hintergrund der allumfassenden und gegenwärtigen Herrschaft des Sohnes wird M̄ nun mit den Insignien der Königin ausgestattet: Zunächst wird die genealogische Beziehung zum Stamm »Yesse« geschlossen. Dann wird M̄ in den traditionellen, aber zuvor auch z. T. auf den Sohn bezogenen Bildern in ihrer Schönheit als »Blume des Feldes« und »Lilie der Täler« bezeichnet. Ihre Tugenden werden dagegen, im Unterschied zu den objektiven Gaben des Hl. Geistes beim Sohn, als subjektive Aura des Wohlgeruchs und als innerliche Güte der Fürsprecherin dargestellt (5,9 ff.: »... din munt ist also ein honec seim./ under diner zungen da ist gewisse funden/ honec unde milch genuoc, du bist inneclichen guot.«)

Insgesamt könnte der prophetische Ton des V. M.s seine zufällige Subsummierung unter die Bücher Mosis nachträglich äußerlich rechtfertigen. Wichtiger aber ist in seiner Gesamtaussage die gemeinsame Ebene des himmlischen Königs und seiner königlichen Mutter: Sie stellt das Lied in den Dienst der Aussage des alten Festes »Annuntiatio Mariae« (25. März), die im Geheimnis der Menschwerdung der zweiten göttlichen Person in der Jungfrau M̄ besteht (Freytag 84). Die zweifellos vorhandene Distanz der hier ganz als Funktion ihres Sohnes dargestellten »romanischen« Madonna sollte jedoch nicht überbetont werden, da im Rahmen der Karfreitagsliturgie bei der Kreuzesverehrung der gestorbene Christus ebenfalls als »Iskiros« angebetet wird.

Ausg.: K. K. Polheim (Hrsg.), Die dt. Gedichte der Vorauer Hs. (Kodex 276 — 2. Teil), 1958 (Faksimilie). — F. Maurer, Die rel. Dichtungen des 11. und 12. Jh.s I, 1964, 352–355 (Lit.).
Lit.: H. Freytag, Die Theorie der allegorischen Schriftdeutung und die Allegorie in dt. Texten des 11. und 12. Jh.s, 1982, 82–94. 239–245 (Lit.).   *F. J. Schweitzer*

Vorgeschichten (oder Kindheitsgeschichten).
1. Allgemeines. Die V. sind im Matthäus- und Lukasevangelium der Darstellung des Wirkens

Jesu vorangestellt. Sie erfüllen eine vergleichbare, jedoch gänzlich anders gestaltete Funktion wie Joh 1,1–18 oder Mk 1,1. In reflektierender Weise werden die Anfänge Jesu bedacht und episodenhaft dargestellt. Der Bezeichnung »Vorgeschichten« ist im Blick auf den inhaltlichen Schwerpunkt gegenüber »Kindheitsgeschichten« der Vorzug zu geben. Nicht die Kindheit Jesu, sondern sein Werden steht im Mittelpunkt des Interesses. Um eine mißverständliche Eingrenzung als Historie zu vermeiden, ist gemäß der lit. Absicht von Geschichten (im Plural!) zu sprechen.

2. Im Matthäusevangelium umfassen die V. (1,1–2,23) neben dem Stammbaum (1,1–17) fünf Texteinheiten. Während Geburtserzählung (1,18–25) und Magierperikope (2,1–12) in sich abgeschlossen erscheinen, bilden Flucht (2,13–15), Kindermord (2,16–18) und Rückkehr (2,19–23) eine dreiteilige Erzähleinheit.

Die lineare Erzählabfolge läßt das Bemühen um enge Verknüpfung erkennen: So ist 1,18–25 als episodenhafte Erläuterung zur Änderung der Stammbaumsystematik auf eine weibliche Genealogie in 1,16 zu verstehen. 2,1 setzt die Geburt Jesu bereits voraus und schließt so an 1,25 an. 2,13–23 knüpft an das 2,3. 7–8 dargestellte Verhalten des Herodes und an jenes der Magier (vgl. 2,12 und 2,16) an (Romaroson 76–80).

Mehrere wiederkehrende Darstellungsmotive lassen auf ein Verständnis der vorliegenden Textfolge als umfassende Einheit schließen: Konsequent erfolgt der Hinweis auf die (atl.) Schrift (Oberweis 134–141. 146–148), die sich in den dargestellten Ereignissen rund um das Werden Jesu erfüllt (vgl. zu 1,23 Jes 7,14; zu 2,6 Mi 5,1. 3; zu 2,15 Hos 11,1; zu 2,18 Jer 31,15, sowie zu 2,23 vermutlich Jes 11,1 auf der Grundlage des Konsonantengleichstands von hebr. »n^{e}z^{e}r« und griech. *Ναζοραῖος]*; andere Bezugsmöglichkeit: Ri 13,5. 7 »n^{a}z^{i}r«). Dieser Grundgedanke bestimmt auch die Darstellung des Stammbaumes anhand einer atl. geprägten Geschlechterfolge von Abraham über David auf Jesus hin. Durch den »Engel des Herrn« (1,20; 2,13. 19), bzw. durch im Traum ergehende Weisungen (2,12. 22) wird das Geschick des Kindes geleitet: Es steht von Anfang an unter Gottes Führung und Gottes Schutz. Angesichts des Außergewöhnlichen begegnet Joseph als der vorbildliche »Gerechte« (1,19), der gehorsam und sogleich (»aufstehend [vom Schlaf] …«: 1,24; 2,14. 21) Gottes Auftrag ausführt (vgl. zur Darstellung Ps 1,1).

Die linear aufeinander bezogenen Texteinheiten lassen ein starkes theol. Interesse erkennen. Insbesondere ein Vergleich mit Lk 1–2 bestärkt die Annahme, die Festschreibung von Tatsachen und Fakten stehe nicht im Vordergrund des Verfasserinteresses. Die Struktur des Stammbaumes (vgl. erläuternd 1,17) stellt die theol. Sinnspitze in den Vordergrund, es geht in erster Linie um Kerygma, nicht um Historie. Im einzelnen muß dies kein Widerspruch sein, bedingt jedoch eine Akzentverlagerung. Selbst wenn ältere Traditionen oder historische Reminiszenzen zu Grunde liegen (was mindestens für Mt 2 wahrscheinlich ist), werden diese im Blick auf die Christusverkündigung aufgegriffen und in redaktioneller Überarbeitung dargestellt. Analog zu anderen lit. Darstellungen (vgl. z. B. die Moseerzählung Ex 1,1–2,10; weitere Beispiele in Übersicht bei U. Luz, Das Evangelium nach Matthäus I, 1985, 84) bieten die matthäischen V. auf Grund des Außergewöhnlichen einen ersten Einblick auf Bedeutung und Gestalt Jesu.

Mittels der V. stellt der Verfasser ihm zentrale christol. Anliegen vor: 1. Mehrfach wird auf die Herkunft des Kindes aus dem Hause Davids verwiesen (vgl. neben 1,1–17 sowie der Symbolik der Zahl 14, die hebr. auf Grund des Zahlenwerts der Konsonanten auf David verweist, noch 2,5–6) und so 2 Sam 7,12–16 in Erinnerung gerufen. Als solches messianisches Königskind verdankt Jesus seine Menschwerdung einzig Gott, der in der Kraft seines Geistes wirksam ist (1,20) und daher das Schicksal des Kindes von Anfang an mit seinem Schutz begleitet. 2. Schon im Werden Jesu erfüllt sich die (atl.) Schrift. Der Einzelbeleg soll hier — wie in den folgenden Reflexionszitaten des Matthäusevangeliums — den Gesamtbefund stützen: Gottes im AT geoffenbartes Wirken erfährt in der Person Jesu eine erfüllende Verdichtung. So steht seine Person von Anfang an und sein gesamtes Wirken in Übereinstimmung mit dem Willen Gottes, der im Wort der Schrift zum Ausdruck kommt. 3. Schon die V. deuten Jesu weiteres Schicksal an: Als König (2,2, vgl. dazu 27,27–30. 42) wird er vom eigenen Volk zurückgewiesen (2,3) und bedroht (2,13. 16–18), während die Heiden schon die Bedeutung seiner Geburt begreifen (2,2) und ihm königliche Huldigung erweisen (2,11, vgl. dazu 8,11–12; 28,19).

Gegenüber der paradigmatischen Hervorhebung Josephs tritt die Person ℳs in den Hintergrund. Durch den Engel des Herrn lernt Joseph, daß Gott als Ursache des Kindes schaffend in ℳ wirkt (1,18–20). Die wunderbare Empfängnis (und Geburt) wird an Gottes Wille (Schriftzitat!) zurückgebunden. Die Eigenart der Geburt läßt bereits der Schluß des Stammbaumes anklingen (1,16). Die Nennung ℳs ist durch die Erwähnung der vier atl. Frauen im Stammbaum (Tamar: 1,3; Rahab: 1,5; Rut: 1,5; die Frau des Urija: 1,6) vorbereitet; sie alle verweisen auf eine irreguläre Außergewöhnlichkeit (Brown 77), die aus der (menschlichen) Sicht des Joseph auch hier vorliegt (1,18 a).

ℳ ist zusammen mit ihrem Kind jene, für die Joseph im Auftrag Gottes schützend handelt (vgl. die Wendung »das Kind und seine Mutter …«: 2,13. 14. 20. 21). Ab der Verkündigung der geistgewirkten Empfängnis an Joseph wird sie nur in Verbindung mit dem Kind erwähnt (noch 2,11). Dies verdeutlicht die Verwiesenheit

Verheißung	A	ANKÜNDIGUNG DER GEBURT DES JOHANNES 1,5–25	ANKÜNDIGUNG DER GEBURT JESU 1,26–38
		BEGEGNUNG DER MUTTER DES JOHANNES UND DER MUTTER JESU 1,39–45. 46.55. 56	
Erfüllung	B	GEBURT DES JOHANNES Beschneidung und Namensgebung Lobpreis Gottes 1,57–66. 67–79	GEBURT JESU Beschneidung und Namensgebung Ereignisse im Tempel, damit verbunden: Lobpreis Gottes 2,1–20. 21. 22–28. 29–32. 33–39
	C	ZUSAMMENFASSUNG (Summarium) Das Heranwachsen des Knaben 1,80	ZUSAMMENFASSUNG (Summarium) Das Heranwachsen des Knaben 2,40

ihrer Existenz auf den an ihr handelnden Gott und die personale Zuordnung zu ihrem Sohn.

3. *Lukasevangelium.* An das Vorwort zum Evangelium (1,1–4) schließt Lukas seine V. Ihr Charakter als vorangestellte Einführung (Schürmann, Lk I 18: »Präludium«) ist anhand der Kriterien der Apostelgeschichte (1,21–22) erkennbar. In einzelnen Episoden sind der Ursprung und das Werden des Täufers sowie Jesu dargestellt. Die Jesuserzählung und die Täufererzählung bilden eine je in sich geschlossene Einheit, werden jedoch mehrfach miteinander verknüpft (vgl. 1,37 mit 1,24; 1,17, sowie ausdrücklich in der Perikope von der Begegnung der Mütter 1,39–56, deren Stellung dadurch hervorgehoben wird). Dennoch bleibt die Eigenständigkeit der jeweiligen Erzähllinie gewahrt: Erst nachdem M nach Hause zurückgekehrt ist (1,56), erzählt der Verfasser von der Geburt des Täufers (1,57). Die Perikopenabfolge entspricht einer je schrittweisen Gegenüberstellung und Parallelisierung, wodurch Täufererzählung und Jesuserzählung merkbar verzahnt sind: Auf 1,5–25 folgt nicht 1,57–79, sondern zunächst 1,26–38.

Die Absicht der Parallelisierung ist in drei Episoden erkennbar: (A) Verheißung der Geburt; (B) Geburtserzählung; (C) zusammenfassendes Summarium über das Heranwachsen des Knaben. In der Begegnung der Mütter (1,39–56) werden die bisher dargestellten Episoden in ihrer Bedeutung reflektiert. Die Erzählungen sind inhaltlich im Sinne eines überbietenden Parallelismus gestaltet, in der Abfolge der Abschnitte (A) → (B) ist der Fortschritt von der Verheißung göttlichen Handelns zum Vollzug desselben dargestellt; Abschnitt (C) führt die Erfüllung der Verheißung weiter auf die Zukunft des erzählten Evangeliums (Schweizer 14–24; Kirchschläger, Beobachtungen, 245–247). Die Kompositionsweise ist nicht linear, sondern in verzahnter Weise parallel-überbietend.

2,41–52 ist nicht zu den V. zu zählen: Die Erzählung über die Tempelwallfahrt eines zwölfjährigen Knaben zeigt einen Juden an der Schwelle zum Erwachsenenalter, keineswegs im Bereich seiner Kindheit oder seines Werdens. In der durchgehend parallelisierten Struktur fehlt für 2,41–52 ein Pendant in der Täufererzählung; schließlich läßt 2,40 par. zu 1,80 den Abschluß der V. erkennen (so Kirchschläger, Beobachtungen, 249; ähnlich Schweizer 26; gegen Laurentin, Structure, 33). Die Anknüpfung an 2,40 in 2,52 zeigt hingegen die Absicht des Verfassers, von den V. über 2,41–52 eine Verbindung zu 4,14 ff. herzustellen.

Lukas versucht in den V., sein glaubendes Wissen über Jesus als den Christus in Beziehung zu den alten Überlieferungen über Jesu Ursprung zu setzen. Die Abfolge der Episoden bildet einen Geschichtenkranz, in dem die Anfänge Jesu und des Täufers narrativ aufgearbeitet werden. Hintergrund dafür sind wohl Reminiszenzen aus dem Täuferleben ebenso wie ältere Erinnerungen über das Werden Jesu. Vermutlich hat erst Lukas diese Traditionen miteinander verbunden. Er komponiert damit eine Einheit, in der rel. Wahrheit durch erzählte Geschichten gedeutet und verkündet wird (illustrativ dazu Schürmann, Lk I 22–24: »homologetische Geschichtsschreibung«). Dabei steht nicht der Handlungsgang, sondern vielfach das gesprochene oder ausdeutende Wort im Vordergrund. Darauf verweisen die zahlreichen Engelreden (1,13–17. 19–20; 1,28. 30–37; 2,10–14) sowie der mehrfach gesprochene Lobpreis als Mittel der Interpretation (1,42–45. 46 b–55; 1,68–79; 2,14; 2,29–32). Die »besprochene Welt« steht gegenüber der »erzählten Welt« im Vordergrund. Dramatische Erzählmomente fehlen weitgehend (anders Mt 1,19; 2,13–15. 22), es liegt keine Notsituation vor (auch nicht 2,7!). Mittels gründlicher Orientierung an atl. vergleichbaren Erzählungen (vgl. bes. Gen 16; 17; Ri 13; 1 Sam 1–2; genauer dazu Ruddick und Westermann, sowie die Kommentare), die teilweise wörtlich aufgegriffen werden, sowie unter Anwendung biblisch geläufiger Darstellungsweisen (vgl. das Theophanieschema in 1,5–25; 1,26–38; 2,9–14) stellt Lukas so das Werden Jesu deutende Geschichten zusammen.

Die Entstehung beider in den V. genannten Knaben wird auf das außergewöhnliche Eingreifen Gottes zurückgeführt: 1. Gott selbst handelt und ist initiativ. Während dies im Falle des Täufers im Rahmen jüdischer, atl. geprägter Vorstellungen (vgl. bes. Gen 18,10–15; 1 Sam 1–20 u. ö.) bleibt, wird es im Blick auf Jesus in einzigartiger Weise überboten. 1,35 zeigt Gott als einen unmittelbar Handelnden. Demnach wird auch über das Kind Jesus Größeres und Einzigartigeres gesagt (1,32. 35) als über den Täufer (1,15. 17). Diese überbietende Zuordnung des Täufers zu Jesus zeigt schon am Beginn des Evangeliums die späteren Positionen auf (vgl. die Fortsetzung in 3,1–20, bzw. 4,14 ff.). Apg 19,1–7 läßt erkennen, daß eine solche Abgrenzung zur Zeit des Lukas (noch) notwendig war. 2. Jesus von Nazaret wird als jener dargestellt, auf den das glaubende Israel wartet. Als königlicher Sohn aus dem Hause Davids (so 1,28–35) ist er tatsächlich der Retter (2,11, dazu 4,18–19), also der Christus. Deshalb wird seine Geburt allen Menschen zur Freude, kommt doch darin Gottes Friede (»šalom«) zum Ausdruck (2,10. 14). 3. All das ist nicht ein Geschehen im Verborgenen, sondern es steht in Beziehung zur Weltöffentlichkeit (vgl. 2,1–2, dazu 3,1–4 und bes. Apg 26,26). 4. Auf Grund dieses unmittelbaren Wirkens Gottes im Werden Jesu sind die V. mit einer Atmosphäre des Geistes (Schürmann, Lebensentstehung; Kirchschläger, Geistwirken, 38–40) durchzogen (vgl. 1,35; 1,15 und 1,41; 1,67; 2,25. 26. 27, wohl auch 2,36).

M nimmt als Mutter Jesu in der Darstellung des Werdens des Kindes eine bedeutsame Stellung ein. Die Parallelisierung der Verkündigungsszenen zeigt sie gegenüber Zacharias als jene, die Gottes Botschaft annimmt, was Anlaß zur Seligpreisung ist (1,45). Ihre Stellung wird mittels κεχαριτωμένη umschrieben (1,28 a: »erfüllt mit Gnade«), das bedeutet: »Der Herr ist mir dir« (1,28 b). Dieses Stehen im Angesicht, in der Gemeinschaft Gottes, befähigt sie zur Bereitschaft, Gottes Botschaft anzunehmen (1,38) und so Mutter des Kyrios (1,43) zu werden. Ihre Position wird durch den Auftrag zur Namensgebung (1,31 an die Mutter!) unterstrichen. Dennoch begegnet M nicht als die Wissende, sondern zunächst als die Hörende und Fragende (1,34), sodann als die Annehmende, die Bedenkende und Glaubende (2,19. 33; vgl. auch 2,50. 51). Ihr Vorzug ist es, Mutter des *Herrn* zu sein. In der Bezogenheit auf das Kind Jesus sagt Lukas Bedeutsames, Einzigartiges und zugleich Geheimnisvolles über Gottes Wirken an dieser Frau. Dabei ist die Unbefangenheit des Verfassers (vgl. z. B. 1,27. 34 mit 2,5. 27. 33. 39) nicht außer acht zu lassen (→ Jungfräulichkeit; → Jungfrauengeburt).

Lit.: M. Dibelius, Jungfrauensohn und Krippenkind. Untersuchungen zur Geburtsgeschichte Jesu im Lukasevangelium, 1932. — P. Winter, Some Observations on the Language in the Birth and Infancy Stories of the Third Gospel, In: NTS 1 (1954/55) 111–121. — R. Laurentin, Structure et Théologie de Luc I–II, 1957. — A. R. C. Leaney, The Birth Narratives in St. Luke et St. Mattew, In: NTS 8 (1961/62) 158–166. — H. H. Oliver, The Lucan Birth Stories and Purpose of Luke-Acts, In: NTS 10 (1963/64) 202–226. — E. Kraft, Die Vorgeschichte des Lukas. Eine Frage nach ihrer sachgemäßen Interpretation: Zeit und Geschichte, Dankesgabe an R. Bultmann, hrsg. von E. Dinkler, 1964, 217–224. — P. S. Minear, Luke's Use of the Birth Stories, In: Studies in Luke-Acts, FS für P. Schubert, hrsg. von L. E. Keck und J. L. Martyn, 1966, 111–130. — K. H. Schelkle, Die Kindheitsgeschichte Jesu: Wort und Schrift, 1966, 59–75. — G. Voss, Die Christusverkündigung der Kindheitsgeschichte im Rahmen des Lukasevangeliums, In: BiKi 21 (1966) 115–118. — R. Laurentin, Struktur und Theologie der lukanischen Kindheitsgeschichte, 1967. — J. Riedl, Die Vorgeschichte Jesu, 1968. — P. Benoit, Les récits évangéliques de l'enfance de Jesu: Exégèse et Théologie IV, 1968, 63–94. — H. Schürmann, Aufbau, Eigenart und Geschichtswert der Vorgeschichte Lk 1–2, 1968. — E. Nellessen, Das Kind und seine Mutter, 1969. — C. T. Ruddick, Birth narratives in Genesis and Luke, In: NT 12 (1970) 343–348. — A. Vögtle, Offene Fragen zur lukanischen Geburts- und Kindheitsgeschichte, In: BiLe 11 (1970) 51–67. — Ders., Messias und Gottessohn. Herkunft und Sinn der matthäischen Geburts- und Kindheitsgeschichte, 1971. — Ch. T. Davis, Tradition and Redaction in Matthew 1,28–2,23, In: JBL 90 (1971) 404–421. — A. Vögtle, Die matthäische Kindheitsgeschichte, In: M. Didier (Hrsg.), L'Evangile selon Matthieu, 1972, 153–183. — K. Schubert, Die Kindheitsgeschichten Jesu im Lichte der Religionsgeschichte des Judentums, In: BiLi 46 (1973) 224. — L. Romaroson, La structure du premier Evangile, In: ScEs 26 (1974) 69–112. — H. Schürmann, Die geistgewirkte Lebensentstehung Jesu, In: Einheit und Vielfalt, FS für H. Aufderbeck, hrsg. von W. Ernst und K. Feiereis, 1974, 156–169. — W. B. Tartum, Die Zeit Israels: Lk 1–2 und die theol. Intention der lukanischen Schriften, In: G. Baumann (Hrsg.), Das Lukasevangelium, 1974, 317–336. — C. Westermann, Atl. Elemente in Lukas 2,1–20, In: Ders., Forschung am AT, 1974, 269–279. — J. D. M. Derrett, Further Light on the Narratives of the Nativity, In: NT 17 (1975) 81–108. — J. M. Ford, Zealotism and the Lucan Infancy Narratives, In: NT 18 (1976) 280–292. — R. E. Brown, The Birth of the Messiah, 1977. — R. H. Fuller, The Conception/Birth of Jesus as a Christological Moment, In: JSNT 1 (1978) 37–52. — A. George, Le parallèle entre Jean-Baptiste et Jésus en Luc 1–2, In: Mélanges Bibliques, FS für B. Rigaux, hrsg. von A. Descamps und A. de Halleux, o. J., 147–171 (= Etudes sur l'ouvre de Luc, 1978, 43–65). — G. de Rosa, Storia e teologia nei racconti dell'infancia di Gesù, In: CivCatt 129 (1978) 521–537. — Talking Points from Books: (A) The Infancy Narratives, In: ET 90 (1978) 65–66. — A. Müller, Die Mutter Jesu als Thema der Theologie, In: ThPQ 127 (1979) 330–340, bes. 332–335. — Maria im NT. Eine ökumen. Untersuchung, hrsg. von R. E. Brown u. a., 1981. — R. Pesch (Hrsg.), Zur Theologie der Kindheitsgeschichten, 1981. — R. Laurentin, Les évangiles de l'enfance du Christ. Vérité de Noel au-delà des mythes, 1982. — E. Schweizer, Zum Aufbau von Lukas 1 und 2, In: Ders., NT und Christologie im Werden, 1982, 1–2. — W. Kirchschläger, Die Geburt Jesu von Nazaret (Lk 2,1–20), In: ThPQ 131 (1983) 329–342. — A. Gueuret, L'Engendrement d'un recit. L'évangile de l'enfance selon saint Luc, 1983. — H. Hendrickx, The Infancy Narratives, 1984. — W. Kirchschläger, Beobachtungen zur Struktur der lukanischen Vorgeschichten Lk 1–2, In: BiLi 57 (1984) 244–251. — R. E. Brown, Gospel Infancy Research: From 1976 to 1986: Part II (Luke), In: CBQ 48 (1986) 660–680. — W. Kirchschläger, Das Geistwirken in der Sicht des NT. Dargestellt an seinen Hauptzeugen: Pneumatologie und Spiritualität, 1987, 15–52. — B. Kahl, Armenevangelium und Heidenevangelium, 1987. — M. Oberweis, Beobachtungen zum AT-Gebrauch in der matthäischen Kindheitsgeschichte, In: NTS 35 (1989) 131–148. — J. Kremer, Die bildsprachliche Dimension der Kindheitsgeschichten der Evangelien: Metaphorik und Mythos im NT, hrsg. von K. Kertelge, 1989, 78–109. *W. Kirchschläger*

Vosselaar, Provinz und Bistum Antwerpen, Kirche ULF, Trost der Betrübten. Nach der Überlieferung wurde in einer Sanddüne ein großes Bild der GM mit Kind gefunden, wofür man eine Kapelle errichtete, die später zur Pfarrkirche erweitert wurde. Die MV in V. soll bereits Mitte des 14. Jh.s eingesetzt haben. Die Königin von Ungarn und Statthalterin der Belgischen Provinzen kam wiederholt zum Gebet nach T. und ordnete an, daß die Bruderschaften an der jährlichen Ostermontag-Prozession zum Gedenken der Kirchengründung teilnehmen sollten.

Lit.: H. Maho, La Belgique à Marie, 1927, 558 f. *J. Philippen*

Votive. Votiv- (von lat. votivus = geweiht), Opfergaben, Weihegeschenke sind mit der Bitte um Erhörung von Gläubigen an einer Kultstätte niedergelegte Andachtsgegenstände im weitesten Sinne. Es handelt sich um ein gesamtrel. Phänomen, das auch in der christl. → Volksfrömmigkeit bis hin zu den vielfältigen marian. Ausfächerungen eine nicht unbedeutende Rolle spielt. Als dingliches, rel. Zeugnis geben V. öffentlich Kunde von Gelübden des Gläubigen oder von Gnadenerweisen seitens der höheren, numinosen Macht, die angerufen worden ist. Zu unterscheiden sind Bitt- und Dank-V. Den Votationsakt bezeichnet man als Votum, der Beter ist der Votant, das Gesamtphänomen wird auch Votationswesen bzw. Votivkult genannt.

Volkstümlich spricht man von Verlöbnis oder sich verloben (→ Exvoto), sich dem Schutz eines himmlischen Helfers z. B. Ms anheimstellen.

Zum Phänomenbestand der Opfer-, Weihe- und Votivgaben gehören in der Regel Gebilde volkstümlicher Kleinkunst mit oftmals naiver Prägung. Großstiftungen sind seltener. Alle Möglichkeiten öffentlicher, dinglicher Ausdrucksweise rel. Weihung können umfaßt werden: Votiv-Kirchen, -Kapellen, -Altäre, -Bildstöcke, -Kreuze, -Plastiken, -Säulen, -Bilder/Tafeln, -Kerzen, -Zettel und kleine -Andachtsbilder, -Gaben (z. B. Abbildung kranker Körperteile oder von Haustieren: → Devotionalien).

Im Christentum sind seit etwa dem 7. Jh. Votivmessen in besonderen Anliegen bekannt, später auch Votivprozessionen und -wallfahrten, ebenso das Gelöbnis von Pilgerfahrten sowie Fernwallfahrten (z. T. in Vertretung für andere bei Bußauflagen).

Die Votivbilder sind von ihrer Struktur her durchaus als Bild-V. anzusehen. Sie stellen in gemalter Form den gesamten Votationsakt dar: die angerufenen, hll. Patrone (einschließlich Christi und der GM), den bittend sich Verlobenden (z. T. mit Familie und »Habe« = Haus, Hof und Vieh), die Weiheformel (»ex voto«) sowie sein(e) Anliegen, Notsituationen oder lebens- bzw. existenzgefährdende Erlebnisse.

V. im engeren Sinne sind plastische Zeichen aus Holz, Wachs, Metall, Eisen, Ton, Keramik, o. ä., die den Grund für die Votation bildlich darstellen (realistisch: menschliche Organe, Gliedmaßen, Pferde, Kühe, Kleinvieh; symbolisch-zeichenhaft: Herz, Heiligenattribut als Krankheitshinweis [Schutzpatronatschaft]).

Opfercharakter besitzen auch Weihegeschenke aller Art, die z. T. jedoch durchaus Dankzeichen sind (Krücken, Rosenkränze, Schmuck).

Auf die umfassende Entwicklung des Votivkultes in der Antike (Delphi, Epidauros, etc.) sei lediglich hingewiesen.

Lit.: L. Kriss-Rettenbeck, Das Votivbild, 1958. — Ders., Bilder und Zeichen rel. Volksglaubens, ²1963. — Ders., Ex voto. Zeichen, Bild und Abbild im christl. Brauchtum, 1972. — Ders., Weihe- und Votivbilder, In: Keysers Kunst- und Antiquitätenbuch III, ²1973, 41–67 (Lit.). — M. Brauneck u. a., Rel. Volkskunst. Votivgaben — Andachtsbilder — Hinterglas ..., 1978. — E. Harvolk, Votivtafeln. Bildzeugnisse von Hilfsbedürftigkeit und Gottvertrauen, 1979. — R. Creux, Die Bilderwelt des Volkes. Brauchtum und Glaube, 1980. — W. Brückner (Hrsg.), Wallfahrt. Pilgerzeichen. Andachtsbild, 1982.

K. Welker

Votivmessen (Missae votivae, abgeleitet von »votum« = Wunsch, Anliegen), sind im weitesten Sinne Meßfeiern, die nicht der Ordnung des liturg. Jahres folgen, sondern aus einem bestimmten Anlaß oder in einem besonderen Anliegen gefeiert werden, wofür die röm. Liturgie eigene Meßformulare gebildet hat. Im späten MA weiten sich die V. so stark aus, daß sie die Feier des liturg. Jahres gefährden, weshalb das Missale Romanum 1570 einengende Regelungen trifft. Der Codex Rubricarum teilt die V. in vier Rangklassen ein. Das heutige Missale Romanum (ed. typ. altera 1975) verwendet die Bezeichnung »Missae votivae« im engeren Sinn für 16 Meßformulare, die thematisch bestimmten Glaubensgeheimnissen (De Sanctissima Trinitate, De mysterio sanctae Crucis, De Sanctissima Eucharistia, De Sanctissimo Nomine Iesu, De pretiosissimo Sanguine D. N. I. C., De sacratissimo Corde Iesu, De Spiritu Sancto) sowie der Verehrung aller und bestimmter Heiliger Ausdruck geben. Neben den V. kennt und unterschiedet das Missale Romanum »Missae rituales«, »Missae pro variis necessitatibus« und »Missae defunctorum« (Messen in Verbindung mit der Feier bestimmter Sakramente [Taufe, Firmung, Ordination und Trauung], der Wegzehrung [Viaticum], der Jungfrauenweihe und Ordensprofeß, der Kirch- und Altarweihe; Messen in besonderen Anliegen [der Kirche, des Staates, des gesellschaftlichen Lebens, des geistlichen Lebens] und Totenmessen), die jetzt speziell als solche gekennzeichnet werden.

Bei den marian. V. nennt das Missale Romanum sechs Meßformulare aus dem Commune BMV (670–677), die gemäß den Zeiten des liturg. Jahres und beim Mgedächtnis am Samstag (memoria sanctae Mariae in sabbato) verwendet werden können (A), das Formular »De beata Maria Ecclesiae matre« mit eigener Präfation (B) und ein Formular mit dem Titel »De Sanctissimo Nomine Mariae« (C), bei welchem man auf das Commune zurückgreift und als Proprium eine spezielle Collecta (Oration) einfügt (vgl. Missale Romanum 867–870). Diese Möglichkeiten marian. V. werden überaus reich ergänzt durch die »Sammlung von Marienmessen« (Collectio missarum de BMV, Ed. typ. 1986, Dt. Ausg. 1990) mit eigenem Lektionar, die in Mwallfahrtskirchen, am Msamstag und an den Tagen verwendet werden dürfen, an denen das Meßformular frei gewählt werden kann.

Lit.: AEM 313–341 (passim). — J. Braun, Liturg. Handlexikon, 1922, 316 f. — LThK X 701 f. — LThK² X 896 f. —

A. Franz, Die Messe im dt. MA, 1902, 115–291. — L. Eisenhofer, Handbuch der kath. Liturgik II, ²1941 f., 13–20. — Ph. Harnoncourt, Motivmessen und Votivmessen, In: Gottesdienst 8 (1974) 121–123. — A. Adam und R. Berger, Pastoralliturgisches Handlexikon, 545 f. — Th. Maas-Ewerd, Collectio Missarum de BMV. Zur authentischen Ausgabe marian. V. für den liturg. Gebrauch in den Bistümern des dt. Sprachgebietes, In: KlBl 71 (1991) 75–78. — F. Courth, Die Socia Christi im Jahreskreis der Liturgie. Zur neuen Sammlung von Marienmessen, In: LJ 41 (1991) 195–209. *Th. Maas-Ewerd*

Vouet, Simon, franz. Maler und Freskant, * 8.1.1590 in Paris, † 30.6.1649 ebd., war zunächst Schüler seines Vaters Laurent, von dem keine Werke bekannt sind, der jedoch wohlhabend war. 1604–08 lebte V. in London, 1611/12 in einem diplomatischen Gefolge in Konstantinopel; nach Pariser Zwischenaufenthalten beginnt 1612 eine bis 1627 währende ital. Periode, zunächst 1612/13 in Venedig, wo V. Tizian, Veronese und Tintoretto studiert, sich dann 1614 in Rom niederläßt, wo er Einflüsse von A. Caracci und Caravaggio aufnimmt; 1621 erhält er in Genua größere Porträtaufträge und kehrt dann über Mailand, Pavia, Bologna und Florenz nach Rom zurück. 1622 wird er in die Accademia di San Luca aufgenommen, 1624 deren »Principe«. 1622 entsteht ein erstes Hauptwerk, die »Beschneidung Christi« (Neapel) und 1623 porträtiert er Papst Urban VIII. In dieser Zeit stark caravaggesk geprägt, ist die Farbigkeit bei V. dunkeltonig gehalten mit starken Hell-Dunkel-Kontrasten; es entsteht eine Reihe von Selbstporträts und anderer Bildnisse. Bereits mit dem Altarbild »Maria erscheint dem hl. Bruno« (Neapel, 1626) kündigt sich ein Wandel an. Nachdem V. 1626 die Römerin Virginia de Vezzi († 1638), die selbst als Malerin und Zeichenlehrerin tätig war, geheiratet hat, wird er 1627 von König Ludwig XIII. nach Paris zurückberufen und hier sogleich zum »premier peintre du roi« ernannt. 1628 erhält er Wohnung und Atelier im Louvre und baut einen umfänglichen Werkstattbetrieb auf, in dem in den folgenden Jahren u. a. Pierre Mignard (1612–95), Eustache Le Sueur (1616–55), Michel Dorigny (1617–65), sein späterer Schwiegersohn, und Charles Le Brun (1619–90) arbeiten. Zunehmend gewinnt hier V. eine klassizierend beruhigte Formensprache, bei der freilich, gerade auch in den M bildern immer wieder ungewöhnliche und originelle Formulierungen gelingen. Die Farbigkeit wird zum Teil kühler, manchmal nahezu emailartig, aber immer wieder scheinen auch starke Farbkontraste auf. V. wird mit einer Fülle von Aufträgen des Hofes und des hohen Adels bedacht; 1629 erhält er den ersten größeren kirchlichen Auftrag mit den Gemälden für Saint-Nicolas-des-Champs. Neben allegorischen und mythol. Themen, v. a. bei Raumausstattungen für den Hof, nehmen Kirchen- und Andachtsbilder einen immer breiteren Raum im Schaffen V.s ein, der auch intensiv auf die Verbreitung seiner Werke durch Nachstiche bedacht ist. Großaufträge sind 1641/42 die Ausstattung für Saint-Louis-des-Jesuites in Paris (heute verstreut) und 1644 die Galerie de la Reine in Fontainebleau. 1648 setzt ein Krankheitseinbruch ein; V. wird nun noch zum Promotor der Gründung der »Académie de Saint-Luc«, wobei er den Titel »prince« annimmt. Vom sehr umfänglichen Schaffen V.s ist, v. a. durch die Franz. Revolution vieles untergegangen, vieles nur in Nachstichen überliefert. Andenken und Bedeutung V.s wurden durch den Nachfolger als erstem Hofmaler, Nicolas Poussin, überdeckt, so daß er auch in Frankreich erst in den letzten Jahren wiederentdeckt wurde, in Deutschland weitgehend unbekannt ist, obwohl er unter die bedeutendsten Maler Frankreichs des 17. Jh.s zu rechnen ist.

Der Anteil der M themen im Gesamtschaffen V.s ist gewichtig, v. a. in seiner franz. Zeit. Im Original erhalten oder durch Stiche überliefert sind etwa 25 Halbfigurendarstellungen in immer wieder anderen Formulierungen. Offensichtlich kamen sie dem Bedürfnis und Frömmigkeitsgefühl der damaligen gehobenen Gesellschaft nahe. Beispiel dieser Andachtsbilder stammen von 1636 (Paris), 1640 (New York, St. Petersburg), 1642 (Caen). Ausdrucksstarke Verbildlichungen von M unter dem Kreuz gelingen mit den Darstellungen von 1621 (Genua) und 1636 (Lyon). Als wichtige Beispiele von M darstellungen in größeren bildlichen Zusammenhängen seien genannt: Die Hl. Familie (Madrid und San Francisco, 1626), Verkündigung (Moskau, 1632), Ruhe auf der Flucht (Grenoble, 1639), Praesentatio (Paris, 1641), Hl. Familie (Paris, 1642) und die Assumpta (Reims, 1644).

Lit.: W. R. Crelly, The paintings of S. V., o. J. — Ausst.-Kat., Paris 1991. — Ausst.-Kat., Rom 1991. — Ausst.-Kat., München 1991. — Thieme-Becker XXXIV 563 f. *L. Koch*

Vulpes, Angelus → Volpi, Angelo

Vulpius, Melchior, * um 1570 in Wasungen bei Meiningen, bestattet am 7.8.1615 in Weimar. Aus der armen Handwerkerfamilie Fuchs stammend, besuchte V. die Stadtschule seiner Heimatstadt. Um 1590 wird er Hilfslehrer am Gymnasium von Schleusingen. Nebenbei hatte er geistliche Lieder und Motetten für den Gottesdienst zu komponieren. Zum Lehrer aufgestiegen, übernahm er auch das Amt des Kantors. 1596 wird V. als Stadtkantor und Lehrer nach Weimar berufen.

Die kirchenmusikalische Bedeutung des soliden und produktiven V. liegt in seinen leicht ausführbaren Sätzen und Liedern, die bis auf den heutigen Tag in Gebrauch sind. Unter den größeren seiner knapp 600 Werke sind das »Canticum Beatissimae Virginis Mariae« von 1605 mit mehrstimmigen Vertonungen des Magnifikat und eine Matthäuspassion von 1613 zu nennen.

Lit.: H. H. Eggebrecht, M. V., Diss., Jena 1949. — Ders., Das Leben des M. V., In: FS für M. Schneider, 1955, 87 ff. — MGG XIV 45–49. — Grove XX 89 f. *J. Schießl*

W

Waasmunster, Provinz Ost-Flandern, Bistum Gent, Kirche ULF von den Sieben Schmerzen. In der Heidelandschaft von W. stehen zwei Kapellen zu Ehren der Sieben Schmerzen Ms. In einer davon, der sog. »Heidekapel« (17. Jh., seitdem mehrmals vergrößert und renoviert), die inmitten von Buchen an einem alten Heerweg liegt, wird seit mehreren Generationen das Bild der Schmerzensmutter verehrt.

Lit.: H. Maho, La Belgique à Marie, 1927, 563 f.   *J. Philippen*

Wace, normannischer Dichter (Vorname Robert?), * um 1100/1120 in Jersey, † 1175/80; Schüler in Paris, Kleriker in Caen, dann Kanonikus in Bayeux; Autor zweier historischer Werke, des »Brut d'Angleterre«, auch »Geste des Bretons« (1155) genannt, nach Geoffroi de Monmouth, das die Geschichte der Bretagne bis zum Beginn der sächsischen Königsherrschaft enthält, und des »Roman de Rou« oder »Geste des Normands« (1160/74), das sich mit der Geschichte der Normandie von den Anfängen bis ins Jahr 1107 beschäftigt. Außerdem verfaßte er zwei Heiligenleben, »La Vie de S. Nicolas« und »La Vie de Sainte Marguerite«. Seine »Vie de la Vierge Marie«, auch »L' Establissement de la Feste de la Conception Nostre-Dame dicte la Feste aux Normans« betitelt, vielleicht schon 1130–40 entstanden (nach Ashford), erläutert in 1806 Achtsilblern zunächst den Anlaß der Schrift, nämlich die Einsetzung des Festes der UE unter Wilhelm dem Eroberer in der engl. Abtei Ramsay und die Anfänge des Festes in der Normandie. Danach bringt sie eine Beschreibung der Geburt Ms, ihrer Jugend samt Tempelgang, ihrer Eheschließung, der Verkündigung der Geburt Jesu an M, den Tod und die Beisetzung Ms sowie die Aufnahme ihres Geistes in den Himmel. W. verwendete apokryphe Vorlagen wie das → Jakobusevangelium, das sog. Evangelium der Geburt Ms, den → Liber de transitu Beatae Virginis und → Anselms »Miraculum de Conceptione sanctae Mariae« sowie → Eadmer und andere Schriftsteller des 11. und 12. Jh.s. Er folgte den Quellen ziemlich genau, seine Darstellung ist nüchtern und unpoetisch. Er verzichtet sogar auf die lyrischen Teile seiner Vorlagen, greift aber allegorische Detaildeutungen aus der traditionellen marian. Lit. auf (z. B. M = Stern, Nacht = Nacht der Sünden).

W.' »Conception« geht — fast ungekürzt und kaum verändert — in Geoffrois de Paris »Bible des sept estaz du monde« ein, wird in den Handschriften häufig zusammen mit dem »Roman de saint Fanuel« überliefert, der von der wundersamen Geburt von Ms Mutter, der hl. Anna, handelt. Im 16. Jh. benutzt Jehan Michel W.' »Conception« für sein dramatisches »Mystere de la Conception. Nativite, Mariage et Annonciation de la benoiste Vierge Marie«.

Lit.: G. Mancel und G. S. Trébutien, Wace: La Conception Notre Dame, Caen 1842. — W. R. Ashford, The Conception Nostre Dame of W., 1933. — G. Hamm, Das altfranz. Gedicht zu Mariä Himmelfahrt in seinen geistes- und formgeschichtlichen Beziehungen, Diss., München 1938. — Le Trespassement Nostre Dame de W., ed. S. Panunzio, In: Studi mediolatini e volgari, 1973, 39–85. — J.-E. Keller, Quelques réflexions sur la poésie hagiographique en ancien français. A propos de deux nouveaux mss. de la »Conception Nostre Dame« de W., In: Vox romanica 34 (1975) 94–123.   *U. Ebel*

Wachsmadonna. Mdarstellungen aus Wachs sind mit einer spezifischen Materialikonologie verbunden. Dem Wachs der Biene wurde schon in den antiken Religionen ein besonderer Symbolgehalt zugesprochen. Die tradierte »Stoffheiligkeit« erfuhr christl. Sinngebung und Interpretation im Kultus der frühen Kirche. Die metaphorische Bedeutung des reinen, weißen Bienenwachses wurde zunächst in Zusammenhang mit der Osterkerze hervorgehoben. Das Weihegebet, das unter Papst Gelasius (492–496) entstand, erschließt den Hintergrund der hohen Wertschätzung: »O Gott, von dessen unaussprechlicher Allmacht alles Licht seinen Anfang nimmt, wir rufen Dich an .. und bringen ... diese Kerze dar. Sie ist ... gebildet aus Wachs, Öl und Papyrus (= Docht). ... Indem wir also die Entstehung dieses Stoffes bewundern, müssen wir auch den Ursprung der Biene besingen. ... Überaus keusch ist ihre Fortplanzung ... Die sprießenden Keime stoßen Schwärme ab wie in wunderbarem Vorbild Christus (Logos) aus des Vaters Mund hervorging. Die Jungfrauschaft ist bei ihnen fruchtbar ohne eigentliche Geburt. Auf gleichem Wege in die Welt zu kommen, würdigte sich der Herr, als aus Liebe zur Jungfrauschaft sein Ratschluß feststand, eine leibliche Mutter zu haben. Daher, o Herr, werden dir gebührend gerade solche Gaben auf Deinen Altären dargebracht. ...« Wachs als einzigartiges Produkt der jungfräulichen Biene war ein adäquates Material, die Tugenden und geistigen Eigenschaften der himmlischen Vorbilder Christi, Ms und der Heiligen zu versinnbildlichen und in plastischen Darstellungen zu vergegenwärtigen. In Texten der Liturgie und der erbaulichen Unterweisung wurden die gleichnishaften Bedeutungen von Biene, Wachs und Kerze unter den Gläubigen verbreitet und über Jh.e in lebendiger Erinnerung gehalten.

Wachs im Kultgebrauch der christl. Kirchen meint immer Bienenwachs von reinster Qualität und weißer Farbe, die durch die Veredelung der Sonnenbleiche erzielt wird. Das sog. Jungfernwachs, frisch gewonnen noch vor Einsetzen der Brut, hat die helle Farbe von vornherein und zeichnet sich darüberhinaus durch naturreinen Zustand und Ursprünglichkeit aus. Der Begriff wird in neuerer Zeit auch allgemein für weißes, gereinigtes und gebleichtes Bienenwachs verwendet.

In Bezug auf die GM, die Gnade ihrer Geburt ohne Erbsünde, ihre UE und immerwährende Jungfrauenschaft liegt es nahe, bildliche Darstellungen auch aus dem entsprechend bewerteten Bienenwachs zu bilden. Zu erinnern ist in diesem Zusammenhang auch an Kerzenweihe und Lichterbrauch in Verbindung mit Ⓜe Lichtmeß, dem Fest der Reinigung Ⓜs und Jesu Darstellung im Tempel.

Es handelt sich bei den erhaltenen Ⓜdarstellungen in Wachs in der Hauptsache um kleinformatige Bildwerke, die der persönlichen Andacht und erbaulichen Kontemplation dienen. Zu erwähnen sind hier die Agnus-Dei-Plaketten, die in Rom seit etwa dem 12. Jh. aus dem Wachs der Osterkerze oder dem von den Päpsten gestifteten, geweihten und getauften Osterwachs geprägt wurden, das besonderen Reinheitsvorschriften unterlag. Die Vorderseite zeigt das Lamm Gottes, die Rückseite neben dem Namen des Papstes und dem Jahr seines Pontifikats das Relief der Madonna oder eines Heiligen. Auf den stellvertretenden Agnus-Dei-Plaketten, die wegen des großen Bedarfs an diesen begehrten Sakramentalien in privilegierten Klöstern aus römisch benediziertem Wachs hergestellt werden durften, befinden sich an Stelle des Lammes Ⓜ- und Heiligenfiguren auch auf dem Avers. Es war Usus in den Frauenklöstern, diese Wachsplaketten kostbar mit Drahtornamenten, Steinen, Perlen und Blüten zu fassen und kombiniert mit Reliquienpartikeln in Ostensorien zu verarbeiten. Diese Andachtstafeln dienen sowohl dem kirchlichen Altarschmuck als auch als Hausaltar im privaten Bereich (z. B.: Pfistermeister II 199).

Rundplastische Modellgüsse nach Ⓜgnadenbildern zählen zu den frühesten wächsernen Wallfahrtsandenken (z. B.: Pfistermeister II 149 f.). Bekannte Ⓜbildtypen, als Hohlrelief gegossen, finden sich häufig als Mittelbild der sog. »Schönen Arbeiten« der Klosterfrauen (z. B.: Pfistermeister II 205). Seriell gefertigte Madonnen aus drapierten Wachsfolien unter Glassturz werden nach 1850 von den großen Wachszieherfirmen wie Ebenböck in München oder Weinkamer in Salzburg über die Wallfahrtsorte angeboten (z. B.: Pfistermeister II 155. 165. 169).

Textil bekleidete Ⓜfigürchen mit Wachskopf, -händen und Echthaar gehören zu den Klosterarbeiten des 18. Jh.s und sind als privates Andachtsbild, rel. Zimmerschmuck und als Krippenfigur einzusetzen (z. B.: Pfistermeister II 186. 209). Ebenfalls kostbar gewandet, mit lebensecht wirkenden Wachsköpfen, Glasaugen und Haar sind die fast lebensgroßen Madonnen, die als Tragefiguren bei Prozessionen mitgeführt werden (z. B.: Pfistermeister II 244 f.). Zu den zierhaft gerahmten, meist verglasten Andachtsbildern mit W. gehört vielfach das Josephs- oder ein entsprechendes Christuspendant: Der Typus des Ecce Homo ist kombiniert mit demjenigen der Mater Dolorosa, das Brustbild Herz Jesu mit dem Gegenstück Herz Ⓜs,

Wachsplastik, Klosterarbeit, 18. Jh., Salzburg, Nonnberg

Salvator Mundi mit Immaculata (z. B. Pfistermeister II 188 f. 252 a und c).

Als weiterer Aspekt kommt neben der Sinnbildhaftigkeit des Materials bei den aufgeführten, vielfach volkstümlich zu nennenden Darstellungsformen von W. die einfache und kostengünstige Reproduzierbarkeit durch das Modelgußverfahren hinzu, die bei Serien- und Massenproduktionen die tiefere Materialbedeutung durchaus überlagert haben mag. Allerdings bleibt das Wachs als sprechendes Material auch hier immer sichtbar, farbige Fassungen beschränken sich meist auf Konturen und einzelne Akzente.

Lit.: W. Brückner, Cera — Cera Virgo — Cera Virginea. Ein Beitrag zu »Wörter und Sachen« und zur Theorie der »Stoffheiligkeit«, In: Zeitschrift für Volkskunde 59 (1963) 233–253. — R. Büll und E. Moser, Wachs und Kerze. Ein Beitrag zur Kulturgeschichte dreier Jahrtausende, 1974 (Sonderdruck aus PRE). — U. Pfistermeister, Wachs — Volkskunst und Brauch, 2 Bde., 1982. *G. Maierbacher-Legl*

Wachsopfer. Wachs wird in der Kirche zu vielerlei Zwecken benutzt. Die wichtigste und älteste Gebrauchsform ist die der Kerze. Das frühe Christentum lehnte zunächst, in bewußter Absetzung von heidnischen Kulten, die Kerze ab und bediente sich der Öllampe beim Gottesdienst in den Katakomben. Gesichert ist die Verwendung der Wachskerze erstmals durch das 4. Konzil von Karthago (258), das festlegt, daß bei den niederen Weihen ein Leuchter mit dem Cereus überreicht wird. Von da an fand die Kerze rasche Verbreitung zur Beleuchtung und zur Erhöhung feierlicher Akte. Seit dem 10. Jh. findet an Ⓜe Lichtmeß die Kerzenweihe statt. Die Benediktion der Altarkerzen ist nicht vorgeschrieben, jedoch allgemein zu diesem Termin üblich, ferner werden Kerzen geweiht, die dem sakramentalischen Gebrauch (z. B. Blasius-Segen, Wetterkerzen) dienen. Kerzen werden auch. v. a. in verzierter Form, als Votiv- und Weihegaben dargebracht. Gerade große Ⓜwallfahrtsorte, wie → Altötting, haben einen reichen Schatz an solchen geopferten Kerzen. Oft gaben Körpergröße und Gewicht des Stifters das Maß an oder die Kerze sollte durch ihre übergroße Gestalt (z. B. zur Maria-Gravida-Wallfahrt auf den → Bogenberg) den Gelübde-Charakter hervorheben. Eine Sonderform der Kerze ist die lange, gelegte oder gerollte Wachsschnur, der Wachsstock. Dieser diente seit dem MA v. a. der Beleuchtung des Platzes der Frauen in der Kirchenbank, dann auch verziert als Votivgabe, Geschenk z. B. zur Hochzeit oder für die Mägde als Dank der Knechte zu Lichtmeß. Wachsschnüre in bestimmter Länge (z. B. Stadtumfang) als Votivgabe sind seit dem MA bekannt.

Wachs diente in weitestem Umfang der Herstellung von figurativen Votiv- und Weihegaben. Die Vorstellung, daß Abbild und Wirklichkeit aufs engste miteinander verbunden sind, konnte durch das leicht modellierbare Wachs auf einfache und verhältnismäßig preiswerte Weise erfüllt werden. Dargebracht wurde, gerade im Barock als der Blütezeit des Wallfahrtswesens, alles, was menschliche Not zum Ausdruck bringen konnte, von der lebensgroßen Figur über Körperteile, Herzen als Stellvertreter der Person — an Ⓜwallfahrtsorten mit dem Ⓜmonogramm — Symbolobjekte für nicht darstellbare Leiden, Tiere, Häuser, Kirchen. Hatte sich eine gewisse Menge an Wachsvotiven angesammelt, so wurde sie entweder von der Kirche wieder verkauft oder eingeschmolzen.

Die leichte Formbarkeit des Wachses wurde für die Herstellung von Christkind-Figuren genutzt, deren Sockelkopf fast immer aus Wachs ist, der »gefatschte«, d. h. gewickelte, Körper aus textilen Materialien. Bei den Darstellungen der Weihnachtsereignisse, den gerade in der Zeit der Gegenreformation zur demonstratio catholica beliebten Krippenszenen, sind im allgemeinen das Jesuskind und Köpfe und Gliedmaßen der anderen Figuren aus Wachs. Der Legende nach soll der hl. Lukas Ⓜ in Wachsfarben gemalt haben. Die → »Lukasbilder« Ⓜs erfreuten sich großer Beliebtheit und Verbreitung.

Lit.: R. Wünnenberg, Andechser Votiv-Kerzen, 1966. — R. Büll, Das große Buch vom Wachs. Geschichte, Kultur, Technik, 1977. — Ch. Angeletti, Geformtes Wachs. Kerzen, Votive, Wachsfiguren, 1980. — Ausst.-Kat., Geformtes Wachs, 1980/81. Führer durch das Museum für Völkerkunde und Schweizerisches Museum für Volkskunde Basel, 1980. — U. Pfistermeister, Wachs, Volkskunst und Brauch, 1982/83. — H. Hipp, Lebzelten, Wachsstöcke, Votivgaben. Handwerk und Brauch, ³1984. — Ausst.-Kat., »... das Werk der fleissigen Bienen«, Geformtes Wachs aus einer alten Lebzelterei, Regensburg 1984. — H. Hipp, Votivgaben. Heilung durch Glauben, ²1985. *B. Möckershoff*

Wadding, Lucas, OFM, * 16.10.1588 in Waterford/Irland, † 18.11.1657 in Rom, Historiker und Diplomat, entstammte einer frommen Familie, studierte in Lissabon und Coimbra, wurde 1613 zum Priester geweiht und lehrte in Salamanca. 1618 kam er als Mitglied der königlich-span. Delegation, welche die Dogmatisierung der UE vorantreiben sollte, nach Rom, wo er bald Mitglied verschiedener päpstlicher Kommissionen und Kongregationen wurde. Auch konnte er die päpstlichen Archive benutzen und wurde dank seiner Begabung und seines Fleißes zum überragenden Historiker. Seine »Annales Minorum« beschreiben die Geschichte seines Ordens bis ins 16. Jh. 1650 veröffentlichte er die »Scriptores ordinis minorum«, sein Hauptwerk aber war die Herausgabe der »Opera omnia« von Johannes → Duns Scotus (Lyons 1639).

Der Auftrag des span. Königs führte W. unausweichlich zur Mariol. und ins Zentrum der Debatte über die UE, in der das Papsttum die streitenden Parteien zu trennen trachtete. W.s Studium der franziskanischen Theol. und bes. seine genaue Kenntnis der Schriften des Duns Scotus machten ihn mit der traditionellen franziskanischen Lehre über die GM vertraut, wie er sie auch in den drei kleineren Schriften »Immaculatae conceptionis B. Mariae Virginis non adversari ejus mortem corporalem« (Rom 1655), »De redemptione B. Mariae Virginis« (Rom 1656) und »De baptismo B. Mariae Virginis« (Rom 1656) darstellt. In seinem marian. Hauptwerk »Presbeia sive Legatio Philippi III et IV de definienda controversia Immaculatae Conceptionis B. Virginis Mariae« (Louvain 1623; Antwerpen ²1641) legt W. die Hauptargumente für eine Dogmatisierung der UE dar, wie sie dann Eingang in Papst Alexanders VII. Bulle »Sollicitudo« (1661) und in der Dogmatisierung 1854 ihre Bestätigung fanden.

QQ: F. Harold (Zeitgenosse und Neffe), Vita Fratris Lucae Waddingi, ³1931.
Lit.: Franciscan Fathers (Hrsg.), Father Luke W., 1957. — C. Balic, W. the Scotist, ebd. 463–507. — F. Casolini, Luca W., l'annalista dei Francescani, 1956. — C. Gutierrez, Espana por el dogma de la Immaculada. La Ambajada a Roma de 1659 y la Bula »Sollicitudo« de Alejandro VII, 1955. — B. Pandzic, Gli Annales Minorum de P. Luca W., In: StFr 54 (1957) 275–287. — D. Stiernon, L'Annaliste Luc W., In: EphMar 8 (1958) 291–312. — C. Mooney, The Writings of Fr. Luke W., OFM, In: FrS 18 (1958) 225–239. — NCE XIV 761 f. — DThC XV 1588 f. — DNB XX 407 f. — Theotokos² Supplement 389 f. *M. O'Carroll*

Wagenseil, Georg Christoph, * 29.1.1715 in Wien, † 1.3.1777 ebd., äußerst produktiver Komponist der Vorklassik, der u. a. 10 Opern, 43 Kantaten, 103 Instrumentalkonzerte, 96 Symphonien, 93 Kammermusikwerke, 204 Werke für Cembalo und Orgel sowie mehrere Werke der KM komponierte: Messen, Antiphonen, Hymnare, Litaneien, Motetten geistliche Arien und Requiem, darunter die marian. Werke Ave Regina für 4 Stimmen a cappella (Österr. Nat. Bibl., Hs. 16980), Ave Regina für 3 Soli, 2 konzertierende Violinen, 4-stimmigen Chor und großes Orchester (Hs. 16979), Magnificat für 4

Soli, 2 konzertierende Violinen und Trompeten, 4-stimmigen Chor und großes Orchester (Hs. 16922), Alma Redemptoris (Hs. 16982), Salve Regina (Hs. 16983), Ave Regina (Hs. 16981) und Lauretanische Litanei (Hs. 16989). W.s Werke sind gekennzeichnet von melodischer Erfindung sowie von der Ausgewogenheit zwischen polyphoner Satzkunst und Kantabilität.

Lit.: H. Scholz-Michelitsch, G. C. W. als Klavierkomponist, Diss., Wien 1967. — F. W. Riedel, Kirchenmusik am Hofe Karls VI., 1977. — H. Scholz-Michelitsch, G. C. W., 1980.   *F. Trenner*

Waghäusel, Lkr. Karlsruhe, Erzdiözese Freiburg, Wallfahrtskirche »Ad Assumptionem BMV«, in der als Gnadenbild die »Mutter mit dem gütigen Herzen« verehrt wird, eine etwa 40 cm hohe Statue aus franz. Kalkstein (15. Jh.). Die stehende GM mit dem segnenden Jesusknaben auf dem Arm soll nach einer Legende (1435) von einem Schäfer in einer hohlen Eiche gefunden worden sein. Infolge mehrerer Gebetserhörungen entwickelte sich die Wallfahrt rasch, so daß eine erste Kapelle errichtet wurde und 1473 der damals für W. zuständige Bischof von Speyer, Matthias v. Rammung († 1478), eine gotische Kapelle erbauen ließ, die als Chorraum der heutigen Kirche, als sog. Gnadenkapelle, noch erhalten ist.

1614 kamen auf Wunsch des Bischofs von Speyer Kapuziner in die Diözese und erweiterten die Kapelle 1640, 1683–85 und 1920 zur Größe der jetzigen Kirche. Mehrmals wurde die Kirche ein Opfer von Plünderung oder Flammen. Nur das Gnadenbild und die ursprüngliche Kapelle blieben stets erhalten. Nach dem letzten Brand (1920) wurde die Kirche als Saalkirche mit Wandpfeilern und Tonnengewölbe wieder aufgebaut und der neue Gnadenaltar 1930 als rechter Seitenaltar errichtet. Renovationen erfolgten 1958–60 und 1983–84 mit einer Umgestaltung des Altarbereiches.

Seit 1487 war ein eigener Priester für die Wallfahrt zuständig. Nach einem Niedergang in der Reformationszeit blühte die Wallfahrt wieder auf, als 1614 die Kapuziner die Wallfahrtsbetreuung übernahmen. Nicht zuletzt durch das Wirken von →Martin v. Cochem (1700–03, 1709–12, Wallfahrtsbuch 1710, †1712), entwickelte sich W. zum wichtigsten Wallfahrtsort des Bistums →Speyer, bis infolge der Säkularisation das Kloster 1825 aufgehoben und alle Gebäude außer der Kirche abgerissen wurden. Seit 1920 die Kapuziner ihre Arbeit in W. wieder aufgenommen haben, ist es zu einer Wallfahrtsstätte mit regionaler Bedeutung geworden, zu dem bes. an den beiden Hauptwallfahrtstagen, Me Himmelfahrt und Me Geburt, viele Gläubige aus Nordbaden und der Pfalz kommen.

QQ: Wallfahrtsbücher von 1710, 1847, 1907, 1927; vgl. G. Wolf, Wallfahrtsbücher in der Erzdiözese Freiburg, in: K. Welker (Hrsg.), Heilige in Geschichte — Legende — Kult, 1979, 85.
Lit.: A. Ehrenfried, Waghäusel, 1966. — R. Metten, K. Welker und H. Brommer, Wallfahrten im Erzbistum Freiburg, 1990, 72–74 (Lit.).   *S. Tebel*

Wagner, Gotthard, OSB, * 29.12.1678 in Erding, † 13.12.1738 in Tegernsee. Der vielseitig begabte Tegernseer Benediktiner (Lehrer, Dichter, Organist und Prediger) war ein eifriger Diener und Verehrer Ms: als Prediger an der Wallfahrt von Maria Plain (bei Salzburg, 1724–27), als Prediger der Rosenkranzbruderschaft in → Tegernsee (1728–37) und als Verfasser des umfangreichen Werkes »Cygnus Marianus — das ist Marianischer Schwan«, dessen Teile so poetische Titel wie »Marianischer Springbrunnen«, »Marianisches Immelein«, »Musikalischer Hofgarten« etc. tragen. Allein der dritte Teil, der »Musikalische Hofgarten« (1717), enthält hundert Arien. In der Widmungsrede schreibt W. in ganz barocker Weise, daß »dieses ney-verfaste/Werck allein auf die Ehr Gottes und Mariä« ziele. So ist gerade dieser Autor und sein »Cygnus Marianus« ein sprechender Beweis für die MV in Tegernsee und darüber hinaus in den süddt. Prälatenklöstern der Barockzeit (z. B. Sebastian → Sailer, → Stainmayr, → Werlin, → Zoller), was natürlich auch für die Bettelorden (→ Laurentius v. Schnüffis, → Prokop v. Templin etc.) und die Gesellschaft Jesu (→ Balde, → Bissel, → Drexel, → Spee, → Vogler etc.) gilt.

Ausg.: Areola rhetorica XX Orationibus..., München 1709. — Urna aeternae felicitatis pro obtinenda beata morte, Freising 1715. — Übersetzung mit dem Titel Geistlicher Glückshafen..., Augsburg 1719. — Cygnus Marianus das ist Marianischer Schwan, Teile 1–5, 1720–30. — Vier Predigten gedruckt 1716–30. — Textproben in BB III 391–395. 1266.
Lit.: P. Lindner, Familia S. Quirini in Tegernsee. Die Äbte und Mönche der Benediktinerabtei Tegernsee von den ältesten Zeiten bis zu ihrem Aussterben (1861) und ihr lit. Nachlaß, In: Oberbayer. Archiv 50 (1897) 119–123. — M. Spindler (Hrsg.), Handbuch der bayer. Geschichte II ²1988, 995. — MGG XIV 76.   *H. Pörnbacher*

Wagner, Johann Peter Alexander, * 26.2.1739 im Kloster Theres, † 7.1.1809 in Würzburg, war der führende Bildhauer Würzburgs in der Zeit des späten Rokoko und des Frühklassizismus. Er schuf Bildwerke für fränkische Kirchen und Schlösser. Das kirchliche Werk W.s umfaßt neben Figuren auch Altäre und Kanzeln. W. arbeitete in Holz, Marmor, Alabaster und Sandstein.

Die Bildhauerei erlernte W. in der Werkstatt seines Vaters Thomas W. und während seiner Wanderjahre in Wien, Salzburg und München. In Mannheim war W. stark beeindruckt von der Kunst des kurpfälzischen Hofbildhauers Paul → Egell. Vor 1756 ließ er sich in Würzburg nieder, wo er zunächst in der Werkstatt des Hofbildhauers Johann Wolfgang von der Auwera arbeitete und nach dessen Tod dessen künstlerisches Erbe antrat. W.s Ernennung zum Fürstbischöflich-Würzburgischen Hofbildhauer erfolgte am 22.12.1771.

Zu den wichtigen Themen seiner Kirchenkunst gehören Putten, die hll. Petrus und Johannes sowie Szenen aus dem Mleben: Tempelgang, Verkündigung, M trauernd unter dem Kreuz, Pietà, Himmelfahrt, Krönung, Immaculata und M mit Kind. Die frühesten Werke aus dieser Gruppe sind die Pietà von Gramschatz

(1759/60), die Kanzel in → Maria Limbach (1760), die auf dem Schalldeckel zwei Putten und die Figur der Immaculata zeigt, der M-klagealtar in Güntersleben (1760) mit der trauernden M zu Füßen des Kreuzes, an dem nur die von den Wundmalen durchbohrten Hände und Füße Christi sowie ein von einer Strahlenglorie umgebenes Herz angebracht sind, sowie der Hochaltar in Kreuzthal (um 1760) mit einem plastischen Kruzifixus und den beiden Assistenzfiguren.

1760/61 stellte W. im Hochaltar von Maria Limbach eine Madonna aus dem 15. Jh. in einem laternenartigen Glasschrein als Gnadenbild zur Verehrung aus. Von den zwei Seitenaltären in Wiesenfeld (1763/64) sind heute noch die beiden Mittelfiguren der Altäre, die Madonna und der hl. Sebastian erhalten. Die Immaculata zeigt W. als Relieffigur am linken Seitenaltar in Alzenau (um 1764). Eine besondere Stellung nimmt die Tragfigur der Immaculata in Unterdürrbach (1765) ein, die in ihrer Rechten eine → Lilie als Zeichen der Jungfräulichkeit hält.

Das marian. Heiligtum Mainfrankens schlechthin ist das Käppele bei → Würzburg. 1767 begann W. mit der Ausführung der Kreuzwegstationen für die Wallfahrtskirche auf dem Niklausberg, deren 14 Gruppen zu je 4–6 lebensgroßen Freifiguren im Entwurf sämtlich auf W. zurückgehen, während die Ausführung z. T. Gesellenhänden zuzuschreiben ist. Die 2 m große Fassadenfigur des Käppele (1767/68), eine Madonna aus Sandstein, steht in einer rundbogigen Nische über dem Hauptportal der Kirche.

Für die Entstehung der Hl. Familie in der Pfarrkirche in Homburg kommen die Jahre um 1767 in Betracht. Die Tragfiguren von Halsbach (1768), Hausen (um 1768) und Euerdorf (um 1770) gehören typologisch in die Reihe von W.s Immaculata-Figuren. Im Hochaltar von Bolzhausen (1769/70) findet sich eine plastische Mittelgruppe des Tempelganges Me. Der Hohepriester empfängt die die Stufen hinaufgehende kleine M, zu beiden Seiten die Eltern Ms, Joachim und Anna. Bei W.s Madonna in Obertheres (um 1770) handelt es sich wiederum um eine Tragfigur.

Die Madonna von St. Peter in Würzburg (um 1775) repräsentiert die sog. »Herzogin von Franken«. Auf einem runden Sockel und der Weltkugel erhebt sich die Gestalt Ms. Während die etwas abgestreckte Rechte das Zepter hält, sitzt der segnende Jesusknabe auf der Linken. Sowohl M als auch das Kind tragen eine Herzogskrone.

Die Tragfigur Immaculata in Boxtal (um 1775) ist heute in der Mittelnische des nördlichen Seitenaltars aufgestellt. Der Hochaltar von Wettringen (1781) birgt den Gekreuzigten mit den beiden Assistenzfiguren. 1782 arbeitete W. für die Pfarrkirche in Haßfurt zwei Rahmenpfeilerstatuen (Immaculata und hl. Michael). Der Hochaltar in Rodheim (1783) zeigt wiederum die Kreuzigungsgruppe; die Immaculata ist als Mittelfigur auf dem nördlichen Seitenaltar gegeben. W. werden ferner die dortigen Tragfiguren (M und hl. Kilian) zugeschrieben.

Im Altar der nördlichen Turmkapelle in Gerolzhofen (1783) ist die Gruppe der Pietà zu sehen. Die Figuren der beiden Marien am Grabe, Maria Magdalena und Maria, die Mutter des Jakobus, flankieren den Altar.

Der Hochaltar von Stadelhofen (1784) zeigt die plastische Darstellung der Krönung Me, jener von Unterwittbach (1785) die Kreuzigungsgruppe. Die Immaculata findet sich in Wettringen (1786) nicht nur auf dem Altar der Evangelienseite, sondern auch als Tragfigur. Eine ähnliche GM wird W. in Zell (um 1786) zugeschrieben.

Der Hochaltar der Friedhofskapelle Zellingen (1788/89) zeigt den Kruzifixus, umgeben von M ist die Kreuzigungsgruppe erweitert durch die hll. Judas Thaddäus und Simon. Ein Altar auf der Evangelienseite zeigt als Mittelfigur die Immaculata. Im Hochaltar von Sasbach (1790) ist der Gekreuzigte von M, Johannes, Rochus und Sebastian flankiert. Auch die Tragfiguren der Immaculata in Opferbaum (1790) und in Mühlhausen (um 1790) gelten als Werke W.s Im Hochaltar von Unterwittighausen (1791) erscheint über dem Altarblatt in plastischer Reliefstärke die Krönung Me.

Weitere Mdarstellungen W.s sind: die Himmelfahrt in Unterpiesheim (1792) sowie die Tragfiguren von Unterpiesheim und Astheim (1792).

1798 schuf W. das Gnadenbild M vom Berge Karmel für die barocke Wallfahrtskirche → Fährbrück. Der Gekreuzigte im Hochaltar von Unterdürrbach (1800/01), eine Immaculata in Dampfach (1801/02) sowie das dortige Verkündigungsrelief sind W.s letzte kirchliche Werke.

W.s zahlreiche plastische Werke repräsentieren den Endpunkt höfischer Barockkultur in Würzburg. Trotz mancher Entlehnungen — die Nachwirkung Egells dauert bis in die 70er Jahre — ist die frische, experimentierende, ideenreiche Frühzeit des bewegten Rokoko die beste Zeit W.s. Gegen Mitte der 70er Jahre entwickelt er seinen Stil immer entschiedener in Richtung der antikisierenden Art der Donner-Schule. In späterer Zeit verlieren selbst seine Putten ihre Frische und nehmen an der allgemeinen Ernüchterung des neuen Figurenideals teil. Dem Geist dieses Stilwandels entsprechend, weicht die heitere, lebhafte Polychromierung einer strengen, nur durch Unterbrechung von Gold gemilderten Einfarbigkeit; zugleich tritt eine allmähliche Versteifung der ornamentalen und tektonischen Formen ein.

Lit.: H. G. Lempertz, J. P. A. W., Ein Beitrag zur Geschichte der dt. Plastik des 18. Jh.s, Diss., Köln 1904. — F. Knapp, J. P. W., In: Veröffentlichungen der Gesellschaft für Fränkische Geschichte, 7. Reihe, 2. Bd., 1922. — A. Feulner, Skulptur und Malerei des 18. Jh.s in Deutschland, 1929. — L. Lehmann, Die Jugendwerke J. P. W.s, Diss., Würzburg 1933. — H. Schneider, Das frühklassizistische Werk des J. P. W., Diss., Augsburg 1936. — C. Boelcke-Astor, Der Frühklassizismus, seine Ursachen und seine Entwicklung bei J. P. W., Diss., Frankfurt a. M. 1941. — M. Domarus, Die Wallfahrt zum Würzburger Käppele, 1953. — H. Schnell, Käppele Würzburg, 1956. — J. Dünninger, Die marianischen Wallfahrten der Diözese Würzburg, 1960. — H.-P. Trenschel, Die kirchlichen Werke des Würzburgischen Hofbildhauers J. P. W., 1968. S.-M. Mittendorf

Waibel, Alois Adalbert, Franziskaner, Theologe, * 21. 5. 1787 in Seifriedsberg bei Sonthofen, † 1. 6. 1852 in Oberstaufen, Diözese Augsburg, studierte nach dem Abitur in Kempten Phil. in Innsbruck, legte am 3. 5. 1809 in der Tiroler Franziskanerprovinz Profeß ab und wurde am 16. 6. 1810 zum Priester geweiht. Nach Tätigkeit als »Sammelpater« in Reute und Hall war er 1817–27 Lektor der Phil. in Schwaz, nahm 1827 die Einladung der in diesem Jahr durch König Ludwig I. wiedererrichteten Bayer. Franziskanerprovinz an und lehrte ab 1828 an dem eben neu zugelassenen Provinzstudium in München St. Anna Phil. Auf Wunsch des Königs baute er 1830 in Hammelburg ein Ordensstudium für die neu errichtete Fränkische Provinz auf, das er 1830 wegen Meinungsverschiedenheiten mit dem Ordinariat Würzburg bezüglich des Lehrplans verließ. Er ließ sich nicht mehr in seine Heimatprovinz eingliedern und wirkte, in seinem Lebensunterhalt von einer verwandten reichen Witwe versorgt, ab 1833 als »Expositus« und »Missionarius« in Oberstaufen, teilweise vom Klerus wegen der Förderung des öfteren Empfanges der Hl. Kommunion abgelehnt. Da seine großen theol. Werke nicht ungeteilten Beifall fanden (vgl. die Kritik von M. Stadlbauer), gab er 1844 seine reiche schriftstellerische Tätigkeit auf dem Gebiet der Theol. und Volksfrömmigkeit auf und widmete sich ganz der Seelsorge. W. verfaßte vor H. Klee die erste vollständige dt. kath. Dogmatik, baute organischer als dieser die theol. Tradition ein, kannte vor J. M. → Scheeben die dt. gnadentheol. Begrifflichkeit »Übernatur« und »übernatürlich« (Dogmatik V: Von der übernatürlichen Gnade) und verteidigte die Unfehlbarkeit päpstlicher Entscheidung unabhängig von einem Konzil oder einer nachfolgenden Zustimmung (Dogmatik II 428–443; VI 153–171). Der Primat des röm. Papstes ist für W. Dogma (ebd. 55). Er kennt die theol. und exegetische Lit. seiner Zeit, setzt sich mit ihr kritisch auseinander und zitiert wiederholt den Begründer der Mainzer Schule, B. F. L. Liebermann (1759–1844). Seine Theol. ist kaum gehoben.

Mariol. Themen behandelt W. bei der Schöpfungslehre, Christol. und Eschatol.: M wurde auf Erden von den Engeln als »ihre Königin« »angestaunt« (Dogmatik III 179). Nach einem Überblick über die Geschichte der Lehre von der UE Ms seit dem 14. Jh. begründet er diese aus Gen 3,15, einer in »heiliges Dunkel« gehüllten Verheißung, ohne sie jemand vor der dogm. Klärung aufzuzwingen: Die Feindschaft zwischen Frau und Schlange wäre nicht »vollkommen und gänzlich«, »wäre Maria je durch die Erbsünde unter der Herrschaft des Teufels gestanden«. »In Ansehung der Verdienste ihres Sohnes« ist M, die GM, ohne Erbsünde empfangen worden. »Ihr Sohn war also auch ihr Erlöser, eben nicht von der Sünde, aber von dem Gesetz, mitbegriffen zu werden unter den Erben der Sünde Adams« (ebd. 245 f.).

M ist jungfräuliche Mutter Jesu im physischen Sinne vor, bei und nach der Geburt ihres Sohnes (Dogmatik IV 16 f. 71–75). Aus der Definition von → Chalkedon kommt W. zu übersteigerten Folgerungen, die im dt. Ausdruck mißverstanden werden können, bes. wenn nicht »beziehungsweise« aus »relatio« abgeleitet wird: »Die heilige Kirche Jesu Christi ist entzückt über die so hohe Würde der Mutter Gottes. Diese Würde hat Relation zum ewigen Logos, als der Person dessen, dessen wahre Mutter Maria ist. Diese Relation, die nicht etwa bloß eine moralische ist, gibt der jungfräulichen Mutter Jesu eine beziehungsweise göttliche Würde. Maria, die Göttliche, — so nenne ich Sie mir im erklärten Verstande am liebsten — sei nach ihrem Sohn unsere Freude, unser Ruhm und unser Stolz« (ebd. 71; vgl. Verehrung 7–15). Darum eignet ihrer »Gottes-Mutter-Würde« eine »relative Unendlichkeit« (Moraltheologie III 106). M gebührt eine doppelte Verehrung: 1. als der »Heiligsten« vor allen anderen Heiligen wegen ihrer »immerwährenden ganz sündenlosen Unschuld« (Dogmatik X 370), ihrer Einwilligung, GM zu werden, ihrer Mutterliebe zu ihrem göttlichen Sohne und ihrer Schmerzen bei dessen Tod; 2. als GM verdient sie »eine eigenartige, spezifisch-höhere Verehrung, die Hyperdulie«. Als Mutter des Herrn ist sie unsere Königin und die des Himmels und der Engel, der wir »Huldigung« schulden, die aber verschieden ist von der, die wir Gott und dem Herrn erweisen (ebd. 371 f.; vgl. Moraltheologie III 105; Verehrung 19–52). »Die Mutter unseres Erlösers und göttlichen Bruders ist ja im sittlichen Sinne auch unsere Mutter«, die Jesus am Kreuz Johannes und uns zur Mutter gegeben hat, so daß wir ihre Kinder sind: »Was sollten wir durch die Fürbitte der Gottes Mutter und unser aller Mutter nicht erhalten?« (Dogmatik X 377; vgl. Verehrung 33–40). Zur Aufnahme Ms in den Himmel äußert sich W. nur in »Verehrung« (91 f.), ohne auf ihre Leiblichkeit einzugehen.

Wegen seiner traditionsgebundenen theol. Auffassungen wurde W. als »erzkatholisch« kritisiert. In »Mystik« (246–453) wendet er sich gegen »Aftermystik«, rel. Strömungen außerhalb der kath. Kirche, und führt marian. Heilige an (103. 183). Seine mariol. Vorstellung in der Dogmatik hat er teilweise schon 1823 in »Verehrung« für die MV eingebracht. Der »Un- und Halbgläubigkeit« seiner Zeit will er darin die wahre MV vorstellen. Ähnlich den Leben-Jesu-Betrachtungen werden die Leiden und Freuden der GM von der Kindheit Jesu und vom »Schmerzensschwert unter dem Kreuze« bis zur »Wonnekrone bei der Auferstehung Christi« geschildert (67–86). Phantastisch ist bei dem Kapitel »Mariens Freude über die heranwachsende Kirche Jesu Christi« (87–90) die Ansicht, M sei die Gegenwart Jesu im Hlst. Sakrament des Altares Trost und Erquickung gewesen, und sie habe bei dessen Besuchen dem »Beseliger der Menschheit alle Welt« empfohlen. Gegen die Aufklärung verfaßte W. unter dem Pseudonym Theophilus Nelk, unter dem er schon Teile seiner frühen Werke veröffentlicht hatte, zur Förderung der Mwallfahrten 1836 ein Buch über → Steinbach und 1842 über → Einsiedeln nach Vorlagen und Urkunden.

WW (Auswahl): Moral=Philosophie, Augsburg 1820. — Verehrung der Gottes=Mutter und heiligsten Jungfrau Maria. In Gebeten für Gebildete, Innsbruck 1823. — Das Eine Evangelium oder die vier hll. Evangelien im geschichtlichen Zusammenhang samt der Geschichte der Apostel, Augsburg 1826. — Th. Nelk, Herkulan Oberrauch, eine merkwürdige Lebensgeschichte, München 1829, ²1834. — Dogmatik der Religion Jesu Christi, 28 Abhandlungen in 10 Bden., Augsburg 1830–31. — Mystik. Auch als Zugabe zu seiner »Dogmatik der Religion Jesu Christi«, ebd. 1834. — Die Auslegung der Offenbarung des hl. Johannes, ebd. 1834. — Th. Nelk, Bildnis oder der Ursprung der Wallfahrt zu Maria-Steinbach, Regensburg-Landshut 1836. — Moraltheologie nach dem Geiste des hl. Alphons v. Liguori, 8 Bde., Regensburg 1839–44. — Th. Nelk, Das Wunderbare bei der Einweihung der Gottes-Mutter-Kirche zu Maria-Einsiedeln, Regensburg 1842. — Die Reichsgrafenschaft Königsegg-Rothenfels und die Herrschaft Staufen, Kempten 1851; s. weiter: Thesaurus librorum rei catholicae. Handbuch der Bücherkunde der gesamten Lit. des Katholizismus ... II, Würzburg 1850, 578 f. nennt unter Th. Nelk 24, 909 unter A. A. Waibel 20 WW (viele hagiographische und katechetische, fehlerhaft!).

Lit.: M. Stadlbauer, Rezensionen von Moraltheologie V und VI, In: Archiv für theol. Literatur 2 (1843) 128–141. — B. Lins, Geschichte der bayer. Franziskanerprovinz ..., 3 Bde., 1926–39, hier III 147–151. — F. Notheger, Andere Aushilfen ... in der bayer. Provinz im vorigen Jh., In: Verba Vitae et Salutis 27 (1956) 221–229. — A. Trabucco, La »Donna ravolta di sole« (Apoc. 12). L'interpretazione ecclesiologica degli esegeti cattolici dal 1563 alla prima metà del secolo XIX, In: Mar. 19 (1957) 1–58. 289–334. — A. Heuser, Die Erlösungslehre in der kath. dt. Dogmatik von B. P. Zimmer bis M. Schmaus, 1963 (Index). — W. Baier, Die Kirche als Fortsetzung des Wirkens Christi, 1984 (Index). — ADB XL 596 f. *W. Baier*

Walahfrid Strabo, OSB, * um 808 in Schwaben, † 18.8.849, erzogen im Kloster Reichenau, Schüler von → Rhabanus Maurus, seit 838 Abt der Reichenau, angesehener Vertreter der Karolingischen Renaissance (→ Karolingerzeit). Früher bes. als Exeget gerühmt, verlor er nach der Aberkennung der »Glossa ordinaria« dieses Ansehen (auch die Bearbeitungen der Bibelkommentare seines Lehrers Rhabanus sind nicht originell) und gewann mehr Bedeutung auf liturgiegeschichtlichem Gebiet (»De exordiis et incrementis quarundam in observationibus ecclesiasticis«), als Hagiograph (Vita S. Galli; Vita S. Othmari; Neuausgabe von Einhards Vita Caroli), v. a. aber als Dichter (Visio Wettini; Liber de cultura hortarum). So gilt er »unter den Dichtern der Karolingerzeit« als »einer der gewandtesten und vielseitigsten« (Brunhölzl).

Dem exegetischen und poetischen Genus entstammen auch seine marian. Texte. In der »Homilia in initium evangelii S. Matthaei« (PL 114,849–862) befaßt er sich ausführlich mit der Deutung des Namens »Maria«. Über → Hieronymus und → Beda hinausgehend, erklärt er M auf Grund des Titels »illuminatrix« als Lichtspenderin und Gnadenbringerin der ganzen Welt, die in Antiparallele zu Eva, welche die Welt in Dunkelheit versetzte, ihr das Licht brachte. Dieser Deutung schließt sich die dichterisch überhöhte Benennung der »stella maris« an, die dem auf dem Meer der Welt treibenden ecclesiasticus nauta (und dem Menschen) die Richtung weist. W. verfehlt aber nicht zu sagen, daß das Licht Christus selbst ist, auf den die Menschen ihre Hoffnung setzen müssen (PL 144,859). Damit bleibt M als Heilsträgerin in die übergeordnete Heilsmacht Christi eingefügt, obgleich sie andererseits unter diesen Bildern in ihrer überirdischen Stellung und Größe anerkannt ist. Diese wird auch noch durch den Titel »domina« (Herrin) unterstrichen, der ihr deshalb rechtens zukommt, weil sie den »Dominus« und »Salvator« geboren hat. So ist sie die »mater Domini Dominorum«, durch die wir das Licht des Glaubens und der Gnade empfangen und zur Seligkeit Gottes geführt werden (PL 114,859).

Indem W. bei der Verwendung der Eva-M-Parallele im Gegensatz zur Übertretung Evas (»transgressio«) die Verdienste Ms (»merita«) hervorhebt, läßt er erkennen, daß M auch ursächlich an der Befreiung und Heiligung der Welt beteiligt ist und dies sowohl im objektiven als auch im subjektiven Heilswerk, freilich in einer Art ministerieller und instrumentaler Kausalität, die der Stellung Christi keinen Abbruch tut. In einem Gedicht auf die Assumptio Ms äußert sich W. der Gesamteinstellung seiner Zeit entsprechend, zurückhaltend bezüglich der leiblichen Aufnahme Ms (PL 114,1084).

Für die Lebensbedeutung der Mgestalt ist ihre Erwähnung in dem Gedicht über den Ackerbau charakteristisch, in dessen Zentrum die Behandlung von 23 Pflanzen und Heilkräutern steht. Dabei werden auch die mythol. Beziehungen und die christl. Symboldeutung berücksichtigt. Letztere führt den Dichter bei der Erwähnung von → Rose und → Lilie zum Bild Ms, in dem sich Mutterschaft und Jungfräulichkeit vereinen. So gibt W. im ganzen das Mbild der Epoche wieder, in welcher der heilsgeschichtliche Rahmen immer stärker von der Verehrung der Gestalt der jungfräulichen GM als »mater virgo«, als »sponsa«, »regina« und »fidelis amica« (MGH poet. lat. II 349) erfüllt wird.

WW: Carmina varia, MGH poet. lat. II 259–423. — Visio Wettini, MGH poet. lat. II 301–334. — Liber de cultura hortarum, MGH poet. lat. II 335–350. — Homilia in initium evangelii S. Matthaei, PL 114,849–862.

Lit.: K. Beyerle (Hrsg.), Die Kultur der Reichenau, 2 Bde., 1925. — B. Smalley, The study of the bible in the middle ages, ²1952. — B. Bischoff, Ma. Studien II, 1967. — A. Önnerfors, Philologisches zu W. S., In: Mittellat. Jahrbuch 7 (1972) 41 ff. — Scheffczyk 119–121. — Delius 152. — Graef 162. — Brunhölzl 345–358. *L. Scheffczyk*

Waldburg-Gebetbuch. Die Handschrift mit 122 Blättern und über 100 Abbildungen, davon 45 ganzseitigen Darstellungen, wurde 1476 im Auftrag von Georg II. Truchseß von Waldburg (1430/31–10.3.1482 in Waldsee), dem langen Jörg, in einer oberschwäbischen Werkstatt gefertigt und wird heute in der Württembergischen Landesbibl. Stuttgart (Cod. brev. 12.) bewahrt. Sie enthält vier Gebetsgruppen: Privatgebete, liturg. Gebete (Allerheiligenlitanei, Te Deum), die Grundgebete eines Christen (Vaterunser, Ave Maria, Fürbitte zur schmerzhaften Mutter), Christusgebete und auffallend zahlreiche M gebete, die viele Aspekte marian. Frömmigkeit umfassen: Hingabe an M (5), vier Reimgebete zu M (15ᵛ), für alle Armen Seelen (60), das Ave Maria (79), der Lobgesang Ms (Magnificat, 81ᵛ), das Salve Regina (84), Gebete zur schmerzhaften GM — Sieben Schmerzen (85), fünf Gebete zu den Freuden Ms (88ᵛ), »Obsecro te« (94), »O du werde junkfrowe Maria« (105), »Maria, du gewaltige küngin der hymel« (109), »O du aller mächtigoste kayserin aller wirdigkait!« (113). Die kunstvollen und ansprechenden Abbildungen der Handschrift, allesamt Andachtsbilder, zeigen neben der Figur Christi die GM am häufigsten, und zwar als Schmerzensmutter (mehrfach), als Schutzmantelmadonna, im Ährenkleid, als Himmelskönigin; weiterhin sind zentrale Themen aus dem NT (Verkündigung, Heimsuchung, Geburt, Darstellung Jesu im Tempel, Himmelfahrt Christi, M bei der Aussendung des Hl. Geistes, Heimgang Ms) dargestellt. Verschiedene marian. Texte sind von → Johannes v. Indersdorf abhängig. Das W. eignet sich auch deshalb als Beispiel spätma. M frömmigkeit, weil eine hervorragende Faksimileausgabe vorliegt, deren gründliche Untersuchungen Text und Bilder erschließen.

Ausg.: Faksimile-Druck, Edition Deuschle, 1986.
Lit.: Waldburg-Gebetbuch. Einführung und Kommentar von H. Decker-Hauff, W. Irtenkauf, G. Konzelmann, J. Rathofer und A. Walz, 1987. *H. Pörnbacher*

Waldmann, Malerfamilie. Die W.s (es existieren verschiedene Schreibweisen) sind in Innsbruck zum ersten Mal mit Michael W. dem Älteren faßbar (* um 1605 bei Freiburg i. B., † 25.3.1658 in Innsbruck), der am 15.7.1630 bei Erzherzog Leopold V. um eine Stelle als Hofmaler oder einen Freibrief für Tirol nachsuchte. Laut eigenen Angaben stammt er aus der vorderösterr. Gegend um Freiburg i. B. und war in seinen Studienjahren in Italien und Frankreich. Aus seinen zwei Ehen gehen mindestens 12 Kinder hervor, von denen Michael der Jüngere und Kaspar als Maler tätig sind.

Sein Sohn Michael der Jüngere (getauft am 2.7.1640 in Innsbruck, † 11.5.1682 ebd.) hinterließ zwei Kinder, von denen Johann Josef ebenfalls den Beruf des Malers ergriff.

Kaspar W. (getauft am 15.7.1657 in Innsbruck, † 18.11.1720 ebd.) stieg nach seiner Heirat mit der Tochter eines reichen Innsbrucker Bürgers in den Inneren Rat der Stadt auf.

Kaspar Waldmann, Krönung Mariae, Brixen, Hofkapelle

Johann Josef W. (* 14.3.1676 in Innsbruck, † 25.10.1712 ebd.) erhielt das Bürgerrecht von Innsbruck, das schon sein Vater Michael W. d. J. beantragt hatte, zugesprochen. Seine Ausbildungszeit bleibt ebenfalls im Dunkeln; auf eine Lehre bei Kaspar läßt aber die spätere Zusammenarbeit der beiden schließen.

Innerhalb des Werkes aller Mitgleider der W.-Sippe nehmen rel. Arbeiten einen breiten Raum ein, wobei die M thematik dominiert. Diese starke M frömmigkeit im → Tirol des 17. und 18. Jh.s läßt sich durch das → Mariahilfbild von Lucas Cranach d. Ä. in der Innsbrucker Pfarrkirche von St. Jakob erklären. 1647 hatten die tirolischen Landstände gelobt, im Falle einer Rettung vor der schwedischen Bedrohung für das Gnadenbild eine Kirche zu errichten. Da die schwedische Gefahr abgewendet werden konnte, erreichte das Mariahilfbild eine enorme Popularität. Im tatsächlich errichteten Bau der Mariahilfkirche hängt allerdings nur eine Kopie des Cranachschen Bildes von Michael W. d. Ä. (1654). Dieses Gemälde macht die starke Verbindung der W.s zur GM und bes. zum Mariahilfbild deutlich, zumal sein Sohn Kaspar eben jene Kirche 1689 mit Fresken schmückte.

Dem wohl eher als Dekorationsmaler tätigen Michael W. d. Ä. lassen sich außer der schon erwähnten Kopie des Mariahilfbildes nur noch die Seitenaltarblätter der Schloßkapelle Freundsberg in Schwaz mit der signierten und auf 1637 datierten Darstellung des Johannes auf Patmos zuweisen. Daneben war er als Vorzeichner für den Kupferstich tätig.

Sein auch als Vorlagenzeichner nachweisbarer Sohn Michael W. d. J. schuf u. a. das Altarblatt mit der Himmelfahrt Ms am linken Seitenaltar der Hofkirche zu Innsbruck (um 1670), wobei er die Komposition des Nachstiches des 1626 von Rubens für die Antwerpener Kathedrale gemalten Bildes fast wörtlich übernimmt.

Kaspar W., der durch Signaturen und Akteneinträge als Maler vieler Werke gesichert ist, war v. a. als Freskant tätig. Seine Werkliste beginnt mit der Freskierung der Innsbrucker Mariahilfkirche. Dieser folgt die Ausmalung der Mkapelle in der Klosterkirche von Neustift (1696) und der Kapelle zur schmerzhaften GM an der Servitenkirche von Volders. Sein Hauptwerk ist der Freskenzyklus der Stiftskirche von Wilten (1702/07); 1708 schuf er die (teilweise zerstörten) Fresken der bischöflichen Hofkapelle in Brixen und der Kapellen des Sternbachschen Ansitzes in Mühlau.

Die Fresken zeigen jeweils Szenen aus dem Mleben, außer Wilten, wo diese von Prämonstratenserthemen ergänzt werden. Allen diesen Bildern ist gemeinsam, daß sie in kleine Felder gezwängt sind, die der hochbarocke Stuck freiläßt. Diese Kleinteiligkeit verhindert eine konsequente Durchführung der Prinzipien der illusionistischen Darstellung. Kaspar W. versucht sie zwar in Ansätzen, u. a. durch den allerdings beschränkten Einsatz von Scheinarchitekturen in der Art von A. Pozzo, die korrekte Verkürzung der Figuren gelingt aber nicht befriedigend. Sein Figurenstil ist abhängig von den Werken des Pietro da Cortona.

Neben seiner Tätigkeit als Freskant war Kaspar W. auch als Altarblattmaler, Porträtist und Dekorationsmaler beschäftigt. Von seinen profanen Fresken ist v. a. die Ausmalung des Festsaales im Sommerhaus des Haller Damenstiftes zu nennen. Wie seine Verwandten lieferte er Vorlagen für den Stich (→ Thesenblätter und Buchgraphik).

Johann Josef W. war wie Kaspar v. a. als Freskant tätig. Sein erster nachweisbarer Freskenzyklus mit Darstellungen aus dem Mleben in der Innsbrucker Hl. Geist-Spitalskirche (1702/03) ist leider zerstört. Sein Hauptwerk bildet die Ausmalung der Kuppel der Augustinerstiftskirche zu Rattenberg (1709/11) mit der Glorie des hl. Augustinus. Diese großformatige Komposition stellt einen Wendepunkt in der Tiroler Freskokunst dar, denn erstmals nimmt hier die Malerei die Hauptrolle gegenüber dem Stuck ein. Auch die Darstellung eines Heiligenhimmels ist wegweisend für die weitere Entwicklung der Freskenmalerei. Johann Joseph W. hat bei seinem Werk allerdings noch Probleme bei der korrekten illusionistischen Darstellung der Figuren. Er nimmt in seinem Rattenberger Fresko die Entwicklung Kaspars auf und vollendet sie.

Zusammen mit Kaspar schuf er 1711 die Fresken im Herkulessaal der Innsbrucker Hofburg (zerstört) und die Triumphpforte für Kaiser Karl VI. Daneben war Johann Josef W. auch als Vorlagenzeichner für Kupferstiche tätig, u. a. schuf er die Vorlage für einen Stich von Jacob Müller, der die Wiener Msäule zeigt.

Lit.: H. Hammer, Die Entwicklung der barocken Deckenmalerei in Tirol, Straßburg 1912. — H. Tintelnot, Die barocke Freskenmalerei in Deutschland, 1951. — G. Aurenhammer, Die Handzeichnungen des 17. Jh.s in Österreich, 1958. — J. Ringler, Die barocke Tafelmalerei in Tirol, 1973. — G. Adriani, Die dt. Malerei im 17. Jh., 1977. — Dehio-Tirol, 1980. — Ausst.-Kat., Barock in Innsbruck, Tiroler Landesmuseum Ferdinandeum, Innsbruck 1980. *O. Rothäuser*

Walgrave, Alois, (süd-)niederländischer Dichter, Essayist und Literarhistoriker, * 9. 2. 1876 in Gent, †28. 2. 1930 in Brügge, studierte Phil. und Theol. in Mecheln und Löwen. 1899 wurde er zum Priester geweiht. Anschließend studierte er klassische Philol. in Löwen und war 1902–20 Lehrer am Knabenseminar in Hoogstraten, dann bis zu seinem Tode Pfarrer in Vollezelle.

Noch in seiner Löwener Studentenzeit veröffentlichte W. einige phil. Aufsätze in der »Revue Néo-Scolastique«, dann wandte er sich aber zunehmend der Dichtkunst zu. Die Gedichtbände »Stille stonden« (1905) und »Zingende snaren« (1909), die v. a. rel. Gedichte und Naturlyrik enthalten, stehen noch weitgehend in der Tradition der Dichtungen Guido →Gezelles, den W. sehr verehrte, von dem er Werke edierte und dessen Leben er beschrieb (»Het leven van Guido Gezelle«, 2 Bde., 1923–24). Daneben verfaßte er mehrere geistliche →Spiele, so das Evangelienspiel »De blindgeborene« (1907), das Weihnachtsspiel »Vrede op aarde« (1911) und das Mysterienspiel »Jeugddroomen« (1913). Einzelne Mgedichte enthielt der Sammelband »Maria's gaarde en andere gedichten« (1923), als Mdichter wurde W. jedoch v. a. bekannt durch das Laienspiel »Het spel van O.-L. Vrouw of Maria's leven«, das 1910 erstmals erschien, seitdem immer wieder im Mwallfahrtsort → Halle (Hal) aufgeführt wurde und bis W.s Tod bereits sechs Mal neu aufgelegt worden war. In 18 Einzelszenen, die auf zwei Teile verteilt sind, werden hier die wichtigsten Ereignisse aus Ms Leben dargestellt: der erste Teil enthält im großen und ganzen das verborgene Leben Jesu von Me Geburt bis zum Wiederfinden des Jesusknaben im Tempel, der zweite Teil umschließt das öffentliche Wirken Jesu von der Hochzeit zu Kana bis zur Krönung Me im Himmel. Prosa und unterschiedliche Versarten wechseln sich ab, eingestreut sind Gebete und lat. Mgesänge. Den Schluß bildet eine Ehrung der Himmelskönigin durch das Volk.

Lit.: J. Eeckhout, A. W., In: Ders., Litteraire Profielen II, 1927, 91–110. — Ders., Levensbericht van A. W., In: Jaarboek der Koninklijke Vlaamsche Akademie voor Taal- en Letterkunde 43 (1934) 101–123 (Bibl.). *G. van Gemert*

Wallfahrt. W. und Pilgerfahrt werden des öfteren begrifflich synonym verwendet. Hierüber gab es in den 1950/60er Jahren in der Volkskunde heftige Kontroversen, die nicht zum Abschluß kamen. Gemeint ist eine rel. Reise, eine Wanderung oder Fahrt, allein oder in einer Gruppe, zu (mehr oder weniger) entfernten hll. Stätten. Es kann sich um Regional-, Nah- oder Fern-W.en handeln. In der Gruppe sind gemeinsames Auftreten in Prozession, persönliches und gemeinschaftliches Gebet, Besuch kleinerer Andachtsstätten auf dem Wege, Verharren bei (Stations-)Bildstöcken oder Kreuzen angesagt. Verzicht auf Bequemlichkeit war und ist auch heute noch (wenigstens in gewisser Weise) vonnöten.

Religionsgeschichtlich betrachtet, ging das Wallfahren und Pilgern aus dem Glauben hervor, daß an bestimmten hll. Orten die Gottheit (das Numinose) nahe sei und das Gebet (vornehmlich das Bittgebet) bes. wirksam sein müsse. Beispiele hierfür gibt es in Islam und Judentum ebenso wie in der griech.-röm. Antike, bei Persern, Indern, Ägyptern, auch im Buddhismus (Mahayana).

In der Alten Kirche wird seit etwa dem 4. Jh. zu den Gräbern der Martyrer und nach Palästina gewallfahrtet (gepilgert), ebenso zu den Wirkungsorten von Nothelfer-Heiligen, zu denen in besonderer Weise die GM zu zählen ist.

So sind Wallfahrten als spezifischer Ausdruck volksfrommen Verhaltens und Erlebens auch im Christentum stets von besonderer Relevanz gewesen. Es waren und sind Bitt- und Fürbittgänge in eigener und allgemeiner Not. Nach geschichtlicher Entwicklung und faktischem Erscheinungsbild kann man jedoch wissenschaftlich (typologisch und phänomenologisch) eine Reihe von Differenzierungen im W.s- und Pilgerwesen vornehmen.

Eine Einteilung kann erfolgen nach den Kategorien Bitt-W.en — Devotions-W.en — Buß-W.en. Erschwernisse kommen hinzu durch Fasten und mangelhafte Bekleidung (Nackt-W.en).

Wichtige Phänomene entstammen dem Votivwesen, das in der Verwendung von Votivgaben und der Stiftung (»Verlobung«) einen Höhepunkt findet (→ Ex voto, → Votive). Zudem sind alle diese Ausdrucksformen auch kulturgeschichtlich höchst relevante Zeugnisse. Vornehmlich können sie jedoch Auskunft geben über Religion in ihrer Funktion im Bereich der Lebensgestaltung und Lebensbewältigung.

Das Wunder, die Erhörung von Bitten, findet Niederschlag in den Mirakeln und ihrer protokollarischen Aufzeichnung (→ Mirakelbücher). → Gnadenbild (z. T. als Gnadenbild-Devotionalkopie) und Gnadenort haben allerhöchste Bedeutung in der Entwicklung regionaler Frömmigkeitsformen. Duch W.en können oft → Ablässe gewonnen werden, die wiederum die W. fördern.

Zu Recht wird natürlich unterschieden zwischen W. zu einzelnen Heiligen, zur GM und wenigen, jedoch gewichtigen christol. W.en.

Lit.: 1. Allgemeines: B. Kötting, Peregrinatio religiosa. W. in der Antike und das Pilgerwesen in der alten Kirche, 1950. — T. Baumer und W. Heim, W. heute, 1978. — C. L. P. Trüb, Heilige und Krankheit, 1978. — Ausst.-Kat., W. kennt keine Grenzen, München 1984. — L. Carlen, W. und Recht im Abendland, 1987. — S. Hansen (Hrsg.), Die dt. W.sorte, ²1991. — R. Habermas, W. und Aufruhr, 1991. — E. Mielenbrink, Beten mit den Füßen. Über Geschichte, Frömmigkeit und Praxis von W.en, 1993. — N. Ohler, Pilgerleben im MA, 1994. — 2. Regionales: W. Heim, Kleines W.sbuch der Schweiz, o. J. — I. Dollinger, Tiroler W.sbuch, 1982. — J. Neuhardt, W. im Erzbistum Salzburg, 1982. — A. Kuhne, W.sstätten im Erzbistum Paderborn, 1984. — F. Mader. W. im Bistum Passau, 1984. — Ausst.-Kat., W. im Bistum Passau, 1986. — J. Neuhardt, (Hrsg.), Salzburgs W. in Kult und Brauch, Katalog, XI. Sonderschau des Dommus. zu Salzburg, 1986. — J. J. Utz und K. Tyroller, W. im Bistum Regensburg, ²1989. — H. Brommer, R. Metten und K. Welker, W.en im Erzbistum Freiburg, 1990. — Ausst.-Kat., Zu Fuß, zu Pferd . . ., W. im Kreis Ravensburg, Weingarten 1990. — W. Freitag, Volks- und Elitenfrömmigkeit in der frühen Neuzeit, 1991. — G. P. Woeckel, Pietas Bavarica, 1992. — G. Oberhauser, W. und Kultstätten im Saarland, 1992. — F. J. Brems, Marien-Wallfahrtsorte in Europa, 1994. — 3. Marianisches: BeisselW. — H. Sperber, ULF. 800 Jahre Madonnenbild und MV zwischen Lech und Salzach, 1980. — Beinert-Petri, bes. 506 f. — R. Ernst, Lexikon der Marienerscheinungen, 1984. — E. Begg, The Cult of the Black Virgin, 1985. — I. Dollinger, ULF von Tirol, 1987. — Ausst.-Kat., Maria — mater fidelium, Kevelaer 1987. — P.-M. Spangenberg, Maria ist immer und überall. Die Alltagswelten des spätma. Mirakels, 1987. — P. Pfister und H. Ramisch (Hrsg.), Marien-W. im Erzbistum München und Freising, 1989. *K. Welker*

Wallfahrtsfähnchen. Noch zu Beginn des 15. und 16. Jh.s brachten Pilger von einem Gnadenort das Bild des jeweiligen Heiligen in Form eines → Pilgerzeichens mit. Ab Ende des 16. Jh.s werden diese Zeichen aus ökonomischen Gründen von Papierfähnchen verdrängt. Mit dem Aufkommen des Holzschnitts im 15. Jh. ließen sich schnellere, kostengünstigere und höhere Auflagen erzielen als im Gießverfahren. Außerdem ermöglichten die Druckerzeugnisse von ihrer Technik her umfassendere Aussagen über den Heiligen, den Gnadenort, die Wunderheilungen usw. Die frühen W. als rechteckige Wimpel rückt Van Heurck (S. X) in die Nähe burgundischer Kriegsfahnen. In der Tat sind häufig Heilige im Fahnenbild dargestellt. V. a. in der Neuzeit wird hierdurch eine gegenref. Haltung ausgedrückt. ⚔ wird auf kaiserlichen Fahnen des 16. und 17. Jh.s oft abgebildet, ebenso auf bayer. Fahnen seit → Maximilian I. Es ist anzunehmen, daß solche Vorlagen als Propagierung des Glaubens für die Entstehung der W. eine bedeutende Rolle gespielt haben.

Die früheste Erwähnung von W. findet sich in den Annalen der Abtei Saint-Ghislain/Hennegau. 1491 läßt der Abt innerhalb der Kirche eine Kapelle abtrennen, da die Religiosen durch den Verkauf von Kerzen, Medaillen und Zeichen oder Fähnchen des Heiligen im Gebet gestört wurden. Weitere Angaben finden sich in anderen Rechnungen belgischer Kirchen: In Evergem (1508 f.) ist verzeichnet: »Item noch comt de kerke in bute wand(en) vaenkins diemen vercochte up Ste Xtoffels dach en (de) binn(en) der octave«; für Lede werden 1509, für Dudzele 1510, für Gistel 1512 W. erwähnt. 1524–27 werden in Dienst O.L. Vrouw-Fähnchen angeboten. Mitte des 16. Jh.s scheinen die W. in Flandern

◀ *Wallfahrtsfähnchen, Aarschot, Ende 16. Jh.*

▼ *Wallfahrtsfähnchen, Scherpenheuvel, um 1935*

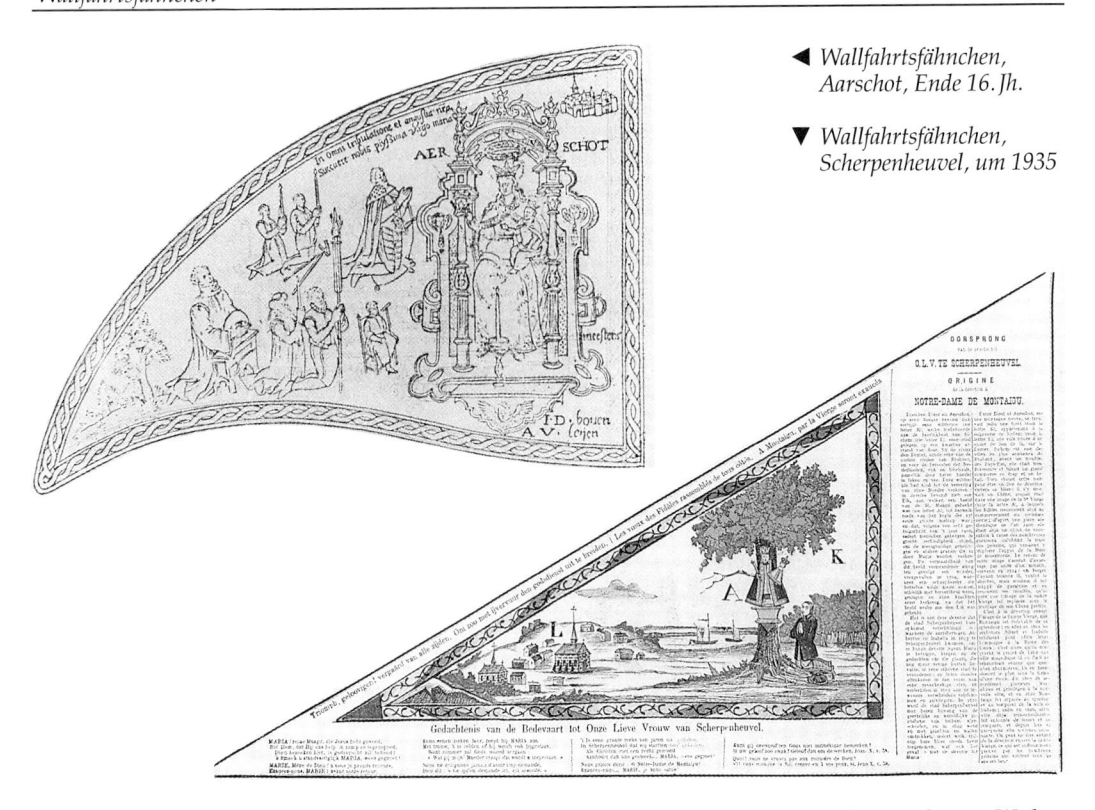

schon weit verbreitet gewesen zu sein. 1549 werden sie in Ieper als »gewoonte« W. bezeichnet. Hier wurden die Franziskaner anläßlich der Prozession zu Ehren ULF mit W. beschenkt. Ende des 16. Jh.s sind die W. in Flandern und darüber hinaus allgemein üblich. Es ist dies zu sehen als Antwort auf den Bildersturm der Geusen, als Antwort der Gegenreformation. ⏰ wird als Gegenpol zum neuen Glauben aufgebaut. Dies drückt sich auch in der Produktion von W. aus, wie in Aarschot 1597, Scherpenheuvel um 1605; 1608 werden in Edegem/Antwerpen in den Kirchenrechnungen »Pampiere vaenckens van Onse Lieve Vrouw« aufgelistet (Philippen 22). 1625–30 erwähnen die Kirchenrechnungen von Ieper: »Guillames Du Thielt van't verdiepen van de plate processievaentjes ten Tuindaege . . .« (Philippen 44); hier mußten die Kupferstichplatten wegen Abnutzung nachgestochen werden.

Philippen (43) schließt aus den zahlreichen Belegen der W. in Flandern — darunter viele aus ⏰wallfahrtsstätten —, daß sie in dieser Region auch entstanden seien. Denn neun Zehntel aller heute bekannten frühen W. stammen aus Flandern. Die angrenzenden Gebiete, die Wallonie, niederländisch Limburg und das Rheinland übernehmen diesen Brauch erst im Lauf des späten 16. Jh.s, meist erst im 17. Jh. Obwohl das Rheinland ebenso reich an Wallfahrtsorten gewesen ist wie → Belgien, hat sich bis auf einige herausragende Gnadenstätten der Brauch, W. zu drucken und an den Gnadenstätten zu verkaufen, nicht im gleichen Maße entwickelt.

Neben den von den Kirchen verlegten W. haben schon früh rel. Bruderschaften, die sich die Propagierung eines Gnadenbildes zur Aufgabe stellten, Fähnchen, die in den Prozessionen mitgeführt wurden, für ihre Mitglieder drucken lassen.

Die frühen W. sind meist rechtwinkelige Dreiecke. An den Schmalseiten sind die Fähnchen an einem hölzernen Stöckchen befestigt, dessen Spitze in wenigen Fällen mit Papierstreifen oder Federn verziert war. Abweichungen von der rechtwinkeligen Form finden sich mit dem dornförmigen Wimpel aus Aarschot/Brabant (um 1587) und dem liegenden, am rechten Rand mit Voluten verzierten Rechteck aus Horst/Antwerpen (Mitte 17. Jh.). Gegen Ende des 19. Jh.s sieht man erstmals die Bannerform mit v-förmigem Ausschnitt an rechter oder linker Seite. Zu Beginn des 20. Jh.s werden mit den nun vermehrt aufkommenden Stoffähnchen liegende Rechtecke, Stander, populär. V. a. die Verleger in Brüssel produzieren W. dieser Art um 1920/30. Kevelaerer Verleger (Heufs, Vorfeld und Jansen) schließen sich dieser Entwicklung an. Um 1930 entwirft wohl erstmals die Firma E. Hoyaux, Brüssel, den Wimpel in Form eines gleichschenkeligen Dreiecks. Wimpel dieser Art sind Leinenwimpel mit gekreidetem Grund als Fahrrad- oder Autowimpel. Seit etwa 1960 finden sich in Kunststoffolie eingeschweißte Wimpel. Diese behalten die Form des gleichschenkeligen Dreiecks bei. Die Form des rechtwinkeligen Dreiecks wird hierdurch und durch die Stander völlig abgelöst.

Im Gegensatz zu Pilgerzeichen, → Medaillen usw. boten die W. die Möglichkeit, M. unter verschiedensten Aspekten und mit unterschiedlichen Attributen vorzustellen. In Schriftlegenden konnte über die Geschichte der Wallfahrt, Wunderheilungen und Opfergaben berichtet werden, sowie über Bräuche und Riten am Wallfahrtsort selbst oder auf dem Hin- und Rückweg. Aus dem W. ging meist in Wort oder Bild hervor, in welcher Not M. angerufen wurde. Das rechtwinkelige Dreieck gab die Chance, neben der großformatigen Vorstellung des Gnadenbildes Kirche, Dorf, Landschaft, Wappen, Krankenheilung, Bittsteller, Opfergaben, Legenden zur Wallfahrtsbildung, Riten am Gnadenort einzuschalten.

Die frühesten W. wurden als Holzschnitte verlegt. Nach Aufkommen des Kupferstichs finden sich nur noch wenige Exemplare in dieser Technik. Die Kupferstichplatte ließ sich relativ leicht nach Abnutzung nachschneiden oder zur Aktualisierung verändern. Die Lithographie löst Anfang des 19. Jh.s die alten Drucktechniken weitgehend ab. Im 19./20. Jh. folgen die Chromolithographie, der Lichtdruck, der Zinkflachdruck usw. Frühe Holzschnitte und Kupferstiche waren meist nicht koloriert. Bes. verzierte W. wurden nur in geringer Auflagenhöhe hergestellt. Im 19. Jh. wächst der Wunsch, die schwarz-weißen Abbildungen bunt zu gestalten. Zuweilen geschieht dies durch hastig aufgetragene Farbkleckse (Halle/Brabant) oder durch die rasche Schablonenkolorierung. Diese Technik wird von der Lithographie mit Zweifarben- bis Vierfarbendruck ab der Mitte des 19. Jh.s verdrängt.

Als sich Verleger der Produktion von W. annehmen, werden schon bald renommierte Künstler als Entwerfer herangezogen: Abraham van Diepenbeeck, Philipp Fruytiers, J. B. van Heil, J. C. Jeghers, J. B. Berterham, G. und P. du Tielt, die Bouttats, die Harrewyn, die Heylbrouck, die Lommelin, Pierre van Lisebetten, P. Wauters. Drucker und Verleger aus Antwerpen, Brüssel, Turnhout, Ieper, Lier, später aus Kevelaer und Gent, waren eng eingebunden in Herstellung und Vertrieb. Die heimatkundliche Bewegung der »Santjeskrings« sorgte in Belgien seit etwa 1930 für stets neue Entwürfe und Ausführungen durch zeitgenössische Künstler, z. B. Caron, Dufour, Janssens, Laenens oder Michiels.

Auf zahlreichen W. sind bildhaft eine oder mehrere Legenden wiedergegeben, die sich in der Regel um die Entstehung der Wallfahrt oder die Auffindung des Gnadenbilds ranken. Dabei fällt auf, daß sich durch die Jh.e diverse Topoi erhalten haben. Bei den frühesten Legenden wird das Gnadenbild, das »zur Verehrung gelangen will«, gewissermaßen selbst aktiv. Eine M.statue, die vom Schiff ins Wasser geworfen wird, schwimmt hinterher und läßt sich zu einem Ort bringen, an dem eine Kapelle errichtet werden soll. Ein Gnadenbild läßt sich auf dem Transport nicht weiterbewegen, an der Stelle wird eine Kapelle errichtet. M. selbst, oder in ihrem Auftrag Engel umschlagen mit einem roten Seidenfaden den Grundriß einer zu bauenden Kirche. Baumaterial wird von einer von den Ortsbewohnern bestimmten Stelle an einen Platz gebracht, der dem Gnadenbild günstiger erscheint. Ein Gnadenbild kehrt (meist drei Mal) immer wieder an den von ihm bestimmten Ort zurück.

Diesen Legenden stehen seit dem 16. Jh. solche gegenüber, in denen das Gnadenbild sich »passiv verhält«, es wird aufgefunden. Ende des 16., Anfang des 17. Jh.s finden sich vornehmlich M.bilder in einem Baum, im Wald versteckt.

Seit der Mitte des 19. Jh.s fällt eine Häufung von W. auf, die nicht allein mit neuen, leichteren Druckverfahren zu erklären ist, sondern auch auf die gesteigerte MV auf Grund einer Vielzahl von M.erscheinungen (Lourdes, Fatima, La Salette, Banneux, Beauraing usw.) zurückzuführen ist.

Die W. wurden schon in frühester Zeit täglich am Wallfahrtsort an Einzelpilger verteilt. Dennoch lag der eigentliche Verkauf in der Oktav der eigentlichen Wallfahrt, die oft mit einer Kirmes, einem Jahrmarkt verbunden war. In frühen Bilddokumenten wird bezeugt, daß die Wallfahrer die W. während der Heimfahrt oder des Heimwegs an den Hut oder — bei Mitnahme von Pferden — an deren Halfter steckten. Zu Hause angekommen, wurden die W. an der Kaminschürze, über der Stalltür, in der Scheune, an Schrank oder Truhe angebracht. So können die W., die z. T. am Gnadenbild, bzw. an den Reliquien »angerührt« wurden, als eine Art Haussegen oder Schutzbrief betrachtet werden, die die Heilkraft M.s auf Haus, Hof und Gesinde übertragen sollten. Im Laufe des 20. Jh.s ist dieser Sinn vielfach verlorengegangen zugunsten eines reinen Souvenir-Charakters, was der Aufdruck »Ich habe in Kevelaer an Dich gedacht und Dir dieses Fähnchen mitgebracht« bestätigt.

Lit. (Auswahl): E. van Heurck, Les drapelets de pelerinage en Belgique et dans les pays voisins, 1922. — R. van der Linden, Bedevaartjes in Oost-Vlaanderen, Bijdrage tot de Studie van de legenden, de ikonographie, de volksgebruiken, 1958. — Ders., Bevaartsvaantjes uit vlaamse Mariaoorden, 1961. — J. Philippen, De oude vlaamse Bedevaartvaantjes, 1968 (zit.). — Volkskunderat Rhein Maas (Hrsg.), Bibliographie Bedevaart — Pèlerinage — Wallfahrt, Maas-Rijn, Rhin-Meuse, Rhein-Maas, 1982. — D. Pesch, Wallfahrtsfähnchen, rel. Druckgrafik, 1983. — R. van der Linden, Bedevaartvaantjes, Volksdevotie rond 200 heiligen op 1000 vaantjes, 1986.

D. Pesch

Walsingham. Englands berühmteste Wallfahrten des MA waren Canterbury (in Geoffrey → Chaucer's Canterbury Tales verewigt) und W., ein Dorf nahe der Küste von Norfolk. Von diesen beiden Orten war W. bes. mit M. verbunden; sein Ruhm beruhte auf der Nachbildung des Hl. Hauses von Nazaret, das angeblich auf den ausdrücklichen Befehl der GM errichtet worden war. Das Haus war 1061 von einer reichen Witwe, Richeldis de Faverches erbaut worden. Sie verehrte ⚹ sehr und sah sie eines Tages in einer Vision; sie zeigte ihr das kleine Wohnhaus in Galiläa, wo sie z. Z. der Verkündigung gelebt habe, und bat Richeldis, eine genaue Nachbildung in Norfolk zu errichten. Daraufhin ließ diese ein kleines Holzhaus bauen, das später von einer steinernen Kapelle ummantelt wurde. Richeldis' Sohn, Geoffrey de Faverches, stattete das Gotteshaus mit Land und Privilegien aus, und im 12. Jh. integrierte das dort entstandene Augustinerpriorat die Kapelle in seine Kirche. Die Wallfahrt nach W. blühte während des ganzen MA. Die Pilger kamen auf den sog. »Walsingham Ways« aus allen Himmelsrichtungen, schliefen in Gasthäusern oder in eigens für sie errichteten klösterlichen Herbergen und beteten auf dem Weg in Wallfahrtskapellen wie etwa in »Our Lady of the Red Mount in King's Lynn« oder in der »Slipper Chapel« in Houghton-in-the-Dale, der letzten Station auf dem Weg von London her. Die Hauptkenntnis über Gebäude, Ausstattung, Statuen und Dekoration stammt von einem eher satirischen Bericht des → Erasmus v. Rotterdam, der 1512 das Heiligtum besucht hat (vgl. Erasmus, Colloquia, Peregrinatio religionis ergo). W.s Beliebtheit wurde wesentlich dadurch gesteigert, daß seit König Heinrich III. (1216–72) bis zu Heinrich VIII. (1509–47), der in seiner Jugend das Hl. Haus sehr verehrte und ihm reiche Gaben zukommen ließ, fast jeder engl. König W. besuchte und ihm Land, Juwelen und Privilegien zueignete. Heinrich VIII. war letztlich für die Zerstörung W.s während der Wirren der engl. Reformation verantwortlich. Trotz eines örtlichen Aufstandes zur Verteidigung des Wallfahrtsortes – die »Walsingham Rebellion« endete mit der Hinrichtung von 11 ihrer Führer im Mai 1537 — wurde die Gnadenstätte im Juli 1537 ihres Reichtums beraubt und das Gnadenbild zur Zerstörung nach London gebracht; 1538 wurde die Abtei aufgehoben und der Landbesitz verkauft. Unter Elisabeth I. (1558–1603) war jede Spur von W.s früherem Ruhm getilgt. Erst in der zweiten Hälfte des 19. Jh.s wurden die Überreste der Wallfahrt ausgegraben und die Wallfahrt erfolgreich neu belebt. Der »Neue Schrein« wurde zwischen 1931/37 errichtet.

Lit.: T. E. Bridgett, Our Lady's Dowry; or how England gained and lost that title, London 1875. — E. Waterton, Pietas Mariana Britannica. A History of English Devotion to the Most Blessed Virgin Marye, London 1879. — Chr. Hole, English Shrines and Sanctuaries, 1954. — J. Ashton, Mother of Nations. Visions of Mary, 1988. — NCE XIV 785 f. *J. M. Blom*

Walter Hilton, * um 1343, † 24. 3. 1396 in Thurgarton, studierte Kirchenrecht in Cambridge, verließ die Universität, ohne den Doktorgrad zu erlangen. Nachdem er vorübergehend als Einsiedler gelebt hatte, fand er ab ca. 1386 bis zu seinem Tod eine spirituelle Heimat in der Gemeinschaft der Augustinerchorherren in Thurgarton. Es besteht Grund zu der Annahme, daß er und andere Gelehrte aus Cambridge mit Bischof Thomas Arundel (1374–88 Bischof von Ely) und seiner Diözesanverwaltung in Ely assoziiert waren, ebenso wie mit Arundels Opposition gegen die allmählich aufkommende Lollardenbewegung, die mit den Ideen Wyclifs in Verbindung stand. Nach Arundels Berufung in die Erzdiözese York (1388–96) war W. wohl weiterhin aktiv in der Reaktion der Kirche gegenüber aufständischen rel. Bewegungen, wobei der »Enthusiasmus«, den die Anhänger des → Richard Rolle entwickelten, als potentielle Unterminierung der Kirchenordnung und -disziplin betrachtet wurde, v. a. in Verbindung mit den antisakramentalen und antihierarchischen Tendenzen der Lollarden und mit den Nachklängen der auf dem europäischen Festland bekannten Bewegung der »Brüder vom Freien Geist«. Solche Kontroversen schärften den Blick W.s für das Verständnis und die Darlegung der orth. Kirchenlehre.

W. hat eine Anzahl lat. und engl. Schriften hinterlassen. Zu den lat. Schriften zählen vier Briefe »De Imagine Peccati, De Utilitate Prerogativis Religionis, De Lectione, Intentuitione, Oratione, Mediatione etc.«, »Ad Quemdam Seculo Renuntiare Volentem«. Eine scholastische Abhandlung zur Verteidigung der Bilderverehrung gegen die Lollarden, »Conclusiones de Imaginibus«, ist sicherlich ein Werk W.s. Seine beiden wichtigsten engl. Schriften sind die Bücher über die »Ladder of Perfection« und die kurze Abhandlung »Mixed Life«. Das erste Buch der »Ladder« wurde wahrscheinlich kurz nach seinem Eintritt in die rel. Gemeinschaft in Thurgarton verfaßt, ebenso wie »Mixed Life«. Das zweite Buch der »Ladder« dürfte gegen Ende seines Lebens geschrieben sein. Die kurze Abhandlung »Of Angels' Song« kann W. zugeschrieben werden; er ist höchstwahrscheinlich auch der Autor des engl. Psalmenkommentars »Qui Habitat«. Zwei weitere engl. Kommentare zum »Psalm Bonum Est« und zum »Benedictus« wurden ihm wohl fälschlicherweise zugeschrieben. W. übersetzte zudem das Werk eines in Cambridge studierenden span. Franziskaners, »Eight Chapters on Perfection«. »The Pricking of Love«, eine engl. Version des äußerst populären »Stimulus amoris« des im 13. Jh. lebenden Franziskaners Jakobus v. Mailand (und anderer), stammt möglicherweise ebenfalls von ihm.

Es gibt starke Anzeichen dafür, daß W. in »Ladder Book Two« einige Elemente der → »Wolke des Nichtwissens« aufgenommen hat, nicht zuletzt in seiner Gnadenlehre. Die »leuchtende Dunkelheit«, die W. als notwendigen Weg zur Kontemplation beschreibt — der Weg der Läuterung und des Selbstverzichts, der Weg des Kreuzes —, wurde ebenso wie die damit verwandte Lehre der »Wolke« mit der »dunklen Nacht« des → Johannes vom Kreuz verglichen. Der span. Heilige verfaßte seine Schriften jedoch unabhängig von den engl. Autoren. Ende des 15. Jh.s wurde W.s »Ladder of Perfection« vom Karmeliter Thomas Fyslake ins Lat. übersetzt.

W. teilt die allgemeine MV, ohne jedoch neue Gedanken zu entwickeln. In »Of Angels' Song« spricht er von der Verehrung des Namens Ms sowie des Namens Jesu. In »Ladder, Book One« (Kap. 34) hält er seine Leser zur Meditation über das Mitleiden ULF und die Geburt und das Leiden Christi an. In einem in lat. Sprache verfaßten Brief reflektiert er einige der Vorstellungen → Bernhards, wenn er die Furcht beschreibt, die selbst die hl. Jungfrau M angesichts des Engelsgrußes bei der Verkündigung empfand. Der Leser sollte auf eine angebliche besondere Erleuchtung genauso zurückhaltend reagieren und ihr mit gewissen Vorbehalten begegnen (Clark-Tylor 233). In der lat. Schrift zur Rechtfertigung der Bilderverehrung wird die allgemeine Lehre von der »Hyperdulia« wiederholt, die auf die Menschheit Christi und die hl. Jungfrau M zurückzuführen ist (ebd. 211 f.). In »Mixed Life« weist W. auf die Sündenlosigkeit Ms hin, ohne genauer theol. darauf einzugehen (Ogilvie-Thomson 55). Die engl. Fassung des »Stimulus amoris« verkörpert eine Volksfrömmigkeit in höchst emotioneller Sprache, die sich von W.s normalerweise strengem und nüchternem Stil beträchtlich unterscheidet. Abschnitte über M sind vollständig ins Engl. übersetzt und sogar ausgearbeitet — v.a. im 3. Kapitel über M unter dem Kreuz und im 37./38. Kapitel über das »Ave Maria« und das »Salve Regina«.

Ausg.: The Prickynge of Love, hrsg. von H. Kane, 2 Bde., 1983 (Kane bezweifelt die Verfasserschaft W.s). — W. Hilton, Mixed Life, hrsg. von S. J. Ogilvie-Thomson, 1986. — W. Hilton, Latin Writings, hrsg. von J. P. H. Clark und C. Taylor, 2 Bde., 1987. — Es gibt noch keine vollständige kritische Ausgabe der »Ladder of Perfection«. Die Herausgeber der beiden Bände für die Early English Text Society legen ihrer in Kürze erscheinenden Ausgabe Ms. Cambridge University Library Add. 6686 (für Buch 1) und British Library Harley 6579 (für Buch 2) zu Grunde. Die Ausgabe wird eine Fassung von Thomas Fyslakes lat. Übers. der »Ladder« enthalten.
Übers.: W. Hilton, Ladder of Perfection, neuengl. Übers., hrsg. von J. P. H. Clark und R. Dorward, 1991.
Lit.: J. P. H. Clark, W. H. and the Stimulus amoris, In: Downside Review 102 (1984) 79–118.

J. P. H. Clark/I. Weingart-West

Walter v. St. Viktor, CanAug, † nach 1180, vermutlich engl. Abstammung, doch ist über sein Leben nur bekannt, daß er nach dem Tode → Richards v. St. Viktor 1173 Prior von St. Viktor in Paris war. In einer pamphletartigen Streitschrift »Contra IV labyrinthos Franciae« greift er Abaelard, Gilbert v. Poitiers, Petrus Lombardus und Petrus v. Poitiers und ihre Dialektik heftig an, ohne die Theol. beeinflussen zu können.

Fünf Predigten zu Mfesten (zwei zu Me Reinigung, eine zu Me Himmelfahrt, zu Me Geburt und eine zu einem anderem Mfest) basieren auf einer christl. Anthropologie auf Grund der Geheimnisse der Menschwerdung, der Erlösung und der Auferstehung. Christus stellte durch sein Kommen die göttliche Ebenbildlichkeit des Menschen wieder her, die durch die Sünde verloren war. Das neue Leben in Christus nimmt das der Ewigkeit vorweg.

So bekräftigt W. Ms persönliche Sündenlosigkeit. Er nimmt eine Heiligung im Mutterschoß an, nicht die UE, wie auch Jeremias und Johannes im Mutterschoß geheiligt wurden, ohne daß darüber eine definitive Aussage gemacht werden könne.

Das Hohelied indeß wendet er zur Beschreibung Ms an, auch ist sein Mpreis enthusiastisch: »Wenn ich mit Menschen- und Engelszugen redete, könnte ich dennoch nicht die Vollkommenheit und Schönheit der seligen Jungfrau schildern ...«.

Bei der Aufzählung der Ruhmestitel Ms, »Kaiserin, Himmelskönigin, Herrscherin über die Engel«, ruft er den paulinischen Text über Christus als den einzigen Mittler in Erinnerung und nennt M das Tor zu Christus, Christus die Tür zum Vater und den Vater das Geheimnis. W. ist auch von der geistlichen Mutterschaft der GM überzeugt und erweitert Gal 3,29 (»Wenn ihr aber zu Christus gehört, dann seid ihr Abrahams Nachkommen«) auf M hin.

WW: CChr.CM 30, 1975, darin Predigten: Nr. V De Purificatione 40–46; Nr. VI De Purificatione 47–56; Nr. X De Assumptione 85–92; Nr. XIII Sermo in feste B. M. 115–121; Nr. XIV De Nativitate B. M., 122–128.
Lit.: Manoir II 686-93. — DSp VI 148 f. — Theotokos 365 f.

M. O'Carroll

Walther, Johann Gottfried, * 18.9.1684 in Erfurt, † 23.3.1748 in Weimar. Über seine Mutter mit Johann Sebastian Bach verwandt besuchte W. nach dreijährigem Privatunterricht ab 1691 eine Kaufmannsschule in Erfurt und 1697–1702 das Ratsgymnasium. Phil. und juristische Vorlesungen zu hören, gab W. schnell wieder auf, um sich ganz der Musik zu widmen, die in Erfurt fast vollständig von Johann Pachelbel und seinem Umkreis geprägt war. Neben dem Unterricht las W. viel musiktheoretische Lit. und unternahm musikalische Bildungsreisen. 1702 erhielt er die Organistenstelle an St. Thomae in Erfurt, 1707 wurde er Organist an der Stadtkirche St. Petri und Pauli in Weimar und gab dem hochbegabten Prinzen Johann Ernst Klavierunterricht. Mit Bach war W. während der neun Jahre des gemeinsamen Wirkens in Weimar persönlich und musikalisch eng verbunden. Die Renovierung der Stadtkirche ermöglichte W. die Arbeit an seinem 1732 erschienenen Musiklexikon, dem ersten in dt. Sprache. Materielle Not und Krankheit überschatteten die letzten Lebensjahre. Von seinen über 200 Werken ist fast nur Musik für Tasteninstrumente erhalten, v.a. einfühlsame Choralbearbeitungen, die bis heute gespielt werden.

Lit.: Grove XX 191–193. — MGG XIV 205–212.   *J. Schießl*

Walther v. Rheinau, Verfasser eines mhd. »Marienlebens« (Ende 13. Jh., 16263 Verse) nach der → »Vita beate virginis Marie et Salvatoris rhythmica«. Wie → Wernher der Schweizer behält auch W. die Gliederung seiner lat. Quelle in 4 Bücher bei und übernimmt darüber hinaus auch deren Aufteilung in zuweilen äußerst kurze, jeweils mit Überschriften versehene Kapitel. Er überträgt die »Vita« mit größtmöglicher Vorlagentreue und Vollständigkeit, ohne größere Zusätze zu machen, so daß einer Langzeile der »Vita« ziemlich exakt zwei Reimpaarverse des »Marienlebens« entsprechen. Sein Werk verrät gute Lateinkenntnisse und eine durchschnittliche theol. Bildung. W.s Stil ist beeinflußt durch die mhd. höfische Dichtung, wohl v.a. die Werke → Konrads v. Würzburg; zu seinen stilistischen Mitteln gehören zahlreiche schmückende Beiwörter. An Epitheta für ⟨M⟩ kommen häufig vor: »diu reine süeze guote«, »alles wandels frîe«, »daz edel reine kint«, »vil süeziu meit«, »edel maget ûzerkorn«, »daz ûzerwelte gotes vaz«, »der saelden hort«, »aller engel wunne«, »himels küniginne«, »himels keiserinne«.

Die einzigen nicht durch die lat. Quelle vorgegebenen Teile des »Marienlebens« sind Prolog und Epilog. Im Prolog ruft W. Christus und ⟨M⟩ um Beistand bei der Vollendung des Werks, das er ⟨M⟩ »zeiner sunderêre« gedichtet habe, an und gibt eine kurze Inhaltsübersicht. Im Epilog bittet er mit Versen, die auf Sir 24,24 f. basieren, die »muoter hübscher minne« um ein seliges Ende, nennt seinen Namen und seine Herkunft — »von Rînouwe Waltherus, von Bremgarten bî der Rius geborn« (V. 16249 f.) — und teilt mit, daß er seinen Lebensunterhalt als Lohnschreiber verdiene. Zu der Angabe W.s, er stamme aus Bremgarten im Schweizer Kanton Aargau, stimmt auch seine Sprache, die Merkmale der Mundart des Aargaus aufweist. In einer Schaffhausener Stadturkunde von 1278 erscheint unter bürgerlichen Zeugen ein »Walter der rinower«, der wohl mit dem Dichter zu identifizieren ist. Sein »Marienleben« fand — im Gegensatz zu Bruder → Philipps Dichtung — nur eine relativ geringe, auf den südwestdt. Sprachraum beschränkte Verbreitung, von der vier erhaltene Handschriften des 14. Jh.s (darunter 2 Fragmente) und die Benutzung des Werks durch den Schweizer Wernher zeugen.

Ausg.: E. Perjus, Das Marienleben W.s v.R., ²1949.
Lit.: A. Vögtlin, W. v. R. und seine Marienlegende, Aarau 1886. — A. Hauffen, W. v. R. Seine lat. Quelle und sein dt. Vorbild, In: ZfdA 32 (1888) 337–379. — A. Masser, Bibel, Apokryphen und Legenden. Geburt und Kindheit Jesu in der rel. Epik des dt. MA, 1969. — VL² IV 793–795; V 1116 f. — LL XII 129 f.
W. J. Hoffmann

Walther von der Vogelweide, bedeutendster dt. Lyriker des MA, * um 1170, † um 1230, Herkunft und Stand sind unsicher. Nach Anfängen am Wiener Herzogshof war W. seit 1198 fahrender Berufsdichter und -sänger (als »cantor« wird er im einzigen urkundlichen Zeugnis, einer Reiserechnung des Passauer Bischofs Wolfger, bezeichnet) und stand im Dienst verschiedener Fürsten sowie König Philipps von Schwaben, Kaiser Ottos IV. und Kaiser Friedrichs II.; von ihm erhielt er um 1220 das ersehnte Lehen.

In W.s umfangreichem Oeuvre, das vornehmlich aus Minneliedern und Sangsprüchen weltlichen Inhalts besteht, nimmt der »Leich« (Lachmann 3,1–8,3) als Groß- und Prunkform und als eine seiner wenigen rel. Dichtungen eine besondere Stellung ein. In der »Manessischen Liederhandschrift« eröffnet er eindrucksvoll das W.-Corpus. Die Melodie ist nicht erhalten. Formal besteht enge Beziehung zur Sequenz »Captus amore gravi« der »Carmina Burana« (CB 60.60a), doch bleibt ungewiß, ob W. der Gebende oder Nehmende war, wenn auch manches für seine Abhängigkeit spricht.

Der »Leich«, dessen kunstvoller Bau im einzelnen umstritten ist, zeigt symmetrische Gliederung: Ein zentrales Mittelstück ist von zwei längeren, jeweils zweigliedrigen Hauptteilen umgeben, Einleitung und Schluß umrahmen das Ganze (E – H I 1.2 – M – H II 1.2 –S). Der Inhalt wird von zwei Themen bestimmt: Sünde und Sündenbefreiung, und in diesem Zusammenhang spielt ⟨M⟩ eine Hauptrolle. Der Text setzt ein mit einem Lob der Dreifaltigkeit und der Bitte um Beistand gegen den Versucher (E). Dieser und das Fleisch sind es, die uns zur Sünde verleiten, und nur Gott kann uns helfen. Daher gebührt ihm und der hl. Jungfrau, die Gottes Sohn geboren hat, Lob (H I 1). Zum Lobpreis der Jungfrau und Mutter werden Präfigurationen und Vergleiche angeführt: Aarons Gerte und Ezechiels Pforte, die Morgenröte und das durchsonnte Glas sowie der brennende Dornbusch und der Thron Salomons. Als Mutter des Lammes soll ⟨M⟩ unsere Fürsprecherin im Himmel sein (H I 2). Im Zentrum des »Leichs« steht das Wunder der Inkarnation: Wie Gideons Vlies von Tau getränkt wurde, so drang das Wort durch ⟨M⟩s Ohren, und es weilte in ihr und wurde Mensch. Ohne sie und ihren Sohn kann niemand gerettet werden (M). Voraussetzung der Sündenvergebung aber ist, als Gabe des Hl. Geistes, die Reue — damit wird das Sündenmotiv der Einleitung wieder aufgenommen (H II 1) und danach aktualisierend weitergeführt: Die Welt liegt im Argen, die Christenheit befindet sich im Krankenhaus, ihre Krankheit ist die Simonie, von Rom erfährt sie anders als ehedem keinen Beistand; unsere größte Not ist, daß Worte und Werke nicht übereinstimmen. Die barmherzige Mutter wird gebeten, Gottes Zorn zu besänftigen (H II 2). Mit Lobpreis und Anrufung ⟨M⟩s schließt der »Leich«: Weder Engel noch Menschen können sie zur Genüge rühmen, sie aber soll sich erbarmen und uns dazu verhelfen, daß wir unsere Schuld mit Reuetränen abwaschen.

Ausg.: K. Lachmann (Hrsg.), Die Gedichte W.s v. d. V., 13., aufgrund der 10. von C. v. Kraus bearb. Ausg. neu hrsg. von H. Kuhn, 1965. — Eine Übersetzung des »Leichs« u.a. in: P. Wapnewski (Hrsg.), W. v. d. V. Gedichte, 1962 u. ö.
Lit.: K. H. Halbach, W. v. d. V., 4. Aufl. bearb. von M. G. Scholz, 1983. — G. Hahn, W. v.d.V., 1986. — Speziell zum »Leich«: J. A. Huisman, Neue Wege zur dichterischen und musikalischen Technik W.s v. d. V., 1950, 53–77. — F. Maurer, Zu den rel. Liedern W.s, In: Euphorion 49 (1955) 29–49. — K.

Bertau, Über Themenanordnung und Bildung inhaltlicher Zusammenhänge in der rel. Leichdichtung des 13. Jh.s, ebd. 76 (1957) 129–49. — M. Heeder, Ornamentale Bauformen in hochma. dt.sprachiger Lyrik, Diss., Tübingen 1966, 382–389. — H. Kuhn, Minnesangs Wende, ²1967, 137–139. — G. M. Schäfer, Untersuchungen zur dt.sprachigen Marienlyrik des 12. und 13. Jh.s, 1971, 45–63. — B. Wachinger, Der Anfang der Jenaer Liederhandschrift, In: ZfdA 110 (1981) 299–306. — F. V. Spechtler, Der Leich Walthers, In: H.-D. Mück (Hrsg.), W. v. d. V., 1989, 331–340. — H. Reinitzer, Politisches Nachtgebet. Zum »Leich« W.s v. d. V., In: J.-D. Müller und F. J. Worstbrock (Hrsg.), W. v. d. V., 1989, 159–175. *F. Schanze*

Wang Suta, Die Unbefleckte Braut des Hl. Geistes

Wang Suta, Georg, * 1911 in Peking, † 196?, wuchs in einer streng buddhistisch bestimmten Familie auf. Sein Vater war Arzt der altchinesischen Praxis. Seine künstlerische Begabung zeigte sich schon früh. Auf Anraten von Lukas →Ch'en trat er 1933 in die Kunstabteilung der Fu Jen ein. Nach der Graduierung 1936 malte er 1939–42 im Auftrag von Thomas Megan SVD (1899–1951) eine Serie von 35 katechetischen Bildern. 1946–48 schuf er den Zyklus »Die Geheimnisse des Rosenkranzes« (Tusche und Tempera auf Papier). Unter seinen 137 bekannten Bildern sind 19 ☧bilder, 37 Weihnachtsdarstellungen, 73 biblische Szenen und 9 Heiligenbilder.

Für das Bild »Maria als Kaiserin Chinas« diente ihm ein Gemälde der Kaiserin Cixi (1835–1980) als Vorbild (→Tonglu). An der chinesischen Darstellung der Kaiserin aus dem Pekinger Palast änderte er nur die Haltung der Hände und fügte die Darstellung des Hl. Geistes hinzu. Diese Vorlage verwendete W. nochmals in dem Bild »Braut des Hl. Geistes«, wozu er wohl durch die →Steyler Missionare und das weitverbreitete Bild »Braut des Hl. Geistes« von C. Dolci (1616–86) angeregt wurde.

Lit.: S. Schüller, Die Geschichte der christl. Kunst in China, 1940. — Ders., Neue christl. Malerei in China. Bilder und Selbstbiographien der bedeutendsten christl.-chinesischen Künstler der Gegenwart, 1940. — F. Bornemann, Ars Sacra Pekinensis. Die Chinesisch-Christl. Malerei an der Kath. Univeristät (Fu Jen) in Peking, 1950. — B. F. Brückner, Die Sammlung chinesisch-christl. Bilder in 12 Holzmappen, In: Verbum SVD 7 (1965) 247–254. — H. Rzepkowski, Ars Sacra Pekinensis. Geschichte und Diskussion eines Versuches, In: Th. Sundermeier (Hrsg.), Den Fremden wahrnehmen. Bausteine für eine Xenologie, 1992, 119–162. — Ders., Die Kreuzesdarstellung der »Ars Sacra Pekinensis« von Wang Su-ta, In: Zeitschrift für Mission 18 (1992) 129–179. *H. Rzepkowski*

Ward, Maria, Gründerin des Instituts BMV, * 23. 1. 1585 in Mulwith bei Ripon/England, † 30. 1. 1645 in Heworth/York, erhielt ihre Prägung von der alten Landadelsfamilie, der sie entstammte, und vom Erleben der Katholikenverfolgung in ihrer engl. Heimat. Schon früh auf ihre Lebensaufgabe, die Sorge für den Glauben, ausgerichtet, entschloß sie sich, England zu verlassen und in das strengste Kloster einzutreten, da Frauen keine missionarische Tätigkeit ausüben konnten. Sie trat in Saint-Omer als Windenschwester bei den wallonischen Klarissen ein, gründete aber dann ein Klarissenkloster für Engländerinnen. Durch eine Erleuchtung auf einen anderen Weg gerufen, begann sie ein neues Institut, das sie auf Grund einer inneren Weisung nach dem Orden des →Ignatius v. Loyola einzurichten suchte. Zehn Niederlassungen mit Schulen in verschiedenen Ländern des Kontinents kamen zustande. Wegen des Fehlens der Klausur und anderer Neuerungen hob Urban VIII. mit der Bulle »Pastoralis Romani Pontificis« vom 31. 1. 1631 das Werk auf. W. fügte sich in vollem Gehorsam dem strengen Wort des Papstes, lebte aber bis zu ihrem Tod in der Sicherheit, daß später die von ihr begonnene Lebensform für Frauen genehmigt werde. Zunächst ohne bes. Namen, nannte sich das Institut ab Ende des 17. Jh.s Institut Mariae, Sankt Maria, ab Ende des 19. Jh.s war der kirchliche Name »Institutum Beatae Mariae Virginis« (IBMV). Es zählte 1993 in 17 Ländern 2530 Schwestern.

Zu den Kennzeichen von W.s Frömmigkeit gehörte auch ihre große Liebe zur Mutter des Herrn. Schon die Zehnjährige suchte beim Brand des Elternhauses ihre Zuflucht bei ULF und schrieb ihre Rettung der Fürbitte der GM zu. Ihren Taufnamen Johanna vertauschte sie bei der Firmung mit dem Namen »Maria«, unter dem allein sie bekannt ist. Wahrscheinlich wurde sie erst 1606 auf dem Festland gefirmt. Sie hatte den Mut, in gefährdeter Lage für die Ehre der GM einzutreten, wie z. B. bei einer Verhaftung in der Guildhall in London.

W. war zeit ihres Lebens überzeugt, daß sie der Hilfe der Mutter Jesu ihr geistliches Leben verdanke: die Einsicht, daß die Keuschheit ein Geschenk Gottes ist, und die Erfahrung innerer Ruhe, wenn sie sich bei Unsicherheiten an ⋔ wandte. Sie sagte mit voller Sicherheit, sie habe nie eine Gnade von ULF erbeten, die ihr nicht gewährt worden sei, vorausgesetzt, daß sie die Gewißheit gespürt habe, um die betreffende Gnade bitten zu dürfen.

Auf den Reisen und von ihren Wohnorten aus suchte sie die marian. Heiligtümer auf: Sichem/Montaigu in Belgien, → Loreto wiederholt auf den Romreisen, Mongiovino in Umbrien, bes. St. Maria Maggiore unter den anderen röm. ⋔kirchen und in der letzten Lebenszeit das zerstörte Heiligtum Mount Grace im Norden von Yorkshire. Einer Notiz zufolge dürfte W. auch bei ULF von Altötting auf der Reise von München nach Passau Halt gemacht haben.

Sie erlangte Hilfe für andere und für sich selbst in Gefahren, Unfällen und Krankheiten. Die → Lauretanische Litanei, »Unter deinem Schutz und Schirm« und der Rosenkranz waren ihre bevorzugten Gebete. Ihre Gefährtinnen bezeichneten als Kennzeichen ihrer ⋔frömmigkeit Vertrauen und nüchterne Einfachheit. »Es war keine Verehrung, die im Formalen aufging, die an diese oder jene besondere Andacht gebunden gewesen wäre; sondern es war eine tiefe Ehrfurcht vor dem höchsten Vorzug, den Maria als Mutter Gottes hatte. Alle anderen Titel erschienen ihr weniger wichtig« (Mary Poyntz, Gefährtin, nach: Vita Mariae Ward, ca. 1650, Bar Convent IBMV, York, p. 212). In ihren geistlichen Aufzeichnungen ist zu lesen: »Ich weiß nie fehl, wenn ich ULF um etwas bitte oder auf bestimmte Weise bitten kann« (1619; nach: Various Papers, Archiv IBMV, München-Nymphenburg, Nr. 39). »Ich will mit dem Beistand der Gnade Gottes anfangen, mein Leben zu bessern, so daß ich würdig werde, das zu tun, was Gott durch mich getan haben will. Diese Bekehrung will ich in die Hände ULF legen« (1628, ebd. Nr. 48).

QQ: Alle Dokumente sind gesammelt im Archivio, Casa Generalizia IBMV, Via Nomentana 250, I-00162 Roma; s. auch Peters 931–937, Hallensleben 487 ff. — »Gemaltes Leben«, 50 Gemälde im IBMV Augsburg, 17. und frühes 18. Jh.; vgl. I. Wetter, Das spirituelle Leben M. W.s Erklärung anhand des Gemalten Lebens, In: M. W. hat das Licht geliebt. Ein Beitrag zum 400. Geburtstag, hrsg. von der Kath. Akademie Augsburg, 1986, 86–122. — Die Positio für den Seligsprechungsprozeß stand 1993 vor dem Abschluß.

Lit.: M. K. E. Chambers, The Life of Mary W., ed. H. J. Coleridge, 2 Vol., London 1882–85; dt.: Leben der M. W., 2 Bde., Regensburg 1888–89. — J. Grisar, M. W.s Institut vor röm. Kongregationen (1616–1630), 1966. — Schulungsbriefe, hrsg. von I. Wetter, I–XI, 1969–82; ital.: Lettere di Formazione, 1988; port.: Cartas de Formação, 1991. — M. E. Orchard, Till God Will. Mary W. through her writings, 1985. — I. Wetter, M. W., 1985, ²1991. — Dies., M. W., In: G. Schwaiger (Hrsg.), Christenleben im Wandel der Zeit I, 1987, 171–193. — Dies., Mary W. und die Englischen Fräulein, In: J. Weismayer (Hrsg.), Mönchsväter und Ordensgründer. Männer und Frauen in der Nachfolge Jesu, 1991, 246–260 (Lit.). — Dies., Das Institut der Englischen Fräulein in Bayern, In: W. Brandmüller (Hrsg.), Handbuch der Bayer. Kirchengeschichte II, 1993, 859–870; III, 1991, 801–808. — H. Peters, Mary W. Ihre Persönlichkeit und ihr Institut, 1991. — B. Hallensleben, Theologie der Sendung im Ursprung bei Ignatius v. Loyola und Mary W., Habil., Tübingen 1992 (zit.), 1994. — I. Wetter, M. W. Mißverständnisse und Klärung (Augsburger Universitätsreden 22), 1993. — LThK² X 955 f. — BSS XIV 1454–57 (Lit.). *I. Wetter*

Warendorf, Bistum Münster. Spät im Vergleich zu den anderen ⋔wallfahrtsorten des Fürstbistums → Münster erfolgte der Aufstieg W.s: 1752 mußten der Generalvikar und der Pfarrer an der Laurentiuskirche von W. auf eine Flut von Wundern reagieren, die in der Kirche und während einer Prozession geschehen waren. Das ⋔bild in der Laurentiuskirche, das ursprünglich keinen besonderen Rang unter den übrigen ⋔bildern der Kirche einnahm, erlebte in diesem Jahr einen, wie es der Pfarrer formulierte, plötzlichen »Zulauf«. Eine neue Prozession am Fest der hl. Anna (16. August), in deren Mittelpunkt das ⋔bild stand, wurde geschaffen, woran auch Wallfahrer aus den Nachbarorten teilnahmen. Andachtsbilder und Bildstöcke zeugen von der schnellen Verbreitung der neuen ⋔wallfahrt. In der Aufklärung erlebte die Wallfahrt keine Einbußen. Die bisherige Prozession mit dem ⋔bildnis wurde vom Festtag der hl. Anna einfach auf den vorhergehenden Festtag ⋔e Himmelfahrt verlegt und erhielt hierdurch zusätzliche marian. Impulse. Nach den Prozessionsbeschränkungen und dem Verbot der Mitnahme von Bildern in den 1820er und 1830er Jahren erlebte die Wallfahrt der Region um 1840 einen Neubeginn, in dessen Mittelpunkt die Prozession an ⋔e Himmelfahrt stand. In der Folgezeit entwickelte sich ein reges Brauchtum, das sich bes. im Schmuck des Prozessionsweges durch (Triumph-)Bögen zeigte, die durch Bogengemeinschaften angefertigt werden. Sie machen noch heute den Reiz der W.er MV aus, wenn auch die Bedeutung als ⋔wallfahrt der Region im Vergleich zum 18. und 19. Jh. zurückgegangen ist.

W. Freitag, Volks- und Elitenfrömmigkeit in der Frühen Neuzeit. Marienwallfahrten im Fürstbistum Münster, 1991.
W. Freitag

Warneck, Gustav, * 6.3.1834 in Naumburg, † 26.12.1910 in Halle, hatte seit 1874 eine Pfarrstelle in Rothenschirmbach bei Eisleben. 1896 ließ er sich im Interesse seiner lit. Arbeit pensionieren. Ab 23.12.1896 war er Honorarprofessor in Halle und Leiter eines Missionsseminars bis zum Wintersemester 1907/08.

In seinem historischen, apologetischen und missionstheoretischen Werk und bes. in seinen Beiträgen in der von ihm begründeten »Allgemeinen Missions-Zeitschrift« (seit 1874) wird alles, was mit der MV und Missionierung in der röm.-kath. Mission zusammenhängt, angegriffen und verworfen. Medaillen und Rosenkränze, Bruderschaften und marian. Vereinigungen, Skapuliere, Wallfahrten, Festumzüge und Benennung von Orten, Flüssen und Bergen mit marian. Titeln sind für ihn ein Weg ins Heidentum, wenn nicht ein direkter Rückfall. Die MV der kath. Mission wird allgmein als »Kreaturvergötterung« bezeichnet. Den Beweis führt er aus der Missionsgeschichte. Die GM werde von den röm.-kath. Missionaren geradezu zur Göttin gemacht. Das Sprechen von »der Macht Mariens« belege, daß die Missionare M regelrecht als selbstständige Göttin verkündeten.

Eine charakteristische Illustration zur Substituierungsmethode bzw. → Akkommodation sieht er im Bilder-, Statuen, Medaillendienst. Die röm.-kath. Mission »substituiert den Fetisch« durch die Bilder, Statuen, Medaillen und Rosenkränze. Die Unterscheidung zwischen dulia und latria (Verehrung und Anbetung) sei letztlich nur ein »sophistischer Notbehelf, um den sich das wirkliche Leben nicht kümmert«.

Vieles von den vorgebrachten Anwürfen ist geschichtlich zu sehen und einzuordnen. Ein Teil der angeführten Beispiele wird durch Vorurteile falsch gedeutet. Es ist durchaus berechtigt auf eine Gefahr in der Missionierung und Akkommodation hinzuweisen, zumal von den kath. Missionaren nicht immer die gebotene Klarheit und Eindeutigkeit gewahrt worden ist. Aber damit wird nicht in allen Fällen der überaus scharfe Ton verständlich.

WW: Prot. Abwehr röm. Angriffe auf die ev. Heidenmission, Gütersloh 1884f. — Blick in die röm. Missionspraxis, In: Allgemeine Missions-Zeitschrift 12 (1885) 3–29. 49–66. — Ein moderner Kreuzzug, ebd. 15 (1885) 496–503. — Ev. Missionslehre. Ein missionstheoretischer Versuch, 3 Bde., Gotha [1892] 1897–²1902. — Abriß einer Geschichte der prot Missionen von der Reformation bis auf die Gegenwart, Berlin 1882, ¹⁰1913.

H. Rzepkowski

Wartha (poln.: Bardo Slaskie; früher: Barda, Bardau, Brido), bis 1945 dt. (Schlesien, Diözese Breslau), heute poln. (Diözese Breslau), das älteste M heiligtum in → Schlesien, verwaltet seit 1900 durch den Redemptoristenorden.

Im Jahre 1096 gegründet, war in der dortigen Burgsiedlung eine M kapelle, die zur Pfarrgemeinde Frankenberg gehörte. Der Bischof von Breslau, Zyroslaw II., überließ 1189 die Kapelle den Johannitern. Ab 1210 übernahmen die Augustiner die Seelsorge. 1247–1810 waren die Zisterzienser aus Kamenz dort seelsorglich tätig und haben den Kult einer M figur, die sich in der Kapelle (Kirche) befand, weit verbreitet.

Nach Aufhebung des Ordens in Preußen wurde das Sanctuarium durch Diözesanpriester aus Breslau verwaltet. Seit 1900 bis zur Vertreibung der dt. Bevölkerung W.s 1946 waren die dt. Redemptoristen Verwalter des Heiligtums, seit 1946 die poln. Die jetzt dort angesiedelte poln. Bevölkerung ist zum großen Teil aus Galizien vertrieben worden.

1315 errichteten die Zisterzienser die erste Steinkirche, die sog. »tschechische«; 1325 wurde W. Pfarrei. 1411 wurde eine zweite Kirche gebaut, die sog. »deutsche«. Beide Kirchen fielen während der Hussitenkriege etliche Male einem Brand zum Opfer. An ihrer Stelle wurde als Stiftung des Kamenzer Abtes August Neudeck eine neue umfangreiche dreischiffige Barockkirche mit zweitürmiger Fassade erbaut, die 1704 durch Bischof Franz Barbo aus Breslau konsekriert wurde. Nach der Feuersbrunst von 1711 wurden die barocken Turmhelme durch einfache Turmkappen ersetzt. Die letzte Restaurierung erfolgte 1978–79. Der Hochaltar, ein Werk von Nicolaus Richter aus Breslau (1715) stand ursprünglich in Münsterberg. Er zeigt die Himmelfahrt M e (von Michael Willmann) und hat die Form eines Ziboriums.

Seit dem 13. Jh. wird eine Figur der GM mit Kind bes. verehrt. Sie befindet sich in einem gläsernen Schränkchen über dem Tabernakel des Hochaltars. Es ist eine gefaßte Skulptur (Lindenholz, 42,7 cm, Anfang 13. Jh.) auf einem späteren Unterbau (von Georg Materne, 1930) mit Königsstuhl und Reliquienkästchen, das die Reliquien der drei Redemptoristenheiligen Alfons v. Liguori, Klemens Maria Hofbauer und Gerhard Majella (früher einen Stein aus dem Haus der Hl. Familie aus Loreto) enthält. Die Figur ist mit kostbaren Gewändern geschmückt. Während der Hussitenkriege und der Reformation wurde sie in der Festungsstadt Glatz geborgen. Seit dem 14. Jh. wallfahrteten Polen, Deutsche und Tschechen nach W. Die Reformation brachte einen Rückgang; im 17. Jh. kamen dann rund 175 000 Pilger jährlich nach W. Den Gnadenort besuchten viele weltliche und kirchliche Würdenträger. Papst Pius V. gewährte einen vollkommenen Ablaß. 1737 entstand ein Karmeliterverein. Auch die Werke von P. Balbinus (Diva Warthensis), J. Schweter (vgl. Lit.) und A. R. Kleinwächter (Vermehrtes Wartenbuch) haben W. berühmt gemacht.

Manche Pilger kamen mit Dornenkronen aus Wachs auf den Köpfen und brachten verschiedene Weihegeschenke, u.a. Kerzen bis zu Menschengröße. Während des Kulturkampfes gingen die Wallfahrten stark zurück (nur ca. 40 000 Pilger jährlich). 1929 waren es wieder 250 000. Nach der Vertreibung der dt. Bevölkerung kamen weniger Pilger, da die in Schlesien lebende poln. Bevölkerung v. a. ihre heimischen Wallfahrtsorte besucht. Die größten Ablaßtage sind M e Heimsuchung, M e Aufnahme in den Himmel und M e Geburt. Nach dem Zweiten Weltkrieg wird die »Matka Boza Bardka«, die GM zu Bardo, als Polens »Schlesische Wächterin« geehrt. Sie wurde durch Erzbischof Poleslaw Kominek von Breslau am 3.7.1966 mit Genehmigung von Papst Paul VI. gekrönt.

Im Sanctuarium ist ein Museum, in dem sich viele Beweise der MV befinden, u. a. eine wertvolle Sammlung von Figuren der GM zu W. aus dem 17.–19. Jh. sowie frühere Schmuckkleider. Im Südteil des Klosters (gebaut 1712–16) ist ein Votivsaal mit 54 Votivbildern aus dem 17.–19. Jh.

In W. befindet sich seit dem 15. Jh. eine weitere Gnadenstätte, die Bergkapelle auf dem Warthaberg (erbaut 1617–19). Sie steht an der Stelle, wo sich nach der Legende die weinende GM wegen des bevorstehenden Überfalls der Hussiten offenbarte. Auf einem Stein waren die Fuß- und Handabdrücke der GM sichtbar. Leider wurden sie durch fromme Pilger bis zur Unkenntlichkeit abgetreten oder Steinchen für Steinchen mitgenommen. Den Bau der Bergkapelle hat der Bischof von Breslau, Karl v. Österreich, veranlaßt. Die Spender waren Abt Andreas, Abt Fabian und Graf Andreas aus Rozdrazew. Im Hochaltar war zunächst eine Figur der hl. Anna mit M und dem Jesuskind angebracht, ab 1792 die Figur der weinenden GM mit dem Jesuskind. Zur Kapelle führten ursprünglich drei Wege: 1. der Jonsbacher (Janowitzer), der »polnische« Weg mit Kreuzwegstationen und 6 Mbildern; 2. der »tschechische« Weg, der steilste, wegen Lebensgefahr seit langem gesperrt; 3. der »deutsche« Weg mit Kreuzweg- und Rosenkranzstationen. Er beginnt bei der sog. Einsiedelei, gleich hinter ihr steht eine Msäule (1737) mit der Inschrift »Hl. Maria Mutter Gottes, bitte für uns Sünder« und auf halbem Wege befindet sich der Mbrunnen mit frischem, heilsamen Wasser.

Neben der Wallfahrtskirche und der Bergkapelle besteht seit 1905 der Rosenkranzberg mit 13 von 17 geplanten Kapellen.

Lit.: M. G. Aelurius, Glaciographia ..., Leipzig 1625. — B. Balbinus, Diva Wartensis seu Origines et miracula magnae Dei hominumque Matris Dei ..., Pragae 1655. — R. Kleinwächter, Erneuertes und vermehrtes Wartenbuch ..., Neise 1711. — J. Hatscher, Kurze Geschichte des Wallfahrtsortes W., Wartha 1863. — Th. Oelsner, Schlesische Gnadenbilder und Wallfahrtsorte, In: Schlesische Provinzialblätter (1865) 198–201. — B. Patzak, Die Pfarr- und Wallfahrtskirche zu W. in Schlesien, In: Zeitschrift des Verein für Geschichte Schlesiens 50 (1916). — P. Knauer, Der Ursprung der Marien-Wallfahrt zu W. in Schlesien, Breslau 1917. — P. Bretschneider, Verzeichnis der Kunstdenkmäler der Pfarrei W., 1919. — J. Schweter, Wartha, 1922. — H. Hegemann, Die Gnadenmutter von W., 1928. — J. Schweter, Wallfahrtsort W., ²1936. — A. Nowack, Schlesische Wallfahrtsorte älterer und neuerer Zeit im Erzbistum Breslau, 1937, 136–140. — J. Neumann, Die Entstehung der Marienbild-Wallfahrt in der Grafschaft Glatz, 1938, 30–38. — G. Grudmann, Schlesische Barockkirchen und Klöster, 1958. — W. Urban, Zarys dziejów diecezji wrocławskiej, 1962, 112–118. — T. Chrzanowski, Bardo, 1980.

A. Witkowska/G. Materne

Webbe, Samuel, * 1740 auf Minorca, † 25. 5. 1816 in London, engl. Komponist, arbeitete zunächst als Kopist in einem Musikverlag, erhielt später Musikunterricht bei C. Barbandt und wirkte ab 1765 als privater Musiklehrer, Chapelmaster und Organist in London. Berühmt wurde er durch seine »Catches, Canons and Glees«, die in 9 Bänden veröffentlicht wurden. Von seinen kirchenmusikalischen Werken sind neben Messen, Motetten und Antiphonen (u. a. Alma Redemptoris, Ave regina, Salve regina, Sancta Maria succurre), sowie Stabat mater und mehrere Vertonungen des Magnifikat überliefert.

Lit.: F. H. Fellowes, English Cathedral Music, 1942. — MGG XIV 276–279. — Grove XX 338–240.

E. Löwe

Weddāsē Māryām → Lobpreis Mariens

Weddāsē wa-genāy la-'emma Adonāy → Tor des Lichtes

Weggental bei Rottenburg, Lkr. Tübingen, Diözese Rottenburg-Stuttgart, Wallfahrtskirche zur schmerzhaften GM. Eine erbauliche Legende berichtet vom Anfang der Wallfahrt. Etwa 1517 nimmt ein Remmingsheimer Bauer ein kleines, holzgeschnitztes Mbild von einem Bildstock mit, um es seinen Kindern als Spielzeug zu bringen. Anderntags befindet sich das Bild wieder am angestammten Platz. Als sich dieser Vorgang mehrmals wiederholt, beginnt dort die Verehrung der volkstümlichen Pietà von 1450. Bereits 1521 wird die erste Kapelle geweiht, und nachdem die Stiftsherren von St. Moriz in Rottenburg-Ehingen die Wallfahrtspflege übernommen haben, wird 1591 eine neu gebaute Wallfahrtskirche eingeweiht.

Mit Beginn des 17. Jh.s geht die Sorgepflicht für die Wallfahrt an die Pfarrei St. Martin, die jetzige Dompfarrei, über. Von dieser Zeit an gelten die Stadt → Rottenburg und die Pfarrei St. Martin als die eigentlichen Rechtsträger des Wallfahrtsortes. 1653 wird die Wallfahrtsseelsorge an die seit 1649 in Rottenburg niedergelassenen Jesuiten übertragen. Bereits die Stiftsherren von St. Moriz gründeten eine marian. Sieben-Schmerzen-Bruderschaft, der die Jesuiten als zweite die Jesus-, M- und Josephsbruderschaft hinzufügen.

1682 wird anstelle der unzulänglich gewordenen bisherigen Kirche ein Neubau im Stil des Vorarlberger Barocks begonnen, der dem Baumeister Michael Thumb (1640–90) zugeschrieben wird. 1687 kann das Gnadenbild in die 1695 konsekrierte Kirche übertragen werden. 1730 macht das Kaiserhaus in Wien den jetzigen, reichverzierten Hochaltar zum Geschenk, in dessen thronartigem Aufbau seither das Gnadenbild bewahrt wird.

Die Aufhebung des Jesuitenordens 1773 wird zur großen Zäsur in der Wallfahrtsgeschichte, und die Regierung trägt sich mit dem Plan der völligen Aufhebung der Wallfahrt. Der Abbruch der Kirche scheitert 1793 am energischen Einspruch des Rottenburger Magistrats. In der ersten Hälfte des 19. Jh.s nimmt auch das W. an der in der Diözese aufblühenden Mfrömmigkeit teil. 1919 gelingt Bischof Paul Wilhelm v. Keppler die lange angestrebte Genehmigung zur Zulassung von Männerorden. So konnten Franziskaner der Thüringischen Ordensprovinz mit Sitz in Fulda einziehen. Seitdem ist das W. von den schwäbischen Wallfahrtsorten nicht mehr wegzudenken.

1943, am Rosenkranzfest, weiht Bischof Dr. Joannes Baptista Sproll in der Verbannung die Diözese der GM. 50 Jahre danach erneuert Bischof Dr. Walter Kasper im W. diesen Akt marian. Frömmigkeit.

Neben dem Gnadenbild auf dem Hochaltar sind in den Seitenkapellen, noch aus der Vorgängerkirche stammende Wandbilder, die »Sieben Schmerzen« und die »Sieben Freuden« darstellend, angebracht. Der Beginn der Wallfahrt wird in 13 kleinen Rundbildern über der Sakristeitüre dargestellt. Neben vielen anderen Bildern wird beim linken Seitenportal, das älteste und wertvollste Ausstattungsstück »Mariä Ohnmacht« (1440/50), der schwäbischen Schule entstammend, verehrt.

Lit.: Bischöfliches Ordinariat Rottenburg-Stuttgart (Hrsg.), 1687–1987, 300 Jahre Gnadenbild in der Barockkirche W., Maria im Leiden, Ausstellung zur Eröffnung des marian. Jahres 1987/88. — K. S. Frank und D. Manz, Wallfahrtskirche W., ⁴1988. *P. Kopf*

Wehrle, Hermann Joseph Dionys, Priester, * 26.7.1899 in Nürnberg, † 14.9.1944 in Berlin-Plötzensee, studierte Geschichte, Soziologie, Phil. und mit Unterbrechungen Theol. Sein Lebensziel war das Priestertum. Nach seiner Promotion mit einem phil.-soziologischen Thema war er als Journalist und freier Mitarbeiter bei verschiedenen kath. Zeitungen und Zeitschriften tätig. So verfaßte er Beiträge für den »Katholik«, die »Akademische Bonifatius Korrespondenz«, das »Bonifatiusblatt«, das »Stuttgarter Deutsche Volksblatt« und den »Münsterischen Anzeiger«. 1933 mußte W. seine publizistische Mitarbeit beenden, da er den Nationalsozialismus rundweg ablehnte und sich weigerte, der Reichsschrifttumskammer beizutreten. Vier Jahre lang verdiente W. seinen Lebensunterhalt mit Vortragstätigkeiten und Mitwirkung bei der Una-Sancta-Bewegung — einer Bewegung von ev. und kath. Christen, die als Ziel die »Eine Heilige«, von Christus gestiftete Kirche, also die Glaubenseinheit aller Christen vor Augen hat — und als Präfekt am Canisiuskonvikt in Ingolstadt, wo er die »Mater ter admirabilis« lieben lernte.

Nach einem einjährigen Klosteraufenthalt als Novize in der Benediktinerabtei Scheyern folgte eine zweijährige Erzieher- und Lehrertätigkeit in Marktbreit. 1940 nahm W. sein Theologiestudium in St. Ottilien wieder auf und trat am 1.5.1941 in das Priesterseminar in Freising ein. Am 6.4.1942 wurde W. von Kardinal Faulhaber zum Priester geweiht. Stationen seines priesterlichen Wirkens als Kaplan waren die Pfarreien St. Elisabeth in Planegg bei München und Hl. Blut in München-Bogenhausen. Dort wurde er nach dem Attentat auf Adolf Hitler am 20. Juli am 18.8.1944 im Pfarrhof verhaftet, mit dem Zug nach Berlin gebracht, als Beichtvater eines Mitwissers des Attentats vor dem Volksgerichtshof angeklagt und zum Tode verurteilt und am 14.9.1944 wurde W. durch den Strang hingerichtet.

W.s ⓂFrömmigkeit begann schon in frühester Kindheit, als er bereits täglich den Rosenkranz betete und dies bis zu seinem gewaltsamen Tode beibehielt. Seine MV kam ganz bes. während seiner Präfektentätigkeit im Canisiuskonvikt in Ingolstadt zum Ausdruck. So betete und meditierte er oft stundenlang in der Hauskapelle vor dem Gnadenbild der → »Dreimal Wunderbaren Mutter«. W. schöpfte aus den Gebeten zur GM täglich neue Kraft für seine doch manchmal recht schwierige Erziehertätigkeit.

Die Verehrung der »Mater ter admirabilis« reicht in Ingolstadt bis ins 16. Jh. zurück und ist auch heute noch Tradition im Canisiuskonvikt. Jedes Jahr werden am 6. April, dem Jahrestag der Erscheinung Ⓜs als Wunderbare Mutter, am 11. Oktober, dem Fest der Mutterschaft Ⓜs, und am 8. Dezember Festgottesdienste gefeiert. Zur geistlichen Vorbereitung auf das Fest der UE Ⓜs findet im Haus das sog. → »Frauentragen« statt, bei dem ein Bild der GM nach einer feierlichen Andacht von Stockwerk zu Stockwerk getragen wird. Damals wie heute beindruckt dieses »Frauentragen« die Zöglinge, und sie ergreifen gerne die Gelegenheit, mit ihren Präfekten Gespräche über die Bedeutung Ⓜs und ihre Verehrung im christl. Glauben zu führen. W. versuchte hierbei immer wieder, seinen Buben klarzumachen, daß gerade in Bayern und für Bayern die GM als → Patrona Bavariae eine herausragende Rolle spielt. Außerdem dürften sie nie vergessen, wie wichtig Ⓜ als Mutter aller Glaubenden und Fürsprecherin bei Gott für alle Sorgen und Anliegen sei: »Du mußt aber auch das Deine tun: bete oft zur Mater Ter Admirabilis, deren Gnadenbild Du doch in der Kapelle immer vor dir hast.«

Lit.: F. Morschhäuser, H. J. W. Zeuge des Glaubens in bedrängter Zeit, 1994 (QQ und Lit.). *F. Morschhäuser*

Weidingen, Diözese Trier, Wallfahrt zur Trösterin der Betrübten. Schon im SpätMA ist im luxemburgischen W. bei Bitburg in der Westeifel eine Ⓜwallfahrt bezeugt. Das geräumige Innere der Pfarrkirche weist angesichts der stets geringen Zahl von Parochianen auf einem starken Confluxus der Pilger hin. Eine Ⓜbruderschaft begegnet erstmals in den Visitationsakten 1613/21 (im Bistumsarchiv Trier). Die Tradition der älteren Zeit über die Entstehung der Wallfahrt ist wohl legendär: Graf Friedbald von Hamm soll angesichts seiner sarazenischen Gefangenschaft im dritten Kreuzzug Ⓜ ein Heiligtum gelobt und sich plötzlich mirakulöser Weise unversehrt in der Heimat wiederbefunden haben. 1396 wurde die Weidinger Kapelle vergrößert, 1500 ein geräumigeres Gotteshaus gebaut, das aber durch Blitzschlag in der zweiten Hälfte des 18. Jh.s zerstört wurde. Der Wiederaufbau erfolgte 1771. Eigentliches Gnadenbild war und ist eine um 1500 entstandene Pietà, die in dem 1780 von Eberhard Hennes aus Neuerburg gefertigten reich ausgestatteten Hochaltar einen würdigen Rahmen fand. Die Volkstümlichkeit der Luxemburger Trösterin der Betrübten brachte es aber mit sich, daß die Pilger neben dem alten Gnadenbild auch ein Bild der Consolatrix afflictorum sehen wollten. 1776 wurde eine bekleidbare holzgeschnitzte Statue der Luxemburger Landespatronin angeschafft, die mit kostbaren Gewändern und einer Krone ausgestattet wurde, bei der Fronleichnamsprozession und bei anderen feierlichen Umzügen Mittelpunkt war und noch 1860 in der Kirche stand. Bald danach wurde das Bild durch eine Gipsstatue, eine »Himmelskönigin aus Masse von München« ersetzt. Hauptwallfahrtstage sind heute die Wochenenden in der Fastenzeit und die Kirmes am Sonntag nach dem 16. Juli. Jährlich kommen an die 3 000 Wallfahrer.

Lit.: J. A. I. Liehs, Leben und Thaten der Heiligen, deren Andenken im Bisthum Trier gefeiert wird. III. Abteilung: Von den Wallfahrtskirchen der Trierischen Diöcese, Trier 1861, 433–435. 578–580. — Die Pfarr- und Wallfahrtskirche in W. im Kreise Bitburg in ihrer Geschichte, Trier o. J. — J. Schreiner, Zu Unserer Lieben Frau. Mariengnadenstätten in dt. Landen in diözesaner Sicht, 1967, 149. — T. Kyll, Weidingen, Dorf – Wallfahrt – Kirche, In: Heimatkalender für den Kreis Bitburg-Prüm 4 (1975) 124–130. — A. Heinz, Die Verehrung der Trösterin der Betrübten in den altluxemburgischen Gebieten der Eifel und an der Obermosel, In: Hémecht 30 (1978) 233–258. 251–253. — Ders., Schicksale einer Wallfahrt, ebd. 31 (1979) 5–52, 21. — In Gottes Namen unterwegs. Wallfahrten im Bistum Trier, 1987, 46. — B. Schneider, Bruderschaften im Trierer Land, 1989, 129. — S. Hansen (Hrsg.), Die dt. Wallfahrtsorte, ²1991, 899.
M. Persch

Weigl, Maria Kolumba, bayer. Mystikerin der Barockzeit, * 8. 3. 1713 in München, † 31. 8. 1783 als Dominikanerin im Kloster Altenhohenau am Inn, getauft auf den Namen Elisabeth Franziska, stammt aus einem wohlhabenden Münchener Bürgerhaus in der alten Petersspfarrei. Wie viele Bürgerfamilien Münchens gehören auch die Weigls zum »frommen München«, der »inneren mystischen Provinz des bayer. Kirchenbarock« (Hubensteiner 200), geprägt von den Jesuiten an der Michaelskirche, den Unbeschuhten Karmeliten, den 1713 gegründeten Theresianerinnen an der Dreifaltigkeitskirche (vgl. M. A. → Lindmayr), dem Angerkloster mit der Kurfürstentochter Sr. Emmanuela a Corde Jesu und den Englischen Fräulein.

Altenhohenau, am rechten Innufer nahe Wasserburg gelegen, zum Erzbistum Salzburg gehörig, wurde 1235 als erstes Frauenkloster des Predigerordens in Altbayern gegründet und 1465 der Dominikanerreform angeschlossen, und zwar mittels des Nürnberger Katharinenklosters (vgl. C. → Pirckheimer, J. → Schwarz). W. erlangt hier 1731 die Aufnahme als Chorschwester. Bald stellen sich Visionen ein, so die von ⋒ als Ordenspatronin, W. als geistliches Kind umfangend, als Opfer für die Kirche und die Armen Seelen.

Die UE ⋒s und das Herz ⋒s (Vordermayr 84) bilden einen Schwerpunkt ihrer MV. In den Gebeten finden sich die Anreden »schmerzreichstes … liebevollstes« »Mutterherz Mariä« (ebd. 45. 92 f.) oder Rufe wie »Liebste Mutter, stehe mir bei …« (ebd. 44). Betrachtendes Gebet und Seelenführung tragen dazu bei, daß sie sich als Braut Christi sieht, begleitet von den Stigmata an den Händen und der Seite. Entsprechend der Spätzeit der bayer.-alemannischen Mystik sieht sie sich stellvertretend für die GM. Nach Anfechtungen wird die Echtheit bestätigt. 1774 zur Priorin gewählt, tritt W. 1777 zurück. Ihre Jesuskind-Verehrung ist bis heute im Kloster und in der Umgebung lebendig (»Altenhohenauer Jesulein« und »Kolumba-Jesulein«). Das im sog. »Kolumba-Gebetbuch« enthaltene »Liebs-Gsängl vom Jesulein« ist eines der wichtigsten Zeugnisse barocker Frömmigkeit. Darin wird auch ⋒ einbezogen: »O Mutterherz, o Joseph mein, liebet mit mir das herzige Jesulein!« (ebd. 40). ⋒ wird aber auch um die Tugenden der Liebe, Geduld und des Gehorsams gebeten (ebd. 70). Aus den ma. Passionsbetrachtungen und Horologien werden weitere Motive für die MV gewonnen, so in den Gebeten bei den Besuchen des Hlst. Altarsakramentes am Morgen und Abend an jedem Wochentag (ebd. 78–85). Am Mittwochmorgen bittet W. Christus im Gedenken an seinen Abschied von seiner Mutter »daß ich heute … denke an jenen Abschied, den du, o göttlicher Hirte, vom betrübtesten Mutterherzen genommen hast« (ebd. 85). Am Samstag betrachtet sie die Schmerzen ⋒s, am Abend sagt sie zu ⋒, sie möge nun »alle Trauer« ablegen, und fleht zu ihr: »Allerliebste Mutter, senke dich in göttlicher Liebe in das offenstehende Herz Jesu und laß mich als eine kleine Ameise mitkommen, um mich zu erquicken in deiner Liebe« (ebd. 94 f.). Die »Meinungen« zur Aufopferung der hl. Messe an allen Wochentagen (ebd. 96–100) werden u. a. wieder aus den Stationen der Passion Christi und den Sieben Freuden und Sieben Schmerzen ⋒s gewonnen. »Wie im schmerzhaften Rosenkranz das Leiden Christi zu betrachten ist« (ebd. 120 ff.) will zu einer Vertiefung dieses Gebetes führen.

Die Gebeine W.s und ihrer Mitschwester Paula Grässl im Kloster Altenhohenau, das von kalifornischen Dominikanerinnen wiederbelebt wurde, sind noch heute Pilgerziel oberbayer. und Münchener Pfarrgruppen.

WW: Aufzeichnungen der Visionen, Korrespondenz: Kolumba-Archiv, Kloster Altenhohenau. — »Kolumba-Gebetbuch«: Klosterbibl. Scheyern; Gebete daraus ed: B. M. Vordermayr, Strahlenkranz um das Eucharistische Herz Jesu, Graz 1916, 1–122, mit einer kurzen Biographie.
QQ: Klosterliteralien, Matrikel, In: Pfarrarchiv Griesstätt und Erzbischöfliches Ordinariat München. — Klosterliteralien (Priorinnenwahl, Spaltbriefe): Staatsarchiv Oberbayern, München.
Lit.: M. Jocham, Bavaria Sancta II, München 1862, 505–532. — A. Mitterwieser, Die Klosterkirche von Altenhohenau, Rosenheim 1914. — Ders., Das Dominikanerinnenkloster Altenhohenau am Inn, 1926. — K. Pfeffer, M. K. W. von Altenhohenau, In: G. Schwaiger (Hrsg.), Bavaria Sancta III, 1973, 388–403 (Lit.). — B. Hubensteiner, Vom Geist des Barock, ²1978. — LThK² X 979 f.
K. Pfeffer/W. Baier

Weihe. Der theol. Begriff der W. (vom Althochdeutschen wīh, heilig herkommend) bezeichnet generell einen sakramentalen (Ordination) oder nichtsakramentalen (Konsekration, Benediktion) Ritus, in dem eine Sache oder Person in besonderer Weise für Gott ausgesondert und in seinen Dienst gestellt wird. In diesem Sinn besitzt der Begriff eine transitive, d. h., auf die betreffende Sache oder Person zielende Bedeutung (Altar-, Jungfrauenweihe).

Ähnlich ist die M-weihe zu verstehen. Sie ist eine besondere Form der MV in der ein Gegenstand oder eine Person der GM (und darüber hinaus Gott selbst) hingegeben und übereignet wird. Es kann aber auch die Person sich selbst oder eine Gemeinschaft (W. reflexiver Art) sich der GM zur besonderen Verehrung, Nacheiferung und geistlicher Angleichung hingeben. Der Vollzug der W. geschieht in einem Weihegebet, in dem neben der Verehrung M-s und der vertrauenden Hingabe an sie die Bitte um ihren Segen und ihren Schutz zum Ausdruck gebracht wird. Diese W.en nehmen jeweils nach den Objekten, auf die sie ausgerichtet werden (M-kirchen, M-bilder, ganze Völker und Länder) oder nach den Subjekten (einzelne Personen, Gemeinschaften, Teilkirchen oder die ganze Kirche) einen verschiedenen Charakter und eine je eigentümliche Bedeutung an.

Geschichtlich fallen die Anfänge dieser intensiven Form der MV in die Zeit nach dem Konzil von → Ephesos (431), wo erstmals Kirchen und Heiligtümer der GM geweiht wurden. Schon diese Form der M-weihe macht deutlich, daß sie nicht nur (wie es häufig geschieht) im Sinne des Bittgebetes verstanden werden kann, sondern eine objektive und bleibende Wirkung entfaltet, die in einer besonderen Beziehung des »Objektes« zu M im Sinne eines Segens- und Schutzverhältnisses besteht. Dieser Bezug gewinnt an Tiefe und Intensität, wenn die W. sich auf Personen und Personengruppen bezieht, die entweder sich selbst oder andere (Völker und Länder) M überantworten

Die Selbstweihungen von Gemeinschaften (im MA von vielen Orden, bes. von den Dominikanern geübt) wurde seit dem 17. Jh. auch von den marian. Kongregationen übernommen. Ihren Sinn und ihre rel.-theol. Bedeutung (welche sich in den Formeln »offere, commendare, tradere« ausdrückt) hat Pius XII. trefflich ausgelegt: »Die Sodalen bekunden für die Mutter Gottes eine besondere Verehrung und geben sich ihr in einer Weihe ganz zu eigen; sie verpflichten sich damit — wenn auch nicht unter Sünde — unter der Fahne Mariens für die eigene und des Nächsten Heiligung und ewige Seligkeit einzutreten« (AAS [1948] 401). Danach besteht der Sinn der W. in dem Willen zur Heiligung des eigenen wie des gemeinschaftlichen Lebens unter der Obhut, der Vorbild- und Fürbittkraft M-s.

Die entschiedenste, geradezu mystische Auffassung von der persönlichen M-weihe als Selbstübergabe an die GM hat (nach manchen geschichtlichen Vorbereitungen in der Hinwendung zum Herzen M-s bei → Ekbert v. Schönau [†1184] und in der »geistlichen Vermählung mit Maria« bei → Hermann Joseph v. Steinfeld [†1225]) → Grignion v. Montfort (†1716) in seiner »Vollkommenen Andacht zu Maria« entwickelt (verbunden mit der damals bes. ansprechenden Vorstellung der »Sklaverschaft« gegenüber M, die er aber sogleich in den Gedanken von der Sklaverschaft zu Christus übergehen läßt). Das Grundmotiv der »Vollkommenen Andacht« ist die glühende Christusliebe, die aber im Blick auf die Heilsgeschichte M als die vollkommene Empfängerin und Vermittlerin des Heils versteht, welche von dem Auktor des Heils, von Jesus Christus, nicht zu trennen ist. Die einzigartige Verbindung M-s mit Christus, aber auch ihr Charakter als → Braut des Hl. Geistes setzen sie instand, das Geschenk der Gnade in vollkommener Weise zu empfangen wie auch weiterzugeben. So konnte Grignion die M-weihe auch als den vollkommensten und sichersten Weg zu Christus ausgeben.

Obgleich nicht alle theol. Begründungen Grignions zu übernehmen sind, hat doch der zentrale Gedanke Bestand: Die persönliche (oder gemeinschaftliche) M-weihe beruht auf dem Glauben an Christus als den Auktor der Gnade (weshalb Grignion die M-weihe auch dem Taufgeschehen annähert) und an die bleibende Mittlerschaft der jungfräulichen GM, der sich der M-verehrer in einem Akt, der einer Lebenshingabe gleichkommt, unterstellt.

An diesem Punkt wird aber auch der einer solchen Weihe notwendige Christus- und Gottbezug sichtbar; denn eine rel.-theol. W. kann (nach der eingangs erörterten Bestimmung) nicht auf ein Geschöpf gehen, sondern nur auf Gott (in Jesus Christus). Deshalb kann die M-weihe auch als »Christusweihe« angesprochen werden unter der Bedingung, daß die Stellung und Bedeutung der Person M-s nicht ausgeschaltet wird. M muß als Adressat und Empfängerin dieser Hingabe anerkannt bleiben, aber nicht um ihrer selbst willen und als selbsteigenes Subjekt, sondern in ihrem Personalcharakter als Christusträgerin und Christusvermittlerin. Da sie in diesem Charakter auch die heilsmittlerische Kirche abbildet, bedeutet die M-weihe stets auch eine tiefere Verpflichtung und Hingabe an die Kirche. Auf der Ebene der Volksfrömmigkeit und ohne förmliche Einbeziehung der Christofinalität hat die persönliche W. an die GM in dem Gebet des Jesuiten Nicola Zucchi (†1670) Ausdruck gefunden: »O meine Gebieterin, o meine Mutter«.

Davon ist der Wirkung nach jene Art von M-weihe zu unterscheiden, in der andere Menschen oder Völker M anheimgegeben werden. Sie kam in der Tradition als Weihe eines Kindes an M vor, verbunden mit dem an Christus gerichteten Gebet: »Wir bitten dich, siehe auf die Unschuld des dir dargebrachten Kindes und die Frömmigkeit seiner Eltern. Gütig segne es durch meinen Dienst zur Ehre Mariens, der es mit ganzer Hingabe geweiht wird« (Rituale von Cambrai, 1600). Diese W. besagt zunächst eine unter der Oberhoheit Christi stehende Ehrenbezeigung an M, welcher der betreffende Mensch in besonderer Weise verbunden wird, die der Rolle M-s als Mittlerin und als Inhaberin der geistigen Mutterschaft entspricht. Fraglos kann eine solche »Übergabe« nicht ohne objektive

Wirkung bleiben (aufgrund des opus operantis der »Spender« oder der Kirche).

Das gilt in anderer Weise auch von den kollektiven W.en, die im Namen der Kirche auf Länder und Völker ausgerichtet werden. So ist aus dem frühen MA die Unterstellung → Ungarns unter den Schutz der GM durch König Stephan I. († 1038) bekannt. Solche Übereignungen stellen eine Überhöhung des auch in natürlichen Bereichen vorfindlichen Patronatsgedankens dar, wodurch M zur Patronin eines Volkes oder einer Gemeinschaft gewählt wird mit dem Ziel eines besonderen Schutzes und einer geistlichen Fürsorge, der auf seiten der Betroffenen auch eine besondere geistliche Bindung und Verpflichtung entsprechen muß (die darüber entscheidet, inwiefern die für die Gemeinschaft erbetenen geistlichen Güter auch den einzelnen zukommen).

Beispielhaft für diese W.en sind die »Weltweihe an das Unbefleckte Herz Mariens« durch Pius XII. (31.10.1942 und 8.12.1942 anläßlich der 25. Jahresfeier der Erscheinungen von → Fatima; vgl. auch die Enzyklika »Auspicia quaedam« 1948). Der Sinn dieser »Weltweihe« erhellt aus den Worten: »Mutter der Barmherzigkeit, erlange uns von Gott den Frieden ... Gewähre deinen Schutz auch den Ungläubigen und allen, die im Schatten des Todes wohnen«. Das universal-heilshafte Ziel dieser Bitte kommt in den Worten zum Ausdruck: »Auf daß deine Liebe und dein Schutz den Triumph des Gottesreiches beschleunige« (AAS 34 [1942] 345 f.).

Eine Verbindung von persönlicher und kollektiver W. vollzog Johannes Paul II. am 6.6. 1979 in Czenstochau mit den Worten: »Erhabene Mutter der Kirche! Dir weihe ich mich nochmals als Knecht deiner mütterlichen Liebe. Totus tuus — Ganz Dein! Dir weihe ich die Menschheit und alle Menschen, meine Brüder, alle Völker und Nationen. Dir weihe ich Europa und alle anderen Erdteile. Dir weihe ich Rom und Polen, durch Deinen Diener mit einem neuen Band der Liebe vereint. Mutter, nimm uns an! Mutter, verlasse uns nicht! Mutter, führe uns«.

Angesichts des hohen geistigen Anspruchs und der Kraft des Glaubens, die zum Verständnis für eine solch intensive Form der MV vorausgesetzt sind, und unter Berücksichtigung des Schwindens dieser Voraussetzungen in der modernen Welt mag sich die Frage nach der Opportunität und Wirksamkeit der Mweihen stellen. Sie ist trotz der Wichtigkeit zeitbedingter Faktoren nicht negativ zu beantworten. Wo bei denen, welche die W. vollziehen, ein lebendiger Christus- und Mglaube, aber auch die Gesinnung eines tätigen Apostolats am Werk ist, kann die innere Wirkung dieses geistlichen Geschehens nicht bezweifelt werden, selbst wenn es keine sichtbaren Wirkungen zu erbringen scheint. Eine innere Strahlkraft solcher Geschehnisse auf die Kirche kann nicht ausbleiben. Kraft des Stellvertretungsgedankens kann der Mweihe aber auch eine Wirkung selbst auf die vielen Einzelnen nicht abgesprochen werden, welche um diesen Glauben nicht wissen. Ihnen gegenüber wird M durch die Mweihe in ihrer Stellung als »Mutter aller Menschen« (LG 54) bestätigt und bekräftigt.

Lit.: Sträter III 323–344. — Köster II 105. — C. Feckes, Marienfrömmigkeit und Marienweihe, ²1964. — K. Bommes, Die Sakramentalien der Kirche, In: H. Luthe (Hrsg.), Christusbegegnung in den Sakramenten, 1981, 597–671. — L. Scheffczyk, Maria in der Verehrung der Kirche (Maria in der Heilsgeschichte III), 1981, 36–52. — G. Geenen, Les Antecedents doctrinaux et historiques de la Consécration du Monde au Coeur immaculé de Marie, In: Manoir I 823–873. — Beinert-Petri 394–403.
L. Scheffczyk

Weihenlinden, Lkr. Rosenheim, Erzdiözese München und Freising. In der Gründungsgeschichte der Wallfahrt W. kumulieren die Legendenmotive in seltener Fülle. 1645 erbaute die Pfarrgemeinde Högling bei einem schon bisher eingefriedeten Bezirk namens Weichenlinden am Pilgerweg nach → Tuntenhausen eine Kapelle, wie 1634 in der Pest- und Schwedennot gelobt. Bei den zwei Linden dort stand eine Martersäule, in die eine Mfigur aus der Pfarrkirche übertragen wurde, die wunderbarerweise einen Sturz unbeschädigt überstanden hatte.

Auch waren hier nach dem Volksglauben drei große Männer bestattet, nach anderen Legendenversionen halfen drei Pilger, die spätere Quelle entdecken. Beim Graben des Brunnens wurde ein Ring gefunden, weshalb der Münchner Kapuzinerguardian Johannes Chrysostomus riet, einen Zentralbau zu errichten und ihn der Hl. Dreifaltigkeit und Mariahilf zu weihen. Die schwerkranke Anna Schönauer prophezeite nach einem Traumgesicht die künftige Wallfahrt. So setzte auch schon 1645 der Zulauf ein. Das Brunnenwasser galt bald als heilkräftig bei Krankheiten, v. a. Augenleiden. Elf Mirakel zeigt das rahmende Gemälde eines »marianischen Wunderbaumes« um die gefaßte Quelle in der nördlich an die Kirche angebauten, achteckigen Brunnenkapelle.

1651 erreichte der um die Förderung des Wallfahrtswesens sehr bemühte Propst Valentin Steyrer nach langjährigem Bemühen von Kurfürstinwitwe Maria Anna für sein Augustinerchorherrenstift Weyarn die Inkorporation W.s. 1653–57 ließ er die neue Kirche erbauen, eine merkwürdig ma. wirkende dreischiffige Emporenbasilika mit Wallfahrerumgängen längs der Seitenschiffe und doppeltürmiger Westfassade. Den Plan soll der Bauherr wohl unter Einfluß des Münchner Bildhauers und Baumeisters Constantin Pader persönlich entworfen haben. Das Mittelschiff umschließt die alte achteckige Kapelle mit der barock bekleideten spätgotischen Madonna mit Kind im Gnadenaltar. Das Freskenprogramm (der Rokokostuck erst 1761) hier wie im dritten und vierten Geschoß der angebauten Sakristei schöpft aus dem ma. → »Defensorium inviolatae virginitatis bea-

Weihenlinden, Andachtsbild, um 1720

tae Mariae«. Stuck und Fresken in der Kirche entstanden 1736. Die gesamte Ausstattung, bes. die Bilder und der mächtige, zweigeschossige Hochaltar, entfaltet in vielfältiger, sinnreicher Verknüpfung das Thema der in Christus verbundenen unerschaffenen, himmlischen Dreifaltigkeit und der geschaffenen, irdischen Dreiheit Jesus, M und Joseph entsprechend dem Doppelpatrozinium und den drei örtlichen Bruderschaften und verbindet damit den Lobpreis der Gnadenstätte (Fresken von Gebetserhörungen in den Umgängen von 1757).

W. entwickelte sich rasch zur bedeutendsten unter den insgesamt sieben Weyarner Klosterwallfahrten und wurde von bis zu fünf Chorherren betreut. 1735 wurden weit über 20 000 Wallfahrer gezählt. Von den über 40 Pfarreien in Oberbayern und Tirol, die damals jährlich nach W. wallfahrteten, sind heute nur wenige benachbarte übriggeblieben. Zu den wichtigsten Konkurrenztagen gehörten neben festen Wallfahrtsterminen der Weyarner Klosterpfarrei das Patrozinium und die Titularfeste der Josephi- (gegründet 1664), Dreifaltigkeits- (gegründet 1732) und der Mbruderschaft zur UE (gegründet 1712, bestätigt 1767), mit denen Stift Weyarn wie in den anderen von ihm betreuten Wallfahrtsorten gezielt die Seelsorge zu fördern suchte. Mit der Säkularisation des Stiftes Weyarn 1803 verlor W. den Rückhalt und die klösterlichen Seelsorger und büßte damit seine Stellung als geistlich-geistiges Zentrum mit zumindest regionaler Ausstrahlung ein. Von den kostbaren Votivgaben bewahrt das Wallfahrtsmuseum nur kärgliche Reste, v.a. interessante Votivtafeln. Die Blüte der Wallfahrt im 18. Jh. war endgültig vorbei, auch wenn zur 200-Jahr-Feier das Gotteshaus renoviert wurde und mit dem Einzug der Serviten ins barocke Priesterhaus neben der Kirche 1962 ein gewisser Aufschwung verbunden war.

QQ: Hs. Mirakelberichte und Opferverzeichnisse siehe A. Bauer; gedruckte Mirakel- und Andachtsbücher siehe Bomhard/Benker.
Lit.: A. Bauer, Geschichte der Wallfahrt W. 1644 bis 1657, In: Das bayer. Inn-Oberland 28 (1957) 45–69. — B. Schütz, Die Wallfahrtskirche Maria Birnbaum und ihre beiden Baumeister, 1974, 124–126. — M. Mayer, Die Seelsorge der Weyarner Chorherrn im ausgehenden 18. Jh. nach den Tagebüchern des Chorherrn L. J. Ött, In: Beiträge zur altbayer. Kirchengeschichte 30 (1976) 115–212. — C. Kemp, Angewandte Emblematik in südtt. Barockkirchen, 1981, 314 f. — P. v. Bomhard und S. Benker, Wallfahrts- und Pfarrkirche zur Hlst. Dreifaltigkeit und Unser Lieben Frauen Hilf W., ^{4}1989 (Lit.).

S. John

Weihnachtsfestkreis. Der W. ist eine geprägte Zeit des liturg. Jahres, bestehend aus dem → Advent und der Weihnachtszeit (weihnachtliche Festzeit), der deutlich marian. Züge eigen sind, weil sich das Mgeheimnis, wie Liturgie- und Dogmengeschichte zeigen, als ein Reflex des Christusmysteriums entfaltet hat. Sowohl das Dogma von der GMschaft Ms wie auch das der Jungfräulichkeit sind aus der Inkarnation des Logos abgeleitet: Die Menschwerdung der zweiten göttlichen Person geschieht vermittels der menschlichen Mutter M, wobei über dieser Mutterschaft das Wirken des Hl. Geistes steht (DS 10: »natus de Spiritu Sancto ex Maria Virgine«). Das fundamentale Dogma der GMschaft Ms ist mit dem weihnachtlichen Festgeheimnis selbst zutiefst verknüpft und wird in der Weihnachtszeit in der Liturgie bes. entfaltet, v.a. am Oktavtag von Weihnachten, dem Hochfest der GM M (1. Januar), aber auch am Sonntag in der Weihnachtsoktav, an dem das Fest der Hl. Familie begangen wird. Außerhalb des W.es sind das Fest der → Darstellung des Herrn (2. Februar) und das Hochfest → Verkündigung des Herrn (25. März) auf das Hochfest der Geburt des Herrn (25. Dezember) und die Mutterschaft Ms bezogen.

»Abgesehen von der sich über das ganze Jahr hin erstreckenden Feier des österlichen Mysteriums, hat die Kirche kein älteres Fest als die Gedächtnisfeier der Geburt des Herrn und seines offenbarenden Erscheinens, die die Weihnachtszeit bildet« (GOK 32). Der W. beginnt mit der 1. Vesper des Sonntags, der auf den 30. November fällt oder diesem Termin am nächsten kommt. Sie reicht bis zum Sonntag nach dem Hochfest Erscheinung des Herrn (6. Januar), dem Fest der Taufe des Herrn, der zugleich als 1. Sonntag im Jahreskreis gezählt wird. Der Advent endet vor der 1. Vesper von Weihnachten, mit der die Weihnachtszeit beginnt. Die Communicantes-Strophe im → Hochgebet bringt während der ganzen Weihnachtsoktav zum Ausdruck, daß die Weihnachtszeit als eine »verlängerte Gedächtnisfeier der göttlichen, jungfräulichen, heilbringenden Mutterschaft« ⋒s (MCu 5) verstanden werden darf: »In Gemeinschaft mit der ganzen Kirche feiern wir (die hochheilige Nacht) den hochheiligen Tag, (in der) an dem Maria in unversehrter Jungfräulichkeit der Welt den Erlöser geboren hat. Wir ehren vor allen Heiligen sie, die glorreiche, allzeit jungfräuliche Mutter unseres Herrn und Gottes Jesus Christus« (→ Hochfeste, marianische).

Lit.: GOK 32–42. — MCu 5–7. — L. Scheffczyk, Neue Impulse zur Marienverehrung, 1974, 22–40. — B. Kleinheyer, Maria in der Liturgie, In: Beinert-Petri 414–422.   *Th. Maas-Ewerd*

Weihnachtskrippe. Die Etymologie des Wortes Krippe weist hin auf den geflochtenen Futtertrog. Krippe und entsprechende Synonyma anderer Sprachen bezeichnen zunächst die Liegestatt mit dem Jesuskind. Das gilt z. B. für Spielanordnungen ma. Dreikönigsspiele. Heute versteht man unter Krippe die szenische Darstellung der Ereignisse um die Geburt Jesu, die zur Weihnachtszeit aus Freude über die Erlösung durch die Menschwerdung Jesu Christi mit versetzbaren Figuren in einer illusionistischen Landschaft oder Architektur aufgestellt wird. Kirchenkrippen wollen im Betrachter Gefühle der Andacht, weniger historische Informationen wecken. Nativitasdarstellungen, die ganzjährig in eigenen Andachtsräumen aufgestellt oder in Altären fest eingebaut sind, sind keine Krippen im engeren Sinn. In Anlehnung an die W. werden auch andere Ereignisse der Heilsgeschichte (z. B. Verkündigung an ⋒, Heimsuchung sowie andere Szenen aus dem ⋒leben) in sog. Passions- und Jahreskrippen aufgestellt.

Auf den Betrachter wirkt die dreidimensionale Krippe stärker als ein Bild. Dazu kommen die vielen Urbilder, mit denen die Krippe »arbeitet«: das Grünzeug, das Moos, der Berg, die Höhle, der Stall, die Tiere, das Licht bis hin zu den Engeln, der Mutter und dem Kind. Das Krippenbauen selbst gibt die Möglichkeit, Glaubensinhalte kreativ zu verarbeiten, wobei schon die Freude am gelungenen Werk von Bedeutung ist. Wenn die Kirchenlehrer das Spielen der göttlichen Weisheit (Spr 8,30) auf das Spiel der Erlösung beziehen, kann man Krippenbauen als ein Mitspielen verstehen, das den Krippenbauer spielend mit dem Erlöser verbindet. Gerne identifizieren sich Krippenbauer mit den Gestalten in ihrer Krippe, z. B. mit den Hirten. Die Krippe versucht ja nicht abzubilden, wie das damals war, sondern was das Geschehen zu Betlehem bedeutet.

Als Jesus Christus auch als Mensch verehrt wurde, im künstlerischen Schaffen sich die Figuren vom Goldgrund und der Rückwand der Altäre gelöst hatten und der Mensch selbst abbildwürdig geworden war, waren Voraussetzungen erfüllt, um mit (sogar beweglichen) Einzelfiguren Szenen der Weihnachtsgeschichte darzustellen. Die erste sicher bezeugte Krippe, vermutlich eine Kirchenkrippe, stand 1560 im Jesuitenkolleg zu Coimbra. Das älteste Zeugnis einer Hauskrippe stammt von 1576 über die Krippe der Herzogin Constanza von Amalfi.

Im Sinne des Konzils von Trient, das ausdrücklich vorgeschrieben hat, die Geheimnisse der Erlösung dem Volk bildhaft darzustellen, haben die Jesuiten, wohl in Anlehnung an den älteren Brauch der Hll. Gräber, auch die W. in ihre gegenref. Bemühungen einbezogen. Diese Krippen wurden so groß angelegt, daß in ihren Aufbauten (»apparatus« genannt) auch erwachsene Menschen agieren konnten. Die Freude des Barockmenschen am Theatralischen förderte das Aufstellen von Krippen in Kirchen, Klöstern, Adels- und Bürgerhäusern. Die Anlage der Krippen und ihr Figurenwerk weiteten sich im 18. Jh. so aus, daß die Nüchternheit der Aufklärung zum Verbot geführt hat, Krippen in Kirchen aufzustellen.

Die Gläubigen jedoch wollten auf die Krippe nicht mehr verzichten und holten diese, auch solche von aufgelösten Klöstern, in ihre Häuser. Einiges wertvolle Krippengut wurde versteckt und, als auf Drängen von Klerus und Volk nach einem Vierteljahrhundert das Krippenverbot aufgehoben wurde, wieder hervorgeholt. Der Zeit des 19. Jh.s entsprechend wurden diese Schätze oft in den von den Nazarenern vorgegebenen Stil abgeändert. Auch der Aufbau wandelte sich vom pompösen Theatralischen hin zur stimmungsvollen Idylle. Das in dieser Zeit erwachende Geschichtsbwußtsein führte zu historisierender Gestaltung, zur orient. Krippe.

Die Kriegs- und Nachkriegszeiten in der ersten Hälfte des 20. Jh.s drängten die Krippe immer wieder aus dem Bewußtsein der Menschen. Erst die Rückbesinnung auf die Fundamente menschlichen Lebens (bzw. Nostalgie) weckte wieder die Freude an der Krippe. Versuche mit »neuzeitlich« abstrakten oder auf Symbolik getrimmten Krippen führten nicht weiter. Als Begleiter durch die Weihnachtszeit wird die gemüthaft erzählende W. geschätzt (Heimat- oder Schneekrippe), allerdings besteht dabei die Gefahr, daß vordergründige Empfindungen die rel. Aussage verdrängen.

Da W.n erzählen wollen, was es mit der Geburt Christi auf sich hat, kommt dem, wie die Hl. Familie arrangiert wird, große Bedeutung zu. Der hl. Joseph steht in vielen Variationen als Hüter des Geheimnisses der Menschwerdung im Stall. ⋒ wird immer in enger Beziehung zu ihrem Kind aufgestellt, wobei persönliche Vorstellungen der Krippenbauer zu verschiedenen Darstellungen führen: 1. Die sinnende ⋒: Ihre Hände in den Schoß gelegt, sitzt ⋒ neben dem Jesuskind (z. B. Krippe von M. Gehri, Innsbruck, Tiroler Volkskunstmuseum; vgl. Lk 2,19 »sie dachte darüber nach ...«). 2. Die lagernde ⋒: Wohl die Erfahrung im Leben einer Familie und das Bestreben, alles möglichst aus dem Alltag zu erklären, läßt M als Wöchnerin neben ihrem Kind liegen. 3. Die stehende M: Gleichsam das Magnificat singend, lobt M Gott vor ihrem Kind. Diese in der Mutter-Kind-Beziehung etwas kühlere Darstellung ist in süddt. Krippen selten. 4. Die sitzende M: Vor Gott sitzen, bedeutet vertrauten Umgang mit Gott haben. Dabei wird der innige Bezug zwischen Mutter und Kind betont. 5. M, das Kind wickelnd, ist eine seltenere, aber bewußt Lk 2,7 folgende Darstellung. 6. M, das Kind darbietend, v. a. bei der Anbetung der Hll. Drei Könige: »Zeige uns Jesus« betet auch der vor die Kirche verbannte Sünder des frühen Christentums zur Königin der Barmherzigkeit, die in der Mitte der Paradiesespforte ihr Kind dem Beter entgegenhält.

Krippen gibt es heute bei Katholiken und Protestanten auf der ganzen Welt außer dort, wo rel. Verständnis nur zweidimensionale Darstellungen zuläßt. Allgemein kann gesagt werden, daß die Krippen im kath. Bereich individueller und weiter ausgebaut sind.

In vielen Ländern haben sich Krippenfreunde organisiert, um den rel. Brauch des Krippenbauens zu fördern. 1952 bildete sich in Barcelona als loser Zusammenschluß der Krippenfreunde aller Länder die Internat. Vereinigung der Krippenfreunde »Universalis Foederatio Praesepistica« (Rom, Via Tor de' Conti 31).

Lit.: A. Stefanucci, Storia del presepio, 1944. — R. Berliner, Die W., 1955. — O. Kastner, Die Krippe, 1964. — A. Karasek und J. Lanz, Krippenkunst in Böhmen und Mähren vom Frühbarock bis zur Gegenwart, 1974. — G. Weinhold, Freude der Völker: W.n und Zeichen der Christgeburt aus aller Welt, 1978. — G. Gamet, La crèche provençale: Le monde enchanté des santons, 1980. — J. Lanz, Krippenkunst in Schlesien, 1981. — E. Egg und H. Menardi, Das Tiroler Krippenbuch, 1985. — E. Lidel, Die Schwäbische Krippe, 1987. — M. Ruggiero, Il presepe italiano, 1988. — N. Gockerell, Krippen im Bayer. Nationalmuseum, 1993. *E. Lidel*

Weihnachtsspiele (→ Spiele). Darstellungen der Weihnachtsgeschichte finden sich in eigenen W.n sowie in Weihnachtsteilen umfassender → Passions- und → Fronleichnamsspiele.

Vollständige Darstellungen der Weihnachtsgeschichte bis zur Flucht nach Ägypten sind in verschiedenen Spielen enthalten. Das Schwäbische Weihnachtsspiel (2. Hälfte 15. Jh.) läßt der Geburt Prophetenauftritte vorangehen, das St. Galler Weihnachtsspiel (Ms. Mitte 15. Jh., Spiel vielleicht noch 13. Jh.) außer Prophetenauftritten auch Ms Vermählung, die Verkündigung und den Besuch bei Elisabeth. Das Hessische Weihnachtsspiel (2. Hälfte 15. Jh.) hat Verkündigung und Herbergssuche, das Tiroler Weihnachtsspiel (1511) Ms Vermählung, Prophetenauftritte und Verkündigung.

Teildarstellungen der Weihnachtsgeschichte bieten die beiden Erlauer Weihnachtsspiele I und II (1. Hälfte 15. Jh.), das Freiburger (Ende 16. Jh.) und das Solothurner Dreikönigsspiel (1561) sowie vermutlich das durch die Rothenburger Kasparrolle (Anfang 15. Jh.) bezeugte Spiel.

Die die gesamte Heilsgeschichte umfassenden Passions- und Fronleichnamsspiele wie das Freiburger Fronleichnamsspiel A (Ende 16. Jh.) und B (1604–06), Künzelsauer Fronleichnamsspiel (2. Hälfte 15. Jh.), Luzerner Passionsspiel (1571, 1583, 1616) und Maastrichter Passionsspiel (14. Jh.) stimmen inhaltlich mit den W.n überein. Das Egerer Passionsspiel (um 1500) geht mit der Verkündigung der Geburt Ms und deren Geburt noch darüber hinaus.

Die Darstellung Ms ist zunächst an die Evangelien angelehnt, soweit das Faktengerüst und einige Einzelheiten von dort übernommen werden konnten. Für die Vorgeschichte und für die Ausgestaltung der Einzelheiten, z. B. auf der Flucht nach Ägypten, sind die apokryphen Kindheitsevangelien und die Mleben (→ Leben) stoffliche Quelle. Eine volkstümliche Ausgestaltung eigener Art stellen die Kindelwiegenszenen dar, die im Hessischen Weihnachtsspiel, im Tiroler Weihnachtsspiel und im Erlauer Weihnachtsspiel I enthalten sind.

Lit.: Th. Meier, Die Gestalt Marias im geistlichen Schauspiel des dt. MA, Diss., Freiburg i. B. 1959. — N. King, Ma. Dreikönigsspiele, Diss., Fribourg 1979. — Bergmann, Katalog. — H. Linke, Drama und Theater, In: I. Glier (Hrsg.), Die dt. Literatur im späten MA II, 1987, 203–218. — B. Neumann, Geistliches Schauspiel im Zeugnis der Zeit, 2 Bde., 1989. — RDL² IV 64–100. *R. Bergmann*

Weinrebenmadonna. Schon in vorchristl. Zeit wurde dem Wein oder der Weinrebe große Bedeutung zugemessen. So symbolisiert die Traube bei den Israeliten Freude und Segen, die Fülle des gelobten Landes und den Reichtum göttlicher Verheißung. Das hohe Ansehen des Weinstockes findet sich auch bei vorchristl. Kulturen: In Mesopotamien wird die Rebe mit dem »Kraut des Lebens« gleichgesetzt; das sumerische Schriftzeichen für Leben ist ein Rebenblatt.

Die der Weinrebe zugeschriebene Eigenschaft, der Spende des Lebens, wird im AT durch das Hohelied aufgegriffen. Die Braut, als Vorbild Ms, lädt ihren himmlischen Bräutigam in die Weinberge ein (Hld 7,13). M wird zur jungfräulichen Rebe, die dem Stamm Jesse entstammt (Jes 11,1), und aus ihr entwächst die Edeltraube (Sir 24,17) Christus, der dann später wie die in der Kelter gepreßte Traube (Jes 63,1–16) als göttlicher Keltertreter durch das Opfer seines Blutes den Wein der Gnade spendete. Das Bild gehört somit in den Bereich der eucharistischen Symbolik.

Die Vorstellung Ms als Weinrebe und ihres Sohnes als Traube war in der Ostkirche seit alters bekannt. Sie findet sich in vielen Hymnen (→ Ephräm der Syrer), in liturg. Gesängen zur Eucharistiefeier sowie in Predigten (→ Epiphanius v. Salamis, → Proklos, → Johannes v. Damaskos), bes. aber in Feiern anläßlich von Me Entschlafung (PG 96,728–744).

Der marian. Symbolgehalt der Weinrebe wurde im 12. Jh. in liturg. Gebeten und Gesängen der lat. Kirche übernommen. M wurde in vielen Predigten (→ Petrus v. Celle, → Adam v. Perseigne) sowie in ⋈liedern als Weinrebe versinnbildlicht (Salzer 39 f. 196 f.). Die Gedanken der lat. Hymnen schlugen sich in den viel gesungenen dt. Kirchenliedern (WackernagelKL II 820 f.; Salzer 40) und Gedichten nieder (z. B. »Du bist das blügende reben zwy/ Das Gott in seiner trinitat/ Mit richer ziert geplancet hat/ Dir trubel ist wollobens wert«, Heinrich v. Laufenberg). ⋈ als Weinrebe ging auch in die Legenda aurea des Jakobus de Voragine, ins → Speculum humanae salvationis sowie in die Vita Jesu Christi des → Ludolf v. Sachsen ein.

Als W. bezeichnet man Darstellungen der GM mit Kind, bei denen gewöhnlich ⋈ eine Traube oder Weinrebe in der Hand hält oder sie dem auf ihren Arm sitzenden Jesuskind reicht (z. B. Xanten, Dom, ⋈altar, Werkstatt Heinrich Douvermann, 1535). Gelegentlich kommen als Zeichen der eucharistischen Symbolik der Traube auch Rebzweige mit darinhängendem Kruzifixus oder Trauben, aus denen eine das göttliche Kind tragende Rebe wächst, vor. Auch das Kind kann die Weintraube halten (z. B. Holzskulptur, Emmerich, St. Adelgundis, um 1500). Seltener sind Darstellungen, bei denen ⋈ eine Krone aus Weinlaub trägt oder ein Weinlaubzepter in der Hand hält (z. B. Holzskulptur, Kiedrich, um 1330; Trier, Städt. Mus., Madonna mit Kind, um 1480). Gelegentlich steht ⋈ auch unter dem als Weinstock gebildeten Lebensbaum oder erscheint im Zusammenhang mit der Mystischen Kelter.

Bereits im 11. Jh. findet sich für eine ⋈statue in Lille der Name »ND de la Treille« (Weinlaube) belegt, ohne daß diese allerdings mit den entsprechenden Attributen ausgestattet wäre. Eine erste Darstellung des Themas ist in einer ikonographisch später unüblichen Formulierung mit dem möglicherweise Nikolaus v. Verdun zuzuschreibenden Trivulzio-Kandelaber (Mailand, Dom) für das späte 12. Jh. belegt, wo ⋈ mit dem Kind in Ranken von Traubenbüscheln sitzt. Die eigentliche Blütezeit der W. ist jedoch die Zeit der Spätgotik und der Renaissance. In der Skulptur ist sie seit dem 13. Jh. kontinuierlich bis in die Neuzeit hinein bezeugt und konzentriert sich in erster Linie auf den südd. Raum, einschließlich Österreichs und Südtirols (Jörg Lederer, ⋈statue, Huttenang, Pfarrkirche, 1. Hälfte 16. Jh.).

In der Malerei bleibt die Thematik hingegen schwerpunktmäßig auf die altdt. und altniederländische Kunst beschränkt, wo das Thema zahlreiche Variationen erfährt. Das Verhältnis ⋈ — Weinrebe/Sohn — Traube wird auch auf die Vorfahren ausgeweitet. Vielfach erfährt die → Wurzel Jesse-Darstellung eine Ausformung zu einem Weinstock. Ein Deckengemälde in Altenburg/Bayern zeigt eine aus dem Schoß ⋈s wachsende Rebe mit mehreren Ästen und Trauben, auf der oben das Kind sitzt. Ein Gemälde Martin Schongauers (Wien, Kunsthist. Mus., 1475) zeigt die Hl. Familie in der Ruhe auf der Flucht, ⋈ reicht ihrem Sohn die Trauben und wird dabei von Joseph beobachtet.

Das Auftreten der Weintraube bleibt aber nicht nur auf die Darstellung in den Händen ⋈s oder des Kindes beschränkt, sondern wird v. a. auf Tafelgemälden als dekoratives Element eingefügt. Ein Gemälde von Piero da Cosimo (Stockholm, Königliche Sammlung, nach 1485) zeigt das Kind auf dem Schoß der Mutter, in einem Buch blätternd, im Bildvordergrund steht auf einem Tisch eine gläserne Schale mit Traubendolde. Sandro Botticellis als »Madonna dell' Eucaristia« bekanntes Gemälde aus dem Palazzo Chigi in Rom (jetzt Boston, Isabella Stewart Gardner Mus., um 1470) zeigt einen Engel, auf dem Haupt einen Olivenkranz, der Mutter und Kind eine Schale reicht, die mit dunklen Trauben gefüllt ist, in denen zwölf Ähren stecken. Während ⋈ nach einer Ähre greift, segnet das Kind die Schale als Präfiguration des eucharistischen Opfers.

Eine Sonderform der W. stellt die im 15. und frühen 16. Jh. beliebte Darstellung der → Anna Selbdritt mit Weintraube dar, bei der oft Anna dem Kind die Trauben reicht (Holzskulptur, Freiburg, Augustinermus., um 1500) oder das Kind zwischen ⋈ und Anna stehend die Trauben dem Betrachter entgegenhält (Sausbeck/ Niederrhein, Pfarrkirche, um 1500).

Die Darstellung der W. fand v. a. in Weinanbaugebieten weite Verbreitung, da ⋈ die Hauptpatronin der Winzer ist. Noch heute sind Darstellungen der W. in der Art von Hausmadonnen, Fresken oder in Stadtwappen (Beaune, Burgund) sehr beliebt.

Lit.: Salzer. — L. Behling, Die Pflanzenwelt der ma. Kathedralen, 1964. — A. Thomas, »Maria die Weinrebe«, In: Kurtrierisches Jahrbuch 10 (1970) 30–55, Abb. 3–15. — H. Jung, Traubenmadonna und Weinheilige, 1971. — A. Thomas, Die Weinrebenmadonna, In: L. Küppers (Hrsg.), Die Gottesmutter. Marienbild in Rheinland und Westfalen I, 1974, 185–195. — R. G. Kecks, Madonna und Kind. Das häusliche Andachtsbild im Florenz des 15. Jh.s, 1988, 64 f. — D. Graff und D. Graff-Höfgen, Maria in den Reben: Brauchtum und Bekenntnis, 1990. — LThK X 994. — LCI VI 489–491. *S. Egbers/U. Liebl*

Weisheitsbücher. Zu den W.n des AT zählt man Ijob, → Sprichwörter, Kohelet, Weisheit (Salomos) und → Sirach. Von ihnen gehören die Bücher Weisheit und Sirach nicht zur hebräischen Bibel, sondern sind deuterokanonische Bücher, d. h. sie sind über die Septuaginta in den Kanon der biblischen Bücher der röm.-kath. Kirche und der Ostkirchen gekommen. Das Buch der Weisheit ist griech. abgefaßt; vom Buch Sirach kannte man bis zum Ende des vorigen Jh.s nur griech., lat., syr. und andere alte Übersetzungen. Seither sind aber hebräische Handschriften davon in der Karäersynagoge von Alt-Kairo, in Masada und in Höhlen am Toten Meer gefunden worden, so daß heute etwa zwei Drittel des hebr. Buchs Jesus Sirach hebr. bezeugt sind.

Die W. spielen in der Mariol. insofern eine Rolle, als in ihnen die Weisheit, hebr. ḥokmāh (→ Hokma), griech. σοφία, lat. sapientia, öfter als eine schöne, liebreizende, kluge Frau personifiziert wird, die den Menschen dazu einlädt, ihr Schüler zu werden und bei ihr Gottesfurcht und Weisheit zu lernen. Ijob und Kohelet allerdings lassen eine solche allegorische Darstellungsweise kaum erkennen und bieten daher der Mariol. beinahe keinen Bezugspunkt, dafür um so mehr die Bücher Sirach und Sprichwörter.

Das Buch der Weisheit (Salomos) wurde erst während des 1. Jh.s v. Chr., wahrscheinlich in Alexandria, von einem unbekannten Verfasser geschrieben, der der griech. sprechenden jüdischen Diaspora und einem Gelehrtenkreis angehörte, der stark unter dem Einfluß der griech. Phil., v. a. des Neuplatonismus, stand wie der wenig jüngere jüdische Theologe und Philosoph → Philo v. Alexandrien. Dem damaligen lit. Brauch entsprechend, ein Werk einer berühmten Person der Vorzeit zuzueignen, wurde das Buch der Weisheit dem König Salomo zugeschrieben, was aber die ursprünglichen Leser, denen das Werk galt, als dichterisches Pseudonym verstanden.

Das Buch besteht aus folgenden Teilen: a) Ein Proömium mahnt zu einem gerechten und gottesfürchtigen Leben (1,1–15). b) Der erste Hauptteil stellt das Los der Gottlosen, die das Leben der Frommen für sinnlos halten und diese verfolgen, dem Los der Frommen gegenüber, die letztlich im Gericht Gottes triumphieren und bei Gott ewig leben werden (1,16–6,21). c) Der zweite Hauptteil rühmt das Wesen und Wirken der Weisheit: Als Tochter Gottes belehrt sie ihre Kinder wie eine liebende Mutter und Lehrerin; sie befähigt die Menschen, sich in der Welt und im Kosmos wie in den Wissenschaften und in der Gesellschaft zurechtzufinden, und bietet als Gaben die Tugenden der Besonnenheit, der Klugheit, der Gerechtigkeit und der Tapferkeit an, so daß der Weise die ihm von Gott gesetzten Aufgaben erfüllen kann (6,21–8,18). d) Der dritte Hauptteil läßt zunächst in Anlehnung an 1 Kön 3,6–9 Salomo um Weisheit beten und zeigt dann auf, wie Salomo das Wirken der göttlichen Weisheit in der Frühgeschichte Israels erkennt, in der Geschichte der Väter seit Adam, im Geschick Israels in Ägypten, beim Auszug aus Ägypten und während der Wüstenwanderung (8,19–19,17). e) Im Schluß dankt der Verfasser Gott für die Wunder, die er an Israel getan hat (19,18–22).

Für die Mariol. finden sich v. a. im zweiten Hauptteil 6,21–8,18 Anknüpfungspunkte. In der Liturgie der M feste, in der christl. Kunst und in der M dichtung dienen Texte aus diesem Abschnitt als Texte zum Lob der GM, als Mutter der Frommen und als Lehrerin der mit Gott verbundenen Menschen. M gilt nach Weish 7,26 v. a. als »Widerschein des ewigen Lichts, ungetrübter Spiegel von Gottes Kraft und Abbild seiner Vollkommenheit« (G. Rovira).

Lit.: Kommentare von G. Ziener, 1970; E. G. Clarke, 1973; D. Winston, 1979; D. Georgi, 1979; J. M. Reese, 1983; C. Larcher, 3 Bde., 1984–87; A. Schmitt, 1986; G. Scarpat, 1989; A. Schmitt, 1989; J. Vílchez Líndez, 1990. — G. Ziener, Die theol. Begriffssprache im Buche der Weisheit, 1956. — T. Finan, Hellenistic Humanism in the Book of Wisdom, In: IThQ 27 (1960) 30–48. — J. M. Reese, Plan and Structure of the Book of Wisdom, In: CBQ 27 (1965) 391–399. — Ders., Hellenistic Influence of the Book of Wisdom and its Consequences, 1970. — J. S. Kloppenborg, Isis and Sophia in the Book of Wisdom, In: HThR 75 (1982) 57–84. — G. Rovira, Der Widerschein des ewigen Lichtes, 1984, bes. 9–18. — G. Hentschel und E. Zenger (Hrsg.), Lehrerin der Gerechtigkeit. Studien zum Buch der Weisheit, 1991. — H. Hübner (Hrsg.), Die Weisheit Salomos im Horizont Biblischer Theol., 1993. — Zu 7,22–26: E. des Places, Epithètes et attributes de la Sagesse, In: Bib 57 (1976) 414–419. — → Sirach, → Sprichwörter.   *J. Scharbert*

Weiß, Konrad, * 1.5.1880 in Rauenbretzingen bei Schwäbisch Hall in Württemberg, † 4.1.1940 in München. Als ältestes von 10 Kindern einer bäuerlichen Familie schwäbischer Herkunft studierte er in Tübingen, München und Freiburg i. B. zunächst Theol. und Phil., dann Kunstgeschichte und Germanistik. Zum Priester bestimmt, entschloß er sich zu einer freien schriftstellerischen Tätigkeit. 1905–20 gehörte er der Schriftleitung des »Hochland« an; ab 1920 bis zu seinem Tode war er Kunstreferent der »Münchener Neuesten Nachrichten«. Er gehörte zum Freundeskreis um H. v. Hofmannsthal, W. Borchardt, Th. Haecker, J. Pieper u. a. W. war ein geistlicher Dichter, Prosaist und Essayist von kath. Grundhaltung mit tiefer zur → Mystik neigender Gedanklichkeit und eigenwilliger Kunst- und Naturauffassung in bilderreicher, esoterisch-dunkler Sprache, die aus der Spannung von Ding, Wort und Symbol lebt.

1. Zu Form und Inhalt. W. erneuerte die geistliche Dichtung aus altem Formengut mit neuer theol. Betrachtung. Im Reisebericht betonte er die Ausprägung des Deutschtums durch das Christentum (»Deutschlands Morgenspiel«, 1950). Die Zeittendenzen, Welt und Mensch führte W. immer auf die Heilsgeschichte zurück und unterscheidet den Menschen als naturhaftes Wesen vom Menschen als geschichtliches Wesen. Mit seiner metaphorisch-liturg. Sprache gewann er der geistlichen Dichtung neue Möglichkeiten, wenn auch nicht als Volksdichtung, sondern als eine Dichtung theol.-existenzieller Aussage. Auf dem Wege der erlösenden Verwandlung spielt die Gestalt Ms eine wesentliche Rolle.

2. Deutung Marias. a) Marianische Geschichtsschau. Das Urphänomen der geschichtlichen Wirklichkeit sieht W. im »Mangel« und in der »Lücke«. Unter den Vorstellungen der »Immaculata«, der Jungfrau und Mutter, deutet W. in den dramatischen und lyrischen Schriften die Geschichtsmächtigkeit Ms. In seiner marian. Geschichtsschau, in der M als reale Potenz der Kirche mit dem jungfräulichen Kern der Mater Ecclesia verschmilzt, plädiert W. für das marian. Uneinholbare als enteignetes Vertrauen und fordert ein »blindes Maß« der Treue zum letzten »unbeschützten Sinn« der Welt (»Konradin v. Hohenstaufen«): »Der letzte Sinn der Welt heißt unbeschützt./ Und aller Sinn gleicht einer blinden Magd,/ die unverletzt die letzte Mutter ist.« Das hier eingeführte geschichtliche Symbol der »Blinden« (M?) verkörpert jene Seite des Lebens (...), wo es keine Rechtfertigung mehr gibt (Holl 271). Sie ist »wie selbst das Leben« (»Konradin«, 25); »die blinde Ohnmacht schützt mich maßlos ewig« (ebd. 29). Das marian. Inbild der Geschichte formuliert W. wie folgt: »Die marianische Causa der Geschichte und ihrer Reinheit, ihr gegeben und dem Menschen unaneigenbar, sondern zwischen ›Einem‹ und ›Allen‹ stehend als die herabgesenkte Erblindung des Vaters im Sohne, durch den barmherzigen Liebesblick auf Maria eingesenkt in die Ohnmacht der Geschichte, dies ist das Inbild, das sich selber nicht gibt, aber es ist als Braut in der Kirche. Die Causa ist als marianische Gratia vorweggenommen ...« (»Der christliche Epimetheus«, 29; Müller 215f.). In Fortführung des Gedankens spricht W. in seiner Hrotsvit-Studie von einer »inneren Anwartschaft des weiblichen Sinnes in der Geschichte«, wodurch eine Integrität des Sinnes in blinder Ahnung aller Zerstörung erhalten bleibe. Geschichte ist für W. in ihrer Eigentümlichkeit »Verwirklichung in der Jungfrau«: das unerschrockene jungfräuliche Hoffen und Harren in der Zeit, im »Kaiserlichen Liebesgespräch«: »Je mehr der Blick Geschichte schaut,/ der Sinne wird immer mehr gewillt,/ und immer jünger wird das Bild/ und harrender die stille Braut./ So wird der Brautsinn aufgefrischt/ durch Schwere, daß er nicht erlischt.« Und in den Gedichten: »Sinn, durch Dunkelheit gestillt,/ sieht die Jungfrau in dem Bild« (Müller 219f.). Nach Kemp (292) tritt bei W. in seiner Metaphysik der Geschichte statt des Hegelschen Weltgeistes die Immaculata als geschichtlicher Ingrund ein: »Der geringe Mensch, wenn er Christ ist, kämpft heute am meisten (...) um die Immaculataform, welche nie als in der Kirche verebenbildlicht, nie als in Maria wirklich gewesen, nie anneigbar ist als mit der tötenden Hinüberlieferung des Erwarteten in das Vergangene« (»Der christliche Epimetheus«, 52 f.). Das Rettende wächst nicht gegen die Gefahr, sondern mit ihr, durch »härtestes Erleben«, »mit der tötenden Hinüberlieferung«. Dem Dem des Ausgeliefertseins im Gefährlichen entspricht der Sinn des Wunders. Je mehr dieses der Vernunft widerspricht, umso stärker wird der Umschlag im Lobpreis. Das Gedicht »Gloria« über das Wunder der Nacht von Betlehem manifestiert die marian. Kraft des Glaubens und Rühmens im Anruf der Seele: »Horche auf zum unbeirrten Gloria (...) Dein Sinn sei wie Gelenke,/ daß er lobe, wo er denke« (»Gedichte«, 182). Denn der Umfang von Ms Gnadenamt ist so weit wie der Umfang der Kirche und des ganzen Reiches und von Ms Geheimnis, der »geringsten Magd,/ die alles weiß«, spricht Kunigunde (»Kaiserliches Liebesgespräch«, 20f.; Müller 190).

b) Schmerzhafte Mutter. Neben der herausgehobenen Stellung der Immaculata durchzieht das Bild der Mutter alle Schriften und verdichtet sich in seiner Heilsmächtigkeit als Pietà. Schon bei der Verkündigung läßt W. sie die Größe des bevorstehenden Leidens erahnen, so daß M. Gedichte nie Ausdruck reiner Seligkeit sind, so im Gedicht die »Empfängnis«: »Daß eine Lust, die Sinn bewahrt,/ mit einem Mal zum Opfer muß,/ Maria, horch,/ Maria blieb dies aufgespart,/ da kam zu ihr des Engels Gruß.« Höchste Steigerung zeigt das Sonett »Pietà«, in dem sich alle wie M vorbehaltlos auf den Passionsweg des Sohnes begeben sollen, um die neue Schöpfung zu erahnen: »(...) wahrlich sohngleich muß in Mutterwehn/ am Leib des Wortes dies Geschlecht vergehn,/ (...) die Schöpfung sinkt in ihre eigne Schwere,/ da schaukelt wider mich die volle Ähre:/ ein Korn in mich, o komm, o komme bald!« Im Buch »Zum geschichtlichen Gethsemane« (131) heißt es: »In der Pietà, wo die Mutter die toten Glieder in Armen die Erde vergißt, wird sich der Geist seiner Erlösung bewußt.« Nachdrücklich unterstreicht diesen Gedanken das Gedicht »Schoß der Schmerzen«. Der Grund der Hoffnung in Auswegslosigkeit und Verlassenheit ist M, die Schmerzensreiche im Gedicht »Kalvaria«.

c) Das Bild der Rose. Wenn Sinn und Bestand sich zeigen, greift W. auf das Symbol der → Rose zurück, so wenn er Härte und Segen des Leids aufzeigt, wie im zwanzigstrophigen Gedicht »Die Rose«. Um »Rosen zu bereiten«, »wird, je dorniger der Stil,/ je (...) blutiger die Lippe./ Kein Sinn faßt dies Geheimnis ein, (...) bis in Ohnmacht bitter/ die Knospe aus der dunklen Gruft/ entbricht, sie schwieg, es drang ihr Duft/ strömend durch das Gitter.« Das Gedicht »Maria im Dorn« zeigt M in der Landschaft der Erde, fern eines hochragenden Thronsitzes ihres Kindes. W. läßt M selbst singen über das Geheimnis des im Verbrauchtwerden zur Blüte gelangenden Menschen: »Ich bin gezweigt in meines Hauches Nöte/ und trinke in der Seele,/ davon erblüht mir Rosenröte.« »(...) so spielt in mir das nimmersatt/ wie Herbstwind,/ (..) die Blüte, die ich dornenvoll ertrage,/ daran ich mich verbrauche,/ beknospet mich mit bitter Klage.« In den M- und Rosengedichten erscheint keine Idylle, sondern tiefe menschliche Leiderfahrung, die an der besonderen Aufgabe Ms in einschneidender Abwandlung verdeutlicht wird. Dabei wird in ganz anderer Weise der alte Strom mystischer Erfahrung offenkundig, daß Gott sich nur der äußersten Hingabe offenbart (Kunisch 138ff.). Von dieser Offenbarung spricht das Gedicht »Die eine Rose«.

W. verleiht der Gestalt Ms »die Begütigung des Drohenden« (Kunisch 136). Sie ist das Gegengewicht gegen die Natur, die Kraft der Herkunft durch das Reich der Gnade. Die unerbittliche Form und inhaltliche Konzeption der Gedichte verhindern das Absinken in eine unverbindliche Gefühlswelt.

Ausg.: Tantum dic verbo (Gedichte), 1918. — Zum geschichtlichen Gethsemane, 1919. – Die cumäische Sibylle (Gedichte), 1921. — Die kleine Schöpfung, 1926. — Die Löwin, Vier Begegnungen, 1928; Neuaufl. 1985. — Das Herz des Wortes (Gedichte), 1929. — Tantalus, 1929. — Der christliche Epimetheus, 1933. — Das kaiserliche Liebesgespräch (Ein deutsches Weihespiel), 1934; Neuaufl. 1953. — Konradin von Hohenstaufen (Ein Trauerspiel), 1938; Neuaufl. 1951. — Das Sinnreich der Erde (Gedichte), 1939. — Deutschlands Morgenspiel (Ein Reisebuch), 2 Bde., 1950. — Gedichte 1914–39 (sämtliche und nachgelassene Gedichte), hrsg. von F. Kemp, 1961. — Nun geht die Lust des Opfers an, Mariengedichte von K. Weiß, ausgewählt und eingeleitet von W. Nyssen, 1990.

Lit.: F. Kemp, Der Dichter K. W., In: Wort und Wahrheit 4 (1949) 180–292. — G. Ruf, Das dichterische Geschichtsbild bei K. W., Diss., Freiburg 1953. — H. Kunisch, Das Sinnreiche der Erde, In: Hochland 47 (1954/55) 132–148. — C. F. Müller, K. W., Dichter und Denker des geschichtlichen Gethsemane, Diss., Freiburg/Schweiz 1965 (Lit.). — L. Verbeeck, K. W., Weltbild und Dichtung, Diss., Löwen 1964, Tübingen 1970 (Lit.). — H. P. Holl, Bild und Wort, Studien zu K. W., 1979 (Lit.). — RGG³ VI 1563. — Handbuch der dt. Gegenwartsliteratur, hrsg. von H. Kunisch, 1965, 614–616. — LL XII 220 f.

M. Schmidt

Weiß, Maria Fidelis, Franziskanerin, Mystikerin, * 12. 6. 1882 in Kempten, Diözese Augsburg, † 11. 2. 1923 in Reutberg, Erzdiözese München, entstammte einer kinderreichen Familie. Sie wurde auf den Namen Eleonore Margarete getauft. Ihre Mutter war eine tiefgläubige Katholikin, ihr Vater war evangelisch und um die rel. Erziehung seiner Kinder sehr besorgt. Jeden Tag wurde in der Familie der Rosenkranz gebetet, der W. ein Leben lang begleitet hat. Von frühester Jugend an hatte sie eine große Liebe zur GM und durfte im Gebet die Nähe Gottes erfahren. In Aufzeichnungen und Gesprächen gibt sie Einblick in ihr geistliches Leben. Nach der Sitte des Landes besuchte sie gerne an allen Sonn- und Feiertagen weißgekleidet die Maiandachten. Nach dem Besuch der Volksschule und einer Frauenarbeitsschule war sie zwei Jahre Verkäuferin, um die Mutter nach dem frühen Tod des Vaters zu unterstützen. Mit 16 Jahren legte sie das Gelübde beständiger Jungfräulichkeit ab. Anläßlich der Profeßfeier ihrer Schwester bei den Maria-Ward-Schwestern (20. 8. 1899) in Altötting erfuhr sie in der Gnadenkapelle von M inneren Frieden und Klarheit über ihren Entschluß, Klosterfrau zu werden, weswegen sie »der lieben Himmelmutter in Altötting« (Mühlbauer, 1926, 50) große Verehrung entgegenbrachte. Vor ihrem Eintritt in Reutberg besuchte sie 1902 mit ihrer Mutter noch einmal Altötting, um sich von ihrer Schwester zu verabschieden. In der »anheimelnden Gnadenkapelle vor der lieben Himmelmutter« war ihr, »als ob meine liebe himmlische Mutter nicht im Bilde, sondern in Wirklichkeit vor mir stünde, mich tröstete und stärkte« (ebd. 71). Um bei den Franziskanerinnen in Reutberg aufgenommen werden zu können, ließ sie sich bei den Armen Schulschwestern in Lenzfried bei Kempten im Klavierspielen und in Handarbeitslehre ausbilden. Mit 20 Jahren trat sie in Reutberg ein, wirkte in dem beschaulichen Kloster als Organistin und als Handarbeitslehrerin an der Mädchenvolksschule. Ihre mystischen Erfahrungen, begleitet von Leiden, verstärkten sich hier und enthielten auch eine tiefe Beziehung zu M.

In einer von W. verfaßten »Urkunde gänzlicher Hingabe« der Novizinnen wird M gebeten, als »Noviziatsmutter« über sie zu wachen (ebd. 170). Die M feste und Maiandachten feierten sie mit Freude. »Wer Maria nicht liebt, hat auch keine wahre Liebe zu Jesus ... Jesus hat viel Freude daran, wenn man zu seiner heiligen Mutter geht und zu ihr vertrauensvoll betet« (ebd. 235). Das M-Gnadenbild der Klosterkirche wurde 1606 vom Stifter in Loreto erworben und am dortigen Bild berührt. In ihren Sühneleiden und Prüfungen hat W. davor bei M Kraft erfahren: »Es bringt mir doch wieder einigen Trost, ... Wenn ich es vor Hitze, Liebenwollen und Leidensdrang nicht mehr aushalten kann, gehe ich zu ihr, weil sie mich versteht ... Da ich bloß lieben und leiden will für die Seelen, muß sie es mir erbitten; sie wird ja die fürbittende Allmacht genannt« (ebd. 237). Bes. seit Karfreitag 1919 durfte sie die Passion des Herrn auch in Gemeinschaft mit M unter dem Kreuz miterleben: »Weltvergessen hatte sie das Schauen Gottes ... Sie durfte dabei wie noch niemand in alle Tiefen des Herzens ihres Sohnes eindringen, schaute darin alles Weh und allen Schmerz ... Die liebe Himmelmutter war also aufs innigste mit Jesus vereinigt, am nächsten bei ihm am Kreuz und im erhabensten Schauen und litt doch dabei mit Jesus die grausamste Verlassenheit, litt mit ihm Durst ... Ich könnte das alles nicht glauben und würde es für unmöglich halten, wenn ich nicht selbst in diesem Zustand wäre und es an mir erfahren würde« (ebd. 247 f.). In der »Schauung« vom 1. 12. 1919 erfuhr W. Erkenntnisse über die Leiden Ms und ihre Beziehung zu ihr: »Und weil ich so mit Jesus vereinigt und sein Opfer bin, bin ich auf besondere Weise auch ihr Kind, und sie (ist) meine Mutter« (ebd. 243). Im Januar 1922 verrät sie, daß sie wie M jede Woche »zwei Karfreitage« habe. Der Samstag sei »dem Leiden nach« so schwer wie der Freitag. Am Karsamstag war M betrübt wegen Jesus im Grabe und wegen »der Seelen im Grabe der Sünde. So ist es auch bei mir. Ich bin im Innern der Gottesmutter und leide dies mit; darum habe ich einen doppelten Karfreitag. Aber weil es bei der Himmelmutter so schön ist, kann ich doch am Ende mit ihr vereint ein bißchen mehr für die Sünder tun« (ebd. 264 f.). Den letzten Karsamstag ihres Lebens (1922) begeht W. in einem »geistlichen Miterleben« mit M im Bedenken aller Geheimnisse der Passion des Herrn während des ganzen Tages. Schon seit 3.45 Uhr »gehen wir mitsammen nochmals den Kreuzweg ... am Karsamstag war sie so vereinsamt, verlassen, allein und hat so viel gelitten. Und heute nimmt sie mich mit, und ich fühle mit ihr die ganze Verlassenheit. Wenn die Menschen wüßten, was die Himmelmutter gelitten hat, dann würden alle sie lieben und verehren« (ebd. 265). W. steht damit in der franziskanisch inspirierten Passionsfrömmigkeit (vgl. → Meditationes vitae Christi [Nachtrag]; → Ludolf v. Sachsen).

Nach dem bischöflichen Informativprozeß in München (1937–39) läuft seit 1982 in Rom der Apost. Prozeß für die Seligsprechung.

WW: Hs. Aufzeichnungen, »Fidelis Archiv«, Reutberg-Sachsenkam, Kreis Bad Tölz.
Lit.: J. E. Mühlbauer, Lieben und Leiden, 1925, ³1938. — Ders., Schwester M. F. W. aus dem Kloster der Franziskanerinnen zu Reutberg in Oberbayern, 1926 (grundlegend, Wiedergabe von Aufzeichnungen und Zeugnissen), ²1933; franz.: 1931; ital.: M. Fedele W., 1935. — M. Heavey, The Life of Sister Fidelis of Reutberg, 1938, ²1980. — J. E. Mühlbauer, Eine mystische Opferseele, 1948. — G. Schwaiger, M. F. W., In: Ders. (Hrsg.), Bavaria Sancta III, 1973, 451–457. — M. A. Mayer, Schw. Fidelis hat geholfen. Kurzes Lebensbild mit Novene, 1973 u. ö. — Dies., Virgo fidelis, 1975. — Dies., Schw. F. W., 1977. — Dies., Gottes Liebe ist mein Glück. Schw. M. F. W., Franziskanerin von Kloster Reutberg. Ein Lebensbild zum 100. Geburtstag: Kempten 1882 — Reutberg 1923, 1982, 60 f. — Zeitschrift: Fidelisblätter 1977–87. — LThK² X 1009. — BSS XIV 1457 f. *W. Baier (M. A. Mayer)*

Weiß, Viktrizius (Taufname: Anton Nikolaus), Kapuziner, * 18. 12. 1842 in Eggenfelden, † 8. 10. 1924 in Vilsbiburg, Diözese Regensburg, war das fünfte von 14 Kindern eines Wundarztes, besuchte das Gymnasium in Landshut, studierte Phil. in München und Theol. in Freising, wurde 1866 Priester, war drei Jahre Kaplan in München-Schwabing, sechs Jahre Präfekt und Dozent am Priesterseminar in Freising und promovierte 1871 in München zum Dr. theol. 1875 wurde er Kapuziner (Ordensname: Pater Viktrizius v. Eggenfelden) und nach der Profeß gleich Erzieher der Ordensjugend. 1884 zum Provinzial gewählt, war er dies mit Unterbrechungen während 15 Jahren fünf Mal. Unter seiner Führung wurden neue Konvente wie Mariahilf zu Vilsbiburg (1886), St. Josef in München (1897), St. Ingbert/Saar (1907) übernommen und Mariahilf zu Passau vorbereitet (1890). Er schickte die ersten Missionare in die Indianermission in der Araukanie in Chile, förderte die Volksmission und erarbeitete dafür Richtlinien. Er sorgte für die Errichtung des Seraphischen Liebeswerks, die Exerzitienbewegung, die Gründung des Kleinen Seminars in Burghausen (1892) und übernahm erstmals eine Pfarrei für die Ordensprovinz (1907). Als Oberer, Prediger, Exerzitienmeister und Beichtvater entfaltete er eine segensreiche Tätigkeit. Seine Maxime war: »Du mußt nach Heiligkeit trachten; Mittelmäßigkeit ist nicht dein Beruf« (Geistliches Tagebuch am 6. 9. 1876). Sein Leben orientierte er an Christus, er verehrte die Eucharistie und das hl. Herz Jesu.

Er liebte ⓜ mit großem Vertrauen: »Du mußt Maria lieben, weil sie alle Liebe verdient. Liebe sie, sie hat dich zuvor geliebt. Wie gut ist Gott! Maria ist eine Erfindung seiner Liebe« (Jahresexerzitien 1878). Er förderte das Rosenkranzgebet: »An der Liebe, mit der man den Rosenkranz betet, erkennt man den Stand der Seele. Prüfet euch! Wenn euch der Rosenkranz lästig ist und ihr ihn unterlaßt, dann steht es nicht gut mit eurer Seele« (aus einer Predigt, Schriftlicher Nachlaß III 329).

W. starb nach vielfältigen Krankheiten und einem langen und schweren Todeskampf. Der Bischof von Regensburg, Antonius v. Henle, sagte nach der Beerdigung: »Ich habe ihn seit Jahren als einen heiligen Mann angesehen ... Ich habe das Gefühl, daß ein neuer Heiliger uns geschenkt worden ist« (Provinzbote der Bayer. Kapuziner 4 [1924] 102). Noch im gleichen Monat wurde mit der Vorbereitung des Seligsprechungsprozesses begonnen, der 1935 eröffnet und am 10. 5. 1979 mit dem Dekret über die Heroizität seiner Tugenden abgeschlossen wurde.

QQ: Akten zum Seligsprechungsprozeß und Apost. Prozeß, Korrespondenz, Mss., Bischöfl. Ordinariat Regensburg (Sign. BKR. ASHPr K 1–17). — Raphael v. Vallefinaria, Ratisbonensis. Betreff: Selig- und Heiligsprechung des Dieners Gottes P. Victricius v. Eggenfelden ..., o. J. (ca. 1934). — Positio super Virtutibus, 1972.
WW: Der Cultus der afrikanischen Kirche, dargestellt aus den Schriften Tertullians und Cyprians, Diss., München 1871. — Hs. im Prov.Archiv in München: Geistliches Tagebuch (Druck in Vorbereitung). — Predigten und Vorträge, 13 Bde. — In Druck: Sendschreiben 1884–1904. — Weihnachtsbriefe an die Mitbrüder, 1925. — 114 Aufsätze, In: Die ewige Anbetung 3–6 (Altötting 1901–05). — Betrachtungen über die hl. Stätten, In: Pilgerführer für die I. Bayer. Volkswallfahrt ins Hl. Land, 1904, 124–160.
Lit.: Joseph Anton (Kessler), Der Diener Gottes P. V. W., 1929. — I. Naab, P. V. W., 1930. — J. Brummet, P. V. W., 1963. — A. J. Weichslgartner, P. V. W., 1968. — G. Schwaiger, P. V. W., In: Ders. (Hrsg.), Bavaria Sancta III, 1973, 458–474. — E. Lindner, P. V. W., 1974. — K. Kleiner, P. V. W. Bildheft, 1980. — C. Cargnoni, Diario di un superiore santo. Vittricio Weiss da Eggenfelden, In: Mariano D'Alatri (Hrsg.), Santi e Santità nell'Ordine Cappuccino III, 1982, 95–115. — M. Geißlreiter, Sonnen sterben nicht, 1986, ³1993; Tschechisch: Slunce neumíraj, 1991. — E. H. Ritter, Zeugen des Glaubens. Heilige, Selige und Diener Gottes im Bistum Regensburg, 1989, 417–420 (Bild, Lit.). — AAS 71 (1979) 957–960. — LexCap 1813 f. — LThK² X 1009. *M. Geißlreiter (W. Baier)*

Weiten, etwa 25 km nordwestlich von Stift Melk, gehörte im MA zu den großen Mutterpfarren Niederösterreichs und war eine Eigenpfarre des Bistums Passau. Als Gründungsdatum wird das durch eine jüngere Inschrift im Chorschluß überlieferte Jahr 1050 angenommen. Für dieses relativ hohe Alter der Pfarre spricht auch das Stephanus-Patrozinium der Pfarrkirche. 1431 ging die Pfarrei W. an das Kollegiatstift Vilshofen über, dem es bis zu dessen Aufhebung 1803 inkorporiert war.

Die Pfarrkirche W. zählt zu den bedeutenden gotischen Bauwerken Niederösterreichs und besitzt eine hochrangige Ausstattung aus Gotik, Renaissance und Barock. Auch der in den hochgotischen Bau integrierte romanische Vorgängerbau ist noch teilweise feststellbar. Der gotische Neu- bzw. Ausbau der Kirche begann um 1370 mit dem Chor, wurde mit dem südlichen und nördlichen Seitenschiff fortgesetzt und fand mit dem Neubau der ⓜkapelle am Beginn des 16. Jh.s seinen Abschluß. An baulichen Veränderungen sind schließlich noch die Einwölbung des Langhauses und ein neuer Fußboden von 1727 zu erwähnen.

Aus der Gotik gibt es neben verschiedenen Grabdenkmälern, einem spätgotischen Altarschrein und mehreren Einzelfiguren auch eine Reihe von Wandmalereien und v. a. einen umfangreichen Bestand (über 70 Scheiben) an Glasgemälden (entstanden ca. 1370–1430). Ihre heutige Anordnung geht auf eine Umgruppierung in den Jahren 1831/32 bzw. auf die Restaurierung von 1874 zurück, wobei die auf den gesamten Kirchenraum verstreuten Restbestände auf die Fenster im Chor vereint wurden.

Anhand der erhaltenen Bestände läßt sich das ikonographische Programm des Chorschlusses noch rekonstruieren: Das Achsenfenster des Chores mit dem Christushaupt im Maßwerk dürfte für einer geläufigen Tradition folgend einen Passionszyklus enthalten haben. Das Fenster in der südlichen Chorschräge war einer ausführlichen Schilderung der Vita des hl. Stephanus, vorbehalten. Und das Fenster in der nördlichen Chorschräge dürfte der ursprüngliche Standort des M leben-Zyklus' gewesen sein, von dem noch vier Scheiben vorhanden sind. Aufgrund von hohen Baldachinbekrönungen sind für diesen Zyklus 6 Szenen anzunehmen; davon sind die Verkündigung, die Anbetung der Könige, die Darbringung im Tempel und die Krönung Ms erhalten. Zu ergänzen sind wohl die Szenen der Heimsuchung und der Geburt Christi.

Im W.er Glasgemäldebestand gibt es noch zwei weitere, zeitlich und stilistisch jedoch eigenständige Scheiben mit M darstellungen (Verkündigung und M tod), die auf einen zweiten, ausführlichen M leben-Zyklus schließen lassen. M begegnet außerdem noch als Schutzmantelmadonna vom Typus der gekrönten Mater misericordiae ohne Kind und als Strahlenkranzmadonna auf der Mondsichel stehend, wie sie bes. im 15. und frühen 16. Jh. weit verbreitet war.

Die vorhandenen Glasgemälde lassen außerdem einen 12-Apostel-Zyklus und als Gegenstück dazu einen Zyklus mit ebenso paarweise angeordneten weiblichen Heiligen annehmen, wovon sich nur einige Scheiben erhalten haben. Ein eigenes Fenster war ursprünglich dem Leben der hl. Katharina v. Alexandrien gewidmet, wovon noch sieben Einzeldarstellungen vorhanden sind. Bemerkenswert sind ferner die sieben erhaltenen Stifterscheiben, die einen Einblick in jenen Personenkreis von Adeligen und Bürgern erlauben, die sich mit der Stiftung eines Fensters ein Denkmal setzen wollten.

Der Hochaltar (ca. 1640) läßt sich stilistisch einer Gruppe von frühbarocken Altären im Raum von Horn zuordnen, die aus der Werkstätte des Caspar Leusering stammen. Er zeigt ein figurenreiches Programm mit dem Martyrium des hl. Stephanus, als zentrales Gemälde, sowie die Verkündigung an M als Reliefs an den seitlichen Umgangstüren und die Krönung Me als plastische Gruppe im Altaraufsatz.

Aus dem 17. Jh. stammt der Josephi-Altar an der Ostwand des südlichen Seitenschiffes.

In der im Osten des nördlichen Seitenschiffes gelegenen Kapelle steht der 1736 errichtete M altar mit M als Rosenkranzkönigin im Zentrum und den hll. Dominikus und Katharina v. Siena seitlich. Bei der Madonna handelt es sich nicht nur um den geläufigen Typus der Rosenkranzmadonna, sondern um eine Verbindung mit dem im 18. Jh. sehr verbreiteten Typus der Immaculata.

Lit.: J. Kronbichler u. a., Die Pfarrkirche zum hl. Stephanus in W., 1993 (Lit.). *J. Kronbichler*

Weizberg, Steiermark, Diözese Seckau, Dekanats- und Wallfahrtskirche zur schmerzhaften M, früher Me Himmelfahrt, daher im Volksmund auch »Maria Himmelberg«, angeblich 1065 als dreischiffige romanische Basilika erbaut, im 14. Jh. durch einen geosteten gotischen Chor vergrößert und 1757 f. von Josef Huber mit einer prächtigen Freitreppe neu erbaut. Die Deckenfresken von Josef Adam Mölck behandeln die M feste (Himmelfahrt, UE, Darstellung, Me Geburt, Me Verkündigung). Im Hochaltar (1771) von Veit Königer steht das Gnadenbild (Pietà, Steinguß, Anfang 15. Jh), das der Legende nach vom Salzburger Erzbischof Thiemo (1090–1101) angefertigt worden sein soll. Von Königer stammt auch der Rosenkranzaltar (um 1770) mit M, Dominikus, Katharina und den 15 Rosenkranzgeheimnissen. Vom Gnadenbild heißt es, daß es niemals durch Schmutz verunreinigt wurde und daß es niemanden mit einem schlechten Gewissen in seiner Nähe dulde. So habe ein berühmter Maler das Bild erst kopieren können, als er sein Gewissen gereinigt hatte. Die Gläubigen zogen bei Krankheiten und bäuerlichen Belangen nach W., bes. in der Woche vor Pfingsten und am 15. September.

Lit.: Glory des Himmelberges. Das uralte Gnaden-Bild Jesu, deß gekreuzigten Heylands und Mariae der schmerzhafft göttlichen Mutter ..., Graz 1709. — G. Pscheiden, Die Gnadenstatue von Maria-W., Graz 1852. — H. Reuter, Die kirchliche Barockarchitektur von Graz, In: Mün. 8 (1955) 389–399. — R. Kohlbach, Die Marienkirche auf dem W., 1957. — K. Klamminger, W., 1968. — Dehio-Steiermark, 1982, 612 f. *F. Trenner*

Welehrad (tschechisch: Velehrad), Südmähren, Erzdiözese Olmütz, älteste christl. Kultstätte Mährens, bereits 863 Zentrum der Missionierung durch die Slawenapostel Kyrill (826–869) und Method (ca. 820–885). 1198–1784 bestand hier ein Kloster der Zisterzienser mit einer der GM geweihten Kirche, die bes. im 17. und 18. Jh. als Wallfahrtskirche gut besucht war. Die Fundamente der alten mächtigen romanischen Kirche wurden freigelegt. Die jetzige Barockkirche wurde 1735 geweiht, 1928 zur Basilica minor erhoben. Seit 1890 betreuten die Wallfahrt die Jesuiten, die diesen Ort zum Zentrum von internat. Unionskongressen zwischen der westlichen und östlichen Christenheit ausbauten und hier eine neue Akademie zur Erforschung des östlichen slawischen Christentums errichteten. Nach der kommunistischen Machtübernahme 1948 blieb nur die Kirche für kultische

Zwecke offen. Vorher kamen bis zu 50000 Pilger jährlich. Nach dem Zusammenbruch des kommunistischen Regimes (1989) zeigte der historische Besuch von Papst Johannes Paul II. am 22. 4.1990 die ungebrochene Vitalität des Katholizismus in Mähren.

Lit.: J. Nevěril, Velehrad, Velehrad 1907. — J. Vychodil, Popis velehradských památností, Velehrad 1909. — Hoppe 338–347. — J. Nevěril, Beitrag zur Geschichte der Cist.-Niederlassung in W., Programm des Staats-Gymnasiums zu Ungarisch Hradisch, 1916. — E. Kraft, Der christl. Orient, ²1931, 103 ff. — R. Hurt, Dějiny cisterciáckého kláštera na Velehradě, 1205–1784, 2 Bde., 1934–38. — J. v. Herzogenberg und W. Neumeister, Gnadenstätten in Böhmen und Mähren, 1965 f. — E. Valášek, Svatí Cyril a Metoděj ochránci Evropy, In: Nové obzory 4 (1982) 9–11. — L. Němec, Antonín Cyril Stojan (1851–1923). Apostle of Church Unity, In: Don Bosco publications, 1983, bes. 36–43. 44–60. — R. Grulich, Wallfahrten in der Zweiten Welt. W. in Mähren, In: Glaube in der 2. Welt 3 (1985) 29–31. — E. Valasek, Method und W., In: Deutsche Tagespost Nr. 49 vom 23. 3. 1985, 9. — Ders., St.-Methodius-Feierlichkeiten. W. in Mähren, In: Kirche und Leben. Bistumszeitung Münster/Westfalen, Nr. 21 vom 26. 5. 1985, 19. — J. Hanzel (Hrsg.), Pvrní navštěva papeže Jana Pavla II. v CSFR — 21. a 22. dubna 1990, 1990, bes. 18–24. — Johannes Paul II. vor den »Regina coeli« in Velehrad am 22. April 1990, In: OR (dt.) Nr. 17 vom 27. 4. 1990, 3. — LThK X 810. — LThK² X 1018 f. *E. Valasek*

Wellekens, Jan Baptista, niederländischer Dichter, * 13. 2. 1658 in Aalst, † 14. 5. 1726 in Amsterdam, sollte ursprünglich zum Goldschmied ausgebildet werden, wechselte dann aber zur Malerei über und zog 1676 nach Italien, wo er sich 11 Jahre aufhielt. Krank kehrte er nach Amsterdam zurück und widmete sich fortan hauptsächlich der Dichtkunst. W. verfaßte zahlreiche Gelegenheitsgedichte, die großenteils nach seinem Tod in den Sammlungen »Verscheyden gedichten« (1729) und »Zedelyke en ernstige gedichten« (1737) veröffentlicht wurden. Weiter übersetzte er Torquato Tassos »Amintas« (1715) und machte sich überhaupt um die Verbreitung der Hirtendichtung in den Niederlanden verdient. Von ihm ist ein längeres M lob in Alexandrinern »Lofzang op de Allerheiligste Maagt Maria« (gedruckt in den »Zedelyke en ernstige gedichten«) überliefert, in dem er sich mit dem »Lof der Heilige Maagt Maria« (1669) des reformierten Pastors Willem →Sluiter auseinandersetzt. M zeichne sich bes. dadurch aus, daß sie Jungfrau und Mutter in einem sei. Ihre Reinheit sei nicht genugsam zu loben. Die Grußworte Gabriels bei der Verkündigung deutet W. als Ehrentitel. Die Katholiken verehren M sehr, aber keineswegs als Göttin, wie Sluiter behauptet. M sei vielmehr ein Trost der Betrübten und eine Zuflucht der Sünder. Das Gedicht endet mit der Bitte um die Fürsprache der GM.

Lit.: NBW III 1400. — A. v. Duinkerken (= W. Asselbergs), Dichters der emancipatie, 1939 (= Bloemlezing uit de katholieke poëzie van de vroegste tijden tot heden 3), 17–19; 155–158. — J. Blommendaal, De zachte toon der herdersfluit. De pastorale poëtica van J. B. W., 1987. *G. van Gemert*

Wellesz, Egon, * 21. 10.1885 in Wien, † 9. 11. 1974 in Oxford, studierte zunächst Jura, dann aber Musikwissenschaft, worin er promovierte und sich habilitierte. Bei Arnold Schönberg absolvierte er private Kompositionsstudien. Seit 1915 erforschte er die Musik des christl. Orients bzw. der Ostkirchen. 1931 war er Mitbegründer der Monumenta Musicae Byzantinae. 1938 emigrierte er nach England, wo er seitdem einen musikwissenschaftlichen Lehrstuhl innehatte.

Seine Zwölftonmusik klingt großteils herb und wenig klangsinnlich, die Melodik kennzeichnen weite Sprünge, doch besitzen seine weltlichen Kompositionen formale Geschlossenheit und logische Durchdringung des Materials. Dagegen sind seine liturg. bzw. geistlichen Werke von großer Verständlichkeit und Eingängigkeit; der starke Einfluß der ostkirchlichen Gesänge ist unverkennbar. Seine Messe in f-moll (op. 51) für gemischten Chor und Orgel enthält eine Vielzahl gliedernder rezitativischer Elemente, die eine archaische Wirkung erzeugen. Sein Canticum Sapientiae (1969, op. 104) für Bariton-Solo, gemischten Chor und großes Orchester zitiert das »Buch der Sprüche« und den »Prediger«. Bemerkenswert originell wirkt sein »Festliches Praeludium für Chor und Orgel über ein byzantinisches Magnificat« (1966, op. 100) in seinem hinreißenden Schwung: Nach der Orgeleinleitung intoniert der Sopran die Magnificat-Melodie, die dann von Chor und Orgel in homophonem Satz aufgegriffen wird.

Das »Mirabile Mysterium« für Soli, Chor und Orchester (op. 101) nach Texten der Weihnachts-Troparien des Sophronios v. Jerusalem (7. Jh.) ist ein reich instrumentiertes, aufführungspraktisch schwieriges, auf Reihentechniken basierendes Werk mit einer »Klage Josephs«, der, nicht um die göttliche Empfängnis wissend, an M zweifelt. Den vom Chor vorgetragenen Anrufungen des Namens der GM antwortet M, zart instrumentiert, in dem sie auf das Geheimnis der Menschwerdung hinweist, damit korrespondiert die abschließende »Hymne der Gläubigen«. Schon 1909/10 hatte W. das »Gebet der Mädchen zu Maria« für Sopransolo, Frauenchor und Orchester nach Texten von Rilke vertont.

Neben einer weiteren Messe (op. 80) ist die KM noch mit einer »Laus notturna« für Chor a cappella vertreten. Von der kompositorischen Fruchtbarkeit zeugen bes. seine neun Symphonien.

WW (musikwissenschaftlich): Arnold Schönberg, 1921. — Byz. Kirchenmusik, 1927. — Die neue Instrumentation, 1928 f. — A history of Byzantine Music and Hymnography, 1949. — J. J. Fux, 1965.
Lit.: R. Schollum, E. W., 1964. — M. Velimirović, E. W. and the Study of Byzantine Chant, In: MQ 62 (1976) 265–277. — L. L. Benser, E. W., 1985. — MGG XIV 457f. — Grove XX 334–337. *M. Hartmann*

Weltbund Maria Regina → Regina

Weltgerichtsspiele. *1. Germanistik.* Die zusammenfassende Behandlung der W. und Zehnjungfrauenspiele im Hinblick auf die Darstellung Ms beruht nicht so sehr auf der Verbindung beider Stoffkomplexe in der biblischen

Grundlage (Mt 25,1–13: kluge und törichte Jungfrauen; 31–46: Jüngstes Gericht) als darauf, daß die eschatol. Transparenz des Gleichnisses von den Jungfrauen, in dem ein Jüngstes Gericht symbolisch vorgebildet ist, im Zehnjungfrauenspiel zu einer klaren Umformung auf das eigentliche Jüngste Gericht hin genutzt wird.

a) *Weltgerichtsspiele.* Die auf Mt 25,31–46 beruhenden W. gehören in der Mehrzahl zu dem in der älteren Forschung nach zwei der damals bekannten zentralen Versionen so genannten »Donaueschingen-Rheinauer Typus« (K. Reuschel). Von diesem Typus ist heute etwa ein Dutzend verschiedener, aber miteinander verwandter Fassungen bekannt. Sie stammen im wesentlichen aus dem westoberdt. Sprachgebiet: 1. Berner W. (VL² I 748 f.; Bergmann, Katalog Nr. 22); 2. W. der Sammlung Jantz (Bergmann, Katalog Nr. 38); 3. Kopenhagener W. (VL² V 310 f.; Bergmann, Katalog Nr. 73); 4. Schaffhauser W., (früher: Rheinauer W.; VL² VIII 594–596; Bergmann, Katalog Nr. 192); 5. Walenstädter W. (verschollen; Bergmann, Katalog Nr. 160); 6. Güssinger W. (Bergmann, Katalog Nr. 29a, S. 606); 7. Berliner W. (VL² I 735–737; Bergmann, Katalog Nr. 18); 8. Donaueschinger W. (VL² II 204 f.; Bergmann, Katalog Nr. 34); 9. Churer W. (VL² I 1271–74; Bergmann, Katalog Nr. 31); 10. Luzerner W. I (VL² V 1099–1102; Bergmann, Katalog Nr. 80; unediert); 11. Münchner W. (VL² VI 775–778; Bergmann, Katalog Nr. 117). Die Spiele 1–6 lassen sich als Normalfassung dieses W.-Typus charakterisieren. Zu ihr gehörte auch die heute verschollene »Wül(c)kersche Handschrift«, die in der Ausgabe von R. Klee mitbenutzt ist. Die Spiele 7 und 8 bilden Sonderformen. Die Spiele 9–11 stellen stark bearbeitete Fassungen dar. Zu ihnen ließe sich weiter noch das Luzerner W. II (Weltgerichtspiel des Zacharias Bletz) rechnen (VL² V 1089–92; Bergmann, Katalog Nr. 82; unediert), das seinerseits eine grundlegende Umgestaltung des Luzerner W.s I ist.

Ⓜ tritt in den Spielen der Normalfassung in dreierlei Zusammenhang auf: 1. Sie wird — mit den Aposteln, aber vor ihnen — von Christus als Beisitzerin des Gerichts über die Bösen berufen (stumme Rolle). An die Beisitzer wendet sich Christus auch später nach dem Urteil und nach der Verschließung der Hölle. 2. In innerem Zusammenhang mit dieser Funktion tritt sie — mit Johannes dem Täufer oder einem der Apostel, aber vor ihm — als Fürbitterin für die Sünder vor Christus auf (Sprechrolle). 3. Christus bestimmt Ⓜ zur Anführerin beim Zug der Seligen ins Himmelreich (stumme Rolle).

Die Sprechrolle hebt die Zentralfunktion Ⓜs im W. hervor, wo sie als Mittlerin und »Mater misericordiae« Fürbitte für die Sünder einlegt, indem sie an die Barmherzigkeit ihres Sohnes appelliert. Christus weist ihre von Johannes dem Täufer oder einem Apostel unterstützte Fürbitte ab, da das Gericht nach dem Tod des Sünders nicht unter dem Gesetz der Barmherzigkeit, sondern unter dem der Gerechtigkeit steht. Obwohl die Unterstützung der Fürbitte nicht in allen Spielen Johannes dem Täufer zugeteilt ist, besteht in dieser Fürbitte-Szene eine deutliche Parallele zum ikonographischen Bildtyp der → »Deesis«; und als solche ist die Szene auch in den Federzeichnungen des Kopenhagener W.s und des Berliner W.s aufgefaßt. Die Illustrationen des Kopenhagener W.s zeigen Ⓜ in den genannten Situationen: 1. bei der Berufung als Beisitzerin (Bl. 9ᵛ) und bei der entsprechenden, die Haupthandlung abschließenden Hinwendung Christi an die Beisitzer (Bl. 19ᵛ), 2. in der Deesis (Bl. 14ᵛ), 3. beim Einzug der Seligen in den Himmel, wo Christus sie Gott-Vater zuführt (Bl. 23ᵛ und 24ʳ).

Das Berliner W. (Nr. 7) enthält einen weiteren Auftritt Ⓜs: Im Anschluß an die Versammlung der Menschheit und vor der Scheidung der Guten von den Bösen ist ein Streitgespräch zwischen Christus und der Welt interpoliert. Da ruft die Welt Ⓜ um Hilfe an. Eine zweimalige Fürbitte Ⓜs schlägt Christus ab. Diese interpolierte Fürbitte Ⓜs wird im Berliner W. auch durch eine Illustration veranschaulicht (Bl. 17ᵛ). Es handelt sich wohl um die Umwandlung der Illustration zur Berufung Ⓜs als Beisitzerin, wo das Bild fehlt. Dagegen enthält das Berliner W. an der mit der Berufung korrespondierenden Stelle am Ende der Haupthandlung — wie das Kopenhagener W. — ein Bild mit der Hinwendung Christi an die Beisitzer (Bl. 36ʳ). Die Deesis ist irrtümlich zweimal illustriert (Bl. 28ʳ und Bl. 31ᵛ). Im Abschlußbild (Bl. 40ᵛ und 41ʳ) führt Ⓜ nicht den Zug der Seligen an, sondern thront — gegen den Text — neben Christus und Gott-Vater über den Wolken. Das kurze Donaueschinger W. (Nr. 8) enthält von den Ⓜ-Auftritten nur die Berufung Ⓜs zur Beisitzerin (stumme Rolle). Von der Handschrift her läßt sich nicht entscheiden, ob die Niederschrift des Textes abgebrochen wurde. Die Bedeutung einer Notiz auf Bl. 2ʳ »jesus maria virginum ein kunge« ist ungeklärt (Federprobe oder Hinweis auf eine geplante musikalische Einlage).

Auch die stark bearbeiteten Fassungen des Churer, Luzerner I und Münchner W.s haben die drei Ⓜszenen der Normalfassung zumeist beibehalten. An wichtigeren Änderungen seien folgende genannt: Im Churer W. (Nr. 9) wird die stumme Rolle Ⓜs als Beisitzerin zur Sprechrolle. Die Aufforderung, den Zug der Seligen anzuführen, scheint durch die völlige Umgestaltung des Schlusses weggefallen zu sein. Im Luzerner W. I (Nr. 10) nehmen Ⓜ und Johannes der Täufer schon nach den Einleitungsrepliken der Propheten und Kirchenväter ihren Platz neben dem auf dem Regenbogen thronenden Richter Christus ein. Der Abschnitt mit der Fürbitte ist erweitert, indem die Sünder in einer Anrufung Ⓜs die Antiphon »Salve regina« paraphrasieren. Die besondere Bedeutung Ⓜs trotz des bescheidenen Anteils am Redetext geht auch daraus hervor, daß zufolge der erhaltenen Beschreibung der Abgangsprozession zu diesem Spiel M hinter der Dreifaltigkeit gehen soll und diese Gruppe durch vier nachfolgende Engel gegen alle übrigen Personen abgegrenzt ist. Das wegen der grundlegenden Bearbeitung kaum noch vergleichbare Luzerner W. II hat die zentrale Deesis-Szene bewahrt, an deren Ende M und Johannes der Täufer in den Himmel gehen. Im Münchner W. (Nr. 11) sollte die Fürbitte-Szene nach einer Proclamator-Replik durch den Gesang des »Salve regina« eingeleitet werden (vgl. Luzerner W. I); die Eintragung des Textes und der Melodie unterblieb. Nachdem die Sünder M angerufen haben, folgt die vergebliche Fürbitte der GM wie in den Spielen der Normalfassung, doch fehlt die Unterstützung durch einen weiteren Fürbitter.

Unabhängig von den Spielen des »Donaueschingen-Rheinauer Typus« sind das Koblenzer W.-Fragment (VL^2 IV 1278 f.; Bergmann, Katalog Nr. 72) und das Wiener W. (Bergmann, Katalog Nr. 165; unediert), in denen M nicht vorkommt. Das Marburger Spiel von den letzten Dingen (Marburger Hessisches W.) wird unter den Zehnjungfrauenspielen behandelt.

b) *Weltgerichts-Abschnitte mit Maria* sind auch enthalten im Freiburger Fronleichnamsspiel, Hs. A (VL^2 II 893–896; Bergmann, Katalog Nr. 44) und im Freiburger Fronleichnamsspiel, Hs. B (VL^2 II 893–896; Bergmann, Katalog Nr. 45), im Künzelsauer Fronleichnamsspiel (VL^2 V 445–448; Bergmann, Katalog Nr. 128), im Ingolstädter Fronleichnamsspiel (Prozessionsordnung; VL^2 IV 387; Bergmann, Katalog Nr. 64) und im Zerbster Fronleichnamsspiel (Bergmann, Katalog Nr. 174–190). Zu den Weltgerichts-Abschnitten des Freiburger und des Künzelsauer Spiels sind Spieltexte mit M überliefert. In den verschiedenen Versionen des Freiburger Fronleichnamsspiels nimmt M zwar an der eigentlichen Gerichtshandlung nicht teil; aber unmittelbar vorher fordert sie in der Rolle der → »Schutzmantelmadonna« und sich selbst als »Mutter der Barmherzigkeit« vorstellend die Kinder Gottes auf, unter ihrem Mantel Schutz zu suchen, bevor das Gericht beginnt (Fassung A: V. 2211–20, in Fassung B erweitert, S. 193 f.). Im Künzelsauer Fronleichnamsspiel mahnt der »Rector ludi« in der Einleitung des Weltgerichts-Abschnitts die Zuschauer, M, die »Mutter aller Barmherzigkeit«, anzurufen, damit sie den Reuigen schützend unter ihren Mantel nehmen kann (V. 5405–15). In der Spielhandlung ruft der »Rector ludi« die »Mater misericordiae« herbei, um Fürbitte für die Sünder einzulegen (V. 5731–38). Christus weist die Fürbitte ab und bittet M dann, als Beisitzerin am Gericht mitzuwirken (V. 5739–52). — Die Prozessionsordnung zum Ingolstädter Fronleichnamsspiel gibt am Ende den Hinweis, daß die Weinschenken das Jüngste Gericht mit M, Johannes dem Täufer, sechs Engeln und drei Propheten zu bestreiten haben. In welcher Weise das Jüngste Gericht und damit auch die Deesis dargestellt werden sollte, bleibt unklar. Ähnlich enthält das Große Regiebuch des Zerbster Fronleichnamsspiels die Anordnung, daß die Knochenhauer beim Jüngsten Gericht den auf einem Regenbogen thronenden Christus mit M und Johannes (Täufer oder Jünger?) darzustellen haben. Der Text zur Erklärung dieser Weltgerichts-»Figura« (V. 369–372) nennt M nicht. Das Bozner Fronleichnamsspiel (VL^2 I 978 f.; Bergmann, Katalog Nr. 113) und die Prozessionsordnung des Löbauer Spiels zum Kreuzauffindungsfest (Bergmann, Katalog Nr. 77) nennen M nicht im Zusammenhang mit dem Weltgericht.

c) *Zehnjungfrauenspiele*. Ein Zehnjungfrauenspiel, dessen Entstehung in der 1. Hälfte des 14. Jh.s in Thüringen vermutet wird, ist nur in zwei jüngeren Bearbeitungen überliefert: 1. Darmstädter Zehnjungfrauenspiel (auch: Thüringisches Zehnjungfrauenspiel, Redaktion B; Bergmann, Katalog Nr. 33); 2. Mühlhäuser Zehnjungfrauenspiel (auch: Thüringisches Zehnjungfrauenspiel, Redaktion A; Bergmann, Katalog Nr. 114).

Beiden Fassungen gemeinsam ist die zunehmend stärkere Umformung des Gleichnisses (Mt 25,1–13) nach der Aufnahme der auf das Kommen des Bräutigams vorbereiteten klugen Jungfrauen zu einem Gericht Christi mit Verurteilung der sich leichtfertig dem Weltleben hingebenden und durch die Ankunft des Bräutigams überraschten törichten Jungfrauen. Die Hochzeit wird zum Jüngsten Gericht, der Bräutigam zum unerbittlichen Richter. M, die schon in der Einleitungsrubrik von Fassung A genannt wird, krönt die in die ewige Seligkeit aufgenommenen Klugen, nimmt aber — entsprechend der Akzentverschiebung — v.a. die zentrale Rolle der Mittlerin ein, die auf Flehen der Törichten hin bei der Verurteilung Fürbitte vor Christus einlegt. Die zweimalige Fürbitte der »Mutter aller Barmherzigkeit« (A: V. 502) weist der gerechte Richter ab — wie im W. Auch die in beiden Fassungen an die Handlung angeschlossene, aber sie transzendierende und unmittelbar an das Publikum gerichtete strophische Klage hebt Ms Rolle als Mittlerin hervor (Anrufung in A: V. 536 ff., B: V. 629 ff.); in Redaktion B erscheint das Motiv auch schon am Anfang in einer kurzen gebetsartigen Aufforderung an das Publikum (B: V. 1–4).

Wie erschütternd es auf die Zeitgenossen wirkte, im geistlichen → Spiel zu erleben, daß die Fürbitte der Mittlerin M beim Jüngsten Gericht fruchtlos war, erhellt aus den historischen Zeugnissen über die Aufführung eines Zehnjungfrauenspiels 1321 in Eisenach. Landgraf Friedrich der Freidige wurde durch die Vergeblichkeit von Ms Fürbitte so erregt, daß ihn einige Tage später der Schlag traf, der ihn teilweise gelähmt und ihm die Sprache geraubt haben soll.

Das fragmentarische Marburger Spiel von den letzten Dingen (auch: Marburger Hessisches W.; VL^2 V 1229 f.; Bergmann, Katalog Nr. 110) stellt

— soweit der fragmentarische Zustand überhaupt Schlüsse zuläßt — wohl eher ein erweitertes Zehnjungfrauenspiel als ein W. dar. Am Anfang des Zehnjungfrauenteils lädt Christus ℳ zur Hochzeit und krönt sie. Beim späteren Urteil über die Törichten bringt ℳ ihre Fürbitte, teilweise mit Gesang verbunden, insgesamt fünfmal vor, ohne daß Christus ihre Bitte erhört.

d) Zehnjungfrauen-Abschnitte mit Teilnahme Mariens in anderen geistlichen Spielen. Obwohl im Künzelsauer Fronleichnamsspiel (s.o.) Zehnjungfrauengleichnis und Jüngstes Gericht deutlich geschieden und durch das zwischen ihnen angebrachte Antichristspiel voneinander getrennt sind, wird auch hier die Gleichnishandlung schon zum Gericht umgeprägt. So werden Literalsinn und spirituelle Bedeutung (Vorsorge für Lampe und Öl — wachsames Leben nach Gottes Gebot; Einlaß zur Hochzeit oder Verweigerung — ewige Seligkeit oder Verdammung zur ewigen Pein) in der Spielrealität unmittelbar gleichgesetzt; und der Bräutigam empfängt die klugen Jungfrauen mit den Mt 25,34 entsprechenden Worten des Jüngsten Gerichts. Bei der anschließenden Verurteilung der Törichten (V. 4767–5074) liegt dagegen ein Bruch in der Zeitstruktur vor, indem ℳ mitten in der Urteilsszene, vom »Rector ludi« als »Schutzmantelmadonna« angekündigt, den Menschen Schutz unter ihrem Mantel verspricht und auf das bald nahende Jüngste Gericht hinweist (V. 4903–26). Für die sie um Hilfe anflehenden törichten Jungfrauen legt sie zweimal Fürbitte bei ihrem Sohn ein, die beide Male abgewiesen wird. Wie in den beiden Fassungen des eigentlichen Zehnjungfrauenspiels verfallen die Törichten den Teufeln und der Hölle.

Auch die Zehnjungfrauenabschnitte der noch unedierten Erfurter Moralität (VL² II 576–582; Bergmann, Katalog Nr. 32) sind zum Gericht erweitert, bei dem ℳ gemeinsam mit »Prudens« als Fürbitterin für die Törichten auftritt. ℳs mehrfach vorgebrachte Bitte um Gnade (wie im Marburger Spiel von den letzten Dingen) wird von Christus nicht erhört. Im Luzerner Antichristspiel I des Zacharias Bletz (VL² V 1089–92; Bergmann, Katalog Nr. 81) wird das Gleichnis unter explizitem Bezug auf Mt 25 als Predigt des Salvators im Tempel dargeboten; deshalb kommt ℳ nicht vor. Im Zerbster Fronleichnamsspiel (s.o.) wird ℳ im Zehnjungfrauen-Abschnitt weder im Text noch in den Regiebüchern genannt.

Ausg.: Walenstädter W.: Daß Jüngste Gricht, hrsg. von N. Senn, Teufen 1869. — Freiburger Fronleichnamsspiel A und B: E. Martin, Freiburger Passionsspiele des 16. Jh.s, In: Zeitschrift der Gesellschaft für Beförderung der Geschichts-, Alterthums- und Volkskunde von Freiburg, dem Breisgau und den angrenzenden Landschaften 3 (1874) 1–206. — Das Spiel von den zehn Jungfrauen und das Katharinenspiel, hrsg. von O. Beckers, Breslau 1905; Nachdr.: 1977. — R. Klee, Das mhd. Spiel vom jüngsten Tage, 1906. — Luzerner Antichristspiel I: K. Reuschel, Die dt. Weltgerichtsspiele des MA und der Reformationszeit. Eine literarhist. Untersuchung. Nebst dem Abdruck des Luzerner »Antichrist« von 1549, Leipzig 1906, 207–328. — W. Reupke, Das Zerbster Prozessionsspiel 1507, 1930. — N.C. Brooks, An Ingolstadt Corpus Christi Procession and the Biblia pauperum, In: Journal of English and Germanic Philology 35 (1936) 1–16. — Bozner Fronleichnamsspiel: Tiroler Umgangsspiele (...), hrsg. von A. Dörrer, 1957, 186–212. — Berner W. Aus der Hs. des 15. Jh.s hrsg. von W. Stammler, 1962. — Koblenzer W.-Fragment: wie Berner W., S. 46 f. — Darmstädter und Mühlhäuser Zehnjungfrauenspiel: Das Eisenacher Zehnjungfrauenspiel, hrsg. von K. Schneider, 1964. — Das Künzelsauer Fronleichnamsspiel, hrsg. von P.K. Liebenow, 1969. — Schaffhauser W.: Schauspiele des MA, hrsg. von F.J. Mone I, Karlsruhe 1846; Neudr. 1970, 265–304. — B. Neumann, Geistliches Schauspiel im Zeugnis der Zeit, 2 Bde., 1987 (Hist. Zeugnisse zur Eisenacher Aufführung von 1321: Nr. 1481–83; Ingolstädter Prozessionsordnung: Nr. 1954; Löbauer Prozessionsordnung: Nr. 2023). — Das Kopenhagener W., hrsg. von H. Blosen und O. Lauridsen, 1988. — Das W. der Sammlung Jantz mit der Donaueschinger Variante Hs. Nr. 136, hrsg. von W. McConnell und I. Henderson, In: Jahrbuch des Wiener Goethe-Vereins 92/93 (1988/89) 223–321. — Berliner W. Abbildung der Hs. mit einer Einleitung und Texttranskription, hrsg. von U. Schulze, 1991. — Churer W., hrsg. von U. Schulze, 1993. — Erfurter Moralität: Ausg. von H.-G. Roloff in Vorbereitung. — Güssinger W.: Ausg. von H. Linke in Vorbereitung. — Marburger Spiel von den letzten Dingen: Ausg. von H. Lomnitzer in Vorbereitung. — Münchner W.: Ausg. von R. Bergmann in Vorbereitung.

Lit.: K. Reuschel, Die dt. Weltgerichtsspiele des MA und der Reformationszeit (s. o.), 1906. — Th. Meier, Die Gestalt Marias im geistlichen Schauspiel des dt. MA, 1959. — P. Ochsenbein, Marias Fürbitte im Churer W. von 1517, In: FS für P. Iso Müller, hrsg. von U. Brunold und L. Deplazes, 1986, 583–615. — B. Neumann, Geistliches Schauspiel im Zeugnis der Zeit, 2 Bde., 1987. — I. Henderson, German Last Judgment Plays. The State of Research, In: Fifteenth-Century Studies 14 (1988) 95–103. — H. Blosen, Die Fünfzehn Vorzeichen des Jüngsten Gerichts im Kopenhagener und im Berliner Weltgerichtsspiel, In: Ja muz ich sunder riuwe sin, FS für K. Stackmann, 1990, 206–231. — Ders., Deesis oder Nicht-Deesis im »Kopenhagener W.«? — Und was damit zusammenhängt, In: Ma. Schauspiel, FS für H. Linke, 1994, 93–104. — Ders., Zu den Illustrationen des »Kopenhagener« und des »Berliner Weltgerichtsspiels« (in Vorbereitung). — RDK III 1197–1206. — LCI I 494–499. — RDL² IV 64–100, bes. 94–96.

H. Blosen

2. Romanistik. Im Gegensatz zu Deutschland scheinen W. in Frankreich selten gewesen zu sein. Überliefert sind ein franz. und zwei provenzalische Texte, darüberhinaus wird von einer Aufführung in Orléans für das Jahr 1550 berichtet. Das erhaltene altfranz. »Le Jour du Jugement« wird auf die Jahre vor 1350 datiert. Im reichen Personal dieses Textes tritt ℳ in der Rolle der Vermittlerin auf: Sie wird u.a. durch eine Reihe von Aposteln, durch je einen Cherubim und einen Seraphim sowie Judas Makkabäus um ihre Fürsprache beim höchsten Richter angegangen. Sie tritt für »die, die sie geliebt haben«, ein. Gott, der sie als »Süße Mutter, süße Schwester« tituliert, weist darauf hin, daß ihre Krone schon bereitet sei und daß er »die Guten« von ihren Anhängern ins Paradies einlassen werde.

Im 1. provenzalischen »Jutgamen general« von Rouergue (mindestens von 1437) streitet Natura humana, aus der Hölle kommend, in einem großen Prozeß gegen Christus und fordert, unterstützt von den personifizierten christl. Tugenden Bona Paciensa, Caritat und Ignocensia und entsprechend den atl. Verheißungen, Christi Tod als Sühne für den eigenen Sündenfall. Auch historische Gestalten des AT treten auf wie Adam, Joseph, Noah und Abraham und verweisen auf die geschuldete Notwendigkeit der typologischen Erfüllung der mit ihrer Person verknüpften göttlichen Verheißungen. M kämpft zunächst gegen die einhellige Verurteilung ihres Sohnes durch die plädierenden Rechtsvertreter der Natura Humana; doch gegen das »Gesetz der natura« und das »Gesetz der Schrift« kann das Leben ihres Sohnes nicht gerettet werden. Zugunsten des »Gesetzes der Gnade« wird das Todesurteil über Christus gesprochen. Die GM wehrt sich gegen das Urteil mit Ausbrüchen rein menschlicher Verzweiflung. Christus jedoch antwortet mit dem Appell an ihre Geduld. Ganz menschlich bittet sie daraufhin ihren Sohn, vor ihm sterben zu dürfen. Er aber verweist auf seine große Aufgabe der Erlösung und verspricht seiner Mutter Trost durch Belohnung mit dem Eingang ins ewige Leben.

Im 2. provenzalischen »Jutgamen general« plädieren sogar Luzifer, Beelzebub, Satan und Leviathan vor dem Weltenrichter für ihre eigene Begnadigung. Neben biblisch historischen Personen wie Pilatus, Kaiphas, Hannah und Joseph v. Arimathia treten als Kontrahenten vor dem höchsten Richterstuhl personifizierte Laster wie Hochmut, Geiz, Freßgier, Wollust, aber auch der Mammon auf, bilden Allegorien wie Tod und Leben, wie Barmherzigkeit und Gerechtigkeit einen Widerpart. M tritt sogar für die Oberteufel ein, erreicht aber Vergebung nur für diejenigen, die die Reue nicht verweigert haben und bewußt im Bösen verharrten. Ein Bote bittet zum Abschluß Gott für alle um Hilfe bei der Findung des Wegs zum ewigen Heil.

Lit.: A. Jeanroy und H. Teulié, Mystères provençaux du 15e siècle, Toulouse 1893. — Le jour du jugement, ed. E. Roy, 1902; Nachdr.: Genf 1976. — N. Valois, Étude sur le théâtre fr. au XIVe siècle, In: Journal des Savants (1903) 677–686. — G. Frank, The Medieval French Drama, 1954. — K. Aichele, Das Antichristdrama des MA, der Reformation und Gegenformation, 1974. — J.-J. Nonot, Le ›Mystère du jour du jugement‹, Ed. critique du ms. 579 de la Bibliothèque municipale de Besançon, Thèse de doctorat, Univ. de Lyon II, 1987. — Théâtre et spectacles hier et aujourd'hui. Moyen âge et Renaissance. Actes du 115e Congrès National des Sociétés Savantes, Avignon 1990. — Le diable et la vierge. Textes dramatiques du moyen âge, réunis, trad. et prés. par Moshe Lazar, 1990. — E. A. Witt, Contrary Marys in medieval English and French drama, Thèse Univ. de Rochester 1991. *U. Ebel*

Wemding, Lkr. Donau-Ries, Diözese Eichstätt, Wallfahrtskirche Maria Brünnlein zum Trost. Die hölzerne Madonnenstatue, die 1684 der W.er Bürger Johann Franz Forell aus Rom mitbrachte, wurde bereits nach kurzer Zeit in seinem Haus als wundertätig verehrt. 1692 erbaute ihr ein Kaplan ex voto eine kleine Kapelle unmittelbar an einer Quelle (»Schillerbrünnlein«) am Weg nach Amerbach. Eine 1735 beobachtete → Augenwendung des Mbildes verstärkte den Zulauf des Volkes. In Pfarrer Johann Michael Forster (1745–60) erwuchs der Wallfahrt ein tatkräftiger Förderer. Auf seine Initiative hin wurde 1748–54 über der Quelle nach Plänen Franz Joseph Roths eine große Wallfahrtskirche erbaut, Stuckierung und Freskierung übernahm Johann Baptist Zimmermann. Die Konsekration erfolgte 1781. Der Gnadenaltar von 1756 wurde 1953 unter Verwendung des alten Aufbaus rekonstruiert, nachdem 1888 ein Ersatz im neubarocken Stil geschaffen worden war. Wie in der Barockzeit können die Wallfahrer nun wieder auf der Rückseite des Altars aus der dort gefaßten Quelle Wasser schöpfen, dem heilende Wirkung zugeschrieben wird und das Gottes Gnade symbolisiert, die den Gläubigen durch Ms Fürsprache zufließt. Seit 1983 geleiten sechs von Ernst Steinacker geschaffene Andachtssteine die Ankommenden zur Kirche. Als besondere Konkurstage entwickelten sich ab 1933 die Fatimatage. Bis heute wird die Wallfahrt von zahlreichen Pilgergruppen und Einzelwallfahrern besucht.

Lit.: M. Hummel, W.er Wallfahrtsbüchlein, 1926. — SchreiberW 99 f. — F. X. Buchner, Das Bistum Eichstätt. Historisch-statistische Beschreibung II, 1938, 754–777. — KDB Schwaben III 568–582. — E. Steinacker, Wallfahrt Maria Brünnlein W., (1981). — (W. Brems), Wallfahrtskirche Maria Brünnlein zum Trost bei W. am Ries, [18]1991. — A. Schmid, »Ein hell schimmernde Sonn durch das gantze Rieß«. Die Funktion der Stadt W. in der bayer. Konfessionspolitik der Frühen Neuzeit, In: Rieser Kulturtage. Dokumentation 9 (1993) 195–211. *B. Lengenfelder*

Weninger, Franz Xaver, * 31.10.1805 in Wildhaus bei Marburg/Steiermark, † 29.6.1888 in Cincinnati, empfing 1828 die Priesterweihe und wurde schon bald Prof. der Dogmatik an der Universität in Graz. 1832 schloß er sich den Jesuiten an, er wirkte in der Seelsorge und seit 1843 war er Prof. für Exegese, Hebräisch und Kirchengeschichte an der Theol. Hochschule der Jesuiten in Innsbruck. Da durch den Umsturz von 1848 ein weiteres Wirken in Österreich und Deutschland nicht möglich war, ging er in die USA, wo er über 800 Volksmissionen im ganzen Land hielt und viele rel., apologetische und katechetische Schriften verfaßte. 1841 führte er die → Maiandacht in Innsbruck ein, die bisher dort unbekannt war. Er komponierte und dichtete eine Reihe rel. Lieder, zu denen er auch die Orchesterbegleitung schrieb. Im ganzen dt.sprachigen Gebiet ist sein Mlied »Milde Königin gedenke …« verbreitet. Außerdem schrieb er u.a. ein »Regina Coeli«, zehn Mlieder und einige Weihnachtslieder. Fast alle diese Gesänge zählen noch heute zu den Kirchenliedern der Katholiken in den USA. W. verfaßte auch das Buch »Die Andacht zu den hlst. Herzen Jesu und Mariä«, das auf dt. und engl. immer wieder neugedruckt wurde, außerdem schrieb er »Marianische Festpredigten« (1881)

Lit.: Th. Roemer, The Ludwig-Missions-Verein and the Church in the United States (1838–1918), 1933. — Fr. Weiser, Ein Apostel der Neuen Welt: Aus dem Tagebuch des Missionars, 1937. — G. J. Garraghan, The Jesuits of the Middle United States II, 1938. — J. Thauren, Ein Gnadenstrom zur Neuen Welt und seine Quelle (Leopoldinen-Stiftung), 1940. — A. Lamprecht, F. X. W. (1805–1888). Ein Leben für Gott und die Seelen, 1941. — L. Hertling, Geschichte der kath. Kirche in den Vereinigten Staaten, 1954. *H. Rzepkowski*

Werde Licht, Beginn des Hirmos der 9. Ode des → Kanons des hl. → Johannes v. Damaskos im → Orthros des Ostersonntags. Man antwortet mit diesem Hirmos auf das → Megalynarion: »Hochpreise meine Seele den, der am dritten Tage auferstanden ist, Christus, der das Leben schenkt«. Der ganze Text lautet: »Werde Licht, werde Licht, neues Jerusalem. Denn des Herren Herrlichkeit ging auf über dir. Tanze im Reigen jetzt, Sion, und jauchze. Du aber Gottesmutter, freue dich, ob deines Kindes Erweckung.« Das W. L. wird noch ein zweites Mal nach dem nächsten Megalynarion gesungen, in dem das Leiden, die Bestattung und die Auferstehung Christi bekannt werden: »Hochpreise, meine Seele, den, der freiwillig gelitten hat, der begraben wurde und am dritten Tage aus dem Grabe auferstanden ist.«

Lit.: Ἀνθολόγιον τοῦ ὅλου ἐνιαυτοῦ, 1968, III. — E. Mercenier, La Prière des Eglises de rite byzantin, 1948, II/2, 275. — J. Raya und J. de Vinck, Byzantine Daily Worship: with Byzantine Breviary, the three liturgies, propers of the day and various offices, 1969, 855. — K. Kirchhoff, Osterjubel der Ostkirche. Hymnen aus der fünfzigtägigen Osterfeier der byz. Kirche, ³1988, 23.   *J. Madey*

Werfel, Franz, * 10.9.1890 in Prag, † 26.8.1945 in Beverly Hills/USA, Lyriker, Dramatiker, Epiker und Übersetzer.

W. braucht hier als Schriftsteller und Dichter nicht vorgestellt und gewürdigt zu werden, aber ein Hinweis auf seinen Roman »Das Lied der Bernadette« ist unerläßlich. Voraussetzungen für diesen Roman werden in der Kindheit grundgelegt. W. wuchs in Prag als Sohn eines Handschuhfabrikanten auf. Die Familie gehörte dem dt.-böhmischen Judentum an, so daß Deutsch W.s Muttersprache war. Dazu kommt der Einfluß seiner kath. Kinderfrau Barbara, die starke Ausstrahlung von Prags barocker Katholizität, der sich der junge W. hingibt, und der Besuch der Volksschule bei den Piaristen. Das Christentum war ihm also von innen her vertraut. 1938 mußte W. Österreich und damit Wien, wo er seit 1917 gewohnt hatte, verlassen, fand Zuflucht im franz. Sanary-sur-Mer und gelangte schließlich im Oktober 1940 über Spanien nach Amerika, wo er sich in Beverly Hills (Kalifornien) trotz Krankheit noch seiner Arbeit als Schriftsteller (u. a. »Stern der Ungeborenen«) widmen konnte.

Ende Juni 1940 kam W. auf der Flucht vor den Nazis nach Lourdes und gelobte in seiner Verzweiflung, die Geschichte der Seherin von Lourdes, Bernadette → Soubirous, zu schreiben. Davon berichtet der Autor in einem »persönlichen Vorwort« zum Roman, in dem er bekennt, daß ihn und seine Frau die Vorsehung nach Lourdes gebracht habe. Es sei, so W. weiter, eine Zeit der Angst, aber auch eine Zeit großer Bedeutung für sie gewesen, weil ihnen auf diese Weise die Geschichte der Bernadette Soubirous bekannt geworden sei. In dieser äußersten Not machte W. das Gelübde, das Lied von Bernadette zu singen, so gut er es vermochte. Wohl sei das Buch ein Roman, aber doch keine Fiktion. Das Wagnis dieses Versuches für ihn als Juden war W. bewußt. Aber ein anderes Gelübde des Schriftstellers war viel älter, nämlich immer das göttliche Mysterium und die Heiligkeit des Menschen in seiner Dichtung zu verherrlichen.

1941 erschien der Roman bei Bermann-Fischer in Stockholm und wurde zu einem Welterfolg; Übersetzungen ins Engl. von Ludwig Lewisohn und solche in fünf weitere Sprachen folgten. Der Roman wurde im Zweiten Weltkrieg unter den Soldaten der US-Army verteilt und 1943 mit größtem Erfolg verfilmt (→ Film).

Lit.: KLL XIII 5696f. — LL XII 253–256 (Lit.).   *H. Pörnbacher*

A. van der Werff, Krönung Mariae, 1703/14, Schleißheim, Staatsgalerie

Werff, Adriaen van der, * 21.1.1659 in Kralingen bei Rotterdam, † 12.11.1722 in Rotterdam, war mit seinen gefälligen, kleinformatigen Bildern einer der berühmtesten und gefragtesten Künstler seiner Zeit. In seinen allegorischen und mythol. Werken ist er von der holländischen Malerei beeinflußt; seine rel. Bilder sind wesentlich von den Italienern und von Gerard de Lairesse geprägt; außerdem schuf W. zahlreiche Poträts, die W.s Dienstherr (seit 1696), Kurfürst Johann Wilhelm von der Pfalz, gelegentlich an befreundete Fürsten verschenkte.

Im Auftrag des Kurfürsten, der mit den Jesuiten eng verbunden war, entstand auch W.s Zyklus der 15 Rosenkranzgeheimnisse (heute Schleißheim, Staatsgalerie, 1703–14), der »in besonders sorgfältiger und kostbarer Malweise« ausgeführt werden sollte. Und in der Tat schuf W. 15 edle Tafeln (ca. 81 x 57 cm), auf denen das Licht jeweils das Zentrum erhellt, das Wesentliche hervorhebt und dem Irdischen entrückt, während das Ambiente in geheimnisvolles Dunkel getaucht ist. Als Titelstück gehört die »Huldigung der Künste an Johann Wilhelm« zu diesem Zyklus.

Weitere Werke mit M-themen von der Hand W.s sind eine »Verkündigung« (Dresden, Gemäldegalerie, 1718), eine »Anbetung der Hirten« (Florenz, Uffizien, 1703), zwei Darstellungen der »Grablegung« (Leningrad, Eremitage, 1703; München, Alte Pinakothek, 1703), die »Flucht nach Ägypten« (Den Haag, Mauritshuis, 1710), die »Ruhe auf der Flucht« (London, Nat. Gallery, 1706), die beiden Hll. Familien (Potsdam, Sanssouci, 1709) sowie M mit Jesus und dem Johannesknaben (Dresden, Gemäldegalerie, 1715).

Lit.: Ausst.-Kat., A. van der W., München 1972. — Bayer. Staatsgemäldesammlungen (Hrsg.), Staatsgalerie Schleißheim, Verzeichnis der Gemälde, 1980. — B. Gaehtgens, A. van der W., 1987.
F. Trenner

Werk. »Das Werk« (der Name abgeleitet von Joh 4, 34; 17, 4; 6, 28) ist eine kirchlich anerkannte internat. geistliche Gemeinschaft, zu der Priester, gottgeweihte Männer und Frauen und in der Welt lebende Laien als Einzelne wie als Familien gehören. Von Julia Verhaeghe (* 11. 11. 1910) 1938 in Belgien gegründet, erstrebt es in der Vielheit der zur Komplementarität bestimmten Berufungen die Darstellung der Einheit der Kirche als »Familie Gottes« (LG 6; 32) und als »Leib Christi« in einer Synthese von beschaulichem Leben, apost. Wirksamkeit und Weltdurchdringung. Die Verbindung dieser drei Ausrichtungen wird in einem auf die Bedürfnisse der Zeit bezogenen authentischen Glauben und in dessen ständiger Vertiefung gesucht, wofür als ursprüngliche Norm vorzüglich die Lehre des hl. Paulus genommen und die Theol. John H. → Newmans als eine moderne Ausprägung miteinbezogen wird.

Aus der Verpflichtung auf das Zeugnis für die Kirche als Gemeinschaft der Glaubenden in ihrer Fruchtbarkeit und Schönheit erwächst auch die spezifische Geltung der marian. Wahrheit und der M-frömmigkeit im W. Sie ist heilsgeschichtlich in das Geheimnis der Kirche eingebettet, in dem M in ihrer Jungfräulichkeit als Urbild des Glaubens und in ihrer GMschaft als »Mutter der Gläubigen« und »Mutter der Kirche« in der Stellung des »excellens membrum« steht und verehrt wird. M, als »Seele der Apostel und der jungen Kirche« (J. Verhaeghe) angesehen, wird so zu einer Prägekraft unverfälschten Kircheseins im wahren Glauben und in hingebungsvoller Liebe zu Gott in Jesus Christus und zu den Menschen, darüber hinaus aber auch zu einer seelischen Bildungsmacht im Streben nach der Reife christl. Lebens durch Läuterung des Gewissens und die »Unterscheidung der Geister«. Im Ziel steht der Gewinn einer vom marian. Fiat geprägten geistlichen Vater- und Mutterschaft, die für Kirche und Welt fruchtbar werden, aber bes. auch die schöpfungs- und heilsgemäße Besonderheit der Frau entgegen den denaturierenden Tendenzen der Zeit ins Bewußtsein heben soll. In diese Richtung weisen die im W. bes. erhobenen Hoheitstitel Ms wie »Unbefleckt Empfangene«, »Braut des Geistes«, »Sitz der Weisheit«, »Ursache unserer Freude«; dies bezeugt auch die von der Gemeinschaft verfaßte und von der »Kongregation für den Gottesdienst« approbierte (11. 11. 1987) Votivmesse von der »Seligen Jungfrau Maria, Sitz der Weisheit«.

Das marian. Anliegen des W.s verwirklicht sich nicht nur in dem spirituellen und kultischen Bereich, sondern erstreckt sich auch auf das praktische rel. Leben. Hier führt es in gemeinsamen Bemühungen mit anderen Gemeinschaften zur Beseelung oder auch Neubelebung marian. Wallfahrtsstätten (z. B. im Hl. Land, in Rom, in → Thalbach-Bregenz/Österreich, in → Banneux/Belgien und → Villers-Notre-Dame/ Belgien durch Führungen, geistliche Betreuung von Pilgern, persönliche Begegnung und theol. Vertiefung. Am 19. 3. 1991 wurde in der Diözese Tournai die kirchliche Vereinigung »Les Pélerins de la ›Sedes Sapientiae‹« gegründet und der Leitung durch das W. anvertraut.

QQ: Archiv mit zahlreichen Manuskripten oder privat veröffentlichten Texten der Gründerin des »Werkes« in Thalbach.
P. Boyce

Werl, bis 1821 Erzbistum Köln, heute bedeutendster M-wallfahrtsort des Erzbistums Paderborn.

Das Gnadenbild, eine thronende GM mit Kind, wird 1351 erstmals urkundlich erwähnt. Sein Standort war die Soester Wiesenkirche, doch verschwand es im Gefolge der luth. Reformation auf dem Dachboden der Kirche. Der Beginn der W.er M-wallfahrt hängt untrennbar mit der kath. Konfessionsbildung zusammen: Nach einem Jagdfrevel der Soester im unmittelbar angrenzenden kurkölnischen Herzogtum Westfalen gelangte das M-bild auf Weisung des Kölner Erzbischofs Maximilian Heinrich aus dem luth. Soest in das kath. W. Grund hierfür war ein Ersuchen der W.er Bürgerschaft und der dortigen Kapuziner. 1661–69 wurde das Bildnis im Kapuzinerkloster aufbewahrt, seit 1669 in der Klosterkirche. Es stieg zum Mittelpunkt einer Wallfahrtsbewegung auf, die den gesamten Teil des kath. Südwestfalen, d. h. v. a. das Herzogtum Westfalen und das Fürstbistum → Paderborn, umfaßte. Von Anfang an stand die W.er MV im Kontext tridentinischer Prägung und Förderung: Die Betreuung der Wallfahrt durch die Kapuziner gehörte im 17. und 18. Jh. ebenso dazu wie die Formierung der Frömmigkeit bei den Wallfahrtsprozessionen und Andachtsbüchern. Ein sehr schönes Beispiel ist die Neuordnung der W.er M-e-Heimsuchungsprozession 1667 auf Betreiben der Kapuziner und des Rates. Die 1662 auf Weisung des Bischofs eingerichtete Prozession hatte sich bereits als festes Wallfahrtsereignis etabliert und war Zielpumkt von Wallfahrtsprozessionen aus den umgebenden Dörfern geworden. Um »Ungehör und Unordnung« bei diesem Wallfahrtskonflux zu unterbinden, definierte man die Wegstrecke neu, reicherte die Prozessionsstationen mit marian. Andachten an, regelte genauestens die Mitnahme des Allerheiligsten und des ⋒bildes; dies alles, um profanes Tun zu vermeiden und die Devotion zu erhöhen.

Mitte des 18. Jh.s hatte die W.er ⋒wallfahrt ihren ersten Höhepunkt, gemessen an den Besucherzahlen, erreicht: 1747 weilten allein 65000 Pilger und Teilnehmer von Wallfahrtsprozessionen in dem Ort an der Grenze zur preußischen Grafschaft Mark. Mirakel, Votivtafeln, Kupferstiche und viele Bildstöcke mit der Abbildung des W.er Gnadenbildes zeugen von der breiten Ausstrahlung bis ins Niedersächsische hinein. Im Gefolge der kath. Aufklärung verschwand die Unterstützung der Wallfahrt seitens der Bischöfe von Köln und Paderborn; z. B. fand die große Paderborner Wallfahrt nach W. 1782 ihr Ende infolge der Umleitung nach Verne vor den Toren Paderborns. Hinzu kam, daß das Kapuzinerkloster einen Niedergang erfuhr. Unterstützt wurde dieser durch die klosterfeindlichen Maßnahmen im Gefolge des Reichsdeputationshauptschlusses; 1834 erfolgte die Auflösung durch den preußischen Staat.

Seit den 1840er Jahren ist für W. wie für alle anderen Wallfahrtsorte Westfalens ein Anstieg der Besucherzahlen zu konstatieren; volksfromme MV, kath. Romantik und Ultramontanismus gingen eine fruchtbare Verbindung ein. 1861 manifestierte sich dieser Neubeginn der Wallfahrt im Jubiläumsfest, das ca. 100000 Besucher zählte und ebenso wie die Feiern in → Telgte und → Kevelaer ein herausragendes Ereignis der rheinisch-westfälischen Kirchengeschichte darstellt. In den Predigten und Grußworten der Geistlichen, der Franziskanerobservanten, die seit 1849 die Wallfahrt betreuen, des Paderborner Weihbischofs Frönsberg und des Bischofs Konrad Martin findet sich ein überschwengliches ⋒lob, die Betonung des 1854 verkündeten Dogmas von der UE ⋒s und das unumschränkte Vertrauen auf ihren Schutz bei gleichzeitiger massiver Warnung vor den Gefahren der modernen Welt: rel. Indifferenz, Laizismus und moralischer Verfall. Nur die MV und ihr Vorbild sowie, damit verbunden, Treue und Gehorsam gegenüber der Kirche, schützen die Gläubigen vor diesen Gefahren der Moderne. Auch der Person des Papstes Pius IX. und seinen Auseinandersetzungen mit dem liberalen Italien wurde in der marian. Andachten gedacht. Der Erfolg des Jubiläums zeigt, wie groß die Sinnstiftung der MV in Form der überkommenen Wallfahrt nach W. war. Der Kulturkampf brachte die Ausweisung der Franziskaner bis 1887 mit sich. Der Neubau der Wallfahrtskirche ab 1903 zeigt an, daß die Wallfahrt mit ihren ca.

80000 Besuchern weiterhin rel. Mittelpunkt der marian. Frömmigkeit im südlichen Westfalen blieb. 1911 fand die Weihe der neuen Wallfahrtskirche statt. Sie erfolgte im Rahmen der großangelegten Feierlichkeiten anläßlich der Krönung des Gnadenbildes 1911 durch den Kölner Erzbischof Antonius Kardinal Fischer. 50000 Pilger und Wallfahrer waren allein am Krönungstag anwesend. In der Zeit des Nationalsozialismus konnten die staatlicherseits erfolgten partiellen Beschränkungen dem Wallfahrtsbetrieb nicht schaden. Er erlebte 1936 einen Höhepunkt mit dem 275jährigen Jubiläum. Jedoch ist die W.er Wallfahrt nicht in dem Maße zum Forum der kath. Ablehnung von Teilen der NS-Ideologie und der NS-Kirchenpolitik aufgestiegen, wie es Bischof Galen in Telgte und Kevelaer durch seine Predigten gelang. Andererseits war die Zahl der Besucher in dieser Zeit sehr hoch: 1937 110000 Menschen, 117 Prozessionen und 573 Pilgergruppen. Dies zeigt jedenfalls an, daß es abseits der Reichsparteitage noch andere Formen der Massenzusammenkünfte und Weltdeutungen gab.

Nach 1945 kamen neue Wallfahrer nach W., v.a. die Vertriebenen; auch neue Typen der Wallfahrt bestimmten und bestimmen das Bild: Die Buswallfahrt ließ die Bedeutung der Fußwallfahrt schwinden. Mit der Erhebung der Wallfahrtskirche 1953 in den Ehrenrang einer päpstlichen Basilika als Teil der Eröffnungsfeier des marian. Jahres 1954 und mit dem 350jährigen Wallfahrtsjubiläum (1961) mit seinen 500000 Besuchern erlebte die Wallfahrt die letzten großen Feiern alten Stils. 1986 hingegen fand das 325jährige Jubiläum kaum noch Beachtung in der Öffentlichkeit.

Infolge gewandelter Freizeitgewohnheiten hat sich heutzutage die Hauptwallfahrtszeit auf die Monate Mai, September und Oktober, also vor oder nach der Urlaubssaison, verschoben. Die Wallfahrt hat sich bei ca. 150000 Besuchern eingependelt. Pfarrprozessionen sowie Gruppen- und Vereinswallfahrten bestimmen das Bild. Neue Formen der Wallfahrt, etwa die vom Malteser Hilfsdienst durchgeführte Behindertenwallfahrten, zeigen zukunftsfähige Wege auf.

Lit.: E. Bellot-Beste, Die Wallfahrt zum Gnadenbild von W. in Westfalen, 1958. — G. Best, Wallfahrt und Heiligenverehrung in W., 1990. — Cl. Prast, Die W.er Wallfahrt 1861, In: Westfälische Zeitschrift 1994. *W. Freitag*

Werlin, Johannes, OSB, * 24. 12. 1588 in Landsberg, † 29. 5. 1666 in Seeon, trat ins Benediktinerkloster Seeon ein und bekleidete dort, immer bereit zu helfen, wichtige Ämter. In seiner wenigen freien Zeit beschäftigte er sich ernsthaft mit Musik und vollendete schließlich das siebenbändige Sammelwerk »Rhitmorum varietas«, in dem er nicht weniger als 2946 Beispiele vorstellt. Diese Sammlung ist ebenso reich an Melodien wie an Texten und Versformen. Es geht ihm dabei in erster Linie um das Lied als metrischem Gebilde und als musikalische Form, doch auch um die Inhalte. W. hat sich für diese Arbeit eine große Sammlung von Liederbüchern und Lyrikwerken angelegt, die er in einem eigenen Band vorstellt. Er hat zahlreiche Ⓜlieder aufgenommen, darunter »Maria wöllst Gott für uns bitten«, »O Maria Jungfraw rein«, »Maria Brunn der Güetigkeit«, »Ave Maria junckfreulichs Morgentaw«, »Ave Maria«, den noch immer gern gesungenen, zum Volkslied gewordenen Gesang »Der guldin Rosenkrantz« und viele lat. Ⓜlieder. Die handschriftlich überlieferte Sammlung liegt heute in der Bayer. Staatsbibl. München (Cgm. 3636–3642).

Ausg.: Proben in BB II 487–493. 1121. 1302 f.
Lit.: H. v. Malottki (Hrsg.), Kloster Seeon. Beiträge zu Geschichte, Kunst und Kultur der ehemaligen Benediktinerabtei, 1993, 331–337 (Lit.). — D. Hofmann, Die »Rhitmorum Varietas« des J. W. aus Kloster Seeon, 1994.   *H. Pörnbacher*

Werner, Gregor Joseph, * 1695 oder 1701 in Ybbs an der Donau, † 3. 3. 1766 in Eisenstadt, war als Vorgänger Joseph Haydns Kapellmeister der Familie Esterházy in Eisenstadt und versah diese Stellung bis zu seinem Tode. Seine Kompositionen weisen ihn als einen der hervorragenden Vertreter der Wiener Vorklassik aus. Neben Instrumentalmusik und Oratorien (u. a. »Mater dolorum«), Messen und 3 Requiem sind Litaneien, Vespern und Ⓜantiphonen überliefert, darunter allein 44 Salve Regina und 29 Alma redemptoris mater.

Lit.: H. Dero, Die fürstlich Esterházysche Musikkapelle von ihren Anfängen bis 1766, In: Jahrbuch für österr. Kulturgeschichte 1 (1971) 80 ff. — MGG XIV 489–494. — Grove XX 349 f.   *E. Löwe*

Wernher, Priester, Verfasser der mhd. Ⓜdichtung »Driu liet von der maget« (»Drei Bücher von der Jungfrau«, über 5000 V.), nennt sich zu Beginn des 2. Buchs: »der priester (D: »pfaffe«) heizet Wernher der des liedes began« (V. 1296 f.). Der Epilog (V. 5799–5840) berichtet über die Entstehung des Werkes: 1172 habe W. die drei Lieder über Ⓜ im Hause eines Priesters Manegolt geschrieben; dieser beriet ihn in theol. Fragen und unterstützte ihn auch in materieller Hinsicht. Wahrscheinlich entstand das Werk in Augsburg; darauf deuten Anklänge an die Liturgie der Diözese Augsburg, die Herkunft der ältesten erhaltenen Handschrift und die Sprache des Autors. In dem Anreger und Auftraggeber vermutete man, allerdings ohne große Sicherheit (vgl. Hörberg), Manegolt v. Sibinache, den Prior und späteren Abt (1179–84) des Augsburger Benediktinerklosters St. Ulrich und Afra. — W.s »Maria«, die erste größere Ⓜdichtung in dt. Sprache, steht literaturgeschichtlich am Ende der von geistlichen Denkmälern dominierten frühmhd. Periode; sie gilt auf Grund ihrer Formgewandtheit als eines der bedeutendsten Werke der dt. Lit. des 12. Jh.s.

W. hat sein Werk in drei durch ausführliche Prologe eingeleitete Bücher unterteilt, von denen jedes einem hohen kirchlichen Fest zugeordnet ist: Ⓜe Geburt, Ⓜe Verkündigung und Weihnachten (der Geburt aus der Jungfrau). Das erste »liet« handelt von der Ehe Joachims und Annas und ihrer Kinderlosigkeit, berichtet von der Zurückweisung Joachims im Tempel und seinem einsamen Leben in der Wüste bis zu dem Zeitpunkt, als ihm und seiner Frau die Geburt eines Kindes angekündigt wird, und schließt mit der Geburt Ⓜs und der Darbringung der dreijährigen Ⓜ im Tempel. Das zweite »liet« erzählt, wie Ⓜ als Tempeldienerin lebt, sich auf Grund ihres Jungfräulichkeitsgelübdes weigert, einen Mann zu nehmen, und erst durch ein Gottesurteil (das Gertenmirakel) zur Vermählung mit dem greisen Joseph bewegt wird; wie Joseph sich danach auf eine Reise begibt und Ⓜ in der Obhut von fünf Jungfrauen zurückläßt, und schließlich, wie Ⓜ die Geburt des Gottessohnes verkündigt wird. Nach der Verkündigung, der zentralen Szene der gesamten Dichtung, folgt noch der Besuch Ⓜs bei Elisabeth. Das dritte »liet« setzt ein mit der Rückkehr Josephs von seiner Reise und der Schilderung seiner Bestürzung, als er Ⓜ schwanger sieht. Nach der Aufklärung über das Geheimnis der Schwangerschaft Ⓜs durch einen Engel und der Wasserprobe, mit der Ⓜ und Joseph ihre Unschuld im Tempel beweisen müssen, wird die Geburt Christi erzählt, sodann der betlehemitische Kindermord und die Flucht nach Ägypten.

Quelle der Dichtung war das apokryphe → Ps.-Matthäus-Evangelium (ohne den Appendix mit den Wundertaten des Jesusknaben in Nazaret). Als direkte Vorlage kommt — entgegen Gijsels Ansicht — nur die älteste Fassung A in Frage, nicht auf Grund des hier vorangestellten Briefwechsels zwischen Hieronymus und den Bischöfen Chromatius und Eliodorus, auf den sich W. in V. 77–224 bezieht.

W. hat die Darstellung seiner zumeist knapp und sachlich berichtenden Quelle fast durchgehend stark erweitert. Einige Erweiterungen stammen aus den Evangelien; auf Zusatzquellen basieren auch die Wunderzeichen bei Christi Geburt und die Namensetymologien. Szenen, die im Ps.-Matthäus nur kurz angedeutet sind, werden durch lebendige und realistische Situationsschilderungen breit ausgestaltet, so z. B. die → Begegnung an der Goldenen Pforte (V. 963–1018) oder die Vermählung Ⓜs mit Joseph (D 2001–2200). Mit großem Einfühlungsvermögen versteht es W., seelische Vorgänge darzustellen: Eindringlich schildert er z. B. die Trauer Annas wegen ihrer Kinderlosigkeit (V. 473–586) oder die Bestürzung Josephs über Ⓜs Schwangerschaft (V. 3154–3228). In zahlreichen, meist hymnischen, seltener predigthaften Einschüben deutet er den Sinn des Erzählten und ordnet das Leben der Jungfrau in den Ablauf der Heilsgeschichte ein.

Das zentrale mariol. Anliegen W.s ist die Darstellung der Jungfräulichkeit Ⓜs: »maget« ist der von W. mit Abstand am häufigsten gebrauchte Titel für Ⓜ. Der Beglaubigung der

»virginitas ante partum« dienen u.a. die anschauliche Schilderung der Gebrechlichkeit Josephs, das mehrfach wiederholte Jungfräulichkeitsgelübde ᛘs und v.a. die Verkündigungsszene, bei der W. dem Lukas-Evangelium (1,26–38) folgt, das er um die Angabe zum Zeitpunkt der Empfängnis und um einen Abschnitt mit atl. Weissagungen zur Jungfrauengeburt erweitert. Bei der Bezeugung der »virginitas in partu« ist W. zurückhaltender als der Ps.-Matthäus; die Hebammenszene streift er nur kurz und preist stattdessen die Geburt ohne Schmerzen. Neben der Jungfräulichkeit steht — ohne Vorbild in der lat. Quelle — die Rolle ᛘs als Regina und Mediatrix im Vordergrund. W. betont immer wieder die Gewißheit von Gottes Gnade, die v.a. durch die Vermittlung und Hilfe der »vogetinne« ᛘ zu erlangen sei; wie die Ritter in der Schlacht der Fahne nacheilen, so solle das Heer der Christenheit Zuflucht nehmen zu dem Stern ᛘ, der es »uber daz mer« in den himmlischen Hafen geleite (V. 3108–18, D 30–33).

Nicht nur durch die Komposition des Werks stellt W. ᛘe Geburt, ᛘe Verkündigung und Christi Geburt in den Mittelpunkt, sondern auch dadurch, daß er an der Erzählung dieser Ereignisse jeweils ausführliche hymnische Einschübe anschließt (V. 1053–1114; A 2235–2308; V. 4112–46), in denen er auch auf die entsprechenden kirchlichen Festtage eingeht; beim Weihnachtsfest betont er dessen marian. Komponente. Das Fest der Conceptio ᛘe erwähnt W. nicht; für eine kritische Haltung in der Frage der UE spricht v.a. seine Stellungnahme gegen den Anna-Kult (V. 1189–1284).

W. wendet sich mit seinem Werk bes. an ein laikales gebildetes Frauenpublikum: Er empfiehlt »allen frumen wîben«, das Buch abzuschreiben und seine Verbreitung zu fördern, und versichert, daß dort, wo es aufbewahrt werde, kein mißgebildetes Kind geboren werde (V. 3027–58; vgl. auch A 4889–97). W.s ᛘdichtung hatte — gemessen an anderen frühmhd. Werken — einen relativ großen Erfolg: Vollständig ist ihr Text allerdings nur in zwei Bearbeitungen (A und D) erhalten. Daneben überliefern fünf Fragmente, von denen einige dem Original recht nahe stehen, zusammen knapp die Hälfte des Werkes. Die stilistisch und inhaltlich eigenständige Bearbeitung »D« ist von der mhd. höfischen Dichtung beeinflußt und zeigt nach Fromm ein weicheres Gottes- und ᛘbild als das Original; so wird das Verhältnis zwischen ᛘ und Christus deutlicher als »minne«-Beziehung dargestellt. Die ehemals in Berlin (Preußische Staatsbibl., mgo 109), jetzt in Krakau aufbewahrte, ca. 1220/30 entstandene Handschrift der Bearbeitung »D« ist mit einem umfangreichen Illustrationszyklus (85 kolorierte Federzeichnungen) versehen, der als das mit Abstand früheste Zeugnis für die Darstellung des ᛘlebens in der dt. Kunst gilt (LCI III 230).

Ausg.: Priester W.s Maria. Bruchstücke und Umarbeitungen, hrsg. von C.Wesle, 1927 (sog. »große Ausg.«, Paralleldruck des aus den Fragmenten hergestellten kritischen Textes und der beiden Bearbeitungen A und D). — Priester W., Maria. Bruchstücke und Umarbeitungen, hrsg. von C.Wesle, 2. Aufl. besorgt durch H. Fromm, 1969 (sog. »kleine Ausg.«, mit unverändertem Textteil, jedoch kürzerer Einleitung und ohne Reimregister und Glossar). — Des Priesters W. drei Lieder von der Magd. Nach der Fassung der Handschrift der Preußischen Staatsbibl. metrisch übersetzt und mit ihren Bildern, hrsg. von H. Degering, (1925) (mit Farbabbildungen sämtlicher Miniaturen).

Lit.: A. Schwinkowski, Priester W.s Maria. Eine Stiluntersuchung, 1932. — U. Pretzel, Studien zum Marienleben des Priesters W., In: ZfdA 75 (1938) 65–82. — H. Fromm, Untersuchungen zum Marienleben des Priesters W., 1955. — A. Masser, Bibel- und Legendenepik des dt. MA, 1976, 91–95. — J. Gijsel, Die Quelle von Priester W.s Driu liet von der maget, In: Archiv für das Studium der neueren Sprachen und Literaturen 215 (1978) 250–255. — W. Messerer, Illustrationen zu W.s »Drei Liedern von der Magd«, In: Dt. Literatur im MA. Kontakte und Perspektiven, H. Kuhn zum Gedenken, hrsg. von C. Cormeau, 1979, 447–472. — G. Lenger, Virgo – Mater – Mediatrix. Untersuchungen zu Priester W.s »Driu liet von der maget«, 1980. — N. Hörberg, Libri Sanctae Afrae. St. Ulrich und Afra zu Augsburg im 11. und 12. Jh. nach Zeugnissen der Klosterbibliothek, 1983, 245–247. — K. Stackmann, Magd und Königin. Dt. Mariendichtung des MA, 1988, 10f. 26–28. — F.G. Gentry, Bibliographie zur frühmhd. geistlichen Dichtung, 1992, 98–105. — VL¹ IV 901–910. — LL XII 263 f.

W. J. Hoffmann

Wernher der Schweizer, Verfasser eines mhd. »Marienlebens« (14914 Verse). Der Dichter teilt seinen Namen im Prolog mit: »ich, genant Wernher« (V. 10); er stammt, wie sich aus seiner Sprache (Reime und Wortschatz) erschließen läßt, aus dem Nordosten der Schweiz, nahe der Grenze zum schwäbischen Sprachgebiet. Die einzige erhaltene Handschrift seines »Marienlebens« (Heidelberg, Universitätsbibl., Cpg 372) ist auf das Jahr 1382 datiert; das Werk ist (nach P. Strauch) wohl in der 1. Hälfte des 14. Jh.s entstanden. Über die Person W.s ist nichts Sicheres bekannt, möglicherweise war er Weltgeistlicher. Biographisch auswerten lassen sich einige Stellen seiner Dichtung, aus denen sich ergibt, daß er wohl in Aachen und Rom war: So berichtet er von einem »ze den barfüssen« (in der Franziskanerkirche Santa Maria in Araceli) in Rom gezeigten → Lukasbild, das er selber gesehen habe (V. 10878–894). Im Zusammenhang mit der Erzählung von der Geburt Jesu erwähnt er, daß die Windeln des Jesuskinds in Aachen gezeigt würden (V. 2753–84).

Quelle für W.s »Marienleben« war die → »Vita beate virginis Marie et Salvatoris rhythmica«, das gleiche lat. Verswerk, das bereits vorher von → Walther v. Rheinau, dessen Dichtung W. kannte, und → Philipp v. Seitz ins Dt. übertragen worden war. W. benutzte die »Vita« in einer Handschrift mit Prosaglossen, von denen er eine Anzahl in seinen Verstext integriert hat. Auf einer Glosse basiert auch eine dem Verstext vorangestellte Prosavorrede, in der W. Dionysius (Areopagita) als Autor seiner lat. Quelle nennt: Dionysius habe in Begleitung des Apostels Paulus selber die GM gesehen und alles, was er über sie in Schriften verschiedener Sprachen finden konnte, gesammelt und zu einem Buch mit dem Titel »Marien únserre frowe leben« verbunden. Dieses Buch, so berichtet W.

weiter, habe er zunächst nur abgeschrieben und danach »über manig jar« zum Nutzen des Seelenheils von »ungelerten lúten« ins Dt. übertragen. Die merkwürdige Berufung auf den in der »Vita« nur als eine von vielen Autoritäten angeführten Dionysius als Verfasser der Quelle, mit der W. den Wahrheitsgehalt seiner Erzählung unterstreicht, erklärt sich nach Päpke daraus, daß in der Vorlagenhandschrift W.s die Glosse zu Dionysius (zu »Vita«, V. 25) ohne Trennung auf eine Glosse zum (anonymen) Autor des Gesamtwerks folgte.

W. bietet eine insgesamt getreue Übertragung der »Vita«. Er folgt genau ihrer Gliederung in 4 Bücher: 1. ⓂGeburt, Jugend und Vermählung mit Joseph (V. 1–2074); 2. Verkündigung, Geburt und Kindheit Jesu (V. 2075–6620); 3. öffentliches Auftreten, Passion und Tod Jesu (V. 6621–11728); 4. Auferstehung und Himmelfahrt Jesu, Pfingsten, Ⓜs letzte Erdenjahre, Tod und Aufnahme in den Himmel (V. 11729–14014). Er hält sich auch weitgehend an deren Kapitelreihenfolge und nimmt keine nennenswerten größeren Auslassungen oder Umstellungen vor. Zumeist überträgt er die »Vita« leicht kürzend, v. a. bei den hymnischen und deskriptiven Partien.

Charakteristischer als diese leichten Kürzungen sind für W.s Arbeitsweise jedoch die zahlreichen Zusätze, die er einschiebt: exegetische Erläuterungen, erzählende Details, redaktionelle Übergänge u. ä. Diese Einschübe, die überwiegend theol. Gemeingut der Zeit enthalten, finden sich in auffälliger Häufung in Buch 2 und 3, v. a. innerhalb der Passionsgeschichte. Durch sie gewinnen — trotz der im allgemeinen kürzenden Übersetzungsweise — diese beiden Bücher gegenüber der »Vita« an Umfang, und das Schwergewicht der Darstellung verschiebt sich zugunsten des Lebens Jesu. W. stellt stärker als die »Vita« die Erlösungstat Jesu in den Mittelpunkt. Sie erscheint v. a. als Sieg im Kampf gegen den Teufel, wie bes. in der breit ausgestalteten Schilderung der Versuchung Christi (V. 6819–6951) deutlich wird. Aus dieser Darstellungsweise des Erlösungsgeschehens erklärt sich auch die häufige Bezeichnung Ⓜs als Bezwingerin des Teufels, die in der »Vita« nur beiläufig auftaucht (»Maria que demonem prostravit«, V. 7624): »Nach ihrer Vermählung wird ihr von einem Engel verkündet: »Du wirst die helle roben mit dinem rechten glöben, den túvel überwinden, gewaltclichen binden und tretten under din fús« (V. 2049–53); bei ihrer Himmelfahrt preisen sie die Engelschöre als diejenige, »von der sich dú helle klaget, der túvel sich mit laide naget« (V. 14302 f.), »dú den sig bejaget hat, dem túvel hat gesprochen mat« (V. 14385 f.; ähnlich 14315 f., 14319 ff.).

In den ausschließlich Ⓜ gewidmeten Teilen fügt W. relativ wenige Zusätze ein: Mehrfach verweist er beim Vorkommen biblischer Cantica auf deren Gebrauch in der Liturgie, so beim »Magnificat« (V. 2371–74) und beim »Nunc dimittis«, dem Lobgesang Simeons (V. 3523 f.). Als Zeugnis für die Abstammung Josephs aus königlichem Geschlecht führt er den »Liber generacionis«, die Einleitung zum Matthäus-Evangelium, an (V. 1673–80). Josephs blühende Rute, Zeichen seiner Auserwählung als Bräutigam Ⓜs, deutet er als Symbol für Ⓜs Jungfräulichkeit und erwähnt noch weitere bekannte atl. Präfigurationen für die Geburt aus der Jungfrau: Moses' brennenden Dornbusch und Gideons Vlies (V. 1749–70). In einem nach der Beschreibung der Schönheit Ⓜs eingeschobenen Ⓜlob (V. 1015–60), dessen Form — zumeist zweihebige Kurzverse und Vierreime — sich deutlich von dem sonst gebrauchten Epenvers abhebt, preist er mit Bildern des Hohenlieds Ⓜ als »Gottes edel paradys«, als Baum des Lebens, als Palmbaum, dessen Früchte, »zwen edel dattil, apfel klain«, er mit den Brüsten, an denen das Jesuskind »mit luste sog«, identifiziert. Ein ähnlicher lyrischer Ⓜpreis beschließt die Begrüßung Ⓜs durch die Engelschöre (V. 14555–574); hier werden eine Anzahl von Bildern zur Umschreibung der Macht der im Himmel thronenden GM aneinandergereiht: »Der armen hort, der stummen wort, des todes mort, du hymel port! Der blinden weg, brug und steg über das vil wilde mer dem Gottes her in das gelopte lant! (...)«.

Ausg.: Das Marienleben des Schweizers W., aus der Heidelberger Handschrift, hrsg. von M. Päpke, zu Ende geführt von A. Hübner, 1920, Nachdr. 1967.
Lit.: M. Päpke, Das Marienleben des Schweizers W. Mit Nachträgen zu Vögtlins Ausgabe der Vita Marie Rhythmica, Berlin 1913. — P. Strauch, Rezension zur Ausg. von Päpke und Hübner, In: AfdA 41 (1922) 51–55. — A. Masser, Bibel, Apokryphen und Legenden. Geburt und Kindheit Jesu in der rel. Epik des dt. MA, 1969. — VL² IV 933 f. — LL XII 268 f.

W. J. Hoffmann

Werr, Antonia Maria, Ordengründerin (OSF-O), * 14.12.1813 in Würzburg, † 27.1.1867 in Oberzell bei Würzburg, war das achte Kind der Familie eines Beamten des → Deutschen Ordens und verlor ihren Vater bereits einen Tag nach ihrer Geburt. Die wegen der großen Anspannung früh gealterte Mutter pflegte W. bis zu deren Tod (1841). Da sie sich der Frauen annehmen wollte, die aus der Bahn geworfen und asozial geworden waren, empfahl ihr der Beichtvater die Schwestern vom Guten Hirten: Sie ging 1845 nach Namur (Belgien) und von dort in das Mutterhaus zu Angers (Frankreich), wo sie ein Probejahr blieb. Trotz Kränklichkeit sollte sie dort eingekleidet werden, sie lehnte dies aus eigenem Entschluß ab, kehrte nach Würzburg zurück und führte ihrem verwitweten Schwager Karl Freiherr v. Gemmingen bis zu dessen Tod 1849 den Haushalt. Sie lebte von einer kleinen Pension und von schriftstellerischen Arbeiten, die sie unter dem Namen ihres Beichtvaters veröffentlichte. Daneben pflegte sie Kranke, beriet Hilfesuchende, gab Privatunterricht und nahm sich eines armen, verwahrlosten Mädchens an. Am Fest des hl. → Ignatius v. Loyola legte sie 1848 in der Würzburger Minoritenkirche ihre Privatgelübde ab. In ihr reifte der Plan, eine »Besserungsanstalt« für entlassene weibliche Sträflinge zu schaffen und dazu eine rel. Gemeinschaft ins Leben zu rufen. Nach Schwierigkeiten eröffnete sie am Pfingstfest 1855 ihr Institut und legte am 27.5.1855 mit vier Gefährtinnen vor dem Guardian der Würzburger Minoriten, P. Franz Ehrenburg, vier Gelübde ab, die neben den drei ev. Räten noch das der »Seelenrettung« einschlossen. Damit waren die »Dienerinnen der hl. → Kindheit Jesu« (Franziskanerinnen v. Kloster Oberzell) begründet, die 1994 ca. 490 Mitglieder zählten. W. starb bei der Pflege von Typhuskranken. Ihre Gebeine wurden 1993 von Bischof P.-W. Scheele feierlich erhoben und in der Kosterkirche von Oberzell beigesetzt.

Wie ᛗ, die »Magd des Herrn«, stellte sich W. ganz in den Dienst der hl. Kindheit Jesu. Darin wußte sie sich auch dem hl. → Franz v. Assisi verbunden. Sie wirkte auf eine »Menschwerdung« derer hin, die durch äußere Gewalt, Ungerechtigkeit und eigene Schuld ihr Menschsein verwüstet haben. Die sozial-pädagogischen Methoden waren durchdrungen vom Vertrauen auf Gottes Heilswirken. Für W. und ihren juristisch-spirituellen Berater, den Staatsrat Max Freiherr v. Pelkhoven (1796–1864), einen Sailerschüler, war die Bindung an ᛗ wesentlich: »Im Herzen Jesu und Mariae vereinen sich alle Gesinnungen.« Die GM war für W. »das erhabene Vorbild«, »die Liebe Gottes in der Seele zu erhöhen und inniger noch als sonst alles zu lieben« (Pelkhoven an W., 14.11.1854; W. an diesen, 17./18.5.1854).

Das Wappen der Kongregation umfaßt Krippe, Kreuz und Ähren. Die Devise lautet: »Gott ist die Wahrheit«, und so vereint sich für W. das Marian. mit dem Jesuanisch-Soterol.: »In Wahrheit, nicht zum Schein stieg Er in den Schoß der heiligsten Jungfrau herab ...«, so bekennt sie in ihrer »Hausordnung« von 1857. Sie schrieb eine Reihe eindrucksvoller ᛗgebete, so 1845 an »Maria vom Trost und Loreto«: »Sei du bei mir wie die Oberin in einem Kloster ... Mein Zimmer sowie mein Herz ist eine Zelle, worin Du wohnen sollst bei mir ...« (Gebet- und Betrachtungsbüchlein). W. hatte sich seit dem Tod ihrer Mutter der himmlischen Mutter anverlobt: »... und so segne mich denn, o hl. Mutter, durch die Kraft des dreieinigen Gottes ...« (ebd). Immer wieder betete sie: »Es lebe Jesus, unsere Liebe, und Maria, unsere Hoffnung.« (ebd). »Maria vom guten Rat« rief sie 1847 in einem Gedicht an: »... und wer auf Gott und dich vertraut, auf Jesu Wort, den Felsen baut, den wirst auch du beschützen« (ebd.). Erschütternd ist ihre »Bitte zur schmerzhaften Mutter Gottes in Geistestrockenheit nach der hl. Kommunion« (1848; ebd.).

Die Verehrung der Kindheit Jesu hatte W. bei ihrem Frankreichaufenthalt über die Schriften der Karmelitin Margarete v. Beaune (1619–48) kennen und schätzen gelernt. Entsprechend der Hauptaufgabe ihrer Gemeinschaft bearbeitete sie deren Andachten und führte sie in Oberzell ein. Dazu gehört neben dem üblichen Rosenkranzgebet der sog. kleine Rosenkranz, der die Geheimnisse der Menschwerdung Jesu betrachtet, und eine Andacht an jedem 25. eines Monats. Konsequenterweise schließen die Betrachtung und Verehrung der Kindheit Jesu die Hl. Familie, nicht zuletzt den hl. Joseph, mit ein. Ihr Realitätssinn bewahrte W. davor, mit der Kindheit-Jesu-Verehrung in eine süßliche Idylle zu verfallen. Stets bleibt die Menschwerdung Christi in die universale Heilsgeschichte eingebettet, in der ᛗ einen wichtigen Platz einnimmt, jedoch als Geschöpf deutlich unterschieden vom Dreifaltigen Gott.

QQ: Nachlaß A. W.s im Mutterhausarchiv Oberzell, Zell a. Main, v. a.: Briefwechsel, bes. mit Frhr. v. Pelkhoven, P. Fr. Ehrenburg OFMConv; Statuten und Satzungen; Gebet- und Betrachtungsbüchlein; Gott ist die Wahrheit (»Testament«); Hausordnung.

WW: Gebete und Betrachtungen zu Ehren der Kindheit Jesu, verfaßt durch Margaretha v. Beaune OCarm, erstmals hrsg. durch P. D. Amelotte, 1653, überarbeitet und erweitert durch A. W., In: Ms. im Mutterhausarchiv Oberzell; aus dem Franz. übers. von P. Fr. Pösl, Das Leben der gottseligen Schw. Margaretha v. hl. Sakramente, Passau 1842; neu bearbeitet durch P. Aquilin Roßmann OFMConv.: Gebetbuch der Kongregation der Dienerinnen der hl. Kindheit Jesu zu Würzburg-Oberzell, 1929. — Das Testament der Mutter. Geistliche Unterweisungen für die Dienerinnen der hl. Kindheit Jesu, ausgewählt aus den Schriften ihrer Gründerin Schw. M. A. W. Geleitwort von Bischof Matthias Ehrenfried, 1932. — Das Leitbild A. W.s für ihre Schwestern. Dienen in Wahrhaftigkeit und Liebe, hrsg. von der Kongregation, o. J. (1968). — Gebet- und Betrachtungsbüchlein von Mutter Gründerin A. W., hrsg. von A. Heßler, 1978. — In ihrem Geist durchs Jahr mit Gebeten und Gedanken von Mutter A. W., 1993.

Lit.: Wortgottesdienste zum 25. eines jeden Monats. Typoskript vervielfältigt von der Kongregation, o. J. — 100 Jahre Kongregation der Dienerinnen der hl. Kindheit Jesu Würzburg-Oberzell, hrsg. von der Kongregation, 1955, bes. 18–24. — E. H. Tillmanns, A. W. — ein Beitrag zur Verwahrlostenpädagogik im 19. Jh., Diplomarbeit masch., Lehrstuhl für Sonderpädagogik, Würzburg 1980. — B. Albrecht, Das geistliche Vermächtnis A. W.s, 1982. — Frauensorgen. Dienerinnen der hl. Kindheit Jesu — Franziskanerinnen von Oberzell im Dienst für die Frau, hrsg. von der Kongregation, 1991. — P.-W. Scheele, Ordensfrauen machen Bistumsgeschichte, In: WDGB 54 (1992) 395–408, hier 397–401. — C. Schreiner, Frauenorden in Deutschland, 1993, 97–101.

E. Soder v. Güldenstubbe

Wert, Giaches de, * um 1535 bei Antwerpen, † 6.5.1596 in Mantua, kam früh als Sängerknabe an den Hof der Maria v. Cardona bei Neapel. Um 1558 ist er als Musiker am Hof des Grafen Alfonso Gonzaga in Novellara bezeugt, drei Jahre später am Hof des Herzogs Ottavio Farnese, danach bei Gonzalvo Fernandez v. Cordua, dem Generalgouverneur Philipps II., in Mailand, schließlich als Hofkapellmeister in Mantua.

W. komponierte in erster Linie Hofmusik. Seine 5-stimmigen Madrigale, in zwölf Büchern gesammelt, zeichnen sich durch musikalische Originalität, die zu Grunde gelegten Texte durch hohe lit. Qualität aus. Die geistlichen Werke, darunter fünf Vertonungen des Magnifikat, sowie »Ave maris stella«, »Virginis sancte« und »Virgo Maria hodie ad coelum«, beruhen meist auf einem Cantus firmus. W. ließ nur wenige von ihnen selbst drucken, was wohl an der Eigenart der Liturgie in der Hofkirche S. Barbara lag. Palestrina bewunderte W., Claudio Monteverdi musizierte mehrere Jahre unter ihm.

Lit.: M. Bernstein, The Sacred Vocal Music of G. de W., Diss., North Carolina 1964. — C. MacClintock, G. de W., In: Musical Studies and Documents 17 (1966).— MGG VI 1587–90. — Grove XX 350–356. *J. Schießl*

Wessenberg, Ignaz Heinrich v., * 14.11.1774 in Dresden, † 9.8.1860 in Konstanz, wurde 1798 Domherr in Augsburg und Konstanz, sowie 1802 Generalvikar des Bistums Konstanz. Er bemühte sich auf dem Wiener Kongreß um die Bildung einer dt. Nationalkirche unter Führung eines Primas. Nach dem Tode von Bischof Theodor v. Dalberg wurde er 1817 Kapitularvikar in Konstanz. Rom erklärte die Wahl für ungültig, was in Deutschland scharfe Reaktionen auslöste. Die Neuordnung der kirchlichen Verhältnisse in Deutschland nach der Säkularisation brachte das Ende des Bistums Konstanz und das Ausscheiden W.s.

W. war geprägt vom Geist des Josephinismus. Ein Verständnis für Wallfahrten und Volksreligiosität fehlte ihm. Als Generalvikar wandte er sich gegen Äußerungen der Mfrömmigkeit. So erlaubte er nicht den Wiederaufbau der Mwallfahrtskapelle auf dem Lindenberg bei St. Peter im Schwarzwald. In Triberg ging er gegen die Redemptoristen vor, die die dortige Mwallfahrt wirkungsvoll förderten. Auch die Wallfahrt zur Loretokapelle nach Almannsdorf bei Konstanz versuchte er zu unterbinden. Trotzdem gelang es ihm nicht, die Mfrömmigkeit zu ersticken. Auf der anderen Seite förderte er die dt. Vespern (mit dem Magnificat). Noch 1847 äußerte er sich in der Schrift »Die Erwartungen der kath. Christenheit im 19. Jh.« gegen die MV. W. hat sich vom Geist der Aufklärung bis zu seinem Lebensende nicht freimachen können.

QQ: Unveröffentlichte Manuskripte und Briefe, hrsg. von K. Aland und W. Müller, 1968 ff. — Briefwechsel W. und Zschokke, 1990.

Lit.: R. Bäumer, Görres und W., In: HJ 96 (1976) 123–147. — K. Schmalfeld, Sub tuum praesidium confugimus, In: FDA 108 (1988) 5–302, bes. 190 ff. — K. H. Braun (Hrsg.), Kirche und Aufklärung, 1989. — R. Bäumer, Marianische Frömmigkeit am Oberrhein im 19. Jh., In: FDA 111 (1991) 259–280, bes. 266 ff. *R. Bäumer*

Wessobrunn, ehemalige Benediktinerabei bei Weilheim/Oberbayern, führt ihre Gründung der Legende nach auf Herzog Tassilo III. zurück (753), dessen Jäger Wezzo in den Namen des Klosters eingegangen ist: »Monasterium ad fontes Wezzonis« (Kloster an den Quellen des Wezzo). Die drei Quellen am Gründungsort haben sich bis heute erhalten. Die ersten Mönche kamen aus Benediktbeuern, Ilsung, der erste Abt, aus Niederaltaich. Das im 9. Jh. entstandene »Wessobrunner Gebet« kam als Geschenk

Wessobrunn, Mutter der Hoffnung, um 1250, München, Bayer. Nationalmuseum

des Augsburger Bischofs Walther I. unter Abt Waltho (1130–56) in dieses Kloster. 955 zerstörten ungar. Reiterhorden das Kloster und töteten den als Seligen verehrten Abt Thiento und sechs seiner Mönche außerhalb des Klosters bei der heutigen Kreuzkapelle. Um die Mitte des 11. Jh.s besiedelten Mönche aus St. Emmeram in Regensburg das Kloster wieder: am 28.9.1057 folgte die Weihe einer Mkapelle, am 30.11.1065 die Weihe des Maltares in der neuen Abteikirche. Zeugnis der besonderen MV in W. ist die Feier der UE Ms als Hochfest schon unter Abt Luitold († 1165). Nach dem Brand von 1220, der fast den gesamten Klosterkomplex vernichtete, wurde die MV in der neuen Abteikirche (dreischiffige Basilika ohne Querhaus) durch eine Mfigur, Mutter der Hoffnung (Sandsteinplastik, heute München, Bayer. Nat. Mus.) wiederum zum Ausdruck gebracht. In der Neuzeit zeichnet sich das Kloster durch Pflege der Wissenschaft (Universität Salzburg, Studium Commune der Bayer. Benediktiner-Kongregation, Exegese, Bibelkonkordanz, Kanonistik) aus und durch die berühmte Stukkatorenschule vom 16. Jh. bis zum Ende des Klosters, das 1803 säkularisiert und bis auf wenige Reste, einschließlich der Klosterkirche, abgebrochen wurde. Die noch erhaltenen Gebäude dienen heute als Pfarrhof und als Kloster der Tutzinger Missionsbenediktinerinnen (seit 8.9.1913).

Die MV spielt im Kloster seit dem hohen MA eine unübersehbare Rolle. Abgesehen von den Bruderschaften vom Rosenkranz, von der UE, und des hl. Skapuliers zeichnete sich W. v. a. aus durch die Bruderschaft zur → »Mutter der Schönen Liebe« mit dem Gnadenbild des Prüfeninger Mönchs Inozenz Mezzi von 1704, das weite Verbreitung in Bayern und u. a. in Tirol gefunden hat. Ihr Titularfest wurde am Sonntag nach dem Fest »Maria Schnee« (5. August) gefeiert. Zu W. gehörte die Wallfahrt der »Vom Schwert durchbohrten schmerzhaften Jungfrau Maria« in → Vilgertshofen und die 1686 durch Abt Leonhard II. errichtete Heuwinkelkapelle in Iffeldorf, ebenfalls eine beliebte ⋈wallfahrt. Marian. Lit. ist in W. reichlich entstanden: sie beginnt früh und findet ihre Höhepunkte mit den ⋈gedichten von Abt Ulrich → Stoeckl im 15. Jh. und im 18. Jh. mit den Schriften der Konventualen Coelestin → Leuthner (marian. FS für Vilgertshofen, 1746; Dramen mit marian. Themen), Veremund Eisvogel (Mirakelbücher mit dem poetischen Titel »wessobrunnische Marianische Fama«, 1742–61), Gregor Zallwein, Verfasser von ⋈predigten, Roman Kandler sowie Simpert Schwarzhuber mit ihren Abhandlungen von den Vorzügen und von der Verehrung der UE. Das Anliegen des Konvents, ⋈ zu ehren, ihr Ansehen zu verteidigen und marian. Frömmigkeit zum Heil der Seelen zu befördern, ist unübersehbar.

Lit.: C. Leuthner, Historia Monasterii Wessofontani..., 1753. — G. Hager, Die Bauthätigkeit und Kunstpflege im Kloster W. und die W.er Stuccatoren, In: Oberbayer. Archiv 48 (1893–94) 195–521. — P. Lindner, Profeßbuch der Abtei W., 1909. — J. Hemmerle, Germania Benedictina II, 1970, 336–342. — R. Höppl, Die Traditionen des Klosters W., 1984. — W. Winhard, Die Benediktinerabtei W. im 18. Jh., 1988. — Ders., Kloster W. und Tirol, In: Der Schlern 63 (1989) 382–389. — Ders., Wessobrunner Prälatenleben im 18. Jh. Die Äbte Thassilo Boetzl und Beda v. Schallhammer, In: SMGB 105 (1994) 137–149. — H. Schnell und V. Schedler, Lexikon der W.er Künstler und Handwerker, 1988. — G. P. Woeckel, Pietas Bavarica. Höfische Kunst und Bayer. Frömmigkeit 1550–1848, 1992, 270–315. — Textproben von lit. Zeugnissen in BB II und III.

W. Winhard

Westrozebeke, Provinz Westflandern, Bistum Brügge, ULF von Rozebeke, seit dem 14. Jh. berühmte Wallfahrtsstätte, v. a. bei Infektionskrankheiten. Die MV in W. datiert aus der Zeit als die Genter Truppen unter Führung Filips van Artevelde von den Brügger Soldaten unter Filip van Male besiegt wurden. Ein roter Seidenfaden mit sieben Knoten an den Enden und durch ein Kreuz verbunden, deutete auf den Ort mit sieben Kapellen und einer größeren zu ⋈s Ehre. Der Seidenfaden wurde zerschnitten und die Teile an die Pilger verteilt. Während des Ersten Weltkriegs brachten zwei dt. Feldgeistliche das Gnadenbild in Sicherheit.

Lit.: A. Dedier, Geschiedenis van het miraculeus beeld der kerk van O.-L.-Vrouw van West-Roosebeke, 1923. — H. Maho, La Belgique à Marie, 1927, 583 f.

J. Philippen

Westsyrische Liturgien. Zu den W. gehören die Liturgien der → Syrer, der → Malankaren und der → Maroniten. Auf Grund der Besonderheiten im östlichen Teil des Patriarchats Antiochien spricht man auch von einem Ritus von Mossul. Letzteren verwenden auch die Malankaren, v. a. bei der Liturgie der Sakramente. Der Ritus der Maroniten geht auf eine eigenständige Entwicklung zurück und enthält neben westsyr. Elementen auch solche der Tradition von Edessa, die sich v. a. in den → ostsyr. Liturgien weiterentwickelt haben.

1. Eucharistiefeier. Die göttliche Liturgie gehört zum Typus Antiochien-Jerusalem. Keine andere Liturgie kennt mehr Anaphoren als die westsyr. Alle Liturgien richten sich nach der Struktur der nach Jakobus, dem ersten Bischof von Jerusalem, genannten, deren wesentliche Teile seit dem 4. Jh. unverändert geblieben sind. Die kürzere Fassung der Jakobusliturgie, die neben der längeren verwendet wird, geht auf Barhebräus († 1286) zurück. Eine der ältesten Liturgien ist auch die der Zwölf Apostel, die in der byz. Kirche in der Liturgie des hl. Johannes Chrysostomos ihren Niederschlag gefunden hat. Seit dem 13. Jh. ist die Struktur der W. gleich geblieben. Die syr.-kath. Kirche hat kürzlich eine Reform der Liturgie vorgenommen, die jedoch die Struktur nicht angetastet hat. Sie stützt sich auf Quellen, die ins erste Jahrtausend zurückreichen; so wurden die beiden Offizien, die der eigentlichen eucharistischen Liturgie vorausgehen, auf das Wesentliche gekürzt, und das Gabendarbringungsgebet aus diesen Offizien wieder auf seinen ursprünglichen Platz gebracht.

Die W. umfassen folgende Teile: a) In den beiden Offizien der Vorbereitung bereitet der Priester die Opfergaben vor und legt die liturg. Gewänder an (ohne Beteiligung des Volkes). b) Der Wortgottesdienst enthält die Lesungen aus der Hl. Schrift. c) Die Offertoriumsgebete erinnern an die frühere Prozession mit den Opfergaben; sie münden in das Glaubensbekenntnis zuerst des Priesters und dann des Volkes (Patriarch Petros II. Gnapheus führte es als erster in die eucharistische Liturgie ein, und seinem Beispiel folgten nach und nach alle Kirchen). Damit endet der präanaphorale Teil der Liturgie. d) Die Anaphora beginnt mit dem Friedensgebet, auf das der Friedenskuß folgt, dem Gebet der Verneigung und dem Gebet des Velums. Mit dem überlieferten Dialog wird nun das eucharistische Gebet eingeleitet, dessen Höhepunkt der Einsetzungsbericht, die Anamnese und Epiklese sind. Daran schließt sich die Große Fürbitte an, die aus sechs Kanones besteht (der lebenden Väter, der Brüder, der Herrscher, der Heiligen, der Kirchenlehrer, der Verstorbenen.). Darauf folgt der Dienst der Brechung des eucharistischen Brotes und der Vermischung. Mit dem Gebet des Herrn, das im Embolismusgebet fortgesetzt wird, beginnt die Vorbereitung auf die Hl. Kommunion. Nach dem Gebet der »Auflegung der Hände« wird Weihrauch aufgelegt zur Erhebung der Mysterien (Sancta sanctis). An dieser Stelle können einige Hymnen zu Ehren der Eucharistie gesungen werden, die → Quqlyōn heißen (»mit der seligen Jungfrau Maria«, »mit den Heiligen«, »mit den gläubigen Verstorbenen«). Nach einem kurzen Vorbereitungsgebet kommuniziert der Priester und teilt dann die Hl. Kommunion aus. (Wenn in syr.-orth. Kirchen den Gläubigen die Kommunion erst nach der Liturgie gereicht wird, zeugt dies zweifelsohne von einem Mißverständnis der Eucharistiefeier, da dabei die Danksagung für das Mahl dem Mahl vorausgeht). e) Nach der Danksagung und dem Entlassungsgebet (ḥuttōmō) segnet der Priester das Volk, bevor er den Vorhang schließt, die Reinigung der Gefäße vollzieht, einige weitere Danksagungsgebete spricht und, den Altar küssend, Abschied vom »Tisch des Lebens« nimmt.

Immer wieder wird in der Eucharistiefeier der GM gedacht. Im »Gebet der göttlichen Ökonomie« nach der Ankleidung gedenkt der Priester, die Patene in seiner rechten und den Kelch in seiner linken Hand haltend, aller Ereignisse des göttlichen Heilsplans und aller, für die er beten will, »zuerst unseres Vaters Adam und unserer Mutter Eva und der heiligen Mutter Gottes Maria«. Feiert man die Liturgie zu ihren Ehren, folgt ein längeres Gebet, in dem ihre besondere Fürbitte angerufen wird. Unmittelbar darauf, vor dem Auflegen des Weihrauchs, spricht das Proömion, das sich an Christus wendet, von ihm als »der reinen Frucht, die dem jungfräulichen Schoß entsprungen ist und die das Gedächtnis ihrer Mutter groß gemacht hat«. Nach dem folgenden → Sedrō hält der Priester das Rauchfaß über den Kelch nach Osten hin und sagt: »Preist den Herrn, ihr Rechtschaffenen! Mit dem Weihrauch geschehe das Gedächtnis der Jungfrau und Mutter Gottes Maria!« Der öffentliche Gottesdienst beginnt mit dem ʿEqbō: »Maria, die dich getragen, und Johannes, der dich getauft, seien unsere Fürsprecher ...«, und im folgenden Hymnus preisen die Gläubigen Christus, der »Fleisch von der heiligen und ruhmreichen Jungfrau Maria, der reinen Mutter Gottes«, genommen hat. Der hl., ruhmreichen, allzeit seligen Jungfrau und GM wird in der Anaphora während der Großen Fürbitte nach der Epiklese gedacht. Unmittelbar vor der Kommunion findet das → Quqlyōn der GM statt. Danach kann zu Ehren M̅s noch ein kurzer Bittgottesdienst eingefügt werden, wenn Gläubige darum in Zeiten von Not oder Krankheit nachsuchen. Diakone mit brennenden Kerzen stehen zur Rechten und Linken des Priesters, und M̅ wird unter verschiedenen Titeln angerufen, mit denen sie die hl. Dichter der syr. Kirche beschrieben haben. Dieser Bittgottesdienst schließt mit dem Gebet des Herrn und dem englischen Gruß. Er ist auch bei den Malankaren sehr verbreitet. In diesem Zusammenhang ist noch auf das M̅lob im Ritus der Kreuzverehrung hinzuweisen; er findet nach dem Quqlyōn, mit einer Prozession verbunden, an den M̅festen in den M̅ geweihten Kirchen statt.

Die Maroniten folgen im allgemeinen in der Eucharistiefeier der westsyr. Tradition. Sie haben die Liturgie einer gründlichen Reform unterzogen, ohne jedoch die Struktur zu verändern. Es sind bei ihnen 15 Anaphoren in Gebrauch, darunter die »Anaphora zur Bezeichnung des Kelchs« (der vorgeweihten Gaben) am Karfreitag. Sie gedenken der Mutter des Herrn auch in ihren besonderen diakonalen »Verkündigungen«. Die Reform der Liturgie ist noch nicht abgeschlossen und daher nicht allgemein.

2. Stundengebet. Wohl in keinem Stundengebet wird M̅ so häufig erwähnt und angerufen wie im westsyr. Der liturg. Tag beginnt mit der Vesper (ramšō) des Vorabends. Nicht nur der englische Gruß, sondern auch mehrere Strophen des Hymnus (qōlō), der nach dem Bittgebet (sedrō) und der Weihrauchdarbringung (ʿeṭrō) folgt, preisen M̅, die Tochter Davids. Im Nachtgottesdienst (līlyō) ist stets die erste »Nokturn« (qaumō) M̅ geweiht (außer am Freitag vom Beginn der Großen Fastenzeit bis zum Ende des Kirchenjahres); an allen Tagen schließt der Līlyō mit dem Magnificat und der zugehörigen Antiphon (mawrbō), die in der Regel eine Übersetzung byz. Antiphonen oder Troparien ist. In den Bittstrophen (bōʿūtō) der einzelnen Stunden, die → Ephräm, → Jakob v. Sarūg und Balai zugeschrieben werden, wird stets auch M̅ gedacht. Das Morgenlob (ṣaprō; »Laudes«), das unmittelbar der Eucharistiefeier vorausgeht, hat dieselbe Struktur wie das Abendlob und die entsprechenden marian. Gesänge an der gleichen Stelle. Von den »Kleinen Stunden« des Tages ist die Sext stets M̅ und den Heiligen geweiht, was sowohl in den thematischen Proömion-Sedrō als auch in der Bōʿūtō zum Ausdruck kommt. Am Mittwoch ist M̅ auch die Terz geweiht. In den syr. Kirchen ist das Stundengebet nicht allein Angelegenheit des Klerus und der Klöster sondern das Gebet aller Gläubigen. In vielen Familien werden Ramšō und Ṣaprō gebetet und gesungen. Die Hymnen können die meisten auswendig. Die marian. Texte machen deutlich, daß M̅ nichts aus sich selbst, sondern alles wegen ihrer einzigartigen Beziehung zum Hl. Geist ist: diese enthüllt uns M̅ als ein einzigartiges menschliches Wesen in ihrer Person, in ihrer Beziehung zu Christus und dem Vater und in ihrem Bezug zur Kirche, der sie den Hl. Geist kundtut. Es ist derselbe Geist, der am Anfang der Schöpfung über den Wassern schwebte (Gen 1,2), der in ihrem Schoß eine neue Genesis bewirkt, indem er in sie göttliches Leben haucht. »Wenn Streitende fragen, wie Maria empfangen hat, antworte ihnen weise: Wie empfangen die Bäume? — Die Bäume empfangen vom Hauch der Winde und Maria vom Hauch des Hl. Geistes.« Gott hat ihre Niedrigkeit verherrlicht, ist selber klein geworden und hat die Menschen erlöst; er hat diese in der Kirche, seiner Braut, gesammelt. M̅s

Fürsprache bei ihrem Sohn kann der Kirche und der ganzen Welt den wahren Frieden schenken. Auf Grund ihrer innigen Gottverbundenheit können daher Lebende und Verstorbene ihre Zuflucht zu ihr nehmen. Weil sie Mutter des Erlösers ist, wendet sich die Kirche immer wieder ihr zu. Wer die Texte der Väter der W. betend meditiert, dem wird deutlich, wie sie sich fast stammelnd in das Geheimnis ₥s einzufühlen suchen, um ihre Erwählung zu begreifen, ihre Reinheit, Heiligkeit und immerwährende Jungfräulichkeit zu preisen.

Lit.: I. E. Rahmani, Les Liturgies orientales et occidentales, 1929. — M. Hayek, Liturgie Maronite. Histoire et textes eucharistiques, 1964. — A. Y. Samuel, Anaphora. The Divine Liturgy of Saint James, 1967. — J. Madey und G. Vavanikunnel, Qurbana oder die Eucharistiefeier der Thomaschristen Indiens, 1968. — B. Gemayel, Prière du Croyant selon l'année liturgique maronite, 3 Bde., 1968, engl., ²1982 ff. — J. Madey, Marienlob aus dem Orient. Aus Stundengebet und Eucharistiefeier der Syr. Kirche von Antiochien, ²1982. — E. J. Mounayer, The Eucharistic Liturgy in the Syrian Church of Antioch, In: J. Madey, The Eucharistic Liturgy in the Christian East, 1982, 71–98. — E. Khoury, Genesis and Development of the Maronite Divine Liturgy, ebd. 99–131. — P. T. Givergis Paniker, The Holy Qurbōnō in the Syro-Malankara Church, ebd. 133–171. — A. Y. Samuel, Ma'de'dono. The Book of Church Festivals, 1984. — J. Madey, Anaphora. Die göttliche Liturgie im Ritus der Syro-Antiochenischen Kirche und der Malankarischen Kirche, 1992.

J. Madey

Wetterglöckchen. Der Glaube, mit Glockenläuten könne man Dämonen und Unheil abwehren, geht auf die Antike zurück. Er fand auch in den christl. Kult Eingang (bzw. er wurde von Religionswissenschaftlern/Theologen und Volkskundlern für weit verbreitet gehalten). In ihm vermischen sich Außerchristliches und Christliches. Berührungspunkt ist der Einsatz von → Sakramentalien und → Segnungen. Auch → Glocken wurden und werden geweiht. Daß eine ihrer Aufgaben auch die Abwehr von Gewittern sein soll, läßt sich seit dem SpätMA durch Glockeninschriften bezeugen, z. B. auf der großen Glocke des Münsters von Schaffhausen (1486): »Vivos voco, mortuos plango, fulgura frango« (vgl. das Motto zu Schillers »Lied von der Glocke«), auf der ₥glocke zu Frelenberg (1512)« »+ Maria heischen ich, dzo deme Dienst Gottes luden ich; den Doner verdrieven ich ...«. Das »fulgura frango, tonitrua repello« trugen Glocken häufiger.

Wettersegen, teils auch eucharistische Prozessionen gegen ein Unwetter, v. a. das Läuten beim Nahen und während des Gewitters waren seit dem SpätMA üblich. Die Sakramentsprozession wurde dann, z. B. im Augsburger Rituale von 1764, untersagt. Das Wetterläuten wurde ab 1783, ausgehend vom Erzbistum Salzburg, immer wieder verboten. Es hielt sich aber vereinzelt, z. B. im Bayer. Wald bis in die 1950er Jahre, im Chiemgau und im Inntal (Prien, Oberaudorf) bis in die Gegenwart.

Speziell der MV zugehörig sind die kleinen Handglöckchen, die an Wallfahrtsorten, bes. in Loreto, aber auch in Altötting, Lourdes und Rocamadour verkauft wurden. Ein W. fand sich z. B. im Nachlaß der Kaiserin Margarete, der Gemahlin Leopolds I. Der Aufklärer F. Nicolai schreibt über den Gebrauch in München in der zweiten Hälfte des 18. Jh.s: »Den ersten Tag, da wir in München waren, stieg ein Gewitter am Himmel auf; sogleich ward in jedem Hause ununterbrochen mit einem geweihten Lorettoglöckchen geläutet ... Man ... versicherte mich, daß so weit der Schall eines solchen Lorettoglöckchens reiche, das Wetter nicht einschlagen könne.« Im Bayer. Wald waren Loretoglöckchen, durch Hausierer verbreitet, auch bis in die 1930er Jahre in großer Zahl in den Häusern vorhanden und in Nutzung.

Lit.: F. Nicolai, Beschreibung einer Reise durch Deutschland ... VI, Berlin 1785, 711–713. — A. Franz, Die kirchlichen Benediktionen im MA II, 1909, 37–123. — BeisselMA 457–463. — A. Mitterwieser, Wetterläuten, Wetterschießen und Wetterkerzen im südlichen Bayern, In: Volk und Volkstum 2 (1937) 85–92. — Kriss-Rettenbeck 37. — L. Hansmann und L. Kriss-Rettenbeck, Amulett und Talisman, 1966, 182. — R. Haller, Wetterglaube und Wetterbrauch im mittleren Bayer. Wald, In: Der Bayerwald 66 (1974) 153–159. — M. Bitsch, »Blitz breche ich, Donner stoße ich zurück.« Über Bannglocken, Schauerkreuz und Wetterkerzen, Rundfunkmanuskript, Bayer. Rundfunk, 28. 6. 1987.

H. Schuhladen

Weyden, Rogier van der, * 1399/1400 in Tournai, † 18. 6. 1464 in Brüssel. ₥darstellungen spielen eine zentrale Rolle im Schaffen des Malers R. van der W., der zu den größten Malern der Kunstgeschichte gezählt wird. Jedoch nur einmal, in einem in Granada aufbewahrten Altar, hat Rogier das gesamte ₥leben illustriert: in den Hauptbildern stellt er die Hl. Familie, die Beweinung und die Erscheinung des Auferstandenen vor seiner Mutter dar, während die in jener Zeit üblichen reichen spätgotischen Rahmenarchitekturen stein-imitierend neben der Darstellung von Propheten und Aposteln in den Laibungen zahlreiche figürliche Szenen aus dem ₥leben enthalten.

Die Verwurzelung Rogiers in der →Mystik seiner Zeit wird auf dem Berliner Bladelin-Altar bes. deutlich. In der zum äußersten getriebenen, für die frühniederländische Kunst so charakteristischen Präzision der Darstellung des Gegenständlichen, ist die Geburt Christi in Anlehnung an die Vision der hl. Birgitta gestaltet. Die »romanische« Architektur des Stalls hat Panofsky überzeugend als Sinnbild des Alten Bundes interpretiert, der durch die Erscheinung Christi überwunden wird. Die im Vordergrund des Stalls stehende und die in der frühniederländischen Malerei geläufige Säule geht auf die »Meditationes« des Johannes de Caulibus (→Ps.-Bonaventura) zurück, nach denen sich ₥ bei der Geburt an eine Säule lehnte. Die darunterliegenden Höhlen werden in Bezug zur Geburtshöhle gesetzt. Als weitere Quelle läßt sich die Legenda Aurea des →Jacobus a Voragine in der Darstellung der Gründungslegende in der Kirche S. Maria in Aracoeli in Rom auf dem linken Seitenflügel namhaft machen: dem ein Weihrauchgefäß haltenden Kaiser Augustus erscheint um die Mittagszeit »ein güldner Kreis

R. van der Weyden, Maria mit Kind, um 1330/40, Caen, Musée des Beaux Arts

um die Sonne, und mitten in dem Kreis die allerschönste Jungfrau, die stand über einem Altar und hielt ein Kind auf ihrem Schoß. Dies wies die Sibylle dem Kaiser«. Die Außenseite des Bladelin-Altars zeigt die Verkündigung, die auch auf Rogiers Hauptwerk, dem Weltgerichtsaltar im Hôtel-Dieu in Beaune erscheint. Auf dem Hauptbild bilden ⓜ und Johannes zusammen mit Aposteln und Heiligen eine monumentale Deesis.

Auch auf dem rechten Flügel des Columba-Altars (München, Alte Pinakothek) erscheint die romanische Kirchenarchitektur als Sinnbild des Alten Bundes in der Darstellung Christi im Tempel. Der linke Flügel zeigt die Verkündigung an ⓜ, in der als Detail auf dem Lesepult die geschnitzte Szene des Sündenfalls zu sehen ist. Die Darstellung der →Ohnmacht ⓜs unter dem Kreuz zeigen die Kreuzabnahme im Prado und der Antwerpener Sakramentsaltar (Koninklijk Mus.): im Hauptschiff einer großen gotischen Kirche steht die Kreuzigungsgruppe, die in Zusammenschau mit einem im Hintergrund gezeigten Meßopfer zu einer Allegorie auf das Altarsakrament wird. Die Mitteltafel mit der Anbetung der Hirten vor der thronenden GM scheint von Stephan Lochners Kölner Dombild nicht unberührt, geht jedoch weit über dieses mögliche Vorbild hinaus. Auf einem Tafelbild mit der Kreuzigung Christi (Wien, Kunsthist. Mus.) umklammert ⓜ anstelle der Maria Magdalena, die auf dem Seitenflügel steht, den Kreuzesstamm.

Unter dem zu jener Zeit zunehmenden Einfluß der ital. Kunst — auch Rogier ist in Italien gewesen — entstanden die Darstellung der »Maria con Santi« (Frankfurt, Städel) im Stil einer →Sacra Conversazione und eine Beweinung Christi vor dem Grab (Florenz, Uffizien), die wohl in Anlehnung an ein Bild gleichen Themas von Fra →Angelico (München, Alte Pinakothek) entstand. Das Bild der ⓜ mit dem Kind im Typ der Glykophilousa (Houston, Mus. of Fine Arts) wurde von einem italo-byz. Bild in Cambrai beeinflußt, von dem damals 15 Kopien in Auftrag gegeben worden waren. In seinem berühmten Gemälde des Evangelisten Lukas als Madonnenmaler (Boston, Mus. of Fine Arts) griff Rogier das Thema der ⓜ →lactans auf, das er noch mehrmals variierte: so als Halbfigur in einem Bild in Chicago (Art Inst.), einem Flügel des Diptychons des Jean de Gros (Tournai, Mus. des Beaux-Arts) und einem Diptychonflügel der Sammlung Thyssen, zu dem noch ein Flügel mit dem Drachenkampf des hl. Georg (Washington, Nat. Gallery) gehört. Hier steht ⓜ wieder in einer reichen Rahmenarchitektur, die Szenen aus dem ⓜleben zeigt (die Zuschreibung dieses Werkes an Rogier ist allerdings umstritten). Als stehende Ganzfigur erscheint die ⓜ lactans, begleitet von der Darstellung des Sündenfalls auf einem Diptychon in Wien (Kunsthist. Mus.). Der in Caen aufbewahrte linke Flügel eines Diptychons zeigt keine lactatio, sondern ⓜ mit entblößter Brust, während sich das Kind dem Stifter (Roger Froimont?) auf dem rechten Flügel (Brüssel, Mus. Royal des Beaux-Arts) zuwendet.

Lit.: J. Destree, Rogier de la Pasture, 1930. — Th. Musper, Untersuchungen zu R. van der W. und Jan van Eyck, 1948. — H. Beencken, R. van der W., 1951. — E. Panofsky, Early Netherlandish Painting, 1953. — R. van der W. en zijn Tijd. Internationaal Colloquium, 1964. — M. J. Friedländer, Early Netherlandish Painting II, 1967. — Ausst.-Kat., R. van der W. (1000 Jahre Brüssel), Brüssel 1979. — O. Delenda, R. van der W. Das Gesamtwerk des Malers, 1988. *P. Morsbach*

White, Robert, * um 1535, begraben am 11. 11. 1574 in St. Margaret, London, studierte in Cambridge, wirkte ab 1561 als Chorregent an der Kathedrale von Ely und Chester, ab 1570 an Westminster Abbey in London. Seine Kompositionsweise verbindet die franko-flämische mit der engl. Schule. Seine Orgelkompositionen bestätigen die Verselbständigung dieses Instruments im England des 16. Jh.s. Als mustergültig wurde seine engl. KM bezeichnet. Zu seinen kirchenmusikalischen Werken in lat. Sprache zählen dagegen u. a. ein 6-stimmiges Magnificat, ein 6-stimmiges »Tota pulchra es« und ein 5-stimmiges »Regina coeli«.

Lit.: F. Hudson, R. W. and his Contemporaries, FS für E. H. Mayer, 1973, 163 ff. — MGG XIV 552–560. — Grove XX 384 f. *E. Löwe*

Wiaux, Louis-Joseph, hl. Schulbruder (FSC, Br. Mutien-Marie v. Malonne), * 20. 3. 1841 in Mellet/Belgien, † 30. 1. 1917 in Malonne/Belgien, entstammte einer einfachen Handwerkerfamilie, nahm mit 12 Jahren die Schmiedelehre bei seinem Vater auf und trat 1856 ins Noviziat der Schulbrüder des hl. →Johannes Baptist de la Salle in Namur ein. Nach zweijährigem Besuch von Übungsschulen wurde er von 1859 bis zu seinem Tod im Pensionat des Lehrerseminars St. Berthuin zu Malonne als Musik- und Zeichenlehrer eingesetzt. Im Gehorsam und mit unermüdlicher Ausdauer eignete er sich hierfür hinreichende Kenntnisse an, obwohl seine Begabung nur für den Anfängerunterricht ausreichte.

Bei der täglichen Aufsicht im Pausenhof, wo er schweigend auf und ab ging, betete er ständig den Rosenkranz und behielt mit einem Lächeln die Schüler im Auge. »Der Bruder des Ave Maria« oder »der Bruder, der immer betet«, wurde er von Schülern, Eltern und Hausangestellten genannt. Die Liebe zur GM prägte bereits die frühen Lehrjahre, wovon ein Mitlehring berichtet: »Louis-Joseph verbrachte abends oft lange Zeit kniend vor seinem Bett und betete den Rosenkranz. Manchmal lud er mich ein, ihn gemeinsam zu beten« (Huscenot 252). Die MV ist W.s Charakterzug schlechthin. Sein Vertrauen in die Hilfe der GM drückte er in den Worten aus: »Maria spielt eine große Rolle in Sachen unseres Heils; sie erwirkt uns leicht die Verzeihung unserer Fehler. Wenn wir ihres Schutzes sicher sind, brauchen wir unsern einstigen Richter nicht zu fürchten.« Und: »Ich habe sie (die hl. Jungfrau) gebeten, mich überall hin zu begleiten, und sie hat mir diese Gnade erwiesen. Ich spreche zu ihr mit einem grenzenlosen Vertrauen und mit gänzlicher Hingabe. Das ›Ave Maria‹ ist ein Gebet, welches ihr am besten gefällt, weil es sie an die erhabensten Momente ihres irdischen Lebens erinnert« (Mélage, 1933, 111). Oft versicherte er mit den Worten des hl. Johannes v. Damaskos: »Eine der größten Gnaden, die Gott einer Seele schenken kann, ist eine große Liebe zu Maria« (Rigault 230). Er zeigte dies, indem er täglich wenigstens ein Mal auf die Anhöhe oberhalb des Gebäudekomplexes zur Lourdesgrotte hinaufging und dort kniend, die Hände vor der Brust gekreuzt, im stillen Gebet versunken war. Zwei Tage vor seinem Tod sagte er dem Krankenbruder:»Welchen Trost empfindet man doch am Rand des Grabes, wo ich nun stehe, wenn man stets eine große Verehrung der allerseligsten Jungfrau gepflegt hat« (Mélage, 1933, 109). Namentlich in seinen Briefen, von denen 79 erhalten sind, wiederholte W. oft die Aussagen und Empfehlungen, wie »Ich empfehle Ihnen das ›Gegrüßet seist du, Maria‹, beim Kommen und Gehen, bei der Arbeit und während der Ruhe, und wird die heilige Jungfau mit Liebe auf Sie herabblikken« (ebd. 109). — »Nach unserm Herrn Jesus muß die allerseligste Jungfrau Gegenstand all Ihrer Liebe und Hingabe sein« (Huscenot 271). Die Kraft seines Fürbittgebetes machte Br. Mutien zum Helfer unzähliger Zeitgenossen. Am 30. 10. 1977 wurde er selig- und am 10. 12. 1989 heiliggesprochen (Fest: 30. Januar). In allen Anliegen kommen seit seiner Heiligsprechung täglich Pilger nach Malonne zum »Apostel des Ave Maria«, der fortfährt, ⓜ lieben zu lehren.

WW: Briefe: Archiv des Generalates FSC, Rom.
Lit.: F. Mélage, Le Frère Mutien-Marie, 1926, ²1927; dt.: Ein Freund der Leidenden, 1933. — G. Rigault, La dévotion mariale dans l' Institut des Frères des écoles chrétiennes, In: Manoir III 205–232. — Th. Rave, Zeichen und Zeugnis Gottes, 1976. — M.-A. Hermans, Le Frère Mutien-Marie, 1982. — H. Smullenberg, Frère Mutien-Marie, 1986. — J. Huscenot, La Sainteté par l'École, 1989. — AAS 69 (1977) 704–708; 82 (1990) 551–556. 641–643. — OR (dt.) 19 (1989) Nr. 48,3; Nr. 51/52,6. — LThK² X 1085. — BSS IX 685.   E. Dunkel (W. Baier)

Wichmans (Wychmans), Augustinus (Taufname: Franciscus), OPraem, * 7.1.1596 in Antwerpen, † 11.2.1661 in Mecheln, geistlicher Autor, legte 1613 seine Gelübde ab in der Prämonstratenserabtei Tongerlo und studierte seit 1622 Theol. in Löwen. 1628–30 war er Novizenmeister, dann Pfarrer in Mierlo und Tilburg, wo er 1634 von den Protestanten vertrieben wurde. Einige Zeit lebte er als Exilant in Antwerpen, bis er 1642 zum Koadjutor und 1644 zum Abt des Stiftes Tongerlo gewählt wurde. Nach der Brandkatastrophe von 1657 leitete er den Wiederaufbau des Klosters, das er bei seinem Tode als eine blühende Abtei hinterließ.

W. trat schon 1615 mit einer Gedichtsammlung über Heilige und Selige aus dem Orden hervor (»Epigrammata de viris sanctimonia illustribus ex Ordine Praemonstratensi«). Es folgten eine Vita seines von den Geusen getöteten Mitbruders Petrus van Kalmpthout (»Rosa candida et rubricunda«, 1625), ein moralhygienisches Lehrwerk (»Apotheca spiritualium pharmacorum contra luem contagiosam aliosque morbos«, 1626) und eine Geschichte der Prämonstratenserabtei Postel. Am bekanntesten wurde W. jedoch durch seine marian. Schriften. 1628 erschien in Antwerpen sein »Sabbatismus Marianus«, in dem er die Heiligung des → Samstags als marian. Ehrentag befürwortet. Er schildert in sechzehn Kapiteln den Ursprung, die Verbreitung und den geistlichen Nutzen dieses Brauchs, den er auch gegen Diffamierungen von seiten der Andersgläubigen verteidigt und dessen Einhaltung er sogar als Zeichen der Auserwählung ansieht. Die Schrift wurde schon 1633 von Matthaeus Willems in einer erweiterten niederländischen Fassung herausgebracht und noch 1890 ins Franz. übersetzt. W.s marian. Hauptwerk ist jedoch die über tausend Seiten im Quartformat starke Geschichte und Bestandsaufnahme der MV in Brabant (gemeint sind in etwa die heutigen Provinzen Brabant in Belgien und in den Niederlanden), »Brabantia Mariana tripartita«, die 1632 in Antwerpen erschien. Der erste Teil tut dar, daß ⓜ schon bald nach ihrem Tode in Brabant verehrt worden sei und daß Brabant aufgrund der vielen Bruderschaften, Prozessionen, marian. Samstagen, Reliquien, Wallfahrten, ⓜbücher und -traktate als Hochburg der MV gelten könne. Im zweiten Teil werden die brabantischen marian. Gnadenstätten einzeln ausführlich beschrieben, im dritten die Orden und Klöster in Brabant, die unter dem Schutz der GM stehen. 1639 legte W. eine überarbeitete Fassung von M. Groenenschilts »Lust-hof der godt-vruchtighe Meditatien« vor, die auch mehrere ⓜbetrachtungen enthält.

Lit.: Nationaal Biografisch Woordenboek V, 1003–09.
                                              G. van Gemert

Wickenhäuser, Josef (Bruder Firminus), OFM, * 19.1.1876 in Massenbachhausen bei Heilbronn, † 30.9.1939 in Düsseldorf, half dem Vater beim Hüten der Schafe und nach der Schulentlassung den Bauern bei der Feldarbeit. Nach dem Tode des Vaters (1891) verdingte er sich stundenweise bei Straßenarbeiten als Steineklopfer, um die mittellose Mutter zu ernähren. Seine Geschicklichkeit ebnete ihm den Weg zur Steinmetzlehre und seine künstlerische Begabung zum anerkannten Bildhauer. Nach dem Tode seiner Mutter und der gütlichen Trennung von seiner Verlobten trat er am 2.9.1906 in die kölnische Franziskanerprovinz ein, wo er stets zu Steinmetz- und Bildhauerarbeiten eingesetzt wurde. Manche seiner Kunstwerke signierte er nicht mit seinem Ordensnamen Br. Firminus, sondern »4–« (»vier minus«). Während des Ersten Weltkriegs 1914–18 in Belgien vorwiegend als Sani-

Br. Firminus Wickenhäuser, Madonna

täter eingesetzt, wurden seine Fähigkeiten von den Generälen des Hauptquartiers in Charleville erkannt: Marmorbüsten von Generälen, Stabsmitgliedern, Krankenschwestern, einem sterbenden Soldaten u. a. und ein Relief des hl. Antonius entstanden in jenen Jahren. Selbst Kaiser Wilhelm II. stand ihm Modell. W.s Kriegstagebuch ist erhalten.

Nach dem Krieg legte er am 8.12.1919 die ewige Profeß ab und arbeitete in seinem Atelier im Kloster Düsseldorf. Der Heiligkeit des Lebens und nicht irdischem Ruhm galt sein Streben, man nannte ihn daher »Herrgottsbrüderle«. Kreuz, Eucharistie und ⓜ, bes. als Immaculata und Mediatrix, standen im Mittelpunkt seiner franziskanisch geprägten Frömmigkeit. An der Apollinariskirche in Remagen stammen Steinmetzarbeiten und Apostelfiguren von ihm. Ferner erstellte er Steinkreuze, Kreuzwegstationen, so die 12. Station in Lebensgröße mit ⓜ, Johannes und Maria Magdalena in Bonn-Kreuzberg, Statuen franziskanischer Heiliger und ⓜstatuen. Eine Italienreise (1927) gab ihm künstlerische Impulse.

Der Wallfahrtsort → Neviges (Immaculata), für den er u. a. zwei ⓜreliefs (Aufnahme in den Himmel und Krönung, 1935) schuf, war sein vertrautestes Heiligtum. Seine erste Madonnenstatue ziert heute noch die Fassade des Franziskanerklosters in Paderborn (getreue Ersatzkopie einer alten Barockmadonna, 1926). 1927 schuf er eine Schutzmantelmadonna. Sein reifstes Werk ist eine Marmorstatuette der Immaculata, ein Geschenk für Kardinal K. J. Schulte von Köln zum Bischofsjubiläum (1935). Sein eigener Stil kommt hier ganz zum Durchbruch: klare fließende Linien und ganz hingebende Innerlichkeit. Für diese Statue gilt in besonderem Maße sein Wort: »So schön wie heute habe ich die Madonna noch nie gesehen« (Rhenania Franciscana 11 [1940] Heft 1, 38). Gemeint ist sein begnadetes Schauen in heiliger Betrachtung. Die kleine Marmorstatuette ist Vorbild für eine weitere Marmorstatue der Immaculata (2 m) und für eine Marmorbüste derselben. Am bekanntesten wurde die Statue der Mediatrix in barockem Stil, bestimmt für die Fassade einer neubarocken Kirche bei Xanten (1932). Das 92 cm hohe Tonmodell war so gut modelliert, daß mehr als 50 Kopien davon hergestellt wurden. Dieses Modell aus Tonerde ist seit 1990 in der Br.-Firminus-Krypta sichtbarer Mittelpunkt einer bruderschaftsähnlichen »Internat. Gebets- und Hilfsgemeinschaft zu Ehren der Gnadenvermittlerin Maria«. Abbildungen davon auf Fotos und Gebetsbildchen werden zunehmend verbreitet. Die Gebetsgemeinschaft ist eine Art Testamentserfüllung. Auf der Rückseite eines Fotos seiner »Gnadenvermittlerin« schrieb er drei Tage vor seinem Tod als seine letzten Worte nieder: »Maria Gnadenvermittlerin, bitte für uns! Zum frommen Andenken vom bald im Grabe ruhenden Brüderle Firminus« (Leben mit Gott 3 [1988] Nr. 259, 25). Der Seligsprechungsprozeß wurde am 29.4.1957 eröffnet. Die Positio wurde von der röm. Kongregation 1991 angenommen.

QQ: Positio super virtutibus, 1991.
WW: Aufzeichnungen, Briefe, Karten im Br.-Firminus-Archiv im Franziskanerkloster, Düsseldorf. — Briefe (mehrere Beiträge), In: Rhenania Franciscana 11–12 (1940–41).
Lit.: W. Hünermann, Das Herrgottsbrüderle, 1940. — A. Kleinsimmlinghaus, Das Herrgottsbrüderle, 1952. — A. Engemann, Der Künstler Gottes, 1961. — A. Schräder, Sie konnten es nicht wissen, 1962¹. — H. Schneider, Heiliger des Alltags, 1985. — G. Beaugrand (Hrsg.), Die neuen Heiligen. Große Christen auf dem Weg zur Heilig- und Seligsprechung, 1991, 282–285. — BSS XIV 1460. — Novenenhefte (1. hrsg. von A. Schräder, 1953; 2. von L. Thier, 1989, ²1993). — Zeitschrift: Leben mit Gott 1 ff. (1953 ff.). — Bildband über die Kunstwerke von Br. Firminus ist in Vorbereitung. *L. Thier (W. Baier)*

Wickershain, Sachsen, Muldentalkreis, Diözese Dresden-Meißen.

1186 übertrug Bischof Eberhard v. Merseburg (1170–1201) auf Bitten des Markgrafen Dedo (1144–90) Kirche und Seelsorge im Bezirk Rochlitz dem Augustinerchorherrenstift Zschillen (heute Wechselburg). Der Markgraf überließ dafür dem Bischof die ⓜkirche in W. (»ecclesiam beate Mariae virginis perpetue«). Das ist die erste urkundliche Erwähnung der dortigen Mkirche. Als Mwallfahrtsort ist W. seit Beginn des 15. Jh.s nachweisbar. Man wallfahrtete zu einem heute nicht mehr erhaltenen Gnadenbild der GM (Holz, 15. Jh.). Auf dem rechten Arm trug die bekrönte GM das Jesuskind; in der Linken hielt sie eine Birne, nach der das Jesuskind die rechte Hand ausstreckte, während die linke Hand auf seiner Brust ruhte. Hauptwallfahrtstag war das Fest Me Heimsuchung, später kamen noch die Feste Me Geburt, Me Himmelfahrt und das Kirchweihfest von W. hinzu. Päpstliche und bischöfliche Ablaßbriefe von 1422, 1423, 1425 und 1470 förderten die Wallfahrt und führten zu Erweiterungsbauten der Kirche. Mit der Einführung der Reformation verlor die Wallfahrt ihre Bedeutung, dennoch hielt sich die Erinnerung daran in W. noch bis in die Mitte des 19. Jh.s. Am Fest Me Heimsuchung fand eine Prozession mit dem damals noch vorhandenen Mbild durch den ganzen Ort statt. In die Kirche zurückgekehrt, wurde das Mbild auf dem Altar ausgestellt, wo die Ablaßurkunde Papst Martins V. (1417–31) von 1422 ausgelegt war. Man machte zwei Opfergänge um den Altar (beim Kyrie und nach dem Credo). Mit der 1853 durchgeführten Kirchenerneuerung endete dieser Brauch.

Lit.: F. H. Schödel, Urkunden und Nachrichten betreffend die vormalige Ablaßerteilung und die jetzige Ablaßfeier in der Marienkirche zu W. bei Geithain im Leipziger Kreise, Leipzig 1842. — C. Gurlitt, Beschreibende Darstellung der älteren Bau- und Kunstdenkmäler des Königreichs Sachsen, 15. Heft: Amthauptmannschaft Borna, Dresden 1891, 114 ff. — G. Wilke, Der Ablaßkäse von W., In: Mitteldeutsche Blätter für Volkskunde 1 (1926) 177 ff.   *S. Seifert*

Widenfeld, Adam v., * 1618, † 2.6.1678 in Köln, Jurist im Dienste des Fürsten von Schwartzenberg, treu kath. (aber kein Konvertit), eifrig als Wohltäter, Betreuer von Konvertiten und Verfasser einiger Kontroversschriften, v.a. aber bekannt geworden durch seine kleine Schrift »Monita salutaria BVM ad cultores suos indiscretos« (zuerst anonym erschienen, Gent 1673). Diese »Heilsamen Ermahnungen der seligen Jungfrau an ihre unerleuchteten Verehrer«, die heftige Kontroversen (v.a. seitens der Orden) auslösten, geben sich als Mahnungen der GM ähnlich wie im 16. Jh. die »Peregrinatio religionis ergo in Colloquia familiaria et Encomion Mariae« des Erasmus: I, 1932, 339–370) zur maßvollen Ausübung ihrer Verehrung und zur Vermeidung von Übertreibungen. Unter letzteren werden u.a. genannt die Anrufung Ms als »Zuflucht auch unbußfertiger Sünder« (nr. 1); das leichtfertige Festhalten an Legenden, Wunderberichten und marian. Privilegien (nr. 2); eine in Äußerlichkeiten bleibende Verehrung ohne wahre Gottesliebe (nr. 3); der Irrglaube, daß dem unbußfertigen Sünder Gebete, Devotionalien und die Zugehörigkeit zu Bruderschaften nützten (nr. 4). Forderungen ergehen dahin, daß das Lob Ms auf Gott und nicht auf sie selbst zielen solle (nr. 6); daß man M nicht »allmächtig«, nicht »Heilandin« oder »Miterlöserin« nennen solle (nr. 10); daß man nicht von Gottes Richterstuhl an M appellieren dürfe (nr. 10); daß man Christus nicht als »strengen Richter«, seine Mutter dagegen als »Mutter der Barmherzigkeit« bezeichnen dürfe (nr. 12). Schließlich werden auch noch gewisse übertriebene Frömmigkeits- und Volksbräuche abgelehnt wie die »Sklavenschaft« Ms (nr. 15); das üppige Schmücken von Mbildern mit Pretiosen angesichts von Armut und Hunger (nr. 16); das Vertrauen auf Statuen und Bilder Ms als solchen (nr. 17). Die Monita enden mit einem Gebet, das den Verfasser als Mverehrer in der von ihm vertretenen Grundauffassung der schlichten Verehrung Ms als Fürbitterin und Patronin erweist.

Das Büchlein, das, mit dem Imprimatur versehen, allein im Laufe eines Jahres mehrere Neudrucke und Übersetzungen erlebte (bes. einflußreich wurde die franz. Übersetzung: »Avis salutaires de la Bienheureuse Viérge à ses dévots indiscrèts«), gewann wegen der vom Jansenistenstreit bestimmten Zeitsituation eine sonst nicht erklärbare Breitenwirkung, welche heftige Reaktionen und Polemiken hervorrief, in welchen W. u.a. auch der Häresie geziehen wurde. Der Autor suchte sich mit dem Hinweis auf die erfolgten Approbationen seiner Schrift (Approbationes, Gent 1674) und durch eine »epistola apologetica« (Mecheln 1674) zu rechtfertigen, was jedoch aufgrund des heftigen Widerstands vieler Zeitgenossen (→ Abelly, → Cerf, → Crasset u.a.) seine Indizierung durch Dekret des Sanctum Officium vom 22.6.1676 nicht verhinderte. Alexander VIII. verurteilte 1690 formell den im 6. Monitum enthaltenen Satz: »Laus quae mihi defertur ut mihi vana est« (DS 2326).

Die geschichtliche Beurteilung des lit. Ereignisses wird zunächst festhalten, daß W. kein Jansenist war (obwohl die Jansenisten seine Thesen bereitwillig aufnahmen und benützten) und daß ihn auch der Häresievorwurf nicht trifft. Die von ihm in wohlmeinender Absicht hervorgekehrten praktischen Übertreibungen in der MV ließen seine Kritik nicht als gänzlich unangebracht erscheinen. Dagegen entbehren manche von ihm aufgestellten theoretischen Grundsätze des Realitätsgehaltes, so etwa die Forderung: »Keine Gleichsetzung Marias mit Gott oder Christus« (nr. 11); denn eine solche Gleichsetzung, welche der Lehre der Kirche strikt widerspricht, dürfte nicht einmal in der Absicht der »indiskreten Verehrer« gelegen haben. Andere von ihm in kritischer Absicht gebrauchte Formeln dürften wiederum die in der MV angelegte Problematik vergröbert oder verfehlt haben, so die Forderung, daß das Lob Ms auf Gott und nicht auf M abzielen solle (nr. 6); denn das Objekt der MV (wie ähnlich jeder Heiligenverehrung) ist die Person selbst, freilich nicht um ihrer selbst willen und nicht ohne

Wahrnehmung der Transparenz des begnadenden Gottes. Andere Vorwürfe betreffen schließlich Selbstverständliches, so wenn gesagt wird, ⟨M⟩ sei nur durch Christus »Mittlerin und Anwalt« (nr. 9). Faktisch haben die Anwürfe W.s der MV seiner Zeit zwar einen gewissen Schaden zugefügt, der aber durch die theol. Aufarbeitung behoben werden konnte, so daß die Entwicklung der MV keine wesentlichen Einbußen erlitt.

WW: Monita salutaria BVM ad cultores suos indiscretos, Gent 1673. — Approbationes libelli cui titulus Monita salutaria BVM..., Gent 1674. — Epistola apologetica quam auctor libelli cui titulus Monita salutaria BVM ... scripsit ad eiusdem censorem, Mecheln 1674.
Lit.: J. B. Terrien, La mère de Dieu et la mère des hommes IV, 1902, 478 ff. — Straeter I 351 ff. — Delius 249. — Graef 358-361. — Dillenschneider. — P. Hoffer, La dévotion à Marie au déclin du XVIIᵉ siècle. Autour du Jansénisme et des Avis salutaires de la BVM à ses dévots indiscrèts, 1938.
L. Scheffczyk / O. Stegmüller

Widor, Charles Marie, *28.2.1844 in Lyon, †12.3.1937 in Paris, war Sproß einer musikalischen Familie: der Vater war Organist in Lyon, der Großvater Orgelbauer im Elsaß. Nach seinen Studien am Conservatoire in Brüssel bei Nikolas Lemmens wurde er 1870 als Nachfolger von L. Lefébair-Wély Titulair-Organist in Saint-Sulpice in Paris. Dieses Amt hatte er 64 Jahre inne. 1890 übernahm er die Orgelklasse von C. Franck am Conservatoire in Paris und 1896 die Kompositionsklasse von Th. Dubois. Seine Kompositionen zeichnen gleichermaßen Esprit wie solides technisches Handwerk aus. W. schuf die Gattung der Orgelsymphonie, für die er mit seiner Fähigkeit zu mitreißender Rhythmik und monumentaler Wirkung bleibende Vorbilder schuf. Gregorianische Themen führt er dabei in die Symphonie gothique (»Puer natus est«, 1895) und der Symphonie romane (»Haec dies«, 1900) durch. Zu seinen Schülern zählte neben Ch. Tournemire und M. Dupré auch A. Schweitzer, mit dem er eine kommentierte Ausgabe der Orgelwerke J. S. Bachs besorgte. In seiner KM ragt die Messe für Doppelchor und zwei Orgeln hervor, die zwar die Farbpalette der symphonischen Orgel ausschöpft, aber in ihrer knappen Diktion, der stets klaren Wortverständlichkeit und dem Verzicht auf instrumentale Soli geradezu einen klingenden Kommentar zum Motuproprio Pius' X. über die KM (1903) darstellt. Das Regina coeli vertonte W. für zweistimmigen Frauenchor und Orgel, bzw. Harmonium, dazu 2 Motetten »Ave Maria« für Singstimme und Orgel.

Lit.: N. Dufourcq, La musique d'orgue française, 1949. — A. Thomson, The life and times of Ch. M. W., 1989. — MGG XIV 584 f. — Grove XX 398 f.
M. Hartmann

Wiebelskirchen, Diözese Trier, Wallfahrt zu ULF von Fatima. Die Wallfahrt zur Fatimamadonna in der 1913 errichteten Pfarrei W. ist die jüngste saarländische ⟨M⟩wallfahrt. Am 10.12. 1939, als der Trierer Bischof Franz Rudolf Bornewasser die Diözese → Trier unter den Schutz der UE ⟨M⟩s stellte, gelobte die Kirchengemeinde W. mit ihrem Seelsorger Theodor Schorr, eine Statue zur Regina Pacis »als bleibendes Denkmal gläubigen Vertrauens für künftige Geschlechter« aufzustellen, falls die Ortschaft unversehrt den Weltkrieg überstünde. Am 14.5. 1940 wurde das Gelübde erfüllt und die Statue ULF von Fatima in einem Kapellenrundbau auf dem Vorplatz der Pfarrkirche aufgestellt. Am 13.5.1951 wurde die Wiebelskircher Statue als erste Fatimastatue nach der Krönung in Fatima (13.5.1946) durch den Apost. Visitator für das Saarland, Msgr. Dr. Michael Schulien SVD, gekrönt. Die Stätte der MV entwickelte sich bald zur ⟨M⟩wallfahrtsstätte; der Ausbau der Wallfahrtsanlagen zog sich bis 1958 hin. Im Laufe der folgenden Jahre wurden in den Anlagen eine Kapelle zu Ehren der Hl. Familie, ein Bild der GM vom Berge Karmel und eine Kapelle zu Ehren der Sieben Schmerzen ⟨M⟩s errichtet. Hauptwallfahrtstage waren früher die 13. Monatstage als Tage der Erscheinungen ⟨M⟩s in Fatima, ferner sämtliche anderen ⟨M⟩feste als sog. »Kleine Wallfahrtstage«. Heute ist eine Beschränkung auf den jeweiligen 13. Tag der Monate Mai bis Okober eingetreten; man zählte in den 70er Jahren jeweils noch eine größere vierstellige Zahl von Pilgern an den stark besuchten Wallfahrtstagen im Mai und Oktober.

Lit.: Wiebelskirchen. Ein Heimatbuch, bearb. von K. Hoppstädter, 1955, 304-306. — Wallfahrt zu ULF vom Rosenkranz von Fatima Maria zum Frieden Wiebelskirchen, o. O. und o. J. — J. Schreiner, Zu ULF. Mariengnadenstätten in dt. Landen in diözesaner Sicht, 1967, 155. — H. Thul, Blieskastel und W., zwei saarländische Marienwallfahrten und ihre Physiognomie, ungedruckte Diplomarbeit an der Theologischen Fakultät Trier, 1979. — In Gottes Namen unterwegs. Wallfahrten im Bistum Trier, 1987, 87.
M. Persch

Wiederherstellerin des Erdkreises. Mit W. ist der von → Eadmer ⟨M⟩ zugesprochene Titel »reparatrix perditi orbis« (PL 159,572) gemeint. ⟨M⟩ hat in ihrer überragenden Reinheit nicht nur die durch die Ursünde verwundete Lage des Menschen, sondern auch die gesamte in Mitleidenschaft gezogene Schöpfung wiederhergestellt und verdient deshalb diesen Titel und das Lob der durch sie wiederhergestellten Welt (per eam reparatus mundus). Die christol. Zentrierung des Titels bleibt unangetastet (vgl. ebd. 577). Die Sache findet sich mit ähnlichen Bezeichnungen bei → Anselm (PL 158,952: mundi reconciliatrix; 954: aula universalis propitiationis, causa generalis reconciliationis; 956: mater rerum recreatarum, mater restitutionis omnium [op. om. II, ed. Schmitt, 1968, 17. 20. 22]), aber ebenso schon bei → Irenäus (vgl. adv. haer. 3,22,4). In der → Karolingerzeit wird das Wort in seinen Verbaloder Substantivformen häufig gebraucht. Zu einem feststehenden Ausdruck dürfte es erst gekommen sein, als Hartmann v. St. Gallen († 924) in einem litaneiähnlichen Lied unmittelbar nach der Hl. Dreifaltigkeit die »reparatrix inclita mundi« anruft. In Hymnen aus späterer Zeit wird ⟨M⟩ »vitae reparatrix« und »lapsorum reparatrix« (Ps.-Anselm, PL 158,1037. 1039) genannt. Das nicht bes. aufschlußreiche Register bei Migne (PL 219,516) führt folgende Wendungen an: »Reparatio casus, reparatio desperatorum, reparatio vitae omnium; reparatrix innocentiae, reparatrix ruinae coelestis«. Von diesen vielen Benennungen erfuhr die Formulierung Eadmers eine gewisse Renaissance durch ihre Verwendung durch Pius X., der daraus die Ausspendung »aller Gnadenschätze« durch ⋒ ableitete (Ad diem illum laetissimum: zum 50. Jahr der Dogmatisierung der UE; vgl. Graber 143). Von der »reparatrix« (ohne perditi orbis!) spricht auch Pius XI. (Miserentissimus Redemptor: AAS 1928, 178). Im MA scheint der Titel mehr in der Linie: Erbsünde, neue Eva, Miterlösung gebraucht zu werden, in den letztgenannten Texten mehr im Sinne der Gnadenmittlerschaft.

Lit.: Manoir III 489–506 (Lit.). — Scheffczyk (Reg.; Beiworte für ⋒). *A. Ziegenaus*

Wien, Österreich, Bundeshauptstadt und Bundesland, kirchlich bis 1469 zum Bistum → Passau gehörig, dann eigenes Bistum, seit 1722 Sitz des Erzbischofs, traditionell im Kardinalsrang.

Die Stadt W. ist an marian. Heiligtümern außergewöhnlich reich. Über die Verehrung der GM in der Epoche der ersten Christianisierung W.s während der Römerherrschaft in Ufernoricum und Pannonien ist allerdings noch nichts überliefert. Die Kunde setzt im MA ein. Der Tradition nach sei von Donauschiffern über dem Steilufer eines Donauarmes bei W. eine ⋒kapelle »Maria am Gestade« (später auch »Maria Stiegen« genannt) errichtet worden, was mit dem Passauer Chorbischof Madelvin (gegen 900) in Zusammenhang gebracht wurde. Dieses »Betkirchlein« dürfte eines der drei sein, die 1137 für W. urkundlich erwähnt sind, doch ausdrücklich wird es im Stiftsbrief des Schottenklosters 1158 genannt. Dieses Datum liegt in der Epoche der Ausgestaltung der Stadt W. nach der Verlegung der herzoglichen Residenz aus Klosterneuburg hierher durch Heinrich II. Jasomirgott. Er ließ die kleine ⋒kapelle zur Kirche ausbauen, zunächst im romanischen Stil; 1394–1427 wurde sie gotisch umgebaut und ist in dieser Form noch heute erhalten als älteste ⋒kirche Wiens.

Mit dem Namen dieses Babenbergers ist die Benediktinerabtei zu den Schotten als ihrem Stifter engstens verbunden. Diese Kirche wurde der »glorreichen Jungfrau Maria« und dem hl. Gregor geweiht und besaß schon im Anfang einen ⋒altar, wohl mit einem Standbild der GM. Die heute noch hochverehrte »Schottenmadonna«, eine romanische Steinplastik, stammt etwa von 1220; bei den beurkundeten Steinmetzarbeiten eines Klosterbruders im 15. Jh. dürfte es sich um Überarbeitungen handeln. Dieses älteste marian. Gnadenbild W.s zeigt ⋒ majestätisch thronend mit dem Jesuskind auf ihrem Schoß. Zu allen Zeiten vertrauensvoll im

Wien, Stephansdom, »Dienstbotenmuttergottes«, um 1325

Konvent verehrt, gewann das Bild in den Notzeiten des 17. Jh.s den meisten Zulauf. In Prozessionen wurde es zum Stephansdom getragen, so etwa 1645, als das schwedische Heer an die Stadt heranrückte, und während der Belagerung durch die Türken 1683. Die Rettung der Stadt und zahlreiche wunderbare Erhörungen sind dem Gebet vor dieser Gnadenstatue zugeschrieben worden.

Reich an Beweisen lebendigen ⋒kultes durch die Jh.e ist der Stephansdom. Das älteste Zeugnis ist das Fragment eines Freskos aus dem 13. Jh. am Westwerk des Doms. Dem spätromanischen Stil entsprechend ist ⋒ hier als königlich thronende Mutter des Salvator Mundi dargestellt. Seit 1310 ist in der Stephanskirche ein ⋒altar bezeugt. Er stand im nordseitigen Schiff der gotischen Chorhalle, im »Frauenchor«, der gänzlich der GM gewidmet war, sowohl betreffend die farbigen Pfeilerfiguren wie auch die bunten Glasfenster. Wie sehr die GM in der spätma. Frömmigkeit W.s präsent war, ist auch an den zahlreichen M-bildern in allen anderen Teilen des Doms zu ermessen; so gibt es die »Schutzmantelmadonna« in drei Figuren, deren älteste aus dem 14. Jh. stammt. 1493 (Todesjahr Kaiser Friedrichs III.) schenkte ein W.er Bürger der Kirche das Gemälde »Maria in der Sonne«, das »alte« Gnadenbild, das M als apokalyptische Frau mit der Kaiserkrone darstellt. Das Stadtvolk verehrte dieses Bild in schlichter Frömmigkeit; zwei Jh.e später leistete hier Leopold I. das Versprechen, unter Ms Schutz die kath. Kirche in → Ungarn wieder aufzurichten.

Als weitere Stätten der Zuflucht galten zwei spätma. überlebensgroße M-statuen, deren überlieferte, volkstümliche Legenden sie beliebt machten: die »Dienstbotenmuttergottes« und die »Hausmutter«. Die erste, eine Sandsteinfigur im Stil der »schönen Madonnen« (um 1325), bis 1948 in der Barbarakapelle des Doms, steht heute nahe beim Südtor. Die »Hausmutter« aber ist eine 1784 aus dem aufgelösten Augustinerinnenkloster zur Himmelpforte übernommene hoch aufgerichtete, gefaßte und gekrönte M-figur mit dem Jesusknaben auf dem Arm. Sie war im 17. Jh. im Kloster neu entdeckt und zu höchsten Ehren gebracht worden; hierzu verhalf auch Kaiserin Claudia Felizitas, die Gemahlin Leopolds I., die zu ihrer Verehrung eine Gesellschaft adeliger Frauen zusammenschloß. Heute steht sie in der Eligiuskapelle, dem Ort ganztägiger Anbetung.

Etwa aus der gleichen Epoche stammt die Steinfigur einer stehenden M mit Kind, die aus dem aufgehobenen Kloster St. Jakob an der Hülben 1784 dem Kloster der Salesianerinnen am Rennweg übergeben wurde, wo sie als dessen größter Schatz verehrt wird. An großen M-festen pilgert die Klostergemeinde zu dieser Gnadenstatue, um M neuerlich als »Oberin und Mutter zu erwählen«. 1944 blieb die Madonna von einer knapp daneben einschlagenden Bombe unversehrt.

Neben den innig verehrten Steinfiguren und M-bildern zeigten auch die gotischen Flügelaltäre die Mutter des Erlösers inmitten des Heilsgeschehens, nun auf eine menschlich einfühlsame Weise, wie z.B. der Wiener-Neustädter Altar in St. Stephan. Der Meister des Schottenaltars verlegte biblische Szenen gar nach W., so die Begegnung Ms mit Elisabeth in die Kärntnerstraße.

Der GM geweihte Bruderschaften an W.er Kirchen, z.B. als eine der ältesten die Zeche ULF bei den Schotten oder die vom Dominikanerorden gegen Ende des 13. Jh.s errichtete Rosenkranzbruderschaft, waren wesentliche Träger der Volksfrömmigkeit, die ihre Mitglieder lehrten, das Leben und Leiden Christi im Blick auf M zu betrachten.

Ein Merkmal ma. Frömmigkeit waren die zahlreichen Wallfahrten, die zu den Gnadenstätten in W. selbst zogen, aber auch zu jenen in der Umgebung. Ein solcher vielbesuchter Wallfahrtsort ist Maria Hietzing mit einer M-statue auf dem Hochaltar, an die sich eine Legende aus der Zeit der ersten Türkenbelagerung W.s (1529) knüpft; → Maria Lanzendorf mit der neuen Barockkirche erlebte nach der Reformationszeit einen stetigen Aufschwung und nach → Mariabrunn wagte man 1610 von St. Ulrich aus wieder eine öffentliche Wallfahrt.

Die ref. Lehre hatte sich nicht nur — wie später die Aufklärung — gegen eine überwuchernde Heiligenverehrung gewandt, sondern auch die MV befallen. Durch bewußte Bemühung im Rahmen der kath. Erneuerung erwachte diese gegen Ende des 16. Jh.s zu frischem Leben und im 17. Jh. in neuem Stil zu hoher Blüte.

1576 wurde im W.er Jesuitenkonvikt die »Mariae-Himmelfahrt-Bruderschaft« begründet. Nach dem Vorbild der ersten dt. marian. Kongregation in Köln legte jeder W.er Sodale ein Gelöbnis der Hochhaltung der Ehre Ms ab, unter deren Schutz die ganze kath. Reform gestellt wurde. Die Himmelfahrt Ms galt als Ausdruck des Sieges des wahren Glaubens, wie auch die UE Ms dafür zum Symbol wurde. Viele Me-Himmelfahrtsbilder in W.er Kirchen stammen aus dieser Zeit und sind von diesem Geist geprägt. So hat Kaiser Ferdinand III. 1648 für den M-altar in St. Stephan eine Assumpta malen lassen, und der neue Hochaltar wurde durch ein Standbild der Himmelskönigin gekrönt. Für den M-altar in der Schottenkirche malte damals Tobias Bock ein Himmelfahrtsbild von hoher künstlerischer Qualität.

Mehr noch als die himmlische Glorie Ms wurde jedoch deren UE betont. Obgleich noch nicht dogm. definiert, hat doch dieses Glaubensgeheimnis die Frömmigkeit und die Kunst im barocken W. und Österreich zutiefst geprägt. Schon seit 1501 legten die Theologieprofessoren an der W.er Universität den »Immaculataeid« ab und 1620 setzte Melchior Klesl als Bischof von W. das Fest der UE am 8. Dezember für seine Diözese als Feiertag ein. Ferdinand III. bekräftigte sein erwähntes Versprechen von 1645 in einem offiziellen Akt am 18.3.1647 und gelobte, das Fest von nun an jährlich in seinen Erzherzogtümern feiern zu lassen; gleichzeitig übergab er seine Person, seine Familie, seine Völker und Provinzen der Himmelskönigin zu eigen. Die zu diesem Anlaß auf dem Platz »Am Hof« errichtete M-säule (→ Säule) ist von seinem Nachfolger Leopold I. bei der Erweiterung des Gelöbnisses 1667 durch die heutige aus Erz ersetzt worden. Nach diesem Vorbild wurden zahlreiche Immaculatasäulen auf Stadtplätzen Österreichs, aber auch in W. selbst (z.B. vor der Piaristenkirche) aufgestellt.

Die Religiosität der gesamten Habsburgerdynastie war in jener Epoche so sehr marian. geprägt, daß die Hochschätzung der Immaculata neben der Eucharistieverehrung als Grundpfeiler österr. Herrschaftsanspruchs galt und Element der »Pietas Austriaca« war. Dies spiegelte sich naturgemäß in der Volksfrömmigkeit wider: Standbilder ⓜs, die mit ihrem Fuß der Schlange den Kopf zertritt, oder die Mondsichel unter den Füßen hat, fanden sich häufig an Eingängen oder in Nischen W.er Bürgerhäuser. Kaiserin Eleonora Magdalena, Gemahlin Leopolds I., gehörte dem Bund der Sklavinnen ⓜe in Bayern an.

Außerhalb der Stadtmauern sind nun marian. Kultsätten durch neu in W. eingezogene Orden entstanden. So ist 1698 für die Kirche der Serviten in der Roßau das im Orden verehrte Bild der »Santissima Annuntiata« aus Florenz für den Hochaltar nach W. gebracht worden. Es befindet sich jetzt in der Peregrinkapelle und wurde in der Kirche durch ein Verkündigungsbild des 19. Jh.s ersetzt. Die Kirche »Maria Hilf« wurde 1689 vom Barnabitenorden für Wallfahrten zu dem schon sehr verehrten Mariahilfbild, einer Kopie nach dem Gemälde Lucas Cranachs, das aus Dresden über Passau nach Innsbruck gelangt war, erbaut. Auch das Gnadenbild »Maria Treu« (»Virgo fidelis«) in der Piaristenkirche über dem Tabernakel des Hochaltars ist eine gleichzeitig mit dem Bau gestiftete Kopie des Originals in der röm. Ordenskirche. Das prächtige Gotteshaus selbst, ein Hauptwerk L. v. Hildebrands, erhielt dessen Namen.

Aber auch alte Kirchen im Zentrum der Stadt wurden durch marian. Kultgegenstände bereichert: So barg die Augustiner Hofkirche seit 1627 eine Nachbildung der »Casa Santa« in Loreto. Hier ist die Verkündigung an ⓜ bes. gefeiert worden, bis Kaiser Joseph II. die Kapelle entfernen bzw. verlegen ließ. Auch das kostbare Gemälde »Maria Schnee«, eine der ersten Kopien des röm. Gnadenbildes von Maria Maggiore, ist heute im Besitz des Augustinerklosters. Es stammte von Erzherzogin Elisabeth, der verwitweten Königin von Frankreich, die es 1574 nach W. gebracht und dem Königinkloster der Klarissen vermacht hatte, wo es bis zur Klosteraufhebung 1784 hochverehrt wurde.

Eine weitere barocke Darstellung von »Maria Schnee« in der Annakirche dürfte nach dem Vorbild der »Dreimal wunderbaren Mutter« im Jesuitenkolleg Ingolstadt angefertigt worden sein. Das in zahlreichen Kopien verbreitete Gnadenbild der »Mutter vom guten Rat«, das 1759 auf Wunsch Kaiserin → Maria Theresias in der Kirche St. Rochus und Sebastian aufgestellt worden war, ist seit einigen Jahren das Ziel einer Monatswallfahrt.

Auch einige vor Vernichtung gerettete Kultgegenstände kamen nach W. Die große Holzfigur über dem Hochaltar der Franziskanerkirche »Maria von Grünberg« sollte zur Zeit der Glaubenskämpfe in Böhmen 1575 durch Beilhiebe zertrümmert werden, wurde aber nur beschädigt und kam 1614 in die neu erbaute Kirche. Das Bild »Maria mit dem geneigten Haupt« ist eine gerettete Kostbarkeit des Karmels in Döbling: der Karmelitenpater Domenico a Jesu Maria hatte es in Rom im Schutt gefunden und dann immer bei sich getragen. Die Michaelerkirche birgt (seit 1673) eine berühmte, aus Candia/Kreta durch einen kaiserlichen Oberst nach W. gebrachte Ikone der → Hodegetria, die bes. in Pestzeiten Schutz gewähren sollte.

Der auffallend erweiterte Herkunftsradius rel. Denkmäler im Barock hängt mit der damals größten Ausdehnung der Monarchia Austriaca zusammen, deren fixe »Haupt- und Residenzstadt« seit dem frühen 17. Jh. W. geworden war.

Die marian. Volksfrömmigkeit wurde durch die Persönlichkeit des Augustinerpredigers → Abraham a Santa Clara kräftig gefördert und das Gebet zur Hilfe der Christen wuchs in den Notzeiten von Krieg und Pest. Das Fest ⓜe Namen wurde in Erinnerung an den Sieg bei W. am 12. 9. 1683 von Papst Innozenz XI. eingeführt.

Wenig später trat ein Ereignis ein, das die marian. Vertrauens- und Dankeshaltung zu einem neuen Höhepunkt führte. Auf die beglaubigte Kunde hin, eine bäuerliche ⓜikone habe im ungar. Dorf Pócz (→ Máriapócz) im November und Dezember 1696 oftmals Tränen vergossen, ließ Kaiser Leopold I. dieses Bild nach W. bringen, wo es auf Anregung des Kapuziners P. → Markus v. Aviano im Dom und dann von Pfarrei zu Pfarrei in Bitt- und Bußandachten verehrt wurde. Der Sieg des christl. Heeres bei Zenta am 11. 9. 1697 löste dann einen kaum vorstellbaren Andachtsimpuls aus und machte »Maria Pötsch« bis heute zum erstrangigen W.er Gnadenbild. Zunächst auf dem Hochaltar des Stephansdomes ausgestellt, wurde es 1948 auf den gotischen Puchheimaltar übertragen. 1942 wurde vor diesem Bild die ganze Erzdiözese der GM anvertraut.

Ist man im Laufe des 18. Jh.s unter dem steigenden Einfluß kirchlicher Aufklärung sowohl hinsichtlich der Vielzahl an Bruderschaften wie auch an wundertätigen Bildern zurückhaltend geworden, so setzte jetzt die Gewohnheit ein, Kirchen unter einem bestimmten Aspekt der GM zu weihen. Dies geschah schon, als die Salesianerinnen ihre neue, von Kaiserin Wilhelmine Amalia gestiftete Klosterkirche nach der »Heimsuchung Mariens«, dem Titel des Gesamtordens, benannten. Die prächtige Kirche wurde 1717–38 von D. Allio erbaut, das Hochaltarbild zeigt die Heimsuchungsszene. Ähnlich war es bezüglich der Kirche ⓜe Geburt, für die F. A. Maulpertsch das entsprechende Gemälde schuf (1763).

Die durch Aufklärung und Josephinismus weitgehend unterbundene und daher verkümmerte ⓜfrömmigkeit wurde durch den W.er Romantikerkreis um den hl. Clemens Maria → Hofbauer († 1820) neu geweckt. Dieser »Apostel Wiens« lehrte das Volk von neuem das Beten des Rosenkranzes, was er selbst beständig tat.

Zu seiner »Mutter und Königin« hatte er grenzenloses Vertrauen und schätzte v. a. das in der W.er Tradition so verwurzelte Geheimnis der Immaculata hoch. So ist es nicht verwunderlich, daß schon 1836 das Bild der Unbefleckten Jungfrau nach der »Wunderbaren Medaille« — die in Paris 1832 geprägt und bekannt gemacht worden war — von L. Kupelwieser für den Hochaltar der W.er Peterskirche gemalt wurde und dann nochmals für Maria am Gestade, die Kirche des Redemptoristenordens. Dieser Orden hat auch die »Muttergottes von der immerwährenden Hilfe« in W. heimisch gemacht.

Die Verehrung der UE erhielt 1854 anläßlich ihrer Dogmatisierung nochmals entscheidenden Aufschwung. In einer bedeutsamen Feier im Stephansdom und vor der M-säule wurde damals das Gelöbnis von 1647 erneuert. Der 1855 nach W. berufene Lazaristenorden gab seiner 1860–62 errichteten Kirche den Titel der UE, und zahlreiche Gotteshäuser erhielten in der Folgezeit Standbilder der Immaculata, meist nach dem Vorbild der Erscheinungen von Lourdes 1858. V. a. aber wurde jetzt die makellose Jungfrau der Jugend als Ideal vorgestellt. Dies geschah in kath. Instituten, und dort bes. durch die marian. Kongregationen der Jesuiten, die 1857 von der Universitätskirche ausgingen, später auch in Pfarreien aufgebaut wurden und bis ins 20. Jh. wichtige Träger des rel. Lebens der Laien waren.

Den politischen Kampf um die Rechte der Kirche in der »liberalen Ära« kennzeichnet das unter dem Protektorat von Kardinal Othmar v. Rauscher erbaute triumphale Gotteshaus »Maria vom Siege« in Wien-Fünfhaus (1864–75). Aber die sozialen Probleme der erweiterten Stadt erforderten neue Methoden und Einsätze. So wirkte der Männerapostel Heinrich Abel SJ durch seine berühmten Predigten und Wallfahrten nach → Mariazell mit Beteiligung von bis zu 6000 Männern. Für seine Kongregation der Kaufleute wählte er den alten Titel »Dreimal wunderbare Mutter«, den er auch den »Töchtern der göttlichen Liebe« für ihre M-kirche als Zentrum ihrer Werke für Mädchen (seit 1868) vorschlug. P. Anton Schwartz gründete in W. zur Betreuung der Arbeiter seine Ordensgemeinschaft der Kalasantiner, deren Kirche den Namen »Hilfe der Christen« erhielt.

Nach dem Ersten Weltkrieg war die Not an Seelsorgsstellen in den Außenbezirken der Großstadt so brennend geworden, daß man sich mit Notkirchen behalf, die später zu Gotteshäusern ausgebaut wurden. Unter ihnen sind etliche der GM geweiht, einige wurden als Pfarrkirchen von Orden übernommen, etwa »Königin des Friedens« von den Pallotinern, »Maria vom Berge Karmel« von den Karmeliten, »ULF vom Allerheiligsten Sakrament« von den Eucharistinern (alle im 10. Bezirk); im 20. Bezirk entstand die »Muttergottespfarre« Augarten; »Maria Namen« im 16. Bezirk, als Pfarrkirche anläßlich des Katholikentages 1933 eingeweiht, widmete sich als erste der Verehrung des Unbefleckten Herzens M-s nach der Botschaft von Fatima.

In jener Periode erhielten die W.er auch zwei neue Wallfahrtsstätten: das Kirchlein »Maria Grün« in den Praterauen und die Lourdesgrotte in der Waldlandschaft von Gugging bei W.

In der Zeit des Nationalsozialismus (1938–45) wurden die meisten marian. Aktivitäten unterbunden. Die Weltweihe durch Papst Pius XII. 1942 an das Unbefleckte Herz M-e blieb jedoch nicht wirkungslos und gab Impulse, die sich in den nächsten Jahren konkretisierten.

1947 wurde in W. der »Rosenkranz-Sühnekreuzzug« begründet. P. Petrus Pavlicek OFM hatte eine Herz-M-e-Statue aus Fatima in der Franziskanerkirche aufgestellt und durch Aufruf zu täglichem Rosenkranzgebet für den Frieden der Welt eine mächtige Bewegung ins Leben gerufen, der die Befreiung des Landes von Fremdbesetzung 1955 zugeschrieben wird. Zum Dank und als Bekenntnis wird jährlich am Fest M-e Namen eine große M-feier gehalten.

Am 2. 2. 1949 wurde in W. das erste Präsidium der Legio M-s Österreichs aufgestellt und damit die Ganzhingabe an M in Verbindung mit systematischem Apostolat bekannt gemacht. Unter der geistlichen Leitung des Theologieprofessors Dr. Friedrich Wessely wurde von W. aus die Legio in raschem Tempo in ganz Österreich ausgebreitet und derzeit wird sie in die ehemals kommunistischen Nachbarländer gebracht.

Auch andere marian. Bewegungen leisten ihren Beitrag zur Neubesinnung auf die Bedeutung der GM in der Kirche und im persönlichen Glaubensleben, so die stark marian. geprägte → Schönstatt-Bewegung oder auch besondere Gebetskreise.

Lit.: A. Missong, Heiliges Wien. Ein Führer durch W.s Kirchen und Kapellen, 1948. — M. Woinovich, Die Heiligenverehrung der Gegenreformation und des Barock im Spiegel der W.er Kirchen, ungedruckte Staatsprüfungsarbeit am Institut für österr. Geschichtsforschung, Wien 1948. — Gugitz I. — F. Jantsch, Marian. Österreich, 1957. — H. Pfundstein, Marian. Wien, 1963. — R. Perger und W. Brauneis, Die ma. Kirchen und Klöster W.s, 1977. — A. Coreth, Pietas Austriaca, ²1982. — A. Fenzl, Maria im Dom, In: Servitium Pietatis, FS für H. H. Groer, 1989. — W. Bandion, Steinerne Zeugen des Glaubens. Die hll. Stätten der Stadt W., 1989.   *A. Coreth*

Wienhäuser Liederbuch. Im ehemaligen Zisterzienserinnenkloster → Wienhausen (Niedersachsen) wurde 1934 eine spätma. Sammlung (Hs. 9) gefunden, in der nach 1480 auf 40 Blättern von mehreren Händen 35 nddt., 17 lat. und 6 gemischtsprachige Lieder (davon 15 mit Noten) aufgezeichnet worden sind. Sie enthält u. a. solche Unikate wie die Ballade »Elisabeth von Thüringen« (Nr. 42), Zeitlieder über den Hostienfrevel zu Breslau von 1453 (Nr. 21) und zu Blomberg im Jahr 1460 (Nr. 22), die Lieder »Vom Esel in der Schule« (Nr. 18) und »Häsleins Klage« (Nr. 58), am Schluß findet sich noch eine parodistische Strafpredigt an Nonnen in nddt. Reimprosa (Nr. 60). Der Handschrift ist ein Blatt mit der »Vogelhochzeit« (Nr. 59) vorgebunden. Trotz zahlreicher Unica ergeben sich Querverbindungen zu anderen nddt. Liederhandschriften wie zum »Ebstorfer«, zum »Werdener Liederbuch« und zum »Liederbuch der Anna von Köln«, die alle etwas jünger sind.

Die hauptsächlichen Liedthemen legen eine Entstehung der Sammlung in einer rel. Frauengemeinschaft, wahrscheinlich in Wienhausen selbst, nahe: Weihnachten, Ostern, Jesusminne und im Schlußteil v. a. Ⓜ︎lieder, darunter — vielleicht als älteste Aufzeichnung — eine nddt. Fassung des ursprünglich oberdt. elfstrophigen »Maria zart« (Nr. 43; → Lyrik), das im 16. Jh. ungemein breit (auch im Druck) überliefert, variiert und kontrafaziert wurde. In diesem Lied klingen mit der Bitte um Ⓜ︎s Fürsprache in der Todesstunde und beim Jüngsten Gericht, mit dem Hinweis auf die → Compassio Ⓜ︎e und mit dem Ⓜ︎preis Themen an, die sich z. T. auch in den anderen Ⓜ︎liedern der Sammlung finden; sie halten sich insgesamt von theol. Spekulationen frei.

Ausg.: P. Alpers, Das W., In: Niederdt. Jahrbuch 69/70 (1943/47) 1–40. — H. Sievers, Das W. Faksimile und Kommentar zu den Melodien, 1954.

Lit.: LL XII 321. – VL² V 1264–69; IX (im Druck)   *J. Janota*

Wienhausen, Niedersachsen, ehemaliges Zisterzienserinnenkloster, Patrozinium BMV, Alexander und Laurentius, 1225 gegründet durch Agnes, Markgräfin von Meißen, Schwiegertochter Heinrichs des Löwen, 1233 bestätigt durch Bischof Konrad II. von Hildesheim, ehemalige Archidiakonatskirche. Das Kloster ist als drei- (Westflügel), bzw. zweigeschossiger Backsteinbau (Nordflügel) mit zweigeschossigem Kreuzgang (verbunden mit der Nonnenkirche) unter reichlicher Verwendung von Fachwerkkonstruktion vollständig erhalten. Die schlichte, vielfältig gegliederte Bauanlage mit zwei Kreuzgängen und einem prächtigen Nonnenchor in der Kirche, zwar bis ins 18. Jh. wiederholt umgebaut, bildet dennoch eine malerische Einheit und vermittelt in ihrem Gesamtcharakter den lebendigen Eindruck eines ma. Klosters. Seine Blütezeit lag im Hoch- und SpätMA. Mit ca. 600 Urkunden im Klosterarchiv und zahlreichen Gegenständen des alltäglichen Gebrauchs kann man das Klosterleben genau rekonstruieren. Reiche Kunstschätze, Skulpturen wie auch großformatige gewebte Wandteppiche sind erhalten. Im Nonnenchor sind die ursprünglichen Wand- und Deckenmalereien erhalten sowie der Altar (1519) mit der GM über dem Gnadenstuhl, der auf Hostie und Kelch aufruht. Die Seitenflügel des Altares enthalten Bilder aus dem Leben Ⓜ︎s. Neben der »Wienhäuser Madonna« gibt es in W. eine Fülle, überwiegend marian. geprägter Kunstwerke. Berühmt ist das völlig erhaltene Wienhäuser Liederbuch von 1470 mit 59 Liedern (16 in lat., 38 in niederdt. Sprache, 5 Lieder wechseln zwischen lat. und niederdt. Verssprache). Es sind zum großen Teil Originallieder, fast ausschließlich geistlichen Inhalts, ein Viertel davon Ⓜ︎lieder, die Mehrzahl ehrt Ⓜ︎ wenigstens mit einer Liedstrophe. Ⓜ︎ wird gepriesen als die »Gnadenvolle« und »Sündenreine«, als »Königin, Gnadenmittlerin und Trösterin der Sünder«. Der fromme, marian. geprägte Geist der Nonnengemeinschaft, die 1469 durch Kloster Derneburg bei → Hildesheim eine Reform erfahren hatte, bewährte sich in heftigem Widerstand gegen die Einführung der Reformation. Herzog Ernst von Braunschweig ging 1531 mit Gewalt gegen das Kloster vor, zerstörte das Kapitelgebäude, vier Kapellen, den Schlafraum der Laienschwestern, die Klostermauer und die Propstei. Alle diese Gebäude ließ er später wieder errichten. Der Konvent spaltete sich unter dem äußeren Druck: eine Minderheit beanspruchte die Alleinbenutzung der Kirche, die Mehrheit feierte mit der dem alten Glauben treu gebliebenen Äbtissin im Kreuzgang täglich die Hl. Messe. 1564 wurde das Kloster gewaltsam der neuen Kirchenordnung unterstellt, die aber erst gegen Ende des 16. Jh.s angenommen wurde. Als letztes hatten 1614 die Konventualinnen ihren weißen Mantel abgelegt und mit einer bürgerlichen Tracht vertauscht. Damit wurde das Kloster aufgelöst und in ein adeliges Damenstift umgewandelt. Die Einrichtung der weltlichen »Äbtissin« blieb bis auf den heutigen Tag; eine geistliche Tages- und Lebensordnung gibt es allerdings nicht mehr, an Sonn- und Festtagen besuchen die Konventualinnen in ihrer Tracht den Gottesdienst. Ein Porträt der letzten Äbtissin hängt im Kloster. Ihr Gesichtsausdruck deutet die Gewissensqual an, die sie bei der Einführung der neuen Lehre durchzustehen hatte.

W. gilt als Beispiel für jene ehemaligen Frauenklöster in Niedersachsen, die in Damenstifte umgewandelt, formal eine »Äbtissin« besitzen, aber praktisch der Verwaltung der »Hannoverschen Klosterkammer« unterstellt sind. Einige gehören im Rahmen dieser Verwaltung zu den »Calenberger Klöstern«.

Daß die Einführung der neuen Kirchenordnung in W. zu Diskrepanzen geführt hat, ist kein Einzelfall. Bemerkenswert ist z. B., daß man bei Umbauten in der ehemaligen Klosterkirche der Augustinerinnen in Wennigsen (Kreis Hannover) auf einen vermauerten Raum stieß, in dem die Nonnen vor dem Zugriff der Verfechter der neuen Lehre die alten kostbaren Ⓜ︎bilder aus dem 12. Jh. versteckt hatten. Eine Plastik, Mutter mit Kind, von einem bestickten Seidenmantel umhüllt, könnte ein Gnadenbild gewesen sein. Erstaunlich ist, wie lange sich einige Frauenklöster über die Reformationszeit hinaus trotz aller Widerstände gehalten haben. In Eldagsen (Ortsteil Springe, Deister) war 1435 im Verbund mit der Windesheimer Kongregation ein Kloster »Marienthal« nach der Regel des hl. Augustinus gegründet worden. Die Schwestern beteten die marian. Tagzeiten, fertigten Paramente, aber auch weltliche Kleidungsstücke und unterhielten eine Art Nähschule. In ihrem Klostersiegel erscheint ⟨M⟩ mit dem Kind im Strahlenkranz. Die Schwestern hielten auch dann noch am kath. Glauben fest, als die gesamte Umgebung prot. geworden war. Sie mußten Not und Schicksalsschläge erleiden, ließen sich aber nicht von ihrem kath.-marian. geprägten Leben abbringen. Als im Dreißigjährigen Krieg 1626 das Dorf durch Brandschatzung fast völlig zerstört wurde, blieben die Schwestern bis 1647, bis sie buchstäblich ausstarben.

Wenn diese Calenberger und viele andere ehemalige, in Damenstifte umgewandelte Frauenklöster — typisch für Niedersachsen und Schleswig-Holstein — heute kaum noch geistliche Zentren sind, erst recht keine Stätte der MV, so haben sie doch die Kunstschätze, darunter sehr viele ⟨M⟩bilder und Statuen, sorgfältig aufbewahrt, gepflegt und verwaltet. Auch sind diese »Klöster« immer noch sichtbare Zeugen einer großen marian. Tradition. Norddeutschland, das erst nach der ersten Jahrtausendwende christlich geworden war, erlebte von Anfang an die hohe Blütezeit des vom ⟨M⟩kult reich gesegneten MA.

Das Erbe der MV ist vertan, um so mehr weiß die Nachwelt ihre Spuren zu schätzen. In vielen äußeren Zeichen ist in diesen »Klöstern« das MA stehengeblieben. Kein anderer Heiligenname wird in diesem Land so oft genannt wie der Name ⟨M⟩s: Marienau, Mariengarten, Marienhagen, Marienhöhe, Mariensee, Marienrode, Marienthal, Marienwerder, Marienstein und Marienburg. Es gab zahllose kleinere und größere Wallfahrtsorte zu Ehren der GM. Sie waren das belebende Element der Frömmigkeit im MA.

Lit.: J. Busch, Chronicon Windeshemense, hrsg. von K. Grubbe, Halle 1886. — H. Hoogeweg (Hrsg.), Hochstift Hildesheim, Hannover und Leipzig 1908. — P. Alpers (Hrsg.), Das Wienhausener Liederbuch, 1950. — H. Appuhn, Wienhausen, 1955. — Ders., Chronik des Klosters W., 1956. — M. Hamann und E. Ederberg, Die Calenberger Klöster, 1977. — F. J. Wothe, Hildesheimer Marienbuch, 1982. — H. Appuhn, H. Grubenbecher, D. Klatt und J. Rheinländer, Kloster W., 1986.   *F. J. Wothe*

Wigratzbad, Lkr. Lindau (Bodensee), Diözese Augsburg. Die Gebetsstätte W., 12 km nordöstlich von Lindau, entstand aus einer Lourdesgrotte, die Antonie Rädler (1899–1991) zum Dank für die wunderbare Errettung aus Todesgefahr 1936 hatte errichten lassen (Nationalsozialisten hatten sie überfallen und mit dem Tode bedroht). 1938 entstand neben dieser Grotte eine Kapelle zu Ehren ⟨M⟩s unter dem Titel »der unbefleckt empfangenen Mutter vom Sieg«, die jedoch erst 1940 benediziert werden konnte, da Antonie Rädler zwischenzeitlich von der Gestapo verhaftet und ins Gefängnis gebracht worden war. In der Nachkriegszeit und bes. Anfang der 70er Jahre nahm der Pilgerstrom durch die marian. Predigten des Passionistenpaters Johannes Schmid (1897–1987) stark zu (bis zu 1000 Omnibusse jährlich). Der damalige Diözesanbischof Josef Stimpfle (1963–92 Bischof von Augsburg) gestattete 1963 zum ersten Mal die öffentliche Meßzelebration; 1976 weihte er die große Sühnekirche auf den Namen der »vereinten Herzen Jesu und Mariens« und erhob den Ort zu einer kirchlichen Gebetsstätte (Amtsblatt für die Diözese Augsburg, 1976, Nr. 11). Seit 1984 leiten Diözesanpriester die Seelsorge. Im Herbst 1988 bezogen auf Wunsch der Päpstlichen Kommission »Ecclesia Dei« die Patres der Priesterbruderschaft St. Petrus zwei Gebäude und unterhalten dort ein Priesterseminar, das aber von der Gebetsstätte unabhängig ist. Die Gebetsstätte W. sieht ihre Aufgabe in der Abhaltung von Sühnenächten und in der Pflege kirchlicher MV ganz allgemein. Die Ereignisse mystischer Natur (z. B. mehrere ⟨M⟩erscheinungen an Antonie Rädler) sind noch nicht untersucht worden.

Lit.: P. J. Schmid, Führer durch die Gebetsstätte Maria vom Sieg in W., ³1977 (auch franz.). — Ders., Das Geheimnis von W., o. J. (1983; auch franz.). — L. Dorn, Die Wallfahrten des Bistums Augsburg, ⁴1983. — W. Schmid und I. Mennel, Marienwallfahrten im Allgäu, 1990. — Bischof J. Stimpfle, Predigt anläßlich der Beerdigung von Fräulein Antonie Rädler am 12. 12. 1991, In: Mitteilungen der Rosenkranzbruderschaft W., 1992, Nr. 17 (auch franz.). — E. Rösermüller, W., another Fatima?, 1993 (auch span.).   *R. Gläser*

Wijdeveld, Gerard (Egbert Antoon Maria), * 17.6.1905 in Nijmegen, niederländischer Dichter und Übersetzer, studierte Altphilologie in Nijmegen und promovierte 1937 an der Universität Amsterdam mit einer Dissertation über Augustinus' »De Magistro«, war Studienrat und später Gymnasialdirektor u.a. in Utrecht und Overveen. W. gehörte dem Kreis junger kritischer Katholiken um die lit. Zeitschrift »De Gemeenschap« (1925–41) an, in der er 1934 ein satirisches Gedicht über die Kolonialpolitik der kath. Staatspartei veröffentlichte, das viel Aufregung verursachte. Er zählte zu den bedeutendsten kath. Dichtern der dreißiger Jahre. Die Sammlungen aus dieser Zeit, »Het vaderland« (1930), »Het voorschot« (1935) und »Zomerwolk« (1942), enthalten sowohl profane als auch geistliche Gedichte, das rel. Moment ist in ihnen aber unüberhörbar. Nach 1945 kam es über W.s schriftstellerische Tätigkeit in den Jahren der Besetzung der Niederlande zu einer Auseinandersetzung, die ihn eine Zeitlang als Dichter verstummen ließ. Erst 1955 erschienen weitere Gedichtsammlungen: »Vijf geheimen« (1955) und »Hoogvlakte« (1957); sie knüpfen an die ältere Tradition an, die Sprache der Gedichte ist aber durchweg schlichter. Als Übersetzer wurde W. v.a. bekannt durch seine niederländische Fassung von Augustinus' »Confessiones« (»Belijdenissen«, 1963) und »De civitate Dei« (»De stad van God«, 1983), er übertrug aber auch die »Nachfolge Christi« und Werke von Platon und J. H. Newman.

Unter W.s ⟨M⟩gedichten nehmen solche, die die Geheimnisse des Rosenkranzes zum Gegenstand haben, eine zentrale Stellung ein. Bereits in der Sammlung »Het vaderland« finden sich Gedichte wie »Annunciatie«, »Visitatie«, »De wedervinding« und »Kroning van Maria«, die thematisch in diesen Bereich gehören. Die Bilder, die W. evoziert, sind oft überraschend: so erweist in »Annunciatie« der ganze himmlische Hof M seine Reverenz und ist sie bei der Heimsuchung im Zyklus »Visitatie« zum »verloren instrument« geworden, das ganz ausgerichtet ist auf das große Herz, das in ihrem Schoß pocht. In »Het voorschot« kreist der Zyklus »Opdracht in de tempel« (Darstellung im Tempel) um die Frage Ms, weshalb Gott als Opfer Gott darzubieten sei. Der Sammlung »Vijf geheimen« verleiht der Zyklus über die fünf freudenreichen Geheimnisse sogar den Titel. Ins Auge springt hier, erst recht gegenüber den älteren Gedichten, die die gleiche Thematik behandeln, die Betonung der Alltagswirklichkeit in der Darstellung der biblischen Geschehnisse, die wirkungsvoll kontrastiert mit den hohen Geheimnissen der Menschwerdung, was oft zu eindrucksvollen Bildern und Formulierungen führt, etwa wenn es im Verkündigungsgedicht von der jungfräulichen Mutter, die zur Braut des Hl. Geistes wird, heißt, daß gleichsam in einem Atemzug Gott zu ihr, zu uns, ja in die menschliche Zeit schlechthin gekommen sei: »Wanneer de ademtocht in haar verglijdt, / is God met haar, met ons, in onze tijd«. Von W.s übrigen Mgedichten, die nicht Themen der Rosenkranzgeheimnisse behandeln, ist bes. das Gedicht »De naam Maria« in der Sammlung »Zomerwolk« zu erwähnen, das hervorhebt, daß die wahre Bedeutung des Namens »Maria« sich nicht dem Scharfsinn der Gelehrten erschließe, sondern nur durch die Liebe zur GM nachempfunden werden könne.

Lit.: H. Kapteijns, Het maandblad De Gemeenschap, 1964. — H. Scholten, Aspecten van het tijdschrift De Gemeenschap, 1978. — A. Venema, Schrijvers, uitgevers en hun collaboratie I: Het systeem, 1988. *G. van Gemert*

Wijnegen, Provinz und Bistum Antwerpen, ULF vom blühenden Weingarten. Nach der lokalen Überlieferung habe ein Knecht aus dem Gasthaus »De Kraan« bei Arbeiten im Wald unter den Baumrinden plötzlich ein Mbild entdeckt. Er habe es mit nach Hause genommen und versteckt, aber am folgenden Tag sei es wieder unter den Rinden gewesen. Als der Knecht sein Erlebnis erzählt hatte, errichtete man für das Mbild eine Kapelle; heute befindet es sich auf einem Seitenaltar in der Pfarrkirche, wo es v.a. am Fest Me Geburt (8. September) verehrt wird.

Lit.: H. Maho, La Belgique à Marie, 1927, 592f. *J. Philippen*

Wilhelm V., bayer. Herzog (1579–97), * 29.9. 1548 in Landshut, † 7.2.1626 in München, erhielt auf Grund seiner tiefen Frömmigkeit und seines überzeugten Wirkens im Sinne der Gegenreformation den Beinamen des »Frommen«. Stichjahr für die Reformbestrebungen W.s ist das Jahr 1583: Damals entschieden bayer. und span. Truppen die »Kölner Frage« gegen den zum Prot. übergetretenen Kölner Erzbischof Gebhard Truchseß v. Waldburg zu Gunsten der kath. Partei, wodurch fast 200 Jahre lang nachgeborene bayer. Prinzen auf dem Kölner Kurfürsten- und Erzbischofsthron saßen. Ferner legte W. 1583 den Grundstein zur Michaelskirche in München, die durch ihr theol.-ikonographisches Programm und durch das Wirken der Jesuiten zum künstlerischen Wahrzeichen und geistigen Zentrum der Gegenreformation wurde. 1597 übergab W. die Regierung seinem Sohn → Maximilian I. und zog sich in der Sehnsucht nach innerem Frieden zu Gebet und Sammlung in die Einsamkeit zurück.

W.s besondere marian. Frömmigkeit äußert sich in den Wallfahrten nach Andechs und Altötting, Tuntenhausen, Einsiedeln und Loreto sowie in der Gründung der Erzbruderschaft »Mariä zu Alten Oetting«, deren Mitglieder sich verpflichteten, möglichst alle vier Jahre nach Altötting zu wallfahrten. 1580 stiftete W. ein geschnitztes Mbild, das später durch J.G. Seidenbusch nach Aufhausen bei Regensburg kam; ferner stiftete er das Gnadenbild der GM mit Kind vor einem sternförmigen Hintergrund für den 1616 gegründeten und 1802 säkularisierten Wallfahrtsort → Taxa.

Lit.: K. J. Baudenbacher, Die Marienverehrung in Bayerns Königshause, 1918, 62–73. — B. Hubensteiner, Vom Geist des Barock, 1978, 112–115. — G. B. Woeckel, Pietas Bavarica, 1993. — W. Brandmüller, Handbuch der bayer. Kirchengeschichte II, 1993. *F. Trenner*

Wilhelm v. Auxerre (Altissiodorensis), Archidiakon von Beauvais, magister theol. in Paris, starb bei seinem zweiten Romaufenthalt 1231, einer der renommiertesten Theologen des 13. Jh.s, dessen Name entgegen sonstigen Gepflogenheiten der damaligen Lit. auch häufig zitiert wird. Von den zwei als authentisch anerkannten Schriften W.s behandelt die »Summa de officiis ecclesiasticis« die im liturg. Chorgebet gefeierten Mfeste der Reinigung im Tempel, der Verkündigung, der Assumptio und der Geburt Ms. Im Rahmen seiner Besprechung des letztgenannten Festes rechtfertigt W. die Feier der Empfängnis Ms in einigen Kirchen. Zwar sei auch M in der Erbsünde empfangen, doch werde damit der Lebensbeginn der künftigen GM gefeiert, so wie die Todestage der Heiligen nicht wegen des Todes, sondern wegen des neuen Lebens kommemoriert werden (Martineau 47 f.). Die wirkungsgeschichtlich ungleich bedeutsamere »Summa aurea« thematisiert die Mariol. nur nebenbei zur Exemplifizierung breiterer Problemkreise. So teilt das Tieropfer Ms die Vergeblichkeit aller Opfer des älteren Bundes, die allenfalls »ex opere operantis« gnadenhaft waren, von sich aus aber von Gott nur »quasi voluntate coacta« zugelassen wurden (IV, tract. ii, cap. 1, ed. 15–17). W. zitiert → Johannes v. Damaskos, um den nach dem Wesen der Transsubstantiation fragenden Theologen mit der fragenden 🕮 (Lk 1,34 f.) zu vergleichen, da beide zur Antwort auf die Kraft des Hl. Geistes verwiesen werden (IV, tract. vii, cap. 2, ed. 145). Im Rahmen der Christol. findet 🕮 kaum Erwähnung (vgl. II, tract. iii, cap. 7, ed. 30). »Es fällt auf, daß in diesem Aufbau die Mariologie ganz unterschlagen ist« (Breuning 4). Die Vernachlässigung mariol. Themen wurde durch die christol. Position W.s erleichtert, der zur Betonung der Einheit Christi die Subsistenzchristologie gegenüber den Assumptus- und Habitus-Modellen favorisierte und fortentwickelte (vgl. Principe).

WW: Summa de officiis ecclesiasticis, ungedruckt; zur hs. Überlieferung vgl. J. Ribaillier, Introduction générale, In: Ders., Magistri Guillelmi Altissiodorensis, Summa Aurea, 1987, 11–15 und DSp VI 1192–94. — Summa aurea, hrsg. von J. Ribaillier, 6 Teil-Bde.

Lit.: R. M. Martineau, La Summa de officiis ecclesiasticis de Guillaume d'Auxerre, In: Etudes d'histoire littéraire et doctrinale du XIIIe siècle. 2e serie, 1932, 25–58. — W. Breuning, Die hypostatische Union in der Theologie W.s v. A., Hugos v. St. Cher und Rolands v. Cremona, 1962. — W. H. Principe, William of Auxerre's Theology of the Hypostatic Union, 1963. — J. Ribaillier, a. a. O.   *R. Schenk*

Wilhelm v. Malmesbury, OSB, * 1093 in Somerset/England, † nach 1143 in Malmesbury, wo er in der Abtei Bibliothekar war. Wegen seiner »Gesta rerum Anglorum« (1120) und »Gesta pontificum Anglorum« (1125) berühmt geworden, verfaßte u. a. auch Kommentare zu »Lamentationes« und »Deflorationes« des hl. Gregor.

Das Werk »De laudibus et miraculis Sanctae Mariae« in zwei Teilen konnte nach eingehenden wissenschaftlichen Forschungen (A. Mussafia, H. Barré und J. M. Canal) in voller Länge W. zugeordnet werden, wobei J. M. Canal W.s Abhängigkeit von Ps.-Augustinus bis in die Ausdrucksweise hinein nachweisen konnte. Die Wundergeschichten entsprechen dem Stil der Zeit, Heilungen und Bekehrungen werden unmittelbar dem Eingreifen 🕮s zugeschrieben, das ganze Leben war von dem Glauben an ihre Mittlerschaft durchdrungen.

Eine Besonderheit stellen W.s Betrachtungen zur Aufnahme 🕮s in den Himmel dar, die W. der Aufzählung von 🕮s Tugenden hinzufügt. Zwar sei bei Gott kein Ding unmöglich (»nihil est impossibile«), man müsse aber rational argumentieren und so entspreche die Verherrlichung der GM dem Verdienst, das sie durch Übung der Tugenden erworben habe; ihre kindliche Hingabe (an ihren göttlichen Sohn), ihre Unschuld und Unberührtheit und das Fehlen eines Grabes ergänzen seine Argumentation.

In seinem »Liber de antiquitate Glastoniensis Ecclesiae« erwähnt er zudem »ein gewisses Bild der seligen Maria« (PL 179,1698C), ein Hinweis auf eines der ältesten 🕮heiligtümer Englands.

Lit.: A. Mussafia, Studien zu den ma. Marienlegenden. Sitzungsberichte der Kaiserlichen Akademie der Wissenschaften in Wien. Phil.-historische Klasse 121 n. 18, Wien 1891, 18–30. — H. Barré, Le De quatuor virtutibus et son auteur, In: EphMar 3 (1953) 231–244. — J. M. Canal, Guillermo de Malmesbury y el Pseudo-Augustin, ebd. 9 (1959) 479–499 (mit Text zur Aufnahme 🕮s aus Salisbury, Paris, Cambridge). — Ders., El libro »De Laudibus et Miraculis Sanctae Mariae« de Gulliermo de Malmesbury, OSB: Estudio y texto, 1968. — DSp VI 1220 f. — NCE XIV 927 f. — Theotokos 366.   *M. O'Carroll*

Wilhelm de la Mare, OFM, † 1298, war 1274–75 Magister in Paris, danach wieder in seiner Heimat England. Von ihm erhalten sind ein Sentenzenkommentar, Quaestiones disputatae, ein Quodlibet und einige Predigten. In der Schrift »Correctorium fr. Thomae« stellt er sich → Thomas v. Aquin entgegen. W. war → Bonaventuras Denken verbunden und der jüngeren Franziskanerschule zugehörig. In der sich entfaltenden Immaculatalehre gehört er mit zu jenen Franziskanern, die der Meinung entgegentreten, daß von Adam ein kleiner Teil des menschlichen Fleisches unversehrt geblieben, aus dem dann der Leib 🕮s gebildet worden sei. Ihr Gegenargument ist die universale Erlösungsbedürftigkeit; das läßt sie für 🕮 an dem zeitlichen Nacheinander von erbsündlicher Infektion und nachfolgender Heiligung festhalten.

Lit.: E. Longprè, Maitres franciscains de Paris. Guillaume de la Mare, In: France franciscaine 4 (1921) 288–302. — E. Chietini, La prima santificazione di Maria SS.ma nella scuola francescana del sec. XIII, In: VirgoImmac VII/1, 1957, 1–39. — LThK^2 X 1138.   *F. Courth*

Wilhelm v. Newburgh (auch W. Parvus genannt), CanAug, engl. Historiker, * um 1136 in Bridlington, † um 1200 in Newburgh, veröffentlichte neben der »Historia Rerum anglicarum«, einer Chronik der engl. Geschichte 1066–1198, auf Bitten Rogers, des Abts der nahegelegenen Zisterzienserabtei Byland, einen umfreichen Kommentar zum Hohenlied in der »Explanatio sacri epithalami in Matrem Sponsi« in 8 Büchern. Er kannte zwar die Kommentare der Kirchenväter Augustinus, Leo und Gregor sowie die des Rupert v. Deutz, Honorius Augustodunensis, Philipp v. Harvengt und Wilhelm v. Weyarn, legte aber das gesamte Wissen des 13. Jh.s über 🕮 sehr unabhängig dar.

W. nahm an, daß 🕮 mit der Erbschuld belastet war, von Adam her sterblich und der Erlösung im Blut ihres Sohnes bedurfte. Sie besaß nicht die Fülle der Heiligkeit, »sed de plenitudine Sponsi accepit«. Für W. war 🕮s Zustimmung bei der Inkarnation von größter Bedeutung, weil von ihr das »Heil aller abhing«. Ihre Zustimmung machte sie zur »cooperatrix« in der Inkarnation. Ihre eigene Heiligung war für W. ein Geheimnis.

Wie später Papst Pius XII. begründete W. 🕮s Königtum mit ihrem Anteil an der Erlösung, so wie Christi Königtum aus dem Gehorsam im Leiden hergeleitet wird. W. benützt nicht das Wort »corredemptrix«, bereitet aber die Miterlöserschaft 🕮s mit den Worten »commoriendo, compatiendo, comortua und consepulta« vor, wie er auch die GM sagen läßt: »Devote cooperer redemptioni humanae«.

W. lehrte die geistliche Mutterschaft der GM in Verbindung mit dem mystischen Leib Christi. Nach Christi Himmelfahrt habe ℳ einen besonderen Dienst bezüglich der Gnade übernommen. Wie sie durch ihre Liebe Anteil an Christi Tod hatte, so hatte sie auch Anteil an seiner Auferstehung und Glorie.

Einzigartig in W.s Lehre ist die Auffassung, daß ℳ bes. für das jüdische Volk gebetet habe. Sie erinnert ihren Sohn, daß er von ihnen dem Fleische nach abstamme und nur deshalb die Erlösung wirken konnte. ℳ bete zwar für die Sünder, aber diese müssen selbst bereuen und den Weg wirklicher Umkehr beschreiten.

WW: William of Newburgh's Explanatio sacri epithalami in matrem Sponsi, A Commentary on the Canticle of Canticles, hrsg. von J. G. Gorman, 1960.
Lit.: H. E. Salter, William of Newburgh, In: The English Historical Review 22 (1907) 510–14. — C. H. Talbot, A Letter of Roger Abbot of Byland, In: Analecta Sacri Ordinis Cisterciensis 7 (1951) 218–231. — H. Barre, La maternité spirituelle de Marie dans la pensée médiévale, In: EtMar 99 (1959) 101–103. 117. — DSp VI 1223–27. — DNB 360–363. — Theotokos 366 f.
M. O'Carroll

Wilhelm v. Ware (Guarro, Varro), OMin, * um 1255/60 in Ware/Grafschaft Hertford, † um 1305, lehrte in Oxford, wo er die Sentenzen des Petrus Lombardus kommentierte. Wegen seines herausragenden Interesses an phil. Problemen wurde er »doctor fundatus«, »doctor praeclarus« oder »doctor acutus« genannt. Von seinen 230 qaestiones sind 25 veröffentlicht. Seit dem Ende des 14. Jh.s wird er als Lehrer des Duns Scotus geehrt, mit dem er in der Christol., bes. in der Frage der Motive für die Inkarnation, übereinstimmt. Als erster lehrt er die franziskanische Auffassung von der UE an der Universität, wie die Polemik Alexander Boninis (um 1300) und Petrus' de Palude (um 1314) beweist. Dabei würdigt er die Existenz der »frommen Meinung« und betont gegen die dominikanische Theol. ℳs UE, weil sie möglich sei, ℳ ziere und auch ihrem Privileg einer einzigartigen Reinheit (munditia) entspreche. Dabei verwendet er die Argumentation »potuit, decuit, ergo fectit«. Entsprechend seiner Theorie von der Erbsünde als persönliche Verderbnis jedes einzelnen (gegen die Ansicht des Anselm von der Abwesenheit der ursprünglichen Gerechtigkeit) vertrat W. die Erlösung ℳs durch Bewahrung statt Befreiung, wie sie v. a. Duns Scotus lehrte.

WW: Biblioteca Franciscana Scholastica Medii Aevi III, 1904.
Lit.: A. W. Burridge, L'Immaculée Conception dans la théologie mariale de l'Angleterre du Moyen-Age, In: RHE 32 (1936) 570–597. — P. Migliore, La dottrina dell'Immacolata in Guglielmo de Ware, O. Min. e nel Giovanni Duns Scoto, O. Min., In: MF 54 (1954) 433–538. — J. Bonnefoy, Le Ven. (Bienheureux) Jean Duns Scot, Docteur de l'Immaculée Conception, 1960. — A. Emmen, W. v. W., Duns Scotus' Vorläufer in der Immakulatalehre. Neue Indikation in den Werken seiner Zeitgenossen, In: Anton. 40 (1965) 363–392. — NCE XIV 94. — LThK² X 1154–56.
M. O'Carroll

Wilkinson, Robert, * um 1460 in England, † Anfang des 16. Jh.s in Eton (?), wirkte wahrscheinlich als Komponist und Sänger in Eton. Berühmtheit erlangten seine vielstimmigen Kanons, die sich alle durch einen auffallend großen Umfang auszeichnen. Dazu zählen u. a. ein 5-stimmiges und ein 9-stimmiges »Salve Regina«, ein »Gaude Virgo Mater Christi« für 4 Stimmen und ein 6-stimmiges »O Virgo Prudentissima« sowie ein Magnificat.

Lit.: MGG XIV 659 f. — Grove XX 420.
E. Löwe

Willaert, Adrian, * um 1490 in Flandern, * 17. 12. 1562 in Venedig, wurde in Paris wohl von Jean Mouton, nach einer anderen Quelle von Josquin Desprez unterrichtet. Seit 1522 wirkt W. am kunstliebenden Hof Herzog Alfonsos I. d'Este in Ferrara, dem er bis zu seinem Tod eng verbunden bleibt. 1525–27 ist er als Sänger in der Kapelle des Erzbischofs Ippolito II. d'Este, eines Sohns Alfonsos, in Mailand nachzuweisen. Schon hochangesehen, wurde W. am 12. 12. 1527 zum Kapellmeister am Markusdom in Venedig gewählt.

In den 35 Jahren seines Wirkens als Komponist, Kapellmeister, Organist, Musikwissenschaftler, Verleger und Lehrer (neben Gioseffo Zarlino zählen auch Andra Gabrieli und Cypriano de Rore zu seinen Schülern) hat er Venedig zum Zentrum der europäischen Musik gemacht. Zu keiner Zeit der Musikgeschichte war W. vergessen, schon Zarlino nennt ihn überschwenglich den »neuen Pythagoras«, Claudio Monteverdi schätzt ihn als Vollender der »prima prattica«. Durch die Einbeziehung des niederländischen Volkslieds hat W. entscheidend zur Entwicklung des kunstvollen Madrigals beigetragen, ebenso zur Verselbständigung der Instrumentalmusik. Den ersten Rang in seinem Werk nehmen freilich die rund 350 4- bis 7-stimmigen Motetten ein, wovon mehreren marian. Texte zu Grunde gelegt sind (z. B. Alma redemptoris mater, Ave Maria ancilla, Benedicta es coelorum regina, Sancta Maria regina, Tota pulchra es, Virgo gloriosa Christi). Sie verbinden alte Techniken mit einer neuen vom Text her begründeten Expressivität. Mit seinen Vesperpsalmen hat W. zwar nicht die Doppelchortechnik erfunden, sie aber weit vorangebracht. Die meisten der neun von W. überlieferten Messen, darunter die 6-stimmige »Mittit ad virginem« und die zweifelhafte, unvollständige 5-stimmige »Benedicta es regina coelorum« sind sog. Parodiemessen. W.s 1559 erschienene »Musica nova« gilt als sein musikalisches Testament. Erstmals sind hier (vorher unveröffentlichte) Motetten und Madrigale in einem Buch versammelt.

Lit.: H. Zenck, Über W.s Motetten, In: Numerus und Affectus, hrsg. von W. Gerstenberg, 1959. — J. A. Long, The Motets, Psalms and Hymns of A. W., Diss., New York 1971. — I. Bossuyt, A. W., 1985. — MGG XIV 662–676. — Grove XX 421–428
J. Schießl

Willam, Franz Michel, * 14. 6. 1894 in Schoppernau/Vorarlberg, † 18. 1. 1981 in Andelsbuch, wo er seit 1935 als Kaplan wirkte, wurde aus Rücksicht auf seine lit. Tätigkeit nie zum Pfarrer ernannt. In seinen Schriften zeigt sich W. sowohl als volksnaher Katechet wie auch als tiefsinniger Newman-Forscher. Sein Hauptwerk, »Das Leben Jesu im Lande und Volke Israel« (1933; 10 Aufl.; in viele Sprachen übersetzt), ist ein biblisches Volksbuch.

W.s marian. Schriften zeichnen sich durch die zu seiner Zeit keineswegs übliche heilsgeschichtliche Sicht der GM aus. Die marian. Dogmen werden so immer mit Bezug auf das Erlösungsgeschehen erörtert. Grundlage ist die Bibel unter Berücksichtigung von Volks- und Umweltkunde. Bemerkenswerterweise nimmt er von Anfang an auch jene Evangelienstellen auf, die früher gern verschwiegen oder sogar als »antimariologisch« bezeichnet wurden. W. verzichtet andererseits ausdrücklich auf Apokryphen und Legenden. V.a. in den späteren Schriften greift er häufig Gedanken Kardinal → Newmans auf.

»Das Leben Marias, der Mutter Jesu« (Wien 1936) ist eine Art biblisch-marian. Volksbuch: Das Leben der GM wird auf der Grundlage der Evangelien im Rahmen von Zeit und Umwelt nahegebracht. Ganz neu bearbeitet und stärker theol. geprägt erscheint es ab der 4. Auflage (Freiburg 1953). Es wird aber kein Lehrbuch der Mariol. Das katechetische Anliegen bleibt dem streng wissenschaftlichen übergeordnet.

Unter ausdrücklicher Berufung auf die frühesten Kirchenväter arbeitet W. die Parallele Eva — ⋒ heraus. Schon in seinen frühesten Schriften nannte er ⋒ die »Gehilfin des Erlösers«. Als 1950 »Munificentissimus Deus« ⋒ als »Socia Divini Redemptoris« bezeichnet, sieht W. darin offenbar die ideale Beschreibung für die Stellung ⋒s im Erlösungswerk. Die 4. Auflage bekommt deswegen auch den neuen Titel »Maria. Mutter und Gefährtin des Erlösers«. Ebenfalls 1953 legt W. in einem Artikel der belgischen Zeitschrift »Lumen Vitae« dar, welche Vorzüge er im Titel »Mutter des göttlichen Erlösers« für die Katechese enthalten sieht, die »diesen Titel zum Schlüssel einer ausführlichen Darstellung der Lehre machen und so dem ganzen eine Einheit und Umrisse geben kann, die verhältnismäßig wenig geläufig sind« (ebd. 225). W. verwendet bezeichnenderweise kaum die Titel »Miterlöserin« oder »Mittlerin«. Er lehnt sie zwar keineswegs ab; aber die Bezeichnung »Gefährtin des göttlichen Erlösers« scheint ihm weniger mißverständlich, weil sie neben der einzigartigen Verbundenheit zugleich den wesentlichen Unterschied zwischen Jesus und seiner Mutter umfaßt.

Bereits in der ersten Auflage hebt W. hervor, daß auch ⋒ den Weg des Glaubens gegangen ist, daß sie von ihrem Sohn wohl keine besonderen Offenbarungen über seine Person und sein Werk erhalten hat und daß ihr Glaube Prüfungen und Wachstum gekannt hat.

Bezüglich der Frage ⋒s an den Engel (Lk 1,34) nimmt W. zuerst eindeutig — wie damals üblich — ein ausdrückliches Jungfräulichkeitsgelübde ⋒s an. Angesichts der aufkommenden neuen Erklärungen wird er zurückhaltender, ohne jedoch die traditionelle Auffassung einfach aufzugeben.

Erwähnenswert ist auch die starke Akzentuierung der geistigen Mutterschaft ⋒s gegenüber allen Gläubigen, ja letztlich gegenüber der gesamten Menschheit.

Dem Rosenkranzgebet sind zwei Bücher W.s gewidmet: »Geschichte und Gebetsschule des Rosenkranzes« (Wien 1948) und »Der Rosenkranz und das Menschenleben« (Wien 1949). In letzterem wird zu jedem Geheimnis des Rosenkranzes ausführlich der biblische und volkskundliche Hintergrund beschrieben. In diesen Büchern kann man mehr als sonst W. als tiefen ⋒verehrer erkennen.

WW: Bücher: Das Leben Marias, der Mutter Jesu, 1936. — Maria. Mutter und Gefährtin des Erlösers, 1953. — Die Geschichte und Gebetsschule des Rosenkranzes, 1948. — Der Rosenkranz und das Menschenleben, 1949. — Artikel: Notre enseignement marial et le titre de Marie: »Associée du Divin Redempteur«, In: Lumen Vitae 8 (1953) Nr. 2, 224–227. — John Henry Kardinal Newman und die Lehre von der Unbefleckten Empfängnis Marias, In: VirgoImmac XIV, 1957, 120–146. — Kardinal Newman, der große Mariologe, In: Österr. Klerusblatt 92 (1959) 118 f. — Cardinalis Newman theses de doctrina et devotione mariana et motus oecumenicus, In: De Mariologia et Oecumenismo, 1962, 257–274. — Zum Verständnis des Titels »Mutter der Kirche«, In: Orientierung 29 (1965) 125 f. — Gegenläufige Bewegung in der Mariologie, In: Österr. Klerusblatt 99 (1966) 197. — Neues über die Entstehung des Rosenkranzgebetes, ebd. 102 (1969) 2.

Lit.: G. Nigsch, F. M. W. (1894–1981) Leben – Werk – Denken. Versuch einer geistlichen Biographie, Diplomarbeit Innsbruck, 1982. — »Das Werk« (Hrsg.), F. M. W. Bio-Bibliographie, 1986. — G. Huber, Die Mariologie F. M. W.s, Diplomarbeit, Innsbruck 1988.

G. Huber

Willibald (Willboldt, Wilwolt), erster Bischof von → Eichstätt, Heiliger, * 700 in Wessex/Südengland, † 7.7.787 (?) in Eichstätt (Regesten 24), begraben im Eichstätter Dom, wurde auf Grund eines Gelübdes seiner vornehmen, begüterten Eltern mit fünf Jahren in das Kloster Waldheim zur Erziehung gegeben. 721 wallfahrtete er mit seinem Bruder Wunibald (Wynnebald) und dem Vater Richard zum Grab des hl. Petrus nach Rom; der Vater starb unterwegs in Lucca und wurde dort begraben. Nach zweieinhalbjährigem Aufenthalt in Rom machte sich W. mit einigen Gefährten (ohne seinen Bruder) auf den Weg ins Hl. Land. Er durchwanderte ab 724 dreimal, sicherlich in Anlehnung an die vermutete Dauer des öffentlichen Lebens Jesu, Palästina, um buchstäblich auf den Spuren Jesu zu wandeln. Im Spätherbst 726 reiste W. nach Konstantinopel. Nach zweijährigem Aufenthalt in der Kaiserstadt begab er sich im Frühjahr 729 nach Unteritalien, nach Montecassino, wo er 10 Jahre verweilte und am äußeren und inneren Aufbau des Klosters mitwirkte. Anläßlich einer Reise im Auftrag seines Abtes nach Rom (739), erzählte er dem Papst von seiner Pilgerreise. Gregor III. sandte ihn dann, der Bitten des Bonifatius um Helfer eingedenk, 740 in die dt. Mission. Der Bayernherzog Odilo, an den sich W. zuerst wandte, schickte ihn zu dem Adeligen Suidger, der die »regio Eihstat« zur

Gründung eines Klosters zur Verfügung gestellt hatte. Beide wurden von Bonifatius, der sich in Lindhart (bei Mallersdorf) befand, zur Besichtigung nach Eichstätt gesandt: Sie fanden ein ℳkirchlein vor, das Gebiet selber war verwüstet. In diesem Kirchlein erhielt W. am 22.7.740 durch Bonifatius die Priesterweihe. Bereits ein gutes Jahr später wurde W. von Bonifatius nach Thüringen gerufen. In Sülzenbrücken bei Erfurt, dem Wohn- und Tätigkeitsort seines Bruders Wunibald, wurde W. am 22.10.741 zum Bischof geweiht; es ist bis heute umstritten, für welche Diözese die Bestellung erfolgte, ob für das von Bonifatius errichtete Bistum Erfurt oder für eine Tätigkeit in der »Region Eichstätt«. W. kehrte nach Eichstätt zurück und begann hier seine bischöfliche Tätigkeit als Reformer und Missionar. Der Zeitpunkt der Errichtung des Bistums Eichstätt ist ungewiß, die Tradition hält an 745 fest. 751/752 errichteten die Brüder W. und Wunibald in Heidenheim am Hahnenkamm ein Benediktinerkloster, dessen Leitung Wunibald übernahm. Unmittelbar nach dessen Tod (761) kam auch die Schwester Walburga mit einigen Gefährtinnen nach Heidenheim und errichtete einen Frauenkonvent. W. übertrug die Leitung des Doppelklosters seiner Schwester.

Am 23.6.778 (?; Regesten 15) erzählte W. den Klosterinsassen aus seinem Leben. Die angelsächsische Nonne Hugeburc hielt diesen Bericht unmittelbar darauf schriftlich fest und ergänzte ihn durch ein Vorwort und wenige Angaben zur Tätigkeit W.s als Bischof. In dieser Lebensbeschreibung (Vita I) ist der Bericht über die Pilgerreise W.s ins Hl. Land (→ Itinerarium Willibaldi) enthalten. W. zog »zum hl. Johannes dem Evangelisten, einem schönen Punkt bei Effesus«. Er besuchte Nazaret, wo »Gabriel zuerst zur hl. Maria kam und sprach: Gegrüßet seist du Maria«. In Jerusalem scheint sich W., der Tradition entsprechend, planmäßig auf den Spuren ℳs bewegt zu haben. Er besuchte den Sionsberg (Tod ℳs), den Teich Bethesda (Geburt ℳs, von W. allerdings nicht eigens erwähnt), die Säule vor dem Stadttor (Begräbnis ℳs) und die Kirche im Tal → Joschafat (Grab ℳs). Der Platz bei der Säule vor dem Stadttor sei »jene Stelle, wo die Juden den Leib der hl. Maria wegnehmen wollten«, aber nicht konnten. Nach dem Tod ℳs auf dem Sion hätten die Apostel ℳ begraben wollen, aber »es kamen Engel und nahmen sie aus den Händen der Apostel und brachten sie in das Paradies«. Von der ℳkirche am Fuße des Ölbergs im Tal Joschafat berichtet W., daß in ihr das Grab ℳs sei »nicht deshalb, weil ihr Leib dort ruht, sondern zu ihrem Gedächtnis«. Der Angelsachse W. ist so einer der frühesten Zeugen im Abendland für den Glauben an die leibliche Aufnahme ℳs in den Himmel. Ein unbekannter Autor verfaßte zwischen 900 und 966 (Weinfurter) auf der Basis der Vita (I) der Hugeburc eine weitere, kürzere Vita (III), in der W. v. a. als Heiliger herausgestellt wird. Dieser unbekannte Verfasser ist sehr skeptisch gegenüber dem legendarischen Bericht über die leibliche Aufnahme ℳs in den Himmel, erwähnt anderseits bei der Nennung Nazarets, anders als die Vita Hugeburcs, die immerwährende Jungfräulichkeit ℳs und ihre jungfräuliche Empfängnis.

QQ: MGH SS 15, ed. O. Holder-Egger, 86–106 (Vita I). — A. Bauch, Quellen zur Geschichte der Diözese Eichstätt I: Biographien der Gründungszeit, ²1984, 1–122 (Vita I, Text, Übersetzung, Kommentar). — H. Canisius, Antiquae lectionis tom. IV, Ingolstadt 1603, 705–719 (Vita III). — S. Willibaldus, In: Descriptiones Terrae Sanctae ex saeculo VIII. IX. XII. XV., hrsg. von T. Tobler, Leipzig 1874, Neudr., 1974, 1–55. 282–347 (Vita I); 56–76. 343–354 (Vita III).

Lit.: F. Heidingsfelder, Regesten der Bischöfe von Eichstätt, 1915–38. — B. Bischof, Wer ist die Nonne von Heidenheim?, In: SMGB 18 (1931) 387–388. — A. Bauch, Der hl. W., Bischof von Eichstätt, In: Bavaria Sancta I, hrsg. von G. Schwaiger, 1970, 148–167 (Lit.). — Ders., Der hl. W., der erste Bischof von Eichstätt, In: Fränkische Lebensbilder I, 1967, 10–32. — Ausst.-Kat., Hl. W. 787–1987, hrsg. von B. Appel, F. Braun und S. Hofmann, Eichstätt 1987. — St. Weinfurter, Die W.-Vita und ihre ma. Überarbeitungen, ebd. 103–113. — St. Willibald 787–1987. Beiträge zum Jubeljahr, In: SMGB 98 (1987) 7–188. — E. Reiter, Der hl. Bischof W. von Eichstätt, In: KlBl 67 (1987) 151–155 (Lit.). — H. Dickerhof, E. Reiter und St. Weinfurter (Hrsg.), Der hl. W. Klosterbischof oder Bistumsgründer?, 1990. *E. Reiter*

Willimann, Anna Maria Josefa (Ordensname: Cherubine), * 13. 3. 1842 in Rickenbach-Niederwil/Schweiz, Kanton Luzern, † 18. 12. 1914 in Arenberg/Koblenz. Der Versuch, in Schwyz dem dortigen zweiten Orden des hl. → Dominikus beizutreten, scheiterte an ihrer schwachen Gesundheit. Daß gleichwohl ihre Berufung zum rel. Leben echt und ihre Eignung hervorragend waren, zeigt ihr weiterer Lebensweg. In einer Kette von Umständen, die alle Zeichen göttlicher Fügung an sich trugen, wurde sie fern der Heimat die Gründerin der → Dominikanerinnen von Arenberg. W. bindet die Spiritualität der Kongregation fest in die dominikanische Tradition mit ihrem reichen marian. Gepräge ein, das noch heute die Lebensform der Schwestern bestimmt; v. a. hinterließ sie ihrer Gründung die Erinnerung ihres heiligmäßigen Lebens und ein starke Bindung an Person und Beispiel der Mutter Jesu.

Lit.: H. Wilms, Heilende Liebe im Leben und in der Gründung der Mutter M. Cherubine W., 1921, ²1984. *H. M. Köster*

Willmann, Michael Lukas Leopold, * 27.9.1630 in Königsberg, † 26.8.1706 im Kloster Leubus, Freskant hoher Qualität, Tafelmaler, Radierer, lernte wohl zunächst bei seinem Vater Christian Peter. Mit etwa 20 Jahren begab er sich in die Niederlande, vielleicht auch nach Antwerpen. Um 1653 arbeitete W. in Prag, dann in Breslau. 1657/58 hielt er sich in Berlin auf und wurde Hofmaler des Großen Kurfürsten. Mit 30 Jahren zog er sich aus dieser Stellung zurück und konvertierte zum Katholizismus. Er begab sich in den Schutz der Abtei Leubus in Schlesien. Nach und nach fielen ihm alle bedeutenden Aufträge in Schlesien zu. Erst ab ca. 1690 begann W. in Fresko zu malen. Durch Heirat mit Regina Liska wurde W. Stiefvater von Johann Christoph Liska, der als sein bester Schüler gilt.

Bemerkenswert ist, daß sich W. ganz ohne ital. Vorbilder und Einflüsse, dafür gestützt auf seine niederländischen (und wohl auch flämischen) Erfahrungen zu einem der bedeutendsten dt. Tafel- und auch Freskomaler entwickelte. In seinen Werken wird die Schulung an Rembrandt, Rubens und Van Dyck kenntlich, auch der Spanier Ribera spielt eine Rolle. Die Bekanntschaft mit den Landschaftsmalern aus dem Kreise Jakob van Ruisdaels wirkt sogar beim Freskanten W. nach, der in seinem Meisterwerk Grüssau tiefe Natureindrücke im illusionierenden Deckenbild verarbeitet. Seine Ausbildung, die Erfahrungen der Schrecknisse des Dreißigjähren Krieges und tiefe Religiosität prägen W.s Malstil voller Dramatik, Ausdruck und Affekt, mit zugespitzten Handlungsabläufen und erregender Licht- und Farbführung.

Unter den zahlreichen Ⓜbildern W.s bes. interessant ist die Ausmalung der Josephskirche des Stiftes Grüssau (1692–95), die zugleich auch als eines der bedeutendsten Werke in der ersten Entwicklungsstufe der dt. barocken Deckenmalerei zu sehen ist. Die seltene Josephs-Ikonographie faßt größtenteils Bildtypen des traditionell marian. Bereichs neu, quasi aus dem Blickwinkel des Heiligen: Die Geburtsgeschichte unter dem Aspekt der Verdienste Josephs. Das Programm der Decken- und Altarfresken zeigt die Genealogie Josephs an der Decke des Hauptraums, in den Altarbildern des nördlichen Seitenschiffs die Freuden Josephs, in denen des südlichen Seitenschiffs seine Leiden, d. h. konkret im Norden die Vermählung, Verkündigung an Joseph, Geburt, Anbetung der Hirten, Darstellung im Tempel, Joseph mit dem 12jährigen Jesus im Tempel (Vorhalle), im Süden Josephs Trauer über die Mutterschaft Ⓜs, Joseph und Ⓜ auf Herbergssuche, Beschneidung, Flucht nach Ägypten, Rast, Joseph sucht Christus, Tod Josephs; ergänzend den Kindermord, Heimkehr aus Ägypten, Jesus betet im Tempel, in den Altarnischen Zug und Anbetung der hl. Drei Könige und Jubel der himmlischen Heerscharen.

Lit.: E. Kloßowsky, Michael W., Diss., 1902. — D. Maul, Michael W. Ein Beitrag zur Barockkunst Schlesiens, Straßburg 1914. — H. Tintelnot, Die barocke Freskomalerei in Deutschland, 1951. — Ders., Barocke Freskomalerei in Schlesien, In: Wiener Jahrbuch für Kunstgeschichte 16 (1954) 173–198. — Kat.-Ausst., Michala Willmanna 1630–1706, Breslau 1959. — C. Müller-Hofstede, Zur Kunst Michaels W.s, In: Sitzungsberichte der kunstgeschichtlichen Gesellschaft zu Berlin, NF 15 (1966/67) 3 f. *T. J. Kupferschmied*

Wilmart, Henri-Marie-André, Christl. Literaturhistoriker, * 28. 1. 1876 in Orléans, † 21. 4. 1941 in Paris. Im Studium der Philol. von P. Batiffol zur altchristl. Lit. hingeführt, trat W. in den Benediktinerorden ein und wurde Mönch der Abtei Saint-Michel in Farnborough. Seine Forschungen weiteten sich auf das Gebiet der lat. Liturgiegeschichte und die ma. spirituelle Lit. aus. Auf zahlreichen Bibliotheksreisen förderte W. reichlichst handschriftliches Material zutage, das er mit einer unter dem Einfluß Ludwig Traubes geschulten Methode historischer Kritik mit großem paläographischen Können feinsinnig analysierte und zugänglich machte. Dadurch wurde auch marian. Frömmigkeit und Spiritualität in Liedern und Litaneien, Anrufungen und weiteren Gebeten, bes. aus dem Umkreis des Anselm v. Canterbury und der Zisterzienser, erschlossen.

WW: Auteurs spirituels et textes dévots du moyen âge latin. Etudes d'histoire littéraire, 1932; Neudr. 1971. — Analecta Reginensia. Extraits des manuscrits latins de la reine Christine conservés au Vaticane, 1933; Neudr. 1966. — Le »Jubilus« sur le nom de Jésus dit de Saint Bernard, In: EL 57 (1943) 3–285.

Bibl: J. Bignami Odier, L. Brou und A. Vernet (Sussidi Eruditi 5), 1953; Ergänzungen: A. Ward, Anniversary of a Liturgist, In: EL 105 (1991) 469–479. *E. Naab*

Wilna (litauisch: Vilnius), Hauptstadt Litauens, seit 1388 Bischofssitz, am 28.10.1925 zum Erzbistum erhoben, birgt als bedeutendstes Ⓜheiligtum Litauens das »Tor der Morgenröte« (litauisch: Aušros Vartai, poln.: Ostra Brama).

Der Baukomplex umfaßt das einst zu den Schutzmauern gehörende Stadttor (1503–14), die an dessen nördlicher Fassade errichtete Kapelle mit dem Gnadenbild sowie die Seitengalerie, die an die überdachte und ins Heiligtum führende Außentreppe grenzt. Das Besondere des Heiligtums besteht darin, daß es von der offenen Straße her verehrt werden kann. Das Ⓜbild wurde 1668 von der Stadtverwaltung den Unbeschuhten Karmelitern anvertraut. 1671/72 wurde auf Grund der Bemühungen von P. Karl vom Hl. Geist (O. Karol od Ducha Świętego — Franciszek Kiełczowski) eine Holzkapelle erbaut und das Bild feierlich dorthin übertragen. Nach dem Brand der Kapelle entstand 1711/12 die heutige gemauerte Kapelle mit drei Arkadenfenstern, deren unterer Teil eine eiserne Balustrade mit den Wappen Polens und Litauens sowie dem Ⓜmonogramm (1828) abschließt. Durch das mittlere Fenster kann man das Gnadenbild von der Straße her sehen. Die mit einem Dreieck abschließende Fassade enthält ein Tympanon mit dem »Auge der Vorsehung« und der Inschrift »Mater Misericordiae — Sub tuum praesidium confugimus« (seit 1864 anstelle der früheren poln. Inschrift). Der klassizistische Stuck (1785–87) zeigt u. a. Symbole aus der Lauretanischen Litanei.

Auf dem klassizistischen Altar (das versilberte und vergoldete Antependium, das von Ignacy Skinderski 1799 aus Votivgaben angefertigt wurde, wird z. Z. in der Schatzkammer aufbewahrt) befindet sich das Gnadenbild der »Mutter der Barmherzigkeit«, das, ursprünglich mit Temperafarben auf acht Eichenbrettern (200 x 163 x 2 cm) gemalt, im 17. und 18. Jh. mit Ölfarben übermalt wurde (1927 von Jan Rutkowski konserviert). Es zeigt die GM als Halbfigur mit auf der Brust gekreuzten Armen und nach rechts geneigtem Haupt. Nach den neuesten Forschungen (M. Kałamajska-Saeed, 1990) dürfte es 1620–30 in Wilna entstanden sein; als

Vorbild könnte eine flämische Graphik von Marten de Vos (Antwerpen, um 1580) gedient haben. Früher gab es zahlreiche Hypothesen über seine ma., byz., russ. (K. Makowielskij, J. Kozłowskij, M. Sokołow, J. Sobolewski) bzw. Karakauer (M. Skrudlik, W. Tomkiewicz) Herkunft. Das Gnadenbild trägt ein zwölfteiliges Kleid (Werk einiger Wilnaer Goldschmiede, um 1700) und ist mit einem 42-strahligen Nimbus sowie mit zwölf Sternen geschmückt. Auf dem Haupt ₥s befinden sich zwei Kronen: die untere vom Ende des 17. Jh.s, die obere vom Typus der großfürstlichen Mitra von 1754. Charakteristisch für das Bild ist die große silberne Mondsichel (Votiv von 1849), die unten die ganze Komposition abschließt. Der rechte Ärmel des Kleides wurde 1794 durch die Kugel eines russ. Soldaten während des Angriffs auf das Tor der Morgenröte beschädigt.

Das Bild, das seit ca. 1670 als »wundertätig« gilt, wurde zum besonderen »Palladium« W.s v. a. in Zeiten unzähliger Kriege und Brände. Im 18. Jh. erfolgte die Entwicklung und Erweiterung der Kultformen: seit 1731 wurde jeden Samstag die → Lauretanische Litanei gesungen (mit Musikbegleitung); seit 1754 wird das Fest »Mariä Schutz« (11. November) gefeiert; 1773 wurde die Kapelle von Papst → Clemens XIV. zur »capella publica« erhoben und die schon existierende Bruderschaft von Maria Schutz bestätigt; seitdem wird als Patrozinium das Fest Maria Schutz am 16. November gefeiert; immer mehr Wallfahrer kamen aus ganz Litauen und brachten Votivgaben; die ältesten Lieder sind »Bramo święta Bogu miła« (»O heiliges, Gott gefälliges Tor«), »Marya Wilna obrono« (»Maria, Wilnas Schutz«) und »Obrono wielka miasta Giedymina« (»Großer Schutz von Giedymins Stadt«); Schriften (die älteste: O. Hilarion od św. Grzegorza, »Relacya o cudwnym obrazie NMP, który w Wilnie na Ostrej Bramie ... nieustannymi słynie cudami ...«, Wilno 1761), kleine Andachtsbilder, Medaillons, Lithographien (z. B. I. Verhelst, um 1756; J. E. Belling, Mitte 18. Jh.s; I. Karega, 1799) und eine eigene Musikkapelle verbreiteten den Kult. Seit dem Ende des 18. Jh.s werden hl. Messen auch nach dem orient. Ritus der Basilianer gefeiert. Während der Teilung Polens verbreitete sich der Kult durch die poln. Emigranten auch über die Landesgrenzen hinaus (z. B. Paris, St. Severin, seit 1841 Altar mit dem Bild der GM von W. als Patronin der poln. Verbannten). Das Tor der Morgenröte, ein Ort zahlreicher politischer und freiheitlicher Demonstrationen wurde (nach der Jasna Góra in → Czenstochau) zum zweiten nat. Heiligtum, das Polen, Litauer und Weißrussen einte. Die Verehrung der W.er GM findet ihren lit. Ausdruck u. a. in den Werken der Schriftsteller A. Mickiewicz, J. Słowacki, I. I. Kraszewski und J. Lelewel. Nach der Aufhebung des Karmeliterordens (1844) und der Auflösung der Union wurde der Kult im russ. Teilungsgebiet von der russ.-orth. Kirche übernommen, wobei ein Streit um das Bild entstand und der Versuch der Orthodoxen mißglückte, das Gnadenbild in die eigene Kirche zu verlegen. Das Tor der Morgenröte blieb unter der Obhut des Diözesanklerus bis zur erneuten Übernahme durch die Unbeschuhten Karmeliter (1936). Die feierliche Krönung des Bildes wurde am 2. 7. 1927 im Auftrag Papst Pius' XI. von Kardinal A. Kakowski unter Teilnahme Tausender Wallfahrer und von Vertretern der Regierung (Marschall J. Piłsudski, Präsident I. Mościcki) vollzogen. Während des Zweiten Weltkrieges wurden die Karmeliter von den dt. Behörden aus dem Heiligtum vertrieben. Seit 1948 wird es von litauischen Diözesanpriestern betreut. Gegenwärtig versuchen die Karmeliter das Tor der Morgenröte zurückzubekommen. Die in ihre Heimat zurückgekehrten Polen haben nach dem Krieg den Kult der W.er GM in ihre neuen Siedlungen an die Westgrenze Polens übertragen. Im poln. Teil der Erzdiözese W. entstand in der Prokathedrale in Białystok ein Ableger des Heiligtums der GM von W. mit einer Kopie des Gnadenbildes (19278).

Lit.: Archivmaterialien u. a. im Provinzarchiv der Unbeschuhten Karmeliter in Czerna bei Krakau. — J. J. Kraszewski, Wilno od początków jego do roku 1750, 4 Bde., Wilno 1840–42. — E. Nowakowski, O cudownym obrazie NMP Ostrobramskiej. Wiadomść historyczsna, Krakau 1895. — L. Godlewski, Ołtarzyk ostrobramski, Paris 1861. — J. Kosłowskij, Istoria Ikony Ostrobramskoj Bogorodzicy, Moskau 1874. — T. Rewoliński, Medale religijne odnoszące się do Kościoła katolickiego we wszystkich krajach dawnej Polski, Krakau 1887. — H. Bielińska, Czy obraz Matki Boskiej Ostrobramskiej jest wschodniego pochodzenia, In: Przegląd Powszechny 9 (1892) 32. 229–255. — Ders., Kilka słów o obrazie i kaplicy NP Ostrobramskiej, Krakau 1892. — E. Nowakowski, O cudownych obrazach w Polsce Przenajś. Matki Bożej, Krakau 1902, 741–751. — Wł. Zahorski, Obraz NMP Ostrobramskiej w, In: Kwartalnik literacki 1 (1910) 19–39. — A. Kuleszo, Historia cudownego obrazu NMP Matki Miłosierdzia na Ostrej Bramie w Wilnie, 1927. — J. Obst, Historia cudownego obrazu Matki Boskiej Ostrobramskiej, 1927. — J. Remer, Konserwacja obrazu Matki Boskiej Ostrobramskiej, In: Źródła mocy 1 (1927) 2, 41–54. — T. Szewligowski, Litanie ostrobramskie St. Moniuszki, ebd. 64–66. — M. Skrudlik, Historia obrazu i kultu NMP Ostrobramskiej, 1927. — T. Sieczka, Dzieje święta Opieki NMP Ostrobramskiej, 1930. — Ders., O łaskach NMP Ostrobramskiej. Studium historyczne, 1933. — Ders., Kult obrazu NMP Ostrobramskiej w dziejowym rozwoju, 1934. — Ders., O wotach NMP Ostrobramskiej, 1934. — J. Kłos, Wilno. Przewodnik krajoznawczy, ³1937. — M. Skrudlik, Cudowny obraz NMP Ostrobramskiej. Historia, ikonografia, cześć, bezdroża kultu i fałszywego nabożeństwa, 1938. — J. Jurginis, Ostra Brama, 1960. — W. Tomkiewicz, Gdzie i kiedy powstał obraz Madonny Ostrobramskiej?, In: Wiadomości Archidiecezji w Białymstoku 3 (1977) 4, 39–57. — M. Kałamajska-Saeed, Ostra Brama w Wilnie, 1990. *A. Witkowska*

Wimpfeling, Jakob, * 25.7.1450 in Schlettstatt, † 15.11.1528 ebd. Der Sohn eines Sattlers erhielt seine humanistische Grundausbildung an der berühmten, von Ludwig Dringenberg geleiteten Schlettstadter humanistischen Schule und studierte ab 1464 in Freiburg Phil. und Kirchenrecht, in Erfurt und seit 1469 in Heidelberg zusätzlich Theol., bekleidete dort u.a. 1481 das Rektorat, war 1484–98 Domvikar und Domprediger in Speyer, wurde 1496 in Heidelberg Lizentiat der Theol., las dort 1498 über Briefe und Dichtungen der Kirchenväter, gab 1501 sein Heidelberger Lehramt auf, wirkte u. a. als Berater des Basler Bischofs Christoph v. Utenheim und lebte in Straßburg. 1515 kehrte er nach Schlettstadt zurück. Zunächst der Reformation zuneigend, kritisierte er sie ab 1521, als ihre Folgen sichtbar wurden. W. repräsentiert — darin seinem Freund Sebastian → Brant nicht unähnlich — den patriotischen, zur Kirchenreform geneigten, weiterreichenden Neuerungen aber ablehnend gegenüberstehenden oberrheinischen Humanismus vor der Reformation. Mit dem »Isidoneus Germanicus« (1497) und der »Adolescentia« (1500, hrsg. von O. Herding, 1965) bot er Grundbücher einer der Anregungen des ital. → Humanismus (Guarino da Verona, Baptista → Mantuanus u. a.) aufnehmenden christl.-humanistischen Pädagogik, mit der »Germania« (1501) und der »Epithoma rerum Germanicarum« (1505) entwickelte er — z. T. in scharfer Auseinandersetzung mit dem Franziskaner Thomas Murner — Formen einer national betonten dt. humanistischen Historiographie, der es bes. auch um die Betonung des dt. Charakters des Elsaß zu tun war. Zahlreiche Arbeiten u. a. zum humanistischen Drama (»Stylpho«, 1480, gedruckt 1494), zur humanistischen Poetik (»De arte metrificandi«, 1484) und zur Straßburger Bistumsgeschichte (»Argentinensium episcoporum cathalogus«, 1508) sind Teil eines umfassenden Lebenswerkes, das der Erneuerung von Klerus und Kirche aus dem Geist altkirchlicher Überlieferung gewidmet ist (u. a. »Immunitatis et libertatis ecclesiasticae statusque sacerdotalis defensio«, 1507, hrsg. von R. Düchting, 1990).

W.s im Zusammenhang mit den Auseinandersetzungen um die IC im oberrheinischen Humanistenkreis stehender lit. Mdienst knüpft zugleich an die in Basel und im Elsaß sehr verbreitete spätma. MV an. Weniger kompromißlos als sein Freund Sebastian Brant wirkt er nachdrücklich für die Anerkennung der Lehre von der UE Ms. Neben verschiedenen, eher beiläufigen Bemerkungen zu M in der »Germania«, den Synodalstatuten der Diözese Basel und in seinen Bemerkungen zur Verbesserung der kirchlichen Hymnen, »Castigationes locorum in canticis ecclesiasticis« (1513) sowie in seinen Erziehungsschriften, die er auch in den Dienst der MV stellt, hat sich W. bes. in zwei Predigten (Cod. Upsala C 187, fol. 107ᵛ–110ᵛ), einer »Ad universitatem heydelbergensem oratio ... de annuntiatione angelica« (gedruckt 1500) und zwei größeren Versdichtungen mit der MV auseinandergesetzt. In einer 1482 gehaltenen Predigt handelt W., z. T. im Anschluß an die Preisungen des hl. Bernhard, von Ms Herkunft, Verwandtschaft und gnadenreichen Empfängnis, berichtet ihr Leben und gipfelt in einigen biblischen Vergleichen, so Ester und der apokalyptischen Frau in der Sonne. Die — wie die zweite — wenig originelle Predigt endet mit der Seligpreisung Ms.

Die erste der Mdichtungen »De nuntio angelico« (zuerst gedruckt 1494 in Basel bei Bergmann von Olpe) behandelt in 65 elegischen Distichen den »Englischen Gruß«. Das Thema wird in recht konventioneller Weise durchgeführt; nur die ersten 60 und die letzten 4 Verse handeln von M, deren Reinheit, Klugheit, Demut und Glauben gepriesen werden und die als »stella maris« angesprochen wird. Wie auch in anderen humanistischen Mdichtungen wird die pagane antike Bildsprache trotz W.s Polemik gegen die heidnische Dichtung, die er gegen den Humanisten Jakob Locher ausgetragen hatte, ohne Scheu verwendet, M wird z. B. als »mater futura stirpis olympiacae« apostrophiert.

Das zweite dieser Gedichte, wohl das umfänglichste Mgedicht des dt. Humanismus überhaupt, erschien zuerst in Speyer unter dem Titel »De triplici candore Mariae« (bei Hist 1493), ein Jahr später unter dem erweiterten Titel »De conceptu et triplici Marie virginis gloriosissime candore« in Basel bei Bergmann von Olpe, versehen mit zahlreichen Begleitgedichten humanistischer Freunde W.s wie Peter Schott, Jodocus Gallus und Adam Werner v. Themar, der freilich später im Kampf um die IC eine von der seiner ehemaligen Freunde abweichende Position einnahm. Die drei Bücher von W.s Mepos in fast 800 elegischen Distichen haben, wie die Mpredigten (→ Predigten) und die Heidelberger »oratio« v. a. die Aufgabe, die UE Ms zu verteidigen. Um dieses Ziel zu erreichen, läßt W. die Sinnbilder und Beiworte der ma. Mariol. Revue passieren. Auf den Spuren von Baptista Mantuanus' »Parthenice Mariana« wird zugleich am Beginn des Epos in schroff antithetischer »aemulatio« die lat. erotische Dichtung der Antike überboten: Gegenüber dem verherrlichenden Preis der geliebten »Herrin« in der Dichtung Tibulls, des Properz und Ovids ist M die einzige wahre »domina«. W. bereitet damit — ohne zunächst unmittelbare Nachfolge zu finden — die lat. Mdichtung der Jesuiten seit dem Ende des 16. Jh.s vor.

Das erste Buch des Epos ist in etwa 970 Versen dem »ersten Glanz« Ms, dem Freisein von der Erbsünde gewidmet. M wird in acht Bildern (typi) des Weibes, das der Schlange den Kopf zertritt, der immergrünenden Palme, der Zeder und Zypresse, der in Jericho gepflanzten Rose, der Morgenröte, des Meersternes und der geschlossenen Pforte Ezechiels vorgestellt und in Bildern von AT und NT erläutert. Zeugnisse der Väter und Heiligen untermauern die Beweisgründe (»ratiocinationes«) für die UE. Das wesentlich kürzere zweite Buch in etwa 350 Versen ist der körperlichen Schönheit Ms, ihrer Vorbildhaftigkeit und ihrer Rolle bei der Menschwerdung gewidmet, das dritte schließlich in etwa 280 Versen der Krönung Ms im Himmel und ihrer Güte und Barmherzigkeit.

W.s Mdichtung versucht wie seine pädagogische Tätigkeit Anregungen des kirchlich gebundenen ital. Humanismus aufzugreifen und für den dt. Kulturraum fruchtbar zu machen. Die Auseinandersetzung mit der paganen Bild- und Metapherntradition bleibt dabei gegenüber der Orientierung an den — allerdings im Hinblick auf den Streit um die UE um 1500 aktualisierten — Überlieferungen der ma. M frömmigkeit am Rande. So konnte nach der Durchsetzung der Reformation von W.s M dichtung keine lebendige Wirkung mehr ausgehen, da bei der Wiederaufnahme marian. Dichtung im kath. Barock neue sprachliche Standards und Anforderungen an die Klassizität des Lateins galten, denen gegenüber W.s Sprache als zu ma. gelten mochte.

Ausg.: Stylpho, lat./dt. hrsg. von H. C. Schnur, 1971. — O. Herding (Hrsg.), Jacobi Wimpfelingi Opera selecta, bisher erschienen: I. J. W.s Adolescentia, 1965; II/1 J. W. und B. Rhenanus, Das Leben des Johann Geiler v. Kaysersberg, 1970; II/1 und 2. J. W., Briefwechsel, 1990. — R. Düchting (Hrsg.), J. W., Immunitatis et libertatis ecclesiasticae statusque sacerdotalis defensio. Avisamentum de concubinariis non absolvendis quibuscumque, 1990 (Lit. 52 f.).
Lit.: Ch. Schmidt, Histoire litteraire de l'Alsace a la fin du XVe et au commencement du XVe siècle, 2 Bde., 1879, Neudr. 1966. — J. Knepper, J. W. (1450–1528). Sein Leben und seine Werke nach den Quellen, 1902, Neudr. 1965. — E. v. Borries, W. und Murner im Kampf um die ältere Geschichte des Elsasses, 1926 (mit Edition der »Germania«). — M. A. v. Roten, Die MV bei den oberrheinischen Frühhumanisten, Diss. masch., Fribourg 1940, 128 ff. — R. Donner, J. W.s Bemühungen um die Verbesserung der liturg. Texte, 1976. — B. Singer, Die Fürstenspiegel in Deutschland im Zeitalter des Humanismus und der Reformation, 1981. — B. Könneker, J. W., in: Contemporaries of Erasmus. A Biographical Register of the Renaissance and Reformation III, 1987, 447–450 (Lit.). — A. Dörfler-Dierken, Die Verehrung der hl. Anna im SpätMA, 1992, passim. — D. Mertens, J. W. (1450–1528). Pädagogischer Humanismus, In: P. G. Schmidt (Hrsg.), Humanismus im dt. Südwesten, 1993, 35–57 (Lit.). — LL XII 341 f. (Lit.). — DSp XVI 1454–57. *H. Wiegand*

Wimpina, Conrad, * um 1460 in Wimpfen, † 16.6.1531 in Amorbach, wurde 1479 an der Leipziger Universität immatrikuliert, erwarb 1481 den Baccalaureus artium und studierte anschließend Theol. Im Sommersemester 1494 wurde er Rektor der Universität Leipzig, 1503 Dr. theol. und 1505 Gründungsrektor der Universität Frankfurt an der Oder, die unter ihm ein Zentrum der scholastischen Theol. wurde. W. wandte sich entschieden gegen Luther, er war 1530 Mitarbeiter an der → »Confutatio«.

Zur Mariol. hat sich W. verschiedentlich geäußert, 1513 veröffentlichte er eine Schrift über die Jungfrau M. In mehreren Predigten stellte er die Würde der GM heraus. M ist nicht nur Mutter Jesu, sondern GM. In seiner Schrift »Farrago miscellaneorum ...« von 1531 bezeichnete er in einer Oration M als die Herrin der Welt und des Himmels. W. war auch ein großer Verehrer der hl. Anna, der Mutter Ms und hat gegen die Reformatoren die Heiligenverehrung fundiert begründet.

Ausg.: W. Klaiber (Hrsg.), Kath. Kontroverstheologen und Reformer, 1978, 304–307.
Lit.: J. Newger, K. W., 1909. — K. Honselmann, W.s Druck der Ablaßthesen Martin Luthers 1528, In: ZKG 97 (1986) 189–204. — R. Bäumer, K. W., In: Kath. Theologen der Reformationszeit III, 1986, 7–17 (Lit.). *R. Bäumer*

Winand v. Steeg, † 1453, Verfasser eines Stundenliedes de compassione BMV in lat. und dt. Fassung (Dulce lilium vernale — O susse lilge meilicher blut) in einen Ludwig III. von der Pfalz gewidmeten Werk.

Ausg.: AHMA 30, 110. — Dreves-Blume I 467.
Lit.: Dreves-Blume I 465. — Ausst.-Kat., Bibliotheca Palatina, Heidelberg 1986, Textband 9 f. *G. Bernt*

Windhausen, Diözese Trier, Wallfahrt zur »Schwarzen Muttergottes«. Die Wallfahrtskapelle wurde um 1780 von einem erkrankten Pächter des Schlosses Schöneck auf dem Hunsrück, namens Peter Becker, gestiftet, der der örtlichen Überlieferung nach vor dem Bild der »Schwarzen Muttergottes« in Koblenz-Karthause (dieses wiederum zurückgehend auf das Einsiedelner M bild) Heilung von seiner Krankheit gefunden hatte. In der zunächst errichteten kleinen hölzernen Kapelle wurde eine schwarze Madonna aufgestellt; durch Mirakel und Gebetserhörungen entwickelte sich der Ort zur Wallfahrtsstätte. Nach der franz. Besetzung der Rheinlande blühte die praktisch untergegangene Wallfahrt — auch das Gnadenbild ging verloren und wurde später durch eine Kopie ersetzt — im 19. Jh. wieder auf. Die Kapelle wurde am 8.9.1830 benediziert. Ein Versuch, die Wallfahrt verbieten zu lassen, wurde 1846 durch das Bischöfliche Generalvikariat in Trier vereitelt. Im Zweiten Weltkrieg wurde die Kapelle großenteils zerstört, konnte aber bis Ende 1948 wieder aufgebaut werden.

Pilgergruppen oder Prozessionen aus der Umgebung (Beulich-Morshausen, Boppard, Kratzenburg, Dorweiler, Dommershausen, Bad Salzig, Hatzenport) sowie einzelne Gruppen von der Mosel und den Maifelddörfern haben W. vornehmlich an den M festen (Hauptwallfahrtszeit: Mai bis September) zum Ziel. Ab 1982 erfuhr die Wallfahrtsstätte eine groß angelegte Renovierung. Im Rahmen einer feierlichen Eucharistiefeier wurden Madonna und Kapelle durch Domkapitular Hermann Josef Leininger am 1.5.1985 gesegnet.

Lit.: A. Schüller, Die schwarze Muttergottes von W. (Hunsrück), In: Zeitschrift für Heimatkunde der Regierungsbezirke Coblenz und Trier und der angrenzenden Gebiete 3 (1922) 69–72. — F. Müller, Die schwarze Muttergottes von W., In: Paulinus-Kalender 8 (1930) 138 f. — J. Schreiner, Zu ULF. Mariengnadenstätten in dt. Landen in diözesan Sicht, 1967, 152 f. — P. Schug, Geschichte der Dekanate Andernach, Gondershausen und St. Goar, 1970, 367 f. — Tief in den Herzen der Menschen verwurzelt. Die »Schwarze Muttergottes« in W. ist wieder heimgekehrt, In: Paulinus. Trierer Bistumsblatt 111 (1985) Ausgabe Nr. 19 vom 12.5.1985, 23. — In Gottes Namen unterwegs. Wallfahrten im Bistum Trier, 1987, 167 f. — S. Hansen (Hrsg.), Die dt. Wallfahrtsorte, ²1991, 929 f. *M. Persch*

Windheim, eingemeindet nach Münnerstadt, Lkr. Bad Kissingen, Bistum Würzburg, Kuratie- und Wallfahrtskirche M e Geburt. Vom ma. Bauwerk steht nur noch der ehemalige Chor (heute Sakristei), der übrige Bau entstand um 1820. Der Ort pfarrte ursprünglich nach Steinach/Saale, später nach Bad Bocklet. 1300–1809 war er im Besitz der Deutschordenskommende Münnerstadt, die ihn im 18. Jh. durch Augustinereremiten betreuen ließen.

Auf dem rechten Seitenaltar steht das Gnadenbild (schlichte Holzplastik, 65 cm, um 1350), eine thronende ⓜ mit Kind. Die um 1600 belegten »Wallfahrten« waren Bittprozessionen am Markustag und an Ostern. Marian. Wallfahrten sind offensichtlich jünger. Heutige Haupttage sind der Schmerzensfreitag und ⓜe Geburt.

Lit.: KDB, Bezirksamt Kissingen, 1911, 233. — A. A. Weigl, Maria Hilf, 1949, 246 f. — S. Back, 700 Jahre Augustinerkloster Münnerstadt, 1975, 164. — D. A. Chevalley, Unterfranken, 1985, 73. — E. Schöffler, Die Deutschordenskommende Münnerstadt, 1991, bes. 68–70. *E. Soder v. Güldenstubbe*

Wink, Thomas Christian, * 19. 12. 1739 in Eichstätt, † 2. 2. 1797 in München, ging zunächst in die Lehre bei einem verwandten Schuhmacher, dessen Mißhandlungen ihn jedoch bewogen, das Handwerk nach zwei Jahren wieder aufzugeben. Sein um 13 Jahre älterer Bruder, der Maler Chrysostomus Wink (1725–95), unterstützte ihn in seiner Neigung, selbst Maler zu werden, und half ihm auch, eine Lehrstelle bei Anton Scheidler in Eggenfelden zu bekommen. Nach fünf Jahren kehrte W. nach Eichstätt zurück und lernte ein weiteres Jahr bei dem Faßmaler Jakob Feichtmayr. Danach begab er sich auf Wanderschaft und besuchte Augsburg und Freising. Da er an beiden Orten nicht genügend Arbeit fand, ging der Zwanzigjährige 1759/60 nach München, wo er in die Werkstatt des Hofmalers Johann Michael Kaufmann eintrat und sich im Kopieren und Porträtieren übte. Alsbald bekannt geworden, begann W. 1765 für das Hofoperntheater zu arbeiten und Kirchen zu freskieren. Zwei Jahre später lieferte er mit einem Entwurf für die Gobelinmanufaktur das erste seiner zahlreichen Werke für den Münchener Hof, die ihm am 7. 1. 1769 den Titel eines kurfürstlich-bayer. Hofmalers einbrachten. Bereits 1766 hatte W. zusammen mit dem Bildhauer Roman Anton Boos, dem Stukkator Franz Xaver Feichtmayr d. J. und dem Maler Andreas Seidl eine private Zeichenschule gegründet, die 1770 durch Kurfürst Max III. Joseph zur öffentlichen Kunstschule und 1808 zur Akademie erhoben wurde. In dieser Zeit, die für W. den Höhepunkt seiner Laufbahn bedeutete, entstand das Hochaltarblatt der Benediktinerklosterkirche Scheyern mit einer Darstellung der Himmelfahrt ⓜe, die in einer eigenhändigen Radierung in der von François Cuvilliés redigierten »Ecole de l'architecture Bavaroise« über die Grenzen Bayern hinaus verbreitet wurde. Ab 1780 machte sich auch bei W. der Rückgang kirchlicher Aufträge immer stärker bemerkbar. Selbst am kurfürstlichen Hof mußte er, da er nicht fest besoldet war, mehrmals um Arbeit, Anstellung und Wohnung nachsuchen. Seine einzigen rein marian. Freskenzyklen schuf er 1784 in Schwindkirchen bei Mühldorf und 1788/89 in Rettenbach bei Deggendorf. 1793 malte W. in der Wallfahrtskirche von Siegertsbrunn bei München seine letzten Deckenbilder. Um seinen Lebensunterhalt zu verdienen, sah er sich danach gezwungen, zu »Totenkreuzen und Votivtafeln Zuflucht (zu) nehmen«.

T. Chr. Wink, Beweinung Christi, München, Bayer. Nationalmuseum

W. war einer der wichtigsten Repräsentanten des bayer. Rokoko, der stilistisch noch einmal die Formströmungen des 18. Jh.s vereinte. In seinen kirchlichen wie auch in seinen profanen Werken, die ihn bis nach Oberösterreich (z. B. 1771/72 Zell an der Pram) führten, ist die gekonnte Deckengestaltung eines Johann Baptist Zimmermann ebenso spürbar wie der lockere Pinselduktus und das wohlabgestimmte Kolorit eines Johann Georg Bergmüller oder die elegante Figurentypisierung eines Jacopo Amigoni, dessen Fresken im Schloß Schleißheim er während der Ausmalung des dortigen Speisesaals (1774/75) kennengelernt hatte. Da sich W. den ab 1770 aufkommenden, klassizistischen Tendenzen nur zögernd anschloß, wurde seine Kunst alsbald unmodern, so daß er zwangsläufig einem Johann Jakob Dorner bzw. Franz Ignaz Oefele das Feld räumen mußte.

Lit.: H. Clementschitsch, Chr. W. 1738–1797, Diss. masch., Wien 1968. — G. Paula, Neues zum Werk von Th. Chr. W., In: pinxit/sculpsit/fecit, FS für B. Bushart, 1994, 211 ff. *G. Paula*

Winowska, Maria, * 21. 2. 1904 in Skałat, † 4. 4. 1993 in Paris, entstammte der Familie Winowski, die zu den ältesten Familien Polens gehört (schon im 10. Jh. erwähnt). Nachdem W. Phil. an der Universität in Krakau studiert und den Doktorgrad in Phil. erworben hatte (1927), widmete sich der Verbreitung der christl. Kultur. Die ersten Artikel veröffentlichte sie u. a. in der Zeitschrift »Verbum«, die mit dem Zentrum des geistlichen Lebens in Laski bei Warschau eng verbunden war. Zu Beginn der 30er Jahre ließ sie sich in Frankreich nieder. Nach dem Krieg stand sie in engem Kontakt mit dem Primas von Polen, Kardinal August Hlond. Auf dessen Bitten (»Fahr nach Rom und verteidige das Salz der polnischen Erde«) begab sie sich in die Hl. Stadt, um sich dort um die poln. Angelegenheiten zu kümmern. Die vielseitigen Tätigkeiten ihres weiteren Lebens faßte sie selbst in dem Satz zuammen: »Ich lebe für die Kirche.« Um 1950 kehrte sie nach Frankreich zurück und widmete sich dort ganz dem lit. Schaffen. 1953–93 veröffentlichte sie 30 Bücher, die nicht nur unter den Katholiken geschätzt sind. Die Schriftstellerin und Autorin mehrerer Reportagen, u. a. »Mutter Gottes von La Salette«, genoß auch das Vertrauen von Kardinal Stefan Wyszyński, des Nachfolgers von Kardinal Hlond. Beinahe in allen, bes. in biographischen, Publikationen hebt sie die marian. Aspekte in der Frömmigkeit der jeweiligen Persönlichkeiten hervor, so etwa in ihren Biographien über M. → Kolbe, F. → Kowalska, P. Markiewicz, Kardinal S. Wyszyński, S. A. Truszkowska, M. T. → Ledóchowska, E. Bojanowski.

Die marian. und mariol. Aspekte erscheinen bes. deutlich im Buch »La Fau de Notre Dame«, das in acht Sprachen übersetzt worden ist. Für diese Monographie über M. Kolbe bekam sie als höchste Auszeichnung, die Schriftstellern in Frankreich verliehen wird, den lit. Preis der Franz. Akademie.

Lit.: A. Boniecki, Odczyt, którego nie będzie, In: Tygodnik Powszechny 22 (1993) 12. — J. Turowicz, Maria Winowska nie żyje, In: Tygodnik Powszechny 22 (1993) 13. *T. Pulcyn*

Wipo, * um 995 wohl in Solothurn, † um 1050 im Bayer. Wald. Der wahrscheinliche Verfasser der Ostersequenz »Victimae paschali laudes« hieß eigentlich Wigbert und war Schüler im Chorherrenstift Solothurn. Vor 1020 wurde er Kaplan am Hof Konrads II., den er auf vielen Feldzügen begleitete. Als Erzieher Heinrichs II. blieb er lebenslang dessen Beichtvater. Der kränkelnde W. wurde 1028 Kaplan an der Hofkirche in Solothurn. 1045 zog er sich als Eremit in den Bayer. Wald zurück, um eine Biographie Konrads II. zu verfassen.

Die Ostersequenz, bis heute von der Kirche gesungen, steht zwischen lat. und einfacherer dt. Poesie. Interessant ist der fiktive Dialog mit Maria Magdalena. Das musikalische Motiv ist unter Umständen an ein gregorianisches Alleluja angelehnt. Die Sequenz stand u. a. Pate bei dem alten Osterlied »Christ ist erstanden« und bei Luthers »Christ lag in Todesbanden«.

Lit.: Grove XX 460. — MGG XIV 728. *J. Schießl*

Wirt, Wigand, * 1470 in Frankfurt am Main, † 30. 6. 1519 in Steyr, trat in den Dominikanerorden ein und wandte sich gegen Johannes → Trithemius und seine Verteidigung der Lehre von der UE ℳs. In einer Streitschrift warf er 1494 Trithemius vor, mit Schriftstellen willkürlich zu verfahren. Dessen Freunde, u. a. → Wimpfeling, übernahmen seine Verteidigung. W. wurde zum Widerruf gezwungen und entschuldigte sich. Damit war diese Fehde beendet. Einige Jahre später verfaßte W. den »Dialogus Apologeticus ... contra eos qui de conceptione immaculatissime Virginis Marie male sentiunt«. Das Buch wurde 1506 durch den Mainzer Erzbischof konfisziert. Darin griff W. u. a. den Franziskaner Johannes Spengler an, der ihn daraufhin in Rom verklagte. Der Prozeß endete 1513 mit einem Widerruf W.s.

Lit.: F. Lauchert, Der Dominikaner W., In: HJb 18 (1897) 759–791. — N. Paulus, Über W. W.s Leben und Streitigkeiten, ebd. 19 (1898) 101–107. — C. Schmitt, La controverse allemande de l'Immaculée Conception. L'intervention et le procès de W. W. O. P. (1494–1513), In: AFH 45 (1952) 397–450. — G. Powitz, Die Handschriften des Dominikanerklosters in Frankfurt, 1968, 245 ff. 253. — H. Arnold, Johannes Trithemius, ²1991, 103 ff. 106 ff. 112 f. — A. Dörfler-Dierken, Die Verehrung der hl. Anna im SpätMA, 1992, 59 f. 62 ff. u. ö. — K. Utz Tremp, Eine Werbekampagne für die befleckte Empfängnis: der Jetzerhandel in Bern, In: C. Opitz u. a., Maria in der Welt, Marienverehrung im Kontext der Sozialgeschichte, 1993, 323–337. *R. Bäumer*

Wissen Marias. 1. *Hermeneutische Vorbemerkungen.* Die Hl. Schrift enthält keine Hinweise auf Art und Weise sowie Umfang des W.s ℳs. Dagegen bezeugt Lk 2,44 ff. klar ein Nichtwissen ℳs. Auch die Väter äußerten sich nicht zum W. ℳs. Das trifft auch noch auf die zahlreichen Rundschreiben der Päpste zu, in denen aber immer wieder nachdrücklich auf den Glauben ℳs hingewiesen wird. Damit sind dem theol. Fragen wichtige hermeneutische Voraussetzungen aufgewiesen. Daraus folgt sodann: Alle Aussagen über das W. ℳs können sich allein auf Konvenienzgründe stützen. Dabei sind der Pilgerstand ℳs und die Dimension der Geschichtlichkeit stets mitzubedenken.

2. *Vom MA bis zum Vaticanum II.* Das → Schweigen der Schrift und der Väter hinderte die Theologen seit dem MA nicht daran, intensiv über Art und Umfang des W.s ℳs nachzudenken. Es geschah gemäß der scholastischen Scientia-Lehre, die eine scientia per se und per accidens infusa sowie eine scientia acquisita unterschied. Zugleich kam dem Axiom des hl. Bernhard, »Quod itaque vel paucis mortalium constat fuisse collatum, fas certe non est suspicari tantae Virgini fuisse negatum« (PL 182, 334), aber auch der Gnadenfülle und der GMschaft ein maßgebliches Gewicht zu. Entsprechend betont → Thomas v. Aquin: »Rationabiliter enim creditur quod illa quae genuit Unigenitum a Patre, plenum gratiae et veritatis, prae omnibus aliis maiora privilegia gratiae accepit« (S. th. III 27,1). Zu diesen Privilegien rechnete man auch das W. ℳs, wie → Hugo v. St. Viktor († 1141) beweist, der ℳ ein umfassendes W. zuschrieb: »Quartum (sc. privilegium est) quod integre et perfecte omnia novit.« Der Grund dafür ist die GMschaft: »qualiter enim aliquid potuit ignorare quae omnia scientem scivit; in qua tota divinitatis plenitudo corporaliter habitavit?« (PL 177,808). Nachhaltiger Einfluß auf die Lehre vom W. ᛘs ging vom ps.-albertinischen »Mariale« aus, in dem in 17 Quästionen (q. 95–111) das W. ᛘs erörtert wird (Fries 57). Darauf beriefen sich u. a. → Dionysius der Karthäuser (†1471) und der hl. → Antonin v. Florenz (ebd. 75 ff.). Auch → Suarez (†1619) bezieht sich mehrfach darauf in seiner »erschöpfende(n) und im allgemeinen recht maßvolle(n) Darstellung« (so Scheeben, n. 1655) über das W. ᛘs (Kommentar zur S. th. dist. 19, sect. 1–6).

Völlig einmütig wurde ᛘ eine scientia per se infusa zugeschrieben (in unserer Zeit noch von Roschini, Martinelli, Connell). Möglichkeit und tatsächliches Zueigensein derselben wurde mit der allgemein anerkannten Lehre begründet, daß auch die Seele Christi eine solche besaß. Doch wurde die ᛘ zuteilgewordene »scientia per se infusa« inhaltlich nie derjenigen Christi gleichgesetzt. Dadurch wurde ᛘ ein unvergleichliches W. hinsichtlich der Offenbarungswahrheiten geschenkt. Deshalb habe sie »vom Augenblick ihrer Heiligung an« (a principio suae sanctificationis) und nicht etwa erst seit der Verkündigung »einen expliziten Glauben an die Trinität« besessen; sie habe auch »das Geheimnis der Inkarnation seinem wesentlichen Gehalt nach« (quoad substantiam) erkannt, d. h. daß die zweite göttliche Person Fleisch angenommen hat (Suarez, dist. 19. sect. 1, n. 1). Folgerichtig hielt Suarez die Anschauung des Erasmus v. Rotterdam, daß ᛘ bei der Geburt Christi noch keine volle Erkenntnis der wahren Gottessohnschaft besaß, für »gottlos und häretisch« (impia et haeretica). Damit wurde eine Mehrung (augmentum) dieses eingegossenen W.s nicht ausgeschlossen. Eine solche sei ᛘ in besonderen Augenblicken ihres Lebens zuteil geworden (sect. 3, n. 6). Ein erst recht umfangreiches (ampliorem) W. habe ᛘ dann zu Pfingsten empfangen, und zwar von allen Wirklichkeiten, die zum Sein (status) der Kirche gehören: von allen Sakramenten, von der Berufung der Heiden, der Verwerfung (reprobatio) der Juden, vom Aufhören der Vorschriften des Gesetzes u. a. (ebd.). Schon vor Suarez haben Theologen, worauf der hl. → Bernhardin v. Siena hinweist, mit Berufung auf das »Mariale« ᛘ eine so überragende Erkenntnisklarheit (tanta sapientiae claritas a Deo superinfusa) zugeschrieben, daß sie eine siebenfache vollkommene Einsicht besaß (haec septem perfecte intelligebat), und zwar »hinsichtlich der vernunftlosen, der vernunftbegabten, der geschaffenen geistigen und der unerschaffenen göttlichen Natur, sowie hinsichtlich all dessen, was zu meiden bzw. zu befolgen ist, und schließlich in welcher Weise und in welchem Ausmaß etwas zu verabscheuen (odienda) bzw. zu lieben ist« (zit. nach Martinelli, De obiecto, 434). Eine völlig überzogene Auffassung vertrat Christoph de Vega († 1672); er schrieb ᛘ ein umfassendes phil. und naturwissenschaftliches W. zu (Theologia Mariana I, n. 1056–1103; Connell 319).

Den Besitz einer »scientia per accidens infusa«, d. h. eines W.s, das der Vernunft zwar zugänglich, aber gnadenhaft von Gott verliehen ist, hielt Suarez bei ᛘ für »wahrscheinlich«. Dadurch besaß sie »die Erkenntnis der natürlichen und moralischen Sachverhalte (rerum), die zum vollkommenen Verständnis der Schrift und zur Vervollständigung der theologischen Lehre (theologicae doctrinae), ebenso zur Durchdringung, Erklärung und überzeugenden (suadenda) Vermittlung der Glaubensgeheimnisse und schließlich zu einer vollständigen Klugheit und Erkenntnis des Handelns für sie notwendig war« (sect. 5, n. 3). Unbestritten war stets die scientia acquisita bei ᛘ.

Aus der Freiheit von der Erbsünde und kraft des Freiseins von den Folgen derselben, von denen nicht zuletzt die Erkenntniskraft in Mitleidenschaft gezogen wird, wurde ᛘs Freisein von Irrtum gefolgert. Nach Suarez handelt es sich dabei um eine »sichere Schlußfolgerung«; die gegenteilige Auffassung verletze das gläubige Empfinden (pias aures offendere; sect. 6, n. 4). Damit wird ein negatives Nichtwissen nicht ausgeschlossen; verneint wurde aber »seine privative Unwissenheit im eigentlichen Sinn«. So habe ᛘ vor der Verkündigung nicht gewußt, daß sie die künftige GM sein werde; auch die Weise der Empfängnis kannte sie nicht u. a. (ebd.).

3. *Zusammenfassende Beurteilung.* Alle Aussagen über das ganz besondere W. ᛘs bauen auf der scholastischen Scientia-infusa-Lehre auf. Nun gilt aber schon im Hinblick auf eine »scientia per se infusa« bei Christus, daß sich eine solche nur »mutmaßen« läßt (Pohle-Gummersbach II 193); im Hinblick auf eine »scientia per accidens infusa« sind die Auffassungen der Theologen »geteilt« (ebd.). Damit scheint die Problematik der herkömmlichen Aussagen über das W. ᛘs, die von manchen Theologen z. T. noch vor dem Vaticanum II vertreten wurden (z. B. Roschini, Martinelli, Connell), auf. Nicht zu übersehen ist, daß in dieser mariol. Lehrtradition die Dimension der Geschichtlichkeit, mit der stets Werden verbunden ist, ganz unbeachtet blieb. Nirgends wird das so deutlich wie bei der im späten MA recht verbreiteten Meinung, ᛘ habe bereits im Mutterschoß, ja beim Eintritt ins Dasein den Gebrauch der Vernunft erlangt, obwohl diese Auffassung bereits Thomas v. Aquin abgelehnt hatte (S. th. III 27,3). ᛘs Erkennen wurde in ungeschichtlicher Weise verstanden, wie die Auseinandersetzung mit Erasmus v. Rotterdam zeigt. Seit dem Vaticanum II läßt sich nun auch lehramtlicherseits ein Wandel feststellen. In LG wird ausdrücklich betont, daß ᛘ »den Pilgerweg des Glaubens«

gehen mußte (n. 58). Johannes Paul II. wendet in der Enzyklika »Redemptoris Mater« sogar einen Ausdruck des hl. → Johannes v. Kreuz auf das Glaubensleben M︎s an und spricht von »einer gewissen Glaubensnacht« im Hinblick auf sie (n. 17). Die Aussage bezieht sich unmittelbar auf das Leben mit Christus, sein Persongeheimnis und sein Erlösungswerk. Dennoch scheint es, daß dadurch auch jene Theologen der Gegenwart einen Rückhalt erhalten, die bei M︎ im Augenblick der Verkündigung noch kein vollständiges Wissen von der Gottessohnschaft Jesu annehmen, sondern betonen, daß sie erst mit der Zeit zur vollen Erkenntnis des Persongeheimnisses Jesu gelangte (Schmaus 82 ff. mit Hinweis auf Guardini 58; Galot 95–100). Daraus folgt aber weiter, daß die traditionellen Aussagen über M︎s Kenntnis des trinitarischen Gottesgeheimnisses nicht unberührt bleiben. Das gilt auch hinsichtlich der Annahme eines vollständigen W.s bei M︎ über die Sakramente der Kirche.

Ein solches W. würde bereits ein Begriffsinstrumentarium voraussetzen, das noch keineswegs dem der späteren dogm. Lehre hätte gleichen müssen, was weder der Fall, noch möglich war. Zudem wäre fraglich, ob M︎ einen wirklichen Verstehenszugang zu demselben gehabt hätte, es sei denn, man überspringt die Geschichtlichkeit durch die Annahme eines wunderbaren Eingreifens Gottes. Doch dafür gibt es in der Schrift keinen Hinweis. Diese kritische Eingrenzung beeinträchtigt aber in keiner Weise die Stellung und Aufgabe M︎s im Erlösungswerk; ebensowenig wird dadurch ihre einzigartige Verehrungswürdigkeit gemindert. Indem das Bild M︎s von der Überfrachtung durch ein in ungeschichtlicher Weise überzeichnetes W. befreit wird, kann nun umso mehr ihr urbildlicher Glaube und dessen Größe aufstrahlen.

Lit.: RoschiniMariol II. — A. Martinelli, De obiecto et extensione scientiae infusae quam B. V. Maria creditur habuisse in primo existentiae suae momento, In: Mar. 12 (1950) 389–398. — Ders., La B. Vergine Maria vide in terra la divina essenza? Dottrina di G. C. Recupito (1581–1647), ebd. 19 (1957) 417–489. — Scheeben VI/2. — A. Fries, Die unter dem Namen des Albertus Magnus überlieferten mariol. Schriften, 1954. — R. Guardini, Die Mutter des Herrn, 1955. — J. Pohle und J. Gummersbach, Lehrbuch der Dogmatik II, [10]1956. — F. J. Connell, Our Lady's Knowledge, In: J. Carrol, Mariology II, 1957. — SchmausKD. — J. Galot, Das Herz Marias, 1964.

A. Bodem

Wittmann, Georg Michael, Dr. phil., Dr. theol. h. c., präkanonisierter Bischof von Regensburg, Diener Gottes, * 22. 1. 1760 in Finkenhammer bei Pleystein, Diözese Regensburg, † 8. 3. 1833 in Regensburg, absolvierte die phil.-theol. Studien an der Universität Heidelberg, wurde am 21. 12. 1782 in Regensburg zum Priester geweiht, trug als Regens des Priesterseminars, Apostel der Caritas, Dompfarrer, Domkapitular, Dompropst, Weihbischof (1829), Generalvikar, Generalvisitator und schließlich als nominierter Bischof des Bistums Regensburg maßgeblich dazu bei, die Aufklärung zu überwinden und in einer sich wandelnden Welt die kath. Erneuerungsbewegung in Bayern in die richtigen Bahnen zu leiten. Mit seiner Schülerin, der sel. K. → Gerhardinger, gründete er 1833 für die Mädchenerziehung die »Armen Schulschwestern ULF«. 1955 wurde für ihn als einzigen bayer. Bischof der Neuzeit der Seligsprechungsprozeß eingeleitet. Das Verfahren ist z. Z. in Rom anhängig.

W. war von Kindheit an ein bes. großer Verehrer der GM. Oft bekannte er sich in seinem leider verlorenen »Geistlichen Tagebuch« als Schüler der Sedes sapientiae. Seine MV bezeichnete er als Frucht der Erziehung durch seine Mutter, die ihn als Kind zum Beten vor dem M︎altar der Kapelle beim väterlichen Hammerwerk angeleitet und wiederholt zum nahen M︎heiligtum am → Fahrenberg mitgenommen hat. Während seiner Studienzeit in Amberg (1769–78) besuchte er häufig die Wallfahrtskirche auf dem Mariahilfberg. Als Mitglied der marian. Studentenkongregation wurde er 1774 deren Präfekt. Als Subregens in Regensburg schrieb er die plötzliche Heilung von einem gefährlichen Blutsturz 1791 der Hilfe M︎s zu. Zum Dank gelobte er auf dem Fahrenberg, künftig jede Viertelstunde seines Lebens nach dem Willen Gottes zu fragen und ihm zu folgen. Sein »Viertelstundenmanuale« beweist die gewissenhafte Befolgung seines Gelöbnisses (sub veniali) bis ans Lebensende. Ab 1800 zog er sich alle Jahre für einige Tage in die M︎klause Frauenbrünnl bei Bad Abbach zu Exerzitien zurück. Vor dem M︎portal der damaligen Dompfarrkirche St. Ulrich in Regensburg weihte er im Mai 1804 sein Leben seinen Pfarrkindern und wiederholte diese Aufopferung fortan täglich am M︎altar. Als 1822 das ehemalige Reichsstift Obermünster mit seinem M︎münster zum Priesterseminar des Bistums umgewandelt wurde, verlegte er 1826 die Stundenbruderschaft »Ewiger Rosenkranz« aus der Dominikanerkirche dorthin und erweckte sie so zu neuem Leben. In der Dompfarrkirche, wie in Stadtamhof, führte er an Sonntagen die Andachten zur GM, »Marienkonvente« genannt, ein. Für die Schulmädchen gründete er einen M︎verein. Mit den Waisenkindern pflegte er gern zur Wallfahrtskirche → Mariaort zu pilgern. Als großer Förderer der Regensburger marian. Männerkongregation »Mariae Verkündigung« wurde er 1830 zu deren Präfekt gewählt. Noch als Generalvikar betete er täglich den ganzen Rosenkranz mit seinen 15 Geheimnissen. In Predigten, Katechesen und Ansprachen förderte er in der Zeit der Säkularisation bei den ihm Anvertrauten die Liebe zur GM. Durch sein Wirken schuf er ein neues Fundament der MV im Bistum, bes. bei den 1400 Priestern, die aus seiner Schule hervorgegangen sind. Trotz zahlreicher Publikationen hat W. keine marian. oder mariol. Werke veröffentlicht.

QQ: Bischöfliches Konsistorium Regensburg, Abteilung für Selig- und Heiligsprechungsprozesse: CMW (K 1–71), Regestensammlung.

Lit.: F. Deinel, Das Leben und Wirken des Hochwürdigsten ... Bischof G. M. W., Regensburg 1833. — R. Mittermüller, Leben und Wirken des frommen Bischofes M. W. von Regensburg, Regensburg 1859. — J. B. Lehner, M. W., Bischof von Regensburg, 1937. — E. H. Ritter, Zeugen des Glaubens. Heilige, Selige und Diener Gottes im Bistum Regensburg, 1989, 421–424. 424–428 (Lit.). — Ders., Weihbischof G. M. W. als Generalvisitator für das Bistum Regensburg, 1992. — BSS XIV 1462–64.

E. H. Ritter

Witz, Konrad, * zwischen 1400 und 1410 wahrscheinlich in Rottweil/Württemberg, † im Winter 1445 oder Frühjahr 1446 in Basel, dt. Maler und eventuell auch Bildschnitzer der Spätgotik, der im Schweizer Raum den Übergang zu den Neuerungen der altniederländischen Kunst vollzieht. Über seine Jugend, Ausbildung und Wanderzeit ist nichts bekannt, doch dürfte er sich nach seiner Lehre in den Niederlanden aufgehalten haben. Ein späterer zweiter Besuch wird auf Grund seiner Stilentwicklung auch für möglich gehalten. Anfang der dreißiger Jahre muß W. nach Basel gekommen sein, da er als »Konrad von Rottweil« 1434 in die »Zunft zum Himmel« aufgenommen wurde und bereits 1435 die Stadtbürgerschaft erhielt, was einen längeren Aufenthalt voraussetzte. 1437 taucht er in der Liste der S. Lukas-Gilde auf. In diese Zeit fällt auch sein erstes (teilweise) erhaltenes Hauptwerk, der Baseler Heilspiegelaltar für St. Leonhardt (Museen Basel, Berlin, Dijon). Um 1440 schuf W. einen zweiten großen Altar (Teile in Museen in Nürnberg, Basel, Straßburg), bevor er 1441/42 zusammen mit N. Rusch, genannt Lawelin, das Baseler Kornhaus mit Wandmalereien ausschmückte (nicht erhalten). Das letzte und bedeutendste Werk ist der Genfer Petrusaltar (Musée d'Art et d'Histoire), den W. signiert und datiert hat (»magister Conradus Sapientis de Basilea«, 1444).

Die Vorstufen der Kunst von W. werden im provençalischen Kreis gesucht (Meister von Aix u. a.), über dessen Vermittlung er Anregungen der niederländischen Malerei (Brüder van Eyck, R. Campin, van der Weyden, C. Sluter) aufnahm. Gegenüber deren höfisch-aristokratischen Zügen entwickelte er jedoch eine handwerklich-zunftgebundene Haltung, die in einem derben Realismus zum Ausdruck kommt. In W. vollzieht sich der Übergang vom sog. »weichen Stil« der Zeit um 1400 zum betonten Realismus. Seine Figuren bewegen sich in kastenförmigen Räumen, wirken gedrungen klobig und verneinen so die Ideale der Internat. Gotik. Die sich scheinbar ungelenk bewegenden Gestalten werden von hartbrüchigen, steif abstehenden Gewändern mit eckigen Falten kristallin umhüllt, deren Material akribisch geschildert ist. Die skulpturale Darstellung der handelnden Personen tritt intensiv dreidimensional hervor, erreicht aber die von innen heraus sich entwickelnde Realistik des Körpers der Frührenaissance noch nicht.

W. dürfte fast ausschließlich Altäre gearbeitet haben, darunter auch reine M-Retabel, wobei es keine Hinweise für repräsentative Darstellungen gibt. Im erhaltenen bzw. zugewiesenen Werk sind nur Vitenszenen der GM bekannt. Das früheste Beispiel, der Heilspiegelaltar (um 1435), verfügte über eine Verkündigung, von der nur der Engel überliefert ist. In das zeitliche Umfeld dieses Altares gehört eine zugeschriebene, aber sehr umstrittene Kreuzigung in Berlin (Dahlem, Gemäldegalerie). Wohl von einem M-altar stammend bietet die Verkündigung in Nürnberg (Germ. Nat. Mus., um 1440) eine der ausgewogensten Kompositionen der Zeit. Der von links ankommende Engel blickt über M hinweg, die ihm den Rücken zukehrt und sich nur verhalten umwendet, ohne den Gesandten Gottes anzublicken.

K. Witz, Verkündigung an Maria, um 1440, Nürnberg, Germanisches Nationalmuseum

Im Petrusaltar von Genf, einem der letzten Werke des Meisters, sind die meisten Bilder mit M erhalten. Alle drei (Anbetung der Könige, Ratschluß der Erlösung, Petrus und Stifter vor der GM mit dem Kind) sind vor einen punzierten Goldgrund gesetzt. Für W. eigentümlich bleibt der Kontrast zwischen realistischer Schilderung der Emotionen der Gesichter, des Gebäudes, der eindeutigen Gestik und des die handwerkliche Fertigkeit demonstrierenden Gewandstils, der auch in den anderen beiden Darstellungen dominiert.

W. werden ansonsten noch einige andere M-bildnisse zugeschrieben. Zu nennen wären hier v.a. eine Pietà in New York (Sammlung Frick, um 1430/40), eine Hl. Familie mit zwei weiblichen Heiligen (Neapel, Nat. Mus., um 1440), eine getuschte Federzeichnung mit M und Kind im Gemach (Berlin, Kupferstichkabinett, 1440er Jahre) und die sog. Olsburger Madonna (Basel, Kunstmus.), ebenso aus den 40er Jahren.

Lit.: D. Burckhardt, K. W., Basel 1901. — M. Escherich, K. W., Straßburg 1916. — H. Graber, K. W., ²1922. — H. Wendland, K. W., Gemäldestudien, 1924. — O. Fischer, K. W., 1937. — J. Gantner, K. W., 1942. — P. L. Ganz, Meister K. W. von Rottweil, 1947. — M. Meng-Koehler, Die Bilder des K. W. und ihre Quellen, 1947. — G. Schmidt, K. W., 1962. — U. Feldges-Henning, Die Werkstatt und Nachfolge des K. W., 1968.

N. Schmuck

Witzel, Georg, * 1501 in Vacha/Rhön, † 16. 2. 1573 in Mainz, studierte in Erfurt, wirkte dann als Vikar in Vacha, wandte sich der neuen Lehre zu und heiratete 1523. Nach dem Studium der Kirchenväter kehrte er zur alten Kirche zurück, lebte seit 1538 am Hof Georgs von Sachsen und Joachims von Brandenburg. Ferdinand I. ernannte ihn zum kaiserlichen Rat.

W. hat in mehr als 150 Schriften den alten Glauben verteidigt. Er war von einer tiefen Mfrömmigkeit erfüllt und begründete in verschiedenen Schriften die Verehrung der Heiligen. In seinem »Katechismus« bot er eine Auslegung des Englischen Grußes. 1537 veröffentlichte er eine Interpretation der prophetischen Gesänge Ms. Er erinnerte an das Kirchenlob der Kirchenväter, das er 1546 unter dem Titel »Laus Mariae Deiparae Virginis« herausgab. Er zählt zu den einflußreichen Verteidigern des Glaubens im 16. Jh.

Lit.: W. Trusen, Um die Reform und Einheit der Kirche, Zum Leben und Werk G. W.s, 1957. — R. Bäumer, G. W., In: Kath. Theologen der Reformationszeit I, 1984, 125–132 (Lit.). — Ders., Motiva Conversionis, In: FKTh 7 (1991) 254–272. — B. Hentze, Die Bemühungen G. W.s (1501–1573) um die Kircheneinheit, 1994.

R. Bäumer

Wolf, Hugo Philipp Jakob, * 13. 3. 1860 in Windischgraz (slovenische Steiermark), † 22. 2. 1903 in Wien, wird zuerst vom Vater im Klavier- und Violinspiel unterwiesen. Parallel zu Volksschule und Gymnasium in Graz erhält er im Steiermärkischen Musikverein Instrumentalunterricht. Nach drei Jahren verläßt W. das Gymnasium und tritt in das Wiener Konservatorium ein. Dort unzufrieden mit den Lehrern, erklärt er seinen Austritt und erwirbt fortan als Autodidakt fundierte musiktheoretische Kenntnisse. Als profunder Kenner der Weltliteratur und lyrischer Poesie schreibt W. 50 Lieder (1875–78); 1879–81 entstehen nach Gedichten von Eichendorff »Sechs geistliche Gesänge: für a-cappella-Chor«; Anfang 1882 gibt er eine Kapellmeisterstelle, die er kurze Zeit am Salzburger Stadttheater inne hatte, auf, um in Wien Musikkritiker zu werden. 1887 beginnt W.s künstlerisches Schaffen im eigentlichen Sinne. F. Eckstein veranlaßt ihn, seine ersten Lieder herauszugeben; es folgen Vertonungen von 43 Mörike- und 50 Goethe-Gedichten, »Christnacht«, »Sommernachtstraum«, »Elfenlied«, »Spanisches Liederbuch«, »Italienisches Liederbuch« sowie Lieder nach Texten von P. Heyse und E. Geibel.

Unter den dt. Liederkomponisten nimmt W. einen hohen Rang ein. Seine geistlichen Gesänge — sie eröffnen das »Spanische Liederbuch« (1889/90) — gesetzt für eine Singstimme und Klavier, enthalten u. a. Lobpreisungen Ms, weihnachtlich gestimmte Anrufungen der GM und des Jesusknaben (»Die du Gott gebarst, du Reine«; »Nun wandre Maria«; »Der hl. Joseph singt«). Mit Hilfe harmonischer Kühnheit und Subtilität (Modulation auf engstem Raum und Chromatismen) erreicht W. seine eigene höchst sensible Tonsprache. Sie gipfelt im deklamatorischen Liedstil, wobei der Klavierpart als gleichberechtigter Stimmungsfaktor fungiert. Die Singstimme fügt sich in kontrapunktisch vollendeter, melodischer und rhythmischer Selbständigkeit dem Klavierpart als vollgültigem Musikstück ein. Koloristik, Zeichnung, Tonmalerei, ausgedehnte Vor-, Zwischen- und Nachspiele sowie beibehaltene Motivik münden in eine Synthese von Dichterwort, Gesang und Klavier. Liturg. Zwecken dienen die geistlichen Gesänge des »Spanischen Liederbuches«, die Max Reger (1904) für eine Singstimme und Orgel, versehen mit dynamischen Zeichen und Manualwechseln, eingerichtet hat.

Lit.: W. Jarosch, Die Harmonik in den Liedern H. W.s, 1927. — H. Hinghofer, H. W. als Liederkomponist, 1933. — A. Breitenseher, Die Gesangstechnik in den Liedern H. W.s, 1938. — B. Campbell, The Solo Sacred Lieder of H. W., 1969. — H. Thürmer, Die Melodik in den Liedern von H. W., 1970. — H. Poos, H. W., In: Musik-Konzepte 75 (1992) 130–139. — MGG XIV 776–796. — Grove XX 475–502.

G. Schönfelder-Wittmann

Wolf v. Rippertschwand, Niklaus, * 1. 5. 1756 in Neuenkirch, Kanton Luzern, † 18. 9. 1832 ebd., Bauer und Familienvater von 9 Kindern, erlebte als Mitglied der »Luzernischen Nationalversammlung« 1798 den Untergang der alten Eidgenossenschaft. 1803/04 war er Mitglied des Luzerner Großen Rates. Das Charisma der Krankenheilung, das er ca. 1804 entdeckte, drängte ihn zum Rückzug aus der Politik. Nach anfänglicher Ablehnung gewann er durch seine Offenheit, Grundsatztreue und Liebe zur Kirche das Vertrauen vieler Priester. Die kirchliche Prüfung des Charismas bestand er 1815/16 in vollkommenem Gehorsam. Während 27 Jahren war die Beratung der Notleidenden und das Beten im Namen Jesu für sie, die Not der Kirche und Gesellschaft sein wichtigstes Tagewerk. Tausende von Heilungen wurden seinem Glaubensgebet zugeschrieben. Der selbstlose Helfer und Laien-Seelsorger wurde allgemein »Vater Wolf« genannt. Überall regte er Männer-Gebetsgruppen an, die nach seinem Tode als »Bruderschaft zur Bewahrung und Belebung des Glaubens« auch das politische Leben im Sinn der Kirche erneuerten. Für sie und für Familien verfaßte er Andachten und Gebete. Der Seligsprechungsprozeß läuft seit 1955.

W.s Wahlspruch lautet: »Zur Ehre des heiligsten Namens Jesus, zur Rettung der Menschen und zum Sturze der Hölle! Der Name des Herrn ist reich genug für alle, die ihn anrufen!« Seine Gebete wenden sich an die Personen der Dreifaltigen Gottes, an die GM, die Engel und Heiligen. Im Vordergrund stand bei ihm die mystisch tiefe Betrachtung des Leidens Christi. Mehrere schriftliche Fünf-Wunden-Andachten sind noch vorhanden. Seine MV war eng verbunden mit der Liturgie. »Mit ihr (M) weinte und büßte er, und mit ihr freute er sich. In den Geheimnissen der Festtage sah er durch den Glauben immer Jesum lebendig gegenwärtig« (Ackermann 90). Da war M immer dabei, bes. in der Adventszeit: »Da lag er gleichsam beständig vor Maria auf den Knien und betete ihr göttliches Kind in ihrem jungfräulichen Leibe an, wie es eine von ihm selbst geschriebene Andachtsformel weist« (ebd.). Diese konkrete Frömmigkeit war typisch für ihn. Die Menschwerdung Gottes in M war ihm Quelle des Trostes. Oft betrachtete er dieses Geheimnis und wiederholte dabei mehrmals den Englischen Gruß. »Seine Rührung bei der Betrachtung der Liebe und Herablassung Gottes, der Demut, hohen Würde und Macht Mariae in diesem Geheimnisse war oft so groß, daß er alles andere um sich herum vergaß und mit seiner ganzen Seele in diesem Geheimnisse versunken schien« (ebd. 98 f.). W. hatte ein unbegrenztes Vertrauen in die Fürbitte Ms und empfahl ihre Verehrung allen. Am liebsten betete er den Rosenkranz. Er verstand es, alle Geheimnisse des Glaubens damit zu verbinden, auch die Hl. Eucharistie. Dabei versuchte er, alles mit den Augen und mit dem Herzen der GM zu betrachten.

QQ: J. R. Ackermann, Die Macht des christl. Glaubens, dargestellt im Leben des durch auffallende Gebetserhörungen merkwürdig gewordenen N. W. v. R. aus dem Kanton Luzern, Luzern 1832, ⁴1845; ³1834 = Abdruck: 1956, 1983 (zit.).
Dokumentation: Kath. Pfarramt, CH-6313 Neuenkirch. — Niklaus-Wolf-Stiftung, Seminarstr. 7, CH-6313 Menzingen.
Lit.: A. Sigrist, N. W. v. R., 1952. — I. Lüthold-Minder, Erleuchteter Laie, 1989. — BSS XIV 1464ff.   M. Syfrig

Wolfenbütteler Marienklage (→ Klagen). Die W. ist zusammen mit dem Wolfenbütteler Osterspiel (→ Spiele) in einem umfangreichen Sammelband überliefert, der überwiegend lat. Texte, meist rel. Inhalts, sowie einige Urkunden enthält und wohl um 1425 in Braunschweig entstanden ist. Die Mklage ist als dem Osterspiel vorangehendes Karfreitagsspiel zu sehen, das in der Handschrift als »ludus passionis« bezeichnet wird. Dieser »ludus« enthält die Kreuzesszene und Jesu Begräbnis. Außer Jesus, M und Johannes treten Petrus, Nikodemus und weitere Frauen auf. Der Charakter ist liturgienah, die Aufführung im Kirchenraum zu denken. Die Grablegung erfolgt als depositio crucis (BA. 365a: »Hic portant crucem ad sepulcrum«).

Ausg.: O. Schönemann, Der Sündenfall und Marienklage. Zwei niederdeutsche Schauspiele, 1855, 127–148.
Lit.: Bergmann, Katalog Nr. 172   R. Bergmann

Wolff (Wolf), Andreas (Johann Andreas, auch Jonas), * 11.12.1652 in München, † 9.4.1716 ebd., bedeutender Tafelmaler des späten Barock, tätig v.a. in Altbayern, wirkte auch als Freskant, Innendekorateur und fertigte ephemere Festdekorationen.

Als Sohn des Malers Jonas W. war Johann Andreas W. zunächst Schüler seines Vaters. Ar-

A. Wolff, Der hl. Rupertus begründet die Wallfahrt von Altötting, 1695, München, Dom

chivalisch verbürgt ist eine Gesellenzeit beim Münchner Hofbildhauer Balthasar Ableithner. Seine eigentliche Ausbildung als Maler erhielt W. bei N. Prugger. Auf Grund eines kurfürstlichen Privilegs Pruggers erhielt W. Anfang der 1680er Jahre wahrscheinlich den Hofschutz, später wurde er kurfürstlich bayer. und bischöflich Freisinger Hofmaler. Beide Höfe waren seine wichtigsten Auftraggeber. W. ist v.a. bekannt als Maler von Altarblättern. Die bedeutendsten damals auszuführenden Projekte in Altbayern und den angrenzenden Regionen wurden seiner Kunst anvertraut. Als beste Schüler W.s sind Johann Georg Bergmüller und Johann Degler zu nennen.

Nach neuesten Erkenntnissen ist die traditionelle Vorstellung eines sich linear entwickelnden Stils bei W. falsch. W. verfügte als »pictor doctus« (U. Götz) über verschiedene Stile, die er reflektierend und abhängig von Sujet und Auftrag einsetzte. W.s Repertoire an Modi bzw. bildnerischen Formeln und sein Wille zur intellektuellen Durchdringung und Einfühlung in ein Thema führt auch zu ungewöhnlichen, ausgeweiteten Ikonographien. Ein Beispiel ist das Bild »Anna lehrt Maria« in Indersdorf. Das gewohnte Bildschema wird mit weiteren Motiven gekoppelt und durchwoben, so daß sich ein neuer Bildtyp entwickelt, der einen ganzen Komplex an Bedeutungen birgt, die zu einer Aussage geformt werden. M kniet vor ihrer Mutter, um aus einem Buch zu lesen, das diese auf dem Schoße hält. Im Buch lesbar ist die Selle Jes 7,14, die für W. zum Ausgangspunkt wird, die traditionelle Darstellung mit einem Motiv der spätma. Verkündigungsdarstellung zu verbinden: Gottvater und die Hl.-Geist-Taube sind als Entsender eines Lichtstrahls gezeigt, auf dem sich der winzige Christusknabe mit geschultertem Kreuz auf M zu bewegt. In der von Engeln gehaltenen Weltkugel Gottvaters erscheint ein weiteres Motiv, der Sündenfall, der nun auch noch die typologische Dimension M als »nova Eva« einbringt.

Auf W.s Programm des Intellektualismus gründet auch sein eklektisches Vorgehen als Maler. W. löste Fragmente aus ihm bekannten Bildern und verarbeitete sie neu. Er arbeitete nach ital. Vorbildern, die ihm nur aus Stichen bekannt waren (K. Loth, Zanchi, Triva, Correggio, Barocci, Carracci, Cortona usw.), war als Münchner Maler natürlich aber auch beeinflußt von den Werken Peter Candids und wohl auch Rubens'. Wie oben angedeutet hatten für W. aber sogar noch ma. Bilder ihren eigenen Quellenwert.

Tafelbilder mit Mthematik: Anna lehrt M: Indersdorf, Pfarrkirche (ca. 1691). — Vermählung Ms: Würzburg, Karmelitenkirche (1688). — Verkündigung an M: Landshut, St. Martin (verschollen); München, Lat. Kongregationssaal (ca. 1698, verschollen); Freising, Diözesanmus. (1678). — Englischer Gruß: Freising, ehem. Galerie des Fürstbischofs Eckher (verschollen; Fürstenfeldbruck, ehemal. Klosterkirche (verschollen). — Der hl. Rupert begründet die Wallfahrt von Altötting: München, Dom (1695). — Heimsuchung: Biberach, Pfarrkirche (verschollen). — Geburt Christi: Landshut, Martinskirche (1700); Wien, Weißspanierkirche (verschollen). — Anbetung der Hirten: Passau, Dom (1698). — M mit Kind: Passau, Oberhausmus.; München, Angerkloster (verschollen). — Flucht nach Ägypten: München, Bayer. Staatsgemäldesammlung (ca. 1694). — Hl. Sippe: Landshut, ehem. Jesuitenkirche (ca. 1685); Straubing, Karmelitenkirche (ca. 1702). — Abschied Christi von seiner Mutter: Linz, Kreuzschwesternkloster (1690er Jahre). — Kreuzigung/Lanzenstoß: Erding, Hl. Blut (1697); Landshut, St. Jodok (1711). — Schmerzhafte M: München, Allerheiligenkirche (ca. 1712). — Kommunionsspende des hl. Johannes an M: Landshut, Pfarrk St. Martin (1716). — Me Himmelfahrt: Indersdorf, Pfarrkirche (1691); München, Lat. Kongregationssaal (ca. 1698, verschollen); München, Bayer. Staatsgemäldesammlungen (1694); Göttweig, Stiftskirche (1694); Passau, Dom (1701); Waldsassen, Klosterkirche (1708); Karpfham, Pfarrkirche (verschollen). — Krönung Ms: Freising, ehem. Stiftskirche St. Andreas (verschollen); Leuchtenberg, Pfarrkirche (verschollen). — Immaculata: Amberg, Georgskirche (ca. 1696); München, Hl. Geist-Kirche (1712, verschollen); Kaisheim, Abtskapelle der ehem. Zisterzienserabtei (verschollen); Kühbach, ehem. Klosterkirche (1708); München, ehem. Benediktinerinnenklosterkirche Au (verschollen); Regensburg, Kartause Prüll (1711, verschollen). — M mit dem Hl. Geist auf dem Herzen: Privatbesitz (verschollen). — M übergibt das Skapulier an den hl. Augustinus: Salzburg-Mülln, Pfarrkirche (1698). — M übergibt das Skapulier an den hl. Simon Stock: Regensburg, Karmelitenkirche (1700); Kunsthandel (verschollen). — M vom Berge Karmel: Regensburg, Karmelitenkirche (1700, verschollen). — ULF von Passau: München, Stadthaus des Klosters Schäftlarn (verschollen). — Hl. Rasso in Verehrung des Namens Ms, Andechs, Klosterkirche (1703). — Engel verehren den Namen Ms: München, Bayer. Staatsgemäldesammlungen. — Name Ms: München-Berg am Laim, Hofkirche (verschollen); (vorbereitende Zeichnungen vgl. Schlichtenmaier). — Fresko: Me Himmelfahrt und Krönung: München-Thalkirchen, Pfarrkirche (1696).

Lit. (Auswahl): L. Waagen, J. A. W., Diss., München, Günzburg 1932. — K. Schlichtenmaier, Studien zum Münchner Hofmaler J. A. W. (1652–1716) unter besonderer Berücksichtigung seiner Handzeichnungen, Diss., Tübingen 1983. — U. Götz, Der Münchner Hofmaler A. W. (1652–1716), 1988.

T. J. Kupferschmied

Wolfram v. Eschenbach, * wohl um 1170, † wohl um 1220, Verfasser ma. Epik und Minnelyrik.

Das Leben des wohl bedeutendsten Autors des dt. MA liegt urkundlich im Dunkeln; aus Anspielungen in seinen eigenen Werken, etwa auf die fränkischen Orte Abenberg, Dollnstein und Trüdingen, läßt sich jedoch mit hoher Wahrscheinlichkeit auf seine Herkunft aus dem fränkischen Eschenbach (seit 1917 Wolframs-Eschenbach) bei Ansbach, auf seine mutmaßlichen Lebensdaten sowie auf seinen ritterlichen Stand schließen. Als gesichert kann ein Aufenthalt am Thüringer Hof angesehen werden. Berühmt ist die Abbildung des Dichters in der »Manessischen Handschrift«. Von W. sind zwei Epen und ein Fragment sowie neun Lieder überliefert, von denen fünf dem Genre des Tagelieds zuzurechnen sind; die vier Minnelieder sind in ihrer Zuschreibung an W. nicht unbestritten.

M, die in den Liedern wie im »Titurel«-Fragment keine Rolle spielt, wird im höfischen »Parzival«-Roman nur dreimal genannt, jedoch stets an prominenter Stelle und immer in Bezug zu Jesus, zuerst am Ende des 2. Buches: Als Herzeloyde ihren Sohn Parzivâl nach dessen Geburt an ihre Brust legt, vergleicht sie sich mit der GM: »diu hoehste küneginne / Jêsus ir brüste bôt, / der sît durch uns vil scharpfen tôt / ame kriuze mennischlîche enphienc« (113,18–21). Die beiden anderen Stellen finden sich im 9. Buch im Gespräch des Einsiedlers Trevrizent mit dem auf Grund seines Scheiterns beim ersten Besuch auf der Gralsburg Munsalvaesche an Gott irre gewordenen Titelhelden: Nachdem sich Parzivâl beklagt hatte, Gott habe ihn im Stich gelassen, fragt der »graue Ritter« zurück: »meint ir got den diu magt gebar?« (448,2). In seiner zweiten Erwähnung thematisiert Trevrizent die Jungfrauengeburt: »nu prüevt wie rein die meide sint:/ got was selbe der meide kint./ von meiden sint zwei mennisch komn./ got selbe antlütze hât genomn/ nâch der êrsten meide fruht« (464,25–29).

Im »Willehalm« findet sich in der einzigen ausdrücklichen Nennung Ms die Anspielung auf ihre Virginität ante partum, in partu und post partum, wenn es von Königin Arabel heißt, sie habe in der Taufe den Namen Gyburc angenommen um dessentwillen, »der von dem worte wart./ daz wort vil kreftecliche vart/ zer magde fuor (diust immer magt),/ diu den gebar, der unverzagt/ sîn verh durh uns gap in den tôt« (31,7–11). Später findet sich in Gyburcs berühmter »Toleranz-Rede« eine Stelle (»schônt der gotes hantgetât« [306,28]), die wörtlich übereinstimmt mit einer Apostrophe ℳs bei W.s jüngerem Zeitgenossen → Reinmar v. Zweter: »dû gruntvest staeter triuwen, dû schirmaerine Gotes hantgetât!« Weiter verwendet W. beim Auftritt Rennewarts geistliche Vorstellungen aus dem Bereich der ℳvergleiche (»viel daz golt in den phuol/ daz ez nie rost übermuol ...« [188,21 f.]; »swer noch den grânât jâchant/ wirfet in den swarzen ruoz ...« [188,26 f.]); ebenso greift Terramer im Lob Tybalts mit den Versen »wie vert sunn durch edelen stein,/ daz er doch scharten gar verbirt?« (354,28 f.) auf ein in der geistlichen Literatur gebräuchliches Bild der jungfräulichen Empfängnis zurück. Schließlich werden in Willehalms Klage um den in der Schlacht vermißten Rennewart ℳattribute herangezogen: »du waere mînes kieles ruoder/ und der rehte segelwint« (453,18 f.).

Ausg.: Parzivâl, Studienausgabe, hrsg. von K. Lachmann, ⁶1926 (zuerst 1833). — Willehalm, hrsg. von J. Heinzle, 1991; Text nach Lachmann mit Übersetzung und profundem Kommentar von D. Kartschoke, 1968. — P. Wapnewski, Die Lyrik W.s v. E., 1972.
Lit.: H. Rupp, W. v. E., 1966. — K. Ruh, Höfische Epik II, 1980, 50–202. — K. Bertau, W. v. E., 1983, bes. 259–285: Regina lactans. Versuch über den dichterischen Ursprung der Pietà bei W. v. E. — J. Bumke, W. v. E., ⁶1991. — LL XII 413–419 (Lit.).
W. Buckl

Wolgemut, Michael (Michel), * 1433 oder 1434 in Nürnberg, † 13.11.1519 ebd., einer der bedeutendsten Maler des Überganges zur Hochrenaissance in Deutschland. Sohn des Malers Valentin W., bei dem er in die Lehre ging. Seit 1450 befand sich W. auf Wanderschaft, die ihn wohl auch in die Niederlande führte. Anschließend war er noch lange Geselle, so um 1465 bei H. Pleydenwurff in Nürnberg und 1470/71 wahrscheinlich bei G. Mäleßkircher in München. Nach vergeblichen Ehebemühungen kehrte er wieder nach Nürnberg zurück. Der harte Konkurrenzkampf erlaubte es W. nicht, sein eigenes Atelier zu eröffnen, erst durch die Heirat mit der Witwe Barbara Pleydenwurff erlangte er 1472 eine intakte und erfolgreiche Werkstatt. Von hier aus belieferte er nun neben dem Nürnberger Markt auch den südbayer. Raum (Straubing) wie auch außerbayer. Regionen (Zwickau). In den 80er Jahren arbeitete W. mit einigen Ausnahmen (Feuchtwangen) ausschließlich für seine Heimatstadt, und da v. a. zusammen mit seinem Stiefsohn W. Pleydenwurff. Am 30.11. 1486 trat Albrecht Dürer als Lehrling in seine Werkstatt. Ende der 80er Jahre befand sich die Werkstatt W.s auf ihrem Höhepunkt und befaßte sich erstmals in größerem Rahmen mit Holzschnittproduktionen (u. a. 1492 Schedelsche Weltchronik), die richtungsweisend für die weitere Entwicklung der dt. Kunst wurden. Nach 1500 beeinflußte Dürers Kunst den Lehrer zunehmend, sodaß W. bald danach vieles von angepaßten Gesellen ausarbeiten ließ. 1506–08

M. Wolgemut, Geburt Christi, 1479, Zwickau, Marienkirche

ist ein letztes Werk in Schwabach urkundlich belegt, doch hat er einzelne Aufträge auch noch später geschaffen.

W. bzw. seiner Werkstatt sind etliche Werke (in der Hauptsache Bildnisse, Andachtsbilder und Altäre) zugeschrieben, wobei der eigenhändige Anteil des Meisters schwierig herauszufiltern ist.

Die Frühwerke zeigen eine pedantische Verarbeitung bes. niederländischer Vorbilder. Eine stille Feierlichkeit durchzieht die Szenen, in denen die kultivierte Schilderung v. a. der Köpfe auffällt. In den 80er Jahren findet eine neuartige Naturbeobachtung Eingang, die am veränderten Landschaftsgefühl, den mannigfaltigeren Farbtönen, der schärferen Kontrastierung sowie einer deutlichen Drastik der Gestensprache kenntlich ist. In der Folgezeit erarbeitet sich W. mit der Zerlegung der Bildbühne in mehrere Zonen die Perspektive.

Unter den verbürgten und zugewiesenen Arbeiten sind auch viele mit marian. Themen, von denen der ℳaltar in Zwickau das früheste und zugleich erste gesicherte Werk darstellt (ℳkirche, 1479). Wie bei allen anderen Altären sind die Holzskulpturen von einem Mitarbeiter gefertigt, die vier ℳbilder und die Passionsszenen gelten als eigenhändig. In der Geburtszene ist die niederländische Herkunft überaus deutlich. Die Kreuzigung vor einem fein geschilderten Landschaftsporträt bringt im dichten Gedränge links unter dem Kreuz die zusammengesunkene Mutter.

Der sog. »Peringsdörfer Altar« in Nürnberg (Hl. Kreuzkirche, 1485/88) zeigt die GM bei der Anbetung des Kindes im Vordergrund sowie bei der Magieranbetung. Die junge Mutter ist bei W. stets eine zurückhaltende und demütige Jungfrau, deren ebenmäßiges Gesicht immer markanter von den scharf geschnittenen Köpfen der anderen Personen konterkariert wird. Gleiches läßt sich im knapp früher entstandenen Μaltar von Feuchtwangen beobachten (Stiftskirche, 1484).

Der Hochalter von St. Jakob in Straubing (um 1490) repräsentiert die neue Stilstufe, die sowohl den Figurenaufbau als auch eine geänderte Bildorganisation vorträgt. In der Himmelfahrtstafel mildert W. die gotische Faltenbildung und erreicht mit der weichen Zeichnung des Gewandes eine Monumentalität der Körper, die den sich steigernden Einfluß des Schülers Dürer verrät. W.s ausgeprägte Vorliebe für Architekturdarstellungen erreicht jetzt die höchste Umsetzung. Sie ist nun Ordnungsfaktor des Bildes und wird gelegentlich monumental (Darbringung im Tempel). Entsprechendes kann von der Beweinungstafel in Nürnberg von 1490/95 gesagt werden (St. Lorenz).

Bei einem der best erhaltenen großen Schnitzaltäre der Spätgotik, dem Schwabacher Hochaltar von 1506–08 (Stadtkirche St. Johannes und St. Martinus), dürfte W. nur noch die generelle Überwachung und Planung der Arbeit geleistet haben, zu unübersehbar sind die Umsetzungen der neuen Errungenschaften der Dürerkunst durch die Mitarbeiter. Nur das ein oder andere Innenbild des Wandelaltars mit Heiligen und die beiden Predellenflügel mit der Grablegung Christi schreibt man dem Meister zu. Die nach 1508 angesetzten zugeschriebenen Bildwerke sind nur noch Werkstattproduktionen und lassen keine eigene Hand W.s mehr erkennen.

Lit.: E. Heidrich, Die altdt. Malerei, Jena 1909. — E. Abraham, Nürnberger Malerei der 2.Hälfte des 15.Jh.s, Straßburg 1912. — F. J. Stadler, M. W. und der Nürnberger Holzschnitt im letzten Drittel des 15. Jh.s, Straßburg 1913. — C. Glaser, Die Altdeutsche Malerei, 1924. — E. Flechsig, A. Dürer I, 1928. — F. T. Schulz, M. W., 1950. — C. Willnau, Rogier van der Weyden und M. W., In: Weltkunst 24 (1954). — G. Betz, Der Nürnberger Maler M. W. und seine Werkstatt, 1955. — R. Bellm, W.s Skizzenbuch im Berliner Kupferstichkabinett, 1959. — A. Stange, Dt. Malerei der Gotik 9, 1958. — Ders., Deutsche spätgotische Malerei, 1965. — H. Rissmann, Der Dom St. Marien zu Zwickau, 1965. — E. E. Haller von Hallerstein, Pilgrimspital zum Hl. Kreuz vor Nürnberg, 1969. — K. Pilz, Die Stadtkirche St. Johannes und St. Martinus in Schwabach, 1979. — G. Bauer, Der Hochaltar der Schwabacher Stadtkirche, 1983. — H. Baier, Der Dom St. Marien zu Zwickau, 1989. — H. May, Die Entwicklung der fränkisch-nürnbergischen Malerei von 1495 bis 1525 unter besonderer Berücksichtigung des Schwabacher Hochaltares, 1989. *N. Schmuck*

Wolke des Nichtwissens

Wolke des Nichtwissens (The Cloud of Unknowing), anonymes Werk gegen Ende des 14. Jh.s aus dem Nordosten Mittelenglands. Es gibt Anzeichen für Kontakte zwischen dem Verfasser und → Walter Hilton. Höchstwahrscheinlich war der Verfasser ein Kartäuser des Beauvale Priorats, obwohl dies nicht bewiesen werden kann. In der Handschriftentradition werden eine Anzahl anderer Werke mit der »Wolke« assoziiert, jedoch können nur der »Brief über das Gebet« (»Epistle of Prayer«), das »Buch der geheimen Seelenführung« (»Book of Privy Counselling«) und die engl. Version von »De Mystica Theologia« des → Ps.-Dionysius (»Denis' Hid Divinity«) mit Sicherheit dem Autor der »Wolke« zugeschrieben werden. Die Urheberschaft der Abhandlung »Die Unterscheidung der Geister« (»Treatise of Discerning of Spirits«, basierend auf zwei Predigten des hl. → Bernhard) und »Das Studium der Weisheit« (eine engl. Version einer Kurzfassung des Richard v. Viktor, »Benjamin Minor«) bleibt nach wie vor problematisch.

Die »Wolke« beruft sich speziell auf die Autorität des Ps.-Dionysius auf Grund ihrer charakteristischen Lehre, nach der sich der Mensch ausstrecken soll zur Vereinigung mit Gott durch die Liebe in der »Wolke des Nichtwissens«, obwohl sich ihre vorsichtige und äußerst traditionelle asketische und spirituelle Lehre auf Augustinus, Gregor den Großen, Bernhard und die westliche monastische Tradition sowie auch auf Thomas v. Aquin bezieht. Seine Gnadenlehre gründet der Autor zu einem erheblichen Teil auf die des Thomas v. Aquin. Der Einfluß des Ps.-Dionysius wird bes. durch Thomas v. Vercelli (Thomas Gallus, † 1246) vermittelt. Der Terminus »Wolke des Nichtwissens« erscheint als frühestes Zeugnis bei → Ephräm dem Syrer in seinen »Hymnen de Paradiso« (XX 4 f.; Schmidt 76), also noch vor Ps.-Dionysius.

Die »Wolke« spricht, wie Walter Hilton, von der Erneuerung der »imago Dei« im Menschen durch die Verähnlichung mit Christus im Kreuzweg, in Demut und in Nächstenliebe.

Die »Wolke« wurde zweimal ins Lat. übersetzt: Mitte des 15. Jh.s von einem anonymen Autor, später vom Kartäuser Richard Methley von Mount Grace († 1527/28).

Der Autor erwähnt Μ nur beiläufig, spricht aber von ihrer herausragenden Heiligkeit, als jene, die »voller Gnade« ist (»Wolke«, Kap. 4, vgl. auch Kap. 15).

Ausg.: The Cloud of Unknowing and the Book of Privy Counselling, hrsg. von Ph. Hodgson, 1944. — Deonise Hid Diuinite and other Treatises . . ., hrsg. von Ph. Hodgson, 1955. — The Cloud of Unknowing and Related Treatises, hrsg. von Ph. Hodgson, 1982.
Lat. Ausg.: Nubes Ignorandi, Ms. Bodley 856, hrsg. von J. P. H. Clark, In: ACar 119,1 (1989). — Eine Ausgabe von R. Methleys lat. Fassung wurde vor vielen Jahren von E. Colledge OSA und J. Walsh vorbereitet, aber leider nie veröffentlicht; J. Hogg arbeitet z. Z. an der lat. Edition für ACar.
Übers.: »The Cloud of Unknowing«, neuengl. Übers., hrsg. von J. Walsh, 1981. — The Pursuit of Wisdom and other works . . ., neuengl. Übers., hrsg. von J. Walsh, 1988.
Lit.: M. Schmidt, Atl. Typologien in den Paradieseshymnen von Ephräm dem Syrer, In: Paradeigmata. Lit. Typologie des AT, hrsg. von F. Link, 1989, 55–81. — R. Ellis, Author(s), Compilers, Scribes and Bible Texts: Did the Cloud-Author translate the Twelve Patriarchs?, In: The Medieval Mystical Tradition in England 5 (1992) 193–221, hrsg. von M. Glasscoe. — R. Tixier, Mystique et Pedagogie dans »The Cloud of Unknowing«, in Vorbereitung. *J. P. H. Clark/I. Weingart-West*

Woll, Erna, * 23. 3. 1917 in St. Ingbert/Saar, Kantorin, Organistin, Schulmusikerin, Professorin, Komponistin, schrieb u. a. Chormusik (für Soli, mit Instrumenten, a cappella), geistliche Lieder, Gemeindelieder, Motetten, Kantaten und Sololieder, darunter zu Ehren Ms die Kantate »Maria im Advent« (1958), und 7 Lieder nach altdt. Texten, »Ave Maria, dich lobt die süße Musica« (1960). Biblische Texte finden ihre Vertonung in der Weihnachtsgeschichte »In jener Zeit« (1988) für Vorsänger, gemischten Chor und Orgel sowie in den biblischen Skizzen »Frauen um Jesus« (1990) für gemischte Stimmen. Für »Selig preisen mich alle Völker«, (neue ökumen. Mlieder), »Und Maria sang« (1983) und »Wie spricht man mit dir?« (1986) entwarf W. auch die Texte selbst. Bedeutsam ist schließlich die singende, musizierende Hinführung der Kinder zu M »Kinder fragen nach Maria« (1988).

Lit.: W. Keller u. a., E. W., 1987 (mit Werkverzeichnis).
H. Bach

Worms, Kuratiekirche (ehemalige Stiftskirche) Liebfrauen »Zur Maria Himmelskönigin«, Pfarrkuratie BMV de Assumptione (»Liebfrauen in der Vorstadt«), Diözese Mainz.

Kaiser Heinrich II. schenkte 1006 Bischof Burchard von W. die außerhalb der Stadt liegende Mkapelle, aus der das Liebfrauenstift hervorging. Ablässe für die Kirche sollten 1276, 1277, 1310, 1449 und 1463 zu den Baumitteln beitragen. 1296 erhob Bischof Emicho von W. das Mheiligtum zu einem Kollegiatsstift. 1308 wurde die St. Amanduskirche, in deren Pfarrei die Stiftskirche lag, dem Liebfrauenstift übertragen. Der eigentliche Pfarrgottesdienst fand auch weiterhin in der Pfarrkirche statt. Die Stiftsherren betreuten die Wallfahrt. 1367 übernahmen die pfälzischen Kurfürsten die Schutzherrschaft über das Stift. Am Ende des 15. Jh.s, als über W. der Kirchenbann verhängt wurde, zogen die Stiftsherren mit dem Gnadenbild nach Oppenheim, von wo sie 1509 zurückkamen. Seit ca. 1640 betreuten Kapuziner die Wallfahrt. Im Dreißigjährigen Krieg wurden Kirche und Stiftsgebäude beschädigt, 1689 stürzte das Gewölbe ein, die ma. Ausstattung der Kirche ging fast ganz verloren. 1702–32 dauerten die Arbeiten zur Wiederherstellung. Baurechnungen aus den Jahren 1519–1736 zeigen, daß der Bau von Westen nach Osten voranschritt, wobei der Chor der früheren Kirche noch so lange benutzt wurde, bis man ihn am Ende des 15. Jh.s durch einen Neubau ersetzt hatte. 1468 wurde die z. T. vollendete Kirche geweiht. 1803–10 löste sich das Stift auf, sein Grundbesitz wurde versteigert.

Die Mwallfahrt war schon bekannt, bevor das Kollegiatsstift begründet wurde. 1478 nannte ein Beichtbüchlein die Wallfahrt nach W. im Zusammenhang mit anderen großen Wallfahrten. Die Prozession mit dem hl. Sakrament von der Stadt zur Liebfrauenkirche hat sich durch die Jh.e erhalten. Zunächst fand sie an Me Verkündigung statt, später wegen der Osterzeit jedoch am Mittwoch nach Ostern. Ein 1623 gedrucktes Mirakelbüchlein und ein Andachtsbüchlein der 1724 gegründeten »Marianischen Liebesversammlung« sind noch vorhanden. 1803 wurde das Stift aufgehoben, 1803–20 diente es als Magazin, die Wallfahrt hörte auf.

Da die Valentinuskapelle unbrauchbar geworden war, übertrug man die Valentinswallfahrt in die Liebfrauenkirche, obwohl die Reliquie verloren war und eine neue erst 1875 aus Kiedrich nach W. kam. Die St. Valentinswallfahrt förderte die Wiederherstellung der Kirche. Die Arbeiten begannen 1854, nachdem schon 1843/44 kleinere Maßnahmen durchgeführt wurden. Den neuen gotischen Hochaltar zu Ehren der Himmelfahrt Ms weihte Bischof Ketteler 1868. 1898 wurde die Pfarrkuratie errichtet. 1907/08 renovierte man die Kirche. Die Mwallfahrt blühte 1928 wieder auf. Auch im 19. Jh. war sie nie ganz ohne Besucher. Die Haupttage sind Me Himmelfahrt und der Sonntag darauf.

Das heutige Gnadenbild, die Skulptur einer stehenden Madonna (Himmelskönigin, wohl Mitte 14. Jh., Holz, stark überarbeitet) ersetzte vielleicht ein älteres Bild. 1499 wurde es erstmals urkundlich erwähnt. 1565 von den Stiftsherren als Sicherheitsmaßnahme gegen Bilderstürmerei entfernt, war es zu Beginn des 17. Jh.s wieder in der Kirche. Es stand spätestens in der Mitte des 17. Jh.s vor dem nördlichen Pfeiler am Eingang zum Chor. Nach der Wiederherstellung der Kirche zu Anfang des 18. Jh.s kam es auf den nördlichen Barockaltar. 1639 wurde ihm ein neues Kleid gestiftet. Nach Inventarverzeichnissen des 18. Jh.s besaß es zahlreiche Kleider. Nach der Verödung der Kirche 1689 nahmen es die Stiftsherren 1690 mit nach Mainz und brachten es in die Mkapelle des Kapuzinerklosters. 1702 kam es nach W. zurück, wo es zunächst auf den Seitenaltar in der Jodokuskapelle gestellt wurde, weil die Liebfrauenkirche noch verwüstet war.

Lit.: Hand des Herrn . . ., Mainz 1743, 29. Tag. — F. Falk, Heiliges Mainz . . ., Mainz 1877, 66. — Müller 443. — SchreiberW 243. — A. Ihm, Marien-Wallfahrts-Büchlein für Liebfrauen W. a. Rh., 1929. — H. Villinger, ULF zu W., 1948. — H. Schmitt, Liebfrauen in W. . . ., In: Der Wormsgau 3 (1958) 433 ff. — Kurzkataloge 4.098.
H. Schopf

Wright, John Joseph, * 18.7.1909 in Boston, † 10.9.1979 in Rom, studiert in Boston und Rom, wird 1939 Dr. theol., Seminarlehrer in Boston, dann Bischofssekretär, 1947 Weihbischof in Boston, 1950 erster Bischof von Worcester und 1959 Bischof von Pittsburgh. 1969–79 ist er Kurienkardinal und Präfekt der Kongregation für den Klerus.

In der Kirchenleitung tätig, ist W. gleichzeitig intellektuell versiert und theol. beschlagen. Pastoral orientiert, kommt er vor, während und nach dem Konzil in enge Berührung mit wichtigen zeitgenössischen Problemen der Kirche. Er vertritt einen christozentrischen Humanismus, der auch sein marian. Denken prägt. Zum Thema ⚥ äußert er sich vorwiegend als bekannter Kanzelredner und in Gelegenheitsaufsätzen, wobei er sich an Newmans Mariol. orientiert und ⚥ als neue Eva sowie als verbindende und einheitstiftende Figur für Kirchen, Welt und Universum hervorhebt. Er betont die Einheit zwischen christl. und marian. Spiritualität und bezeichnet ⚥ als geistliches Vorbild für den aktiven Dienst gegenüber dem Geiste Gottes. Ferner bemüht er sich ⚥s Rolle für die Gegenwart aufzuzeigen: für Frau, Ökumenismus und gegen den Zeitgeist. W.s konkretes marian. Denken und persönliche Frömmigkeit äußern sich schließlich des öftern in seiner bewundernd-liebenden Beschreibung bekannter ⚥-heiligtümer. W. war 1951–79 bischöflicher Betreuer der Mariological Society of America, die zu seinem Andenken seit 1969 regelmäßig die »Kardinal Wright Auszeichnung« für Verdienste auf dem Gebiet mariol. Forschung verleiht.

WW und Lit.: Mary Our Hope, 1984. — Resonare Christum I, 1985; II, 1988. — Words in Pain, 1961. — The Church: Hope of the World, hrsg. von D.W. Wuerl, 1972. — NCE XVIII 558.
J. Roten

Würzburg, Suffraganbistum von Bamberg (bis 1803 von Mainz), über 900 000 Katholiken, 22 Dekanate mit 523 Pfarreien, 95 Kuratien und 263 Filialkirchengemeinden.

1. Bistum. a) Geschichte. Das Bistum entstand um 742 durch → Bonifatius. Bei den Dotationsgütern, die ihm die Hausmeier Pippin und Karlmann damals aus Reichsbesitz schenkten, waren bereits drei ⚥kirchen, darunter ein ⚥kloster in Karlburg, das auch in der Passio maior S. Kiliani erwähnt wird. Der Bischof erhielt große Schenkungen vom Reich, dessen Beamter er wurde, und stieg allmählich zum Fürsten eines Hochstifts und zum Herzog von Ostfranken auf. In der Barockzeit wurde es üblich, ⚥ auch mit den Titeln einer »Herzogin von Franken« oder der »Patrona Franconiae« zu ehren.

Das weitgedehnte Bistum wurde mehrmals stark verkleinert, so 1007 durch die Gründung des Bistums Bamberg, im 16. Jh. durch die Reformation, 1752 durch die Errichtung des Bistums Fulda, im 19. Jh. als Folge von Säkularisation und deutsch-deutschem Krieg und 1994 durch die Gründung des Bistums Erfurt. Dafür hatte es 1821 das Untermaingebiet mit Großteil des Spessarts vom ehemaligen Erzbistum Mainz erhalten. Heute ist es weitgehend deckungsgleich mit dem bayer. Regierungsbezirk Unterfranken.

b) Marienpatrozinien. Bei den frühesten bekannten Weihetiteln der Gotteshäuser stand oft unmittelbar nach dem Salvator die GM. Eine ganze Reihe von Kloster- und Stiftskirchen, allen voran die Bischofskathedrale, dann Ansbach, Holzkirchen, Kitzingen, Münsterschwarzach, Murrhardt, Neustadt a.M., Schlüchtern und das Frauenbergkloster bei Fulda ehrten so ⚥ auf besondere Weise, wenngleich später oft Reliquienbesitz oder Frömmigkeitswandel andere Titelheilige in den Vordergrund brachten (G. Zimmermann).

Im Lauf des MA gibt es in folgenden Orten ⚥kirchen, gelegentlich sogar mehrere: Altbessingen, Amorbach, Aub, Bächlingen, Ballenberg, Baumerlenbach, Bergersbrunn, Bergkrautheim, Bergrheinfeld, Bieberehren, Bildhausen, Birkenfeld, Bödigheim, Boxberg, Bronnbach, Bruderhartmannszell, Buchenbach, Büchold, Coburg, Comburg, Crailsheim, Dettelbach, Dimbach, Dürrfeld, Duppwyler (später Wüstung), Ebern, Ebrach, Eckartshausen, Eselsdorf, Ezelheim, Fährbrück, Faulbach, Frauenbreitungen, Frauenroth, Frauenthal, Gädheim, Gaildorf, Gerlachsheim, Gerolzhofen, Gnadenthal, Grafenrheinfeld, Großhaslach, Großwenkheim, Grünsfeld, Güntersleben, Gundelsheim, Hammelburg, Haßfurt, Heilbronn, Heiligenthal, Heldburg, Himmelspforten, Himmelstadt, Höchberg, Hollerbach, Homburg am Main, Horkheim, Iffigheim, Jagstzell, Kaltensondheim, Kirchberg bei Crailsheim, Kirchlauter, Kirnberg, Kissingen, Kleinochsenfurt, Kobolzell, Kocherstetten, Königsberg in Bayern, (Bad) Königshofen im Grabfeld, Krautheim, Langenzenn, Laudenbach, Lehrberg, Lichtenstern, Maienfels, Mainsondheim, Maria Burghausen, Maria Sondheim bei Arnstein, Mariä Kappel, Mariental, Marktbibart, Meiningen, Mellrichstadt, (Bad) Mergentheim, Möckmühl, Mönchröden, Mühlhausen, Münchsteinach, Münnerstadt, Neckarelz, Neustadt a.d. Aisch, (Bad) Neustadt a.d. Saale, Niederstetten, Oberzell, Rauenstein, Rechenberg, Rentweinsdorf, Retzbach, Rieneck, Römhild, Rothenburg o.d. Tauber, Rothenfels, Saal, Salz, Schäftersheim, Scheinfeld, Schleusingen, Schlüsselfeld, Schönau, Schönrain, Schöntal, Schwäbisch Hall, Schweinfurt, Seligental, Sondernohe, Sonnefeld, Spielbach, Steinbach, Stelzen, Stuppach, Sulz, Uffenheim, Unfinden, Unterebersbach, Untereisenheim, Unterlimburg, Unterzell, Veßra, Volkach (Kirchberg), Wechterswinkel, Werneck, Wertheim, Wiesentheid, Wilhermsdorf, Windshausen, (Bad) Windsheim, Wolkshausen; Würzburg, Zella unter Fischberg, Zellingen, zusammen mit den oben erwähnten ca. 160 Gotteshäuser, wozu sicher noch manche kamen, deren Patrozinien heute nicht mehr bekannt sind.

Auch ungezählte Altäre mit vielen Benefizialstiftungen bestanden; allein die Diözesanmatrikel von ca. 1464, die selten die Titelheiligen nennt, zählt 39 ⚥-Vikarien auf, am Dom selbst waren es dazu noch 7, darunter 3 ⚥e Annuntiationis (Bendel/I. Fischer).

Um die Jh.wende (1897) bestanden im Bistum 131 ⚥patrozinien, davon waren 38 Kirchen ⚥e Assumptionis, 15 ⚥e Nativitatis und 12 ⚥e Visitationis geweiht, 31 allgemein BMV, 10 ⚥e Immaculatae Conceptionis (Amrhein). Heute sind (ohne Haus- und Flurkapellen und ohne Südthüringen) über 110 Kirchen und Kapellen der GM geweiht, am häufigsten ⚥e

Himmelfahrt (40), gefolgt von Ⓜe Geburt (21) und Ⓜe Heimsuchung (11), Rosenkranz und Ⓜe Schmerzen (je 6). Dazu kommen noch die Weihetitel der Hl. Familie, Joseph, Joachim und Anna.

In der Reformationszeit erloschen viele Patrozinien. Dafür brachte die Neuzeit weitere Weihetitel auf wie Mutterschaft Ⓜe, Ⓜ Schutzfrau Bayerns, Ⓜ Königin, Ⓜ de Lourdes, Königin des Friedens.

c) Wallfahrten und Gnadenstätten. Es gibt solche, die einem Bruderschafts- oder einem Ablaßkonkurs ihre Entstehung verdanken, solche von lokaler oder regionaler, aber auch solche von überregionaler Bedeutung. Neben mirakulösen Kultstätten stehen solche, die auch wegen ihrer großen künstlerischen Bedeutung viel besucht werden, daneben Heiligtümer, die keine Buswallfahrer und Prozessionen oder Ausflügler anziehen, sondern stille Beter, die unseren Erlöser durch seine hl. Mutter ehren und sie um Trost, Erleuchtung, innere Ruhe und um ihre Fürbitte angehen.

Die meisten südthüringischen Gnadenorte sind seit der Reformationszeit eingegangen, z. T. sogar zerstört worden, manche werden heute noch besucht und sind Stätten der Gottesverehrung und -begegnung geblieben wie → Christes, Eisfeld, → Grimmenthal, → Heinersdorf, Neustadt bei Coburg, → Queienberg, → Schleusingen, → Steinheid, → Stelzen, → Treppendorf.

Andere Wallfahrtstätten rechtfertigen heute noch den Ruf Frankens als »Marienland«, wie es Julius Kardinal Döpfner gerne bezeichnete, wenn auch nicht alle Wallfahrtsstätten im engeren Sinne sind und auch nicht mehr alle im heutigen Bistum Würzburg liegen: → Arnshausen, → Arnstein-Maria-Sondheim, → Aschaffenburg, Birklingen, → Braidbach, → Büchold, → Dettelbach, → Dimbach, Eckartshausen, Effeldorf, → Eggenbach, Engelberg, → Erlabrunn, Erlach, → Fährbrück, Faulbach, Fridritt, → Hammelburg, Hannberg, → Haßfurt, Heilbronn, → Hessenthal, → Höchberg, → Ipthausen, → Kälberau, Langenzenn, → Laudenbach, → Maria-Buchen, → Maria Ehrenberg, → Limbach, → Mellrichstadt, (Bad) Mergentheim, → Miltenberg, → Münnerstadt, Neusaß bei Schöntal, → Neuses am Rauenneck, → Obernau, → Obertheres, → Rengersbrunn, → Retzbach, → Röllbach, → Röttingen, → Rottenberg, → Rütschenhausen, → Saal, → Sailauf, → Schmerlenbach, → Schneeberg, → Schönau, → Steinach, → Strahlungen, → Unterebersbach, → Volkach, → Windheim, Würzburg, → Zeil und → Zellingen. Manche von ihnen, die meist in herrlicher Landschaft liegen, führen so poetische Namen wie Ⓜ im grünen Tal, Ⓜ im Sand oder in den Weinbergen, Ⓜ Steintal, Ⓜ im rauhen Wind, Ⓜ auf dem Holderstock, Ⓜ auf der Staffel.

d) Marienfeste. Die älteste liturg. Handschrift in Franken, der aus Rom nach W. gelangte »Comes Romanus Wirziburgensis« erwähnt ein Ⓜfest »Natale S. Mariae« zum 15. August und die röm. Stationskirchen »S. Maria ad martyres«, das frühere Pantheon sowie S. Maria Maior. Bekanntlich sind seit dem späten 7. Jh. in Rom die Feste Ⓜe Verkündigung und Ⓜe Geburt bezeugt, etwas später das Fest Ⓜe Purificationis (Thurn, 1968, hier S. 22).

In der ma. W.er Domliturgie, die Vorbild für die ganze Diözese war, hatten diese vier alten Ⓜfeste einen hohen Rang (Synodalstatut von 1298), wobei Ⓜe Assumptionis mit einer Vigil, Ⓜe Nativitatis mit einer Oktavfeier ausgezeichnet war. Das Fest der IC war vor 1352 eingeführt worden, der Domherr Lupold v. Bebenburg (später Bamberger Fürstbischof) stiftete dafür einen bes. festlichen Rahmen, ebenso Johann v. Eyb (1451–68 Domherr) für das Fest Ⓜe Praesentationis. Das Fest Ⓜe Visitationis (mit Oktav) wurde 1394 in W. eingeführt. 1407 auf einer Diözesansynode allgemein vorgeschrieben. Das damals verkündete Synodalstatut führte bereits 7 Ⓜfeste auf, von denen die Synode von 1411 für Nativitas, Purificatio, Annuntiatio und Assumptio den Gläubigen eine Opfergabe abverlangte. Die 1589 von Fürstbischof Julius Echter erlassene Kirchenordnung schrieb für Ⓜfeste ein Fasten am Vortag vor (Lichtmeß, Verkündigung, Heimsuchung, Himmelfahrt, Geburt), während Ⓜe Opferung (21. November) und Ⓜe Empfängnis (8. September) weder Fast- noch Abstinenztage waren. In der Aufklärungszeit wurden aus moralisch-rel., aber auch aus utilitaristischen Gründen viele Feiertage abgeschafft, bzw. nur noch liturg. begangen, aber nicht mehr mit Arbeitsverboten belegt (Wegner/Himmelstein/Eisentraut).

e) Bruderschaften. Die hohe Zahl der Bruderschaften war das späte MA. Rund 50 solcher Gemeinschaften waren im Bistum W. der GM geweiht, eine Reihe davon bestand an bekannten Wallfahrtsstätten. Manche »Wallfahrt« verdankt sich dabei einem Zusammenschluß von Ⓜverehrern, die dann oft auch Ablässe für ihre Bruderschaftskirche erwarben. Andererseits konnte eine überregional bekannte Wallfahrt das Einzugsgebiet der Bruderschaft vergrößern. Manche Fraternitäten hatten weitere Patrone, einige pflegten bes. das Rosenkranzgebet. Die Fraternitäten, die ganz oder überwiegend aus Laien bestanden, ließen sich oft an Ordenskirchen nieder; nicht wenige waren berufsspezifisch, z. B. nach Zünften oder Gewerben gliedert, es gab eigene bäuerliche, bürgerliche oder adelige Bruderschaften, eine Reihe davon nahm nur Geistliche auf, oder es schlossen sich oft Angehörige eines Landkapitels oder Dekanates zu einer Fraternität zusammen (L. Remling).

Die Jesuiten begründeten 1577 in W. erstmals eine marian. Kongregation, der weitere folgen sollten (Sierp), z. T. auch von Augustinern betreut (heute »Gemeinschaft christlichen Lebens« genannt). Auch hier unterschied man Bürger- von Akademischen Sodalitäten. In Aschaffenburg existiert noch die 1625 gegründete Marian. Männersodalität. Die Drittordensgemeinschaften spielten in der Neuzeit eine größere Rolle als die durch die Reformation stark dezimierten Bruderschaften. Ab 1883 durften sich mit päpstlicher Erlaubnis die im Bistum bestehenden Bruderschaften, die nicht der Erzbruderschaft in der Kirche ULF vom Siege zu Paris angeschlossen sind, der Herz-M-e-Bruderschaft in der Kirche der unbeschuhten Karmeliten zu Würzburg anschließen. Eine marian. Priesterkongregation, »Visitatio BMV« für alle Diözesangeistlichen wurde 1913 förmlich errichtet. Im 19. und 20. Jh. gewannen kirchliche Vereine und Verbände an Bedeutung, von denen ebenfalls viele M als Vorbild schätzen und sie verehren, nicht nur die kath. Frauenverbände. Auch jüngere Bewegungen wie das → Schönstattwerk, die → Legio Mariae, die Charismatische Bewegung, → Cursillo oder Focolare wirken im Bistum W.

f) Ordensgemeinschaften. Eigentlich haben alle Ordensgemeinschaften, Klöster, Kongregationen und Säkularinstitute auf ihre je spezifische Art M verehrt, nicht zuletzt durch ihre jeweilige Weise, in der sie Jesus Christus und dem Kommen seines Reiches dienten. Als erste nach den irischen Glaubensboten des 7. Jh.s die wohl einer kolumbanisch geprägten Regel folgten, kamen angelsächsische Benediktiner wie Willibrord, Bonifatius, Burkard und Megingaud im 8. Jh. in das mainfränkische Land. Gemeinsam mit den Ordensfrauen des bonifatianischen Missions- und Reformwerks, wie die hll. Lioba oder Thekla, legten sie den Grund zur ersten monastischen Blüte des Bistums. Machtvoll wirkte hier Fulda mit seinen vielen Tochterkonventen. Mit dem dritten Bischof Berowelf etablierten sich Chorherren — bzw. Chorfrauenstifte, die augustinischen Idealen folgend, die Regel des Chrodegang von Metz einführten.

Im 12. Jh. erneuerten die Reformorden der Zisterzienser und der Prämonstratenser die alten Ordensideale. Gerade die Zisterzienser, deren Promotor Bernhard v. Clairvaux selbst in Franken weilte, entwickelten eine hohe M-minne, der sie all ihre Abteikirchen weihten. Länger oder kürzer bestanden im MA, teilweise noch bis 1802/03 19 Benediktinerabteien, 24 Propsteien, 1 Priorat sowie 3 Cellae desselben Ordens. Dessen weiblicher Zweig umfaßte im alten Bistum W. mindestens 12, vielleicht sogar 16 Abteien und 3 Priorate. Die Zisterzienser hatten 4 Abteien, 2 Propsteien und 1 Priorat auf, der weibliche Ordenszweig umfaßte 16 Niederlassungen, zu denen noch die Magdalenerinnen oder »Reuerinnen« kamen, die die Zisterzienserregel übernahmen. Kollegiatsstifte waren es 17, Kanonissenstifte 2. Die Augustinerchorherren hatten 4 Stifte, die Prämonstratenser wenigstens 3 Abteien und 4 Propsteien. Prämonstratenserinnen lebten in ca. 11 Niederlassungen. Von den kleineren Orden waren die Paulinner, die Serviten und die Wilhelmiten mit je zwei Konventen vertreten. Die ritterlichen Pflegeorden, wie die Antoniter, hatten in W. eine Station, die organisatorisch mit Isenheim verbunden war, der Dt. Orden vom M-hospital in Jerusalem konnte 11 Kommenden aufbauen, die Johanniter oder Malteser 12. Der strenge Kartäuserorden errichtete 5 Klöster im Bistum, von denen zwei M schon im Titel hatten, Maria Brück in Astheim und Mariagart in Ilmbach.

Begardenhäuser sind 3 bekannt, die Beginen hatten über 40 Häuser. Von besonderer Bedeutung für die MV waren die sog. Bettelorden, von denen die älteste Niederlassung seit 1221 — noch zu Lebzeiten des hl. Franz v. Assisi gegründet — besteht. Die Franziskanerminoriten hatten hier 7 Konvente, die Observanten einen, die Klarissen wenigstens 3, die Dominikaner 3, die Dominikanerinnen 4, die Karmeliter 5, wobei der Konvent in Heilbronn die Wallfahrt »ULF zur Nessel« betreute. Schließlich hatten die Augustinereremiten 5 Konvente, von denen 2 noch bzw. wieder bestehen.

In der Reformationszeit und durch die Säkularisation gingen viele Ordenshäuser unter. Dafür kamen neue Gemeinschaften, im 17. Jh. die Unbeschuhten Karmeliten, die Kapuziner und die Ursulinen, seit dem 18. Jh. arbeiten in Aschaffenburg die Englischen Fräulein (Maria-Ward-Schwestern), seit dem 19. Jh. auch in W. selbst. Karmelitinnen theresianischer Prägung ließen sich 1844 in W.-Himmelspforten und 1926 in Rödelmaier (Regina Pacis) nieder. Schließlich wirkt heute eine große Anzahl verschiedener Kongregationen, von denen die Oberzeller Schwestern (Antonia → Werr), die Erlöserschwestern (Julitta → Ritz), die Ritaschwestern, die Gemeinschaft der Missionshelferinnen und die Augustinusschwestern (Vogelsburg und W.) im Bistum selbst entstanden. Zwei weitere Ordensgründerinnen (Franziska → Streitel und Anna Adelmann) stammen aus dem Bistum. Erstere gründete die Schwestern von der Schmerzhaften Mutter, die zweite die St. Anna-Schwestern.

An Männerorden sind heute im Bistum die Benediktiner, Franziskaner, Kapuziner, Augustiner, Unbeschuhte Karmeliten, Jesuiten, Pallotiner, Claretiner, Salesianer Don Boscos und Oblaten, Herz-Jesu-Missionare, Missionare von Mariannhill, Missionare von der Hl. Familie, Redemptoristen, Salvatorianer und Eucharistiner vertreten.

g) Maria in der bildenden Kunst. Im späten 8. Jh. entstand in einem W.er Skriptorium eine Miniatur, die nach irischem Einfluß am Fuß einer Kreuzigungsgruppe die übergroße M-Ecclesia im Schiff zeigt (ehemals Dom-, heute Universitätsbibl.). Um 1000 schuf ein Künstler M-e Verkündigung, die in einem W.er Evangeliar eingebunden war. Auf der Reichenau malte um 1050 ein Mönch die Geburt Jesu in ein Lektionar, das in W. im Gebrauch stand. Forschungen von H. Engelhart haben den hohen Rang der W.er Buchmalerei in der späten Stauferzeit nahegebracht. Beteiligt waren daran v. a. die Benediktiner von St. Burkard und die Dominikaner in W. Reich an marian. Motiven war auch die Buchmalerei in der OCist-Abtei Ebrach (Thurn). Einen späten Höhepunkt der Buchmalerei stellt das Wirken der fränkischen Illuministenfamilie Glockendon dar, von der Nikolaus d. Ä. u. a. die Geburt Jesu im Missale des Kardinals Albrecht v. Brandenburg schuf (heute Aschaffenburg, Hofbibl.).

Dem 9. Jh. gehört eine Elfenbeinarbeit der Metzer Schule an, die ein fuldisches Evangeliar aus der ehemaligen W.er Dombibliothek ziert, auf der u. a. die Hochzeit zu Kana dargestellt ist. Das »Fuldaer Evangeliar« von ca. 850 in der W.er Universitätsbibl. besitzt auf dem Vorderdeckel eine byz. Deesisdarstellung: Christus mit M und Johannes dem Täufer (Elfenbeinschnitzerei, 10. Jh.). Der byz. Kunst entlehnt, wohl aber in einer Werkstatt des Bamberger OSB-Klosters St. Michael entstanden, ist eine Elfenbeinplatte, die das S. Burkards-Evangeliar aus der W.er Dombibl. schmückt: eine stehende M mit dem Jesuskind auf dem Arm, daneben St. Nikolaus (spätes 11. Jh.).

In der Malerei waren im MA Fresken weit verbreitet, die ältesten sind im fuldischen Raum nachweisbar. Um 1300 entstanden, vielleicht unter Hirsauer Einfluß, Fresken in Oberschüpf (heute ev.), die ma. Wandmalereien in Roßtal sind stark verblaßt. Die Darstellungen aus dem Leben Jesu in Bächlingen (ca. 1320–40) sind byz. beeinflußt. Kurz nach 1400 entstanden Gemälde im Chor der Michaelskirche bei Hollstadt; die in Heustreu aus dem frühen 15. Jh. wurden wieder freigelegt. Um 1420 wurde die St. Martinskirche zu Bad Orb ausgemalt, darunter Szenen aus dem Mleben. Das Leben Jesu wurde dargestellt in Fresken von ca. 1450 in der Schloßkirche von Bad Neuhaus an der Saale. Spätgotische Wandmalereien besitzen Altheim (heute ev.) bei Neustadt/Aisch, Angelthürn (heute Erzbistum Freiburg), die frühere St. Nikolauskirche zu Coburg (erbaut 1473); Mosbach mit den 1900 freigelegten, 1496 gestifteten Wandmalereien in der Friedhofskapelle, oder Rüdenau mit seiner um 1500 entstandenen Bilderbibel. In der Neuzeit entstanden v. a. in den Predigerkirchen der Lutheraner, aber auch in kath. Gotteshäusern Bilderzyklen an den Emporenbrüstungen, deren meist biblische Szenen oft auch M darstellten. Eine der reichhaltigsten ist die Bilderbibel in der St. Martinskirche zu Bürgstadt bei Miltenberg.

In W. wirkte der namenlose »Meister der Marientafeln« um 1460 (heute München, Bayer. Nat. Mus.). Der Franziskanerguardian Martin Schwarz schuf um 1500 für den Liebfrauenaltar des Rothenburger Dominikanerinnenklosters auf den Flügelinnenseiten vier Darstellungen aus dem Leben Me (heute Nürnberg, Germ. Nat. Mus.). Michael → Wolgemut malte um 1500 Tafelbilder für die (heute ev.) Kirche in Abtswind, darunter auch Me Verkündigung. Friedrich Herlin malte um die gleiche Zeit für die Rothenburger Kirche St. Jakob u. a. eine Beschneidung des Herrn. Der Flügelaltar von Füttersee, Steigerwald (16. Jh.) zeigt vier Szenen aus dem Mleben: Verkündigung, Heimsuchung, Tod und Krönung. Der 1498 verstorbene Konrad Kaltofen stiftete einen Altar für die Stiftskirche in Aschaffenburg, für die vermutlich der Meister der Kilianslegende ein Bild der Krönung Ms malte. Die Stuppacher Madonna malte Matthias Grünewald ursprünglich für die M-Schnee-Kapelle an der Aschaffenburger Stiftskirche.

Von 1604 ist das Bild der GM mit zwei Kartäuserinnen in der Herz-Jesu-Kirche Bad Kissingen. Joachim v. Sandrart malte u. a. für den W.er Dom ein Altarblatt Me Himmelfahrt, M. Merian ein Dreikönigsbild. In Eussenheim hängt eine Krönung Ms des Malers J. B. de Rüll von 1664. Oswald Onghers, »der fränkische Rubens«, der aber auch von A. van Dyck geprägt war, schuf z. B. Darstellungen von Me Himmelfahrt für Neustadt am Main (1675), Höchberg (1678) und Sommerach (1696). J. S. Urlaub malte für die Klosterkirche Schönau die UE, Georg S. Urlaub um 1720 St. Antonius mit dem Jesuskind und M für die Pfarrkirche in Euerbach, für Höchberg eine Beweinung Jesu, für die Pfarrkirche in Retzstadt eine Verkündigung an M, 1733 für die Pfarrkirche Volkach die Anbetung der Könige und Me Himmelfahrt. In seinen Deckenfresken stellte Georg Anton Urlaub oft marian. Motive dar, so in Eyershausen und Ipthausen. 1752/53 schuf Giovanni Battista Tiepolo die Anbetung der Könige für die Abteikirche Münsterschwarzach (heute München, Alte Pinakothek). Auf Johann Peter Herrlein (1722–99) gehen marian. Gemälde in den Kirchen zu Augsfeld (um 1750), Ballingshausen, Geldersheim, Reuchelheim, Rödelmaier (1763), Findelberg bei Saal oder in Schwebenried (1759) zurück.

Von Januarius Zick (1730–97) stammen Bilder der Anbetung Jesu durch die Hirten und Könige (Würzburg, Mainfränkisches Mus.). Dieselben Motive stellte Konrad Geiger (1751–1808) 1784 für die Mkapelle in Obertheres dar, für Reichmannshausen und für Sulzthal 1805 eine Immaculata und 1797 eine Verkündigung an M für die Pfarrkirche Rödelmaier. Um 1780 schuf Jakob K. Bechthold Fresken für die Pfarrkirche ULF in Aschaffenbrug, die 1944 durch Bomben zerstört wurden. Hermann Kaspar aus München (1904–82) gestaltete neue Deckengemälde mit der Hochzeit zu Kana, Pfingsten und Me Krönung. Matthäus Schiestl d. J. (1869–1939) schuf 1898 ein preisgekröntes Bild der Drei Könige. Sein Bruder Rudolf Schiestl (1878–1931) malte u. a. eine M unter dem Apfelbaum 1908 (Würzburg, Städt. Galerie). Neben den Malern des Nazarenerstils und der Beuroner Art soll noch Eulogius Böhler genannt sein oder der ganz anders geartete Karl Clobes sowie eine junge Künstlergeneration, deren z. T. umstrittene Werke in der Ausstellung »Mensch Maria« im Marmelsteiner Kabinett zu W. zu sehen waren.

Als eine der ältesten plastischen Darstellungen M̃e gilt ein vorromanisches Relieffragment in der Kirche zu Holzkirchen, einer ehemaligen fuldischen Propstei, deren heutiger Zentralbau von Balthasar Neumann stammt (R. E. Kuhn). Im 12. Jh. entstand ein schlecht erhaltenes Relief, das die thronende GM mit dem Kind zeigt. Diese Darstellung in einer rundbogigen Flachnische gehört zum ehemaligen Lettner der OSB-Abei Neustadt/Main. Das 1262 erstmals belegte Konventssiegel zeigt M̃ als Hauptpatronin neben S. Martin und Karl dem Großen. Die lebendig wirkende GM von der Spitalkirche in Bad Mergentheim (heute Bistum Rottenburg) wird auf 1280 datiert. Die berühmte lächelnde Madonna von Lauter soll aus der Zisterzienserinnenabtei Frauenroth stammen (spätes 13. Jh.). Bemerkenswert ist die große Pietà aus Scheuerfeld um 1320 (heute Coburg, Mus.), die vielleicht von den Zisterzienserinnen in Sonnefeld inspiriert wurde. Diese Vespergruppe vom »treppenförmigen Diagonaltyp« (W. Passarge) wurde Vorbild für ähnliche Darstellungen, so in der Ursulinenkirche Erfurt, im Naumburger Dom, auf der Heidecksburg/Thüringen und in Salmdorf bei München (H. Maedebach). Bei anderen Pietàtypen hält M̃ den toten Sohn aufrecht sitzend (z. B. Würzburg, Mainfränkisches Mus., um 1350), oder sie lassen ihn waagerecht liegen (z. B. Volkach, um 1400; Mergentheim, um 1430 oder Dettelbach, um 1450). Bei anderen ist Jesus kleiner als seine Mutter, z. B. in Hessenthal oder Mariabuchen. Wieder andere zeigen Jesus mit dem Gesicht nach vorne gewendet, wie in Hammelburg, Nordheim oder an der Minoritenschule zu W. Diagonal liegt der Leichnam Jesu beim Vesperbild in Kälberau, nach 1500 häufiger, oft ganz zu Boden gesunken. Die Pietà, vielfach nach bekannten Gnadenbildern gestaltet, wurde in Franken auch das am meisten verbreitete Motiv für Hausfiguren und Bildstöcke. Gelegentlich verbindet der als Traubenstock gestaltete Pietàsockel das eucharistische Motiv mit der Vergegenwärtigung des Kreuzesopfers Jesu.

Um 1310 entstand eine M̃statue, die 1590 von den W.er Franziskanern für das Spitaldorf Laub erworben wurde, um 1350 eine trauernde M̃ (heute Würzburg, Mainfränkisches Mus.). Der dramatische Zug der Dreikönigsgruppe zur Krippe wurde um 1438 im Tympanon des Westportals der Ritterkapelle in Haßfurt gestaltet. Eher der gewohnten Form entsprechen die Dreikönigsdarstellungen vom Flügelaltar in Aschbach (heute Erzbistum Bamberg), um 1500 mit drei weiteren Szenen aus dem Leben M̃e, einem Relief in der St. Markuskirche Gadheim (frühes 16. Jh.) und bes. qualitätsvoll an der Predella des M̃altares von Unterhohenried, der wohl von Nürnberg oder Bamberg her beeinflußt ist, möglicherweise auch aus Thüringen (um 1480). Eindrucksvoll sind viele Kreuzigungsgruppen, bei denen meist M̃ und Johannes der Evangelist dargestellt sind. So an der spätgotischen Gruppe am Triumphbogen der Martinskirche in Bürgstadt, in der Pfarrkirche zu Hessenthal (Hans Backoffen, 1519). Manchmal sind von solchen Gruppen nur noch Einzelfiguren erhalten, so die um 1460 entstandene M̃, die von Johannes gestützt wird, in Hofheim, die trauernde M̃ von Acholshausen (früher Patronatspfarrei der OPraem-Abtei Oberzell, heute Würzburg, Mainfränkisches Mus.) von Tilman Riemenschneider oder die Figur, die einer seiner Schüler um 1500 für die Pfarrkirche in Münnerstadt geschaffen hat. Von höchstem Rang sind die beiden Beweinungsgruppen Rimenschneiders in Großostheim (1489) und Maidbronn (um 1525), unüberbietbar ist Riemenschneiders Creglinger Altar. Kurz nach 1500 wurde M̃ mit dem Buch, zentral in der Apostelgruppe dargestellt, den Hl. Geist empfangend, der ihr von dem über ihr schwebenden Gott Vater gesandt wird (Würzburg, Martin-v. Wagner-Mus.). Vom M̃leben kündet auch der Serrfelder Flügelaltar der Spätgotik (ca. 1480): Verkündigung, Heimsuchung, Geburt Jesu, Beschneidung. Um 1500 entstand der M̃tod in Iphofen (heute Erzbistum Bamberg).

Gelegentlich wird die GM in Bad Königshofen (ca. 1480) dem W.er Bildhauer Ulrich Hagenfutter zugeschrieben. Etwa gleichzeitig ist die GM in Mariaburghausen bei Haßfurt. Qualitätsvoll ist die Anna Selbdrittgruppe in Hörstein, um 1520 vom Riemenschneiderschüler Peter Dell d. Ä., die schon ganz der Renaissance angehört. Mit den Künstlerfamilien Brenck, Junker, Emes und Kern geschieht allmählich der Übergang in den Barockstil. Von da an werden die M̃darstellungen unabsehbar, es können hier nur einige Beispiele genannt werden. Um 1610 entstand im Augustinerchorherrenstift Triefenstein eine Anbetung durch die Hirten, die heute in Oberndorf ist, 1626/27 die Kreuzigungsgruppe an der Pfarrkirche in Höchberg, um 1660 die M̃säule von Gregor Diemmeneck in Eibelstadt, um 1700 eine trauernde M̃ im Spessart (heute Aschaffenburg, Stiftsmus.). Bildhauer und -schnitzer wie Hans Philipp Preiß, Balthasar Esterbauer, Claude Curé, die Auveras, Paul Egell, Pankraz Fries oder Benedikt Witz sind zu nennen, ehe Johann Peter Wagner die fränkische Plastik zum Klassizismus führt. Im späten 19. und 20. Jh. kommen dann Künstler wie die Gebrüder Schiestl, Franz Wilhelm Driesler, Balthasar Schmitt, Josef Gerngras, die beiden Sonnleitner, Valentin Kraus, Augustin Kolb, Adam und Maria Winter, Ruth Schaumann, Hedi Rügamer, Georg Schneider, Fried Heuler, Julius Bausenwein, Heinrich Söller, Lioba Munz, Helmut Weber, Lothar Forster, Max Walter, Hubert Elsässer, Karl Potzler und viele andere.

Neben hochrangigem Kunstschaffen und großen Werken treten Kleinformen der Graphik wie Andachtsbilder, Votivtafeln, Hinterglasbilder, Medaillen, Wachsbilder, textile Kunst und manches andere mehr. Seit dem 19. Jh. kam es auch durch entsprechende Reproduktionstechniken zu vermehrter Massenproduktion (E. Baumgartl, A. Keck, K. Kolb, H. Dikreiter, J. Lenssen, C. Schmidt, E. Roth, W. Schneider, K. Treutwein.

h) Komponisten. Eine Fülle von M-liedern, Messen, Oratorien ehren die GM. Schon im MA machten an vielen Orten Menschen Stiftungen, um regelmäßig »Salve-Regina«-Andachten abhalten zu können, bei denen meist Schüler und Lehrer die musikalischen Partien übernahmen. Bes. die Barockzeit brachte Komponisten hervor, die M durch kompositorische Schöpfungen ehrten, so z. B. Fortunato Chelleri (Keller), Ferdinand Tobias → Richter (* 1651 in W.), Johann Martin Kraus aus dem damals noch würzburgischen Buchen im Odenwald gebürtig, H. J. Rigel, Philipp Friedrich Bucher aus Wertheim am Main, Heinrich Pfendner († 1631) als W.er Hoforganist, Valentin → Rathgeber Oberelsbach (Benediktiner in Banz) wären zu nennen, von den jüngeren z. B. Armin Knab oder Max → Reger, der einige Jahre in Meiningen wirkte (1911–14).

i) Dichtung. Mit einigen anderen alten Kulturzentren stehen Fulda und W. durch ihre Bibliotheken, Schulen und Skriptorien am Beginn der dt. Schriftsprache. Vom Fulda des Alkuinschülers → Rhabanus Maurus wurde die Evangelienharmonie Tatians ins Althochdeutsche übertragen, der »Heliand« und das Evangeliengedicht → Otfrieds v. Weißenburg angeregt. 1085 starb Abt Williram v. Ebersberg, dem wir eine christol. verstandene Nachdichtung des Hohenliedes verdanken. Auch er hatte Beziehungen zu Franken, bes. zu St. Michael in Bamberg und Fulda. Der Bamberger Konvent war aus dem würzburgischen Amorbach 1015 besiedelt und von der Abtei Münsterschwarzach aus durch S. Egbert (1071) reformiert worden. M-dichtung erwuchs weithin aus dem Kult, bleibt aber der biblischen Heilsgeschichte enger verbunden als ma. Heiligenlegenden sonst (H. de Boor). Das → Melker Marienlied, das im 12. Jh. niedergeschrieben wurde, entstand im Lambacher Tochterkloster, das seinerseits auf die Gründung des W.er heiligmäßigen Bischofs Adalbero († 1090) zurückgeht, der es mit Münsterschwarzacher Mönchen besetzte. → Wolfram v. Eschenbach war mehrfach im Gefolge der Grafen v. Wertheim und der Herren v. Dürn auf der Odenwälder Burg Wildenberg bei Amorbach, wo Teile seines wirkungsvollsten Werkes »Parzival« entstanden.

Die großen Dichter des HochMA → Walther von der Vogelweide und → Reinmar v. Zweter sollen nach einer Überlieferung des Neumünster-Scholasters Michael de Leone ihr Leben im Bistum W. beschlossen haben. Walther sei im Grashof-Kreuzgang des Neumünsterstiftes, Reinmar (um 1250) in Eßfeld, einem Gutshof von Neumünster begraben. Der »Berufsdichter« → Konrad v. Würzburg ist hier v. a. wegen seines M-hymnus »Die goldene Schmiede« zu nennen. Im → »Amorbacher Spiel von Mariae Himmelfahrt« (spätes 13. Jh.) sind Einflüsse der Mystik des Hohenliedes ebenso wie allegorisierende Bibelauslegung zu spüren. Die Seligpreisung M's wird breit ausgestaltet. Handschriftliche Fragmente weisen auch auf ein Dreikönigsspiel im Dom hin. Das heilsgeschichtliche Werk »Künzelsauer Fronleichnamsspiel« gehört in denselben Zusammenhang geistlicher Dramen. Aus Niederwerrn bei Schweinfurt stammt Hugo v. Trimberg, der in Bamberg-St. Gangolf die Stiftsschule leitete und in seinen belehrend moralisierend erbaulichen Werken M entsprechend würdigte. Dem W.er Dompropst Friedrich v. Brandenburg widmete der fränkische Ritter und fürstlich Ansbacher Rat Johann v. Leonrodt sein 1507 erschienenes Büchlein »Hymelwag«, d. h. Himmelswagen, eine moralische Allegorese, die auch M einschließt. Konrad Celtis, aus Wipfeld bei Schweinfurt stammend, wo Augustinerchorherren von Heidenfeld die Pfarrei betreuten, wird der dt. Erzhumanist genannt.

Michel Beheim aus dem ehemalig würzburgischen Weinsberg († um 1475 in Sülzbach bei Schwäbisch Hall), einer der letzten fahrenden Meistersänger, weihte unter Hunderten von Liedern auch 30 der GM. Paul Speratus, der 1520–21 Domprediger zu W. gewesen war und 1530 luth. Bischof zu Pomesanien wurde, verfaßte u. a. »Etlich Gesang, dadurch Got ynn der gebeneiten Muter Christi … gelobt wird, alles auß Grundt götlicher Schrifft«. Ein neulat. Dichter war der Benediktiner der Schottenabtei St. Jakob zu W., Thomas Duff († im Dreißigjährigen Krieg). Seine rel. Poemata sind bis heute noch ungedruckt. Dem Ritter Hieronymus Schenk v. Siemau verdanken wir einige Dichtungen zu Ehren M's, darunter ein 1504 in W. erschienenes »Salve Regina«. Friedrich von → Spee SJ wirkte 1629–31 in W. Die barocke Dichtung Frankens, v. a. die katholischerseits, ist noch wenig erforscht. Zu erwähnen sind jedenfalls die regelmäßigen Schuldramen der Benediktiner, Augustiner und v. a. die der Jesuiten.

Franz Xaver Himmelstein (Dompropst in W.) schrieb »Maria« (Legenden, 4 Bändchen, Würzburg 1878–82). Rosa Peter aus Aschaffenburg-Damm verfaßte u. a. »Die Jungfrau in Weltleben« (1900), »Das Marienkind« (Festspiel, 1911). Erika Spann-Rheinsch (* 1880 in Trennfeld) war eine Lyrikerin, die zu Unrecht lange vergessen war. In ihrem schweren Leben (Gemahlin des von den Nationalsozialisten abgesetzten Philosophen und Volksökonomen Othmar Spann) schöpfte sie Kraft aus den Quellen des Religiösen. Die 1897 in W. geborene Katharina M. Tüshaus schrieb u. a. »Der Freund des Hauptmanns. Roman aus der Zeit des Heilands« (1921), Auguste Johanna Freiin Groß v. Trockau (* 1845 in Würzburg) u. a. »Der Zug zur Krippe« (1900), Wilhelm Pültz »Madonna im Lindenholz« (1980) und zusammen mit Hanns Rupp »Liebfrauengesänge vom Main« (1967), von Josef Kuhn stammt »Von Weihnachten singen und sagen« (1982), von Emma Elisabeth Frey »Singet mit mir das Lied der Weihnacht« (1988).

j) Prediger, Theologen, Katecheten, religiöse Schriftsteller. Im HochMA predigten u.a. Bernhard v. Clairvaux, Norbert v. Xanten, Hildegard v. Bingen im Bistum, Albertus Magnus OP hielt sich in W. einige Jahre auf, im 15. Jh. waren Nikolaus Cusanus, Johann Geiler v. Kaisersberg und Johannes Kapistran wirksam, im 16. Jh. ist bes. Petrus → Canisius mit seinen Fastenpredigten im W.er Dom zu nennen. → Hermann v. Schildesche trat zu seiner Zeit für die UE der GM mit einem eigenen Traktat »De conceptione Virginis gloriosae« ein (A. Zumkeller), ebenso tat dies der aus Frickenhausen stammende Theologe Georg Orter (15. Jh.). Der Humanist Enea Piccolomini (→ Pius II.) war als Kardinal Dompropst zu W., Johannes → Trithemius (1506–16 Abt des W.er Schottenklosters) förderte bes. die St.-Annen-Verehrung (K. Arnold). Der Volksprediger Hans Böhm, der »Pfeifer von Niklashausen« löste 30 Jahre vor dem Bauernkrieg eine Revolte gegen die Obrigkeiten aus. Seinen Äußerungen fehlten keineswegs — wenngleich höchst einseitig — marian. Züge. Verteidiger des kath. Glaubens, u.a. auch der althergebrachten Heiligenverehrung, war der Augustiner Bartholomäus Arnoldi v. Usingen, einst von M. Luther zum Ordenseintritt bewogen, in Erfurt sein Lehrer in Phil., mußte er Kloster und Lehrstuhl verlassen, um im W.er Ordenskonvent bis zu seinem Tode 1532 zu wirken (A. Zumkmeller). Der kath. Kontroverstheologe Hieronymus Dungersheym (1464–1540) stammte aus Ochsenfurt, wo auch der Historiker und Theologe Kilian Leib (1471–1553) geboren ist (Th. Freudenberger). Ein weiterer Verteidiger war Konrad Koch, gen. → Wimpina († 1531 in der Abtei Amorbach), der Gründungsrektor der Universität Frankfurt a.d. Oder gewesen war und an der »Confutatio« mitgearbeitet hat, wie auch B. Arnoldi. Aus dem Bistum W. stammte der reformierte Theologe Johannes Oekolampadius († 1531 in Basel). J. Brenz wirkte in Schwäbisch Hall. Zu nennen wären auch K. v. Ebrach, J. Butzbach und J. Beussel, genannt Tuberinus.

Der fränkische Dominikaner P. Raimund Kunrath, der in W. studiert hatte und seit 1653 in Neapel wirkte († 1667) förderte durch Vorbild, Wort und Schrift die MV, bes. das Rosenkranzgebet. Die Priorin des Dominikanerinnenkonvents St. Katharinental bei Dießenhofen, Josepha Dominika v. Rottenberg, eine gebürtige Würzburgerin († 1730), schrieb u.a. über den Rosenkranz und pflegte die Herz-Me-Verehrung (A. Walz). Barocke Prediger wirkten weithin, nicht zuletzt durch ihre Veröffentlichungen, ebenso die Marian. Kongregationen. Homiletische Schriftsteller waren z.B.: Johann Lorenz Helbig, Philipp Kiesel SJ (1609–81), Johann Hesselbach, Franciscus Heffner OPraem, Wolfgang Zumsteeg SJ, Albert Steffan OP, Lukas Roßmann aus Rothenfels OFMCap, P. Isaak v. Ochsenfurt OFMCap († 1708), P.J. Kaspar v. Mergentheim OFMCap, Vitus Faber, Valentin Leucht u.v.a.

Bartholomäus Holzhauser, gefördert durch den Bischof Johann Philipp v. Schönborn, prägte über längere Jahrzehnte mit in die Priesterbildung und Seelsorge im Bistum W. 1680 predigte Marco d'Aviano in Franken. Abraham a Sancta Clara ließ 1710 seinen »Geistlichen Kramerladen« in W. erscheinen.

Mit dem Bistum sind durch Abstammung, Studium oder Wirksamkeit auch viele Theologen verbunden. Es seien hier nur genannt: Athanasius Kircher SJ, Nikolaus Serarius SJ, Ignaz Gropp OSB, die Jesuiten Heinrich Kilber, Thomas Holzklau, Ulrich Munier und Ignaz Neubauer mit ihrer »Theologia Wirceburgensis«, Engelbert Klüpfel, Denzinger, Hettinger, Nirschl, Herman Schell, die Augustiner P. Pius Keller, P. Clemens Fuhl, P. Hermenegild Biedermann, P. Adolar Zumkeller. Von Mariannhill ist dessen Gründer, Abt Franz Pfanner, längere Jahre in W. gewesen, auch Bischof Streit und P. Engelmar Unzeitig sind zu nennen.

Michael Kardinal v. Faulhaber aus Heidenfeld bei Schweinfurt, bekannte sich in Dettelbach zur Hilfe Ms bei seiner Berufswahl. Der Patrologe B. Altaner kam durch Vertreibung nach W., während der Verfolgungszeit des Dritten Reiches waren hier u.a. P. Haw, P. Kentenich, P. Franz Dionys Rheinisch. Auch der Claretiner P. Back wirkte hier jahrelang (Herz-Me-Werk), ebenso P. Viktrizius Weiß OFMCap.

k) Weitere Hinweise zur Marienverehrung. Nicht nur im Gebet, in der Kunst oder im Brauchtum wurde und wird die GM geehrt. Sie ist vielfach im Bistum auch Patronin und Vorbild von sozialen und caritativen Einrichtungen, Gemeinschaften und Aktivitäten, z.B. Mverein, M-heim, Mruhe, Haus Immaculata, aber auch verbunden mit St. Anna-Stift, St. Josefskrankenhaus etc. Weit verbreitet und in Übung sind Rosenkranzandachten in vielen Pfarreien täglich, oft auch dreimal nach einem Todesfall, meist aber wenigstens im Oktober, dann Maiandachten, die Kräuterweihe an Me Aufnahme in den Himmel. Prozessionen und Wallfahrten, oft mit eigenen Kerzen und Zunftstangen, Mfahnen, -figuren etc., Passionsspiele wie in Sömmersdorf, Mdarstellungen in den Wohnungen, an Häusern und Mauern, Bildstöcke, Feldkapellen, Msäulen sind signifikant für das kath. Franken. Es werden aber auch zeitgemäße Formen der MV gesucht, nicht zuletzt im ökumen. Kontext, z.B. mit der ev. → Communität Casteller Ring.

1943 bestimmte angesichts der Verfolgungs- und Kriegszeit Bischof Matthias Ehrenfried M zur »Schutzfrau unseres Glaubens und unserer Kirche« und weihte seine Diözese — nach dem Vorbild von Pius XII. — dem Unbefleckten Herzen Me, verbunden mit inständigem Bitten um den Frieden und um die Gerechtigkeit und die Liebe Christi. Im marian. Jahr 1954 erneuerte Bischof Julius Döpfner die Weihe an das Herz

M, die zu einer »innigeren Nachfolge Christi« führen sollte. 1984 (Jahr der Erlösung) und 1994 bekräftigte Bischof Paul-Werner Scheele diese Weihe des Bistums. Jeder einzelne soll in der Begegnung mit M auf Christus zugehen und ihn bekennen. Bes. 1994 stand die Weihe unter dem Aspekt der Solidarisierung mit der Kirche auf der ganzen Welt: M, die gnadenvolle Gefährtin der Glaubenden. »Ich will mein Leben so gestalten, daß es meiner Hochachtung vor dir, Mutter Gottes und Mutter der Kirche, immer schöner entspricht.«

Marian. WW aus dem Bistum W.: L. Ackermann (W.er Stadtpfarrer), Der Priester-Rosenkranz oder der Rosenkranz, gewunden der Priester-Königin, Dülmen 1883, ²1894. — Ders., Rosenkranz und Kreuzweg für geistliche Personen, Dülmen 1897. — Ders., Der Rosenkranz für den dienenden Stand, Dülmen 1913. — Ders., Der Rosenkranz des Krieges, Dülmen 1914. — H. Baum, Die apokalyptische Frau aller Völker, ⁶1983. — C. Brentano, Das Marienleben. Nach den Betrachtungen der Anna Katharina Emmerick, München 1852. — Ders., Romanzen vom Rosenkranz, Frankfurt 1952, vollständig 1912. — H. J. D. Denzinger, Die Lehre von der Unbefleckten Empfängnis der seligsten Jungfrau Maria, Würzburg 1855. — L. Drenkard, Mit dem Rosenkranz in den Himmel, 1935. — A. Fries, Die Gedanken des hl. Albertus Magnus über die Gottesmutter, In: ThomSt 8 (1948). — Ders., Des Albertus Magnus Gedanken über Maria — Kirche, In: MeE III, 1959. — Ders., Marienkult bei Albertus Magnus, In: De cultu Mariano Saeculis XII–XV. Pontificia Academia Mariana Internationalis, 1980, IV 605–639. — A. M. Back, Durch Maria zu Jesus. Neuausgabe und Erläuterung des Geheimnisses Mariä des hl. Ludwig Grignion v. Montfort, 1948, 2. Heft 1951. — Ders., Es schlägt ein Herz und wacht. Herz-Mariä-Predigten, 1954. — B. Doppelfeld und E. Stahl, Mit Maria auf dem Wege des Glaubens, 1989. — A. M. Brandis, Das kleine Offizium der sel. Jungfrau Maria, 1915. — A. Grün und P. Reiz, Marienfeste. Wegweiser zum Leben, 1987. — R. Guardini, Die Mutter des Herrn, 1955. — B. Günther, Maria, die Gegenspielerin Satans, 1972. — K. Hock, Anleitung zum betrachtenden Beten des freudenreichen (schmerzhaften, glorreichen) Rosenkranzes, Würzburg 1908–10. — F. X. Kattum, Marienpreis, Predigten zu Ehren der allerseligsten Jungfrau Maria, 1949. — R. Keith, Marienlob, ⁴1962. — Ders., Rosenkranzmessen, 1950. — Ders., Königin aller Heiligen. Zwei Zyklen Mailesungen über die MV der Heiligen, 1960. — Ders., Der Rosenkranz im hl. Meßopfer. Kurze Betrachtungen über die Rosenkranzgeheimnisse bei der hl. Messe und Kommunion, 1935. — Ders., Salve Regina. Ein Gebet- und Singbüchlein zu Ehren der Mai-, und Rosenkranzkönigin, 1950. — W. Kellner, Sei alle Tag' gegrüßet, ein Marienbüchlein, 1926. — L. Lemmer, Lauretanum Mariale, Würzburg 1687, siehe dazu: G. Jahner, Exempel im Mariale des L. L., 1984. — J. E. Lensmann, Maria zu Ehren. Predigten, 1987. — M. G. v. Liszt, Marienbüchlein, 1910. — Dies., Mariahilfbüchlein, 1910. — B. Lutz, Herrin und Mutter. Ein Marienbuch für junge Menschen, 1955. — F. Graf v. Magnis (Hrsg.), Erscheinungsgeschichte der Frau aller Völker, 1967. — Ders., Die vollständigen Botschaften der Frau aller Völker, ²1968. — C. Marianus, seine Werke z. T. veröffentlicht in I. Gropp, Collectio Novissima, Scriptorum et rerum Wirceburgensium I, Frankfurt 1741. — M. Markard, Septennium Marianum, Bamberg 1759. — Ders., Siebenfacher Jahrgang Marianischer Lobreden, 2 Bde., Bamberg 1781. — Ders., Marienpredigten neu bearbeitet von H. Hoffmann, 2 Bde., Regensburg 1862. — Martin v. Cochem, Marianischer Liliengarten oder christkatholisches Gebethbuch, Würzburg 1781; 1811. — O. Neisinger (Hrsg.), Geschichten um die Gottesmutter, o. J. (um 1950). — J. Nirschl, Das Dogma von der unbefleckten Empfängnis Maria, Passau 1855. — Ders., Das Haus und Grab der hl. Jungfrau Maria. Neue Untersuchungen über den Entwurf der neuen Marienkirche auf Sion, Mainz 1900. — Ders., Das Grab der hl. Jungfrau Maria. Historisch-kritische Studie, 1896. — A. Ott, Rosenkranzbüchlein, 1929. — J. Ritz, Unsere Mutter, hrsg. von Bischof P.-W. Scheele, 1987. — E. Sang, Beneficia vetera et nova Divae Virginis Dettelbacensis, Würzburg 1607. — A. Seiffert, Das Buch der Nachfolge Mariä, der Jungfrau und Mutter Gottes. Aus dem Lat. übers. und zum gemeinnützigen Gebrauche eingerichtet, München 1825. — J. B. Schneyer, Maria-le. Ein Werkbuch für Marienpredigten, 1954. — H. J. Stärk, Hört auf die Botschaft von Fatima!, 1949. — E. Ulrich, Die marianische Advokation und ihre Funktion als Personenname im Neuspanischen, Diss., Würzburg 1966. — A. Viering u.a., Marienwerkbuch, 1977; ²1978.

Lit.: F. X. Himmelstein, Synodicon Herbipolense, 1855. — A. Amrhein, Realschematismus der Diözese W., 1898. — H. Keiter, Kath. Literaturkalender, 6 (1902); 12 (1912); 15 (1926). — E. Eisentraut, Die Feier der Sonn- und Festtage seit dem letzten Jh. des MA, 1914. — W. Sierp, Die Marianischen Kongregationen in Deutschland, 1918. — W. Passarge, Das dt. Vesperbild im MA, 1924. — F. J. Bendel, Die W.er Diözesanmatrikel aus der Mitte des 15. Jh.s, In: WDGB 2, II (1934). — I. Fischer, Vikarien und Benefizien im Domstift zu W., In: WDGB 3 (1935). — R. E. Kuhn, W.er Madonnen des Barock und Rokoko, 1949. — H. Dikreiter, Kunst und Künstler in Mainfranken, 1953. — A. Zumkeller, Die Bedeutung der Augustiner für das kirchliche und rel. Leben in Franken und Thüringen während des 14. Jh.s, In: WDGB 18/19 (1957) 33–52. — G. Zimmermann, Patrozinienwahl und Frömmigkeitswandel im MA dargestellt an Beispielen aus dem alten Bistum W., In. WDGB 20 (1958) 24–126; 21 (1959) 5–124. — A. Zumkeller, Schrifttum und Lehre des Hermann v. Schildesche OESA († 1357), 1959. — H.-P. Trenschel, Die kirchlichen Werke des W.er Hofbildhauers Johann Peter Wagner, 1968. — H. Thurn, Ed. Comes Romanus Wirziburgensis, 1968. — Ders., Die Handschriften der Universitätsbibliothek W., 5 Bde., 1970–93. — G. Wegner, Kirchenjahr und Meßfeier in der W.er Domliturgie der späten MA, 1970. — K. Arnold, Johannes Trithemius (1462–1516), 1971.; ²1991. — K. Kolb, Heiliges Franken, 1973. — T. Duff, Schottenmönch und Dichter zu W. in der Zeit der Gegenreformation, In: WDGB 35/36 (1974) 335–366. — H. Maedebach, Kunstsammlungen der Veste Coburg, 1978. — K. Kolb, Wallfahrtsland Franken, 1979. — E. Soder v. Güldenstubbe, W., Stadt des hl. Kilian, In: H. Otremba und B. Rottenbach (Hrsg.), 15 Jh.e W., 1979, 56–116. — J. Krettner und Th. Finkenstaedt, Erster Katalog von Bruderschaften in Bayern, 1980. — K. Arnold, Niklashausen 1476. Quellen und Untersuchungen zur sozialreligiösen Bewegung des Hans Behem, 1980. — E. Soder v. Güldenstubbe, Kulturelles Leben in W. der Riemenschneiderzeit, 1981. — R. E. Kuhn, Der Thronsaal der himmlischen Herrlichkeit. Das Lebenswerk des Stukkatur-Architekten Giovanni Pietro Magno im W.er Kiliansdom, 1981. — Ders., Barockmadonnen in W., 1982. — K. Kolb, Maria Patronin Frankens in der Kunst der Jh.e, 1982. — L. Remling, Bruderschaften in Franken, 1986. — Th. Freudenberger, Hieronymus Dungersheim von Ochsenfurt am Main 1465–1540, 1988. — T. Kossatz, Johann Philipp Preuss (1605– ca. 1687). Ein Beitrag zur Genese barocker Bildkunst in Franken, 1988. — Ausst.-Kat., Und sie fanden das Kind. Krippendarstellungen aus aller Welt, Würzburg 1988. — E. Soder v. Güldenstubbe, Frauen in der Geschichte unserer Stadt und im Bistum W., ²1989. — G. Haberkamp und M. Seelkopf, Musikhandschriften kath. Pfarreien in Franken. Bistum W., 1990. — W. Schneider und W. Brückner, Hinterglasbilder aus den Sammlungen der Diözese W., 1990. — J. Selliers de Moranville, Beseeltes Holz, Josef Gerngras, ein fränkischer Bildhauer 1894–1959, 1990. — J. Lenssen u.a. (Hrsg.), Zisterzienser in Franken. Das alte Bistum und seine einstigen Zisterzen, 1991. — R. E. Kuhn, Vorromanische Plastiken in der Neumannkirche zu Holzkirchen, In: WDGB 54 (1992) 109–124. — J. Lenssen und L. Wamser (Hrsg.), 1250 Jahre Bistum W., Archäologisch-historische Zeugnisse der Frühzeit. 1992. — Th. Wehner, Realschematismus der Diözese W., 1992 ff. — Ausst.-Kat., Mensch Maria, Würzburg 1992. — G. Polster und E. Soder v. Güldenstubbe, W. Ein historischer Führer, im Druck.

E. Soder v. Güldenstubbe

2. Stadt. W. ist Hauptstadt des Regierungsbezirks Unterfranken, seit ca. 742 Bischofssitz, mit 125 953 Einwohnern, davon 81 969 kath. (1991).

a) »Stadt der 1000 Madonnen«, so wird W. öfters genannt, und ungezählte Hausmadonnen, auch in jüngeren Stadtteilen, Mkirchen und -darstellungen, begründen — trotz der großen Bombenverluste 1945 — heute noch diese Bezeichnung. Zu den Ausstattungsgütern des Bistums W. gehörte eine Mkirche in W. Der Dom hatte zeitweise M als Nebenpatronin.

Vielleicht noch der Stauferzeit gehört eine monumentale Dreikönigsgruppe an Langhauspfeilern des Domes an. Ähnliche Figurengruppen gibt es in Gerolzhofen und — erst 1994 wieder ausgegraben — in Kitzingen. 1279 schuf Meister Ekkehart aus Worms ein bronzenes Taufbecken für die W.er Dompfarrei, auf der acht Szenen die Heilsgeschichte verdeutlichen. M wird dargestellt bei der Verkündigung, der Geburt Jesu, bei der Kreuzigung und an Pfingsten. 1956 wurden Teile der spätma. Dombemalung aufgedeckt, darunter eine trauernde M mit dem Ecce Homo und eine Verkündigung. In der Domkrypta befindet sich heute ein spätgotischer Mtod und in der Seitenapsis des linken Querschiffes eine spätgotische GM in einem modernen Altaraufbau von Hubert Elsässer (1966/67). Das neue Mportal schuf H. Weber zur selben Zeit. Viele weitere marian. Kunstwerke sind in W. durch Brand, Kriege und Bombardement zerstört worden. Die Stuckmadonnen von Pietro Magno (um 1702) blieben dem Dom erhalten, einmal als Assistenzfigur unter dem Kreuz am Triumphbogen und dann als Königin der Apostel in der Chorapsis. Für die Domsepultur gestaltete Georg Meistermann einen Zyklus des Kirchenjahres, darunter auch das Mfenster.

Als »Patrona Franconiae« steht eine Mfigur auf der Alten Mainbrücke; auf der Feste Marienberg schaut vom gleichnamigen Turm eine Figur (1603) herab, ebenso eine Doppelmadonna vom spitzen Turm der Mkapelle auf dem Markt (1713). Um 1300 schuf ein Steinmetz die zwischen Engeln thronende M an einem Säulenkapitell, das später Opferstock in St. Burkard wurde. Der Pfarraltar der Spätrenaissance von 1589 zeigt in Reliefarbeit innen das Mleben, außen gemalte Szenen der Passion Jesu. 1586 gestaltete Johann v. Beundum das Pfingstereignis als Supraporte der »alten Universität«, wo M inmitten der Apostel ist. Das Altargemälde von Nikolaus Treu 1771 in der früheren Dominikaner-, der jetzigen Augustinerkirche, stellt die Seeschlacht von → Lepanto mit dem machtvollen Eintreten Ms dar. An der schwingenden Barockfassade der Neumünsterkirche ist die Aufnahme Ms in den Himmel bildhauerisch gestaltet. In der Hofkapelle der W.er Residenz ist M die Patronin des oberen Altares. Dort befindet sich auch das Gemälde von G. B. Tiepolo mit der Aufnahme Ms in den Himmel (1752).

b) *Marienkirche auf dem Frauenberg.* Viele nehmen an, die ca. 742 dem Bischof St. Burkard geschenkte Mkirche »infra castellum« sei auf dem Berg gelegen, auf dem bereits eine vorgeschichtliche Siedlung und eine keltische Wallanlage bestanden. Nach einer spätma. Chronik habe der Missionsbischof Willibrord diese, von Herzog Hetan erbaute Kirche, geweiht. Sicher ist aber die Rundkirche das älteste, noch bestehende Gotteshaus der Stadt und eine der ältesten des rechtsrheinischen Deutschland außerhalb des Limes. Verschiedene archäologische Grabungen, die allerdings noch keine völlige Gewißheit brachten, haben die früher einhellige Meinung erschüttert, der Bau sei frühmittelalterlich. Spätestens ist das heute aufgehende Mauerwerk aber im 11. Jh. entstanden. Die Bezeichnung Marienberg taucht urkundlich erstmals ca. 1155, in den »Wirzburger Annalen« sogar schon 1125 auf (MG X. XVI, 2; StAW WU 42, 112). Jedenfalls lag an der Stelle des heutigen Rechteckchores mit Tonnengewölbe, der nach einem Brand 1600 unter Bischof Julius Echter errichtet wurde, ein älterer Chor mit einer dreischiffigen Krypta, die um 1000 angelegt wurden. Die Rotunde selbst ist zweigeschossig, in der 3,65 m mächtigen Mauer sind sechs (ursprünglich an Stelle des Chores wohl eine siebte) halbrunde Nischen und dem Chor gegenüber der rechteckig gehaltene Eingang, der von außen durch Skulpturen des Michael Kern akzentuiert ist, erneuert durch Bildhauer A. Herbst (1893). Über einem Absatz weicht der Rundbau stark zurück zu einem Zylinder der Frühromanik, der von Lisenen und Bogenfries gegliedert, eine Schweifkuppel mit Laterne trägt (Renovierung und Dachstuhlerneuerung 1936–38, Chorausstattung und Dach 1945 verbrannt). Die Mkirche kam unter dem Einfluß des zu Füßen des Marienberges gelegenen Klosters des späteren Stifts St. Burkard, das ab dem 13. Jh. dort einen Propst einsetzte. Gleichzeitig wurde es Bischofskirche, da damals die W.er Oberhirten ihren Wohnsitz auf der von ihnen erbauten Höhenburg nahmen. Das Patrozinium ist seit der Konsekration von 1604 durch Weihbischof Eucharius Sang Me Himmelfahrt (Mfigur von Zacharias Junker, 1664; Stuck der Echterzeit in der Kuppel, über dem Chorbogen Me Verkündigung); in der Rotunde 21 Grabplatten für Bischöfe, deren Intestina hier beigesetzt wurden; Altäre von Kilian Stauffer (um 1700); lange war die Kapelle Sitz der Bruderschaft »auf unser lb. Frauenberg«.

Lit.: J. B. Stamminger (Hrsg.), Franconia Sacra. Pfarrei St. Burkard in W., 1889, 64–109. — KDB-Stadt W., 1915, 402–412. — B. H. Röttger, Felix Ordo. W.er Beiträge zur Architekturgeschichte des MA, In: WDGB 11/112 (1950) 5–84, hier 7–42. — M. v. Freeden, Die Festung Marienberg zu W., 1952, 17–33 u. ö. — Dehio-Franken, 1979, 945 f. — Th. Wehner, Realschematismus der Diözese W., Dekanat W.-Stadt , 1992, 76 f.

c) *Marienkapelle auf dem Markt.* Das Judenviertel der Stadt wurde 1349 von Fanatikern durch ein Pogrom zerstört, die Bewohner der — wie jüngste Forschungen ergaben — kulturell und religiös hochstehenden Gemeinde kamen um. Anstelle der abgebrannten Synagoge erbaute man »zur Sühne« eine Mkapelle aus Holz, der ein 1377 begonnener Steinbau folgte. Der Chor wurde 1392 geweiht, das Langhaus, ein hochragender Hallenbau, dessen Seitenschiffe nur wenig niedriger sind als das Mittelschiff, bis ca. 1440 vollendet. Der Turmbau war bis 1479 abgeschlossen. Die Mkapelle war und ist die »Lieblingskirche« der Bürgerschaft. Eine ganze Reihe von Bruderschaften und marian. Sodalitäten nahm hier ihren Sitz, auch die Gemeinschaft

St. Egidio trifft sich hier zu Gottesdiensten, ebenso wie viele Studenten. Die Beliebtheit zeigt sich auch in der reichen Ausstattung, die immer wieder verändert und ergänzt wird.

Der 1711 abgebrannte Turm erhielt bis 1713 durch Joseph Greising eine barocke Haube mit einer durch Jakob van der Auvera entworfenen, vom Goldschmied Martin Nötzel gearbeiteten Doppelmadonna, 1856/57 nach dem Vorbild der Liebfrauenkirche zu Eßlingen eine gotisierende hohe Spitze. Starke Kriegszerstörungen 1945 bedingten eine Wiederherstellung unter architektonischer Leitung von Eugen Altenhöfer (Wiedereinweihung durch Bischof Josef Stangl). Nach einer größeren Umgestaltung des Kircheninneren wurde der neue Altar durch Bischof Paul-Werner Scheele 1992 geweiht. Bemerkenswert sind v. a. das Astkreuz (um 1400), ein Relief mit M und Johannes, der Mtod, ein gleichzeitig entstandenes Relief, die Mstatue von ca. 1430 (Original vom Mittelpfeiler des Hauptportals, heute im Inneren), die Silbermadonna von Johannes Kilian (um 1685), die Tafelgemälde von 1514, die seit 1992 aus der Neumünsterkirche hierher gebracht, auf einer von Jürgen Schädel entworfenen Stele hinter dem Zelebrationsaltar stehen (Me Verkündigung, Me Geburt, Anbetung der Könige). Wilhelm Braun (München) entwarf 1962 die Farbfenster im Chor, die Motive der Lauretanischen Litanei aufgreifen. 12 sitzende Apostelfiguren Riemenschneiders, die das Kircheninnere zierten, sind heute im Bayer. Nat. Mus. in München. Weitere Riemenschneiderwerke (Pfeilerfiguren) gingen 1945 zu Grunde. Seine Plastiken am äußeren Bau sind z. T. erhalten (v. a. im Dom und im Mainfränkischen Mus.) und wurden an der Kirche durch Nachschöpfungen (so Adam und Eva am Südportal von Ernst Singer) oder Abgüsse ersetzt. Der alten Eva wurde M, die im Tympanon des Südportals gekrönt wird, gegenübergestellt. Eine eindrucksvolle Darstellung der Verkündigung an M, bzw. ein künstlerischer Versuch, die Menschwerdung als durch das Wort des Vaters, durch die Geisttaube in Ms Ohr dringend, darzustellen und zu deuten, ziert das Tympanon über dem Nordportal. Das Westportal, an dessen Mittelpfeiler eine Mfigur mit dem Kind steht, zeigt im Tympanon das Weltgericht.

Lit.: K. G. Scharold, Die Liebfrauen-Capelle, In: Beiträge zur älteren und neueren Chronik von W., 1818, 315–371. — B. Pedraglia, Die Marienkapelle auf dem grünen Markt in W., 1877. — KDB-Stadt W., 1915, 249–275. — L. Bruhns, W.er Bildhauer der Renaissance und des werdenden Barock, 1923. — H. M. Saueren und H. Schnell, Die Marienkapelle in W., 1939. — F. J. Bendel. Das Bruderschaftsbuch der Ratsbruderschaft an der Marienkapelle, In: WDGB 7 (1940) 1–23.— A. Wendehorst, Die Aufzeichnungen des P. Ignaz Gropp († 1788) über die W.er Marienkapelle, In: WDGB 34 (1972) 129–143. — Ders., Urkundenbuch der Marienkapelle am Markt zu W. 1317–1530, 1974. — J. Grotz und R. E. Kuhn, Marienkapelle zu W., ⁴1985. — Th. Wehner, Realschematismus, 1992, 36–38. — W. Schneider, Marienkapelle W., 1994.

d) »Käppele« auf dem Nikolausberg. Eine Pietà (58 cm hoch) stand am Beginn der Wallfahrt. Sie entspricht vom Typ her der spätgotischen Vespergruppe im nördlichen Seitenschiff des W.er Domes: M, die zum Betrachtenden blickt, hält den toten Sohn so, daß dessen Leib dem Beter zugewendet wird. Seine frei herabhängenden Arme sind den Trostsuchenden geöffnet. So vermittelt M, bildlich gesprochen, die Gnade der durch Jesus Christus bewirkten Erlösung. Um 1640 begann die Verehrung der Pietà, die ein Fischerssohn auf einen Bildstock gestellt hatte. Eine bald danach errichtete Schutzhütte wurde 1653 durch eine erste Kapelle ersetzt, die mehrfach erweitert wurde: Balthasar Neumann schloß an die Gnadenkapelle 1748/49 rechtwinkelig einen Zentralbau an. Unter der Orgel liegt die Eingangshalle, die den Blick auf den klassizistischen Hochaltar (J. G. Winterstein) mit dem Bild von Konrad Huber (Heimsuchung, 1799), flankiert von Joachim und Anna, lenkt. 1752 schuf Matthäus Günther das inhaltsreiche Kuppelgemälde, das die Erlösung symbolisiert, wo der Gnadenstrahl, ausgehend vom Vater und dem Hl. Geist, auf das Kreuz trifft, vor dem der verklärte Sohn seine erhöhte Mutter empfängt. Vom Kreuz aus verteilt sich der Gnadenstrahl auf die allegorischen Figuren von religio, fides, sapientia und auf St. Michael, den Bekämpfer des Bösen.

Nach Neumanns Tod 1753 baute 1778 Dominikus Ickelsheimer die Kapelle um und erhöhte sie, so daß sie jetzt stärker in den Hauptraum einbezogen ist. Den Turm brach er ab und setzte auf den Chor ein Glockengehäuse. Die Gnadenkapelle erhielt ein Kuppeldach, das mit dem des Neumannbaues verbunden wurde. Die zweigeschossige Fassade Neumanns wird flankiert durch zwei schlanke Achtecktürme mit hohen Zwiebelhauben. Durch Türme, Dachreiter und die für Franken ungewöhnlichen Kuppeldächer setzt der Kirchenbau einen bemerkenswerten Akzent in das Bild der Stadt, nicht zuletzt im Bezug zum Marienberg, der dem Nikolausberg gegenüber liegt. Die Passionsmystik der Kirchenausstattung, die durch ein zweites, vom Domkreuzgang hierher versetztes Gnadenbild einer Passionsmadonna (um 1460), durch den Ecce Homo von Oswald Onghers, die Kreuzabnahme in der Chorapsis der Gnadenkapelle (M. Günther, 1786), einen Jesus an der Geißelsäule (J. P. Wagner), den Dornengekrönten (Auvera-Werkstatt) schon erheblich verstärkt wird, bereitet sich für den Pilger vor durch den Kreuzweg, der mit pavillonartigen Kapellen doppelzügig, auf jeweils fünf Ebenen zusammentrifft und wieder auseinanderlaufend nach oben steigt, ebenso durch eine Kreuzigungsgruppe auf dem Kapellenplatz (um 1713), die Jakob van der Auvera zugeschrieben wird. Das Käppele, das seit der Entstehung des Neumannbaues von Kapuzinern betreut wird, ist *der* fränkische Wallfahrtsort, tagtäglich von ungezählten Betern und Pilgergruppen aufgesucht (Sitz einer verbreiteten Me-Schmerz-Bruderschaft).

Lit.: I. Gropp, Collectio scriptorum et rerum Wirceburgensium II, 1744, 74 f. — K. X. Himmelstein, Die Wallfahrtskirche auf dem Nikolausberg, 1852, ⁴1890. — F. A. Göpfert, Die Wallfahrtskirche und das Kapuzinerhospiz auf dem Nikolausberg, In: J. B. Stammmger (Hrsg.), Franconia Sacra I, 1889, 170–187. — KDB-Stadt W., 1915, 233–244. — M. Domarus, Die Wallfahrt zum W.er Käppele, 1953. — J. Dünninger, Die marian. Wallfahten in der Diözese W., 1960. — H. Dünninger, Processio Peregrinationis, In: WDGB 24 (1962). — K. Kolb und J. Dünninger, Käppele. Rokoko-Kleinod in W., 1976. — Dehio-Franken, 1979, 927–929. — Th. Wehner, Realschematismus, 1992, 79–81.
E. Soder v. Güldenstubbe

Wunder. Ein W. im eigentlichen Sinn des Wortes ist nach traditioneller Lehre ein sinnlich wahrnehmbarer Vorgang, der nicht natürlich erklärbar ist, d. h. dessen Ursache nicht innerhalb der uns bekannten Kette von Abläufen zu finden ist und der aufgrund eines Kontextes von Glaube und Gebet sinnvoll auf Gott als Ursache zurückgeführt werden kann. Fehlt ein solcher Kontext, muß an die Möglichkeit dämonischer Einwirkung gedacht werden, wobei die Grenze schwerlich genau zu ziehen ist, bis zu der gefallene Engel unter Zulassung Gottes in unsere Welt hereinwirken können. Auf jeden Fall ist damit zu rechnen, daß sie Wirkungen, die ihr Vermögen übersteigen, in einer für uns Menschen kaum zu durchschauenden Weise vortäuschen können. Wo unerklärliche Vorgänge, wenn auch selten, so doch mit einer gewissen Regelmäßigkeit unabhängig von Kontexten vorkommen, die göttliche oder dämonische Verursachung nahelegen, ist mit natürlichen Ursachen zu rechnen, die noch nicht erforscht sind. Vorgänge derselben Art können dann, selbst wenn sie im Kontext von Glaube und Gebet stattfinden, nicht zu Recht als W. anerkannt werden. Notwendig dafür ist vielmehr, daß sie außerhalb eines solchen Kontextes trotz gewissenhafter Nachforschung nicht festzustellen sind (vgl. Joh 9,32; Monden 231; Cortesini 20 f.; Lassieur 107).

W. im genannten Sinn können nach höchstverbindlicher kirchlicher Lehre wenigstens zuweilen mit Sicherheit festgestellt und mittels ihrer der göttliche Ursprung des Christentums gültig bewiesen werden (DS 3034). Das Vaticanum II hat diese in Schrift und Tradition begründete Aussage (Reckinger, 1988, 120–124) ergänzt, indem es zeigte, wie die W. sich einfügen in das Gesamtwerk Jesu Christi, durch das er die »Offenbarung erfüllt und abschließt« (Dei Verbum 4; LG 5). W. sind demnach nicht der Offenbarung äußerlich beigegebene Zeichen, sondern gehören ihr zu als ein ihr wesentliches Moment. Jedes W. hat außer seiner allgemeinen Bedeutung als Zeichen der Beglaubigung auch einen spezifischen Sinn bezüglich der Verwandlung, die die Herrschaft Gottes herbeiführt (Überwindung von Sünde, Krankheit, Hunger und Tod).

Unter W.n im engeren Sinn werden meist physische W. verstanden: Heilungs- und Natur-W. (Brotvermehrung; Levitation). Zu unterscheiden davon sind intellektuelle W. (wie das sachgerechte Umgehen mit einer Botschaft, die die Fassungskraft des Empfängers weit übersteigt) und moralische W. (wie über menschliches Maß hinausgehende Tugend). Doch erscheint bei der letzteren Art der Nachweis des W.charakters bes. schwierig, weil die Grenze des im Bereich des Geistig-Volitiven Möglichen nicht einfach zu ziehen ist.

W. im weiteren Sinn sind auffallende Gebetserhörungen und alle Arten von Ereignissen, die Staunen und Bewunderung hervorrufen und von Gläubigen als besondere Erweise der liebenden Zuwendung Gottes erfahren werden.

In der Bibel wird »Wunder« oft in diesem weiteren Sinn gebraucht. Die Behauptung, der W.begriff im engeren Sinn sei ihr unbekannt, trifft jedoch nicht zu; vielmehr begegnet er, mit dem Terminus »Wunder« (Apg 4,16.22, mit 3,2) oder »Zeichen« (Joh 9,30–33, mit 10,41; 11,47 usw.) oder unabhängig von beiden (1 Sam 6,7–9; 1 Kön 18,34–38; Dan 3,21–24.46–48.94; 14,31 f.). Die Menschen jener Zeit hatten durchaus einen – wenn auch auf Teilbereiche des Kosmos begrenzten – Begriff von Naturkausalität, was die Feststellung von W.n innerhalb dieser Bereiche ermöglichte (Beinert 55 f.; Reckinger, 1988, 117). Auch die patristische Lit. enthält vom 2. Jh. an Zeugnisse für das Bewußtsein, daß W. Abweichungen von einer ansonsten gleichbleibenden Naturordnung darstellen, unmittelbar auf Gottes Wirken zurückgehen und von daher Zeichen der Beglaubigung für Jesus und seine Botschaft sind (Reckinger, 1988, 119–123).

Zur Frage der Historizität der W. Jesu ist zu sagen: Daß Jesus viele W. gewirkt hat, ist aufgrund der Quellen unbezweifelbar. Den Einzelberichten kommt ein unterschiedlicher Grad an Zuverlässigkeit zu. Dieser ist jedoch mit historischen Mitteln festzustellen, nicht durch apriorisches Ausscheiden bestimmter Arten von W.n. So gehört etwa die Brotvermehrung zu den bestbezeugten W.n. Es geht nicht an, Heilungen (weil psychogener Erklärung u. U. zugänglich) gelten zu lassen, Natur-W. dagegen grundsätzlich für nichthistorisch zu erklären (Glöckner 35–73; Staudinger/Schlüter 90 f.; Weissmahr 170; Wenisch 119–127. 131–134).

Der entscheidende Grund, die grundsätzliche Historizität der W. Jesu anzunehmen, ist die Tatsache, daß seit der Geltung des neuzeitlichen kirchlichen Überprüfungsverfahrens W. derselben Arten immer wieder festgestellt wurden (Bouflet, Composta, Gresset, Lassieur, Leroy, Leuret/Bon, Olivieri/Billet, Schamoni). Wiederholt wurde darauf hingewiesen, daß die Bestreiter der Existenz echter W. die vorgelegten Beweise niemals im einzelnen untersucht und widerlegt haben. Eine solche Untersuchung ergäbe wohl die Nichtberechtigung der Anerkennung als W. in einigen Fällen, zugleich jedoch ihre Berechtigung in der Mehrheit der Fälle.

W.-Gegner, die erkennen, daß die Fakten nicht zu bestreiten sind, weichen z. T. in die entgegengesetzte Richtung aus, indem sie behaupten, dieselben Arten von Vorgängen kämen auch in anderen Zusammenhängen vor, z.B. bei Spukphänomenen und spiritistischen Sitzungen, als Wirkungen von Zauberern, Geistheilern, »Evangelisten« etc. Die Realität und den übersinnlichen Charakter der fraglichen Geschehnisse habe die Parapsychologie erwiesen. Damit wird die Faktizität der W. zwar anerkannt, ihr Charakter als W. jedoch zumindest in Frage gestellt.

Die Überprüfung dieser Behauptung hat ergeben, daß keiner der fraglichen Vorgänge durch ein so strenges Verfahren wie die kirchliche Untersuchung von W.n gesichert ist. Wo annähernd ähnlich überprüft wurde, lautete das Ergebnis durchweg auf Suggestion, psychische Manipulation oder Tricktäuschung. Den Parapsychologen, die die genannte Behauptung aufstellen, wird von ihren Kritikern nicht nur unwissenschaftliche Vorgehensweise, sondern vereinzelt auch Betrug vorgeworfen. Als Ergebnis dahingehender Stellungnahmen hat der Bundesgerichtshof 1978 erklärt: »Die Parapsychologie gehört nicht zu den gesicherten wissenschaftlichen Erkenntnissen, die dem Sachverständigenbeweis zugänglich sind« (Neue Juristische Wochenschrift, 1978, 1207; Monden 243–311; Prokop / Wimmer; Reckinger 1992 f).

M̃s Rolle dem W. gegenüber ist eine einmalige und entscheidende, v.a. bezüglich der beiden W., die das Erlösungsgeheimnis nicht nur, wie die übrigen, offenbaren, sondern ihm als konstitutive Elemente zugehören: Jungfrauengeburt (→ Jungfräulichkeit) und Auferstehung Jesu. Das österliche Geheimnis wurde dadurch vollzogen, daß Jesus auch seinem Leib nach in die Herrlichkeit des Vaters hinüberging und damit anfanghaft die Menschheit und unsere materielle Welt in die endzeitliche Existenzweise hinübergeführt hat. Dafür brauchte er einen menschlichen Leib, und für dessen Formung war die Mirwirkung seiner Mutter unverzichtbar. Daß er jungfräulich empfangen wurde, läßt sich für uns zwar nicht zwingend als Folgerung aus dem Begriff der Menschwerdung des Sohnes Gottes ableiten, muß aber unbedingt plausibel erscheinen, wenn es uns, wie tatsächlich geschehen, von Gott offenbart wird.

M̃ hat bei der Hochzeit in Kana durch ihre Fürsprache veranlaßt, daß Jesus sein erstes »Zeichen« wirkte und dadurch den Glauben seiner Jünger begründete (Joh 2,1–11). Hier wurde deutlich, daß sich das von den Propheten angekündigte endzeitliche Mahl und Gottes Hochzeit mit seinem Volk anfanghaft realisieren sollten, sobald Jesu »Stunde« gekommen wäre, deren Auswirkung in Kana zeichenhaft vorausgenommen wurde. Als die »Stunde« da war, in der nicht mehr Wasser in Wein, sondern die Menschheit aus ihrer Todverfallenheit in die neue Daseinsweise geisterfüllten Lebens verwandelt werden sollte, da stand M̃ mit-leidend unter dem Kreuz (Joh 19,25–27). Und wieder hebt die Schrift die Anwesenheit M̃s hervor beim Pfingsterlebnis (Apg 1,14; 2,1–13), in dem als Frucht des Ostergeheimnisses der Geist Gottes mit seinen Gaben ausgegossen wurde – darunter auch jene Gaben, die in Mk 16,17 f. exemplarisch als »Zeichen« aufgezählt werden.

Zeichen dieser Art, von denen viele W. im eigentlichen Sinn des Wortes sind, haben die Kirche stets begleitet, wie v.a. die Beweisaufnahmen bei Heiligsprechungsverfahren belegen. Angesichts der Entwicklung der MV seit dem MA kann es nicht verwundern, daß Gnadenerweise seither zunehmend auf ihre Fürbitte erbeten und gewährt wurden. Dementsprechend weisen M̃wallfahrten und andere Bekundungen der MV eine relativ große Anzahl von W.n jeglicher Art auf: W. im weiteren Sinn, von denen die meisten Ex-Voto-Tafeln künden; aber auch W. im strengen Sinn, v.a. plötzliche Heilungen schwerer organischer Krankheiten. Besondere Erwähnung verdient die plötzliche Wiederherstellung eines amputierten Beines in Calanda bei Saragossa 1640 (→ Pilar; vgl. Aina, mit Verweis auf weitere Lit.; Staudinger / Schlüter 49). Als Natur-W. anzusehen ist das Weinen einer M̃plastik in Syrakus 1953 (Jongen). Wie dieses wurde auch das Weinen einer M̃statue in Akita/Japan (1975–81) kirchlich anerkannt (1984), nachdem im Zusammenhang damit die plötzliche Heilung einer im Koma befindlichen, an einem Tumor erkrankten Person in Korea erfolgt und von den dortigen Bischöfen anerkannt worden war (Yasuda; Bouflet 105 f. 233 f. 236–240). Letzterer berichtet anschließend von bisher nicht geklärten Ereignissen ähnlicher Art und von eindeutigen Betrugsfällen. Ebenso bemüht er sich um Unterscheidung in bezug auf das Sonnen-W. von → Fatima und ca. 30 seither behauptete W. ähnlicher Art an anderen Orten (114–137). Den von ihm genannten Umständen, die zugunsten von Fatima sprechen, ist hinzufügen, daß damals keine Präzedenzfälle bekannt waren und Massensuggestion, soweit ersichtlich, voraussetzt, daß wenigstens die allermeisten Teilnehmer die suggerierende Person gut hören, was in Fatima nicht annähernd der Fall war. Bedauerlich ist allerdings, daß der Autor auf die kritische Stellungnahme von Rahner (bes. 82, Anm. 108) nicht eingeht.

Als bestes Beispiel eines moralischen W.s darf wohl die Gesamthaltung von Bernadette → Soubirous gelten, die selbst einem so kritischen Beobachter wie Hanauer (208) Respekt abnötigt. Von beeindruckenden Bekehrungen (Bekehrungs-W.n?) aus neuester Zeit im Zusammenhang mit der → Kevelaer-Wallfahrt berichtet Schulte Staade (Heckens / Schulte Staade).

Die als W. anerkannten Heilungen von → Lourdes gehören durchweg zu den gesichertsten schlechthin, weil alle Ärzte Zutritt zum »Bureau Medical« haben und weil die Diskussion um die wichtigsten Fälle in aller Öffentlichkeit geführt wurde. Gewiß wird die eine oder andere dieser Heilungen nachträglich auch in kirchlichen Kreisen in Frage gestellt (Etudes Carmélitaines, 1938 f.; Lassieur 100). Dennoch erweist gerade eine derart kritische Untersuchung wie die von Schleyer, daß die Mehrheit der kirchlich anerkannten Heilungen hieb- und stichfest ist. Erkennt er doch von 25 dieser Art 14 mit Sicherheit und eine weitere mit Wahrscheinlichkeit als »extramedikal« an, während er diesen Charakter nur in zwei Fällen entschieden bestreitet. Die insgesamt skeptische abschließende Beurteilung bei demselben Autor ist demnach durch seine vorausgehenden Darlegungen nicht gedeckt. Gutes zur überzogenen Kritik Schleyers hat Monden (198–291) ausgeführt; doch bleibt die Aufarbeitung dieser Kritik durch einen Mediziner bis heute ein Desiderat. (Zu kirchlich als W. anerkannten Heilungen an anderen ᛘwallfahrtsorten vgl. Lit.; zu Fatima auch: Leuret / Bon 42–49; zu Knock und → Pompei: ebd. 49–53; 54–57; zur »Wundertätigen Medaille«: Laurentin / Roche; → Labouré).

Lit.: Der traditionellen Lehre in wichtigen Punkten widersprechend: W. Büchel, Spuk und W., In: StZ 181 (1968) 387–398. — M. Seckler, Plädoyer für Ehrlichkeit im Umgang mit W.n, In: ThQ 151 (1971) 337–345. — B. Weissmahr, Gottes Wirken in der Welt, 1973. — W. Kern, W. im Glaubensprozeß, In: EuA 50 (1974) 274–288. — O. Knoch, Dem, der glaubt, ist alles möglich, 1986. — Ders., »Diese Zeichen sind aufgeschrieben, damit ihr glaubt« ..., In: KatBl 111 (1986) 180–189. 265–272. — Der traditionellen Lehre wenigstens in der Hauptsache entsprechend: K. Rahner, Visionen und Prophezeiungen, 1952. — L. Monden, Theologie des W.s (Het wonder, 1958, dt.), 1961. — R. Glöckner, Biblischer Glaube ohne W.?, 1979. — W. Beinert, W. und Weltbild, In: ThJb (1981) 53–66. — B. Wenisch, Geschichten oder Geschichte?, 1981. — H. Staudinger und J. Schlüter, An W. glauben?, 1986. — F. Reckinger, Beglaubigt durch W. und Zeichen ..., In: FKTh 4 (1988) 111–125. — Ders., Psychogene Wirkungen?, ebd. 8 (1992) 60–73. — Ders., Heilungswunder — wie dort?, ebd. 9 (1993) 48–65. — R. Cortesini, Rôle de la »Consulta Medica« ..., In: AMIL (Association Medicale Internationale de Lourdes). Heft 225–226 (1989) 16–23. — P. Lassieur, Les Evangiles sont-ils menteurs?, 1991. — Dokumentation und Untersuchung neuzeitlicher W.: O. Leroy, La Levitation, 1928. — A. Monin, Notre-Dame de Beauraing, 1949, 143–158 (dt.: Die Königin mit dem goldenen Herzen. Die Erscheinung ULF von Beauraing, 1956). — A. Olivieri und B. Billet, Y a-t-il encore des miracles a Lourdes?: 22 dossiers de guérisons, 1949–89, 1990 (dt. nach der Erstausg. von 1969: Gibt es noch W. in Lourdes? 18 Fälle von Heilungen 1973). — F. L. Schleyer, Die Heilungen von Lourdes, 1949. — L.J. Kerkhofs, Notre Dame de Banneux, ²1953 (dt.: Unsere Liebe Frau von Banneux, 1954). — H. Jongen, Warum weinte die Mutter Gottes? Das W. von Syrakus, 1954 (dokumentiert auch Heilungen). — F. Baumann, Heilige und W., In: ThPQ 104 (1956) 22–42. — H. Bon, Le Miracle devant la science, 1957 (W. u.a. in Marienheiligtümern in aller Welt). — F. Leuret und H. Bon, W. Wissenschaft und Kirche (Les guérisons miraculeuses modernes, 1950, dt.), 1957. — W. Schamoni, Auferweckungen vom Tode, 1968. — Ders., W. sind Tatsachen, 1976. — L. Aina Naval, El Milagro de Calanda a Nivel Historico, 1972. — R. Laurentin und P. Roche, Catherine Labouré et la Médaille Miraculeuse, 1976, 185–216 passim. — D. Composta, Il Miracolo: realtà o suggestione?, 1981. — M. Gresset, Le miracle eucharistique de Faverney (1608), In: Histoire des Miracles, Presses de l'Université d'Angers 1983, 77–93. — T. Yasuda, Le prodige de notre temps, Notre-Dame d'Akita (Japon), 1987. — J.Bouflet, Encyclopédie des Phénomènes extraordinaires dans la vie mystique I, 1991. — J. Hanauer, W. oder W.sucht?, 1991. — Kritisch zur Parapsychologie bzw. zu Heilungen durch »Evangelisten«: O. Prokop und W. Wimmer, Der moderne Okkultismus, 1987. — J. Randi, The Faith Healers, 1987. *F. Reckinger*

Wunder Marias (äthiopisch Taʾāmera Māryām), äthiopische Sammlung von ᛘlegenden, die unter König Dāwit I. (1382–1411) entstanden ist und neben einheimischen Erzählungen v.a. Legenden einer aus dem Arabischen übersetzten Kompilation des 13. Jh.s enthält. Diese wiederum beruht im wesentlichen auf einer franz. Bearbeitung des 12. Jh.s, welche ihrerseits auf orient. Quellen zurückgeht. Ihrer Herkunft nach kann man diese ᛘlegenden verschiedenen Zyklen zuordnen. Die Erzählungen südeuropäischen Ursprungs stammen aus den großen Wallfahrtsorten und ᛘheiligtümern Spaniens, Italiens und Frankreichs und weisen unverkennbare Parallelen zu mittellat., altfranz. oder altengl. Legendensammlungen gleichen Typs auf. Die Wunderberichte aus dem Orient gelangten teilweise auf dem Umweg über das Abendland durch die Vermittlung der Kreuzfahrer wieder dorthin zurück, oder sie fanden aus dem Hl. Land oder aus marian. Pilgerstätten der koptischen Kirche Ägyptens ihren Weg nach Äthiopien. Zu diesem aus orient. wie europäischer Tradition gespeisten und vielfach umgestalteten, sich um ᛘ rankenden Legendengut kamen noch einheimische äthiopische Erzählungen, die sich auf lokale Ereignisse und Überlieferungen beziehen. Das allen Geschichten gemeinsame Thema ist, daß ᛘ ihre Verehrer belohnt, beschützt und aus Notlagen errettet, wodurch den Gläubigen immer wieder die mächtige Fürsprache und unendliche Güte der GM vor Augen geführt werden soll. Da die Sammlungen dieser Wunderlegenden laufend überarbeitet und verändert wurden, liegen sie in kürzeren und längeren, bis zu 316 Erzählungen umfassenden Versionen vor. Die kanonische Fassung, wie sie sich seit der Mitte des 17. Jh.s durchsetzte und in der Liturgie der äthiopischen Kirche verwendet wurde, enthält nur noch 33 Wunderberichte. Die W. können als ein typisches Beispiel für die Rezeption und allmähliche Assimilation fremder Elemente durch die äthiopische Kultur des MA angesehen werden.

Ausg. und Lit.: E. A. W. Budge, The Miracles of the Blessed Virgin Mary and the Life of Ḥannâ (Saint Anne) and the Magical Prayers of Aḥēta Mikâêl, London 1900. — Ders., Legends of Our Lady Mary the Perpetual Virgin and Her Mother Ḥannâ, 1922. — Ders., One Hundred and Ten Miracles of Our Lady Mary, 1933. — E. Cerulli, Il libro etiopico dei »Miracoli di Maria« e le sue fonti nelle letterature del medio evo latino, 1943. — Ders., La letteratura etiopica, ³1968, 81–99.
W. W. Müller

Wurzel Jesse, bildhafte Darstellung des Stammbaumes Jesu und ᛘs, der nach biblischen Quellen (Jes 6,14; 11,1; 53,2; Num 24,17 und Mt 1,1–16; Lk 3,23–38; Offb 22,16) bis auf Davids Vater Jesse zurückgeführt werden kann.

Unter »Radix Jesse« wird in den patristischen Schriften und der theol. Lit. des MA das Geschlecht Davids verstanden, die Jungfrau (virgo) ᛘ wird als »virga ex radice« identifiziert und Christus ist »flos ex virga«. Diese Vorstellungen kommen auch in lat. Hymnen (z. B. von → Paulus Diaconus, In assumptione, und → Fulbert v. Chartres, In nativitate beatae Mariae virginis) und dt. Kirchenliedern (→ Melker Marienlied, vor 1130) zum Ausdruck und fanden Eingang in ma. Prophetenspiele sowie in die Advents- und Weihnachtsliturgie. In Anlehnung an diese lit. Quellen entstand das Bild der W.: Der Stammvater des Geschlechtes liegt schlafend ausgestreckt (entsprechend Adam bei der Erschaffung Evas). Ein Baum (als Parallele zum Paradiesesbaum, Baum des Lebens) wächst aus ihm empor, an dessen mehr oder weniger verzweigten Ästen meist die Könige der salomonischen Linie dargestellt sind. Er gipfelt in Figuren von M und Christus. Propheten, Evangelisten, Szenen aus dem Mleben oder die sieben Gaben des Hl. Geistes (Jes 11,1ff.) u. a. sind gelegentlich hinzugefügt, Ergänzungen, mit denen teilweise hochkomplizierte theol. Gedankengebäude anschaulich gemacht werden.

Vorstufen der W. sind die verschiedenen Darstellungen der Vorfahren Christi, in deren Reihe Jesse ursprünglich als atl. Typus für Christus und M erscheint. Als Ausgangspunkt für diese Illustrationen, bereits seit dem frühen MA bekannt, dienten bes. die genealogischen Register in den Evangelien des Lukas (beginnend mit Adam) und des Matthäus (beginnend mit Abraham). Das älteste erhaltene Beispiel ist im Lorscher Codex aureus (Bukarest, Nat. Bibl., um 810) zu finden. Die Ahnenreihe Jesu blieb zunächst meist unvollständig, eine geschlossene Folge enthält erstmals das Krönungsevangelistar König Vratislaws von Böhmen (Prag, Univ. Bibl., 1085). Auch in der Monumentalmalerei wurde das Thema aufgegriffen (ehemalige Hochchorfenster, Canterbury, Christ Church Cathedral; Fresken des Kapitelhauses in Sigena, Barcelona, Museo d'arte de Cataluñya, beide spätes 12. Jh.).

Zu den formalen Voraussetzungen für die W. gehören das orient. Motiv des Bildnisses im Blütenkelch, das in der spätantiken röm. Kunst häufig vorkommt, ebenso wie die seit dem frühen MA bekannten Sippschafts- und Stammbäume.

Von der ältesten bekannten Darstellung des Themas im byz. Kunstkreis, einem Mosaik des 12. Jh.s in der Geburtskirche zu Betlehem, gibt es nur schriftliche Zeugnisse. Die erhaltenen Beispiele stammen im wesentlichen aus den Randgebieten des byz. Reichs und aus postbyz. Zeit (Fresken an der Außenwand des Klosters in Arilje, um 1296; Deckenbild, Refektorium, Kloster Backowo, 1. Hälfte 17. Jh.). Ein marian. Stammbaum in Form der W. ist im Stavra-Kloster auf dem Athos (1512) zu finden.

Im Westen ist der Bildtypus der W. etwa von der Wende des 11. zum 12. Jh. an in unterschiedlichen Spielarten und nahezu allen Kunstsparten nachzuweisen. An der Bronzetür von S. Zeno in Verona (um 1100) erscheint sie in ihrer üblichen Form als Stammbaum Jesu, allerdings auf drei Vorfahren und M reduziert. Die Bibel aus St.-Bènigne (Dijon, Bibl. municipale,

Ms. 2, Anfang 12. Jh.) zeigt eine eher ungewöhnliche Variante: Aus dem schlafenden Jesse wächst ein Baum mit sieben die Geisttaube tragenden Ästen. Hier wie auch im Lektionar aus Siegburg (London, Brit. Library, Ms. Harley 2889, vor 1164) werden die Bezüge zu Paradiesesbaum und lebenspendendem Kreuz Christi betont, die ma. Theologen immer wieder andeuteten. Aber auch die Parallele zwischen dem Reis, der »virga«, die aus der Wurzel aufsteigt, und der »virgo« M kann bildhaft anschaulich gemacht werden. In der Darstellung der Lambeth-Bible (London, Lambeth Palace, Lib. Ms. 3, um 1150) führt die von Jesse ausgehende Ranke durch die Figur Ms direkt zu Christus, der wieder von den sieben Gaben des Hl. Geistes in der Gestalt von Tauben umgeben ist. M wird von je drei Rankenmedaillons mit den Figuren von Ecclesia und Synagoge, Tugendpersonifikationen und Propheten umgeben, die auf die Einheit von AT und NT anspielen.

Bes. in Psalterhandschriften wird das Thema häufig und mit großer Vielfalt im Detail aufgegriffen. Im Winchester-Psalter (London, Brit. Library, Ms. Nero Cotton IV, Mitte 12. Jh.) sind der GM Abraham und Moses typologisch zugeordnet (Maria-Ecclesia, ante legem und sub lege). Bei der W. im Ingeborg-Psalter (Chantilly, Mus. Condé, Ms. 1695, um 1210) ist Salomo zur Ahnenreihe hinzugekommen, außerdem sechs flankierende Prophetenfiguren, auf denen sich je eine der sieben Geisttauben um Christus niederläßt. Propheten und Sibyllen sind in den Ranken der W. des Huntingfield-Psalters (New York, Pierpont Morgan Library, Ms. 43) zu erkennen, ergänzt von Darstellungen des Weltgerichts und der Mkrönung in den Randleisten sowie zwölf Apostelmedaillons. Wieder ist es die »Concordia Veteri et Novi Testamenti«, die hier zum Ausdruck kommen soll.

Ikonographisch ähnlich ist die Variante der W. des von Abt Suger in Auftrag gegebenen zentralen Chorfensters der Kirche St.-Denis (um 1140). Auf der breiten Mittelbahn ist der von Jesse aufsteigende Stammbaum mit vier der königlichen Vorfahren Christi und Ms zu sehen, der in einer von den Geisttauben umgebenen Figur des thronenden Christus kulminiert. In den schmäleren Seitenstreifen sind je sieben Propheten untergebracht. Der in St.-Denis vertretene Darstellungsmodus wirkte lange Zeit vorbildhaft, bes. in Frankreich (mittleres Westfenster in Chartres, Kathedrale ND, um 1150) und England (Chorfenster in Canterbury, Christ Church Cathedral, um 1200). Aber auch das monumentale Gemälde auf der Holzdecke von St. Michael in Hildesheim (um 1240) folgt diesem Schema. Die Ahnenreihe ist hier allerdings bis auf Adam und Eva zurückgeführt, die Verbindung zum Paradiesesbaum dadurch noch deutlicher gemacht. Propheten, Evangelisten und ihre Symbole, die vier Paradiesesströme, Kardinaltugenden und Erzengel ergänzen diese W. zu einer Darstellung der »ecclesia univeralis«.

Fast ebenso häufig wie in der Monumentalmalerei kommt das Thema plastisch gestaltet vor. Bes. die Archivolten großer gotischer Portale erwiesen sich als dafür geeigneter Ort (z. B. Laon, Kathedrale ND, mittleres Westportal, um 1200). Der Bildentwurf wurde hier freilich der Funktion angepaßt und auf die grundlegende Konzeption, den Stammbaum Christi, reduziert.

Immer wieder erscheinen im Zusammenhang mit der W. neue Bildmotive. Bes. zahlreich sind sie im »Hortus deliciarum« der → Herrad v. Landsberg (um 1175/85). Gottvater pflanzt hier einen Baum, in dessen sich gabelnden Ästen zuerst Abraham zu sehen ist, dem in den weiteren Verzweigungen Jesse und seine Nachkommenschaft folgen. Neben M und Christus treten auch zahlreiche Figuren des NT, Bischöfe und Heilige. Im Jesse-Fenster der Kölner Kirche St. Kunibert (um 1230) werden erstmals anstelle der üblicherweise vorkommenden vier Vorfahren narrative Szenen aus dem Leben Christi gezeigt, nämlich Verkündigung, Geburt, Kreuzigung und Auferstehung. Christus, umgeben von Propheten und Präfigurationen des AT, krönt die Darstellung, die den christol. Charakter der Heilsordnung betont.

Gelegentlich kann jedoch auch der marian. Aspekt im Vordergrund stehen. In einer Illustration des »Speculum virginum« (z. B. London, Brit. Library, Arundel Ms. 44, 13. Jh.), einer ma. Erbauungsschrift, trägt Jesse M und Christus, über dem sieben Ranken mit zwei mal sieben herzförmigen Knospen (Gaben des Hl. Geistes und Haupttugenden) wachsen. Der Baum steht inmitten eines Tempels mit sieben Säulen, d. h., die Bezeichnung Ms als »sedes sapientiae« oder »templum«, von Christus bereitet und mit sieben Säulen ausgestattet, die von ma. Theologen häufig verwendet wurde, fand hier bildhaften Ausdruck. Auch die im HochMA verbreiteten siebenarmigen Leuchter, deren Bedeutung für die Mtypologie schon durch den Beinamen »arbore della vergine« anschaulich gemacht wird, wurden vielfach W. genannt (sog. Trivulzio-Leuchter, Mailand, Dom, 1. Viertel 13. Jh.). Ein rein marian. Stammbaum ist die W. in einem Salzburger Antiphonar des 12. Jh.s, deren Spitze eine Mfigur ohne Kind einnimmt, während zahlreiche andere Darstellungen, bes. des späteren MA, in einer M mit dem Jesusknaben gipfeln (z. B. York Minster, Fenster, 1170/80; B. Furtmeyr, Missale Bernhards v. Rohr, München, Bayer. Staatsbibl., clm. 15711). Obgleich die Tendenz gerade in dieser Zeit dahingeht, das Bildformular durch ntl. und allegorische Bezüge zu erweitern, kann es auch auf die Figuren Jesse und M mit Kind reduziert sein (Altaraufsatz, Dresden, Grünes Gewölbe, Ende 15. Jh.). An der Wende vom 15. zum 16. Jh. ist die W. nicht selten in den Predellen großer Maltäre zu finden (V. Stoß, Krakauer Altar, Krakau, Mkirche, 1477–89; Kalkar, St. Nikolai, H. Douvermann, Sieben-Schmerzen-Altar, nach 1518 und Xanten, Dom, Maltar, um 1530). Auch der Stammbaum von Ms Mutter Anna kann als W. dargestellt werden (Schwäbisch-Gmünd, Heiligkreuzkirche, Schnitzaltar, um 1520; Annaberg/Sachsen, A. Daucher, Sippenaltar, Annenkirche, 1522).

Wurzel Jesse, Monstranz von J. A. Kipfinger, 1698, Weilheim, Stadtpfarrkirche

Bes. häufig ist die W. als Weinstock gestaltet. Theol. Voraussetzung für dieses Motiv sind Vorstellungen von Christus als »rechtem Weinstock« (Joh 15,1–6) und »Vitis David«, die schon bei → Klemens v. Alexandrien (Quis div., PG 9,636) und anderen spätantiken Schriftstellern verbreitet waren. Häufig kommt dieser Darstellungsmodus bei liturg. Gebrauchsgegenständen wie Monstranzen und Meßgewändern (z. B. Kassel, Flandern, Aachen, Domschatzkammer, frühes 16. Jh.) vor, ebenso wie in Skulptur und Malerei (Gemälde, Basel, Kunstmus., um 1500). Das Thema, in MA und SpätMA häufig zu sehen, wurde in der Zeit der Gegenreformation und später selten, um im 20. Jh. wieder aufgegriffen zu werden (J. Lurçat, Bildteppich, Plateau d'Assy, ND-de toute-grâce, 1946).

Lit.: A. Watson, The Early Iconography of the Tree of Jesse, 1934. — Schiller I 23 ff. — LCI IV 549 ff.   R. Wedl-Bruognolo

Wurzgärtlein Mariens. Dieser Text eines unbekannten Verfassers (66 Verse) trägt die Überschrift: »Hie hebt sich an Maria rede mit Ihus für die sünder vnd heist das wurczgertlein Marie«. Er entstand vermutlich in der ersten Hälfte des 15. Jh.s im Katharinenkloster zu Nürnberg, ist also als Ausdruck der bes. innigen MV in Nonnenklöstern zu verstehen. Das Gedicht ist ein strophisch gebauter Dialog zwischen Jesus und M, den Abschluß bildet ein auch formal abgehobener Chor der Sünder. M beginnt mit einem Lob Jesu, den sie als »schoener paum«, »schoener weinstoc« und »tugent roc« bezeichnet, und bittet ihren Sohn, sich gnädig den Sündern zuzuwenden. Jesus aber antwortet barsch abweisend, die Welt sei nichts als ein »sünden zelt, von innen kot, von auszen schon«. So entwickelt sich ein temperamentvolles Streitgespräch, in dem M immer wieder um Gnade für die Sünder bittet, Jesus aber den »bösen Willen« (V. 26) der Menschen dafür verantwortlich macht, daß sein Gnadenangebot nichts zu bewirken vermag (V. 30). Den Ausschlag gibt das auch sonst weitverbreitete Motiv, daß der Sohn der Mutter keine Bitte abschlagen kann (V. 36); dennoch bleibt Jesus bis zum Schluß zornig und belastet M mit der Verantwortung, die Menschen zu Reue und Buße zu bewegen. M hat die Rolle der Fürsprecherin (mediatrix), und Jesus ist durchgehend nicht der liebende, sondern der zornige Gott, der nur mit Mühe von einem Strafgericht abzuhalten ist. Folgerichtig werden die letzten Verse den Sündern in den Mund gelegt, die M danken und loben. In den Schlußabschnitten wird der »Memento-mori«-Gedanke (»secht an eur grab; der tot ist nah«) kräftig hervorgehoben, so daß die Jesusgestalt als der Typus »Richter« (iudex) des Individuums nach dem Tode und der ganzen Menschheit am jüngsten Tag aufzufassen ist.

Der beständige Wechsel zwischen den Dialogpartnern (6 mal M, 5 mal Jesus, 1 mal die Sünder) ergibt die hl. Zahl 12 und weist auf Elemente des geistlichen → Spiels hin. Ob der Text im Rahmen des Gottesdienstes, z. B. am Himmelfahrtstag, gespielt wurde, muß aber angesichts fehlender Hinweise in der Überlieferung Vermutung bleiben.

Ausg.: K.Bartsch (Hrsg.), Die Erlösung mit einer Auswahl geistlicher Dichtungen, 1858.
Lit.: VL² V 1280 f.
P. Kesting

Wyszyński, Kasimir vom hl. Joseph (Taufname: Januarius Franz), Marianer, * 19. 8. 1700 in Jeziora Wielka (heute Jeziórka) bei Grójec (Polen), † 21. 10. 1755 in Balsamão (Portugal), besuchte Piaristenschulen in Góra Kalwaria und in Warschau, wurde 1723 bei seinem Aufenthalt in Rom in der Kongregation der → Marianer eingekleidet und hat den Ordensnamen Kasimir vom hl. Joseph angenommen. Nach Polen zurückgekehrt, unterzog er sich der ordensmäßigen und priesterlichen Ausbildung und empfing 1726 die Priesterweihe. Neben verschiedenen Aufgaben im Orden lehrte er Moraltheol., war in Rom Generalprokurator und zwei Mal Generalsuperior (1734–41, 1747–50). W. gründete neue Klöster in Litauen und Wolhynien und verpflanzte 1754 die Marianer nach Portugal, wo er in Balsamão das erste Kloster errichtete. Der 1763 eingeleitete und im 19. Jh. wegen Schwierigkeiten in Polen und im Orden unterbrochene Seligsprechungsprozeß wurde 1953 neu aufgenommen und führte 1989 zur Anerkennung seiner heroischen Tugenden.

Tagebücher, Briefe, ein umfangreiches Vorwort zu »Gwiazda Zaranna« (Morgenstern) von Fr. → Arias und das Gebetbuch »Ramalhete« bezeugen W.s marian. Einstellung. Sie war geprägt durch die poln. Mfrömmigkeit und das marian. Charisma seiner Kongregation und zeichnet sich durch eine große Liebe zur Unbefleckten Jungfrau M aus, deren Verehrung er mit großem Eifer verbreitete. W. gab sich in die »Knechtschaft« Ms (vgl. L.-M. → Grignion de Montfort), ahmte ihre ev. Tugenden nach, glaubte tief an die marian. Glaubenswahrheiten und machte das »Blutsgelübde«, die Wahrheit der UE Ms zu verteidigen und zu verbreiten, auch wenn es sein eigenes Blut kosten sollte. Neben der liturg. MV pflegte er andere Formen: Jeden Tag betete er das kleine Offizium von der UE, die → Lauretanische Litanei mit »Unter deinen Schutz und Schirm«. Häufig rief er Ms Hilfe an, indem er das Stoßgebet »Immaculata Virginis Mariae Conceptio sit nobis salus et protectio« sprach, und erfuhr ihre Fürsorge in verschiedenen Schwierigkeiten. Er pilgerte u. a. zu den Mheiligtümern in → Czenstochau und → Loreto und verehrte ihre Gnadenbilder.

W. förderte das Tragen eines Skapuliers der UE sowie verschiedene Gebete zu ihrer Verehrung. Er regte das Nachahmen der Tugenden Ms unter den Marianern wie auch unter allen Gläubigen im Geist der Regel an, auf die die Marianer das ewige Gelübde ablegen. Dem diente auch die Veröffentlichung des Werkes von Fr. Arias »Virgo imitanda«, das er nach neuer Redaktion unter »Regeln der Nachahmung der Zehn Tugenden der allerseligsten Jungfrau Maria« bekannt machte. In deren Nachahmung bestand für ihn wahre MV. Der eigene Orden war für ihn das wesentliche Mittel für die Verbreitung der MV. Deswegen nahm er ihn mutig in Schutz, sorgte für seine Entwicklung, so auch unter den Tschechen, und für die Seligsprechung des S. → Papczyński, eines großen Verehrers der UE. Er schützte auch den Namen und das Ordenskleid der Marianer vor Aneignung seitens der Pseudo-Marianer aus Wilna.

WW: J. Vaišnora, Czcigodny Sługa Boży o. Kazimierz od św. Józefa Wyszyński, In: Collectanea Mariana 7 (1962) 1–52 (Tagebuch). — Positio super virtutibus 1986, 128–137. 194–200 (Briefe). — Fr. Arias, Gwiazda Zaranna (Morgenstern), Warschau 1749, 14–33 (Vorwort). — Ramalhete, Lissabon 1757.
QQ: Positio super virtutibus, 1986. — Relatio et Vota congressus peculiaris super virtutibus, 1989.

Lit.: H. de Campos Ferreira Lima, Frei Casimiro de S. José W. (Polaco). Introdutor da Ordem dos marianos em Portugal, In: Revista de Arqueologia 2 (1936) 4–15. — C. Krzyżanowski, A Marian True to His Name, In: Marian Helpers Bulletin 28 (1973) Nr. 2,3 f. 7. — B. Jakimowicz, Kult Matki Bożej Częstochowskiej w życiu Sługi Bożego o. Kazimierza Wyszyńskiego, marianina (Kult der Mutter Gottes von Czenstochau im Leben von P. K. W., Marianer), In: Studia Claromontana 3 (1982) 125–129. — Z. Proczek, Sługa Niepokalanej. Ojciec Kazimierz W., marianin (Diener der Unbefleckten, P. K. W., Marianer), 1987. — A. Sikorski, Maria nella vita e nella dottrina del Servo di Dio padre Casimiro W., O. I. C. (1700–1755), masch. Diplomarbeit am Institutum Marianum Rom, 1987. — Ders., Problem chrystotypiczności i eklezjotypiczności maryjnego ch aryzmatu Księży Marianów (Das Problem der Christus- und Kirchentypologie des marian. Charismas der Kongregation der Marianer), Diss., Lublin, 1993. — AAS 82 (1990) 446–450. — Lietuviu Enciklopedia XXXIV, 1966, 624. — BSS XII 1423–26. — R. Gustaw (Hrsg.), Hagiografia polska II, 1972, 610–622.

A. Sikorski

X

Xanthopulos, Nikephoros Kallistos, lebte zur Zeit Kaiser Andronikos' II. von Byzanz (1282–1328), war Priester an der Hagia Sophia von Konstantinopel und vielleicht später Mönch (Neilos), verfaßte u. a. liturg. und kirchenhistorische Werke. Seine Beiträge zum ⚕thema sind: 1. Eine Orthros-Akoluthie zum Fest der »Gottesmutter von der lebenspendenden Quelle« (→Zoodochos Pege) am Freitag der Osterwoche, in der er ⚕ als Quelle preist, aus der das Leben, der Logos Christus, und damit Heiligung für alle Menschen hervorgegangen sei, und die von Chairetismen nach dem Vorbild des Akathistos-Hymnos abgeschlossen wird (»Sei gegrüßt, Quelle endloser Freude ...«); 2. eine Geschichte des Gotteshauses der Zoodochos Pege vor der Stadtmauer von Konstantinopel (→Pege-Klosterkirche). X. tradiert hier nach einer Quelle des 12. Jh.s in ausgeschmückter Form die Legende von der Entdeckung der Quelle und der Erbauung einer ersten Kirche an der Stelle durch den späteren Kaiser Leon I. (457–474), berichtet aber auch vom Bau eines großen Gotteshauses (tatsächlich des ersten) durch Justinian I. (527–565) und von zahlreichen Wundern durch das heilbringende Wasser in der Folgezeit; 3. Versgebete an ⚕; 4. ein Kommentar zum ⚕hymnus (Troparion) des Kosmas Melodos Τὴν τιμιωτέραν τῶν Χερουβίμ (»Sie, die ehrwürdiger ist als die Cherubim ...«). X. betont hier ausdrücklich, worauf Jugie richtig hinweist, daß der Hl. Geist ⚕ bei der Anrede des Engels Gabriel von dem Schmutz der Vorväter, falls ein solcher noch bestand, gereinigt habe (τοῦ προγονικοῦ ῥύπου, εἴ τις τέως, ἀποκαθάραντος). Allerdings entschuldigt er sich am Schluß bei ⚕, wenn er mit dieser Aussage eine Verfehlung begangen habe. Jugie entnimmt daraus, daß er, vielleicht zur Zeit des Konzils von Lyon (1274) oder bald danach, von der abendländischen Kontroverse um die UE erfahren und mit dieser Bemerkung darauf reagiert habe.

Ausg.: Akoluthie im Pentekostarion der orth. Kirche, Freitag der Osterwoche. — Geschichte der Pege-Kirche: A. Pamperes, Νικηφόρου Καλλίστου του Ξ. περὶ συστάσεως τοῦ σεβασμίου οἴκου ..., 1802 (Ed. nach Hs. Vind. hist. gr. 103); Auszüge bei Misn (s. u.), 198 ff. Die Vorlage dieser Darstellung, eine Διήγησις, ist nach Hs. Vat. gr. 822 ed. in ActaSS Nov. III, 878–889. — Versgebete: M. Jugie, Poésies rhythmiques de N. C. X., In: Byzantion 5 (1929/30) 357–390. — Kommentar zum Hymnus: K. Athanasiades, Ἑρμηνεία εἰς τοὺς ἀναβαθμοὺς τῆς ὀκτωήχου παρὰ τοῦ Ν. Κ. Ξ., 1862. Jugie zit. nach Hs. Oxford 79 und Oxford Roe 3.

Lit.: Misn (= M. I. Nomides), Ἡ Ζωοδόχος Πηγή, 1937. — Jugie 93, Anm. 1 und 175, Anm. 1 (Notizen über die Koimesis und die offizielle Einführung dieses Festes in der Kirchengeschichte des N. K. X.). — M. Jugie, L'Immaculée Conception dans l'Ecriture sainte et dans la tradition orientale, 1952, 217–221. — Beck 705 f. — DSp XI 203–208. — Prosopographisches Lexikon der Palaiologenzeit I/8, 1986, Nr. 20826.   *F. Tinnefeld*

Ximenes de Cisneros, García, OSB, * um 1455 in Cisneros/Palencia, † 27. 9. 1510 in Monserrat, trat 1475 bei den Benediktinern von Valladolid ein, in den damals strengsten Benediktinerkonvent Spaniens, von dem die Klosterreform ausging und der das Haupt der »Congregatio Sancti Benedicti Vallisoletani« wurde. Zum Abt des Klosters geweiht, trieb er die Reform weiterer Klöster voran. Daraufhin wurde X. nach Rom gerufen, um wegen Angelegenheiten der Reform vorzusprechen. Von dort kehrte er mit verschiedenen Bullen und Privilegien für die Kongregation und die ihr angeschlossenen Klöster nach Valladolid zurück. Nach dem Besuch der kath. Könige in →Monserrat (1492) wurde die Reform dieses Klosters der Kongregation von Valladolid anvertraut und von X. zusammen mit seinem Mitbruder und Nachfolger Pedro Alonso de Burgos erfolgreich durchgeführt. Dabei erreichte X. auch für Monserrat die gleichen päpstlichen und königlichen Privilegien, die er schon für andere Klöster der Kongregation erhalten hatte. Er machte Monserrat sogar zu einem Zentrum der Kongregation, wo alle liturg. und geistlichen Bücher zur Erbauung der Mönche gedruckt wurden; hier erschienen auch sein »Directorio de las horas canónicas« und sein »Ejercitatorio espiritual«, das er zuerst anonym herausgab, was zu Spekulationen über die Verfasserschaft führte. Auch wenn das Buch nicht ganz originell war (es lehnte sich an die Devotio Moderna an und bes. an das Werk »Rosetum exercitiorum spiritualium« von Jan Mombaer), war sein Einfluß sehr groß; es bildete sogar die Grundlage der »Exerzitien« des hl. Ignatius v. Loyola. Als Abt von Monserrat legte X. die Ordnung der theol. Studien der Mönche neu fest und führte die Praxis der täglichen Meditation ein.

So verlieh er auch der Bruderschaft der GM von Monserrat neue Impulse, indem er die Kontakte mit ähnlichen Vereinigungen zur Pflege der MV in anderen Ortschaften Kataloniens förderte. Man darf X. ohne Pathos als eigentlichen Gründer des modernen Monserrat bezeichnen, das sich durch ihn zum marian. Zentrum Kataloniens und zum Brennpunkt der MV in →Spanien entwickelte. In seinem »Directorio« lobt X. ⚕ als Meisterin des Gebetes für die Mönche und unterstreicht die Bedeutung der marian. Antiphonen; im »Ejercitatorio« spricht er von ⚕ als Vorbild der Kontemplation und Hingabe für die Mönche und alle Gläubigen, »die Gott aufrichtig dienen wollen«. Dieses Vorbild empfiehlt er v. a. in seinen Betrachtungen über das Leben Jesu, an den Stellen, an denen ⚕ im Evangelium erwähnt wird. Er rät dazu, über die Sehnsucht der Patriarchen nachzudenken, die Gott erfüllt hatte, als der Erzengel Gabriel zu ⚕ gesandt wurde, und er legt nahe, die Ehrfurcht des Erzengels zu betrachten, mit der dieser ⚕ anspricht, sowie die Demut der Jungfrau, die so hoch erhoben wird. Der Betrachtende soll sich darum bemühen, über »die Freude, Zufriedenheit und milde Hingabe« nachzudenken wie auch darüber, daß ℳ »in ihrem Herzen von Freude und Wonne erfüllt, das Jesuskind anbetet«. ℳ wird für X. mit Christus am Kreuze »angenagelt«, weil beide in unermeßlicher Liebe eins sind. Sie wußte, daß ihr Sohn für sie und alle Menschen litt, und dieser war sich der Schmerzen bewußt, die wie »ein Messer das Herz seiner Mutter durchbohrten«.

WW: Directorium horarum cononicarum und Exercitatorium spiritualium, Monserrat 1500 (in einem Band). — Ejercitatorio espiritual, Monserrat 1500; Madrid 1957.

Lit.: G. M. Colombás, Un reformador benedictino en tiempo de los Reyes Catolicos, In: Scripta et Documenta 5 (1955). — J. M. Casciaro, Einführung zum Ejercitatorio, 1957. — G. M. Colombás, Corrientes espirituales entre los benedictinos españoles observantes..., In: Scripta et Documenta 14 (1963) 129–136. — Diccionario de Historia Eclesiástica de España II, 1972, 1239 f.

G. Rovira

Y

Yangchow. Im November 1951 wurde die Stadtmauer von Y. (Yangzhou), Provinz Kiangsu (→China) niedergerissen, um die Steine als Straßenpflaster zu verwenden. Dabei wurde ein Grabstein mit lat. Inschrift, auf das Jahr 1342 datiert, gefunden. Über der Inschrift befinden sich einige fein ausgeführte Reliefzeichnungen, die ⓂBild mit dem Kind und Szenen aus dem Martyrium hl. Katharina v. Alexandrien, der Namenspatronin der Verstorbenen, zeigen. Unten rechts kniet ein Mann — in Haltung und Gewandung einem Franziskaner ähnlich —, dem ein kleines nacktes Kind gereicht wird — die Seele der Verstorbenen, die zu ihrem Schöpfer zurückkehrt.

Kurze Zeit nach Entdeckung dieses Grabsteines wurde an gleicher Stelle noch ein zweiter gefunden. Äußerlich gesehen ist der Stein mit dem andern fast identisch, so daß er wohl der von 1342 als Modell gedient hatte. Der zweite Stein stammt von 1344 und wurde für Katharinas Bruder Anton errichtet. Die bildliche Darstellung zeigt Christus beim Jüngsten Gericht.

Trotz der schönen gotischen Buchstaben ist man der Meinung, daß es sich hier um christl. Kunst handelt, bei der eine »nahtlose Verschmelzung von christlichen Motiven mit chinesischen Kunsttraditionen« geschah. Auf jeden Fall sind es einzigartige Hinweise auf die ma. lat. Mission der Franziskaner in China.

Lit.: M. Roncoglia, Récente découverte en Chine d'un document archéologique chrétien du XIVe siècle, In: NZM 8 (1952) 293. — Fr. Rouleau, The Yangchow Latin Tombstone as a Landmark of Medieval Christianity in China, In: Harvard Journal of Asiatic Studies 17 (1954) 346–365. — H. Franke, Westöstliche Beziehungen im Zeitalter der Mongolenherrschaft, In: Saeculum 29 (1968) 91–106. — R. C. Rudolph, A second Fourteenth-Century Italian Tombstone in Y., In: Journal of Oriental Studies 13 (1975) 132–136. — F. X. Peintinger, Fund eines christl. Grabsteins in Y. 1344, In: Chinablätter Nr. 18 (1988) 65–71. *H. Rzepkowski*

Yoruba, ein afrikanisches Volk in Südwest-Nigeria, das mit etwa 11 Millionen Einwohnern die Mehrheit in den Bundesstaaten Western und Lagos von Nigeria stellt sowie im Bundesstaat Kwara eine starke Minderheit, ein kleiner Teil lebt in Dahomey. Ihr Ursprung liegt in Ife, dem heutigen Sitz des Oni, ihres geistlichen Oberhauptes. Leute aus Ife begründeten um 1300 die Dynastien von Oyo und Benin. In dieser Zeit wurde auch die Kunst des Bronzegusses entwickelt und zu einer hervorragenden Qualität geführt. Bronzen, Elfenbeinschnitzereien und Terrakotten machten Benin weithin bekannt. 1861–93 besetzten die Briten das Y.-Land.

Um 1920 wurde ein Y.-Künstler in Abeokuta im Y.-Land — nicht in Dahomey wie öfter behauptet — Christ. Er stellte aus eigenem Antrieb etwa 20 Bronze-Ensembles her.

Vieles spricht dafür, daß der Künstler ein illustriertes franz. Gebetbuch als Vorlage hatte, das z. T. auf frühchristl. Motive zurückgriff. Trotz aller Vorlagen, hat der Künstler sehr stark afrikanisiert. Bes. fällt die Afrikanisierung bei einer Ⓜstatue auf: Ⓜ wird als Königin-Mutter mit Krone und dem dreifachen königlichen Spiralfächer dargestellt, das Kind reitet auf ihrer Hüfte. Die Königin-Mutter hat im sakralen Königtum der Y. eine ungemein starke Position. In bestimmten Belagen kann sie über den Herrscher hinweg bestimmen. Als weitere Ⓜdarstellung wurde eine Pietà geschaffen. Die Gelbguß-Arbeiten befinden sich z. T. im Vatikanischen Museum und im Museum der Lyoner Afrikamissionare.

Bei einem zweiten Versuch der Verchristlichung der Y.-Kunst griff die Mission lenkend ein und knüpfte an die Schnitzkunst der Y. an. 1946 wurde durch den Apost. Vikar Patrick Joseph Kelly SMA (1894–[1943]–1991) ein Studienzentrum im Nordosten des Y.-Landes in Oye Ekiti eröffnet, in dem u. a. versucht werden sollte, afrikanische Kunst in sinnvoller Weise in den Dienst der Kirche zu stellen. Die traditionelle Kunst stand damals dort in voller Blüte. Obgleich die Schnitzkunst der bedeutendste und bekannteste Zweig des Zentrums wurde, bemühte man sich auch andere Kunstzweige und Kunsthandwerke dort heimisch zu machen. Leiter des Zentrums wurde Kevin Carroll (* 1920 in Liverpool, SMA, 1943–46 in Ghana Prof. für Kunst, seit 1947 in Oye Ekiti), der sich bemühte eine christl. Y.-Kunst zu kreieren. Dabei geht es nicht darum, eine neue christl. Kunst ins Leben zu rufen, sondern darum, die traditionelle Schnitzkunst als Kunsthandwerk am Leben zu erhalten.

Lit.: R. F. Guilcher, Sur quelques essais d'Art chrétien dans le pays Y., en Nigéria anglaise et en Dahomey, In: Bulletin de Etudiants de France 2 (1932) Nr. 2, 18–24, Nr. 3, 20–29, Nr. 4, 17–18. — J. H. Jahn, Muntu — Umrisse der neoafrikanischen Kultur, 1958. — K. Carroll, Christian Art in Africa, In: AFER 3 (1961) 141–143. — U. Beier, Art in Nigeria, 1960. — K. Carroll, Y. Religious Carving. Pagan and christian Sculpture in Nigeria and Dahomey, 1967. — Ders., Christl. Schnitzerei der Y., In: J. F. Thiel (Hrsg.), Christl. Afrika, ²1980, 63–67. — W. Bender, Kunst und Kolonialismus, In: U. Beier (Hrsg.), Neue Kunst in Afrika, 1980, 11–20. — Ders., Y. beaded crowns. sacred Regalia of the Olokuku of Okuku, 1982. — J. F. Thiel und H. Helf, Christl. Kunst in Afrika 1984. *H. Rzepkowski*

Yupanqui (auch Yupanki), Francisco Titu, † 6. 12. 1616, seine Lebensdaten sind nicht genau bekannt. Das erste faßbare Datum ist 1576, wo er sein erstes Ⓜbild fertigte. Y. trat 1600 als Bruder in den Augustinerkonvent von Cuzco ein. Er war Sohn des Oberpriesters Tota Yupanqui aus höchstem Inka-Adel. Auf ihn werden einige Ⓜbilder zurückgeführt, die als frühe Versuche einer einheimischen christl. Kunst gelten. Y. sah die GM in der Gestalt einer jungen schönen Inkafrau mit einem Kind auf dem Arm am Ufer des Titicaca-Sees. Er ging bei Meister

Diego de Ortíz in Potosí und bei Vargas in Chuquiavo in die Lehre. Auf ihn geht das Bild »NS de la Gracia de Pukarani« (La Paz) zurück, das seit 1589 verehrt wird. Er schuf auch das Bild »NS de Quapakhawana« (Copacabana, Bolivien), die »braune Jungfrau« (virgen morena) sowie eine Ⓜstatue aus Holz und eine aus Ton. Bei seiner Kopie der »Virgen Candelaria« aus der Kirche S. Domingo in Potosí, kam eine Synthese aus christl. und Inka-Überlieferung zustande, wie eine Chronik sagt in der Farbe von »Schnee und schwarzem Bernstein«.

Gegen Ende des 16. Jh.s entstanden in der Andenregion von Peru Schulen, die die ersten einheimischen christl. Plastiken und Gemälde schufen. So sammelten sich die Indio-Künstler z. B. um Sebastián Acóstopa Inca, und zu Y. stand die Indio-Gruppe von Chuquisaca in Verbindung, aus der Diego Quispe hervorging.

Lit.: G. Santiago Vela, Algunis datos relativos a la historia agustiniana del Péru. Copia de dos cartas que yndio Yngga Tito Cuxi Yupangui escribió a dos Padres s. Agustín, In: Archivo Histórico Hispano Agustiniano 5 (1916) 198–203. — J. de Contreras (= Marques de Lozoya), Historia del arte Hispanoamericana IV, 1945, 322–324. — Cl. Cortez, F. T. Y. Historia y Milagros de NS de Copacaban, 1953. — H. A. Ugarteche, Copacabana y sus Traditiones Religiosas Vínculo Espiritual de Unión de Bolivia con el Brasil, 1967. — L. Castedo, Historia del Arte y de la Arquitectura Hispanoamericana, 1970, 120–121. — C. García Alvarez, Literatura y arte. F. T. Y. OSA, escultator virreinal, In: RAE 25 (1984) 161–204. — H. van den Berg, La tierra no da así no más. Los ritos agrícolas en la religión de las aymara-cristianos (Bolivia, Chile, Perú), 1989.

H. Rzepkowski

Z

Zabeo, Kamilo, SJ, * 13.11.1865 in Wien, † 9.8. 1947 in Lonigo / Italien, war Prof. und Redakteur von verschiedenen periodischen Publikationen, so Schriftleiter der »Zastava Bezgrešne Djevice« (Die Fahne der Unbefleckten Jungfrau), Blatt der kroatischen Marian. Congregation (1910–11); außerdem begründete und redigierte 1905–12 »Kalendar Srca Isusova i Marijina« (Almanach des Herzens Jesu und M̃e). Er verbreitete die M̃frömmigkeit unter seinen Schülern und publizierte dazu Artikel über M̃-wallfahrtskirchen.

Lit.: V. Deželić, Z. K. Znameniti i zaslužni Hrvati od 925–1925, 1925 = 1990. — *V. Kapitanović*

Zacharias. Entsprechend der ausführlichen Schilderung im Lukasevangelium zur Herkunft des hl. → Johannes des Täufers (Lk 1,5–25; 1,57–80) wird Z. in einigen Szenen des Johanneslebens dargestellt: Verkündigung durch den Erzengel Gabriel, Bestrafung seiner Zweifel durch Verstummen, Verlassen des Tempels, Geburt und Namensgebung des Täufers. Als Gemahl der → Elisabeth, der Verwandten M̃s (Lk 1,36) zählt er zur durch apokryphe Personen erweiterten Familiengruppe der Hl. → Sippe (Älterer Meister der Hl. Sippe, Mitteltafel eines Sippenaltars, Köln, Wallraf-Richartz-Mus., um 1420). Schnittpunkt der bei Lukas parallel geführten Berichte der Vorgeschichte von Johannes und Jesus ist der Besuch M̃s bei Elisabeth (Lk 1,39–56, → Heimsuchung). Als Zeuge beobachtet Z. diese Begegnung von der Türschwelle seines Hauses aus, das in der Kunst der Neuzeit oft mit Loggia oder Säulenhalle aufwendig gestaltet wird; bisweilen erscheint er in der Tracht des Tempelpriesters: Elfenbeinrelief der Kathedra Maximians (Ravenna, Erzbischöfliches Mus., Mitte 6. Jh.); Fouquet, Miniatur des Stundenbuchs von Etienne Chevalier (Chantilly, Musée Condé, um 1455); Dürer, Holzschnitt aus dem M̃leben, 1503/04; Johann B. Baader, Deckenmalerei in der Sakristei der ehem. Stiftskirche Polling, 1764; Overbeck, Ölgemälde im Mus. für Kunst und Kulturgeschichte der Hansestadt Lübeck, 1868.

Alte Traditionen (vgl. Réau II 2, 195. 205), welche erzählen, daß M̃ bei Elisabeth bis zur Geburt des Johannes blieb, flossen mit reichlich ausgeschmückten Details in ma. Schilderungen wie die Legenda Aurea und die Meditationes vitae Christi ein. Einflußreich für die bildende Kunst bes. in Italien war auch eine anonyme, ehemals Fra Domenico Cavalca (etwa 1260–1342) zugeschriebene legendäre Vita des hl. Johannes des Täufers. Danach nahm M̃ als erste das neugeborene Kind Johannes in die Arme und brachte es Z. zur Namensgebung: Andrea Pisano, Bronzerelief aus dem Türzyklus am Florentiner Baptisterium (1336 vollendet); Fou-

Parmigianino, Madonna mit Kind und den hll. Johannes, Magdalena und Zacharias, Florenz, Uffizien

quet, Miniatur des Stundenbuchs von Etienne Chevalier (s. o.); Rogier van der Weyden, linker Fügel eines Johannesaltars (Berlin, Gemäldegalerie, um 1453/60): Der legendären Johannesvita folgt auch ein bes. ausführlicher Freskenzyklus von Lorenzo und Jacopo Salimbeni (Urbino, S. Giovanni, 1416). Zu den üblichen Szenen wird hier noch die Verabschiedung M̃s vom Haus des Z. hinzugefügt.

Ein Tondo Luca Signorellis gibt nach Lavin ein weiteres Ereignis aus der apokryphen Johannesvita wieder: den Besuch der Familie des Z. in Betlehem, um den kleinen Jesus zu sehen. M̃ und Elisabeth begrüßen sich in einer Haltung, die sich deutlich an Heimsuchungsdarstellungen anlehnt, Joseph und Z. nehmen die beiden Kinder, wobei Johannes eine Schüssel über das Haupt Jesu hält und damit eine symbolische Taufe vollführt (Berlin, Gemäldegalerie, um 1500). Sebastiano Follis Gemälde der Begegnung der beiden Familien ist erzählerisch angelegt (Siena, S. Pietro ad Ovile, 1614). Mantegnas Darstellung des gleichen Themas (Mantua, S. Andrea, um 1504/06) erzielt dagegen durch die Strenge der Komposition und die Eindringlichkeit der sechs Gestalten in Reihenordnung vor symbolträchtigen Obstbäumen — → Apfel, → Granatapfel und Zitrone, die als Esrog-Zitrone in einigen rabbinischen Quellen als Baum der Erkenntnis galt (H. M. v. Erffa, Ikonologie der Genesis I, 1989, 121 f.), — eine Erhöhung, die den symbolischen Aspekt der Begegnung zwischen dem Alten und dem Neuen Bund hervorhebt. Die Feierlichkeit und Tiefe von Mantegnas Auffassung erinnert an vorma. Darstellungen von Christus und Ⓜ zusammen mit den letzten Vertretern der Zeit »sub lege«: GM zwischen Z. und Johannes, Elfenbeindeckel des Lorscher Evangelistars (London, Victoria & Albert Mus., um 810); Ⓜ und Christus mit Johannes, Z. und Elisabeth, in Medaillons die Prophetin Anna und Simeon (Miniatur aus Hs. des Kosmas Indikopleustes, Cod. Vat. gr. 699 fol. 76, 9. Jh.). Auch Parmigianino begreift Z. als Vertreter des Alten Bundes, als monumentale, sinnende Prophetengestalt im Vordergrund des Bildes, räumlich getrennt von der Hauptgruppe der Madonna mit Kind, dem jungen Johannes und der hl. Maria Magdalena (Florenz, Uffizien, um 1530).

Lit.: A. Berendts, Studien über Z.-Apokryphen und Z.-Legenden, 1895. — H. Graeven, Die Madonna zwischen Z. und Johannes, In: ByZ 10 (1901) 1–22. — M. A. Lavin, Giovanni Battista: A Study in Renaissance religious symbolism, In: ArtBull 37 (1955) 85–101. — A. F. Moskowitz, Some notes on narrative mode and iconography in Andrea Pisano's Bronze Doors, In: Renaissance Studies in honor of Craig Hugh Smyth II, 1985, 341–354. — LCI VIII 634–636. *G. Nitz*

Zachow, Friedrich Wilhelm, getauft am 14.11. 1663 in Leipzig, † 7.8.1712 in Halle, stammt aus einer Stadtpfeiferfamilie und erhielt in Eilenburg Orgelunterricht. Als Nachfolger von Samuel Ebart wurde Z. 1684 zum Organisten der Ⓜkirche in Halle gewählt. 28 Jahre blieb er an dieser Stelle, zu der auch die Leitung der Halleschen Stadtmusik und der dreiwöchentlichen Kirchenkonzerte gehörte. Sein berühmtester Schüler war Georg Friedrich Händel.

Die von Z. überlieferten Kompositionen, v. a. Kantaten und choralgebundene Orgelmusik, bilden nur einen Ausschnitt aus seinem umfangreichen Werk. Die musikalische Gestaltung der Kantaten durchmißt die Zeit vom »Geistlichen Konzert« bis zu Johann Sebastian Bach. Erwähnenswert sind u. a. die Magnifikatkantate »Meine Seel erhebt den Herrn« und das kleine Oratorium »Ruhe, Friede, Freud und Wonne«.

Lit.: A. Wicke, Die Kantaten F. W. Z.s, Diss, Berlin 1956. — G. Thomas, F. W. Z., 1966, — MGG XIV 967–971. — Grove XX 615–617. *J. Schießl*

Zaire. Die MV im Z. knüpft an die alten marian. Überlieferungen des christl. Königreiches Kongo unter →Affonso II., Mvemba-Nzinga an, bezieht aber auch die frühe Kirche in Angola mit ein sowie San Salvador (Banza-Kongo) mit verschiedenen Ⓜkirchen. Bezeichnend für die Ⓜfrömmigkeit dieser Epoche ist der Katechismus von 1624, in dem die Neuchristen auf die Mutter der Barmherzigkeit und ihre machtvolle Fürbitte bei Gott verweisen werden. Die MV im Z. ist aber auch eng mit dem Beginn der neueren Missionsepoche verbunden. Das Wallfahrtszentrum in →Boma geht auf die Anregung von Papst Leo XIII. zurück, der auf Bitten der Missionare die Immaculata zur Hauptpatronin des Z. (Beglisch-Kongo) erklärte und, der Tradition der ersten Missionsperiode folgend, die Aufnahme Ⓜs in den Himmel zum Hauptfest erklärte (ASS 24 [1891/92] 129–131). Ein zweites Ⓜzentrum entstand in Kisantu, wozu 1893 der Jesuitenmissionar und Obere der Mission Emile van Hencxthoven (1852–1906) den Grundstein legte. Er weihte die Mission ULF von den Sieben Schmerzen wegen der überaus schweren Anfänge der Mission, aber auch wegen der furchtbaren Malaria-Plage mit der die Region geschlagen war. Das Hauptfest ist der 15. August, der 15. September wird als zweites Fest gefeiert.

Ordensgründungen mit marian. Bezeichnungen im Z. sind: Congregation des Filles de Marie Reine des Apôstres (Diözese Bukavu), gegründet 1933. — Congregation des Filles de Marie Reine des Apôstres de Kabinda (Diözese Kabinda), bestätigt 1971. — Congregation des Petites Soeurs de la Presentation de ND (Diözese Butembo-Beni), errichtet 1948. — Congregation des Soeurs Zairoises de l'Immaculée Conception (Diözese Inongo). — Congrégation du Coeur Immaculée de la Bienheureuse Vierge Marie de Kongolo (Diözese Kongolo), gegründet 1940. — Congregation des Filles de Maria »Ba Maria« (Diözese Buta), gegründet 1937. — Congregation des Filles de Marie de Molegbe »Aya Maria« (Diözese Molegbe), gegründet 1936. — Congregation des Soeurs Auxiliares de Marie Immaculée (Diözese Kolwezi), gegründet 1942. — Soeurs de la Sainte Famille (Erzdiözese Kisngani), gegründet 1936. — Congregation des Soeurs de Marie au Kwango (Diözese Kikwit), gegründet 1937. — Congregation des Soeurs de ND de Grace, (Diözese Luiza), gegründet 1952. — Congregation des Soeurs de Sainte Marie de Kisantu (Diözese Kisantu), gegründet 1940. — Congregation des Soeurs de Sainte Marie de Matadi (Diözese Matadi), gegründet 1971. — Congregation des Soeurs de Saint Joseph, Auxiliatrices de l'Eglise (Diözese Kalemie-Kirungu), gegründet 1910. — Congregation des Soeurs de Moyo Mupeleke wa Maria (M.M.M.; Coeur Immaculée de Marie; Diözese Kananga), gegründet 1961. — Congregation des Soeurs du Coeur Immaculée de Marie de Luebo (Diözese Luebo), gegründet 1961. — Congregation des Soeurs du Coeur Immaculée de Maria di Luzia (Diözese Luzia), gegründet 1961. — Congregation des Soeurs Servantes de Marie (Diözese Boma), gegründet 1930. — Congregation des Freres de l'Assomption (Diözese Butembo-Beni), gegründet 1952. — Congregation des Freres de ND des Apôstres (Diözese Kasongo), 1964 bestätigt. — Congregation des Freres de Saint Joseph (Diözese Kananga), gegründet 1928. — Congregation des Freres de Saint-Joseph (Aya ta S. Joseph; Diözese Molegbe). — Congregation des Freres de Saint-Joseph de Boma (Diözese Boma), bestätigt 1967. — Congregation des Freres de Saint-Joseph de Boyange (Diözese Lisala), gegründet 1935. — Congregation des Freres de Saint-Joseph de Kisantu (Diözese Kisantu), gegründet 1934, errichtet 1940. — Congregation des Freres de Saint-Joseph de Mbuji-Mayi (Diözese Mbuji-Mayi), gegründet 1928. — Congregation des Freres Josephites de Kinzambi (Diözese Kikwit), gegründet 1937.

Lit.: E. Laveille, L'Évangile au centre de l'Afrique. Le P. Van Hencxthoven S.I. fondateur de la mission du Kwango (Congo belge) (1852–1906), 1926. — K. Schoeters, Konflikt in Kongo. E. P. E. van Hencxthoven S.I. (1852–1906), Stichter de Kwango-Missie en van »Kapel-Hoeven«, 1956. — Manoir V 129–180. — L'eglise Catholique au Z.: Un siegle de Croissance (1880–1980) I, 1981.   *H. Rzepkowski*

Zamoro, Giovanni Maria, OFMCap., * 1579, † 30.8.1649 in Verona, trat in Venedig in den Kapuzinerorden ein, verbrachte einige Jahre in der neuen Provinz des Ordens in Böhmen und Mähren, und wurde nach seiner Rückkehr Lektor. 1626 begann er mit der Veröffentlichung seiner »Disputationes« und vor 1629 mit seinem Hauptwerk »De eminenti Deiparae Virginis perfectione«, worin er die Lehre von der UE verteidigte, und das 1636 deswegen indiziert wurde (»eo quod Immaculatam B.V. Mariae conceptionem propugnaret«). Z. verteidigte seine Position in einem Memorandum, das zur Aufhebung der Verurteilung führte. Nach Beendigung seiner Lehrtätigkeit lebte Z. in Rom, wo er mit Lukas → Wadding und Hippolyto → Marracci, beide Befürworter der UE, befreundet war.

Z. begann seine theol. Studien mit »Disputationes theologicae de Deo uno et trino«, in denen er die verschiedenen theol. Positionen eines → Bonaventura, → Thomas v. Aquin oder → Duns Scotus miteinander in Einklang zu bringen suchte. Sein Hauptwerk jedoch ist mariol. bestimmt. 1629 erschien in Venedig »De eminentissima Deipara Virgine libri tres, in quibus generatim de summa illius praestantia deinde vero singillatim de ipsius virtutibus, donis et privilegiis juxta vitae seriem ab aeterna praedestinatione usque ad desponsationem disseritur«. Im ersten Buch beschäftigt sich Z. mit Ms herausragender Vollkommenheit, die mit Schrift und Väterzitaten belegt wird, im zweiten mit Ms Vorherbestimmung. Er glaubt, daß M Jesu absoluten Vorrang in der Schöpfung geteilt habe. Mit Christus zusammen war sie von Gott gewollt und vor jeder Auswirkung der Sünde bewahrt worden. In diesem Zusammenhang entwickelt er seine Sicht der UE im Sinne des Duns Scotus und stützt sie mit Argumenten und Zitaten. Das dritte Buch ist ein Mleben von Ms Geburt bis zum Tod von Anna und Joachim.

Zwar sprechen die Bibliographen des Kapuzinerordens von vier weiteren Büchern in der zweiten Auflage und fünf weiteren Titeln zur UE, doch sind diese Werke vermutlich nicht im Druck erschienen.

Z.s von der Scholastik bestimmte Prinzipien der Mariol. und seine Methode sind im ersten Buch von »De eminentissima Deipara Virgine …« dargestellt: Die göttliche Mutterschaft ist das überragende, grundlegende und erste Prinzip, auf welches alle Schlußfolgerungen in der Mariol. zurückgeführt werden muß. Entsprechend dem hl. Bernhardin als Gewährsmann für dieses Prinzip gebe Gott bei einer Berufung zu einer Aufgabe alles Notwendige dafür. Ms Würde als GM ist die höchstmögliche für ein Geschöpf. M entbehrte nichts, was einem Geschöpf gegeben sein konnte, sie hatte alle Vorzüge der Heiligen in sich vereint. Sie hatte die größte Ähnlichkeit mit ihrem göttlichen Sohn, sie war die Braut nicht nur des Hl. Geistes sondern der ganzen Trinität. Sie war Mittlerin, Herrscherin und Königin.

Lit.: Arcangelus a Roc, Joannes Maria Z. ab Udine, praeclarus Mariologus, In: CFr 16 (1945) 117–163; 17 (1946) 125–1895; 19 (1949) 143–223. — Adalberto da Postiamo, De summa Deiparae Virginis perfectione apud Joannem M. Z. Utinensem, In: EphMar 9 (1959) 497–502. — DTC XV 3681–83. — Theotokos 377 f.   *M. O'Carroll*

Zangius, Nikolaus, * um 1570 in der Mark Brandenburg, † vor 1620 in Berlin, stand 1597 als Hofkapellmeister in Diensten des in Iburg bei Osnabrück residierenden Fürstbischofs Philipp Sigismund aus dem Haus Braunschweig-Wolfenbüttel. 1599 ging Z. nach Danzig, um den alternden Kapellmeister der Mkirche Johannes Wanning zu vertreten und ihm bald nachzufolgen. Weitere Stationen waren der Kaiserhof, Prag, Italien (?) und Stettin. 1612 folgte er einer Berufung zum Hofkapellmeister des Kurfürsten Johann Sigismund von Brandenburg in Berlin, das er zu einer Musikstadt von Rang gemacht hat. Z. geht, gerade mit seinen weltlichen Liedern, einen entscheidenden Schritt vom Chorlied der Renaissance zum Sololied des Barock. Unter seinen konservativen 6-stimmigen »Cantiones sacrae« finden sich »Domine, non est exaltatum cor meum«, »Tota pulchra es« und ein Magnificat.

Lit.: F.Kessler (Hrsg.), Danziger Kirchenmusik, 1973. — MGG XIV 1006–08. — Grove XX 641.   *J. Schießl*

Zapata de Cárdenas, Luis, * um 1515 in Llerena/Spanien, † 24.1.1590 in Bogotá, stammte aus einer Adelsfamilie und trat in das span. Heer ein. Um 1542 wurde er Franziskaner, 1561 war er Generalkommissar in Peru und 1566 Provinzial der Provinz San Miguel. 1569 wurde er Bischof von Cartagena de Indias und 1570 (bzw. 1573) Erzbischof von Bogotá. Sein Hauptaugenmerk richtete er auf die Missionierung des Landes. Bei den Katechismen, die er erarbeiten ließ, zeigt sich deutlich seine Hochachtung vor der einheimischen Kultur. Sein weiteres Ziel war der einheimische Klerus. Z. soll mehr als 100 Kreolen und Mestizen zu Priestern geweiht haben.

Bes. herausragend ist seine Rolle bei der Begründung des nat. Mheiligtums von Chiquinquirá (→Kolumbien). Er anerkannte die wunderbare Erneuerung des Bildes »NS del Rosario de Chiquinquirá«, führte die ersten Wallfahrten zum Gnadenbild und legte für die erste Pilgerkirche (1588) den Grundstein, die 1797 durch ein Erdbeben zerstört wurde.

Lit.: L. F. Tellez G., La Virgen de Chiquinquirá en los anales de Colombia, o.J. — J. Resterepo Posada, Ilmo. Sr. Don Fray Luis Z. de C., In: Revista Javeriana 46 (1956) 181–198. — A. Lee López, Clero indígena en el arzobispado de Santa Fé en el siglo XVI, In: Boletín de historia y antigüedades 50 (1963) 1–86. — A. E. Ariza, NS del Rosario de Chiquinquirá. Patrona Principla y Reina de Colombia, 1964. — L. Ramírez Uribe, NS del Rosario de Chiquinquirá Patrona de Colombia, In: CELAM II, 1988, 221–275.   *H. Rzepkowski*

Zarlino, Gioseffo, * 1517 in Chioggia, † 4. 2. 1590 in Venedig, erhielt seinen ersten Religions- und Musikunterricht bei den Franziskanern in seiner Heimatstadt. Um 1540 muß er zum Priester geweiht worden sein. 1541 ging Z. als Schüler von Adrian Willaert nach Venedig, dem 1563 C. de Rore und 1565 Z. als Kapellmeister an San Marco nachfolgten. An dieser Stelle blieb er bis zu seinem Tod.

Z.s Bedeutung liegt auf dem Gebiet der Musiktheorie: Die 1558 erschienenen »Institutioni harmoniche« fassen die musikalische Praxis seiner Zeit zusammen, als deren Höhepunkt Adrian Willaert gilt, und begründen sie im Rückgriff auf Platon und Ptolemaios metaphysisch und theologisch. Gegen Pythagoras nimmt Z. die Sechszahl als Grund der »harmonia perfetta« an. Nach Z. bestimmen vier Elemente die Musik: Harmonie, Metrum, Text und aufnahmebereite Zuhörer. Einigen seiner konservativ gehaltenen Motetten liegen marian. Texte zugrunde: »Ave regina coelorum«, »Ave Maria« und »Virgo prudentissima«.

Lit.: R. Flury, G. Z. als Komponist, 1962. — MGG XIV 1017–22. — Grove XX 646–649.   *J. Schießl*

Zeder. Wegen ihres hohen Wuchses und Wohlgeruches war die Z. im Altertum hoch geschätzt. Ihr unverwesliches, vom Wurmfraß freies Holz diente zum Tempel-, Palast und Schiffsbau (1 Kön 5,20. 6,9 f.; 2 Sam 5,11; Ez 27,5; Plinius Hist. nat. XVI 203. 216). Das Harz, das aus den Zapfen gewonnene Zedernöl und die Früchte lieferten medizinische Heilmittel und Konservierungsstoffe (Plinius XVI 17. 20); z. B. wurde es zum Tränken von Papyrus verwendet, um Schriften Schutz vor Schädlingen zu gewähren (vgl. PRE III 2, 1825). Wohl des Duftes wegen spielte Zedernholz eine Rolle bei Opfer- und Totenzeremonien der Antike (Forstner 177), wie bei den Reinigungsvorschriften des AT (Lev 14,4–6. 49 ff.; Num 19,6).

Die »cedrus exaltata« eröffnet die große Folge der Baum- und Aromatikagleichnisse im »Lob der Weisheit« (Sir 24,13 ff.), die in der ma. geistlichen Lit. auf ℳ bezogen wurden. Der hohe Wuchs der Z. symbolisiert ihre Erhabenheit: »si ist erhoeht über all engel auf dem himel unz in die wolken der götleichen gnáden und lieb« (→ Konrad v. Megenberg, Buch der natürlichen Dinge IV 11). Durch den Duft und das Öl des

Ruhe auf der Flucht, Kupferstich nach Entwurf von Marten de Vos, 2. Hälfte 16. Jh., Regensburg, Sammlung Auer

Baumes werden Schlangen vertrieben und vernichtet, wie ℳ die Dämonen vertreibt. Zedernöl schützt Bücher vor Schädlingsbefall, wie ℳ die Hl. Schrift gegen Ketzer schützt, denn sie erweist denen, die sie lieben, die Gnade des Wissens und des von Tag zu Tag wachsenden Verständnisses der Schrift (→ Richard v. St. Laurentius, De laudibus BMV XII 4). → Alanus ab Insulis sieht in der Unverweslichkeit der Z. ein Bild der Unverweslichkeit des Körpers Christi und damit auch ℳs (Elucidatio in Cantica Canticorum, PL 210,64).

Das AT erwähnt Z. und → Zypresse mehrmals an gleicher Stelle wegen gemeinsamer Eigenschaften wie Duft und Beständigkeit des Holzes. Auch das Naturschrifttum des MA (→ Albertus Magnus, De vegetabilibus et plantis IV, 11; Konrad v. Megenberg, op. cit. IV 11–12) findet Gemeinsamkeiten zwischen den beiden Bäumen. Daraus ergibt sich für beide eine ähnliche Symbolik in Bezug auf ℳ sowohl in der Lit. (vgl. Salzer 151–153) als auch in der Bildkunst. Die Z. wird mit der Zypresse und auch mit anderen marian. Baumsymbolen (→ Ölbaum, Palme, Platane) in Bildkompositionen dargestellt, die mehrere, vorwiegend auf das Hohelied und auf Sir 24 zurückgehende Sinnbilder vereinen: Ruhe auf der Flucht nach Ägypten (Kupferstich nach Entwurf von Marten de Vos, 2. Hälfte 16. Jh.); ℳ, umgeben von Symbolen (Holzschnitt aus den »Horae intemeratae V. M. secundum usum romanum«, Druck bei T. Kerver, Paris, Anfang 16. Jh.); Immaculata in sinnbildlicher Landschaft (Gemälde von Francesco Vanni, Kathedrale S. Salvatore, Montalcino, 1588); Deckenstukkaturen mit Ehrentiteln Ms in der Hofkapelle der Residenz in München (frühes 17. Jh.). Das 8. Kapitel der »Symbola Virginea …« Picinellis (Augsburg 1694, 569 ff.) handelt von der »Virga Mosis, quae devorat serpentes ac destruit Haereses« und nennt die Z. als ein Sinnbild dafür. In marian. bezogenen → Emblemdarstellungen begegnet die Z. mit dem bekannten Zitat aus Sir 24,13: »Quasi cedrus exaltata sum« (Deckenfresko der Pfarrkirche St. Gallus in Übersfeld, um 1736) und mit der Inschrift »Cedrus Castitatis« (Deckenfresko, M. M. Steidl zugeschrieben, in der Kirche Me Himmelfahrt, Altendorf, um 1710).

Lit.: Salzer 151–153. — Z. Silberstein, Die Pflanze im AT, In: Studium Generale 20 (1957) 326–342. — L. Behling, Die Pflanzenwelt der ma. Kathedralen, 1964. — D. Forstner, Die Welt der christl. Symbole, ⁵1986, 176 ff. — O. Mazal, Der Baum. Symbol des Lebens, 1988. — J. Brosse, Mythologie der Bäume, 1990, 262–266. — LCI IV 562–564. *G. Nitz*

Zeichen. Das im AT für Z. am meisten gebrauchte hebr. Wort ist »ʼôt«, in der Septuaginta wiedergegeben mit σημεῖον. Z. ist eine Sache, ein Vorgang oder ein Ereignis, durch das man etwas erkennen oder im Gedächtnis behalten, die Glaubwürdigkeit einer Behauptung bestätigen oder die Bedeutsamkeit eines Geschehens wahrnehmen kann. Im profanen Gebrauch kann ein Z. an etwas erinnern (Ex 13,9.16; Dtn 6,8; 11,18), kann Schutz bieten (Gen 4,15; Ez 9,4), einen militärischen Verband oder eine Sippe kenntlich machen (Num 2,2; Jos 2,12; Ps 74,4) oder Zeiten und Feste unterscheiden (Gen 1,14).

Am häufigsten aber bezeichnet ein Z. außerordentliche Taten oder Eingriffe Gottes oder von Gott erwählter und beauftragter Gottesmänner und Propheten. In solchen Zusammenhängen steht der Ausdruck »Zeichen« im Singular oder Plural oft neben oder an Stelle von »môpēt«, das in der Regel mit »Wunder« übersetzt wird. So ermächtigt Gott Mose, vor dem Volk oder dem Pharao Z. zu wirken, um seine Sendung oder seine als Gotteswort übermittelte Botschaft zu beglaubigen (Ex 4,8f. und die sog. Ägyptischen Plagen in Ex 7–11). Das AT betrachtet es nicht als Mißtrauen gegen Gott, wenn ein Mensch auf einen Auftrag Gottes oder eine Zusage Gottes hin um ein Z. bittet (König Hiskija in 2 Kön 20,8–11; vgl. Gideon in Ri 6,36–40). Der Prophet Jesaja fordert selbst König Ahas auf, ein Z. zu verlangen (Jes 7,11). Auffallend sind Texte, in denen Gott ein Z. setzt, das erst in der Zukunft eintreten wird und erst dann die Wahrheit einer Zusage Gottes erweisen wird; so wird Israel erst, wenn es an den Sinai gekommen sein wird, erkennen, daß Jahwe wirklich Mose als den Retter aus Knechtschaft bestellt hat (Ex 3,12). In diesem Sinn ist auch das Z. gemeint, das als einziges für die Mariol. bedeutsam ist.

Nachdem Ahas ein Z. zur Bestätigung der Zusage des Propheten Jesaja, er brauche vor den Feinden, dem Nordreich Israel und dem Aramäerstaat von Damaskus, die ihn absetzen wollen, keine Angst zu haben und darum die Assyrer nicht um Hilfe zu bitten, abgelehnt hat und seinen Plan, bei Assur Hilfe zu suchen, weiter verfolgt, wird nun der Prophet bzw. der durch ihn sprechende Jahwe selbst ein Z. setzen: »Seht, die Jungfrau/junge Frau wird schwanger und einen Sohn gebären und wird/kann ihn Immanuel nennen … Noch bevor das Kind versteht, das Gute zu wählen und das Böse zu verwerfen, wird das Land verödet sein, vor dessen beiden Königen dich das Grauen packt« (Jes 7,14–16). Von den Exegeten wird dieser Text sehr unterschiedlich gedeutet. Heute verstehen ihn die meisten so: Die junge Frau ist die junge Königin, die schon schwanger ist oder bald sein wird. Der von ihr geborene Sohn wird der Thronfolger sein, an dem das Volk und der König erkennen werden, daß Gott immer noch mit ihnen ist — darum der Name »Immanuel = Gott mit uns« —, und die Dynastie David also erhalten bleibt, die die Feinde ausschalten wollen. Auch wenn diese Deutung richtig ist, ist das angebotene Z. jetzt nur eines, dessen Eintreten erst in einigen Jahren offenkundig wird; aber es soll schon jetzt Zuversicht geben. Erst recht gilt das von der früher allgemein, aber auch jetzt noch von manchen vertretenen messianischen Deutung: Erst wenn eine Jungfrau, die Messiasmutter, den Messias geboren haben wird, wird man die Gewißheit haben, daß das Vertrauen auf Gott schon damals unter Ahas gerechtfertigt gewesen wäre. So jedenfalls hat den Text bereits der griech. Übersetzer in der Septuaginta verstanden, wenn er das betreffende hebräische Wort »ʽalmāh« mit παρθένος wiedergibt. Nach Mt 1,23 ist dieses Z. wirklich eingetreten, als M ihren Sohn gebar.

Lit.: ThWNT VII 199–268. — ThWAT I 182–205 (Lit. bis 1970). — F. Stolz, Zeichen und Wunder, In: ZThK 69 (1972) 125–144. — J. Tenzler, Tiefenpsychologie und Wunderfrage, In: MThZ 25 (1974) 118–137. — B. O. Long, The Social Setting for Prophetic Miracle Stories, In: Semeia 3 (1975) 46–63. — J. Martucci, Les récits de miracle, influence des récits de l'Ancien Testament sur ceux du Nouveau, In: ScEs 27 (1975) 133–146. — A. Weiser, Was die Bibel Wunder nennt, 1975. — J. Sievi, Wunder und Z. in der Exodus-Tradition, In: Theol. Berichte (1976) 13–35. — F. E. Wilms, Wunder im AT, 1979. — J. Cheryl Exum, Signs and Wonders. Biblical Texts in Literary Focus, 1989. — Zu Jes 7,1–14 → Jesaja, seither: A. Auret, Yahweh — the Post-exilic Immanuel of Isaiah 7:14, In: Old Testament Essays (Pretoria) 4 (1991) 67–84. — N. P. Lemche, In: L. Fatum und E. Nielsen (Hrsg.), Fortolkning, 1992. *J. Scharbert*

Zeil am Main, Lkr. Haßberge, Bistum Würzburg, Wallfahrtskapelle Me UE, »Zeiler Käppele«. Vorläufer war eine Mhilf-Kapelle, die der Ratsherr und Amtmann Johann Wernhaer 1727 hoch über der Stadt, weithin ins Maintal sichtbar, erbauen ließ. 1867 stifteten Kriegsheimkehrer eine Mstatue, die 1873 vergoldet wurde.

Bildhauer Philipp Dorsch aus Bamberg schuf 1864 eine Kreuzigungsgruppe. 1880 war ein Kreuzweg in Anwesenheit des Bischofs Franz Joseph v. Stein geweiht worden; von Lourdes-Wallfahrten angeregt, weihte der Stadtpfarrer

Karl Link im Kapellenchor 1883 eine Lourdesgrotte, ein Glockentrum entstand 1884. Wegen der Pilgermenge entstand an der alten Stelle ein neuromanischer Kirchenbau, der 1897 von Bischof Stein konsekriert wurde. Die M statue kam zwischen die beiden Fassadentürme. Der Chor im Osten besitzt ein Kreuzgewölbe, im Nazarenerstil von Gundermann ausgemalt mit Szenen aus dem M leben, Symbolen der Lauretanischen Litanei und der Verkündigung des Dogmas von der UE 1854 durch Pius IX. Die linke Altarnische barg die Lourdesmadonna von der vorhergehenden Kirche, der rechte Seitenaltar, St. Joseph geweiht, ist ebenso wie der Hochaltar neugotisch. Eine Mirakelkammer nahm Votivgaben auf. Ab 1927 fanden große Kriegerwallfahrten statt, nach 1945 kamen regelmäßig Heimkehrer und Heimatvertriebene, auch kath. Vereine etc.; mehrfach weilten auch Bischöfe dort, so z.B. Matthias Ehrenfried, der Bekennerbischof der Nazi-Zeit, Julius Döpfner, Arthur Michael Landgraf und Alfons Kempf. Bei nötigen Renovierungsmaßnahmen fand 1954 auch eine starke Purifzierung statt. Die alten Altäre verschwanden, ebenso viele Votivtafeln; in die Mirakelkammer kam ein Beichtstuhl, eine neue Lourdesgrotte (Figuren Theo Wolff) mit Durchbruch zur Kirche wurde angebaut. Die Gundermann-Gemälde wurden abgewaschen und durch Sgrafitto-Fresken des Malers Willy Jakob ersetzt. Die Tabernakeltüren zeigen die Verkündigung an M. Als Gnadenbild wird eine Kopie des M hilfbildes von L. Cranach, die über 300 Jahre alt sein soll, auf dem linken Seitenaltar verehrt. Die immer noch sehr lebendige Wallfahrt steht heute bes. unter der Gebetsbitte für den Frieden. Lichterprozessionen finden v.a. an M festen statt, stark besucht ist auch der Pfingstmontag.

Lit.: J. Dünninger, Die marian. Wallfahrten, 1960. — H. Dünninger, Processio Peregrinationis, In: WDGB 23 (1961) 157 f. — H. Mauer u.a., Chronik der Stadt Z., 1975, bes. 98–132. — L. Leisentritt, Ein Spaziergang durch Z., ebd. 1990, 62 f.
E. Soder v. Güldenstubbe

Zeiler, Gallus, * 11.5.1705 in Kempten, † 7.1.1755 in Füssen, studierte an den Benediktinerabteien Ochsenhausen und Ottobeuren sowie an der Universität in Innsbruck. 1721 trat er in das Benediktinerkloster St. Mang in Füssen ein, wo er 1729 die Priesterweihe empfing. In seinem Kloster wirkte er als Organist und Lehrer für Musik, Griechisch und Latein. 1750 wurde er von seinen Mitbrüdern zum Abt gewählt.

Vielfach wird Z.s musikalische Tätigkeit erwähnt. So muß er nicht nur ein guter Organist und geschätzter Komponist gewesen sein, sondern einer der qualifiziertesten Kirchenkomponisten seiner Zeit überhaupt. Ab 1732 erschienen in den Augsburger Verlagen Lotter und Leopold verschiedene kirchenmusikalische Werke, darunter folgende marian. Kompositionen: »Cithara Mariana sedecim antiphonis« (1734) für 4-stimmigen Chor und Streicher, »Canticum Marianum bipartitum« (op. 5, 1737, 12 Magnificat-Vertonungen), 4 Alma Redemptoris, 5 Ave regina und 5 Regina coeli.

Lit.: E.L. Gerber, Historisch-Bibliographisches Lexikon der Tonkünstler (1790–92), hrsg. von O. Wessely, 1977, 846. — U. Kornmüller, Lexikon der kirchlichen Tonkunst, II. Teil, 1895, 281. – A. Weissenbäck, Sacra musica, 1937, 414. — EitnerQ X 335. — MGG XIV 1040. — Grove XX 658.
J. Still

Zeiller, Johann Jakob, * 8.7.1708 in Reutte/Tirol, † 8.7.1783 ebd., bedeutender Freskant des süddt. und österr. Spätbarock, auch tätig als Tafelbildmaler. Z. gelang es, in seinem Freskowerk in nahezu einzigartiger Synthese die oberital. geprägte Barockmalerei Niederösterreichs mit bayer.-schwäbischen (Ausgburger) Rokokotraditionen zu verbinden. Genauso bemerkenswert ist seine Ausbildung und Tätigkeit sowohl als Figurenmaler wie auch als vorzüglicher Quadraturist (im engsten Wortsinn) und Dekorationsmaler.

Z. entstammte einer Tiroler Malerfamilie. Bei seinem Vater Paul erhielt er die erste Ausbildung. Auch Johann Jakobs Vetter Franz Anton Z. war Maler. Mit ihm führte er später gemeinsam Aufträge aus. Als 16jähriger ging Z. nach Rom, wo er bis 1728 in Sebastiano Concas Atelier arbeitete und auch die Accademia di S. Luca besuchte. 1729–32 war Z. in Neapel bei Francesco Solimena. 1733 reiste er über Venedig nach Wien. Ziel war die Werkstatt des ital. gebildeten Süditirolers Paul Troger, der sich gerade anschickte, der führende Maler in Niederösterreich zu werden. Trotz des langen Aufenthalts in Italien war die Zeit bei Troger die für den Künstler Z. wirklich entscheidende. Z. wurde der engste Schüler Trogers. Bei ihm erhielt er auch die für dt. Künstler ungewöhnliche Ausbildung als Quadraturamaler. Nebenbei bildete sich Z. an der Wiener Akademie. Zwei gewonnene erste Preise erlaubten es ihm als Diplomiertem, von Zunftauflagen befreit tätig zu werden. Kurzzeitig hatte er die Stellung eines kaiserlichen Hofmalers inne. Trotzdem löste sich Z. erst 1744 von der Troger-Werkstatt. Sein Arbeitsgebiet verlagerte er nach Altbayern, Schwaben und Tirol. Seinen Wohnsitz nahm er wieder in Reutte.

Die M thematik hat Z. in seinem Fresko-Oeuvre nur im Rahmen der Tradition künstlerisch aufgearbeitet. Sein Werk wirkt häufig weniger stark ikonographisch reflektierend, als mit Rückgriffen auf bestimmte Vorbilder (und deren Intention) durchsetzt, die z.T. auch nur kompilierend aufgegriffen werden

Die Tafelmalerei spielt im Werk Z.s quantitativ und qualitativ eine untergeordnete Rolle. Altarblätter entstehen meist zu Zeiten, wenn der Freskant nicht ausgelastet war, so daß sich periodische Häufungen ergeben: z. B. nach 1745, 1755, Anfang und Ende der 1760er Jahre, zweite Hälfte der 1770er Jahre. Eine künstlerische Entwicklung ist kaum zu erkennen. Z. folgt verschiedenen Vorbildern, abhängig von ikonogra-

J.J. Zeiller, Ein Engel in Mönchsgewand überreicht Kaiser Ludwig dem Bayern das Ettaler Gnadenbild, 1752, Ettal

phischer Aufgabenstellung und seinen Kenntnissen. Ein großer Teil der Ölmalerei Z.s diente zur Werkvorbereitung für Fresken.

Fresken mit Ⓜthematik: Rosenau/Niederösterreich, Schloßkapelle und Pfarrkirche: Heiligenallegorie mit Leopold, Ⓜ und Joseph (1739). — Fürstenzell, ehem. Zisterzienserklosterkirche: Hl. Dreifaltigkeit mit Ⓜ als Fürsprecherin des Zisterzienserordens, Verherrlichung der christl. Tugenden und Sturz der Irrlehrer und Laster (1744/45). — Ettal, Benediktinerklosterkirche: Dem hl. Benedikt in der Glorie wird in Gegenwart der Hl. Dreifaltigkeit das Gnadenbild der Madonna von Engeln überreicht (im Hauptbild des »Benediktinerhimmels«); Überreichung des Ettaler Ⓜgnadenbilds an Kaiser Ludwig den Bayern durch einen Engel-Mönch; Das Ⓜgnadenbild von einem Einhorn verehrt (1748–52). — Benediktbeuern, Anastasiakapelle: Himmelsglorie mit der Hl. Dreifaltigkeit, Ⓜ und Engeln zum Empfang der hl. Anastasia (1752). — Ottobeuren, Benediktinerstiftskirche: Himmelfahrt Christi; Herabkunft des Hl. Geistes; Ⓜ als Gnadenvermittlerin (Rosenkranz- und Skapulierspende) und Fürbitterin der Christenheit (Seeschlacht von Lepanto) über Christus bei Gottvater; »Gnadentreppe«; Lukas als Madonnenmaler; Verkündigung an Ⓜ; Anbetung der Hirten (1756–64). — Fischingen/Schweiz, Benediktinerklosterkirche, Psallierchor: Immaculata; Lukas als Madonnenmaler (1761). — Erkheim, Pfarrkirche: Aufnahme Ⓜs in den Himmel und Heiligenglorie (ca. 1777). — Feldkirch/Vorarlberg, Johannes-Kirche: Heimsuchung (1779/80). Fassadenfresken mit Ⓜthematik: Elbigenalp/Tirol, Haus Nr. 46: Immaculata (1776). — Reutte/Tirol, Untermarkt Nr. 24: Immaculata; Obermarkt (Kaufhaus Falger): Madonna.

Tafelbilder mit Ⓜthematik: Japons/Niederösterreich, Pfarrkirche: die hl. Anna unterrichtet Ⓜ (1738). — Augsburg, Städt. Kunstsammlungen: die Hl. Dreifaltigkeit mit Ⓜ als Fürsprecherin des Zisterzienserordens, christl. Tugenden und Sturz der Irrlehrer durch den Erzengel Michael (Skizze für Fürstenzell, 1744). — Fürstenzell, ehem. Zisterzienserklosterkirche: Himmelfahrt Ⓜs (1745). — Breitenwang/Tirol, Pfarrkirche: Christus erscheint Ⓜ (ca. 1745); Pietà (verschollen). — Nürnberg, Germ. Nat. Mus.: Dem hl. Benedikt in der Glorie wird in Gegenwart der Hl. Dreifaltigkeit das Gnadenbild der Madonna von Engeln überreicht (Skizze für Ettal, ca. 1748). — München, Bayer. Nat. Mus.: Die Überreichung des Ettaler Gnadenbildes durch einen Engel an Kaiser Ludwig den Bayern (Skizze für Ettal ca. 1751). — Privatbesitz: Himmelsglorie mit der hl. Dreifaltigkeit und Ⓜ (Skizze für Anastasiakapelle, Benediktbeuern, 1752). — Innsbruck, Ferdinandeum: Ⓜ als Gnadenvermittlerin (Rosenkranz- und Skapulierspende) und Fürbitterin der Christenheit (Seeschlacht von Lepanto) über Christus bei Gottvater (Skizze für Ottobeuren, ca. 1758). — Hinterhornbach/Tirol, Pfarrkirche: Ⓜ vom Guten Rat und die Wallfahrtslegende von San Genazzano (ca. 1761). — Privatbesitz: Papst Pius V. im Gebet zur Madonna während der Seeschlacht von Lepanto (Entwurf für Altarblatt Ottobeuren, ca. 1762/63). — Ottobeuren, Stiftskirche: dasselbe Thema (ca. 1762/63); Skapulierverleihung durch Ⓜ an den hl. Simon Stock (1764). — Suben/Oberösterreich, Pfarrkirche: Die hl. Anna unterrichtet Ⓜ (ca. 1768); Ⓜ mit Jesus und Johannes dem Täufer (verschollen). — Stockach/Tirol, Pfarrkirche: Ruhe auf der Flucht (1776). — Braz/Vorarlberg, Pfarrkirche: Immaculata (ca. 1776). — Gossensaß/Südtirol, Pfarrkirche: Madonna mit den hll. Dominikus und Katharina v. Siena (1777). — ehem. Elbigenalp/Tirol, Pfarrkirche: GM (verschollen). — ehem. Privatbesitz: Verkündigung (verschollen).

Sämtliche bekannte Zeichnungen Z.s mit Ⓜthematik dienten der Werkvorbereitung, d. h. als Notizen oder Entwürfe für Tafel- und Freskobilder: Innsbruck, Ferdinandeum: Himmelsglorie mit Hl. Dreifaltigkeit, dem hl. Benedikt und Kaiser Ludwig dem Bayern (Übereichung des Ettaler Gnadenbildes), Heiligen und Engeln (Skizze für das Fresko in Ettal, ca. 1747). — ebd.: Ⓜ verleiht dem hl. Simon Stock das Skapulier (Entwurf für Altar in Ottobeuren, 1764). — Einsiedeln, Stiftssammlungen: Unterricht der Jungfrau Ⓜ durch ihre Mutter Anna (Entwurf für Altar in Suben, ca. 1768); Madonna mit Kind und den hll. Florian und Georg (ca. 1777); Immaculata (vgl. nördl. Wandfresko in Fischingen, Psallierchor, 1761, und Altarblatt in Braz 1776). — ehem. München: Himmelfahrt Ⓜs (verschollen), Anbetung der Hirten (verschollen).

Lit.: A. Jele, Studien über die Maler Z., In: Tiroler Bote, 1892. — H. Hammer, Die Entwicklung der barocken Deckenmalerei in Tirol, Straßburg 1912. — A. Feulner, Süddt. Freskomalerei, In: Münchner Jahrbuch der Bildenden Kunst 10 (1916–18) 64–101. — H. Tintelnot, Die barocke Freskomalerei in Deutschland, 1951. — O. R. v. Lutterotti, Die Barockmaler-Familie Z. aus Reutte, In: Außerferner Buch. Beiträge zur Heimatkunde von Außerfern. Schlern-Schriften 111, 1955. — P.P. Fischer, Der Barockmaler J.J.Z. und sein Ettaler Werk, 1964. — F. Matsche, Der Freskomaler J.J.Z. (1708–1783), Diss., Marburg 1970. — Ausst.-Kat., Paul, Johann Jakob, Franz Anton Z., Reutte 1983.
T. J. Kupferschmied

Zeiten. **1. Marianische Jahre.** Im weiteren Sinne ist jedes Kirchenjahr durch die vielen Ⓜfeste, durch Votivtage mit Meßformularen und Offizien sowie durch Wallfahrten, Andachten usw. ein marian. Jahr. Im engeren Sinn spricht man von einem marian. Jahr, wenn dieses durch ausdrückliche päpstliche Willenserklärung zu einem solchen bestimmt wird. So hat zum ersten Mal Pius XII. in der Enzyklika »Fulgens corona« (8.9.1953) in Erinnerung an die Proklamation des Dogmas von der UE Ⓜs ein marian. Jahr angekündigt, das auf der ganzen Welt von Dezember 1953 bis Dezember 1954 gefeiert wurde. Bemerkenswert ist dabei, daß bereits Pius X. in seiner Enzyklika »Ad diem illum« (2.2.1904) zum fünfzigjährigen Gedenken der dogm. Definition der UE Ⓜs ein außerordentliches Jubiläum bestimmt hatte (Pius X. P.M. Acta I 147–166). Das bisher zweite marian. Jahr wurde durch Johannes Paul II. verkündet und in der Enzyklika »Redemptoris mater« (25.3.1987) dokumentiert. Das vom Pfingstsonntag 1987 bis zum Fest der Aufnahme M̄s in den Himmel am 15.8.1988 begangene marian. Jahr sollte v. a. zur Vertiefung der zahlreichen marian. Texte des II. Vaticanums in Klerus und Volk beitragen sowie als Advent für die Jahrtausendwende gedeutet werden.

2. *Marianische Monate.* Durch die Volksfrömmigkeit gefördert, hat die Kirche im 19. Jh. nach längerer Entwicklung einzelne Monate als Herz-Jesu-Monat, Allerseelen-Monat und M̄-Monate festgelegt. Zunächst wurde der nachösterliche Mai weltweit zum M̄monat erklärt (→ Maiandacht). Der M̄monat Oktober geht auf Leo XIII. zurück, der in zahlreichen Enzykliken die Rosenkranzandacht (→ Rosenkranz) und die Motivation des Rosenkranzbetens ausführlich begründete. Im Weltrundschreiben »Supremi apostolatus« (1.9.1883) ordnete er an, daß der Oktober M̄ als der Königin des Rosenkranzes gewidmet werde und er begründete aufschlußreich sein Tun, wobei er den Rosenkranz in besonderer Weise als das Notgebet der Christenheit hervorhob. Als Beispiele für die Hilfe M̄s in der Geschichte verweist der Papst auf den Sieg über die Irrlehre der → Albigenser, auf die Siege der Christenheit über die Türken bei → Lepanto, Temesvar und Korfu, aber auch auf die Maßnahmen und Äußerungen seiner Vorgänger auf dem Stuhl Petri, durch die die Gebetsstürme angefacht und mit Erfolgen gekrönt wurden. Sein Eintreten für den Rosenkranzmonat Oktober und überhaupt für das Rosenkranzgebet setzte Leo III. unermüdlich fort in den Weltrundschreiben »Salutaris ille« (24.12.1883), mit der Bestimmung, die → Lauretanische Litanei müsse durch Anrufung M̄s als »Königin des Rosenkranzes« ergänzt werden, mit »Superiore anno« (30.8.1884), wobei der Rosenkranz als Ausdruck des beharrlichen Gebetes bezeichnet wird, »Octobri mense« (22.9.1891), das den Rosenkranz in Zusammenhang mit der Gnadenvermittlung M̄s sieht, »Magnae Dei matris« (8.9.1892), das den Rosenkranz als Schule des christl. Tugendlebens betrachtet, »Laetitiae sanctae« (8.9.1893), das den Rosenkranz als Heilmittel für das soziale Leben der Gesellschaft aufzeigt, »Jucunda semper« (8.9.1894), das den Rosenkranz als Gebet und Betrachtung zugleich verknüpft und »Parta humano generi« (8.9.1901), das im Rosenkranz eine Waffe gegen die alten und neuen Irrlehren sieht.

3. *Marianische Tage.* Bereits → Alkuin († 804) hat, vermutlich als er im Auftrag Karls d. Gr. das Meßbuch revidierte, eine Reihe von Votivmessen für die Wochentage festgelegt, wobei der Samstag der Verehrung M̄s vorbehalten blieb. Diese Ordnung findet sich in den Sakramentaren des 9./10. Jh.s wie in den meisten Handschriften des 10. bis 12. Jh.s trotz anderer Verschiedenheiten. Auch in das Missale Pius' V. von 1570 wurde die Votivmesse zu Ehren der allerseligsten Jungfrau, je nach Festzeiten wechselnd, für die Samstage aufgenommen, was selbst in der neuen Liturgie nach dem II. Vaticanum berücksichtigt blieb.

Die drei nach Michaeli (29. September) früher gefeierten → »Goldenen Samstage« ad honorem BMV, so genannt wegen der ihnen zugeschriebenen Vorzüglichkeit und Wirkung, sind seit dem 14. Jh. in Bayern und Österreich nachweisbar. Eine Sonderstellung bezüglich der Zeit nimmt die Volksandacht des → Frauen- oder M̄-Dreißigers ein, die vielfach in Bayern bis heute erhalten blieb. Aus der 30-tägigen Totenliturgie entstanden, wird der Frauendreißiger alljährlich vom Großen Frauentag (M̄e Himmelfahrt am 15. August) bis zum Kleinen Frauentag (Fest M̄e Namen am 12. September) begangen.

Eine andere seit dem 10. Jh. der GM am Samstag erwiesene Verehrung war das Beten des Officium parvum BMV (→ Offizium marianum). Sie wird im 10. Jh. in der Vita s. Udalrici (C. 3; MonGerm SS IV 389) bezeugt. Es wird berichtet, daß Bischof Ulrich von Augsburg († 973) mit seinen Klerikern nach dem offiziellen Stundengebet zusätzlich an Samstagen die drei kleinen Officien von der GM, vom hl. Kreuz und von allen Heiligen zu verrichten pflegte. Viel trug der hl. → Petrus Damiani († 1072) zur Verbreitung des Officium parvum BMV bei (ActaSS Vita S. Petri Damiani c. 6, n. 312, febr. III 429). Es wurde bald so beliebt, daß Urban II. 1095 auf der Synode von Clairmont ermahnen konnte: »Um den Beistand (für den ersten Kreuzzug) zu erflehen, sollen alle Gläubigen am Samstag dasselbe beten« (Mansi XX 821). Pius V. hob im Gefolge der tridentinischen Reformbestimmungen die damals allgemeine Verbindlichkeit der Rezitation des Officium parvum BMV auf und führte stattdessen das Officium sanctae Mariae in sabbato in das röm. Brevier ein.

Die Theologen des 12. und 13. Jh.s (z. B. der Verfasser zweier dem hl. Bernhard zugeschriebenen Werke, Alexander v. Hales, Bonaventura, Jacobus a Voragine, Durandus) stellen sich mit Recht die Frage, warum man den letzten Tag der Woche der GM widmete. Sie sind sich darin einig, daß dies deshalb geschehen sei, weil M̄ nach dem Tode Jesu am Samstag vor dem Auferstehungstag den Glauben an die kommende Auferstehung ihres Sohnes bewahrt habe, während die Apostel flohen und daran zweifelten. Diese Einstimmigkeit läßt vermuten, daß es sich dabei um ein tradiertes Theologumenon handelt.

Lit.: B. Ludwig, Die Heiligung der Wochentage, 1936. — P. Sträter, Maria in der Offenbarung I, 1947, 121 f. — G. Schreiber, Die Wochentage, In: AMRhKG 1 (1949) 331–345. — Beinert-Petri 223. 837. *W. Dürig/E. H. Ritter*

Zelenka, Jan Dismas, getauft am 16.10.1679 im böhmischen Launowitz (Louňovice), † 23.12.1745 in Dresden, war vermutlich Schüler des von Jesuiten geleiteten Collegium Clementinum zu Prag. 1709 steht er im Dienst des Grafen

Hartig in Prag. Als Kontrabassist wurde er 1710 Mitglied der Kurfürstlich Sächsischen und Königlich Polnischen Hofkapelle Augusts des Starken in Dresden.

Ein Stipendium ermöglicht ihm 1716 ein Studienjahr in Wien, wo er bei J. J. Fux in die Feinheiten des Kontrapunktes eingeführt wird. Wahrscheinlich nutzte er einen Venedigaufenthalt seiner Hofkapelle auch, um bei A. Lotti Unterricht zu nehmen. Wieder in Dresden, wird Z., zur Unterstützung des meist kränkelnden Kapellmeisters Heinichen als Kirchenkomponist und Kapellmeister herangezogen. Nach Heinichens Tod verwaltet er zwar dessen Stelle, jedoch die Kapellmeisterstelle wird dem meist in Italien weilenden J. A. Hasse belassen. Manche aus solchen Zurücksetzungen und Enttäuschungen ableitbaren Charakterzüge meint man auch in seiner Musik hören zu können.

Obwohl Z.s Kompositionen von berühmten Zeitgenossen wie Bach, Telemann, Fasch und Quantz hoch geschätzt wurden, war er schon um 1800 ein Unbekannter. Auf Grund der Qualität seiner Werke muß Z. heute neben B. Czernohorsky als der bedeutendste böhmische Komponist der Barockzeit eingestuft werden. Seinen Personalstil kennzeichnen kontrapunktische Sicherheit, eine Vorliebe für Chromatik, überraschende Harmoniewechsel, gelegentlich bewußt gesetzte asymmetrische Rhythmen und Perioden sowie ein starkes Interesse an dynamischen Kontrasten und feinen Tempodifferenzierungen. Herausragend sind seine Triosonaten, die überwiegend die Form der Sonata da Chiesa aufweisen, wobei das Fagott die Baßstimme verziert und damit zum Quadro hinüberleitet. Seine Symphonien à 8 Concertati zeigen ital. Einflüsse, ebenso die Capriccios. Z. pflegte auch die Gattung der geistlichen Kantate und des Oratoriums (Gesu al' Calvario, 1735, I Penitenti al Sepolchro del Redemtore, 1736, jeweils für Soli, Chor und Orchester). Die reichhaltige KM als Werkmittelpunkt dokumentieren mindestens 22 Messen (darunter auch eine Missa Purificationis BMV), 28 Messeteile, Lamentationes und Responsorien für die Karwoche; Psalmen, 14 Vesper-Hymnen, 12 Litaneien, 39 Marian. Antiphonen, alle für die kath. Hofkirche zu Dresden geschrieben. Die Missa Sanctissimae Trinitatis präsentiert die 5 Ordinariumsteile in 19 weit ausgreifenden Nummern von beeindruckender stilistischer und satztechnischer Vielfalt. Kennzeichnend für die Missae ultimae ist »nicht die repräsentative, auf die Überredung eines Gegenübers zielende öffentliche Barockrhetorik ... sondern eine empfindsame, gleichsam private Rhetorik des Herzens« (W. Horn, Vorwort zu »Erbe dt. Musik«, Bd. 101), die ein von Enttäuschungen und Krankheit begleitetes Leben spüren läßt, das aber hoffnungsvoll seiner Vollendung im christl. Glauben entgegensieht.

Die Motettensammlung von 27 »Responsoria pro Hebdomada Sancta« (1723) für 4-stimmigen Chor und Basso continuo sind Z.s bedeutendste Werke im stile antico. Kraftvoll und packend expressiv erschließen sie die erschütternden Texte. 1722 hat Z. jeweils die beiden ersten Lesungen der ersten Nokturn der drei Kartage im modernen Stil für 1 Solostimme und Orchester in Musik gesetzt. Hier überwältigt die kühne Harmonik, die dramaturgische Einbindung auch der rezitativischen Teile und die variable Orchesterbehandlung (z. B. konzertierende Celli).

Insgesamt zehn Mal vertonte er die marian. Antiphon »Sub tuum praesidium« für 4 Singstimmen und Basso continuo. Kurze solistische Einwürfe lockern den Satz, der Generalbaß ergeht sich während der Soli als selbständige Instrumentalstimme. Im alten kontrapunktischen Stil geschrieben, zeigen doch die peniblen Tempowechsel sowie die dynamischen Kontraste die persönliche Eigenart des Komponisten. Im Magnificat C-Dur für Sopran-Solo, Chor und Orchester führt in Vers 1 die Solistin — dem motettischen Prinzip verwandt — zu jedem Textabschnitt auch neue deklamatorische Motive ein. Die Doxologie greift reprisenartig diese auf. Wenn auch der virtuose konzertierende Gesangsstil dominiert, so dienen doch die barocken musikalisch-rhetorischen Figuren der Textexplikation. Das Magnificat D-Dur beginnt mit einem Continuoritornell, worauf der Chor das psalmodische Incipit des Magnificat octo toni zitiert. Zwei Lauretanische Litaneien zählen zu den besten Werken: Ein virtuoses »Virgo prudentissima« für Solistenquartett und Streicher sowie ein spielfreudiges Tenor-Solo zum »Regina angelorum« rahmen den der Litanei den Namen gebenden Satz »Salus infirmorum« (1741) ein; hier gesellt sich die mit einem konstitutiven Passus duriusculus beschäftigte Streichergruppe dem Alt-Solo zu.

Die zweite Litanei »Consolatrix afflictorum« (1744) zeigt rhythmische Finessen in der synkopierenden Viola und den lombardisch agierenden Violinen (beim »Pater de coelis«); das »Salus infirmorum« ist durchzogen von der liturg. Rezitationsformel »Sancta Maria«, darunter bringen die drei anderen Stimmen die verschiedenen Anrufungen in markanter Deklamation, während die Instrumente weit ausgreifende Skalen und Arpeggien spielen. Beide Litaneien zeugen jedoch in ihrer sorgsamen musikalischen Gestaltung sowie Breite der emotionalen Skala von der inneren Ergriffenheit Z.s und der gläubigen Zuwendung zur GM.

Lit.: N. Schultz, J. D. Z., Diss., Berlin 1944. — G. Haußwald, J. D. Z. als Instrumentalkomponist, In: AfMw 13 (1956) 243–262. — S. Oschmann, J. D. Z.: Seine geistlichen ital. Oratorien, 1986. — W. Horn, Die Dresdner Hofkirchenmusik 1720–45, 1987. — Zelenka-Dokumentation. Quellen und Materialien, Tübingen 1989. — MGG XIV 1192–98. — Grove XX 659–661.

M. Hartmann

Zell am Harmersbach, Ortenaukreis, Erzdiözese Freiburg, Wallfahrtskirche »Maria zu den Ketten«, (seit dem HochMA, ursprünglich »Maria zur Rose«).

Zell, Gnadenbild

An der Stelle einer bestehenden Wallfahrt wurde 1480 die Kirche zu Ehren Ms errichtet. Von ihr stammen der Chorraum mit Kreuzgratgewölbe, gotischen Fenstern und nördlich angebautem Turm sowie ein Teil des Langhauses der heutigen Kirche. Sie erhielt ihre jetzige Gestalt durch bauliche Erweiterungen (1690–97, 1742–44 und 1910–11) sowie durch Restaurationen und Renovationen (1654, 1932–35, 1961–62, 1970–71 und 1985–87).

Die beiden wesentlichen Wallfahrtslegenden sind in einem großen Deckengemälde dargestellt: Ein während des Kreuzzuges um 1150 im Hl. Land in türkische Gefangenschaft geratener und nach Babylon verschleppter Schmied aus Schuttern wurde auf sein Gebet zu M hin befreit. In der Wallfahrtskirche am Harmersbach opferte er der »Maria zur Rose« seine Gefängnisketten, die bis heute an den Chorbogenseiten hängen. Eine weitere Legende erzählt von einem Schmied im Dreißigjährigen Krieg, der auf Befehl eines schwedischen Offiziers diese Ketten in Hufeisen umschmieden sollte. Es sei ihm nicht möglich gewesen, da die Ketten vor den Augen der Soldaten verschwanden und wieder in der Kirche hingen. Daraufhin soll die Kirche vor der Zerstörung verschont geblieben sein.

Als Gnadenbild verehrt wird eine fast 1 m hohe Holzplastik einer auf einer Sitzbank thronenden M (um 1350), die mit der linken Hand den auf ihren Knien stehenden Jesusknaben und in der rechten ein Zepter hält. Strahlenkranz, Krone und Zepter sowie die Krone des Jesusknaben wurden 1769 hinzugefügt. Außer diesem über dem Tabernakel des 1715 geschaffenen Barockaltars stehenden Gnadenbild befindet sich ein weiteres Wallfahrtsbild, eine Stehmadonna mit Jesuskind auf dem Arm, in der Nische über dem Hauptportal. Diese Madonna (um 1700/20 barockisiert) wurde an Festtagen mit Gewändern und an Hochfesten mit silbernem Gürtel und wie das Kind mit einer Perücke geschmückt. Alles dies ist allerdings nicht mehr erhalten.

Die Entstehung der Wallfahrt wird oft Anfang des 7. Jh.s angenommen, ist seit dem 14. Jh. in Urkunden belegt und wird erst durch die Seelsorgetätigkeit der Kapuziner aus dem 1630 entstandenen Kloster in Haslach im Kinzigtal zu einer Wallfahrt von regionaler Bedeutung. Dies belegen die regen Bau- und Renovationstätigkeiten ab Mitte des 17. Jh.s

Erste belegte Mirakelaufzeichnungen von 1693–98 erwähnen 23 Wunder in den letzten 50 Jahren. Zur selben Zeit werden erstmals auch Votivtafeln, von denen noch einige erhalten sind, und andere Votivgaben nachgewiesen. Betreut wurde die Wallfahrt bis 1806 von Benediktinern des Klosters in Gengenbach, dann unterstützt durch Kapuziner aus Haslach. 1918 gründeten die Kapuziner eine Niederlassung in Z.

Wallfahrer kommen aus dem Erzbistum Freiburg, der Diözese Rottenburg-Stuttgart und dem Saargebiet sowie dem Elsaß und der Schweiz.

QQ: Wallfahrtsbücher von 1698, 1748, 1749, 1847, 1877, 1886, 1917–52; vgl. G. Wolf, Wallfahrtsbücher der Erzdiözese Freiburg, In: K. Welker (Hrsg.), Heilige in Geschichte, Legende, Kult, 1979, 85.
Lit.: A. Ehrenfried, Die Wallfahrt Maria zu den Ketten, 1975 (Lit.). — Ders., Die Ortenauer auf Wallfahrt, In: K. Klein, Land um Rhein und Schwarzwald, [2]1978, 519f. (Lit., QQ). — A. Ehrenfried und B. Zartmann, Z., Wallfahrtskirche Maria in den Ketten, [6]1980. — R. Metten, K. Welker und H. Brommer, Wallfahrten im Erzbistum Freiburg, 1990, 101–104 (Lit.). — Dokumenation in der Abteilung Rel. Volkskunde des Instituts für Biblische und Historische Theol. der Albert-Ludwig-Universität Freiburg i. B. *S. Tebel*

Zellingen, Lkr. Main-Spessart, Bistum Würzburg, Kapelle Mhilf, Sitz einer Skapulierbruderschaft vom Berge Karmel, Saalbau mit eingezogenem Chor und Dachreiter, 1677/78 erbaut, heute Friedhofskapelle; die Stelle wurde der Überlieferung nach durch ein mirakulöses Licht gefunden. Schon 1252 verlieh der Eichstätter Bischof Heinrich v. Württemberg einen Ablaß den Betern, die an den marian. Hauptfesten die im Jahr zuvor errichtete Mkirche zu Z. besuchten. Um 1450 entstand dort auch eine Mbruderschaft der Junggesellen, die vom fränkischen Adel gefördert wurde.

Spätestens in der Reformationszeit verloren sich die Spuren dieser ersten marian. Bewegung, und erst die Würzburger Karmeliten der

Theresianischen Reform errichteten dort mit bischöflicher Genehmigung eine Erzbruderschaft vom Berge Karmel, deren Ablässe Clemens X. 1673 konfirmierte. Damals erhielt auch die Fraternität eine Kopie des neapolitanischen M-bildes, das dem Evangelisten Lukas zugeschrieben wird. Weihbischof Stefan Weinberger konsekrierte 1685 am Fest M-Schnee die neue Kapelle, die vier Altäre erhielt, den Hochaltar zu Ehren Ms als Helferin der Christen und der Vierzehn Nothelfer, im Nebenchor einen Altar für den hl. Simon Stock. Bei einer Renovierung 1892 wurden die alten Altäre beseitigt und solche von Johann Peter Wagner angeschafft, die aus → Retzbach wegen der dort erfolgten neugotischen Ausstattung frei wurden. Auch die genannten M-bilder verschwanden, das Bild der M vom Berge Karmel war lange in Birkenfeld. Der neue Hochaltar ist dem Hl. Kreuz geweiht, im Nebenchor wurde später wieder ein Altar mit der Skapuliermadonna errichtet. Im 18. Jh. sei Z. ebenso stark wie Dettelbach und Retzbach besucht worden, oft aber stellte es nur eine Wegstation für Walldürn- und Dettelbach-Wallfahrer dar. Am Skapulierfest kommen immer noch viele Bruderschaftsmitglieder und sonstige Beter.

Lit.: I. Gropp, Collecta novissima scriptorum et rerum Wirceburgensium, 2 Bde., Frankfurt und Leipzig 1741, II 93. — Aus Z.s großer Zeit. FS zum 700-jährigen Jubiläum der Z.er Bruderschaft, 1952. — J. Dünninger, Die marian. Wallfahrten, 1960, 150–153. — H. Dünninger, Processio Peregrinationis, In: WDGB 23 (1961) 159–161; 24 (1962) 86–112. — D. A. Chevalley, Denkmäler in Bayern VI, 1985, 205. — L. Remling, Bruderschaften in Franken, 1986, 413.   E. Soder v. Güldenstubbe

Zelt, hl. → Typologie

Zemmārē, in der äthiopischen Kirche ein liturg. Buch, das eine Sammlung von Hymnen enthält, die bei jeder Feier der Eucharistie nach dem Empfang der Kommunion gesungen werden. Diese auf das ganze Jahr verteilten Hymnen bringen die innige Beziehung zwischen Christus in der Eucharistie und der GM deutlich zum Ausdruck: M ist gleichzeitig die Quelle und das Depositar der Eucharistie. Der eucharistische Herr, das Opfer des Lebens und der Kelch des Heils, hat im jungfräulichen Schoß der GM Aufnahme gefunden. Die Eucharistie ist für den Glaubenden Heil und Leben: »Dies ist der Kelch des Lebens, den Maria, die Heiligste, in ihrem Schoß getragen hat. Und dies ist der Kelch, der Leben und Heil wird für jene, die glauben« (491). Der Leib und das Blut der Frucht aus dem Schoß Ms waren die Nahrung, die die Jünger sättigte, die Heiligen geheiligt hat und die Gläubigen eins mit ihm werden läßt. Darum zögert die äthiopische Liturgie nicht, Ms Mitwirkung an der Erlösung deutlich zu bekennen: »Maria, ist die Mutter Gottes, unsere Herrin und Miterlöserin, die aus der Wurzel Davids entsproß. Du hast ihren Leib geheiligt und bist in ihr verweilt. Und mit dem Blut ihres Sohnes hast du deine Heiligen geheiligt; dein Fleisch und dein Blut gabst du deinen Jüngern, damit sie aßen und satt wurden. Mit demselben heiligsten Leib und demselben kostbarsten Blut haben wir uns mit deinem Sohn vereint und wurden zu einem einzigen Leib« (453). M ist der mystische Weinstock, der in voller Schönheit erblüht, die Eucharistie die mystische Frucht, die die Gläubigen vereint und von Schwachheit befreit: »Die Rundung ihres Antlitzes gleicht dem Mond, und ihre Augen strahlen wie der Morgenstern. Die Gestalt der Jungfrau ist (schlank) wie die Palme, ihre Schönheit ist wie die einer Rose. Ihre Lippen sind wie Purpurgarn, denn sie hat das Manna für uns geboren, das das Opfer des Lebens und der Befreier von Krankheit ist« (416). Alle diese der Hl. Schrift (v. a. Sir) entnommenen Symbole und Ausdrucksformen weisen auf die Schönheit der Mutter der Eucharistie. »Ich grüße dich, o meine Herrin, Mutter der Sonne, zweiter Himmel, Kornkammer und Meer aus Wein. Durch dich und deinen Sohn werden Arme reich.« An einem ihrer Feste singt man: »Es ist würdig, daß wir das Fest der heiligen Jungfrau preisen und feiern, des Gartens des Weinstocks, des goldenen Mannagefäßes. Und das Manna ist Christus, der ihren Leib gereinigt hat und in ihr gelebt hat« (492). Darum: »Groß ist der Ruhm Marias. Der Allerhöchste hat sie geliebt. Sie ist der Tabernakel der Stadt. Priester und Hohepriester haben sie geehrt. Das weiße Vlies und die weiße Wolke, das lebenspendende Opfer des Manna haben in ihrem Schoß gewohnt. Mose der Prophet sah sie in der Gestalt des brennenden Busches auf Sinai, und es war die jungfräuliche Tochter Annas« (512). »Siehe, so offenbart sich die Größe der Tochter Annas. Das Opfer des Lebens wurde in ihrem Schoße getragen, und der Kelch, der weder Makel noch Verderbnis kennt. Wie konnte diese kleine Wolke ihn tragen? Verzehrte sie nicht seine Flamme? Wurde sie nicht von seiner Stimme in Schrecken versetzt? Er ließ sie vielmehr mit Ruhm erglänzen« (456).

M ist nicht nur die Quelle der Eucharistie, sondern sie wird durch die Hände der Engel mit der Eucharistie selbst gespeist. »Vom Libanon erhebt sich die Braut, die der Stolz aller Frauen geworden ist. Gekleidet in goldene und farbenprächtige Gewänder, nährte sie sich selbst aus den Händen der Engel von dem Opfer des Lebens und des Heils, das vom Himmel herabgekommen ist« (493). »Goldenes Gefäß, das das Manna enthält. Der Herr machte sie zur Pforte des Heils und sprach: ›Hier werde ich bleiben, denn ich habe sie erwählt.‹ Und er gab ihr den vollen Kelch mit der Hand der Engel. Sie ist der Stolz aller Frauen, und er nannte sie Wohnstatt der Gottheit« (456).

Wenn die Gläubigen durch die Eucharistie mit Christus geeint sind, möchten auch sie seiner Mutter nahe sein, sich mit ihr vereinen. »Maria, goldener Tisch, der Wohlgeruch unserer Kommunion möge in deine Nasenlöcher dringen wie ein süßer Wohlgeruch von Myrrhe, der aus dem Munde deines Sohnes tropfe« (430). Vereint mit Christus, sehnt sich der Gläubige, vereint mit M zu sein, sich mit ihr zu identifizieren. Das ist nicht nur eine Wunscheinheit und eine ungestillte Sehnsucht, sondern vielmehr eine wirkliche Einigung. Die äthiopische Liturgie macht die Idee deutlich, daß »das Fleisch Christi das Fleisch Marias ist«, und infolgedessen ist die Einheit mit Christus eine Einheit mit M.

Aus.: Liqa Stiltanat Habtemariam Workeneh. Darauf beziehen sich die Seitenangaben.
Lit.: P. Tzadua, Maria SS. e l'Eucharistia nella Liturgia Etiopica, In: Vita e Pensieri 5 (1955) 3–7. — Ders., Mary and the Most Holy Eucharist in the Ethiopic Liturgy, In: Ethiopian Review of Cultures 1 (1991) 219–236.
Abuna Paulos Kardinal Tzadua

Zemst, Provinz Brabant, Erzbistum Mechelen-Brüssel, ULF in t'Hammeke. Nach Wichmans' »Brabantia Mariana« konnte ein Schiffer auf dem Fluß Zenne plötzlich mit seinem Boot nicht mehr weiterfahren, auch nicht als er seine ganze Ladung abgeworfen hatte. Da bemerkte er in einem Baum am Ufer ein Mbild. Er zimmerte ein Dach darüber und konnte darauf seine Fahrt wieder fortsetzen. ULF in t'Hammake gilt als besonderer Zufluchtsort für Fieberkranke.

Lit.: H. Maho, La Belgique à Marie, 1929, 480 f. — Inventairs van het cultuurbezt in Belgie, Teil 2n, 1977, 808. *J. Philippen*

Zeno, Bischof von Verona, * wohl in Mauretanien, † um 380, bekämpft in seinen 92 Predigten u. a. den Arianismus, innergemeindliche Mißstände, Verächter von Askese und Jungfräulichkeit. Damit gibt er einen tiefen Einblick in das Leben seiner Zeit.

Z. beobachtet mit Argwohn die Lehre des → Photin, die sich ganz in seiner Nähe ausgebreitet hatte. Dieser behauptet, Jesus habe aus dem Schoße der Jungfrau M seinen Anfang genommen, sei dann um seiner Gerechtigkeit willen zum Gott erhoben worden, aber nicht als solcher geboren. Gegen diese Doktrin unterscheidet Z. — wie früher Laktanz — zwei nativitates: In der ersten Geburt wurde der Sohn Gottes als Gott aus dem Vater geboren, in der zweiten wurde er als Mensch aus der Jungfrau M wiedergeboren (I 545,2–3). Z. bezeichnet auch die Zeugung durch den Vater als nativitas. Hierfür war ihm ein cyprianischer Bibeltext, der die Stelle Jes 53,8 folgendermaßen wiedergab, bestimmend: »nativitatem eius quis enarrabit«, während andere Kirchenväter und auch die Vulgata »generationem eius quis enarrabit« bieten.

Folgerichtig betont Z. deswegen Ms Virginität — als erster der Lateiner auch im anatomisch-physiologischen Sinne —, stellt sie Eva gegenüber (I 36,29: Evam in Maria redintegrasti). Wie der Teufel dank seiner Überredungskunst durch das Ohr in Eva eingedrungen ist, sie verwundet und getötet hat, so trat Christus durch das Ohr in M ein und schnitt alle Laster des Herzens (I 3,19: cordis vitia) aus. M ist also weder von persönlicher, noch von Erbschuld frei, obwohl Z. ihren Schoß »Tempel« nennt und die übernatürliche Art der Empfängnis und Geburt hervorhebt: M ist schwanger nicht durch den ehelichen Verkehr, sondern durch den Glauben, durch das Wort, nicht durch den Samen (I 54,3). M gebiert nicht unter Schmerzen sondern mit Freude (ebd. und II 122,2). Z. prägt die dogm. Formel für die immerwährende Jungfräulichkeit Ms: »Maria virgo incorrupta concepit, post conceptum virgo peperit, post partum virgo permansit« (I 54,5), »Maria fuit virgo post connubium, virgo post conceptum, virgo post filium« (II 7,4). Beweis dafür ist ihm (I 54,5) das apokryphe Zeugnis der → Hebamme im → Jakobusevangelium.

Bes. interessant ist Z.s Vergleich zwischen Elisabeth und M: »Um dieselbe Zeit empfangen zwei einander verwandte Frauen, die eine gegen alle Hoffnung, die andere durch das Wort ... Elisabeths unfruchtbarer Schoß schwillt an durch beglückende Fruchtbarkeit, Mariens Schoß durch die Majestät. Die erstere trägt den Herold in sich, Maria den Richter. Jubelt, ihr Frauen, und erkennt daran die Hebung eures Geschlechtes! Die alte Schuld ist vernichtet: siehe, durch euch gewinnen wir Verbindung mit dem Himmel: die Greisin hat den Boten geboren, die Jungfrau Gott« (II 8,8).

QQ: PL 11,253–528. — CCL 22.
Übers.: Th. Michelis, Des hl. Z. v. V. österliche Ansprachen, 1927. — A. Bigelmair, Des hl. Bischofs Z. v. V. Traktate, 1934. — G. Ederle, San Zeno. Sermones I–IV, 1955–60.
Lit.: Studi Zenoniani in occasione del XVI centenario della morte di san Zeno, 1976. — A. di Bernardino, Patrologia III, 1978, 117–120; 1981, 146–150. — R. Herzog, Restauration und Erneuerung. Die lat. Lit. von 284–374, 1989, 421–425. — LThK² X 1346. — DPAC II 362 f. *J. B. Bauer / A. Viciano*

Zentren. Zur wissenschaftlichen Förderung mariol. Studien entstanden v. a. im 20. Jh. verschiedene Studienzentren, sei es als theol. Arbeitsgemeinschaften mit regelmäßigen Tagungen und Publikationen oder auch als ausdrückliche Studieneinrichtungen. Als internat. Koordinator fungiert die von Carlo → Balić OFM (1899–1977) 1946 am Generalstudium der Franziskaner in Rom gebildete »Commissione Mariana Francescana«; diese wurde 1959 als »Pontificia Academia Mariana Internationalis« (PAMI; Via Merulana 124, I-00185 Roma) errichtet. Sie ist gemäß dem Motu Proprio »Maiora in dies« (1959) von Papst Johannes XXIII. Organisator der internat. marian.-mariol. → Kongresse, die alle vier Jahre durchgeführt werden und deren Akten sie ediert. Ferner gibt sie die Bibliotheca Mariana heraus. An nat. Arbeitsgemeinschaften stehen miteinander in lockerem Austausch die: Société Française d'Études Mariales (gegründet 1934, Organ: Études Mariales); Sociedad Mariologica Española (gegründet 1940, Organ: Estudios Marianos); The Mariological Society of America (gegründet 1949, Organ: Marian Studies); Deutsche Arbeitsgemeinschaft für Mariologie (DAM; gegründet 1951, Organ: Mariologische Studien); Polnische Mariologische Arbeitsgemeinschaft (gegründet 1954); Sociedad Mariologica Clumbiana (gegründet 1958); Sociedade Mariologica Mater Ecclesiae (Portugal; gegründet 1964); The Ecumenical Society of Blessed Virgin Mary (gegründet 1967; in England und Amerika wirkende ökumen. Gruppierungen); Kroatische Arbeitsgemeinschaft für mariol. Studien (gegründet 1971); Associacione Mariologica Interdisciplinare Italiana (AMI; gegründet 1990, Organ: Theotokos).

An Studienzentren haben internat. Ausstrahlung die Pontificia Facoltà Teologica »Marianum« der → Serviten in Rom mit einer bedeutenden Bibliothek. Die Fakultät gibt die Zeitschrift »Marianum« heraus; im Verbund mit ihr erscheint die für die mariol. Arbeit unverzichtbare »Bibliografia Mariana«. Für die Lizentiat und Doktorat ist dem Marianum assoziiert das von den → Marianisten getragene »International Marian Research Institute« der Universität Dayton, Ohio (USA). Schließlich unterhalten die → Salesianer in Turin ein »Centro Mariano Salesiano«, das gemäß dem pädagogischen Anliegen der Gründung Don → Boscos mariol. Studien und eine entsprechende Bibliothek betreibt; dabei wird die Volksfrömmigkeit bes. betont. In Deutschland hat das »Institutum Marianum Regensburg e. V.« mit der Herausgabe des Marienlexikons den mariol. Studien einen großen Dienst erwiesen.

Lit.: NDMar 154–162. — H. M. Köster, Die Mariologie im 20. Jh., In: Bilanz der Theol. im 20. Jh., hrsg. von H. Vorgrimler und R. Vander Gucht, III, 1970, 126–147 (Lit.). *F. Courth*

Zeon (Ζέον, ТЕПЛОТа́), Beimischung heißen Wassers zum hl. Blut nach Fractio und Commixtio im byz. Ritus. Der Priester segnet das heiße Wasser mit den Worten: »Gesegnet sei die Glut all deiner Heiligen, jetzt und allezeit und von Ewigkeit zu Ewigkeit. Amen.« Der Diakon gießt kreuzweise etwas heißes Wasser in den konsekrierten Wein mit den Worten: »Glut des Glaubens, voll des Hl. Geistes. Amen.« Das Z. gibt es nur in der byz. Kirche. Auf der Synode von Zamostja (1720) wurde es für die griech.-kath. Ukrainer verboten, erscheint aber in den heutigen liturg. Büchern wieder fakultativ.

Möglicherweise ist das Z. schon im 6. Jh. in Syrien bekannt; dennoch kennen die ältesten Quellen der byz. Liturgie die Zeremonie nicht (Codex Barberini, 8.–9. Jh., Codex Pophyrius, 9.–10. Jh.); auch die Begleitworte sind von späterer Herkunft. Die Aufnahme des Z. in die Rubriken der Liturgie geschah nicht ohne Widerstand; die russ. Liturgie des 12. Jh.s kannte es noch nicht. Möglicherweise liegen die Wurzeln des Z. in einem Brauch der kappadokischen Bergregion, dem Wein etwas heißes Wasser zuzugießen, um ihn im Winter vor dem Gefrieren zu bewahren. Als Beigießung von heißem Wasser in den konsekrierten Kelch sollte das Z. sinnenfällig darstellen, daß der Leib des toten Christus nicht der Verwesung anheimfiel und seine natürliche Körperwärme behielt (Lehre der Aphthartodoketen). Die spätere Interpretation des Z. thematisiert aber das Wirken des Hl. Geistes: Nach Kabasilas erinnert die Hitze des heißen Wassers an das Feuer des Hl. Geistes und damit an sein Herabkommen am Pfingsttag; dieser Herabkunft entspricht analog das durch die Epiklese bewirkte Herabkommen des Geistes zur Wandlung von Brot und Wein. Sehr realistisch wird dadurch die heilsökonomische Funktion des Hl. Geistes dargestellt, von der Fleischwerdung aus ⟨M⟩ der Jungfrau bis zur Konsekration der eucharistischen Gaben.

Lit.: I. Dmitrievsky, Istoričeskoe, dogmatičeskoe i tainstvennoe izyasnenie na božestvennoyu liturgiyu, Moskva 1804, 235–236. — K. Nikolskij, Posobie k isučeniju ustava bogosluženija pravoslavnoi tserkvi, St. Petersburg 1900, 454 f.; Nachdr. Graz 1960. — I. M. Hanssens, Institutiones Liturgicae de Ritibus Orientalibus II–III und Appendix, 1930–32, Nr. 410–412, 1406–07. — D. Attwater, Catholic Eastern Churches, 1935, 57 f. — H. J. Schulz, Die byz. Liturgie. Vom Werden ihrer Symbolgestalt, 1964, 75–81. — K. Onasch, Kunst und Liturgie der Ostkirche in Stichworten, 1981, 380 f. (Lit.). — C. Kucharek, The Byz.-slav. Liturgy of St. John-Chrysostomos, 1971, 682–688. — Beck (Lit.). — EC XII 1794 f. *M. Kunzler*

Zeugen Jehovas (bis 1931 »Bibelforscher«) sind eine Religionsgemeinschaft, die sich bemüht, urchristl. Lehren und Tugenden zu bewahren (Liebe untereinander, politische Neutralität, reiner Lebenswandel, Naherwartung des Millenniums, Haus-zu-Haus-Missionierung u. a.). Die Bibelforscher um Charles Taze Russell (16. 2. 1852–31. 10. 1916) in Allegheny (USA) begannen 1870 nach dem Christentum der Bibel zu suchen, das sie von den Dogmen und Traditionen der Christenheit verschüttet sahen. Zahlreiche dt. Veröffentlichungen wurden durch die Wachtturm Bibel- und Traktat-Gesellschaft Magdeburg und Wiesbaden (seit 1984 Sitz in Selters / Taunus) herausgegeben. Das NS-Regime verfolgte die rund 25 000 Gläubigen rigoros. 1993 gab es 166 505 aktive Z. in Deutschland, 4,7 Millionen weltweit (Österreich: 20 494; Schweiz: 17 908; Luxemburg: 1733).

Die Rechtfertigung der Souveränität Gottes und die Heiligung seines Namens »Jehova« (Jahwe) durch den gekrönten Christus wird von den Z. als die wahre Lehre der Hl. Schrift verstanden. ⟨M⟩ ist »die von Gott erwählte, hochbegünstigte Frau, von der Jesus geboren wurde« (Unterredungen 294). Jesus ist nicht Gott, der Allmächtige, sondern Gottes Sohn, der gemäß Joh 1,1 artikellose θεός, was im Urtext ein Prädikatsnomen ist und daher mit »ein Gott« (oder »ein Göttlicher«) übersetzt werden kann. Da Jesus nicht der »wahrhaftige Gott« oder »Gott Sohn« ist, ist ⟨M⟩ für die Z. weder Theotokos noch GM.

Die Z. heben hervor, daß die Hl. Schrift keinen Hinweis darauf enthält, daß ⟨M⟩ von ihrer Mutter ohne Erbsünde empfangen wurde. Vielmehr hat ⟨M⟩ wie alle Menschen von Adam die Sünde ererbt (Röm 5,12). Somit unterwirft sie sich nach der Geburt Jesu den mosaischen Reinigungsvorschriften (Lk 2,22–24). Sie war jedoch wirklich Jungfrau, als sie den sündenlosen Sohn

Gottes gebar. Dieses Wunder wurde durch Gottes Macht möglich, der eine Eizelle Ms auf übernatürliche Weise befruchtete, indem er »die Lebenskraft und das Persönlichkeitsmuster seines erstgeborenen himmlischen Sohnes in den Leib Marias« übertrug. »Gottes wirksame Kraft, sein heiliger Geist, überwachte die Entwicklung des Kindes im Mutterleib Marias, so daß ein vollkommener Mensch geboren wurde (Lk 1,35; Joh 17,5)« (Unterredungen 295 f.).

Jesus hat gemäß Mt 13,55–56 ἀδελφοὶ (Brüder) und ἀδελφαὶ (Schwestern), und somit bleibt M nicht immerwährend jungfräulich und führt keine platonische Ehe mit Joseph. Bei diesen → Brüdern und Schwestern Jesu handelt es sich nicht um geistige Geschwister oder Cousins: Mk 3,31–35 unterscheidet zwischen Jesu leiblichen und seinen geistigen Brüdern. Wenn im NT zum Ausdruck gebracht werden soll, daß es sich um Verwandte und nicht um leibliche Brüder handelt, so wird wie in Lk 21,16, ein anderes griech. Wort συγγενῶν verwendet.

M erhielt später himmlisches Leben, fuhr aber nicht leiblich in den Himmel auf, da »Fleisch und Blut das Gottesreich nicht erben«, und auch Jesus war als »Geist«, nicht als Mensch, in den Himmel aufgefahren (1 Kor 15,45–50 gemäß Jerusalemer Bibel). Weder M noch »Heilige« werden als Fürsprecher angesehen, da alle Gebete nur an Gott, den Allmächtigen, gerichtet werden sollten (Ps 65,2; Mt 6,9). Die durch Christus an den Vater gerichteten Gebete werden jedoch mit ebensoviel Verständnis und Erbarmen aufgenommen, wie wenn sie durch M an Gott gerichtet werden würden, die die Leiden der Frauen versteht (Ps 103,13–14; Hebr 4,15–16).

Die Z. kennen keine MV, was sie wie folgt begründen: M ist auch im apost. Zeitalter nicht verehrt worden; Petrus erwähnt sie in seinen Briefen nicht ein einziges Mal, und Paulus spricht von ihr als von »einer Frau« (Gal 4,4). V. a. aber hat Jesus seiner Mutter keine besondere Ehre erwiesen (Lk 11,27–28). Seine abweisende Frage »Was haben ich und du gemein, Weib?« (Joh 2, 4), ist ein sanfter Verweis, den M demütig annimmt. M wird von den Z. als treue Christin der Urgemeinde geachtet: »Die ganze Menschheit ist Maria zu Dank verpflichtet, weil sie bereit war, Jesus Christus, den Sohn Gottes, zu gebären, damit er uns von Sünde und Tod loskaufen konnte. Ferner gab Maria durch ihre Keuschheit, ihre Demut, ihren Glauben und ihren Gehorsam allen Christinnen ein gutes Beispiel« (Erwachet! 22. 1. 1981).

Lit.: »Maria — gesegnet unter den Frauen«, In: Der Wachtturm, 15. 8. 1975, 487 f. — »Kann Maria helfen?«, In: Erwachet! 22. 1. 1981, 17 f.. — »Maria, die Rettung aus der Weltkrise?« In: Erwachet! 8. 11. 1988. — »Maria (Mutter Jesu)« In: Unterredungen anhand der Schriften, 1990. — »Maria«, In: Einsichten über die Hl. Schrift II, 1992. *J. Wrobel*

Zhamakarkutiun, armenisch-kath. Brevier, das in einem Band → Zhamakirk, → Šaragan und alle anderen Texte des Stundengebets enthält.

Lit.: P. K. Meagher u. a. (Hrsg.), Encyclopedic Dictionary of Religion, 1979, 3806. *J. Madey*

Zhamakirk, armen. liturg. Buch, das das Ordinarium des Stundengebets (ohne die Hymnen und Lesungen) enthält. Es ist vergleichbar mit dem westsyr. → Š'ḥīmō.

Lit.: P. K. Meagher u. a. (Hrsg.), Encyclopedic Dictionary of Religion, 1979, 3806. *J. Madey*

Zick, Januarius, dt. Maler, Architekt, Entwerfer von Kirchenausstattungen und Intarsien, * 6. 2. 1730 in München, † 14. 11. 1797 in Ehrenbreitstein/Koblenz, Sohn des Johann → Zick, wurde vom Vater ausgebildet. 1745–48 ging er in eine Maurerlehre bei J. Emele aus Schussenried, 1749 folgte die Übersiedelung nach Würzburg, 1756–57 hielt er sich in Paris auf, 1757–58 in Basel, 1758 in Rom und Augsburg (Auszeichnung durch die Kaiserl. Franziskische Akademie), anschließend in Bruchsal, seit 1760 in Ehrenbreitstein, wenig später folgte die Ernennung zum kurtrierischen Hofmaler. Ab 1771 entwarf Z. Intarsien für den Neuwieder Ebenisten David Roentgen. Als Freskant arbeitete er anfangs mit seinem Vater zusammen (Würzburg, Residenz, Gartensaal, 1750; Bruchsal, Schloß, 1752–54). Sein erstes großes Deckenbild (Schloß Engers, 1760) ist noch deutlich der Tradition des süddt. Rokoko verpflichtet, obwohl sich in Komposition und Figurenstil bereits erste Zeichen des beginnenden Frühklassizismus andeuten. Voll ausgeprägt sind diese Elemente in der 1778–80 erfolgten Freskierung der Klosterkirche Wiblingen, die einen Höhepunkt in Z.s Schaffen darstellt. In Wiblingen war Z. auch für die gesamte Innenausstattung verantwortlich. In kurzem zeitlichen Abstand folgten die Fresken in Oberelchingen (1782–83), in Rot a. d. Rot (1784), Triefenstein (1786) sowie die zerstörten Deckenmalereien in Koblenz (Residenz, 1785/91), in Mainz (Schloß, 1787) und in Frankfurt am Main (Palais Schweitzer-Alessina, 1792–93).

Während in Wiblingen Mthemen nur eine geringe Rolle spielen — lediglich das Nebenfresko über dem Seitenaltar mit der Verkündigung zeigt die Aufnahme Ms in den Himmel —, steht die Ausmalung in → Oberelchingen ganz im Zeichen der Verherrlichung Ms. Die Deckenbilder des Hauptschiffes stellen 5 Mfeste dar: Heimsuchung, Darbringung im Tempel, Verkündigung, Himmelfahrt, Me Geburt. Das Hochaltarblatt zeigt die Immaculata. Im nördlichen Seitenschiff befindet sich ein zweier Zyklus, der auf den am östlichen Ende stehenden Altar mit dem Wallfahrtskultbild der Schmerzhaften GM Bezug nimmt: M überreicht den Mönchen des Servitenordens das Skapulier, Kreuzigung, Beweinung und Grablegung Christi. In Elchingen existierte eine Bruderschaft von den »Sieben Schmerzen Mariens unter dem schwarzen Skapulier der Serviten«. Das Thema der Himmelfahrt Ms wird 1786 in Rot a. d. Rot nochmals formuliert. Außerdem steht M im

Januarius Zick, Immaculata, 1784 (?), Ulm, Museum

Mittelpunkt der Pfingstdarstellung in Zell (1780/81). Große Altarbilder mit ⋈themen malte Z. u. a. 1766 in Ottobeuren (Unterweisung ⋈s durch Anna) und in Essen-Steele, Fürstin Franziska Christina Stiftung (Immaculata) sowie in Sarreguemines (Madonna vom guten Rat, die als »Gnadenbild im Bild« den Pilgern den Weg weist). Daneben entstanden mehrere Darstellungen der Verkündigung (z. B. Koblenz, Mittlerhein-Mus.). Am häufigsten malte Z. jedoch kleinformatige Andachtsbilder, die ⋈ mit dem Jesuskind zeigen. Hinzu kommen noch etliche Darstellungen der »mater dolorosa«, die fast immer als Pendant zu einem »Ecce-homo«-Bild entstanden ist.

Z.s Kunst als Freskomaler wird geprägt durch eine deutliche Abkehr von den komplizierten allegorischen Programmen der vorhergegangenen Freskantengenerationen und durch den Hang zu einer diesseitigen Interpretation biblischer Stoffe, in der sich auch Tendenzen der Aufklärung bemerkbar machen. Die Aufgabe des Visionären geht einher mit der Entwicklung zurück zum »Quadro riportato«; die Fresko und Architektur deutlich trennende Rahmung und die perspektivisch kaum verkürzten Figuren unterstreichen den Tafelbildcharakter der Fresken. Andererseits finden sich auch bewußt eingesetzte illusionistisch-raumerweiternde Elemente. Z.s vom hollandisierenden Stil seines Vaters ausgehende Tafelmalerei ist in den 1750er Jahren von rembrandteskem Helldunkel bestimmt. Nach seinen Ausbildungsreisen machen sich verstärkt Einflüsse der franz. Rokomalerei bemerkbar, aber auch Elemente der ital. und v. a. der holländischen Malerei nahm Z. auf und entwickelte daraus seinen eigenen unverkennbaren Stil. In der Spätzeit häufen sich die Einflüsse des franz. Klassizismus, die sich neben dem helleren, zu kräftigen Lokalfarben tendierenden Kolorit v. a. in der Themenwahl äußern. Z.s Vielseitigkeit zeigt sich auch an seiner thematischen Bandbreite, die mit Ausnahme von Stilleben und reinen Landschaften alle Bereiche umfaßt, und oft zu ungewöhnlichen ikonographischen Lösungen führte. Seine Fähigkeit in allen Medien — vom Fresko, Tafelbild und Zeichnung bis hin zum Ausstattungs- oder Intarsienentwurf — hervorragende Werke zu schaffen, zeichnet Z. unter seinen Zeitgenossen bes. aus.

Lit.: A. Feulner, Die Zicks, 1920. — O. Metzger, J. Z. Datierte und datierbare Gemälde, 1981. — Ausst.-Kat., J. Z. und sein Wirken in Oberschwaben, Ulm 1993. — J. Straßer, J. Z. (1730–1797), Das Gesamtwerk (im Druck). *J. Straßer*

Zick, Johann, dt. Maler, Astronom und Mathematiker, * 10.1.1702 in Lachen bei Ottobeuren, † 4.3.1762 in Würzburg, Vater von Januarius → Zick, lernte 1721–24 bei J. Stauder aus Konstanz, nach 1726 angeblich bei Piazzetta in Venedig. Seit 1728 lebte er in München, 1732 folgte Z.s Berufung zum Hofmaler des Freisinger Fürstbischofs Herzog Johann Theodor von Bayern, 1749 die Übersiedelung nach Würzburg, Anfang der 1750er Jahre nach Bruchsal.

Z. arbeitete in erster Linie als Freskomaler. Die bis 1749 entstandenen Freskenzyklen, u. a. in Raitenhaslach (1739), Schussenried (1745/46) und Biberach a. d. Riß (1746–49), stehen in der Tradition der bayer.-schwäbischen Deckenmalerei. Mit der Ausmalung des Gartensaals der Würzburger Residenz (1749–50) setzt sein reifes Werk ein, das mit den Fresken in Schloß Bruchsal (1751–54) seinen Höhepunkt erreicht. Nach der Ausmalung der Pfarrkirche in Amorbach (1753) entstanden die späten Fresken in Oberzell (1755) und Grafenrheinfeld (1757), die mit ihren ausgeprägten Helldunkelkontrasten auf die Rezeption Rembrandts hinweisen. Mariol. Themen kommen in seinen Fresken nur vereinzelt vor, u. a. ein Zwickelbild mit der Verkündigung in Biberach oder eine Schmerzhafte M in Oberzell bei Würzburg (1755). Als Altarblätter malte Z. zweimal die Himmelfahrt Ms, im Auszugsbild der Roßackerkapelle in Rosenheim (1737) und im Hochaltarbild in Raitenhaslach (1738), sowie eine Anbetung der Hirten in Schlehdorf (1736). Auf einer Darstellung mit dem »Martyrium des hl. Vitus« in St. Burkhard in Würzburg schwebt M über dem zu ihr aufblickenden Heiligen.

Lit.: A. Feulner, Die Zicks, 1920. — B. Strieder, J. Z. (1702–1762), Die Fresken und Deckengemälde, 1990. *J. Straßer*

Ziegelbauer, Magnoald, OSB, Historiograph, aszetischer Schriftsteller, * 5.10. (?) 1688 in Ellwangen / Jagst, † 14.6.1750 in Olmütz / Mähren, wurde auf den Namen Johann Michael getauft, machte am 21.11.1707 als Fr. Magnus in Zwiefalten (ad Duplices Aquas), das zur Konstanzer Benediktinerkongregation gehörte, Profeß, empfing am 21.3.1713 die Priesterweihe und war als theol. Lehrer und Seelsorger tätig. Wegen Schwierigkeiten mit seinem Abt verließ er am 30.12.1730 seine Abtei und kam über Melk nach Wien. Von hier trat er mit Gelehrten seiner Zeit sowie österr. und böhmischen Abteien in Verbindung und unternahm bes. historische Forschungen. Seit 1732 nennt er sich fast durchgängig Magnoald. Anfang 1748 wurde er Akademiesekretär der Gelehrtengesellschaft in Olmütz, wo er auch verschied.

Z.s erstes, 1726 in Druck erschienenes Werk »Mancipatus«, für das er nur unter Schwierigkeiten die Druckerlaubnis seines Abtes, u. a. wegen der Verteidigung der UE Ms erhielt, ist ein kleines Handbuch für die »Übereignung an die ohne Erbsünde empfangene jungfräuliche Gottesmutter«, aus der »Epoche des Knechts- oder Sklavendienstes« zu Ehren Ms zu verstehen und übernimmt wesentliche Elemente dieser MV, wenn auch kritisch vermerkt wird, M wünsche, daß ihr in Liebe und nicht in Furcht gedient wird (73; vgl. L.-M. → Grignion de M.). Der 1. Teil enthält ein Leben Ms (48–66) und begründet den Dienst zu Ehren Ms aus ihrer UE. Die Argumente werden v. a. aus dem Frömmigkeitsleben der Kirche genommen. Der 2. Teil (67–85) verteift in sieben Punkten den Mdienst, der verlangt: Gehorsam; Reinheit an Leib und Seele; Liebe, Reinheit des Geistes und tätige Buße; Glaube, der alles auf Christus bezieht. Darin ist eingebunden »Alles zur größeren Ehre Gottes und der Gottesmutter. Der treue Knecht darf nämlich nur für seine Herrin und ihretwegen leben« (76). Ferner: Nachahmung Ms; Ehrfurcht vor der Herrin; täglicher Mdienst. Der 3. Teil (86–109) berichtet über Mverehrer und legt viele Formeln für die Weihe zum »ewigen Mariendienst« vor. Der 4. Teil (110–130) empfiehlt, die Mweihe jährlich mit einer Formel vor einem Maltar zu erneuern. Der wahre Mdienst umfaßt u. a. heiligmäßige Lebensführung, Gewissenserforschung mit Prüfung der Einstellung über die UE Ms und bei Verfehlungen Empfang des Bußsakramentes. Ms größte Bitte ist: »Bewahrt mit meinen Jungen, Jesus! Kreuzigt nicht wieder Jesus durch eine schwere Sünde!« (118). Das Tragen eines Mbildes mit Unterschrift auf der Brust führe zu neuen Anregungen.

»Novissima de Negotio« ist ein Kommentar des Offiziums BMV von der IC, für dessen »Architekt« Z. den Jesuiten Alfonso Rodríguez (1538–1616) hält. Die Druckerlaubnis erteilte Hugelin Wanderer OSA, Dekan der Theol. Fakultät der Universität Wien. Im Vorwort entwirft Z. eine kurze Geschichte der Verehrung der IC Ms und begründet den Aufbau des Werkes: Mit der Verteidigung dieser Lehre müsse sich deren Verehrung verbinden. Darum erklärt er dieses Offizium, ferner Antiphone und Anrufungen Ms aus verschiedenen Hymnen, angefangen von der Matutin (1–5) bis zur Komplet (37–395), und baut »Mancipatus« vollständig ein. Er bietet, wie oft in seinen Werken, eher eine große Ansammlung von vielen Dokumenten, die die IC beweisen sollen, so das Statut der Universität Wien, das auf die Lehre von der UE Ms verpflichtet (282 ff.), sowie Texte von Theologen verschiedener Zeiten, z. B. → Johannes v. Damaskos, → Bernhard v. Clairvaux, Scholastikern, Jesuiten und → Richard v. Laurentius mit »De laudibus BMV« (114 f. 385 f.; nicht unter Albert!). Er bringt auch Litaneien von der IC (166–169).

Nach »Historia Rei« (IV 183–185), die O. Legipont posthum ediert hat, soll Z. manche Ansichten über die IC unter dem Einfluß von L. A. → Muratori (seit ca. 1743) widerrufen haben. Im Erstlingswerk habe er im jugendlichen Übereifer zu unkritisch aus Legenden, Privatoffenbarungen und Frömmigkeitsleben heraus argumentiert. Die Lehre von der IC sei nicht in der Offenbarung und Tradition begründet, noch nicht definiertes Dogma, sondern eine »fromme Meinung«, an der er festhalte. Das »Blutgelübde« auf die Lehre der IC sei daher als Aberglaube abzulehnen. Da O. Legipont die Edition oft durch eigene Gedanken erweitert hat, kann aufgrund falscher biographischer und sachlicher Angaben und der kritischen Sichtung der Texte und Werke der Widerruf in dieser Form angezweifelt werden (vgl. Baier 371 ff.). Er ging teilweise in die Lit. ein.

Der Historiker Z. war auch in seinen hist. Werken an Gestalten der MV interessiert, so in der Geschichte über die Verehrung des Kreuzes (z. B. »Historia didactica«, 308), »Historia Rei« (IV 170–185) führt marian. Autoren an. In der Geschichte von Brevnov-Braunau widmet er ein ganzes Kapitel der überlieferten und lebendigen Verehrung der GM in dieser Abtei, die »unter die marianischen Klöster der benediktinischen Familie« (»Epitome« 135) eingereiht zu werden verdient, zumal in Braunau das Gnadenbild

Ms »Die Wundertätige von Braunau« hoch in Ehren steht und der Schutz Ms oft erfahren wurde. Die anderen Abteien der Böhmischen Kongregation werden einbezogen, marian. gesinnte Abte, deren marian. Aktivitäten und Marian. Kongregationen und Bruderschaften von der UE Ms und der Schmerzhaften Mutter Gottes bes. gewürdigt (ebd. 374 ff.).

»Sacra Sponsalia«, dem Abt von Kladrau als Mverehrer gewidmet, ist ein einziger Lobpreis auf zwölf Heilige und Fromme (z. B. Robert v. Molesme, → Bernhardin v. Siena, → Hermann Josef, → Alanus v. Rupe u. a.), die in schwierigen Situationen und zur Förderung der Heiligkeit M zur Braut und Mutter erwählt haben. In barock-affektivem Stil tritt der Autor mit ihnen in ein Gespräch, legt von ihnen Gebete und Anleitungen für das Leben vor und zieht Folgerungen für den Leser. M wird Mutter der Ordensleute, der Gnade, der Barmherzigkeit, des Trostes, der Vollkommenheit und aller Tugenden genannt.

WW (Auswahl): Mancipatus illibatae Virginis Deiparae, Konstanz 1726. — Novissima de Negotio Saeculorum. Hoc est: Opus Parthenicum recentis ac novi argumenti ss. Mysterio Immaculatae Conceptionis Beatae Virginis Mariae …, Wien-Retz 1736 (!). — Sacra Sponsalia Virginem Deiparam inter et duodenos Caelites, Bamberg 1739. — Epitome historica … Monasterii Brevnoviensis, Köln 1740. — Historia didactica de Sanctae Crucis Cultu et Veneratione in Ordine Divi Benedicti, Wien 1746. — Historia Rei Literariae Ordinis Sancti Benedicti, ed O. Legipont, 4 Vol., Augsburg 1754, bes. IV 170–185.
Lit.: J. Stricher, les Rétractations du Mariologue Bénédictin Dom M. Z., In: EThL 35 (1959) 59–76 (mit 2 Briefen Z.s an L. A. Muratori). — M. Ruf, P. M. Z. OSB (1688–1750), In: Ellwanger Jahrbuch 1987–88, 32 (1989) 85–108 (WW, Lit.). — R. Joos, Zwiefalten und Kloster Kladrau (Kladruby) in Böhmen, In: H. J. Pretsch (Hrsg.), 900 Jahre Benediktinerabtei Zwiefalten, 1989, 49–60. — W. Baier, Benediktinische Spiritualität im Kloster Brevnov-Braunau und in seinen abhängigen Klöstern in der Barockzeit, In: Tausend Jahre Benediktiner in den Klöstern Brevnov, Braunau und Rohr, hrsg. von J. Hofmann, 1993, 359–379. — Hurter IV 1577 ff. — Wurzbach LX 37–40. — DThC XV/2, 3692. — NCE XIV 1119. — LThK² X 1365.

W. Baier

Ziemetshausen → Vesperbild

Zierer, Johannes, OP, Lektor des Ulmer Dominikanerklosters und nach einem Eintrag vom 15. 1. 1478 im Registrum litterarum des Leonardus de Mansuetis Beichtvater des Straßburger Dominikanerinnenklosters St. Nikolaus in undis. In dieser Funktion wird Z. als Verfasser einer auf das Jahr 1479 datierten → Predigt zum Fest der UE genannt, die unikal in einer Handschrift aus dem Kloster St. Nikolaus in undis überliefert wird (Berlin, Staatsbibl., mgq. 434, 25ʳ–31ʳ).

Thema ist Spr 8,24: Die lat. und dt. gegebene Disposition wird vom Begriff »concepta eram« abgeleitet: »j conceptio diuinalis, ij conceptio angelicalis, iij conceptio humanalis, iiij conceptio scripternalis, v conceptio maternalis« (25ᵛ). Der dt. Begriff »Empfängnis«, der sich dem nicht leicht anfügt, wird in seiner Bedeutung um Komponenten des lat. Äquivalents erweitert: »Also waz ein verstentlich wesen geschöppfet oder vngeschôpfet ernstlich furnimet jn siner verstentnisz daz wurt genant ein enpfohunge« (ebd.), so daß über diesen Kunstgriff die Diskussion um die UE ausgeklammert werden kann. Stattdessen wird die Erlösung der Menschheit nach göttlichem Plan hinsichtlich der Ergänzung der Engelchöre, in der Verkündigung an Adam und Eva, in atl. Prophetien und in der Empfängnis Ms selbst dargelegt. Den Anlaß erwähnt Z. unter dem letzten Dispositionspunkt und bezieht ihn ausdrücklich auf die Heiligung Ms bei ihrer Beseelung, die die Heiligung anderer übertreffe (30ᵛ). Im Verlauf der Predigt wird M als »schaczkamer des heiligen geistes«, »porte des paradyses«, »kunigin der himele«, »wider schöpferin«, »wider ernuwerin«, »wider bringerin« und »wider finderin aller gnoden vnd alles guten« bezeichnet; zum ersten Dispositionspunkt (26ʳ–ᵛ) werden in zehn Punkten typologische Bezüge zwischen Eva und M genannt.

An dieser Predigt, die hinsichtlich der Anlage und Form den anspruchsvolleren Straßburger Dominikanerpredigten etwa eines Hugo v. Ehenheim vergleichbar ist, wird deutlich, wie lange in bestimmten Bereichen auch nach der allgemeinen Einführung des Festes der UE im Jahre 1476 Zurückhaltung gegenüber seinem Inhalt bestand. Der anschließende Traktat über die UE, in dem auch Predigten referiert werden (Gerhard v. Straßburg, → Geiler v. Kayserberg, Abdruck: Landmann 193–194), bezeichnet im ersten Teil die Frage nach der UE als unentscheidbar und zeigt so, daß die Predigt Z.s zum Zeitpunkt der Niederschrift den aktuellen Diskussionsstand repräsentiert, der dann in einem neu einsetzenden zweiten Teil mit Verweis auf eine Münsterpredigt Geilers von 1481 zugunsten der UE korrigiert wird. Gleichwohl stehen die in Z.s Predigt verwendeten Mmetaphern im Kontrast zur mariol. Reserviertheit, so daß erkennbar ist, daß sich MV an anderen Themen als der UE manifestiert.

Ausg. und Lit.: B. M. Reichert (Hrsg.), Registrum litterarum Raymundi de Capua 1386–99, Leonardi de Mansuetis 1474–80, 1911, 121. — L. Pfleger, Die geschichtliche Entwicklung der Marienfeste in der Diözese Straßburg, In: Archiv für elsäßische Kirchengeschichte 2 (1927) 1–88. — F. Landmann, Die Unbefleckte Empfängnis Mariä in der Predigt zweier Straßburger Dominikaner und Geilers v. Kayserberg, ebd. 6 (1931) 189–194 (Teilausg.). — Morvay-Grube T 141. T 145. — Kaeppeli III 48–49. — A. Rüther und H.-J. Schiewer, Die Predigthandschriften des Straßburger Dominikanerinnenklosters St. Nikolaus in undis, In: Die dt. Predigt im MA, hrsg. von V. Mertens und H.-J. Schiewer, 1992, 169–193.

M. Costard

Zigabenos (auch Zygadenos und andere Namensvarianten), Euthymios, Mönch, lebte unter Kaiser Alexios I. (1081–1118), verfaßte v. a. eine *πανοπλία δογματική* (dogm. Waffenrüstung), eine Widerlegung aller bedeutenden Häresien. Das Werk ist im wesentlichen als Florileg konzipiert, aber in einigen Kapiteln, so in denen über die Armenier und die Bogomilen, finden sich auch persönliche Äußerungen des Verfassers. Sieht man von Unechtem (darunter auch einer Homilie auf den Gürtel der Theotokos, die dem Patriarchen Euthymius, 907–912, zuzuweisen ist), von wörtlich Entlehntem (Scholien zu Gregor v. Nazianz) und von Exzerpten aus der Panoplia unter anderem Titel ab, dann bleiben als weitere Werke: Kommentare zu den Psalmen, den vier Evangelien und den Paulusbriefen, die weitgehend älterem Material (Katenen) verpflichtet sind, sowie ein Kommentar zu den zehn Cantica (Oden) des byz. Offiziums. An mariol. Thematik ist in diesen Werken v. a. folgendes zu nennen: In der Panoplia: 1. Ablehnung der paulikianischen Lehre, Christus habe seinen Leib vom Himmel empfangen (so auch die Armenier: PG 130,1176 f.) und sei als ganzer in ⋈ ein- und aus ihr hervorgegangen, so daß sie nicht eigentlich seine Mutter, sondern gleichsam nur sein Durchgangsschlauch (σωλήν) gewesen sei; sie habe aber nach ihm noch von Joseph leibliche Kinder gehabt (Lehre der Paulikianer: PG 130,1193–96; Widerlegung 1216–20). 2. Zurückweisung der messalianischen Vorstellung, ⋈ habe in ihrem Schoß ein (nicht näher bestimmtes) Sperma und den Logos empfangen (PG 130,1276). In den Evangelienkommentaren: Hier werden natürlich suo loco auch mariol. Themen berührt. Als Beispiel sei hier die Bemerkung zu Lk 1,27 genannt, ⋈ sei mit Joseph verheiratet bzw. verlobt (μεμνηστευμένη) gewesen, damit der Teufel so über die Geburt Christi in Unkenntnis gehalten werde. Der Teufel habe nämlich das Prophetenwort von der Jungfrauengeburt gekannt und demgemäß allen Jungfrauen aufgelauert, um sie im Falle einer unehelichen Schwangerschaft ins Verderben zu locken (PG 129,865–868). Im noch unedierten Kommentar zu den Oden wird nach Papabasileiu (287 und 290) Ode 4, das Gebet des Propheten Habakuk (Hab 3,2–19), auf die Menschwerdung Christi aus ⋈ bezogen und Ode 9 (das Magnificat) in freier Textparaphrase interpretiert. Hier findet sich eingangs der Gedanke, daß die Sünde wie das Gute mit einer Frau ihren Anfang nahmen.

Ausg. der Panoplia: PG 130, des Evangelienkommentars: PG 129.
Lit.: A. N. Papabasileiu, Εὐθύμιος-Ἰωάννης Ζυγαδηνός. Βίος – Συγγραφαί, Leukosia ²1979. – TRE X 557 f. (Lit.) *F. Tinnefeld*

Zimmermann, Johann Baptist, * 3.1.1680 in Gaispoint/Wessobrunn, † 26.2.1758 in München, Stukkator und Maler, von größter Bedeutung für die Entwicklung des süddt. Rokoko, älterer Bruder des Architekten und Stukkators Dominikus Z., mit dem er des öfteren zusammenarbeitete.

Z. entstammte der Wessobrunner Stukkatorenschule. Anzunehmen ist eine zeitweise Mitarbeit in der Schmuzer-Werkstatt. Als Tafelmaler und Freskant, der hier bes. interessiert, war Z. Autodidakt. Weder eine Lehrzeit ist festzustellen, noch sind Akademiebesuche oder Studienreisen bekannt oder anzunehmen. Trotzdem wird Z., der Altersgenosse Cosmas Damian Asams, zu der für die Entwicklung des Rokokofreskos wichtigsten Persönlichkeit, er wird — die im Stukkator herausgebildeten dekorativen Fähigkeiten nutzend — zum eigentlichen Schöpfer des Rokokofreskos. Früh tritt er in bayer. Hofdienste. 1729 ernennt man ihn zum Hofstukkator. Sein ungeheures Werk als Stukkator und Freskant schafft er mit Hilfe eines großen Mitarbeiterstabes.

Die Entwicklung des Rokokobildes — v. a. des Bildes an der Decke — beeinflußt die Darstellungsformen und die Bedeutung von Ikonographie, natürlich auch der ⋈ikonographie. Das Rokokobild Z.s erzählt neu. Es gibt kaum eine Komposition im herkömmlichen Sinn. Motive werden als »Kernelemente« behandelt, nach außen zu nimmt ihre »Dichte« (H. Bauer) ab. Der barocke geschlossene Architekturraum des Freskos wird aufgegeben. An seine Stelle rücken Landschaftsszenen ohne konstruktive Verbindung mit dem Realraum, durchsetzt mit Asymmetrien, gefüllt mit Versatzstücken und eben auch Handlungsträgern. Das Erzählen des Rokokofreskos zeigt »bukolische Ausdeutung des Idyllischen und das lyrisch-sensitive Auskosten des voll erschlossenen religiösen Stimmungswertes« (H. Tintelnot). Natürlich ändert sich die Bedeutungsebene des Dargestellten. Nicht die absolute Illusion des barocken Deckenbildes, angestrebt durch die glaubhafte Verbindung des Wahren (Realraum) mit dem Wahrscheinlichen (Bildraum), ist mehr das Ziel, als vielmehr eine auch durch das Abgleiten ins Dekorative hergestellte hermetische Sphäre des Bildraums, dessen Geschehnisse nun eher Gleichnisse oder Offenbarungen der himmlischen Welt sind. Einflüsse auf den Deckenmaler Z. gehen v. a. von den Fresken J. A. Gumpps, N. G. Stubers und J. Amigonis aus. Motive behandelt er oft kompilatorisch. Motivquellen sind v. a. J. A. Wolff, H. v. Aachen, J. C. Loth, Rubens.

Die Tafelbildes Z.s mit marian. Thematik sind meist Altarblätter. Die Themen sind traditionell. Die Qualität der Tafelbilder ist, solange man sie für sich betrachtet, eher gering. Der Normalfall setzt allerdings ihre Einbindung in einen übergreifenden dekorativen Zusammenhang voraus, nicht die »museale« Isolation.

Fresken mit ⋈thematik (meist innerhalb größerer Programme): Markt Rettenbach, Wallfahrtskapelle ⋈ Schnee: Medaillons der Lauretanischen Litanei (1707). — Buxheim, ⋈kapelle: ⋈ mit dem Christkind über der Ianua Coeli; ⋈ als Schutzherrin der Völker; Morgenröte als Symbol ⋈s; ⋈ als Schützerin der Christenheit (1709). — Buxheim, Klosterkirche ⋈saal: Pfingsten; ⋈ mit dem Christkind erscheint dem sel. Johannes Fort; Vision eines Kartäusers; ⋈ mit Kind; ⋈e Tempelgang; Verkündigung; Heimsuchung (1711/12). — Ottobeuren, Kloster, ehem. Krankenkapelle: Hl. Familie (1714). — Schliersee, Pfarrkirche: Verehrung des Namens ⋈s; Schutzmantelmadonna (1714). — Freising, Kapelle am Domkreuzgang: Aufnahme ⋈s in den Himmel (1716). — Maria Medingen, Klosterkirche: Verkündigung (erneuert); ⋈ breitet den Mantel über den Dominikanerorden; Hl. Familie; Anna-Selbdritt; Abschied Christi von ⋈ (1719/22). — Vilgertshofen, Wallfahrtskirche: Beweinung Christi (1721). — Bad Wörishofen, Dominikanerinnen-Klosterkirche: ⋈ als Schutzherrin des Dominikanerordens; Pius betet während der Seeschlacht von Lepanto; 15 Rosenkranzgeheimnisse; Verkündi-

J. B. Zimmermann, Steinhausen, Maria in der Glorie, 1731

gung; ♏ erscheint einer Dominikanerin (1722/23). — München, Preysing-Palais: Fünf Geheimnisse des freudenreichen Rosenkranzes (1724/27). — Dietramszell, Klosterkirche: Himmelfahrt Christi; Ausgießung des Hl. Geistes; Begegnung an der Goldenen Pforte; Geburt ♏s; Tempelgang; Vermählung ♏s; Verkündigung; Heimsuchung; Reinigung ♏s; Tod ♏s (1726/41). — Steinhausen, Wallfahrtskirche: Weihe des Heiligtums an ♏; ♏ in der Glorie; 7 ♏feste; Tod ♏s (1730/31). — Würzburg, Neumünster: Himmelfahrt Christi; Pfingsten (1732). — Landshut, Klosterkirche Seligenthal: Krönung ♏s; Geburt ♏s; Tod ♏s (1733/34). — München, Klosterkirche St. Jakob: Madonna del Pilar; Krönung ♏s mit der Hl. Dreifaltigkeit, den hll. Franziskus und Klara; Kreuzigung Christi (1737/38, zerstört). — Prien, Pfarrkirche: der Sieg von Lepanto als Folge des Rosenkranzgebetes (1738/40). — Emmering, Pfarrkirche: Geburt ⓜe; 6 Darstellungen ⓜs als Schutzherrin und Zuflucht (1745). — Grafing, Marktkirche Hl. Dreifaltigkeit: Himmelfahrt ⓜs; Anbetung der Hl. Dreifaltigkeit durch ⓜ und Joseph, Joachim, Anna und Aaron (1743). — Landshut, Studienkirche St. Blasius: ⓜ und Heilige aus dem Dominikanerorden (1749). — Andechs, Klosterkirche: Himmelfahrt Christi; ⓜ überreicht Johannes ihren Gürtel; das ⓜgnadenbild über dem Teich von Bethesda; Kreuzkapelle: Passionsbilder (1751/52). — Wemding, Wallfahrtskirche ⓜ Brünnlein: Verehrung des Namens ⓜs durch Engel; ⓜ als Gnadenbrunnen, verehrt von den vier Erdteilen; ⓜ mit Kind; Bittflehende vor dem Gnadenbild von ⓜ Brünnlein; 17 kleinere Bildfelder mit lauretanischen und anderen ⓜsymbolen (1752/54). — München, Stadtpfarrkirche St. Peter: Pfingsten; hl. Anna und ⓜ (1753/54). — Schäftlarn, ehem. Klosterkirche: Einkleidung des hl. Norbert durch ⓜ (1754/56). — Freising, ehem. Klosterkirche Neustift: Einkleidung des hl. Norbert durch ⓜ; ⓜ mit Kind (1756). — Andechs, Benediktinerpriorat, Refektorium: Kreuzigung Christi (zerstört). Tafelbilder mit ⓜthematik: Anna lehrt ⓜ, verehrt von Theresia v. Avila: Hohenaschau, Schloßkapelle (1738). — Anna lehrt ⓜ: Buxheim, ehem. Reichskartause, St. Annakapelle (1738); München, Residenz, Hofkapelle (1748). — Hl. Wandel: Grafing, Marktkirche, 1748. — Himmelfahrt ⓜs: Landshut, Klosterkirche Seligenthal (1733/34); Dietramszell, Klosterkirche (1745); Margarethenberg, Pfarrkirche (1754). — Krönung ⓜs: Landshut, Studienkirche St. Blasius (1752). — St. Liborius als Fürbitter vor ⓜ: München, St. Peter (Vorzeichnung: München, Staatl. Graphische Sammlung, 1748). — Apokalyptische Frau: München Berg am Laim, Pfarrkirche (1746). — Entwurf für einen marian. Gnadenaltar: Frankfurt, Städel.

Lit. (Auswahl): J. B. Schmid, J. B. Z. Maler und kurfürstl. bayer. Hofstuccateur, In: Altbayer. Monatsschrift 2 (1900) Heft 1, 9–24; Heft 2/3, 65–80; Heft 4/5, 97–123. — U. Röhlig, Die Deckenfresken J. B. Z.s, Diss. masch., München 1949. — H. Tintelnot, Die barocke Freskomalerei in Deutschland, 1951. — G. Richter, J. B. Z. als Freskant. Das Frühwerk, 1984. — H. und A. Bauer, Johann Baptist und Dominikus Z., 1985.

T. J. Kupferschmied

Zingarelli, Nicola Antonio, * 4.4.1752 in Neapel, † 5.5.1837 in Torre del Greco, ital. Komponist, war Schüler von Fedele Fenaroli und wirkte als Kirchenmusiker in Mailand, Loreto und San Pietro in Rom. Ab 1813 leitete er das Real Conservatorio di Musica in Neapel und wurde 1826 Kapellmeister an San Tesoro.

Seine KM behandelt den »stile antico« der Palestrinaschule ebenso wie die Stilelemente der aufkommenden Romantik. Z. hinterließ neben Bühnenwerken, Oratorien, Kantaten und Instrumentalmusik 100 Meßvertonungen in unterschiedlichen Besetzungen, zahlreiche Magnifikatvertonungen und Hymnen (u. a. »Ave Maris Stella«) sowie 15 »Stabat Mater«.

Lit.: MGG XIV 1302–05. — Grove XX 692–694. *E. Löwe*

Zinzendorf, Nikolaus Ludwig, Reichsgraf v., * 26.5.1700 in Dresden, † 9.5.1760 in Herrnhut, zählt zu den genialen Persönlichkeiten seines Jh.s, wegweisend in vielen Bereichen v. a. für den Weltprotestantismus wie durch die Formierung der »Erneuerten Brüder-Unität«, der er eine ökumen. Grundeinstellung für alle folgenden Zeiten vorgab.

Nur innerhalb dieses weiten Rahmens wird seine Einstellung zum Katholizismus wie zur MV greifbar. Hier bewährt er sich gleichzeitig als der große Ökumeniker (unmittelbar neben Leibniz und dessen Kreis), wie auch als einer der »verwegensten Christozentriker« nach Augustin und Pascal. Das tritt bereits bei dem jungen Grafen in den Vordergrund. Seine erste intensive Begegnung mit dem Katholizismus hatte er auf seiner Kavaliersreise, die ihn auch nach Paris führte. Intensiv las er sich in kath. Schriften ein und besuchte die Gottesdienste. Z., dem Reichsgrafen aus uraltem österr. Adel fürstlichen Ranges, öffneten sich sofort die Türen zum franz. Hochadel als gleichrangig, so auch zu Herzog Louis Antoine de Noailles, Kardinal und Erzbischof von Paris (1651–1729), einer der führenden Gestalten der franz. Prälatenkirche, der damals reichsten und mächtigsten, die eine gewisse Selbständigkeit innerhalb der Weltkirche betonte. Der Kardinal gehörte zu den Männern, die sich keiner Täuschung über die kirchliche Situation angesichts der Aufklärung hingaben. In Gesprächen auf Schloß Conflans erkannte er Z.s überragende Begabung. Diese Gespräche begründeten eine Freundschaft und einen jahrelangen Briefwechsel nicht ohne Zerreißproben. Doch das Ergebnis war überwältigend: Beide wollten einander nicht mehr in ihre jeweilige Kirche hinüberziehen. Sie hatten aneinander entdeckt, daß sie Christus lieben und ihm in der ganzen Unmittelbarkeit angehören wollten. Darin bestand für beide das Heiligtum ihres Lebens. Über alle Zäune hinweg gehörten sie zu der unsichtbaren Kirche Jesu Christi, die durch alle Zeiten und Länder reicht. Sie sahen sich als Kinder eines gemeinsamen Vaterhauses. Die trennenden dogm. und kirchlichen Fragen überspielten sie dabei nicht. Über alle Differenzen hinweg aber fanden sie das große Thema in ihren Gesprächen, die Vertiefung in das unergründliche Meer des Leidens und Verdienstes Jesu (Kreuzestheol.) und die dadurch geschenkte Gnade, selig zu werden. Sie liebten die alten christl. Mystiker, die beiden großen Konfessionen gemeinsam waren. Jedenfalls war es Z.s tiefste Überzeugung, daß die getrennte und zerstrittene Christenheit in dem Maße wieder zusammenrücke, als klar und deutlich Jesus Christus als das alleinige Heil bezeugt und gelebt werde.

So suchte Z. auch nach der Rückkehr in seine Heimat das zu stärken, was beiden großen Konfessionen gemeinsam war. Er ließ Johann Arndts »Wahres Christentum«, das große Erbauungsbuch der luth. Kirche, an dem sich viele ev. Generationen in ihrer Frömmigkeit genährt haben, ins Franz. übersetzen und in Wittenberg drucken. Dabei nahm er die Stellen heraus, wo Arndt scharf gegen den Katholizismus polemisierte. Der Kardinal, dem Z.s Freund und Weggenosse, Baron v. Wattewille im September 1725 in Conflans das Buch persönlich übergab, nahm es freundlich an und erbat sich acht Tage Zeit, um es gründlich lesen zu können. Er akzeptierte es und wünschte sehr, daß es eine weite Verbreitung im franz. Katholizismus finde, denn es wäre ihm sehr heilsam. Zwar wurde es in Frankreich verboten, doch von Holland aus, wohin sein Vertrieb verlagert wurde, konnte es ins Land kommen. In diesem Zusammenhang entwarf Z. auch einen Brief an Papst Benedikt XIII., den er allerdings nicht absandte, der aber in falsche Hände geriet und wild ausgeschlachtet wurde. Z. war gewarnt. Um sein Werk in dt. Landen nicht aufs Spiel zu setzen, mußte er nun behutsamer in der Öffentlichkeit agieren.

Zwei bezeichnende Einzelheiten seien noch erwähnt: Bei Z.s erstgeborenem Sohn hatte Kardinal Noailles das Patenamt übernommen. Graf Heinrich XXIV. Reuß vertrat den greisen Kirchenfürsten bei der Taufe. Aber in einem Brief hatte der Kardinal dann die Hoffnung ausgesprochen, daß »das Kind die hohen Tugenden des Vaters erben« möge. Außerdem stand das Bild des Kardinals auf Z.s Schreibpult neben dem seiner Frau. Ja, Z. malte sich aus, wie es einmal sein werde, wenn sie sich nebeneinander in der Ewigkeit vor Gottes Thron begegnen würden.

Geistliche Hilfe kam auch von anderer Seite: Vieles aus den überkommenen kath. Zeremonien ist im Luthertum lebendig geblieben, so viel auch durch die »Vernünfteleien« der Aufklärung verloren ging. In der Abendmahlsliturgie wird in der Anbetung ein Lob- und Dankesgebet angestimmt »gemeinsam mit den Vollendeten Gerechten« vor Gottes Thron. Diese Position ist bei Z. ein Teilaspekt in seiner Begegnung mit dem Katholizismus, ein anderer Teilaspekt von gleicher Eindrücklichkeit ist sein leidenschaftliches Eintreten für die Freiheit des Gewissens.

Z. gab nicht auf. Er wollte auch nach des Kardinals Heimgang weiter mit dem lebendigen Katholizismus in Frankreich in Verbindung bleiben, und sei es nur durch ein Buch. So gab er 1730 dt. und franz. ein »Christkatholisches Gesangbuch« heraus, in dem er ev. und kath. Christushymnen zusammen veröffentlichte. Es ist freilich wenig beachtet worden und kann auch hier nicht analysiert werden. — Doch hier, in fast prophetischer Sprache, in einer Direktheit, mit nicht wenigen theol. Einsichten, findet sich eine deutliche Aussage über den Stellenwert der Mutter Jesu im ökumen. Gespräch, wie Z. es suchte.

Die Mutter Jesu Christi wird hier nicht isoliert von der ganzen Christenheit dennoch klar herausgehoben, ganz dicht bei Christus. Hier kulminiert in 🜨 die ganze Heilsgeschichte auf Christus hin: »Maria, die den nähsten Sitz bey ihm hast überkommen,/ und ihm mit deiner Klarheit Blitz sein Hertz ganz eingenommen:/ Komm, gib mir die Demüthigkeit/ und Jungfräuliche Würdigkeit,/ mit welcher du ihn hast bewogen,/ daß er in dich ist eingezogen.«

Ob dieses Lied von Z. selbst stammt oder von ihm inspiriert ist, bleibt unklar. Aber er hat es an hervorgehobener Stelle zweifelsohne in der Gesamtkonzeption gewollt. Es gehört zu der Liedergruppe unter dem Thema »Allerseelen«. 🜨, die Mutter Jesu, hat auf Erden unermüdlich für ihn und die ganze werdende Christenheit fürbittend gelebt. Sie ist auch in der Vollendung eine Fürbittende für die kämpfende Christenheit im Diesseits gemeinsam mit all den Vollendeten, die anbetend zugleich nicht stumm geworden sind, für die Menschen hienieden fürbittend einzutreten.

Für Z. war dies eine Realität. Deswegen sagte er den ledigen Brüdern in der entstandenen Brüdergemeinde einmal: »Je mehr aus einem Chor zum Heiland gehen, desto besser ist es für den Chor, desto mehr Gehülfen kriegt der Chor.« Und wie eine Bestätigung war es, daß am Ostermorgen vor Sonnenaufgang die ganze Herrnhuter Gemeinde wie eine »Prozession« auf den Gottesacker zog, um im Aufgang der Sonne singend den Auferstandenen mit all den Vollendeten anbetend zu begrüßen.

WW: N. L. v. Z., Hauptschriften, hrsg. von E. Beyreuther und G. Meyer, 6 Bde. und Ergänzungsbände, 1962 ff.; bes. Ergänzungsband X: Z. und der Katholizismus, 1970.
Lit.: E. Benz, Z.s ökumen. Bedeutung, In: E. Benz und H. Renkewitz (Hrsg.), Z.-Gedenkbuch, 1951. — E. Beyreuther, Die große Z.-Trilogie: Der junge Z., Z. und die sich hier beisammenfinden, Z. und die Christenheit, ²1988.   *E. Beyreuther*

Zistersdorf, Niederösterreich, Diözese Wien, ehemalige Pfarr- (1160–1811) und jetzige Wallfahrtskirche »Maria am Moos«.

Albert III. v. Kuenring ließ vor 1160 die Kapelle über einer wundertätigen Quelle durch eine größere Kirche ersetzen, die von Bischof Konrad v. Passau am 11. 4. 1160 als Pfarrkirche geweiht wurde. 1284 wurde Z. dem Stift Zwettl geschenkt und seit 1424 auch von dort aus betreut. Nach Zerstörungen (1431 durch Hussiten, 1621 durch Kuruzzen und 1683 durch Türken), entstand gegen Ende des 17. Jh.s unter Abt Bernhard Linck die Kirche in ihrer heutigen Form. Das Gnadenbild, eine Pietà (Holz, Mitte 15. Jh., heute im Gnadenaltar von 1698), überstand die Zerstörungen stets unversehrt. Nach der Legende sei ein Kuruzzenführer, der 1621 die Kirche niedergebrannt hatte, schwer erkrankt und habe sterbend im Lichterglanz die Erscheinung der GM an der Stelle gesehen, an der daraufhin das Gnadenbild gefunden worden sein soll.

1671 stiftete P. Johann Kuenmüller aus Zwettl die »Bruderschaft der Sieben Schmerzen Mariens« zum Schutz gegen den Protestantismus. 1783 schuf P. Troger das Hochaltarblatt mit der Himmelfahrt 🜨e. Z. wurde bes. in Pestzeiten aufgesucht. In dem Wasser der Heilquelle wusch man sich oder man trank es bei Fieber und Magenleiden. Die meisten der einst zahlreichen Votivgaben sind verloren. Andachtsbilder stammen aus dem 19. und 20. Jh.; Hauptwallfahrtstage sind der 15. August und der 8. September.

Lit.: Maria Zisterdorffensis oder Kurzer Bericht vom Ursprung ... des wundertätigen Gnadenbildes Mariae der schmerzhaften Mutter Gottes am Moos zu Zistersdorf, Crems 1775. — F. Binder, Die Wallfahrtskirche Maria-Moos in Z., 1948. — Gugitz II 222–224. — H. Oezelt, Maria-Moos in Z., 1960. — P. M. Plechl, Wallfahrtsstätten in Niederösterreich, 1978, 19 f. — Dehio-Niederösterreich, 1990, 1325–30. *F. Trenner*

Zisterzienser. Abt Robert von Molesmes unternahm zusammen mit seinem Prior Stephan Harding und dem Subprior Alberich 1098 in Cîteaux (Cistel, Cîtel, Cistercium), einem Allodialgut des Vizegrafen Rainald v.Beaune, 20 km südlich von Dijon den Versuch einer halberemitischen Klostergründung in größter Abgeschiedenheit, Regeltreue und Armut. Nach der Legende soll Ⓜ persönlich die Väter mit dem weißen Ordensgewand eingekleidet haben (vgl. z.B. das Altarblatt von Martino Altomonte um 1740 in der Stiftskirche Wilhering). Dieser poetischen Verklärung der Gründungsgeschichte liegt als historischer Kern die frühe Vorschrift zu Grunde, alle Z.-Kirchen Ⓜ zu weihen. Die Bedeutung der Z. in der Entwicklung der Ⓜfrömmigkeit ist wohl ähnlich zu sehen wie die → Bernhards v.Clairvaux, der zwar Schriften über Ⓜ von hohem Rang hinterließ, aber immer unter Beobachtung diskreter Ausgeglichenheit. Vergleichbares wird man von der marian. Wirkung des gesamten Ordens einschließlich der reformierten Observanz der Trappisten sagen können. Sie erfolgte mehr von ungefähr als direkt beabsichtigt.

Die ersten Z. zeichneten sich durch die besondere Fähigkeit aus, ihre geistlichen Ideale in entsprechende rechtliche Formen umzusetzen. In der ersten Fassung der »Charta Caritatis« (1119), dem Grundgesetz des Ordens, ging es um die wörtliche Befolgung der Benediktus-Regel durch die Befreiung der Klöster aus den herrschaftlichen Feudalstrukturen. Die apost. Handarbeit, das Konverseninstitut und die damit geforderte Eigenwirtschaft ohne Zins- und Robotbauern schuf die Voraussetzungen für die »libertas« der Z.: Im Prinzip sollten sie weder Steuer zahlen noch als »Herren« der damaligen ständischen Gesellschaft Steuern von Untertanen erhalten. Die Z. wollten keinem Eigenkirchenherrn, Stifter und Vogt außer dem Landesherren, dem König oder Kaiser untertan sein. Dafür wählten sie sich eine geistliche Herrin: Sie nannten Ⓜ die »Advocata nostra«, die »Anwältin«, »Vogtin« und »frowe« des Klosters, die ihre weltliche Unabhängigkeit, Vogtfreiheit und geistliche Immunität symbolisch garantieren sollte. In der Ⓜfrömmigkeit drückte sich so ein neues Verfassungsprinzip aus. Am 16.11.1106 ließ der hl. Alberich die neue Kirche von Cîteaux der »Himmelskönigin« Ⓜ weihen.

Die Verfassungsurkunde der Z. sollte nach dem Eintritt Bernhards und seiner Gefährten (1113) und dem sprunghaften Anwachsen des Ordens ein hohes Maß von Selbständigkeit mit einer größtmöglichen Gemeinsamkeit der Einzelklöster in vier Filiationen (La Ferté: 1113; Pontigny: 1114; Clairvaux: 1115; Morimond: 1115) gewährleisten. Die Gemeinsamkeit sollten die jährlichen Generalkapitel in Cîteaux durch eine regelmäßige Gesetzgebung mit einem wohldurchdachten Visitationssystem besorgen. Diese betraf Chor- und Tagesordnung, Meßritus, Zeremonien, Fastenordnung, Askese, Handarbeit, Lesung, Studium, Bücher, Einrichtung, Architektur und eben auch die Vorschrift des Ⓜpatroziniums. Das Ideal der »uniformitas«, das u. a. durch die gemeinsame Ⓜfrömmigkeit unterstrichen wurde, sollte das »kath.« Prinzip der Einheit der selbständigen monastischen »Ortskirchen« unterstreichen. Die Z.-Kirchen wurden synonym für »Gotshäuser« zur Seligen Jungfrau Ⓜ, und die Assumptio BMV wurde zum Patrozinium fast aller Kirchen des Ordens.

Die Z. wollten ursprünglich nur regeltreue Mönche und echte Söhne des Mönchsvaters Benedikt sein. Sie entwickelten aber rasch neue Formen bzw. Schwerpunkte des rel. Lebens. Die harte Feldarbeit, die Abgeschiedenheit der Klöster und die karge Lebensweise sollten die adeligen Mönche nach dem Weihnachtsgeheimnis der Menschwerdung in »humilitas«, »obscuritas« und »paupertas« prägen. Wilhelm v.Saint-Thierry erzählt in seiner »Vita prima« (I 4) von der Krippenvision, die Bernhard als Kind in Chatillon erlebte. Damit war ein Leitmotiv der neuen Frömmigkeit angegeben. Sie war im geistlichen Aufbruch des 12. Jh.s angelegt, pflegte bes. die menschliche Natur Christi (humanitas) als Gegenstand der Betrachtung und machte v.a. bei den Bettelorden des 13. Jh.s Schule (vgl. Bernhards Parabel VI: De Aethiopissa quam filius regis duxit uxorem, In: SBO VI/2, ed. J.Leclercq und H.Rochais, 1970). Damit gewann auch eine neue Ⓜfrömmigkeit neben der Verehrung der Menschheit Christi immer mehr an Bedeutung.

Die Z. praktizierten eine Vereinfachung und Reduktion der Liturgie und des Zeremoniells. Die Verkürzung der Gebetszeiten sollte der lectio, d.h. dem betrachtenden Gebet, zugute kommen. Für dieses »hörende« Gebet der Lesung wurde wiederum Ⓜe Verkündigung zum Vorbild. Am Ende der zweiten Homilie von »In laude Virginis Matris« (SBO IV, 1966) schreibt Bernhard, besser als alle hymnischen Worte über Ⓜ sei das stille Verweilen über dem Geheimnis.

Die ersten Klosterbauten der Z. entstanden noch in den puristischen Formen einer strengen Romanik. Ende des 12. Jh.s wurden aber die Z. zu den wichtigsten Verbreitern des gotischen Stils, des damit verbundenen Lebensgefühls und des Ehrenplatzes, den Ⓜ in der merklich neuen Welt gotischer Dome einnahm. Das Individuum gewann an Bedeutung und damit das persönliche Gebet und die Mystik. Die Mönche des »Neuklosters« wollten in ihrem geistlichen Erbe »Altes und Neues« (Mt 13,52) verwirklichen, weil sie darin ein evangeliengemäßes kath. Prinzip erblickten. Sie beabsichtigten keineswegs, einen neuen Orden zu stiften, weil sie wie die Väter des IV. Laterankonzils (1215) durch neue Ordensgründungen ein Zerbrechen der ma. Einheit der Kirche befürchteten. Den Z.n ging es darum, die Spannung zwischen der Kirche → Augustins und → Anselms, zwischen der der Apostel und der des MA, der der christl. Antike und ihrer Zeit auszutragen. Ihr Ideal war die Erneuerung der Kirche im Geist der Väter, der Schrift und der gläubigen Vernunft (libertas spiritus). Um das zu veranschaulichen, zitierten sie M, in der sie den Alten und den Neuen Bund in einer untrennbaren Einheit verkörpert sahen (vgl. Sent. III 127 über das Magnifikat: SBO VI/2, 1970). M wurde zum Modell für die geistliche Schriftauslegung der Z., weil in ihr der Buchstabe der Schrift Geist geworden sei (vgl. Sent. III 138). Sie wurde zum Inbegriff des freimütigen geistlichen Strebens, durch das die Kirche belebt, nicht aber gefährdet werden sollte wie durch asketische Individualisten (die »solitarii« der Mönchsbewegung: Parabel III, SBO VI/2), Heterodoxe und frühe Ketzer des 12. Jh.s.

Das Zeitalter der ersten Kreuzzüge, der Anfänge der ma. Armutsbewegung und der neuen Ritterkultur war durch ein erstaunliches Anwachsen der Z. gekennzeichnet. 1153 gab es mehr als 300 Abteien, die sich über die ganze Christenheit erstreckten. Gegen Ende des 12. Jh.s umfaßte der »Orbis Cisterciensis« 700 Klöster von Irland bis ins Hl. Land, von Portugal bis Schweden. Aber lange gab es keinen weiblichen Zweig. Das Frauenkloster Tart nahm 1147 die Gebräuche des benachbarten Cîteaux an. Die Z. wehrten sich aber bis zum 12./13. Jh. gegen eine rechtliche Eingliederung: Es sei Aufgabe der Kanoniker (der Prämonstratenser und anderer Chorherren) in der Tradition der »vita apostolica« zu predigen, seelsorglich tätig zu sein, als Beichtväter den Frauen zu dienen und auch Doppelklöster zu gründen. Aufgabe der Mönche dagegen sei es »zu weinen«. Als die Z. sich dann im 13. Jh. gezwungen sahen, Frauenklöster zu inkorporieren, führte das auch zu einer einzigartigen Blüte der Mfrömmigkeit und einer volkstümlichen Frauenmystik. Die neuen Konvente erhielten vielfach symbolische Namen wie Seligenthal, Lichtenthal, Oberschönenfeld oder eben marian. Titel wie Marienstern, Marienthal, Marienfeld, Mariengarten. Die Frauenmystik des späten MA ist mit dem Namen großer Zisterzienserinnen verbunden: → Gertrud v. Helfta († 1301/02) und → Mechthild v. Hackeborn († 1299). Der erste mystische Traktat im Mittelhochdeutschen geht auf eine Zisterzienserin, die ehemalige Beguine → Mechthild v. Magdeburg († 1282/94) zurück.

Die Z. bildeten v.a. in den ma. Kolonisationsgebieten → Böhmens, Mährens, Österreichs, → Ungarns, des → Deutschen Ordens, Sachsens, → Schlesiens und → Polens wegen ihrer neuen Geistigkeit und der neuen Wirtschaftsweise bis in die Reformationszeit hinein lebendige kirchliche Zentren. In Skandinavien stellten sie auf dem flachen Land überhaupt die vorherrschende Klosterstruktur dar.

Das Zeitalter der Reformation und der Reformen des Trienter Konzils (1545–63) brachte auch in den kath. Ländern, wo die Klöster nicht aufgehoben waren, einschneidende Änderungen für das Leben der Z. Verschiedenste Aufgaben im öffentlichen und kirchlichen Leben wie z.B. die Pfarr- und Wallfahrtseelsorge mußten übernommen werden. Die Mfrömmigkeit allerdings blieb über Perioden und Observanzen hinweg ein Element der Kontinuität und Einheit.

Die Entstehung von streng kontemplativen Richtungen, wie sie die Observanz der Reformabtei von La Trappe (an der Grenze der Normandie) verkörperte, darf als Frucht des Trienter Erneuerungswillens verstanden werden, sicher aber auch als Ausdruck der großen rel. Spannungen, die das barocke → Frankreich im Zeitalter des Jansenismus und Gallikanismus kennzeichneten. Die große Zeit der Trappisten kam nach der Franz. Revolution und dem Zweiten Weltkrieg. Die Konvertiten-Spiritualität mit ihrem Gründer- und Missionsgeist fand im Geist des I. Vaticanums großen Anklang, v.a. auch in Amerika. Erst 1893 kam es zur kanonischen Trennung der Observantia communis und der Strengen Observanz der Reformierten Z.

Eine selbstverständliche Mfrömmigkeit war eigentlich für alle großen Reformorden (→ Kartäuser, → Prämonstratenser, → Augustiner) kennzeichnend. Die Z. hatten außerdem eine relativ große Zahl von hervorragenden Schriftstellern, die auch über M Bleibendes hinterlassen haben. Bernhards »In laude Virginis Matris« war in halb Europa verbreitet. Hier darf das umfassende Werkverzeichnis der Mschriften Bernhards nur um einige Titel ergänzt werden, die von J. Leclercq und H. Rochais als sicher echt in SBO VI/2 (1970) aufgenommen wurden: Sent. II 177; Sent. II 87 mit einem ausdrücklichen Bekenntnis zur Immculata; Sent. II 111, eine längere Predigt zur Assumptio, auch mit Hinweis auf die Immaculata; die Magnifikatpredigt Sent. III 127 und Parabel VI über die Kirche.

Bernhards ehemaliger Sekretär → Nikolaus v. Clairvaux († 1176) verfaßte Homilien, → Oglerius v. Locedio († 1214) einen Traktat zum Lob Ms, eine Mklage und Predigten (PL 184,879–950). → Philipp v. Rathsamhausen († 1322), später Bischof von Eichstätt, hinterließ eine Auslegung zum Magnifikat, Nikolaus → Vischel († 1330) aus Heiligenkreuz ein Mlob in 12 Büchern und eine »Imago beatae Virginis«; im übrigen vgl. noch → Adam v. Perseigne († 1221), → Aelred v. Rievaulx († 1166), → Alanus ab Insulis († 1202); hl. → Amadeus v. Lausanne († 1159) mit acht Homilien (PL 188,1303–44); → Caesarius v. Heisterbach († 1240), sel. † Guerricus v. Igny († 1157), sel → Helinand v. Froidmont († 1229), → Isaac v. Stella († 1169). Der Pole Bernhard → Bogdanowitz († 1722) kommentierte die Lauretanische Litanei und schrieb über M und die Inkarnation. Die hl. Birgitta v. Schweden († 1373) war zwar keine Zisterzienserin, verfaßte aber ihre »Gloriae BMV« in Alvastra, wo ihr Gatte Mönch geworden war.

Bibl.: Dictionaire des Auteurs Cisterciens, 1975–79.
QQ: J. M. Canivez, Statuta Capitulorum Generalium O. Cist. 1116–1786, 8 vol., 1933–41. — Sancti Bernardi Opera (= SBO), hrsg. von J. Leclercq und H. Rochais, vol. IV und VI/2, 1966, 1970. — J. de la Croix Bouton u. a., Les plus anciens textes de Cîteaux, 1974: Exordium Cistercii; Summa cartae caritatis; Capitula; Exordium parvum; Carta caritatis posterior.
Lit.: Manoir II 566–624. — L. J. Lekai, The Cistercians. Ideal and Reality, 1977. — K. Elm u. a. (Hrsg.), Die Zisterzienser. Ordensleben zwischen Ideal und Wirklichkeit, 2 Bde., 1980/82. — F. Gastaldelli, San Bernardo e l'Immacolata Concezione, In: Mar. 54 (1992), Fasc. I–II, n. 143, 111–123. — G. Viti, La devozione a Maria nell' Ordine Cistercense, ebd. 281–348.
G. B. Winkler

Zitter, Raymund, OSA, * 16.11.1711 in Neustadt / Saale, † 24.11.1766 in Münnerstadt / Unterfranken, trat 1730 in Münnerstadt in den Augustinerorden ein und wurde 1735 zum Priester geweiht. Die längste Zeit (1740–43 und 1746–64) wirkte er als angesehener Prediger und Beichtvater in Mainz, wo er auch lange Jahre als »Praeses« die marian. Erzbruderschaft M̄e vom → Trost betreute.

Beseelt von inniger Liebe zu M̄ suchte er ihre Verehrung durch Wort und Schrift zu fördern. Im Druck erschienen von ihm: »Sermones Panegyrico-Morales de beata Maria Virgine oder Lob- und Sitten-Reden von der jungfräulichen Mutter Gottes« (Mainz 1758 und Augsburg 1767) und »Sermones Dogmatico-Morales de Mysteriis et Origine Festorum beatae Mariae Virginis oder Lehr- und Sitten-Reden von denen Geheimnissen ... Mariae« (Augsburg 1766). Jeder Band enthält für jedes M̄fest zwei dt. Predigten, die sich durch dogm. Gründlichkeit und Volkstümlichkeit auszeichnen. Die Predigten über die Immaculata und Assumpta entsprechen dem heutigen Dogma. Für das dem Augustinerorden eigene M̄-Trost-Fest gab er einen Band »Conciones in honorem beatae Mariae Virginis de Consolatione« (Mainz 1755) heraus.

Lit.: Ossinger 980. — Cl. Hutter, In: La Ciudad de Dios 15 (1888) 462. — D. Gesterkamp, Liber Mortuorum. Die Verstorbenen der rheinisch-schwäbischen Augustinerprovinz, 1972, 554 f., nr. 1496. — A. Zumkeller, Ein bedeutender Münnerstädter Schulmann und Gelehrter des 18. Jh.s: P. Possidius Z. OSA, In: 325 Jahre Johann-Philipp-von-Schönborn-Gymnasium Münnerstadt, 1985, 45–70, hier 46 und Anm. 11.
A. Zumkeller

Zobel, Jörg, Dichter aus der Mitte des 15. Jh.s, wohl bürgerlichen oder handwerklichen Standes, nach sprachlichen Kriterien aus dem niederalemannischen Gebiet, vielleicht dem oberen Allgäu (H. Fischer).

Von Z. sind in der Bayer. Staatsbibl. (cgm 568) in einer Handschrift aus Ausgburg (geschrieben 1468/69) zehn Gedichte überliefert (Bl. 245 ff.; zwei auf 1455 und 1456 datiert; sieben mit Namennennung des Autors). Es handelt sich um (z. T. schwankhafte) Mären, → Legenden (Alexius, Basilius, Eustachius) und geistliche wie weltlich-didaktische Reden. Zwei Stücke haben M̄ zum Thema: Eines behandelt die → Sieben Schmerzen (→ Klagen) der GM (Bl. 250vb—253ra; 358 Verse), das andere ist ein M̄lob (Bl. 259ra–261rb; 352 Verse).

Ausg.: Alexius, In: H. F. Maßmanns Sammeledition »St. Alexius' Leben«, 1843, 140 ff. (430 Verse). — Zwei Schwankmären, In: H. Fischer, Die dt. Märendichtung des 15. Jh.s, 1966, 286–299. — Die übrigen Gedichte sind unveröffentlicht.
Lit.: H. Fischer, Studien zur dt. Märendichtung, 1968, 176 f. — VL[1] IV 1164 f.
M. Lemmer

Zöbingen, Ostalbkreis, Diözese Rottenburg-Stuttgart, Wallfahrtskapelle St. Maria. Die Wallfahrt geht auf das 13. Jh. zurück und beruht auf der Überlieferung, wonach ein Pfleger von Baldern geritten kam, bei Z. samt Pferd im Boden stecken blieb und von Männern des Dorfes befreit werden mußte. Dabei wurde ein Brunnen entdeckt und ein ausgehauener Knettrog, in Wirklichkeit ein Totenbaum, der dort angelegten alamannischen Gräberfeldes.

An dieser Stelle wurde, wohl im 12. Jh., die erste Kapelle zu Ehren der GM erbaut, weil »ville Jahr hero bis auf diße Zeit underschiedliche Miracul gesehen«. Das Gnadenbild der GM mit Kind stammt von etwa 1480. 1605 wurde eine Erweiterung der Kapelle beschlossen, 1626 jedoch bereits ein Neubau geplant, was durch den Dreißigjährigen Krieg verhindert wurde. Planungen für einen Neubau gab es des öfteren, bis der Eichstätter Hofbaumeister Gabrielo de Gabrieli 1718 den Auftrag dazu erhielt. Bei dessen Tod 1726 stand der Bau schon zwei Jahre unvollendet da, und wurde in den folgenden Jahren größtenteils wieder abgebrochen, das Wallfahrtsbild in die Pfarrkirche übertragen und dort verehrt. 1779 wird der Neubau wieder betrieben und der Ellwanger Baumeister Sebastian Manz 1782 mit der Ausführung, beauftragt. Maler Anton Wintergerst in Baldern schuf die Bilder, wobei das Deckengemälde die Entstehung der Wallfahrt darstellt.

Am 4. 10. 1783 konnte der Neubau endlich abgeschlossen werden. Die Wallfahrt blühte erneut auf, und 1795 wurde das 500jährige Wallfahrtsjubiläum festlich begangen.

Die Weihe der Wallfahrtskirche erfolgte durch den Weihbischof von Augsburg am 15. 5. 1803. Auch die jetzige Gestalt der Kirche (1933 und 1973/79 renoviert) bildet in ihrer barocken Gestalt und im klassizistischen Gewand der weiten Rotunde in einem lichten Zentralbau einen würdigen Ort für das Gnadenbild, dessen Verehrung nach der Säkularisation zwar einen Einbruch erlitt, in der Gegenwart aber wieder neu belebt werden soll.

Lit.: L. Mangold, St. Maria Z., Zöbingen o. J. — P. Weißenberger, Beiträge zur Kultur- und Kunstgeschichte der Pfarrei Z., In: Ellwanger Jahrbuch 23 (1969/70).
P. Kopf

Zola, Giovanni Battista, * 1574, † 20.6.1626 in Nagasaki, kam im August 1615 in Japan an. Zusammen mit dem Provinzial Francesco Pacheco (1556–1626), Balthasar de Torres (1563–1626) und Br. Gaspar Sadamatsu sowie fünf Gefährten wurde er in Nagasaki um des Glaubens willen verbrannt.

Nach dem Vorbild der Marian. Kongregationen, die sich in Japan zu einer Massenorgansiation ausweiteten, schuf Z. im Gebiet von Arima eine ähnliche Vereinigung, um den Christen Halt und Entschlossenheit während der Verfolgungszeit zu geben. Zwar waren diese Gruppen keine eigentlichen Marian. Kongregationen — er gab ihnen den Namen »Jesus no kumi« — das Ziel war aber das gleiche. Sehr wahrscheinlich sind diese Vereinigungen die in den Berichten der alten Mission zu Beginn der Verfolgung erwähnten »Märtyrer-Kongregationen«. Die Mitglieder versprachen einander in der Verfolgung beizustehen und wenn es Gottes Wille sei, ihr Leben im Verein mit dem Kreuzestod Christi zu opfern. Jede Gruppe bestand aus 20 Personen, die sich jeden Sonntag und an hohen Festen jeweils in einen anderen Haus versammelte mit geistlichem Vortrag, Aussprache und Rosenkranzgebet. Z. verfaßte eine Regel für die Kongregationen.

Lit.: G. Beretta, Vita del B. Martire Giambattista Zola Bresciano della Compagnia di Gesù, Brescia 1869. — L. Pagès, Histoire de la Religion Chrétienne au Japon, Paris 1869. — P. H. (Yamamoto), Les Congrégations mariales au Japon du temps premiers Chrétiens, In: L' Apôtre de Marie 28 (1937) 287–294. 326–331. — H. Cieslik, Laienarbeit in der alten Japan-Mission, In: J. Specker und W. Bühlmann (Hrsg.), Das Laienapostolat in den Missionen, FS für J. Beckmann, 1961, 99–129. *H. Rzepkowski*

Zoller, Edler von Zollershausen, Joseph, OSB, * 5.4.1676 in Innsbruck, † 1.4.1750 in Liezheim. Als Mönch von St. Ulrich und Afra in Augsburg war Z. lange Jahre erst Prior, dann Propst von Liezheim. Seine wichtigsten und für die Mariol. bedeutsamsten Arbeiten sind seine Emblembücher »ConCeptVs ChronographICVs De Concepta saCra DeIpara« und das deutschsprachige »Mariae Höchst-Wunderbarliche Und Ohne alle Sünden-Mackl Gnaden-reich beschehene Empfängnuß/ Jn Hunderterley Sinn-bildern vorgestellet (…)«, beide 1712 in Augsburg erschienen. Diese Emblembücher sind beredte Zeugnisse für die große Verehrung, die gerade das Geheimnis der UE der GM in der Barockzeit in den süddt. Benediktinerabteien gefunden hat. Verwendet wurden diese Emblembücher in der zeitgenössischen Kunst, z. B. im heute noch erhaltenen Gästetrakt des Klosters → Wessobrunn oder in der Wallfahrtskirche → Kobel bei Augsburg.

Ausg.: s. o. und BB II 1019–21. 1304 f. 1343.
Lit.: A. Lindner, Die Schriftsteller und die um Wissenschaft und Kunst verdienten Mitglieder des Benediktinerordens im Königreich Bayern II, 1880, 119 und Nachträge, 1884, 54. — C. Kemp, Die Embleme des Klosters Wessobrunn und ihre Vorlage. Ein Beitrag zur Marienverehrung des 18. Jh.s in Süddeutschland, In: Mün. 28 (1975) 324–330. — H. Bauer und B. Rupprecht (Hrsg.), Corpus der barocken Deckenmalerei in Deutschland I, 1976, 575–599. — H. Pörnbacher, Literatur in Bayerisch Schwaben, 1979, 118 ff. *H. Pörnbacher*

Zonaras, Johannes, lebte in der 1. Hälfte des 12. Jh.s, war Protasekretis (Leiter der Kaiserkanzlei) und μέγας δρουγγάριος τῆς βίγλης (Befehlshaber der Leibgarde) unter Kaiser Alexios I. Komnenos (1081–1118). Nach dessen Tod möglicherweise in Ungnade gefallen, zog er sich als Mönch auf die Insel Glykeria (Marmarameer) zurück und begann dort eine zweite Laufbahn als Schriftsteller. Seine bekanntesten Werke sind eine Chronik (Ἐπιτομὴ ἱστοριῶν), die von der Erschaffung der Welt bis 1118 reicht, eine inhaltlich und stilistisch hochstehende Kompilation älterer, z. T. heute verlorener Geschichtswerke darstellt und in der Schlußpartie in selbständiger, kritischer Weise die Zeit Alexios' I. schildert, und ein Kommentar zu den Kanones der Apostel, der Synoden und Kirchenväter, eine der umfassendsten Leistungen des byz. Kirchenrechts.

Während das ihm fälschlich zugeschriebene Lexikon erst aus dem 13. Jh. stammt, sind noch einige weitere, kleinere Schriften zu erwähnen: kürzere kanonistische Arbeiten (z. B. über die Vetternehe), nur z. T. edierte hagiographisch-homiletische Werke (Hypapantefest, Sonntag der Kreuzverehrung, Silvester-Legende, Cyrill v. Alexandrien, Sophronios v. Jerusalem, Eupraxia), Erklärungen von Termini der Kirchenpoesie sowie zu den Auferstehungskanones des Johannes v. Damaskos. Von besonderem Interesse für die Mariol. ist jedoch sein Kanon auf die Theotokos mit der Akrostichie Ὕστατος ἦχος ὕστατον πλέκει μέλος (»Die letzte Tonart formt das letzte Lied«, d. h. ἦχος πλάγιος δ'). Die Namen der Häretiker bilden hierbei die Titel der einzelnen Strophen, ihre Irrlehren werden jeweils kurz angedeutet und verworfen. Im einzelnen ist der Aufbau der 3–4 Strophen umfassenden Oden folgendermaßen: 1. Ode (Arius, Sabellius, Macedonius, Apollinarius), 3. Ode (Nestorius, Markion, Eunomios), 4. Ode (Eutyches, Manes, Apollinarios), 5. Ode (Origenes, Didymos, Euagrios), 6. Ode (Markion, Novatus, Eukratiten), 7. Ode (Messalianer), 8. Ode (Aetius?, Paulos v. Samosata, Sergios, Pyrrhos, Apelles), 9. Ode (Leon der Isaurier, Bogomilen, Italer = Lateiner). Wie man sieht, ist der Aufbau chronologisch gedacht, die zeitgenössischen Häresien sind zuletzt genannt. Daneben ruft der Autor zu wiederholten Malen ⟨M⟩ an, sie möge um Rettung für die Menschen beten.

QQ: PG 38. 119. 134. 135,413–422 (Kanon auf die Theotokos). 137. 138. — Epitome historiarum, ed. M. Pinder und Th. Büttner-Wobst I–III, Bonn 1841–97. — Rhalles-Potles, Σύνταγμα II–IV (zus. mit den Kommentaren des Alexios Aristenos und des Theodoros Balsamon). — Roma e l'oriente 6 (1913) 340–367 (Silvester). — Papdopulos-Kerameus, Ἀνάλεκτα Ἱεροσολ. Σταχυολ. V 137–150 (Sophronios). — W. Christ, SB München, phil. hist. Kl. II 1870, 75–108 (kirchenpoetische Termini).
Übers.: Militärs und Höflinge nach der Chronik des Z., übers. von E. Trapp, 1986.
Lit.: PRE II 10 A, 718–732. — H. Hunger, Die hochsprachliche profane Literatur der Byzantiner I, 1978, 416–419. — Beck 656 f. — Tusculum-Lexikon 859–861. — I. E. Karayannopulos und G. Weiss, Quellenkunde II, 1982, 430–432. *E. Trapp*

Zoodochos Pege (Ζωοδόχος Πηγή, lebenempfangende Quelle) wird ⟨M⟩ in der Orthodoxie genannt, da sie Jesus Christus, das Leben, vom Hl. Geist empfangen hat und dadurch »zur sprudelnden Quelle« geworden ist, »deren Wasser ewiges Leben schenkt« (Joh 4,14). Dieser zweite Aspekt, daß M auch lebenspendende Quelle ist, steht in der liturg. Feier im Vordergrund. Am Freitag der Erneuerung, Freitag der 1. Osterwoche, feiert die orth. Kirche die Erneuerung des Menschen durch die Heilstaten Christi und gedenkt dabei zugleich Ms, die die Gnaden ihres Sohnes den Gläubigen weiterreicht, wie es im Festtroparion zum Ausdruck kommt: »Aus deinem unerschöpflichen Quell, Gottbegnadete,/ läßt du mir quellen und zuströmen die Wasser/ deiner Gnade immerfort, unfaßbar im Wort;/ doch weil das Wort du geboren hast, unbegreifbar dem Verstand,/ flehe ich zu dir, mich mit deiner Gnade zu betauen,/ damit ich zu dir rufe:/ Sei gegrüßt, heilbringendes Wasser!« (Anthologion III 227).

Ursprung dieses Gedenktages ist der Weihetag der Wallfahrtskirche der »Gottesgebärerin an der Quelle« vor den Toren Konstantinopels (→ Pege-Klosterkirche), wo schon in vorchristl. Zeit ein Quellheiligtum gestanden haben dürfte. An der Wende zum 14. Jh. dichtete Nikephoros Kallistos → Xanthopulos, Priester an der Hagia Sophia, den Kanon zu Ehren Ms, der in die liturg. Ordnung des Osterfreitags eingefügt wurde. Das Gnadenbild der Wallfahrtskirche ging bei der Türkeninvasion verloren. Es war offensichtlich eine Ikone vom Typos der → Hodegetria, wie sie heute in zahlreichen Varianten nachgestaltet wird nach dem Grundmuster, das das Malerhandbuch vom Berge Athos (15. Jh.) beschreibt: M mit dem Pantokrator im Arm sitzt in einer Brunnenanlage, aus deren oberem Becken mehrere Wasserströme in ein unteres Becken fließen, aus dem Gesunde und Kranke das »heilbringende Wasser« schöpfen.

QQ und Lit.: I. N. Miltiadis, Ἡ Ζωοδόχος Πηγή, 1937. — A. M. Schneider, Besprechung und Ergänzung zu Miltiadis, In: ByZ 38 (1938) 186–188. — Πεντηκοστάριον, Athen, 1974. — Ἀνθολόγιον τοῦ ὅλου ἐνιαυτοῦ III, 1980. — L. Heiser, Maria in der Christusverkündigung des orth. Kirchenjahres, 1981, 315–322. *L. Heiser*

Zorn, Fritz → Sangspruchdichtung

Zorrilla y Moral, José, * 21.2.1819 in Valladolid, † 23.1.1893 in Madrid, populärster Dichter und Vollender der span. Romantik, die er überlebte. Als junger Mann floh er v. a. vor seinem strengen, ultrakonservativen Vater in die Literaturszene Madrids. Reisen führten ihn nach Frankreich, Mexico und Italien. Seine lit. Laufbahn war, im Unterschied zu seiner persönlichen Existenz, die von psychischen Hemmnissen, materiellen Schwierigkeiten und Rückschlägen gekennzeichnet war, äußerst erfolgreich und führte ihn schließlich in die Real Academia, wobei auch hier die letzten Jahre vom wachsenden Bewußtsein, sich überlebt zu haben, verdüstert wurden. Z.s originellster Beitrag zur Romantik liegt, neben dem zum Klassiker gewordenen »Don Juan Tenorio« (1844), dessen Protagonist eine deutliche psychische Nuancierung erfährt und schließlich gerettet wird, v. a. in seinen »Leyendas«, die er nach dem Duque de Rivas als Gattung umfassend weiteraktiviert (die bedeutendsten in »Cantos del Trovador«, 1840–41), indem er v. a. nach Ausschmückung und Beschreibung Historie und Wunderglauben in ihnen nacherlebbar zu machen versucht, sowie in seinem langen, von gelehrten Anmerkungen begleiteten Erzählgedicht »Granada« (1852). Mit Z., in dessen romantischen Figuren und Szenen sich Spanien wiederzuerkennen glaubte, vollzieht sich die wirkliche »nacionalisación«, die Hispanisierung der Romantik, die bis dahin, bedingt durch die Umstände ihrer Entstehung, teilweise mit dem Odium eines geistigen Importprodukts belastet gewesen war.

M als integrierendes Element des mentalen Kosmos des traditionellen Spanien erscheint häufig bei Z., so einerseits natürlich immer wieder in Wunsch- und Bekräftigungsformeln, andererseits auch in expliziten Anrufungen durch das dichterische Ich, etwa in Gedichten wie »Vigilia« (1840), wo der Dichter, gequält von nächtlichen Phantasmen und Gewissensbissen, M anruft, ihn von diesen Schrecknissen zu bewahren, oder »A María« (1844), Gebet und Anrufung, die eine Reihe der traditionellen Formeln des Mlobs vereint.

Das bekannteste Mgedicht Z.s ist freilich seine Bearbeitung der → Beatrix-Legende in »Margarita la tornera« (1840–41): Die junge Nonne und Pförtnerin Margarita unterliegt den Verführungskünsten eines gewissenlosen Don Juans, flieht mit ihm — nicht ohne sich von einer von ihr bes. verehrten Statue der Jungfrau verabschiedet und ihr die Schlüssel anvertraut zu haben — und kehrt schließlich, vom Verführer verlassen, ins Kloster zurück, wo sie feststellt, daß die Jungfrau M in ihrer Gestalt das Pförtneramt versehen hatte, so daß ihr Fehlen nicht bemerkt worden war. Im Vorwort zum Text in der Ausgabe der Obras completas (1844) kommentiert Z. ma. Fassungen des Stoffes — die bekannteste ist »La Deuda Saldada« in Gonzalo → Berceos »Milagros de nuestra Señora« —, weist auf moderne Bearbeitungen hin (Charles Nodier, 1837; Collin de Plancy, 1845), versichert keine dieser Fassungen bei der Niederschrift seines Gedichtes gekannt zu haben und unterstreicht dessen Originalität; er selbst habe die Legende als Kind im Seminario de Nobles kennengelernt.

Ein von Z. selbst angemerkter biographischer Bezug — hier wohl v. a. das Bestreben, seinen Vater, vor dem er 1836 nach Madrid geflohen war, durch lit. Leistungen und eine betonte traditionell kath. Gesinnung zu versöhnen, liegt wohl dem Gedichtzyklus »María. Corona poética de la Virgen. Poema religioso de don José Zorrilla, y de don José Heriberto G. de Quevedo« (1849/50) zu Grunde; den größten Teil der Gedichte hatte freilich Z.s Mitverfasser geschrieben. Im Prolog der Pariser Ausgabe der Obras (1852) widmet Z. den Gedichtkranz seinem Berater und Freund, Manuel Joaquín de Tarancón, Bischof von Córdoba. Er weist darauf hin, daß er das Buch unter spontaner Inspiration und in der aufrichtigen Frömmigkeit geschrieben habe, die er seit seiner Kindheit der GM entgegenbringe. Er sei sich bewußt, daß sein Jh., welches nicht wage, seinen Glauben laut zu bekennen, ihn verächtlich belächeln werde. Doch er habe der Jungfrau das Versprechen geleistet, ihr Lob zu dichten. Gleichzeitig distanziert er sich von seiner vormaligen eigenen effekthascherischen Vielschreiberei. Z., der wie García de Quevedo, einen Prosatext eines gewissen Abate Orsini in Verse setzt, wollte mit diesem Gedicht offensichtlich seinem Vater, mit dem er sich nach dem Tod der Mutter (1846) versöhnt hatte, zu Gefallen sein; dieser starb allerdings noch vor Vollendung der Dichtung. Wie Z. selbst haben auch Kritiker — als »prominentester« Cánovas de Castillo und dieser lobend — auf den »unzeitgemäßen« Charakter des Buches hingewiesen (Cortés 479 f.).

Die Popularität des Ave Maria im traditionellen Spanien beleuchtet die erzählende Dichtung »Historia de los Tres Avemarías« aus »La Flor de los Recuerdos« (1859), eine leichte Ausweitung und Umarbeitung eines »cuento diabólico«, »Maese Adán y su hija« (Cuentos de un loco, 1853), beides Fragmente. Vorbild war möglicherweise eine span. Erzählung des 17. Jh.s, gewisse Bezüge zu Cervantes sind deutlich. Der dämonische Zigeuner Adán verheiratet seine Adoptivtochter Aurora mit dem jungen Félix; in der Hochzeitsnacht erkennen die beiden an der ihnen jeweils gewohnten Art, das Nachtgebet zu sprechen, das immer mit drei Avemarías endet, daß sie Geschwister sind, und danken der Jungfrau, sie vor einen großen Vergehen bewahrt zu haben.

Eine eher beiläufige Rolle spielt eine Mstatue in der Verserzählung »El Escultor y el Duque«, die poetisierend und wohl in Anlehnung an eine Sevillaner Tradition eine Begebenheit um den Bildhauer Pietro Torrigiani erzählt. Der Bildhauer gibt einer Mstatue Züge seiner Frau Tisbe. Dadurch findet der Herzog von Arcos diese Frau, die er schon vorher gekannt hatte, wieder. Er läßt von Torrigiani ein Duplikat der Statue anfertigen und bedrängt Tisbe. Als dem Bildhauer die Zusammenhänge klar werden, wird er mit dem Herzog handgemein, stürzt durch eine verborgene Tür in einen Raum, wo er seine Statue vorfindet, die er in blinder Wut mit dem Messer malträtiert — eine Falle des Herzogs. Die Inquisition verurteilt den Bildhauer wegen Bilderschändung zum Tode, er aber stirbt allein mit seiner Statue im Kerker, noch ehe man ihn zur Hinrichtung holen kann.

In der Tradition der »leyendas« des Duque de Rivas inspiriert auch Z. sich öfters an bestimmten lokalen u. ä. Darstellungen, Bildern oder Statuen der Jungfrau, so die Erzählung »La Madona de Pablo Rubens« (in: El Porvenir, 26. 5. 1837), so das Gedicht »A la Virgen de San Martín«, das er an seinem 50. Geburtstag schrieb, so die Legende der »Virgen del Pozo«, die in San Lorenzo in Valladolid verehrt wurde (in: Valladolid, 1892). Insgesamt ist das Bild Ms, das die Dichtung Z.s vermittelt, einerseits Teil des sein ganzes Werk tragenden etwas naiven, traditionsorientierten, im Ausdruck zum Sentimentalen und Pittoresken neigenden »Hispanismus«, dessen Beschränktheiten — im vorliegenden Fall etwa der zweifellos schon für den skeptischen span. Leser seiner Zeit doch zumindest zweifelhafte apologetische oder auch nur erbauende Wert seiner Mlegenden — dem Dichter wohl nur teilweise bewußt waren. Andererseits dürfte man einer angemessenen Einschätzung von Z.s persönlicher Frömmigkeit und Aufrichtigkeit am nächsten kommen, wenn man sie — was viele seiner Reaktionen vor Schicksalsschlägen und Schwierigkeiten seiner Existenz zu belegen scheinen — als Teil einer im Grunde zeit seines Lebens in gewissem Sinne kindlich gebliebenen Persönlichkeit versteht.

WW: Obras completas, hrsg. von N. A. Cortés, 2 Bde., 1943. — Leyendas, 1964. — Antología poética, hrsg. von G. Torres Nebreda, 1984.

Lit.: J. M. de Cossío, El tema de Margarita la tornera en la tradición popular, In: Amigos de Z. Colleccion de artículos dedicados al poeta, 1933, 31 ff. — N. A. Cortés, Z. Su vida y sus obras, 3 Bde., 1917–29, ²1942. — V. Llorens, El romanticismo español, 1980, 425–438. 450–452. — R. Ruiz Navas, El Romanticismo español, 1981, 309–324. — J. Dowling and R. P. Sebold, Las Singulares circunstancias de la publicación de la »María« de Z., In: Hispanic Review 50 (1982) 449–472. — G. Torres Nebreda, »Introducción«, In: Z. Antología Poética, 1984, 11–39.
W. Kreutzer

Zosé, auch als Sheshan und Xisiashan bekannt. Der heutige Name Sheshan leitet sich von dem Beinamen She eines legendären Einsiedlers her, der hier lebte. Der ganze Hügel war ein rel. Zentrum mit vier Pagoden und einem buddhistischen Kloster. Noch in der Mitte des vorigen Jh.s waren dort zwei Pagoden. Die eine zu Ehren des Generals Zo, der als Nothelfer gegen Schlangenbiß verehrt wurde, nach dem auch der Hügel früher benannt war. Die andere mit einem bei der Bevölkerung überaus verehrten Bild der Kuan-yin.

Die erste Anregung zum größten und angesehensten Wallfahrtsort in China, dem Heiligtum ULF von der Immerwährenden Hilfe in Z., etwa 40 km von Shanghai entfernt, geht auf den Jesuiten Joseph Gonnet (1815–95) in das Jahr 1844 zurück. 1863 erwarb Gonnet als Missionsoberer dort ein Grundstück, um für die Missionare ein Erholungshaus zu errichten. Marin Desjacques (1824–84) ließ eine sechseckige Kapelle (1866) erbauen, die von einem großen Kreuz überragt wurde. Im Inneren wurde ein Maltar mit einem meterhohen Mbild aufgestellt, das der chinesische Jesuitenbruder und Künstler Petrus Lo (1836–80) geschaffen hatte.

Angesichts des furchtbaren Massakers von Tientsin, bei dem Missionare, Schwestern und Christen ermordet wurden und die ganze Mission der Jesuiten von Kiangnan in Gefahr geraten war, gelobte der Jesuit Angelo della Corte (1819–93) am 4. 7. 1870, daß er bei Rettung und

Schutz der Mission anstelle der Kapelle eine prächtige Kirche errichten werde. Für die glückliche Errettung hielt man eine Danknovene und begann mit dem Bau der Votivkirche, die am 15. 4. 1873 durch Bischof Adrien-Hippolyte Languillat (1808–[1857]–1878) zu Ehren ULF von der Immerwährenden Hilfe eingeweiht wurde. Sie wurde sogleich zu einer Wallfahrtsstätte.

Zu einer neuen, noch größeren Kirche wurde am 24. 4. 1925 der Grundstein gelegt; ihre Weihe folgte am 16. 11. 1935 durch Bischof Auguste-Alphonse-Pierre Haouisée (1877–[1928]–1948) und 1942 die Erhebung zur Basilika minor (AAS 34 [1942] 366–367). Während der Kulturrevolution wurde die Kirche verwüstet. Seit 1981 ist sie wieder in kirchlichem Gebrauch. Auch eine Gruppe der Marian. Kongregation wurde gegründet.

Lit.: G. Palâtre, Le pèlerinage de ND Auxiliatrice à Zô-sé, dans le Vicariat Apostolique de Nankin, Chang-hai 1875. — A. della Corte, Il Santuario di Suo-Sé nel Kiang-Nan, In: Le Miss. Catt. 5 (1876) 79–82. — Le Pèlerinage de ND Auxiliatrice à Zo-Cé, In: Relations de Chine 1 (1903/05) 81–97. — E. Becker, Un demi-siècle d'apostolat en Chine. Le Révérend Père Joseph Gonnet, de la Compagnie de Jésus, Ho-Kien-Fou ²1907. — A. Gasperment, Le P. Joseph Gonnet SJ (1815–95), In: Le Bulletin Cath. de Pékin 18 (1929) 27–28. 85–88. 153–158. 181–188. 248–251. — 9e Semaine de Missiologie de Louvain 1931, 74–82. — Mgr. Haouisée, Lettre Pastorale Sur ND Auxiliatrice de Z. et la Dévotion a la Sainte Vierge à l'occasion de l'Ouverture du nouveau Sanctuaire, 1936. — F. Bortone, Un celebre santuario cinese iniziato da un missionario italiano. Maria Ausiliatrice di Scjoescjan (Zo-sé), In: Marco Polo 1 (1939) 159–168. — St. Lokuang, Le culte de ND en Chine, In: Eglise Vivante 1 (1949) 187–195. — J. B. Prud'homme, La Ste Vierge en Chine. Le Pèlerinage de Zozé, In: Mission Bulletin 6 (1954) 427–431. — Manoir IV 831–851. 951–963. — J. Charbonnier, Guide to the Catholic Church in China, 1989.

H. Rzepkowski

Zoutleeuw, Provinz Brabant, Erzbistum Mechelen-Brüssel, Kapelle ULF von »Osseweg«. Als ein Bauer zu Beginn des 16. Jh.s mit seinen beiden Ochsen seinen Acker pflügte und dabei auf einen harten Gegenstand stieß, entdeckte er ein schönes Bild der GM, das er ehrfürchtig an einer Eiche befestigte. 1536–38 errichtete man dort eine Kapelle, die von den Gläubigen viel besucht wurde. Während der Franz. Revolution wurde sie zerstört, später wiedererrichtet und das Gnadenbild 1913 durch Weihbischof De Wachter aus Mechelen feierlich gekrönt.

Lit.: H. Maho, La Belgique à Marie, 1927, 274. — A. van Oostveldt, Het hageland voor Maria, 1954, 171 f.   *J. Philippen*

Zucchini (Zucchino, Zuchino), Gregorio, * ca. 1540 oder 1560 in Brescia, † nach 1616; ital. Komponist, war Mönch im Benediktinerkloster S. Giorgio Maggiore zu Venedig. Um 1600 hielt er sich im Kloster S. Paolo Fuori le Mura in Rom auf.

Z.s musikalisches Schaffen ist ganz der KM zugewandt; er steht dabei in der Tradition der venezianischen Schule, bes. in der Nachfolge Giovanni Gabrielis, was seinen repräsentativen und klangprächtigen Stil anbelangt; er greift aber auch stark auf imitierende Satztechnik zurück, wozu noch große formale Klarheit kommt. Durch seine Sammlung Harmonia Sacra erlangte er großes Ansehen nördlich der Alpen (am Hofe Erzherzog Ferdinands in Graz), obwohl er zu Lebzeiten in seiner Heimat relativ unbekannt blieb. In seinen Motetten für die großen Festtage kommt markante Ausdeutung des Textgehalts zum Ausdruck, während in den Motetten für weniger hohe Feiertage der ältere, Palestrina verpflichtete Stil vorherrscht. Aus seinen Kompositionen seien folgende marian. genannt: das Magnificat cum omnitonis falsis bordonis (Venedig 1615) und die 4-stimmigen Litaniae »Beatae Mariae Virginis« (Venedig 1616).

Lit.: MGG XIV 1409–12. — Grove XX 711–712.   *P. Böhm*

Zürich, Maria Lourdes, Wallfahrtsort im Stadtteil Seebach, gegründet 1935 auf Grund eines Gelübdes des Churer Bischofs Georgius Schmid v. Grüneck in Lourdes, Pfarrkirche mit Nachbildung der Lourdes-Grotte in der westlichen Seitenkapelle (Statuen von Claire Pietsch). Neben anderen Pilgergottesdiensten werden am ersten Monatssonntag eine Lichterprozession und eine Krankensegnung gehalten. Die die Wände bedeckenden Votivtafeln in den verschiedensten Sprachen deuten auf eine internat. Beteiligung an der Wallfahrt hin (Nähe des Flughafens Zürich). Weitere 𝔐kirchen in Z. sind Liebfrauen (Unterstraß), Maria Krönung (Witikon), Maria Hilf (Leimbach).

Lit.: W. Heim, Maria Lourdes Seebach, In: Schweizer Archiv für Volkskunde 82 (1986) 22–29.   *W. Heim*

Zürn, dt. Bildhauerfamilie, die seit dem 16. Jh. in Württemberg nachweisbar ist und im 17. Jh. entscheidenden Anteil an der südd. Barockplastik hatte. Die bedeutendsten Mitglieder, die ausschließlich Altäre, Kanzeln, Grabmäler und Monumente (Pestsäulen, Kreuzigungen) in Holz und Stein fertigten, waren:

1. Jörg, * um 1583/85 in Waldsee/Schwaben, † 1635/38 in Überlingen am Bodensee, einer der Hauptmeister der Familie, die den dt. Frühbarock einleitete. Seine Lehre absolvierte Jörg beim Vater Hans (* um 1555/60, † nach 1631), ging dann zu Virgil Moll (um 1570–1606) und Hans Morinck (nachweisbar ab 1578, † 1616). Nach einer mindestens zweijährigen Wanderzeit kommt er 1601/03 nach Überlingen, wo er mit der Übernahme der Werkstatt und des Meistertitels von Moll 1607–10 gesichert tätig ist und mit dem Betz-Altar (1610) im dortigen St. Nikolaus-Münster sein Erstlingswerk schuf. Von außerhalb kommend hat er 1613–16 im Überlinger Hochaltar sein Hauptwerk gestaltet. 1619/20 sind Werke für das Schloß Langenstein bei Stockach und die Pfarrkirche in Orsingen verbürgt. Die bis dahin blühende Werkstatt dürfte dann mit der Ausnahme von 1626–28 (Arbeiten für Weiterdingen, Sigmaringen, St. Katharinenthal bei Diessenhofen/Schweiz) durch die Kriegsläufte beeinträchtigt nur noch kleinere Aufträge erfüllt haben. Ein letztes urkundlich genanntes Werk ist für 1629 bestätigt.

Die Weiterentwicklung des Künstlers wird durch den 30jährigen Krieg verhindert worden sein.

Ausgehend von der dt. spätgotischen Tradition und vom Beharren auf ma. Darstellungspraktiken gelingt Jörg Z. im Laufe seines Schaffens der Übergang zum dt. Frühbarock.

Bereits in seinem ersten faßbaren Werk, dem Auftrag der Familie Betz in Überlingen, sind M bilder entstanden. Die Predella des Steinbildwerkes zeigt den Tod Me unter einem flachen und breiten Bogen; die sie umstehenden Apostel wirken lose nebeneinander gruppiert und ihre Gesten bzw. Blicke gehen letztlich an M vorbei ins Leere. Auch in der M krönung im Hauptbild darüber stehen Gottvater und Christus auf ihren Wolken irgendwie beziehungslos seitlich etwas über M. Einzig die über der Mondsichel thronende GM mit dem Kind und den knienden Stiftern bringt eine lebhafter bewegte junge Frau, deren Körper sich stärker durch den Überhang durchdrückt.

Im Überlinger Hochaltar, den Jörg unter Mitarbeit seines Vaters Hans d. Ä. und seiner beiden Brüder Martin und Michael 1616 ablieferte, hat er nur die Verkündigung in der Predella und die Hirtenanbetung im Hauptteil gemeißelt. In der vielfigurigen Zentralgruppe, in der die Engel, die Hirten und die Tiere auf engstem Raum wie eine figurale Hintergrundfolie den Bildraum nach hinten abschotten, sitzt M links leicht vor die Umrahmung gerückt und blickt verzückt auf das vor ihr in der Krippe liegende Kind.

Außer dem Reliefentwurf einer Krönung in Holz (Karlsruhe, Badisches Landesmus., 1622) hat Jörg laut Dokumentenlage nur noch einmal ein M thema bearbeitet: die Schutzmantelmadonna auf dem Epitaph für den Freiherrn Erhard v. Hornstein (Weiterdingen, Pfarrkirche, 1628). In der weitgehend wohl von der Werkstatt gemeißelten Platte legt M ihren rechten Arm auf die Schulter des vor ihr knienden Verstorbenen.

2. **Martin**, * um 1590/95 in Waldsee, † nach 1665 in Braunau am Inn, Bruder von Jörg und Michael (* vor 1598), mit dem er nach einer Mitarbeit bei Jörg (um 1615) ab den 30er Jahren bis 1643 in gemeinsamer Werkstatt (»Gebrüder von Waldsee«) auftrat, so daß die einzelnen Hände nicht immer genau zu trennen sind. Martin, dessen Name erstmals 1615 in der Signatur der Pfullendorfer Rosenkranzreliefs auftaucht, erhielt seine Ausbildung ebenso im väterlichen Betrieb. Er war sicher ab 1625 am Heimatort wohnhaft, den er etwa 1631 wegen der zunehmenden Pestgefahr verließ. Für 1635/36 ist die gemeinsame Tätigkeit in Seeon gesichert, 1636 siedelten sie sich in Wasserburg am Inn an. Bis zu ihrer Übersiedlung waren sie wohl hauptsächlich in Waldsee und Überlingen tätig, bevor sie in Wasserburg die Inngegend und den Chiemseer Raum beschickten. 1639 wechselten sie wohl zum Bruder Hans Jakob (belegbar

Martin Zürn, Muttergottes von der Wasserburger Kanzel, 1637/39

1616–35) nach Burghausen, bevor mit der Verheiratung Martins nach Braunau und der Fertigstellung des Hochaltares für die Pfarrkirche in Taubenbach (1643) die Zusammenarbeit beendet wurde. Für die drei Altäre der Dorfkirche St. Georgen an der Mattig scheint sie noch ein letztes Mal funktioniert zu haben, allerdings mehr mit direkter Beteiligung der Gesellen.

Von allen Mitgliedern der Familie ist das Werk Martins am besten und über den längsten Zeitraum hin verfolgbar. Gegenüber den anderen zeichnet sich seine Stilhaltung durch eine besondere monumentale Gestaltung aus. Die zwar unnahbar bleibenden Gestalten verfügen über eine eigentümliche Kraft, die im Gewandstil, der an getriebenes Metall erinnert (deshalb auch »Bronzestil« genannt), bes. zum Ausdruck kommt. Ab Mitte der 20er Jahre geht die noch verbliebene Starrheit im Verhältnis von Gewand und Körper weiter zurück und beginnt sich in lebendigere Bewegungen aufzulösen. Um 1630 werden die Formen noch weicher. Die Mitte der 30er Jahre bringt schließlich für etwa

15 Jahre den Höhepunkt bzw. den voll ausgereiften Stil. Die in richtiger Proportion und freier Bewegung vorgetragenen Figuren M?s beginnen mit ihren drängenden und übergreifenden Bewegungen bei festem Aufbau eine Statuarik auszudrücken, die eine eigene Monumentalität vermittelt. Die letzten Werke nach 1650 (u. a. Grabsteine) fallen im Vergleich zu den Großwerken in provinzielle Bedeutungslosigkeit zurück.

Als früheste erhaltene Arbeit muß die in der Mitarbeit bei Jörg am Überlinger Hochaltar bis 1610 entstandene Krönung M?e gelten. Die als eigenständige Frühwerke glaubhaften, da von Anregungen des älteren Bruders nicht mehr betroffenen Reliefs des Rosenkranzes in Pfullingen bei Überlingen (Pfarrkirche, 1615) zeigen erstmals unverkennbar das neue Repertoire an Mitteln, Inhalte mit stärkerer Beteiligung der organischen Stimmigkeit auszudrücken. In der Verkündigungsscheibe weicht M? vom links hereingetretenen Gabriel sichtbar zurück und ist in ihrer Körperbiegung nicht mehr bloß in das Gewand ›gestellt‹. Bei der Hirtenanbetung tritt die GM als Mitbeteiligte in die um die Krippe herumgebaute Gruppenkomposition ein und wirkt in ihrer körperlichen Präsenz für die Raumbeziehung mit wie die anderen Gestalten.

Die zugewiesene und zwischen 1627 und 30 anzusetzende GM mit Kind vom Rosenkranzaltar von Owingen (Pfarrkirche) steht fest ponderiert auf der Mondsichel. Das entspannte Antlitz der Bürgersfrau mit den markant geschilderten Details ist eine porträthafte Beigabe des Meisters und macht dieses Bild zu seiner natürlichsten Darstellung. Insofern wirken andere zugeschriebene Plastiken mit ihren schematischeren Köpfen und vergleichsweise ungelenkeren Bewegungen wie schnelle Auftragserledigungen bzw. Gehilfenwerk (GM von etwa 1630, Ingolstadt, Privatbesitz; GM von 1635/40, Privatbesitz; GM von Rottum, Pfarrkirche, um 1630/40).

Auch bei der GM auf dem Schalldeckel der Kanzel in der Pfarrkirche von St. Jakob (Wasserburg, 1637/39) greift Martin auf das eingespielte Schema in der Gesichtsbildung zurück, jedoch wesentlich gemildert und in eine neuartige Figurengestaltung eingefügt. Die Proportionen, die Haltung des Körpers und die Gestik machen dieses Bild zu seinem monumentalsten Werk dieser Art. Die um 1642 entstandene GM mit Kind vom 1906 abgebrochenen Hochaltar im St. Stephans-Münster von Braunau überträgt das Motiv der kolossalen Gestaltung auf eine Sitzfigur.

Die beiden M?figuren in der Waldkapelle von Roßbach und der Pfarrkirche von Eggelsberg (beide um 1645) sind lediglich Zuschreibungen. Martins letztes M?bild ist die GM vom Hochaltar der Pfarrkirche in Burgkirchen (um 1645/50).

3. *Michael d. J.*, * vor 18.2.1654 (Taufe) in Wasserburg, Sohn des David (um 1598–6.11.1666), dem Bruder von Martin. Nach dem Tod des Vaters wird er vom Stiefbruder Franz (* 1630/31) nach Olmütz geholt, wo er 1671 erstmals erwähnt ist. Wo er die Bildhauerei erlernt hat, ist ungewiß, wahrscheinlich jedoch nicht bei Franz, sondern schon vorher bei einem unbedeutenden Bildhauer in Wasserburg. Auch scheint er sich zwischen 1671 und 73 mit seinem Bruder Georg in Augsburg aufgehalten zu haben. Die ältere Forschung vermutet weiters einen Italienaufenthalt, wo er das für seine Entwicklung wichtige Werk von G. L. → Bernini kennenlernt haben soll. 1675/76 war er zusammen mit Bruder David für das Prämonstratenserkloster Hradisch in Mähren tätig, eine Arbeitsstätte, die er auch 1679/80 aufgesucht hat. Nach Aufträgen für das Zisterzienserkloster Velehrad 1681 und einem Innungsstreit mit dem Bruder Franz siedelt sich Michael in Gmunden am Traunsee an. Von hier beliefert er v. a. den oberösterr. (z. B. 1682, 1685/86, 1687/88 Kremsmünster) und auch weiterhin den mährischen Raum. Es folgen Aufträge für Altmünster, Grünau, Mattsee (ab 1688) und Vorchdorf (ab 1689). Ausbleibende Aufträge wegen deutlich nachlassender Qualität werden die Auflösung seiner Werkstatt in Gmunden verursacht haben, sodaß Michael seit Dezember 1692 in Rosenheim ansässig ist. Der mangelnde Erfolg auch hier zwingt ihn 1696/97 den Ort wegen Verschuldung und folgender Zwangsvollstreckung wieder zu verlassen. Weitere Spuren seines Lebens- und Schaffensweges sind bisher nicht gefunden worden.

Die nur für 16 Schaffensjahre faßbare Stilentwicklung verläuft relativ kontinuierlich. Sie weist jedoch große qualitative Differenzen auf. Anfänglich behalten die Körper der Figuren klare Verhältnisse zur Gewandung und bewegen sich nach logischen Darstellungsmustern. Ende der 70er Jahre wird die Körperdarstellung trotz des zunehmenden Eigenlebens der Falten differenzierter und detailreicher. Die äußerlich dynamischen und auch monumentalen Skulpturen haben in ihrer starken Sinnlichkeit dennoch eine kernhafte Ruhe, die sich im Kontrast zwischen der Energie der Oberflächenbehandlung und zum Stillstand gekommenen Haltung des Körpers umsetzt. Ab 1690 verlieren Michaels Gestalten ihr plastisches Eigenleben und die Gefühlsschilderung erreicht nicht mehr die frühere Spannung.

Michaels früheste M?darstellung auf der M?säule vor dem Zisterzienserkloster Velehrad (1676 oder 81) ist eine freistehende und dennoch auf Frontansicht gearbeitete Skulptur der UE, die in Anbetungspose über dem Drachen steht. Diese fast ganz in den Betgestus aufgelöste Gestalt bildet Michael um 1683 noch eindrucksvoller aus (Sog. »Beweinende Maria«, Wien, Unteres Belvedere, Barockmus.). Der heftig gewundene Körper der nach oben blickenden Frau scheint entmaterialisiert, wobei das die Ekstase illustrierende Faltengekräusel die etwas überlängte Figur zusätzlich zu einer eigentlich vergeistigten Darstellung macht.

Die ursprünglich im Auszug des Hochaltares von Vorchdorf in Oberösterreich plazierte Madonna mit dem Kind (1688/91) gehört in die Übergangszeit zur letzten Schaffensperiode, in der Michael das Verhältnis von Körper und Gewand unter der malerisch ausgebreiteten Stoff- und Faltenfülle versinken läßt. Das Absinken der Ausdruckskraft und der Rückzug auf mehr handwerkliche Fertigkeiten zeigt sich schließlich noch klarer in den letzten Darstellungen mit ⚐ (⚐ und Joseph von einem ehemaligen Seitenaltar, Gmunden, Pfarrkirche, 1688/90; Reliefs mit der Geburt Christi, Verkündigung und der Auferstehung Christi in Grünau im Almtal, Pfarrkirche, 1690).

Lit.: E. C. Wieluner, Jörg Z., der Meister des Hochaltars im Überlinger Münster, 1926. — R. Guby, Die Bildhauer Martin und Michael Z., 1927. — H. Möhle, Jörg Z. und seine Werkstatt in Überlingen, In: Jahrbuch der Preussischen Kunstsammlungen 51 (1931) 61 ff. — Ders., Die Bildhauerfamilie Z., II, Martin und Michael Z., Michael Z. d. J., ebd. 53 (1932) 19–37. — H. Bauer, Die Plastik der Brüder Martin und Michael Z., 1941. — W. Boeck, Zur Tätigkeit der Familie Z. in Oberschwaben, In: ZDVKW 10 (1943) 81–98. — H. Decker, Barockplastik in den Alpenländern, 1943. — H. Ginter, Der Überlinger Altar, o. J. — C. Zoege v. Manteuffel, Die Bildhauerfamilie Z. 1606–1666, 2 Bde. 1969. — G. Ludig, Studien zu einer Monographie über den Barockbildhauer Michael Z. d. J., 1969. — Ausst.-Kat., Die Bildhauerfamilie Z. 1585–1724, Braunau am Inn 1979. — C. Zoege v. Manteuffel, Der Überlinger Altar, o. J. (1983). *N. Schmuck*

Zuflucht der Sünder → Lauretanische Litanei

Zumárraga, Juan de, * um 1468 in Tavira de Durango, Vizcaya/Spanien, † 3. 6. 1548 in Mexiko, wurde in jungen Jahren Franziskaner und war 1520–23 Provinzial. 1527 wurde er zum ersten Bischof von Mexiko ernannt, wo er am 6. 12. 1528 als ernannter Bischof ankam. Die Weihe fand erst 1533 in Valladolid/Spanien statt, 1547 wurde er Erzbischof. Z. war eine der herausragenden Gestalten der frühen Kirchengeschichte Mexikos. Sein Übereifer als Inquisitor (1535–43) hängt nicht nur mit dem überaus schwierigen Amt zusammen, sondern auch mit seinem Charakter und muß im Zusammenhang mit seinem Eintreten für die Indios, der Förderung und Begründung der Wissenschaften sowie der Ausbildung und Errichtung eines »Neuen Christseins« betrachtet werden.

Z. war Augenzeuge des »Blumenwunders«, des Erscheinens des Bildes ULF von Guadalupe auf dem Umhang (tilma) des Juan Diego. An ihn richtete sich auch die dreimalige Botschaft, am Erscheinungsort eine Kirche zu errichten. Er erbaute die erste Kapelle am Erscheinungsort (ermita de los indios) 1531 (?), die 1556 (?) durch seinen Nachfolger Fray Alonso Montúfar (1498–[1551]–1573) erneuert wurde. Gilt Z. einerseits als der bedeutendste Zeuge der Erscheinungen von Guadalupe, so wird er von vielen Historikern als Gegenzeuge angeführt, da er zu den Ereignissen von Guadalupe schweigt und nicht wie andere zeitgenössische Quellen (Motolinía [Toribio de Benavente] † 1569; A. de Olmos † 1571; Bernardino de Sahagún 1499–1590; Gerónimo de Mendieta † 1604) darüber berichtet, zumal er — nach den Berichten — unmittelbar davon betroffen war. Aus seiner »Regla Cristiana Breve«, wo er sich ganz allgemein gegen den Wunderglauben wendet, leitet man einen Widerspruch zu seinen Aktivitäten für die Guadalupe-Ereignisse her.

Lit.: A. G. Pardavé, Las Flores de Tepeyac, 1930. — M. Carreño, Don Fray Juan de Z., primer obispo y arzobispo de México, 1941. — J. Ruiz de Larrínaga, J. de Z. Biografía del egregio durangués, primer obispo y arzobispo de México, 1948. — F. de J. Chauvet, Fray J. de Z., 1948. — A. M. Garibay K., Fray J. de Z. y Juan Diego, In: Abside 13 (1949) 161–183. — A. M. Marreño, Don Fray J. de Z.,: Teólogo y educador, humanista e inquidor, 1950. — J. Almoina (Hrsg.), J. de Z. Regla Cristiana (1547), ²1951. — J. García Icazbalceta, Don Fray J. de Z.: Primer obispo y arzobispo de México, 1952. — R. E. Greenleaf, Z. and the Mexican Inquisition, 1536–1543, 1962. — A. Junco, El Milagro de las Rosas, ³1969. — F. de Jesús Chauvet, De Tenochititlán al Tepeyac. Entronización de NS de Guadalupe, 1984. *H. Rzepkowski*

Zupan, Jakob, * 27. 7. 1734 in Schrötten/Steiermark, † 11. 4. 1810 in Kamnik bei Ljubljana. Der fast ausschließlich als Kirchenmusiker tätige Z. wirkte seit 1758 als Musiklehrer in Kamnik. Seine Werke gehören stilistisch der Übergangszeit zwischen Spätbarock und Frühklassik an.

Zu seinen kirchenmusikalischen Kompositionen zählen u. a. zwei »Salve Regina« und ein »Regina coeli« sowie »O gloriosa virginum« und »Soll ich dich der Sonn' vergleichen«.

Lit.: MGG XIV 1453 f. — Grove XX 717 f. *E. Löwe*

Zurbarán, Francisco de, * 7. 11. 1598 (Taufe) in Fuente de Cantos (Estremadura), † 27. 8. 1664 in Madrid, einer der bedeutenden Meister der span. Barockmalerei in der Schule von Sevilla. 1614 begann Z. bei Pedro Díaz de Villanueva, einem sonst ziemlich unbekannten Faßmaler in Sevilla, seine Lehre, die er 1617 mit der Meisterprüfung abschloß. Anschließend ging er nach Llerena zurück, um dort v. a. Altargemälde, kleine Votivbilder und auch Goldfassungen herzustellen. Von hier aus belieferte seine Werkstatt v. a. Sevillaner Klöster, was sein Ansehen langsam zunehmen ließ. Den eigentlichen Ruhm brachten Z. Großaufträge in den Jahren 1626–28 für das dortige Dominikaner- und Mercedarierkloster, sodaß das Domkapitel und Ratsmitglieder der Rat der Stadt ersuchten, ihn aufzufordern, nach Sevilla überzusiedeln. Kurz nach seinem Umzug 1629 in die andalusische Hauptstadt, in der er bis 1658 blieb, wurde er zum Stadtmaler ernannt. Ab 1630, nach Überwindung von Widerständen der einheimischen Kollegen, galt Z. als der erste Maler der Sevillaner Kommune. Eine Einladung König Philipps IV. brachte den Maler 1634 nach Madrid, wo er neben → Velázquez und anderen Künstlern an der Ausstattung des »Salón de los Reinos« im neuen Buen Retiro Palast beteiligt wurde. Als Anerkennung erhielt er vom Monarchen den Titel eines »Maler des Königs«. 1635

F. de Zurbarán, Immaculata, 1661, Budapest, Nationalmuseum

ist er wieder in Sevilla zu finden. Bis zu seinem psychischen Zusammenbruch nach dem Tod seiner zweiten Frau 1640 schuf Z. die reifsten Werke seiner Laufbahn für Sevilla, Jerez und Guadalupe. Im folgenden Jahrzehnt hat er wenig gearbeitet. Ab 1645 geriet er zunehmend unter Druck der neuen Malergeneration, die v. a. um B. → Murillo einen neuen Geschmack volkstümlicherer und liebenswürdigerer Thematik durchsetzt. In der Folgezeit versuchte er seine asketisch strenge Malweise der neuen Stilrichtung anzupassen, ohne aber konkurrenzfähig zu bleiben. 1658 reiste Z. erneut nach Madrid, wo er sich mit den Zeitströmungen auseinandersetzte, ohne jedoch einen tragfähigen Ausgleich zwischen seiner monumentalen Malweise mit ihrer einfachen, knappen und erlesenen Farbakzentuierung und der von Murillo initiierten lieblichen, leichten und volkstümlichen Malerei zu finden. Z.s Kunst geht vom unmittelbaren Einfluß Caravaggios in Spanien aus. Um 1625 macht sich die Malweise → Riberas bemerkbar. Z. drückt das Übernatürliche in den Themen mit einem extrem naturgetreuen Malstil aus, so daß er zu einem der geeignetsten Künstler für die Auftraggeber der Gegenreformation werden muß.

Die scharfen Hell-Dunkel-Kontraste bleiben bis in die Mitte der 30er Jahre beherrschend, danach werden sie ausgeglichener, gepaart mit einer tieferen und leuchtenderen Farbigkeit. Die kraft- und lebensvollen Körperdarstellungen beherrschen nun auch die rel. Bilder. In dieser Zeit entstehen zudem seine ersten meisterhaften Stilleben. Die in den 30er und 40er Jahren dominierenden rel. Aufträge lassen bei ausgefeilter Technik die Gestaltungen strenger, herber und monumentaler werden. Bevor Z. mit sentimentalen kompromißlerischen Arbeiten dem neuen Geschmack Murillos ab der Mitte der 50er Jahre zu folgen versucht, kleidet er seine Gestalten in reiche modische Kostüme und verleiht ihnen eine schwerelose Erhabenheit, die die Bildwelt manchmal geheimnisvoll orientalisch wirken läßt. Z. hat Stilleben, Porträts, mythol. und historische Szenen gemalt, rel. Themen nehmen aber den größten Teil in seinem Schaffen ein. Darunter befinden sich repräsentative Altar- und Heiligenbilder, Lebensdarstellungen Christi und der Madonna, atl. Themen sind von ihm jedoch nie bearbeitet worden.

Unter den Bildern mit M ist die UE in Bilbao (Sammlung F. Valdés, 1616) das erste Beispiel. Die jugendliche Jungfrau schwebt auf einer kleinen Wolkeninsel mit Engelsköpfen und der Mondscheibe über einer bunten Versammlung von 13 Engelskindern. Die Licht-Schatten-Verteilung ist hier noch weniger krass durchgeführt, als im späteren Bild der Hl. Familie in Madrid (Sammlung Herzogin von Campo Real, um 1628). Scharfkantig setzt Z. die hellen Partien von den dunklen ab, was dem fein geschnittenen Gesicht der GM manchmal mehr Härte verleiht, als die malerische Ausführung vorträgt (Erscheinung Me in Soriano, Sevilla, S. Magdalena, 1626/27). Die junge betende M als Kind in der Studierkammer (New York, Met. Mus., um 1632) ist in ihrer Feinheit der malerischen Behandlung eine Ausnahme in dieser Phase der Entwicklung, in der große und einfache Faltenzüge als monumentales Ausdrucksmittel erstmals Eingang finden. Vergleichbar im wesentlich größeren Format ist da die Schutzmantelmadonna von etwa 1633 (Sevilla, Museo de Bellas Artes), die mit ausgebreiteten Armen zwischen den Karthäusermönchen steht. Ihre körperliche Präsenz ist ganz aus den großzügigen Vertikalfalten des in der unteren Hälfte überlängten Mantels gebaut. Die Verkündigung in Grenoble (Mus., 1638) gibt ein Beispiel der ruhigen Gelassenheit auch bei intimen Szenen. In den 40er Jahren hat Z. Mbilder gemalt, die alle, auch bei familiäreren Darstellungen (Madonna und Kind mit der Fruchtschale, New York, Sammlung Cintas, 1640/45; Jungfrau und Kind auf einer Wolke sitzend, Sevilla, Museo de Bellas Artes, um 1645) relativ kühl distanziert bleiben. In den Darstellungen mit der UE (u. a. Sevilla, Rathaus, 1645/50) legt das Thema diese Auffassung ohnehin nahe.

Eine beträchtliche Gruppe von Mbildern gehört in das Umfeld der Auseinandersetzung mit Murillo. Die intime Atmosphäre des Konkurrenten nachzugestalten gelingt Z. nur über den

Weg der Aufgabe seines eigenen Temperaments (M. mit Kind und dem Johannesknaben, San Diego, Fine Arts Gallery, 1658; Hl.Familie, Budapest, Mus. für Schöne Künste, 1659; Madonna mit dem schlafenden Kind, Madrid, Sammlung Unzá del Valle, 1659). Auch die weiche Licht-Schatten-Regie sowie bestimmte Kompositionsschemata werden übernommen (M. mit Kind und Johannes, New York, Sammlung Berlitz, um 1660; dasselbe, Bilbao, Mus., 1662).

In einem der letzten M.bilder kommt Z. auf seinen Ursprung zurück. Die UE greift die jugendliche GM von 1616 wieder auf, hier jedoch in der Gestalt, dem Gesicht und der ganzen Lichtbehandlung der neuen Geschmackssituation angepaßt. Das Bild stellt neben der Verkündigung in Philadelphia (Mus. of Art, Sammlung Wilstach, 1658) den gelungensten Vermittlungsversuch mit der Malweise Murillos dar.

Lit.: P. Lafond, Ribera et Z., Paris 1909. — J. Cascales y Muñoz, F. de Z. Suépoca, su vida y sus obras, Madrid 1911. — H. Kehrer, F. de Z., München 1918. — F. J. Sánchez Cánton, La sensibilidad de Z., 1944. — J. A. Gaya Nuño, F. Z., 1946. — F. Pompey, Z., 1947. — M. S. Soria, The Paintings of Z., 1953. — J. Brown, F. de Z., 1973. — M. Gregori und F. Frati, L'opera completa di Z., 1973. — J. Gallego und J. Gudiol, Z., 1976. — Ausst.-Kat., Z., New York, Met. Mus., 1988. — P. Guinard, Z., 1988.
N. Schmuck

Zustimmung Marias zum Erlösungswerk. Da Gott den Menschen mit Freiheit begabt erschaffen hat, achtet er diese auch bei der Verwirklichung seines Heilsplans. Der Bericht von der Verkündigung (Lk 1,26–38) zeigt, wie der Menschwerdung des Gottessohnes M.s »empfangenes Ja« voraufging, wie sie, »dem Wort Gottes zustimmend, Mutter Jesu geworden« ist (LG 56). Ihr Jawort erstreckt sich aber nicht nur auf die GMschaft, sondern schloß »die völlige Hingabe ihrer selbst, ihrer Person, für den Dienst an den Heilsplänen des Höchsten« ein (Redemptoris Mater 39). Sie wird ja den gebären, der »sein Volk von seinen Sünden erlösen« wird (Mt 1,21). Darum eignet ihrem Fiat eine die ganze Menschheit umfassende Weite, denn sie gab ihre Z. »anstelle der ganzen Menschennatur« (Thomas v. A. Sth III 30,1). In einer bewegenden Bitte hatte schon zuvor der hl. Bernhard die dem Heil aller dienende Z. M.s ausgesprochen: »Dir wird der Lösepreis für unser Heil angeboten: wir werden sogleich befreit werden, wenn du deine Einwilligung gibst … Wir sind jene, die durch deine (so) kurze Antwort erneuert werden müssen … Auf diese wartet die ganze Welt, hingestreckt zu deinen Füßen … Antworte rasch, o Jungfrau! Gib dein Jawort, o Herrin, auf das die Erde, die Abgeschiedenen und auch die Bewohner des Himmels warten« (Hom. 4 n. 8.: PL 183,83). Die Z. zum Erlösungswerk fordert von M. auch, die konkrete Weise der Verwirklichung der Erlösung zu bejahen; mit anderen Worten, sie beinhaltet die uneingeschränkte Bereitschaft, Opfer und Leid auf sich zu nehmen. Schon das Wort Simeons (Lk 2,35) enthüllte M., daß sie »im Leid leben muß, an der Seite des leidenden Heilandes« (Redemptoris Mater 16). Bedeutete doch die Darstellung Jesu im Tempel, daß er »dem Herrn ausgeliefert« wurde, und M. hatte diese Auslieferung »innerlich mitzuvollziehen« (Müller 473 f.). Doch den Höhepunkt erreichte die Z. zum Erlösungswerk unter dem Kreuz, unter dem M. »nicht ohne göttliche Absicht stand … und sich mit seinem (Jesu) Opfer in mütterlichem Geist verband, indem sie der Darbringung des Schlachtopfers, das sie geboren hatte, liebevoll zustimmte« (LG 58). Auch dies geschah »in unserem Namen«. So hat M. »durch ihre Zustimmung alle in die einzigartige Erneuerung aller Dinge in Christus und in die Verdienste des einzigen Mittlers hineingenommen« (Suenens 71).

Lit.: M. J. Scheeben und C. Feckes, Die bräutliche Gottesmutter, 1936. — Sträter II 180–240. — M. J. Nicolas, Marie Mere du Sauveur, 1967. — L. J. Suenens, Maria im Plan Gottes, o. J. — A. Müller, Marias Stellung und Mitwirkung im Christusereignis, In: MySal III 2, 393–510. — Johannes Paul II., Redemptoris Mater, 1987. — C. J. González, Mariologia, ²1989.
A. Bodem

Zutendaal, Provinz Limburg, Bistum Hasselt, »Perle« des Kempenlandes, beherbergt in seiner Pfarrkirche, deren Bauplatz durch einen Lichtstrahl angezeigt wurde, das prächtige Bild ULF »Zuflucht der Kranken« (Eiche, 16. Jh.): M. trägt das Kind auf dem rechten Arm, in der linken Hand hält sie ein Zepter und eine Traube. Seit Generationen ist Z. ein vielbesuchter Wallfahrtsort, v. a. am 15. August.

Lit.: H. Maho, La Belgique à Marie, 1927, 489 f. — R. van der Linden, Maria bedevaartvaantjes, 1988, 274.
J. Philippen

Zwingli, Huldrych, * 1.1.1484 in Wildhaus, † 11.10.1531 bei Kappel, schweizerischer Reformator, zeigt in seinen Äußerungen über die MV große Ähnlichkeit mit → Luther und den luth. Theologen. M. ist für ihn die Mutter Gottes, die »Gebärerin unseres Heiles«, die »reine Magd« (Werke I 423). Er nennt sie die »heilige Maria« (ebd. 406), die »heiligste Mutter Gottes« (ebd. 416). Mit besonderem Nachdruck vertritt er ihre dauernde Jungfräulichkeit (Werke I 401; IV 834. 838; Opera VI 1, 205). In seiner »Predigt von der ewig reinen Magd Marie« sagt er zu ihr: »das ich sy vestenklich glaub nach den worten des heiligen evangelii ein reine Magt uns geboren haben den sun gottes und in der geburt und ouch danach in die ewigkeit eine reine, unverserte magt bliben. Ich vertru ouch vestenklich sy von got erhöcht sin über alle geschöpften der säligen menschen oder englen in der ewigen fröid« (Werke I 424). Mit der kirchlichen Überlieferung vertritt Z. die Meinung, daß Joseph M. als Beschützer beigegeben wurde (I 402); er bezeichnet die »Brüder« des Herrn als »Freunde« (I 422). Gelegentlich nennt er M. die »heilige unbefleckte Magd« (II 638; I 414), doch ist daraus nicht eindeutig zu schließen, ob er die UE annahm. Für die Lehre von der Assumptio M.e findet sich bei Z. kein Anhaltspunkt. Das

Sprechen des Ave Maria hält er für durchaus zulässig, da es sich aus den in der Schrift überlieferten Grußworten des Engels und Elisabeths zusammensetze; auch die Zufügung »Jesus. Amen« ist nach ihm vom Hl. Geist eingegeben (I 407). Die Anrufung ᛗs und der Heiligen lehnt Z. ab, weil sie dabei an die Stelle Gottes treten würden (II 195–291). Ebenso lehnt er die Bilder ab, da nicht die Bilder, sondern allein die Hl. Schrift die Menschen lehren solle (II 656). Die beste Ehrung ᛗs besteht nach Z. darin, dem Vorbild zu folgen, das sie in ihrem reichen Tugendleben den Menschen gegeben hat: »Wiltu aber Mariam besunderlich eeren, so volg nach ihrer reinigkeit, unschuld und festem glouben« (I 426).

Ausg.: H. Zwingli, Sämtliche Werke, 4 Bde., Berlin 1905. — Huldrici Zwinglii Opera completa, editio prima curantibus M. Schulero et J. Schulthessio, 8 Bde., Zürich 1827–42.

Lit.: R. Schimmelpfennig, Die Geschichte der Marienverehrung in dt. Protestantismus, 1952. — W. Tappolet, Das Marienlob der Reformatoren, 1962. — R. Schimmelpfennig, Die Marienverehrung der Reformatoren, In: H. J. Mund (Hrsg.), Maria in der Lehre von der Kirche, 1979. — M. Heymel, Maria entdecken, 1991.
R. Schimmelpfennig

Zwölf-Sterne-Andachten. Im → Barock entfaltete sich eine MV, die ᛗ als Himmelskönigin (regina coeli; Königtum) wie auch als → Kaiserin des Himmels (imperatrix coeli) bes. hervorhob. Aus dieser Zeit stammen unzählige bildliche Darstellungen, die ᛗ zeigen als »Frau mit der Sonne bekleidet, den Mond unter ihren Füßen und einen Kranz von zwölf Sternen auf ihrem Haupt« (Offb 12,1b). Sie ist gekrönt mit Vollkommenheit (12 als Zahl, die Vollendung symbolisiert) und thront über die Welt. Diese Glaubensüberzeugung äußerte sich im 17. und 18. Jh. auch in Andachten zu den 12 Sternen, die mit der Aufklärung fast in Vergessenheit gerieten. In manchen Gemeinschaften wird diese Andacht auch noch heute gebetet, z. B. bei den Schulschwestern ULF in Auerbach / Oberpfalz.

Daß ᛗ mit Sternen in Verbindung gebracht wird, zeigen frühe → Hymnen (→ Stella maris, → Ave maris stella). Die reichhaltige, innige Gebetsliteratur des 14. und 15. Jh.s weist persönliche Betrachtungen und Gebete zu den Sternen ᛗs auf, wobei sich die Zahlen 7 und 12 abwechseln. Im Mittelpunkt stehen die Charismen ᛗs, die der dreifaltige Gott ihr als Geschöpf verliehen hat. Diese wurden unter verschiedenen Aspekten umkreist. Auch die barocken Z. beziehen sich auf die Gnadenerweise an ᛗ und bauen diese zu geformten Gemeinschaftsandachten aus, während vorher die persönliche mystische Versenkung in diese Geheimnisse bevorzugt wurde. In den Klöstern entstand parallel dazu als Gebet für einzelne die Andacht zu den 12 Kerzen, die die gleichen Charismen enthält, jedoch — ähnlich wie im MA — von Betrachtungen zur persönlichen Vertiefung und Anbetung begleitet werden.

Die Z. scheinen den Traditionen und Bedürfnissen der Frauengemeinschaften wie auch der

Mariae Krönung mit 12 Sternen, Gebetbuch aus der Benediktinerinnenabtei St. Erentraud, Nonnberg in Salzburg

Pfarrgemeinden angepaßt gewesen zu sein. Sie wurden nach den vorliegenden Zeugnissen immer in dt. Sprache gebetet wie schon ihre Vorläufer im MA. Grundlage bildeteten die empfangenen Gnaden ᛗs, die sie als Geschöpf über alle anderen Geschöpfe erhebt. Indem sich der Christ in diese Charismen vertieft und sie preist, erhält er als Geschöpf Trost und Zuversicht, daß Gott auch ihm seine Gnade zuwendet. Das geht aus den Begleitgebeten dieser Andachten wie auch aus der Zwölf-Kerzen-Betrachtungen hervor. Gleichbleibend erscheinen in den Andachten die Gnadengaben er Erwählung, der Empfängnis ohne Erbsünde, der Überschattung durch den Hl. Geist, der Jungfräulichkeit und der GMschaft. Sie bezeugen die von ᛗ von der Dreifaltigkeit empfangene Gnadenfülle, die als eigener Stern aufgeführt ist. In den »12 Kertzen« (Nonnberg-Archiv Sign. VIII, 198 Bd) wird ᛗ im Zusammenhang mit dieser Kerze als »der allerheyligsten Dreyfaltigkeit obriste geheimbste Kantzlerin« genannt. Die restlichen Sterne bzw. Kerzen stellen die Folge dieser Charismen dar: ᛗ ist erhöht über alle Engel und Menschen, weil sie Gott geboren hat, und regiert als Königin und Kaiserin des Himmels. Ihre außerordentliche Begnadigung befähigt sie dazu, Mittlerin zwischen Gott und den Menschen zu sein, wobei der Wortlaut der Gebete ergibt, daß sie nicht als Miterlöserin galt: nur ihr Sohn kann die Welt erlösen. Sie wird von allen Kreaturen als das höchste Geschöpf verehrt, dem der Glaubende nachstreben soll, um den dreifaltigen Gott tiefer zu erkennen. Das Kreatürliche des Menschen spielt in diesen Andachts- und Betrachtungsformen eine wesentliche Rolle. Er ist von Gott geschaffen wie ⋈, die als höchste Ausprägung aller Geschöpfe angesehen wird, weil sie das Gnadenangebot Gottes rückhaltslos angenommen hat. Es ergeben sich aus diesem theol. Hintergrund folgende Sterne, deren Reihenfolge nicht festgelegt ist: 1. vor der Erschaffung erwählt, 2. ohne Erbsünde empfangen, 3. vom Hl. Geist überschattet, 4. Jungfrau geblieben vor und nach der Geburt, 5. hat Gott geboren, 6. mit göttlichen Gnaden erfüllt, 7. hat das Geheimnis der Dreifaltigkeit erkannt, 8. ist Sitz der Weisheit, 9. erhaben über Engel und Kreaturen, 10. eingesetzt als Königin bzw. Kaiserin, 11. befähigt zur Mittlerin, 12. verehrt von allen Kreaturen. In mehr volkstümlichen Andachten gibt es einige Abwandlungen, die als Folgen ihrer Begnadung Ereignisse aus ihrem Leben mit Gott betonen: z. B. erwählt als Tochter Gottes und → Braut des Hl. Geistes, geschmückt mit höchsten Vorzügen bei ihrer Geburt, verlobt mit Joseph. Gelobt wird Gott, der Sohn, der in ihrem Schoße Menschennatur annahm, neun Monate darin wohnte, von ihr geboren wurde, sich von ⋈s Brust nährte und den sie aufzog und erzog.

Die Andachtsformen scheinen sehr unterschiedlich gewesen zu sein und sich wie die Inhalte an die gegebenen Situationen angepaßt zu haben. In Pfarrgemeinden finden sich eher litaneiähnliche Wechselgesänge und -gebete, während die Andachten, die vorwiegend in Frauengemeinschaften gebetet wurden, eine lebendige liturg. Ausgestaltung erfuhren. Das folgende Beispiel stammt vom Benediktinerinnenkloster Nonnberg in → Salzburg und ist eigentlich eine »Krönungsandacht« (Nonnberg-Archiv Sign. VIII, 198 Bb); manchmal wurde diese mit einer Weihe der Schwestern an ⋈ verbunden. Ein ⋈bild wurde in der Kapelle oder in einer »Stuben« verhüllt aufgestellt und nach einem Einleitungslied oder -gebet, das auf »Krone« und »Edlgstain« hinweist, enthüllt. Es folgte ein Grußvers, und dann wurden wie im Stundengebet Invitatorium, Hymnus und mehrere ⋈psalmen (→ Psalterium) sowie eine marian. Oration gebetet. Die Form paßte sich also dem am Nonnberg gepflegten monastischen Stundengebet an. Dann opferten die Schwestern die Sterne auf, indem sie Gebetszettel kniend auf den Altartisch legten. Es folgte eine Prozession der Verehrung, bei der immer zwei Schwestern wie bei anderen liturg. Handlungen an den Altar traten, mit einem »Kränzl« in der Hand niederknieten und gemeinsam ein Gebet sprachen, das dem dreifaltigen Gott dankt für die Gnadengaben an ⋈ mit dem Versprechen, ihm und ihr treu zu dienen. ⋈ wurde gebeten, dieses Tun zu segnen und bei Gott »Fürsprach« einzulegen. Jetzt wurde ⋈ mit einer auf dem Altar bereitliegenden Krone gekrönt und danach das »Te Deum angewandt auf die Mutter Gottes« gesungen. Auf ein weiteres Preisgebet an ⋈ folgten das Salve Regina, Versikel und Oration. Zuletzt wurden die Sterne mit den persönlichen Gebeten der Schwestern, die diese vorher aufgeopfert hatten, vom Altar genommen und als Losung und Betrachtung unter die Schwestern verteilt.

Wenn die Zwölf-Sterne- und Zwölf-Kerzen-Andacht auch nicht überdauert haben, so sind doch ihre ins Urchristentum zurückreichenden Kernaussagen in das Andachtsgut seit dem 19. Jh. eingeflossen, haben überdauert und bilden so die Brücke zur Jetztzeit. Theol. unterscheiden sie klar zwischen ⋈ als höchst begnadetem Geschöpf und ihrem Gott-Sohn als Erlöser der Welt, wobei das Wirken des dreifaltigen Gottes und damit der heilsgeschichtliche Aspekt hervorgehoben werden.

QQ: Gedruckte und handschriftliche Andachtszettel z. T. ohne Herkunftsbezeichnung in München, Bayer. Staatsbibl., Stuttgart, Landesbibl., Wien, Nat.-Bibl., hs. Gebetsbücher und Andachtsaufzeichnungen der Benediktinerabtei Nonnberg in Salzburg (Nonnberg-Archiv Signaturen VIII, 198 A und B).

I. Schmidt-Sommer

Zypern (Κύπρος), bekannt in der Antike als die Insel der Aphrodite, wurde nach der Christianisierung die Insel der Heiligen und bes. der Allheiligen GM, der Panhagia. Mit der Ablösung der altgriech. Religion durch das Christentum wurde auch Aphrodite durch die Panhagia »ersetzt«, wobei sich gelegentlich auch der Name Panhagia Aphroditissa herausbildete; in Kouklia wurde auf den Ruinen des Aphrodite-Tempels die byz. Kirche der Panhagia Katholike gebaut. ⋈ ist nach dem »Engomion an die Hyperagia Theotokos« des hl. → Neophytos Enkleistos (1134–1219) die ἀκοίμητος φύλαξ τῆς Κύπρου (die schlaflose Wächterin Z.s). Jeder orth. Christ ruft sie in schwierigen Situationen seines Lebens an. Der Anruf »Παναγία μου« oder »Χριστός καὶ Παναγία« begleitet jeden Moment von Angst, Gefahr oder Überraschung, aber auch jeden Moment von Freude oder Trauer. Wie im ganzen griech. Volk so sind auch bei den Zyprioten die Namen Maria, Panagiota, Despoina (bei den Männern Marios, Panagiotis oder Panikos) üblich. Auch gilt ⋈, die »ὑπέρμαχος στρατηγὸς« (beschützende Heerführerin) bis heute in allen Kämpfen der griech. Nation als einzige Hoffnung und wahre Kraft der Zyprioten.

Die drittgrößte Insel des Mittelmeeres ist seit mehr als 3000 Jahren ein wichtiges Zentrum der griech. Kultur und seit 2000 Jahren auch ein wichtiges Zentrum der Orth. Kirche. Sie hat eine lange und in vielem tragische Geschichte, die bis in die prähistorische Zeit zurückgeht (Choirokitia). Z., das nach fast tausendjähriger

Fremdherrschaft 1959 seine Freiheit zurückgewonnen hatte, ist seit der türkischen Invasion 1974 in einen griech. und einen türkischen Teil gespalten.

1. Die Orthodoxe Kirche Zyperns. Nach dem Martyrertod des hl. Stephanus kamen viele Christen von Jerusalem »bis nach Phönizien und Zypern und Antiochien, doch verkündigten sie das Wort nur den Juden« (Apg 11,19). Die Verbreitung des Christentums auf Z. begann hauptsächlich nach dem Besuch der Apostel Paulus und Barnabas, die »die ganze Insel bis nach Paphos durchzogen« (Apg 13,6). Der Apostel Barnabas wird als Gründer und Beschützer der Kirche Z.s verehrt. Z. war das erste europäische Land, das von einem Christen, dem Statthalter Sergius Paulus, regiert wurde. Im 4. Jh. kam die hl. Helena nach Z. Sie ließ viele Kirchen bauen, u.a. die Klöster Stavrobouni und Omodos, denen sie Teile des hl. Kreuzes Christi schenkte. Die Christianisierung der Insel wurde in diesem Jh. durch das Wirken des hl. → Epiphanios v. Salamis abgeschlossen, der erfolgreich gegen die Häresien seiner Zeit kämpfte. Wie alle Lokalkirchen in den ersten Jh.en, war auch die Kirche Z.s selbständig. Sie nahm an allen Ökumen. Synoden mit vielen Bischöfen teil. Im → Bildersturm engagierte sie sich bes. für den Schutz der Ikonen. Dabei wurde Erzbischof Georgios Kyprios von der ikonoklastischen Synode von Hiereia (754) zusammen mit Johannes v. Damaskos und dem Patriarchen von Konstantinopel, Germanos, anathematisiert.

Während der arabischen Einfälle (Mitte 7. Jh. bis Mitte 10. Jh.) wurden die wichtigsten Städte der Insel zerstört. Danach folgte eine ruhigere Zeit, bis Z. während des 3. Kreuzzuges vom engl. König Richard Löwenherz erobert wurde. Nach einem ersten Verkauf der Insel an die Templer wurde sie dem Exkönig von Jerusalem Guy de Lusignan verkauft, der zum König von Z. wurde. Mit ihm begann die Frankenherrschaft auf Z., danach (seit 1498) folgte die venezianische Zeit und ab der Mitte des 16. Jh.s die Türkenherrschaft.

Für die griech.-orth. Bevölkerung der Insel waren diese Jh.e eine Epoche gewaltiger Bedrückung und Armut sowie fortwährender Bedrohung ihres orth. Glaubens und ihrer griech. Kultur und Sprache. Auf der Insel wurde eine lat. Hierarchie eingesetzt, und von den 14 orth. Bischöfen blieben nur vier (Konferenz von Ammochostos, 1222), die dem lat. Erzbischof, dem einzigen Metropoliten der Insel, untergeordnet wurden und den Treueid gegenüber der Röm. Kirche leisten mußten. Durch die sog. »Constitutio Cypria« oder »Bulla Cypria« Papst Alexanders IV. (1260) wurde die völlige Unterwerfung der Orthodoxen unter die Lateiner erreicht. Der Widerstand der Zyprioten gegen die Lateiner erreichte seinen Höhepunkt im 14. Jh. Danach näherten sich die Lateiner in Z. Schritt für Schritt an die griech. Kultur und z.T. an den orth. Ritus an.

Während der Türkenherrschaft konnte die Kirche Z.s ihre Autokephalie zurückerlangen, ihre Kontakte mit den anderen orth. Kirchen wiederherstellen. Die Kirche war in dieser Zeit der einzige Trost des Volkes. Der Erzbischof wurde Ethnarch, übernahm die weltliche Führung und war als Vertreter der orth. Griechen für Verwaltung und Politik verantwortlich, also auch für die Revolutionsbewegungen des Volkes. So wurden während der Türkenherrschaft Erzbischof Kyprianos, drei weitere Bischöfe Z.s sowie viele Kleriker und Laien am 9.7.1821 hingerichtet, weil die Zyprioten für den griech. Befreiungskampf Sympathien hegten. Erzbischof Kyprianos hatte die »Griechische Schule« (1812) in Leukosia und Makarios I. die erste Mädchenschule (1857) gegründet.

1878 wurde die Verwaltung Z.s von den Türken an die Engländer übertragen, die bald versuchten, die Angelegenheit der Orth. Kirche Z.s zu kontrollieren. 1925 wurde Z. zu einer engl. Kronkolonie umgewandelt, 6 Jahre später der Metropolit von Kition und Kyrenei nach einem Volksaufstand verbannt. Fünf Jahre nach der Volksabstimmung von 1950, in der sich die Gesamtheit der Griechen Z.s für die Vereinigung (Enosis) mit Griechenland aussprach, begann ein Untergrundkampf gegen die britische Kolonialmacht, in dessen Verlauf Erzbischof Makarios III. (1913–77) und der Metropolit von Kyreneia Kyprianos mit ihren Ratgebern verbannt wurden. Auf Grund der Vereinbarungen von Zürich und London wurde Z. am 16.8.1960 zu einem unabhängigen Staat mit zwei sich selbst verwaltenden Volksgruppen erklärt. Als erster Präsident der Republik Z. wurde — nach alter Tradition — Erzbischof Makarios III. gewählt, wiewohl das vom Kanonischen Recht der orth. Kirche nicht erlaubt ist. 1974 besetzten türkische Streitkräfte den nördlichen Teil der Insel, der dann am 15.11.1983 als Türkische Republik Nord-Z. einseitig für unabhängig erklärt wurde.

2. Namen der Gottesmutter. Auf Z. findet man viele Bezeichnungen der GM, die in der ganzen Orthodoxie gebräuchlich sind (→ Eleousa, → Hodegetria, Phaneromene, → Zoodochos Pege u.a.). Daneben gibt es noch Namen mit dem Präfix Chryso-, Chrysa- oder Chryse (Gold-), z.B. Chrysorrogiatissa, Chrysospeliotissa, Chryseleousa, Chrysaliniotissa, Chrysopolitissa, Chrysopantanassa. Viele andere stammen von Ortsnamen, wie z.B. Kykkotissa, Trooditissa, Kantariotissa, Karmiotissa, Perachoritissa, von Kampas u.a. Es gibt aber auch Ortsnamen, die von ⑪namen stammen, z.B. Pallouriotissa, ein Vorort von Leukosia, und Panagiá, ein Dorf der Provinz von Paphos. Ferner kommen ⑪namen vor, die von Pflanzennamen stammen, z.B. Pallouriotissa, Arakiotissa oder von Arakas, Trikoukkiotissa, Phorbiotissa, Kyparissiotissa, Chrysaliniotissa, Angathiotissa u.a.; es gibt auch eine Pflanze, die den Namen »Tränen der Panhagia« trägt. Andere Bezeichnungen der GM haben mit Eigenschaften oder mit Wundern ⟨M⟩s zu tun, z. B. Theoskepaste, Iamatike, Kyra, Glykophilousa, Angeloktiste (nach der Tradition wurde die Kirche von Engeln gebaut), Molyboskepaste (mit Blei bedeckt), Galoktiste (mit Milch gebaut, die mit Erde gemischt wurde) u. a.

3. Volksfrömmigkeit. Sehr viele Volksüberlieferungen und -legenden auf Z. haben mit ⟨M⟩ zu tun. Sie beziehen sich auf Erscheinungen und Wunder ⟨M⟩s sowie auf die Geschichte von Klöstern, Kirchen und Ikonen. In zypriotischen Handschriften und solchen des hl. Bergs Athos wird die Überlieferung bewahrt, daß die Panhagia nach einer Einladung von Lazarus, der damals Bischof von Kition war, Z. besuchte. Die betreffenden Stellen in zwei solchen Handschriften wurden von Ch. Papaioannou (Ἐκκλησιαστικὸς Κῆρυξ, 1912) und vom Metropoliten von Kition (Κυπριακὰ Χρονικά, 1923) veröffentlicht. Demnach konnte Lazarus die GM wegen der Christenverfolgungen nicht in Jerusalem besuchen. Deshalb begab sich ⟨M⟩ auf die Reise zu Lazarus, während der das Schiff bis zum Athos kam. Sie wurde vom Apostel Johannes begleitet und brachte dem Metropoliten von Kition Geschenke. Ungeklärt ist, ob diese Überlieferung aus Rußland, vom Athos oder aus Z. stammt. Die älteste bekannte Bezugnahme auf einen Besuch ⟨M⟩s in Z. kommt bei Damaskenos Studites (16. Jh.) vor.

Viele Überlieferungen beziehen sich auf wundertätige ⟨M⟩ikonen, z. B. auf die Ikonen Panhagia Kykkotissa, Machariotissa, Chrysorrogiatissa und Trooditissa. So sei die Panhagia von → Kykkos eine von drei Ikonen, die der Apostel Lukas gemalt habe. Bis zu Beginn des 12. Jh.s sei sie in Konstantinopel gewesen, dann nach der Heilung des Verwalters von Z., des byz. Kaisers (Alexios I. Komnenos) und seiner Tochter und auf Wunsch der GM selbst nach Kykkos gebracht worden. Während der Reise dorthin hätten sich die Fichten gebeugt und seien bis heute so geblieben. Diese Überlieferung zeigt die engen Beziehungen Z.s zu Konstantinopel und das Interesse des Kaisers für das Kloster und die Insel im allgemeinen. Früher waren Prozessionen mit der Ikone der Panhagia Kykkotissa bes. in Zeiten von Trockenheit üblich. Die Ikone wurde dann bis Leukosia gebracht und blieb viele Tage zur Verehrung im Klostergut des hl. Prokopios. Sie war die einzige Ikone, die so weit von ihrer Kirche weggebracht wurde.

Als → Lukasbilder gelten noch fünf weitere Ikonen, die während des Bilderstreits nach Z. gekommen waren und dort Schutz gefunden hatten. Der zypriotische Erzbischof Konstantinos sprach in der 7. Ökumen. Synode von zahlreichen Wundern der ⟨M⟩ikonen auf Z. (Mansi XIII 77–80). Unter den vielen Mönchen, die damals Zuflucht auf Z. fanden, waren auch vier Mönche, die wundertätige Ikonen der GM mitbrachten. Für diese Ikonen wurden später die Klöster Megalos Agros, Arakas, Machairas und Trooditissa gebaut, von denen nur die zwei letzten noch existieren. Eine andere Ikone sei von einer Frau ins Meer geworfen worden, damit sie nicht zerstört werde, und sei so nach Z. gekommen. Nach deren Fund wurde das Kloster der Panhagia Chrysorrogiatissa gebaut.

Den wundertätigen ⟨M⟩ikonen werden besondere Eigenschaft zugeschrieben, so hilft die Panhagia Kykkotissa gegen Trockenheit, die Panhagia Trooditissa den unfruchtbaren Frauen; die Panhagia Galatousa in Ammochostos und in Palaikythron, die Chrysogalousa in Alona, die Chrysogalatousa in Mathiates u. a. helfen Müttern und Säuglingen, die Theoskepaste von Paphos, die Chrysorrogiatissa und die Kykkotissa beschützen Seeleute (wie in vorchristl. Zeit die Aphrodite Euploia oder Thalassaia usw.), die Asprobouniotissa in Pyla, die Chrysospeliotissa in Deutera und die Chrysopolitissa in Paphos und in Larnaka heilen Augenkrankheiten, die Gaimatousa oder Iamatike in Arakapas helfen bei Blutfluß, die Chrysospeliotissa, die Perabouniotissa in Bouni, die Mutter der Kinder in Menoikon u. a. helfen kranken Kindern. Die Gläubigen legen oft auch ein Gelübde (τάμα) ab, das sie erfüllen, indem sie Votivgaben darbringen. Dem hl. Wasser (ἁγίασμα) aus bestimmten Quellen, die vielfach durch das Eingreifen Gottes oder der GM gefunden worden sein sollen, wird oft heilende Kraft zugesprochen. Bekannt ist etwa das ἁγίασμα der Panhagia von Kykkos in Pyrgi, jenes der Panhagia Gaimatousa oder der Iamatike in Arakapas.

Die Verehrung der Ikonen, bes. der ⟨M⟩ikonen, ist ein wichtiger Ausdruck der orth. Frömmigkeit, nicht nur in den Kirchen, sondern auch zu Hause und auf den Straßen in den sog. προσκυνητάρια. Die MV aber findet ihren besten Ausdruck an den verschiedenen ⟨M⟩festen (πανηγύρεις) des Jahres (Empfängnis, Geburt, Einzug im Tempel, Verkündigung, Entschlafung) und an den übrigen Festen, die mit ⟨M⟩ verbunden sind (Lichtmeß, Zoodochos Pege, Hagia Zone), die auf Z. mit der gleichen Liturgie, mit den gleichen Gebeten und Bräuchen wie in → Griechenland gefeiert werden.

4. Marienklöster. Vier der wichtigsten Klöster Z.s sind heute ⟨M⟩ geweiht: Kykkos, Machairas, Trooditissa und Chrysorrogiatissa. Das Kloster von Kykkos ist das bekannteste und reichste Kloster Z.s. Seit seiner Gründung im frühen 12. Jh. hat es trotz Verfolgungen bis heute überlebt, v. a. während der Türkenherrschaft, als es im Kloster eine Schule gab, und während des Kampfes gegen die Engländer war es ein nat. und soziales Zentrum. Viele Erzbischöfe und Metropoliten der zypriotischen Kirche waren Mönche dieses Klosters, darunter auch Makarios III. Das Priesterseminar »Apostel Barnabas« und zwei Schulen in Leukosia sind vom Kykkoskloster aus gegründet. Der Schatz des Klosters ist die Ikone Panhagia Kykkotissa (Typ Eleousa), die das Kykkoskloster zum bedeutendsten Wallfahrtsort Z.s macht. Hauptfesttage sind der 15. August (Koimesis) und der 8. September (Me Geburt).

Das Kloster Machairas, gegründet gegen Ende des 12. Jh.s, wurde zwei Mal (1530 und 1892) völlig durch Feuer zerstört. Zwei der 13 Märtyrer von Kantara waren Mönche dieses Klosters. Auch der Erzbischof und Märtyrer Kyprianos begann dort seine kirchliche Tätigkeit. Wie das Kykkoskloster war auch das Machairaskloster während der Türkenherrschaft ein soziales und nat. Zentrum. Viele seiner Mönche waren Kopisten kirchlicher Bücher. Die Geschichte des Klosters ist eng mit Gregores Auxentiou, dem Anführer der »Nationalen Organisation zypriotischer Kämpfer« (EOKA) gegen die Engländer verbunden, der dort sein Versteck hatte und dort am 3.3.1957 von den Engländern verbrannt wurde.

Nur wenige Informationen existieren über das Kloster Trooditissa. Möglicherweise beginnt seine Geschichte schon im 10. Jh. Die ersten Quellen aber stammen erst aus dem 16. und dann aus dem 18. Jh. Die Kirche und das Kloster sind allerdings später erbaut worden. Mönche des Trooditissaklosters, das seinen Namen vom Berg Troodos hat, waren die Erzbischöfe Makarios I. (1854–65) und Sophronios III. (1865–1900). 1939 wurde das Kloster Koinobion. Ebenso spärlich sind die Informationen über das Chrysorrogiatissa-Kloster, das nach Berichten von Abt Ioakeim (1794–1821) im Jahr 1152 vom Mönch Ignatios, der dort die Mikone gefunden haben soll, gegründet worden ist. Die ersten Mönche des Klosters waren Asketen von Panhagia Kremmaste; 1768 begannen der Bau der großen Kirche und die Renovierung des ganzen Klosters.

Früher gab es noch weitere Klöster auf Z., die der GM geweiht waren (z. B. Arakas, Asinou, Podithou, Megalos Agros, Kanakaria, Pallouriotissa, Phaneromene, Kantariotissa, Trikoukkiotissa, Sphalangiotissa, Apsithiotissa), von denen heute höchstens noch die Kirchen existieren. Eine besondere Rolle in der Geschichte der zypriotischen Kirche, bes. im Kampf gegen den Versuch Roms, die Zyprioten zu latinisieren, spielte das Kloster von Panhagia Kantariotissa. Der Märtyrertod der 13 Mönche, die unter der Führung von Ioannes und Konon den orth. Glauben bis zu ihrem Tod mutig verteidigten, gilt als Symbol des Kampfes der Orthodoxie gegen das lat. Dogma. Ioannes und Konon kamen vom südlichen Kleinasien, lebten einige Jahre in den Klöstern Machairas und Chrysostomos und kamen endlich zum Kloster von Kantara. Nach ihrem Tod überlebte das Kloster noch bis zu Beginn des 19. Jh.s; heute ist es unter türkischer Besatzung.

5. Marienkirchen und -kapellen. Die besondere MV zeigt sich auch in den zahlreichen Kirchen und Kapellen, die der GM geweiht sind, und z. T. große kunsthistorische Bedeutung haben. So ist die Panhagia von Asinou oder Phorbiotissa (benannt nach der Pflanze Euphorbium) bei Niketari der Rest des 1099 gegründeten Klosters Phorbia mit dem Bild der Panhagia Phorbiotissa, berühmt wegen seiner gut erhaltenen byz. Fresken, die Szenen aus dem Mleben (Geburt, Einzug im Tempel und Entschlafung) sowie verschiedene ikonographische Mtypen (Panhagia Paraklesis, Eleousa, Platytera) zeigen.

Viel älter ist die Kirche der Panhagia Kanakaria bei Lithrangome, heute unter türkischer Besatzung, die im 7. Jh. auf den Ruinen einer Basilika des 5. Jh.s erbaut wurde, an die noch der Chorbogen und das Mosaik mit der Panhagia Kanakaria (ca. 530) erinnert. Dieses Mosaik wurde 1979 von den Türken abgenommen, teilweise zerstört oder im Ausland verkauft und nach einem Prozeß in den USA in den Erzbischofspalast in Leukosia zurückgebracht. Ins 12. Jh. gehören die Fresken der Mkirche von Arakas bei Lagoudera, die bis zum 18. Jh. eine Klosterkirche war. Dort befindet sich auch das Bild der Panhagia Arakiotissa. Ein anderes wichtiges Mosaik enthält die Kirche der Panhagia Angeloktiste in Larnaka, die im 11. Jh. auf den Ruinen einer Basilika des 5. Jh.s erbaut wurde. Möglicherweise gehören der Chorbogen sowie das Mosaik mit der Panhagia und den Erzengeln Michael und Gabriel noch ins 6. Jh. Interessante Fresken des 16. Jh.s mit Einflüssen der ital. Renaissance gibt es noch in der ehemaligen Klosterkirche der Panhagia von Podithou, die 1502 gebaut und der Panhagia Eleousa geweiht wurde.

6. Literatur und Kunst. Die rel. Poesie Z.s blühte bes. in Zeiten politischer und rel. Unterdrückung. Auch in der rel. Volksdichtung spielt M eine zentrale Rolle, wobei die Aufrichtigkeit, Spontaneität und Reinheit im Glauben der Zyprioten zum Ausdruck kommt. Daneben gibt es auch marian. Hymnen auf der Basis der byz. Hymnologie und Musik, die häufig beim Essen gesungen wurden (z. B. *Παναγία Δέσποινα ὑπὸ τὴν σκέπην σου πάντες…, Ἡ Παναγία Παρθένος παρακαλεῖ τὸν Υἱόν της…, Βλέπουσα ἡ Παρθένος…*). Viele von ihnen wurden in den *Κυπριακαὶ Σπουδαὶ* und in der *Ἐπετηρὶς τοῦ Κέντρου Ἐπιστημονικῶν Ἐρευνῶν* veröffentlicht. Das bekannteste marian. Volkslied ist das »Klagelied der Panhagia« (*Θρῆνος τῆς Παναγίας*), in dem M über das Leiden und den Tod ihres Sohnes klagt. N. Klerides hat sieben Varianten dieses Liedes in seiner Sammlung der Volkslieder Z.s veröffentlicht. Außerdem werden Christus und die GM in den Eheliedern um Hilfe angerufen. Auch die Volkslieder, die den Kampf gegen die Engländer begleiteten, sprechen oft von der GM und ihrem Sohn. Sie bitten um die Hilfe der Panhagia Kykkotissa, Machairiotissa oder Chrysorrogiatissa, die neben Digenes und Auxentiou kämpft. Schließlich kommt M auch in den Werken der großen Dichter (Basiles Michaelides, Demetres Lipertes, Kostas Montes u. a.) und Prosaschriftsteller Z.s vor (Loukes Akritas, Kypros Chrysanthes u. a)

Die Mosaiken von Angeloktiste und Kanakaria beweisen, daß ᛖ schon in frühbyz. Zeit ein wichtiges Thema der Kunst auf Z. war. Dies setzt sich in zahlreichen Fresken und Ikonen der spätbyz. Zeit fort. Thema ist jeweils das Leben der GM oder ihre Gestalt in verschiedenen ikonographischen Typen (Platytera, Eleousa, Glykophilousa, Galaktotrophousa u. a.). Einen besonderen Typus zeigt eine Ikone in der Kirche der Panhagia Chrysaliniotissa in Leukosia: ᛖ ist dort doppelt, in zwei verschiedene Richtungen blickend, dargestellt, als Panhagia Agapetitze oder Enotitze (GM der Liebe oder der Einigung) sowie als Panhagia Misetitze oder Choristitze (GM des Hasses oder der Trennung).

Die Geschichte Z.s, wie die des ganzen griech. Volkes und aller orth. Völker, ist ohne die Gestalt und den Schutz der Allheiligen GM undenkbar. »Die Panhagia der Hymne besiegte den Tod und das Verderben, sie war die Kraft, die den Menschen von dem schrecklichen Fall und der Vernichtung befreite. Sie war auch die beschützende Heerführerin, die die Stadt (Konstantinopel) und unser Volk rettete von den Gefahren, die ihnen drohten. In dem kleinen Raum Zyperns, im Schatten von Jahrhunderten fremder Herrschaft, fränkischer, türkischer, britischer, war die beschützende Heerführerin überall in uns, unberührt von der Zeit, als die höchste Hodegetria (Führerin), die belebende Gestalt, der unbesiegte Schild der Identität und der Rettung unseres Volkes in dem Leid der Jahrhunderte« (K. Michaelides).

Lit.: H. Duckworth, The Church of Cyprus, London 1900. — H. Hackett, A History of the Orthodox Church of Cyprus, London 1901. — T. P. Themeles, Αἱ ἐπωνυμίαι τῆς Παναγίας ἐν Κύπρῳ, In: Νέα Σιών 21 (1926) 652–664. 705–718. — N. G. Kyriazes, Δημώδης Κυπριακὴ Ἰατρική, In: Κυπριακὰ Χρονικά 4 (1926) 1–186. — Chr. A. Papadopoulos, Ἡ Ἐκκλησία τῆς Κύπρου ἐπὶ Τουρκοκρατίας (1571–1878), 1929. — G. Hill, A history of Cyprus, 4 Bde., 1940–52. — L. Philippou, Ἡ ἀρχαία Ἑλλὰς καὶ αἱ κυπριακαὶ θρησκευτικαὶ παραδόσεις, In: Κυπριακαὶ Σπουδαί 8 (1944) 1–15. — N. G. Kyriazes, Ἐπωνυμίαι τῆς Παναγίας, 1950. — N. Klerides, Μοναστήρια στὴν Κύπρο, 2 Bde., 1958/68. — N. G. Kyriazes, Τὰ μοναστήρια ἐν Κύπρῳ, 1960. — N. Klerides, Κυπριακὰ Δημοτικὰ Τραγούδια, 1967. — Ph. Georgiou, Εἰδήσεις ἱστορικαὶ περὶ τῆς Ἐκκλησίας Κύπρου, ²1975. — L. Philippou, Ἡ Ἐκκλησία τῆς Κύπρου ἐπὶ Τουρκοκρατίας, 1975. — Ph. I. Kourites, Ἡ Ὀρθόδοξος Ἐκκλησία ἐν Κύπρῳ ἐπὶ Φραγκοκρατίας, ²1982. — M. Paraskevopoulou, Researches into the traditions of the popular religious feasts of Cyprus, 1982, 123–151: The Virgin Mary in Cyprus. — F. G. Maier, Cypern, Insel am Kreuzweg der Geschichte, 1982. — P. Kirmitses, Ἡ Ὀρθόδοξος Ἐκκλησία ἐπὶ Φραγκοκρατίας, In: Κυπριακαὶ Σπουδαί 47 (1983) 1–108. — A. Stylianou, The painted Churches of Cyprus, 1985. — P. M. Ioannou-Psillita, Τὸ ἔπος τῆς ΕΟΚΑ 1955–59. Ἡ ποιητικὲ ἔκφραση τοῦ ἀγῶνα, 1986. — Ausst.-Kat., Aphrodites Schwestern und das christl. Z.: 9000 Jahre Kultur Z.s, 1987. — A. N. Mitsides, Ἡ παρουσία τῆς Ἐκκλησίας Κύπρου εἰς τὸν ἀγῶνα ὑπὲρ τῶν εἰκόνων, 1989. — Πίστη καὶ Νεοελληνικὴ λογοτεχνία. Ἡ ἀναζήτηση τοῦ Θεοῦ στὴ Λογοτεχνία μας, 1990. — K. Hillenbrand, Cypern, Aphrodites geteilte Insel, 1990. — Μεγάλη Κυπριακὴ Ἐγκυκλοπαίδεια ΧΙ 53 f.; VII 350 f.; IX 364 f. *M. A. Voskos*

Zypresse. Auf den hohen Symbolwert der Z. deutet die apokryphe Kreuzlegende hin. Danach entsprießen von Adams Grab drei Reiser aus drei Samenkörnern — von → Ölbaum, → Zeder und Z. — aus dem Garten Eden. Moses findet die Reiser und erkennt sie als Sinnbild der Dreifaltigkeit, wobei die Z. Christus zugeordnet wird. Im Verlauf der Zeit wachsen die Reiser zu einem Stamm zusammen; das Holz wird später zum Kreuze Christi (H. M. v. Erffa, Ikonologie der Genesis, 1989, 116 f.).

Auch den vor- und nichtchristl. Religionen galt die Z. als hl. Baum. Die altpersische Zendreligion sah in ihrer pyramidartigen, zum Himmel aufstrebenden Form ein Zeichen der hl. Feuerflamme (C. Bötticher, Der Baumcultus der Helenen, 1856, 510). Die griech.-röm. Antike kannte die Z. als Kult- und Auspizienbaum (PRE IV/2, 1915 ff.). Für die Türen des Artemistempels in Ephesos wurde Zypressenholz verwendet, weil dieses seinen Glanz am längsten bewahrt (Plinius, Nat. hist. XVI 295). Kultbilder aus Zypressenholz und hl. Zypressenhaine sind mehrfach belegt. Der Verehrungswürdigkeit der Z. zuträglich erschienen neben der auffallenden schlanken, obeliskartigen Gestalt (vgl. Ovid, Metamorphosen X 106; Plinius, Nat. hist. XVI 140) noch weitere Eigenschaften: die wintergrünen Blätter, der Wohlgeruch, die Härte und Dauerhaftigkeit des Holzes, das als unverderblich galt, und die Heilkraft verschiedener Teile des Baumes. Auch wurde die Z. als schön erachtet. Sie gehörte zur homerischen Ideallandschaft der Grotte der Kalypso (Odyssee V 63); sie wurde zur Zierde künstlich angelegter Landschaften benützt (Plinius, op. cit. 140). Im AT wird die Z. als Baum des Gartens Gottes genannt (Ez 31,8). Das widerstandsfähige, duftende Holz war geschätzt beim Tempelbau Salomos (1 Kön 6,15. 34) wie beim Schiffsbau (Ez 27,5).

Wichtig für die marian. Symbolik war v. a. die Benennung der Z. unter den → Bäumegleichnissen in Sir 24,13 ff., die in die Lektionen des ᛖoffiziums eingingen. Bruchstücke aus diesem Text erscheinen als Inschrift auf dem Mantelsaum der »Madonna des Kanzlers Rolin« von Jan van Eyck (Paris, Louvre, 1434/36). Beim Vergleich der Z. mit ᛖ im »Buch der natürlichen Dinge« nimmt → Konrad v. Megenberg Bezug sowohl auf den Text Sir 24,13 (Vulgatafassung) als auch auf die Beschaffenheit des Holzes: »des cypressen holz ist gar guot zuo palken in kirchen und zuo grôzem gepäw und ist gar vest, alsô daz ez grôz und swaer pürd mag auf gehalten und getragen. Dem paum geleichtet sich auch unser fraw in der geschrift und spricht von ir selber ›ich bin auf gehoecht als ain cypress auf dem perg Syôn‹; daz spricht si pilleich, wan Syôn ist als vil gesprochen als ain gesiht des frides. nur ist si auf dem perg, daz ist der himel des ewigen frides, und praitt ir genâd herab und helt daz gepäw auf der hailigen christenhait.« (K. v. Megenberg, Das Buch der Natur, hrsg. von F. Pfeiffer, 1861, 318). Der medizinale Nutzen der Z. wird mit der heilenden Macht ᛖs verglichen, die Tragfähigkeit des Holzes mit ihrer Standhaftigkeit im Leiden, die vielen Verwendungsmöglichkeiten des Baumes mit ihrer barmherzigen Hilfe in vielen Notlagen (→ Richard v. St. Laurentius, De laudibus B. M. XII 6). In seiner → Emblem-Kompilation zur → UE hebt C. Sfondrati (Innocentia vindicata ..., 1695) die Unverweslichkeit und unversehrte Schönheit der Z. hervor, an deren Holz weder Schlangen und Würmer noch Unrat Haft zu finden vermögen.

Neben den vielen Darstellungen des südländisch beheimateten Baumes als Landschaftselement ital. Mgemälde begegnet die Z. ausdrücklich als Sinnbild in programmatischen Bildern. So in Federico Zuccaris Lünettenfresko in S. Maria Annunziata in Rom (zerstört, durch einen 1571 datierten Kupferstich Cornelius Corts überliefert). Im Wiener → Albrechtsaltar, um 1439, wird sie der Darstellung Ms mit den Propheten zugeordnet; der dazugehörige Text, »Verbo vita et exemplo ut cipressus vobis asto«, spielt auf die Festigkeit und Stärke des Holzes an. Die Z. ist regelmäßiger Bestandteil im sinnbildlichen Rahmenwerk beim Bildtypus der → Tota pulchra (Gemälde von Juan de Juanes in der Jesuitenkirche zu Valencia; Kupferstich von Raphael Sadeler) und in der Symbollandschaft bei der Immaculata (Zurbarán, Gemälde in Marchena und Siguenza). Friedrich Overbeck zeigt die Z. mit der noch heute geläufigen Bedeutung eines Trauersymbols bei seiner Beweinung Christi (1845) in der Mkirche in Lübeck.

Lit.: F. Lajard, Recherches sur le culte du cyprès pyramidal chez les peuples civilisés de l'antiquité, 1854. — Salzer 153–156. — Z. Silberstein, Die Pflanze im AT, In: Studium Generale 20 (1957) 326–342. — L. Behling, Die Pflanzenwelt der ma. Kathedrale, 1964. — Ders., Die Bäume Mariens auf dem Albrechtsaltar zu Klosterneuburg, In: Album amicorum J. G. van Gelder, 1973, 15–21. — D. Forstner, Die Welt der christl. Symbole, ⁵1986, 179. — J. Brosse, Mythologie der Bäume, 1990, 175 f. 262–266. — LCI IV 594.   *G. Nitz*

NACHTRÄGE

Adam v. Fulda, * 1445 in Fulda, † 1517 in Wittenberg, Komponist und Theoretiker der spätniederländischen Epoche, Benediktinermönch im Kloster Vormbach bei Passau, entwirft dort seinen Traktat »De musica« (Gerbert III 329–381) und beendet ihn 1490 in Thorgau als verheirateter »musicus ducalis« am Hof Friedrichs des Weisen v. Sachsen. Als Musikdozent an der eben gegründeten Universität zu Wittenberg erscheint sein Name 1502 unter den Intitulati. Um 1503 beginnt A. auf Empfehlung des sächsischen Kurfürsten eine Sachsenchronik zu schreiben, die nach seinem Tod der Abt des Klosters St. Jakob in Würzburg, Johannes → Trithemius, fortführt. An musikalischen Werken A.s sind in dem Liederbuch des Arnt v. Aich aus Handschriften und Drucken des 16. Jh.s drei Lieder erhalten. Unter seinen kirchenmusikalischen Werken (1 Messe, 7 Hymnen, 2 Antiphonen und 1 Responsorium) befindet sich auch 1 Magnificat von besonderer Schönheit. Dabei steht A. als Komponist kaum mehr dem Stil → Ockeghems nahe. Denn in seinem Traktat nennt A. als »würdigstes Muster«, dem es »nachzueifern« gelte, Antoine → Busnois (→ Vokalmusik). Theoretiker und Komponisten wie A. und → Josquin Deprez schelten spitzfindige Rätselsprüche, entschuldigen sich ihrer eigenen Kraftproben halber, schätzen aber die daran erwiesenen Kunstgesetze und verwenden den Kanon unter Beigabe der resolutio (Auflösung) beinahe bloß für einzelne Stimmen innerhalb des polyphonen Geflechts. In dieser Form begegnet man dem Kanon dann häufig als Schlußsteigerung, bes. im Agnus der Messe und in der Doxologie des Magnificat. Die Vorliebe für polyphone Umkleidung eines gleichmäßig langezogenen cantus firmus ist anscheinend Eigenart der älteren dt. Musikergeneration um A.; sie mag sich etwas altväterisch ausnehmen, verrät wohl auch nahe Verwandtschaft mit der Epoche → Obrechts und → Isaacs. Aber gemeinsam mit seinen genialeren Generationsgenossen Heinrich → Finck, Alexander → Agricola und Thoma Stoltzer († 1526), ferner mit Paul Hofheimer (1459–1537) als Vokalkomponist — eng verbunden mit der zeitgenössischen niederländischen Kunst — überwindet A. die jahrhundertelange Isolation der dt. Vokalpolyphonie.

Lit.: M. Gerbert, Scriptores ecclesiastici de musica sacra I–III, 1784; Neudr. 1908. — W. Niemann, Studien zur Musikgeschichte des 15. Jh.s, In: KMJ 17 (1902). — H. J. Moser, Die weltlichen Liedsätze des A. v. F., In: Jahrbuch der Staatlichen Akademie für Kirchen- und Schulmusik 1 (1929) 7. — E. Bernoulli und H. J. Moser (Hrsg.), Liederbuch des Arnt v. Aich, 1930. — O. Ursprung, Die Kath. Kirchenmusik, In: Handbuch der Musikwissenschaft II, 1939, 169. — W. Ehmann, A. v. F. als Vertreter der ersten dt. Komponistengeneration, 1936. — C. Petzsch, Die rhythmische Struktur der Liedtenores des A. v. F., In: AMw 15 (1958) 143. — MGG I 79–81. — Grove I 102. *D. v. Huebner*

Agricola, Alexander, * um 1446 im heutigen Belgien, † 1506 in Valladolid, stand in den Diensten Karls VIII. von Frankreich und wirkte ab 1470 für die Medici in Florenz und für die Sforza in Mailand. Nach seiner Tätigkeit für den Hof zu Mantua und der Stellung des Vicaire an der Kathedrale von Cambrai erfolgte 1500 die Berufung zum »chapellain et chantre« an die Kapelle Philipps des Schönen in Brüssel, dem er 1504, zum König von Kastilien ernannt, nach Spanien folgte. Als einer der herausragendsten Vertreter der Josquin-Isaac-Generation verband A. das Erbe Dufays mit der niederländischen Vokalpolyphonie Ockeghems. Er schrieb 9 Vertonungen des Meßordinariums, Motetten (u. a. Regina Coeli, Salve Regina, Ave domina sancta Maria, Ave pulcherrima regina, Virgo sub ethereis), mehrere Magnificatkompositionen, Ave maris stella sowie über 100 Chansons in franz., ital. und niederländischer Sprache.

Lit.: E. R. Lerner, The Sacred Music of A. A. 1958. — MGG I 158–160. — Grove I 162–164. *E. Löwe*

Albergati, Pirro, * 20.9.1663 in Carrati, † 22.6.1735 in Bologna, ital. Komponist, gehört zum Kreis der Bologneser Schule, deren Blütezeit in der zweiten Hälfte des 17. Jh.s mit Giovanni Bononcini und Maurizio Cazzati einsetzte und großen Einfluß auf den jungen Händel hatte.

In den Werken A.s läßt sich der Übergang vom venezianischen zum neapolitanischen Stil erkennen, so in seinen Oratorien (z. B. Maria Annunciata dall' Angelo, 1701; Morte di Cristo, 1719), Meßvertonungen (u. a. »Messa, Litanie della B.V.«, Tantum ergo, 1721) und Motetten (z. B. Motetti et Antifone della B.V. a voce sola, 1691; Hinno e antifone della B.V., 1715).

Lit.: L. Frati, Musicisti e cantanti bolognesi del settecento, In: Rivista musicalia italiana 21 (1914) 189 ff. — MGG I 287 f. — Grove I 205 f. *E. Löwe*

Albrechtsberger, Johann Georg, * 3.2.1736 in Klosterneuburg, † 7.3.1809 in Wien, war nach kurzen Stellungen in Raab/Ungarn, Maria Taferl und Melk Organist in Wien, zuletzt (1793–1809) als Domkapellmeister. Schwerpunkt seines deutlich von Haydn und Mozart geprägten, 279 Kompositionen umfassenden Schaffens ist die KM, wobei marian. Werke einen breiten Raum einnehmen. So sind 7 seiner 26 Messen der GM gewidmet. Ferner komponierte er u. a. marian. Gradualien, Offertorien, 7 Vesperae de BMV, 15 Magnificat, marian. Antiphonen, Hymnen und Arien, 4 Lauretanische Litaneien sowie den Introitus »Mulier ecce Filius tuus«, den Circuitus »Sancta Maria succurre« und das Oratorium »Geburt Christi«.

Marian. WW: Messen: Missa BMV; 2 Missae Annuntiationis BMV; Missa Nativitatis BMV; Missa Visitationis BMV; Missa Praesentationis BMV; Missa Desponsationis BMV. — Gradualien: Benedicta et venerabilis es; Dilexisti justitiam; Nunc dimittis; Propter veritatem; Virgo prudentissima; Suscepimus Deus. — Offertorien: Quae hodie sollemnia; Beata es virgo Maria; Assumpta es Maria; Diffusa est gratia; 3 Ava Maria; Virgo Maria; Ad Mariam cum tribularer; Recordare virgo; Sub tuum praesidium. — Antiphonen: 10 Salve Regina; 10 Alma Redemptoris; 7 Regina coeli; 8 Ave Regina. — Hymnen: 2 Ave maris stella. — Arien und Gesänge: Schönste Sonne meiner Liebe; Gemma decens, Rosa recens; Veni spe fretus bona; Ganz schön bist, Maria; Wann Maria ich bedenke; O Mutter mit dem Himmelskinde.

Lit.: A. Weißenbäck, Thematisches Verzeichnis der Kirchenkompositionen J. G. A.s, In: Jahrbuch des Stiftes Klosterneuburg 6 (1914) 1–160. — E. Paul, J. G. A., ein Klosterneuburger Meister der Musik und seine Schule, 1976. — D. Schröder, Die geistlichen Vokalkompositionen J. G. A.s, 1987. *F. Trenner*

Alleluja (hebr. Imperativ »hallelu« mit Suffix »Jah[ve]« = preiset Jahve [= Gott], von »'hallil« = loben, lobsingen, in Jubel ausbrechen, jauchzen, preisen) ist ein Freudenruf, der in Hallelujah-Psalmen (113–118, 134, 135, 145–150; Tob 13, 22) als Refrain wiederkehrt. In der Geheimen Offenbarung des hl. Johannes (19, 1) ist A. rel. Ausdruck dank- und jubelvoller Stimmung, zum einen als Einleitung und zum andern als Abschluß liturg. Texte, zuweilen auch textlos — mehrfach wiederholt — als einfacher Jubelruf.

Die Kirche übernimmt das A. als festen Begriff von der Synagoge, ohne ihn — wie auch das »Amen« — ins Griech., Latein. oder in eine fremde Sprache zu übertragen (Isidor v. Sevilla, De ecclesiasticis officiis I, 13: »Laudes, hoc est Alleluja canere, canticum est Hebraeorum. ... nec graecis, nec latinis, nec barbaris ... transferre ... propter sanctiorem ... auctoritatem«; PL 82, 282). Nach dem Zeugnis Papst Gregors d. Gr. (590–604) führt Papst Damasus I. (366–384) den A.-Gesang in die röm. Messe ein (PL 77, 956). In bewußter Anlehnung an die Liturgie von Jerusalem gibt dazu sein liturg. Berater, der hl. Priester Hieronymus (um 347–419/20), Anlaß (Battifol 348); ihm war von seinem Aufenthalt in Betlehem die liturg. Praxis des Orients wohl vertraut. Die Nähe der Freudenbotschaft des Evangeliums hat die Entscheidung, das A. in der Messe nach der Epistel (2. Lesung) erklingen zu lassen, erleichtert. Gleichwohl ist in den Kirchen außerhalb Roms der Gebrauch des A. verschieden. Im Orient singt man es täglich, auch bei Begräbnissen, im Abendland verstummt es nach der Regel des hl. Benedikt an Fasttagen (CSEL 75, cap. 15), singt es — nach dem Zeugnis des hl. Isidor (PL 82, 282) — in Spanien an allen Tagen, in Afrika in der Osterzeit und an Sonntagen, in der röm. Kirche zunächst einzig am Ostersonntag, seit Gregor d. Gr. an allen Tagen mit Ausnahme der Quadragesima, der büßenden Vorbereitung auf das Osterfest, und an Tagen der Trauer (Gregorii Magni epist. IX, 12; PL 77,956). Vom A. in der österlichen Zeit, in der es den Triumphgesang der Gläubigen ob des Sieges Christi über Tod und Hölle darstellt, macht die lat. Kirche seit dem 5. Jh. ausgedehnten Gebrauch. Im A.-Jubilus breitet die Hochblüte des gregorianischen Gesanges ihr höchstes Können aus (Coussemaker II 339), das an hohen Festtagen über → Sequela in → Sequenz mündet. Das A. wird von Anfang an mit reichen Melismen gesungen. Augustinus, der von »jauchzen« spricht (Roetzer 233–235; Wagner I 36 ff.), bezeugt die feierliche Form des A. in der Messe; hier nennt man das Singen in Melismen »jubilare« und die melismatische Melodie → »Jubilus«, wofür es verschiedene — auch mystische — Erklärungen gibt. Nach Hieronymus (in Psalmum 32; PL 76,970) wird Jubilus genannt, was man weder mit Worten, Silben oder Buchstaben, noch mit Sprache überhaupt ausdrücken oder zusammenfassen kann, wie sehr der Mensch Gott loben soll. Orient. Christen, wie etwa die Kopten, singen oft eine Viertelstunde lang A. In der abendländischen Kirche verbindet Gregor d. Gr. das A. mit einem Versus, das MA mit zwei Versus in der Osterzeit (Eisenhofer II 108 ff.).

Im A. schimmert auch heute die responsoriale Struktur deutlich durch (→ Responsorium). Ein Solist oder Kantor singt das A. vor, so wie er sonst Antiphonen anstimmt. Der Chor oder die Schola wiederholt es. Der Solist beginnt den Psalm, d. h. er singt den Vers, der den Psalm vertritt. Der Chor oder die Schola wiederholt das A. Dabei bietet der liturg. Ort des Versus Spielraum, Charakter und Stimmung des Tages oder Festes einzufangen und zu verdeutlichen.

Komponisten verschiedener Epochen der Musikgeschichte, v. a. der Niederländer, der Venezianischen und der Röm. Schule, der Wiener Klassik, der Romantik und des → Cäcilianismus, schöpfen aus dem reichen Schatz des marian. Repertoires, um mit mehrstimmigen Werken die Feierlichkeit des Gottesdienstes zu steigern (→ Volkalmusik).

Unter marian. Aspekt kennt die abendländische Kirche in der Einstimmigkeit des gregorianischen Chorals eigene A.-Verse (vorkonziliarer Zeit): In Conceptione immaculata BMV (8. Dezember): Tota pulchra es, Tu gloria Jerusalem; Translationis Almae Domus BMV (10. Dezember): Beati qui habitant; BMV de Guadalupe (12. Dezember): Flores apparuerunt; BMV Reginae Ordinis Minorum (15. Dezember): Porta caeli, Tota formosa; Expectationis Partus BMV (18. Dezember): Ecce concipiet; Desponsationis BMV cum S. Joseph (23. Januar): Felix es, sacra Virgo; In Purificatione BMV (2. Februar): Senex puerum; In Apparitione BMV immaculatae (11. Februar): Ostende mihi faciem, Flores apparuerunt, Vox turturis; In Annuntiatione BMV (25. März): Ave Maria, Virga Jesse; BMV de Bono Consilio (26. April): Qui me invenerit; BMV sub titulo Auxilium Christianorum (24. Mai): Post partum; BMV Reginae (31. Mai): Beata es Virgo, Nunc cum eo, Salve Regina; BMV Omnium Gratiarum Mediatrix (31. Mai): Salve Mater misericordiae, Leva in circuitu, Filii tui; BMV Matris de Gratia (9. Juni): Post partum; BMV de Perpetuo Succursu (27. Juni): Beatus homo; In Visitatione BMV (2. Juli): Felix es, sacra Virgo; BMV de Monte Carmelo (16. Juli): Per te, Dei Genitrix; Humilitatis BMV (17. Juli): Post partum, Ave Maria; BMV Matris misericordiae (Samstag vor dem 4. Sonntag im Juli): Post partum, Ave Maria, Virga Jesse; In Dedicatione Patriarchalis Basilicae S. M. Angelorum de Portiuncula (2. August): Tu autem laetaberis, Inclinate aurem, Ecce venient; In Dedicatione S. Mariae ad Nives (5. August): Post partum, Ave Maria; BMV titulo Refugium Peccatorum (13. August): Post partum; In Assumptione BMV (15. August): Assumpta est Maria; Immaculati Cordis BMV (22. August): Magnificat anima mea, Beatam me dicent; Septem Gaudiorum BMV (27. August): Dilexisti justitiam, Benedictus est nomen; BMV Divini Pastoris Matris (3. September): Virga Jesse; In Nativitate BMV (8. September): Felix es; Septem Dolorum BMV (15. September): Stabat sancta Maria, O vos omnes; Sanctissimi Rosarii BMV (7. Oktober): Solemnitas gloriosae Virginis; Maternitatis BMV (11. Oktober): Virgo Dei Genitrix; Puritatis BMV (16. Oktober): Quae est ista; Patrocinii BMV (2. Sonntag im November): Post partum; Praesentatio BMV (21. November): Post partum; BMV Immaculatae a Sacro Numismate (27. November): A summo caelo; Commune Festorum BMV: Post partum, Virgo, Ave Maria, Virga Jesse; nach dem Vaticanum II: BMV de Lourdes (11. Februar): Propter veritatem; In Annuntiatione BMV (25. März): Ave Maria, Virga Jesse; In Visitatione BMV (31. Mai): Felix es sacra; Immaculati Cordis BMV (Samstag nach dem 2. Sonntag nach Pfingsten): Paratum cor meum; In Dedicatione Basilicae S. Mariae (5. August): Virga Jesse, Specie tua, Diffusa est gratia.

Lit.: Coussemaker. — P. Wagner, Einführung in die gregorianischen Melodien I, ³1911, 36–38. 92 — 98; III, 1921, 397–417. — P. Battifol, Histoire du Bréviaire, 1929. — W. Roetzer, Des hl. Augustinus Schriften als liturg. Quelle, 1930. L. Eisenhofer, Handbuch der kath. Liturgik, 2 Bde., 1932/33. — R.-J. Hesbert, Antiphonale missarum sextuplex, 1935. — J. Glibotic, De cantu »alleluja« in patribus saeculo VII antiquioribus, In: EL 50 (1936) 101– 123. — D. J. Froger, L'Alleluja dans l'usage romain et la réforme de Saint Grégoire, In: EL 62 (1948) 6–48. — J. Lechner, Grundriß der Liturgik des Röm. Ritus, ⁵1950, 47. 195–197. — L. Brou, L'alleluia dans la liturgie mozarabe, In: Anuario musical VI, 1951, 31. — E. Wellesz, Gregory the Great's Letter on the Alleluia, In: Annales musicologicques 2 (1954) 7. — Graduale sacrosanctae Romanae Ecclesiae de Tempore et de Sanctis, 1956. — W. Irtenkauf, Die A.-Tropierungen der Weingartener Handschriften, In: FS zur 900-Jahrfeier des Klosters Weingarten, 1956, 345. — H. Husmann, Zum Großaufbau der Ambrosianischen A., In: Anuario musical 12 (1957) 17. — Ders., A., Sequenz und Prosa im altspan. Choral, In: Miscellanea en homenaje a Monseñor Higino Anglès, 1958–61, 407. — E. Jammers, Ein spätma. A., In: Mf 12 (1959) 307. — Graduale Romano-Seraphicum, ⁵1959. — A. Wellnitz, Die A.-Melodien der Handschrift St. Gallen 359, Diss., Bonn 1960. — E. Gerson-Kiwi, Halleluia und Jubilus in Hebrew-oriental Chant, In: FS für H. Besseler, 1961, 43. — J. A. Jungmann, Missarum Sollemnia I, ⁵1962, 548–557. — B. Stäblein, Das sog. aquitanische A. »Dies sanctificatus« und seine Sequenz, In: H. Albrecht in memoriam, 1962, 22. — Ders., Der Tropus »Dies sanctificatus« zum A. »Dies sanctificatus«, In: SMw 15 (1962) 22. — W. Wiora, Jubilare sine verbis, In: In memoriam Jacques Handschin, 1962, 39. — B. Stäblein, Zwei Textierungen des A. »Christus resurgens« in St. Emmeram, Regensburg, In: Organicae voces, FS für J. Smits van Waesberghe, 1963, 157. — K. Schlager, Thematischer Katalog der ältesten A.-Melodien aus Handschriften des 10. und 11. Jhs, In: Erlanger Arbeiten zur Musikwissenschaft II, 1965. — Ders., Anmerkungen zu den zweiten A.-Versen, In: AMw 24 (1967) 199. — Ders., Ein beneventanisches A. und seine Prosula, In: FS für B. Stäblein, 1967, 217. — Ders., A.-Melodien I, In: Monumenta monodica medii aevi VII, 1968. — M. Huglo, Les listes alleluiatiques dans les témoins du graduel grégorien, In: Speculum artis, FS für H. Husmann, 1970, 219. — H. G. Hammer, Die A. gesänge in der Choralüberlieferung der Abtei Altenberg, In: Beiträge zur rheinischen Musikgeschichte 76, 1971. — E. Jammers, Das A. in der Gregorianischen Messe, In: LQF 55 (1973) 1–172. — E. T. C. Moneta, Lo jubilus, le origine della salmodia responsoriale (Ad Aquileia una della più antiche vestigia di schola cantorum, 1977, 1–217. — Graduale Triplex seu Graduale Romanum Pauli PP. VI., 1979. — T. Bailey, The Ambrosian alleluias, 1983, 1–156. — CSEL 75, 1977, Regula Benedicti, ed. R. Hanslik. — DACL I 1226–46. — MGG I 331–350. — Grove I 268–276.   *D. v. Huebner*

Arnim, Ludwig Achim v., dt. Dichter, * 26. 1. 1781 in Berlin, † 21. 1. 1831 in Wiepersdorf, entstammte väterlicherseits einem alten Adelsgeschlecht, mütterlicherseits einer der reichsten bürgerlichen Familien Preußens. Er war Lutheraner. 1798 machte er am Joachimsthalschen Gymnasium Abitur. Er studierte bis 1801 in Halle und Göttingen zunächst Jura, trat aber bald mit physikalischen Veröffentlichungen hervor. Durch seine Begegnung mit dem Liedkomponisten Johann Friedrich Reichardt, mit Johann Wolfgang v. Goethe und Clemens Brentano wurde er zur Dichtung angeregt. Nach einer Europareise (1801–04) folgte 1805 der erste Heidelberger Sommer, in dem A. mit Brentano den ersten Band von »Des Knaben Wunderhorn« erarbeitete (Bd. 2 und 3: 1808). Weitere Sammlungen mit Bearbeitungen älterer Lit. folgten (»Wintergarten« und »Schaubühne«, Berlin 1809 und 1813). 1811 heiratete er Bettina Brentano. Jetzt entstanden in rascher Folge seine reifsten Erzählungen und sein fragmentarischer Roman »Die Kronenwächter«, nebenbei zahlreiche Zeitungsartikel. 1814 zog sich A., enttäuscht durch die beginnende politische Reaktion, auf sein Landgut Wiepersdorf zurück.

In A.'s frühromantischem Jugendroman »Hollins Liebeleben« (1802) wird die Heldin namens Maria öfters mit der Mutter Jesu in Beziehung gebracht, doch eher in lit. als rel. Sinn, um nämlich auf die Schlußszene, die Aufführung von Schillers »Maria Stuart« (und das kath. Kolorit dieses Stückes) vorzubereiten. A. lernte den Katholizismus persönlich erst durch Clemens und Bettina Brentano kennen (das »Wunderhorn« enthält zahlreiche ⓜlieder). A. erlebte seine Kindheit im Berlin der Aufklärung. So war ihm eine MV zunächst fremd. Die verbreitete prot. Wertung spricht der Stadtprediger in A.s Novelle »Die drei liebreichen Schwestern und der glückliche Färber« (1812) aus: Das Mädchen Lene hat die »Harzgulden« von ihrer »himmlischen Mutter« geschenkt bekommen (A. amplifiziert hier das später von den Brüdern Grimm sog. »Sterntaler«-Märchen; Kinder- und Haus-Märchen Nr. 153). Der Stadtprediger »befahl ... dergleichen papistischen alten Sauerteig, den ich noch aus meiner Heimat mitgebracht, wegzuwerfen.« A. selbst verwirft mit seiner romantischen Abkehr von der Vernunftreligion indes auch eine derart enge Sicht; die Heiligen- und bes. ⓜverehrung erscheinen ihm als Bereicherung für das seelische Leben und die Kunst. In der Erzählung »Die Kirchenordnung« (1821), in der die Annäherung zweier Liebenden an die Konfession des anderen tragisch endet, wird die Verehrung eines Bildes der »Muttergottes mit dem Kinde« diskutiert und gegen den Vorwurf »als verehre sie (die Kirche) Götzenbilder« verteidigt.

ⓜ erscheint in A.s Dichtung nicht als historische Figur, sondern in der Vermittlung durch ein Kunstwerk: im Bild, in der Statue, in der Architektur, im Märchen. In dem Drama »Marino Caboga« (1814 entstanden, 1826 publiziert in der Erzählungssammlung »Landhausleben«) spielen Anfang und Schluß — im Gegensatz zu A.s historischer Quelle — in der »Marienkirche« Ragusas, wo das Erdbeben die ungerechten Machthaber vernichtet und Caboga als verantwortungsbewußter Herrscher hervortritt. ⓜbilder gebraucht A. öfters an zentralen Punkten der Handlung. Sie können aus erotischer Verwirrung befreien (»Nelson und Meduse« im »Wintergarten«, 1809; »Isabella von Ägypten«, 1812), als Frauenporträts aber auch sinnlich wirken (»Kronenwächter«, 1817; »Seltsames Begegnen und Wiedersehen«, 1817; »Raphael und seine Nachbarinnen«, 1823). In den »Kronenwächtern« rechtfertigt der Maler Anton sein Madonnenbild, ein Porträt von Anna, mit der Begründung: »... ich male nur das Schöne an euch, das Häßliche lasse ich weg. Die Menschen sind recht sonderbar, uns Malern trauen sie zu, daß wir das heiligste Bild aus nichts schaffen und malen können, aber nicht unserm Herr Gott, der die ganze Welt zwar aus nichts, aber den Menschen nach sich als sein Ebenbild geschaffen hat, wir müssen von unserm Herr Gott, aus seinen Menschen lernen.« A. teilt seine monistische Weltauffassung in der Einleitung der »Kronenwächter« mit: »Nur das Geistige können wir ganz verstehen und wo es sich verkörpert, da verdunkelt es sich auch. Wäre dem Geist die Schule der Erde überflüssig, wäre in ihr verkörpert, wäre aber das Geistige je ganz irdisch geworden, wer könnte ohne Verzweiflung von der Erde scheiden.« die kath. MV wird von A. dichterisch in diese Weltsicht eingebunden.

Ausg.: L. A.s v. A. sämmtliche Werke, hrsg. von W. Grimm, Bde. 1–22, Berlin 1839–56, Bd.23: Gedichte, Zweiter Teil, in Zusammenarbeit mit dem Freien Dt. Hochstift hrsg. von H. R. Liedke und A. Anger, 1976. — A. v. A., Sämtliche Romane und Erzählungen, hrsg. von W. Migge, 3 Bde., 1962–65. — C. Brentano, Sämtlich Werke und Briefe, hrsg. von J. Behrens, W. Frühwald und D. Lüders, VI–IX, 3: Des Knaben Wunderhorn, gesammelt von L. A. v. A. und C. Brentano, hrsg. von H. Rölleke, 1975–78. — A. v. A., Werke, 6 Bde., I und II: Hollin's Liebeleben. Gräfin Dolores, Die Kronenwächter, hrsg. von P. M. Lützeler, 1989; III und IV, Sämtliche Erzählungen, hrsg. von R. Moering, 1990–92; V: Gedichte, hrsg. von U. Ricklefs, 1994; VI: Schriften, hrsg. von R. Burwick, J. Knaack und H. F. Weiss, 1992. — In Vorbereitung: Historisch-kritische Ausg. Tübingen.

Bibl.: O. Mallon, Arnim-Bibliographie, 1925. — V. Hoffmann, Die Arnim-Forschung. 1945–72, In: DVjS 1973, Sonderheft, 270–342. — B. Duncan, Werke von und über A. v. A. ..., In: Neue Tendenzen der Arnim-Forschung (s.u.). — U. Ricklefs, A.s lyrisches Werk. Register der Handschriften und Drucke, 1980.

Lit. (Auswahl): A. v. A. und die ihm nahe standen, hrsg von R.Steig und H.Grimm, 3 Bde., 1894–1913. — Briefwechsel A. v. A. und Bettina Brentano, hrsg. von W. Vordtriede, 2 Bde., 1961, 1985. — Bettine und Arnim, Briefe der Freundschaft und Liebe, hrsg. von O.Betz und V.Straub, 2 Bde., 1986/87. — H. F. Weiss, Unveröffentlichte Briefe A. v. A.s von und an aus anderen Lebenszeugnissen, In: LJB N. F. 21 (1980) 89–169; 22 (1981) 71–154. — Ders., Unbekannte Briefe von und an A. v. A. aus der Sammlung Varnhagen und anderen Beständen, 1986. — A.s Briefe an Savigny 1803–31, hrsg. von H. Härtl, 1982. — Ausst.-Kat., A. v. A., 1781–1831, bearb. von R.Moering und H.Schultz, hrsg. von D.Lüders, Frankfurt a.M. 1981. — Aurora, Jahrbuch der Eichendorff-Gesellschaft, Jg. 1985 und 1986. — U.Ricklefs, Magie und Grenze. Arnims »Päpstin Johanna«-Dichtung, 1990. — Neue Tendenzen der Arnim-Forschung, hrsg. von R.Burwick und B.Fischer, 1990. — H.Härtl und H.Schultz (Hrsg.), »Die Erfahrung anderer Länder«, 1994. *R. Moering*

Badia, Carlo Agostino, * 1672 in Venedig (?), †24.9.1738 in Wien, kam 1693 an den Wiener Kaiserhof (seit 1693 als »Hof-Compositeur«), wo er bis zu seinem Tod blieb und v. a. als überaus fruchtbarer Opern- und Oratorienkomponist Bewunderung erregte. Die Gestalt der GM erscheint in B.s Werk u. a. in den traditionellem Stil komponierten Oratorien »La sete di Cristo in croce« (1691), »Il transito di San Giuseppe« (1693), »Il pianto di Maria vergine« (1697) und »La depositione della croce« (1698).

Lit.: E. Wellesz, Die Opern und Oratorien in Wien von 1660-1708, In: SMw 6 (1919) 5–138. — Grove II 8–10. *F. Trenner*

Balthasar, Hans Urs v., * 12.8.1905 in Luzern, †26.6.1988 in Basel, besucht die Gymnasien in Engelberg/Schweiz und Feldkirch/Österreich, studiert Germanistik und Phil. in Wien, Berlin und Zürich, wo er 1928 promoviert (»Geschichte des eschatol. Problems in der modernen dt. Literatur«). 1929 tritt er in die Gesellschaft Jesu ein (Theologiestudium in Lyon bei H. de Lubac); 1936 wird er in München zum Priester geweiht. B. arbeitet an den »Stimmen der Zeit« mit (1937–39), ist Studentenseelsorger der Universität Basel (1940–48). Es folgen die Begegnung mit Adrienne von → Speyr (1940), die Entfaltung einer gemeinsamen Sendung (Johannesgemeinschaft 1946) und die Gründung des Johannesverlags (1947). 1950 tritt er aus der Gesellschaft Jesu aus, seit 1956 lebt er in Basel als geistlicher Betreuer der Johannesgemeinschaft, freier Schriftsteller und Verlagsleiter. Kurz vor seinem Tod wird er zum Kardinal ernannt.

B. hinterläßt neben Johannesgemeinschaft und Johannesverlag ein ansehnliches schriftstellerisches Werk von eigenen Büchern, Aufsätzen und Übersetzungen. Kernstück ist die dreiteilige theol. Summe von Theo-Ästhetik, Theo-Dramatik und Theo-Logik (1961–87). Methodisch gegründet in den Transzendentalien des Schönen, Guten und Wahren, versucht diese theol. Ganzheitsschau Offenbarung und Tradition als Begegnung und Erfahrung (Ästhetik), Auseinandersetzung zwischen menschlicher und göttlicher Freiheit (Dramatik) und als menschliche Artikulation der Wahrheit Gottes (Logik) darzustellen. B.s Theol. zehrt von der Fülle des christl. Kulturerbes, ist biblisch und v. a. patristisch untermauert und konstituiert sich in der Auseinandersetzung mit prägenden Geistesströmungen der Vergangenheit und Gegenwart. B.s Absicht ist die Einheit von Sein und Liebe aufzuhellen (metaphysisch), die Anwesenheit des Ganzen im Fragment aufzuzeigen (historisch) und auf das gegenseitige Angewiesensein von Spiritualiät und Theol. aufmerksam zu machen (existentiell). Seine Theol. ist trinitarisch begründet, sie kristallisiert sich in Jesus Christus als Mitte der Offenbarungsgestalt und der Kirche als personal verstandener Antwortgestalt.

B. kann ein innig-persönliches Verhältnis zu ⓜ nachgesagt werden, das mitgeprägt wurde von der eigenen Mutter, im Austausch mit Adrienne v. Speyr und von jesuitischer Spiritualität. Es findet seine konkreteste Ausprägung in einer umfassenden Ja-Haltung gegenüber Gottes Ruf in die persönliche Sendung (Ordensleben, Priestertum, gemeinsame Sendung mit Adrienne v. Speyr); sie kann als liebender Gehorsam bezeichnet werden und ist in der Verbindung von Ignatius und Johannes dem Evangelisten verkörpert. Ähnlich marian. kann die grundlegende anthropologische Haltung von Empfang und Verdanken gedeutet werden.

Obwohl kein typisch marian. Schriftsteller, hat B. zwischen 1944 und 1987 eine ganze Anzahl von Auftrags- und Gelegenheitsschriften mit marian. Themen verfaßt. Sie befassen sich mit Gedanken zu M festen, dem Rosenkranzgebet und der M frömmigkeit allgemein. B. äußert sich mit Vorliebe über die marian. Prägung des geistlichen Lebens (»marian. Prinzip«) und der Kirche (»umgreifende Mütterlichkeit«). In M ist Theol. gesichert als »Theorie der Glaubenden« und als Zeugnis. Die Auseinandersetzung mit dem marian. Gedankengut in der Theo-Dramatik hat systematisierenden und vergleichsweise umfassenden Charakter (II/2). Hier und anderswo wird M unter dem Gesichtspunkt »Die Frau als Antwort« dargestellt. B. war durch sein Mitschreiben maßgeblich am marian. Gedankengut Adrienne v. Speyrs beteiligt. Es muß auch auf die qualitative Bedeutung M s im sonstigen Schrifttum B.s hingewiesen werden (z. B. Theol. der Geschichte, theol. Selbstverständnis, Ästhetik, Dramatik). Es ist charakteristisch für B.s Methode und Stil, immer wieder mariol. Miniaturen anzubieten, d. h. Kurzdarstellungen von umfassender theol. und spiritueller Aussagekraft. Weil Mariol. zur »Mitte des Glaubens« gehört, warnt B. sowohl vor Übertreibungen wie vor Untertreibungen. Er begegnet aller Festlegung eines → Fundamentalprinzips mit Mißtrauen, und betrachtet M als den »christlichen Sonderfall«, der als solcher »konkrete Norm der abstrakten Norm« ist.

B.s marian. Denken liegt im Sendungsbegriff begründet. Von da bezieht es seinen personaluniversalen Charakter. M ist Magd, und als solche Existential der Bejahung; Immaculata, d. h. schrankenlos integrale Antwort und unverdorbenes Konzept des Menschen. Als Jungfrau verkörpert sie die neue Weise der Fruchtbarkeit, und als Gehilfin ist sie unendlich dehnbares Jawort im »Akt vollkommener Glaubensübergabe an Gott«. Die Fleischwerdung des Wortes beginnt im Glauben der Jungfrau, und M ist Mutter im vollumfänglichen Sinn: sie gebiert, nährt und erzieht. Als »Mater Dolorosa« und »Kreißendes Weib« ist sie in den Prozeß göttlicher Fruchtbarkeit einbezogen. Im Mitleiden wird sie zur Elongatur von Christi Leiden; M lebt Solidarität mit den Sündern. Sie ist unsere Mutter. Als Assumpta verkörpert sie umfassendes Heilsein an Leib und Seele und versinnbildet die »endgültige Bewährung der Erde als fruchtbarer Schoß Gottes«. B. bezeichnet M mit Vorliebe als Realsymbol, um so das »Ganze in personaler Fassung« (Personalität — Universalität) zu betonen.

Die Gestalt M s hat wesentlich Bindecharakter und Hinweisfunktion. Sie ist Brennpunkt trinitarischer Ordnung und privilegierter Ort des Geist-Ereignisses. Mit Christus ist sie »innerste Kammer der Geschichte«, zugleich in »höchster Gleichförmigkeit« und »letzter Abscheidung«. Im Mutter-Kind-Verhältnis ist sie Mitdarstellerin der zentralen christl. Gestalt. Sie verkörpert die »Uridee christlicher Eucharistiegesinnung«; v. a. wird M — nach echt patristischer Tradition — immer wieder als Doppelsubjekt M-Kirche angesprochen. Als Urbild und Vorbild der Kirche verbürgt sie deren »lebendige Form«, die »Mütterlichkeit des Amtes« und seine »dienende Weiblichkeit«. M und Petrus sind im Sinnbild des Johannes, d. h. in der »größeren Liebe«, verbunden. M und Johannes (Joh 19, 25–27) sind die »Urzelle der Kirche«. An Pfingsten verschwindet M in die Kirche hinein; sie wird von der Kirche am Ende der Zeiten eingeholt.

In B.s Mariol. können sechs untereinander abhängige Aspekte ausgemacht werden. M erscheint als paradoxe Figur, die in sich rational wie theol. Gegensätze vereinigt (z. B. Jungfrau und Mutter). Dieser Aspekt wird ergänzt durch den elliptischen Aspekt, durch den M in verschiedene Verhältniszusammenhänge gestellt ist (z. B. mit Geist, Christus, Kirche). Der heilsgeschichtliche und kenotische Aspekt situieren M s biographische Entwicklung: heilsgeschichtlich, indem ihre Präsenz im Gesamt der Heilsgeschichte als totale Anverbundenheit an Christus charakterisiert wird; der kenotische Aspekt weist auf M s Erziehung in die Sendung Christi und damit auf die Voraussetzung für ihre eigene Sendung hin. Der ästhetische und dramatische Gesichtspunkt verdeutlichen M s Rolle in der Sendung, d. h. als Transparanz auf das in ihr und durch sie aufscheinende Göttliche (ästhetisch) und als rückhaltlose Verfügbarkeit in Gottes Dienst (dramatisch). Der symbolische Aspekt faßt die Gestalt M s im Ausgriff auf das Ganze bei gleichzeitiger Konkretisierung zusammen.

Als typisch marian. Haltungen, sowohl anthropologisch wie spirituell, empfiehlt B. unermüdlich Armut, Gelassenheit, Sich-Verdanken, Ja-Wort, Glaube, Kontemplation, Gehorsam, kirchliches Bewußtsein, Öffnung zur Welt und geistliche Fruchtbarkeit.

WW: Der dreifache Kranz. Das Heil der Welt im Mariengebet, 1977. — Theo-Dramatik II/2, 1978, 260–331 (»Die Antwort der Frau«). — Maria für heute, 1987. — Das marian. Prinzip, In: Schweizer Rundschau 68 (1969) 407–411. — Empfangen durch den Hl. Geist, In: Ich glaube ..., 1975, 39–49. — Die marian. Prägung der Kirche, In: W. Beinert (Hrsg.), Maria heute ehren, 1977, 263–279. — Heilig öffentlich Geheimnis, In: Communio 7/1 (1978) 1–12. — Marie et l'Eglise dans l'oeuvre de la Rédemption, In: »Lumen gentium« 43 (1978) 1–15. — Maria in der kirchlichen Lehre und Frömmigkeit, In: Maria — Kirche im Ursprung, 1980, 51–79. — Maria und der Geist, In: GuL 3 (1983) 173–177.

Lit.: P. Lechler, Das marian. Prinzip bei H. U. v. B., Zulassungsarbeit, Münster 1975. — A. Romani, L'immagine della Chiesa: »Sposa del verbo«, 1979. — H. Lux, Die Symbolgestalten Maria, Petrus und Johannes, wiss. Hausarbeit, 1978. — A. Peelman, L'esprit et Marie dans l'oeuvre théologique de H. U. v. B., In: SE 3 (1982) 279–293. — J. Heft, Marian Themes in the writings of H. U. v. B., In: MarSt (1980) 40–65. — D. J. Norman, Mary — Church as the Re-presentation of the Kenosis of Christi: acc. to H. U. v. B., Diss. masch., Alberta 1982. — E. Bauer, Maria im Heilsgeschehen im theol. Denken H. U. v. B.s, Diss., Salzburg 1982. — M. T'Joen, Marie et l'Esprit dans la théologie de H. U. v. B., In: Mar. 137 (1987) 162–195.

J. Roten

Bannholtzer, Valentin. Sein Name ist nur durch seine Signatur auf zwei Einblattdrucken bekannt. Der eine Einblattdruck (Straßburg, um

1500) enthält oben einen Holzschnitt (M mit Kind zwischen den hll. Katharina und Barbara), darunter einen alemannischen Mhymnus in 20 Strophen, der an das → Salve regina anschließt, unten, kleiner gedruckt, ein alemannisches M-lob in 24 Reimpaaren. Der andere Einblattdruck (Nürnberg 1507) zeigt oben einen Holzschnitt von Wolf Traut (Anna Selbdritt gegenüber von drei Engeln), darunter einen lat. Hymnus auf Anna als Mutter Ms mit 21 Strophen sowie vier Holzschnitte (Me Verkündigung, Geburt Christi, Darbringung, Drei Könige).

<small>Faksimilia und Lit.: W. Cohn, Einblattdrucke der Straßburger Druckerei J. Grüninger, 1937, Nr. 11. — M. Geisberg, Der dt. Einblatt-Holzschnitt in der 1. Hälfte des 16. Jh.s, 1923 ff., 34, Nr. 1409. — VL² I 600 f.   K. Kunze</small>

Bazil, Ludwig, Komponist und Violinist, * 18.4. 1931 in Hamadan/Persien, † 18.8.1990 in München, erhielt als Sohn armen.-christl. Eltern seine musikalische Ausbildung 1949–56 am Conservatorio S. Cecilia in Rom und wurde anschließend dort zum Lehrer berufen. 1960–65 unterrichtete er am Konservatorium in Teheran als Prof. für Violine, bevor er ab 1965 in München als Musiker, Lehrer und Komponist wirkte. Seine Lebensaufgabe sah er neben der Herausgabe des Werks des armen. Komponisten Komitas (1869–1935) in der Erforschung und Wiederbelebung der armen. KM. Zeugnis hierfür waren die »Armenischen Kulturtage« in München von 1987. Einflüsse von Ost und West bestimmen sein eigenes kammermusikalisches kompositorisches Schaffen, das er als Brückenschlag zwischen den Kulturen konzipierte. Dies zeigt sich deutlich nicht nur in seinem »Lobgesang des hl. Franziskus« (1982) sondern v. a. in seinem Magnificat (Lk 1,46–55; a capella für 3 Frauen- und 3 Männerstimmen; postum veröffentlicht 1992), in dem armen. und röm.-kath. liturg. Gesang mit moderner Formgebung verschmolzen werden.

<small>WW: u. a. 8 Streichquartette. — »Matian Voghbergutian« (Buch der Tragödie, nach altarmen. Texten). — Immagini und Astrazioni Meditativi I. für Violoncello.
Lit.: W. Schiedermair, In: Musik in Bayern 41 (1990) 151–154.   G. Schneeweiß</small>

Benevoli, Orazio, * 19.4.1605 in Rom, † 7.6. 1672 ebd., war 1617–23 Chorknabe an S. Ludovico in Rom unter seinem Lehrer Vincenzo Ugolini, der ihm die Tradition der von Palestrina ausgehenden röm. Schule des chorischen Massenstils nahebrachte. Seit 1624 war B. Kapellmeister an mehreren Kirchen Roms. Die ihm zugeschriebene Festmesse zur Einweihung des Salzburger Domes (1628; für 12 Chöre zu insgesamt 53 Stimmen) gilt heute auch als ein Werk H. I. F. Bibers. An marian. Werken schrieb B. u. a. die Messe »Maria prodigio celeste«, ferner Motetten, Antiphonen, Offertorien, Hymnen sowie 12 Magnificat.

<small>Lit.: V. Raeli, Da Vincenzo Ugolini ad O. B. nella cappella della Basilica Liberiana, 1920. — MGG I 1658-61. — Grove II 484.   F. Trenner</small>

Berglicht → Thalfang-Berglicht

Biber (v. Bibern), Heinrich Ignaz Franz, Komponist und Violinvirtuose, getauft am 12.8.1644 in Wartenberg bei Reichenberg (Liberec)/Nordböhmen, † 3.5.1704 in Salzburg, erhielt wahrscheinlich seine erste musikalische Ausbildung beim Wartenberger Kantor und Organisten Wiegand Knöffel, lernte weiter in Reichenberg, Prag, Dresden und Wien, wo er 1660 Schüler Antonio Bertalis (1605–69) und Johann Heinrich Schmelzers (1630–1680) wurde. Erstmals wurde er um 1668 als Musiker und Kammerdiener am erzbischöflichen Hof in Olmütz und Kremsier (Kroměříž)/Mähren erwähnt; seit 1670/71 war er als »musicus et cubicularius (Kammerdiener)« in Diensten des Erzbischofs von Salzburg, 1677 wurde er zusätzlich Lehrer der Domsingknaben im Figuralgesang, 1679 erfolgte seine Ernennung zum Vizekapellmeister, 1684 zum Hauptkapellmeister, fürsterzbischöflicher Truchseß (dapifer) und Präfekt des Sängerknaben-Instituts. Konzertreisen führten ihn als Geiger an verschiedene europäische Höfe und brachten ihm wegen seines Könnens 1690 die Erhebung in den Adelsstand durch Kaiser Leopold I., da er »durch seine Application in der Music zu höchster Perfection komen und durch seine verschiedentlich gethane Künstliche compositiones seinen Namen bey Vielen höchst bekannt gemacht ...«.

Sein umfangreiches kompositorisches Werk (Hss. größtenteils im Archiv von Kroměříž) umfaßt Violinsonaten mit Basso continuo, geistliche und weltliche Ensemble-Musik, Opern und Schuldramen; die geistlichen Kompositionen machen ein Drittel seines Schaffens aus (mit Instrumenten: Vespern und Litaneien, Offertorien, Requiems und Messen, darunter die noch bei W. A. Mozart nachwirkende Missa Sancti Henrici und die von der Musikwissenschaft nicht mehr Orazio Benevoli, sondern ihm zuerkannte 53-stimmige »Missa Salisburgensis«).

Als marian. Vokalwerke sind unter den Kirchenkompositionen außer einem »Stabat Mater« (4-stimmig, a cappella) zu verzeichnen: »Salve Regina« von 1663 (für Solo-Sopran, Viola da gamba solo und Orgel); »Beatae Mariae Virginis assumptae Vesperae« oder »Marienvesper« von 1674 (für 32 Stimmen: 8-stimmiger Vokalchor, Tutti und Soli; Streicher, 2 Zinken, 4 Trompeten, 3 Posaunen colla parte ad libitum, Pauken und basso continuo: Nr. 19–24 bei Chafe), die Mlitaneien aus den »Vesperae Longiores ac Breviores una cum Litaniis Lauretanis« von 1693 (4-stimmiger Vokalchor, Tutti und Soli; 2 Violinen, 2 Violen und Orgel, ad libitum 2 Zinken und 3 Posaunen) und das »Offertorium in Festo Septem Dolorum« (»Quo abiit dilectus tuus«: 4-stimmiger Vokalchor, Tutti und Soli; 4 Violen und Orgel).

Sein marian. Hauptwerk, die große »Marienvesper«, enthält 26 Psalmen, 3 Magnificat und 1 Lauretanische Litanei. Hier zeigt sich exemplarisch B.s Kirchenstil: Hauptanliegen ist ihm bei aller kompositorischen Kunstfertigkeit und auch bei größter Besetzung die Verständlichkeit des liturg. Textes im Sinne des Tridentinischen Konzils (Primat des Wortes gemäß der Lehre von der »Musica poetica«). Vielfältige Satztechniken wechseln abschnittsweise unter Berücksichtigung von Sinn und Zäsuren der Worte, wobei eine Fülle von oft sehr kurzen Abschnitten mit gegensätzlichen Strukturen abwechslungsreich nebeneinander gestellt werden, unter Wechsel von Soli und Tutti, in Verbindung von kontrapunktisch geprägtem »stile antico« und konzertant-melodiös gestaltetem »stile moderno«, in Verbindung von ital. Melodik und dt. Satztechnik; gedankliche Höhepunkte heben sich dramatisch durch volle Auskostung des musikalischen Affektes hervor. Bei sonst nur sehr wenigen Textwiederholungen finden sich an Kernstellen oft zwei unterschiedliche Grundtexte je einem feststehenden Thema zugeordnet und in einer formalen Nähe zur Doppelfuge zusammengefügt. Den Zusammenhang ganzer Sätze oder Satzteile unterstreicht eine häufig angewandte Ostinato-Technik.

Die dem Salzburger Erzbischof Maximilian 1676 gewidmeten »Mysterien-Sonaten« für Violine mit basso continuo gehören formal zu seinen anderen Sonaten in gleicher Besetzung. Wie in diesen stehen im Mittelpunkt Liedvariationen in der figurierten Violinstimme über ostinaten Bässen in Form der Passacaglia und Ciacona, aber auch in den Tanzformen von Sarabande, Gavotte, Courante, Allemande und Gigue, meist phantasievoll frei umrahmt von einer Entrata und einem Finale. Wie allgemein verlangt er auch hier vom Geiger hohe virtuose Fertigkeiten, weit über das von ital. Meistern bisher Geforderte hinaus, zudem zeigt sich auch hier seine Vorliebe für die (von Schmelzer für die Violine erstmals verwendete) »Skordatur« (Chelys discordata), das heißt die Umstimmung der Saiten von der sonst üblichen Quintenstimmung auf unterschiedliche (für die einzelnen Sonaten jeweils vorgeschriebene) Akkorde (zur Ermöglichung bzw. Erleichterung des mehrstimmigen, polyphonen und akkordlichen Spiels, doch v. a. auch zur Differenzierung der Klangfarbe des Instrumentes, dem besonderen Charakter der jeweiligen Sonate entsprechend). Wenn B. auch sonst die Virtuosität nicht als Selbstzweck sieht, sondern stets in den Dienst des musikalischen Ausdrucks stellt, so gilt dies in besonderer Weise für die Mysterien-Sonaten, die er in seinen Widmungsworten programmatisch einer ideellen Botschaft weihte, »der Ehre der 15 heiligen Geheimnisse« (»Haec omnia Honori XV. Sacrorum Mysteriorum consecravi«) und der »Verteidigung der jungfräulichen Ehre der Gottesmutter« durch den Salzburger Erzbischof (»Matris Virgineum Virgo defendis honorem«). Im barocken Sinne eines »Gesamtkunstwerkes« stellt B. jeder Mysterien-Sonate eine Kupferstich-Vignette mit der bildlichen Darstellung einer heilsgeschichtlichen Szene voran: Die Bildmeditation soll dem Spieler den spirituellen Ausdrucksgehalt für die musikalische Darbietung vermitteln. Ohne weitere Überschriften werden die Sonaten durch die beigefügten Bilder inhaltlich als Meditationen der Geheimnisse des freudenreichen, des schmerzhaften und des glorreichen Rosenkranzes ausgewiesen. Diese 15 »Rosenkranz-Sonaten« hatte B. offensichtlich für die Oktober-Rosenkranzandachten der Salzburger Rosenkranzbruderschaft, der er wohl selbst angehörte, komponiert und spielte sie selbst im Salzburger Dom jeweils zur meditativen Vertiefung nach jedem Rosenkranzgesätz. Die der Sammlung beigefügte 16. Sonate, die in B.s Widmung der Sonaten zu Ehren der »15 heiligen Mysterien« keine Erwähnung findet, präsentiert sich in gleicher Weise wie die vorhergehenden mit einer Kupferstichvignette, die den Schutzengel mit einem Kind zeigt. Gerade dieser scheinbare thematische Bruch unterstreicht die praktische gottesdienstliche Bestimmung der Sammlung; denn das Schutzengelfest war damals (1677) eben auf Betreiben von Kaiser Leopold I. von Papst Clemens IX. für den 2. Oktober eingeführt worden, aus diesem Anlaß wurde die »Schutzengel-Sonate« (wohl auf Wunsch des Bischofs als Widmungsträger) nachträglich hinzukomponiert. Ihre Aufnahme in die Sammlung der »Rosenkranz-Sonaten« legt es nahe, daß in den österr. Stammlanden des Kaisers, zumindest in diesem Jahr, das Gedächtnis des Schutzengels über den eigentlichen Festtag hinaus während des ganzen Monats, in Verbindung mit einem an die Rosenkranzandachten anschließenden Abendgebet, in Dankbarkeit festlich begangen wurde. Der intime Charakter der als Solo-Passacaglia ohne Begleitung gestalteten Schutzengel-Sonate spricht für ihre Verwendung zum persönlichbesinnlichen Ausklang der gesamten Abendandacht.

Die »Rosenkranz-Sonaten« stellen trotz des vorangestellten bildlichen Programms keine »Programmusik« dar; sie versuchen nicht, das äußere Geschehen musikalisch nachzuzeichnen, sondern dienen der die Heilsgeheimnisse betrachtenden Andacht der Gläubigen; mit Recht unterstreicht M. Burkofzer (116) dabei bes. die »visionäre Ausdruckskraft ... der Präludien« und E. Dann (1968, 314) die hohe Stilisierung der Tanzformen, »die er als Gefäße für seine expressiven Zwecke gestaltet«. Die einzige eigentlich tonmalerische Ausnahme stellt die Himmelfahrts-Sonate (Nr. 12) dar, in der Christi Einzug in den Himmel mit der Nachahmung von Trompeten und Pauken, wie damals beim Empfang eines Fürsten üblich, dargestellt wird.

Sehr wohl stellt sich B. aber auch bei diesen Meditationssonaten in den Dienst des Wortes. Das deutet er im zweiten Satz seiner Auferstehungs-Sonate (Nr. 11) beim Einsatz der in einer großen Passacaglia verarbeiteten Melodie an, indem er ihr die Worte »Surrexit Christus hodie« unterlegt. Paul Nettl (1960, 23) erkannte hierin die böhmisch-österr. Abwandlung des Chorals »Christ ist erstanden«. Da auch sonst im Mittelpunkt der Mysteriensonaten volkstümlich anmutende Liedmelodien stehen, die in verschiedenen musikalischen Formen höchst artifiziell variiert werden, liegt es nahe, daß B. jeweils von einem zu dem betreffenden Mysterium passenden (der Gemeinde bekannten und von ihr zuvor wohl gesungenen) Kirchenlied ausgeht. Damit wären in B.s Mysteriensonaten alte, sonst verschollene marian. Gemeindelieder zitiert, die sich durchaus rekonstruieren ließen.

Das ist dieselbe Vorgehensweise, die B., humoristisch abgewandelt, in seiner 1673 komponierten »Serenada à 5« praktiziert; in der Titelbemerkung schreibt B. dazu: »In der Ciacona kombt der Nachtwächter, wie man jetziger Zeit die Uhr allhier ausrueffen pflegt«. Der zweimalige volkstümliche Nachtwächterruf, der auch zur Verehrung ⚜s mahnt (»... lobet Gott dem Herrn Undt Unser libe Frau«) setzt nach einem freien Vorspiel ein und wird dann instrumental in kunstvoller Variierung und kontrapunktischer Verarbeitung der Motive weitergeführt (ähnlich in der »Sonata à 6: die Pauernkirchfahrt«, wo ein allgemein bekannter Kirchenchoral und später ein beliebtes Trinklied variiert wird).

Die Verbindung von Volks- und höchster Kunstmusik kennzeichnet die Eigenart der böhmisch-österr. Barockmusik (vgl. z. B. A. V. Michna z Ostravic, J. D. Zelenka und V. J. Kopriva aus Citolibi), welche die Grundlage zur Weiterentwicklung der Musik hin zur Wiener Klassik darstellt. So weist B. bei all seiner vollendeten Meisterschaft zugleich über drei Generationen in der Musikgeschichte fruchtbar über sich selbst hinaus.

WW: BMV assumptae Vesperae a XXXII, Kroměříž 1674, Archiv III/89. — Vesperae/ Longiores ac breviores/ Una cum Litaniis Lauretanis/ a IV Vocibus, IV Violinis et II Violis/ Additis 4 Vocibus in Capella, Salzburg 1693. — Sammlung von Sonaten, Präludien etc. = Autograph der Mysteriensonaten, 1676, München, Bayer. Staatsbibl., Mus. Mss. 4123. — Mysteriensonaten und Passacaglia, hrsg. von E. Luntz, In: DTÖ XXV, 1905. — Serenade für fünf Streichinstrumente, Nachtwächterbaß und Cembalo, hrsg. von P. Nettl, 1934.
Lit.: G. Adler, Einleitung zu H.I.F.B., Acht Violinsonaten in DTÖ XI, 1898, V–XVII. — M. Schneider, Zu B.s Violinsonaten In: ZIMG 8 (1906/07) 471–74. — E. Luntz, H.J.F.B., In: Musikbuch aus Österreich IV, 1907, 19. — G. Adler, Zu B.s Violinsonaten, In: ZIMG 9 (1907–8) 29. — Ders., Zur Geschichte der Wiener Meßkomposition in der zweiten Hälfte des 17. Jh.s, In: SMw 4 (1916) 5–15. — A. Moser, Die Violin-Skordatur, In: AMw 1 (1918–19) 573. – P. Nettl, Zur Geschichte der Musikkapelle des Fürstbischofs Karl Liechtenstein-Kastelkorn von Olmütz, In: ZMw 4 (1922) 485–496. — Ders., H. F. v. B., In: Sudetendeutsche Lebensbilder, hrsg. von E. Gierach, 1926, 183–193. — A. Breitenbacher, Hudebni archiv kolegiátního kostela Sv. Morice v Kroměříži, 1928. — M. F. Bukofzer, Music in the baroque era, 1947. — E. Schmitz, B.s Rosenkranzsonaten, In: Musica 5 (1951) 235–236. — E.H. Meyer, Die Bedeutung der Instrumentalmusik am Fürstbischöflichen Hof zu Olomouc (Olmütz) in Kromeriz (Kremsier), In: Mf 9 (1956) 388–411. — P. Nettl, H. F. B. v. Bibern, In: SMw 24 (1960) 61–6. — R. Aschmann, Das dt. polyphone Violinspiel im 17. Jh., Diss. — E. Dann, H. B. and the Seventeenth-century Violin, Diss., Columbia University, 1968. — J. Sehnal, Die Kompositionen H. B.s in Kremsier, 1970. — E. Hintermaier, Die Salzburger Hofkapelle von 1700–1806: Organisation und Personal, Diss. masch., Salzburg 1972. — E. C. Chafe, The Church Music of H. B., Diss., Toronto, 1975. — E. Hintermaier, Missa Salisburgensis: Neue Erkenntnisse über Entstehung, Autor und Zweckbestimmung, 1976. — Ders., H. I. F. B. als Kirchenkomponist, In: B. und Muffat, Salzburger Komponisten zur Zeit des Hochbarock, hrsg. von A. F. Hartinger und G. Walterskirchen, 1980, 39–45. — G. Walterskirchen, Kurzbiographien H. I. F. B.s und Georg Muffats, ebd. 19–23. — MGG I 1828–31. 1949–51.

G. A. B. Schneeweiß

Bramón, Francisco, mexikanischer Kleriker, lebte Ende des 16./Anfang des 17. Jh.s. Er veröffentlichte die erste Novelle in Amerika »Los sirgueros de la Virgen« (1620). Sie hat stark autobiographischen Bezug und weist ihn als Verteidiger der Immaculata aus. Der stilistische Ausgangspunkt ist die Hirtenpoesie, aber mit der klaren rel. Zielsetzung: dem Lobpreis der GM. Vorherrschend ist die Alegorie. Die »sirgueros« (jilgueros; Distelfink, Stieglitz) sind die Hirten, die das Lob der Jungfrau singen anstelle der Hirtinnen, die den Lobgesang verwandelt haben zu einem Objekt ihres Liebesverlangens. Über der ganzen Dichtung liegt eine Wehmut über das vergangene Ideal, das sich einer Verwirklichung in der Gegenwart widersetzt. Die Gegenwart wird bestimmt durch die Gegenreformation und dabei ist das Bild der Jungfrau das sichtbare Zeichen des Katholizismus.

Lit.: E. Carilla, La literatura barroca en Hispanoamérica, 1972. — L. Iñigo Madrigal, Historia de la literatura hispanoamericana colonial 1982. — F. Ayala Poveda, Manual de literatura colombiana, 1984. — C. Goic, Historia y crítica de la literatura hispanoamericana I: Epoca colonial, 1988. — J. Martínez Gómez, Literatos Eclesiásticos Hispanoamericanos, In: P. Borges (Hrsg.), Historia de la Iglesia en Hispanoamérica y Filipinas (siglos XV-XIX), Vol. I: Aspectos generales, 1992, 747–760.

H. Rzepkowski

Bullion, Gertraud v., * 11.9.1891 in Würzburg, † 11.6.1930 in Isny (Diözöse Augsburg), stammte aus einem alten franz.-dt. Adelsgeschlecht, wuchs in Augsburg auf und genoß eine höhere Schulbildung, u.a. in Österreich, Belgien und England. Sie wollte Missionsschwester werden. Im Ersten Weltkrieg meldete sie sich freiwillig zum Roten Kreuz. In Galizien, Nordfrankreich und Belgien versah sie bis November 1918 ihren Dienst. Im Lazarett in Mons kam sie mit der Marian. Kongregation des pallottinischen Studienheims Schönstatt in Kontakt. Das Ziel dieser jugendlichen Gruppe, sich im Liebesbündnis mit ⚜ für die rel. Erneuerung der Welt einzusetzen, entsprach B.s Anliegen. Sie schloß sich als erste Frau der werdenden →Schönstatt-Bewegung an. Ihre ⚜weihe, die sie zusammen mit ihrer Cousine Marie Christmann am 8.12.1920 vollzog, war gleichzeitig der erste Ansatz zum Schönstatt-Frauenbund. Ihre schwache Gesundheit und eine beginnende Lungenerkrankung machten es ihr schwer, beruflich weiter tätig zu sein. Gemäß dem Leitwort ihres Lebens »Serviam« versuchte sie, wie ⚜ den Menschen ihrer Umgebung zu helfen. Ihr Leben aus der Weihe an ⚜ bewährte sich bes. in den Jahren ihrer Krankeit. B. kann einen Weg zeigen, an der Hand ⚜s im Alltag, in Berufs- und Gemeinschaftsleben, in Krankheit und Leid, zu einer reifen, mündigen Gottes- und Nächstenliebe zu finden. Am 6.9.1991 wurde in Augsburg ihr Seligsprechungsprozeß eingeleitet.

WW: G. v. B., Aus ihren Briefen und Schriften, 1981.
Lit.: N. Lauer, G. v. B. Serviam. Antwort der Liebe, 1991 (1. Aufl.: Serviam, 1932). — N. N., G. v. B. Missionarischer Dienst in der Welt. Kurzbiographie, 1991. *J. Schmiedl*

Carol, Juniper B., OFM, * 19.2.1911, † 1.4.1990, erhält seine allgemeine und theol. Ausbildung in Havanna (1924–30), Washington (1931–35), Quaracchi und Rom (1936–40). Er ist stark skotistisch geprägt und steht unter dem Einfluß seines Lehrers Carlo → Balić. Sein theol. Wirken, in Lehre und Schrift, konzentriert sich fast ausschließlich auf die Mariol. Er gilt als einer ihrer prominentesten Vertreter in den USA in der Zeit zwischen dem Zweiten Weltkrieg und dem Vaticanum II. 1949 gründet er die Mariological Society of America, wird ihr erster Präsident und langjähriger Sekretär (bis 1979). Er begründet, redigiert und ediert die »Marian Studies« (1950–79). 1955–61 veröffentlicht er das Gemeinschaftswerk Mariology (3 Bde.), ein Handbuch und Quellenwerk, das den zeitgenössischen Stand von Lehre und Frömmigkeit erfaßt.

C.s theol. Lebensanliegen und vorzügliches Forschungsobjekt ist die → Miterlösung 𝕸s. Er wollte in zahlreichen Schriften den kritischen Aufweis (Dokumentation) erbringen, daß die theol. Aussage von der Korredemption nicht theol. Meinung, sondern theol. Faktum ist, d. h. in Offenbarung und Tradition nachgewiesen werden kann. Insbesondere war ihm daran gelegen zu zeigen, daß dieser in der Geschichte immer ausdrücklicher ausgesprochene und formulierte Lehrsatz (»sentencia pia«) die direkte und unmittelbare Beteiligung 𝕸s (»proximate association«) am objektiven Erlösungsgeschehen beinhaltet. Gestützt auf die marian. Deutung von Gen 3,15, wählt C. einen vorwiegend christotypischen Zugang und vertritt eine »moralische«, nicht »physische« Kausalität. Er äußert sich verschiedentlich zu Tod und Aufnahme 𝕸s in den Himmel und stellt sie als theol. Fakten dar, die nicht notwendig eines geschichtlichen Beweises bedürfen. In späteren Jahren setzt er sich für den »anti-debitum«-Standpunkt ein, verstanden als Folgesatz der absoluten Vorrangstellung Jesu Christi und 𝕸s. C.s Auffassung von Theol. ist augustinisch-franziskanisch-skotistisch, seine Methode durchwegs scholastisch und sein Stil engagiert und zeitweilig polemisch. Absicht und Werk sind nicht originell, aber vom Bemühen um detailliert-umfassende Forschung gekennzeichnet. Sein theol. Beitrag erhellt die franziskanische These von der engen Abhängigkeit zwischen UE, Menschwerdung-Miterlösung und Aufnahme in den Himmel.

WW: De Corredemptione BVM. Disquisitio positiva, 1950. — Mariology, ed. J.B.C., I, 1955; II, 1957; III, 1961; span. Übers. 1964. — Fundamentals of Mariology, 1956. — A. History of the Controversy over the »debitum peccati«, 1978. — The Absolute Primacy and Predestination of Jesus and His Virgin Mother, 1981. — Why Jesus Christ? Thomistic, Scotistic and Conciliatory Perspectives, 1986.

Lit.: Theotokos 98. — Th. Koehler und L. Gambero, In: Mar. 142 (1991) 709–722 (Bibl.). — J. McCurry, In: Mar.St 42 (1991) 9–14. — P. D. Fehlner, J.B.C.: His Mariology and Scholarly Achievement, In: MarST 43 (1992) 17–59 (Bibl.). *J. Roten*

Casals, Pablo, * 29.12.1876 in Vendrell/Katalonien, † 22.10.1973 in Puerto Rico, katalanischer Cellist, Dirigent und Komponist, erlernte seit Kindestagen das Geigen-, Klavier-, Orgel- und (ab dem 11. Lebensjahr) das Cellospiel. Studien am Konservatorium in Barcelona, Madrid und Brüssel (auch in Kompositionslehre) folgten. Seine Weltkarriere als Konzertcellist begann 1898 in Paris, daneben gründete er zahlreiche Kammermusikvereinigungen mit den besten Virtuosen seiner Zeit, ein Orquestra Casals (1919) für Konzerte vor Arbeitern, erschloß einen neuen Zugang zu den Solowerken J.S. → Bachs und leitete Musikfestwochen in aller Welt (z.B. in Perpignan und Puerto Rico). Leidenschaftlich für ein demokratisches Spanien streitend, mußte er 1936 aus dem Spanien Francos fliehen und ließ sich in Prades in den franz. Pyrenäen nieder, wo er als Lehrer die musikalische Elite der Welt unterrichtete. Vielfältige Ehrungen bestärkten ihn in seinem Kampf für Menschenrechte und Frieden, wovon auch sein Oratorium »El pessebre« (1960) zeugt.

Zeitlebens mit den Mönchen von Montserrat freundschaftlich verbunden, pflegen diese z.T. seine geistlichen Werke, die einen Schwerpunkt seiner Kompositionen ausmachen, überwiegend für gemischten Chor und Orgel komponiert sind und sich von keiner Stilrichtung des 20. Jh.s beeinflußt zeigen. Dabei überwiegen marian. Werke wie etwa: »Salve, Montserratina« (1932), »Rosarium beatae virginis« (1932), »Recordare, virgo mater« (1942), »Tota pulchra es« (1942), »Canço a la verge« (1942), »Oracio a la verge de Montserrat« (1959) und »Plegaria a la virgen de la providencia« (1968).

Lit.: MGG II 880 f. — Grove II 846 f. *G. Schneeweiß*

Certon, Pierre, * um 1510 in Melun (?), † 23.2.1572 in Paris, zählt zu den fruchtbarsten franz. Komponisten des 16. Jh.s. 1529 wurde er Kleriker an Notre-Dame in Paris, 1532 Mitglied der Sainte-Chapelle und 1542 Leiter ihres Knabenchores. Um 1560 ernannte man ihn zum Kanonikus an Notre-Dame und Melun.

Neben mehreren Vertonungen des Ordinariums (z.B. Missa Ave Sanctissima, Missa Dulcis amica), franz. Psalmen, weltlichen und geistlichen Chansons sind ungefähr 50 4- und 5-stimmige Motetten (u.a. Adorna thalamum, Ave Maria, Ave regina, Ave sanctissima, Ave virgo gloriosa, Ecce Maria genuit, Inviolata integra, Regina coeli, Sancta Maria, Sub tuum praesidium) erhalten.

Lit.: S. J. Van Solkema, The Liturgical Music of P. C., Diss., Michigan 1962. — A. Agnel, Les Chansons polyphoniques de P. C., Diss., Paris 1970. — MGG II 976 f. — Grove III 80–82. *E. Löwe*

Deutschsprachige marianische Literatur des Ostens. Marian. Texte lassen sich vornehmlich in den Gebieten nachweisen, die seit dem MA besiedelt wurden (Pommern, West-/Ostpreußen, Baltikum, Schlesien, Böhmen/Mähren, Gottschee, Siebenbürgen). Von einschneidender Bedeutung für diese Länder und Regionen ist, ob sich ihre Bewohner der Reformation anschlossen oder nicht bzw. ob sie nach der Gegenreformation zu den alten Traditionen zurückkehrten. Denn die kath. oder ev. Zugehörigkeit entschied meist über die Beibehaltung oder die Eliminierung der MV. In der Übergangszeit bestehen allerdings noch viele marian. Traditionen weiter, sei es auch nur in der Auseinandersetzung eines Protestanten mit kath. Auffassungen, selten umgekehrt. Eine gänzliche Tilgung marian. Gutes in reformierten Gebieten ist nicht festzustellen, da es im kirchlichen Bereich, in Volksliedern und im Brauchtum, wenn auch stark eingeschränkt, fortbesteht.

In Gebieten, die erst spät, im 18. (z. B. nach der Türkenherrschaft) und 19. Jh. besiedelt wurden, spielt für die marian. Textzeugnisse ebenfalls die Konfessionszugehörigkeit eine Rolle, wenngleich sie bezeichnenderweise nicht ausschlaggebend sein muß. Das auf Geheiß des Wiener Hofes nach der Türkenherrschaft nur mit Katholiken zu besiedelnde Banat (Rumänien), hat trotz des Einflusses des → Jesuitenordens nur wenige marian. Textzeugnisse vorzuweisen.

Ferner ist zu berücksichtigen, ob es sich bei den marian. Texten um direktes Lehngut handelt, d. h. um Texte, die in die Siedlungsländer aus den westlichen Regionen übernommen wurden, oder um eigenständige Texte, die in den östlichen Gebieten entstanden sind oder die dort ihre eigene Prägung erfuhren. Ein eindeutiger Nachweis ist dann schwierig, wenn es an eindeutigen westlichen Vorlagen fehlt. Über die Verbreitung von marian. Texten können natürlich Paralleltexte Auskunft geben, die auch in anderen Ostgebieten tradiert wurden.

Ganz bes. schwierig gestaltet sich eine Aussage in Hinsicht auf die Quantität marian. Texte in Osteuropa. Durch Kriege, Brände und systematische Vernichtungsaktionen ist wohl eine Vielzahl von Zeugnissen der Nachwelt verloren gegangen. In Folge der letzten Kriegswirren sind auch noch nicht registrierte und unerforschte Materialien in alle Winde zerstreut. So sind die ehemaligen Aufbewahrungsorte wertvoller Handschriften im Osten (wie St. Petersburg, Moskau, Krakau, Prag, Budapest) nach dem Zweiten Weltkrieg bis heute nur in geringem Maße überprüft. Verschollenes Gut konnte entweder noch nicht aufgefunden oder noch nicht definitiv als Kriegsverlust deklariert werden. Neue Funde in Bibliotheken und Archiven treten derzeit zu Tage (vgl. jüngst in Greifswald zu Pommern).

Der relativ beschränkte Befund hat aber auch teilweise die Ursache, daß die Ostregionen ungemein rege Kontakte zu den westlichen Heimatregionen besaßen, so daß Texte einfach übernommen wurden und es eigener Aufzeichnungen nicht bedurfte. Das belegen Bibliotheksregister aus Klöstern, Domkapiteln und Lehranstalten. So ist z. B. die Auslegung des Ave Maria (15. Jh.) in der Battyány-Bibliothek in Weißenburg bezeugt.

Die Hauptüberlieferungszeit ist das 14., meist das 15. und 16. Jh., in Schlesien auch das 17. Jh.

Schließlich sind die sprachlichen Gegebenheiten zu berücksichtigen. Die Vorherrschaft der lat. Sprache im rel. Bereich hat die volkssprachlichen marian. Texte (dt. oder die jeweiligen Nationalsprachen) je nach Entwicklung der Länder und Regionen zeitlich unterschiedlich einsetzen lassen. Außerdem konkurrierten dialektale Sprachzeugnisse mit hochsprachlichen, jeweils ebenfalls abhängig von den regionalen Bedingungen. War das Nddt. auf Grund der Herkunft der Siedler im Baltikum zunächst vorherrschend, so wurde es durch das Hochdeutsche im Laufe des 17. und 18. Jh.s völlig verdrängt. Hinzu kam, daß Gemeindetexte oft hochsprachlich gepflegt und tradiert wurden, während Prozessionen, Feste, rel. Handlungen außerhalb der Gemeinde im Dialekt erfolgten. Diese Überlieferungslage macht es auch schwer, heimische Texte von Lehngut zu trennen.

Generell muß festgestellt werden, daß die Lit. des Ostens kaum einer systematischen und wissenschaftlichen Analyse unterzogen wurde, so daß endgültige Aussagen noch nicht getroffen werden können.

Auf Grund der regionalen Intensität der MV läßt sich folgende Gliederung treffen, wobei auch zeitliche Kriterien eine Rolle spielen: 1. Gebiete mit breiter MV und reichem marian. Textmaterial (→ Böhmen, → Schlesien, → West-/Ostpreußen und Baltikum zur Zeit des → Deutschen Ordens, die Gottschee. 2. Siedlungsgebiete mit spärlichem marian. Textbefund (Pommern, Zips, Westungarn, Siebenbürgen, Banat).

In den übrigen Siedlungsgebieten sind die Befunde entweder verschollen oder es lassen sich wie in Gebieten der ehemaligen Sowjetunion (→ Ukraine einschließlich der Krim, Wolgagebiet) keine nennenswerten marian. Spuren erkennen, da die Siedler meist Mennoniten waren.

Im Osten sind zwar fast alle Typen der Mdichtung vertreten (→ Gebet, → Gruß, → Leben, → Spiel, → Lyrik, → Sangspruchdichtung, → Predigt, → Klage), aber sie werden in den einzelnen Gebieten nur selektiv, d. h. nicht in gleich starkem Maße realisiert.

In den Kernländern des Ostens mit reichem mariol. Materal nimmt das Drama, v. a. das → Osterspiel (kaum das Weihnachtsspiel), eine zentrale Stellung ein. Dieser Befund geht auch konform mit der marian. Überlieferung im liturg. und allgemein kirchlichen Bereich. Durchgängig ist der Typus des Gemeinschaftsliedes verbreitet, in dem sich marian. Kirchenlied und Volkslied, Prozessionslied und Brauchtumslied verbinden. Dieser Sachverhalt erklärt sich aus dem städt. und bäuerlichen Leben der Deutschen. Fast nur in Böhmen waren der Hof und die Klöster, dann auch die Universität Träger der Lit., so daß hier eine andere Entwicklung marian. Texte zu verzeichnen ist.

1a) Böhmen. Im rel. Schrifttum Böhmens ist bis um 1430 das Lat. vorherrschend. Bis in das 14. Jh. war die dt. Sprache die allgemeine Volkssprache, doch ab Ende des 13. Jh.s und bes. in hussitischer Zeit drängte das Tschechische das Lat. zurück. Zwei Blütephasen der MV lassen sich feststellen, nämlich die vorhussitische Zeit bis ca. 1420 und die Zeit ab Mitte des 16. bis zum 17. Jh.

Hauptsächlich sind M klagen, Osterfeiern und Osterspiele, Gebete, Lobgedichte, Sangspruchdichtungen und marian. Lieder überliefert.

In dt. Sprache sind zu nennen die → Aggsbacher M klage (vor 1416), die dramatische → Böhmische M klage (14. Jh.) und die für den Karfreitagsgottesdienst zur Aufführung bestimmte → Docens M klage (Ende 14. Jh.).

Die bisher unter dem Titel bekannte → Prager M klage, jetzt »Prager Spiel über Maria in der Passion«, wird den Passionsspielen zugeordnet, wobei es umstritten ist, ob mehrere Teile eines oder mehrerer Passionsspiele für diese Überlieferung anzusetzen sind.

Eine Hochburg der MV war das schon im 10. Jh. gegründete St. Georgs-Kloster auf dem Hradschin. Kolda v. Koldice (Frater Kolda v. Kolditz, ab 1314/15 in Böhmen, † 1323/27) verfaßte für die Äbtissin von St. Georg, Kunigunde (Kunhuta, Tochter Přmysl Ottokars II., ältere Schwester Wenzels II., 1278–1305), zwei Schriften, »De strenuo milite« (1312) und »De mansionibus caelestibus« (1314), die in der von dem Kanonikus zu St. Georg, Benessius (Beneš) verfertigten, unter dem unzulänglichen Titel geführten Prachthandschrift »Passionale abbatissae Cunegundis« niedergeschrieben sind. In der ersten Schrift ist ein prosaischer → Planctus Mariae (11ʳ–17ᵛ) in der Nachfolge der Sequenz »Planctus ante nescia« enthalten, der jedoch vielfach von den traditionellen Mustern abweicht und sich den liturg. Osterfeiern annähert. So ist hier z. B. das Grab bereits geschlossen und M beklagt ruhelos umhergehend das Getrenntsein. Die zweite Schrift ist ein M preis bzw. M apotheose, die sich auf Ps.-Dionysius' Schrift »De caelesti hierarchia« und auf die 34. Homilie → Gregors d. Gr. stützt. Bes. wird ihre Vollkommenheit hervorgehoben, die diejenige der Heiligenchöre und Engelchöre übertrifft. Da keine der 18 mansiones M entspricht, gebührt ihr der Platz zur Rechten Gottes.

Im St. Georgskloster entstanden im 14. Jh. sehr eigenständige Osterspiele, die sich gegenüber denen des St. Veitschen Domes (Baubeginn 1344) durchsetzten (Stufe II und III, Prag 28–36 nach Lipphart). Bes. zahlreich sind die Überlieferungen nach der Visitatio sepulchri, die nicht nur lat., sondern auch in lat.-tschechischen Mischformen und rein tschechisch aufgeführt wurde.

Die große MV Böhmens schlägt sich auch in den liturg. Gesängen, den Tropen und Cantiones, nieder. In vorhussitischer Zeit lassen sich, wenn auch in geringem Maße in dt. Sprache, 47 Textzeugnisse nachweisen (Rothe).

Unter dem 3. Prager Erzbischof → Johann v. Jenstein, der die MV bes. förderte, wurde 1386 M e Heimsuchung offiziell eingeführt. Er verfaßte hierfür ein Officium und Sequenzen. Adalbertus Ranconis de Ericinio (um 1320–88), der 1355 Rektor der Pariser Universität war, hat in mehreren Traktaten gegen diese MV Stellung bezogen, so im Fragment »De immaculata conceptione Virginis Mariae«, in »Utrum Maria Virgo concepta sit in peccato originali«, in »Epistola Joanni de Jenštejn, archiepiscopo Pragensi, missa« und in seiner »Apologia«. Die Heiligung sei die Reinigung vom Makel der Sünde, folglich zieht die Sünde die Reinigung nach sich (Loserth 248; Kadlec).

In der höfischen Blütezeit bes. unter Wenzel II. (1278–1305) und Karl IV. (1355–78) sind zahlreiche M dichtungen im engeren Sinne entstanden.

Singulär in Böhmen scheint das → Mirakel von Heinrich Clûzenêre (Heinrich der Klausner nach 1278) zu sein. Sein M wunder, das 1364 Verse umfaßt, erzählt die Geschichte eines armen Jungen, der sich zur Teilnahme am Gottesdienst Schuhe von M wünscht. Als ihm diese nicht zuteil werden, betet er zur Einkleidung M e 600 Gebete, woraufhin M ihn nach einigem Hin und Her vor die Wahl stellt, Bischof zu werden oder am dritten Tag zu sterben und den Himmel zu erwerben. Der Junge wählt letzteres. In diesen erzählenden Bericht sind didaktische Kommentare (David, Longinus etc.) und am Schluß v. a. diesem Typus fremde gebetsartige Partien eingestreut.

Im Zeitraum von 1251–80 ist das kleine Oeuvre von → Sigehêr anzusetzen, von dem ein M lied (70 Verse) und ein M spruch (Nr. 17) überliefert sind. Im M spruch, der M konventionell als »rôs âne dorn« und sie — eingedenk der Kontroversen — als »sünden laere« bezeichnet, wird M als Ursprung für die Sündenerlösung durch Jesus gepriesen, wobei die verdichtete Formulierung der traditionell schmerzlosen Geburt »dô wart der vater kint der tohter dur ir staetekeit« abweichend von der üblichen Einheit Tochter, Mutter, Braut aus dem Rahmen des Üblichen fällt. Das 7-strophige M lied ist durch eine Reihung von Epitheta gekennzeichnet, die neben alttradierten viele neue enthalten.

Hierzu ist aus dem Anfang des 14. Jh.s das Lobgedicht auf M, das → »Blümel« zu stellen, das von einem Mönch des Zisterzienserklosters Nepomuk stammt. Eine eingehende Analyse und ein Vergleich beider fehlen bisher.

Der M leich von → Frauenlob (Heinrich v. Meißen, 1271–1305), der in der Hoheliedtradition steht, zeugt von hoher Kunst am böhmischen Hof. Frauenlobs Sprüche stellen M zwar nicht in das Zentrum seiner Dichtungen, sie ist aber allgegenwärtig.

Bedeutsam ist auch die Allegorie »Der Meide Kranz« des → Heinrich v. Mügeln (14. Jh.), die in enger Beziehung zu Alanus ab Insulis zu sehen ist und möglicherweise im Kontext des durch Ockham wiedererstehenden Nominalismus steht. In seinen Sangspruchdichtungen sind v. a. das 6. und 8. Buch, das die Lobpreisung M's enthält, hervorzuheben. Wie auch für »Das Blümel« ist zwar eine Abhängigkeit zu der »Goldenen Schmiede« von → Konrad v. Würzburg festgestellt worden, eingehende vergleichende Untersuchungen fehlen jedoch. Sie gerade könnten Aufschluß über die mögliche eigenständige Ausformung eines böhmischen Mpreises/-lobes geben.

Gebete sind z. B. im → Gebetbuch für Barbara Ulstatt überliefert. Dt. und tschechische Gebete und Predigten stammen von dem Prediger Johann Militsch (Milíč) von Kremsier († 1374), die aber nur lat. aufgezeichnet wurden, so »Sermo de nativitate beate Marie Virginis«. In hussitischer Zeit läßt sich nachweisen, sofern lat. Vorlagen bestehen, daß in den tschechischen Übersetzungen die Passagen zu M meist getilgt wurden (vgl. den Text bei Feifalik 335–42). Ikonographische Zeugnisse belegen, daß Mbilder verstümmelt wurden. So zog Herzog → Maximilian I. v. Bayern 1620 gegen die Böhmen mit einem Mbild als Heereszeichen in die Schlacht, dem die Augen ausgestochen waren.

Im 16. Jh. sind gereimte tschechische Gebete an M überliefert (»O maria matka bozy«, »O maria róže stkvúcie«). Auf Grund der Propagierung auf Flugblättern wurden zahlreiche Kirchenlieder zu Volksliedern.

b) *Deutscher Orden, West-/, Ostpreußen, Baltikum.* Die große MV — belegt seit Livland durch Bischof Albert der GM 1201/02 geweiht wurde — hat sich bezeichnenderweise weniger in reinen Mdichtungen niedergeschlagen, als vielmehr in dem für den Dt. Orden kennzeichnenden Typus der Chroniken bzw. Geschichtsdichtungen. In Heinrichs v. Lettland »Chronicon Livoniae« (1225/27), in den »Dünamunder Annalen« (Ende 13. Jh.), in der »Livländischen Reimchronik« (um 1290), in → Peters v. Dusburg »Chronicon terre Prussia« (1326/30), in dessen dt. Bearbeitung »Kronike von Pruzinland« (um 1344) durch → Nikolaus v. Jeroschin, in Hermanns v. Wartberge »Chronicon Livoniae« (nach 1378) oder in der verlorenen Reimchronik von Bartholomäus Hönecke, von der sich Auszüge bei Johannes Renner (16. Jh.) finden, nimmt M zwar keine zentrale Stellung ein, aber sie wird stets gepriesen, sei es durch eingestreute Gebete, kurze Lobpreisungen, kleinere Mirakel, durch an sie gerichtete Fürbitten oder dadurch, daß ihr das Werk gewidmet ist. Der relativ spärliche Befund belegt jedoch, daß sich die MV primär in der Liturgie, im Brauchtum, in den Bauwerken und in der Ikonographie niederschlug, so daß nach der Reformation dieser Gebiete meist nicht viel mehr als marian. Namen und Brauchtumsrelikte übrig blieben. Es bedarf noch einer eingehenden Untersuchung, warum sich die bezeugte große MV des Dt. Ordens, der schon in seinem Namen M trägt und in seinen Statuten den Grundstein für die MV legt, so wenig in Mdichtungen im engeren Sinne niedergeschlagen hat.

Als einziger zentraler marian. Text im Dt. Orden ist das → Passional (Ende 13. Jh.) anzusehen. Das ganze erste Buch ist dem Leben M's und Jesu gewidmet, das von Mmirakeln durchsetzt und von einem Mpreis beschlossen wird. Auch in dem zweiten und dritten Buch finden sich eingestreute Mmirakel, die in der volkstümlichen Literatur weiterleben.

Der Traktat »Von siben Ingesigeln« (1331) des Tilo v. Kulm bezeugt bes. in seinem Prolog (V.56–74), im ersten und im siebenten Teil, wie stark die Mfrömmigkeit ausgeprägt ist. M ist die »Vil reine mitlerinne/ Czischen mensche unde Got« (V.1342 f.).

Wenn auch nicht direkt der Dt.-Ordenslit. zuzurechnen, so ist doch das »Marienleben« (vor 1316) des Bruder → Philipp v. Seitz des Kartäusers dem Dt. Orden gewidmet.

Eine ausgeprägte MV schlägt sich in der Vita der Dorothea v. Montau (1347–94) nieder, die von Johannes Marienwerder aufgezeichnet wurde.

Außerhalb des Dt. Ordens sind in Livland, die ma. Bezeichnung für alle baltischen Länder, dessen Siedler aus dem nddt. und seit dem 14. Jh. aus dem westfälischen Raum stammten, kaum eigenständige marian. Textzeugnisse nachweisbar, da in der frühesten Zeit noch starke Bindungen an das Ursprungsland bestanden. Aus dem 14. Jh. sind aber marian. Segenssprüche überliefert.

Für Estland bezeugt die 1524/1528 als Lernstück entstandene Sammlung der 3 Goldenbeckschen Gebete, in der das Ave Maria enthalten ist, daß die MV weitergetragen wurde.

Litauen, das erst spät christianisiert wurde, weist nach gegenwärtigen Erkenntnissen in der Frühzeit kein marian. Schrifttum auf, da es sich an Livland, Kurland oder Preußen orientierte. Nach der Reformation schwand bei den protestantischen Deutschen die MV, blieb jedoch bei den kath. Litauern erhalten.

Daß die Reformation die MV nicht ganz auslöschte, zeigen z. B. das »Engellied« von Manfred Kyber (* 1880 in Riga) und das »Marienlied« von Johannes v. Guenther (* 1886 in Mitau).

c) In *Schlesien* dominieren Gebete, Osterspiele und Kirchenlieder marian. Inhalts. Allgemein lassen sich zwei Hauptphasen erkennen, die eine von ca. 1300–1380/90, die andere vom Ausgang des 16. bis zum 17. Jh.

Im Gegensatz zu Böhmen spielt die Klage keine Rolle. Als einziger Beleg ist das verschollene Fragment der dialogischen → Breslauer Marienklage (14. Jh.) zu nennen. Dagegen erfreuten sich auch in Schlesien die Osterfeiern großer Beliebtheit (Lipphardt, Nr. 536 ff.), die in Krakau und anderen poln. Städten Verbreitung fanden (Lipphardt 431–432).

Verwunderlich ist, daß Johannes v. Frankenstein in seinem umfangreichen Werk »Der Krûzigêre« (1300), das im Gegensatz zu Tilos Auslegung eher ein scholastischer Kommentar ist, M nicht zum Gegenstand der Erklärungen macht. Eine eingehende Untersuchung dieses Textes fehlt bisher.

In die erste Phase gehören die 7 Mgebete des → Johannes v. Neumarkt (um 1315–80), zu denen jeweils Vorlagen nachgewiesen werden konnten. Zu den ältesten volkstümlichen M-versgebeten gehören die, die in der Handschrift der Zisterzienser in Rauden aus der Mitte des 14. Jh.s überliefert sind. Wichtig ist allerdings, daß die Mfrömmigkeit zu dieser Zeit stark vom Kreis um Karl IV. in Prag beeinflußt wurde.

Als Zwischenglied zu der zweiten schlesischen marian. Phase ist → Nikolaus v. Kosel OFM (vor 1400–nach 1443), zu sehen, der mit seinen geistlichen Liedern zum Lobpreis Ms und mit Kirchenliedern zur Zeit der hussitischen Glaubenskämpfe ein frühen Vorläufer der späteren gegenref. Bewegung wird.

Zur Zeit der Gegenreformation gewinnen die kath. Kirchenlieder an Bedeutung. David Gregor Corner OSB (1585–1648) verfaßte sein »Groß catholisch Gesangsbuch« (1625, ⁷1676, → Liederbücher), das auch außerhalb Schlesiens weite Verbreitung fand, z. B. sind tschechische Übersetzungen überliefert. Bes. ausgeprägt sind hierin die Rufe. Die marian. Lieder beziehen sich überwiegend auf den biblischen Ablauf, die Empfängnis und Geburt, sowie auf das Passionsgeschehen. Die marian. Festtage treten jedoch zurück. In der Barockzeit gelangt die MV bekanntlich zu einer neuen Blüte in Schlesien. Texte des Breslauer → Angelus Silesius (1624–77) zeugen von einer tiefen, mystischen MV.

d) In der *Gottschee*, 80 km südöstlich von Laibach (Ljubljana), die zwischen 1348 und 1363 besiedelt wurde, wurde die MV intensiv gepflegt. In der sog. Sprachinsel, die rege Kontakte zum bairisch-österr. Raum unterhielt, wurden marian. liturg. Texte übernommen, so daß eine eigenständige Überlieferung in diesem Bereich wohl nicht vorhanden ist. Reiche Entfaltung hingegen erfuhren die gesungenen Gemeinschafts-Mlieder, die außerhalb des Gottesdienstes in vielen Variationen mündlich tradiert wurden. Sie lassen sich teilweise auf bekannte Traditionen zurückführen, wie etwa das Lied von den sieben Schmerzen (Brednich/Suppan, Nr. 255) oder Jesu Kreuzigung, das nur entfernt an den Planctus erinnert. Entscheidend ist jedoch, daß diese Texte mit allen ihren Variationen sehr eigenständige Ausformungen fanden, wenngleich bei zahlreichen Liedern Paralleltexte auch in Sudetenschlesien und Oberschlesien nachweisbar sind.

Von den 165 aufgezeichneten Liedern sind 72 ganz und 14 teilweise M gewidmet. Der größte Teil ist mundartlich überliefert. Die hochdt. Lieder verraten meist ihren liturg. Ursprung oder ihren fest tradierten Bild- und Motivschatz.

Die Lieder lassen sich grob in erzählende, Bitten und Rufe sowie in Pilger- bzw. Prozessionslieder gliedern. Die erzählenden Lieder behandeln Themen wie die Flucht nach Ägypten und die Passion. Die Suche Ms nach ihrem verlorenen Kindlein mündet in diesen Liedern direkt in das Auffinden des Gekreuzigten. M wird gegenüber Sündern als Verzeihende, nicht aber als Vergessende gezeichnet. Dem volkstümlichen Charakter entsprechend, sind zahlreiche erzählende Lieder dem Sterbenden gewidmet, der die Hilfe Ms im Jenseits erhofft. In 44 Varianten ist das Lied Nr. 254 von M im Rosengarten tradiert, die einen Kranz bricht, um ihn an das Kreuz zu hängen, mit dem sie ins Himmelreich, ins Paradies geht, in das auch der Mensch zu gelangen bestrebt ist. Die Volksfrömmigkeit zeigt sich bes. in den litaneiartigen Bitt- und Anrufeliedern. Besondere Aufmerksamkeit verdienen die hochdt. Lobpreisungen Ms (z. B. Nr. 259), in denen sie als werdende Mutter des Erlösers herausgestellt wird.

Bisher fehlt eine Untersuchung in bezug auf das Lehngut bzw. die Eigenständigkeit der Lieder aus der Gottschee.

2a) Marian. Gut ist in *Pommern* bisher nur im → Sangspruch und in der → Predigt nachweisbar. Der Minnesänger und Sangspruchdichter Wizlaw III. von Rügen (ca. 1265–1325) behandelt wie viele Spruchdichter seiner Zeit (→ Frauenlob) im Spruch 2 »O maria din sutze vrucht« M bildhaft als Berg, von dem der Stein (Jesus) rollt, um den Ungläubigen zu vernichten. Wizlaw erwähnt in Spruch 7 den Traum Daniels von Nebukadnezar ähnlich wie zuvor der Marner und Rumsland, so daß von wirklich eigenständiger Kraft keine Rede sein kann. Erst am Ausgang des MA findet sich in den Predigten von Johannes → Bugenhagen (1485–1558) eine ref. Auseinandersetzung mit der Stellung im Glauben und der Aufgabe Ms, wobei traditionelle Züge, die bes. bei → Luther nachweisbar sind, auch bei ihm festzustellen sind. In nachref. Zeit läßt sich marian. Schrifttum bisher nicht nachweisen, obwohl die aufgefundenen Predigten zu einem anderen Bild führen könnten.

b) Von Mathaeus v. Krakau (* um 1340 in Krakau) sind aus einer Handschrift des 15. Jh.s dt. Beichtformeln, wohl auf Nikolaus v. Erfurt zurückgehend, überliefert, die als lehrhafte Unterweisung für das Volk bestimmt waren und vielfach an die »zusin konnigin Marie« gerichtet sind.

Osterspiele sind bes. in Krakauer Handschriften überliefert (→ Regina caeli). Daß sich die MV auch früh in poln. Sprache niedergeschlagen hat, bezeugt das Mlied »Bogurodzica«.

c) In *Ungarn* sind Osterspiele und Gebete marian. Inhalts aus alten Siedlungsgebieten wie Stinamanger (Sabor), Raab (Gjör) erst relativ spät aus dem 14. Jh. belegt. Vieles dürfte hier jedoch verschollen oder noch nicht wiederentdeckt worden sein.

d) Trotz der frühen Besiedlungszeit und der Anwesenheit des Dt. Ordens zwischen 1211 und 1225 im Burzenland, mit dem Hauptsitz Marienburg bei Kronstadt und der M-kirche in Hermannstadt, sind marian. Textzeugnisse spärlich. Im Gegensatz zur Gottschee belegen fast ausschließlich die überlieferten Meßbücher, Antiphonare, Hymnarien und Lektionare aus vorref. Zeit, die die Herkunft des niederrheinischen Auswanderungslandes verraten, die MV. Das Missale von 1420 (Schullerus, Nr.4) ist eigens zu M-e Himmelfahrt verfaßt. Gegenüber dem Missale Romanum (→ Römische Liturgie) weisen die Meßbücher siebenbürgische Eigenheiten auf. Der »Klageschrift« (Juni 1526) an den Erzbischof von Gran, dem Siebenbürgen unterstellt war, ist zu entnehmen, daß man M die gebührende Verehrung in der Umbruchszeit entzieht. In der Reformatio Ecc. Sax. von 1542/43, bes. in der Kirchenordnung von 1547 sind Gebete an M untersagt. Die Festtage Purificatio, Annunciatio und Visitatio sind beibehalten. Aber im Laufe der Zeit (Agenda H. 1653, H. 1748) sind auch diese getilgt worden. Zwar gilt die Handschrift des → Heltauer Marienliedes als verschollen, aber es konnte eine Parallele in einer Grazer Handschrift aufgefunden werden, die das M-lied als Ruf kennzeichnet, der im SpätMA Charakteristika des Kirchenliedes und der → Litanei aufnahm.

e) Im *Banat*, das auf Geheiß der theresianischen und josephinischen Kanzlei von ausdrücklich kath. Deutschen besiedelt werden durfte, ist (wenn nicht, ist anzunehmen, daß viele Texte verloren gegangen sind) marian. Texte nur in einer volkstümlich inhaltlichen Mischform überliefert, wobei bezeichnenderweise das Hochdeutsche vorherrscht, so daß Lehngut aus Gemeindeliedern (Janota) anzunehmen ist. Das gilt für das Lied »Maria saß auf einem hohen Stein«, in dem Johannes über die Passion berichtet und aufgefordert wird, M einmal pro Tag zu besingen, und auch für das Lied »Die heilige Mutter Gottes will wandern gehn«, in dem vor der Himmelspforte der von M mitgebrachten armen Seele der Eintritt verwehrt wird. Dieses Lied findet sich in positiverer Darstellung der M begleitenden Seele auch in der Gottschee (Nr. 138).

Ausg.: K. Barsch, Mitteldeutsche Gedichte, Stuttgart 1860, darin Heinrich cluzenere 1–39. — The songs of the Minnesinger Prince Wizlaw of Rügen, ed. W. Thomas and B. G. Seagrave, 1967. — Gottscheer Volkslieder, II. Geistliche Lieder, hrsg. von R. W. Brednich und W. Suppan, 1972. — W. Lipphardt, Lat. Osterfeiern und Osterspiele, 9 Bde., 1975–90.

Lit.: J. Feifalik, Untersuchungen über altböhmische Vers- und Reimkunst, In: Sitzungsbericht der Akademie der Wissenschaften phil.-hist. Klasse Wien 39 (1862) 281–344. — J. Loserth (Hrsg.), Excerpta. Beiträge zur Geschichte der hussitischen Bewegung, In: Archiv für österr. Geschichte 57 (1879) 203 ff., bes. 248. — A. Matějček, La Passionaire de l'abesse Cunégonda, 1922. — A. Schullerus, Geschichte des Gottesdienstes in der siebenbürgisch-sächsischen Kirche, In: Archiv des Vereines für siebenbürgische Landeskunde NF 41 (1928) 299–522. — J. Klapper (Hrsg.), Schriften von Johann v. Neumarkt, 4 Teile, 1930–39, Teil 4: Gebete des Hofkanzlers und des Prager Kulturkreises. — L. Mackensen, Baltische Texte der Frühzeit, 1936. — A. Scherzer, Der Prager Lektor Frater Kolda und seine mystischen Traktate, In: AFP 18 (1948) 337–396. — K. Schreinert, Die nddt. Dichtung Alt-Livlands, In: Bulletin de la Sociétée Néophilol. de Helsinki 53 (1952). — L. Mackensen, Zur dt. Lit. Alt-Livlands, 1961. — H. Birnbaum, Zu den Anfängen der Hymnographie bei den Westslaven, In: Scando-Slavica 2 (1965) 69–92. — Ders., in FS für D. Tschiževskij, 1965, 99 ff. — J. Kadlec, Leben und Schriften des Prager Magisters Adalbert Rankonis de Erinicio, aus dem Nachlaß von R. Holinka und J. Vilikovsky, 1971. — E. Urbánková und K. Stejskal, Pasionál Přemyslovny Kunhuty (Passionale abbatissae Cunegundis), 1975. — U. Hennig, Die lat.-liturg. Grundlage der tschechischen Marienspiele, In: ZfdPh 96 (1977) 89–109. — M. Lange, Matthaeus de Cracovia: »Ich sundeger Mensche bekenne …«, In: Mediaevalia Philosophica Polonorum 24 (1979) 57–71. — M. Ruch, Die Gottschee als Volksliedlandschaft, In: Jahrbuch für Volksliedforschung 27/28 (1982/83) 175–185. — H. Rothe (Hrsg.), Geistliche Lieder und Gesänge in Böhmen II, 1. Tropen und cantiones (…) der vorhussitischen Zeit 1300–1420, 1988. — C. L. Gottzmann, Das Heltauer Marienlied und seine Grazer Fassung, In: Geist und Zeit, FS für R. Wisniewski, 1991, 229–253. — P. Hörner, Dorothea v. Montau, 1993.

C. L. Gottzmann

Diego v. Valencia → Moxena, Diego

Dillenschneider, Clément, CSSR, Mariologe, * 2.11.1890 in Dabo/Lothringen, † 5.2.1969 in Ostwald/Elsaß, wurde 1911 in Attert (Belgien) Redemptorist, empfing 1917 in Trier die Priesterweihe und absolvierte sein höheres theol. Studium an der Universität Fribourg/Schweiz, wo er als Schüler von Francisco Marín-Sola OP geprägt wurde. Er dozierte Dogmatik an den Ordenshochschulen der CSSR, in Echternach/Luxemburg, Sousceyrac/Südfrankreich und Hagenau/Elsaß. Ein außergewöhnliches Ereignis führte ihn zur Mariol.: Seine leibliche Schwester, zugleich Ordensschwester, wurde in Lourdes plötzlich von einer schweren Krankheit geheilt.

Bekannt geworden durch seine Werke über die Mariol. des hl. → Alfons v. L., wurde er 1934 Mitglied der neugegründeten »Societé française d'Etudes mariales« und 1950 Gründungsmitglied der »Pontificia Academia Mariana Internationalis« in Rom. Es folgten zahlreiche marian. Veröffentlichungen in: BSFEM, EThL, Mar., Revue Thomiste und Theol. der Gegenwart in Auswahl. Auf den marian. Kongressen von Boulogne-sur-Mer (1938) und Grenoble/La Salette hielt er umfangreiche Referate. In seinen Werken vertiefte er die damals aktuellen und eifrig studierten Probleme der Mariol.: M-s Gnadenmittlerschaft, Mitwirken bei der Erlösung und leibliche Aufnahme in den Himmel. In diesen Kontoversen nahm er eine gemäßigte Position ein. Als zweisprachiger Lothringer verfolgte er aufmerksam die Veröffentlichungen der dt. Mariologen, z. B. C. Feckes, H. M. Köster, und machte sie seinen franz. Kollegen zugänglich. Obwohl sein Leben lang thomistisch orientiert, war er doch für andere Traditionen, z. B. École française (17. Jh.), aufgeschlossen. Unter dem Einfluß von F. Marín-Sola hob er die Wirkung des »sensus fidelium« auf Mariol. und MV hervor.

Am Ende seines Lebens nahm er offen Anteil an der Erneuerung der Theol. durch das Vaticanum II, an der seine Schüler F. X. Durrwell und P. Hitz beteiligt waren.

WW: La mariologie de saint Alphonse de Liguori. Son influence sur le renouveau des doctrines mariales et de la piété catholique après la tourmente du protestantisme et du jansenisme, 1931. — La mariologie de saint Alphonse de Liguori. Sources et synthèse doctrinale, 1934. — Marie au service de notre rédemption, 1947. — Le mystère de la corédemption mariale. Théories nouvelles, 1951. — Le sens de la foi et le progrès dogmatique du mystere marial, 1954. — Le principe premier d'une théologie mariale organique. Orientations, 1957. — Marie dans l'économie de la création rénovée, 1957. — Le mystère de Notre Dame et notre dévotion mariale, 1962.
Lit.: L. Hechanova, The »Scriptural Key Principle« of Marian Theology Proposed by Fr. C. D. A critical Evaluation, Diss. Angelicum, 1966. — M. Benzerath, Le Père C. D. (1890–1969), In: ÉphMar 20 (1970) 245–251 (WW, Übers.). — O. Gregorio, Padre Clemente D. (1890–1969), In: Mar. 32 (1970) 366–368 (WW, Überss.). — Encyklopedia katolicka III, 1979, 1326. — Vgl. L. A. Muratori.
M. Benzerath (W. Baier)

Ehrenfreund nennt sich der Autor in der Eingangs- und Schlußzeile des ⓂMirakels »Der Ritter und Maria«. Der Namenstypus deutet auf einen Künstlernamen (wie etwa Ehrenbote, Ehrenfroh oder Ehrenbloß). Ob die Bezeichnung »der fry« (V. 296) als »Freiherr« zu verstehen ist, erscheint fraglich. Obwohl ein verläßlicher Datierungshinweis fehlt, wird der Autor vorerst ins 14. Jh. gesetzt.

Das nur einmal überlieferte →Mirakel »Der Ritter und Maria« zählt 296 Reimpaarverse. Es dient nach Ausweis der Eingangsverse (V. 1–11) dem Lobe Ⓜs, von der im Epimythion (V. 289–296) gesagt wird, daß sie »kainem Sünder nit versaget« (V. 291). Ein Beleg dafür ist die eigentliche Mirakelerzählung (V. 12–288): Sie berichtet von einem Ritter, der sich zur Behebung seiner finanziellen Notlage mit dem Teufel verbündet und dafür Gott und allen Heiligen, nicht jedoch Ⓜ abschwört. Der Teufel ist sich seiner Sache dennoch sicher, weil er es für undenkbar hält, daß Ⓜ bei einer Absage gegenüber Gott hilft. Zur Sicherheit verlangt der Teufel aber in einem Jahr die Frau des Ritters, da ihm auch ihre Ⓜfrömmigkeit ein Dorn im Auge ist. Auf dem Weg zur Einlösung des Paktes kehrt die Frau in eine Ⓜkapelle ein und betet so inbrünstig, daß sie in Schlaf fällt. An ihrer Stelle setzt sich Ⓜ, die der Ritter zuvor in seiner Not reuevoll weinend angerufen hatte, auf das Pferd und verjagt den betrogenen Teufel. In der Kapelle versöhnt sie den Ritter wieder mit Christus. Mit dem Gut des Teufels baut das Ehepaar aus Dankbarkeit für die Errettung ein Kloster zu »unser frowen er« (V. 286), in dem beide »hailig sicherlich« (V. 288) das Leben beschließen.

Mit der →»Theophilus«-Legende gehört auch dieses Ⓜmirakel in den legendarischen Themenbereich des Teufelbündlers. Gemeinsam mit anderen Fassungen führt es trotz unterschiedlicher Akzentuierung auf die »Legenda aurea« des →Jacobus de Voragine zurück; sein Mirakel Nr. 119,3 wurde lat. und volkssprachlich mehrfach bearbeitet.

QQ: Donaueschingen, cod. 104, Bl. 189rb–191ra, alemannisch (Konstanz), um 1433.
Ausg.: Lieder Saal III, hrsg. von J. v. Laßberg, St. Gallen/Konstanz 1846; Nachdr.: Darmstadt 1968, III 71–79 (Nr. 181).
Lit.: VI.² II 390 f. (Lit.)
J. Janota

Ellenbog, Nikolaus (auch Cubitus, Cubitensis), *18.3.1481 in Biberach/Riß, †6.6.1543 in Ottobeuren, Sohn des Memminger Arztes Ulrich E., trat nach Studien in Heidelberg (seit 1497), Krakau und Montpellier 1504 in Ottobeuren in den Benediktinerorden ein (1506 Priester), war 1508–12 Prior, danach bis 1522 Ökonom des Klosters, wurde 1509 zudem Leiter der rasch zu großer Bedeutung gelangenden Klosterdruckerei und erlebte — bereits schwer erkrankt — 1543 noch die Gründung der Benediktinerakademie Ottobeuren. Als bedeutendster »Klosterhumanist« des bayer. Schwabens, der sich beständig um Kontakt mit der humanistischen Gelehrtenrepublik bemühte und sich für alle Wissensgebiete, auch die Naturwissenschaften, interessierte, korrespondierte E. mit zahlreichen führenden Humanisten wie Konrad Peutinger, Johannes Reuchlin, Johannes Eck und Erasmus v. Rotterdam. E. entwickelte sich auf der Basis eines altkirchlich gesinnten Humanismus zum scharfen Kritiker der Reformation, gegen die er kath. Überlieferungen wie Heiligenverehrung und Rosenkranzgebet energisch verteidigte. Seine zahlreichen Schriften und Kollektaneen blieben zeitgenössisch bis auf eine »Passio septem fratrum filiorum sanctae Felicitatis« (Ottobeuren 1511) ebenso ungedruckt wie auch die von ihm selbst veranstaltete Sammlung seiner Briefe, einer wichtigen Quelle für die kath. Reformbewegung der Reformationszeit (hrsg. von A. Biglmair und F. Zoepfl 1938, mit grundlegender Einleitung und Schriftenverzeichnis).

E. hat sich immer wieder zu marian. Problemen geäußert: Unter seinen ungedruckten exegetischen Schriften findet sich in Ottobeuren (Codex M.S.B. 535 L. O. 106 fol. 82^r-95^v) eine typologisch vorgehende Untersuchung über das Verhältnis von Ⓜ zur Stammmutter Eva (um 1515) »De Ave et Eva: et quomodo Maria Virgo mutavit nomen Evae.« In typisch humanistischer Weise hat E. schon in seiner Studienzeit in lat. Carmina die GM verherrlicht, so etwa in einem in Heidelberg am 31.3.1498 verfaßten kleinen Gebet (Biglmair/Zoepfl 184) in elegischen Distichen, in dem Ⓜ, die erhabene Gebärerin Gottes, als »Clarior es Phoebo candidiorque nive« apostophiert wird und ihr die Erstlinge von E.s bescheidener Muse gewidmet werden. In einem Gedicht an seine Schüler (Bigelmair/Zoepfl 187) erscheint Ⓜ als »Unica spes nostra, mater et alma Dei.« E., der in dem zwischen den Franziskanern und den Dominikanern tobenden Streit um die IC den Dominikaner Wirt scharf verurteilt, tritt bei der Frage, ob die hl. Anna, die Mutter Ⓜs, dreimal verheiratet gewesen sei, entschieden dafür ein, daß sie nur einen Mann gehabt habe. Mitten in die Auseinandersetzungen der Reformationszeit führt E.s

Stellungnahme zur Frage der Heiligen- und ⓜ-verehrung. So berichtet er in einem Brief an Jacobus Bers vom 20.1.1531 (Bigelmair/Zoepfl 284f.) von einem zügellosen Bigamisten, der im Kerker Selbstmord begehen wollte, seine Versuchung aber mit Hilfe der Himmelskönigin überwand, die er immer verehrt hatte. Dieses Ereignis ist für E. gegen die Zwinglianer und andere »haeretici« ein Beweis für den Sinn der MV. Ähnlich erzählt er in einem Brief vom 18.11.1533 an Konrad Anckarite, daß dem Klosterziegler Gregor Basler kurz vor seinem Tod ein Engel, Heilige und die »diva virgo Maria«, die ihn aufgefordert habe, in den Himmel einzuziehen, erschienen seien. Dies ist ihm Beleg dafür, daß »die allerseligste Jungfrau Maria die Ihren im Augenblick des Todes nicht im Stich läßt« (Bigelmair/Zoepfl 323). Und wohl nicht ohne Zustimmung nimmt er in seine Briefsammlung einen Brief des Konrad Lang aus Weingarten auf, in dem der Verfasser davon berichtet, daß ein Lutheraner, der ⓜ geschmäht habe, bei einer Kahnfahrt auf der Donau ertrunken sei (Bigelmair/Zoepfl 443f.). Für den Humanisten E. ist die MV ein wichtiger und ehrwürdiger Teil der altkirchlichen Tradition, die es gegen die Glaubensneuerer zu bewahren gilt.

Lit.: L. Geiger, N. E., ein Humanist und Theologe des 16. Jh.s, In: Oesterr. Vierteljahrsschrift für Theol. 9 (1870) 45–112. 161–208. — Ders., Noch einmal N. E., ebd. 10 (1871) 443–458. — A. Bigelmair, N. E. (1481–1543), In: G. v. Pölnitz (Hrsg.), Lebensbilder aus dem Bayerischen Schwaben V, 1956, 112–139 (Lit.). — F. Zoepfl, Kloster Ottobeuren und der Humanismus, In: Ä. Kolb und H. Tüchle (Hrsg.), Ottobeuren, FS zur 1200 Jahrfeier, 1964, 189–267. — H. Pörnbacher (Hrsg.), Literatur in Bayerisch Schwaben, 1979, 56, Nr. 98–101. — P. Bietenholz (Hrsg.), Contemporaries of Erasmus. A Biographical Register of the Renaissance and the Reformation I, 1985, 428 (Lit.). — NDB IV 454. — LThK III 824f. *H. Wiegand*

Fernández y Solar, Juanita → Teresa de Los Andes

Florenskij, Pavel Alexandrovich, * 1882 in Tiflis/Georgien, † 1937 (?) in Sibirien. Sein Vater Alexander F. war Russe, seine Mutter Olga Pavlona war Armenierin. Dieses armenische Erbe an Charme und Intelligenz, Hochherzigkeit und Sinn für Freundschaft, Liebe, Kunst und Religion begleiteten F. sein Leben lang. Mit 18 Jahren, nach Beendigung seiner Gymnasialstudien, zog er nach Moskau und studierte dort an der Universität Mathematik und Naturwissenschaften. Er befaßte sich aber auch schon während dieser Zeit mit der klassischen griech. Geisteswelt. 1905 trat er in die Theol. Akademie in Moskau ein und schloß seine Studien dort mit der Lehrbefähigung für Phil. und Theol. ab.

F. wollte Mönch werden, doch sein Beichtvater Bischof Antonij Florensov riet ihm davon ab und empfahl ihm die Ehe; 1911 heiratete er. Wenig später ließ er sich zum Priester weihen. In den folgenden Jahren lehrte er an der Theol. Akademie und schrieb Abhandlungen verschiedensten Inhalts, wie z. B. »Die Weisheit unserer Vorfahren«, wo er die griech. Phil. darstellt, oder »Die Bedeutung des Idealismus, angefangen von Plato bis zum Beginn des 20. Jh.s«. 1914 veröffentlichte er sein theol. Hauptwerk »Die Säule und Grundfeste der Wahrheit«, worin er in 12 Briefen aktuelle theol. und phil. Themen behandelt, z. B. die Dreipersönlichkeit Gottes, Schöpfung, Sophia, Freundschaft und Liebe. Von besonderer Relevanz ist in diesem Hauptwerk F.s der Brief über die Sophia, wo er, auf → Solowjew aufbauend, eine ausführliche → Sophiologie entwickelte.

Nach der kommunistischen Revolution 1917 wurde die Theol. Akademie geschlossen. Da F.s naturwissenschaftliche Begabung bekannt war, erhielt er einen Lehrauftrag für Mathematik und Physik, an der Höheren Polytechnischen Schule in Moskau. Hier arbeitete er sich so gründlich ein, daß er zu einem der gesuchtesten Experten der Elektrifizierung der Sowjetunion wurde. Er war auch hauptverantwortlicher Schriftleiter für wichtige Teile der sowjetischen technologischen Enzyklopädie, worin er sich mit allen Themen der neueren Naturwissenschaft befaßte, wie z. B. mit der Quantenmechanik, der Relativitätstheorie und der Kernphysik. Man hat F. wegen der Vielseitigkeit seiner Anlagen, Interessen und Leistungen den russ. »Leonardo da Vinci« und wegen seiner existentiellen tiefen Spiritualität den »russ. Pascal« genannt. Während der stalinistischen Verfolgungen wurde F. 1935 nach Sibirien in ein Strafarbeitslager verbannt und deportiert. Seit 1937 erhielten seine Angehörigen keine Nachrichten mehr von ihm. Er kam 1937 (?) angeblich bei einem »Arbeitsunfall« ums Leben.

Die Russ. Orth. Kirche beginnt nach einer langen Periode erzwungenen Schweigens sich dieses außerordentlichen Gelehrten und Priesters öffentlich zu erinnern. 1982 anläßlich seines 100. Geburtstags wurde in Moskau eine Feierstunde gehalten. Solschenizyn nennt F. »einen der bemerkenswertesten Menschen, die der Archipel Gulag für immer verschlungen hat«. Maximilian Woloschin, russ. Dichter und Lyriker, zählte F.s Hauptwerk »Die Säule und Grundfeste der Wahrheit« zu den sieben Büchern, von denen er sich nicht trennen würde.

In dem Kapitel »Die Sophia« seines Buches »Die Säule und Grundfeste der Wahrheit« nimmt F. die sophianischen Gedanken Solowjews auf und entwickelt sie in der Tradition der typisch russ. Frömmigkeit zu einer theol. begründeten Sophiologie. F. schreibt im Anblick der Sophia-Ikone von Novgorod: »Wer ist dieses hohe Wesen? ... Dieses hohe Wesen, königlich und weiblich, das weder Gott noch der ewige Sohn Gottes, weder ein Engel noch eine Heilige ist, wer ist sie dann, wenn nicht das höhere allumfassende Prinzip und die lebendige Seele der Natur und des Universums, zutiefst geahnt und erfühlt von unseren Vorfahren, den frommen Erbauern der Sophiakirchen und den Malern der Sophia-Ikonen« (253). Die Sophia ist das »ersterschaffene Wesen der Schöpfung, die ideale Substanz und Grundlage des Kosmos, dessen Sinn und Schönheit, die Macht und Kraft allen Seins«. »Die Sophia ist der Schutzengel, die ideale Welt in Person, ihr formender und schöpferischer Grund« (213). »Die Sophia ist die ewige Braut des Logos. Sie wird fruchtbar und vielfältig in der Schöpfung, wozu sie von ihm (dem Logos, ihrem Bräutigam) die Kraft empfängt« (215).

F. zieht zur Beschreibung der Sophia mit Vorliebe Stellen und Bilder aus der Hl. Schrift, bes. aus den Weisheitsbüchern, und den Kirchenvätern heran. Er nennt sie »Stadt Gottes, das Himmlische Jerusalem, Braut Sion, die Frau des Lammes, die sich für ihren Mann geschmückt hat« (Offb 21,2). Im Gebrauch dieser Ausdrücke trifft sich F. bes. mit Augustinus, der genau dieselben Bilder herangezogen hat zur Beschreibung der »Sapientia Creata« (218).

F. zählt eine ganze Reihe weiterer Würden und Titel der Sophia auf, in denen klar die ekklesiol. und marian. Dimension und Sinnrichtung zu erkennen ist. Diese Preisungen sind größtenteils aus dem → Akathistos-Hymnos genommen, sie erinnern aber auch deutlich an die Anrufungen M̂s in der Lauretanischen Litanei und stellen damit eine klare Verbindung zu M̂ her, z. B. »Ursache der Freude, Mutter der göttlichen Gnade, Himmel der Gnaden, Arche des Bundes, Königin Himmels und der Erde, uneinnehmbare Mauer, Sitz der Weisheit, Trägerin der Sophia« (231). »Schönste Braut Gottes, die unter den Heiligen nicht die prima inter pares, sondern die über allen Heiligen Stehende ist«. »Sie ist die Brücke und der Kontaktpunkt zwischen Gott und der Schöpfung, die Mitte und Krone der Schöpfung, die ideale Kirche in Person« (233). F. schließt im Brief über die Sophia diesen Reigen mit der Feststellung: »Was ich über die Sophia gesagt habe, findest Du in der Liturgie der Kirche ebenso wie in den Schriften der Väter als auch in der Ikonographie« (218). Aus der Liturgie bringt er einige sehr schöne Stellen, wo die Sophia mit der Allerseligsten Jungfrau und GM M̂ identifiziert wird: »Herr, ich wage diejenige festlich zu preisen, die für die Welt eintritt, die makellose Braut und Jungfrau Maria, die du Sophia genannt hast« (aus dem Offizium der Hagia Sophia; 252 und 480).

Der sophianischen Ikonographie mißt F. besondere Bedeutung zu: »Sie ist von Anfang an eine authentische religiöse Schöpfung, hervorgegangen aus der Volksseele, und nicht eine äußere und nur formale Anleihe« (240). Er weist bes. auf zwei Ikonentypen hin: Der erste Typus zeigt Sophia als Engel mit Flügeln, über ihr in einem Kreis Christus als Logos (vorinkarnatorische Existenz), rechts neben ihr M̂ mit dem Kind (inkarnatorische Existenz) und links Johannes Baptista (z. B. die Sophia-Ikone in der Sophia-Kirche zu Novgorod); der zweite Typus zeigt Sophia als die große → Orante bzw. als GM (z. B. auf der M̂ikone in der Sophia-Kathedrale in Kiew, in der Eremitage von Optina Pustyn und in der Sion-Kirche in Tiflis). Dieser zweite Typus kommt am nächsten an die bekannten M̂ikonen heran, doch ist ihr sophianischer Ursprung und Charakter unzweifelhaft (475). Daraus ist ersichtlich, wie eng die russ. Frömmigkeit die Sophia in Verbindung mit M̂, ja als die in M̂ menschgewordene Sophia sieht. F. baut auf dieser Sicht auf und artikuliert sie. »Die russische Volksseele und Frömmigkeit hat in der Sophia immer eine eigene geheimnisvolle Größe gesehen« (er beruft sich da auf Tolstoi, Dostojevski und Solovjev) »und sie ganz richtig mit Maria in Verbindung gebracht oder mit ihr identifiziert« (252 und 474). »Maria ist die Erscheinung der Sophia, d. h. die menschgewordene Sophia« (228). Das ist eine klare marian. Sophiologie oder sophianische Mariol. Die MV ist in Rußland deshalb so tief und im Volke verankert, weil sie erdnah, kosmisch, sophianisch ist. Man kann F. neben Solowjew und → Bulgákov zu den Vätern der neueren Sophiologie rechnen. F. ist ein qualifizierter Zeuge und Lehrer der Sophia-Maria, der Allerseligsten Jungfrau und GM M̂ in ihrer kosmischen und sophianischen Dimension, was eine Erweiterung der bisherigen westlichen Mariol. bedeutet.

WW: Stolp i utverždenie istiny (Die Säule und Grundfeste der Wahrheit), Moskau 1914, zitiert nach der franz. Übersetzung von C. Andronikof, Père Paul Florenskij, La Colonne et le Fondement de la Verité, 1975; dt. Übers. durch N. Bubnoff und H. Ehrenberg, In: Östliches Christentum, 1925. — Die Ikonostase, 1988. — Christentum und Kultur, In: Stimme der Orthodoxie, November 1990. — Makrokosmos und Mikrokosmos, ebd. November/Dezember 1988.

Lit.: B. Schultze, Russ. Denker. Ihre Stellung zu Christus und zur Kirche, 1950. — V. Zenkovskij, Geschichte der russ. Phil. II, 1950, engl. Übers. 1953. — L. Zander, Die Weisheit Gottes im russ. Glauben und Denken, In: KuD (1959). — L. Hammerich, P. A. F., 1976. — H. Ruppert, Vom Licht der Wahrheit, Zum 100. Geburtstag von P. A. F., In: KuD 28 (1982). — Žurnal Moskovskoj Patriarchii (Journal des Moskauer Patriarchen) 4 (1982) zum 100. Geburtstag F.s. — R. Slesinski, Father P. F., A Profile, In: St. Vladimir's Theological Quarterly 26 (1982). — M. Silberer, Die Trinitätsidee im Werk von P. F., 1984. — W. Nyssen, H. Schulz und P. Wiertz (Hrsg.), Handbuch der Ostkirchenkunde, 1984. — T. Schipflinger, Sophia Maria, Eine ganzheitliche Vision der Schöpfung, 1988. — G. Kaltenbrunner, P. A. F., Ein russ. Leonardo da Vinci und Troubadour der Göttlichen Weisheit, In: Ders., Vom Geist Europas II, 1989. — G. Adler, Der russ. Pascal — P. A. F., Südwestfunk Baden-Baden 1992. — F. Mierau, P. F., Ein Lesebuch, 1992.

T. Schipflinger

Francisci de Insulis, Michael (François, Michel), Dominikanertheologe, * um 1435 in Templemars bei Lille, † 2. 6. 1502 in Mecheln, trat als junger Mann in Lille in den OP ein, studierte zeitweise in Paris und wurde dort und später in Douai von → Alanus de Rupe beeinflußt. 1468 wurde er in das Kölner Dominikanerkloster versetzt, wo er bis 1482 Theol. lehrte. 1473 hat er an der Universität Köln den theol. Doktorgrad erworben. Später war er Prior in Valenciennes, Generalvikar der Congregatio Hollandiae OP, Prior in Lille sowie Beichtvater und (seit 1496) Titularbischof am Hof des Herzogs von Burgund.

Nachdem der Dominikaner J. → Sprenger am 8. 9. 1475 die Kölner → Rosenkranzbruderschaft gegründet hatte, hat F. im Dezember desselben Jahres in einem umfangreichen theol. Quodlibet die Merkmale und Ziele dieser Bruderschaft dargestellt, theol. begründet und gegen zeitgenössische Kritiker verteidigt. Die Grundgedanken des Quodlibet sind offensichtlich vom Einfluß des Alanus de R. geprägt. Den Schwerpunkt seiner Ausführungen legt F. auf die Rechtfertigung der Gründung einer möglichst großen Gebetsbruderschaft: das in der richtigen Absicht geleistete Gebetspensum eines jeden Mitgliedes bringt allen anderen Mitgliedern geistlichen Nutzen (Minderung der Sündenstrafen, Mehrung der Gnade). Selbstverständlich sind in dem Quodlibet auch marian. und mariol. Aussagen enthalten, sie stehen aber eher im Hintergrund. M wird als Schatzmeisterin (thesauraria caeli) bezeichnet, die den Menschen die Gaben und Gnaden Gottes austeilt. Ihre Fürbitte ist immer wirksam, weil ihr göttlicher Sohn gewissermaßen rechtlich verpflichtet ist, die Bitten der Mutter zu erfüllen: »oratio (Mariae) innititur iustitiae«.

Das Rosenkranz-Quodlibet wurde zunächst in Basel gedruckt (Gesamtkatalog 10259). F. hat diese Ausgabe später als nicht authentisch und teilweise unkorrekt bezeichnet. 1480 hat er in Köln eine überarbeitete Ausgabe veröffentlicht (Gesamtkatalog 10260), in der er die Eigenständigkeit der Kölner Bruderschaft und die Leistung J. Sprengers deutlicher herausstellt, während er die von Alanus ausgehenden Anregungen mit größerer Zurückhaltung erwähnt. Die Kölner Ausgabe ist im 15. und 16. Jh. oft nachgedruckt worden und hat zur Ausbreitung der Rosenkranzbruderschaft in ganz Europa wesentlich beigetragen. Um 1480 ist eine Kurzfassung des Quodlibet als Einblattdruck (Gesamtkatalog 10256) erschienen.

1494, als F. Prior in Lille war, hat er eine »Quodlibetica decisio« verfaßt, in der er eine andere marian. Bruderschaft verteidigt und empfiehlt: die Bruderschaft von den Sieben Schmerzen Ms, die um 1490 auf Grund der Initiative des Jan van Coudenberghe in Seeland und Flandern entstanden war. Die Schrift, um 1496/97 in Antwerpen gedruckt, ähnelt inhaltlich und formal dem Kölner Rosenkranz-Quodlibet. Der Druck enthält auch ein »Officium de doloribus seu compassione BMV«, als dessen Verfasser F. gilt, und zudem ein bemerkenswertes Mbild: die früheste (?) Darstellung der Schmerzensmutter mit sieben Schwertern (vgl. AnBoll 12 [1893] 346).

Unter F.s Werken wird zu Unrecht ein »Speculum sermonum super salutatione angelica« genannt; der als Beleg angeführte Druck (Hain 7349) enthält tatsächlich das »Speculum BMV« des → Konrad v. Sachsen.

F.s Schriften zeigen, daß damals kritische Einwände erhoben wurden gegen eine veräußerlichte Praxis der christl. Heilssorge, gegen ein allzu üppig wucherndes Bruderschaftswesen und gegen neuartige Formen organisierter Frömmigkeit. F. reagiert abwehrend auf diese Kritik, teils aus seelsorgerischen Motiven, aber gewiß auch deshalb, weil er engen spätma. Denkweisen verhaftet war.

WW: Quodlibet de veritate fraternitatis rosarii BMV, Köln 1480 u. ö.; Teildruck: Scheeben (s. Lit.), 137–159. — Quodlibetica decisio de septem doloribus BMV, Antwerpen um 1496/97 u. ö.

Lit.: H. Ch. Scheeben, Michael F. ab I. O. P., Quodlibet de veritate fraternitatis rosarii, In: Archiv der dt. Dominikaner 4 (1951) 97–162. — K. J. Klinkhammer, Adolf v. Essen und seine Werke, 1972, 85–95. 340–345. — E. Meuthen, Die alte Universität, 1988, 157. 478. — Gesamtkatalog der Wiegendrucke IX, 1991, 84–92 (WW). — BNBelg VII 232–234. — DSp V 1107–15. — DHGE XVIII 799 f. (Lit.). — DBF XIV 1052.   *J. Vennebusch*

Franko v. Meschede, seit 1319 urkundlich nachweisbar als Scholaster und Prokurator des Stiftes Meschede; vermutlich 1332/37 dürfte er dann Kanzler des Bremer Erzbischofs Burchard Grelle geworden sein. Von ihm sind drei Werke sicher bekannt: 1. die 1330 vollendete »Altercatio de utroque Iohanne Baptista et Evangelista«, eine in Stabatmater-Strophen abgefaßte juristische Schuldisputation über die Streitfrage, welchem der beiden Heiligen, dem Täufer oder dem Evangelisten, der Vorrang gebühre, und 2. ein Mlob, das in einigen Handschriften den Titel »Aurea fabrica« trägt und mit der »Goldenen Schmiede« → Konrads v. Würzburg in Verbindung gebracht worden ist. Diese beiden Werke F.s sind Papst Johannes XXII. (1316–34) gewidmet. Als 3. Werk ist ihm nach dem Zeugnis des Clm 28668, 19^r (vgl. I. Neske, Katalog der lat. Hss. der Bayer. Staatsbibl. München. Clm 28615a–28786, 1984, 100) ein noch unedierter gereimter Kalender zum Leben Jesu zuzuschreiben, der auf den Evangelienperikopen beruht und mit dessen Hilfe die Lesungen den Tagen des Kirchenjahres zuordnen lassen, für die sie bestimmt sind (Überlieferung bei Walther, Initia, Nr. 6552, hier Petrus v. Rosenheim zugeschrieben). Die Zuschreibung kann aufgrund eines Akrostichons im Prolog (Franconis sum calendarium), dessen erster Teil an den Anfängen der 12 Monatsabschnitte ebenfalls erscheint, als gesichert gelten.

In der »Altercatio« erscheint M nur am Rande im Zusammenhang mit den von jeder der streitenden Parteien vorgebrachten Vorzügen ihres Heiligen, soweit sie M berühren (Visitatio, Strophe 26ff.; Johannes und M unterm Kreuz, Strophe 73).

Dei »Aurea fabrica« gehört mit ihrer Formenvielfalt und ihrem Bilderreichtum zu den Meisterstücken unter den Mloben. Die Dichtung ist in 13 Abschnitte (I–XIII) mit jeweils verschiedenen Strophenformen eingeteilt. In einem Akrostichon aus den Stropheninitialen I,1–X,9 nennt sich der Dichter selbst, der sich als »servitor« Ms bezeichnet, und er nennt als Empfänger seines Werkes Papst Johannes XXII. Die formale und inhaltliche Gliederung ist mit einer stufenweisen Steigerung der Hinwendung zu M verbunden: Nach der Invocatio des Dichters (Abschnitt I) wird die innere und äußere Schönheit Ms beschrieben, z.T. in deutlicher Anlehnung an die Regeln der Schulrhetorik (II, III); Ms heilsgeschichtliche Bedeutung wird mit auf M bezogenen biblischen Typologien hervorgehoben, die mit »haec est, ista est« u. ä. eingeleitet sind (von IV an); nach zunächst noch ganz vereinzelten Anreden erfolgt eine immer direktere Hinwendung zu M mit Typologien und Bildern in Versen, die durch »Tu (es), Te, Es« eingeleitet oder in die Verse integriert sind; die in dichter Folge mit anaphorischem »Tu« (X) eingeleiten Bilder sollen schließlich zeigen, daß M denen, die sie verehren, alles ist und in allem ist. Das Ganze klingt aus in einem bes. kunstvoll gebauten Schlußabschnitt mit der Bitte des Dichters um Fürbitte (XII 3).

F. verwendet die aus der Patristik und der lat. Hymnendichtung bekannten Typologien und Bilder in einer ähnlichen Fülle wie Konrad v. Würzburg in der »Goldenen Schmiede«. Ein direkter Zusammenhang zwischen den beiden Werken, etwa in der Weise, daß F. den volkssprachigen Dichter bewußt habe übertrumpfen wollen (E. Schröder), ist jedoch unwahrscheinlich, auch wenn durch die Überlieferung ein solcher Zusammenhang hergestellt worden ist.

Ausg.: AHMA 29, Anhang, 185–204.
Lit.: J. Evelt, Über den Scholaster F. v. M., In: Westfälische Zeitschrift 23 (1863) 295–310. — E. Schröder, F. v. M. und seine ›Aurea Fabrica‹, In: Nachrichten der Gesellschaft der Wissenschaften zu Göttingen, Phil.-hist. Klasse (1927) 119–129. — Ders., In: ZfdA 64 (1927) 266. — VL^2 II 829–834. — LexMA IV 687.
K. Gärtner

Freidank (Frîdanc, Frydancus, Frîgedanc), * um 1170/80 (?), † wohl 1233 in der Abtei Kaisheim, Verfasser der »Bescheidenheit«.

F.s Vita bleibt weitgehend im Dunklen, es ist nicht einmal sicher geklärt, ob »Freidank« als Eigenname oder Pseudonym zu verstehen ist; längst verworfen ist Wilhelm Grimms kuriose Ansicht, der »vagus« F., der »rithmos Theutonicos gratiosos« geschaffen hat, sei identisch mit → Walther von der Vogelweide. Wahrscheinlich dürfte er aus dem alemannischen Südwesten (staufisches Herzogtum Schwaben) stammen; der Eintrag in die Annalen des bei Donauwörth liegenden Kaisheimer Zisterzienserstifts »Fridancus magister moritur« für das Jahr 1233 wird wohl den Spruchdichter betreffen, da Rudolf v. Ems ihn wenig später in der Art eines Nachrufes nennt, während Hartmann Schedels Bericht von 1465 über F.s Grabmal in Treviso eine gleichnamige andere Person meinen dürfte.

Die »Bescheidenheit« (der Titel verweist auf die »discretio«) ist eine in der Überlieferung weitgehend offene Spruchdichtungssammlung, die in jedem der über 150 Textzeugen in anderer Vollständigkeit (bis zu 4000 Versen) und Spruchfolge tradiert wird. Ungeklärt ist, ob die in der Sammlung vereinten Sprüche ursprünglich einer Ordnung folgten oder ob F. selbst sein Werk in mehreren Versionen hinterließ. Meist handelt es sich um viertaktige Verspaare, seltener um längere Versreden. Die Palette der Themen reicht von Gott, der Messe und der Seele über Papsttum, Akkon-Kreuzzug von 1228/29, den Menschen allgemein, seine Eigenheiten und Moral, die Gesellschaft, den Weltlauf bis hin zur Tierwelt. Das Werk, das in Auswahl früh ins Lat. übersetzt wurde (»Proverbia Fridanci«) greift auf Kirchenväter sowie auf die Vulgata als Quellen zurück und wirkte u.a. auf den »Renner« Hugos v. Trimberg, auf → Oswald v. Wolkenstein und Sebastian → Brant.

M taucht in mehrfacher Hinsicht auf: Zum einen wird ausführlich über das »Avê Marjâ« reflektiert (Neumann, 1950, 326, hält das Gebet für unecht oder aus F.s »spätester Zeit« stammend), wobei der Erst-Hrsg. des Textes, Wilhelm Grimm, diesem Abschnitt die Bezeichnung »von dem avê Marîâ« gab (12,13–13,22b): »deist ein gruoz/ der tete uns maneger sorgen buoz«: Dieser Gruß habe die Sünder mit Gott versöhnt und Adams Schuld gesühnt, durch ihn wurde der Himmel geöffnet und Gott in Menschengestalt geformt — »den du, maget, gebaere/ âne leit und âne swaere« (13,1 f.). M wird angerufen als »megde krône« (13,7) und »frouwe« (13,8), deren Lob nicht Mensch noch Himmelsscharen vollenden können — »ezn wart nie lop sô lobesam,/ sô daz dich got ze muoter nam« (13,13 f.). Abschließend wird »Kristes muoter« als Fürbitterin beschworen.

Ein zweiter Kontext, in dem M begegnet, ist der Zweifel der Juden an der Jungfrauengeburt, gegen den sich F. mit zwei Vergleichen wendet: »Die juden nimt des wunder gar,/ daz ein maget Krist gebar./ der mandelboum niht dürkel wirt,/So er bluomen unde nüzze birt:/ diu sunne schînt durch ganzez glas:/ so gebar si Krist, diu maget was« (24,6–11). In gleicher Weise wendet sich der Autor anschließend gegen Zweifel der Juden in trinitarischen Fragen (24,12–23; 24. 24–25,8). Auch an anderen Stellen schneidet der Autor jeweils knapp das Thema an, »daz ein maget Krist gebar« (8,13; vgl. 19,14) oder daß ihn »gebar ein maget âne leit« (9,16). Sehr bemerkenswert ist in einem Gebet die Bitte des Autors an Gott, für die Errettung seiner Seele Sorgen zu tragen — nicht nur »durch erbermde unde genâden rât« und »durch dîne namen hêre« (180,16 f.), sondern auch »durch dîner muoter êre« (180,18).

Besondere Aufmerksamkeit verdient die Berliner Papier-Hs. Ms. germ. 2º 1428 (Hs. »G«), die im Anschluß an das Gebet an Gott ein nur hier überliefertes 22 Verse umfassendes M-gebet (Incipit: »Maria moder int mait/ Mynen anxt dir myn hertze clait«) anschließt, das auf Grund dieser unikalen Tradierung F. abgesprochen wird (Bezzenberger 239 f.). Darin wird M als »reyne vrauwe« (v. 4), »alre dogenden vrauwe« (v. 6) oder »Vrauwe dogenden ryche« (v. 9) angesprochen, ebenso als »alre mede eyn gymme« (v. 7) und »Moder alre gnaden vol« (v. 14), als »rycke vrauwe« (v. 18), als »vysserkorne« (v. 19), schließlich als »lylye van deme dorne« (v. 20) und »troisterynne der armen« (v. 21).

Ausg.: H. E. Bezzenberger (Hrsg.), F.s Bescheidenheit, Halle 1872, Neudr. 1962. — W. Spiewok (Auswahl), F.s Bescheidenheit, 1991 (Lit.).
Lit.: F. Neumann, Meister F., In: WW 1 (1950/51) 321–331. — Ders., F.s Herkunft und Schaffenszeit, In: ZfdA 89 (1958/59) 213–241. — W. Spiewok, Freidank, In: Weimarer Beiträge 11 (1965) 212–242. — NDB V 393–395. — VL² II 897–903. — LL III 510–521.
W. Buckl

Fulgent magna sacrae. Hymnus zu ⓂⒺe Geburt aus 24 metrischen Versen (Hemiepes [oder katalektischer Pherekrateus] und Adonier wie Boethius de cons. phil. I 2) in 6 Strophen, mit Preis des Festanlasses, Prophetien, Grußanrufungen mit Beiworten und der Bitte um Fürsprache. Der Text ist überliefert als Eintrag des 10./11. Jh.s in eine Metzer Handschrift.

Ausg.: MGH Poetae aevi Carolini V 494 f. — AHMA 43, 43.
Lit.: Schaller-Könsgen 5409. — Chevalier 37476.
G. Bernt

Glossenlied, eine Form der geistlichen Dichtung (v. a. des Leseliedes, Reimgebets), in der die Worte eines Grundtextes wie »Ave Maria«, »Magnificat«, »Salve Regina« u. a. nacheinander aufgenommen und gewöhnlich in je einer Strophe paraphrasiert, gedeutet, amplifiziert werden; meist stehen die aufgenommenen Worte am Anfang der Strophe (→ Akrostichis). Die Blütezeit dieser Form ist das späte MA (→ Guillaume de Digulleville, AHMA 48, 323 ff.; Christian v. Lilienfeld, AHMA 41, 114; Konrad v. Haimburg, AHMA 3, 38 ff., Ulrich → Stöckl, AHMA 6, 45).

Lit.: LThK² IV 971 f. — J. Szövérffy, Marian. Motivik der Hymnen, 1985, 198 ff.
G. Bernt

Göttweig, Benediktinerabtei in Niederösterreich bei Krems/Donau. Als Augustinerchorherrenstift 1083 von Bischof Altmann v. Passau gegründet, 1094 von Benediktinern aus St. Blasien/Schwarzwald besiedelt, erlebte G. im 12./13. Jh. einen ersten wirtschaftlichen und geistigen Höhepunkt mit Tochtergründungen 1107 in Garsten und 1116 in Seitenstetten. 1382 erhielt das Stift durch Papst Urban VI. Pontifikalrechte, bis 1557 war es Doppelkloster, dann übersiedelten Nonnen nach St. Bernhard bei Horn; bekannteste Inklusin war die Dichterin Ava († 1127). Mehrere Klosterbrände, Türkeneinfälle und die Reformation setzten dem Personalstand im 16./17. Jh. arg zu. Unter Abt Gottfried Bessel (1714–49) erzwang 1718 ein verheerender Klosterbrand einen großzügigen Neubau mit Kaisertrakt, der von 1719 bis 1783 dauerte, wobei zwei Drittel des am Escorialschema orientierten Planes von Johann Lukas v. Hildebrandt ab 1725 durch Franz Jänggl und Franz Anton Pilgram zur Ausführung kamen. Die zentrale Stifts- und Pfarrkirche mit bedeutendem Assumptiohochaltarbild 1694 von Johann Andreas → Wolff, München, ist der Himmelfahrt Ⓜe geweiht.

Das Ⓜpatrozinium basiert auf der Gründungslegende (29. Kapitel), wonach laut Vita Altmanni (Vita prior 1138–41; Vita posterior 1192–94) das patroziniumsbildende Ⓜbild als kostbare Tafel in griech. Arbeit mit reicher Ziselierung durch einen böhmischen Gesandten an Bischof Altmann übergeben wurde. Typus und Aussehen des Urbildes sind nicht überliefert, das heutige Kryptagnadenbild ist eine hölzerne Pietà-Figur, die mährische Mariazellpilger auf ihrem Weg über Sloup, Rajhrad und Dreieichen besuchten. Zugehörig dazu ist ein Kupferstich von George Robert Lewis (1782–1871; aus Th. F. Dibdin, Bibliographical Antiquarian and Picturesque Tour through France & Germany, London 1821). Das heutige Aussehen basiert auf einer Restaurierung durch Ferdinand Andri (St. Pölten) von 1880 und zeigt im Ⓜhaupt eine starke Inklinationshaltung. Der alte Holzkern weist ins 15. Jh.; 1474 ist erstmals eine Bruderschaft ULF bezeugt. 1685 stand die Pietà noch frei zu umgehen auf einer Bildsäule im Raum, 1719 widmete Karl VI. anläßlich des Wiederaufbaubeginns des Klosters eine silberne Filigranspangenkrone, die über dem bekleideten Gnadenbild baldachinartig plaziert war, wie dies Emailmedaillons an Kelchen, Spitzenbilder, Stiche und das → Thesenblatt von Elias Christoph Heiß nach Jonas Drentwet 1691 tradieren. Infolge des Bekleidungsverbotes erfährt die Pietà 1784 durch den Bildhauer Anton Caccion eine neuerliche Umarbeitung, welche 1804 Johann Mansfelds Kupferstich des marmornen Gnaden- und Wallfahrtsaltars in der Krypta von G. wiedergibt. Seit 1988 finden wieder regelmäßig Monatswallfahrten nach G. statt. Ein weiteres G.er Ⓜbild »Sub Tuum Praesidium«, eine seltene westliche → Platytera, stellt das Rotmarmorrelief von 1645 dar, ehemals über dem Stiftseingang, heute im Lapidarium des Kreuzgangs, basierend auf Abt David Gregor Corners (1631–48) Liedern im »Groß Catholisch Gesangbuch« (Fürth-Nürnberg 1625, ²1631, Wien ³1648/49 bis ⁷1672).

Lit.: Ausst.-Kat., 900 Jahre Stift G., Bad Vöslau 1983, 75 f., Nr. 40. — G. M. Lechner, Stift G. und seine Kunstschätze, ²1983, 47 ff. — Ders., Das Benediktinerstift G. in der Wachau und seine Sammlungen, 1988, 71 (Lit.). — P. M. Plechl, Wallfahrt in Österreich, 1988, 83 f. — G. M. Lechner, St. Altmann, Bischof von Passau, Leben und Wirken, 1991, 36 ff. — LexMA IV 1612 f.
G. M. Lechner

Gottesgebärerin → Gottesmutter

Graber, Rudolf, Bischof, * 13. 9. 1903 in Bayreuth, † 31. 1. 1992 in Regensburg, studierte in Eichstätt, Innsbruck und Rom, wurde 1926 zum Priester geweiht und promovierte 1929 in Rom zum Dr. theol. Zunächst war er Religionslehrer im Heimatbistum Eichstätt und erfolgreicher Jugendseelsorger (geistlicher Leiter des Bundes Neudeutschland 1931–33). Ab 1937 wirkte er als Lehrer am Priesterseminar Eichstätt und 1939–41 dort als Domprediger. Ab 1941 war er Prof. an der Phil.-Theol. Hochschule Eichstätt für Kirchengeschichte, Patrologie, ab 1946 auch für Aszetik, Mystik und Fundamentaltheologie. Seit

1927 entfaltete er ein reiches publizistisches Schaffen und war ein gesuchter Redner und Prediger. Am 2.6.1962 zum Bischof von Regensburg geweiht, war er u.a. Mitglied der Congregatio pro Causis Sanctorum, des Komitees für internat. Mariol. Kongresse und der Theol. Sektion der Pontificia Academia Romana di S. Tommaso d'Aquino. 1976 wurde ihm von der Theol. Fakultät der Universität Regensburg die Ehrendoktorwürde verliehen. Unter seinen Publikationen (seine Bibliographie weist über 1200 Titel auf) ragen die mariol. Arbeiten heraus. Als Kirchenhistoriker gewann er Zugang zu den Merscheinungen von → Fatima, kam in Verbindung mit Prof. L. → Fischer, übernahm nach dessen Tod die Schriftleitung des → »Bote von Fatima« (1957–63) und brachte die Zeitschrift in das von ihm 1966 gegründete → Institutum Marianum (IMR) ein. Mit dieser Gründung wollte er v.a. die Herausgabe des Marienlexikons ermöglichen.

Als Teilnehmer am Zweiten Vatikanischen Konzil trat er für die dem Mschema innerhalb von »Lumen Gentium« zukommende Bedeutung ein. Mit Nachdruck wies er die Ansicht zurück, daß das → Vaticanum II mit der hauchdünnen Mehrheit der sog. »Minimalisten«, die der »christotypischen« Mariol. die »ekklesiotypische« Mariol. vorzogen, einen marian. Minimalismus lehren wollte. Jede der beiden Richtungen wollte über M das Höchstmögliche aussagen und dabei der jeweils anderen Richtung Rechnung tragen. In einem seiner letzten Bücher zu LG VIII schreibt er befriedigt: »Die knappe Mehrheit des Konzils, die die Mariologie als Anhängsel an die dogmatische Konstitution über die Kirche befürwortete, ist in Wirklichkeit zur substantiellen Wesensbestimmung der Kirche vorgestoßen, wie sie großartiger und eindringlicher nicht sein kann« (Maria im Geheimnis ..., 45 f.).

Das Marian. darf daher nicht an den Rand der Theol. gerückt werden: M ist Mutter der Kirche, die bei der Geburt des historischen Christus und »bei der pfingstlichen Geburt des mystischen Christus beteiligt war« (ebd. 15). Eine Identität zwischen M und Kirche sieht er im »Sein, weil auch die Kirche Jungfrau und Mutter ist, im Tätigsein, weil oberstes Ziel der Kirche ist, Christus in den Seelen hervorzubringen« (ebd. 45). Den letzten Gedanken entfaltete er oft in Berufung auf P. → Bérulle und L.-M. → Grignion v. Montfort. Die Proklamation des Titels »Maria — Mutter der Kirche« durch Paul VI. am 8.12.1965 begrüßte G. daher mit großer Freude »als eine Art Wiedergutmachung jener Kampfabstimmung« (Maria. Jungfrau ..., 55), ebenso daß in LG 60–63 Ms Mutterschaft und Gnadenmittlerschaft, ein beliebter Gedanke in seinen Predigten, zwar nicht dogmatisiert, aber feierlich verkündet worden sind. In der Zeit nach dem Konzil, die M als Mutter bes. nötig habe, zeigt G. M als Zeichen der Hoffnung auf (vgl. 85. Dt. Katholikentag in Freiburg, 1978).

Bei Wallfahrten, Tagungen und Kongressen, wo er als Mverehrer und Mariologe zu sprechen hatte, kreisen seine Aussagen um drei Bezugspunkte: Christus, die Kirche und die Christen. Denn der Herr wird uns durch M geschenkt; die Kirche wird durch sie in vollkommener Weise repräsentiert, wir finden in der Kirche zu Christus dank ihrer Wirksamkeit. — Bischof G. war nicht nur bemüht, die Aussagen des Konzils über M und die Marian. Rundschreiben der Päpste in die Sprache des Volkes zu übertragen, sondern wies auch immer wieder auf die Botschaft der Merscheinungen der Neuzeit hin, da sie alle zur inneren Erneuerung durch Gebet und Buße aufrufen. Bes. in der Auslegung der Erscheinungen von Fatima erweist sich sein Interesse an der Zusammenschau der theol., der spirituell-mystischen und der geschichtlich-aktuellen Dimension des Christusgeheimnisses und der prophetischen Bedeutung Ms.

WW: E.H. Ritter, Bibliographie. Bischof Dr. theol. Dr. h.c R.G., Ehrengabe zum 80. Geburtstag, 1983; in Auswahl und Ergänzung: Die marian. Weltrundschreiben der Päpste in den letzten hundert Jahren, 1951, ²1954. — Maria und das Konzil, In: KlBl 47 (1966) 154–157. — Marianische Kongregation — noch zeitgemäß?, 1968. — Maria und unsere Zeit, 1971. — Maria und die Kirche, 1974. — Maria. Jungfrau — Mutter — Königin, ²1976. — Die Geheimnisse des Rosenkranzes, ²1976. — Maria und Europa, 1978. — Weihe an Maria, 1979. — Dienst am Wort. Predigten — Ansprachen — literarische Beiträge, hrsg. vom Bischöflichen Domkapitel zum 80. Geburtstag ..., 1983. — Marienerscheinungen. Maria als Zeichen der sicheren Hoffnung, 1984. — Fatima. Bischof G. deutet die Botschaft, hrsg. vom Institutum Marianum Regensburg, Vorwort von L. Scheffczyk, 1987. — Maria im Geheimnis der Kirche. Spiritueller Kommentar zum Marienkapitel der Konzilskonstitution »Lumen gentium«, 1987. — Petrus und Maria oder Maria — Mutter der Kirche, 1987.

Lit.: W. Beinert, In Liebe dienen. Ein marianischer Bischof, In: Regensburger Bistumsblatt, 12.9.1982, 6–9. — A. Treiber, Marianische Aktivitäten, In: P. Mai (Hrsg.), Dienen in Liebe. R.G. — Bischof von Regensburg, 1981, 405–419. — E.H. Ritter, Berufen und auserwählt. Zum Gedenken an Bischof Dr. theol. Dr. h.c R.G. Ein Nachruf, ²1992. — W. Baier, Das marianische Anliegen von Bischof Dr. R.G. (13.9.1903–31.1.1992), In: Akten des 11. internat. Mariol. Kongresses in Huelva/Spanien.
W. Baier

Hartwig v. Erfurt, Prediger des späten 14. Jh.s, gilt als Kompilator der Postille, die mit ihren 176 Nummern der umfangreichste dt.-sprachige Jahrgang des MA ist. Ein Bruder von Erfurt nennt sich in der Predigt auf den Mittwoch vor Pfingsten als Autor, der in verschiedenen Handschriften unterschiedliche Namensformen zugewiesen bekommt: Hartwig in der Zürcher Handschrift (Z, fol. 198vb), Heinrich in der Frankfurter Handschrift (F, fol. 204^v) sowie in der Leipziger Handschrift (L$_1$, fol. 184vb), der Augsburger Handschrift (A, fol. 203va) und in der Münchner Handschrift (M, fol. 208rb), bzw. Hartung in einer Breslauer Handschrift (B$_1$, fol. 87ra) und im Münchner Plenar (C, fol. 97va). Da alle drei Namen vom mitteldt. Hartwich abzuleiten sind, kann Spamers Differenzierung von zwei Autoren, Hartung und Heinrich, als obsolet betrachtet werden. In mehreren →Predigten wird auf den 1321 ausgebrochenen Armutsstreit eingegangen, außerdem wird in der Predigt auf den zweiten Freitag nach Ostern (Nr. 74, F: 164ʳ ff.) der Anführer der Apostaten, Heinrich v. Ceva, genannt. Es ist damit nicht nur ein terminus post quem gegeben, sondern auch eine Nähe zu den Franziskanern zu vermuten.

Nicht alle Texte sind H. zuzuordnen, vielmehr handelt es sich um eine Kompilation fremder und vermutlich eigener Texte. Unter den erkennbaren Quellen ist der im Erfurter Dominikanerkloster verfaßte →»Paradisus animae intelligentis« zu nennen. Weiter sind Beziehungen zum »Heiligenleben« des Hermann v. Fritzlar, zu den »Leipziger Predigten« sowie zur Sammlung des →Nikolaus v. Landau OCist festzustellen. Ebenfalls herangezogen wurden Texte von Hane dem Karmeliter, →Nikolaus v. Straßburg, Giselher v. Slatheim OP sowie die »Sprüche der zwölf Meister«.

Die polyvalente Funktion der Sammlung (Handbuch, erbauliche Lektüre für Laien sowie Klosterlektüre) wird in der Tatsache deutlich, daß sie in den 3 Textformen Postille (15 Mss.), Plenar (5 Mss.) und Traktatsammlung (6 Mss.) überliefert ist. Einige Stücke der Hartwigschen Sammlung sind in ein fälschlicherweise Friedrich dem Karmeliter zugeschriebenes Plenar (6 Mss.) aufgenommen worden.

Die in der Postille überlieferten Predigten auf die Sonn- und Festtage des Kirchenjahres sowie auf die Stationsfasttage sind durchaus heterogen. Kurze belehrende Stücke über moralische Fragen wechseln mit komplizierten mystischen Betrachtungen; einfache, den Bibeltext konsekutiv auslegende Predigten folgen auf gelehrte Texte, in denen auf zahlreiche Autoritäten bzw. zeitgenössische Prediger verwiesen wird. Auf diese Weise begegnen Meister → Eckhart OP, → Albertus Magnus, Dietrich v. Freiberg OP, Bruder Hermann OP, → Johannes v. Sterngassen OP, Nikolaus v. Straßburg OP, Nikolaus v. Landau OCist, der Lesemeister der Barfüßer.

In ihrem Aufbau ähneln sich die Predigten. Die Auslegung wird an die Epistel sowie an das Evangelium des Tages geknüpft, indem einzelne Sätze des Schriftwortes in einer Glosse gedeutet werden. Häufig werden fremde Bibelstellen (oft mit Textus gekennzeichnet) hinzugezogen. Die der Gliederung dienenden Fragen werden oft nicht alle beantwortet. Exempla, Herleitungen einzelner Feste aus der Antike sowie bildhafte Darstellungen veranschaulichen die Texte.

Der Predigtjahrgang enthält keine → Predigten zu den M.festen. Eine Thematisierung M.e erfolgt allerdings in einer ganzen Reihe von Predigten. Neben einigen M.exempeln (1. und 2. Adventssonntag, Nr. 1 und 4; 9. Sonntag nach Trinitatis, Nr. 125) findet sich die → Legende vom Schleier M.e (Von der betrachtung des leiden unsers herren, Nr. 68, F: fol. 148ʳ). Häufig wird die Empfängnis M.e thematisiert (Samstag im Quatemberfasten, Nr. 9, »Saget von der ewigen gepurt«, Nr. 37, Sonntag nach Ostern, Nr. 73, 2. Sonntag nach Ostern zum Petrusbrief, Nr. 76, 1. Sonntag nach Trinitatis, Nr. 103, »Frage von der drivaltikeit«, Nr. 170, »Ditz sint frage von der Aufart Cristi vnd von den personen in der gotheit«, Nr. 171, »Ditz sind lere vnd geistlich frage«, Nr. 174), immer wieder schließt sich daran die Ermahnung der Gläubigen an, das ewige Wort Gottes in derselben Art zu empfangen. Vorbildlich ist M. in ihrem Gehorsam (3. Mittwoch im Advent, zu Lk 1,38, Nr. 6), ihrer Demut und ihrer Zurückhaltung gegenüber Männern (Samstag im Quatemberfasten, Nr. 9, zu Lk 1,39–47), in ihrem Bestreben, eher Dinge zu entbehren als zu fordern (Freitag in der Pfingstwoche, Nr. 97) und in ihrer Sündenlosigkeit (7. Sonntag nach Trinitatis, Nr. 122). Die Weissagung Simeons im Tempel sollen sich die Gläubigen als Beispiel nehmen für ihr Nachempfinden des Leidens Christi (»Ain lere von der gab dez heiligen geistes«, Nr. 130). M. wird mit vertrauten Bildern verglichen wie mit Aarons Rute, aus der die Blume Jesus sprießt (Quatembermittwoch im Advent, Nr. 8), wird als Seele, die »ir selbes gewaltig ist « (Heiligabend, Nr. 13, F: 21ᵛ) bzw. als ein »mer stern«, ein »pitter mer« oder ein »vernüft« bezeichnet (Sonntag nach Weihnachten, Nr. 20, F: 33ᵛ). Sie ist der Inbegriff der Keuschheit und Jungfräulichkeit (2. Sonntag nach Erscheinung, Nr. 27). Der Beginn des Johannesevangeliums wird auf sie bezogen (15. Sonntag nach Trinitatis, Nr. 145). Die Frage, warum M. ihr Kind so schnell in die Krippe legte, wird unter Berufung auf Bernhard beantwortet (1. Messe am Weihnachtstag, Nr. 14). Die Tatsache, daß sowohl M. als auch Joseph dachte, ihr Kind wäre beim anderen (Lk 2,41), dient als Beispiel für die innere Sammlung des Gläubigen, der erst in der Ruhe bemerkt, daß er Falsches getan hat (Sonntag in der Oktav von Erscheinung, Nr. 25). Nur in einer Predigt (23. Sonntag nach Trinitatis, Nr. 166) wird die übliche Bitte »dez helf uns got« verändert, indem Christus »und sein liebe müter Maria« angerufen werden. Die Sammlung schließt mit einem ursprünglich gereimten Gebet zu M. und Jesus (Nr. 176, F: 378ʳ/ᵛ): »[…] Ich pit dich herre Iesus xps. dürch brüderliche trewe. Wann du mein erlöser pist, daz dü mich wollest ernewen […].«

QQ: vgl. VL² III 532. — Weitere, dort nicht genannte Hss: Postille: Heidelberg, Universitätsbibl., cpg 113/114 (Hermann v. Fritzlar) (H); Leipzig, Universitätsbibl., cod. 761 (L₁) und cod. 906 (L₂); München, Bayer. Staatsbibl., cgm 835 (R₂). — Plenar I: Wien, Österr. Nat. Bibl., cod. 15315 (Fragment) (W₃) und ser. nova 4329 (W₄). — Traktatsammlungen: Hamburg, Stadt- und Universitätsbibl., cod. theol. 2075 (H₂); Oxford, Bodleiana, Laud. misc. 479 (O). — Plenar II (Friedrich der Karmeliter): Berlin, Staatsbibl. Haus 2, ms. germ. 2⁰ 13 (Teilüberlieferung) (Be₃) und ms. germ. 2⁰ 130 (Be₂); Dillingen, Kreis- und Studienbibl., cod. XV 78 (Di); Freiburg, Universitätsbibl., Hs. 222 (Fr); Wien, Österr. Nat. Bibl., cod. 3057 (W₂).

Ausg. in Vorbereitung.

Lit.: G. Wackernagel, Spiritalia theotisca, Vratislaviae 1827. — J. Haupt, Beiträge zur Lit. der dt. Mystiker II, Hartung von Erfurt, In: Sitzungsberichte der Wiener Akademie der Wissenschaften 94 (1879) Phil.-hist. Klasse, 235–334. — Ph. Strauch, Rezension von Preger, In: AfdA 9 (1883) 113–159. — A. Linsenmayer, Geschichte der Predigt in Deutschland, München

1886; Nachdr. 1969. — A. Spamer, Über die Zersetzung und Vererbung in den dt. Mystikertexten, Diss., Gießen 1910. — G. Lichenheim, Studien zum Heiligenleben Hermanns v. Fritzlar, Diss., Halle/Saale 1916, 46–63. — J. Werner, Aus Zürcher Handschriften, 1919, 8–41 (darin Abdruck von 30 Textstücken). — V. Mertens, Hartwig (Hartung/Heinrich) v. Erfurt, Postille, In: ZfdA 107 (1978) 81–91. — Ders., Theologie der Mönche — Frömmigkeit der Laien. Beobachtungen zur Textgeschichte von Predigten des H., In: L. Grenzmann und K. Stackmann (Hrsg.), Lit. und Laienbildung im SpätMA und in der Reformationszeit, 1985, 662–685. — V. Mertens und H.-J. Schiewer, Erschließung einer Gattung. Edition, Katalogisierung und Abbildung der deutschsprachigen Predigt des MA, In: editio 4 (1990) 93–111. — Morvay–Grube, T 111. — VL² III 532–535.
C. v. Samson–Himmelstjerna

Heinrich v. Ekkewint, Dominikaner des 14. Jh.s, ist zuerst 1317 als Prior in Würzburg, zuletzt 1326 als Prior in Regensburg bezeugt (Löhr 175). Von ihm sind in der Handschrift Einsiedeln (Stiftsbibl., cod. 278, 181ᵇ–194ᵃ) vier → Predigten überliefert, die trotz deutlicher mystischer Anklänge in ihrem Grundtenor aszetisch ausgerichtet sind (Ruh): H. fordert die Abkehr der Seele von den geschaffenen Dingen, um Gott »in ime selber« (Pfeiffer 226) zu finden. Wenn auch die Seele »âne mittel« von den göttlichen Formen affiziert wird, grenzt sich H. von einer präsentischen Einheitslehre ab: »diu himelsche informunge mag dir hie niht geschehen âne mittel« (Pfeiffer 228).

Eine fünfte Predigt, nach Jundt (Nr. 13) eine Predigt Meister → Eckharts, ist in der Handschrift Basel (Universitätsbibl., cod. b XI 10, 129ᵛ, H. zugeschrieben. Wenn die Vorstellung eines »christlich umgeformten neuplatonischen ἀίδιος κύκλος« (Ruh 719) zum thematischen Kern der Predigten H.s gehört, könnte das einleitende Meisterwort (»daz an dem usflusse der creature us dem ersten ursprungen sei en cirkeliches widerboegen des endes uf den begin«, Jundt 270 f.) möglicherweise als Argument für eine Verfasserschaft H.s herangezogen werden.

Die Schriftstelle »Als Maria über daz birg gieng« (Lk 1,39) wird in allegorischer Auslegung Wort für Wort interpretiert; die Predigt handelt in abstraktem, nominal geprägtem Sprachstil von der Hinwendung der Vernunft und des Willens zur Erkenntnis und Liebe Gottes, von der Überwindung aller sinnenhaften Bilder, vom reinen Fünklein der Seele und — damit zweifelsfrei mystisch — von der Bestimmung des reinen Lichtes der Vernünftigkeit als Gegenwärtigkeit Gottes. Die Allegorese läßt den Literalsinn zurücktreten; im Sinne der ℳ illuminatrix bezeichnet ℳ »aine erlaeuchtende sele an bekantnisz, die von gotes personlicher inwonunge swanger worden ist« (Jundt 271).

Ausg.: A. Jundt, Histoire du Panthéisme populaire au moyen âge et au seizième siècle, 1875, 270–274. — F. Pfeiffer, Predigten und Sprüche dt. Mystiker, Nr. 5, 1–4, In: ZfdA 8 (1851) 223–234.

Lit.: W. Preger, Geschichte der dt. Mystik im MA II, 1881, 123–125. — W. Muschg, Die Mystik in der Schweiz. 1200–1500, 1935, 185. 312. 414. — G. Löhr, Über die Heimat einiger dt. Prediger und Mystiker aus dem Dominikanerorden, In: ZfdA 82 (1948/50) 173–178. — Morvay-Grube, T 78, 93-94. — VL² III 718–720.
B. Hasebrink

Heinrich v. Löwen, (Hendrik van den Calster) Dominikaner des 13. Jh.s, * nach 1250 in Löwen, † 18.10.1302/03 ebd., trat in das dortige Dominikanerkloster ein und verbrachte wahrscheinlich einige Studienjahre in Paris. 1293 ist H. als Prior seines Heimatkonvents bezeugt. 1297–1302 übte er das Amt eines Lektors am Kölner Dominikanerkloster aus, nachdem er vorher bei den Predigerbrüdern in Wimpfen gelehrt haben dürfte.

Über H.s spirituelles Leben, seine Visionen und seine besondere ℳfrömmigkeit informiert die in der Mitte des 14. Jh.s entstandene und legendenhaft ausgestaltete »Vita«, die unter dem Namen »Miracula fratris Henrici de Calstris« verbreitet war und vermutlich nach 1323 von einem Dominikaner verfaßt wurde (Axters 248).

Neben einem »Brief an ein Beichtkind« (ebd. 248 f.), einem »Geistlichen Spruch« (ebd. 256) und einem knappen »Genter Exzerpt« in einem Rapiarium des späten 14. Jh.s (ebd. 256) umfaßt das Werk H.s auch die häufig überlieferte »Kölner Predigt«, H.s ℳpredigt. Diese soll ℳ in der Person H.s auf dem Hof des Kölner Dominikanerklosters gehalten haben, wie es legendenhaft zu Beginn der Predigt heißt: »Dyse wortt predigett unnser liebe fraw inn pruder hainrichs personn gelaichnuss auff dem hof zu kölen zû den predigern« (ebd. 251). Während Einleitung und paränetischer Schlußteil der Predigt den Menschen zur Überwindung des Leiblichen und zu Demut und Weisheit führen wollen, läßt der Hauptteil Gott selbst in der Ich-Form sein Verhältnis zur Seele offenbaren: »Ich soll der dannck sein. Ich soll der lonn sein. Her nach soll sij kommen Jnn volle bekannttnusse göttlicher mijnne. Jch unnd sij sollentt verainiget werdenn, also verainigett alls ich ewig bin, also soll sij auch ewig sein Jnn ewiger glorien« (ebd. 253). Mit dieser Predigt stellt sich H. in die Reihe der dominikanischen Prediger, die schon um die Wende zum 14. Jh. und damit vor Meister → Eckhart mystische Einheitslehren in der Volkssprache verkündeten.

Ausg.: A. L. Corin, Sermons de J. Tauler et autres écrits mystiques II: Le Codex Vindobonensis 2739, 1929, 411–414. — St. Axters, De zalige Hendrik van Leuven O.P. als geestelijk auteur, In: OGE 21 (1947) 225–256, hier 251-254.

Lit.: A. Spamer, Ueber die Zersetzung und Vererbung in den dt. Mystikertexten, 1910, 108 (ältere Lit.). — P. G. Meersseman, Heinrich van den Calstre von Loewen, In: AFP 1 (1930) 159–180. — P. Kesting, Maria als Buch, In: Würzburger Prosastudien I, 1968, 122–147, bes. 128. — St. Axters, Bibliotheca Dominicana Neerlandica Manuscripta 1224–1500, 1970, 52–56. — S. Ringler, Viten- und Offenbarungslit. in Frauenklöstern des MA, 1980. — Morvay-Grube, T 125, 149 f. — J. G. Mayer, Tauler in der Bibliothek der Laienbrüder in Rebdorf, In: K. Kunze u. a. (Hrsg.), Überlieferungsgeschichtliche Editionen und Studien zur dt. Lit. des MA, 1989, 365–390, hier 382. — VL² III 778–780.
B. Hasebrink

Heinrich der Teichner, * um 1310, vielleicht in der Gegend der beiden Teichentäler bei Kallwang (Lämmert), † vor 1377, wahrscheinlich in Wien, Verfasser von etwa 720 lehrhaften Reimpaarreden, z. T. in mehreren Bearbeitungen, mit rel. und moralisch-lebenspraktischen Themen.

Urkundlich ist H. nicht bezeugt, nur wenigen der Reimreden, in deren letztem Vers er sich jeweils nennt (»also sprach der Teychnaer«, u. ä.) sind Angaben über ihn selbst zu entnehmen (586; 632; 661), einige Hinweise enthält ein Nachruf Peter Suchenwirts. Zunächst wohl als fahrender Spruchdichter tätig, wird H. später in Wien seßhaft, erlangt Wohlstand und wirtschaftliche Unabhängigkeit. Obwohl ein »schlechter lay« (Suchenwirt), besitzt er theol. Kenntnisse, die Unterrichtung in einem Kloster vermuten lassen; er hatte Verbindung zu Laienbruderschaften, in deren Auftrag er möglicherweise einen Teil seiner Reimreden schrieb (Lämmert).

Sammlungen von Teichnerreden sind in 15 Handschriften überliefert, Einzelgedichte finden sich in weiteren 29 Handschriften, die Echtheit ist nicht in jedem Fall gesichert. Die Überlieferung setzt bereits zu Lebzeiten H.s mit 2 Handschriften aus Wien und Augsburg ein, sie bleibt beschränkt auf den oberdt. und ostfränkischen Raum.

Marian. Aussagen begegnen in zahlreichen Teichnerreden, teils einbezogen in andere Fragestellungen, teils als eigenständiges Thema (bes. 8; 25; 26; 55; 114; 155; 213–215; 464; 465).

M?s Würde und ihre Bedeutung als unerschöpflicher Gegenstand der Dichtung hebt H. hervor: »Marein wirdichait./ dew ist allem sinn zu prait« (155,39f.; 114; 589). »Maria dw chuniginn her« (214,16), die »mûter gotes« (464, 1181), spielt eine entscheidende Rolle bei der Erlösung: als Antitypus zu Eva (25; 26; 213) besänftigt ihr Gehorsam wie bereits der ihrer Eltern (215; 589) Gottes Zorn (25–27; 55; 213); was Gott »vor ye hiet getan,/ daz wâr allez paz verlan,/ wâr unser vraw nicht geporn;/ so wâr allez sein werch verloren« (155,213ff.). Ihre Tugend kennt keine Minderung, kann nur anwachsen (114), sie ist »der ursprinch/ da sich all tugent hub« (155,238f.; 448). Christus selbst hat sie in den Himmel geführt (55; 345; 464,721ff. 1224ff.) Was sie will, deckt sich immer mit dem göttlichen Willen (345); »wen sie wil mit got verainen,/ daz tût sie wol an allew chlag« (345,114f.), betont H. gegen ketzerische Auffassungen, die Klagen und Schmerzen M?s im Himmel behaupten. Immer wieder wird ihre Mittlerrolle betont: »also vint man über all,/ vraw, dein hilf, wo man ir gert« (25,60f.); »do von haist si genaden vol,/ daz si hat gewaltz so vil/ daz si hilft, wem si wil« (26,34ff.; 25–27; 55; 114; 155; 158; 213; 214; 345; 465), seien es »juden, haiden, chetzer, christen« (155,232; 214).

Zwei mariol. Themen beschäftigen H. über solche weitgehend traditionelle Aussagen hinaus: Jungfrauengeburt und UE.

»Ez geschach ein wunder groz,/ daz ein vraw wandels plozz/ ward geswengert sunder man« (8,1ff.). Daß »unser frow an allez we/ ist ain mutter und maid beliben« (589,62f.), ist ihm eine selbstverständliche Glaubenstatsache. Dieser »rechte gelauben« (10,4) muß jedoch immer wieder gegen Unglauben, bes. der Juden, verteidigt werden (8; 10; 332; 445; 589), einmal durch Hinweise auf Gottes Allmacht als Schöpfer, dann durch Beispiele aus der Natur (Blume — Tau; Holz — Rinde — Saft). H. greift hier Einwände von Juden und Ketzern gegen die Jungfräulichkeit M?s auf, wie sie auch aus österr. Quellen der 1. Hälfte des 14. Jh.s bekannt sind.

Zweites wichtiges Thema ist für H. die Verteidigung der UE M?s, mit der er sich u.a. in seinem zweitlängsten Gedicht beschäftigt (464; daneben 215; 465; 589). Er ist überzeugt, daß »unser fraw« die »rain magt/ sey ân alle sünd betagt/ und geschepht in der mûter« (464,23ff.; 215). Seine Grundauffassung, daß Gott M? »nie hab lazzen vallen/ in der erbsünden gallen,/ und hat si auch her nach bewart/ gar von aller sünden vart« (464,757ff.), wird in mehrfachen Ansätzen bewiesen: durch Zeugnisse der Schrift — ein Verständnis der Bibel nur nach dem »text« ohne die »glos« gilt H. dabei als unzulänglich (464,1ff. 322ff.) —, die Mehrheit der Kirchenväter (464,1445ff.: → Ambrosius, → Anselm v.Canterbury, → Augustinus, → Hieronymus), logische Gründe — u.a. Negatives kann nur durch sein Gegenteil aufgehoben werden —, Naturvergleiche und den Hinweis auf die Tradition des Festes (464,1972ff.). M?s Hervorhebung aus »den andern allen gemain« war »mugleich« auf Grund Gottes Allmacht (464, 937ff. 1831ff. 1923ff.; 215; 465; 589), »zimleich« (464,29. 945ff. 1837ff.; 465; 589), geschah »mit rechtichait« als Ehrung der Mutter (464,172ff.); sie beruht auf Gnade, nicht eigener Macht M?s (464,1018ff.). Einwände gegen die UE (»ain werwort«, »ain frag«, »nu gicht aber ir wider part« usw.) werden widerlegt, sie zeigen den »akademischen« Charakter dieser Reimrede. H. greift hier ein zu seiner Zeit theol. strittiges Thema auf, als »ain laye ploß« (464,50) muß er sich deshalb für seine Parteinahme in dieser Frage rechtfertigen; so betont er, daß unterschiedliche Auffassungen auf Grund des Fehlens einer päpstlichen Lehrentscheidung statthaft sind: »so hat ye der mensch die wal/ daz er gelaubt, welichs er wil« (464,1370f.; 465), er distanziert sich schließlich von dem »disputieren« und verweist auf den Glauben: »da mit laz ichs auß der hant/ daz ich nymmer disputier./ der gelaub ist gancz in mir/ daz sie nie gemailgt sey« (464,2038ff.; 215).

H. vertritt hier skotistische Auffassungen, die ihm wohl aus franziskanischen Kreisen vermittelt sind. Auch Übereinstimmungen mit Ansichten → Heinrichs v.Langenstein sind festzustellen. Deutlich wird das Bemühen um Rechtgläubigkeit auch in einer strittigen Frage. Bei aller oft scharfen Distanzierung von Kritikern der UE fällt seine vorsichtige Absetzung von der zisterziensischen, von → Bernhard v.Clairvaux bestimmten Auffassung auf, dem er die ablehnende Haltung eben aufgrund der dogm. offenen Situation konzediert (464, 1324ff.), woraus auf Verbindungen zu Zisterziensern (Heiligenkreuz?) geschlossen worden ist.

Charakteristisch für H.s mariol. Aussagen ist die betont argumentative Form seines Vortrags: es geht vorrangig nicht um Lob und Preis Ms, nicht um gefühlsbestimmte Ehrung, nicht um Erzählung (nur 2 Mwunder in 158), sondern um Wissensvermittlung und Begründung, Erklärung, Überzeugung durch rationales Argumentieren. H. läßt hier Schulung in theol. Argumentationsverfahren erkennen, die seine Reden in den Umkreis der artes praedicandi rücken (Lämmert). Laienbildung und Laienmissionierung in Abwehr ketzerischer Auffassungen unter Verwendung rhetorisch geprägter Argumentationsweisen sind die Aufgabe der mariol. Aussagen in den Teichnerreden. Auffassungen des Volksglaubens vertritt H. nur dann, wenn sie, wie dies auch für die UE gilt, nicht in Widerspruch zur kirchlichen Lehrautorität stehen.

Ausg.: Die Gedichte H.s des T.s, hrsg. von H. Niewöhner, 3 Bde., 1953/56. — K.O. Seidel (Hrsg.), Teichner-Reden. Ausgewählte Abbildungen, 1978.

Lit.: Ch.-M. König, Die dogm. Aussagen H. des T.s, 1967. — E. Lämmert, Reimsprecherkunst im SpätMA, 1970. — K.O. Seidel, »Wandel« als Welterfahrung des SpätMA im didaktischen Werk H.s des T.s, 1973. — VL² III 884–892.   *K.O. Seidel*

Hergiswald, Kanton Luzern. Die nach Norden orientierte Loreto-Wallfahrtskirche in schlichtem Rechteckbau mit 3-seitigem Chor liegt am nordwestlichen Abhang des Pilatusberges nahe der Stadt Luzern. Der Name läßt sich einerseits über Herigerswald auf einen Edlen Heriger zurückführen oder andererseits wegen waldbewohnender Einsiedler oder Waldbrüder auf »Hergotzwald – Hergotswalt«. Letztere etymologische Variante genießt größere Wahrscheinlichkeit, denn 1489 ließ sich ein aus dem Kartäuserkloster Ittingen (Thurgau) kommender Einsiedler Johannes Wagner von Riedlingen (Schwaben) nahe des Krienbaches nieder. Hugo v. Hohenlandenberg, Bischof von Konstanz, erlaubte 1501 die Erbauung einer Kapelle zu Ehren des Erlösers Jesus Christus und seiner Mutter M. Bis 1504 wurde das Bauvorhaben bes. rege vom Schultheiß Jakob v. Wyl und seiner Gemahlin Anna, geb. Feer, unterstützt. Die Weihe nahm Balthasar v. Troja, Weihbischof von Konstanz, vor. Wagner verstarb am 15. 5. 1516 im Ruf der Heiligkeit. Besucherandrang erforderte bereits 1621 einen erweiternden Kapellenbau unter dem Pfleger Ludwig v. Wyl und seinem Vetter Jakob und 1622 die Errichtung des noch bestehenden Einsiedlergrabmals durch Junker Johann Ludwig Pfyffer v. Altishofen. 1648 erfolgte der Anbau einer Loretokapelle, der heute dorch den Neubau aus den Jahren 1650–57 überbaut ist. 1651 wurde der Katakombenheilige Felix aus Rom in den Neubau übertragen; erst 1662 wurde die Kirche durch Bischof Georg Sigismund von Konstanz geweiht; die Kaplanei war 1647 errichtet worden. Die Hauptfeste waren Me Himmelfahrt und am 16. August das Märtyrerfest des hl. Felix. Erst in der 2. Hälfte des 17. Jh.s erfuhr auch Me Geburt (8. September) eine Aufwertung. Das Kirchweihgedächtnis (obligate Wallfahrten noch bis 1960) wurde am 3. Sonntag nach Pfingsten begangen. 1872 erlosch das Felix-Gedächtnisfest. Seit dem 3. 7. 1654 bestand die kanonische Bruderschaft mit über 1200 Mitgliedern »zur lauretanische Familie«, 1905 erschien bei J. Schill (Luzern) letztmalig das Bruderschaftsbüchlein »Zur Loretokapelle im Herrgottswalde«.

Die überbaute Loretokapelle von 1648 kopiert bis in die Freskenausstattung jenes Haus, dessen wunderbare Geschichte der Translation von 1291 (9./10. Mai) ins dalmatinische Raunitze und 1294 (10. Dezember) nach Loreto im Tafelbild des 17. Jh.s mit lokaler Stiftergeschichte abbildet. Vor der Innenkapelle schuf Hans Ulrich Räber den Hochaltar (1651–56) als GM-Altar nach den Plänen des P. Ludwig v. Wyl OFMCap mit dem heutigen Hauptthema der Verkündigung an M (1855) von Xaver Schwegler (1832–1902), einem Schüler von Melchior Paul v. Deschwanden (1811–81). Das Familienwappen der Stifter ist das der Sonnenbergs. Aus der plastisch dargestellten marian. Genealogie mit Gabriel und Michael, Joachim und Anna fällt die Figur des hl. Joseph auf, der als Gegenstück zur Apokalyptischen Frau zum Zeichen der Verachtung eines sinnlichen Weibes, einem üppigen Frauenleib mit Schlangenende den Kopf zertritt. Die übrige Altarbestückung (1651–62) in kräftiger metallischer Farbigkeit und detailreicher, fast krippenhafter Ausstattung greift in den Raum aus: die Darstellung der Stigmatisierung des hl. Franziskus durch den seraphischen Kruzifixus (1656) als Rückseite einer symbolreichen Kreuzigungsgruppe über dem Langhausbalken, der Antoniusaltar mit der Hostienlegende, der Felix- und Sakramentsaltar (1760) mit dem Engelsgruß an M. Der Me Himmelfahrts- und der Kartäuserheiligenaltar an der Nordwand der Kirche stammen von 1621. Die gesprächige Üppigkeit scheint auf dem ursprünglichen Plan P. Ludwigs v. Wyl zu basieren, nach ital. Vorbildern eines »Monte sacro« eine heilige Wallfahrtslandschaft mit 15 Kapellen in großartiger Treppenanlage nach dem Psalter der Rosenkranzgeheimnisse erstehen zu lassen, was aus Kostengründen scheiterte. Die reiche Phantasie dieses Kapuziners schuf in den über 325 Decken- und Emporenemblemen mit lat. Lemmata, an der Kassettendecke um die zentrale Himmelfahrt Me gruppiert, 1654 gemalt von Caspar Meglinger (1595–1670), ein einzigartiges, H. charakterisierendes mariol. Kompendium mit einer Fülle sich nie wiederholender Symbole, Zeichen und Abbreviaturen, Ms Tugenden und Kräfte verherrlichend. Hier dechiffrierte 1964 die Emblem-Spezialistin Grete Lesky, Graz, nach älteren Vorlagen: Jacobus Typotius und Anselm de Boodt (Prag 1601–03), Joachim Camerarius (Nürnberg 1605), Paolo Aresius (Venezia 1629 f.), Aloysius Novarini (Lugdunum 1647) und Jacobus Masen SJ (Cöln 1650).

Lit.: J. Scherer und J. Zemp, Geschichte der Wallfahrt und Beschreibung der Kirche, 1890, ²1913 – J. Zemp, Wallfahrtskirchen im Kanton Luzern, FS zur 50. Jahresversammlung des Historischen Vereins der fünf Orte, Luzern 1893, 41–59. — X. Schmid, Das Deckengemälde der Wallfahrtskirche H. Eine Einführung in seine Deutung, ²1937. — Die Kunstdenkmäler der Schweiz: Kanton Luzern I: Die Ämter Entlebuch und Luzern-Land, 1946, 349–400 (Lit.). — L. Buck, Geschichte und Beschreibung der Wallfahrtskirche H., 1946. — F. Deuchler, Reclams Kunstführer: Schweiz und Liechtenstein, 1966, 333–344. — R. Hootz (Hrsg.), Kunstdenkmäler in der Schweiz, 1969, 365, Abb. 88–90. *G. M. Lechner*

Hermann de Valenciennes, franz. Kleriker, Kanoniker und Trouvère, * um 1100 in Valenciennes. Die wenigen Fakten zur Biographie gibt H. selbst: »Clers sui povres de sens, si sui mult povres hon, / Nes sui de Valenciens, Herman m'apiele-on ... / Canones sui et prestres par grant election.«

Nach der karolingischen Reform, die auch eine Trennung zwischen dem Latein als Sprache der Kirche und der Volkssprache bewirkte, muß sich die Kirche zur Wahrnehmung ihres pastoralen Auftrags zwangsläufig der Vulgärsprache bedienen, um verständlich zu bleiben. Dies bedeutet notwendig die Übersetzung des Bibeltextes. Neben altfranz. Prosaversionen vor für bes. interessant erachteten biblischen Büchern (z. B. »Li quatre livre des reis«, 12. Jh.) und den eigentlichen Bibelübersetzungen (z. B. »Bible française«, 13. Jh.) entstehen Übertragungen freierer und zugleich resümierender Art, u. a. H.s Nachdichtung der biblischen Geschichte in Alexandrinern: »Genesis« oder »Li livres de la Bible« (Ende der Redaktion um 1190). Nach den Zeugnissen des AT und NT, den apokryphen Evangelien des Jakobus, Ps.-Matthäus und de nativitate Mariae sowie der »Historia scholastica« des Magisters Petrus Comestor (um 1100 — um 1179) zeichnet der älteste bekannte Bibeldichter dieser Zeit ein sehr persönliches Bild von den Anfängen der Welt und des Menschen, der Geschichte Israels, der Geburt der Jungfrau M und der Kindheit des Erlösers, dem vorbildhaften Leben der Elisabeth, des Joseph und Johannes, nicht zuletzt vom Erlösungswerk Jesu Christi. In diese »Histoire de la Bible« fügt H. die besonderen Umstände ihrer Entstehung: eine Mvision, in der die GM die lebensgefährliche Brandwunde des Dichters zu heilen verspricht, wenn er alle Stationen ihres irdischen Lebensweges »translatait en Roman«. Daß H. neben diesem »poetischen Lobpreis« zur Verherrlichung Ms (in manchen Handschriften als »Romans de Sapience« oder »La vie Nostre Dame« betitelt) die GM auch mit anderen Schriften ehrt, erstaunt kaum, bestätigt nur seine persönliche Verbundenheit mit M: »Les joies de Nostre-Dame«, »De l'assomption de Nostre-Dame« (auch »La mort de la sainte Vierge et sa sépulture dans la vallée de Josaphat par les douze apôtres«), »Les miracles de Nostre-Dame, d'un prestre, d'usurier et d'une vieille«. Mit der dem gläubigen Dichter eigenen Ausdruckskraft gestaltet er nach apokryphen und legendarischen Vorlagen hier eindringlich und klar die wunderbare Geburt Ms, die Umstände der Menschwerdung des göttlichen Sohnes, ihren Tod und ihre Entrückung in die Herrlichkeit Gottes, ihr machtvolles und hilfreiches Eingreifen in das Leben bedürftiger Menschen. Die einfühlsame, von gläubiger Sensibilität bestimmte Art, in der Ms Heilsweg vorgeführt wird, ist ein beredtes Zeugnis für die tiefe Frömmigkeit des Dichters.

Lit.: R. Reinsch, Die Pseudo-Evangelien und Marias Kindheit in der romanischen und germanischen Literatur, Halle 1879. — J. Bonnard, Les traductions de la Bible en vers français au moyen âge, Paris 1884, 11–41. — HLF XVIII, Paris 1835, 830–837. — La Grande Encyclopédie XIX, Paris 1884, 1178. — Bulletin de la Société grayloise d'émulation 18 (1922) 69–85. — Cath. V 661–662. — Dictionnaire des lettres françaises. Le moyen âge, 1964, 375. — Nouvelle biographie générale XXIII f., 1966, 350–352. — DBF XVII 1081. *I. Böhm*

Hugo v. Ehenheim, OP, stammt entweder aus dem elsässischen Oberehnheim oder aus einem der zahlreichen Straßburger Geschlechter gleichen Namens und wird 1426 vom Generalkapitel in Bologna als »professor sacrae theologie« erstmals zum Prior des Straßburger Dominikanerklosters ernannt. Die Identität H.s mit dem 1421 vom Metzer Generalkapitel für das Schuljahr 1422/23 mit der Lesung der Sentenzen im Kloster Toulouse beauftragten Bruder »Ugo (...) Agni de Argentina« wird angenommen, die mit dem 1437 erwähnten und 1447 als verstorben genannten (Titular-)Bischof von Nikopolis erwogen.

Erhalten sind insgesamt 27 deutschsprachige →Predigten und Predigtexzerpte zu Anlässen des Kirchenjahrs und zu Heiligenfesten, die 1434–35 an verschiedenen Predigtorten Straßburgs gehalten wurden, die Mehrzahl im Dominikanerkloster. Sie bilden einen Hauptteil der Predigtsammlung der Agnes Sachs (Berlin, Staatsbibl., mgq. 206, 65^v–240^v moderner Zählung, worauf sich die folgenden Angaben beziehen; Predigt 1–4 außerdem ebd. mgq. 35, 114^v–131^r, beide aus dem Straßburger Dominikanerinnenkloster St. Nikolaus in undis). Ein voranstehendes Register nennt Predigtort, -anlaß, -zeit, -thema und ein Stichwort zum Inhalt der meisten der in der Reihenfolge ihrer Entstehung geordneten Predigten. Entsprechend der Predigtorte sind verschiedene Adressatenkreise angesprochen: Bl. 93^r ff. werden Gebetsanweisungen für Laien gegeben, Bl. 163^v f. geht auf das veränderte Leben nach dem Klostereintritt ein, während die in verschiedenen Dominikanerinnenklöstern gehaltenen Predigten auf die besondere Lebenssituation der Monialen Bezug nehmen (bes. 166^r ff.).

Die meisten Predigten sind nach Rekurs auf Tagesperikope und Predigtanlaß dreigliedrig disponiert, wobei meist ein Begriff des Themas auf drei Ebenen gedeutet wird, eine davon eschatologisch. Selten wird die Disposition durch Divisio (84^v ff.) oder ein Frageschema gebildet (79^r ff. zum Sakramentsempfang); der abschließende Segenswunsch beinhaltet die ewige Seligkeit. Unter dieser Perspektive vermitteln H.s Predigten ein Frömmigkeitsideal, das von geistlichen Tugenden, bedachtem Lebenswandel und einer Orientierung auf Christi Leiden und Sterben bestimmt ist. Entsprechend schlicht ist sein Predigtideal: Eine Orientierung an der rhetorischen Qualität (90ᵛ), Predigtmärlein und astronomische Predigtinhalte werden abgelehnt; ebenso Einkommensvorstellungen von 20–30 Gulden im Jahr für Prediger (104ᵛ f.). In H.s Predigten werden nur selten Lehrfragen behandelt (91ʳ f. Christi fremde Gestalt, 238ᵛ ff. Dienst Gottes), ausgesprochenes Bildungsgut fließt selten ein (Schulwissen 80ᵛ erwähnt, 129ʳ hebr., griech. und lat. Begriff für »Paradies«; 129ᵛ ff. Johannes-Predigt; 202ᵛ ff. Wortfeld »Spiritus«). Heiligenlegenden werden lediglich gestreift. An den zahlreichen emblematischen Passagen und typol. Deutungen wird H.s Bildungsstand deutlich, z. B. wenn er in der Johannes-Predigt über Offb 4,7, in der er sich auf Dionysius Ps.-Areopagites »De caelestis hierarchia« beruft, Materialien aus Gregors vierter Hesekiel-Homilie verwendet. Zitiert werden der als »unser heiliger lerer« bezeichnete →Thomas v. Aquin (15x), Albertus Magnus und Augustinus (6x), Bernhard v. Clairvaux (4x), Aristoteles und Hieronymus (je 3x), Gregor und Chrysostomus (2x) und je einmal Isidor, Beda, Hugo v. St. Viktor, Haimo, Humbertus de Romanis und Heinrich Seuse.

Drei Predigten zu den 𝕸festen stellen einen deutlichen Anteil der Heiligenpredigten: 79ʳ–84ᵛ Lichtmeßpredigt über Lk 2,28, 118ʳ–122ᵛ zu 𝕸e Geburt über Mt 6,28 und 122ᵛ–129ʳ zu 𝕸e Empfängnis über Offb 2,7, gehalten 1434 im Straßburger Münster, 192ᵛ–202ᵛ zu 𝕸e Geburt über Mt 1,1, gehalten 1435 im Deutschordenskloster. In der Lichtmeßpredigt, die die Tagesperikope auf den Sakramentsempfang deutet, wird 𝕸 über die Namensetymologie »bitteres Meer« mit Deutung auf die Reue erwähnt. Die übrigen Predigten sind emblematisch geprägt: Beschrieben wird 𝕸 als Acker, bepflanzt mit der Lilie der Reinheit, deren sechs Blätter — Reinheit in Gedanken Begierden, Worten, im Hören, im äußeren Wandel und Reinheit des Leibes — das zum Vorbild empfohlene Tugendleben 𝕸s darstellen (118ʳ f.), außerdem als eines von fünf Hölzern des Lebens, wobei auf 𝕸s Stellung zwischen AT und NT abgehoben wird (222ᵛ ff.), und schließlich als Buch der Gnade (→Liber) von dem Beschreibstoff (Jungfernpergament), Pergamenter (Hl. Geist), Schreiber (Gott), Sinn (Friede mit Gott) und Nutzen der Lektüre (ewige Seligkeit) sowie seine vier Kapitel (Christus als Meister in den vier Gebieten, in denen der Magistergrad erworben werden kann) genannt werden (192ᵛ ff.). Aussagen zu 𝕸e Empfängnis (126ᵛ f. Deutung von Gen 2,9) und Heimgang (175ᵛ) sind nicht präzise genug, um als theol. Stellungnahmen interpretiert zu werden. Insgesamt handelt es sich um Predig-

ten, die, theol. unambitioniert, verbreitete 𝕸-metaphern eigenständig ausgestalten.

Lit.: R. Cruel, Geschichte der dt. Predigt im MA, Detmold 1879; Neudr. 1966. — L. Pfleger, Zur Geschichte des Predigtwesens in Strassburg vor Geiler v. Kaysersberg, Straßburg 1907, 30–50. 80–82. — Ders., Zur Volksreligiosität des 15. Jh.s, Historisch-politische Blätter für das kath. Deutschland 140 (1907) 416–430. — Kaeppeli II 255 f. — A. Rüther und H.-J. Schiewer, Die Predigthandschriften des Straßburger Dominikanerinnenklosters St. Nikolaus in undis, In: V. Mertens und H.-J. Schiewer (Hrsg.), Die dt. Predigt im MA, 1992, 169–193, — VL² IV 226–229.

M. Costard

Hugo v. Trimberg, * um 1235 in Niederwerrn bei Schweinfurt, † nach 1313. Der rector scholarum H. tritt in mehreren Bamberger Urkunden an der Wende vom 13. zum 14. Jh. als Zeuge auf. Vermutlich 1260 erlangte er die Stelle eines Schulmeisters am Stift St. Gangolf und 𝕸 in der Bamberger Teuerstadt, eine feste Pfründe war mit dieser Stelle aber nicht verbunden; er war für seinen Lebensunterhalt auf die Besoldung durch den Pfründner und die Abgaben seiner Schüler angewiesen. Da er einen umfänglichen Haushalt zu versorgen hatte, bemühte er sich um Nebeneinkünfte; dazu kopierte und sammelte er Bücher, nahezu 200 (Renner, V. 16645 ff.), die er im Alter gewinnträchtig zu verkaufen hoffte. Daneben betätigte er sich auch selbst als Dichter; in seinem umfassenden Alterswerk, dem »Renner«, den er vor 1293 begann und bis 1313 immer wieder erweiterte, spricht er (V. 25) von 7 dt. und (V. 27) 4½ lat. »büechelîn«, die aus seiner Feder geflossen seien. Nach 1313 verstummen die Nachrichten über ihn; sein genaues Todesdatum ist nicht bezeugt.

Von den 12 genannten Schriften H.s sind nur 5 namentlich bekannt, 4 davon erhalten, darunter das Kalenderheiligengedicht »Laurea Sanctorum«, das »Solsequium« eine 166 Stücke umfassende Sammlung von Predigtexempeln, das »Registrum multorum auctorum« (eine Schulliteraturgeschichte in 848 Versen), vom »Codicellus multarum litterarum« ist in der Aufzählung im »Registrum« (V. 843 f.) lediglich der Name überliefert. Das einzige erhaltene dt. Werk H.s ist der »Renner«, eine moraldidaktische christl. Lebenslehre in 24611 Versen. Umrahmt von einem allegorischen Prolog (V. 1–268) und einem autorbezogenen Epilog (V. 24284–24611) bietet sie in ihrem ersten Teil (V. 269–18000) eine nach den 6 bzw. 7 Hauptsünden (»hôchfart, gîtikeit, frâz, unkiusche, zorn und nît, lazheit«) gegliederte Sündenlehre, an die sich als zweiter Teil eine Heilslehre anschließt, die aus der Betrachtung der Hl. Schrift (V. 18001–19160) und der wunderbar geordneten Natur (19161–20346) zu einem von der »riuwe« bestimmten christl. Leben hinführen will (V. 20347–24283). Auch für das kleine lat.-dt. Gedicht »Von der Jugend und dem Alter« (hrsg. von G. Ehrismann IV 1–3), das oft zusammen mit dem »Renner«, aber auch separat überliefert wird, ist H.s Autorschaft gesichert.

Sicher nicht zuletzt die Tatsache, daß das Stift, an dessen Schule H. jahrzehntelang wirkte, auch ♏ geweiht war, führte zu einer vielfachen Präsenz der GM in seinen Dichtungen; dabei verfaßte H. aber keine eigenen mariol. Schriften, sondern er brachte seine MV hauptsächlich in seinen didaktischen Dichtungen zum Ausdruck. Zur → »Vita BMV rhythmica«, die H. kopieren ließ, verfaßte er als Epilog 61 Zusatzverse, die in 5 Handschriften überliefert werden. Im »Solsequium« enthält das zweite Buch (c. 37–52) ausschließlich ♏mirakel als Predigtexempel, die H. einer bislang nicht identifizierten Sammlung entnommen hat; aber auch in den anderen Büchern des »Solsequium« ist ♏ als Wundertäterin vielfach präsent (c. 6: Sünderin bittet für einen frommen Pilger; c. 7: Militariuslegende, ferner c. 12. 14. 18. 19. 27. 53). Im »Registrum« (V. 476) empfiehlt H. einen heute verschollenen »Genealogus«, den ebenfalls nicht mehr erhaltenen »Liber de Virgula et Flore« (V. 486) und den »Militarius« als marian. Schriften zur Schullektüre (V. 498). Auch im »Renner« erscheint ♏ mehrfach als positives Vorbild für die sündigen Menschen. Schon im Prolog entwirft H. die Antithese »Eva-Ave« (V. 139–142), den Kontrast von Sündenfall und Erlösung. Er lobt ♏ als »Aller frouwen und meide keiserîn, Engel und heiligen fröuden schîn, Tugent und genâden voller schrîn, Und aller sünder troesterîn« (V. 6005 ff.), preist ihre mustergültige Demut (V. 12069 ff.) und übersetzt in diesem Zusammenhang den Lobgesang aus Lk 1,48 (V. 12073 ff.), der nur aus dem Munde derer kommen konnte, die »aller tugent ein spiegelglas Vor allen frouwen und meiden ie was«. Dieses Bild von ♏ als »aller meide spiegel schîn« kehrt wieder im ausführlichen ♏preis (V. 13085–13120; im Rahmen der vierten Distinktion »von unkiusche«), dem H. teilweise eine strophische Struktur verliehen hat: Nach einer einleitenden Begründung für ♏s besondere Stellung (V. 13085 ff.) unter Verweis auf Lk 1,31-33 (V. 13086 f.) folgen zwei preisende Vierzeiler mit dem Anruf »Ô magt«, an die sich eine durchgereimte vierzeilige Bittstrophe mit der Titulierung »Ô muoter magt« anschließt, die zum 16 Verse umfassenden Bitteil (V. 13150 ff.) hinführt. Auf diesen formal geschickt steigernden ♏abschnitt folgt ein umfängliches Lob »von reinen frouwen« (V. 13121–13218). Weitere vereinzelte ♏anrufungen sind über das ganze Werk verteilt. Eine gründliche Untersuchung von H.s mariol. Passagen wurde bisher nicht unternommen.

<small>Ausg.: E. Seemann (Hrsg.), H. v. T.s lat. Werke. I. Das Solsequium, 1914 (nur Teilausgabe mit 51 der 166 Kapitel). — K. Langosch (Hrsg.), Das »Registrum Multorum Auctorum« des H. v. Trimberg, 1942; Neudr. 1969. — A. Jäcklein, H. v. T. Verfasser einer »Vita Mariae rhythmica« In: Programm Bamberg 1901, 3–47 (mit überholten Schlußfolgerungen zu H.s Autorschaft). — Der »Renner« des H. v. T., hrsg. von G. Ehrismann, 1970.
Lit.: B. Schemmel, H. v. T., In: Fränkische Lebensbilder IV, hrsg. von G. Pfeiffer, 1971, 1–26. — J. Goheen, Mensch und Moral im MA. Geschichte und Fiktion in H. v. T.s »Der Renner«, 1990. — R. Weigand, Der »Renner« des H. v. T., Habilitationsschrift, masch., Eichstätt 1994. — LL V 510–512.
R. K. Weigand</small>

Intercessio. Als I.-Darstellung soll hier ein ganz bestimmter, barocker Bildtypus (marian.) → Fürbitte vor der Dreifaltigkeit begriffen werden; schon ist der lat. Begriff im Dt. nicht eindeutig wiederzugeben. Er umfaßt, in etwa auch juristische Begrifflichkeit tangierende Worte wie »Bürgschaft«, »Vermittlung«, »fürsprechend Einhalt gebieten«. Er hat seine Wurzeln in der Endgerichts-Theol. und den entsprechenden Frömmigkeitsvorstellungen, wie sie sich in der christl. Spätantike herausgebildet haben und in der Deesis-Vorstellung und ihrer vielfachen bildlichen Umsetzung von der Antike bis ins SpätMA niederschlagen. In gewisser Weise kann man davon ausgehen, daß die I. eine Abwandlung und Erneuerung des → Deesis-Gedankens und seiner Darstellung ist. Voraussetzungen sind auch die großen (End-)Gerichtsdarstellungen in der spätgotischen Tafelmalerei und den zeitgleichen Fresken, die vielfach an den (West-)Eingangswänden von Kirchen angebracht sind. I.-Darstellungen haben auch die heute aus Theol. und Frömmigkeit gänzlich verschwundene Vorstellung zur Voraussetzung, daß Gott die Menschheit oder Menschheitsgruppen für ganz bestimmte Ereignisse oder Vergehen in diese Welt hinein bestrafe und damit zur Umkehr bestimme. Damit bedeutet I. in dem hier gemeinten Sinn, daß die Fürbitte ♏s (und anderer Heiliger) Gott umstimme und ihn zum Einhalten bewege. Vom ganz allgemeinen, breiteren und älteren I.s-Gedanken ist die hier gemeinte I. ein ganz bestimmter Ausfluß, der offensichtlich durch den Dreißigjährigen Krieg eine neue und spezielle Ausformung gewann, bis zum letzten Drittel des 18. Jh.s Gültigkeit behielt und in der allgemeinen Frömmigkeit verankert war. Speziell der Span. Erbfolgekrieg (1701–13) gab dieser Frömmigkeitsbewegung Auftrieb (genauere Untersuchungen fehlen hier noch). I.-Gedanke und -Verbildlichung verbinden sich notwendig mit dem Sühnegedanken. Ein Paradebeispiel ist hier die 1711–18 erbaute Münchener Dreifaltigkeitskirche, als Einlösung eines Gelöbnisses der Bayer. Landstände im Erbfolgekrieg errichtet. Ihr Hochaltarbild stellt eine typische I.-Verbildlichung dar, freilich mit einigen speziellen Akzenten; gemalt wurde das Bild 1711–17 von Johann Andreas Wolff und Johann Degler. Hier wie in allen I.-Darstellungen ist der Bildaufbau in etwa der gleiche: Gottvater, neben ihm Jesus Christus, das Kreuz im Arm, blicken auf die fürbittende ♏ hernieder. Darunter können, gewissermaßen als dritte Ebene fürbittende Heilige zugesellt sein. In der unteren Randzone ergibt sich vielfach der Ausblick auf einen Ort, eine Stadt (die verschont wurde), oder aber auch eine Menschengruppe, was den Bildtypus auch in Erinnerung an spätgotische Schutzmantel-Madonna-Darstellungen bringt. Christus selbst kann in der Gesamtanlage eines I.-Bildes näher zum Beschauer und damit unter Gottvater dargestellt sein, womit seine Vermittlerrolle verdeutlicht werden soll. So kann es im Bildaufbau vertikal zu vier bis fünf Schichten kommen. Als Beispiele seien hier noch genannt zwei Darstellungen von Johann Christoph Storer (gemaltes Epitaph des Weihbischofs Georg Sigismund Miller, Konstanz, 1659, und das Bild in Einsiedeln). 1770 hat Martin Knoller eine I.-Darstellung für Ettal gemalt, in die die hll. Benedikt und Scholastika einbezogen sind.

Lit.: LCI I 494–499; II 346–352.   *L. Koch*

Jacobus Caietani de Stefaneschis, aus Gaeta, † 1341, war Kardinaldiakon S. Georgii ad Velum aureum, 1343 Generalprotektor der Minderbrüder und Verfasser eines »opus metricum« über Cölestin V. Ein ⚜wunder zu Avignon (ein wegen Sodomie zum Scheiterhaufen verurteiler Knabe ruft ⚜ an und wird gerettet), zu dessen Erinnerung Johannes XXII. die Kapelle »de Notre-Dame du Miracle« errichten ließ, stellt er zuerst in Prosa, dann in Hexametern dar (Hs. Paris, Bibl. Nat., lat. 5931, Titelbild von Simone Martini). Zu den Mosaiken von Pietro Cavallini in S. Maria in Trastevere verfaßte er eine Folge von dreizeiligen hexametrischen Tituli, darunter »Ad summi regis thronum« (kein Hymnus).

Ausg.: Tituli: AHMA 50, 628 f. — Opus metricum: I. Hösl, Kardinal Jacobus Gaietani Stefaneschi, 1908.
Lit.: B. Degenhart, Das Marienwunder von Avignon. Simone Martinis Miniaturen ..., In: Pantheon 33 (1975) 191–202. — B. Degenhart und A. Schmitt, Corpus der ital. Zeichnungen 1300–1450, II, 1980, XVIII, 319–31, Abb. 525, Farbtafel VI, Tafel 165. — Ausst.-Kat., Dix siècles d'enluminure italienne, Paris 1984, nr. 49, p. 63, Abb. 49. — E. Codello, I codici Stephaneschi, Archivio della società romana di storia patria 110, 1987, 21–61.
G. Bernt

Jacobus v. Gruitrode → Ubertino da Casale

Jakob v. Soest, OP, auch de Susato, de Sweve, * um 1360 in Schwefe bei Soest, † um oder nach 1438 in Soest, trat etwa 1377 dem OP bei, studierte an provinzialen Ordensschulen wie Minden (1379) und dozierte 1394 als Biblicus, 1395 als Sententiar an der Universität Prag (ab 1399 Magister), ab 1405 (bis mindestens 1422) an der Universität Köln, wo er 1407–17 ein ungewöhnlich langes Dekanat der Theol. Fakultät innehatte. Der städt. besoldete Prof. der Theol. war Beichtvater des Kölner Erzbischofs Friedrich v. Saarwerden, ab 1409 auch päpstlicher Inquisitor für 8 nordwestdt. Diözesen und die Kölner Provinz. Um 1421/22 zurückgekehrt zum Soester Konvent, widmete er sich Predigtreisen und der Reform von Klöstern, bes. des Dortmunder Konvents.

Sein äußerst umfangreiches bislang unediertes Werk, oft in Autographen vorliegend, ist in Handschriften der Universitätsbibl. und des Staatsarchivs Münster und der Stadtbibl. Soest erhalten. Zu den homiletischen, theol., chronikalen und juristischen Arbeiten gehören Predigtsammlungen und (teils enzyklopädisch angelegte) homiletische Hilfswerke, diverse »Postillae super Bibliam«, Traktate zur Lage der Kirche im abendländischen Schisma, eine Sammlung von Dominikaner-Privilegien, ordens- und papstgeschichtliche Notizen, Chroniken zur Regional- und Ordensgeschichte, eine »Expositio super mare magnum«, Schriftvorlesungen, Meß- und Glaubensauslegungen, Abschriften theol. Kommentare und Abhandlungen anderer Gelehrter, sodann die theol. Traktate »Historia discipulorum Jesu«, »De hora mortis Christi« und »De origine et unitate Ecclesiae«.

In seiner Friedrich v. Saarwerden gewidmeten Schrift »De conceptione Mariae« (olim Münster, Universitätsbibl., Hs. 369, fol. 41–160) stellt er sich, wie wohl auch schon zuvor in »De veritatis conceptionis BMV« (1401) getreu dem Dominikaner-Standpunkt in nüchtern-schulmäßiger Reflexion gegen die Annahme der UE, um Kanzelreden des Soester Stadtklerus zu widerlegen. Da die Streitfrage bislang noch nicht lehramtlich geklärt worden sei (»in nullo symbolo vel concilio vel determinacione ecclesie ... reperitur«, 42ʳ), kann J. in seinem dreigeteilten Werk allein auf die Autoritäten rekurrieren, die er zusammenfassend in sechs Kategorien eingeteilt auflistet (vgl. fol. 40ᵛ).

In seinen »Distinctiones longiores pro arte praedicandi« (Münster, Universitätsbibl., cod. 374–390), einer höchst imposanten alphabetischen Enzyklopädie von Predigtstichworten, beschäftigt sich J. mit ⚜ u. a. unter den Stichworten »Annunciatio Mariae« (Hs. 374, 338ʳᵛ und Hs. 375, 72ʳ–73ʳ), »Assumptio Mariae« (Hs. 375, 229ʳ–231ᵛ), »Ave Maria« (ebd., 282ʳ–283ᵛ und Hs. 376, 39ʳᵛ), »Aquaeductus est virgo Maria« (Hs. 376, 31ʳ–32ʳ), »Collum dicitur virgo Maria« (Hs. 377, 216ʳᵛ), »Compassio Mariae« (ebd. 253ʳ–262ᵛ), »Conceptio Mariae« (Hs. 378, 1ʳ–3ʳ. 9ʳ–12ʳ), »Corpus beate Mariae corruptioni numquam fuit subiectum« (ebd. 199ʳ–200ʳ), ⚜ (Hs. 385, 117ʳ–133ʳ), »Nardus significat virginem Mariam« (Hs. 386, 3ʳᵛ), »Nativitas Mariae« (ebd. 12ʳ–13ᵛ), »Navis dicitur virgo Maria« (ebd. 22ʳᵛ), »Purificatio Mariae« (Hs. 388, 222ʳ–226ᵛ) sowie »Puritas beate virginis habuit magnam perfectionem« (ebd. 228ʳ).

Lit.: J. H. Beckmann, Studien zum Leben und lit. Nachlaß J.s v. S., 1929, bes. 102–104. — Kaeppeli II 343–346. — W. P. Eckert, J. v. S., Prediger und Inquisitor, In: H.-D. Heimann (Hrsg.), Von Soest — Aus Westfalen, 1986, 125–138, bes. 130 (Lit.). — LThK² V 847. — NDB X 319 f. — LexMA V 294. — LL VI 115 f. — VL² IV 488–494 (Lit.).   *W. Buckl*

Jansenismus (Jansenisten), im Anschluß an Cornelius Jansenius (1585–1638) entstandene kath. Reformbewegung des 17. und 18. Jh.s, die v. a. in Belgien, Frankreich und den Niederlanden Einfluß erlangte. Ihre geistigen Impulse kamen aus der Abkehr von der nachtridentinischen Scholastik und dem aufkommenden rel. Humanismus der Renaissance und (umgekehrt) aus der Hinwendung zu Schrift und Tradition (v. a. in Gestalt eines als originär empfundenen Augustinismus), woraus sich im ganzen die positive Ausrichtung der jansenistischen Theol. erklärt. In der Moral gegen die kasuistische

Methode wie gegen den angeblichen Laxismus und die theol. Anthropozentrik der Jesuiten gerichtet (so bes. A. Arnauld [†1694] und B. →Pascal [†1662]), betonte der J. die erbsündliche Schwäche und Verderbnis des Menschen, der (auf dem Hintergrund einer strengen Auserwählungslehre) mit aszetischer Strenge (auch unter Ablehnung des öfteren Sakramentenempfangs) begegnet werden sollte. Die Verurteilung jansenistischer Grundpositionen (v. a. des »Augustinus« des Cornelius Jansenius) durch die Päpste (Urban VIII. 1643, Innocenz X. 1653, Alexander VII. 1665, Clemens XI. 1715) trieb die Jansenisten in den kirchlichen und politischen Widerstand, woraus sich Verbindungen mit dem Gallikanismus und später mit liberalen Reformbestrebungen (→Pistoia) ergaben.

Der betonte Rückgang zur positiven traditionsgebundenen Theol., verbunden mit einer christozentrischen Frömmigkeitshaltung, führte zu einer marian.-mariol. Auffassung, die im Gegensatz zu der im 17. Jh. angestiegenen und von den Jesuiten geförderten Volksfrömmigkeit stand, hinter welcher die Jansenisten die Gefahr einer Verselbständigung und Isolierung der Stellung M̅s argwöhnten. M̅ sollte im Sinne Pascals vorzüglich im heilsgeschichtlichen Zusammenhang betrachtet werden, was auch zur Kritik gegenüber Übertreibungen des M̅kultes führte (die freilich mit einer gewissen Intransigenz gesucht wurden). In der hart geführten zeitgenössischen Auseinandersetzung versuchte man, daraus eine grundsätzliche Ablehnung des marian. Gedankens wie des M̅kultes auf seiten des J. abzuleiten, welche Vorwürfe in dieser Form nicht zutrafen. So wurde M̅ in Port Royal als »unsre große Mittlerin« angerufen. Der mit Christus verbundene strenge Richtergedanke brachte M̅ naturgemäß die Rolle der barmherzigen Zuflucht der Sünder ein. Ein »jansenistisches Komplott gegen die Jungfrau« hat deshalb nicht existiert (P. Hoffer), wohl aber eine gewisse Distanz zur emphatischen Volksfrömmigkeit des Zeitalters, woraus sich z. B. auch der positive Widerhall der »Monita salutaria« des Adam →Widenfeld in jansenistischen Kreisen erklärt.

Dies blieb freilich nicht ohne eine gewisse dogmengeschichtliche Konsequenz. Aufgrund der Fixierung auf eine vereinseitigte augustinische Erbsündenlehre vermochten die Jansenisten keinen Zugang zur Lehre von der UE zu gewinnen. So nahm →Baillet in seinem Werk »De la dévotion à la Sainte Vierge« (Paris 1693; 1696) gegen die (freilich noch nicht dogmatisierte, wenn auch von Alexander VII. als »fromme Meinung gebilligte) Lehre Stellung (ähnlich gegen die leibliche Verklärung), was zur Indizierung des Buches führte (1695). Im ganzen kommt der jansenistischen M̅auffassung eine gewisse zeitgeschichtliche Bedeutung zu, insofern sie sich als Korrektiv einer übersteigerten volkstümlichen MV verstand. Aber die rigorose Abkehr von Übertreibungen und der Rückgang auf eine klassizistische Strenge wurden der Tiefe des marian. Gedankens und seiner geschichtlichen Entfaltung nicht gerecht.

QQ: C. Jansenius, Augustinus, Louvain 1640. — A. Arnauld, Oeuvres, Lausanne 1775–83.

Lit.: P. Hoffer, L dévotion à Marie au déclin du XVIIe siècle, 1938. — L. Cognet, Le Jansénisme, 1961. — Graef 356–361. — Delius 249–251. — Actes du Colloque sur le Jansénisme, 1977. — A. Sedgwick, Jansemism in 17the Century France. Voices from the Wilderness, 1977. — TRE XVI 502–509. *L. Scheffczyk*

Johannes v. Lambsheim, regulierter Augustinerchorherr der 2. Hälfte des 15. Jh.s, Verfasser rel. Reformschriften. Der in Kirschgarten bei Worms als Prokurator wirkende J. benannte sich nach seinem nahe Frankenthal gelegenen Geburtsort; der »Catalogus illustrium virorum« seines Freundes, des Abtes →Trithemius v. Sponheim, ist die wichtigste Quelle für die kaum eingrenzbare Biographie des J., der eventuell identisch ist mit einem in der Matrikel der Universität Heidelberg von 1442 auftauchenden »Johannes Ronp de Lamszhem«, ein »clericus« der Diözese Worms. Das letzte Lebenszeugnis nach Trithemius datiert von 1495; vermutlich war J. aber auch noch um 1500 am Leben.

Sein lat. Werk zeugt von Reformeifer und ist ausschließlich durch Inkunabeln bekannt, neue Editionen fehlen. Dazu zählen das kompilierte Kompendium »Speculum officii misse expositorum«, ein zur Kontemplation gedachtes »Speculum consciencie et novissimorum« sowie »Libri tres perutiles«, deren zweites die Person der hl. Anna zum Inhalt hat und den Annenkult, die Einrichtung der Annenbruderschaft sowie ein Annen-Meßoffizium behandelt.

Das einem Frater Egbert zugeeignete siebenteilige Gebetbuch der »Arra eterne salutis«, gedruckt 1495 in Speyer (bei Peter Drach), enthält an dritter Stelle ein Marianale (74^v–103^v), beginnend mit »Et si gloriosos celestis curie«; Explicit: »… perveniamus ad gaudia celestia Per eundem«; unter den Texten finden sich viele bekannte Gebete.

Der »Libellus perutilis de fraternitate sanctissima et Rosario b. Marie Virginis«, gedruckt 1495 in Mainz (bei Peter Friedberg; wohl auch schon 1494 in Leipzig bei Konrad Kachelofen) zeigt, daß J. sich durch eine Stärkung der Rosenkranzbewegung Impulse zur Vertiefung der praktischen Frömmigkeit erhoffte. Das »reyflein«, auf dem die Rosen aufgereiht werden (ein Kranz aus 5 Vaterunsern mit je 10 Ave) ist nach J. Sinnbild des Symbolums, anhand dessen man sich auch das fünffache Mitleiden M̅e sowie ihre 5 Freuden vergegenwärtigen könne; nicht jedes der 50 Ave, sondern nur jeder Zehner solle im Gebet des Volkes mit einem Zusatz versehen werden. Auch behandelt J. einen M̅psalter von 150 Ave in drei Kränzen. Ein Kupferstich zeigt M̅ umgeben vom Rosenkranz. Die Verehrung der »allerseligsten Jungfrau« ist bei J. geprägt vom Bekenntnis zur UE.

Lit. Beissel 513 f. 533 f. 563. — Ausst.-Kat., 500 Jahre Rosenkranz, Köln 1976, 142 f. — VL^2 IV 663–668. *W. Buckl*

Johannes Schlitpacher (Schlickpacher, Schlippacher, Slitpacher, auch J. v. Weilheim), OSB (ab 1435), *4.7.1403 in Schongau, †24.10.1482 in Melk, Vertreter der Melker Reform und des süddt. Klosterhumanismus, Verfasser eines Abecedariums (→Abecedarien) auf ⟨M⟩ in 24 Hexametern.

J. wuchs ab 1413 als Waise in Weilheim auf. Nach dem Besuch der Ulmer Stadtschule (1421/22) studierte er ab 1424 an der Universität Wien, wo er von 1429 an als Magister an der Artistenfakultät unterrichtete. Ab 1434 wirkte J. als Magister der OSB-Scholaren in Melk, wo er später »der am längsten wirkende Repräsentant der Melker Bewegung« (Worstbrock in VL²) werden sollte. J. reformierte zunächst Klöster in Augsburg (1441) und Ettal (1442) und visitierte 1446 Mariazell, von Juli 1451 bis Mai 1452 nicht weniger als 52 weitere Konvente der Salzburger Provinz. Hochgeschätzt als Ordensreformator wirkte J. in Melk als Vikar (1453) und Prior (1458/59), in dieser Funktion später auch in Formbach (1465), Göttweig (1468/69), Ebersberg (1474) und Ettal (um 1475). Eine Vereinheitlichung der Melker, Kastler und Bursfelder Observanz, auf Ordenskapiteln und Konferenzen u. a. in Salzburg, Freising, Passau und Lambach betrieben, blieb ihm versagt.

Sein immens umfangreiches, aber eher reproduktives denn originäres Werk, das primär aus Exzerpten, Bearbeitungen und Kompilationen besteht, ist in rund 240 Codices mit mehr als 400 Textzeugen (oft Autographen) überliefert und bis heute unediert (Handschriften in der Stiftsbibl. Melk und in der Bayer. Staatsbibl. München). Dazu zählen zunächst Schriften bis 1437, geprägt vom Einfluß des Wiener Studiums (u.a. Vorlesungen), Kommentare zur »Regula Benedicti« und kleinere Reformtraktate, Klosterpredigten und Bibelkommentare, Schriften zur Theologia mystica unter Einfluß des Kusaners, raffiniert angelegte Verskompendien mit didaktisch organisierten Abbreviaturen und mnemotechnisch brillant zubereitetem Stoff (zur Bibel und den Sentenzenkommentaren des →Petrus Lombardus, der Benediktregel und -vita sowie dem →»Speculum humanae salvationis«). Weiter zählen dazu Carmina (auf Zeitgenossen oder zur christl.-monastischen Lebenslehre), Varia wie Schriften zur Rhetorik und Pädagogik, schließlich Briefe und ein bislang noch nicht gesicherter Bestand an dt. Schriften, darunter ein Beichttraktat nach Thomas Peuntner von 1471.

Mnemotechnisch angelegt ist auch ein in mindestens 5 Handschriften tradiertes Abecedarium auf ⟨M⟩, das in 24 Hexametern von A–Z traditionelle mariol. Metaphern aneinanderreiht. Die ersten vier Verse des in der Münchner Handschrift Clm. 18553ᵇ, fol 244ʳ, unter der rubrizierten Überschrift »[H]ymnus metricus de beata Maria« genannten und noch nicht edierten Gedichts lauten »Ave sancta dei genitrix, o virgo maria / Botrus cipri, fragrans balsamus, alma maria / Cipressusque syon, libani cedrus, alta maria / Dogma salutis, lux bonitatis, clara maria ...«.

Lit.: LThK² IX 419 f. (mit älterer Lit.). — VL² VIII 727–748 (mit neuerer Lit.). *W. Buckl*

Johannes v. Soest, auch de Suzato oder J. Steinwert v. S., *1448 in Unna bei Soest, †2.5.1506 in Frankfurt am Main, Sänger, Komponist, Mediziner und Verfasser dt. und lat. Schriften. J.s sehr bewegtes Leben ist anhand von Archivalien sowie aus einer Selbstbiographie recht detailliert rekonstruierbar. Sein Weg begann als talentierter Chorschüler in Soest und in der Klever Hofkapelle und führte ihn als Sänger nach Jülich, Brügge und Maastricht, dann nach Köln und an den Hof von Kassel. In Heidelberg wurde er 1472 auf Lebenszeit zum Sängermeister bestellt, und hier (oder in Pavia) promovierte er zum »doctor der artzny«. Er wirkte zuletzt als Stadtarzt in Worms (1495–99) und Oppenheim (1499) und ab 1500 bis zu seinem Tod als Leib- und Wundarzt in Frankfurt.

Während das musikalische Werk des J. (Kompositionen sowie eine Abhandlung) verloren ist, sind neun dt. und lat. lit. Werke, zwischen 1480 und 1505 entstanden, durchweg nur unikal als Autographe überliefert; an ihrer Verbreitung war J. offensichtlich nicht gelegen.

Dem Kurfürsten Philipp dem Aufrichtigen und seiner Ehefrau Margarethe dedizierte J. seinen 23000 Verse umfassenden Roman »Die Kinder von Limburg« (1479/80, hrsg. von M. Klett, 1975), die freie Verdeutschung eines mittelniederländischen Versromans. Schon in diesem ersten Werk spielt ⟨M⟩ eine Rolle: Als sich die Heldin Margaretha im Wald verirrt, ruft sie ⟨M⟩ um Hilfe an (»O hylff sonderlinghe«, I 185); auch im Kerker fleht sie um ihren Beistand (»Maria o itz wil myr wach! / gotz mutter, lybe hogeborne, / ich bit uss dyssem vynstern torne, / ontledig mich, fraw, so werlich, / als tzoberey ny kam yn mich!«, II 958–962; ähnlich II 1054–59). In weiteren Bitten um Beistand wird ⟨M⟩ angesprochen als »magt Maria reyn« (VII 1151), »dy vil reyn Maria« (VIII 1793 f.) oder »dy magt Mary« (V 699).

Zum weiteren Oeuvre zählen der Beichtspiegel »Dy gemeyn bicht« von 1483, der Fürstenspiegelteil »Libellus salutis« von 1494, der Traktat »Wie eyn wol eyn statt regyrn sol« von 1495 zu Ehren des Wormser Stadtrats (hrsg. von H.-D. Heimann, 1986), »Eyn Spruchgedicht zu lob und eer der Statt Franckfortt Anno 1501«, eine Evangelien-Erklärung von 1503 sowie die stilisierte Autobiographie von 1505.

Seit dem Zweiten Weltkrieg aus der Universitätsbibl. Hamburg verschollen ist der Autograph von »Ein satzung wy dy Mutter Gotz maria on erbsond ontphangen ist«, ein Gedicht (1502) in dt. Versen mit lat. Kommentierung, das im Hamburger Katalog der Uffenbachischen Bibl. von 1720 (IV 29 f.) als Vol. XLV Fol. »Iohannis a Sost rhythmi germanici de immaculata conceptione BMV« beschrieben ist. Als Anlaß zur Niederschrift gilt die aktuelle dominikanisch-franziskanische Kontroverse um die UE, die 1501 in Frankfurt auch zwischen Wigant Wirt OP und Stadtpfarrer Conrad Hensel ausgefochten wurde. Der Text ist »Gott ... vnd syner wyrdighen Mutter Marie zu Lob und eer« kompiliert »vß bewerter schryfft« und jenem Kurfürsten Philipp »durch eyn Liebhaber der Juncfrawen Marie« dediziert, der einen öffentlichen Disput über die UE in Heidelberg eben untersagt hatte. Im Epilog spricht der Autor M. erneut an: »Ich bytt dich Juncfrau reyne magt / Dyn Kynt bytt der dyr nytt versagt / Vnd an ym myr genad erwyrb / Zu der Zyt als ich lig vnd styrb.« Der Text rekurriert in 11 Kapiteln u. a. auf Augustinus, Anselm und Beda wie auf Schriftworte. M. wird als »sancta virgo«, »mater Domini«, »mater Dei« oder »Dei Genetrix« bezeichnet. Der Autor führt aus, wie M. »gefryt ist worden fur der verfluchung Ade vnd Eve«, und zwar »mit etzlichen vernunftichen orsachen«.

Lit.: J. Schläder, J. v. S., Sängermeister und Komponist, In: H.-D. Heimann (Hrsg.), Von Soest — Aus Westfalen, 1986, 25–43. — H. Brunner, J. v. S., Willibald Pirckheimer: Zwei Fallstudien, In: Autorentypen, hrsg. von W. Haug und B. Wachinger, 1991, 89–103. — VL¹ II 629–634. — NDB X 568. — VL² IV 744–755 (Lit.). — LL VI 115 f.   *W. Buckl*

Kölner Klosterpredigten, dominikanische Predigtsammlung in einer Handschrift des 14. Jh.s, im 15. Jh. im Besitz der Klause Kamp bei Boppard. Sie enthält 39 dominikanische → Predigten größtenteils aus dem 13. Jh., darunter zwei Predigten des Albertus Magnus (Bischof Albrecht), und ist vermutlich in Köln entstanden. Zur ebenfalls dominikanischen Predigtsammlung → »Paradisus anime intelligentis« führt neben überlieferungsgeschichtlichen Spuren (Lüders, Löser) auch die Tatsache, daß beide Sammlungen jeweils genau eine Predigt eines Franziskaners enthalten (Hasebrink). Die einzige Handschrift ist seit 1945 verschollen; eine Beschreibung und den Abdruck einiger Predigten bietet Strauch.

Danach enthält die Sammlung Predigten eines Meisters Gerhard (wohl nicht Gerhard v. Sterngassen OP) zu M.e Himmelfahrt (Nr. 35) und zu M.e Geburt (Nr. 30). In der Predigt zu M. allein wirkt der Bezug mit der beliebten Formel der Vorrangigkeit M.e eher gewollt: »Dit is gesprochen van unser vrouwen inde darna van uns allen inde van iere zū aller vorderst« (Strauch, Nr. 30, 38, 12–13). Im Zentrum der Predigt steht dann ohne jede mariol. Ausdeutung die Schöpfung des Menschen aus dem Nichts: »alsus sin wir ane middil van Gode geschaffen inde ane middel na Gode gebieldit inde sunder middil wieder in Got geordint, also dat tuschen uns inde ene nietz niet in sal sin« (Strauch, Nr. 30, 38, 26–28). Im Unterschied dazu wird eine Predigt Meister Gerhards über Maria Magdalena (Nr. 34) — sie enthält zudem drei Auslegungen zum Namen — insgesamt durch die traditionelle Betonung der »vita contemplativa« und damit vom thematischen Bezug zur Perikope und zum Predigtanlaß bestimmt.

QQ: Hamburg, Universitätsbibl., Cod. theol. 2205 (verschollen).
Lit.: Ph. Strauch, Kölner Klosterpredigten des 13. Jh.s, In: Niederdt. Jahrbuch 37 (1911) 21–48 (Abdr. der Nrn. 3, 8, 14, 22, 30, 34). — E. Lüders, Zur Überlieferung der St. Georgener Predigten, In: Studia Neophilologica 32 (1960) 123–187, hier 150. — Morvay-Grube T 64, 58–60. — F. Löser, Als ich mē gesprochen hân. Bekannte und bisher unbekannte Predigten Meister Eckharts im Lichte eines Handschriftenfundes, In: ZfdA 115 (1986) 206–227, hier 226 f. — B. Hasebrink, Studies on Redaction and Use of the ›Paradisus anime intelligentis‹, In: J. Hamesse et X. Hermand (Ed.), De l'homélie au sermon. Histoire de la prédication médiévale, 1993, 143–158. — VL² V 49–54 (Lit.).   *B. Hasebrink*

Könemann v. Jerxheim, * 1240/45, † Juli 1316, wirkte den größten Teil seines Lebens als Dekan, Domherr und Scholasticus am Domstift zu Goslar. Seine in mnd. Sprache verfaßten poetischen Werke sind der »Kaland« (1270/75), ein für die gleichnamige fromme Bruderschaft von Eilenstedt geschriebenes Regelbuch, eine nur fragmentarisch erhaltene Reimbibel (1275/85) und »Sunte Marien wortegarde« (St. Marien → Wurzgarten, vollendet 1304), womit ein Blumengarten gemeint ist, in dem der Leser geistliche Erkenntnisse pflücken und damit in der Liebe zu Gott und M. gestärkt werden möge (vgl. Epilog, V. 6556–78). Der »Wurzgarten« (6586 Verse) ist ausdrücklich an ein Laienpublikum (»unghelarde«) gerichtet, Belehrung und Erbauung sind sein Ziel. Das Werk beginnt mit einer Parabel: Ein mächtiger König hatte einen Sohn und vier Töchter, dazu einen treuen Knecht und einen Büttel (»bodel«); letzterer war »aller doghden vry« (V. 122). Der Büttel hetzt den Knecht gegen den König auf, »Dat we sime heren sik/ Wolde maken ghelik« (V. 300 f.), so daß der König den Knecht entmachten und bestrafen muß. Die Deutung ab V. 308: Der Teufel hat Adam verführt, sich gegen Gott aufzulehnen. In der Form lebhafter Dialoge folgt nun — recht frei nach → Bernhards v. Clairvaux Sermo 1 »In Annuntiatione« (PL 183, 383 ff.) — der im MA weit verbreitete »Streit der vier Töchter Gottes«, Gerechtigkeit, Wahrheit, Barmherzigkeit, Friede, über die Frage, ob der Mensch erlöst werden solle oder nicht. Ungewöhnlich ist, daß K. quasi eine »fünfte« Tochter Gottes, die → Weisheit, einführt, um den Streit zu entscheiden. Die Weisheit schlägt nun die Menschwerdung Christi vor und weiß auch die Frage zu beantworten, welche Frau würdig wäre, die menschliche Mutter des Gottessohnes zu werden. Hier beginnt der unter mariol. Aspekt interessanteste Teil des Werkes. Die Weisheit schlägt M. vor, denn diese ist der Weisheit zur Wohnung geworden und war schon von Ewigkeit zum Werkzeug der Erlösung auserwählt. Den hier auftretenden scheinbaren Widerspruch von Zeit und Ewigkeit läßt K. theol. unerklärt. Aus dem Munde der Weisheit und eines »Meisters« (= Autor) folgen nun Lobpreisungen M.s

— überwiegend bestehend aus den präfigurativen Bildern des AT — in einer solchen Vollständigkeit, daß man die Partie mit kurzen epischen Unterbrechungen (V. 2481–4661) geradezu als Kompendium der ma. M symbole benutzen könnte. Nach diesem M lob erzählt K. die biblischen Ereignisse von der Verkündigung bis zur Auferstehung. Aber nicht auf diese knapp gehaltenen Berichte kommt es dem Autor an, sondern auf die Einschübe, eine Meditation über das Leiden Christi (V. 6083–6341) und ein Gespräch zwischen dem Autor und M (V. 5406–6083), dessen zweiter Teil dem Typus der →Klage zugehört. Wenn man K. auch nicht als Mystiker bezeichnen kann, so vermag er hier doch tiefe Versenkung in das Leiden Christi und der GM im Sinne der »compassio« in anrührender Weise zu gestalten.

Ausg. und Lit.: L. Wolff (Hrsg.), Die Dichtungen K.s, 1953. — VL² V 64–68.
P. Kesting

Köster, Heinrich Maria, internat. angesehener Mariologe, *1.7.1911 in Olpe/Westfalen, †29. 5. 1993 in Limburg/Lahn, SAC (1933) wird durch Michael →Schmaus der Dogmengeschichte zugeführt; promoviert 1940 zum Dr. theol. in Münster und übernimmt dann kriegsbedingt eine Tätigkeit in der Seelsorge. Seit 1945 ist er Dozent für Dogmatik und Dogmengeschichte an der wiedereröffneten Theol. Hochschule der Pallottiner in Vallendar, 1950–76 als Professor. 1965–71 obliegt ihm das Amt des Hochschulrektors. Im Sommersemester 1968 ist er Gastprofessor an der Universität Dayton/Ohio; diese verleiht ihm 1987 den Marian-Library-Award. Zusammen mit C. →Feckes (1894–1958) ist er 1950/51 Mitbegründer des Dt. Arbeitsgemeinschaft für Mariol., deren Sekretär er bis 1978 bleibt. Die Pontificia Academia Mariana internationalis (Rom) beruft ihn 1955 zum Socius ordinarius; auf deren internat. Tagungen ist er regelmäßiger Referent.

In der Diskussion um die Mittlerschaft M s bemüht sich K. darum, M so dem Heilswerk Christi zuzuordnen, daß dessen alleinige Wirkursächlichkeit gewahrt bleibt. Anders als jene Theologen, die M s Beitrag von ihrer engen Wirkeinheit mit Christus zu bestimmen suchen, geht es K. darum, M auf die Seite des Menschen und damit der Kirche zu stellen; sie ist die Stellvertreterin der erlösungsbedürftigen Menschheit, die dem Sohn Gottes Heil-empfangend gegenübersteht. Diese Gedanken entfaltet er v. a. in seinen Studien »Die Magd des Herrn« (1947, ²1954) und »Unus mediator« (1951). K.s M lehre hat wie die M. J. →Scheebens ein ausdrücklich spirituelles Anliegen. Der geordnete Gedanke steht für ihn im Dienst des marian. geformten Lebens. Das Verstehen M s muß den theol. Begriff übersteigen; es hat auf eine lebendige Person zuzugehen, die Mutter des ewigen Sohnes und Wortes, und auf den beanspruchten Gläubigen, in dessen Leben diese Frau eine so vielfältige Resonanz gefunden hat. Aus diesem Anliegen verfaßt K. zahlreiche Beiträge zur marian. →Spiritualität. Wie Scheeben möchte er die oft beklagte Kluft zwischen Lehre und Frömmigkeit überbrücken. Dabei helfen ihm seine gläubige Nähe zur Hl. Schrift, seine einfühlsame Kenntnis der Tradition, seine spekulative Kraft wie auch seine tiefe Frömmigkeit.

QQ: Die Magd des Herrn, 1947, ²1954. — Unus Mediator, 1951.
Bibl.: H. M. Köster, In: Dokumentation 1993. Pallottiner intern, 1994, 122–145.
Lit.: F. Courth, der mariol. Beitrag von H. M. K., In: Mar. 48 (1986) 170–178. — Ders. H. M. K. (1911–1993). Forscher und Künder Mariens, In: Mar. 55 (1993) 429–459. — Theotokos 384.
F. Courth

Krug, Hans (Der Krug). Unter dem Verfassernamen »Der Krug« ist ein »Neujahrsgruß an die Frauen« überliefert, der vermutlich in der 2. Hälfte des 15. Jh.s in Augsburg entstand. Inc.: »Mancher lobt dz im gevellt / ich lob die frawenn außerwellt (…).« Der Name »Der Krug« ist als sog. »Übername« zu verstehen; der Autor hieß also nicht Hans Krug (Schreibversehen).

Das Gedicht (150 Reimpaarverse) beginnt mit einem allgemeinen Lob der Frauen mit Anklängen an höfische Frauenpreis-Metaphern (V. 1–15), danach werden jene Frauen getröstet (V. 16–28), die nicht ganz so hübsch sind (V. 21). Nun wendet sich (V. 29–41) der Autor gegen alle Männer, die schlecht von den Frauen denken und reden (V. 31), denn jedermann »ist von frawen komen heer« (V. 48). Der gesamte Rest des Stücks besteht aus einem Lob der Jungfrau und GM M unter heilsgeschichtlichem Aspekt. Die Würde des weiblichen Geschlechts ist durch die Heilstat M s gesichert, und um ihretwillen muß allen Frauen Ehre erwiesen werden. Der Text wirkt recht hausbacken und scheint wesentlich von der Absicht des Autors bestimmt, seine bescheidene theol. Bildung unter Beweis zu stellen.

Lit.: G. K. Frommann (Hrsg.), Neujahrsgruß an die Frauen von H. K., In: Germania 25 (1880) 107 f. — VL² V 392–394.
P. Kesting

Kuppitschsche Predigtsammlung, um 1200 entstandene dt.sprachige Musterpredigtsammlung mit 66, zum größten Teil unikal überlieferten →Predigten. Die erste Lage der sich heute in Krakau (Bibl. Jagiellonska) befindenden Codex mgq 484 der ehemals Preußischen Staatsbibl. Berlin ist als Fragment in Stuttgart (Württemberg. Landesbibl., cod. 290; früher: Donaueschingen, Fürstl. Fürstenberg. Hofbibl.; ed. von Barack, vgl. Morvay-Grube) vorhanden und enthält vier Adventspredigten. Die Predigten der sog. K. wurden nach den Anlässen des Kirchenjahres zusammengestellt, wobei einzelnen Predigtblöcken des Temporale die Predigten zu den in diese Zeit fallenden Heiligenfesten vorangestellt werden. So finden sich z. B. zwei der vier vorhandenen M predigten, »In purificatione« (2. Februar) und »In annunciatione« (25. März), vor den Predigten der Sonntage der Vorfastenzeit. Der nächste Block mit Heiligenpredigten, der auch die weiteren M predigten, »In assumptione« (15. August) und »In nativitate« (8. September), enthält, geht den Sonntagen nach Pfingsten voraus. Er schließt mit zwei ursprünglich nicht zur Sammlung gehörenden und offenbar von späteren Händen hinzugesetzten lat. Texten ab, von denen der eine die Legende vom Trinubium der hl. Anna in 19 Hexametern wiedergibt. Mit dieser Ausführlichkeit hebt sich die in K. enthaltene Variante der metrischen Fassung der Annenlegende deutlich von den anderen bisher bekannten Überlieferungen ab. Nur die ersten 7 der 19 Hexameter sind mehrfach überliefert.

Die Predigt »In purificatione Marie« zitiert im Initium die ersten beiden Zeilen der Antiphon →»Adorna thalamum tuum syon«. Betont wird, daß es sich bei diesem Fest um einen Feiertag Jesu und M e handele. Nur ein sehr kurzer Abschnitt der Predigt beschäftigt sich mit M, da die Antiphon wider Erwarten zunächst nicht auf M, sondern auf alle Seligen bezogen wird. Auf den folgenden Wortlaut der Antiphon verweisend wird den Gläubigen empfohlen, M zu umarmen (Amplectere Mariam), und sie mit dem Ave Maria anzurufen, da sie die Himmelspforte sei. Auf die Kraft des Gebetes zu M nimmt auch die Predigt zur Verkündigung (incipit:»Descendit de coelis missus ab arce patris«) Bezug, in dem das Exempel von einem sündigen Mann erzählt wird, den lediglich sein tägliches Ave Maria vor den Höllenqualen rettet (ähnlich in der »Legenda aurea« des →Jacobus a Voragine). M e Verkündigung wird wie in anderen ma. Predigten als Ursprung aller christl. Feste bezeichnet und mit anderen Ereignissen der Heils- und Kirchengeschichte in Verbindung gebracht (Erschaffung Adams, Sündenfall, Kreuzigung, Rettung des Schächers, Opferung des Isaak, Enthauptung Jakobus' d. Ä., Zug durch das Rote Meer). Die Predigt auf die Himmelfahrt M e wird durch Hld 8,5 eingeleitet. M ist hier die Sponsa des Hohenliedes, Jesus der Geliebte und die Wüste, aus der M entrückt wird, die diesseitige trostlose Welt. Der Evangeliumstext von Maria und Martha (Lk 10,38–42) wird dreifach auf M ausgedeutet: Erstens bezeichne der Ort, der Jesus aufnimmt, M, dann die sich um das Wohl Jesu sorgende Martha und schließlich auch die andächtig zuhörende Maria. Daß Martha vor Jesus tritt und vor ihm steht, wird in Bezug gesetzt mit dem Stehen M e vor dem Kreuz Jesu. Auch in der Predigt zur Geburt M e wird sie als die Sponsa des Hohenliedes gedeutet (Hld 6,9). M e Erlösungswerk wird durch mehrere Eigenschaften charakterisiert: Sie beendet als Morgenröte die Nacht der Menschen, sie ist gewaltig (»eislich«) und vertreibt böse Geister, sie leitet die Seligen in das Himmelreich. Die Geburt M e und die Offenbarung des Tages ihrer Geburt an einen Einsiedler werden wie auch später in der »Legenda aurea« beschrieben.

Ausg.: Vgl. Morvay-Grube 27 f. — Gesamtausgabe in Vorbereitung erscheint ca. 1998.
Lit.: A. Linsenmayer, Geschichte der Predigt in Deutschland von Karl dem Großen bis zum Ausgange des 14. Jh.s, München 1886, 307–312. *R. D. Schmidt*

Leisentrit(t), Johann, * Mai 1527 in Olmütz, † 24.11.1586 in Bautzen, studierte in Krakau, wurde 1549 zum Priester geweiht, 1559 Domdekan in Bautzen und war seit 1561 apost. Administrator (commissarius generalis) des Lausitzer Anteils der Diözese Meißen, den er dank seiner klugen Kirchenpolitik und seines Bemühens um die Volkssprache in der Liturgie der kath. Kirche erhalten konnte. Unter seinen zahlreichen Reformschriften ragt das Gesangbuch »Geistliche Lieder und Psalmen« (Bautzen, bei Hans Wolrab, 1567) heraus, das 1573 und 1584 nachgedruckt wurde und große Verbreitung fand. Das schön aufgemachte Buch ist eine Fundgrube für Kirchenliedforschung und Hymnologie. L., in erster Linie M. → Vehes »New Gesangbüchlein« (1567) und Christian Hecyrus aus Prag verpflichtet, verarbeitet prot. Quellen, greift bewußt auf das ältere kath. Liedgut zurück und bringt ca. 40 neue Liedtexte, die wahrscheinlich von ihm selbst stammen; ebenso wird vermutet (W. Lipphardt), daß L. ca. 80 Melodien beigetragen hat. Einige Lieder aus seiner Sammlung werden noch heute gesungen, darunter das M lied »Ave Maria zart«. Marian. Texte finden sich zunächst im 1. Teil beim Gang durch das Kirchenjahr, das dt. Magnificat im Advent, bei M e Lichtmeß, dem »Fest der Vorkündigung Mariä«, an Ostern (»Maria du reine«), in der Bittwoche (»Maria zu Dir kommen wir«). Der »ander Theil« handelt von der »allerheiligsten Jungfrawen Maria« und »Von den lieben Heiligen«, und bringt eine Reihe von M liedern sowie eine einleitende »vnterweisung von Maria der Jungfrawen«.

Ausg.: J. L. Gesangbuch von 1567. Faksimileausgabe mit Nachwort von W. Lipphardt, 1966.
Lit.: E. Heitmeyer, Das Gesangbuch von J. L. 1567, In: Pietas Liturgica Studia 5 (1988). — LL VII 213 f. *H. Pörnbacher*

Libanon. Die marian. Heiligtümer im L sind überaus zahlreich. Sie haben eine bedeutende Rolle in der Geschichte des Katholizismus gespielt. ULF von Qannoubin (Nord-L.) und ULF von Ilige (in den Bergen von Batroun) symbolisieren den Kampf der Maroniten für ihren Glauben. Das Bild ULF von Bzommar (in Kesrouan) ist ein Geschenk von Papst Benedikt XIV. an den ersten Patriarchen der Maroniten anläßlich des ersten Nationalkonzils und der Bestätigung der Beschlüsse in forma specifica 1741. Sie gilt als Schutzherrin der syr. Katholiken und hat den ersten Patriarchen ins Exil begleitet. Die Ikone wird heute in der Residenz des Patriarchen von Bkerkeé (Kesrouan) verehrt.

Weitere bedeutende marian. Pilgerzentren mit regionaler Bedeutung sind ND de la Garde in der Nähe von Saïda (Süd-L.), ND de la Colline in Deir-el-Kamar, ND de la Consolata in Tanail (in Beqaa), ND du Fort in Akkar (Nord-L.) und in den Hügeln oberhalb von Ehden das Heiligtum ND de la Forteresse, so genannt weil ihr der Schutz und die Verteidigung des Volkes des L. zugeschrieben wird. Das Gnadenbild ULF von Tanail ist einen Kopie des Gnadenbildes in Turin. Ein weiterer beliebter Wallfahrtsort »ULF unter den Zedern« befindet sich in Bischarreh. In Beirut an der Stelle eines ehemaligen türkischen Palastes ist das Heiligtum »ULF unter den Türmen« errichtet, das sowohl von Christen und Muslimen besucht wird. Als nat. Pilgerzentren ragen ND de la Délivrance von Bikfaya und ULF von Libanon in Harissa heraus.

Als der Jesuitenmissionar Eugène-Martin-François Estève (1807–48) 1837 bei der Weihe der neu erbauten Kirche in Bikfaya ein Gemälde des hl. François Régis (1597–1640) in die Kirche trug und es am Altar abstellte, sang die ganze Gemeinde: »Sei gegrüßt, Jungfrau Maria«. So wurde die Kirche nach dem Wunsch der Gläubigen der GM geweiht. Die Kirche ist engstens mit der gesamten Geschichte des L. verbunden. 1860/61 wurde sie beim Aufstand der Drusen geradezu wunderbar beschützt.

ULF von Harissa wird allgemein auch ND du Liban genannt. Die Pilger — nicht nur Muslime, sondern auch Christen anderer christl. Gemeinschaften — kommen von weit her. Das Heiligtum wurde durch den Apost. Delegaten Frediano Giannini und den Patriarchen der Maroniten (seit 1899) Elie Pierre Hoyek (oder Huayek) 1904 zum 50. Jahrestag der Dogmatisierung der IC begonnen. Im Mai 1908 kamen die ersten Pilger. Heute ist es der zentrale Wallfahrtsort mit Pilgern aus allen Pfarreien und mit großer volkstümlicher Ausprägung.

Lit.: J. Goudard, La Ste Vierge au Liban, o.J. — H. v. Rudniki, Die berühmtesten Wallfahrtsorte der Erde, Paderborn 1897. — A. d'Alverny, ND de Bikfaya, 1833–1933, 1933. — X. Abougit, L'entrée des jésuites à Bikfaya en 1833, In: Relations d'Orient 8 (1933) 3–15. — T. Jock, Jésuites et chouérites, ou la fondation des religieuses basiliennes chouérites de ND de l'Annonciation à Zoup-Mikail (Liban) (1730–46), 1936. — Manoir IV 867–74. — H. Jalabert, Histoire d'un siècle. La Congrégation des Soeurs des Saints-Coeurs de Jésus et de Marie au Liban et en Syrie, 1858–1953, 1956. *H. Rzepkowski*

Liederbücher. *1. Mittelalter.* Handschriftliche dt.sprachige Liedersammlungen aus dem MA und der Frühen Neuzeit werden in der Forschung teils als Liederhandschriften, teils als L. bezeichnet. Bei aller terminologischen Unschärfe gilt in etwa folgender Sprachgebrauch (vgl. die Verweise VL² V 818): autororientierte handschriftliche Sammlungen des Minnesangs, der →Sangspruchdichtung und des Meistergesangs werden als Liederhandschriften, an Anonyma orientierte handschriftliche Sammlungen dagegen als L. bezeichnet; diese stammen v. a. vom Ausgang des SpätMA und aus der Frühen Neuzeit. Gedruckte dt. L. erscheinen erst seit Beginn des 16. Jh.s. Die Bezeichnung »Liederbuch« ist ma. Herkunft; »Liederhandschrift« dürfte der Gelehrtensprache des 19. Jh.s entstammen. Ausgesprochene Autorensammlungen — wie etwa zum →Mönch v. Salzburg oder zu →Heinrich Laufenberg — bleiben nachfolgend ganz unberücksichtigt.

Eine repräsentative Auswahl aus den (spät)ma. Liederbüchern und -handschriften mit Blick auf eine marian. Akzentuierung fällt wegen fehlender systematischer Vorarbeiten, aber auch wegen der Unwägbarkeiten bei den Intentionen der Liedersammler schwer. So kommt vereinzelten marian. Lyrica (→Lyrik) in ausgesprochenen Minnesangsammlungen gerade durch ihre thematische Isolation ein völlig anderer Stellenwert zu als einer breitausgefächerten Ⓜthematik in Meisterliederhandschriften, bei denen rel. Sangspruchdichtung und Meistergesang ohnehin zum Standard gehörten. Thematische Konventionalität, Spezifik und Differenziertheit (vgl. RSM-Register und F. Schanze) hier bedürfen ebenso noch der umfassenden interpretatorischen Aufarbeitung wie die überraschende, durch auswählendes Sammeln und durch Überlieferungsverluste auch verzerrte Textsymbiose dort.

Aus gleichen oder vergleichbaren Gründen ausgespart bleiben müssen im vorliegenden Zusammenhang auch die mehr oder minder großen Einsprengsel marian. Liedgutes in lat. Gesangbüchern aus liturg. Umkreis (→Vokalmusik). Wenigstens beispielhaft genannt sei die Überlieferung im Breviarium-Teil des »Seckauer Cantionale«, der für das Augustiner-Chorherrenstift Seckau Mitte des 14. Jh.s belegt, daß die Gemeinde nach dem Vortrag des »Liber generationis« im Anschluß an die 1. Weihnachtsmesse zum »Te Deum« mit dem Ruf (neumiert) akklamiert: »Helf uns sande Mareye / helfet uns hymelischeu vrauwe« (diese Praxis findet sich im 14. Jh. übrigens auch in Klosterneuburg). In etwas größerem Umfang nimmt das schlesische »Neumarkter Cantionale« (letztes Drittel 15. Jh.) dt. Ⓜlieder in das sonst lat. Repertoire auf; es schlägt damit eine bemerkenswerte Brücke zwischen der »Musica ecclesiastica« und der »Musica vulgaris«. Im breiten Strom der kirchlichen Hymnen, →Sequenzen, →Antiphonen und Cantiones liegt der Schwerpunkt auch bei den marian. Gesängen auf Einzelübertragungen (vgl. zu den häufiger übertragenen oder bearbeiteten Texten die Verweise im VL² IV 338 f.); einen Eindruck von der Textsymbiose können dabei beispielhaft die Aufzeichnungen im Autograph des schlesischen Franziskaners →Nikolaus v. Kosel (1. Hälfte 15. Jh.) vermitteln.

Für die marian. Thematik ein schärferes Profil zeigen die Liedersammlungen, die in geistlichen Gemeinschaften oder deren Umkreis entstanden sind. Hierzu wird man auch das »Hohenfurter Liederbuch« aus der Mitte des 15. Jh.s stellen dürfen. Diese fast durchweg mit Melodien versehene Sammlung aus dem böhmischen Zisterzienserstift Hohenfurt (Vyšší Brod) enthält 81 dt. und 2 lat. Lieder. Die rufartigen Prozessions- und Wallfahrtslieder (»rueff« für

»kirchfertter«) im 1. Teil der Sammlung umfassen die biblische Weihnachts- (Refrain: »Ave Maria«) und die Passionsgeschichte; damit korrespondieren die Weihnachts- und Osterlieder im Schlußteil der Sammlung. Der interessante Mittelteil umfaßt in über 30 geistlichen Liedern auf weltliche Melodien den Bekehrungsweg eines großen Sünders, für den M eine bedeutende Rolle spielt: so im 56-strophigen Dialoglied (Nr. 50) mit M, in dem der Sünder der GM seine Dankbarkeit bekennt, so in den Liedern 63–67, in denen der Sünder seine Hoffnung auf M setzt. — Das Prinzip der Kontrafaktur als artifizieller Gestaltung und als Ausdruck der »Conversio« von der weltlichen zur geistlichen Welt kennzeichnet auch die 15 Lieder (ohne Noten) der »Pfullinger Liederhandschrift«. Sie trägt ihren Namen nach dem Klarissenkloster Pfullingen (bei Reutlingen), weist jedoch der Entstehung nach auf jenen Kreis von Ordensfrauen im oberen Elsaß, denen die Seelsorge des Dominikaners und Elsässer Ordensreformers Johannes Kreutzer galt; die Sammlung ist wohl bald nach seinem Tod (1468) angelegt worden. Sie folgt in etwa dem geistlichen Jahresablauf. Inhaltlich leben die Lieder aus einer frauenmystischen Frömmigkeitshaltung, in denen Thematik (KL II, Nr. 831: Mpreis, Nr. 833: M als Mittlerin) und Bildsymbolik (Nr. 820: M als Trägerin der geistlichen Frucht) die GM fest eingebunden erscheint.

Das →»Wienhäuser Liederbuch« führt in den Bereich nddt. Nonnenklöster; nach 1480 entstanden, steht es an der Spitze einer Reihe vergleichbarer nddt. Sammlungen, die bis Mitte des 16. Jh.s das »Ebstorfer Liederbuch« (um 1520), das »Werdener Liederbuch« (um 1530) und das sog. »Liederbuch der Anna von Köln« (um 1540) umfaßt. Neben auffälligen Überlieferungsparallelen weisen diese Sammlungen durchweg auch Sondergut als Beleg für eine breite geistliche Liedtradition in nddt. Frauenklöstern auf (vgl. auch die Liedüberlieferung in den Gebetbüchern aus dem Zisterzienserinnenkloster Medingen bei Lüneburg). Ein einläßlicher Vergleich dieser L. steht noch aus; die nachfolgenden Hinweise stützen sich daher vornehmlich auf das »Wienhäuser Liederbuch« als der ältesten Überlieferung in dieser Reihe. Wahrscheinlich im Zisterzienserinnenkloster →Wienhausen bei Celle entstanden, umfaßt die teils notierte (15 Lieder) Sammlung 59 dt. (38), lat. (16) und lat.-dt. (5) Lieder. Neben Weihnachten und Ostern bilden geistliche Minnelieder und der Mpreis die thematischen Schwerpunkte. Von 43 dt. bzw. gemischtsprachigen Liedern sind nicht weniger als 15 Mlieder (in 9 weiteren Liedern wird M zudem kurz erwähnt), die sich am Schluß der Handschrift häufen. Die Aspekte des Mpreises (→Lyrik) sind durchweg konventionell: er gilt der jungfräulichen GM und der Himmelskönigin, der Gnadenvollen und der Gnadenmittlerin, deren Hilfe v. a. für die Todesstunde erfleht wird. In dem 11-strophigen Lied »Maria zart« (Nr. 43) sind diese Teilaspekte eindrucksvoll zusammengefaßt; das außerordentlich beliebte, in Süddeutschland entstandene Lied findet sich auch in den L.n von Ebstorf (Nr. 3) und Werden (Nr. 5), in denen — trotz geringerem Umfang (17 bzw. 23 Lieder) Marian. gleichfalls einen thematischen Schwerpunkt einnimmt.

Lit.: F. Jostes, Werdener Liederbuch, In: Niederdt. Jahrbuch 14 (1888) 60–89. — W. Salmen und J. Koepp (Hrsg.), Liederbuch der Anna von Köln, 1954. — J. Bergsma, Das marian. Gut im Wienhäuser Liederbuch, In: Unsere Diözese 23 (1954) 157–167. — F. Schanze, Meisterliche Liedkunst zwischen Heinrich v. Mügeln und Hans Sachs, 2 Bde., 1983/84. — H. Brunner und B. Wachinger, Repertorium der Sangsprüche und Meisterlieder des 12.–18. Jh.s (RSM) 1986 ff. — LexMA V 1971–74. — VL^2 II 312–314; IV 94–99; V 1264–69; VI 275–280. 342–356. 918–920. 1091–93; VII 584–587; VIII 983–986. — LL XII 321.

J. Janota

2. Neuzeit. Zweck dieses Abschnitts kann es nicht sein, die Vielzahl kath. L. vorzustellen. Das ist, wenn auch mit teils anderer Zielrichtung, durch Sammlungen wie die Wilhelm Bäumkers und Ph. Wackernagels im 19. Jh. und jüngst durch die Forschungen von Walther Liphardt geschehen. Bäumker führt aus dem Zeitraum von 1470 bis 1700 ca. 1500 Titel auf und nennt die vorzüglichsten kath. Gesangbücher bis 1666. Hier geht es vielmehr darum, auf das in diesen L.n enthaltene marian. Liedgut hinzuweisen. Das ist auch deshalb notwendig, weil die Germanistik das kath. dt. Kirchenlied, überhaupt das kath. geistliche Lied der Neuzeit, von Ausnahmen abgesehen, noch weitgehend ignoriert. Untersuchungen mit dem Titel »Das geistliche Lied der Barockzeit« gehen auf kath. Autoren und Lieder gar nicht ein, jüngst erschienene Forschungsberichte zum dt.sprachigen Lied der Barockzeit (z. B F. van Ingen, In: Daphis 8 [1979]) sparen den süddt.-kath. Raum völlig aus. — Das kath. Lied, wie es uns in den L.n der Neuzeit begegnet, stützt sich auf die Tradition ma. Lieddichtung, so daß die ersten Sammlungen noch viele ma. Lieder in ihr Repertoire aufnehmen. Diese fast ungebrochene Weiterführung ma. Traditionen ist auch sonst in der dt. kath. Barockliteratur zu beobachten. Dennoch ist man sich im 16. Jh. bewußt, etwas Neues zu schaffen. »Ein New Gesangbüchlin Geystlicher Lieder« (Leipzig 1537; Nachdr. 1970) von Michael →Vehe aus Biberach († 1539 in Halle) drückt den Neubeginn auch im Titel aus. Vehe macht Schule; es gibt verschiedentlich Nachdrucke in anderen Diözesen (Mainz 1567). Johann Leisentrits (1527–86, Diözese Meißen) »Geistliche Lieder und Psalmen« (Bautzen 1567; Nachdr. 1966) bauen auf Vehe auf, verbessern ihn zugleich, was Anordnung und Reichtum des Liedgutes angeht. Gegen Ende des Jh.s mehren sich die Liedersammlungen. Beispiele dafür: das Diözesanrituale »Cantiones Germanicae« für Regensburg (1570; Nachdr. 1983); ähnlich für viele Diözesen, z. B. Salzburg und Bamberg 1575, Augsburg 1580, Würzburg 1591, Freising 1611.

Daneben entstehen Liedersammlungen in Klöstern wie die von Adam Walasser (Dillingen 1562; Tegernsee 1574) und viele ähnliche. Schwerpunkte der Herstellung sind Dillingen und Köln; aus Köln bes. wichtig Kaspar Ulenbergs »Psalmen Davids« (Köln 1582). Die Produktion steigert sich im 17. Jh., an dessen Beginn (1613) das »Catholisch Gesangbüechlein / Auff die fürnehmbste Fest durchs gantze Jahr / in der Kirchen: Auch bey den Processionen / Creutzgängen / Kirch- vnd Walfahrten / nutzlich zugebrauchen« aus München steht (Nachdr. 1979).

Die einzelnen Orden nehmen sich des Kirchenliedes an und geben Sammlungen heraus. Wichtig und wegweisend ist Conrad Vetter SJ mit seinen Sammlungen »Rittersporn« (1605) und »Paradeißvogel« (1615), der damit auch das Ziel verfolgt, »weltliche Buhllieder« zu verdrängen. Aber das ist ein Topos in der geistlichen Literatur der Barockzeit. Weitere Sammlungen von Jesuiten sind Jacob Bidermanns »Himmelglöcklein« (1627), »Harpfen Davids« (1659) von Albrecht Graf Curtz (allerdings nicht marian., so wie es auch die L. des Fürstbischofs Johann Philipp v. Schönborn kaum sein können: Perikopen!), Georg →Voglers »Catechismus in außerlesenen Exempeln« (Würzburg 1625) und als Höhepunkt die Lieder Friedrich v. →Spees. Neben den Jesuiten pflegen die Benediktiner das Lied; hier seien genannt David Corners, Abt des Stiftes Göttweig seit 1736, »Groß Catholisch Gesangbuech« (Fürth 1625, mit über 400 neuen und alten Liedern) und seine »Geistliche Nachtigall« (Wien 1649), ferner Johann →Werlins (Seeon) handschriftliche Sammlungen, die zwar keine L. sind, aber eine sehr intensive Beschäftigung mit den zeitgenössischen L.n verraten; auch Walassers Ausgaben hängen eng mit den Benediktinern von →Tegernsee zusammen. Auffallend viele Liedsammlungen, meist marian. Inhalts, kommen vom Reformorden der Kapuziner (→Ordensliteratur) von Theobald v. Konstanz und Mauritius Menzigen sowie von so bedeutenden Autoren wie →Laurentius v. Schniffis und →Prokop v. Templin. Unter den Weltgeistlichen ragen heraus Johannes →Kuen mit seinen marian. Liedersammlungen, Johann Georg →Seidenbusch, der Verfasser der Sammlung »Marianischen Schneeberg« (1687), der wichtige Johann Degen (Bamberg 1628), Laurentius Lemmer (»Lauretanum Mariale«, Würzburg 1687) und nicht zuletzt →Angelus Silesius mit seiner Sammlung »Heilige Seelen-Lust oder Geistliche Hirten-Lieder der in jhren JESUM verliebten Psyche« (1657). Das Marian. in diesen Sammlungen sieht ganz unterschiedlich aus, es reicht von reiner Mthematik und Lobpreis der GM (Wunderschön Prächtige), von mystischer Versenkung bis zu Übertragungen der marian. Antiphonen und den beliebten Wallfahrts-Rufen.

Ende des 18. Jh.s ändert sich das Anliegen der L. insofern, als jetzt bewußt auf eine dt.sprachige (volkssprachige) Liturgie hingewirkt wird, wobei auch die Lieder in der Volkssprache eine Funktion haben sollen. Dies ist das Anliegen von Franz S. →Kohlbrenner, das schon im Titel seiner Sammlung »Der heilige Gesang zum Gottesdienste« (Landshut 1777) zum Ausdruck kommt; aber auch in den Pfarreien der Augustinerchorherrenklöster Rottenbuch (Primus Koch) und Polling gab es ähnliche Bestrebungen; hierher gehören auch die relativ zahlreichen »Deutschen Messen« (Schubert, M. Haydn, Norbert Hauner), die in dieser Zeit entstehen. Andererseits spielt im 18. Jh. auch das Kunstlied eine Rolle wie bei Pater Gotthard Wagner (Tegernsee), dessen »Cygnus Marianus, das ist Marianischer Schwan« im 3. Teil (»Musikalischer Hofgarten / Der übergebenedeyten Himmels-Königin«) »hundert der alleraußerleßnisten Arien« enthält (allerdings sind nicht alle marian.). Während die geistliche Lieddichtung im Zeitalter der Aufklärung wenig marian. Lieder hervorbringt, sondern eher solche, die vom Heilswirken Gottes »berichten«, entstehen im 19. Jh. Diözesanliederbücher, die auch dem marian. Liedgut den angemessenen Platz einräumen. Als Beispiele dafür mögen das »Laudate« (1859) für das Bistum Augsburg mit vielen marian. Liedern dienen, oder der Kirchenlieddichter Heinrich Bone (1813–93) in Köln und Mainz.

Lit.: Zu den Sammlungen der Barockzeit Johann Werlin, Ordnung der Gesängbücher ... so In des Closters Seon Bibliothec gehörig, München, Bayer. Staatsbibl., Cgm 337. — B. Genz, Johannes Kuen, Diss. masch., Köln 1957, 189–227. — W. Bäumker, Das kath. dt. Kirchenlied in seinen Singweisen VII. Die vorzüglichsten kath. Gesangbücher von Vehe bis 1666. — F. Menge, H. Bone, Mainzer Gymnasialdirektor und Kirchenlieddichter, In: Jahrbuch Bistum Mainz 2 (1947). — Überblicke bei H. Pörnbacher, Barockliteratur — Die lyrische Dichtung, In: K. Spindler und A. Kraus (Hrsg.), Handbuch der bayer. Geschichte II², 1988, 997 ff. — Einzelne Regionen (in Auswahl): G. Westermayer, Das dt. Kirchenlied im Salzburger Sprengel um die Mitte des 16. Jh.s, In: Historische Blätter für das kath. Deutschland (1988) 249–260. — Th. Wohnhaas, Zur Geschichte des Gesangbuchs in der Diözese Augsburg, In: JVAB 10 (1976) 221 ff. — S. Benker, Kirchenlied und Kirchenmusik von Michael Vehe bis Franz X. Witt, Katalog, Freising 1988. — Epochen: R. Gießler, Die geistl. Lieddichtung der Katholiken im Zeitalter der Aufklärung 1928; → Humanismus, → Barock, → Romantik, → Ordensliteratur. *H. Pörnbacher*

Livland (→Baltikum). Das Territorium von Alt-L., das seinen Namen nach dem an der Rigaer Bucht gelegenen Siedlungsgebiet der Liven erhalten hatte, umfaßt das Gebiet des ehemaligen livländischen Ordensstaates, der vom Anfang des 13. Jh.s bis 1561 bestand — das heutige Estland und Nordlettland mit Riga.

Der Beginn der Verbreitung des Mkults in Alt-Livland ist verbunden mit der Eroberung und Christianisierung des Landes um 1200, seiner Weihe an M sowie mit der Tätigkeit des livländischen Ordens, des livländischen Zweiges des um 1190 gegründeten Dt. Ordens (Ordo Domus Sanctae Mariae Teutonicorum). Im MA gliederte sich Alt-L. kirchlich in das Erzbistum Riga und die Bistümer Dorpat, Ösel-Wiek und Reval (→Tallinn). Im 13. Jh. hatte das Erzbistum Riga 48 Kirchspiele, das Bistum Dorpat 32, das

Bistum Reval 34 und das Bistum Ösel-Wiek 31; bis zum Ende des 16. Jh.s kamen noch 25 Kirchspiele dazu. Von den ma. Landkirchen im estnischen Gebiet waren 16 der GM geweiht. 1251 errichtete Bischof Heinrich von Ösel-Wiek in Pernau (Pärnu) die Kathedrale und das Kapitel dem Herrn Jesu Christo, der Jungfrau ℳ und dem Evangelisten Johannes zu Ehren. 1254 weihte Bischof Teoderich von Wierland den Hauptaltar der Kirche zu Arnesberg der Dreifaltigkeit, dem Hl. Kreuz, der Jungfrau ℳ, Johannes dem Täufer, dem Evangelisten Johannes sowie allen Heiligen. In der 1. Hälfte des 15. Jh.s werden das ℳvikariat im Dom zu Hapsal (Haapsalu) sowie mehrere ℳaltäre und ℳvikariate in Riga erwähnt.

Von den ma. ℳ geweihten Landkirchen sind die von Ampel (Ambla oder Suur-Maarja, 1290–1300) und Klein-(St.)Marien (Väike-Maarja, 1346) am bekanntesten. Vor der Reformation trug auch die spätere Nikolaikirche zu Kosch den Namen ℳs. Die ℳgemeinde zu Odenpäh (Otepää) erhielt den Namen nach der ℳkapelle, die in der Nähe der Elisabethkirche zu Odenpäh lag. Den Namen ℳs behielt die Gemeinde auch nach der Fertigstellung der neuen St. Martinskirche bei. Die ℳkirche zu Dorpat (13. Jh.), die einer dt. Gemeinde gehörte, wurde 1582 von Stefan Batory den Jesuiten übergeben. Eine der bedeutendsten ma. ℳ geweihten Kapellen auf dem Lande war die ℳkapelle zu Maholm (Viru-Nigula), die auch als Wallfahrtsort bekannt war. Einer der drei Altäre in der Kirche zu Keinis (Käina), erbaut um 1500 auf der Insel Dagö (Hiiunaa), war ℳ geweiht.

Die ma. ℳliteratur aus dem Gebiet L.s ist vorwiegend lat. Die älteste bekannte estnische Niederschrift des Vaterunser, Ave Maria und Credo steht auf der Rückseite des lat.-mittelniederdt. Wackenbuches (1520–32) der Kirche zu Goldenbeck (Kullamaa). Laut Synodalstatut des Bischofs Johannes von Ösel-Wiek (1505) waren die Priester verpflichtet, an Festtagen, v. a. aber an Sonntagen, den Gemeindemitgliedern das Vaterunser, Ave Maria und Credo in ihrer Muttersprache beizubringen. Vereinzelte Legendenbücher über ℳ gibt es im Tallinner Stadtarchiv: Lat. Andachtsbuch, mit der Erklärung der Conceptio ℳe, der rechten Fastens, mit Pater Noster und Ave Maria (13. Jh.); Gelegenheitsgedichte und Gebete zu ℳ in einem Band, der den Ordo Missae von Innozenz III. enthält (13. Jh.); Raimundus →Lullus, »De laudibus beatae Mariae« (Straßburg, Johannes Grüninger, 1504); →Albertus Magnus, »Summa de laudibus christifere Virginis Mariae (Köln, Quentell, 1509) sowie in der Tartuer Universitätsbibliothek: Sebastian → Brant, »Carmina in laudem BMV multorumque sanctorum« (Basel, Johann Bergmann v. Olpe, nicht vor 1494).

Nach seinem Sieg über die Russen am Smolinosee am 13.9.1502 stiftete der livländische Ordensmeister Wolter v. Plettenberg in ganz L. Vikariate und Kapellen zu Ehren ℳs. 1504 erklärte der Erzbischof den Tag der Kreuzerhöhung (14. September) landesweit Gott und ℳ zu Ehren zu einem Festtag mit Prozession, Gebeten und Gesang.

Auch als Schutzheilige der Gilden und Bruderschaften stand ℳ in Alt-L. an erster Stelle. Der Schragen der ℳgilde der Rigaer Stadtdiener schrieb eine Vigil vor ℳe Himmelfahrt sowie eine Seelenmesse zu ℳe Himmelfahrt unter Teilnahme aller Gildemitglieder vor. Den Namen ℳs trug auch die 1425 von der Rigaer Großen Gilde zur Unterstützung der Armen gegründete Tafelgilde, bei der die Seelenmessen ebenso zentrale Bedeutung hatten, die Rigaer Bruderschaften der Bäckergesellen (Schragen von 1235) und der Schustergesellen (Schragen von 1414) sowie die Revaler Domgilde.

Die ℳdarstellungen und ℳsymbolik in kath. Zeit sind nur noch spärlich überliefert. Die Grundmotive vereinzelter fragmentarisch erhaltener Kirchenmalereien sind Szenen aus dem ℳleben: thronende ℳ, Himmelfahrt und Krönung ℳs. In der Pflanzenornamentik der Sakralarchitektur erscheinen häufig die marian. Pflanzen Rose und Lilie. Von den ma. ℳplastiken aus Holz sind erhalten: sitzende ℳ mit Kind (Lübecker Schule, Ösel [Saaremaa], Mus., 1280–90), Krönung ℳe aus der Kirche zu Karmel auf Ösel (Henning von der Heide?, Ösel, Mus., um 1500), ℳ mit Kind aus der Kirche zu Runö (gotländischer Meister nach franz. Vorbildern, Lettland, Hist. Mus. um 1310), ℳ im Kindbett aus der Kirche zu Worms (Stockholm, Hist. Mus., um 1405–10), Ohnmacht ℳs aus der Taufkapelle der Burgkirche zu Hapsal (ca. 1490, seit 1945 verschollen), ℳ mit Kind vom Altar der Kirche zu Poenal (Lääne-Nigula, um 1515), die Golgatha-Gruppe aus der Johanniskirche zu Dorpat (Tartu, um 1380). Eine Darstellung der thronenden ℳ hat es auch an der Westwand des Langhauses in der Kirche zu Mohn (Muhn) gegeben. Die meisten ℳdarstellungen in der Innenausstattung der heute überwiegend luth. Kirchen stammen aus dem 17.–19. Jh. Als neuer Sakralbau soll bei der Kirche zu Väike-Maarja, an der Stelle der ehemaligen sog. dt. Kapelle, eine ℳkapelle entstehen. Zahlreich sind auch die ℳdarstellungen in der Symbolik der livländischen Würdenträger.

Auch über die Bräuche, die zum Feiern der ℳtage gehörten, gibt es Belege hauptsächlich aus den Städten. In den vom 13.–16. Jh. von der päpstlichen Kurie für L. erteilten Indulgenzen werden von den ℳtagen überwiegend assumptio, purificatio, nativitas, annuntiatio genannt, als Tage, an denen die für Ablaß erforderlichen frommen Handlungen zu verrichten waren. 1503 führte der Erzbischof von Riga im Rigaer Dom eine Frühmesse ein, die zum ℳgottesdienst in der ℳkapelle des Doms gehörte. Dazu sollte nach der Messe ℳ zu Ehren dreimal die Glocke geläutet werden. 1440 erteilte das Baseler Konzil den Besuchern der ℳkapelle des Rigaer Doms einen Ablaß. Im Erzbistum Riga gingen allen M feiertagen Vigilien mit Fasten voran.

In der Volkstradition ist die MV vermischt mit einem agrarischen Kult der Landmutter. Die mit heidnischem Brauchtum durchsetzte Tradition ist jedoch durch die Reformation und die Herrnhuterbewegung des 18.–19. Jh.s zurückgegangen. Einer Sage nach soll M während einer Wanderung auf einem Hügel im Kirchspiel Tristfer (Kadrina) gerastet haben. Der Quelle unten am Hügel wurde noch um 1920/30 eine Augen heilende Wirkung zugeschrieben. Außerdem gibt es noch weitere lokale Überlieferungen über M brunnen und -quellen mit Heilwasser sowie über Aufenthaltsorte M s und Jesu.

Nach der Reformation kommt die MV überwiegend im Brauchtum der M tage zum Ausdruck, was jedoch nicht immer an M anknüpft, sondern eher die bäuerliche Gesellschaft widerspiegelt. Ebenso gibt es Unterschiede im Brauchtum zwischen dem russ.-orth. Südestland und dem übrigen Gebiet des ehemaligen Alt-L.

Der estnische Volkskalender kennt M e Lichtmeß (küünlamaarjapäev, »Kerzen-Marientag«, 2. Februar), M e Verkündigung (paastumaarjapäev, »Fasten-Marientag, 25. März), M e Heimsuchung (heinamaarjapäev, »Heu-Marientag«, 2. Juli), M e Himmelfahrt (rukkimaarjapäev, »Roggen-Marientag«, 15. August), M e Geburt (ussimaarjapäev, »Schlangen-Marientag«, oder väike maarjapäev, »Kleiner Marientag«, 8. September), M e Schutz- und Fürbitte (suurmaarjapäev, »Groß-Marientag«, 1. Oktober), den Kasan-M tag (Kaasani-maarjapäev, 22. Oktober, Festtag in der russ.-orth. Kirche), M e Opfer (leemetimaarjapäev, »Clemens-Marientag«, 21. November) und M e Empfängis (nigulamaarjapäev, »Nikolaus-Marientag«, 8. Dezember).

Zu M e Verkündigung gepflanzter Kohl oder gesäte Kohlsamen sollten frosthart werden. Die Kohlspeisen waren zu M e Verkündigung verboten. Die Frauen sollten ein weißes Kleid tragen, damit der Kohl gut gedeihen würde. In Südostestland war es verboten, zu M e Verkündigung mit der Nadel zu arbeiten — damit die Würmer nicht den Kohl »stöchen« und die Schweine nicht im Roggenfeld wühlten — sowie Haar zu kämmen, Mehl zu sieben und den Fußboden zu fegen — um Schädlinge vom Kohl und Hühner von den Beeten und dem Roggenfeld fernzuhalten. M e Verkündigung war auch der Schlußtermin für typische Winter- und Frühjahrsarbeiten der Frauen (Spinnen, Weben). Von da an durften die Mädchen im Speicher, Heuboden oder Stall schlafen. Die Wettervorzeichen bilden etwa ein Viertel des Brauchtums zu M e Verkündigung. Die Schlittenfahrt wurde eingestellt. Sowohl zu frühes als auch zu spätes Schmelzen des Schnees sagte ein extremes Wetter vorher. Die ersten Zugvögel kehrten zurück; jetzt mußte man morgens unbedingt einen »Vogelbetrug einnehmen«, d. h. frühstücken. Es bedeutete Unheil, wenn man im Frühling einen Vogel, bes. den Kuckuck, singen hörte, ohne vorher etwas gegessen zu haben. Man aß also, um sich vom Vogel nicht »betrügen« zu lassen. Vorherrschend waren die Vorzeichen für die Ehe. In Westestland wurde in der Nacht vor M e Verkündigung ein Liebestrank (karvakald) zubereitet.

M e Heimsuchung wurde noch als »Rot-Marientag« (punamaarjapäev) bezeichnet. Von da an sollte Gras auf den Wiesen nicht mehr gedeihen. Zu M e Heimsuchung durfte man weder Gras mähen und trocknen noch Heu schobern — man fürchtete, daß der Blitz dann in den Schober einschlagen würde. Damit die Heuernte weiter gut wäre, berührte man jede Tür mit drei Handvoll Heu und versteckte dieses Heu anschließend an der Stalltür im Mist. Regenwetter zu M e Heimsuchung verhieß eine regnerische Heuernte, heißes Wetter bedeutete eine gute Getreideernte, Rufen des Kuckucks einen schönen Herbst. Man trank »Marienrot«, damit die Flöhe und Mücken nicht plagten. An der Küste brannten »Marienfeuer«.

An M e Himmelfahrt feierte man das Ende der Roggenernte und der Roggensaat. Für die Seelen der Vorfahren wurden Speisen und Getränke in die Sauna gebracht. Der Brauch, den Winterroggen 3 Tage vor und 3 Tage nach M e Himmelfahrt zu säen, war mehr in West- und Südestland verbreitet. Man glaubte, daß die Saat zu M e Himmelfahrt von Unkraut heimgesucht werden könnte. Zu M e Himmelfahrt fanden in mehreren Orten, u. a. Petschur (Petseri) und Helmet (Helme), Spätsommerjahrmärkte statt. Über die abergläubischen Bräuche im Zusammenhang mit M e Himmelfahrt gibt es Belege aus dem 17. Jh.. Seit der Errichtung eines russ.-orth. Nonnenklosters in Püchtiz (1892; nach Überzeugung der Orthodoxen soll M sich an einer Quelle in Püchtiz gewaschen haben) begann man M e Himmelfahrt dort konsequent nach orth. Brauch mit Einsegnung der Gaben und Wasserweihe zu feiern.

Zu M e Geburt sollten die Schlangen in ihre Höhlen kriechen und bis zum Georgstag (23. April) dort bleiben. Es war verboten, zu M e Geburt in den Wald zu gehen, weil die Natur Ruhe brauchte; außerdem konnte man ja auf wegkriechende Schlangen stoßen. Die Würmer, die den Roggen beschädigten, sollten verschwinden, und die Getreideernte sollte zu Ende sein. Da man »Schlangenstich« (Schlangenbiß) fürchtete, war jede Nadelarbeit verboten. Von einigen Orten (Pölwe, Testama, Nordlettland) weiß man, daß zu M e Geburt bei den Kirchen heidnische Opfer stattfanden.

Zu M e Empfängnis durfte man keinen Lärm machen, weil es im folgenden Sommer sonst oft blitzen und donnern würde.

Zum volkstümlichen Gebrauch des Namens M e im Estnischen zählen Bezeichnungen für einige Mineralien, wie maarjas (Alaun), maarjakilt (Alaunschiefer), maarjatuhk (gebrannter

Alaun) sowie Pflanzen, wie maarjahein (Ruchgras), maarjakask (Maserbirke), maarjamalts (Honigklee), maarjalepp (Ackermenning), maarjasónaljalg (Hauslaub) usw.

In den Quellen aus kath. Zeit kommt M. als weiblicher Vorname selten vor, vielleicht aus besonderer Ehrfurcht vor der GM. Nach der Reformation wurden die von M. abgeleiteten Namen (Mari, Maarja u.a) bei den Esten zu den beliebtesten Frauennamen.

1939 waren von den insgesamt 210 registrierten Gemeinden der ev.-luth. Kirche Estlands 20 der GM geweiht. Heute sind es 16 von 163 (Dom zu Tallinn, Jóelähtme, Loksa, Nissi, Torma, Ambla, Pólva, Väike-Maarja, Märjamaa, Vigala, Anseküla, M.gemeinde der Petrikirche zu Tartu, Otepää, Helme, Paistu, Tóstamaa), außerdem die kath. M.gemeinde in Tartu. Damit steht M. als Schutzheilige der Gemeinden der luth. Kirche Estlands an erster Stelle.

Lit.: Liv-, Est- und Curländisches Urkundenbuch nebst Regesten, hrsg. von Fr. G. v. Bunge u. a., Reval-Riga-Moskau 1853 ff. — F. Amelung, Baltische Culturstudien aus den vier Jh.n der Ordenszeit (1184–1561), Dorpat 1884. — Est- und Livländische Brieflade. Vierter Teil. Siegel und Münzen der weltlichen und geistlichen Gebietiger über Liv-, Est- und Curland bis zum Jahre 1561, hrsg. von Baron R. v. Toll, Reval, 1887. — H. v. Bruiningk, Messe und kanonisches Stundengebet nach dem Brauche der Rigaschen Kirche im späteren MA, Riga 1903/04. — L. Arbusow, Die Einführung der Reformation in Liv-, Est- und Kurland, 1919. — G. Hansen, Katalog des Revaler Stadtarchivs, hrsg. von O. Greiffenhagen, 1924. — O. Pohrt, Zur Frömmigkeitsgeschichte L.s zu Beginn der Reformationszeit, 1925. — Eesti Entsüklopeedia III, 1934; V, 1935. — Eesti evangeeliumi luteriusu kirikud, hrsg. von B. Ederma und A. Jaik, 1939. — Eesti rahvakalender I, hrsg. von S. Lätt, 1970; II und V, hrsg. von M. Hiiemäe, 1981. — V. Raam. Gooti puuskulptuur Eestis, 1976. — Inkunaablid Tartu Riikliku Ülikooli Teaduslikus, Raamatukogus, hrsg. von O. Nagel, 1982. — L. Vahtre, Keskaegsete maailmapilt ja -kabelite nimipühakute kajastumine eesti rahvakultuuris, In: Kleio 1'88 (1989) 38–45. — K. Kivimaa, Keskaegne maailmapilt eesti monumentaalkunstis, Diplomarbeit, Tartu 1993. *T. Kala*

Marées (Desmarées), Georges des, schwedisch-dt. Maler, *29. 10. 1697 in Gimo/Upland, †3. 10. 1776 in München, lernte 1710–24 bei Martin van Meytens d. Ä. in Stockholm. Gegen Ende der Lehrzeit beginnt bereits seine eigenständige schwedische Schaffensperiode, die hier ausschließlich, wie später dann weitgehend, der Porträtmalerei gewidmet ist. Eine längere Wanderschaft führte M. über Amsterdam nach Nürnberg, wo er mit J. Kupetzky näher in Berührung kam, dann über Augsburg, München, Innsbruck nach Venedig, wo er 1725–27 in der Werkstatt G. B. Piazettas arbeitete, was ihn, v. a. koloristisch, maßgeblich prägte. Nach nochmaligen Aufenthalten in Augsburg und Nürnberg wurde M. 1730 an den Münchner Hof berufen. Er verblieb dann, unterbrochen von gelegentlichen Berufungen an die Höfe in Bonn und Kassel, bis zu seinem Tod in München, wo er bereits 1731 zur kath. Kirche konvertiert hatte.

Der Schwerpunkt von M.s Tätigkeit bildete die repräsentative Porträtmalerei, in München zunächst fast ausschließlich für Hof und Adel, in den späteren Jahren dann zunehmend auch für das dortige Bürgertum. Im geringen Umfang übernahm M. auch Aufträge für Kirchenbilder, die stark venezianisch, v. a. von Piazetta her, geprägt sind. Unter den etwa fünfzehn Bildern dieses Bereichs sind einige mit M.themen: Madonna mit Kind (München, Angerkloster, 1738); Entwurf für eine Himmelfahrt M.s (Stockholm, 1745), stark an Piazetta angelehnt; Verkündigung an M. (Polling, undatiert, und München, Theatinerkirche, undatiert); ein Altarbild mit der »Heimsuchung« (ehem. München, Damenstiftskirche) wurde im Zweiten Weltkrieg zerstört.

Lit.: C. Hernmarck, G. D., 1933. — Thieme-Becker XXIV 81–83. — NDB XVI 143–145. *L. Koch*

Maria Rain, Lkr. Oberallgäu, Diözese Augsburg, M.wallfahrt. Ein Kirchlein gab es am Hochufer der Wertach unweit von →Nesselwang schon seit dem 11. Jh. Im späten MA kam dann eine M.wallfahrt dazu, denn schon 1414 ist von der »Liebfrauenkapelle auf den Rainen« die Rede. Ursprünglich hing ein M.bildnis an einer Ulme in der Nähe eines heilkräftigen Brunnens. Die heutige Kirche von 1469 mit Veränderungen bis ins 18. Jh. zeichnet sich aus durch den ikonographisch außergewöhnlichen Hochaltar (Kreuzesthematik, M.leben und Eucharistie sind meisterhaft und harmonisch verbunden), in dessen Mitte das Gnadenbild, Himmelskönigin mit dem Kind, aus der Zeit um 1490 steht. Ihre schönste Blüte erlebte die Wallfahrt während des Dreißigjährigen Krieges und im 18. Jh.

Lit.: L. Dorn, Die Wallfahrt Maria Rain im 15. Jh., In: JVABG 3 (1969) 27–26. — H. Pörnbacher, Pfarr- und Wallfahrtskirche Maria Rain, 1992 (Lit.). *H. Pörnbacher*

Marian Library, gegründet 1943 von John A. Elbert S.M., damaliger Rektor der von Marianisten (S.M.) geleiteten University of Dayton, Ohio/USA, entwickelte sich im Lauf der Jahre zu einer der umfassendsten marian. Bibliotheken der Welt. Sie enthält Schriftdokumente in zahlreichen Sprachen in den Bereichen marian. Theol. und Frömmigkeitsliteratur aus Vergangenheit und Gegenwart sowie zahlreiche Ton- und Bildmaterialien. Im Bestreben, alles Marian. zu erfassen, erstreckt sich die Sammlung auf Kunstgegenstände (Gemälde und Skulpturen), Devotionalien (Bildchen, Medaillen und Rosenkränze) und Memorabilia (Münzen und Briefmarken). Die Bibliothek ist so angelegt, daß das marian. Schriftgut ergänzt wird durch entsprechende Bestände in Schrift, Patristik und Kirchengeschichte, bes. auch auf den Gebieten der theol. Anthropologie, Christol., Ekklesiol., Spiritualität, rel. Kunst, Volksfrömmigkeit, Psychologie und Soziologie.

Seit 1975, hat sich die M. L. dank des Bemühens des Mariologen Th. Koehler, Direktor der Bibliothek 1969–87, zu einem päpstlichen Institut für Forschung und Lehre im Bereich der Mariol. entfaltet. Der akademische Betrieb ist der theol. Fakultät Marianum (Rom) und der

Universität Dayton angeschlossen. Die M. L. verleiht die akademischen Grade des Magisters, des Lizentiates und des Doktorates in Theol. mit einer Spezialisierung in der Mariol.

In Zusammenarbeit mit der Mariological Society of America gibt die M. L. das Vereinsorgan »Marian Studies« heraus. Wissenschaftliche Forschungsberichte werden in den hauseigenen »Marian Library Studies« veröffentlicht. Nachrichten, kurze Berichte und Buchbesprechungen erscheinen in »The Marian Library Newsletter«.

Die M. L. fördert marian. Kunst durch Kontakte zu Künstlern und durch regelmäßige Kunstausstellungen; sie versucht durch psychosoziologische Studien einen Beitrag zur Erfassung von marian. Frömmigkeit und Lehre in der Gegenwart zu leisten. Obwohl unmittelbar auf die USA ausgerichtet, ist die M. L. durch Kontakte, Austausch und Zusammenarbeit bestrebt, ihren internat. Charakter zu bestätigen und auszubauen.

Lit.: Dictionary of Mary, 1985, 220. — Maria in der intellektuellen und geistlichen Erziehung (Rundschreiben der Kongregation für kath. Erziehung), 1988. — The Marian Library Newsletter 26 (1993) und 27 (1993/94). *J. Roten*

Marienfried → Pfaffenhofen

Martinů, Bohuslav, * 8.12.1890 in Polička/Ostböhmen, † 28.8.1959 in Liestal/Schweiz, tschechischer Komponist. Nach erstem Geigenunterricht des Glöcknersohns beim Schneider seines Ortes studierte er 1906–10 am Prager Konservatorium Violine, Orgel und Komposition, anschließend bei J. Suk, war 1913–23 Mitglied der Prager Philharmonie und übersiedelte 1923 nach Paris, wo er bei A. Roussel (v. a. Violine und Komposition) weiterstudierte und sich mit Konzerten und seinen Kompositionen Ansehen und Lebensunterhalt verdiente. 1940 mußte er vor den einmarschierenden Deutschen und der Verfolgung durch die Nazis ohne alles flüchten und vermochte, sich ab 1941 in den USA eine neue Existenz als Komponist und Hochschullehrer aufzubauen. 1946 erhielt er einen Ruf an das Konservatorium in Prag, aber gesundheitliche Probleme hinderten ihn an dessen Übernahme. Seine letzten Lebensjahre verbrachte er in Frankreich, Italien und der Schweiz. Sein musikalisches Werk (Symphonien, Kammermusik und Opern) entstand in der Auseinandersetzung mit der dt. musikalischen Tradition, mit Debussy und den franz. Komponisten, mit der Moderne und dem Jazz und in Rückbesinnung auf die eigenen Wurzeln in der tschechischen Volksmusik. Eine Schlüsselstellung darin nahm der Zyklus von einem Prolog und drei Opern »Hry o Marii« (»Die Wunder ULF«, 1934) ein, der ihm den tschechischen Staatspreis einbrachte. Das Libretto stützt sich auf ma. Texte, die er ins Tschechische übertragen ließ. »Die klugen und törichten Jungfrauen« (Prolog) gehen auf ein provenzalisches Mysterienspiel (12. Jh.) zurück, »Mariken von Nijmegen« auf ein flämisches Spiel des 15. Jh.s, »Die Geburt unseres Herrn« auf böhmisch-mährische Volksüberlieferung und »Schwester Pasqualina« auf ein span.-franz. Mirakelspiel des 13. Jh.s. Mit allen Mitteln der europäischen Musik von der Gregorianik des MA über die Polyphonie des Barock bis zur Expressivität der Moderne auf der Grundlage des reichen Schatzes tschechischer Musik stellt M. des Menschen Verstrikkung in Sünde und Schuld und und seine Erlösung dar, wenn er sich der Gnade Gottes und der Fürsprache der GM übereignet.

Lit.: H. Halbreich, B. M., Werkverzeichnis, Dokumentation und Biographie, 1968. — B. Large, Martinů, 1975. — MGG VIII 1729–31. — Grove XI 731–735. *G. Schneeweiß*

Meditationes vitae Christi, im MA Bonaventura und dann 1767 Johannes de Caulibus OFM zugeschrieben, gelten heute als Werk eines unbekannten toskanischen Franziskaners, der das 100 Kapitel umfassende Erbauungsbuch in Anlehnung an ältere Schöpfungen der Leben-Jesu- und Passionsfrömmigkeit um 1300 für eine Klarissin verfaßt hat. Es erzählt nach einer Konkordanz dramatisch-lebhaft und einfühlsam, popularisierend und unter Verwendung von Apokryphen, nicht ohne theol. Tiefe, das Leben, Leiden und die Verherrlichung Christi bis zur Geistsendung. Die c. 45–58 sind eher Traktate über das geistliche Leben. →Bernhard v. Clairvaux wird am ausführlichsten zitiert. In miterlebender und vergegenwärtigender Betrachtung (das biblische hodie kehrt häufig wieder) wollen die M. zur Erfahrung Christi in der Heilsgeschichte, in den »Denkwürdigkeiten« seines Werkes, führen. Sie wurden zur beliebtesten und verbreitetsten Schrift der franziskanischen Geistigkeit und in die wichtigsten Volkssprachen des Westens übersetzt. Ihr kultureller Einfluß ist unübersehbar. Er wird durch die Einbindung in die Vita Christi des Michael v. Massa († 1337) und des →Ludolf v. Sachsen gesteigert.

M. tritt bes. an der Seite Jesu hervor in der Kindheitsgeschichte (c. 3–14), beim Wunder in Kana (c. 20) und in den Passionsbetrachtungen (c. 74–85), die auch getrennt in Umlauf waren. Nach c. 3 (De Vita Mariae Virginis …) wurde M. im Schoß ihrer Mutter geheiligt — eine für einen Franziskaner ungewöhnliche Ansicht — und mit drei Jahren in den Tempel gebracht. Bei der Verkündigung, der Inkarnation des Sohnes Gottes, die Werk der »ganzen Trinität« ist, wurde M. vom Vater als Tochter, vom Sohn als Mutter und vom Hl. Geist als Braut angenommen (c. 4). Bei der Geburt soll sich der Betrachter mit dem Verhalten und Tun Ms vereinen: »Da also die Herrin bei der Krippe steht, so stehe auch du mit ihr neben der Krippe und freue dich häufig mit dem Knaben Jesus, da Kraft von ihm ausgeht« (c. 10: 524).

In den Passionsbetrachtungen sind Elemente aus den →Klagen (vgl. →Bernhardstraktat, →Oglerius) ausgiebig verarbeitet und weiter ausgebaut: Der Herr sagt seiner Mutter seinen

Tod voraus (c. 72). Bei der Begegnung des Herrn mit M auf dem Kreuzweg, bei der Öffnung seiner Seite und der Abnahme vom Kreuz soll das Leiden der Mutter Jesu zum Mitleiden und zur Erschütterung des Betrachters führen. Der Trauer Ms und ihrer Gefährtinnen am Samstag wird ein ganzes Kapitel (c. 84) gewidmet. Wie in anderen vergleichbaren Werken erscheint auch in den M. der Auferstandene seiner Mutter (c. 86). Während sie bei der Himmelfahrt Christi anwesend ist (c. 97), fehlt sie eigenartigerweise bei der Geistsendung.

QQ: S. Bonaventurae op. om., ed. A. C. Peltier XII, Paris 1868, 509–630. — Meditationes de Passione Christi, ed. M. J. Stallings, 1965. — Johannes de Caulibus, Betrachtungen vom Leben Jesu Christi, übers. von V. Rock und G. Haselbeck, ²1931. — Anonimo franscano del' 1300, Meditazioni sulla Vita di Cristo, trad. S. Cola, 1982.
Lit.: W. Baier, Untersuchungen zu den Passionsbetrachtungen in der Vita Christi des Ludolf v. Sachsen, 1977, 325–361 (Lit.). — C. C. de Bruin, Middeleeuwse Levens van Jesus als Leidraad voor Meditatie en Contemplatie, In: Nederlands Archief voor Kerkgeschiedenis 58 (1978) 129–155, hier 143–153. — K. Ruh, Geschichte der abendländischen Mystik II, 1993, 439 ff. — W. Baier, Michael v. Massa OSA († 1337), Autor einer Vita Christi, In: A. Zumkeller (Hrsg.), Traditio Augustiniana, FS für K. W. Eckermann, 1994. — BgF 15 (1981–85) 213. — P. Dinzelbacher (Hrsg.), Wörterbuch der Mystik, 1989, 423 f. — VL² VI 282–290 (Übers., Lit.). — LexMA VI 452.

W. Baier

Meffrid. Außer dem Namen wissen wir nichts über diesen Dichter, dem die Kolmarer Liederhandschrift (cgm 4997 fol. 794ᵃ–796ᵃ: »Meinster meffryds geticht«) einen Ton und sechs dreistrophige Lieder zuweist: ein Mlob (auch in Engelberg, Stiftsbibl. Ms. 414, fol. 5), eine Mahnung zum Handeln zur rechten Zeit, ein memento mori, ein Bittgebet um einen seligen Tod, ein Frauenlob und eine Allegorie auf die Sangeskunst. Sie dürften um 1350 und später, wohl im Oberdeutschen, entstanden sein. Die M betreffenden Lieder 1 und 4 heben sich kaum von der Masse ähnlicher Texte des 14. und 15. Jh.s ab. Das Mlob zeigt sowohl die gelegentlich das Unorthodoxe streifenden Übersteigerungen, mit denen die Volksfrömmigkeit Ms Mittlertätigkeit ausdrückte, als auch, wenn auch in dezenter Form, die Glaubenserotik, mit der man das Mysterium der jungfräulichen Empfängnis umgab. M. schöpft dabei aus dem reichen Fundus preisender Attribute, die auch in der Volkssprache seit dem 11. Jh. die Mlyrik (→ Lyrik) prägen. M ist der blühende Mandelzweig, die Gerte von Jesse, Gottes Kleid und sein »sarc« (Schrein). Weil die Dreifaltigkeit nach ihrer Liebe Verlangen trug, schuf sie der Sohn, als dessen Tochter und Mutter sie ein Brunnen aller Gnaden geworden ist. Kein Mund, nicht Pfaffe noch Laie, kann jemals mit ihrem Lob an ein Ende kommen. Das Lied endet mit der Bitte um Fürsprache bei ihrem Kind. In Lied 4 wird zunächst Gott gebeten, er möge um seiner Mutter willen dem sterbenden Sünder gnädig sein; dann wendet sich der Dichter direkt an »gottes kerze«, an M, erinnert sie an ihren Schmerz beim Anblick der Leiden ihres Sohnes und bittet um Fürsprache und Beistand in der Todesstunde. M möge sich mit ihrem »Gnadenschiff« — dies die einzige ungewöhnliche Wendung, wohl eine Trivialisierung oder ein Mißverständnis der Bezeichnung Ms als »Schiff der Gnaden« — dem Sünder zuwenden.

Ausg.: K. Bartsch, Meisterlieder der Kolmarer Hs., 1862, 550–558, Neudr. 1962. — Th. Cramer, Die kleineren Liederdichter des 14. und 15. Jh.s II, 1979, 286–295, 523 f.
Lit.: J. Handschin, Die Schweiz, welche sang, In: K. Nef, 1933, 102–133. — H. Brunner, Die alten Meister. Studien zur Überlieferung und Rezeption der mhd. Sangspruchdichter im SpätMA und in der Neuzeit, 1975. — VL² VI 300–302.

E. Willms

Menger, Konrad. Der aus Luzern stammende Frühhumanist studierte ab 1451 in Heidelberg, wo er 1458 zum Magister Artium promoviert wurde, und wirkte seit 1460 am Luzerner Stift St. Leodegar. M., der mit führenden Humanisten wie Francesco Filelfo und Albrecht v. Bonstetten korrespondierte, reiste 1467–82 als Unterhändler der Eidgenossen nach Oberitalien, wo er 1480 die Propstei Como bei Bregnano erhielt. Auf die Pfarrei von Naters im Wallis verzichtete er 1501.

In einer in der Engelberger Stiftsbibliothek (cod. 302, fol. 22ʳ–33ᵛ) als Autograph erhaltenen Predigt über die Geburt Christi (»Sermo de Nativitate Domini ...«) als Auslegung von Lk 2,6–7, die der Engelberger Nonne Margarethe am Grund dediziert ist, handelt M., inspiriert bes. von den hll. Augustinus und Bernhard, u. a. über die UE und die Wahrhaftigkeit der Mutterschaft der »jumpfrow maria«, die als »naturlichi muoter gottes« figuriert. Die Predigt ist wohl als Reflex auf die Auseinandersetzungen um die UE im süddt. Frühhumanismus anzusehen.

Lit.: VL² VI 387 f. (Lit.).

H. Wiegand

Michna z Otzradovic, Adam Václav, Komponist, * ca. 1600 in Jindřichův Hradec (dt. Neuhaus/Südböhmen), † 2. 11. 1676 ebd. Über sein Leben ist wenig bekannt. Wahrscheinlich erhielt er den ersten Musikunterricht bei seinem Vater, dem Burgvogt und Organisten seiner Stadt, seine weitere Ausbildung (1611–17) am dortigen Jesuitengymnasium. 1633 wird er als Organist der Stadt erwähnt, auch betrieb er ein Gasthaus. Erst spät veröffentlichte er seine Kompositionen, die alle der KM gewidmet waren: »Officium vespertinum« (1648), »Sacrae et litaniae« (1654), eine Sammlung von Messen und Litaneien für Soli, gemischten Chor und Orchester, eine Missa Sancti Wenzeslavi, ein Tantum ergo und ein Magnificat für 12 Stimmen a cappella.

Umso größer war sein bleibender Einfluß auf die tschechische KM mit seinen drei Liederbüchern zum liturg. Gebrauch. Er dichtete die Texte seiner Lieder selbst und bevorzugte dabei die tschechische Sprache; bei deren Komposition war er bestrebt, die Ursprünge tschechischer KM im 15. Jh. für das Liedgut im 17. Jh. fruchtbar zu machen. So heißt es im lat. Vorwort zu seinem ersten Liederbuch »Česka marianská muzika« (Prag 1647): »Das böhmische (= tschechische) Volk ... ist irgendwie durch seinen Nationalgenius seinen angestammten Psalmodien zugetan ... Auf daß es fürderhin in Einheit auf die eine Stimme des obersten Hirten Christus höre, hat die heimische Clio ... dieses neue Gesangbuch auf die Jungfrau angestimmt; alle marian. Bruderschaften sollen es benutzen: zwar in heimischem Idion, doch in anmutigerem Stil ...«.

Auch seine beiden weiteren Liederbücher »Česka Loutna« (1653), eine Suite von 13 Kirchenliedern für zwei Frauenstimmen und Basso continuo zum kirchlichen und häuslichen Gebrauch, und bes. sein Liederbuch »Svatovoční Muzika« von 1661 bringen eine Fülle neuer M lieder, die die Vorzüge der GM preisen und ihre Fürbitte anrufen. Ihre Sanglichkeit und die homophone Einrichtung für 4-stimmigen Chor sichern ihnen in ihrer leichten Aufführbarkeit einen Platz in der tschechischen KM bis in die Gegenwart und gehören zu den schönsten Liedern des neuen tschechischen Gesangbuchs (1992), ja das Lied »Chtíc, aby spal« aus dem marian. Liederbuch von 1647 wurde weit über den kirchlichen Raum hinaus zum allgemein anerkannten Weihnachtslied des tschechischen Volkes.

Ausg.: Loutna česká, hrsg. von M. Horyn, 1984 (Faksimilie; moderne Umschrift mit Satz, krit. Apparat). — Básnické dílo, hrsg. von A. Škarka, 1985 (kritische Ausg. der Texte der Liederbücher).

Lit.: s. o. — MGG IX 276 f. — Grove XII 269–271.   *G. Schneeweiß*

Mitteldeutsche Predigten (→ Predigten). Der im 12. Jh. entstandene Musterpredigtzyklus der M. P. umfaßt kalendarisch geordnete Fest- und Heiligenpredigten; vier von ihnen thematisieren marian. Festtage (Me Lichtmeß, Me Verkündigung, Me Himmelfahrt, Me Geburt). Überliefert sind die M. P., deren Entstehungsort unbekannt ist, in fünf Fragmenten des 13. und 14. Jh.s sowie in drei vollständigen Handschriften des 15. Jh.s, letztere ohne die Festtagspredigten.

Mindestens 20 Stücke der M. P. (von den M predigten nur Me Lichtmeß und Himmelfahrt) wurden fast unverändert in die »Leipziger Predigten«, eine Predigtsammlung bairisch-österr. Provenienz aus dem späten 12. oder frühen 13. Jh., aufgenommen (in der Ausgabe Schönbachs die Nrr. 38. 40. 45. 68–73. 97. 99–107. 195.). Die lediglich in den Fragmenten erhaltenen 7 Festtagspredigten (zu Aschermittwoch, Gründonnerstag, Ostern, Letania, Christi Himmelfahrt, Pfingsten, Kirchweih; jedoch z. B. keine Predigt zu Weihnachten) lassen auf einen ursprünglich größeren Umfang der M. P. schließen. Von den 31 Predigten zu Hauptheiligen thematisieren vier die auch in anderen frühen dt. Predigtsammlungen behandelten M feiertage: Me Lichtmeß (Augsburg, III 1,4° 19, 74^r–76^v; Berlin, mgq 2025, 260^v–262^v; Heidelberg, cpg 55; keine Edition), Me Verkündigung (Augsburg, III, 1,4° 19, 80^r–83^r; Berlin mgq 2025, 265^r–266^v; Heidelberg, cpg 55; Edition vgl. Zacher 265), Me Himmelfahrt (Augsburg, III 1,4° 19, 129^r–132^r; Berlin mgq 2025, 296^r–298^v; Heidelberg, cpg 55; Edition vgl. Grieshaber 33–35) und Me Geburt (Augsburg, II, 1,4° 19, 138^r–139^v; Berlin mgq 2025, 302^r–303^v; Heidelberg, cpg 55; keine Edition).

Inhaltlich handelt es sich bei den M. P. um breit erzählende Legendenpredigten, die kaum mehr als die Heiligenbiographie bieten und mit einer Anrufung des jeweiligen Heiligen schließen. Die Predigt zu Me Lichtmeß bietet Auslegungen über die geopferten Tauben, die an Lichtmeß getragenen Kerzen, die Me-Verkündigungs-Predigt betont atl. Präfigurationen, während die Predigten zu Me Himmelfahrt und Me Geburt breit legendarisch erzählen, erstere dem »transitus beatae Mariae« des → Ps.-Melito folgend, letztere mit dem Schwerpunkt auf Ms Eltern Joachim und Anna.

Die Sammlung wurde im späten 14. oder frühen 15. Jh. zu einem Legendar (»passional«) umgewandelt, indem unter Auslassung der Kirchenfestpredigten die Heiligenpredigten in fast unveränderter Form (einschließlich des lat. Predigtthemas) beibehalten wurden; die Berliner Handschrift bietet zudem Illustrationen, die den Gebrauchswechsel des Textes von einer Predigtsammlung zu einem Lesetext unterstreichen.

QQ: Würzburg, Universitätsbibl., M. p. th. f. 214, mitteldt. Fragment, Ende 12. Jh./Anfang 13. Jh. — Nürnberg, Germ. Nat. Mus., Cod 42525, mitteldt. Fragment, um 1200. — Klagenfurt, verschollenes Fragment, 13. Jh. — Nürnberg, Germ. Nat. Mus., Cod. 42526, westmitteldt. Fragment, Ende 13. Jh. — Frankfurt, Stadtbibl. und Universitätsbibl., Fragm. germ. II 2, westmitteldt. Fragment, Ende 13. Jh. — Freiburg, Universitätsbibl., cod. 519, westmitteldt. Fragment, Ende 13. Jh. — Augsburg, Universitätsbibl., Cod. III, 1,4° 19, 58^r–180^r, schwäbisch, 15. Jh. — Berlin, Staatsbibl., mgq 2025, 251^r–329^v, westmitteldt., 15. Jh. — Heidelberg, Universitätsbibl., cpg 55, 66ra–99va, rheinfränkisch, 15. Jh.

Ausg.: F. K. Grieshaber, Ältere noch ungedruckte dt. Sprachdenkmale rel. Inhalts, Rastatt 1842, 1–36. — J. Zacher, Bruchstücke aus der Sammlung des Freiherrn von Hardenberg, In: ZfdPh 15 (1883) 257–276. — A. Jeitteles, »Mitteldeutsche Predigten«, In: Germania 17 (1872) 335–354. — Edition der »Leipziger Predigten« durch A. E. Schönbach, Altdt. Predigten I, 1886.

Lit.: R. Cruel, Geschichte der dt. Predigt im MA, 1879, 151–155. — Morvay-Grube, T 11–14. — H. Hilg, Das Marienleben des Heinrich v. St. Gallen, 1981, 414. — W. Williams-Krapp, Die dt. und ndl. Legendare des MA, 1986, 16. — Ders., Ma. dt. Heiligenpredigtsammlungen und ihr Verhältnis zur homiletischen Praxis, In: Die dt. Predigt im MA, hrsg. von V. Mertens und H. J. Schiewer, 1992, 354–56. — VL^2 VI 614–616.   *B. Jung*

Moosbronn, Gemeinde Gaggenau, Lkr. Rastatt, Erzdiözese Freiburg, Pfarr- und Wallfahrtskirche »Maria-Hilf«. Die im nördlichen Schwarzwald gelegene Wallfahrtskirche steht an einer heute noch vorhandenen Quelle (Moosalb/Heilquelle), bei der nach der Überlieferung 1680 in einer Linde ein M bild gefunden worden ist, das durch lieblichen Gesang auf sich hinwies. Die Legende besagt, daß dem Erblehenbauer Jakob Buhlinger in einer Notsituation (Türkenkriege) wunderbar geholfen worden sei. Auf Grund eines Gelöbnisses stiftete und errichtete er daraufhin gemeinsam mit seiner Ehefrau eine Kapelle. Für die Zisterzienser von Herrenalb sind 1148 und 1177 Besitzungen (Ländereien an der Moosalb bzw. eine »grangia«) urkundlich belegt — möglicherweise in Verbindung mit einer bereits bestehenden M-kapelle. Nachweisbar ist ein Sakralbau jedoch erst 1683 durch die Buhlingersche Kapellenstiftung (Visitation und Konsekration durch Jesuiten aus Speyer).

Die Kirche wird 1746–49 als barocke Saalkirche erbaut. Renovationen werden u. a. 1811/12 und mehrmals danach notwendig, zuletzt 1956 und 1981, wobei die Wallfahrtskirche wieder in den Originalzustand versetzt wird. Das ursprüngliche Gnadenbild ist nicht mehr vorhanden. In den alten Altar wurde statt des vermutlich 1714 in Verlust geratenen Wallfahrtsbildes eine Arbeit aus Baden-Baden (1735) eingefügt, wahrscheinlich 1740. Es handelt sich um eine freie Nachbildung des Passauer → M-hilfbildes, also um eine Gnadenbild-(Devotional-)Kopie.

Votive sind ab dem 17. Jh. vorhanden. Pius VI. gewährte 1796 einen Ablaß auf das Fest M-e Namen. M. ist große Regionalwallfahrt für den Raum Karlsruhe sowie das Alb- und Murgtal.

QQ: Th. Briemle, Maria-Hilf-Büchlein für M., 1929. — Maria-Hilf-Büchlein für M., 1936.
Lit.: A. Kehrer, Kurzgefaßte Geschichte der Kirche und Wallfahrt zu Maria Hilf in M., 1863. — FDA 12 (1878) 79 f. — Müller I 348–357. — SchreiberW 139. — E. Spitz, Heimatkunde vom Amtsbezirk Rastatt, 1926, 140 f. — P. Hirschfeld u. a., Die Kunstdenkmäler des Landkreises Rastatt, 1963, 104–110. — N. Kraft, Die Wallfahrtskirche M., In: Um Rhein und Murg 11 (1971) 9–37. — Kurzkataloge 66 f. — W. Scheurer, Pfarr- und Wallfahrtskirche Gaggenau-M., 1984. — R. Metten, K. Welker und H. Brommer, Wallfahrten im Erzbistum Freiburg, 1990, 64–66. — Dokumentation in der Abteilung Rel. Volkskunde des Instituts für Biblische und Historische Theol. der Albert-Ludwigs-Univ. Freiburg i. B.   *L. Böer (K. Welker)*

Moxena (Muxena, Mogena, Mugena, Mojena, Mujena), Diego, OFM, Theologe, * ca. 1350 in Valencia de Alcántara, Provinz Cáceres, † ca. 1430, ist gleichzusetzen mit Diego v. Valencia, las nach 1375 die Sentenzen in Léon, wurde Dr. theol. und 1410 einer der Kandidaten für den ersten Theol.-Lehrstuhl in Salamanca. Er verfaßte auch 43 kastilische (in Concionero de Baena) und 15 lat. Gedichte (in Cantilenae). In der letzten Periode des großen abendländischen Schismas entfaltete er eine intensive diplomatische Tätigkeit, so nach 1405 in Avignon, Nizza und Savonna am Hofe Benedikts XIII., den er heimlich verließ, um sich zum Konzil von Konstanz zu begeben (28. 11. 1414), wo er als »subtilissimus theologus« bekannt wurde und einer der Ankläger von J. Hus war. Unzufrieden mit der Wahl Martins V., versöhnte er sich mit Benedikt XIII., der ihn rehabilitieren ließ (19. 5. 1418).

Als Mariologe verteidigte M. in verschiedenen anonymen Schriften, die ihm früher zugeschrieben wurden, bes. die Lehre von der UE M-s, so z. B. in »Disputatio«, »Cantilenae« und »De sanctissima ac purissima conceptione Virginis«. Er entwickelt nicht die Konvenienzgründe, die seit → Duns Scotus und Raimundus → Lullus feststanden, sondern sieht die ganze Existenz M-s im Zusammenhang mit dem letzten Ziel, das Gott mit der Erschaffung der Welt und des Menschen hat. Es war nach ewigem Beschluß die Inkarnation des Wortes, um den Menschen und die Welt durch dessen größere Liebe und Erkenntnis mit sich zu vereinen (Disputatio 451 a). Er umfaßt zugleich die Empfängnis M-s, aus der das Wort die menschliche Natur annehmen sollte (Cantilenae 11 a).

Die Menschheit wurde erschaffen, um in Gerechtigkeit und Heiligkeit ihr letztes Ziel zu erreichen, verließ es aber durch die Sünde der Stammeltern. Diese Sünde ging in der Erbsünde als Verlust der Ursprungsgerechtigkeit oder Verlassen des Zieles der Schöpfung auf ihre Nachkommen über. Nur M., aus der Vereinigung von Mann und Frau mit Wohlgefallen empfangen, ist ausgenommen. Sie war ohne Erbsünde, als Deviation des Schöpfungszieles, weil sie empfangen war »wegen des Schöpfungszieles«, »daß Gott von ihr Fleisch annehme« (Disputatio 445 a, vgl. ebd. 451 a; Cantilenae 7 a). Durch die GMschaft wurde M. ein »Medium«, das den Anfang der Menschheit mit ihrem letzten Ziel vereinte (Disputatio 457 b). In Anwendung der Lehre des Raimundus Lullus von der concordantia oder proportio des Mittels mit Anfang und Ziel argumentiert M., daß M. nicht nur bei der Verkündigung, sondern auch im ersten Augenblick ihres Daseins voll der Gnade sein mußte, um den hl. Anfang der Menschheit und das heiligste Ziel der Inkarnation zusammenfassen zu können. Wenn M. nicht ohne Erbsünde empfangen worden wäre, hätte die Inkarnation keinen Ort gehabt (Disputatio 451 b) und M. wäre nicht GM noch Jungfrau gewesen. Im gleichen Glauben müssen wir bekennen, daß M. v. a. unbefleckte Mutter war, da ihre geistliche Integrität, d. h. ihre Freiheit von jeder Sünde, für die Inkarnation viel notwendiger war als ihre körperliche (De sanctissima 105). M. weitet auch auf die UE M-s gewisse Ausdrücke aus, die die liturg. und theol. Tradition auf ihre jungfräuliche Mutterschaft anwendet, so z. B. »voll der Gnade«, »einzigartige Jungfrau«, »Besiegerin aller Irrlehren«.

Auf zwei klassische Einwände gegen die UE M-s, die Universalität der Sünde und Erlösung, antwortet M.: Die Universalität der Sünde und Erlösung ist nur anwendbar auf die Nachkommen Adams »im Verlassen des Zieles«, nicht auf M., die nur von Adam abstammt, aber empfangen ist im Blick »auf das Ziel der Schöpfung« (Disputatio 461 a). Bezüglich der Erlösung vermerkt er, daß M. auch erlöst wurde, da sie bewahrt wurde vom Sündenfall (ebd. 459 b, de sanctissima 133, Cantilenae 6 a).

Als M. »Cantilenae« und wahrscheinlich auch »Disputatio« verfaßte (1415), wurde die UE M-s im ganzen Königreich von Aragon und an anderen Orten im Kult gefeiert. Die Einführung des Festes der UE M-s in der gesamten Kirche war Ziel einer Gesellschaft, die von der Bruderschaft der UE gefördert wurde, ihren Sitz im

Königspalast zu Barcelona hatte und darum »Cofraría del Senyor Rei« genannt wurde. In diese Initiative wollte sie den erwählten Kaiser Sigismund, der dafür aufgeschlossen war, einbeziehen und König Ferdinand für das Konzil von →Konstanz gewinnen. Sie verfaßte am 7.11. 1415 in Barcelona eine anonym erhaltene Bittschrift, der ein anonymer Lehrtraktat »De sanctissima« beigefügt war. Mit großer Wahrscheinlichkeit war M. der Inspirator der Initiative und Verfasser des Traktates. Tatsächlich nahm er als einziger span. Theologe als Redner von König Ferdinand am Konzil von Konstanz teil (vgl. Epistola).

QQ: Recepta ad memoriam secundum mag. Didacum Hispanum Ordinis Minorum: Parma, Mss. Misti B 26 fol. 129^{rv} (15. Jh.). – Epistola a Fernando I (Konstanz 9.7.1415, Original): Barcelona, Archivo de la Corona de Aragón, Fernando I, Cartas Reales, Coja 18, doc. 3356. – Akten und Dokumente der ersten Sitzungen des Konzils von Konstanz: Barcelona, Archivo dela Corona de Aragón, neue Sign.: Bibl., Codices Varia, n. 7 (33 Dokumente, teilweise Autographe), hier fol. 41^r–58^r: Capitula agendorum in concilio generali Constanciensi, ist ein Kompendium des Traktates: De modis uniendi ac reformandi ecclesiam in concilio universali, ed. D. v. Nien, Dialog über Union und Reform der Kirche 1410 ... mit einer zweiten Fassung aus dem Jahre 1415, hrsg. von H. Heimpel, 1933.

WW (provisorisch): Disputatio saecularis et iacobitae — Liber de conceptu virginali (auch R. Lullus und Ramón Astruc de Cortellesy zugeschrieben, in 5 Mss. überliefert, so auch in Rom, Bibl. Casanatense, Ms. 1022, fol. 45ra–56rb), letzte lat. ed. von P. de Alva y Astorga, Monumente Virginis Mariae, Lovanii 1665, 441–463, — Cancionero de Juan Alfonso de Baena, ed, von J. U. Azázeta, 1966 (43 kastilische Gedichte, vgl. Index: Diego de Valencia, Diego de Muxena). — Cantilenae in Dei servitium et gloriosae Virginis eius matris et aliorum sanctorum, compositae, anonym ed. von J. Perarnau Espelt, Dos tratados »espiriuales« de Arnau de Vilanova en traducción castellana medieval, In: Anthologica annua 22–23 (1975–76) 512–529. — De sanctissima ac purissima conceptione Virginis, anonym ed. von J. Perarnau Espelt, Política, Lullisme i Cisma d'Occident, In: Arxiu de Textos Catalans Antics 3 (Barcelona 1984) 101–146. — I. Vásquez Janeiro, Tratados castellanos sobre la predestinación y sobre Trinidad y la Encarnación del maestro fray Diego de Valencia (sg. 15). Identificación de su autoría edición crítica, 1984, 101–157: Disputa entre Gonzalo Morante de la Ventura y un »mal cristiano« sobre la predestinación y el libre albedrío; 159–173: Disputa entre un moro filósofo y Gonzalo Morante sobre la Trinidad y la Encarnación. — Gracián (Anhang an Opera lulliane Felix de les maravelles del món), anonym ed. von J. J. Satorre, La novela moral de Gracián (15.Jh.), 1986.

Lit.: W.-D. Lange, El fraile trovador. Zeit, Leben und Werk des Diego de Valencia de León (1350?–1412?), 1971. — I. Vázquez Janeiro, Anticristo »mixto«, anticristo »místico«. Varia fortuna de dos expressiones escatológicas medievales, In: Anton. 63 (1988) 522–550. — Ders., Una Colección de documentos del concilio de Constanza, In: Revista Española de Derecho Canónico 46 (1989) 115–126. — Ders., Dónde nació fray Diego de Valencia, poeta de Concionero de Baena?, In: Anton. 64 (1989) 366–397. — Ders., San Ildefonso y los concilios visigóticos, vistos desde el siglo XV, In: EstMar 55 (1990) 309–348. — Ders., I francescani e il dialogo con gli ebrei e i saraceni nei secoli XIII–XV, In: Anton. 65 (1990) 533–549. — Ders., El encomio mariano »cunctas haereses sola interemisti«. Origen de su sentido inmaculista: ebd. 66 (1991) 497–531. — Ders., »Nominetur ille doctor.« El ultimo deseo incumplico de Juan Hus en Constanza: ebd. 265–300; vgl. T. E. Morissey, Quidam magister Riccardus and Richard Fleming, bishop of Lincoln. A note: ebd. 67 (1922) 529–533. — I. Vázquez Janeiro, »Gracián«. Un »Felix« castigliano del secolo XV. Una ricerca sull' innominato autore, In: Annaliu dell' Istituto Universitario Orientale, Sezione Romanza 34 (1992) 295–337. — Ders., Dati per l' ermeneutica di alcune espressioni mariologiche nel secolo XV, In: E. Peretto (ed.), La Mariologia nell' organizzazione delle discipline teologiche — collocazione e metodo, 1992, 477–483. *I. Vázquez Janeiro*

Museu de Maria — de Antropologia Cultural (Marienmuseum – Kulturanthropologisches Museum) in Rio de Janeiro. 1978 von Solange de Campos e Chermont, Maria Graziela Peregrino und anderen port. Soziologen gegründet, hat es sich zur Aufgabe gesetzt, Studien, Forschungen, dokumentarische Erhebungen und Veranstaltungen (Seminare, Vorträge, Ausstellungen) über die Rolle der GM ℳ in der gehobenen wie in der volkstümlichen Kultur durchzuführen. Unter Mitarbeit namhafter Gelehrter — unter ihnen Gilberto Freyre (brasilianischer Soziologe, Autor von »Casa Grande e Senzala«, 1933) und der span. Philosoph Julián Mariás — hat das ℳmuseum bisher über 50 Ausstellungen in ganz Brasilien und eine in den USA (Dayton/Ohio) organisiert. Daneben wurden 40 Diskussionsveranstaltungen und Seminare zu mariol. Themen veranstaltet. Seit 1986 führt das ℳmuseum ein kunsterzieherisches Forschungsprojekt über Zeichnungen und Bilder von Kindern und Jugendlichen durch, die ℳkirchen in Pernambuco zum Gegenstand haben. Das ℳmuseum erhält Unterstützung durch Dokumentationen und Bildmaterial aus Deutschland (Kongregation Maria Stern, Augsburg). *M. G. Peregrino*

Nikolaus v. Landau, OCist. Von dem nach seiner Herkunftsstadt Landau benannten Mönch und Prediger N. ist nur bekannt, daß er von sich schreibt, als Mönch des Zisterzienserklosters Otterberg 1341 den ersten Band seiner Predigtkompilation abgeschlossen zu haben. Eine Identifikation mit dem 1370 urkundlich erwähnten Abt N. des Klosters ist zweifelhaft.

In der lat. Vorrede seiner Predigtkompilation nennt N. seine Musterpredigten »sermones novi«, die dies jedoch nur »secundum modum rei et effectum« (also in der Art ihrer Darstellung und in ihrer Auswirkung), nicht aber »secundum rem« (also der Sache nach) seien. Die Kompilation bietet Texte, die u. a. unter den Namen Meister → Eckhart, Florentius v. Utrecht, Johannes Franke, Hane der Karmeliter, Helwic v. Germar, Hermann v. Loveia, Kraft v. Boyberg, Eckhart Rube, Hartwig v. Erfurt und eines Lesemeisters der Barfüßer überliefert sind. Hierbei ändert N. nur wenig, so daß die Predigtpassagen, die er abschreibt, Zeugnisse für die Überlieferung der genannten Autoren sind. Die herausgelösten Partien kennzeichnet N. mitunter durch die Angabe, »ein meister« oder »ein lerer sprichet«, ohne jedoch den Zitierten zu nennen. Wie Zuchhold nachgewiesen hat, schiebt er gelegentlich eigene Gedanken ein, um dann in dem abgeschriebenen Text genau dort wieder einzusetzen, wo er ihn verlassen hatte. Als eine der Vorlagen N.s gilt der mutmaßlich im Erfurter Dominikanerkloster verfaßte → »Paradisus anime intelligentis«.

Die → Predigten N.s werden in Kassel (4° Ms. theol. 11 von 1341 und 4° Ms. theol. 12, Mitte 14. Jh.) sowie in Stuttgart (Württembergische Landesbibl., cod. theol. et philos. Q 88, fol. 3^r–213^r,

15. Jh.) aufbewahrt. Die beiden Kasseler Handschriften enthalten insgesamt 84 Predigten, darunter jeweils drei zu ₥e Lichtmeß und ₥e Verkündigung. Die De-sanctis-Predigten sind hierbei mit den De-tempore-Predigten verschachtelt. Das dem zweiten Band beigefügte Inhaltsverzeichnis nennt für die beiden vermutlich verlorenen bzw. geplanten Folgebände noch 56 bzw. 30 Predigten, von denen 6 ₥ gelten: für Bd. III drei Stücke zu ₥e Himmelfahrt (Offb 12,1; Hld 6,9 und 2 Sam 6,12) und zur Geburt ₥s (Spr 9,1; Jes 11,1 und Sir 26,21); für Bd. IV drei Predigten zu ₥e Heimsuchung (Ps 79,15; Num 16,9; Ps 26,4). Die Stuttgarter Handschrift bietet 42 der in den Bänden I und II überlieferten Predigten.

Die von Cruel als »Muster gelehrter Pedanterie« gescholtene Predigtweise N.s hat den Vorteil einer klaren und einheitlichen Gliederung, die stets mit dem titelartig genannten Bibelzitat beginnt. Dem folgt eine kurze lat. Vorrede, die das Schriftwort in seinem Kontext wiedergibt und anschließend übersetzt wird. Auf eine Erörterung des Bibeltextes im Hinblick auf ₥ folgt in der Regel eine klar gegliederte Zuweisung der Eigenschaften ₥e zu den im Schrifttext genannten Qualitäten, Dingen oder Ereignissen (z. B. zu Gen 8,11: ₥ ist ohne Bitterkeit wie die Taube, fruchtbar wie der Ölzweig, der Schmerz, der ihr von Simeon vorausgesagt worden ist, entspricht dem traurigen Gesang der Taube, deren Eigenschaften Schnelligkeit, Schönheit und Scharfsicht ₥e Gehorsam, ihrer Schönheit in der Heiligkeit und ihrer Erkenntnis, daß Christus Gott ist, entsprechen).

Die sermones auf ₥e Lichtmeß haben die folgenden Bibelworte zur Grundlage: »Apud te est fons vitae et in lumine tuo videbimus lumen« (Ps 35,10, fol. 104^r–107^r), »Columba venit ad Noe ad vesperam portans ramum olive« (Gen 8,11, fol. 107^v–110^r), »Suscipe benedictionem quam adtuli tibi« (Gen 33,11, fol. 110^v–114^v). Der ₥preis wird in den Predigten zu Ps 35,10 und Gen 33,11 durch an Christuspredigten erinnernde Passagen ergänzt. Die Auslegung knüpft in allen drei Predigten an der Kerze an sowie an Simeon, wobei unabhängig von der eigentlichen »lectio« auf den biblischen Ereignisbericht verwiesen wird (Lk 2,25–35). Das Taubenopfer wird nur in der Predigt zu Gen 8,11 thematisiert. Eine Erläuterung des Lichterfestes durch die Schilderung von Bräuchen aus der Zeit, in der »die Romere ... noch danne heydene waren und den abpet goten dieneten« (fol. 114^r) findet sich in der Predigt zu Gen 33,11 mit der Schlußbemerkung, durch die Anordnung des Papstes Sergius »wart also der heydinsche unglaube gezogen zu cristeme glauben« (fol. 114^v).

Die Predigten zu ₥e Verkündigung basieren auf Hld 4,12: »Hortus conclusus soror mea sponsa hortus conclusus fons signatus« (fol. 169^v–172^r), Jdt 13,23: »Benedicta es filia a domino« (fol. 172^v–175^v). Lk 1,34: »Quando fiet istud quoniam virum non cognosco« (fol. 175^v–178^v). Für letztere Predigt wird explizit angegeben, daß dieser Text der Evangelienlesung des Tages (Lk 1,28–34) entspricht. Doch auch in den anderen beiden Predigten wird auf die biblische Darstellung der Verkündigung eingegangen. In der Predigt zu Hld 4,12 wird die gläubige, ernsthafte Reaktion ₥e auf die Verkündigung dem Zweifel des Zacharias und dem Lachen Sarahs gegenübergestellt, während in der Predigt zu Jdt 13,23 die Angemessenheit des englischen Grußes thematisiert wird. Die letzte Predigt nimmt die eingangs zitierte Frage ₥e auf, um daran ihre Tugenden zu belegen. Thematisiert wird der Gnadenbeweis Gottes, daß er ₥ zur Mutter seines Sohnes macht. Alle drei Predigten sind von starker, teilweise fast gebetartiger MV geprägt. Auffällig ist die Häufung von Autoritätennennungen (Anselmus, Aristoteles [sieben Mal, meist mit dem Zusatz »der heydensch meyster«, von dem 174^r betont wird, er »sprichet hie gar cristenliche«], Augustinus [ebenfalls sieben Mal], Beda, Bernhard [zwölf Mal], Cassiodor, Dionysius, Gregorius, Hieronymus, Origenes und Ovidius magnus, der die »heydensch bibel« [114^r] verfaßt habe).

Alle genannten Predigten preisen ₥ und nennen Gründe für ihre Verehrung. Hervorgehoben werden ihre Keuschheit, ihre GMschaft, ihre Schönheit in ihrer Heiligkeit, ihre Wahrhaftigkeit, ihre Barmherzigkeit, ihre Demut, ihre Nähe zu Gott sowie ihr Beitrag zur Erlösung der Menschheit. Die am häufigsten wiederkehrenden Metaphern für das Wirken ₥e sind das Licht sowie das Leuchten und Ausstrahlen ihrer Barmherzigkeit sowie ihre Eigenschaft als Quelle der Gnade Gottes.

Ausg.: Teilausgaben s. Morvay-Grube 97. — Ein Teil der ₥predigt zu »Suscipe benedictionem« (fol. 112^r–113^v) wird bei Zuchhold (100–105) parallel zu Jostes, Meister Eckhart Nr. 44 wiedergegeben.
Lit.: R. Cruel, Geschichte der dt. Predigt im MA, Detmold 1879, 406–414; Nachdr. 1966. — K. Bartsch, Nicolaus v. L., In: Germania 25 (1880) 418–420. — A. Linsenmayer, Geschichte der Predigt in Deutschland, München 1886, Nachdr. 1969, 449 f. — H. Zuchhold, Des N. v. L. Sermone als Quelle für die Predigt Meister Eckharts und seines Kreises, Halle 1905. — P. Strauch (Hrsg.), Paradisus anime intelligentis, 1919. — J. Quint, Die Überlieferung der dt. Predigten Meister Eckharts, 1932. — Ders., Handschriftenfunde I, 1940, 218–222. — K. Brethauer, Neue Eckharttexte. Eine Nachlese bei N. v. L., In: ZfdA 70 (1933) 68–80. — Morvay-Grube, T 84. — J. B. Schneyer, Repertorium der lat. Sermones des MA für die Zeit von 1150–1350, ²1972, 332–337. — VL² VI 1113–16.

C. v. Samson-Himmelstjerna

Oglerius (auch Oger, Ogerius, Occlesius), stammt von edlem Geschlecht aus Trino/Vercelli, * 1136 (?), † 10.9.1214, trat in die Zisterzienser Abtei von Lucedio/Vercelli ein, wurde dort 1205 Abt und gilt »ab immemorabili« als Seliger; Pius IX. bestätigte den Kult für den Zisterzienserorden und für mehrere nortdital. Diözesen (Vercelli, Casale, Biella).

O. unterstützte zusammen mit seinem Vorgänger Peter II. das weltliche und kirchliche Reformprogramm Papst Innozenz' III. Als typischer Vertreter zisterziensischen Mönchtums förderte er dessen affektive Spiritualität und Auffassung vom Menschen (z. B. Seelenstruktur).

O. hinterließ zwei Schriften, deren Text in einem Manuskript aus dem 13. Jh. der Zisterzienser Abtei von Staffarda/Piemont aufbewahrt ist (gegenwärtig Turin, Bibl. Naz., Ms. E. v. 4, olim 761) und von J. B. Adriani veröffentlicht wurde (Beati Oglerii ... Opera quae supersunt, Turin 1873): »Tractatus in laudibus Sanctae Dei Genitricis« (Adriani 1–98) und »Expositio ... super Evangelium in Coena Domini« (Adriani 99–243).

Der M-traktat, wahrscheinlich verfaßt um 1205, umfaßt einen Prolog und 12 (13) Sermones und beschreibt die verschiedenen Etappen von Ms Leben (Empfängnis und Geburt, Aufenthalt im Tempel, Vermählung mit Joseph Verkündigung, Heimsuchung, Josephs Ängste, Geburt und Leiden Jesu, Auferstehung, Auffahrt, Tod und Aufnahme Ms in den Himmel). Stark von Apokryphen beeinflußt, kann der Traktat vorwiegend der Gebets- und Erbauungsliteratur zugezählt werden und gilt als ausgesprochenes Zeugnis ma. und zisterziensischer M-frömmigkeit. An Mönche und Klosterfrauen der Zisterzienser-Gemeinschaft gerichtet, ist der M-traktat auch ein Ausdruck von O.' persönlicher M-liebe: »Domina mea, cui me committo, et totum committo corpus et animam, et totam vitam meam, mortem et resurrectionem« (XII 4).

Theologisch erwähnenswert sind die marian. Interpretation des Protoevangeliums (II 1), die ungewohnte Verwendung des Titels »Redemptrix« (V 4), Christi erste Oster-Erscheinung an M (XII 2), Ms leibliche Aufnahme in den Himmel (XII 3) und die Betonung von Ms Fürbittgewalt und Rolle bei unserer Heiligung. O.' Auffassung von der UE scheint sich zwischen Traktat (VII 1) und Expositio (XIII 1) positiv gewendet zu haben und würde so für einen Zisterzienser des beginnenden 13. Jh.s eine Seltenheit darstellen. Ms Gnadenfülle kommt zum Ausdruck in Liebe, Demut und Jungfräulichkeit. Als Vorsteherin von Aposteln und Kirche ist M auf die Ankunft des Geistes ausgerichtet; als Königin des Himmels ist sie am Aufbau des himmlischen Jerusalem für jene beteiligt, die durch ihre Fürbitte gerettet werden. Die Erläuterung des Magnifikat nimmt breiten Raum ein (VIII–X).

Der fälschlich Bernhard, Augustinus und Anselm zugeschriebene bekannte Planctus (PL 182, 1133–42) muß als ursprünglicher Bestandteil des »Tractatus in laudibus« angesehen werden. Dieser Auszug (kann XI und XII umfassen; bes. XII 3–7) ist seit dem 13. Jh. als selbständige Schrift in zahlreichen Manuskripten, unter verschiedenen Titeln und später in zahlreichen Veröffentlichungen bezeugt. Obwohl Reminiszenzen →Gottfrieds v. St. Viktor und Godefroids v. Admont ersichtlich sind, scheint mit O.' Planctus ein Hinweis gegeben, daß das Thema vom Mitleiden Ms im lat. Westen zuerst in Norditalien zur Blüte kam und ursprünglich zisterziensisch war. Es wird auch die Abhängigkeit des »Dialogus B.M. et Anselmi«, des »Stimulus Amoris« und der »Meditationes Vitae Christi« von O. suggeriert (Barré). O.' M-klage übte Einfluß auf Heinrich Suso und Ludwig v. Granada aus (de Vries).

WW: J. B. Adriani, Beati Oglerii de Tridino, abatis monasterii Locediensis, ord. cist., Opera quae supersunt ... cum prooemio Joseph Raviola, Turin 1873 (franz. Übersetzung von R. Thomas, Mariale VII, Ogier de Locedio, coll. Pain de Citeaux 19, 1963). — Liber de Passione Christi et doloribus et planctibus Matris ejus: PL 182, 1133–42.

Lit.: G. A. Irico, Dissertatio de s. O., Milano 1745. — G. M. Raviola, Vita del B. Oglerio Trino 1867. — E. Colli, Il B. Oglerio, Casale 1914. — M. Stratz, Der sel. Oglerius, Abt von Locedio, In: Cistercienser Chronik 35 (1923) 1–11 ff. — A. Chiari, Il »Planctus B. Mariae, operetta falsamente attribuita a San Bernardo, In: Revista storica benedittina 17 (1926) 56–111. — H. Barré, Le »Planctus Mariae« attribué à S. Bernard, In: RAM 28 (1952) 243–266 (Bibl.). — RoschiniDiz 376. — K. de Vries, De Mariaklachten, Sammlung Zwolse Drukken en Herdrukken 48, 1964. — G. Penco, Ogerio di Lucedio e il »Planctus Mariae«, In: Benedittina (1969) 126–128. — EC IX 86. — LThK[2] VII 1121. — DSp XI 733–36.

J. Roten

Opitz, Martin, Dichter, Übersetzer und einflußreicher Poetiker des Barock, * 23.12.1597 in Bunzlau/Schlesien, † 20.8.1639 an der Pest in Danzig. Nach dem Studium (Phil., Jura) in Frankfurt/Oder und Heidelberg und Aufenthalten in Leiden, im reformierten Siebenbürgen und in Liegnitz wurde er 1626 Sekretär des kath. kaiserlichen Kammerpräsidenten Karl Hannibal v. Dohna (bis 1633). In Danzig hatte er die Stellung des Hofhistoriographen und Sekretärs König Wladislaus' IV. inne. Seinen diplomatischen Diensten wie seinem dichterischen Schaffen, das von der Poetik (»Buch von der Deutschen Poeterey«, 1624) über geistliche und weltliche Lyrik bis zum Staatsroman (»Argenis«, 1626–31; »Arcadia«, 1638), Drama (»Trojanerinnen«, 1625; »Antigone«, 1636) und Oper (»Daphne«, 1627) reichte, galten die Ehrungen: 1625 wurde er in Wien von Ferdinand II. zum Poeta laureatus gekrönt, 1627 geadelt (»Opitz v. Boberfeld«) und als »der Gekrönte« in die »Fruchtbringende Gesellschaft« des Fürsten Ludwig von Anhalt-Cöthen aufgenommen.

Schon in seiner »Deutschen Poeterey« brachte er die geistliche Dichtung in Einklang mit den vorhandenen Gattungen und verwies auf eigene Dichtungen: »Hymni oder Lobgesänge waren vorzeiten/ die sie jhren Göttern vor dem altare zue singen pflagen/ vnd wir vnserem Gott singen sollen. Dergleichen ist der lobgesang den Heinsius vnserem erlöser/ vnd den ich auff die Christnacht geschrieben habe.« (GW 2,1,368).

Seine drei für die M-motivik wichtigen Texte entstanden unter dem Einfluß des niederländischen Gelehrten und Dichters Daniel Heinsius (1580–1655), den O. im Oktober 1620 besuchte und ihm dabei seine Übersetzung des Lobgesangs und sein Gedicht »Vber des Hochgelehrten vnd weitgerühmbten Danielis Heinsij Niederländische Poemata« übergab. Diese Übersetzung regte O. zu seinem eigenen »Lobgesang Vber den Frewdenreichen Geburtstag Vnseres Herren und Heilandes Jesu Christi« (1624) an. Beiden Texten über die Menschwerdung Christi steht die Rede »Vber das Leiden vnd Sterben Vnseres Heilandes« (1628) gegenüber, die ebenfalls von Heinsius beeinflußt wurde. Keiner der Texte ist als Kirchenlied für den Gemeindegottesdienst gedacht, wiewohl O. sich wiederholt an liturg. verwendeten Texten versuchte und seine Lieder vereinzelt in den kirchlichen Gebrauch eingingen.

Die vierteilige Übersetzung »Dan. Heinsii/Lobgesang/Jesu Christi« (1620; GW 1, 267–390; Geistliche Poemata 285–312) nach dem 1616 separat gedruckten »Lof-sanck van Iesus Christvs« legt durch Gegenstand, Textgestalt wie das Vorwort (»Innhalt vnd nutz dieses Lobgesanges«) nahe, daß das Gedicht der persönlichen Andacht gilt. Die Betrachtung des Heilsgeschehens, das seit Adam als »das vnaußsprechliche bandt« (GW 1, 285) den einzelnen mit Christus verbindet, schließt auch die Person M̄s ein, deren jungfräuliche Mutterschaft das zentrale Paradox darstellt, denn es wiederholt und spiegelt das größere Paradox der Menschwerdung Gottes. Daher schließt schon die Verkündigungsszene mit dem Hinweis: »Biß einen Sohn die Fraw so eine Jungfraw war/ Vnd jhren Vater selbst ein Menschenkindt gebahr« (GW 1, 293). Die Enumeratio heidnischer Götter und ihrer Kulte gehört wie die anderen historischen Details zum rhetorischen Prunk des Gedichtes und darf nicht allein als souveräne Äußerung humanistischen Bildungswillens verstanden werden (wie dies H. Max tut); damit versucht der Dichter vielmehr die »Versinnlichung des Unsinnlichen« zu erreichen (Böckmann 183), d. h. das unbegreifliche Heilsgeschehen in der durch Antithesen, Anaphern und Aufzählungen gesteigerten Sprache erfahrbar zu machen. Konsequent schlägt die Aufzählung daher um in die ganz konträre Schilderung der ärmlichen Geburt Jesu: »Die Welt ist gleichsam blind/ die Welt ist gantz entschlaffen/ Kennt auch denselben nicht der doch sie hat geschaffen« (GW 1, 297). Dieser Gegensatz wird dann in der Person M̄s und ihrem zwiespältigen Erleben zwischen Jungfräulichkeit und Mütterlichkeit erneut abgehandelt: Das detailverliebt geschilderte, intime Bild der Familie erzeugt in ihr den Konflikt, der sie in »Jungfräuliche Zehren« ausbrechen läßt. Aber gerade der erlittene Kampf erhöht ihre Schönheit, die in einem dreifachen Bild bekräftigt wird (→ Morgenstern, Morgensonn, betaute → Rose). Zuletzt bestätigt sie der Sprecher in ihrer Mutterrolle und Erwähltheit: »O mutter vnd zuegleich auch jungfraw/ ... Gott hat dich außerwehlt/ Gott hat dich selbst gefreyt/ den himmel dir vermählt. Laß sehn dein mutterhertz'. Ey liebe/ ey erwekke Dein freundliches gemüt/ desselbe nicht verdecke« (GW 1, 300). Ihre Bedeutung und Würde gewinnt die Gestalt M̄s in dem christozentrisch angelegten Gedicht durch ihre demütige Ergebung in den kaum begriffenen Heilsplan Gottes wie durch ihre mütterliche Zuwendung zum Kind, dessen Hilflosigkeit die äußerste Antithese zur Größe des Heilsgeschehens darstellt.

Im »Lobgesang Vber den Frewdenreichen Geburtstag Vnseres Herren und Heilandes Jesu Christi« (1624; GW 2,1 118–151; Geistliche Poemata 244–272) erscheint M̄ wiederum innerhalb der Genreszene der Geburt (nachdem schon das lat. Widmungsgedicht die »Virgineos partus« hervorgehoben hatte, GW 1, 125). Auch hier ist sie »Frawen ohne Mann«, »Die was sie nicht begreifft doch saget mit der that; Sie habe den Gebohrn der sie erschaffen hat« (GW 2,1 134). Stärker als in der Heinsius-Übersetzung wird der Leser zum Nachvollzug des Heilsgeschehens aufgefordert; eindeutige Didaxe prägt das Gedicht: »Lernt von Marien auch wordurch man Gott behagt/ Die seine Mutter ist/ vnd nennt sich doch nur Magdt« (GW 2,1 135). Darüber hinaus ist M̄ Vorbild, an dem der Gestus der Betrachtung eingeübt wird; sie personifiziert die mystische Ergebung in den Willen Gottes (→ Mystik): »Macht Euch von hinnen auch die jhr nichts pflegt zu wissen Als nur von üppigkeit/ von vnverschämten küssen/ Vnd kompt der Ehe vor mit hoffnung voller list; Hier ist nur die so den der Gott vnd jhr ist küßt. Den so sie eher schon im Hertzen hatt' empfangen / Als in der zarten schoß; nach dem jhr sinn gehangen Von erster Wiegen an: dem schreybet sie sich zu/ Der ist jhr gantzes All/ jhr trost/ vnd jhre rhue« (GW 2/1, 135).

»Vber das Leiden vnd Sterben Vnseres Heilandes« (1628; GW 4,1, 220–238) ist die dt. Übersetzung von O.' lat. Rede »Sermo de Passione Christi« (1620; GW 1, 152–169) und wurde möglicherweise auch durch eine Homilia von Heinsius (»In cruentem Christi sacrificium sive Domini Passionem«, gedruckt Leiden 1613) angeregt. Neben dem Weihnachtsgeschehen ist M̄s Anwesenheit auf Golgotha der zweite Moment ihres Lebens, dem sich die prot. Dichter zuwenden. O.' Prosarede zielt durch wiederholte Aufforderung (»Schawe nun meine Seele«) auf Versenkung in das Leiden Jesu, das er im Tableau der Leidenswerkzeuge und in der Aufzählung der Schmerzen vergegenwärtigt. Die Härte und Ausweglosigkeit des Leidens wird abschließend an M̄ vorgeführt: »Marien welche vnter dem Creutze stehet wird jhre brust so Christum getragen mit threnen befeuchtet/ vnnd die seufftzer lassen sie kaum athem holen. Sie ist vngewiß wohin sie die Augen wenden sol. Siehet sie auff die Erden? Diese ist mit jhrem Blute besprenget. Vber sich? da siehet sie den zerrissenen Leib jhres Sohnes welchen sie gebohren hat. Sie scheinet trawriger zue sein als der so leidet selber« (GW 4,1, 232). Diese Vorstellung der → Schmerzensmutter ist knapp (so fehlt das Symbol des durchbohrten Herzens), kann aber für die Tendenz der prot. Passionsdichtung stehen (Büse 44–55). In O.' geistlichem Werk sind also die wichtigsten Züge der prot. M-dichtung versammelt: in stark didaktischer Absicht wird sie vorgestellt als jungfräuliche Mutter, demütige Magd und Schmerzensmutter.

Ausg.: Gesammelte Werke, kritische Ausgabe, hrsg. von G. Schulz-Behrend, 1968 ff. — Geistliche Poemata, hrsg. von E. Trunz, 1966.
Lit.: H. Max, M. O. als geistlicher Dichter, 1931. — K. Büse, Das Marienbild in der dt. Barockdichtung, 1956. — P. Böckmann, Der Lobgesang auf die Geburt Jesu Christi von M. O. und das Stilproblem der dt. Barocklyrik, In: ARG 57 (1966) 182–207. — M. Szyrocki, M. O., ²1974. — I. Scheitler, Das Geistliche Lied im dt. Barock, 1982. — B. Becker-Cantarino und J.-U. Fechner (Hrsg.), O. und seine Welt, FS für G. Schulz-Behrend, 1990. *G. Rösch*

Perle. Die hohe Wertschätzung der P. im Altertum bezeugen zahlreiche Aussagen aus der Bibel (Ijob 28,18; Offb 18,12. 16, 21,21; Mt 7,6) und dem Schrifttum der Antike (Plinius, Solinus, Aelian). Die frühchristl. Exegese sah in der »besonders kostbaren Perle« (Mt 13,46) ein Sinnbild Christi. Zugleich führten die verschiedenen Vorstellungen über Herkunft und Entstehung der als einzigartig geschätzten P. zu Vergleichen mit der Einzigartigkeit der Empfängnis Jesu durch die Jungfrau M.

Plinius erzählt von den P.n, die »von allen Sachen den höchsten Preis erzielen«, daß die Perlmuscheln sich in der zur Zeugung bestimmten Stunde öffnen und den Tau des Himmels aufnehmen. Ihre Frucht ist die P., deren Reinheit von der jeweiligen Beschaffenheit des Taus abhängt: Die bei reinem Himmel gebildeten P.n sind schimmernd weiß, die bei trübem Himmel dunkel. Da die P. vom Himmel empfangen wird, hat sie eine größere Affinität zum Himmel als zum Meer (Plinius, nat. hist. IX 106 ff.). Der → Physiologus übernimmt die Erzählung der Befruchtung durch den Tau: »Da öffnet die Muschel ihren Mund und trinkt den Himmelstau, und sie schließt den Strahl von Sonne, Mond und Sterne in ihre Schalen ein, und wird durch die Lichter aus der Höhe schwanger, und sie gebiert die Perle« (Seel 42). Diese P. ist Christus, die zwei Flügel der Muschel bedeuten AT und NT, die Himmelskörper versinnbildlichen den Hl. Geist, der in die beiden Testamente einfährt. Eine spätere Redaktion des Physiologus bringt eine griech. Tradition, die die Entstehung der P. aus einem Blitzeinschlag in die Muschel erklärt, in Zusammenhang mit der Inkarnation: »Denn der göttliche Blitz aus dem Himmel, der Sohn und Logos Gottes, ist in die ganz reine Muschel, die Gottesgebärerin Maria, eingegangen, eine überaus kostbare Perle ist aus ihr geworden worüber geschrieben steht: ›Sie hat die Perle, den Christus, aus dem göttlichen Blitz geboren‹« (Treu 86). Beiden Spekulationen über die Entstehung der P. — der im Abendland weiter tradierten Vorstellung der Empfängnis durch den Tau und der griech. Theorie des Blitzeinschlags — liegt die gemeinsame Auffassung zu Grunde, daß die P. himmlischen Ursprungs sei.

Für die marian. Symbolik der P. sind drei Hauptgedanken maßgeblich: M ist die Hüterin der kostbaren P., Christus; in ihrer Reinheit und Tugendschönheit ist sie selbst wie eine P.; die wunderbare Entstehung der P. ist Sinnbild des Wunders ihrer jungfräulichen Mutterschaft (vgl. Salzer 243 ff.).

Als Hinweis auf diesen symbolischen Inhalt zu verstehen ist der von M in Bilddarstellungen getragene Perlenschmuck am Haupt (Piero della Francesca, Geburt Christi, London, Nat. Gallery; Filippo Lippi, GM mit zwei Engeln, Florenz, Uffizien), als Brosche bzw. Agraffe (Stephan Lochner, M im Rosenhag, Köln, Wallraf-Richartz-Mus.; Verrocchio-Schule, Berlin, Gemäldegalerie), oder als Gewandzierde (Piero della Francesca, Madonna mit Heiligen, Mailand, Brera; Bartolomeo della Gatta, Himmelfahrt und Gürtelspende Me, Cortona, Mus. Diocesano). Die Erzählung der Befruchtung der Muschel durch den Himmelstau wurde im → Defensorium als Gleichnis der Jungfrauengeburt verwendet (vgl. auch → Schnecke). In der Emblematik der Neuzeit wurde die Muschel mit P. auf die Jungfräulichkeit Ms sowie auch auf die UE bezogen (Freskendarstellungen in Wessobrunn, ehem. Benediktinerklostergebäude, 1712; Schönau, Pfarrkirche Me Himmelfahrt, 1726; Marienberg, Wallfahrtskirche Me Himmelfahrt, 1764).

Lit.: → Edelsteine. — Salzer 8. 76. 114. 243 ff. — O. Casel, Die P. als rel. Symbol, In: BenM 6 (1924) 321–327. — C. Vona, La margarita preziosa nella interpretazione di alcuni scrittori ecclesiastici, In: Div. 1 (1957) 118–160. — Der Physiologus, übertragen und erläutert von O. Seel, 1960. — Physiologus. Naturkunde in frühchristl. Deutung, hrsg. von U. Treu, 1981. — F. Ohly, Tau und P., In: Schriften zur ma. Bedeutungsforschung, 1983, 274–292. — Ders., Die Geburt der P. aus dem Blitz, ebd. 293–311. — Meersseman, Register, s. »Margarita«. — LCI III 393 f. *G. Nitz*

Peyton, Patrick, C.S.C., * 1909 in Irland, † 1992, emigrierte mit 19 Jahren in die USA, trat 1932 der Kongregation vom Hl. Kreuz bei und wurde 1941 zum Priester geweiht. Sein priesterliches Wirken war ganz auf die Verbreitung des Familiengebetes ausgerichtet; er betrieb sie mit den Mitteln des Medienzeitalters. P. ermutigte kath. Familien zum täglichen Gebet im Familienkreis und legte dabei besonderes Gewicht auf den Rosenkranz. Er lädt auch Anhänger anderer Konfessionen zum Familiengebet in ihrer eigenen Tradition ein, getreu dem Grundsatz: »The family that prays together, stays together.«

Der Kreuzzug für den Familien-Rosenkranz (»Family Rosary Crusade«) begann 1942 in Albany/New York, erfaßte durch Predigten von Tridua einzelne Pfarreien und breitete sich ab 1945 durch regelmäßige Rundfunksendungen auf dem ganzen nordamerikanischen Kontinent aus. Das Familien-Theater (»Family Theater of the Air«) mit Sitz in Hollywood wurde 1947 gegründet. Es strahlte rel. Hörspiele aus und versuchte immer wieder das Rosenkranzgebet in dramatisierter Form unter das Volk zu bringen. Mit Beginn der 50er Jahre folgten Fernsehendungen und Filme, vorwiegend zu den Geheimnissen des Rosenkranzes. P. verstand es, sich die kostenlose Mitarbeit bekannter Hollywood-Schauspieler zu sichern (u. a. Bing Crosby, James Stewart und Grace Kelly). Die Medienprodukte wurden im Verlauf der Jahrzehnte dem Zeitgeist angepaßt.

Ab 1948 wurde der Kreuzzug für den Familien-Rosenkranz systematisch nach Grundsätzen moderner Werbepsychologie auf- und ausgebaut. Jeweilige Zielgruppe und Träger ist die Diözese, alle Kontaktformen vom Hausbesuch bis zur Großkundgebung kommen zur Anwendung. Laien sind aktiv beteiligt, technische Hilfsmittel, v. a. die Rosenkranzfilme, werden eingesetzt. Ziel ist, soviele Familien wie möglich für das tägliche Rosenkranzgebet zu gewinnen. Der diözesane Kreuzzug nahm seinen Anfang in London (Ontario/Kanada) und wurde in den 50er und 60er Jahren mit Erfolg auf fast allen Kontinenten durchgeführt. P. bemühte sich um die Fixierung von Familiengebet und Rosenkranz in den Konzilsdokumenten (LG) und ermunterte Paul VI. zu einem Schreiben über die marian. Frömmigkeit. Der Rosenkranz-Kreuzzug verzeichnete einen Rückgang in den 70er Jahren, erlebte jedoch in den 80er Jahren teilweise einen neuen Aufschwung in vorwiegend marian. Ländern (Lateinamerika, Spanien, Irland).

P.s marian. Denken ist pastoral und konzentriert sich auf die Unmittelbarkeit von M̄s Gegenwart und Wirken. Es hat einen existentiellen Kern (P. soll als junger Mann durch M̄s Fürbitte von Tuberkulose geheilt worden sein) und drückt sich in seinen Lieblingsgebeten Ave und Memorare aus. Es ist eingebettet in ein gesundes Christus- und Kirchenverständnis.

WW: The Story of the Family Rosary, 1944. — The Ear of God, 1951. — Father P.'s Rosary Prayer Book, 1954. — All of Her: The Autobiography of Father P. P., C.S.C., 1967. — The Family Rosary Crusade (Handbook), 1987. — Rundfunksendungen: The Joyful Mysteries of the Rosary, 1947; The Glorious Mysteries of the Rosary, 1948. — Fersehsendungen: The Triumphant Hour, 1950; Hill Number One, 1951; A Star Shall Rise, 1952; Rosary Around the World with Fr. P., 1991. — Filme: Resurrection, 1981; Seven Last Words, 1982; Ascension, 1985; Finding at the Temple, 1985.

Lit.: J. Gosselin Arnold, A Man of Faith, Family Theater, ca. 1983.
J. Roten

Pius V. (Michele Ghislieri), Heiliger (Fest 30. April), Papst vom 7. 1. 1566 bis 1. 5. 1572, *17. 1. 1504 in Bosco bei Alessandria, trat 1518 in den Dominikanerorden ein, wurde 1528 Priester, später Provinzial, 1556 Bischof von Sutri und Nepi, 1557 Kardinal. Er war ein Asket und von großem Reformeifer geprägt. Als Papst sah er seine Hauptaufgabe in der Reform der Kirche im Geist des →Tridentinums. Er erwarb sich große Verdienste um die →Kath. Reform und die Durchführung der Beschlüsse des Konzils von Trient. Er erneuerte das Kardinalskollegium durch reformeifrige Persönlichkeiten. 1566 gab er den Catechismus Romanus heraus, 1568 das reformierte Brevier und 1570 das erneuerte Missale Romanum.

P. war ein großer M̄verehrer. Am 1.10.1567 verurteilte er die Leugnung der UE durch M. Bajus. Hinsichtlich der Dogmatisierung dieser Lehre blieb er einer abwartenden Haltung. Am 30.11.1570 verbot er alle Diskussionen über die UE M̄s. Bei der Reform des Breviers wurde das Fest am 8. Dezember zu einem duplex-Fest ohne Oktav erhoben. 1569 gestattete er den Franziskanern die Oktav des Festes weiter zu feiern. Das Fest der Aufnahme M̄s in den Himmel wurde mit neuen Lesungen ausgestattet, u. a. aus Johannes v. Damaskos und Bernhard v. Clairvaux. Zum Dank für den Seesieg über die Türken bei →Lepanto führte er 1571 das Fest »Maria de Victoria« ein. In die →Lauretanische Litanei ließ er die Anrufung »Auxilium christianorum« einfügen. Unter ihm wurde der Englische Gruß erweitert und verbindlich gemacht. Am 17.9.1569 empfahl er den Gläubigen das Gebet des Rosenkranzes. P. gehört zu den großen Reformpäpsten. Sein Grab befindet sich in S. Maria Maggiore.

Lit.: Pastor VIII. — Sträter I 339 ff. — O'Connor 280 u. ö. — Manoir I, II, IV, V, VI. — VirgoImmac 113 f. 132 ff. u. ö. — G. Söll, In: HDG III/4 195 ff. 203. — J. Ratzinger, Die Aktualität der Gestalt Pius V., In: Pax et justitia, FS für A. Kostelecky, 1990, 623–629. — A. Franzen und R. Bäumer, Papstgeschichte ⁴1988, 301 f. — DThC VII 1169ff. *R. Bäumer*

Prager Predigtsammlung, Sammlung lat. Musterpredigten mit dt. Epilogen, benannt nach Prag, Staatsbibl., cod. VIII E 20 (P, 403 Bll., 14. Jh., Predigten de tempore et de sanctis, je drei Predigten zu Lichtmeß und M̄e Verkündigung 250va–254ra und 262va–267ra, je eine zu M̄e Himmelfahrt und M̄e Geburt 329rb–330va und 342vb–343va). Drei weitere Handschriften enthalten Parallelüberlieferungen: Berlin, Staatsbibl., theol. lat. qu. 273 (96 Bll., 14. Jh., Quadragesimale), Klosterneuburg, Stiftsbibl., cod. 912 (14. Jh., 1^r–115^r, Sermones de tempore, Auswahl) und Linz, Studienbibl., cod. 218 (L, 317 Bll., 14. Jh., Sermones de sanctis et Commune sanctorum, mit insgesamt sechs Predigten zu M̄e Himmelfahrt und Geburt 254^r–264^v umfangreicher als P). Forschungen zu Bestand und Genese dieser wohl umfangreichsten Predigtsammlung mit dt. Sprachanteil fehlen. Schriftdialekt und Predigten zu Veit (P 279ra ff.) und Wenzel (P 352vb ff.) verweisen auf den nordöstlichen Teil des oberdt. Sprachraums, die Predigten zu Benedikt (P 261va f.) und Polykarp (P 249va f.), die Bezeichnung des Aegidius als »vnser heliger vater« (P 342ra) und das Zitat des hier → Philipp dem Kanzler zugewiesenen Hymnus → »Salve mater salvatoris ...« des Albert v. Prag OCarth (AHMA 3,117; L 261^r) könnten weitere Indizien für die Herkunft der Sammlung sein. Dominikanische bzw. franziskanische Provenienz kann ausgeschlossen werden, da Predigten zu Dominikus und Franziskus fehlen. In anderer Fassung gingen die Sonn- und Festtagspredigten von Judica bis Trinitatis in die Handschrift St. Florian, Stiftsbibl., cod. XI 302 (F, 15. Jh., Provenienz: ebd.) ein, die zu den genannten Anlässen auch Predigten von → Jacobus a Voragine, Peregrinus v. Oppeln, Conrad Holtnicker v. Sachsen, Ludovicus OFM, Lukas de Bitonto, Siboto und anonymen Verfassern enthält; signifikant für F ist der konventionelle Predigtschluß gegenüber dem Schlußvers in P.

Der lat. Text vermittelt theol. Grundwissen und verzichtet weitgehend auf Exempla und Moraldidaxe. Dies läßt vermuten, daß es sich bei der P.P. um Predigtvorlagen handelt, die eventuell im Rahmen des Schulbetriebes für einen klerikalen Adressatenkreis bestimmt waren (vgl. u. a. P 32va »maneant fides spes caritas tria hec super quo notandum quod iste tres virtutes vocantur pre ceteris theologice quia sacra theologia per ipsas roboratur principaliter«). Von Ausnahmen abgesehen, finden sich in Temporale und Sanctorale jeweils mehrere (maximal 4) Predigten zum selben Anlaß; Rückverweise sprechen für eine planvolle Anlage der Sammlung (vgl. 20ra). Die Texte sind nach einem einheitlichen Schema konzipiert: Nach Ausführungen zur Bedeutung des Festes im Kirchenjahr werden verschiedene Aspekte der Tagesperikope (Epistel oder Evangelium) unter Heranziehung entsprechender Schrift- und Autoritätenzitate (hauptsächlich Kirchenväter, aber auch Bernhard v. Clairvaux und Petrus Venerabilis) allegorisch in mehreren Schritten interpretiert. Diese Deutungstechnik wird mit den Termini »allegorice«, »metaphorice« und »mistice« bezeichnet (vgl. P 15 ^{rb}). Auffällig sind liturg. Hinweise (z. B. P 119va zum Gründonnerstag: kein Gesang, keine Glocken, Auslöschen der Kerzen und abgeräumter Altar bis Karsamstag) und Datumsangaben nach dem antiken röm. Kalender bei Heiligenfesten (Me Verkündigung: »Octauo kalendas aprilis«, P 262va). Im dt. »epilogus« fehlen meistens derartige Details; es werden hier nur die Kernaussagen des lat. Textes aneinandergereiht.

Im Temporale wird M lediglich in den Adventspredigten als jungfräuliche GM apostrophiert. Kennzeichnend für die Mpredigten sind Emblematik und heilsgeschichtliche Perspektive. Als Mmetaphern begegnen Zweig (radix, P 264^{ra}ff.), verschlossener Garten (hortus, gegliedert in vier Gartenarten), Brunnen (fons, L 257^{r}ff.), Gefäß (vas, L 261^{r}f.) und Buch (liber, L 263^{r}f.). Unter Verwendung der eherechtlichen Termini »consensus«/»zwaier willen ein verainvnge«, »dos«/»der morgengab beratvnge« und »sexus commixtio«/»zwaier menschen gemainvnge« (P 265^{va}f.) wird die Beziehung zwischen M und Christus im Sinne des sponsus-sponsa-Motivs gedeutet. Typologisch wird auf Eliezers Werbung um Rebekka zurückgegriffen (Gen 24). Die himmlischen Gemächer, in denen M empfangen wird, werden mit dem »auditorium«/»rathaus«/»dormitorium«/»slafhaus« eines Klosters verglichen (P 329^{rb}f.), Manna, Gerte und Gesetzestafeln in der Bundeslade (Hebr 9,4) stehen für Mtugenden (L 255^{v}f.). Thematisiert wird auch das Verhältnis Ms zu den trinitarischen Personen (P 262^{va}f.) und ihre Frömmigkeit (L 254^{r}f.). In den Predigten zu Lichtmeß (P 342^{vb}ff., L 259^{r}ff.) dominiert die Auslegung der Tagesperikope. Auf Legendarisches wird verzichtet; Ausnahme ist die Erwähnung der Eltern Ms (P 263rb). Bemerkenswert ist in den Predigten zu Me Verkündigung und Himmelfahrt der Rückgriff auf Bernhard v. Clairvaux (P 265va) und → Ps.-Hieronymus (P 329rb, L 257^{r}). In P 262^{va}ff. zu Me Verkündigung verzichtet der »epilogus« auffälligerweise auf den sonst üblichen Schlußvers: »... daz (M) vns erwerbe mit erem gebet di gemeinschaft der heligen drieualticheit da mit wir bestetiget werden an christenlichen gelovben vnd an gueten werken daz si vnser sel enphach nach disem leben in di ewigen salicheit amen« (P 264ra).

Theol. Stellungnahmen zu M fließen selten ein; die Reinheit Ms von sündhafter Begierde wird ohne weitere Ausführungen erwähnt (P 263rb). Hinsichtlich der leiblichen Aufnahme Ms in den Himmel wird in L unter Hinweis auf → Hieronymus eine zurückhaltende Position vertreten (L 257^{v}), in P wird die Frage nicht erörtert. Von größerer Bedeutung sind Aussagen zur Begnadung und Vorherbestimmung Ms (P 243^{vb}ff.: »spiritualis praedestinatio«/»gestlich verbeschepfunge«, »eternalis consecracio«/»ewiklich weihunge«, »generalis benedictio«/»gemainlich seligunge«). Insgesamt sind die Predigten von einer Frömmigkeit gekennzeichnet, die M als »Mutter der Barmherzigkeit« (P 254ra), Helferin und Mittlerin verehrt, durch die heilsgeschichtliche Ausrichtung jedoch die Distanz zur GM aufrechterhält.

Ausg.: J. Kelle, Dt. Predigten des 15. Jh.s, In: Serapeum 21 (1860) 57–59 (Epilog der ersten Predigt des Temporale bzw. Sanctorale). — Morvay-Grube T 194.
Lit.: G. M. Dreves, AHMA 3, Leipzig 1888, Neudr. 1961. — D. Schmidtke, Rezension zu Morvay-Grube, In: PBB 98 (1976) 141–146, hier 145. — VL^2 VII 806 f. *M. Costard/A. Lozar*

Reval → Tallinn

Rokoko. Die letzte Stilphase des Spätbarock (etwa zwischen 1720/30 und 1760/70) wird in Deutschland mit R., in Frankreich als Louisquinze bezeichnet. In dieser Zeit erlangt das Mbild bes. in Süddeutschland nochmals eine überaus große Verbreitung in den verschiedensten Typen. Für die Entwicklung der Mliturgie der Neuzeit ist nicht unbedeutend, daß bes. zwischen 1683 und 1727 der Mfestkalender beträchtlich wächst: 1683 Me Namen, 1696 M vom Loskauf der Gefangenen, 1716 Rosenkranzfest, 1726 M vom Berge Karmel (vgl. G. B. Tiepolo, Mailand, Brera, um 1720/30), 1727 Sieben Schmerzen Ms. Zusammen mit dem → »Atlas Marianus« W. v. Gumppenbergs von 1655, der den stark anwachsenden Wallfahrtswesen Rechnung trägt, den Werken Louis-Marie → Grignions de Montfort »Abhandlung über die vollkommene Andacht zu Maria« (1716), Virgil → Sedlmayrs »Theologia mariana« (1758) und Alfons v. → Liguoris »Die Herrlichkeiten Mariens« (1750) ist hier ein entscheidendes frömmigkeitsgeschichtliches Stimulans für Programme verschiedenster Art gegeben. Die R.-Malerei im süddt. Bereich denkt im wesentlichen zusammenfassend und im weitesten Sinne typologisch. Die Addition narrativer Einzelszenen des 17. Jh.s wie etwa in der Wallfahrtskirche → Frauenberg/Admont (Giovanni Battista Carlone, 1683–87) wird nun stärker gesamtheitlichen Programmen geopfert.

Als Typus der → Judit tritt die Immaculata bei Matthäus Günther († 1788) in der Basilika von Innsbruck-Wilten (1754) und in Waalhaupten (1787), als Variation der Günther'schen Komposition in der Kapelle Maria-Eich in Erpfting (Diözese Augsburg, 1762) auf. Gleichermaßen wird der Bezug ᛖs zu Ester von Günther in Innsbruck-Wilten und in Hadersbach (1766) verwendet. G. B. → Goez stellt (ab 1748) im Altarbereich von Birnau ᛖ als Fürsprecherin Ester vor Ahasver gegenüber. Eine Sonderform, die auf eine Vision der Kreszentia → Höß von Kaufbeuren († 1744) zurückgeht, aber 1745 verboten wurde, ist die Darstellung ᛖs als → Braut des Hl. Geistes beim Empfang ᛖs durch die Trinität 1748 in den Pfarrkirchen Altdorf und Schongau von M. Günther. Die Einzelszenen aus ᛖs Leben werden oft stark heilsgeschichtlich ausgeweitet, wie etwa ᛖe Verkündigung im Fresko C. D. Asams (1734) im Saal der ehem. Kongregation »Maria de Victoria« in Ingolstadt. ᛖ, vom Strahl des göttlichen Lichts getroffen, steht vor der Front des Salomonischen Tempels und der Bundeslade als atl. Vorbildern. »Turris Davidica«, »turris eburnea« und »ianua coeli« gemäß der → Lauretanischen Litanei sowie Lebensbrunnen (vgl. Ez 47,1–12), Daniel (vgl. Mt 1,1), das Opfer Abrahams (Präfiguration des Kreuzesopfers), Moses vor dem brennenden → Dornbusch und der Sündenfall als Ursache für die Inkarnation Christi runden das Programm ab. Breiten Raum nehmen in der Darstellung ᛖs die Anrufungen der Lauretanischen Litanei ein, wie sie schon um 1700 (vgl. St. Florian, Stiftskirche, J. A. Gumpp, J. M. Steidl, 1695) gerne verwendet wurden, z. B. in B. Altomontes Fresko in Spital/Pyrhn (1737/39), in der Pfarrkirche von Oberegfing (1757) und in Reutberg (1735), illustriert jeweils durch ein biblisches Ereignis. Hier schließen z. T. weitgespannte »Emblem-Programme« (Heckscher-Wirth) an wie in der Pfarrkirche von Polling (1766) oder in der ehem. Benediktinerabtei zu → Wessobrunn (um 1685) mit 41 Emblemen marian. Charakters in Anspielung auf die UE. Neuartig ist der in C. D. Asams »Weihnacht« in der Benediktinerabtei zu Einsiedeln 1725/26 vorgetragene Typus der stehend der Welt den neugeborenen Erlöser präsentierenden ᛖ. Seltener wird ᛖ als Rosenkranzkönigin (M. Günther, Indersdorf, Rosenkranzkapelle, 1758; Oberammergau, Pfarrkirche, 1761) bzw. die Verherrlichung ᛖs durch die Vier Erdteile (M. Günther, Maria Aich, Wallfahrtskirche, 1734, Rottenbuch, 1737, Altdorf, 1748; C. D. Asam, Ingolstadt, Maria de Victoria, 1734) dargestellt. Im Typ einer Rosenkranzmadonna ist ᛖ als Helferin der Kranken 1737 in der Mühlfeldkirche zu Bad Tölz (M. Günther) gegeben, vom gleichen Künstler 1732 in Welden als Helferin der Christen. Oft schließt hier der Typus der ᛖ als Gnadenmittlerin wie im Hauptfresko F. J. Spieglers 1751 in Zwiefalten an (ᛖ unter der hl. Dreifaltigkeit leitet den Gnadenstahl an die Heiligen weiter). Verbunden mit dem Typ der Ecclesia triumphans (C. D. Asam, Weltenburg, 1721) genoß die Krönung ᛖs im süddt. Bereich seit dem SpätMA besonderen Vorzug, z. B. in der Wallfahrtskirche zu Friedberg (M. Günther, 1749) in Verbindung mit der Himmelfahrt ᛖs, von C. D. und E. Q. Asam in der ehem. Prämonstratenserkirche zu Osterhofen (1729–32), wo eine »doppelte« Krönung der apokalyptischen Frau durch Gottvater (Krone) und Christus (Lilienkranz) vollzogen wird. Auch im ital. Bereich nimmt die Krönung ᛖs breiten Raum ein, z. B. G. B. Tiepolos S. Maria della Visitazione (1755). Im Patrozinium sehr häufig präsent ist die Himmelfahrt ᛖs; Darstellungen stammen etwa von P. → Troger (Brixen, Dom, Presbyterium, 1748/50), M. J. Schmidt (Sakramentsaltar der Wallfahrtskirche zu Sonntagberg, 1767), im ital. Bereich von G. B. Piazzetta (Paris, Louvre, 1736), G. B. Tiepolo (Würzburg, Residenz, 1751, bzw. Udine, Oratorio della Purità, 1757). In vielen Programmen ist die Himmelfahrt mit der Krönung verbunden, etwa in B. Altomontes Fresko der Chorapsis von Spital/Pyrhn (1739) oder weiter ausgreifend in der Zisterzienserstiftskirche zu Wilhering von B. Altomonte (Hochaltarbild: Assumptio, Auszug: Dreifaltigkeit, Vierungskuppel: ᛖe Schutz der Menschheit, Hauptschiff: ᛖ Königin mit Heiligen und Engeln, 1748). Ein umfassendes marian. Programm in Zusammenhang mit der Assumptio des Hochaltarbildes (1734) entwickelt P. Troger im Hauptkuppelfresko der Benediktinerstiftskirche zu Altenburg (1733/34) mit der Krönung der Immaculata-Ecclesia nach Vernichtung des Drachens (Offb 12,1–17). Das Programm wird in der Vorhalle atl. einerseits mit der Darstellung des vor der → Bundeslade tanzenden David, andererseits mit der Tötung Usas (2 Sam 6,7) als Vorbild für den Sturz des Drachen durch Michael im Hauptkuppelfresko (Offb 12,9) vorbereitet. Das im Barock ohne Zweifel beliebteste ᛖthema ist die Immaculata, die allein im Werk M. Günthers elf Mal auftritt. In C. D. Asams Fresko in Weltenburg (1721) sendet Gottvater ᛖ als apokalyptische Frau; im Zitat von Hld 6,10 in der dargestellten Vernichtung eines röm. Legionärs wird der Glaubenskampf thematisiert, am prominentesten aber im Typ der Maria de Victoria (vgl. Gen 3,15 f.; z. B. P. Troger, Platt/Zellerndorf, 1740/45). ᛖ als Mondsichelmadonna, von den Gläubigen Salems und Birnaus verehrt, bzw. ᛖ als apokalyptische

Frau mit den drei theol. Tugenden malte etwa G. B. → Goez in der Kirche zu Birnau (1748). Bei G. B. Tiepolo gewinnt die Allegorie der IC (Dublin, Nat. Gallery, um 1768) einen eigenen Charakter, indem ⓂⒶ (Attribute der Unbefleckheit: Palme, Spiegel) auf dem Globus mit der Schlange der Sünde kniet, dahinter Gottvater im Prophetentypus mit erhobenen Armen »in benediction of the virgin« (M. Levey). Traditioneller ist Tiepolos 1755/56 entstandene Immaculata mit 6 Heiligen (Budapest, Mus.). M. Günthers Fresko in Aichkirch (1734) mit dem »Sieg Marias über die Sünde« führt in der Anwendung des barocken »Trionfi«-Typs (ⓂⒶ mit Jesuskind auf einem von Engelputten gezogenen Wagen; Erzengel vernichten die Sünde) eine weitere Variation des Sieges ⓂⒶs über die Sünde vor. Eine spezielle Variation des Immaculata-Typs stellt die »Freisinger Immaculata« dar, die 1703 von Wolfgang Leuthner geschnitzt wurde und deren Verehrung als Gnadenbild rasch anwuchs (Bildkopie in Maria Birnbaum in Sielenbach/Aichach, Ende 18. Jh.). Der Typus enthält Elemente der gängigen Immaculata-Ikonographie (Schlange, Weltkugel) verbunden mit den Attributen Lilie, Taube des Hl. Geistes als Brustmedaillon und perlenbesetzter Kronreif. Im Pfingstbild (C. D. Asam, Weingarten, 1718/19; Aldersbach, 1720; J. J. Zeiller, Ottobeuren, 1763/64) wird der hohe Illusionsgrad barocker Scheinkuppeln mit der Ausgießung des Hl. Geistes aus der zentralen Laterne und der Plazierung der Apostel an den Rippenansätzen genützt. Die Verherrlichung des Namens ⓂⒺ — nach dem Türkensieg vor Wien 1683 als Fest von Innozenz XI. eingeführt — gibt oft die Möglichkeit, ⓂⒶ mit ihren Eltern Joachim und Anna darzustellen (z. B. P. Troger, Pfarrkirche Rosenau/Zwettl, 1740). Weniger prominent als in der Plastik tritt in der Malerei der Typus der mater dolorosa auf (M. Günther, Druisheim, Kapelle, 1750; Aldersbach, Portenkapelle mit Sieben Schmerzen ⓂⒺ, 1767). Die Darstellung des hl. Hauses von Loreto fand ihre exemplarische Ausprägung in dem 1915 zerstörten, 1743 von G. B. Tiepolo gemalten, stark untersichtigen Fresko in der Scalzi-Kirche zu Venedig. In süddt. Zisterzienserkirchen häufig mit dem Pfingstwunder der Kuppelschale verbunden sind »amplexus Christi« und »lactatio Mariae« des hl. Bernhard (z. B. C. D. Asam, Fürstenfeld, ehemalige Zisterzienserkirche, 1731). Die wesentliche Formulierung des diagonal konzipierten spätbarocken Altarblattes geht von Italien aus (S. Ricci, ⓂⒶ mit Heiligen, Venedig, S. Giorgio Maggiore, 1708; Typus des »Visionsbildes«: G. B. Piazzetta, Vision des hl. Philipp Neri, Venedig, La Fava, 1725–27). Einen Sondertyp des süddt. Bereiches, der nicht mit ⓂⒶ als Braut des Hl. Geistes zu verwechseln ist, stellt ⓂⒶ als Braut des Hohenliedes (Hld 8,5) dar (z. B. Joseph Franz Xaver Grass, Thalham, 1769); ebenfalls in dieser Region präsent ist die Vorliebe, das in der Kirche ausgestellte ⓂⒶgnadenbild im Fresko wieder abzubilden, etwa in Kleinhöhenkirchen (Joseph Anton Höttinger, 1725), Zwiefalten (F. J. Spiegler, 1751), Hurlach (1763), Andechs (J. B. Zimmermann, 1753/55), Ettal (J. J. Zeiller, »Benediktinischer Glorienhimmel«, 1752) und Hl. Kreuz-Gutenbrunn (F. A. Maulpertsch, vor 1758). Die Darstellungen des ⓂⒺlebens bleiben in ihrer Ausführlichkeit hinter den Zeugnissen v. a. der Gotik zurück. Zu erwähnen sind v. a. die Stiche des ⓂⒺlebens von Johann Georg Bergmüller mit den Allegorien der Jahreszeiten und dem Hohenlied (gestochen von H. Sperling, 1821–23), der Magnifikatzyklus der Gebrüder Klauber in 11 Blättern mit umfangreichen Typologien (nach 1750), die Litaneifolge derselben Brüder (^{1}1750) und schließlich die Litaniae Lauretanie des Franz Xaver Dornn (^{3}1771); in der Malerei werden ⓂⒺleben häufig in Grisaillekartuschen integriert (z. B. M. Günther, Sallach, 1764, und Hadersbach, 1766, sowie bei B. Altomonte, Wilhering, 1748). Eine Ausnahme bilden hier die Fresken Josef Ritter v. Mölks in der Wallfahrtskirche zu Maria → Langegg (1773), deren Deckenfresken Geburt ⓂⒶs, Verkündigung, Heimsuchung, ⓂⒶ als Heil der Kranken und die Himmelfahrt ⓂⒶs zum Inhalt haben. Als eine spezifische Typenneuschöpfung des R. darf die → Hausmadonna bezeichnet werden, die ausgehend von H. Krumpers → Patrona Bavariae von 1615 in J. B. → Straubs Holzrelief (München, Bayer. Nat. Mus., 1759) einen Höhepunkt erreicht. Ebenfalls eine Neuschöpfung des 18. Jh.s ist das Wessobrunner Gnadenbild (→ Mutter der Schönen Liebe), das ⓂⒶ als unbefleckte Braut des Hl. Geistes zeigt.

Im Bereich der R.-Plastik findet naturgemäß eine stärkere Konzentration auf das Einzelmotiv statt, was »malerisch aufgefaßte Reliefs« (P. Volk) in der Art von Andreas Faistenbergers ⓂⒺ Verkündigung (München, Bürgersaal, 1710/11) oder J. B. Straubs Altarreliefs (Reisach, Klosterkirche, Elias-Altar, Simon-Stock-Altar, um 1750) nicht ausschließt. Speziell im Altarbereich treten vermehrt Skulpturen in der Art des theatrum sacrum auf (ⓂⒺ Himmelfahrt und Aufnahme ⓂⒶs in den Himmel: E. Q. Asam, Rohr, Benediktinerabtei, 1722/23). Im Bereich der beweglichen Andachts- und liturg. Skulptur treten die Mater dolorosa, die ⓂⒶ Immaculata und die Pietà als die wesentlichsten Typen hervor, etwa die Immaculata von I. Günther (Ingolstadt, St. Moritz, 1765; Berlin, Dt. Museen, um 1760?; Hochaltar von Kopřivná/Mähren, 1752/53; Mallersdorf, ehem. Klosterkirche, Hochaltar, um 1770; Weyarn, ehem. Augustinerchorherrenstift, um 1763/65), die ⓂⒶ de Victoria in Attel/Inn (ehem. Benediktinerabtei, um 1760/62) von Roman Anton Boos (München, Bayer. Nat. Mus., 1779/80), Anton Sturm (Kranzegg/Rettenberg, 1750/57) oder Christian → Jorhan d. Ä. (Bauchbach/Mühldorf, Pfarrkirche 1771: ⓂⒺ Verkündigung als Immaculata), die Mater dolorosa von E. Q. Asam (Freising, Dom, 1725),

Christian Jorhan d. Ä. (Altheim/ Landshut, Pfarrkirche, 1765/85), J. B. Straub (Reisach, Klosterkirche, 1756), sowie die Pietà von I. Günther (Weyarn, ehem. Augustinerchorherrenstift, 1765; Nenningen, Friedhofskapelle, 1774). Deutliches Charakteristikum der Andachtsskulptur ist die Bedachtnahme auf die malerisch oder plastisch akzentuierte Oberflächengestaltung (v. a. I. Günther, Me Verkündigung, Weyarn, 1764).

Lit.: M. Goering, Dt. Malerei des 17. und 18. Jh.s, 1940. — H. Tintelnot, Die barocke Freskenmalerei in Deutschland, 1951. — N. Lieb, Barockkirchen zwischen Donau und Alpen, 1953. — W. Mrazek, Ikonologie der barocken Deckenmalerei, 1953. — B. Rupprecht, Die bayer. Rokokokirche, 1959. — H. Bauer, Rocaille, 1962. — Ders., Der Himmel im R., 1965. — E. Hubala, Barock und R., 1971. — C. Kemp, Die Embleme des Klosters Wessobrunn und ihre Vorlage, In: Mün. 28 (1975) 309–319. — H. Bauer und B. Rupprecht, Corpus der barocken Deckenmalerei in Deutschland, 1976 ff. — H. Bauer, Rokokomalerei, 1980. — H. Sperber, Unsere liebe Frau, 1980. — P. Volk, Rokokoplastik in Altbayern, Bayerisch-Schwaben und im Allgäu, 1981. — H. Wagner, Bayer. Barock- und Rokokokirchen, 1983. — C. Norberg-Schulz, Spätbarock und R., 1985. — H. Schindler, Bayer. Bildhauer, 1985. — M. Levey, Giambattista Tiepolo, 1986. — Ausst.-Kat., Matthäus Günther, Augsburg 1988. — H. Bauer und H. Sedlmayr, Rokoko, 1991. — P. Volk, Ignaz Günther, 1991. — J. Ströter-Bender, Die Muttergottes, 1992. — LCI III 199–206. *W. Telesko*

Santillana, Marqués de, Iñigo López de Mendoza, * 19. 8. 1398 in Carrión de los Condes/ Palencia (Spanien), † 25. 3. 1458 in Guadalajara. Aus vornehmer Familie stammend, war er politisch für und gegen König Don Juan II. tätig und kämpfte auch gegen die Mauren, so in der Schlacht von Olmedo (1445) an der Seite des Königs, wofür ihm dieser den Titel des Marqués de Santillana, unter dem er bekannt wurde, und des Conde del Real de Manzanares verlieh. Zu diesem Anlaß verfaßte er ein Gedicht (»Canción«) zur Erinnerung an sein Gelübde, zum Heiligtum von Guadalupe (Extremadura) zu wallfahrten. Als erklärter Mverehrer trug er das Ave Maria als Schildmotto. Als Mann der Studien und von großer Kultur schuf er sich, wie seine »Carta prohemio« an den Condestable don Pedro von Portugal zeigt, eine bedeutende Bibliothek. Er schrieb didaktische, gleichnishafte, epische und lyrische Dichtung über viele Themen. Er benützte als erster in Spanien das ital. Sonett; bedeutend sind seine »serranillas«, kleine Gedichte, die das Zusammentreffen des Dichters mit einer Frau, die im Gebirge lebt, zum Gegenstand haben. An marian. Dichtung sind neben dem oben zitierten Votivgedicht, in dem er die UE und ihre Heilsfunktion besingt, die »Gozos a Nuestra Señora« hervorzuheben, ein Gedicht, das in zwölf Strophen die Hauptgeheimnisse der Jungfrau M behandelt, von ihrer Prädestination bis zu ihrer leiblichen Aufnahme in den Himmel, wo sie unsere Patronin, Königin und Fürsprecherin ist (»... Um deiner nicht endenden Herrlichkeit willen,/ mache, Herrin, daß ich mich erfreue/ der Freuden und Entzücken,/ die den Seligen gewährt sind,/ du gesegnete unter den Frauen.«)

WW: Cancionero castellano del siglo XV, hrsg. von R. Foulchée-Delbosc, 1922. — Poesia completa, intr. de M. Durán, 1975.
Lit.: Ch. V. Aubrun, Alain Chartier et le M. de S., In: Bulletin Hispanique 11 (1938) 129. — J. Hurtado, J. de la Serna und A. González Palencia, Historia de la Literatura española, 1943. — M. Menéndez y Pelayo, Antología de poetas castellanos II, 1944, 77–137. — J. M. Castro, La Virgen y la Poesia, 1954. — L. Herrán, Mariología poética española, 1988. *L. M. Herrán*

Corrigenda

Artikel »Amberg«, Bd. I, S. 123, linke Sp., letzte Z. vor »Lit.«:
»Patrozinium **Visitatio BMV**« statt »Patrozinium ℳe Himmelfahrt«

Artikel »Berneuchener Bewegung«, Bd. I, S. 445, rechte Sp., Z. 3:
»**1931**« statt »1831«

Artikel »Bote von Fatima«, Bd. I, S. 545, linke Sp., Z. 21:
»Ab **1982** erscheint ...« statt »Ab 1955 erscheint ...«

Artikel »Boto v. Prüfening«, Bd. I, S. 545, rechte Sp., Z. 9:
»(heute nicht mehr vorhandenen)« entfällt;
ebd. Z. 13: »**Pez 403-409**« statt »Pez 408 f.«

Artikel »Clorivière«, Bd. II, S. 73, rechte Sp., Z. 12:
»**Paramé**« statt »Parmé«; ebd. Z. 23/24: »Immaculé« entfällt

Artikel »Donner«, Bd. II, S. 218, rechte Sp., Z. 1/2:
»**Eßling**« statt »Eßlingen«

Artikel »Fränkisch-gallische Liturgie«, Bd. II, S. 489, rechte Sp., Z.14
»im Frank**en**reich« statt »in Frankreich«

Artikel »Frauenlob«, Bd. II, S. 527, rechte Sp., Z. 3:
»**Geburtsjahr unbekannt (um 1260), † 29. 11. 1318 in Mainz**« statt
»* 1271, † 1305 in Mainz«

Artikel »Friedhofen«, Bd. II, S. 544, rechte Sp., Z. 3:
»**† 21. 12. 1860**« statt »† 16. 11. 1850«

Artikel »Hochkirchliche Vereinigung«, Bd. III, S. 217, rechte Sp., 4. Z. von unten: »**Heft 73 und 74**« statt »Heft 3 und 4«

Artikel »Kirchhaslach«, Bd. III, S. 557, rechte Sp., Z. 1:
»Lkr. **Unterallgäu**« statt »Lkr. Neu-Ulm«

Artikel »Konstanz«, Bd. III, S. 637, linke Sp., Z. 18:
»**1774**–1860« statt »1174–1860«

Artikel »López de Mendoza«, Bd. IV, S. 147, linke Sp.:
»**Mendoza, Fray Iñigo de**« statt »López de Mendoza, Fray Iñigo de«

Artikel »Lydgate«, Bd. IV, S. 196, rechte Sp.:
Autor: **A. A. Mac Donald** statt J. M. Blom

Artikel »Maiandacht«, Bd. IV, S. 245, linke Sp., Z. 28:
»**1859** Freiburg« statt »1959 Freiburg«

Artikel »Maria Laach«, Bd. IV, S. 287, linke Sp., Z. 31:
»**U.** Bomm«, statt »K. Bomm«

Artikel »Mechthild v. Magdeburg«, Bd. IV, S. 380, linke Sp., 3. Zeile von unten:
»**1989**, 186–190« statt »1980, 186–190«

Artikel »Merkert«, Bd. IV, S. 424, rechte Sp., Z. 2:
»23. 9. **1817**« statt »23. 9. 1870«